HANDBUCH DER CHRISTLICHEN ETHIK

W0343982

HANDBUCH DER CHRISTLICHEN ETHIK

Herausgegeben von
Anselm Hertz, Wilhelm Korff,
Trutz Rendtorff, Hermann Ringeling

Mit
Beiträgen
von

R. Andresen
A. Auer
H. Bausch
J. Becker
H.-J. Birkner
F. Böckle
I. U. Dalferth
G. Dautzenberg
R. Degkwitz
W. Elsner
H. D. Engelhardt
P. Engelhardt
H. Fischer
J. Gründel
E. Herms
A. Hertz
H. Hesse
O. Höffe
A. Holderegger
M. Honecker
L. Honnefelder
F. Horner
W. Huber
G. W. Hunold
E. Jüngel
S. Katterle
H. Kaufmann
S. Keil
W. Kerber
W. Kluxen
T. Koch
W. Korff
H. Kreß
R. Leuenberger
Th. Leuenberger
G. Linnenbrink
D. Mieth
W. Molinski
A. Müller
J. Neumann
W. Pannenberg
T. Rendtorff
H. Ringeling
D. Rössler
P. Saladin
G. W. Schimmelpenning
H.-W. Schütte
Th. Strohm
M. M. Thomas
W. Trillhaas
G. Vahanian
G. Virt
Ch. Walther
D. Wiederkehr
G. Winter
S. Wolf
H. Zilleßen
W. Ch. Zimmerli

HANDBUCH DER CHRISTLICHEN ETHIK

1

Aktualisierte Neuausgabe

Herder
Freiburg · Basel · Wien

Alle Rechte vorbehalten – Printed in Germany
© Verlag Herder Freiburg im Breisgau 1993
Herstellung: Freiburger Graphische Betriebe 1993
ISBN 3-451-22826-2

Aus der Einführung der Herausgeber zur Erstausgabe

Auf die Ethik richten sich heute große Erwartungen. Im gegenwärtigen Zeitalter wächst das Bewußtsein dafür, daß es großer und neuer gemeinsamer Anstrengungen bedarf, um die der Menschheit anvertraute Welt menschenwürdig und lebenswert zu gestalten. Deswegen sind auch die besonderen Traditionen und Überzeugungen der christlichen Kirchen danach gefragt, welchen Beitrag sie zu den neuen Problemen der Menschheit zu leisten vermögen. Die Situation konzentriert sich mit besonderem Nachdruck in einer starken und vielseitigen Belebung der ethischen Frage. Die gegenwärtigen Aufgaben der Morallehren der Kirchen und der theologischen Ethik müssen im Kontext heutiger Probleme des Menschseins gesehen werden.

Zugleich sind aber auch die neuen Fragestellungen im Zusammenhang mit jenen Fundamenten zu sehen, die im christlichen Denken schon gelegt sind. Die Praxis des Lebens und die Besinnung auf seine Grundlagen können nicht voneinander getrennt werden. Ist doch die ethische Frage nach der Lebensführung des Menschen unaufhebbar mit der Frage nach dem Sinn menschlichen Daseins verbunden. Als solche läßt sich die ethische Frage in der Tat nicht suspendieren, solange den Menschen die Hoffnung trägt, daß es sinnvoll ist, daß er sei. Gerade deshalb aber erscheint sie zugleich so vielschichtig und vielgestaltig wie die Vernunft der Gründe, aus denen diese Hoffnung lebt. Natur und geschichtliche Erfahrung, Einsicht und Glaube wirken darin immer neu zusammen. Entsprechend muß sich Ethik im Anspruch heutigen Problembewußtseins artikulieren, soll sie hier zu gültigen, tragfähigen Antworten gelangen.

Der forschende Zugriff des heutigen Menschen macht vor keinem Lebensbereich halt. In Überschreitung kultureller Grenzen sucht der Mensch die Bedingungen seines Handelns aufzuklären und die wachsende Fülle seiner Einsichten im Horizonte einer gemeinsamen Welt zu begreifen. Der ungeheuere Fortschritt innerhalb der *Naturwissenschaften und der Technik* macht die ethische Frage in neuer Weise besonders dringlich. Naturwissenschaft und Technik stoßen im Vollzuge ihres Forschens und Gestaltens auf die Grenzen ihrer eigenen Sinnhaftigkeit. Der Mensch kann offenbar mehr, als er darf.

Die Einsichten der *Geisteswissenschaften* zeigen die tatsächliche geschichtliche Vielfalt menschlicher Normierungen. Die Konkurrenz einst als selbstverständlich geltender Normen, moralischer Anschauungen und Überzeugungen erzeugt Verunsicherung und ruft nach neuer Antwort auf die Frage nach dem Humanen und seinen normativ-ethischen Grundbedingungen.

Eine besondere Brisanz gewinnt die ethische Frage für den heutigen Menschen mit der unmittelbar praxisrelevanten Erfahrung, daß er sich in *politisch-gesellschaftlichen* Strukturen vorfindet, die ihm einen rechtlich abgesicherten Freiheitsraum garantieren, der weiter gesteckt ist als in früheren Jahrhunderten und für den er Risiken und Verantwortung übernehmen muß.

Für eine Lösung der vielfältigen hier aufbrechenden Probleme menschlichen Handelns kommt den modernen *Human- und Sozialwissenschaften* besonderes Gewicht zu. Sie vermitteln Einsichten in die komplexen Strukturen der Wirklichkeit des Menschen, die von unmittelbarer ethischer Bedeutung sind. Dennoch können diese Wissenschaften die wesenhaft integrative Frage nach der humanen Vernunft als sittlicher Vernunft menschlichen Handelns nicht beantworten, ohne auf philosophische und theologische Fragen überzugreifen.

In all dem liegt eine Herausforderung an die christliche Ethik. Sie ist vor das Forum der kritischen Vernunft gestellt. Ihr eigener, christlicher, auf Universalität zielender Anspruch muß sich hier in neuer Weise bewähren. Vermag sie in der ethischen Auseinandersetzung auf eine letztgültige Antwort zu verweisen? Ist sie fähig, die Fülle der neuen Einsichten unverfälscht in sich aufzunehmen und auf jenen Hoffnungsgrund hin offenzuhalten, den der christliche Glaube verkündet?

Dieser Herausforderung sucht sich das erste in evangelisch-katholischer Zusammenarbeit entstandene „Handbuch der christlichen Ethik" zu stellen. Ziel des Handbuches ist es, die Themen der christlichen Ethik im Lichte der neuen Fragestellungen zur Darstellung zu bringen. In den zurückliegenden Jahren haben sich im theologisch-ethischen Denken und Argumentieren tiefgreifende Wandlungen vollzogen und eine Fülle von Neuansätzen herauskristallisiert. Dabei zeigen sich bereits Konturen, die in mehrfacher Hinsicht deutliche Unterschiede zur naturrechtlich-juridisch geprägten Tradition der Handbücher katholischer Moraltheologie, aber auch zu den in die Dogmatik eingebundenen ethischen Konzeptionen der evangelischen Theologie setzen. Die Formulierung einer konkreten handlungsleitenden Ethik muß der Komplexität der menschlichen Lebenswirklichkeit entsprechen, verlangt also auch einen entsprechend komplexen Ansatz der ethischen Fragestellung.

Einführung der Herausgeber zur Neuausgabe

Mehr als ein Jahrzehnt nach seinem ersten Erscheinen hat sich der Verlag Herder entschlossen, das „Handbuch der christlichen Ethik“ in einer Studienausgabe erneut zugänglich zu machen. Für eine völlige und durchgehende Neubearbeitung des Handbuchs hätte es zwar auch gute Gründe gegeben. Wenn die Herausgeber sich gleichwohl mit der Absicht des Verlages einverstanden erklärt haben, das Handbuch nach Inhalt und Aufbau in seiner bisherigen Form wieder vorzulegen, so ist dafür neben pragmatischen Erwägungen ausschlaggebend, daß das Handbuch der christlichen Ethik seit seinem Erscheinen zu einem Standardwerk geworden ist. Es nimmt einen festen Platz in der Literatur der christlichen Ethik ein. Insbesondere ist es das einzige Werk dieser Art geblieben, das in ökumenischer Zusammenarbeit verwirklicht worden ist. So beschränkt sich diese Neuausgabe auf wenige Änderungen im Rahmen der Gesamtanlage des Handbuchs: Einige Artikel sind für diese Ausgabe neu verfaßt worden. Andere Artikel sind ergänzt worden. Jedem Band ist eine ausführliche Bibliographie beigegeben worden, die wichtige Literatur zusammenstellt, in der über die Fortführung der ethischen Diskussion seit 1980 informiert wird.

Die ethische Diskussion hat sich im letzten Jahrzehnt weiter belebt. Sie hat nicht nur an Umfang und Intensität zugenommen, sondern sich auch in ihrem Charakter zu verändern begonnen. Besonders bemerkenswert ist ein Wandel in den traditionellen Grundlegungsdebatten der Ethik; sie überschreiten in einem Prozeß tiefgehender Selbstkritik zusehends ihre theoretische Selbstgenügsamkeit und erhalten aus der Zuwendung zu Themen ethischer Konkretionen produktive Impulse und neue Einsichten. Exemplarisch können hier die Anstöße genannt werden, die von Hans Jonas' „Prinzip Verantwortung“ (Erstveröffentlichung 1979) ausgegangen sind. Zugleich wird im Kontext eines allgemein gestiegenen öffentlichen Interesses an Ethik aber auch zunehmend bewußt, daß Ethik als Diskussion aktueller Probleme auf bestimmten Handlungsfeldern und in Form einzelfallbezogener praktischer Klugheit immer schon Elemente allgemeiner ethischer Theorie impliziert, von denen die ethische Urteilsbildung im Einzelfall geleitet ist.

In den Grundlegungsdebatten der Ethik hat z.B. die am Modell des vernunftgeleiteten Diskurses entwickelte Theorie der Kommunikation den Status einer eigenständig ausgeformten und vielseitig anschlußfähigen Diskursethik erlangt. Sie hat zu einer lebhafteren Auseinandersetzung um die Frage geführt, welche ethischen und theologischen Voraussetzungen der aus dem idealen Diskurs hervorgehend gedachte Konsens immer schon in Anspruch nehmen muß. Der ethische Diskurs als Prozeß der Konsensbildung ist eine zwar notwendige, aber nicht eine zureichende Bedingung zur Erlangung materialer ethischer Verbindlichkeit. Eine auf den Diskurs abstellende Theorie der Ethik kann in praktischer Hinsicht nicht davon absehen, daß sie auf Bedingungen einer ethischen Kultur angewiesen ist, deren Wandlungen sich im Rahmen von geschichtlich vermittelten Grundstrukturen ethischen Bewußtseins vollziehen.

Die Anerkennung der Würde der Person wird durch einen diskursabhängigen Konsens nicht erst begründet, sondern muß für den Diskurs bereits vorausgesetzt werden. Insofern ist die ethische Theorie des Diskurses und der Kommunikation auch als Anwendung eines Begriffs der Freiheit zu sehen, der von seinen biblischen Wurzeln im Gedanken der Gottebenbildlichkeit des Menschen als Geschöpf Gottes her die Unverfügbarkeit des Menschen für den Menschen zum Grundmaß universaler Ethik hat werden lassen. Das Recht des individuellen Subjekts, das in der Teilnahme am ethischen Diskurs zur Geltung kommen soll, ist in seiner inhaltlichen Begründung wie in seinem Anspruch auf soziale Anerkennung darum auch nicht auf die Fähigkeit zur aktiven Teilnahme an ethischen Diskursen beschränkt. Ethik muß vielmehr stellvertretend den Schutz des individuellen Menschen thematisieren. Im Spannungsfeld zwischen universalen Menschenrechten einerseits und dem Ethos von Institutionen und geschichtlich geprägten ethischen Normen andererseits wirkt die Anwendung ethischer Theorien auf deren Konzeption zurück. Auch die praktische Klugheit kann nicht mit Kategorien des ethischen Utilitarismus völlig verrechnet werden, so wichtig die Rezeption der am Utilitarismus gebildeten anglo-amerikanischen Ethikformen für die transkontinentale Diskussion ist und für die Klärung von Handlungskonflikten sein kann. In der Verschränkung von ethischen Prinzipien und konkreter praktischer Klugheit bildet sich ein neues Verständnis von Verantwortung, das über die Alternativen von Prinzipienethik oder konkret-geschichtlicher Moral hinausführt. Allerdings ist es für eine abschließende Bilanz der in jüngster Zeit in Bewegung geratenen ethischen Diskussion noch zu früh.

Im „Handbuch der christlichen Ethik" ist diese Problemstellung bereits durchgehend präsent. Sie wird durch Aufbau und Themenstellung des Handbuchs wahrgenommen, indem zwischen theologisch ausgewiesenen Strukturen ethischer Unbeliebigkeit subjektiver und objektiver Natur und den Traditionen christlicher Ethik, in denen das Wissen um die alle Ethik nach christlichem Verständnis prägende Stellung des Menschen in Verantwortung vor Gott bewahrt wird, die heute geforderte Vermittlung gesucht wird.

Wozu Ethik? Ebenfalls mit einigen kurzen Bemerkungen ist davon zu sprechen, daß die Ethikdiskussion im Blick auf bestimmte Handlungsfelder an Intensität gewonnen hat, aber auch an Spezialisierung und Konkretion.

Die medizinische Ethik durchläuft einen Prozeß zunehmender Institutionalisierung in Form der Ethik-Kommissionen. Im Blickpunkt ärztlicher Verantwortung sucht die medizinische Ethik nach Wegen, um Erkenntnisse aus Natur- und Rechtswissenschaft, Einsichten aus Philosophie und Theologie sowie Ansprüche aus Gesellschaft und Politik zu integrieren. Dabei treten Interessen an angewandter Ethik, oft in Variationen des ethischen Utilitarismus formuliert, mit Kategorien unbedingter Normen einer Lebensethik in Spannung.

Wirtschaftsethik – als Sammelbegriff für unternehmensinterne Verhaltenskodizes, für ethische Evaluierung von Wirtschaftsordnungen und für umfassende gesellschaftsethische Problemstellungen – ist zum Feld weitgefächerter Diskussionen und Kontroversen geworden. Im Gefolge des Zusammenbruchs des Sozialismus als Wirtschaftssystem hat die Legitimation westlicher Wirtschaftsweise die feste Stütze verloren, die durch den Vergleich mit der Ineffektivität der Zentralverwaltungswirtschaft lange Zeit gegeben war. Die ethischen Probleme der Weltwirtschaftsordnung haben damit für die Verantwortung der Industrieländer neues Gewicht erhalten.

Die zunehmend bewußter werdende ökologische Problematik reflektiert sich in einer Umweltethik, die über pauschale Appelle und Formeln hinaus die Komplexität dieser weltgeschichtlich neuen Herausforderung der ethischen Orientierung zu erschließen bemüht ist. Die Zukunft der technisch-wissenschaftlichen Zivilisation läßt angesichts der Grenzen, die die natürliche Umwelt ihrer Expansion zu ziehen scheint, nach einer Ethik von Wissenschaft und Technik fragen, die über pragmatische Anwendungen hinaus zur Kritik an fundamentalen Orientierungsmustern einer technisch-wissenschaftlich ermöglichten Kultur führt.

Diese und vergleichbare Themen konkreter Ethik sind aus dem Schatten der im Ost-West-Gegensatz militärisch bestimmten Friedensdebatte herausgetreten, die bis in die späten achtziger Jahre die öffentlichen Diskussionen gerade auch in den Kirchen dominiert hat. Deren Themen und Probleme sind durch das Zurücktreten des Ost-West-Gegensatzes keineswegs erledigt. Die Aufarbeitung der Polarisierungen, die mit der Friedensdiskussion einhergegangen sind und die tief in theologisch-ethische Grundfragen hineinreichen, wird erst noch zu leisten sein.

Andere Themen, die für die christliche Ethik einen besonderen Rang innehaben, wie der Schwangerschaftskonflikt oder die Probleme am Lebensende alter und kranker Menschen, sind aus unterschiedlichen Gründen erneut Gegenstand ethischer Diskussion geworden. Sie stehen in engem Zusammenhang mit Fragen der Ethik des Politischen in einer Mehrheitsdemokratie, die von den Einflüssen des gesellschaftlichen Wertewandels mitbestimmt wird.

Die Kirchen haben sich an der öffentlichen Diskussion ethischer Fragen verstärkt durch Denkschriften bzw. Enzykliken und vergleichbare Stellungnahmen beteiligt. In diesem Zusammenhang taucht immer wieder der Einwand auf, die christlichen Kirchen stünden in der Gefahr, ihre Verkündigung in Ethik und Moral aufzulösen und die Theologie bliebe dabei auf der Strecke. Zur Ethik gehört in der Tat konstitutiv die Einsicht in das, was der Mensch nicht machen kann, um zu wissen, was wir handelnd zu verantworten haben im Unterschied zu dem, worin wir auf das Vertrauen des Glaubens angewiesen sind. Die theologische Ethik, die ihren Ort innerhalb der christlichen Theologie hat, muß sich in ihrer besonderen Aufgabenstellung daran bemessen lassen, wie weit es ihr gelingt, die orientierende Kraft der christlichen Botschaft in den Bezugsfeldern humaner Verantwortung von der jeweiligen Sache selbst her einsichtig zu machen.

Das „Handbuch der christlichen Ethik" hat seine Funktion methodisch wie inhaltlich nur in der exemplarischen Diskussion ethischer Themen. Es nimmt jedenfalls keine materiale Vollständigkeit in Anspruch. Insofern ist auch nicht der Versuch unternommen worden, eine solche Vervollständigung aus Anlaß der Neuausgabe anzustreben. Vielmehr ist die ursprüngliche Absicht noch einmal zu unterstreichen, daß das Handbuch nicht als Kompendium, sondern als Anstoß und Anregung für einen weiter gehenden ethischen Diskurs in Kirche und Welt zu verstehen ist.

Inhalt

ZWEITER TEIL
ORIENTIERUNGSPROBLEME DER GEGENWÄRTIGEN CHRISTLICHEN ETHIK

Zweites Kapitel
Vermittlungsinstanzen christlicher Ethik 243

Erster Teil

Die ethische Diskussion der Gegenwart
Ursprünge, Strukturen und systematische Konsequenzen

Erstes Kapitel
Die ethische Rationalität der Neuzeit

I

Christliche Ethik und natürliche ethische Vernunft

Als Auslegung der christlichen Botschaft, die das Ziel hat, den Anspruch dieser Botschaft an das menschliche Handeln unter den Bedingungen der jeweiligen Lebenswelt zur Geltung zu bringen, ist theologische Ethik unabdingbar auf die menschliche Vernunft verwiesen, sowohl auf deren Manifestation in den mannigfachen Formen des Ethos als auch auf deren Reflexion in Gestalt philosophischer Ethik. Es ist die Botschaft selbst, die theologischer Ethik diese kritische Bezugnahme auf die Vernunft auferlegt und in ihren Grundlinien vorzeichnet.

1. Der Anspruch des Glaubens und die ethische Vernunft des Menschen

Wie die biblischen Texte zeigen, kann der proklamierte Anspruch, soweit er sich auf das sittliche Handeln des Menschen bezieht, seinem Ursprung, seinem Adressaten, seinem Inhalt und seiner Intention nach gar nicht anders als vernunftgemäß, kommunikabel und universal sein[1]. Wenn im biblischen Gott Wille und Vernunft, Heiligkeit und Sittlichkeit als Einheit gedacht werden müssen und der Gott der Offenbarung auch der Gott ist, der den Menschen als sein Ebenbild, nämlich als wahrheitsfähiges, frei handelndes und für seine Taten verantwortliches, d.h. als sittliches Subjekt, geschaffen hat[2], kann der Anspruch dieses Gottes an das sittliche Handeln des Menschen der Vernunft nicht widerstreiten, sondern muß von ihr verstanden und als sittlich gut eingesehen werden können[3]. Da Gottes Wille, wie Jesu Predigt besagt, in Erfüllung

---

[1] So auch die überwiegende theologische Tradition von Thomas von Aquin bis R. Bultmann.
[2] Vgl. Röm 2; dazu auch *Thomas von Aquin,* STh I–II prol.
[3] Vgl. ebd. q. 108 a.2 ad 1.

seiner Schöpfung die Vollendung des Menschen zum Inhalt hat, fallen Gottes Anspruch und natürliches Sittengesetz ihrem Ziel nach zusammen[4]. Gerade in der Identität des von Gott erhobenen Anspruchs mit dem für den Menschen höchsten Guten und in der Universalität, in der sich dieser Anspruch an alle Menschen richtet, bringt sich die Exklusivität der Herrschaft Gottes zur Geltung. Ein Ethos, das sich nicht prinzipiell vor jedermann und gegenüber allen anderen ethischen Konzepten als das umfassendere, allgemeiner Zustimmung fähige Sollen ausweisen, sondern nur „statutarisch"[5] auferlegen läßt, widerspräche der biblischen Botschaft und dem von ihr verkündeten Gott.

Als Forderung nach Umkehr zum Glauben an die in Jesus angebrochene Gottesherrschaft besitzt die biblische Botschaft eine primär „theologisch-eschatologische"[6] Ausrichtung. Sie tritt dem menschlichen Handeln nicht als ein bestimmtes geschlossenes System einzelner moralischer Normen gegenüber, sondern als ein radikaler Anspruch, der den allem „kategorialen" Handeln zugrunde liegenden „transzendentalen" Freiheitsvollzug unter eine neue „Intentionalität"[7], unter einen „einheitlichen neuen Gesamtsinn"[8] stellt. Dieser Sinn wird im Liebesgebot als der allgemeinen Forderung, in jeder Situation das für den Menschen Gute zu tun, wirksam; doch läßt sich aus ihm selbst nicht ableiten, was dieses Gute im einzelnen ist[9]. Die Konkretisierung des im Liebesgebot zum Ausdruck kommenden Grundanspruchs in Form bestimmter Handlungsnormen, die notwendig ist, um den Gesamtsinn in der jeweiligen Lebenssituation geltend zu machen, muß daher durch die dem Menschen eigene normative Vernunft selbst geschehen, sei es durch Ethosübernahme oder Ethosentwurf, Normrezeption oder Normfindung. Soll der Grundanspruch, der Unbedingtheit seiner Intention gemäß, in den je wechselnden Handlungskontexten zur Geltung kommen, ist die Aufgabe seiner Vermittlung durch die normative Vernunft unabgeschlossen und je neu zu erfüllen.

Das Verhältnis zwischen dem Anspruch der Offenbarung und der sittlichen Vernunft des Menschen ist aber nicht nur ein Verhältnis der Analogie und der Entsprechung, sondern auch ein solches der Differenz und des Widerspruchs[10]. Im Glauben an den universalen Schöpfergott wird die Vernunft nicht nur zu sich selbst ermächtigt und in einen Raum der Autonomie freigesetzt, sie erfährt

---

[4] „Gott wird von uns nur dadurch beleidigt, daß wir gegen unser eigenes Wohl handeln." *Thomas von Aquin,* ScG III c. 122.

[5] *I. Kant,* Die Religion innerhalb der Grenzen der bloßen Vernunft, Akad.-Ausg. VI 168.

[6] *H. Schürmann,* Die Frage nach der Verbindlichkeit der neutestamentlichen Wertungen und Weisungen, in: *J. Ratzinger,* Prinzipien Christlicher Moral (Einsiedeln 1975) 27–31, 37f.

[7] *J. Fuchs,* Gibt es eine spezifisch christliche Moral?, in: StdZ 185 (1970) 101f.

[8] *J. Becker,* Das Problem der Schriftgemäßheit christlicher Ethik (in diesem Band).

[9] Vgl. auch *R. Spaemann,* Christliche Religion und Ethik, in: PhJ 80 (1973) 284f.

[10] Vgl. auch *W. Huber,* Anspruch und Beschaffenheit theologischer Ethik als Integrationswissenschaft (in diesem Band).

sich zugleich als geschaffen, nämlich als endliche, kontingenten Bedingungen ausgelieferte, an vorgegebene Inhalte verwiesene, von Interessen bestimmte und so des Irrtums fähige Vernunft leiblich-geschichtlich verfaßter Subjekte. Angesichts der Vollkommenheit des biblischen Gottes werden die Fehlbarkeit der sittlichen Vernunft, die Partikularität und Relativität ihrer Ethosentwürfe und das Zurückbleiben hinter ihren Aufgaben und Möglichkeiten sichtbar.

Diese Perspektive muß sich durch den Glauben an das heilsgeschichtlich-eschatologische Handeln des biblischen Gottes noch verschärfen. Sittliches Handeln sieht sich in diesem Glauben nicht nur einer offenen, dem Menschen selbst zur Gestaltung aufgegebenen Zukunft gegenüber, ohne sich selbst die Vollendung zulasten zu müssen, sondern erfährt zugleich eine Dynamisierung auf die „größere" Gerechtigkeit[11] hin, die nicht einfach durch Erfüllung vorgegebener Muster einlösbar ist, sondern den Entwurf neuer Möglichkeiten verlangt. Die prophetische Kritik umfaßt die Verantwortung für die Normen selbst. Die von Jesus verkündete Gottesherrschaft läßt die sittliche Vernunft und ihre Setzungen schon hier und jetzt unter einen „eschatologischen Vorbehalt" treten, der jede Form ihrer Absolutsetzung und Totalisierung als illegitim aufdeckt. Gerade durch diesen Bezug auf die absolute Zukunft Gottes schafft der Glaube den Raum für eine Bewahrung und Maximierung des Humanen[12].

2. Theologische und philosophische Ethik: das ungelöste Problem der Neuzeit und Moderne

Mit der Kennzeichnung des Verhältnisses zwischen dem Anspruch des christlichen Glaubens an das sittliche Handeln des Menschen und der dieses Handeln leitenden Vernunft als eines wechselseitigen Zusammenhangs von Analogie und Differenz, Entsprechung und Widerspruch, Indienstnahme und Kritik ist auch die Struktur beschrieben, die der Sache nach das Verhältnis von theologischer zu philosophischer Ethik bestimmen muß. Dieses Verhältnis wird in dem Augenblick virulent, in dem die primären Formen der Weltauslegung und Daseinsorientierung eine ihren Wahrheitsanspruch kritisch prüfende Reflexion in Gestalt von Philosophie erfahren. Damit steht das im christlichen Glauben enthaltene Glaubensverständnis vor der Aufgabe, den Akt des Glaubens als eine vor der – in Gestalt von Philosophie begegnenden – Vernunft verantwortbare und in sich sinnvolle Möglichkeit auszuweisen und seine Gehalte in Gestalt einer durch Philosophie vermittelten Theologie zu einem reflektierten Verständnis zu bringen.

---

[11] Vgl. Mt 5,20; vgl. dazu *F. Böckle*, Fundamentalmoral (München 1977) 214f.

[12] Vgl. *W. Korff*, Norm und Sittlichkeit. Untersuchungen zur Logik der normativen Vernunft (Mainz 1973) 128, 180–182; *ders.*, Theologische Ethik. Eine Einführung (Freiburg i. Br. – Basel – Wien 1975) 24–26.

In der Beziehung von theologischer zu philosophischer Ethik nimmt dieses allgemeine Verhältnis von Theologie und Philosophie eine durch das Gegenstandsfeld der Praxis bestimmte besondere Gestalt an. Weil Handeln durch seine soziale Bedingtheit Konsens und durch seine Bezogenheit auf einen einheitlichen, die biographische Identität vermittelnden, definitiven Daseinssinn Konsistenz der verschiedenen normativen Geltungsansprüche erfordert, tritt die Forderung der Vernunft nach Einheit der geltenden Wahrheit auf der Ebene der Praxis dringlicher noch in Erscheinung als auf der der Theorie[13]; und anders als auf dem Feld der theoretischen Vernunft sind die Gestalten, in denen sich diese Einheit konkretisiert, durch die wechselnden Bedingungen des Handelns dem geschichtlichen Wandel unterworfen. Das aber hat zur Folge, daß theologische Ethik ihre Aufgabe nicht durch bloße Auslegung oder Anwendung des Glaubensanspruchs lösen kann. Um die Wahrheit des Anspruchs umfassend zur Geltung zu bringen, muß sie ihn nicht nur vor der Vernunft als menschlich sinnvoll und deshalb sittlich verantwortbar ausweisen, sondern ihn darüber hinaus mit der handlungsleitenden Vernunft unter den Bedingungen der jeweiligen Lebenswelt zu der konkreten Einheit vermitteln, die menschlicher Praxis eigen ist. Erst in der kritischen Bezugnahme auf die praktische Vernunft und deren normative Reflexion in Gestalt von philosophischer Ethik löst theologische Ethik den Wahrheitsanspruch der ihr aufgegebenen Botschaft ein und gewinnt ihre konstitutive Gestalt.

Dies gilt nicht nur für die Phase der sich etablierenden Theologie der Patristik und des Mittelalters, die in der kritischen Rezeption des stoischen Naturrechts und der aristotelischen Tugendethik die ersten Gestalten der Vermittlung der sittlichen Ansprüche des Glaubens mit ihrer Zeit fand, sondern stellt sich ebenso, und zwar mit zunehmender Dringlichkeit, als Aufgabe für die theologische Ethik der späteren Epochen und der Gegenwart. Was das Großethos der Gegenwart kennzeichnet, sind nicht so sehr veränderte Inhalte, sondern der ihm eigene, vermehrte Anspruch auf Begründung und die daraus resultierende Offenheit für eine Pluralität von Binnenmoralen. Diese zum Bestandteil des ethischen Bewußtseins der Gegenwart gewordene „Rationalität" ist aber ihrerseits nur zu begreifen als Resultat jenes mit dem Beginn der Neuzeit einsetzenden höchst komplexen Prozesses der zunehmenden Selbstreflexion der sittlichen Vernunft, ihrer wachsenden Freisetzung und Autonomisierung.

Die konstruktiv-kritische Auseinandersetzung der theologischen Ethik mit dieser neuzeitlichen Entwicklung des sittlichen Bewußtseins und seiner Rationalitätsstruktur ist bis zur Gegenwart noch nicht hinlänglich erfolgt. Dies zeigt sich an der in evangelischer und katholischer Theologie der Neuzeit und Moderne – wenn auch aus unterschiedlichen Gründen – nicht selten anzutreffenden Ablehnung dieser Entwicklung ebenso wie an manchen Versuchen einer un-

---

[13] Vgl. *W. Kluxen*, Ethik des Ethos (Freiburg i. Br. – München 1974) 56–61.

differenzierten Gleichsetzung. Hier wie dort hat Theologie zuwenig gesehen, daß es ihre eigene Sache ist, die den Prozeß der Neuzeit ausgelöst hat und die ihn mit ihren Möglichkeiten wie mit der Folgelast der von ihr geschaffenen Probleme bis heute bestimmt, und daß in der neuzeitlichen Philosophie zu einem großen Teil jene Fragen verhandelt werden, die christlicher Glaube ausgelöst, Theologie aber sich selbst überlassen hat[14]. Aus der mangelnden Auseinandersetzung entsteht eine Gegenüberstellung, die der komplexen wechselseitigen Bedingtheit von Christentum und Neuzeit, von Theologie und neuzeitlicher Philosophie nicht entspricht und die theologische Ethik hindert, die Universalität des biblischen Anspruchs mit der normativen Vernunft des Adressaten zum Ganzen einer vernünftigen und so verantwortbaren Lebenspraxis zu vermitteln. Zugleich bleibt theologische Ethik die mit dem eschatologischen Bezug allen Handelns auf das Reich Gottes geforderte Transzendierung des Erreichten auf die Möglichkeiten „größerer" Gerechtigkeit hin und damit die Kritik und die Korrektur der geschichtlich vorliegenden Vernunft und ihrer konkreten Subjekte schuldig. Solches Verfehlen der geforderten universalen Vermittlung zeigt sich an seinen Folgen: die theologische Ethik verliert den Anschluß an die durch sie selbst initiierte neuzeitliche Vernunft- und Freiheitstradition. Glaubens- und Lebenswelt treten auseinander[15]. Die Einheit der sittlichen Wahrheit und die durch sie konstituierte Einheit der sittlichen Praxis dissoziieren. Dem expliziten christlichen Ethos droht, wie zuvor dem Spätjudentum und dem Islam, die Gefahr, seine Universalität zu verlieren, in den Verdacht eines bloß theonomen Moralpositivismus zu geraten und so zur bloßen Binnenmoral zu degenerieren. Zwischen dem christlichen Glauben und seiner Ethik und der modernen Welt tritt eine Entfremdung ein, die in der vielbeschworenen Krise der christlichen Moral der Gegenwart ihre Spätfolge hat.

Die „Ungleichzeitigkeit" von theologischer und philosophischer Ethik hat aber auch Folgen für die Philosophie: Da die theologische Ethik die Auseinandersetzung mit der philosophischen nicht eigentlich aufnimmt, bleibt die neuzeitliche Vernunft vor jener Korrektur bewahrt, zu der theologische Ethik aus ihren Möglichkeiten befähigt wäre. Es kommt zu keiner Auseinandersetzung mit der Defizienz der Vernunft als einer Vernunft konkret-geschichtlicher, durch Interessen bestimmter Subjekte und mit jenen Versuchen der Vernunft, sich durch die ideologische Etablierung als geschichtslose Vernunft möglicher Kritik zu entziehen. Weil sich eine angemessene theologische Ethik nicht ausbildet, sieht sich die philosophische Ethik, die an die Stelle der christlichen Ethik des

---

[14] Vgl. dazu *T. Rendtorff*, Theorie des Christentums. Historisch-theologische Studien zu seiner neuzeitlichen Verfassung (Gütersloh 1972) 31–38, 67–80, 104–115.

[15] Vgl. auch *H. Krings*, Freiheit als Chance. Kirche und Theologie unter dem Anspruch der Neuzeit (Düsseldorf 1972); *J. B. Metz – J. Moltmann – W. Oelmüller*, Kirche im Prozeß der Aufklärung (München – Mainz 1970).

Mittelalters tritt, bezüglich ihrer Begründungsstruktur vor Ansprüche gestellt, deren Einlösungsproblematik sich nicht zuletzt in der Kette der neuzeitlichen „Moral-Schismen“ [16] niederschlägt. Erst eine Auseinandersetzung mit der philosophischen Ethik der Neuzeit und ihrer spezifischen Rationalitätsstruktur, die weder als Ablehnung noch als Anpassung, sondern nach der Struktur von Analogie und Differenz als kritisch-konstruktive, auf das Andere der philosophischen Vernunft sich einlassende Vermittlung [17] verstanden wird, schafft die Voraussetzung für eine Auseinandersetzung theologischer mit philosophischer Ethik der Gegenwart.

II

Strukturelemente der neuzeitlichen ethischen Rationalität

Im Unterschied zu den voraufgehenden Epochen der Geschichte hat die Neuzeit selbst ihren Beginn als einen radikalen und programmatischen Neuanfang verstanden und ausgelegt: zunächst als humanistische Erneuerung und als christliche Reformation, dann als Anbruch einer *neuen Wissenschaft* und einer durch sie ermöglichten Beherrschung der Natur und schließlich als Beginn einer endgültigen und umfassenden Aufklärung der Menschheit durch die Vernunft. In dieser historischen Abfolge wird bereits eine Komplexität der beteiligten Faktoren sichtbar, die jede einlinige Erklärung des *Neuen* verbietet. Zugleich zeichnet sich die Entdeckung einer neuen Rationalität als jenes Moment ab, das nicht nur die Neuzeit am tiefsten bestimmt, sondern über sie hinaus eine Wirkungsgeschichte ausgelöst hat, die dabei ist, „die ganze Erde zu ergreifen und nachhaltiger zu verändern, als selbst die Domestizierung von Tier und Feuer es vermochten“ [18].

1. Die Auflösung der überkommenen Ordnung als Herausforderung der Vernunft

Die neuere Forschung macht deutlich [19], daß der neuzeitliche Primat der Vernunft nicht als das Werk einer sich absolut setzenden Subjektivität zu verstehen

---

[16] *Th. Geiger,* Vorstudien zu einer Soziologie des Rechts (Neuwied – Berlin ²1964) 308–313.
[17] Vgl. dazu *W. Huber* (in diesem Band).
[18] *D. Henrich,* Die Grundstruktur der modernen Philosophie, in: *H. Ebeling* (Hrsg.), Subjektivität und Selbsterhaltung. Beiträge zur Diagnose der Moderne (Frankfurt a. M. 1976) 119.
[19] Vgl. *H. Ebeling* (Hrsg.), a. a. O.

ist. Er entspringt nicht dem vermeintlich unbegrenzten Willen zur Macht einer alle Bedingtheit und Verwiesenheit negierenden und deshalb letztlich sich selbst auflösenden Vernunft[20]. Die Kritik, die von einer solchen Interpretation ausgeht, erzeugt erst, was sie anschließend kritisiert. Nicht die Willkür des Subjekts, sondern der Zerfall der universalen, ebenso vielschichtigen und differenzierten wie über lange Zeit stabilen Ordnungsstruktur des Mittelalters ist es, der die Selbstthematisierung des Subjekts und seiner Vernunft auslöst und erzwingt. Greifbar tritt dieser Zerfall in der Auflösung der verschiedenen institutionellen Formen der Einheit vor Augen, aus denen sich das mittelalterliche komplexe Ganze aus Staat und Gesellschaft, Kultur und Wissenschaft, Religion und Ethos aufbaut.

Mit der Auflösung der politischen, religiösen und kulturellen Einheit und der Veränderung der ökonomischen und gesellschaftlichen Struktur zerfällt zugleich der durch sie bedingte und sie bedingende umfassende Zusammenhang der Erfahrung der Wirklichkeit, der bis dahin die geltende Erklärung der Welt plausibel, den Ort des Menschen in ihr fraglos und den normativen Rahmen seines Handelns verbindlich und eindeutig sein ließ. Unter den Gründen, die dazu führten, spielt neben der veränderten Weltdeutung durch die *neue Wissenschaft* von der Natur die voraufgehende Entwicklung innerhalb der Theologie eine besondere Rolle. Durch die zum Spätmittelalter hin immer entschiedenere theologische Besinnung auf die unverfügbare Freiheit des christlichen Gottes und die ungeschuldete Gnade seines Heilshandelns kommt es zu einer zunehmenden Betonung der Kontingenz des Faktischen und zu einer scharfsinnigen Kritik an der vom Mittelalter rezipierten und dessen Weltdeutung weithin bestimmenden griechisch-arabischen Kosmologie und Metaphysik, besonders an deren der Freiheit Gottes widerstreitenden nezessitaristischen Bewegungskausalität und an der die göttliche Gnade erübrigenden Finalursächlichkeit[21]. Die metaphysische Notwendigkeit verlagert sich in den Bereich des Möglichen, zwischen faktischen (kontingenten) und ewigen (notwendigen) Wahrheiten tritt eine Dissoziation ein. Die Grenzen der menschlichen Erkenntnis werden enger; die metaphysische Verläßlichkeit des Kosmos nimmt ab und wird zunehmend ersetzt durch eine solche des Glaubens[22]. Mit der Glaubensspaltung gerät aber

---

[20] Vgl. *D. Henrich*, a.a.O. 119; *ders.*, Selbsterhaltung und Geschichtlichkeit, in: *H. Ebeling* (Hrsg.), a.a.O. 307.

[21] Vgl. *L. Honnefelder*, Ens inquantum ens. Der Begriff des Seienden als solchen als Gegenstand der Metaphysik nach der Lehre des Johannes Duns Scotus (Beiträge zur Geschichte der Philosophie und Theologie des Mittelalters NF XVI) (Münster 1978) 39–46, 396ff.; *R. Spaemann*, Genetisches zum Naturbegriff des 18. Jahrhunderts, in: Arch. f. Begriffsgesch. 11 (1967) 59–74.

[22] Vgl. dazu die These von *H. Blumenberg*, Säkularisierung und Selbstbehauptung (Frankfurt a. M. 1974) 156, 134. – Zur Reduzierung des Notwendigen im Bereich der Metaphysik tritt die Tendenz, den seit dem 12./13. Jahrhundert mit Nachdruck vertretenen Anspruch auf Rationalität und objektive Gewißheit für den Bereich der Astronomie und der Moraltheologie auf fiktionalistische bzw. probabilistische Lösungen zurückzunehmen. Ebendamit wird die Suche nach *neuer* objektiver Gewißheit bei den Wegbereitern der Neuzeit um so mehr herausgefordert; vgl. dazu

auch die christliche Lehre in den „Konflikt der Interpretationen". Als Legitimierungsinstanz miteinander im Streit liegender Institutionen und als Anlaß zu erbitterten Religionskriegen löst sie den Konsens, den sie selbst gestiftet hat, auf und verliert so die Fraglosigkeit ihrer Autorität. Mit der Krise der überlieferten Gestalt von Weltbild und Heilsglaube, von Kosmologie, Metaphysik und Theologie werden aber gerade diejenigen Faktoren fragwürdig, die die bestehende Universalität, Einheit und Verbindlichkeit der Wirklichkeitserfahrung und des Handlungszusammenhanges nachhaltig verbürgten.

Ein Handlungszusammenhang, der durch eine irreversible Krise seiner Grundlagen die kognitive Eindeutigkeit und normative Verbindlichkeit verliert, muß unvermeidlich die Frage nach einer Instanz auslösen, die auf *neue* Weise die Sicherheit des Handelns und die Möglichkeit der Identifizierung von seiten der handelnden Subjekte zu gewährleisten vermag. Diese Instanz kann nur das aus der Notwendigkeit der Erhaltung seiner selbst auf sich verwiesene, in der Sorge um das eigene Seinkönnen um sich selbst wissende und aus diesem Wissen handelnde Subjekt selbst sein[23]. Als die Instanz, durch die sich alles handlungsleitende Wissen vermittelt und begründet, kann das Subjekt seinerseits nicht noch einmal der Hypothetisierung ausgesetzt werden. Was sich vom Selbstbezug des Handelnden her zeigt, ergibt sich auch von seiten der Handlung: Verlieren Ziel und Bedeutung einer Handlung ihre Selbstverständlichkeit, so führt die Frage unvermeidlich zum handelnden Subjekt als jener Größe, durch deren Erkennen und Anerkennen die Bedeutung einer Handlung allererst zustande kommt[24].

Mit dem solchermaßen herausgeforderten Rekurs auf das Subjekt tritt an die Stelle der Fraglosigkeit durch Tradition und Autorität die der Legitimität durch Vernunft und Einsicht. „Was jetzt gelten soll", heißt es bei Hegel, „gilt nicht mehr durch Gewalt, wenig durch Gewohnheit und Sitte, wohl aber durch Einsicht und Gründe."[25] „Unverstellte Achtung" bewilligt nach Kant die Vernunft nur demjenigen, „was ihre freie und öffentliche Prüfung hat aushalten können"[26].

Damit ist die philosophische Vernunft des handelnden Subjekts herausgefordert, die in der spätmittelalterlichen Krise der Theologie offengebliebene Frage nach dem Ganzen gelungener menschlicher Praxis zu beantworten. Es ist nicht zuletzt diese Herausforderung, die ihre neuzeitliche Emanzipation von der Theologie bedingt. Forderung nach „freier und öffentlicher Prüfung" heißt für die philosophische Vernunft, zu den fraglich gewordenen Ansprüchen in Di-

---

B. Nelson, Der Ursprung der Moderne. Vergleichende Studien zum Zivilisationsprozeß (Frankfurt a.M. 1977) 94–125, 165–171.

[23] Vgl. *H. Ebeling* (Hrsg.), a. a. O. (insgesamt).

[24] Vgl. dazu *U. Anacker,* Art. „Subjekt", in: HphGB III 1446.

[25] *G. W. F. Hegel,* Grundlinien der Philosophie des Rechts, ed. H. Glockner VII 424 (§ 316 Zusatz).

[26] *I. Kant,* Kritik der reinen Vernunft A XI Anm., Akad.-Ausg. IV 9.

stanz zu treten, die entsprechenden Handlungsziele zu virtualisieren und ihre Geltung unter Vorbehalt zu stellen, um, gestützt auf Gründe, jene Einheit der Interpretation zu gewinnen oder wiederherzustellen, ohne die ein gesicherter, die Identität der handelnden Subjekte ermöglichender Handlungszusammenhang nicht zustande kommen kann.

Diese neue Funktion der Vernunft, die die Tradition in Frage stellt, erweist sich zugleich unter anderem Blickwinkel als deren Resultat: Erst wo das Mögliche nicht im Faktischen aufgeht und die Reduktion der Determination durch Betonung der Kontingenz einen neuen Raum der Freiheit eröffnet, wie es in der spätmittelalterlichen Entwicklung der Theologie und Philosophie der Fall ist, wird der Akt der handlungsleitenden Vernunft nicht mehr nur als Nachvollzug bzw. Nachahmung, sondern als Entwurf und Konstruktion denkbar[27]. Sinnverleihende Ordnung wird nicht mehr vorgefunden, sondern, weil zur Frage geworden, selbst gestiftet. Die Rationalität, durch die sich das vernünftige Subjekt handelnd selbst erhält, wird zum unabgeschlossenen, offenen Prozeß der Exploration. Im prüfenden und stellungnehmenden Akt der Vernunft gewinnt das Handeln die Qualität der Sittlichkeit als Selbstbestimmung.

Die damit hervortretende Tätigkeit der Vernunft ist dennoch nicht die einer absoluten, sich selbst erzeugenden Subjektivität. Um der Erhaltung seiner selbst willen auf sich verwiesen, erfährt das Subjekt zugleich seine Herkunft aus Möglichkeiten außerhalb seiner selbst[28]. Nur durch die bleibende Verwiesenheit auf ein von ihr selbst nicht verfügbar Gründendes wird dessen Krise zur Gefährdung des Subjekts, so wie umgekehrt erst diese Gefährdung die prinzipielle Verwiesenheit offenkundig werden läßt. Die Frage des auf sich gestellten Subjekts nach der Bestimmung seines Handelns führt daher notwendig zur Frage nach jenem Gründenden, von dem her und auf das hin sich das Subjekt handelnd bestimmen kann und muß. Mit der Erkenntnis der Bedingungen seines Handelns und ihrer Geschichte erfährt das Subjekt sich selbst und seine Geschichte; erst so gewinnt es den Zugang zur Bestimmung seiner selbst. Offen ist für die Neuzeit nicht die Frage, ob das handelnde Subjekt bedingt ist, sondern von welchem Ansatz her die Struktur dieser Bedingtheit bestimmt und wie sie mit der Unbedingtheit der Selbstbestimmung des Subjekts vermittelt werden kann. Primat der Vernunft heißt für den Bereich des Handelns nicht, daß Geltungen allein aus der Vernunft abgeleitet, sondern allein durch sie geprüft und begründet werden können.

---

[27] Vgl. auch *H. Blumenberg*, „Nachahmung der Natur". Zur Vorgeschichte der Idee des schöpferischen Menschen, in: StudGen 10 (1957) 276–282.

[28] Vgl. dazu *D. Henrich*, a.a.O. 307f.

2. *Das neue Modell der Rationalität: Vernunft und Methode*

Der Gang, auf dem sich die sittliche Vernunft der Neuzeit ihres eigenen Vollzugs und der ihn ermöglichenden Instanzen zu versichern versucht, erreicht sein Ziel nicht mit einem einzigen Zugriff und nicht ohne mannigfache Selbstkorrektur, doch lassen nicht zuletzt die Umwege seine innere Konsequenz erkennen. Am Beginn des Weges steht die von der strittig gewordenen Tradition selbst ausgelöste Krise, die das handelnde Subjekt mit sich und der Verantwortung für seine Lebensführung konfrontiert und die Frage nach der Sicherheit der Handlungsgrundlagen zum entscheidenden Problem macht. Da die Krise von der Autorität der Überlieferung ausgeht, kann sie nur vom Subjekt selbst auf eine von ihr unabhängige Weise gelöst werden, nämlich mit Hilfe der natürlichen Vernunft als jenes Vermögens, durch das der Mensch, wie *Descartes* feststellt, aus eigener Kraft „Wahres von Falschem zu unterscheiden“[29] vermag und das nur nach der rechten Methode verwendet zu werden braucht, um zu irrtumsfreier, ein sicheres Leben verbürgender Erkenntnis zu führen. Das Paradigma, das dem methodischen Vernunftgebrauch in der Perspektive der frühen Neuzeit solches Vertrauen sichert, ist der „mos geometricus“, der die gewünschte Irrtumsfreiheit erreicht, indem er das Prinzip des Rückgangs auf einen absolut irrtumsfreien Anfang mit dem Prinzip eines unbezweifelbaren, weil in seiner vollständigen Ordnung vom Menschen selbst entworfenen und deshalb von jedermann einsehbaren und überprüfbaren Begründungszusammenhanges verbindet. Durch einen solchen methodischen Gebrauch für sich selbst durchsichtig geworden, begreift die Vernunft mit ihren Möglichkeiten auch ihre Macht. Sie vermag, wie die (um 1600 einsetzende) „neue Wissenschaft“ der Physik zeigt, in Anwendung der mathematischen Methode jenes allgemeine Gesetz zu konstruieren, mit dessen Hilfe die Natur nicht nur in allen ihren Abläufen erklärt, sondern – anders als in der überlieferten aristotelischen Naturphilosophie, an deren Teleologie die von Bacon proklamierte Identität von Wissen und Macht bislang scheiterte – auch verändert und beherrscht werden kann. Die neue Rationalität macht den Menschen „zum Herrn und Eigentümer der Natur“[30]. Sie soll ihn ein neues definitives Wissen, eine Universalwissenschaft finden lassen, als deren „letzte und höchste Stufe“ sich eine von ihren Grundlagen her sichere und deshalb in ihren Resultaten endgültige „höchste und vollkommenste Sittenlehre“[31] einstellt. Bis die Fertigstellung der anderen Disziplinen eine solche *definitive Moral* möglich macht, muß allerdings

---

[29] *R. Descartes*, Discours de la Méthode I 1, ed. Ch. Adam-P. Tannery (= AT) VI 2. Vgl. dazu auch *G. Schmidt*, Aufklärung und Metaphysik. Die Neubegründung des Wissens durch Descartes (Tübingen 1965) 1–49.

[30] *R. Descartes*, Discours VI 3, AT VI 62.

[31] *R. Descartes*, Les Principes de la Philosophie, Préf., AT IX/2 14.

den Regeln einer „moral par provision"[32], einer provisorischen Moral, gemäß gehandelt werden.

Dadurch, daß die frühe Neuzeit mit Descartes die geforderte Sicherheit des handlungsleitenden Wissens an die Anerkennung durch die Vernunft knüpft und diese Anerkennung davon abhängig macht, ob sich eine Wahrheit durch einen – keine ungeprüften Prämissen enthaltenden – Begründungszusammenhang als gewiß auszuweisen vermag, erfährt die seit Sokrates im Mittelpunkt der philosophischen Ethik stehende Rolle der Vernunft eine für die weitere Entwicklung entscheidende Zuschärfung: alles normativ handlungsleitende Wissen tritt unter den Anspruch, sich in seiner objektiven Gültigkeit durch die rationale Transparenz eines vollständigen Begründungszusammenhangs auszuweisen. Alle ungeprüft geltenden, durch Autorität und Tradition vermittelten Ansprüche müssen der Hypothetisierung verfallen. Damit zeigt sich ein Gebrauch der Vernunft, dem der Vollzug einer fundamentalen *Freiheit* zugrunde liegt, der Freiheit, nichts als gegeben hinnehmen zu müssen, sich des Urteils enthalten zu können und nur dem Anerkennung zuteil werden zu lassen, was sich durch Gründe als anerkennenswert erweist[33]. Durch diese Freiheit – und damit kommt die christliche Herkunft dieses schon von Thomas von Aquin an die Spitze seiner Tugendlehre gestellten Gedankens[34] zum Vorschein – ist der Mensch Gott ähnlich, und in ihr liegt die eigentliche Würde des Menschen, derentwegen er zu schätzen ist[35]. Sie erst konstituiert ihn als wahrhaft vernünftiges sittliches Subjekt, denn „leben, ohne zu philosophieren, heißt die Augen geschlossen haben, ohne auch nur zu versuchen, sie zu öffnen"[36]. Es ist die Freiheit, dem Denken und nur ihm zu folgen, wie sie Descartes als erster fordert, mit der nach Hegel[37] die neuzeitliche Geschichte der menschlichen Vernunft und Freiheit beginnt.

Die unkritische Gleichsetzung des autonomen und kritischen Vernunftgebrauchs mit der am Paradigma der Mathematik gewonnenen Methode muß freilich die so eindringlich gestellte Rationalitätsforderung auf dem Gebiet des Ethischen letztlich scheitern lassen. Auf evidente Prämissen angewiesen, sieht sich das neue Begründungsmodell vor die Wahl gestellt, diese ausschließlich der Vernunft entnehmen zu müssen – auf diese Weise aber keine Inhalte der Ethik gewinnen zu können – oder sie einer nicht teleologisch interpretierten menschlichen Natur

---

[32] *R. Descartes,* Discours III 1, AT VI 22.

[33] Vgl. *R. Descartes,* Les Méditations métaphysiques, AT IX/1 14; Principia philosophiae I 6, AT VIII 6; vgl. dazu *L. Oeing-Hanhoff,* Descartes' Lehre von der Freiheit, in: PhJ 78 (1971) 1–16.

[34] *Thomas von Aquin,* STh I–II prol.

[35] *R. Descartes,* Les Passions de l'âme 154, AT XI 446; *ders.,* Meditationes de prima philosophia, AT VII 57. – Vgl. auch *B. Spinoza,* Ethica ordine geometrico demonstrata IV propos. 67, ed. Gebhardt II 261.

[36] *R. Descartes,* Les Principes de la Philosophie, Préf., AT IX/2 3.

[37] Vgl. *G. W. F. Hegel,* Vorlesungen über die Geschichte der Philosophie, ed. H. Glockner XIX 331–367.

entnehmen zu müssen und so nur zu einer Logik sachgemäßen Verhaltens zu gelangen, mit deren Hilfe sich der Mensch zwar zunehmend von naturaler Fremdbestimmung befreien und für die Sicherung seines Daseins sorgen kann, nicht aber auch für dessen Erfüllung[38]. Die Weise der Begründung vermag gerade die für eine Ethik konstitutive praktisch-normative Intention nicht zur Geltung zu bringen.

3. Vernunft und Natur: Normativität als Artefakt

Diese Intention muß aber – nach *Hobbes* – einer rationalen Klärung unterzogen werden, wenn der zur Bedrohung gewordene Dissens durch eine neue Begründung der verbindlichen Handlungsgrundlagen überwunden werden soll. Das ist möglich, wenn man das Handeln unter dem Gesichtspunkt der Selbsterhaltung durch die menschliche *Vernunft* betrachtet und von jenen Antriebskräften der menschlichen *Natur* ausgeht, die im Unterschied zu den Zweckursachen der alten Teleologie von einer „natürlichen Notwendigkeit" gekennzeichnet sind, die, wie im Fall der Furcht vor dem Tod, „nicht geringer (ist) als die, durch welche ein Stein zur Erde fällt"[39]. Ist aber die menschliche Natur auf der Ebene der elementaren Antriebskräfte bestimmt durch einen ursprünglichen Antagonismus von unbegrenztem Machtstreben und (gegenseitiger) Furcht, dann kann die im Dienst der Selbsterhaltung sich begreifende Vernunft des Menschen nicht umhin, jenes „Gesetz der Natur" (law of nature) als eine „von der Vernunft gefundene Vorschrift oder allgemeine Regel" (precept or general rule, found out by reason) zu konzipieren: durch „Vertrag" auf das ursprüngliche „Recht auf alle Dinge"[40] zu verzichten und sich im Artefakt des Staates selbst die Instanz zu schaffen, durch deren Gesetzgebung die Selbsterhaltung und Bedürfnisbefriedigung aller überhaupt erst ermöglicht und gesichert werden.

Vergesellschaftung und Handlungsnormierung treten auf diese Weise mit einer bis dahin unbekannten Deutlichkeit als Tat des Menschen und seiner Vernunft in Erscheinung. Gut und Böse als verbindliche Maßstäbe des Handelns gibt es erst auf der Ebene des vom Menschen hervorgebrachten Staates; erst der Herrscher setzt die konkreten Normen. Gerade als Konstrukt der menschlichen Vernunft aber werden Vergesellschaftung und Handlungsnormierung

---

[38] Vgl. dazu *H. Blumenberg,* Art. „Transzendenz und Immanenz", in: RGG VI 996; *ders.,* Säkularisierung und Selbstbehauptung 244f. – Descartes' eigene Beibehaltung der am aristotelischen Typus orientierten provisorischen Moral bestätigt das Dilemma; die geforderte definitive Moral kommt über die im „Traité de l'homme" vorgelegten Versuche einer Lehre sachgerechten Verhaltens nicht hinaus.

[39] *Th. Hobbes,* De Cive I 7, Opera Latina II, ed. G. Molesworth 163; dt. Übers. von G. Gawlick (Hamburg ²1966) 81.

[40] *Th. Hobbes,* Leviathan XIV, English Works III, ed. W. Molesworth 116–120; vgl. Opera Latina III, ed. G. Molesworth 102–105.

der rationalen Klärung zugänglich: Ausgehend von ihren konstituierenden Elementen lassen sich die Gesetze des menschlichen Handelns unter dem Gesichtspunkt der Selbsterhaltung als ein Zusammenhang konstruieren, der ebenso transparent und zwingend ist wie der Zusammenhang der Größenverhältnisse der Figuren in der von der menschlichen Vernunft entworfenen und deshalb „beweisbaren" Wissenschaft der Geometrie[41]. Die Erkenntnis, daß die gesellschaftlich-politisch-moralische Ordnung Konstrukt des Menschen ist, rückt diese Ordnung also keineswegs ins Beliebige. Im Gegenteil erlaubt nach Hobbes erst eine solche Erkenntnis, die strenge Rationalität dieser Ordnung erkennen und so die Allgemeingültigkeit ihrer Verbindlichkeit begründen zu können; erst als Theorie des eigenen Konstrukts vermag Ethik dem Menschen sichere Grundlagen des Handelns zu vermitteln.

Mit der Erkenntnis der Normen als eigener Produkte bringt sich aber der Mensch in ein neues Verhältnis zum ethisch Normativen: Die traditionelle Verantwortung des Menschen vor den Normen erweitert sich um die Verantwortung *für* die Normen. Die überlieferten Ansprüche verlieren den Bann des Unveränderlichen und werden zum Gegenstand kritischer Prüfung. Geschichte wird als Fortschritt in der Gestaltung der Normwirklichkeit zur moralischen Aufgabe. Mit dem Versuch, den Vorgang der Vergesellschaftung aus seinen Elementen und Ursachen gesetzlich zu erklären, beginnt der zu den empirischen Sozial- und Humanwissenschaften der Gegenwart führende Weg, die faktische Geltung von Normen durch Aufklärung ihrer Bedingungsgesetzlichkeit einer theoretischen Deutung zugänglich zu machen. Zugleich aber hindert die Bindung an das Theoriemodell der Geometrie und die Tendenz, praktische Vernunft als Instrument der Selbsterhaltung von deren naturaler Konditionierung her zu begreifen, Hobbes daran, die spezifisch praktische Intention der Vernunft adäquat aufzunehmen. Das moralisch Gute bleibt auf das für die Selbsterhaltung unbedingt Notwendige beschränkt, und sein normativer Anspruch kann nur in Form eines assertorisch-hypothetischen Imperativs geltend gemacht werden[42]. Wie bereits bei Descartes erweist sich auch hier die Orientierung des Verständnisses von Rationalität am Paradigma von Geometrie und Physik als zu eng. Die Folgen solcher vernunftwidrigen Einschränkung der Vernunft sind aber für die Ethik, wie sich von den französischen Enzyklopädisten bis zum Wiener Kreis und den modernen Spielarten des Positivismus zeigt, die gleichen: entweder bleibt es bei einer der bloßen Selbsterhaltung dienenden Logik sachgemäßen Verhaltens bzw. einer „morale comme une physique expérimentale", von deren methodischer Anwendung man sich wie

[41] Vgl. *Th. Hobbes,* De Cive, Ep. ded. u. Praef., Opera Latina II, ed. G. Molesworth 137f.; 145f.; *ders.,* De Homine XI 5, Opera Latina II, ed. G. Molesworth 93.

[42] Vgl. dazu *K.-H. Ilting,* Hobbes und die praktische Philosophie der Neuzeit, in: PhJ 72 (1964) 90–96; *P. Baumanns,* Einführung in die praktische Philosophie (Stuttgart-Bad Cannstatt 1977) 26–30 u. 112–121; *H. Welzel,* Naturrecht und materiale Gerechtigkeit (Göttingen [4]1962) 120f.

Helvétius einen universalen Fortschritt verspricht[43], die aber als rein instrumentelles Wissen nur zur Optimierung beliebiger Zweck-Mittel-Relationen tauglich ist, oder aber Ethik verlagert sich aus dem Bereich des rational Wißbaren in den der privaten Dezision.

4. Die Kritik am Primat der theoretischen Vernunft: praktisches Wissen und Geschichte

Überwunden werden kann das damit sichtbar gewordene Dilemma nur, wenn die Vernunft in ihrem praktischen Gebrauch angemessen begriffen wird und der Ansatz, auf den sie sich bezieht, mehr umfaßt als nur eine in ihren geschichtslosen Konstanten begriffene menschliche Natur. Handeln hat es nämlich, wie *Vico* mit Aristoteles dem cartesischen Ansatz entgegenhält, stets mit dem kontingenten Einzelfall zu tun und gründet daher auf einem Wissen, das nur aus Erfahrung in der Weise der Klugheit gewonnen werden kann und dessen Wahrheit die Form der Wahrscheinlichkeit hat[44]. Es widerspricht daher der Eigenstruktur des praktischen Wissens, „die Methode des wissenschaftlichen Urteils auf die Praxis der Klugheit (zu) übertragen"[45] und die Gewißheit des praktischen Wissens auf einem von der Vernunft selbst gesetzten, absoluten Anfang und einen davon ausgehenden deduktiven Begründungszusammenhang zu stützen. Durch die mit der Idee eines solchen absoluten Anfangs unvermeidlich verbundene Hypothetisierung des Erfahrungswissens schneidet das an der theoretischen Disziplin der Mathematik orientierte Rationalitätsmodell die Vernunft gerade von derjenigen Quelle ab, auf die ihr praktischer Gebrauch angewiesen ist. Die Vernunft des Menschen ist wie seine gesamte Natur keine vorgegebene unveränderliche Größe, sondern wird erst durch die Geschichte zu dem, als was sie dann in Erscheinung tritt. Es ist der Mensch selbst, der durch die Produktivität seines Geistes die Geschichte macht und der in den Modifikationen seines Geistes auch die Prinzipien besitzt, um sie im Nachhinein zu verstehen[46]. Als Produkt des eigenen Geistes folgt der Gang der Geschichte nicht dem Zufall, sondern einem ewigen, idealen Gesetz, das den Menschen – aus vorrationalen Ursprüngen kommend – mit der historischen Welt (als dem Inbegriff der Regeln und Institutionen vernünftigen Handelns verstanden) seine eigene Natur als Vernunftwesen hervorbringen, bewahren und nach eingetretenem Verfall

---

43 *C.-A. Helvétius,* De l'esprit, Préf., Œuvres complètes I (Paris 1795, Neudr. Hildesheim 1967) 178.

44 Vgl. *G. B. Vico,* De nostri temporis studiorum ratione. Vom Wesen und Weg der geistigen Bildung, lat.-dt. Ausg., übers. von W. F. Otto (Godesberg 1947, Neudr. Düsseldorf 1974) 59ff.

45 Ebd. 63. – Vgl. dazu *J. Habermas,* Theorie und Praxis (Frankfurt a. M. ⁴1971) 51f., 271–275.

46 *G. B. Vico,* Die neue Wissenschaft über die gemeinschaftliche Natur der Völker, nach der Ausg. von 1744 übers. von E. Auerbach (Neudr. Reinbek 1966) 51f. – Vgl. dazu *F. Fellmann,* Das Vico-Axiom: Der Mensch macht die Geschichte (Freiburg i. Br. – München 1976).

erneut hervorbringen läßt. Damit wird eine neue, an die Stelle des alten kosmologisch-metaphysischen Schemas tretende Möglichkeit sichtbar, Einheit und Ordnung sowohl der Wirklichkeit als auch des Handlungszusammenhangs denken zu können. Da der Gang der Geschichte dem Gesetz der Vernunft entspringt, vermag die Vernunft umgekehrt im Gesetz der Geschichte das Gesetz der eigenen Konstitution zu erkennen[47] und so sich selbst und die Bedingungen ihrer Erhaltung zu begreifen. Die Geschichte wird erstmals zu einer normativen Instanz eigenen Ranges. Nicht zyklisch, sondern linear interpretiert, wie dies in der *Aufklärung des 18. Jahrhunderts* geschieht, wird der Gang der Geschichte zum Fortschritt in der Heraufkunft der Vernunft. Die „Aufklärung" der Vernunft über sich selbst erscheint als jenes Moment, durch das die Vernunft sich ihrer Herrschaft über das Handeln endgültig versichert und die definitive Existenz des Menschen unwiderruflich heraufführt. Als solche Aufklärung gewinnt ethische Rationalität eigene ethische Dignität und wird zum moralischen Ziel der Geschichte.

5. *Geschichte als Heraufkunft der Freiheit: die Rationalität der Vermittlung*

Kommt es aber im Verlauf der Geschichte gerade durch den Gebrauch der Vernunft zur Entzweiung der Menschen untereinander und des Menschen mit sich selbst und seiner Natur, dann muß eine so einlinige Interpretation der Geschichte fragwürdig und der ihr zugrunde liegende Begriff der Vernunft zweideutig werden. Der mögliche Rekurs auf eine geschichtslose, antagonistisch gedachte menschliche Natur läßt eine Überwindung der Entzweiung nur durch dezisionistische Setzung zu und weist damit der Geschichte den Rang einer nur von außen das Handeln bestimmenden Instanz an. Natur und Vernunft, daran muß nach *Rousseau* festgehalten werden, sind aber so, wie sie begegnen, immer schon Resultat der Geschichte, und was sich über den status naturae purae ausmachen läßt, ist nur die Feststellung einer ursprünglichen, durch die Instinktunabhängigkeit gegebenen naturhaften Freiheit und einer daraus resultierenden Formbarkeit, einer den Menschen vom Tier unterscheidenden perfectibilité[48]. In ihr liegt die Bedingung der Möglichkeit seines Elends, denn sie zwingt ihn – um zu überleben –, sich selbst als Vernunft- und Kulturwesen hervorzubringen und damit die geschichtlich-gesellschaftlichen Bedingungen seiner Depravation selbst zu erzeugen; sie aber erlaubt es ihm auch, die Entfremdung von der eigenen Natur zu überwinden und auf einer höheren Stufe des geschichtlichen Prozesses eine neue Übereinstimmung mit sich selbst zu ge-

---

[47] Vgl. dazu *R. Schaeffler*, Einführung in die Geschichtsphilosophie (Darmstadt 1973) 175f.
[48] *J.-J. Rousseau*, Discours sur l'origine de l'inégalité parmi les hommes, ed. Pléiade III 142.

winnen. Dies geschieht da, wo sich durch einen „Gesellschaftsvertrag" jene „volonté générale" konstituiert, die nicht einfach die Meinung der Mehrheit wiedergibt, sondern jenen freien Konsens, in dem sich die allgemeine Vernunft selbst zur Geltung bringt und auf der Basis einer gemeinsamen Interessenstruktur die Kompatibilität der Freiheit des einzelnen mit der Freiheit aller herstellt[49]. Da der allgemeine Wille als das formale Prinzip dieser Kompatibilität nur das vorschreibt, was der wohlverstandenen, auf Selbsterhaltung abzielenden Selbstliebe (amour de soi-même[50]) aller entspricht, ist seine Anerkennung zwar ein Verzicht auf die naturhafte Freiheit und die zur Entzweiung führende Eigenliebe (amour propre), doch als „Gehorsam dem Gesetz gegenüber, das man sich selber gegeben hat", führt sie zu dem, was den Menschen mehr noch auszeichnet als seine Vernunft, nämlich zur „moralischen Freiheit, die allein den Menschen zum Herrn seiner selbst macht"[51] und in der Freiheit der Selbstbestimmung sein mit der eigenen Natur versöhntes Selbstsein finden läßt.

Damit zeichnet sich als maßgeblicher Rahmen des moralischen Handelns ein *Zusammenhang von Natur, Vernunft, Gesellschaft und Geschichte* ab, in dem die einzelnen Faktoren ihre Funktion weder in bloßer Verlängerung der anderen noch als deren antagonistisches Gegenüber, sondern in der Weise einer komplexen, wechselseitigen Bestimmung ausüben. Erst die Einsicht in die innere Rationalität dieses Zusammenhanges, so läßt Rousseaus Programm deutlich werden, kann Moralität als jene Weise der Selbstbeziehung des Subjekts begreiflich machen, in der Vermittlung und Gründung durch Natur, Gesellschaft und Geschichte und Selbstbestimmung durch Vernunft, Emanzipation des Individuums und Integration in die Gesellschaft, Freiheit und Gesetzgebung einander nicht ausschließen, sondern bedingen.

6. Die Rationalität der praktischen Vernunft: Sittlichkeit als Selbstbestimmung

Wie aber läßt sich der praktische Gebrauch der Vernunft mit der methodischen Strenge der neuzeitlichen Rationalitätsforderung so verbinden, daß die Bestimmung der Moralität als eines „freien Selbstzwanges"[52] einsichtig und begründbar wird? Durch theoretischen Gebrauch der Vernunft kann die nach *Kant* allem sittlichen Handeln zugrunde liegende Erfahrung des moralischen Gesetzes als eines Anspruchs von unbedingter Verbindlichkeit nicht begründet werden, denn keiner der denkbaren Begründungsversuche ist in der Lage so, wie es das Phänomen fordert, nämlich unter Wahrung der vorausgesetzten

---

[49] Vgl. *J.-J. Rousseau,* Du Contrat social I 6, ed. Pléiade III 360–362.
[50] *J.-J. Rousseau,* Discours sur l'origine de l'inégalité, ed. Pléiade III 219.
[51] *J.-J. Rousseau,* Du Contrat social I 8, ed. Pléiade III 365.
[52] *I. Kant,* Die Metaphysik der Sitten, Akad.-Ausg. VI 383.

Freiheit, zu Handlungsmaximen zu führen, deren Verbindlichkeit den Charakter der Unbedingtheit besitzt[53]. Nur wenn auf eine von der theoretischen Vernunft unabhängige praktische Vernunft zurückgegriffen und gezeigt werden kann, daß die „Pflicht als Pflicht überhaupt, vor aller Erfahrung, in der Idee einer den Willen durch Gründe a priori bestimmenden Vernunft liegt“[54], kann das moralische Gesetz als vernünftig aufgezeigt werden. Wie sich auf dem „kritischen Weg“ einer solchen Aufklärung der Vernunft über sich selbst und ihre Grenzen zeigt, kann der in der sittlichen Grunderfahrung sich ausweisende Anspruch unbedingter Wertschätzung allein jenem „guten Willen“[55] gelten, der seine Güte nicht durch seine Inhalte besitzt, sondern dadurch, daß er seine Form vernünftiger Allgemeinheit zur Regel seiner Inhalte macht.

Mit dieser „kopernikanischen Wendung“, das sittliche Bewußtsein als „Selbstverhältnis des vernünftigen Willens“[56] auszulegen, gelingt es Kant, den Typ des überprüfbaren Gesetzeswissens, durch den die theoretischen Wissenschaften nach langem „Herumtappen“ einen „sicheren Gang“[57] haben antreten können, auf das praktische Wissen zu übertragen, ohne die Differenz zwischen Faktum und Norm, Notwendigkeit und Freiheit aufzuheben. Versteht man nämlich Praxis analog zur Natur als Beziehung von Ursache und Wirkung, dann läßt sich auch hier von einer Kausalität unter Gesetzen sprechen, nur mit dem entscheidenden Unterschied, daß die Vernunft selbst als „a priori gesetzgebend für die Freiheit und ihre eigene Kausalität“[58] in Erscheinung tritt, nämlich als „reine“ praktische Vernunft, die „für sich, unabhängig von allem Empirischen“[59], das unbedingte Gute als formale Struktur des Wollens nicht nur erfaßt, sondern dem Willen als jenen unbedingten Sollensanspruch auferlegt, dem aus reiner „Achtung fürs Gesetz“ zu folgen erst den „guten Willen“ ausmacht[60]. Weil das Gesetz nur die Form des Handelns angibt, kann es für die moralische Welt mit der gleichen Strenge und Allgemeingültigkeit gelten wie das Gesetz Newtons für die physikalische Welt[61].

Als sinnliches Wesen der Naturkausalität unterworfen und als Vernunftwesen der Freiheit fähig, muß der Mensch sich das Gesetz als Imperativ vorhalten, um durch diese Nötigung die *Freiheit aus Vernunft* zu gewinnen. Moralität er-

---

[53] Vgl. *I. Kant*, Reflexionen zur Moralphilosophie Nr. 6635–6660, Akad.-Ausg. XIX 121f. – Vgl. dazu *W. Oelmüller*, Die unbefriedigte Aufklärung. Beiträge zu einer Theorie der Moderne von Lessing, Kant und Hegel (Frankfurt a. M. 1969) 123–140.

[54] *I. Kant*, Grundlegung zur Metaphysik der Sitten, Akad.-Ausg. IV 408.

[55] Ebd., Akad.-Ausg. IV 393.

[56] *D. Henrich*, Das Problem der Grundlegung der Ethik bei Kant und im spekulativen Idealismus, in: *P. Engelhardt* (Hrsg.), Sein und Ethos (Mainz 1963) 357, 376.

[57] *I. Kant*, Kritik der reinen Vernunft, Akad.-Ausg. III 9f.

[58] *I. Kant*, Kritik der Urteilskraft, Akad.-Ausg. V 195.

[59] *I. Kant*, Kritik der praktischen Vernunft, Akad.-Ausg. V 42.

[60] *I. Kant*, Grundlegung zur Metaphysik der Sitten, Akad.-Ausg. IV 400f.

[61] Vgl. den Gebrauch des Begriffs des „allgemeinen Naturgesetzes“ in der Formulierung des Kategorischen Imperativs in: *I. Kant*, Grundlegung zur Metaphysik der Sitten, Akad.-Ausg. IV 421.

scheint als jene Auto-nomie, in der der Mensch selbst sich das Gesetz gibt, das ihm in Begrenzung und Überschreitung seiner Bedürfnisnatur die Freiheit als Vernunftwesen ermöglicht und ihn als moralisches Subjekt, als „Zweck an sich selbst"[62] konstituiert. Das moralische Gesetz besagt als formales Prinzip die in der Freiheit des verantwortlichen Vernunftwesens enthaltene Verantwortung für die Erhaltung der Freiheit[63]. In der geforderten unbedingten Selbstgestaltung der Freiheit aus Vernunft erweisen sich ethische Rationalität, Moralität und Vollzug der Freiheit als identisch.

7. *Die Rationalität der Geschichte: Vernunft und Institution*

Gerade wenn „Freiheit die letzte Angel ist, auf der der Mensch sich dreht"[64], und wenn festzuhalten ist, daß der Mensch „Zweck in ihm selbst" nur ist „durch das, was von Anfang Vernunft und insofern als sie... selbstbestimmend ist, Freiheit genannt worden ist"[65], kann es, wie *Hegel* kritisiert, nicht genügen, den Vollzug dieser Freiheit allein auf eine als Selbstverhältnis des vernünftigen Willens interpretierte Moralität zu gründen. Eine solche Moralität vermag ihre Inhalte und deren Herkunft nicht in ihre Bestimmung aufzunehmen. Was sie erreicht, ist ein „abstraktes, nur *sein sollendes* Gutes"[66]; die reale, gesellschaftlich institutionalisierte Sittlichkeit verbleibt in einem von der Moralität getrennten Bereich der Legalität. Ihre eigene Realität kann solche Moralität nur durch die vorgängige, nach Kant allein vom Bewußtsein des Sittengesetzes als „Faktum der Vernunft"[67] ausgewiesene Annahme eines dem „Reich der Natur" und seiner Kausalität gegenüberstehenden „Reiches der Zwecke"[68] festhalten. Auch der Versuch, die auf diese Weise unvermittelt bleibende Differenz von Wille und Natur, Vernunft und Geschichte, Moralität und Legalität wie *Fichte* durch die Annahme eines absoluten Ichs zu beheben, dem die gesamte Wirklichkeit zum Tätigkeitsfeld seiner Freiheit wird und das die Welt als sittliche Tat selbst hervorbringt, stellt nach Hegel keine Lösung dar, denn auch hier bleibt das Letzte eine der Partikularität und der Beliebigkeit ausgesetzte Subjektivität[69].

---

[62] Ebd. 428f.

[63] Vgl. dazu *G. Picht*, Aufklärung und Offenbarung, in: *ders.*, Wahrheit, Vernunft, Verantwortung (Stuttgart 1969) 200.

[64] *G. W. F. Hegel*, Vorlesungen über die Geschichte der Philosophie, ed. H. Glockner XIX 591; vgl. dazu auch *L. Honnefelder*, Zur Philosophie der Schuld, in: ThQ 155 (1975) 37–39.

[65] *G. W. F. Hegel*, Die Vernunft in der Geschichte, ed. J. Hoffmeister 106f.

[66] *G. W. F. Hegel*, Grundlinien der Philosophie des Rechts, ed. H. Glockner VII 223 (§ 141).

[67] *I. Kant*, Kritik der praktischen Vernunft, Akad.-Ausg. V 31.

[68] *I. Kant*, Grundlegung zur Metaphysik der Sitten, Akad.-Ausg. IV 433–439.

[69] *G. W. F. Hegel*, Vorlesungen über die Geschichte der Philosophie, ed. H. Glockner XIX 631–639.

Weiter führt nur der Rückgriff auf jene „Institutionen"[70], zu denen die fortgeschrittene geschichtliche Entwicklung geführt hat, wie Sitte, Recht, Familie, bürgerliche Gesellschaft und Staat. Die Einsicht in ihre „entwickelte und verwirklichte Vernünftigkeit"[71] zeigt, daß in ihnen der „an und für sich allgemeine, vernünftige Wille"[72] und mit ihm die „wahre Freiheit"[73] eine Wirklichkeit angenommen haben, in der der besondere mit dem allgemeinen Willen vermittelt und Moralität in Sittlichkeit aufgehoben ist. Als Gestalt „objektiver Freiheit"[74] fordern diese Formen substantieller Sittlichkeit vom einzelnen „die Unterwerfung des zufälligen Willens"[75]. Eine letzte Unbedingtheit gewinnt dieser sittliche Anspruch freilich erst dann, wenn Geschichte als „Fortschritt im Bewußtsein der Freiheit"[76] verstanden werden kann, für den Freiheit nicht nur der „absolute Endzweck", sondern auch das „wahrhafte Resultat"[77] ist, weil Geschichte als Ganzes „die Darstellung des göttlichen absoluten Prozesses des Geistes in seinen höchsten Gestalten"[78] ist. Der Beginn des „Bewußtseins der Freiheit" bei den Griechen und die durch das Christentum als „Religion der Freiheit"[79] vermittelte Einsicht, „daß alle Menschen an sich frei, der Mensch als Mensch frei ist"[80] und im Bewußtsein der Freiheit erst seine „eigenste Natur"[81] findet, sind dabei die wichtigsten Stationen.

Damit rücken die Geschichte und die von ihr hervorgebrachten Institutionen in den Rang einer übergreifenden normativen Instanz, nicht weil sie die Macht geltender Faktizität besitzen, sondern weil in ihnen Vernunft und mit ihr Freiheit zu jener konkreten Wirklichkeit objektiver Sittlichkeit gelangt sind, unter der der Mensch handelnd er selbst sein kann. Ethische Rationalität wird zur Hermeneutik der „Vernunft in der Geschichte" und ihren Institutionen: bei Hegel zur Hermeneutik der Vernunft eines Prozesses des absoluten Geistes, bei *Marx* zur Hermeneutik der Vernünftigkeit einer von ökonomischen Faktoren bestimmten Dialektik des sozialen Kampfes, wobei sich die Unbedingtheit der Verbindlichkeit hier wie dort letztlich der geschichtsphilosophischen Annahme einer übergreifenden (durch ein absolutes Subjekt der Geschichte vermittelten) Sinntotalität verdanken.

---

[70] *G. W. F. Hegel,* Grundlinien der Philosophie des Rechts, ed. H. Glockner VII 342 (§ 263).
[71] Ebd. 344 (§ 265).
[72] *G. W. F. Hegel,* Enzyklopädie der Philosophischen Wissenschaften, ed. F. Nicolin u. O. Pöggeler 402 (§ 513).
[73] Ebd. 380 (§ 469).
[74] *G. W. F. Hegel,* Grundlinien der Philosophie des Rechts, ed. H. Glockner VII 329ff. (§ 258).
[75] *G. W. F. Hegel,* Vorlesungen über die Philosophie der Weltgeschichte, ed. G. Lasson II 938.
[76] *G. W. F. Hegel,* Die Vernunft in der Geschichte, ed. J. Hoffmeister 63.
[77] Ebd. 80.
[78] Ebd. 75.
[79] *G. W. F. Hegel,* Grundlinien der Philosophie des Rechts, ed. H. Glockner VII 364 (§ 270 Zusatz).
[80] *G. W. F. Hegel,* Die Vernunft in der Geschichte, ed. J. Hoffmeister 63.
[81] Ebd. 62.

III
Die ethische Rationalität im Übergang von der Neuzeit zur Moderne

Was die ethische Rationalität der Neuzeit auf dem Höhepunkt der Entwicklung auszeichnet und sie zugleich neuer Infragestellung aussetzt, ist ihr Anspruch, jene Sinnordnung der Moralität und Freiheit zu vermitteln, der universale und unbedingte Geltung zukommt, weil ihre verbindliche Anerkennung Moralität und Freiheit erst begründet. Damit gewinnt einerseits ethische Rationalität selbst eine unüberbietbare sittliche Dignität: Mit dem Entschluß, dem „Interesse der Vernunft"[82] zu folgen, sich auf den Boden der „intelligibelen, d.i. der moralischen Welt"[83] zu stellen und unter dem „Bewußtsein des Geistes von seiner Freiheit"[84] deren „Standpunkt"[85] einzunehmen, wird die übergreifende Sinnordnung der Moralität und Freiheit Wirklichkeit, deren Anspruch sich das Subjekt durch diesen Entschluß unterwirft; ethische Rationalität erweist sich als jener fundamentale Akt der Selbstverpflichtung, durch den sich das moralische Subjekt selbst konstituiert. Auf der anderen Seite vermittelt die ethische Rationalität den Anspruch einer Sinnordnung, die sich neutraler, theoretischer Erkenntnis entzieht und objektive Realität und Verbindlichkeit nur im Vorgriff auf die Sinntotalität selbst, also nur in der Weise des standnehmenden Selbstvollzugs, gewinnt.

1. Die Krise der ethischen Rationalität im Übergang zur Moderne

Die charakteristische Verschärfung der Forderung nach kritischer Prüfung und rationaler Begründung, mit der die Neuzeit den Übergang zur Moderne herbeiführt, läßt mit den metaphysischen und geschichtsphilosophischen Prämissen auch den skizzierten Anspruch der neuzeitlichen ethischen Rationalität in die Krise geraten. Durch die keine Grenzen akzeptierende Reflexion aller Grundlagen gerät die Annahme einer *Totalität der Vernünftigkeit und des Sinns* – gleich, welcher Gestalt –, die zu denken die objektive Vernünftigkeit der Vernunft und die Verbindlichkeit ihrer Ansprüche begründet und ohne die der Gedanke eines umfassenden Gesetzes der Wirklichkeit und der Geschichte nicht möglich wäre, unter den Anschein des Partikulären und Arbiträren. Der These

[82] *I. Kant*, Grundlegung zur Metaphysik der Sitten, Akad.-Ausg. IV 460.
[83] *I. Kant*, Kritik der reinen Vernunft, Akad.-Ausg. III 525.
[84] *G. W. F. Hegel*, Die Vernunft in der Geschichte, ed. J. Hoffmeister 63.
[85] *I. Kant*, Grundlegung zur Metaphysik der Sitten, Akad.-Ausg. IV 458.

Hegels: „Was wirklich ist, das ist vernünftig"[86], tritt Nietzsches Kritik entgegen: „Der moralische Mensch steht der intelligiblen Welt nicht näher als der physische – *denn* es gibt keine intelligible Welt."[87] Mit der „intelligiblen Welt" verliert nicht nur die mit ihr in prästabilierter Harmonie stehende „objektive Vernunft"[88], sondern auch der Mensch selbst als das zur intelligiblen Welt gehörige, der Freiheit fähige Vernunftwesen seine Grundlage. Von Interessen bestimmt, gesellschaftlich vermittelt und durch Geschichte geprägt, wird die von der Neuzeit als Vermögen des absoluten Anfangs und der eindeutigen Wahrheit in Anspruch genommene *Vernunft* sich selbst zum Problem. Auf das Rationalitätsideal der positiven Wissenschaften zurückgenommen, verliert sie ihre Vorherrschaft und wird instrumental.

Mit der Krise des neuzeitlichen Vernunftanspruchs verbindet sich die Krise des Geschichtssinns: Im Licht der sich entwickelnden historischen Geisteswissenschaften zeigt sich *Geschichte* als ein Bedingungszusammenhang, dessen Komplexität und Vieldeutigkeit es nicht mehr erlaubt, das intelligible Ich als ihr Subjekt und sie selbst als Resultat der Vernunft und Freiheit dieses Ichs zu interpretieren. Im „historischen Bewußtsein" wie in der Erfahrung der fatalen Faktizität versagender moralischer Muster löst sich die neuzeitliche Annahme eines Geschichtssinns auf. Die Interpretation der Geschichte als „Fortschritt im Bewußtsein der Freiheit"[89] erweist sich als Resultat einer bestimmten geschichtlichen Konstellation; sie verliert ihren universalen normativen Aussagewert und läßt so selbst nochmals Geschichte als moralisches Problem zurück. Der naheliegende Rekurs auf die Normativität der menschlichen *Natur* findet seine Grenze an den Forschungsresultaten der modernen Human- und Sozialwissenschaften: mit *Darwin* beginnt die Erkenntnis der Verflochtenheit der menschlichen Natur in die Gesetzlichkeiten der biologischen Evolution sich durchzusetzen; die bei *Marx* begegnenden Theorien lassen die ökonomischen Bedingungsfaktoren sichtbar werden; mit der *modernen Soziologie* rückt die gesellschaftliche Verfaßtheit des Menschen in den Vordergrund; durch *Freuds* Forschungen wird die Bedeutung der unbewußten Schichten der menschlichen Psyche bewußt. Die menschliche Natur läßt sich nicht mehr unter einem einzigen, die gesamte Natur beherrschenden Gesetz erfassen, sondern nur noch in der Perspektivität einer Pluralität ansatzgebundener Theorien. Ihre Einheit löst sich in eine Vielheit von Aspekten auf, so daß sie sich immer weniger als handlungsleitender Begriff eignet.

---

[86] *G. W. F. Hegel*, Grundlinien der Philosophie des Rechts, ed. H. Glockner VII, 33.
[87] *F. Nietzsche*, Ecce homo, ed. G. Colli – M. Montinari VI/3 326.
[88] *M. Horkheimer*, Zur Kritik der instrumentellen Vernunft, ed. A. Schmidt (Frankfurt a. M. 1974) 33.
[89] Vgl. Anm. 76.

2. Neuansätze ethischer Rationalität

Was die klassische Gestalt neuzeitlicher ethischer Rationalität problematisch werden läßt, ist die *Steigerung* der Rationalität, der sie selbst zum Durchbruch verholfen hat und die nun unter der Dominanz des Rationalitätstyps der positiven Wissenschaften die Annahmen und Grundlagen in Frage stellt, denen sie ihre universale Verbindlichkeit verdankt. In ähnlicher Weise wurden die mittelalterlichen Formen der Handlungsorientierung durch die *Folgen* der Rationalität universaler Prinzipien gesprengt, die der christliche Glaube unter der Herausforderung der griechisch-arabischen Weltdeutung bereits in der lateinischen Scholastik des 12./13. Jahrhunderts hatte entstehen lassen[90]. In beiden Fällen ist es die mit dem Rationalitätszuwachs verbundene Expansion des menschlichen Könnens, die die Frage nach einer neuen, angemessenen Rationalität des Sollens unvermeidlich – und in der Konsequenz der immensen Möglichkeiten technischer Verwertbarkeit moderner Wissenschaft sogar lebensnotwendig – macht. Eine Krise, die wie die der neuzeitlichen Gestalt ethischer Vernunft durch einen spezifischen Anstieg an Rationalität, vor allem in Form von Wissenschaft, ausgelöst worden ist, kann nur durch ein „Mehr“ an Vernunft gelöst werden, und zwar ein „Mehr“, das (wie die verschiedenen Versuche der Gegenwart offenkundig werden lassen) dem Prozeß der gestiegenen Einsicht in die Struktur praktischer Rationalität selbst entstammt.

In charakteristischer Weise zeigt sich dies an den Versuchen, Ethik in unmittelbarem Rückgriff auf die *Natur* des Menschen und seines Handelns zu begründen, wie sie sich – anders als in der vorwissenschaftlichen Deutung durch Mittelalter und auch Neuzeit – in der methodisch gesicherten humanwissenschaftlichen Forschung der Gegenwart darbietet[91]. Die ethische Relevanz der empirischen Bedingungen humaner Existenz tritt auf diese Weise, wie es ihrem Gewicht entspricht, zwar unübersehbar hervor, doch muß der Versuch, Ethik als *unmittelbare* Fortführung empirischer Rationalität und als Ausweitung humanwissenschaftlicher Erkenntnisse zu ethischen Gesamtkonzepten zu verstehen, an der von *Max Weber* für die modernen Sozialwissenschaften in Fortführung Kants festgehaltenen Unterscheidung zwischen theoretischem und praktischem Vernunftgebrauch scheitern[92]. Wissenschaft, die durch empirisch nachprüfbare Gesetzeshypothesen erklären will, was *ist*, entspricht dem positiv-kenntnisnehmenden Gebrauch der Vernunft, der, anders als die normativ-stellungnehmende Vernunft, nicht angeben kann und darf, was – letzte Zwecksetzungen betreffend – geschehen *soll*. Verbindet man freilich wie Weber diese unabdingbare Unterscheidung mit der These, daß Allgemeingültigkeit wissenschaftlichen

[90] Vgl. auch *B. Nelson*, a.a.O. 35–39, 46–48, 80–88, 141–150.

[91] Vgl. dazu ausführlich *W. Korff*, Wege empirischer Argumentation (in diesem Band).

[92] Vgl. *M. Weber*, Gesammelte Aufsätze zur Wissenschaftslehre, ed. J. Winckelmann (Tübingen [4]1973) 146–214, 489–540, 582–613.

Wissens nur dort gegeben sein kann, wo es sich um den rein kenntnisnehmenden Gebrauch der Vernunft handelt und wo *werturteilsfreie* intersubjektive Überprüfbarkeit möglich ist, muß die von Kant der praktischen Vernunft zugeordnete Begründung der allem Handeln zugrunde liegenden freien Wahl in den Bereich wissenschaftlich nicht mehr einholbarer, letzter subjektiver Entscheidung rücken. Damit aber droht praktische Vernunft ihren Anspruch zu verlieren, überhaupt Vernunft zu sein. Ja, die Forderung nach Rationalität kann, wie im „Kritischen Rationalismus" Poppers, ihrerseits nur als „moralische Entscheidung"[93] deklariert werden. Wie die weitere Diskussion gezeigt hat[94], kann auf diese Weise das Verhältnis von Empirie und Ethik nicht als angemessen gelöst betrachtet werden. Der Verzicht auf die Reflexion der die kenntnisnehmende Vernunft leitenden Interessen beläßt diesen Vernunftgebrauch (und mit ihm das Kritierium der Rationalität der positiven Wissenschaften überhaupt) in einer letzten Unaufgeklärtheit über sich selbst und macht ihre Erkenntnisse zu einem für beliebige Zwecke benutzbaren, rein instrumentellen Wissen[95]. Umgekehrt kann Ethik, die ihren eigenen Anspruch wahren will, nicht in einem empiriefreien Raum verharren oder sich unkritischen Erfahrungsevidenzen überlassen, sondern muß sich auf wissenschaftliche Empirie beziehen, ohne zu deren bloßem Anwendungswissen zu werden. Das aber heißt, eine Antwort auf die Frage geben zu müssen, was ethische Rationalität selbst ist und in welcher Weise die Logik empirischer Bedingungen in das der praktischen Vernunft eigene Feld einzugehen vermag. Dies ist die Fragestellung, an der jene Versuche der Gegenwart ansetzen, die vor Kant unter dem Titel des „Naturrechts" unternommene Vermittlung von ethischem Anspruch und empirischer Natur des Menschen unter veränderten Bedingungen neu zu leisten[96].

Wie zu Beginn der Neuzeit führt auch im Übergang zur Moderne die als Ausweg gewählte unmittelbare Orientierung ethischer Rationalität am Rationalitätstyp empirischer Wissenschaft zu Aporien, die dazu zwingen, sich erneut der Frage nach der Funktion und der Struktur der *praktischen Vernunft* zuzuwenden. Ausgiebig ist dies in den Versuchen geschehen, die in dem Bereich von *Sprache und Logik* ansetzen, in dem sich jedwede Äußerung der Vernunft zwangsläufig vermittelt[97]. Entgegen allen naturalistischen und intuitionistischen Deutungen hat die *analytische Ethik*, besonders *R. M. Hares*[98], zeigen können, daß es einen eigenen Bereich moralischer Äußerungen gibt, der sich in Verwendungsweise und Bedeutung von dem der deskriptiven Sätze

---

[93] *K. R. Popper*, Die offene Gesellschaft und ihre Feinde II (München [4]1975) 285.

[94] Zum Beispiel *H. Albert – E. Topitsch* (Hrsg.), Werturteilsstreit (Darmstadt 1971); *Th. W. Adorno* u. a., Der Positivismusstreit in der deutschen Soziologie (Neuwied – Berlin [2]1972).

[95] Vgl. dazu *J. Habermas*, Erkenntnis und Interesse (Frankfurt a. M. [2]1973).

[96] Vgl. Anm. 91.

[97] Vgl. dazu ausführlich *F. Böckle*, Wege analytischer Argumentation (in diesem Band).

[98] Vgl. *R. M. Hare*, Die Sprache der Moral (Frankfurt a. M. 1972); *ders.*, Freiheit und Vernunft (Düsseldorf 1973).

spezifisch unterscheidet und jedem Versuch der Zurückführung auf sie widersteht. Als deren Kern erscheinen präskriptive Sätze, in denen Sollensansprüche von intersubjektiver Verständlichkeit und objektiver Gültigkeit formuliert werden. Enthält jede Präskription, wie Hare meint, eine Selbstverpflichtung, die sich ihrerseits mit der Forderung nach Universalisierbarkeit verbindet, dann muß es prinzipiell eine eigene ethische Rationalität im Sinn argumentativer Begründbarkeit moralischer Einsicht geben. Auf diese Weise ist gegen alle Reduzierungen der Rationalität auf den Bereich reiner Deskriptionen und damit aller handlungsleitenden Vernunft auf den der Zweck-Mittel-Relationen jener Eigenanspruch normativer Vernunft kenntlich gemacht, wie er in jeder rationalen Diskussion moralischer Forderungen und ihrer Begründung vorausgesetzt wird. Die Begründung selbst setzt freilich einen Rückgriff auf Prinzipien voraus, der, vor allem was die Frage nach einem *letztbegründenden* Prinzip angeht, die metaethische Analyse des Sprachgebrauchs und die Untersuchung der Struktur der deontischen Logik überschreitet[99] und normative Ethik erfordert.

Innerhalb der analytischen Ethik selbst geschieht dies vielfach auf dem Weg eines erneuerten *Utilitarismus,* der es zwar erlaubt, die Verbindlichkeit von Handlungsnormen von ihren Folgen her mit Hilfe eines Prinzips der Nützlichkeit rational zu beurteilen, der aber die Frage nach der Begründung des Utilitätsprinzips selbst offenlassen bzw. als beantwortet voraussetzen muß[100]. Soll die Forderung nach ethischer Rationalität in dem Maß eingelöst werden, das die geschichtliche Entwicklung erlaubt, kann die Frage der Letztbegründung nicht durch dezisionistische oder konventionalistische Positionen als gelöst betrachtet werden. Sie verlangt eine Reflexion auf die Vernünftigkeit der praktischen Vernunft, wie sie in den klassischen Versuchen der Neuzeit begegnet, moralische Verbindlichkeit im Horizont eines apriorischen Allgemeinen, einer „allgemeinen vorgängigen Vernunft"[101] zu denken. Auch ohne die problematischen metaphysischen Prämissen dieser Versuche läßt sich eine solche vorgängige, Normativität begründende Allgemeinheit im sprachlich vermittelten kommunikativen Handeln der Subjekte selbst als die diesem Handeln eigene Sollensstruktur aufweisen. Während nach Meinung der *Erlanger Schule* alle dialogisch rekonstruierbaren Sprachhandlungen die Grundnorm voraussetzen, die eigene Subjektivität zu überschreiten und alle Ansprüche der gemeinsamen Beratung zu unterwerfen[102], bedarf es nach *Habermas* nicht einer als Entschluß zu über-

---

[99] Vgl. dazu *I. Craemer-Ruegenberg,* Moralsprache und Moralität. Zu Thesen der Sprachanalytischen Ethik (Freiburg i. Br. – München 1975) 61–92.

[100] Vgl. *W. K. Frankena,* Analytische Ethik (München 1972) 34 f.

[101] *F. Kaulbach,* Ethik und Metaethik. Darstellung und Kritik metaethischer Argumente (Darmstadt 1974) 165.

[102] Vgl. *F. Kambartel* (Hrsg.), Praktische Philosophie und konstruktive Wissenschaftstheorie (Frankfurt a. M. 1974).

nehmenden Grundnorm, da jedes sinnvolle kommunikative Handeln im Vorgriff auf die ideale Sprechsituation die Anerkennung der Bedingungen notwendig einschließt, durch die rationale Entscheidungen über Geltungsansprüche überhaupt erst möglich werden[103]. Sofern alle Argumentation den Willen zur Argumentation voraussetzt, zeigt sich für *Apel* die Forderung nach wechselseitiger Anerkennung der Diskussionspartner und damit nach diskursiver Einlösbarkeit aller normativen Geltungsansprüche als eine unbedingte Selbstverpflichtung der die unbegrenzte Kommunikationsgemeinschaft bildenden Subjekte. Erst in der „Selbstrekonstruktion der Vernunft“[104] zeigt sich der Grund ethischer Rationalität.

Was hier – wie schon bei Kant am „Faktum der Vernunft“ und bei Peirce am Primat der Ethik vor der Logik – am kommunikativen Handeln selbst als normative Bedingung der Möglichkeit vernünftigen Handelns aufzuzeigen versucht wird, ist jener nicht ableitbare Anspruch des Ethischen, den auf ganz andere Weise die *transzendental-anthropologischen Versuche* unseres Jahrhunderts interpretieren[105]. Diese Versuche gehen davon aus, daß das genuin Ethische weder aus kosmologischem, metaphysischem noch aus geschichtsphilosophischem Vorauswissen und erst recht nicht über empirische Wissenschaft, sondern nur als Anspruch wahrgenommen werden kann, den der Mensch durch sein eigenes Menschsein erfährt. Dieser Anspruch ist gerade dadurch gekennzeichnet, daß er sich der vergegenständlichenden Erkenntnis entzieht und allein in Form einer ursprünglichen, auf „Eigentlichkeit“ zielenden Erfahrung im Umgang des Menschen mit sich selbst, mit dem anderen und mit der Gesellschaft begegnet. Was im Aufruf zur eigenen Existenz, im Anspruch des Du oder im Vorgriff auf die *wahre* Gesellschaft erscheint, ist jene Dimension definitiven Sinns, die den letzten Grund alles Ethischen bildet. Doch kann die Gefährdung dieser Dimension durch den sich absolut setzenden Rationalitätstyp empirischer Wissenschaft und seine Folgen, auf die die transzendental-anthropologischen Ansätze nachdrücklich verweisen, nicht durch Negation der Rationalität überhaupt – wie sie bereits in Kierkegaards Reservierung des Ethischen als Sache des „einzelnen“ angelegt ist –, sondern nur durch ihre vertiefte Reflexion behoben werden.

---

103 Vgl. unter den Veröffentlichungen von *J. Habermas* besonders: Was heißt Universalpragmatik?, in: *K.-O. Apel* (Hrsg.), Sprachpragmatik und Philosophie (Frankfurt a. M. 1976) 174–272.

104 *K.-O. Apel*, Das Apriori der Kommunikationsgemeinschaft und die Grundlagen der Ethik. Zum Problem einer rationalen Begründung der Ethik im Zeitalter der Wissenschaft, in: *ders.*, Transformation der Philosophie II (Frankfurt a. M. 1973) 358–435, 419; *ders.*, Sprechakttheorie und transzendentale Sprachpragmatik zur Frage ethischer Normen, in: *ders.* (Hrsg.), Sprachpragmatik und Philosophie 10–173.

105 Vgl. dazu ausführlich *G. W. Hunold*, Wege transzendental-anthropologischer Argumentation (in diesem Band); *ders.*, Ethik im Bannkreis der Sozialontologie. Eine theologisch-moralanthropologische Kritik des Personalismus (Bern–Frankfurt a. M. 1974).

3. Die ethische Rationalität als offene Frage

Seit der frühen Neuzeit ist das Schicksal des Menschen wesentlich bestimmt durch den *Weg seiner Vernunft*. Ausgelöst durch die spätmittelalterliche Krise, wird die mit der neuen Wissenschaft von der Natur ihre Möglichkeiten und ihre Macht entdeckende *Rationalität* für ihn zum Instrument einer bis dahin unbekannten Aufklärung seiner selbst. Nach den Gesetzen der physischen Welt macht sie für ihn die der eigenen, menschlichen Welt erkennbar und verfügbar. Die Vernünftigkeit des Handelns wird zum expliziten Thema seiner Vernunft, dessen Normen zum Gegenstand seiner moralischen und politischen Verantwortung. In der Forderung nach Selbstbestimmung des Handelns durch Vernunft zeichnet sich das entscheidende Signum des Sittlichen ab. Rationalität in der Gestalt von Wissenschaft wird nicht nur zur beherrschenden Form des Weltzugangs, sondern auch zum maßgeblichen Mittel der Selbstfindung des Menschen. Auf die Verwissenschaftlichung aller Theorie folgt die aller Praxis.

Gerade dabei aber stößt die frühneuzeitliche Vernunft zugleich auf ihre Grenzen. Die Probleme des Handelns lassen sich nicht einfach durch einen Zuwachs an theoretischer Rationalität lösen. Mit der Frage nach der Selbsterhaltung des Menschen ist die nach seiner Erfüllung noch nicht beantwortet. Die Frage nach dem geglückten Leben aber entzieht sich der Perspektive eines Bedürfnisse einfach objektivierenden Denkens; aus naturalen Interessen lassen sich nicht unmittelbar normative Ansprüche ableiten. Damit erweist sich auf dem Feld der Praxis die Vorherrschaft der theoretischen Vernunft als Usurpation; die Aporien lassen die positivistische Reduktion der Vernunft und die Illusion eines strikt einheitlichen Rationalitätsmodells sichtbar werden. Um die Forderung nach *universaler* Rationalität auch im Bereich des Handelns einzulösen, bedarf es einer *eigenen* Weise der Vernunft. Ihre Formulierung gelingt in den klassischen Versuchen der Neuzeit, doch unterliegt deren Lösung der Gültigkeit von Prämissen, die in der nachfolgenden Kritik ihre Fraglosigkeit einbüßen. Im Geflecht der erkannten Abhängigkeiten löst sich die neuzeitliche Rede von *der* Vernunft auf.

Dieser Vorgang stellt einen Prozeß *neuer* Aufklärung dar. Mit der Entdeckung ihrer naturalen, geschichtlichen, gesellschaftlichen und ökonomischen Bedingtheit erkennt die Vernunft ihre Grenzen. Sie erfährt Rationalität nicht nur als ein Medium der Selbstaufklärung und Selbstfindung, sondern auch als Quelle des Irrtums und der Selbstentfremdung. Gerade diese Erkenntnis aber erweitert die Möglichkeiten eines vernünftigen Selbstverhältnisses des Menschen und damit den Raum seiner Freiheit. Rationalität zeichnet sich ab als der Vernunftgebrauch, der um die eigenen Grenzen weiß, der sich weniger als Zugang zu endgültigem Wissen, denn als spezifische Art des Fragens versteht, dessen Anspruch auf intersubjektive Geltung die Korrigierbarkeit voraussetzt und der solchermaßen auf einen prinzipiell unabgeschlossenen Prozeß der Erkenntnis angelegt ist.

Um die Möglichkeiten und Grenzen der Rationalität zu wissen und – aus der Einsicht in die komplexen Bedingtheiten der Vernunft – den positivistischen Engführungen ebenso zu mißtrauen wie den spekulativen Totalisierungen, macht den Fortschritt der Vernunft aus und bewahrt sie davor, hinter ihre eigenen Einsichten zurückzufallen. Angesichts von Problemen weltweiten Ausmaßes, die sich nicht zuletzt als Folge einer die Natur beherrschenden, aber vom Menschen selbst nicht beherrschten Rationalität eingestellt haben, fordert die Selbsterhaltung des Menschen heute dringlicher als zu Beginn der Neuzeit eine Universalität der Ethik, die nur durch eine differenzierte, die Freiheit des Subjekts mit der Solidarität der Menschheit vermittelnde ethische Rationalität erreicht werden kann. Ethischer Rationalität ist damit der Versuch aufgegeben, den komplexen Zusammenhang, der die sittliche Vernunft des Menschen tatsächlich bestimmt und der bisher von verschiedenen, isolierten Aspekten aus in den Blick getreten ist, als eine solche Einheit zu denken, die es erlaubt, jenen Anspruch des Sittlichen zur Geltung zu bringen, den die ethische Rationalität der Neuzeit formulieren, aber im Rahmen ihrer eigenen Bedingungen nicht festhalten konnte.

Literatur

H. Blumenberg, Säkularisierung und Selbstbehauptung; Der Prozeß der theoretischen Neugierde; Aspekte der Epochenschwelle: Cusaner und Nolaner (erweiterte und überarbeitete Neuausgabe von „Die Legitimität der Neuzeit" erster bis vierter Teil) (Frankfurt a. M. 1974, 1973, 1976).

H. Ebeling (Hrsg.), Subjektivität und Selbsterhaltung. Beiträge zur Diagnose der Moderne (Frankfurt a. M. 1976).

W. Korff, Theologische Ethik. Eine Einführung (Freiburg i. Br. – Basel – Wien 1975) 79–127.

Th. Litt, Ethik der Neuzeit (München–Berlin 1931, Neudr. Darmstadt 1976).

J. Mittelstraß, Neuzeit und Aufklärung. Studien zur Entstehung der neuzeitlichen Wissenschaft und Philosophie (Berlin – New York 1970).

W. Oelmüller, Die unbefriedigte Aufklärung. Beiträge zu einer Theorie der Moderne von Lessing, Kant und Hegel (Frankfurt a. M. 1969).

Ludger Honnefelder

Zweites Kapitel
Grundformen heutigen ethischen Argumentierens

I
Wege transzendental-anthropologischer Argumentation

1. Die transzendental-anthropologische Frage als Grundproblem heutiger Ethik

Die transzendental-anthropologische Frage ist die Frage nach der Wahrheit über den Menschen. Diese Frage stellt sich dem Menschen unseres Jahrhunderts in einer vierfach zugeschärften Weise[1].

1) Sie formuliert sich ihm nicht mehr einfachhin im Horizont eines vorgängigen Gottesverständnisses im Sinne der alten Metaphysik, die Gott als Urheber der Natur, als Lenker der Geschichte und als Vollender der Welt letztlich immer nur im objektivierenden Rückgang auf den *Grund von Gegebenem* zu begreifen sucht, ihn ebendamit aber zwangsläufig, sei es nun vom Ansatz einer theologia naturalis oder auch vom Ansatz einer theologia revelationis aus, als eine gleichsam objekthaft vorgegebene Wirklichkeit *gegenständlich* denkt.

2) Sie formuliert sich ihm auch nicht mehr nur im Sinne des erkenntniskritischen Ansatzes Kants aus dem Kontext der Frage nach der Bedingung der Möglichkeit von Erkennen überhaupt, die alle theoretische Vernunft an den Grenzen möglicher Erfahrung haltmachen heißt und ebendamit die Wahrheit über den Menschen nur mehr noch im Selbstvollzug der *praktischen Vernunft* erreicht,

---

[1] Der im folgenden in seinen wesentlichen Etappen kurz skizzierte geistesgeschichtliche Entwicklungsgang der Frage nach der Wahrheit über den Menschen, auf dessen Hintergrund die heutige transzendental-anthropologische Problemstellung gesehen werden muß, ordnet sich den im vorausgehenden Abschnitt über die ethische Rationalität der Neuzeit gewonnenen Resultaten zu. Unabhängig davon bleibt die hier vorgelegte Deutung dieses Entwicklungsganges jener von W. Korff inaugurierten ethisch-theologischen Sichtweise verpflichtet, aus der heraus die „epochalen Überstiege“ der neuzeitlichen Ethik zugleich als „Gang christlicher Vernunft- und Freiheitsgeschichte“ ausgelegt werden müssen (vgl. *W. Korff*, Theologische Ethik. Eine Einführung. Unter Mitarbeit von W. Fürst und J. Torggler [Freiburg – Basel – Wien 1975] 79–127).

der sich die Gewißheit über Gott, über Freiheit und Unsterblichkeit als rein ethisches Postulat in der Form regulativer Ideen vermittelt.

3) Kaum weniger zureichend sieht er diese Frage auch mit dem weiteren Versuch beantwortet, die Wahrheit über den Menschen aus einem *Grund* zu denken, der in der Vernunft der Wirklichkeit wie auch in der Vernunft des Subjektes immer schon gegenwärtig und am Werk ist, nämlich aus jener Subjekt und Objekt, Ich und Nicht-Ich, Geschichte und Natur vermittelnden dynamisch-übergreifenden Vernunft, die Hegel „Geist" nennt und die dieser dann schließlich in jenem Begriff des „absoluten Geistes" zu fassen sucht, der im Gang der Geschichte und im Aufgang der Erfahrung der Freiheit mit dem Bewußtwerden der kritischen Vernunft des Subjektes zu sich selbst kommt: Denn auch ein so gedachter Grund der Wahrheit über den Menschen erweist sich als eine aus nachträglicher Reflexion erschlossene Größe, von der menschliche Erfahrung keineswegs unmittelbar weiß, eine Größe, die zudem nicht einfachhin mit dem gleichgesetzt werden kann, „was die Menschen Gott nennen" (Thomas von Aquin), ja von der sich nicht einmal sicher behaupten läßt, daß mit ihr das Ganze der Vernunft naturaler und geschichtlicher Wirklichkeit bereits begriffen und ausgeschritten ist.

4) *Die* Wahrheit über den Menschen vermag der Mensch unseres Jahrhunderts aber erst recht nicht schon in jener Vielfalt partikularer Einsichten zu erkennen, die er erst im empirisch-methodischen Zugriff der modernen Wissenschaften über sich selbst gewonnen hat. Sieht er sich doch gerade mit dieser dispersiven Mannigfaltigkeit von Erkenntnissen von jeglichem Grund abgeschnitten, der ihn noch Einheit, das Woraufhin seiner selbst, das Eigentliche seines Sinns ansichtig machen und finden lassen könnte. Was ihm da bleibt, sind funktionale Richtigkeiten, Notwendigkeiten, Stimmigkeiten, Zwänge.

So zugeschärft, stellt sich die transzendentale Frage nach der Wahrheit über den Menschen jetzt aber in einer Weise, die alles Gegenständliche, Objektivierende, Verdinglichende im Aufsuchen, Erfahren und Denken des Grundes dieser Wahrheit transzendiert. Solcher Grund zeigt sich dem Menschen nun aber in der Tat in bestimmten vorgängigen Grunderfahrungen, die ihm als solche im Absprung von aller Vergegenständlichung sowohl im Umgang mit sich selbst als auch in der Begegnung mit dem anderen sowie schließlich auf der Ebene der Gesellschaft im kritischen Gewahrwerden des Bestehenden unmittelbar aufleuchtet. In eben dem, was ihm hier also unter gleichsam negativer Chiffre aufleuchtet, artikuliert sich aber nichts anderes als die ihn existentiell umtreibende Frage nach seiner *Eigentlichkeit,* sei es der Eigentlichkeit seines Selbstseins, der Eigentlichkeit zwischenmenschlicher Begegnung oder der Eigentlichkeit der Gestalt von Gesellschaft[2].

---

[2] Auf die Tatsache, daß die Eigentlichkeitsproblematik dem heutigen Denken in dieser dreifachen Dimension präsent ist, hat bereits W. Korff aufmerksam gemacht (*W. Korff,* Norm und Sittlichkeit.

Was aber meint – und damit stellt sich zunächst das spezifisch hermeneutische Problem – im Fragen nach solcher Eigentlichkeit „Wahrheit"?[3] Wenn Wahrheit hier Wahrheit über den *Menschen* sein soll und nicht nur ein Vielerlei richtiger, ihn betreffender Einsichten, dann geht es in ihr letztlich um eine Größe, die über jedes bloß objektivierende „Wahrheits*wissen*" hinausreicht und auf den „Wahrheits*sinn* von Wirklichkeit selbst zielt"[4]. Denn was den Menschen am Ende tatsächlich über sich selbst erhebt, was ihn wirklich kundig macht, was ihn sein Dasein finden, den anderen voraussetzungslos annehmen und verfestigte Bestände aufbrechen läßt, kann seinem Wesen nach selbst nicht wieder etwas fertig Gegebenes, positiv Verfügbares und damit Abschließbares sein. Im Zugehen auf dieses Eigentliche seiner Wahrheit muß ihm in der Tat jede hiervon losgelöst gehandhabte, bloß „gehabte Wahrheit" – um mit Buber zu sprechen – wie „ein Spuk" erscheinen, „mit dem der Mensch zu leben sich nur wirksam einbilden, mit dem er aber nicht leben kann": „Du kannst die Wahrheit nicht in dich schlingen. Sie kocht in keinem Topf der Welt, du kannst sie nicht einmal angaffen, denn sie ist kein Gegenstand."[5]

Ein solches ganz und gar auf Vereigentlichung des menschlichen Daseins gerichtetes Wahrheitsverständnis bleibt sonach wesenhaft *lebensweltlich* orientiert. Wahrheit in diesem lebensweltlichen Sinne aufsuchen heißt „sich zum Verständnis der Welt erheben" (Gadamer)[6]. Ebendarin aber erfährt sich der Mensch zunächst einmal immer schon vorgängig in *Geschichte* als das ihn in seinem Selbstverständnis fundamental tragende „Wahrheitsgeschehen" einbezogen, so daß er sich selbst zu verlieren droht, wo immer er sich aus dem „Lebensverhältnis" zu ihr „herausreflektiert"[7]. Insofern wird dann aber auch jede rein methodisch-kritische Arbeitsweise zu kurz greifen, um von sich aus schon „Wahrheit" erfahren zu lassen, da das „Wahrheitsgeschehen" selbst den „Kontrollbereich wissenschaftlicher Methodik übersteigt"[8]. Denn was hier den einzelnen als Wahrheit über ihn selbst berührt, was ihn da angeht, sind letztlich nicht die Ereignisse und Fakten als objektivierbare Größen in ihrer positiven

---

Untersuchungen zur Logik der normativen Vernunft [Mainz 1973] 17–28: „Normative Vernunft im Deutungskontext existentialer, dialogischer und politisch-dialektischer Hermeneutik"). Von daher ergibt sich zugleich die Notwendigkeit, auf die Ursprungseinheit der den unterschiedlichen Entfaltungen vorausliegenden Intention zurückzufragen.

[3] Zur Aufschlüsselung dieser hermeneutischen Frage folgen wir in den einzelnen Argumentationsschritten der knappen Darstellung Korffs (Norm und Sittlichkeit 20ff.). Zugleich aber bleibt das erkenntnisleitende Interesse hierbei ein anderes. Während es Korff um eine Rehabilitierung der positiven Vernunft im Strukturaufbau ethischer Entscheidungsprozesse geht, wird hier der Versuch unternommen, die Legitimität der transzendental-anthropologischen Fragestellung in ihrer ethischen Eigenbedeutung herauszuarbeiten.

[4] Ebd. 21 (Anm. 11).

[5] *M. Buber*, Das dialogische Prinzip (Heidelberg 1965) 209.

[6] *H. G. Gadamer*, Wahrheit und Methode. Grundzüge einer philosophischen Hermeneutik (Tübingen [2]1965) 464.

[7] Ebd. 343.

[8] Ebd. XXV.

Greifbarkeit als solcher, sondern vielmehr ihre „Bedeutung" für ihn, den „Verstehenden" selbst. Dies gilt dann aber ebenso für den Umgang mit all jenen Überlieferungen, die dem Menschen als Zeugen seiner eigenen Geschichte überkommen sind. Denn auch sie kann er als mögliche, ihn wesenhaft angehende Wahrheit nur dort für sich selbst zum Sprechen bringen, wo er sie auf die Möglichkeiten seines eigenen Seins hin befragt und sich so erst als ein durch sie unmittelbar Betroffener erfährt. In diesem Sinne wird man nicht zuletzt die prononcierte Anweisung Bultmanns verstehen müssen: „Die ‚subjektivste' Interpretation ist hier die ‚objektivste', d.h., allein der durch die Frage der eigenen Existenz Bewegte vermag den Anspruch des Textes zu hören."[9]

Was hier im Hinblick auf die positiven Verfahren der historisch-kritischen Methode als Mittel solcher Wahrheitsfindung einschränkend gesagt ist, gilt damit aber zugleich für jegliches empirisch-analytische Vorgehen. Denn was auf diesem Weg erreicht werden kann, sind immer nur Daten, Informationen, „technisch-verwertbares Wissen"[10], nicht aber eine Wahrheit, die in ihrem evozierenden Anspruch die „Menschenseite" berührt (Buber) und „zur hermeneutischen Klärung des Selbstverständnisses handelnder Subjekte" beiträgt (Habermas)[11]. Wo immer sich also empirische Wissenschaft diesem Anspruch entzieht und nicht von ihm her in ihrem erkenntnisleitenden Interesse bestimmt bleibt, wird „Wissenschaft in Weltverlorenheit" (Husserl), droht Theorie noch verfallener zu werden als die verfallene „Praxis" (Heidegger)[12].

Damit ist jetzt hinreichend deutlich geworden, daß die Frage nach der Wahrheit über den Menschen als transzendentale Frage auf das Menschsein des Menschen selbst zielt. Der eigentliche Ort solcher Frage aber ist nicht die Theorie, sondern die Praxis. Sie wird ansichtig im Bedenken des Vollzugs von eigentlicher Praxis. Ebendamit aber erweist sie sich zugleich als Frage nach dem *ursprünglich Ethischen* von Praxis.

Im folgenden ist nun zu zeigen, daß dieses ursprünglich Ethische als das transzendental Eigentliche von Praxis von unterschiedlichen, sich gegeneinander abhebenden Problemstellungen aus angegangen wird. Mitbedacht werden muß dabei,

1. wieweit sich diese unterschiedlichen transzendental-ethischen Problemzugänge miteinander vermitteln lassen;
2. ob im Aufdecken dieses Transzendental-Ethischen bereits das Ganze des Ethischen von Praxis erschlossen ist;

---

[9] *R. Bultmann*, Geschichte und Eschatologie (Tübingen 1958) 137.

[10] *J. Habermas*, Gegen einen positivistisch halbierten Rationalismus, in: *Th. W. Adorno* u. a. (Hrsg.), Der Positivismusstreit in der deutschen Soziologie (Neuwied – Berlin ²1970) 261.

[11] Ebd.

[12] *E. Husserl*, Cartesianische Meditationen und Pariser Vorträge, hrsg. von S. Strasser (Husserliana I) (Den Haag 1950) 183. Vgl. hierzu auch *K. Gründer*, M. Heideggers Wissenschaftskritik in ihren geschichtlichen Zusammenhängen, in: Arch. f. Philosophie 11 (1962) 318.

3. wieweit sich in diesen transzendental-ethischen Erfahrungen schon die *theologische* Dimension als Erfahrung der Wirklichkeit Gottes selbst ankündigt.

Bei aller Vielfalt in der näheren Bestimmung dieses transzendental Eigentlichen von Praxis lassen sich dennoch prinzipiell drei klar voneinander abhebbare Problemzugänge unterscheiden: ein *existentialer,* der sich aus dem Umgang des Menschen mit sich selbst als Sorge um das eigene Selbstseinkönnen eröffnet; ein *dialogischer,* der sich aus der Begegnung mit dem anderen als Ruf zur Unmittelbarkeit zeigt; ein *gesellschaftlich-dialektischer,* der sich aus der Erfahrung der Inhumanität gesellschaftlicher Strukturen als utopischer Impuls zu deren Umgestaltung aufdrängt.

2. *Die transzendentalen Problemzugänge*

a) Der existentiale Problemzugang

Der entscheidende Schritt, das transzendental Eigentliche von Praxis radikal ontologisch als Frage nach dem Sein des Seienden zu denken, wurde von *Martin Heidegger* vollzogen[13]. Das Neue dieses Ansatzes liegt darin, daß hier Sein im Gegensatz zur bisherigen Ontologie nicht vom Seienden her, sondern in transzendentaler Reflexion auf die Grundverfaßtheiten menschlichen Daseins unmittelbar aus dem Umgang des Menschen mit sich selbst erschlossen wird.

Unverstellt und ursprünglich entbirgt sich „Sein" zunächst einzig im „Selbst" des Menschen, in jener unprogrammierten Bewußtseinswirklichkeit „ursprünglicher Vereinzelung" also, in der er sich als ein ganz und gar Eigenverantwortlicher und Eigenständiger erfährt (322). Diese absolute Priorität des „Selbst" als dem eigentlichen Erscheinungs- und Vollzugsort des „Seins" konstituiert jetzt aber zugleich eine ontologische Differenz zum „Seienden", das heißt zur „Welt" als dem Inbegriff dessen, was durch menschliches Dasein hervorgebracht und mit ihm gegeben ist, von dem her sich dieses gegenständlich verfaßt weiß und in dem es sich als ein „alltägliches" vollzieht (114f.). In dieser Konsequenz aber erscheint „Dasein" „von ihm selbst als eigentlichem Selbstseinkönnen zunächst immer schon abgefallen und an die ‚Welt' verfallen" (175). Die ontologische Differenz zwischen Sein und Seiendem, wie sie als bestimmendes Moment dem menschlichen Dasein inhärent ist, schließt also axiologisch zugleich eine Verfallstendenz von der „Eigentlichkeit" zur „Uneigentlichkeit" hin ein. Das In-der-Welt-sein menschlichen Daseins vollzieht sich zwangsläufig als ein von der Welt In-Anspruch-genommen-sein und darin bereits als ein an

[13] Hierzu grundlegend *M. Heidegger,* Sein und Zeit (Tübingen [11]1967). Die Seitenzahlen im Text beziehen sich auf dieses Werk.

sie Verfallensein. Anders gewendet: „Alles ‚Entspringen' im ontologischen Feld ist Degeneration" (334).

Unter eben solcher Voraussetzung aber kann der Mensch *Eigentlichkeit* nur aus der Grundhaltung einer „Sorge" gewinnen, die ihn gegen alles sensibilisiert, was ihn von sich wegführt und ihn nicht zu sich selbst kommen läßt. Es ist diese sich von jedem noch so sublimen Egoismus fundamental unterscheidende Sorge um das Sein seiner selbst, die den Menschen nach Heidegger allein davor bewahren kann, im selbstbezüglichen Umgang mit Welt aufzugehen und darin sein Dasein zu verfehlen. Ja, sie bringt ihm überhaupt erst zum Bewußtsein, daß die andrängende, von Konventionen, Moden, Rangkämpfen, Ansprüchen und Gegenansprüchen erfüllte Realität, in der sich alltägliches Leben bewegt, eine zutiefst defiziente, uneigentliche Welt ist, die ihn in Wahrheit nicht zu sich selbst befreit, sondern in Ichbezogenheit gefangenhält. Ichbezogenheit bedeutet demgegenüber also gerade einen Daseinsvollzug, in dem sich das Selbst nur noch veräußerlicht besitzt, in dem es zum bloßen „Man" wird, zum „Man" all jener anderen, „unter denen man auch ist" und „von denen man selbst sich zumeist *nicht* unterscheidet" (118). Ebendeshalb aber kann nicht einmal als selbstverständlich angenommen werden, daß der Mensch wenigstens in den vielfältigen, sich als spezifisch *sozial* auslegenden Formen des Umgangs mit dem anderen zu seinem eigentlichen Selbst kommt, solange dieser Umgang von einer Fürsorge bewegt ist, die zwar des anderen Bedürfnisse besorgt und so, in dessen Sorge einspringend, ihn von dieser entlastet, ihn darin aber zugleich von sich abhängig macht und beherrscht. Eine Chance zur Eigentlichkeit im spezifisch sozialen Umgehen des Menschen mit dem anderen sieht Heidegger demgegenüber nur dort gewahrt, wo es in der Weise einer „Fürsorge" geschieht, die nicht „einspringend-beherrschen", sondern „vorspringend-befreien" will (122f.). „Vorspringend" nennt er diese Vollzugsweise der Fürsorge, insofern sie dem eigentlichen Seinkönnen des anderen vorauseilt, es ihm vorausentdeckt und es ihm so als sein eigenstes Ziel vor Augen hält. „Diese Fürsorge, die wesentlich die eigentliche Sorge – d. h. die Existenz des anderen betrifft und nicht ein *Was*, das er besorgt, verhilft dem anderen dazu, *in* seiner Sorge sich durchsichtig und *für* sie *frei* zu werden" (122). Es ist also dasjenige, zu dem der andere da befreit wird, jetzt selbst nicht wiederum eine funktionale Zuständlichkeit, die ihm nur neue Abhängigkeiten bringt, sondern ein wesentlich ereignishaftes, punktuelles Geschehen, in dem er seines eigentlichen Seinskönnens gewiß wird und sich zu ihm entschließt. Diese Befreiung des anderen zu sich selbst bedeutet nun aber zutiefst auch eine Befreiung des Fürsorgenden *von* ihm: die Eigentlichkeit menschlichen Mitseins intendiert in ihrem Kern Vereinzelung (298).

Gegen diesen existentialen transzendentalphilosophischen Ansatz, der die Eigentlichkeit menschlichen Daseins ganz und gar aus seiner Entschlossenheit zu sich selbst begreift, wenden sich nun mit Recht die Vertreter der dialogischen Denkrichtung, die gerade den substantiellen Weisen des Umgangs des Menschen mit dem Menschen eine sich durchhaltende Eigenwertigkeit zuerkennen. Man muß hier Martin Buber zustimmen, wenn er im Hinblick auf die Engführung des Heideggerschen Ansatzes resümiert: „Die Heideggersche ‚Entschlossenheit‘ des Daseins zu sich selbst ist in Wahrheit seine endgültige, wenn auch in humanen Formen auftretende Verschlossenheit gegen alle echte Verbindung mit dem Anderen und der Anderheit."[14] Doch was immer hier im einzelnen an berechtigter Kritik anzumelden ist, und zwar nicht nur hinsichtlich des ganz und gar solitären Zuges im Verständnis der Eigentlichkeit menschlichen Daseins, sondern ebenso auch hinsichtlich der allzu kurzschließenden Bestimmung der Weltverwiesenheit dieses Daseins als Aufgehen in der Welt und Verfallensein an sie, mindert dennoch nicht die genuine wegweisende Bedeutung der im Problemansatz selbst liegenden Grundeinsicht. Die klassische ontologische Frage nach dem *Sein des Seienden* wird von Heidegger erstmals fundamental-anthropologisch aufgenommen und ihrem ganzen Sinn nach als Frage nach dem *Sein des Menschen* verstanden und ausgelegt. Es ist letztlich diese anthropologische Zuspitzung der Seinsfrage, aus der sich überhaupt erst all jene neuen erkenntnistheoretisch-hermeneutischen, ethischen und theologischen Problemzugänge verstehen lassen, mit denen sich die Frage nach der *Wahrheit* als Frage nach der Wahrheit über den Menschen stellt, die Frage nach dem *sittlich Guten* als Frage nach dem ethisch Eigentlichen von Praxis und die Frage nach *Gott* als Frage nach dem, was den Menschen „unbedingt angeht" (Tillich). Daß aber im Gegensatz zu Heideggers eigenem Verstehensansatz und über ihn hinaus diese anthropologisch gewendete Ontologie überhaupt theologisch Bedeutung gewinnen und weiterentfaltet werden konnte, hat seinen Grund offenbar darin, daß hier die Frage nach dem Sein des Menschen in einer von aller Vergegenständlichung radikal purgierten Weise gestellt wird, die die Frage nach der Wahrheit, nach dem Guten und nach Gott letztlich mit ihr koinzidieren läßt. Damit aber rücken zugleich grundlegende theologische Kategorien, wie Schöpfung, Offenbarung, Erlösung, Gnade, Gesetz, Freiheit, Schuld, Rechtfertigung, Versöhnung, Heil, Vollendung, in einen ganz neuen Deutungskontext. Sie werden zu Schlüsselkategorien eines Gottesverständnisses, in dem Gott nicht mehr als gegenständliche überfremdende Macht dem Bewußtsein gegenübertritt, sondern als jenes Sein erfahren wird, aus dem sich der Mensch in seinem Sinn immer schon erschlossen und zu den eigentlichen Möglichkeiten seiner selbst gerufen und befreit weiß[15]. Eben damit leuchtet in jeglicher Selbsterschlossenheit des Menschen die Erschlossenheit seiner Freiheit zu einem Sein auf, das ihn in seiner un-bedingten, un-gegenständlichen Wirkmächtigkeit, seine eigenen Endlichkeiten, Verfalls- und Schuldbedingtheiten je und je transzen-

---

[14] *M. Buber,* Das Problem des Menschen (Heidelberg 1954) 111.

[15] Vgl. *K. Demmer,* Sein und Gebot. Die Bedeutsamkeit des transzendental-philosophischen Denkansatzes in der Scholastik der Gegenwart für den formalen Aufriß der Fundamentalmoral (München – Paderborn – Wien 1971).

dieren läßt und ihn so glaubend, hoffend und liebend auf seine Vollendungsgestalt hin offenhält.

Zugleich aber gewinnt jetzt mit dieser über den Heideggerschen Verstehensansatz hinausweisenden genuin theologischen Vertiefung der Seinserfahrung als Gotteserfahrung auch das *Seiende* in seiner Kontingenz, als Welt und Geschichte, den ihm elementar zukommenden, es in seinem möglichen Uneigentlichkeits- und Verfallsstatus je und je transzendierenden authentischen Stellenwert, und zwar insofern als es von diesem Sein her begründet, auf es hin entworfen und zu ihm hin befreit sich als Bedingungs- und Wegstruktur der Seinsverwirklichung menschlichen Daseins erweist.

b) Der dialogische Problemzugang

Ein zweiter Weg, das transzendental Eigentliche von Praxis genuin ontologisch von dem her zu denken, was in einem letzten, schlechthin ungegenständlichen Sinne das Sein menschlichen Daseins aktualisiert und bestimmt, zeichnet sich mit der Dialogphilosophie ab. Im Unterschied zu dem von Heidegger eröffneten existentialen Zugang ist es hier nicht mehr die Erfahrung des „Selbst", sondern vielmehr die Erfahrung des „Du", die jetzt zum entscheidenden Auslegungsschlüssel der Eigentlichkeit menschlichen Seins wird. Bei aller Divergenz in der Deutung der das Eigentliche dieser Du-Erfahrung konstituierenden Strukturmomente innerhalb der Dialogphilosophie selbst kommen die unterschiedlichen Konzeptionen dennoch darin überein, daß sich die *Vereigentlichung* menschlichen Daseins wesenhaft und konstitutiv nur dort ereignet, wo der Mensch den Menschen nicht als Mittel nimmt, sondern ihm voraussetzungsfrei, un-bedingt und unmittelbar begegnet.

1) Die wirkungsgeschichtlich bedeutsamste dialogphilosophische Konzeption, die das Eigentlichwerden des Daseins aus dem Begegnungsgeschehen begreift und damit zugleich den ontologischen Status sozialer Interaktion auf eine grundsätzlich neue Weise bestimmt, bietet *Martin Buber*[16]. Buber zieht zunächst eine prinzipielle Trennungslinie zwischen dem „Sozialen" und dem „Zwischenmenschlichen". Dabei subsumiert er dem Begriff des Sozialen all das, „was das Miteinanderdasein einer Vielheit von Menschen" und die aus ihrer Verbundenheit erwachsenen „gemeinsamen Erfahrungen und Reaktionen" ausmacht (271). Diesem durch den Grundzug des Kollektiven bestimmten Phänomen stellt er das Zwischenmenschliche als die Sphäre des Unmittelbaren, des „Lebens zwischen Person und Person" (272) gegenüber; seine Entfaltung nennt er das „Dialogische" (276).

---

[16] Hierzu grundlegend *M. Buber*, Das dialogische Prinzip (Ich und Du [1923], Zwiesprache [1930], Die Frage an den Einzelnen [1936], Elemente des Zwischenmenschlichen [1953]) (Heidelberg 1965). Die Seitenzahlen im Text beziehen sich auf dieses Werk.

Die Differenz zwischen dem Sozialen und dem Zwischenmenschlichen gewinnt Buber in seinem ursprünglichen methodischen Ansatz vom Sprachphilosophischen her. Danach erschließt sich dem Menschen die Welt, in der er steht, auf eine zwiefältige Weise, je nachdem er das Grundwort Ich-Es oder das Grundwort Ich-Du spricht (7). Während sich in der Ich-Es-Relation, einer Relation, die sich im Verhältnis zu Dingen und Ideen ebenso auftun kann wie zu Menschen, die objekthafte und damit berechenbare Welt des Habens und Herrschens, des Besitzens und Gebrauchens konstituiert, eröffnet die Ich-Du-Relation ein Wirklichkeitsverhältnis, das durch keinerlei begriffliches Vorwissen, durch keinerlei vorausentwerfendes Begehren, durch keinerlei intermittierende Ansprüche verstellt ist. Erst in dieser Unmittelbarkeit zum Du, sei es zum Menschen-Du, sei es zum Du geistiger Wesenheiten oder selbst zum Du der Dinge der Natur als dem latenten „Durchblick" zum ewigen Du Gottes (10), geschieht „Wahrheit", wird Wirklichkeit je und je in ihrer Ganzheit ansichtig, erfährt sich das Selbstbewußtsein des Ichs als Seinsbewußtsein (66).

Für Buber wird somit die in den beiden Grundworten Ich-Du und Ich-Es sich artikulierende Beziehungserfahrung zum schlechthinnigen Schlüssel aller menschlichen Wirklichkeitserfahrung. Unter dieser Voraussetzung zeigt sich Wirklichkeit entweder als Du oder als Es und damit in einer grundlegenden „Diskontinuität von Eigentlichkeit und Uneigentlichkeit"[17], wobei Eigentlichkeit allein dort aufleuchtet, wo Beziehung als „Begegnung" mit einem Du geschieht (15).

Von daher ist es nun aber durchaus folgerichtig, wenn Buber zur näheren Bestimmung des Seinsmodus der Eigentlichkeit der Begegnung auf einen Begriff rekurriert, der ohne selbst nochmals eine Objekthaftigkeit bei sich zu haben, zugleich alle Subjektverschlossenheit aufsprengt und transzendiert, nämlich auf den Begriff des „*Zwischen*" (18) als jener „Urkategorie menschlicher Wirklichkeit", in der sich Begegnung je und je aktualisiert[18]. In diesem aktualen, das Du des anderen unmittelbar aufschließenden und dieses Du am eigenen Selbst unverstellt partizipieren lassenden Geschehen des „Zwischen" aber sieht Buber jetzt zugleich die eigentliche Vollzugsweise des Personalen und das Konstitutivum aller Personwerdung. Danach ermöglicht und erschließt sich Person erst *mit* dem Du und *am* Du des anderen, nämlich im „Zwischen" jener dialogischen Unmittelbarkeit, die das Eigentliche des eigenen und des anderen Selbst *gewahrt* und *wahrt* (67).

Was Buber hier in eben diesem Begriff des Zwischen als der eigentlichen ontologischen, sich aller Vergegenständlichung entziehenden Dimension im Begegnungsgeschehen eines jeweiligen Ichs mit einem jeweiligen Du ansichtig macht,

---

[17] *M. Buber,* Antwort, in: Martin Buber, hrsg. von P. A. Schilpp – M. Friedmann (Evanston – Stuttgart 1963) 637.
[18] *M. Buber,* Das Problem des Menschen 166.

eröffnet ihm jetzt aber zugleich auch den unmittelbaren Zugang zur genuin *theologischen* Dimension von Begegnung überhaupt. Die „Sphäre zwischen den Wesen" ist das Reich, in dem das „ewige Du" Gottes aufscheint, das „Reich, das in unserer Mitte, im Dazwischen sich birgt" (121). Nach Buber ist sonach diese Wirklichkeit des Zwischen nicht einfachhin mit Gott identisch. Vielmehr hat umgekehrt diese Wirklichkeit ihre innere Einheit und „ihren Zusammenhang" wesenhaft und allein erst aus dem „ewigen Du" Gottes, dem Zwischen allen Zwischens, dem schlechthinnigen „Kontinuum der Duwelt" (102). Denn während es zur „Schwermut unseres Loses" gehört, daß eigentliche Begegnung im Miteinander der Menschen immer nur je und je geschieht, daß also „jedes Du in unserer Welt zum Es werden muß" (20), bleibt allein das „ewige Du" jeglicher Veruneigentlichung entrückt: Es kann „seinem Wesen nach nicht Es werden", weil es seinem Wesen nach Du ist (76). Ebendeshalb aber erweist es sich zugleich als jene letzte, andrängende Macht, die den im zwischenmenschlichen Begegnungsgeschehen aufleuchtenden Anspruch zur Vereigentlichung in Wahrheit je und je begründet und offenhält. Die aus der dialogischen Struktur menschlichen Daseins erschlossene Ontologie des Zwischen ist zutiefst Theo-ontologie.

2) Während bei Buber das transzendental Eigentliche in der Unmittelbarkeit zwischenmenschlicher Begegnung selbst aufleuchtet und nicht erst aus deren theo-ontologischer Vertiefung auf das „ewige Du" Gottes hin gewonnen wird, sieht demgegenüber *Ferdinand Ebner* in diesem Du Gottes den unmittelbaren und alleinigen Bezugspunkt aller menschlichen Dialogizität[19]. Nach Ebner läßt sich das transzendental Eigentliche des Menschen nur aus jener „*Bezogenheit*" begreifen, mit der sich Gott, das absolute Du, seinem Geschöpf immer schon unabdingbar und wesenhaft zuwendet und in eben dieser fundamentalen Bezogenheit dessen geistig-personale Würde konstituiert (WR 128). Denn erst dort, wo sich der Mensch aus dieser Bezogenheit als ein von Gott gewolltes und angesprochenes Geschöpf versteht, erkennt er sich selbst als Wesen der Bezogenheit, das sein eigentliches Menschsein und damit sein Personsein nur dort gewinnt, wo er sich dem anderen neben ihm bedingungslos öffnet und ihn darin als den erfährt, in dem ihn letztlich das Du Gottes selbst unmittelbar anspricht (WL 116). Unter dieser Voraussetzung aber ist jede existentielle Beziehung zum anderen aktuale Beziehung zu Gott: „Es gibt nur ein einziges Du, und das ist eben Gott" (WR 36). Sosehr man auch dem genuinen Ansatz Ebners zustimmen muß, daß die geistig-personale Würde des Menschen sich wesentlich aus der Bezogenheit Gottes zum Menschen konstituiert, bleibt dennoch die Frage, ob er in der näheren Entfaltung dieses Ansatzes die ontologische Diffe-

---

[19] Hierzu grundlegend *F. Ebner,* Das Wort und die geistigen Realitäten. Pneumatologische Fragmente (1921, Wien ²1952), im Text zitiert: WR; *ders.,* Das Wort und die Liebe, hrsg. von H. Jone (Regensburg 1935), im Text zitiert: WL.

renz zwischen dem Du Gottes und dem Du des Menschen noch hinlänglich wahrt. Gott und Mitmensch sind für ihn in der Zuwendung der Liebe identisch, d.h., alle Bezogenheit auf Gott realisiert sich in einem Verhalten zum Mitmenschen (WL 272). Dabei wird jedoch die kreatürliche Dimension des Du so sehr der Dimension des göttlichen Du einverwandelt, daß bei Ebner letztlich nicht mehr menschliche Personen miteinander in Beziehung treten, insofern sie Menschen sind, sondern einzig und allein insofern als dem einen im anderen Gott präsent wird (WR 232).

In letzter Konsequenz würde dies dann aber zugleich bedeuten, daß jeglicher innerweltlichen Du-Bezogenheit der Status einer personalen, menschliches Dasein in seiner Eigentlichkeit herstellenden Bezogenheit abgesprochen werden muß, die sich nicht aus eben dieser Glaubensdimension versteht. Der Anspruch zur Vereigentlichung hat hier jegliche genuin ethische, im Menschen selbst liegende Voraussetzung verloren. Das aber steht am Ende gegen alle Erfahrung. Ist doch die Erfahrung solchen Anspruchs so elementar mit der Natur und dem Wesen des Menschen gegeben, daß er sich schon von sich aus – und zwar noch vor jeder weiteren theologischen Fundierung – geltend macht, so daß nicht einmal denen von vornherein alle Legitimität abgesprochen werden kann, die versuchen, die Frage nach dem Eigentlich-Ethischen aus der immanenten Erfahrung dieses Anspruchs selbst zu beantworten.

3) Eben diesen Weg aber beschreitet im Rahmen der Dialogphilosophie *Eberhard Grisebach*, dessen Ethik auf der Basis eines personalen Handlungsverständnisses konzipiert ist, das sich radikal im Modus einer Ontologie des „Konfliktes" auslegt[20]. Für Grisebach bedeutet zunächst aller Umgang des Menschen mit Wirklichkeit grundsätzlich „Herrschaft" (150). Herrschaft aber zielt auf Vergegenständlichen, Verfügen und Unterwerfen. Während nun der Mensch die ihm vorgegebene Naturwirklichkeit als eine ihrem Wesen nach wortlose, stumme Wirklichkeit erfährt, die als solche seinem rationalen, beherrschenden Zugriff widerstandslos ausgesetzt ist und somit einem unbeendbaren Prozeß des Verfügbarmachens unterliegt, erfährt er erstmals im anderen Menschen ein Wesen, „das sich" – als das einzige antwortfähige in der Natur – „der Besitzergreifung ausdrücklich widersetzt" (303). Aller menschliche Anspruch findet erst am Gegenanspruch des anderen seine „wirkliche Grenze" (77). In dieser limitierenden Dialogizität von „Spruch und Widerspruch" (149) aber zeichnet sich für Grisebach nun zugleich jenes spezifisch humane Kräftefeld ab, aus dem heraus sich alle substantielle Selbstwerdung des Menschen, alle „wirkliche" Sozialität und alle eigentliche Moralität je und je formiert (481).

Es ist zunächst das Eigentümliche dieser Grenzerfahrung der Unverfügbarkeit des anderen, an der sich der eigene Herrschaftsanspruch bricht, daß sich mit ihr zugleich jene

---

[20] Hierzu grundlegend *E. Grisebach*, Gegenwart. Eine kritische Ethik (Halle 1928). Die Seitenzahlen im Text beziehen sich auf dieses Werk.

totale Anderheit des anderen zeigt, die nach Grisebach das eigentliche und einzige Wesen von „Transzendenz“ ausmacht (126). Um aber gerade solcher Transzendenz innezuwerden, muß das Ich dem *eigenen* Wort und Anspruch entsagen und sich hörend und erwartend auf jenes Wort hin öffnen, das ihm vom anderen her zukommt (577). Darin gewinnt freilich das Du des anderen eine Dominanz, die das in der Passivität des Hörens und der Hörigkeit verharrende Ich in seiner eigenen Subjekthaftigkeit wiederum aufzuheben droht. Das ursprünglich als Du-Ich-Beziehung angesetzte Verhältnis des Hörens verwandelt sich unter dieser Dominanz zwangsläufig zu einer umgekehrten Subjekt-Objekt-Relation: das Ich wird Objekt, das Du Subjekt (302). Damit ist aber zugleich ein Kulminationspunkt erreicht, der den unbedingten „Widerspruch“ des Ichs auslöst und einen entsprechend gegenläufigen Prozeß innerhalb des Begegnungsgeschehens einleitet: um seine eigene Subjekthaftigkeit zu retten, sucht das Ich seinerseits dem anderen zum Du zu werden und ihn darin zum „Hörenden“, d.h. zum Objekt, zu machen (303). Dieser reziproke Prozeß einer permanent konfligierenden Dialogizität von Herrschaft und Gehorsam, von Verfügung und Unverfügbarkeit, von Vergegenständlichung und Freiheit, in dem sich jene eigentliche Sozialität ereignet, die für Grisebach überhaupt erst menschliche Selbstwerdung ermöglicht, bleibt nach ihm nun aber zugleich auch das einzige Formprinzip aller „wirklichen“ Moralität.

Ein solches Formprinzip freilich, das alle „wirkliche“ Moralität auf die Unwiederholbarkeit und Unberechenbarkeit einer sich in den jeweiligen Begegnungssituationen immer neu formierenden Diastase von „Spruch und Widerspruch“ stellt, impliziert konsequenterweise ein Handlungsverständnis, das jegliche normativen Generalisierungen abweist (307). Was immer Menschen an Ordnungen entwerfen, an Rechtsvorstellungen institutionalisieren oder an Übereinstimmungen behaupten, löst nach Grisebach das ethische Problem nur scheinbar, insofern solche Substitute, mögen sie sich nun geschichtlich als normative Kristallisationen der Vergangenheit oder metaphysisch als geglaubte Wesensgesetze legitimieren, der tatsächlichen Konfliktsituation von Ich und Du inkongruent bleiben (481). Erst ein Handeln, das sich nicht mehr von solch heteronomen Fiktionen leiten läßt, die es jeder eigenen Entscheidung und Verantwortung entheben, sondern sich dem radikalen Anspruch der Konfliktsituationen in „Wirklichkeit“ und „Gegenwart“ aussetzt und sich aus der Dynamik von „Spruch und Widerspruch“ unabdingbar *selbst* entscheidet, vollzieht sich im Modus eigentlicher Moralität (149). Auf der Basis dieser sozialontologischen Konfliktstruktur aber kann denn letztlich nur dasjenige Handeln als ein moralisches qualifiziert werden, bei dem die im Prozeß des Begegnens je und je miteinander konfligierenden Existenzen sich gegenseitig „aushalten“ und „ertragen“ und keiner für sich eine „Absolutheit des Urteils“ in Anspruch nimmt (481). Ebendarin aber erkennt Grisebach zugleich auch das Wesen „wirklicher“ Sozialität, die als solche weder von dem die tatsächliche „Anderheit des Anderen“ überspielenden illusionären Identitätsglauben eines abstrakten Wir-Bewußtseins noch von den fiktiven Idealen einer funktional geordneten Mitmenschlichkeit lebt, sondern die sich allein in jener „Liebe“ als der „Tragbarkeit des Leides in der Gebundenheit der unausweichlichen Gemeinschaft“ ereignet, kraft deren inkommensurable Personen in ihrer Anderheit und Fremdheit sich gegenseitig nicht überherrschen (594).

Gerade in dieser Reduktion der Moralität von Liebe und Gemeinschaft auf die Haltung des Ertragens und des Aushaltens zeigt sich die ganze Konsequenz, mit der Grisebach seinen genuin konfliktontologischen Ansatz durchhält. Das bemerkenswerte an diesem Ansatz liegt zweifellos darin, daß hier die Forderung nach Vereigentlichung von einem Moment her ausgelegt wird, das in den bisher dargestellten transzendentalen Entwürfen überhaupt noch nicht thematisiert ist, nämlich das Moment der *Anderheit* des anderen, das sich in der Tat in allem Umgang des Menschen mit dem Menschen zeigt. Damit aber ist ein Strukturmoment sichergestellt, das keine weiterführende transzendentalethische Reflexion mehr außer Betracht lassen kann. In jeder Erfahrung des Du liegt zugleich auch eine Erfahrung des anderen, des Fremden, des Nichtidentischen, letztlich die Erfahrung der Inkommensurabilität jeglicher menschlichen Existenz. Diesem Erfahrungstatbestand Rechnung zu tragen, nötigt nicht nur zu kritischer Überprüfung einer jeden Ethik, die den Anspruch des Ethischen ausschließlich mittels generalisierender Normen sichern zu können meint, sondern darüber hinaus auch zu einer wesentlichen Korrektur der übrigen bisher behandelten transzendentalethischen Begründungsmodelle. Erweisen sich diese doch außerstande, die mit der Inkommensurabilität jedes einzelnen Menschen immer auch gegebene interaktionelle Grundsituation des Konfliktes ohne Leugnung dieser Inkommensurabilität ethisch auszutragen. Der Anspruch auf Unmittelbarkeit, auf vorurteilsfreie, bedingungslose kommunikative Bejahung im Umgang mit dem Du des anderen bleibt nämlich unvollständig, solange dieses Du nicht zugleich auch in seiner ebenso ursprünglichen Fremdheit, seiner Unerreichbarkeit, seinem schlechthinnigen Eigensein gesehen und gewahrt bleibt. Gerade die Zuschärfung der ethischen Fragestellung auf eben dieses Problem letzter existentieller Uneinholbarkeit, wie sie sich nach Grisebach in solcher Radikalität nur noch bei Sartre findet[21], hat überhaupt erst die längst empfundene Notwendigkeit einer Ethik des Situativen und Individuellen programmatisch werden lassen und zum bleibend aktuellen Desiderat gemacht.

Von hier aus wird jetzt aber zugleich verständlich, daß Grisebach auch für die Theologie Bedeutung gewinnen konnte. Legt er doch mit dem Erfahrungstatbestand der Anderheit des anderen den genuinen anthropologischen Grund frei, auf den sich christliche Theologie mit ihrer Forderung der Liebe, des gegenseitigen Ertragens und Sichannehmens immer schon bezieht. Denn indem er zeigt, daß Nichtidentität, ursprüngliches individuelles Eigensein und damit situatives Eingefordertsein im Umgang mit dem anderen zu den Grundverfaßtheiten des Menschen gehören, wird jetzt zugleich deutlich, daß sich diese Forderungen nicht erst mit der Verfallssituation des Menschen, sondern bereits von der schöpfungsmäßigen Grundstruktur menschlicher Existenz selbst her stellen und unablösbar mit ihr gegeben sind. Unter dieser Voraussetzung aber drängt sich auch für Theologische Ethik die Notwendigkeit einer über die bloße Normenethik hinausgehenden Ethik des Individuellen, des Situativen und damit zugleich die Notwendigkeit einer *strukturellen Entscheidungsethik* auf, die sowohl die Dignität des Anspruchs der übergreifenden Normen als auch die Dignität

---

[21] *J.-P. Sartre,* Critique de la raison dialectique, I: Théorie des ensembles pratiques (Paris 1960) 206.

der über die Normen selbst nicht einholbaren individuellen Grundverfaßtheit des einzelnen wahrt. Daß diese Notwendigkeit erkannt wurde, zeigen die zahlreichen, wenngleich bis heute immer noch als unzureichend empfundenen Versuche, neue Wege zu finden, die zu einer theologisch fundierten strukturellen Entscheidungsethik führen könnten. Dieses Bemühen verbindet sich innerhalb der katholischen Theologie mit Namen wie Th. Steinbüchel, W. Schöllgen, R. Egenter, E. Michel, K. Rahner, J. Fuchs, F. Böckle, während im evangelischen Bereich insbesondere F. Gogarten, E. Brunner, H. Thielicke, P. Tillich bis hin zu J. Fletcher u. P. L. Lehmann zu nennen sind[22]. Dabei sucht katholische Theologie das Problem vornehmlich aus dem überkommenen theologischen Verstehenskontext von Schöpfungsordnung und Heilsgeschichte anzugehen, evangelische Theologie hingegen stärker von den klassisch reformatorischen Unterscheidungskriterien Gesetz und Evangelium her. Zur eigentlichen Lösung des Problems vermag hierbei freilich weder der einen noch der anderen der konfliktontologische Ansatz Grisebachs selbst schon die hinreichende Hilfe zu bieten. Denn das ganz und gar Unzureichende des Grisebachschen Ansatzes liegt wesentlich darin, daß hier bei aller Richtigkeit des Gedankens der situativen Bedingtheit und Inkommensurabilität menschlichen Daseins und Daseinsvollzuges die elementare Wahrheit des Kommunikativen, der Erfahrung von ursprünglicher interpersonaler Nähe und Übereinstimmung vollständig überspielt wird. Das hier auf den einzigen Imperativ des liebenden „Ertragens“ und „Aushaltens“ der Anderheit des anderen gebrachte ethisch Eigentliche menschlicher Interaktion kann im Grunde nur als ethische Antwort auf den anthropologischen Erfahrungsaspekt des „homo homini lupus“ (Hobbes) verstanden werden. Zeigt sich doch im Umgang des Menschen mit dem Menschen eben nicht nur das Nichtidentische, das Fremde des anderen, sondern ebenso elementar auch das Vertraute, das Nahe, das Identische. Solche Erfahrung der Nähe und Vertrautheit ist ihrem Ursprungswesen nach auch nicht erst Resultat normativer Übereinkünfte und institutioneller Vermittlungen, sondern hat ihre genuine Wurzel in der seinshaften Ursprünglichkeit und Spontaneität der Du-Erfahrung selbst. Ja letztlich ist es die Spontaneität dieser Du-Erfahrung, die den Menschen in Wahrheit erst befähigt, die gleichzeitige, mit der Erfahrung

---

[22] *Th. Steinbüchel,* Die philosophische Grundlegung der katholischen Sittenlehre, 2 Halb-Bde. (Handbuch der katholischen Sittenlehre I, hrsg. von F. Tillmann) (Düsseldorf [4]1951); *W. Schöllgen,* Konkrete Ethik. Anmerkungen eines Moraltheologen zu Karl Rahners „Prinzipien und Imperative“, in: *ders.,* Konkrete Ethik (Düsseldorf 1961) 15–30; *R. Egenter,* Art. „Situationsethik“, in: LThK[2] IX 803–806; *E. Michel,* Renovatio (Stuttgart 1947); *K. Rahner,* Über die Frage einer formalen Existentialethik, in: Schriften zur Theologie II (Einsiedeln 1955) 227–246; *J. Fuchs,* Situation und Entscheidung (Frankfurt a.M. 1952); *F. Böckle,* Art. „Existentialethik“, in: LThK[2] III 1301–1304; *F. Gogarten,* Der Mensch zwischen Gott und Welt (Stuttgart [3]1960); *E. Brunner,* Das Gebot und die Ordnungen (Zürich [4]1939); *H. Thielicke,* Theologische Ethik I (Tübingen 1958); *P. Tillich,* Kairos und Utopie, in: ZEE 3 (1959) H. 6; *J. Fletcher,* Situation Ethics. The New Morality (Philadelphia 1966); *P. L. Lehmann,* Ethik als Antwort (München 1966).

des befremdend Fremden des anderen gegebene Konfliktsituation überhaupt auszuhalten und ihn darin zugleich selbst in seiner Fremdheit zu ertragen, ja darüber hinaus solche Konfliktsituation sogar in ihrer Wurzel aufzulösen und so zu tatsächlicher Nähe, Vertrautheit, Übereinkunft und Identität mit ihm zu gelangen.

Von hier aus ergibt sich jetzt aber auch eine ganz andere, sehr viel fundiertere anthropologische Ausgangsbasis für eine Ethik des Konfliktes, des Situativen und Individuellen. Der Mensch ist dem Menschen nicht nur der Ferne, sondern immer auch schon der Nahe. Diese Wahrheit vertieft sich nochmals im Horizont einer genuin theologisch zu Ende gedachten Anthropologie und Ethik: Der Mensch ist der letztlich von Gott selbst Verantwortete, Angenommene und Verbürgte. Das aber bedeutet, der Mensch erkennt sich im Glauben an diesen den Sinn seines Daseins verbürgenden Gott in einer über alle bloß rationale Gewißheiten hinausreichenden Weise gehalten und bejaht, die ihm selbst noch in der Erfahrung seiner Gebrochenheit, seiner Ohnmacht, seines Schuldigwerdens und seines Wissens um die Unausweichlichkeit des Todes Grund gibt, sich selbst und den anderen unbedingt anzunehmen. Ebendarin findet dann aber auch jegliche Interaktion ihr letztes Richtmaß. Denn erst aus dem Glauben an Gottes unverbrüchliche Treue zum Menschen wird nicht nur die als solche zunächst auch natürlich einsichtige Forderung, daß der eine dem anderen weder verfallen noch ihn überherrschen darf, in der Unbedingtheit ihres Anspruchs plausibel, sondern darüber hinaus auch jener Grund ansichtig, aus dem heraus er den anderen selbst dort noch annehmen und durchtragen kann, wo Konflikte ausweglos verschärft und unbeendbar erscheinen, weil sich ihm der andere als Feind verweigert.

Damit aber rückt jetzt noch eine weitere genuin theologische Wahrheit unmittelbar in den Blick. Wenn Gott der den Menschen in seiner Existenz Verantwortende, Verbürgende ist, dann kann er selbst nicht als ein *unpersönlicher* Grund gedacht werden. Vielmehr erscheint er gerade in diesem Einstehen für den Menschen als das schlechthinnige *Gegenüber* zu ihm und ebendarin als der, der in aller Unmittelbarkeit seiner Nähe zugleich der ganz und gar Unbegreifliche, absolut Andere ist. Erst als dieses menschlichem Begreifen absolut inkommensurable personale Du kann Gott dem Menschen in der Tat überhaupt nur zu jenem alles übergreifenden Hoffnungshorizont werden, der ihn in seiner Würde begründet, aus seiner Schuldverfallenheit befreit und auf letzte Vollendung hin offenhält. Nur so bleibt letztlich auch jene ontologische Differenz gewahrt, die Gottes Du nicht mit der Erfahrung des geschaffenen Du einfachhin zusammenfallen läßt. Und nur so kann jetzt aber auch der in der Begegnung des Menschen mit einem geschaffenen Du andrängende Anspruch als *Gottes* Anspruch hörbar werden, der die Selbstbezogenheit und Ichverfallenheit des Menschen aufsprengt und ihn in der Erschlossenheit für den anderen zur Eigentlichkeit seines Menschseins führt.

Zusammenfassend muß festgestellt werden, daß die Versuche, einen neuen Zugang zur Bestimmung des eigentlich Ethischen aus dem Wesen menschlicher Dialogizität zu gewinnen, sich als äußerst fruchtbar erwiesen haben. Wenn hier unter den vorliegenden dialogphilosophischen Konzeptionen lediglich drei näher skizziert wurden, so hat dies seinen Grund darin, daß sie je spezifische, in dieser Deutlichkeit sonst nirgends so klar hervortretende Strukturmomente des dialogischen Phänomens ins Zentrum der Reflexion gerückt haben. Diesem Tatbestand verdanken sie ihre bis in die Gegenwart anhaltende Bedeutung, und zwar nicht zuletzt für die Theologie. Das Phänomen des Dialogischen und Interpersonalen als Interpretationsschlüssel der zentralen Glaubenswahrheiten ist seither nicht mehr aus der Theologie wegzudenken. Seinen unmittelbarsten Ausdruck hat dies wohl in jenen großen Systematisierungsversuchen gefunden, wie sie in wiederum je eigenständiger Weise insbesondere von E. Brunner[23], F. Gogarten[24] und katholischerseits von Th. Steinbüchel[25] unternommen wurden. Die Grenze all dieser Bemühungen zeigt sich freilich wie schon beim existentialen Problemzugang darin, daß das Phänomen Gesellschaft und die sich mit ihm nochmals neu stellende Frage nach dem ethisch Eigentlichen, nämlich jetzt als Frage nach der wahren Struktur von Gesellschaft, vom dialogischen Problemansatz aus nicht adäquat in den Blick kommt. Diese Frage ist in unserem Jahrhundert erst im Rahmen der „Kritischen Theorie" aufgenommen worden.

c) Der gesellschaftlich-dialektische Problemzugang

Mit der „Kritischen Theorie" rückt die Frage nach der Wahrheit über den Menschen in einen genuin gesellschaftsbezogenen, alles bloß „privatisierende" Wahrheitsverständnis überschreitenden Deutungskontext. Damit aber transformiert sie sich zugleich zur Frage nach der Wahrheit, dem ethisch Eigentlichen der gesellschaftlichen Strukturen selbst. Der Weg zur Menschwerdung des Menschen führt wesenhaft über den vom Impuls zur Vereigentlichung der gesellschaftlichen Strukturen getragenen Willen, die „verdinglichende" Macht dieser Strukturen zu überwinden. Letztlich ist es also die ständige, unmittelbare, schmerzliche Erfahrung dieser verdinglichenden Macht gesellschaftlicher Strukturen, die den Gedanken der Möglichkeit einer Vollendung evoziert,

---

23 *E. Brunner,* Die christliche Lehre von Gott (Dogmatik I) (Zürich ²1953); *ders.,* Die christliche Lehre von Schöpfung und Erlösung (Dogmatik II) (Zürich 1950); *ders.,* Die Lehre von der Kirche, vom Glauben und von der Vollendung (Dogmatik III) (Zürich – Stuttgart 1960).

24 *F. Gogarten,* Ich glaube an den dreieinigen Gott. Eine Untersuchung über Glauben und Geschichte (Jena 1926); *ders.,* Die Verkündigung Jesu Christi. Grundlagen und Aufgabe (Tübingen ²1965); *ders.,* Die Wirklichkeit des Glaubens. Zum Problem des Subjektivismus in der Theologie (Stuttgart ²1965).

25 *Th. Steinbüchel,* Religion und Moral im Lichte personaler christlicher Existenz (Frankfurt a. M. 1951); *ders.,* Die philosophische Grundlegung (s. o. Anm. 22).

in der „die richtige Einrichtung der Gesellschaft" immer schon „mitgedacht" ist[26]. Soll aber einem solchen Gedanken tatsächlich die Kraft innewohnen, Gesellschaft zu verändern und verdinglichte Strukturen aufzubrechen, so kann das in ihm Angezielte nicht selbst wiederum objekthaft handhabbar sein, sondern muß wesenhaft als eine Motivationskraft verstanden werden, deren Wahrheit und Vernunft erst in der Kritik am Bestehenden und durch sie hindurch je und je aufleuchtet. Denn nur eine Wahrheit, die in negativer Dialektik zum Bestehenden den Menschen auf je größere Vernunft hin offenhält, kann zum Prinzip permanenter Veränderung werden: societas *semper* reformanda.

Der maßgebliche Versuch, die transzendentale Frage nach dem ethisch Eigentlichen auf der Ebene der Gesellschaftstheorie aufzunehmen und sie aus der den gesellschaftlichen Prozessen innewohnenden dialektischen Zielrichtung zu erschließen, wurde von *Max Horkheimer* und *Theodor W. Adorno* unternommen[27]. Leitendes Erkenntnisinteresse sowohl in der Aufarbeitung geschichtlich gewonnener Einsichten und Erfahrungen als auch in der kritischen Einstufung des Instrumentariums moderner empirischer Wissenschaften ist sonach ein emanzipatorisches. „Das Gegebene gibt sich nur dem Blick, der es unter dem Aspekt eines wahren Interesses sieht, unter dem einer freien Gesellschaft, eines gerechten Staates, der Entfaltung des Menschen."[28] Das aber bedeutet, „nur dem, der Gesellschaft als eine andere denken kann denn die existierende, wird sie zum Problem"[29]. Nicht sie, in ihrem konkreten Bestand, ist „wahr", sondern vielmehr das, als was sie noch aussteht, was in den sie verändernden Überschritten je und je als Verheißung aufscheint. Unter dieser Voraussetzung bleibt auch alle empirische Wissenschaft immer nur „eine Residualtheorie der Wahrheit"[30]. „Die dinghafte Methode postuliert das verdinglichte Bewußtsein ihrer Versuchspersonen."[31] Wahrheit geschieht nur im „Vorgriff auf Totalität" als dem „Versuch, alle Dinge so zu betrachten, wie sie vom Standpunkt der Erlösung aus sich darstellten. Erkenntnis hat kein Licht, als das von der Erlösung her auf die Welt scheint: Alles andere erschöpft sich in der Nachkonstruktion und bleibt ein Stück Technik."[32] Ebendies aber fordert

---

[26] *Th. W. Adorno,* Zur Logik der Sozialwissenschaften, in: *ders.* u. a. (Hrsg.), Der Positivismusstreit (s. o. Anm. 10) 143.

[27] Hierzu grundlegend: *M. Horkheimer,* Eclipse of Reason (1947), deutsch: Zur Kritik der instrumentellen Vernunft (Frankfurt a. M. 1967); *M. Horkheimer – Th. W. Adorno* (Hrsg.), Soziologische Exkurse (Frankfurt a. M. 1956); *Th. W. Adorno,* Minima Moralia (Frankfurt a. M. [4]1962); *ders.,* Stichworte – Kritische Modelle II (Frankfurt a. M. 1963); *ders.,* Soziologie und empirische Forschung, in: Der Positivismusstreit (s. o. Anm. 10) 81–101; *ders.,* Negative Dialektik (Frankfurt a. M. 1966).

[28] *M. Horkheimer – Th. W. Adorno* (Hrsg.), Soziologische Exkurse 18.

[29] *Th. W. Adorno,* Zur Logik der Sozialwissenschaften (s. o. Anm. 26) 142.

[30] *Th. W. Adorno,* Soziologie und empirische Forschung (s. o. Anm. 27) 96.

[31] Ebd. 88.

[32] *Th. W. Adorno,* Minma moralia (s. o. Anm. 27) 333.

„äußerste Treue zum Bilderverbot"[33]. Wahrheit als wahrhaft erlösende Macht kann nur noch im permanenten Prozeß kritischer Negation des je und je Gegebenen und Ausplanbaren gleichsam als „Spiegelschrift ihres Gegenteils" begriffen werden, da sie sonst „mit der gleichen Entstelltheit und Bedürftigkeit geschlagen ist, der sie zu entrinnen vorhat"[34]. Im Anspruch solch kritischer Forderung aber, die jede Möglichkeit von Vergegenständlichung rigoros abweist, wird am Ende „die Frage nach der Wirklichkeit oder Unwirklichkeit der Erlösung selber fast gleichgültig"[35].

Hier wird deutlich, daß die Kritische Theorie „Erlösung" als das ethisch Eigentliche in einer zweifachen Weise negativ bestimmt: einmal in entschiedener Absetzung zu aller Empirie und zum anderen in Abwehr jeder metaphysisch-theologischen Begründung, in der Gott als vorausgesetzte Wirklichkeit Garant dieser Erlösung ist. Wenn die Kritische Theorie dennoch gerade für die Theologische Ethik große wirkungsgeschichtliche Bedeutung gewinnen konnte, so hat dies seinen Grund darin, daß mit ihr eine lang verschüttete Wahrheit wieder voll ins Licht rücken konnte: der unmittelbar auf Gegenwart bezogene Forderungscharakter des eschatologischen Hoffnungszieles, wie er sich schon in den Exodus-Motiven und dem prophetischen Messianismus des AT geltend macht und mit der Verkündigung der anbrechenden Gottesherrschaft in Christus seine stärkste Ausprägung findet. Nur auf diesem Hintergrund lassen sich jene theologisch-ethischen Entwürfe verstehen, die seitdem in je neuer Akzentuierung als „Theologie der Hoffnung" (J. Moltmann)[36], als „Politische Theologie" (J. B. Metz)[37], als „Theologie der Revolution" (R. Shaull)[38] oder als „Theologie der Befreiung" (G. Gutiérrez)[39] dem eschatologischen Anspruch in seiner praxisverändernden Wirkkraft Geltung zu verschaffen suchen.

3. Notwendigkeit und Grenze transzendentaler Argumentation

Im Nachzeichnen der transzendentalen Problemzugänge ist deutlich geworden, daß sich die Forderung nach Vereigentlichung von drei konstitutiv gegebenen, gleichermaßen legitimen Erfahrungsansätzen aus stellt: aus dem Umgang des

---

33 *Th. W. Adorno*, Stichworte (s.o. Anm. 27) 28.

34 *Th. W. Adorno*, Minima moralia (s.o. Anm. 27) 333f.

35 Ebd. 334.

36 *J. Moltmann*, Theologie der Hoffnung (München 1968).

37 *J. B. Metz*, Das Problem einer „politischen Theologie" und die Bestimmung der Kirche als Institution gesellschaftskritischer Freiheit, in: Concilium 4 (1968) 403–411; *ders.*, Politische Theologie, in: Sacramentum Mundi III (Freiburg i.Br. 1969) 1232–1240.

38 *R. Shaull*, Die revolutionäre Herausforderung an Kirche und Theologie, in: *H. Krüger* (Hrsg.), Appell an die Kirchen der Welt (Stuttgart 1967) 91–100; *ders.*, Revolution in theologischer Perspektive, in: *T. Rendtorff – H. E. Tödt*, Theologie der Revolution. Analysen und Materialien (Frankfurt a.M. 1968) 117–139.

39 *G. Gutiérrez*, Teología de la Liberación (1972), deutsch: Theologie der Befreiung (München –

Menschen mit sich selbst, mit dem anderen und mit der Gesellschaft. Damit zeigt sich Eigentlichkeit zugleich in drei unterschiedlichen Dimensionen, die sich als solche nicht unmittelbar miteinander vermitteln lassen, die ihre konstruktive Einheit aber dennoch im Offenhalten der Wahrheit finden, daß der Mensch nicht in empirischen Verfaßtheiten aufgeht, sondern sein Menschsein wesenhaft erst im Transzendieren dieser Bedingtheiten je und je gewinnt. Die transzendentale Option erweist sich als *unabdingbare* Voraussetzung jeglicher Ethik.

Ist sie aber auch schon *zureichende* Voraussetzung? Jede Ethik, die die sittliche Vernunft menschlichen Handelns ausschließlich in diese transzendentale Option setzt und diese mit ihr einfachhin zusammenfallen läßt, begibt sich zwangsläufig jeder Möglichkeit konkret zu werden. Sie verharrt im Ruf nach einer Eigentlichkeit, die nirgends mehr mit den konkreten normativen Gestaltungen des menschlichen Lebens koinzidiert. Teilt doch hier alle Norm, alle Ordnung, alles Gesetz das Schicksal dessen, was hier im Namen der Eigentlichkeit als uneigentlich verklagt wird. Als generalisierende, den Menschen in Funktionen einweisende, ihn in Strukturen bindende Mächte sind gerade sie es, in denen sich das entfremdete Antlitz des „Man", des „Es", des „verdinglichten Bewußtseins" enthüllt. In diesem Mißtrauen gegenüber positiven Normen finden die transzendentalen Eigentlichkeitsethiken jeglicher Provenienz nochmals ihre negative Einheit. Solches Mißtrauen zieht seine Nahrung aus der gewiß nicht bestreitbaren Einsicht, daß „gesellschaftliche Strukturen, Institutionen und Normen in ihrer faktischen Gestalt der Entfaltung des Menschen tatsächlich hindernd entgegenstehen können und ihn damit gegebenenfalls zu verdinglichen, zu depravieren und seinem Wesen zu entfremden vermögen"[40]. Dabei wird aber zugleich übersehen, daß es auch eine Fülle normativer Gestaltungen gibt, die dieses negative Stigma nicht tragen und deren humanisierende Funktion unbestreitbar ist, so daß sie sich in dieser ihrer *konstruktiven* Funktion geradezu als Transfer und Gestaltform des transzendental Eigentlichen selbst und des in ihm liegenden Anspruchs erweisen. Ja, man wird sagen müssen, Normen haben darin überhaupt ihre ganze Vernunft, daß das Eigentliche durch sie je und je Struktur gewinnt, sich in ihnen vorwegentwirft, daß sie also in Wahrheit Wegstücke zum Selbstsein, Brücken zu vorurteilsfreier Kommunikation, Inchoative der Erlösung sein können und sein wollen. Das bedeutet aber jetzt zugleich, daß die tatsächliche Ursache möglicher Entfremdungen, Verdinglichungen und Verkürzungen, die der Mensch durch gegebene Normen erfahren und erleiden kann, nicht einfachhin an deren empirischer Greifbarkeit und Positivität als solcher liegt, „sondern wesenhaft und allein an ihrer möglichen, die Entfaltungs-

---

Mainz 1973). Von der gleichen theologischen Grundintention sind auch die Arbeiten von G. Arroyo, H. Assmann, G. Giradi und P. Richard bestimmt.

[40] *W. Korff*, Theologische Ethik (s.o. Anm. 1) 122.

chancen menschlichen Lebens hindernden und schmälernden *Gestaltung*"[41]. Ebendeshalb aber, weil der Mensch so konstitutiv auf positive Strukturierung seines Handelns verwiesen ist, muß er jede Norm, die ihn nicht adäquat einholt, durch eine neue *greifbare* ersetzen. Dies gilt selbst dort noch, wo sie nur für ihn als Individuum Geltung haben mag. Unter dieser Voraussetzung läßt sich von *uneigentlichem* Handeln in Wahrheit nur dort sprechen, wo der Mensch sich solcher ihm transzendental zugelasteter Verantwortung, die ihn konkret prägenden Normen human, sinnvoll zu gestalten und zu handhaben, entzieht; wie auch umgekehrt ethisch *eigentliches* Handeln überall dort geschieht, wo er aus dieser Verantwortung lebt. Das aber bedeutet, erst wo die Forderung nach Vereigentlichung konkrete Struktur gewinnt, wird menschliches Handeln zu eigentlich *ethischem* Handeln, bleibt die Frage nach ethischer Eigentlichkeit nicht mehr nur negativer, sich je und je von Positivität abstoßender metaempirischer Impuls, sondern entfaltet sich konkret als Frage nach dem *sittlich Guten.* Denn das Gute, soll es in seinem Anspruch überhaupt konkret geltend gemacht werden, kann in der Tat, wie Korff mit Recht hervorhebt, weder „einfachhin mit einer metaempirischen, ungegenständlichen Forderung nach Eigentlichkeit identifiziert werden, noch kann das Schlechte kurzerhand mit der Positivität des empirischen Geltens von Normen und Strukturen gleichgesetzt werden. Gut ist vielmehr dasjenige, was den Menschen auf dem Weg zum Stande seines Menschseins fördert, und schlecht, was ihn davon wegführt[42]. Erst in der so ausgeweiteten Frage nach dem sittlich Guten wird der transzendentale Anspruch auf Eigentlichkeit zugleich zur empirischen Forderung ihrer strukturellen Einlösung, wie auch umgekehrt für die aus genuin empirischen Bedingungen erwachsenen normativen Strukturen der in der Erfahrung von Eigentlichkeit liegende transzendentale Anspruch zum unabdingbaren Ferment ihrer humanen Gestaltung wird. Nur so behält die Option für Eigentlichkeit menschlichen Daseins und menschlicher Daseinsgestaltung ihr ganzes Gewicht, ohne sich in der Negation von Positivität zu erschöpfen.

Woraus aber lebt dann – und diese Frage stellt sich jetzt nochmals ganz neu – diese Option für Eigentlichkeit? Worin liegt ihre Wurzel? Das zwingt uns, auf die Grunddisposition des Menschen selbst zurückzufragen.

Allem Erkennen und Tun des Menschen, all seinem Handeln und Gestalten liegt die ursprüngliche Erfahrung voraus, daß er nicht über eine orientierungssichere ausformulierte Natur verfügt, die jeden seiner Schritte lenkt und darin zugleich Art und Maß seines jeweiligen Gelingens vorwegbestimmt. Er erfährt und weiß sich vielmehr als das nicht-festgestellte, sich grundsätzlich selbst zugelastete und damit sich selbst aufgegebene Wesen, das erst im Entdecken und Ausschreiten dessen, was sich ihm als menschlich Mögliches, Notwendiges und Sinnvolles zu erkennen gibt je und je sein Leben hat. Was ihn aber darin nicht

[41] Ebd. 123. [42] Ebd.

zur Ruhe kommen und immer neu aufbrechen läßt, ist die Tatsache, daß er in keiner seiner Lösungen aufgeht, daß ihm jedes erreichte Ziel neue Anfänge eröffnet und ihn jede Antwort zu neuen Fragen führt. Mit der bleibenden Fähigkeit ausgestattet, sich zu transzendieren und Erreichtes zu überbieten, lebt er letztlich vom immer neu ausstehenden Hoffnungsziel seines Gelingens. Hierin hat alle Option für Eigentlichkeit ihre anthropologische Wurzel. *Die Fähigkeit des Menschen zur Selbsttranszendenz hat unauslöschbaren Verweisungscharakter auf Eigentlichkeit hin.* Andererseits bleibt diese seine Fähigkeit, sich selbst zu überbieten, zugleich eingebunden in die Endlichkeit und Kontingenz seiner Existenz. Unter dieser Voraussetzung aber gewinnt Eigentlichkeit gleichzeitig eine *zweite* Seite, die in der Tat nur in Negation zum Bestehenden ausgesagt werden kann. Eigentlichkeit ist das vom Menschen selbst her schlechthin Uneinholbare, ewig Ausstehende, die Utopie seiner eigenen Hoffnung. Erst diese beiden polaren Dimensionen machen das ganze Wesen des Menschen aus, halten ihn in Wahrheit auf dem Weg zu sich selbst. Sie sind es, die ihn immer neu über sich hinausweisen und über die ihm die wahre Vernunft seiner Eigentlichkeit vernehmbar wird.

Kündigt sich aber in eben solchem transzendentalem Vorgriff nun auch schon die Wirklichkeit Gottes selbst an? Oder ist dieser Vorgriff gar nur ein unentbehrlicher *pragmatischer* Motor, der das Leben in Gang hält? Was also meint das Wesen von Eigentlichkeit? So wie sich Eigentlichkeit bei Heidegger, aber auch bei Grisebach und schließlich in anderer Weise wieder bei Adorno darstellt, hat sie ganz gewiß nichts mit der Frage nach der Wirklichkeit Gottes als solcher zu tun. Weder Heideggers Sein des Selbstseins noch Grisebachs Transzendenz der Anderheit des anderen, noch Adornos Totalität als negativ bestimmter Inbegriff von Erlösung wollen von diesen selbst als theologische Aussagen verstanden sein, was freilich nicht ausschließt, wie dies schon gezeigt wurde, daß die hier erschlossenen Zugänge zu einem neuen Wirklichkeitsverständnis mit der Ungegenständlichkeit des in ihm Erfahrenen zugleich neue Wege des Gottesverständnisses eröffnen. Umgekehrt wird bei Ebner die Erfahrung des mitmenschlichen Du bereits als unmittelbare Begegnung mit dem Du Gottes behauptet, während Buber eine Differenz beider zwar festhält, zugleich aber in der Bestimmung Gottes als dem ewigen Du von diesem Gott jede Bestimmung eines metaphysischen „Eigenseins" fernhält[43].

Das aber hätten dann all diese auf die Gottesfrage hin entfalteten transzendentalen Ansätze gemeinsam: die Wirklichkeit Gottes läßt sich nicht als objekthaft gegebene Wirklichkeit denken. „‚Gott an sich' gibt es nicht" (Halbfas)[44]. „Das Sprechen von Gott und das Sprechen von der Welt (in ihrer Eigentlichkeit, d. V.)

---

[43] *M. Buber,* Das dialogische Prinzip (s.o. Anm. 16) 118.

[44] *H. Halbfas,* Fundamentalkatechetik. Sprache und Erfahrung im Religionsunterricht (Düsseldorf 1968) 198.

ist eins."[45] Auf das in der Konsequenz solcher Argumentation liegende Grundproblem hat schon M. Theunissen in seiner Kritik am dialogphilosophischen Ansatz hingewiesen: „Sie ist kein taugliches Mittel zur philosophischen Erhellung der Schöpfungstheologie."[46] Eine solche bleibt dann aber nur unter der Voraussetzung denkbar, daß nicht nur die ontologische Differenz des in der Erfahrung von Eigentlichkeit erschlossenen Seins im Unterschied zum Seienden, sondern darüber hinaus auch die ontologische Differenz des so erschlossenen Seins und Gott als letztem übergreifendem, aus sich selbst seiendem Grund gewahrt wird: Das „Reich Gottes", in dem sich die Nähe und Macht der Wirklichkeit Gottes ankündigt, ist nicht schon Gott selbst. Wo aber diese Differenz nicht mehr gewahrt und im Blick bleibt, da verliert auch jeder Ruf zur Vereigentlichung jenen letzten Grund, der den in ihm liegenden Anspruch in seiner ethischen Unbedingtheit trägt, einfordert und auf Erfüllung hin offenhält, bleibt dieser Ruf nur noch ein verirrtes Echo, das am Ende an sich selber stirbt.

Literatur:

G. W. Hunold, Ethik im Bannkreis der Sozialontologie. Eine theologisch-moralanthropologische Kritik des Personalismus (Bern – Frankfurt a.M. 1974) (Lit.).
H. H. Schrey, Dialogisches Denken (Darmstadt 1970).
M. Theunissen, Der Andere. Studien zur Sozialontologie der Gegenwart (Berlin 1965) (Lit.).

Gerfried W. Hunold

II
Wege analytischer Argumentation

Der *Einsatz analytischer Methoden* in der Ethik der Gegenwart stammt aus dem wissenschaftstheoretischen Impuls, von dem die analytische Philosophie unseres Jahrhunderts ingesamt geprägt ist. Orientiert am Exaktheitsideal der Mathematik, möchte die analytische Philosophie zu gleich unwiderlegbaren Resultaten gelangen wie die empirischen und die logischen Formalwissenschaften. Da ethische Aussagen per definitionem wertende Stellungnahmen enthalten, die in irgendeiner Weise „vorschreibenden" Charakter haben, weiß man um die besonderen Schwierigkeiten einer wissenschaftlich begründeten Ethik. Will man der Sache näherkommen, so muß die genaue *Bedeutung moralischer*

[45] Ebd. 260.
[46] *M. Theunissen,* Der Andere. Studien zur Sozialontologie der Gegenwart (Berlin 1965) 506.

Begriffe und Sätze geklärt werden. Es muß aber auch ein *intersubjektiv verbindlicher Ausgangspunkt eruiert* und die formale Struktur einer inhaltlichen Begründung normativer Sätze *analysiert* werden. Dieser komplexen Aufgabe suchen die Vertreter analytischer Ethik von verschiedenen Seiten her gerecht zu werden. Manche Bemühungen laufen parallel, andere sind durch den fortschreitenden Erkenntnisprozeß selbst bedingt. Deutlich läßt sich ein *sprachanalytischer* (metaethischer) Ansatz (1) von dem *normanalytischen* (ethischen) Ansatz (2) unterscheiden.

1. *Der sprachanalytische Ansatz (der metaethische Diskurs)*

Unsere Alltagssprache ist unverkennbar mit Ausdrücken und Sätzen bestückt, die man zur sog. *Moralsprache* zählen muß. Man rechnet dazu „diejenigen Worte, Sätze und Satzverbindungen, die, auf eine bestimmte Weise ‚vorschreibend', Handlungen von Personen betreffen"[1]. Sollensansprüche finden sich aber nicht bloß in Sätzen, die sich durch ihre grammatikalische Form als Vorschriften oder Befehle ausweisen. Zahlreicher noch sind sie in Aussagesätzen versteckt, in denen ein Wertender ein Werturteil ausspricht. Wenn einer etwa sagt: „Es ist gut, die Wahrheit zu sagen", so hat dieses Urteil in der Regel den Sinn: „Es ist gut, daß man die Wahrheit sagt." „Man soll(te) die Wahrheit sagen." Von dieser Moralsprache in der Alltagssprache geht die analytische Sprachphilosophie aus. Sie interessiert sich für die Frage, was solche Sätze genauerhin besagen, was mit Wertworten wie „gut", „richtig", „sollen", „dürfen" u.a. überhaupt mitgeteilt werde und welche Bedeutung solchen Aussagen in wissenschaftlicher Hinsicht zukomme. Die analytische Sprachphilosophie macht selbst keine Aussagen darüber, was wir tun sollen, ob eine Handlungsweise richtig oder falsch sei, d.h., sie macht keine ethischen Aussagen. Sie ist dementsprechend auch keine ethische Theorie; sie führt vielmehr einen *metaethischen Diskurs* über ethisches Reden. Sie versteht sich so als *kritische Theorie über die sprachliche Form moralischer Aussagen.* Dabei begnügen sich manche Vertreter mit der Analyse der *Alltagssprache* (ordinary language philosophy) und der Klärung von begrifflichen Vagheiten und Mehrdeutigkeiten. Andere Repräsentanten sehen darin nur eine Vorstufe. Sie versuchen durch Rekonstruktion einer *formalen Sprache* eine Theorie zur Verwendung moralischer Begriffe zu entwickeln.

Die Diskussion beginnt im ersten Jahrzehnt unseres Jahrhunderts mit der Veröffentlichung der „Principia ethica" G.E. Moores[2]. Moore bestreitet, daß sich das Wertwort „gut" durch empirisch faßbare und beschreibbare Eigen-

---

[1] *I. Craemer-Ruegenberg*, Moralsprache und Moralität (Freiburg i.Br. – München 1975) 16.
[2] *G. E. Moore,* Principia ethica (Cambridge 1903, Oxford [2]1922).

schaften erschöpfend definieren lasse. Wenn man beispielsweise „gut" durch Eigenschaften wie „angenehm", „nützlich" oder andere definiert und stellt dann fest, daß diese Eigenschaften einer Handlungsweise zukommen, so läßt sich doch ohne Widerspruch bezweifeln, ob die Handlung gut sei. Folglich steht „gut" für eine einfache, weiter nicht aufteilbare Qualität. Diese Eigenschaft ist nicht empirisch, sie läßt sich mit unseren fünf Sinnen nicht fassen, sondern erschließt sich nur einem sechsten, dem moralischen Sinn: der Intuition. Die Intuition allein schafft Kenntnis des Guten; und die Moralsprache dient dazu, diese Welt der intuitiv erschlossenen Werte zu beschreiben[3]. Moore hat richtig erkannt, daß Wertprädikate nicht einfach auf empirisch faßbare natürliche Eigenschaften zurückgeführt werden können[4]. Der Zugang über die Intuition bleibt aber unbefriedigend. Es ist schwer einzusehen, wie über die Intuition ein rational kontrollierbares Wissen über „gut" und „bös" noch möglich sein soll.

Wittgenstein und der *Wiener Kreis* haben daraus die radikale Konsequenz gezogen, Sätze, die Wertungen enthalten, seien irrational; Wertworte wie „gut" und „bös" seien daher sinnlos und eine ethische Theorie infolgedessen unmöglich. In seinem „Tractatus logico-philosophicus"[5] lehnt Wittgenstein jedes Reden, das über empirische und logische Aussagen hinausgeht, als unsinnig ab. Da die Sprache dazu dient, die Welt in ihren Strukturen zu beschreiben, ist über einen Sinn der Welt, der diese beschreibbaren Strukturen übersteigen müßte, einfach nicht zu reden. Der Sinn der Welt und des Lebens ist weder erfragbar noch aussagbar. Selbst eine Aussage wie „der Sinn ist transzendent" müßte von daher als sinnlos bezeichnet werden. Theologie, aber auch die Ethik werden damit zur Sprachlosigkeit verurteilt[6]. Zu den gleichen Konsequenzen führen auch die Überlegungen der Vertreter des sog. Wiener Kreises. Nach ihrer Auffassung müssen Aussagen, die Anspruch auf Wissenschaftlichkeit erheben, in der Sprache der Physik formuliert werden (Physikalismusthese). Dies bedeutet, daß sie in testbaren Hypothesen der Verifizierung bzw. der Falsifizierung ausgesetzt werden. Diesem von Rudolf Carnap[7] stark propagierten logischen Positivismus hat sich in England vor allem A. J. Ayer angeschlossen. Seiner Meinung nach kann eine Stellungnahme nur dann als wahr oder falsch erwiesen werden, wenn sie analytisch empirisch verifiziert werden kann[8]. Dies ist aber für Wert-

---

[3] Der Intuitionismus gehört darum zu den sog. kognitiven Theorien, die den Wertworten einen beschreibbaren Sinn zumessen.

[4] Darum lehnt er es auch ab, von einer bloßen Feststellung von Eigenschaften auf die Richtigkeit damit verbundener Wertungen zu schließen (sog. naturalistischer Fehlschluß).

[5] *L. Wittgenstein,* Tractatus logico-philosophicus (Oxford 1921): Schriften I (Frankfurt a. M. 1960).

[6] „Es ist klar, daß sich die Ethik nicht aussprechen läßt" (Tractatus 6.421); vgl. *H. Peukert,* Wissenschaftstheorie – Handlungstheorie – Fundamentale Theologie. Analysen zu Ansatz und Status theologischer Theoriebildung (Düsseldorf 1976) 78.

[7] *R. Carnap,* Philosophy and Logical Syntax (London 1935).

[8] *A. J. Ayer,* Language, Truth and Logic (London [1]1936, [2]1946) 9; *ders.* Logical Positivism (Glencoe [Ill.] 1959).

worte wie „gut" unmöglich. Darum sind moralische Sätze theoretisch sinnlos, und eine Ethik als Wissenschaft kann es dementsprechend auch nicht geben.

Dieser radikale *Positivismus* – inzwischen längst aufgegeben – führte aber zu weiteren Überlegungen. Man konnte sich ja nicht zufriedengeben, nur die Sinnlosigkeit moralischen Redens festzustellen. Irgendeine Bedeutung muß ja der Moralsprache zukommen. Liegt sie vielleicht mehr in einer bestimmten Funktion als im Inhalt. Die Frage hat bereits Carnap und Ayer beschäftigt. Erst Ch. L. Stevenson[9] ging aber ausführlich auf diese Funktion ein. Er sieht die Bedeutung der Moralsprache in der Vermittlung eines emotionalen Stimulus. Nicht als ob hier Emotionen beschrieben würden; aber gewisse Worte und Elemente der Moralsprache sind geeignet, emotional begründete Stellungnahmen der Sprachteilnehmer zu vermitteln und auszulösen[10]. Diese als *Emotivismus* bezeichnete Theorie hat die metaethische Diskussion in eine neue Richtung gelenkt. Stevensons Bedeutungstheorie konnte sich zwar nicht lange halten. Das lag aber wohl an der wenig überzeugenden psychologischen Erklärung, die auch keine Regelmäßigkeit des Sprachgebrauchs garantiert. Aber der Emotivismus hat „richtig gesehen – und darin besteht sein wichtigster Beitrag zur metaethischen Revolution –, daß Moralurteile keine bloßen Beschreibungen sind, sondern daß man mit der Verwendung dieser ‚sozialen Instrumente' etwas Bestimmtes *tut*"[11].

J. L. Austin hat in seiner *Theorie der Sprechakte* diesen Anstoß aufgenommen. Er sieht die Bedeutung der Moralsprache, also speziell der Ausdrücke und Redewendungen des Gebietens, Verbietens und Versprechens, nicht in dem, was mitgeteilt wird, sondern darin, „what one is doing in saying something"[12]. Seiner Meinung nach gibt es strenggenommen gar keine moralischen Mitteilungen. Es handelt sich vielmehr um „illokutionäre Akte", die in Verbindung mit Lokutionen Verpflichtungen auslösen. Wenn einer – die Eigenschaft seines Hundes beschreibend (deskriptiv) – in einer Lokution sagt: „Der Hund ist bissig", dann tut er damit etwas, was gar nicht ausgesprochen wird („illokutionär" bleibt): er warnt (wenn jemand den Hund streicheln will), oder er hält einen Einbrecher ab, oder er empfiehlt den Hund einem Kaufinteressenten als Wachhund. Die ausgelöste Reaktion nennt Austin „perlokutionär". Nach Gel-

---

[9] *Ch. L. Stevenson*, Ethics and Language (New Haven 1960); *ders.*, Facts and Values. Essays (New Haven 1963).

[10] *Ch. L. Stevenson*, Ethics and Language 33: „The emotive meaning of a word is the power that the word acquires on account of its history in emotional situations, to evoke or directly express attitudes, as distinct from describing or designating them."

[11] *G. Grewendorf – G. Meggle*, Zur Struktur des metaethischen Diskurses, in: *dies.* (Hrsg.), Seminar: Sprache und Ethik. Zur Entwicklung der Metaethik (stw 91) (Frankfurt a. M. 1974) 17. Grewendorf-Meggle kritisieren zu Recht, daß der Emotivismus mehr zur Rhetorik als zur Logik des moralischen Diskurses beigetragen habe (19).

[12] *J. L. Austin*, Performative Utterances, in: *J. O. Urmson – G. J. Warnock* (Hrsg.), Philosophical Papers (London 1961) 233–252, hier 233.

tung und Begründung moralsprachlicher Äußerungen ist gar nicht zu fragen. Entscheidend sind allein Konventionen sowie der Kontext von Sprechhandlungen. „Nach Austin ist der Fall entschieden: Es gibt einfach keine Moralsprache, es gibt weder von der Intention noch vom Gehalt von Äußerungen her ‚moralische Mitteilungen' ... die Suche des Logikers nach ‚idealsprachlichen' Eindeutigkeiten, nach klaren Kriterien und – letztlich – nach moralischen Prinzipien ist vergeblich."[13] Man könnte also aufhören, sich über Moralsprache den Kopf zu zerbrechen.

Nun aber hat *R. M. Hare* – selbst Schüler Austins – dieser Auffassung seines Lehrers entscheidend widersprochen. Hare zeigt[14], daß der von Austin praktisch aufgehobene Unterschied von deskriptiven und präskriptiven Sätzen eben doch voll zu Recht besteht. Wörter wie „versprechen", „verpflichten" und dergleichen (sog. Illokutionswörter) kommen auch in verneinenden und fragenden Sätzen vor, oder sie werden in der Vergangenheit ausgesagt („Herr A hat gestern versprochen"). Darum aber ist es unmöglich zu sagen, der Sprecher des Satzes vollziehe ein Versprechen. Der Sprecher berichtet mit dem Wort „versprechen" über den Akt des Versprechens. Dem Ausdruck selbst eignet demnach eine konstante Bedeutung. Solche Worte haben „sense and reference", so daß Sätze, in denen solche Worte auftreten, als Sätze präskriptiver Sprache gedeutet und analysiert werden können[15]. Nach Hare sind Präskriptionen Ausdruck von Wertungen. Dabei werden Dinge, Personen oder Handlungsweisen als in möglicher Wahl vorzuziehen oder hintanzustellen beurteilt. Der Wertende nimmt implizit oder explizit auf bestimmte Wertstandards oder Handlungsmaximen Bezug und bringt mit den Wertprädikaten „gut", „richtig" oder ganz allgemein mit „sollen" zum Ausdruck, was einer, der richtig handeln will, zu wählen hat. Der *Soll-Sinn,* die konstante präskriptive Bedeutung von Sollen, liegt demnach darin, daß jemandem etwas in einer möglichen Wahl als vorzüglicher empfohlen wird.

Der metaethische Diskurs hat so im Laufe seiner Entwicklung durch die Analyse der Moralsprache den speziellen Charakter präskriptiver Sätze herausgestellt. Eine intersubjektive Vermittlung von Sollensansprüchen in einer geregelten Sprache ist möglich. Damit ist aber nur ein Teilproblem gelöst. Wenn es eine geordnete Mitteilung über sittliche Ansprüche gibt, so erhebt sich unweigerlich die Frage, mit welcher Verbindlichkeit diese Ansprüche ausgestattet sind

---

[13] *I. Craemer-Ruegenberg,* a.a.O. 47.

[14] *R. M. Hare,* The Language of Morals (Oxford 1952); deutsch: Die Sprache der Moral (Frankfurt a.M. 1972). Zur Auseinandersetzung mit Austin vgl. *ders.,* Meaning and Speach Acts, in: Practical Inferences (Edinburgh 1971) 74–93; *ders.,* Austin's Distinction between Locutionary and Illocutionary Act, in: ebd. 100–114.

[15] Sätze deskriptiver Art können nach Zerlegung ergänzt werden durch die Beifügung „it is the case"; präskriptive sind zu ergänzen mit „do it". Entsprechend definiert *I. Craemer-Ruegenberg* Sätze präskriptiver Art als Sätze, „deren Prädikatwort einen Bedeutungsbestandteil hat, der in einer imperativen Formel expliziert werden kann" (a.a.O. 54).

und woher sie diese Verbindlichkeit haben. Die Antwort ist nicht mehr sprachanalytisch zu geben; sie verlangt einen handlungs- oder normtheoretischen Diskurs.

2. *Der normanalytische Ansatz (der ethische Diskurs)*

Das zwischenmenschliche Leben ist in vielfältiger Weise normativ geprägt. Sprach- und Schreibregeln, Tischsitten und Umgangsformen, sittliche Gebote und Verbote und eine Fülle rechtlicher Vorschriften prägen unseren Alltag. Ebenso selbstverständlich stützen wir uns auf gesellschaftliche Institutionen oder beanspruchen sie. Kulturanthropologische und soziologische Forschungen bestätigen nun nicht bloß den generellen Tatbestand, daß das Zusammenleben in allen Gesellschaften normativ geregelt wird, sie zeigen vielmehr, daß es sich offensichtlich um ein *notwendiges* strukturelles *Merkmal menschlicher Praxis* handelt. Menschliches Zusammenleben bedarf normativer Orientierung, d. h. der Steuerung und Stabilisierung des Handelns durch geltende Wertstandards und verpflichtende Sollensansprüche, die ein entsprechendes Verhalten garantieren. Über den Aufweis dieser Notwendigkeit wird anderswo gehandelt (vgl. S. 114ff.). Wir möchten hier aber auf eine wichtige Unterscheidung aufmerksam machen: Der Aufweis, daß der Mensch Normen braucht, also die *Notwendigkeit* von Normen, ist nicht das gleiche wie die *Verbindlichkeit* von Normen; und die Verbindlichkeit kann auch nicht einfach aus der Notwendigkeit abgeleitet werden. Sie bedarf einer eigenen Begründung. Um diese Begründung der Verbindlichkeit, um die *Voraussetzungen* der Geltung und Rechtfertigung von Normen allein, bemüht sich die analytische Ethik. Wir versuchen hier einen Überblick über die unterschiedlichen Bemühungen der jüngsten Zeit zu geben.

Zunächst läßt sich eine große *gemeinsame Übereinstimmung* feststellen *in der negativen Aussage, daß aus einer bloßen Beschreibung von Fakten keine Verpflichtung abgeleitet werden kann.* Aus ausschließlich deskriptiven Prämissen lassen sich keine präskriptiven Sätze ableiten. Darüber war sich übrigens die theologische Ethik seit eh und je im klaren. Sie hat das Sollen immer auf ein Wollen zurückgeführt. Konsequent erkannte sie im Willen Gottes den letzten Verpflichtungsgrund sittlicher Beanspruchung. Dem widerspricht auch nicht das oft zitierte scholastische Axiom: „Das Sollen gründet im Sein." Damit wird nichts anderes gesagt, als daß der Mensch in der Eigenart seines kreatürlichen Seins, in der ihm zukommenden Freiheit, der vom Schöpfer absolut Beanspruchte sei[16]. Auch da, wo man zur inhaltlichen Rechtfertigung ethischer Sätze

[16] Darin liegt die Paradoxie endlicher Freiheit: als selbstzentriertes Wesen steht der Mensch dem absoluten Selbst gegenüber. Er gewinnt sich selbst nur in der Anheimgabe; er ist zu sich selbst ermächtigt nur, indem er sich überantwortet. Diese Antinomie ist kein Widerspruch, wenn man göttliche und menschliche Personalität nicht auf gleicher Stufe sieht. Aber sie ist die Quelle radikaler

auf Güter wie Leben, Freiheit, Ehe, Staat usw. zurückgreift, kommt die Verpflichtung nicht aus diesen Gütern; die Beanspruchung, das Richtige zu suchen, wird vielmehr bereits vorausgesetzt. In der Ablehnung einer einfachen Ableitung des Sollens aus dem Sein sind sich philosophische und theologische Ethik einig.

Viel schwieriger ist eine positive Aussage über den tatsächlichen Verpflichtungsgrund. Doch gibt es auch hier noch *einen gemeinsamen Ausgangspunkt: den Vollzug einer Selbstverpflichtung.* Wir haben weiter oben darauf hingewiesen, daß es insbesondere R. M. Hare gelungen sei, den Beanspruchungscharakter (Soll-Sinn) als konstante Bedeutung der Moralsprache sprachanalytisch aufzuweisen. Derselbe Hare fragt auch nach dem möglichen Verpflichtungsgrund. Er sieht ihn sehr allgemein im Vollzug einer Selbstverpflichtung durch den Redenden selbst oder durch denjenigen, der eine Präskription vernimmt und ihr zustimmt. Es ist für Hare gewissermaßen ein „bedeutungsgebender Akt", der die Bedeutung der Präskription bestimmt. Allerdings ist dieser Selbstverpflichtungswille im Zusammenhang mit einer bestimmten Präskritpion nicht voraussetzungslos. In dem Vollzug der Selbstverpflichtung müssen die Universalisierbarkeit der Maxime und die universelle Gleichheit aller Menschen miteinbezogen werden. Wenn ein bestimmter präskriptiver Satz für eine bestimmte Situation S gilt, dann ist aus logischen Gründen anzunehmen, daß er in einer Situation, die S in den wesentlichen Zügen vergleichbar ist, auch gelte. Aufgrund dieser logischen Struktur der Universalisierbarkeit von Sätzen meldet sich mit der Selbstverpflichtung die Universalisierungsforderung[17]. Die Universalisierungsforderung erscheint damit selbst schon als eine vorausgesetzte moralische Regel. „Falls die subjektive Rechtfertigung und die logische Ableitung einer beliebigen individuellen Präskription vollständig sein sollen, muß es allgemeine moralische Prinzipien geben. Die Wahrscheinlichkeit, daß das Prinzip der Universalisierung und das Prinzip der Gleichheit (aller Personen) solche Prinzipien sind, ist groß. Beide Prinzipien nehmen in Hares theoretischer Beweisführung und in seinen Argumentationsmodellen einen großen Raum ein, und ihre Anerkennung ist offenbar unerläßlich."[18] Aber es scheint, daß der allgemeingültige Verpflichtungscharakter eben dieser moralischen Prinzipien mit den Methoden der Sprachanalyse allein nicht aufzuweisen ist. Die Selbstverpflichtung erweist sich so als wichtiger Ansatzpunkt. Es genügt jedoch nicht einfachhin, darauf zu verweisen, um sich dann sogleich der Rechtfertigung konkreter Normsätze zuzuwenden. Die sachliche Rechtfertigung einer konkreten Handlungsregel in einem objektiven Begründungsverfahren (z. B. durch

---

Versuchung ebenso wie der Grund der Möglichkeit zur Selbstentfremdung, zum geschöpflichen Selbstwiderspruch, zur Sünde.

[17] Dabei ist zu beachten, daß die logische Struktur der Universalisierbarkeit und das Gebotensein des Universalisierens nicht dasselbe sind. Vgl. *I. Craemer-Ruegenberg*, a. a. O. 82.

[18] Ebd. 90.

Abwägung der Güter) ist *eine* Sache. Die Suche nach einem allgemeingültigen, unbedingten moralischen Prinzip, das die Wurzel des Selbstverpflichtungscharakters bildet, ist eine *andere*. Um ihre Erhellung geht es primär im normanalytischen Diskurs. Es ist die Frage nach der Einsicht in das kategorische Gebotensein eines allgemeinen Gebotes. Es muß geklärt werden, wie und aus welchen Gründen sich das Bewußtsein, daß etwas unbedingt verwirklicht werden soll, konstituiert. In der Beantwortung dieser Frage gehen die verschiedenen theoretischen Ansätze erheblich auseinander.

a) Der Utilitarismus

Der Utilitarismus schenkt dieser zweiten Frage, von der wir glauben, daß sie primär zu lösen sei, wenig Beachtung. Er quält sich nicht mit dem Problem einer transzendentalen Selbstbegründung oder Selbstrechtfertigung des sittlichen Bewußtseins. Pragmatisch ausgerichtet, geht er „von der uns allen vertrauten Situation aus, daß wir verschiedene Handlungsmöglichkeiten sehen, nicht wissen, welche wir ergreifen sollen, und dann ein Kriterium suchen, nach dem wir die rechte Wahl treffen könnten“[19]. Dabei sieht die utilitaristische Ethik dieses gesuchte Kriterium richtigen Handelns in dem durch das Handeln zu erbringenden *größtmöglichen Nutzen* (utilitas) *für möglichst viele*. In einer anderen Formulierung spricht man auch von der *Optimierung des Wohlergehens* aller von der Handlung Betroffenen. Dabei wird die Handlung nicht in sich selbst gesehen, *entscheidend* für die Beurteilung sind vielmehr *ihre Folgen*. Nun gibt es natürlich nicht einfach *die* utilitaristische Ethik. Der Hauptimpuls des neuzeitlichen Utilitarismus ging aus von Jeremy Bentham (1748–1832) und John Stuart Mill (1806–1873). Ihre Absicht zielte vornehmlich auf die Grundlegung einer normativen Rechts- und Sozialphilosophie. Inzwischen sind ihre Ansätze ausgeweitet und modifiziert worden. Im englischen Sprachraum bestimmt in jüngster Zeit die Auseinandersetzung mit dem Utilitarismus zu einem erheblichen Teil den ethischen Diskurs. Sie ist nicht ohne Einfluß auf die theologische Ethik. Insbesondere die Beurteilung sittlicher Handlungen ausschließlich aufgrund ihrer Folgen (die sog. teleologische Begründung) findet bei vielen Theologen Gefallen, was ihnen auch prompt den Vorwurf des Utilitarismus einträgt. Statt uns auf einzelne Richtungen und Vertreter des Utilitarismus einzulassen, scheint es uns darum wichtiger, Unterschiede und Gemeinsamkeiten zwischen der utilitaristischen und der theologischen Ethik zu verdeutlichen[20].

---

[19] *O. Höffe* (Hrsg.), Einführung in die utilitaristische Ethik (München 1975) 9.

[20] Die Unterscheidung von Akt- und Regelutilitarismus kann unbeachtet bleiben. Die Regel ist ja nur die Verallgemeinerung eines modellhaften Handlungsurteils; sie gründet also auch in der Optimierung des Nutzens. Ausnahmen von der Regel aber müssen selbst universalisierbar sein. Die Aufhebung geschieht also nicht zur Begünstigung eines einzelnen, sondern zur gerechteren und situativen Beurteilung. Vgl. *P. W. Taylor* (Hrsg.), Problems of Moral Philosophy (Encino [2]1972) 206–212, bes. 210f.

Der entscheidende Unterschied liegt in der Bewertung des Utilitätsprinzips. In der utilitaristischen Ethik kommt der Optimierung des Wohlergehens aller aus den Handlungen aller faktisch der Rang eines letzten Moralprinzips zu[21]. Was immer man als optimalen Nutzen bestimmt, dem formalisierten Prinzip kommt die Funktion einer ultimativen Sollensbegründung zu. Dabei bleibt das Prinzip jedoch gesellschafts- und geschichtsimmanent. Dies kann aber nicht der Sollensgrund einer theologischen Ethik sein. Nach ihrer Überzeugung wird der Mensch von einem ihm selbst transzendenten Grund und Ziel in seiner Freiheit total beansprucht, über sich in Freiheit zu verfügen. In seiner Leiblichkeit und Geschichtlichkeit ist er hineingestellt in eine Güterwelt, die von ihm respektiert sein will. Diese Güterwelt selbst aber ist endlich und begrenzt. Keines der begrenzten Güter kann und darf ihn total beanspruchen. Keines dieser Güter vermag für sich allein menschliches Handeln bedingungslos, d. h. für alle denkbaren Fälle ohne Rücksicht auf die Folgen (deontologisch), zu bestimmen. Zwar wird der Mensch vom absoluten Grund des Sittlichen unbedingt gefordert, doch als kontingentes Wesen in einer kontingenten Welt kann er das ihn absolut anfordernde „bonum" immer nur an und in den „bona" verwirklichen, die als kontingente Güter oder Werte eben „relative" Werte sind und als solche niemals a priori als der je größte Wert, der überhaupt nicht mit einem höheren konkurrieren könnte, ausgewiesen sind. Im Hinblick auf die bona bleibt daher je nur die Frage nach dem vorzugswürdigeren bonum möglich, d. h., jede konkrete kategoriale Entscheidung *muß* – um nicht fälschlich Kontingentes zu verabsolutieren – letztlich auf einer Vorzugswahl beruhen, in der nach Güter- und Wertprioritäten entschieden wird. In diesem Rahmen kommt der Optimierung des Wohlergehens für möglichst viele durchaus die Funktion eines Kriteriums, einer maßgebenden Zielvorstellung zu. Sie hat aber, gemessen am letzten Grund wie am umfassenden Ziel menschlichen Daseins, nur intermediären Charakter.

Die Gemeinsamkeit zwischen utilitaristischer und theologischer Ethik besteht eigentlich nur in der Überzeugung, daß die normativen Urteile über das richtige Handeln im zwischenmenschlichen Bereich teleologisch und nicht deontologisch zu begründen seien. In der Bestimmung des letzten Zieles sowie in der kritischen Beurteilung einer Güter- und Werteordnung folgt die theologische Ethik ihren eigenen Prinzipien. Damit erledigt sich eine Reihe von Einwänden, die in der allgemeinen Utilitarismuskritik eine wichtige Rolle spielen und die nicht selten auf jede Art teleologischer Begründung übertragen werden.

Zunächst sind es die Vorbehalte, die gegen den klassischen Utilitarismus mit der Festlegung des Handelns auf die Verwirklichung des größtmöglichen Glücks vorgebracht werden, und die damit verbundene Hedonismusdebatte.

---

[21] Die Tatsache, daß der Utilitarismus „mit keiner bestimmten Wertlehre verknüpft ist", hindert auch W. K. Frankena nicht, in ihm „eine bestimmte teleologische Theorie der Verpflichtung" zu sehen. Ein Utilitarist muß sich eben dann „*irgendeine* Wertlehre zu eigen machen". *W. K. Frankena*, Analytische Ethik. Eine Einführung, hrsg. von N. Hoerster (München 1972) 35.

Aus der Tatsache, daß die Menschen in der Tat nach Glück streben, kann nicht einfach gefolgert werden, daß es der einzige erstrebenswerte Wert sei. Aus einem psychologischen Hedonismus ist kein ethischer Hedonismus abzuleiten[22]. Nun betont allerdings W. K. Frankena, daß es Mill nicht um eine logische Ableitung gegangen sei[23]. Er meint, daß vielmehr bereits der psychologische Hedonismus falsch sei. Kołakowski dagegen hält die These, der Mensch strebe immer nach Glück, für eine Tautologie[24]. Sie läßt sich niemals falsifizieren; denn alles, wonach der Mensch strebt, kann als Glück bezeichnet werden. Kołakowski macht damit besonders deutlich, daß die unbedingte sittliche Beanspruchung nicht an einem bestimmten innerweltlichen Gut festgemacht werden kann. Der bloße Blick auf die Folgen des Handelns vermag die Existenz einer Verpflichtung nicht zu begründen[25]. Dies ist für eine theologische Begründung sittlicher Pflicht selbstverständlich. Sie kann „Glück" umfassend nur als das letztlich von Gott geschenkte Heil des Menschen (Glückseligkeit) verstehen. Es bleibt aber auch fragwürdig, ob der Rekurs auf sog. „Prima-facie-Pflichten", wie er von W. D. Ross[26] und Frankena[27] vorgeschlagen wird, eine hinreichende Lösung bietet. Prima-facie-Pflichten ergeben sich nach ihrer Meinung aus grundlegenden zwischenmenschlichen Beziehungen[28]. So ergibt sich aus der Beziehung eines Versprechenden zu demjenigen, dem etwas versprochen wird, die Pflicht der Treue. Ähnliche Pflichten sind die der Wiedergutmachung, der Gerechtigkeit, der Wohltätigkeit. Daran ist sicher richtig, daß es eine Reihe von Werthaltungen (Tugenden) gibt, die sich nach Ausweis allgemeiner Erfahrung für das menschliche Zusammenleben als unverzichtbar erweisen. Während die objektiven Rechtsgüter, wie das Leben, die leibliche Integrität, das geistige und materielle Eigentum, oder auch institutionelle Größen, wie Ehe, Familie und Staat, unserem Wollen und Handeln vorgegeben sind, können die Werthaltungen der Gerechtigkeit, der Treue oder der Solidarität nur als Qualitäten des Willens real existieren. Gerechtigkeit wird ja in der Tradition abendländischen Denkens ausdrücklich definiert als „feste Willenshaltung, jedem sein Recht zu geben" (constans et perpetua voluntas ius suum unicuique tribuendi). Entsprechend ist „Treue" Ausdruck für den entschiedenen Willen, ein Versprechen zu halten. Hier handelt es sich um handlungsbezogene, also bereits sittliche Werte, die dem Handeln nicht nur vorgegeben sind (wie die genannten „präsittlichen" Güter), sondern unverzichtbar bleiben. Man spricht zu Recht von den

---

[22] Dies wäre ein „naturalistischer Fehlschluß"; vgl. *G. E. Moore,* a.a.O. 1–36.
[23] Vgl. *W. K. Frankena* a.a.O. 105.
[24] Vgl. *L. Kołakowski,* Positivist Philosophy, From Hume to the Vienna Circle (Harmondsworth 1972) 105f.
[25] Vgl. *R. Sartorius,* Utilitarianism and Obligation, in: The Journal of Philosophy 3 (1969) 68.
[26] Vgl. *W. D. Ross,* The Right and the Good (Oxford [9]1973).
[27] Vgl. *W. K. Frankena,* a.a.O. 47f.
[28] Vgl. *W. D. Ross,* a.a.O. 19.

gesellschaftlichen Grundwerten[29]. Mit der Feststellung der Notwendigkeit von Grundwerten kann wohl die Forderung begründet werden, solche Werte zu respektieren, es ist aber nicht gesagt, wie sie konkret zu realisieren sind. So bleibt die Frage offen, wann man ein Versprechen halten muß und wann man es nicht zu halten braucht, ohne sich den Vorwurf der Untreue zuzuziehen. Das aber läßt sich nur durch eine Abwägung konkurrierender Güter bestimmen. Die Unterscheidung zwischen *präsittlichen* Gütern und *sittlichen* Werten entkräftet schließlich auch den von G. Grisez[30] erhobenen Einwand, fundamentale Werte dürften niemals *direkt* verletzt werden. Bei der Abwägung der Folgen kann es sich immer wieder als notwendig und sittlich richtig erweisen, *präsittliche* Güter direkt zu verletzten. (Die Tradition hat die direkte Verletzung des Lebens im Vollzug der Todesstrafe stets teleologisch begründet.) *Sittliche* Werte, wie wir sie definiert haben, dürfen dagegen nie direkt verletzt werden. Ich darf nie ungerecht, nie treulos, nie zuchtlos sein. Darüber herrscht Einvernehmen. Jedenfalls behauptet kein Vertreter der teleologischen Argumentation das Gegenteil. Es kann also nie gefragt werden, ob jemand untreu oder ungerecht sein darf; es kann und muß gefragt werden, wann jemand ohne Verletzung der Treue oder der Gerechtigkeit bestimmte Leistungen nicht zu erbringen braucht. Der Einwand scheint mir daher kein Argument gegen eine durchgängige teleologische Begründung sittlicher Urteile zu sein. Werte als Generalhaltungen konkretisieren sich auf der Ebene der Güter. Eine Handlung ist nach den bestmöglichen Folgen unter Berücksichtigung des Wertes der Gerechtigkeit zu beurteilen. Aber die Teleologie begründet nun eben ihrerseits auch nicht mehr als das Handlungsurteil. Zur Begründung der Güter und Werte oder gar zur ultimativen Sollensbegründung reicht sie nicht aus. Hier liegt die Grenze des Utilitarismus.

b) Kommunikationstheoretische Ansätze

Die Entwicklung der utilitaristischen Ethik läßt erkennen, daß ihre jüngeren Vertreter zwar mit Nachdruck die teleologische Begründungsstruktur normativer Urteile verteidigen, daß sie aber in der Bestimmung des universalen Zieles

---

[29] So heißt es im Grundsatzprogramm der Sozialdemokratischen Partei Deutschlands (Godesberger Programm): „Freiheit, Gerechtigkeit und Solidarität ... sind die Grundwerte des sozialistischen Wollens." Der Orientierungsrahmen für die Jahre 1975–1985 spricht im gleichen Sinn von den „gemeinsamen sittlichen Grundwerten". Die politisch-gesellschaftlichen Grundforderungen ergeben sich aus der Entscheidung für diese Grundwerte. Solidarität ist dabei eindeutig als eine Haltung verstanden, während „Freiheit" und „Gerechtigkeit" auch synonym sein können für die „gerechte Ordnung" oder „freie Entfaltung für alle"; dann haben sie mehr den Charakter von „Gütern" als objektiv vorgegebener Ziele des Handelns.

[30] Vgl. *G. Grisez*, Abortion: The Myths, the Realities, and the Arguments (Washington 1970); vgl. auch *G. Grisez – R. Shaw*, Beyond the New Morality. The Responsibilities of Freedom (Notre Dame 1974) 113f.

(als Nutzen, happiness, pleasure) erheblich auseinandergehen. Die Gemeinsamkeit der Bemühungen liegt deutlich in einer rationalen und kohärenten Rekonstruktion unserer Moralvorstellungen. Hier zeigt sich auch der Berührungspunkt mit der im deutschen Sprachraum geführten Ethikdiskussion. Der unmittelbare Impuls geht zwar bei uns zunächst von der Erkenntnis aus, daß uns die technische Zivilisation vor eine Reihe fast unlösbar scheinender Probleme des Zusammenlebens stellt, die ohne Änderung unseres Verhaltens nicht zu meistern sind. Sie übersteigen die Frage bloßer Machbarkeit und verlangen ein solidarisches Handeln. Der Mensch *kann* offensichtlich mehr als er *darf*. Er kann z. B. die Energielücke durch einen raschen Ausbau der Atomkraftwerke schließen, ob dies richtig, ob es im Interesse aller sei, ist umstritten. Die einzige Lösungsmöglichkeit solcher Probleme sieht man in gemeinsam zu erarbeitenden Konventionen. Konventionen aber entstehen durch einen in intersubjektiv überprüfbarer Rationalität gewonnenen Konsens. Man spricht in diesem Zusammenhang von *einem kommunikativen Handeln der Subjekte* und sieht darin den letzten, nicht weiter hintergehbaren Grund vernünftigen Handelns überhaupt. In der argumentativen Begründung konkreter Handlungsurteile sieht man sich dann auch auf die Güterabwägung verwiesen.

Bevor man zu dieser praktischen Aufgabe kommt, stellt sich allerdings noch ein fundamentaleres Begründungsproblem. Es läßt sich ja nicht übersehen, daß *in dem normativen Diskurs selbst* bereits normative Unterstellungen gemacht und auch gegenseitig angenommen werden. So wird etwa die gegenseitige Respektierung in sich konsistenter Begründungen als selbstverständlich vorausgesetzt. Das aber heißt, daß man bei der praktischen Begründung normativer Regeln die *Sollensstruktur* kommunikativer Praxis schon voraussetzt[31]. Genügt es nun, auf diese Struktur einfach aufmerksam zu machen? Muß sie in einem Entscheidungsakt des einzelnen angenommen werden? Läßt sich dieses Annehmensollen selbst nochmals begründen? Wie? Das sind die Fragen, die sich dem Diskurs unausweichlich stellen. Bevor man *im* Diskurs an die sachliche Rechtfertigung von Normen treten kann, muß also offensichtlich *der* Diskurs selbst gerechtfertigt werden.

In den kommunikationstheoretischen Ansätzen geht es nun vornehmlich um die *Rechtfertigung dieses Diskurses.* Es geht um die Legitimation der Grundregeln kommunikativer Praxis, d. h. um die Regeln des gemeinsamen Redens und Argumentierens. Zu diesen Regeln oder – wie man auch sagt – zu diesem „normativen Kern“ gehört, daß die Teilnehmer sich gegenseitig als gleichbe-

---

[31] Wenn nämlich normative Ansprüche überhaupt rational begründet werden sollen, so „gibt es keinen anderen Weg, als die Kriterien für die Legitimation von Geltungsansprüchen aus der Struktur reziprok-reflexiver Kommunikation abzulesen. Und das heißt in diesem Fall: aufzuweisen, daß im elementaren Vorgang kommunikativen Handelns gegenseitig normative Unterstellungen gemacht und angenommen werden, auf die sich die Kommunikationspartner verpflichten, sobald sie nur in Kommunikation eintreten“ (*H. Peukert,* a.a.O. 255).

rechtigt anerkennen und daß die Ansprüche des jeweils anderen respektiert werden unter der Verpflichtung allerdings, sie auch gegenseitig zu rechtfertigen. *Einigkeit* herrscht in der Überzeugung, daß dieser normative Kern die notwendige Bedingung eines sinnvollen Diskurses darstellt. Die *Notwendigkeit* selbst läßt sich über die reflektierte Erfahrung hinreichend deutlich machen. Nicht ebenso einig ist man sich über den Status der Grundnorm bzw. über ihren *Geltungsgrund*. Die Notwendigkeit, d. h. die Unerläßlichkeit einer Norm erkennen ist ja nicht das gleiche wie ihren Geltungsgrund erweisen. Im Blick auf die Möglichkeit und die Art dieses *Geltungsaufweises* unterscheiden sich die einzelnen Vertreter und ihre Ansätze.

– Vertreter einer *wertfrei empirischen Pragmatik* behaupten, daß dieser normative Kern als eine quasi-institutionelle Tatsache empirisch-neutral zu konstatieren und daher durch nichts anderes zu begründen sei als durch dessen bloßen Vollzug in der Praxis selbst[32]. Man weist darauf hin, daß das Auftauchen des Phänomens in der Evolution als eine entscheidende Errungenschaft der Hominisation zu betrachten sei[33]. Im übrigen würde eine Verdinglichung des Partners sowie eine strategische Manipulation jede Kommunikation im Ansatz zerstören.

– *Vertreter der konstruktiven Wissenschaftstheorie*[34] versuchen, die normativen Grundlagen schon bestehender kommunikativer Praxis einsichtig zu *rekonstruieren*. P. Lorenzen greift auf Einsichten der Mathematik und Logik zurück und glaubt, zur Fundierung wissenschaftlichen Redens müsse man grundlegende Sprachhandlungen voraussetzen, die den Konstruktionen der wissenschaftlichen Sprache vorausliegen. Die elementare Grundhandlung sieht er vornehmlich im Vorgang der Prädikation. Wenn Menschen sich verständigen wollen, müssen sie Gegenstände benennen oder durch entsprechende Zeigehandlungen eine Situation der Verständigung schaffen. „Nicht Axiome oder eine formal festgelegte Sprachstruktur sind also der Ausgangspunkt, sondern sich gegenseitig abgrenzende und zugleich erläuternde sprachliche Handlungen in einer dialogischen Situation."[35] Die Prädikation selbst als sprachlich fundamentale Handlung ist schlechthin nicht hintergehbar. Wer sich verständigen und wer argumentieren will, muß sich in einem ursprünglichen Akt wollend über-

---

32 Vgl. den Ansatz von *H. Schnelle*, Sprachphilosophie und Linguistik (Reinbeck 1973).

33 So etwa im Diskurs um die wissenschaftstheoretische Grundlegung der Sozialwissenschaften.

34 Vgl. *P. Lorenzen – O. Schwemmer*, Konstruktive Logik, Ethik und Wissenschaftstheorie (Mannheim 1973); *P. Lorenzen*, Konstruktive Wissenschaftstheorie (Frankfurt a. M. 1974); *F. Kambartel* (Hrsg.), Praktische Philosophie und konstruktive Wissenschaftstheorie (Frankfurt 1974); *J. Mittelstraß*, Die Möglichkeit von Wissenschaft (stw 62) (Frankfurt a. M. 1974); *P. Janich–F. Kambartel–J. Mittelstraß*, Wissenschaftstheorie als Wissenschaftskritik (Frankfurt a. M. 1974).

35 *H. Peukert*, a. a. O. 196. Damit die Gegenstandskonstitution nicht „als Konstitution einer platonisch idealen Welt" gedacht werde, „muß sie aus der offenen Zeitlichkeit des dialogischen Sprechaktes selbst interpretiert werden ... Es scheint, daß sich hinter der Frage der zeitlichen Struktur kommunikativen Handelns die Frage nach dem Subjekt des Handelns und seiner Konstitution verbirgt" (ebd. 199). Von da aus ergibt sich die Beziehung zu den Ansätzen von J. Habermas und K. O. Apel.

schreiten. „Nicht nur, daß wir immer schon transsubjektiv denken, hat man sich denkend bewußt zu machen, sondern auch, daß jedes Bemühen um vernünftiges Handeln ‚unumgänglich' genetisch strukturiert sein muß (sollte), hat man einzusehen und ‚willentlich zu bekräftigen'."[36] Damit erklärt Lorenzen, was er in der „normativen Logik" als „act of faith" bezeichnet hat. Es handelt sich um den Entschluß, die eigene Subjektivität zu transzendieren, sich auf die Transsubjektivität als „Supernorm" einzulassen. Der Transsubjektivität eignet damit der Status des eigentlichen Moralprinzips[37].

– Vertreter einer *universalen oder transzendentalen Sprachpragmatik*[38] gehen vermehrt auf die Bedingungen der Subjekte der Kommunikations- und Argumentationsgemeinschaft ein. Nach J. Habermas wird in allem kommunikativen Handeln unvermeidlich eine *ideale* Sprechsituation unterstellt, d. h., kommunikatives Handeln ist nur als sinnvoll (im Sinne eines humanen Umgangs) zu denken, wenn die Partner Normen intentional befolgen und diskursiv Rechenschaft ablegen können. Indem einer kommunikativ handelt, hat er sich schon auf diese Situation eingelassen. In diesem „Immer-schon-angenommen-Haben" der idealen Sprechsituation erkennt Habermas die reflektierte Bedingung der Möglichkeit von Argumentation. K.-O. Apel geht hier noch einen Schritt weiter: für ihn ist der Wille zur Teilnahme nicht nur Notwendigkeit, sondern Pflicht eines nur in Intersubjektivität verstehbaren Subjektes. Auch für Apel steht am Anfang aller argumentativen Reflexion über moralische Geltungsansprüche der „Nachweis, daß jeder mögliche Diskussionspartner (jeder also, der überhaupt die Frage nach einer möglichen Begründung der intersubjektiven Gültigkeit von Normen aufwerfen kann) die universalpragmatischen Normen der Ethik notwendigerweise (nämlich als Bedingungen der Möglichkeit seines sinnvollen Argumentierens) schon anerkannt hat"[39]. Einen derartigen Nachweis vermag für Apel nur eine transzendental-reflexive Selbstrekonstruktion des Subjekts und seiner Vernunft zu erbringen. Erst eine transzendentalpragmatische Reflexion auf die a priori intersubjektiv gültigen ethischen Normen, d. h. der Rückgang auf eine transzendentale Letztbegründung der für das Zustandekommen jeglicher Kommunikation notwendigen universal-ethischen Normen, vermag den Anspruch auf Anerkennung der kommunikativen Grundregeln zu begründen. Für Apel ist diese Anerkennung ein Vernunftprinzip, das als Grundnorm einer Ethik der unbegrenzten Kommunikationsgemeinschaft in allem Argumentieren impliziert ist. Es ist die nichthintergehbare „Verpflichtung aller, die argumentieren, auf die Idee der ‚diskursiven Einlösbarkeit' aller nor-

[36] *P. Lorenzen* in: *F. Kambartel* (Hrsg.), Praktische Philosophie (s.o. Anm. 34) 226.
[37] *P. Lorenzen,* Normative Logic und Ethics (Mannheim 1969) 82.
[38] Vgl. *K.-O. Apel* (Hrsg.), Sprachpragmatik und Philosophie (Frankfurt a. M. 1976), bes. die Beiträge von K.-O. Apel und J. Habermas.
[39] *K.-O. Apel,* Sprechakttheorie und transzendentale Sprachpragmatik zur Frage ethischer Normen, in: *ders.,* a.a.O. 10–173, hier 122.

mativen Geltungsansprüche nach Maßgabe der intersubjektiven Universalisierbarkeit der durch sie vertretenen Interessen"[40]. Dieses Prinzip, das die freie Selbstverpflichtung der Subjekte auf Anerkennung aller Kommunikationspartner und auf rationale, argumentative Rechtfertigung eigener Ansprüche im Diskurs, also den Willen zur „Fortsetzung konsensuellen Handelns"[41], beinhaltet, hat für Apel „nicht den Charakter eines Humeschen ‚Faktums', sondern den Charakter des Kantischen ‚Faktums der Vernunft'"[42]. Da das Anerkennen der moralischen Grundnorm konstitutiv ist für die Sinndimension aller Kommunikation und damit des menschlichen Selbstverständnisses überhaupt, folgert Apel, „daß der Akzeptierung der moralischen Grundnorm selbst der modale Charakter des *Sollens* zukommt, unter der Bedingung allerdings, daß die Fragen der philosophischen Grundlagendiskussion – ja überhaupt irgendwelche Fragen – sinnvoll gestellt werden *sollen*. Diese Voraussetzung aber ist ... nicht die Bedingung eines hypothetischen Imperativs, denn sie kann gar nicht *sinnvoll* negiert werden, wenn nicht die Diskussion selbst aufgehoben werden soll."[43] Wenn nun diese Akzeptierung der moralischen Grundnorm qua Faktum der Vernunft je schon *gesollt* ist, folgt daraus, daß zur Konstitution menschlicher Kommunikation das menschliche Subjekt je schon als ein beanspruchtes Wesen verstanden werden muß. Worin gründet nun dieses Sollen? Für Apel ist der letzte Grund ein Faktum der Vernunft. Es fragt sich aber, ob von dieser Basis her sich wirklich *intersubjektiv zwingend* für jeden Menschen diese moralische Grundnorm einsichtig gemacht werden kann. Für Apel steht sie selbst noch unter der Bedingung, daß Fragen sinnvoll gestellt werden sollen. Zweifellos ist dieses Voraussetzungsverhältnis nicht dasjenige hypothetischer Imperative, da es ja um die Möglichkeit von Sinn überhaupt geht. Doch bleibt nicht der Anspruch, sinnvoll fragen zu sollen in seiner absoluten Notwendigkeit unbegründet, wenn nicht positiv ein absoluter Sinn vorausgesetzt wird, der die Bedingung der Möglichkeit jeglicher Sinnkonstruktion ist? Macht nicht die Selbstrekonstruktion der Vernunft die Annahme eines Absolutum notwendig, das der letzte Grund ihres Je-schon-beansprucht-Seins ist und zwingend die Anerkennung der moralischen Grundnorm zu begründen vermag? Ist es wirklich ein „metaphysischer Restdogmatismus"[44], wenn Fichte in seinem Versuch, über die „Tathandlung des Ich" eine Selbstrekonstruktion der Vernunft durchzuführen, zu jenem „absoluten Ich" Gottes gelangt, das als Absolutum sinnstiftender und zugleich verborgener Grund des menschlichen Ichs ist?

Die *theologische Legitimation* sittlicher Beanspruchung kommt je schon von

---

[40] Ebd. 126. „Man kann dieses Prinzip mit P. Lorenzen das der ‚Transsubjektivität' nennen und darunter eine Rekonstruktion des ‚kategorischen Imperativs' von Kant verstehen."
[41] Ebd. 124.
[42] *K.-O. Apel*, Das Apriori der Kommunikationsgemeinschaft, in: *ders.*, Transformation der Philosophie II (Frankfurt a. M. 1973) 358–435, hier 416f.
[43] Ebd. 416. [44] Ebd. 420.

diesem absoluten Grund her. Dabei ist es weder Absicht noch Aufgabe der theologischen Ethik – etwa in einem „sittlichen Gottesbeweis“ –, die Begründung dieses Grundes zu leisten. Sie will nicht das Begründungsverfahren philosophischer Ethik linear weiterführen. Sie versteht sich komplementär zum philosophischen Ansatz[45]. Sie nimmt ihren Ausgangspunkt vom Schöpfungsglauben und zeigt, wie die philosophische Einsicht vom Nicht-in-sich-selbst-Haben des umfassenden Sinns durch das Verständnis des Menschen als Kreatur positiv gedeutet werden kann. Diese Deutung weist auf, daß eine theonome Letztbegründung des Sollens sittliche Autonomie als menschliche Eigenverantwortung für die Ausgestaltung und Begründung von Normen nicht aufhebt, sondern geradezu herausfordert. Als geschaffene Person ist der Mensch in der Mitte seines Personseins von Gott in Anspruch genommen. Im Verständnis des Schöpfungsglaubens ist der unbedingte Sollensanspruch nichts anderes als die Abhängigkeit eines personal-freien Selbst, das in dieser seiner Freiheit total beansprucht ist, über sich in Freiheit zu verfügen. Das Dasein unter dem Sollensanspruch erweist sich theologisch als die notwendige Verfassung des Menschen, der sich nicht sich selbst verdankt, sondern sich als Kreatur konstituiert weiß. Der Ursprung selbst ist ihm vielleicht nur anonym gegenwärtig als „Pflicht“ oder als Spruch des Gewissens. Nur in dem Maße, in dem er sich diesem Grundanspruch fügt, gewinnt er seine Selbständigkeit als sittliches Wesen. Das Bekenntnis zur Kreatürlichkeit begründet so die dem *Menschen zukommende Autonomie*. Die theologische Reflexion nimmt in ihrer Deutung des Menschen als Kreatur die philosophische Einsicht in seine Endlichkeit mit auf. Sie bestätigt positiv die anthropologische Annahme, daß der Mensch sich selbst weder als Individuum noch als Kollektiv verabsolutieren darf. Im Rahmen dieser Kontingenzerfahrung hat er seinen Freiheitsvollzug zu verwirklichen. An der Struktur seiner sittlichen Vernunft ändert sich damit nichts. Er wird keinem willkürlichen Willen Gottes ausgeliefert. Darum ergibt sich auch aus der theologischen Legitimation des Sollens im ganzen keine Absolutsetzung kategorialer sittlicher Urteile[46]. Die Aussage über die unbedingte Beanspruchung im ganzen des sittlichen Lebens enthält vielmehr einen Vorbehalt gegen jede Verabsolutierung des Kategorialen. Selbstverständlich wirkt sich die Annahme der Kontingenz im gläubigen Bekenntnis menschlicher Kreatürlichkeit auch auf die Werturteile aus, doch sind dies eben Konsequenzen, die auch von der anthropologischen Kontingenzerfahrung her zumindest als sinnvoll erscheinen.

Mit der theonomen Legitimation des sittlichen Anspruchs wird der Wider-

---

[45] Vgl. *F. Böckle,* Theonomie und Autonomie der Vernunft, in: *W. Oelmüller* (Hrsg.), Fortschritt wohin? Zum Problem der Normfindung in der pluralen Gesellschaft (Düsseldorf 1972) 63–86.

[46] Der unbedingte Anspruch, den der Mensch in seiner Freiheit erfährt, muß in kontingenten Einzelakten vollzogen werden. Die Absolutheit in der Beanspruchung kommt aber nicht aus der Einzelhandlung, sondern aus der Beanspruchung des kontingenten Menschen durch den absoluten Gott.

spruch behoben, daß ein *bedingtes* Subjekt durch sich selbst oder durch andere bedingte Subjekte unbedingt beansprucht wird. Die *Paradoxie* endlicher Freiheit aber *bleibt bestehen.* Der Sollensanspruch wird als totale Abhängigkeit (Geschöpflichkeit) in der Unabhängigkeit der Selbstbestimmung (Personalität) verstanden. Die Freiheit besagt *einerseits totale Abhängigkeit,* insofern der Mensch die Möglichkeit zur Freiheitsentscheidung als Geschenk empfängt (Schöpfung als Gnade), *andererseits* aber auch *totale Unabhängigkeit,* insofern er sich der einzigen Möglichkeit der Freiheit gegenüber in der Wahl befindet. Die Paradoxie endlicher Freiheit besteht also darin, daß der Mensch als selbstzentriertes Wesen dem absoluten Selbst gegenübersteht. Er gewinnt sich selbst nur in der Anheimgabe; er ist zu sich selbst ermächtigt nur, indem er sich überantwortet. Er ist somit vor eine grundlegende Entscheidung gestellt. Das Evangelium spricht von einer Metanoia; es ist der Glaube, der als „fundamentum et radix" (DS 1532) die ganze Existenz bestimmt. Es ist die von Gott selbst im Menschen gewirkte *Grundentscheidung.* Sie ist und bleibt unsere Antwort, aber sie ist durch und durch von der Anziehungskraft und der Präsenz Gottes inspiriert und getragen. Diese Grundentscheidung – man kann vom geformten Glauben (fides formata) sprechen – soll als transzendental sittlicher Akt das ganze Leben umspannen. Sie bestimmt die „christliche Intention" und ist der fundamentale Träger der Heilsbeziehung. Sie realisiert sich in der Vielfalt der Einzelakte; sie darf aber mit diesen nicht einfach parallel gesetzt werden. Sie verlangt und ermöglicht die *Verwirklichung* sittlich guter Akte; *sie ist aber nicht Maßstab für die sittliche Beurteilung* kategorialer Akte. Die einzelnen sittlichen Akte behalten von den zu realisierenden Werten her durchaus ihre Eigenstruktur; ihre Beurteilung bleibt der normativen Ethik vorbehalten. Um diese Aufgabe erfüllen zu können, muß sie sich im (logischen) voraus zur sittlichen Beurteilung einzelner Handlungen um die Erkenntnis und Begründung der für das Handeln bedeutsamen Güter und Werte kümmern. Hierbei werden für eine theologische Ethik Erfahrung und Glaube (vom Glauben geformteErfahrung) von entscheidender Bedeutung sein. *Franz Böckle*

III

Wege empirischer Argumentation

Die unverzichtbare Bedeutung des transzendental-anthropologischen Ansatzes auch für heutiges ethisches Argumentieren liegt zweifellos darin, daß nur hier die ethische Dimension selbst in der Unbedingtheit ihres Anspruchs als das „Eigentliche" des Menschseins thematisiert und im Rekurs auf elementare anthropologische Grunderfahrungen aufgeschlossen wird. Demgegenüber kommen erst mit dem analytischen Ansatz grundlegende Fragen nach dem Bedingungszusammenhang von Logik und Ethik sowie nach der formalen Schlüssigkeitsstruktur ethischen Argumentierens zum Tragen. Es zeigte sich jedoch, daß weder vom transzendental-anthropologischen noch vom analytischen Ansatz aus schon die spezifisch empirische Frage nach der *materialen* Bedingungslogik menschlichen Seinkönnens und menschlicher Verwirklichung in Blick kommt. Der gesamte Kontext naturaler, sozialer und geschichtlicher Bedingungszusammenhänge, aus dem sittliches Handeln konkret erwächst und durch den ihm erst inhaltliche Bestimmtheit und materiale Unbeliebigkeit zukommt, bleibt dort außer Betracht.

Daß sich demgegenüber der Rekurs auf Empirie nicht erst heutigem ethischem Denken anbietet, zeigen die von der griechischen Sophistik bis in die Gegenwart reichenden, zumeist unter dem Leitbegriff „Naturrecht“ unternommenen Versuche, materiale Gesetzlichkeiten des Sittlichen aus dem zu begründen, was von sich aus da ist und wirkt, also aus der Natur des Menschen. In diesem Zusammenhang gewinnt gerade im Rahmen heutigen Bemühens um eine Neuklärung des Verweisungszusammenhangs von Ethik und Empirie insbesondere *Thomas von Aquin* mit seiner zentralen Lehre von den *„inclinationes naturales“*, den natürlichen Hinneigungen, als der empirischen Basis aller Moralität wegweisende Bedeutung; wegweisend insofern, als Thomas solche von sich aus wirkenden naturalen Komponenten (wie Hinneigung zur Selbsterhaltung und Arterhaltung, Tendenz zur Vergesellung, Streben nach Erkenntnis, Transzendenzverwiesenheit) nicht etwa als dem Menschen vorgegebene Normen einführt, die die menschliche Vernunft zum Ableseorgan degradieren, sondern vielmehr als elementares Dispositionsfeld menschlichen Seinkönnens, das der praktischen Vernunft zur normativen Gestaltung aufgegeben ist, sie aber zugleich der Beliebigkeit entzieht[1].

Im gleichen Zusammenhang nennt Thomas aber noch ein weiteres Feld empirisch vorgegebener Dispositionsgrößen, die im Prozeß konkreter Normfindung und Normgestaltung ins Spiel kommen und diesen Prozeß wesentlich mitsteuern und mitbeeinflussen. Thomas kennzeichnet sie im Begriff der *„determinationes“*. Darunter versteht er all jene Wirkfaktoren, die als äußere *ethisch relevante Sachgesetzlichkeiten und Sachnotwendigkeiten* menschliches Handeln je und je mitbestimmen und mitbestimmen müssen, soll es sittlich vernünftiges Handeln sein[2].

Damit sind in der Tat die beiden entscheidenden empirischen Strukturfelder benannt, auf die menschliche Handlungsvernunft im Prozeß der Normfindung zurückverwiesen bleibt und von deren ambivalenter Wirkkraft sie sich in ihren

[1] Vgl. *Thomas von Aquin*, STh I–II q. 94 a. 2.
[2] Ebd. I–II q. 95 a. 2; hierzu auch *W. Schöllgen*, Konkrete Ethik (Düsseldorf 1961) 15–30.

konkreten Dezisionen bestimmt sieht. Insofern kommt dem Argumentationsansatz des Thomas auch heute Gültigkeit zu. Zugleich aber gewinnt im Rahmen heutigen Fragens ein völlig neues Problem Gewicht, das sich als solches erst auf dem Hintergrund eines gewandelten kritischen Verständnisses von Empirie stellt. Der ungeheure Zuwachs an Erkenntnissen, der durch die Naturwissenschaften, insbesondere dann aber auch durch die Human- und Sozialwissenschaften erbracht wurde, ist nicht ohne die Heraufkunft jener neuzeitlichen Rationalität denkbar, die als empirisch nur gelten läßt, was gesicherter, methodisch nachprüfbarer Erfahrung standhält. In entsprechend neuer Weise stellt sich damit aber auch das Problem der Zuordnung von Ethik und Empirie, nämlich nunmehr als Problem der Zuordnung von Ethik und empirischer Wissenschaft.

1. Ethik im Anspruch heutiger Wissenschaftskultur

Ethik sieht sich nicht mehr wie früher auf empirische Zufallsinformation und gängige Evidenzerfahrungen verwiesen, sondern kann erstmals auf Informationen rekurrieren, die im Rahmen methodisch gesicherter wissenschaftlicher Forschung erbracht werden. Diese wissenschaftlichen Informationen machen als solche zwar nicht Ethik überflüssig, binden sie aber ihrerseits stärker an die Einzelwissenschaften zurück. Dies zeigt sich besonders deutlich im Bereich materialer ethischer Sachfragen. Je mehr Ethik konkrete Ethik wird, um so mehr gewinnen die von den verschiedenen Einzeldisziplinen erschlossenen Gesetzlichkeiten, die die Ethik nicht von sich aus zu eruieren vermag, für den Normfindungsprozeß im Hinblick auf die jeweiligen Handlungsfelder Gewicht. Dies führt zugleich zu einer Spezialisierung der Ethik: Medizinische Ethik, Sexualethik, Politische Ethik, Wirtschaftsethik, ethische Aufarbeitungen von Problemen des Strafrechts, des Strafvollzugs, der Erziehung, der Massenmedien, des Verkehrs usw. setzen entsprechend qualifizierte Sachkenntnisse auf dem jeweiligen Sektor voraus.

In alldem behält Ethik dennoch ihre eigene, unverwechselbare und nicht delegierbare Funktion als übergreifende, am Zielwert des Humanen orientierte und sich von ihm her konstituierende „*Integrationswissenschaft*“ (Schöllgen)[3]. Denn was die Einzelwissenschaften per definitionem gerade nicht in Blick nehmen und systematisch in ihr Forschen einbeziehen, ist der jeweilige konkrete ethisch-anthropologische Gesamtzusammenhang, in dem sie sich selbst bewegen und dem ihre in der Regel spezifisch segmentären Einsichten zuzuordnen, kritisch einzufügen und zur Geltung zu bringen sind. Solche Funktion

---

[3] Vgl. *W. Schöllgen*, a. a. O. 31–45; *A. Auer*, Autonome Moral und christlicher Glaube (Düsseldorf 1971) 44ff., 189ff.

von Ethik als integrierender Wissenschaft setzt eben damit jedoch zugleich voraus, daß die empirischen Wissenschaften Daten zu liefern vermögen, die ethisch relevant sind.

Was aber bedeutet in diesem Zusammenhang näherhin „ethisch relevant"? Hier stehen sich zwei grundsätzlich verschiedene Auffassungen gegenüber, die sich letztlich aus einem jeweils anderen Grundverständnis von Ethik ergeben.

1) Die eine Auffassung geht davon aus, daß Ethik und Empirie scharf voneinander zu trennen sind. Empirische Wissenschaft kann im Hinblick auf den Menschen zwar Informationsmaterial liefern, die normative Beurteilung dieses Materials kommt jedoch wesenhaft der praktisch-sittlichen Vernunft zu und eben damit der Ethik. Empirische Wissenschaft bleibt rein instrumentell und kann für die eigentliche ethische Begründung von sich aus nichts einbringen. Unter dieser Voraussetzung bedeutet „ethische Relevanz des Empirischen" dann lediglich, daß sich sittliche Normen zwar auf empirische Sachverhalte anwenden und auf sie hin konkretisieren lassen, nicht aber, daß sie zugleich auch in ihrer konkreten Formierung und Gestaltung auf ihnen gründen.

Ihre entscheidende Ausprägung hat diese Position in der Ethik *Kants* gefunden, und zwar mit der dort vollzogenen radikalen Trennung von theoretischer und praktischer Vernunft. Indem Kant alle Erkenntnisbemühungen der theoretischen Vernunft an den Grenzen möglicher *Erfahrung* als des „Probiersteins aller Wahrheit" haltmachen heißt, geht es ihm zuletzt nicht etwa nur um entschiedene Zurückweisung jeglichen Versuchs und Anspruchs, für die sittliche Vernunft menschlichen Handelns andere Gründe geltend zu machen als solche, die eine „freie und öffentliche Prüfung" aushalten, sondern mehr noch und wesenhaft um die Begründung und Ermächtigung der Vernunft zu ihrem eigentlichen Vollzug als Akt der *Freiheit* und eben damit als *sittlicher* und *praktischer.* Praktische Vernunft ist weder als Handlungskonsequenz einer mit unkontrollierbarem Wahrheitsanspruch auftretenden Metaphysik denkbar, deren Fragwürdigkeit sich am Ende nur auf sie selbst übertragen würde, noch auch als Resultat objektiv vorgegebener, naturhaft waltender Gesetzlichkeiten und deren empirischer Erkenntnis, weil diese als solche implizit die Möglichkeit von Freiheit aufheben; praktische Vernunft gehört vielmehr als Vollzug sittlicher Freiheit rein sich selbst. Als solche kommt sie zwar erst in den konkreten empirischen Gegebenheiten und ihren Bedingungen zum Tragen, ist aber in ihrem Sollensanspruch von diesen niemals ableitbar. Ebendies macht ja für Kant erst das eigentliche Wesen der praktischen Vernunft aus, daß sie sich selbst Gesetz, d.h. autonom ist: die Menschheit *soll* sich selbst verwirklichen. In diesem *Sollen* als dem moralischen Gesetz der Freiheit erfährt sie sich als höchstes Gut, als unbedingter „Zweck an sich selbst"[4].

Unter der Voraussetzung solch radikaler Trennung zwischen empiriebezo-

[4] *I. Kant,* Grundlegung zur Metaphysik der Sitten, ed. Weischedel IV 60f.

gener theoretischer und auf Freiheit gestellter praktischer Vernunft, zwischen dem „Reich der Natur“ und dem „Reich der Freiheit“ kann freilich von einem Anspruch sittlichen Sollens als Forderung der *Vernunft* nur so lange die Rede sein, als sich diese Vernunft von letzten Bestimmungen bewegt weiß, die wenn nicht Gegenstand unmittelbarer *Einsicht,* so doch Gegenstand unmittelbarer *Gewißheit* sind. In der Tat bedarf die praktische Vernunft nach Kant zu ihrem Selbstvollzug als Vollzug sittlicher Freiheit eines letzten integrierenden Hoffnungs- und Sinnzieles und damit der Annahme höchster Ideen (Menschheitsidee, Weltidee, Gottesidee), denen als notwendig zu denkenden, wenn auch keineswegs empirisch erweisbaren sog. reinen Vernunftbegriffen (Postulaten) zwar keinerlei theoretische, wohl aber höchste praktische Gewißheit und hierin höchster moralischer Geltungsanspruch zukommt. Als Postulate der praktischen Vernunft sind sie Gegenstände des Glaubens, nicht des Wissens.

Genau dieser dichotomische Ansatz in der Verhältnisbestimmung von Ethik und Empirie schafft nun aber mit fortschreitender Säkularisierung des neuzeitlichen Bewußtseins ein neues Problem. Denn wo praktische Vernunft *ausschließlich* auf eine Gewißheit gestellt bleibt, die sich empirischen Begründungen entzieht, muß ihr mit dem Wegfall solcher Gewißheit auch die Fähigkeit bestritten werden, überhaupt *Vernunft* zu sein: praktisch-ethische Entscheidung kann nur noch als Resultat letzter *subjektiver Wahl* begriffen werden, der sich „keinerlei (rationales oder empirisches) wissenschaftliches Verfahren irgendwelcher Art“ zuordnen läßt, „welches hier eine Entscheidung geben könnte“[5]. Solch positivistische Position im Verständnis von Vernunft und damit von Wissenschaft, wie sie *Max Weber* hier vertritt, liegt durchaus in der Konsequenz der Kantischen Dichotomie von theoretischer und praktischer Vernunft, auch wenn jetzt die entscheidende Vernunftprämisse zur Begründung von Praxis in Wegfall geraten ist. Als letzter Grund für menschliches Handeln kann dann nur noch das in seinem letzten Bezugspunkt rational Unwägbare subjektiver Dezision ausgemacht werden. Vernunft, auf Kenntnisnahme vereidigt, vermag weder auf die Frage, ob „Kulturerscheinungen es wert waren oder sind, zu bestehen“, noch auf die Frage, „ob es der Mühe wert ist, sie zu kennen“, eine Antwort zu geben[6]. Die praxisrelevante Frage nach dem Wahrheits- und Gültigkeitsanspruch menschlicher Normierungen und Wertsetzungen liegt jenseits der Zuständigkeit von Wissenschaft.

Die praktischen Folgen dieses sich auf rigorose Wertneutralität verpflichtendenden Vernunft- und Wissenschaftsverständnisses liegen auf der Hand. Indem sich Vernunft in Wahrung ihrer Vernünftigkeit außerhalb jeder Verantwortung für dasjenige stellen zu müssen glaubt, was den jeweiligen Sinn und damit die

---

[5] *M. Weber,* Gesammelte Aufsätze zur Wissenschaftslehre (1922), dritte, erweiterte und verbesserte Auflage hrsg. von J. Winckelmann (Tübingen ^{3}1968) 508.
[6] *M. Weber,* a.a.O. 600.

Voraussetzungen und Konsequenzen ihres kenntnisnehmenden Tätigwerdens konstituiert, und indem sich entsprechend für sie ein methodisches, d. h. systematisch-prüfendes Erforschen von Wirklichkeit nur dort als ein wissenschaftliches qualifiziert, wo jegliches Werturteil suspendiert bleibt, liefert sie sich notwendig der Herrschaft einer von ihr nunmehr tatsächlich in die Beliebigkeit freigegebenen Moral subjektiver Entscheidungen und Zielsetzungen aus: sie verfällt zum Mittel für Zwecke, über die sie selbst nicht befindet.

Hier aber offenbart sich nun das eigentliche rationale Dilemma eines Ansatzes, der das gesamte Problem menschlicher Praxis und die sich damit notwendig stellende Vielfalt von Fragen nach der jeweiligen Vernunft von Zielsetzungen, Wertungen, Entscheidungen und Handlungen radikal und übergangslos an die Frage nach letzten metaempirischen, metalogischen Sinnüberzeugungen und Glaubensgewißheiten zurückbindet und es mit ihr koinzidieren läßt. Denn wenn sich auch die Forderungen der praktisch-sittlichen Vernunft nur dort als *unbedingt* geltend machen lassen, wo sie vom Anspruch eines (wie immer gedachten oder geglaubten) Unbedingten bewegt bleibt, so bedeutet dies doch weder, daß damit auch schon gleichzeitig die materialen Inhalte ihrer Forderungen bestimmt sind, noch auch, daß sie ohne solchen Rekurs auf ein letztes Unbedingtes eo ipso aufhören müßte, praktisch-sittliche Vernunft zu sein. In der Tat, der materiale Inhalt konkreter Sollensforderungen ergibt sich immer erst aus *empirischen* Kontexten, und dies unabhängig von der Frage, ob ihr jeweiliger Verpflichtungscharakter aus der voluntativen Gewißheit empirischer Erfahrungen oder aber aus der voluntativen Gewißheit metaempirischer Überzeugungen erwächst, ob er sich also als ein bedingter (hypothetischer) oder als ein unbedingter (kategorischer) Anspruch geltend macht.

2) Gegenüber diesem von Kant her vorgezeichneten Ansatz einer radikalen Trennung des Ethischen vom Empirischen bleibt als wohl einziger Lösungsweg ein Ansatz, der die spezifisch ethische Frage nach dem, *was sein soll,* zugleich immer auch schon als Frage nach konkreten, von sich aus wirkenden empirischen Strukturzusammenhängen als Bedingung seiner Möglichkeiten begreift und der die spezifisch empirische Frage nach dem, *was ist,* immer schon von einem je und je praxisbezogenen Interesse bestimmt weiß, um derentwillen sie gestellt wird. Eben damit aber sehen wir uns zunächst erneut auf jenen Argumentationsansatz verwiesen, an den zu Anfang schon erinnert wurde, den „*naturrechtlichen*". In der Tat erscheint keine andere Alternative denkbar, obschon gewisse enggeführte Interpretationen dieses Ansatzes, wie sie in voller Schärfe freilich erst zu Beginn unseres Jahrhunderts, nämlich in der neothomistischen Theorie vom natürlichen Sittengesetz, zum Tragen kamen, gerade gegen eine solche sprechen, insofern diese Interpretationen faktisch nur zu einer neuen, wenn auch wesentlich anders begründeten Dichotomie in der Verhältnisbestimmung von Ethik und Empirie geführt haben. Zweifellos handelt es sich bei der neothomistischen Theorie vom natürlichen Sittengesetz um die wirkungsge-

schichtlich wichtigste und einflußreichste theologisch-ethische Normbegründungstheorie innerhalb der katholischen Moraltheologie unseres Jahrhunderts. Ihre letzte maßgebliche Form erhielt sie erst durch den 1936 verstorbenen und zu seiner Zeit höchst einflußreichen römischen Moraltheologen und Kanonisten *Arthur Vermeersch*[7]. Vom kirchlichen Lehramt weithin rezipiert, wirkt sie als Grundlage katholisch-kirchlicher Moralverkündigung bis in heutige lehramtliche Stellungnahmen hinein. Dennoch muß sie zugleich als eine der folgenschwersten Fehldeutungen der Lex-naturalis-Lehre des Thomas von Aquin angesehen werden, auf die man sich hierfür ausdrücklich beruft und die man mit ihr konstruktiv weiterentwickelt zu haben glaubte. Thomas sieht das eigentliche Prinzip der lex naturalis in der sich auf Nichtwidersprüchlichkeit hin vollziehenden praktischen Entscheidungsvernunft des Menschen, die sich als solche notwendig und immer in einer vom generellen Kriterium menschlicher Angemessenheit und Unangemessenheit, von Vernunft und Unvernunft, von Gut und Böse bestimmten Strukturlogik bewegt. Entsprechend faßt er die von sich aus im Menschen waltenden „natürlichen Hinneigungen" als ein empirisches Dispositionsfeld, das der praktischen Vernunft zwar vorgegeben ist und ihre Entscheidungen der Beliebigkeit entzieht, ihr aber zugleich zu normativer Gestaltung aufgegeben bleibt. Demgegenüber faßt die neuscholastische Theorie die diesem empirischen Dispositionsfeld innewohnende normative Logik als eine von sich aus bereits statisch ausdefinierte *metaphysische Wesensordnung*, die sich durch Verallgemeinerung und Abstraktion aus dem empirisch Gegebenen eruieren läßt und als solche im Sinne einer inhaltlichen absolut geltenden gottgewollten Sittenordnung zu verstehen ist.

Eine solche Theorie, mit der man durch bloß aufsammelndes und weglassendes Verarbeiten empirischer Daten auf ausnahmslos verbindliche, in der Schöpfungsordnung begründete sittliche Wesensgesetze für menschliches Handeln schließen zu können glaubt – mag man hier nun im einzelnen retrospektiv biblizistisch oder retrospektiv kultursoziologisch oder auch allgemein anthropologisch-biologisch argumentieren –, führt zwangsläufig zu einem Ethikverständnis, das sich zwar empirieverwiesen gibt, jetzt aber gegebenenfalls auch zugleich *gegen* Empirie argumentieren kann. So ließ sich mit ihm noch gestern etwa der ethisch wie soziologisch längst überfällig gewordene hierarchische Autoritätsanspruch des Mannes in Ehe und Familie als unwandelbares göttliches Grundgesetz geltend machen, während es heute insbesondere die überkommene Forderung nach unabdingbarer Einheit von ehelicher Hingabe und Zeugungsbereitschaft ist, die man mit seiner Hilfe immer neu einzuschärfen und aufrechtzuerhalten sucht. Kraft der ihr eigenen besonderen Kenntnis um eine materiale,

[7] Vgl. bes. *A. Vermeersch*, De castitate et de vitiis contrariis (Rom ²1921); hierzu und zur vorausgehenden Interpretationsgeschichte des natürlichen Sittengesetzes *F. Böckle*, Natürliches Gesetz als göttliches Gesetz in der Moraltheologie, in: *F. Böckle – E. W. Böckenförde* (Hrsg.), Naturrecht in der Kritik (Mainz 1975) 165–188.

aus der Empirie eruierte metaphysische Wesensordnung macht sich hier Ethik auf höchst wirksame, wenn auch im einzelnen schwer durchschaubare Weise empirieunabhängig. Sie ist es, die gegenüber den empirischen Einzelwissenschaften die objektiv übergreifenden Maßstäbe besitzt, die festeren, klareren, weitreichenderen Kriterien hat. Die Dichotomie zwischen einer solchen empiriebezogenen essentialistischen Moralmetaphysik und dem rein auf positive Erforschung von Fakten beschränkt bleibenden Erkenntnisanspruch empirischer Wissenschaft erweist sich am Ende nicht weniger radikal als die Kantische. Auch hier bleibt empirischer Wissenschaft eine rein instrumentelle Rolle zugewiesen. Für die ethische Begründung als solche erbringt sie selbst nichts. Von einer echten umfassenden Empirieverwiesenheit der Ethik kann unter dieser Voraussetzung nicht die Rede sein. Ihr Vorverständnis von empirischer Wissenschaft korreliert ganz jener positivistischen Konzeption, die den Geltungsanspruch wissenschaftlicher Aussagen auf den szientifisch-technologischen Begriff wertfreier Rationalität reduziert.

Gerade dieses positivistische Vorverständnis von empirischer Wissenschaft ist es aber, das wesenhaft daran hindert, dem tatsächlichen, immer schon von Erkenntnisinteressen bestimmten und damit immer schon auf Praxis gerichteten Selbstvollzug empirischer Wissenschaft vernünftig Rechnung zu tragen und unter dieser Voraussetzung das reale Zuordnungsverhältnis von positiv-kenntnisnehmender und normativ-stellungnehmender Vernunft, von Empirie und Ethik kritisch-hermeneutisch auszuleuchten. Erst wo dies nämlich erfolgt, ist die Basis gegeben, die Frage nach dem möglichen normativen Stellenwert empirischer Tatbestände im Prozeß sittlicher Normfindung – also die Frage nach deren ethischer Relevanz – konstruktiv zu beantworten und sie damit letztlich zugleich als Fortführung und Ausweitung der klassisch-naturrechtlichen Fragestellung zu begreifen.

Es läßt sich zunächst nicht bestreiten, daß empirischer Wissenschaft der Aufweis streng nachprüfbarer Zusammenhänge und Gesetzlichkeiten nur dort gelingen kann, wo sie sich die Rolle des unbetroffenen, neutralen Beobachters auferlegt und sich ihrem jeweiligen Forschungsgegenstand in einer Erkenntnishaltung zuwendet, die jedes unmittelbar praktische Interesse methodisch distanziert. Insofern arbeitet empirische Wissenschaft also durchaus „wertfrei". Andererseits aber läßt sich nicht übersehen, daß diese ihr eigene wertneutrale Erkenntnishaltung nicht ursprünglich aus sich selbst lebt, sondern sich wesenhaft aus jeweils konkreten Interessen und Motivationszusammenhängen aktuiert, innerhalb deren sie erst Funktion und Eigenständigkeit gewinnt: sie wählt Themen, selegiert Kriterien, dient Zielen. Insofern arbeitet sie also zugleich konstitutiv und unausweichlich wert- und praxisbezogen. Die bisherige Kernfrage nach der Zuordnung von *Ethik und Empirie* wandelt sich damit aber zwangsläufig zur Frage nach dem Verhältnis von *Ethik und Praxis.* Ethik und Praxis sind nicht einfachhin identisch. Der jeweilige Praxisbezug von Wissenschaft ist aus sich heraus nicht notwendig auch schon immer ein ethisch gerechtfertigter.

Empirische Wissenschaft kann in der Tat zur Dienstmagd unterschiedlicher Interessen werden. Gerade deshalb bleibt hinter allem wissenschaftlichen Vorgehen ständig die Frage virulent, ob die jeweiligen Ziele, die sich Wissenschaft setzt und im Rahmen ihrer Forschungen verfolgt, menschlich gerechtfertigte Ziele sind. Ob sie angemessen, brauchbar, praktikabel sind. Ob die Anwendung wissenschaftlicher Resultate vernünftigen oder unvernünftigen Zwecken dient, kurz: ob sich der konstitutive Praxisbezug von Wissenschaft zugleich auch als ein ethisch-humaner erweist oder nicht.

2. *Ethik – Praxis – Empirie*

Tatsächlich stellt sich also im Grunde der Frage nach der Vernunft empirischen Erkennens, eben weil dieses als solches immer schon in Praxiskontexten steht und geschieht, auch immer schon die Frage nach dessen *humaner* Vernunft. Dies um so mehr, als mit dem wachsenden Maß an empirisch gesicherter Erkenntnis auch das Maß des empirisch Machbaren zunimmt. Denn gerade das an Praktikabilität gebundene empirisch Machbare verweist mit dem ihm innewohnenden Zwang zum praktisch Möglichen zugleich auf die Frage nach dem menschlich Sinnvollen und eben damit auf die Wirklichkeit und den Anspruch des Ethischen. Dies zeigt sich nirgends deutlicher als im Bereich der Naturwissenschaft und der Technik und der sich mit ihnen auftuenden ungeahnten praxisverändernden Möglichkeiten. Naturwissenschaft und Technik stoßen im Vollzug ihres Forschens und Gestaltens immer mehr auf Grenzen ihrer eigenen Sinnhaftigkeit. Der Mensch kann offenbar mehr, als er darf.

Die neue Situation hat *Sachsse* auf der Jahrestagung der Gesellschaft für Verantwortung in der Wissenschaft 1969 folgendermaßen charakterisiert: „Hunderttausende von Jahren hat sich der Mensch gegen den Widerstand Umwelt entwickelt, sich auf sie ausgerichtet und sich ihr angepaßt. Das Schwinden dieses Widerstandes bewirkt einen Sturz nach vorn ... Die neuartige ethische Situation besteht darin, daß der Mensch in Zukunft weniger mit der Natur, sondern mehr mit sich selbst zu kämpfen hat. Wir können offenbar mehr, als wir dürfen, und daher dürfen wir nicht mehr alles, was wir können.“[8]

Hier zeigt sich besonders deutlich, daß das Praktische und das Ethische keineswegs deckungsgleich sind. Wo immer sich demnach der Praxisbezug von Wissenschaft geltend macht, bedarf es zugleich einer ethischen Rechtfertigung ihrer Ziele. In der Regel bedeutet dies freilich nicht, daß die einzelnen Wissen-

---

[8] Zitiert nach *H. Aichelin*, Abschied von der Aufklärung? Zu den Anzeichen einer neuen Religiosität, in: Information der Evang. Zentralstelle für Weltanschauungsfragen 44 (1970) 6.

schaften hier um eine systematisch-ethische Klärung ihres Forschens bemüht sein müßten oder auch nur könnten. Zumeist legitimieren sie ihre Ziele eher mit *pragmatischen* Argumenten. Als Ausweis ihrer Rechtfertigung gilt dann gemeinhin ihre „Funktionsfähigkeit". Nach J. Mittelstraß operiert wissenschaftliche Praxis durchweg mit einem ethisch-normativ bezogenen Rationalitätsbegriff, „der durch die Ersetzung des Begriffs der (durchgängigen) Begründung durch den Begriff der (vorläufigen) Bewährung ... charakterisierbar ist"[9].

Stärker noch als in den Naturwissenschaften tritt demgegenüber der Praxisbezug als unmittelbarer Ethikbezug in den *Humanwissenschaften* hervor. Denn wenn sich auch diese Wissenschaften bei aller distanzierten Strenge ihres Forschens wesenhaft als *empirische* Wissenschaften vom Menschen verstehen, so bedeutet dies doch gerade nicht, daß sie hierbei von allem normativen, auf den Menschen und sein Gelingen gerichteten *Sinn* ihres Vorgehens absehen könnten und wollten. Insofern verstehen sie sich also durchaus als Wissenschaften vom *Menschen*, denen es entscheidend um das Gelingen und Glücken des Menschen zu tun ist. Unter eben diesem Aspekt aber wird man das Ganze heutiger Human- und Sozialwissenschaften mit ihrem wachsenden methodischen Instrumentarium, also Psychoanalyse und Tiefenpsychologie ebenso wie Soziologie, Wirtschaftswissenschaft und Politische Theorie, Sozialpsychologie, Interaktions- und Identitätsforschung, Verhaltensphysiologie, Medizin und Humangenetik und was immer da noch um die Bedingungen des Menschseins und deren konstruktive Verwirklichung methodisch bemüht ist, letztlich als ein aus wesenhaft *ethischem* Interesse geschaffenes rationales Potential begreifen müssen. Insofern agieren diese Wissenschaften also keineswegs in einem ethikfreien Raum und verstehen sich durchaus nicht als Mittel zu Zwecken, über die sie selbst nicht befinden.

Gerade weil nun aber diese Einzelwissenschaften in ihrem konkreten Forschen auf jeweils bestimmte partielle Bedingungszusammenhänge menschlichen Seins und Seinkönnens gerichtet bleiben, gelangen sie, wenn auch in entsprechend perspektivistischem Rahmen, nicht selten zu sehr viel differenzierteren normativen Ergebnissen, als dies eine generelle Ethik, die von der Frage nach dem Gelingen des Menschen und damit nach dem sittlich Guten *in seiner Gänze* bewegt ist, zu erbringen vermöchte. Wenn sie damit auch keineswegs die generelle Frage nach einer umfassenden philosophischen und theologischen Begründung des Sittlichen als letzter kritischer, integrierender Instanz überflüssig machen, so kommt ihnen doch im konkreten Gang ethischen Argumentierens eine unabdingbare Wächterfunktion zu: sie schärfen den Blick für die tatsächliche Komplexität menschlichen Gelingens und der Bedingungsformen seiner Verwirklichung. Anders gewendet: Kritikimmunität der Ethik gegenüber der Empirie läßt Ethik inhuman werden. Eine Vernachlässigung der von den

[9] *J. Mittelstraß*, Die Möglichkeit von Wissenschaft (Frankfurt 1974) 16.

Humanwissenschaften erreichten Einsichten in die Bedingungsformen des Menschlichen führt zu Depravationen, auch wenn diese Bedingungsformen je nur partielle Strukturmomente darstellen, die der weiteren ethischen Integrierung bedürfen und selbst nicht schon das denkbar höchste Maß an sittlicher Zielgestaltung beinhalten.

Nun wird man freilich sogleich daran erinnern müssen, daß auch empirische Wissenschaft in ihren Deutungen und Hypothesen der Möglichkeit des Irrtums ausgesetzt bleiben. Was wiederum ethische Konsequenzen hat, sobald ein von ihr Erkanntes und bereits irrtümlich als sicher Ausgegebenes in seiner ethischen Relevanz im jeweiligen Normfindungsprozeß zum Tragen kommt. Gerade die letzten Jahrzehnte mit ihren zahlreichen, kurzlebigen und zum Teil überstürzten Reformen haben uns gelehrt, wieviel Vorläufiges, Unausgegorenes, Hypothetisches an empirischen Einsichten vorschnell in politische, pädagogische und nicht zuletzt ethische Programme und Rezepte umgesetzt wurde. Hier zeigt sich in der Tat, wie vieler Lernprozesse es bedarf, um Lösungen zu erreichen, die sich am Ende dann auch wirklich bewähren und möglicher Kritik standhalten. Unkritische Wissenschaftsgläubigkeit führt da nur allzu leicht zu neuen Indoktrinationen und damit zu neuen Fehlinvestitionen der Vernunft.

Dennoch sollte dies umgekehrt wiederum nicht dazu verleiten, die Lösung des Normproblems erneut in einem empirieenthobenen Konzept von Ethik zu suchen. Ethik und empirische Wissenschaft stehen nun einmal in unabdingbarem Verweisungszusammenhang. Menschliches Handeln vollzieht sich im Bedingungsfeld ethisch bedeutsamer, weil auf den Menschen bezogener *Sachverhalte*. Soll also Ethik zum Gelingen des Menschen verhelfen, so gelingt dies nicht ohne den flankierenden Dienst heutiger Humanwissenschaften. Korrekturen im Bereich empirischer Erkenntnisse ziehen dann aber auch zwangsläufig Korrekturen auf der sittlichen Entscheidungsebene nach sich. Es läßt sich nun einmal nicht prinzipiell ausschließen, daß man sich zur Begründung sittlicher Weisungen guten Glaubens auf empirisch verbürgte und jahrzehntelang als unumstritten gesichert geltende Einsichten in Sachverhalte beruft, deren tatsächliche Zusammenhänge erst durch weitere Forschung aufgedeckt werden, die dann gegebenenfalls zu neuen ethisch negativen oder auch positiven Bewertungen führen. Wenn somit vorher gesagt wurde, daß empirischer Wissenschaft eine unverzichtbare Wächterfunktion gegenüber der Ethik zukommt, daß also ihre sachverhaltsbezogenen empirischen Einsichten zum Prüfstein der humanen Angemessenheit und Richtigkeit handlungsbezogener ethischer Sollensforderungen werden können, so muß jetzt weiter gesagt werden, daß auch die empirischen Aussagen selbst einer ständigen kritischen Prüfung und Kontrolle unterworfen bleiben müssen. Denn erst wo sich empirische Wissenschaft für neue sich zeigende Gründe offenhält und damit möglichen Widerspruch gegen von ihr erkannte Positionen zuläßt, also bisherige Deutungen dem Risiko des Scheiterns aussetzt, hat sie Gelegenheit, sich zu bewähren und der Wahrheit auf der Spur zu bleiben[10].

Erst damit aber stoßen wir auf ein allererstes ethisches Movens im Aktualisierungsprozeß von Wissenschaft, das als solches deren konstitutivem Praxisbezug und der diesem wiederum inhärenten genuin ethischen Frage nach ihrer humanen Funktion nochmals vorausgeht, nämlich auf das Ethos des Wissenschaftlers zu wissenschaftlicher Objektivität als notwendiger Bedingung von Wissenschaft überhaupt, ein Tatbestand, dessen komplexe Logik erst im Rahmen heutiger Wissenschaftsethik voll ins Licht gerückt wurde[11]. Danach ist Wissenschaft nicht denkbar ohne den Willen zu kritischer Begründung ihrer Aufstellungen und Aussagen. Ihre Objektivität lebt vom elementaren Interesse des Wissenschaftlers an der Stichhaltigkeit seiner Argumente, von seiner Bereitschaft, auf Argumente anderer einzugehen. Insofern setzt Objektivität von Wissenschaft in der Tat bereits ein Ethos voraus, ein Ethos, das als Wille zur Sache den Willen zu Wahrheit und Wahrhaftigkeit ebenso einschließt wie den Willen zu Selbstbescheidung, Austausch und Kommunikation.

Was hier mit Recht als durchgängig notwendige ethisch-normative Bedingung für die Objektivität von Wissenschaft geltend gemacht wird, bietet offensichtlich die entscheidende Gewähr zur Ausschaltung von Fehlerquellen und zur Aufdeckung von Fehlinterpretationen, deren negative Folgewirkungen im Umsetzungsprozeß auf Praxis hin nur auf diesem Wege überwunden werden können. Unter heute gegebenen Voraussetzungen erweist sich sonach das zu kritischer Rationalität und Objektivität verpflichtende Ethos des Wissenschaftlers als schlechthin unverzichtbare Bedingung für eine ethisch gerechtfertigte humane Praxis. Wo immer es an solchem Ethos mangelt, wächst nicht nur die Gefahr des Irrtums, sondern darüber hinaus, und zwar in demselben Maße, wie der Gegenstand des jeweiligen wissenschaftlichen Bemühens Bedingungen des Menschlichen berührt, auch die Gefahr für dieses Menschliche selbst. Um eben dieser Gefahr zu wehren, kann dann aber jetzt gegebenenfalls auch umgekehrt das spezifisch ethische Interesse am Menschlichen für den einzelnen Wissenschaftler zum zusätzlichen Motivationsverstärker seines spezifisch empirisch ausgerichteten Willens zur Objektivität werden. Der Wille, dem Menschen zu dienen, wird zum verstärkenden Impuls eines von Selbstbescheidung getragenen Willens zur Wahrheit als Wille zur Fehlerlosigkeit.

Doch unabhängig von solch zusätzlicher ethischer Motivation für Objektivität ist der Wille zur Objektivität als solcher zwar schlechthin notwen-

---

[10] Darin artikuliert sich das berechtigte Anliegen des sog. Kritischen Rationalismus, insbes. Poppers und Alberts; vgl. *K. R. Popper*, Conjectures and Refutations, in: The Growth of Scientific Knowledge (London 1963); *H. Albert*, Traktat über kritische Vernunft (Tübingen 1968).

[11] Hierzu *H. G. Ulrich*, Wissenschaft und Ethik, in: *G. Sauter* (Hrsg.), Wissenschaftstheoretische Kritik der Theologie. Die Theologie und die neuere Wissenschaft. Diskussionen – Materialien – Analysen – Entwürfe (München 1973) 111–126.

dige, keineswegs jedoch zugleich auch schon zureichende Bedingung für wissenschaftliches Tätigwerden. Das formale kritische Interesse an Objektivität erklärt und begründet von sich aus noch nicht den Grund der Zuwendung zum jeweils *besonderen wissenschaftlichen Objekt,* das da „objektiv" erforscht werden soll. Wissenschaft vollzieht sich immer konkret als je bestimmte. Letztlich kann es sonach also nur das ihr je zugrunde liegende erkenntnisleitende, den jeweiligen Praxisbezug herstellende Interesse sein, das zugleich auch das jeweilige Terrain abgrenzt, in dem sie sich bewegt. Spezialisierung gehört zum Wesen von Wissenschaft. Gerade daraus gewinnt sie ja erst die ihr eigene unaustauschbare Relevanz im fortschreitenden Prozeß menschlichen Vernunftsvollzugs überhaupt.

Bei aller Bedeutung, die diesem je aussondernden reduktiven Interesse beizumessen ist, insofern es Wissenschaft als Einzelwissenschaft konstituiert und erst so der menschlichen Vernunft die Chance eröffnet, eine Vielfalt neuer, fruchtbarer Einsichten zu erreichen, zu denen sie ohne solche Spezialisierung gar nicht gelangen könnte, kündigt sich jetzt freilich gerade darin zugleich eine neue Gefahr weiterer möglicher Engführungen an. Spezialisierung impliziert ihrem ganzen Wesen nach Ausgrenzung des Forschungsgegenstandes, Reduktion des Interesses auf die diesen Gegenstand in seiner Erscheinung wesenhaft bestimmenden Gesetzlichkeiten und eben damit zugleich immer auch Ausblendung weiterer möglicher Sachverhaltsbezüge in ihrer Mannigfaltigkeit. Ebendies aber schließt die Möglichkeit von *Ver*blendung nicht aus. Der Anspruch des logisch noch unerschlossenen Ganzen droht immer wieder in der Logik des erschlossenen Details verlorenzugehen.

Innerhalb der Einzeldisziplinen selbst sucht man solcher Gefahr zunächst durch ständigen Austausch neuer Informationen entgegenzuwirken. Darüber hinaus gewinnen in diesem Zusammenhang die Möglichkeiten spezifisch interdisziplinärer Forschung immer größere Bedeutung. Zahlreiche Aufgaben lassen sich heute nur noch im interdisziplinären „Teamwork" auf dem Wege der Kooperation von jeweils unterschiedlich zuständigen Wissenschaften verwirklichen. Auch damit verringert sich die Gefahr argumentativer Isolierung um ein weiteres.

Schließlich muß aber noch an ein letztes Phänomen erinnert werden, das auf der Ebene interdisziplinärer Forschung längst Gewicht gewonnen hat und das als solches über eine bloß fallweise Kooperation von Einzelwissenschaften hinausweist, nämlich auf das Phänomen der interdisziplinären „Kombinatorik" (Hunold), d.h. der Fusionierung unterschiedlicher wissenschaftlicher Einzeldisziplinen zu je neuen eigenständigen Disziplinen. Diese Tendenz zur Kombinatorik zeichnet sich im Bereich der Naturwissenschaften ebenso ab wie in den Human- und Sozialwissenschaften. Biochemie, biologische Kybernetik, Sozialkybernetik, Sozialpsychologie, Psychosomatik, Verhaltensphysiologie, Rechtssoziologie, Wissenssoziologie – all diese eigentümlich kombinatorischen

Fächer, von denen hier nur einige genannt sind, lassen erkennen, daß hier der Versuch unternommen wird, mögliche disziplinäre Engführungen zu überwinden, indem man Gegenstandsbereiche der einen Disziplin durch Fragestellungen und Methoden anderer, zumeist jüngerer Disziplinen in neuer Weise erschließt. Der Wert solcher Kombinatorik liegt offensichtlich darin, daß hier der Isolierungstendenz empirischer Einzelwissenschaften durch Applikation empirischer Methoden anderer Disziplinen entgegengewirkt wird. Unterschiedliche Gegenstandsbereiche und unterschiedliche Fragestellungen werden so gegeneinander durchlässig. Es ist nicht von der Hand zu weisen, daß auf diesem Wege Zusammenhänge durchschaubar gemacht werden können, die gegebenenfalls für menschliches Handeln neue Kriterien liefern, indem sie das komplexe Bedingungsgefüge sowohl naturaler als auch spezifisch menschlicher Gesetzlichkeiten in der Vielfalt ihrer tatsächlichen partiellen Überformungen und Verschränkungen aufdecken. Ihre jeweilige Grenze bleibt ihnen freilich mit dem Tatbestand gesetzt, daß auch sie sich wiederum, trotz der ihnen je eigenen fächervermittelnden Struktur, als empirische Einzelwissenschaften verstehen, die zwar eine gegebenenfalls durchaus kritisch übergreifende Funktion auszuüben vermögen, als solche aber in keiner Weise schon auf eine handlungsbezogene Logik des Ganzen zielen.

3. Kombinatorische Theoriebildungen als Wegweiser zu einem neuen Typus empiriebezogener Ethik

Nun gibt es aber darüber hinaus, also neben diesen im heutigen Strukturaufbau wissenschaftlichen Forschens allgemein anerkannten, fest institutionalisierten Arbeits- und Forschungszweigen interdisziplinärer Kombinatorik, eine nicht geringe Zahl von zum Teil beachtlichen, sehr viel weiterreichenden wissenschaftlich kombinatorischen Theoriebildungen, die in der Tat von dem Ziel bewegt sind, eben jenen Anspruch einer handlungsbezogenen Logik des Ganzen systematisch einzulösen. Das Spezifikum dieser auf eine praktisch-ethische Universalisierung gerichteten kombinatorischen Theoriebildungen liegt darin, daß sie die Vernunft menschlichen Handelns von grundlegenden *empirischen* Bedingungszusammenhängen bestimmt sehen; Bedingungszusammenhänge, die es nicht nur fallweise in ihrer ethischen Relevanz zu Rate zu ziehen gilt, sondern die als solche generelle materiale Strukturformen dieser Vernunft selbst darstellen. Historisch betrachtet, liegen die entscheidenden Grundansätze und Ausgangspunkte für alle in der Folgezeit relevant gewordenen, auf praktisch-ethische Universalisierung zielenden kombinatorischen Theorien dort, wo die phänomenologisch maßgeblichen Wirklichkeitsbereiche, die menschliches Dasein elementar bestimmen, in völlig neuem empirischem Zugriff in einen neuen Deutungshorizont gerückt wurden: die Wirklichkeit der Natur im Evolutionsgedanken Charles Darwins, die Wirklichkeit der Gesellschaft in der Ökonomiekritik Karl Marx' und die Wirklichkeit der menschlichen Psyche im analytischen Verfahrensansatz Sigmund Freuds. Was immer im einzelnen an diesen Grundansätzen problematisiert wurde und auch heute, zum Teil bis in die Wurzel, zu problematisieren ist, entscheidend bleibt, daß sie dem humanen Veränderungswillen des Menschen von der Empirie selbst her den je und je kritischen Impuls geben und sie darin als die genuin *materiale* normative Vernunft menschlichen Handelns erschließen. Hier liegt der anhaltende Grund ihrer Überzeugungskraft und der Faszination, die von ihnen ausgeht.

In Wahrheit geht es in alldem um nichts Geringeres als um die Heraufkunft eines neuen Typus von Ethik, und zwar einer Ethik, die sich nicht nur als fallbezogene *Integrationswissenschaft* versteht, sondern als universelle handlungsleitende *Integrationstheorie*. Als solche bleibt sie nicht dabei stehen, human relevante empirische Einsichten von Einzelwissenschaften im Bereich gegebener Handlungsfelder ethisch zu integrieren und für den konkreten Normfindungsprozeß fruchtbar zu machen. Ihr Anspruch geht vielmehr dahin, aus der Vielfalt dieser Einsichten jene aufzufinden und ins Zentrum der ethischen Reflexion zu rücken, denen im Hinblick auf das Gesamtsystem menschlich-sittlichen Handelns funktionale Schlüsselbedeutung zukommt und die so als empirische Ausgangspunkte für eine universelle handlungsleitende Theorie elementare, maßsetzende Relevanz gewinnen.

a) Kombinatorik im Ausgang der evolutiven Dimension

So eröffnet sich näherhin erst mit Darwins Evolutionstheorie die Einsicht in die gemeinsame Herkunft aller Organismen einschließlich des Menschen: *Die vielfältigen und unterschiedlichen Arten des Lebens sind keine getrennten, unwandelbaren Schöpfungen.* Im Hinblick auf den Menschen und sein Handeln ergeben sich damit zwei entscheidend neue Problemstellungen, die das Denken und Forschen bis heute in Bann halten. Einmal: Wieweit bleibt die Vernunft menschlich-sittlichen Handelns von Gesetzlichkeiten bestimmt und auf sie verwiesen, die als basale naturale Antriebsgesetzlichkeiten auch in der übrigen Lebenswelt wirksam sind? Und zum andern: Welche Konsequenzen hat der Tatbestand der Evolution für den Menschen als ein Lebewesen, das sich mit seiner Erfahrung der Freiheit in seinem Handeln nicht eindeutig und definitiv durch biologische Gesetzlichkeiten programmiert sieht?

Die Bandbreite der Antworten, die auf die Frage nach biologisch maßsetzenden Gesetzlichkeiten für menschlich-sittliches Handeln gegeben wurden, reicht von den antialtruistischen Konzeptionen eines wie auch immer geprägten liberalistischen, marxistischen und rassistischen *Vulgärdarwinismus*, der die Grundkraft aller menschlichen Entwicklung einzig in der selegierenden, höherführenden Dynamik des „struggle for life", des Kampfes ums Dasein, und damit „in der erbarmungslosen Ausscheidung des

Schlechtesten"[12] erblickt, bis hin zu dezidiert sozialethischen Ausfaltungen von in Darwins Theorie ebenfalls mitangelegten altruistischen Bedingungsmomenten in den biologisch argumentierenden spezifistischen Sozialtheorien eines Kropotkin oder Landauer[13]. Die erste Synthese einer vom umfassenden Gedanken der Evolution geprägten ethischen Theorie, die das auf das elementare biologische Datum des Kampfes zurückverweisende Prinzip der Selbsterhaltung und Selbstdurchsetzung mit dem biologisch nicht weniger ursprünglichen, natural bedingten Prinzip der Vergesellung und der sozialen Abhängigkeit zu vermitteln sucht, finden wir dann bei Herbert Spencer[14]. Seine evolutionistische Ethik ist von der sittlichen Leitidee eines sich immer neu herstellenden Ausgleichs zwischen Individuum und Gesellschaft bestimmt, die letztlich zu immer vollkommenerer Individuation und zugleich zu immer größerer wechselseitiger sozialer Verwiesenheit führt. Erst mit der Heraufkunft der modernen vergleichenden Verhaltensforschung freilich wird die sich vom Grundansatz der Evolutionstheorie her stellende Frage nach ethisch unmittelbar relevanten biologischen Antriebsgesetzlichkeiten menschlichen Handelns dem Anspruch streng wissenschaftlichen Forschens unterworfen. Hier ist man während der letzten Jahrzehnte in der Tat zu Einsichten gelangt, denen für jede künftige Ethik grundlegende Bedeutung zukommt[15].

Die zweite Frage, die sich vom Grundgedanken der Evolution her ganz neu stellt, ergibt sich aus der unmittelbaren Selbsterfahrung des Menschen als des gerade nicht durch Instinkte ausgesteuerten, in seinem Handeln biologisch festgelegten Wesens. Mit ihm geschieht der Überstieg von der Umweltgebundenheit (Uexküll[16]) zur Weltoffenheit (Scheler[17]). Im Gegensatz zum biologisch hochspezialisierten Tier erscheint der Mensch unter diesem Aspekt zunächst als ein „Mängelwesen" (Gehlen[18]). (Portmann spricht in diesem Zusammenhang vom Menschen als „normalisierter Frühgeburt"[19]. Der Mensch ist das Wesen der Natur-Kultur-Verschränkung. Menschliches Dasein gelingt nur über den Metabolismus von Sprache und Institutionen. Erst sie geben seinem Handeln Architektur, erweisen ihn darin als Vernunftwesen und setzen ihn zugleich zunehmend in seine Vernunft frei. (Plessner: wachsendes Bewußtsein der „Exzentrizität" des Menschen[20].) Von hier aus rückt die Frage nach einer *Theorie der Institutionen* (Gehlen[21]) in den Mittelpunkt der ethisch-anthropologischen Diskussion. Nicht zuletzt ist darin aber jetzt zugleich auch die Frage nach der *Zukunft des Menschen und seiner Welt* neu gestellt: Mit dem Menschen übersteigt die Evolution die Grenzmarke eines zuvor im wesentlichen organisch bestimmten, auf genetischen Änderungen beruhenden Verlaufs auf eine psycho-soziale Entwicklungsdynamik hin, in deren mühevollem, durch unzählige Lernprozesse gezeichnetem Gang sich Evolution in Geschichte transformiert, und zwar in Geschichte des Menschen und seiner Welt, die der Mensch jetzt immer stärker selbst in die Hand nimmt. Der Mensch erkennt sich zunehmend als jenes selbstmächtige,

---

[12] *A. Tille*, Von Darwin bis Nietzsche (Leipzig 1895); zum Ganzen vgl. *F. Jodl*, Geschichte der Ethik II (Stuttgart – Berlin ³1923) 455–465.
[13] *P. Kropotkin*, Gegenseitige Hilfe in der Entwicklung (Leipzig 1904); *G. Landauer*, Die Revolution (Frankfurt a. M. 1907); ferner *E. Becher*, Der Darwinismus und die soziale Ethik (Leipzig 1909).
[14] *H. Spencer*, Principles of Ethics (London 1892).
[15] Vgl. hierzu unten 3. Kap., 3. Abschn.
[16] *J. v. Uexküll*, Umwelt und Innenwelt der Tiere (Berlin 1909); *J. v. Uexküll – G. Kriszat*, Streifzüge durch die Umwelten von Tieren und Menschen (Berlin 1934).
[17] *M. Scheler*, Die Stellung des Menschen im Kosmos (Darmstadt 1930).
[18] *A. Gehlen*, Der Mensch. Seine Natur und seine Stellung in der Welt (Bonn 1940).
[19] *A. Portmann*, Biologische Fragmente zu einer Lehre vom Menschen (Basel 1944).
[20] *H. Plessner*, Die Stufen des Organischen und der Mensch (Berlin – Leipzig 1928, Berlin 1965).
[21] *A. Gehlen*, Urmensch und Spätkultur (Bonn 1956).

weltausgreifende und zugleich konstitutiv zukunftsbezogene Wesen, das den Stand seiner jeweiligen Erkenntnisse und Ordnungsgestaltungen provisorisch hält und erst im ständigen Ausgreifen nach dem Noch-Nicht des ihm in Wahrheit Möglichen die Vernunft seines Heute findet. Damit aber erhält die Dimension Zukunft in der Tat zentrales anthropologisches Gewicht. Die mit dem Durchbruch des Evolutionsgedankens einsetzende Uminterpretation gesellschaftlicher Ethik in geschichtsphilosophisch orientierte Handlungsdoktrinen, in Planungspragmatiken und Futurologien, in Strategien der Selbstmanipulation und genetischen Steuerung, aber auch in Philosophien der Hoffnung und antizipatorische Eschatologien hat darin ihre Wurzel. Das Spektrum der Antworten reicht von evolutionistischen Futurologien technokratischer wie biokybernetischer Prägung (Fourastié[22], Muller[23]) über Entwürfe eines evolutionistischen Humanismus (J. Huxley[24]) und einer theo-kosmologischen Anthropologie (Teilhard de Chardin[25]) bis hin zu jenen unmittelbar in die politische Ebene hineinwirkenden evolutionistisch-eschatologischen Hoffnungsmodellen, mit denen sich zugleich marxistische wie christliche Ansprüche verbinden (Bloch[26], Moltmann[27], Metz[28]).

b) Kombinatorik im Ausgang der sozio-ökonomischen Dimension

Eine kaum geringere Bedeutung für die praktisch-ethische Theorie in der Vielfalt ihrer Ausgestaltungen, wie sie sich aus Darwins Neuerschließung der Naturwirklichkeit als *Evolutionsgeschehen* im Hinblick auf das Verständnis des Menschen und seine Stellung in der Welt ergibt, kommt der von Karl Marx entwickelten Grundeinsicht in die *ökonomische Radikale* allen menschlichen Seins und aller menschlichen Vergesellschaftung zu: *Die Wirklichkeit der Gesellschaft als Bedingung der Möglichkeit des Menschseins des Menschen ist wesenhaft und konstitutiv durch die jeweiligen Formen der Produktionsverhältnisse bestimmt.* Es gibt keinen Bereich gesellschaftlicher Wirklichkeit, der sich unabhängig von diesen Formen entfaltet und nicht durchgängig durch sie disponiert bleibt.

---

22 *J. Fourastié*, Le grand espoir du 20e siècle (Paris 1949); zum Ganzen *H. Lübbe*, Herrschaft und Planung. Die veränderte Rolle der Zukunft in der Gegenwart, in: *H. Rombach* (Hrsg.), Die Frage nach dem Menschen (Freiburg i. Br. – München 1966) 188–211.

23 *H. J. Muller*, Out of the Night: A Biologist's View of the Future (New York 1935); *ders.*, The Control of Human Heredity and Evolution (New York 1965).

24 *J. Huxley*, Evolution. The Modern Synthesis (London 1942); *ders.*, Essays of a Humanist (London 1964), deutsch: Ich sehe den künftigen Menschen. Natur und neuer Humanismus (München 1965); ferner *G. Wolstenholme* (Hrsg.), Man and his Future (London 1963), deutsch: *R. Jungk – H. J. Mundt* (Hrsg.), Der Mensch. Elemente einer biologischen Revolution (München 1966).

25 *P. Teilhard de Chardin*, Le phénomène humain (Paris 1947), deutsch: Der Mensch im Kosmos (München 1959).

26 *E. Bloch*, Das Prinzip Hoffnung, 5 Tle., 2 Bde. (Frankfurt a. M. 1959).

27 *J. Moltmann*, Theologie der Hoffnung. Untersuchungen zur Begründung und zu den Konsequenzen einer christlichen Eschatologie (München 1965).

28 *J. B. Metz – J. Moltmann – W. Oelmüller*, Kirche im Prozeß der Aufklärung. Aspekte einer neuen „politischen Theologie" (München – Mainz 1970).

Marx geht von der Einsicht aus, daß der Mensch, eingespannt in eine ihm zunächst feindliche Natur, sich elementar als entfremdet erfährt. Diese Situation der „ersten Entfremdung" wird überwunden durch die Arbeit, dem Spezifikum des Menschen als *des sich selbst herstellenden Wesens:* „Die Arbeit ist zunächst ein Prozeß zwischen Mensch und Natur, ein Prozeß, worin der Mensch seinen Stoffwechsel mit der Natur durch seine eigene Tat vermittelt, regelt und kontrolliert. Er tritt dem Naturstoff selbst als eine Naturmacht gegenüber. Indem er durch diese Bewegung auf die Natur außer ihm wirkt und sie verändert, verändert er zugleich seine eigene Natur."[29] Durch die Arbeit gewinnt sich der Mensch aus der Entfremdung in die Natur zurück, indem er sich durch Herrschaft über die Natur vom reinen Zwang befreit. Diese Befreiung vollendet sich und gelingt jedoch nur in der arbeitsteiligen Gesellschaft, die nun ihrerseits eine „zweite Entfremdung" nach der Entfremdung von der Natur heraufführt: die Entfremdung durch den egoistischen Herrschaftswillen des Menschen, durch den der Mensch den Menschen unterjocht. Mit der damit gegebenen Klassenteilung und insbesondere durch das Privateigentum an den Produktionsmitteln wird der kollektive Sieg der menschlichen Gattung über die Natur verfälscht, und ein Teil der Menschen, befreit von der Sklaverei durch die Natur, gerät nun in die Sklaverei des anderen Teils der Menschen, der sog. herrschenden Klasse. Von hier aus gelangt Marx zu der axiologischen Schlußfolgerung, daß die Heraufkunft einer wahrhaft *humanen* Gesellschaft letztlich nur über einen revolutionären Wandel der ökonomischen Verhältnisse erreicht werden kann. Dabei sieht er die Weg- und Zielstruktur dieses Wandels in der Logik des Gesamtprozesses der Geschichte selbst angelegt. Hiernach erweist sich die aus den jeweiligen Produktions- und Eigentumsverhältnissen resultierende sozialökonomische Konstellation von Reichtum und Unmenschlichkeit zugleich immer auch als eine geschichtsspezifische Konstellation des *Kampfes,* die im neuzeitlichen Kapitalismus ihre äußerste Zuspitzung erfährt und damit zwangsläufig auf jene totale revolutionäre Emanzipation hintendiert, die, getragen von der durch das kapitalistische System erzeugten Klasse der Ausgebeuteten selbst, die endgültige Aufhebung des Privateigentums bewirkt, mit der sich dann notwendig die höhere Gesellschaftsform herstellt. Unter der Voraussetzung dieses Glaubens an einen geradezu naturgesetzlich vorgezeichneten Gang der Entwicklung, der dem Proletariat als dem eigentlichen Exekutor der Vernunft der Geschichte das Gelingen seiner Unternehmungen vorweg garantiert, ist es dann durchaus konsequent, wenn Marx alle bloß altruistische Moral, aber auch alle von sozialem Reformwillen getragene, auf bloßen Interessenausgleich hinwirkende Sozialethik als ein Bemühen perhorresziert, das nichts anderes bewirkt als eine Verzögerung dessen, was nach geschichtlicher Notwendigkeit kommen wird und kommen muß. – Der Gang der Geschichte selbst wird hier zur unbedingten Sollensforderung. Das Ethische erscheint so zunächst auf einen aus Einsicht in die Notwendigkeit erwachsenden Gehorsamsdienst an der Selbstherstellung und Befreiung der Gattung Mensch reduziert. Dies freilich nur in seiner Wegstruktur. Weder Arbeit noch Produktion, weder Klassenkampf noch proletarische Revolution, noch die durch sie heraufgeführte sozialistische Gesellschaft sind in sich selbst schon das Ziel des menschlichen Lebens, sondern allesamt nur Bedingungen, Durchgangsphasen und Vorstufen. Das eigentliche Ziel ist vielmehr die hierdurch erst ermöglichte „menschliche Kraftentwicklung, die sich als Selbstzweck gilt, das wahre Reich der Freiheit"[30], nämlich die Entfaltung der kreativen menschlichen Kräfte zu produktiver Bezogenheit, zum Einssein mit dem Menschen und mit der Natur.

Die ungeheure Faszination, die von der Marxschen Theorie bis heute ausgeht, liegt

---

[29] *K. Marx,* Das Kapital. Kritik der politischen Ökonomie I (Hamburg ^{4}1890) 192.

[30] Ebd. III 828.

zweifellos darin, daß sie den geschichtsdynamischen Anspruch des *Humanen,* des Menschseins des Menschen, aus einer Fundamentalkritik seiner ökonomischen Organisationsformen entwickelt und den Menschen damit kraft der moralischen Dynamik eben dieses Anspruchs unter die Forderung gestellt sieht, „alle Verhältnisse umzuwerfen, in denen der Mensch ein erniedrigtes, ein geknechtetes, ein verlassenes, ein verächtliches Wesen ist"[31]. Es ist letztlich diese empirisch-ökonomische Verankerung des Humanen in seinem Anspruch, die der Marxschen Theorie gegenüber jeglichem rein metaempirisch argumentierenden Grundansatz (einschließlich des Christlichen) und einem nur von ihm her motivierten humanen Veränderungswillen eine erste Überlegenheit verschafft. Die eigentliche Problematik der Marxschen Theorie liegt denn auch gewiß nicht hier. Die Rückbindung aller Verwirklichung des Humanen an das ökonomische Bedingungsfeld macht vielmehr gerade die Stärke dieses Ansatzes aus und gibt ihm bleibende Eigenbedeutung. Seine entscheidende Schwäche liegt demgegenüber in der totalen Reduktion der Bestimmungen des Menschen auf dessen geschichtliche Selbstherstellung als *Gattungswesen* und damit zugleich in der Funktionalisierung des einzelnen auf ein Ziel hin, zu dem er selbst nur Mittel ist. Das Ziel der Geschichte, die Heraufkunft des Menschen als Gattungswesen, dessen Substanz Freiheit als Inbegriff des Humanen sein soll, kann nun einmal nicht losgelöst von jener Freiheit gedacht werden, die den Menschen als *Individuum* im Gang seiner Geschichte bewahrt. Hier setzt denn auch die Kritik aller sog. Revisionisten von Bernstein und Cohen bis hin zu Kołakowski, Gardavski, Petrović oder Machovec an: Geschichtlicher Fortschritt bleibt wesenhaft auf die kreative Potenz von Menschen gegründet, so daß er in Wahrheit nur dort stattfinden kann, wo jene sittliche Freiheit respektiert bleibt, die den Menschen als Person, als „Zweck an sich selbst" wahrt, eine Freiheit, die letztlich alle menschliche Kreativität und damit auch allen sozialen Fortschrittswillen trägt[32]. „Das wahre Reich der Freiheit" als angestrebtes Ziel muß sich schon in den Mitteln vorwegentwerfen und der Weg zu ihm bereits der moralische Inchoativ seiner Erfüllung sein, soll überhaupt je Freiheit verwirklicht werden.

Hier zeigt sich, daß das im Marxschen Ansatz zutage tretende Neue an Wahrheit über den Menschen dennoch zugleich nach kritischer Weiterung und konstruktiver Ergänzung ruft, soll der mit ihm geltend gemachte humane Anspruch überhaupt gewahrt bleiben. Von daher wird es unmittelbar plausibel, daß die Geschichte der Marxrezeptionen sich vornehmlich in der Form kombinatorischer *Theoriebildungen* darstellt[33]:

---

[31] *K. Marx,* Kritik der Hegelschen Rechtsphilosophie. Einleitung (1843), in: Karl-Marx-Ausgabe, I: Frühe Schriften, hrsg. von H. J. Lieber – P. Furth (Darmstadt 1962) 497.

[32] Im einzelnen vgl. *E. Bernstein,* Die Voraussetzungen des Sozialismus und die Aufgaben der Sozialdemokratie (1899), neue, verbesserte und ergänzte Ausgabe (Stuttgart 1920); ferner *H. Cohen,* Einleitung mit kritischem Nachtrag, in: *F. Lange,* Geschichte des Materialismus und Kritik seiner Bedeutung in der Gegenwart, 1. Buch (Leipzig [8]1908); nach Hermann Cohen, dem „eigentlichen Begründer des neukantianischen Sozialismus" (*H. Lübbe,* Politische Philosophie in Deutschland [Basel – Stuttgart 1963] 109), beruht die politische Verwirklichung als eine soziale wesentlich auf dieser Kantschen Ausformung des kategorischen Imperativs, „welche den Menschen als Selbstzweck von allem unterscheidet, was ‚bloß Mittel' ist". Für Cohen ist deshalb gerade Kant „der wahre und wirkliche Urheber des deutschen Sozialismus" (*H. Cohen,* a. a. O. 524f.); vgl. ferner die Kritik des polnischen Marxisten *L. Kołakowski:* „Der morgige Tag", so resumiert Kołakowski, „heiligt den heutigen Tag als die Hoffnung auf ihn, aber der heutige Tag wird zur Nacht, wenn er nicht ein Ziel an sich ist, das heißt, wenn er nicht der Horizont des schon zurückgelegten Weges ist, das heißt das Erlöschen der gestrigen, in der Erinnerung lebenden Hoffnung durch ihre Erfüllung" (Der Mensch ohne Alternative. Von der Möglichkeit und Unmöglichkeit Marxist zu sein [München 1967] 213).

[33] Zum Ganzen vgl. insbes. auch *J. Habermas,* Zur philosophischen Diskussion um Marx und den

so bei Cohen und Bernstein in der Verknüpfung des Marxschen Ansatzes mit der Ethik Kants, bei Marcuse mit der Existentialphilosophie Heideggers[34], bei Bloch mit der Naturphilosophie Schellings[35], bei Sartre in Aufnahme marxistischer Kategorien mit der Weiterentwicklung seiner eigenen existentialistischen Ontologie zu einer Anthropologie der Revolution[36] und schließlich – angesichts der empirisch uneingelösten Implikate im Marxschen Verständnis des Humanen – in den Marxismus und Christentum vermittelnden Konzeptionen eines Maudouze und Duserre, wie sie insbesondere für die Bewegung der französischen Arbeiterpriester Bedeutung erlangten[37], bis hin zu den amerikanischen Versionen einer Theologie der Revolution (Lehmann, Shaull[38]) und einer Theologie der Befreiung (Gutiérrez[39]).

c) Kombinatorik im Ausgang der psycho-sozialen Dimension

Eine ebenso große Bedeutung wie Darwins Neuinterpretation der den Menschen tragenden Naturwirklichkeit sowie der Marxschen Neuerschließung der den Menschen konstitutiv bestimmenden sozio-ökonomischen Strukturen kommt Sigmund Freuds Entdeckung und analytischer Erhellung des das menschliche Dasein grundlegend bewegenden *psychischen* Kräftefeldes zu: *Die alles disponierende psychische Grundwirklichkeit, über die sich die biologisch fundierten Antriebe des Menschen ebenso geltend machen und dem Bewußtsein vermitteln wie die von dem sozialkulturellen Umfeld ausgehenden Verhaltenserwartungen, ist die psychische Wirklichkeit des „Unbewußten"*.

Es ist also nach Freud nicht einfachhin das Bewußtsein als solches und eben damit auch nicht der sich als selbstmächtig erfahrende, wissend agierende Wille, die gleichsam rein aus sich heraus menschliches Handeln bestimmen, sondern durchgängig ein Bewußtsein und ein Wille, die von einer Vielfalt nicht unmittelbar beobachtbarer, unbewußter psychischer Kräfte und Präfigurationen disponiert sind. Daraus aber folgt dann unmittelbar, daß weder blanke, lediglich an das Bewußtsein des einzelnen gerichtete moralische Appelle schon zur wirklichen Überwindung von Fehlhaltungen und durch sie verursachte Entfremdungssyndrome führen noch auch eine bloß äußerlich bleibende Veränderung der sozialkulturellen bzw. sozio-ökonomischen Verhältnisse und Strukturen. Aus dieser Einsicht ergibt sich für Freud die Notwendigkeit, spezifisch *psychoanalytische* Methoden zu entwickeln, mittels deren sich die unbewußten, dem Ich als zwanghaft-entfremdende Übermacht entgegentretenden Produkte seiner eigenen Selbsttätigkeit bewußtmachen und auflösen lassen, um ihm so die Freiheit und Verfügungs-

---

Marxismus, in: *ders.*, Theorie und Praxis. Sozialphilosophische Studien (Neuwied–Berlin ²1963) 261–335.

[34] *H. Marcuse*, Transzendentaler Marxismus, in: Die Gesellschaft VII 10; vgl. *J. Habermas*, a.a.O. 330.

[35] *E. Bloch*, a.a.O.; ferner *J. Habermas*, Ein marxistischer Schelling – zu Ernst Blochs spekulativem Materialismus, in: *J. Habermas*, Theorie und Praxis 336–351.

[36] *J.-P. Sartre*, Situationes III (Paris 1949); *ders.*, Critique de la raison dialectique (Paris 1960).

[37] Vgl. *J. Habermas*, Theorie und Praxis 295f.

[38] *Paul L. Lehmann*, Ethik als Antwort. Methodik einer Koinonia-Ethik (München 1966); *Richard Shaull–James Gustafson*, Zur Ethik der Revolution (Stuttgart–Berlin 1970); hierzu auch *T. Rendtorff–H. E. Tödt*, Theologie der Revolution (Frankfurt a.M. 1968).

[39] *G. Gutiérrez*, Theologie der Befreiung (Mainz– München 1973).

gewalt über sich selbst zurückzugeben. Dabei geht Freud von der Annahme aus, daß die von sich aus wirkenden biologisch verankerten libidinösen Kräfte des „Es", seine elementaren Triebregungen und Bedürfnisse – der eigentliche Motor menschlichen Verhaltens – durch das im „Über-Ich" verinnerlichte Realitätsprinzip und die mit ihm gegebenen jeweiligen gesellschaftlichen Erfordernisse und sozialkulturellen Erwartungen je und je eingeschränkt und modifiziert werden und ebendaraus zugleich ihre je und je unbewußt wirkende Form erhalten, die sich dann ihrerseits wiederum im tatsächlichen Verhalten des „Ich" niederschlägt. Diesen Einschränkungs- und Modifikationsprozeß des „Es" durch das „Über-Ich" beantwortet das „Ich" nämlich entweder *aktiv* in der Form *produktiver Anpassung und Sublimierung* der Kräfte des „Es", seiner physiologisch fundierten Antriebe und Bedürfnisse, und damit zugleich mit erneuter Hervorbringung bzw. Weiterentwicklung von Sozialität, Kultur, Religion, Wissenschaft usw., oder aber – im Falle psychischer Überforderungen durch das Realitätsprinzip – *passiv* in der Form *destruktiver Anpassung und Bedürfnisverdrängung*, in deren Folge sich neurotische oder psychotische Erscheinungen einstellen. „Die aktive und passive Anpassung biologischer Tatbestände, der Triebe, an soziale Tatbestände ist die Kernauffassung der Psychoanalyse."[40] Damit aber sind jetzt zugleich auch die Umrisse der Freudschen Kultur- und Sozialtheorie gegeben: Das „Es" in der Übermächtigkeit seiner libidinösen Triebe bedarf durchaus der Zähmung durch gesellschaftliche Zwänge. Erst so kann seine Sublimierung gelingen, die als solche den Menschen überhaupt erst zu Sozialität, Kultur und Geschichte disponiert und befähigt. Entsprechend kann denn nach Freud das Ziel menschlicher Kultur nicht in einer von sozialen Zwängen *freien* Gesellschaft liegen, sondern nur in einer *zivilisierten*, die durch Triebunterdrückung erkauft wird: „Individuelle Freiheit ist kein Kulturgut."[41]

Der entscheidende Fund, Freuds Entdeckung des Unbewußten, hat sich nun in der Tat für jede weiterzielende Deutung der konkreten Bedingungs- und Gelingensstrukturen des Menschen und seiner Welt als ungemein hilfreich und effizient erwiesen. Dies gilt nicht nur im Hinblick auf die spezifische Situation des psychisch Kranken und die sich hier eröffnenden Therapiemöglichkeiten, sondern ebensosehr in bezug auf das gesamte Feld der Erziehung, der Probleme menschlicher Sexualität, der frühkindlichen Prägungen, des Autoritätsverständnisses, der Deutungen von Gewissen, Schuld und Strafe, des Ausbaus psychoanalytisch konditionierter Sozialtechniken (human relations, social engineering, Gruppendynamik, sensitivy training u. ä.) bis hin zur Anwendung psychoanalytischer Instrumentarien in Religionswissenschaft, Religionskritik, Ökonomiekritik, Sozial- und Kulturtheorie. Eine wesentliche Grenze der Freudschen Gesamtkonzeption ergibt sich freilich aus dem Tatbestand, daß Freud die kategorialen Inhalte seines Modells aus der Analyse des psychisch *kranken* Menschen gewinnt. Einem übermächtigen, ungezügelt chaotischen „Es" steht ein äußerst schwaches „Ich" gegenüber, das zu seiner Aktions- und Funktionsfähigkeit starker Außenlenkungen bedarf. Genau dies aber wird in späteren psycho-sozialen Theorien, die sich als kritische Weiterentfaltungen der Freudschen Konzeption verstehen, wesentlich korrigiert. Hiernach erweist sich das „Ich" – human günstige Entwicklungsprozesse vorausgesetzt – als eine sehr viel selbstmächtigere Größe und keineswegs unfähig zu rücksteuernder Freiheit. Insbesondere H. Hartmann und E. H. Erikson haben im Anschluß an G. H. Meads sozialpsychologische Identitätstheorie diesen Tatbestand der „synthetischen Kraft des Ich" herausge-

---

[40] *E. Fromm,* Über Methode und Aufgabe einer analytischen Sozialpsychologie. Bemerkungen über Psychoanalyse und historischen Materialismus, in: Zeitschrift für Sozialforschung 1 (1932) 28–54, hier 31.

[41] *S. Freud,* Das Unbehagen in der Kultur (Frankfurt a.M. 1953) 130.

arbeitet[42]. Umgekehrt waltet nach anderen auch bereits im „Es" eine von sich aus wirkende Vernunft, die zwar konstitutiv zu ihrer Artikulierung sozialkultureller Außenlenkungen bedarf, sich aber erst dort in pathologisch verformter Gestalt äußert, wo auch die Außenlenkungen selbst inhumane Züge aufweisen. Letzteres betont besonders Marcuse, der in gleichzeitiger Anwendung und Weiterentwicklung der Marxschen Ökonomiekritik zu zeigen sucht, daß psychische Zwänge und Deformationen des Unbewußten ihre wesentliche Ursache gerade in solchen sozialkulturellen und sozio-ökonomischen Verhältnissen haben, die über die tatsächlichen Grundbedürfnisse des Menschen hinweggehen. Von hier aus gelangt er zu seiner Forderung nach einer Kultur fortschreitender „nicht-repressiver Sublimierung" der menschlichen Grundtriebe und Bedürfnisse, nach einer Zielgestalt der menschlichen Gesellschaft also, deren Strukturen sich nicht in Triebunterdrückung auswirken, sondern gerade jene „libidinöse Vernünftigkeit" heraufführen helfen, kraft deren der Mensch zu „höheren Formen kultureller Freiheit" zu gelangen vermag[43]. Daß dann schließlich auch die Grundtriebe und Bedürfnisse selbst nicht einfachhin einlinig aus physiologisch-libidinösen Ursprüngen erklärt werden können, sondern sich als spezifisch menschlich-existentielle Vollzugsformen, in denen sich „Ich" und „Es" immer schon miteinander vermitteln, erst aus der naturtranszendierenden Sonderstellung des Menschen, seiner „existentiellen Dichotomie", ergeben, hat vor allem E. Fromm gezeigt. Dies gilt ganz besonders für die *soziale* Bedürfnisstruktur des Menschen, die von Freud, in völliger Verkennung auch der ihr eigenen *physiologischen* Wurzel, als ein aus primär libidinösen *egoistischen* Impulsen erwachsendes *kulturelles* Epiphänomen gedeutet wird. Demgegenüber zeigt Fromm, wie dies in anderer Weise schon vor ihm der Freud- und Heidegger-Schüler L. Binswanger aus den Gegebenheiten der dialogischen Grundverfaßtheit des Menschen daseinsanalytisch zu erschließen und aufzudecken suchte[44], daß das soziale Wesen des Menschen kein sekundäres, gar aus der sexuellen Libido abzuleitendes Phänomen ist, sondern in Wahrheit einer Bedürfnisstruktur entspricht, die sich unmittelbar aus der „existentiellen Dichotomie" des Menschen, seiner Natur übersteigenden und ebendeshalb nicht in Natur aufgehobenen Sonderstellung ergibt[45]. Unter dieser Voraussetzung erscheint es dann auch keineswegs gleichgültig, in welchen Formen und unter welchen Bedingungen sich menschliche Sozialität verwirklicht. Von daher gewinnt zugleich, wie schon für Marcuse, die Marxsche Ökonomiekritik für Fromm unmittelbare Bedeutung: Die *moralische* Struktur gesellschaftlicher Größen als Prägungsfaktor der psycho-sozialen Antriebe des einzelnen (seines Charakters) muß wesenhaft aus ihrer *sozialen* Struktur, d. h. aus der „ökonomisch-sozialen Situation", verstanden werden[46].

4. Leitlinien auf dem Weg zu einer umfassenden ethischen Theorie

Dieser knappe Überblick über die wichtigsten Strukturlinien heutiger kombinatorischer Theoriebildungen als eines neuen, von empirischen Ansätzen aus ar-

---

[42] *H. Hartmann*, Ich-Psychologie und Anpassungsproblem, in: Internationale Zeitschrift für Psychoanalyse 24 (1939) 62–135; *E. H. Erikson*, Das Problem der Ich-Identität, in: *ders.*, Identität und Lebenszyklus (Frankfurt a. M. 1973) 123–212.

[43] *H. Marcuse*, Triebstruktur und Gesellschaft (Frankfurt a. M. 1966) 196f.

[44] *L. Binswanger*, Grundformen und Erkenntnis menschlichen Daseins (Basel ³1962).

[45] *E. Fromm*, Man for Himself. An Inquiry into the Psychology of Ethics (New York 1947) 41–50.

[46] Ebd. 37f.

gumentierenden Typus von Ethik führt uns abschließend zu folgenden generellen Überlegungen:

1) Im Gegensatz zu kombinatorischen Wissenschaften sind kombinatorische, auf praktisch-sittliche Universalisierung zielende Theoriebildungen nicht nur der Gefahr möglicher sachlicher Irrtümer ausgesetzt, sondern darüber hinaus auch der Gefahr möglicher *ideologischer* Engführungen und Verfestigung. Ja, Ideologie gewinnt ihre eigentlichen Konturen letztlich erst auf dieser Reflexionsstufe. Denn erst im Prozeß kombinatorischer Theoriebildung und nicht schon im Vorgehen kombinatorischer Wissenschaft geht es um die Einlösung des Anspruchs, die sittliche Vernunft menschlichen Handelns in ihren Bedingungs- und Strukturgesetzlichkeiten von gesicherten empirischen Daten aus zu erschließen. Dieses als solches durchaus legitime und notwendige Vorgehen aber führt überall dort zu Ideologien, wo entweder eine einzelne empirisch gewonnene Sachverhaltseinsicht überinterpretiert und zum umfassenden Deutungsschlüssel aller sich zeigenden Strukturgesetzlichkeiten erhoben wird (Ein-Faktor-Theorien) oder aber wo die Vernunft der eruierten Sachstrukturen – ihre ethische Relevanz also – mit dem über jegliche Strukturgesetzlichkeit hinausweisenden Grund des ethischen Anspruchs selbst gleichgesetzt wird.

2) Das allen kombinatorischen Theoriebildungen zugrunde liegende gemeinsame Movens ist der entschiedene Wille zur Humanisierung des Menschen und seiner Lebensverhältnisse. Gerade dieses Interesse ist es, das hier alle Aufmerksamkeit auf die genuin *empirischen* Bedingungszusammenhänge des Menschseins des Menschen zentriert, um so die konkreten Wege zu der sich in der Sinnlogik dieser Bedingungszusammenhänge abzeichnenden Zielgestalt des Humanen offenzulegen. Dieser entschiedene Wille zum Humanen ist nun selbst freilich nicht erst die Frucht heutiger Wissenschaftskultur. Vielmehr nährt er sich seinerseits vorgängig aus einer Hoffnungsvision, in der sich die Überzeugung wachhält, daß der Mensch im Prinzip die Einheit mit sich selbst nicht nur suchen muß, sondern auch finden kann. Damit aber bleibt er im Grunde an einen Zielgedanken zurückverwiesen, der wesenhaft christlichen Wurzeln entstammt und der im letzten wiederum auch nur von christlichen Prämissen her offengehalten werden kann, die den Grund dieser Einheit eben gerade nicht schon im Menschen selbst festmachen. Insofern muß also diese Hoffnungsvision zum Humanen, die sich hier in ihrer alles bewegenden Kraft neuen Ausdruck verschafft, durchaus in einem geistesgeschichtlichen Kontext gelesen werden, der ohne die christliche Prämisse nicht denkbar ist. Darin unterscheiden sich die bisher skizzierten kombinatorischen Theoriebildungen zugleich fundamental von jenen *funktionalistischen* Systembildungen, die die Strukturlogik und Zielgestalt allen menschlichen Handelns einem rein mathematischen Kalkül zu unterwerfen suchen und damit zugleich die Eigenvernunft empirischer Inhalte in ihrer humanen und ethischen Relevanz nivellieren und austauschbar

machen; eine Denkrichtung, deren Anfänge bereits bei Laplace[47], dann aber insbesondere bei Quetelet und Le Play[48] liegen und die in Cournot ihren ersten Systematiker gefunden hat, der die Geschichte des Menschen wesentlich als die Geschichte einer fortschreitenden rationalen Durchdringung und Ausplanung seiner eigenen moralischen Bedingungen begreift, einer Geschichte, die sich dann schließlich im „posthistoire" einer völlig durchrationalisierten, sich selbst verwaltenden Welt vollendet und aufhebt[49]. Diese Welt der „posthistoire" ist nach Cournot weder von einer neuen Sinngebung noch von einem neuen Ethos getragen, sondern einzig von jener Rationalität, die alles durchdringt und in seine Notwendigkeit führt. In unserem Jahrhundert schließlich wird dieser funktionalistische Ansatz – wenn auch jetzt in anderer Weise – im französischen Strukturalismus (Lévi-Strauss, Foucault[50]), in der strukturell-funktionalen Sozialtheorie (Parsons[51]) sowie in der Systemtheorie (Luhmann[52]) und am deutlichsten vielleicht im operationalen Pragmatismus Skinners aufgenommen und weitergeführt. „Beyond Freedom and Dignity" (Jenseits von Freiheit und Würde) heißt bezeichnenderweise sein wichtigstes Werk[53]. Hinter all diesen Versuchen steht jedenfalls die Absicht, die Wirklichkeit menschlichen Handelns auf funktional-logische Zusammenhänge zu reduzieren, und zwar bei Auswechselbarkeit der Inhalte. „Humanité sans âme" (Humanität ohne Seele) nennt Ruyer die Herrschaft solcher Vernunft[54].

3) Die Überlegenheit kombinatorischer Theorien gegenüber rein funktionalistischen Systemansätzen erweist sich gerade darin, daß sie nicht der Versuchung erliegen, über der Wahrheit der funktionalen Aspekte der Wirklichkeit menschlichen Handelns die Wahrheit über deren materiale Sinn- und Wertstrukturen zu vergessen. Denn nur so bleibt zugleich auch die Wahrheit der jeweiligen *ethischen Bedeutsamkeit* dieser materialen Strukturen sichergestellt. Dennoch ist auch hier nochmals weiter kritisch zu prüfen, inwieweit man die

---

[47] *P.-S. Laplace* ist es, der in seiner „Théorie analytique des probabilités" (Paris 1812, [3]1820) erstmals die Wahrscheinlichkeitsrechnung als Methode auch für die „moralischen Wissenschaften" fruchtbar zu machen sucht und auf soziale Tatsachen anwendet.

[48] *A. Quetelet*, Essai sur l'homme et développement de ses facultés ou Essai de physique sociale, 2 Bde. (Paris 1835); *F. Le Play*, Les ouvriers européens. Études sur les travaux, la vie domestique et la condition morale des populations ouvrières de l'Europe, précédée d'un exposé de la méthode d'observation (Paris 1855).

[49] *A.-A. Cournot*, Considérations sur la marche des idées et les événements dans les temps modernes, 2 Bde. (Paris 1872).

[50] *C. Lévi-Strauss*, Anthropologie structurale (1958), deutsch: Strukturale Anthropologie (Frankfurt a. M. 1972); *M. Foucault*, Les mots et les choses (Paris 1966).

[51] *T. Parsons*, The Social System (Glencoe [Ill.] 1951); *ders.*, Toward a General Theory of Action, hrsg. mit E. A. Shils (Cambridge 1951).

[52] *N. Luhmann*, Soziologie als Theorie sozialer Systeme (1967); *ders.*, Zweckbegriff und Systemrationalität. Über die Funktion von Zwecken in sozialen Systemen (Tübingen 1968); *ders.*, Legitimation durch Verfahren (Berlin 1969).

[53] *F. B. Skinner*, Beyond Freedom and Dignity (New York 1971).

[54] *R. Ruyer*, L'Humanité de l'avenir d'après Cournot (Paris 1930).

ethische Bedeutsamkeit dieser materialen Strukturen mit dem Grund und Anspruch des Ethischen selbst koinzidieren läßt: die Frage nach einer transzendentalen Fundierung des Humanum als Grund ethischen Sollens bleibt unabweisbar. Andererseits können wir nicht mehr hinter den Aufklärungsstand der in den kombinatorischen Theorien eingebrachten ethisch relevanten empirischen Einsichten zurück. Der künftige Weg der Ethik, der sich auch eine Theologische Ethik nicht verschließen kann, ist von daher markiert als Weg zu einer umfassenden ethischen Theorie, die sich in all ihren Schritten von dem her belehren läßt, was sich als empirisch durchschaubare Wahrheit über die Wirklichkeit des Menschen dem wachsenden Zugriff des Menschen erschließt.

Wilhelm Korff

Drittes Kapitel
Materiale Grundlegungsfragen heutiger Ethik

Alles Bemühen gegenwärtiger Ethik um eine verantwortbare Begründung des Humanen und seiner Verwirklichungsformen steht unter dem Anspruch kritischer Rationalität. Ebendarin finden, wie der vorausgehende Überblick gezeigt hat, die maßgeblich und bestimmend gewordenen Grundformen heutigen ethischen Argumentierens trotz der Unterschiedlichkeit ihres jeweiligen Ansatzes ihre übergreifende Einheit. Dies gilt für den transzendental-anthropologischen Argumentationsansatz, der den Menschen vor einem Aufgehen in funktionalen Strukturen zu bewahren sucht und den hiergegen geltend gemachten Anspruch zur Vereigentlichung menschlichen Daseins in Wirklichkeitsdimensionen begründet sieht, die der Erfahrung prinzipiell zugänglich sind. In anderer Weise gilt dies für den analytischen Ansatz, der im Fragen nach den formalen Prämissen und Schlüssigkeitsstrukturen ethischer Urteile und der sich aus ihnen jeweils ergebenden unterschiedlichen Handlungskonsequenzen menschliches Handeln auf die Logik seiner Voraussetzungen und Folgen hin zu bedenken und von *daher* zu humanisieren sucht. In anderer Weise wiederum gilt dies auch für den empirischen Ansatz, mit dem überhaupt erst all jene human relevanten Bedingtheiten und Sachgesetzlichkeiten in Blick kommen, die menschliches Dasein je und je in seiner ganzen materialen Fülle disponieren und es zu normativer Gestaltung drängen lassen. Dabei ist es der dem empirischen Argumentationsansatz unmittelbar eignende Zug zur Kombinatorik, der ihn, wie wir sahen, zugleich für den Ausbau einer auf Universalisierung zielenden ethischen Theorie als besonders effizient erscheinen läßt, zumal da sich mit ihm die tragenden Intentionen sowohl des transzendental-anthropologischen als auch des analytischen Ansatzes durchaus vermitteln lassen. Hier scheint in der Tat die methodische Basis gegeben, die der heutigen Forderung nach einer kritisch fundierten Ethik am ehesten Rechnung zu tragen vermag.

Kann sich darauf aber auch Theologische Ethik einlassen, ohne zugleich Gefahr zu laufen, ihr Eigenes preiszugeben und zu verlieren? Oder ist nicht vielmehr umgekehrt gerade sie es, die aus ihrem ureigensten theologischen Verständnis vom Menschen jene letztgründende Vernunft offenbar macht, die solches Vorgehen in Wahrheit zutiefst legitimiert? Kein Zweifel, die genuin theologische Legitimation ergibt sich wesenhaft aus dem mit der Offenbarung eröffneten Welt- und Menschenverständnis selbst, nämlich mit der hier radikal vorgenommenen *Entdivinisierung* der Welt und der gleichzeitigen Einweisung des Menschen in die Herrschaft über diese Welt. Mit dem offenbarungstheologisch geltend gemachten Anspruch der alleinigen Gottheit Gottes, der letztlich erst im Erfassen der Welt als Schöpfung, als Werk Gottes konsequent zu Ende gedacht ist, verliert die den Menschen umgreifende naturale Wirklichkeit jede mythische, magische und divine Bedeutung und damit zugleich ihre spezifisch moralische Appellqualität. Theologie, Kosmologie und Soziologie, die vorher eine untrennbare Einheit bildeten, treten definitiv auseinander. Von daseienden Göttern entleert, wird die Welt Herrschaftsraum und Arbeitsfeld des Menschen.

Dieser in der biblischen Offenbarung eingeleitete Prozeß der Entdivinisierung der Welt findet seine konsequente Weiterführung in der *Entmythologisierung* der entsprechenden biblischen Interpretamente, ein Vorgang, der seine Voraussetzungen in den von Kopernikus über Galilei bis Darwin reichenden naturwissenschaftlichen Einsichten in grundlegende Gesetzmäßigkeiten und Zusammenhänge der Weltwirklichkeit hat und der dann schließlich in der theologischen Hermeneutik unseres Jahrhunderts insbesondere durch Bultmann ratifiziert wurde. Das aber bedeutet: im Postulat der Entmythologisierung wird die bibeltheologisch eingeleitete Entdivinisierung der Welt auf der Erkenntnisebene zu Ende gebracht. Dialogpartner der Theologie sind hierbei zunächst die Naturwissenschaften, d.h., die Entmythologisierungsdiskussion vollzieht sich weitgehend im Gespräch zwischen Theologie und Naturwissenschaft.

Sehr viel weniger spektakulär und fast unbemerkt schiebt sich nun aber zunehmend ein weiteres Problem in den Vordergrund, das sich erst mit der Heraufkunft der modernen Humanwissenschaften stellt und für das nicht einmal ein entsprechend griffiges Reizwort ähnlich dem der Entmythologisierung zur Verfügung steht. Zu möglichst neutraler Charakterisierung des zur Frage stehenden Sachverhalts sei hierfür ein Terminus herangezogen, der in der amerikanischen Sozialpsychologie, speziell der Identitätsforschung, Bedeutung gewonnen hat, nämlich der der *Reifizierung*, d.h. der Versachlichung und Konkretisierung der Bedingungen menschlichen Gelingens. Mit der Reifizierung seiner Bedingungen führt der Mensch demnach dasjenige nunmehr auch auf anthropologischer Ebene zu Ende, was im Entdivinisierungsgedanken immer schon angelegt ist: er kommt sich selbst auf die Spur. Er beginnt die tatsächlichen Ausmaße seines Könnens, seiner Größe und seiner Grenzen zu entdecken. Er erkennt seine Lebenszusammenhänge, seine Paläogenese, seine Psychogenese, das

Geflecht seiner ökonomischen, soziologischen, psychologischen Bedingtheiten. Er wird zum Entdecker seiner eigenen Ökologie. Darin ist der mit der Heraufkunft der kritischen Vernunft entwickelte Gedanke der Autonomie, der Emanzipation von heteronomer Autorität jeglicher Art bereits vorausgesetzt. Ebendarin aber tritt jetzt zugleich die eigentlich theologische Relevanz der Humanwissenschaften zutage, insofern erst durch sie dasjenige Gewichtigkeit und Inhaltlichkeit empfängt, was den Menschen seiner ursprünglichen Struktur nach in seiner theologischen Dimensionierung von Anfang an charakterisiert, nämlich seine Gottebenbildlichkeit.

Nach Thomas von Aquin, der den theologisch-anthropologischen Gehalt dieser Chiffre hier im Kern trifft, ist der Mensch imago dei, Bild Gottes, insofern er, entsprechend seinem Urbild, also Gott selbst, Ursprungsprinzip seiner eigenen Werke ist, und zwar kraft seiner Vernunft und seiner Freiheit[1]. Der Mensch ist „sui causa", ist „principium suorum propriorum actuum", er hat die „potestas suorum operum"[2]. Er ist dasjenige Wesen, das einzig unter allen Geschöpfen für sich und andere Vorsehung auszuüben vermag (sibi ipsi et aliis providens)[3]. Das macht seine Gottebenbildlichkeit aus: seine Vernunft und seine Freiheit. Eben dieser Sachverhalt findet seine imperativische Form in dem Auftrag zur Herrschaft über die Erde. Dieser Auftrag zur Herrschaft aber empfängt sein Maß aus eben jener selbstverantwortlichen Vernunft, die die menschliche Gottebenbildlichkeit ausmacht: der Herrschaftsstellung des Menschen über die Natur korrespondiert zugleich seine Einbettung in die Natur. Jüdisch-christliche Tradition wird häufig mit besonderem Verweis auf eben diese Stelle als einer der Faktoren in Anspruch genommen, die die moderne Beherrschung der Natur durch Wissenschaft und Technik ermöglicht haben. Die Welt wird zu einem der Gestaltung freigegebenen Objekt des Menschen. Nachdem nun die Grenzen des Wachstums und damit die Grenzen technischer Weltbeherrschung sichtbar geworden sind, fällt mit dem technischen Herrschaftswissen auch die jüdisch-christliche Tradition als eine seiner weltanschaulichen Wurzeln unter das Verdikt einer bedenkenlosen Ausbeutung der Natur. Solche Kritiker übersehen freilich, daß der biblische Auftrag zur Herrschaft ganz und gar nicht im Sinne einer Willkürherrschaft verstanden sein will. Dies wird noch deutlicher aus dem Kontext jenes anderen Auftrags im zweiten Kapitel der Genesis, nach welchem Adam das Paradies dieser Welt anvertraut wurde, daß er es – so wörtlich – „bebaue und bewahre" (Gen 2,15). Der Herrschaftsauftrag ist zugleich Gärtnerauftrag. Von hier aus wird man dann aber auch die Auffassung zurückweisen müssen, daß das Interesse des gegenwärtigen Menschen an rationaler Durchdringung der Wirklichkeit längst zu mächtig geworden sei, daß es also

---

[1] *Thomas von Aquin,* STh I–II prol.
[2] *Thomas von Aquin,* De verit. 24,1; ferner ebd. 22,6 ad 1 und De unione verbi incarnati.
[3] *Thomas von Aquin,* STh I–II q.91 a.2.

endlich in seine Grenzen gewiesen werden müsse. Vielmehr gilt, daß wir in Wahrheit nicht an einem Zuviel an Rationalität kranken, sondern an einem Zuwenig. Eindimensionale Technologien jeglicher Art wirken sich am Ende als destruierende Faktoren aus. Das ökologische Gleichgewicht Mensch–Erde, wie es sich unter der Voraussetzung einer vorneuzeitlichen Vernunft durchgängig fast von selbst herstellte, muß heute bewußt und umfassend als Bedingung künftigen Lebens, ja Überlebens in lern- und korrekturoffener Rationalität nach und nach heraufgeführt und gesichert werden. Es gibt faktisch keinen Bereich mehr, den der Mensch aus seiner Verantwortung entlassen und sich selbst überlassen kann. Jede wichtige neue technische Erfindung, jeder medizinische Fortschritt schaffen jeweils neue soziale, physiologische und psychische Tatbestände und Bedürfnisse, die wir wiederum in den Griff der Sozial-, Wirtschafts- und Humantechniken bekommen müssen. In alldem geht es freilich dann um eine Rationalität, die das *Ganze* des Lebens und der menschlichen Lebenswelt im Blick hat und die eben damit auch die Herrschaft des Menschen über die Natur zugleich als Auftrag zu ihrer Erhaltung versteht.

Läßt sich aber diese konstruktive optimistische Sicht, wie sie sich von der Schöpfungstheologie her ergibt, überhaupt aufrechterhalten? Ist sie schon das Ganze der Wahrheit über den Menschen? Alle geschichtliche Erfahrung, die eines jeden einzelnen, einer jeden Kultur wie auch die der ganzen Menschheit, zeigt gewiß, daß der Mensch offenbar mehr kann, als er jeweils schon geleistet hat, daß er also mit der bleibenden Fähigkeit ausgestattet ist, sich zu transzendieren und Erreichtes zu überbieten. Ebendies schließt ein, daß er sich tatsächlich auf je besseres, sinnvolleres, eigentlicheres Menschsein hin vorauszuentwerfen vermag. Diese seine real erfahrbare Selbstüberbietungsfähigkeit ist es, die ihm dann Grund gibt, ihn für sich selbst hoffen zu lassen und das humane Gelingen seiner Existenz nicht grundsätzlich für absurd zu halten. Andererseits ist diese Fähigkeit des Menschen, sich selbst zu überbieten, weder beliebig noch grenzenlos. Er bleibt in all seinem Ausgreifen der Endliche, eingebunden in das Potential einer Welt, das ihn in seiner Endlichkeit je und je neu begrenzt. Das unentrinnbare Fazit: Der Mensch kann zwar mehr, als er faktisch bisher geleistet hat, er kann aber in Wahrheit zugleich weniger, als er zu seinem Gelingen braucht. Hier, in diesem Antagonismus von Unbegrenztheit und Begrenztheit, von Größe und Elend, von Komplexität und Entropie, die menschliches Dasein charakterisieren[4], dürfte der Grund dafür liegen, daß sich der Mensch in seinen

[4] Es war *Blaise Pascal*, der beide Aspekte des Menschen, seine Größe und sein Elend, in ihrem antagonistischen Zusammenhang aufs eindrucksvollste vor Augen gestellt hat: „Welch eine Schimäre ist denn der Mensch? Welch eine Neuheit, welch ein Ungeheuer, welch ein Chaos, welch ein Opfer des Widerspruchs, welch ein Wunder! Richter aller Dinge, einfältiger Erdwurm; Mitwisser der Wahrheit, Pfuhl der Ungewißheit und des Irrtums; Glanz und Abschaum der Welt. Wer vermöchte dieses Durcheinander zu klären?" (Pensées, Fragm. 434, ed. Léon Brunschvicg XIII [Les grands écrivains de la France. Nouvelles éditions] [Vaduz 1965] S. 346). Daß es sich hier um

eigenen Möglichkeiten immer wieder vergreift, sei es, daß er hinter ihnen zurückbleibt oder daß er sie überschätzt, ebendarin aber allemal seinen genuinen Status als Geschöpf verkennend. Die mit der Heraufkunft des Menschen beginnende und sich mit ihm eröffnende Freiheitsgeschichte der Schöpfung erweist sich weithin als Verfallsgeschichte, als schuldhaft verkürzte und verdunkelte, sich in einer unabsehbaren Geschichte von Krisen immer neu verwirkende und als solche durch den Menschen selbst in Wahrheit unbemeistert gebliebene Freiheitsgeschichte. Hier gewinnt zugleich jene andere insbesondere durch die reformatorische Theologie herausgestellte Wahrheit Gewicht: Der Mensch ist in seiner tatsächlichen natürlichen und geschichtlichen Verfaßtheit in keiner Weise mehr Bild Gottes. Er kann dies nicht aus sich selbst sein. Zum Bild Gottes wird er vielmehr ganz und allein aus Gnade.

Im Offenhalten dieser Wahrheit aber, daß die humane Vernunft und Freiheit des Menschen, das also, was seine Gottebenbildlichkeit begründet und ausmacht, erst durch die im Glauben erkannte unverbrüchliche Treue Gottes zum Menschen, seine erlösende und befreiende Gnade, ihre volle Wirklichkeit gewinnt, leistet die Theologie einen unersetzlichen humanen Dienst. Sie bewahrt den Menschen davor, daß er sich selbst die Vollendung zulastet: die Vollendung ist Sache Gottes. Eben diese gnadenhafte Dimension der Gottebenbildlichkeit des Menschen ist es aber auch, die die darin angezielte Gottebenbildlichkeit als natürliche Mitgift, seine schöpfungsmäßig gegründete Vernunft und Freiheit, in Wahrheit zugleich nochmals bestätigt und überhöht. Als „Sohn" und „Erbe" in die Mündigkeit freigesetzt, wird der Mensch zum Mitverantwortenden, Mittragenden, Mitherrschenden der Schöpfung, dazu ermächtigt, die Dinge nicht sich selbst zu überlassen, sondern alles in seine Obhut zu nehmen. Unter dieser Voraussetzung aber erweist sich der Glaube an Gottes den Sinn menschlichen Daseins verbürgendes Ja zugleich als jene befreiende reifizierende Kraft, die die menschliche Vernunft mit den ihr eigenen Möglichkeiten in Hinordnung auf die der Welt als Schöpfung inhärente Vernunft radikal freisetzt. Gerade darin aber, daß diese auf Herrschaft hin freigesetzte Vernunft des Menschen sich hier konstitutiv als eine auf die Welt als *Schöpfung* hingeordnete Vernunft erfährt, bleibt sie in Ausübung eben dieser ihrer Herrschaft ebenso konstitutiv an Gott als Schöpfer zurückgebunden. Das aber bedeutet, die im Glauben mündig gewordene Vernunft bleibt in ihrer letztgründenden Rationalität theonom. Theonomie und Autonomie heben sich also gerade nicht gegenseitig auf, sie machen einander nicht gegenseitig überflüssig, sondern erweisen sich vielmehr als notwendige gleichermaßen unverzichtbare Koeffizienten im Gestaltungsprozeß

ein Grundproblem der Anthropologie handelt, das nicht nur nach theologischer Antwort ruft, sondern auch die humanwissenschaftliche Forschung auf den Plan ruft, hat *Edgar Morin* (Das Rätsel des Humanen. Grundfragen einer neuen Anthropologie [München–Zürich 1973]) in einer bedeutenden Arbeit über den Bedingungszusammenhang von Anthropologie und Soziogenese, von Evolution und Geschichte des Menschen gezeigt.

des Humanen. Als solche stehen sie in einem inneren Korrespondenzverhältnis zueinander. Glaubensgeleitete und mundane Vernunft, Theologie und Profanwissenschaft, bleiben gleichermaßen aufeinander bezogen: glaubensgeleitete Vernunft bleibt zur Einbringung der materialen Fülle des Humanen auf den Dienst der Natur-, Human- und Sozialwissenschaften verwiesen. Wie aber sollten umgekehrt jene diese materiale Fülle als *Weggestalt* des Humanen vor dem Forum der humanen Vernunft auf die Dauer offenhalten, wenn nicht die Theologie zugleich die vom Menschen selbst uneinholbare *Zielgestalt* des Humanen vor Gott offenhält?

Mit der Abklärung dieses fundamentalen theologisch-ethischen Grundlegungsproblems, in deren Verfolg sich zeigte, daß theologische Ethik als *theologische* Wissenschaft von ihren eigenen Prämissen her legitimiert und gefordert ist, die im Zuge der Kombinatorik empirischer Argumentation einsichtig werdenden strukturellen Zusammenhänge menschlicher Lebenswirklichkeit konstruktiv aufzunehmen und sie im Horizont der sich erst im Glauben erschließenden Frage nach dem Gesamtsinn menschlicher Existenz neu zu bedenken, ist freilich ihre Zuordnung zu den die menschliche Lebenswirklichkeit formenden material-ethischen Strukturgesetzlichkeiten selbst noch nicht thematisiert. Erst über diese materialen Strukturgesetzlichkeiten aber gewinnt Theologische Ethik Zugang zu jenen Inhalten, die das Leben des Menschen tatsächlich bestimmen. Wenn nun heute insbesondere der *Normbegriff*, der *Institutionsbegriff* und der *Identitätsbegriff* hierfür zentrale Bedeutung gewonnen haben, so hat dies seinen Grund darin, daß den heutigen Menschen angesichts der wachsenden Pluralität und Differenziertheit der ihn bestimmenden gesellschaftlichen Wirklichkeit die Frage nach der sittlichen, humanen Struktur dieser Wirklichkeit immer stärker bewegt. Dies erklärt zugleich, daß überkommene klassisch gewordene ethische Problemstellungen, wie sie sich in den Stilformen *materialer Tugendethik* und *formaler Pflichtethik* niederschlugen, in den Hintergrund getreten sind, ohne daß doch die ihnen zugrunde liegende Intention an Bedeutung eingebüßt hätte. Sie bleibt vielmehr in einem übergreifenden Sinne in den neuen Frageformen präsent. In dieser Konsequenz drängt sich aber jetzt für eine nähere Entfaltung der materialen Grundlegungsprobleme heutiger Ethik ein dezidiertes Eingehen auf jene Strukturgesetzlichkeiten auf, wie sie sich in der Normfrage, in der Institutionsfrage und in der Identitätsfrage unausweichlich Ausdruck verschaffen.

Wilhelm Korff

Erster Abschnitt
Normtheorie: Die Verbindlichkeitsstruktur des Sittlichen

I
Normen als Gestaltungsträger menschlichen Daseins

1. Der archimedische Punkt heutiger Normtheorie

Alles Bemühen des Menschen, zu einer inhaltlichen Bestimmung von Gut und Böse zu gelangen und damit konkrete Normen für sein Handeln zu gewinnen, kann heute zunehmend nur in dem Maße überzeugen, als es auf die Maximierung des Menschseins des Menschen ausgerichtet ist. Entsprechend werden konkrete Normen denn auch nur in dem Maße als vernünftig eingesehen, als sie auf diesen relativen Höchstwert hin konditioniert bleiben. Erst unter dieser Voraussetzung erfährt sich der Mensch in jeglichem Normgestaltungs- wie Rezeptionsprozeß als *autonom*, d.h. selbstgesetzgebend. Hier liegt die entscheidende Wurzel für den sich abzeichnenden Wandel im gesellschaftlichen Normverständnis.

Wir fragen heute nicht mehr nur: Handeln wir, gemessen an der überkommenen und uns vorgegebenen Moral und ihren Normen, vernünftig? Entsprechen wir diesen Normen? Sondern wir fragen darüber hinaus: Sind diese Normen unserer Moral, die unser Handeln bisher regelten und die wir selbst dort noch als unbestritten gültig anerkannten, wo wir sie nicht befolgten, sind diese Normen selbst noch vernünftig? Es gibt nicht nur ein an gegebenen Normen orientiertes gutes und schlechtes Handeln, sondern auch gute und schlechte Normen, Gesetze, Weisungen, Gebote, die das Handeln normieren. Indem wir aber so zu fragen beginnen, setzen wir bereits voraus, daß die Moral und ihre Normen nicht wie ein blind verhängtes Fatum über uns regieren; moralische Normen lassen sich in Frage stellen. Das aber bedeutet doch, wir erkennen sie als unsere eigenen funktionalen Schöpfungen. Die Moral ist ein Kunstprodukt der menschlichen Vernunft, erdacht und durchgesetzt von Menschen für Menschen. Diese ihre Herkunft teilt sie mit allen anderen Hervorbringungen des Menschen: mit der Sprache, von der niemand behaupten würde, sie sei unmittelbares Naturgewächs, mit den Deutungen und Theorien über unsere Welt und ihren Sinn und schließlich mit den technischen Gestaltungen, vom Faustkeil bis zum Computer. Dabei wird nicht bestritten, daß dies alles seine naturalen Voraussetzungen, Bedingtheiten, Notwendigkeiten und Unbeliebigkeiten hat. Aber sie sind Produkte des Menschen. Sie sind samt und sonders Artefakte. Das gilt auch für die Moral. – Wenn wir nun aber wissen, daß moralische Normen unser Werk sind, dann kann es nicht nur eine Gehorsamsverantwortung *vor* diesen Normen geben, sondern dann muß es auch eine Gestaltungsverantwortung *für* sie geben. Es geht dann nicht mehr nur darum, moralische Normen gut zu erfüllen, sondern auch darum, moralisch gute Normen zu machen.

Moralische Normen als Realisationsfaktoren menschlichen Handelns und Seinkönnens sind sonach je und je auf ihre Einsichtigkeit hin zu prüfen *(Kriterium der Transparenz)*. Das Handeln des einzelnen wird zwar immer schon durch gesellschaftlich vermittelte moralische Normen gesteuert und ausgerichtet, jedoch nicht so, daß der einzelne dieser gesellschaftlichen Normenwelt bedingungslos und total ausgeliefert wäre und werden dürfte. Als menschliches Artefakt bleibt die gesellschaftliche Normenwelt in ihrer spezifischen Verfügungsstruktur grundsätzlich auf ihren möglichen manipulativen Charakter hin überprüfbar. Nun sind freilich nicht alle Normen, von denen wir uns verwalten und führen lassen, von den einzelnen in ihrer Vernunft immer schon klar durchschaut. Dennoch bleibt die Verwirklichung dieses Postulats permanente ethische Aufgabe des Menschen.

Diese Forderung nach Durchschaubarkeit und Einsichtigkeit gegebener Normen impliziert nun aber ihrerseits zugleich, daß alle Normen, sollen sie auf die Maximierung des Humanen als eines relativen Höchstwerts ausgerichtet sein, nicht anders denn *konditional*, d.h. rückgebunden an allgemeine anthropologische wie geschichts- und kulturspezifische Sachgesetzlichkeiten, gehandhabt werden *(Kriterium der Konditionalität)*. Unter diesem Aspekt führen sich konkrete Normen ihrem materialen Geltungsanspruch nach grundsätzlich im Sinne von *hypothetischen Imperativen* ein.

2. Generelle Bestimmung des Normbegriffs

Was aber ist dies nun eigentlich für eine Größe, die hier angefragt ist, deren Wirkkraft menschliches Leben in all seinen Bereichen durchwaltet und prägt und die sogar zur Schlüsselkategorie ethischer Theoriebildung werden konnte?

Der Begriff Norm ist relativ jung. Hergeleitet vom lateinischen norma meint er ursprünglich das Winkelmaß des Zimmermanns; im übertragenen Sprachgebrauch gewinnt er die Bedeutung von Richtschnur, Maßstab, Regel, Vorschrift. Als Substantivbegriff wird er zunächst ausschließlich im Singular gebraucht.

Erst über die verbale Form normare, von dem sich auch das ostmittelhochdeutsche „normen" ableitet, kommt es zur Ausbildung des Pluralbegriffs normae bzw. Normen[1].

Für die gesamte mittelalterliche und frühneuzeitliche Reflexion der ratio practica hat der Normbegriff keine Bedeutung und findet sich als solcher weder bei Thomas und Scotus noch bei Suárez und Vázquez. Auch die rechtliche Kodifikationssprache, wie etwa die des Corpus Iuris Canonici, kennt ihn nicht. Im theologischen Kontext findet er sich erstmals in der Confessio Augustana (1530). Innerhalb der neuzeitlichen Rechts- und Moralphilosophie kommt es erst bei Thomasius zu seiner reflektierten Anwendung. Er bleibt dann aber wiederum in der nachfolgenden moralphilosophischen Tradition des 18. und 19. Jahrhunderts von Kant bis Nietzsche außer Betracht. Die endgültige Rezeption des Normbegriffs vollzieht sich erst in der Rechtswissenschaft des späten 19. Jahrhunderts (seit 1918 spricht man auch im katholischen Kirchenrecht von Normen, vgl. ĆIC „normae generales" can. 1–40), um dann von hier aus sehr schnell in den Sprachgebrauch der Ethik und Moraltheologie und vor allem, als deskriptive Kategorie, in den der Soziologie einzugehen. Er wird zu einem Subsumtionsbegriff, der alle Regelsysteme und Regelformen menschlichen Deutens, Ordnens und Gestaltens kennzeichnet.

Diesem subsumtiven Normbegriff ordnen sich sonach Regelformen gesellschaftlich-politischer (Verfassungen, soziale Ordnungssysteme), technischer (vgl. DIN = Deutsche Industrienorm), ökonomischer (Wirtschaftsordnungen), ästhetischer (Kunststile), wissenschaftlicher (Forschungsmethoden), religiöser (Riten und Glaubensbekenntnisse) Art ebenso zu wie rechtliche und moralische Normen. Denn was diesen unterschiedlichen Regelformen gemeinsam zukommt, was sie subsumtiv unter den Schlüsselbegriff der Norm einrücken läßt, ist die Tatsache, daß sie gleichermaßen etwas regeln wollen und darin einen Anspruch geltend machen, der ihnen Verbindlichkeit gibt. Damit aber faßt der Normbegriff der Sache nach das in sich, was É. Durkheim in seinen „Regeln der soziologischen Methode" (1895) als „réalité sociale", als sozio-kulturelle, geistige, das subjektive Bewußtsein des einzelnen übergreifende, ihn von außen normierende Wirklichkeit, bezeichnet, die er zugleich in Abhebung zu physischen Realitäten als moralische Wirklichkeit, als „réalité morale", charakterisiert, als solche an ihrer „Verbindlichkeit" (obligation) erkennbar[2]. Nun ist es freilich nicht allein die diesen Regelformen innewohnende *soziale* Dimension ihrer Verbindlichkeit, die ihren Anspruch begründet. Hinzukommen muß vielmehr ein weiteres Grundelement, das M. Weber im Begriff der „Chance"[3] herausgestellt hat: sie müssen auf eine jeweilige subjektive Dispositionsbereitschaft

[1] *H. Paul*, Deutsches Wörterbuch (Tübingen [6]1966) 466.
[2] Hierzu *W. Korff*, Norm und Sittlichkeit. Untersuchungen zur Logik der normativen Vernunft (Mainz 1973) 102–108.
[3] *M. Weber*, Gesammelte Aufsätze zur Wissenschaftslehre (Tübingen [3]1968) 567f., 570f.

treffen, um Anerkennung, Zustimmung und Gehorsam zu finden. Erst aus diesem Zusammenwirken beider Grundelemente, sowohl des objektiven wie des subjektiven, empfängt in der Tat alle normative Realität ihre regelnde Kraft. Von hier aus läßt sich jetzt auch zugleich eine generelle deskriptive Definition des Normbegriffs gewinnen: *Normen sind Regulative menschlichen Deutens, Ordnens und Gestaltens, die sich mit einem Verbindlichkeitsanspruch darstellen, der die Chance hat, Anerkennung, Zustimmung und Gehorsam zu finden*[4].

3. Genealogie der normativen Vermittlungsformen des Ethischen

Kein Zweifel, daß sich damit auch jene Normen, die unmittelbar ethische bzw. ethisch affine Forderungen zum Inhalt haben, in dem positiv objektivierbaren Aspekt ihres Anspruchs auf Verbindlichkeit, mit dem sie sich geltend machen, in keiner Weise von den übrigen unterscheiden. Als Regulative menschlichen Ordnens sind sie der generellen Normdefinition subsumierbar. Zugleich kommt ihnen jedoch innerhalb der gegebenen Normenwelt eine eigene, unverwechselbare Funktion zu, die sie von allen übrigen Normarten wesenhaft unterscheidet. In ihnen artikuliert sich der Ordnungsanspruch des Menschseins des Menschen und läßt so menschliches Handeln seine spezifisch humane Intentionalität finden. Die Tatsache, daß es sich dabei nicht nur um eine einzige normative Form handelt, über die sich dieser Ordnungsanspruch vermittelt, zeigt freilich bereits, daß auch hier Geschichte am Werk ist, auf deren Weg es erst zur Ausdifferenzierung jener Formen kam, die die heutige Lebenswirklichkeit als ethische Lebenswirklichkeit bestimmen.

a) Das Ursprungsregulativ des Ethischen: die Sitte

Am Anfang der Geschichte menschlicher Lebenspraxis steht als einzige alles umfassende handlungsregelnde Vermittlungsform die *Sitte*. Ihre gestaltende Wirkkraft ist bis in die Einzelheiten des alltäglichen Lebens präsent. Sie durchwaltet die Verhaltensbezüge des Individuellen wie des Sozialen, die Bedeutungsordnungen des Profanen wie des Sakralen. Sie regiert über das Erprobte wie über das Neue, über das Selbstverständliche wie über das Außerordentliche. Alles, was überhaupt das Leben bewegt, hebt sie erst aus der Unverbindlichkeit in die Verbindlichkeit. Als orientierungstiftende, haltgebende Macht, die die Überschaubarkeit des Lebens sichert, zielt sie auf „das Fügliche, das Seinsollende überhaupt"[5], wird sie zur „ursprünglichen Grammatik des Handelns"

---

[4] *W. Korff*, a.a.O. 114.

[5] *G. Simmel*, Soziologie. Untersuchungen über die Formen der Vergesellschaftung (Berlin [4]1958) 41.

(Ihering)[6], in der der Mensch die Spielregeln seiner Selbstverwirklichung und damit den Ort und die Heimstätte seines Seinkönnens findet[7]. Sie trägt das Signum der „verbindenden Norm" im Sinne „tatsächlicher Übung"[8]. Insofern sich nun aber in ihr die Gesamtheit zum „Träger der Ordnung" erhebt und sie so „durch den Mechanismus allgemein-gegenseitiger Überwachung"[9] aufrechterhalten wird, ist die Weise ihrer Herrschaft „demokratisch" und „totalitär" zugleich[10]. Als kommunitäre Form der Normfindung, Normanerkennung und Normüberwachung eignet ihr jene funktionale Herrschaftsstruktur, die Geiger mit dem Kunstbegriff „Allelonomie" kennzeichnet[11].

b) Der klassische Regelkreis: Sitte und Gesetz

Als eine eigene Form nachdrücklicher Einschärfung von Ordnungsregelungen der Sitte, die von besonderem vitalem Interesse für das jeweilige Zusammenleben sind, bildet sich das „Gesetz" heraus, ohne daß es sich dabei zunächst seinen Inhalten nach von denen der Sitte unterscheidet. Primäres Kennzeichen dieser Ursprungsform von „Gesetz" ist sonach gerade seine *Einheit* mit der Sitte. In seiner Besonderheit akzentuiert es lediglich deren spezifisch rechtliche Dimension, ohne doch damit schon die allelonomische Herrschaftsstruktur der Sitte selbst aufzubrechen. Genau betrachtet, handelt es sich also um eine „Vorform des Rechts", muß „Gesetz" hier als sog. „Sittenrecht" verstanden werden[12].

Erst mit wachsender Komplexität des sozialen Beziehungsgefüges, mit der die Einheitlichkeit und Überschaubarkeit der Sittenordnung verlorengeht, wo alte und neue, eigene und fremde Sitten sich gegeneinander abheben und sich den Vorrang streitig zu machen beginnen, kommt es zur Eigenentwicklung des Gesetzes als konkurrierender Regelgröße zu den Regelformen der Sitte. Mit eigenen Inhalten, die nicht notwendig mehr der Sitte entnommen sein müssen, erfüllt es eine wesenhaft eigenständige, flankierende Aufgabe im Dienst humaner Lebensgestaltung. In diesem Licht muß die durchgängige Alternierung von ethos und nomos, von consuetudo und lex, von Sitte und Gesetz gesehen werden, wie sie die klassische ethisch-politische Theorie und Praxis bis an die Schwelle der Neuzeit bestimmt. Einzig in der durch Sitte und Gesetz verfaßten Lebenswirklichkeit kommt hier das Ethische in seiner Positivität und Greifbar-

---

[6] Zitiert nach *G. Heilfurth*, Art. „Sitte", in: *W. Bernsdorf* (Hrsg.), Wörterbuch der Soziologie (Stuttgart ²1969) 932.
[7] Dies zeichnet sich auch in der Etymologie des Begriffs „Sitte" ab. Vgl. *F. Kluge*, Etymologisches Wörterbuch der deutschen Sprache, bearbeitet von W. Mitzka (Berlin ¹⁹1963) 711.
[8] *F. Tönnies*, Die Sitte (Frankfurt a.M. 1909) 12f.
[9] *Th. Geiger*, Vorstudien zu einer Soziologie des Rechts (Neuwied – Berlin ²1964) 296.
[10] *K. Mannheim*, Mensch und Gesellschaft im Zeitalter des Umbaus (Darmstadt ²1958) 382f.
[11] *Th. Geiger*, a.a.O. 296.
[12] *M. Rehbinder*, Die Begründung der Rechtssoziologie durch Eugen Ehrlich (Berlin 1967) 111.

keit zum Tragen, ohne sich diesen gegenüber nochmals als eine eigene normative Strukturform abzuheben. Ebendeshalb bleiben hier Sitte und Gesetz durchgängig aufeinander verwiesen, erscheint allein durch deren einander korrigierenden Anspruch der Anspruch des Ethischen sichergestellt. Die lebendige Sitte, das ethos, die consuetudo ist es, die das statuierte Gesetz als ein menschlich sinnvolles, nützliches, gerechtes disponiert und ermöglicht, wie umgekehrt das Gesetz dazu bestimmt ist, das Unzureichende, Überholte, Relikthafte, ja gegebenenfalls sogar barbarisch Gewordene der Sitte aufzusprengen und sie auf eine humane Gestalt zu bringen, um ebendarin jetzt auch selbst wiederum zur sozial sinnvollen, „guten" Sitte zu werden und in die Gewohnheit einzugehen.

Dennoch scheint der das Humane offenhaltende Anspruch des Ethischen über den Zuordnungsmechanismus von Sitte und Gesetz allein nicht hinreichend gesichert. Deshalb suchte man schon seit dem Einsetzen der ethischen Reflexion in der griechischen Sophistik des 5. Jahrhunderts v. Chr. darüber hinausgehende Kriterien zu gewinnen, die diesen Anspruch sicherstellen helfen. Hierzu wird jetzt erstmals auf die menschliche Natur rekurriert. Das von Natur aus Gerechte (physei dikaion) wird dem bloß Satzungsgerechten (thesei dikaion = ethos und nomos) gegenübergestellt[13]. Damit ist ein neues Korrektiv eingeführt. Die natura humana wird zum Richtmaß aller positiven Normativität.

Je stärker nun im Verlauf der Rezeptionsgeschichte dieses Frageansatzes die Eigenwirklichkeit des physei dikaion reflektiert wird, um so entschiedener wird ihm gegenüber zugleich auch die Eigenwirklichkeit des positiven Gesetzes in seiner spezifisch juridischen Struktur betont und in der Frage nach dem Möglichen, Nützlichen, Zweckdienlichen, Sinnvollen der konkreten praxisregelnden Vernunft unterworfen. Mit dieser Kontrastierung, aufgrund deren jetzt aber zugleich das physei dikaion, das natürlich Gerechte, als „Naturrecht" dem gestaltenden menschlichen Zugriff entzogen wird, kann dieses selbst wiederum zur Erscheinungs- und Vollzugsform eines übergreifenden, numinosen Gesetzes werden, das dem positiven Gesetz unantastbare Gestaltungsgrenzen und Bedingungen setzt. Was ursprünglich als Emanzipationsinstrument verstanden wurde, mit dessen Hilfe man tradierte Gesetzes- und Sittenordnungen aufzusprengen suchte, wird nun unter dem Aspekt, daß sich Naturrecht als überzeitliche, letzte maßsetzende Instanz darstellt, zum Rechtfertigungsinstrument gegebener Ordnungen, insofern damit alles Regeln des Menschen im Sinne des positiven Gesetzes an eine Ordnungsvernunft zurückgebunden bleibt, die er selbst nicht mehr zu verantworten hat.

---

[13] *F. Heinimann,* Nomos und Physis. Herkunft und Bedeutung einer Antithese im griechischen Denken des 5. Jahrhunderts (Basel 1945).

c) Der neuzeitliche Regelkreis: Recht und Sittlichkeit

Die kopernikanische Wende im Verständnis der Normativität des Ethischen und seiner Vermittlungsformen aber geschieht im Durchbrechen eben dieses geschlossenen Regelkreises, der die materialen Inhalte der beiden Konfundierungsgrößen Sitte und Gesetz aus einer ihnen vorausliegenden, generellen, geschichtslos geltenden, numinos verankerten menschlichen Natur ethisch strukturiert sein läßt. An die Stelle solch objektivistischen Ordnungsdenkens, das letztlich darauf zielte, das Ganze des Ethischen in äußeren, kollektiv-sozialen Vermittlungen unmittelbar wirkmächtig und präsent zu halten, tritt jetzt das fundamentale Streben des neuzeitlichen Menschen nach Selbstbestimmung und Selbstgestaltung seiner Welt aus Vernunft. Angesichts der Brüchigkeit kollektiver Wertungs- und Überzeugungseinheiten, wie sie die frühneuzeitliche Gesellschaft in den Spaltungen der Reformation erfuhr[14], und unter dem Eindruck der gewaltigen Fortschritte der Naturwissenschaften, durch die sich der Mensch zum „Herrn und Besitzer der Natur" zu machen anschickte[15], bildet sich eine Bewußtseinshaltung aus, die auf kritische Neufundierung der menschlichen Lebenspraxis in ihrem Gesamtzusammenhang drängt, in der Freiheit und kritische Vernunft koinzidieren. In dem Maße aber, in dem dieses neue Bewußtsein als anthropologisches Prinzip der Autonomie zugleich zum politisch-gesellschaftlichen Prinzip des am Gedanken der Freiheit orientierten humanitären Rechtsstaates wird, wird die Lösung des ethischen Problems zunehmend der praktischen Vernunft des Subjektes selbst überantwortet. Damit aber entsteht jetzt zugleich eine völlig neue normativ-ethische Alternierung: an die Stelle der beiden Zuordnungsgrößen Sitte und Gesetz, in denen das Ethische bisher aufgehoben und eingebracht schien, treten jetzt die Zuordnungsgrößen *Sittlichkeit und Recht.*

Zentrale Thematik dieser spezifisch neuzeitlichen Zuordnung von Sittlichkeit und Recht bleibt die Grundprätention, die im Wesen der Sittlichkeit als Freiheit erkannte Vernunft menschlichen Seinkönnens in das Recht selbst aufzunehmen und damit die Autonomie des Individuums selbst noch einmal heteronom zu verankern, um so dem Menschen jene äußeren Machtbefugnisse zu sichern, die ihn instand setzen, „nicht nur ein Gewissen zu haben, sondern auch danach zu handeln"[16]. Gerade durch diese heteronome Verankerung der Autonomie des Individuums und der darin grundgelegten rechtlich-politischen Institutionalisierung seiner Eigenwürde wird nun aber eine Pluralität von Daseinsent-

---

[14] *Th. Geiger* charakterisiert durchaus mit Recht die mit den Glaubensspaltungen des 16. Jahrhunderts einsetzende und seither nicht mehr abreißende Kette emanzipativer Prozesse zugleich als eine Kette von „Moral-Schismen" (a. a. O. 308–313).

[15] *R. Descartes,* Discours de la Méthode (1637).

[16] *E. Spranger,* Zur Frage der Erneuerung des Naturrechts, in: Universitas 3 (1945) 405–420, hier 419.

würfen möglich, die zugleich den endgültigen Liquidationsprozeß der Sitte als Platzhalterin kollektiv ethischer Verbindlichkeit einleitet.

An ihre Stelle treten zum Teil neue Verbindlichkeitsarten, wie Brauch, Konvention und Mode, während die sich dem Recht gegenüber selbständig setzende Sittlichkeit zu eigenen positiven sittlichen Normierungen führt, die nicht im Begriff der Sitte abgedeckt sind, sondern sich einerseits in spezifischen Binnenmoralen darstellen und andererseits zur Herausbildung gemeinsamer ethischer Überzeugungen im Sinne von Grundwerten und Grundrechten führen.

Diagramm zur Entwicklung der Normarten

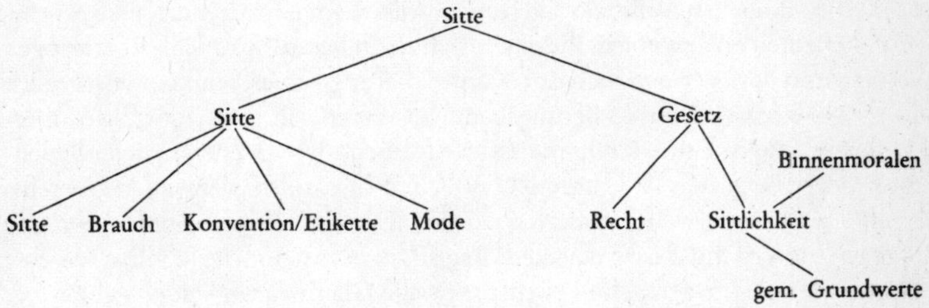

Es ist gewiß kein Zufall, daß der Begriff Sittlichkeit (Sittlichkeit, sedelicheit/moralitas) erst seit Beginn des 16. Jahrhunderts bezeugt ist[17]. In ihm artikuliert sich das Bewußtsein, daß die Vernunft des Subjektes selbst letzte Ratifikationsinstanz alles Ethischen ist und sein muß. Mit solcher Pointierung verliert zwangsläufig eben jene Vermittlungsform an normativem Gewicht, die diesem Anspruch subjektverantworteter Vernunft nicht wirklich Rechnung trägt und in Außenlenkungen beharrt, nämlich die Sitte. Besonders negativ wirkt sich hierbei der ihr in einem gewissen Umfang immer schon eigene, jetzt aber, im Prozeß ihres Verfalls, um so stärker hervortretende konservative Grundzug aus. Sitte erscheint zunehmend vergangenheitsorientiert. Sie gibt „allem, was alt ist", dem, „was von jeher so gewesen ist", den Vorzug. Wie schon vor ihm Kant bemerkt auch Tönnies, daß Sitte hier eine Färbung gewinnt, die sie stark den römischen „mores majorum" annähert[18]. Das aber bedeutet zugleich, daß der dynamische Aspekt ihrer möglichen Wandelbarkeit in ihr mehr und mehr zurücktritt. Auf diesem Hintergrund muß jetzt vor allem der leidenschaftliche Protest Nietzsches gegen die „Sittlichkeit der Sitte" verstanden werden, deren „Unsittlichkeit" für ihn gerade darin liegt, daß sie den einzelnen nicht nur jeglicher „Originalität" beraubt, sondern ihn darüber hinaus auch daran hindert,

[17] Trübners Deutsches Wörterbuch, hrsg. von A. Götze – W. Mitzka, VI (Berlin 1955) 381.
[18] *F. Tönnies*, a. a. O. 17f; *I. Kant*, Die Metaphysik der Sitten, ed. Weischedel IV (Darmstadt 1956). Nach Kant bedeutet „das deutsche Wort Sitten, ebenso wie das lateinische mores, nur Manieren und Lebensart" (ebd. 321).

in seine eigentliche „Verantwortlichkeit" für sich selbst und sein Geschick einzutreten[19]. Die gleiche Einsicht ist es, die Tönnies leitet, wenn er resümiert, daß „die Sittlichkeit der Sitte längst unzureichend geworden" sei, und zu dem Schluß gelangt: „Je mehr wir freier *von* der Sitte und freier *in* der Sitte werden, desto mehr bedürfen wir der bewußten Ethik, d.h. aber der Erkenntnis dessen, was den Menschen macht: der Selbstbejahung der Vernunft."[20]

Hier aber bricht nun eine aus der unaufhebbar *sozialen* Grundkonstellation des Menschseins selbst erwachsende Aporie auf. Denn in demselben Maße, wie sich der Mensch zur humanen Verwirklichung seiner selbst auf das ethische Regulativ seiner eigenen begrenzten Vernunft zurückgeworfen sieht, hält er nach sittenähnlichen Außennormierungen Ausschau, um aus ihnen jene psychische Sicherheit zu gewinnen, die er aus sich allein heraus gar nicht zu erbringen vermag und deren er dennoch zur Konsolidierung seines Seinkönnens bedarf. Solch elementares Konsolidierungsbedürfnis zeigt sich selbst dort, wo überkommene, durch Sitte vermittelte Lebensformen, deren ursprüngliche Bedeutung längst vergessen ist, „unreflektiert" und in „stillschweigender Übereinkunft" als *Brauch* weitertradiert werden[21]. Der neuzeitliche Sprachgebrauch fügt sie insofern mit Recht zu einem Begriffspaar zusammen. Ja selbst wo eine bisher von der Sitte geregelte Lebenspraxis alle Glaubwürdigkeit eingebüßt hat und als verlogen durchschaut wird, lebt sie vielfach dennoch im Sinne eines künstlich aufrechterhaltenen Handlungsregulativs als bloße *Konvention* oder gar als völlig veräußerlichte *Etikette* weiter[22].

Freilich, was man hier im Bedürfnis nach entlastender kollektiver Außensteuerung über diese Surrogate der Sitte zu erreichen sucht, kann auf die Dauer dem Anspruch kritisch verantwortlicher Vernunft nicht genügen. So ist es nicht verwunderlich, daß sich im Duktus dieser Vernunft eine kollektive Vermittlungsform ausprägt, die diesem Bedürfnis Rechnung trägt, es aber jetzt nicht mehr von inadäquat gewordenen Traditionen, sondern von der Dynamik aktueller Entwürfe, Vorstellungen, Einsichten und Überzeugungen bestimmt sein läßt: die *Mode*[23]. Als „Zeitsitte" indiziert Mode nicht nur den ständigen Fluß der Veränderungen im Bereich der ästhetisch-materiellen Kultur, sondern darüber hinaus im weitesten Sinne überhaupt all jene Fortwandlungen menschlicher Ideen, Wertvorstellungen und Verhaltensformen, die, gleich welcher Art und auf welchem Gebiet, vorübergehend Bedeutung gewinnen, um dann schließlich in ihrer Vorläufigkeit und Insuffizienz erkannt, als bloße Zeitphänomene ab-

---

[19] *F. Nietzsche*, Morgenröte. Gedanken über die moralischen Vorurteile (1886), in *ders.*, Werke, 3 Bde., ed. Schlechta I (Darmstadt 1963) 1019ff.; *ders.*, Zur Genealogie der Moral (1887), ed. Schlechta II 801.

[20] *F. Tönnies*, a.a.O. 94.

[21] *R. König*, Soziologie (Frankfurt a.M. 1958) 236f.

[22] Vgl. *A. Gehlen*, Anthropologische Forschung (Hamburg 1961) 81ff.: „Konventionalität als Kennzeichen erschütterter Kulturstilisierungen".

[23] Hierzu *W. Korff*, a.a.O. 122–125.

getan und durch neue, vielleicht bessere Ideen und Vorstellungen ersetzt zu werden. Die Grenze ihrer Zuständigkeit erfährt sie deshalb dort, wo bloße Aktualität als Erfahrungsgrund und Formgesetz menschlicher Wirklichkeit nicht hinreicht, dort also, wo es um den *Menschen als Menschen in der Totalität seiner Bezüge* geht, zu deren humaner Legitimation die Mode von sich aus ebensowenig die endgültigen normativen Kriterien zu bieten vermag wie die traditionsgeleitete Sitte. Diese Kriterien aber lassen sich in der Tat nur aus jenem Grunde gewinnen, aus dem der Mensch als normatives Wesen seine substantiell ethische Bestimmungseinheit empfängt, nämlich aus dem Grund und dem Wesen der *Sittlichkeit* selbst. Sie ist es, die den Menschen in seiner Autonomie in Pflicht nimmt und ihn als den fordert, der sich in all seinen normativen Gestaltungen selbst aufgegeben und zugelastet bleibt.

Sieht sich aber der einzelne damit nicht in Wahrheit bei weitem überfordert? Die fundamentale Einsicht in die Notwendigkeit der grundsätzlichen Subjektvermitteltheit jeglicher Moral und damit in die wesenhafte Autonomie des Sittlichen, wie sie erstmals bei Kant zum philosophisch fundierten ethischen Programm erhoben ist, erweist sich bei aller Transparenz ihres Anspruchs als praktisch uneinlösbar. Denn erfahrungsgemäß bietet sich der Mensch nun einmal keineswegs als jenes mündige, voraussetzungslos denkende, vorurteilsfreie Wesen dar, das von vornherein der moralischen Autoritäten, der Belehrungen durch andere, der heteronomen Vermittlungen entbehren kann, wie dies hier im Grunde intendiert ist. Die Notwendigkeit von Außenlenkungen und das Bedürfnis danach erscheint selbst unter den Voraussetzungen rechtlich zugesicherter Autonomie faktisch unverzichtbar. Das aber schließt jetzt im Hinblick auf die Ebene „Gesellschaft", über die sich Moral vermittelt, eine grundsätzliche Gleichrichtung der sittlichen Anschauungen ebenso aus wie eine grundsätzliche Individualisierung. Was sich demgegenüber mit sehr viel mehr Chancen auf Erfolg tatsächlich durchsetzt und als bestimmend erweist, sind gesellschaftliche *Binnenmoralen*, die von höchst unterschiedlichen Institutionen, Gemeinschaften und Gruppen geltend gemacht und aufrechterhalten werden[24]. Letztlich ist diese Vielfalt von Verhaltensmustern, Wertvorstellungen und Normen in den einzelnen Gesellschaftsgruppen nichts anderes als die legitime Konsequenz der in unserer freiheitlich-demokratischen Rechtsordnung verankerten Gewissensfreiheit.

Mit eben diesem Tatbestand, daß sittliche Anschauungen angesichts der rechtlichen Verankerung der Gewissensfreiheit und des sich darin eröffnenden Pluralismus der Moralen nicht mehr wie selbstverständlich in der früheren Weise einer kollektiv eingeschliffenen, übergreifenden Moral im Sinn der Sitte

---

[24] Zum Problem der „Binnenmoralen" *W. Korff*, Außenseiter. Zur ethischen Beurteilung abweichender Identität, in: ThQ 155 (1975) 3–16; ferner *ders.*, Gesellschaftliche Binnenmoralen und freiheitliche Rechtsordnung. Reale Chancen zur Versöhnung, in: Die neue Ordnung 29 (1975) 382–392.

in das moralische Bewußtsein der Gesamtgesellschaft Eingang finden, drängt sich aber nunmehr die Frage auf, ob nicht doch bestimmte, sich aus innerem Sachzwang ergebende Leitideen zu entdecken sind, über die ein elementarer gesellschaftlicher Normenkonsens erreicht werden kann, der sich faktisch auch in den rechtlichen Ordnungen niederschlägt.

Kein Zweifel, daß solche Leitüberzeugungen in der Gesellschaft wirksam sind. Genauer betrachtet, ist es der Tatbestand der einander polarisierenden Binnenmoralen selbst, der den Zug zu deren Herausbildung entschieden verstärkt hat. Er zwingt zur Auseinandersetzung über die Grundprämissen menschlichen Lebens und Zusammenlebens, die sowohl für die sittliche als auch für die rechtliche Gestaltung dieses Lebens konstitutiv sind. Eben hierauf zielt die gegenwärtig verstärkt einsetzende Diskussion um gemeinsame „Grundwerte", die als objektive Ausformung jener Grundprämissen dem Recht wie der Sittlichkeit materiale Richtmaße setzen[25].

Kern und Ausgangspunkt der gesamten Grundwertediskussion ist der Gedanke der „Menschenwürde". Als Inbegriff des Humanen, seiner Bestimmung und Begründung verweist er sowohl in die theologische als auch in die ethische und gesellschaftlich-politische Dimension. Damit aber wird er zugleich zum übergreifenden Regulativ aller *inhaltlichen* Entfaltungen des Humanen. Ihm ordnen sich sowohl jene Grundwerte zu, die als *Güterwerte* elementare Daseinsinteressen des Menschen formulieren (z.B. Leben, Freiheit, Eigentum), als auch jene, die als *Tugendwerte* die konstitutiven Bewußtseinsvoraussetzungen und inneren Haltungen hierzu schaffen (z.B. Verantwortung, Gerechtigkeit, Liebe). In ihrer substantiellen Bedeutung für menschliches Gelingen erweisen sich diese materialen Grundwerte als so fundamental, daß sie zu Basalforderungen sowohl nationaler als auch übernationaler rechtlicher Kodifizierungen werden konnten und als solche zunehmend ins Bewußtsein treten. So zu „Grundrechten" und „Menschenrechten" proklamiert, schützen sie nun ihrerseits diese Grundwerte und die Möglichkeit ihrer uneingeschränkten Entfaltung (z.B. das Recht auf Leben, Freiheit, Sicherheit; entsprechend gilt das Verbot der Sklaverei, der Folter, der Rassen-, Geschlechts- und Religionsdiskriminierung). Kein Zweifel, daß hier ethisch wie rechtlich Wertungen getroffen und Normierungen gesetzt sind, denen als Rahmenkriterien unveräußerliche Relevanz zukommt. Die gesetzgeberische gesellschaftlich-politische Praxis zeigt dann freilich, daß bei jeder näheren inhaltlichen Ausgestaltung und Ausdifferenzierung weitere zusätzliche materiale Faktoren und Präferenzen ins Spiel kommen, die schlechthin einsinnige Lösungen wiederum problematisch erscheinen lassen. Dies zeigt sich z.B. schon bei den rechtlichen Regelungen des Lebensschutzes oder etwa den Regelungen der Eigentumsfrage.

---

[25] *O. Kimminich* (Hrsg.), Was sind Grundwerte? Zum Problem ihrer Inhalte und ihrer Begründung (München 1977); *G. Gorschenek* (Hrsg.), Grundwerte in Staat und Gesellschaft (München 1977).

Nicht zuletzt hier wird deutlich, daß die generelle Frage nach Grundwerten sich zugleich wesentlich als ein hermeneutisches Problem darstellt. Denn soll der Begriff „Grundwerte" überhaupt einen Sinn haben, so setzt dies voraus, daß es sich um solche Werte handelt, die, wenngleich dem Menschen erst im Laufe der Geschichte zugewachsen, einmal erkannt, irreversible, durchdauernde, unbedingte Geltung beanspruchen. Die Frage nach den Grundwerten stellt sich sonach als Frage nach dem Unbedingten im Bedingten, dem Absoluten im Relativen, dem Immerwährenden im Strom des Geschichtlichen. Wie aber läßt sich das eine vom andern scheiden? Verfügen wir über ein Instrumentarium, dieses Bleibende von Grundwerten unmittelbar freizulegen, so wie etwa ein Chirurg mit seinem Skalpell die inneren Organe des Menschen freizulegen vermag? Der geeignete Weg ist gewiß nicht der, solch überzeitlich Seinsollendes im empirischen Nachweis seiner allgemeinmenschlichen Verbreitung sicherzustellen und es so gleichsam im Subtraktionsverfahren gegenüber allem bloß Zeitbedingten abzugrenzen. Das Ergebnis wäre in der Tat weit weniger als ein Minimum dessen, was wir heute als unerläßliche Bedingungen des Humanen betrachten. Aber auch der Rekurs auf eine der spekulativen Vernunft unmittelbar zugänglich geglaubte bleibend-gleiche menschliche Wesensnatur wird hier wenig hilfreich sein. Denn wenn es wahr ist, daß der Mensch von Natur Kulturwesen ist, dann kann es menschliche Natur auch immer nur als sozio-kulturell vermittelte, artikulierte und interpretierte Natur geben, dann kann also das Eigentliche der natura humana, das also, was sich dem Menschen als bleibend Wesentliches, unbedingt Seinsollendes zu erkennen gibt, nur im Prozeß einer ständigen Interpretation seiner kulturellen Ausformungen erfahren werden. Es kann sich aber dann demzufolge auch nirgends in der Weise eines definitiven, aller weiteren geschichtlichen Artikulation entzogenen „An-sich" zeigen, als eine Wahrheit also, die sich als handhabbares Konstrukt jeder weiteren Diskussion verweigert. Soll also dieses Wesentliche von Grundwerten ansichtig werden, so darf man es nicht als eine endgültige, geschichtslose, ausformulierte Größe nehmen, die keine weitere vertiefende Konkretion mehr zuließe.

Literatur:

E. Ehrlich, Grundlegung der Soziologie des Rechts (1913) (Berlin [3]1967).

Th. Geiger, Vorstudien zu einer Soziologie des Rechts (1947). Mit einer Einleitung und internationalen Bibliographie zur Rechtssoziologie von Paul Trappe (Neuwied – Berlin 1964).

W. Korff, Norm und Sittlichkeit. Untersuchungen zur Logik der normativen Vernunft (Mainz 1973) 113–128.

Ders., Gesellschaftliche Binnenmoralen und freiheitliche Rechtsordnung. Reale Chancen zur Versöhnung, in: Die neue Ordnung 29 (1975) 382–392.

F. Tönnies, Die Sitte (Frankfurt a. M. 1909).

M. Weber, Rechtssoziologie. Aus dem Manuskript herausgegeben und eingeleitet von J. Winckelmann (Neuwied – Berlin 1967).

Wilhelm Korff

II

Der Autoritätsanspruch von Normen, seine Wirkgesetzlichkeiten und Geltungsgründe

1. Subjektive Wirkfaktoren des Geltungsanspruchs von Normen: das Autoritätsniveau

Daß die Normen, über die das Ethische inhaltliche Aussagekraft gewinnt, kein einheitliches Genus bilden, daß es, wie der genealogische Überblick gezeigt hat, im Gang ihrer geschichtlichen Entfaltung vielmehr zu Sonderungen und Ausdifferenzierungen kam, die ihnen als Vermittlungsformen des Ethischen je eigene Funktion zuwiesen, ist durchaus nicht nur von geschichtlichen und theoretischem Interesse, sondern hat einen unmittelbaren, ins Zentrum heutigen Normverständnisses führenden Praxisbezug. Dies gilt in doppelter Hinsicht. Mit dem Auseinandertreten von Sitte und Gesetz und dem gleichzeitigen Rekurs auf naturale Begründungsgesetzlichkeiten zeichnet sich eine Tendenz zur Rationalisierung der Vermittlungsweisen des Ethischen ab, die in der neuzeitlichen Wende zum Subjekt als kritischer Interpretationsinstanz und der sich von ihm her konstituierenden Kategorie „Sittlichkeit" ihren Höhepunkt gefunden hat und alle weitere Normentwicklung grundlegend bestimmt. Zugleich aber besteht, bei aller Bereitschaft und allem Willen zu kritisch-rationaler Vermittlung und Begründung, das bleibende Bedürfnis nach kollektiven Außenhalten. Die allelonomische Vermittlungsform „Sitte" schafft sich in Brauch, Konvention, Mode neue Derivate. Das positiv statuierte „Gesetz" erscheint gar vom Anspruch der Sittlichkeit selbst her geboten, und zwar nicht nur als notwendiger, ihre Entfaltungsmöglichkeiten sichernder äußerer Bedingungsrahmen im Sinne freiheitlicher Rechtsordnung, sondern darüber hinaus auch als Instrument zur kollektiven Verwirklichung ihrer materialen Inhalte, wie dies in den vielfältigen, von Gedanken des Humanen motivierten Rechtsgestaltungen der heutigen Gesellschaft seinen Ausdruck findet. Aber auch zur Bestimmung der Sittlichkeit selbst ruft man nach Außenhalten und klaren inhaltlichen Normierungen, die ethische Konflikte bewältigen helfen und von ständigen Entscheidungszumutungen entlasten. Die Tatsache institutionalisierter „Binnenmoralen" wie auch das Bemühen um gemeinsame sittliche Grundüberzeugungen und „Grundwerte" sind hierfür ein untrügliches Indiz.

Autonomie und Heteronomie bleiben sonach im Konstituierungs- wie im Vermittlungsprozeß des Ethischen und seiner materialen Inhalte gleichermaßen wirkmächtig. Angesichts der Tatsache aber, daß sich die heteronomen, kollektiven Vermittlungsformen ihrerseits wiederum als je eigene normative Größen darstellen, die sich in ihrer Intentionalität wesentlich voneinander abheben, drängt sich jetzt die Frage auf, was ihnen in diesem ihrem je besonderen Anspruchscharakter „Anerkennung, Zustimmung und Gehorsam“[1] verschafft. – Welche Wirkgesetzlichkeiten sind es also, die ihre jeweilige Geltung sicherstellen und ihre Autorität begründen?

Die Antwort hierauf erweist sich in Wahrheit als recht vielschichtig. Die Autoritätsstruktur dieser normativen Vermittlungsformen variiert in ihrem Aufbau von Normart zu Normart. Soziale Sanktion und subjektive Plausibilität, kollektive Übung und institutionelle Weisung, delegierte und angemaßte Verfügungsmacht, traditionale und zukunftsbezogene, profane und religiöse Fundierungsmechanismen kommen hierbei in je unterschiedlicher Weise ins Spiel. Bei aller Variationsbreite dieser ihrer Autoritätsstruktur muß aber zunächst davon ausgegangen werden, daß sie sich mit einem Autoritätsanspruch geltend machen, in dem sie sich von jeder unmittelbaren „persönlichen Autorität“ unterscheiden. Normen sind keine Personen.

a) Persönliche und unpersönliche Autorität als Regelinstanzen menschlichen Handelns

Im Gegensatz zur Autorität von Normen kommt der Autorität, die von Personen ausgeht und von ihnen ausgeübt wird, eine spezifisch interpersonale Struktur zu. Sie artikuliert sich näherhin in den Autoritätsformen Befehl–Gehorsam, Vorbild–Nachfolge und Führer–Gefolgschaft. Während die personale Autoritätsform Befehl–Gehorsam vornehmlich die spezifischen Vollzugsformen einer Weisungsautorität umschreibt, in der Machtbefugnis, Leitungskompetenz und Sachverstand der Bereitschaft zur Unterwerfung und dem Willen zur Anerkennung korrespondieren, kommt im Autoritätsmodell Vorbild–Nachfolge das mehr suggestive Moment jener Faszination zum Tragen, das unmittelbar von einer Person ausgehen kann, deren besondere, nicht alltägliche Eigenschaften, Grundhaltungen und Überzeugungen Begeisterung wecken und als vorbildlich gewertet werden (Anziehungsautorität). Welch große ethische Bedeutung gerade dieser vorbildbestimmten Autoritätsform zukommt, zeigt nicht zuletzt die Wirkgeschichte des sich an der Person Jesu entzündenden christlichen Nachfolgeethos und seiner normativen Ausfaltungen in den „evangelischen Räten“ (Armut, Keuschheit, Gehorsam). Und wenn heute auf systematischer Ebene Versuche unternommen werden, in Kontrast zur Normethik geschichts-, situations- und personenbezogene Ethiken zu entwerfen (Narrative Ethik, Modellethik, Situationsethik)[2], um auf diese Weise das durch Normen nie gänzlich Einholbare menschlicher Entscheidungs- und

[1] Vgl. die Normdefinition im vorausgehenden Beitrag.

[2] *D. Mieth,* Narrative Ethik, in: Freiburger Zeitschr. f. Philos. u. Theol. 22 (1975) 297–326; *ders.,* Die Bedeutung der menschlichen Lebenserfahrung. Plädoyer für eine Theorie des ethischen Modells, in: Concilium 12 (1976) H. 12, 623–633.

Aufbruchssituationen ethisch zu begründen, so gewinnt auch hierbei der Nachfolgegedanke eine zentrale Rolle. – Daß sich aber Norm und Einzigartigkeit des Vorbildes, Gehorsam und persönliche Nachfolge nicht notwendig ausschließen müssen, sondern eine ganz eigene Form der Koinzidenz gewinnen können, zeigt dann schließlich das Autoritätsmodell Führer–Gefolgschaft (Treueautorität). Der Führer ist für die Gefolgschaft Vorbild und institutionalisierter Befehlsträger zugleich. Die Problematik gerade dieses Autoritätsmodells liegt freilich auf der Hand. Normen empfangen unter dieser Voraussetzung ihre Autorität einzig aus der Hand des Führers. Nicht zuletzt hier dürfte aber auch der Grund dafür liegen, daß Menschen sich auf die Dauer nicht mit der Bindung an persönliche Autorität benügen können, daß sie sich vielmehr in den Normen eine Autoritätswirklichkeit mit ganz eigenen Kontroll-, Begründungs- und Legitimationsmechanismen geschaffen haben und immer neu schaffen, die sie vor dem Zugriff und der Willkür der Mächtigen zu schützen vermag. „Wir werden nicht von Menschen regiert", heißt es bei Aristoteles, „sondern von Gesetzen."[3]

Offensichtlich ist es also gerade dieses *Unpersönliche*, das Normen einen gleichsam objekthaften Status gibt und damit sowohl den sie verbindlich setzenden persönlichen Autoritätsträgern als auch den Autoritätsadressaten Maße setzt, denen sich in der Regel keiner von beiden ohne zusätzliche normative Ermächtigung entziehen kann. Dies gilt im Prinzip sowohl für jene normativen Vermittlungsformen, die, wie die Rechtsnormen und zum Teil auch die Sittlichkeitsnormen, von bestimmten einzelnen Autoritätsträgern statuiert und verwaltet werden, als auch für jene, die sich, wie die Sitte und ihre Derivate, in ihrem Anspruch kollektiv konstituieren und geltend machen. Denn wenn auch für letztere keine ihnen unmittelbar zugeordnete personbestimmte Autorität *namhaft* gemacht werden kann, so kommt auch ihnen dennoch jene unpersönliche, Verbindlichkeit setzende Autorität zu, die als solche Charakteristikum aller Normwirklichkeit ist.

b) Das subjektbezogene Anspruchsgefälle der unpersönlichen Autorität von Normen

Die Tatsache nun, daß Normen sich durchgängig in der Weise unpersönlicher und gleichermaßen objekthafter Autorität geltend machen, und zwar unabhängig von dem äußeren Tatbestand ihres je unterschiedlichen sozialen Konstitutions- und Sanktionsgefüges, könnte nun allerdings den Schluß nahelegen, als ob damit auch die Weise ihrer subjektiven Aneignung gleichförmig erfolgte. Das ist nun aber offensichtlich nicht der Fall. Die konkrete Verhaltenspraxis zeigt vielmehr, daß ein und dieselbe Norm in höchst unterschiedlicher subjek-

---

[3] *Aristoteles,* Politik IV 1293 a 17.

tiver Dichte rezipiert werden kann: zustimmend und widerstrebend, ausdrücklich und gedankenlos, emphatisch und flüchtig, rational und emotional, mit Überzeugung und aus abwägendem Kalkül. Wenn sich aber so unterschiedliche Rezeptionsweisen feststellen lassen, legt sich die Frage nahe, was Menschen motiviert, so zu reagieren. Hat dies seine Ursache allein in ihnen selbst, in ihrer zufälligen subjektiven Interessenlage und dem Maß ihrer jeweiligen Aufnahme- und Verarbeitungsfähigkeit, oder liegt dies nicht vielleicht auch zu einem wesentlichen Teil an der Eigenart des funktionalen Anspruchsgefüges der jeweiligen normativen Vermittlungsformen als solcher, wie sie ihnen im Prozeß ihrer Genealogie zugewachsen ist und der dann ein je spezifischer Rezeptionsstil der Subjekte entspricht?

Daß dieser funktionale Aspekt im Anspruchsgefüge von Normen für die Art ihrer Rezeption nicht ohne Belang ist, ist nun in der Tat unübersehbar. So setzt etwa das Recht nicht notwendig und unbedingt eine innere gesinnungsmäßige Übereinstimmung mit den von ihm gesetzten Normen voraus, wohl aber deren präzise äußere Erfüllung. Dies erklärt zugleich auch, daß Rechsnormen wesentlich von ihrem gesetzten Anspruchscharakter her ausgelegt werden und nicht so sehr aus dem Anspruch der ihnen ursprünglich zugrunde liegenden moralischen Intention. Ein solches Normverständnis evoziert zwangsläufig einen völlig anderen inneren Rezeptionsstil, als dies hinsichtlich der Normen der Sittlichkeit gilt, die ihren Schwerpunkt gerade in der Überzeugungskraft der geltend gemachten moralischen Gründe und in der moralischen Lauterkeit des in ihnen vorausgesetzten „guten Willens" haben. Anders wieder die Rezeptionsweise der Mode, die von der impressiven Kraft der Neugier, dem Willen zur Aktualität und der Bereitschaft zu Vorsprung und Experiment lebt, diese also voraussetzt und zugleich ständig hervorruft[4]. Wieder anders der Brauch, der seine Existenz einzig aus der Wertschätzung des Überlieferten bezieht, zu dessen Tradierung es kaum mehr bedarf als der eingefahrenen sozialen Gewohnheit[5].

All dies zeigt bereits, daß es nicht nur subjektive Einzelfaktoren sind, die im Aneignungsprozeß von Normen unterschiedlich ins Spiel kommen, sondern daß in der Anspruchsgestalt der Normen selbst gleichsam eine generelle *subjektive* Rezeptionsweise *mitgeliefert* wird, die sowohl auf die Interessengewichtung als auch auf die psychische und moralische Kapazität der Adressaten *objektiv* Rücksicht nimmt. Erst hieraus gewinnen die unterschiedlichen Normarten ihre jeweilige lebenspraktische Funktion und ihre tatsächliche gesellschaftliche „Chance auf Anerkennung, Zustimmung und Gehorsam".

Darüber hinaus bietet sich jetzt aber unter dem Aspekt der gleichzeitig im Prozeß der normativen Vermittlungen mitlaufenden generellen Tendenz zur

---

[4] Vgl. *F. Tönnies,* Die Sitte (Frankfurt a. M. 1909) 75f.; *G. Hildmann,* Mode, in: *F. Karrenberg* (Hrsg.), Neues evangelisches Soziallexikon (Stuttgart [4]1963) 890–893.

[5] *R. König,* Recht, in: *ders.* (Hrsg.), Soziologie (Frankfurt a. M. 1958) 236f.; *J. Ortega y Gasset,* Der Mensch und die Leute. Nachlaßwerk (Stuttgart 1957) 293.

Ausweitung kritischer Rationalität, wie sie sich genealogisch bis hin zur Herauskristallisierung der Kategorie Sittlichkeit als letztgültigem ethischem Gestaltungsträger abzeichnet, zugleich ein Verstehensschlüssel an, der eine Systematisierung dieser bereits in den Normarten selbst strukturell mitangelegten Rezeptionsstile ermöglicht. Denn wenn es der sich wesenhaft kritisch vermittelnde Anspruch des *Ethischen* ist, der jeglicher Normrezeption ihr spezifisch moralisches Maß setzt, dann läßt sich von daher zugleich auch eine klare ethische Differenzierung der in den jeweiligen Normarten selbst fundierten Rezeptionsstrukturen gewinnen. Es tritt dann hervor, daß die Formen der Rezeption ein psychisches Gefälle aufweisen, das von bewußter kritischer Überzeugung bis hin zu völlig gedankenlosem Nachvollzug reicht. Idealtypisch tritt dies besonders deutlich an den einfachen, sich kollektiv vermittelnden Normarten in Erscheinung, weil hier der Rezeptionsstil naturgemäß am stärksten mit deren Anspruchs- und Autoritätsgestalt selbst zusammenfällt.

So gehört es etwa zum besonderen Kennzeichen der ursprünglichsten aller Normarten, der Sitte, daß sie entsprechend ihrer elementaren Relevanz als Ordnungsregulativ für menschliches Zusammenleben mit entschiedenem moralischem Ernst geübt und verantwortet wird[6], ohne doch hinsichtlich ihrer jeweiligen Inhalte schon durchgängig rational begründet zu erscheinen. Die psychische Rezeptionsweise der Sitte geschieht sonach im Modus *apperzeptiver*, d. h. ausdrücklicher, bewußter Bejahung und Anerkennung. Analog gilt dies auch für das wichtigste normative Derivat der Sitte, die Mode, die in ihrer spezifischen Gegenwartsdynamik als „flüssig gewordene Sitte“[7] eine nicht geringere soziale Durchschlagskraft besitzt und nicht weniger emotional besetzt ist als jene.

Psychisch sehr viel schwächer gewichtet stellen sich demgegenüber die auf Brauch und Konvention bezogenen Rezeptionsweisen dar. Ihre Inhalte macht sich der Mensch nur mehr noch *perzeptiv*, unausdrücklich, gedankenlos, flüchtig zu eigen. Während im Brauch ein jeweiliges Stück Vergangenheit tradiert wird, um dessen ursprünglichen Sinn man oft kaum mehr weiß, das aber dennoch eine gewisse affektuelle Zustimmung auslöst, wird gar der in der Konvention fortlebenden, bereits als überholt empfundenen Vergangenheit nur mehr noch mit innerem Widerstreben Genüge getan[8].

Angesichts der Tatsache nun, daß sich strukturell in keiner dieser Normarten schon ein *kritisches Bewußtsein* im eigentlichen Sinne geltend macht und sich reflektierten Ausdruck verschafft, könnte es scheinen, als ob die wahre sittliche

---

[6] *R. König*, a.a.O. 237.

[7] *F. Tönnies*, a.a.O. 77.

[8] *A. Gehlen*, Anthropologische Forschung. Zur Selbstbegegnung und Selbstentdeckung des Menschen (Hamburg [4]1965) 81: „Konventionell heißt dann die Willkürlichkeit eines Geltungsanspruchs, den man nicht mehr als einzige Möglichkeit, als natürlich und selbstverständlich empfindet, sondern von dem man sich zu distanzieren beginnt.“

Vernunft nur jenen vorbehalten wäre, die als persönliche Autoritätsträger zwar nicht die Normen der Sitte und ihrer Derivate, wohl aber die des Rechts und der Sittlichkeit verwalten. Das aber würde bedeuten, daß die wahrhaft kritische und moralisch fundierte Vernunft sich nur in Normen geltend machen kann, die von persönlichen Autoritätsträgern erlassen sind und sich so als gleichsam „*von oben*" dekretierte Normen zu erkennen geben.

Nun gibt es freilich innerhalb der gesellschaftlichen Ordnungswirklichkeit auch eine Normbildung „*von unten*", die in den bisher genannten kollektiven Normarten nicht hinreichend begriffen ist, insofern hier Normen nicht bloß apperzeptiv oder perzeptiv, sondern in kritisch rationaler Überzeugung *konvinktiv* gelebt werden. Die seit G. Jellinek zur Kennzeichnung solch kollektiv-sozialer Normgestaltungen geläufige, soziologisch deskriptive Formel von der „normativen Kraft des Faktischen"[9], könnte nun das Mißverständnis nahelegen, als ob es einfachhin das innerhalb einer Gesellschaft feststellbare normabweichende Verhalten als solches wäre, das den Prozeß der Normfindung und Normbildung „von unten her" seinem ganzen Wesen nach bestimmt. Was in Wahrheit vielmehr zu kritischer Überprüfung gegebener Normbestände führt, Stellungnahmen auslöst und Handlungsentschlüsse beeinflußt, die dann ihrerseits die normativen Strukturen einer gesellschaftlichen Handlungsrealität zu verändern vermögen, ist einzig und allein die einem tatsächlichen Verhalten jeweils innewohnende, von der Vernunft der handelnden Subjekte in ihrem sittlichen Selbstanspruch getragene *Überzeugung*, die auf soziale Anerkennung drängt[10]. Ihre ganze Anspruchsautorität gewinnt solche normgestaltende Überzeugung dabei aus dem sich von der Sinnlogik menschlicher Wirklichkeit her begründenden praktischen Urteil, in dem die menschliche Erkenntnis- und Entscheidungsvernunft das je sachlich Richtige, menschlich Angemessene und human Sinnvolle zum Richtmaß konkreter Verhaltenspraxis erhebt. Demgegenüber bleiben geltende Ordnungen unangefochten, solange sie überzeugen, wie sie umgekehrt überall dort kritisch distanziert werden, wo ihre Plausibilität in Frage gestellt erscheint. In dieser Konsequenz kann sonach nur einer solchen normabweichenden kollektiven Verhaltenspraxis die Chance innewohnen, eine von persönlichen Autoritäten gesetzte oder gestützte Norm zu verdrängen und selbst verbindliche Regel zu werden, die von den Normadressaten zunehmend als die sachlich richtigere, menschlich sinnvollere empfunden wird, die also „in Konkurrenz zur bestehenden Norm mit dem Anspruch auf Legitimität auftritt"[11]. Da es also wesenhaft immer nur die „gelebten Überzeugungen" sind, in denen sich die kritische Vernunft der handelnden Subjekte strukturell Gel-

---

[9] *G. Jellinek*, Allgemeine Staatslehre (Darmstadt 3. Aufl., 7. Neudr. 1960) 338.

[10] Vgl. *G. W. Hunold*, Sitte – Brauch – Überzeugung. Ethische Bemerkungen zum Autoritätsniveau unpersönlicher Wertträger, in: Franziskanische Studien 59 (1977) 264–274, hier 272.

[11] *W. Korff*, Norm und Sittlichkeit. Untersuchungen zur Logik der normativen Vernunft (Mainz 1973) 137.

tung verschafft und mit deren Anspruch sich zugleich ein konvinktives, den Menschen in Verantwortung nehmendes Autoritätsbewußtsein verbindet, sollte man in Absetzung zum Faktum einer bloßen Normdevianz hier um einer klaren begrifflichen Distinktion willen mit Korff von der „normativen Kraft faktisch gelebter Überzeugungen"[12] bzw. von einem konvinktiven Überzeugungshandeln sprechen.

c) Die Antwort des Subjektes auf den Geltungsanspruch normativer Autorität: Applikation und Innovation

Es läßt sich nun nicht übersehen, daß die hier als konvinktiv charakterisierte konkurrierende Grundeinstellung der handelnden Subjekte gegenüber geltenden Normen dem wachsenden Willen zu eben jener rationalen Gestaltung der menschlichen Lebenswirklichkeit entspricht, wie er als solcher schon im Aufweis der Normgenealogie hervortrat. Dennoch wäre es völlig falsch, anzunehmen, es sei nunmehr dieses konviktive Bewußtsein, das sich am Ende in allem Umgang mit Normen durchsetzt. Denn so generell trifft dies faktisch weder für die Reaktionsweise des heutigen Menschen auf Forderungen kollektiv vermittelter Normen zu, noch auch für die Art seines Eingehens auf Normansprüche, die von persönlichen Autoritätsträgern in Geltung gesetzt sind. Die unterschiedliche psychische Gewichtigkeit im Autoritätsanspruch von Normen, wie sie in der bisherigen Analyse strukturell im Bewußtsein einer apperzeptiven, perzeptiven und konvinktiven Verbindlichkeit erkennbar wurde, zeigt in Wahrheit zugleich auch die Weisen an, in denen jetzt die von persönlichen Autoritätsträgern gestifteten oder verwalteten Normen des Rechts und der Sittlichkeit von den einzelnen rezipiert und *subjektiv* verarbeitet werden können. Auf dieser Rezeptionsebene kann sich mit dem tatsächlich gegebenen Anspruchsniveau einer autoritativ verbindlich gesetzten Norm für den jeweiligen Normadressaten ein durchaus anders gewichtetes subjektives Anspruchsbewußtsein verbinden, je nachdem ob er ihre Verbindlichkeit als konvinktiv überzeugend, als apperzeptiv anerkennenswert oder gar nur als perzeptiv befolgbar versteht und erfährt. Nur so erklärt sich auch die Tatsache, daß innerhalb gegebener Rechts- und Moralordnungen konkrete Normansprüche unabhängig von den sie jeweils begleitenden Sanktionen von einzelnen oftmals in der Weise der Sitte oder des Brauches oder gar nur in der Weise einer bloßen Konvention befolgt werden. Dies zeigt sich ganz besonders deutlich beim Recht. Schon die Fülle der Rechtsgesetze und -vorschriften, aber auch ihre die Vielfalt des Lebens trotzdem nie ganz einholende „fragmentarische" Natur[13] verhindert nicht selten ihre wirkliche konvinktive Rezeption.

---

[12] Ebd. 139; zum Ganzen vgl. ebd. 136–139.
[13] *A. Kaufmann*, Recht und Sittlichkeit (Tübingen 1964) 29.

Darüber hinaus läßt sich nun aber an dieser subjektbedingten unterschiedlichen Rezeptionsdichte von Normen ein weiteres verdeutlichen. Überall dort nämlich, wo die von einer persönlich autorisierten Instanz verbindlich gesetzten oder verwalteten Normen in der Weise einer auf subjektive Plausibilität gerichteten Überzeugung kritisch aufgenommen und gelebt werden, eröffnet sich für die Autoritätsuntergebenen jetzt zugleich auch die Möglichkeit, auf das die Normen tragende Autoritätsgefüge selbst Einfluß zu nehmen und hier gegebenenfalls notwendige Änderungsprozesse einzuleiten. Dabei zeichnen sich näherhin drei grundsätzliche Modi der Einflußnahme ab.

Erste Möglichkeit: Die auf Veränderung zielende Kritik der Autoritätsuntergebenen gilt nicht der Anspruchsautorität der geltenden Normenordnung und der Legitimität ihrer Verwaltung, sondern richtet sich gegen den Autoritätsträger als moralisches Subjekt, insofern dieser seine ihm zukommende Autorität im Rahmen der geltenden Ordnung mißbraucht. Damit stellt sich das Problem seiner Absetzung bzw. seiner Auswechselung. Die Bandbreite der möglichen Einflußnahme von seiten der Autoritätsunterstellten kann hierbei von der legalen Absetzung über die Palastrevolte bis hin zum Tyrannenmord reichen.

Zweite Möglichkeit: Der Veränderungswille der Autoritätsuntergebenen äußert sich im Ruf nach einer besseren Führung und Leitung. Man drängt auf eine Auswechselung der Führungsequipe, nicht weil sie etwa als moralische Subjekte fragwürdig geworden sind, sondern ihnen die Fähigkeit bestritten wird, die gegebene Normenordnung noch angemessen zu verwalten, bzw. weil sie nicht einer bestehenden Notwendigkeit nachkommen, bessere Weisungen und Gesetze zu dekretieren. Die Einflußnahme auf einen für notwendig erachteten „Machtwechsel" kann sich hier weitgehend nach institutionalisierten Spielregeln vollziehen, wie sie die neuzeitlichen Rechtsgesellschaften sich geschaffen haben.

Dritte Möglichkeit: Die konvinktive Überzeugung der Autoritätsunterstellten gerät in Widerstreit mit den von persönlich autorisierten Instanzen geltend gesetzten Normen. Da ihre Änderung aber auf dem Wege über Reformen im Rahmen der rechtlich institutionalisierten Spielregeln nicht zu erreichen ist, wird die vorgebrachte Normkritik zugleich zur Struktur- und Systemkritik, wird die geforderte Neuorientierung zum Strukturproblem. Der Wille zur Innovation kann sich nun zum einen dadurch Geltung verschaffen, daß die Betroffenen ihre Überzeugungen gleichsam „unterhalb" der gegebenen Strukturen verwirklichen, in deren Folge es dann zur Ausbildung einer eigenen normativen Subkultur kommt; zum anderen aber kann sich der Erneuerungswille zu jenem revolutionären Bewußtsein verdichten, das auf radikale Strukturveränderung drängt.

Die Antwort des Subjektes auf den Geltungsanspruch normativer Autorität bleibt ihren Möglichkeiten nach sonach offenkundig ambivalent. Wo immer es zur Anerkennung gegebener Normen in ihrer je spezifischen autoritativen Vermittlungsstruktur kommt, geschieht dies nicht selten mittels Modifikation auf seiten des Normadressaten. Das jeweilige autoritative Anspruchsniveau der ihn anfordernden Normen wird hier gleichsam vom Adressaten selbst nochmals neu definiert, indem er es auf seinen subjektiven Lebenszusammenhang hin appliziert und entsprechend funktional gewichtet. Wo immer aber diese funktionale Applikation nicht mehr geleistet werden kann, sei es, daß die geltenden Normen selbst in ihrer regelnden Vernunft quer zum Leben stehen, oder sei es, daß ihre Verwalter sie willkürlich bzw. unangemessen handhaben, kommt es demgegenüber zu Innovationen. Funktionale Applikation und kritische Innovation stellen sonach die beiden subjektbestimmten Grenzmarken dar, innerhalb deren Normen in ihrem autoritativ vermittelten Anspruch die „Chance auf Anerkennung, Zustimmung und Gehorsam" finden.

Gerfried W. Hunold

2. *Objektive Wirkfaktoren des Geltungsanspruchs von Normen: das Sanktionsgefüge und das Legitimationsgefüge*

Die Leitfrage nach dem Autoritätsanspruch von Normen, seinen Wirkgesetzlichkeiten und Geltungsgründen, hat mit der Ausklärung der subjektbezogenen Bedingungskomponenten dieses Anspruchs eine erste Beantwortung erfahren. Was hier im einzelnen an unterschiedlichen Rezeptionsstilen und dem von daher jeweils bestimmten Autoritätsprofil der Normarten selbst herausgestellt wurde, macht in der Tat einen Zusammenhang im Autoritätsgefüge der normativen Vermittlungsformen deutlich, der im Rahmen der bisherigen Normtheorie fast völlig außer Betracht blieb. Demgegenüber konzentrierte sich das normtheoretische Interesse bisher zum einen sehr viel stärker auf das Problem der die Normen begleitenden Sanktionen, zum anderen aber auf die über das Sanktionsproblem hinausgreifende Frage nach dem moralischen Legitimationsgrund ihres autoritativen Anspruchs. Dies lag insofern näher, als die Sanktionen ein greifbares soziologisches Faktum darstellen, das gleichsam von vornherein mit den Normen mitgesetzt erscheint und so den Ansatzpunkt bietet, aus ihnen selbst den Autoritätsanspruch von Normen zu begründen. Umgekehrt drängte sich zugleich immer schon die Einsicht auf, daß Norm und Sanktion unmöglich identisch sein können, daß also Normen letztlich einen Legitimationsgrund fordern, der sie unabhängig von allem äußeren Lob und Tadel in ihrem Autoritätsanspruch unmittelbar *moralisch* qualifiziert: sei dieser Legitimationsgrund nun die Vernunft oder Gott. Was aber dabei weithin vernachlässigt wurde, ist gerade die Tatsache, daß der Mensch weder ein rein sanktionsabhängiges noch auch ein ausschließlich von rationalen bzw. glaubensgeleiteten Einsichten bewegtes Wesen ist. Bleibt er in Wahrheit doch ebenso von der Fülle jener emotional eingefärbten und ihn subjektiv affizierenden lebenspraktischen Einstellungen bestimmt, die seine tatsächlichen Lebensvollzüge kennzeichnen und denen gerade auch für die Konstitution der unterschiedlichen Normarten entscheidendes Gewicht zukommt. Dennoch behalten die klassischen Fragestellungen nach dem Stellenwert der die Normen schützenden Sanktionen wie auch nach dem moralischen Legitimationsgrund der Normen selbst ihre ganz eigene Bedeutung, die, losgelöst von der subjektrelationalen Problematik, einer gesonderten Behandlung bedarf. Denn erst mit ihnen kommen jene Wirkkräfte in den Blick, die unabhängig von allen zusätzlichen subjektiven und subjektbezogenen Einstellungen das menschliche Normbewußtsein in seinem Aufbau objektiv mitbestimmen und ihm sowohl die äußere soziale Abstützung als auch das innere moralische Fundament geben. Die Tatsache nun, daß eben diese Wirkkräfte, wie sie etwa noch in der Sitte gleichsam gebündelt erscheinen, sich im Zug der Normentwicklung immer stärker ausdifferenzieren und als je eigene Bestimmungsgrößen des Autoritätsanspruchs von Normen erkannt werden, läßt jetzt zugleich auch die beiden Normarten Recht und Sittlichkeit in ihrer spezifischen Eigenwirklichkeit hervortreten. Dies gilt sowohl im Hinblick auf ihre Sanktionsstruktur als auch im Hinblick auf ihre moralische Legitimationsstruktur. Von hier aus thematisiert sich dann zugleich auch das Problem ihrer möglichen theonomen Fundierung.

a) Die Eigenfunktion rechtlicher und sittlicher Normierungen

Auf der Suche nach humaner Gestaltung seiner Lebenswirklichkeit sieht sich der Mensch – je länger, je mehr – der ihm geschichtlich zugewachsenen elementaren Erfahrung konfrontiert, daß Recht *und* Sittlichkeit bei aller Polarität des ihnen innewohnenden Autoritätsanspruchs für eine verantwortliche Fundierung und Sicherung seines Handelns gleichermaßen unverzichtbar sind. So sieht er erst im Anspruch der Sittlichkeit jene Vernunft gewahrt, die sowohl seiner inneren Einstellung als handelndem Subjekt als auch den sein Tun von außen bestimmenden Normen letztes Regulativ zu sein vermag. Sittlichkeit erweist sich als oberstes Richtmaß und Formgesetz jeglicher subjektiven Überzeugung, jeglicher Gesinnung, jeglichen Gewissens und zugleich in ihren material-inhaltlichen Normierungen als die auf objektiven Anspruch drängende letzte Bemessungsgrundlage aller Sitte, allen Brauchs, aller Mode und allen Rechts. Erst mit ihr und durch sie erscheint das Humane, das Menschsein des Menschen, in der Totalität seiner Bezüge gewahrt und sichergestellt.

Dennoch vermag sich Sittlichkeit trotz dieses ihres umfassenden, die Vernunft des Humanen wahrenden Anspruchs aus sich selbst allein nur schwer ungebrochen Geltung zu verschaffen. Fehlt es ihr doch gerade an jener äußerlich verbindlichen Macht, mit der sich alle übrigen Normarten, und hier am meisten das Recht, soziale Geltung verschaffen können. Sittlichkeit bleibt, ohne sich zu ihrer Begründung auf die gesellschaftliche Eigenmechanik von Sanktionen berufen zu können, radikal auf die Einsichtskraft der Subjekte gestellt. Das muß freilich nicht ausschließen, daß die durch sie geltend gemachten Ansprüche zugleich auch zum Inhalt kollektiv-sozialer bzw. rechtlicher Forderungen erhoben werden können. Ja letztlich beziehen solche mit Zwangsgewalt durchsetzbaren Forderungen überhaupt erst aus eben diesen ihnen zum Inhalt gewordenen sittlichen Ansprüchen ihre unmittelbare humane Legitimation. Insofern hier aber die sittlichen Ansprüche selbst ihrerseits nicht mehr ausschließlich von der Einsichtskraft der Subjekte getragen bleiben, sondern gleichzeitig äußerlich erzwingbar werden, verlieren sie den Status der reinen Sittlichkeitsnorm, werden sie zu Normen, deren Geltung zugleich wesenhaft von ihrer äußeren, auf Sanktionen beruhenden Durchsetzbarkeit abhängt.

Wie wenig der Mensch nun auch auf den reinen ungebrochenen Anspruch der Sittlichkeit als Grund und Hort aller humanen Verwirklichung verzichten kann, so wenig vermag er angesichts seiner eigenen Unzulänglichkeit davon abzusehen, daß dieser Anspruch tatsächlich weithin nur über jene von Zwang getragenen normativen Vermittlungsformen durchsetzbar wird, in die hinein sich Sittlichkeit entäußert. Gerade unter dieser Voraussetzung aber gewinnt jetzt insbesondere das Recht kraft der ihm eigenen rationalen Struktur für den Humanisierungsprozeß zentrale Bedeutung. Denn im Gegensatz zu den übrigen kollektiven Normarten stellt sich Recht als eine Ordnungsform dar, die sowohl hinsichtlich der Aufstellung als auch hinsichtlich der Durchsetzung seiner Forderungen strengen Gesetzlichkeiten unterliegt, die ihm besondere Transparenz geben. Von einem eigens hierzu ermächtigten „Stab" statuiert und verwaltet, ordnet das Recht die menschliche Lebenswirklichkeit nach Regeln, die es in der Positivität seines Verbindlichkeits- und Geltungsstatus für jedermann überprüfbar und einklagbar machen[1].

Unter dieser Voraussetzung gehört es also gerade zum Wesen des Rechts, *positiv* zu sein (Radbruch)[2], und zwar positiv nicht nur im Sinne *moralischer* Maßgeblichkeit, sondern positiv im Sinne *faktisch* verbindlich gesetzter, auf Erzwingbarkeit beruhender Geltung. Die „vis coactiva" (Thomas)[3], „die Befugnis zu zwingen" (Kant)[4], ist für alles Recht konstitutiv und läßt es darin wesenhaft von den allein aus Überzeugungsargumenten lebenden Vorschriften und Direktiven der Sittlichkeit unterschieden sein. Ebendarin aber hat es jetzt zugleich seine spezifische Überlegenheit, daß es nicht nur Ordnungen statuiert und sie so als Sollensforderungen zu erkennen gibt, sondern daß es, kraft der

---

[1] Vgl. *M. Weber*, Rechtssoziologie, aus dem Manuskript hrsg. und eingeleitet von Johannes Winckelmann (Neuwied – Berlin 1967) 26.
[2] Vgl. *H. Welzel*, Naturrecht und Rechtspositivismus, in: *W. Maihofer* (Hrsg.), Naturrecht oder Rechtspositivismus? (Darmstadt 1962) 322–338, 332.
[3] *Thomas von Aquin*, STh I–II q. 96 a. 5.
[4] *I. Kant*, Metaphysik der Sitten, ed. Weischedel IV (Darmstadt 1956) 338.

ihm eigenen Vollmacht zu zwingen, diese auch faktisch durchzusetzen vermag. Hieraus empfängt der oft mißverstandene, von Hobbes aufgestellte Grundsatz seine Wahrheit: „Auctoritas, non veritas facit legem."[5] Erst seine autoritative, wirklichkeitsformende Kraft macht das Recht zum Recht. „Die idealste Ordnung, die diese wirklichkeitsgestaltende Macht nicht hat, erfüllt das essentielle Merkmal des Rechts nicht, während die unvollkommenste Notordnung, die das Chaos überwindet, der idealsten eines voraus hat: *Recht* zu sein" (Welzel)[6]. „Jedes positive Recht, auch wenn es noch so irdisch ist, ist die Gerechtigkeit in Raum und Zeit, wovon ihm seine Würde kommt" (Schönfeld)[7]. Unter diesem Aspekt ist das unaufhebbar Unvollkommene allen Rechts dem Fehlen einer Rechtsordnung überhaupt vorzuziehen. Eine Wahrheit, die Goethe in die Maxime kleidete: „Es ist besser, es geschieht dir Unrecht, als die Welt sei ohne Gesetz."[8]

Aus alldem darf freilich nicht gefolgert werden, daß der Geltungsgrund des Rechts einzig und allein in der auctoritas seiner Positivität und der sich hieraus ergebenden Durchsetzbarkeit liegt (Machttheorie). Hätte das doch zur Konsequenz, wie dies gelegentlich von Rechtspositivisten behauptet wurde, daß Recht als eine Machtsetzung sui generis, allein auf den Willen des Gesetzgebers gegründet, überhaupt keiner weiteren sittlichen Legitimation bedarf: „Es gilt unumstößlich die Wahrheit, daß die Rechtsmacht jeden beliebigen Rechtsinhalt setzen kann" (Somlò)[9]. Eine solch totale Ablösung des Rechts von der Sittlichkeit zerstört am Ende auch dessen Plausibilität und macht als moralische Gegenreaktion eher Tyrannenmord und Revolution verständlich. Ein Recht, das so ungerecht ist, daß es keinerlei moralische Anerkennung mehr findet, hört auf, Recht zu sein. Hier wird der Ungehorsam gegen das Recht zur Pflicht. Lebt doch das Recht in seiner autoritativen Struktur zugleich wesenhaft von der moralischen Zustimmung derer, über die es gebietet (Anerkennungstheorie)[10]. – „Recht ohne Macht ist machtlos. Macht ohne Recht ist tyrannisch. Es ist dafür zu sorgen, daß das, was recht ist, mächtig ist, und das, was mächtig ist, recht ist" (Pascal)[11].

Als positiv statuierter, mit der Gewalt zu zwingen ausgestatteter, die Beziehung zwischen Menschen äußerlich regelnder Norm sind dem Recht freilich zugleich Grenzen gesetzt. Es kann Sittlichkeit nicht ersetzen:

---

[5] *Th. Hobbes*, Leviathan, ed. G. Molesworth, Opera Philosophica III (London 1841) 202.
[6] *H. Welzel*, a.a.O. 332.
[7] *W. Schönfeld*, Über den Begriff der dialektischen Jurisprudenz (Greifswald 1929) 12.
[8] Zitiert nach *H. Welzel*, a.a.O. 333.
[9] *F. Somló*, Juristische Grundlehre (Leipzig 1917) 308.
[10] Zur Macht und Anerkennungstheorie vgl. *H. Welzel*, Die Frage der Rechtsgeltung (Köln – Opladen 1966); *M. Draht*, Grund und Grenzen der Verbindlichkeit des Rechts (Tübingen 1963).
[11] *B. Pascal*, Über die Religion (Pensées), übertragen und hrsg. von E. Wasmuth (Heidelberg 1946) Nr. 298, S. 152.

Recht steht nicht wie die Sittlichkeit „an den Wurzeln der Tat“[12]: Gesinnungen lassen sich nicht erzwingen.

Da sich das Recht ferner auf die Ordnung des Miteinanders beschränkt (Thomas: „Ius est opus adaequatum alteri“)[13], bleibt die rein individuelle Sphäre auch hinsichtlich ihrer materialen, nicht nur ihrer gesinnungsmäßigen Gestaltung außerhalb der Rechtssphäre und allein der Sittlichkeit aufgegeben.

Aber auch die Ordnung des Miteinanders regelt das Recht nur zu einem Teil. A. Kaufmann spricht in diesem Zusammenhang zutreffend von der „fragmentarischen“ Natur des Rechts[14]. Zwar muß es auf die Verwirklichung eines „honestum“ zielen (Thomas), d.h., Recht darf unter keinen Umständen zum Erfüllungsgehilfen „unehrenhafter“, sittlich verwerflicher Ziele werden. Umgekehrt erfährt es sich zugleich außerstande, mit seinen Mitteln *alles* zu bewirken, was an und für sich erstrebenswert, sittlich vernünftig und gerecht wäre. Es muß deshalb so gefaßt sein, daß es leistbar, erfüllbar und effektiv ist („possibilis“) und unter Berücksichtigung aller erdenklichen Eventualitäten und ohne negative Nebenwirkungen das bewirkt, was es bezweckt („utilis“)[15].

Dies gilt nicht weniger auch im Hinblick auf die Zumessung von Strafen. Sollen Gesetze Wirkung haben, darf nicht einfachhin nach der Maxime verfahren werden, alles zu bestrafen, was nicht sein soll. Ein human vernünftiges, den konkreten Menschen in sein Kalkül einbeziehendes Strafrecht wird sich vielmehr von der Maxime leiten lassen, so zu bestrafen, daß möglichst nicht geschieht, was nicht sein soll[16].

In letzter Konsequenz müßte dies aber selbst noch auf den Strafvollzug Anwendung finden. Auch der Strafvollzug muß so gestaltet werden, daß immer weniger geschieht, was nicht sein soll. Das aber bedeutet, Strafvollzug darf sich nicht allein an der Tat, sondern muß sich stärker noch am Täter orientieren. Er darf nicht nur als Instrument einer Ordnungspolitik gehandhabt werden, die den Menschen als bloßes *Objekt* des Rechts betrachtet, sondern müßte sich sehr viel mehr als Instrument einer Bildungspolitik verstehen, die ihn wesentlich als *Subjekt* des Rechtes einstuft, in deren Konsequenz Strafvollzug letztlich Erziehung zur Versöhnung, zu Selbstfindung und verantwortlicher Freiheit ist. Gerade am Strafvollzug stößt das Recht in der Positivität seiner Erzwingbarkeit am deutlichsten auf seine eigene Grenze. Soll Recht seine Wirksamkeit behalten, darf nicht alles mit den Mitteln des Rechts reglementiert werden, muß es sich vielmehr ständig auf jene Kräfte hin offenhalten, die jenseits seiner eigenen Kompetenz liegen.

---

[12] *G. Simmel*, Soziologie (1908) (Berlin 1958) 43 Anm. 1.
[13] *Thomas von Aquin*, STh II–II q. 57 a. 1.
[14] *A. Kaufmann*, Recht und Sittlichkeit (Tübingen 1964) 43.
[15] *Thomas von Aquin*, STh I–II q. 95 a. 3.
[16] Vgl. *F. Böckle*, Strafrecht und Sittlichkeit (in Bd. II dieses Werkes).

b) Religiöse und profane Fundierung des Autoritätsanspruchs von Normen

Mit dem Aufweis der je besonderen Autoritätsstruktur der Sittlichkeit einerseits und des Rechts andererseits, wie sie sich aus deren spezifischer Eigenfunktion ergibt und in der Differenz ihres unterschiedlichen Legitimations- und Sanktionsgefüges zutage tritt, ist nun freilich noch nicht das Ganze der Frage nach den Wirkfaktoren im Geltungsanspruch von Normen beantwortet. Denn noch vor jeder sich aus der Unterschiedlichkeit der autoritativen Wirkfaktoren ergebenden Differenzierung der einzelnen Normarten stellt sich die Frage nach einer möglichen Letztbegründung von Normen überhaupt.

Bis in die jüngste Zeit hinein wurde von nicht wenigen Soziologen und Ethnologen die Auffassung vertreten, daß ursprünglich alle Normen religiös-numinos abgesichert und fundiert wurden. Hierfür schienen zumal die ältesten Begriffe für Norm zu sprechen, etwa das Dharma der Inder, die Themis der Griechen, das Fas der Lateiner, Begriffe, die die Bindung des einzelnen an eine überindividuelle Lebensordnung ausdrücken, die sein Handeln mit der göttlichen Weltordnung in Einklang bringen sollen. Diesseitige Pflichten und jenseitige Mächte erscheinen so ihrem Wesen nach ursprünglich miteinander verknüpft. Solche Auffassung vertrat etwa der Sozialpsychologe Willy Hellpach, der für diesen Sachverhalt der ursprünglichen religiösen Fundierung aller Normen den Kunstbegriff „Magethos" prägte[17]. Die weitere ethnologische Forschung hat demgegenüber bewiesen, daß es in allen Kulturen immer schon Normen gab, deren Autoritätsanspruch religiös begründet wurde, und solche, für deren Legitimität rein profan-rationale Begründungen herangezogen wurden[18]. Zum selben Ergebnis ist die Forschung auch für das Normverständnis im AT gekommen. Hier läßt sich deutlich zwischen sakralem, „apodiktischem Gottesrecht" (Dekalog) und profanem, „kasuistischem Recht" unterscheiden. Während das Gottesrecht, das sich mit der apodiktischen Forderung „Du sollst" einführt, unmittelbarer Ausdruck des Gottesverständnisses Israels ist, wird im konditional gehandhabten kasuistischen Recht, dessen Argumentationsduktus nach dem Schema „wenn... gesetzt den Fall..., dann..." verläuft, kanaanäische Tradition aufgenommen und weitergeführt. Es gibt sonach zwei Gattungen von Gesetzen. Die Verwalter der konditionalen kasuistischen Gesetzesgebote sind freie Männer der einzelnen Ortschaften, die Ältesten, die Führer der vornehmsten Geschlechter. Es handelt sich also um ein Laiengericht, zu dem im Einzelfall der Priester mit hinzugezogen wird, nämlich dann, wenn die Handlung des Täters zugleich das Gottesrecht berührt, er also der Gottheit überwiesen werden muß[19].

---

[17] *W. Hellpach*, Das Magethos (Stuttgart 1947).

[18] Vgl. insbes. *E. A. Hoebel*, Das Recht der Naturvölker (Olten 1968).

[19] So Dtn 18,17: der Fall einer Verleumdung, die „vor den Herrn" gebracht werden muß. Zum

Eine interessante, nicht nur theoretisch behauptete, sondern zum großen Teil auch praktisch geübte, *enttheologisierte* Variante, alle Normativität auf *ein* Prinzip zurückzuführen und alle Normarten und deren Inhalte von einer einzigen letzten Instanz her zu bestimmen und zu verwalten, bieten demgegenüber die heutigen totalitären Systeme des Ostens. „Die kommunistische Doktrin ist als ein das gesamte Leben umfassendes System aufzufassen, in dem alles aufgeht und in dem es keine nicht erfaßten Bereiche gibt." Entsprechend gibt es nur ein Programm: „Wenn aufgrund dieses Programms jemand gezwungen wird, hat es die Funktion des Rechts, wenn jemand innerlich gebunden werden soll, die Funktion der Moral, wenn jemand wissenschaftlich überzeugt werden soll, die Funktion der Philosophie."[20]

c) Die Autoritätsstruktur von Normen als theologisches Problem

Mit dem Nachweis, daß es im geschichtlichen Leben der Völker sowohl profan als auch sakral begründete Normen gibt, ist das eigentlich *theologische* Problem freilich noch nicht gelöst. Zu dessen Klärung hat vor allem Thomas in seinem Gesetzestraktat entscheidend beigetragen[21]. Ausgehend von der Überlegung, daß alle normativen Ordnungsgestaltungen ihren Ursprung in der durch naturale Hinneigungen disponierten sittlichen Entscheidungsvernunft des Menschen haben (lex naturalis), die als von Gott gegründete Vernunft Teilhabe an der ewigen Vernunft Gottes ist (lex aeterna), erkennt Thomas auch die konkreten Ordnungsgestaltungen selbst, soweit sie sich aus der lex naturalis ergeben und nicht mit ihr im Widerspruch stehen, als Ausdruck des Willens Gottes. Unter dieser Voraussetzung aber bedarf es zu deren sittlicher Absicherung und Legitimation nicht noch der zusätzlichen Berufung auf besondere Willensdeklarationen Gottes im Sinne der lex divina, sondern wesentlich nur der Berufung auf rational zugängliche Gründe, die ihre humane Vernünftigkeit und Stimmigkeit erweisen. Damit aber ist zunächst alle menschliche Normativität in einen umfassenden theologischen Verstehenshorizont gestellt, ohne daß den Normen damit zugleich die ihnen eigene „profane", auf Vernunft gründende Autoritätsstruktur genommen würde. – Dabei nimmt mit dem Maß ihrer Konkretheit und situationsbezogenen positiven Bestimmtheit zugleich auch das Maß ihrer Bedingtheit und Relativität zu. Dies gilt am meisten für das positive Recht.

Dasselbe Gefälle zur Bedingtheit hin zeigt sich auch in den als lex divina be-

---

Ganzen *H. van Oyen*, Ethik des Alten Testaments (Gütersloh 1967) 93ff.; *A. Alt*, Die Ursprünge des israelitischen Rechts, in: *ders.*, Kleine Schriften zur Geschichte des Volkes Israel I (München 1953) 278–332.

[20] *E. E. Hirsch*, Das Recht im sozialen Ordnungsgefüge (Berlin 1966) 290f.

[21] *Thomas von Aquin*, STh I-II qq. 90–108. Zur nachstehenden Interpretation vgl. *W. Kluxen*, Philosophische Ethik bei Thomas von Aquin (Mainz 1964); ferner *W. Korff*, Norm und Sittlichkeit (Mainz 1973) 42–61.

griffenen unmittelbaren Willensäußerungen Gottes: der lex nova und der lex vetus. So wie die lex naturalis als eine von Gott eingestiftete, im Menschen gründende und waltende Wirkkraft nach Thomas kein positives, geschriebenes Gesetz ist, ebenso handelt es sich auch bei der lex nova um eine „lex indita et non scripta". Als in Christus erschlossene Wirklichkeit erweist sich die lex nova ihrem ganzen Wesen nach als „gratia Spiritus Sancti"[22], als Bewegung Gottes zur Welt hin, als „amicitia dei"[23], die sich im Glauben an Gottes verbürgende Liebe manifestiert und in der antwortenden Liebe des Menschen zu Gott und zum Mitmenschen wirksam wird. Sie konkretisiert sich als solche in den alle Vergesetzlichung sprengenden und übersteigenden Forderungen und Radikalrufen der Bergpredigt, ordnet sich darin aber zugleich auch die Forderungen der lex vetus (Dekalog) als deren Erfüllung zu. Die lex vetus selbst hingegen versteht Thomas als unmittelbares positives Interpretament der lex naturalis. Als solche ist sie im Prinzip natürlich einsehbar und fügt dem kraft der lex naturalis sittlich Erkennbaren – den praecepta naturalia – der Substanz nach nichts hinzu. Soweit nun aber die im Dekalog niedergelegte lex vetus sittliche Forderungen aufstellt, die zugleich Rechtsforderungen sind und als solche geltend gemacht werden können (ihre Übertretungen ziehen Sanktionen nach sich), kann sie zugleich als ius divinum, als Gottesrecht, betrachtet werden. Lex vetus und praecepta naturalia, ius divinum und ius naturale (Naturrecht) korrespondieren sonach einander jeweils. Letztere grenzen sich dann nochmals ab gegen die positiven Gestaltungen des ius ecclesiasticum (Kirchenrecht) und des ius civile (bürgerliches Recht).

lex nova
Radikalrufe Jesu
Dekalog
ius divinum
ius ecclesiasticum
lex aeterna
ius civile
ius naturale
praecepta
naturalia
lex naturalis

Das entscheidende Problem bleibt nun, wieweit unmittelbar aus der lex nova abgeleitete Forderungen, wie sie die Bergpredigt enthält, als Forderungen zu absoluter Liebe, Wahrhaftigkeit und Selbstlosigkeit Inhalt von *Recht* und damit *ius* divinum werden können. Für das Gebot der *Feindesliebe* z.B. bleibt dies wesenhaft ausgeschlossen. Man kann einen Menschen nicht mit den Mitteln des

---

[22] *Thomas von Aquin*, STh I–II q. 106 a. 1.
[23] *Thomas von Aquin*, ScG IV c. 22.

Rechts (das sozialpsychologisch der Ordnung des Mißtrauens und nicht des Vertrauens angehört) dazu zwingen, seinen Feind zu lieben, insofern im Recht – als Zwangsinstitut – selbst ein Stück „Feindseligkeit“ gegenüber dem steckt, der da zu vernünftiger Ordnung im Miteinander gebracht werden soll. Das Recht kann nicht gebieten, die linke Wange hinzuhalten, wenn man auf die rechte geschlagen wird, eben weil das „Schlagen“ selbst ein potentielles Moment des Wesens von Recht ist. – Anders wiederum steht es hingegen mit dem *Schwurverbot*, das Jesus ausspricht, ein Verbot, das als Forderung, auf einen bestimmten äußeren, der Wahrheitsfindung dienenden Akt – eben auf das Schwören – zu verzichten, im Prinzip durchaus auch rechtlich in Wirksamkeit gesetzt werden könnte. Die Kirche hat von dieser Möglichkeit nie Gebrauch gemacht und hat Jesu Schwurverbot erst recht nicht als Forderung im Sinne eines ius divinum verstanden und rezipiert. – Die einzige ethische Radikalforderung, wie sie sich neben den genannten aus der lex nova ergibt, die von der Kirche zugleich als ius divinum und damit als ein mit Sanktionen ausgestattetes Rechtsinstitut gedeutet wurde, ist demgegenüber die genuin sittliche Forderung Jesu zu *unauflöslicher ehelicher Treue*. Die Problematik dieser den sittlichen Anspruch verrechtlichenden Position zeigt sich heute insbesondere im Hinblick auf die innerkirchliche Behandlung wiederverheirateter Geschiedener, nämlich im Tatbestand ihres definitiven Ausschlusses von der eucharistischen Gemeinschaft. Die Frage, die sich hier von der lex nova her stellt, bleibt in der Tat, wie die Kirche als Glaubensgemeinschaft denen zu begegnen hat, die als Geschiedene, die wiederverheiratet sind, nach gewissenhafter Prüfung keine Möglichkeit der Rückkehr zum Partner der früheren Ehe sehen und die zugleich ihre jetzige Verbindung nicht aufgeben können, ohne eingegangene Verpflichtungen zu verletzen.

Auf die theologische Gesamtproblematik der Autoritätsstruktur von Normen hin bleibt sonach generell festzuhalten: Sittliche Hochforderungen, wie sie sich aus dem Wesen der lex nova ergeben, lassen sich letztlich nicht zugleich auch als göttliches *Recht* fassen. Das ius divinum – soweit es sich auf ethische Gehalte bezieht – bleibt vielmehr wesenhaft als theologisches Interpretament dem ius naturale zugeordnet, das sich seinerseits in konkreten konditional gehandhabten kirchlichen und bürgerlichen Rechtsgestaltungen auslegt.

d) Der normative Autoritätsanspruch des kirchlichen Lehramts in „rebus morum“

In ihrer Zuschärfung auf die ethische Frage hin ist die Problematik relativ jung. Sie stellt sich im Gefolge der dogmatischen Definition des Vaticanum I, daß der Papst bei Ex-cathedra-Entscheidungen „in rebus fidei et *morum*“ infallibel sei[24].

---

[24] Vaticanum I, sess. IV, cap. 4 (D 3074).

Zum Begriff „mores":
Lehramtliche Bedeutung gewann das Begriffspaar „fides et mores" erstmals auf dem Konzil von Trient, und zwar im Rahmen der Auseinandersetzung mit der reformatorischen Sola-scriptura-Lehre. Im Gegensatz zu dieser Lehre wurde in der IV. sessio des Konzils dekretiert, daß nicht nur der Schrift, sondern auch der kirchlichen Tradition unmittelbare Bedeutung sowohl in Sachen des Glaubens als auch der „mores" zukomme[25], wobei mit „mores" insbesondere all jene in die Kirchendisziplin fallenden „Sitten" gemeint waren, die, wie Ablässe, Wallfahrten, Heiligenverehrung, überkommene liturgische Formen, von den Reformatoren abgelehnt wurden[26]. Im Blickpunkt stand hier also keinesfalls schon das Problem der „Sittlichkeit" oder des „Sittengesetzes" und seiner Auslegung. Dies wird erst sehr viel später, nämlich seit Beginn des 19. Jahrhunderts, bedeutsam. Erst hier stellt man sich die Frage nach der Kompetenz des kirchlichenLehramtes hinsichtlich der Interpretation der ethisch-normativen Inhalte des Offenbarungsdepositums. Dabei ging es nicht um das Problem einer konkreten Qualifizierung unmittelbarer kirchlicher Stellungnahmen zu anstehenden ethischen Fragen (quaestio facti), sondern vielmehr um das prinzipielle formale Problem der Zuständigkeit des Lehramtes in Fragen der Moral überhaupt (quaestio juris). Mit der Infallibilitätsdefinition des Vaticanum I wird diese grundsätzliche Kompetenz des Lehramtes in ethischen Fragen endgültig qualifiziert. Hierbei griff das Konzil zur Bestimmung dessen, worin der Papst als höchster Inhaber des Lehramtes unfehlbar entscheiden könne, auf die Trienter Formel „fides et mores" zurück, nahm jetzt aber „mores" als Subsumtionsbegriff für *„sittliche Normierung"*. Um sicherzustellen, daß sich die Infallibilität allein auf die Auslegung der „res fidei et morum" des Offenbarungsdepositums erstreckt, lehnte man ausdrücklich jede weitere, diese „res" gegebenenfalls illegitim ausweitende oder auch einengende Präzisierung ab; so etwa den Vorschlag, die Bestimmung „in rebus ... morum" durch „in regulis morum" oder „in principiis morum" zu ersetzen. Man wies darauf hin, daß der Begriff „principia morum" philosophisch-ethische Sachverhalte implizieren könnte, die nicht zur Unfehlbarkeit, die es als solche ausschließlich mit dem Depositum zu tun habe, gehören[27].

Ungeklärt bleibt freilich damit immer noch die quaestio facti. Welche konkreten ethischen Forderungen sind unbezweifelbar Bestandteil des Offenbarungsdepositums? Das Problem verschärft sich im Hinblick auf die dem Depo-

---

25 Tridentinum, sess. IV, cap. 2. Decretum de libris sacris et de traditionibus recipiendis (D 1501).
26 Vgl. hierzu *J. Murphy*, The Notion of Tradition in J. Driedo (Milwaukee 1959) Appendix III, 292–300: „Faith and Morals" at Trent. Ferner *J. David*, Glaube und Sitten: eine mißverständliche Formel, in: Orientierung 35 (1971) 32–34.
27 Mansi 52, 853f., 985f., 1130 (Nr. 45), 1132 (Nr. 58 u. 59), 1224, 1228. Zum Ganzen neuestens *A. Riedl*, Die kirchliche Lehrautorität in Fragen der Moral nach Aussagen des 1. Vatikanischen Konzils (Diss.-Manuskriptdruck; erscheint demnächst).

situm zuzuordnenden und von ihm her auszulegenden Forderungen der „lex naturalis". Wesentlich dürfte hier die Einsicht sein, daß Ex-cathedra-Entscheidungen über *sittliche* Fragen zwar theologisch wie ethisch möglich, im Gegensatz zu Entscheidungen über Glaubensfragen aber faktisch von der Sache her nicht in gleicher Weise notwendig sind. „Es gibt Mysterien des Glaubens, es kann aber keine mysterienhafte sittliche Handlungsnorm geben, deren Richtigkeit im zwischenmenschlichen Handeln nicht positiv einsehbar und eindeutig bestimmbar wäre."[28] Das heißt, auch eine Ex-cathedra-Entscheidung über sittliche Fragen kann sich letztlich nur über Gründe geltend machen, die der Vernunft des Menschen zugänglich sind und als solche kritischer Prüfung standhalten.

Dies darf nun freilich in keiner Weise zugleich als eine Option für die Loslösung der Vernunft sittlichen Handelns von der Vernunft des Glaubens gedeutet werden. Die „lex nova" – Thomas kennzeichnet sie mit Recht zugleich wesenhaft als „lex fidei" – setzt vielmehr die lex naturalis voraus und vollendet sie. Der den letzten Wahrheits- und Sinnhorizont menschlichen Daseins erschließende Glaube erweist sich in seiner motivierenden Kraft ganz und gar nicht als verzichtbarer oder zumindest einflußloser Überbau im Hinblick auf die sittlichen Ordnungsgestaltungen dieses Daseins. Eine aus christlichem Daseinsverständnis erwachsende Moral ist am Ende sonach keineswegs etwa mit einer entsprechenden marxistischen oder buddhistischen Moral deckungsgleich. Unterschiedliche Auffassungen über die letztgründende Logik von Welt und Geschichte führen offensichtlich zu einer je anderen Bewertung der Vernunft von Menschsein und menschlichem Handeln. Dies wirkt sich bis in die konkreten ethischen Leitvorstellungen und normativen Ordnungsgestaltungen hinein aus. Insofern kann z. B. durchaus von einem *christlichen* Eheverständnis oder von einem *christlichen* Armutsideal (Franziskus) gesprochen werden. Unter diesem Aspekt ist es also gar keine Frage, daß der Kirche „in Sachen der Moral" genuine Kompetenz zukommt. Ja, gerade darin liegt ihre eigentliche Aufgabe, das ihr „anvertraute kostbare Gut" (2 Tim 1,4), und das heißt im Hinblick auf Praxis: die wahre Intentionalität der die lex naturalis erschließenden lex nova, immer neu zu konkretisieren und zu verkünden. Solch letzte theologische Begründung, Entfaltung und Ausrichtung sittlichen Handelns kann aber nicht darin liegen, daß sie das kraft natürlicher Vernunft Erkennbare durchkreuzt und zerstört, sondern es vielmehr in seine letzte Wahrheit hebt (Glaube als Vernunft der Vernunft). Gefahren für ihre Autorität und ihren Autoritätsanspruch „in Sachen der Moral" erwachsen der Kirche sonach also nur dort, wo sie sich bereits offen zutage liegenden vernünftigen Gründen und Argumenten gegenüber verschließt.

---

[28] *F. Böckle*, Unfehlbare Normen?, in: *H. Küng* (Hrsg.), Unfehlbar? (Zürich – Einsiedeln – Köln 1973) 280–304, hier 289.

e) Das Zuordnungsverhältnis von Ethik, Theologischer Ethik und Dogmatik im Begründungskontext von Normen

Nach Thomas ist die lex nova Sinnspitze der lex naturalis: glaubensgeleitetes Handeln setzt vernunftgeleitetes Handeln voraus und vollendet es. Dies gilt dann entsprechend auf der Ebene wissenschaftlicher Reflexion auch für das Zuordnungsverhältnis von Theologischer Ethik (= Moraltheologie) und Philosophischer Ethik (bzw. handlungsbezogener Anthropologie und der sich ihr zuordnenden Human- und Sozialwissenschaften). Als glaubensgeleitete übergreifende Wissenschaft vom menschlichen Handeln bleibt Theologische Ethik durchgängig auf all jene Einsichten über die Vernunft menschlichen Handelns zurückverwiesen, die ihr hier als rational zugängliche Einsichten vermittelt werden, um jetzt den sich in ihnen geltend machenden normativen Anspruch *im Sinnhorizont der lex nova* als eines letzten Bezugspunkts christlichen Daseinsverständnisses neu zu bedenken und ihn kritisch einzuordnen.

Damit aber ist gleichzeitig das Zuordnungsverhältnis von Glaubens*praxis* und Glaubens*theorie*, von Theologischer Ethik einerseits und Dogmatik andererseits angefragt. Versteht man mit J. S. Drey Moraltheologie als „umgewandte Dogmatik"[29], so schließt dies seinem Wesen nach ein, daß sich der jeweilige dogmatische Grundsatz (sei er schöpfungstheologisch, christologisch-präsentisch oder christologisch-eschatologisch angelegt) selbst nochmals auf die Grundkonzeption der jeweiligen Theologischen Ethik und damit auf das von ihr her interpretierte christliche Ethos auswirkt. So bleibt es z. B. nicht folgenlos für christliches Handlungsverständnis, ob man, wie Thomas, den Anspruch des Sittlichen von der dogmatisch vermittelten Zielidee der „visio beatifica", der „beseligenden Anschauung Gottes", her auslegt[30] oder ob man ihn, wie J. B. Hirscher, von der Zielidee des „Reiches Gottes" als der in dieser Weltzeit schon angebrochenen weltverändernden Gottesherrschaft her bestimmt[31]. Der erste Ansatz trägt, wie sich später in der Tat gezeigt hat, zweifellos die Gefahr in sich, christliches Handlungsverständnis individualistisch engzuführen und damit zugleich – was von Thomas selbst gewiß nicht intendiert war – die konkreten Weltbezüge zu relativieren. Umgekehrt können aber auch antizipatorisch-eschatologisch ausgerichtete, am Reich-Gottes-Gedanken anknüpfende ethisch-theologische Konzeptionen in die andere Gefahr geraten, über den hierdurch freigesetzten weltverändernden Zukunftsimpuls Gottes Herrschaft mit der Heraufführung einer neuen Gesellschaft allzu voreilig koinzidieren zu lassen und darin die Endlichkeit allen menschlichen Bemühens zu übersehen. Die verheißene Vollen-

---

[29] *J. S. Drey*, Kurze Einleitung in das Studium der Theologie (1819, Neudr. Darmstadt 1971) § 264.
[30] *Thomas von Aquin*, STh I–II qq. 1–5.
[31] *J. B. Hirscher*, Die christliche Moral als Lehre von der Verwirklichung des göttlichen Reiches in der Menschheit (Sulzbach 1835/1836).

dung der Welt und des Menschen transzendiert in Wahrheit zugleich alle innerweltlichen Möglichkeiten.

Christliches Handlungsverständnis kann sonach nicht unabhängig von dem es als genuin christlich ausweisenden generellen *Glaubensgrund* und dessen spezifischen Sichten und Akzentuierungen betrachtet werden. Christliches Glaubenswissen ist zugleich formierendes Prinzip allen christlichen Tuns. Dogmatik ist die unersetzbare bleibende Bezugsgröße aller christlichen Ethik. Angesichts der Tatsache aber, daß christliches Glaubenswissen auf eine Wahrheit zielt, die letztlich Gottes Handeln am Menschen selbst meint, nämlich seine erschaffende, erlösende und vollendende Liebe, kann diese Wahrheit nicht anders begriffen und bezeugt werden denn als eine solche, in der Gottes Handeln zugleich letztes Richtmaß allen menschlichen Handelns wird. Unter dieser Voraussetzung aber muß jetzt auch mit gleicher Stringenz von der Glaubenstheorie als „umgewandter" Moraltheologie gesprochen werden. Der Zeugnisdienst, den Dogmatik zu leisten hat, empfängt seine moralisch maßsetzende Vernunft wesenhaft erst aus einem Glauben, der von der Praxis Gottes selbst her bestimmt ist, einem Glauben, der, wie Thomas sagt, „durch die Liebe wirkt als durch seine eigene Form"[32]. Erst dies macht ihre Glaubwürdigkeit aus, und nur so können Dogmatik wie Moraltheologie jenen Anspruchshorizont offenhalten, der allem menschlichen Tun letzte autoritative Verbindlichkeit einstiftet.

Literatur

1. Die Eigenfunktion rechtlicher und sittlicher Normierungen:
O. v. Gierke, Recht und Sittlichkeit (1916, Darmstadt 1963).
R. Laun, Recht und Sittlichkeit (1924, Berlin ³1935).
W. Weischedel, Recht und Ethik (Karlsruhe 1956).
A. Kaufmann, Recht und Sittlichkeit (Tübingen 1964).
H. L. Schreiber, Der Begriff der Rechtspflicht. Quellenstudien zu seiner Geschichte (Berlin 1966).
W. Maihofer (Hrsg.), Naturrecht und Rechtspositivismus? (Darmstadt 1962).

2. Religiöse und profane Fundierung des Autoritätsanspruchs von Normen:
W. Hellpach, Das Magethos (Stuttgart 1947).
E. A. Hoebel, Das Recht der Naturvölker (Olten 1968).

3. Die Autoritätsstruktur von Normen als theologisches Problem:
W. Kluxen, Philosophische Ethik bei Thomas von Aquin (Mainz 1964) 230–241.
W. Korff, Norm und Sittlichkeit (Mainz 1973) 42–61.

4. Der normative Autoritätsanspruch des kirchlichen Lehramtes in „rebus morum":
F. Böckle, Die Kirche und ihr Lehramt. In diesem Band, S. 269–281.

5. Das Zuordnungsverhältnis von Ethik, Theologischer Ethik und Dogmatik im Begründungskontext von Normen:
J. S. Drey, Kurze Einleitung in das Studium der Theologie (1819, Neudr. Darmstadt 1971) § 264.

Wilhelm Korff

[32] „Fides non operatur per dilectionem sicut per instrumentum, ut dominus per servum, sed sicut per formam propriam" (STh II–II q. 23 a. 6).

III

Die naturale und geschichtliche Unbeliebigkeit menschlicher Normativität

Die Tatsache, daß die Welt der Normen, die menschliches Handeln regelt, eine höchst differenzierte Architektur aufweist, ist im Verfolg der Entstehungsgeschichte der einzelnen Normarten hinlänglich deutlich geworden. Der Mensch sieht sich unter den Anspruch von Normen gestellt, die ihre Autorität und Durchsetzbarkeit ganz unterschiedlichen Gründen und Wirkgesetzlichkeiten verdanken. Was sie also in ihrer je besonderen Autoritätsstruktur sittlich rechtfertigt, konnte entsprechend auch nur über eine Analyse dieser sie je tragenden autoritätstiftenden Gründe und Wirkgesetzlichkeiten ausgemacht werden.

Unabhängig von dieser spezifischen Legitimationsproblematik, die sich mit dem Tatbestand der unterschiedlichen Normarten stellt, bleibt nun aber die Frage, woraus denn nun die einzelnen Normen selbst, über welche autoritativen Strukturformen sie sich auch immer vermitteln, ihre konkrete sittliche Vernunft gewinnen. Denn was sie am Ende wirksam werden läßt, ist nicht mit der jeweiligen autoritativen Strukturform, über die sie sich geltend machen, ausdefiniert, sondern lebt zugleich wesentlich aus dem, was sie inhaltlich anzielen und fordern. Das aber kann sich seinerseits nur von einer Anspruchswirklichkeit her begründen, die alles Handeln trägt, nämlich der Anspruchswirklichkeit des Menschen selbst. Was immer den Menschen in seinem Handeln normiert, bleibt als Produkt seiner eigenen Selbststeuerung an dessen Bedingungen und Möglichkeiten und damit an seine „Natur“ zurückgebunden. Zum konstitutiven Wesen dieser Natur aber gehört es, daß sie von sich aus wirkt und da ist, darin aber zugleich auf eine Vernunft hin angelegt ist, die das, was da von sich aus gegeben ist und wirkt, je und je aufnimmt, auslegt und auf humanen Sinn hin entwirft: als Vernunftnatur vollzieht sie sich wesenhaft in Geschichte.

1. Vernunft als Ermöglichungsgrund des Sittlichen in Geschichte

Zu den kategorialen Grundbestimmungen der menschlichen Natur gehört ihre Zeitgestalt. Menschliches Dasein – sich selbst aufgegeben – vollzieht und entfaltet sich in der Zeit und bleibt an sie zurückgebunden. Darin liegt zugleich dasjenige begründet, was Heidegger als ein dem Menschen wesenhaft eigenes „Existenzial“ bezeichnet, seine „*Geschichtlichkeit*“. An eben dieser Geschichtlichkeit partizipieren auch all jene „Regulative menschlichen Deutens, Ordnens und Gestaltens“, die wir im Normbegriff zusammenfassen: *Normen* sind *geschichtliche* Größen. Unter dem Aspekt der Zeitstruktur von Geschichtlichkeit kann dies aber ein zweifaches bedeuten: einmal, sie sind nicht von vornherein, gleichsam von selbst da, sondern werden erst mit der Zeit, im Laufe der Geschichte erkannt und verbindlich gesetzt *(progressiver Zeitaspekt);* zum anderen, sie bleiben, gebunden an jeweilige geschichtliche Voraussetzungen, wesenhaft zeitbedingt *(konditionaler Zeitaspekt).* Der erste Aspekt schließt die Möglichkeit von Fortschritt ein und damit gegebenenfalls die moralische Irreversibilität von bereits Erkanntem, d. h., man kann hinter bestimmte Einsichten, und zwar auch solche ethischer Art, nicht mehr ohne Preisgabe an rationaler und humaner Substanz zurück. Von hier aus sucht sich aber zugleich auch der sehr viel weiter reichende Gedanke einer möglichen definitiven Auslichtung menschlicher Normativität überhaupt im Sinne der „posthistoire", der Vision einer durchrationalisierten „nachgeschichtlichen" Welt, zu legitimieren (Cournot). Erst der zweite, *konditionale* Zeitaspekt im Wesen von Geschichtlichkeit als menschlichem Existenzial scheint demgegenüber solche Hoffnung zunichte zu machen. Hierbei wird noch zu fragen sein, worin die Wurzeln dieser Zeitbedingtheit und damit der bleibenden Geschichtlichkeit allen menschlichen Denkens, Wollens und Handelns liegen.

Mit der Kategorie „Zeit" allein ist die Geschichtlichkeit menschlichen Daseins und Daseinsvollzugs freilich noch nicht zureichend bestimmt, insofern nicht nur dem Menschen, sondern allem geschöpflichen Sein Zeitgestalt zukommt. Geschichtlichkeit als Existenzial des Menschen impliziert vielmehr darüber hinaus, daß der Mensch als das sich selbst entwerfende Wesen sein Leben führen, das, was sein soll, erst erkennen und die Inhalte seines Daseins, die Formen seines Zusammenlebens je und je selbst erstellen muß. Das aber setzt seinerseits eine zeitunabhängige metageschichtliche Potenz im Menschen voraus, die ihn als solche überhaupt erst zu geschichtlicher Selbstentfaltung befähigt und freisetzt: seine Vernunft als geistige Mächtigkeit zur Erkenntnis und Unterscheidung von Wahr und Falsch, von Gut und Böse.

Auf diese fundamentale Wahrheit, daß sich die menschliche Erkenntnis- und Entscheidungsvernunft als solche eben nicht aus äußeren Vermittlungen herleitet, sondern daß sie als Grundvermögen allen Wissens und Gewissens und darin als die dem Menschen ursprünglich eignende Bedingung aller Normativität mit dem Menschsein selbst unmittelbar gegeben ist, zielt bereits Platon, wenn er seinen sophistischen Gegnern vorhält, daß sie nach einem Sittlichkeitsverständnis verfahren, als gäbe es „ganz und gar kein in der Seele ursprünglich gelegenes Wissen, und sie setzten es hinein, als wenn sie blinden Augen Sehkraft einsetzten"[1]. Kein Geringerer als Hegel, der wie niemand vor ihm die Prozeßhaftigkeit des geschichtlichen Vermittelns und Vermitteltseins der Vernunft menschlicher Normativität erkannt und reflektiert hat, nimmt ausdrücklich diese Grundeinsicht auf, wenn er in Anknüpfung an Platons Anamnesislehre zu

---

[1] *Platon,* Politeia 518b 7ff.

dem Axiom gelangt: „Recht und Sittlichkeit werden durch Belehrung und Geschichte nur erregt; denn die Wahrheit liegt stets im Menschen, er ist Geist.“ [2] – Ebenso ist aber auch für Kant der Mensch bereits aufgrund seines Wesens, von seiner natürlichen Ausstattung her, zur Unterscheidung von Gut und Böse fähig. Das „moralische Gefühl“ für Gut und Böse, wie es sich im „Gewissen“ Ausdruck verschafft, ist nach Kant „nicht etwas Erwerbliches“, sondern „jeder Mensch als sittliches Wesen hat ein solches ursprünglich in sich“. Es ist letztlich die ihn als *Menschen* und darin als unbedingten „Zweck an sich selbst“ in Pflicht nehmende „praktische reine Vernunft“, die ihm diese Fähigkeit zur Unterscheidung von Gut und Böse vorweggibt und aus der sich sein Gewissen konstituiert[3].

Stärker noch betont Thomas von Aquin, daß diese Fähigkeit im Wesen der normativen Kraft der menschlichen Vernunft selbst gründet, die sich als praktische Entscheidungsvernunft notwendig und immer in einer von Angemessenheit und Unangemessenheit, von Vernunft und Unvernunft, von Gut und Böse bestimmten Strukturlosigkeit bewegt. Hier zeigt sich, daß theoretisch-verifizierende und praktisch-handlungsregelnde Vernunft ihrer Wurzel nach einem einzigen Prinzip folgen: dem Kontradiktionsprinzip. Es ist dem Menschen unmöglich, die Deutung oder Ordnung eines Sachverhalts unter Heranziehung ein und derselben Gründe zugleich als wahr und falsch bzw. zugleich als gut und als schlecht zu behaupten. Hieraus gewinnt menschliches Erkennen und Handeln bei aller Relativität der Gründe, von denen her es sich im einzelnen inhaltlich bestimmen mag, nicht nur den Charakter des Unbeliebigen, sondern zugleich die tatsächliche jeweilige Unbedingtheit seines normativen Anspruchs. Unter dieser Voraussetzung aber ergibt sich aus der Strukturlogik der menschlichen Vernunft selbst das erste und allgemeinste Prinzip menschlichen Handelns: „Das Gute ist zu tun und das Böse zu meiden“, als schlechthin unzerstörbarer Kern der lex naturalis[4]. Dasjenige, was menschlichem Deuten, Gestalten und Ordnen in all seiner Geschichtlichkeit Vernunft verleiht und darin Geltung verschafft, begründet sich somit selbst nicht wiederum geschichtlich, sondern natural. Das aber bedeutet, der Mensch ist vernünftiges, sittliches normatives Wesen nicht erst kraft seiner Geschichte, sondern kraft seiner Natur als Vernunftnatur. Kraft dieser Vernunftnatur vermag der Mensch sein Handeln in Geschichte zu gestalten und in normativen Sinnentwürfen zu artikulieren. Was nun aber andererseits den einzelnen Sinnentwürfen ihre jeweilige *inhaltliche* Qualifikation verleiht, findet der Mensch nicht schon in dieser seiner naturhaft gegebenen Vernunft als *Vernunft* vor, sondern gewinnt er erst aus der inneren

---

[2] Vgl. *G. W. F. Hegel*, Vorlesungen über die Philosophie der Religion, ed. Lasson XII (Philos. Bibl. 59) 94.

[3] *I. Kant*, Die Metaphysik der Sitten, ed. Weischedel IV (Darmstadt 1956) 531.

[4] STh I–II q. 94 a. 2.

Anspruchslogik jener Strukturvielfalt naturaler Gesetzlichkeiten, auf die sich diese Vernunft als Funktion einer sich in Geschichte entfaltenden *Natur* verwiesen sieht.

2. Die Natur-Kultur-Verschränkung menschlichen Handelns

Es liegt in der Konsequenz der Geschichtlichkeit des Menschen, daß sich ihm seine Natur, aus der er sein Handeln zu begründen und zu rechtfertigen sucht, nicht als eine eindeutig bestimmbare Größe darbietet. Wo immer sich die menschliche Vernunft auf Natur beruft, beruft sie sich auf eine bereits geschichtlich entfaltete, sozio-kulturell interpretierte Natur. Der Mensch ist für sein Handeln zwar auf ein naturales Potential angewiesen, findet sich aber konkret immer schon als Produkt kultureller Naturentfaltung vor. Er kann nicht mehr ohne weiteres zwischen naturalem Grundbestand und kultureller Prägung unterscheiden. Der Mensch ist das Wesen der Natur-Kultur-Verschränkung. Dies läßt sich phylogenetisch ebenso belegen wie ontogenetisch und experimentell.

So hat die paläoanthropologische Forschung aufgewiesen, daß die sozio-kulturelle Entwicklung des Menschen nicht erst dort beginnt, wo dessen biologische Evolution bereits zum Abschluß gekommen ist, sondern daß von Anfang an ein komplementäres Verhältnis zwischen beiden besteht. Die Fähigkeit des Menschen zur Ausbildung sozio-kultureller Organisationsformen hat biologisch die Entwicklung des Großhirns zur Voraussetzung. Zugleich aber erweist sich umgekehrt die Entwicklung des Großhirns, die zum Auftreten des homo sapiens führte, ihrerseits als Resultante bereits erreichter sozio-kultureller Vorbestände. „Biologische und kulturelle Evolution sind zwei Aspekte, zwei aufeinander bezogene und interferierende Entwicklungspole des Gesamtphänomens der Menschwerdung“: „Der Mensch ist von Natur aus ein Kulturwesen, weil er von der *Kultur* her ein Naturwesen ist.“[5].

Dasselbe bestätigt sich unter ontogenetischem Aspekt. Die biopsychische Entfaltung des einzelnen Menschen läuft wesenhaft über sozio-kulturelle Einflußfaktoren. Diese Wechselwirkung, die bereits pränatal mit Ausbildung des zerebralen Nervensystems einsetzt, setzt sich verstärkt – nunmehr weitgehend über Interaktionssymbole vermittelt – in der fetalen Phase des ersten Lebensjahres (Portmann: „extrauterines Frühjahr“) als der Phase der „sozialen Geburt“ fort[6], um dann mit der „sekundären Sozialisation“ über die Schwelle der Sprache eine dritte Stufe zu erreichen, die den das ganze Leben währenden Prozeß sozio-kultureller Mediatisierung, Selbstfindung und Produktivität eröffnet.

---

[5] *E. Morin,* Das Rätsel des Humanen. Grundfragen einer neuen Anthropologie (München – Zürich 1975) 107, 105.

[6] *A. Portmann,* Die Zoologie und das neue Bild vom Menschen (Hamburg 1951).

Wie sehr all das, was dem Menschen in seinen eigenen Reaktionseinstellungen und individuellen Produktivitäten als natürliche Disposition erscheint, bereits durch sozio-kulturelle Vorgaben und Lernsequenzen gesteuert und eingefärbt ist, läßt sich nicht zuletzt auch eindeutig experimentell belegen. Dies zeigt z. B. das Ergebnis eines Versuchs des amerikanischen Sozialpsychologen Stanley Schachter[7]. Zur Feststellung emotionalen Engagements bei gleichgelagerter physiologischer Ausgangslage injizierte Schachter Versuchspersonen eine gleichdosierte Menge Adrenalin. Im Anschluß daran konfrontierte er sie jedoch unterschiedlichen Situationen. Im einen Falle ließ er sie – scheinbar zufällig – mit einem Testbegleiter zusammentreffen, der sich unbeschwert und gänzlich gelöst gab, im anderen Falle dagegen mit einem solchen, der ein mißgelauntes, bedrücktes Verhalten an den Tag legte. Die Versuchspersonen beschrieben später ihren eigenen emotionalen Zustand entsprechend unterschiedlich, nämlich ganz analog den Einflüssen, denen sie ausgesetzt waren. Das Experiment bewies, daß Emotionen, die auf völlig gleiche Weise durch Hormoninjektionen herbeigeführt worden waren, ihre spezifische Eigenart erst durch einen kognitiven Deutungsvorgang erhalten. Es zeigt sich also, „daß das Bewußtsein, durch hohe neurologische Organisation ermöglicht, seinerseits gleichsam mit eigengesetzlichen Figuren rücksteuernd in die physiologische Basis eingreifen kann“[8]. Organische Vorgänge verquicken sich mit geistigen und bewirken zusammen den psychischen Gefühlszustand. Sie bilden einen Funktionszusammenhang, in dem komplizierte nervliche Abläufe Voraussetzung und Grundlage von bewußten Erkenntnisleistungen sind, zugleich aber die kognitiven Lernprozesse auf die nervlichen Abläufe zurückwirken. Vermöge dieser „lenkenden Rücksteuerung“ des Geistes ergeben sich Verhaltensweisen, die weder der Natur noch allein der Kultur zugeordnet werden können.

Angesichts dieses schlichten, experimentell nachweisbaren Tatbestandes menschlicher Natur-Kultur-Verschränkung, mit dem sich kognitive Deutungsvorgänge geradezu als Abrufmuster naturaler menschlicher Antriebe und Entfaltungsmöglichkeiten erweisen, könnte sich nun aber die Vorstellung nahelegen, daß die naturale Basis menschlichen Verhaltens eine schlechthin unstrukturierte, gesetzlose Größe ist, ein formloser Grundstoff, der erst durch kulturelle Leistungen seine Architektur empfängt. Zugleich fiele damit dann aber auch von vornherein jeder Versuch in sich zusammen, die Vernunft menschlichen Handelns auf natural vorgegebene Bedingungsgesetzlichkeiten zurückführen und von ihnen her legitimieren zu können. Es stellt sich also jetzt die Frage, ob die menschliche Natur nicht doch solche Bedingungsgesetzlichkeiten erkennen läßt, die dann als solche auch ihrerseits wiederum zugleich in allen kulturellen Vermittlungen und Ausformungen präsent und wirksam sind.

---

[7] Hierzu *G. Schmidtchen*, Manipulation – Freiheit negativ (Neuwied – Berlin 1970) 35.
[8] Ebd. 60.

3. Naturale Bedingungsstrukturen des Sittlichen

Zweifellos besitzt der Mensch in der Vernunft ein Wirkvermögen, das ihn in seiner Sonderstellung begründet, das ihn befähigt, Wirklichkeit zu erkennen, Erkanntes auf seinen Sinn hin zu befragen, es in seinen Lebensprozeß einzubringen und darin für sich selbst handlungswirksam zu machen. Gerade damit aber erweist sich die Vernunft keineswegs als voraussetzungslos, sondern an Bedingungen zurückgebunden, die sie überhaupt erst als eigene Wirkkraft ermöglichen und die Weisen ihres Tätigwerdens vorstrukturieren. Sie bleibt Teil und Funktion einer Natur, die von sich aus da ist und wirkt.

So stellt die menschliche Vernunft keine freischwebende, von biologischen Prämissen unabhängige und losgelöste Größe dar, sondern hat in all ihren Prozessen ein hochkomplexes System neurophysiologischer Bedingungen zur Voraussetzung. Aber auch die Art und Weise ihres Tätigwerdens, die *Grenzen,* innerhalb deren sie sich jeweils bewegt, die *Interessen,* die sie leiten, die *Funktionszusammenhänge,* die sie als je vernünftig ausweisen, sind nicht allein durch sie selbst gesetzt, sondern in allem durch eine ihr je vorgegebene Natur mitbestimmt. Diese Natur ist zunächst vorgängig von genetischen Faktoren gesteuert, die die Entfaltung des Menschen bewirken, die Fülle der ihm jeweils eigenen Möglichkeiten disponieren, ihm aber damit zugleich auch unaufhebbar Grenzen setzen. Innerhalb dieses von Mensch zu Mensch variierenden genetisch ausgesteuerten Bedingungsrahmens zeichnen sich dann nochmals generelle phylogenetisch verankerte „biologische Radikale" ab[9], die es erlauben, von menschlichen *Grundbedürfnissen* zu sprechen, die eine überall gleichgelagerte, die Lebensvollzüge steuernde vitale und emotionale Interesseneinheit herstellen. Jeder Mensch hat Hunger, braucht Schlaf, ist libidinös appetent, sucht Geborgenheit, strebt nach Anerkennung und tendiert immer neu über seine jeweilige Erlebniswelt hinaus. Unter diesem Aspekt aber erscheint es ebenso notwendig wie sinnvoll, die dispositive Kraft der Einheit menschlichen Handelns nicht nur vom Tatbestand der „Vernunftbegabtheit" des Menschen her zu bestimmen, sondern zugleich auch von ihm eignenden Grundbedürfnissen her, die sich in und bei aller sozio-kulturellen Überformung gleichermaßen durchhalten. Sie sind gleichsam die elementaren Impulsgeber, aus denen menschliches Handeln erwächst und in denen es immer wieder übereinkommt. Dennoch geben sie diesem Handeln nicht schon von sich aus seinen humanen Sinn. Andernfalls würde sich nämlich Kultur völlig erübrigen und der blanke Rückgriff auf diese Bedürfnisse genügen, um den homo humanus zu gewährleisten. Bliebe jedoch umgekehrt der homo humanus zu seiner Verwirklichung auf reine Vernunft gestellt, so müßte er seine naturale Bedürfniswelt notwendig als etwas nehmen,

---

[9] *R. Bilz,* Paläoanthropologie. Der neue Mensch in der Sicht einer Verhaltensforschung I (Frankfurt a.M. 1971) 111–131.

das es um der eigenen humanen Verwirklichung willen letztlich nur zu zähmen oder gar zu eliminieren gilt. Damit aber hätte er sich wiederum den Weg zu jeder genuin *menschengemäßen* Kultur seiner Bedürfnisse abgeschnitten. Was also den Menschen in Wahrheit auf dem Weg zum Stand seines Menschseins hält, ist weder die blanke Bedürfniswelt noch die blanke Handlungsvernunft als solche, sondern kann nur aus der strukturierenden Kraft von *Wirkgesetzlichkeiten* begriffen werden, die die menschliche Natur gleichsam von sich aus zu sich selbst befördern und sie als eine auf humane Verwirklichung hin angelegte Natur erkennen lassen. Denn erst mit ihnen hat die menschliche Natur das Instrumentarium, das die ungeregelte Fülle und Punktualität ihrer Bedürfnisse je und je steuert und auf einen Sinn bringt, der von der Vernunft als human vernünftig ergriffen werden kann. In dieser ihrer elementaren regulativen Kraft müssen sie dann aber auch bis in die vielfältigen sozio-kulturellen Ausgestaltungen, Überformungen und Zielsetzungen menschlichen Handelns hinein als unverzichtbares normdisponierendes Movens wirksam und erkennbar bleiben, soll kulturbestimmtes und damit geschichtliches Handeln überhaupt menschlich und d. h. letztlich *natürlich* sein. Mit anderen Worten, all das, was der Mensch in Zeit und Geschichte an Handlungsstilen hervorgebracht hat, das also, was sein Leben als Mensch unter Menschen je und je normativ regelt und formt, ist nur in dem Maße zugleich auch als human ausgewiesen, als es von eben diesen naturalen Wirkgesetzlichkeiten her bestimmt ist und diese in seinen konkreten Ausgestaltungen einlöst und geltend macht.

Welches aber sind nun diese Wirkgesetzlichkeiten, die das Leben des Menschen unter Menschen von seiner naturalen Basis her steuern und sein Handeln als sittliches Wesen disponieren?[10] Ansatzweise zeichnet sich diese Frage schon in der Ethik Kants ab, wenn er die natürlichen Triebfedern jeglichen Umgangs des Menschen mit dem Menschen durch den Antagonismus einer „ungeselligen Geselligkeit" bestimmt sieht und das darin waltende Gesetz von „Anziehung und Abstoßung" auch auf der moralischen Ebene in der distanzhaltenden „Achtung" vor dem anderen und dem zuwendungsspezifischen „Wohlwollen" gegenüber dem anderen als den beiden tragenden sozialen „Tugendpflichten" wiedererkennt[11]. Ähnlich charakterisiert Simmel das die menschliche Lebenswirklichkeit tragende Gestaltungsgesetz als ein Zusammenwirken von „attraktiven" und „repulsiven" Kräften, von „Harmonie und Disharmonie", von Assoziation und Konkurrenz"[12]. Sowohl bei Kant als auch bei Simmel erscheint freilich die zuwendungsspezifische „Vergesellschaftung" und „Harmonie" bewirkende Kraft in ihrer Wirkweise noch zu undifferenziert gefaßt, und zwar

---

[10] Zum folgenden vgl. *W. Korff*, Norm und Sittlichkeit (Mainz 1973) 76–101.

[11] Vgl. *I. Kant*, Idee zu einer allgemeinen Geschichte in weltbürgerlicher Absicht, Vierter Satz, ed. Weischedel VI 37ff; *ders.*, Die Metaphysik der Sitten, ed. Weischedel IV 585.

[12] *G. Simmel*, Soziologie (1908, Berlin ^{4}1958) 187, 321.

insofern, als menschliches Zueinander auch seinerseits nochmals ambivalent ist, nämlich einmal von einem *selbstbezogenen* Grundinteresse bestimmt sein kann, das sich den anderen zunutze machen und ihn gebrauchen will, zum anderen aber von einem *selbstlosen* Grundinteresse, das für den anderen um seiner selbst willen dasein will. Auf eben dieser Differenz des sachhaft gebrauchenden gegenüber dem fürsorgenden Aspekt im Lebensumgang des Menschen haben insbesondere Vierkandt[13] und Gadamer[14] aufmerksam gemacht. Entsprechend gelangen sie von hier aus zu *drei* interaktionellen Grundeinstellungen menschlichen Verhaltens, nämlich erstens einer *sachhaft-gebrauchenden* (verdinglichenden), kraft deren sich der eine den anderen in der Vielfalt seiner individuellen Möglichkeiten und Interessen zunutze macht, zweitens einer *konkurrierenden* (aggressionsspezifischen), kraft deren sich der eine dem anderen gegenüber zu behaupten und ins Recht zu setzen sucht, um so seinen Selbstand und seine Eigenwertigkeit zu sichern, und schließlich drittens einer *fürsorgenden* Grundeinstellung, kraft deren der eine den anderen nicht überspielt, sondern ihn vielmehr in seinem Sein und Seinkönnen um seiner selbst willen annimmt und zustande bringt. Was hier gleichsam nebeneinandergestellt erscheint, wird man dann aber nochmals in einen strukturlogischen Funktionszusammenhang übersetzen müssen, wie er letztlich schon im Ansatz Kants und Simmels angezielt war, d. h., diese Grundeinstellungen dürfen nicht einfachhin einander entgegengesetzt und gegeneinander ausgespielt werden, sondern müssen als sich gegenseitig bedingende und einander korrigierende Strukturmomente begriffen werden, aus denen menschliches Handeln in der Vielgestalt seiner Möglichkeiten letztlich lebt und seine jeweilige humane Vernunft empfängt. Ein Handlungskonzept erscheint sonach nicht schon dadurch ethisch legitimiert, daß es ausschließlich von *einer* der drei genannten Einstellungen bestimmt wird, sondern erst aus deren jeweiligem Zusammenspiel. Erst dieses Zusammenspiel, innerhalb dessen jeweils einer der drei Grundeinstellungen die Führung zufallen kann, sichert die Chance seiner vernünftigen humanen Gestaltung.

So dominiert z. B. bei einem Kaufakt, bei dem es um das Erwerben einer Ware geht, das „sachhaft orientierte Einander-Gebrauchen". Der eine ist dem anderen „zu etwas da". Dennoch würde es zugleich dem Wesen eines Kaufaktes zuwiderlaufen, wenn in ihm neben jenem sachhaften Bezugsmodus nicht auch der konkurrierende – hier in der Form monetärer Gegenleistung – ebenso gewahrt bliebe wie der fürsorgende, ohne den der konkurrierende seinerseits wiederum das dem Kaufakt zugrunde liegende Umgangsverhältnis in ein gegenseitiges Überspielen und Übervorteilen des einen durch den anderen verfremden ließe.

Anders beim Leistungskampf in Sport, Spiel und Beruf. Hier herrscht die konkurrie-

---

[13] *A. Vierkandt,* Gesellschaftslehre (1922, Stuttgart ²1928) 394–504.

[14] *H. G. Gadamer,* Wahrheit und Methode. Grundzüge einer philosophischen Hermeneutik (1960, Tübingen ²1965) 340–344.

rende Einstellung vor. Dennoch bleiben auch hier die beiden übrigen Bezugsmodi inhärent wirksam. Denn wo immer Menschen sich gegenseitig fordern und messen, treten sie zugleich notwendig in ein sachhaft-funktionales Zuordnungsverhältnis des Einander-Gebrauchens: indem sie miteinander konkurrieren, sucht der eine über den anderen verfügende Herrschaft zu gewinnen, und zwar durch Erweis einer Leistung oder Eigenschaft, die der andere nicht oder nur in geringerem Maße zu erbringen vermag. Damit nun aber dieses Verhältnis menschlich-kommensurabel bleibt, muß darin zugleich auch ein fürsorgendes Zueinander gegenwärtig sein, das das Konkurrieren auf ein Sichmessen unter vergleichbaren Bedingungen und Größenverhältnissen einschränkt (Fairneß). Ein Leistungskampf zwischen ungleichen Partnern und mit ungleichen Mitteln würde letztlich zu einem Kampf aller gegen alle ausarten und so menschliches Zusammenleben zerstören.

Weniger eindeutig scheint sich die Kombination der drei Grundeinstellungen als Strukturgesetz menschlichen Verhaltens an spezifischen Handlungen *sozialer Hilfestellung* zu erweisen, denn ihr Motiv scheint allein die Hilfsbedürftigkeit des anderen zu sein. Der Impuls, zu helfen und zu schützen, läßt hier Regungen der Konkurrenz und des Gebrauchens des anderen anscheinend überhaupt nicht aufkommen. In Wahrheit wäre aber solches Handeln, das ja gerade darauf abzielt, den anderen zu sich selbst zu bringen, sein Selbstbewußtsein und seine Durchsetzungsfähigkeit zu stärken, völlig unwirksam, wenn nicht der Fürsorgende seinerseits seine eigene Selbstmächtigkeit und sein eigenes Suchen nach Sinnerfüllung einbrächte. Dabei kommt dann aber auch der konkurrierende Impuls zum Zuge. Er sichert dem Fürsorgenden den Selbstand, der notwendig ist, um den Betreuten zu eigener Selbständigkeit zu befreien, statt sich von ihm vereinnahmen und verbrauchen zu lassen. Durch die Verbindung mit den anderen beiden Komponenten wird der Fürsorgeimpuls davor bewahrt, in ein Herrschafts- und Besitzverhältnis umzuschlagen, indem der Fürsorgende vom Betreuten beherrscht und ausgenützt wird – oder auch umgekehrt.

Das die menschliche Lebenswirklichkeit tragende Gestaltungsgesetz ist seiner Natur nach demzufolge triadisch strukturiert, also gleichermaßen auf *Bedürfniserfüllung, Selbstbehauptung* und *Fürsorgebereitschaft* hin ausgerichtet. Keine der drei Komponenten ist entbehrlich, jede für sich genommen bliebe abkünftig. Wir haben es mit einem in sich kommunizierenden naturalen Strukturgesetz zu tun, das sich zwar seinen der Anschauung zugänglichen Konkretionen nach in einer Vielfalt von Brechungen, Überlagerungen und Dominanzordnungen darbietet, das sich aber dennoch als eine sich von der Natur der Sache her aufzwingende Wirklichkeit erweist. Insofern kann also die Natur des Menschen als soziale nicht anders begriffen werden, denn in der Weise einer „Perichorese", eben jener sich gegenseitig bedingenden und korrigierenden Bezugskomponenten.

Daß es sich hierbei aber in der Tat um *natural* angelegte Wirkkräfte handelt, die als solche ihrer Wurzel nach nicht erst Produkte menschlicher Kulturstilisierung sind, sondern schon die interaktionellen Organisationsformen der höheren Lebenswelt durchgängig bestimmen, hat die moderne ethologische Forschung mit einer überwältigenden Fülle von Beweismaterial abgestützt[15]. Danach sind die

---

[15] Hierzu *A. Portmann*, Das Tier als soziales Wesen (Zürich 1953); *A. Remane*, Das soziale Leben

das Sozialgefüge der höheren Lebensformen tragenden Kräfte im wesentlichen durch drei ihrem biologischen Alter und ihrer stammesgeschichtlich ursprünglichen Funktion nach unterschiedliche, ineinanderwirkende Antriebsimpulse bestimmt: erstens durch die „intraspezifische Aggression", die über die Einstufung des Artgenossen als Rivalen bei gleichzeitiger Bindung an ihn zur Ausbildung von Rangordnungen führt[16]; zweitens durch die „sozialisierende Angst", den Elementarimpuls sozialer Kontraktion, die den Artgenossen „Fluchtziel" werden läßt, dessen Nähe Geborgenheit und „Heimvalenz" vermittelt[17] – in ihr eröffnet sich zugleich die Möglichkeit des „Den-anderen-Gebrauchens"; drittens durch den stammesgeschichtlich im „Brutpflegetrieb" wurzelnden Fürsorgeimpuls, der über die Aggressionsbarriere hinweg interaktionelle bzw. gruppenspezifische Bindung bewirkt, und zwar ohne daß das aggressionsspezifische Moment hierbei generell eliminiert wird[18]. Erst im Schnittpunkt der drei Antriebsmomente bildet sich Individualität in Sozialität aus, dem Charakteristikum aller höheren Lebensform: „Nicht die Individuen schließen sich zu Sozialgruppen zusammen, sondern die höhere Lebensform kennt Individuen nur in dieser obligatorischen Ordnung von Gruppen."[19]

Eben dieses naturale Gestaltungsgesetz aber bleibt auch für die menschliche Lebenswirklichkeit bestimmend: der Mensch ist dem Menschen Bedürfniswesen, Aggressor und Fürsorger *zugleich*. In dieser seiner inneren Verknüpfung bildet es gleichsam die naturale *Metanorm*, von der menschliches Handeln getragen ist und getragen bleiben muß, soll es sich als menschlich vernünftiges Handeln erweisen. Es ist das Regelfeld, innerhalb dessen sich alle sittlich verantwortbare Verhaltensnorm bewegt. Hieraus aber ergeben sich nun entscheidende Konsequenzen sowohl im Hinblick auf die ethische Bewertung der einzelnen Antriebe selbst als auch im Hinblick auf die ethische Bewertung und Einordnung konkreter Handlungsstile, Sollensforderungen und Tugenden: das Gute bzw. Schlechte menschlichen Verhaltens kann unter dem Gesichtspunkt des Naturalen immer nur vom Ganzen der naturalen Komponenten, von ihrem Fließgleichgewicht her bestimmt werden. Das Gute erweist sich als jeweilige vernünftig-konstruktive Ausfaltung des Regelfeldes, während sich das Schlechte als destruktive Verkürzung darstellt.

Damit ist zunächst all jenen Theorien der Boden entzogen, die, auf der Suche nach der wahren Wurzel des Bösen, diese in einer der genannten Antriebs-

---

der Tiere (Hamburg 1960); *K. Lorenz*, Das sogenannte Böse. Zur Naturgeschichte der Aggression (Wien 1963); *I. Eibel-Eibesfeldt*, Liebe und Haß. Zur Naturgeschichte elementarer Verhaltensweisen (München 1970).

16 Vgl. *K. Lorenz*, a.a.O. 89–117; *I. Eibel-Eibesfeldt*, a.a.O. 79–84; *W. Wickler*, Die Biologie der Zehn Gebote (München 1971) 98–117.

17 *I. Eibel-Eibesfeldt*, a.a.O. 138–148.

18 Ebd. 150–176.

19 *A. Portmann*, a.a.O. 331.

komponenten glauben unmittelbar ausmachen zu können, mag diese Wurzel nun, wie in Stoa, Neuplatonismus und der hiervon maßgeblich beeinflußten frühchristlichen Erbsündelehre und Sexualethik, „Konkupiszenz" heißen oder, wie in den mannigfaltigen Spielformen des Marxismus und Neomarxismus, „Verdinglichung" oder schließlich, wie in den antiautoritären Theorien und Programmen der jüngsten Jahre, „Aggression"[20]. Immer geht es um die Bestimmung des Bösen aus eindimensionalen Wurzeln. Um seiner habhaft zu werden, um es dingfest zu machen, wird von der Entartungsgestalt eines Antriebs auf das in sich Schlechte und Böse dieses Antriebs selbst geschlossen. Dabei wird übersehen, daß sowohl die vielfältigen Formen des „Begehrens" und der daraus resultierende sachhaft-gebrauchende „verdinglichende" Impetus im Umgang des Menschen mit dem Menschen als auch das „Irascibile", das „Eiferartige", im Menschen und der von ihm her bestimmte Wille zur Selbstdurchsetzung und Selbstverwirklichung für den Aufbau menschlicher Lebenswirklichkeit gleichermaßen wesentlich sind[21]. Ihre konstruktive Funktion erscheint gewahrt, solange sie eingebunden bleiben in eine sie nochmals je und je übergreifende, vom Fürsorgeimpuls bestimmte Grundhaltung. Unter naturalem Aspekt kann „das Böse" immer nur als Reduktion, als Mißachtung und Auflösung des Regelfeldes begriffen werden.

Entsprechendes gilt dann aber auch im Hinblick auf die Frage nach naturalen Wurzeln des Guten. Auch hier greift jeder Versuch zu kurz, nunmehr etwa im Fürsorgeimpuls die eigentliche und einzige naturale Ursprungskraft des Guten ausmachen zu wollen. Fürsorgende Haltung bedarf zu ihrer ethischen Vollgestalt nicht nur des Antriebs zu helfen und der Bereitschaft zur Hingabe, sondern ebenso wesentlich der Selbstbewahrung, des Selbstandes und der inneren Souveränität gegenüber dem, dem sie sich liebend zuwendet. Andernfalls droht auch sie zu entarten und in ein Überherrschungsverhältnis umzuschlagen, bei dem entweder der Bedürftige in materielle bzw. psychische Abhängigkeit vom Fürsorgenden gerät – Heidegger spricht hier von „einspringend beherrschender" im Gegensatz zu „vorspringend befreiender Fürsorge" – oder aber umgekehrt der Fürsorgende zum Hörigen des Betreuten wird[22]. Dies gilt nicht nur im Hinblick auf manche falsch verstandene Vater- und Mutterliebe, sondern nicht weniger auch im Hinblick auf jene allzu vorschnell als christlich gedeutete Haltung, die blinden Gehorsam mit Demut gleichsetzt und stumme Resignation zu gewaltloser Liebe verklärt. Hierüber steht mit Recht Nietzsches Wort von der „Sklavenmoral". Auch ethische Hochforderungen, wie das christliche Gebot der Feindesliebe, leben in Wahrheit aus einem zutiefst kritisch-kämpferi-

---

[20] Vgl. *W. Korff*, Außenseiter. Zur ethischen Beurteilung abweichender Identität, in: ThQ 155 (1975) 3–16, 3. Zur ethischen Bewertung des Aggressionsphänomens *ders.*, Norm und Sittlichkeit 79–88.

[21] *W. Korff*, Norm und Sittlichkeit 91 ff.

[22] *M. Heidegger*, Sein und Zeit (1926, Tübingen [11]1967) 121 ff.

schen Impuls. Der Glaube an die Macht der Gewaltlosigkeit, der in der Feindesliebe seinen höchsten Ausdruck findet, verliert die ihm eigene das Böse überwindende Kraft und führt zu Unterwerfungsmoralen, wo immer er diesen Impuls in sich stillstellt.

Mit diesem Aufweis der notwendigen Rückbindung aller konkret sittlichen Normierungen und ethischen Zielforderungen an das naturale Regelfeld wird nun aber noch ein Letztes deutlich. Das Regelfeld geht als Metanorm menschlichen Verhaltens in keiner konkreten ethischen Norm unmittelbar auf, bleibt also darin immer nur perspektivisch und relational greifbar. Das aber bedeutet jetzt auch umgekehrt, daß selbst noch die generellsten Sollensforderungen und Tugenden an eben dieserPartikularität des Konkreten teilhaben und nicht darüber hinausgelangen können. Soziale Unmittelbarkeit, Distanz und funktionale Vernunft, Liebe, Gerechtigkeit und Zweckrationalität, Solidarität, Subsidiarität und Leistungswille, oder welch ethisch wesentliche Einstellungen man in diesem Zusammenhang auch nennen mag, sie alle geben als konkrete Handlungsformen, jede für sich genommen, immer nur perspektivisch Einblick in das sie tragende perichoretische Grundgesetz. Auf der Ebene konkreter Normativität bedarf es dann entsprechend auch durchgängig der Präsenz mehrerer, einander korrigierender und ergänzender moralischer Grundhaltungen und Normen, soll das die menschliche Lebenswirklichkeit tragende naturale Gestaltungsgesetz in der Vielfalt des Handelns selbst hinreichend gewahrt bleiben.

4. Geschichte als Erscheinungsort der Vernunft des Sittlichen

Menschliches Handeln bleibt, wie sich gezeigt hat, wesenhaft von einem Gestaltungsgesetz getragen, das kraft seiner in der Natur des Menschen selbst angelegten Eigendynamik dieses Handeln an naturhaft gegebene Bedingungen zurückbindet, die es der Beliebigkeit entziehen. Unter diesem Aspekt aber steht alles, was der Mensch in Zeit und Geschichte als human sinnvoll ergreift und darin als sittliche Forderung erfährt, unter dem Aspekt einer ihn normativ disponierenden Natur. Menschliches Handeln ist als vernünftiges, sittliches Handeln *natural unbeliebig.*

Dennoch hält den Menschen diese innere normative Logik seiner Natur lediglich auf dem *Weg* zu menschlich vernünftigem Handeln, gibt ihm aber für das konkrete Handeln selbst von sich aus noch keinerlei zureichendes Richtmaß, keine unmittelbare Norm. Wann ist Geduld, wann Aufbegehren das menschlich richtigere, wann Opferbereitschaft und wann Durchsetzungswille, wann Liebe und wann Gerechtigkeit? Und welches Recht, das die Vielzahl der Bedürfnisse des Menschen im Zusammenleben mit anderen gerecht regeln soll, ist das rechte? Und welchem der Bedürfnisse kommt Vorrang zu? Und schließlich: Was gibt der Liebe eine größere ethische Dignität als der Gerechtigkeit? Was verleiht der

Gerechtigkeit einen höheren Wert als dem Recht? All dies gibt die menschliche Natur von sich aus nicht zu erkennen.

Zur Klärung dieser Problematik legt es sich nahe, zunächst nochmals beim Tatbestand der Grundbedürfnisse als den primären Impulsgebern für menschliches Handeln anzusetzen. Zwar lassen sich aus ihnen keine Dominanzgesetzlichkeiten ableiten, nach denen man schon die *Ranghöhe* eines Handelns bestimmen könnte, wohl aber dessen jeweilige spezifische *Dringlichkeit,* mit der zugleich ein wechselndes Schwergewicht der Bedürfnisse untereinander gegeben ist. Angesichts des Vernunftstatus des Menschen und der damit gegebenen durchgängigen Erfahrungs- und Lernoffenheit bedeutet dies aber zugleich, daß das jeweils dominant werdende Grundbedürfnis in einen genuin *menschlichen* Bezugsrahmen gebracht und als *menschliches* interpretiert wird. Tiere haben sinnliche Antriebe, Menschen haben Interessen. Das aber impliziert, wo immer sich ein Grundbedürfnis in seinem elementaren Anspruch geltend macht und zum Handeln drängt, rückt es sofort in einen *kulturspezifischen Kontext* ein, der bereits durch weitere zusätzliche Bedürfnisse, Interessen und soziale Erwartungen präfiguriert ist.

So geschieht etwa schon die Befriedigung der elementarsten menschlichen Grundbedürfnisse, wie Schlaf und Hunger, in Formen, die bereits von einer Fülle weiterer konkomitanter Bedürfnisse und Interessenstilisierungen hygienischer, ästhetischer, sozialer und religiöser Art mitgeregelt sind. Damit aber treten die Grundbedürfnisse selbst in eine jeweils übergreifende Bezugsordnung ein, die ihnen den Charakter des unmittelbar Triebhaften nimmt und ihnen von Fall zu Fall sogar ganz neue Sinnaspekte und Bedeutungstiefen geben kann. So wird beispielsweise die Nahrungsaufnahme, bis hin zum festlichen Mahl ausgestaltet, zur Kultur des Geschmacks, zu einem Akt, der den Alltag überhöht und Gemeinschaft unter Menschen stiftet. Neue Leitbedürfnisse gewinnen den Vorrang und geben den Basalbedürfnissen ihren humanen Stellenwert.

Was aber den jeweiligen Vorrang solch überformender Leitbedürfnisse sowohl faktisch sichert als auch sachlich begründet und rechtfertigt, kann nur als Ergebnis einer *geschichtlichen Erfahrungsvielfalt* begriffen werden, zu der der Mensch erst mit wachsender Kultur gelangt, die ihn nicht nur nach dem unbedingt Notwendigen, sondern darüber hinaus auch immer neu nach dem menschlich je Gemäßeren, Sinnvolleren, Gewichtigeren, Bedeutsameren fragen läßt. Denn erst unter dieser Voraussetzung kann es zu Unterscheidungen zwischen elementar Gefordertem und kreativ Überhöhendem, zwischen Wesentlichem und Beiläufigem, zwischen Zweckdienlichem und Gebotenem, zwischen Höherem und Niederem kommen und damit zu einer Ausdifferenzierung des menschlichen Bedürfnis- und Interessenhaushalts, die mit dem Vorziehen je bestimmter Güter und Werte Dominanzen setzt, zur Ausprägung entsprechender Tugenden führt und schließlich zu Normen, die als Applikation der jeweiligen geschichtlich erwachsenden Vorzugsordnungen menschliches Handeln konkret regeln.

In alldem aber zeigt sich nun, daß Vorzugsordnungen und die aus ihnen jeweils resultierenden Handlungsstile und Normen keine Naturtatbestände sind, sondern Entdeckungen und Hervorbringungen der menschlichen Vernunft in *Zeit und Geschichte*. Diese wesenhaft geschichtliche Konditioniertheit menschlichen Handelns bleibt auch dort bestimmend, wo der Mensch angesichts seiner unabgeschlossenen, unabschließbaren und gebrochenen Existenz immer wieder nach umfassenden Sinnorientierungen drängt, um so zu Kriterien zu gelangen, die all seinem Vorziehen und Nachsetzen, seinen Bedürfnissen und Interessen, seinen Tugenden und Normen letzte Bewertungsmaßstäbe zu geben vermögen. Auch die Suche des Menschen nach einer letzten übergreifenden Wahrheit und Vernunft seines Handelns geschieht sonach in Geschichte und findet in Geschichte ihre jeweils äußerste epochale Antwort.

Halten wir fest: Sosehr der Mensch von Grundbedürfnissen bewegt bleibt, die seinem Handeln eine erste elementare Ausrichtung geben, und sosehr er für dieses Handeln selbst, soll es sich als menschlich erweisen, von einem Gestaltungsgesetz getragen bleiben muß, das ihm kraft Natur eigen ist und dieses Handeln an naturhaft gegebene Bedingungen zurückbindet, die es der Beliebigkeit entziehen, so sehr bleibt er zu dessen konkreter normativer Ausgestaltung auf geschichtlich-kulturelle Bedingungen verwiesen, die es entsprechend den darin zum Tragen kommenden Vorzugsordnungen nicht nur natural, sondern auch *geschichtlich unbeliebig* machen[23]. Tugenden, Werte, Normen haben ihren je besonderen geschichtlichen Kairos und ihre je eigene kulturintegrale Logik. Sie resultieren aus Gründen, die sich dem Menschen in Zeit und Geschichte zeigen und ihn zu Vorzugsordnungen führen, in denen er sein Menschsein auszulegen sucht. Mit ihnen bleiben sie der Willkür entzogen und empfangen sie ihren unaustauschbaren geschichtlichen Stellenwert.

Dies sei hier näherhin am Beispiel einer ethischen Grundhaltung verdeutlicht, die sich ihrem normativen Kern nach als besonders geschichtsunabhängig darstellt, der ethischen Grundhaltung der *Tapferkeit*.

Wo immer sich der Mensch in der Situation eines Bedrohtsein erfährt, das auszuhalten, zu bestehen und zu bewältigen ihm sich nach eigener jeweiliger Überzeugung und Vernunft gebieterisch aufdrängt, findet er zwangsläufig die einzig sinnvolle, der Natur der Sache allein entsprechende normative Lösung in einem Verhalten, das die Bedrohung weder blindlings-verwegen ignoriert noch ihr feige ausweicht, sondern das sie emotional vernünftig, und das heißt hier tapfer, annimmt und beantwortet. Dieser Tatbestand aber, daß der Mensch auch ohne äußere Belehrung und geschichtliche Vermittlung in einem elementaren Sinne gleichsam immer schon weiß, was tapfer ist, schließt nun jedoch keineswegs die darüber hinausführende Möglichkeit der Herausbildung eines je geschichts-

---

[23] Zum folgenden vgl. *W. Korff*, Norm und Sittlichkeit 62–75: Die geschichtliche Unbeliebigkeit menschlicher Normativität.

spezifischen Tapferkeitsethos aus. Wandelt sich doch mit jeder Veränderung der physischen, psychischen, technisch-ökonomischen, moralischen oder geistig-religiösen Lebenswirklichkeit des Menschen zugleich auch die Beurteilung dessen, was als Bedrohung anzusehen ist und was dann im Umkreis des Bedrohenden wesentlich, und auch dies noch in je eigener Weise, nur mehr aus dem Grundduktus der Tapferkeit beantwortet werden kann. Insofern ist es also der jeweilige normative Gesamtnexus, der jegliches Tapferkeitsverständnis und Tapferkeitsverhalten zugleich immer auch zu einem je bestimmten, ethosgeprägten und ethosprägenden werden läßt, ein Vorgang, der sich dann seinerseits wiederum in gewissen grundsätzlichen *epochalen Stilformen* verdichtet, die uns, noch vor jeder weiteren Differenzierung, durchaus erlauben, etwa ein *nomadisches* von einem *ritterlichen* oder ein *stoisches* von einem *christlichen Tapferkeitsideal* zu unterscheiden.

Gerade an diesem Beispiel der geschichtlichen Entfaltungen des Ethos der Tapferkeit wird das Zusammenspiel von naturaler Grunddisposition, geschichtlich epochaler Eingebundenheit *und* fortschreitender, auf Humanisierung zielender Sinnauslegung eindrucksvoll deutlich. Geschichtliche Unbeliebigkeit schließt sonach also wesenhaft die grundsätzliche zeit- und kulturspezifische Bedingtheit aller sittlich-normativen Einsicht ein, zugleich aber auch die Möglichkeit, daß sich der in diesen Einsichten geltend machende sittliche Anspruch gegebenenfalls als ein Fortschritt erweist, hinter den nicht mehr ohne Verlust an humaner Substanz zurückgegangen werden kann. Dies tritt besonders deutlich an jenen Normen hervor, die den Umgang des Menschen mit Gütern regeln, auf die er sich elementar zum Gelingen seines Lebens verwiesen sieht und auf die sich ein entsprechend vielfältiges Interesse konzentriert. Dies sei hier kurz an der Entwicklung der Normen des Eigentums verdeutlicht.

Eigentum bedeutet seinem Kerngehalt nach den Anspruch der menschlichen Person, zum Zwecke der Daseinsstabilisierung, Daseinssicherung und Daseinsvorsorge über eine Sache als die ihrige vollkommen zu verfügen. Sozialgeschichtlich betrachtet, ist damit nicht ausgeschlossen, daß der Mensch den Menschen dinghaft reduziert und als Werkzeug benützt. Im Falle der Sklaverei und Leibeigenschaft wird er ihm zu einer Sache unter anderen und damit zum Eigentum, das seinerseits keine Rechte besitzt. Die Überwindung dieses verdinglichten Status des Menschen als möglichen Eigentums des Menschen wird grundsätzlich erst durch die mit der christlichen Offenbarung wirksam gewordene Einsicht vorbereitet, daß alle Menschen vor Gott gleich sind. Die praktisch-politische Verwirklichung der in dieser theologischen Maxime enthaltenen Idee der Respektierung des Menschen als Menschen vollzieht sich jedoch erst mit der Heraufkunft des neuzeitlichen freiheitlichen Rechtsstaates, der die Gleichheit aller Menschen vor dem Gesetz zu seinem Prinzip erhebt; ein Vorgang, der nicht losgelöst von der gleichzeitigen Entstehung der neuzeitlichen technisch-wissenschaftlichen Kultur gesehen werden kann, die mit der Entwicklung völlig neuer Produktionsweisen den Menschen als reines Werkzeug mehr und mehr erübrigt.

Dieser Fortschritt im Umgang des Menschen mit dem Menschen auf der Ebene der Besitzverhältnisse schließt jedoch seiner Natur nach keineswegs die Möglichkeit jeder ungerechten Herrschaftsstruktur aus, denn auch ein bloßes Eigentum an Sachen, handle es sich um Eigentum an Grund und Boden, an Rohstoffen und Bodenschätzen oder auch um ein solches an Produktionsmitteln (Maschinen, Fabriken u.ä.), schafft indirekte

Abhängigkeiten und Überherrschungsformen. Hier setzt die Diskussion um die humane Vernunft des Privateigentums an Produktivgütern und Produktionsmitteln ein, eine Diskussion, innerhalb deren heute unter den Voraussetzungen freiheitlicher demokratischer Rechtsordnungen zunehmend der Gedanke der Mitbestimmung und des Miteigentums sozialpolitische Bedeutung gewinnt. Generell ist zudem im Blick zu behalten, daß die wirtschaftliche Sicherheit der Existenz des einzelnen heute nur noch zum geringsten Teil auf dem Weg über privates Sacheigentum zu erreichen ist. Diese Existenzsicherung des einzelnen entspricht heute vielmehr überwiegend der Teilhabe am volkswirtschaftlichen Prozeß als ganzem. Sie wird vornehmlich durch rechtlich verbindliche Zuweisungen und „Zueignungen", durch „Appropriation" (Weber) gewährleistet.

Es ist offenkundig, daß sich hier in der Entwicklung der Ordnungsvorstellungen des Eigentums eine fortschreitende Tendenz zur Humanisierung abzeichnet, die heutiger verantwortlicher Eigentumsmoral und Eigentumspolitik Maßstäbe setzt und zu Lösungen drängt, die über das Erreichte je und je hinausführen. Impliziert dies aber im Grunde nicht schon zugleich auch die prinzipielle Möglichkeit *definitiver* Lösungen, und dies nicht allein für den Bereich des Eigentums, sondern für *alle* Bereiche der menschlichen Lebenswirklichkeit und ihre normative Gestaltung?

Gerade angesichts heutiger Wissenschaftskultur könnte sich in der Tat der Gedanke nahelegen, daß sich der Mensch mit zunehmender methodisch-kritisch fundierter Erhellung sowohl seiner physischen, psychischen und sozialen Bedingungen als auch der überkommenen Bestände an normativen Sinnlösungen, zu denen er im Laufe seiner eigenen Geschichte gefunden hat, auf den Punkt einer schlechthin totalen, durch keine weitere Erkenntnis nochmals relativierbaren Einsichtsfülle hinbewegt, in der alle Geschichte zu ihrem Ende kommt, eine Vorstellung, die die ebenso faszinierende wie erschreckende Vision des französischen Philosophen Cournot von „posthistoire" heraufbeschwört, der die Geschichte des Menschen wesentlich als die Geschichte einer fortschreitenden rationalen Durchdringung und Ausplanung seiner eigenen menschlichen Bedingtheiten begreift und sie dann schließlich in einer völlig durchrationalisierten, alles in seine Notwendigkeit führenden, sich selbst verwaltenden Welt vollendet und aufgehoben sein läßt[24].

Einer solchen Vision würde nun in der Tat reale Bedeutung zukommen, wenn die Vernunft des Menschen eine sich schlechthin selbst besitzende Vernunft an sich wäre, die im fortschreitenden Erfassen der das Ganze der Wirklichkeit ausmachenden Gründe zur Totalität ihrer Möglichkeit als Vernunft überhaupt zu gelangen vermöchte. Nun ist aber die menschliche Vernunft in Wahrheit Vernunft der einem jeweiligen Subjekt gehörenden und sie als solche disponierenden *Natur*. Alles Deuten, Ordnen und Gestalten der Vernunft bleibt

---

[24] *A.-A. Cournot*, Traité de l'enchaînement des idées fondamentales dans les sciences et dans l'histoire, 2 Bde. (Paris 1861); *ders.*, Considérations sur la marche des idées et des événements dans les temps modernes, 2 Bde. (Paris 1872).

sonach zugleich Hervorbringung einer je und je bestimmten Natur, die als solche durchgängig auf jeweils geschichtlich konkrete und damit immer zugleich auch überbietbare Verwirklichungen ihres Seins und Seinkönnens zielt.

Das aber bedeutet, daß die Vernunft auch dort, wo sie im Prozeß ihrer geschichtlichen Aktualisierungen zu definitiv gültigen Lösungen vorstößt, und selbst dort, wo sie darüber hinaus beginnt, ihr eigenes Erkennen und Entscheiden methodisch-kritisch zu überwachen, von einer Natur disponiert bleibt, die bei aller Unbeliebigkeit der sie ermöglichenden Bedingungskomponenten einer letztlich unbeendbaren Fülle von je spezifischen, in sich wiederum fortschritts- und vollendungsfähigen Zielvorstellungen, Sinnerfüllungen und Verwirklichungsformen offensteht. Hiernach kann es also Fortschritt immer nur auf ein je Konkretes, Spezifisches hin geben, auf das die sich darin auslegende Natur von sich aus verweist, so daß es gerade die in dieser ihrer Endlichkeit unbeendbare Natur des Menschen selbst ist, die die Möglichkeit einer „posthistoire" grundsätzlich ausschließt.

Auf diese wesenhafte Partikularität allen menschlichen Fortschritts hat insbesondere W. F. Ogburn aufmerksam gemacht[25]. Nach Ogburn vollzieht sich Fortschritt in einem ständigen Prozeß der „Synchronisierung". Die verschiedenen Kulturbereiche entwickeln und verändern sich verschieden schnell. Jeder für den Menschen bedeutsame Bereich, sei er nun technisch, ökonomisch, ästhetisch, rechtlich, moralisch oder auch religiös bestimmt, kann gerade der in der Entwicklung am weitesten fortgeschrittene sein. Er wird dann zum „Schrittmacher" der anderen, d. h., er zieht die anderen Bereiche nach sich auf den gleichen Entwicklungsstand: er löst einen Snychronisationsprozeß aus. Denn es entsteht zwischen ihm und den anderen Bereichen eine Kluft (cultural lag) im Kulturganzen, eine Unstimmigkeit, die auf Überbrückung drängt.

Fortschritt ist überhaupt nur so möglich, daß ein bestimmter Bereich besonderes Interesse findet, Aufmerksamkeit erregt, der Vernunft weiterführende Einsichten, Ideen und Gestaltungsmöglichkeiten eröffnet. Denn erst eine solche Konzentration der Kräfte setzt den Menschen instand, sich normativ zu artikulieren und über ein bloßes Sein- und Gewährenlassen gegebener Zuständlichkeiten hinauszugelangen. Der gerade als Schrittmacher fungierende Bereich setzt dabei die grundlegenden Wertmaßstäbe und bestimmt die Perspektiven, von denen die ganze Kulturepoche geprägt wird.

Es wäre nun völlig verfehlt, den aus diesem Grundtatbestand der jeweiligen Vorzugsvernunft resultierenden, prinzipiell perspektivischen und relativen Charakter aller sozio-kulturellen Normschöpfungen und des darin wirksamen Fortschrittsgeschehens als Zeichen von Defizienz zu bewerten. Was vielmehr eine entscheidende Defizienz heraufführen und die jeweiligen Überbietungsprozesse ihrer tatsächlichen und effektiven Fortschrittsvernunft berauben kann, ist in Wahrheit gerade die Leugnung dieser ihrer wesenhaften Perspektivität und

---

[25] *W. F. Ogburn*, Social Change: With Respect to Culture and Original Nature (New York 1922), neue Ausgabe mit Ergänzungskapitel (New York 1950); *ders.*, Cultural Lag as Theory, in: Sociology and Social Research 41 (1957) 167–173; *ders.*, Kultur und sozialer Wandel. Ausgewählte Schriften, hrsg. und eingeleitet von O. D. Duncan (Neuwied – Berlin 1969), vgl. bes. 56–68 und 134–145.

Relativität und damit die *Verabsolutierung* dessen, was immer nur geschichtlich partikular gültig sein kann. Durch die Verabsolutierung seiner geschichtlich normativen Sinnentwürfe wird der Mensch zum Mittel dessen gemacht, was ihm selbst immer nur als Mittel dienen kann, da es sich allein seiner Vernunft verdankt: zum Mittel seiner eigenen Wert- und Zielsysteme.

Genau diese negative Möglichkeit der menschlichen Vernunft, den jeweiligen Bezugspunkt ihres Vorziehens in der Besonderheit seiner Vernunft zur Vernunft ihrer selbst werden zu lassen, ist es, die im Grunde auch hinter dem steht, was Nikolai Hartmann „Tyrannei der Werte" nennt[26] oder was sich etwa bei Hans Freyer unter sozio-kulturellem Aspekt im Begriff jener „sekundären Systeme" abzeichnet, „die sich bis zum Grunde, das heißt bis in die menschlichen Subjekte hinein, entwerfen"[27], um so im Stimmigkeitsduktus ihrer ganz und gar monolithischen, von jeder weiteren naturalen oder geschichtlich gewachsenen Vernunft purgierten Anspruchslogik „denjenigen Menschen hervor(zu)bringen, den sie brauchen"[28] – eine menschlich konstitutive und demzufolge auch in aller Zukunft aktuell bleibende Gefahr, die als solche von jedem vital bedeutsamen Bereich ausgehen kann, den religiösen nicht ausgenommen.

Daß aber eine solche Verkehrung des Mittel-Zweck-Zusammenhangs im Verhältnis des Menschen zu seinen eigenen normativen Entwürfen überhaupt möglich ist, hat seinen letzten Grund in jener eigentümlichen Verfaßtheit der menschlichen Vernunft, die als Funktion einer jeweiligen Natur dieser Natur immer auch zugleich gegenüber bleibt. Gerade weil der Mensch dieser seiner Natur gegenübersteht, weil er also durch seine Natur nie vollends definiert, sondern immer nur disponiert ist, vermag er deren einzelne Antriebsstrukturen gegebenenfalls derart dominierend zur Geltung zu bringen und sich von ihnen gefangennehmen zu lassen, daß er sich allem anderen gegenüber blind und unbelehrbar macht. Diese Gefahr ist erst dort gebannt, wo die das Gesamt menschlicher Normentwürfe tragende Vernunft von der *Gänze* dessen her disponiert bleibt, deren instrumentale Ausfaltung sie ist, nämlich von der in der Vielfalt ihrer Antriebsstrukturen und Verwiesenheiten auf ihr eigenes Fließgleichgewicht hindrängenden *Natur* in Geschichte.

Literatur

W. Korff, Norm und Sittlichkeit. Untersuchungen zur Logik der normativen Vernunft (Mainz 1973).

Wilhelm Korff

---

[26] Vgl. *N. Hartmann*, Ethik (1926, Berlin ³1949) 574–579: „Die Tyrannei der Werte und ihre Schranke in der Wertsynthese". Grundsätzlicher ist dieser Gedanke der Wertsynthese schon bei Thomas in seiner Lehre von der „connexio virtutum" entwickelt; vgl. STh I–II q. 65 a. 1.
[27] *H. Freyer*, Theorie des gegenwärtigen Zeitalters (Stuttgart 1958) 88.
[28] Ebd. 89; ferner ebd. 79–93.

IV
Der Unbedingtheitsanspruch des Sittlichen

Sosehr jegliche ethische Theorie zu ihrer materialen Konkretisierung auf eine Vielfalt von sich ihr empirisch darbietenden Zugängen verwiesen ist, so wenig kann sie ihre Einheit als Theorie finden, solange ihr nicht in dieser Vielfalt ein Maßgeblich-Letztes als definitiver Sinnbezug für menschliches Handeln erscheint. Das bedeutet jedoch nicht, daß dieser einheitstiftende Sinnbezug in jedem Falle transzendent gedacht sein muß. Unter den zahlreichen geschichtlich relevant gewordenen ethischen Entwürfen finden sich bekanntlich nicht wenige, die den ethisch letzten Bezugspunkt für menschliches Handeln völlig innerweltlich ansiedeln: so etwa die aristotelische Ethik in der Polis als der „Gemeinschaft der Freien", die Ethik Epikurs in der inneren Ausgeglichenheit des Individuums oder die sozialeudaimonistische Ethik Benthams im „größtmöglichen Glück der größtmöglichen Zahl".

Solange Ethik aus einem immanent letzten Bezugspunkt argumentiert, vermag sie zwar Bedingungen im Sinne von Sollensforderungen und Tugenden aufzuzeigen, die sich diesem Bezugspunkt notwendig zuordnen, dennoch bleiben diese in ihrer Gänze hypothetisch, weil der Bezugspunkt selbst nicht als ein schlechthin und unbedingt sein sollender erwiesen werden kann. Die Bedingung seiner Möglichkeit beruht auf der Logik eines Wollens und nicht auf der Notwendigkeit eines Sollens. Ethik, die demgegenüber den Anspruch auf Unbedingtheit in aller Bedingtheit menschlichen Sollens geltend macht, bedarf zur Begründung dieses Unbedingten eines metaempirischen, metalogischen, „theologalen" Sinnbezuges.

Worin aber liegt dieses Unbedingte? In den unterschiedlichen Antworten auf diese Frage nach der Interpretation des Unbedingten und in der jeweiligen Verschiedenheit seiner Deutung brechen jene letzten Differenzen auf, aus denen sich ein jeweils anderes Grundverständnis von metaempirisch argumentierender Ethik herleitet. So ergibt sich etwa aus einem buddhistischen, aus einem marxistischen oder aus einem christlichen Verständnis des Unbedingten als des übergreifend-absoluten Sinns und darin als der letztgründenden Logik von Welt und Geschichte überhaupt eine je und je andere Bewertung der Vernunft von Menschsein und menschlichem Handeln.

Nach buddhistischer Weltvorstellung ist das unbedingte, jenseits aller Welten liegende, als solches nicht beschreibbare letzte Ziel des Daseins das Nirwana, dessen Erlangung die Erlösung aus dem Kreislauf der Wiedergeburten bedeutet. Denn alles Sein ist Leiden, Ursache des Seins aber ist das Werden, Erlösung vom Leiden liegt sonach in der Überwindung des Werdens.

Während der Buddhismus die letztgründende Unbedingtheitsdimension des

Ethischen im Nirwana in der Weise einer theologia negativa faßt, eruiert der Marxismus die jede menschliche Praxis leitende Unbedingtheit des Sollens aus einem durchaus evolutiv-affirmativen Verständnis von Geschichte, die sich als solche mit dialektischer Notwendigkeit auf ein Absolutes, nämlich auf die jeder Entfremdung enthobene, klassenlose Gesellschaft, hinbewegt.

Ausgangspunkt und Schlüssel allen *christlichen* Daseinsverständnisses und Weltverhältnisses ist demgegenüber wesenhaft das in der Schöpfungstat grundgelegte und in Christus definitiv besiegelte „Ja“ Gottes zu seinem Werk. Gott will die Welt und steht für ihren Sinn ein. Als seine Tat, als seine Schöpfung, die sich einzig ihm verdankt, bestätigt er sie in ihrer Sinnhaftigkeit und Vernunft. Dieses gründende „Ja“ Gottes zur Welt wird auch dadurch nicht aufgehoben, daß sich die in der Heraufkunft des Menschen beginnende und mit ihm eröffnende Freiheitsgeschichte der Schöpfung nun zugleich auch weithin als eine Abfalls- und Verfallsgeschichte darstellt, die in Verkehrung des Ursprungsverhältnisses den Sinn dieser Freiheitsgeschichte selbst wiederum verfehlt und verfälscht. Im Gegenteil, gerade diese schuldhaft verkürzte und verdunkelte, sich in einer unabsehbaren Geschichte von Krisen verwirkende und als solche unbemeistert gebliebene Freiheitsgeschichte des Menschen ist es, in die hinein Gott selbst mit seinem erlösenden Wort eintritt und menschliches Dasein trotz allen Scheiterns und über alles Scheitern hinaus in den Horizont einer absoluten Zukunft rückt. Insofern geschieht die endgültige, alles umgreifende Offenbarung der schöpfungsmäßig gegründeten Zuwendung Gottes zum Menschen erst in Christus, dessen Tod als äußerste Tat der Liebe Gottes die menschliche Unheilssituation nicht nur in ihren tatsächlichen Ausmaßen aufdeckt, sondern sie zugleich auch, kraft dieser Liebe, substantiell überwindet und dessen Auferstehung die volle, unüberbietbare Wirklichkeit seines „Ja“ zur Welt als ständiges Erfüllungsgeschehen bleibend setzt.

Eben dieses in der Heilstat Christi definitiv besiegelte und damit alles tragende, sich durch alle Krisenzusammenhänge durchhaltende, den Sinn eines jeden einzelnen wie des Ganzen bewahrende und erlösende „Ja“ Gottes ist es, aus dem sich christlicher Glaube in seinem Weltverhältnis wesenhaft bestimmen muß. Das aber heißt: christlicher Glaube kann die Welt nicht verneinen, wenn Gott sie schon wesenhaft bejaht hat. Er kann sich nicht mit ihrer Ohnmacht, ihren Krisen, Geschicken und Unrechtszuständen abfinden und sich ihren Aufbrüchen und Möglichkeiten verschließen, wenn es Gott wesenhaft um diese Welt und ihre Freiheits- und Heilsgeschichte zu tun ist. Es ist vielmehr gerade dieser in Christus eröffnete Glaube an den Sinn und die Zukunft menschlichen Daseins, in dem alle Schöpfungs- und Erlösungswirklichkeit konvergiert, der dem Menschen den Grund und die Verpflichtung einstiftet, sich auf die Sache des Menschen einzulassen. Der Glaube an den Gott der Liebe schließt notwendig den Glauben des Menschen an den Menschen ein. In eben diesem Glauben aber hat alles menschliche Handeln sein letztes ethisches Richtmaß. Hier und nur hier liegt das Eigentliche und Spezifische christlicher Ethik.

Mit eben diesem Glauben an Gottes unwiderrufliche Affirmation zur Welt und zum Menschen ist jede sich rein auf Vernunft berufende Deutung des Unbedingten als des übergreifend-absoluten Sinns und darin als letztgründender Logik von Welt und Geschichte nochmals überschritten. Von hier aus ergibt sich jetzt aber zugleich die spezifische Notwendigkeit, das Gesamt der konkreten Vernunft menschlichen Handelns nochmals auf dieses ihr durch Gottes Handeln selbst gesetzte, letzte ethische Richtmaß hin zu reflektieren und die aus diesem Wurzelgrund erwachsende geschichtliche Vielfalt von Lebensstilen, Ethosformen und Innovationen auf ihre christliche Gestalt hin zu prüfen. Hier liegt die Bedeutung und Aufgabe einer christlichen Ethik als Wissenschaft, wie sie sich im Kontext der Christentumsgeschichte je und je neu stellte und auch heute wieder neu zu leisten ist.

Literatur

W. Korff, Theologische Ethik. Eine Einführung (Freiburg i.Br. 1975).

Wilhelm Korff

Zweiter Abschnitt
Institutionstheorie: Die sittliche Struktur gesellschaftlicher Lebensformen

Die Notwendigkeit, dem Leben Ordnung zu geben und die Mannigfaltigkeit der menschlichen Bedürfnisse, Interessen, Strebungen und Sinnbezüge fortschreitend zu regeln, führt nicht nur zur Ausprägung von Normen im Sinne von Einzelregulativen, sondern darüber hinaus zur Ausgestaltung von zum Teil höchst komplexen normativen Gebilden, die als übergreifende Lebens- und Organisationsformen, als Institutionen, menschliches Handeln steuern. Damit aber rückt eine normative Wirklichkeit in den Blick, die ganz eigene ethische Probleme aufwirft, wie sie sich im Rahmen der Normtheorie noch gar nicht stellen.

Was macht Institutionen notwendig, und was sichert ihre humane Gestalt? Welches formgebende Gewicht kommt ihnen im Hinblick auf die Gestaltung der Einzelnormen zu? Nach welchen sozialanthropologischen Gesetzlichkeiten bauen sie sich auf? Was legitimiert sie in ihrer Stabilität, und woraus rechtfertigt sich ihr Wandel? Was konstituiert ihre sittliche Vernunft als Formgeber individueller, gesellschaftlicher und politischer Praxis? Wie lassen sich Freiheit und Institution miteinander versöhnen? Das Phänomen Institution fordert eine eigene ethische Auseinandersetzung.

1. Norm und Institution

Normen regeln menschliche Bedürfnisse, Interessen und Sinnbezüge in ihren Einzelvollzügen. Entsprechend dem unterschiedlichen intentionalen Gehalt der jeweiligen Sinnbezüge lassen sich z. B. vitalspezifische, religiöse, ästhetische, technische oder gesellschaftlich-politische Normen klar voneinander abgrenzen. Der Art ihres Verbindlichkeitsanspruchs nach differenzieren sie sich wiederum in Normen der Sitte, des Brauchs, der Konvention, des Rechts, der Sittlichkeit. Demgegenüber regeln Institutionen die *Lebenszusammenhänge*, in denen sich diese jeweiligen Bedürfnisse, Interessen und Sinnbezüge konkret verwirklichen. So regelt etwa die Institution Ehe und Familie die besonderen gesellschaftlich verbindlich gesetzten Lebensstrukturen, in denen sich das Bedürfnis nach Geschlechtsgemeinschaft und Sicherung der Nachkommenschaft verwirklicht; oder die vielfältigen, mit der Produktion und Verteilung von Gütern befaßten Institutionen der Wirtschaft jene Formen, die dem Interesse an Arbeit und Einkommen dienen; oder die Institution Kirche all das an Ordnungsgestaltungen, was sich mit dem Streben nach letzten religiösen Sinnhalten verbindet. Als solche stellen sie sonach je besondere, sich voneinander abhebende soziale Organisationsformen dar, die sich von je bestimmten zentralen, sozial begründeten Werten und Zielvorstellungen her konstituieren. M. Hauriou spricht im Hinblick auf diese die jeweiligen Institutionen fundierenden und formierenden Leitkonzepte von „idées directrices“[1], B. Malinowski dynamischer und funktionaler von „charters“[2]. Institutionen binden also die sich unmittelbar äußernden menschlichen Bedürfnisse und Sinnstrebungen an übergreifende gesellschaftliche Leitvorstellungen zurück und erweisen sich gerade darin als deren maßgebliche normative Gestaltungsgrößen. Insofern sich aber nun die jeweiligen Bedürfnisse und Sinnstrebungen in konkreten Lebenszusammenhängen äußern, die als solche faktisch immer schon eine Vielzahl von weiteren Voraussetzungen, Zielaspekten und Aufgaben mit einschließen, kann sich der die jeweilige Institution tragende und sie in ihrer Besonderheit begründende leitende Anspruch auch nur über eine entsprechende Vielzahl von Normen geltend machen.

In der Tat konkretisieren sich beispielsweise die beiden grundlegenden Charters, auf denen die Institution Ehe und Familie beruht, nämlich die Leitidee „Lebensgemeinschaft“ und die Leitidee „Nachkommenschaft“, in einer ganzen Reihe weiterer Normsetzungen, über die sie diesen ihnen innewohnenden Anspruch real einlösen. Hierbei kommen nicht nur vitalspezifische, sondern ebenso auch religiöse, ästhetische und technisch-ökonomische Normsetzungen ins Spiel. Die Institution Ehe und Familie meint zugleich immer auch Wohngemeinschaft, Konsumgemeinschaft, Kulturgemeinschaft, gegebenenfalls auch Produktionsgemeinschaft, die die ihr darin gestellten Aufgaben in unterschiedlicher Abstufung durch Forderungen des Rechts, der Sittlichkeit, der Sitte, des Brauchs weithin vorgeregelt sieht. Dieser Tatbestand, daß sich hier die entschei-

---

1 *M. Hauriou*, La Théorie de l'institution et de la fondation. Essai de vitalisme social (1925), deutsch: Die Theorie der Institution und zwei andere Aufsätze von Maurice Hauriou, hrsg. von R. Schnur (Berlin 1965).

2 *B. Malinowski*, The Functional Theory (1939), deutsch: Eine wissenschaftliche Theorie der Kultur, hrsg. von P. Reiwald (Zürich 1949).

dende Leitvorstellung, die der sozialen Ordnungsform Ehe und Familie institutionelle Eigenwirklichkeit verleiht, über eine Vielfalt von unterschiedlichen Norminhalten und Verbindlichkeitsabstufungen vermittelt, gilt in abgewandelter Weise auch für jede andere Institution. Aus eben dieser inneren Zuordnung von normativer Leitidee und der sie konkretisierenden Normenwelt aber läßt sich jetzt das Verhältnis von Norm und Institution grundsätzlich bestimmen.

Institutionen sind *normative* Größen, d.h., sie werden durch *Normen* strukturiert, über die sich ihr Anspruch geltend macht. Insofern erweist sich also die Normtheorie gleichsam als die Grammatik der Institutionstheorie. Da sich aber andererseits die konkrete Vernunft der einzelnen Normen immer nur aus ihrer inneren Zuordnung zu der die jeweilige Institution begründenden Leitidee bestimmen läßt, erweist sich die Institutionstheorie ihrerseits als die Hermeneutik der Normtheorie. So betont H. Dombois mit Recht, „daß Normen im strengen Sinne nur in Relation zu Institutionen zu definieren und zu verstehen sind“[3]. Aufgrund eben dieser Tatsache aber, daß den Institutionen gegenüber den Normen eine hermeneutische Schlüsselfunktion zukommt, insofern sie deren übergreifendes Interpretament bilden, steht und fällt ihr Schicksal auch nicht mit dem Geltungsanspruch der Einzelnorm. Sie vermögen sich fortzuwandeln und darin den sich fortentwickelnden und sich verändernden normativen Bedingungen des Lebens Rechnung zu tragen, ohne hierdurch auch schon ihre eigene strukturelle Identität zu verlieren. Institutionen vereinen in sich gleichermaßen das Moment der Wandelbarkeit wie das der Dauer. Die Ausklärung eben dieses ambivalenten Sachverhaltes aber läßt sich erst über eine Erhellung jener sozialanthropologischen Gesetzlichkeiten erreichen, auf denen Institutionen beruhen und die ihren Aufbau bestimmen.

2. *Struktur und Funktion von Institutionen*

Biologisch betrachtet, kommt den Institutionen eine kompensatorische Funktion zu. Die Plastizität seiner Anlagen, seine Instinktunsicherheit, die Unspezialisiertheit seiner Antriebe, seine entwicklungsmäßig extrem lange soziale Führungsbedürftigkeit lassen den Menschen im Vergleich zum hochselektiven, durch sichere Instinkte gesteuerten und damit von der Kontrolle seiner Bedürfnisse entlasteten Tier biologisch als „Mängelwesen“ erscheinen[4]. Diese Rückbildung an eindeutigen, das Verhalten regulierenden biologischen Steuerungssystemen steht jedoch beim Menschen in unmittelbarem Zusammenhang mit

---

[3] *H. Dombois*, Art. „Institution“, in: Evangelisches Staatslexikon (Stuttgart 1966) 797–800, hier 800.

[4] *A. Gehlen*, Der Mensch. Seine Natur und seine Stellung in der Welt (1940, Bonn [5]1955).

der durch die Ausbildung seines Großhirns gleichzeitig eingeleiteten Entwicklungsmöglichkeit seiner geistig-rationalen Potenz. Diese geistig-rationale Potenz ist es, die ihn jetzt dem Tier zugleich weit überlegen sein läßt, indem sie ihn zur Herausarbeitung von handlungssteuernden Systemen befähigt, die nicht nur seine biologischen Fehlbestände ausgleichen, sondern ihn darüber hinaus ganz neue, nunmehr spezifisch kulturelle Welten schaffen lassen. Insofern sind solche handlungssteuernden Systeme, also die Institutionen, nicht nur „Instinktprothesen" (Gehlen), sondern zugleich die entscheidenden Medien menschlicher Selbsttranszendenz. Zwar folgt der Mensch in der Ausbildung von Institutionen einer wesenhaft biologischen Notwendigkeit, und biologische Basisbedürfnisse sind es auch, die an den Ursprüngen menschlicher Institutionsbildung stehen und als solche selbst noch bis in die höchsten Formen seiner Bedürfnisinstitutionalisierungen hineinwirken und hineinragen. Dennoch erweisen sie sich nicht weniger durchgängig als die funktionalen Regelungs- und sozialen Vermittlungsgrößen auch aller seiner spezifisch geistig und rational ausgerichteten Interessen und Sinngebungen. Sie sind die nach außen gesetzten Strukturgerüste menschlicher Selbstverwirklichung schlechthin.

Das aber schließt jetzt ein Weiteres ein. Institutionen kommt einerseits eine das menschliche Handeln *stabilisierende* Funktion zu. Sie stiften Leitlinien der Verständigung, eröffnen Chancen für den sozialen Konsens, vermitteln die Voraussetzungen für eine wechselseitige Abstimmung des Verhaltens und machen so Handlungsfolgen voraussehbar. Zugleich zeichnen sie darin dem Handeln des einzelnen die Richtung voraus und geben so seinen subjektiven Motivationen, Initiativen, Einstellungen und Überzeugungen eine innere Leitarchitektur, die ihn von permanentem Entscheidungszwang entlasten. Andererseits haben Institutionen gerade angesichts ihrer Entlastungsfunktion zugleich einen *dynamisierenden* Effekt. Erst dadurch, daß sie entlastete Handlungsfelder schaffen, machen sie die Aktualisierung bisher ruhender Motivlagen möglich, setzen sie den Handelnden für neue Initiativen frei, werden überhaupt erst weitergehende und weitergreifende Sinnstrebungen lebenswirksam. A. Gehlen spricht hier treffend von „Hintergrunderfüllung", die Institutionen aufgrund ihrer Entlastungsfunktion bewirken und die den Menschen in seinem konstitutiven „Antriebsüberschuß" immer neu freisetzen[5].

Eben hierin liegen jetzt aber zugleich auch die entscheidenden Voraussetzungen für den *Wandel* von Institutionen. Jedes sich neu artikulierende Bedürfnis und Interesse, jeder Zuwachs an Einsichten, jede weitergreifende Entfaltung der psychischen und geistigen, ästhetischen und religiösen, wissenschaftlichen und technischen, sozialen und ökonomischen Dimensionen menschlicher Lebenswirklichkeit drängt auf entsprechende institutionelle Absicherung und wirkt sich so wiederum auf bereits gegebene institutionelle

---

[5] *A. Gehlen,* Urmensch und Spätkultur (1956, Bonn ^{3}1963).

Lösungsbestände aus[6]. Faktisch impliziert das aber immer auch Veränderungen im funktionalen Verständnis der Institutionen selbst. Dies zeigt sich in der einfachsten Form dort, wo eine bestehende Institution die Regelung neuentstandener Bedürfnisse und Interessen mitübernimmt und ihrem Leitziel zuzuordnen sucht. Hier liegt der Wandel im *Funktionszuwachs*. Vermag sie der neuen Aufgabe nicht mehr angemessen Rechnung zu tragen, so führt dies zu deren Übernahme durch andere Institutionen, gegebenenfalls auch zur Neuschöpfung von relativ selbständigen Teilinstitutionen. So sind etwa in unserer Gesellschaft viele Funktionen, die früher ausschließlich zum Aufgabenbereich der Institution Familie gehörten, entflochten worden und in die Zuständigkeit der Institution Staat, Kirche oder Wirtschaft übergegangen und werden hier zum Teil von eigenen, diesen wiederum zugeordneten Subinstitutionen, wie z. B. Schulen, sozialen Einrichtungen usw., wahrgenommen.

Ein weiterer Aspekt des Wandels von Institutionen zeigt sich demgegenüber im Wandel der die Institutionen tragenden Einzelnormen bzw. des Verständnisses dieser Normen. Hierbei bleibt die Identität der die Institutionen in ihrer jeweiligen Besonderheit konstituierenden Leitidee zunächst unangetastet. Die Einführung neuer Techniken in einem Betrieb oder neuer Gesetze in einem Gemeinwesen kann zwar zu tiefgreifenden Wandlungen führen, die eine Fülle funktionaler Abläufe und Kompetenzen betreffen und eine Umverteilung von Rechten und Pflichten mit sich bringen, ohne daß damit schon die Selbigkeit der Institution preisgegeben wäre. Gleiches gilt auch dort, wo gegebene Ordnungen und Normen unverändert beibehalten werden, ihnen jedoch im Laufe der Geschichte neue Begründungen und Zwecksetzungen beigelegt werden. Auch auf diese Weise subkutaner Reformen lassen sich Institutionen mit immer neuen Inhalten füllen, flexibel und gegenwartsgerecht halten. Sie gehen in dem, was sie jeweils konkret determiniert, faktisch nicht auf, sie behalten Unschärfen, geben Interpretationen Raum, lassen Spielräume offen. Die Institutionsforschung kennzeichnet diesen den Institutionen eigentümlichen Grundzug als „Überdetermination"[7].

Darüber hinaus kann sich nun aber institutioneller Wandel auch auf die Leitidee selbst erstrecken. Dies geschieht durchgängig über Differenzierungen, Präzisierungen und Modifizierungen ihrer jeweiligen Grundprätention. Solche Umgewichtungen im Verständnis der Leitidee können über lange geschichtliche Einsichtsprozesse gehen oder aber auch über die unmittelbare Naherfahrung enggeführter Interpretationen, die ihren humanen Sinn stillstellen und nach Neuartikulierung rufen. Von solchem Wandel in der Artikulation ihrer Leitidee blieb die Institution des Staates mit seinen sich wandelnden

---

[6] Vgl. *H. Schelsky*, Zur soziologischen Theorie der Institutionen, in: *H. Schelsky* (Hrsg.), Zur Theorie der Institutionen (Düsseldorf 1970) 9–26.
[7] Vgl. *H. Schelsky*, a.a.O. 19.

Verfassungen ebensowenig unberührt wie die der Ehe, der Familie und der Religion.

Das aber macht gerade die Größe von Institutionen aus, daß sie selbst noch im Wandel Halt vermitteln, Gegensätzliches in sich vereinen, Spannungen stabilisieren, Vergangenheit und Gegenwart, Natur und Geist, Identität und Nichtidentität in sich auszutragen vermögen.

3. *Institution und Freiheit*

Der Wandel von Institutionen geschieht nicht ziellos. Er folgt der Gesetzlichkeit von Erfahrungen, die der Mensch im Umgang mit ihnen macht. Institutionelle Ordnungen können ebenso entlastende wie repressiv-unterdrückende Wirkungen haben, und sie können dort, wo sie dem Menschen Eigenverantwortungen einräumen, ebenso zum Platzhalter seiner Freiheit wie seiner Willkür werden. Allemal müssen sie sich dann aber daran bemessen lassen, wie weit sie ihm zu sittlich fundierter humaner Entfaltung seines Daseins verhelfen. Sittlich fundierte Entfaltung aber heißt im Anspruch heutigen, dem Menschen in langem geschichtlichem Ringen zugewachsenen Vernunft- und Freiheitsverständnisses, das Individuum in allen Formen seiner Vergesellschaftung als Subjekt ernst zu nehmen und präsent zu halten. Das Bedürfnis des Subjektes nach kritischem Vollzug seiner Vernunft und Freiheit ist zu einem Grundbedürfnis unserer Kultur geworden, das auf die Leit- und Zielbilder aller sozialen Institutionen übergreift und als solches nach institutioneller Einlösung ruft[8]. Hieraus erklärt sich das wachsende Unbehagen an gegebenen Verhältnissen, Ordnungen und Institutionen, mit dem sich seit Beginn der Neuzeit verstärkt ein Emanzipationswille zu Wort meldet, der seine Rechte gegenüber institutionellen Beharrungstendenzen geltend zu machen sucht. Daß dieser Wille nicht unwirksam geblieben ist, zeigt die Vielfalt von zum Teil mühsam durchgesetzten sozialen Grundansprüchen, die als Freiheits- und Menschenrechte im freiheitlich-sozialen Rechtsstaat ihre umfassende institutionelle Verankerung gefunden haben. Dabei ist von entscheidender Bedeutung, daß dem einzelnen damit nicht nur private Freiheits- und Entfaltungsräume zugesichert sind, sondern zugleich auch genuin soziale Kompetenzen, kraft deren er sich zu verantwortlicher, kritisch distanzierender Reflexion, Mitsprache und Mitwirkung an den politischen und institutionellen Prozessen ermächtigt sieht. N. Luhmann weist mit Recht darauf hin, daß kritische Reflexion zu einem strukturellen Wesenszug komplexer moderner Sozialsysteme geworden ist[9]. Partielle Nichtidentifikation des

---

[8] Hierzu *H. Taubes,* Das Unbehagen an den Institutionen. Zur Kritik der soziologischen Institutionenlehre, in: *H. Schelsky* (Hrsg.), Zur Theorie der Institutionen 67–76.

[9] *N. Luhmann,* Reflexive Mechanismen, in: Soziale Welt 17 (1966) 1–23.

einzelnen Subjektes mit gegebenen institutionellen Lösungen wird so gleichsam zur conditio sine qua non aller weiteren effektiven Lebens- und Entwicklungsfähigkeit von Institutionen. In der Tat, selbst vorfreiheitliche Institutionen, die dieses Recht nicht zur Ausbildung brachten oder es, wie heutige totalitäre Systeme, bewußt verweigern, empfingen und empfangen in Wahrheit ihre Entwicklungsdynamik zu einem wesentlichen Teil von Impulsen wenigstens virtuell zugestandener Kritik. Würde doch eine totale Identifikation des einzelnen mit den gegebenen Institutionen zugleich auch die Geschichte dieser Institutionen selbst stillstellen. Institutionen schaffen sich sonach gerade mit der Institutionalisierung der Kritik einen Gegenpol zu ihrer eigenen „reflexionshemmenden Härte" (Habermas[10]) und damit ein Instrument ihrer Entwicklungsfähigkeit. Dies gilt für religiöse, wissenschaftliche, wirtschaftliche und politisch-gesellschaftliche Institutionen in gleicher Weise.

Je mehr nun aber der Mensch auf dem Weg fortschreitet, den Anspruch seiner Freiheit in die Institutionen hineinzutragen, desto mehr droht sein früheres Unbehagen an den Starrheiten institutioneller Zwänge umzuschlagen in ein Unbehagen an der zunehmenden sozialen Unkalkulierbarkeit solcher individual zugestandener Freiheit. Symptomatisch hierfür sind die in der Geschichte der Neuzeit bis heute immer wiederkehrenden Versuche, diesem Unbehagen durch restaurative Gegenbewegungen zu steuern. Freiheitskritische Staats-, Kultur- und Institutionstheorien geben solchen Restaurationstendenzen ihre je entsprechende rationale Abstützung. Bei aller Unterschiedlichkeit der dabei zum Tragen kommenden Ansätze und Konzeptionen, lassen sich hier Linien nachzeichnen, die von Donoso Cortés, de Maistre, V. Pareto, É. Durkheim, M. Hauriou bis zu C. Schmitt und A. Gehlen führen. Die emanzipierte liberale Gesellschaft erscheint mehr und mehr, nach einem Bild A. Gehlens, als „der gewärmte große Kulturstall, in dem die Raubtiere einander umkreisen, ethische Formeln flüsternd". „Die humanitäre Moral des ethisierten Wohlstandes in vollem Siegeszug, die Sitten in vollem Verfall." Der Anspruch der Freiheit pervertiert zu einem „Nihilismus des Geltenlassens"[11].

Was hier freiheitskritisch zur Rehabilitierung der Institution und ihrer haltenden Autorität herausgestellt wird, konvergiert letztlich mit jener, wenn auch unter ganz anderem Vorzeichen geführten Freiheitskritik, die Karl Marx zu einem sowohl antirestaurativen wie antiliberalen *sozialistischen* Gesellschafts- und Handlungskonzept führte. Nach Marx basiert „das Menschenrecht der Freiheit ... nicht auf der Verbindung des Menschen mit dem Menschen, sondern vielmehr auf der Absonderung des Menschen vom Menschen"[12]. Die in der

---

[10] *J. Habermas,* Zur Logik der Sozialwissenschaften (Tübingen 1967).
[11] *A. Gehlen,* Der Pluralismus in der Ethik, in: Merkur 21 (1967) 117; ferner *ders.,* Moral und Hypermoral. Eine pluralistische Ethik (Frankfurt a. M. – Bonn 1969) 40.
[12] *K. Marx,* Zur Judenfrage, MEW I (Berlin 1961) 364–369.

Französischen Revolution vollzogene „Abschüttelung des politischen Jochs" im Namen der Freiheit „war zugleich Abschüttelung der Bande, welche den egoistischen Geist der bürgerlichen Gesellschaft gefesselt hielten. Die feudale Gesellschaft war aufgelöst in ihren Grund, in den Menschen. Aber in den Menschen, wie er wirklich ihr Grund war, in den egoistischen Menschen."[13] Dieser Mensch wird von den Menschenrechten geschützt. Nach Marx ist demgegenüber die wahre humane Emanzipation und Freiheit des Menschen erst dann erreicht, wenn der individuelle Mensch zum „Gattungswesen" geworden ist, das seine eigenen Kräfte als gesellschaftliche Kräfte erkennt und organisiert: die Substanz der Freiheit gerinnt zur organisierten Solidarität.

Wird aber mit solch rigoroser Freiheitskritik die Wirklichkeit des Menschen nicht in Wahrheit völlig verkannt und der tatsächliche, geschichtlich erreichte Stand seiner kritischen Selbstreflexion und seines sachlich-kritischen Umgangs mit Welt in wesentlichen Aspekten geleugnet und zurückgenommen? Natürlich eignet dem Menschen als dem nicht-festgestellten, sich selbst aufgegebenen Wesen eine zutiefst ambivalente Struktur. Seine Freiheit ist ebenso Ursprungsstätte seiner Kreativität wie seiner Gefährdung. Sie ruft nach Orientierung und Führung und pocht darin dennoch zugleich auf Selbstverantwortung und Unabhängigkeit. Diese grundlegende Spannung muß der Mensch immer wieder neu für sich austragen und zum Ausgleich bringen. Entsprechend können sich ihm dann aber auch Institutionen nur in dem Maße als sachgerecht und human zugepaßt erweisen, als sie selbst diesen Anspruch von Ordnung und Freiheit, von Führung und Unabhängigkeit als stabilisierte Spannungssysteme verwirklichen helfen. Auf diese Weise bestätigen sie zugleich die wahre Natur dessen, dem sie sich verdanken. Der Mensch ist eben nicht jenes schlechthin unstrukturierte, antriebsblinde Wesen, dessen Natur ausschließlich und allein über institutionelle Außenprägungen humane Gestalt gewinnt. Er ist von seiner Natur her auch keineswegs nur jener selbstbezogene, aggressive Egoist, der einzig über die List der Institution zum Altruisten erzogen werden kann. Was ihn vielmehr nicht weniger konstitutiv wie die selbstbezogenen und aggressionsspezifischen Impulse prägt, ist die gleichermaßen naturhaft angelegte Neigung, Geborgenheit zu schenken, Solidarität zu üben und mit konstruktivem Vertrauen auf die Welt zuzugehen. Ebendies aber legitimiert jetzt auch Vertrauen in seine Freiheit. Institutionen behalten Zukunftsträchtigkeit auf die Dauer nur als Assoziationen freier Menschen. Das ändert freilich nichts an der Tatsache, daß auch unter solcher Voraussetzung die Handlungs- und Orientierungsmöglichkeiten des Menschen begrenzt sind. Die Bewahrung erreichter Vernunft, aber auch die Einübung in gesellschaftliche Solidarität bleiben für ein zukunftsoffenes Institutionsverständnis ebenso wesentlich wie das Vertrauen in die Kraft selbstverantwortlicher menschlicher Freiheit. Das konservative, soziale und liberale

[13] Ebd.

Prinzip sind gleichermaßen notwendige, in innerem Verweisungszusammenhang stehende und einander ergänzende Komponenten einer gegenwartsgerechten ethischen und politischen Theorie der Institution. Erst im Aufnehmen dieser Komponenten und ihrer praktischen integrativen Einlösung hat der Mensch die archaischen Formen seiner Institutionalisierungen hinter sich gelassen.

Literatur

H. Schelsky (Hrsg.), Zur Theorie der Institutionen (Düsseldorf 1970).

Wilhelm Korff

Dritter Abschnitt
Identitätstheorie: Die sittliche Struktur des Individuellen im Sozialen

Es ist Aufgabe der Ethik, das Ganze der menschlichen Handlungswirklichkeit zu analysieren und auf seine humane Vernunft hin auszulegen. Diese Aufgabe aber ist mit einer ethischen Theorie der menschliches Handeln objektiv disponierenden Normen und Institutionen keineswegs schon hinreichend eingelöst. Denn was darin noch nicht ausdrücklich thematisiert ist, betrifft den eigentlichen Träger des Sittlichen, den einzelnen Menschen in seiner Subjektivität und Individualität. Subjektive Handlungsdisposition und objektive Handlungsstruktur sind nicht einfachhin kongruent. Zwar ist der Mensch in seinem Handeln immer schon entscheidend von den jeweiligen ihm von außen her vorgegebenen institutionalisierten Formen mitbestimmt, in die er hineinwächst, die ihn prägen und seinem Leben Bedingungen setzen, dennoch kann er zur Übereinstimmung mit sich selbst und damit zu seiner ethischen Eigenwirklichkeit wesenhaft erst über deren Umsetzung in seine eigene Subjektivität und Individualität finden. Eben das aber, was darin an individuell eigenen, natural eingestifteten biogenetischen und biopsychischen Handlungsgesetzlichkeiten in ihrer je besonderen psycho-sozialen und sozio-kulturellen Verarbeitung für den einzelnen wirksam wird, führt zugleich zu jener anthropologischen Differenz zwischen subjektiver und objektiver Norm, zwischen individuellem und gesellschaftlichem Anspruch, zwischen persönlicher und institutioneller Erwartung, die den einzelnen Menschen in seinem konkreten Existenzvollzug von allen äußeren Strukturen unterschieden sein läßt und ihn gegebenenfalls in Gegensatz zu diesen bringen kann, ihn aber in jedem Fall von diesen relativ unabhängig zu halten vermag. Das Gelingen oder Scheitern eines Menschen, sein Glück oder sein Unglück, koinzidiert nicht einfachhhin mit der Vernunft gesellschaftlicher Strukturen. Das Problem menschlicher Identitätsfindung muß als ethisches

Problem sonach also wesenhaft auf dem Hintergrund dieser Spannungseinheit von subjektiver Vernunft und objektiver Struktur gesehen werden und stellt sich so als Frage nach der sittlichen Struktur des Individuellen im Sozialen.

1. Die Frage nach dem Individuellen in der ethischen Tradition

a) Das generalisierte Individuum als Ratifikationsinstanz des Sittlichen

Genuiner Träger jeglichen sittlichen Handelns ist der einzelne Mensch als Subjekt. Darin liegt zugleich das erste und allgemeinste ethische Individuationsprinzip, das nach jenen generellen Bedingungen fragen läßt, die ein Handeln als einen von Individuen getragenen, sittlich verantwortlichen Akt charakterisieren. Zuordnungsgröße der dieses Handeln als sittlich ausweisenden Bedingungen ist hier also nicht das Individuum in seiner Einzigartigkeit, Unantastbarkeit und Inkommensurabilität, sondern vielmehr das Individuum als generalisierter einzelner, als das in seinen wesentlichen Grundzügen je und je gleich strukturierte verantwortliche Subjekt. An diesen generalisierten Individuumsbegriff knüpft die traditionelle Moraltheologie mit ihrer Lehre vom subiectum morale an, insofern in ihm die Voraussetzungen gegeben sind, Aussagen über allgemeine, universell gültige subjektive Bedingungen menschlichen Handelns zu machen. Hiernach lassen sich zunächst einige grundsätzliche Unterscheidungen im Hinblick auf die Strukturen des einzelnen Handlungsaktes selbst treffen, so etwa die Unterscheidung zwischen dem actus hominis als unreflektiertem spontanem Reaktionshandeln und dem actus humanus als bewußter, auf Einsicht beruhender Tat des menschlichen Willens. Nur unter der Voraussetzung des letzteren kann von einer sittlich verantwortlichen Handlung gesprochen werden. Als solche aber kann sie im einzelnen wiederum etwas frei Gewolltes oder etwas Befohlenes zum Inhalt haben, sie kann auf ein sittlich relevantes oder auf ein sittlich indifferentes, auf ein gutes oder auch auf ein schlechtes Ziel gerichtet sein, sie kann sich von den unmittelbaren und mittelbaren Folgewirkungen der jeweiligen Ziele her bestimmen (actus cum duplici effectu), sie kann sich in einem äußeren Tun zeigen oder auch nur die innere Gesinnung betreffen, und sie kann schließlich natürlich oder übernatürlich motiviert sein. Entscheidend bleibt bei alldem ihre von der Vernunft und dem Willen getragene Zurechenbarkeit. Darin bleiben die Aussagen über die subjektiven Handlungsbedingungen also allesamt auf den generalisierten einzelnen, auf das in seinen Wesenszügen gleich strukturierte, verantwortliche Subjekt zurückbezogen, auch wenn die einzelnen Handlungen selbst durch die Vielfalt ihrer Inhalte eine gleichsam objektive „Individuierung“ erfahren.

Das Problem der Individualität als Problem der unterschiedlichen individuellen Verfaßtheit der handelnden Subjekte selbst kommt hier im Rahmen dieses

Ansatzes hingegen nur so weit zum Tragen, als dabei zugleich bestimmte generalisierbare individuelle Faktoren der Zurechenbarkeit in Blick genommen werden. Zeit, Dauer, Ort, Art der eingesetzten Mittel, Alter, Erfahrung, standes-, funktions- und berufsbezogene Bedingungen und schließlich subjektive Dispositionen, wie Einsichtskraft und Intelligenz, aber auch Temperament und Stimmung – all diese zur Bewertung einer Handlung herangezogenen Faktoren, wie sie in der klassischen Circumstantiae-Lehre bedacht werden, bleiben generalisierbar.

Die am generalisierten Individuum entwickelte Lehre vom actus humanus und die den Umkreis generalisierter subjektiver Einzelfaktoren berücksichtigende Cicumstantiae-Lehre bilden zusammen die entscheidende Voraussetzung für den Ausbau einer Moralkasuistik, die den einzelnen unter den Anspruch unverrückbarer sittlicher Wesensnormen gestellt sieht, ihm aber darin jetzt zugleich in seiner subjektiven und individuellen Befindlichkeit Rechnung zu tragen sucht. Das Schwergewicht liegt hierbei freilich ganz und gar auf der Unverrückbarkeit und objektiven Gültigkeit der sittlichen Wesensnormen. Dies zeigt sich nochmals in der Deutung jener Wirklichkeit, die sich als die genuin *subjektive* Wesensnorm des Sittlichen zu erkennen gibt, in der Deutung des Gewissens. Hiernach gewinnt alles sittliche Handeln seine letzte subjektive Legitimation aus dem Gewissen des einzelnen, insofern der einzelne Mensch erst in der Übereinstimmung mit dem Urteil seines eigenen Gewissens die moralische Übereinstimmung mit sich selbst, seine ethische Identität findet. Dieser verbindliche Anspruch des Gewissens für das Subjekt bleibt auch dort bestehen, wo es zu Ergebnissen kommt, die dem Anspruch objektiver Sittlichkeit zuwiderlaufen: Jedes Wollen, das einem *sicheren*, wenn auch *irrigen* Gewissensspruch folgt, ist in seinem subjektiven Vollzug sittlich gut, jedes ihm zuwiderlaufende sittlich schlecht[1]. Damit wird der conscientia erronea invincibilis, dem unüberwindlich irrigen Gewissen, trotz seiner Disparität gegenüber dem objektiven Normanspruch um der Würde des Gewissens willen ein subjektives Recht eingeräumt, ohne daß ihm damit deshalb auch schon objektiv recht gegeben werden müßte. In diesem Fall bleibt also die Möglichkeit eines individuellen Überzeugungshandelns dem Kasus des Irrtums subsumiert.

Anders hingegen im Fall der conscientia dubia, dem zweifelnden Gewissen. Der Mensch bedarf, soll er sittlich handeln, der aus objektiven Gründen gewonnenen Überzeugung, daß das, was er tut, sittlich richtig und gut ist. Wo immer Zweifel bestehen, ist er moralisch gehalten, diese auszuräumen. Solche Zweifel können sich nun aber auch auf die sittliche Vernunft einer objektiv vorgegebenen Norm selbst beziehen, sei es im Hinblick auf deren Anwendungsbereich, oder sei es im Hinblick auf deren innere sittliche Vernünftigkeit überhaupt.

Im ersten Fall geht es um die situationsspezifische Zumutbarkeit, Angemes-

---

[1] *Thomas von Aquin*, STh I–II q. 19, a. 5.

senheit und Billigkeit einer bestimmten, im Prinzip als gültig anerkannten Norm. Die Tatsache, daß eine Norm ihrem positiven Wortlaut nach nicht alle durch sie zu regelnden Situationen gleichermaßen erfassen kann, schließt zugleich die Notwendigkeit subjektiver Applikationen auf seiten des Handelnden ein: um ihre Vernunft zu wahren, muß er in bestimmten Situationen zuweilen von ihrem Wortlaut absehen und nach Angemessenheit verfahren (Epikie). Auch hier geht es also noch nicht um die sittliche Begründung eines sich wesenhaft vom *Individuum* her aufbauenden Überzeugungshandelns, insofern das individuelle situationsspezifische Verhalten der wahren Intention der Norm bzw. des Gesetzgebers subsumiert wird und von ihr her seine Rechtfertigung zu gewinnen sucht.

Der zweite Fall betrifft den Zweifel an der Verbindlichkeit einer Norm im Hinblick auf ihre innere Vernünftigkeit selbst. Hierbei geht es näherhin um die Frage, ob der Geltungsanspruch einer konkret gegebenen Norm noch zu Recht besteht, sei es, daß er aufgrund neuer Umstände und Einsichten generell hinfällig geworden zu sein scheint, oder sei es, daß eine aus gewandelten geschichtlichen Bedingungen erwachsene neue Norm mit ihr in Konkurrenz tritt. Zur Lösung dieses seit dem 16. Jahrhundert in der katholischen Moraltheologie heftig diskutierten Gewissensproblems suchte man nun zu einer allgemeinen Grundregel zu gelangen, die dem einzelnen hierbei formale Entscheidungshilfe bieten sollte. Die Fassung dieser Grundregel war ihrerseits wiederum von dem Problem belastet, welchen Gründen, die für oder gegen eine Norm sprechen, die größere Bedeutung beigelegt werden darf, dem Gewicht der Gründe, die *für* die überkommene Norm sprechen, oder dem Gewicht der Gründe, die *gegen* diese und damit für die Freiheit bzw. für die neue Norm geltend gemacht werden können. Der Streit um die Gewichtung der Argumente wurde mit der These des Bartholomé de Medina (1577) ausgelöst, nach welcher im Zweifelsfalle einer moralischen, für die Freiheit sprechenden Meinung, die vernünftige, triftige Gründe für sich hat, Folge geleistet werden darf, wenn die gegenteilige, für das überkommende Gesetz sprechende Ansicht nicht absolut gewiß ist[2]. Diese als Probabilismus gekennzeichnete Position suchte man in den Formen des Äquiprobabilismus und des Probabiliorismus noch behutsamer zu differenzieren, sei es, daß man der Entscheidung für die Freiheit erst dort den Vorrang geben zu dürfen glaubte, wo wenigstens nahezu ebenso gewichtige Gründe für sie sprechen wie für das Gesetz (Äquiprobabilismus), oder sei es, daß man die Entscheidung für die Freiheit davon abhängig machte, daß für sie die beweiskräftigeren Gründe sprechen (Probabiliorismus). Alle drei Fassungen grenzen sich ihrerseits gegen den von der Kirche ausdrücklich verworfenen Laxismus, der jeden beliebigen, selbst noch den schwächsten Grund für die Freiheit gelten lassen möchte, und gegen

---

2 *B. von Medina*, Comm. in S. th. I–II q. 19 a. 6 concl. 3: „Mihi videtur quod si est opinio probabilis licitum est eam sequi licet opposita sit probabilior."

den kirchlich ebenso verurteilten jansenistischen Rigorismus, der nur bei voller Sicherheit die Option für die Freiheit zuläßt, deutlich ab.

Bei aller Unterschiedlichkeit dieser hier in den sog. Moralsystemen vorgeschlagenen Lösung von Gewissenszweifeln in bezug auf den Verpflichtungscharakter von nicht mehr als eindeutig und sicher begründet erscheinenden Normansprüchen geht es letztlich um die Frage der Freiheit von einer zweifelhaften Gesetzlichkeit und damit um die Freiheit des einzelnen zum Guten. Mit dieser Option für die Freiheit zum Guten, die die Moralsysteme hier grundsätzlich offenzuhalten suchen, sind zweifellos Voraussetzungen geschaffen, die dem einzelnen auf der Suche nach klarer sittlicher Orientierung ein durch eine generelle Regel abgesichertes subjektives Überzeugungshandeln ermöglichen. Dennoch ist auch darin nicht schon der einzelne in seiner individuellen Disposition zu dem ihm je gemäßen Guten thematisiert, sondern vielmehr nur der einzelne in seiner generellen Disposition zu einem für alle gleichermaßen geltenden Guten, das in dem diesem zugeordneten Gesetz nicht mehr hinreichend erfaßt und voll eingeholt erscheint. Auch hier haben wir es also wieder nur mit dem generalisierten Individuum zu tun. Das Problem individuellen Überzeugungshandelns wird im Rahmen dieser Argumentation ausschließlich als generalisierter Gewissenskasus im Falle einer unsicher gewordenen konkreten Gesetzesverpflichtung behandelt. Dabei bleibt auch in diesem Gewissenskasus supponiert, daß die sittliche Wesensordnung mit ihren konkreten normativen Ansprüchen für den einzelnen in der Regel unangefochten gilt. Der Kasus als solcher bildet also den Ausnahmefall. Um dem einzelnen aber auch darin nochmals eine sichere, normative Entscheidungshilfe zu geben, sucht man diese Konfliktsituation mit Hilfe einer zusätzlichen formalen, auf alle denkbaren Fälle anwendbaren Grundregel kalkulierbar zu machen und zu lösen.

Hier zeigt sich in der Tat die Begrenztheit einer jeden das Sittliche wesenhaft vom Gesetz her auslegenden Ethik. Das subiectum morale in seiner je eigenen Zurechenbarkeit und Verantwortlichkeit kann darin immer nur in Hinordnung auf den übergreifenden Anspruch des Gesetzes in Blick kommen. Das aber bedeutet, das subiectum morale ist hier lediglich Ratifikationsinstanz des Gesetzes, nicht aber dessen eigentliche Begründungsinstanz. Begründungsinstanz ist vielmehr die als unabänderlich und unantastbar vorausgesetzte Wesensordnung der natura humana, aus der zugleich auch die allgemeine sittliche Handlungsvernunft des Subjektes selbst die Richtmaße ihrer Kompetenz erhält.

b) Das generalisierte Individuum als Begründungsinstanz des Sittlichen

Eine entscheidende Neuorientierung im Verständnis des Ethischen wird demgegenüber erst mit jener radikalen Kehre zum Subjekt eingeleitet, wie sie Kant vollzogen hat: das Subjekt ist nicht nur sittliche Ratifikationsinstanz des Gesetzes, sondern zugleich auch dessen sittliche Begründungsinstanz. Damit wird von jeder Vorstellung Abschied genommen, die die ethischen Forderungen des Gesetzes aus transsubjektiv vorgegebenen und durch Autoritäten interpretierten materialen Wesensordnungen zu gewinnen sucht. Nicht transsubjektive Wesensordnungen sind Grund und Ziel des Sittlichen, sondern das Subjekt selbst, und zwar in seiner sittlichen Struktur als Vernunfts- und Freiheitswesen. Allein das Subjekt ist „Zweck an sich selbst" und darf zu nichts anderem und für keinen anderen bloßes „Mittel" werden[3]. Nur so läßt sich nach Kant das Subjekt als das eigentliche und wirkliche Wesen der Selbstverantwortung begreifen. Unter dieser Voraussetzung kann sich dann aber auch menschliches Handeln nur dort als ein sittliches qualifizieren, wo es von einer Vernunft bestimmt bleibt, die den Menschen als „Zweck an sich selbst" wahrnimmt und wahrt, dem Vernunfts- und Freiheitsstatus eines jeden einzelnen darin also so Rechnung trägt, daß sie sich ihm zugleich als „Maxime einer allgemeinen Gesetzgebung" erweist[4]. Damit aber empfängt nun freilich die aus der sittlichen Struktur des Subjektes gewonnene Vernunft des Ethischen wiederum einen Allgemeinheitsstatus, der zwar Autonomie begründet, diese aber nicht aus dem Kontext der Individualität des einzelnen denkt, sondern ausschließlich als sittliche Autonomie des generalisierten Individuums begreift. Der einzelne wird einem aus der Subjektstruktur des Sittlichen gewonnenen allgemeingültigen „Sittengesetz" unterstellt.

Zweifellos ist hier die Grundlage für ein Handeln gegeben, das den Menschen in seiner autonomen sittlichen Würde radikal ernst nimmt. Dennoch erscheint diese Würde eigentümlich abstrakt. Zuordnungsgröße bleibt ein gedachtes und geglaubtes Subjekt, der homo noumenon, die Menschheit im Menschen, nicht aber der sich in seinen subjektiven Vollzügen unmittelbar selbst erfahrende einzelne. Eben solcher Erfahrung aber bedarf der Mensch, um sich überhaupt als der eigentliche Träger, als das Subjekt dieser Würde fühlen zu können und ihrer lebensmäßig und existentiell innezuwerden. Diese im Selbstvollzug des Subjektes ansichtig werdende existentielle Dimension menschlicher Würde näher zu bestimmen, wurde das Anliegen der transzendentalanthropologischen Denkbemühungen unseres Jahrhunderts.

Die Frage nach der Autonomie des Menschen und seiner Würde wandelt sich zur Frage nach der Eigentlichkeit menschlichen Daseinsvollzuges, wie sie in der Sorge um das Sein des Selbstseins (Existentialphilosophie), in der Unmittelbarkeit der Du-Erfahrung (Dialogphilosophie) und im Anspruch einer auf Aufhebung aller Verdinglichung zielenden Gesellschaftskritik (Kritische Theorie) als Grundimpulse wirksam werden. Im Gegensatz zu Kant wird hier also die Vernunft des Ethischen nicht auf bloß notwendig zu *denkende*, die Würde des Subjektes konstituierende *moralische Ideen* gegründet (Freiheit, Gott, Unsterb-

---

[3] *I. Kant*, Grundlegung zur Metaphysik der Sitten, ed. Weischedel IV 61.
[4] *I. Kant*, Kritik der praktischen Vernunft, ed. Weischedel IV 140.

lichkeit), sondern auf anthropologische Grunderfahrungen, in denen sich dem Menschen im Umgang mit sich selbst, mit dem anderen und mit der Gesellschaft das Eigentliche seines Menschseins zur Verwirklichung unmittelbar aufdrängt. Eben dieses Eigentliche seines Menschseins kann der Mensch aber immer nur je und je im Aufbruch aus gegebenen Formen und im Transzendieren der ihn wie ein Zuhandenes regelnden Lebenswirklichkeit innewerden.

Das, was den Menschen sich selbst, den anderen und die wahre Gestalt der Gesellschaft ansichtig werden läßt, geht als solches in keiner generalisierbaren konkreten Normwirklichkeit auf, sondern geschieht ereignishaft, geschichtlich, situativ. Damit aber, daß hier menschliches Handeln seine wahre ethische Vernunft nicht schon aus vorgegebenen, positiven Normen und übergreifenden Wesensgesetzen gewinnt, sondern aus der diese Normen je und je transzendierenden eigentlichen Vernunft menschlicher Existenz, scheint nun erstmals auch ein Zugang eröffnet, der dem einzelnen in seiner Individualität Rechnung tragen könnte. Wird doch unter solcher Voraussetzung dem Ereignishaften, Geschichtlichen und Situativen zur Bestimmung der sittlichen Vernunft menschlichen Handelns eine Bedeutung beigemessen, die weder vom Ansatz einer Ethik der Wesensordnungen noch vom Ansatz einer von der generellen Subjektstruktur her gewonnenen Ethik des „Sittengesetzes" möglich ist. Dennoch geht es hier in allem transzendentalanthropologischen Aufweis der genannten Grunderfahrungen nicht um den Aufweis von Konditionen, die das Individuum in seiner Individualität selbst betreffen, sondern um Konditionen, die zur Existenz des Menschen und seinen ethischen Vollzügen überhaupt gehören. Sie machen zwar die Möglichkeit von individuellem Handeln plausibel, geben ihm aber hierzu keinerlei Strukturkriterien, sondern lassen es wiederum in ein Allgemeines einmünden, in das Sein des Selbstseins, in Du-Unmittelbarkeit und in Vorgriff auf Totalität. Das gilt selbst noch für die ihrer ganzen Intention nach von vornherein als Situationsethik angelegte Dialogphilosophie Grisebachs. Denn obwohl hier die ethische Vernunft menschlichen Handelns aus einem Interaktionsverständnis erschlossen wird, das radikal vom Gedanken der Einmaligkeit und Einzigartigkeit jeglichen Begegnungsgeschehens bestimmt bleibt, kommt es dennoch nicht zur ethischen Entfaltung des Individuellen als solchem, insofern dieses darin als eine ausschließlich aus Negation gewonnene Abgrenzungsgröße, nämlich in seiner wesenhaften Nichtidentität mit anderen und anderem, in seiner Uneinholbarkeit und Inkommensurabilität, erscheint, so daß die einzelnen damit letztlich wiederum doch nur auf einen allgemeinen, dieser Uneinholbarkeit Rechnung tragenden Imperativ verpflichtet werden können, sich nicht gegenseitig zu überherrschen und den anderen in seiner Anderheit auszuhalten und zu ertragen[5].

Unter dieser Voraussetzung aber drängt sich nun geradezu die Notwendigkeit

---

[5] Vgl. *E. Grisebach*, Gegenwart. Eine kritische Ethik (Halle 1928) 594.

auf, die unbestreitbare Wahrheit der jeglichem menschlichen Handeln wesenhaft eigenen Dimension des Existentiellen, Situativen und Individuellen in einer Weise aufzunehmen, die dem auf transzendentalanthropologischer Basis unbewältigt gebliebenen Problem der Vermittlung von generellem sittlichem Anspruch und existentiellem Vollzug, von Norm und Situation, von Sozialität und Individualität besser gerecht wird. Hierbei muß zunächst von der Tatsache ausgegangen werden, daß es generelle Imperative und allgemeingültige sittliche Normierungen gibt, die den Menschen als Menschen betreffen und die sich aus seiner Struktur als eines personalen, sich in naturalen, gesellschaftlichen und geschichtlichen Bedingtheiten entfaltenden Vernunfts- und Freiheitswesen ergeben. Zugleich aber ist festzuhalten, daß die konkrete Gestalt einer sittlichen Entscheidung durch solch generelle Normierungen ethisch keineswegs schon zureichend erfaßt ist, solange die sich aus der Besonderheit und Eigenwirklichkeit des einzelnen ergebende individuelle Strukturierung dieser Entscheidung unberücksichtigt bleibt. Beide Aspekte müssen zur Synthese gebracht werden. In diese Richtung weisen die Argumentationen innerhalb der katholischen Moraltheologie seit Beginn der fünfziger Jahre.

> „Jede konkrete Situation des sittlichen Tuns hat eine Reihe ganz persönlicher sittlicher Bestimmungsfaktoren, die schon das jeweilige Zusammentreffen und auch den jeweiligen Anspruch allgemeiner Normen formen, darüber hinaus völlig neuen sittlichen Forderungsgehalt aus den rein persönlich-einmaligen und nicht wiederholbaren Momenten des Handelns begründen. In der echten Verbindung von Allgemein- und Individualgültigkeit ergibt sich das sittlich Gute eines konkreten Tuns. Dabei ist die Bestimmung durch die persönlichen inneren und von außen herantretenden Bedingungen durchaus echte und ursprüngliche, nicht etwa bloß akzidentelle, sekundäre oder ergänzende Sollensdetermination.“[6]

Damit ist freilich das Problem lediglich beschrieben, nicht aber schon eingelöst. Denn hierzu genügt es jetzt nicht, den Umkreis genereller, den Menschen als Menschen betreffender Forderungen und Imperative durch einige zusätzliche, den Menschen in seiner spezifischen Individualnatur berücksichtigende allgemeine Existentialnormen zu erweitern. Eingelöst erscheint dieses Problem erst dann, wenn es gelingt, die sich aus den materialen Baugesetzen und Strukturformationen der Individualität des Menschen ergebenden Faktoren als ethische Voraussetzung seiner Identitätsfindung in den generellen Normfindungsprozeß einzubringen. Diese aber kann nur im Rekurs auf die Ergebnisse heutiger empirisch-analytischer Identitätsforschung erreicht werden.

[6] *R. Hofmann*, Moraltheologische Erkenntnis- und Methodenlehre (München 1963) 211.

2. *Auf der Suche nach den psycho-sozialen Baugesetzlichkeiten menschlicher Individualität in Sozialität*

Das Grundanliegen der Identitätsforschung, wie es sich in den unterschiedlichen und mannigfaltigen empirisch-analytischen Problemzugängen heute abzeichnet, läßt sich in die Frage zusammenfassen: Wie kann der Mensch unter der Voraussetzung eines ihm je unverwechselbar eigenen, genetisch bestimmten biopsychischen Potentials im Entfaltungshorizont der jeweiligen seine Lebenschancen ermöglichenden sozio-kulturellen Dispositionen und Erwartungen zur Übereinstimmung mit sich selbst gelangen?

Heutige Identitätsforschung setzt sonach also gerade nicht bei der Analyse einer von allen sinnlichen Inhalten entleerten Selbsterfahrung des verantwortlichen autonomen Subjekts als Vernunfts- und Freiheitswesen an, sondern bei der Analyse all jener positivierbaren Determinanten, aufgrund deren und in denen sich dieses Subjekt überhaupt erst als es selbst und ebendarin als je und je vernünftig, frei und mit sich selbst identisch erkennt und erfährt. Ihr Ausgangspunkt ist nicht der homo noumenon, sondern der homo phainomenon, nicht die voluntas ut voluntas, sondern die voluntas ut natura, nicht das abstrakte Selbst, sondern das inhaltlich bestimmte, sich in konkreter Sozialwirklichkeit aufbauende Ich. Ihr geht es nicht um das Wesen von Freiheit und den Grund personaler Würde, sondern um deren Entfaltungsbedingungen im Anspruch gesellschaftlicher Strukturen, Institutionen und Normen. Sie fragt nicht nach dem, was der Forderung nach menschlicher Selbstverwirklichung und Selbstannahme letzte Legitimation zu geben vermag, sondern vielmehr nach all dem, was dem Menschen zu seiner Identitätsfindung verhilft und was sie verhindert. Unter dieser Voraussetzung aber gewinnen jetzt wesenhaft jene Fragestellungen Bedeutung, die das Problem menschlicher Identitätsfindung von der empirischen Seite her angehen. Hierzu gehört die erstmals von K. Marx in voller Schärfe aufgeworfene Frage nach dem Zusammenhang von sozio-ökonomischer Struktur und menschlicher Entfremdung ebenso wie die von S. Freud verfolgte Frage nach dem Zusammenhang von psychischer, sich im Unbewußten sedimentierender Lebensentwicklung und Selbstentfremdung.

Den hier eröffneten Problemsichten kommt im Rahmen der Identitätsforschung zweifellos bleibende Relevanz zu, wie dies nicht zuletzt deren Rezeptionsgeschichte in den nachfolgenden Sozialtheorien bis heute zeigt. Dennoch ist in ihnen nicht schon die eigentliche Mitte des Identitätsproblems getroffen, insofern hier die Frage nach dem genuin individuellen Lebensgesetz des einzelnen und damit nach der sittlichen Struktur des Individuellen im Sozialen noch völlig unthematisiert bleibt. Denn während bei Marx das Entfremdungsproblem im Zusammenhang mit seiner Ökonomiekritik wesentlich auf den Menschen als Gattungswesen bezogen bleibt, stellt es sich bei Freud zwar in Bezug auf den individuierten einzelnen, jedoch nicht unter dem Aspekt der Individualität dieses einzelnen selbst, sondern durchgängig unter dem Aspekt von ihn möglicherweise betreffenden generalisierbaren Psychopathologien. Soll aber Identitätstheorie dem Ganzen des einzelnen in seiner Individualität selbst Rechnung tragen, und zwar sowohl unter Einbeziehung seines je besonderen genetisch bestimmten biopsychischen Potentials als auch seiner je eigenen sozio-kulturellen und sozio-psychischen Biographie, so muß bei jener Erfahrungsmitte angesetzt werden, aufgrund deren und in der sich der einzelne wesenhaft als Individuum fühlt und in der sich alles kristallisiert, nämlich bei seinem konkreten Ichbewußtsein. Auf eben diese Frage aber, wie sich Ichbewußtsein im Prozeß menschlicher Kulturation aufbaut, sich im Umgang mit sozialen und psychischen Ansprüchen anderer erfährt, auf sich hieraus ergebende Konflikte reagiert, Versehrungen durchträgt oder verdrängt, Heilung erreicht oder sich pathologisch verformt, richtet sich das zunehmende Interesse heutiger Identitätsforschung.

Schlüsselbedeutung kommt in diesem Zusammenhang der grundlegenden Einsicht G. H. Meads zu, daß menschliches Ichbewußtsein („self") sich wesenhaft in gesellschaftlichen Interaktionen aufbaut und sich so in einer Spannungseinheit von innerer und äußerer, von individueller und sozialer Perspektivität darstellt[7].

Menschliche Identitätsfindung muß aus einem Verständnis von gesellschaftlicher Wirklichkeit begriffen werden, in der der einzelne mit seinem individuellen Potential nicht mehr, wie dies die klassische Ethik voraussetzte, übergangslos einer gesellschaftlichen Normwirklichkeit zugeordnet erscheint, die ihm lediglich im Sinne des generalisierten Individuums gerecht zu werden vermochte, sondern einer gesellschaftlichen Normwirklichkeit, die sich als ein dynamisches Gefüge von Interaktionsprozessen darstellt, in der er sich ihr approximativ bis in seine Individualität hinein zu artikulieren vermag. Individuum und Gesellschaft haben gleichermaßen ihren Ursprung im Interaktionsprozeß selbst; beide erscheinen über den „generalisierten Anderen" vermittelt[8]. Unter dieser Voraussetzung aber bleiben sowohl das individuelle Potential der einzelnen als auch die dieses Potential erst in seine spezifisch soziale Relevanz hebenden und darin die einzelnen miteinander vermittelnden normativen Generalisierungen einer ständigen Interpretation unterworfen. Wo immer sich dann der einzelne die in den normativen Generalisierungen gegebene Einstellung der anderen kraft seines „I" so zu eigen machen kann, daß darin zugleich sein eigenes individuelles Potential zum Tragen kommt, erfährt er sich zugleich auch mit sich selbst iden-

---

[7] *G. H. Mead*, Mind, Self and Society (1934), deutsch: Geist, Identität und Gesellschaft (Frankfurt a. M. 1973), bes. 216–221, 236–266, 320–328. Zur näheren Orientierung über den sozialpsychologischen Denkansatz Meads vgl. u. a. *L. Krappmann*, Soziologische Dimensionen der Identität (Stuttgart ²1972) 58f.

[8] *G. H. Mead*, a. a. O. 194–206. Vgl. auch *ders.*, Philosophie der Sozialität. Aufsätze zur Erkenntnisanthropologie (Frankfurt a. M. 1969) 92–101.

tisch. Identität ist das Resultat von Arrangierungen des individuell Besonderen mit dem gesellschaftlich Allgemeinen im Filter des eigenen „me" als des „generalisierten Anderen".

Damit ist ein Zugang im Verständnis von Identität geschaffen, der es erlaubt, Identität erstmals als eine aus Interaktionsprozessen erwachsende dynamische Größe zu begreifen, die nicht nur eine einzige Lösung zuläßt. Entsprechendes gilt auch für die sich aus diesen Prozessen ergebenden und sie wiederum rücksteuernd regulierenden Normensysteme. Auch sie erweisen sich als variable Größen. Hier liegt zugleich der Ansatz für eine Kulturtheorie, mit der sich die Pluralität gesellschaftlicher Strukturen und Ethosformen einsichtig machen läßt. Offen bleibt im Rahmen dieses Deutungsmodells allerdings, was hier dem einzelnen wie auch der Gesellschaft bei aller Gestaltungsdynamik Konsistenz und Kontinuität verleiht. Konsistenz und Kontinuität lassen sich aus Arrangierung allein nicht erklären.

Auf diese Frage, woraus individuelle Identität und die Identität von Gesellschaften ihre Beständigkeit gewinnen, was ihnen den Impuls einstiftet, über punktuelle und segmentäre Arrangierungen hinaus feste Strukturen auszubilden, um so einer allgemeinen Identitätsdiffusion und damit der Gefahr des Identitätsverlustes zu wehren, richtet sich das Interesse E. H. Eriksons[9]. Um hier zu einer Antwort zu gelangen, rekurriert Erikson auf eine elementare menschliche Grunderfahrung, die sich für jegliches Gelingen menschlichen Daseins im Umgang mit sich selbst und der Welt als unentbehrlich erweist, nämlich auf die emotionelle Basis des *Vertrauens*, die in ihrer konstruktiven Kraft alle Lebensaktivitäten des Menschen steuert. Identität kann der Mensch nur unter der Voraussetzung einer Wirklichkeit gewinnen, die ihm Vertrauen vermittelt, die sich ihm affirmativ darstellt, die er als sinnvoll erfährt. Ein wesentliches Stück funktionaler Stimmigkeit und Identitätskonstanz der Gesellschaft selbst – Erikson kennzeichnet dies als „Gruppenidentität" – ist hier also für den Prozeß individueller Identitätsfindung als Bedingung seiner Möglichkeit immer schon vorausgesetzt[10].

Zweifellos sind damit Einsichten in elementare, empirisch nachprüfbare Gesetzlichkeiten menschlicher Identitätsfindung gewonnen, die im Rahmen der klassischen Ethik faktisch unberücksichtigt blieben und die als solche eine neue,

---

[9] *E. H. Erikson*, Insight and Responsibility (1964), deutsch: Einsicht und Verantwortung. Die Rolle des Ethischen in der Psychoanalyse (Hamburg 1971); *ders.*, Identität und Lebenszyklus. Drei Aufsätze (Frankfurt a. M. 1973). Zur Gesamtorientierung vgl. u. a. *D. J. De Levita*, Der Begriff der Identität (Frankfurt a. M. 1971) 67f. – Während bei Erikson vornehmlich die zu stabiler Identitätsbildung beitragenden primären Sozialisationsprozesse im Vordergrund stehen, versucht A. Strauss in Anknüpfung an Meads interaktionstheoretischen Ansatz gerade jene Faktoren und Gesetzlichkeiten in Blick zu nehmen, die menschliche Identitätsfindung in konkreter Interaktion bestimmen und ermöglichen. *A. Strauss*, Mirrors and Masks. The Search for Identity (1959), deutsch: Spiegel und Masken. Die Suche nach Identität (Frankfurt a. M. 1968).

[10] *E. H. Erikson*, Identität und Lebenszyklus 12f. Vgl. auch *ders.*, Einsicht und Verantwortung 80.

differenziertere Sicht der inneren Kohärenz von Individualität und Sozialität, von Individual- und Sozialnorm, von Individual- und Sozialethik eröffnen. Der Mensch kann Identität, Übereinstimmung mit sich selbst nur unter der Voraussetzung finden, daß er als das jeweilige Objekt der sich ihm zuwendenden und ihn in seinem Menschsein hervorbringenden Gesellschaft Subjekt seiner eigenen Möglichkeiten werden kann und darin zugleich wiederum zum Gestalter dieser ihn tragenden Gesellschaft und ihrer Normen. Ebendies aber erscheint in Wahrheit längst nicht immer und selbst unter den geglücktesten Voraussetzungen nirgends wirklich gegeben. Jede Interaktion unter Menschen impliziert zugleich eine Beschneidung eigener individueller Möglichkeiten, und dies um so stärker, je weniger dasjenige, was der einzelne für sich jeweils geltend macht, dem anderen oder den anderen unter dem Aspekt ihrer eigenen Urteilswelt einordbar erscheint. Identität stellt sich so immer auch in einer mehr oder weniger großen Gebrochenheit dar, so daß sich die Frage aufdrängt, wie kann der einzelne diese Situation meistern, und wie müssen Menschen generell miteinander umgehen, um Zerstörungen von Identität vorzubeugen und Identitätspolarisierungen zu überbrücken.

Um diese Frage nach den Ursachen versehrter Identität und die Möglichkeit ihrer Bewältigung geht es insbesondere in den Beiträgen E. Goffmans zum Identitätsproblem[11].

Goffman geht davon aus, daß drei unterschiedliche Kräfte für den Aufbau menschlicher Identität bestimmend sind, nämlich die sozialen Erwartungen anderer, die jeweilige individuelle Lebensstruktur und das rücksteuernde Bewußtsein des eigenen Ichs. Entsprechend stellt sich für ihn denn auch das Problem der Identitäts*findung* in dieser dreifachen Hinsicht, nämlich als Problem der „sozialen Identität“, der „persönlichen Identität“ und der „Ich-Identität“.

Unter „sozialer Identität“ versteht er die Einschätzungen und Einstufungen durch andere und die hieraus resultierende Notwendigkeit, den mit diesen Einstufungen verbundenen Erwartungen zu entsprechen. Insofern aber der einzelne dem nie ganz gerecht werden kann, sucht er sich den anderen im Interaktionsaustausch möglichst so darzustellen, daß sie ihn mit ihren Erwartungen hinreichend identifizieren können. Soziale Identität ist nicht ohne gemeinsame „Identitätsnormen“ denkbar und damit nicht ohne Retuschen in der eigenen Selbstrepräsentation (phantom normalcy)[12]. Umgekehrt kommt nun aber in

---

[11] Hierzu grundlegend *E. Goffman*, Asylums. Essays on the Social Situation of Mental Patients and Other Inmates (1961), deutsch: Asyle. Über die soziale Situation psychiatrischer Patienten und anderer Insassen (Frankfurt a. M. 1973); *ders.*, Stigma. Notes on the Management of Spoiled Identity (1963), deutsch: Stigma. Über Techniken der Bewältigung beschädigter Identität (Frankfurt a. M. 1972); *ders.*, Interaktionsrituale. Über Verhalten in direkter Kommunikation (Frankfurt a. M. 1973). Zur weiteren Orientierung vgl. *L. Krappmann*, a. a. O. 22f., 71f., 133f. Ferner *J. Habermas*, Theorie der Sozialisation. Stichworte und Literaturhinweise zur Vorlesung im Sommersemester 1968 (hektographiertes Manuskript 1968).

[12] *E. Goffman*, Stigma 9–55; vgl. auch ebd. 152.

jedem Prozeß menschlicher Identitätsfindung zugleich ein Moment ins Spiel, das mit diesen zu sozialer Identität führenden Ausbalancierungen von Gemeinsamem an Erwartung nicht abgedeckt ist. Der einzelne findet Identität nur unter der gleichzeitigen Voraussetzung, daß er sich den Interaktionspartnern gegenüber als er selbst in der Unaustauschbarkeit seines Lebensaufbaus und in der Unverwechselbarkeit seiner Lebensgeschichte zur Geltung bringen kann. Goffman faßt dies im Begriff „persönliche Identität". Neu ist dabei, daß er auch diese persönliche Identität nicht als eine unmittelbar vom Individuum selbst gestaltete Wirklichkeit interpretiert, sondern vielmehr als eine dem einzelnen durch seine Interaktionspartner zugeschriebene Biographie[13]. Sie ergibt sich aus der Einzigartigkeit seines biopsychischen Potentials und der je einmaligen Kombination lebensgeschichtlicher Daten. Insofern sich diese aber ihren zeitlichen Entfaltungen nach in ihr zu einer Einheit zusammenschließen, erweist sie sich zugleich als das eigentliche kontinuitätstiftende Element, an dem ihn andere in seiner Besonderheit erkennen, aufgrund dessen er sich selbst als ein von allen übrigen Unterschiedener weiß und als solcher auch in den Beurteilungen der anderen erscheint. Diese dem einzelnen in seiner Besonderheit durch die soziale Umwelt zugeschriebene „persönliche Identität" und die daraus resultierende Notwendigkeit, sich als solcher zu verhalten, eröffnet nun aber zugleich ein Spannungsverhältnis zu den Erwartungen, die mit der ihm angesonnenen „sozialen Identität" verknüpft sind. Er kann nicht beiden gleichermaßen entsprechen. Betont er die ihm zugeschriebene Einzigartigkeit zu unnachgiebig, läuft er Gefahr, alle Gemeinsamkeit mit dem zu verlieren, was ihn für die anderen sozial integrierbar erscheinen läßt. Ihre Antwort wäre Stigmatisierung und damit Verlust seiner „sozialen Identität". Umgekehrt: verhält er sich in einer Weise, die ihn für die anderen restlos einordbar macht, muß er seine Besonderheit verleugnen und versperrt sich damit den Weg zu *seiner* Identität. Eine Lösung des Dilemmas kann nur darin liegen, daß er beide Identitäten in konkreten Interaktionsprozessen jeweils ausbalanciert.

Der wichtigste Beitrag Goffmans zur Identitätstheorie liegt zweifellos in dem Nachweis, daß jegliches auf Identitätsfindung gerichtete menschliche Handeln Rollendistanz impliziert und durch Rollendistanz bestimmt ist[14]. Wo immer der Mensch sich den Ansprüchen der mannigfaltigen, ihn je anders anfordernden sozialen Situationen nicht einfachhin gleichförmig macht, sondern ihnen nach Maßgabe seines unverwechselbar eigenen individuellen Lebensaufbaus gerecht zu werden sucht, indiziert dies sein Ringen um Ich-Identität.

Erst in diesem flexiblen Umgehen mit der gegebenen Normenwelt kommt dann zugleich auch auf unmittelbar interaktioneller Ebene jene Haltung zum

---

[13] Ebd. 67f.; vgl. auch bes. ebd. 85f.

[14] *E. Goffman*, Encounters. Two Studies in the Sociology of Interaction (1961), deutsch: Interaktion. Spaß am Spiel. Rollendistanz (München 1973) 118–130, 169f.

Tragen, kraft deren der eine sich in den anderen einzufühlen vermag und in Wahrung des eigenen Selbsts sich auf die Erwartungen und Bedürfnisse des anderen einzustellen sucht. Aber selbst noch unter dieser Voraussetzung kann keiner der Beteiligten den anderen jemals ganz verstehen und ihm in allem ganz gerecht werden, so daß das wenigstens stückweise Gelingen des Lebens eines jeden einzelnen letztlich zugleich von der jeweiligen Toleranzbereitschaft abhängt, die alle gemeinsam aufzubringen bereit sind. Diese sog. Ambiguitätstoleranz empfängt ihrerseits ihre jeweiligen Schwellenwerte aus höchst differenziert verlaufenden Gradabstufungen, nach denen Eigenschaften und Verhalten des einzelnen als einordbar, noch einordbar oder nicht mehr einordbar empfunden werden. Diese Gradabstufungen aber werden um so verständiger und einfühlender vorgenommen, je mehr auch die Urteilenden selbst in ihrer eigenen Lebensgeschichte an Konflikten, Frustrationen und Entfremdungen ausgehalten, durchgetragen und konstruktiv verarbeitet haben. Die Bereitschaft, sich neuen Risiken auszusetzen, setzt das Vertrauen voraus, sie meistern zu können. Solches Vertrauen aber fällt um so leichter, je mehr es sich auf Erfahrungen eigener bewältigter Identität stützen kann.

Damit rückt jetzt auch das Problem *normal–anomal* in eine neue ethische Perspektive. Je reifer die Ambiguitätstoleranz unter Menschen ist, um so eher wird ein Verhalten, das sich vom Lebensaufbau des einzelnen her als ethisch sinnvoll erweist, und selbst wenn dies nur für ihn allein gelten mag, als moralisch plausibel und vertretbar eingestuft, solange dieses Verhalten keine evident sozialschädlichen Konsequenzen zeitigt.

Solch wachsende gegenseitige Einfühlungsfähigkeit schafft zweifellos ein Normalitätsverständnis, das sehr viel dynamischer gefaßt ist. Die starre Grenze zwischen normal–anomal erscheint fließender. Dem einzelnen eröffnen sich wesentlich größere Möglichkeiten, in seiner Weise seine Identität zu suchen, ohne sich durch allzu voreilige und im Grunde nicht selten ungerechtfertigte gesellschaftliche Verdikte daran ständig gehindert zu sehen. Bleiben ihm hingegen solche Möglichkeiten versagt und ist er dennoch von der Richtigkeit seines von der sozialen Norm abweichenden Verhaltens überzeugt, so wird er seine Abweichung entweder durch überkorrektes Verhalten in allen anderen Lebensbereichen auszugleichen suchen, um sich so soziale Anerkennung zu bewahren, oder aber den Gültigkeitsanspruch der ihm aufoktroyierten Norm öffentlich in Frage stellen und die damit verbundene Stigmatisierung in Kauf nehmen, um so auf Änderung dieser Norm selbst zu drängen.

Es zeigt sich also, daß die Identitätsfrage zwangsläufig auch zu einer ethisch vertieften Sicht der Normalitätsproblematik führt und hier zu Ergebnissen kommen läßt, die als solche nicht nur über die Engführungen eines rein juristisch oder soziologisch angesetzten Normalitätsverständnisses, sondern auch über die einer generalisierenden metaphysischen Wesensethik weit hinausreichen. Soll der einzelne zur Übereinstimmung mit sich selbst gelangen, genügt es offenkundig nicht, die Normalität menschlichen Verhaltens ausschließlich von Normen her zu bestimmen, die auf ein Allgemeines gerichtet sind bzw. von einem Allgemeinen her gewonnen werden. Zur Normalität eines jeden einzelnen Menschen gehört eben immer auch eine sich aus Biogenese, Biographie und sozialer Konstellation ergebende *Individualität.* Unter diesem Aspekt aber ist Normalität des einzelnen ohne Abweichung nicht denkbar.

Woraus aber gewinnt dann – und diese letzte Frage bleibt – der einzelne die innere moralische Gewißheit, daß dieses sein individuell disponiertes und von ihm selbst als normal empfundenes Handeln auch ethisch gerechtfertigt ist? Genügt es, hierzu auf das Gewissen zu verweisen, das als solches allem menschlichen Handeln letzte subjektive Norm ist? Zweifellos kommt dem Gewissen die hier durch kein anderes Vermögen ersetzbare Funktion zu, den Handelnden in Übereinstimmung mit sich selbst zu bringen. Ist dann aber das Gewissen einfachhin sich selbst Gesetz, oder gehorcht es dabei auch selbst nochmals psychischen Wirkkräften und Gesetzlichkeiten, die das Gefühl der Übereinstimmung des Handelnden mit sich selbst und der Vernunft der Gründe, die sich ihm zeigen, herstellen und regulieren? In der Tat muß es solche die psychischen Reaktionen des Gewissens bestimmende Wirkgesetzlichkeiten geben, die dem einzelnen das innere moralische Gefühl vermitteln, in seinem Handeln mit sich selbst und dem anderen richtig oder falsch umzugehen. Andernfalls bliebe das Gewissen in seinem Urteilen der Laune von Gefühlen ausgeliefert, die selbst keiner sinnvollen Steuerung mehr unterliegen und die jeden Gewissensentscheid, wie dies für den Fall der conscientia affectata zutrifft, substantiell verfälschen könnten. Diese das moralische Gefühl der Richtigkeit des eigenen Handelns vermittelnden Kräfte aber können in nichts anderem gesucht werden als in jenen Gesetzlichkeiten, die auch das Gefühl der jeweiligen Ich-Identität vermitteln.

3. Ethische Identität als Leitprinzip konkreter Lebensgestaltung

Für den Aufbau menschlicher Identität sind, wie wir gesehen haben, drei unterschiedliche Kräfte bestimmend: die sozialen Vorstellungen und Erwartungen anderer, die jeweilige individuelle Lebensstruktur und das rücksteuernde Bewußtsein des eigenen Ichs. Übereinstimmung mit sich selbst und der ihn umgreifenden Wirklichkeit kann der einzelne nur gewinnen, wenn es ihm gelingt, die eigene individuelle Lebenswelt und die ihn vorausbeurteilende und anfordernde soziale Erwartungswelt dem Widerstreit zu entheben und in eine sinnvolle Zuordnung zu bringen. Ich-Identität ist nicht ohne diese Zuordnungsleistung möglich und stellt sich gleichsam erst als deren jeweiliges Resultat ein. Das aber setzt näherhin voraus, daß sich der einzelne die Vorstellungen, die andere von ihm haben, und die Erwartungen, die an ihn herangetragen werden, jeweils so zunutze macht und auf seine eigenen Bedürfnisse hin instrumentalisiert, daß er diese darin entsprechend zur Geltung bringen kann. Da nun aber in den Vorstellungen und Erwartungen der anderen wiederum Bedürfnisse zum Tragen kommen, die seinen eigenen nicht notwendig entsprechen müssen, ihnen gegebenenfalls sogar entgegenstehen, kann er dies nur erreichen, indem er sich gleichzeitig auch auf sie hin einstellt, sie in ihrem relativen Recht anerkennt und sie so mit den eigenen zum Ausgleich bringt. Andernfalls läuft er in der Tat Gefahr, entweder seine soziale Identität oder aber seine persönliche Identität zu verlieren. Sucht er seinen Bedürfnissen ohne Rücksicht auf die Erwartungen der anderen Geltung zu verschaffen, löst dies Abwehrreaktionen aus, die seine gesellschaftliche Einbettung verhindern. Gibt er ihnen hingegen nur so weit Raum, daß sie vollständig mit den Erwartungen der anderen zusammenfallen, läuft dies auf Preisgabe seiner Persönlichkeit hinaus. Beiden Gefahren zu wehren und die Welt der sozialen Erwartungen in ihrer Eigengesetzlichkeit und Andersheit mit den Ansprüchen der persönlichen, individuell geprägten Lebenswirklichkeit je und je zu vermitteln, ist die eigentliche Tat des Ichs. Solcher Leistung ist das Ich aber wiederum nur fähig, wenn es eine hinreichende Kraft des Vertrauens in sich selbst besitzt. Der Mensch muß, wie Erikson überzeugend aufgewiesen hat, immer schon ein Stück Übereinstimmung mit sich selbst erfahren haben, um auf diese Weise in sich selbst Grund fassen zu können, aus sich heraus zu handeln und mit der Welt in Kommunikation zu treten.

Alle Fähigkeit des Menschen, ohne Selbstpreisgabe mit anderen Gemeinschaft zu erreichen, lebt letztlich aus einer affirmativen Grundeinstellung gegenüber den eigenen Möglichkeiten. Daß aber auch diese nicht einfachhin ein Naturtatbestand ist, sondern sich wesenhaft erst aus Erfahrungen des Angenommenseins durch andere, also aus bereits vorgängig gewonnener sozialer Identität, aufbaut, zeigt, wie sehr selbst noch der normative Kern menschlichen Ichbewußtseins, der Mut zur Selbstannahme und Selbstbejahung nicht ohne soziale Dispositionsfaktoren denkbar ist. Gerade deshalb bleibt ja der Mensch bei allem Mut zu sich selbst und zum Selbstand im Umgang mit anderen dennoch, will er seine Identität nicht als eine sozial versehrte und gebrochene erfahren, immer neu auf die Zuwendung, Anerkennung und Bejahung der anderen verwiesen.

Eben diese aus sozialen Ursprüngen gewonnene Kraft zur Selbstbejahung im Umgang mit anderen wirkt sich jetzt aber auch in gleicher Weise im Umgang des Menschen mit sich selber aus. Als solche aktualisiert sie sich in jeder elementaren wie sublimen Form menschlichen Lebenswillens. Wann immer der Mensch ein Bedürfnis befriedigt, ein Interesse verfolgt, sich ein Ziel setzt oder eine Aufgabe wahrnimmt, weist dies darauf hin, daß er sich, für sich selbst hoffend, will. Was er dabei aber auch immer im einzelnen erstreben mag, es muß ihm, soll er es verwirklichen, wichtig erscheinen. Es muß sich aus der Vielfalt seiner Bedürfnisse und Interessen aktual herausheben. Er muß ihm Raum geben, seine Kräfte darauf konzentrieren und die übrigen Bedürfnisse und

Interessen diesem zuordnen. Das aber bedeutet, der Mensch kann in Wahrheit nur für sich hoffen, wenn er sich jeweils ganz auf eine Sache einläßt, sich mit ihr identifiziert, aus ihr und für sie lebt. Der Wille zu sich selbst fordert die *Instrumentalisierung* der ganzen Existenz.

Instrumentalisierung impliziert nun aber zugleich immer auch Ausblendung, Vereinseitigung und Engführung. Das durch sie sichergestellte Bedürfnisziel, an das sich hier die ganze Hoffnung des Menschen hängt, droht in seiner Dominanz zum Tyrannen aller übrigen Bedürfnisse zu werden. Bedürfnisfixierungen haben ihren nicht ungefährlichen Preis. Sie können Leben kosten. Ihre äußerste Gestalt ist der Amoklauf. Dies ruft gebieterisch nach Ausgleich. Für sich selbst hoffen kann der Mensch letztlich nur, wenn er sich in allem Instrumentalisieren zugleich die *Vielfalt* seiner Bedürfnisse bewahrt. Will er sich nicht verlieren, muß er den in ihm miteinander konkurrierenden und in Widerstreit liegenden Strebungen und Interessen Rechnung tragen, sie untereinander abstimmen und sie je und je neu zum Ausgleich bringen. Alle Instrumentalisierung findet sonach ihre Grenze an der Notwendigkeit der *Arrangierung* des gesamten Bedürfnishaushaltes im Umgang des Menschen mit sich selbst. Andererseits aber macht solche je und je notwendige Arrangierung Instrumentalisierung wiederum nicht überflüssig. Denn erst aus dem Dominantsetzen von Bedürfnissen empfängt menschliches Handeln seine jeweilige Sinnspitze, gewinnt es überhaupt erst reales Gewicht und Profil. Alles Übermaß an bloßer Sorge um Ausgleich droht am Ende die menschliche Aktivität stillzustellen. Anpassungsneigung und Konfliktscheu haben hier ihre wesentliche Wurzel. Ihre äußerste Gestalt ist Lethargie. Sich selbst annehmen, sich selbst bejahen bedeutet also gerade aus der wesenhaften inneren Spannungseinheit der eigenen Bedürfniswelt leben. Amoklauf und Lethargie sind keine Alternativen. Erst im Aushalten und immer neuen Austragen eben dieser Spannungseinheit aber wird sich der Mensch nicht nur der tatsächlichen, konstruktiven Vielfalt an Verwirklichungsmöglichkeiten seiner eigenen Existenz bewußt, sondern zugleich auch seiner Begrenzungen. Die der Selbstbejahung innewohnende Tendenz zu Selbstüberschätzung und Hybris bleibt hierdurch in Schranken gewiesen. Es ist also letztlich das Zusammenspiel dieser inneren Gestaltungskräfte der Affirmierung, Arrangierung und Instrumentalisierung, die dem Menschen im Umgang mit sich selbst Orientierung geben und aus denen sein Handeln je und je humane Gestalt gewinnt. Wir haben es hier im Grunde mit fundamentalen Ich-Regeln zu tun, auf die sich der Mensch in allem Umgang mit sich selbst verwiesen sieht und die in ihrer gleichsam naturhaft wirkenden inneren Zuordnungsdynamik ihm in allem Bemühen, Übereinstimmung mit sich selbst und damit Ich-Identität zu finden, die psychische Realisationsbasis vorgeben. Als solche erwiesen sie sich jetzt aber auch gleichzeitig als die konstitutiven Regelgesetze seines Ichs im Umgang mit anderen.

Wo immer im einzelnen ein Interesse dominant wird, das bestimmten Eigenschaften oder Fähigkeiten eines anderen gilt, fordert der damit einsetzende Prozeß der Instrumentalisierung nicht nur den arrangierenden Ausgleich mit den unterschiedlichen Strebungen der eigenen Bedürfniswelt, sondern zugleich auch die Arrangierung dieses Interesses mit der Bedürfniswelt des anderen. Andernfalls würde dies beim einzelnen selbst zur Versklavung des eigenen Ichs und auf der Interaktionsebene zur Versklavung des anderen führen. Die eigentliche kommunikationsstiftende Leistung liegt also im Akt des Arrangierens, wie dies der Sache nach bereits schon von Mead, Strauss und Goffman aufgewiesen wurde. Er verschafft dem einzelnen die Gewißheit, im selbstbezogenen, instrumentalisierenden Umgang mit dem anderen die richtige Vernunft gefunden zu haben, und bewahrt damit dem anderen zugleich das Gefühl in seiner Eigenwirklichkeit akzeptiert und bejaht zu sein. Das aber bedeutet, daß die Kraft solches Arrangierens nicht nur die eigene Bejahung, sondern auch die Bejahung des anderen immer schon einschließt. Sie läßt das Maß, mit dem man sich selbst akzeptiert und vom anderen akzeptiert sein möchte, zugleich zum Maß des Umgangs mit ihm werden. Die normative Forderung der „Goldenen Regel" ergibt sich unmittelbar aus der inneren Anspruchslogik dieses psycho-anthropologischen Regelkreises.

Dominiert das selbstbezogene Interesse im Umgang mit dem anderen und damit der Wille, ihn auf die eigenen Zwecke hin zu instrumentalisieren, so führt die Notwendigkeit, sich gleichzeitig mit ihm arrangieren zu müssen und darin seinen Bedürfnissen Rechnung zu tragen, zu jener Forderung, wie sie die negative Fassung der „Goldenen Regel" aufstellt: „Was du nicht willst, daß man dir tut, füge auch keinem anderen zu" (Tob 4,15). Legt man aber den Bedürfnissen des anderen das gleiche Gewicht bei wie den eigenen, dominiert also der Wille zur Arrangierung über den Willen zur Instrumentalisierung, kommt es zur positiven Fassung: „Alles, was ihr wollt, daß euch die Menschen tun, sollt auch ihr ihnen tun" (Mt 7,12; Lk 6,31). Ist aber der Umgang mit dem anderen dominant von der inneren Dynamik einer Bejahung bestimmt, die als zuwartende, geduldige, aufsprengende, glaubende und hoffende Kraft auch im Umgang des einzelnen mit sich selbst immer schon am Werk ist, die ihn sich in seinen Grenzen annehmen und in seinen wahren Möglichkeiten entfalten läßt, so verwirklicht sich darin der normative Anspruch jener Hochforderung, wie sie das „Liebesgebot" festhält, nämlich den anderen zu lieben wie sich selbst.

Damit aber sind jetzt für eine anthropologische Grundlegung des Ethischen entscheidend neue Einsichten gewonnen. Die drei Fassungen der „Goldenen Regel" haben ihr Fundament in dem hier aufgewiesenen psycho-anthropologischen Regelkreis und erweisen sich in ihren letztlich aus den möglichen Formen des Selbstverhaltens resultierenden unterschiedlichen Akzentuierungen interaktionellen Umgangs als dessen konsequente sozialethische Ausfaltungen. Auf Absicherung, Wahrung und Entfaltung menschlicher Ich-Identität im sozialen Miteinander gerichtet, müssen sie zugleich als *die* grundlegenden Identitätsgebote verstanden werden. In ihnen sind jene ethischen Grenzmarken gesetzt, die die Gleichzeitigkeit von Ich-Identitäten ermöglichen. Denn indem sie das Kräftespiel im Umgang der einzelnen miteinander ethisch von dem gleichen, auf konstruktive Existenzentfaltung hindrängenden Kräftespiel bestimmt sein lassen, das als solches auch im Selbstverhältnis der einzelnen am Werke ist und ihren Umgang mit sich selbst immer schon prägt, setzen sie Maximen, in denen sich alle Beteiligten in ihren Bedürfnissen wiedererkennen. Der für menschliche Identitätsfindung notwendige Umgang mit dem anderen kann nur gelingen, wenn er denselben Gesetzlichkeiten gehorcht, die auch den Umgang des einzelnen mit sich selbst bestimmen. Denn wie der einzelne im Umgang mit sich selbst nur dort sein Wohl mehren und sich vor Schaden bewahren kann, wo er seine Bedürfnisse, Strebungen und Interessen in ihrer jeweils gebotenen Dominanz mit dem Gesamt seiner Bedürfniswelt in Ausgleich hält, so kann er auch sein Wohl im Umgang mit dem anderen nur dort erreichen und sichern, wo er die auf den anderen gerichteten Bedürfnisse und Interessen auch mit dessen Bedürfniswelt in Einklang bringt und ihn so in seinem Eigensein bejaht. Da nun aber in jedem Menschen auch das nicht weniger mächtige Bedürfnis lebt, vom anderen in einer Weise ernst genommen und bejaht zu werden, die ihn unmittelbar selbst in seiner ganzen menschlichen und moralischen Realität meint, ihn also nicht nur aufgrund ganz bestimmter, dem anderen zufällig konvenierender Eigenschaften und Fähigkeiten akzeptiert sein läßt, wird ihm eben dieses Bedürfnis auch zum evozierenden Richtmaß für den Umgang mit dem anderen. Den anderen um seiner selbst willen bejahen und für ihn dazusein heißt ihn in die Hoffnung hineinnehmen, die man für sich selber hat.

Literatur

L. Krappmann, Soziologische Dimensionen der Identität (Stuttgart ²1972) (Lit.).
D. J. De Levita, Der Begriff der Identität (Frankfurt a.M. 1971).

Gerfried W. Hunold

Zweiter Teil

Orientierungsprobleme der gegenwärtigen christlichen Ethik

Erstes Kapitel
Strukturen christlicher Ethik

I

Theologische Problemfelder der christlichen Ethik

1. Christliche Ethik und die Erfahrung der Neuzeit

Die Erfahrung der Neuzeit ist es[1], daß das Menschsein des Menschen als die ethische Aufgabe überhaupt ergriffen wird, von der her alle besonderen Themen und Aspekte des Handelns, der Morallehren und der sittlichen Verhaltensweisen ihre bestimmte ethische Orientierung erhalten. Das Grundmotiv neuzeitlicher Ethik ist die Suche nach einer Selbstverwirklichung des Menschen. Der Begriff der Autonomie setzt sich als leitende Vorstellung in allen lebenspraktischen Bezügen durch. In der Ethik wird eine Selbstbestimmung zum Thema, die keine andere Autorität anerkennt, es sei denn die selbstgesetzte. Wahre Erkenntnis der Wirklichkeit zielt darauf ab, das Sollen nicht von einer fremden Autorität bestimmt sein zu lassen, sondern allein von der sittlichen Vernunft des Menschen.

Allerdings lebt jedes Programm ethischer Autonomie von der Annahme, daß der Mensch auch könne, wozu er auf Grund eines autonomen Sollens verpflichtet sei. Die Bedingung, die dabei erfüllt sein muß, ist die: Nur das darf als sittliche Forderung aufgestellt werden, was der Mensch aus den ihm zu Gebote stehenden Mitteln auch erfüllen kann. In welchem Verhältnis aber steht die Autonomie des sittlichen Willens zur Sozialität der Ethik, d. h. dazu, daß ein Handeln immer schon eine Gemeinschaft von Menschen impliziert? Das Kantische Prinzip der Autonomie ist es, so zu wählen, daß die Maximen einer Wahl zugleich als allgemeines Gesetz vorgestellt werden können[2]. Die Univer-

---

[1] Die Erörterung nimmt hier die Ausführungen aus dem ersten Teil „Die ethische Diskussion der Gegenwart“ auf. Siehe oben S. 19ff.

[2] *I. Kant,* Grundlegung einer Metaphysik der Sitten, 2. Aufl., zitiert nach der Ausgabe von *W. Weischedel,* IV 87.

salisierbarkeit des eigenen Willens als Kriterium ethischer Autonomie enthält insofern die Annahme, daß der Mensch nicht als Zweck, sondern als Person existiere. Darum kann nur das als allgemeingültiger Wille gedacht werden, was mit dem Willen eines jeden anderen vereinbar ist. Wenn Freiheit der Schlüssel für die inhaltliche Erklärung der Autonomie des Willens ist[3], dann muß sie in einer jeden ethischen Argumentation bereits in Anspruch genommen werden. Dann muß sie aber auch eine allen Menschen gemeinsame, die Sozialität in einem ethisch relevanten Sinne ermöglichende Wirklichkeit sein. Freiheit kann dann nicht eine bloße Sollensforderung sein, die erst durchs Handeln verwirklicht wird. Der Begriff der Freiheit bringt vielmehr eine Wirklichkeit ins Spiel, die in allem Handeln, d. h. für alle Menschen gemeinsam, vorausgesetzt wird. Dieser Freiheitsanspruch ist es, der den Zusammenhang mit der christlichen Tradition begründet und zugleich das zentrale Thema der Auseinandersetzung mit ihr darstellt.

Das Grundmotiv der Autonomie des Menschen hat sich zwar auch gegen die Theologische Ethik gerichtet. Die Kritik galt der Ethik in der Fassung, in der sie sich als Sachwalter einer dem Menschen vorgegebenen und darum nur autoritativ zu akzeptierenden göttlichen Autorität in kirchlicher Form gestaltet hat. Hierfür ist die von Kant unternommene Unterscheidung zwischen dem historischen Kirchenglauben und dem reinen moralischen Religionsglauben der klassische Beleg[4]. Gegenüber dieser Autoritätsform von Tradition wurde die Selbstbegründung der sittlichen Vernunft postuliert. Doch bedeutet das nicht in gleicher Weise eine unausweichliche inhaltliche Konfrontation. Vielmehr gehört es zu den großen ungelösten Problemen des neuzeitlichen Freiheitsanspruches, eine alle Menschen verbindende Autorität der Freiheit begründen zu können.

Das Verhältnis zwischen christlicher Ethik und neuzeitlicher ethischer Erfahrung ist denn auch außerordentlich komplex. Es treten unterschiedliche Haltungen und Verhältnisbestimmungen auf, wenn vom geschichtlichen Christentum und der Erfahrung der Neuzeit gesprochen wird. So kann die neuzeitliche Erfahrung sich als Ablösung der christlichen, ja aller religiösen Tradition verstehen, entweder im Sinne einer Beendigung dieser Traditionen oder als die Erfüllung der in ihnen überlieferten Intentionen. Die schillernde Bedeutung des Begriffs „Säkularisierung“ legt von diesen widersprüchlichen Möglichkeiten Zeugnis ab[5]. So kann etwa die „Verweltlichung“ des Christentums be-

---

[3] *Ders.*, a.a.O. 81f.

[4] *Ders.*, Die Religion innerhalb der Grenzen der bloßen Vernunft, a.a.O. 649ff., bes. 770ff. Vgl. dazu jetzt: *H. Renz*, Geschichtsgedanke und Christusfrage (1977), bes. 48ff; *K. H. Crumbach*, Theologie in kritischer Öffentlichkeit. Die Frage Kants an das kirchliche Christentum (1977).

[5] Zur Begriffsgeschichte ist zu verweisen auf *H. Lübbe*, Säkularisierung. Zur Geschichte eines ideenpolitischen Begriffes (1965); *H. Zabel*, Verweltlichung/Säkularisierung. Zur Geschichte einer Interpretationskategorie (1968).

deuten, daß auf diesem Wege erst in vollem Sinne verwirklicht werde, was die wahre Bestimmung des Christentums sei. „Verweltlichung" ist dann identisch mit Realisierung. Säkularisierung kann aber auch bedeuten, daß die christliche Religion und mit ihr die Theologie jeden eigenen Sinn verliert, weil sie durch andere Erklärungen von Wirklichkeit ersetzt werde.

So kann die neuzeitliche Erfahrung als Befreiung von theologischer und kirchlicher Bevormundung verstanden werden. Der säkularen Ethik kommt dann die Aufgabe zu, zum Wohle einer aus ihren dogmatischen Fesseln gelösten Menschheit eine humane Erfüllung der ethischen Forderung zu propagieren[6]. Die Emanzipation von der religiösen Fassung der Ethik gilt dann als höchste Steigerung der Ethik. Die Befreiung kann aber im Gegensatz dazu auch darin gesehen werden, daß die Menschheit von übergroßen ethischen Forderungen der religiösen, besonders der christlichen Tradition befreit werde und insbesondere die daraus folgenden Schulderfahrungen abschütteln könne. Dann ist die Ethik auf Selbstbehauptung[7] und natürliche Harmonie zu reduzieren. Der Begriff der Emanzipation, in dem sich die Motive der Befreiung aussprechen, ist deswegen in seinem Richtungssinn alles andere als eindeutig.

Es kann schließlich die Kritik im Namen des Fortschritts von Theologie und Kirche selbst ausdrücklich begrüßt und gefördert werden und als ein Fortschritt in der Sache selbst erscheinen, um die es im Christentum geht[8]. Der Fortschritt kann aber auch befüchtet werden und zu Appellen kirchlichen und theologischen Widerstandes führen.

Keine der vielen Bezugnahmen, von denen hier gesprochen worden ist, erlaubt es, das Verhältnis des geschichtlichen Christentums zur neuzeitlichen Erfahrung auf der Ebene ethischer Theoriebildung in einem einfachen und eindeutigen Sinne bestimmen zu wollen. Deswegen hat die Verhältnisbestimmung von Christentum und Neuzeit auch nirgends zu einer ausdrücklichen Konfessionsbildung geführt, wie sie im Gefolge der Ereignisse des 16. Jahrhunderts entstanden ist. Sie hat in vielen Fällen zu neuen und wechselnden Grenzziehungen und zu Unterscheidungen quasi-konfessionellen Charakters geführt. Insofern könnte man in einem übertragenen Sinne von aufklärungsbedingten, ethisch orientierten neuen Konfessionen sprechen, die quer durch die Kirchen und durch das Christentum selbst hindurchgehen. Doch bleibt die Phänomenologie dieses Verhältnisses in jedem Falle weitläufig. Sie wirft deswegen die Frage

---

[6] Belege und Interpretationen dazu in der Darstellung der Geschichte der Ethik von *F. Jodl*, Geschichte der Ethik ([1]1882, Neudr. 1965), vor allem II.

[7] Das ist ein Grundmotiv in H. Blumenbergs Auseinandersetzung mit den theologischen Voraussetzungen der Neuzeit. *H. Blumenberg*, Die Legitimität der Neuzeit (1966); vgl. dazu jetzt *H. Ebeling* (Hrsg.), Subjektivität und Selbsterhaltung. Beiträge zur Diagnose der Moderne (1976).

[8] Vgl. dazu in theologiegeschichtlicher Sicht die Arbeit von *M. Baumotte*, Theologie als politische Aufklärung. Studien zur neuzeitlichen Kategorie des Christentums (1973); *W. Heizmann*, Kants Kritik spekulativer Theologie und der Begriff moralischen Vernunftglaubens im katholischen Denken der späten Aufklärung (1976).

auf, wo die theologische Ethik in diesem Beziehungsfeld ihren Stand haben soll, wie sie hier aus eigenen Gründen ansetzen soll.

Die Aufgabe der Ethik ist es, darauf zu achten, daß und wie im Wandel des geistigen und sozialen Kontextes der Neuzeit die Grundfragen sich immer neu, aber doch in der gleichen, theologisch identifizierbaren Struktur stellen. Die theologische Ethik hat deswegen auch keinen Anlaß, darauf zu warten, bis die Fragen der Zuordnung von neuzeitlicher Erfahrung und christlicher Theologie auf dem Felde des Wirklichkeitsverständnisses überhaupt abgeklärt wären, um erst in der Folge dessen tätig zu werden[9]. Die theologische Ethik als Wissenschaft vom christlichen Handeln, seinen Voraussetzungen und seinen Zielen kann aber auch nicht selbstverständlich und unmittelbar in gegebenen Traditionen eines christlichen Ethos ansetzen. Sie muß ihre Grundfragen im Kontext der Welt der Neuzeit selbständig bestimmen und klären.

2. *Der Problemstand der theologischen Ethik*

a) Ethik vor der Erfahrung der Geschichtlichkeit des Christentums

Die theologische Ethik ist zutiefst bestimmt von der Erfahrung der Geschichtlichkeit des Christentums, seiner Überlieferungen, seiner religiösen und moralischen Verhaltensweisen. Dabei handelt es sich insofern um eine spezifisch neuzeitliche Erfahrung, als das Wahrheitsbewußtsein der Gegenwart seinen besonderen modernen Geltungsanspruch immer wieder darauf zu gründen versucht, daß es gerade die Ethik als unabhängig von theologischen oder religiösen Voraussetzungen zu begreifen unternimmt. Die Grundprobleme einer theologischen Ethik hängen deswegen auf das engste mit der ethischen Diskussion der Gegenwart zusammen. Aber es ist in hohem Maße kontrovers, in welcher Weise und mit welchen inhaltlich bestimmten Voraussetzungen die theologische Ethik an dieser Diskussion teilnehmen soll.

Auf der einen Seite hat sich unter dem Einfluß der Theologie K. Barths eine Antwort auf die Herausforderung des neuzeitlichen Wahrheitsbewußtseins gebildet, bei der die Ethik ganz unter die Bedingungen der theologischen Dogmatik gerückt worden ist und in einen exklusiven offenbarungstheologischen Ansatz aufgenommen worden ist[10]. Auf der anderen Seite verstärken sich die Vorschläge, die Ethik auch in der Theologie als eine allgemeine philosophische

---

[9] Vgl. dazu *W. Trillhaas,* Ethik ([3]1970) 14ff.

[10] Vgl. dazu die Einordnung der Ethik als „Hilfswissenschaft" in die Dogmatik: *K. Barth*, Ethik I (1928, 1973) § 1, 17ff. Zur Deutung des offenbarungstheologischen Ansatzes in seinem Verhältnis zur neuzeitlichen Autonomie wird verwiesen auf *T. Rendtorff*, Radikale Autonomie Gottes. Zum Verständnis der Theologie Karl Barths und ihrer Folgen, in: Theorie des Christentums (1972); *ders.* (Hrsg.), Die Realisierung der Freiheit. Beiträge zur Kritik der Theologie Karl Barths (1975).

Aufgabe zu verstehen, in der dann einige besondere christliche Motive, wie sie vor allem aus dem christlichen Liebesgedanken stammen, eine spezifische Rolle spielen sollen.

Darum ist die theologische Ethik derzeit sowohl hinsichtlich ihrer Begründung wie im Blick auf ihre Durchführung in hohem Maße kontrovers. Denn zu den prinzipiellen Fragen, ob es überhaupt eine eigene theologische Ethik geben könne und solle, kommen kirchengeschichtliche, wissenschaftsgeschichtliche, geographische und biographische Erfahrungen unterschiedlichster und vielfältigster Art hinzu, die sich in der kontroversen Situation der Ethik Geltung verschaffen[11]. Dennoch läßt sich angeben, daß diese kontroverse Situation durch wenige einheitliche Motive bestimmt ist, so daß es nicht als aussichtslos erscheinen muß, die Diskussion um die Theologische Ethik in der Gegenwart als durch gemeinsame Orientierungen bestimmt zu beschreiben.

b) Die zwei Grundmotive theologischer Ethik

Es sind vor allem zwei Grundmotive, die sich in den meisten Begründungsversuchen theologischer Ethik identifizieren lassen, auch wenn sie dabei in sehr verschiedenen Begriffen und Argumentationszusammenhängen auftauchen und ausgearbeitet werden. Das eine Motiv läßt sich als ein explizit theologisches Motiv bezeichnen. In ihm kommt zum Ausdruck, daß menschliches Leben und Handeln seine Zielsetzung und seine elementaren Kriterien daher empfangen soll, daß es auf die Gemeinschaft mit Gott hin orientiert ist. Dieses Motiv liegt in verschiedensten Formulierungen überall dort zugrunde, wo der christliche Liebesgedanke für die Rechtfertigung ethischer Urteile herangezogen wird. Denn eine Argumentation mit dem Liebesgedanken schließt schon immer die Annahme ein, die Liebe sei deswegen ein adäquates ethisches Kriterium, weil darin die Gemeinschaft Gottes mit dem Menschen ihr ethisches Äquivalent finde. Dasselbe Grundmotiv ist auch leitend in allen stärker theologisch-dogmatisch ausgearbeiteten Begründungen der Ethik, die in der Christologie oder in der Lehre vom Reiche Gottes die Aspekte der theologischen Tradition zur Geltung bringen, in denen die Gemeinschaft des Menschen mit Gott entfaltet worden ist. Dieses erste Grundmotiv ist deswegen für jede theologische Ethik in irgendeiner Fassung unverzichtbar, weil anders nicht gezeigt werden könnte, wie ein lebensfremder und abstrakter Dualismus von Glauben und Leben, von Religion und Ethik, von Sinneinheit des Lebens und praktischem Handeln vermieden werden sollte. Es ist dieses Grundmotiv auch deswegen konstitutiv für

[11] Das gilt vor allem hinsichtlich der weltweiten Diskussion um das Verhältnis europäischer Theologie und westlichen Kirchentums zur Erfahrungswelt der außereuropäischen Christenheit. Als Beispiel für viele sei verwiesen auf: European Theology challenged by the World-wide Church (Genf 1976).

eine theologische Ethik, weil mit seiner Berücksichtigung auch die Erfahrung der Geschichtlichkeit des Christentums als eine genuin christliche und religiöse Erfahrung identifiziert werden kann und den Schein einer heteronomen Außenbedingung durch eine säkulare Welt verliert. Denn dieses theologische Motiv enthält zugleich die Erklärung dafür, warum die praktische und geschichtliche Lebenswelt von Kirche und Christentum trotz aller Perfektion der dogmatischen Lehre praktisch unabgeschlossen ist, dem Wandel unterworfen ist und der Entwicklung auf eine endgültige Zukunft Gottes hin offensteht.

Das andere Motiv läßt sich als ein implizit theologisches Motiv bezeichnen. In ihm kommt zum Ausdruck, daß jede Ethik dem Kriterium der Universalisierbarkeit folgen muß, wenn sie Anspruch auf Wahrheit und Gültigkeit erheben will. Es kommt jetzt nicht darauf an, wie die Ethik jeweils diesem Kriterium genügt. Das ist Aufgabe der jeweiligen Durchführung von Begründungsfragen der Ethik, die in verschiedenen Argumentationszusammenhängen auch verschieden ausfallen kann. Für das Verständnis der Struktur theologischer Ethik genügt es, auf die Verbindlichkeit dieses Kriteriums aufmerksam zu machen. In seiner Konsequenz bemüht sich die theologische Ethik auf vielerlei Weise um ihre Kommunikabilität, d. h. darum, an dem grundlegenden ethischen Diskurs der Menschheit teilzunehmen. Sie versucht, methodisch und inhaltlich über die Entwicklung nur gruppenspezifischer, auf Konfessionsgrenzen oder Zonen der Kirchlichkeit bezogener Vorstellungen hinauszugelangen. Dieses zweite Grundmotiv ist aber nur realisierbar, wenn dabei die tatsächlichen besonderen historischen, traditionalen und normativ besetzten Unterschiede des Ethos und der Orientierung nicht einfach übersehen und vernachlässigt werden, sondern eingeholt werden in einen Prozeß prinzipieller und methodischer Vereinheitlichung der Ethik. Dieses zweite Motiv verbindet die theologische Ethik auf das engste mit der philosophischen Ethik [12], ohne daß es zur Preisgabe theologischer Orientierung zwingen müßte. Die eigentliche und spezifische Problemkonstellation der theologischen Ethik der Gegenwart liegt vielmehr darin, beide Motive inhaltlich und systematisch so miteinander zu verbinden, daß es zu einer produktiven Fortentwicklung der Ethik in der Welt der Gegenwart kommt [13].

c) Die Klärung des Standpunktes einer theologischen Ethik

Die Aufgabe der theologischen Ethik besteht also darin, ihren Standpunkt so zu klären, daß sie die Zusammengehörigkeit ihrer Grundmotive erkennen kann und dabei die Probleme, aus denen sich die ethische Kontroverse der Gegenwart

---

[12] Siehe *F. Kambartel* (Hrsg.), Praktische Philosophie und konstruktive Wissenschaftstheorie (1976); *O. Schwemmer*, Philosophie der Praxis (1971).

[13] Dieser Zielsetzung ist die phänomenologisch orientierte Ethik von *W. Trillhaas* verpflichtet (vgl. Anm. 9). Ein neuer Beitrag in stärker transzendentalphilosophischer Ausrichtung liegt vor in dem Buch von *F. Böckle*, Fundamentalmoral (1977).

speist, identifiziert und verarbeitet werden. Diese spezifisch wissenschaftliche Aufgabe der Ethik muß zwar ohne den Willen, unmittelbaren Einfluß auf praktische Entscheidungen der Lebenswelt von Kirche und Christenheit suchen zu wollen, aufgearbeitet werden. Aber sie ist nicht ohne sachlichen Bezug zur praktischen Lebenswelt. Denn ethische Fragen von einiger Tragweite entstehen überall dort, wo die Inkompatibilität bestimmter Handlungen oder Projekte mit dem, was für alle gut ist, erfahren wird und zu Konflikten führt. Alle ethischen Fragen, die zu reflektierter Behandlung zwingen, sind von der Art, daß in ihnen die Frage immer schon mitenthalten ist, welche Vorstellung von Gemeinsamkeit unter den Menschen das letzte leitende Kriterium sein kann, einer Gemeinsamkeit, in der sich die Menschen aufgehoben finden können, weil sie alle umfaßt und niemanden ausschließt. Diese allen ethischen Fragen immanente Orientierung auf die Gemeinschaft der Menschen untereinander kann als die elementarere religiöse Dimension der Ethik bezeichnet werden, die im Bewußtsein der Gemeinschaft mit Gott zu ausdrücklicher Formulierung kommt.

Um den Standpunkt zu klären, von dem her die ethische Arbeit der Gegenwart in der Theologie Überblick über die gestellten Aufgaben und die geforderten Entwicklungen gewinnen kann, ist es nötig, die spezifisch neuzeitlichen Bedingungen zu diskutieren, unter denen sich die Problemstellung der theologischen Ethik in kontroverser Weise entwickelt hat.

Die Problemsituation der theologischen Ethik unter den Bedingungen der Neuzeit läßt sich vorab etwa so beschreiben: Der Autonomieanspruch des modernen Wahrheitsbewußtseins hat dazu geführt, daß die Ethik ein starkes Übergewicht gegenüber der Dogmatik erhalten hat. Denn die ethische Thematik konnte als die alle vernünftigen Menschen vereinende Aufgabe gelten, während die Dogmatik nur unter besonderen, autoritativen Voraussetzungen kommunikabel erscheint. Gleichwohl hat sich die christliche Theologie in den verschiedensten Formen dagegen gewehrt, das Proprium ihres Wirklichkeitsverständnisses zugunsten einer von aller Theologie entblößten Ethik preiszugeben, wenn diese Preisgabe auch den Verzicht darauf bedeuten mußte, das spezifische Bedeutungsfeld des christlichen Gottesgedankens auszuklammern oder völlig in den Hintergrund treten zu lassen. Die Kontroverse, die in dieser Problemsituation entstehen muß, ist in immer neuen Fassungen die Frage danach, ob und in welcher Weise auch eine humane und rationale Ethik theologische Voraussetzungen machen muß, wenn sie ihrem eigenen Gebot der Universalisierbarkeit in wirklichkeitsgerechter Weise genügen will.

Ein Grundmodell dieser Auseinandersetzung läßt sich an dem Versuch von Ernst Troeltsch identifizieren, der Ethik eine grundwissenschaftliche Bedeutung zu geben, sowie an der Kritik, die Karl Barth an dem neuzeitlichen Anspruch autonomer Ethik geübt hat.

3. Die Ethik in der Aufgabe der Theologie

a) Ethik als Grundwissenschaft

Ernst Troeltsch hat am Beginn dieses Jahrhunderts die Aufgabe der Ethik dahin zusammengefaßt, daß er sie als „die übergeordnete und prinzipiellste Wissenschaft" bezeichnet hat[14]. K. Barth hat demgegenüber den schweren Vorwurf erhoben, daß damit „das Thema der Theologie offen oder heimlich preisgegeben werde"[15]. In dieser Kontroverse wird deutlich, daß die Theologie am ethischen Thema die Universalität des theologischen Wirklichkeitsverständnisses diskutiert und dabei die Frage zu klären sucht, in welcher Beziehung der theologische Charakter einer Ethik sichtbar wird.

Troeltsch verband seine programmatische Auffassung von der Ethik als Grundwissenschaft mit der Aufgabe, es komme auf eine „entschlossene Einstellung auf die Gesamtlage der heutigen Kultur" an, in der auch die „religiösen Grundlagen und Impulse neu gestaltet werden" müßten[16]. Die Erfahrung der Geschichtlichkeit des Christentums sollte für Troeltsch keineswegs dazu führen, den Universalitätsanspruch christlicher Theologie durch die Vorrangstellung der Ethik preiszugeben. Im Gegenteil suchte er nach neuen Wegen, um der universalen Bedeutung der religiösen Orientierung im Medium der Ethik Geltung zu verschaffen, nachdem die Dogmatik dieser Aufgabe faktisch nicht mehr Rechnung tragen konnte. Damit ist bereits ein wesentliches Motiv für die Neuorientierung der theologischen Ethik der Gegenwart benannt. Es ist in kritischer Hinsicht der Eindruck von der eingeschränkten, partikularen Relevanz autoritativer dogmatischer Lehre; in produktiver Hinsicht geht es um die Erneuerung der universalen Bedeutung des spezifisch Christlichen in der Form der ethischen Theoriebildung. Damit tritt die Ethik ein in die Aufgabe der Theologie. Sie steht unter dem Gebot, im Aufbau und in der Entfaltung der ethischen Theorie dem Bedeutungsniveau der christlichen Theologie insgesamt zu entsprechen und sich nicht auf ethische Sonderfragen unter Ausklammerung der umfassenderen theologischen Wirklichkeitserklärung zu beschränken. Sie tritt aber auch unter das Gebot, diese Aufgabe in einer universalisierungsfähigen Weise in Angriff zu nehmen. Das muß in einer ausdrücklichen Umformung und Verwandlung traditionaler, historisch geformter Identität christlicher Vorstellungen und theologischer Lehrinhalte geschehen. Sollte die Ethik als Ethik

[14] *E. Troeltsch*, Grundprobleme der Ethik (1902), in: Gesammelte Schriften, II: Zur religiösen Lage, Religionsphilosophie und Ethik (1922, Neudr. 1962) 552–672. Die Abhandlung wurde „aus Anlaß der Herrmannschen Ethik" verfaßt. Die Ethik von *W. Herrmann* erschien 1901 in 1. Aufl.; das Zitat steht auf S. 553.

[15] Kirchliche Dogmatik I (^{2}1948) 882. Zum Verhältnis von Troeltsch und Barth vgl. *W. Groll*, Ernst Troeltsch und Karl Barth – Kontinuität im Widerspruch (1976).

[16] *E. Troeltsch*, a.a.O. 668.

am christlichen Gottesgedanken orientiert sein und bleiben, dann mußte sich dies auch als Wandel und Veränderung der bisherigen Gestalt der Theologie vollziehen. Diese spezifische Problemlage der theologischen Ethik ist deshalb immer sehr genau im Auge zu behalten. Weder eine Kürzung der Ethik um ihre theologischen Grundelemente noch eine einfache Trennung verschiedener unverbundener Bereiche der Theologie vermag dem Anspruch der Ethik als Grundwissenschaft der Theologie zu genügen. Der Standpunkt der Ethik ist nur dann sachgemäß bezogen, wenn er die traditionalen religiösen und dogmatischen Fragestellungen nicht ausblendet oder ausklammert, sondern zu integrieren versteht. Die Versuche theologischer Ethik, an der neuzeitlichen ethischen Diskussion teilzunehmen, müssen zugleich der besonderen theologischen Aufgabe genügen, wenn sie nicht der überflüssigen Bedeutungslosigkeit verfallen wollen[17].

Der Weg, der dafür offensteht, ist in gewisser Weise schon von Schleiermacher bezeichnet worden, wenn er für eine Selbständigkeit des ethischen Themas plädiert und sich dabei auf die These beruft, man könne durchaus dieselbe Sittenlehre haben „bei verschiedenen dogmatischen Systemen"[18]. Um dies begründen zu können, sei es notwendig, auf das ursprüngliche religiöse Bewußtsein zurückzugehen, wie es vor der ausdrücklichen dogmatischen Lehrgestalt des Christentums ausgemacht werden könne und dessen fortdauernde Erneuerung ermögliche. Dieses Motiv einer Befreiung der Ethik von der Vorherrschaft der Dogmatik kann als der wohl wichtigste Impuls in ihrer neueren Geschichte bis zur Gegenwart angesehen werden. Diese Unterscheidung erfolgt mit dem Ziel, dem Gottesglauben als einem Leben in Gemeinschaft mit Gott seine über kirchliche Schranken und konfessionelle Abgrenzungen hinausgehende ursprüngliche menschheitliche Bedeutung wiederzugeben. Diese Erneuerung des Ursprungs lebt methodisch in der theologischen Ethik überall dort fort, wo sie sich einer ausdrücklichen biblischen Begründung bedient oder sich einer allgemeinen religionsphilosophischen Begründung zu vergewissern sucht. Aber es muß im Rückblick als fraglich gelten, ob diesem Ziel durch den Rückgang auf die subjektiven Motive des religiösen Selbstbewußtseins schon in voller Weise Genüge getan werden kann. Die theoretische Annahme und die praktische Konsequenz, der zufolge letzten Endes der gläubige Christ die Instanz sein soll, die das Ganze der Theologie zusammenhält, hat sich gerade als für die Ethik nicht tragfähig erwiesen. Denn in ihr geht es um solche Dimensionen des

[17] Hier liegt auch der Hauptpunkt der Auseinandersetzung mit der Ethik, wie sie innerhalb der Theologie unter dem Einfluß der analytischen Philosophie entwickelt wird. Vgl. dazu als Beispiel den Bericht über die Ethik in Schweden von *J. Hjemberg* in: Zeitschr. f. Evang. Ethik 21 (1977), sowie die kritischen Äußerungen des dänischen Theologen *K. E. Løgstrup* in: ebd. 20 (1976).

[18] *F. D. E. Schleiermacher,* Die christliche Sitte nach den Grundsätzen der evangelischen Kirche im Zusammenhange dargestellt, in: Sämtliche Werke, 1. Abt. XII (^{2}1884) 24 (aus der Vorlesung 1826/27).

Lebens, die durch Partizipation an überindividueller Wirklichkeit und übersubjektiven Verbindlichkeiten definiert ist.

Ernst Troeltsch jedenfalls hat im Unterschied zu Schleiermacher diese Aufgabe in einer anderen Richtung thematisiert und damit die für die heutige Diskussionslage maßgebenden Probleme angezeigt[19].

b) Pluralismus und Einheit der Ethik

Nach E. Troeltsch besteht die Aufgabe der Ethik als Grundwissenschaft darin, den verschiedenen, vielfältigen und unterschiedlichen innerweltlichen Zwecken ein einheitliches Ziel zu geben und sie in Beziehung auf dieses Ziel zu qualifizieren. Die Aufgabe einer theologischen Ethik erwächst für Troeltsch deshalb aus einer der Ethik überhaupt immanenten Notwendigkeit. Er geht von dem Sachverhalt aus, „daß das Sittliche von Hause aus nichts Einheitliches, sondern etwas Vielspältiges ist, daß der Mensch in einer Mehrzahl sittlicher Zwecke heranwächst, deren Vereinheitlichung erst das Problem und nicht der Ausgangspunkt ist“[20]. Die Aufgabe der Ethik besteht dann darin, die Bedingung der Möglichkeit einer einheitlichen Zielsetzung für tatsächlich gegebene heterogene und unterschiedliche Gestaltungen der Sittlichkeit zu entwickeln.

Dieser Ausgangspunkt für die Entwicklung der ethischen Aufgabe entspricht bei Troeltsch nicht mehr einem statischen Modell, bei dem die Grundlegung der Ethik das erste, ihre mögliche Durchführung und Anwendung dann das zweite ist. Entgegen einer abstrakten und ungeschichtlichen Betrachtungsweise sucht Troeltsch die Aufgabe der Ethik im Zusammenhang einer Entwicklung zu identifizieren, in deren Verlauf die spezifische Aufgabe der theologischen Sinngebung der Ethik am Ende oder als Zielpunkt eines Prozesses erscheint, von dem her die Ethik der menschlichen Lebenswelt erst ihre Einheitlichkeit empfangen soll.

Damit hat E. Troeltsch das Problem der Ethik sachlich und methodisch an den Ort gerückt, an dem in der heutigen Diskussion vom Pluralismus der Ethik gesprochen wird. Ein Pluralismus der Ethik als Erscheinungsform der geschichtlichen Welt weckt die Frage nach dem einheitlichen Sinn der Ethik. Die These vom Pluralismus der Ethik kann aber auch bewußt gegen eine theologische Sinngebung gesetzt werden, wie das z. B. bei A. Gehlen der Fall ist. Er hat der These vom Pluralismus der Ethik eine bestimmte sozialanthropologische Wendung gegeben mit der „Vermutung, daß im Menschen eine Mehrzahl moralischer Instanzen angelegt“ sei[21]. Es gebe „sehr wohl mehrere, voneinander

---

[19] Vgl. über Troeltsch die Abhandlung von *W. Pannenberg*, Die Begründung der Ethik bei Ernst Troeltsch, in: Ethik und Ekklesiologie (1977) 70–96.
[20] *E. Troeltsch*, a.a.O. 657.
[21] *A. Gehlen*, Moral und Hypermoral. Eine pluralistische Ethik (1969) 37 ff.

unabhängige letzte Instanzen ethischen Verhaltens", so wie es fünf voneinander verschiedene Sinne gebe. Gehlen folgert daraus, es sei die Aufgabe der Ethik, diese „verschiedenen Formen des Ethos" darzustellen. Damit hat Gehlen sicher die Aufgabe der klassischen Science Morale beschrieben, die in der empirischen Soziologie ihre Fortsetzung gefunden hat. Allerdings ist die Gehlensche These vom Pluralismus der Ethik über ihre beschreibende Funktion hinaus ausdrücklich gegen eine Vereinheitlichung der Ethik gerichtet, d. h. gegen eine „übernatürliche" Begründung der Ethik. Das hängt damit zusammen, daß Gehlen die anthropologische Begründung der Ethik als einen Gegenentwurf zur neuzeitlichen Subjektivität und ihrer Tendenz zu einer Vereinheitlichung der Ethik im Begriff der Autonomie verstanden wissen will[22]. Doch wird durch diesen Hinweis auf die Soziologie eines Pluralismus von Ethiken unterstrichen, daß es Gründe dafür gibt, die Einheit einer Begründung der Ethik nicht in deren genetischen Voraussetzungen zu suchen, sondern den gegebenen Bestand, der die Gegenständlichkeit der Ethik ausmacht, in ihrer Pluralität und Verschiedenartigkeit zu finden. In diesem Zusammenhang ist die Richtung, in die Troeltsch die theologischen Grundfragen der Ethik wenden will, für eine Aufnahme erfahrungswissenschaftlicher Fragestellungen in die Ethik bemerkenswert. Er hat damit einen Schritt getan, der aus der direkten und gegenständlichen Gegenüberstellung von empirischer und theologischer Begründung der Ethik herausführt und die darin liegende falsche Alternative auflöst.

c) Die religiöse Dimension der Ethik

Troeltsch ist der Auffassung, die Vereinheitlichung der Ethik, also die Perspektive, in der die Ethik als auf ein gemeinsames Ziel bezogen gedacht werden könne, sei letztlich „der religiöse Zweck", der unerläßlich sei, um zu einer einheitlichen und gemeinsamen Bestimmung der strittigen innerweltlichen Zwecke zu kommen. Seine entscheidende These ist es deshalb, daß „die Vereinheitlichung sich immer von der religiös-sittlichen Idee aus herstellen müsse". Diese These zielt auf die Idee des Reiches Gottes, in der sowohl die Gemeinschaft mit Gott als das sinngebende Ziel alles Handelns und Lebens enthalten sei wie auch die Bedingung der Möglichkeit einer Universalisierbarkeit ethischer Kriterien. Troeltsch hat damit die beiden Grundmotive theologischer Ethik, die ausdrückliche Gemeinschaft mit Gott und die Universalität der ethischen Kriterien, mit der Zukunftsorientierung des Christentums in einen inneren Begründungszusammenhang gebracht.

Troeltsch hat versucht, die Geschichtlichkeit und die Universalität der Ethik zusammenzudenken, indem er der Universalität die bestimmte Fassung einer

---

[22] Zur Auseinandersetzung mit A. Gehlen vgl. *F. Wagner*, Ethischer Pluralismus?, in: Zeitschr. f. Evang. Ethik 18 (1974) 21ff.

auf die zukünftige Verwirklichung der Gemeinschaft mit Gott zielenden Idee gegeben hat[23]. Damit ist die Richtung angedeutet, in der sich die Erörterung dieses wichtigen Problemstückes theologischer Ethik bis zum heutigen Tag zu bewegen veranlaßt sieht. Denn auch die abstrakte Universalität formaler Kriterien, wie sie bei J. Rawls aus der hypothetischen Konstruktion einer „original position" entwickelt werden[24], steht ja vor der schwierigen Frage, wie diese hypothetische Position als geschichtlich realisierbar gedacht werden kann. Troeltsch hat vor allem zu der Einsicht beigetragen, daß die Geschichtlichkeit des Christentums nicht etwas ist, wovon zu befreien ein Gebot der Allgemeingültigkeit theologischer Kriterien sei. Bei ihm spielt vielmehr die in anderen Zusammenhängen später dann theologisch und dogmatisch überstrapazierte Zukunftsorientierung des Christentums eine die Grundlegungsfragen erhellende und erklärende Rolle.

4. Kritik der ethischen Autonomie

a) Kritik im Namen der Souveränität Gottes

Troeltsch ist aus den eben genannten Gründen bereits über eine solche Begründung der Ethik hinausgegangen, die im Gefolge der Aufklärung die Autonomie des Menschen als das letzte und grundlegende Prinzip der Ethik unmittelbar in Anspruch zu nehmen sucht. Gegen diesen Anspruch richtete sich die theologische Kritik Karl Barths, wo es um die Vorrangstellung der Ethik in der Moderne geht. So hatte z. B. F. C. Baur in einer für die Ethik des 19. Jahrhunderts beispielgebenden Weise dieses behauptet[25]: „Das Christentum ist in den ursprünglichsten Elementen seines Wesens eine sittliche Religion", und sein besonderer Vorzug sei es, daß es einen „in dem sittlichen Bewußtsein des Menschen wurzelnden Charakter" habe. „Das Prinzip der Subjektivität, der Autonomie des selbstbewußten Subjects" sei der wesentliche Inhalt des christlichen Prinzips, wie es sich als Protestantismus gestaltet habe. Will man die Kritik, die Karl Barth an diesem theologischen Anspruch der neuzeitlichen Autonomie geübt hat, in der Konsequenz der von E. Troeltsch bereits entwickelten Fragestellung begreifen und nicht bloß als theologische Reaktion gegen die Moderne, dann ergibt sich für die heutige theologische Ethik[26] folgendes Bild:

---

[23] *E. Troeltsch,* a. a. O. 658 u. ö.

[24] *J. Rawls,* A Theory of Justice (1971; deutsch 1975) 17ff. Insgesamt stellt das Buch von Rawls den bedeutendsten Versuch einer „immanenten" Theorie der Ethik dar, der in jüngerer Zeit entwickelt worden ist.

[25] *F. C. Baur,* Geschichte der christlichen Kirche I (1853, ³1863) 35. Vgl. zu Baur *W. Geiger,* Spekulation und Kritik. Die Geschichtstheologie F. C. Baurs (1964).

[26] Vgl. dazu *T. Rendtorff,* Der ethische Sinn der Dogmatik, in: Die Realisierung der Freiheit. Beiträge zur Kritik der Theologie K. Barths (1975).

Karl Barth hat seine Kritik an der neuzeitlichen Autonomie damit begründet, daß der Mensch hier eine Macht über die Wirklichkeit in Anspruch nehme, die ihm unmittelbar, d. h. in dem ihm möglichen Handeln, nicht zukommt. Das theologische Motiv der Kritik an einer unbegrenzten, sich selbstsetzenden Autonomie hat es also im Kern mit dem Wirklichkeitsanspruch der selbstsetzenden Vernunft zu tun, d. h. mit dem Zweifel daran, ob eine solche Autonomie ohne in Anspruchnahme theologischer Voraussetzungen denkbar sei. Nimmt man nun die Ethik als den zentralen Begriff dieses neuzeitlichen Autonomieanspruchs, wie Karl Barth das getan hat, dann folgt daraus: Ethik sei eine Folge des Sündenfalls des Menschen. Denn die Ethik stelle den Versuch des Menschen dar, seine wahre Bestimmung aus ihm allein zu Gebote stehenden Gründen zu verwirklichen, d. h., theologisch gesprochen: Gemeinschaft mit Gott selbst zu erzeugen. „Die Gnade Gottes protestiert gegen alle von Menschen aufgerichtete Ethik als solche.“[27] Der Protest richtet sich dabei nicht eigentlich gegen die Ethik, sondern gegen eine solche Fassung der Ethik, die das Handeln Gottes, welches als seine Gnade qualifiziert wird, überflüssig zu machen scheint. Diese Kritik, die bei Karl Barth Hand in Hand geht mit dem Versuch einer Reintegration der Ethik in die Gotteslehre, kann durchaus als ein Ausscheren der Theologie aus der allgemeinen ethischen Diskussion verstanden werden und hat sicher faktisch auch so in Theologie und Kirche gewirkt. Diese eher reaktionären Wirkungen in der neueren evangelischen Theologie verdecken aber eher die Sachargumente, die in dieser Kritik leitend gewesen sind, als daß sie sie erläutern. So läßt sich im Rückblick und von der heutigen Diskussionslage her sagen, daß Barth diese Kritik im Interesse einer Universalität des ethischen Themas formuliert hat, die ihm durch einen unmittelbaren Autonomieanspruch gerade gefährdet zu sein schien. „In der Folge der Verlängerung des Sündenfalls also kommt es zur ‚Ethik‘, zu vielen und mannigfaltigen Ethiken sogar als zu den Versuchen menschlicher Beantwortung der ethischen Frage.“ Die Einheit der Ethik kann dagegen nur von dem Begriff eines solchen Subjektes aus gewährleistet werden, dem die Macht zukommt, der Sollensforderung der Ethik auch eine sie erfüllende Wirklichkeit zu verleihen. Auch hier spielt also das Problem eines Pluralismus humaner Ethiken eine wichtige Rolle für die Suche nach einer theologischen Vereinheitlichung der maßgebenden Instanz. Darum unterstellt Barth die Ethik der Souveränität des Handelns Gottes. Diese im Gegenzug unternommene theologische Begründung der Ethik hat sich allerdings nie eindeutig aus diesem Gegensatz zur neuzeitlichen Autonomie befreien können und ist deshalb weithin auch sehr unmittelbar als Gegenentwurf zu einer kommunikablen vernünftigen Ethik in der Theologie rezipiert worden, statt als deren theologische Erfüllung und Vollendung begriffen zu werden. Das hat vielerlei

[27] *K. Barth*, Kirchliche Dogmatik II/2 (³1948) 572f. Hier auch der zitierte Argumentationszusammenhang.

Gründe, die auch mit dem allgemeinen Problemstand der Ethik in den ersten Jahrzehnten dieses Jahrhunderts zusammenhängen. Doch das Grundmotiv, die Universalisierbarkeit des ethischen Themas mit dem Gedanken der Gemeinschaft mit Gott zu verbinden, ohne dem abstrakten Geltungsanspruch unmittelbarer Autonomieforderungen zu verfallen, ist auch bei Barth erkennbar. Die starke Verkirchlichung seiner Theologie hat der Erschließung dieser Motive allerdings mehr im Wege gestanden als sie befördert.

b) Die zwei Probleme der theologischen Ethik

An diesen Auseinandersetzungen wird deutlich, daß die theologische Ethik mindestens zwei Probleme zugleich lösen muß, wenn sie einen eigenständigen Beitrag zur ethischen Diskussion der Gegenwart leisten will. Sie muß einerseits der berechtigten Erwartung genügen, die fundamentalen ethischen Kriterien so aufzustellen, daß sie nicht von einer vorherigen, autoritativ zu fordernden Zustimmung zu dogmatischen Setzungen abhängig sind. Das kann am ehesten dadurch geschehen, daß die theologische Sinngebung als ein Angebot im Rahmen einer universalen und kommunikablen Erörterung der Zielbestimmung menschlichen Handelns entfaltet wird. Sie muß andererseits eine alle Menschen umgreifende religiöse Sinngebung der Ethik formulieren, die das Handeln transzendiert und deshalb auch die Grenzen humaner Verwirklichung ethischer Forderungen umfaßt und thematisieren läßt. Insofern bleibt es die unvertretbare Aufgabe der Theologie, einem Auseinanderfallen von Ethik und religiösem Sinn zu wehren[28].

Die theologische Aktualität des ethischen Themas liegt nicht schon dort, wo es um eine vordergründige Anpassung der Theologie an herrschende Zeitströmungen ethischer Theoriebildung geht, so wichtig die Beteiligung an dieser Diskussion auch immer ist. Sie ist vielmehr dort zu finden, wo es um die Konstitution des Subjektes aller Ethik geht, um den Menschen als handelndes Subjekt, der, um in einer selbständigen ethischen Verantwortung anerkannt werden zu können, auch von seinem Handeln noch muß unterschieden werden können. Die theologische Grundannahme, daß der Mensch seine Bestimmung in der Gemeinschaft mit Gott findet, gibt der Annahme von einer selbstverantwortlichen Person, wie sie von jeder vernünftigen Ethik gemacht werden muß, erst eine sinnhafte und eigene Begründung. Die im Vertrauen des christlichen Glaubens explizit formulierte Personhaftigkeit des Menschen beruht in seinem Angenommensein durch Gott, das sich über die Selbstannahme des Menschen zur Hingabe an Gestalten ethischer Verantwortung fortzubilden vermag. Sie ermöglicht es, eine innerweltlich autonome Ethik zu denken, die gleichwohl der

---

[28] Verwiesen sei dazu auf *P. Tillich,* Das religiöse Fundament des moralischen Handelns (1963), in: Gesammelte Werke III (1965).

Verfügung des Menschen über den Menschen und des Menschen über die Welt solche Grenzen setzt, die mit der Freiheit des Menschen vereinbar sind. Vernünftiges Handeln ist nur in gegebenen Grenzen verantwortbar. Dabei geht es nicht um eine Einschränkung einer sonst unbegrenzten Verfügungsmöglichkeit des Menschen, um eine heteronome Beschränkung einer in sich unbeschränkten Autonomie. Vielmehr geht es um eine sinnvolle Bestimmung der dem Menschen zukommenden Autonomie. Nicht macht die ethische Autonomie die Person, sondern die Personhaftigkeit des Menschen findet in ethischer Autonomie eine ihr entsprechende Realisierung. Darum muß der konkrete und empirische Mensch in einer kontrafaktischen Weise als Person angenommen werden, weil sein Personsein nicht sein eigenes Werk, Produkt seiner eigenen Verwirklichung ist, sondern aus der Teilnahme an der Gemeinschaft mit Gott den das Handeln tragenden und orientierenden Sinn empfängt. Religiöse Ethik ist insofern auf die Integration der humanen ethischen Kriterien und Erfahrungen angelegt. Theologische Ethik ist Grundwissenschaft im Sinne einer Integrationswissenschaft.

5. Das Problem einer „autonomen Moral"

Aus einer anders gelagerten Fragestellung ist in der heutigen katholischen Moraltheologie der Vorschlag einer „autonomen Moral" entwickelt worden[29]. Bei anderer Fragerichtung treten hier die bisher erörterten Motive und Impulse wieder auf.

Die Forderung einer Autonomie der Moral gilt gegenüber einer exklusiv kirchlich geregelten und von dogmatischer Lehrautorität abhängigen Moral und wird um der Universalität der Ethik willen erhoben. „Wenn das Sittliche mit der Entfaltung menschlicher Freiheit und Würde zu tun hat, muß es kommunikabel sein." Aus diesem Grunde müssen die Reflexionen über ethische Fragen „autonom ansetzen", d. h., sie müssen Vorstellungen entwickeln, „die von bestimmten Glaubenshorizonten unabhängig sind und doch ein sinnvolles und fruchtbares Zusammenwirken der Menschen gewährleisten"[30]. Auch hier ist zunächst die spezifische Erfahrung der Neuzeit ein starkes theologisches Motiv. Die Radikalität der modernen Profanität wird als geistiger Ort heutiger moraltheologischer Reflexionen akzeptiert[31]. Läßt sich die theologische Ethik auf die ihrer Autonomie bewußt gewordene Vernunft ein, dann um der Universalität des ethischen Themas willen.

---

[29] *A. Auer*, Autonome Moral und christlicher Glaube (1971). Aufgenommen und fortgebildet ist dieser Ansatz u.a. von *W. Korff*, Theologische Ethik (1975), und *F. Böckle*, Fundamentalmoral (1977).
[30] *A. Auer*, a.a.O. 12.
[31] A.a.O. 152.

Allerdings besteht für diese „autonome Moral" eine Schwierigkeit darin, daß sie wiederum mit verschiedenen Ethiken arbeiten muß, wie das in der Unterscheidung zwischen einem „Weltethos" und einem „Heilsethos" deutlich wird. Der Gewinn einer „autonomen Moral" ist noch nicht darin zu sehen, daß es der theologischen Ethik auf diesem Wege möglich wird, sich auf dem Gebiet ethischer Sachfragen in einer gegenüber der kirchlichen Tradition unbefangeneren Weise zu bewegen. Sicher ist dies für die Regeneration der ethischen Thematik und für die Erneuerung ihrer theologischen Perspektiven nicht unwichtig, wenn auf diesem Wege bestimmte zeitbedingte Identifikationen theologischer Ethik aufgelöst und einem fruchtbaren Wandel unterworfen werden. Aber der weiterführende Beitrag der autonomen Moral ist doch darin zu sehen, daß sich die katholische Moraltheologie auf breiter Front auf eine Auseinandersetzung mit dem spezifisch neuzeitlichen Freiheitsbegriff einläßt und damit die selbstgenügsamen Grenzen zwischen einer binnenkirchlichen und einer säkularen ethischen Theoriebildung durchbricht. Da sich das säkulare Bewußtsein mit einer solchen Aufteilung der ethischen Welt in zunehmendem Maße eingerichtet hat, muß die ethische Fragestellung hinsichtlich ihrer theologischen Tiefendimension von der Moraltheologie selbst wieder in Bewegung gebracht werden.

Die innerkatholische Kritik[32] an der autonomen Moral hat deswegen auch nicht so sehr die Bedeutung, diese neue Entwicklung der Moraltheologie zurückzuweisen. Sie hat vielmehr auf zwei weiterführende Probleme aufmerksam gemacht. Sie hat einerseits gezeigt, daß die Entwicklung einer gegenüber der Dogmatik selbständigen Morallehre die Probleme der spezifischen Grundlegung der Ethik nicht loswerden kann, sondern in einer neuen, weiter gefaßten und offeneren Durcharbeitung der ethischen Theorien aufnehmen muß. Insofern hat auch die katholische Moraltheologie heute starke Rückwirkungen auf die innertheologische Verständigung über das Wesen des Christentums. Es wäre darum falsch, einer „Enttheologisierung" der Morallehre das Wort zu reden, da es sich tatsächlich um eine Ausweitung und Umformung der theologischen Fragestellung der Ethik handelt. Andererseits hat die Kritik erkennen lassen, daß die hier gemeinte Autonomie in ihrer Selbständigkeit nur wahrgenommen werden kann, wenn sie durch eine religiöse Sinngebung umfaßt und begrenzt wird, die der ethischen Rationalität die ihr gemäßen Kriterien ermöglicht und sie vor inhumaner Überschätzung bewahrt. Insofern ist es kein Einwand, sondern eine Unterstützung der neuen Entwicklungen der Moraltheologie, wenn darauf hingewiesen wird, daß auch eine auf Universalität bedachte Moraltheologie innerhalb der ethischen Diskussion der Gegenwart besondere, nur ihr spezifische Anliegen und Perspektiven zu vertreten hat. Denn auch die theologisch

---

[32] Vgl. dazu *B. Stoeckle*, Grenzen der autonomen Moral (1974), aber auch *R. Spaemann*, Wovon handelt die Moraltheologie?, in: Internat. kath. Zeitschr. 4 (1977) 289ff.

gemeinte Universalität muß doch wieder in einer besonderen Form und Artikulation auftreten können[33].

Die Bewegung, in der sich die theologische Ethik heute in allen Bereichen befindet, ist darum gekennzeichnet durch die Suche nach neuen theologischen Integrationsmöglichkeiten auf dem Felde einer material prinzipiell unabschließbaren und darum auch in ihrer Grundlegung offenen Situation der Ethik.

6. Christliche Ethik vor der Frage nach ihrem geschichtlichen und theologischen Kontext (Übersicht über Teil II)

Eine Ethik impliziert eine Welt. Der Aufbau und der Ausbau christlicher Ethik ist unlöslich verbunden mit dem Leben und der Sozialität von Kirche und Gemeinde. Das ist der innere Beweggrund für die Geschichtlichkeit christlicher Ethik, die in Vollzug und Erneuerung über jede äußerlich abgeschlossene Form der Kirchlichkeit hinausdrängt und in der Gegenwart den ökumenischen Pluralismus der Kirchen als ethische Herausforderung erfahrbar werden läßt (S. 227ff.). Richtiger Lebenswandel und richtige Lehre, Orthodoxie und Orthopraxie, bestimmen und bedingen sich gegenseitig. Sie bilden in geschichtlicher Hinsicht so etwas wie eine christliche Lebenswelt (S. 236ff.). Aber inwiefern die Welt eine Ethik impliziert, in der sich die Bezogenheit aller Wirklichkeit auf Gott Geltung verschafft, das ist eine Frage, die immer wieder einen erkennbaren Unterschied christlicher Ethik im Verhältnis zu anderen ethischen Theorien schafft. Ein solches unterscheidendes Spezifikum tritt überall dort hervor, wo es darum geht, die Normativität einer Ethik so zu erfassen, daß die Gottesbeziehung in ihr eine umfassende und notwendige Bedeutung innehat. Alles gebotene Handeln ist gesollt, weil und sofern es an einer universalen Gültigkeit teilhat. Das ist es, was im Handeln des konkreten Menschen verantwortet werden soll. Seine sittliche Würde besteht darin, daß er als einer anerkannt und gefordert wird, der nicht nur Agent fremder Anordnungen, sondern selbst verantwortlich ist (S. 217ff.). Deshalb gilt, daß „das Christentum in ethischer Hinsicht immer von der Person als zentraler Instanz ausgeht“[34]. Frei verantwortet werden kann das Handeln des Menschen nur vor einer Instanz, von der er sich angenommen weiß, so daß er auch die Grenzen des Sollens und seines Vermögens anzuerkennen vermag.

Das Begründungsproblem theologischer Ethik besteht immer wieder darin, daß der aktuelle Glaube der Christen selbst nicht ohne geschichtliche Vermittlung sein kann, weil er nicht aus sich selbst lebt. Die Frage nach den Vermitt-

---

[33] Vgl. dazu etwa *R. Spaemann*, a.a.O. 305f. Zum Zusammenhang auch *J. Ratzinger*, Prinzipien christlicher Moral (1975).
[34] *D. Mieth*, in diesem Bande S. 217.

lungsinstanzen der christlichen Ethik (S. 243ff.) ist darum als historisches zugleich auch ein systematisches Thema der Ethik. Die Frage nach einer Schriftgemäßheit der Ethik (S. 243ff.), nach der Autorität der kirchlichen Lehre für die Ethik (S. 269ff.) wie die kontroverse Bestimmung des Verhältnisses von Dogmatik und Ethik in der Wissenschaftsgeschichte der Theologie (S. 281ff.) gehören darum zu den unerläßlichen Themen im Aufbau der christlichen Ethik. Sie machen deutlich, daß die Ethik an der Aufgabe der Theologie überhaupt beteiligt ist. Dabei hat sich die Auseinandersetzung mit den Methoden und Erkenntnissen der Wissenschaften vom Menschen (S. 297ff.) eine kritische Funktion für die Bestimmung einer jeden Ethik erworben.

Eine Ethik impliziert immer eine Welt. Die Traditionen der christlichen Ethik (S. 317ff.) lassen erkennen, daß es der Ethik niemals nur ums Sollen gegangen ist, sondern immer auch um die das Handeln tragenden Strukturen der Wirklichkeit. Die Hauptmodelle, in denen sich das christliche Wirklichkeitsverständnis in der Tradition ausgearbeitet hat, wie die Naturrechtslehre (S. 317ff.) und die Lehre von den zwei Regimenten Gottes (S. 339ff.), stellen deshalb exemplarisch den Anspruch dar, an dem auch das Niveau heutiger Ethik gemessen werden muß und von dem her die Wandlungen und Umformungen ethischer Fragestellung (S. 354ff.) zu beurteilen sind. Eine Neugestaltung der ethischen Thematik, die sich vom Begriff der christlichen Freiheit (S. 378ff.) leiten läßt, wird darum auch am Wirklichkeitsgehalt ihrer Aussagen zu messen sein.

Literatur

K. Rahner, Grundkurs des Glaubens. Einführung in den Begriff des Christentums (1976).
H. Küng, Christ sein (1974).
W. Korff, Theologische Ethik (1975).
W. Trillhaas, Ethik ([3]1970).
E. Jüngel, Was ist „das unterscheidend Christliche"? Unterwegs zur Sache (1972) 296ff.
W. Pannenberg, Ethik und Ekklesiologie (1977).

Trutz Rendtorff

II

Die Welterfahrung des einzelnen Christen

Im Rahmen der Frage nach dem sogenannten „spezifisch" Christlichen kann nicht nur mit theologischen Aussagen über ein generelles Humanum argumentiert werden. Wenn man z. B. theologisch sagt, der Mensch sei von Gott angenommen, ist noch nichts entschieden über die Aussagekraft dieser Formel. Sie mag je nach individuellem Erfahrungskontext inner- und außerhalb der Kirchen als Leerformel oder als existentiell bewegende Wahrheit erfaßt werden. Die Frage, wie der einzelne als Christ sein Christsein in einer genuinen Art der Erfahrung der „Welt" bewahrt und bewährt, ist schon deshalb bedeutsam, weil das Christentum in ethischer Hinsicht immer von der Person als zentraler Instanz ausgeht, unabhängig von einzelnen Interpretationen des Personbegriffs. Man erinnere sich dabei an die lutherischen Kernfragen, die Tradition der Gewissenslehre oder die katholische Soziallehre, nach der die Ordnung der Dinge der Ordnung der Personen zu unterstellen ist. Es geht also hier um die existentielle Dimension christlicher Welterfahrung. Diese ist im Kontext einer fortschreitenden Reduktion des Individuellen auf der einen Seite und einer fortschreitenden Ablösung des Institutionenethos auf der anderen Seite problematischer als je zuvor.

1. Verstellte und gestellte Freiheit

Der einzelne Christ ist in seiner „Welterfahrung" von vorgegebener Wirklichkeit ebenso geprägt wie alle anderen Menschen. So begegnet er einem breiten Spektrum von empirischen Daten und wissenschaftlichen Theorien, die den ganzen Raum der Freiheit mit Dependenzen und Determinationen zu verstellen scheinen. Dennoch rechnet die theologische Ethik inmitten solcher von Verhaltensphysiologie, Psychologie und Soziologie „aufgeklärter" quasi-chemischer Prozesse mit der Erfahrung der „Freiheit des Christenmenschen". Diese Erfahrung kann nur darin bestehen, daß Freiheit im Glauben dimensional etwas anderes ist als individuelle Restfreiheit inmitten einer fortschreitenden „Eindimensionalität" des Menschen. Es geht hier nicht um verstellte, sondern um „gestellte" Freiheit. Der Mensch kann nämlich vor seiner Freiheit in eine Kette von Determinationen und Entlastungen flüchten, die ihm das Leben zu erleichtern scheinen. In dieser Flucht wird er vom Ruf und Anspruch seines Glaubens gestellt. Er wird gleichsam zu sich selbst als Christ, zu seiner wahren Selbstverwirklichung berufen. Erst vor die Unbeliebigkeiten seiner möglichen Selbstverwirklichung gestellt, erfährt der Mensch das Freiheitsphänomen, aus dem der

Glaube überspringt in den „Ruf" der von Gott ermöglichten Verantwortung. Dieses Freiheitsphänomen hängt eng mit dem Phänomen der Entscheidung zusammen. Entscheidung als beliebige, alternativistische Wahl ist nach philosophischer Erkenntnis nur ein Verfallsphänomen; auf der Höhe ihrer selbst ist Entscheidung nur, wenn sie sich in die „Vernötigung" des eigenen Lebensentwurfes hineinstellt, jedoch so, daß sie nicht als eine Art Ratifikation („Einsicht in die Notwendigkeit"), sondern als Mehrwert, Zuwachsrate, Steigerung, u. U. auch als Umkehr erscheint[1]. Diese Art gestellter Freiheit ist ein ethisches Phänomen, ohne dessen Voraussetzung es müßig wäre, überhaupt von Ethik zu reden; man könnte sie sonst durch Verhaltensanalyse mit der Leitfrage „Unter welchen Bedingungen hält welcher Mensch was für gut?" ersetzen.

Diese Art der Freiheit kann durch Kenntnis von Determinanten nicht aufgelöst, sondern eben nur „aufgeklärt" werden, und gerade in der Fähigkeit der Selbstaufklärung über ihre Determinanten zeigt sie sich selbst. Ob Paulus sich zur Hörigkeit gegenüber Christus bekennt und gerade darin seine Freiheit aus der Heteronomie des Gesetzes erfährt oder ob die Tradition der neuzeitlichen autonomen Ethik die Bindung des Menschen nur an das zuläßt, was ihn wirklich zum Menschen macht, und an nichts anderes, das ist zwar dem Gehalt nach nicht dasselbe, aber der Gestalt nach das gleiche. Die Welterfahrung des Christen ist von einer Option für gestellte Freiheit geprägt, die in ihrer Vorentschiedenheit erst Entscheidungen ermöglicht und damit die ethisch allgemeine Gestalt der Freiheit mit dem Gehalt des Glaubens erfüllt. Konkret bedeutet das nichts anderes, als daß der einzelne Christ im Übergang von einer Ethosform in die andere diese nicht unvermittelt nebeneinanderstellen kann, sondern zu ihrer Analogisierung und Integrierung im Glauben veranlaßt ist. Im Beispiel: seine Wahrhaftigkeit ist nie allein bestimmt von der sachlichen Interferenz der Sprache, nie allein von der Intersubjektivität des Vertrauens, sondern stets darüber hinaus von der Relation zur Wahrheit, die in Person, Wort und Tat Jesu frei macht (vgl. Joh 8,32). Denn durch diese Wahrheit wird das Zusatzmotiv der Liebe Gottes zu den Menschen – traditionell: „caritas forma virtutum" – auch für andere, in sich relativ eigenständige Ethosformen (man denke etwa an ein politisches Ethos) freigesetzt. Der Hohn, der sich von außen über die Christen ausgießt, die eher die Erfahrung verstellter Freiheit repräsentieren, ist noch ein Widerschein des Bewußtseins, daß die christliche Freiheit bei den Christen einklagbar ist und daß sie die Beweislast ihrer Erfahrung tragen.

---

[1] Vgl. *H. Rombach*, Entscheidung, in: Handbuch philos. Grundbegriffe, hrsg. von H. Krings u. a., I (München 1973) 361–373.

2. *Individuelle Erfahrung und soziale Ordnung*

Man muß Erfahrung von Wahrnehmung und Erlebnis unterscheiden. Erfahrung ist immer auf das Ganze eines Lebensentwurfes hin erschlossen und gedeutet. Sie hat zugleich integrierenden Charakter und einen individuellen, originären, unauswechselbaren Akzent. Man kann dies daran nachweisen, daß gleiche Erlebnisse zu verschiedenen Erfahrungen führen können. Gegensätzliche politische Überzeugungen können z. B. aus verschiedenen Erfahrungen stammen, obwohl die Wahrnehmungen und Erlebnisse weitgehend gleich sind. Die Erfahrungswelt existiert nicht subjektlos im Sinne beobachtbarer Daten. Deshalb bemüht man sich mit Recht immer mehr darum, Empirie und Erfahrung zu unterscheiden.

Der „individuelle" Akzent der Erfahrung bedeutet nicht ihre Unabhängigkeit von gesellschaftlichen Bedingungen, sozialer Abhängigkeit, vorgegebenen Verhaltensmustern, ideologischen Prägungen. Auch hier ist Freiheit nicht als eine Art von Restfreiheit gegenüber sozialen Determinanten zu verstehen; sie verweist vielmehr auf die unauswechselbare Eigenart der Verknüpfung dieser Determinanten im Lebensentwurf. Ein Teppich, um es im Bild zu sagen, ist nicht schon deshalb ohne Eigenart, weil seine Fäden alle gesponnen, gefärbt, geknüpft oder gewebt sind. Selbstverständlich gibt es erhebliche Unterschiede in der Originalität; die freiheitliche und damit personale Durchprägung der Erfahrung hängt wesentlich davon ab, wieviel Erfahrungskompetenz vorhanden ist. Erfahrungskompetenz ist daran gebunden, wieviel Transparenz der Bedingungskontext für den Erfahrungsträger annimmt und wieviel Deutungspotential von ihm durchschaut wird. Daher kann man im Bereich der sittlichen Erfahrung zwischen sozial auferlegter und personal bejahter Sittlichkeit durchaus unterscheiden. Das ändert aber nichts daran, daß Erfahrung als solche nicht kollektiv zu fassen ist. Dagegen aber ist ein Erfahrungspotential von erheblicher sozialer Bedeutung, wenn es in bestimmten Punkten konvergiert und so zur Entstehung sozialer Gruppen beiträgt.

Die Unterscheidung zwischen individueller Erfahrungsgestalt und sozialer Ordnungsgestalt beinhaltet keine Trennung zwischen Individuum und Gesellschaft. Einige Einsichten des Personalismus und der sozialpsychologischen Interaktionstheorie haben gelehrt, daß sich das menschliche Selbst sozial konstituiert, ohne sich dadurch in Determinanten auslösen zu lassen[2]. Deshalb geht es auch hier nicht um einen Gegensatz von Individuellem und Sozialem, sondern um eine Akzentuierung in einem wechselseitigen Bedingungsverhältnis.

---

[2] Vgl. *K. Raiser*, Identität und Sozialität. G. H. Meads Theorie der Interaktion und ihre Bedeutung für die theologische Anthropologie (Mainz – München 1971); *J. Habermas*, Zur Entwicklung der Interaktionskompetenz (Frankfurt 1975); *K. O. Apel*, Das Apriori der Kommunikationsgemeinschaft = *ders.*, Transformation der Philosophie II (Frankfurt 1973).

Soziale Ordnungsgestalten lassen sich auf ein Erfahrungspotential zurückführen, das der Mensch institutionell zu sichern versuchte. Sie bedürfen jedoch dieses Erfahrungspotentials weiterhin, weil sie sonst zu reinen Zwangsinstitutionen werden; daher bemühen sie sich auch um Vermittlung des Erfahrungspotentials, das sie trägt. Dieser Regelkreis, der das soziale System stabilisieren soll, gerät ins Stocken, wenn die Rückmeldungen auf ein Erfahrungspotential verweisen, das sich nicht mehr in das System integrieren läßt. Dieser Prozeß ist im Wandel sozialer Normen gut zu beobachten. So ist es z. B. ein einschneidender Unterschied, ob in der Erfahrungsgestalt des Schwangerschaftsabbruchs das Kind oder die Frau als dominant erscheinen. Der Rekurs auf Erfahrung, den man heute in allen Traditionen, nicht zuletzt in den Kirchen, beobachten kann, verweist auf eine Krise des stabilisierenden Erfahrungspotentials und auf die Einsicht, daß es nicht mehr allein darum gehen kann, überlieferte Erfahrungen zu „vermitteln", sondern auch darum gehen muß, zeitgemäße Erfahrungen bei sich selbst aufzusuchen und „abzuholen", ohne ihnen einfach unkritisch zu verfallen. Dabei spielt das Potential „praktisch gelebte Überzeugungen" eine große Rolle, denn Erfahrungen sind nicht einfach Erkenntnisse und Einsichten, sondern in der Praxis bereits durchgestaltete Modelle mit normativer Durchschlagskraft[3]. Daher trifft die Frage nach der Welterfahrung des einzelnen Christen in das Zentrum der heutigen Erfahrungsdiskussion überhaupt.

3. Objektive Bedingungen der Erfahrung des einzelnen Christen: Welt – Wirklichkeit – Gesellschaft – Kirche

Der „individuelle" Akzent der Erfahrung hebt ihre objektiven Bedingungen nicht auf; er bestimmt nur den Modus ihrer Aneignung. Der Begriff „Welterfahrung" ist dabei erheblich zu differenzieren. Denn „Welt" ist heute in mehrfacher Hinsicht ein abstrakter Restbegriff: man kann noch geographisch von „Welt" sprechen, und schließlich gibt es noch die eschatologische Redefigur der Schrift mit ihrer negativen Thematisierung der Welt als Ort der Unheilsmächte. Solche Restbegriffe kommen jedoch in der Unmittelbarkeit der Erfahrung kaum mehr vor. Dort differenziert sich vielmehr das mit „Welt" Gemeinte in „Wirklichkeit", „Gesellschaft", „Kirche". Die Wirklichkeit erscheint als unsere konkrete Lebenswelt; sie schließt zwar gesellschaftliche Bedingungen ein, löst sich aber nicht in diesen auf, sondern enthält zugleich die naturgegebenen Unbeliebigkeiten unserer Existenz. Gesellschaft ist zum Ausdruck für alle intersubjektiven Bereiche geworden, zu einem Totalitätsaspekt, dem man sich nicht

---

[3] Vgl. *W. Korff*, Norm und Sittlichkeit (Mainz 1973) 131–143; *D. Mieth*, Die Bedeutung der menschlichen Lebenserfahrung, Plädoyer für eine Theorie des ethischen Modells, in: Concilium XII (1976) 623–633.

entziehen kann. Demgegenüber erscheint „Kirche" auch für den Christen nur als Teilaspekt seines Lebensbereiches. Die nur partielle Identifikation von „Christ" und „Kirche", die man für die Erfahrung des einzelnen Christen heute als repräsentativ ansetzen kann, zeigt deutlich, daß Kirche nicht mehr die dominierende objektive Bedingung der Welterfahrung des einzelnen Christen ist.

Die partielle Identifikation bezieht sich dabei auf die sichtbare Institution Kirche. Stärker ist die Identifikation mit dem „Christentum", weil dieser Begriff zu erlauben scheint, eine spirituelle Reduktion und soziologische Ausweitung von Kirche zugleich vorzunehmen. Spiritualität ist heute nicht primär Kirchenfrömmigkeit, „sensus ecclesiae", sondern primär auf Jesus Christus und die Zugehörigkeit zu ihm bezogen. Die Kirchen vermitteln diese Zugehörigkeit, soweit sie die Unmittelbarkeit des Heilsbedürfnisses betrifft. In der Welterfahrung hingegen versteht sich der Christ weitgehend als autonom. Die Frage nach den Möglichkeiten des „Christseins" in der Welt heute scheint daher in geringerer oder größerer Distanz zur Kirche gleich gestellt[4].

Die objektiven Bedingungen seitens Wirklichkeit, Gesellschaft und Kirche hier genau zu umschreiben ist nicht unsere Aufgabe. Dagegen scheint es möglich, sie wenigstens in Ethosformen kurz kenntlich zu machen. Der heutige Mensch, nicht anders der Christ, zeichnet sich ja dadurch aus, daß er von einer Ethosform in die andere übergeht, also gleichsam „zwischensystemisch" lebt. So spricht man im Bedingungskontext von „Wirklichkeit" vom Ethos der Sachlichkeit, im Bedingungskontext von „Gesellschaft" vom Ethos der Mitmenschlichkeit – ein autonomes Ethos, das quer durch gläubige Optionen hindurchgeht und seine Konvergenz in der Idee der Menschenrechte findet (wenn auch nicht in deren Verständnis und Anwendung) –, im Bedingungskontext von Kirche spricht man vom Glaubensethos, d. h. einer Bezogenheit des Handelns auf die Option für einen letzten christlichen Sinnhorizont und die von ihm her entfalteten Motivationen[5].

Daraus ließe sich ableiten, daß die verschiedenen objektiven Bedingungen der Erfahrung des einzelnen Christen diese in je verschiedenen Lebens- und Handlungsbereichen betreffen. Aber sosehr sich verschiedene Ethosformen voneinander unterscheiden lassen, sie bleiben doch nicht voneinander unbetroffen und isolierbar. Das in der Glaubenserfahrung gründende Ethos „gestellter" christlicher Freiheit verändert zugleich die Erfahrung der Bedingungskontexte Wirklichkeit und Gesellschaft, freilich ohne ihre Eigenständigkeit zu überspielen. Das Wirklichkeitsverständnis geht seinerseits als Interpretament in gläubige Optionen ein, und die partielle Identifikation mit Kirchen beruht auch zum guten Teil darauf, daß diese einem solchen Vorgang mit einem gewissen Beharrungsvermögen begegnen und auch begegnen müssen, weil die auf sie eindrän-

---

[4] Vgl. den außerkirchlichen Erfolg von *H. Küng*, Christ sein (München 1974).
[5] Vgl. *A. Auer*, Autonome Moral und christlicher Glaube (Düsseldorf 1971).

gende Wirklichkeitserfahrung ganz verschieden sein kann. Das Spezifikum der Welterfahrung des einzelnen Christen nimmt daher in dem Maße zu, in dem er sich vor die Freiheit seiner letzten Optionen gestellt sieht.

4. Gewissenserfahrung

Nach einem autonom-ethischen Gewissensbegriff, der unfruchtbare Alternativen über den Primat des Guten oder des Bösen in der Gewissenserfahrung und über die Priorität intellektiver, volitiver und emotionaler Aspekte überholt, ist das Gewissen das „Mit-sich-selbst-Wissen" um die Qualität der Vorentscheidung, die in der Handlung sichtbar wird und damit von dieser auf das Sein der Person verweist[6]. Wie geht das Christliche als Erfahrung in die ethische Gestalt des Gewissens ein? Die Konzentration des moralischen Selbst durch Konspiration aller geistigen Kräfte in der Gewissenserfahrung wird vom responsorischen Charakter des Glaubensethos durchdrungen: Gott, Mensch und Welt treten voreinander, wie etwa G. Ebeling im einzelnen zu beschreiben versuchte[7]. Im Gewissen, so heißt es in bildhafter theologischer Formelsprache, findet die „Stimme Gottes" Einlaß und Gehör in der Welterfahrung des einzelnen Christen. Dies ist jedoch nicht im Sinne pneumatologischer[8] oder mystischer[9] Unmittelbarkeit zu verstehen, schon deshalb nicht, weil Gott den Menschen nur in der Form erreicht, die dieser selbst ist. Aber das Mitpräsentwerden der Verantwortung vor Gott in der gläubigen Gewissenserfahrung verlängert die Perspektiven ethischer Verantwortung überhaupt.

Gottes Präsenz ist dabei auch nicht als autoritäre Überfremdung des Gewissens zu verstehen. Vielmehr stärkt sie die „kritischen Seelenvermögen"[10], die autonomen Möglichkeiten des Ichs, die heute als Ziel der Moralentwicklung betrachtet werden[11]. Die Einsicht des Christentums, daß Normen für den Menschen da sind und nicht umgekehrt, schließt auch die Einsicht ein, daß Gott nicht an einem mechanischen Gehorsam, sondern an sittlicher Orientierungsfähigkeit, Verantwortung und Phantasie interessiert ist. Auch hier zeigt sich der

---

[6] Vgl. *N. Matros*, Das Selbst in seiner Funktion als Gewissen, in: Das Gewissen in der Diskussion, hrsg. von J. Blühdorn (Darmstadt 1976) 187–251.

[7] Vgl. *G. Ebeling*, Theologische Erwägungen über das Gewissen, in: *ders.* (Hrsg.), Subjektivität und Selbsterhaltung. Zur Diagnose der Moderne (1976) 142–161.

[8] Vgl. etwa in der pietistischen Tradition *H. Jung-Stilling*, Lebensgeschichte, hrsg. v. G. A. Benrath (Darmstadt 1976) 53,61 u. a., wo der einzelne sich speziell unter eine erfahrbare „providentia Dei specialissima" gestellt sieht.

[9] Vgl. etwa *David von Augsburg*, Die sieben Staffeln des Gebetes, hrsg. von K. Ruh (München 1965) 59f.

[10] Vgl. *H. Marcuse*, Das Veralten der Psychoanalyse, in: Kultur und Gesellschaft II (Frankfurt ⁵1968) 85–106, bes. 92f.

[11] Vgl. *J. Habermas*, Moralentwicklung und Ich-Identität, in: *ders.*, Zur Rekonstruktion des historischen Materialismus (Frankfurt 1976) 63–91 (unter Berufung auf Erikson, Piaget und Kohlberg).

christliche Anspruch oft im Gewande einer Außenkritik, die sich des von den Christen de facto verfehlten Maßstabs bedient.

5. Welterfahrung und Wirklichkeit Gottes

Die Theologische Ethik unterstellt also die Präsenz Gottes in der Welterfahrung des einzelnen Christen. Fraglich ist dabei weniger das „Daß" als das „Wie". Bekanntlich ist im Rahmen partieller Identifikation des einzelnen Christen mit der Kirche auch mit partieller Anerkenntnis der Wirklichkeit Gottes im Leben zu rechnen: das wird deutlich in den von den Kirchen vermittelten institutionellen Berührungen mit der Wirklichkeit Gottes an den Rändern und in der Mitte von Lebensstationen des einzelnen und der Gemeinschaft: Geburt, Tod, Ehe. Droht hier eine Isolierung und Funktionalisierung der Wirklichkeit Gottes auf Anfang, Mitte und Ende, so ist dies Widerschein einer hypertrophierten Durchdringung aller Lebensbereiche mit „Informationen" über den Willen Gottes. Die Wirklichkeit Gottes darf nicht als Unterdrückung, sie muß als Erschließung der Welterfahrung präsent werden. Dies geschieht in den Kontrasterfahrungen, Sinnerfahrungen und Motivationserfahrungen des einzelnen Christen. Die Bedeutung Gottes für die Erfahrungswirklichkeit wird sichtbar im Widerstand gegen das Inhumane („es geht nicht"), im Aufgehen eines letzten Sinnhorizontes („es geht mir auf") und in der Betroffenheit von dem als richtig Erkannten („es geht mich an")[12]. Daß dies strukturell immer so war, lehrt ein genauer Blick auf die Entfaltung christlich-sittlicher Erfahrung in der Integrierung von Weltethos in der Schrift, in der Tradition der Theologischen Ethik und in der gelebten Praxis der Gläubigen. Man spricht deshalb zu Recht auch vom spezifisch Christlichen im Sinne eines letzten Sinnhorizontes und einer Durchformung der sittlichen Motivation. Von daher werden verschiedene ethische Systembildungen so durchdrungen, daß sie unter dem Vorzeichen einer vom Christentum erschlossenen Menschlichkeit ineinander übersetzbar werden. Indem die Rationalität der Wirklichkeit von der Wirklichkeit Gottes her zugleich als freigesetzt und erschlossen erscheint, kann die Welterfahrung des einzelnen Christen konkret bei der Welt bleiben und eine spezifische Gestalt sittlicher Autonomie erreichen[13]. Indem die Wirklichkeit Gottes im christlichen Glauben sich zugleich als fortdauernde Praxis Gottes am Menschen gibt, ist in der Welterfahrung des einzelnen Christen zugleich eine spezifische Einheit von Theorie und Praxis angelegt. Denn die Praxis Gottes – Wirklichkeit ist ja ursprünglich ein operationaler Begriff – ist in der brüderlichen Liebe intensiver präsent als in theologischen Theorien.

---

[12] Vgl. meine Darstellung der drei Dimensionen der Erfahrung, a.a.O. (Anm. 3).

[13] Vgl. *A. Auer*, a.a.O. (Anm. 5); *D. Mieth*, Autonome Moral im christlichen Kontext, in: Orientierung 40 (1976) 31–34.

6. Schuld und Vergebung

Ein Blick auf die allgemein menschliche Erfahrung des Mißlingens, des Versagens sowohl als auch der Schuld, zeigt, wie diese sich ohne die voraufgehende Erfahrung zugesagter Annahme und Vergebung in ein endloses Räsonnement über die Verantwortlichkeit des Menschen im Regelkreis von Individuum und Gesellschaft verliert. Daß die Wirklichkeit Gottes vor allem unter dem Aspekt der Versöhnung die menschliche Wirklichkeit ändert, gibt auch der Welterfahrung des einzelnen Christen ein bestimmtes Profil: das Profil der Korrekturoffenheit, der Umkehrfähigkeit, der Wiedergeburt aus der Reue, der Mentalität der Auferstehung. Die Schuld erscheint nicht mehr nur als moralisches Dilemma, als Dunkel des Scheiterns, als Sanktion der Verfehlung, sondern als Geschichte des Lebens mit Gott in der Welt. Nicht nur ein Blick auf die Theologie der Sünde und der Vergebung, sondern auch ein Blick auf die narrative Kontinuität von Fluch und Segen, von Gericht und Erwählung, von Sünde und Gnade in der Motivtradition der Literatur (z. B. Gregorius, Jedermann, Faustus) zeigt deutlich, wie das Leben mit der Schuld zwischen Verzweiflung und Vermessenheit von einem Erbarmen getragen ist, das die stets bedrohte Mitte der Menschlichkeit wiederherstellt[14]. Die Intensität dessen, was man lebendige Glaubenserfahrung nennt, wird gerade in der Sünde zur Widerfahrnis der unverfügbaren Sinngebung, die theologisch Gnade heißt. Auch hier bezeugt die Außenkritik des (oft versagenden) gelebten Christentums die weltliche Aneignung des christlichen Maßstabs der Versöhnung, der wider die Christen eingeklagt werden kann[15].

7. „Christ" als ethisches Modell

Die schon mehrfach herangezogene Kritik des praktisch gelebten Christentums bezeugt noch auf negative Weise, Christsein als ethisches Modell zu verstehen. Daher denn auch das große außerkirchliche Interesse an einem Entwurf eines Modells von Christsein, wie es H. Küng vorgelegt hat. „Christ" als ethisches Modell ist heute freilich keine Bevorzugung mehr; zu sehr ist es durch eine immer wieder hervortretende Verbindung von christlicher Selbstgerechtigkeit und Unmenschlichkeit in der Vergangenheit desavouiert worden. Aber der Verlust von Vorbildlichkeit des Christenmenschen ist kein Verlust des Modellcharakters von Christsein. Daß dieses Modell weiterbesteht, ist durch sein Urbild bedingt, durch die biblische und geschichtliche Zeugenschaft von der freien Nachfolge des erhöhten Herrn, der den einzelnen in seiner ihm gemäßen Frei-

---

[14] Vgl. *F. Ohly*, Der Verfluchte und der Erwählte. Vom Leben mit der Schuld (Opladen 1976).
[15] Vgl. dazu *A. Camus*, „La Chute", und dazu die Ausführungen von *J. Blank* (Hrsg.), der Mensch am Ende der Moral (Düsseldorf 1972).

heit anspricht und „stellt". Mag sich die Provokation des Modells auch gegen Christen richten, sie in die Krisis statt in die Bevorzugung stellen, so verstärkt sich damit doch der spezifische Charakter der Welterfahrung des einzelnen Christen. „Christ" als ethisches Modell wird zum Einsatzzeichen der Verschränkung von Gottesherrschaft und menschlichem Herrschaftsverzicht[16]. Der den biblischen Einsatzzeichen eignende, über alle ethische Systembildung hinausreichende provokative Charakter ist heute in der von verschiedenen Richtungen vorgeschlagenen Theorie des ethischen Modells besonders gut zu verdeutlichen. Die Kritische Theorie, die Strukturanthropologie und Teile der Situationsethik konvergieren in einem Modellbegriff, der aus der Symbolik des Schöpferischen abgeleitet ist: ein Realsymbol, das zu denken gibt, die Freiheit stellt und zum Handeln provoziert[17].

8. Veränderungen in der Welterfahrung des einzelnen Christen

Die einschneidendste Veränderung in der Welterfahrung des einzelnen Christen liegt darin, daß er Welt und Christ nicht mehr im Gegenüber erfährt, sondern in der spezifischen Zuordnung, die sie in seiner Glaubenserfahrung erhalten. Dies hängt, mehr noch als mit der Entmythologisierung, mit der Profanierung des einst numinos durchprägten Weltbildes zusammen. Das neutestamentliche „nicht von der Welt" kann daher heute gar nicht mehr mit dem Weltbegriff ausgedrückt werden – sofern man diesen nicht fachtheologisch reserviert hat –, sondern allenfalls mit Begriffen wie „Entfremdung", „Nicht-Identität" oder mit dem eschatologischen Vorbehalt. Die Unterscheidung des Christlichen wirft die Welt nicht auf sich selbst zurück, sondern nimmt sie in ihrer Weltlichkeit an. Die Entmythologisierung des Raumes hat „Himmel und Erde" zu Intensitätsformen der Existenz gemacht; die Entmythologisierung der Zeit hat vor allem das Futurum betroffen und auch hier Extensität in Intensität verwandelt. Daraus ergab sich in verschiedenen theologischen Fassungen ein neues Engagement des Christen in der Welt bzw. konkret an der Gesellschaft. Dennoch bleibt als Spezifikum christlicher Welterfahrung die „Unterscheidung der Geister" (discretio spirituum), die Meister Eckhart einmal in das Wort gefaßt hat: Du stehst bei den Dingen, nicht aber stehen die Dinge in dir. Dies ist eben der Unterschied von gestellter und verstellter Freiheit[18].

---

[16] Vgl. *P. Hoffmann – V. Eid,* Jesus von Nazareth und eine christliche Moral (Quaestiones disputatae 66) (Freiburg – Basel – Wien 1975).

[17] Vgl. *D. Mieth,* Die Bedeutung der menschlichen Lebenserfahrung (Anm. 3); *ders.,* Narrative Ethik, in: FZPhTh 22 (1975) 297–326; *ders.,* Dichtung, Glaube und Moral, Studien zur Begründung einer narrativen Ethik (Mainz 1976).

[18] Vgl. *D. Mieth,* Christus – Das Soziale im Menschen, Texterschließungen zu Meister Eckhart (Düsseldorf 1972); *E. Fromm,* Haben oder Sein (Stuttgart 1976).

Eine zweite ethisch relevante Veränderung des Themas Christ und Welt liegt darin, daß das unterscheidend Christliche nicht primär normativ erfahren wird, als gälten für „Christliche" andere sittliche Normen als für „Weltliche" (und gar für einen besonderen „Stand der Vollkommenheit" wieder andere). Um das Christliche herauszustellen, muß man das Menschliche nicht verkürzen, sondern mit den anderen gerade erst ausfindig machen. Darum wird nicht mehr nach einem ethischen Spezifikum des Christlichen im Sinne einer Sonderethik, sondern eben nach dem christlichen Spezifikum des Ethischen gefragt, nach dem in jeder Ethik vorhandenen, aber nicht in ihr aufgehenden, sondern sie überschreitenden Bezugspunkt zum christlichen Sinnverstehen des menschlichen Lebens.

9. Die Welterfahrung des einzelnen Christen als theologisch-ethisches Erfahrungspotential und als Frage an die Kirchen

Die Erfahrungskompetenz, die der Christ in seiner spezifischen Freiheitsgestalt bei der Aufarbeitung seiner Bedingungskontexte erreichen kann, ist eben für die Faktoren bedeutsam, die diesen Bedingungskontext erstellen: Wirklichkeit, Gesellschaft, Kirche. Deshalb sind die praktisch gelebten Überzeugungen der Christen in den Rang einer theologisch-ethischen Erkenntnisquelle aufgestiegen. Die alte Bedeutung des „sensus fidelium" wird hier erneuert. In den ethischen Denkschriften der EKD kann man dies beobachten; in katholischen lehramtlichen Verlautbarungen wird dies zumindest theoretisch nicht bestritten. Jede theologische Ethik, die am Text der Wirklichkeit erarbeitet, um ihn ethisch zu interpretieren, bedarf sowohl zur „Textherstellung" als auch zur Deutung dieses Erfahrungspotentials, ohne das eine Begründung und Vermittlung von Werteinsichten schlechterdings unmöglich ist.

Die ethisch relevante Welterfahrung der Kirchen kann sich ihrerseits nicht von der Welterfahrung der einzelnen Christen dispensieren, von den Förderungsgestalten der Freiheit, die sich in ihr finden, von der Kompetenz der Gewissensentscheidungen, die sie respektieren muß, von den Kontrast-, Sinn- und Motivationserfahrungen, die sie mit der Wirklichkeit Gottes machen. Die Welterfahrung des einzelnen Christen ist daher weiterzugeben als Frage nach der Artikulierung der ethischen Autorität der Kirchen.

Literatur

J. Mouroux, L'expérience chrétienne. Introduction à une théologie (Paris 1952).
R. Needham, Belief, Language and Experience (Chicago 1973).
R. Egenter, Erfahrung ist Leben (München 1974).
D. Sölle, Die Hinreise. Zur religiösen Erfahrung, Texte und Überlegungen (Stuttgart 1975).

D. Mieth, Zum Thema Objektbereich und Tiefendimension. Probleme einer weltlichen Basis der kirchlichen Verkündigung, in: Christentum innerhalb und außerhalb der Kirche, hrsg. von E. Klinger (Quaestiones disputatae 78) (Freiburg i. Br. 1976) 190–211.

Ders., Moral und Erfahrung. Beiträge zur theologisch-ethischen Hermeneutik (Studien zur theol. Ethik II) (Freiburg i. Ü. – Freiburg i. Br. 1977).

Dietmar Mieth

III
Die Kirche und die Kirchen

Im Mittelpunkt des Themas „Die Kirche und die Kirchen" steht die Einheitsproblematik, die die ökumenische Diskussion seit dem Beginn dieses Jahrhunderts beherrscht und die aus dem unaufgebbaren Postulat der Einheit des Glaubens hervorbricht[1]. Auch die Frage nach dem spezifisch Christlichen findet darin ihren prägnanten zeitgeschichtlichen Ausdruck. Sie vor allem hat das Bemühen mit nachhaltigen Impulsen versehen, jenes Allgemeine, das alle christlichen Kirchen miteinander verbindet, auch äußerlich zum Ausdruck zu bringen.

Dies tritt bereits um die Jahrhundertwende deutlich hervor. Es führte damals zu dem Programm „einer weltweiten brüderlichen Zusammenarbeit in der Vielheit der Konfessionen und Kirchen"[2]. Impliziert war hierin bereits die Relativierung der bestehenden Kirchentümer. So war es schließlich nur konsequent, wenn dieser Aspekt in der Folge eigens thematisiert wurde und in der Forderung nach einer geeinten „Kirche der Zukunft" seinen Ausdruck fand[3]. Die Frage nach dem specificum christianum erwies sich in dieser Hinsicht als ein überaus starkes Motiv, mit dem – allgemein gesprochen – christlich-religiöse Kräfte auf die Verwirklichung des Zieles einer Kirche hin orientiert und mit Steuerungsimpulsen versehen werden sollten. Das wurde verstärkt auf der ersten großen interkonfessionellen Konferenz in Lausanne 1927 sichtbar[4], wie es auch 1951 in der Formel seinen Ausdruck fand, daß als „ökumenisch" zu gelten habe, „was sich auf die ganze Aufgabe der ganzen Kirche in der Verkündigung des Evange-

---

[1] Vgl. dazu *W. Müller-Römheld,* Zueinander – Miteinander. Kirchliche Zusammenarbeit im 20. Jahrhundert (1971); *L. Vischer,* Ökumenische Skizzen. Zwölf Beiträge (1972). Grundsätzlich zur Einheitsfrage äußern sich auch: *W. Pannenberg,* Wissenschaftstheorie und Theologie (1973) 414f.; *ders.,* Das Glaubensbekenntnis, ausgelegt und verantwortet vor den Fragen der Gegenwart (1972) 152f.; ferner zuletzt *J. Moltmann,* Kirche in der Kraft des Geistes (1975) 25ff., bes. 363ff.

[2] *W. Müller-Römheld,* a.a.O. 22f.

[3] Ebd. 23.

[4] Vgl. dazu *H. Sasse,* Die Weltkonferenz für Glauben und Kirchenverfassung. Deutscher amtlicher Bericht (1929).

liums für die ganze Welt bezieht"[5]. Damit war zunächst nur ein programmatisches Leerschema entworfen, das aber anzeigen wollte, in welche Richtung die geschichtliche Entwicklung zu gehen hätte, wenn anders die Wahrheit des Christlichen überzeugend zum Ausdruck kommen sollte. Der gegenwärtige Stand in den ökumenischen Gesprächen gibt allerdings noch Konflikte und Unklarheiten über konkrete Zielvorstellungen in der Frage der Einheit zu erkennen[6]. Je ungeschlossener aber der umfassende Begriff der Einheit ist, desto direkter kommt die einzelne Kirche ins Spiel. Die Frage nach der Einheit des Glaubens wird so zur Frage an sie, ob und inwieweit sie der Reflexion ihrer Identität auf dem Hintergrund eben dieser übergreifenden Frage Raum gibt und die Bereitschaft zur Anerkennung der Relativität ihrer eigenen Konkretion von Kirche ausbildet, um so Offenheit für Kommunikation und Kooperation mit anderen Kirchen zu gewinnen.

1. Die Einheit der Kirchen und die Pluralität von Handlungsnormen

Der Kontext, in den dieser Beitrag gestellt ist, macht aber auch ein Weiteres deutlich; die wichtige ekklesiologische Frage nach der „einen" Kirche im Zusammenhang kirchlicher Erneuerung überhaupt[7] kann nicht das einzige Ziel sein, dem seine Behandlung dienen soll. Vielmehr werden hierin Orientierungsprobleme der Ethik evident; es erwächst daraus die Frage, inwieweit die Differenz von „Kirche" und „Kirchen" selbst Teil der Orientierungsproblematik ist, mit der es die christliche Ethik in der Gegenwart zu tun hat.

Geht man dieser Frage nach, so stößt man zunächst auf einen Sachverhalt, zu dessen Kennzeichnung gegenwärtig häufig das Wort „Orientierungskrise" verwendet wird. Das könnte vordergründig zu der Annahme verleiten, als gäbe es keine Richtpunkte mehr, an denen sich ein ethisch qualifizierbares Handeln zu orientieren vermöchte. Aber auch ohne an dieser Stelle einen detaillierten Nachweis führen zu müssen, kann an der neuzeitlichen Lebenswelt aufgezeigt werden, daß das Gegenteil der Fall ist. Nicht ein Zuwenig an normativen Richtpunkten, sondern eher deren kaum mehr zu übersehende Fülle bestimmen das individuelle Handeln[8].

---

[5] *W. Visser't Hooft*, Art. Ökumenisch, in: RGG³ Sp. 1569f.

[6] Dies zeigt z.B. *L. Vischer*, a.a.O. 138f., an, von anderen Voraussetzungen her auch *G. Casalis*, Die Zukunft des Ökumenismus, in: Ökumenische Perspektiven Nr. 1 (1972) 27–66. Zum gegenwärtigen Stand der Auseinandersetzung vgl. ferner auch *G. Müller-Fahrenholz*, Sichtbare Einheit?, in: ÖR 24 (1975) 431–447; *C. Walther*, Welchen Sinn hat es, von Einheit zu sprechen?, in: ebd. 447–455.

[7] Siehe dazu die Ausführungen von *H.-J. Margull*, Theologie der missionarischen Verkündigung. Evangelisation als ökumenisches Problem (1959), bes. 81ff.

[8] Verwiesen sei in diesem Zusammenhang auf die Arbeit von *Berger-Luckmann*, Die gesellschaftliche Konstruktion der Wirklichkeit (1969); vgl. dazu *T. Luckmann*, Zwänge und Freiheiten im Wandel der Gesellschaftsstruktur, in: Neue Anthropologie, III: Sozialanthropologie (1972)

Allerdings setzt in dieser Pluralität die Orientierungskrise und damit auch das Orientierungsproblem erst recht ein. Es läßt sich in einer ersten, vorläufigen Weise formulieren als ein Konflikt im Verhältnis individueller Selbstbestimmung und durch Sozialisationsmechanismen bedingter Außenleitung[9].

Für die hier verfolgte Fragestellung, inwieweit die Differenz von Kirche und Kirchen Teil einer allgemeinen Orientierungsproblematik ist, läßt sich jetzt eine Einsicht gewinnen, die es mit der Konkurrenz oder, in verschärfter Form, auch mit dem Antagonismus von Handlungsmustern überhaupt zu tun hat. Unter „Handlungsmuster" soll hier die normative Ausrichtung des Handelns verstanden werden, durch die es eine für notwendig gehaltene und darum erwünschte Zielrichtung erhält[10]. Solche Muster stellen integrative Bestandteile aller Systeme dar. Soweit es sich dabei um kirchlich institutionalisierte und durch religiöse Sozialisation vermittelte handelt, wird für sie heute eine soziale Irrelevanz nachzuweisen versucht[11].

Für die theoretische Grundlegung der christlichen Ethik handelt es sich hierbei um einen äußerst bedeutungsvollen Vorgang. Die traditionellen christlichen Handlungsanweisungen, die ebenso in Ethiken als auch in Katechismen ihren Niederschlag gefunden haben, werden von den zweckrationalen Handlungsmustern, die vornehmlich durch die Großinstitutionen des Staates und der Wirtschaft abgesichert sind, neutralisiert[12].

Auf diesem doppelten Hintergrund von Normkonflikten und der Neutralisierung kirchlich-religiöser Handlungsanweisungen stellt ein spezifisches Interesse an der Freiheit der Kirche jetzt die Ebene dar, auf der die Situation der Kirchen in der modernen Gesellschaft reflektiert und verarbeitet wird. Diese

---

168–197; *D. Riesmann*, Die einsame Masse (1958), hat dieses Problem ebenfalls einer eingehenden Analyse unterzogen.

[9] Dieser Konflikt bildet einen wesentlichen Aspekt der unter dem Stichwort „Positivismusstreit" bekanntgewordenen Kontroverse vor allem zwischen J. Habermas und N. Luhmann. Siehe dazu *J. Habermas – N. Luhmann*, Theorie der Gesellschaft oder Sozialtechnologie (1974). Habermas geht es vornehmlich darum (101ff.), die Normativität der Selbstbestimmung durch herrschaftsfreie Kommunikation wiederzugewinnen. Meines Erachtens gelingt ihm dies aber nur in einer realitätsabgeschirmten Laborsituation. Dies lassen die von ihm (136ff.) aufgestellten Bedingungen deutlich erkennen. Inwieweit die aus einer solchen artifiziellen Konstruktion gewonnenen Einsichten in den realen Lebenszusammenhang dann wirkungsvoll transformiert werden können, bildet das bisher ungelöste Problem; vgl. dazu auch sein Nachwort zur 2. Aufl. von „Erkenntnis und Interesse" (1973), bes. 411ff.; im übrigen vgl. auch *P. Groß*, Reflexion, Spontaneität und Interaktion. Zur Diskussion soziologischer Handlungstheorien (1972) 19–35.

[10] Vgl. dazu vor allem *T. Parsons*, Soziologische Theorie (^{3}1973) 52ff. Zu den besonderen religiösen Aspekten des Normenproblems s. auch *J. Morel*, Soziologische Aspekte des Normativen, in: Religion im Umbruch (1972) 123–149. Für die theologisch-ethische Kritik der Normen ist die Arbeit von *W. Korff*, Norm und Sittlichkeit (1973), bes. 113ff., wichtig.

[11] So z.B. *G. Schmidtchen*, Gottesdienst in einer rationalen Welt (1973) 148.

[12] In bezug auf das Naturrecht hat *E.-W. Böckenförde*, Kirchliches Naturrecht und politisches Handeln, in: *F. Böckle – E.-W. Böckenförde* (Hrsg.), Naturrecht in der Kritik (1973) 96–125, dessen Neutralisierung herausgearbeitet.

Situationserfahrung und -verarbeitung wird geradezu ein eigenes Thema der ökumenischen Diskussion[13]. Die Durchdringung der historischen Situation wird zu einem gemeinsamen Bemühen, das über die konfessionellen Kirchentümer hinausgreift[14]. Die situativen Bedingungen gehen eben nicht mehr nur jede Kirche für sich an; ihre Bezugsgröße ist vielmehr „die Kirche". *Sie* soll nach Auswegen aus situationsbedingten schwierigen Lagen suchen und darin „ihre Aufgabe" erfüllen: „Was soll sie sagen? Wie soll sie handeln? Wie versteht sie den tieferen Sinn der gegenwärtigen Lage der Menschheit? Welche Weisungen hat sie etwa für die Gesundung des zerfallenden Gemeinschaftslebens und die Wiederherstellung einer gesunden und stabilen Gemeinschaft zu geben? Oder hat sie gar keine? Was soll der einzelne Christ glauben und tun?"[15]

Es handelt sich hierbei um ebenso fundamentale wie komplexe Fragen, die der Neuorientierung im Hinblick auf eine ökumenische Ethik zugrunde gelegt werden; und es ist ebenfalls unübersehbar, daß sie im Fortgang der Ökumene nichts von ihrer ursprünglichen Aktualität verloren haben, obwohl in den situativen Bedingungen laufend Veränderungen eingetreten sind, die zur Umformulierung von Zielrichtungen für christliches Handeln führten. Das wurde z.B. an der Theologie der Revolution deutlich[16]. Aber zugleich ist auch erkennbar, daß bisher kein ethisches System ausgebildet worden ist, welches die Frage nach den Handlungszielen befriedigend beantwortet hätte.

Bereits 1937 mußte J. Oldham auf „erheblich voneinander abweichende Anschauungen hinweisen, die bei der Behandlung des Themas „Kirche und Welt" zwischen den Vertretern einer eher biblizistischen, vornehmlich an der Bergpredigt orientierten Ethik und den Vertretern einer personalistischen Ethik hervortraten[17]. Allgemein formuliert, stellt sich hier bereits das Problem, ob überhaupt noch die Ausbildung von kirchlichen Handlungssystemen und Programmen möglich sei. In der gegenwärtigen Religionssoziologie erfährt diese Frage nochmals eine Zuspitzung. Unter Hinweis auf die von Quasi-Automatismen bestimmten Abläufe im Alltagsleben wird die These vertreten, daß „*alle* Religion, die historisch präformierte und die eventuell intersubjektiv neu hervorgebrachte, nur ‚Theorie' ist und keine Chance mehr hat, je wieder ‚Praxis' werden zu können"[18].

---

[13] Immer noch lehrreich sind in dieser Beziehung die Arbeiten von *H.-D. Wendland*, Die Kirche in der modernen Gesellschaft ([2]1958); *ders.*, Botschaft an die soziale Welt (1959).

[14] Dies zeigt bereits der Bericht der Weltkirchenkonferenz von Oxford, Kirche, Volk und Staat (1937); vgl. Kirche und Welt in ökumenischer Sicht (1938) 53f.

[15] Ebd. 54; vgl. dazu auch *H.-J. Kosmahl*, Ethik in Ökumene und Mission (1970), bes. 44ff.

[16] Vgl. dazu die Dokumente der Weltkonferenz für Kirche und Gesellschaft (1966) in Genf, in: Appell an die Kirchen der Welt (1967). Eine kritische Würdigung der theologischen Auseinandersetzung mit diesen Veränderungen gibt *C.-H. Grenholm*, Christian Social Ethics in a Revolutionary Age (1973), bes. 269–310.

[17] Kirche und Welt in ökumenischer Sicht 36ff.

[18] *T. Luckmann*, Religion in der modernen Gesellschaft, in: *J. Wössner* (Hrsg.), Religion im Um-

2. Das Problem des „spezifisch Christlichen"

Gerade die Prognose über die Chance der Religion in der heutigen Welt stellt aber auch den Anlaß dar, die Frage nach dem spezifisch Christlichen angesichts der geschichtlichen Differenz von Kirche und Kirchen noch einmal ausdrücklich werden zu lassen. Sie bildet den Kern der innertheologischen Auseinandersetzungen[19], und selbst dort, wo im Ausziehen äußerster Konsequenzen dem Christlichen kein bestimmender Einfluß mehr zuerkannt wird, sei es im kognitiven oder im Bereich sozialer Gestaltung, ist diese Frage noch virulent[20]. Denn ob etwas in seiner Geltung oder Nichtgeltung erwiesen werden kann, hängt in jedem Falle davon ab, daß zuvor geklärt sein muß, was das eigentlich ist, das gelten oder nicht mehr gelten soll.

An dieser Stelle entsteht ein fundamentales Problem. Jeder Versuch, das Spezifische einer Sache festzustellen, bringt seine eigenen geschichtlichen Bedingtheiten mit ins Spiel. Das Bestreben wissenschaftlicher Klärung besteht nun ebenso darin, diese Bedingtheiten zu reflektieren wie die vollständige Erfassung aller Faktoren, die eine Sache bestimmen, anzustreben, „d. h. es methodisch unmöglich zu machen, daß irgend etwas Wichtiges übersehen wird... Ohne ein solches (wenigstens implizites) Vorgehen werden in Schlußfolgerungen und Interpretationen stets ungeprüfte Annahmen über die fehlenden Elemente eine Rolle spielen."[21] Aber diese Forderung nach Vollständigkeit und Objektivität ist ein Ideal, dessen Realisierung ständig auf Grenzen stößt. Es bezeichnet mithin nur die dauernde Aufgabe, über eine Sache gemachte Aussagen korrekturoffen zu halten[22].

Davon machen auch Aussagen über das spezifisch Christliche keine Ausnahme. Mit ihm kann nicht wie mit einer unwandelbar feststehenden Größe umgegangen werden. Es ist gerade seine Einbettung in die Gottesgeschichte, die dazu nötigt, in seiner Beschreibung jeweils neuen Erfahrungen und Einsichten Raum zu geben[23].

---

bruch 13 (1972); vgl. auch *N. Luhmann,* Zweckbegriff und Systemrationalität. Über die Funktion von Zwecken in sozialen Systemen (1973) 312ff., 345f.

[19] Aus der Fülle der Literatur sei auf folgende Veröffentlichungen hingewiesen: *G. Ebeling,* Das Wesen des christlichen Glaubens (1959); *W. Pannenberg,* Das Glaubensbekenntnis, ausgelegt und verantwortet; *R. Schäfer,* Der evang. Glaube (1973); *J. Ratzinger,* Einführung in das Christentum (^{7}1968).

[20] Vgl. *W. Schulz,* Philosophie in der veränderten Welt (^{2}1974), z.B. 602ff.; *J. Habermas,* Legitimationsprobleme im Spätkapitalismus (1973) 162ff.; *R. Döbert,* Systemtheorie und die Entwicklung religiöser Deutungssysteme. Zur Logik des sozialwissenschaftlichen Funktionalismus (1973), bes. 133ff.

[21] *T. Parsons,* a.a.O. 39.

[22] Vgl. dazu insbesondere *K. Popper,* Die Logik der Sozialwissenschaften, in: Der Positivismusstreit in der deutschen Soziologie (1969) 113f.

[23] Zum Grundsätzlichen *W. Pannenberg,* Dogmatische Thesen zur Lehre von der Offenbarung, in: Offenbarung als Geschichte (^{3}1965) (KuD Beiheft I) 101f.

Das Verhältnis von Glaube und Geschichte bedingt also, daß das spezifisch Christliche selbst die Reformulierung seiner historischen Verständnisse impliziert und deshalb wesentlich nur als Frage gewiß und dauerhaft bleibt.

3. *Kirche als „Institution der Freiheit" oder „politische Kirche"?*

Damit ist freilich das letzte Wort noch nicht gesprochen. Denn es zeigt sich gerade in der Gegenwart, in welchem Maße die Frage nach dem spezifisch Christlichen auch eine Antwort fordert, und zwar nicht nur dogmatisch-lehrhaft, sondern vor allem ethisch-praktisch. Die Auseinandersetzungen innerhalb der ökumenischen Bewegung bieten dafür reiches Anschauungsmaterial[24].

Dabei bietet jeder Beantwortungsversuch einen Aspekt, dessen prinzipieller Charakter uneingeschränkte Beachtung verdient. Denn die Frage nach dem spezifisch Christlichen weist immer in die Vergangenheit zurück, die als Tradition Gestalt gewinnt, und in ihr auf Jesus Christus als die dieses Christliche bestimmende Macht. Jeder Beantwortungsversuch muß darum die Anerkennung dieser Vergangenheit einschließen, die selbst jeder Antwort schon immer voraus ist[25]. Das gilt auch dort, wo die Bestimmung des spezifisch Christlichen von einem ethischen Interesse geleitet ist. In seinen Möglichkeiten, sich Gestalt zu geben, bleibt es im Bann dieser Geschichte – sonst würde es aufhören christlich zu sein. Damit soll nicht mehr, aber auch nicht weniger gesagt sein, als daß das spezifisch Christliche nicht jede beliebige Ausdeutung erfahren kann, auch wenn diese durchaus auf der Linie eines ethischen Interesses und des von ihm beherrschten Deutungsmusters der Wirklichkeit, besonders der sozialen, liegen mag. Das Christentum hat vielmehr in Anerkennung dieser Abhängigkeit von der Geschichte, in der es seinen Grund hat, ein eigenes Deutungssystem für das Verständnis des eigentlich Christlichen bewahrt, in dessen Zentrum die von Gott sola gratia et propter Christum in der Rechtfertigung zugesprochene Freiheit steht[26]. So kann, in Anlehnung an J. Habermas[27], auch für unseren Zusammenhang in Anspruch genommen werden, daß christliches Handeln nur so lange legitimiert ist, als es nicht aus jenem die Kontinuität mit der Geschichte wahr-

---

[24] In diesem Zusammenhang besteht die Warnung, die *G. Ebeling*, Studium der Theologie. Eine enzyklopädische Orientierung (1975) 7, ausspricht, zu Recht: „Bereits ist wieder vor einem ökumenischen Enthusiasmus zu warnen, der neue konfessionelle Trennungen (etwa nach politischem Credo) zur Folge haben könnte."

[25] Zu dem damit auch angesprochenen grundsätzlichen hermeneutischen Aspekt vgl. *H.-G. Gadamer*, Wahrheit und Methode (²1965), bes. 288ff.; ferner *W. Schulz*, Philosophie in der veränderten Welt 531ff.

[26] Vgl. dazu *K. Holl*, Gesammelte Aufsätze, I: Luther (⁶1932) 114ff., 221ff.; vgl. auch *W. Trillhaas*, Dogmatik (³1972) 400ff.; *W. Joest*, Ontologie der Person bei Luther (1967), 238ff., 318ff.

[27] Legitimationsprobleme im Spätkapitalismus, 100.

nehmenden und die Identität des Christlichen verbürgenden Deutungssystem herausgebrochen wird.

Dessenungeachtet läßt sich aber nicht übersehen, daß die Vermittlung des christlichen Freiheitsbegriffes mit dem der Kirche keineswegs einheitlich verläuft, sondern erneut die Differenz von Kirche und Kirchen verschärft. Es war oben das Ziel, zu zeigen, wie in die historische Differenz ein ethisches Interesse einbricht, das in die Richtung einer sie überbrückenden Zielfindung für ein christliche Einheit sichtbar machendes Handeln drängt. Die Antwort auf die Frage nach der Gestaltungskraft der Freiheit des Glaubens in der neuzeitlichen Lebenswelt ist nach wie vor eine ungelöste theologische Aufgabe. Aber in der Weise, in der ihre Beantwortung gesucht wird, treten jetzt zwei deutlich voneinander zu unterscheidende Positionen hervor. Die eine betont die „Kirche als Institution der Freiheit", die andere meint, die „Politische Kirche" nachdrücklich hervorheben zu müssen[28].

Diese Diskussion ist keineswegs von dem Gegensatz zwischen einer weltflüchtigen und weltoffenen Kirche bestimmt, wie er in den teilweise vulgarisierten Auseinandersetzungen über die politisch-gesellschaftliche Aufgabe der Kirche in den letzten beiden Jahrzehnten immer wieder aufgebrochen ist. Vielmehr ist in beiden Positionen das Bestreben vorhanden, ein genuines theologisches Interesse an Kirche zur Geltung zu bringen, die ihrerseits, kraft der Hoffnung auf das Reich Gottes, auch die Fragen der politisch-sozialen Gestaltung des gesellschaftlichen Lebenszusammenhanges im Blick hat[29].

Der Gegensatz bricht erst dort in aller Schärfe auf, wo es um die Aufgabe der Kirche geht, die Freiheit des Glaubens an jenen Prozeß der Gestaltung der menschlichen Lebenswelt zu vermitteln[30].

Die Formel „Kirche als Institution der Freiheit" hebt auf die zentrale und konstruktive Bedeutung der Rechtfertigung ab, durch die der Mensch sein Personsein allein aus der Gottesbeziehung empfängt, nicht aber aus einer anderen, ihm verfügbaren und von ihm kontrollierbaren Wirklichkeit[31]. Der Raum, in

---

[28] Die Formulierung „Kirche als Institution der Freiheit" entnehme ich *T. Rendtorff*, Institution der Freiheit, in: LuMo 15 (1976) 18ff., die Formulierung „Politische Kirche" *J. Moltmann*, a.a.O. 28.

[29] Vgl. dazu die präzisen Ausführungen von *W. Pannenberg*, Das Glaubensbekenntnis, ausgelegt und verantwortet 161ff.

[30] Zur religionssoziologischen Bedeutung dieses Themas s. *J. Wössner*, Religion als soziales Phänomen, in: Religion im Umbruch 45f. Wössner behauptet, daß Religion den Menschen zum Aufbau von Gesellschaft befähige und eben darum, gegen alle Kritik aus dem Lager der Religionsüberwinder, nicht Privatsache sei. Er bezeichnet es allerdings auch als „ungelöste Aufgabe der neueren Religionssoziologie", nachzuweisen, wie und unter welchen Konstellationen Religion an der Konstruktion gesellschaftlicher Wirklichkeit beteiligt ist.

[31] Vgl. dazu *T. Rendtorff*, Zum sozialethischen Problem der Institutionen, in: Glaube und Gesellschaft (1966) 54ff.; *H. Ringeling*, Rechtfertigung und Sozialethik, in: Rechtfertigung im neuzeitlichen Lebenszusammenhang (1974), bes. 154ff.; hingewiesen sei auch auf *W. Korff*, Norm und Sittlichkeit 196f., der für unseren Zusammenhang zutreffend formuliert, „daß die letztgründende

dem das geschieht, in dem gleichsam die menschliche Subjektivität durch die Rechtfertigung propter Christum per fidem ihre institutionelle Absicherung erfährt, ist die Kirche. In diesem Sinne ist sie Institution der nur zu empfangenden Freiheit. Aber ebendies bezeichnet dann auch die Grenze, an der sich entscheidet, inwieweit sie darüber hinaus noch Subjekt im Sinne der Politischen Kirche, d.h. eine aktiv in die politischen Verhältnisse eingreifende Größe, etwa im Sinne der „Theologie der Befreiung", sein kann.

Der Begriff der Kirche impliziert, daß Kirche „als Instrument für die empirische Präsenz" der Wahrheit der Rechtfertigung zu dienen hat, „nach innen in der theologischen Verantwortung der pura doctrina, nach außen ... in der Weise, daß sie zunächst einmal praktisch da ist, möglichst allerorten"[32]. Damit wird dann ausgeschlossen, daß Freiheit wieder durch die alternativlose Bindung an spezifische normative Richtungsziele für das weltgestaltende Handeln eingeschränkt wird. Kirche als Institution der Freiheit läßt diese frei sein, andernfalls müßte sie Gefahr laufen, „die christliche Freiheit in einen Zwang zur Erfüllung von Vorschriften zu verwandeln"[33].

Die Formel „Politische Kirche" läßt dagegen ganz andere Aspekte deutlich werden. Sie zeigen sich z.B. in einer kritischen Bilanz der Ökumene, die G. Casalis zieht und in deren Zusammenhang er unter der Voraussetzung, daß die Kirche politisch nicht neutral sein kann, die seines Erachtens einzig mögliche Frage stellt: „In welcher Weise sind wir politisch? Für welche Seite haben wir uns zu kämpfen entschieden?"[34] Die Antwortrichtung wird dann mit Formeln wie „Parteinahme einer konkreten Solidarität", „Entscheidung für den Sozialismus", „Kampf um soziale Gerechtigkeit und Freiheit" von ihm vorgezeichnet. Dahinter steht als theologische Intention „die folgerichtige Entfaltung von Konsequenzen aus der eschatologischen Existenz"[35].

Hier zeichnet sich eine andere Sicht der Funktion der Kirche in der Vermittlung der Freiheit des Glaubens an den Prozeß der Gestaltung der menschlichen Lebenswelt ab. In ihr bekommt sie einen das Handeln in der Nachfolge Christi bestimmenden normativen Charakter. Freiheit ist nur dann, wenn die bestehenden Verhältnisse überwunden werden. Alternative Möglichkeiten, christliche Freiheit zu leben, müssen hier von vornherein als Ungehorsam erscheinen, als Depravation des spezifisch Christlichen schlechthin und darum ausgeschlossen bleiben[36].

Wahrheit über den Menschen, die als solche in gar keiner Weise Resultat und Produkt menschlicher Vernunft und Übereinkunft ist ... und somit nur im Glauben vernehmbar bleibt, zugleich der Grund ist, aus dem sich alle menschliche Freiheit, Selbstverfügung, Würde und Mündigkeit im letzten empfängt ..." (197).

[32] *T. Rendtorff,* Institution der Freiheit 21.

[33] *J. Asheim* (Hrsg.), Humanität und Herrschaft Christi. Zur ethischen Orientierung heute (1969) 27.

[34] *G. Casalis,* a.a.O. 52.

[35] Ebd. 57. [36] Ebd. 61 ff.

Die Betonung der „Politischen Kirche" ist die konsequente Weiterentwicklung theologischer Grundentscheidungen, die aufs engste mit der dialektischen Theologie verknüpft sind. Dabei ist entscheidend, daß es nicht mehr „um die politische Ethik des Christen als des einzelnen" allein geht[37]. Diese Formulierung deutet darauf hin, daß der Prozeß der Individualisierung der christlichen Freiheit prinzipiell eingegrenzt wird durch einen institutionellen Rahmen, innerhalb dessen die Freiheit ihre konkrete praktische Zielrichtung empfängt. Damit wird zugleich auch ein Abgrenzungsmechanismus entwickelt, der darüber entscheidet, was nicht oder nicht mehr als christlich angesprochen werden kann. Während das mit dem Stichwort „Kirche als Institution der Freiheit" bezeichnete Modell die Zielrichtung des Handelns ungeschlossen sein lassen will, um den Handlungsspielraum des einzelnen zu vergrößern, wird in dem Modell „Politische Kirche" diese Zielrichtung geschlossen. Deutlich ist dies an der „ideologiekritische(n) Ekklesiologie" Moltmanns zu erkennen, die sich auf das „Recht für eine theologische Aufnahme marxistischer Analyse und Ideologiekritik im ökumenischen Zusammenhang" ausdrücklich beruft und „die den realen Sitz der Kirchen im Leben der jeweiligen Gesellschaften und Staaten reflektiert, um der Kirche zu ihrer Freiheit zu helfen"[38]. Die Freiheit der Kirche ist der umfassende Begriff für einen „messianischen Lebensstil", der in der Erfahrung befreiten Lebens gründet und in der Praxis nach Formen der „Befreiung des Lebens" sucht[39]. Die Zielrichtung aber ist durch den Begriff der Befreiung vorgeprägt, der konkret „Befreiung von Herrschaftsansprüchen in der Gesellschaft" meint[40]. Die theologische Rezeption der marxistischen Analyse erweist sich in dieser Hinsicht als eigentlich bestimmendes Element, indem sie das Deutungsmuster abgibt, mittels dessen christliche Freiheit in praktischer Absicht verstehbar gemacht wird.

Zusammenfassend kann festgestellt werden, daß das Thema „Die Kirche und die Kirchen" das bisher ungelöste Problem der Einheit in der Vielheit bestehender Kirchentümer signalisiert. Es erwies sich aber auch als ein voraussetzungsvoller und folgenreicher Bestandteil ethischer Orientierungsproblematik. Die Differenz von Kirche und Kirchen, wie sie in gegensätzlichen Auffassungen über die Funktion der Kirche in der Vermittlung von christlicher Freiheit an die humane Gestaltung der Welt erneut sichtbar wird, bringt in die Orientierungsproblematik zusätzliche Probleme hinein und läßt dahinter die konfessionellen Kontroversen noch weiter zurücktreten.

---

[37] *E. Wolf*, Ordnung und Freiheit. Zur politischen Ethik des Christen (1962) 17; vgl. zum Kirchenbegriff, wie er in diesem Zusammenhang vertreten wird, *C. Walther*, Theologie und Gesellschaft (1967) 174ff.; vgl. *M. Baumotte*, Theologie als politische Aufklärung (1973).

[38] *J. Moltmann*, a.a.O. 27.

[39] Ebd. 305. [40] Ebd. 372.

Weiterführende Literatur:

T. Rendtorff, Kirche und Theologie (1967).
J. Moltmann, Kirche in der Kraft des Geistes (1975).
M. Honecker, Sozialethik zwischen Tradition und Vernunft (1977).

Christian Walther

IV

Die christliche Lebenswelt

1. Christliche Ethik und christliche Lebenswelt

Die Frage nach der Existenz und nach der Gestaltung einer christlichen Lebenswelt bildet innerhalb der Gesamtfrage nach dem spezifisch Christlichen in der christlichen Ethik einen integrierenden Bestandteil. Denn wie jede Ethik hat es auch die christliche Ethik mit der Praxis, also dem Handeln der Menschen innerhalb ihrer Gesellschaft, zu tun. Für die christliche Ethik besitzt aber dieser Praxisbezug, etwa im Gegensatz zu Kants Theorie, daß allein der menschliche Wille gut genannt werden könne, einen hervorragenden Stellenwert, denn nach den biblischen Aussagen Jesu entscheidet gerade das „prattein", also das Tun, über die ethische Qualifikation des Menschen (vgl. Mt 21,24ff.). Dieses Tun ist aber nicht nur allgemein sozial bezogen, insofern der Mensch vergesellschaftet existiert und daher Normen für die Koexistenz braucht, sondern es vollzieht sich vor allem in vorgegebenen Institutionen, die zwar kulturspezifisch verschieden sind, sich aber in allen Kulturen finden. Diese Institutionen, wie etwa Familie, Sippe, Stamm und politische Gemeinschaft, konstituieren die Lebenswelt des Menschen. Er wird in sie hineingeboren, entfaltet sich in ihnen, setzt sich mit ihnen auseinander und trägt, sei es aktiv oder passiv, zu ihrem Fortbestand, ihrer Gestaltung, Weiterbildung oder auch Veränderung bei. Jede Ethik, auch die scheinbar vorwiegend individualistisch ausgeprägte Ethik, wirkt sich durch ihre Wertvorstellungen und Normen auf die Gestaltung dieser Institutionen aus; sei es direkt durch institutionsbezogene Normen, sei es indirekt durch Forderungen an den einzelnen hinsichtlich seines Verhaltens in diesen Institutionen. Deshalb gestaltet jede Ethik die Lebenswelt des Menschen mit.

Aber nicht nur aus diesem Grunde besteht eine inhärente Beziehung zwischen der Ethik und der Lebenswelt des Menschen, sondern auch deshalb, weil jede Ethik von ihrem Ursprung her durch die Gesellschaft und die Regeln ihrer Institutionen, in denen sie entsteht, mitbestimmt wird; sei es positiv, daß deren Wertvorstellungen übernommen, weitergeführt und begründet werden, oder negativ als Kritik und Gegenbewegung zu den vorherrschenden gesellschaftlichen Wertvorstellungen und Normen und mit dem Ziel einer grundlegenden Veränderung. Selbst eine so formalisierte Ethik wie diejenige Kants verweist in ihren Postulaten und Begründungen ständig auf bestimmte Entwicklungstendenzen der damaligen bürgerlichen Gesellschaft und auf ihre Wertvorstellungen. Das der kantischen Ethik zugrunde liegende Postulat von der Autonomie des Menschen und seiner Eigenverantwortung bildet das philosophische Korrelat zu den wirtschaftlichen und politischen Emanzipations- und Autonomiebestrebungen der bürgerlichen Gesellschaft des 18. Jahrhunderts.

Ähnliches ist für die Entstehung der christlichen Ethik festzustellen, deren Ursprünge eng mit den Wertvorstellungen und den Normen der jüdisch-palästinensischen und ebenso der hellenistischen Lebenswelt verbunden sind. Dies gilt trotz der Kritik Jesu an bestimmten, das menschliche Verhalten und die Institutionen regulierenden Normen, wie etwa seiner Kritik am jüdischen Scheidungsrecht, an der überstrapazierten Verwendung der Eidesformel oder an bestimmten institutionalisierten Frömmigkeitsübungen. Die aus dem Judentum hervorgegangenen frühchristlichen Gemeinden brachen keineswegs mit den überlieferten jüdischen Lebensformen und deren Normen, und gleiches gilt für die hellenistisch-christlichen Gemeinden. Die aus der neutestamentlichen Briefliteratur bekannten Konfliktfälle in den Urgemeinden beziehen sich, von einigen Ausnahmen abgesehen, nicht so sehr auf Konflikte mit der jeweiligen Lebenswelt, sondern entstanden aus dem Versuch einiger judenchristlicher Gruppen, die tradierten Normen der jüdischen Lebenswelt in die hellenistisch-christlichen Gemeinden einzuführen.

Deshalb kann die Frage nach der Existenz und nach der Gestaltung einer christlichen Lebenswelt nicht in dem Sinne gestellt werden, als ob es darauf ankäme, genuin christliche Normen materialethischer Natur zu finden, durch die sich die christliche Ethik von anderen Ethiken unterscheidet. Fast alle Normen der christlichen Ethik bis hin zum Gebot der Nächstenliebe lassen sich auch in anderen Ethiken aufweisen. Das spezifisch Christliche der christlichen Ethik und daher auch einer christlichen Lebenswelt ergibt sich primär aus dem religiösen Interpretament der Normen; also konkret aus ihrem Bezug zu Gott und zur Person Jesu Christi und seiner Verkündigung. Dieser Bezug begründet das Deutungsschema für die Normen und macht sie zu christlichen Normen.

Als Beispiel sei hier die Nächstenliebe angeführt. Sie folgt nicht, wie etwa in der stoischen Ethik, aus der allen Menschen gemeinsamen Natur, sondern aus der Verkündigung Jesu, daß Gott zu allen Menschen gut ist, unabhängig davon, ob die betreffenden Menschen die ethische Qualifikation des Gutseins vor Gott erfüllen oder nicht (vgl. Mt 5,43ff.). Da die jesuanische Ethik ihrem Wesen nach eine Mimesis Theou, eine Nachahmung Gottes, ist, soll sich auch der Mensch zu seinen Mitmenschen so verhalten, wie Gott sich verhält. Kriterium und Indikator einer solchen Nächstenliebe ist die Feindesliebe, durch welche die Menschen im biblischen Sinne zu „Söhnen Gottes" werden. Ganz allgemein läßt sich daher sagen, daß das spezifisch Christliche der christlichen Ethik in der heilsökonomischen Relevanz liegt, von der her die menschlichen Verhaltensnormen ihre Bedeutung und ihren Stellenwert erhalten.

Gleiches gilt dann auch für die Existenz und die Gestaltung einer christlichen Lebenswelt. Die vorgegebenen Institutionen und ihre Regeln werden, von einigen Ausnahmen abgesehen, keineswegs außer Kraft gesetzt, aber ihr ethischer Stellenwert verschiebt sich unter dem Aspekt ihrer heilsökonomischen Relevanz, d.h. hinsichtlich ihrer Bedeutung für das Kommen des von Jesus Christus verkündeten Gottesreiches. Das wird z.B. für die Lebenswelt der frühchristlichen Gemeinden in der Paränese der neutestamentlichen Briefe deutlich. So etwa, wenn die Angehörigen der Gemeinde von Korinth ermahnt werden, anfallende Streitigkeiten innerhalb der Gemeinde zu schlichten und nicht vor staatlichen Gerichten auszutragen. Die staatlichen Instanzen werden keineswegs kritisiert, ihre Kompetenzen nicht bestritten. Aber angesichts einer Naherwartung der Wiederkunft Christi haben der Staat und seine Instanzen jenen Stellenwert für das Leben der Gemeinde eingebüßt, der ihnen normalerweise zukommt. Da die christliche Gemeinde nach dem „Gesetz Christi" leben soll, das durch die Postulate der Brüderlichkeit, der Vergebung und Versöhnung gekennzeichnet ist, hat sich gerade in Streitfällen das Leben in der Gemeinde nach diesem neuen Gesetz zu richten. Ähnliches gilt für die Mahnung, daß es besser sei, nicht zu heiraten. Die Institution der Ehe wird weiterhin anerkannt, und ihre Regeln bis hin zur üblichen Unterordnung der Frau unter den Ehemann werden eingeschärft. Aber im Hinblick auf das erwartete Eschaton bekommt die Ehe einen geringeren Stellenwert.

Diese Beispiele, die sich beliebig vermehren ließen, machen zugleich deutlich, wie sehr die Gestaltung einer christlichen Lebenswelt von bestimmten theologischen Interpretamenten abhängt. Mit dem Verschwinden der eschatologischen Naherwartung und der damit verbundenen stärkeren Betonung eines individuellen Endgerichtes nach dem Tod des Menschen, in dem über sein ewiges Heil oder Unheil entschieden wird, bekommen auch die Institutionen und ihre Normen eine verstärkte Relevanz, denn in ihnen gestaltet sich die Lebenswelt der Menschen und daher auch die der Christen. Man hat in diesem Zusammenhang gerne von einer Verchristlichung der Institutionen gesprochen, angefangen von der christlichen Ehe bis hin zum christlichen Staat; vor allem durch die Übernahme kirchenrechtlicher Normen in die staatliche Gesetzgebung. Aber man wird bei derartigen Formulierungen differenzieren müssen. Gewiß gab und gibt es Normen, die als ursprünglich kirchliche Normen in die staatliche Gesetzgebung übernommen wurden, man denke nur an das Ehescheidungsverbot oder an das Verbot des Zinsnehmens im Mittelalter. Aber Scheidungs- und Zinsnahmeverbote unter den Mitgliedern ein und derselben religiösen Gruppe gab und gibt es auch in anderen Religionen. Erst der Bezug dieser Verbote auf die christliche Heilsökonomie macht diese Normen zu christlichen Normen. Relevant sind also immer die Bedeutungszusammenhänge, nicht schon die Normen als solche, und sie sind erst dann mitgestaltende Faktoren einer christlichen Lebenswelt, wenn diese Bedeutungszusammenhänge das Motiv einer staatlichen Gesetzgebung abgeben und wenn die Normadressaten in der Normenverwirklichung diesen Bezug implizieren.

Aber abgesehen davon, daß es quantitativ gar nicht so viele Normen der christlichen Ethik gibt, die zu staatlichen Gesetzen geworden sind – etwa im Unterschied zu verschiedenen Staaten des Islam –, spielt die staatliche Gesetzgebung für die Gestaltung der Lebenswelt keine primäre Rolle. Gesetze und Gerichtsentscheide können zwar die Lebenswelt einzelner Menschen und Gruppen grundlegend verändern, etwa durch staatlich verhängten Freiheitsentzug oder durch eine Neufassung des Scheidungsrechtes, aber für die Gestaltung der Lebenswelt ist das in der Tradition verankerte Ethos konstitutiv, das sich besonders in den Sitten artikuliert. Die Frage nach einer christlichen Lebenswelt konzentriert sich daher vor allem auf die Frage nach der Existenz und der Gestaltung christlicher Sitten.

2. Die Bedeutung der Sitten für die Gestaltung einer christlichen Lebenswelt

Sitten besitzen für die Formung der menschlichen Lebenswelt vor allem deshalb eine konstitutive Aufgabe, weil sie als mores majorum das Ergebnis erprobter Verhaltenserfahrungen sind. Darüber hinaus üben sie eine Entlastungsfunktion aus und repräsentieren zudem das jeweils gesellschaftlich anerkannte Ethos, auf das sie, wenngleich nur jeweils punktuell, verweisen. Deshalb können ethische Normen am besten durch ihre Umgestaltung zu Sitten zur Gestaltung einer Lebenswelt beitragen.

Das wird für die Existenz und die Formung einer christlichen Lebenswelt an dem bereits zitierten Beispiel der Nächstenliebe deutlich. In ihrer jesuanischen Deutung, an der in allen kirchlichen Ethiken festgehalten wird, bezieht sich die Forderung der Nächstenliebe konkret auf den Menschen, der sich in einer Notlage befindet und deshalb der Hilfe anderer Menschen bedarf, unabhängig von persönlichen oder institutionsgebundenen Beziehungen, wie etwa Freundschaft, Nachbarschaft, Verwandtschaft oder Stammeszugehörigkeit. Da der Stellenwert dieser Verhaltensnorm in der christlichen Ethik sehr hoch veranschlagt wird, steht diese Norm traditionell in einem direkten Zusammenhang zur Heilsökonomie, und zwar in dem Sinne, daß nur derjenige das „ewige Leben" erlangen kann, der sich um die Verwirklichung dieses Gebotes bemüht (vgl. Mt 25,31ff.). Anders als bei den Verboten, die auf ein Unterlassen tendieren, ist beim Gebot der Nächstenliebe ein Tun gefordert, d.h., die Initiative zum Handeln muß vom Normadressaten ausgehen.

Diesen Postulaten entspricht z. B. die über Jahrhunderte hinweg geübte Sitte des Almosengebens an die Armen. Sie besitzt insofern eine Entlastungsfunktion, weil sich der zum Helfen Bereite nicht ständig neu orientieren muß. Man mag dies unter dem Aspekt einer Hochethik bedauern und mag kritisieren, daß durch die Sitte des Almosengebens das viel weiter gezogene Spektrum der jesuanischen Forderung beträchtlich eingeengt werden kann. Tatsächlich kann das Almosengeben zu einer Art Alibifunktion werden. Aber andererseits ist nicht auszuschließen, daß die Sitte des Almosengebens das Bewußtsein der Mitverantwortung und der Solidarität mit den Notleidenden wachhält und sogar stärken kann. Auch ist das Almosengeben hier lediglich als ein Beispiel unter vielen angeführt. Daneben gab es im Mittelalter ebenso weitverbreitete Sitten, wie etwa die regelmäßige Speisung der Armen, die Aufnahme von Waisen oder die Pflege von Kranken. Alle diese Tätigkeiten erforderten in ihrem konkreten Vollzug ein hohes Maß an persönlichem Engagement und andererseits oftmals den Verzicht auf Annehmlichkeiten. Die Entlastungsfunktion der Sitte bezieht sich demnach ausschließlich auf die Funktion der Orientierungshilfe. Daß sich unter diesem Aspekt Sitten entwickeln, ist gerade für die Konstituierung einer Lebenswelt kennzeichnend, die ja von der Konstanz bestimmter Verhaltensweisen abhängt. Gerade weil Almosengeben, Speisung der Armen, Pflege der Kranken usw. als Sitten die christliche Lebenswelt des Mittelalters mitgestalteten, erhielt diese Lebenswelt die konstante Prägung als eine caritativ orientierte Gesellschaft, auch wenn man berücksichtigt, daß wegen des Fehlens staatlicher Institutionen die Hilfe für Arme und Kranke ausschließlich der privaten Initiative oblag.

Ebenso bedeutsam war dann die Funktion der Sitte des Almosengebens als Indikator für ein bestimmtes ethisches Verhalten, näherhin des Sichbemühens um die Verwirklichung des Gebotes der Nächstenliebe. Über Jahrhunderte wurde das Almosengeben in diesem Sinne gedeutet. Sowohl der Gebende wie seine Umwelt interpretierten diese Handlungsweise im Rahmen des heilsökonomischen Deutungsschemas. Man mag auch hier kritisieren, daß das individualethische Streben nach Glück, das Streben nach der „ewigen Seligkeit" bei Gott, im Vordergrund des Handelns stand. Nur wird man auch hier differenzieren müssen. Das Deutungsschema des individuellen Heilsstrebens verband sich durchaus mit einer sehr personal gefaßten Intentionalität in der Nachfolge Christi, gerade in der Form der Sorge um die Armen, die Kranken und die Gefangenen. Man kann daher durchaus sagen, daß sich das theologische Deutungsschema der Nachfolge Christi und damit der Nachahmung Gottes in diesen Sitten auswirkt, wenn es auch immer leitmotivisch mit dem Streben um das individuelle Heil des Handelnden verbunden ist. Aber dies entspricht dem christlichen Selbstverständnis der betreffenden Jahrhunderte, besonders des Mittelalters, und macht deutlich, daß dieses Selbstverständnis nicht nur die Handlungsmotivation abgab, sondern ebenso ein gestaltender Faktor der Lebenswelt war, denn nur durch die Internalisierung dieses Deutungsschemas konnte überhaupt eine diese Lebenswelt mitgestaltende Sitte wie die des Almosengebens entstehen.

In dem gleichen Maße freilich wie dieses Deutungsschema menschlicher Existenz durch andere theologische Interpretamente und Deutungsschemata verdrängt wurde und wird, verlor und verliert auch die Sitte des Almosengebens ihre Bedeutung für die Gestaltung einer christlichen Lebenswelt. Das Gebot der Nächstenliebe behält zwar auch unter einem anderen Deutungsschema seinen primären Stellenwert, aber es steht nicht mehr im primären Kontext des individuellen Strebens nach einem „ewigen Glück", auch wenn dieser Kontext keineswegs bestritten wird. Aber an die Stelle eines individualethischen Glücksstrebens tritt zunehmend das theologisch gefaßte Interpretament einer Solidarität der Christen mit den Armen, Entrechteten und Verfolgten; eine Solidarität, die sich nicht damit zufriedengibt, punktuell zu helfen, sondern die darüber hinaus eine gesellschaftliche Veränderung zugunsten der Armen und Entrechteten intendiert und sich dabei auf die Verkündigung Jesu vom Kommen des Gottesreiches stützt. Das individuelle Heilsstreben tritt in dieser theologischen Konzeption eher zurück. Dieses veränderte Selbstverständnis des Christseins wird freilich ebenso durch zeitgeschichtliche Faktoren mitgeprägt wie das individuelle Heilsstreben in den vergangenen Jahrhunderten durch die stoische Ethik und ihren Individualismus beeinflußt wurde. Aber diese Tatsache weist nur darauf hin, daß es kein abstraktes theologisches Deutungsschema gibt, das man einer Ethik zugrunde legen könnte, um diese dann als *die* christliche Ethik zu postulieren. Entscheidend für die Existenz und die Gestaltung einer christlichen Lebenswelt ist daher immer das jeweils vorherrschende Selbstverständnis der christlichen Gemeinschaften, welches das theologische Deutungsschema für das Handeln und damit auch für die gesellschaftliche Integration durch dieses Handeln impliziert.

Deshalb wäre es auch falsch, den Begriff der christlichen Lebenswelt mit bestimmten historischen Erscheinungsformen zu identifizieren. Die Lebenswelt in den frühchristlichen Gemeinden mit ihrer bewußten Distanz zu Familie und Staat war nicht weniger oder mehr christlich als die Lebenswelt des Mittelalters, in der die Institutionen in ihrer Beziehung zur christlichen Ethik einen bedeutend höheren Stellenwert besaßen und deshalb in der Gestaltung der christlichen Lebenswelt stärker berücksichtigt wurden. Ebenso falsch wäre es daher auch, die Frage nach der Gestaltung einer christlichen Lebenswelt unter dem Aspekt zu stellen, in welchem Umfang sich die christliche Lebenswelt gegenüber anderen Lebenswelten durchsetzen und diese womöglich absorbieren kann. Solche Vorgänge hat es im Verlauf der Geschichte mehrfach gegeben, aber sie besagen im Grunde nur, daß in bestimmten geschichtlichen Situationen bestimmte theologische Deutungsschemata einen stärkeren Ausstrahlungsradius besaßen als zu anderen Zeiten unter anderen geschichtlichen Bedingungen.

Man könnte höchstens die Frage stellen, in welchem Ausmaß sich das christliche Selbstverständnis vor dem Hintergrund eines heilsökonomischen Deutungsschemas und einer mit ihr verbundenen Ethik für die Existenz und die Gestaltung einer christlichen Lebenswelt ausgewirkt habe. Aber für die Beantwortung einer solchen Frage gibt es auch wieder nur Maßstäbe, die aus einem durch geschichtliche Entwicklungen gewonnenen Blickwinkel stammen. Es wäre daher müßig, etwa die frühchristlichen Gemeinden hinsichtlich der Gestaltung ihrer Lebenswelt deswegen zu kritisieren, weil sie sich nicht um die Abschaffung der Sklaverei bemüht haben. Unter dem Aspekt einer eschatologischen Naherwartung besaß die Frage einer Gesellschaftsveränderung und damit der Abschaffung der Sklaverei keinen bedeutenden Stellenwert. Wichtig war alleine, daß der Sklave als Christ zu einem „Freigelassenen in Christus" geworden war und daher in der Lebenswelt der christlichen Gemeinde als gleichwertiges Mitglied angesehen wurde. Ähnliches gilt für die mittelalterliche Einstellung zur Sklaverei. Abgesehen davon, daß die aristotelische These, daß bestimmte Menschengruppen „von Natur" aus zu Sklaven bestimmt seien, von den scholastischen Theologen übernommen und die Sklaverei als von Gott gegeben gedeutet wurde, bestand vor dem Hintergrund eines vornehmlich auf das „ewige Leben" des Individuums abgestellten theologischen Deutungsschemas auch keine Veranlassung, die überkommenen antiken Gesellschaftsstrukturen zu verändern. Auch die frühe Interpretation der lutherischen Zwei-Reiche-Lehre führte zu ähnlichen Ergebnissen.

Diese Feststellungen ändern aber nichts an der Tatsache, daß sich überall dort, wo Christen aus ihrem christlichen Selbstverständnis zu leben versuchen, eine christliche Lebenswelt entwickelt und strukturiert, weil die christliche Ethik ihrem Wesen nach auf die Praxis hin orientiert ist und damit auf die Lebensgestaltung der Christen zwangsläufig einwirkt. Gleiches gilt für das Entstehen von Sitten, durch welche diese christliche Lebenswelt mitgestaltet und als solche sowohl nach innen wie nach außen repräsentiert wird. Das spezifisch Christliche der christlichen Ethik besteht nicht zuletzt auch darin, daß sich ihre Legitimation als christliche Ethik dadurch erweist, daß sich das biblische Gebot des „Tuns" in der Form einer christlichen Lebenswelt konstituiert.

Literaturhinweise

N. Luhmann, Religiöse Dogmatik und gesellschaftliche Evolution, in: Dahm-Luhmann-Stoodt, Religion – System und Sozialisation (1972).
M. Ossowska, Gesellschaft und Moral. Die historische und soziale Bedingtheit sittlicher Grundhaltungen (1972).
F. X. Kaufmann, Theologie in soziologischer Sicht (1973).
W. Schrage, Die konkreten Einzelgebote in der paulinischen Paränese (1961).
A. Hertz, Das Eschaton zwischen Ideologie und Utopie, in: Hertz-Iserloh-Klein-Metz-Pannenberg, Gottesreich und Menschenreich (1971).

Anselm Hertz

Zweites Kapitel
Vermittlungsinstanzen christlicher Ethik

I

Das Problem der Schriftgemäßheit der Ethik

1. Grundprobleme einer biblischen Ethik

Als Vermittlungsinstanz christlicher Wertvorstellungen gilt im Christentum mit meist kanonischer oder dem gleichzustellender Würde die Bibel. Doch ist die Variationsbreite der Rezeptionsweisen beträchtlich. Vor allem zwei Grundentscheide sind dabei mit im Spiel: Welche anderen Vermittlungsinstanzen sind anerkannt und bedingen die Aneignung biblischer Aussagen? Und: Ob und wie wird zwischen AT und NT unterschieden? Beide Fragen reichen in das Urchristentum zurück und sind schon dort Variationsfaktoren der Mahnung. So steht z. B. in Korinth zur Diskussion, ob die im Geist unmittelbar erfahrene Identifikation mit dem Erhöhten allein normative Instanz sein soll (1 Kor), und am Ausgang des Urchristentums sind Amt und Sukzession weitgehend als Instanzen neben dem AT, einzelnen christlichen Schriften und der Tradition anerkannt. Daneben wird im gesamten Urchristentum mehr oder weniger selektiv das ethische Erbe aus dem hellenistischen Judentum und der Popularphilosophie (Stoa) aufgegriffen. Zur anderen Frage: Wohl keine urchristliche Gemeinde hat das AT ganz verworfen. Doch ist umkämpft, ob das Ritualgesetz (teilweise) Geltung haben soll (Judenchristen, Judaisten) oder stillschweigend keine Beachtung verdient (Heidenchristen). Oder: Paulus gesteht dem AT bei der Ausformung der Rechtfertigungslehre begründende Funktion zu (Röm 4), jedoch steht der Christ nicht mehr unter dem Gesetz als einer zu erfüllenden Norm (Röm 10, 4; Gal 3f.). Anders urteilt Matthäus als typischer Vertreter seiner Zeit: Das Gesetz hat gerade auch für den Wandel des Christen bis ans Ende der Welt unverbrüchliche Geltung (Mt 5, 17f.).

Christentum hat sich das AT unter christlichem Vorverständnis angeeignet. Die Orientierung christlicher Ethik am AT setzt also das Glaubensverständnis des Christentums voraus. Darum ist auch die vorliegende Darstellung vom NT her strukturiert. Sie fragt, ob und wie im Rahmen ntl. Positionen u.a. auch das AT Geltung gewinnt. Ist eine geschichtliche Erörterung intendiert, kann auch nicht einfach der Kanon als Produkt der Kirchengeschichte die Darstellung bestimmen, sondern nur die Geschichte des Urchristentums, die z.B. durch die sog. Apostolischen Väter besser erhellt werden kann als etwa vom 2. Petrusbrief.

Am Anfang dieser Geschichte steht im israelitisch-jüdischen Zusammenhang die mit Jesus gesetzte Neuheitserfahrung seiner Auslegung Gottes. Die im Bekenntnis zur Auferweckung Jesu durch Gott enthaltene Gewißheit ist dann Urdatum der an Jesus Christus glaubenden Kirche. Dieser Glaube veranlaßt bald, das neue Heil in einer selbständigen Bewegung und in Konkurrenz zum Judentum zu verkündigen. Dieses Urchristentum stellt eine komplexe Einheit dar, deren Mannigfaltigkeit durch die Trägerkreise mit ihren geschichtlichen und sozio-kulturellen Bedingtheiten bestimmt ist und deren Einheit darin liegt, daß die Glieder dieser Gemeinden glauben, daß Gott sich in Jesus Christus endgültig zum Heil aller Menschen ausgelegt hat, also Glaube, Liebe und Hoffnung nur in diesem Ereignis ihren Grund und Inhalt haben.

In bezug auf Einheit und Mannigfaltigkeit speziell der ethischen Aussagen kann gesagt werden, daß das Urchristentum im Liebesgebot (bedingt) eine Summe christlichen Verhaltens sah, obwohl es keinen Anspruch erhob, dieses Gebot neu entdeckt zu haben, und ihm auch nicht von Jesus bis Joh dieselbe Deutung gab. In keinem Fall kann mit Hilfe dieses Gebotes der Formen- und Inhaltsreichtum der Mahnungen einfach geordnet werden. Diese Vielfalt verbietet es auch, einen festen Katechismus zu rekonstruieren. In jedem Fall verstehen sich die Mahnungen der ersten Generation nur als Orientierungshilfen für ein durch Glauben und Geist bestimmtes situationsbezogenes, kritisch abwägendes Verhalten, das in der Eigenverantwortung des einzelnen und der Gemeinden und nicht in einem vorgegebenen Gesetz seine Verankerung hat. Auch später erkennt man diesen Ansatz. Doch wird nun tendenziell die Mahnung dem Anspruch nach zu einer vorgegebenen autoritativen festen Größe (so z.B. Mt 5,17f.; 24,35; 1 Joh 2,7; 1 Clem), ohne freilich ihre geschichtliche Bedingtheit leugnen zu können (vgl. z.B. die mt. Bergpredigt mit der lk. Feldrede).

Der einschlägige Quellenbestand zum Thema ist identisch mit den Schriften des Urchristentums überhaupt, denn keine dieser Quellen sieht von einer ethischen Orientierung ab: Christlicher Glaube bleibt – im Unterschied zu manchen Religionsformen seiner Umwelt – ethisch nicht neutral, sondern zielt wesensmäßig auf Verhalten ab. Hier ist atl. Erbe lebendig. Zugleich ergibt sich, daß eine schwerpunktmäßige Auswahl für die folgende Erörterung notwendig wird.

Gattungsgeschichtlich[1] enthalten alle literarischen Rahmengattungen (Evan-

---

[1] Vgl. *P. Vielhauer*, Geschichte der urchristlichen Literatur (Berlin 1975) 49–57 (Lit.).

gelium, Brief, Apokalypse usw.) ethische Ausführungen. Bei den vorliterarischen Formen kann alles vom Gleichnis und Makarismus bis zu Wundererzählung und Hymnus in den Dienst der Mahnung gestellt werden. Doch gibt es eine Gattung, die nur von solcher Funktion lebt, die Paränese. Sie ist eine vorliterarische Rahmengattung, zusammengesetzt aus kurzen gereihten traditionellen Einzelanweisungen, die nach thematischen Gruppen, Stichwortkettungen oder noch anderen Kriterien gesammelt sind. Es besteht kein aktueller Anlaß für ihr Zustandekommen, wie etwa bei den meisten Fragen des 1 Kor. Sie dienen einem allgemeinen Interesse nach möglichst umfassender Orientierung, schlichten keine Streitfälle, differenzieren nicht zwischen verschiedenen Möglichkeiten, mühen sich nicht um umfassende Begründung. Sie blicken auf den Normalfall, zielen aufs Generelle und lieben kurze, grundsätzliche Begründungen. Diese Typik kann man ablesen an: Röm 12f.; Gal 5,13– 6,10; Kol 3,5–4,6; Jak; Did usw. Innerhalb der Paränese stößt man auf katalogartige Schemata wie die Tugend- und Lasterkataloge (Gal 5, 19–23; Kol 3,5–8.12–14; 1 Petr 3,8 usw.), die sog. Haustafeln, die die Pflichten der Glieder in einem damaligen Hauswesen ordnen (Kol 3,18–4,1; Eph 5,22–6,9; 1 Petr 2,18–3,12 usw.), das Zwei-Wege-Schema (Did 1–6; vgl. Mt 7,13f.) und die Paradigmenreihen vorbildhafter Gestalten (Hebr 11; 1 Clem 4–8; 9–12; 16–18 usw.). Die Paränese samt ihren Schemata ist der Volksethik des Judentums und der Popularphilosophie entnommen, wobei das hellenistische Judentum eine herausragende Vermittlerrolle spielte.

Die ntl. Mahnung ist also tief im Normen- und Wertgefüge der damaligen Zeit verwurzelt. Sie weiß darum selbst (Phil 4,8; Röm 12,2). Damit stellt sich die Frage nach dem spezifisch Christlichen[2]. In jedem Fall war sich das Urchristentum seiner Besonderheit in der Lebensführung bewußt: Man differenziert im traditionellen Schema zwischen dem lasterhaften Heidentum und dem guten christlichen Verhalten (1 Kor 6, 9–11; Phil 2, 14–16 usw.), betont die Willigkeit und Ungeheucheltheit des eigenen Wandels, handelt „vor Gott", „im Herrn", und die gesamte Lebensführung ist „Heiligung" (vgl. I 3). Doch nicht nur in der Praxis fühlt sich das damalige Christentum (im allgemeinen mit Recht) überlegen, denn unstreitig ist, daß sich in den vielfältigen Begründungen und Motivierungen christliches Anliegen Geltung verschafft. Allerdings hat das Urchristentum bei Traditionen seiner Umwelt nicht nur Begründungen ausgetauscht. Es hat Inhalte kritisch ausgewählt, neu gewichtet und auch umgeprägt. Es hat radikalisiert und die ganze Lebensführung unter einen einheitlichen neuen Gesamtsinn gestellt, nämlich die christliche Freiheit, gefaßt als Möglichkeit, ganz für den anderen – und gerade den Schwachen – dazusein, nicht sich selbst zu leben, sondern „in Christus" seine Gaben im Dienst für andere einzu-

---

[2] Vgl. *W. Schrage,* Barmen II und das Neue Testament, in: Zum politischen Auftrag der christlichen Gemeinde. Barmen II (Gütersloh 1974) 143–161 (Lit.).

setzen. Darum ist nicht das Recht und die Verwirklichung von Gerechtigkeit, sondern die Liebe Leitprinzip, darum stehen Geduld, Demut und Mitleid hoch im Kurs, hingegen sind Selbstverwirklichung, Rechtseinklage oder Vergeltung entwertet. Die häufig vertretene Auffassung, ntl. Ethik habe materiell nichts Originelles zu bieten, mag überspitzt sein (oder zutreffen?), sie ist in jedem Fall im Sinne der Vorstellung falsch, urchristliche Ethik sei ein mehr oder weniger zufälliges Konglomerat verschiedener Umweltmotive. Schon die simple Tatsache, daß im Urchristentum ethisch nicht alles erlaubt ist, erweist, wie es um die Angemessenheitsfrage geht und von einer Mitte her gewertet wird. Dabei war das Urchristentum frei vom Zwang, sich bei Einzelmahnungen durch Originalität auszeichnen zu sollen, zielte vielmehr auf das allgemein Humane ab. Hinzuzufügen ist: Der so wertende Glaube ist natürlich selbst auch eine geschichtliche Größe, und seine Wertung vollzieht sich – kritische Distanz zugestanden – auch unter den Bedingungen von Traditionsverhaftung und soziokulturellem Milieu.

2. *Jesus*

Der galiläische Wanderprophet Jesus stellt Menschen in eine neue befreiende Gotteswirklichkeit. Als dadurch Veränderte führen sie ein neues Leben. Kein neues Gesetz, sondern die Weitergabe der erfahrenen Zuwendung Gottes in dankbarer Freude ist intendiert. Nachfolge lebt von der Gottesherrschaft und unter ihr. Sie ist Einladung an alle zu ihr.

Die Evangelien beginnen ihre Jesusdarstellung mit dem Täufer[3]. Johannes ist Prophet, seine Grundgewißheit das auf ganz Israel zukommende Gericht, vor dem Israels Heilsprärogativen versagen (Mt 3, 7–12[4]). So gibt es für alle nur ein Verhalten: die Umkehr. Ethische Mahnung ist zu einer einzigen Kompaktforderung geworden, weil in ihr allein eine letzte Lebenschance steckt.

Jesus macht sich den Bußruf zu eigen. So steht er als selbständiger Wanderprophet noch im Zusammenhang mit der Täuferbotschaft. Aber als neues Zentrum seiner Verkündigung begegnet nun die Heilsansage: „Die Gottesherrschaft ist nahe herbeigekommen!"[5] Die Nähe göttlichen Heils ist nicht nur zeitlich dem Gericht vorgelagert. Sie hat sachliche Prävalenz: Gott will das Heil aller Verlorenen. Angesichts der Verlorenheit aller kann es nur von Gott her Rettung geben. So bleibt der Umkehrruf bestehen, motiviert durch die Gerichtsverfal-

[3] Zum Verhältnis Täufer – Jesus vgl. *J. Becker*, Johannes der Täufer und Jesus von Nazareth (BSt 63) (Neukirchen-Vluyn 1972).
[4] Synoptische Stellen werden stets ohne Parallelen genannt.
[5] Vgl. die typischen Zusammenfassungen in Mk 1,15; Lk 10,9. Zur Auslegung vgl. *G. Bornkamm*, Jesus von Nazareth (Urban Bücher 19) (Stuttgart [3]1972) 58–87; *E. Schillebeeckx*, Jesus (Freiburg – Basel – Wien [3]1975) 124–158; *P. Hoffmann – V. Eid*, Jesus von Nazareth und eine christliche Moral (Quaestiones disputatae 66) (Freiburg – Basel – Wien 1975) 27–72.

lenheit aller. Aber das von Jesus geforderte neue Verhalten steht nicht mehr im Gerichtshorizont, sondern ist Reflex des erfahrenen kontingenten Heils: Gott kommt durch Jesus auf den Sünder mit der Güte des Schöpfers zu, der das Leben seiner Geschöpfe will. So gewinnt das Geschöpf Zukunft, die das Gericht versperrte, und Offenheit zu neuer Lebensgestaltung.

Dies setzt eine Deutung der Botschaft Jesu voraus, nach der die ausstehende Aufrichtung der Königsherrschaft als Gottes alleinige Tat schon jetzt in Jesu Wirken erfahrbar ist. Zunächst gilt: Die Gottesherrschaft kommt von Gott her als endzeitliches Heil auf die im Unheilsstatus lebenden Menschen zu. Dieser Endzustand wird nicht eigens beschrieben, da der Zuhörer in einer prophetischer Rede eigenen Zuspitzung angesprochen ist. Doch kann der Inhalt nachgezeichnet werden: Er ist die totale Intaktheit der Relation Gott – Mensch, also die dauerhafte Geltung des ersten Gebotes (vgl. Lk 11,2; 10,18; 11,20). Dazu gehört die Beziehung Mensch – Schöpfung bei Kontinuität derselben: Armut und Hunger sind aufgehoben (Lk 6,10f.), der Leib ist gesund (Lk 11,20). Es gibt keine Sorge mehr für geschöpfliche Bedürfnisse (Lk 12,22ff.). Endlich ist die Beziehung der Menschen untereinander als volle Verwirklichung des Liebesgebotes (s.u.) geregelt. Dieses Reich ist wunderbare Tat Gottes (Mk 4,18). Solus deus – das ist hier in guter prophetischer Tradition die Grundaussage.

Sodann: Die Selbstauslegung der Stellung Jesu in diesem Erwartungshorizont kann aus Lk 7,22f.; 10,18.23f.; 11,20; 17,20f.; Mk 2,19a erhoben werden. Satan mit seinem Gegenregiment ist bereits von Gott aus dem Himmel gestürzt. Ihm verbleibt kurze Zeit auf Erden, wo Jesus ihn „mit dem Finger Gottes" in den Exorzismen austreibt. Die Jetztzeit ist Beginn endzeitlicher Zukunft. Die Vergangenheit ist davon abgehoben als die Zeit der Erwartung. So fordert Jesus eine kompromißlose Orientierung an der kommenden und schon erfahrbaren Zukunft und zugleich eine grenzüberschreitende Relativierung alles Bestehenden. Er fordert nicht Treue zum Väterbund und zum Gesetz, sondern ungeteilte ganze Einstellung auf die Gottesherrschaft (Mt 8,21f.; 13,44.45f.; Mk 2,21f.; Lk 6,62).

Jesu Gewißheit satanischer Entmachtung, erfahrbarer Gottesherrschaft in ihm und sein Urteil über Israels Unheilsstatus führen zur Selektion der traditionellen Aspekte des endzeitlichen Königstums Gottes. Die sonst hier dominante Ziontradition (Ps 48; Jub 1,28f.; Tob 13; PsSal 17f.) wird ausgeblendet, desgleichen jeder heilsgeschichtliche Dualismus (1QM; AssMos 10 oder 1QS 3f.). Vielmehr ist ein anderer Motivzusammenhang – verwurzelt im AT – ausgearbeitet, nämlich das universale Königtum Gottes, des Schöpfers, das die jüdische Apokalyptik unter Verwendung weisheitlicher Schöpfungstradition im Zusammenhang der Endereignisse zeichnet (Jes 6; Ps 29; 97; 103; 145f.; Dan 7; aethHen 1–5; 25; 84). Wer Israels Geschick dem Noahgeschlecht und den Niniviten gleichstellt (Lk 17,26–30), das Strömen der Heiden ins Gottesreich auch vorbei an Israel ins Auge faßt (Mt 8,11f.), den Zöllner als Typ des verlorenen

Israeliten – nicht den frommen Pharisäer – erhört sein läßt (Lk 18, 9ff.) und seinen jüdischen Zuhörern den verhaßten Samaritaner als Vorbild hinstellt (Lk 10, 35ff.), also ständig provozierend Grenzen verwischt, der wird nicht die verschiedenen gruppenspezifischen Klassifizierungen und Hoffnungen in Israel befriedigen. Zu ihm paßt, wenn er unter Absehen davon den Menschen vor seinen gütigen Schöpfer stellt. So gibt er ihm einen neuen Horizont, der in seiner Offenheit ermöglicht, die festgefahrenen Differenzierungen zwischen gesetzestreu und gesetzlos, heilig und profan, reich und arm zu transzendieren, damit Heilserfahrung angesichts der Nullpunktsituation Israels neu ermöglicht wird. Angesichts der Gottesherrschaft sind die Freude an der guten Schöpfung (Mt 11, 19), die Gesundheit des Leibes (Lk 11, 20) und die Freiheit von leiblicher Sorge (Lk 11, 22ff.) kein Appendix zur Sündenvergebung, sondern eine Einheit.

Dies ist für das Judentum zersetzende Provokation, religiös, sozial und politisch. Der Tempel als Ort göttlicher Gegenwart ist entwertet, weil der sündenvergebende Schöpfer in Jesu Mahlgemeinschaften erfahrbar ist. Das Gesetz ist in seiner Autorität erschüttert, weil die gute Tat an die jedem einsichtige Situation (Lk 10, 30ff.) oder an die von jedem entscheidbare Alternative „Gutes tun" oder „Böses tun" (Mk 3, 4) gebunden ist. Nun wird Israels Besonderheit unter den Völkern verwischt, wenn Zöllner aufgenommen und Samaritaner vorbildlich sind (Mt 10, 19; Lk 10, 30ff.). Hier steht Israels Existenz wie bei der alten Prophetie (Am 9, 7) auf dem Spiel.

Mit dieser Verkündigung setzt Jesus auf die Veränderbarkeit des Menschen. Dabei zeichnet er den Menschen in Verhältnissen stehend: zu Gott, zur Schöpfung, zum Mitmenschen. Er kann die ihm als Vergebung zugesprochene Gottesherrschaft annehmen, also frei werden von Schuldverhaftung. Er kann in den Sozialbezügen dem Haß entraten und lieben. Er kann die Sorge um Nahrung und Kleidung fahren lassen und sich täglich an der Schöpfung freuen. Im Jüngerkreis wird dieses Leben verwirklicht. Der Jünger tut es dem Perlenkaufmann im Gleichnis Mt 13, 45f. gleich und setzt alles aufs Spiel. Er verläßt seine soziale Primärgruppe zugunsten der Mobilität neuer Jüngerschaft, der offenen Gemeinschaft der von der Gottesherrschaft schon Eingeholten. Ist Gott bald ganz Herr, werden alle in ihr so leben. Wie sie Endgültigkeitscharakter hat, so auch das von Jesus geforderte Verhalten. Es ist keine Interimsethik.

Es wurde deutlich: Der Umkehrruf aufgrund des Gerichts bleibt Inhalt jesuanischer Predigt. So wird die Solidarität aller als Sünder nicht verwischt und die Beibehaltung alter Klassifizierungen wie eine bruchlose Kontinuität zum Bestehenden verhindert. Allerdings erhält die Umkehr ein neues Ziel: die Annahme der dem Gericht zuvorkommenden Güte Gottes. Dafür soll man alles wagen, handelt es sich doch dabei um das schlechthin entscheidende Angenommensein in der göttlichen Freude (Mt 13, 44–46; Lk 6, 47–49; 15; 16, 1ff.). Eine Zuspitzung erfährt die Aufforderung – vertreten mit charismatischer Unbedingtheit – durch den Ruf zur Nachfolge als Jünger, der den Bruch mit der

Familie, mit Sitte und Konvention einkalkuliert (Mk 1,20; Mt 8,21f.; Lk 9,62)[6].

Allen gilt die Aufforderung, der erfahrenen Güte im Verhalten zu entsprechen. Der Indikativ der Heilszuwendung begründet den Imperativ. Dabei entspricht der bedingungslosen, endgültigen Heilszuwendung die vorbehaltlose, radikale Forderung. Auch bestimmt das Heilsgut in analoger Weise allein den Inhalt des Appells: der eigenen Entlastung und dem Angenommensein entspricht die Annahme des Nächsten. Die erfahrene Barmherzigkeit hat die eigene Barmherzigkeit zur Folge. Erlebte Freude setzt sich fort in der Eröffnung derselben dem Mitmenschen. Dafür ist der einprägsamste Beleg Mt 18, 23–35.

Den bekanntesten und zentralsten Ausdruck fand Jesu Forderung in der Auslegung des Verhältnisses zum Nächsten[7]. Hier ist Jesus besonders variantenreich und konkret. Hier ist die radikale Eindringlichkeit, sofort, immer und vorbehaltlos jedem ohne Blick auf Zumutbarkeitsgrenzen und Vorurteile, vorrangig gegenüber möglichen anderen Pflichten in schöpferischer Spontaneität der Liebe zu begegnen, besonders deutlich zu finden. Dies korrespondiert dem Gott, der als Schöpfer ohne Differenzierung immer und überall alles Gute austeilt (Mt 5,45). Stellt in der Weisheit (vgl. Koh 9,2f.) die göttliche Gleichbehandlung aller die gerechte Weltordnung in Frage, ist sie bei Jesus freudig ergriffener Anlaß, alle Qualifikationen und Grenzziehungen aufzugeben. In dieser Radikalität wie in der Integration innerhalb der gesamten Verkündigung Jesu bleibt die Liebesforderung für Jesus typisch und besitzt Neuheitscharakter, so sicher das Liebesgebot als solches nicht neu ist.

Im einzelnen können hier nur Akzente gesetzt werden. Um der Verdeutlichung willen hat Jesus offenbar die Wörter „Liebe" und „Nächster" selten gebraucht, vielmehr Einzelverhalten und spezielle Objekte benannt. Mehr als fraglich ist es, ob das Doppelgebot der Liebe (Mk 12, 28–34 oder die goldene Regel Lk 6,31) Jesus zuzuschreiben ist, denn erst für die nachpaulinische Zeit ist es sicher belegt. Typisch für Jesus ist jedoch, daß er mit der Liebesforderung den Sozialbereich als Betätigungsfeld bestimmt und ihn dem Kult (Mt 5,23f.) und gesetzlichen Institutionen (Mk 3,4) vorordnet. Dies entspricht prophetischem Anliegen (Jes 1, 10–17). Der Sozialbereich wird nicht kasuistisch zergliedert, sondern durch aufs Ganze gehende Forderungen exemplarisch durchleuchtet. Von jedem wird erwartet, im Rahmen solcher Perspektive selbständig das Gute zu kennen und zu tun. So wird das Liebesgebot konkret gefaßt als Feindesliebe und umfassend motiviert durch den Schöpfergott (Mt 5,44f.).

---

[6] Vgl. *M. Hengel,* Nachfolge und Charisma (BZNW 34) (Berlin 1968).

[7] Vgl. u.a. *K. Berger,* Die Gesetzesauslegung Jesu (WMANT 40) (Neukirchen-Vluyn 1972) 56–361; *H. Braun,* Jesus (Themen der Theologie I) (Stuttgart 1969) 114–132; *P. Hoffmann – V. Eid,* a.a.O. 147–185; *D. Lührmann,* Liebet eure Feinde, in: ZThK 69 (1972) 412–438; *L. Schottroff,* Gewaltverzicht und Feindesliebe in der urchristlichen Jesustradition, in: Jesus Christus in Historie und Theologie (Tübingen 1975) 197–221.

Damit wird klar: Ist der Grenzfall „Feind" genannt, ist jede Grenze der Liebe aufgehoben. Dieser Feind ist unbegrenzt der private wie der gruppenspezifische, wie Jesus ja auch alle vorbehaltlos aufnimmt. Ziel des Gebotes ist es, die Qualifikation als Feind zu überwinden, diesem die Chance einzuräumen, sich nicht mehr als Feind zu verstehen. Liebe hat das positive Ziel, Personen und Situationen zu verändern. Dieses Ziel – konkretisiert am Vergeben (Lk 17,3f.) – bleibt uneingeschränkte Aufgabe. So wird die Frage nach der Zumutbarkeit abgewiesen bzw. kommt gar nicht erst auf. Auch der Samaritaner hilft ja unabhängig von der Nationalität des Halbtoten nur aufgrund der Not (Lk 10,30ff.). Ebenso muß der jüdische Hörer hier vom Samaritaner lernen. Auch das Gesetz ist als Maßstab der Liebe ausgeklammert: Es bedarf nicht des vorgeschriebenen „Du sollst!", weil die Situation als Aufforderung zur Tat und der Mensch als zur spontanen Liebe fähig gelten.

Zur Feindesliebe gibt es sachlich analoge Aussagen: Im Verhältnis zum Nächsten hat der Zorn keinen Platz mehr (Mt 5,21f.). Nicht nur eine zornige Handlung ist verwerflich, sondern eine grundsätzliche Einstellungsveränderung ist intendiert, bei der der Zorn überhaupt nicht mehr existiert. So fordert Lk 6,29f. auch nicht nur den Widerstandsverzicht, vielmehr soll ein unerwarteter Freiraum geschaffen werden: wer überraschend auf Aggression gegenteilig reagiert, provoziert den Aggressor zum einhaltenden Nachdenken. Auch die Forderung unbedingter Wahrhaftigkeit wird aufgestellt mit dem Sinn, prinzipiell in der Wahrheit zu stehen (Mt 5,34), und in der Forderung, nicht zu richten (Mt 5, 1–5), wird die Verfügung über die negative Wertung des Nächsten ausschließlich Gott vorbehalten. Das führt zu der – jedenfalls dem Motiv nach – jesuanischen Regelung der Gemeinschaft als eines herrschaftsfreien Raums (Mt 23,22; Mk 10,43f.).

Der Grundzug dieses Verhaltens hat eine gruppenspezifische Verankerung bei einem bestimmten Prophetentyp (Jes 53; Josephus, Bellum VI 5,3). Ungeachtet dieser Verhaftung, gilt das Urteil, daß Jesus auch hier die Typik grenzüberschreitend sprengt und absichtlich generalisiert.

Bei solcher Auslegung des göttlichen Willens ist der Kollisionskurs mit dem Gesetz vorprogrammiert. Darum sollte es keinem Zweifel unterliegen, daß zumindest die Grundform der Antithesen[8]: „Ihr habt gehört, daß zu den Alten gesagt ist: ... ich aber sage euch: ...", von Jesus stammt (Mt 5, 21–48). Der Widerspruch gegen Mose ist unmittelbar nach Ostern im Stephanuskreis (Apg 6,11) kaum anders denkbar denn als Rückgriff auf Jesus, und das mit dieser Form gesetzte Situationsbewußtsein ist jesuanisch (vgl. Mt 11,8f.; Lk 10,23f.). Unter dieser Voraussetzung können Mt 5,21.22a.27f. (wohl auch 5,33f.), also die Antithesen vom Töten, Ehebrechen (und Schwören), Echtheitsansprüche stellen. Alttestamentliche Verbote werden durch kompromißlose Ganzheitsfor-

---

[8] Vgl. *P. Hoffmann – V. Eid,* a.a.O. 73–107 (Lit.).

derungen radikalisiert. Wo das Gesetz gerade noch die Folgen des „bösen Herzens" unter Kontrolle hält, zielt Jesu autoritative Antithese auf die Vollkommenheit gerade schon des Herzens vor Gott und gegenüber dem Nächsten. Solche Forderung gilt als erfüllbar wie die erwartete Barmherzigkeit des Schalksknechts (Mt 18,23 ff.). Jesus setzt damit unter der Gottesherrschaft veränderte Menschen voraus. Das prophetische Thema endzeitlicher Veränderung des Menschen (Jer 31,33 f.; 32, 38–41; Ez 11,19 f.; 36, 25–27) wird jedenfalls indirekt sachlich fortgesetzt. Weiter sind natürlich Jesu Mahlgemeinschaften praktizierte Ungesetzlichkeit (Mk 2,19a; Mt 11,19). In ihnen geschieht Annahme durch Gott abseits des Tempels und ungesetzliche Mißachtung der Grenzen zwischen Gerechten und Sündern. So verwundert es nicht, wenn Jesus nach Mk 7,15[9] ein durchgängiges Konstitutivum des Gesetzes, nämlich die Reinheitsbestimmungen, außer Geltung setzt und statt an sie den guten Wandel vor Gott an die aus der Existenz kommenden Gesamtäußerungen bindet. Nicht die Schöpfung ist zwiespältig und gefährdet des Menschen Stellung vor Gott, sondern der Mensch erweist sich als gut oder böse allein an seinem eigenen Verhalten.

Mit Recht ist weiter Jesu Stellung zum Sabbat als Gesetzes- und Institutionenkritik verstanden worden. Mk 2,27; 3,4 erweisen: Der Sabbat muß sich in jedem konkreten Fall und von jedermann einer Funktionskritik stellen, inwieweit er des Menschen Wohlfahrt dient. Anderenfalls muß man gegen ihn verstoßen. Der Sabbat ist keine göttliche Ordnung, in die hinein sich der Mensch unter Zugeständnis von Ausnahmen fügen muß. Der Sabbat muß seinen guten Zweck für den Nächsten funktional ausweisen und vor dem Forum menschlichen Nutzens begründen, oder er hat sein Recht verloren.

Auch das Eherecht wird ähnlich kritisiert (Mt 5,32; Lk 16,18)[10]: Ehe und Ehescheidung dürfen nicht Mittel sein – es ist im Horizont damaliger Sozialordnung gesprochen –, die Frau abzuwerten und als austauschbaren Besitz aufzufassen. Darum bedeutet die Konkretion des Liebesgebotes hier: Die Partner unterliegen ständiger Liebespflicht, also sind Entlassung der Frau und Mehrehe ausgeschlossen. Die Überordnung des Mannes wird aufgehoben, indem die gleichrangige Verbindung auf Gegenseitigkeit und Treue gefordert wird.

Endlich ist Jesu Stellung zum Besitz[11] für sein Gesamtverhalten von Bedeutung. Den Armen gilt die Gottesherrschaft (Lk 6, 20), doch auch den besitzenden Zöllnern (sie haben eine andere Not!). Reichtum ist hinderlich für den Zugang zu Gott (Mk 10,23.25; Mt 6,24), aber der besitzlose Jesus und sein Kreis

---

[9] Zur Echtheit vgl. *W. G. Kümmel*, Äußere und innere Reinheit des Menschen bei Jesus, in: Das Wort und die Wörter (Stuttgart 1973) 35–46 (Lit.).

[10] Vgl. *P. Hoffmann – V. Eid*, a. a. O. 109–146 (Lit.); *R. Schnackenburg*, Die sittliche Botschaft des Neuen Testaments (Handbuch der Moraltheologie VI) (München ²1962) 100–109 (Lit.).

[11] Vgl. *H. Braun*, a. a. O. 104–113; *M. Hengel*, Eigentum und Reichtum in der frühen Kirche (Stuttgart 1973) 31–38.

(Lk 9,3; Mk 10,28) gehen zum Freudenmahl bei den Besitzenden (Mt 11,19; Mk 1,29; Lk 8,2f.). Jesus kennt keine neue Sozialordnung, noch unterstützt er Besitzrecht (Lk 12,13). Doch er erwartet, daß Reichtum selbstverständlich den Armen gegeben wird (Lk 6,30; Mk 10,21). Sorge um materielle Güter widerspricht der Gottesherrschaft (Mt 6, 19–34), aber das täglich Nötige darf man von Gott erwarten (Lk 11,3). Der Grundsinn ist wohl eine im Vertrauen auf Gottes Fürsorge als Schöpfer gegründete Freiheit, nichts haben zu können, doch Angebotenes freudig zu genießen, bzw. besitzen zu können, um freudig zu geben.

Der Affront dieser gesamten Botschaft Jesu war dem Judentum unerträglich. Darum wurde Jesus gekreuzigt. Das christliche Urbekenntnis zu Gott, der Jesus von den Toten auferweckt hat (Röm 10,9; Gal 1,1; 1 Thess 1,10), konstituierte die mit Jesu Tod zerbrochene Jüngergemeinschaft neu. Hinzu kam die Erfahrung des Geistes. Die damit entstehende Kirche wußte sich an das Heilsangebot des Gottes Jesu erneut gewiesen und entfaltete es alsbald durch die Christologie. Aus diesem Glauben heraus konzipierte sie ihren Wandel, der ja nicht mehr länger Nachfolge des Irdischen sein konnte, so sicher er bei aller geschichtlich notwendigen Variabilität vor allem etwa der jesuanischen Auslegung des Liebesgebotes nicht frontal widersprechen durfte, da ja die Güte Gottes, in der Jesus das Liebesgebot verankerte, nicht vergangen war. Der nächste Abschnitt wird modellartig an einem frühchristlichen Gemeindetyp zeigen, wie dieser Vorgang konkret aussah.

3. Grundzüge aus der ersten Generation

Schon in den Anfängen zeigt das Urchristentum Ausprägungen, die als abgrenzbare Gruppen erkennbar sind, nämlich die judenchristlichen Gruppen Palästinas (Jerusalemer Urgemeinde, galiläische Gemeinden) und die hellenistisch-judenchristliche Stephanusgruppe (Apg 6). Durch diese wird das hellenistische Judenchristentum zum Hauptträger urchristlicher Mission außerhalb Palästinas in den hellenistischen Städten (Apg 11, 19–26), die wiederum ihre Mission alsbald auf Heidenchristen ausdehnen. Von diesen Gruppierungen weiß man nur durch Rückschlußverfahren. Am besten gelingt dabei die Kennzeichnung des Christentums der hellenistischen Städte (z. B. Antiochia): Sie sind tonangebend in der Ausbreitung des Christentums. Einer der ihren ist Paulus.

Dieser Gemeindetyp zeigt wenig Interesse an Jesusüberlieferung. Konstitutive Elemente seines Christentums sind die Verkündigung des einen wahren Gottes, das Bekenntnis zum Auferstandenen, die Hoffnung, daß er in allernächster Nähe als Retter der Gemeinde kommen wird, und die Bestimmung durch den in der Taufe geschenkten Geist. Gottes Handeln im Geschick Jesu begründet die Hoffnung der nahen Rettung. Predigt, Taufe und Geist bezeugen der Gemeinde die Gewißheit auf Rettung. Sie ist der Gerichtsverfallenheit der Welt schon enthoben. Geist und Hoffnung bestimmen auch den Wandel. Analog zu Jesus ist die göttliche Heilsvorgabe Begründung der Ethik.

Naherwartung auf Rettung durch den kommenden Herrn bezeugt das Predigtschema 1 Thess 1,9f. Diese Hoffnung kennzeichnet die erste Generation (Röm 13,11; 1 Kor, 29–31; 10,11; 16,22 usw.), so daß vorzeitig Entschlafene zum Problem werden (1 Thess 4, 13–18). Man grenzt sich ab von denen draußen, die keine Hoffnung haben (4,13). Sie werden dem göttlichen Zorn anheimfallen (Röm 1,18– 3,18; 1 Thess 2,16; Phil 1,28).

Die an alle Menschen (Apg 2; Röm 15, 15–24) adressierte Missionspredigt ist begleitet durch geistgewirkte Zeichen und Wunder (Röm 15,18; 2 Kor 12,12), und jeder Gläubige und Getaufte ist geistbegabt (1 Thess 1,6; 1 Kor 12–14; Gal 3, 1–5). Das geistliche Charismatikertum ist Grundbestimmung.

Man lebte in privat-religiöser Hausgemeinschaft. In der charismatisch geleiteten Versammlung waren alle gleichberechtigt (Gal 2,14; 3,26– 4,7), unbeschadet der besonderen Stellung des Apostolats, die sich auf die Verkündigung des Evangeliums bezog (Röm 1,1.14–17; 1 Kor 3,6–11; 15, 5–11; 2 Kor 5,20f.). Nach außen hatte man das Judentum meist zum Feind (1 Thess 2, 14–16) und keine staatlich verbrieften Rechte. Einzelne Christen mögen Zugang zur hohen Politik gehabt haben, doch war die Gemeinde kein Partner des Staates. Man erlebte die Politik von unten, ohne Einfluß auf Wirtschafts- und Sozialgefüge.

Die Typik des Verhaltens läßt sich an Texten wie Röm 12f.; Gal 5f.; Phil 1, 27–30; 2,1–16; 4,4–9; 1 Thess 1f.; 4f. ablesen. Ein Teil der Texte sind Paränesen (vgl. I 1), die auf typisches Gemeindeleben abheben. Die Mahnung steht durchweg unter der Autorität des erhöhten Herrn, nicht des Irdischen, und zielt auf einen Wandel, der „Gott gefällt". Eigentlich sollen so alle Menschen leben, doch herrscht das Bewußtsein, im Wandel besser dazustehen als die Umwelt. „Sünder" in den eigenen Reihen sind noch kein Problem. Der Christ wird vom Tage seines Übertritts an in Pflicht genommen und später an die Weisungen erinnert, nicht weil ihm ein guter Wandel abgesprochen wird, sondern um diesen zu festigen.

Die Mahnung widmet sich vorrangig und ausführlich der Bruderschaft, dem Innenverhältnis der Christen. Das Außenverhältnis wird zum Teil gar nicht oder nachgeordnet und kurz behandelt als persönliche Beziehung des Christen zu anderen Menschen. Nach außen soll die gute Qualität des Wandels die Mission fördern. Gerät überhaupt eine Institution ins Blickfeld (Röm 13, 1–7), dann um den respektvollen Gehorsam den Instanzen gegenüber einzuschärfen. Gesellschaftliche oder politische Verantwortung ist noch nicht im Horizont. Weltveränderung ist kein Thema.

Die Bruderschaft lebt im Geist. Hauptstichwort des Wandels ist die „Heiligung" als Reflex von Taufe und Geist. Die Bruderliebe ist dominantes Gebot und wird begründet mit der Belehrung durch Gott und Geist, nicht mit dem Gebot des Irdischen. Liebe lebt nicht von einem vorgegebenen Gebot, sondern aus geistgewirkter Spontaneität und Unmittelbarkeit. Gerade so wird eine Intention Jesu mit neuen Mitteln verwirklicht. Auch das Gebot der Feindesliebe wird ohne direkten Bezug auf Jesus aktualisiert. Erstmals stößt man auf die Trias Glaube – Liebe – Hoffnung. Der Apostel oder Christus (in seinem Geschick!) können Vorbild sein wie eine Gemeinde der anderen. Doch wird die Ethik primär aus dem christlichen Stand entfaltet und auf ungeheuchelte Wahrhaftigkeit vor Gott abgehoben sowie allen Christen zugetraut, kritisch zu prüfen, was zu tun ist, und dabei das, was in der Welt allgemein als lobenswert gilt, nicht aus dem Auge zu verlieren. Das AT kann ab und an auch rezipiert werden, doch nicht als autoritatives Gesetz. Ihm wird Material – ohne Nennung der Herkunft – entnommen im Sinne kritischer Prüfung.

Einige Mahnungen spiegeln die besondere christliche Situation wider: angesichts der Naherwartung die geregelte Arbeit nicht zu verlassen, um des Herrn willen zu leiden, die Funktionsträger der Gemeinden besonders in Ehren zu halten.

Von den anderen frühchristlichen Gruppen ist so viel bekannt, daß sie in bezug auf das atl. Gesetz differierten. Stephanus kritisiert mit der Autorität des Geistes Mose (Apg 6, 8–15). Sein Kreis wird verfolgt (nicht die gesetzesfreundlicheren Apostel). In Antiochia wurde dann erreicht, daß das Heil „in Christus“, nicht die Beschneidung und rituelle Gesetze normierende Kraft besaßen. Diese Neuerung führt zum Apostelkonvent (Gal 2, 1–10; Apg 15). Hier wird anerkannt, daß Geist und Evangelium durch Petrus und Paulus wirken und also das ungesetzliche Leben der Antiochener christliche Einheit nicht aufhebt. (Wenn Apg 15,20.28f. nach Lev 17f. eine Minimalauflage für die Heidenchristen aufstellt, ist dies eine mit Gal 2 konkurrierende spätere judenchristliche Forderung.) In Antiochia kam es wenig später zur Kollision (Gal 2, 11–21): Jakobusleute lehnen die von Petrus mitvollzogene ungesetzliche Mahlgemeinschaft ab. Sie fordern von den Judenchristen Beachtung der Ritualgesetze. Paulus vertritt dabei den heidenchristlichen Standpunkt. Die gesetzesfreien Gemeinden des Paulus kommen 1 Kor 7,19; Gal 5,6; 6,15 zu Wort. Sie sind meist einer judaistischen Gegenmission ausgesetzt (Gal.). Der Ertrag des Streites ist dieser: Christliche Ethik setzt nicht das atl. Gesetz fort, ist vielmehr Kehrseite des christlichen Glaubens selbst und bewahrt zum AT wie zu allen anderen Normen ein kritisches Verhältnis. Christentum ist seinem Wesen nach nicht Gesetz, sondern Glaube, der in der Liebe tätig wird (Gal 5,6).

4. *Paulus*

Paulus[12] ist die einzige Gestalt der ersten Generation, die näher bekannt ist, weil sie literarische Primärzeugnisse hinterließ. Sein theologisches Konzept[13] ist in seinen vorchristlichen Wurzeln durch den Pharisäismus und die hellenistisch-jüdische Kultur bestimmt (Phil 3,4–6; Apg 21,39). Seine Existenz ist dann wesentlich geprägt durch die Berufung zum Heidenapostel (1 Kor 15, 9–11; Gal 1,15f.; Phil 3, 7–11) und seinen langen Aufenthalt in Antiochia (vgl. I 3). Die paulinische Theologie und auch seine Ethik sind kein System. Sie leben von seinem theologischen Grundverständnis, das Paulus in verschiedenen Hinsichten entfaltet. Diese Entfaltung unterliegt Wandlungen.

Typisch für Paulus ist der starke Akzent, den er auf die Heilsgegenwart legt. Für ihn hat diese „in Christus", d. h. mit Christi Tod und Auferstehung (Röm 4, 23–25; Gal 1,3f.) und mit der Verkündigung der Versöhnungsbotschaft (2 Kor 6,2) sowie der Zueignung derselben in der Taufe (Röm 6), schon begonnen (Gal 4,4; Röm 5,1ff.). Der Christ steht noch im alten Äon, ist ihm aber zugleich schon in Christus und im Geist enthoben. Dies führt zu dem für Paulus grundlegenden Verhältnis des Indikativs zum Imperativ und schafft ein dialektisch-kritisches Verhältnis zu allen Lebensbezügen (Röm 5–8; 1 Kor 7, 29–31). Dies gilt um so mehr, als das gegenwärtige Heil sich dem verdankt, der in Bälde kommt. Es ist Heil auf Hoffnung (Röm 8,24). Unterliegt die Naherwartung bei Paulus auch einer Entwicklung, so hat der Apostel doch bis zuletzt an ihr festgehalten (Röm 8,11; 13, 11–14). Darum kennt er keine Langzeitprogramme, intendiert keine Veränderung weltlicher Vorfindlichkeiten und stellt seine Mahnung in die Spannung von Weltenthobenheit und des Lebens noch in der Welt.

Paulus vertieft das lebendige Erbe des Christentums der hellenistischen Städte durch die programmatische Entfaltung im Ansatz (Begründung der sittlichen Forderung), akzentuiert schärfer (etwa die Freiheit vom Gesetz) oder behält den konservativen Grundzug dieser Gemeinden bei (Röm 13; 1 Kor 11). Auch die Strukturierung seiner Mahnung zeigt das: alles Gewicht liegt auf der Regelung interner Gemeindeprobleme, der geistlichen Bruderschaft der Liebe. Er folgt nicht nur in längeren Abschnitten dem Aufbau der Paränese (I 3), sondern sieht es als Mangel an, wenn Christen vor heidnischen Gerichten Recht suchen,

---

[12] Zur paulinischen Ethik vgl. *H. v. Campenhausen*, Die Begründung kirchlicher Entscheidungen beim Apostel Paulus (Heidelberg 1957); *O. Merk*, Handeln aus Glauben (Marburger Theologische Studien 5) (Marburg 1968) (Lit.); *R. Schnackenburg*, a. a. O. 209–246 (Lit.); *W. Schrage*, Die konkreten Einzelgebote in der paulinischen Paränese (Gütersloh 1961) (Lit.); *ders.*, Barmen II (Lit.). *G. Strecker*, Handlungsorientierter Glaube (Stuttgart 1972) 17–35; *H.-D. Wendland*, Ethik des Neuen Testaments (Grundrisse zum Neuen Testament. NTD Ergänzungsreihe 4) (Göttingen 1970) 49–88.

[13] Es muß hier vorausgesetzt werden. Vgl. dazu *G. Bornkamm*, Paulus (Urban Bücher 119) (Stuttgart 1969) (Lit.).

statt intern zu schlichten oder Rechtsverzicht zu üben (1 Kor 6, 1–11). Darum kommt er nur beiläufig auf die christlichen Sklaven zu sprechen (1 Kor 7, 21–24; Gal 3,28); Phlm), um ihnen bei Gleichrangigkeit in Christus den Verbleib in ihrem Stande anzuraten. Zu dieser gemeinsamen Grundstruktur gehört auch, daß Paulus als Adressaten der Mahnung nur Christen kennt (auch Röm 13, 1 ist nach 12,1f.; 13, 11–14 zu lesen).

Der Ansatz und damit zugleich die alles beherrschende Begründung paulinischer Mahnung ist mit dem Verhältnis des Indikativs zum Imperativ gegeben. Wie ist dieses Verhältnis zu beschreiben?[14] Sicherlich will der Imperativ auch aufrufen, dem neuen Sein gegenüber nicht rückfällig zu werden (1 Kor 5, 6–8; 6, 1–11; Gal 5,1). Aber in diesem Aspekt geht das Verhältnis nicht auf. Allzuoft macht der Imperativ gar nicht rückwärtsgewandtes Verhalten zu seinem Gegenstand, sondern ist positiv formuliert: Mit Christus gekreuzigt, soll der Christ in einem neuen Leben wandeln (Röm 6,11; vgl. weiter 6,18; 8,1ff.). Mit Recht wird in diesem Zusammenhang auf Gal 5,25 verwiesen: „Wenn wir im Geiste leben, laßt uns im Geiste wandeln." Soll der Christ dann die von Gottes Seite gegebene Rechtfertigung im Wandel fortsetzen, so daß Taufe und Heiligung gemeinsam den Rechtfertigungsvorgang bilden? Sicherlich nicht, denn für Paulus kommt der Glaube nicht erst in der Liebe zur Vollendung, und der Rechtfertigungsvorgang wird ganz freigehalten von menschlicher Mitwirkung. Vielmehr: Der Glaube ist in der Liebe wirksam, und die Taten sind Früchte des Geistes (Gal 5,22f.). Zwar unterliegt christliches Verhalten am Ende der Tage der Beurteilung des Herrn (1 Kor 3, 12–15; 5,10), aber Gerechtfertigte sind der Verurteilung schon enthoben (Röm 8,38f.). Die Rechtfertigung ist für den Christen abgeschlossene göttliche Tat durch Christus (Röm 5f.).

Kann man dann das Verhältnis so deuten, als repräsentiere der Indikativ die Idealität, die Antizipation des Vollkommenen, und als zeige der Imperativ die Realität des Lebens, sei also angesichts der Unvollkommenheit das empirische und pädagogische Korrektiv? Solche Verrechnung auf verschiedenen Ebenen ist paulinischem Denken fremd. Man wird nur solcher Deutung zustimmen können, die es als eine sachliche, im Rahmen paulinischer Theologie notwendige Antinomie begreift. Dieser Weg ist darum gewiesen, weil der Apostel denselben Inhalt indikativisch und imperativisch setzen kann, ohne dies als widersprüchlich zu verstehen oder als Zurücknahme von Idealität. So ist der Christ der Sünde gestorben (Röm 6,2) und soll sich von ihr nicht mehr beherrschen lassen (6,12). Er hat Christus in der Taufe angezogen (Gal 3,27), und er soll ihn anziehen (Röm 13,14; vgl. weiter 1 Kor 5,7 oder 1,2; 6,11; Röm 6,19; 1 Thess 4,3). Man darf diese vermehrbaren Aussagen nicht als sachliche Steigerung aller anderen Aussagen qualifizieren, vielmehr ist allen Aussagen dieselbe Zuspitzung zuzugestehen. Es geht darum, daß für den Apostel die Mächte

[14] Überblick bei *W. Schrage*, Barmen II 128–143; ausführlich: *O. Merk*, a.a.O. 4–42.

Sünde, Welt, Gesetz, Tod und das „Fleisch“ in Christus zwar besiegt, aber noch nicht vernichtet sind, daß der Mensch neue Schöpfung ist (Gal 6,15), aber zugleich noch mit dieser Schöpfung auf endgültige Erlösung wartet (Röm 8, 12–39). Die Heiligung, die Paulus fordert, ist also die Füllung des Interims, das durch Christi Kreuz und Auferstehung mit ihren Folgen einerseits und durch den ausstehenden Tag, an dem Gott erst alles in allem sein wird (1 Kor 15,28), andererseits bestimmt ist. Formalisiert lautet der Imperativ: Laßt als gerechtfertigter Sünder in der noch kurzen Zeit unter weltlichen Bedingungen den besiegten Mächten nicht unzeitgemäße Beeinflussung zu, sondern lebt die Befreiung. Noch einfacher: Verhalte dich als Christ der objektiven Weltsituation gemäß!

Der Indikativ wird bei Paulus als soteriologisch ausgelegte Christologie bestimmt: Die Heilstat Gottes in Christus schafft das neue Sein des Glaubenden, dessen Frucht der neue Wandel als Ausdruck der Zugehörigkeit zum Herrn ist (Röm 12,1f.; 14, 7–9; 1 Kor 5,7f.). Dabei ist Christus nicht nur Ursache und Motivation des Handelns, sondern lebt selbst im Glaubenden (Gal 2,20). Der gute Wandel ist seine Herrschaft. Damit ist Werkgerechtigkeit christologisch abgefangen. Weiter besteht ein inhaltliches Korrespondenzverhältnis zwischen dem Grundsinn des Geschicks Christi und der Grundbestimmung zum christlichen Verhalten: Als Urbild der Erniedrigung und des Lebens nicht für sich selbst, sondern für andere ist Christus allem Verhalten vorgeordnet. Zugleich bleibt er als Erhöhter darin Bestimmung der Christen und ist insofern auch vorbildliches Maß ihrer Konformität mit ihm (Röm 15,1.3.7; 1 Kor 1,30f.; Phil 2, 1–11). Ihre Freiheit in Christus ist Befreiung von der Selbstverwirklichung (Röm 14, 1–15; 1 Kor 1, 26–31; Phil 2,4), von der Knechtschaft durch die Mächte (Röm 6–8) und Zustimmung zum Dienen in der Liebe als Knecht – konform dem Grundzug seines Geschicks. Durch diese Aussage ist das Verhältnis von Invarianz und Variabilität im ethischen Konzept christologisch-allgemeingültig bestimmt.

Ist Paulus in der christologischen Grundlegung vor allem selbst am Werk, so hat er zwei andere Möglichkeiten zur Begründung des Imperativs vorgefunden: die Begründung von der Taufe und vom Geistbesitz her. Die Taufe ist traditionell Abwaschung von Sünde, Heiligung und Gerechtsprechung (1 Kor 6, 11) und hat als Konsequenz den Wandel als Heiligung (1 Thess 4, 3.7). In ihr geschieht Übereignung des Geistes und damit der Wandel im Geist (Röm 8, 14; 1 Kor 6, 19; Gal 5, 18). Diese sakramentale und pneumatische Bestimmung des Indikativs wird von Paulus seinem Denken integriert, indem er in der Taufe die Zueignung des Heilswerkes Christi akzentuiert (Röm 6) und analog den Geist als Weise der Gegenwart des gekreuzigten Christus bestimmt (Röm 8).

Unbeschadet der Dominanz des Indikativ-Imperativ-Verhältnisses trifft man eine Vielzahl Begründungen und Motivierungen an. Dies zeigt: Nicht Gehorsam, sondern Überzeugung wird gesucht. Fast alle Motive sind traditionell, weil Paulus den gesamtkirchlichen Konsens auch in ethischen Fragen will (1 Kor 7,17; 11,16). Auffällig oft bedient sich Paulus der Zuordnung des Handelns zum nahen Ende (Röm 13, 11–14; 1 Kor 6,13; 7,29–31; Phil 2,16). Der Christ soll darum um so penibler handeln (bis hin zur Steuerehrlichkeit, Röm 13, 7). Paulus wertet das Bestehende allerdings so deutlich als Vergehendes, daß der Christ lebenslang auf Speisen aus Liebe zum Bruder verzichten (Röm 14, 13–17) oder etwa seine Sozialordnung nicht mehr verlassen soll (1 Kor 7, 18–24). – Das Endgericht als solches verbietet das Richten (Röm 12,19f.; 14,10f.; 1 Kor 4, 1–5; 5,12f.). – Andere Aussagen betonen, daß christliches Handeln vor Gott geschieht, durch und durch ungeheuchelt und willig sein soll (Röm 12,9; 13,5; Gal 5,13; 1 Thess 2,4; 4,1.7f.). So vor Gott zu leben ist keine Provokation der Menschen, sondern fördert vor ihnen das Ansehen (Röm 14,18) und hilft missionarisch (1 Thess 4,12; 1 Kor 14, 23–25). Heiden können solches Handeln akzeptieren, weil Christen auf das Gute und Humane aus sind (Röm 12,2; Phil 4,8). – Immer wieder findet das Verhalten des Christen sein Maß an den Möglichkeiten des anderen (meist schwächeren) Bruders (Röm 14; 1 Kor 8; 10,23ff.; 11, 20–22; 13, 4–7; Gal 6,2), so daß selbst der Sexualwunsch des Partners vor dem eigenen Gebetswunsch rangiert (1 Kor 7,5). – Hierher gehört auch die betonte Begründung mit der Forderung friedlichen Gemeindeaufbaus (Röm 14,19; 1 Kor 8,1; 10,23f.). – Seltener ist schon der Aspekt der Nachahmung des Apostels (1 Kor 4,16; 11,1) oder Christi (1 Thess 1,6). – Auch schöpfungstheologische Begründungen sind nicht besonders zahlreich (1 Kor 8, 4–6; 10,26; 11, 7–12). – Zurückhaltend ist Paulus auch mit Begründungen durch das AT und durch Worte Jesu (s. u.). Insgesamt bevorzugt er Sachbegründungen. Darum schlägt er differenzierte Lösungen vor (1 Kor 6f.), appelliert an das Urteilsvermögen der Gemeinde (1 Kor 11,12.28; Gal 3, 1–5) und verläßt diese Basis auch nicht angesichts der korinthischen Turbulenzen (1 Kor 5–7): Kein Paulusbrief hat so viele ethische Begründungszusammenhänge.

Die Sichtung der Begründungszusammenhänge enthält schon in sich die Frage nach der Allgemeingültigkeit und Verbindlichkeit der Mahnung. Diese Frage kann in einem doppelten Horizont betrachtet werden: menschheitlich und kirchlich. Der weitere Zusammenhang ist zwar Paulus vertraut, tritt jedoch nicht programmatisch in den Vordergrund. Doch liegt Paulus zweifelsfrei daran, den allgemeinen humanen Kontext nicht aus den Augen zu verlieren. Dies zeigt sich schon daran, wie Christen das allgemeinmenschlich Gute im Blick haben sollen (Röm 12,2; Phil 4,8) und die Zustimmungsfähigkeit zum christlichen Handeln bei Nichtchristen vorausgesetzt ist (Röm 13,3; 14,18; 1 Thess 4,12). In Röm 1f. entfaltet der Apostel unter Rückgriff auf stoische Gedanken in grundsätzlicher Form die These, daß jeder Mensch eigentlich eine natürliche Kenntnis des sittlich Guten besitzt und darum – auch ohne geoffenbartes Gesetz – im Gericht nach seinem Handeln beurteilt werden kann. Analog wird in 1 Kor 14 die missionarische Dimension des Gottesdienstes von Paulus ausdrücklich dadurch gewahrt, daß er vermittels „vernünftiger“ Rede (im Unterschied zur Glossolalie) den heidnischen Zuhörer zur rechten Selbsterkenntnis führen will.

Für den christlichen Bereich zeigt sich schon an Pauli direkter Bezugnahme auf den kirchlichen Konsens (1 Kor 7, 17; 11, 16), daß die Frage in seinem Interesse liegt. Sodann spielt das im Geist gewonnene Urteilsvermögen, das stets der Gemeinde zuerkannt wird, eine grundlegende Rolle (Röm 12, 1f.; 1 Kor 3, 16; 6, 19). Verbindlichkeit wird manifest im Medium von geistgeleiteter Beurteilung und Überzeugung. Dabei ist der Geist nicht individualistisch gesehen, so sicher gerade auch der einzelne gemeint ist. Vielmehr ist der Geist Gesamtbestimmung der Gemeinde. Darum wird sie auf ihr Urteilsvermögen hin angesprochen und der einzelne als Glied am Leib Christi. Doch geht Paulus noch einen Schritt weiter, indem er den Inhalt der geistlichen Erkenntnis näher faßt: Der Geist kann nur zur Erkenntnis Christi führen – also in bezug auf die Ethik vor das Urbild Christi stellen. Dieses inhaltlich beschreibbare Urbild (Röm 15; Phil 2) ist darum letzter Grund von Allgemeingültigkeit und Verbindlichkeit.

Wird in dem zur Kritik befreiten Urteilsvermögen mit seiner Bindung an Christi Urbild die Verbindlichkeit verankert, dann steht damit in zugespitzter Weise die Normenproblematik ins Haus. Das AT muß nun seines verbindlichen Charakters als lebensgestaltender Norm entbunden sein (Röm 10, 4; Gal 3, 19ff.). In der Tat zeigt eine Durchsicht paulinischer Mahnung: Das atl. Gesetz ist nirgends mehr autoritative Norm. Es kann als Material neben anderem und ohne Quellenangabe benutzt werden (Röm 12, 17.19f.; 1 Kor 13, 5) ganz im Sinne der Sichtung nach Phil 4, 8. Es kann dazu dienen, das Urbild Christi zu illustrieren (Röm 15, 3) oder nachträglich zu demonstrieren, daß das Sein in Christus mit dem AT in Konvergenz steht (1 Kor 1, 31; 3, 19–21). Es kann ebenfalls nachgeordnet die Freiheit des Apostels begründen (1 Kor 9, 9). Es dient zur Beschreibung des Zusammenhangs Schöpfer – Schöpfung (1 Kor 10, 26; dieser wird 8, 6 ohne atl. Rekurs erläutert), aus dem christliches Verhalten gefolgert wird. Endlich wird der Zusammenhang des christlichen Liebesgebotes mit dem AT hervorgehoben (Röm 13, 8–10; Gal 5, 14), wiederum unter der Voraussetzung, daß das Gebot nicht primär vom AT dem Christentum vorgegeben wird, sondern Christen wegen Christus Liebe üben und sich dann auch erweist, daß dasselbe Gebot schon im AT vorliegt. So ist das hohe Werturteil des Gesetzes in Röm 7, 12 unter diesem Gesichtspunkt ein Urteil, das sich nachträglich aufgrund christlicher Erkenntnis als Schlußfolgerung ergibt.

Ganz analog verfährt Paulus mit der Jesustradition. Es fällt besonders auf, daß er so oft auf das Liebesgebot eingeht und nirgends erwähnt, daß es von Jesus stammt. Diese Beobachtung deckt sich mit der zu anderen Materialien (Röm 12, 14.19). Ausnahmsweise kann Paulus auch einmal ein Herrenwort als Autorität zitieren (1 Kor 7, 10). Viel häufiger verweist er die Gemeinde auf die ihr längst bekannte Mahnung (1 Thess 2, 9–12; 4,1). Auch sie ist nicht fixiertes Gesetz. Alle diese Beobachtungen zeigen: Das Normenproblem wird nicht gesetzlich gelöst und die Anwendbarkeit des so oder so gearteten Gesetzes dann kasuistisch gewährleistet, sondern die inhaltlich faßbare Norm – wie vor allem das Urbild Christi – bleibt geschichtlich offen, und in diesem Rahmen soll die durch Christus von sich selbst befreite und auf das Wohl des Nächsten allein ausgerichtete Vernunft je neu konkretes Verhalten begründen.

Paulus muß sein Gesamtverständnis des christlichen Verhaltens, wie es im Prinzip wohl schon in seiner antiochenischen Zeit vorliegt, aufgrund der Geschichte seiner Gemeinden in zweierlei Hinsicht bewähren: gegen die individualisierenden Tendenzen des enthusiastischen Geistchristentums in Korinth, wo die im Geist erfahrene Identität mit dem erhöhten Christus die Beachtung der Sozialbezüge zugunsten der geistlichen Selbstdarstellung ganz zurücktreten läßt (1 Kor), und gegenüber der judaistischen Front, die bis hin zur Beschneidungsforderung als Zeichen der Inkorporierung des Christentums in das israelitische Heilsvolk das atl. Gesetz als für Christen vorgegebene verbindliche Norm wieder einführen will (Gal.). Im ersten Fall reagiert Paulus, indem er z.B. in 1 Kor 12–14 den Maßstab der Liebe gegenüber dem Nächsten energisch zur Geltung bringt, die Charismen als Befähigung zum Sozialverhalten auslegt und an die Stelle der Identifizierung mit dem Erhöhten die Kreuzesnachfolge setzt (1f.). Auch der Geist ist nun nicht Ermöglichung von Selbstgenuß, sondern ist Bestimmung des Leibes Christi und darum treibende Kraft zur Auferbauung der Gemeinde. Im zweiten Fall wird Paulus herausgefordert, die Antithetik von Gesetz und geistgewirkter freier Sohnschaft (Gal 3f.) durch kaum mehr steigerbare Spitzenaussagen zu beschreiben: Das Gesetz ist eine inferiore und interimistische Größe. Sein christlicher Gebrauch besteht in dem Aufweis seiner Überholtheit. Christliche Freiheit ist ausschließlich in der Relation der Sohn – die Söhne angesiedelt. Ihre Wesensbestimmung ist der Geist, der Abba ruft. Diese Unmittelbarkeit zu Gott verträgt sich mit dem Zuchtmeister Gesetz wesensmäßig nicht mehr.

Abgesehen von diesen zwei programmatischen Auseinandersetzungen, lehrt ein Blick auf die Einzelthemen, die Paulus ausführlich behandelt, daß ohne die korinthische Korrespondenz (vornehmlich 1 Kor) über das sonstige allgemeine Material des hellenistisch-städtischen Christentums hinaus vom Apostel nicht sehr viel zu erfahren wäre. Dies weist die Zufälligkeit des heutigen Kenntnisstandes auf. Wirkungsgeschichte und aktueller Diskussionsstand ließen es wohl ratsam erscheinen, einige dieser Themen genauer zu kennzeichnen. Jedoch könnte dies hier nur zu einer allzu thetischen Grobskizze führen. Darum sei auf die Spezialliteratur verwiesen [15].

---

[15] Außer der Literatur in Anm. 12 vgl. zu Röm 13: *E. Käsemann*, An die Römer (HNT 8a) (Tübingen 1974) (Lit.); *W. Schrage*, Die Christen und der Staat nach dem Neuen Testament

Bedenkt man, daß Paulus ohne nennenswerten Bezug zur Jesustradition Ansatz und Einzelmahnungen darstellt, ist die sachliche Nähe zur Verkündigung Jesu um so erstaunlicher. Dies sei abschließend wenigstens kurz angedeutet. Das Urteil stützt sich zunächst auf die analoge Auslegung des Liebesgebotes samt seiner zentralen Stellung und auf die prinzipiell verwandten Aussagen zum Gesetz. Vor allem aber ist die Vorgabe des durch Gott neu gewährten Heilsindikativs bei beiden zu beobachten. Wenn auch die inhaltliche Beschreibung desselben je eigene Wege geht, so ist die vorbehaltlose Annahme des Sünders durch Gott hier und dort Grundaussage, die zur Zuwendung zum Nächsten führt. So lassen auch beide menschliches Verhalten sich ungesetzlich in situationsbedingter geschichtlicher Entscheidung bewähren als Freiheit von sich selbst, gebunden an den Nächsten. Die nicht wegretuschierbaren Differenzen zwischen beiden zeigen, wie Christentum hier verstehbar wird als geschichtliches Phänomen im offenen Ausbalancieren zwischen Invarianz und Variabilität. Der folgende Abschnitt über die nachpaulinische Zeit wird u. a. aufweisen, wie man dort mit anderen Mitteln bis hin zur neuen Gesetzlichkeit derselben Problematik begegnet.

5. Tendenzen der zweiten und dritten Generation des Urchristentums

Gemeinschaften erreichen eine neue Entwicklungsphase, wenn Kinder und Enkel die Väter ablösen und sich ein Distanzbewußtsein zu ihnen ergibt. Im Urchristentum beginnt dieser Übergang etwa um 60 nach Christus. Diese zweite Phase[16] kann man aufgrund der literarischen Hinterlassenschaft schwerpunktmäßig gut abgrenzen (80–120 n. Chr.). In diese Zeit fällt die Entstehung der meisten ntl. Schriften und der Apostolischen Väter. Im Protestantismus wird sie gern mit dem Etikett Frühkatholizismus abqualifiziert. Auf katholischer Seite dient sie mehr als legitimierende Übergangsphase zur Großkirche. Angemessener erscheint eine Betrachtung, die den geschichtlichen Wandel reflektiert, die Konzeptionen im veränderten Bedingungsgeflecht durchleuchtet und dann sachkritisch ihr Leistungsvermögen hinterfragt, inwieweit bestimmte Grundprobleme in ihnen und in der ersten Generation einer Lösung zugeführt werden.

(Gütersloh 1971); *J. Friedrich – W. Pöhlmann – P. Stuhlmacher,* Zur historischen Situation und Intention von Röm 13, 1–7, in: ZThK 73 (1976) 131–166. Zu den Fragen von 1 Kor 7: *H. Conzelmann,* Der erste Brief an die Korinther (Meyer K 5) (Göttingen 1969) (Lit.). Zur Sklavenfrage: *H. Gülzow,* Christentum und Sklaverei in den ersten drei Jahrhunderten (Bonn 1969); *G. Klein,* Christusglaube und Weltverantwortung als Interpretationsproblem neutestamentlicher Theologie, in: Verkündigung und Forschung (München ²1973) 45–76 (Lit.); *P. Stuhlmacher,* Der Brief an Philemon, in: EKK (Zürich – Neukirchen 1975) (Lit.).

[16] Zur allgemeinen Information vgl. dazu *H. Conzelmann,* Geschichte des Urchristentums (Grundrisse zum Neuen Testament. NTD Ergänzungsreihe 5) (Göttingen 1969) 94–126.

Solche Aufgabe ist hier nicht einlösbar. Nur Grundzüge einiger Positionen sind skizzierbar [17].

Dabei kann zunächst gesehen werden, wie paulinisches Erbe in veränderter Situation angeeignet wird (Kol, Eph, auch 1 Petr, gesondert die Pastoralbriefe). Repräsentativ ist hier die Vorordnung der Heilsgabe Jesu Christi vor den Imperativ wie bei Paulus. Die genannte Literatur entstammt weithin den kleinasiatischen Städten. Sodann gibt es eine breite Verarbeitung syrisch-judenchristlichen Erbes (Mt, Did, Jak). Christus wird tendenziell zum Gesetzgeber sowie das Evangelium zur Lebensanweisung, deren Befolgung im Endgericht überprüft wird. Rechtfertigung, und zwar nach den Werken, steht noch aus. Weiter hebt sich das westlich-römische Christentum ab (1 Clem, Herm, auch Hebr). Es ist die Zwillingsschwester des voranstehenden Typs, mit dem es in dieser Zeit dominiert. Stark akzentuiert werden Gehorsam und Ausharren sowie die Furcht vor dem Schöpfer als Herrscher und Richter. Das AT wird breit herangezogen, um Tugendvorbilder in Katalogen zu sammeln. Das Amt wird besonders betont. Für sich steht endlich das johanneische Christentum. Es gehört wohl nach Nordsyrien, lebt in Abgrenzung, geprägt durch einen gnostisierenden Dualismus. Die christologisch zentrierte Lehre garantiert gegen die Zeitströmung der Paraklet, nicht Amt und Sukzession. Der Dualismus blendet Sozialbezüge aus. Das Bleiben im Heilsstand und die brüderliche Liebe sind stereotype Mahnung.

Einige allgemeine Aspekte und Bedingungen der Mahnung lassen sich zusammenstellen: Nach vorwärts und rückwärts dehnt sich der Horizont, denn einmal weiß man, Christentum hat schon Geschichte. Darum sucht man Identität und Legitimation durch Verarbeitung des Erbes. Bewahrung der Lehre tritt an die Stelle der Neuheitserfahrung, zumal Neues als gefahrvoll und verunsichernd (Gnosis) erlebt wird. Amt, Sukzession, verbürgte Jesusüberlieferung und anerkannte Apostelbriefe sind Mittel, um das alte Wahre zu garantieren. Zum anderen: Zukunftserwartung wird langfristig. Hoffnung auf nahe Parusie verliert ihre Vitalität. Weltbildhafte Ordnungsfunktion übernimmt der wesenhafte Dualismus von himmlischer und irdischer Welt. Parusie wird zur Hoffnung auf das Sichtbarwerden der Unvergänglichkeit und auf das allgemeine Gericht nach den Werken. Das Ende trägt in der Mahnung die Signatur der Bedrohlichkeit, mit der Ausdauer und Gehorsam eingeschärft werden. Trotz der Dehnung der Zeit geraten Langzeitprogramme oder Weltveränderungstendenzen nicht ins Blickfeld. Die Kirche lebt nach wie vor im privaten Bereich. Man ist nicht anerkannte Gruppe und kein Partner staatlicher Institutionen. Sozial und politisch findet also keine Ausdehnung des Blickfeldes statt.

---

[17] Die folgende Skizze ist angesichts des diffusen Diskussionsstandes ein Wagnis. Vgl. *R. Schnackenburg*, a.a.O. 247–314 (Lit.); *H.-D. Wendland*, a.a.O. 89–124; *P. Vielhauer*, a.a.O. (jeweils zu den einzelnen Schriften, dort auch Lit.); *S. Schulz*, Die Mitte der Schrift (Stuttgart 1976) (ausführlich, aber sehr einseitig).

Weiter tritt Gott als Schöpfer und Lenker der Geschichte in den Vordergrund. Nicht der gütige, den Sünder neuschaffende Gott, sondern der schreckliche Herr und Richter wird dabei gezeichnet. Entsprechend verliert in der Christologie die Grundfunktion der Vergewisserung göttlicher Liebe ihre Vorrangstellung. Christologie tritt überhaupt zurück, oder Christus wird auch kosmischer Herr. Wo Theologie im universalen heilsgeschichtlichen und kosmischen Horizont steht, wird Israel zur Vorgeschichte der Kirche, Christus zur endgültigen Offenbarung Gottes in der Mitte der Zeit und die Kirche zum geschichtlichen Heilsziel. Dabei wird Christi Erlösungstat zwar nicht verschwiegen, trägt aber oft nur formelhafte Züge. Die mit ihr noch gemachte Heilserfahrung wird weitgehend moralisch gedeutet: Christus vergibt in der Taufe vergangene Sünden, stellt Christen unter die Forderung christlicher Sittlichkeit, ist Vorbild der Lebenspraxis und vertritt die göttliche Barmherzigkeit bei Fehltritten. Allgemein orientiert man sich an der Herrscherstellung des Erhöhten. Das Kreuz als Heilsgrund führt ein Schattendasein.

Im Leben der Gemeinde zeichnen sich mehrere Faktoren ab: Das Gegenüber von Amt und Gemeinde wird ausgebaut. Letzterer wird zwar der Geist noch nicht abgesprochen, doch können die Charismen dem Amt exklusiv zugeordnet und der Gehorsam ihm gegenüber eingefordert werden. Die Institutionalisierung christlicher Sitte, die Sammlung der Paränese unter den Aspekten von Vollständigkeit und Übersichtlichkeit und ihre literarische Fixierung stehen im Vordergrund. So wird das Liebesgebot zum Doppelgebot der Liebe und ordnender Faktor für die Pflichten gegenüber Gott und dem Nächsten (jüdisch-hellenistisches Erbe). Man sammelt sittliche Mahnung als Jüngerlehre (Bergpredigt), Zwei-Wege-Ethik (Did), in Tugend- und Lasterkatalogen, in Haustafeln, in Paradigmenreihen (1 Clem, Hebr). Fingierte Briefe unter apostolischer Autorität mit vornehmlich paränetischem Inhalt entstehen (Jak). In bezug auf das Normenproblem wird also die geschichtlich offene Lösung mit Eigenverantwortung in der kritischen Entscheidung (Paulus) durch fixiertes Gesetz mit jesuanischer, apostolischer oder einfach mit Gottes Autorität ersetzt. Das alte Bewährte wird Maß. So wird jenseits aller Dialektik von Gesetz und Evangelium auch das AT (unter stillschweigender Ausklammerung des Ritualgesetzes) normative Größe. Überhaupt: Nicht Christologie, sondern Ethik steht im Vordergrund. Praktisches Christentum mit Tendenz auf Ethisierung gibt den Ton an. Grundtenor aller Mahnung ist dabei: ausharren und gehorchen. Verbindlichkeit erhält die Mahnung, weil Gott bzw. Christus als herrscherliche Autoritäten geschildert werden. Weltweite Allgemeingültigkeit wird begründet durch Gott als Schöpfer. Ethik bleibt dabei gemeindezentriert. Wenn überhaupt bedacht, wird der politisch-gesellschaftliche Bereich unter dem Oberbegriff gehorsam-loyalen Verhaltens behandelt. Gehorsame Unterordnung unter jede höhere Macht ist überhaupt selbstverständlich und gottgewollt. Nur im deuteropaulinischen Bereich unterliegen Autorität und Macht auch begrenzender Kritik.

Kirchenzucht wird zum Problem: die Kirche der gerechtfertigten Heiligen wird zum mixtum compositum aus wahren und falschen Christen, die erst das Endgericht scheiden wird. Darum differenziert man zwischen Christen, die das Gesetz Christi ganz halten, und anderen, die tun, was sie vermögen (Did), oder stellt an das Amt besondere ethische Qualifikationen (Pastoralbriefe). Gehorsam und treues Ausharren werden immer wieder, oft verbunden mit dem Motiv des Tugendkampfes, eingeschärft. Alttestamentliche Vorbilder werden dafür wie im hellenistischen Judentum paradigmatisiert, denn die Situation Israels und der Kirche sind nun deckungsgleich: das Leben ist Bewährung in der Fremde, um zum himmlischen Erbe eingehen zu können. Man ist das wandernde Gottesvolk, das hier keine bleibende Stadt hat. Der skizzenhafte Überblick kann konkretisiert werden durch Kennzeichnung einzelner Repräsentanten.

Dabei soll als erstes die Rezeption des paulinischen Erbes vornehmlich an Kol demonstriert werden. Eindeutig wird der Wandel mit Hilfe des Heilsindikativs begründet, freilich gegenüber Paulus in veränderter Form: dominierend ist der Gedanke, daß Christus als Allherrscher über Welt und Kirche bereits thront (1, 10–20; 2, 9–11; Eph 1, 21–23). Aufgrund seiner triumphalen Erhöhung partizipiert der Christusleib, die Kirche, am Frieden des Hauptes (Kol 1,18; 2,20). Darum sind die Glieder der Kirche auch schon mit auferstanden (2,11f.; 3,1; Eph 2,5f.). Man kann sich also über die Haupt-Leib-Theorie mit dem herrschenden Christus direkt identifizieren (Kol 1,13f.; 3, 1–4). Dabei wird Ekklesiologie neues Rahmenthema. Trotz des paulinischen Erbes fehlt die Rechtfertigungslehre (Ausnahme Eph 2, 4–8). Auch ohne sie wird der Apostel zum Garanten der wahren Tradition (Kol 1,23; 2,5.8). Sein Evangelium reicht in die Urzeit zurück, das der anderen ist nur Menschenlehre (1,25f.; 2,8.22).

Von der Heilsaussage, schon auferstanden zu sein, gelingt es Kol, die aktuelle Gefahr der Irrlehre (Engelverehrung, Festkalender, Askese, Tabuvorschriften) abzuwehren: die Mächte sind längst besiegt, ihre Praktiken Menschenwerk. Nachfolge ist Rückfall in den heidnischen Wandel (2,8–23). Darüber hinaus macht das Taufverständnis als Partizipation an Tod und Auferstehung Christi aussagbar, wie christlicher Wandel überhaupt auf den Bedingungen der Neuschöpfung der Existenz beruht (2,12; 3,1–3.9–11; Eph 2,5f.; 4, 20–24). Die neue Sittlichkeit ist Konsequenz der Taufe, das neue Handeln Dankbarkeit für zugeeignetes Heil (Kol 2,6f.12–23; 3, 1–11). Dabei unterliegt der Wandel dem kritischen Erwägen der Gemeinde (wie besonders Eph 4,23f.; 5,10.15.17 betont). Liebe ist Summe alles guten Handelns (Kol 1,4.8f.; 3,16; Eph 3,17) und fördert das Wachstum des Christusleibes (4,15f.).

Erstmals im Urchristentum begegnet Kol 3,18 – 4,1; Eph 5,22 – 6,9 eine sog. Haustafel[18]. Form und Inhalt kommen vom hellenistischen Judentum, das das

---

[18] Vgl. *W. Schrage*, Zur Ethik der neutestamentlichen Haustafeln, in: NTS 21 (1975/76) 1–22 (Lit.).

Schema stoischer Volksethik entnahm. Besprochen werden drei Relationen: Frauen – Männer, Kinder – Väter, Sklaven – Herren, also die damals typische Alltagswelt der Christen. Solche Paränese hat heute einen schlechten Ruf (Verbürgerlichung, Sanktionierung des Sozialgefüges). Doch spricht sie in das Ordnungsgefüge hinein, indem sie es von innen her auf der personalen Ebene öffnet. Sie setzt damit auf ihre Weise Phil 4,8 fort. Sicherlich, der kritische Vorbehalt aufgrund der Naherwartung fehlt, aber immerhin stehen Kol 3,1–4; Eph 1,21; 4, 1–6 vorweg, und über alles wird das Liebesgebot gestellt (Kol 3,14; Eph 5,1). Auch die christlichen Tugenden aus Kol 3,12 (Erbarmen, Demut, Milde, Großmut) gelten für alle Adressaten der Haustafel. Ebenso ist Kol 3,11 festgehalten, daß in der Gemeinde weltliche Differenzen keine Bedeutung haben. Der regelmäßige Verweis auf den Herrn ist Indikator, daß für Kol und Eph damit die ganze Theologie präsent ist, also die angeredeten Christen als schon mit Christus Auferstandene handeln sollen. Die intendierte Gemeinsamkeit mit der Umwelt hat dort ihre Grenze, wo der Herr nur noch im fleischlichen Sinn als Herr gilt und das Herrentum statt einer Bestätigung damals unübliche Begrenzungen erfährt (Kol 3,19.21; 4,1). Durch diese Pflichten, die die anderen mithören, wird über die personale Ebene ein Abbau hierarchischer Strukturen erreicht. Wird Eph 5, 25–27 die von den Männern geforderte Liebe an die Liebe Christi gebunden, die bis zur Selbstaufgabe um der Gemeinde willen ging, dann wird hier Herrentum zum Dienst für andere.

Haustafeln bieten keine Konfliktstategie. Sie beschrieben den Normalfall. Sie vermeiden es, Evangelium in weltliche Gesetzlichkeit aufzulösen. Man sollte sie als Versuch werten, überhaupt erstmals weltliches Sozialgefüge christlich in den Blick zu bekommen. Sie rechtfertigen dabei keine Sozialordnung, sondern lassen sich in der damals vorhandenen christliches Leben bewähren. Wollte man aus der damaligen Sozialordnung ein ewiges Gesetz machen, geschähe das gegen Kol 1,9f.; Eph 4,23f.; 5,10, wonach geistliches Verstehen als geschichtlich kontingente Weisheit Basis christlichen Handelns ist.

Für das syrisch-judenchristliche Erbe zeigt zunächst Mt, wie Tradition durch eine christliche Schriftgelehrtenschule gesammelt wird (13,52), die den Standort der Heidenkirche mit institutionellem Charakter einer Heilsanstalt (16, 16–19; 18, 18–20; 28, 19f.) in der letzten heilsgeschichtlichen Epoche bestimmt (21,33ff.; 22,1ff.), auf die nur noch das allgemeine Weltgericht nach den Werken folgt (24f.). Nicht seine Nähe, sondern sein bedrohlicher Ernst bestimmt christliches Verhalten, so daß treues Ausharren zum Grundzug des Lebens wird (24f.). Wie der verworfene Messias Israels die neue Jüngerlehre in Kontinuität zum ewig geltenden atl. Gesetz brachte (5,17–19) und selbst das Gesetz vorbildlich erfüllte (3,15; 5,17), so wird er als Erhöhter alle aufgrund seiner Gebote (Bergpredigt) und ihrer Taten richten (25,31ff.; 28,19). Ist Jesu Gabe also primär die Gesetzeslehre als weisheitlich-messianische Wegweisung und als solche für alle Zeiten im Mt festgeschriebene Anweisung des Irdischen, so zeigt sich die Ethisierung des Christentums und wie der Gemeinde das neue Gesetz als feste, geschichtlich nicht mehr wandelbare Größe vorgegeben ist. Die strukturelle Verwandtschaft zur jüdischen Konzeption (Gott gab Mose für alle Zeiten das Gesetz als autoritative Größe, Israel soll nach dieser Gabe handeln, so wird es im Endgericht bestehen) ist augenfällig. Diese Parallelität ist beabsichtigt, denn Mt läßt als Differenzpunkt zum jüdischen Schriftgelehrten nur zu, daß diesem die Vollkommenheit fehlt, weil dieser Stand nur äußerlich und nicht innerlich das Gesetz erfüllt (Heuchlertum, Mt 6,23). Christen sollen in ihrer Praxis diesen Selbstwiderspruch nicht zulassen (5–7).

Summe des Gesetzes ist das Doppelgebot der Liebe (22, 34–40). Das atl. Ritualgesetz ist zurückgestellt (15). Kontinuität zum AT ist durch die Barmherzigkeitsforderung (Hos 6,6 in Mt 9,13; 12,7) gesetzt. So ruht der Akzent auf dem Sozialbereich. Jesus ist darin der vorbildlich Niedrige und Verfolgte (Mt 1f.; 11,28–30; 12, 15–21). Auf den Taten der Barmherzigkeit ruht im Endgericht sein Augenmerk (25, 31–46). Durch sie erlangt man Gerechtigkeit und Leben, jedoch nicht als selbstgefällig einklagbares Recht (25,37–46), sondern als Hoheitsakt des Richters.

Did setzt einige Akzente hinzu. Für die älteste Kirchenordnung, aufgebaut nach dem Zwei-Wege-Schema (vgl. Mt 7,13f.; Barn 18–20), ist der Weg des Lebens ebenfalls durch die beiden Hauptgebote generell beschrieben (1,2). Dabei wird das Material der Bergpredigt Gegenstand der Auslegung (1,3ff.). Das Evangelium ist feste literarische Größe (Dogma: 11,3) und autoritatives Gebot des Herrn (8,2). Man streitet um seine rechte Interpretation, die ein besonderer Stand garantiert (6,1; 11,1f.). Zu den Anweisungen gehören die Sozialgesetze der Zehn Gebote (2,1ff.). Das immer treue Bereitsein zur Gebotserfüllung rettet (16,5). Man läßt zwei christliche Klassen zu: jene, die das Joch des Herrn vollkommen tragen, und andere, die tun, was in ihrem Vermögen steht (6,2).

Jak, bei dem die Gottesverehrung die Christologie verdrängt hat, steht im gleichen Milieu und setzt sich mit dem Paulinismus auseinander (2, 14–26). Das geschieht in einem unpaulinischen Rahmen, insofern nun Glaube und Werke der jüdisch-hellenistischen Aufteilung der Hauptpflichten in Gottesverehrung und Gerechtigkeitstaten (Liebe üben) entsprechen und so zwei untrennbare Seiten des christlichen Lebens sind, das auf das noch ausstehende Endgerichtsurteil wartet. Unter solchen Voraussetzungen kann das paulinische „allein aus Glauben“ nicht mehr in seinem ursprünglichen Sinn verstanden werden. Der Formel wird unterstellt, sie sei Fluchtort für ein im Handeln unernstes Christentum. Solche Mißdeutung muß sich zwangsläufig einstellen, wenn die noch ausstehende endgerichtliche Rechtfertigung des Frommen, der in Geduld am weltlichen Ort der Versuchung vollkommen wird (1,1–3) und sich durch Bewährung die Krone des Lebens erwirbt (1,12.25; 2,13; 3,13; 5,7–11), das Konnubium zwischen Glaube und Werken stiftet. Der das Heil schon jetzt in

Christus empfangende Glaube, der aufgrund der geschehenen Rechtfertigung dankbar in der Liebe tätig ist, kann nicht ins Blickfeld geraten, weil man – typisch für diese Generation überhaupt – die Probleme der Zeit durch die Herausstellung der christlichen Tugenden, wie Geduld, Treue und Ausharren, bis zum Ende lösen möchte. Man schätzt diese Tugenden so hoch ein, daß man ihnen erlösenden Charakter beimißt. Damit schickt man Christentum als Gesetzlichkeit in einer Welt der Versuchung auf den beschwerlichen Weg zum Endgericht, und Christologie findet einen Ersatz in den atl. Vorbildern wie den Propheten und Hiob, die analoges Ausharrungsvermögen zeigten (5,10f.).

Das westlich-römische Christentum – also der dritte Typ –, wie es 1 Clem repräsentiert, zeigt wie Jak die Verlagerung von der Christologie auf die Gotteslehre. Geschah es bei Jak ohne ausdrückliche Reflexion, so steht bei 1 Clem programmatisch die schöpfungstheologische Gotteslehre des hellenistischen Judentums mit starkem stoischem Einfluß im Zentrum. Allmacht und Herrschaft des Schöpfers sind Basis der gesamten Theologie (19f.; 33; 59–61): der Schöpfer hat die unveränderliche Schöpfungsordnung geschaffen und regiert durch sie die Welt. Dadurch ist sie ein gesetzmäßiges, universales und harmonisches Weltordnungsgefüge, in dem Kosmos, Staat, Gesellschaft und Kirche Repräsentanten der einen gottgewollten Ordnung sind und sich je in Überordnung und Unterordnung differenzieren. Jeder einzelne hat hier seinen Platz in Unterordnung unter den Schöpfer und unter die jeweils übergeordneten Instanzen. Dieses Ordnungsdenken bestimmt grundlegend die Handlungsanweisungen (37,3; 41,1). Wer seinen ihm schöpfungsgemäß zugewiesenen Ort verläßt, ist gegenüber dem Schöpfer ungehorsam und geht des Heils verlustig. Wer an seinem Platz durch Unterordnung die Schöpfungsordnung funktionieren läßt, vollzieht den Gott wohlgefälligen Wandel und partizipiert an der göttlichen Wohltat der Schöpfungsordnung (19,2f.; 20,11; 23,1). Erstmals im Urchristentum werden die weltlichen Strukturen ohne kritischen Vorbehalt schöpfungstheologisch legitimiert.

In diesem Weltbild herrscht weiter der wesenhafte Dualismus von Himmelswelt und vergänglicher irdischer Welt, der bis in die Anthropologie reicht: die präexistente Seele lebt auf Erden im vergänglichen Leib (38,3) und ist hier auf der Reise durch die Fremde (Präskript; 2,1). Ihre Aufgabe ist es, durch den Tugendkampf den Begierden zu widerstehen (2,4; 5–7). Tugendhaftes Leben ist Hauptkennzeichen der Religion (62,1). Da Gehorsam Haupttugend ist, werden Christentum und Gehorsam nahezu deckungsgleich.

Die Christologie ist dieser Theologie integriert. Floskelhafte traditionelle Heilsaussagen können nicht darüber hinwegtäuschen, daß sie vornehmlich als Appell zum Wandel angeeignet wird (3,4; 16; 22; 59,3): Christus befreit die Menschen durch die Gnade der Buße aus der Unwissenheit und weist sie in die Schöpfungsordnung ein (7,4f.; 64). Er ist Gesetzgeber mit göttlicher Autorität (1,3; 3,4; 13, 1–3; 40,4f.) und ist als Irdischer Vorbild für diesen Wandel

(16,2.17). Ähnlich wird z. B. Paulus (neben Petrus) zum Lehrer der Gerechtigkeit, d. h., er lehrt vorbildhaft die Einordnung in die Schöpfungsordnung (5,7).

Man kann den Ansatz der Mahnung formal analog zu Paulus beschreiben als ein Verhältnis des Indikativs zum Imperativ, um so zugleich die fundamentalen Differenzen zu Gesicht zu bekommen: der Heilsindikativ wird durch die vorgegebene Schöpfungsordnung repräsentiert. Zu ihm gehören auch die Tugendhelden aus der Geschichte, deren Segensfolgen überall erkennbar sind (19,1f.; 21,1). Dieser Indikativ hat den Aufforderungscharakter, dem Friedensziel des Weltenschöpfers nachzujagen, um so seiner Wohltaten teilhaftig zu werden. Dies geschieht im Tugendkampf. Er allein errettet (35; vgl. 21,8; 31f.) und führt zur Auferstehung (24–28). Dabei wird selbstgerechter Stolz ausgeklammert (30). Vorgegebene Ordnung kann als Kehrseite nur den Gehorsam haben. Glaube ist Gehorsam und Demut gegenüber Gott (3,4; 13,3; 14,1; 16; 19f.). Göttlich gefordert ist ebenfalls jeder Gehorsam gegenüber den Repräsentanten der Ordnung in Staat, Gesellschaft und Kirche. Darum kann die Absetzung einiger Presbyter nur frevelhafter Aufruhr sein und moralische Disqualifizierung nach sich ziehen (1–3; 40–58). Darum treten nun die Mahnungen im Stile der Haustafeln nur noch einseitig für den Gehorsam aller Untergebenen ein (1,3; 21, 6–9). Darum werden nun in langen Paradigmenkatalogen vornehmlich atl., aber auch christliche und heidnische Vorbilder gesammelt, die den Tugendkampf bestanden haben. Die Grundaussage zeigt sich etwa an Abraham: sein Glaube wird als Gehorsam geschildert, und dieser errettet ihn (10,1f.6f.). Die ideale Schilderung der Vergangenheit der korinthischen Gemeinde in 2, 3–8 zeigt dasselbe Bild: Gehorsam, Unterordnung, Demut schaffen beglückenden Frieden und sind Zeichen des ausgegossenen heiligen Geistes.

Endlich zeigt der vierte eigenständige Traditionsbereich, nämlich das johanneische Schrifttum, wie hier die radikalste dualistische Konzeption im Urchristentum zur Geltung kommt. Allerdings ist die Deutung der johanneischen Schriften heute umstrittener denn je. Die folgende Skizze ist dementsprechend kontrovers. Die johanneischen Gemeinden vertreten eine Christologie, nach der Christus als einziger legitimer Gesandter der oberen himmlischen Welt des Lichtes (Joh 1,18; 5,37) in der Welt der Finsternis die Seinen in seine Gemeinschaft ruft (6,37–40; 17). Sein Werk wird durch seine Erhöhung vollendet und fortgesetzt (12,31f.). Der Geistparaklet vertritt ihn seither auf Erden (14,16f.; 15,26f.). Dadurch sind alle Glieder unmittelbar an ihn gebunden (15, 1–17) und warten auf die Aufnahme in die himmlische Herrlichkeit (12,32; 17,24). Im Heilsstand zu bleiben ist darum Grundmahnung (15), und untereinander gilt die Bruderliebe als praktisch einziges Gebot (13,34f.; 1 Joh). Das Verhältnis zur Welt ist angstbesetzt (15, 18–24). Man hält sich von ihr fern und lebt offenbar in Abgeschiedenheit. Sozialbezüge werden nicht mehr thematisiert. Der Evangelist möchte durch seine Christologie diese Abkapselung aufsprengen

(3,16). Doch hat der Gemeindekreis diese Absicht kaum honoriert (1 Joh). Wer gerade 1 Clem und Joh vergleicht, kann sich kaum einen größeren Kontrast denken. Beide bilden zwei Extreme (Rechtfertigung der Welt – Weltflucht), in deren Spannweite der Paulinismus dieser Zeit in etwa eine mittlere Position einnimmt. Die geschichtliche Wirksamkeit lag allerdings beim syrisch-judenchristlichen und westlich-römischen Verständnis von Christentum.

Literaturauswahl
(Weitere Spezialliteratur bieten die Anmerkungen.)

R. Bultmann, Das Problem der Ethik bei Paulus, in: Das Paulusbild in der neueren deutschen Forschung (Darmstadt 1964) 179–199.
H. v. Campenhausen, Die Begründung kirchlicher Entscheidungen beim Apostel Paulus (Heidelberg 1957).
P. Hoffmann – V. Eid, Jesus von Nazareth und eine christliche Moral (Quaestiones disputatae 66) (Freiburg – Basel – Wien 1975).
H. Preisker, Das Ethos des Urchristentums (Gütersloh ²1949).
K. H. Schelkle, Theologie des Neuen Testaments, III: Ethos (Düsseldorf 1970).
R. Schnackenburg, Die sittliche Botschaft des Neuen Testaments (Handbuch der Moraltheologie VI) (München ²1962).
W. Schrage, Die konkreten Einzelgebote in der paulinischen Paränese (Gütersloh 1961).
Ders., Barmen II und das Neue Testament, in: Zum politischen Auftrag der christlichen Gemeinde. Barmen II (Gütersloh 1974) 127–171.
G. Strecker, Handlungsorientierter Glaube (Stuttgart 1972).
H.-D. Wendland, Ethik des Neuen Testaments (Grundrisse zum Neuen Testament. NTD Ergänzungsreihe 4) (Göttingen 1970).

Jürgen Becker

II
Die Kirche und ihr Lehramt

Die Bibel ist kein Handbuch der Moral. Der Anspruch Gottes an den Menschen läßt sich seinem sittlichen Gehalt nach weder in einer Sammlung biblischer Aussagen noch in einer Auswahl von Naturrechtssätzen konservieren und tradieren. Die Botschaft von Gottes „Herrschaft und Reich", wie Jesus sie in seiner Basileia-Verkündigung grundgelegt hat, verlangt nach einer immer wieder neuen geschichtlichen Konkretisierung. Die nachösterlichen Gemeinden geben dafür das beste Beispiel. Die sittliche Botschaft Jesu bildet den Kerngehalt der apostolischen Verkündigung. Das Leben Jesu und seine Worte werden zum Ausgangs- und Orientierungspunkt der Mahnungen und Weisungen an die Gemeinden. Aber es geht dabei nicht um die Überlieferung historischer Sätze, sondern um eine gegenwärtige und in der Gegenwart anfordernde Botschaft des erhöhten Christus. Der Hinweis auf das, was Gott durch Jesus Christus am Menschen getan hat und immerfort tut, wird zum Leitmotiv. Der fundamental-ethische Anspruch ergibt sich aus dem eschatologischen Heilshandeln Gottes in Jesus Christus. Jesus ist Heilbringer und Herr. Damit steht deutlich die Erneuerung des Menschen durch Taufe und Bekehrung im Zentrum. Die Grundlage des urkirchlichen Ethos liegt auf der in Christus begründeten neuen Existenz. Der Existenzvollzug fordert dann freilich auch die Auseinandersetzung mit den konkreten Anforderungen des Lebens. Die apostolischen Mahnungen und Weisungen sind Zeugnisse, wie man dieser Aufgabe in der jungen Kirche gerecht zu werden versuchte. So ist die Findung und Formulierung konkreter sittlicher Weisungen ein geschichtlicher Prozeß, bei dem der Kirche in ihren verschiedenen Gliederungen und Ämtern eine wichtige Rolle zufällt. Dabei liegt für den Glauben der ausschließliche Bezugspunkt „im Jesusgeschehen ... und nicht in einer abstrakt übergeschichtlichen ‚lex aeterna', deren Absolutheit sich in unmittelbarer Deduktion geschichtlichen Normentwürfen mitteilt. Das heißt: Es wird nicht von einem übergeschichtlichen Seins-‚Ordo' auf geschichtliche Situationen hin gedacht; die immanente Richtung des Denkens verläuft vielmehr von der ontologischen Einzigartigkeit des vergangenen Jesusgeschehens zur Gegenwart der eigenen Einsicht wie Entscheidung. Für den Glauben liegt der übergeschichtliche ‚ordo' im geschichtlichen Jesusereignis beschlossen."[1] Zur Erkenntnis sittlicher Wahrheit und erst recht zu deren Konkretisierung in praktischen Handlungsnormen ist darum die *Glaubenserfahrung* der gesamten Kirche von großer Bedeutung. Im Bewußtsein der „Kommunikabilität" sittlicher Wahrheit wird es das Bemühen aller sein müssen, sie möglichst breit in das *gesellschaftliche Denken* und Handeln einzugliedern. Soweit im sittlichen Bereich eigentliche Glaubenswahrheiten berührt werden, kommt dem *kirchlichen Lehramt* auch eine spezifische Funktion zu.

1. Die gesamte Kirche als Gemeinschaft gläubiger Menschen ist der Ort, wo Gottes Botschaft gehört und verstanden wird

Weil Kirche sich aus dem Glauben an Gottes Heilshandeln in Jesus Christus aufbaut, gehört das immer neue Durchdringen und Verstehen der Offenbarung Gottes in der Geschichte zum Selbstvollzug der Kirche als Gemeinschaft im Glauben verbundener Menschen. Für eine theologische Ethik spielt darum das lebendige religiös-sittliche Glaubensbewußtsein der Kirche eine fundamentale Rolle.

---

[1] *K. Demmer*, Die Weisungskompetenz des kirchlichen Lehramts im Licht der spezifischen Perspektivierung neutestamentlicher Sittlichkeit, in: K. Demmer – B. Schüller, Christlich glauben und handeln. Fragen einer fundamentalen Moraltheologie in der Diskussion (Düsseldorf 1977) 143.

Die traditionelle katholische Lehre unterscheidet sehr genau zwischen dem Prozeß der *Wahrheitsfindung* einerseits und einem gegenüber auftretenden Zweifeln und abweichenden Meinungen notwendigen *Entscheidungsakt* des Lehramtes andererseits. Guter theologischer Begriffsbestimmung gemäß kommt dem kirchlichen Lehramt per se nur für den formalen Akt der „Vorlegung einer Glaubenswahrheit" *unersetzliche* Bedeutung zu. Es besteht kein Zweifel, daß zu der immer umfassenderen und praktisch gelebten Wahrheitsfindung alle Gläubigen gerufen und ermächtigt sind. „Der Leib Christi hat prinzipiell weder verschiedene voneinander abgeschlossene Vollkommenheitsstufen noch irgendeine reservierte Erkenntnis."[2] Gerade bei der sittlichen Botschaft geht es um eine zu lebende und letztlich auch in einem Leben aus dem Glauben zu verifizierende Wahrheit. Hier darf das Zeugnis engagierter Christen nicht überhört werden. Hier gibt es eine Normfindung „von unten", eine normative Kraft der gelebten Überzeugung. Das faktische Verhalten als solches hat selbstverständlich keine, mindestens keine direkte normative Kraft. Es kann immer nur die einem tatsächlichen Verhalten innewohnende Überzeugung sein, die auf soziale Anerkennung drängt und als solche normative Kraft entwickelt. Man wird aber auch innerhalb der Kirche schwerlich einer Überzeugung einfach deswegen, weil sie das Leben bestimmt, ehe sie auch amtlich-rechtlich anerkannt ist, Glaubenseinsicht und Vernunft absprechen. Im Bereich der sittlichen Ordnung hat dieser „Weg von unten" in der Geschichte der Kirche entscheidend zur Ausprägung konkreter Verhaltensnormen beigetragen. Heilige und Ketzer waren dabei naturgemäß die stärksten Triebkräfte. Man denke an die verschiedenen Armutsbewegungen, die – mühselig genug – die Kirche immer wieder an die Relativität von Reichtum und Besitz erinnert haben. Man erinnere sich an die Vertreter des „Sozialkatholizismus" im 19. Jahrhundert oder an die Bemühungen um die Anerkennung der Religionsfreiheit im Vorfeld und bei den Verhandlungen des Zweiten Vatikanischen Konzils. Man kann nur hoffen, daß auch in anderen Bereichen die heute noch vorhandene deutliche Diskrepanz zwischen den Wertvorstellungen vieler Gläubigen und den lehramtlichen Aussagen der Kirche[3] zu einer echten Weiterentwicklung normativer Aussagen führt.

---

[2] *A. Müller*, Das Problem von Befehl und Gehorsam im Leben der Kirche (Einsiedeln 1964) 100.

[3] Bei den Umfragen zur Vorbereitung der Gemeinsamen Synode der Bistümer in der Bundesrepublik Deutschland zeigten sich im Bereich von Sexualität und Ehe die stärksten Dissonanzgefühle. An der Spitze steht mit Abstand die Frage der Empfängnisverhütung (61% denken anders, 35% haben Schwierigkeiten in dieser Sache). Über Sexualität allgemein denken 43% anders und selbst über die Unauflöslichkeit der Ehe denken 39% anders, als die Kirche sie lehrt (vgl. *J. Gründel*, Kirche und moderne Wertsysteme, in: *K. Forster* [Hrsg.], Befragte Katholiken [Freiburg i. Br. 1973] 64–72).

2. Die Öffentlichkeitsgeltung der christlichen Botschaft gibt nicht nur dem einzelnen Christen, sondern auch der Kirche und ihrer Leitung einen gesellschaftlichen Auftrag

Die Heilsbotschaft des Evangeliums kann von ihrem Bezug zum privaten einzelnen her nicht adäquat erschlossen werden. Sie meint immer ein fundamental menschliches und damit auch gesellschaftliches Ereignis, das den einzelnen überhaupt erst im Medium seiner gesellschaftlichen Verfaßtheit erreicht. Der gesellschaftliche Bezug darf darum nicht einem Spezialtraktat der Theologie oder Ethik überlassen werden. Die christliche Botschaft als ganze muß unter dem Aspekt der Öffentlichkeitsgeltung gesehen werden. Darum hat die Theologie als solche die Aufgabe, das Verhältnis zwischen Religion und Gesellschaft, zwischen Kirche und gesellschaftlicher Öffentlichkeit sowie zwischen eschatologischem Glauben und gesellschaftlicher Praxis neu zu bestimmen[4]. Die über Jahrhunderte hinweg selbstverständliche Zuordnung von Religion und Gesellschaft, von kirchlicher und gesellschaftlicher Existenz ist in der Neuzeit zerbrochen worden. Seit der Aufklärung ist das Christentum „in erheblichem Umfang in eine reine Privatisierung oder ... in eine reaktionäre Politisierung seiner Botschaft innerhalb bestehender politischer Ordnungen gedrängt"[5] worden. Die Theologie kann darauf nur antworten, indem sie den Inhalt dieser Botschaft als gesellschaftskritische Potenz in die konkrete Geschichtswelt der Gegenwart hineinzubringen versucht.

Dabei soll keineswegs die Religion, hier verstanden als gelebtes Zeugnis von Gottes Heilshandeln in Jesus Christus, in Ethik aufgelöst werden. Religion hat tatsächlich „das Eigentümliche an sich, daß sie ihre ethische Funktion gerade nur so lange erfüllen kann, als sie nicht durch sie definiert wird"[6]. Wo man Religion durch ihre ethische Funktion zu definieren sucht, wird sie als Religion funktionslos. Christlicher Existenzvollzug in Glaube, Hoffnung und Liebe transzendiert die Ebene zwischenmenschlicher Ordnung (den Bereich der sittlichen Tugenden), und er ist doch ganz und gar darauf angelegt, diese menschliche Welt zu gestalten. Die dabei immer wieder erörterte Frage, ob ein Christ aufgrund seines Glaubens zu anderen sittlichen Forderungen aufgerufen sei als Menschen, die sich nicht zu diesem Glauben bekennen, diese Frage scheint nicht geeignet, auf die Eigenart christlicher Ethik eine Antwort zu finden. Wenn wir von der inneren Einheit von Schöpfungs- und Erlösungsordnung ausgehen, so muß sich diese Frage eigentlich als Scheinfrage erweisen. Die christliche Botschaft ist doch nichts anderes als die Erfüllung der tiefsten menschlichen Erwar-

---

[4] *J. B. Metz*, Christliche Religion und gesellschaftliche Praxis, in: Dokumente der Paulus-Gesellschaft XIX 30; *D. A. Seeber*, Was will die politische Theologie?, in: HerKorr 22 (1968) 345–349.
[5] *J. B. Metz*, Politische Theologie in der Diskussion, in: *H. Peukert* (Hrsg.), Diskussion zur politischen Theologie (Mainz 1969) 267–301, hier 275.
[6] *R. Spaemann*, Christliche Religion und Ethik, in: PhJ 80 (1973) 282–291, hier 286.

tungen. Sie kann den Menschen nicht „verfremden" und kann ihn letztlich auch nicht fremd anmuten. Die *Heilsgeschichte* vollzieht sich in der großen Zuordnung von *Verheißung und Erfüllung*. Insofern Jesus der Christus in seinem Kommen den Erwartungen der Völker Erfüllung brachte, waren seine Forderungen neu und anders, ohne dem Menschlichen fremd zu sein. Und genauso sind die Verheißungen des kommenden Herrn, im Heute verkündet, „ex natura rei" provokativ anders, aber wiederum ohne den Menschen zu verfremden, sondern vielmehr dazu befähigt, dieses „laboratorium beatitudinis possibilis" – wie Bloch den Menschen einmal nennt – zu sich selbst zu bringen. Und wenn die Verheißung seit dem Schöpfungsmorgen allen Menschen gegeben ist, so ist auch die Offenheit dafür sowie die grundsätzliche Möglichkeit zur Erkenntnis überall zu finden. Die Kernfrage einer vom Glauben geprägten Ethik kann darum nicht heißen, ob die für das zwischenmenschliche Verhalten sich stellenden Forderungen nur von Christen vertreten werden. Die Frage heißt vielmehr, ob und wie die sich aus der umfassenden Botschaft des Evangeliums ergebenden Konsequenzen für das zwischenmenschliche Leben allen Menschen verständlich gemacht werden können. Im Prinzip müssen sie verständlich und auch konsensfähig sein[7]. Mit einem Wort: Das Eigentümliche der christlichen Ethik liegt nicht in der *Exklusivität* ihrer Handlungsnormen, sondern vielmehr in deren *Kommunikabilität*[8].

Diese Kommunikabilität konkreter sittlicher Normen und deren Voraussetzung, die Einsicht und Verstehbarkeit, bestimmen notwendigerweise die Art und Weise, wie sich Christen in gesellschaftlicher Mitverantwortung dafür einsetzen. Das gleiche gilt für die Verkündigung und den Einsatz der kirchlichen Amtsträger. Daß nicht nur der einzelne Christ als Staatsbürger, sondern auch die Kirche als Institution eine gesellschaftliche Verantwortung trägt, darf hier vorausgesetzt werden. Darüber herrscht Einvernehmen. Umstritten ist allein die Frage, mit welcher Autorität, mit welchen Gründen und mit welcher Sicherheit die Kirche in konkreten Moralfragen mitsprechen und entscheiden könne. Dieses Problem hat sich im Anschluß an „Humanae vitae" mit besonderer Dringlichkeit gestellt.

Die Theologie hatte sich im Anschluß an das Erste Vatikanische Konzil weit-

---

[7] Das ergibt sich eigentlich bereits aus dem Begriff einer inhaltlich bestimmten sittlichen Forderung, denn sie verlangt Einsicht in das zu Tuende, sonst ist Verantwortung nicht möglich. Vgl. *F. Böckle*, Fundamentalmoral (München ²1978) 287–302.

[8] *R. Spaemann*, a.a.O. 286, schreibt treffend: „Das Christentum hat deshalb nicht die gleichen Anpassungsprobleme in bezug auf den modernen Universalismus der technischen Zivilisation wie andere Religionen. Es kann hier Geist von seinem Geist entdecken ... das Gebot der Nächstenliebe ist an keine bestimmte Gestalt der Selbststilisierung des Menschen (gebunden) ... Christentum scheint dagegen Unterscheidungen niederzureißen, so wie es schon anfänglich die zwischen Juden und Heiden niedergerissen hat. Seine einzige Intoleranz scheint sich gegen die Intoleranz zu richten. Die einzige Forderung des Christentums müßte es – so gesehen – sein, jene Residuen abzubauen, die der Herstellung einer Ordnung universalen Konsenses im Wege stehen."

gehend auf die *formelle Behauptung* der (auch unfehlbaren) Lehr- und Entscheidungskompetenz der Kirche in Naturrechtsfragen beschränkt. Die moraltheologischen Handbücher lassen keinen Zweifel, daß sie die Sittenlehre als solche, d.h. alles, was unter diese Kategorie fällt, der kirchlichen Lehrautorität unterstellen. Kurz und bündig wird gesagt: „Ist die Kirche ... beauftragt, den Menschen Führerin zu sein auf ihrem Lebensweg zum ewigen Heil, dann lehrt, führt, entscheidet sie eben mit göttlicher Autorität."[9] Und speziell zur Kompetenz in Naturrechtsfragen werden stereotyp drei Argumente angeführt: 1. Weil das natürliche Sittengesetz von der übernatürlichen Offenbarung bestätigt wird[10], mit ihr organisch verbunden[11], ja in ihr enthalten ist[12] und von ihr vervollkommnet wird[13], ist das kirchliche Lehramt auch dafür zuständig. 2. Weil das übernatürliche Ziel auch die Erfüllung des natürlichen Sittengesetzes fordert[14], hat die Kirche als „unfehlbare Wächterin der Sittlichkeit"[15] und Verkünderin „der ganzen Gotteswahrheit"[16] auch über das natürliche Sittengesetz zu befinden. 3. Weil es der Heiligkeit der Kirche widersprechen würde, wenn sie lehren könnte, „was nicht ehrenhaft ist"[17], muß das gesamte „Honestum" in ihre Kompetenz fallen. Grundsätzlich wird dafür auch die Möglichkeit einer unfehlbaren Entscheidung beansprucht[18]. „Die unfehlbaren Lehrentscheidungen ...", steht in der ersten wie in der letzten Auflage der „Katholischen Moraltheologie" von Mausbach-Ermecke, „erstrecken sich zunächst auf geoffenbarte Wahrheiten, können aber auch Wahrheiten der natürlichen Ethik entscheidend festlegen."[19] Typisch für alle diese Behauptungen, die sich beliebig vermehren lassen, ist, daß sie aufgrund einer sehr allgemeinen theoretischen Überlegung großzügig für das Lehramt höchste Kompetenzen beanspruchen, *ohne* jedoch genauer *zu sagen, wann und mit welchen inhaltlichen Konsequenzen diese Vollmacht zu gebrauchen ist.* Es werden auch selten konkrete

---

[9] *J. Mayer*, Die Notwendigkeit einer Autorität in religiös-sittlichen Fragen, in: *J. Mausbach* (Hrsg.), Moralprobleme (Freiburg i. Br. 1911) 248.

[10] *J. Fuchs*, Theologia moralis generalis (Rom 1960) 71; *A. Lanza – P. Palazzini*, Theologia moralis I (Turin 1949) 13; *J. Mausbach – G. Ermecke*, Katholische Moraltheologie I (Münster [8]1954) 48.

[11] *O. Schilling*, Handbuch der Moral I (Stuttgart 1952) 17.

[12] *J. Mausbach – G. Ermecke*, a.a.O. 48.

[13] *F. Hürth*, Notae ad praelect. theol. mor. I 38; *J. Fuchs*, a.a.O. 71.

[14] *J. Mausbach – G. Ermecke*, a.a.O. 116; *K. Hörmann*, Handbuch der christlichen Moral (Innsbruck 1958) 84–86.

[15] Ebd. 32.

[16] *F. Hürth*, a.a.O. 8.

[17] *T. Bouquillon*, Instit. theol. mor. fundamentalis (Brügge 1903) 214; vgl. *R. Hofmann*, Moraltheol. Erkenntnis- und Methodenlehre (München 1963) 147.

[18] „Ecclesiam posse etiam authentice et infallibiliter interpretari legem naturalem": *J. Aerdnys – C. Damen*, Theol. moralis I (Turin [17]1956) 95, vgl. 122. Desgleichen: H. Noldin, A. Tanquerey, Varceno u.a.

[19] *J. Mausbach*, Katholische Moraltheol. I (Münster [2-4]1922) 12; *J. Mausbach – G. Ermecke*, a.a.O. I[9], 44f. (vgl. ganz ähnlich *K. Hörmann*, Lexikon der christlichen Moral [Innsbruck 1969] 876).

Beispiele genannt[20]; ja es wird ausdrücklich gesagt, es sei schwierig, den Sicherheitsgrad von Moralsätzen anzugeben[21]. Die Abgrenzung zwischen fehlbaren und unfehlbaren Entscheidungen bleibt – so hat man den Eindruck – mehr oder weniger bewußt im unklaren.

Für die Kirchenglieder hat diese Unklarheit allerdings keine große praktische Bedeutung. Zwar wird von ihnen – wo Unfehlbarkeit nicht sicher ist – keine absolute Zustimmung gefordert; sie dürfen sich aber auch „nicht auf den Satz berufen (der Privatmeinungen gegenüber angewendet zu werden pflegt): ‚Die Autorität gilt soviel wie ihre Gründe.' Selbst wenn daher jemandem eine Anordnung der Kirche aus den erbrachten Gründen nicht gerechtfertigt erscheint, bleibt doch die Verpflichtung des Gehorsams."[22] Wir brauchen kein Wort darüber zu verlieren, wenn mit diesem Gehorsam der kirchliche Gehorsam gegenüber einem positiven Kirchengesetz gemeint ist. Fragwürdig wird diese Erklärung aber, wenn – wie sich aus dem Kontext ergibt – mit der Weisung eine interpretative Aussage, also eine Lehrmeinung zu einer Sachfrage des Naturrechts, gemeint ist. *Hierbei muß sich das verantwortliche sittliche Handeln eines mündigen Menschen in erster Linie nach der Einsicht richten, und dafür zählt in erster Linie das Gewicht der Sachgründe.* Man wird sich in solchen Fragen auch gerne einer kompetenten Führung anvertrauen, wenn man überzeugt ist, daß für die Autorität nur Sachgründe maßgebend sind. Auch wenn man sich auf die Glaubensvernunft beruft, muß man mit sittlich-normativen Aussagen vernünftig umgehen. Man hat ihre kategoriale Eigenstruktur in jedem Schritt zu beachten. Das natürliche Sittengesetz muß sich prinzipiell argumentativ aufweisen lassen. Man kann sich vor den Menschen unserer Gesellschaft, seien sie gläubig oder nicht, nicht auf die sittliche Vernunfteinsicht berufen und zugleich auch von denen sittliche Gefolgschaft fordern, die den Vernunftgründen nicht zu folgen vermögen. Hier liegt doch der Grund für die durch „Humanae vitae" ausgelöste Autoritätskrise.

Bei verschiedenen diözesanen Synoden der letzten Jahre hat sich allerdings in der Frage nach der kirchlichen Autorität im Umgang der Gläubigen mit den

---

[20] Genannt werden die Todsündlichkeit von Ehebruch, Kindsmord und Abtreibung. Dabei wird aber ein sehr allgemeiner Begriff dieser Vergehen vorausgesetzt; auch die Frage möglicher Ausnahmen wird nicht berührt (vgl. *L. van Petehem*, Zekerheidsgraden in Moraltheologie, in: CollGand 28 [1945] 173–175).

[21] Vgl. *J. D. B. Hawkins*, Christian Morality (London 1963) 63. Hawkins meint, es lasse sich keine lange Reihe von feierlichen Moraldefinitionen parallel zu den theologischen finden, weil das Christentum keinen neuen Moralkodex offeriere, sondern die Gebote grundsätzlich durch die Vernunft erkennbar seien und mit Vernunftgründen verteidigt würden, so daß sie einer Aussage der kirchlichen Autorität nach Art der Glaubensformeln nicht bedürften; indes habe es die Kirche an sittlicher Mahnung auf weniger feierlicher Ebene nicht fehlen lassen.

[22] *Pius XII.*, Ansprache vom 2. 11. 1954, zitiert nach *K. Hörmann*, Die Zuständigkeit der Kirche für das Naturrecht nach der Lehre Pius' XII., in: *J. Höffner* u. a. (Hrsg.), Naturordnung. Festschrift f. J. Messner (Innsbruck 1961) 143.

verantwortlichen Bischöfen sowie im Blick auf die Interpretation kirchlicher Dokumente ein deutlicher Wandel vollzogen[23].

Wenn das Lehramt und die Theologie glauben, aus anderen Quellen mehr zu einer sittlichen Sachfrage zu wissen, als durch Sachgründe aufzuweisen ist, dann müssen sie den Katholiken und allen Menschen guten Willens genau erklären, woher und was sie mehr oder zuversichtlicher zu sagen haben. Sonst wiegen die Argumente tatsächlich so viel, als sie aufzuweisen vermögen. Diese Feststellung braucht niemanden zu erschrecken, der gute Argumente hat. Die Art und Weise, wie die Kirche zu Fragen sozialer Gerechtigkeit oder zu den Problemen der Friedenspolitik Stellung genommen hat, und das Echo, das diese Äußerungen gefunden haben, zeigen deutlich genug, daß die Kirche in dem Maße moralische Autorität gewinnt, als sie sich einer offenen argumentativen Auseinandersetzung stellt.

3. Die spezifische Lehrkompetenz der Kirche im Bereich der Moral bezieht sich auf die Anwendung von Glaubenseinsichten auf die Sittenlehre

Diese Feststellung als solche ist in der katholischen Theologie nicht umstritten. Sie entspricht voll den Aussagen beider Vatikanischen Konzilien[24]. In der Dogmatischen Konstitution über die Kirche „Lumen gentium" heißt es von den

---

[23] Als Beispiel sei auf die Verhandlungen der Gemeinsamen Synode der Bistümer in der Bundesrepublik Deutschland zur Frage der Methode der Empfängnisverhütung hingewiesen. Die Umfragen zur Vorbereitung der Synode wie die Verhandlungen in der Sachkommission und in den beiden Vollversammlungen haben deutlich gezeigt, daß eine überwiegende Mehrheit der gläubigen Katholiken bei der Wahl der Methode zur Empfängnisregelung größere persönliche Entscheidungsfreiheit für richtig hält. Damit stellte sich für die Bischöfe wie für die übrigen Synodalen das Problem, wie man diesem Verlangen gerecht werden könne, ohne in einen direkten Gegensatz zur päpstlichen Entscheidung zu geraten. In der Vorlage zur ersten Lesung hieß es, die Wahl der Methode falle in die Entscheidung der Gatten, und diese verantwortliche Entscheidung dürfe nicht von egoistischen Motiven bestimmt sein. Die Bischöfe sahen darin eine „Privatisierung" der Entscheidung und verlangten mit Bezug auf ihr Vetorecht einen Hinweis auf die kirchlichen Normen. Demgegenüber vertrat eine große Mehrheit der Synodalen die Auffassung, es sei gewiß richtig, daß ein Katholik nicht einfach an der von der Kirche verkündeten Norm vorbeileben dürfe, als ginge sie ihn nichts an. Aber sie beharrte unnachgiebig darauf, daß ein Katholik in gewissenhafter Prüfung zu einem von der Norm abweichenden Urteil kommen könne. So einigte man sich auf die Formulierung: „Das Urteil über die Methode der Empfängnisregelung muß in die gewissenhafte Prüfung die objektiven Normen miteinbeziehen, die das Lehramt der Kirche vorlegt." Alles hängt an dem Wort „miteinbeziehen". Dieser Begriff läßt einem abweichenden Urteil den nötigen Spielraum. Man konnte und wollte keinen Entschluß fassen, der der päpstlichen Entscheidung *direkt* widersprochen hätte. Man mußte sich mit einem *allgemeinen Prinzip* begnügen, *das uns den rechten Umgang mit einer lehramtlichen Äußerung* lehrt. *Darin* liegt wohl *die* nicht zu unterschätzende *Bedeutung* dieses Entscheids. Auch ein treu zu seiner Kirche stehender Katholik kann zu einer von der lehramtlichen Entscheidung abweichenden Auffassung kommen; er darf diese Meinung vertreten und persönlich oder z.B. als Arzt seinen Patienten gegenüber auch praktizieren.

[24] „Zwischen dem ‚tamquam divinitus revelata credenda' der Konstitution ‚Dei Filius' und dem ‚tamquam definitive tenenda' von ‚Lumen gentium' gibt es in der Sache keinen Unterschied. Denn

Bischöfen als den authentischen Lehrern: „Sie verkünden dem ihnen anvertrauten Volk die Botschaft zum Glauben und zur Anwendung auf das sittliche Leben" (fidem credendam et moribus applicandam praedicare)[25]. Die spezifische Lehrkompetenz mit der ihr eigenen Garantie des Beistandes des Heiligen Geistes bezieht sich demnach nicht einfach generell auf die Verkündigung von Normen, sondern ganz speziell auf die „applicatio fidei moribus". Das Spezifikum der kirchlichen Autorität ist Glaubensverkündigung (fidem praedicare); und soweit Glaube und Offenbarung Konsequenzen haben für die Einsicht und Begründung sittlicher Forderungen, muß die Kirche auch diese Konsequenzen im Bereich der Moral vertreten und sichern[26]. Das ist ihre spezifische Aufgabe. Wir haben aber unter 2. bereits dargelegt, daß damit der kirchliche Auftrag im Hinblick auf Sittenfragen nicht erschöpft ist. Wir haben dort das Mitspracherecht der Kirche im Bereich sittlicher Vernunft ausdrücklich hervorgehoben. Hier geht es nur um jenes „Mehr" an Kompetenz aus dem Glauben. Und darüber ist man sich im Grundsatz weitgehend einig. Die Schwierigkeiten beginnen mit dem Versuch, ganz konkret zu sagen, welche Konsequenzen sich für die Bestimmung sittlichen Handelns aus dem Glauben ergeben. Dazu müßte die ganze Diskussion um das Proprium der christlichen Ethik herangezogen werden. Wir müssen uns hier auf ein paar wesentliche Einsichten, die inzwischen Anerkennung gefunden haben, beschränken.

a) Es darf als unbestritten gelten, daß dem sittlichen Freiheitsvollzug als ganzem im Glauben an Jesus Christus der tragende Grund und der umfassende Sinn erschlossen wird[27]. Das Evangelium von Kreuz und Auferstehung enthüllt des Menschen Grundsituation. Es weist auf die Wurzel des Bösen, auf den Grund seiner Selbstentfremdung hin und zeigt den allein möglichen Weg der Überwindung. Die ständige Erinnerung der urkirchlichen Paränese an das, was Gott durch Jesus Christus am Menschen getan hat und immerfort tut, weist entsprechend hin auf den tragenden Grund und das Leitmotiv des sittlichen Lebens der Christen. In der Metanoia wird eine grundlegende Entscheidung gefordert, welche die ganze sittliche Existenz bestimmt. Es ist die von Gott selbst im Menschen gewirkte Grundentscheidung. Es ist unsere Antwort, aber

---

wie schon in der Definition der Unfehlbarkeit des Papstes (doctrinam de fide vel moribus ab universa Ecclesia tenendam definit: DS 3074) bezieht sich das ‚definitive tenere' auf den in der Kirche festgehaltenen Glauben selbst" (*E. Klingler*, Die Unfehlbarkeit des ordentlichen Lehramtes, in: *K. Rahner* [Hrsg.], Zum Problem der Unfehlbarkeit [Quaestiones disputatae 54] [Freiburg i. Br. 1971] 277f.).

[25] LThK² Erg.-Bd. I 235.

[26] Mehr in obliquo stellt sich die Frage, welche Rückwirkungen möglicherweise der Fortschritt der Erkenntnis im Weltethos haben könnte für die Glaubensbotschaft (sancte custodiendum et fideliter exponendum). Vgl. *K. Rahner*, Kommentar zu Art. 25 der Dogmatischen Konstitution über die Kirche, in: LThK² Bd. I.

[27] Wir sprechen hier nur vom expliziten Glaubensvollzug und klammern das Problem aus, wieweit dieser in Christus erschlossene Grund in jedem menschlichen Freiheitsvollzug eingeschlossen sein kann.

sie ist durch und durch von der Anziehungskraft und der Präsenz Gottes inspiriert und getragen. Diese „in Christus“ gegründete Existenz gibt dem ganzen Leben eine *unterscheidende Richtung*. Christliches Leben will verstanden werden als ein Leben aus der Fülle. Dankbarkeit für erfahrene Liebe und nicht Sorge und Angst um Lohn und Strafe bildet daher das eigentliche Motiv des Handelns. Die Grundentscheidung soll als transzendental sittlicher Akt das Leben umspannen. Sie bestimmt die „christliche Intention“ und ist der fundamentale Träger der Heilsbeziehung. Diese mit dem menschlichen Handeln verbundene Heilsbeziehung gehört mit der Lehre von Gnade und Rechtfertigung fraglos zum klassischen Lehrbereich der Kirche.

b) Wenn der Glaube dem transzendental sittlichen Akt sein eigentliches Ziel eröffnet, so ist damit auch die *theonome Beanspruchung des Menschen* im Selbstvollzug seiner Freiheit glaubensmäßig gesichert. Die Kirche muß diesen theonomen Anspruch verteidigen gegen jeden Versuch, den Sollensanspruch ideologisch zu deuten und damit kontingente Werte zu verabsolutieren. Sie muß sich aber selbst bewußt sein, daß die theonome Legitimierung des Sollens die kreatürliche Vernunft nicht verändert oder beengt, sondern als *kreatürlich* freisetzt. Hier kommt dem Glauben geradezu eine ideologiekritische Funktion zu. Die unserem Handeln im zwischenmenschlichen Bereich vorgegebenen Güter und Werte sind als geschaffene bedingt und begrenzt. Darum kann die sittliche Beurteilung des Handelns nur unter Berücksichtigung der mit dem Wert verbundenen Bedingungen sowie unter Abwägung der eventuell konkurrierenden Werte erfolgen. Zwar ist der Mensch vom absoluten Wert des Sittlichen *unbedingt* gefordert, doch als kontingentes Wesen in einer kontingenten Welt kann er das ihn absolut anfordernde bonum immer nur an und in den bona verwirklichen, die als kontingente Güter oder Werte eben relative Werte sind und als solche niemals a priori als der je größte Wert, der überhaupt nicht mit einem anderen konkurrieren könnte, ausgewiesen sind. Im Hinblick auf die Güter bleibt daher je nur die Frage nach dem vorzugswürdigeren Gut möglich, d.h., jede konkrete kategoriale Entscheidung muß – um nicht fälschlich Kontingentes zu verabsolutieren – letztlich auf einer Vorzugswahl beruhen, in der der je größere Wert verpflichtet.

c) Damit wird die Relevanz verpflichtender Güter und Werte keineswegs angezweifelt. Im Gegenteil, der *Glaube vertieft* und sichert die für das konkrete Handeln *bedeutsamen Einsichten* in die vorgegebenen Güter und Werte. Darin zeigt sich in materialethischer Hinsicht die wichtige Funktion des Glaubens. Wer ein Handeln als sittlich richtig oder falsch beurteilen will, muß die durch das betreffende Handeln tangierten Güter und Werte kennen. Theoretisch geht darum der sittlichen Beurteilung die sittlich relevante Einsicht voraus. Auf der Ebene dieser Werteinsichten kommt dem Glauben die eigentlich kritische und stimulierende Funktion zu. Bei den konkreten Handlungsurteilen (bei der Güterabwägung) wirkt er sich mehr indirekt aus. Der vom Glauben eröffnete

Sinnhorizont begrenzt und modifiziert das *Dispositionsfeld* der zum sittlichen Entscheid notwendigen *Güterabwägung*. Die Würde jedes Menschen muß respektiert oder Gottes Verheißung zur Ehe muß gehört werden. Die konkrete Bestimmung, wie die Menschenwürde der Sklaven wahrzunehmen oder die eheliche Treue in der realen Situation des Lebens zu verwirklichen sei, das hat man seit der Urkirche durch eine einsichtige Abwägung der Güter (auch der in Glaubenseinsicht erkannten Güter und Werte) zu vollziehen versucht. Um es kurz zu sagen: *Der Einfluß des Glaubens läuft über die theologische Anthropologie und ihre Güter- und Wertelehre.* Er vollzieht sich in einem langen dynamischen Erkenntnisprozeß, bei dem Glaube und allgemeine menschliche Erkenntnis letztlich untrennbar zusammenwirken. Es kommt dabei zu einer fortschreitenden Konkretisierung von theologischen Aussagen über Gott, zu Aussagen über den Menschen und schließlich zu eindeutigen Wertprädikaten. Als Beispiel diene die Glaubensaussage, daß Gott jeden Menschen liebt und trotz der Sünde zum Heil beruft. Dieser deskriptive Satz ist *als Aussage über Gott* nur analog zu verstehen. Aber auch seine anthropologische Konsequenz, d. h. die deskriptive Aussage, was die Tatsache göttlicher Erwählung und Rettung *für den Menschen* bedeutet, wird unmittelbar in analogen Begriffen beschrieben.

Die apostolische Verkündigung spricht in den bekannten Heilsindikativen von dem „in Christus" oder „im Geist" erneuerten Menschen. Die theologische Reflexion kommt mit dem Begriff der „virtutes infusae" über dieses analoge Sprechen auch nicht hinaus. Der Bezug zum Handeln bleibt darum in dem mit der eingegossenen Tugend verbundenen Gedanken einer übernatürlichen Qualifizierung natürlicher Handlungspotenzen nur im sehr Allgemeinen. Er berührt wie der allgemeine Hinweis auf die Gottes- und Nächstenliebe den transzendental-sittlichen Akt, die christliche Intentionalität. Zur konkreten sittlichen Verwirklichung so begründeter Existenz bleiben wir auf die Ausformung eines „ordo caritatis" verwiesen[28]. Dabei müssen zwar nun die Glaubenseinsichten über den Menschen beachtet werden. Sie können aber nur so weit inhaltlich bestimmend in eine Präskription eingehen, als sie in einem *eindeutigen* Wertprädikat zum Ausdruck kommen. So müßte beispielsweise gesagt werden, daß jedem einzelnen Menschen ein personaler Wert eigen sei, der ihm unabhängig von seiner Mitgliedschaft in irgendeinem denkbaren Sozialsystem zukommt und darum von keinem Sozialsystem abgesprochen werden darf[29]. Diese Einsicht ist „menschlich" verstehbar und (zumindest heute) keine exklusive Einsicht von

[28] Vgl. *B. Schüller,* Zur Problematik allgemein verbindlicher ethischer Grundsätze, in: ThPh 45 (1970) 1–23, hier 8.

[29] Die Soziologen sprechen von der „transzendenten Menschenwürde" und grenzen sie gegenüber der „immanenten Menschenwürde" ab. Bei der immanenten Menschenwürde erscheint der Mensch „als Repräsentant der existierenden Menschheit" bzw. „der Gemeinschaft aller existierenden Sozialsysteme" (vgl. *W. Siebel,* Soziologie der Abtreibung [Stuttgart 1971] 230).

Christen[30]. Sie ist aber – wie die gegenwärtige Diskussion zeigt[31] – keineswegs zwingend. Für eine christliche Ethik ist sie unverzichtbar. Solche durch den Glauben gesicherten Einsichten hat das Lehramt gegen jede Verkürzung zu schützen. Dabei bleibt aber zu beachten, daß durch die lehramtliche Bestätigung und Verkündigung als solche sittliche Normen keinen Absolutheitscharakter erhalten, d.h., daß sie deswegen nicht zu ausnahmslos und unter allen Umständen gültigen Normen werden[32]. Sie gelten im allgemeinen unter den für sie gegebenen Bedingungen und bleiben durch die Kontingenz der Bedingungen zur Applikation und Weiterentwicklung offen. Soweit dabei ein durch die Glaubenseinsicht garantierter Wert die Geltung sichert, können Normen in der eben dargelegten Allgemeingültigkeit auch mit letzter Verbindlichkeit vorgetragen werden[33].

Jede Generation der Kirche hat die sittliche Botschaft des Evangeliums in praktisch-kritischer Intention in ihrer Zeit zu leben. Diese horizontale Dimension der in der Gegenwart gelebten Botschaft Christi ist gleichsam in einer vertikal-geschichtlichen Dimension mit allen früheren Epochen verbunden. Wenn es nun in der vernünftigen Selbsterkenntnis des Menschen und seiner Welt einen fortschreitenden und gewissermaßen irreversiblen Prozeß gibt, so bleibt wahrscheinlich dieser Prozeß nicht ohne Einfluß auf ein immer tieferes Verstehen der Botschaft Jesu selbst. Die Geistes- und Kulturgeschichte des Abendlandes ist nicht denkbar ohne die „Wirkgeschichte des Evangeliums"; desgleichen ist die Theologiegeschichte nicht denkbar ohne die Geistesgeschichte. In diesem

---

[30] Die Frage, ob diese Erkenntnis entscheidend auf die Wirkgeschichte des Evangeliums zurückzuführen sei, ist praktisch unbeantwortbar. Aus theoretischer Überlegung sagt H. U. v. Balthasar dazu lapidar: „Daß die Einzelperson ewigen und unersetzlichen Wert haben kann, ist philosophisch nicht zu begründen, weder in der vorchristlichen Philosophie noch im nachchristlichen Idealismus, geschweige denn im Materialismus und biologischen Evolutionismus" (Gott begegnen in der heutigen Welt: Spiritus Creator [Einsiedeln 1967] 274).

[31] Vgl. *W. Siebel,* a.a.O. Siebel meint, die durch die transzendente Menschenwürde begründete Mitgliedschaftswürde könne heute „allerdings keinen offiziellen Charakter mehr erreichen. Diese Möglichkeit zugestehen heißt sich auf den Standpunkt der Religion stellen" (230; vgl. dazu auch Anm. 12, wo ausdrücklich mit Berufung auf N. Luhmann, R. Marcic, W. Maihofer, H. D. Schelauske betont wird, „die Menschenwürde sei aus dem Personsein allein, etwa unter naturrechtlichem Gesichtspunkte, nicht abzuleiten").

[32] Allgemeine sittliche Prinzipien fallen hier nicht in Betracht; ihre unbedingte Gültigkeit ergibt sich aus ihrer tautologisch-explikativen Natur.

[33] Das Scheidungs- bzw. Wiederverheiratungsverbot in der gegenwärtigen Rechtsordnung bietet dafür ein gutes Beispiel. Die Unauflöslichkeit der Ehe gilt, wenn drei Bedingungen zusammentreffen: gültig geschlossene Ehe, sakramentale Ehe, d.h. zwischen zwei Christen, und Vollzug dieser, d.h. sakramentalen Ehe. Wenn es an einer dieser drei Bedingungen fehlt, kann die Ehe entweder für nichtig erklärt oder aufgelöst werden. Diese normative Regelung hat, wie übrigens auch die Entscheidungen des Tridentinums, deutlich einen doppelten Aspekt: sie spricht eine unverzichtbare Forderung des Evangeliums aus und stellt sie doch unter kontingente Voraussetzungen. „Die kirchliche Praxis *ist* nicht einfach die Lehre des Evangeliums; sie ist aber auch nicht bloß ‚nicht gegen die Lehre des Evangliums'... sondern ‚iuxta': auf der Linie des Evangeliums, es aufnehmend und konkretisierend" (*J. Ratzinger,* Zur Frage nach der Unauflöslichkeit der Ehe, in: Ehe und Ehescheidung [Münchner Akademie-Schriften 59] [1972] 49f.).

gegenseitigen Bedingungsverhältnis sind Einsichten gewonnen worden, die für das zwischenmenschliche Verhalten von bleibender Bedeutung sind. Bei der „Applicatio fidei" im Bereich der Sittlichkeit ergibt sich ein reziproker Erkenntnisprozeß, bei dem es schwer ist, zu sagen, ob jeweils ursprünglich eine theologische Einsicht oder ein Fortschritt sittlicher Vernunft den konkreten Impuls gegeben hat. Darüber zu streiten, lohnt sich nicht. Entscheidend ist allein, daß die Kirche stets neu ihren Auftrag erkenne und lebe.

Franz Böckle

III
Das Verhältnis von Dogmatik und Ethik

1. Einleitung

Die Frage nach dem Verhältnis von Dogmatik und Ethik gehört zum festen Bestand der Einleitungs- und Fundierungsthemen des Faches Theologische Ethik (Moraltheologie). In der Energie der Erörterung wie in der Divergenz der Antworten zeichnet sich ab, daß es dabei nur teilweise um Fragen der Stoffabgrenzung und Arbeitsteilung geht, wie sie in den Beziehungen benachbarter Fächer aufzutreten pflegen. Vielmehr verbindet sich mit jener Verhältnisbestimmung – vor allem für die protestantische Ethik – eine Begründungsproblematik, bei der das Verständnis der Theologie im ganzen zur Debatte steht. Die Frage nach dem Verhältnis der Ethik zur Dogmatik hat daher – wie die Frage nach dem Verhältnis der Theologischen zur Philosophischen Ethik – den Rang eines klassischen Orientierungsschemas gewonnen.

Es liegt auf der Hand, daß die gesamttheologische Einordnung, welche die Ethik erfährt, Auswirkungen hat auf die wissenschaftliche Organisation der Theologie, auf den Lehrbetrieb, auf Studien- und Prüfungsordnungen. Das Umgekehrte, also das Mitbedingtsein der einschlägigen Verhandlungen durch die institutionellen Gegebenheiten, verdient freilich ebenfalls Beachtung. Daß die Dogmatik-Ethik-Relation im Bereich der deutschen protestantischen Theologie sich besonders lebhafter Erörterung erfreut, das ist sicherlich auch dadurch begünstigt, daß hier die Vertreter des Faches Systematische Theologie für beide Disziplinen zuständig sind, so daß sie an dieser Stelle auch ein individuelles Problem zu bearbeiten finden.

Während in der Organisation der katholischen Theologie die Moraltheologie als eigenes Fach mit eigenen Lehrstühlen und Instituten auftritt, ist in der protestantischen Theologie des deutschen Sprachbereichs der Zusammenschluß von Dogmatik und Ethik die Regel. Eine Tendenz zur institutionellen Verselbständigung der Ethik ist allerdings unverkennbar. In der enzyklopädischen Fächergliederung wird sie durchweg als eigene Disziplin vorausgesetzt. Auch im Lehrbetrieb ist die selbständige Behandlung der Ethik die gängige Praxis, was in den Prüfungsordnungen seine Entsprechung findet. Eigene Lehrstühle und Institute, zumeist für „Sozialethik", sind in den letzten Jahrzehnten an einer Reihe von Theologischen Fakultäten errichtet worden. An außerdeutschen Universitäten, vor allem in den skandinavischen Ländern, findet sich häufig die Verbindung von Religionsphilosophie und Ethik.

Eine aufschlußreiche Asymmetrie zeigt sich, wenn man die Behandlung des Dogmatik-Ethik-Verhältnisses in den Lehrbüchern beider Fächer ins Auge faßt. Während in der Prinzipienlehre der Ethik dieses Verhältnis als ein Grundthema zu figurieren pflegt, kommt es in den entsprechenden Partien der Dogmatik zumeist gar nicht vor. Es gehört zu den herkunftsbedingten Zügen der Theologischen Ethik, daß sie sich nach wie vor zu einer Legitimierung ihrer Selbständigkeit herausgefordert sieht und daß sie in der Bestimmung ihres Verhältnisses zur Dogmatik zugleich ihre gesamttheologische Rolle definiert. Die Motive und Implikationen ihrer mittlerweile mehr als drei Jahrhunderte währenden Verselbständigung sind kontrovers geblieben. Das gilt für den wissenschaftsgeschichtlichen Hergang wie für die gegenwärtige theologische Situation und Arbeit.

2. *Die Entstehung einer selbständigen theologischen Ethik*

Die als selbständiges Fach auftretende Theologische Ethik ist ein neuzeitliches Phänomen. Die mittelalterliche Theologie behandelte im Rahmen der Gesamtdarstellung christlicher Lehre auch ethische Themen (nach dem Schema des Dekalogs oder der Tugenden). Eine selbständig bearbeitete Ethik hingegen kannte sie nur als – theologienahe – philosophische Disziplin. *Thomas von Aquin,* dessen Kommentar zur „Nikomachischen Ethik" des Aristoteles zu den wichtigsten Dokumenten der mittelalterlichen Philosophischen Ethik gehört, hat in der „Summa theologica" der ethischen Thematik eine umfassende systematische Darstellung gewidmet, die den gesamten II. Teil des Werkes umfaßt und als Höhepunkt der scholastischen Behandlung der Theologischen Ethik gilt.

Die seit dem frühen 17. Jahrhundert als selbständiges Fach begegnende *Moraltheologie* hat ganz anderen Charakter. Sie ist – im Lehrbetrieb des Jesuitenordens – entstanden als auf die Beichtpraxis bezogene Erörterung von „Gewissensfällen" (casus conscientiae)[1]. Das bekannteste Werk dieser kasui-

[1] *J. Theiner* hat „Die Entwicklung der Moraltheologie zur eigenständigen Disziplin" (1970) in einer

stischen Beichtstuhlmoral ist die in zahlreichen Auflagen verbreitete „Theologia moralis" (1748) des Alfons von Liguori geworden. Bis ins 19. Jahrhundert hinein bezeichnet der Begriff „Moraltheologie" im katholischen Sprachgebrauch diese pastoraltheologisch-kirchenrechtlich orientierte Disziplin. Der Begriff „Ethik" ist für die Philosophische Ethik reserviert geblieben.

Ein verändertes Verständnis der Moraltheologie ist seit dem frühen 19. Jahrhundert angebahnt worden durch Entwürfe, in denen Einflüsse Kants sowie der nachkantischen Philosophie und (protestantischen) Theologie verarbeitet sind[2]. Ein dauerhaftes Ansehen hat vor allem das moraltheologische Hauptwerk der (katholischen) Tübinger Schule erlangt, Johann Baptist (von) Hirschers „Die christliche Moral als Lehre von der Verwirklichung des göttlichen Reiches in der Menschheit" (1835–36, [5]1851).

Die Wirkungen dieses Neubeginns, der Rückgriff auf Thomas[3] und die kasuistische Tradition bilden die wichtigsten Komponenten in der seitherigen Entwicklung der Moraltheologie. Bei allen Unterschieden der Gestaltung, die sich in dem damit markierten Spielraum ergeben können, fällt die Einordnung in das theologische Fächergefüge doch relativ einheitlich aus. Die Moraltheologie stellt sich dar als selbständiges Fach, das der Dogmatik nachgeordnet und der vorausgesetzten Philosophischen Ethik (Moralphilosophie) übergeordnet ist. Die Voraussetzung eines solchen – im ganzen unstrittigen, weil auch lehramtlich stabilisierten – Gefüges von Dogmatik und Moraltheologie auf der einen Seite, von (Moral-)Theologie und (Moral-)Philosophie auf der anderen hat der katholischen Moraltheologie vergleichsweise feste Rahmenbedingungen gegeben, deren die protestantische Ethik ermangelt. Das zeigt sich wie in der Begrifflichkeit und in der akademischen Organisation, so auch in der Erörterung des Dogmatik-Ethik-Verhältnisses, das nur für die protestantische Ethik zum quasi-fundamentaltheologischen Problem geworden ist. In der katholischen Theologie hat es ein eigenes Gewicht vor allem dort gewonnen, wo die Rückbindung der Moraltheologie an die Dogmatik dazu dient, das kasuistische Verständnis zu korrigieren und abzuwehren. In der Regel wird die Verhältnisbestimmung jedoch als ein Teilproblem der Fächergliederung verhandelt, auf dessen explizite Erörterung auch, wie das prominente Beispiel Bernhard Härings[4] zeigt, verzichtet werden kann.

Die Anfänge der protestantischen Ethik haben unter ähnlichen Bedingungen gestanden wie die Arbeit der mittelalterlichen Theologie. *Melanchthon* hat mit seiner Kommentierung der „Nikomachischen Ethik" und mit den auf dieser

materialreichen Untersuchung dargestellt, die neben Lehrbüchern vor allem den Lehr- und Studienbetrieb des Jesuitenordens einbezieht.

[2] Vgl. dazu *Ch. Keller*, Das Theologische in der Moraltheologie (1976); es handelt sich um eine Darstellung der moraltheologischen Werke von S. Mutschelle, J. M. Sailer und H. Schreiber.

[3] Vgl. dazu *P. Hadrossek*, Die Bedeutung des Systemgedankens für die Moraltheologie in Deutschland seit der Thomas-Renaissance (München 1950).

[4] *B. Häring*, Das Gesetz Christi. Moraltheologie, 3 Bde. (Freiburg i. Br. [8]1967).

Grundlage entstandenen Lehrbüchern (Philosophiae moralis epitome, 1538, 1546; Ethicae doctrinae elementa, 1550) für den protestantischen Bereich die aristotelische Ethik wirkungsvoll erneuert. Diese als philosophische Disziplin entwickelte Ethik verhält sich zur Theologie gewissermaßen wie das Gesetz zum Evangelium. Sie begrenzt sich auf die äußeren Handlungen, während das, was den inneren Gehorsam gegen Gott angeht, in die Kompetenz der Theologie fällt.

Ein derartiger Kompetenzschematismus läßt allerdings kaum sichtbar werden, in welchem Ausmaß die Wirkungen und die Probleme reformatorischer Theologie ethischer Art gewesen sind. Etwas deutlicher tritt das in den Themenreihen der reformatorischen Bekenntnisse hervor.

Die *Confessio Augustana* (1530) läßt auf die Lehraussagen über den rechtfertigenden Glauben (Art. IV, V) einen Artikel über die von Gott gebotenen, aus dem Glauben erwachsenden guten Werke folgen (Art. VI: De nova oboedientia). Die Dringlichkeit des Themas zeigt sich in seiner nochmaligen, im Rahmen des Bekenntnisses ungewöhnlich ausführlichen Behandlung im Artikel XX (De fide et bonis operibus). Eine „sozialethische" Auslegung erfährt der Begriff der guten Werke im XVI. Artikel (De rebus civilibus), daneben in den Kontroversartikeln des zweiten Teils über Priesterehe (Art. XXIII), über Klostergelübde (Art. XXVII) sowie über geistliches und weltliches Regiment (Art. XXVIII). Im Blick auf die Begründungsprobleme der Ethik ist schließlich der XVIII. Artikel (De libero arbitrio) zu erwähnen, der den reformatorischen Satz von der Unfreiheit des Willens im ethischen Interesse präzisiert und gegen ein deterministisches Mißverständnis abschirmt. Die Verarbeitung der ethischen Konsequenzen reformatorischer Theologie, vor allem ihrer Rechtfertigungslehre, hat ein halbes Jahrhundert lang schwere Auseinandersetzungen hervorgerufen. Ihr Niederschlag und Abschluß liegt vor im letzten großen Bekenntnisdokument des Luthertums, in den Artikeln IV (De bonis operibus), V (De lege et evangelio) und VI (De tertio usu legis) der Formula Concordiae (1577).

Die Reihe dieser Themen ist – samt dem Ertrag und den Akzenten der Kontroversen – in die dogmatischen Lehrbücher eingegangen. Im üblichen Aufriß stellten die Lehrstücke „Vom freien Willen" (im Anschluß an die Lehre von der Sünde) und „Von den guten Werken" (im Anschluß an die Lehre von der Rechtfertigung) so etwas wie eine Grundlegung der Ethik bereit, während das Lehrstück „Vom Gesetz" den Rahmen für eine materiale Entfaltung der ethischen Thematik darbot. Die beiden dogmatischen Hauptwerke des Reformationszeitalters, Melanchthons „Loci praecipui theologici" und Calvins „Institutio Christianae religionis", die beide 1559 ihre letzte Fassung erhalten haben, sind Vorbilder dieses Verfahrens geworden; beide enthalten eine förmliche Auslegung des Dekalogs. Für die gesamte Epoche der protestantischen Orthodoxie ist diese Weise der Abhandlung ethischer Themen im Rahmen der zusammenfassenden Darstellung christlicher Lehre der übliche Lehrtyp geblieben.

Eine gesonderte Behandlung der Theologischen Ethik ist relativ früh in der reformierten Theologie aufgetreten. Neben dem vereinzelten Vorkommen selbständiger Darstellung (Lambert Danaeus, Ethices christianae libri tres, 1577) verdient auch die Herausbildung einer Zweigliederung des theologischen Systems Beachtung, bei der auf einen dogmatischen Teil (De Deo cognoscendo) ein ethischer (De Deo colendo) folgte[5]. Als der eigentliche Anfänger einer selbständigen Theologischen Ethik hat sich der theologiegeschichtlichen Erinnerung des Protestantismus ein lutherischer Theologe eingeprägt, der Helmstedter Professor *Georg Calixt* mit seiner „Epitome theologiae moralis“[6] von 1634. Zwar hat es auch im lutherischen Bereich einzelne Darstellungen Theologischer Ethik bereits vorher gegeben[7]; die Einbürgerung ihrer selbständigen Behandlung aber hat sich in der Tat an das Vorbild Calixts angeschlossen.

Sein wahrscheinlich aus Vorlesungen erwachsener Entwurf ist zusammen mit einer kontroverstheologischen Stellungnahme in den Druck gegangen als „Epitomes theologiae moralis pars prima, una cum digressione de arte nova, ad omnes Germaniae Academias Romano Pontifici deditas et subditas, inprimis Coloniensem“. In dieser indirekten Weise läßt auch die „Theologia moralis“ einen Zusammenhang mit Calixts bekannten Bemühungen um eine Verständigung zwischen den Konfessionskirchen erkennen. Die schmale Schrift, die als erster Teil bezeichnet ist, hat eine Fortsetzung nicht erfahren. Sie behandelt in drei Kapiteln zunächst – nach dem Schema der sog. analytischen Methode – finis (ut homo fidelis in fide et statu gratiae perseverat), subjectum (homo fidelis et conversus) und principia et media (spiritus sanctus, gratia; intellectus, voluntas, appetitus) der theologia moralis, um dann ein umfängliches viertes Kapitel „De legibus“ anzuschließen, das die Hauptmasse der Darstellung ausmacht.

Angesichts der mannigfachen späteren Rückbezüge auf Calixt als den Begründer einer getrennten Behandlung von Dogmatik und Ethik ist hervorzuheben, daß er selbst einen Neuerungsanspruch völlig vermissen läßt. Die theologia moralis wird in den knappen einleitenden Bemerkungen als pars theologiae bezeichnet, ohne daß die selbständige Behandlung dieses Teils eine Begründung und Erläuterung erfährt. Das Fehlen programmatischer Züge ist auch gegenüber denjenigen Interpreten zu betonen, die in Korrektur der gängigen Würdigung Calixts den Ton darauf legen wollen, daß ihm „gerade umgekehrt der Ruhm der innigeren Wiedervereinigung der bisher mehr als philosophische Wissenschaft behandelten Ethik mit der Dogmatik“[8] zukomme.

Calixts Schrift zeigt, daß die gesonderte Behandlung der Theologischen Ethik eher unprogrammatisch und unauffällig in Übung gekommen ist. Erst aufgrund dieser Übung hat sich im Rückblick das Urteil über die wegweisende Bedeutung

---

[5] Vertreter dieses Lehrtyps sind: *Amandus Polanus*, Syntagma theologiae christianae (1610); *Johannes Wolleb*, Compendium theologiae christianae (1626); *Wilhelm Amesius*, Medulla theologiae (1627); *Friedrich Wendelin*, Compendium christianae theologiae (1634).

[6] Neu gedruckt in: *G. Calixt*, Ethische Schriften, hrsg. von *I. Mager* (= Werke in Auswahl III, Göttingen 1970).

[7] Zum Beispiel *Paul v. Eitzen*, Ethicae doctrinae libri IV (1571). Weitere Titel bei *Mager*, Calixt 37.

[8] So *E. L. Th. Henke*, Georg Calixtus und seine Zeit, 2 Bde. (Halle 1853–56) I 515. – Ähnlich *J. Wallmann*, Der Theologiebegriff bei Johann Gerhard und Georg Calixt (Tübingen 1961) 153.

seines Entwurfs befestigt, im Zusammenhang einer Wirkungsgeschichte, die – da seine Schrift kaum noch zugänglich war – im wesentlichen eine Zitierungsgeschichte gewesen ist. Dabei hat sowohl die Verselbständigung der Ethik gegenüber der Dogmatik wie die Etablierung der Theologischen Ethik neben der Philosophischen wie auch die überkonfessionelle Verständigungsfunktion des Ethischen und der Ethik zum Gegenstand der Bezugnahme werden können. Es handelt sich um Faktoren, die nicht gegeneinander isoliert werden können und die insgesamt für die Entwicklung der Theologischen Ethik in der Neuzeit bestimmend geblieben sind. In ihr hat sowohl die Überschreitung des dogmatischen Theologiebegriffs wie der Wandel im Verhältnis von Theologie und Philosophie wie schließlich die Distanzierung von der kirchlich-konfessionellen Definition des Christentums einen spezifischen Ausdruck gefunden.

3. Dogmatik und Ethik: zur Terminologie und Systematik der Fächer

Die gesonderte Behandlung von Dogmatik und Ethik, die in der protestantischen Theologie des 17. Jahrhunderts noch die Ausnahme geblieben war, ist seit dem 18. Jahrhundert allmählich zur Regel geworden. Das Gefüge der theologischen Fächer hat dadurch eine dauerhafte Veränderung erfahren, die sich auch in der Nomenklatur abzeichnet. Das neue Fach hat zunächst und bis in die zweite Hälfte des 18. Jahrhunderts hinein den Namen „theologia moralis" bzw. „Moraltheologie" geführt. Der Begriff dürfte übernommen sein aus dem katholischen Vokabular, wo er bereits seit dem ausgehenden 16. Jahrhundert als Fachbezeichnung wie auch als Buchtitel auftritt[9]. Anders als dort bezeichnet er jedoch nicht die pastoraltheologisch orientierte Kasuistik, sondern die gegenüber der „Dogmatik" verselbständigte Behandlung der ethischen Thematik als Teil der christlichen Lehre. Daß in dem Begriff auch die Analogie zur „philosophia moralis" mitklang, das lassen die später aufkommenden deutschen Synonyme „Theologische Moral" und „Christliche Moral" hervortreten, denen als Gegenbegriff „Philosophische Moral" entspricht.

Im Blick auf die herkömmliche theologische Terminologie ergab sich eine eigene Schwierigkeit dadurch, daß diejenigen Begriffe, welche die zusammenfassende Darstellung der christlichen Lehre bezeichneten (theologia didactica, positiva, thetica, systematica), im Gefolge der Trennung zum Oberbegriff für zwei thematisch unterschiedene Fächer wurden, für deren eines nun das Bedürfnis einer neuen Benennung entstand. Im Ergebnis hat der Begriff „theologia dogmatica" (Dogmatische Theologie, Dogmatik) diese Funktion über-

[9] Vgl. die verstreuten begriffsgeschichtlichen Notizen bei *Theiner*, a.a.O. 47, 215f., 235f., insbes. die Ausführungen 255f. über das Werk von *H. Henríquez*, Theologiae moralis summa (1591).

nommen. Er ist bereits in Calixts „Epitome" von 1634 in diesem Sinne gebraucht und scheint „mehr und mehr deshalb in Aufnahme gekommen zu sein, weil er sich als eine bequeme Bezeichnung der theologischen Lehrdisziplin im engeren Sinne, d. h. im Unterschiede von der Theologischen Moral, empfahl"[10]. Der Begriff bezeichnet also von vornherein diejenige Gestalt der Dogmatik, die bereits eine selbständige theologische Ethik neben sich hat. Insofern ist die gängige Rede von einer älteren „Dogmatik", welche die „Ethik" in sich schloß, zumindest in terminologischer Hinsicht als unpräzis zu bezeichnen.

Im 18. Jahrhundert ist zeitweise neben der Unterscheidung von „theologia dogmatica" und „theologia moralis" gleichsinnig auch die von „theologia theoretica" und „theologia practica" gebraucht worden. In der zweiten Hälfte des Jahrhunderts hat sich zunehmend das Begriffspaar „Glaubenslehre" und „Sittenlehre" eingebürgert, das seit dem 19. Jahrhundert durch die Benennungen „Dogmatik" und „Ethik" verdrängt worden ist.

Das in der Fächerterminologie sich abzeichnende Nebeneinander hat in den Darstellungen der Theologischen Enzyklopädie wie in den Einleitungspartien der Ethiklehrbücher – seltener in denen der Dogmatik – mannigfache Erörterungen und unterschiedliche Verhältnisbestimmungen veranlaßt. In vereinfachender Schematik lassen sich vier Typen solcher Verhältnisbestimmung unterscheiden.

a) Ethik aufgrund von Dogmatik

Unter Voraussetzung der Selbständigkeit Theologischer Ethik ist zumeist ihr enger Zusammenhang mit der als vorrangig und als fundierend verstandenen Dogmatik betont worden. Diese Auffassung erfreut sich in der katholischen wie in der protestantischen Theologie der relativ breitesten Zustimmung. Bekannte Themaformeln, welche die Ethik mit der Dogmatik so zusammenschließen, daß zugleich die Zusammengehörigkeit und die Unterschiedenheit signalisiert werden, sind: credenda – agenda, Glauben – Handeln, Gabe – Aufgabe, Indikativ – Imperativ.

b) Ethik in Dogmatik

Die Wiedereingliederung der Ethik in die Dogmatik bzw. in eine Gesamtdarstellung der christlichen Lehre ist häufiger erwogen und postuliert als wirklich durchgeführt worden. Als prominente Vertreter einer solchen Wiedervereini-

---

[10] *O. Ritschl.*, Das Wort dogmaticus in der Geschichte des Sprachgebrauchs bis zum Aufkommen des Ausdrucks theologia dogmatica, in: Festgabe f. Julius Kaftan (Tübingen 1920) 260–272; hier 272. – Vgl. auch dessen „Literarhistorische Beobachtungen über die Nomenklatur der theologischen Disziplinen im 17. Jahrhundert" in: *F. Traub* (Hrsg.), Studien zur systematischen Theologie. Festgabe f. Theodor v. Haering (Tübingen 1918) 76–85.

gung sind im 19. Jahrhundert Carl Immanuel Nitzsch und Martin Kähler zu nennen, im 20. Jahrhundert Karl Barth und Emanuel Hirsch[11].

Nur bei Nitzsch (System der christlichen Lehre, 1829, [6]1851) und bei Barth (Kirchliche Dogmatik, 1932–67) ist die Reintegration wirklich vollzogen. Bei den anderen Darstellungen handelt es sich um eine Verbindung loserer Art. Kähler (Die Wissenschaft der christlichen Lehre, 1887, [3]1905) läßt die theologische Ethik als dritten „Lehrkreis" auf Apologetik und Dogmatik folgen. Ähnlich ist in Hirschs „Leitfaden zur christlichen Lehre" (1938) „Ethik und Geschichtslehre" als abschließender vierter „Kreis" eingeordnet.

c) Ethik statt Dogmatik

Eine eigene wichtige Rolle spielen solche Bezugnahmen auf beide Fächer, in denen die geläufige Verhältnisbestimmung geradezu umgekehrt und der Ethik diejenige Stellung und Bedeutung zugemessen wird, die vordem die Dogmatik gehabt hatte. Paul Tillich[12] hat in einer frühen Äußerung das Bewußtsein epochaler Wende auf die Formel bringen können: „Es war die dogmatische Fragestellung, welche bislang die Kirche bewegte; von nun an wird es die ethische sein."[13] Die systematische Durchführung einer derartigen Ablösungsthese ist der Variation fähig. Sie kann zur Eingliederungsthese (Dogmatik in Ethik) wie zur Fundierungsthese (Dogmatik aufgrund von Ethik) abgewandelt werden.

d) Ethik im Zusammenhang der Theologie

Noch einmal andere Erörterungsbedingungen ergeben sich, wenn der Sachverhalt Beachtung empfängt, daß die selbständige Entwicklung der Ethik in der neuzeitlichen Theologie Teil eines Prozesses ist, in dem die Theologie insgesamt eine außerordentliche Differenzierung und Erweiterung erfahren hat. In diesem Rahmen verliert die Frage des Verhältnisses zur Dogmatik den Rang eines Grundthemas zugunsten der Frage nach der Stellung und Funktion der Ethik im Ganzen der Theologie.

Eigentümlich vielschichtig und insofern auch vieldeutig ist die Erörterung

---

[11] Als katholische Dogmatik, die (im 5. Band) auch die Ethik einbezieht, kann genannt werden: *J. Feiner – M. Löhrer* (Hrsg.), Mysterium Salutis. Grundriß heilgeschichtlicher Dogmatik, 5 Bde. (Einsiedeln – Zürich – Köln 1965–76). Das Werk stellt insofern einen Sonderfall dar, als es sich – auch im Ethikkomplex – um eine Gemeinschaftsarbeit mit verteilten Themen handelt.

[12] Der Sozialismus als Kirchenfrage (1919), abgedruckt in: Gesammelte Werke II (Stuttgart 1962) 13. – In seinem opus magnum „Systematische Theologie" (3 Bde., dt. Stuttgart 1955–66) hat Tillich statt einer Ablösung der dogmatischen Fragestellung durch die ethische deren Integration postuliert. Sein Werk weiß sich der Tendenz verpflichtet, „die theologische Ethik in die Einheit des Systems zurückzunehmen" (I[2] 41).

[13] Eine vergleichbare Kontrastierung von dogmatischem Einst und ethischem Heute steckt in dem bekannten Diktum, durch das die Weltkirchenkonferenz für praktisches Christentum von 1925 – in Anspielung auf das dogmengeschichtliche Jubiläum jenes Jahres – als „Nicäa der Ethik" bezeichnet wurde.

des Dogmatik-Ethik-Verhältnisses in demjenigen enzyklopädischen Entwurf ausgefallen, der für das protestantische Theologieverständnis seither klassische Bedeutung erlangt hat, in *Schleiermachers* „Kurze(r) Darstellung des theologischen Studiums" (1811, ²1830). In seinem Fächeraufriß mit den drei großen Teilen „Philosophische Theologie", „Historische Theologie" und „Praktische Theologie" begegnet die Ethik in doppelter Gestalt und an zwei Stellen. Sie begegnet zunächst im Zusammenhang der als „Philosophische Theologie" bezeichneten Grunddisziplin, deren allgemeines Thema durch die Formel „Wesen des Christentums" benannt wird. Dieses Fach, das Schleiermacher als programmatische Neuerung einführt, stellt sich in wissenschaftssystematischer Hinsicht dar als Zusammenfassung von Elementen der philosophischen „Ethik" (verstanden als „Wissenschaft der Prinzipien der Geschichte", 2. Aufl., § 29) und der „Religionsphilosophie". In der Grundlegung der Schleiermacherschen Glaubenslehre steht deswegen die Erörterung des Begriffs der „Frömmigkeit" und des Begriffs der Kirche unter der Überschrift „Lehnsätze aus der Ethik". Insofern hat man mit gewissem Recht von einer „ethischen" Fundierung der Theologie bei Schleiermacher sprechen können. Es muß nur beachtet werden, daß diese ethisch-religionsphilosophische Fundierung selber als theologisches Fach konzipiert ist, eben als „Philosophische Theologie".

An ganz anderer Stelle begegnet im Aufriß der „Kurzen Darstellung" die Theologische Ethik. Sie ist als christliche Sittenlehre der Glaubenslehre koordiniert und setzt wie diese die „Philosophische Theologie" voraus. Glaubenslehre und Sittenlehre bilden zusammen die „Dogmatische Theologie", die Schleiermacher dem dritten, gegenwartsbezogenen Zweig der „Historischen Theologie" eingeordnet hat. Als ihre gemeinsame Thematik wird die „Kenntnis der jetzt in der evangelischen Kirche geltenden Lehre" angegeben (2. Aufl., § 195). Schleiermachers Ausführungen gehen auf „die jetzt überwiegend übliche Teilung der Dogmatischen Theologie in die Behandlung der theoretischen Seite des Lehrbegriffs, oder die Dogmatik im engeren Sinne, und in die Behandlung der praktischen Seite, oder die christliche Sittenlehre" nur knapp ein, weil nach seinem Urteil „die Trennung nicht als wesentlich angesehen werden kann; wie sie denn auch weder überhaupt noch in der evangelischen Kirche etwas Ursprüngliches ist" (2. Aufl., § 223)[14]. Seine Abwägung von Argumenten für und gegen die getrennte Darstellung wird beschlossen durch das Votum: „Wünschenswert bleibt immer, daß auch die ungeteilte Behandlung sich von Zeit zu Zeit wieder geltend mache" (2. Aufl., § 231).

[14] *Johann Sebastian Drey*, der Begründer der (katholischen) Tübinger Schule, hat in seiner „Kurze(n) Einleitung in das Studium der Theologie" (1819, Neudr. Darmstadt 1971) mannigfache Anregungen der „Kurzen Darstellung" (1. Aufl.) verarbeitet. Drey betont wie Schleiermacher stark den Zusammenhang von „Dogmatik" und „Moral". Er hat dafür die dann häufig zitierte Formel gefunden, daß „die christliche Moral zwar nicht die angewandte, aber die umgewandte Dogmatik" sei (§ 264).

Angesichts solcher Formulierungen, die von Karl Barth beifällig zitiert werden konnten, muß es auffallen, daß Schleiermacher in seiner Lehrtätigkeit wie in den daraus erwachsenen Veröffentlichungen keineswegs in dieser Weise verfahren ist. Seine berühmte Glaubenslehre (Der christliche Glaube, 1821–22, ^{2}1830–31) wie die aus seinem Nachlaß veröffentlichten Vorlesungen über christliche Sittenlehre (Die christliche Sitte, hrsg. von L. Jonas, 1843) dokumentieren vielmehr seinen Anschluß an die damals übliche Teilung. Ihr höchst unterschiedliches Gepräge macht es überdies schwer, sich vorzustellen, wie eine ungeteilte Behandlung hätte aussehen sollen. Seine Glaubenslehre stellt sich dar als eine kritische Analyse und Rekonstruktion der kirchlichen Lehre. Für den breiten Raum, den die Erörterung der Lehrtradition in ihr einnimmt, gibt es in seiner Sittenlehre, die eine auf die eigene Gegenwart bezogene christliche Kulturethik entwirft, keine Entsprechung. Beide Entwürfe können in ihrer Unterschiedlichkeit geradezu als Repräsentanten der Arbeitsbedingungen und des Arbeitsstils angesehen werden, wie sie für die Dogmatik einerseits, für die Ethik andererseits charakteristisch geblieben sind.

Gleichwohl kann das theologische Motiv, das im Postulat einer ungeteilten Behandlung wirksam ist, unschwer namhaft gemacht werden. Schleiermachers Formel für das Wesen des Christentums bezeichnet dieses ausdrücklich als der „teleologischen Richtung der Frömmigkeit zugehörig" (Glaube^{2} § 11; vgl. § 9), d. h. als ethische Religion. Das Ethische des Christentums, sein Bezug auf Handeln und Weltgestaltung kommt nur unvollkommen zur Geltung in der getrennten Behandlung von Glaubens- und Sittenlehre, „die nur beide zusammengenommen die ganze Wirklichkeit des christlichen Lebens darstellen" (Glaube^{2} § 26,2). Vor diesem Hintergrund zeigt sich die Erwägung der ungeteilten Behandlung noch einmal in anderem Licht. Es handelt sich dabei nicht einfach um die Empfehlung, zu älteren Vorbildern zurückzukehren. Vielmehr wird im Blick auf die ältere Dogmatik von Schleiermacher konstatiert, daß unter deren Bedingungen gerade „das ethische Interesse" die Trennung beider Disziplinen bewirkt habe. Eine Wiedervereinigung unter der Dominanz der Dogmatik würde also eine gründlich veränderte Gestaltung derselben immer schon voraussetzen. Das eigentliche Novum in Schleiermachers Erwägung liegt jedoch darin, daß er neben einem solchen Zusammenschluß auch die umgekehrte Möglichkeit ausdrücklich nennt: „Ebensogut aber könnte auch der Natur der Sache nach die Glaubenslehre eingeschaltet worden sein in der Sittenlehre" (Glaube^{2} § 26,2; vgl. Kurze Darstellung § 224 Anm.). Bei dieser Einordnung würde also die theologische Ethik eine durchaus ungewohnte Stellung erlangen. Sie würde ihrerseits zum Rahmen für die Gesamtdarstellung der christlichen Lehre.

Es ergibt sich der bemerkenswerte Sachverhalt, daß – unter Berücksichtigung von philosophischer und theologischer Ethik, von enzyklopädischer Theorie und faktischem Verfahren – praktisch jede der typischen Zuordnungen von Dogmatik und Ethik bei Schleiermacher vorkommt. Die Autorität ausgewählter

Schleiermacher-Zitate ist infolgedessen auch für recht unterschiedliche Auffassungen des Dogmatik-Ethik-Verhältnisses in Anspruch genommen worden. Das eigentlich Belangvolle und Repräsentative seiner Behandlung des Themas liegt jedoch nicht bei irgendeinem der genannten Zuordnungstypen. Es dürfte in einem Dreifachen liegen: einmal darin, daß sein Aufriß die Theologische Ethik der Dogmatik völlig gleichberechtigt zur Seite stellt, bis hin zu der erwähnten Einordnungserwägung; zum andern darin, daß seine Einfügung beider Disziplinen in ein differenziertes theologisches Fächergerüst sichtbar werden läßt, daß die Frage nach dem Dogmatik-Ethik-Verhältnis zu *einem* Fächerbeziehungsthema neben anderen geworden ist, daß ihr also kein fundamentaltheologischer Rang zukommt; schließlich darin, daß mit der im Rahmen der ethisch-religionsphilosophischen Grunddisziplin verhandelten Frage nach dem Wesen des Christentums auf Begründungsprobleme verwiesen ist, die Dogmatik und Theologische Ethik zugleich betreffen.

4. Ethik neben Dogmatik: Kritik – Konkurrenz – Alternative

Die Dogmatikreform und Dogmatikkritik schon des Pietismus, erst recht der christlichen Aufklärung hat in der Erörterung der kirchlichen Lehrartikel die Frage ihrer Bedeutung und ihrer Konsequenzen für das christliche Leben akzentuiert. Der gängige Hinweis auf den engen Zusammenhang von Dogmatik und Ethik bekam dabei unversehens einen dogmatikkritischen Sinn. Statt der dogmatischen Begründung der Ethik wurden die ethischen Konsequenzen der Dogmatik zum Gegenstand einer Anfrage, die zu unterscheidender Sichtung anleitete.

Der Göttinger Theologieprofessor Gottfried Leß hat geradezu eine „praktische Dogmatik" konzipiert, die aus den in der „Schul-Dogmatik" behandelten Sätzen nur diejenigen auswählt, „welche mit der Moral und der Freude des Lebens in einem unmittelbaren Zusammenhange stehen"[15]. In seiner „Christliche(n) Moral" (1780²) ist die These, daß ihr Gegenstand „die Hauptsache, der Zweck, der Mittelpunkt der ganzen Religion oder Theologie" (2) sei, mit dem Argument bekräftigt: „Der vornehmste und größte Teil der Bibel ist moralischen Inhalts: fünf Teile des Neuen Testaments sind Moral und der sechste Theorie. So sollte es auch in unseren Katechismen sein. Die ganze Theorie der Religion wird nur zu diesem Zweck vorgetragen" (4).

Johann Salomo Semlers „Versuch einer freiern theologischen Lehrart" (1777) konnte die Relativierung der zwischen den christlichen Kirchen und Gruppen bestehenden dogmatischen Differenzen gegen den Verdacht des Indifferentismus verwahren mit dem Hinweis, daß „die ganze christliche Moral bei aller Verschiedenheit der öffentlichen und eingeführten Theologie ganz und gar nicht verschieden oder gleichgültig wird" (205 f.).

---

[15] *G. Leß*, Christliche Religionstheorie fürs gemeine Leben oder Versuch einer praktischen Dogmatik (1779); 3. Aufl. u. d. T.: Handbuch der Christlichen Religionstheorie für Aufgeklärtere oder Versuch einer praktischen Dogmatik (1789) X.

Zumal der theologische Rationalismus des frühen 19. Jahrhunderts[16] hat – auf der Grundlage der Kantischen Ethik und Religionsphilosophie – eine förmlich ethische „Zensur des christlich-protestantischen Lehrbegriffs"[17] unternommen und eine Situation herbeigeführt, in der sich „Die Dogmatik der evangelisch-protestantischen Kirche vor dem Richterstuhl der philosophischen und christlichen Moral"[18] fand.

Verhaltener ist das dogmatikkritische Motiv der neuzeitlichen Ethik dort artikuliert worden, wo ihr Gegenwartsbezug abgehoben wurde vom Traditionsbezug der Dogmatik. Isaak August Dorner, selber als prominenter Vertreter des Fachs Dogmatik in die Theologiegeschichte eingegangen, hat in der 1. und 2. Auflage der „Realencyclopädie für protestantische Theologie und Kirche" den von ihm verfaßten Artikel „Ethik" abgeschlossen mit einem Abschnitt unter der Überschrift „Große Bedeutung der Ethik für die Gegenwart". Zum Verhältnis der Fächer hat er notiert: „Die jetzt notwendigen Fortschritte der Dogmatik hängen von Fortschritten der Ethik ab."[19] Wolfgang Trillhaas hat in einer Erörterung der Motive für die Verselbständigung der Ethik hingewiesen auf „die unterschwellige dogmatische Skepsis, aus welcher sich die Erwartung nährt, es möchte eine Vermittlung der christlichen Wahrheit im Praktischen gelingen, ohne die Hypothek des dogmatischen Streites und ohne die Esoterik der theologischen Fachleute"[20].

Die dogmatikkritische Behandlung des Fächerverhältnisses ließ sich zuspitzen zu der Frage, ob nicht überhaupt die Sache des Christentums unter den Bedingungen der Moderne besser, sachgemäßer, gegenwartsnäher unter dem Titel der Ethik darzustellen sei als unter dem der Dogmatik. Als das eigentliche Ziel der Verselbständigung der Ethik konnte so erscheinen, „daß in ähnlicher Weise wie früher die Ethik von der Dogmatik absorbiert wurde, jene der Schlüssel zu dieser und so das bisher Erste das Letzte und das Letzte das Erste werden muß"[21].

Eine solche Einbeziehung der dogmatischen Thematik ist durchgeführt in dem Werk, das als die bedeutendste protestantische Ethik des 19. Jahrhunderts gilt, in der „Theologische(n) Ethik" *Richard Rothes* (3 Bde., 1845–48; 2. Aufl. 5 Bde., 1867–71). Bei Rothe ist „Ethik" – auf der Grundlage einer einleitungsweise entwickelten spekulativen Gotteslehre und Kosmologie – zum Namen für die Gesamtdarstellung christlicher Lehre geworden, während das Fach

---

[16] Zur Dogmatikkritik des „ethischen Rationalismus" vgl. *M. Baumotte*, Theologie als politische Aufklärung (Gütersloh 1973) 34–52.

[17] *Johann Heinrich Tieftrunk*, Zensur des christlich-protestantischen Lehrbegriffs nach den Prinzipien der Religionskritik, 3 Bde. (1791–95).

[18] Titel einer Abhandlung von *Johann Friedrich Röhr*, Kleine theologische Schriften (Schleusingen 1841) 1–63.

[19] RE^1 IV (1855) 205 = RE^2 IV (1879) 372.

[20] *W. Trillhaas*, Ethik (Berlin ^{3}1970) 10–14; hier 12.

[21] So *H. Paret*, Über die Möglichkeit einer christlichen Sittenlehre, in: ThJ 5 (1846) 233–250, 6 (1847) 435–447; das Zitat: 5, 234.

„Dogmatik" von ihm als der Historischen Theologie zugehörige „Wissenschaft von den Dogmen" eingestuft wird. Den spezifischen Modernitätsbezug der Ethik hat Rothe eingezeichnet in eine Theorie der Christentumsgeschichte, welche die mit der Reformation eingeleitete Entwicklung verstehen läßt als den Überschritt des Christentums aus seinem kirchlich-dogmatischen in sein weltlich-sittliches Zeitalter. Die Konstituierung einer selbständigen theologischen Ethik durch Calixt hat er dieser Entwicklung zugeordnet. Sie bedeutet ihm ein „epochemachendes Ereignis", weil mit ihr eine „theologische Doktrin" auftrat, „die kein Dogma, keine unter der Autorität der Kirche festgestellten Lehrbestimmungen zu ihrer Basis hatte" (I^2 68).

In ähnlicher Weise wie Rothe, jedoch mit ganz anderer inhaltlicher Durchführung hat *Wilhelm Herrmann* die Stellung der Ethik bestimmt. Sein Entwurf (Ethik, 1901, ^{6}1921) hat den Charakter einer Fundamentaltheologie[22]. Die – an Kant sich anlehnende – Analyse des Sittlichen wird von ihm als die Grundlage namhaft gemacht, von der aus die Eigenart wie die universale Bedeutung des christlichen Glaubens sich erschließt. „Das sittliche Denken bringt den Menschen notwendig auf den Weg zur Religion" (^{5}1913, 93). Der Aufbau des Buches bildet Herrmanns Konzeption anschaulich ab. Auf die ethische Grundlegung des I. Teils (Natürliches Leben und sittliches Denken) folgen im II. Teil (Das christliche Leben) die beiden großen Abschnitte „Die Entstehung des christlichen Lebens" und „Die Entfaltung des christlichen Lebens", die sich inhaltlich verhalten wie (soteriologische) Dogmatik und materiale Ethik.

Zu den von der dogmatikkritischen Entwicklung der Ethik heraufgeführten theologischen Konstellationen gehören schließlich die reaktiven Stellungnahmen und Entwürfe. Claus Harms hat 1817 in der 15. seiner – Luther imitierenden – 95 Thesen konstatiert: „Calixtus, der die Tugendlehre trennte von der Glaubenslehre, hat dem Gewissen den Stuhl der Majestät gesetzt, und Kant, der die Autonomie (die eigene Gesetzgebung) des Gewissens lehrte, hat dasselbe hinaufgesetzt."[23] Ein ähnliches Urteil, wie es dieser Aphorismus formuliert, hat in unserem Jahrhundert *Karl Barth* über Geschichte und Gegenwart der selbständigen Theologischen Ethik gesprochen (Kirchliche Dogmatik I/2 875–890). Indem er ihr den Verlust des theologischen Themas, die Verkehrung der Theologie in Anthropologie attestierte, hat er auf die Ethik diejenigen Verdikte noch einmal besonders bezogen, in denen er sein Urteil über die Gesamtentwicklung neuzeitlicher Theologie zusammengefaßt und mit denen er sein Programm der theologischen Wende begründet hatte. Der „Tendenz" der neuzeitlichen Ethik,

---

[22] *Ernst Troeltsch* hat in Auseinandersetzung mit Herrmanns Buch seine große Abhandlung „Grundprobleme der Ethik" geschrieben, die vor dem Hintergrund der neuzeitlichen Entwicklung des Fachs die These durchführt, „daß die Ethik die übergeordnete und prinzipiellste Wissenschaft ist, in deren Rahmen die Religionswissenschaft sich einfügt" (ZThK 1902, abgedruckt in: Gesammelte Schriften II [Tübingen 1913] 552–672, hier 553).

[23] *C. Harms*, Ausgewählte Schriften und Predigten, hrsg. von P. Meinhold, 2 Bde. (1955) I 212.

„sich selbst als theologische Grundwissenschaft an die Stelle der Dogmatik zu setzen bzw. die Dogmatik in sich aufzusaugen, die Dogmatik in eine christlich begründete Ethik zu verwandeln" (ebd. 875), hat er – unter der programmatischen Überschrift „Dogmatik als Ethik" – die Forderung der Rückgliederung entgegengesetzt.

Im Aufriß seines Werkes ist dem in der Weise Rechnung getragen, daß – abgesehen von den Prolegomena (I) – jeder der ursprünglich geplanten weiteren vier Bände mit einem großen ethischen Kapitel schließen sollte. Davon sind ausgeführt worden das 8. Kapitel „Gottes Gebot" (= Teilband II/2) und das 12. Kapitel „Das Gebot Gottes, des Schöpfers" (= Teilband III/4) sowie der Fragmentband IV/4 „Die Taufe als Begründung des christlichen Lebens"[24].

Die Einordnung hat demonstrativen Sinn. Daneben wird auch die Möglichkeit selbständiger Behandlung der Ethik von Barth ausdrücklich erwähnt und eingeräumt unter der Voraussetzung, daß deren Besonderung nicht „prinzipiell", sondern nur „technisch" begründet wäre. Für eine solche Ethik hat er die Rolle und Stellung einer „Hilfswissenschaft" vorgesehen, die „gleichsam im Anhang zur Dogmatik" abzuhandeln wäre (ebd. 889). Was durch die Einordnung demonstriert wird, ist also der gesamttheologische Anspruch der Dogmatik, wie Barth ihn in vergleichbarer Weise auch gegenüber allen anderen theologischen Fächern geltend gemacht hat. Die Dogmatik stellt sich als Summe der Theologie dar, weil Theologie insgesamt als Dogmatik verstanden ist.

5. *Dogmatik und Ethik im Zusammenhang der Theologie*

Die komplexen Entwicklungen und Sachverhalte, die sich mit dem Verhältnis von Dogmatik und Ethik verbinden, lassen dieses Fächerschema als eine Abbreviatur erscheinen, deren Orientierungswert nicht zu hoch, deren Vieldeutigkeit nicht zu gering eingeschätzt werden sollte.

Die Frage nach dem Verhältnis der Ethik zur Dogmatik dürfte primär zu würdigen sein als eine charakteristische Engführung, in der für die Ethik ein Problem verhandelt wird, das grundsätzlich für alle theologischen Fächer besteht. Es handelt sich um die Frage nach dem Gesamtzusammenhang von Theologie, in dem das einzelne Fach faktisch steht, dem es sich ausdrücklich zuordnet, in dem es durch enzyklopädische Bestimmungen und organisatorische Regelungen seinen Platz angewiesen bekommt. In diesem Rahmen findet sich die Ethik allerdings keineswegs nur in einem Bezug zur Dogmatik, sondern

---

[24] Anhand der ethischen Sinngebung der Taufe in diesem letzten Fragmentband hat *T. Rendtorff* (vgl. Lit.) für eine Interpretation plädiert, welche Barths Formel „Dogmatik als Ethik" gewissermaßen beim Wort nimmt und die „Kirchliche Dogmatik" im ganzen als eine auf die Frage des ethischen Subjekts konzentrierte „religiöse Ethik" deutet.

ebenso zu den biblischen Fächern, zur Kirchen- und Theologiegeschichte, zur Praktischen Theologie, von den „Außenbeziehungen" gerade der Ethik ganz zu schweigen.

Die Reduktion der Frage auf den Dogmatikbezug wäre nur dort sinnvoll und verständlich, wo Theologie im ganzen wesentlich als Dogmatik begriffen würde. Insofern wirken in der Konzentration auf das Verhältnis zur Dogmatik, in der Befrachtung dieser Frage mit dem Gewicht des Prinzipiellen diejenigen Bedingungen nach – für die protestantische Theologie in anderer Weise als für die katholische –, unter denen die Ethik sich als selbständiges Fach etabliert und entwickelt hat. Die Rolle der klassischen „Dogmatik" ist ja nicht die eines theologischen Faches neben anderen Fächern gewesen. Sie hat vielmehr in der Tat die Theologie im ganzen repräsentiert. Durch die Entstehung einer selbständigen Ethik neben der Dogmatik hat diese selber eine folgenreiche Veränderung erfahren, und zwar nicht nur hinsichtlich ihres thematischen Umfangs, sondern vor allem hinsichtlich ihrer gesamttheologischen Stellung und Funktion. In dieser Richtung ist freilich keineswegs allein die Ethik wirksam gewesen. Die methodisch-thematische Differenzierung, welche die Signatur der neuzeitlichen Theologie ausmacht, ist zur Gänze das Ergebnis eines Prozesses, in dem die Dogmatik ihres früheren Ranges verlustig gegangen und zum einzelnen theologischen Fach geworden ist. Nicht von ungefähr haben Grundlagendebatten der neueren Theologie auch am Verhältnis von Historischer und Dogmatischer Theologie, später am Verhältnis von Exegese und Dogmatik sich entzündet. Für die Ethik hat sich gleichwohl ein Problemverhältnis besonderer Art durchgehalten. Das gilt schon deswegen, weil sie im theologischen Fächergefüge der Dogmatik am nächsten und in dieser Nachbarschaft mit Abgrenzungs- wie mit Rangfragen am stärksten befaßt geblieben ist. Vor allem aber sind Dogmatik wie Ethik zum Feld gesamttheologischer Begründungsprobleme geworden, in deren Erörterung zeitweise die Fächernamen förmlich zum Titel alternativer Modelle erhoben werden konnten, „Ethik" zum Titel für die Orientierung der Theologie an den Bedingungen der Moderne, „Dogmatik" zum Titel für das Festhalten am und für die Rückwende zum „klassischen" Theologiemodell.

Die Art und Weise, wie die dogmatische Begründung der Ethik in der neueren Theologie als Hauptthema der ethischen Prinzipienlehre verhandelt wird, verdient eigene Beachtung. In der protestantischen Theologie ist an dieser Stelle die Wirkung Karl Barths unverkennbar, weit über den engeren Schülerkreis hinaus, wohingegen er mit der dogmatischen Reintegration der Ethik selbst bei seinen Schülern keine Gefolgschaft gefunden hat. Bemerkenswert ist die breite Fächerung der dogmatischen Komplexe und Themen, die als fundierend angesprochen werden. Nahezu jedes der klassischen Lehrstücke hat für eine solche Begründungsfunktion in Anspruch genommen werden können, so daß trinitarisch, christologisch, ekklesiologisch, eschatologisch begründete Ethik miteinander konkurrieren. Eben an diesem fast kurios anmutenden Sachverhalt treten jedoch durchaus „undogmatische" Bedingungen solcher dogmatischen Begründung hervor. Ein derartiges Spektrum von Begründungsmöglichkeiten zeigt an, daß ein fest umgrenzter dogmatischer Lehrbestand gerade nicht bzw. nicht mehr vorausgesetzt ist. Stillschweigend oder auch unbewußt ist die Annahme in Geltung, daß unterschiedliche Themen der traditionellen Dogmatik die Stellung eines „Zentralthemas" einnehmen können. Die unterschiedlichen „dogmatischen" Begründungen haben in dieser Hinsicht die gleiche Funktion. Sie fungieren als christliches Zentralthema, als qualifizierte Artikulation für das „Wesen des Christentums" und insofern als Begründung, als Rückhalt und Orientierung für die der christlichen Gegenwart zugewandte Theologische Ethik.

Literatur

A. Auer, Anliegen heutiger Moraltheologie, in: ThQ 138 (1958) 275–306.

H.-J. Birkner, Schleiermachers christliche Sittenlehre im Zusammenhang seines philosophisch-theologischen Systems (Berlin 1964).

G. Ebeling, Wort und Glaube II (Tübingen 1969) 1–55.

J. Fuchs, Moraltheologie und Dogmatik, in: Gregorianum 50 (1969) 689–716.

Ch. Keller, Das Theologische in der Moraltheologie. Eine Untersuchung historischer Modelle aus der Zeit des Deutschen Idealismus (Göttingen 1976).

M. Lücht-Steinberg, Die dogmatische Grundlegung der Ethik in der zeitgenössischen Theologie (Diss. theol. Kiel 1972).

I. Mager, Georg Calixts theologische Ethik und ihre Nachwirkungen (Göttingen 1969).

K. Okayama, Zur Grundlegung christlicher Ethik. Theologische Konzeptionen der Gegenwart im Lichte des Analogie-Problems (Berlin–New York 1977).

W. Pannenberg, Die Krise des Ethischen und die Theologie, in: ThLZ 87 (1962) 7–16.

Ders., Wissenschaftstheorie und Theologie (Frankfurt a. M. 1973) 406–442.

T. Rendtorff, Der ethische Sinn der Dogmatik. Zur Reformulierung des Verhältnisses von Dogmatik und Ethik bei Karl Barth, in: T. Rendtorff (Hrsg.), Die Realisierung der Freiheit. Beiträge zur Kritik der Theologie Karl Barths (Gütersloh 1975) 119–134.

J. Rief, Zum theologischen Charakter der Moraltheologie, in: Theologie im Wandel. Festschrift z. 150jährigen Bestehen der Kath.-Theol. Fakultät an der Universität Tübingen (München–Freiburg i. Br. 1967) 518–542.

J. Theiner, Die Entwicklung der Moraltheologie zur eigenständigen Disziplin (Regensburg 1970).

Hans-Joachim Birkner

IV

Die Bedeutung der empirischen Wissenschaften und der Technologie für die Ethik

Daß sich Wissenschafts-, Technologie- und Ethikentwicklung *wechselseitig* beeinflussen, ist die Grundannahme, von der ausgegangen wird. Während bisher hauptsächlich die Bedeutung der Ethik für Wissenschaft und Technologie thematisiert wurde[1], soll es nun um die Rolle gehen, die die empirischen Einzelwissenschaften und die Technologie für die Ethik spielen.

Um möglichen Mißverständnissen vorzubeugen, sei betont, daß es nicht um ‚*empirische Ethik*', d.h. um eine Beschreibung faktischen moralischen Verhaltens, geht[2]. Es wird auch nicht gefragt, welche spezifisch christlichen Aspekte der ethischen Beurteilung wissenschaftlichen Handelns gegenwärtig wichtig sind, sondern, welche Auswirkungen die Entwicklung der empirischen Wissenschaften (abgekürzt: eW) und der Technologie auf die – auch christliche – Ethik hat. Die technologisierten eW haben mit den in ihnen gewonnenen Erkenntnissen die Gesellschaft und das Bild vom Menschen[3] verändert. Diese Veränderungen blieben ihrerseits nicht ohne Einfluß auf die Reflexionen über moralische Fragen. Der Bestand ethikrelevanter, empirischer Befunde erstreckt sich von klassischen Wissenschaftsfeldern wie der Physik und Biologie bis zu neueren Entwicklungen in der Soziobiologie und evolutionären Ethik sowie den Humanwissenschaften.

Zuvor sind einige begriffliche Klärungen nötig: ‚*Ethik*' und ‚*Moral*' werden häufig synonym verwendet, es hat sich jedoch bewährt, beide zu unterscheiden: Ethik als wissenschaftliche Disziplin leistet die theoretische Reflexion über Moral[4]. Der Begriff der ‚*eW*' ist über die ‚*zwei Kulturen*'[5] hinweg durch folgende Kriterien charakterisiert: intersubjektive Vermittelbarkeit, standardisierte Experimentiersituation, zeit- und ortsunabhängige (technische) Reproduzierbarkeit sowie Prognosefähigkeit. Nun sorgt die Technologisierung gerade der eW für eine qualitativ neuartige Situation, da sich durch sie die Art des Forschens verändert und die Reichweite und Eingriffstiefe der Forschung

---

[1] Vgl. *K. Steigleder – D. Mieth* (Hrsg.), Ethik in den Wissenschaften (Tübingen 1990); *J.-P. Wils – D. Mieth* (Hrsg.), Ethik ohne Chance? (Tübingen ²1991).

[2] ‚*Empirische*' wird mit ‚*deskriptiver Ethik*' synonym verwendet; vgl. *A. Pieper*, Einführung in die Ethik (Tübingen ²1991) 203 ff.; *Fr. Thiele*, Unser Tun und Lassen (Konstanz 1984) 29 f.

[3] Vgl. *H. A. Müller* (Hrsg.), Naturwissenschaft und Glaube (Bern u.a. 1988); *M. Svilar* (Hrsg.), Das heutige Menschenbild (Bern 1989).

[4] Vgl. *N. Hoerster*, Ethik und Moral, in: *D. Birnbacher – N. Hoerster* (Hrsg.), Texte zur Ethik (München 1976) 9 ff.; *A. Pieper*, a.a.O. 17 ff.

[5] Vgl. *C. P. Snow* (²1964); dt.: Die zwei Kulturen (Stuttgart 1967).

erheblich erweitert hat (s. u. 3). Dies hat Folgen für ethische Überlegungen, die ihrerseits wieder unser wissenschaftliches Handeln beeinflussen.

Die Situation im ausgehenden 20. Jh. läßt sich am ehesten mit den Begriffen ‚*Technologie*' und ‚*Pluralität*' (bzw. ‚*Pluralismus*'[6], s. u. 1 b/1 c) charakterisieren. Für eine religiöse Weltsicht haben Technologisierung und Pluralisierung die Auswirkung, daß sich die Frage nach ihrer Gültigkeit viel radikaler stellt als zuvor. Die christliche Ethik erfährt nun zum einen eine Marginalisierung und steht zum anderen vor multilateralen Herausforderungen. Die Religionen haben in pluralistischen Gesellschaften nicht nur die Frage nach ihrer Legimität neu zu beantworten, sondern ethische Probleme treten nun vermehrt in Bereichen des Handelns auf, über die die Menschen zuvor keine technische Verfügungsgewalt besaßen.

Abendländisches Denken pflegt ethische Begründungen nach dem Muster eines ‚*praktischen Syllogismus*'[7] zu rekonstruieren, der aus normativen und deskriptiven Elementen besteht. Daher muß jede Veränderung der Randbedingungen sich auf den Wandel in den ethischen Begründungen wie auf die Veränderungen in den normativen Prämissen auswirken.

1. *Was sich verändert hat*

a) Das neue Denken der Natur

In den Naturwissenschaften selbst zeichnete sich in den letzten Jahren in zwei Hinsichten eine radikale Veränderung ab. Zum einen relativierten sich Annahmen über wissenschaftliche Standards (z. B. durch Erkenntnisse in der Quantenmechanik), und zum anderen vollzog sich ein Frontdisziplinen-Paradigmenwechsel[8] von der Physik zu den Biowissenschaften[9].

Empirische Ergebnisse in Chemie und Biologie, wie sie z. B. aus der Hyperzyklentheorie oder den Theorien der Selbstorganisation etc., resultierten, veränderten nicht nur das Wissenschaftsverständnis, sondern auch die weltanschaulichen Annahmen über die Entstehung und Entwicklung von Leben. Es herrscht Konsens, daß der wissenschaftlichen Erklärung von Leben und Evolution keine schlecht-metaphysischen religiösen Theorien übergestülpt werden sollten. Der kulturelle Bedeutungsverlust wissenschaftlicher Weltbilder läßt die Konfrontationen zwischen Wissenschaft und Religion ausbleiben; dieser Ge-

---

[6] Vgl. *W. Ch. Zimmerli*, Das Abendland nach seinem Untergang. Europa zwischen Dualismus und Pluralismus, in: *H. Hoffmann – D. Kramer* (Hrsg.), Das verunsicherte Europa (Meisenhain 1992) 54 ff.

[7] Zum Begriff ‚*praktischer Syllogismus*' vgl. *G. H. v. Wright*, Erklären und Verstehen (Frankfurt a. M. 1974) 93 f.

[8] Vgl. *Th. S. Kuhn*, Die Struktur wissenschaftlicher Revolutionen (Frankfurt a. M. ^{2}1976) 98 f.

[9] Vgl. *S. N. Bosshard*, Erschafft die Welt sich selbst? (Freiburg i. Br. 1985).

winn wird indessen durch den Verlust an wechselseitiger Beziehung von Wissenschaft und ‚*Religion nach der Aufklärung*'[10] erkauft.

b) Technologisierung der empirischen Wissenschaften

Der wesentliche Umbruch in den Wissenschaften (auch eW) geschieht mit der Technologisierung. Das klassische naturwissenschaftliche Experiment bewegt sich noch im Rahmen einer technisch hergestellten Laborsituation, in der Erfahrungswerte zeit-, orts- und personenunabhängig reproduziert und intersubjektiv nachvollzogen werden können[11]. In gegenwärtigen innovativen wissenschaftlichen Handlungssituationen gewinnt nun aber zum einen der Computer eine zunehmenden Einfluß auf den Begriff des ‚*Empirischen*': Tendenziell übernimmt die Computersimulation die Rolle des Experiments. Zum anderen ‚*entgrenzt*' sich durch die universelle Technologisierung die Wissenschaft selbst: Tendenziell wird die gesamte Natur zum Labor. Die eW haben aber im 20. Jh., in dem in der Regel nur diejenigen Standards als wissenschaftlich betrachtet werden, die im Experiment zugänglich sind, nicht nur das szientistische Verständnis geprägt, sondern technologisch auch Kultur, Gesellschaft und die Wissenschaft selbst verändert.

Die hochindustrialisierten Gesellschaften erfahren gegenwärtig die für ihre Entwicklung wesentlichen Impulse aus dem so entstehenden Hybrid von Wissenschaft, Technik und Kultur; das ‚*technologische Zeitalter*'[12] hat begonnen. Unter ‚*Technologisierung*' im engeren Sinn ist zu verstehen, daß (a) wissenschaftliche Grundlagenforschung, technische Anwendung und wirtschaftliche Nutzung nicht mehr scharf zu trennen sind, sondern zu einem neuen Typus wissenschaftlichen Handelns[13] verschmelzen und daß (b) nicht nur die Wissenschaft immer technischer, sondern auch die Technik immer wissenschaftlicher, eben techno-logischer, wird[14]. Aber in dem Maße, in dem die heutige Gesellschaft von Wissenschaft und Technik geprägt wird, hat sich das wissenschaftlich-technische System selbst grundlegend gewandelt. In einem Prozeß ‚*reflexiver Verwissenschaftlichung*'[15] sind die eW als Technologien sich selbst zum Problem geworden und stellen die Ziele der Moderne in Frage[16].

---

[10] Vgl. *H. Lübbe,* Religion nach der Aufklärung (Graz 1986).
[11] Vgl. *M. Wolff,* Naturwissenschaftliche Erkenntnis – Basis für ethische Entscheidungen?, in: *J.-P. Wils – D. Mieth,* a.a.O. 4f.
[12] Vgl. *W. Ch. Zimmerli* (Hrsg.), Technologisches Zeitalter oder Postmoderne? (München ^{2}1991).
[13] Vgl. *W. Ch. Zimmerli,* Ethik der Wissenschaften als Ethik der Technologie, in: *P. Hoyningen-Huene – H. G. Hirsch* (Hrsg.), Wozu Wissenschaftsphilosophie? (Berlin 1988) 402ff.
[14] Ebd. [15] Vgl. *U. Beck,* Risikogesellschaft (Frankfurt a.M. 1986) 259ff.
[16] Vgl. *W. Welsch,* Unsere postmoderne Moderne (Weinheim ^{3}1990). Zur Vernunftkritik vgl. *M. Foucault,* Archäologie des Wissens (Frankfurt a.M. 1981). Zur Autonomiekritik vgl. *H. Nagl-Docekal – H. Vetter* (Hrsg.), Tod des Subjekts? (Wien 1987).

Die Annahme, daß die eW theoretischer Neugierde folgen und lediglich der Wahrheitssuche dienen, wird obsolet und macht einer Neuorientierung der Wissenschaft unter technologisch-pluralistischen Gesichtspunkten mit einem relativierten Wahrheitsanspruch und veränderter gesellschaftlicher Bedeutung Platz [17]. Dabei ist zu bedenken, daß sich auch der Begriff der Empirie verändert hat. In experimentellen Situationen nimmt die Bedeutung des technologischen Moments zu. Nicht nur übernimmt die Computersimulation die Rolle des Experiments (s.o.), sondern dem Computer wächst ein theoriengenerierender Status innerhalb bestimmter Fragestellungen der eW (z.B. in der Wirtschaftswissenschaft) [18] zu. Dieser Prozeß kann noch nicht definitiv beurteilt werden, aber die Ausbreitung des neuen ‚*technologischen Wissenstypus*' ist kaum zu bezweifeln.

c) Pluralismus als kulturelles und normatives Bezugssystem

Auch hinsichtlich der normativen Dimension ist ein Wandel zu verzeichnen, der unter die ‚*Rehabilitierung der Vielheit*' fällt. Damit ist gemeint, daß nicht Einheit, sondern Vielheit der Wertvorstellungen heute in entwickelten Industriegesellschaften die Regel ist. Die kulturelle und geistige Leistung dessen, was in anderem Kontext auch ‚*Postmoderne*' genannt wird [19], besteht darin, nicht mehr die Vielheit der Phänomene unter die Einheit der Begriffe zu bringen, sondern die technologische Vereinheitlichung von Welt durch eine Pluralisierung des kulturellen Überbaus zu kompensieren. Gegenwärtig erleben wir eine Verstärkung dieses Pluralismus: An sich pluralisierenden Lebensformen und individualisierenden Lebensentwürfen unter durch Technologie vereinheitlichenden Lebensverhältnissen kommt keine Gesellschaftstheorie [20] und a fortiori auch keine Ethik mehr vorbei. Hierin liegt aber auch deren gegenwärtiges Hauptproblem: Wie soll die unabdingbare Allgemeinverbindlichkeit erreicht werden, wenn Dissens und Differenz im sozio- und interkulturellen Zusammenleben betont werden? Die Pluralitätsvorstellung der ‚*Radikal-Moderne*' [21] ist durch einen ‚*Pluralismus*' zweiter Stufe zu verstärken:

Eine solche pluralistische Gesellschaft ist nicht nur aus ethnischen, religiösen oder nationalen Motiven pluralistisch, sondern weist auch einen internen Pluralismus auf, der mit ihrer hohen professionellen Ausdifferenzierung zusam-

[17] Vgl. *C. Burrichter – R. Inhetveen – R. Kötter* (Hrsg.), Technische Rationalität und rationale Heuristik (Paderborn 1986).
[18] Vgl. *O. Loistl*, Kapitalmarkttheorie (München u.a. 1991).
[19] Vgl. Anm. 16, auch *W. Welsch* (Hrsg.), Wege aus der Moderne (Weinheim 1989).
[20] Vgl. *J. Habermas*, Strukturwandel der Öffentlichkeit (Frankfurt a.M. 1991; neue Einleitung).
[21] Vgl. *W. Welsch*, Die Postmoderne in Kunst und Philosophie ..., in: *W. Ch. Zimmerli* (Hrsg.), a.a.O. ([2]1991) 55.

menhängt. Hierin läßt sich auch das neue Interesse an Webers Theorie des Berufs erklären[22]. Dabei gilt, daß *Wertekonsens* nur noch insofern nötig ist, als durch ihn *Dissens* ermöglicht wird. Es resultiert eine Grundhaltung, die Vielheit ermöglicht, aber nicht in Vielheit aufgeht[23].

Ethik in einem so verstandenen Pluralismus muß daher der Tatsache Rechnung tragen, daß Allgemeinverbindlichkeitsansprüche unterschiedlicher Extensionen zu berücksichtigen sind. Ganz offensichtlich ist die These irrig, daß Pluralismus zu Relativismus führen müsse (s.u. 4b und d): Berufsständische Prinzipien sind verbindlich, auch wenn sie nicht für alle, sondern nur für alle Angehörigen dieses Standes gelten.

d) Aufgaben und Funktionen einer (christlichen) ethischen Reflexion

Die Einsicht, daß Religion heute den Erkenntnissen der eW nicht widersprechen kann, läßt sich mit Hilfe des Sprachspiel-*Theorems*[24] präzisieren: Sowohl eW und säkulare Vernunftethik als auch Religion sind als Sprachspiele aufzufassen, in denen de- und präskriptiv in nicht-widersprüchlicher Weise über Sachverhalte gesprochen wird. Das *‚Sprachspiel'* der christlichen Ethik hat dabei gegenüber denjenigen der allgemeinen Vernunftethik den Nachteil, ein regional begrenztes präskriptives Sprachspiel neben anderen (Islam, Buddhismus etc.) zu sein, und kann daher nur regionale Allgemeingültigkeit beanspruchen (s.u. 5c). Dafür verfügt es über den Vorteil, nicht nur formale Prinzipien, sondern auch materiale Werte zu beinhalten.

Christliche Ethik muß sich mit Erkenntnissen der eW befassen, nicht um ihre Prinzipien aus diesen zu begründen (s.u. 2Aa), sondern um die deskriptiven Prämissen der *‚praktischen Syllogismen'* (s.o.) auf dem jeweiligen Stand der Wissenschaft zu formulieren. Zwar erlauben die Biowissenschaften allein keine Ableitung moralischer Konsequenzen, aber sie vermögen plausibel zu machen, daß entsprechend den unterschiedlichen Graden der biologisch-genetischen Verwandtschaft auch eine abgestufte Verantwortungsbeziehung zwischen Naturelementen angenommen werden kann. Allerdings dürfen diese Verantwortungsbeziehungen nicht auf die genetische Verwandtschaft allein reduziert werden, sondern sie sind *‚situativ'* abzustufen, wie es mit Rückgriff auf Fletchers *‚situation ethics'*[25] formulierbar ist.

Stellt man zusätzlich das christliche Grundaxiom in Rechnung, daß alle Na-

---

[22] *M. Weber,* Politik als Beruf, in: Gesammelte Politische Schriften (Tübingen [5]1988) 505–560.

[23] *W. Ch. Zimmerli,* a.a.O. (1992) 164.

[24] Zum Terminus ‚Sprachspiel' vgl. *L. Wittgenstein,* Philosophische Untersuchungen (Frankfurt a.M. 1977), bes. § 6.

[25] Vgl. *J. Fletcher,* Situation Ethics (Philadelphia 1966).

turelemente, als Geschöpfe, vor ihrem Schöpfer gleich sind, so ergibt sich, daß die Menschen zum einen ihm für alle Kreaturen verantwortlich sind, zum anderen aber den ihnen situativ am nächsten verwandten Mitgeschöpfen den moralischen Vorzug geben müssen. Das bedeutet nicht, daß es Teile der Schöpfung gibt, die die Menschen einfach mißbrauchen dürfen. ‚*Situativ*' meint, daß die Menschen Gott und den anderen Menschen Rechenschaft über Ziele der Naturnutzung ablegen: Das Töten von Tieren zur Herstellung von Modepelzen z. B. ist heute nicht mehr ethisch begründbar, da und insofern der Wert ‚*Tier*' den Wert ‚*Pelz*' übersteigt[26].

Wenn wir also von christlicher Ethik sprechen, so ist zunächst die Schnittmenge von religiöser Moral und Vernunftethik gemeint. Eine Ethik im technologischen Zeitalter muß sich zur Begründung ihrer handlungsleitenden Prinzipien rationalen Diskursen unterziehen, welche erst auf einer untersten, individuellen Ebene mit der Instanz einer transzendenten Gottheit begründet werden dürfen (s. u. 5c).

2. *Begründungsversuche der Ethik aus den Wissenschaften von der Natur*

Fragt man nach der Bedeutung der eW für die Ethik, so kommen in erster Linie die Natur- und erst in zweiter Linie die Humanwissenschaften in den Blick. Auch wenn die eW selbst ihren *Wahrheits-* und *Objektivitäts*anspruch auf ‚*Verbindlichkeit bzw. Geltung*' und ‚*Intersubjektivität*' relativiert hat[27], hält sich das Vorurteil, mit Hilfe der eW ließen sich auch im Bereich der Ethik Entscheidungen treffen[28].

Die eW von der Natur definieren also nicht nur methodische Standards, sondern liefern auch Begründungsversuche für ethische Argumentationen:

A) Naturalistische Begründungsversuche von Ethik

a) Naturalismus als Problem

Eine Variante der Beziehung der eW zur Ethik, die seit der Neuzeit Konjunktur hat, ist der sog. ‚*Naturalismus*'. Darunter ist der Versuch zu verstehen, normative Prinzipien menschlichen Handelns auf Gesetzmäßigkeiten der Natur zurückzuführen. In der Theorie des praktischen Syllogismus stellt dies eine Ableitung einer präskriptiven Conclusio aus ausschließlich deskriptiven Prämissen dar.

---

[26] Vgl. *H. F. Kaplan,* Philosophie des Vegetarismus, in: Universitas 1992, Heft 8, 729.
[27] Vgl. *W. Büchel,* Gesellschaftliche Bedingungen der Naturwissenschaft (München 1975).
[28] *M. Wolff,* in: *J.-P. Wils – D. Mieth,* a.a.O. 3.

Diese Argumentation, seit Hume als das Sein-Sollens-Problem[29] bekannt und seit Moore als ‚*naturalistischer Fehlschluß*'[30] bezeichnet, krankt daran, daß es, rein logisch, mindestens einer präskriptiven Prämisse bedürfte, um eine präskriptive Conclusio abzuleiten. Meist erweist sich, daß die scheinbar rein wissenschaftliche Begründung auf versteckten Wertannahmen beruht. Daher müssen alle naturalistischen Ansätze, so populär sie auch sein mögen, als gescheitert betrachtet werden[31].

b) Physikalismus – Determinismus/Indeterminismus

In der lange als Grundlagendisziplin der Wissenschaften angesehenen Physik lassen sich in bezug auf die empirische Relevanz für die Ethik zwei Richtungen unterscheiden, die sich auf die Newtonsche Mechanik und die Quantenphysik berufen:

Der Determinismus, der aus der Mechanik hervorgeht und bis auf den heutigen Tag vertreten wird, besagt, daß die physikalische Welt in sich geschlossen sei. Verursachung (auch von Handlungen) habe eine materielle Basis, da nur so physikalische Bewegung erzeugt werden könnte. Menschliche Willens- und Handlungsfreiheit – ein auch christliches Postulat – wird als Illusion betrachtet[32].

Aus Heisenbergs Unschärferelation und der daraus sich entwickelnden Quantenmechanik wurde umgekehrt eine naturalistische Begründung der Freiheit des menschlichen Willens abgeleitet (Indeterminismus). Von dem Problem, daß im subatomaren Bereich nicht gleichzeitig Ort und Impuls eines Elektrons bestimmt werden können, wurde auf die Grundlegung der Willensfreiheit geschlossen[33]. Entsprechend dem Paradigmenwechsel der Frontdisziplinen finden sich beide Positionen heute vorwiegend in den biologischen Begründungsversuchen[34].

c) Biologismus – Evolutionäre Ethik und Soziobiologie

Evolutionäre Ethik und Soziobiologie sind empirisch plausibilisierte Erweiterungen der Evolutionstheorie[35]. Beide gehen von der reduktionistischen These

---

[29] Vgl. *D. Hume,* A Treatise of Human Nature (o. O. 1886) III, I1; vgl. *A. Pieper,* a.a.O. (1991) 214 f.

[30] Zu ‚*Naturalistic fallacy*' vgl. *G. E. Moore,* Principia Ethica (Stuttgart 1970) 41–52; vgl. *A. J. Ayer* (Hrsg.), Philosophy in the 20th century (Boston 1982) 40 ff.

[31] Vgl. *R. Löw,* Ethik und Naturwissenschaft, in: *P. Koslowski* (Hrsg.), Orientierung durch Philosophie (Tübingen 1991) 241–260, bes. 248 ff.

[32] Vgl. *A. M. K. Müller,* Die präparierte Zeit. Der Mensch in der Krise ... (Stuttgart 1972) 72 f.

[33] Vgl. *P. Jordan,* Die Physik und das Geheimnis des organischen Lebens (Braunschweig 1945).

[34] Vgl. *P. Jantsch,* Die Selbstorganisation des Universums (München 1979) 359; *J. Monod,* Zufall und Notwendigkeit (München 1975).

[35] Vgl. *H. Mohr,* Natur und Moral. Ethik in der Biologie (Darmstadt 1987) bes. 76 ff.

aus, daß sich auch geistige und kulturelle Phänomene (z. B. moralische Urteile) biologisch erklären lassen[36].

Der schwache Reduktionismus evolutionärer Konzepte nimmt an, alles aufgrund von genetischen Programmen und Adaptationen an die Umwelt erklären zu können. Ethik ist dann nur eine Funktion innerhalb des biologischen Verhaltens, um das Zusammenleben der Organismen zu regeln. Freie Willensentscheidungen kann es nicht geben, sondern lediglich funktionales bzw. dysfunktionales Verhalten[37]. Die Soziobiologie versucht einer einheitlichen Theorie nicht bloß der Begründung, sondern geradezu der Ersetzung von Moral den Weg zu ebnen: Was wie an Prinzipien orientiertes moralisches Handeln des Menschen aussieht, sei in Wahrheit nur Auswirkung des *‚Egoismus der Gene'*[38]. Ethik wird damit zur Theorie einer Ausrichtung der Organismen an dem *einen* Ziel der Arterhaltung[39].

d) Theorien der Selbstorganisation

Das Evolutionsmodell liefert zwar eine in der Retrospektive suggestive Erklärung vom Entstehen allen Lebens, da die Prinzipien der Mutation, Variation und Selektion als deskriptive Beschreibungsmuster jede Falsifikation ausschließen. Es verliert allerdings dadurch jegliche einzelfallspezifische prognostische Kraft, da sich mit ihm nichts über die Überlebensfähigkeit von Individuen und Arten aussagen läßt[40]. Die Selbstorganisationstheorie hingegen, in der evolutionstheoretische Annahmen aufgenommen werden, verfügt über eine bedingte Prognosefähigkeit, da sie zumindest bestimmte mögliche Zustandsveränderungen (Bifurkationspunkte) vorhersagen kann, wenngleich sie nicht in der Lage ist, anzugeben, welche Qualität der neue Zustand haben wird.

Die an Lorenz[41] orientierende Fulgurationstheorie vertritt – und das wird in der Version Prigogines[42] auch fruchtbar – die Auffassung, daß durch Zusammenschluß kleinerer Einheiten zu Systemen völlig neue Qualitätsniveaus *‚blitzartig'* auftreten können. Die Dimension einer Selbstregulation durch verpflichtende moralische Gebote entstünde in Form einer solchen Fulguration. Allen evolutionären Theorien ist gemeinsam, daß sie lediglich die Genese moralischer Normen begründen können. Sie sagen – wenn überhaupt – nur etwas

[36] *H. Mohr,* Biologische Grenzen des Menschen, in: *J. Herbig – R. Hohlfeld* (Hrsg.), Die zweite Schöpfung (München 1990) 195 ff.

[37] Vgl. *J. Herbig – R. Hohlfeld,* a.a.O. 147 ff.

[38] Vgl. *R. Dawkins* (1976), dt.: Das egoistische Gen (Berlin 1978).

[39] *H. Krieg,* Marquartsteiner Vorträge (Stuttgart 1946), zit. nach *R. Löw,* Leben aus dem Labor (München 1985) 39.

[40] Vgl. *W. Ch. Zimmerli,* Grenzen des evolutionären Paradigmas, in: *U. Jüdes – G. Eulefeld – Th. Kapune* (Hrsg.), Evolution der Biosphäre (Stuttgart 1990) 139 ff.

[41] *K. Lorenz,* Die Rückseite des Spiegels (München 1973).

[42] Vgl. *L. Prigogine – I. Stengers,* Dialog mit der Natur (München 1981).

über die Entstehung von Moralität, aber nichts über die Rechtfertigung der Inhalte aus.

B) Ökologische Begründungsversuche

a) Ökologie als Denkform

Im Gegensatz zu naturalistischen Begründungsversuchen bezwecken ökologische Ansätze nur eine Begründung der Notwendigkeit von Ethik, aber nicht von deren Inhalten, da eine Ableitung der Inhalte auf den naturalistischen Fehlschluß hinausliefe (s. o. 2A a). Zudem stützt die Begründung der Notwendigkeit von Ethik zugleich implizit die Autonomie des Menschen (Willensfreiheit), während eine (z. B. naturrechtliche) Ableitung der Inhalte Heteronomie bedeuten würde. Auch hier sind die Selbstorganisationsmodelle zu bevorzugen, da sie die Genese jener Naturwesen erklären, die nach dem Prinzip der Selbstorganisation selbstbestimmungsfähig sind, d. h. die – auf niedrigerer Stufe ruhend – auf ihrer höheren Systemstufe ein strukturell geschlossenes Ordnungsmuster aufweisen. Homolog zur Herausbildung eigengesetzlicher Ordnungen auf höherer Systemebene aufgrund von dissipativen Strukturen bildet sich auf der Stufe kognitionsfähiger autopoietischen Systeme ein Regulationsmechanismus des sozialen Zusammenlebens heraus, der selbstreferentiell ist und sich nicht auf die psycho-organische Ebene reduzieren läßt.

Die autonomen Lebewesen werden mit der Frage beschäftigt sein, welche Eingriffe in die (außer-)menschliche Natur zur Befriedigung menschlicher Bedürfnisse (ökologische Fragen, Nord-Süd-Problematik etc.)[43] noch verantwortbar sind; d. h., sie müssen sich stärker als bisher mit ihrer (ökologischen) Verantwortung sowohl der Natur als auch zukünftigen Generationen gegenüber befassen.

Ethik kann sich daher nicht mehr allein nach herkömmlichen Vorstellungen entwickeln, da die qualitative Neuartigkeit, die durch die Technologisierung menschlicher Handlungsmöglichkeiten sowohl formale Prinzipien- als auch materiale Wertethik einbindet. Die gegenwärtige Ethik ist im Prozeß einer Transformation von einer Prinzipien- zu einer Problemorientierung, in der sich folgenorientiert formale mit materialen Werten verbinden lassen (s. u. 5c).

---

[43] Vgl. *W. Ch. Zimmerli – H. Ströbel – S. Wolf*, Welche Zukunft will der Mensch? (Hannover 1992), bes. 76 ff.

b) Ökologischer Holismus

In der christlichen Schöpfungstheologie bildet die Vorstellung von Kreatürlichkeit allen Lebens eine notwendige gemeinsame Basis. Holistische Konzepte, die nach der Einheit von Natur und Mensch[44] fragen, stellen Begründungsversuche dar, die *‚Menschheit und ihre natürlichen Lebensgrundlagen‘*[45] in ihrer notwendigen Interdependenz zu sehen. Empirisch rechtfertigen läßt sich diese Position ex negativo durch die fortschreitende Zerstörung der gemeinsamen organischen Grundlagen aller Lebewesen[46].

Als fundamentales Problem einer durch die Technologisierung erweiterten Handlungsmacht und einer dadurch gewachsenen Verantwortung (s. u. 3 a) erweist sich der verantwortbare Umgang mit Nicht-Wissen (s. u. 5 a). Dies haben nicht erst die kerntechnische Reaktorkatastrophe in Tschernobyl und schädliche Folgen freigesetzter Fluorchlorkohlenwasserstoffe auf die Strato-Ozonschicht deutlich werden lassen. Linearer Fortschrittsglaube, Rohstoffausbeutung, Stetigkeitsannahmen in Natur- und Technikprozessen, kurz: Verabsolutierungen des klassisch-mechanischen Wissenstyps haben zu fatalen Konsequenzen in Natur und Gesellschaft geführt, so daß es zwingend wird, von komplexen und miteinander vernetzten Folgen auszugehen, die die Menschen auslösen, wenn sie in Naturkreisläufe eingreifen[47]. Für Christen stellt sich dies so dar, daß sie als Geschöpfe nicht die ganze Schöpfung umgreifen können und sich von daher in die Abläufe auf möglichst behutsame Weise integrieren müssen[48]. So ist es sinnvoll, dem Prinzip *‚Heuristik der Furcht‘* von Jonas zu folgen und *‚der schlechten Prognose‘*[49] Vorrang einzuräumen.

c) Ökologische Verantwortung

Der Furcht in unserer technologischen Entwicklung wieder einen gebührenden Platz einzuräumen heißt einzugestehen, daß Empirie und Technologie ihre vermeintliche Unfehlbarkeit preisgegeben haben. Da sich die eW als Technologie so verändert haben, daß sie nun Risiken produzieren, welche mental nicht mehr gemeistert werden können, wird die Situation auf eine qualitativ neue

---

[44] Vgl. *C. F. v. Weizsäcker,* Der Garten des Menschlichen (München 1977) 395.

[45] *K. Meyer-Abich,* Eigenwert der natürlichen Mitwelt und Rechtsgemeinschaft der Natur, in: *G. Altner* (Hrsg.), Ökologische Theologie (Stuttgart 1989) 254.

[46] Vgl. *Club of Rome,* Die erste globale Revolution, in: Spiegel Spezial Heft 2/1991; *D. und D. Meadows – J. Randers,* Die neuen Grenzen des Wachstums (Stuttgart 1992).

[47] Vgl. *E. U. v. Weizsäcker,* Erdpolitik (Darmstadt 1989).

[48] Vgl. *J. Audretsch* (Hrsg.), Die andere Hälfte der Wahrheit (München 1992), bes. *J. Moltmann,* Die Entdeckung der anderen 173 ff; oder *G. Altner* (Hrsg.), a.a.O. (1989), bes. Teil IV, 253 ff.

[49] *H. Jonas,* Das Prinzip Verantwortung (Frankfurt a. M. 1979) 322 f.

Stufe gehoben. ‚*Ehrfurcht vor dem Leben*'[50] hat Schweitzer gefordert, und in (christlich-)ethischer Hinsicht bedeutet dies, die Rechte der Mitgeschöpfe zu berücksichtigen[51]. Denn auch scheinbar rein technologische Fragestellungen stehen *im Naturzusammenhang.*

Als ‚*reflexiver Modernisierung*'[52] ergibt sich die Notwendigkeit, naturwissenschaftliches Wissen in bezug auf negative Nebenwirkungen der Technologisierung, z.B. auf die CO_2-Emissionen, den Treibhauseffekt, die schwindende Ozonschicht, das (Regen-)Waldsterben etc. ökologisch vertretbar in ethischen Beurteilungen zu berücksichtigen[53].

Diese empirischen Erkenntnisse fließen auch in die bereits partiell institutionalisierten Versuche einer Technikfolgenabschätzung und -gestaltung ein, die als Konsequenz aus der Einsicht entstanden, daß sich in technologischen Prozessen Rückkopplungen und Aufschaukelungseffekte mit nicht-intendierten Folgen ereignen, die so in den Verantwortungsbereich technologischen Handelns treten (s.u. 5a). Einerseits werden diese Einsichten durch Erfahrungen mit technologischen Katastrophen[54] hervorgerufen, andererseits tragen hier auch naturwissenschaftliche Erkenntnisse dazu bei, daß sich die Vorstellung von natürlichen (*und* technischen!) Prozessen nicht länger am klassischen Bild der Mechanik orientiert[55].

3. Die Veränderung der Verantwortungsrelation durch die Technologisierung

a) Handeln und Verantwortung

Die ethische Relevanz der eW ergibt sich darüber hinaus in der Technologisierung, die die Trennung von Wissenschaft und Ethik obsolet macht: Wenn gilt, daß wissenschaftliche Forschung und technologisches Handeln konvergieren, dann gilt auch, daß schon der Erkenntnisgewinn moralisch verantwortet werden muß. Das läßt sich besonders bei den bereits technologisierten eW sehen, da hier die Bewertung einer Handlung nicht anders möglich ist, als die Handlungsfolgen in die Bewertung einzubeziehen[56].

Traditionell handlungstheoretisch gesprochen sind menschliche Akteure

---

[50] Vgl. *A. Schweitzer,* Die Ethik der Ehrfurcht vor dem Leben, in: *ders.,* Kultur und Ethik (München 1972).
[51] Vgl. *B. Irrgang,* Christliche Umweltethik (München 1992). 20ff; *G. Altner,* Naturvergessenheit (Darmstadt 1991).
[52] Vgl. *U. Beck,* a.a.O. (1986) 251ff.
[53] Vgl. Global warming, The GREENPEACE-Report (Oxford 1990); *K. Steigleder – D. Mieth,* a.a.O. 81–103.
[54] Vgl. *Ch. Perrow* (1984), dt.: Normale Katastrophen (Frankfurt a.M. 1987).
[55] Vgl. *S. N. Bosshard,* a.a.O. 79ff.
[56] *W. Ch. Zimmerli* in: *P. Hoyningen-Huene – G. Hirsch,* a.a.O. (1988) 407.

sensu stricto nur dann verantwortlich, wenn ihnen die Handlungsfolgen eindeutig zugeordnet werden können[57]. Verantwortung ist nun aber als eine mindestens dreiwertige Relation bestimmbar, in der es um die Zuschreibung geht: *Wer* (Verantwortungssubjekt) ist *wem* gegenüber (Verantwortungsinstanz) *wofür* (Verantwortungsbereich) verantwortlich?[58]

War die Instanz bis zur Neuzeit für alle Europäer Gott, vor dem der einzelne sein Handeln (Kausalhandlungsverantwortung s.o. 2Bb) rechtfertigen mußte, so haben sich heute zu allen drei Relaten erhebliche Veränderungen ereignet[59]. Auch wird die Verantwortungszurechenbarkeit entgrenzt: Quantität (Eingriffsbreite), Qualität (Eingriffstiefe), Irreversibilität, Inkontinenz (s.u. 3d) und Komplexität haben durch die Technologisierung der eW derart zugenommen, daß klassische Verantwortungskonzepte und deren ethische Fundierung nicht mehr ausreichen. Das impliziert, daß der spezifisch technologischen Qualität, der ubiquitären Tendenz der Entgrenzung, durch eine *problemorientierte* Ethik, die sich Verfahrenselemente bedient und Technikgestaltung integriert, Rechnung getragen werden muß (s.u. 5).

Die Engführung der deutschen ethischen Diskussion auf deontologische (Gesinnungs-)Ethik, die auch die christliche Ethik bis heute beeinflußt, wird hier aufgrund der Technologisierung der eW durch teleologische Erwägungen beendet: Es wird zur moralischen *Pflicht,* Handeln *verantwortungsethisch* zu beurteilen[60]. Zum einen müssen wir wohl mit Jonas annehmen: „*Indem der Mensch Verantwortung haben kann, hat er sie*"[61], darüber hinaus gilt aber auch, daß wir es unter technologischen Bedingungen mit einer erweiterten Verantwortung (sowohl in raum-zeitlicher Hinsicht als auch hinsichtlich der Anzahl von Personen als *Verantwortungssubjekte*[62]) zu tun haben.

b) Energietechnologie

Die ‚*raum-zeitliche Entgrenzung*'[63], die auf die Kernenergie beschränkt schien, weitet sich nach den Erkenntnissen der Klimaforschung auf die Verbrennung fossiler Rohstoffe aus. Sind es in b1 quantitative, so in b2 qualitative Aspekte, die die Neuartigkeit der Entgrenzung ausmachen.

---

[57] Vgl. *G. Meggle* (Hrsg.), Analytische Handlungstheorie I (Frankfurt a.M. 1985).
[58] Vgl. *W. Ch. Zimmerli,* Wandelt sich die Verantwortung mit dem technischen Wandel?, in: *H. Lenk – G. Ropohl* (Hrsg.), Technik und Ethik (Stuttgart 1987) 92–111, bes 102ff.; *D. Birnbacher,* Verantwortung für zukünftige Generationen (Stuttgart 1988).
[59] *W. Ch. Zimmerli,* Was hat Ethik mit Technik zu tun?, in: *J.-P. Wils – D. Mieth,* a.a.O. (^{2}1991) 86ff.
[60] Vgl. *M. Weber,* Politik als Beruf, in: a.a.O. 559.
[61] *H. Jonas,* Prinzip Verantwortung – zur Grundlegung einer Zukunftsethik, in: *Th. Meyer – S. Miller* (Hrsg.), Zukunftsethik und Industriegesellschaft (München 1986) 3.
[62] *W. Ch. Zimmerli* in: a.a.O. (1987) 105.
[63] Vgl. *U. Beck,* Gegengifte (Frankfurt a.M. 1988), insb. 115ff.

1) *Kernenergie.* – An Fragen der friedlichen Nutzung der Kernenergie hat sich die Problematik der ‚*Risikogesellschaft*'[64] entzündet: die versicherungsmathematische (empirisch belegte) Kalkulation des Risikos (Produkt von Schadensausmaß und Unfallwahrscheinlichkeit) entwertet sich unter technologischen Bedingungen. Die raum-zeitliche Entgrenzung, wie sie sich an radioaktiver Strahlung verdeutlichen läßt, demonstriert die Unmöglichkeit einer monetären Berechnung, da eine quantifizierbare empirische Bewertungsgrundlage fehlt. Die ethische Konsequenz dieser Erkenntnis läge darin, der Fehlbarkeit des Menschen im technologischen Handeln Rechnung zu tragen und keine irreversiblen Prozesse in Gang zu setzen, sondern im Gegenteil auf Umkehrbarkeit zu achten[65].

Auch in bezug auf die Endlagerung radioaktiver Substanzen ergeben sich empirische Einsichten, die nicht ohne Einfluß auf ein ethisches Verantwortungskonzept bleiben. Bei Halbwertszeiten von mehr als 24000 Jahren stellt sich die Frage, welcher menschliche Akteur behaupten kann, Handlungsfolgen von einer solchen Zeitspanne sicherheitstechnisch zu verantworten?[66]

2) *Fossile Energieträger.* – Was die qualitativen Folgen betrifft, ist die Emission von CO_2 (und anderer Treibhausgase) ebenfalls ein derartiger Entgrenzungsfall. Die empirischen Erkenntnisse der Klimaforschung weisen beträchtliche Erhöhungen der Durchschnittstemperaturen (im Jahresmittel) nach, so daß eine erhebliche Gefährdung vieler Pflanzen- und Tierarten sowie ganzer Ökosysteme von diesem globalen Erwärmungseffekt erwartet wird[67]. Die Bedeutung solcher Erkenntnisse für die (Umwelt-)Ethik liegt darin, daß sie – je nach Sprachspiel – die Mitgeschöpflichkeit bzw. ökologische Verantwortung bewußtmachen.

Hier stellt sich die Frage nach der Verantwortbarkeit von Handlungen, die aufgrund sich globalisierender Folgen eine ‚*reflexive und kollektive Selbstgefährdung*' darstellen. Die Menschheit befindet sich in der Lage, die eine Einlösung der Forderung nach Rückführbarkeit in einen weniger (selbst-)gefährdenden Zustand nahezu ausschließt. Die Erwärmung der Erdatmosphäre, zu der jeder einzelne bei der Verbrennung fossiler Rohstoffe kumulativ beiträgt – von daher läßt sich von ‚*Synergie-Verantwortung*' sprechen, die die Menschen der Erde gegenüber haben –, wird sich erst in Jahrzehnten vom anthropogenen Faktor erholen[68], sollte es uns überhaupt gelingen, die Emission der Treibhausgase drastisch einzugrenzen.

---

[64] Vgl. *U. Beck* (1986).
[65] Zu ‚*Reversibilität*' und ‚*Fehlerfreundlichkeit*' vgl. *E. U. v. Weizsäcker,* a.a.O. (1989) 234ff.
[66] *K. Meyer-Abich – B. Schefold,* Die Grenzen der Atomwirtschaft (München [4]1986).
[67] *P. J. Crutzen – M. Müller* (Hrsg.), Das Ende des blauen Planeten (München 1989), insb. Teil I, 11ff.
[68] Vgl. *R. Grießhammer* u.a., Ozonloch und Treibhauseffekt (Reinbek 1989), insb. 22ff. (FCKW) und S. 104ff. (Treibhauseffekt).

c) Gentechnologie

Bei der Gen- wie auch bei der Informationstechnologie (s. u. 3 d) müssen neben quantitativen vor allem qualitative Aspekte berücksichtigt werden. Bedingungen der Natur- und Kognitionsbasis, die als unveränderbar galten, werden einer technischen Option unterstellt. So entsteht mit der Gentechnologie eine ‚*synthetische Biologie*'[69], in der Leben technisch hergestellt wird. Die scheinbar ‚*hinter dem Rücken*' der Menschen liegende Naturbasis wird in den Handlungsbereich geholt und technologisch verfügbar.

So kommt vernunftethisch die Frage: Gibt es prinzipielle Grenzen der Machbarkeit (z. B. bei der Patentierung gentechnologischer Produkte)[70], die der Mensch – bei aller technologischen Verfügungsmacht – nicht überschreiten darf? Die Herstellung von (zumal menschlichem) Leben nach Maß[71] stellt für jede religiöse Ethik die grundsätzliche Frage, ob damit nicht die Grenze zur menschlichen Hybris definitiv überschritten ist. Ist es mit dem Schöpfungsgedanken vereinbar, wenn der Mensch selbst zum Schöpfer (auch seiner selbst) wird? Rein vernunftethisch ist jeder Gentechnologie-Eingriff z. B. in die menschliche Keimbahn kategorisch abzulehnen, da die ‚*intergenerationelle Fairneß*' verletzt wird, genauer: das medizinethische Prinzip der informierten Zustimmung[72]: Zukünftige Personen, deren Genom verändert wird, können nicht befragt werden, ob sie dem Eingriff zustimmen (s. u. 4 e).

d) Informationstechnologie

Bezüglich ethischer Probleme der Informationstechnologie ist zu fragen, wer für die ‚*Datenverschmutzung*'[73] verantwortlich ist. Dies zeigt sich vor allem hinsichtlich der Ungewißheit, ob wir alles kontrollieren können, was wir informationstechnologisch induzieren. Inkontinenz in praktischer und das ‚*Paradox der Informationstechnologie*'[74] in theoretischer Hinsicht stellen zwei Kontexte dar, in denen technologisches Handeln zur Notwendigkeit ethischer Reflexion führt. Sowohl die Theorie als auch die Erfahrung lehren, daß die Menschen zum einen dem Computer keine Entscheidungsbefugnis übertragen (‚*Heteronomie*') und zum anderen dem Vorurteil, die logischen Operationen der Maschine seien voll-

---

[69] Vgl. *E.-L. Winnacker*, Synthetische Biologie, in: *J. Herbig – R. Hohlfeld*, a.a.O. (1990) 369 ff.

[70] Vgl. EKD, Einverständnis mit der Schöpfung (Gütersloh 1991) 34 f.

[71] Vgl. *W. van den Daele*, Mensch nach Maß? (München 1985).

[72] Vgl. ‚Nuremberg-Code' 1946–49, Principle 1, in: *T. L. Beauchamp – L. Walters* (Hrsg.), Contemporary Issues in Bioethics (Encino a. B., CA 1978) 404.

[73] *W. Ch. Zimmerli*, Who is to Blame for Data Pollution? in: *C. Mitcham – A. Huning* (Hrsg.), Philosophy and Technology (Dordrecht 1986) 291–305.

[74] *W. Ch. Zimmerli*, Künstliche Intelligenz – Die Herausforderung der Philosophie durch den Computer, in: Forum für interdisziplinäre Forschung 1988, Heft 1, 49.

ständig beherrschbar, wenig Glauben schenken sollten, da die Ergebnisse ultraschneller Berechnungen von Menschen nicht mehr überprüft werden können. Wir arbeiten dann mit Ergebnissen, die wir ungeprüft dem Computer entnehmen, und handeln danach. Hier zeigt der Umgang mit Informationstechnologien, daß die Unüberschaubarkeit vor allem im Bereich der Verarbeitung von Komplexität entsteht. ‚*Im-Prinzip-Lösungen*' können faktisch Risiken produzieren, die verantwortungsethisch sehr problematisch sind[75].

4. Die Wissenschaften vom Menschen und ihre Relevanz für die Ethik

a) Humanwissenschaften und Wertbeziehung

Der Werturteilsstreit[76] hat gezeigt, daß empirische Ergebnisse ohne normative Annahmen keinen Sinn machen. Bloße Daten, seien sie nun natur- oder sozialwissenschaftlich erhoben, besagen nichts, sondern stellen nur das Material für wertende Interpretationen bereit. Daher ist jede wissenschaftliche Forschung, insbesondere aber jene im Rahmen der Humanwissenschaften, auch mit der Frage beschäftigt, welchen Zielen die Forschung dienen soll. Während alle Wissenschaften in dieser Hinsicht eine *„praktische Wertbeziehung"* aufweisen, zeichnen sich die Humanwissenschaften durch eine *„theoretische Wertbeziehung"* aus[77]; d.h., sie haben jene Wertungen zu *thematisieren,* die die anderen – explizit oder implizit – *verwenden.* Die Wertbeziehungsfrage stellt sich so in den Humanwissenschaften theoretisch am deutlichsten, wenngleich die Technologien, heute vor allem im Bereich der Gen- und Informationstechnik, praktisch in stärkerem Maße wertbezogen sind (s.o. 3c und d).

Über den fundamentalen Wandel in den Naturwissenschaften hinaus haben sich auch ethisch relevante Veränderungen in den eW vom Menschen ergeben, die von einer komplexen Einheit der Natur ausgehen. Das *‚anthropische Prinzip'*[78] besagt, daß die Natur die Ermöglichungsbedingung des (menschlichen) Lebens ist: Der Mensch ist dann der Teil der Natur, in dem diese über sich selbst nachdenkt.

b) Ethnologie

Von dia- und synchronen, kultur- und epochevergleichenden Studien lernen wir, daß die grundsätzliche historische und regionale *Relativität* von Präfe-

---

[75] Vgl. *R. Keil-Slawik,* Das kognitive Schlachtfeld, in: *B. Irrgang – J. Klawitter* (Hrsg.), Künstliche Intelligenz (Stuttgart 1990) 79–97, bes. 80f.
[76] Vgl. *H. Albert – E. Topitsch* (Hrsg.), Werturteilsstreit (Darmstadt ³1990).
[77] Vgl. *H. Rickert,* Die Probleme der Geschichtsphilosophie (1924), in: *H. M. Baumgartner – J. Rüsen* (Hrsg.), Seminar: Geschichte und Theorie (Frankfurt a.M. 1976) 253ff.
[78] Vgl. *E. Scheibe,* Gibt es eine Annäherung der Natur- an die Geisteswissenschaften?, in: Universitas 1987, Heft 1, 5ff.

renzhierarchien nicht zu einem *Wertrelativismus* führt, sondern daß in jeder Kultur und Epoche an der normativen Absolutheit trotz kognitiver Relativität festgehalten wurde und wird (s.o. 1 c)[79].

Das, was interkulturell gelernt wird, erhält in einer pluralistischen Gesellschaft auch intrakulturell Geltung. Die Ethnologie trägt also als kulturvergleichende eW dazu bei, daß wir uns – als christliche Europäer – einerseits der Relativierung unserer Wert- und Normenvorstellungen interkulturell bewußt werden (und diese intrakulturell tolerieren), uns aber dennoch an den normativen Standards, die unsere Gesellschaft gebildet hat, als an den für uns absolut gültigen orientieren[80].

c) Entwicklungspsychologie

Die empirische Entwicklungspsychologie informiert in zwei Hinsichten über die individuelle Moralentwicklung: Die diachrone Theorie der Entwicklung von Moralitätsniveaus (Phylogenese der Menschheit) stellt (1) einen Beleg für den evolutionären Charakter moralischer Standards dar und erlaubt, daß wir (2) ontogenetisch die Schwäche der traditionellen (auch christlichen) Ethik kompensieren, derzufolge Kinder kleine Erwachsene seien und es keine Geschlechterdifferenzen in Sachen Moralität gebe.

Piaget[81] zeigt, daß Moralität eine Größe ist, die sich in der sozialen Interaktion erst herausbildet: Kinder haben andere Gerechtigkeits- und Gleichheitsvorstellungen als Erwachsene und lernen nach und nach, sich bestimmten Argumenten anzuschließen, um ihren Egoismus altruistisch zu übersteigen. Dies wurde mehrfach empirisch bestätigt[82].

Die empirische Frauenforschung liefert Anhaltspunkte für eine situative Kontextethik: Frauen und Männer entscheiden je nach persönlicher Lage; urteilen Männer z.B. in puncto Abtreibung kategorischer als Frauen, so argumentieren umgekehrt diese in bezug auf die Möglichkeit der Wehrdienstverweigerung prinzipieller[83]. Individuelle Betroffenheit und nicht allein das Geschlecht beeinflußt die ethische Argumentation. Weiter zeigt Gilligan, daß die empirische Forschung der Moralentwicklung zu stark auf die männliche Adoleszenz konzentriert war[84].

---

[79] Vgl. *L. Kühnhardt*, Die Universalität der Menschenrechte (Bonn 1987), bes. 139ff.
[80] *C. Levi-Strauss*, Anthropologie structurale (Paris 1985) 394ff.
[81] *J. Piaget*, Das moralische Urteil beim Kinde (München ^{2}1990).
[82] Vgl. z.B. *L. Kohlberg*, Zur kognitiven Entwicklung des Kindes (Frankfurt a.M. 1974); *R. Döbert – J. Habermas – G. Nunner-Winkler*, Die Entwicklung des Ichs (Köln 1977).
[83] Vgl. *G. Nunner-Winkler* (Hrsg.), Weibliche Moral (Frankfurt a.M. 1991), bes. dies.: Gibt es eine weibliche Moral? 147ff.
[84] *C. Gilligan*, Die andere Stimme. Lebenskonflikte und die Moral der Frau (München 1984).

d) Empirische Sozialforschung

Es wäre ein Mißverständnis, empirische Sozialforschung als einen Relativierungsversuch der Allgemeinverbindlichkeitsansprüche von Ethik zu werten; sozialempirische Daten haben vielmehr die Funktion, über Rahmenbedingungen zu informieren, welche moralisches Handeln behindern bzw. befördern können. Von Milieus oder Gruppensituationen gehen zwar starke Impulse für den einzelnen aus, sie determinieren aber nicht sein persönliches Verhalten. Es ist für die individuelle Moralentwicklung wichtig, welche Erfahrungen der einzelne in seiner näheren Umwelt macht. Deren empirische Erfassung ermöglicht Rückschlüsse darauf, warum Individuen sich bestimmten Vorstellungen von moralisch richtigem oder falschem Verhalten öffnen bzw. verschließen[85]. Der Behaviorismus (Skinner u. a.)[86], der psychologisch den menschlichen Geist nach dem Reiz-Reaktions-Schema als ‚*black box*‘ auffaßt und ihm jede moralische Entscheidungsfähigkeit abspricht[87], ist als weiterer der unter 2Ab genannten Begründungsversuche zu betrachten.

e) Medizin

Wenngleich die Medizin keinen Begründungsversuch für Moral liefert, haben die ethischen Erfordernisse in diesem Bereich dazu geführt, daß innerhalb der Ethik *anwendungsbezogener* argumentiert wird. In vier Punkten hat nach Toulmin die Medizin die Standards ethischer Begründungen in Richtung einer *angewandten Ethik* beeinflußt: (1) Die Sprache wurde objektiver; nicht mehr von Empfindungen (Wünschen), sondern von Bedürfnissen und Interessen ist die Rede. (2) Allgemeine, formale Prinzipien wurden an Fallstudien überprüft und ggf. modifiziert (situative Kontextethik, s. u. 4c). (3) Eine Berufs- und Ständeethik ist formuliert, da ein Arzt ‚*in seinem Beruf als Arzt*‘ einem ganz bestimmten Kodex folgen muß, und (4) die Moralphilosophie achtet wieder auf ‚*common-sense*‘-Begriffe wie ‚*Vernünftigkeit*‘ und ‚*Mitmenschlichkeit*‘[88].

f) Transzendental- und Sprachpragmatik

Als ‚Transzendentalpragmatik‘ wird die philosophisch-sprachwissenschaftliche Theorie bezeichnet, die nicht nur die Strukturen von Sprechakten und die Genese der mit ihnen verbundenen Ansprüche, sondern auch die Berechtigung der als faktisch geltend vorausgesetzten Prinzipien zu klären versucht. In jeder Sprechsi-

---

[85] Vgl. *U. Flick – E. v. Kardorff* u. a. (Hrsg.), Handbuch der Qualitativen Sozialforschung (München 1991), bes. 115 ff.
[86] *B. F. Skinner*, Jenseits von Freiheit und Würde (Reinbek 1973).
[87] Vgl. *A. Pieper*, a.a.O. (^{2}1991) 136 ff.
[88] *S. Toulmin*, How Medicine Saved the Life of Ethics, in: *J. P. DeMarco – R. M. Fox* (Hrsg.), New Directions in Ethics (New York 1986) 266 f.

tuation weisen die Sprechenden über sich selbst auf intersubjektiv gültige Grundsätze hinaus. In jeder Situation werden also, allein durch die Äußerung von Sprechakten,[89] bestimmte Geltungsansprüche erhoben, die ihrerseits auf einer regulativen Grundidee beruhen: *„Die ideale Kommunikationsgemeinschaft ... (macht) ... eine diskursive Organisation der kollektiven Verantwortung für kollektive Handlungen (...) allererst möglich.“*[90]. Habermas sieht in der Diskursethik *„eine Erklärung des moralischen Gesichtspunkts aus allgemeinen Kommunikationsvoraussetzungen“*[91] und versucht, aus der Differenzierung dieser Grundidee die Geltungsansprüche der Verständlichkeit, Richtigkeit, Wahrheit und Wahrhaftigkeit[92] sowie damit verbundene normative Prinzipien zu begründen.

Die Stärke dieser Versuche liegt darin, Begründungsleistungen für Geltungsansprüche und Prinzipien zu erbringen, allerdings ohne daß positive Handlungsentscheidungen ermöglicht werden, da die transzendentalpragmatisch gewonnenen Prinzipien (i.e. Vernunftprinzipien der modernen Ethik, s.u. 5c) allein zu abstrakt sind.

5. *Rückwirkungen auf die technologisch gewordenen empirischen Wissenschaften*

a) Von der Technikfolgenabschätzung zur Technikgestaltung

In der Technikentwicklung ergab sich spätestens seit den frühen 70er Jahren[93] die Aufgabe einer neuen Beurteilung der Verantwortbarkeit von Wissenschaft und Technik (s.o. 3b). Die hierzu unternommenen Versuche einer *‚Technikfolgenabschätzung‘*[94] erwiesen sich als unzureichend. Die Entwicklung verlief über die Integration von Technikfolgenforschung und -bewertung hin zum Konzept der Technikgestaltung, in der neben der Antizipation unerwünschter Folgen auch dem Entwurf erwünschter Zukunftsszenarien und deren Realisierung Rechnung getragen werden soll[95].

Fest steht, daß durch die Technologisierung des Handelns bereits bei der ethischen Begründung moralischer Normen und der Zuschreibung von Verantwortung ungelöste Fragen auftreten. Das sind Probleme der Mitverantwor-

---

[89] Vgl. *J. Habermas,* Theorie des kommunikativen Handelns, 2 Bde. (Frankfurt a. M. 1981), bes. I, 385ff.
[90] *K. O. Apel,* Verantwortung heute – ..., in: *Th. Meyer – S. Miller* (Hrsg.), a.a.O. (1986) 35.
[91] *J. Habermas,* Erläuterungen zur Diskursethik (Frankfurt a. M. 1991) 119.
[92] Ebd. 132ff.
[93] Vgl. *Th. Kluge – P. Schmincke* (Hrsg.), Technikfolgenabschätzung und Technikforschung (Frankfurt a.M. 1989).
[94] Vgl. *H. Albach – D. Schade – H. Sinn* (Hrsg.), Technikfolgenforschung und Technikfolgenabschätzung (Berlin 1991).
[95] Vgl. *W. Bungard – H. Lenk* (Hrsg.), Technikbewertung (Frankfurt a.M. 1988).

tung, der korporativen Verantwortung und einer Ethik institutionellen Handelns[96], die sich aus spezifisch technologischen Situationen ergeben. In Unternehmen und (Forschungs-)Instituten werden Entscheidungen nicht mehr von einzelnen, sondern von Teams getroffen.

Um diese abstrakte institutionelle Verantwortung auf individueller Ebene umzusetzen, ist es nötig, ein *Gefühl von Mitverantwortung* als persönliche Haltung zu entwickeln und so auf das Auseinanderfallen von Handlungs- und Verantwortungssubjekt in technologischen Kontexten zu reagieren. Christlich bedeutet das, das Gebot der Nächstenliebe der gemeinsam zu tragenden Verantwortung auch auf Prozesse auszuweiten, für die man nicht ursächlich verantwortlich war, die man aber mitverfolgen und zumindest partiell mitbeeinflussen konnte.

Zudem weist die christliche Ethik die Menschen an, sich der Endlichkeit ihrer eigenen Möglichkeiten bewußt zu werden. Ihre Geschöpflichkeit bringt es mit sich, daß sie die Größe und Komplexität der Natur weder ganz erkennen noch analysieren können. Von daher erhält *Fehlbarkeit* eine neue Bedeutung: verantwortungsvoller Umgang mit Nichtwissen[97].

b) Ethik-Kommissionen als institutionalisierte Diskurs-Verfahren

Die Ethik-Kommissionen, wie sie sich ausgehend von der Medizin gebildet haben, stellen einerseits den institutionalisierten Versuch dar, der Pluralisierung und Individualisierung der Gesellschaft Rechnung zu tragen; Christen befinden sich – als gesellschaftlich relevante Gruppe – in diesen Kommissionen im argumentativen Widerstreit mit anderen[98].

Andererseits dienen Ethik-Kommissionen dem Zweck, in technologischen Kontexten, in denen sich Handlungsbereich und -macht des Menschen enorm erweitert haben, Zukunft als einen individuellen Gestaltungsbereich zu operationalisieren, dem sich der Mensch in der veränderten Verantwortungskonstellation (s.o. 3a) zu stellen hat.

c) Unterwegs zu einer Ethik für das technologische Zeitalter

Eine durch formale Prinzipien mit Allgemeingültigkeitsanspruch geleitete, auf die Folgen ausgerichtete, problemorientierte Verfahrensethik für den phänomenologisch erfaßten Einzelfall[99] ist nötig. Damit wird Ethik selbst (partiell)

---

[96] Vgl. *H. Lenk – M. Maring* (Hrsg.), Technikverantwortung (Frankfurt a. M. 1991).
[97] *W. Ch. Zimmerli*, Ein Lob der Ungenauigkeit, in: Gabler's Magazin 1992, Heft 2, 43–49.
[98] Vgl. *F. Rapp – M. Mai* (Hrsg.), Institutionen der Technikbewertung (Düsseldorf 1989).
[99] *W. Ch. Zimmerli*, Phänomenologie und Ethik ..., in: *H. Kojima* (Hrsg.), Phänomenologie der Praxis im Dialog ... (Würzburg 1989) 233ff.

zu einer empirischen Wissenschaft[100]; phänomenologische Untersuchungen von Verhalten fördern Universalien impliziter Moralität zutage (z. B. Risikowahrnehmung[101]).

Eine Ethik für das technologische Zeitalter muß drei Bedingungen erfüllen: (a) Die Prinzipien- wird durch eine Problemorientierung ersetzt; d. h. formale (universelle) und materielle (situative) Prinzipien werden integriert, um differenziert entscheiden zu können. (b) Im Dissensermöglichungspluralismus ist ein ethisches Verfahrensmodell zu entwickeln. (c) Die Folgeorientierung des technologischen Handelns erhält Priorität; d. h. es ist eine Frage der Gesinnung, verantwortungsethisch zu denken (s. o. 3a)[102].

Diskurse über Moral im Pluralismus haben sich auf den formalethischen Teil zu begrenzen. Der materialethische Teil obliegt individuellen (religiösen) Präferenzen. Dieses problemorientierte Konzept ist ein Reduktionsmechanismus für Dissens in formalen (moralischen) Wertfragen zwecks Ermöglichung des Wertedissenses in materialer Hinsicht[103]:

Ebene/Kategorie	Verboten	Weiter abzuklären	Geboten
(1) Formale Prinzipien			
(2) Regionale Prinzipien			
(3) Berufsständische Prinzipien			
(4) Materiale Werte			

Jede ethisch zu bewertende Tat hat im Prinzip alle Stufen des Schemas zu durchlaufen. Was sich nicht auf der ersten Ebene entscheiden läßt, kommt in die Kategorie *‚weiter abzuklären'*, um auf der nächsten Ebene behandelt zu werden: In (1) befinden sich die vernunftethischen Prinzipien der Moderne *(Verallgemeinerbarkeit, Gleichheit, Gerechtigkeit als Fairneß)* während (2) regional (raum-zeitlich) begrenzt geltende Prinzipien enthält (z. B. *‚Vorrang der schlechten Prognose'*, s. o. 2 B b). (3) trägt der pluralistischen Ausdifferenzierung der Gesellschaft durch unterschiedliche Berufszugehörigkeiten in Form professioneller Ethiken (z. B. *‚principle of informed consent'*, s. o. 3 c) Rechnung. Erst in (4) kommen materiale Werte zur Geltung (auch die spezifisch christlichen).

Das Modell genügt den Anforderungen des für das technologische Zeitalter typischen Wertepluralismus und läßt sichtbar werden, inwiefern eine christliche Moral nur im Rahmen einer allgemeinen problemorientierten Ethik bedeutsam bleibt (s. o. 1 d). *Walther Ch. Zimmerli / Stefan Wolf*

[100] Vgl. *M. G. Singer*, Ethics, Science and Moral Philosophy, in: *J. P. DeMarco – R. M. Fox* (Hrsg.), a.a.O. (1986) 282–298, bes. 283 ff.

[101] Vgl. *W. Ch. Zimmerli*, Wie pluralistisch darf eine Ethik sein?, in: *O. Marquard* (Hrsg.), Einheit und Vielheit (Hamburg 1990) 212 f.

[102] *M. Weber*, a.a.O. (1988) 559.

[103] *W. Ch. Zimmerli*, a. a. O.. (1989) 242 f.

Drittes Kapitel
Aufnahme und Umformung ethischer Traditionen

I
Das Naturrecht

1. Gott als Schöpfer der Natur und des sittlichen Naturgesetzes

Die in der theologischen Tradition entwickelte Lehre vom Naturrecht beruht auf der Vorstellung, daß es analog zu bestimmten Gesetzmäßigkeiten in der unbelebten und in der übrigen belebten Natur auch beim Menschen bestimmte Verhaltensgesetzmäßigkeiten geben müsse, die ihm von Natur aus zu eigen seien. Der Unterschied liegt freilich darin, daß die physikalischen Gesetze und die Verhaltensgesetze in der belebten Natur aus sich selbst heraus funktionieren, sobald die entsprechenden Voraussetzungen und Konstellationen gegeben sind, während es sich beim Menschen um sittliche Naturgesetze handelt, d. h. um Normen, die zu ihrer Verwirklichung darauf angewiesen sind, daß sie der Normadressat zumindesten als Normen erkennt, um sie dann entweder zu befolgen oder nicht zu befolgen. Die zunehmende Betonung dieser Divergenz hat nicht nur in den säkularen Wissenschaften, wie etwa in der Rechtsphilosophie, sondern auch in der Theologie dazu geführt, nicht so sehr von einem sittlichen Naturgesetz, sondern von einem Naturrecht zu sprechen, das dann in Korrelation zum positiven Recht steht (vgl. „Naturrecht versus positives Recht"). Aber für die frühe Theologie war nicht diese Divergenz in der Funktion entscheidend, sondern das Analogon des gemeinsamen Ursprungs allgemeiner Naturgesetze und des sittlichen Naturgesetzes in Gott als dem Schöpfer der Welt und daher auch des Menschen. Mit dieser Vorstellung vom Schöpfergott und Gesetzgeber steht und fällt die theologische Konzeption des Naturrechts.

Das wird bereits im AT deutlich, in dessen Schriften Jahwe anfänglich eine Doppelfunktion erfüllte: er war einerseits eine Gottheit, die für Ordnung sorgte, indem er die rivalisierenden Ungeheuer unterwarf und das Chaos überwand, andererseits eine Art Wettergott, der über Regen und Fruchtbarkeit gebot –

beides Qualifikationen, die nach vorderorientalischem Verständnis den höchsten und mächtigsten Gott kennzeichneten. Aus dieser Doppelfunktion entwikkelte sich die Vorstellung von Jahwe als dem alleinigen Schöpfer und Herrn der Welt. Verbunden mit dem Glauben an die Auserwählung des Volkes Israel, entfaltete sich die Vorstellung von Jahwe als einem Rettergott, dessen Macht nicht blinde Willkür bedeutet, sondern Ausdruck seiner Weisheit und Gerechtigkeit ist. Das oft im AT behandelte Thema der schöpferischen Weisheit Jahwes wurde zum Schlüssel für die biblische Konzeption dessen, was später als Naturrecht bezeichnet wird. Denn Jahwe läßt das Volk Israel, vor allem die Patriarchen, Mose und die Propheten, an dieser schöpferischen Weisheit teilhaben. Das Gesetz des Mose wie auch die vielfältigen Lebensregeln erscheinen so als Ausdruck der schöpferischen und ordnenden Weisheit Gottes. Dabei ist es unerheblich, ob und in welchem Ausmaß einzelne Normen und Regeln aus nichtisraelitischen Kulturbereichen stammen, entscheidend ist allein die Tatsache, daß diese Normen und Regeln theonom aus der schöpferischen und ordnenden Weisheit Jahwes legitimiert werden. Besonders in den Schriften der mittleren und späteren Periode des AT verbinden sich das Gesetz des Mose und die Schöpfungsordnung zu einer fast untrennbaren Einheit. Das Gesetz des Mose erscheint als ein vorzüglicher und herausragender Teil der gesamten Weltordnung Gottes.

Diese Verbindung von israelitischem Gesetz und Schöpfungsordnung machte es dann für Israel möglich, auch im „Walten der Natur", die ja von Jahwe geschaffen und geordnet wurde, so etwas wie ein Modell für das richtige Verhalten des Menschen zu sehen: wie sich in der unbelebten und belebten Natur alles nach den von Gott geschaffenen Regeln vollzieht, so soll auch der Mensch die ihm von Gott gegebenen Normen erfüllen. Vor allem wird betont, daß Gottesfurcht und Treue zu den Geboten der dem Menschen zugewiesene Teil der göttlichen Weltordnung sei. Und ganz analog zu den Naturgesetzen folgt daraus die Konsequenz: sowenig wie es für die Naturgesetze eine Ausnahme oder Dispens gibt, kann es für den Menschen ein Abweichen von den Geboten Gottes geben. Das eine wie das andere wäre naturwidrig; ein Verstoß gegen die Natur.

Auf dieser Vorstellung basiert auch das Argument, das Paulus im Römerbrief anführt, wenn er schreibt, daß die Heiden die Werke des israelitischen Gesetzes von Natur aus (physei) tun, womit aber nicht das allgemeine sittliche Naturgesetz im Sinne des späteren Naturrechts gemeint ist, sondern die Eigenart der Nichtjuden im Unterschied zu den Juden. Vorausgesetzt ist bei Paulus aber immer das Wissen um die theonome Bindung der Gebote. Die Einsicht, daß Gott der Urheber der Gebote sei, ergibt sich für die Heiden bei Paulus aus der gottgeschenkten Fähigkeit des Menschen, Gott als Schöpfer und Herrn der Welt aus den Werken der Schöpfung und ihrer Ordnung zu erkennen. Doch handelt es sich bei dieser Fähigkeit nicht um eine von der Empirie unabhängige, gewissermaßen „angeborene Idee", die unfehlbar die richtige Erkenntnis vermittelte, sondern um eine Fähigkeit, die entwickelt werden muß und deren Ergebnisse ständig gefährdet sind. Paulus weist immer wieder darauf hin, daß bei dem Bemühen, die Schöpfung zu deuten, Gott von vielen Menschen mit den Naturkräften oder mit von Menschenhand geschnitzten Bildern identifiziert wird. Die Folge einer solchen unvollkommenen oder verzerrten Erkenntnis Gottes führt dann zwangsläufig zu einem Fehlverhalten im Bereich der menschlichen Lebensführung. Hier liegt die Grenze der paulinischen Wertung: ähnlich wie sich der fromme Israelit in seinem vergeblichen Bemühen, alle Vorschriften des Gesetzes genau einzuhalten, als Sünder vor Gott erkennen muß, ist die heidnische Welt durch ihre mangelhafte Erkenntnis von Gott als dem alleinigen Schöpfer und Herrn der Welt ständig in der Gefahr, das sittlich Gute zu verfehlen.

2. Der Einbau des sittlichen Naturgesetzes in die christliche Heilsökonomie

Diese Korrelation von Gotteserkenntnis und Erkenntnis des sittlich Guten bildet dann die Basis für den Einbau des sittlichen Naturgesetzes in die christliche Heilsökonomie. Es ist nicht nur ein und derselbe Gott, der sowohl das sittliche Naturgesetz wie auch das „Neue Gesetz" in Christus gegeben hat, mit der neuen, durch Christus verkündeten und durch seinen Heilstod geschaffenen Beziehung des Menschen zu Gott ist auch eine Verbesserung der Gotteserkenntnis gegeben, die es dem Menschen möglich macht, das sittliche Naturgesetz besser zu erkennen; nicht nur im Hinblick darauf, daß es Ausdruck der schöpferischen und ordnenden Weisheit Gottes ist, sondern auch hinsichtlich seines Stellenwertes in der christlichen Heilsökonomie, also in seiner Funktion als „christliches Naturrecht".

a) Die Umformung stoischer und platonischer Theorien über das „ewige Gesetz" durch die christliche Theologie

Beide Aspekte wurden von der christlichen Theologie aufgenommen und weiterentwickelt, und zwar unter Zuhilfenahme stoischer und platonischer Gedankengänge. Besonders der stoische Begriff des ewigen Gesetzes (lex aeterna) bot sich für die Gestaltung eines christlichen Naturrechts an. Die Stoiker hatten unter Berufung auf die Vorstellung Heraklits von der *einen* göttlichen Vernunft den Begriff des Gesetzes (nomos) in diese Allvernunft verlegt. So wurde der Nomos zum ewigen Gesetz, das unterschiedslos für alle Menschen gilt und an dem jeder Mensch als Vernunftwesen partizipiert. Für die frühe Stoa ist freilich dieses mit der Allvernunft identische ewige Gesetz ebenso unpersönlich wie die Allvernunft selbst und daher nichts anderes als das Schicksal (Heimarmene, Fatum). Es ist diese Allvernunft, das ewige Gesetz, das als Weltvernunft die

Ordnung des Seins bestimmt und alle Dinge lenkt. Und in diesem Sinne ist dann das ewige Gesetz zugleich auch Naturgesetz. Es wirkt als physikalische Gesetzmäßigkeit, als Naturtrieb in der belebten Natur und bestimmt auch die Handlungen des Menschen.

Die christliche Theologie konnte freilich bei dem Einbau des stoischen Begriffes des ewigen Gesetzes in die christliche Heilsökonomie die stoische Identifikation der Allvernunft mit dem ewigen Gesetz in dieser Form nicht mitübernehmen, weil nach der biblischen Tradition Gott als Schöpfer nicht mit der von ihm geschaffenen Welt identisch ist. Als vermittelnder Terminus bot sich zunächst der Begriff des Logos an. Bereits in verschiedenen Schriften des AT erschien das Wort Gottes als eine mit Gott identische, aber in die Welt hineinwirkende Wirklichkeit, während Gott als Person nicht in Erscheinung trat. Auch die johanneischen Spekulationen über den mit Gott identischen, die Welt erschaffenden und in sie hineinwirkenden Logos machten es für die christlichen Theologen möglich, die stoischen Logosspekulationen über die Einheit von Weltvernunft und Logos sowie dessen Wirken in die Welt hinein (logoi spermatikoi) in diesem Sinne zu deuten.

Aber erst Augustinus gelingt die umfassende und vollständige Integration der Vorstellung vom ewigen Gesetz in die christliche Theologie. Auf die platonische Ideenlehre zurückgreifend, versetzt er die ewigen Ideen, wie es vor ihm bereits die Neuplatoniker taten, in den Geist Gottes. Als Gedanken Gottes sind sie ewig und unveränderlich, weil sie zum Geiste Gottes gehören, der selber ewig und unveränderlich ist. Sie dienen Gott als exemplarische Ideen für die Schöpfung und sind daher die Urbilder alles Geschaffenen. Bereits in diesen Urbildern sind zugleich die Gesetzmäßigkeiten des Verhaltens der Dinge mitkonstituiert: Idee und Gesetz bilden eine Einheit. Die geschaffene Welt und ihre Ordnung ist daher Ausdruck der ewigen Urbilder im Geiste Gottes, die Ordnung der Schöpfung mit ihren Gesetzmäßigkeiten ist Abbild der ewigen Ordnungsideen in Gott. Und wie die urbildhafte Ordnung im Geiste Gottes an dessen Ewigkeit und Unveränderbarkeit partizipiert, so auch die Ordnung der Schöpfung. Von daher ergibt sich die Definition des ewigen Gesetzes als „Vernunft oder Wille Gottes, der die natürliche Ordnung zu bewahren befiehlt und zu stören verbietet" (Contra Faustum XXII 27). Dennoch bleibt Gott der Herr der Schöpfung, und die oft von Augustinus betonte Willensautonomie Gottes macht deutlich, daß an die Stelle des stoischen Fatums der Wille eines personalen Gottes getreten ist.

b) Die Umformung der stoischen Theorie von den Naturgesetzen durch die christliche Theologie

Eine ähnliche Umwandlung erfährt der stoische Begriff des natürlichen Gesetzes (lex naturalis) durch die christliche Theologie. Für die Stoa war die Natur der

Dinge gleichbedeutend mit ihrem Wesen, mit dem, was ein Ding von Natur aus ist, oder auch mit der physischen Natur, wie sie sich dem Betrachter darstellte. Beide Vorstellungen gingen gelegentlich ineinander über, zumal da nach der stoischen Naturphilosophie die Einzeldinge nur Teile des alles umfassenden Komos sind und daher auch nur als Teile eines Ganzen zu erfassen sind. Natur verstand sich deshalb als Zusammenhang der Dinge; und wenn von der Natur der Einzeldinge die Rede ist, dann ist damit zugleich ihre Ordnung im Ganzen, ihre sinnvolle Funktion im Kosmos gemeint. Das gilt dann auch für den Menschen, der immer im Zusammenhang mit dem Kosmos als der Gesamtnatur gesehen wird, der aber im Unterschied zu den unbelebten und zu den übrigen belebten Dingen im Kosmos die Fähigkeit bestitzt, durch seine Vernunft die Ordnung des Kosmos zu begreifen, insofern seine Vernunft an der Allvernunft, die zugleich das ewige Gesetz ist, partizipiert.

Das für den Menschen geltende Naturgesetz ist daher die rechte Vernunft (orthos logos, recta ratio), die insofern als „recht" bezeichnet werden kann, wie sie mit dem erkannten Naturgesetz übereinstimmt. Das heißt für den Menschen: Übereinstimmung durch die Vernunft mit dem, was für den Menschen naturgemäß ist, was er als Gesetz seiner Natur erkennt. Das für den Menschen Naturgemäße ist aber das, was ihm von Natur aus zukommt (Oikeion). Entsprechend der sensualistischen Erkenntnistheorie der Stoa und von der Auffassung ausgehend, daß die Natur des Menschen Teil der Gesamtnatur ist, kann der Mensch das ihm Zugehörige aus der Selbsterfahrung und aus dem Vergleich mit anderen Lebewesen erkennen. Aufgrund dieser Selbstwahrnehmung und des Vergleichens erfährt sich der Mensch als ein Wesen, das sich selbst erhalten will. Zu diesem Selbsterhaltungstrieb gehören Gesundheit, Kraft, Schärfung der Sinne und des Gedächtnisses, also die Stärkung und Entfaltung all dessen, was den Menschen hilft, ihr Leben zu erhalten. Auf ähnliche Weise erfährt sich der Mensch als Gemeinschaftswesen, als zu einer Familie gehörig, Bekanntschaften und Freundschaften schließend. Auch diese Gemeinschaftszugehörigkeit wird von ihm als etwas Naturgemäßes, ihm von Natur aus Zugehöriges erkannt und daher als ein Gesetz seiner Natur. Und schließlich erfährt sich der Mensch im Vergleich mit den übrigen Lebewesen als vernunftbegabt. In Anlehnung an Aristoteles mißt die Stoa dieser Rationalität im Menschen einen besonderen Stellenwert zu und folgert daraus, daß in dieser Vernunftbegabung das höchste Gut (summum bonum) der menschlichen Natur liege. Darum besteht das höchste Ziel des Menschen darin, seine Vernunft in dem Sinne zu entfalten, daß er sein ganzes Leben unter die Herrschaft der Vernunft stellt. Hat er dieses Ziel erreicht, dann lebt er in Übereinstimmung mit sich selbst, weil er in Übereinstimmung mit seiner Vernunft lebt. Das vernunftgemäße Leben ist aber nichts anderes als ein Leben entsprechend dem, was für den Menschen naturgemäß ist, und daher ist das vernunftgemäße Leben identisch mit dem naturgemäßen Leben (vivere secundum naturam).

Die christliche Theologie mußte diesem stoischen Naturbegriff von ihren Voraussetzungen her skeptisch gegenüberstehen. Denn mit dem Begriff „Natur" war nach biblischem Verständnis die Vorstellung vom „alten Menschen", dessen Sünde und Abfall von Gott verbunden; und „natürlich" leben war fast immer identisch mit einem Leben in Sünde und Gottesferne. Zudem war der stoische Begriff der Natur ungeschichtlich, während es die christliche Theologie mit dem Glauben an einen geschichtlichen Heilsvorgang zu tun hatte, der über die Auserwählung des Volkes Israel durch Jahwe bis zum erwarteten Endgericht führt. Andererseits bot die atl. Weisheitsliteratur mit ihrer Betonung der Schöpfungsordnung und der Annäherung zwischen dieser Ordnung und dem mosaischen Gesetz einen Anhaltspunkt für die Übernahme des Physisbegriffs aus der griechischen Naturphilosophie. Bereits Philo von Alexandria nannte die Gesetze der Schöpfungsordnung Naturgesetze und identifizierte das mosaische Gesetz mit dem Naturgesetz Gottes. In zunehmendem Maße wurden Schöpfungsordnung und Naturordnung gleichgesetzt, bis schließlich der naturphilosophische Begriff der Natur ganz im theologischen Sinne von Kreatur verstanden wurde.

Von daher folgte dann der entscheidende Schritt zur Gleichsetzung der Natur mit der ursprünglichen Vollkommenheit der geschaffenen Welt. Die Natur wurde zur Urstandsnatur der Schöpfung. Und nun konnte auch die spätstoische Auffassung, daß der Mensch als Vernunftwesen das Abbild der göttlichen Allvernunft sei, übernommen und mit der biblisch tradierten Gottebenbildlichkeit des Menschen verbunden werden, denn dieses Abbildsein erschien nicht mehr als ein ungeschichtlicher, ewiger Zustand, sondern gehörte zur Naturodnung als Schöpfungsordnung.

Diese Gottebenbildlichkeit galt für die frühe christliche Theologie als die eigentliche Natur des Menschen, die freilich durch die Sünde des Menschen zerstört worden war, dann aber durch das Heilswerk Christi wiederhergestellt wurde. Christus war daher der Erneuerer des menschlichen Urzustandes und somit der Erneuerer der wahren menschlichen Natur. Durch diesen Einbau des christlich gedeuteten Naturbegriffs in die christliche Heilsökonomie wurde es dann möglich, das „Gesetz Christi" als Naturgesetz zu bezeichnen, insofern es den Menschen zur Verwirklichung seiner wahren Menschennatur anleitete. Nicht mehr die in Übereinstimmung mit den Naturgesetzen handelnde Vernunft des Menschen bildete das Kriterium für das rechte Verhalten, sondern Christus selbst als Erneuerer der menschlichen Natur. Infolgedessen war dann auch nicht mehr, wie in der Stoa, die Natur die Lehrmeisterin auf dem Wege zur Vollkommenheit, sondern Christus.

c) Die Umformung der biblisch begründeten Ethik durch die Stoa

Aber ebenso wie die stoischen Vorstellungen vom ewigen Gesetz und vom Naturrecht durch die christliche Theologie umgewandelt wurden, erfolgte auch eine Umwandlung der christlichen Moraltheologie – soweit man in diesem Stadium der theologischen Entwicklung diesen Terminus bereits verwenden kann – durch die stoische Ethik. Das wird beispielhaft deutlich am biblisch überlieferten Gebot der Nächstenliebe. Sowohl die atl. Formulierung wie auch die jesuanische Begründung beziehen sich auf die menschliche Selbstliebe als einen Vergleichspunkt, der aus der Lebenserfahrung gewonnen wird: wie jeder Mensch sich selbst liebt, indem er für sich sorgt, so soll er auch seinen Nächsten lieben, der seiner bedarf. In der stoischen Naturrechtsphilosophie dagegen besitzt die Selbstliebe des Menschen normativen Charakter: durch den ihm angeborenen Trieb zur Selbsterhaltung lehrt ihn die Natur, daß er alles tun solle, um sein Leben zu erhalten, indem er das für diese Lebenserhaltung Nützliche tut und das Schädliche meidet.

Obwohl die Kirchenväter, vor allem Ambrosius und Augustinus, die von der stoischen Philosophie entwickelte Nützlichkeitsethik ausdrücklich ablehnten, übernahmen sie doch die stoische Vorstellung von der Selbstliebe als einem Gebot der Natur; nur jetzt in der typischen Identifikation von natur und creatura: die von Gott gegebene Schöpfungsordnung umfaßt auch die Eigenliebe als ein aus dieser Schöpfungsordnung erkennbares Gebot. Dadurch wurden aber Selbst- und Nächstenliebe im Konfliktsfall zu konkurrierenden Geboten; eine Situation, die Ambrosius dadurch zu lösen versuchte, indem er in Anlehnung an Ciceros Unterscheidung in vollkommene und mittlere Pflichten die Gebote des Dekalogs und das Gebot der Nächstenliebe zur Kategorie der mittleren Pflichten zählt, während das Verschenken der eigenen Habe an die Armen, also die Aufgabe der eigenen Existenzsicherung um des Nächsten willen, zu den vollkommenen Pflichten gehört; ebenso auch das Gebot der Feindesliebe und das Gebet für die Verleumder und Verfolger. Nur die mittleren Pflichten sind im strengen Sinn des Wortes Gebote (praecepta), während die vollkommenen Pflichten als Räte (consilia) bezeichnet werden. Bei den ersteren handelt es sich um Gebote, die aus der von Gott gesetzten Schöpfungsordnung stammen; sie sind deshalb unabdingabar. Letztere dagegen enthalten ein überpflichtmäßiges, besonders verdienstvolles Tun (opus supererogatorium), das dann schon bald mit dem Terminus und dem Inhalt der Nachfolge Christi gleichgesetzt wird. Um die ewige Seligkeit zu erlangen, ist es notwewndig, daß der Mensch das sittliche Naturgesetz, konkret die Gebote des Dekalogs, befolgt; während derjenige, der darüber hinaus die Räte der christlichen Vollkommenheit erfüllt, besondere Gnaden von Gott erhält und sich besondere Verdienste vor Gott erwirbt.

Diese Übernahme der stoischen Pflichtenlehre und ihrer Unterscheidungen war für die christliche Moraltheologie folgenreich. Sie führte einmal zur Abkehr von der biblisch tradierten Auffassung, daß die Nachfolge Christi unabdingbare Voraussetzung für die Teilhabe am kommenden Gottesreich ist, löste zudem diese Nachfolge aus ihrem heilsgeschichtlichen Zusammenhang und machte sie zu einer höheren Stufe individueller Vollkommenheit. In ihrer Konsequenz führte sie zu einer Zweiteilung der christlichen Moral: für den „gewöhnlichen" Christen genügt die Einhaltung des Dekalogs und der Kirchengebote, um zur ewigen Seligkeit zu gelangen, während die Nachfolge Christi mit ihren evangelischen Räten und den anderen opera supererogatoria, die über den Inhalt des Dekalogs hinausgehen, für jene Christen gelten, die sich um die besondere Vollkommenheit im Sinne der Bergpredigt Jesu und seiner Nachfolgeforderungen bemühen. Diese Zweiteilung ging nicht nur in die Handbücher der katholischen Moraltheologie ein, sondern wirkte sich ebenso auf die kirchliche Pastoral bis hin zum „Fragenkatalog" für die Spendung des Bußsakramentes aus.

3. Der Einfluß der Aristotelesrezeption auf die theologische Naturrechtskonzeption: Thomas von Aquin

Eine entscheidende Umwandlung erfuhr das im Frühmittelalter konstituierte christliche Naturrecht durch die Aristotelesrezeption in der Hochscholastik und besonders durch Thomas von Aquin. Im Anschluß an die aristotelische Akt-Potenz-Lehre und die Seinsanalogie, die beide auf das Verhältnis von Gott und Schöpfung übertragen werden, verlegt Thomas, im Gegensatz zu den Spätschriften Augustins, das ewige Gesetz ausschließlich in die Vernunft Gottes und identifiziert es mit dem göttlichen Vernunftgesetz. Demgegenüber ist dann das sittliche Naturgesetz nichts anderes als die Übertragung des ewigen Gesetzes in die Schöpfung hinein. Jedes geschaffene Ding partizipiert, wenngleich analog und unvollkommen, weil es auch in seinem Sein analog und unvollkommen ist, an dem ewigen Gesetz Gottes. Während die unbelebte und die übrige belebte Natur diesem Naturgesetz automatisch oder durch den Instinkt folgt, besitzt der Mensch als vernunftbegabtes Wesen (animal rationale) die Fähigkeit, an der Vernunft des ewigen Gesetzes und damit an der Vernunft Gottes zu partizipieren; und zwar nicht nur in dem Sinne, daß er dieses Naturgesetz als ein von Gott gegebenes Gesetz erkennt, sondern auch in dem Sinne, daß er dieses Gesetz für sich und andere schöpferisch nachbilden kann (sibi ipsi et aliis providens). Demgemäß ist das sittliche Naturgesetz die Teilhabe des ewigen Gesetzes im Menschen (participatio legis aeternae in rationali creatura).

Diese Definition des Naturrechts mit ihrer primären Betonung der Rationalität des Menschen scheint der frühmittelalterlichen Naturrechtsdefinition zu widersprechen, wonach Naturrecht das ist, was im mosaischen Gesetz und im Evangelium enthalten ist (quod continetur in Lege et Evangelio). Thomas hat diesen Widerspruch gesehen und ihn durch den Hinweis zu beseitigen versucht, daß auch das Gesetz des Mose und das „Gesetz Christi" im Evangelium dem Naturrecht entsprächen, insofern sie mit der Vernunft übereinstimmten (congruunt rationi). Aber die Betonung liegt dabei auf der Vernunftgemäßheit dieser Gebote und Forderungen. Diese Vernunftgemäßheit, nicht schon ihr Inhalt, bildet das Kriterium ihrer Zugehörigkeit zum Naturrecht.

Tatsächlich ist es schwierig, von dieser Definition des Naturrechts her dessen Inhalt zu bestimmen, und Thomas beschränkt sich darauf, nur die allgemeinen und obersten Handlungsprinzipien unter das sittliche Naturgesetz zu rechnen, die er zudem auf die oberste Maxime „Das Gute ist zu tun, das Böse ist zu meiden" (bonum faciendum, malum vitandum) zurückführt. Diese oberste Maxime ist gelegentlich als eine bloße Leerformel bezeichnet worden. Wenn man aber von dem aristotelischen Axiom ausgeht, daß das Sein und das Gute austauschbar seien (ens et bonum convertuntur), dann wäre diese Maxime inhaltlich bestimmbar, insofern die menschliche Vernunft auf die ontische Struktur des Menschseins ausgerichtet ist, d. h. auf das, was den Menschen zum Menschen macht, wobei zu berücksichtigen wäre, daß es sich hier keineswegs um eine bloße Ablesefunktion der Vernunft handelt, sondern um eine final ausgerichtete Vernunfterkenntnis, insofern dieses Menschsein entsprechend der aristotelischen Akt-Potenz-Lehre einer weiteren Entfaltung zur vollen Wirklichkeit des Menschseins fähig ist.

Gleichzeitig rekurriert Thomas in der inhaltlichen Bestimmung des Naturrechts wieder stärker als das Frühmittelalter auf die stoische Naturrechtsphilosophie, wenn er von den natürlichen Neigungen (inclinationes naturales) des Menschen zur Selbsterhaltung, zur Fortpflanzung, zur Gemeinschaftsbildung und schließlich, in Anlehnung an Aristoteles, von der Neigung zur Wahrheitssuche spricht. Aber auch hier besitzt die Vernunft, im Gegensatz zur stoischen Auffassung, über die Erkenntnisfunktion hinaus die Fähigkeit, kraft ihrer Einsicht in die Gesamtgesetze des Kosmos, sich anhand der natürlichen Neigungen selbst Gesetze zu geben. Die natürlichen Neigungen bilden die Materie der Normativität, besitzen aber selbst keinen normativen Chrakter. Und ebenfalls im Gegensatz zur Stoa, die den natürlichen Neigungen des Menschen mißtraute und daher die Leidenschaftslosigkeit (Ataraxia) als Mittel zur Verwirklichung einer Herrschaft der Vernunft empfahl, vertraut Thomas auf die Vernunft selbst, die fähig ist, abwägend und planend das menschliche Leben zu gestalten. Man hat deshalb oft von einem Vernunftoptimismus gesprochen, der die thomasische Naturrechtskonzeption beherrsche, muß aber dabei berücksichtigen, daß die Partizipationsidee bei Thomas auf einer personalen Gottesvorstellung beruht. Und wenn Thomas in Anlehnung an die Vätertradition vom natürlichen Lichte (lumen naturale) spricht, das der menschlichen Vernunft von Gott geschenkt sei, dann ist es im Grunde dieses lumen naturale, das den Vernunftoptimismus begründet. Denn durch dieses natürliche Licht partizipiert die menschliche Vernunft an der Vernunft Gottes und dessen Vorsehung. Gerade diese Form der Teilhabe begründet letzten Endes auch die Tatsache, daß sich Thomas auf die allgemeinen obersten Handlungsprinzipien für das Naturrecht beschränken kann und auch die Gebote des Alten Testamentes und das Liebesgebot dem Naturrecht zuordnet, weil diese Forderungen mit der Einsicht der Vernunft übereinstimmen.

Von daher wäre auch die oft gestellte Frage zu beantworten, ob diese Naturrechtskonzeption genuin philosophisch sei. Sie ist es sicherlich nicht, wenn man von den heutigen Aspekten und Forderungen der Wissenschaftstheorie ausgeht, denn die thomasische Naturrechtslehre beruht auf einer Reihe von Voraussetzungen, die unter dem Aspekt einer Verifikationsforderung nicht zu beweisen sind. Das gilt nicht nur für die Existenz Gottes, für die Erschaffung der Welt durch Gott und deren Lenkung nach vernünftigen Gesetzen, sondern ebenso für das Kausalitätsprinzip, auf dem die aristotelische Akt-Potenz-Lehre beruht. Wenn Thomas philosophisch argumentiert, dann stets in dem Sinne, wie die mittelalterliche Theologie die Aufgabe der Philosophie verstand, nämlich als Erkenntnisvermittlung aus den Ursachen (scientia ex causis) im Gegensatz zum Autoritätsbeweis und zum Beweis aus der Bibel. Das Problem liegt demnach in der Auffassung dessen, was Philosophie sei und welche Voraussetzungen an diese Wissenschaft gestellt werden. Historisch gesehen, ging es Thomas und den Theologen der Hochscholastik gar nicht darum, ein genuin philosophisches Naturrecht zu konstituieren, sondern darum, das Naturrecht so zu begründen, daß es auch den Heiden (gentes) einsichtig zu machen sei. Heiden waren aber in der Vorstellung des Mittelalters vor allem die Mohammedaner. Aber mit ihnen verband die gemeinsame Vorstellung des Eingottglaubens, der Schöpfung und der Weltlenkung durch Gott. Die gemeinsame Terminologie war, zumindesten unter den Gelehrten des Mittelalters, die aristotelische Philosophie; und diese Gemeinsamkeit bot die Basis, um das Naturrecht ohne Zuhilfenahme von Schrift und Tradition ex causis zu erklären. Erst der Zusammenbruch dieses antik-mittelalterlichen Weltbildes brachte dann auch die Voraussetzungen ins Wanken, auf denen die thomasische Naturrechtskonzeption beruht.

Aber auch unter einem anderen Aspekt wurde die Aristotelesrezeption und ihr Einbau in die christliche Naturrechtslehre folgenreich. Solange unter Natur der Urstand der Schöpfung in seiner Vollkommenheit verstanden wurde, verbanden sich mit dieser Gleichsetzung auch die entsprechenden Vorstellungen vom Leben des einzelnen in der Gemeinschaft. Da es im Zustand der Vollkommenheit keine Sklaverei gab, gehörte die Gleichheit aller Menschen zur Natur des Menschen. Knechtschaft und Sklaverei wurden daher von den Kirchenvätern als eine Folge des Abfalls aus dem Vollkommenheitszustand betrachtet; zwar für diesen Äon toleriert oder sogar für notwendig gehalten, aber nicht als „natürlich angesehen".

Durch die Übernahme des aristotelischen Naturbegriffs sowie den Einbau neuplatonischer Hierarchiespekulationen in die Naturrechtslehre kommt Thomas dagegen zu der bereits von Aristoteles vertretenen Auffassung, daß es Menschen gebe, die von Natur aus zur Knechtschaft bestimmt und daher von Natur aus Sklaven seien; so etwa die Wilden, die geistig zurückgeblieben, körperlich aber kräftig seien. Hier wird eine biologische und gesellschaftliche Entwicklungsphase mit dem Begriff der Natur umschrieben und als natürlich fixiert; auch wenn man berücksichtigt, daß Thomas diesen Naturzustand und die daraus abzuleitenden Verhaltensprinzipien als sekundäres Naturrecht bezeichnet, das im Gegensatz zum primären Naturrecht, das nur die obersten Handlungsprinzipien umfaßt, veränderlich ist. Ähnliches gilt von seiner Auffassung vom Staat als einer vollkommenen Gemeinschaft (societas perfecta) und von der ihm zugrunde liegenden ständischen Ordnung, die wiederum aus der Vorstellung eines zweckmäßig geordneten Kosmos begründet wird: wie in der Natur jedes Einzelding teleologisch seine Funktion im Ganzen und für das Ganze besitzt, so auch innerhalb der Gesamtgesellschaft jede Gruppe. Für Thomas war die hierarchisch geordnete Gesellschaft keineswegs unveränderlich, aber sie stellte eben doch die „natürliche Ordnung" dar, und dementsprechend war zum Beispiel die Monarchie der demokratischen Staatsform vorzuziehen.

4. Die voluntaristische Variante der theologischen Naturrechtskonzeption: Duns Scotus

Andererseits entwickelte sich bereits in der Hochscholastik im Gegensatz zur aristotelisch-thomasischen Naturrechtslehre eine stark voluntaristische Naturrechtskonzeption, die an die späten Schriften Augustins anknüpfte und von Duns Scotus initiiert wurde. An die Stelle der lex aeterna, des ewigen Gesetzes in der Vernunft Gottes, tritt der Wille des gesetzgebenden Gottes, der freilich kein Willkürwille ist, da nach Scotus die Güte Gottes (bonitas Dei) zu seinem Wesen gehört. Gott ist das Gute selbst (bonum per se), und alle geschaffenen Güter erhalten ihre Gutheit von der Güte Gottes. Daher gibt es für Scotus auch nur ein einziges oberstes Verhaltensprinzip, nämlich Gott über alles zu lieben. Dieses Verhaltensprinzip kann als Naturrechtsprinzip bezeichnet werden, weil für Scotus die Maxime der Gottesliebe aus der Einsicht in das Wesen Gottes als das Gute selbst folgt und daher aus sich selbst einsichtig ist. Die Konsequenzen aus dieser Konzeption sind weittragend: da Gott nicht entsprechend ewiger, in seiner Vernunft befindlicher Ideen handelt, sind die von ihm gesetzten Normen kontingent. Eine Verhaltensnorm ist deshalb richtig und gut, weil sie von Gott so gesetzt ist. Warum sie so und nicht anders gesetzt ist, vermag der Mensch nicht immer einzusehen. Er kann aber wissen, daß alle Gebote, die von Gott kommen, gut sind, weil Gott die Gutheit selbst ist, so daß er, wie er auch handeln mag, nur Gutes tun kann.

Weiter ergibt sich aus dieser Konzeption, daß ein Rekurs auf die Natur der Dinge, mag es sich dabei um die physische Natur oder die Wesensnatur handeln, für die Normfindung entfällt. Für Scotus sind die natürlichen Neigungen des Menschen unfreies Naturstreben (velle naturale), das für die ethische Normierung irrelevant bleibt. Freiheit gibt es nur im liebenden Wollen (velle amicitiae) auf Gott hin, und dieses Wollen ist in dem Maße richtig und gut, wie es dem Willen Gottes entspricht. Das gilt auch für den Fall, daß natürliches Streben des Menschen und Gebot Gottes inhaltlich übereinstimmen: nicht schon die Übereinstimmung mit der Natur macht das Handeln des Menschen gut, sondern erst die Übereinstimmung mit dem Gebot Gottes. Daher gibt es bei Scotus weder eine natürliche Ethik noch ein an der Natur orientiertes Naturrecht, sondern nur das Gebot der Gottesliebe in der Form des Verbotes, Gott zu hassen, denn der Mensch ist nach Scotus gar nicht in der Lage, seine Handlungsweisen ständig auf Gott hin zu orientieren, wohl aber kann er Handlungen unterlassen, die Ausdruck des Gotteshasses sind.

Als weitere Konsequenz ergibt sich dann, daß auch die Normen des sozialen Lebens kontingent sind. Weder das Tötungsverbot noch das Verbot des Ehebruchs oder des Diebstahls gehören zum Naturrecht und ebensowenig das Gebot der Nächstenliebe, denn Gott könnte auch andere Gebote erlassen. Aber weil Gott kein Willkürgott ist und die Schöpfung seine Güte ausdrückt, stehen auch die Gebote, die das soziale Verhalten der Menschen regeln, im Einklang mit dem Natrurrechtsgebot der Gottesliebe und können unter diesem Aspekt als Naturrecht im weiteren Sinne bezeichnet werden. Nur stellt sich dann sofort die Frage, welche soziale Ordnung jeweils dem Gebot Gottes konsonant sei; eine Frage, die sich nur konkret beantworten läßt, indem eine kompetente Autorität – etwa die der Kirche oder des Staates – darüber entscheidet. Damit wird aber der Bereich des Naturrechts als eines der menschlichen Vernunft einsichtigen Normensystems verlassen, und die positive Rechtsetzung tritt an dessen Stelle.

5. Die Begründung des Naturrechts durch die Natur des Objektes und die Ausbildung einer katholischen Naturrechtslehre

Gegenüber diesem Voluntarismus, der in der Definition Ockhams seinen Höhepunkt fand, daß das Naturrecht nichts anderes gebiete als das, was Gott will, und nichts verbiete als das, was Gott verhindern will, rekurrierte die Spätscholastik wieder mit Vehemenz auf die rechte Vernunft als Kriterium des Naturrechts und betont, daß diese recta ratio dem ganzen Menschengeschlecht von Anfang an von Gott gegeben sei. Zugleich entwickelt sich im Gegenzug zur voluntaristischen Kontingenzauffassung der Werte und ihrer Abhängigkeit vom Willen Gottes die Lehre vom Wertobjektivismus. Schon Francisco de

Vitoria hatte erklärt, daß es nicht im Belieben Gottes stünde, die Natur der Dinge zu verändern und somit auch nicht ihre Güte oder Schlechtigkeit. Luis Molina vollzog dann den für die Entstehung der katholischen Naturrechtslehre entscheidenden Schritt und verlegte den normativen Charakter des Naturrechts in die Natur des Objektes (natura objecti) selbst. Dann bildet aber, wie Gabriel Vázquez folgert, nicht Gottes Vernunft oder sein Wille das entscheidende Kriterium, warum ein Verhalten gut oder schlecht sei, sondern die Natur der Dinge selbst gibt dieses Kriterium ab. Das Naturrecht existiert zwar im Geiste Gottes, aber nur sekundär, insofern Gott dieses Naturrecht für den Menschen interpretiert und vorschreibt. Er ist dan aber nicht mehr der eigentliche Schöpfer des Naturrechts, und die Vorstellung eines ewigen Gesetzes in Gott, an dem das Naturrecht nur partizipiert, entfällt. Auch wenn Francisco Suárez diese weittragende These in dem Sinne wieder zu korrigieren versucht, daß er Gebot und Verbot wieder in den göttlichen Willen verlegt, so bleibt doch auch für ihn dieser gebietende und verbietende Wille Gottes an die Natur der Dinge gebunden, d. h., Gott kann nur das gebieten, was von Natur aus gut ist, und nur das verbieten, was von Natur aus schlecht ist.

Damit war der Weg zum neuzeitlichen, autonomen Naturrecht eröffnet, das sich ausschließlich auf die „Natur der Sache" und die menschliche Vernunft als Kriterien bezieht und seine Geltung mit der berühmten Formel stützt, daß dieses Naturrecht auch dann gültig sei, falls es Gott nicht geben sollte (etsi daremus non esse Deum). Damit ist dann nicht nur die theonome Bindung des Naturrechts entfallen, auch der Begriff der Natur kann nicht mehr mit dem Begriff der Schöpfung identifiziert werden. Zwar bleibt noch zunächst die von der Spätscholastik übernommene Theorie gültig, daß sich die Normativität des Naturrechts unmittelbar aus der Natur der Dinge ergäbe, aber je stärker die kulturspezifischen Faktoren für die Rechtserkenntnis und Rechtsbildung an Bedeutung gewannen, desto mehr mußte die spätscholastische Vorstellung von einem unwandelbaren Wesen der Natur der Dinge erschüttert werden. Zudem trat an die Stelle der scholastischen Metaphysik, des metaphysischen Naturbegriffs sowie der mit ihr verbundenen Vorstellung eines sinnvoll funktionierenden Ordnungsganzen der naturwissenschaftliche Begriff der Natur als eines durch die Empirie zu erforschenden Objektes, dessen Sinngebung nicht a priori feststeht, sondern, wenn überhaupt, nur a posteriori gefunden werden kann. Die nicht mehr metaphysisch, sondern empirisch orientierte menschliche Vernunft gelangt allenfalls zu der Erkenntnis, daß sich im Verlaufe der Menschheitsgeschichte bestimmte, sich durchhaltende Rechtsansprüche gebildet haben, deren Summe man als Menschenrechte bezeichnen kann; oder aber zu der Erkenntnis, daß es nur eine Fülle einander ablösender und konkurrierender Rechtssysteme gibt, deren Voraussetzungen nicht verifizierbar sind. Von diesem Ergebnis her erscheint es dann auch fast unmöglich, die Frage nach einem alle Menschen und Zeiten umfassenden Naturrecht überhaupt zu stellen. Die Frage nach dem Gerechten wird, wie bei der Frage nach dem Dikaion in der griechischen Polis, wieder zur Frage nach dem konkreten, zeitbedingten Gerechten, das sich am Ende mit dem Nutzen für bestimmte Gesellschaftsgruppen identifiziert, wobei der postulierte allgemeine Nutzen nur dazu dient, um das bestehende Rechtssystem zu stützen oder durch ein anderes zu ersetzen.

Aber die spätscholastische Naturrechtskonzeption war nicht nur für die Entwicklung eines autarken Naturrechts bedeutsam, das sich mehr und mehr von den Voraussetzungen des christlichen Naturrechts löste, sondern es wurde auch für die Entwicklung des christlichen Naturrechts in seiner spezifisch katholischen Prägung bedeutsam. Während Thomas von Aquin nur die obersten, allgemeinen Handlungsprinzipien zum unveränderlichen Naturrechtsbestand rechnete, bezogen die spätscholastischen Naturrechtler auch die Konklusionen, die aus den obersten Naturrechtssätzen gezogen wurden, in das Naturrecht selbst mit ein. Dieser Schritt war, von der Begründung dieser Naturrechtskonzeption her gesehen, nur konsequent. Denn wenn sich das Naturrecht aus der Natur des Objektes, aus der Natur der Sache ergibt, dann gehören nicht nur die allgemeinen Handlungsprinzipien zur Natur der Sache, sondern auch die nachfolgenden Deduktionen und Konklusionen, weil sie sich, entsprechend der metaphysischen Voraussetzung, aus dem Wesen des Objektes selbst, in dem sie virtuell enthalten sind, ergeben. Denn so wie die obersten Prinzipien begriffsnotwendig sind, müssen es dann auch die Konklusionen sein.

Auf diese Position rekurrierte dann die neuscholastische Naturrechtslehre des ausgehenden 19. und des 20. Jahrhunderts, auf deren Basis eine Serie kirchenamtlicher Verlautbarungen und Stellungnahmen zu Fragen der allgemeinen Ethik, der Politik, des Rechts und der Wirtschaft beruht, so daß dieses neuscholastische Naturrecht zeitweilig zur kirchlichen Naturrechtslehre werden konnte. Zwar hoben die kirchlichen Verlautbarungen wieder stärker die theonome Bindung des Naturrechts hervor, bezogen sich aber primär auf die göttliche Autorität und weniger auf den scholastischen Partizipationsgedanken und kaum auf die thomasische These von der planenden und sich selbst gesetzgebenden Vernunft des Menschen. An ihre Stelle trat die kirchliche Autorität, die sich als genuine Interpretin des Naturrechts betrachtete, insofern das kirchliche Lehramt nicht nur die Heilsoffenbarung verbindlich auslegt, sondern auch die von Gott mit der Schöpfung gegebene sittliche Ordnung. Diese Verbindung von formaler theologischer Begründung einerseits und dem Bemühen um eine rationale Argumentation aus der Natur der Sache andererseits machte es freilich für den Nichtkatholiken schwierig, die rationale Argumentation nachzuvollziehen, und setzte sie dem Verdacht aus, auch inhaltlich von theologischen Voraussetzungen abzuhängen und mit ihnen übereinstimmen zu müssen; so etwa wenn aus dem „Wesen der Ehe" deren Form als Einehe und die Unauflöslichkeit der Ehe konkludiert wurde. Eine andere Schwierigkeit für dieses kirchliche Naturrecht lag darin, daß es sich primär auf eine metaphysische Interpretation der Welt in der Form eines vorgegebenen Ordnungsganzen stützte oder aber, wo dies nicht möglich war, den physiologischen Naturbegriff im Sinne der Stoa zum Kriterium für die Richtigkeit oder Falschheit menschlichen Verhaltens machte und damit auf die Kritik der modernen, an empirischen Forschungen orientierten Wissenschaften stieß. Wenn dieses kirchliche Naturrecht in den Beratungen und Entscheidungen des Zweiten Vatikanischen Konzils kaum noch eine Rolle spielte, dann ist dies weniger eine Folge der zunehmenden Kritik an diesem Naturrecht im innerkirchlichen Bereich, sondern eine Folge der theologischen und kirchlichen Rückbesinnung auf biblisch fundierte heilsgeschichtlich-eschatologische Aspekte, die in zunehmendem Maße auch für die Moraltheologie wieder relevant werden und dazu führen, daß ethische Fragen in diesem Gesamtzusammenhang betrachtet und behandelt werden. Das gilt auch, mit Ausnahme der Enzyklika „Humanae vitae", für die päpstlichen Ezykliken, in denen Tendenzen zu erkennen sind, den Prozeß der Hominisation, etwa in den kirchlichen Beiträgen zum Weltfrieden und zu mehr sozialer Gerechtigkeit, unter dem Aspekt eines anthropologischen Personalismus heilsgeschichtlich zu begründen.

6. Die reformatorische Theologie und die Naturrechtslehre

Im Gegensatz zur katholischen Naturrechtslehre, die sich bis zur Gegenwart auf die spät- und neuscholastische Naturrechtsauffassung stützte, griff die protestantische Theologie wieder stärker auf den Voluntarismus der Spätschriften Augustins und dessen Entwicklung durch Ockham zurück. Das gilt besonders für Luther. Entsprechend seiner Lehre von den zwei Reichen oder Regimentern Gottes entspricht bei Luther das göttliche Gesetz (lex divina) dem Reich der Gnade und das Naturrecht dem Reich der Welt. Die lex divina oder auch lex Christi ist nichts anderes als die Ordnung der göttlichen Liebe. Insofern der Mensch durch den Glauben an Christus gerechtfertigt worden ist, wohnt diese Liebe in ihm und erfüllt ihn ganz. Dagegen besitzt der nicht gerechtfertigte Mensch diese lex divina nicht, sondern untersteht dem Reich der Welt und seinen Gesetzen. Aber auch in diesem Reich gibt es ein Recht, das Gott allen Menschen ins Herz geschrieben hat und das sich im Gewissen äußert. Aber dieses Naturrecht ist rein subjektiver Art und nicht, wie etwa in der Hochscholastik, an einer metaphysischen Wesensordnung orientiert. Dennoch gibt es auch für Luther eine inhaltliche Bestimmung dieses Naturrechts, nämlich die Goldene Regel und die zweite Tafel des Dekalogs, deren Vorschriften das Zusammenleben der Menschen untereinander regeln. Aber dieses Naturrecht ist für Luther immer weltliches Naturrecht und steht in keiner Beziehung zur ewigen Seligkeit des Menschen, sondern richtet sich ausschließlich auf das zeitliche Wohl des Menschen, insofern es chaotische Zustände unter den Menschen verhindern soll. Es betrifft daher nur die äußere Ordnung, nicht den inneren Menschen. Zwar hat auch Gott diese äußere Ordnung gesetzt, aber er bleibt hinter dieser Ordnung verborgen, wird in ihr und durch sie nicht erkennbar. Erkennbar ist lediglich die Obrigkeit, vor allem die des Staates, als Hüterin und Vollstreckerin dieses Naturrechts. Sie ist von Gott zu diesem Zwecke eingesetzt und mit allen Vollmachten ausgestattet, um seine Durchsetzung zu erzwingen. Der Bezug zum Römerbrief ist offensichtlich, und Luther versteht, ähnlich wie Paulus, dieses weltliche Recht vor allem als eine Zwangsordnung. Diese Auffassung vom Naturrecht als einem „weltlich Ding" hat dann ebenso die Entwicklung zu einem autonomen Naturrecht begünstigt wie auf der anderen Seite die spätscholastische Theorie von der Natur des Objektes als Kriterium für das Naturrecht.

Ähnlich wie Luther beruft sich auch Calvin auf den göttlichen Willen als die Quelle allen Rechtes. Der Bezug zu Ockham und Scotus wird deutlich, wenn Calvin formuliert: „Die oberste Regel der Gerechtigkeit ist der Wille Gottes, und was er will, ist darum, weil er es will, als gerecht anzunehmen" (Institutio III 23,2). Obwohl Calvin bewußt den Ockhamschen Begriff der potentia Dei absoluta vermeidet und ihn durch den römisch-rechtlichen der höchsten Gewalt (summa potestas) ersetzt, die über allen Gesetzen und Regeln steht und daher von ihnen unabhängig ist, kommt er dennoch zu ähnlich voluntaristischen Konsequenzen wie Ockham, denn allein Gottes Wille bildet die oberste Richtschnur für alle Gebote. Dieser Wille wird aber von der menschlichen Vernunft immer nur unvollkommen erkannt, und deshalb bedarf es der göttlichen Offenbarung, um erfassen zu können, was Gott wirklich will. Das gilt dann auch für das Naturrecht, das durch Gottes Gebote im Dekalog gedeutet und auf diese Weise den Menschen verständlich gemacht wird.

Im Gegensatz zu Luther knüpfte Melanchthon mit seinen Naturrechtsvorstellungen wieder an die scholastische Naturrechtslehre und deren aristotelische Einflüsse an. Dementsprechend wird das Naturrecht auch wieder im göttlichen Recht begründet und gilt als Abbild dieses Rechts. Und wie bereits in der Vätertradition deckt sich auch bei Melanchthon der Inhalt des Naturrechts mit dem Dekalog. Ebenso wird die Bedeutung der Schöpfungsordnung für dieses Naturrecht hervorgehoben. Sie bildet wie in der Tradition des christlichen Naturrechts den eigentlichen Geltungsgrund für die naturrechtlichen Handlungsprinzipien.

Für die protestantische Theologie nach den Reformatoren war zunächst diese Naturrechtskonzeption Melanchthons maßgebend. Aber in dem Maße wie Luthers Lehre von den zwei Reichen Gottes zum Bestandteil der protestantischen Orthodoxie wurde, konnte sich als Konsequenz auch seine Naturrechtsauffassung durchsetzen. Daneben gab es im sog. Kulturprotestantismus des 19. Jahrhunderts Versuche, auf der Basis der Philosophie Kants und Schleiermachers naturrechtliche Konzeptionen zu entwickeln, die sich stärker auf den idealistischen Gegensatz von Natur einerseits und Geschichtlichkeit als historisch kulturelle Überlieferung andererseits stützten. Natur war dann nicht so sehr die durch die Sünde des Menschen gebrochene Natur im Sinne einer gebrochenen Schöpfung, sondern ein historisch oder auch philosophisch bestimmbarer Naturzustand des Menschen in der Gleichsetzung von Natur und Art; ein Zustand, der durch die geistig-sittliche Tätigkeit des Menschen überwunden werden und die Menschheit zu höheren Lebensformen entwickeln soll. Obwohl sich diese Konzeption grundlegend von der orthodoxen These der gebrochenen Natur des Menschen unterscheidet, so treffen sich doch beide Auffassungen in dem einen Punkte, daß die Natur nicht Maßstab des menschlichen Handelns sein könne, und stehen damit im Gegensatz zur stoisch-scholastischen These eines naturgemäßen Lebens als Richtschnur einer natürlichen Ethik.

Die verstärkte Rückbindung der protestantischen Theologie auf biblische und reformatorische Ansätze führte seit Beginn des 20. Jahrhunderts auch zu einer veränderten Einstellung in der Naturrechtsfrage. Entsprechend seiner radikalen Absage an jede Metaphysik im Sinne einer rationalen Gottes- und Welterkenntnis muß z. B. Karl Barth die Existenz eines Naturrechts ausschließen, das unabhängig vom Evangelium eine Daseinsberechtigung besäße. Andererseits gibt er zu, daß die „Bürgergemeinde" im Gegensatz zur „Christusgemeinde" durchaus auf eine Rechtsordnung angewiesen sein könne, die weitgehend von der geschichtlichen Offenbarung abstrahiert. Inwieweit diese Rechtsordnung als naturrechtlich begründet bezeichnet werden kann, bleibt freilich offen.

Aber die Problemstellung ist klar: Gibt es eine innere, notwendige Beziehung zwischen der Rechtfertigung des Sünders allein durch den Glauben und dem Problem des menschlichen Rechts, durch welche dieses menschliche Recht zum Gegenstand des christlichen Glaubens und christlicher Verkündigung wird? Dieser Frage nach dem Naturrecht liegt die anthropologische Definition Luthers zugrunde, wonach der Mensch „justificari fide" ist und die antikphilosophische Definition des Menschen als animal rationale unberücksichtigt bleibt. Da der Mensch durch den Glauben an die Heilstat Jesu Christi gerechtfertigt ist, wird nach Jacques Ellul auch das menschliche Recht durch die Person und die Heilstat Jesu begründet: „Die Verwirklichung des menschlichen Rechts ist durch ihn vollbracht, die Qualifikation des menschlichen Rechts ist durch ihn gegeben." Der Bundesschluß Gottes mit dem Menschen in der Person Jesu bewirkt eine neue Schöpfung, und Ellul spricht in diesem Zusammenhang von einer „Wiederherstellung des Menschen in seiner wahrhaften Geschöpf-Situation", so wie es die frühchristliche Theologie tat, die noch keine Unterscheidung in Natur und Übernatur kannte. Weil nach Ellul der Mensch durch Christus wieder in seine eigentliche Geschöpflichkeit eingesetzt worden ist, hat ihm Gott auch im Bereich des Rechts wieder seine Rechte zurückgegeben. Diese von Gott gegebenen „Menschenrechte" gelten für alle Menschen, denn Christus ist für jeden Menschen gestorben. Dementsprechend gelten diese Rechte nicht nur für die Christen, sondern ebenso für die Nichtchristen: „Alle sind Brüder Jesu Christi, und in ihm empfangen alle Rechte." Für Ellul gründen daher die Menschenrechte nicht in einer „natürlichen" Anthropologie oder einer „natürlichen" Gesellschaft, sondern sie sind ausschließlich als Gabe Gottes zu verstehen, der in seiner Freiheit dem Menschen Freiheitsrechte schenkt.

Unter dieser Voraussetzung kann es für Ellul kein Naturrecht sui generis geben, das unabhängig von der Rechtsetzung Gottes im Sinne eines Rechts an sich existierte. Es gibt zwar auch für Ellul ein Naturrecht, aber nur als „Phänomen", d. h. als eine Erscheinungsform sich durchhaltender Rechtsstrukturen und Rechtsprinzipien, die aber keinen Anspruch auf Absolutheit besitzen und daher gegenüber den von Gott gesetzten „Menschenrechten" immer nur theoretische Deutungsschemata sein können. Das „Phänomen" des Naturrechts kann daher immer nur voläufiges, relatives Recht manifestieren. In dieser Funktion dient es mit seinen sich durchhaltenden Prinzipien und Strukturen einer „vorläufigen" Gerechtigkeit im Sinne einer praktisch durchführbaren Ordnung für die menschlichen Gemeinschaften. Aber diese Rechtsordnung kann für Ellul immer nur eine Annäherung und Hinführung auf die eigentliche Gerechtigkeit bilden, nämlich die „Gerechtigkeit Gottes", die der Mensch nicht erkennen kann. Daher stellt eine solche Rechtsordnung auch keinen Wert in sich selbst dar; sie ist rein „weltlich", weil sie auf die praktische Ordnung dieser Welt abgestellt ist. Und ebendeshalb ist sie zwangsläufig situationsbedingt und wandelbar und besitzt daher auch keine allgemeine Gültigkeit, zumindest gemessen an der „Gerechtigkeit Gottes".

Andererseits besitzt für Ellul auch dieses „Phänomen" des Naturrechts eine religiös-christliche Relevanz, insofern dieses Recht mit seiner Aufgabe der vorläufigen Weltordnung eine spezifisch religiöse Funktion ausübt: es führt zum Endgericht Gottes, in dem sich die göttliche Gerechtigkeit manifestieren wird. Unter diesem Aspekt einer eschatologisch situierten Gerechtigkeit Gottes deutet das „weltliche" Recht die Gerechtigkeit Gottes an, so etwa wenn Ellul darauf verweist, daß jedes Gerichtsurteil das Kommen, die Gegenwart und das absolute Urteil Gottes ankündige, oder wenn er ausführt, daß dem Menschen die Schaffung von Recht wegen der kommenden Gerechtigkeit Gottes aufgegeben sei. Aber diese Schaffung von Recht, das Bemühen um gerechte Urteile bilden nicht wie in der traditionellen Auffassung des Naturrechts einen Ausfluß des ewigen göttlichen Rechtes in der Form und Funktion einer Partizipation; sie sind nach Ellul auch keine Vorwegnahme der göttlichen Gerechtigkeit, sondern manifestieren lediglich das Bemühen des Menschen, „im Blick auf das göttliche Endgericht" recht zu tun.

Elluls Rechtsbegründung ist – wie gelegentlich formuliert wurde – „radikal theologisch", denn Recht im eigentlichen Sinne gibt es nur von Gott her und durch Gott. Sie ist aber auch deshalb „radikal theologisch", weil konsequent jede Zuhilfenahme philosophischer und anthropologischer Deutungsschemata zur Erklärung und Begründung des Rechts ausgeschlossen wird. Das entspricht der reformatorischen Tradition, geht aber über sie hinaus, weil bei Ellul auch das weltliche Recht allein von der eschatologischen Gerechtigkeit Gottes her qualifiziert wird, einer Gerechtigkeit, die dem Menschen verschlossen bleibt.

Diese „theologische Radikalität" läßt dann aber auch kaum irgendwelche gemeinsamen Formeln in der Suche nach Gemeinsamkeiten mit philosophisch und anthropologisch begründeten Naturrechtstheorien zu, weil die Deutung des „Phänomens" Naturrecht völlig in die eschatologische Konzeption integriert ist und nur von ihr her begründet werden kann. Umgekehrt bleibt dieses Naturrecht als „Phänomen" frei von allen ideologischen Versuchen, durch Naturrechtskonzeptionen so etwas wie eine „Weltanschauung" zu vermitteln oder eine „ideale" Weltordnung zu entwerfen, denn dieses Naturrecht als „Phänomen" kann und will nichts anderes bieten als das Bemühen um eine „vorläufige" Rechtsordnung, die wegen ihrer Flexibilität in der Praxis eine Fülle von Kompromissen zuläßt.

Weniger radikal als die Rechtskonzeption Elluls, aber dennoch stärker als im Kulturprotestantismus auf die reformatorischen Ansätze ausgerichtet erscheint das Bemühen der protestantischen Theologie um die Naturrechtsfragen seit der Jahrhundertwende und besonders nach dem Ende des Zweiten Weltkrieges. Während z. B. Heinz-Dietrich Wendland die theologische Rechtsbegründung in ähnlicher Weise wie Ellul aus einer eschatologischen Akzentsetzung führt und die Bedeutung der „neuen Schöpfung" in und durch Jesus Christus hervorhebt, spricht er zugleich von einem „eschatologischen Naturrecht", das gerade im Blick auf das Eschaton „legitimiert und in Kraft gesetzt wird", das aber doch mehr ist als ein bloßes „Phänomen", weil auch in ihm, wenngleich nur begrenzt und torsohaft, das Ethos der „neuen Schöpfung" zum Ausdruck kommt. Auch hier meint Naturrecht nicht eine zeitlose Struktur, sondern ist unter dem Aspekt der „neuen Schöpfung" in deren Zielsetzung theologisch integriert.

Ebenso bemüht sich Helmuth Thielicke vom reformatorischen Ansatz her um eine theologische Deutung der Naturrechtsstrukturen. Als Notordnungen stellen ihre Prinzipien und Konkretisierungen eine Anpassung des ursprünglichen Gotteswillens an die gefallene Welt dar und sind deshalb notwendig unvollkommen. Sie bilden einen Kompromiß zwischen den Forderungen im Hinblick auf die erwartete Vollendung des Gottesreiches und der Tatsache einer durch den Abfall von Gott in Sünde lebenden Menschheit. Aber diese „Notordnungen" sind bei all ihrer Beschränkung doch Ausdruck eines göttlichen Ordnungswillens, wenngleich der Mensch diesen göttlichen Willen nicht schon aus den „Notordnungen" erkennen kann, sondern allein durch die gläubige Annahme des Wortes Gottes. Dabei mißt Thielicke dem Naturrecht, das diesen „Notordnungen" zugrunde liegt, durchaus den Stellenwert einer „normativen Größe" zu, aber dieser Stellenwert ergibt sich nicht aus der Einsicht in die „Natur der Sache", sondern wird allein dem Glaubenden zugänglich. Hierin scheint das Dilemma theologischer Konzeptionen zu liegen, die einerseits die

Unfähigkeit des Menschen betonen, Recht und Rechtsordnungen aus der Vernunft zu begründen, da dem durch die Sünde gefallenen Menschen eine solche Vernunfteinsicht nicht zur Verfügung stehe; zugleich aber andererseits diese Vernunft für fähig erklären, als „maßgebliche Instanz" Ordnungen zu gestalten. Wenn der „natürlichen Vernunft", wie z. B. Erik Wolf betont, zwar die Notwendigkeit einer Weltordnung einsichtig sei, nicht aber die Art und Weise dieser Ordnung, die allein durch das Gotteswort der Offenbarung erfaßt werden kann, dann ist die menschliche Vernunft in ihrer Aufgabe, „maßgebliche Instanz" für die praktische Ordnung dieser Welt zu sein, entweder überfordert oder ein bloß ausführendes Organ der Weisungen aus dem Glauben. In diesem Sinne kann dann Ernst Wolf von einer „vernehmenden Vernunft" sprechen, die fähig sei, zu einem formalen Begriff des Naturrechts zu gelangen und bestimmte übergesetzliche Normen zur Ordnung der Institutionen zu verwenden. Aber diese Ordnung der Institutionen bleibt immer eine „vorläufige" Ordnung; und dies nicht nur im Sinne einer ihr inhärenten Unvollkommenheit, sondern auch im Hinblick auf das noch ausstehende im Eschaton erwartete Gottesreich.

7. Neue Ansätze für eine Naturrechtstheorie

Eine entscheidende Neuorientierung in der Naturrechtsdiskussion läßt sich seit der Mitte dieses Jahrhunderts sowohl in der katholischen wie in der protestantischen Theologie konstatieren. Im Mittelpunkt dieser Diskussion stehen die Begriffe des Humanum und der Menschenrechte als Grundlage des Naturrechts. Ausgangspunkt bilden dabei nicht mehr die traditionellen Positionen des Analogons zwischen allgemeinen Naturgesetzen und sittlichem Naturrecht oder die lutherische Formel von den Zwei Reichen Gottes, sondern die Bemühungen, eine konstante Struktur des Humanum zu finden, die sich auf die Erkenntnisse entwicklungsgeschichtlich orientierter Anthropologien und kulturspezifische Aspekte stützt. Als solche Konstanz ergibt sich dann die Personwürde des Menschen als Basis und Begründung der Menschenrechte in der Form personaler Rechte und mit dem Ziel menschlicher Selbstverwirklichung. Naturrecht besteht dann nicht mehr in der Formulierung und Tradierung allgemeiner, immer gültiger Rechtssätze, sondern in einem „daseinstranszendenten verpflichtenden Sollen als Möglichkeitsvoraussetzung sinnvoller menschlicher Existenz" (H. Welzel).

Dabei spielt dann, viel stärker als in den traditionellen Naturrechtskonzeptionen, der Faktor der Geschichtlichkeit eine mitentscheidende Rolle, denn die Konstanz des Humanum erklärt sich nicht als Ausfluß metaphysischer Erkenntnisse oder Setzungen, sondern bildet das Ergebnis einer kulturgeschichtlichen Entwicklung. Dem Einwand, daß es unter diesem Aspekt allenfalls eine relative Konstanz des Humanum geben könne, wird mit dem Argument begegnet, daß die Geschichtlichkeit und Entwicklungsfähigkeit des Menschen ein Proprium des Menschseins bilde. Es gibt demnach keine „fertige", in sich abgeschlossene menschliche Natur, und deshalb kann es auch kein absolutes Humanum geben. Man muß dann freilich auch zugeben, daß den Forderungen nach Grund- und Menschenrechten auch nur eine relative Allgemeingültigkeit zukommen kann. Ein Absolutheitsanspruch solcher Rechte setzt ein Sollen voraus, das sich nicht schon aus der Ermittlung einer relativen Konstanz des Humanum ergeben kann.

Hier stellt sich dann die entscheidende Frage nach der Offenheit einer solchen Naturrechtskonzeption zur Daseinstranszendenz. Wenn etwa die menschliche Natur als „Aufgang des Menschen in seine Aktualität, als echtes, unumkehrbares Werden auf dem Weg der menschlichen Freiheit" (J. B. Metz) verstanden wird, dann wird die menschliche Natur als eine Art „Auftragsnatur" (J. Leclerq) definiert, und das dieser Auftragsnatur entsprechende Naturrecht wäre ein „Auftragsrecht", das sich nicht damit zufriedengeben kann, den Bestand der bereits verwirklichten Freiheitsrechte zu begründen, sondern die Aufgabe hätte, absolute Maßstäbe für die zu verwirklichende Freiheit des Menschen zu setzen.

Eine solche Naturrechtskonzeption setzt freilich eine „Weltanschauung" voraus, die ihrerseits das Ergebnis daseinstranszendierender Setzungen bildet; mag es sich dabei um philosophische, theologische oder auch ideologische Modelle handeln. Nur ihnen entspricht und kann ein absolutes Sollen entsprechen, das zum Beispiel den Menschen verpflichten kann, die in ihm grundgelegte Möglichkeit der Freiheit als gesollte Freiheit zu verwirklichen.

Wegen dieser zukunftsorientierten Daseinstranszendenz besitzt ein so gefaßtes Naturrecht die Struktur des Utopischen. Darin stimmt es zwar mit den traditionellen Naturrechtskonzeptionen überein, aber die Zukunftsorientierung, die diesem Naturrecht zugrunde liegt, erhält wegen des Faktors der Geschichtlichkeit als Proprium der menschlichen Natur einen besonderen Stellenwert, d. h., diese Naturrechtskonzeption ist wesenhaft dynamisch, weil die utopische Struktur zum Wesen dieses Naturrechts gehört.

Andererseits wird eine solche Naturrechtskonzeption wegen ihrer weltanschaulichen Begründungsstruktur nicht mit dem Anspruch allgemeiner Evidenz auftreten können und dürfen, einerlei, um welche daseinstranszendenten Bezüge es sich dabei handeln mag. Weder das Modell eines kommenden Gottesreiches mit seiner ihm eigenen Gerechtigkeit noch das vom größtmöglichen Glück der größten Zahl (Jeremy Bentham) oder jenes einer kommunistischen Gesellschaft im Sinne des jungen Marx kann als utopisches Gesellschaftsmodell in sich einsichtige Evidenz beanspruchen und will dies auch gar nicht; ganz abgesehen davon, daß es nicht nur Gesellschaftsmodelle gibt, in deren Mittelpunkt die Verwirklichung der menschlichen Freiheit steht, sondern auch Modelle, die auf dem Konzept „einer ewigen Wiederkehr des Gleichen" beruhen, das als geschichtsphilosophisches Interpretament seine Bedeutung besitzt (Nietzsche, Spengler) und aus dem sich, analog zum Naturrecht auf Freiheit, ein Naturrecht als Herrschaftsrecht begründen ließe. Weder Herrschaftsrechte noch Freiheitsrechte, ob man sie nun als Naturrecht bezeichnet oder nicht, können daher einen Anspruch auf allgemeine Evidenz erheben.

Nur ist das Postulat nach der Evidenz von Naturrechtssätzen ohnehin problematisch und entstammt der metaphysischen Begründung des Naturrechts, die von bestimmten grundlegenden philosophischen Prinzipien abhängt. Solange die aristotelisch-scholastische Metaphysik in ihrer Geltung unbestritten blieb, konnte auf der Grundlage dieser Metaphysik das Postulat nach einer Evidenz metaphysisch begründeter Naturrechtssätze erhoben werden. Aber in dem gleichen Maße, wie die Prinzipien dieser Metaphysik, die die Basis für eine Wesensbestimmung des Menschen abgaben, in Zweifel gezogen werden, entfällt auch das Postulat nach der Evidenz von Naturrechtssätzen.

Die bleibende Bedeutung des Naturrechts dürfte daher auch weniger in dem Anspruch liegen, eine in sich gültige Konzeption und Begründung des Rechts zu liefern, sondern in dem ständigen Bemühen, Recht an den Maßstäben daseinstranszendierender Werte und Normen zu messen und ihm damit jene ethische Struktur zu geben, die es aus sich selbst nicht hervorbringen kann. Der Beitrag einer christlichen Theologie dürfte dementsprechend vor allem darin bestehen, die Daseinstranszendenz und das damit verbundene Ethos des Naturrechts theologisch aufzuarbeiten und zu ergänzen.

Literatur

F. Böckle (Hrsg.), Das Naturrecht im Disput (1966).
F. Böckle – E. W. Böckenförde (Hrsg.), Naturrecht in der Kritik (1973).
J. David, Das Naturrecht in Krise und Läuterung (1967).
J. Ellul, Die theologische Begründung des Rechts (1948).
F. Flückiger, Geschichte des Naturrechts I (1954).
J. Fuchs, Lex Naturae. Zur Theologie des Naturrechts (1955).
A. M. Knoll, Katholische Kirche und scholastisches Naturrecht ([2]1968).
M. Limbeck, Von der Ohmacht des Rechts (1972).
A. Müller – St. Pfürtner – B. Schnyder (Hrsg.), Natur und Naturrecht (1972).
K. Peschke, Naturrecht in der Kontroverse (Studia theologiae moralis et pastoralis VIII) (1967).
H. D. Schelauske, Naturrechtsdiskussion in Deutschland. Ein Überblick über zwei Jahrzehnte 1946–1965 (1968).
H. H. Schrey, Diskussion um das Naturrecht, in: Theologische Rundschau NT 41 (1976) 59ff.
L. Strauß, Naturrecht und Geschichte (1956).
A. Verdross, Abendländische Rechtsphilosophie ([2]1963).
H. Welzel, Naturrecht und materielle Gerechtigkeit ([4]1962).
Erik Wolf, Das Problem der Naturrechtslehre ([3]1964).
Ernst Wolf, Naturrecht oder Christenrecht (1960).
Ders., Naturrecht und Gerechtigkeit, in: Naturrecht oder Rechtspositivismus? hrsg. von W. Maihofer (1962) 52ff.

Anselm Hertz

II
Zwei-Reiche-Lehre und Königsherrschaft Christi

1. Zum begriffsgeschichtlichen Kontext

Zwei-Reiche-Lehre und Königsherrschaft Christi tragen als theologische Begriffe die Last eines Programms, das seinen geschichtlichen Folgen durch eine Steigerung der Begründungsanforderungen gerecht zu werden versucht. Die Zeitgenossen sprechen von „Ambivalenzen", wenn die theoretische Entfaltung eines Begriffs zwar in Übereinstimmung mit den Prinzipien erfolgt, ihre Bestätigung und Einlösung aber von dem realen Verlauf der Geschichte empfängt, der anderen Impulsen folgt als denen, die die Stringenz einer Lehre verbürgen. Zwei-Reiche-Lehre und Königsherrschaft Christi nehmen den Status von Begriffen ein, die zugleich ihre Verwirklichung erstreben.

Die Zwei-Reiche-Lehre gehört zu dem Typus von Lehre, der vornehmlich über seine geschichtlichen Auswirkungen erfaßt wird. Die dieser Einsicht folgenden Darstellungen lassen die Zwei-Reiche-Lehre in einer verwirrenden Mehrdeutigkeit erscheinen. Die Kennzeichnung der Zwei-Reiche-Lehre als eines „Irrgartens" ist nicht nur eine freundliche Chiffre, sie ist Ausdruck der Schwierigkeiten, die einer schlüssigen Interpretation entgegenstehen. Um die Topographie der Zwei-Reiche-Lehre darzulegen, hat sich wiederholt der Versuch nahegelegt, durch eine traditionsgeschichtliche Rekonstruktion Umfang und Bedeutung dieses Grundmotivs einer christlichen Soziallehre aufzuweisen[1]. Solche Überlegungen setzen indes voraus, daß der Begriff Zwei-Reiche-Lehre mit dem Auftreten des Motivs zweier Reiche gegeben ist und daß der Begriff eine Struktur enthalte, die es zuläßt, mit den Materialien aller kirchengeschichtlichen Epochen gefüllt zu werden. Selbst die Peripatien dieser Lehrentwicklung, die sich mit den Namen Augustin und Luther verbinden, verraten nichts darüber, daß der Terminus Zwei-Reiche-Lehre jungen Ursprungs ist. Seine Herkunft fällt mit großer Wahrscheinlichkeit in die zwanziger Jahre unseres Jahrhunderts. Das Thema „Zwei Reiche", das in wechselnden Konstellationen die theologische, die staatstheoretische und die philosophische Literatur bestimmt, reicht in der Tat weit zurück und hat in seinen mannigfachen historischen Brechungen dem Begriff der Zwei-Reiche-Lehre einen überaus undeutlichen Charakter gegeben. Zu der uneinheitlichen Vorgeschichte des Motivs tritt die

---

[1] *U. Duchrow,* Christenheit und Weltverantwortung. Traditionsgeschichte und systematische Struktur der Zweireichelehre (1970); vgl. die Bibliographie zur Zwei-Reiche-Lehre in: Zur Zwei-Reiche-Lehre Luthers. Mit einer Einführung von G. Sauter und einer kommentierten Bibliographie von J. Haun (ThB 49) (1973) 230–233.

Hypothek des „Zusammenbruchs des Luthertums als Sozialgestaltung"[2] und die Mitschuld an der deutschen Katastrophe im Jahr 1945. Die Annahme freilich, das Motiv zweier Reiche habe in der Geschichte der lutherischen Kirche als einer landesherrlich verfaßten Kirche die Einstellungen bewirkt, die den Staat seiner „Eigengesetzlichkeit" überließen, wird durch die Ethiken des Luthertums nicht bestätigt. Die ethischen Entwürfe, die im Kontext lutherischer Theologie vorliegen, nehmen das Motiv zweier Reiche nicht nur nicht in Anspruch, sie orientieren sich an einer Tradition praktischer Philosophie, die gänzlich andere Begriffe und Gliederungsprinzipien ins Zentrum rückt[3]. Der häufig wiederkehrende Hinweis auf Ch. E. Luthardt[4] führt zwar auf das Motiv zweier Reiche, nicht aber zum Begriff Zwei-Reiche-Lehre.

Angesichts der verwickelten Geschichte des Themas zweier Reiche beschränken sich die begriffsgeschichtlichen Bemerkungen auf die Frage, seit wann der Terminus Zwei-Reiche-Lehre in Gebrauch kommt und welche Verwendungsweisen er erkennen läßt. Wer freilich zu jedem Problem die Sozialgeschichte mitzuschreiben versucht, wird in begriffsgeschichtliche Exkurse keine großen Erwartungen setzen. Der Begriff Zwei-Reiche-Lehre oder Lehre von den zwei Reichen findet sich m. W. zum erstenmal in einem Aufsatz von Karl Barth[5]. Er soll diejenige sozialethische Position charakterisieren, die P. Althaus in der Debatte um den religiösen Sozialismus eingenommen hat[6]. Althaus bedient sich des Motivs der zwei Reiche im Anschluß an Luther und verfolgt damit den Zweck, die Unterscheidung von „Reich Gottes und Weltordnung" gegenüber einem irdischen Idealreich, das mit dem Reich Gottes zusammenfallen soll, zur Geltung zu bringen. Der Kontext zeigt mit aller Deutlichkeit, daß der Streit zwischen K. Barth und P. Althaus seinen Anlaß in der aktuellen Situation hatte, für die sich der Zwei-Reiche-Gedanke als Interpretament anbot. Die von Althaus vollzogene gedankliche Stilisierung des Motivs beruht auf Einsichten, die sich der kantischen bzw. der neukantianischen Philosophie mindestens ebenso verdanken wie der Theologie Luthers. Für die These Althaus', daß das Reich Gottes nicht das Endziel des Geschichtsverlaufs sein könne, fand Barth die

---

[2] *G. Wünsch,* Der Zusammenbruch des Luthertums als Sozialgestaltung (1921).

[3] *Ottmar Dittrich,* Geschichte der Ethik. Die Systeme der Moral vom Altertum bis zur Gegenwart IV (1932, Neudr. 1964).

[4] *Ch. E. Luthardt,* Ethik Luthers in ihren Grundzügen (²1875) 80; vgl. dazu *E. Wolf,* Die „lutherische Lehre" von den zwei Reichen in der gegenwärtigen Forschung, in: Reich Gottes und Welt. Die Lehre Luthers von den zwei Reichen, hrsg. von H. H. Schrey (1969) 145; *J. Heckel,* Der Ansatz einer evangelischen Sozialethik bei Martin Luther, in: Das blinde, undeutliche Wort „Kirche". Gesammelte Aufsätze, hrsg. von S. Grundmann (1964) 273.

[5] *K. Barth,* Grundfragen der christlichen Sozialethik. Auseinandersetzung mit Paul Althaus, in: Das Neue Werk 4 (1922) 461–472, abgedruckt in: Anfänge der dialektischen Theologie I, hrsg. von J. Moltmann (1962) 152–165; vgl. dazu: Die Ambivalenz der Zweireichelehre in lutherischen Kirchen des 20. Jahrhunderts, hrsg. v. U. Duchrow – W. Huber (1976) 31, 40–43.

[6] *P. Althaus,* Religiöser Sozialismus. Grundfragen der christlichen Sozialethik. Studien des apologetischen Seminars in Wernigerode, 5. Heft (1921) 31–42, 74–99.

Formel von der „paradoxen Lehre von zwei Reichen"[7]. Das eine solche dualistische Fassung der beiden Reiche das ethische und politische Handeln erschwere, ist ihnen ebenso bewußt wie das Problem, auf welche Weise die Einheit der zwei Reiche zur Geltung zu bringen sei. Diese Frage nach der Einheit der beiden Reiche bringt das Thema der Auseinandersetzung zum Vorschein, die um die legitime Theologie geführt wird. Althaus bezieht die Einheit der zwei Reiche auf das „Ineinander von Gesinnung und Lebensordnung"[8], Reich Gottes und Staat, während Barth die Einheit der beiden Reiche durch den an keine Voraussetzungen gebundenen Namen Christus erläutert. Ihr unanschaulicher, jeder theologischen Begründung entzogener Charakter hat ihren Grund in Christus und ihr Ziel in der „Einheit des neuen Menschen"[9].

Sollte der Begriff der Zwei-Reiche-Lehre auf die Debatte Barths mit Althaus zurückgehen, dann tritt er als Bezeichnung für ein theologisches Programm auf, dessen Vertreter erst sehr viel später diese Formel als Selbstbezeichnung verwendet haben. Von seinem ersten Auftreten an würde der Terminus „Lehre von den zwei Reichen" den Vorbehalt an sich tragen, der noch die Entfaltung dieses Begriffes bestimmt. Der in die dreißiger Jahre fallende Konflikt zwischen Zwei-Reiche-Lehre und Königsherrschaft Christi gewönne ein Vorspiel in dem Streit um die Grundlegung einer christlichen Sozialethik. Dieser Streit muß seine radikalen Konsequenzen gar nicht verhüllen, denn er wird um Begriff und Sache der Theologie geführt. Was sich in den Folgen für eine christliche Ethik an Unterschieden auftut, das rührt an den Grund der Theologie selber.

Wie gering zunächst die prägende Kraft des Begriffs Zwei-Reiche-Lehre ist, zeigt der sporadische, stark dem Wechsel unterliegende Gebrauch bis in die Anfänge der dreißiger Jahre. E. Wolfs[10] Interesse an einer lutherischen Sozialethik spricht sich im Gegenzug zu der „lutherischen sog. zwei Sphären-Theorie" aus; das Bild der beiden Sphären, in das „weltliche Obrigkeit" und „Reich Gottes" nach der Eigengesetzlichkeit ihrer Gewalten eingelassen sind, geht auf H. Jordan zurück[11]. Noch F. Lau ist der Überzeugung, daß sich der Zugang zum Begriff der „äußerlichen Ordnung" bei Luther nicht vom „Zweireicheschema"[12] oder vom „Zweireicheproblem"[13] erschließen lasse. Das „Zweireicheproblem" erstrecke sich nicht primär auf die „göttlich-weltliche Ordnung", sondern sei als Thema der „vita Christiana" zu entfalten. – Als Terminus, der keiner besonderen Rechtfertigung mehr bedarf, aber auch kein besonderes

---

7 A.a.O. 156. 8 A.a.O. 87. 9 A.a.O. 157.

10 *E. Wolf*, Zur Sozialethik des Luthertums (1932), abgedruckt in: Die Ambivalenz der Zweireichelehre 45.

11 *H. Jordan*, Luthers Staatsauffassung. Ein Beitrag zu der Frage des Verhältnisses von Religion und Politik (1917) 10–48, vgl. insbes. 12f., 18f.

12 *F. Lau*, „Äußerliche Ordnung" und „Weltlich Ding" in Luthers Theologie (1933) 11 Anm. 2.

13 A.a.O. 12 Anm. 1.

Gewicht trägt, findet sich der Ausdruck Zwei-Reiche-Lehre bei E. Hirsch[14], rückt aber in der von ihm verfaßten „Denkschrift der Reichskirchenregierung von 1934" in die Mitte der Erörterung von „protestantischem Christentum und politischer Bewegung"[15]. Diese unterschiedlichen Bezeichnungsversuche machen deutlich, daß für die Aufgabe einer Situationsanalyse, die das Motiv der zwei Reiche an sich zog, die Formel keineswegs von vornherein bereit stand.

Mit der Arbeit H. Diems[16] beginnt der Begriff Zwei-Reiche-Lehre, der von seinem ersten Auftreten an den Verweis auf die Theologie Luthers an sich trug, feste Form anzunehmen. Zugleich lenkt dieser Text die Aufmerksamkeit von der aktuellen sozialethischen Theorie zurück auf die Theologie Luthers. Diese Wendung hat sich als überaus folgenreich erwiesen. Eine sich der Gegenwartsthematik verdankende Formel wird zum Erkennungszeichen der Theologie Luthers. Jede Darlegung der Zwei-Reiche-Lehre ist fortan nicht nur auf die Materialien angewiesen, die Luthers Schriften enthalten, sie muß den Nachweis ihrer Rechtmäßigkeit durch eine Interpretation der Theologie Luthers erbringen. Der Streit um die Zwei-Reiche-Lehre ist damit zum Streit um Luthers Theologie geworden. Durch den Kirchenkampf verschärft, werden Zwei-Reiche-Lehre und Königsherrschaft Christi als Programmformeln Ausdrucksträger legitimer oder illegitimer politischer Gesinnung.

Die Auseinandersetzung um Bedeutung und Tragweite der Zwei-Reiche-Lehre erreichte ihren Höhepunkt in den Jahren nach 1945. Sie fand im Schatten der Katastrophe statt, die in ihren Ausmaßen abzuschätzen eine neue Erörterung der Zwei-Reiche-Lehre unabweisbar machte. Freilich, das wiederum von einem aktuellen Interesse geleitete Bedürfnis nach einer wirkungsgeschichtlichen Analyse der Zwei-Reiche-Lehre ging, nicht zuletzt unter dem Druck der Problemstellung, in seine historische Phase über. Die der Zwei-Reiche-Lehre gewidmeten Arbeiten, die in rascher und dichter Folge erschienen, entspringen nicht nur dem Bemühen nach einer konfessionellen Verständigung, sondern sie nehmen die theologiegeschichtliche Rekonstruktion zum Anlaß, die Zwei-Reiche-Lehre zu korrigieren, zu ergänzen[17] und die Umstellungen vorzunehmen, die sich durch die Analyse der Schriften Luthers aufdrängten. Daß der im ganzen überschaubare Aussagebestand der Zwei-Reiche-Lehre Luthers Differenzierungen zuläßt, zeigt sich an der Unterscheidung von Reichelehre und Regimentenlehre; ob sie begründeten Anhalt an den Texten Luthers hat, kann

---

[14] *E. Hirsch*, Die gegenwärtige geistige Lage im Spiegel philosophischer und theologischer Besinnung. Akademische Vorlesungen zum Verständnis des deutschen Jahres 1933 (1934) 115 („Anschauung Luthers von den zwei Reichen"); *ders.*, christliche Freiheit und politische Bindung (1935) 39, 45; *ders.*, Zweifel und Glaube (1937) 58, 59.

[15] Die Ambivalenz der Zweireichelehre 57, 58.

[16] *H. Diem*, Luthers Lehre von den beiden Reichen, untersucht von seinem Verständnis der Bergpredigt aus. Ein Beitrag zum Problem: „Gesetz und Evangelium" (1938).

[17] *H. Thielike*, Theologische Ethik I (1951) 583–604; *H. Bornkamm*, Luthers Lehre von den zwei Reichen im Zusammenhang seiner Theologie, in: ARG 49 (1958) 26–50.

in diesem Zusammenhang offenbleiben; für die gegenwärtige Interpretation drückt sich in der Bevorzugung der Regimentenlehre das Interesse an einer handlungsorientierten Fundierung der Zwei-Reiche-Lehre aus, das zugleich die Verabschiedung aller im Reichsgedanken liegenden statischen Vorstellungen bedeutet[18]. Die klassischen Darstellungen der Zwei-Reiche-Lehre[19], die sich in gewiß unterschiedlicher Weise dem Programm der Königsherrschaft Christi öffneten, haben einen Erörterungsstand heraufgeführt, der trotz der Eindeutigkeit in der Sache die polemische Entgegensetzung vermeidet.

Daß der Wechsel in der Bezeichnung der Zwei-Reiche-Lehre als Regimentenlehre ein Indiz für die Umstellung von ordnungstheologischen auf handlungsspezifische Kategorien darstellt, kommt in dem Programmbegriff Königsherrschaft Christi zu seinem reinsten Ausdruck. Die den Gedanken der Trinität Gottes voraussetzende Handlungsvorstellung, die jede nicht durch das Tun Gottes gesetzte Bedingung ausschließt, verbürgt die Einheit der in Christus offenbaren Herrschaft. Die Motive, die K. Barth veranlaßt haben, der „lutherischen Lehre von den zwei Reichen" einen dualistischen Charakter nachzuweisen, vermöge dessen Reich Gottes und Reich der Welt im Verhältnis der Wechselwirkung stehen, drängen auf ein sozialethisches Konzept hin, das jeden Schein einer Vermischung der Herrschaft Gottes mit innerweltlichen Ordnungen vermeiden muß. Der Begriff Herrschaft Christi, von A. de Quervain in die theologische Debatte eingeführt[20], faßt die Argumentation der Theologie Barths in eine schlüssige Formel zusammen. Als dogmatisches Begründungsprinzip zeichnet er sich durch hohe Abstraktheit aus, und das verleiht ihm trotz der theologiegeschichtlichen Anklänge eine Sonderstellung. Die Begriffe „regnum Christi" oder „königliches Amt Christi", klassische dogmatische Begriffe, haben nie die Begründungslast tragen müssen wie der Ausdruck „Königsherrschaft Christi"[21]. Auch wenn A. Ritschl von der „Königsherrschaft Gottes" redet[22], ist er von einer Vorstellung des Reiches Gottes geleitet, die einer detaillierten ethischen Entfaltung fähig ist. Der Gedanke der Königsherrschaft Christi, der den Anspruch Gottes auf das Regiment in beiden Reichen einschließt, konnte von den Kritikern mit der Anschauung einer Christokratie oder Theokratie verbunden werden[23]. Der Begriff Theokratie ist seit dem 17.

---

[18] *P. Althaus*, Zweireichelehre, in: EKL III (1959) 1928–1936; *ders.*, Luthers Lehre von den beiden Reichen im Feuer der Kritik, in: LuJ 24 (1957) 40–68; *F. Lau*, Luthers Lehre von den beiden Reichen, in: Luthertum 8 (1952); *G. Ebeling*, Die Notwendigkeit der Lehre von den zwei Reichen, in: Wort und Glaube ([3]1967) 407–428.

[19] *G. Törnvall*, Geistliches und weltliches Regiment bei Luther. Studien zu Luthers Weltbild und Gesellschaftsverständnis (1947).

[20] *A. de Quervain*, Die Herrschaft Christi über seine Gemeinde und die Bezeugung dieser Herrschaft in der Gemeinde, in: EvTh 5 (1938) 45–57.

[21] *W. Trillhaas*, Regnum Christi. Zur Geschichte der Idee im Protestantismus, in: LR 17 (1967) 51–73.

[22] *A. Ritschl*, Unterricht in der christlichen Religion ([4]1890) 5; vgl. 71.

[23] *F. Lau*, Die Königsherrschaft Jesu Christi und die lutherische Zweireichelehre, in: Reich Gottes

Jahrhundert ein weithin mit negativen Merkmalen besetzter Begriff, der zur Interpretation der Königsherrschaft Christi nur sehr begrenzte Hilfe leistet. Königsherrschaft Christi ist in der Missionsterminologie geläufig und findet überdies im freikirchlichen Luthertum Verwendung[24]. Die Formel stützt sich auf das Bekenntnis der christlichen Gemeinde und besagt, daß Christus die Herrschaft über die Welt ausübe und seinem Herrschaftsanspruch kein anderer Anspruch auf Herrschaft vergleichbar ist. Die Negation der politischen Totalität, die sich im Führerprinzip ihren symbolischen Ausdruck verschafft hat, ermächtigt die christliche Gemeinde, die Freiheit in Anspruch zu nehmen, die zu den Folgen der Königsherrschaft Christi gehört.

Die Jahre nach 1945 führen zu einer Umwandlung des Begriffs Königsherrschaft Christi. Unter dieser Bezeichnung beginnen die Umrisse einer sozialethischen Theorie sichtbar zu werden. Königsherrschaft Christi wird angesichts der neuen politischen Situation diejenige Herrschaftsform, die den wahren Menschen in sich aufnehmen möchte. Die Humanisierung des Staates, der als demokratischer Staat von dem verborgenen Bild des wahren Menschen lebt, konnte unter der Devise erfolgen, daß menschliche Solidarität Kirche und Gesellschaft gleichermaßen verpflichte. Die Königsherrschaft Christi bringt die Analogien in dem Reich der Welt hervor, die die Einheit über die Differenz beider Reiche hinweg aufleuchten läßt. Der Begriff Königsherrschaft Christi, der seine Begründung in der Dogmatik empfangen hat, wird sich der Folgen bewußt, die den Übergang zur Sozialethik einschließen[25]. Es lag in der Konsequenz des Terminus, daß nicht nur die Interpretation Luthers in seinen Bann geriet[26], sondern daß auch die das staatliche Leben tragenden Faktoren, wie das Recht, der Logik göttlichen Handelns und Wollens unterlagen[27].

In der gegenwärtigen Debatte ist der Begriff Königsherrschaft Christi zurückgetreten. Seine Spuren finden sich allenfalls in den Programmen politischer Theologie, die den Akt des Zeugnisses durch den Akt politischen Tuns ergänzt haben. Der Gedanke der Königsherrschaft Christi, der sich durch die Reinheit seiner Begründung auszeichnete, beginnt, um real zu werden, in die Gesellschaft überzugehen. Es scheint nicht abwegig zu sein, die Vermutung auszusprechen, daß ihm das Schicksal bevorsteht, das sich an der Zwei-Reiche-Lehre vollzogen haben soll.

---

und Welt a. a. O. 484–513, vgl. 486 f.; *E. Mühlhaupt*, Herrschaft Christi bei Luther, a. a. O. 432–456; vgl. 442.

[24] *F. Lau*, Die Königsherrschaft Jesu Christi a. a. O. 487 f.

[25] *E. Wolf*, Was heißt „Königsherrschaft Christi" heute? Unter der Herrschaft Christi, in: BEvTh 32 (1961) 67–91; *ders.*, Die Königsherrschaft Christi und der Staat, in: *W. Schmauch – E. Wolf*, Königsherrschaft Christi, in: ThEx 64 (1958) 20–61.

[26] *G. Forck*, Die Königsherrschaft Christi bei Luther (1959).

[27] *K. Barth*, Rechtfertigung und Recht, in: ThSt 1 (1938, Neudr. 1970); *J. Heckel*, Lex Charitatis. Eine juristische Untersuchung über das Recht in der Theologie Martin Luthers (1953).

2. Die Begründungsstruktur der beiden ethischen Programme

Die zeitgeschichtlichen Bedingungen, unter denen „Zwei-Reiche-Lehre" und „Königsherrschaft Christi" zu Leitbegriffen der Theologie aufrückten, können für deren Begründung und Entfaltung nicht zufällig sein. Als fundamentale theologische Kategorien haben sie einen Grad gedanklicher Allgemeinheit erreicht, der zwar nicht unmittelbar von der Skala des historischen Verlaufs abzulesen ist, der aber gleichwohl die Temperatur spüren läßt, die der begrifflichen Generalisierung innewohnt. Zwei-Reiche-Lehre und Königsherrschaft Christi als theologische Figurationen wahrnehmen heißt auch die Erfahrungen wahrnehmen, die den Impuls zur Begriffsbildung bereitstellten. Der Erfahrungskontext, der sich für die Genese der Formeln Zwei-Reiche-Lehre und Königsherrschaft Christi nahelegt, empfängt seine Auslegung im Begriff des Politischen. Als Totalbestimmung staatlichen Lebens und gesellschaftlicher Ordnungen macht er sich als die Kategorie geltend, die jedem Teilbereich seine Grenze setzt. Wirtschaft, Wissenschaft, Kultur, denen die „Eigensetzlichkeit" nur zu gern zugestanden wurde, erfüllen ebensowenig den Begriff des Politischen wie der Staat selber. „Als polemischer Gegenbegriff gegen solche Neutralisierungen und Entpolitisierungen wichtiger Sachgebiete erscheint der gegenüber keinem Sachgebiet desinteressierte, potentiell jedes Gebiet ergreifende *totale* Staat der Identität von Staat und Gesellschaft. In ihm ist infolgedessen *alles* wenigstens der Möglichkeit nach politisch, und die Bezugnahme auf den Staat ist nicht mehr imstande, ein spezifisches Unterscheidungsmerkmal des ‚Politischen' zu begründen."[28] Angesichts eines Begriffs vom Politischen, der in der Gestalt des totalen Staates nichts unberührt und unverändert läßt und in dem sich eine Gesamtinterpretation der gesellschaftlichen Wirklichkeit ausspricht, entsteht in den Leitformeln der Zwei-Reiche-Lehre und der Königsherrschaft Christi ein jeweils verschiedenes, aber nicht weniger totales Gegenbild der menschlichen Welt.

a) Die „Denkschrift der Reichskirchenregierung von 1934"[29], die sich ausdrücklich auf die „von Luther geprägte reformatorische Lehre von den zwei Reichen" bezieht, läßt keinen Zweifel daran, daß die Kategorie des Politischen die Schlüsselkategorie der Gegenwart ist. „Die irdische Gemeinschaft baut sich durch allen verantwortlichen menschlich-irdischen Dienst auf und hat ihre bestimmte Form an der politischen Ordnung. Man kann sie entsprechend der Weite und Tiefe, die heute der Begriff des Politischen gewonnen hat, bis in ihre letzte Verzweigung hinaus als politische Gemeinschaft bezeichnen. Der von ihr umfaßte Mensch ist der politische Mensch."[30] Das Reich der Welt, das als das

---

[28] *C. Schmitt,* Der Begriff des Politischen (1932, Neudr. 1963) 24.
[29] Die Ambivalenz der Zweireichelehre a.a.O. 57–63.
[30] Ebd. 58.

eine Glied in die Zwei-Reiche-Lehre gehört und seinen Reichtum in die Unterscheidung von Ordnungen und Ständen, Ämtern und Berufen auseinanderlegt, wird hier in den allesumfassenden Begriff des Politischen zusammengezogen. Diesem gleichsam unmeßbaren, totalen Begriff des Politischen versucht die Zwei-Reiche-Lehre Grenze und Maß zu setzen. Um dieses Maß bestimmen zu können, dient die Unterscheidung in zwei Reiche: das „Reich Gottes" und das „Reich der Welt". Trägt der Begriff „Reich der Welt" die Signatur des Politischen, dann legt es sich nahe, für den Begriff „Reich Gottes" die Entsprechung im Gedanken des „Religiösen" zu suchen. Die Transposition der Zwei-Reiche-Lehre in die Unterscheidung von politisch – religiös, für die sich im Sprachgebrauch der Zeit ähnliche Begriffe anbieten konnten[31], ist von dem Interesse geleitet, zugleich die Differenz beider Funktionen für das christliche Leben und die christliche Gemeinde auszusagen und als Träger dieser Funktionen das eine individuelle oder soziale Subjekt namhaft zu machen. Reich Gottes und Reich der Welt stehen sich nicht als getrennte Sektoren gegenüber, deren einer den Charakter der Unsichtbarkeit und der geistlichen Herrschaft trägt, deren anderer den des sich mit Gewalt durchsetzenden Rechtes; beide Reiche bilden die Struktur, in der sich menschliches Leben vorfindet. Kein diese Struktur in Anspruch nehmender Lebensvollzug vermag sich zu vollenden, indem er als sein Resultat die Einheit beider Reiche hervorbringt. Auch das Reich der Welt, das politische Reich, dem die Teleologie auf geschichtliche Vollendung und irdische Vollkommenheit innezuwohnen scheint, geht nicht in das Reich Gottes über. Das Reich der Welt ist als Schöpfung und Anordnung Gottes der Ort, an dem sich seine Gegenwart verhüllt, aber es ist kein sich selber überlassenes oder gar preisgegebenes Reich. Das Reich Gottes bringt sich im Wort, in dem Gott sich mitteilt, zur Präsenz des Glaubens; aber der Glaube nimmt teil am Reich der Welt. Im Glauben vollzieht der Christ die Bewegung zwischen den beiden Reichen.

Bezieht man die Unterscheidung der beiden Reiche auf den Lebensvollzug des Christen oder der christlichen Gemeinde und sieht die Struktur dieser Unterscheidung im Leben der Gemeinde wiederholt, dann treten als Exponenten der beiden Reiche die Doppelgestalten des einen Wortes Gottes, Gesetz und Evangelium, auf. Sie fallen nicht mit dem Reich Gottes und dem Reich der Welt zusammen, aber sie verdeutlichen den Transitus des Glaubens und legen sich als spannungsvolle Bewegung in die Unterscheidung der beiden Reiche. Die Totalbestimmung des politischen Menschen, die sich selber weder aussprechen noch zu Begriff bringen läßt, empfängt in der Zwei-Reiche-Lehre nicht nur das Maß, durch das sie erörterbar wird, sie wird als Totalbestimmung auf die Unterscheidung der beiden Reiche zurückgeführt, die es verhindert, daß

[31] *F. Gogarten,* Die Lehre von den zwei Reichen und das „natürliche Gesetz", in: DTh 2 (1935) 330–340.

sich, abgesehen von ihr, eine Vorstellung von der Einheit des Reiches bilden kann.

Die schlechthin bezwingende Einsicht, die in der Zwei-Reiche-Lehre ihren Ausdruck gefunden hat, weist eine Struktur auf, auf die hin die theologischen Grundaussagen konvergieren. Die Einheit Gottes, die zwar gedacht, aber im Denken nicht verbürgt werden kann, stellt sich selber in den Gestalten der zwei Reiche dar; an beiden Reichen gewährt Gott Anteil, aber das Anteilhaben am Reich Gottes und am Reich der Welt ist ein Teilhaben an der Unterscheidung. Der Christ ist „Bürger der zwei Reiche"; so wie er ein Leben lang sich in die Einheit und Unterscheidung von „Privatmoral und Amtsmoral" einübt, so bezieht er sich als der Bürger der beiden Reiche auf ihre Einheit. Diese Einheit kann aber nur real werden im Reich Gottes, dessen Wirklichkeit sich aus keinem Akt menschlichen Tuns ableiten läßt. Sie bleibt unter den Bedingungen der geschichtlichen Erfahrung in der Unterscheidung der zwei Reiche verborgen, und es läßt sich kein Ort außerhalb dieser Differenz finden, der einen direkten Zugriff auf die Einheit Gottes und seines Reiches gestattete. Die Zwei-Reiche-Lehre fordert die Kunst der Unterscheidung und die Kunst der Beziehungen; die in ihr formulierte Einsicht will aber nicht nur den Intellekt leiten, sondern sich im Leben bestätigen.

Die Struktur der Zwei-Reiche-Lehre, die eine ihrer möglichen Erfüllungen im Rechtfertigungsakt besitzt, überträgt sich, sowohl was die Unterscheidung als auch was die Beziehung anlangt auf die Wahrnehmung und Einschätzung der wechselnden politischen Konstellationen in Staat und Gesellschaft. Orientiert sie sich an der Vorstellung der Unterscheidung der zwei Reiche, dann entsteht ihr die Gefahr, Reich Gottes und Reich der Welt als zwei vergleichsweise autonome Ordnungen nebeneinander gelten zu lassen. Sie kann in dieser „dualistischen" Auslegung ebenso das Amt der Kritik ausüben, wie sie sich von einem heimlichen Einverständnis mit dem Reich der Welt leiten lassen kann. Stellt sie hingegen den Gedanken des Aufeinanderbezogenseins der zwei Reiche in den Vordergrund, dann verstärkt sich die Tendenz, Identifizierungen vorzunehmen, die jene Einsicht verdunkeln, die ihr wesentlich zugehört. Religion und Politik, Sittlichkeit und Recht, Kirche und Staat sind solche möglichen Konkretionen, die sich als materiale Füllung der Struktur der Zwei-Reiche-Lehre angeboten haben. Die Distanz zwischen Struktur und geschichtlich empirischen Beständen kann nicht nur unter dem Gesichtspunkt der Affinität zu den beiden Reichen betrachtet werden, sie räumt vielmehr dem ethischen Handeln den notwendigen Spielraum ein. Unter dem Gesichtspunkt der Affinität oder Nichtaffinität von staatspolitischer Verfassung und Reich Gottes stellt die Zwei-Reiche-Lehre allenfalls die Rahmenbedingung dar, unter der solche Zuordnungen vollzogen werden können. Jede auf diese Weise vorgenommene Zuordnung, die der sachlichen Entsprechung vertraut, hat die Frage der sittlichen Handlungsweise in der Regel schon beantwortet. Wenn die Zwei-Reiche-

Lehre ihre Aufmerksamkeit auf die politische Ordnung gelenkt hat oder wenn sie sich vom Staat den Gegenstand ihrer Arbeit hat geben lassen, dann liegt das Problem der ethischen Evidenz hinter ihrem Rücken. Daraus haben sich die Vorwürfe ergeben, die der Zwei-Reiche-Lehre ein Interesse an der Erhaltung der jeweiligen politischen Ordnung nachsagen. Freilich, das Vertrauen in die politische Ordnung ist nicht schon ihre Rechtfertigung, denn die Funktion, die der Staat zur Erhaltung menschlich-gesellschaftlichen Lebens ausübt, ergibt sich aus dem Erhaltungswillen Gottes. Versucht man, die Struktur der Zwei-Reiche-Lehre auf den sittlichen Handlungskontext abzubilden, dann steht das gelungene menschliche Tun, nehme es die bestehende gesellschaftliche Ordnung negativ oder positiv in Anspruch, im Widerspiel der zwei Reiche. Auch die Summierung erfolgreichen Handelns läßt sich in keinem Zustand überführen, der im Zeichen des Heils stünde. Bleibt die Einheit der zwei Reiche verborgen, so bleibt das menschliche Handeln, das sich an der historischen Faktizität entzündet und sie zu erhellen und zu verändern sucht, selber faktisch. Eine aus der Zwei-Reiche-Lehre sich ergebende Handlungsanweisung vollzöge sich in der Dialektik einer Annäherung an die gesellschaftliche Wirklichkeit und einer Aufhebung dieser Annäherung. Die der Zwei-Reiche-Lehre korrespondierende Ethik findet deshalb ihre angemessene Entfaltung in der Rechtfertigung. Rechtfertigung verzichtet auf eine das menschliche Tun überfordernde Leistung, weil die durch Werke bezweckte Anerkennung durch Gott allem Handeln und allem Werk vorausliegt. Zwischen Erfüllung und Nichterfüllung der sittlichen Handlung fällt der Akt der Rechtfertigung, wie zwischen Einheit und Unterscheidung der zwei Reiche die Selbstmitteilung Gottes steht.

Das menschliche Tun, das sich bestätigend oder veränderungsfreudig auf den jeweiligen Zustand der Gesellschaft bezieht, muß nicht von der Resignation erfaßt werden, wenn es die Erfahrung macht, daß es selber der Wechselwirkung von Handeln und Leiden unterliegt. Leiden heißt nicht nur die Handlungsgenzen wahrnehmen, an denen sich die Abhängigkeit des Menschen darstellt; Leiden trägt das Bewußtsein in sich, daß das Handeln und die im Handeln aufgebaute Welt auf die Vollendung angewiesen bleibt, die nicht mehr in der Reichweite menschlichen Tuns liegt. Die Zwei-Reiche-Lehre, und nicht zu Unrecht hat sie sich auf die Theologie Luthers berufen, enthält die Bedingungen, unter denen sich ein Wissen um die Möglichkeiten und die Grenzen menschlichen Tuns ergibt. Sie stellt die Theorie dar, in der sich die „Freiheit eines Christenmenschen“ auslegt.

b) Der Begriff Königsherrschaft Christi vereinigt in sich die Anschaulichkeit des Bildes vom Königtum Christi und die Unanschaulichkeit eines Gedankens von hoher Abstraktheit. Als grundlegende theologische Kategorie bestimmt er den dogmatischen Kontext für ein sozialethisches Programm und stützt sich dabei auf die Bekenntnisaussagen, die in der Geschichte der Frömmigkeit dem

Glauben an Christus sein eigentümliches, weltüberlegenes Gepräge gegeben haben. Für die abstraktere dogmatische Aussage verbindet sich mit dem Begriff Königsherrschaft Christi die Vorstellung, daß Herrschaft ihre Begründung und ihre Rechtmäßigkeit durch den Akt empfange, in dem Gott selber sich als der in Wort und Tat Handelnde darstellt. Das in der Theologie wie im Zeugnis der Gemeinde gesprochene Bekenntnis zur unbeschränkten Souveränität Gottes ermöglicht die Grenzziehung gegenüber dem Begriff des Politischen, die von der Gewißheit der Unüberbietbarkeit der Königsherrschaft Christi getragen ist. Was der Sache nach unüberbietbar ist, läßt auch den Vergleich zwischen zwei Totalbestimmungen und ihren Symbolisierungen in Herrschergestalten nicht zu. Deshalb kann die Überbietung nicht so gedacht werden, als stelle das Überbotene, der Begriff des Politischen, eine der Voraussetzungen dar, die für die Entfaltung des Begriffs Königsherrschaft Christi erforderlich wäre. Jede im Erfahrungsraum menschlicher Geschichte auftretende Herrschaft vermag sich, habe sie auch hinsichtlich ihrer Erstreckung und ihrer Intensität ein Maximum erreicht, weiter zu steigern, aber sie gelangt nicht zur Identität mit den Beherrschten, ohne sich aufzugeben. Selbst wenn sie ihr Verhältnis zu den Beherrschten nicht durch Gewalt, sondern durch Gerechtigkeit regelt, also legitime Herrschaft ist, bleibt sie auf die Anerkennung oder Nichtanerkennung ihrer Staatsbürger bezogen. Wie immer menschliche Herrschaft im einzelnen Gestalt gewinnt, sie unterliegt dem Gericht oder der Verheißung Gottes. „Gericht üben“ oder die „Verheißung gelten lassen“ erfolgt im Namen einer Herrschaft, die strenggenommen ohne jede Analogie zur menschlichen Herrschaft ist, obwohl sie sich über Welt und Menschen erstreckt.

Den Begriff Königsherrschaft Christi erläutern heißt demnach nichts anderes, als dem Handlungsvollzug zuzusehen, in dem Gott sich selber in der Königsherrschaft Christi darstellt. Wie Gott kein Gegenstand ist, mit dem ein menschliches Wissen verbunden wäre, so ist Herrschaft Gottes nicht unter den Bedingungen und mit den Einschlüssen menschlicher Herrschaft zu bestimmen. Das Wissen, das uns von Gott und seiner Herrschaft zugänglich ist, ist ein Wissen, dem die Selbstoffenbarung Gottes vorausgeht. In ihr stellt Gott selber die Voraussetzung hin, unter der er dem Menschen gegenwärtig sein will. Selbstdarstellung Gottes vollzieht sich als Handeln, als schöpferisches Handeln, und es wird uns anschaulich in Christus; indem Gott in Christus die menschliche Natur annimmt, macht er sich als der offenbare Gott faßbar und bestimmt durch den Akt seiner Herablassung Begriff und Wesen der menschlichen Natur. In Christus schlägt der vollkommene Mensch sein Auge auf und tauscht den Blick mit Gott. Indem Gott sich offenbart und dabei auf sich selbst handelt, indem er sich als der Vater und der Sohn unterscheidet und kraft des Geistes in der Einheit seines Wesens bleibt, richtet er zusammen mit der Schöpfung der Welt seine Herrschaft auf. Dieses bedingungslose Tun wird in der Königsherrschaft Christi zur Bedingung für menschliches Erkennen und Handeln. Die Königsherrschaft Christi läßt sich dementsprechend als die Herrschaftsform beschreiben, die, allen Widerständen und allem Widerhandeln entgegen, ein Entsprechungsverhältnis zwischen der Aktion Gottes und der Reaktion des Menschen herstellt.

Die dogmatische Begründung für den Begriff Königsherrschaft Christi erweist sich also als eine in das Handeln Gottes fallende Selbstbegründung. Es liegt in der Logik einer solchermaßen aufgebauten Argumentation, daß sie sich auf die klassischen theologischen wie auf die staatstheoretischen Begriffe gleichermaßen auswirkt: Gesetz, Evangelium, Recht und Macht bringen das Tun des einen Gottes zur Darstellung und repräsentieren die unbegrenzte Souveränität Gottes über Welt und Mensch. Dieser freien Bekundung Gottes in der Königsherrschaft Christi wohnt eine Unentrinnlichkeit inne, der das Reich der Welt nicht standhalten kann. Die christliche Gemeinde, die aufgrund der Publizität dieser Herrschaft Gottes Christus als den König bekennt, kann ihr Bekenntnis nur glaubhaft ablegen, wenn sie sich als das ausgewählte Werkzeug begreift, das durch Zeugnis und Mitwirkung dieser Herrschaft zur Durchsetzung verhilft. Darin übt sie den Gehorsam, der dem Regiment Christi entspricht.

Das Ziel, das ihr Handeln leitet, ist freilich nicht die Christianisierung der Welt: Christianisierung der Welt ist kein Äquivalent für die Königsherrschaft Christi. Das Ziel, das sie anstreben kann, ist ihr durch Christus vorgegeben, der als der vollkommene Mensch in die Nachbarschaft und in die Gemeinschaft mit den Menschen getreten ist, um sie zu wahren Menschen zu machen. Die Universalität der Königsherrschaft Christi, die in der Gemeinde der Glaubenden Gegenstand der Bezeugung ist, gewinnt reale Geltung, wenn der Mensch seinem Bilde, das in Christus aufgerichtet ist, entspricht.

Das Problem, das mit dem Begriff der Königsherrschaft Christi gestellt ist, ist das Problem einer sich selber begründenden und sich selber realisierenden Herrschaft. In die Vorstellung der Königsherrschaft Christi darf keine Prämisse aufgenommen werden, die nicht durch den Begriff selber gesetzt ist. Begriff und Sache der Königsherrschaft Christi genügen sich nur, wenn sie als reiner Handlungsvollzug, in dem Gott sich zu sich selbst verhält, gedacht wird. Solche Konzeption erschwert die Ausarbeitung eines sozialethischen Programms. Die Folgelast, die sich aus der Begründung ergibt, kann nur durch das Handeln Gottes selber aufgefangen und getragen werden. Nachfolge, Gehorsam, Solidarität mit den Gottlosen sind zwar Fakten des christlichen Lebens, die aus Forderungen entstanden sind, aber sie gehören zu den Folgen, die das Handeln Gottes aus sich absetzt. Die sich aus dem Begriff der Königsherrschaft Christi ergebenden Konsequenzen sind deshalb schwer in ethische Sätze zu fassen. Die Ethik, das ergibt sich aus den ernsthaften Anstrengungen E. Wolfs[32], bedarf

---

[32] *E. Wolf*, Was heißt „Königsherrschaft Christi heute? a.a.O. 67–91.

zu vieler zusätzlicher Annahmen, um eine christliche Praxis zu begründen oder nur zu beurteilen, als daß sie den Begriff Königsherrschaft Christi einer solchen Umformung zuführen könnte. Der Ort, an dem sich die Vorstellung eines sich selbst begründenden und selbst realisierenden Begriffs in Handlung umsetzt, ist die Geschichte. Sie ist die Abfolge göttlicher Taten, ihr eignet unter der Königsherrschaft Christi die Unwiderstehlichkeit, die dem Handeln Gottes innewohnt. Beginnt man das Handeln Gottes in den Köpfen der Menschen zu inszenieren, dann meint auch die politische Theologie, von gleicher Unwiderstehlichkeit zu sein. Daß die Revolutionsmetaphorik sich der göttlichen Trinität ebenso bedienen kann wie der Auferstehung Jesu macht deutlich, daß sie als die radikale Fassung der Königsherrschaft Christi begriffen werden kann. Wenn die Geschichte aufgeladen wird mit den Bildern aus der Urzeit und der Endzeit, dann ist immer Anfang und Ende, dann ist die Königsherrschaft Christi zum Ferment der Geschichte geworden.

Die dogmatische, die sozialethische und die geschichtstheologische Phase, die der Begriff Königsherrschaft Christi durchlaufen hat, geben nicht nur Auskunft über eine fundamentale theologische Kategorie, sondern sie vermitteln einen Eindruck von der in diesem Begriff gemeinten Sache, für die es keinen adäquaten gedanklichen Ausdruck gibt. Obwohl sich die Königsherrschaft Christi dem Zugriff des theologischen Begriffs zu entziehen scheint, repräsentiert sie die Einheit des göttlichen Handelns, die, in Gott selber oder in seinem geschichtlichen Werk sich darstellend, unabhängig ist von der endlichen, sich in Widersprüchen bewegenden menschlichen Erkenntnis. Diese die Grenze des Spekulativen streifende Theologie hat aus dem Wissen um die unendliche Überlegenheit Gottes im Gedanken der Königsherrschaft Gottes dem totalen Begriff des Politischen sein Maß gesetzt. Das Maß setzen kann aber nur der, der auch die Macht hat, das in seine Grenzen Verwiesene zu erlösen.

3. Zwei-Reiche-Lehre und Königsherrschaft Christi als Interpretationsschemata der einen Wirklichkeit

Zwei-Reiche-Lehre und Königsherrschaft Christi bezeichnen für das gegenwärtige theologische Bewußtsein zwei mögliche Zugangsweisen zur gesellschaftlichen Wirklichkeit. Deren Auslegung läßt sich freilich nicht anders als kontrovers beschreiben; die Gesichtspunkte, die die Kontroverse bestimmen, lutherische Staatsmetaphysik und reformierte Anschauung von der Herrschaft Gottes, stellen nicht nur konfessionelle Erkennungszeichen dar, sondern führen zu theologischen Zusammenschlüssen, für die das Problem des legitimen Staates und der neuen, gerechten Gesellschaft zum Problem der Theologie überhaupt geworden ist. Die Genese der Begriffe Zwei-Reiche-Lehre und Königsherrschaft Christi fällt mit der Genese des gegenwärtigen Verständnisses von Theologie zusammen. Der Streit, der um ordnungspolitische Vorstellungen geführt wird, empfängt seinen prinzipiellen Charakter durch die gegensätzliche Bestimmung dessen, was Theologie ist. Die an dieser Auseinandersetzung Beteiligten sind sich dieses Sachverhaltes durchaus bewußt gewesen. Es kann nun nicht die Absicht dieser Bemerkungen sein, einen Vorschlag zur Schlichtung des Streits zu machen; der Verlauf der Debatte, der sich bis in die sechziger Jahre erstreckt, hat selber zu Konvergenzen geführt, die es sinnvoll erscheinen lassen, nach den Bedingungen zu fragen, unter denen dieser Streit geführt worden ist.

Die Zwei-Reiche-Lehre, in der nicht von ungefähr das Strukturprinzip der lutherischen Theologie erblickt wurde, beruht auf der Einsicht, daß die lebensweltlichen Ordnungen wie die in diese Ordnungen fallenden Handlungen die Signatur des Unvollendeten und Begrenzten tragen. Reich Gottes und Reich der Welt stehen in einem Verhältnis zueinander, das zwar Synthesen ermöglicht, aber nicht durch eine Gleichsetzung abgelöst werden kann. Die miteinander kontrastierenden Reiche lassen noch die umfassende Einheit von einem Schleier gegensätzlicher Aussagen umgeben sein. Wie Gott nur im Widerspiel von Offenbarsein und Verborgensein präsent ist, wie die Gottheit Jesu Christi durch das Kreuz verdeckt ist, so bleibt der Mensch unter der antithetischen Bestimmung, zugleich gerecht und sündig zu sein. Die menschliche Erkenntnis bleibt wie das menschliche Tun von dem widerspruchsvollen Lebensvollzug abhängig. Die Gewißheit des Glaubens, die sich als eine durch fremdes Tun bewirkte Gewißheit erfaßt, kann sich in den Zuständen der Welt nur gebrochen darstellen. Das Handeln Gottes, dem sie sich verdankt, ermächtigt sie zum weltlichen Leben, es findet aber keine adäquate Abbildung in ihm.

Die Zwei-Reiche-Lehre enthält, wenn sie der Einsicht folgt, die in ihr zum Ausdruck gelangt ist, ein kritisches Potential in sich, das beabsichtigte Gleichsetzungen zwischen Reich Gottes und Religion, Reich der Welt und Politik verhindert. Sie grenzt ihr Wissen auf die Unterscheidung der zwei Reiche ein, in die auch die Vorstellung eines irdischen Reiches der Freiheit einbezogen wird. Für das Verständnis der Zwei-Reiche-Lehre hat sich deshalb die Verwechselung von Reich Gottes und Reich der Welt, aber auch ihre Trennung ebenso folgenreich ausgewirkt wie die Identifizierung des ethischen und des historischen Prinzips. Fällt der Begriff der Zwei-Reiche-Lehre mit der Geschichte des Luthertums zusammen, dann mutet man ihm zu, die Einstellungen dem Staat und der Gesellschaft gegenüber hervorgebracht zu haben, die unter der Bezeichnung obrigkeitlicher Gesinnung Gegenstand der Klage und der Kritik gewesen sind. Eine solche Annahme setzt allerdings voraus, daß eine theologische Einsicht ihre eigene geschichtliche Verwirklichung besorgt habe, eine Annahme, die die Omnipotenz der Theorie sehr hoch einschätzt. Diese Interpretation der Zwei-Reiche-Lehre überführt eine ethische Maxime, die sich an der Differenz von Reich Gottes und Reich der Welt gebildet hat, in eine Geschichtstheologie und bringt damit die Einheit von Begriff und Wirklichkeit hervor, die der Intention der Zwei-Reiche-Lehre zuwiderläuft.

Die Theologie, die sich einer Verwechselung mit den real bestehenden Verhältnissen am entschiedensten zu entziehen versuchte, hat den Begriff der Königsherrschaft Christi aus allen empirischen Konstellationen herausgesetzt. Königsherrschaft Christi ist der Ausdruck für die Souveränität göttlichen Handelns, die in ihren einzelnen Akten die reine Darstellung der Einheit Gottes ist. Bezieht sie sich auf die Welt und auf das menschliche Handlungsgeflecht, dann tut sie es in der Weise des herrschaftlichen Gerichts. Christus übt seine Herrschaft freilich nicht nur im Richten aus; jedes vollzogene Gericht erfolgt in der Absicht, in dem Menschen Gehorsam zu erwecken und ihn zu einem Mitarbeiter des Regiments Christi zu machen. Die im Begriff Königsherrschaft Christi mitgesetzte Distanz zum Reich der Welt ist durch ihre Gegenwart auch immer schon aufgehoben. Jeder Bundesschluß Gottes mit dem Menschen vollzieht sich über den unendlichen Abstand hinweg und ermöglicht damit eine Entsprechung zwischen den Partnern des Bundes. Das abstrakte Prinzip findet Eingang in die Welt und wird zum Träger des geschichtlichen Prozesses. Man mag den Gedanken der Distanz dadurch zur Geltung bringen, daß die Königsherrschaft Christi Herrschaft der Freiheit ist und sich auf die Geschichte in der Abfolge von Befreiungen auswirkt; aber damit ist nichts anderes gesagt, als daß die in der Königsherrschaft Christi vollzogene Einheit von Wort und Werk im geschichtlichen Prozeß Ziel des Handelns werden muß.

Der Konflikt zwischen Zwei-Reiche-Lehre und Königsherrschaft Christi führt zur Ausarbeitung zweier Programme, die sich berühren, um sich desto deutlicher voneinander fortzubewegen. Königsherrschaft Christi ist der Ausdruck für eine Theologie, die sich im Zeichen der Weltbemächtigung entfaltet; läßt man sich von der Evidenz ihrer Einsicht erfassen, dann folgt daraus für die Zwei-Reiche-Lehre, daß sie sich im Zeichen der Weltverfallenheit auseinanderlegt. Weltverfallenheit läßt sich aber als die tiefste Herablassung verstehen, die die Theologie an dem Ort verharren läßt, an dem sie allein ihrer Aufgabe gerecht werden kann. Vollzieht sich in dem Streit zwischen Zwei-Reiche-Lehre und Königsherrschaft Christi die Ausarbeitung des Begriffes von Theologie, dann bleiben beide Programmformeln aufeinander bezogen. Die Unterscheidung, die auch in diese Beziehung fällt, spricht für die Vermutung, daß der Begriff Königsherrschaft Christi zu den Folgen gehört, die sich aus der Bestimmung des Begriffs Zwei-Reiche-Lehre ergeben haben.

Hans-Walter Schütte

III

Wandlungen der Ethik in der außereuropäischen Christenheit

A. Der Stand der ethischen Diskussion in Nordamerika

Die christliche Ethik, worunter wir hier die christliche Sozialethik verstehen, hat in den letzten Jahrzehnten in den Vereinigten Staaten von Amerika bedeutende Änderungen erfahren. Wir sprechen etwas wortreich von „christlicher Sozialethik", da das Leben in den Vereinigten Staaten beherrscht wird von einem Erbe des Individualismus, das es schwerfallen läßt, an Ethik in den entsprechenden sozialen und politischen Begriffen zu denken. Diese Veränderungen der christlichen Ethik lassen sich am besten im Zusammenhang mit der sich wandelnden amerikanischen Szene verstehen.

Ende der vierziger Jahre und in den fünfziger Jahren herrschte die Zuversicht, daß die Welt „für die Demokratie sicher" gemacht und wirtschaftliche und politische Probleme durch geeignete technische und politische Maßnahmen gelöst werden könnten. Der Traum von einer Überflußgesellschaft und einer friedlichen Welt schien in Reichweite gerückt. Der Kalte Krieg setzte der optimistischen Erwartung eines weltweiten Friedens ein Ende. Die Gettoisierung der Städte, die Abwanderung des weißen Mittelstands in die Vororte, unlösbare Rassen- und Wirtschaftsprobleme der Städte und verarmten Landgebiete, diese und andere Probleme der Herrschaft der Bürokratie und der wirtschaftlichen Deprivation ließen allmählich die Stimmung der Zuversicht ersterben. Die Schweinebucht-Invasion, der Zusammenbruch der „Allianz für den Fortschritt" und der katastrophale Krieg in Vietnam zerstörten die Hoffnungen auf einen amerikanischen Frieden auf dem Erdball und zeigten eindringlich auf, wie schmutzig die Realität der Ideologie von einem demokratischen Amerika war. Der Kampf der sechziger Jahre für Bürgerrechte und Frieden machte einer stummen Apathie in den siebziger Jahren Platz. Der Einfluß technologischer Innovationen auf die Umwelt, die Energiekrise, das Auf und Ab von zunehmender Arbeitslosigkeit und schleichender Inflation, der Verlust des Vertrauens in das politische System durch die Watergate-Enthüllungen, all diese Ereignisse haben beigetragen zu einer wachsenden Vertrauenskrise in das gesamte amerikanische Experiment. Man kann diese Krise als religiöse Krise bezeichnen in dem Sinn, daß das amerikanische Experiment immer als sowohl religiöser wie auch politischer Traum von einer Gesellschaft freier Männer und Frauen unter Gott verstanden wurde. Dieser demokratische Glaube ist ernsthaft in Frage gestellt, und zwar insbesondere für die Befreiungsbewegungen der Schwarzen, der Frauen, der Armen und der ethnischen Minderheiten. Auf nationaler Ebene ist der demokratische Glaube in Frage gestellt worden sowohl als Möglichkeit der Ausgestaltung der Politik im eigenen Land wie auch als Beitrag zum weltweiten Wohl. Ethiker innerhalb wie auch außerhalb der christlichen Tradition haben sich verstärkt mit dieser nationalen Glaubenskrise beschäftigt.

1. Perspektiven der christlichen Ethik

Es gibt zumindest drei hauptsächliche Perspektiven in den Arbeiten christlicher Ethiker in den Vereinigten Staaten. Diese Perspektiven entsprechen in der Regel dem Interesse an besonderen Aspekten des Wirkens der Ethik und einer spezifischen Einstellung zur religiösen Krise, die Amerika durchmacht.

Das Wirken der Ethik läßt sich in drei weite Aspekte unterteilen: Ethos, Politik, Praxis. Jeder einzelne dieser Aspekte kann zum Ausgangspunkt genommen werden, von dem aus die anderen Aspekte abgehandelt werden, aber die ethischen Arbeiten beschäftigen sich in der Regel mehr mit einem Aspekt als mit den anderen.

„Ethos“ bezieht sich hier auf die grundlegende Gestaltung des Lebens eines Volkes, auf seine Art, auf der Erde zu leben, und umfaßt ihre verbindenden Symbole, Mythen, ihre Sprache, ihre Rituale und grundlegenden Institutionen. Das Ethos ist meistenteils die als selbstverständlich hingenommene Daseinsart, die Leben und Charakter, Glaube und Hoffnung eines Volkes formt. Die theologische Beschäftigung mit dem Ethos untersucht die Quelle des Ethos. In ihrer ethischen Variante schließt das ein, die Probleme von Recht, Frieden und Tugend in Beziehung zu dieser Quelle zu sehen.

„Politik“ bezieht sich auf die Prinzipien, die die institutionelle Gestaltung des Gemeinschaftslebens bestimmen, die Verteilung von Arbeit und Einkommen, den Zugang zu Bildungschancen, die Mitbestimmung in der Gemeinschaft und die Bedeutung der Staatsbürgerschaft. Eine Untersuchung der Politik beruht ausgesprochen oder unausgesprochen auf einer irgendwie gearteten Interpretation des Ethos, sie braucht das Ethos aber nicht kritisch zu reflektieren. Wenn das Gemeinschaftsleben eines Volkes in Frage gestellt wird oder sich in einer Krise befindet, dann erweitern sich Fragen der Politik zu einem grundsätzlichen Infragestellen des Ethos. So führen z. B. Überlegungen aus jüngster Zeit über den Gebrauch von Energie und Ressourcen durch hochtechnisierte Gesellschaften zu einer ernsten Herausforderung des gesamten Ethos der „produktiven“ Gesellschaft. Mit der Untersuchung der Politik in den Vereinigten Staaten beschäftigen sich zu einem Gutteil Sozialwissenschaftler, deren grundlegende Annahmen stillschweigende Rezepte und damit ethische Wertungen enthalten.

„Praxis“ bezieht sich auf den Entscheidungsfindungsprozeß in Gremien und im Beruf. In unseren Tagen sind solche Entscheidungen verflochten mit den großen Regierungs- und Industriestrukturen. So stehen z. B. fachärztliche Entscheidungen über die Verteilung der medizinischen Versorgung oder die Anwendung bestimmter medizinischer Techniken in engem Zusammenhang zu den großen Arzneimittelindustrien, zur Entwicklung der öffentlichen Gesundheitspolitik und zu speziellen Problemen der Rechte und Bedürfnisse des Patienten. Somit wird die Berufspraxis – ob nun in Recht, Medizin, Wissenschaft, Erziehung oder in jedem anderen einer Reihe von Gebieten – ebensosehr zu einer Frage der öffentlichen Politik wie zu einem Gegenstand der Berufsethik. Der Bereich der privaten Moral erstreckt sich zunehmend auf Fragen des Lebensstils, des Familienlebens und persönlichen Lebens, auf sog. Verbrechen ohne Opfer, wie Drogen, Ehebruch, Homosexualität, Pornographie und Prostitution. Im allgemeinen neigen komplexe, hochtechnisierte Gesellschaften dazu, die Bereiche des zwischenmenschlichen Lebens, die früher der Aufsicht durch die Gemeinschaft des Volkes unterstanden, den Entscheidungen des einzelnen zu überlassen, während die Berufspraxis zunehmend der öffentlichen Politik und Regelung unterworfen wird. Wenn wir von sozialethischen Arbeiten über die Praxis sprechen, haben wir es in der Hauptsache mit Untersuchungen der Entscheidungsfindung in Beruf und Gremien zu tun.

In relativ stabilen Perioden besteht die Tendenz, daß sich die Ethik vor allem mit Fragen der Praxis beschäftigt. In Zeiten schnellen sozialen Wandels verlagert sich das Interesse auf Fragen der Politik. Und in Zeiten kultureller und religiöser Krise befaßt sich die Ethik mit Praxis, Politik und Ethos, wobei besonderes Augenmerk auf die Grundlagen des Ethos gelegt wird. Wenn wir die vorherrschenden Perspektiven untersuchen, die wir in der christlichen Ethik in Amerika ausmachen können, werden wir ihre jeweilige Einstellung zu sozialem Wandel und religiöser Krise aufzeigen.

Wir unterscheiden drei hauptsächliche Perspektiven in der christlichen Ethik, die in gewissem Grad den drei Arbeitsmethoden der Sozialethik entsprechen. Diese Perspektiven sind ziemlich fundamental, aber in den letzten Jahren lassen sich eine gegenseitige Beeinflussung dieser Perspektiven und gewisse Tendenzen zur Konvergenz erkennen. Wenn wir diese Perspektiven als sehr breite, grundlegende Orientierungen behandeln, dann vermeiden wir die Gefahr, sie als säuberlich getrennte oder abgeschlossene Fächer zu betrachten, in welche wir das Denken christlicher Ethiker einzusortieren versuchen.

a) Eine Perspektive kann man als *ontologisch* bezeichnen; damit meinen wir die Ansicht, daß es eine rationale apriorische Ordnung der Realität gibt, welche als Richtschnur für die richtige Ordnung der menschlichen Gemeinschaft dient. Diese apriorische Ordnung kann als relativ dynamisch oder statisch angesehen werden je nach den zugrunde liegenden Aspekten der Ontologie, welche die Perspektive bestimmt. In dieser Perspektive beschäftigt sich die Sozialethik damit, Möglichkeiten zu erkennen und zu formulieren, wie rational kohärente soziale Prozesse verwirklicht werden können. Diese Themenstellung wurzelt im Westen in der klassischen Philosophie, welche die christliche Ethik viele Jahrhunderte hindurch beherrscht hat. Sie ist noch immer sehr stark vertreten in der Naturrechtstradition der römisch-katholischen Ethik. In einer dynamischeren und weniger metaphysischen Weise, die einen gewissen neukantianischen Hintergrund hat, beeinflußt diese Perspektive die Werke solcher Ethiker wie Paul Ramsey, Gene Outka, James Gustafson, Fred Carney und Richard A. McCormick. Ungeachtet beträchtlicher Unterschiede zwischen diesen und anderen Ethikern, die in dieser Tradition stehen, spiegelt sich ihre gemeinsame Orientierung doch in ihren Versuchen, einen Begriff oder ein Prinzip wie Liebe mit seiner Spezifizierung in Recht und Herrschaft in Einklang zu bringen. Diejenigen, die nach dieser Orientierung arbeiten, setzen Interesse an Entscheidungsfindungsprozessen in Beziehung zu Implikationen der Politik, ob es sich nun um Untersuchungen nuklearer Waffen, medizinischer Technologie, institutioneller Probleme der Ehe oder um Probleme von Investitionen bei Körperschaften und Industrie handelt.

b) Eine andere große Perspektive könnte man als *aktional* bezeichnen. Richard McKeon hat bei der Entwicklung des Verhältnisses von Wissendem und Gewußtem mit diesem Terminus ein Prinzip bezeichnet, das sich auf den Agenten oder Wissenden konzentriert. In diesem Sinn nimmt es den Agenten oder Wissenden als Ausgangspunkt. Wir benutzen den Terminus allgemein, um damit das zu umreißen, was McKeon in einem mehr technischen Sinn als existentielle Orientierung bezeichnen würde, aber die gewöhnliche Verwendung des Wortes „existentiell" macht dieses für unsere Zwecke verwirrend. In dieser Perspektive wird jegliche Ordnung im Gemeinschaftsleben durch menschliche Konstruktion und menschlichen Erfindungsgeist erreicht, denn der Mensch ist ein Projekt in der Welt, und seine Welt hat den Charakter von etwas Geschaffenem. Bei einem religiösen oder christlichen Hintergrund geht diese aktionale Orientierung von der Durchdringung menschlichen Redens, Tuns und menschlicher Ereignisse durch Gottes Wort und Tat aus. Damit wird Religion als Motivation und Disposition in diese Perspektive eingebracht, die zwar wenig Inhaltliches zur Entscheidungsfindung beiträgt, die Entscheidungen aber durch paradigmatische Figuren und Ereignisse formt. Ethiker wie Joseph Fletcher, Paul Lehmann, Richard Shaull und in gewisser Hinsicht auch Ralph Potter (obwohl er zu einem rationalistischen Ansatz tendiert) repräsentieren verschiedene Versionen dieser aktionalistischen Perspektive. Auch hier stellen wir wieder eine beträchtliche Vielfalt fest. Eine der einflußreichsten Persönlichkeiten in der amerikanischen Ethik, H. Richard Niebuhr, hat diese Perspektive in dem Buch „The Responsible Self" (Das verantwortliche Selbst) eindrucksvoll formuliert.

c) Eine weitere Perspektive in der christlichen Ethik hat in den letzten Jahren an Bedeutung gewonnen, eine Perspektive, die wir als *hermeneutische Ontologie* bezeichnen könnten. Diese Perspektive betont die Historizität und den linguistischen Charakter des Lebens der menschlichen Art, sie findet mehr Struktur im Menschen als die aktionalistische Perspektive, erachtet diese Struktur aber als sehr viel dynamischer und kreativer, als es die ontologische Perspektive tut. Diese Perspektive gewann durch das Werk Paul Tillichs bedeutenden Einfluß, obschon in jüngerer Zeit das Interesse an Martin Heidegger und am Werk Hans-Georg Gadamers dieser Orientierung merkliches Gewicht verliehen haben. In der amerikanischen Ethik läßt sich diese Perspektive auf das einflußreiche Werk Reinhold Niebuhrs in der letzten Generation zurückführen, und vielleicht hat seine gemeinsame Tätigkeit mit Paul Tillich am Union Theological Seminary zu dieser Annäherung beigetragen. Innerhalb dieser breiten Perspektive verweisen Überlegungen über Praxis, Politik und Ethos immer zurück auf grundlegendere Fragen im Verhältnis des Menschen zur Quelle von Sein und Sinn. Das Ethos wird in dieser Perspektive verstanden als sinngebend durch Symbol, Mythos, Sprache und Institution, aber immer als sinngebend in vieldeutiger Weise, die niemals für eine ontologische Denkweise durchschaubar ist. Es ist eben diese Vieldeutigkeit, welche die Ethiker, die in dieser Orientierung stehen, dazu bringt, an dem hermeneutischen Zirkel zu arbeiten, sich eine Tradition im Lichte zeitgenössischer kultureller und sozialer Kämpfe neu anzueignen. Einige Amerikaner, die von den etwas dynamischeren Aspekten der Philosophie Alfred North Whiteheads ausgehen, wie z. B. Bernard Meland, Bernard Loomer und Widick Schroeder, haben eine Methode der Beschäftigung mit der Ethik entwickelt, die sich stark einer solchen hermeneutischen Ontologie annähert. Soweit Ethiker das amerikanische Experiment radikal und kritisch begreifen, kommen viele von ihnen dieser Perspektive einer hermeneutischen Ontologie nahe. Wir werden in der Folge auf diesen Punkt zurückkommen, aber am stärksten spürbar ist eine solche Konvergenz in der sozialwissenschaftlichen Arbeit von Robert Bellah über die religiöse Dimension des amerikanischen Nationalbewußtseins (civil religion). Da der amerikanische Traum im Sinken begriffen ist, treten immer stärker grundlegende Betrachtungen über die Fundamente und Möglichkeiten dieses Traums in den Vordergrund.

2. *Behandlung der grundlegenden Elemente in der christlichen Ethik*

Diese hauptsächlichen Perspektiven ordnen die grundlegenden Elemente in der ethischen Untersuchung sehr unterschiedlich. Als Elemente gelten in der Regel der deskriptive, der präskriptive, der grundlegende und der institutionelle Prozeß des Wandels oder Ordnens. Wenn wir diese Elemente betrachten, bekommen wir eine Vorstellung vom radikalen Pluralismus im amerikanischen ethischen Denken.

Die Beschreibung der Situation in modernen komplexen Gesellschaften bereitet heutzutage beträchtliche empirische Schwierigkeit. Die Entstehung der

Humanwissenschaften kann als Antwort auf diese Anstrengungen, solche komplexen Wandlungsprozesse zu verstehen, gesehen werden. Ein Verständnis der Situation kann nicht mehr auf Begriffen des gesunden Menschenverstands oder intuitiven Urteilen beruhen, wie es fast die gesamte christliche Geschichte hindurch der Fall war. Also werden sich theologische Ethiker mehr und mehr der Bedeutung der Humanwissenschaften für ihre ethische Arbeit bewußt. Max Stackhouse (in seiner Untersuchung „Ethics in an Urban Ethos" [Ethik in einem urbanen Ethos]) und James Gustafson (in „Theology and Christian Ethics" [Theologie und christliche Ethik]) zeigen deutlich, daß sie sich der Ernsthaftigkeit der Frage durchaus bewußt sind. Das Problem ist im wesentlichen, daß Beschreibungen der menschlichen Lage in den Humanwissenschaften ein gewisses Verständnis des Menschen, einen gewissen Begriff von den menschlichen Möglichkeiten und irgendeine Weise der Einordnung der menschlichen Vergangenheit im Verhältnis zur Zukunft voraussetzen. Somit beruhen die Humanwissenschaften auf Modellen, die selbst wiederum Annahmen von menschlicher Möglichkeit und letzten Endes menschlichem Wohlergehen sind. Darüber hinaus werden die Humanwissenschaften in den Vereinigten Staaten beherrscht von einem sog. struktural-funktionalen Ansatz, der das grundlegende Wertesystem des Westens und vor allem der Vereinigten Staaten nicht nur als die gegebene Ordnung, sondern als die bestmögliche menschliche Ordnung überhaupt betrachtet. So wird die gegenwärtige Gesellschaft als das optimale Niveau menschlicher Adaptation angesehen. Aufgrund dessen werden radikale Fragen nach dem Ethos oder gar nach grundlegenden Institutionen wie z. B. dem Privateigentum in den Untersuchungen dieser Perspektive übergangen und die Bedeutung der adaptiven Anpassung an das gegebene System betont. Ethiker, die sich der radikalen Probleme im amerikanischen Leben bewußt geworden sind, betrachten diese sozialwissenschaftlichen Voraussetzungen zunehmend differenzierter und suchen nach alternativen Wegen sozialwissenschaftlicher Untersuchung. Hier werden die Perspektiven wie auch die Beurteilungen der gegenwärtigen Krise sehr wichtig. Jene, die in der *ontologischen Perspektive* stehen, haben versucht, die Humanwissenschaften soweit wie möglich auf eine reine Beschreibung zu beschränken, und sind sich erst allmählich der präskriptiven Elemente in diesen Wissenschaften bewußt geworden. Leo Strauss hat als politischer Philosoph in dieser ontologischen Perspektive nachhaltig zur Kritik der Humanwissenschaften in der Sozialethik beigetragen. In der *aktionalen Perspektive* meint man, in den Humanwissenschaften würden verschiedene Perspektiven projiziert, also wählen die Ethiker einfach nach ihrem Geschmack aus. Da sie ein über das Perspektivische hinausgehendes Denken für nicht möglich halten, neigen sie dazu, jene Beschreibungen heranzuziehen, die ihren besonderen Interessen entsprechen. Jene, die von einer *hermeneutischen Ontologie* ausgehen, beschäftigen sich mehr mit den Voraussetzungen der Humanwissenschaften. Ob diese entstehende Perspektive nun in Befreiungsbewegungen von Frauen, Schwarzen oder entfremdeten Teilen der Gesellschaft beruht, auf jeden Fall sind der Rassismus, der Sexismus und die Herrschaft, die ein gut Teil der humanwissenschaftlichen Arbeiten in diesem Land bestimmen, ins Kreuzfeuer geraten. So haben die Suche nach den Wurzeln und der Kampf für die Befreiung eine kritische Bestandsaufnahme in den Humanwissenschaften wie auch in Ethik und Religion in die Wege geleitet.

Probleme der *Gerechtigkeit* werden ebenfalls von diesen Perspektiven recht unterschiedlich angegangen. Der *Ontologe* meint, die rationale apriorische Ordnung der Gesellschaft in gewissem Maße zu begreifen; also versucht der Ethiker, ob er nun von Prinzip und Herrschaft oder von der natürlichen Ordnung ausgeht, die Regel oder das Gesetz zu identifizieren, welche eine Annäherung an Freiheit, Gleichheit und Gemeinsamkeit unter den gegebenen Umständen garantieren. Die *Aktionalisten* dagegen beschäftigen sich mit der Eigeninitiative der unterdrückten Interessen, die jene Interessengruppen mobilisieren und auf diesen Machtausgleich als einzig mögliche Annäherung an Gerechtigkeit vertrauen. In den letzten Jahrzehnten haben die Aktionalisten, die sich mit Situationsethik oder Befreiungsbewegungen beschäftigen, den Akzent gelegt auf die Freiheit als Eigeninitiative, den Sturz der herrschenden Gewalten, seien es nun streng einzuhaltende Vorschriften oder Unterdrükkungsstrukturen, und so eine Annäherung an Gerechtigkeit projiziert, bei der der einzelne oder die unterdrückte Gruppe gehört werden und in Dingen, die die Zukunft beeinflussen, entscheidend mitwirken kann. Der *hermeneutische Ontologe* sieht Gerechtigkeit im Kontext des historischen Erbes sowohl als gegebene Reihe von Möglichkeiten wie auch als Verzerrung einiger dieser Möglichkeiten zu Ideologie und Illusion. Somit ist das Problem der Gerechtigkeit eines der Entdeckung und Wiedererlangung authentischer Möglichkeiten und der Entwicklung dieser Möglichkeiten in den konkreten Gegebenheiten der heutigen Situation. Deshalb führt diese Perspektive in dem Versuch, Möglichkeiten für eine Erneuerung bei der Erlangung des Guten, des Richtigen und des Gerechten zu entdecken, zu einer Untersuchung spezieller Historien im Lichte epochaler oder offenbarender Ereignisse, welche diese Geschichte ausmachen.

Betrachtungen zu *Ethos, Religion und Sinnquelle* der menschlichen Anstrengungen offenbaren den integrierenden Mittelpunkt christlicher Ethik; auch sie nehmen in den verschiedenen Perspektiven recht unterschiedliche Formen an. Die *ontologische* Perspektive legt sehr viel mehr Gewicht auf die formgebenden Elemente im göttlichen Ursprung, indem sie den rationalen Zusammenhang im historischen Kampf bejaht. Die integrierende Aufgabe ethischer Überlegung ist somit für den Ontologen der Versuch, eine Vorstellung von der wahren göttlichen Ordnung, sei es nun in Naturrecht oder in Prinzip und Regel, unter gegebenen Umständen als eine gerechte Ordnung menschlicher Gesellschaft zu vereinheitlichen. Die integrierende Aufgabe des *Aktionalisten* besteht darin, metaphorische oder paradigmatische Ideen aus enthüllenden Ereignissen des christlichen Erbes abzuleiten und innerhalb dieser Modelle überzeugende Argumente für die Ermächtigung bestimmter Gruppen oder Interessen zu finden, welche die Sache von Freiheit und Gleichheit voranbringen. Stuart McLeans Arbeit über die Metapher und Richard Shaulls Arbeit über die Eschatologie sind Beispiele für überzeugende Entwicklungen in dieser Perspektive. Für den *hermeneutischen Ontologen* ist Ausgangs- und Endpunkt die Frage nach dem göttlichen Ursprung, und wie er im menschlichen Kampf für Gerechtigkeit und Frieden rezipiert, verzerrt und enthüllt wird. Der Vorgang, den die Tradition im hermeneutischen Ansatz hat, spiegelt dieses Bemühen um Rückgewinnung der authentischen Grundlagen. Entscheidungsfindungspraktiken, Vorschläge einer Politik und die Wiedergewinnung authentischer Elemente eines Ethos dienen allein dazu, das Gefühl für die Gnade und das Urteil des göttlichen Lebens und Geheimnisses in den Mittelpunkt von Reflexion und Beschäftigung zu stellen. Demnach sind der religiöse Ursprung und die ideologische Verzerrung des Ethos die zentrale verbindende Aufgabe in dieser Perspektive.

Die Zentralstellung grundlegender Fragen in der entstehenden Krise des Westens hat zur Annäherung einiger Ethiker an die hermeneutische Ontologie geführt. Das fällt ganz besonders auf in der Frauenbefreiungsbewegung, wo das Problem des Sexismus Überlegungen fundamentalster Art zur Frage der Beherrschung des westlichen Ethos durch eine männliche Theologie provoziert hat. Ausgehend von unterschiedlichen Grundfragestellungen im Kampf für die Befreiung der Rassen, ist die Vorherrschaft der Weißen, die der westlichen Theologie eigen ist, in Frage gestellt worden. Wir sehen also in der Sozialethik hermeneutische Ansätze, die die grundlegenden Ontologien in Frage stellen, welche das westliche Leben geformt haben. Genau wie die Krise des Denkens im Westen zur phänomenologischen Bewegung und zur Konvergenz von Hermeneutik und Phänomenologie in den letzten Jahrzehnten geführt hat, so haben die entstehenden Befreiungskämpfe sowohl das Ethos als auch die Ontologie des weißen Patriarchalismus in Frage gestellt. Die tiefgreifenden Implikationen dieser Bewegung für eine christliche Sozialethik sind zum jetzigen Zeitpunkt alles andere als klar. Aber die Infragestellung dieser ontologischen Imperative des westlichen Ethos geht auch von römisch-katholischen Denkern aus, die unzufrieden sind mit den Absoluta, die bis vor kurzem in der Tradition des Naturrechts aufrechterhalten worden sind. Die Arbeit von Charles E. Curran und Bernard Häring spiegelt diesen tiefgreifenden Konflikt, der sich jetzt in römisch-katholischen Kreisen entwickelt, wider.

Eine solche fundamentale Kritik des westlichen Erbes, wenn auch in ganz unabhängigen Bahnen, besteht schon seit längerem in den kanadischen religiösen Bewegungen, vor allem in der sozialistischen Bewegung, der Gemeinschaft für eine christliche Sozialordnung. In römisch-katholischen Kreisen spiegeln die Arbeiten von Gregory Baum und Richard Roach ebenfalls eine radikale

Rückbesinnung auf das Erbe wider, die dem, was wir als hermeneutische Ontologie bezeichnet haben, nahekommt. Diese dynamischen Bewegungen müssen erst noch ihren vollen Beitrag zur Arbeit in den Vereinigten Staaten leisten, obwohl eine gemeinsame Arbeit heute im Entstehen ist.

3. Zukunftsaussichten der christlichen Ethik

Bei den gegebenen Unterschieden zwischen den Perspektiven und der Vielzahl von Gesichtspunkten zu Ethos, Politik und Praxis fällt es schwer, die christliche Sozialethik als eine einheitliche Disziplin anzusehen. Doch die christlichen Ethiker konzentrieren ihr Interesse zunehmend auf das Problem der Beziehung zwischen Religion und Gesellschaft, wie sich dieses in Fragen der Gerechtigkeit niederschlägt. Zu dieser gemeinsamen Themenstellung sind in der Amerikanischen Gesellschaft für Christliche Ethik und in Arbeitsgruppen in der Amerikanischen Akademie für Religion eine Menge Arbeiten entstanden, die über die unterschiedlichen Perspektiven hinausgehen. Darüber hinaus ist den christlichen Ethikern das Interesse an sozialen Veränderungen und institutionellen Beiträgen zur Gerechtigkeit, die Rolle der Kirchen eingeschlossen, gemeinsam. Sehr oft einen gemeinsame Anstrengungen für einen sozialen Wandel zur Überwindung von Rassismus, Sexismus und Unterdrückung Ethiker ungeachtet ihrer recht grundlegenden Differenzen im Prinzip. Zudem haben die christlichen Ethiker eine gemeinsame Funktion im Kampf der Menschen für Gerechtigkeit. Sie repräsentieren keine soziale oder politische Bewegung, sondern einen Prozeß der Reflexion, durch welchen die menschlichen Möglichkeiten zu Gerechtigkeit im Lichte des christlichen Glaubens erhellt werden können. So kämpfen sie also gegen Vorurteile, Ignoranz, Voreingenommenheit, ideologische Verzerrung und reine Verderbtheit. Das bedeutet nicht, daß die Menschen notwendigerweise auf das Wahre und Gute hinarbeiten, das sich in der christlichen ethischen Reflexion zeigt, sondern nur, daß ihre Freiheit zu entscheiden durch eine solche Erleuchtung vergrößert wird. In diesem Sinne ist die Wahrheit ein Aufruf und ein Versprechen, aber niemals ein Zwang. Aufgabe der christlichen Sozialethik ist es, die menschliche Gemeinschaft in den Stand zu setzen, voller in der Wahrheit zu leben*.

Bibliographie

a) Allgemeine Werke

G. H. Outka – P. Ramsey (Hrsg.), Norm and Context in Christian Ethics (New York 1968).
A. Pitcher – G. Winter, Perspectives in Religious Social Ethics, in: Journal of Religious Ethics (1977).

* Aus dem Englischen übertragen von Sigrid Winkler.

G. Winter, Grundlegung einer Ethik der Gesellschaft: Sozialwissenschaft, Ethik und Gesellschaftspolitik (München 1970).

b) Exemplarische Werke zu den verschiedenen Perspektiven

1) Ontologische Perspektive
R. A. McCormick, Human Significance and Christian Significance, in: Norm and Context in Christian Ethics (New York 1968).
R. Potter, The Logic of Moral Argument, in: Toward a Discipline of Social Ethics, hrsg. von P. J. Deats (Boston 1972).
P. Ramsey, Basic Christian Ethics (New York 1950).

2) Aktionale Perspektive
J. Fletcher, Moral ohne Normen (Gütersloh 1967).
P. L. Lehmann, Ethik als Antwort (München 1966).
H. R. Niebuhr, The Responsible Self (New York 1963).
R. Shaull – C. Oglesby, Containment and Change (New York 1967).

3) Hermeneutische Ontologie
R. Bellah, The Broken Covenant (New York 1975).
Ch. E. Curran, Christian Morality Today (Notre Dame [Ind.] 1966).
R. Niebuhr, Nature and Destiny of Man, 2 Bde. (New York 1941–43).
M. Stackhouse, Ethics and the Urban Ethos (Boston 1972).

c) Exemplarische Texte zu den Befreiungsbewegungen

1) Rassismus
J. Cone, Schwarze Theologie. Eine christliche Interpretation der Black-Power-Bewegung (München 1971).
Ders., God of the Oppressed (New York 1975).
J. D. Roberts, A Black Political Theology (Philadelphia 1974).

2) Sexismus
M. Daly, Beyond God the Father: Toward a Philosophy of Women's Liberation (Boston 1973).
R. Ruether, Liberation Theology: New Woman, New Earth (New York 1975).
L. Russell, Human Liberation in a Feminist Perspective – A Theology (Philadelphia 1974).

d) Kanadische Quellen

R. Allen, The Social Passion (Toronto 1971).
G. Baum, Religion and Alienation (New York 1975).

Gibson Winter

B. Das Problem der christlichen Ethik in asiatischer Perspektive

1. Eine neue ethische Situation

Karl Marx schrieb einst, der Einfluß des Westens in der Neuzeit habe die „einzige *soziale* Revolution in Asien hervorgebracht, von der man je gehört hat“[1]. Wenn das auch leicht übertrieben ist, so enthält es doch ein gut Teil Wahrheit.

---

[1] Zur marxistischen Deutung gesellschaftlicher Verhältnisse in Asien, insbesondere in Indien, vgl. jetzt *B. Wielenga*, Marxist views on India in Historical Perspective (Madras 1976).

Denn was der Einfluß des Westens bewirkte, war nicht nur ein Wechsel der herrschenden Dynastien. Die westliche Technologie hat das System der autarken Dörfer mit seiner Integration von dörflicher Industrie und Landwirtschaft, die den Standard einer Mangelwirtschaft haben, zerstört und die Dörfer zu einem Teil des produktiven und distributiven Systems gemacht, das für den Weltmarkt offen ist. Ja mehr als das, die westliche Kultur hat das asiatische Werteschema in Frage gestellt, das in den traditionellen Institutionen der Völker seinen Ausdruck fand, z. B. Großfamilie, Kaste und Dorf in Indien und ähnliche Institutionen in anderen Ländern[2]. In der Tat sollte man den Kampf der asiatischen Völker gegen die Beherrschung durch den Westen und die Erringung ihrer politischen Unabhängigkeit, die zur Etablierung von souveränen Nationalstaaten führte, welche eine geplante ökonomische Entwicklung und soziale Regeneration anstreben, als die Anstrengungen der asiatischen Gesellschaften betrachten, eine neue Gesellschaftsform auf neuen Grundlagen zu errichten[3]. Diese Ebene ist es, auf der die asiatischen Völker mit neuen ethischen Fragestellungen konfrontiert werden. Und sowohl die christliche Kirche als auch die christliche Bevölkerung dieser Länder stehen vor Problemen der christlichen Ethik, bei ihrem Bemühen, an den Anstrengungen der Nation teilzunehmen, eine neue Technologie und neue Strukturen sozialer und politischer Gerechtigkeit im Rahmen eines neuen sozialen Humanismus aufzubauen. Das setzt natürlich voraus, daß die Christen fähig sind, kritisch sowohl die einheimischen Kulturen als auch die neue technologische Kultur aus der Sicht ihres eigenen christlichen Verständnisses vom Menschsein in der modernen Welt zu bewerten, und daß sie ihre Einsichten ihren Landsleuten, die eine andere oder keine Religion haben, mitzuteilen wissen, so daß sie ihren bescheidenen Beitrag zur Entstehung der neuen Gesellschaft leisten können[4].

2. *Eine christliche Theologie des sozialen Zeugnisses*

Dem erwähnten christlichen ethischen Zeugnis zugrunde liegt die theologische Frage: Was bewirkt das Evangelium, und was bewirkt Gott heute in asiatischen

---

[2] Zu den durch westliche Zivilisation, Technik und christliche Mission herbeigeführten Wandlungen in Indien vgl. *M. N. Srinivas,* Social Change in Modern India (Bombay u. a. 1972), bes. 46 ff., sowie die umfassende Studie von *B. Kuppuswamy,* Social Change in India (Delhi u. a. 1972).

[3] Vgl. hierzu den von der 4. Vollversammlung der Ostasiatischen Christlichen Konferenz in Bangkok (1968) angeregten Sammelband The Asian Meaning of Modernization, hrsg. von S. K. Chatterji (Delhi 1972), sowie *M. M. Thomas,* Asien und seine Christen in der Revolution (ThEx Nr. 145) (München 1968), die die vielfältigen Aspekte der Umbruchssituation analysieren und die Probleme und Aufgaben verantwortlichen christlichen Handelns bedenken.

[4] Ein beispielhafter Versuch in dieser Richtung ist die von über 300 indischen Christen erarbeitete Studie „Christian Participation in Nation-Building", hrsg. von P. D. Devanandan – M. M. Thomas (Bangalore 1960), die im Rahmen des Studienprogramms des ÖRK „Die gemeinsame christliche Verantwortung gegenüber Gebieten des raschen sozialen Umbruchs" erstellt wurde.

Gesellschaften durch die sich abspielenden dynamischen Veränderungen? Viele Versuche einer Antwort sind von asiatischen Kirchen gemacht worden. Die eine Antwort jedoch, die zumindest von der Führung der nicht-katholischen Kirchen übereinstimmend akzeptiert wird, wurde schon 1959 von der Ostasiatischen Christlichen Konferenz (heute: Christliche Konferenz von Asien) auf ihrer Eröffnungsversammlung in Kuala Lumpur gegeben. Die vielzitierte Erklärung steht in der Präambel eines Berichtes über „Das Zeugnis der Kirchen inmitten sozialer Veränderungen in Asien". Es heißt dort:

„Die Kirchen Ostasiens sind aufgerufen, gemeinsam Zeugnis abzulegen für das Evangelium Jesu Christi. Was ist dieses Evangelium?

Erstens ist es die Lehre von der Erlösung der ganzen menschlichen Rasse und der gesamten geschaffenen Welt. Durch seinen Tod und seine Wiederauferstehung hat Jesus Christus ‚alle Dinge mit sich' versöhnt. Sein Ziel ist es nicht, die einzelnen Menschen einen nach dem anderen von ihrer Beschäftigung mit materiellen Dingen und menschlichen Gemeinschaften zu entfernen, um sie in eine ‚rein geistige' Beziehung zu sich selbst zu setzen. Vielmehr ist es sein Ziel, ‚alle Dinge in sich zu vereinigen'. Daher muß das Zeugnis der Kirche von der Erlösung Christi unweigerlich die Botschaft von der Erneuerung der Gesellschaft mit einschließen.

Zweitens ist es die Botschaft von der Herrschaft Christi über die Welt. Daher muß die Bedeutung der Weltgeschichte, einschließlich der Bedeutung der modernen asiatischen Geschichte, in dieser Herrschaft, die heute verborgen ist und am Ende der Zeit enthüllt werden wird, entdeckt werden. Die Kirche muß versuchen zu erkennen, wie Christus in der Revolution des zeitgenössischen Asien am Werk ist, indem er neue kreative Kräfte freisetzt, Götzendienst und falsche Götter verurteilt, die Völker zu einer Entscheidung für oder gegen ihn führt und jene um sich schart, die im Glauben an ihn kommen, um sie wieder in die Welt zu senden, auf daß sie Zeugen seines Königreiches seien. Die Kirche muß nicht nur Christus im sich wandelnden Leben erkennen, sondern selbst darin sein, ihm antworten und seine Gegenwart und Herrschaft künden.

Das ist es, was die Substanz des Zeugnisses der Kirche inmitten sozialer Veränderungen in Asien heute ausmacht. Es ist unsere gemeinsame Überzeugung, daß die Kirche voll teilnehmen muß am neuen Leben Asiens, wenn sie wirkungsvoll von Jesus Christus als dem Herrn und Erlöser künden soll."[5]

Theologen in der ganzen Welt haben Fragen aufgeworfen zur Theologie der modernen Geschichte, wie sie hier ausgedrückt ist. Insbesondere wurden Befürchtungen laut, ob sie nicht das Evangelium einer Ideologie einverleiben

---

[5] The Witness of the Churches amidst Social Change in Asia. Report of the East Asia Christian Conference in Kuala Lumpur (1959), in: ER 11 (1958/59) 453–460, hier 453f. Dieser Bericht wurde als bleibende Grundlage in den Berichtsband der Ostasiatischen Christlichen Konferenz von Bangkok (1964) „The Christian Community within the Human Community" (Bangalore 1964) übernommen.

würde, anstatt das Evangelium kritisch auf Ideologien anzuwenden[6]. Solange die schöpferischen, richtenden und erlösenden Taten Christi in der Sozialgeschichte zusammengesehen werden und solange das Königreich Gottes in seinem vollen, eschatologischen Charakter begriffen wird, so lange kann man die Gefahren, die einer solchen Theologie der Geschichte inhärent sind, umgehen. Welche Gefahren aber auch darin liegen mögen, die Kirchen brauchen in ihrer historischen Situation, wenn sie ihre ethische Verantwortung inmitten des sozialen Wandels wahrnehmen wollen, eine Theologie der christlichen Teilnahme am Aufbau einer neuen Gesellschaft mit einer christlichen Unterscheidung dessen, was menschlich und was entmenschlichend ist.

3. Die zentralen Themen der ethischen Debatte

Nachdem wir das entscheidende theologische Problem, das der christlichen Sozialethik in asiatischen Ländern zugrunde liegt, so kurz abgehandelt haben, wollen wir die Brennpunkte der Debatte über ethische Fragen heute ins Auge fassen, in denen christlicher Glaube und christliche Ethik aufgerufen sind, ihren Beitrag zu leisten. Ich möchte die folgenden erwähnen:

Erstens: *die Bedeutung des Personseins in einer Gemeinschaft* im Verhältnis zu 1) den neuen Zielen einer Umgestaltung der Familie und anderer primärer Gemeinschaften der traditionellen Gesellschaften, 2) dem Aufbau von Rechtsstrukturen, welche Freiheit, Ordnung und Gleichheit im politischen, ökonomischen und sozialen Bereich und in den Machtkämpfen, die zu deren Erlangung notwendig sind, in einem schöpferischen Spannungszustand halten, 3) Formen der Teilhabe der Menschen an den Entscheidungsfindungsprozessen der modernen Gesellschaft, die dazu beitragen können, die Massen in ein Volk zu verwandeln.

Zweitens: *die Beziehung der Menschheit zur Natur und den natürlichen Ressourcen,* wie sie Ausmaß, Grenzen und Kriterien der technologischen Entwicklung in bevölkerungsreichen Ländern beeinflußt.

Drittens: *das Verhältnis zwischen Religion, Gesellschaft und Staat,* das die Entwicklung eines Gemeinschaftslebens auf Nachbarschafts- und Nationalebene fördern kann, welches über die Pluralität von Religionen, Kulturen und säkularen Ideologien hinausgeht, aber auch einen Dialog zwischen diesen ermöglicht über Grundlagen, Bedeutung und Ziele des Lebens in der Gemeinschaft.

---

[6] Vgl. hierzu die Kontroverse zwischen *H. H. Wolf* und *M. M. Thomas,* Christus am Werk in der Geschichte, in: Ökumenische Rundschau 15 (1966) 28–53; s. auch *R. W. Taylor,* Das Wirken Christi in unserer Gesellschaft, in: *H. Bürkle* (Hrsg.), Indische Beiträge zur Theologie der Gegenwart (Stuttgart 1966) 205–217.

Viertens: *die Interpretation der Ideen der Universalität und Interdependenz,* wie sie ihren Niederschlag finden sollten in der Ausarbeitung des Verhältnisses souveräner Nationalstaaten und nationaler Interessen sowohl untereinander als auch zwischen ihnen und der Sorge um Friedens- und Gerechtigkeitsstrukturen der entstehenden Weltgemeinschaft.

Diese Problemkreise sind miteinander verwoben und können nicht voneinander getrennt behandelt werden. Es mag aber hilfreich sein für die Klärung der grundlegenden ethischen Fragen, wenn wir einige konkrete Themen betrachten, mit denen die asiatischen Völker heute konfrontiert sind.

a) Persönliche Werte

In vieler Hinsicht das grundlegende kulturelle Ferment, welches zum Aufstand der asiatischen Völker gegen den Imperialismus des Westens wie auch gegen viele einheimische Traditionen in der Gesellschaft beitrug, war die Vision von der Menschenwürde der Leute als moralischer Personen, die aufgerufen sind, eine verantwortliche Existenz in einer Gemeinschaft von Personen zu führen. Das macht die Gesellschaft zu einer Gemeinschaft persönlicher Werte und den Staat zum Werkzeug, das allen Bürgern Freiheit und Gerechtigkeit bringt, damit sie in der Lage sind, in einer Gemeinschaft gegenseitiger Anteilnahme zu ihrer vollen persönlichen Entwicklung zu gelangen.

In Traditionen, wo die Volkssitte seit undenklichen Zeiten König ist und die Individualität unterdrückt hat, zeigt die Tatsache, daß die Verfassungen der meisten neuen Nationen einen Abschnitt enthalten, worin die Grundrechte des Menschen bestätigt werden, den Einfluß einer Vision von der persönlichen Dimension des Lebens auf die erwachten Teile der Gesellschaft. Sie hat auch die traditionellen Gesetze von Familie, Stamm, Kaste und anderen Volksgruppierungen in Frage gestellt, da diese, ausgehend von solchen Kodizes wie denen von Manu oder Konfuzius, hierarchische Autoritätssysteme begründet hatten, die den Menschen persönliche Freiheit und Gleichheit verweigerten, indem sie den zwischenmenschlichen Beziehungen enge Grenzen setzten. Govinda Ranade aus Indien (1842–1901) sprach im Namen der liberalen Nationalisten, die in allen Ländern Asiens den Weg bereiteten für soziale Reformen und Nationalkampf, als er sagte, jeder Fortschritt in der sozialen Befreiung sei „ein Wandel vom Recht des Status zum Vertragsrecht, von den Beschränkungen durch Familie und Kastenwesen zu den selbst auferlegten Beschränkungen des freien Willens des Individuums“[7]. Er trat dafür ein, daß die Grundideen der indischen

---

[7] *J. N. Jagadisan* (Hrsg.), The Witness of a Modern Rishi (Madras o. J.) 123. Zu Ranade und dem liberalen Nationalismus vgl. *M. M. Thomas,* The Secular Ideologies of India and the Secular Meaning of Christ (Madras 1976) 1–34; ferner *P. J. Jagidar,* Studies in the Social Thought of M. G. Ranade (London 1963); *S. Natarajan,* A Century of Social Reform (Bombay 1959); *C. H. Heimsath,* Indian Nationalism and Hindu Social Reform (Princeton 1964).

Gesellschaft, nämlich Isolierung, Unterwerfung unter äußere Gewalt oder Macht eher als unter die Stimme des inneren Gewissens, die Vorstellung von scheinbaren Unterschieden zwischen Mensch und Mensch aufgrund von Abstammung und Geburt, passive Ergebung in Böses und Unrecht und eine allgemeine Gleichgültigkeit gegenüber dem irdischen Wohlergehen, die schon fast an Fatalismus grenzt, abzulösen seien durch den Geist der Brüderlichkeit oder elastischer Offenheit, eine allgemeine Anerkennung der grundlegenden Gleichheit zwischen Mensch und Mensch, die Würde der Selbstbeherrschung, insofern als wir unser Gewissen und unsere Vernunft zur obersten, wenn nicht einzigen Richtschnur unseres Handelns machen, und eine Ablehnung des lähmenden Fatalismus des Karma. Obwohl der liberale Nationalismus abgelöst worden ist von militanteren Arten des Nationalismus, ist diese Zielsetzung weiterhin gültig geblieben. Asoka Mehta sagte im Namen der asiatischen Sozialisten: „Die Hauptaufgabe einer sozialistischen Revolution ist es, anstelle einer ererbten Gemeinschaft, in der den einzelnen in einer traditionellen Hierarchie ihre Plätze zugewiesen werden, eine Gemeinschaft zu schaffen, an der alle bewußt teilhaben."[8] Er unterscheidet aber zwischen Individualismus und Personalismus, wenn er verlangt, daß die neue Gesellschaft nicht die Gesellschaft strukturlos machen und ihr ramponiertes Gebäude total zerstören solle. Sozialismus, sagt er, muß die primären und sekundären Institutionen erhalten und umgestalten, „die den Menschen schützen, ihm die Möglichkeit zu Treue und Hingabe außerhalb der Kontrolle des Leviathan geben"[9]. Aber die Frage der Kontinuität oder Diskontinuität der neuen sozialen Institutionen mit den traditionellen sozialen Institutionen ist ein beinahe unlösbares Problem geblieben. Die Kulturrevolution in China hat diese Frage in radikaler Form aufgeworfen. Die Anti-Brahmanen-Bewegungen in Indien haben auch Führer wie E. V. Ramaswamy Naicker hervorgebracht, die neue soziale Institutionen fordern, welche absolut keinerlei Zusammenhang mit der Brahmanengesellschaft und -spiritualität haben, obwohl sie auch einheimische dravidische Traditionen entdeckt haben, die in der neuen Gesellschaft bestätigt werden sollten[10]. Jawaharlal Nehru hat als Premierminister Indiens das tradionelle hinduistische Recht neu kodifizieren lassen, so daß auch persönliche Werte darin aufgenommen wurden. Aber er hat immer wieder die Notwendigkeit betont, bei der sozialen Neuordnung Kontinuität und Diskontinuität zur traditionellen Gesellschaft in

---

[8] *Asoka Mehta*, Perspective and Problems (Bombay 1966) 34. Zu *Zu A. Mehtas* Konzept eines sozialistischen Humanismus vgl. vor allem seine beiden Bücher „Democratic Socialism" (Bombay 1963, [1]1951) und „Studies in Asian Socialism" (Bombay 1959, [2]1964); s. im übrigen *M. M. Thomas*, Secular Ideologies 35–84.

[9] *A. Mehta*, Studies in Asian Socialism (Bombay 1959) 143.

[10] Siehe *M. M. Thomas*, Secular Ideologies 124–156; vgl. ferner *P. D. Devanandan*, The Dravida Kazhagam: A Revolt against Brahmanism (Bangalore 1960); *R. L. Hardgrave*, The Dravidian Movement (Bombay 1965); *H.-J. Klimkeit*, Anti-religiöse Bewegungen im modernen Indien (Bonn 1971).

ausgewogenem Verhältnis zu halten, und hat Mahatma Gandhis Bedeutung in dieser Hinsicht bekräftigt[11].

Es ist leicht einzusehen, daß auch hier eine Vielzahl von neuen Problemen christlicher Ethik aufgeworfen wird. Die christlichen Missionen und Kirchen sind in der Tat wichtige Verfechter der persönlichen Werte und der diese verstärkenden Spiritualität in den asiatischen Kulturen und Gesellschaften. Anfangs standen sie sogar allein da mit ihrer Verkündigung dieser Werte, da nicht-christliche Religionsgemeinschaften fest verschlossen und unpersönlich hierarchisch blieben. Sehr bald schon haben aber nationale Führer die christlichen Kirchen und Missionen weit hinter sich gelassen in ihrem leidenschaftlichen Eintreten für die persönlichen Werte im gesellschaftlichen Leben. Zudem identifizierten sich die Christen zu sehr mit der individualistischen Kultur des Westens, als daß sie die Kritik des Individualismus im Namen des Personalismus hätten nachvollziehen können. In ihrer Betonung der „Person" haben Christen und liberale Nationalisten oftmals mehr Wert darauf gelegt, daß der einzelne nonkonformistisch wird, als auf die grundlegendere Notwendigkeit, daß er zur Person wird durch die Fähigkeit, eine hierarchische Gesellschaft in eine egalitäre zu verwandeln und mit dieser in schöpferischen Austausch zu treten. Eine junge deutsche Studentin der Gesellschaftswissenschaften und Religion, die seit mehreren Jahren in Indien lebt, formuliert das so: Die Schwierigkeit für die Menschen in der indischen Umgebung bestehe nicht in erster Linie darin, Individuum zu werden; denn die gesamte Heilssuche im Hinduismus sei letzten Endes individualistisch. Die wirkliche Schwierigkeit liege darin, schreibt sie, daß die Menschen „zwar ungeheuer sozial im Sinne hierarchischer Interaktion" seien, es ihnen aber schwerfalle, „sozial" im egalitären Sinn des Wortes zu werden, „die Fähigkeit zu entwickeln, Solidarität zu empfinden und Gerechtigkeit zu üben". Die christliche Ethik fängt erst jetzt an, sich mit dem egalitären Aspekt des Personalismus in asiatischen Gesellschaften auseinanderzusetzen.

Auch konnten die christlichen Kirchen nicht verstehen, daß die neue Gesellschaft und die neuen Werte in irgendeiner Weise eine Kontinuität zur traditionellen Gesellschaft aufweisen mußten. Zweifellos hatten christliche Kirchen Kompromisse geschlossen mit traditionellen Werten um des Zieles einer Massenbekehrung zum Christentum willen. Das geschah aber nicht aus Überzeugung. Stärkere christliche Teilnahme an Entwicklungsprogrammen der Gemeinden Seite an Seite mit nicht-christlichen und staatlichen Agenturen haben jedoch dazu beigetragen, daß die Christen die Notwendigkeit anerkennen, diese persönlichen Werte in einheimischen Traditionen zu verwurzeln. In gewisser Weise ist das natürlich ein Aspekt des theologischen Problems der

---

[11] Zu Nehrus politischen und sozialethischen Vorstellungen vgl. *O. Waack*, Verantwortung und Hoffnung. Jawaharlal Nehrus säkularer Humanismus und der christliche Glaube. Ein Problem korrelativer Relevanz (Gütersloh 1976).

„Indigenisierung" selbst, der Anpassung des Christentums an einheimische Traditionen. Obwohl das Prinzip der Indigenisierung unter christlichen Theologen in Asien nicht mehr umstritten ist[12], trifft sie in der Praxis doch auf Widerstand. Die Kirche muß noch einiges lernen, was die Indigenisierung persönlicher Werte bei der Neugestaltung der Gesellschaft konkret bedeutet für einzelne gesellschaftliche Institutionen, bevor sie einen eigenen Beitrag zu den nationalen ethischen Debatten in dieser Frage leisten kann.

Was die Bemühungen angeht, politische Demokratie, d. h. persönliche Werte in den Strukturen des Staates, zu bewahren, so ist das eine andere Sache. Zwar hat man das Ideal nicht aufgegeben, die Praxis spricht dem aber vielfach hohn. Viele neue Nationen, die ihre Unabhängigkeit als parlamentarische Demokratien begannen, fanden dieses System nicht stark genug für die vielen schweren Aufgaben, die der Nationalstaat zu meistern hatte, nämlich die Einheit der Nation, die aus verschiedenen selbstbewußten religiösen, sprachlichen und regionalen Gemeinschaften zusammengesetzt war, zu konsolidieren, die stagnierende Wirtschaft zu einer dynamischen, produktiven umzugestalten und soziales Wohl und Gleichheit vor dem Recht zu fordern, wobei die schwächeren Teile der Bevölkerung besonders geschützt werden mußten. In den meisten Fällen waren die Konflikte dreiseitig – zwischen erstens dem traditionellen ländlichen Machtkomplex von Verpächter, Geldverleiher und traditioneller Kultur, zweitens dem modernen urbanen Machtkomplex ausländischen und einheimischen Monopolkapitals mit seiner Laissez-faire-Ideologie und drittens der entstehenden organisierten Macht von landlosen Landarbeitern, städtischer Arbeiterschaft und anderen schwächeren Teilen besitzender Gruppen mit sozialistischer Ideologie. Diese Konflikte sind so explosiv geworden, daß sie den Rahmen des parlamentarischen demokratischen Systems sprengen. Deshalb hat sich Asien von der parlamentarischen Demokratie angelsächsischen Typus' fortentwickelt zur „gelenkten Demokratie" Sukarnos und zur „Basisdemokratie" Ayub Khans und weiter zur neueren „Notstandsdemokratie" mit totaler Aufhebung der Grundrechte und der Rechtsstaatlichkeit, wie sie von den Premierministern Bandaranaike und Indira Gandhi und den Präsidenten Marcos und Park praktiziert worden ist oder wird. Wichtigste Funktion des Nationalstaates im unabhängigen Asien ist die Bewahrung der Einheit und Sicherheit der Nation und die Förderung eines Mindestwohlstands des Volkes, während eine industrielle Wirtschaft sich noch in der Phase des Aufbaus befindet. In diesem Prozeß kämpfen der Staat, die Bürokratie und das Militär zunehmend an der Seite der Kräfte, die den status quo auf dem Lande bewahren wollen und die Entwicklung der Städte fordern, gegen die Bewegungen der erwachten Massen von der Basis. Und sie haben sich gezwungen gesehen, organisierte Unruhen und Agitationen

[12] Dies dokumentiert der von G. H. Anderson herausgegebene und mit einer Einleitung versehene Sammelband „Asian Voices in Christian Theology" (New York 1976).

sowie Kämpfe der schwächeren Bevölkerungsteile zu unterdrücken oder Grundrechte der Bürger aufzuheben oder außer Kraft zu setzen. Andererseits haben China und indochinesische Länder „Volksdemokratien" errichtet, welche diese Rechte ebenfalls verweigern, und zwar im Namen gelenkter Revolutionen im Interesse des Volkes.

Es scheint, daß eine Kombination aus traditionellem autoritärem Regime, modernem Individualismus und modernem Kollektivismus die Bewegung erstickt, welche die manipulierten „Massen" zu einem zu sich selbst erwachten „Volk" machen will. Es besteht die Gefahr, daß diese letztere Bewegung sich in ihr Gegenteil verkehrt und die Massen einschlafen und ihre Wohlfahrt vom Staat als Geschenk annehmen. In diesem Zusammenhang müssen politische Ideologen und Ethiker sich ernsthaft Gedanken machen über die Alternativen zur individualistischen Demokratie westlichen Typus', Alternativen, welche die Massen aufwecken könnten und gleichzeitig Raum ließen für den persönlichen Wert der selbstbewußten Teilhabe des Volkes an den Strukturen der Machtpolitik und des Staates unter den spezifisch asiatischen Bedingungen. Wirtschaftliche Entwicklung ist für arme Länder notwendig. Fürsorge für die Massen ist zweifellos ein Ausdruck der Menschenwürde des Volks. Ist also um dieser Ziele willen eine vorübergehende Unterdrückung der Bürgerrechte und der Forderung nach Gleichheit gerechtfertigt? Wird sie vorübergehend bleiben? Oder wird, wie manche Ethiker meinen, die Verweigerung der Teilhabe des Volkes an den Strukturen der Entwicklungspolitik oder sogar einer gelenkten Revolution schließlich zu neuer Unterdrückung der Massen führen, Preis für das Geschenk der staatlichen Fürsorge? Am wichtigsten ist es nach Ansicht dieser Ethiker, die Menschen zu erwecken, so daß sie ihre Menschenwürde nicht gegen Wohlfahrt verschachern. Das sind zweifellos traditionelle Fragen politischer Ethik, aber sie sind noch nicht genügend behandelt worden in dem spezifischen Kontext der Politik der neuen Nationen Asiens.

Am wenigsten beschäftigt sich mit diesen Problemen die asiatische christliche Ethik. Unter der Vormundschaft der christlichen Missionen, die sie ins Leben gerufen hatten, war es Tradition der christlichen Kirchen, sich als Gegenleistung für deren Protektion der westlichen Herrschaft zu unterwerfen. Ausnahmen bilden die Länder unter japanischer Herrschaft. In dieser Situation hat das Christentum auch eine Ideologie des Pietismus mit seiner Gleichgültigkeit gegenüber politischer Ethik entwickelt. Diesen Traditionen sind die christlichen Kirchen Asiens nun nach der Erlangung der Unabhängigkeit treu geblieben, und das bedeutet gedankenlose Unterwerfung unter die herrschende Autorität als Gegenleistung für den Schutz ihrer religiösen Freiheit und ihrer Gemeinschaftsinteressen als Minderheit. Wir übersehen nicht den christlichen Widerstand, der in jüngster Zeit in Südkorea und auf den Philippinen von christlichen Gruppen, die meistenteils außerhalb oder am Rande der bestehenden Kirchenstrukturen stehen, formuliert wurde. Doch sie sind eine verschwindende Minderheit. Die asiatischen christlichen Ethiker beginnen erst jetzt zu erkennen, welch zentrale Bedeutung der politischen Freiheit zukommt als der Garantie der Freiheiten des Volkes, wirklich ein Volk zu werden durch den Kampf für Gerechtigkeit, durch kritische Überprüfung der bestehenden Autoritätsstrukturen und durch Teilnahme am Leben der Gesellschaft, wo die Macht ausgeübt wird.

In dieser technologischen Ära besteht in jeder Gesellschaft der Trend, daß die Teilhabe des Volkes an der Entscheidungsfindung in Wirtschaft und Politik auf ein Minimum beschränkt bleibt, und zwar aus dem einfachen Grund, daß die Entscheidungen mehr und mehr in den Händen von immer weniger Planern, Technikern und Bürokraten konzentriert werden. Wie wir schon festgestellt haben, sind Entwicklung und sogar Revolution technisch gelenkte Operationen. Und das ist es, was eine weltweite Krise der repräsentativen Demokratie heraufbeschworen und die Macht den persönlichen Werten radikal entfremdet hat. Und anstelle der wirklichen Verantwortung der Mitbestimmung werden die Menschen in Überflußgesellschaften durch eine Konsumideologie eingenebelt. In asiatischen Gesellschaften geschieht dasselbe, wie schon erwähnt, hier sollen Schlagworte wie Entwicklung und Staatsfürsorge die Menschen einnebeln und sie davon abhalten, Mitbestimmung in wirtschaftlichen und politischen Entscheidungsfindungsprozessen zu fordern. Vor diesem Hintergrund betrachten viele den Gandhismus in neuem Licht, welcher Zentralisierung und Konzentration wirtschaftlicher und politischer Macht einschränken will. In der Wirtschaft bedeutet das, die Entwicklung durch eine Technologie zu fördern, die eine „Produktion durch die Massen" erlaubt anstelle einer Technologie, welche die „Massenproduktion" begünstigt. Die großen Reserven an menschlicher Arbeitskraft im Verein mit einem Mangel an Kapital lassen das zudem sinnvoller erscheinen. Und in der Politik sucht der Gandhismus die Selbstbestimmung der Dörfer zum Fundament der Pyramide der Staatsstruktur zu machen. In einem realen Sinn hat Maos China die Aufmerksamkeit der asiatischen Führer und Völker gerade deshalb auf sich gezogen, weil es in seiner Entwicklungsstruktur (und in gewissem Maß wahrscheinlich auch in seiner politischen Struktur und der Möglichkeit, die es für eine direktere Demokratie bietet) gerade diese Richtung eingeschlagen hat. Dieser Neogandhismus würde eine Zentralisierung der Macht und eine zentrale Planung nicht überflüssig machen, aber er würde dazu beitragen, daß die Menschen Selbstvertrauen und Verantwortungsgefühl entwickeln, so daß sie den Entfremdungstendenzen des Zentrums entgegenwirken und die persönlichen Werte stärker in den Strukturen von Staat und Entwicklung verwirklichen können.

b) Kampf gegen die Armut

In Asien, wo fünfzig Prozent der Menschen unter der von den Ökonomen so genannten Armutsschwelle existieren, hat die Überwindung der Armut Priorität. Der Kampf gegen die Armut hat ethische Fragen aufgeworfen, die mit den kulturellen, wirtschaftlichen und politischen Bedingungen des Kampfes innerhalb der Nationalgemeinschaft ebenso zusammenhängen wie mit dem diesem förderlichen System internationaler Beziehungen. Armut ist das Ergebnis wachsender Bevölkerung, niedriger Produktivität, einer falsch ausgerichteten Produktion und ungerechter Verteilung, und es bedarf vielseitiger Anstrengungen, um sie zu bekämpfen. Kontrolle der Bevölkerungsexplosion, Steigerung der Produktivität, Ausnützung der knappen Ressourcen zur Produktion des grundlegenden Bedarfs der Armen und die Anwendung angemessener Technologie, die arbeitsintensiv ist, um die Arbeitslosigkeit abzubauen – all diese Elemente der Strategie werfen große ethische Fragen auf.

Die Beseitigung der Armut erfordert die technologische Ausbeutung der natürlichen Ressourcen. Hier ist die kulturelle Lage so, daß eine radikale Entheiligung der Natur erst die Ausbeutung ermöglichen würde. Die heilige Kuh und die endlosen Agitationen im Zusammenhang mit dem Küheschlachten, die erst kürzlich Vinoba Bhave, den allseits verehrten Führer der Gandhi-Bewegung, fast bis zum Tode fasten ließen, sind die eine Seite dieser kulturellen Frage. Andererseits ist die „Ausbeutung" der Natur ohne ein Gefühl für die Geheimnisse der Natur und ohne Rücksicht auf die natürliche Umgebung des menschlichen Lebens schon weltweit in Frage gestellt worden. Die Richtigkeit dieser Kritik beweisen in Asien eindringlich solche großen städtischen Ballungszentren wie Tokio und Kalkutta. Eine neue Einstellung zur Natur muß erst noch definiert werden, und das ist eine Frage von ethischer Dringlichkeit in einer Situation, da die Zerstörung von Natur wie Gesellschaft in erster Linie auf die Armut zurückzuführen ist.

Die Politik, in erster Linie die Produktion und erst dann die Distribution zu fördern, ist traurig gescheitert. Der Krieg gegen die Armut verlangt technologische Strukturen, die nicht nur die Produktivität anheben, sondern auch die reichlich vorhandenen menschlichen Ressourcen dafür nutzbar machen und eine angemessene Distribution erlauben. Arbeitslosigkeit ist ein gravierendes Problem in Asien. Und die knappen technologischen und natürlichen Ressourcen sollten zur Produktion der grundlegenden Bedarfsgüter Essen, Kleidung und Unterkunft für die Massen des Volkes verwendet werden, bevor sie für den Luxus der wenigen Reichen verbraucht werden. Das aber hängt ab von der Macht des Volkes in der Wirtschaftsstruktur und in den Organen des Nationalstaates, der eine geplante Entwicklung anstrebt. Wie Myrdals „Asiatisches Drama" gezeigt hat, läßt sich die Armut nicht beseitigen ohne ein umfassendes Konzept, in dem die Strukturen von Technologie, Bildungspolitik und Rechtspolitik ein einheitliches Ganzes bilden[13].

---

[13] *G. Myrdal,* Asian Drama. An Inquiry into the Poverty of Nations, 3 Bde (New York 1968), deutsch: Asiatisches Drama (Übersetzung der Kurzfassung von S. S. King) (Frankfurt a. M. 1973).

Das Problem hier ist aber nicht nur national, es betrifft die Weltgemeinschaft. Jetzt, da sich weltweit das Bewußtsein durchsetzt, daß die nationalen Energieressourcen begrenzt sind und praktisch weltweit ein Nullwachstum erforderlich machen, ist die Frage einer gerechten Verteilung der begrenzten natürlichen und technologischen Ressourcen in der Welt zum zentralen Thema der internationalen Wirtschaftsordnung geworden. Die Neuordnung der Beziehungen zwischen den armen Nationen Asiens, Afrikas und Lateinamerikas, den reichen Ölländern des Nahen Ostens und den technologisch reichen Nationen des Westens ist zu einer Frage von Leben und Tod für die Weltgemeinschaft unserer Tage geworden, wie die UNCTAD wiederholt betont hat.

Die christlichen Kirchen Asiens haben sich im großen und ganzen mit „Entwicklungsprojekten" kleiner Gemeinschaften beschäftigt, wobei ihnen großzügige Hilfe der Kirchen des Westens zur Verfügung stand, und sie haben den gesamten ethischen Rahmen, innerhalb dessen sie arbeiten, niemals ernsthaft untersucht. Der Erfolg ist, daß der ohnehin schon Wohlhabende durch Manipulation von diesen Projekten profitiert hat und daß einige arme Gemeinschaften Hilfe erhalten haben auf Kosten ihres Selbstvertrauens. Das asiatische christliche Denken muß sich noch mit den tieferliegenden geistigen und ethischen Fragen des Krieges gegen die Armut in Asien auseinandersetzen. In jüngster Zeit sind aber christliche Gruppen mehr in den Vordergrund getreten, die den Kampf sowohl der Slumbewohner der Städte wie auch der Dorf- und Stammesgemeinschaften gegen Unterdrückungssysteme und für Selbstentwicklung zu ihrem eigenen Anliegen machen, und diese Gruppen repräsentieren eine neue Einheit von Theorie und Praxis christlicher Ethik der Entwicklung durch Volkskämpfe. Die Zukunft christlicher Ethik liegt in der Richtung, in der sie sich vorgewagt haben, wobei eine Theologie der Befreiung sie sowohl unterstützen als auch kritisch begleiten muß.

c) Ethik pluralistischer Gesellschaften

Jede neue Nation in Asien besteht aus mehreren Gemeinschaften, die verschiedenen Religionen anhängen und unterschiedliche kulturelle Traditionen haben, welche oftmals in unterschiedlichen Sprachen ihren Ausdruck finden; und die neuen Nationalstaaten setzen die Bemühungen um die Verschmelzung dieser verschiedenen Traditionen zu einer aus unterschiedlichen Elementen zusammengesetzten Nation fort, ein Werk, das während des gemeinsamen Kampfes für die nationale Freiheit begonnen worden war. Da die gesamte Nation sich in Richtung auf eine Modernisierung traditioneller Gesellschaften bewegt, werden auch die verschiedenen Kulturen verändert im Geiste von Säkularismus und Modernität, die in verschiedenen säkularen Ideologien ihren Niederschlag finden. Dieser Kontext von religiösem, kulturellem und ideologischem Pluralismus wirft neue ethische Fragen auf, da keine Gesellschaft ohne ein irgendwie geartetes gemeinsames kulturelles Ethos bestehen kann, d. h. ohne ein gemeinsames System von Einsichten über Menschen und ihre Beziehung zum Transzendentalen, zueinander und zur Natur, die Grundlage eines moralischen Konsensus sind[14]. Verschiedene Möglichkeiten werden ausprobiert: Festlegung von Nation und Staat auf eine Religion, deren Ethik und deren Werten alle anderen Religionen und weltlichen Ideologien unterworfen sind (z. B. in den islamischen Staaten Pakistan und Malaysia)[15]; Festlegung auf eine weltliche Ideologie als Kriterium und Basis für eine Neudefinition aller Religionen und Ideologien und als Quelle der Werte (z. B. in China und Vietnam mit ihrer offiziellen Ideologie des Kommunismus); der weltliche Staat, der Versuch, eine offene nationale Gemeinschaft aufzubauen auf der Grundlage der Freiheit der Bürger, jegliche Religion oder jeglichen weltlichen Glauben zu vertreten, wobei aber die Religionen als Institutionen nicht das Recht haben, sich in die Politik und staatlichen Initiativen zu sozialer Veränderung einzumischen (z. B. in Indien)[16]; der religiöse Staat, der Neutralität zwischen den Religionen wahrt, indem er die großen Religionen anerkennt, und der das Zusammenwachsen zu einer Nation durch die gegenseitige Beeinflussung dieser Religionen im Rahmen des Nationalismus zu fördern sucht (z. B. der indonesische Staat, der den Islam, den Protestantismus, den Katholizismus und den balinesischen Hinduismus anerkennt und den religiösen Bedürfnissen des Volkes durch sein Religionsministerium Rechnung trägt)[17].

Die Anerkennung der Pluralität bleibt nicht auf die nationale Ebene beschränkt. In vielen asiatischen Ländern werden Versuche unternommen, politische Strukturen auf Dorf-, Stadt- und Großstadtebene aufzubauen, und dazu ist es erforderlich, daß Menschen verschiedener Religionen und ideologischer Überzeugung zusammenarbeiten zur Förderung des sozialen Wohlergehens ihrer Nachbarschaft. Ziel scheint es zu sein, weltliche soziale Nachbarschaften aufzubauen, in denen auf der Grundlage eines gemeinsamen weltlichen Ethos die Pluralität der Einheit und dem Dialog untergeordnet werden kann.

Die Suche nach einem gemeinsamen weltlichen Ethos, das die Einheit in der Vielfalt bewahren helfen kann, wirft für alle Religionen, die in den traditionellen Gesellschaften isoliert voneinander existiert haben, eine Vielzahl theologischer

---

[14] Vgl. hierzu *M. M. Thomas*, Modernization of Traditional Societies and the Struggle for New Cultural Ethos, in: Internationales Jahrbuch für Religionssoziologie VI, hrsg. von J. Matthes (Köln – Opladen 1970) 45–64.

[15] Vgl. *D. Rothermund* (Hrsg.), Islam in Southern Asia: A Survey of Current Research (Wiesbaden 1975), bes. 10ff., 85ff.; *W. C. Smith*, Pakistan: Islamic State, in: Islam in Modern History (Princeton 1957) 206–255; *V. Venturini*, Politik und Verfassungsrecht in Malaysia, in: Studien zur Entwicklung in Süd- und Ostasien NF, Teil 4: Malaysia, hrsg. von B. Großmann (Frankfurt a. M. – Berlin 1966) 19–64.

[16] Vgl. *D. E.-Smith*, India as a Secular State (Princeton 1963).

[17] Vgl. *D. E. Weatherbee*, Ideology in Indonesia: Sukarno's Indonesian Revolution (Yale University, Southeast Asia Series No. 8) (1966); *B. J. Boland*, The Struggle of Islam in Modern Indonesia (Den Haag 1971); *W. Wawer*, Muslime und Christen in der Republik Indonesia (Wiesbaden 1974).

und ethischer Probleme auf. Die Kirchen und die christlichen Gruppen beginnen diese Probleme vom christlichen Standpunkt aus anzugehen. Der Abschnitt über die Suche nach einer Gemeinsamkeit mit Menschen anderer Religionen und mit Vertretern weltlicher Ideologien, der bei der Versammlung des Weltkirchenrates in Nairobi umstritten war[18], drückte ein für asiatische Christen von heute aktuelles Problem aus, und vielleicht wird es schon bald zu einem brennenden Problem der christlichen Ethik überall.

Vielleicht die dringendste Notwendigkeit besteht darin, ein System von christlichen Einsichten über den modernen Menschen und die moderne Gesellschaft zu schaffen, das im Dialog mit Anhängern anderer Religionen und weltlicher Ideologien ausgearbeitet wird und auch deren Ansichten einbezieht. Solche Dialoge sind in der Tat nicht nur erforderlich für das Zusammenleben in einer pluralistischen Gesellschaft, die eine Humanisierung der Gesamtgesellschaft anstrebt, sie sind ebenfalls unumgänglich, damit die Diskussion des sozialen Ethos auf ihre grundlegende spirituelle und theologische Dimension zurückgeführt wird. Christliche Studieninstitute, akademie-ähnliche Laienzentren und andere Institutionen sind in den letzten Jahren in verschiedenen Teilen Asiens entstanden, um diesem Bedürfnis nach einem Dialog zwischen den verschiedenen Glaubensbekenntnissen über die ethischen und religiösen Dimensionen der gesellschaftlichen Existenz abzuhelfen[19]. Es ist jedoch schwer zu sagen, wieweit die Kirchen als Gemeinschaften dieses Anliegen teilen. Aber die historischen Zwänge einer dialogischen Existenz treiben sie in den konkreten Situationen in diese Richtung.

4. Theologische Einsichten für eine weltliche Anthropologie

Jede Theologie hat ihre anthropologischen Ableitungen, und jede Anthropologie hat ihr theologisches Postulat. In den modernen asiatischen Gesellschaften ist die christliche Kirche aufgerufen, an der Entwicklung einer weltlichen Anthropologie mitzuwirken, die, von christlicher Theologie geprägt, eine christliche Teilnahme und einen christlichen Dialog mit vielen Theologien und Anthropologien ermöglicht, die gegenwärtig in asiatischen Gesellschaften wirken. Es ist schwer, in diesem Kontext auf die traditionellen Doktrinen vom Naturrecht und der Schöpfungsordnung zurückzugreifen. Wegen ihres stati-

---

[18] „Auf der Suche nach Gemeinschaft. Das gemeinsame Streben der Menschen verschiedenen Glaubens, verschiedener Kulturen und Ideologien." Bericht und Diskussionsprotokoll der Sektion III der 5. Vollversammlung des Ökumenischen Rates der Kirchen, in: *H. Krüger – W. Müller-Römheld* (Hrsg.), Bericht aus Nairobi 1975 (Frankfurt a. M. 1976) 38–56.

[19] Vgl. *S. J. Samartha*, Christian Study Centres and Asian Churches, in: International Review of Mission 59 (1970) 173–179. Ein Überblick über die Studienzentren und ihre Arbeit findet sich in: The Occasional Bulletin from the Missionary Research Library New York 20 (1969) Nr. 7.

schen Charakters sind sie nicht anwendbar auf jene Situationen, die Papst Johannes in seiner Enzyklika „Pacem in Terris" als „betonten Dynamismus" beschrieben hat[20]. Dynamismus verlangt, daß wir vom Ende in Christo ausgehen und nicht vom Anfang, um den Schöpfungsprozeß in der modernen Welt zu verstehen; ebenfalls die destruktiven Tendenzen, die diesem Prozeß inhärent sind. Nichtsdestoweniger ist das Interesse an den Kriterien des Menschseins, das die traditionellen Doktrinen des Naturrechts und der Schöpfungsordnung ausdrückten, in Situationen radikalen Wandels, denen wir in Asien und anderswo begegnen, ausgesprochen relevant. Deshalb kann man also mit Recht von der Notwendigkeit eines neuen weltlichen Humanismus sprechen, der offen ist und die Wechselwirkung zwischen Traditionellem und Modernem in der asiatischen Gesellschaft sowie zwischen Religionen und Sozialwissenschaften einbezieht und die Orientierung asiatischer Völker auf die Zukunft einschließt. Läßt sich ein solches System weltlichen Humanismus auf der christlichen Theologie der Hoffnung aufbauen?*

Literatur

P. D. Devanandan – M. M. Thomas (Hrsg.), Christian Participation in Nation Building (Bangalore 1960).

Dies. (Hrsg.), The Changing Pattern of Family in India, revised by R. W. Taylor (Bangalore 1966).

M. M. Thomas, Asien und seine Christen in der Revolution (ThEx Nr. 145) (München 1968).

S. L. Parmar, Application of the Christian Concept of Power to the Social Order in the Light of our Shared Quest for World Community, in: Society and Religion. Essays in Honour of M. M. Thomas, hrsg. von R. W. Taylor (Madras 1976) 31–43.

H.-D. Wendland, Der konstruktive Nationalismus als ökumenisches Problem, in: *J. Hermelink – H. J. Margull* (Hrsg.), Basileia. Walter Freytag zum 60. Geburtstag (Stuttgart 1959) 454–461.

Ethos of Development and the Role of Religion, in Religion and Society 19 (1972) H. 3, 20 (1973) H. 4.

M. M. Thomas

---

[20] *Papst Johannes XXIII.*, Enzyklika „Pacem in Terris" (Luzern ²1963).

* Aus dem Englischen übertragen von Sigrid Winkler.

IV
Die christliche Freiheit als Orientierungsbegriff der gegenwärtigen christlichen Ethik

1. Zur Ortsbestimmung der christlichen Ethik

Angesichts der Wandlungen und Umformungen ethischer Traditionen in der geschichtlichen Welt des Christentums muß sich die christliche Ethik wieder ihres spezifischen Ursprungs vergewissern, soll sie nicht in eine Vielzahl disparater Orientierungen auseinanderfallen. Die zentrale Frage Theologischer Ethik ist die nach der Freiheit des Menschen, so wie sie das Kernstück christlicher Lehre seit dem NT ist, einer Freiheit, die ihren spezifisch christlichen Grund darin hat, wie Gott auf die in sich selbst verlorene Welt zugekommen ist. Auf dieses Kernstück christlicher Lehre hin sind die Erfahrungen zu integrieren, die sich in den Problemfeldern der Ethik versammeln. Mit ihnen in selbständiger und konstruktiver Weise umzugehen, das ist die Aufgabe einer am christlichen Begriff der Freiheit orientierten Ethik.

Begriff und Vorstellung der Freiheit sind deshalb heute auch mit vollem Recht in den Mittelpunkt gerückt, wo danach gefragt wird, in welchem inhaltlichen Zusammenhang das Christentum mit den ethischen Fragen stehe, die die Menschheit bewegen. An kaum einem anderen Begriff wird auch so unabweislich deutlich, daß die Grundfragen christlicher Ethik identisch sind mit denen der Theologie überhaupt sowie mit den Lebensfragen der Kirche und der christlichen Praxis. Ethische Fragen sind keine bloßen Anwendungsfragen, die eine lediglich äußerliche Bedeutung für ein im übrigen unwandelbares Wesen des Christentums hätten. Im Medium der Ethik wird die Wirklichkeit des christlichen Glaubens in neuer Weise zum Thema. Die Verbindung des Christentums mit der neuzeitlichen Freiheitsgeschichte ist darum von exemplarischer Bedeutung für die Zukunft der Theologie. Sie war schon einmal um die Wende vom 18. zum 19. Jahrhundert vorrangiges Thema theologischer und philosophischer Bemühungen einer ethischen Ortsbestimmung des Christentums in seiner Geschichte. Diese Frage prägt auch die heutige Epoche weltweiter ethisch-theologischer Reflexion und Aktion, in der die Folgen der Freiheit, die Konsequenzen der Autonomie und die Realisierung der Versprechen der Aufklärung neue Probleme aufwerfen. Dabei geht es um die Grenzen der Selbstbestimmung des Menschen, um die sozialen Gestalten der Freiheit und um die Wirklichkeit einer Humanität, die dem Menschen nicht zu beliebiger Disposition steht. Der Auseinandersetzung mit dem Marxismus kommt hier sicher eine prominente Bedeutung zu, wie sie nach der europäischen Vorgeschichte heute z.B. in der Bewegung der lateinamerikanischen Theologie der Befreiung eine auch für andere Kontinente wirksame Rolle spielt[1]. Der Ertrag der Auseinandersetzung mit dem Marxismus bleibt allerdings merkwürdig gering, sofern nicht klar ist, worauf der genuine und unverwechselbare Freiheitsbegriff des christlichen Glaubens beruht. Die explizite Auseinandersetzung mit dem Marxismus zu führen, das ist sicher auch weiterhin eine notwendige Aufgabe. Aber der Marxismus definiert nicht die Bedingungen, unter die eine christliche Ethik überhaupt zu treten habe; gehört er selbst doch in die Folgen der Aufklärung. Die Stärkung der theologischen und ethischen Argumente, mit denen die Integration der Welterfahrung in den christlichen Begriff der Freiheitswirklichkeit begründet werden kann, das ist das vorrangige Interesse der Theologischen Ethik. Das muß schon deswegen gelten, weil der Marxismus keineswegs die einzige und sicher nicht die hoffnungsvollste Perspektive auf die Zukunft einer weltweiten Sozialität der Freiheit bietet.

In diesem Prozeß der Auseinandersetzung um den christlichen Begriff der Freiheit in seinem Verhältnis zur neuzeitlichen Freiheitsgeschichte tritt häufig die Auflösung historisch aufgebauter Identifikationen von Kirche und Christentum aktuell in den Vordergrund. Dann faszinieren vor allem die Phänomene des Wandels und die Postulate der Veränderung. Doch handelt es sich, blickt man auf die Geschichte des Christentums, hier erst um den Beginn einer neuen Epoche christlicher und ökumenischer Theologie. Darum ist die Bemühung um Kontinuität in der Sache mindestens genauso wichtig. Im Blick auf sie kommt der elementaren Besinnung auf die Bedeutung des christlichen Freiheitsbegriffes eine wesentliche orientierende Bedeutung zu.

2. Der Grundcharakter des christlichen Freiheitsverständnisses

Der christlichen Ethik geht es um die Verwirklichung der Freiheit. Das ist zugleich das Thema der christlichen Theologie überhaupt. Es läßt sich mit einem Wort des Apostels Paulus so charakterisieren: „Der Herr ist der Geist; wo aber der Geist des Herrn ist, da ist Freiheit" (2 Kor 3,17). Paulus reklamiert die Freiheit als Wendepunkt für die neue, die christliche Wirklichkeitsauffassung[2]. Er tut das an dem Ort, an dem es um die Erkenntnis der Normen und Maßstäbe für das menschliche Handeln geht, an dem Ort, an dem das Leben als aufgegeben entgegentritt. Dieser Ort ist in Begriff und Vorstellung der israelitischen Religion der Ort der Gesetzgebung Gottes. Der Ort, an dem die Begegnung mit Gott

---

[1] Aus der zahlreichen Literatur sei verwiesen auf das erste größere Werk: *G. Gutiérrez*, Theologie der Befreiung (dt. 1973), sowie auf das informative Buch von *R. W. Bonino*, Theologie im Kontext der Befreiung (Lit.) (1977).

[2] Zum Zusammenhang sei verwiesen auf *R. Bultmann*, Theologie des Neuen Testaments ([2]1954), bes. 327ff., sowie in systematischer Hinsicht auf *F. Gogarten*, Verhängnis und Hoffnung der Neuzeit (1953, [2]1957).

als die Begegnung mit dem Gebot Gottes identifiziert worden ist, ist, symbolisch gesprochen, der Berg Sinai, auf dem Mose die Gebote empfangen hat. Mose, so lautet die alte Auskunft, brachte dem Volk Israel das Gesetz Gottes und proklamierte damit eine neue Fassung der Religion, eine Wirklichkeitsauffassung, die durchaus zutreffend als Gesetzesreligion bezeichnet worden ist. Das mosaische Gesetz wurde zum Erkenntnisprinzip einer Religion, die im Gesetz die göttlich gebotene Definition der Wirklichkeit erblickte. Gott allein sollte gelten, Gott durch sein Gesetz, das war darum die Botschaft, die Mose vom Berge Sinai mitbrachte.

Für die Neubestimmung des Gottesgehorsams, wie Paulus sie in einer für das Christentum maßgeblichen Weise vorgenommen hat, wird dieser Vorgang der göttlichen Gesetzgebung am Sinai zum Gleichnis, um den Wendepunkt im Bewußtsein der Freiheit darzustellen. „Wo der Geist des Herrn ist, da ist Freiheit." Während Mose gehalten war, eine Decke auf sein Antlitz zu legen, weil sich auf ihm die Herrlichkeit Gottes als des Gesetzgebers spiegelte, ist diese Decke abgenommen, „in Christus wird sie beseitigt" (2 Kor 3, 14). Was besagt diese Metaphorik, wenn sie auf ihre Konsequenzen hin ausgelegt wird? Die atl. Gesetzesreligion konnte eine Erkenntnis Gottes selbst als des Subjektes der Wirklichkeit durch seine Gebote haben. Sie bedurfte darum auch keiner anderen Offenbarung als der Auslegung des Gesetzes. Auf diesen Weg war sie gewiesen, wenn sie die volle Wirklichkeit Gottes ausdefinieren wollte. Das Gesetz bis in die letzten Verästelungen des Lebens hinein auszudefinieren, das ist eine Gotteserkenntnis, die sich in der Vervollkommnung der Gesetzeserkenntnis vollzieht. Dieser theologische Zugang zur Wirklichkeit über das Gesetz hat der israelitischen Religion auch ihre gleichsam soziologische Struktur gegeben, ihren konkreten ethischen Realismus. Wird die Wirklichkeit im Namen Gottes durch die Inhalte und Weisungen der Gesetzesbestimmungen definiert, dann kann im Prinzip auch überall und an jeder Stelle der Lebensführung das Gesetz Gottes zur Sprache kommen, in kleiner wie in großer Münze. Der Inhalt der Gotteserkenntnis hat als solcher schon immer einen praktischen Sinn. Die Erkenntnis des Willens Gottes durch sein Gesetz kann sich an den vielen unendlichen Örtern der Gesetze realisieren, die das tätige Leben bestimmen. Die theologische Steigerung dieser Gesetzeserkenntnis verdichtet sich für Paulus aber deswegen auch in der Sorge, alle Gebote erfüllen zu müssen. Denn nur in der Erfüllung des Gesetzes wird die ganze Wirklichkeit als Wirklichkeit Gottes erfaßt. Diese Sorge vor dem Gesetz führt in die Abhängigkeit, in die Unfreiheit, in die Knechtschaft, wenn sie nicht mehr als die Sorge um den Willen Gottes selbst präsent gehalten wird. Sie gibt dagegen den Blick frei auf das Ganze, d. h., sie gibt den Blick frei auf Gott selbst als das Subjekt des Gesetzes, wenn angesichts der Gesetzesforderung unterschieden wird zwischen den Bestimmungen des Gesetzes und Gott selbst. Die Frage nach dem Heil des Menschen vor Gott adressiert sich an den Willen Gottes, der im Gesetz begegnet, aber darin nicht aufgeht. Wendepunkt im Bewußtsein der Freiheit heißt darum, es nicht nur mit den Gesetzen, sondern mit dem Gesetz*geber* zu tun zu haben. In dieser Konsequenz einer radikalisierten Frage nach Gott steht der christliche Freiheitsbegriff, wie Paulus ihn in Kontinuität und Widerspruch zur atl. Tradition formuliert hat.

Freiheit, so kann eine erste Bestimmung lauten, gibt es erst dort, wo Einsicht in die Gründe des Gebotenen offensteht, wo das Gesetz nicht nur befolgt wird, sondern wo der Gesetzgeber selbst, Gott selbst erkannt wird. Der Ort der Freiheit ist dann beim Subjekt des Gebietens selbst, bei Gott selbst zu finden. Darum ist Christus Ende und Erfüllung des Gesetzes. An die Stelle der gleichsam soziologischen Wirklichkeitserfassung durch die Fülle der alltäglichen Gesetze des Lebens tritt in der christlichen Verkündigung die Freiheit des Glaubens, die in Gott selbst gründet, wie er in Christus offenbar ist. Nicht zufällig, sondern durchaus notwendig und mit radikaler Konsequenz gibt Paulus darum dem neuen Subjekt der Freiheit den Titel „Herr". Christus ist der Herr, und der Geist Christi ist der Geist der Freiheit: Die Frage nach dem Richtmaß alles Handelns und nach der Wirklichkeit des Menschen verweist zurück auf die Instanz, die alle Wirklichkeit bestimmt und erschafft. Das ist der eigentliche, genuine und durch keine Gesetzgebung oder soziologische Realisierung überholbare Ausgangspunkt des christlichen Freiheitsverständnisses. Die Wirklichkeit des Menschen wird damit begründet in einer Freiheit, die vor allem Handeln und vor aller Weltgestaltung liegt. Freiheit als Voraussetzung empirischer, menschlicher Lebenswirklichkeit, das ist der Tenor, auf den in radikaler und unüberbietbarer Weise der Kanon des christlichen Freiheitsverständnisses eingestimmt ist.

Welches Licht fällt von dorther auf das neuzeitliche Freiheitsverständnis?

3. Das neuzeitliche Freiheitsverständnis im Lichte der christlichen Ethik

Blickt man von diesem Wendepunkt zum christlichen Bewußtsein der Freiheit her auf die neuzeitliche Freiheitsthematik, dann ergibt sich folgendes Bild: Der entscheidende Beweggrund für das neuzeitliche Freiheitsverständnis ist die Frage nach der Herrschaft, ihrer Legitimation und Begründung, die Frage nach dem Subjekt von Autorität. Von der Herrschaft, vom Herrn, hängt ab, was geschehen soll, wie gehandelt werden soll. Alle einzelnen Bestimmungen, die das Handeln und die Lebensführung bedingen, sind letztlich bestimmt und abhängig von der Instanz einer Herrschaft. Darum äußert sich das neuzeitliche Bewußtsein von Freiheit primär und elementar in der Kritik von Herrschaft und Autorität, d. h. in der Rückfrage nach dem gebietenden Subjekt. Das ist eine Wirkung des christlichen Wirklichkeitsverständnisses, eine Wirkung der

Einsicht, daß die Wirklichkeit nicht in sich selbst ruht, sondern abhängig ist von dem gebietenden Herrn und von dem Geist seiner Herrschaft.

Das läßt sich in Kürze an einigen Dimensionen der neuzeitlichen Freiheitsthematik deutlich machen. Im Blick auf die *politische Verfassung* der Welt hat sich die kritische Frage nach dem gebietenden Subjekt realisiert in der Aufhebung traditionaler Herrschaftsordnungen in das seiner selbst bewußte Subjekt von Herrschaft: das Parlament, die verfassunggebende Versammlung, die Parteien – das alles sind Realisierungen des Freiheitsbewußtseins in der Umwandlung von Herrschaft. Der Streit um die Wirklichkeit ist ein Streit um die Freiheit, d. h. in politischen Termini: es ist ein Streit um das herrschaftliche Subjekt. Jedes Gebot und jede Bedingung des Lebens soll wieder auf das Gebieten, auf die Möglichkeit freier und neuer Gesetzgebung zurückgeführt werden können. Das macht die innere Dynamik der politischen Evolution der Neuzeit aus.

Blickt man auf die *individuelle Verfassung der menschlichen Lebenswelt*, so läßt sich exemplarisch auf folgendes hinweisen: Unter den Bedingungen der neuzeitlichen Freiheitsthematik äußert sich die theologische Frage in der Frage nach der Autorität der Eltern gegenüber den Kindern, der Erzieher gegenüber den heranwachsenden Menschen, in der Aufdeckung und Diskussion der Bedingungen der Sozialisation. Sie äußert sich auch in der Frage, wie die Selbstbestimmung des Menschen ihre eigene Freiheit gegenüber der Abhängigkeit von Autorität gestalten kann. Hier wird in unmittelbarer Weise die Frage thematisch, wie der Mensch sein eigener Herr sein kann, nämlich an der Grenze dessen, was hier empirisch möglich ist, in der Frage, ob das Kind schon sein eigener Herr sein könne oder ob es dies eben nur *werden* kann, wenn und nachdem es von anderen dazu gemacht worden ist. Die Frage nach der Freiheit als Voraussetzung des Menschseins ist darum die Frage nach dem Geist, in dem ein Mensch erzogen wird. Niemand kann sich selbst die Freiheit geben. Der konkrete empirische Mensch kann Freiheit nur empfangen. Darin besteht die innere Spannung der Erziehung.

In anderer Wendung tritt die neuzeitliche Freiheitsthematik auf im Blick auf die *psychische Konstitution des Menschen.* In der Theorie Sigmund Freuds ist in klassischer Weise der Weg beschritten worden, um nach dem gebietenden Subjekt in der Psyche des Menschen zu fragen, in der Konstellation von Über-Ich und Ich. Hier geht es um eine Analyse, die die Genese des Subjektes aus ihren Verstellungen zu befreien sucht, daß sie die Frage nach der Freiheit des Menschen auf die Konstruktion von Unbewußtem, Bewußtem und Selbstbewußtsein zurücknimmt. Der Weg von der ungewußten zur gewußten Herrschaft ist der Weg, den die Psychoanalyse auszuarbeiten sucht.

Und in gleicher Weise gilt dies für das neuzeitliche Bewußtsein von Freiheit, wie es sich in der *gesellschaftlichen Konstruktion der Wirklichkeit* ausarbeitet. Die Entdeckung der gesellschaftlichen Bedingtheit des Handelns, der soziologischen Determination von Ethos und Sitte verweist darauf, daß die Ethik nicht nur eine Sache der Gesinnung und der Werte ist, der moralischen Urteile, sondern tief in die sozialen Verhältnisse selbst eingelassen ist. Diese soziologische Einsicht bringt in soziologischer Weise die Frage nach dem Subjekt zur Geltung, dem solche gesellschaftliche Gesetzmäßigkeit folgt. Es macht den Rang des von Marx zuerst unternommenen Versuches aus, diesem Subjekt einen empirisch-historisch identifizierbaren Namen zu geben, indem er dieses Alles-Gebieten ökonomisch als das Kapital zu beschreiben unternahm.

Was an diesen Hinweisen exemplarisch hervortritt, ist dieses: Die Frage nach dem Subjekt des Gebietens übergreift alle konkrete Ethik, alle bestimmte Gesetzlichkeit, sie zielt auf die Wirklichkeit des Menschen überhaupt, auf die Bedingungen der Verfassung der Welt, in der moralische, politische, soziale und religiöse Gebote begegnen und befolgt werden sollen. Am Bild und an der Instanz des Herrn muß sich orientieren, wem es um Freiheit als Voraussetzung der Wirklichkeit des Menschen zu tun ist.

Daraus folgt, daß die Begründung fürs Handeln über ein anderes als das handelnde und im Handeln sich realisierende Subjekt eingeholt werden muß. Niemand hat Freiheit aus sich heraus. Nur unter Anerkennung dieser Voraussetzung kann Freiheit unter den empirisch lebenden Menschen und in ihren Verhältnissen eine heilsame Rolle spielen. Das christliche Verständnis der Freiheit hat sich deswegen ausdrücklich an einen Gottesgedanken gebunden, der dieses darzustellen vermag. Er hält das Wissen präsent, daß ein Leben in Freiheit ein Leben aus gewährter und empfangener Freiheit ist. Die Freiheit, die dem Menschen aus der Gemeinschaft mit Gott zukommt, ist in der Gemeinschaft Gottes mit dem Menschen begründet. Das ist der sinngebende Inhalt eines mit Paulus am „Geist des Herrn" orientierten Gottesbegriffes, sein christlicher Inhalt. Menschliche Sinngebung, die allem Handeln innewohnt, kann nur empfangenem Sinn folgen, wenn sie nicht dem Wahn verfallen soll, die Welt habe erst dann einen Sinn, wenn der Mensch ihr einen gibt. Die Versuche, im Gefolge des neuzeitlichen Freiheitsthemas eine Vollkommenheit und Vollendung der Welt über die Selbstverwirklichung des Menschen zu erreichen, finden deshalb ihre notwendige Grenze daran, daß sich der Mensch in dem, was ihn als Menschen Gottes konstituiert, nicht zur Disposition steht. Die theologische Frage, die Frage nach Gott, ist deshalb der ethischen Gesamtlage der Neuzeit, wird sie irgend in ihrem Zusammenhang mit dem Christentum begriffen, immanent; gerade indem sie den Versuchen immanenter Selbstrealisierung geschichtlich wie sachlich vorausliegt, transzendiert sie auch die Möglichkeiten einer solchen ethischen Bemühung, deren Gesetz das letzte Wort über den Menschen zu erlangen sucht. Die unabschließbare ethische Reflexion behält deswegen ihren praktischen Sinn nur dann, wenn sie ihre theologischen Prämissen lebendig hält. Wir leben in der Welt der Folgen der Freiheit. Die ethische Frage, die diese theologischen Prämissen konstruktiv in Anspruch nimmt, lautet dann: Wie kann die Freiheit frei bleiben?

4. Das Problem der Folgen der Freiheit

Das Bewußtsein der Freiheit ist am Telos der christlichen Freiheit orientiert, „Christus als des Gesetzes Ende“ (Röm 10,4) ist seine Voraussetzung und Begründung. Wenn Paulus darum sagt: „So bestehet nun in der Freiheit, zu der euch Christus befreit hat“ (Gal 5,1), so ist damit die Aufgabe, aber auch das bleibende Problem der christlichen Ethik bezeichnet. Die Verwirklichung der Freiheit ist das Problem der Folgen der Freiheit. Das ist das Thema der christlichen Ethik. Wie aber können die Fragen der Ethik an dieser Voraussetzung geklärt, geprüft und orientiert werden? Wie kann die Welt des Handelns, der Lebensführung, der Verfassung der Welt im Sinne der Folgen dieser Freiheit identifiziert werden? Was heißt es, daß wir „unter dem Gesetz der Freiheit“ stehen? Die systematische Struktur der Freiheitswirklichkeit, an der die Integrationsaufgabe der theologischen Ethik orientiert ist, läßt sich in sechs Punkten näher beschreiben.

1) In einem inhaltlichen Sinne geht es darum, daß *der Mensch von Gott angenommen* worden ist. Diese Annahme des Menschen durch Gott, Inhalt des Heils im spezifisch religiösen Sinne, erfolgt ohne Bedingungen, sie ist nicht abhängig von Vorleistungen seitens des Menschen, sie erfolgt nicht durch das Gesetz. Diese paulinische These ist in der reformatorischen Theologie erneuert worden, die an zentraler Stelle von der libertas christiana spricht. Die Wirklichkeit des Heils aber läßt sich auch so beschreiben, daß das Grundverhältnis des Menschen zur Wirklichkeit, d. h. eben zu Gott, das des Vertrauens und des Glaubens sein kann. Der Gabe der Freiheit entspricht in erster Instanz also nicht der freie autonome Mensch, der aus sich heraus frei ist, sondern der Mensch, der sein Leben im Vertrauen auf Gott gegründet weiß.

Diese erste Hinsicht hat fundamentale Bedeutung. Die im Glauben gewährte Freiheit definiert den Menschen in seiner Kreatürlichkeit, so wie er sich empirisch vorfindet und erfährt in den Grenzen seiner Endlichkeit und seines eigenen menschlichen Vermögens. Sie läßt seine Kreatürlichkeit so zum Thema werden, daß darin die Zugehörigkeit zu Gott als die Zugehörigkeit des Geschöpfes zu seinem Schöpfer thematisch wird. Der Mensch als Geschöpf Gottes, das ist der Mensch, den Gott will, darin liegt seine wahre und volle Bestimmung über alle endliche Wirklichkeit und alles Handeln hinaus. Man kann auch sagen, daß hier in der theologischen Perspektive die wahre Natur des Menschen offenbar wird. Freiheit in einem theologischen Sinne ist die natürliche, nämlich dem Schöpfungssinn Gottes entsprechende Wirklichkeit des Menschen. Auch für den Glauben gilt deshalb, daß die Unterscheidbarkeit von Gott und Mensch gewahrt werden muß. Christen haben sich immer wieder darin anderen Menschen überlegen gewähnt, daß sie die Freiheit als Gabe im Sinne einer historischen Übertragung, als einen Besitz für sich in Anspruch genommen haben, der ihnen eine historische Überlegenheit in dieser Welt garantiert. Aber auch für den

Christen gilt, daß er von der ihm gewährten Freiheit abhängig ist und bleibt. Sie ist das fundamentum in re aller konkreten Freiheiten, um deren Wahrnehmung es dem Menschen so oder so zu tun ist. Darum ist die Geschichte des Christentums und der christlichen Kirche ständig begleitet von der kritischen Frage: Wie kann die Freiheit frei bleiben?

2) Der Grundsinn des christlichen Glaubens muß kraft seiner theologischen Konstitution auch eine eigene, vom übrigen menschlichen Handeln *unterscheidbare empirische Gestalt* annehmen. In der christlichen Predigt und im christlichen Gottesdienst nimmt darum der Grundsinn des christlichen Glaubens eine Gestalt an, in der die Wirklichkeit der Freiheit in ihrer Selbständigkeit präsent gehalten wird. Die Ausdrucksformen der christlichen Religion sind die Art und Weise, wie das, was vom Menschen selbst nicht hervorgebracht werden kann, gleichwohl in der empirischen Welt der Menschen gegenwärtig ist. Die symbolischen Formen des religiösen Ausdrucks sind Formen der Anwesenheit des Heils; denn sie ermöglichen es immer wieder dem empirischen Menschen, sich auf die Freiheit zu *beziehen,* die ihm gewährt wird. Sie ermöglichen es, daß sich ein Verhältnis zur Wirklichkeit Gottes gestaltet, das den Menschen über sich hinausführt, seine Selbstbezogenheit transzendiert, und ihn so in ein strukturiertes Verhältnis zum Angebot des Glaubens setzt. Deshalb ist in allen Epochen der Geschichte des Christentums der Kampf darum zu beobachten, diese empirische Anwesenheit des Heils von politischer Herrschaft und gesellschaftlicher Macht unterscheidbar zu halten. Hier geht es darum, wie im historischen Kontext die Freiheit frei bleiben kann. Insofern ist *Religionsfreiheit* im Sinne der Ermöglichung und Garantie einer solchen selbständigen Wahrnehmung des theologischen Grundsinnes christlicher Verkündigung ein wesentliches Kriterium für eine christliche Gestaltung der Gesellschaft. In der Geschichte des Christentums und nicht zuletzt in der Gegenwart ist immer wieder die Forderung erhoben worden, die Kirche solle sich in die Welt hinein auflösen. Diese Forderung besteht zu Recht, sofern sie darauf zielt, daß die Kirche die Gabe des Glaubens nicht als einen Besitz ängstlich nach außen abschirmen soll. Dann ist es die Forderung der Öffnung der Kirche zur Welt im Dienste der Freiheit, deren Zeuge sie ist. Aber diese Forderung würde in ihr Gegenteil verfälscht, wenn die Kirche den jeweils dominierenden politischen und gesellschaftlichen Entwicklungen gleichgestellt werden sollte, wenn die Vorstellung regierte, die Wirklichkeit der christlichen Freiheit realisiere sich erst durch politische und soziale Aktion. Die eigentümliche, gerade auch politisch und gesellschaftlich relevante Funktion der Selbständigkeit der christlichen Kirche besteht ja gerade darin, daß sie es mit ihren symbolischen Ausdrucksformen dem Menschen ermöglicht, sich auf die Wirklichkeit Gottes im Unterschied zum eigenen Handeln zu beziehen. Der theologische Sinn der Freiheit, die in Christus gründet, verlangt deshalb auch nach der eigenen soziologischen Gestalt dieses Verhältnisses.

3) Freiheit ist auf dem Boden des Christentums durchaus und elementar *die Freiheit des Individuums, der Person.* Die Würde des Menschen besteht letztlich darin, daß ihm als armem, abhängigem, elendem Menschen die Fülle dessen zukommt, wovon der christliche Glaube spricht. Die Rede von der Unvertretbarkeit der Person sieht sich allerdings heute dem Verdacht des Individualismus ausgesetzt. Dieser Verdacht ist nicht unbegründet. Denn die Freiheit der Person ist immer wieder in der Geschichte des Christentums aufgetreten mit dem Anspruch eines Ichs des Menschen, das sich um seiner selbst willen zu behaupten sucht.

Aber Personalität und Individualität des Menschen sind keine Eigenschaften, die der Mensch von sich selbst her hat. Das Christentum redet von der *Würde eines Menschen,* der, an sich selbst betrachtet, der verlorene und sündige Mensch ist. Dieser Mensch ist es, der in einer unvertretbaren Weise als einzelne konkrete Person von Gott angenommen ist. Darum stellt die Individualität des einzelnen konkreten Menschen auch eine Grenze dar für alle politischen und gesellschaftlichen Gestaltungsversuche. Die theologische Würde, die dem Individuum zugesprochen wird, begründet damit zugleich einen Schutz des Menschen vor weltlicher Macht und Herrschaft. Hier kann sich die Erfahrung aussprechen, daß keine konkrete Gestaltung von Sozialität, sei es die Familie, sei es das Volk, die Nation oder die Gesellschaft, eine abschließende Definition der wahren Natur des Menschen zu sein vermag. Wo es um die vollkommene Gemeinschaft des Menschen geht, dort gilt im Christentum darum das Symbol des Reiches Gottes, das nicht durch weltliche Herrschaft aufgerichtet wird. Das christliche Freiheitsverständnis hat darum für den einzelnen konkreten Menschen eine elementare Schutzfunktion gegenüber allen innerweltlichen Versuchen, den Menschen den Zwecken der Gesellschaft zu unterwerfen. So besteht auf der historischen Ebene ein tiefer innerer Zusammenhang zwischen dem christlichen Glauben und der Formulierung von Menschenrechten, die Grenze und Kriterium für die Herrschaft des Menschen über den Menschen darstellen.

4) Unter dieser Voraussetzung steht auch die *Gemeinschaft von Menschen untereinander.* Der Mensch ist angewiesen auf Gemeinschaft. Ein bloßes „Individuum" zu sein bedeutet ein elender Mensch zu sein. Denn niemand kann allein und aus sich selbstr existieren, sondern nur in Gemeinschaft und aus Gemeinschaft. Der ethische Sinn eines christlichen Verständnisses von Sozialität besteht, thetisch formuliert, in der gegenseitigen Annahme der Menschen. So wie jeder einzelne Mensch letztlich angewiesen ist auf die Annahme durch Gott, so sind die Menschen in Sozialität angewiesen auf die gegenseitige Annahme. In dieser Gegenseitigkeit geht es um das Bewußtsein der Abhängigkeit der Welt von Gott, darum also, daß diese Welt Gottes Welt ist. Auf diesem Wege muß heute der Sinn des Redens von der Schöpfung neu erschlossen werden. Die Theologie hat immer wieder versucht, davon zu sprechen, daß das Handeln der Menschen in Sozialität einen schöpfungsgemäßen Sinn habe. Die Versuche,

dabei auf ein Naturrecht und naturrechtliche Normen zurückzugehen, haben ihre Grenze an der Erfahrung des geschichtlichen Wandels. Gleichwohl ist es zutreffend, die christliche Ethik als die Lehre vom schöpfungsgemäßen Handeln zu verstehen. Die Verfassung der Welt des Menschen soll die Verfassung der Welt der Geschöpfe Gottes sein. Die gegenseitige Annahme und Anerkennung der Menschen in Sozialität hat deswegen zu ihrer Grundnorm die Liebe. Denn die Liebe ist die Folge der Freiheit, in der die wahre Natur des Menschen in der Gemeinschaft zur Realisierung kommt.

Hier findet darum die Frage nach dem spezifisch Christlichen einer Ethik immer wieder eine elementare Fassung. Die Antwort, die mit dem *Liebesgebot* gegeben wird, kann als eine authentische Antwort in dem Sinne in Anspruch genommen werden, daß sie von Jesus selbst auf die ethische Frage gegeben worden ist (vgl. Mt 22,37). Im Doppelcharakter der Gottesliebe und der Nächstenliebe zeigt sich: die ethische Frage ist hier zugleich die religiöse Frage. Im Liebesgebot sind Gottesliebe und Menschenliebe zusammengeschlossen und können „nur in der einen und selben Liebe des Menschen vollzogen" werden (K. Rahner). Die Liebe ist in der theologischen Begründung Ausdruck der Gemeinschaft mit Gott. Die innere Verbindung der Liebe Gottes mit der Rechtfertigung des Menschen zeigt, daß die Liebe Gottes Grund der Befreiung des Menschen ist und die Menschenliebe die Konsequenz dieser Freiheit darstellt. Deswegen ist im Liebesgebot auch „die innere Einheit von Sittlichkeit und Religion" gegeben[3].

Nicht eine Kasuistik christlicher und kirchlicher Lebensregeln, die Summe besonderer Anweisungen und Verbote ist in einem ersten grundlegenden Sinne das spezifisch Christliche. Was immer hier geschichtlich entfaltet, konfessionell geprägt und kirchlich vorgegeben ist, das alles steht unter dem Kriterium, ob und wie es als Entfaltung und Konsequenz des Liebesgebotes in Geltung steht. Offenheit für den Wandel der äußeren Normen und der gesellschaftlichen Verhältnisse bedeutet darum nicht, daß sich die christliche Ethik einem grundlosen Relativismus ausliefert, sondern sich mit einer praktischen, lebensdienlichen Vernunft verbindet.

5) Wo der Sinn der Freiheit überhaupt geweckt ist, dort wächst auch die *Sensibilität für Unfreiheit* in jeder Form. Man kann die Geschichte des Christentums und zumal der Gegenwart darum auch als eine Geschichte des geschärften Gewissens gegenüber der Unfreiheit verstehen. So wie die Erfahrung der Vollkommenheit erst die Augen für die Unvollkommenheit öffnet, wie die Anwesenheit des Heils erst den Sinn für das Leiden der Menschen weckt, so schärft das Bewußtsein der Freiheit auch die Aufmerksamkeit für Unfreiheit in jeder Form. Auf der historischen Ebene ist deshalb verständlich, daß die Geschichte des Christentums auch immer die Geschichte der Kritik des Christentums zum

---

[3] *K. Rahner,* Grundkurs des Glaubens. Einführung in den Begriff des Christentums (1976) 396.

Inhalt hat. Aber das ist keine Geschichte, die dazu veranlassen könnte, von der Abwesenheit der Freiheit überhaupt zu sprechen. Im Lichte der christlichen Freiheitswirklichkeit gibt es eine Verpflichtung zur Solidarität, die in einer der Liebe bedürftigen Welt an die Stelle des Kampfes und der Gewalt die Kraft der Vergebung und der Versöhnung zu setzen fähig macht. Auch das gehört zu einer Geschichte der Folgen der Freiheit.

6) Schließlich sind die Folgen des christlichen Freiheitsglaubens für die *Politische Ethik* zu erörtern. Das wichtigste Symbol, an dem sich diese Frage orientieren muß, ist das Symbol des Friedens. Frieden in der Welt zu stiften heißt konkret, einen Raum des Lebens gestalten, in dem die Unterschiede, die die Menschen trennen und entzweien, überwunden werden können.

Im Übergang des Evangeliums von den Juden zu den Heiden ist zu sehen, wie der Zaun abgebrochen wird, der zwischen ihnen bestanden hat (Eph 2,12ff.). Diejenigen, die bisher „ausgeschlossen“ waren vom Bürgerrecht in Israel und „fremd den Testamenten der Verheißung“, die also außerhalb der Politeia standen, werden nun trotz aller Unterschiede in diesen Raum hineingeholt. In Christus ist ein neuer Mensch geschaffen, nämlich der eine Mensch, der die Grenzen und Unterschiede zwischen den empirischen Menschen übergreift. Das ist im Kern das Prinzip einer Gleichheit der Menschen als Christen vor Gott und in Christus. Damit wird die Folge möglich, daß die Heiden nun nicht mehr „Gäste und Fremdlinge sind“, sondern „Mitbürger“ in der Gemeinschaft Gottes. Friede bedeutet darum, daß aus den entzweiten Menschen der eine Mensch gebildet wird. Das ist das Symbol des Leibes Gottes, das in dem Symbol des Leibes Christi dargestellt wird.

Für dieses *Symbol eines Friedensreiches* bedarf es der kirchlichen und politischen Institutionen, deren erklärter Sinn es ist, die Freiheit und den Frieden des Menschen zu bewahren. Darum hat das Christentum ein ursprüngliches Verhältnis zum Recht und zum Gedanken der Rechtsgemeinschaft. Nicht nur auf der Ebene des unmittelbaren individuellen Glaubens und Verhaltens der Menschen, sondern auch auf der objektiven, überindividuellen Ebene der Institutionen müssen die Folgen der Freiheit identifiziert werden. Die christliche Ethik zielt auf den Aufbau einer Gemeinschaft des Rechtes und der Institutionen, die die Gemeinsamkeit der Menschen untereinander der unmittelbaren Zwietracht und dem Streit zu entziehen vermögen. Das kann nur gelingen, weil die Institutionen des Rechtes auch eine religiöse Dimension haben.

In diesen hier exemplarisch erörterten Hinsichten geht es jeweils darum, den christlichen Begriff der Freiheit als Leitlinie für eine offene Identität des Menschen zu begreifen, in deren Vorstellungszusammenhang die tragenden Traditionen der Ethik und Theologie eine integrative Funktion für die neuen anthropologischen, soziologischen und politischen Probleme der gegenwärtigen Welt ausüben können.

Trutz Rendtorff

Dritter Teil

Christliche Ethik als Integrationswissenschaft

Erstes Kapitel
Anspruch und Beschaffenheit theologischer Ethik als Integrationswissenschaft

1. Die Aufgabe der Integration als Anfrage an die Ethik

Als Aufgabe der Ethik muß man es betrachten, nicht allein ethische Normen zu entfalten, sondern nach den Bedingungen ihrer Verwirklichung in einer jeweiligen Lebenswelt zu fragen.[1] Würde Ethik sich auf die Entwicklung von „Normen" („Prinzipien", „Handlungsbegründungen") beschränken, so würde sie sich der Frage gerade entziehen, wie die lebenspraktische Vermittlung solcher Normen mit einer gegebenen Lebenswelt verantwortlich zu vollziehen sei; an dieser Stelle aber tritt eines der Probleme auf, die eine Ausbildung der Ethik als Wissenschaft erforderlich machen. Sie muß fragen, wie Handlungsimpulse, die dem handelnden Subjekt eignen oder zugesprochen werden, mit den Handlungsbedingungen der geschichtlichen und natürlichen Lebenswelt vermittelt werden können. Denn nur durch eine solche Vermittlung sind Kriterien für ein bestimmtes Handeln zu gewinnen; nur so sind aus den unendlichen Möglichkeiten der „moralischen Subjektivität" bestimmte Handlungsmöglichkeiten zu entwickeln. Sieht man in dieser Vermittlungsleistung eine konstitutive Aufgabe der Ethik, so kann man sie – mit einem freilich nicht unproblematischen Ausdruck – als Integrationswissenschaft bezeichnen. Die Überlegungen dieses Kapitels gehen der Frage nach, inwieweit gerade der *theologische* Charakter theologischer Ethik diese zu solcher Vermittlungsleistung befähigt.

---

[1] *H. Ringeling,* Ethik als Integrationswissenschaft, in: Gesellschaft und Entwicklung III (1974) 84–94, hier 84, formuliert die Frage folgendermaßen: „ob und wie Ethik als eine Wissenschaft vorgestellt werden könne, die zur Integration einer menschlichen Lebenswelt in ihren unterschiedlichen und widersprüchlichen Ausdrucksweisen geeignet ist". – Über Theologie (Ethik) als Integrationswissenschaft vgl. auch *D. Mieth,* Der Wissenschaftscharakter der Theologie, in: Freiburger Zeitschrift für Philosophie und Theologie H. 1–2 (1976).

Eine solche Fragestellung ist nicht ohne Auswirkung auf die wissenschaftsmethodischen Erörterungen zur Stellung der Ethik innerhalb der Theologie sowie zu ihrem Verhältnis zu nicht-theologischen Wissenschaften[2]. Als wissenschaftsmethodisches Grundproblem in der neueren Entwicklung theologischer Ethik hat man in den vergangenen Jahrzehnten häufig das Faktum der Verselbständigung der Ethik innerhalb der Theologie betrachtet. Karl Barth hat dies mit Nachdruck als einen der Grundfehler der neueren theologiegeschichtlichen Entwicklung gebrandmarkt und einer solchen Verselbständigung gegenüber die konsequente Einfügung der Ethik in die Dogmatik gefordert[3]. Betrachtet man Barths Argumentation unter unserer Fragestellung, so erkennt man schnell, daß sie in erster Linie von der Frage nach der *Begründung* der von theologischer Ethik zu vertretenden Normen geleitet ist: deren Begründung in der Selbstoffenbarung Gottes in Christus ist nur in dem Maß gewährleistet, in dem die Ethik selbst als Teil der Dogmatik verstanden wird; demgegenüber tritt bei einer Verselbständigung der Ethik eine eigenständige Anthropologie an die Stelle solcher Begründung aus dem Offenbarungshandeln Gottes. Barths Argumentation aber ist nicht verknüpft mit demjenigen Problem, das die Ausbildung einer selbständigen theologischen Ethik provoziert hat: dem Problem der Vermittlung solcher Normen mit den Handlungsbedingungen einer jeweiligen Lebenswelt. Die Aufnahme dieser Fragestellung allerdings führt zunächst nicht zu einer Negation der von Barth formulierten Problematik, sondern zu deren Verschärfung. Das für die ethische Fragestellung der Gegenwart grundlegende Problem, so hat etwa Gerhard Ebeling argumentiert, liegt nicht in der Verselbständigung der Ethik gegenüber der Dogmatik, sondern in dem ungleich erregenderen Tatbestand der „Emanzipation der Ethik von der Theologie überhaupt", der „säkularistischen Emanzipation der Ethik vom christlichen Glauben"[4].

Allerdings bedarf auch diese Feststellung noch einer weiteren Zuspitzung. In der neuzeitlichen Entwicklung werden seit der Epoche, in der sich mit den ersten großen Erfolgen der neuzeitlichen Naturwissenschaft das objektivistische Erkenntnisideal dominierende Geltung verschafft – also seit der Epoche, die man gewöhnlich mit der „cartesianischen Wende" beginnen läßt –, ethische Fragen in zunehmendem Maß in den Bereich subjektiver Gewissensentscheidung verwiesen. Das gesellschaftliche Zusammenleben dagegen soll sich nach pragmatischen Regeln ordnen. Die Nötigung zu dieser fundamentalen neuzeitlichen Wende im Verständnis der Ethik ergibt sich aus der zentralen Funktion, die Wissenschaft und, ihr folgend, auch Technik für die Ausbildung der neuzeit-

[2] Vgl. dazu oben den Beitrag von Chr. Frey (S. 297ff.).

[3] *K. Barth*, Ethik I (1928, Zürich [1]1973) 1–29; *ders.*, Kirchliche Dogmatik I/2 (Zürich 51960) 875–890.

[4] *G. Ebeling*, Die Evidenz des Ethischen und die Theologie, in: *ders.*, Wort und Glaube II (Tübingen 1969) 1–41, hier 2.

lichen Gesellschaft innehaben. Dadurch wird eine öffentliche Konsensusbildung über die Gestaltung dieser Gesellschaft an jenes Kriterium intersubjektiver Verständigung gebunden, das von der neuzeitlichen Wissenschaft entwickelt wurde: an das Kriterium objektiver Feststellbarkeit. Die Übertragung dieses naturwissenschaftlichen Erkenntnisideals auf den Bereich sozialen Zusammenlebens zeigt sich zuerst mit voller Klarheit in dem Versuch von Hobbes, das Funktionieren von Staat und Gesellschaft nach mechanischen Regeln konstruktiv zu entwerfen, die Gesellschaft also als ein Gefüge von mechanischen Vorgängen vorzustellen[5]. Dieser Gedanke wurde in der Folgezeit immer wieder vor allem für denjenigen Bereich durchgeführt, der für das Funktionieren der neuzeitlichen Gesellschaft zentrale Bedeutung hat: für den Bereich des Markts. Von ihm sollte gerade gelten, daß seine Funktionsabläufe von der Einmischung subjektiver wertender Gesichtspunkte unabhängig seien und freigehalten werden sollten. Aus solchen Ansätzen hat sich in einem vielfältig verschlungenen Prozeß, den wir hier nicht nachzeichnen können, die Theorie von der „Eigengesetzlichkeit" der weltlichen Lebensbereiche herausgebildet, die zu einem der bestimmenden Themen der ethischen Diskussion des 20. Jahrhunderts geworden ist[6]. Dieser Theorie liegt offenkundig die Übertragung des naturwissenschaftlichen Gesetzesbegriffs auf den Bereich sozialen Zusammenlebens zugrunde; sie setzt offen oder verdeckt voraus, daß die Geschichte, in der sich soziale Strukturen bilden, nicht von Menschen gemacht, sondern von den Gesetzen, die den verschiedenen sozialen Lebensbereichen zugrunde liegen, selbst hervorgebracht wird. Die Frage nach ethischen Normen und nach ihrer Verwirklichung muß deshalb ganz auf die Seite des ethischen Subjekts verlegt werden: die Entschränkung des naturwissenschaftlichen Wahrheitsbegriffs und seine Ausdehnung auf den Bereich der Sozialität ziehen eine Einschränkung der ethischen Fragestellung auf den Bereich der Subjektivität folgerichtig nach sich. Besonders deutlichen Niederschlag hat diese Entwicklung in der Ethik Immanuel Kants gefunden, die auf die weitere Entwicklung jedenfalls der protestantischen Ethik von kaum zu überschätzendem Einfluß gewesen ist. Kant hat den Allgemeinheitsanspruch seiner Ethik exklusiv an das moralische Subjekt geknüpft, denn dieses verfügt allein über die Bedingungslosigkeit, mit der es seinen Maximen des Handelns folgt; es verfügt aber nicht über die empirischen Bedingungen in der lebenspraktischen Wirklichkeit, die über Erfolg oder Mißerfolg seines Handelns entscheiden. Aus dieser Reduktion der Ethik auf das moralische Subjekt ergibt sich ein ethischer Rigorismus, der im Ergebnis in einen Dezisionismus umschlägt[7].

---

[5] Vgl. zu den Anfängen dieses Konzepts *C. B. Macpherson,* Die politische Theorie des Besitzindividualismus (Frankfurt a. M. 1973).

[6] Vgl. dazu oben S. 339ff.

[7] Vgl. *H. Lübbe,* Dezisionismus in der Moral-Theorie Kants, in: Epirrhosis. Festgabe f. Carl Schmitt (Berlin 1968) 567ff., dazu *T. Rendtorff,* Religion als Thema wissenschaftlicher Theoriebildung oder

Für ethische Normen, zumal noch solche, die einer religiösen Tradition entstammen, ist im Rahmen einer derartigen Konstruktion kein Platz; denn sie genügen dem Kriterium objektiver Feststellbarkeit offenkundig nicht. Sie werden deshalb dem Bereich subjektiver Entscheidung überantwortet, in ihrem Geltungsanspruch aber zugleich auf den Bereich des Privaten eingeschränkt. Kirche und Reich Gottes werden dann als moralische, unsichtbare Herzensgemeinschaft gedeutet, die keiner öffentlichen Religion mehr bedarf. Die Erlangung der innerweltlichen Lebenszwecke des Menschen wird nicht von Kirche und Religion erwartet; man erwartet sie vielmehr von den gesellschaftlichen Institutionen, in ihrer Spitze dem Staat. Die Trennung zwischen privater und öffentlicher Sphäre einerseits und die zwischen wertfreiem wissenschaftlichem Objektivismus und ethischer Entscheidung andererseits stehen also zueinander in einem komplementären Verhältnis; die Erklärung der Religion zur Privatsache und die aus ihr begründete Forderung nach der Trennung von Kirche und Staat sind stringente Folgerungen aus dieser Konstellation[8].

Mit zunehmender Deutlichkeit allerdings zeigt sich, daß der Pragmatismus als die dominierende Handlungstheorie der neuzeitlichen Gesellschaft zwar über Zweck-Mittel-Relationen, nicht aber über Ziele gesellschaftlichen Handelns Auskunft geben kann, während die Ethik der subjektiven Entscheidung auf solche Zielaussagen keinen Anspruch erhebt. Eine Klärung der Ziele gesellschaftlicher Entwicklung aber wird in dem Maß zu einer vordringlichen Aufgabe, in dem die Ambivalenz hervortritt, durch die die Gestaltung gesellschaftlichen Zusammenlebens unter der Dominanz pragmatischer Kategorien und wissenschaftlich-technischer Einflüsse gekennzeichnet ist. Konnte man sich dieser Frage nach den Zielen zunächst dadurch entziehen, daß man die gesellschaftlichen Auswirkungen von Wissenschaft und Technik unter der Kategorie des Fortschritts[9] interpretierte, so zeigt sich heute, daß Steigerung der Lebensmöglichkeiten und Überlebensgefährdung in einem als mögliche Wirkungen von Wissenschaft und Technik begriffen werden müssen. Die Vorstellung, daß Wissenschaft und Technik kraft der ihnen selbst innewohnenden Dynamik Fortschritt bewirken und daß deshalb die Frage nach den von Menschen gewollten und verantwortbaren Zielen gesellschaftlicher Entwicklung als suspendiert gelten kann, läßt sich angesichts dieser Konstellation nicht aufrechterhalten. Vielmehr verschärft sich angesichts der globalen Auswirkungen, die die wissenschaftlich-technische Zivilisation in unserer Gegenwart aus sich heraussetzt, das Dilemma des Pragmatismus. Denn nun konfrontiert die wissenschaft-

---

das Subjekt interdisziplinärer Orientierung, in: Internationales Jahrbuch für interdisziplinäre Forschung 1 (Berlin 1974) 365–383, hier 376.

[8] Vgl. *K.-O. Apel*, Das Apriori der Kommunikationsgemeinschaft, in: *ders.*, Transformation der Philosophie II (Frankfurt a. M. 1973) 358–435, hier 370.

[9] Vgl. *J. Ritter*, Fortschritt, in: Historisches Wörterbuch der Philosophie II (Basel 1972) 1032–1059; *R. Koselleck*, Fortschritt, in: Geschichtliche Grundbegriffe II (Stuttgart 1975) 351–423.

lich-technische Entwicklung die Menschheit als ganze mit einer ethischen Problematik, deren Grundthema die Frage nach dem Überleben der Menschheit ist. So produziert die Wissenschaft selbst die Nötigung zu einer Ethik, die sich im Horizont weltweiter Verantwortung konstituiert und die Frage nach den Voraussetzungen wie nach den Folgen von Wissenschaft in sich einbegreift; aber dieselbe Wissenschaft bestreitet zugleich, daß eine solche Ethik möglich sei. In einer Verschärfung der oben referierten Problembestimmungen muß man also sagen, daß die wissenschaftlich-technische Entwicklung einerseits die „Möglichkeit einer Aufhebung der Ethik“[10] mit sich führt, andererseits mit besonderer Dringlichkeit die Notwendigkeit einer Ethik aus sich heraussetzt. Dieser Paradoxie muß sich theologische Ethik heute stellen; angesichts der Anforderungen, die sich aus dieser Situation ergeben, muß der Versuch unternommen werden, sie als Integrationswissenschaft zu entwickeln.

Die Integrationsaufgabe, vor welcher die Ethik steht, läßt sich aufgrund dieser Überlegungen zunächst beschreiben als die Aufgabe, die Differenz zwischen einer ethischen Einstellung der Innerlichkeit und einem Pragmatismus des äußeren Lebens zu vermitteln. Diese Entgegensetzung bringt sich zur Geltung einerseits im Umgang des Menschen mit der Natur, andererseits im Umgang des Menschen mit der Geschichte bzw. der Gesellschaft als seiner jeweiligen geschichtlichen Lebenswelt, schließlich aber im Verhältnis des Menschen zu sich selbst als handelndem Subjekt. Die Integrationsaufgabe, vor welche die Ethik sich gestellt sieht, bezieht sich also auf jene „dreifache Entzweiung des modernen Ich mit äußerer Natur, Gesellschaft und innerer Natur“, die J. Habermas im Anschluß an Hegel herausgestellt hat[11].

Aufgabe der Ethik also ist es, den Möglichkeiten der – als Vermittlung vorgestellten – Integration des ethischen Subjekts mit seiner natürlichen und geschichtlichen Lebenswelt und darin gerade der Frage nach der Möglichkeit menschlicher Identität nachzugehen. Diese Aufgabe ist heute deshalb von wachsender Komplexität, weil die geschichtliche Lebenswelt des Menschen sich nicht auf den Nah-Horizont interaktiver Sozialität beschränkt, sondern den Fern-Horizont kollektiver Sozialität in sich einbegreift[12], und weil zugleich das Verhältnis des Menschen zu seiner natürlichen Lebenswelt einer tiefgreifenden Krise ausgesetzt ist. Das Interesse der Ethik richtet sich unter diesem Gesichtspunkt zuallererst auf die Frage nach der Begründung und Verwirklichung menschlicher Identität, die als Identität auch in differierenden Rollen und in wechselnden biographischen Situationen bewahrt wird; es richtet sich sodann auf die Frage nach der Möglichkeit der Gestaltung des gesellschaftlichen Lebens

---

[10] *W. Schulz*, Philosophie in der veränderten Welt (Pfullingen 1972) 662.

[11] *J. Habermas*, Können komplexe Gesellschaften eine vernünftige Identität ausbilden?, in: *J. Habermas – D. Henrich*, Zwei Reden aus Anlaß des Hegel-Preises (Frankfurt a. M. 1974) 23–84, hier 42.

[12] *W. Schulz*, a.a.O. 791ff., 798ff.; *W. Korff*, Norm und Sittlichkeit (Mainz 1973) 11 u.ö.

unter ethischen Kriterien, wobei die Verhältnisbestimmung von Öffentlichem und Privatem heute besonderes Interesse auf sich zieht; es richtet sich schließlich auf die Frage nach dem Umgang des Menschen mit der Natur, wobei die Entwicklung ökologischer Kriterien sich heute als besonders dringliche Aufgabe darstellt. In diesen Fragestellungen zeigt sich der unmittelbare Zusammenhang der Ethik mit bestimmten Grunddimensionen theologischen Nachdenkens, die sich untereinander in vielfältiger Weise verschränken: unter dem Gesichtspunkt der Identität rückt die Dimension der Rechtfertigung des Menschen vor Gott, unter dem Gesichtspunkt der Geschichte die Dimension der eschatologischen Vollendung der Geschichte, unter dem Gesichtspunkt der Natur die Dimension der Schöpfung in den Vordergrund. Theologische Ethik bezieht sich auf diese Deutungshorizonte in der Annahme, daß sich von ihnen aus der Zusammenhang zwischen handelndem Subjekt, äußerer Natur und geschichtlicher Lebenswelt entschlüsselt, der unter der „dreifachen Entzweiung des modernen Ich" verdeckt ist.

2. *Grundmodelle der Integration in der Theologie*

Inwiefern eine solche Entschlüsselung unter den Perspektiven der Rechtfertigungslehre, der Eschatologie und der Schöpfungslehre geleistet werden kann, soll hier nicht weiter erörtert werden; denn dies ist das Thema der folgenden Kapitel dieses Teils. Hier soll nur in schematischer Abstraktion dargestellt werden, auf welchem Wege verschiedene theologische Ansätze die Verbindung zwischen Glaubenserfahrung und Welterfahrung herzustellen und dadurch die produktive Bedeutung der Glaubenserfahrung für die Integration des handelnden Subjekts mit seiner jeweiligen Lebenswelt zur Geltung zu bringen versuchen[13].

a) Ein erstes Grundmodell liegt in der deduktiven Verknüpfung von Glaubenserfahrung und Welterfahrung vor. Aus Grundinhalten des christlichen Glaubens werden Grundelemente des Verhaltens abgeleitet, in dem der Mensch sich selbst und seiner Welt gegenübersteht. Aus der Hoffnung auf das Reich Gottes als ein Reich der Freiheit wird die Hoffnung auf die Befreiung von der Herrschaft von Menschen über Menschen, aus dem Recht Gottes auf den Menschen werden die Grundelemente menschlicher Rechtsordnung abgeleitet. Dieses Verfahren hebt die Spannung zwischen dem handelnden Subjekt und seiner Lebenswelt auf in einer Einheit, die durch die Offenbarung in ihrer Posi-

---

[13] Wegen der in dieser Darstellung liegenden Abstraktion wäre es unangemessen, die einzelnen Modelle mit literarischen Belegen zu versehen; in eingeschränkterem Zusammenhang sind solche Modelle auch erörtert bei *W. Huber–H. E. Tödt*, Menschenrechte (Stuttgart 1977) 64ff.

tivität selbst konstituiert wird. Die „dreifache Entzweiung des modernen Ich" erscheint als Ausdruck jener Entfremdung, die in der Sünde des Menschen wurzelt und die sich in Selbstzerstörung und Weltzerstörung zugleich darstellt. Die Offenbarung Gottes in Christus wird gedeutet als anfangende Aufhebung dieser Entfremdung, die die Verheißung vollkommener Aufhebung in sich trägt. Doch indem Offenbarung und gegenwärtige Welterfahrung deduktiv miteinander verknüpft werden, wird doch zugleich einer Einsicht in die Widerständigkeit gegenwärtiger Welterfahrung methodisch der Weg verstellt: die Gesetzförmigkeit von Naturprozessen, die Eigendynamik geschichtlicher Entwicklungen, die Eigenstruktur institutioneller Regelungen treten deshalb nur schwer in den Blick.

b) Ein zweites Grundmodell liegt dort vor, wo ein Verfahren der doppelten Begründung gewählt wird. Einerseits werden die Normen menschlichen Verhaltens gegenüber Natur und Geschichte aus der Offenbarung abgeleitet; andererseits werden sie als Prinzipien dargestellt, die der Struktur dieser Lebensbereiche selbst entstammen bzw. entsprechen. Die Universalität, die den von theologischer Ethik zu vertretenden Normen eignet, soll gerade durch ein solches doppeltes Begründungsverfahren sichergestellt werden. Doch die Konsistenz dieses Begründungsverfahrens hängt von der ontologischen Prämisse einer Zuordnung von „Natur" und „Übernatur" ab, die das Zusammenstimmen zwischen der Deduktion aus der Offenbarungswahrheit und der Erhebung von Grundstrukturen des natürlichen und geschichtlichen Lebens gewährleistet. Die neuzeitliche Entzweiung des Menschen mit seiner natürlichen und geschichtlichen Lebenswelt aber hat gerade die ontologische Prämisse eines solchen Gleichklangs in fundamentalem Sinn in Frage gestellt. Deshalb muß es auch als fraglich gelten, ob theologische Ethik die ihr gestellte Integrationsaufgabe von dieser Prämisse aus lösen kann.

c) Ein drittes Grundmodell geht induktiv von den Leistungen des ethischen Subjekts aus, die dieses in dem Versuch seiner Weltbewältigung erbringt. Es sieht diese Leistungen vorrangig in der Konstitution eines Selbstbewußtseins, in welchem das Subjekt sich selbst als Grenze der Welt erfährt und so zuallererst zu einem reflektierten Umgang mit Welt fähig wird. In einem nächsten Schritt wird der religiöse Sinn dieser Konstitution von Selbstbewußtsein aufgewiesen und theologisch interpretiert. Die Verknüpfung zwischen Welterfahrung und Glaubenserfahrung erfolgt also über den Aufweis funktional einander entsprechender Strukturen; die Entsprechung zwischen Ethik und Theologie wird auf dem Weg über eine funktional verfahrende Theorie des Selbstbewußtseins hergestellt. Damit wird aber jene Reduktion der Ethik auf das ethische Subjekt gerade mitvollzogen, die wir als problematischen Grundzug der neuzeitlichen Entwicklung aufgewiesen haben: die theologische Reflexion dient nicht zu einer Revision dieser Reduktion, sondern zu ihrer Bestätigung; Theologie, als Christologie verstanden und auf sie beschränkt, gilt als „Theorie des exemplarischen

Selbstbewußtseins"[14]. Die Vermittlung des ethischen Subjekts mit Natur und Geschichte kann so gerade nicht zum Thema werden.

d) Ein viertes Grundmodell geht von der Unterscheidung zwischen ethischer Grundeinstellung und operationalisierbaren Zielvorstellungen[15] im Umgang des Menschen mit der Welt aus. Dabei werden diejenigen Handlungsimpulse, die sich aus Grundinhalten des christlichen Glaubens ergeben, der Ebene der ethischen Grundeinstellung zugewiesen; hierzu gehört etwa das Bekenntnis zur Geschöpflichkeit und zur Sündhaftigkeit des Menschen, die Liebe zu allen Menschen und eine die gegebene Wirklichkeit überschreitende Hoffnung. Doch aus dieser Grundeinstellung ergeben sich keine Kriterien für den Umgang des Menschen mit Natur und Geschichte; denn diese müssen den Charakter operationalisierbarer Zielvorstellungen haben und sind deshalb auf rationale Evidenz angewiesen. Die Forderung nach rationaler Begründung ethischer Kriterien soll gerade sicherstellen, daß diese Kriterien einer Überprüfung an der gesellschaftlichen Wirklichkeit ausgesetzt, daß also in diesem Sinn eine Vermittlung zwischen dem ethischen Subjekt und seiner gesellschaftlichen Lebenswelt vorgenommen werden kann. Doch dies wird damit erkauft, daß die ethischen Normen, die sich der christlichen Tradition verdanken, in ihrem Verständnis als „ethische Grundeinstellung" einseitig dem ethischen Subjekt zugeschrieben und sowohl der Vermittlung mit der jeweiligen Lebenswelt als auch der Kommunikation mit anderen ethischen Grundeinstellungen gerade entzogen werden. Die Frage, ob theologische Ethik gerade in ihrem theologischen Charakter zur Integration des ethischen Subjekts mit seiner Lebenswelt einen Beitrag leisten kann, wird somit negativ beantwortet.

e) Ein fünftes Grundmodell geht davon aus, daß zwischen Grundbestimmungen des christlichen Glaubens einerseits und Normen, durch die sich das ethische Subjekt mit seiner Lebenswelt vermittelt, ein Verhältnis der Analogie und der Differenz zugleich besteht. Zwischen der Gerechtigkeit, die Gott in Christus aufrichtet, und den Normen, die Menschen in der Gestaltung ihrer Welt anerkennen und anstreben, besteht eine Entsprechung, weil die Gerechtigkeit Gottes für alle Menschen und für den ganzen Menschen gilt. Zwischen beiden besteht keine Identität; wohl aber bestehen Analogien, die orientierende Bedeutung haben. Zwischen der Verheißung des Reiches Gottes als eines Reiches der Freiheit und dem Versuch, im Zusammenleben der Menschen Befreiungsprozesse in Gang zu setzen, besteht ebenfalls eine Entsprechung, die sich aus dem umfassenden Charakter der in Christus verheißenen Freiheit er-

---

[14] Diese Formulierung bei *F. Wagner*, Sozialethik als Theorie des Geistes, in: ZEE 19 (1974) 197–214, hier 206; dieselbe Formel variiert bei *dems.*, Christologie als exemplarische Theorie des Selbstbewußtseins, in: *T. Rendtorff* (Hrsg.), Die Realisierung der Freiheit (Gütersloh 1975) 135–167.

[15] Diese Terminologie bei *M. Honecker*, Sozialethik, in: Evang. Staatslexikon (Stuttgart ²1975) 2350ff.

gibt; doch auch hier besteht keine Identität. Vielmehr ist das Verhältnis zwischen der Gerechtigkeit Gottes und den Normen menschlichen Handelns, zwischen der Verheißung der Freiheit und den menschlichen Versuchen der Befreiung zugleich durch eine fundamentale Differenz gekennzeichnet, die vor allem in der Vorläufigkeit und Relativität aller menschlicher Normen und aller menschlichen Freiheitsbemühungen zum Ausdruck kommt. Deshalb kann es bei der Erörterung der Frage, welchen Beitrag theologische Ethik zur Integration des Menschen mit seiner jeweiligen Lebenswelt leisten kann, nicht darum gehen, das Evangelium in eine ethische Doktrin zu verwandeln, aus der Normen für diese Integration zu deduzieren wären, und es damit zum „Gesetz" werden zu lassen; es geht vielmehr darum, in der Auslegung der Gerechtigkeit Gottes und seiner befreienden Freiheit diejenigen Zumutungen zu formulieren, die als Kriterien für den Umgang des Menschen mit seiner Welt nach Geltung drängen und zugleich eine Verheißung in sich enthalten, die alle Möglichkeiten geschichtlicher Realisierung überschreitet.

Ein solches theologisches Interpretationsmodell, das nach der Analogie und der Differenz zwischen den Grundmustern, in denen Menschen sich zu ihrer Welt verhalten, und Grundinhalten des christlichen Glaubens fragt, kann sich der Kommunikation über Normen ethischen Handelns über die Grenzen unterschiedlicher Deutungssysteme, auch über die Grenzen verschiedener Wissenschaften hinweg öffnen, ohne deshalb die Kriterien, die sich aus dem christlichen Glauben ergeben, einseitig der „ethischen Grundeinstellung" des Subjekts zuweisen und so gerade der Kommunikation über die Grenzen der christlichen Glaubensgemeinschaft hinweg entziehen zu müssen. Es kann den Geltungsanspruch der christlichen Überlieferung für das Weltverhältnis des Menschen zur Sprache bringen, ohne sich deshalb an ein Deduktionsverfahren zu binden, welches auf die Eigengestalt der natürlichen und gesellschaftlichen Lebenswelt des Menschen keine ausreichende Rücksicht nimmt.

3. Zum Begriff der Integration

Wir haben diese verschiedenen theologischen Grundmodelle unter der Fragestellung erörtert, was theologische Ethik zur Integration des ethischen Subjekts mit seiner jeweiligen Lebenswelt beitragen kann. Theologisch gewendet, kehrt dieses Problem als Frage nach der Integration von Glaubenserfahrung und Welterfahrung wieder. Folgen wir dem Interpretationsmodell von Analogie und Differenz, so ist damit auch eine bestimmte Klärung des Begriffs der Integration vorgezeichnet. Sowohl hinsichtlich des Verhältnisses von Glaubenserfahrung und Welterfahrung als auch hinsichtlich des Verhältnisses von ethischem Subjekt und Lebenswelt kann es theologischer Ethik nicht um eine Integration gehen, welche die Differenz zwischen den genannten Momenten aufhebt, sondern es kann sich nur um eine konstruktive Vermittlung zwischen ihnen handeln, in welcher die Differenz, die zwischen ihnen besteht, gerade als Differenz zur Geltung gebracht wird. Diese zunächst nur formale Bestimmung läßt sich auf dem Weg verdeutlichen, daß wir uns in einer knappen Erwägung einigen Verwendungen des Begriffs der Integration zuwenden, die in der Diskussion der letzten Jahrzehnte besondere Bedeutung gewonnen haben.

a) Émile Durkheim hat in seinen „Elementarformen des religiösen Lebens"[16] die gesellschaftliche Funktion von Religion als Integration beschrieben. Am Modell des australischen Totemismus hat er drei Grundfunktionen von Religion herausgearbeitet, die sich mit Volker Drehsen folgendermaßen kennzeichnen lassen: „Totems sind grundsätzlich Erkennungszeichen für religiöse und gesellschaftliche Tatbestände; sie vergegenwärtigen erstens für den einzelnen die überindividuelle Macht der Gruppe, zu der er jeweils gehört. Sie bieten zweitens in ihrer Gesamtheit ein grobes Raster für die Ordnung der Naturerkenntnisse und im einzelnen ein Erklärungsschema für die geschichtliche Herkunft des Clans. Drittens sind die Totems Chiffren für zentrale religiöse Verbote und Strafandrohungen; sie regeln ein Handeln, das so etwas wie Gesellschaft über die Reichweite des einzelnen Clans hinaus erst entstehen läßt – und sie regeln es mit besonderer Strenge. Sie beziehen sich auf Prozesse, die sowohl für das Werden von Gesellschaft als auch für ihren Bestand konstitutiv sind."[17]

In unserem Zusammenhang interessiert nicht die Frage, inwieweit Durkheim für seinen Religionsbegriff das richtige Beispiel gewählt und dieses adäquat interpretiert hat, sondern dieser Religionsbegriff selbst. Er definiert Religion als „ein gemeinschaftliches System von Glaubenssätzen und Handlungen (Riten), die auf heilige, daher abgesonderte ... Dinge bezogen sind, Glaubenssätze und Handlungen, die alle Anhänger in derselben ... Gemeinschaft vereinigen"[18]. Religion hat die „widersprüchlichen Fakten und Prozesse in der Wirklichkeit in einer solchen Weise zu einem einheitlichen Ganzen zu ordnen, daß in ihm identisches Handeln für den Menschen möglich wird"[19]. Vorausgesetzt ist hierbei eine Verhältnisbestimmung zwischen Gesellschaft und Individuum, nach welcher sich der Mensch im Medium der Gesellschaft vollendet, „weil er in ihr mit den sozialen Regelungen ein Maß, ... eine Begrenzung ... und eine Disziplinierung erfährt"[20]. Die Religion wird dabei zum Mittel, mit dessen Hilfe die Gesellschaft ihre Ansprüche gegen ihre Mitglieder geltend macht.

---

[16] *É. Durkheim,* Les formes élémentaires de la vie religieuse. Le système totémique en Australie (Paris 1912).

[17] *V. Drehsen,* Religion – der verborgene Zusammenhalt der Gesellschaft: Émile Durkheim und Georg Simmel, in: *K.-W. Dahm – V. Drehsen – G. Kehrer,* Das Jenseits der Gesellschaft. Religion im Prozeß sozialwissenschaftlicher Kritik (München 1975) 57–88, hier 66.

[18] *É. Durkheim,* a. a. O. 65.

[19] *V. Drehsen,* a. a. O. 87.

[20] *R. König,* Émile Durkheim (1858–1917), in: KfS 10 (1958) 573.

„Was dabei an Individualität der Unterworfenen erhalten bleibt, ist, überspitzt gesagt, nur das, was die Gesellschaft freizugeben bereit ist."[21] Zugrunde liegt also ein Integrationsbegriff, nach dem Integration als Leistung des sozialen Systems erscheint – als eine Leistung, der die Individuen als Objekte weithin ausgeliefert sind. Die Differenz zwischen dem Integrationsanspruch eines Sozialsystems und der Identität des Individuums tritt für diesen Ansatz kaum in den Blick.

b) Analoge Beobachtungen lassen sich an demjenigen Konzept machen, durch welches der Begriff der Integration in Deutschland vor allem in die Diskussion der Jurisprudenz, der Politikwissenschaft und der Sozialwissenschaften im weiteren Sinn eingeführt worden ist: an der Integrationstheorie Rudolf Smends[22]. Für ihn wird Integration zum Schlüsselbegriff der Staatstheorie. Der Staat – und mit ihm auch alle anderen gesellschaftlichen Gebilde – ist dabei als ein „Lebensvorgang" verstanden, der sich durch den permanenten Prozeß der Integration konstituiert. Integration bezeichnet also diejenigen ausdrücklichen oder unausdrücklichen Vorgänge, in denen die einzelnen den Staat bejahen und tragen. Integration ist nicht nur ein für das Funktionieren des Staats wichtiges Element; sie wird zum Wesen des Staats: er konstituiert sich, wie Smend im Anschluß an E. Renan sagt, durch das „tägliche Plebiszit" seiner Bürger. Die Staatsverfassung wird in dieser Sicht nicht allein als „Organisationsstatut", sondern als „Lebensordnung" betrachtet, die die grundlegenden Vorgänge staatlicher Integration anleitet. Besonderes Gewicht kommt deshalb jenen Elementen der Staatsverfassung zu, die ausdrücklich auf solche Integration gerichtet sind, z. B. den Grundrechten, insbesondere dem Wahlrecht. Smend unterscheidet im einzelnen zwischen persönlicher, funktioneller und sachlicher Integration[23]. Unter persönlicher Integration versteht er die Integration durch die führenden Politiker bzw. die Funktionäre des Staats; funktionelle Integration vollzieht sich durch diejenigen staatlichen Vorgänge, die besonders sinnfällig den inneren Zusammenhang des Staatswesens zur Geltung bringen, also z. B. durch Wahlen, parlamentarische Verhandlungen, Volksabstimmungen usw.; sachliche Integration geschieht auf dem Weg der Übereinstimmung über Staatszwecke bzw. Staatsaufgaben.

Smends Integrationsbegriff, der bereits in den zwanziger Jahren formuliert wurde, hat vor allem nach 1945 Resonanz gefunden und sich auch auf den Bereich der Sozialethik bzw. der politischen Ethik ausgewirkt. Unverkennbar kommen in ihm Elemente eines Hegelschen Staatsverständnisses zur Geltung. Dies zeigt sich insbesondere daran, daß der *Staat* als diejenige Ebene gilt, auf

---

[21] *V. Drehsen*, a.a.O. 67.

[22] *R. Smend*, Staatsrechtliche Abhandlungen (Berlin ²1968) 119 ff., 475 ff., 482 ff.; *ders.*, Integration, in: Evang. Staatslexikon (Stuttgart ²1975) 1023 ff.

[23] *R. Smend*, Staatsrechtliche Abhandlungen 142 ff.

der gesellschaftliche Integration erfolgt, auf der also, anders formuliert, eine Gesellschaft ihre Identität ausbildet[24]. Von daher muß Staatstheorie als Integrationswissenschaft schlechthin erscheinen: zwar vollziehen sich Integrationsvorgänge auch in anderen gesellschaftlichen Zusammenschlüssen; vom Staat aber gilt, daß die Integration sein Wesen ausmacht. Die Spannung zwischen Identität und Sozialität scheint also auch in diesem Integrationsbegriff nicht durchgehalten zu sein; der Gegensatz zwischen dem Individuum und dem – lebensphilosophisch verstandenen – Lebensvorgang des Staats ist in Hegelschem Sinn „aufgehoben"[25].

c) Als drittes Beispiel sei der Integrationsbegriff von Talcott Parsons herangezogen. Für ihn ist Integration einer der vier funktionalen Imperative eines Sozialsystems. Diese vier Imperative sind: Integration, Strukturerhaltung, Anpassung und Zielorientierung. Integration ist dabei auf die Stabilität der Grenzen zwischen gesellschaftlichen Subsystemen, d. h. auf die Aufrechterhaltung eines gesellschaftlichen Differenzierungsgrads, gerichtet; gerade die Integration der gesellschaftlichen Subsysteme soll deren Beiträge zum effektiven Funktionieren des Sozialsystems im ganzen sichern. Integration vollzieht sich in hochdifferenzierten Gesellschaften vor allem durch Gesetzesnormen sowie durch die Rechtsprechung. Darüber hinaus aber haben alle Mechanismen sozialer Kontrolle integrative Funktion[26].

Niklas Luhmann hat in seiner Arbeit über „Grundrechte als Institution" in Auseinandersetzung mit Durkheims und Smends Integrationsbegriff den Parsonsschen Begriff rezipiert und folgendermaßen modifiziert: Integration ist „ein informatives Geschehen, ist Konstitution von Systemen durch Kommunikation von Sinn in sozialen Kontakten"[27]. Indem durch Kommunikation über den Sinn sozialer Handlungen eine Verständigung hergestellt wird, wird das Handlungssystem, auf das sich diese Kommunikation bezieht, in seiner Existenz und in seiner Geltung immer schon vorausgesetzt. Die Auswirkung von politisch garantierten Kommunikationsmöglichkeiten z. B. impliziert deshalb immer schon eine Selbstverpflichtung auf das politische System und gewinnt gerade dadurch den Charakter der Integration. Dies aber bedeutet: der Bestand und der Sinn sozialer Systeme ist den in ihnen handelnden Subjekten schlechterdings vorgegeben; sie können ihr Handeln nicht mit einem subjektiv gemeinten Sinn verknüpfen, sondern lediglich an dem durch die Existenz dieser Systeme selbst konstituierten Sinn partizipieren. Gerade auch diejenigen Elemente neuzeitlicher politischer Verfassungen, die die Unabhängigkeit des Menschen von dem politischen System sicherstellen sollten, nämlich die Menschenrechte, werden

---

[24] Vgl. *J. Habermas*, a.a.O. 52.
[25] Vgl. *N. Luhmann*, Grundrechte als Institution (Berlin ²1974) 44ff.
[26] *T. Parsons*, Zur Theorie sozialer Systeme (Opladen 1976), bes. 176f.; vgl. *N. Luhmann*, a.a.O. 189ff.
[27] *N. Luhmann*, a.a.O. 46.

nun konsequent unter dem Gesichtspunkt uminterpretiert, worin ihre funktionale Leistung für die Erhaltung des Differenzierungsgrads einer Gesellschaft besteht. Daraus auch ergibt sich der Konflikt zwischen einer als Systemtheorie verstandenen Soziologie und der Ethik sowie den aus ihr hervorgegangenen Handlungswissenschaften. Luhmann bringt diesen Konflikt auf folgende Formel: „Während die von der Ethik herkommenden, im Zuge der neuzeitlichen Wissenschaftsentwicklung sie ablösenden Handlungswissenschaften (gemeint sind vor allem: die ältere Politische Wissenschaft, Nationalökonomie, Betriebswissenschaft, Rechtswissenschaft, W. H.) die Richtigkeit konkreter Handlungen sich durch vorweg akzeptierte Auswahlgesichtspunkte, namentlich Werte, garantieren lassen…, zielt die Soziologie auf eine methodisch bewußte Ausweitung des Handlungshorizonts ab. Sie konfrontiert unter den Problemgesichtspunkten der Systemerhaltung, die nicht die Werte des Handelnden zu sein brauchen, alles Handeln mit anderen Möglichkeiten."[28]

Theologische Ethik, die sich selbst als Integrationswissenschaft verstehen will, ist durch diese Problemformulierung vor die Alternative gestellt, ob sie Integration unter dem Gesichtspunkt des vom handelnden Subjekt mit seinen Handlungen verbundenen Sinns oder unter dem Gesichtspunkt der Systemerhaltung und der sich daraus ergebenden funktionalen Imperative betrachten will. Dabei wird sie die Notwendigkeit der Erhaltung sozialer Systeme, die gegenüber den Handlungsintentionen der in ihnen lebenden Menschen sich verselbständigt haben und ihnen eigentümlich fremd geworden sind, nicht bestreiten; doch sie wird auf der anderen Seite darauf insistieren, daß handelnde Subjekte mit ihrem Handeln einen Sinn verknüpfen, der in dem Sinn von Systemen nicht aufgeht. Sie wird deshalb auch denjenigen Bestimmungen des Integrationsbegriffs widersprechen, welche diesen ausschließlich von gesellschaftlichen Systemen aus begreifen. Genau dies aber hat sich als der gemeinsame Grundzug in dem Verständnis dieses Begriffs bei Durkheim, Smend, Parsons und Luhmann erwiesen.

Theologische Ethik kann sich nicht ausschließlich als Auslegung derjenigen Ansprüche begreifen, die die Gesellschaft an das Individuum stellt. Denn der christliche Glaube beharrt gerade auf der Unverfügbarkeit der menschlichen Person sowohl sich selbst als auch der Gesellschaft gegenüber. Der Sinn der Rechtfertigungslehre für unseren Zusammenhang besteht gerade darin, daß das Menschsein des Menschen weder durch Leistungen der Person noch durch Verfügungsansprüche der Gesellschaft, sondern allein durch Gott konstituiert wird; ebendaraus ergibt sich eine Unverfügbarkeit des Titels „Mensch" in einem radikalen Sinn[29]. Deshalb aber kann die Identität des Menschen nicht in Sozialität aufgelöst werden, sondern die Identität des Menschen, die im Sinn der Rechtfer-

---

[28] Ebd. 203.
[29] Vgl. *W. Huber – H. E. Tödt*; a.a.O. 181 ff.

tigungslehre als „kommunikative Freiheit" (Michael Theunissen)[30] zu begreifen ist, muß so verstanden werden, daß sie Sozialität aus sich entläßt und dennoch nicht in Sozialität aufgeht. Im Gegenzug gegen einen Integrationsbegriff, der Integration ausschließlich vom gesellschaftlichen System aus deutet, verstehen wir Integration deshalb hier vom Menschen als handelndem Subjekt aus, das nicht einfach von den Imperativen sozialer Systeme abhängig ist, sondern sich zu ihnen reflexiv verhalten und *deshalb* mit ihnen vermitteln kann. Dieser Aspekt wird bei Parsons und Luhmann zwar gelegentlich angedeutet, aber nicht durchgeführt; denn im Ergebnis betrachten sie Integration als „Systemintegration", nicht als „Sozialintegration" im gerade erläuterten Sinn[31]. Wir verstehen hier also weder in lebensphilosophischer noch in systemtheoretischer Variante Integration als die übergeordnete Kategorie zur Beschreibung eines sozialen Zusammenhangs, in den der einzelne lediglich funktional eingeordnet wäre; sondern Integration ist hier verstanden als der Vorgang der Vermittlung zwischen der Verantwortung der Person und der Eigenstruktur der Sachbereiche und Lebensvollzüge, in denen diese Verantwortung zur Geltung kommen muß. Diese Vermittlung hebt die Differenz zwischen den genannten Polen gerade nicht auf; diese Differenz gründet vor allem anderen in der Unverfügbarkeit der menschlichen Person.

4. Konsequenzen

Wenn mit unseren bisherigen Überlegungen eine konstitutive Aufgabenstellung der Ethik unter den Bedingungen der Gegenwart beschrieben ist, so ergibt sich hieraus eine nicht unwichtige wissenschaftstheoretische Konsequenz. Jürgen Habermas hat, wie oben dargestellt ist[32], zwischen empirisch-analytischen Wissenschaften, historisch-hermeneutischen Wissenschaften und systematischen Handlungswissenschaften unterschieden und diese drei Wissenschaftsgruppen drei verschiedenen Erkenntnisinteressen: dem technischen, dem praktischen und dem emanzipatorischen Erkenntnisinteresse, zugeordnet. Unter den Gesichtspunkten, die wir bisher für eine als Integrationswissenschaft verstandene Ethik entwickelt haben, zeigt sich – wie übrigens auch für die Theologie im ganzen –, daß die erkenntnisleitenden Interessen, die Habermas mit guten

---

30 In: HerKorr 30 (1976) 453; vgl. auch *M. Theunissen*, Sein und Schein. Die kritische Funktion der Hegelschen Logik (Frankfurt 1978) 37ff., 433ff.

31 Vgl. *D. Lockwood*, Social Integration and System Integration, in: *Zollschan – Hirsch* (Hrsg.), Exploration in Social Change (London 1964) 244ff.

32 Vgl. *Chr. Frey*, oben S. 302, sowie *Th. Strohm*, Theologie und Kirche in der Begegnung mit den Humanwissenschaften – Aspekte theologischer Existenz im Zeichen der Verwissenschaftlichung der Welt, in: *G. Sauter – Th. Strohm*, Theologie als Beruf in unserer Gesellschaft (München 1976) 38–78, hier 59ff.

Gründen konstatiert, sich nicht einfach auf verschiedene Wissenschaftsgruppen verteilen lassen, sondern in vielen Wissenschaften ineinandergefügt begegnen. So ist auch theologische Ethik von einem dreifachen Interesse geleitet, das sich – in Abwandlung der von Habermas gewählten Terminologie – folgendermaßen charakterisieren läßt:

a) Ethik ist geleitet von einem *Interesse an Erklärung*. Sie benötigt Analysen der natürlichen und geschichtlichen Lebenswelt, in der sich menschliches Handeln vollzieht; sie benötigt differenzierte Kontextanalysen derjenigen Problembereiche und Handlungsfelder, auf die sich das ethische Urteil[33] im Einzelfall bezieht. Um der Integrationsaufgabe der Ethik willen ist es notwendig, die Spannung zwischen normativen Elementen der Tradition oder gegenwärtiger Urteilsbildung und der Eigenstruktur der jeweiligen Problembereiche bzw. Handlungsfelder deutlich zu erheben. In diesem Zusammenhang stellt sich die Aufgabe einer kritischen und offenen Kooperation der theologischen Ethik mit Natur- und Sozialwissenschaften in besonderem Maß.

b) Ethik ist geleitet von einem *Interesse an Kommunikation*. Sie zielt auf eine Verständigung über Handlungsziele innerhalb von handelnden Gruppen sowie über ein entsprechendes Verstehen fremder Gruppen und Traditionen. Theologischer Ethik geht es um die Ermöglichung christlicher Identität angesichts sich wandelnder Welterfahrung. Unter Aufnahme historisch-hermeneutischer Verfahren fragt sie nach der orientierenden Bedeutung der christlichen Überlieferung für die Verarbeitung gegenwärtiger Welterfahrung und für gegenwärtiges Handeln. An dieser Stelle zeigt sich eine mögliche integrierende Bedeutung der Ethik im Blick auf den Zusammenhang der theologischen Einzeldisziplinen.

c) Ethik ist geleitet von einem *Interesse an Emanzipation*. Sie zielt auf die Erhellung unaufgeklärter Voraussetzungen in gegenwärtigen gesellschaftlichen Strukturen, auf die Befreiung von unbegriffenen Traditionsbeständen, die Handeln präformieren und gegenwärtige Handlungsmöglichkeiten einschränken. Sie sucht ethische Urteilsbildung zu orientieren an der von Gott gewollten Wahrheit des Menschen, der nach Gottes Bild geschaffen und deshalb der „Gott entsprechende Mensch" ist[34]. Die anthropologischen Ansätze theologischer Ethik sind an dieser Stelle nicht genauer zu entfalten. Aus ihnen folgt ein ideologiekritischer Impuls theologischer Ethik gegenüber solchen Konzeptionen, die vom gesellschaftlichen System aus über das Wesen des Menschen zu verfügen und es von hier aus zu definieren suchen.

Aus den bisherigen Erwägungen ergibt sich, daß die angestrebte Integrations-

---

[33] Vgl. zum Begriff des ethischen Urteils zuletzt *H. E. Tödt*, Versuch zu einer Theorie ethischer Urteilsfindung, in: ZEE 21 (1977) 81–93 sowie dazu die entsprechenden Beiträge in *Ch. Frey – W. Huber* (Hrsg.), Schöpferische Nachfolge. Festschrift für H. E. Tödt (Heidelberg 1978).

[34] Vgl. *E. Jüngel*, Der Gott entsprechende Mensch. Bemerkungen zur Gottesebenbildlichkeit des Menschen als Grundfigur theologischer Anthropologie, in: *H.-G. Gadamer – P. Vogel* (Hrsg.), Neue Anthropologie VI (Stuttgart – München 1975) 347–372.

leistung der Ethik ein Verfahren offener Kommunikation zur Voraussetzung hat. Theologische Ethik dient der Frage, wie Motive der Wirkungsgeschichte des Evangeliums in eine jeweilige Lebenswelt eingehen. Dem entspricht auf der Ebene der Wissenschaft eine offene Kommunikation zwischen der Theologie und anderen Wissenschaften. Dies impliziert, daß Ethik ihre Aussagen nicht als abgeschlossen und definitiv, sondern als unabgeschlossen und offen begreifen muß. Es impliziert ferner, daß Aussagen der Ethik nicht deduktiv aus theologischen Obersätzen gewonnen werden können, sondern aus einem Prozeß kritischer Vermittlung hervorgehen, der sich an dem oben erläuterten Modell von Analogie und Differenz orientiert. Das Verhältnis der Theologie zu anderen Wissenschaften[35] muß dabei von der Art sein, daß es diese weder instrumentalistisch in Dienst nimmt noch ihnen eine scheinbare Neutralität attestiert, sondern auf eine kritisch-konstruktive Wechselbeziehung angelegt ist: diese ist kritisch, insofern in solcher Kommunikation einerseits „ethische" Voraussetzungen der Wissenschaften zur Klärung kommen, die diesen selbst unter Umständen verborgen sind, und umgekehrt „dogmatische" Voraussetzungen der Theologie hervortreten, die diese einer Vermittlung mit den Problemen der Lebenswelt zu entziehen suchen; sie ist konstruktiv, insofern analytische und normative Aussagen nicht-theologischer Wissenschaften mit analytischen und normativen Aussagen der Theologie in einem methodisch durchdachten Verfahren zu einem einheitlichen Urteil verbunden werden.

Wolfgang Huber

---

[35] Vgl. *Ch. Frey*, oben S. 297ff.

Zweites Kapitel
Integrationsansätze christlicher Ethik

I
Die Kategorie der Schöpfung

1. Theologische Grundlegung

Zu den grundlegenden Aussagen eines christlichen Welt- und Menschenverständnisses gehört das Bekenntnis zu einem personalen Gott als dem Schöpfer Himmels und der Erde. Welt als Schöpfung besagt, daß die gesamte Seinswirklichkeit nicht das Ergebnis einer bloßen Selbstentfaltung darstellt, sondern auf eine sie begründende und in Freiheit setzende Person zurückzuführen ist: Gott als Inbegriff und erster und letzter Grund aller Seinswirklichkeit. Eigentümlich für den biblischen Schöpfungsbegriff ist, daß die Existenz von Welt und Mensch nicht als Ausfluß eines Urprinzips gilt, sondern auf den freien Liebeswillen einer Person zurückgeführt wird. Alle Wirklichkeit geht letztlich aus der Hand Gottes hervor und wird von ihm gehalten. Dies schließt jedoch in keiner Weise den Gedanken einer Evolution und einer innerweltlichen Ursächlichkeit aus. Der Begriff der Kausalität, der zur Beschreibung eines innerweltlichen Abhängigkeitsverhältnisses von Ablaufgesetzen dient, erweist sich für die Schöpfung wenig geeignet. Gottes Schöpfertätigkeit stellt nicht bloß eine Verlängerung innerweltlicher Ursachenzusammenhänge dar. Gott ist nicht, wie dies ein platonisch bestimmtes Denken gern annimmt, erstes Glied einer Seinskette, sondern vielmehr wesensmäßig Ursprung und freie Setzung eines Ganzen, das dem gnadenhaften Handeln Gottes an dieser Welt vorausgeht. Schöpfungslehre darf darum nicht als theologisch verbrämte Ontologie verstanden werden.

Der Glaube an die Weltenschöpfung zählt jedoch nicht zum primären Kern der israelitischen Religion; Israel erfährt Gott zunächst als Stammesgott, der mit seinem Volk einen Bund schließt. Der Schöpfungsglaube ist eine Ausweitung dieses Glaubens an Jahwe als Gott des Bundes und der Heilsgeschichte. Gerade in der Schöpfungslehre zeigt sich auch Gottes Bundestreue und Souveränität. In diesem Bundesgott hat die Welt ihren Ursprung, ihren Grund und ihr Endziel. Die beiden Schöpfungsberichte in Gen 1,1 – 2,4a und 2,4 – 2,24 bieten keine Beschreibung der Entstehung dieser Welt; sie dienen vielmehr als Prolog zur Heilsgeschichte. Welt und Schöpfung stehen nicht im Kreislauf der sich ständig wiederholenden Naturereignisse, sondern liegen im linearen geschichtlichen Heilswirken Gottes. Die Aussage, daß Gott Welt und Menschen aus „Nichts" erschaffen hat, findet erstmals in 2 Makk 7,28 eine Interpretation, wird auch von Joh 1,3 aufgegriffen und in der frühchristlichen Theologie als selbstverständlich überliefert. Für das griechische Denken ist die Welt als Kosmos eine göttliche Wirklichkeit, wobei als gestaltende Kraft hinter dem Schicksal dieser Welt der Logos waltet. Für die Verfasser der Heiligen Schrift ist nicht der Kosmos und seine göttliche Qualität Mittelpunkt des Ganzen, sondern der Mensch als Mitte der Welt. Nur vom Menschen wird gesagt, daß er Bild Gottes und Partner seines Bundes ist. Die Welt selbst ist ihm als Umwelt zu eigen gegeben; er gibt den Tieren ihren Namen und hat diese Welt zu gestalten. Die Welt als solche hat ihre „Göttlichkeit" verloren, da sie geschaffen wurde. Weder eine monistische noch eine dualistische Lösung der Seinsfrage würde darum dem Schöpfungsglauben gerecht. Das Wort „Schöpfung" enthält keine physikalische Aussage über die Erschaffung der Welt, sondern weist auf die Bedeutung der Welt als Schauplatz für die Geschichte Gottes mit dem Menschen hin.

Im engen Zusammenhang mit der Aussage von der Schöpfung steht auch der Bericht von der Gebrochenheit dieser Schöpfungswirklichkeit durch die Sünde, die durch menschliches Willkürverhalten in die Welt kommt. Insofern gehört auch zu einem theologischen Bild des Menschen hinzu, daß dieser vor Gott immer schon versagt hat und auf das Heilshandeln Gottes, die in Jesus Christus erfolgte „neue Schöpfung" und Erlösung, angewiesen bleibt. Insofern kann von der Kategorie der Schöpfung nicht ohne Bezug auf die Kategorien der Rechtfertigung, der endzeitlichen Vollendung und der Versöhnung gesprochen werden. Das Ineinander der ursprünglichen und trotz der Gebrochenheit in der Sünde noch fortbestehenden Schöpfungswirklichkeit mit der in Christus beginnenden Erlösungswirklichkeit, die erst am Ende der Zeiten ihre endgültige Gestalt erhält, führt dazu, daß diese unsere Schöpfungswirklichkeit stets mehrschichtig bleibt und nie adäquat erfaßt werden kann.

Aus der biblischen Schöpfungslehre zählen zu den zentralen für eine christliche Ethik bedeutsamen Aussagen: die Welt als ganze verdankt sich in ihrem Dasein der restlos freien und souveränen Tat eines personalen liebenden Gottes; alles Handeln des Menschen kann sich darum nur als „Antwort" auf das vorausgehende Handeln Gottes verstehen (responsorischer Charakter christlicher Ethik). Von ihrem Ursprung her ist diese Welt gut; Mann und Frau sind „Ebenbild" des lebendigen, dreipersonalen Gottes; ihnen ist die „Herrschaft" im Sinne einer rechten friedfertigen Gestaltung dieser Welt zugewiesen. Nicht Willkürherrschaft, sondern Erfüllung des „Willens Gottes" ist Auftrag des Menschen. Dabei läßt sich der „Wille Gottes" nicht eindimensional einfachhin aus der Bibel noch aus der Schöpfung als einer „Spur Gottes" oder aus der Forderung der Autorität „ablesen"; vielmehr bedarf es eines vielschichtigen Bemühens, diesen Willen Gottes inhaltlich und konkret je neu aus dem Anspruch der Wirklichkeit heraus zu erfassen. Menschliche Reflexion gerät dabei immer wieder in Aporien. So bedeutsam menschliches Bemühen um eine rechte Gestaltung dieser Welt als Auftrag Gottes auch ist, Rechtfertigung und Heil vermag es nicht zu bewirken; dieses bleibt allein Gnadengeschenk Gottes.

Ob es sich um grundlegende oder einzelne ethische Fragen handelt, um die Weltzugehörigkeit und Weltverhaftetheit des Menschen, seine Zweigeschlechtlichkeit und die daraus sich ergebenden naturalen Strebungen und sittlichen Verpflichtungen, immer bedarf es einer Berücksichtigung der Vielschichtigkeit der Wirklichkeit als Schöpfungswirklichkeit, als von der Sünde gestörte und immer wieder dem Mißbrauch ausgelieferte Wirklichkeit und als eine in das Heilswirken Jesu Christi schon einbezogene, aber noch nicht vollendete Gestaltungswirklichkeit.

Als Schöpfungsgröße können innerweltliche Werte nie eine letzte, sondern immer nur eine vorletzte Geltung beanspruchen. Sie bleiben über sich selbst hinaus bezogen, tragen ihren Grund nicht in sich selbst. Wird dies geleugnet, so führt dies zur Vergötzung innerweltlicher Werte.

Über die Zusammengehörigkeit von Schöpfungs- und Erlösungsordnung besteht in einigen Fragen noch eine katholisch-reformatorische Kontroverse, so z.B. ob und inwieweit die Ehe als die in Liebe vollzogene unauflösliche Verbindung von Mann und Frau nur der Schöpfungs- und durch die Sünde gestörten Weltordnung zugehört oder ob sie – wie dies im katholisch-sakramentalen Eheverständnis zum Ausdruck kommt – auch der Erlösungsordnung angehört und damit über die Naturordnung hinaus wesentlich dem Bereich der Gnadenordnung und dem geheimnisvollen Leib der Kirche zugehört. Mit der Zugehörigkeit zur Erlösungsordnung ist weder eine Mystifizierung noch eine falsche übernatürliche Aufwertung, sondern der Einbezug der gesamten Schöpfungswirklichkeit Ehe in die Christuswirklichkeit als solche gemeint. Somit kann jede Verkümmerung oder Unterbewertung geschöpflicher Gegebenheiten vermieden werden. – An diesen grundlegenden Aussagen kann eine theologische Ethik, wenn sie auf die Kategorie der Schöpfung zurückgreift, nicht vorübergehen. Daraus ergeben sich aber wesentliche Konsequenzen.

2. Der Realitätsbezug und die Rationalität christlicher Ethik

Jede Ethik beschäftigt sich mit der Grundfrage des Menschen: Was soll der Mensch tun, damit sein Leben glückt, damit menschliches Zusammenleben gelingt? Bereits eine solche Fragestellung ist Ergebnis jener Erfahrung, daß der Mensch nicht wie das Tier eine instinktgesicherte Innenleitung besitzt, sondern sich selbst um die Bestimmung seines Handelns mühen muß. Menschliche Kulturgeschichte ist geradezu von einer zunehmenden Reflexion des Menschen über sich selbst, sein Tun und seine Aufgabe bestimmt. Was der Mensch ist, wie er sich verwirklichen kann, was die Erfahrung des Sollens beinhaltet, läßt sich jedoch nur in einem dialektischen Verhältnis zwischen Glücken und Mißglücken, zwischen positiver und negativer Erfahrung menschlichen Reagierens auf den Sollensanspruch erschließen. Die Grundsituation des Menschen zeigt ihn als einen, der noch nicht vollendet ist, aber seine Vollendung erreichen will und soll. Wer den Menschen als fertiges oder zumindest als ein nicht vollendbares Wesen ansieht, das zum Scheitern verurteilt ist, wird den Aufruf eines Sollens nicht ernst nehmen. Ihm genügen praktikable Regeln, damit menschliches Leben einigermaßen bestehende Ansprüche und Bedürfnisse befriedigt. Er kann keine weiteren Aussagen über menschliches Verhalten als Möglichkeit zur Selbstverwirklichung machen.

Aus bestehenden konkreten Modellen sittlichen Handelns läßt sich rückschließend erkennen, welche Implikationen solche Verhaltensregeln bereits bezüglich eines Menschenbildes in sich tragen. Insofern beinhaltet Ethik als Lehre vom Handeln stets auch schon eine Anthropologie, führt sie Aussagen über den Menschen auf der Handlungsebene weiter. Wenn der Mensch als Ganzes, sowohl in seiner leiblichen wie psychischen und geistigen Struktur, Geschöpf Gottes ist und diese Grundstruktur auch durch die Sünde und die damit eingeschränkte Erkenntnisfähigkeit des Menschen nicht völlig aufgehoben wurde, so erscheint ein Rückgriff auf die Schöpfungswirklichkeit bei der Frage nach dem konkreten Gehalt sittlicher Forderungen durchaus berechtigt. Selbst wenn Paulus in 1 Kor 2,14 davon spricht, daß „der irdische Mensch nicht das erfaßt, was vom Geiste Gottes ist", so bleibt doch die Frage nach der „natürlichen Menschlichkeit" im christlichen Ethos legitim. Die mittelalterliche Theologie betonte, daß die Gnade nicht die Natur zerstört, sondern sie voraussetzt und vollendet. Die gesamte christliche Ethik bleibt geprägt von einer Dialektik, ob und inwieweit eben der natürliche alte Mensch erst sterben muß, damit der neue lebe – oder ob Christus auch im Hinblick auf unsere Natur gekommen ist, sie zu vollenden.

Von diesem Ansatz her gibt es durchaus ein gemeinsames Bemühen zwischen Christen und Nichtchristen um die Frage, was beide gemeinsam zur sachgerechten Gestaltung dieser Welt einzubringen haben. Bereits vor und unabhängig vom Evangelium bildet der Gedanke des Rückgriffs auf die Wirklichkeit dieser Welt eine Grundlage dafür, mit allen Menschen guten Willens gemeinsam die Aufgabe einer Weltgestaltung anzugehen und mit Hilfe der Vernunft zu fragen, was eben auch aufgrund so mancher negativer Erfahrung zum Glücken und Gelingen menschlichen Zusammenlebens erforderlich erscheint. Hier kann durchaus ein Stück des Weges gemeinsam beschritten werden, selbst wenn die Fülle eines christlichen Ethos und die heilsgeschichtliche Konkretisierung des Gottesverhältnisses nur durch den Glauben an Jesus Christus erschlossen werden können.

Auch die christliche Urgemeinde war weit davon entfernt, den Heiden ein richtiges sittliches Urteilsvermögen abzusprechen. In den beiden ersten Kapiteln des Römerbriefes stellt Paulus ausdrücklich fest, daß auch die Ungläubigen sehr wohl zwischen Gut und Böse zu unterscheiden wissen. Sie haben zwar nicht wie die Juden die Tora, aber die im Dekalog enthaltenen Forderungen Gottes sind ihnen ins Herz geschrieben. Zahlreiche sittliche Forderungen, die in den Paränesen des AT und NT aufgezeigt werden, sind auch jedermann, insofern er mit sittlicher Vernunft begabt ist, grundsätzlich einsichtig. Es hängt sicherlich davon ab, was man menschlicher Vernunft an Einsicht noch zutraut. Aber selbst der Rückgriff auf die Offenbarungsaussagen der Bibel kann nicht völlig blindlings, unter Ausschaltung der Vernunft, erfolgen. Nehme ich den Menschen als Vernunftwesen ernst, so bedarf es auch hier eines Aufweises, daß die Annahme solcher Offenbarungsaussagen nicht einfach widervernünftig, sondern zumindest doch der Vernunft nicht widersprechend, eher vielleicht „übervernünftig“ erscheint. Die Aussage, daß sittliche Verhaltensweisen grundsätzlich der Vernunft einsichtig sind, bedeutet noch nicht, daß sie auch faktisch für jeden Menschen und zu jeder beliebigen Zeit eingesehen werden. Doch rechtfertigt die Kategorie der Schöpfung die Frage nach einer natürlichen Sittlichkeit des Menschen. Sie wurde vor einigen Jahrzehnten noch vorwiegend individualethisch gestellt.

Heute wird die Frage nach einer natürlichen Moralität und nach grundlegenden, allen Menschen gemeinsamen Werten in ihrer ganzen Breite gestellt werden müssen; sie richtet sich auch auf den Welt- und Gesellschaftsbezug des Menschen und schließt alles das mit ein, was die Gesellschaft heute als Anspruch an den Menschen im Blick auf seine mitmenschliche, gesellschaftliche und politische Weltverantwortung erwartet. Gerade dies war auch das Anliegen einer katholischen Naturrechtslehre, die davon ausging, daß trotz Sünde und Schuld die schöpfungsmäßige naturgegebene Ordnung nicht total zerstört worden ist, sondern vom Menschen immer noch erkannt werden kann und daß der Mensch sein Handeln an dieser Ordnung auszurichten habe. So umstritten heute ein Rückgriff auf eine „Natur der Welt und des Menschen“ erscheint, vor allem wenn der Begriff Natur statisch verstanden wird, so bleibt doch das Grundanliegen der Naturrechtslehre bestehen, im Rückgriff auf Strukturen menschlichen Verhaltens und auf bewährte sittliche Verhaltensregeln Hilfen für eine Begründung einer gemeinsamen Sittlichkeitsordnung zu gewinnen.

Dabei begegnet uns in der Geschichte einer theologischen Ethik der Begriff der Natur bald als Bezeichnung für das menschliche Erkenntnisvermögen: gemeint ist das Angeborene der menschlichen Erkenntnis; demnach gibt es Einsichten, die noch nicht durch schlußfolgerndes Denken gewonnen wurden und denen sich der Mensch trotzdem nicht ganz verschließen kann, die sich ihm als evident erweisen. „Natürlich" steht hier im Gegensatz zu „diskursiv". Bald wird auch der Begriff „Natur" als Ausdruck einer unveräußerlichen und unveränderlichen menschlichen Wesensart verwendet: Natur als das metaphysische Wesen des Menschen. Eine solche „metaphysische Wesensnatur" des Menschen jenseits aller geschichtlichen Verwirklichungsweisen bleibt reine Abstraktion und Konstruktion des Menschen. Der geschichtliche Charakter menschlichen Lebens und Daseins kommt hier zu kurz. Wird Natur verstanden als die im menschlichen Tun vorgefundene intelligible Wesensstruktur der menschlichen Handlung, so kommt darin die „Vernünftigkeit" menschlichen sittlichen Handelns zum Ausdruck, ohne daß damit bereits eine Verabsolutierung bestimmter Strukturen gegeben sein muß.

Wenn heute von katholischen Moraltheologen das Wort „Natur des Menschen" gemieden wird, dann offensichtlich wegen der Distanz gegenüber einem statisch starren oder metaphysischen Naturverständnis in der Vergangenheit. Statt dessen wird oft von „Menschlichkeit", vom „Humanum", gesprochen. Offensichtlich beinhaltet diese Rede die Vorstellung, daß die Argumentation mit der menschlichen Vernunft zur Natur des Menschen gehöre, also „natürlich" sei, der Glaube dagegen „übernatürlich" bleibe. Nach der theologischen Tradition charakterisiert jedoch „natürlich" die Schöpfung einschließlich ihrer Verwiesenheit auf den Schöpfer; als „übernatürlich" wird der von Gott in Christus gestiftete Bund mit den Menschen bezeichnet. Wird „natürlich" im Sinne von „innerweltlich" verstanden, so liegt offensichtlich die Auffassung zugrunde, der Mensch könne mit seiner Vernunft nicht über das Innerweltliche hinausreichen. Dementsprechend werden dann Forderungen des sog. natürlichen Sittengesetzes auf die innerweltlichen Beziehungen des Menschen eingeschränkt.

3. Schöpfungsordnung und Menschenbild

Was katholischerseits oft mit dem Begriff „sittliches Naturgesetz" oder „Naturrecht" umschrieben wird, versucht man auch mit „Schöpfungsordnung" zu erfassen; gemeint sind jene sittlichen Verpflichtungen, die gegeben sind mit den sozialen Lebensordnungen, wie Ehe und Familie, Volk und Staat, Wirtschaft und Gesellschaft, in denen eben jeder Mensch steht – vor und unabhängig von seinem Christsein; der Begriff „Schöpfungsordnung" oder „Gebotsordnung" weist hin auf den persönlichen Schöpfergott als letzten Grund der Verbindlichkeit solcher Ordnungen und vermeidet die Gefahr einer rein statischen Auffassung, wie sie mit dem Begriff der Natur oftmals gegeben ist. Doch auch die Rede von den Schöpfungsordnungen bleibt unzureichend; stellt sich doch die Frage, inwieweit es überhaupt eine reine Schöpfungsordnung gibt und ob nicht doch immer schon die Wirklichkeit von der Gnade mit umgriffen wird, andererseits aber auch von menschlichem Eigensinn und menschlicher Sünde pervertiert bleibt. Ebenso läßt sich die Frage nicht beantworten, ob und inwieweit überhaupt der Mensch ohne Licht der Offenbarung die Schöpfungsordnungen anerkennen und sie ohne die Erlösungsgnade befolgen kann.

Ethik als Lehre vom Handeln baut auch jeweils auf einer Anthropologie auf; nun gibt es nicht die Anthropologie schlechthin, sondern verschiedene Entwürfe des Bildes vom Menschen. Bereits die Rede vom „Bild" weist auf die Schwierigkeit hin, sich über den Menschen und seine Verpflichtungen auszusprechen. Im Bewußtsein des heutigen Menschen fehlt auch eine einheitliche Anthropologie; jeder Entwurf, erst recht jedes System, das über den Menschen etwas aussagt und damit auch bereits über die grundlegenden Verpflichtungen des Menschen, erscheint ergänzungsbedürftig. Man wird darum von den verschiedenen Weisen, über den Menschen nachzudenken, ausgehen müssen. Der religiöse Ansatz einer Deutung des Menschen geht davon aus, daß der Mensch wesentlich in einer existentiellen grundlegenden Abhängigkeit von Gott her zu verstehen ist. Er greift auf die Kategorie der Schöpfung zurück. Schon in ältesten archaischen Formen liegt ein solcher Ansatz vor, wenngleich dort oftmals der Begriff Schöpfung noch fehlt. Doch darf diese Aussage nicht als „pars pro toto" genommen werden; sie vermag keineswegs den Menschen und damit auch seine sittlichen Verpflichtungen hinreichend zu erfassen. Auch die naturwissenschaftliche Sicht wie die kritisch gesellschaftliche und politische Aussage über den Menschen, die aufgeklärtem Denken entspricht, müssen mit eingebracht werden, soll eine konvergente ganzheitliche Aussage über den Menschen angestrebt werden. Innerhalb der Theologie gibt es bisweilen eine Immunisierungsstrategie, die sich der Öffnung auf andere wissenschaftliche Aussagen hin verschließt. Wird eine der verschiedenen Sichtweisen vom Menschen verabsolutiert, werden der religiöse Ansatz, kritisch aufgeklärtes Gesellschaftsdenken oder die präzise naturwissenschaftliche Umschreibung des Menschen ausgeklammert, liegt eine Verzerrung vor.

4. Die menschliche Person als Basis von Grundwerten

In den verschiedensten Verfassungen wird heute die Personwürde des Menschen gesetzlich verankert und als Grundlage für einen Katalog von Grundrechten genommen. Soll eine solche Aussage keine leere Formel bleiben, so muß auch näher gesagt werden, was unter Person und unter Personalität, was unter der Würde des Menschen zu verstehen ist. Auch hier geht es letztlich um eine Konsequenz aus der Kategorie der Schöpfungsordnung. Der Begriff Person taucht allerdings im theologischen Denken erstmals im dritten christlichen Jahrhundert bei Tertullian auf; im Zusammenhang mit der Klärung der Offenbarungsgeheimnisse der Trinität und der Inkarnation dient er dazu, drei voneinander real zu unterscheidende göttliche Relationen zu umschreiben: der eine Gott wird als in drei Personen existierend bezeichnet. Bedeutsam erscheint hier, daß in dem Begriff „Person" sowohl der Selbststand wie auch der dialogale Bezug des Menschen, wie er immer wieder in der innerweltlichen Begegnung von Mensch und Mensch erfahren wird, auch für die Umschreibung innergöttlicher Bezüge verwendet wird. Als im 6. Jahrhundert Boethius diesen Begriff auf den Menschen hin anwendet und eine erste formale Definition „Person als unteilbare Substanz einer rationalen Natur" versucht (De duabus naturis, 3: Persona est naturae rationalis individua substantia), unterschlägt er den dialogalen-personalen Ansatz und bringt nur die Eigenständigkeit (Individualität) zum Ausdruck. Wird heute vom Menschen als Person gesprochen, so ist damit sowohl seine über die Materialität und Körperlichkeit hinausgehende Begabung mit Geist wie auch die darin gründende Eigenständigkeit und Freiheit gemeint. Der Mensch als Person ist nicht bloß Teil eines größeren Ganzen, sondern behält seine Eigenständigkeit, seinen Wert in sich und darf nicht nur funktional oder unter dem Gesichtspunkt einer Verzweckung gesehen werden.

Christliche Theologie sieht gerade in der Kategorie der Schöpfung und in der Aussage der Gottesbildlichkeit des Menschen eine innerweltlich nicht mehr tiefer begründbare Aussage über den Eigenwert des einzelnen Menschen. Aber auch ohne eine solche transzendentale Verankerung des Personseins zeigt die Erfahrung, daß überall dort, wo der Mensch verzweckt wird, Unmenschlichkeit beginnt und ein solcher Ansatz dem Menschen nicht hinreichend gerecht wird. Wenn wir heute auch im außerchristlichen Bereich – etwa bei den polnischen Logikern und Marxisten Kotarbiński, Czezowski und Fritzhand – der Forderung begegnen, der Mensch als solcher dürfe nie verzweckt werden und auf diesem Grundsatz lasse sich eine „autonome" Ethik aufbauen, so schlägt sich auch hierin eine Erfahrung nieder, die theologisch mit der Aussage über die Geschöpflichkeit des Menschen begründet werden kann. Die Rede von der personalen Würde des Menschen kann jedoch in dem Augenblick zur Phrase werden, wo sie keine tiefer gehende Begründung mehr erfährt und wo der Mensch letztlich doch einem autoritären oder kollektivistischen System „eingeordnet" wird.

5. Die „creatio continua" und das Wirken des Menschen

Nicht nur die Schöpfung, sondern auch die schöpferische Erhaltung der Welt, ihres Zeitlaufs und auch der Schicksale des Volkes Israel und aller Völker durch Gott ist Ausdruck des Schöpfungsglaubens des Alten Testamentes. Aus der in der Geschichte immer wieder erfahrenen Begegnung mit dem Bundesgott schließt Israel auch auf das noch andauernde schöpferische Wirken Gottes. Gott erhält die Welt – dieser Gedanke wurde von der Theologie als „creatio continua" dargestellt: in der großen Geschichte der Völker wie auch im Alltagsgeschehen des einzelnen Menschen wirkt Gott weiterhin, bleibt er Ursprungsgrund alles Geschehens. „Ich bin der Herr, und sonst niemand. Ich erschaffe das Licht und erschaffe das Dunkel, ich bewirke das Heil und das Unheil. Ich bin der Herr, der das alles vollbringt" (Jes 45,6–7). Auch Paulus bekennt in diesem Sinne: „Gott ist es, der in euch sowohl das Wollen als auch das Vollbringen nach dem Maß seines Wohlgefallens schafft" (Phil 2,13), und: „Alles vermag ich in dem, der mich dazu stark macht" (Phil 4,13). Gottes Schöpferwirken schränkt das Wirken seiner Geschöpfe nicht ein, sondern er wirkt so, daß Welt und Mensch ihre Selbständigkeit nicht nur behalten, sondern überhaupt erst erlangen, ihren Eigenwert und ihr Eigensein finden.

Die Aussage von dem fortdauernden schöpferischen Handeln Gottes kann aber auch noch bezogen werden auf das Wirken des Menschen. Gott bedient sich nach theologischem Verständnis auch und gerade des Menschen in einer Weise, daß hier in analogem Sinne von einem „Miteinander" gesprochen werden kann: Gott schafft auch durch „Zweitursachen" (causae secundae). Indem der Mensch an der Gestaltung einer friedfertigen Welt arbeitet, gewinnt er sich selbst, gewinnt er aber auch ein entsprechendes Bild vom Urheber, vom Schöpfergott. In der Aussage von der Zweitursächlichkeit göttlichen Wirkens in der Welt kommt dieser Gedanke in der Theologie seit Jahrhunderten zum Tragen. Gott schafft diese Welt nicht ohne den Menschen, sondern mit und durch ihn.

6. *Die Eigengesetzlichkeit der Welt*

Das Bekenntnis zu Gott als dem Allwirksamen bedeutet also noch keineswegs, daß er der Alleinwirksame ist. Gott und Mensch stehen sich keineswegs als Konkurrenten gegenüber. Selbst wenn Gott in seinem Wirken alles umgreift, ist damit geschöpfliche Wirksamkeit nicht eingeschränkt, sondern im Gegenteil geradezu freigestellt. Gott wirkt so, daß Welt und Mensch ihr selbständiges Sein und Wirken behalten, ja geradezu erst durch ihn erlangen. So gesehen, ergibt sich aus dem Verhältnis des Schöpfers zur Schöpfung eine Freisetzung und Eigengesetzlichkeit der Welt und ihrer Lebensbereiche, eine relative Autonomie. Aufgabe des Menschen bleibt es dann, immer wieder neu in dieser Schöpfungswirklichkeit nach dem Willen Gottes im Anspruch der konkreten Situation zu fragen. Es ist Aufgabe der Vernunft, diesen Anspruch zu vernehmen; seine letzte Geltung und Verbindlichkeit wird über das Gewissen erfahren. Auch das Zweite Vatikanische Konzil sieht im Gewissen die oberste und letzte Norm sittlichen Verhaltens. Dabei wird Gewissen keineswegs rein subjektivistisch ohne Rückbindung an die Wirklichkeit verstanden. Vielmehr hat sich der Mensch um ein sachgerechtes Verhalten zu mühen. Werte und Normen – aus einer langen Erfahrung menschlichen Lebens entstanden – wollen dem Menschen Hilfe bieten für einen sachlich richtigen Entscheid, nehmen aber dem einzelnen die eigene Entscheidung nicht ab.

Nimmt man die Kreatürlichkeit der gesamten Wirklichkeit ernst, so bedeutet dies, daß jede Erforschung der Hintergründe, Strukturen und Gesetze dieser unserer Welt letztlich aus ihrer Perspektive bedeutsam für eine konvergente Sicht der Welt bleibt. Naturwissenschaftliche Erkenntnisse und sittliche wie theologische Aussagen dürften sich, geht man von einer Einheit von Schöpfungs- und Erlösungsordnung aus, nicht widersprechen. Das heißt noch keineswegs, daß mit naturwissenschaftlich-empirischer Forschung überhaupt die Eigenart sittlichen und religiösen Verhaltens erfaßt werden kann. Doch kann gerade unter Berücksichtigung der Erkenntnisse der verschiedensten Wissenschaften auch der Ethiker und Theologe Hilfen, Arbeitshypothesen, für seine methodisch eigenständige Forschung erhalten. Bereits im Mittelalter versuchte Thomas von Aquin, anhand der menschlichen Bedürfnisse und Neigungen (inclinationes naturales) die Eigenart menschlicher Tugenden aufzuzeigen. Das Zweite Vatikanische Konzil betont, daß ein Widerspruch zwischen naturwissenschaftlicher und theologischer Aussage aufgrund der Schöpfungswirklichkeit kein echter Widerspruch sein kann: „Vorausgesetzt, daß die methodische Forschung in allen Wissensbereichen in einer wirklich wissenschaftlichen Weise und gemäß den Normen der Sittlichkeit vorgeht, wird sie niemals in einen echten Konflikt mit dem Glauben kommen, weil die Wirklichkeiten des profanen Bereichs und die des Glaubens in demselben Gott ihren Ursprung haben. Ja, wer bescheiden und ausdauernd die Geheimnisse der Wirklichkeit zu erforschen versucht, wird, auch wenn er sich dessen nicht bewußt ist, von dem Gott an der Hand geführt, der alle Wirklichkeit trägt und sie in sein Eigensein einsetzt" (Pastoralkonstitution „Die Kirche in der Welt von heute" Art. 36).

Beachtet man also die methodischen Grenzen und das unterschiedliche Wirklichkeitsverständnis der empirischen Naturwissenschaften und der Theologischen Ethik, so gibt es keine wahren Widersprüche zwischen diesen Erkenntnissen. Es zeigt sich, daß die theologische Ethik keine naturwidrigen Forderungen stellen darf, wohl aber doch Forderungen, die über die Natur hinausgehen. Gerade das NT gibt ja Zeugnis davon, daß sittliches Verhalten des Christen nicht bloß menschliches Zusammenleben gelingen läßt, sondern in besonderer Weise eine Rücksichtnahme auf Kranke, Schwache, Ausgestoßene und auch eine Liebe gegenüber den Feinden in sich schließt – ein Verhalten, das sich etwa rein natürlichem Denken nicht ohne weiteres erschließt, damit aber noch nicht „widernatürlich" ist.

7. Kreative Freiheit

Aus der Kategorie der Schöpfung lassen sich auch Konsequenzen für das Freiheitsverständnis des Menschen ableiten. Freiheit versteht sich nicht einfach als Selbstverfügung im Sinne des Machbaren oder der Produktion; sie wird dem Menschen weder von außen noch von innen her verliehen; sie kann nicht gemacht noch gefordert werden. Sie verwirklicht sich vielmehr nach dem Modell der Kreation. Am Beispiel künstlerischen Schaffens läßt sich dies verdeutlichen. Es ist ja nicht so, daß der Künstler erst eine Idee hat und diese auch dann so ausführt; vielmehr gewinnt in der Ausführung auch die Idee noch ihre letzte konkrete Ausgestaltung, ja noch mehr: in seinem Werk stellt sich der Künstler selbst dar. Der Dichter ist ja der durch sein Werk geschaffene Autor. Er spricht sich in dem Werk aus. Er gewinnt sich selbst aus dem Werk. Aber auch die Mitmenschen und die Umwelt schaffen mit ihm an seinem Werk und an ihm selbst als dem Dichter.

Dies gilt nun auch für das sittliche Verhalten des Menschen. Indem er aus eigener Verantwortung heraus entscheidet, handelt der Mensch überhaupt erst als sittliches Wesen. Das Zweite Vatikanische Konzil hat diese kreative schöpferische Gestalt menschlicher Freiheit besonders herausgestrichen, wenngleich diese Aussagen der Konzilstexte einseitig auf eine „natürliche Theologie" zurückgreifen und die eigentlich ntl. Aussagen von der Freiheit der Kinder Gottes nicht einbeziehen: „Nur frei kann der Mensch sich zum Guten hinwenden. Und diese Freiheit schätzen unsere Zeitgenossen hoch und erstreben sie leidenschaftlich. Mit Recht... Die wahre Freiheit aber ist ein erhabenes Kennzeichen des Bildes Gottes im Menschen: Gott wollte nämlich den Menschen ‚in der Hand seines Entschlusses lassen' (vgl. Sir 15,14), so daß er seinen Schöpfer aus eigenem Entscheid suche und frei zur vollen und seligen Vollendung in Einheit mit Gott gelange. Die Würde des Menschen verlangt daher, daß er in bewußter und freier Wahl handle, d.h. personal, von innen her bewegt und geführt und nicht unter blindem inneren Drang oder unter bloßem äußerem Zwang. Eine solche Würde erwirbt der Mensch, wenn er sich aus aller Knechtschaft der Leidenschaften befreit und sein Ziel in freier Wahl des Guten verfolgt sowie sich die geeigneten Hilfsmittel wirksam und in angestrengtem Bemühen verschafft" (Pastoralkonstitution über „Die Kirche in der Welt von heute" Art. 17).

In diesen Aussagen verbleibt man allerdings voll und ganz bei der Behandlung der Wahlfreiheit. Die Fähigkeit, in dem freien Vollzug das eigene Wesen anzunehmen und in der Erfüllung der Forderung Gottes nicht einen Gegensatz zur eigenen Freiheit zu sehen, sondern deren wahre Ermöglichung, dieser Gedanke kommt in den Konzilstexten nicht hinreichend zum Ausdruck. Sittlichkeit schließt menschliche Freiheit nicht nur ein, sondern setzt sie voraus. Ohne Freiheit keine Verantwortung, ohne sie kein sittlich gutes oder böses Tun, dementsprechend auch keine sittliche Schuld. Die gesamte Verantwortung des Menschen und der Menschheit steht und fällt mit der Anerkennung menschlicher Freiheit, selbst wenn diese immer auch eine relative Freiheit ist und bleibt. Sowenig die Existenz menschlicher Freiheit „bewiesen" werden kann, so wenig ist auch deren Nichtexistenz beweisbar. Doch erscheint ein Aufweis einer totalen Unfreiheit des Menschen noch unsinniger und unmöglicher als der Aufweis menschlicher Freiheit, da ja erfahrungsgemäß immer mit einem Mindestmaß an Eigenständigkeit und Freiheit gerechnet wird.

Auf diesen Überlegungen gründet auch die These, daß sich menschliche Freiheit notwendig als geschöpfliche und damit auch als gebundene Freiheit erweist. Freiheit und Bindung gehören unabdingbar zusammen. Bereits das Sollen als eine Art Notwendigkeit ist nicht Zwang, sondern Ausdruck der Gerichtetheit menschlicher Freiheit. Wie sehr Menschen zu allen Zeiten mit einem Mindestmaß von Freiheit rechnen und diese Freiheit auch selbst erfahren, zeigt die Tatsache, daß neben den bestehenden Naturordnungen in allen Kulturgeschichten immer wieder eine Ordnung des Rechtes und der Sittlichkeit entwikkelt wurde, daß man neben dem „Müssen" eine Ordnung des „Sollens" errichtete. Die Erfahrung eines solchen Sollens ist Ausdruck der Existenz menschlicher Freiheit. Sicherlich werden zahlreiche menschliche Entscheidungen als frei angesehen, die sich im Nachhinein als weithin festgelegt durch Charakter, Umwelt, Erziehung und andere psychische und soziale Faktoren erweisen. Eine vertiefte Einsicht in die Voraussetzungen menschlichen Handelns läßt häufig Zweifel an der menschlichen Freiheit aufkommen. Wenn man jedoch in der Natur eine strenge Folge von Ursache und Wirkung antrifft, so kann man diese noch nicht einfachhin auf den Menschen übertragen. Selbst innerhalb der Natur wird ja heute diese Stringenz von Ursache und Wirkung in Frage gestellt.

Wird Freiheit lediglich als „Einsicht in die Notwendigkeit bestimmter Prozesse" verstanden, so bleibt der Zugang zum eigentlichen Verständnis sittlicher Freiheit versperrt. Doch auch Vertreter derartiger Thesen kommen ohne die Annahme möglicher menschlicher Freiheit nicht aus, insofern sie sich auf die notwendige Emanzipation berufen. Sie wollen den Menschen von Zwängen und Repressionen befreien und bekunden damit, daß eine deterministische Auffassung vom Menschen nicht haltbar oder doch zumindest korrigierbar ist. Wäre der Mensch total vorprogrammiert, würde ihm jede Form einer Freiheit des Willens mangeln, so wäre ein solcher Aufruf zur Befreiung unsinnig. Man kann darum nicht für eine Emanzipation eintreten und gleichzeitig jede Form einer Willensentscheidung und Willensfreiheit leugnen.

Die frei übernommene innere Bindung des Menschen trägt den Charakter des Sollens, hebt aber die psychologische Freiheit nicht auf, sondern führt sie zur Vollendung. Gerade so empfängt Freiheit ihren Sinn in der zweifachen Bedeutung des Wortes: als Gerichtetheit und als Rechtfertigung. Die Bindung kommt hier nicht von außen her, heteronom, nicht vom gesellschaftlichen Einfluß; sie ist vielmehr grundlegend innerlich und wesenhaft gegeben, meldet sich an im Gewissen und ist auch Ausdruck der Autonomie des Menschen.

Menschliches Geschöpfsein realisiert sich in dem Freiheitsvollzug. Der Mensch ist ja nicht einfach frei; er „hat" nicht Freiheit. Freiheit vollzieht sich nur handelnd, wobei man nicht irgend etwas tut, sondern in diesem Handeln sich selbst als sittliches und damit als verantwortliches Wesen hervorgehen läßt. In der verantwortungsbewußt vollzogenen freien Tat und in ihrem Sinn wird der Mensch als sittliches Wesen erst „geboren". Darum erweist sich die Geburt als Grundsymbol menschlicher Freiheit. Wahlfreiheit meint nun die Möglichkeit, kraft deren der Mensch sich selbst in der Hand hat; sie ist eine Art Verfügungsmacht über sein Tun und Handeln. Insofern er anders handeln kann, sich aber von einem Sollen – zunächst nur ganz allgemein von einer Verpflichtung, das Gute zu tun, dann aber auch konkret von einer bestimmten Verpflichtung – aufgerufen weiß, ist er vor die Entscheidung gestellt. Er kann nicht umhin, sich selbst in Freiheit zu bestimmen, Stellung zu beziehen. Er ist aufgerufen, nicht in Unentschiedenheit weiterzuleben. Dies ist auch gemeint, wenn man sagt, daß Freiheit eine Wesensbestimmung des Menschen als Geschöpf darstellt. Spreche ich darum von der Freiheit als Wesensbestimmung der Person, so muß der Mensch, will er als Person handeln, diese seine Freiheit auch „gebrauchen". Selbst ein Verzicht auf eine Stellungnahme ist in Wirklichkeit bereits eine (nicht vollzogene und darum) negative Stellungnahme der Person zu ihrer Freiheit, die sich eben nicht als daran interessiert erweist. In diesem Sinne steht die menschliche Person mit ihrem freien Können unter der Notwendigkeit ihrer Freiheit.

8. Wahlfreiheit und Freiheit der Entschiedenheit

Entscheidungsfreiheit bedeutet also die Möglichkeit und Bereitschaft, eine Wahl zu treffen und zur getroffenen Wahl zu stehen. Wer nichts entscheidet und nichts wagt, über den wird bald entschieden, der wird bald fremd gesteuert. Freiheit schließt also ein, das eigene Leben verantwortlich und kreativ zu wagen.

Wird eine solche Entscheidung getroffen, wird die Entscheidungsfreiheit realisiert, so tritt sie in eine neue Form von Freiheit ein: in die Freiheit der Entschiedenheit. Die frei übernommene Bindung macht in diesem Sinne nicht unfrei, sondern führt in eine neue Form der Freiheit. Selbst Gott, der nicht die Möglichkeit zur Wahl des Bösen besitzt, ist in diesem Sinne frei. Gerade an diesen beiden Begriffen – Wahlfreiheit und Freiheit der Entschiedenheit – wird deutlich, daß sich geschöpfliche menschliche Freiheit nicht nur negativ als Emanzipation, sondern auch positiv als „Freisein zu ...", als Selbstverfügung auf ein Ziel hin konstituiert. Freiheit und Bindung schließen sich insofern nicht aus, sondern ein. Personales Leben kann nicht reifen ohne Entscheidung auf den anderen hin. Indem der Mensch entscheidet, tritt er aus der Entfremdung heraus, schreitet er zu auf Mündigkeit, vollzieht er die ihm aufgetragene Gestaltung dieser Welt. Im Entscheid, in der Wahl einer einzigen Möglichkeit, gewinnt menschliches Handeln eine Tendenz zur Einzigartigkeit, zur Unwiderruflichkeit. In der Bereitschaft zum Entscheid und zum Stehen zur Entscheidung, in der Treue, wird der Mensch überhaupt erst für den Mitmenschen vertrauenswürdig, stellt er sich auf eine andere Person hin ein. Eine solche Bereitschaft, zum Entscheid zu stehen, ist Ausdruck personaler Reife. Umgekehrt bekundet derjenige Unreife und Unmündigkeit, der stets auf Entscheidungen verzichtet oder sie hinausschiebt, der nie etwas wagt. Solche Haltung ist Ausdruck von Unfreiheit. Die im Entscheid getroffene Bindung aber führt in die Freiheit der Entschiedenheit.

Eine solche Entschiedenheit ist auch mit der paulinischen Rede von der „Herrlichkeit der Freiheit der Kinder Gottes" (Röm 8,21) gemeint. Im jüdisch-christlichen Weltverständnis steht am Anfang der Geschichte der Menschheit die Erzählung von der Sünde: menschliche Freiheit erweist sich als gefallene Freiheit, die schon immer geschichtlich versagt hat. Sie vermag sich aus sich selbst heraus nicht zu heilen. Gefallene Freiheit ist eine der Erlösung bedürftige Freiheit. Die allein gelassene menschliche Freiheit bleibt auf sich selbst gestellt, wird darum immer wieder in neue Formen von Unfreiheit fallen. Auch die menschliche Erfahrung bezeugt immer wieder diese neuen Formen von Unfreiheit.

Das Neue Testament aber spricht von der Hoffnung, daß gerade in der Öffnung auf Gott hin, im gläubigen Vertrauen auf Jesus Christus, der in die Unfreiheit gefallene Mensch wieder seine eigentliche Befreiung und Erlösung erfährt. Wird die Tatsache, daß menschliche Freiheit eine verwundete, dem Irrtum ausgesetzte Freiheit ist, ernst genommen, so verlangt dies Wachsamkeit gegenüber utopischen Freiheitsauffassungen, wie sie im liberalen Humanismus und in anderen Strömungen eines extremen Existentialismus einen Niederschlag finden. Zahlreiche moderne Ideologien, antiinstitutionell und normfeindlich eingestellte Geisteshaltungen entpuppen sich häufig als säkularisierte Formen christlich-eschatologischen Freiheitsverständnisses. Die in einer endzeitlichen Vollendung erwartete Freiheit wird, wenn man jede Form einer Transzendenz leugnet, als „paradiesischer Zustand" schon für diese Welt vorweggenommen und erstrebt.

Aus der theologischen Interpretation, ob die Freiheit des sündigen Menschen und sein Verhältnis zur Schöpfung nur verwundet oder völlig zerstört wurden, ergeben sich auch die bis heute noch nachwirkenden Unterschiede in der Freiheits- und Gnadenauffassung katholischer und reformatorischer Lehre. Es geht um die Frage, wie die der Unfreiheit verfallene menschliche Freiheit wieder befreit werden kann. Kann sie sich selbst und eigenständig auf das geschichtliche Angebot Gottes einlassen? Sicherlich ist der sündige Mensch aus sich heraus dazu nicht fähig. Einem solchen freiheitlichen Handeln muß die Gnade Gottes vorausgehen, die ihrerseits den Menschen nicht zwingt, sondern nur wirksam wird, wenn sich die Person dem Gnadenwirken Gottes öffnet. Auch hier wäre ein Zusammenwirken von Gottes Gnade und Öffnung des Menschen als gemeinsames Wirken anzunehmen. Dabei bleibt das Handeln Gottes das primäre und ausschlaggebende, ohne dabei menschliches Handeln auszuschließen – im Gegenteil: je mehr dem Handeln Gottes im Menschen Raum gegeben wird, um so mehr gelangt auch menschliches Handeln zu seiner eigentlichen Vollendung. Dies ist auch mit der von Christus wiederhergestellten und erneuerten Freiheit des Menschen gemeint. Die Freiheit des Christenmenschen besteht eben darin, nicht mehr dem eigensüchtigen Verhalten zu folgen, sondern sich dem Willen Gottes als jenem Willen, der menschliches Leben zur Vollendung gelangen läßt, zu öffnen. Hier zeigt sich die Grenze der rein innerweltlich verstandenen Freiheit, auch der Kategorie der Schöpfung.

Literatur

P. Smulders, Theologie und Evolution (Essen 1963).

B. Schüller, Gesetz und Freiheit (Düsseldorf 1966).

W. Kern – F. Mußner, Die Schöpfung als bleibender Ursprung des Heils, in: Mysterium Salutis II (1967) 440–544.

K. E. Løgstrup – E. Wolf, Dem Menschen zugute. Christliche Existenz und humane Erfahrung. Theologische und literarische Anstöße (Beiträge zur evangelischen Theologie Bd. 56) (München 1970).

A. Auer, Autonome Moral und christlicher Glaube (Düsseldorf 1971).

B. Schüller, Die Begründung sittlicher Urteile. Typen ethischer Argumentation in der katholischen Moraltheologie (Düsseldorf 1973).

H. Juros – T. Styczeń, Methodologische Ansätze ethischen Denkens und ihre Folgen für die theologische Ethik, in: Theologische Berichte IV (Zürich–Einsiedeln–Köln 1974) 89–108.

W. Korff, Theologische Ethik. Eine Einführung (Freiburg i. Br. 1975).

P. Klein, Die „kreative Freiheit" nach Nikolaj Berdjajew (Regensburg 1976).

Johannes Gründel

II
Die Kategorie der Rechtfertigung

Unter der Kategorie „Rechtfertigung" erfaßt christlicher Glaube seine eigene Existenz als einen Sachverhalt von zugleich *theo-logischer* und *spezifisch ethischer* Qualität.

Die Qualität des *Ethischen überhaupt* eignet welthaft Seiendem als personalem. Derartig Seiendes existiert als selbstbewußtes Wählen zwischen Möglichkeiten seiner selbst, d. h. als sinnhafte (vernünftige)[1] Selbstbestimmung oder Autonomie. Seine Grundmöglichkeiten sind: sich in dieser seiner Existenzverfassung zu ergreifen oder zu verfehlen. Im ersten Fall ist es sittlich positiv, im zweiten negativ bestimmt. „Sittlichkeit" und „Unsittlichkeit" bezeichnen also zwar jeweils Gesamthaltungen einer Person, nicht aber deren ethische Existenzverfassung als solche; die Ausdrücke bedeuten vielmehr die beiden Seiten der Alternative, in der sich personal Seiendes eben als ethisches bewegt. – Die unter „Rechtfertigung" gedachte *spezifische* ethische Qualität ist Sittlichkeit; also der positive Fall, daß eine Person die Struktur ihrer ethischen Existenz als solche erfaßt.

Theo-logische Qualität spricht die Kategorie „Rechtfertigung" diesem Sachverhalt in zweifacher Hinsicht zu: erstens, sofern sie in der Existenzstruktur des Ethischen als solchen Transzendenzabhängigkeit erkennt, Sinnhaftigkeit und Autonomie also als Geschöpflichkeit denkt; zweitens, sofern sie auch dem Hineingelangen des personalen (ethischen) Seins in diese Wahrheit seiner selbst dieselbe Geschöpflichkeit zuerkennt.

Die *Gleichursprünglichkeit* der theo-logischen und spezifisch ethischen Qualität ihres Gegenstandes bringt die Rechtfertigungslehre dementsprechend so zum Ausdruck, daß ihre theo-logischen Aussagen sich im Zusammenhang einer Theorie über die Struktur des ethischen (personalen) Seins und ihre ethischen Aussagen sich im Zusammenhang einer Theorie der konstitutiven Gottesbeziehung von personalem Sein bewähren, d. h., die Rechtfertigungslehre arbeitet den Begriff der christlichen Existenz als den Begriff personaler Existenz aus, die in die Wahrheit ihrer selbst gelangt ist.

Diese theo-logisch/ethische Bedeutung der Kategorie „Rechtfertigung" soll im folgenden *historisch konkretisiert (1.)* und *systematisch entfaltet* werden *(2., 3.)*.

---

[1] Ich arbeite mit der hier nicht zu begründenden Voraussetzung, daß Sinn und Vernunft eine identische Struktur besitzen.

1. „Rechtfertigung" als Begriff der Sittlichkeit bei Paulus und Luther

a) *Paulus,* bei dem sich die erste und zugleich klassische Entfaltung der Kategorie „Rechtfertigung" findet, kommt von der Grundeinsicht des Judentums her, daß das *Gottes*verhältnis in einer *ethischen* Form, nämlich als *Bund,* existiert: das menschliche Verhältnis zu Gott hat an der tathaften Erfüllung des offenbaren Gotteswillens sein Kriterium, und das richtige Handeln ist durch die Offenbarung dieses Gotteswillens ermöglicht. Vor diesem Hintergrund begegnet Paulus der christlichen Botschaft von Kreuz und Auferweckung Jesu. Daß sich ihm die Wahrheit dieser Botschaft offenbart (Gal 1,12), veranlaßt ihn zu einer *Radikalisierung der überlieferten Anschauung des Gottesverhältnisses:*

Wenn es wahr ist, daß Gott sein endzeitliches Heil an dem als Gesetzesübertreter gekreuzigten Jesus (Gal 3,13) verwirklicht hat, so heißt das: Die Gerechtigkeit als letztgültige, durch das Gericht der Äonenwende hindurchtragende Wirklichkeit ist selber Tat Gottes und nicht – etwa als Gesetzeserfüllung – Werk des Menschen. Die Christusoffenbarung revolutioniert das Verständnis des Bundesrechtes und damit des Gottesverhältnisses im ganzen (Röm 10,4; 3,31). *Das Bundesrecht erweist sich als Schöpferrecht.* Die Gabe des Gesetzes setzt den Menschen nicht zum Koschöpfer Gottes ein, indem sie ihn zum eigenen Schaffen seiner Gerechtigkeit befähigen würde, sondern konfrontiert ihn mit der einzigen Forderung, Gott wirklich als Gott, ihn allein als Schöpfer aller Wirklichkeit (Röm 1,19f.25) – auch der des Endheils – anzuerkennen. Der durch die Christusoffenbarung begründete Glaube weiß, daß *nur* der Glaube, indem er diese uneingeschränkte Anerkennung Gottes vollzieht, dem Willen Gottes gerecht wird (Röm 4; Gal 3,6ff.). – Weil die Christusoffenbarung den Gotteswillen derart radikalisiert, *universalisiert* sie ihn zugleich in mehrfacher Hinsicht:

1) Mit diesem Gebot hat es nicht der Jude als Jude zu tun. Die Macht und der Anspruch Gottes, des Schöpfers, richten sich auf alle Welt und sind auch aller Welt gegenwärtig (Röm 2,9ff.).

2) Der schlechthin umfassende Charakter der Herrseins Gottes kann nur in bezug auf die und mit der *Gesamt*existenz der Person anerkannt werden. Zu ihrem Ziele kommt solche Anerkennung erst, wenn sie auch die Wirklichkeit von Freiheit und Tatkraft der Person selbst aus dem Schaffen Gottes begreift. Ja, diese Einsicht des Glaubens ihrerseits existiert nur aufgrund einer Tat – nämlich der Offenbarungstat – Gottes selber (Gal 1,12; Röm 9f.). Dessen gnädigem Handeln verdankt die Person nicht nur, *daß* sie ist, sondern auch *was* sie als in die Wahrheit ihrer eigenen Eixstenz gelangte ist (Röm 7,25; 1 Kor 15,10).

3) Diese Offenbarung ihrer eigenen Geschöpflichkeit geht nicht *aus* der personalen Freiheit hervor, *betrifft* sie aber im ganzen. Den ihre Existenz begründenden Willen Gottes erfährt sie nicht als Verpflichtung auf die Erfüllung partikularer religiöser Gebote, sondern als *Behaftung bei sich selbst.* Der in der

Christusoffenbarung erkannten Wahrheit ihrer selbst wird die geschöpfliche Freiheit nur gerecht, indem sie sich in *allen* Lebensbezügen als Geschöpf Gottes bezeugt. *Glaube,* der Gottes Willen gerecht wird, existiert als Standhalten in der durch Leben und Geschick Jesu zur Erscheinung gebrachten umfassenden *Freiheit der Kinder Gottes* (Gal 5,1).

Damit freilich entspricht auch der Glaube dem Willen Gottes auf *tathafte* Weise. Die alte Wahrheit, daß die Erfüllung des Gotteswillens nicht nur Gesinnungs-, sondern Tat-sache sei (Röm 1,22f.; 2,3ff.; Gal 3,10ff.), daß dementsprechend das göttliche Gericht nicht lediglich auf die Innerlichkeit, sondern auf die Werke der Person gehe, bleibt in Geltung (Röm 2,6ff.). Aber die Regeln dieses Handelns und die Kriterien seiner Beurteilung finden sich nicht mehr in Normen, die ihm äußerlich sind. Regel und Kriterium des Handelns in der Freiheit sind vielmehr in deren eigener, durch den Glauben erkannter Existenzverfassung gegeben: Diese Existenzverfassung ist das „Leben im Geiste"; und wer im Geiste *lebt,* soll auch im Geiste *wandeln* (Gal 5,25).

Als Theorie *solcher* Freiheit besitzt die paulinische Rechtfertigungslehre also *verantwortungs- und seinsethischen* Sinn: als Bezeichnung einer Form des *Handelns* hat „Gerechtigkeit" nicht gesinnungs-, sondern verantwortungsethische Bedeutung; und indem diese Kategorie die regulative Form aller Vollzüge von Freiheit in deren von Gott geschaffene und qualifizierte Existenzverfassung selber setzt, bezeichnet sie nicht eine Ethik des Sollens, sondern des Seins.

Und zwar hat die paulinische Rechtfertigungslehre seinsethische Bedeutung in dem strengen Sinne, daß ihr ethischer Gehalt aus ihrer *ontologischen Gesamtbedeutung* begriffen werden muß: sie sieht in der Gerechtigkeit Gottes die Treue des Schöpfers zu sich selbst (also auch zu seiner Schöpfung) (Ex 34,6; Dtn 32,4; 1 Kor 1,9) und begreift dementsprechend die welthafte Wirklichkeit an sich als den Prozeß der Selbstdurchsetzung Gottes, insofern also als Geschichte: durch Gottes Schöpfungshandeln existiert die Weltwirklichkeit als sinnhaft strukturierte, als ein Inbegriff von Möglichkeiten des selbstverantwortlichen Wählens. In dieser Sinnhaftigkeit der Schöpfung bewegt sich auch die Relation zwischen Schöpfer und Geschöpf; sie schließt also für dieses die Möglichkeit ein, den Widerspruch gegen seine eigene Existenzverfassung zu wählen. Die Wahl dieses Irrtums vorausgesetzt, ist das Geschöpf zu dessen Korrektur auf das sinnschaffende Handeln Gottes selber angewiesen (Röm 7,7ff.). Dieser aber bewährt nur seine Treue, wenn er durch seine Selbstoffenbarung sein Verkanntwerden (die Sünde) richtet (Röm 8,3) und endlich seine Gerechtigkeit als die allumfassende Wirklichkeit offenbart (1 Kor 15,28).

b) Nach Paulus hat erst *Luther* wieder die Kategorie „Rechtfertigung" in vergleichbar zentraler Funktion entwickelt. Seine Rechtfertigungslehre stellt sich als eine Theorie des Glaubens dar; so, daß dabei die entscheidenden Aspekte der paulinischen Konzeption wiederkehren: der Themasachverhalt besitzt *theo-logische* (offenbarungsmäßige) Konstitution, *ethische* Verfassung und *ontologischen* Rang.

Erstens: Rechtfertigender Glaube gründet in einem Tun Gottes selber, in „Gottes Wort". Der Ausdruck bezeichnet das Geschehen der Selbstoffenbarung Gottes, für die charakteristisch ist, daß sie ihre eigene formale Ereignisstruktur auch zu ihrem materialen Inhalt hat.

Die Ereignisstruktur des Wortes Gottes ist zweischichtig. Sie umfaßt das „äußere" und „innere" Wort. Das äußere Wort geschieht als Überlieferung der Zeichenmenge des biblischen Kanons, also als kunstmäßiger Umgang des Menschen mit Sprache. Im inneren Wort erschließt sich die Bedeutung und Wahrheit der biblischen Botschaft für ihre Empfänger durch das erleuchtende Handeln Gottes des Heiligen Geistes. „Außen" und „Innen" bezeichnen also nicht zwei Bereiche welthafter Wirklichkeit, sondern deren beide Grundaspekte, *zugleich* opus hominum *und* opus Dei zu sein. Deren Beieinander prägt die Ereignisstruktur des Wortes Gottes so, daß das äußere Wort sein Kommunikationsziel *nur* kraft des inneren Wortes erreicht und das innere Wort *ausschließlich* als Verifikation des äußeren geschieht.

Dieses Beieinander von Außen und Innen, von menschlicher und Gottes Tat, ist nun aber auch *Inhalt des Wortes Gottes.* Beide Seiten erfahren dadurch diejenige *bestimmte* Zuordnung, auf die Luthers Rechtfertigungslehre im ganzen abzielt. Inhaltlich bringt das Wort Gottes die beiden Aspekte als „Gesetz" und „Evangelium" zum Ausdruck. Das Gesetz thematisiert die geschöpfliche Wirklichkeit als einen Gegenstand für das Handeln der Geschöpfe selber; das Evangelium thematisiert dieselbe Wirklichkeit unter dem Gesichtspunkt, daß sie nicht durch geschöpfliches, sondern durch Gottes Handeln bestimmt ist. Als Thematisierung zweier real *un*getrennter Seiten der Weltwirklichkeit verweisen beide Gestalten des Wortes Gottes aufeinander: das Gesetz fordert vom Geschöpf die tathafte Wahrnehmung der in seiner eigenen Existenzverfassung liegenden Möglichkeiten, macht aber zugleich offenkundig, daß und in welchem Sinne die Erfüllung dieser Forderung auf das Handeln Gottes selber angewiesen bleibt. Umgekehrt stellt das Evangelium das Handeln Gottes als ein solches dar, welches das selbständige Handeln der Geschöpfe nicht ersetzt, sondern wirklich möglich sein läßt. Die *bestimmte* Zuordnung von menschlichem und Gottes Tun erfolgt also in Luthers Lehre vom „Wort Gottes" dahingehend, daß letzteres der Existenzgrund, also Grund der Notwendigkeit und der Möglichkeit, von ersterem ist.

In seinen Katechismen bietet Luther eine übersichtliche Darstellung *dieser Korrespondenz von Ereignisstruktur und Inhalt* des Wortes Gottes: Die Erklärung zum 3. Artikel des Apostolikums stellt die *Ereignisstruktur* des Wortes Gottes als Wirken Gottes des Heiligen Geistes durch das äußere Wort dar[2].

[2] Die Bekenntnisschriften der ev.-luth. Kirche. Herausgegeben im Gedenkjahr der Augsburgischen Konfession 1930 (Göttingen ^{5}1963) 511f., 653f.

Als *Inhalt* dieses Erschließungsgeschehens erweist sich diejenige Korrelation von Gesetz und Evangelium, in welcher letzteres als die von Gott selbst geschenkte Kraft zur Erfüllung des ersteren fungiert: Im Licht des Evangeliums (durch die Christusoffenbarung) ergreift der Glaube den Inbegriff der positiven Möglichkeiten seiner welthaften Existenz[3] als *gute* Schöpfung Gottes, als Ausdruck von dessen unverbrüchlicher *Heils*absicht. Genau diese Selbsterkenntnis aber befähigt den Glauben dazu, jene Gegebenheiten seiner Existenz als die ihm im Gesetz vorgelegte Aufgabe[4] für sein eigenes Handeln zu übernehmen[5].

Zweitens: Diese Auffassung von Gottes Offenbarungshandeln an und mit seiner Schöpfung betrifft deren ethische (personale) Verfassung. Das Geschaffene ist als selbstbewußte Freiheit verfaßt (1), die im Falle ihrer Selbstverfehlung (2) durch ihren Schöpfer wieder zu sich gebracht wird (3).

1) Die geschaffene Welt besteht als Inbegriff von Möglichkeiten für Personen zu freiem Umgang mit jeweils ihrer Umwelt und sich selbst. Dabei entscheidet das Selbstverhältnis über die Möglichkeiten des Umweltverhältnisses. Als freies steht das Selbstverhältnis vor den beiden Grundmöglichkeiten, seine Existenzstruktur entweder wahrzunehmen oder zu verfehlen[6].

2) Im Lichte der Christusoffenbarung setzt der Glaube die Selbstverfehlung personaler Freiheit als seine eigene Situation voraus (Behandlung von „Sünde“ bei Luther stets im Zusammenhang des 2. Artikels). Verfehlung bedeutet: Verkennung der in der Existenzverfassung der Person beschlossenen bestimmten Zuordnung von Gottes Handeln und geschöpflichem Handeln; Verkennung sowohl dessen, was der Mensch nicht tun *kann*, als auch dessen, was er tun *muß* (also eine fehlende oder falsche Unterscheidung zwischen Gesetz und Evangelium). Diese Unwahrheit des Selbstverhältnisses ist „Verlorenheit“, insofern das Geschöpf sie nicht von sich aus korrigieren, sondern nur in allen Formen seines Umweltverhältnisses repetieren kann. Über das falsche Selbstverhältnis führt nur eine berichtigende Selbsterfahrung hinaus, die das Geschöpf sich nicht selbst verschaffen kann.

3) Der Glaube verdankt sich derjenigen neuen Selbsterfahrung, die ihm durch das Wort Gottes in der Christusoffenbarung zuteil geworden ist. Christus offenbart zweierlei zugleich: die Verblendung samt ihren Folgen *und* die Wahrheit; die Unfreiheit der Geschöpfe, die entgegen ihrer tatsächlichen Existenzverfassung selber Grund ihres Heils sein wollen, *und* die Freiheit des Geschöpfes, das dem Grund seiner Existenz auch als dem Grund seines Heils vertraut.

---

[3] Ebd. 648, 510f.

[4] Ebd. 507ff., 560ff.

[5] Ebd. 646, 661.

[6] Vgl. *M. Luther*, De homine. Disputationsthesen aus dem Jahre 1536 (WA 39 I) 175ff.; *E. Jüngel*, Die Welt als Wirklichkeit und Möglichkeit. Zum ontologischen Ansatz der Rechtfertigungslehre, in: Unterwegs zur Sache (München 1972) 206–233, *ders.*, Erwägungen zur Grundlegung evangelischer Ethik im Anschluß an die Theologie des Paulus, in: ebd. 234–245.

Diese Freiheit des rechtfertigenden Glaubens besteht als Freiheit *von* dem widersprüchlichen Versuch der Person, ihr Heil selbsttätig der eigenen Existenz abzuringen; sie besteht zugleich als positive Freiheit *zur* sachgemäßen Gestaltung ihrer Umwelt[7]. Denn indem der Glaube sich so zu sich selbst verhält, daß er seinem Schöpfer auch als dem Grund seines Heils vertraut, definiert er zugleich sein Verhältnis zu seiner Umwelt dahingehend, daß er die Güte der Schöpfung in dieser selbst zum Zuge bringt. Somit vollzieht der Glaube in der Erfüllung des ersten Gebotes seinen sittlichen Grundakt: die Ergreifung der produktiven Regel seines Umweltverhaltens[8].

Ethischen Charakter hat also der rechtfertigende Glaube als welthafte Freiheit, welche durch die *Anerkennung ihrer eigenen Existenzverfassung als Regel ihres Selbstvollzuges sittlich qualifiziert* ist. Auch Luthers Rechtfertigungslehre thematisiert also nicht bloß eine sittliche Gesinnung, sondern ein sittliches Tun; und nicht bloß ein sittliches Sollen, sondern ein sittliches Sein.

Drittens: Im Begriff des rechtfertigenden Glaubens als geschöpflicher Freiheit, die durch Gottes Wort aus der Selbstverfehlung zu sich selbst gebracht ist, wird die personale (ethische) Verfassung des Geschaffenen als ontologische Wahrheit gedacht. Personale Existenz ist vernünftige Existenz, Existenz in sinnhaften Relationen. Nun kann eine Ontologie des Personseins in ausschließenden Gegensatz zur Substanzontologie treten, nämlich dann, wenn die Relationalität der Person und ihre Identität einander auf bestimmte Weise zugeordnet werden: so, daß sinnhafte Relationalität der Personidentität nicht nur als Wesenszug zugesprochen, sondern diese *aus* jener begründet wird. Dann ergibt sich die Lage, daß man für diese Relation, welche die Identität des sinnhaft Seienden stiftet, im Reiche des welthaft Seienden überhaupt keinen „Ort" mehr angeben kann, weil alle welthaften „Orte" allererst *durch* sie, d. h. als Schöpfung Gottes, existieren.

Diese theo-logische Revolution der traditionellen Ontologie, Kosmologie und Anthropologie steht tatsächlich im Hintergrund von Luthers Rechtfertigungslehre[9]. Sie begründet deren begriffliche Konsistenz. Sie bringt sie aber auch sachlich zum Ziel. Denn sie *begreift* die ontologische Einsicht des rechtfertigenden Glaubens: das Existieren der sinnhaft strukturierten – vernünftige Selbstbestimmung einschließenden – geschöpflichen Welt aus dem sinnschaffenden Handeln ihres Schöpfers.

c) Die Komplexität der Rechtfertigungslehre bei Paulus und Luther kann auf vielfache Art verlorengehen. Typische, der Dogmengeschichte nicht unbekannte Verkürzungen sind:

---

[7] Vgl. *A. Ritschl*, Die Lehre von der Rechtfertigung und Versöhnung, I–III (Bonn 1870ff.; 1882ff.; III [3]1889).
[8] Die Bekenntnisschriften (s. o. Anm. 2) 643f.
[9] Vgl. *W. Joest*, Ontologie der Person bei Luther (Göttingen 1967).

1) Der Verlust ihrer ontologischen Bedeutung. „Rechtfertigung“ wird entweder im Rahmen von Substanzontologie oder überhaupt nicht mehr auf kategorialer, sondern empirischer Ebene thematisiert.

2) Der Verlust ihres theo-logischen Sinnes. „Rechtfertigung“ wird im Rahmen einer Anthropologie expliziert, deren Leitkategorien nicht theo-logisch ausgewiesen sind.

3) Der Verlust ihrer ethischen Bedeutung. Das Gottesverhältnis des Glaubens wird entweder gar nicht als Grund seines Weltverhältnisses begriffen; oder das Weltverhältnis des Glaubens bleibt unexpliziert; oder Fehler des Typs 1 und 2 verhindern den ethischen Begriff gerechtfertigter Personalität (z. B. jede Verselbständigung des „Innen“ und „Außen“ gegeneinander). – Die ethische Bedeutung der Rechtfertigungslehre kann aber indirekt auch dadurch verlorengehen, daß die Kategorie „Rechtfertigung“ nicht bis hin zu denjenigen Bestimmungen ausgearbeitet wird, die es erlauben, mit der Wirklichkeit rechtfertigenden Glaubens als einer erfahrbaren auch verantwortlichen praktischen Umgang zu pflegen.

Fehler des Typs 1 haben häufig solche des Typs 2 und 3, Fehler des Typs 2 häufig solche des Typs 3 zur Folge. Jede der angedeuteten Verkürzungen wird die Rechtfertigungsthematik partikularisieren, zu einem *Teil* im Gesamtsystem der Glaubensaussagen oder theologischen Lehrsätze machen. Nur als *organisierendes Prinzip jeweils dieses Ganzen* bewahrt die Rechtfertigungslehre ihre klassische Komplexität. Ihr versucht die folgende systematische Entfaltung Rechnung zu tragen.

2. Rechtfertigung als Begründung der Fähigkeit zu sittlichem Handeln

Rechtfertigungsgeschehen ist Offenbarungsgeschehen: Eröffnung einer Einsicht, die eine Person als sittliche qualifiziert und neu konstituiert, ohne von ihr selber produziert zu sein.

Nur eine Einsicht, in der es thematisch um die Person selber geht, besitzt diesen dynamischen Charakter. Genau diejenige Einsicht besitzt ihn, in der die Person *als solche* – als vernünftige (sinnhafte) Existenz – vor sich gebracht und damit als *sittliche* konstituiert wird. Die *formale* Beschreibung des Rechtfertigungsgeschehens als eines Offenbarungsgeschehens lautet: Die Person gewinnt Einsicht in die Struktur ihres Wirklichseins als vernünftiges Subjekt, und diese Einsicht begründet ihre Existenz als sittliches Subjekt.

Die *inhaltliche* Bestimmung dieses Offenbarungsgeschehens als des Rechtfertigungsgeschehens besagt: Ihre *Vernünftigkeit,* vor die die Person gebracht wird, erkennt sie als ihre *Geschöpflichkeit* (a). In ihrer Vernünftigkeit *vor sich gebracht zu werden,* erfährt die Person als ihre *Geschichtlichkeit* (b). Indem sie ihre *Geschöpflichkeit und Geschichtlichkeit* als ihre *Vernünftigkeit bewußt erfaßt,* wird die Person als *sittliche* begründet (c). Die drei genannten Sachverhalte können nur als gleichursprüngliche Aspekte eines einzigen Sachverhaltes gedacht werden: als Aspekte des Ausbildungsprozesses von *personaler Identität* (d). Die Kategorie „Rechtfertigung“ erfaßt dieses Zustandekommen sittlicher Personidentität als einen *Integrations*prozeß von dessen *theo-logischem Grund* her (e).

a) Vernünftigkeit hat die Struktur von Autonomie. „Autonomie“ gibt einen Sachverhalt zu denken, für den dreierlei wesentlich ist: 1. *Selbstsein* im Sinne von „als Individuum identisch sein“; 2. *Selbstbestimmung* im Sinne der Steuerung des eigenen Verhaltens durch eigene sinnhafte Selektionsakte; 3. *Selbstbezug* als Möglichkeitsgrund solcher Selbstbestimmung und solchen Selbstseins (das Individuum ist hier dadurch ein identisches, daß es ihm immer schon um sich selbst zu tun ist, daß es sich immer schon zu sich selbst verhält). Der Selbstbezug erweist sich gegenüber Selbstein und Selbstbestimmung als ursprünglicher; als Bedingung ihrer Möglichkeit integriert er beides: Etwas ist nur so ein Selbst, daß es im Bezug zu sich selbst steht; und nur kraft dieses Bezuges zu sich selbst bestimmt sich ein Selbst. Der Selbstbezug ist also der weiter zu explizierende Grundcharakter des Vernünftigseins.

„Selbstbezug“ (im folgenden: Fall 2) ist zu unterscheiden von „Bezug zu anderem“ (im folgenden: Fall 1). Diese beiden Fälle unterscheiden sich voneinander dadurch, daß in jedem von ihnen ein anderes Verhältnis zwischen Bezug und Identität besteht. *Erster Fall:* Bezug zu anderem. Dieser Bezug ist *Bezug* unter Voraussetzung von Identität, also *durch Identität.* Weil und „nachdem“ etwas schon identisch ist, kann es in Bezug zu anderem treten. Solcher Bezug zu anderem gründet im schon identisch Seienden und ist diesem als seine Tat zurechenbar. *Zweiter Fall:* Bezug zu sich selbst. Dieser Bezug ist Bezug ohne vorausgesetzte Identität, also *Identität durch einen Bezug.* Weil und „nachdem“ etwas immer schon im Bezug zu sich selbst steht, ist es identisch (mit sich). Dieser Bezug gründet nicht im identisch Seienden, sondern dieses gründet als solches im Bezug. Daher ist er nicht dem identisch Seienden als seine Tat zurechenbar, sondern es selber existiert allererst durch ihn. Indem dieser Bezug die Identität von Seiendem begründet, kann sie ihm auch nicht durch Seiendes außerhalb seiner zugesprochen werden, sondern nur durch sich selbst; der die Identität von Seiendem konstituierende Selbstbezug muß daher den Charakter von (unmittelbarem) Selbstbewußtsein haben (Sinnhaftigkeit, Vernünftigkeit). Es ist also das *personal* Seiende, dessen Identität durch den Bezug auf es selbst konstituiert wird. Indem aber das personal Seiende allererst durch diesen Bezug identisch ist, existiert es *extra se,* d. h. *als „Geschöpf“*. Autonomie ist *wirklich* als Theonomie.

b) Indem das vernünftige Subjekt durch Bezogenheit auf sich selbst mit sich identisch existiert, ist die *Möglichkeit* nicht nur seiner Selbstbestimmung; sondern zugleich seiner Selbsterfahrung gegeben. Für die Realisation dieser Möglichkeit ist aber damit ipso facto auch ein Inbegriff von notwendigen *Bedingungen* gesetzt:

Erstens: Im Selbstbezug mit sich identisch existiert jeweils ein *Individuum*. Die identische Existenz von *derartigem* Seienden schließt die Existenz *anderer* (ebenfalls durch Selbstbezug mit sich identischer) Individuen, d. h. die *Differenz* alles derartig individual Seienden gegeneinander sowie seine *Vergleichbarkeit* untereinander, ein.

Zweitens: Die damit gesetzte Bedingung für Selbsterfahrung ist die Erfahrung von anderen. Nur unter der Bedingung, daß es immer schon vor anderen steht, wird das vernünftige Individuum vor sich selber gebracht, zur Erfahrung von Differenz im Rahmen bestehender Vergleichbarkeit. So sind die *Individuen füreinander Symbole individueller Vernünftigkeit*, Symbole der Schöpfung. In ihrer symbolischen Beziehung aufeinander konstituieren sie den kommunikativen Zusammenhang der sozio-historischen Welt.

Drittens: Unter dieser Bedingung ist jedes denkbare individuelle Selbst-verständnis vermittelt durch das Verstehen eines jeweils gegebenen sozialen Kontextes. Die Erfahrung eines Individuums, vor sich gebracht zu sein, ist die im Medium bestehender Vergleichbarkeit gemachte Erfahrung je einer differentia specifica im Zusammenhang je einer symbolhaft strukturierten Situation. Selbsterfahrung ist ihrer Form nach notwendig Erfahrung der eigenen *Geschichtlichkeit:* Im Gegenüber zum Kontext anderer Selbste erfährt jedes einzelne Selbst sich als bestimmt durch diesen Kontext.

Viertens: Die *Geschichtlichkeit* ist *in der Geschöpflichkeit mitgesetzt. Daher bestimmen beide Sachverhalte sich gegenseitig*. Einerseits kommt nur im Medium ihrer Geschichtlichkeit (essentielle Kontextabhängigkeit) die Geschöpflichkeit vernünftiger Individuen (existentielle Transzendenzabhängigkeit) zu explizitem Bewußtsein. Andererseits gibt das extra se der Identität vernünftiger Individuen – ihre Geschöpflichkeit – der Verfassung auch eines solchen expliziten Selbstbewußtseins einen ekstatischen Charakter.

Fünftens gilt daher: Das geschichtliche System der vernünftigen Individuen ist eben aufgrund seiner Geschöpflichkeit ein *offenes System*. Es konstituiert sich als ein dynamischer Kommunikationsprozeß, dessen Kraft die theo-logisch zu begreifende Geschöpflichkeit, transzendenzabhängige Selbstbezogenheit ist. Eben dieser theo-logische Charakter seiner Dynamik und die transzendente Gegründetheit seiner Identität kommt bestenfalls im geschichtlichen Kommunikationsprozeß zu mehr oder weniger verbreiteter Einsicht und Anerkennung. Wo das explizite Selbstbewußtsein von Personen konkret wird, nimmt es daher zwar die soziale Vermitteltheit seiner eigenen Konstitution mit in sich auf; aber es weiß diese seine Geschichtlichkeit und Sozialität als einen theo-logisch begründeten Sachverhalt, dessen Dynamik in seinem Begriff nicht eingeholt werden kann. Auch im *Begriffe* seiner Geschichtlichkeit läßt das vernünftige Individuum diese als geschöpfliche Wirklichkeit nicht hinter sich. Gleichzeitig ist es kraft seiner Geschöpflichkeit jeder bestimmten geschichtlichen Situation überlegen.

c) Wo immer aber solche *explizite Einsicht* des vernünftigen Daseins in seine geschöpfliche Existenz inmitten der geschichtlichen Welt gewonnen wird, konstituiert sie seine *Sittlichkeit,* verstanden als *konkrete und widerspruchsfreie Selbstbeziehung.*

Konkret ist diese Beziehung, sofern in ihr *alle* Strukturmomente der Existenz von Vernunft zu *ausdrücklicher Gekanntheit* erhoben sind. Ihre *Widerspruchsfreiheit* liegt darin, daß der Vollzug von Freiheit allen Strukturmomenten des als Selbstbezug verfaßten Selbstseins tatsächlich *entspricht.*

Damit ist Sittlichkeit als *Normentsprechung* gedacht; als Entsprechung freilich nicht gegenüber positiven sozialen Normen, also als *Legalität*, sondern gegenüber dem eigenen Sein der Person als geschichtlichem Selbstsein, also als *Moralität.* Sind die Normen der Legalität durch vernünftige Individuen gesetzt und gilt daher Legalität „coram hominibus", so ist die Norm der Moralität eben in der *Existenz* vernünftiger Subjekte durch deren Grund selbst gesetzt. Also gilt die Entsprechung zu diesem Gesetz der personalen Existenz „coram Deo".

Als solche Normentsprechung ist Sittlichkeit gedacht als eine *bestimmte Qualifikation* der *Fähigkeit* zur Selbstbestimmung (Autonomie), nämlich als Fähigkeit, den Vollzug von Freiheit durch Einsicht in deren ihr vorgegebene Existenzverfassung zu steuern; durch Einsicht in ihre geschöpfliche Geschichtlichkeit.

Daß die Existenzstruktur welthafter Freiheit den Charakter geschöpflicher Geschichtlichkeit hat, bedeutet nicht die Leugnung von Freiheit und besagt nicht, daß das vernünftige Dasein einem fremden Gesetz unterworfen oder fatalistisch zu leugnen wäre. Vielmehr erfaßt das vernünftige Dasein in diesem Begriff seiner Existenzstruktur nur das Gesetz seiner Freiheit als das Gesetz der Selbstverantwortung und Selbstbestimmung von individualer Vernunft (Vernunft unter der Bedingung einer je besonderen empirischen Bestimmtheit).

d) Seiendes überhaupt wird in seiner Identität begriffen oder verkannt durch qualifizierende Prädikationen.

Das heißt erstens: In der Auslegung von Seiendem besteht Identität als *Prozeß,* und zwar als *integrativer.* Die Identität von Seiendem ist das Integral der Vielzahl seiner Seinsbestimmungen. – *Dingen* wird diese Identität *durch andere Instanzen* als Inbegriff ihrer Seins*bestimmtheiten* beigelegt. Handelt es sich jedoch um *vernünftige Individuen,* so kommt deren Identität durch eine *Selbst*auslegung zustande, die den Inbegriff ihrer Seins*möglichkeiten* integriert. – Personale Identität wird verfehlt, wo die integrierende Selbstauslegung einer Person ihre tatsächlich existenten Seinsmöglichkeiten verkennt. Sie wird gewonnen, wo Selbstauslegung vernünftigen Daseins dessen Autonomie in konkreter und widerspruchsloser Weise erfaßt. Also in der sittlichen Qualifikation von Freiheit.

Zweitens: Dieser integrative *Bildungsprozeß* personaler Identität verläuft seinerseits wiederum *im Rahmen der Existenzstruktur individualer Vernunft.* Er steht unter der Bedingung geschöpflicher Geschichtlichkeit. Daher kommt Freiheit in ihm unter der Bedingung ihrer empirischen, *geschichtlichen* Bestimmtheit zur Auswirkung; dies aber wiederum mit *der* Notwendigkeit, die der Gesamtstruktur als *geschöpflicher* eignet.

Diese Sachlage impliziert:

e) Die ethische Kategorie „Rechtfertigung" gewinnt ihre spezifische Konkretheit darin, *daß sie den Bildungsprozeß personaler Identität von seinem theo-logischen Existenzgrunde her denkt.* Sie begreift seine *Möglichkeit* aus der *Geschöpflichkeit* der Vernunft (1) und bestimmt seine *Vollzugs*form nach deren *Geschichtlichkeit* (2).

1) Die integrative Gewinnung personaler Identität vollzieht sich als Selbstauslegung der Freiheit kraft vorgegebenen Selbstbezuges. Die Kraft der Ausbildung personaler Identität ist die Kraft der Selbstbezogenheit der Vernunft. Das vernünftige Individuum *schafft sich* seine personale Identität unter Rückgriff auf die Kraft, durch die es als identische, auf sich selbst bezogene Person *geschaffen ist;* also in der Kraft Gottes: die „Bildung" der Person, die Erwerbung ihrer Identität und Sittlichkeit (bewußte Entsprechung zu ihrem Existenzgesetz), vollzieht sich als ungehemmte Auswirkung der Kraft des Selbst-seins, welche die Person als eine durch Selbstbezogenheit identische existieren läßt, d. h., sie ist *das ungestörte Werk Gottes.* Eigenprodukte der Person, die nicht de facto diesen Charakter – das ungestörte Werk Gottes zu sein – haben, können nur Widersprüche gegen das Gesetz ihrer Existenz (gegen das Gesetz des Selbstseins durch Selbstbezogenheit) sein. In die konkrete und widerspruchsfreie Selbst*beziehung* zu ihrer Selbst*bezogenheit* gerät die Person ausschließlich dann, wenn sie *ihre* Kraft die Kraft *dessen*, der dem Nichtseienden ruft, daß es sei (Röm 4, 17), wenn sie *ihre* Gerechtigkeit die Gerechtigkeit *Gottes* sein läßt.

2) Zweitens aber steht dieser Bildungsprozeß personaler Identität und Sittlichkeit unter der Bedingung der Geschichtlichkeit des Personseins. Er steht unter der Bedingung, daß die Person ihrer *eigenen* Geschöpflichkeit an *anderen* gegenübertritt; daß ihr in anderen das Symbol der Welt als sinnhafte Schöpfung, als Gebiet der Herrschaft Gottes begegnet.

Dieses Symbol ist grundlegend das Kreuz Jesu und die Historie, die sich in ihm zusammenfaßt. Sie gibt zu verstehen: *Zunächst* die Angewiesenheit der Menschen auf und ihre Sehnsucht nach Einsicht in die Wahrheit ihrer Existenz. Die soziale Situation des Wirkens Jesu läßt erkennen, daß eben das Fehlen dieser Einsicht Angst, Haß, Verfolgung, Mord und Totschlag erzeugt. – *Weiterhin* zeigt sie die Unmöglichkeit, das konkret-widerspruchsfreie, das die sittliche Identität ausmachende Selbstverständnis durch menschliche Festsetzung oder menschliches Engagement zu gewinnen. Das gelingt weder durch Aufrichtung,

Befolgung und Verteidigung positiver, für heilig erklärter Gesetze und Ordnungen (der Weg der „Hohenpriester und Schriftgelehrten“) noch in der kreativen Spontaneität einer charismatischen Gemeinschaft (der Jüngerkreis um Jesus). Das Kreuz Jesu zeigt, daß diese beiden Lebensformen sich gegenseitig provozieren und als unsittlich offenbaren. Im Totschlag enthüllt Gesetzestreue ihre Lebensfeindlichkeit; Verrat, Verleugnung und Flucht enthüllen die Unfestigkeit einer Gemeinschaft, die von der Faszination durch eine inspirierende Führergestalt lebt. – Die Jesusüberlieferung bezeugt schließlich: Jesu Tod zerreißt den Vorhang im Tempel (Mk 15,38). Diese Geschichte menschlichen Scheiterns nimmt die Decke vom Herzen und verweist auf Gott selber als den Grund und die Kraft des gelingenden Lebens.

Daß die Gewinnung dieses konkreten Selbstverständnisses unter der Bedingung der empirischen Bestimmtheit von Freiheit steht, heißt aber nicht nur, daß sie an das Gegenüber zu symbolischen Erscheinungen der Wahrheit gebunden ist, sondern auch daß das Verständnis dieser Symbole ebenso wie auf die *intellektuelle Spontaneität* des Subjektes auch auf das Ganze seiner *emotionalen Rezeptivität* angewiesen ist. Einsicht in die geschöpfliche Verfassung individualer Vernunft wirkt sich als ein Gefühl aus und meldet sich ursprünglich als ein Gefühl an. Daher ist der Bildungsprozeß des gerechtfertigten Subjektes ebenso als eine Geschichte seines (reflektierten) *Selbstbewußtseins* wie auch als eine Geschichte seines *Selbstgefühls* zu beschreiben. Es ist die Geschichte der Entlastung von der Sorge um sich selbst durch das Erlebnis, von anderswoher versorgt zu sein. Ihr Progreß geht von der Bindung an die elterlichen Versorger aus und durch die Kritik aller innerweltlichen Versorgungsbeziehungen hin zu der Erfahrung des Versorgtseins durch den ewigen Vater (Lk 14, 26 gegen Lk 11, 2–4) und die ewige Mutter (Jes 66, 13).

Die ethische Kategorie „Rechtfertigung“ denkt also das vernünftige Subjekt dadurch als sittliches verfaßt, daß dieses das Kreuz Jesu als *Verifikation* von dessen Predigt der *Gottes*herrschaft, d. h. als Offenbarung der Ansprüche Gottes, seines Schöpfers, an sich erfährt und gelten läßt. Die Kategorie „Rechtfertigung“ bestimmt also die Sittlichkeit und Identität der Person als nicht durch deren eigene Kraft, sondern durch die Kraft Gottes geschaffene; durch die Kraft Gottes, die sich unter der – durch sie selbst als Schöpfung gesetzten – Bedingung eines sozio-historischen Kommunikationsprozesses auswirkt. Die Widerspruchsfreiheit des Selbstverhältnisses der Person, die sich angesichts des Kreuzes Jesu als durch Gott selber zur Entsprechung gegenüber seinem Schöpfersein befördert erfährt, schließt daher aus, daß sie die Arbeit an der Bildung ihrer Identität und Sittlichkeit als deren Erschaffung mißversteht. Beides wird statt als *Produkt* personalen Handelns vielmehr als dessen *Grund* erfahren.

f) Was freilich *Grund* des sittlichen Handelns in der Welt und für sie ist – die Verfassung der Person, die, in geschichtlicher Begegnung mit dem Kreuz Jesu zur Einsicht in das eigene Geschöpfsein gebracht und dadurch gerechtfertigt, zur Anerkennung des Schöpfungswillens Gottes bestimmt ist –, bleibt für dessen *Vollzugsform* selber nicht belanglos. Vielmehr: es steuert dieses Handeln als seine höchst bestimmungsreiche *Regel*. Die Rechtfertigung konstituiert die sittliche *Kompetenz* des vernünftigen Subjektes für eine unendliche Menge von *Performationen* des Sittlichen nach den Regeln, die in jener selbst beschlossen sind. Für die im Glauben gerechtfertigte Person beantwortet sich die Frage, *was* sie zu tun habe, durch die bestimmte Weise, *wie* sie existiert.

3. Grundformen des durch die Rechtfertigung ermöglichten und gesteuerten sittlichen Handelns

Als Grundzüge der Verfassung der gerechtfertigten Person haben wir folgende erhoben: Durch die ihr vorausgesetzte *Selbstbezogenheit* ist das vernünftige Individuum mit sich selbst *identisch* (2a). Gleich ursprünglich ist dem vernünftigen Subjekt seine *Umweltbezogenheit*, seine eigene *Individualität* vorausgesetzt (2b). Zur *Sittlichkeit* wird das vernünftige Subjekt bestimmt *durch die Einsicht* in diese seine Konstitutionsbedingungen und deren Gleichursprünglichkeit. Es erkennt und gewinnt seine Identität als die eines *vernünftigen Individuums;* identisch mit sich ist es als ein durch Differenzen zur Umwelt bestimmtes je eigentümliches Dasein (2c). Die in der Geschichtlichkeit des vernünftigen Subjektes liegende Mannigfaltigkeit von Seinsbestimmungen findet ihren Zusammenhang in Beziehung auf seine *Identität*. Die Kraft seiner Identität ist die Kraft zur *Integration differenter*, jeweils geschichtlich bestimmter Seinsmöglichkeiten (2d). Diese der Identität der Person zugrunde liegende Kraft zur Differenziation und Integration weiß das gerechtfertigte Subjekt als die *Kraft Gottes*, welche in der unendlichen Differenziertheit individualen Seins zugleich individuelle Einheit und überindividuellen Zusammenhang verbürgt (2e).

Aus diesen Grundzügen der Verfassung des gerechtfertigten Subjekts ergeben sich die *Grundformen seines Handelns* (2f):

a) Die Kraft unendlicher Differenziation und Integration, welche seiner eigenen Identität zugrunde liegt, läßt das gerechtfertigte Subjekt auch in seinen Handlungen zum Zuge kommen. Handeln, das nicht selbstgesetzten Normen entsprechen, sondern Gottes Kraft und Willen zum Zuge kommen lassen will, ist ein Handeln, das dem Bestimmen und Anerkennen von Unterschieden ebensowenig Grenzen setzt wie dem Aufdecken von Zusammenhängen. Handeln, in dem ein sittliches Subjekt dem im rechtfertigenden Glauben gewonnenen Selbstbewußtsein treu bleibt, ist grundlegend zugleich *differenzierendes und integrierendes* Handeln.

Das Bestimmen von Unterschieden im Seienden und ihre Integration in systematischen Zusammenhängen ist das Handeln der „*Vernunft*". Handeln in Entsprechung zum rechtfertigenden Handeln Gottes ist also uneingeschränkt rationales Handeln.

Uneingeschränkt vernünftig ist Handeln, das im Bewußtsein eigener *Geschichtlichkeit* geschieht (Anerkennung seiner Abhängigkeit von Umwelt), das sich in seiner Geschichtlichkeit als *geschöpfliches* erfährt (Anerkennung seiner Existenzabhängigkeit von Gott) und das dadurch diese seine geschichtliche Vernünftigkeit als *verbindliche* kennt und anerkennt[10].

Durch solche Einsicht in ihre *Verbindlichkeit* ist die geschichtliche Vernunft gerechtfertigt. Dadurch wird sie von dem Zweifel an sich selbst zu mutiger Ausübung ihrer selbst befreit. Handeln der Vernunft in dieser Freiheit ist als *geschichtliches* Tun (b) des *Vernünftigen* (c) auf *vernünftige Weise* (d) zu denken[11]. Letzteres schließt die Liebe als *Hingabe* an die Wirklichkeit der Welt (e) und einen realistischen Umgang mit der eigenen *Fehlbarkeit* (f) ein.

b) Daß Vernünftiges auf vernünftige Weise in der *Geschichte* zu tun ist, heißt, daß nur von *Individuen* Vernünftiges vernünftig getan werden kann. Das gerechtfertigte Subjekt handelt unter Anerkennung der besonderen Bedingungen *seiner* geschichtlichen Situation. – Aber eben als *gerechtfertigtes* handelt das vernünftige Individuum nicht für sich, privat, sondern im Bewußtsein und unter Anerkennung der Verbindlichkeit seiner eigenen *sozialen* Bedingtheit (2b). Das vernünftige Tun von Individuen, welches seiner eigenen Geschichtlichkeit Rechnung trägt, bezieht sich eben kraft dieses Geschichtsbewußtseins nicht auf die Privatexistenz des Täters, sondern auf das bestimmte soziale System einer historischen Situation. – Als *geschichtliches* ist das Handeln des gerechtfertigten Subjektes soziales Handeln. Die Ethik der Rechtfertigung ist als Ethik des geschichtlichen Subjekts *Sozialethik*.

c) Daher ist *das Vernünftige*, welches in der Geschichte auf vernünftige Weise bewirkt werden soll, eben *eine bestimmte Gestalt der sozialen Welt*. Diese kann als Ziel des von seiner Rechtfertigung herkommenden vernünftigen Handelns nur diejenige Gestalt der sozialen Welt sein, die der geschichtlichen Manifestation der Vernunft, des Willens Gottes, Raum gibt durch unendliche Individuation *und* Integration. – Als unvernünftigen Formen des sozialen Lebens wird das Tun des gerechtfertigten Subjektes entgegenwirken: 1. jedem Engagement, das in individueller Unmittelbarkeit Zusammenhänge unbeachtet läßt oder verleugnet, von denen es faktisch selber lebt, und damit sozialer Integration beliebige Grenzen setzt; 2. jedem Programm differenzierungsloser Vereinheitli-

[10] Vernunft in diesem Sinne hat das Selbstbewußtsein, daß der Friede Gottes „höher" ist als „alle Vernunft" (Phil 4,7), daß er nämlich der Grund ihrer Verbindlichkeit ist. Wenn sie sich selbst nicht mißversteht, schließt Vernunft auch Abhängigkeit nicht aus, sondern in dem soeben angegebenen doppelten Sinne ein. Sie ist also auch keineswegs bloß technische Rationalität, sondern ein ontologischer Sachverhalt: die Struktur personaler Existenz. Als solche impliziert sie zwar auch technische Rationalität, kontrolliert sie aber zugleich.

[11] Vgl. *M. Luther*, De homine, a.a.O.

chung der sozialen Verhältnisse, dessen totalitärer Sollzustand sozialer Individuation entgegenstrebt. – Dabei gilt, daß die willkürliche Begrenzung von Integration zugleich der Individuation widerstrebt und umgekehrt. Beide angedeuteten Gestalten des sozialen Lebens sind durch menschliche Positionen verhärtet; durch Satzungen, die unbeschadet der unterschiedlichen Bewußtheit, in der sie aufgestellt werden, darin übereinstimmen, daß sie mit ihrer Forderung der Gerechtigkeit ihnen als menschlichen Normen gegenüber die Gerechtigkeit gegenüber der unbedingt geltenden Norm der Vernunft erschweren und tendenziell unmöglich machen. Sie widersprechen dem theo-logisch verbindlichen Prinzip des vernünftigen Lebens, welches *unendliche* Individuation *und* Integration fordert und ermöglicht.

Wesentliches Bauelement einer sozialen Lebensform, die diesem Prinzip entspricht, sind *Institutionen*[12]. Als etablierte Verhaltensmuster ermöglichen sie Kommunikation und bewirken sie Integration. Andererseits beläßt entweder ihre funktionale Spezialisiertheit und Mannigfaltigkeit den Individuen ihre „natürlichen“ Spielräume, oder sie eröffnet ihnen neue. Weil Institutionen durch den alltäglichen Umgang aller beteiligten Personen mit ihnen hinsichtlich ihrer Gestalt und ihres Bestandes konstituiert sind, stehen sie progressiver Korrektur offen. Weil aber andererseits die Institutionen als Faktoren der gesellschaftlichen Welt selber natürlicherweise zur Konditionierung individueller Spontaneität beitragen, so hält auch ihr Vorhandensein zugleich die ihrer Verfassung eingestiftete Dynamik im Zustande der vernünftigen Steuerbarkeit; es ist die Metainstitution des *Rechts*, die gerade diesen rationalen Aspekt von Institutionalität abstützt. So erweist sich die Gestaltung der sozialen Welt durch ein System funktional – d. h. keineswegs nur zweckrational – aufeinander bezogener Institutionen als dasjenige Vernünftige, welches in der Geschichte *auf vernünftige Weise* getan werden kann.

d) Das Vernünftige auf *vernünftige Weise* zu tun heißt kunstmäßig, *technisch* zu handeln. Technisches Handeln ist zur Verwirklichung des Vernünftigen nicht nur *willens*, sondern auch *fähig*.

Solche Fähigkeit gründet einerseits in Sachkenntnis: erstens in der von der Wissenschaft progressiv erworbenen Kenntnis über die regelmäßige Verfassung der zu bearbeitenden Weltwirklichkeit; zweitens in der – darin beschlossenen – Kenntnis über die regelmäßige Neigung des welthaft Seienden zum Widerstande gegen und zur Verleugnung der Vernunft; schließlich in der Kenntnis geeigneter Mittel zur Überwindung dieser Widerstände.

Andererseits hängt die Fähigkeit zur Verwirklichung des Vernünftigen jedoch zugleich von dem Mut ab, die Verbindlichkeit solcher Kenntnisse und Einsichten anzuerkennen, sie energisch anzustreben und, soweit vorhanden, anzuwenden. Zur Fähigkeit, das Vernünftige vernünftig zu tun, gehört der Mut,

---

[12] Vgl. *H. Schelsky* (Hrsg.), Zur Theorie der Institution (Düsseldorf 1970).

durch die Tat für die Vernunft und gegen die unendlich vielen Möglichkeiten Partei zu ergreifen, die Autorität vernünftiger, kritsch kontrollierter und kontrollierbarer Erkenntnis durch Vergegenständlichung der Vernunft und unter dem Schein der Vernunft selber (historisierend, soziologisierend oder psychologisierend) zu verleugnen. Von dieser Zersetzung der Autorität der Vernunft und ihrer Ersetzung durch die Autorität selbst unvernünftiger, ihrerseits das „Vernünftige“ pragmatisch dekretierender und bedürfnisgemäß alterierender Mächte befreit Einsicht in die durch ihre Geschöpflichkeit begründete Verbindlichkeit der Vernunft (sinnhaften Struktur der Weltwirklichkeit). Sind Mittel gegen die Herrschaft der Unvernunft bekannt, so gibt die Rechtfertigung den Mut, sie auch anzuwenden.

Da das Vernünftige auf *vernünftige* Weise getan werden soll, dürfen diese Mittel nicht selbst unvernünftig sein. Geeignet sind nur Mittel, welche selber die vernünftige Qualität ihres Zweckes haben. Ein vernünftiger Zweck heiligt nicht unvernünftige Mittel.

Dieser Grundsatz schließt die *Ausübung von Macht* nicht aus, sondern ein, wo und soweit sie jeweils als geeignetes Mittel zum Tun des Vernünftigen nachgewiesen werden kann. Denn weil Vernunft in der Struktur welthafter Wirklichkeit beschlossen ist, ist sie in dieser Wirklichkeit auch mächtig. Daß es auch eine physische Macht der Vernunft gibt, ist sicher. Die Bestimmung der Kriterien, nach denen sie von irrationaler Gewalt unterschieden werden kann, zählt freilich zu den am schwersten zu lösenden Sachfragen der Ethik, auf kategorialer ebenso wie auf empirischer Ebene[13].

Vernünftige Mittel sind jedenfalls alle Maßnahmen *aufklärender Kommunikation* und die Pflege und Entwicklung aller Institutionen einer *Bildung*, welche die Aufklärung der vernünftigen Subjekte über ihre Umwelt und Existenz anzielt, d.h. eine Aufklärung, die sich selbst als Ermöglichung konkreter Selbsterfahrung versteht. Weiß nämlich das gerechtfertigte Subjekt die Gewinnung seines konkret-widerspruchsfreien Selbstbewußtseins als den Kulminationspunkt seiner eigenen Bildung in der es umgebenden sozio-historischen Welt oder weiß es seine Personwerdung als Resultat seiner Sozialisation, so wird es die bildende Kraft der sozialen Welt als Bedingung der geschichtlichen Möglichkeit von Rechtfertigung, oder die durchlaufenen Sozialisationsinstitutionen als Bedingungen möglicher Personalisation, zu erhalten und, soweit nötig und möglich, zu verbessern streben. Als soziales Tun ist das Tun des gerechtfertigten Subjektes wesentlich bildendes, aufklärendes Tun.

Der Verfassung des gerechtfertigten Subjektes entspricht dabei das handelnde Eintreten nur für „ganze“ Bildung[14]. Bildung ist „ganz“, wenn sie die Kennt-

---

[13] Vgl. Gewalt und Gewaltanwendung in der Gesellschaft. Eine theologische Thesenreihe zu sozialen Konflikten. Erarbeitet von der Kammer der EKD für öffentliche Verantwortung (Gütersloh 1973).
[14] Vgl. *E. Lange* (Hrsg.), Bildung ganz! (Stuttgart 1971).

nis und die Fähigkeit zur Erforschung der Gesetzmäßigkeiten der Umwelt als notwendige Mittel zu deren Meisterung und sozialen Nutzbarmachung *einschließt*. Sie schließt sie *ein*, wenn sie die Möglichkeit zu konkreter Selbsterfahrung als Maßstab für Umfang und Anwendung des die Welt meisternden Wissens festhält. Allein so versichert sich die Bildungsethik, welche in der Sozialethik der Rechtfertigung impliziert ist, ihres grundsätzlich aufklärerischen Skopus.

Das geschieht so, daß das Bildungshandeln an dem Geschick Jesu von Nazaret als seinem Zentralgehalt orientiert ist und in ihm das Symbol der Weltherrschaft Gottes festhält. Dabei ist gewußt, daß *Bildung und Offenbarung*, von ihrem Resultate her gesehen, keine Gegensätze, sondern eines und dasselbe sind. Da die Bildungsethik der Rechtfertigungslehre von diesem *Resultat* (einer qualifizierten Verfassung der Person) ausgeht, hat sie auch beides als eins und dasselbe zu behandeln: sie hat darauf zu verzichten, dem Handeln Gottes selber innerhalb oder gegenüber den Zusammenhängen der Bildung einen Ort auszugrenzen und damit anzuweisen. Umgekehrt hat sie zugleich für den *Gesamt*bereich der Bildung davon Abstand zu nehmen, ihn als den Raum menschlicher Herrschaft anzusehen:

e) Das gerechtfertigte Subjekt ist zu dem angedeuteten Tun fähig, weil es die Geschöpflichkeit seines vernünftigen Seins und damit dessen *seinsmäßige* (also nicht über-ich-hafte) Verbindlichkeit eingesehen hat. Dieselbe Einsicht in die Geschöpflichkeit der Vernunft schließt für das von der Rechtfertigung her lebende Subjekt die Annahme aus, statt die geschichtliche Vernünftigkeit von Individuen nur zu ungehinderter Auswirkung gelangen zu lassen, diese vielmehr selbst produzieren zu können. Indem so das Tun des Gerechtfertigten auf eigene Herrschaft über die Welt verzichtet und damit praktisch die Gottesherrschaft über sie anerkennt, ist es das *Tun der Liebe*. Für dieses ist wesentlich: die Einhaltung der Grenze zwischen eigenem Tun und dem Tun Gottes (Unterscheidung von Gesetz und Evangelium) (1) und der um Gottes willen vernünftige Charakter auch seines Vollzuges (2).

1) Die in der Selbstbezogenheit der individualen Vernunft beschlossene Kraft zur Selbstbestimmung und Weltgestaltung ist selber die Kraft Gottes, welche vernünftige Individuen in Selbstbezogenheit als identische existieren läßt. Individuale Vernunft steht *vor Gott* als dem, *durch* den sie existiert. Diese Existenz hat sie *in der Welt* und damit vor einem Forum, *zu* dessen Gestaltung sie selbst ermächtigt und befähigt ist. Ihr *aktives Eintreten* für das Tun des Vernünftigen auf vernünftige Weise in der Welt und vor den Menschen vollzieht sich in schlechthinniger *Passivität* vor Gott. – Diese strukturmäßige *Zweidimensionalität* ihrer Existenz, die Gleichursprünglichkeit der beiden „Schichten" einerseits relativer Freiheit zu eigener Tat in Beziehung zur Welt (coram hominibus) und andererseits schlechthinniger Abhängigkeit in Beziehung auf den Grund der eigenen Wirklichkeit (coram Deo), anerkennt das gerechtfertigte Subjekt

in seinem Handeln so, daß es den Mut zur tatkräftigen Weltgestaltung mit dem Verzicht auf Beherrschung der Wirklichkeit verbindet[15].

2) Freilich, die Herrschaft Gottes über die Wirklichkeit anzuerkennen vermag das Tun der Liebe nur so, daß es sich selber auf vernünftige Weise vollzieht:

Die Liebe wendet sich dem *einzelnen*, u. U. Abseitigen in seiner Eigenart zu. Dies tut sie auf vernünftige Weise, wenn sie es durch ihre Zuwendung nicht zu isolierter Einsamkeit verurteilt oder bei einer solchen behaftet. – Die Liebe *engagiert sich* in ihren Aufgaben. Die Vollkommenheit solcher Hingabe hat ihr Kriterium darin, daß sie auf vernünftige, nicht willkürlich-selbstbezogene, sondern kontrolliert-sachbezogene Weise geschieht. – Die Liebe möchte sich *ihrem Gegenüber auf befreiende Weise zu erleben* geben. Dieses Ziel erreicht nur ihre uneingeschränkte Vernünftigkeit. Denn eine Person kann den guten Willen einer anderen nur unter der Bedingung als Entlastung erleben, daß sich mit ihm „Zuständigkeit" (z. B. kann nicht *jeder jeden* trösten) und der Einsatz von Kompetenz verbindet (z. B. *kann* leider nicht jeder alle die trösten, die er trösten könnte). Aber jede Person erfährt es als befreiend, wenn ein Könner für sie das Nötige auf gekonnte Weise tut. Dabei ist festzuhalten, daß absolute Inkompetenz, ein gar nichts Können, dem Begriff des vernünftigen Daseins widerspricht[16].

Allein die *uneingeschränkte* Vernünftigkeit der Person verleiht ihr diejenige „positive" Freiheit[17], durch die sie gleichzeitig befähigt wird zur Freiheit gegenüber allen Dingen und zum Dienst an jedermann[18].

f) Die *Uneingeschränktheit* von Vernunft erweist sich in der Fähigkeit zur Anerkennung ihrer *Schranken*. Diese sind von doppelter Art. Sie liegen in der *Unmöglichkeit*, das Maß der Endlichkeit – die relative Abhängigkeit der Vernunft von ihrer Umwelt und ihre absolute Abhängigkeit von Gott – zu übersteigen, *und* und in der *Möglichkeit*, dieses Maß zu verfehlen. Die sittliche Kompetenz, die der Glaubende durch die Einsicht in die geschöpfliche Struktur seines personalen Existierens gewonnen hat, *schließt Fehler* in der Performation der Sittlichkeit nicht aus, sondern *ein*. Freilich: Keine einzelne Verfehlung des Glaubenden hebt die sittliche Kompetenz des Glaubens als solche auf. Das könnte nur durch einen Akt geschehen, der die Evidenz der durch das Wort Gottes vermittelten Selbsterfahrung *verleugnet*, in der geschöpflichen Abhän-

---

[15] Zur traditionellen Form der *Zwei-Reiche-Lehre* vgl. *M. Luther*, Tractatus de libertate christiana, Wittenberg 1520 (Separatausgabe durch J. Svennung: Berlin 1948) (Kleine Texte für Vorlesungen und Übungen 164); *H. H. Schrey* (Hrsg.), Reich Gottes und Welt (Darmstadt 1969). *U. Duchrow*, Christenheit und Weltverantwortung (Stuttgart ³1970) (Lit.!).

[16] Vgl. *E. Jüngel*, Der alte Mensch – als Kriterium der Lebensqualität. Bemerkungen zur Menschenwürde der leistungsunfähigen Person, in: Festschrift für E. Steinbach, hrsg. von D. Henke u. a. (Tübingen 1976) 129–133.

[17] Vgl. *A. Ritschl*, a. a. O.

[18] Vgl. *M. Luther*, Tractatus de libertate, a. a. O.

gigkeit von Gott an der unverbrüchlichen Sinnhaftigkeit seines Schöpfungshandelns teilzuhaben.

Literatur

H. Bornkamm, Luthers Lehre von den zwei Reichen im Zusammenhang seiner Theologie (Gütersloh [2]1960).
U. Duchrow (Hrsg.), Zwei Reiche und Regimente. Ideologie oder evangelische Orientierung? Internationale Fall- und Hintergrundstudien zur Theologie und Praxis lutherischer Kirchen im 20. Jahrhundert (Gütersloh 1977).
K. Holl, Gesammelte Aufsätze zur Kirchengeschichte, Bd. I, Luther (Tübingen [7]1948).
G. Jacob, Weltwirklichkeit und Christusglaube. Wider eine falsche Zweireichelehre (Stuttgart 1977).
G. Müller, Die Rechtfertigungslehre. Geschichte und Probleme (Gütersloh 1977).
W. Pannenberg, Ethik und Ekklesiologie (Göttingen 1977).
A. Peters, Luthers Rechtfertigungslehre in der Interpretation der modernen katholischen Theologie, in: Neue Zeitschrift für Systematische Theologie und Religionsphilosophie 12 (1970) 267–293.

Eilert Herms

III
Die Kategorie der Eschatologie

1. Kommunikative und innertheologische Integration

Zunächst ist unter Integration an die Öffnung der christlichen Ethik auf die gleichzeitigen humanwissenschaftlichen Ergebnisse und deren ethische Konsequenzen gedacht, wobei offenbar der Eschatologie bzw. der Frage nach Gestalt und Verwirklichung menschlicher Zukunft eine integrative Bedeutung zukommt. Eschatologie scheint eine geeignete gemeinsame Verstehens- und Denkrichtung zu sein, innerhalb deren sich christliche und nicht-christliche Reflexionen und praktische Ansätze verständigen und darum sinnvoll auseinandersetzen können. Die geistesgeschichtliche Situation läßt diese verschiedenen Wissenschaften in einem solchen Horizont übereinkommen, in dem christliche Ethik an Wirklichkeitsbezug nur gewinnen kann, während umgekehrt darin auch ihre christliche Spezifizierung möglich und notwendig sein wird.

Zu dieser eher nach außen gerichteten und geöffneten Integration tritt jetzt auch eine Bedeutung innerhalb der christlichen Theologie. Vor der dialogischen Öffnung der Theologie auf die Fragestellung der geisteswissenschaftlichen Bemühungen kam der Eschatologie in der theologischen Systematik nur geringe

Bedeutung und schon gar keine integrative Funktion zu. Eschatologie war ein Randthema der Dogmatik, ohne auf ihre zentralen Aussagen bezogen und von ihnen her geordnet zu sein; noch weniger vermochte sie auf den Vollzug theologischen Denkens und christlichen Handelns eine leitende Wirkung auszuüben. Noch vor der unmittelbaren Konfrontation mit einer säkularisierten Eschatologie in Philosophie und Gesellschaftslehre vollzog sich in der Theologie und im Glaubensverständnis eine Veränderung, die die eschatologische Dimension zentraler Glaubensinhalte freilegte und die die eschatologischen Aussagen um eine theo- oder christozentrische Mitte ordnete. Schließlich wuchs die Eschatologie noch weiter zur dominierenden Dimension und Richtung der Theologie überhaupt heran, sowohl als Formalprinzip „Zukunft" wie als Materialprinzip „Verheißung".

Bei dieser Entwicklung haben sich die beiden integrativen Bedeutungen zunehmend angenähert in einer Konvergenz der säkularisierten und der theologischen Integration, die in fundamentaltheologischen Konzeptionen ihren Ausdruck findet als „Hoffnungsstruktur des Glaubens" (Kerstiens).

Die systematische Bedeutung der Eschatologie für die Ethik läßt sich nicht ohne beständige Orientierung an dieser theologiegeschichtlichen Entwicklung darstellen, sondern schließt sich ihr mit Vorteil in der *Durchführung* an. Die vor-integrative Periode mag den kritischen Ausgangspunkt bilden, wo der Ausfall und die Verkürzung der Eschatologie in ihren Auswirkungen für die Ethik beschrieben werden. Die Erschließung der Quellen der Eschatologie wurde nicht nur von einem historischen Interesse bestimmt, sondern ging mit der anwachsenden integrativen Bedeutung der Eschatologie einher. Das spannungsvolle Verhältnis zwischen verschiedenen theoretischen Entwürfen und praktischen Bestrebungen um die Zukunft des Menschen und der Welt verdichtete sich um das zentrale Problem, wie sich göttliche Zukunftsverheißung und -vollendung zu menschlichen Zukunftsentwürfen und -verwirklichungen verhalte; schon innerhalb der Glaubensüberlieferung und der Theologiegeschichte stehen gegensätzliche Lösungen nebeneinander, zu denen jetzt noch die säkularisierten Eschatologien als Erweiterung und Sprengung des Spektrums hinzutreten. In diesem Spannungsbogen liegt denn auch der Ort der Ethik, die nach der Bedeutung menschlichen freien Handelns innerhalb der Verheißungsgeschichte des Glaubens bzw. der Freiheitsgeschichte des autonomen Menschen fragt. Abschließend kommt auch die Grenze einer eschatologischen Systematisierung ins Blickfeld, die zwar einen unverzichtbaren Integrationsansatz liefert, die aber auf die korrektive Wirkung anderer Ansätze angewiesen bleibt. Diese zwar notwendige Relativierung des eschatologischen Ansatzes hebt aber seine kairos-bedingte Dringlichkeit nicht auf.

2. Kritischer Rückblick: Ausfall der Eschatologie als Horizont menschlichen Handelns bzw. christlicher Ethik

Bedeutung, Ertrag und Auswirkung der eschatologischen Ausrichtung der Ethik werden nicht nur aus theologiegeschichtlichen, sondern auch aus systematischen Gründen anschaulich durch die Gegenüberstellung mit der früheren Gestalt der Ethik verdeutlicht, als diese Dimension nicht die geforderte Bedeutung hatte. Von einer völligen Abwesenheit und einem Ausfall der eschatologischen Dimension läßt sich allerdings kaum sprechen. In einem Restbestand blieb die Ausrichtung auf die Zukunft und auf die Vollendung der Geschichte von der christlichen Botschaft und Überlieferung her präsent; nur entfaltete sie nicht die ihr zukommende Wirkung, um so mehr als sie oft unübersetzt blieb und durch diese hermeneutische Vernachlässigung unwirksam bleiben mußte. Einige dieser verkürzten Gestalten christlicher Ethik sind nun vorzustellen; manchmal ging der Anstoß zu einer eschatologischen Ausrichtung gerade vom Ungenügen der bestehenden ethischen Ansätze aus.

a) Gnadenhafte Finalität

Die große theologische Tradition, wie sie etwa in der Summa theologica des Thomas von Aquin begegnet und bei aller Verkürzung in der Schultradition im Gedächtnis blieb, kannte immerhin eine Zukunftsausrichtung der Ethik, nicht nur als beiläufige Dimension, sondern als eigentliches Strukturprinzip. So stand die moraltheologische Erörterung in der Summa theologica unter der zweifachen Artikulation des formalen Ziels (finis ultimus) und der inhaltlichen Glückseligkeit (beatitudo), von denen her und auf die hin die Vielzahl der menschlichen Handlungen bezogen war, nicht nur in naturhafter Bewegung, sondern in menschlich-freiheitlicher Ausrichtung. Der theologische und spezifisch christliche Inhalt dieser Finalität kam darin zum Ausdruck, daß schon in dieser Grundlegung die unverdiente und unerzwingbare Übernatürlichkeit dieses Ziels, der seligen und beseligenden Anschauung Gottes, geltend gemacht wurde; diese Ausweitung und Sprengung des naturhaft-menschlichen Erwartungs- und Handlungshorizontes zog durch das ganze Werk hindurch immer wieder dieselbe Überschreitung nach sich, so etwa in der Gnadenlehre (I–II 109–114) oder in der Lehre von den göttlichen Tugenden (II–II 1–46).

Von daher wird eine generelle Kritik des Finalitätsgedankens der differenzierten Dynamik dieses Ansatzes nicht gerecht, der die Zukunft und Vollendung des Menschen nicht aus einer Verlängerung seines naturhaften Anfanges ableitet, sondern in einer Vorwegnahme der Neuheit und Gnadenhaftigkeit von Gottes Zielsetzung und der menschlichen Bestimmung auch die gegenwärtige und naturhafte Ausgangsposition sprengt: „Videre autem Deum per essentiam est supra naturam non solum hominis, sed etiam omnis creaturae... Unde nec homo, nec aliqua creatura potest consequi beatitudinem ultimam per sua naturalia“ (I–II 5,5 corp.).

Diese Anerkennung eines formalen theologisch-eschatologischen Ansatzes läßt aber nicht übersehen, daß von der Zielangabe „selige Anschauung Gottes“ nicht die umfassende Breite und Universalität ausging, wie sie etwa in den biblischen eschatologischen Symbolen „Reich Gottes“ oder „Herrlichkeit“ enthalten ist. Primär wandte sich diese Zielsetzung nur an die geistige Erkenntnis des einzelnen Menschen, so daß die leibhaft-weltlich-soziale Ganzheit des Menschen eher nachträglich einbezogen schien und nicht in gleichem Maß von der eschatologischen Berufung und Bewegung erfaßt wurde. Weil die katholische Moraltheologie sich an diesem Modell auch nach der Reformation orientierte, die die gnadenhafte Berufung nicht nur als erhebenden Überstieg, sondern als soteriologische Überwindung der Sünde durch die Gnade, des Fleisches durch den Geist, bestimmte, vermochte dieser Ansatz den antagonistischen Charakter der Zukunft nicht aufzunehmen, sondern behielt eine überwiegend optimistische Prägung. Der Stand des Sünders trat erst nachträglich ins Blickfeld, so daß die gnadenhafte Ausrichtung des Menschen auf die eschatologische Vollendung sich an einen eher neutralen natürlichen Menschen richtete und beiläufig als Rechtfertigung der Sünder und Lebendigmachung der Toten bestimmt wurde. Damit fiel ein wesentlicher Inhalt des „Neuen“ aus, das die Verheißung Gottes für den sündigen Menschen und seine Geschichte eröffnet.

b) Statisches Naturrecht

Im Ansatz der Finalität erlangte die protologische Grundlegung des Menschen als Natur noch nicht jenes hemmende und zurückbindende Gewicht, das in der Lehre von Naturgesetz und -recht zum Zuge kam. Geschichtliche Anstöße zur Ausbildung eines Naturrechts waren u.a. die Notwendigkeit, über ausdrückliche biblische Anweisungen hinaus für verschiedene Lebensbereiche des Menschen Orientierung zu geben, sowie die mit der Säkularisierung einsetzende Notwendigkeit einer Verständigung über den christlichen Raum hinaus. Im Naturrechtsdenken verband sich aber bald eine abstrakte Ontologie des Menschen als Maßstab des Sollens mit einer nicht mehr geschichtlich offenen Schöpfungstheologie. Das sich durch allen Wandel durchhaltende Sein des Menschen wurde aus einem beschränkten geschichtlichen Beobachtungsfeld abgeleitet, generalisiert und als immer gültiges Wesen auf die ursprüngliche Schöpfungsordnung zurückgeführt. Ob die dadurch entstandene statische und undynamische ethische Sicht Ursache oder Folge der ausgefallenen eschatologischen Perspektive war, ist hier nicht zu entscheiden; sicher konnte sich diese Statik nur behaupten und ausweiten, weil die seinshafte Wirklichkeit und die Freiheit des Menschen nicht mehr einer eschatologischen Bewegung und Weiterführung ausgesetzt waren.

Die Stabilisierung der menschlichen Lebensgestaltung durch das Naturrecht potenzierte sich, als nicht nur die individuellen Verhaltensweisen des Menschen aus festen Seinsstrukturen abgeleitet wurden, sondern auch die gesellschaftlichen Verhältnisse weitgehend in ihrer Vorfindlichkeit übernommen und, ungeachtet ihrer geschichtlichen Bedingtheit, aus der Natur des Menschen und der menschlichen Gesellschaft begründet wurden. Je stärker sich die naturphilosophische Fundierung mit dem Theologumenon der Schöpfung verband, um so unantastbarer war die darauf beruhende Ordnung des menschlichen Zusammenlebens, etwa im Verhältnis von Mann und Frau, in der Verteilung der materiellen Güter oder in der Beteiligung an politischer Verantwortung. Was faktisch war, wurde als immer seiend und sollend verfestigt und als ursprünglich von Gott geordnet hingestellt. Eigenartigerweise kannte diese Theologie des Naturrechtes zwar frühere heilsgeschichtliche Modifikationen, etwa in der Anpassung der Schöpfungsordnung an den erbsündlichen Zustand des Menschen, aber an Modifikationen in der Gegenwart oder Zukunft des Menschen schien man nicht zu denken.

Die gleiche Ausweitung und Verfestigung ging auch in die kirchliche ethische Lehrverkündigung über: eine Konkretisierung des Evangeliums im geschichtlichen und gesellschaftlichen Kontext des Menschen war ohne Einbezug anthropologischer Information und ohne Rezeption gesellschaftlicher Institutionen nicht möglich. Nur ging von diesen Quellen der Normbildung nicht etwa eine geschichtliche Relativierung aus, die die kirchliche Lehrverkündigung auf die jeweilige geschichtliche Situation beschränkt hätte, sondern umgekehrt partizipierte die so ausgeweitete Lehrverkündigung an einer undifferenziert verstandenen Autorität. Entscheidungen mit unfehlbarem Lehranspruch verhinderten die offene Aktualisierung auf den Stand der humanwissenschaftlichen und gesellschaftlichen Kenntnisse und stellten sich einer praktischen Veränderung der Verhältnisse in den Weg.

Man kann sich vorstellen, wie ein wieder ins Bewußtsein tretender eschatologischer Horizont nicht nur auf die individuellen und gesellschaftlichen Lebensverhältnisse verändernd einwirkt, sondern wie dadurch auch die davon abgeleiteten ethischen Normen relativiert und revidiert werden. Wer der Mensch in seiner Natur ist, läßt sich nicht ein für allemal festlegen, sondern ist dem Menschen zu freier Gestaltung und Entwicklung aufgegeben. Wie Menschen in den primären Beziehungen und in den komplexen Institutionen der Gesellschaft zusammenleben, läßt sich nicht aus der Tradition festlegen, sondern gehört auch zum ausgeweiteten Bereich menschlicher freier Gestaltung. Die gewiß legitime Sorge um die Konstanten der menschlichen Beziehungen kann nicht prinzipiell jede Infragestellung und Veränderung verbieten, eher wird diese Identität des Menschen von den eschatologischen Symbolgestalten des Menschen und der Menschheit abgeleitet werden müssen.

c) Soteriologischer Perfektionismus und pneumatologischer Enthusiasmus

Die Erwartung, daß ein wiedergewonnenes geschichtliches oder auch heilsgeschichtliches Denken in der theologischen Ethik ohne weiteres eine eschatologische „Verflüssigung" der verfestigten Normen und Strukturen mit sich brächte, ist zu einfach. Es gibt schon in der Geschichtstheologie des Neuen Testamentes eine Abschwächung der ausständigen Zukunft gerade durch die eschatologische Qualifizierung der Gegenwart des Heils in Jesus Christus und im Geist.

Die Benützung eschatologischer Kategorien für die Kennzeichnung der Person und des Wirkens Jesu führte paradoxerweise dazu, daß die Gegenwärtigkeit des Heils bis zum Ausfall seiner künftigen Ausständigkeit und Vollendung betont wird, wie etwa in der beinahe ausschließlich präsentischen Eschatologie des Johannesevangeliums. Ähnlich sehen die deuteropaulinischen „Gefangenschaftsbriefe" (Eph und Kol) in das Geschehen von Tod, Auferwekkung und Erhöhung Christi die Existenz der Glaubenden schon einbezogen durch die Taufe und den Geistbesitz. Die Beschreibung des Rechtfertigungsgeschehens mit Hilfe der Pneumatologie ergänzt zwar das Wortgeschehen, weil die neue Existenz nicht nur durch das schöpferische Wort Gottes zugesprochen, sondern als vorweggebenes Angeld bereits gewährt wird. Die Auseinandersetzung zwischen Paulus und der korinthischen Gemeinde zeigt aber, wie leicht die Heilsgewißheit in leichtfertigen Heilsbesitz umschlagen konnte, der sich nicht mehr der Gefährdung durch die Sünde ausgesetzt und der künftigen Vollendung bedürftig wußte. In der christologischen und soteriologischen Tradition trat ohnehin das geschichtliche Denken in den Hintergrund. In der Christologie ging man nicht mehr von der Lebensgeschichte Jesu oder ihrer dramatischen Vollendung in Tod und Auferweckung aus, sondern von der seinshaften Grundlegung in der Inkarnation, die schon grundlegend auch die Erlösung der menschlichen Natur in sich schloß. Wie für die Geschichte Jesu Christi die österliche Zukunft vernachlässigt wurde, so auch für die Erlösung und die ethische Bewährung des Menschen die ausstehende Befreiung von den Mächten der Sünde, des Gesetzes und des Todes. Der ontisch-naturhaften Christologie entsprach eine Soteriologie, die die Freiheitsgeschichte des Menschen höchstens noch in der Gestalt einer organischen Entfaltung gelten ließ. Auch die Erlösungslehre Anselms von Canterbury, die zwar die Klimax der „objektiven" Erlösung im versöhnenden Kreuzestod Jesu ansetzte, sah in dieser unendlichen Genugtuung die entscheidende und nicht mehr geschichtlich offengehaltene Erlösungstat, die sich der Glaubende in seiner „subjektiven" Erlösung nur noch anzueignen hatte. Während in der katholischen Theologie und Praxis mit dieser christozentrischen Soteriologie immerhin noch die Notwendigkeit fruchtbarer Werke betont wurde – wenn auch oft in einer unklaren Konkurrenz zum Ursprung aller Gerechtigkeit im Kreuz Christi –, so schien in der reformatorischen Ausschließlichkeit der Gnade und des Glaubens für die ethische Bewährung und die geschichtliche Auszeitigung des neuen Standes kaum mehr Raum zu bleiben. Die reformatorische Theologie war zwar bemüht, den Vorwurf der Leichtfertigkeit und Gleichgültigkeit zu widerlegen, aber die Kontroverse gegenüber der katholischen Werkfrömmigkeit verwischte diese Differenzierungen. Wohl brachte die Dialektik des „simul iustus et peccator" eine eschatologische Dimension ins Blickfeld, weil erst in dieser Zukunft die Verborgenheit des neuen Lebens und die Anfechtung des Glaubens überwunden würde, aber die Diskriminierung der menschlichen Freiheit, auch nach der Rechtfertigung, ließ den möglichen Raum einer menschlich zu verantwortenden eschatologisch ausgerichteten Freiheitsgeschichte unbesetzt. Erlösung war entweder christologisch *schon* geschehen oder aber eschatologisch *noch nicht* geschehen, im einen wie im andern Zeitpunkt blieb sie Gottes eigenem Handeln vorbehalten.

An diese Form der vernachlässigten eschatologischen Perspektive kann auch als Auswirkung die Versuchung des ekklesiologischen Triumphalismus angefügt werden. Aus einem präsentischen oder abgeschlossenen perfektischen Erlösungsverständnis, aus dem sicheren Heils- und Geistbesitz, ergibt sich ein Selbstverständnis der Kirche in ihrem Handeln wie in ihrer ekklesiologischen Reflexion, das sich nicht mehr auf eine eschatologische Vollendung bezogen und von ihr her relativiert weiß. Eine solche Kirche – man wird hier vor allem an das katholische Kirchenverständnis denken – bezieht auf sich selber die gleiche Antizipation des Eschatons, die sie von Jesus Christus bekennt; wie sie in ihm das Reich Gottes schon angebrochen sieht, ist auch sie selber zur Gleichsetzung mit dem Reich Gottes versucht.

Der Ausfall des eschatologischen Ausstandes ist begleitet von einer Abschwächung des Widerspruchs der Sünde und der Anfechtung des Glaubens; die ethische Entscheidung bezieht sich eher auf die Bewahrung und Auszeugung eines schon erreichten Standes, der höchstens noch aus seiner Verborgenheit heraus der eschatologischen Offenbarung entgegengeht.

3. Anstöße zu einer eschatologisch orientierten Ethik (Quellen)

Die Aktivierung der Eschatologie im Selbstverständnis des Glaubens und in der Theologie wurde von verschiedenen Kräften und Quellen gefördert, die hier nicht vollständig zu erfassen sind. Wenn auch eine innertheologische heilsgeschichtliche Erneuerung vorausging, die sich erst nachträglich mit der umgebenden geistesgeschichtlichen Zukunftsthematik auseinandersetzte, so lassen sich „äußere" und „innere" Anstöße nur unvollkommen unterscheiden. Im Wechselverhältnis zwischen dem Glauben und dem säkularisierten Geschichts- und Weltverständnis ist eine solche Abgrenzung nicht möglich, weil noch eine emanzipierte Anthropologie und Gesellschaftstheorie durch die polemisch abgestoßene christliche Prägung und die kirchliche Ordnung gezeichnet bleibt und weil umgekehrt der Glaube in die gleiche geschichtliche Bedingtheit eintritt wie der Glaubende oder die Gesellschaft, an die er sich wendet. Mit der Herkunftsbezeichnung „von außen“ und „von innen“ kann darum nur der unmittelbare Anstoß bezeichnet werden, nicht die vielfältigen Kräfte verschiedenster Herkunft.

a) Reflexion aus zukunftsbezogener Praxis

Ein zentraler Zug ist allen Anstößen gemeinsam: sie gehen nicht einfach von einer theoretischen Reflexion über die Geschichtlichkeit des Menschen bzw. des Glaubens aus oder von einer nur historischen Wiederentdeckung der Kategorie Zukunft in der Schrift und der theologischen Tradition. So verschieden die einzelnen Beiträge auch sein mögen, so geht die Frage und die jeweilige Antwort bereits von einer Erfahrung aus, die die Gegenwart als auf Zukunft hin tendierend erkennt und realisiert. Diese Erfahrung wird von den verschiedenen Anschauungen gerade im Vollzug zukunftsbezogener Praxis gemacht, ob in der Perspektive einer säkularisierten und emanzipierten Veränderung der bestehenden Verhältnisse auf eine utopische Gesellschaftsordnung hin oder in derjenigen des christlichen Glaubens, der sich zunehmend stärker als Hoffnung erfährt und betätigt. Damit ist zwischen den einzelnen Begründungen zukunftsbezogenen Handelns einerseits ein erleichternder gemeinsamer Verstehens- und Gesprächshorizont geschaffen, zugleich aber auch eine Ebene kritischer Auseinandersetzung offengehalten.

b) Veränderung als Möglichkeit und Ziel: geistesgeschichtliches „Klima“

Die innertheologische Erneuerung der Eschatologie wäre in einem Sonderbereich verblieben, der auf die konkrete Existenz des einzelnen und auf die Situation der Gesellschaft keine Ausweitung bewirkt hätte, wenn nicht gleichzeitig die ganze Wirklichkeit im Licht möglicher und notwendiger Veränderung gesehen worden wäre. Die einzelnen Entdeckungen und Fortschritte der Technik und die Anwendung technischer Möglichkeiten auf bis anhin ausgesparte Freiheitsgebiete (wirtschaftliche Strukturen, seelische Vorgänge des Menschen, gesellschaftliche Prozesse usw.) nahmen schließlich nichts mehr von diesem Zugriff aus. Die Bestätigung, daß bei genauer Kenntnis der Ursachen und bei Einsetzung aller verfügbaren Kräfte sich auch Unmögliches machen ließ, führte begreiflicherweise zum Optimismus von einer universalen Veränderbarkeit. Die Erschließung neuer Naturkräfte, die Entwicklung und Projektierung alternativer Modelle für die Naturwissenschaft zogen in einer theoretischen und praktischen Extrapolation eine ähnliche Sicht im Bereich der Human- und Gesellschaftswissenschaften nach sich. Jetzt wurden Utopien möglich, die nicht nur partielle Mängel des bisherigen gesellschaftlichen oder wirtschaftlichen Systems ausmerzten, sondern die dieses System als ganzes für veränderbar und veränderungsbedürftig erklärten.

Die stärkste geschichtliche Wirksamkeit hat unter diesen Veränderungsutopien die marxistische Vision einer klassenlosen Gesellschaft erlangt. Weil der Marxismus die kausalen Zusammenhänge zwischen den wirtschaftlichen Verhältnissen und dem gesellschaftlichen Bewußtsein in den Griff zu nehmen glaubt, erstrebt er als Zukunftsziel nicht nur ein von seinen Schäden geheiltes System, sondern dessen völlige Überwindung durch die Schaffung einer neuen Gesellschaft. Diesem innergeschichtlichen und zugleich die Geschichte überschreitenden Impuls schien sich das Christentum in seiner Verschmelzung mit der privatwirtschaftlichen Eigentumsordnung, seiner Interessiertheit an abhängigem und untergeordnetem Bewußtsein, vor allem aber mit seiner „Jenseitsvertröstung“ und passiven Duldung der entfremdenden Verhältnisse als Hindernis entgegenzustellen. Dennoch hat allmählich nach der grundsätzlichen Ablehnung aus weltanschaulichen Motiven eine kritische Selbstprüfung eingesetzt.

c) Bedrohung und Verwirklichung der menschlichen Existenz

Nachdem die christliche Tradition vor allem den einzelnen Glaubenden und seine ewige – meist jenseits verstandene – Zukunft betont hatte, war es eine begreifliche Reaktion, wenn die polemischen Gegenentwürfe des Marxismus die Zukunft des einzelnen weitgehend in der zukünftigen Gesellschaft aufgehen ließen; die anthropologische Antithese Individuum–Kollektiv spiegelte für den Marxismus die bisherige Herrschaft des Privateigentums und dessen Aufhebung wider. Inzwischen läßt sich das Verhältnis zwischen christlicher und marxistischer Eschatologie nicht mehr mit dieser vereinfachenden Alternative darstellen: christliche Praxis hat die solidarische Verbundenheit des einzelnen mit der menschlichen Gemeinschaft und seine Verflechtung innerhalb der Gesellschaft erkannt; umgekehrt wird die Sorge um die Freiheit und die Wahrung der Würde des einzelnen auch von einem humanistischen Marxismus wahrgenommen, oft in scharfer Selbstkritik an den totalitären Maßnahmen kommunistischer Staaten. Humanismen von verschiedener geschichtlicher Herkunft und anthropologischer Legitimation sehen sich zur Wahrung der Würde und Integrität des einzelnen Menschen aufgerufen, weil die eigengesetzliche Entwicklung der Wissenschaft und ihre Manipulationsmöglichkeiten bis in die Freiheit und in die Privatsphäre des einzelnen Menschen hinein die Zukunft des Menschen gefährden oder ihn nur auf reduzierte Weise in einer total organisierten und machbaren Gesellschaft weiterbestehen lassen. Auch wer der Umschreibung eines bleibenden menschlichen Wesens mit Ideologieverdacht begegnet und wer den Menschen für ein stets offenes und neu gestaltbares Wesen hält, kommt um die Frage nach den Grenzen der Veränderung des Menschen und seiner sozialen und gesellschaftlichen Beziehungen nicht herum. Die Euphorie, die zunächst den Menschen und seine Welt zu einer unbeschränkten Veränderbarkeit freigegeben sah, hat angesichts dieser Gefährdung in eine skeptische Zukunftshaltung umgeschlagen.

d) Rezeption der geistesgeschichtlichen und gesellschaftlichen Zukunftstendenz durch den Glauben und die Theologie

Weil von „außen" her dem Glauben und der Theologie sich nicht nur das eine oder andere Symptom der Zukunftsdynamik zeigte, sondern eine sich in vielfältige Einzelbewegungen auslegende umfassende Tendenz, entsprach ihr in der Antwort des Glaubens und der Hoffnung nicht nur der eine oder andere angestückte Zukunftsvektor, sondern eine die Wahrheit des Glaubens als ganze ausrichtende Bewegung. In einer ersten Phase verblieb diese Integrierung der Eschatologie noch im Innenraum, wo die Theologie die fragmentarischen „Letzten Dinge" in ihrer christozentrischen Struktur ordnete und kritisch läuterte. Dabei wurden die vielfältigen Querverbindungen zwischen den isolierten Themenkreisen der Dogmatik wieder freigelegt und aktiviert: zwischen Schöpfung und Vollendung, zwischen dem Christusereignis in Tod und Auferwekkung und der universalen Heilsbedeutung für die Geschichte, zwischen Rechtfertigung, Heiligung und Verherrlichung des Menschen, zwischen Kirche und Reich Gottes usw.

War es so die alles erhellende eschatologische „Beleuchtung", die den einzelnen Inhalten einen entsprechenden Stellenwert verlieh, ging umgekehrt von einzelnen versäumten Theologumena eine neue eschatologische Ausstrahlung aus. Als zentrales Thema eines eschatologischen Geschichtsverständnisses zeigte sich im AT die prophetische und (teils) messianische Vorstellung eines universalen Heils, das noch nicht in körperliches und geistiges, individuelles und universales Heil zersplittert war. Im Zug der Wiederentdeckung des AT wurde die Kategorie der göttlichen Verheißung als eine gültige Form christlichen Wahrheitsverständnisses erkannt, wonach Wahrheit nicht die Entsprechung zu früheren, ursprünglichen oder jetzigen Verhältnissen bezeichnet (adaequatio intellectus ad rem), sondern, geschichtlich verstanden, erst in künftiger Bewahrheitung und freier Bewährung eingeholt wird.

Person und Verkündigung Jesu wurden aus nachträglichen verkürzenden Koordinatennetzen wieder in ihren ursprünglichen geschichtlichen Verstehenshorizont situiert und in ihrer Zukunftsträchtigkeit interpretiert. Die zu Jesus zeitgenössische apokalyptische Erwartung, die erregte Erwartung der Gottesherrschaft, die messianischen Bewegungen gaben auch der Verkündigung und dem Auftreten Jesu ihren Resonanzraum zurück.

Nachdem in der traditionellen Eschatologie die Vollendung der Geschichte unweltlich und geschichtsjenseitig dargestellt wurde, hatte der Gehalt des Symbols „*Reich Gottes*" sich von den zeitgenössischen Erwartungen um Jesus abgelöst. Die Antizipation der Gottesherrschaft in der Gegenwart Jesu durch seine Verkündigung und sein Handeln, zeichenhaft etwa in den Dämonenaustreibungen und den Heilungen, aber auch unspektakulär und unmirakulös in der offenen Tischgemeinschaft mit Zöllnern und Sündern, erlaubte nun nicht mehr die undialektische Unterscheidung zwischen irdischen messianischen Erwartungen bei den Juden und einem ausschließlich geistigen oder innerlichen Reich Gottes bei Jesus. Der Widerspruch gegen Jesus hätte den schließlichen Widerstand und die Tötung Jesu nicht heraufbeschworen, wenn es nicht zu provozierenden Durchbrechungen der jetzigen Verhaltensordnung durch Jesus gekommen wäre. Einen ähnlichen Anbruch der verheißenen Zukunft des Reiches Gottes stellen die Gleichnisse Jesu in sprachlicher Gestalt dar: konkrete menschliche Situationen und Erfahrungen werden in der Sprache Jesu zu neuen Ereignissen der Gottesherrschaft. Auf diese Weise gewinnt das Symbol „Reich Gottes" seine ursprüngliche Fülle zurück, die weder einseitig auf die personale Wirklichkeit Gottes noch ausschließlich auf die neuen Lebensmöglichkeiten des Menschen noch auf neue soziale Praxis reduziert werden kann, sondern die Welt *und* Gott gegenseitig aufeinander bezieht.

Tod und Auferweckung Jesu waren in der Phase der existentialen Interpretation in ihrer Bedeutung für den vom Kreuzes- und Osterkerygma betroffenen Menschen ausgelegt worden; die gewonnene Bedeutung für den Glaubenden und sein Selbstverständnis schien aber das Ereignis aus dem Lebenskontext Jesu herauszulösen und stellte für viele auch dessen Geschichtlichkeit in Frage. Neben der Uninteressiertheit am historischen Jesus ist aber auch die Weltlosigkeit und der Verlust an geschichtlicher Wirksamkeit kritisiert worden. Der Kreuzestod Jesu legitimiert nicht etwa die passive Annahme und die wehrlose Duldung unerlöster und ungerechter Verhältnisse, sondern resultiert aus der Freiheitspraxis Jesu, wenn er in der Vollmacht des Reiches Gottes in seiner Person ein neues Verhältnis zwischen Gott und Mensch und unter den Menschen inauguriert; von diesem so verstandenen Kreuz geht denn auch die Verurteilung der Sünde in ihren individuellen, sozialen und strukturellen Gestalten aus. Ebenso bleibt der Glaube an die Auferstehung nicht auf eine isolierte und „private" Entscheidung des einzelnen, höchstens noch auf seine Zuwendung zum Nächsten beschränkt, sondern er begründet das Recht und die Hoffnung auf ein in allen Dimensionen erlöstes menschliches Dasein und auf eine von allen Gestalten der Todesknechtschaft befreite Welt. Die Entmythologisierung der mit dem Osterglauben verwachsenen Weltvorstellungen oder der kosmischen Weltherrschaft Christi kann ihre Aufgabe nicht durch vereinfachte Eliminierung dieser Vorstellungen lösen, sondern muß die in der Bibel zwar mythologisch artikulierte kosmische und geschichtliche Universalität bewahren – nötigenfalls unter Beibehaltung oder Neubildung symbolischer

Modelle; aber die qualitative Neuheit der Zukunft Gottes kann wohl nur in schöpferischen Bildern, in Gegenbildern der jetzigen Weltgestalt gegenübergestellt werden.

e) Kritik aus den Quellen christlicher Hoffnung

Hat christliche Eschatologie bei dieser Neuinterpretation der eschatologischen Aussagen auch weitgehend die Zukunftsperspektive der naturwissenschaftlich-kosmologischen oder der politisch-soziologischen Utopien übernommen, so konnte sie die hermeneutische Aufgabe doch nicht unkritisch lösen. In der Gewinnung an Relevanz, die durch eine solche Situierung gesucht wurde, stand zugleich ihre Identität als Glaube und Hoffnung aufgrund von göttlicher Verheißung in Gefahr, wenn das christliche Zeugnis der Hoffnung mit anderen, geschichtlich angereicherten Worten bloß dasselbe sagte wie etwa die marxistische Zukunftsideologie oder die Prognose einer nach vorn ausgezogenen kosmologisch-anthropologischen Evolutionskurve. So galt es gegenüber einem absorbierenden Kollektivismus die unverzichtbare Bedeutung der Einzelperson und ihrer ewigen Zukunft geltend zu machen; der totalitäre Anspruch der gesellschaftlich gestützten Utopien läßt sich nur durch die Bezeugung einer transzendenten und menschlich nicht machbaren Zukunft relativieren. Die wiedergewonnene Tragweite menschlichen Handelns für die verheißene Zukunft kann nicht dahin interpretiert werden, als ob die Verheißung noch als Gottes Wort gehört, aber ausschließlich durch Menschenhand realisiert würde.

Nachdem christliche Hoffnung zunächst mehr negativ nur die Relativität und Endlichkeit aller innergeschichtlichen Entwürfe auszusagen schien, ist inzwischen nach ihrem kooperativen Beitrag für das menschliche Handeln in der Lebensgeschichte des einzelnen und im gesellschaftlichen Fortschritt gefragt worden (darüber wird noch im 4. Absatz eigens gehandelt werden). Die Signatur von Kreuz und Auferstehung überträgt sich kritisch und korrektiv auf die universale Zukunft, insofern christliche Eschatologie aus dem Weg der Entwicklung und des Fortschritts das Scheitern durch Schuld und Leiden nicht beschönigend ausräumen darf; die Erinnerung an das Kreuz Jesu hält die Erinnerung an alle noch unabgegoltene Hoffnung im Gedächtnis (Metz), so daß christliche Hoffnung sich auch an einer negativen Ausgangssituation bewähren muß, dies aber im Blick auf die Auferweckung des (und: der) Gekreuzigten auch wagt.

Der bisherige Verlauf der verschiedenen Dialoge über die Hoffnung mit marxistischen Philosophen wie Bloch und mit den Planern der menschlichen Zukunft hat noch nicht zu einem vollen Konsens geführt, eher haben sich die Gegensätze deutlicher artikuliert. Dafür ist aber eine Konvergenz erreicht worden, die alle Beteiligten weit über vorher erstarrte Positionen hinausgeführt hat. Neben der Neuinterpretation der biblischen eschatologischen Aussagen hat die christliche Eschatologie ihre Tradition kritisch gesichtet: sie hat die weltlosen oder passiven Verkürzungen aufgedeckt und die verdrängten subversiven Traditionen rehabilitiert, die durch prophetische Spiritualität und durch lebendiges Zeugnis, unter Widerspruch und Verfolgung der offiziellen Kirche, Zeichen gesetzt und als zeichenhafte Bewegungen gelebt hatten (Franziskus und seine Gründung, Thomas Müntzer, der religiöse Sozialismus u.a.). In diesen Trägern zeigte sich neben den textlichen Quellen die noch überzeugendere Quelle der ursprünglichen eschatologischen Tradition des Christentums.

4. Geschichtliche Vollendung aus göttlicher Verheißung und/oder aus menschlichem Handeln

Aus den Problemen, die sich bei einer Integration der Eschatologie ergeben, sei das für die Ethik besonders wichtige Problem noch näher besprochen.

a) Problemstellung und alternative Lösungen

Im Verhältnis zwischen menschlicher Geschichte und eschatologischer Vollendung, wie sie als Verheißung bezeugt oder bereits inauguriert ist, stellt sich das Grundproblem von christlichem Glauben und Vernunft/Freiheit auf abgewandelte und zugleich verschärfte Weise. In dieser hermeneutischen Vermittlung zwischen Gottes eschatologischem Handeln und dem geschichtlichen Handeln des Menschen stehen sich nicht nur zwei Erkenntnis- oder Sprachebenen gegenüber, sondern zwei Träger und Subjekte von Geschichte, die weder univok nebeneinander- noch äquivok aneinander vorbeihandelnd gedacht werden dürfen; mit dem Vermittlungsbegriff der Analogie könnte aber verfrüht eine verbale Lösung vor ihrer reflektierten und realisierten Problemstellung erzwungen sein. In der Geistes- und Gesellschaftsgeschichte des Christentums und seiner Kritik stehen sich zwar auch Vertreter und Träger alternativer Lösungen gegenüber:

Als radikal theologische Lösung wird jede positive Vermittlung und Verbindung zwischen den beiden Handlungs- und Praxisebenen abgelehnt. Gottes eschatologisches Handeln, ob bereits geschichtlich in Jesus Christus oder noch künftig ausstehend in einer unverfügbaren Vollendung, liegt dann außerhalb jeglichen menschlichen Verstehenshorizontes, aber auch außerhalb menschlicher Mitwirkung. Ähnlich wie Gottes Wortoffenbarung dem menschlichen Denken neu und auch nachträglich uneinholbar gegenübertritt, gibt es auch keine menschliche Geschichte, an die sich Gottes Vollendung irgendwie anschlösse. Innerhalb dieser Unverhältnismäßigkeit gibt es noch graduelle Unterschiede, die die Disproportion entweder durch den unendlichen Seinsunterschied oder durch den existentiellen Abstand zwischen Gottes Heiligkeit und menschlicher Sündigkeit bzw. zwischen der Lebendigkeit von Gottes Zukunft und der Todverfallenheit menschlicher Geschichte begründen. Der eindeutige Gewinn dieser Alternative besteht darin, die Souveränität Gottes über menschliche Geschichte zu wahren, jede Verendlichung von Gottes Freiheit prinzipiell auszuschließen und ebenso jeder angemaßten eschatologischen Bedeutung des menschlichen Handelns zu entsagen. Dieser Wahrung steht aber der Verlust an gegenseitigem Bezug gegenüber: Gottes Zukunft wird jenseits menschlicher Geschichte angesiedelt und menschliche Geschichte für unernst und bedeutungslos erklärt.

Wie im Verhältnis von Offenbarung und menschlicher Vernunft gibt es erwartungsgemäß auch den entgegengesetzten Versuch möglichster Annäherung und Kontinuität zwischen der eschatologischen Vollendung und der geschichtlichen Praxis der Hoffnung. Diese Annäherung wird erreicht durch eine stärkere Hereinnahme der Vollendung in den Erfahrungs- und Wirkbereich menschlicher Geschichte, etwa durch eine erneute „Auffüllung" der abstrakten Zielangaben, durch Aktivierung der ganzheitlichen biblischen Symbole wie „Reich Gottes", die dann nicht nur die *Wirklich*keit des sich offenbarenden, sondern ebensosehr die *Wirksam*keit des handelnden und vollendenden Gottes umschreiben. Umgekehrt wird die Geschichte schon immer auf ihre eschatologische Vollendung hin geöffnet; die Prolepse in Person und Praxis Jesu, im Geschehen der Auferweckung und in der neuen Existenz des Gerechtfertigten erlaubt, von einem schon eschatologisch qualifizierten Subjekt auszugehen und dessen Handeln im individuellen wie im sozial-gesellschaftlichen Bereich als anfanghafte Realisierung der eschatologischen Vollendung zu verstehen. Der Verheißungshorizont verbleibt damit nicht in einer Ausständigkeit, in die hinein er sich vor der weiterrückenden Geschichte immer wieder entzieht, sondern er ragt bereits in den Entwurf und die Praxis der Hoffnung herein. Mit dieser Alternative sind die Nachteile eines qualitativen Unterschiedes und Gegensatzes zwischen Vollendung und Geschichte vermieden; die Grenze verläuft nicht mehr am Rand der individuellen Lebensgeschichte oder der gesellschaftlichen Entwicklung und Veränderung, sondern geht jetzt mitten durch die Existenz des einzelnen und die gegenwärtigen gesellschaftlichen Entscheidungen hindurch. Der alte Äon wird durch den neuen abgelöst, wo immer der Anstoß Jesu aufgegriffen und weitergeführt wird, wo sich zeichenhaft menschliche Befreiung und gesellschaftliche Versöhnung verwirklichen. Nur muß sich diese Alternative selbstkritisch fragen, ob sie dafür nicht die qualitative Differenz zwischen Gottes Vollendung und menschlicher Geschichte abgetragen habe, ob nicht der bleibende ontologische Unterschied zwischen Gott und Mensch sowie der radikale soteriologische Unterschied zwischen der Freiheit als Gabe Gottes und der Freiheit als Werk des Menschen in einer mehr oder weniger analogen Annäherung von der Zukunft her aufgehoben wird.

b) Typen der Vermittlung zwischen eschatologischer Vollendung und menschlicher Geschichte

Zwischen den vorgestellten Grenztypen, einer inkommensurablen Diskontinuität und einer organischen Kontinuität, sind die meisten Versuche anzusiedeln, die heute in der Theologie zu unserem Problem angestellt werden. In Hinsicht auf die ethische Bedeutung der Eschatologie soll einerseits die eschatologische Perspektive das jetzige geschichtliche Handeln des Menschen betreffen und bestimmen und soll umgekehrt dieses Handeln sich auf die qualitative Neuheit der verheißenen Zukunft hin offenhalten. Ausgehend von einer transzendentalen Anthropologie wird (z.B. bei Rahner) das Verhältnis des Menschen zur Zukunft analog seinem Weltverhältnis interpretiert. Wie der Mensch in seiner Welterkenntnis und in seiner Freiheit im Ausgriff auf einzelne Erkenntnisse oder Entscheidungsziele immer schon einen übergreifenden Horizont der Wirklichkeit bzw. der Wahrheit und des erstrebten Glücks durch alle kategorialen Gegenstände hindurch anzielt, so geht auch die Zukunftsbewegung des Menschen nicht in einzelnen innerweltlichen und machbaren Zielen auf, sondern bringt ihn vor eine *absolute Zukunft.* Gott als der letzte Grund dieser Transzendenz begegnet hier nicht mehr als gründendes Geheimnis der Welt in einem geschichtslosen Sinn, sondern als die Erfüllung des steten geschichtlichen Aufbruchs des Menschen; bildlich ist von der Verlagerung Gottes von „oben" nach „vorn" gesprochen worden (Metz). Diese Sicht vermag die bleibende Offenheit des Menschen über alle je erreichten weltlichen Zukunftsziele und -entwürfe hinaus zu begründen, ohne aber diese Zielsetzungen abzuwerten, sondern indem sie diese in einem positiven Sinn auf die absolute Zukunft hin relativiert, d.h. in Beziehung setzt. Sie läßt aber im unklaren, ob und wie diese Ziele in die absolute Zukunft eingebracht und in ihr aufgehoben sind; höchstens versteht sie den Menschen als das Subjekt, das auf diesem Weg sich selber verwirklicht und in solcher Zeitigung seine endgültige Identität findet. Kritisch wird dieser Sicht vorgehalten, daß sie die Verflechtung der einzelnen Person mit der Gesellschaft durch eine nur numerische Multiplizierung oder durch vereinfachte zwischenmenschliche Beziehungen erreicht, die die politische Dimension des Menschen und der eschatologischen Verheißung nicht abdecken.

Auf eine ähnlich formale Weise wird das Verhältnis mit dem sog. *„eschatologischen Vorbehalt"* umschrieben: der Beitrag christlicher Hoffnung auf die verheißene Vollendung hin besteht hier noch in einer negativen Abgrenzung. Zwar entspricht dieser Berufung des Menschen zu einer weltlich nicht zu schaffenden Erfüllung eine echte Geschichte menschlicher Freiheit und Entscheidung. Aber es wird nicht genügend einsichtig, wie die auf die absolute Zukunft bezogene Entscheidung sich zu den anderen innergeschichtlichen, auch zu den utopie-orientierten Entscheidungen des Menschen verhält. Gewiß ist es nicht gering zu veranschlagen, daß dieser Verheißungshorizont eine entdämonisierende und entgötternde Freiheit schenkt, die den glaubenden und hoffenden Menschen davon befreit, sich instrumental und funktional für individuelle oder kollektive Zukunftsentwürfe oder Utopien verbrauchen und versklaven zu lassen. Die Anmeldung des „eschatologischen Vorbehalts" im Pluralismus und im Wettbewerb um eine totale Erfüllung menschlicher Erwartungen macht das öffentliche Zeugnis der „Kirche als Instanz gesellschaftskritischer Freiheit" (Metz) aus. Dennoch ist bei dieser Sicht einer „Eschatologia negativa" eher gesagt, was menschliche Geschichte und Zukunftsgestaltung *nicht* leisten kann, als was sie zur einen unteilbaren Vollendung positiv einbringt.

Je mehr die Abstraktion „absolute Zukunft" sich an den gefüllten Symbolworten und -bildern der *biblischen Verheißung* orientierte, desto größere Inhaltlichkeit nahm sie an: mit „Reich Gottes" tritt mehr in den Blick als die reduzierte Beziehung des sich offenbarenden Gottes zum Menschen in der „visio beatifica", nämlich ein in seiner Ganzheit erlöster und befreiter Mensch, die Erfüllung seiner personalen Beziehungen, die Überwindung der Unrechts- und Unfreiheitsstrukturen der jetzigen Gesellschaft, die Entmachtung des Todes (Symbolworte „Auferstehung des Fleisches", „neue Erde"). In diese Richtung weisen auch die christlichen und die säkularisierten Utopien der Zukunft, die Hoffnung auf den neuen Menschen, auf Gerechtigkeit und Freiheit. Christliche Eschatologie hat hier versucht, einerseits der theo-zentrischen Einseitigkeit des „Reiches Gottes" ein konkretes und ganzheitliches Subjekt gegenüberzustellen, den Menschen in seiner leiblich-weltlichen und gesellschaftlichen Totalität. Andererseits hat die christliche Eschatologie die säkularisierte Vision der neuen Erde oder der gerechten Polis aufgenommen und in ihr eine latente oder ausgesprochene Transzendenz freigelegt: „Reich Gottes" läßt sich nicht zertrennen in einen weltlosen Gott und in eine gottlose Welt, am wenigsten in der Gestalt eschatologischer Vollendung. Vor allem wird von einer ganzheitlichen Zukunft her die Gegenwart nicht nur in der punktuellen Existenz des einzelnen Menschen angesprochen, sondern in der Komplexität, wie sie durch den Einbezug der menschlichen Gesellschaft und ihrer Strukturen gegeben ist. Hoffnung kann sich entsprechend nicht nur als individuelle Entscheidung oder als private Nächstenliebe verwirklichen, sondern greift verändernd auf die Verhältnisse und Ordnungen aus. Für diese Ausweitung hatte zwar die kosmologisch universale Vision Teilhard de Chardins vorgearbeitet; wenn seine Sicht auch das Verdienst für sich hatte, daß sie die Zukunft des Menschen mit der Entwicklung der Natur und des Kosmos verband, so schwächte sie doch den freiheitlich-geschichtlichen Charakter dieser Bewegung ab, ebnete die Gebrochenheit der Geschichte durch menschliches Scheitern und durch das Leiden ein und näherte die Geschichte auf problematische Weise an den naturhaften Evolutionsprozeß an.

Für die protestantische Theologie war die Ausgangslage anders als für die katholische, die von Haus aus im Verhältnis zwischen Offenbarung und menschlicher Vernunft und Freiheit eine größere Entsprechung angenommen hatte

(Natur–Gnade, Profangeschichte–Heilsgeschichte). Protestantische Theologie sah in diesem Verhältnis noch stärker den hamartiologischen Gegensatz von Rechtfertigung und Sünde, Geist und Fleisch, Leben und Tod. Ohne diesen Kontrast abzuschwächen, versuchte aber W. Pannenberg, zwischen der *eschatologischen Antizipation* in Jesus Christus und der Vollendung einen Bezug herzustellen und darin den Raum menschlicher Freiheit und Geschichte offenzuhalten. Die Erweiterung eines vorher sprachlich reduzierten Offenbarungsverständnisses auf die Geschichte ermöglichte eine Verständigung mit der Geschichtlichkeit des Menschen überhaupt. Die bei jeder geschichtlichen Entscheidung intendierte und antizipierte Ganzheit begegnet demnach im eschatologischen Geschichtsverständnis des Glaubens einer Erfüllung, die sie selber nicht erzwingen, wohl aber aufnehmen kann.

5. *Das Subjekt eschatologisch orientierter ethischer Praxis*

In einer letzten Überlegung soll vom Subjekt gesprochen werden, wie es sich im Licht einer eschatologisch orientierten Ethik zeigt. Hatte der Ausfall der eschatologischen Dimension zu einem abstrakten und ungeschichtlichen Verständnis seiner Freiheit geführt, dürfte umgekehrt die wiedergewonnene Erhellung des eschatologischen Horizonts auch ein verändertes Verständnis der Freiheit mit sich ziehen.

In einer Ethik der naturhaften Finalität vollzog sich die Zielsetzung und -verwirklichung zwar nicht an der Erkenntnis und Freiheit des Menschen vorbei, doch orientierten sich diese weitgehend an der vorgegebenen Natur und ihrer Bestimmung, die selber nicht noch einmal Gegenstand der Freiheit war. In einer eschatologisch orientierten Ethik ragt aber als Zukunft nicht nur die ausgereifte Vergangenheit in die Gegenwart herein, sondern eine Möglichkeit, die über die Ansätze der Vergangenheit hinausführt und aus diesen nicht abgeleitet werden kann: das eschatologische Novum ist etwas qualitativ anderes als das von der Herkunft her verlängerte Futurum. Dem Subjekt ist darum eine andere Aufgabe gestellt als die bloße Erreichung des vorgespannten Zieles, nämlich die Überschreitung seiner bisherigen Faktizität *und* seiner bisherigen Möglichkeiten. Es ist zu größerer Freiheit herausgefordert, weil es nicht nur jetzige Möglichkeiten in die Verwirklichung überführen muß, sondern weil es sich selber zu neuen Möglichkeiten gefordert und befreit sieht.

Zu dieser qualitativen Neuheit des Subjekts der Freiheit tritt auch eine Ausweitung seiner Verantwortung, wie sie der universalen eschatologischen Vollendung entspricht. So kann es hinter der Verheißung der „Auferstehung des Fleisches" nicht in spiritualistischer Verkürzung zurückbleiben, sondern sieht sich in seiner menschlichen Ganzheit angesprochen; die Leibhaftigkeit läßt sich nicht als dienendes Mittel zum Zweck einer abstrakten Beatitudo abwerten, sondern gehört integrierend zum unverzichtbaren Bestand der menschlichen Person. Weil sich die „Symbolwirklichkeit" „Reich Gottes" nicht individualisieren läßt in die Summe der einzelnen Menschen, erlangt das Verhältnis zum Nächsten mehr Bedeutung als diejenige einer sittlichen Bewährung und Gebotserfüllung, sondern realisiert schon jetzt eine bleibende Dimension eschatologischer Existenz. Dies gilt dann auch von jenen Sozialbezügen, die nicht auf einfache zwischenpersonale Beziehungen reduzierbar sind, sondern sich in komplexen gesellschaftlichen Strukturen organisieren; sie bilden nicht nur den Rahmen, innerhalb dessen sich Glaube und Liebe zu betätigen haben, an dem der Gehorsam gegenüber dem Willen Gottes konkret wird, sondern diese gesellschaftliche Verflechtung selber gehört dann in einem umfassenden Sinn zur Personwelt, die von der Verheißung aufgeboten ist. Christliches Ethos kann nicht an dieser Verflechtung vorbei- oder aus ihr herausführen, sondern muß sie in die unteilbare eschatologische Berufung einbeziehen.

Wenn bisher wiederholt vom eschatologischen Verheißungshorizont auf das neue Subjekt des Handelns zurückgeschlossen wurde, dann ist nicht nur eine logische Gedankenfolge eingehalten worden, sondern darin sollte auch die Konstituierung der neuen Subjektivität aus der Verheißung selber hergeleitet werden. Von der Verheißung geht primär nicht ein überforderndes Gesetz aus, dem der Mensch als Kreatur und erst recht als Sünder nie gewachsen ist, sondern sie erweist sich darin als evangelische Verheißung, daß sie dem Menschen die neue Freiheit als Gabe zuspricht und schenkt. Wenn schon die traditionelle Ethik der übernatürlichen Berufung des Menschen zur Anschauung Gottes die ebenso gnadenhafte Befähigung der „eingegossenen Tugenden" entsprechen ließ, dann gilt dies auch von einer eschatologisch orientierten theologischen Ethik. Jetzt wird allerdings die Hoffnung nicht nur eine unter den verschiedenen Befähigungen des Menschen zu adäquatem Handeln sein, sondern zur bestimmenden Struktur der neuen Freiheit werden: Glaube und Liebe als Hoffnung (Kerstiens). Die paulinische *Pneumatologie* führt beispielhaft über die Alternative eines ethisch-indifferenten Enthusiasmus und einer überfordernden Gesetzlichkeit hinaus: das Pneuma verleiht dem Glaubenden antizipativ die neue Freiheit als Gabe, legt sich aber auch verantwortlich im Wandel im Geist und in Früchten des Geistes aus. Es scheint nicht überflüssig, bei der Ausweitung und der differenzierten Konkretisierung, in welcher vom neuen Handeln des Menschen im gesellschaftlichen Kontext gesprochen wird, an diese begründende Ermöglichung zu erinnern.

Die bis in die eschatologische Vollendung hinein und von ihr her durchgehaltene soziale Struktur des Heils bedingt noch eine letzte Bestimmung des Subjekts: es kommt nur dann richtig in den Blick, wenn wir darin nicht nur den einzelnen in seinem sozialen und gesellschaftlichen Bezug sehen, sondern wenn wir die Gemeinschaft der Glaubenden, die *Kirche*, als ganzheitliches Subjekt des eschatologisch orientierten Handelns verstehen. Damit soll nicht etwa das ethische Handeln des einzelnen verkirchlicht werden, sondern eher umgekehrt die Kirche aus ihrer hypostasierten Abstraktheit heraus an die konkrete Zeugenschaft der Hoffnung und der eschatologischen Freiheit herangeführt werden. Es kann dem Selbstverständnis und der Selbstverwirklichung der Kirche nur gedeihlich sein, wenn sie ihr Handeln nicht aus einem vorgegebenen insitutionellen Sein ableitet, sondern wenn sie dieses Sein von der eschatologischen Verheißung und Berufung und von ihrer Sendung her neu gewinnt. Nicht die Kirche bestimmt, was das Reich Gottes und das ihm gemäße Ethos sein soll, sondern vom Reich Gottes und dem darauf hinführenden und umgestaltenden Ethos her wird deutlich, was die Kirche in ihrer Sendung (Rütti) sein soll. Wenn vorher auf die Priorität der evangelischen Ermöglichung vor der Forderung Gewicht gelegt wurde, gilt dies auch von der Kirche als ganzer: sie soll in ihrer Mitte und im Raum der Öffentlichkeit nicht nur die Kritik und die Forderung nach Veränderung zur Sprache bringen, sondern soll zuvor die Verheißung und die geschenkte Gabe der neuen Freiheit dankbar bezeugen. Die Verheißung und die Forderung der Freiheit sind aber nur glaubwürdig aus dem Mund einer solchen Kirche, die selber zuvor als antizipierte und zeichenhafte Verwirklichung solcher Freiheit sichtbar wird, als die Gemeinschaft der „ersten Freigelassenen der Schöpfung" (Moltmann).

Literatur

G. Bauer, Christliche Hoffnung und menschlicher Fortschritt. Die politische Theologie von J. B. Metz als theologische Begründung gesellschaftlicher Verantwortung des Christen (Mainz 1976) (Lit.).
G. Gutiérrez, Theologie der Befreiung (Mainz – München 1973).
J. B. Metz, Glaube in Geschichte und Gesellschaft (Mainz 1977).
J. Moltmann, Theologie der Hoffnung (München 1964).
K. Rahner, Zur Theologie der Zukunft (dtv WR 4076) (München 1971).
G. Sauter, Zukunft und Verheißung (Zürich 1965).
D. Wiederkehr, Perspektiven der Eschatologie (Zürich 1974) (Lit.).

Dietrich Wiederkehr

IV

Die Kategorie der Versöhnung

In der christlichen Ethik der Gegenwart spielt der Begriff der Versöhnung eine entscheidende Rolle. Dies zeigt sich in eindrucksvoller Weise dort, wo beispielsweise zu ökumenischen Fragen und politischen Problemen Stellung genommen wird[1].

An der Verwendung des Versöhnungsbegriffs läßt sich zudem ablesen, wie stark er für die Begründung christlichen Handelns, für die Wahrung von dessen Identität und Zielorientierung in Anspruch genommen wird. Es ist keineswegs übertrieben, wenn daraus die Konsequenz gezogen wird, daß der Kategorie der Versöhnung die Funktion zuerkannt wird, in einer umfassenden Weise christlich-ethisches Denken und neuzeitliche Lebenswirklichkeit aneinander zu vermitteln.

Dennoch hat gerade diese besondere Betonung der Versöhnung in der christlichen Ethik auch eine spezifische Problematik hervortreten lassen: in welchem Maße es nämlich möglich ist, aus den Einsichten in die Struktur der Versöhnung operationalisierbare Konzeptionen zu entwickeln. Es gibt ja gegenwärtig eine vornehmlich aus der Religionssoziologie hervorgehende Strömung, die das Praktischwerden der Religion unter den Bedingungen unserer Gesellschaft kaum bzw. überhaupt nicht mehr für möglich annimmt[2]. Dies würde dann in vollem Umfang auch auf das Christentum zutreffen; und in der Tat scheint die mancherorts ausgeprägte Neigung in der Theologie, der Ethik mit mehr Skepsis als Zustimmung zu begegnen, mit jener Annahme zu korrespondieren. Der Vorbehalt gegen die Ethik, die von Hause aus eine praktische Wissenschaft mit stark integrierenden Tendenzen ist, äußert sich dann in der besorgten Frage, ob sie sich noch im Rahmen theologischer Kompetenz bewege oder sich nicht bereits aus diesem Rahmen herausbewegt habe[3].

Im folgenden geht es darum, den mit der Kategorie der Versöhnung umschriebenen Integrationsansatz in seinen Grundzügen darzustellen. Dabei ist 1. unter theologiegeschichtlich-systematischem Gesichtspunkt der Herkunft

---

[1] Vgl. dazu *A. Boyens*, Die Stellung der Ökumene und der Bekennenden Kirche zum Problem von Krieg und Frieden, in: *W. Huber* (Hrsg.), Kirche zwischen Krieg und Frieden (1976) 423ff., bes. 456ff.; ferner *H. Schulze*, Ethik im Dialog (1973) 137ff.

[2] Vgl. dazu *T. Luckmann*, Religion in der modernen Gesellschaft, in: *J. Wössner* (Hrsg.), Religion im Umbruch (1972) 3–15; *F. H. Tenbruck*, Wissenschaft und Religion, in: ebd. 217–244; *R. Döbert*, Systemtheorie und die Entwicklung religiöser Deutungssysteme (1973), bes. 132ff.

[3] Aus der Fülle von Beispielen sei hier nur hingewiesen auf *G. Sauter*, Die systematische Theologie, in: *W. Lohff–F. Hahn* (Hrsg.), Wissenschaftliche Theologie im Überblick (1974), bes. 52f.; *R. Schäfer*, Der evangelische Glaube (1973) 18; *M. Honecker*, Konzept einer sozialethischen Theorie (1971); *ders.*, Christlicher Beitrag zur Weltverantwortung (1971) 39ff.

des Versöhnunganssatzes und dessen Weiterentwicklung nachzugehen; 2. die Funktion zu beschreiben, die der Begriff der Versöhnung im Selbstverständnis des gegenwärtigen Christentums zugewiesen bekommt; 3. zu fragen, was die Kategorie der Versöhnung für den praktischen Vollzug der Ethik zu leisten in der Lage ist.

1. Versöhnung als Begründungskategorie theologischer Ethik

Christologie darf weder auf die historische Person Jesu in ihrer Zeit noch auf den zeitlos ewigen Gottessohn beschränkt werden. Um für die heutige Welt relevant zu sein, muß sie auch den Christus praesens einschließen[4]. Nur dann ist eine Interaktion von empirischer Wirklichkeitserfahrung und theologischer Interpretation sinnvoll und möglich. Dies wird besonders deutlich in der Lehre vom Werk Christi, also in der Versöhnungslehre.

Ihren vorrangigen Ort hat die Versöhnungslehre in der Dogmatik. In ihr geht es um die Beziehungen zwischen dem in Kreuz und Auferstehung Jesu Christi manifest werdenden Versöhnungswillen Gottes und dem Menschen in der von ihm mit seinem Wissen und seiner Technik durchwalteten und gestalteten geschichtlichen Welt[5].

Die Versöhnungslehre entfaltet ihren Gegenstand so, daß dabei das Exemplarische der Geschichte Jesu für das Geschehen in der erfahrbaren Wirklichkeit erkennbar wird. Für die hier verfolgte integrationswissenschaftliche Fragestellung ist dieser Einbezug der erfahrbaren geschichtlichen Wirklichkeit in den universalen Horizont der Geschichte Jesu belangvoll. Ohne für die Begründung eines theologischen Engagements an ihr theoretische Konstrukte in Anspruch nehmen zu müssen, erlaubt das Hineingenommensein der historischen Wirklichkeit in den durch die Verheißung der Wiederkunft des auferstandenen Jesus Christus eröffneten weltumspannenden Wirklichkeitszusammenhang, daß die Besonderheit der historischen Situation in den Blick kommt.

Es ist dann nicht nur eine ihr definitiv zuzuerkennende Christlichkeit oder Unchristlichkeit, welche sie theologisch relevant werden läßt. Vielmehr gibt es im Ausblick auf die noch nicht abgeschlossene Geschichte Jesu keine Epoche der christlichen Kulturgeschichte, an deren objektivem Bestand nicht auch wirkungsgeschichtliche Kräfte mitbeteiligt sind, die aus dem Interaktionsfeld von

---

[4] Vgl. *W. Pannenberg*, Grundzüge der Christologie (²1966) 413.

[5] Siehe dazu den historischen Abriß von *J. Auer*, Das Evangelium der Gnade (Kleine katholische Dogmatik V) (²1970) 21–35; ferner *R. Lachenschmid*, Christologie und Soteriologie, in: *H. Vorgrimler – R. Vander Gucht* (Hrsg.), Bilanz der Theologie im 20. Jahrhundert III (1970) 82–118. Am Beispiel Amselns von Canterbury zeigt *G. Greshake*, Erlösung und Freiheit, in: ThQ 153 (1973) 323–345, sehr schön die Interaktion zwischen Wirklichkeitserfahrung und Glauben.

christlichem Glauben und Wirklichkeitserfahrung hervorgehen. Andererseits kann vor dem Eschaton keiner Epoche zugesprochen werden, bereits die volle Verwirklichung des Christlichen darzustellen[6]. Vielmehr führt die Aufnahme des historisch Partikularen in das umgreifende Ganze der Geschichte Jesu zur Konzentration auf das faktisch Daseiende, welches jetzt zum konkreten Raum dafür wird, daß die im Christusgeschehen manifest werdende Versöhnung auch in den Strukturen des in ihm ablaufenden Geschehens exemplarische Bedeutung gewinnt. Die eschatologische Perspektive gibt darüber hinaus den Blick für Entwicklungen frei, die über die eigene Situation bereits hinausweisen und an denen ebenfalls Kräfte mitwirken, die aus dem Interaktionsfeld von Glauben und Geschichte stammen.

Die Ethik knüpft an die dogmatische Entfaltung des mit dem Begriff der Versöhnung umschriebenen Sachverhaltes an. Sie thematisiert vor allem die Bedeutung der Versöhnung für das menschliche Handeln.

Theologiegeschichtlich belangvoll ist dabei der im 19. Jahrhundert beginnende Prozeß, in dem der Zusammenhang von Versöhnung und Sittlichkeit untersucht und dargestellt wird. Auf dem Gebiet der Ethik findet nun die Interaktion von Auslegung der Geschichte Jesu und Wirklichkeitserfahrung ihren wirkungsgeschichtlich folgenreichen Ausdruck.

Dieser Vorgang läßt sich nur angemessen würdigen, wo Eigenart und Entwicklung dieses Jahrhunderts im Auge behalten werden. Es ist durchdrungen von dem Bewußtsein, die Schwelle zu einer neuen menschheitsgeschichtlichen Entwicklung überschritten zu haben, in der die Zukunft von den Leistungen des Menschen gestaltet wird. Der Wille zur Zukunft ist das beherrschende Thema. Die wesentliche Voraussetzung aber, an die er geknüpft ist, stellt die Freiheit dar. In Kunst, Wissenschaft, Technik und Wirtschaft hat sich dieses Jahrhundert darum bemüht, das „Dasein des freien Willens", wie Hegel es formulierte[7], zur Geltung zu bringen.

Ein nachhaltiges Ergebnis dieses Bemühens ist die unaufhaltsame Industrialisierung mit tiefgreifenden sozialen Veränderungen und unmittelbaren Eingriffen in die menschliche Existenz. Gerade an ihr und an den durch sie hervorgerufenen politischen, sozialen und kulturellen Folgen tritt nun aber auch die Ambivalenz jenes Willens zur Zukunft hervor, der in so fundamentaler Weise das Geschichtsbild dieser Epoche geprägt hat. Seit Marx wird dann auch das Bewußtsein von der sich in dauernde Widersprüche verwickelnden Welt des Bürgerlichen und ihrer Philosophie wie Religion in immer neuen Variationen wachgehalten, um letztlich aus dem Horizont eines revolutionären Humanismus deren Veränderungen in Gang zu setzen. Aber auch in dieser Kritik

---

[6] Die Ambivalenz historischer Transzendierungsprozesse betont mit Recht *P. Tillich*, Systematische Theologie III (1966) 392–397; vgl. *P. L. Berger*, Zur Dialektik von Religion und Gesellschaft (1973) 117ff.; bes. *W. Pannenberg*, Christologie 412.

[7] Grundlinien der Philosophie des Rechts (^{4}1955) 45.

ist der freie Wille zur Zukunft ungebrochen wirksam[8]. Wo freilich das Bewußtsein der Freiheit den Glauben an den unaufhaltsamen Fortschritt entband, hat dieses Jahrhundert, z.B. in Kants Vernunftkritik, ebenfalls bereits kritische Gegenkräfte entwickelt[9].

Einen unübersehbaren Rang nimmt in diesem Jahrhundert die Ethik ein. Sein Selbstverständnis, seine Ziele und seine Antriebskräfte finden in ihr den Raum ihrer geistigen Durchdringung. Ein fundamentales Problem stellen dabei die Freiheit, ihr Verhältnis zu der historischen Situation und darin bereits wirksamen Freiheitsvorstellungen sowie die Entwicklung ihr angemessener Zielvorstellungen dar. Innerhalb dieses Problemfeldes findet dann auch die Abklärung des Begriffs der Versöhnung und seine Entfaltung statt. Richtungweisend für dessen Verständnis hat Hegel diesen Begriff in seinem System bereits geformt. Am Schluß seiner Rechtsphilosophie findet sich zusammengefaßt, was er unter Versöhnung begriff. Es ist die Aufhebung des Gegensatzes von Jenseits und Diesseits, von Vorstellung und Wirklichkeit, von geglaubter und in der Wissenschaft frei begriffener Erkenntnis der Wahrheit[10].

Die Theologie nimmt ihrerseits das Thema dieses Jahrhunderts auf. Aber sie handelt es im Rahmen ihrer eigenen Voraussetzung ab. A. Ritschl, dessen große Arbeit über „Die christliche Lehre von der Rechtfertigung und Versöhnung"[11] wegen des von ihm aufgedeckten Zusammenhangs von Versöhnung und Eschatologie wichtige Impulse in die theologische Entwicklung hineingab, faßte gegen Ende des 19. Jahrhunderts zusammen, welchen Intentionen die Theologie weithin folgte. Man wollte die Bewährung des Christentums in der neuzeitlichen Lebenswelt, aber man suchte sie nicht in der „Übereinstimmung mit irgendeiner philosophischen oder juristischen Weltanschauung"; „die Theologie löst ihre Aufgabe, indem sie die christliche Gesamtanschauung von Welt und menschlichem Leben unter der Leitung des christlichen Gedankens von Gott und nach der Bestimmung der Seligkeit des Menschen im Reiche Gottes vollständig und deutlich im Ganzen und Einzelnen und die Notwendigkeit in der Wechselbeziehung ihrer Glieder aufweist"[12].

Diese Aufgabenbeschreibung erfolgt bereits auf dem Hintergrund eines spezifischen Verständnisses der Versöhnung, für das Schleiermacher zu seiner Zeit wesentliche Einsichten erarbeitet hatte. Er definierte Versöhnung als „Auf-

---

[8] Vgl. dazu insbesondere *J. Habermas*, Zwischen Philosophie und Wissenschaft; Marxismus als Kritik, in: *ders.*, Sozialphilosophische Studien ([2]1967) 162–214.

[9] Vgl. dazu *H. Lüthy*, Geschichte und Fortschritt, in: *R. W. Meyer*, Das Problem des Fortschritts – Heute (1969) 1–28; ferner *W. Oelmüller*, Praktische Philosophie im Prozeß der Aufklärung, in: *ders.* (Hrsg.), Fortschritt wohin? Zum Problem der Normenfindung in der pluralen Gesellschaft (1972) 87–135.

[10] Grundlinien der Philosophie des Rechts 297 (§ 360).

[11] *A. Ritschl*, Die christliche Lehre von der Rechtfertigung und Versöhnung, 3 Bde. (1870–74, [2]1888–89).

[12] Ebd. III 24.

genommensein in die Lebensgemeinschaft mit Christo"[13]. Das ist aber auch gleichbedeutend mit neuem Sein. Es findet seine Verwirklichung in der sich stetig vervollkommnenden Personalität des Menschen, die ihr Urbild in der Person Jesu hat[14]. Dieser Prozeß erstreckt sich sowohl auf die zunehmende Erstarkung des Gottesbewußtseins als auch auf das Bewußtsein sittlicher Freiheit[15]. Damit drückte Schleiermacher erneut aus, daß Religiosität sittliche Freiheit bedingt und daß beide durch die Versöhnung auch in diesem Bedingungszusammenhang gehalten werden. Daß hier eine der fundamentalen Einsichten des Jahrhunderts überhaupt vorliegt, machte schließlich M. Kähler deutlich, als er darauf hinwies, „daß Religion der tragende Grund echter Sittlichkeit ist, daß die tiefen Denker recht haben, welche lehrten, die Religion sei es, die den Menschen zum Menschen mache"[16].

Der Versöhnungsbegriff, wie ihn Schleiermacher definierte, hat indessen auch Kritik auf sich gezogen. A. Ritschl vor allem monierte, „daß in der Ausführung der Glaubenslehre nichts weniger zu seinem Rechte kommt als der anerkannte teleologische Charakter des Christentums"[17]. Dieser Einwand bezieht sich auf die eigentümliche Tatsache, daß bei Schleiermacher die Eschatologie in bezug auf die Versöhnung nicht mit thematisiert worden ist. Ritschl wollte diesen Mangel nun dadurch korrigieren, daß er Versöhnung und Reich Gottes aufeinander bezog. Unter Reich Gottes verstand er „die sittliche Organisation des Menschengeschlechts durch das Handeln aus dem Motiv der Liebe". Es ist der von Gott gewollte Endzweck der Welt überhaupt. Voraussetzung für ein solches auf diesen Endzweck bezogenes sittliches Handeln aber ist die Versöhnung. Sie ist im strengen Sinn Befreiung von Schuld, darin aber zugleich Ermächtigung zur „Freiheit über die Welt"[18]. Im weiteren Sinn meint Versöhnung dann jedoch vor allem die Aufhebung der Trennung zwischen dem universalen Endzweck Gottes und den notwendigerweise partikularen Zwecken menschlichen Handelns. Die für Ritschl so zentrale Formel „Freiheit über die Welt" besagt dann, daß durch die Versöhnung die „Universalität jenes Endzweckes des Reiches Gottes" an die „partikularen sittlichen Zwecksetzungen" vermittelt wird[19]. Dadurch wird der Versöhnte instand gesetzt, im Befolgen seiner berufsbedingten Pflichten gleichzeitig den von Gott gesetzten Endzweck mit zu befördern. Allerdings machte Ritschl die Einschränkung, daß der der Versöhnung

---

[13] *F. D. E. Schleiermacher*, Der christliche Glaube, 2 Bde. (^{3}1836) 104 (§ 101). Zum Zusammenhang von Christologie und Ethik bei Schleiermacher s. die auch heute noch gültige Darstellung von *W. Dilthey*, Leben Schleiermachers 2/2 (Gesammelte Schriften XIV/2) (1966) 481ff.

[14] *Schleiermacher*, Der christliche Glaube 23ff., 105ff.

[15] Vgl. dazu *F. D. E. Schleiermacher*, Christliche Sitte, hrsg. von L. Jonas (1843) 31ff.

[16] *M. Kähler*, Dogmatische Zeitfragen (1898) 37.

[17] *A. Ritschl*, Rechtfertigung und Versöhnung III 9.

[18] Ebd. 13. Vgl. auch *ders.*, Unterricht in der christlichen Religion, in: Kleine Schriften, hrsg. von C. Fabricius (1924) 33ff.

[19] *A. Ritschl*, Rechtfertigung und Versöhnung III 482.

im Glauben gewisse Mensch nicht erwarten kann, diesen Endzweck in der von ihm überschaubaren Geschichte überhaupt zu verwirklichen[20]. Vielmehr ist es ein geistiger Bezug, der sich durch die Versöhnung zu dem alle erfahrbare Wirklichkeit übersteigenden Gottesreich eröffnet und der ebenfalls die Position des Christen gegenüber der empirischen Welt konstituiert. Die aus der Versöhnung hervorgehende „Freiheit über die Welt" nimmt so die Form der „Herrschaft des Geistes über die Welt" an[21], die aber „darum, daß sie nicht technisch und empirisch, sondern ideell ist, nicht unwirklich" genannt werden darf[22].

Soll der Versuch gemacht werden, den Begriff der Versöhnung in seinem Bezug zur Ethik, wie er sich aus dieser notwendigerweise knappen Skizzierung herausschält, zu definieren, dann kann gesagt werden, daß Versöhnung der in Jesus Christus geschichtlich gewordene Grund jener sittlichen Freiheit als geistiger Herrschaft über die Natur ist, die den Menschen befähigt und ermächtigt, als ein von Gott bestimmtes Wesen verantwortlich seine Welt zu gestalten.

Was aber war mit dem Versuch, Christentum und neuzeitliche Lebenswelt aneinander zu vermitteln, tatsächlich erreicht worden? Bedurfte es seiner überhaupt noch? Bei aller Würdigung der großen Leistungen gerade Schleiermachers und Ritschls auf dem Gebiet der Christologie kommt beispielsweise W. Dilthey zu dem Schluß, daß der Versuch nicht geglückt ist – und auch nicht glücken konnte. In einem bekenntnisähnlichen Fragment formulierte er mit polemischer Schärfe die Einwände, die sich aus der historischen Situation des 19. Jahrhunderts gegen jenen Versuch ableiten ließen[23]. Angesichts der sich entfaltenden, lebensbestimmenden Macht von Wissenschaft und Technik und im Hinblick auf die unübersehbare Emanzipation vom Christentum ließ er seine Kritik in der Feststellung gipfeln, daß „die christliche Religiosität heute nicht die Wurzel unseres Lebens mehr" sei[24].

Hier bricht eine Differenz auf, deren Erfahrung in der Theologie dazu geführt hat, die Kategorie der Versöhnung neu zu bestimmen. Denn es war ja nicht auszuschließen, daß die Behauptung vom Ende der christlichen Religion selber nur die Folge von Konsequenzen aus christologischen Entwürfen war, die von einem spezifisch religiös-sittlichen Interesse geleitet waren, hingegen das, was sich tatsächlich an Bedeutsamem aus der Geschichte Jesu für den Menschen erheben ließ, noch nicht voll oder überhaupt nicht zur Geltung brachten[25].

---

[20] Ebd. 575ff.
[21] Ebd. 577.
[22] Ebd. 583.
[23] *W. Dilthey*, a.a.O. 589–593.
[24] Ebd. 592. Die Auffassung, daß das Christliche keine bestimmende Wirklichkeit mehr sei, zieht sich auch durch die große Arbeit von *W. Schulz*, Philosophie in der veränderten Welt ([2]1974) 602f. u.a.
[25] Vgl. dazu auch *W. Pannenberg*, a.a.O. 38–44.

2. *Die Versöhnung im Selbstverständnis des gegenwärtigen Christentums*

Soll nun die Funktion beschrieben werden, die der Versöhnungsbegriff im Selbstverständnis des gegenwärtigen Christentums zugewiesen erhält, dann empfiehlt es sich, drei Aspekte deutlich zu unterscheiden. Einmal wird eine solche Beschreibung der Entwicklung neuerer christologischer Entwürfe Rechnung tragen müssen, die gerade von der Kritik an einer bloßen religiös-sittlichen Interpretation der Bedeutsamkeit Jesu bestimmt sind.

Sodann wird darauf geachtet werden müssen, welche Folgerungen daraus für die Ethik – als wissenschaftliche Selbstbestimmung auf die prinzipiellen Grundlagen und Ziele christlichen Handelns – gezogen werden.

Schließlich wird davon wieder zu unterscheiden sein, in welcher Weise die Kategorie der Versöhnung praktische kirchliche Handlungsentwürfe bestimmt.

a) Die Unmöglichkeit, im Zusammenhang dieses Beitrags extensiv auf die Entwicklungen in der Christologie einzugehen, nötigt zur Konzentration auf diejenigen Einsichten, die für die hier verfolgte Frage nach der integrationswissenschaftlichen Bedeutung der Kategorie der Versöhnung belangvoll sind[26]. In dieser Beziehung vermittelt die Kritik an den anthropologischen, weltanschaulichen und geschichtsphilosophischen Prämissen der Interpretation der Person und des Werkes Jesu im 19. Jahrhundert[27] einen überaus wichtigen Hinweis auf die neuen Akzente in der Christologie. F. Gogarten formulierte 1926 die Frage, die fortan die Theologie vorrangig beherrschte, „wie nämlich Jesus selbst in seiner eigenen geschichtlichen Wirklichkeit und nicht nur in einer Deutung gegenwärtig sein kann"[28]. Wenn also in einem heutigen Sinn die Theologie überhaupt in einem integrierenden Bezug gesehen werden soll, dann deswegen, weil der Ausarbeitung neuer christologischer Entwürfe die Annahme zugrunde liegt, daß in der geschichtlichen Wirklichkeit Jesu bereits solche integrierenden Wirkungen vorhanden sind.

Allerdings zeigt der mit dem Begriff der Versöhnung umgriffene Sachverhalt, daß von Integration nur in einem sehr spezifischen Sinn gesprochen werden kann. Sowohl exegetisch als auch dogmatisch wird als Subjekt einer integrierenden Versöhnung Gott selbst hervorgehoben. Der Mensch bleibt ein durch Jesus Christus an diesem Vorgang teilhabendes, aber inaktives Subjekt[29]. Ver-

---

[26] Zu den Entwicklungen der Christologie im 20. Jahrhundert vgl. außer der Lit. Anm. 5 auch *W. Künneth,* Glauben an Jesus? Die Begegnung der Christologie mit der modernen Existenz (1962); ferner *H. Zahrnt,* Die Sache mit Gott (1966); *U. Asendorf,* Gekreuzigt und Auferstanden. Luthers Herausforderung an die moderne Christologie (1971).

[27] Diese Kritik findet sich vorzugsweise in *K. Barth,* Die protestantische Theologie im 19. Jahrhundert (²1952); *R. Bultmann,* Die liberale Theologie und die jüngste theologische Bewegung, in: Glauben und Verstehen I (²1954) 1–25; *F. Gogarten,* Ich glaube an den dreieinigen Gott (1926), bes. 24ff., 126ff.

[28] *F. Gogarten,* Ich glaube 130.

[29] Im Anschluß an Barths Versöhnungslehre hebt diesen Aspekt vor allem *O. Weber,* Grundlagen

söhnung als der durch Gott geschaffene Tatbestand einer völligen Umkehrung „des Verhältnisses zwischen Gott und den Menschen" ist so als „die Herstellung des Friedenszustandes" zu begreifen, in dem Gott seinen Zorn nicht mehr walten läßt[30]. Versöhnung als integrierende Wirkung der geschichtlichen Wirklichkeit Jesu meint dann die Hereinnahme des schuldigen Menschen in den alles überspannenden Gottesfrieden.

Bleibt die Versöhnung ein Geschehen, das die eigenen Möglichkeiten des Menschen übersteigt, so ist sie zugleich aber auch der Grund einer Freiheit, die den versöhnten Menschen zu einer spezifischen Existenz in der Welt befähigt. Diese Freiheit ist das große Ziel des Handelns Gottes an dem Menschen durch und in der Versöhnung[31]. Sie ist der Ertrag der uns widerfahrenden Erlösung[32].

Diese in der Versöhnung gründende Freiheit stellt im weiteren das Bindeglied dar, über das die Versöhnung sich an die Welt des Menschen vermittelt. Das geschieht vornehmlich in der Weise, daß sie zur Nächstenliebe verpflichtet, mithin eine spezifische Form des Dienens begründet[33]. Überhaupt spielt im Zusammenhang des an der Christologie gewonnenen Freiheitsverständnisses die Absage an ein privatistisch-bürgerliches Mißverständnis christlicher Freiheit ebenso eine unübersehbare Rolle[34], wie positiv das In-Dienst-genommen-Werden durch den über unser Leben Macht gewinnenden Christus als besonderes Merkmal christlicher Existenz betont wird[35].

b) In der theologischen Ethik stellt die Versöhnung einen wesentlichen Bestandteil ihrer anthropologischen Grundlagen dar; an eine Entfaltung ihrer Themen kann sie überhaupt nur herangehen, weil und insofern sie das Geschehen der Versöhnung als eine den handelnden und in diesem Handeln schuldig werdenden Menschen zutiefst betreffende Macht voraussetzt[36]. Dabei entsteht aber das Problem, ob und gegebenenfalls in welcher konkreten Hinsicht der durch die Versöhnung im Glauben veränderte und zur Freiheit ermächtigte Mensch auch sein Handeln in der Welt verändert, mithin welche Gestalt der Dienst der Christen annehmen soll und ob sich für ihn objektive Maßstäbe ent-

---

der Dogmatik II (1962), bes. 226ff., hervor. Anders beurteilt die katholische Dogmatik die Frage der menschlichen „positiven Vorbereitung" auf die Gnadentat Gottes. Vgl. dazu *J. Auer*, a.a.O. 87ff. Zum Ganzen s. auch die von *J. Ratzinger*, Einführung in das Christentum (1968) 197–221, angestellten Überlegungen zu den „Strukturen des Christlichen".

30 *R. Bultmann*, Theologie des Neuen Testamentes ([5]1965) 286f.

31 Vgl. dazu *H. Schlier*, Der Brief an die Galater (Meyer K 7) ([11]1951) 168.

32 *W. Trillhaas*, Dogmatik ([3]1972) 301.

33 So z.B. *H. Schlier*, a.a.O. 176.

34 Siehe dazu *W. Pannenberg*, a.a.O. 272f., 388ff.

35 So vor allem *E. Käsemann*, in: EVB 2 (1965) 187ff.

36 Trotz aller Unterschiede und auch Gegensätzlichkeiten wird diese Grundübereinstimmung z.B. deutlich an *W. Elert*, Das christliche Ethos (1949) 249–257; *H. Thielicke*, Theologische Ethik 2/1 (1955) 35–39; *E. Wolf*, Sozialethik (1975) 44–59; dort auch eine Auseinandersetzung mit katholischen Positionen.

wickeln lassen. Herkömmlicherweise wird dieses Problem in der Lehre von Gesetz und Evangelium und in der Lehre von der Heiligung behandelt. E. Wolf hat jedoch durchaus zutreffend beobachtet, daß damit die Stelle bezeichnet ist, „an der immer wieder in der Spannung zwischen reformatorischem Ansatz und der Frage nach der erfahrbaren Wirklichkeit des christlichen Lebens Krisen des Protestantismus entstanden sind und entstehen“[37].

Angesichts dieser Sachlage stellt sich die Frage, inwiefern es nicht überhaupt angezeigt ist, auf die Ausarbeitung einer „Ethik des Tuns“[38] zu verzichten und sich statt dessen ganz auf das sich nur dem Glauben erschließende Versöhnungsgeschehen als den Grund sittlich relevanten Handelns zu konzentrieren[39]. Damit läßt sich wohl der Gefahr begegnen, die durch die Versöhnung erschlossene Freiheit erneut unter den Zwang ohnehin nur geschichtlicher normativer Handlungsimperative zu stellen[40]. Das Problem aber, wie sich solche Freiheit zur Welt – und zwar zur heutigen – und zum Handelnmüssen in ihr verhält, in welchem Sinne sie also die Welt betrifft, ist dadurch noch nicht gelöst[41]. Es spricht überhaupt vieles dafür, daß die Übertragung exegetischer und dogmatischer Erkenntnisgehalte auf die Ebene einer Handlungssituationen und deren Bedingungen mitbedenkenden Ethik Schwierigkeiten eigener Art aufwirft, die einer ihre Probleme und Fragestellungen oft nur traditionalistisch reproduzierenden Theologie allzu häufig aus dem Blick kommen. Auch der gegenwärtig unternommene Versuch, eine Theorie des Christentums zu entwickeln, hat zwar den unschätzbaren Vorteil, Einseitigkeiten der Säkularisierungstheorie dadurch zu korrigieren, daß der Zusammenhang von Christentumgeschichte und neuzeitlicher Gesellschaftsentwicklung wieder sichtbar wird[42]. Aber damit ist zunächst nur gewonnen, daß christlicher Glaube und moderne Gesellschaft vor allem mittels einer religionssoziologischen Begrifflichkeit wieder aneinander vermittelt werden. Was es jedoch darüber hinaus heißt, das „religiöse und sittliche Bewußtsein der Freiheit selbständig in den Institutionen des Lebens und im Verhältnis zu ihnen zur Geltung“ zu bringen[43], dies eben bleibt nach wie vor ein Problem, dem mit Hypothesen allein nicht beizukommen ist, auch wenn sie aus der Logik einer übergeordneten Theorie abgeleitet werden.

c) In dieser Beziehung umschreibt die Kategorie der Versöhnung ein breites

---

37 *E. Wolf*, a.a.O. 18.

38 *F. Gogarten*, Verhängnis und Hoffnung der Neuzeit (1953) 214.

39 *Gogarten* versucht, ebd. 189–216, eine solche Konzentration auf dem Hintergrund des Rechtfertigungsverständnisses Luthers als sachlich zwingend zu begründen.

40 Vgl. dazu *W. Trillhaas*, a.a.O. 301; *E. W. Böckenförde*, Kirchliches Naturrecht und politisches Handeln, in: *F. Böckle–E. W. Böckenförde* (Hrsg.), Naturrecht in der Kritik (1973) 121ff.

41 Trotz der besonderen Hervorhebung wird dies auch bei *O. Weber*, a.a.O. II 213f., nicht deutlich.

42 Dazu bes. die Arbeiten von *T. Rendtorff*, Theorie des Christentums (1973); *ders.*, Gesellschaft ohne Religion? (1975). Gegen die von Rendtorff u.a. vorgetragene Kritik an der Säkularisierungstheorie vgl. *P. L. Berger*, a.a.O. 115ff.

43 *T. Rendtorff*, Theologie oder Prophetie?, in: *A. Rich–T. Rendtorff* (Hrsg.), Humane Gesellschaft. Beiträge zu ihrer sozialen Gestaltung (1970) 138.

Spektrum von Aussagen, die sich sowohl auf den Bereich ökumenischer Kommunikation und Kooperation als auch auf die Stellung und Aufgabe der Kirche in der heutigen Welt erstrecken. Integrative Prozesse werden hier, wo Interaktionen zwischen Institutionen und Systemen in den Blick kommen, anschaulich. Das, worum es im Zusammenhang mit Versöhnung in der heutigen ntl. Exegese, der Dogmatik und auch in der Ethik geht, nämlich um die Begründung christlicher Freiheit *und* christlichen Dienstes im Alltag der Welt, findet auf diesem Feld aber auch seinen durchaus spannungsreichen Ausdruck[44].

Vor allem verdient ein Tatbestand hervorgehoben zu werden. Die christliche Tradition stellt Versöhnung und Schuld in einen unauflöslichen Zusammenhang; das Bekenntnis zu Jesus Christus, dem Erlöser und Versöhner, ist eben in dieser allen Kirchen gemeinsamen Tradition untrennbar mit dem Bekenntnis der Schuld verbunden. Dies hat nach dem Zweiten Weltkrieg seine weitreichende Bedeutung in den kirchlichen Schuldbekenntnissen bekommen[45]. J. Moltmann spricht in diesem Zusammenhang zutreffend von „öffentliche(n) Manifestationen der befreienden Gottesgerechtigkeit und der Umkehr zu einer neuen, anderen Zukunft“[46]. Manifestationen sind nicht einfach nur folgenlose Bekundigungen für den Augenblick, sondern sie haben „eine erschütternde, umwandelnde und erlösende Kraft“[47]. Die Geschichte wird durch sie nicht ausgelöscht, aber sie bekommt einen neuen Sinn. Die Versöhnung erschließt Verantwortung gerade auch insoweit, als sie zur Reflexion auf schuldhaftes Verhalten in der Geschichte des Christentums auffordert. Dies ist der eigentliche Grund für die Formel vom öffentlichen Wächteramt der Kirche und nicht, wie oft geargwöhnt wird, eine angemaßte Position des Hineinredenwollens auch in die Dinge des politischen und gesellschaftlichen Miteinanderlebens. Präziser formuliert, ist es die Versöhnung, die die Kirche zur politischen Diakonie verpflichtet. Der „Dienst am Menschen in Liebe und Versöhnung“ ist aber kein Ersatz für die Lösung politischer Aufgaben. Die Kirche kann sie nur als „mitgestaltende Faktoren so geltend“ machen, „daß auch die politische Vernunft sie als unentbehrlich erkennt“[48].

---

[44] Nachhaltige Impulse auf die Neuformung des Dienstverständnisses sind von *K. Barth* ausgegangen; vgl. bes. Christengemeinde und Bürgergemeinde (1946), in der bereits der Interaktionsaspekt in den Definitionen des Staates und der Kirche auftaucht. Staat und Kirche sind institutionell separiert, interagieren aber funktional, ebd. 7ff. Nachwirkungen bei *E. Wolf*, a. a. O. 226ff.; ebenso bei *H.-D. Wendland*, Die Kirche in der modernen Gesellschaft ([2]1958) 13ff., 152ff.; *ders.*, Einführung in die Sozialethik ([2]1971) 50ff.

[45] Vgl. dazu *A. Boyens*, Die Stellung der Ökumene 456ff.; *ders.*, Das Stuttgarter Schuldbekenntnis vom 19. Oktober 1945. Entstehung und Bedeutung, in: Vierteljahreshefte für Zeitgeschichte 19 (1971) 389ff.; *ders.*, Kirchenkampf und Ökumene 1933–1939 (1969); *ders.*, Kirchenkampf und Ökumene 1939–1945 (1973).

[46] *J. Moltmann*, Kirche in der Kraft des Geistes (1975) 380.

[47] *P. Tillich*, a.a.O. II (1958) 180.

[48] Friedensaufgaben der Deutschen. Studie, vorgelegt von der Kammer der EKD für öffentliche Verantwortung (1968) 8. Vgl. auch *A. Rich*, Glaube in politischer Entscheidung (1962) 133–156.

Allerdings kann nicht darüber hinweggesehen werden, daß innerhalb der ökumenischen Christenheit eine Vielzahl von Modellen entwickelt worden ist, um je nach konkreter Situation dem Dienst der Christen und der Kirchen in der politischen, ökonomischen und sozialen Welt einen relevanten Ausdruck zu geben. Dadurch sind eigentümliche Polarisierungen entstanden, wie sie sich vor allem nach 1966 beispielsweise an der Diskussion über die Theologie der Revolution und die sie ablösende Theologie der Befreiung nachweisen lassen[49]. Die hier aufgetretenen offenen Gegensätze im Verständnis der Kirche als politisch und gesellschaftlich handelnder Größe bringen in einem ungleich fundamentaleren Sinn die Kirche als ein eigenes Thema der Ethik auf dem Hintergrund des unaufgebbaren Postulats der Einheit des Glaubens in den Blick. Denn inwieweit kann bereits von einer integrierenden Wirkung der Kategorie der Versöhnung auch und gerade in Hinsicht auf die Entwicklung von kirchlichen Handlungskonzeptionen und Handlungszielen gesprochen werden? Es spricht manches dafür, daß auf diesem Feld die eigentlichen Leistungen noch zu erbringen sind.

K. Rahner hat nach der theoretischen Seite hin aus dieser Lage Konsequenzen gezogen, die für den hier angesprochenen Kontext bedeutsam sind[50]. Er geht davon aus, daß „die Situation des Lebens und Handelns sich so verändert", daß zwischen den Kirchen bestehende Unterschiede in der Ethik zwar nicht beseitigt werden, aber unter neu entstandenen situativen Bedingungen „für Leben und Tat weniger als früher ins Gewicht" fallen[51]. Diese Beobachtung führt dann konsequent zu der Feststellung, daß weder das System normativer Handlungsimperative noch das bloßer Gewissensentscheidungen ausreicht, um den veränderten Bedingungen Rechnung zu tragen. Vielmehr ist ein situativer Druck in Richtung auf die Ausbildung einer Ethik entstanden, durch den „man auch *theoretisch* leichter aufeinander hin statt voneinander weg zu denken gezwungen wird"[52]. Im Hinblick auf den hier beschriebenen Zusammenhang besteht die ökumenische Relevanz der Kategorie der Versöhnung eben darin, daß partikulare kirchliche Interessen und ethische Systeme transzendiert werden und Raum für gemeinsame Anstrengungen eröffnet wird, die Bedeutung göttlichen, erlösenden Heils für die geschichtliche Gegenwart zu erschließen. Jenes Interaktionsfeld von Auslegung der Geschichte Jesu und empirischer Wirklichkeitserfahrung gewinnt im Verfolgen dieser Aufgabe erneut seine Aktualität.

---

[49] Vgl. dazu zuletzt *J. Moltmann*, a. a. O. 28ff., mit Literaturhinweisen. Zum Stand der ökumenischen Auseinandersetzungen über das kirchliche Handeln s. auch *P. Abrecht*, Zur Entwicklung des sozialen Denkens und Handelns in der Ökumene, in: Geschichte der ökumenischen Bewegung 1948–1968 (1974) 309–344.

[50] *K. Rahner*, Schriften zur Theologie IV (1965) 537–544.

[51] Ebd. 537.

[52] Ebd. 543f.

3. Versöhnung im praktischen Vollzug der Ethik

Abschließend ist noch der Frage nach der Funktion der Kategorie der Versöhnung im praktischen Vollzug der Ethik nachzugehen. Auch in dieser Hinsicht ist die Konzentration auf wesentliche Aspekte unerläßlich. So müssen hier inhaltliche Bestimmungen von Zielen und Mitteln unterbleiben. Statt dessen werden Probleme in den Vordergrund gerückt, die vor jeder solchen Bestimmung bestehen und die vor allem das Verfahren betreffen, das dann zu inhaltlichen Bestimmungen führt.

Die Problematik, die sich sofort einstellt, wenn nach der Funktion der Versöhnung in der ethischen Praxis gefragt wird, bedarf zunächst der Verdeutlichung. Ist die „Versöhnung ... ein Werk Gottes und Gottes allein", wobei „der Christus als der Träger des Neuen Seins das versöhnende Handeln Gottes den Menschen vermittelt"[53], dann kann dieser Begriff nur bedingt auch für die Qualifizierung menschlichen Handelns verwendet werden. Als versöhnendes, Trennungen überwindendes und damit integrierendes Handeln[54] muß es nicht ursächlich aus dem versöhnenden Handeln Gottes abgeleitet werden. Ein solcherart qualifizierbares menschliches Tun bleibt vielmehr in dieser Hinsicht fragmentarisch und zweideutig, weil es dafür keineswegs nur einen allein im christlichen Glauben gelegten, ursächlichen Anlaß zu geben braucht. Dieses Fragmentarische und Ambivalente in der christlichen Sittlichkeit ist der Grund für die ständige Frage nach dem specificum christianum[55]. Es ist aber auch, wenigstens im protestantischen Raum, zum Anlaß geworden, diese Frage von den Regulativen innerweltlichen Handelns abzukoppeln, deren spezifische Christlichkeit eben nicht eindeutig beweisbar ist, um ihre Beantwortung statt dessen in jenem Bereich des sich zwischen Gott und Mensch abspielenden Versöhnungsgeschehens zu versuchen, der aller Sittlichkeit vorausgeht und in dem Freiheit erschlossen wird. Aber bedeutet dies nun, daß das Versöhnungsgeschehen lediglich als Aufhebung von Entfremdung und Zwang oder, theologisch gesprochen, von Schuld und Gesetz bestimmbar ist? Und daß es, positiv formuliert, die Freigabe zum Tun dessen ist, was vor die Hand kommt? Müßte es nicht vielmehr so sein, daß jetzt wieder deutlicher nach der bestimmbaren Funktion gefragt wird, welche die im Glauben widerfahrene und erfahrene Erlösung, als Annahme des Menschen durch Gott, in der Entwicklung und Ausbildung dessen hat, was mit dem komplexen Begriff Sittlichkeit umgriffen ist, ohne daß dadurch die christliche Freiheit sogleich erneut unter Zwänge gestellt wird?

---

[53] *P. Tillich,* a.a.O. II 187.

[54] Zum Beispiel in: Friedensaufgaben der Deutschen 8.

[55] Vgl. dazu *F. Furger,* Zur Begründung eines christlichen Ethos, in: Theologische Berichte 4 (1974) 11–87.

Man wird die Grundfrage, in welcher Hinsicht die Versöhnung ihren Bezug zur Sittlichkeit findet, sicher noch nicht zureichend beantworten können, wenn dieser Bezug allein im Hinblick auf die Probleme der Normbegründung und Normfindung sowie der Handlungsanweisungen ausgearbeitet wird, so wichtig diese Probleme auch für die christliche Ethik sind. In dieser Beziehung unterlag das Verständnis der Versöhnung bereits im 19. Jahrhundert einer Engführung, wogegen die theologische Kritik unseres Jahrhunderts dann mit Recht Einwände erhoben hat, zumal die Interrelation von theologischer Ethik und bestimmten gesellschaftlich akzeptierten Normsystemen, wie z.B. in der Kriegstheologie[56], besonders auffällig war. Die Beantwortung der Frage nach der Funktion der Versöhnung in der Ethik wird jedoch dann zureichender erfolgen können, wenn Sittlichkeit selbst als ein evolutiver Prozeß begriffen wird, in dem multivariate Faktoren eine entscheidende Rolle spielen[57]. Die Diskussion verlagert sich damit auf die handlungstheoretische Ebene.

Was damit gemeint ist, kann hier nur kurz umrissen werden. Wenn Versöhnung, wie es im Zusammenhang des gegenwärtigen exegetischen und dogmatischen Bezuges darzustellen versucht wurde, allgemein Aufhebung von Trennung und Wiedervereinigung mit Getrennten bedeutet, wenn darüber hinaus diese sich zunächst auf die Gottesbeziehung des Menschen erstreckende Bedeutung im weiteren dann auch für dessen Weltbeziehung konstitutiv wird, dann kann daraus folgen, daß die Versöhnung Einfluß auf die *Wirklichkeitswahrnehmung* bekommt, und zwar in der Weise, daß sie deren Spektrum verbreitert. Dies läßt sich nicht zuletzt deshalb aus der Versöhnung schließen, weil sie ja zur Freiheit ermächtigt, und zwar gerade indem Schuld und damit verbundene Angst überwunden werden. Angst und Schuldphänomene sind aber, wie aus der Psychologie hinlänglich bekannt ist, mit Reduktion der Wirklichkeitswahrnehmung verbunden. In einem für die Ethik relevanten Sinn ist nun Wirklichkeitswahrnehmung mit Autonomie interreliert[58]. Daraus läßt sich folgern, daß für die Aktivierung eigener Handlungspotenzen Wahrnehmung von Wirklichkeit im Sinne von Übersicht- und Einblickgewinnen in Felder, auf denen gehandelt werden kann, eine Grundvoraussetzung ist. Versöhnung kann dann nur die Folge haben, diese Grundvoraussetzungen noch zu verstärken bzw. sie überhaupt erst zu schaffen.

Wirklichkeitswahrnehmung im Sinne des Übersicht- und Einblickgewinnens bedeutet jedoch nur, daß dadurch Realitätsphänomene einen den Menschen direkt angehenden und sein Handeln herausfordernden Charakter bekommen.

---

[56] Vgl. dazu *G. Brakelmann,* Protestantische Kriegstheologie im 1. Weltkrieg (1974).

[57] Außer bei *F. Furger,* a.a.O., bes. 47ff., zeichnet sich diese Sicht auch ab bei *K. Baier,* Der Standpunkt der Moral (1974); *B. Schuller,* Die Begründung sittlicher Urteile (1973); *R. M. Hare,* Freiheit und Vernunft (1973); vor allem bei *W. Korff,* Norm und Sittlichkeit (1973), z.B. 113ff.

[58] Vgl. dazu z.B. *R. Oerter,* Moderne Entwicklungspsychologie ([12]1973) 277ff., 285ff.; dort auch weitere Literaturhinweise.

Es ist damit aber noch nichts über die Ziele gesagt, die er direkt mit seinem Tun verfolgen kann und soll. Wenn nun Versöhnung inhaltlich unauflöslich mit den Begriffen Freiheit und Frieden verbunden ist, dann liegt die Folgerung unabweisbar auf der Hand, die im Glauben gewonnene Erfahrung der Befriedigung und Befreiung mit solchen Handlungszielen zu verbinden, die in den eröffneten Wirklichkeitsfeldern der Beförderung von Freiheit und Frieden dienen, auch wenn die zuvor gemachte Einschränkung in bezug auf das versöhnende Handeln, dessen Subjekt der Mensch ist, an dieser Stelle wiederholt werden muß. Trotz dieser Einschränkung nach der Seite der alles menschliche Tun charakterisierenden Fragmentarität und Ambivalenz hin dürfte es indessen konsequent sein, für die Versöhnung zu behaupten, daß sie in den *Zielfindungsvorgang* in der Weise interferiert, daß solche Handlungsziele ausgefiltert werden, die dem Frieden und der Freiheit nicht förderlich sind oder beiden sogar direkt zuwiderlaufen. Die Versöhnung bekommt folglich in dieser Hinsicht eine selektierende Funktion. Es bedarf keiner näheren Begründung, daß damit auch von einer anderen Seite her das Problem der Normfindung und Normbegründung angesprochen ist. Hervorgehoben werden muß aber, daß die selektierende Funktion der Versöhnung nicht an der Schwelle theologisch-kirchlich vermittelter Normsysteme und durch religiöse Sozialisation internalisierter Einstellungen und Verhaltensweisen festgestellt werden kann. Versöhnung wird in diesem Zusammenhang gerade auch als Durchbruch durch Traditionen begriffen werden müssen, die, obschon sie ihren Grund in Erfahrungen und Einsichten des Glaubens haben, legalistisch, denaturiert und für die Probleme heutiger Welt- und Daseinsgestaltung funktionslos geworden sind[59].

Eine letzte Folgerung legt sich schließlich noch nahe. Sie betrifft Fragen der *Kommunikation und der Kooperation,* die in engstem Zusammenhang mit Zielfindungs- und Zielverwirklichungsvorgängen innerhalb der ökumenischen Christenheit, aber auch mit solchen Gruppen stehen, die von anderen Voraussetzungen her vergleichbare Zielvorstellungen entwickeln. Versöhnung meint ja in letzter Tiefe Aufhebung von Feindschaft. Dies aber ist eine unerläßliche Voraussetzung für jeden Verständigungsprozeß. Denn Kommunikation ist ein Vorgang, bei dem Meinungen und Einstellungen aufeinander abgestimmt oder zur Deckung gebracht werden oder bei dem geprüft wird, inwieweit sie übereinstimmen oder nicht. Entscheidender als eine gemeinsame Sprache ist dabei ein gemeinsames Interesse und ein gewisses Maß an gegenseitigem Verstehen. Bei bestehender Feindschaft können dieser Prozeß und seine Bedingungen offenkundig nicht erreicht werden. Das aber wäre für die Einheit des Glaubens und deren geschichtliche Gestaltwerdung ebenso fatal, wie eine Perpetuierung histo-

---

59 Zum Problem der Korrelation von Gegenwartsanalyse und hermeneutischer Erschließung der Tradition vgl. *C. Walther,* Die Welt des Menschen verantworten. Bemerkungen zum Theorie-Praxis-Problem in der Theologie, in: *A. Rich – T. Rendtorff* (Hrsg.), Humane Gesellschaft 75–90.

rischer Antagonismen in Theologie und Kirche den ohnedies schon beobachtbaren Plausibilitätsschwund des Christentums noch verstärken würde. Es ist überflüssig zu betonen, daß dem hier vertretenen Modell einer ökumenischen Kommunikation nicht das Ideal eines total spannungsfreien Zustandes harmonischen Miteinanders zugrunde liegt, den die Verfechter eines unabdingbaren Consensus in allen Lehrfragen offensichtlich vor Augen haben, wenn sie von Kirchengemeinschaft sprechen. Kommunikation ist vielmehr immer eine Klärung entgegengesetzter Standpunkte. Sie eröffnet Alternativen und bleibt damit rational[60]. Aber ohne diesen Prozeß gibt es auch keine Kooperation und damit keine gemeinsam zu verantwortende Verwirklichung gemeinsam entwickelter Zielvorstellungen.

Fassen wir das Ergebnis zusammen, so ist die Kategorie der Versöhnung für eine sich ökumenisch vermittelnde Ethik von zentraler Bedeutung. Sie umgreift jenes weite Spektrum von Voraussetzungen, unter denen es sinnvoll ist, von der sittlichen Praxis des Christentums in der neuzeitlichen Lebenswelt zu sprechen.

Weiterführende Literatur

P. Neuenzeit (Hrsg.), Die Funktion der Theologie in Kirche und Gesellschaft (1969).
P. Cornehl, Die Zukunft der Versöhnung (1971).
T. Rendtorff, Theorie des Christentums (1972).
W. Pannenberg, Grundzüge der Christologie (^{5}1976).

Christian Walther

[60] Vgl. dazu auch *P. L. Berger*, Auf den Spuren der Engel (1972) 114ff.; ferner *C. Walther*, Ökumene im Wandel, in ÖR 23 (1974) 1–11; *ders.*, Welchen Sinn hat es, von Einheit zu sprechen?, in: ÖR 24 (1975) 447–455.

Drittes Kapitel
Christliche Ethik im Dialog mit der Anthropologie: das Problem der Identität

I

Philosophische Entwürfe einer neuen Moral

1. Randbedingungen für eine zeitgemäße Ethik: Walter Schulz

Selbsteinsatz aus Freiheit sei die Bedingung jeder Ethik, das Selbstergreifen der Freiheit die Grundvoraussetzung alles ethischen Tuns. Diese komplexe Formel des Philosophen *Walter Schulz* stellt einen Zusammenhang zwischen der Struktur einer wissenschaftlich-technischen Gesellschaft und der vorgegebenen anthropologischen Struktur her, in der sich das Ich des Menschen konstituiert. Dieser Zusammenhang ist für die Entwürfe einer „neuen Moral" wichtig; er gibt sich regelmäßig in dem Stichwort von der „Offenheit" des Menschen und seiner Lebenswelt zu erkennen. Auf die Problematik dieses Stichworts wird zu achten sein, zunächst weist es aber auf einen thematischen Konsens hin, der die theologische Wissenschaft mit der humanwissenschaftlichen Ausgangslage der Ethik verbindet[1].

Die Auslegung jener Formel, wie Schulz sie in seinem Werk vornimmt, greift auf die seit Sokrates die gesamte abendländische Ethik bestimmende Erkenntnis zurück, daß die ethische Einstellung in der Freiheit der Einsicht und des Wollens gründet. Zum bewußten und ausdrücklichen Grundthema wird sie hingegen erst in modernen Denkansätzen, Schulz zufolge vor allem bei Fichte. Für Fichte

---

[1] *W. Schulz*, Philosophie in der veränderten Welt (Pfullingen [2]1974). In diesem Buch wird der Aufriß einer zeitgemäßen Ethik als Thema der Philosophie in ständigem Bezug auf die Geschichte der Humanwissenschaften erarbeitet; es bietet damit auch Kompendien der Ethik, Anthropologie und Philosophiegeschichte an. Für eine idealtypische Darstellung von Positionen gegenwärtiger Ethik empfiehlt es sich vor allem deshalb, weil es eine vorbildliche Elementarisierung ihrer Voraussetzungen und Bedingungen darstellt. – Einzelne Stellen sollen nicht belegt werden; sie lassen sich durch Inhaltsverzeichnis und Register leicht auffinden. – Kritisch zu W. Schulz und vertiefend: *Wilhelm Weischedel*, Skeptische Ethik (Frankfurt a. M. 1976).

nämlich ist die Tatsache, daß sich der idealistische anders als der dogmatische Mensch selbst als Ich ergreift, Angelpunkt der Ethik; obgleich noch in spekulativer Form, bezeichnet sein Ansatz die Notwendigkeit, sich selbst produktiv für die Planung und Gestaltung seiner Lebensverhältnisse einzusetzen, nachdem es möglich geworden ist, die Welt zu verändern. Angesichts der geschichtlichen Bedingtheit allen Denkens und Handelns muß die Verantwortung für das, was sein soll, vom Menschen selbst übernommen werden. Es gibt für ihn kein Fundament von Seinsordnungen mehr, das von solchem Selbsteinsatz entlasten könnte. Diese nun schon traditionelle Erkenntnis, wie Schulz sagt, daß das Selbstverständnis des Menschen die entscheidende Basis der Ethik ist, wird aber durch den Prozeß der wissenschaftlichen Lebensgestaltung, in welchem die Wirklichkeit als Wechselgeschehen von Subjektivem und Objektivem bewußt wird, zu der Einsicht radikalisiert: daß menschliche Freiheit *endliche, begrenzte Freiheit* ist.

Mit einem weiteren Rückgriff auf Hegel und dann besonders auf Marx kann das Neue dieser epochalen Ausgangslage darin gesehen werden, daß die Menschen Subjekt des Geschichtsprozesses, der sie zugleich bedingt und befreit, werden, indem sie der Herausforderung der Zeit im eigenen Handeln entsprechen, dem Druck der Verhältnisse entgegenkommen, um sich von nicht mehr notwendigem Leiden zu entlasten. Tun, was an der Zeit, was notwendig ist: in dieser Maxime Hegels (die aber auch etwa Schleiermachers Einstellung ausdrücken würde) sieht Schulz eine elementare Formel für eine zeitgemäße Ethik.

Das ist sie ebenfalls für die Theologie, weil auch christliche Ethik Ethik von Zeitgenossen ist. Auch die christliche Ethik wird also auf die Trends der Geschichte reflektieren und Marx in der Auffassung zustimmen, daß die Wirklichkeit sich selbst zum Gedanken, nicht nur der Gedanke zur Verwirklichung drängen müsse. Druck und Entgegenkommen, so läßt sich zusammenfassend anmerken, sind die Pole der ethischen Dynamik.

Die Vermittlung zwischen den beiden Polen Druck und Entgegenkommen geschieht in Utopien als „Leitbildern nach vorn", wie Schulz sie nennt. In einer „Welt des offenen Spielraums" ist Utopie ein Projekt, welches das schon Mögliche im noch Wirklichen umreißt, um daraufhin handeln zu können. Dabei wird den Fernzielen nur eine sehr problematische Bedeutung beigemessen werden können; je allgemeiner sie formuliert sind, desto geringer ist ihr praktischer Wert. Sie sind „uninteressant", weil man kaum über sie streiten kann. Schulz führt einige solcher Fernziele auf: das Überleben der Gattung, Befreiung von Krankheit, Not und Hunger, Förderung des Wohlstands und Chancengleichheit für alle. Erst Ziele mittlerer Reichweite, so Schulz, sind ethisch relevant, weil sie – anders als Fernziele und auch Nahziele – in planbare Modelle besseren Lebens übersetzt werden können und Alternativen anbieten. Man könnte sagen: Der Streitwert solcher Modelle ist hoch genug, um breite Konsensmöglichkeiten zu eröffnen, und niedrig genug, um Realisierungschancen zu haben. Eben weil solche Modelle eines besseren Lebens jedoch weder unverbindlich (Fernziele) noch zwingend (Nahziele) sind, sondern dialektische Konstrukte in der Wechselwirkung von objektiver, geschichtlicher Notwendigkeit („was an der Zeit ist") und entgegenkommendem, subjektivem Vorgriff, erzwingen sie eine grundlegende Ausbildung der Fähigkeit, in alternativen Entscheidungsmöglichkeiten zu denken. Freiheit, sagt Schulz, bedeute, nicht festgelegt zu sein; die Offenheit erscheine als eindeutiger Gewinn.

Freiheit wird hier also definiert als Entscheidenkönnen, Lernenkönnen, Sich-umstellen-Können, Sich-verbessern-Können[2]. Offenheit wird dementsprechend nicht als endgültige Wesensbestimmung verstanden; sie bezeichnet gerade das Nichtfestgelegtsein auf weltanschauliche Gesamtdeutungen und also die Fähigkeit des Menschen, sich in seine planbaren Möglichkeiten zu entwerfen. Diese nehmen mit der wachsenden Komplexität der gegenwärtigen Gesellschaft zu, der Entscheidungsdruck wird größer, und der einzelne Mensch, auch das „große Individuum", kann nur mehr durch Teilnahme an den großorganisatorischen Prozessen der Lebensplanung sein eigenes Leben führen. Offenheit erscheint daher als die Fähigkeit, durch vernünftige Akte der Wahl an alternativen Übergängen in neue Lebensweisen teilzunehmen. Nach Schulz liegt aufgrund dieses Sachverhalts die Chance heutiger Ethik darin, „daß der Mensch von sich selbst in seiner individuellen Einzelheit absieht und sich ‚in Selbstlosigkeit versachlicht'". Das aber heißt: Selbsteinsatz in Freiheit, um einen Schritt weiter in vorstellbare und mögliche Zukunft zu tun, schließt notwendig die Bereitschaft ein, seine Identität in der Teilnahme an Veränderungsprozessen, die den einzelnen zum Gegenstand gemeinsamer Planung machen, zu öffnen und neu bestimmen zu lassen.

An dieser Stelle kann nun, in der Linie der Konzeption von Schulz, die erste zusammenfassende Anmerkung, daß Druck und Entgegenkommen die Pole der ethischen Dynamik seien, um eine weiterführende Parallele ergänzt werden; mit ihr kommt erst eigentlich die Problematik der unterschiedlichen Modelle einer neuen Moral, auf philosophischer wie auf theologischer Seite, ins Blickfeld. Man kann nämlich sagen: Selbstverwirklichung und Selbsthingabe sind die Pole der ethischen Kommunikationsstruktur.

Das soll wieder zunächst anhand der Darlegungen von Schulz ausgeführt werden. Fichte ist für ihn auch deshalb bedeutsam, weil er auf die Begrenzung der Freiheit reflektiert, die der Selbstkonstitution der freien Subjektivität erst Halt gibt; grenzenlose Freiheit verschwebt im Unbestimmten. Eine solche Begrenzung des Ichs muß allerdings vom Ich selbst einsichtig vollzogen werden können. „Und dies bedeutet wiederum, nicht die toten Dinge, sondern nur die *Mitmenschen* als mir gleichberechtigte Ichwesen sind es, die mir Grenze im

---

[2] Ebd. 653f. mit Bezug auf Hartmut v. Hentig.

Sinne eines maßgeblichen Haltes verschaffen. Nur von den Mitmenschen her erfahre ich Verbindlichkeit *und* Verpflichtung zugleich." Freiheit und Verantwortung gehören zusammen.

Mit anderen Worten: das Selbstverständnis des Menschen würde nicht Basis der Ethik sein, sondern sozusagen ins Bodenlose abgleiten, wenn es ganz in einer unendlichen Bewegung der Dauerreflexion aufginge, einer „dauernden Steigerung des Bewußtseins in sich selbst" (H. Schelsky)[3], die keine gegenständlich-eindeutigen Wahrheiten und Zustände und so also auch nicht die des eigenen, vorhandenen Ichs gelten läßt, sondern Befreiung allein in der selbsttranszendierenden Teilnahme an den kulturellen und sozialen Bildungsprozessen menschheitlicher Kommunikation sucht. Diese Anspielung auf Schelsky soll hier nicht zu schneller Polemik verleiten, das Thema wird noch weiter zu erörtern sein. An dieser Stelle ist vielmehr ausdrücklich festzuhalten, daß Schelskys These, das Bewußtseinsbedürfnis der kritischen Selbstreflexion und des sachlich-konstatierenden Selbstbezugs des Menschen zu sich sei im Zusammenhang unserer Kultur und Zeit zu einem „Bedürfnis letzten Grades" und insofern zu einer anthropologischen Konstante geworden, richtig sein dürfte[4]. Wie Schulz bezieht sich Schelsky auf Helmut Plessner, wenn er bemerkt, daß die „Exzentrizität" des Menschen sich zu diesem neuen Bewußtseinsbedürfnis vertieft und verwandelt habe. Richtig sei aber andererseits, heißt es bei Schulz, daß diese selbstbezügliche Reflexionssubjektivität im wirklichen Leben auf *die anderen* treffe, auf die Partner des Kommunikationsprozesses nämlich, die real oder potentiell das gleiche Interesse daran haben, sich selbst zur Geltung zu bringen. Die Kernfrage einer neuen, selbstverantwortlichen Moral ist es nun aber, wie die Vermittlung zwischen diesen beiden Polen (und so auch: zwischen „Innenlenkung" und „Außenlenkung") zustande kommen kann.

Für Schulz liegt die Lösung dieses Problems in einer dialektischen Vermittlung, die ihren Ausdruck in einem „neuen Ordnungsdenken" hat, dessen Kennzeichen die Offenheit ist. Solche *Ordnungen* stehen dem anthropologischen Grundinteresse an Verwirklichung in der Weise offen, daß sie allgemein Kants Forderung gegenseitiger Anerkennung entsprechen, im besonderen aber der Minderung des Leidens und Mehrung der Wohlfahrt dienen. Das „letzte", empirische Prinzip der Zeit, das die Entwicklung universal bestimmt, sieht der Philosoph mit Albert Schweitzer im Willen zum Leben. Daß sich die Menschheit als ein einheitliches Geschichtssubjekt konstituiert *und* allem Lebendigen ehrfurchtsvoll verbunden ist, wird mit dem Druck der Notwendigkeit zum Bedürfnis. In der engagierten Teilnahme an diesem Prozeß, der das Leben

---

[3] Vgl. *H. Schelsky*, Ist die Dauerreflexion institutionalisierbar? (1957), in: *H. Schelsky* (Hrsg.), Auf der Suche nach Wirklichkeit (Düsseldorf – Köln 1965).

[4] *Ders.*, Zur soziologischen Theorie der Institution, in: *Ders.* (Hrsg.), Zur Theorie der Institution (Düsseldorf 1970).

ordnet, erfüllt sich aber nach Schulz, der auf Plessner Bezug nimmt, ein anthropologisches Grundgesetz. Er nennt es das Gesetz der indirekten Selbstvermittlung: Wer sich für solche Ordnungen und so also für die Freiheits- und Glücksansprüche aller einsetzt, gewinnt auch auf diesem Umweg über die Öffnung für die anderen seine neue und neu begrenzte Identität. Schulz sagt: „Zurückzuerhalten setzt das Sichaufgeben voraus, gemäß dem Bibelspruch: wer sich verliert, der wird sich gewinnen." Das ist ein Dialogangebot.

2. *Zwei Wege in eine postkonventionelle Moral*

a) Die Entwicklung der Moral: Jürgen Habermas

Dem Letztbedürfnis der kritischen Selbstreflexion korrespondiert, wie sich andeutete, dasjenige einer sensiblen Naturverwirklichung; beide liegen den Entwürfen einer neuen Moral zugrunde. Vor allem auf das erste und insofern auf den *kognitiven* Pol ihrer Struktur konzentriert sich der Versuch von *Jürgen Habermas,* die Tendenzen der Entwicklung in einem Modell des guten Lebens so vorwegzunehmen, daß ein strategisch gezieltes und organisiertes Handeln möglich wird[5]. Gegenüber der systemtheoretischen Prognose, daß die Komplexität der entstehenden Weltgesellschaft eine verantwortliche Teilnahme menschlicher Subjekte sinnlos mache, weil sich ihre Leistung in den großorganisatorischen Prozessen zur Selbststeuerung von Systemen objektiviere, besteht Habermas auf der Notwendigkeit einer normativen Integration der Lebenswelt des Menschen. Gestützt auf neuere entwicklungspsychologische Forschungen, zeichnet er in einem Schema der Entwicklung des moralischen Bewußtseins die Logik der sozialen Evolution nach[6]. Diese geht auf phylogenetische Grundstrukturen zurück, die sich ontogenetisch, in den Sozialisierungsprozessen, die den Entwicklungsstufen der Menschheit zugeordnet sind, entsprechend zur Geltung bringen. Wenn nach Marx aber der Fortschritt über die beiden Dimensionen der Produktivkraftentwicklung und der Reife der sozialen Verkehrsformen verläuft, so macht nun die tatsächliche, von der Kritischen Theorie unter dem Stichwort „Dialektik der Aufklärung" diskutierte Ungleichzeitigkeit des Fortschritts in der Dimension des technisch verwertbaren Wissens und der

[5] Die Darstellung nimmt vor allem Bezug auf die neueren Arbeiten: *J. Habermas,* Legitimationsprobleme im Spätkapitalismus (Frankfurt a. M. 1973); *ders.,* Kultur und Kritik (Frankfurt a. M. 1973), bes. Kap. II (Zur Frage der philosophischen Anthropologie); *ders.,* Zur Rekonstruktion des Historischen Materialismus (Frankfurt a. M. 1976); *R. K. Maurer,* Jürgen Habermas' Aufhebung der Philosophie, in: Philosophische Rundschau Beiheft 8 (1977).

[6] So in *J. Habermas,* Rekonstruktion Kap. II (Identität). Besonders herangezogen wird neben den großen Untersuchungen von Lawrence Kohlberg das Werk von Jean Piaget (Lit. zu Ich-Psychologie, Entwicklungspsychologie, Interaktionismus, ebd. 89).

Dimension des moralisch-praktischen Bewußtseins einen evolutionären Schritt auf eine neue Stufe der Moral besonders notwendig: die Stufe der Selbstreflexion eines kommunikativen Ichs.

Die Logik der Entwicklung des moralischen Bewußtseins legt es nahe, diesen Schritt zu tun, aber sie eröffnet durchaus die Möglichkeit verschiedener und versuchsweiser Zugangswege, und sie besagt erst recht nicht, daß der Geschichtsverlauf determiniert sei. Deshalb kann die neue Stufe nur als ein antizipatorisch konstruiertes Modell zur Diskussion gestellt werden. Einen folgerichtigen Übergang sieht Habermas in der Evolution des bürgerlichen Formalrechts zu einer politischen Universalmoral[7]. Erst mit dieser wird das Niveau einer kommunikativen Ethik erreicht, auf welchem der „zwanglose Zwang des besseren Arguments" auch jenen letzten Rest von normativer Macht überwindet, der darin besteht, daß es den einzelnen verwehrt ist, ihre Vorstellungen von einem guten Leben über einen kritischen Prozeß der Klärung, den „Diskurs", einer vernünftig begründbaren Verwirklichung entgegenzuführen. Das gilt sowohl für den universalistischen Utilitarismus als auch für die formalistische Ethik nach Kant. Beide lassen die vorhandenen Bedürfnisse und Interessen als *Fakten* gelten, die der Freiheit des einzelnen, nach Glück zu streben, entweder wie im Utilitarismus normative Grenzen setzen oder wie im Formalismus insgesamt aus dem Bereich der moralischen Willensbildung ausgegrenzt werden, weil sie der freien Einsicht äußerlich und zufällig bleiben.

Die politische Universalmoral stellt demgegenüber eine Synthese dar. Sie geht mit der formalistischen Ethik von der kategorischen Forderung gegenseitiger Anerkennung des Interesses an unbedingter Freiheit aus, einer Handlungsfreiheit genauer, die sich – auch hier: nach Fichte – in der Selbstreflexion mit dem Ziel fortschreitender *Befreiung* konstituiert. Befreiung aber geht so vonstatten, daß die jeweils geltenden, konventionell übernommenen und eingeprägten Bedürfnisinterpretationen in eine kommunikative Handlungsstruktur eingebracht werden; so wird, wie Habermas sagt, der Sozialisationsprozeß „mit Willen und Bewußtsein" fortgesetzt. Die Universalmoral integriert auf diese Weise einerseits Privatmoral und Rechtsordnung und in Entsprechung dazu andererseits die unterschiedliche Identität des Angehörigen und des Fremden. Letzteres heißt: Integration der Kategorien des Nächsten als Mitglied der eigenen Gruppe und des Fernsten, der konventionell durch seine Nichtzugehörigkeit als Fremder definiert ist, in der Kategorie des „Anderen".

Der Zusammenhang beider Integrationsweisen macht den Begriff der politischen als einer postkonventionellen Universalmoral aus und deutet zugleich auf ihr Gegenstück hin: die postkonventionelle Identität. Die Logik der Entwicklung drängt über die Reste einer konventionellen Identitätsbildung, die sich in der Zuordnung des Individuums zu bestimmten Gesellschaftsformen noch er-

---

[7] Vgl. besonders *J. Habermas*, Legitimationsprobleme 120–128.

hält, hinaus; Identität wird der Möglichkeit nach zu einer weltbürgerlichen, mit anderen Worten: zu einer universal *offenen Identität.*

Das heißt: die Identität der einzelnen bildet sich in dem Maße zu erneuerter Eigenart und vertieftem Selbstverständnis aus, wie sie sich an dem Entstehungsprozeß einer gemeinsam erst zu entwerfenden kollektiven Identität beteiligen, diese also reflexiv „im Bewußtsein allgemeiner und gleicher Chancen der Teilnahme an solchen Kommunikationsprozessen begründet ist, in denen Identitätsbildung als kontinuierlicher Lernprozeß stattfindet“[8].

Die Verwirklichung des Übergangs in eine neue Stufe reflexiver Humanität hat zwei Grundbedingungen, die zugleich Dialogmöglichkeiten für die christliche Ethik eröffnen. Die erste Bedingung erörtert Habermas in seinem Entwurf einer Universalpragmatik als einer Theorie der kommunikativen Kompetenz[9]. Sie untersucht die allgemeinen Voraussetzungen eines verständigungsorientierten Handelns. Dieses ist grundlegend ein Sprechhandeln, das nämlich darauf abzielt, eine interpersonale Beziehung herzustellen.

Das Gelingen einer solchen Beziehung hängt von der Annehmbarkeit der gemachten Äußerungen ab. Die von Habermas gesuchten Kritierien der Annehmbarkeit, ihrerseits Voraussetzung für die Rechtfertigungsfähigkeit (Wahrheitsfähigkeit) von Verhaltensnormen, sind gleichbedeutend mit normativen Bedingungen der Verständigung von allgemeiner und unvermeidlicher Verbindlichkeit. Sie sind mit der Sprache, die auf Konsens aus ist, unmittelbar gegeben und insofern zugleich logisch und empirisch begründete (deshalb auch nur ungenau „transzendental“ zu nennende) Voraussetzungen der phylogenetischen und ontogenetischen Entwicklung des Menschen. Sie stellen die Geltungsbasis der Rede dar. Auf ihr erheben sich vier korrespondierende Geltungsansprüche: auf Verständlichkeit, Wahrheit, Wahrhaftigkeit und Richtigkeit. Die Kriterien der Verständigung legen also, wie man sagen könnte, die Tugenden der Sprache aus. Sie bezeichnen redeimmanente Geltungsansprüche, die mit dem kognitiven Potential der Menschengattung verbunden sind und auf dem gegenwärtigen Niveau der Entwicklung eine Erweiterung der Potentiale begründeten Handelns bewirken; Verbindlichkeit gewinnen *materielle* Geltungsansprüche nur mehr dann, wenn die gemeinsame Anerkennung der *formalen* Geltungsansprüche seitens der Kommunikationsteilnehmer gewährleistet ist.

Im Kern heißt das: die Vernunft der freien Sprache verwirklicht sich in der Solidarität der personalen Geltung. Habermas nennt das den Entwurf einer idealen Sprechsituation. Sein Status ist der einer praktischen Hypothese, die der

---

[8] *Ders.*, Rekonstruktion 96, 116f.

[9] *Ders.*, Was heißt Universalpragmatik, in: *K.-O. Apel* (Hrsg.), Sprachpragmatik und Philosophie (Frankfurt a. M. 1976). Vgl. auch ebd. *K.-O. Apel*, Sprechakttheorie und transzendentale Sprachpragmatik zur Frage ethischer Normen.

Situation des Übergangs in eine noch zukünftige Lebensform entspricht: antizipiert, aber im Sinne eines unvermeidlichen Vorgriffs. Wo die Gemeinsamkeit des wechselseitigen Verstehens, des geteilten Wissens, des gegenseitigen Vertrauens und des miteinander Übereinstimmens erreicht werden soll, vielmehr: muß, ist auch das normative Fundament sprachlicher Verständigung schon unterstellt. Aber eben: verwirklicht werden kann dieses Modell einer universalen Sprachethik erst in einer herrschaf sfreien Gesellschaft, die jeden Menschen in die Lage versetzt, kommunikative Argumentation zu erzwingen und kompetent an ihr teilzunehmen. „Denn es ist klar", heißt es bei K.-O. Apel, „daß die Aufgabe der Realisierung der idealen Kommunikationsgemeinschaft auch die Aufhebung der Klassengesellschaft, kommunikationstheoretisch formuliert: die Beseitigung aller sozial bedingten Asymmetrien des interpersonalen Dialogs impliziert.[10]

Mit dieser Perspektive kommt auch die zweite Grundbedingung des Übergangs ins Blickfeld. Sie steht nämlich im Horizont einer Gesamtdeutung, die Habermas in der Tradition von Hegel und Marx anbietet, um eine engagierte Teilnahme an den evolutionären Sozialisierungsprozessen „mit Willen und Bewußtsein" zu ermöglichen. Zwar brauche die postkonventionelle Identität keine *fixen* Inhalte, um stabil zu sein, aber sie brauche gleichwohl Inhalte. Das ist einleuchtend, denn „offene Identität" wäre nur ein Korrelat der von D. Riesman so genannten Außenlenkung, wenn sie nicht Anhalt und Richtung in solchen, wie Habermas sie nennt, Identitätsprojektionen finden würde, Vorwegnahmen des Woraufhin also, die für eine sinnvolle Teilnahme an den wert- und normbildenden Lernprozessen der entstehenden Weltgesellschaft notwendig sind. Eine solche Projektion muß aber reale Gestalt haben, denn das Ich muß auf das hin, was es, sich selbst überschreitend, zu sein vermag, *angesprochen* werden. Wer diesen bestimmten Anspruch aber vertritt und in welchem Rahmen das geschieht, ist die Frage. Habermas sagt mit Recht, daß ein derartiges „identitätsverbürgendes Deutungssystem" nur mehr einen revidierbaren Status haben kann; deshalb eben tritt auch an die Stelle einer Revolution, die sich unmittelbar auf eine Globaldeutung, die doch nur Hypothese sein kann, stützen würde, die Evolution auf der Grundlage von Erziehungsprozessen: der „neue Mensch" ist konkret der neu erzogene. Wichtig ist hier aber die Frage, ob Theologie und Kirche ein universales, das hieße ökumenisches Deutungsmuster für eine neue Identität bereitzustellen vermögen. Die Frage, wer die Gestalt des Neuen bestimmt und trägt, ist offen, wenngleich die Betonung der Sozialisierungsprozesse bemerkenswert deutlich immer auch auf die *Familie* verweist.

---

10 *K.-O. Apel*, Transformation der Philosophie, II: Das Apriori der Kommunikationsgemeinschaft (Frankfurt a. M. 1976), mit Bezug auf Habermas. Das Kapitel „Das Apriori der Kommunikationsgemeinschaft und die Grundlagen der Ethik" ist eine wichtige, vertiefende Paraphrase der hier dargestellten Position einer postkonventionellen Moral bei Habermas.

Es zeigt sich aber ebenfalls schon, wo der besondere Ansatzpunkt für eine christliche Ethik liegen wird. Das Grundinteresse an Freiheit als Selbständigkeit, das für Habermas Sinn und Ziel aller Ethik ist, muß an eben diesem Ziel, worauf W. Schulz aufmerksam macht, auch die ethische Forderung selbst aufheben und damit die Kategorie der Verantwortung[11]. Zwar schließt auch Habermas die bleibende Notwendigkeit zwingender Normen nicht aus, weil niemand (heute) wissen könne, in welchem Maße Aggressivität eingeschränkt und die freiwillige Anerkennung des diskursiven Rechtfertigungsprinzips erreicht werden könne. Mit dieser Anmerkung ist aber weder die Realität des Bösen, wie sie Schulz bewegt, getroffen noch die ihr zugrunde liegende Tatsache der Endlichkeit des menschlichen Lebens. Die Frage nach der Bewältigung dieser Tatsache bleibt unbeantwortet – muß übrigens nach Habermas als theoretisch unbeantwortbar betrachtet werden[12] – und stellt der christlichen Ethik die Aufgabe einer plausiblen Integration dieses Problems. Denn: das Interesse an Selbstverwirklichung angesichts des eigenen begrenzten Lebens stößt auf dasselbe Interesse der anderen; vermittelt erscheinen die sich gegenseitig begrenzenden Freiheitsinteressen in den emanzipatorischen Theorien aber nur durch die schon vorhandene Solidarität von Gruppen, in denen um der gemeinsamen Ziele willen einer auf den anderen angewiesen und mit ihm verbunden ist.

Solche solidarischen Gruppen – die sich wiederum deutlich auf das Grundmodell der Familie beziehen lassen – insbesondere von Intellektuellen sind es denn auch, die hinter der Idee des absolut zwanglosen Lebens stehen, darauf ist oft hingewiesen worden. Auch diese Gruppensolidarität ist aber davon bedroht, daß jeder Fortschritt auf dem Weg in die Freiheit die Möglichkeit vergrößert, miteinander leben zu können, ohne sich doch in erheblichem Maß miteinander belasten zu müssen. Anders gesagt: im Kontext der Sorge um die eigene Selbstverwirklichung verkehrt sich das Ziel des guten Lebens in die Richtung auf totale Entlastung vom anderen; die Kategorie des „Anderen" wird zu einer Kategorie sozialer Harmonie, die mit der radikalen Forderung nach möglichst weitgehender *Abschaffung* der Forderungen aneinander das Ende der Ethik darstellt.

b) Die Umwandlung des Menschen: Herbert Marcuse

Das gleiche Interesse an einer kritischen Theorie der Gesellschaft rechtfertigt es, *Herbert Marcuses* Entwurf einer neuen Moral als ein genaues Gegenstück zu J. Habermas' Modell zu beschreiben. Daß sich in der Perspektive auch der

---

[11] *W. Schulz,* a.a.O. 648–651.

[12] *J. Habermas,* Legitimationsprobleme 165, wo es heißt, daß eine Theorie, die die Faktizitäten von Einsamkeit und Schuld, Krankheit und Tod hinweginterpretieren könnte, in Anbetracht der individuellen Lebensrisiken nicht einmal *denkbar* sei.

revolutionsorientierten Utopie Marcuses Übergänge zu einer experimentellen Theorie kulturanthropologischer Evolution abzeichnen, macht die beabsichtigte Problemkonvergenz noch einleuchtender.

Wie Habermas sieht auch H. Marcuse die Zeit reif für eine neue Moralität und Humanität, und auch ihm stellt sich diese epochale Zäsur, mit der eine neuartige Sozialisationsgeschichte beginnen könnte, im Zusammenhang mit der phylogenetischen Ausgangslage des Kulturprozesses dar[13]. Die Natur selbst, dies betont Marcuse, drängt auf ihre Befreiung und somit die Verwirklichung des ursprünglichen menschlichen Vermögens. Das heißt aber auch für ihn, daß die Entwicklung der wissenschaftlich-technischen Produktivkräfte und die Bedingungen der „reifen Kultur" gleichbedeutsam für den Fortschritt sind, und auch er vertritt keine metaphysische Teleologie. Die Idee der Befreiung der Natur setze keinen derartigen Plan oder Zweck im Universum voraus, heißt es bei Marcuse, Befreiung sei vielmehr der mögliche Plan und Zweck von Menschen, der sich in der Natur geltend mache. Der Naturalismus-Humanismus-These des jungen Marx entsprechend geht es nach Marcuse, mit Adornos Worten ausgedrückt, darum: der Natur zu helfen, „ihre Augen aufzuschlagen"; „auf der armen Erde ihr zu dem zu helfen, wohin sie vielleicht möchte"[14].

Die Idee der Befreiung ist grundlegend für Marcuses Programm. Die Natur ist auf dem Sprung, vom bloßen Objekt zum Subjekt der künftigen Geschichte zu werden; ihre Kräfte, bislang unterdrückt und verzerrt, kommen dem Unternehmen der Befreiung entgegen, so daß Naturbefreiung und Selbstbefreiung des Menschen zwei Seiten des einen Prozesses sind, oder anders gesagt: die „radikale Transformation der Natur" wird zum letzten anthropologischen Bedürfnis und Inbegriff der notwendigen, radikalen gesellschaftlichen Veränderung. Das besondere Interesse Marcuses gilt deshalb der *emotionalen* Seite einer neuen Moral. Neue Moral ist, genauer, ein Aspekt der „neuen Sensibilität", Folge jener Emanzipation der Sinnlichkeit, die gleichsam den Treibsatz für eine qualitativ neue Bewußtseinsstufe darstellt, denn die Qualität des Lebens hängt von der Qualität der Sinne ab; „diese qualitative, elementare, unbewußte oder, besser, vorbewußte Konstitution der erfahrenen Welt, die primäre Erfahrung selbst muß sich radikal verändern, soll gesellschaftliche Veränderung radikale, qualitative Veränderung sein"[15]. Das gilt allerdings auch umgekehrt: Es gibt zwar keine Revolution der Gesellschaft ohne individuelle Befreiung, aber auch

---

[13] Die Darstellung nimmt besonders Bezug auf: *H. Marcuse,* Triebstruktur und Gesellschaft (Frankfurt a. M. 1970), Titel der amerikanischen Originalausgabe: Eros and Civilisation (Boston 1955); *ders.,* Konterrevolution und Revolte (Frankfurt a. M. 1973).

[14] *Th. W. Adorno,* Aesthetische Theorie (Frankfurt a. M. 1970) 107; zitiert bei *H. Marcuse,* Konterrevolution 81. Zur Naturalismus-Humanismus-These bzw. der These von der Gesellschaft als der wahren Resurrektion der Natur, des durchgeführten Humanismus der Natur, vgl. *K. Marx,* Oekonomisch-philosophische Manuskripte (1844), in: Marx-Engels, Werke, Erg.-Bd. 1. Teil (Berlin 1968) 536–538.

[15] *H. Marcuse,* Konterrevolution 77.

keine Befreiung des Individuums ohne die der Gesellschaft. Das, sagt Marcuse, sei die Dialektik der Befreiung.

Es geht um einen qualitativen Sprung, insofern also nach Marcuses Konzeption nicht um einen evolutionären, kontinuierlichen Übergang auf eine höhere Stufe der Entwicklung, sondern um einen Bruch, wie er sagt, mit dem bestehenden Universum von Bedürfnissen. Das ist aber auch bei Marcuse, obwohl die Akzente hier stärker gesetzt werden, zumindest nicht primär als politische Revolution gemeint. In erster Linie ist vielmehr ähnlich wie bei Habermas an ein revolutionäres *Prinzip* zu denken, nämlich an den – wie auch immer herbeizuführenden – Durchbruch in einen ganz anderen Zustand „guten Lebens" nach der bisherigen Kulturgeschichte. Die aber kulminiert in der spätkapitalistischen Gesellschaft. Sie ist die radikalste Gestalt der Entfremdung, nämlich eine historische Totalität, welche den Möglichkeiten des Glücks, die sie erzeugt, immer schon umfassend und wirksam begegnet, um sie dem Individuum zu enteignen und auf Betätigungen umzulenken, die der Systemerhaltung förderlich sind. Aber eben: wie Habermas nimmt auch Marcuse an, daß die bürgerliche Gesellschaft transzendierende Bedürfnisse hervorbringt, die sie auf die Dauer nicht mit plausiblen Gründen von ihrer Befriedigung ablenken kann. Durch die Sensibilisierung für solche Bedürfnisse und in der entschlossenen Weigerung, sich mit systemkonformen Ersatzleistungen – typischerweise mit Freizeit statt Freiheit – entschädigen zu lassen, entsteht denn auch schon jetzt der Anbruch des Neuen. Dem Theologen ist die prophetische Denkfigur des „noch-nicht" – „schon-jetzt" vertraut genug, um die Logik dieses Zirkels nachvollziehen zu können.

„Der geschichtliche Ort der Revolution", faßt Marcuse zusammen, „wäre jene Entwicklungsstufe, auf der die Befriedigung der grundlegenden Bedürfnisse Bedürfnisse schafft, welche die staatskapitalistische und die staatssozialistische Gesellschaft transzendieren"[16]. Gemeint ist, daß die technologische Entwicklung es bereits zulassen würde, die Menschen bei gerechter Verteilung der elementaren Lebensgüter von der Lebensnot und also vom Existenzkampf zu befreien. Das ist die Schwelle zum Reich der Freiheit jenseits des Reiches der Notwendigkeit. Gewiß weiß auch Marcuse, daß die materielle Produktion selbst, wie gerecht und rationell sie auch gestaltet werden mag, nie ein Gebiet der Freiheit und Befriedigung sein kann. Wohl aber könne sie Zeit und Energie für das freie Spiel menschlicher Möglichkeiten außerhalb der entfremdeten Arbeitsbereiche freisetzen. Denn: „Je vollständiger die Entfremdung der Arbeit, desto größer das Potential der Freiheit; die totale Automation wäre hier das Optimum."[17] Entfremdung der Arbeit heißt auf diesem Stand der Entwicklung also: Ent-menschlichung der Arbeit als Ausschaltung des Menschen aus

---

[16] Ebd. 26.
[17] Triebstruktur 155.

denjenigen daseinserhaltenden Arbeitsprozessen, für die Maschinen tatsächlich genügten.

Marcuse erkennt auch an, daß die Realität dieser Welt dem Glücksbedürfnis des einzelnen Grenzen zieht. Dennoch sind die objektiven Bedingungen vorhanden, um die Welt in eine neue Daseinsform zu überführen. So sehr Marcuse – in der Linie neomarxistischer Freud-Rezeption – die Einsichten der Psychoanalyse zu einem feinen Instrument für die Wahrnehmung des Leidens unter dem sanften Joch der Zivilisation umbildet, so sehr kritisiert nun der marxistische Denker S. Freuds archaisierende Vorstellung vom Realitätsprinzip. Freuds schon zu seiner Zeit fragwürdiger Satz, die individuelle Freiheit sei kein Kulturgut, ist ein Ausdruck bürgerlicher Ideologie; er gibt die Notwendigkeit, in einer armen, ökonomisch nur gering entwicklungsfähigen Gesellschaft die Triebbedürfnisse beschneiden zu müssen, für die Ananke des ewigen Kampfes ums Dasein aus. Marcuse hingegen unterscheidet innerhalb der historischen Struktur der Trieborganisation zwei Ebenen, nämlich eine phylogenetisch-biologische und eine soziologische Schicht. Die erstere betrifft die Entwicklung des menschlichen Tieres im Kampf mit der Natur, die zweite die Entwicklung der zivilisierten Individuen und Gruppen im Kampf untereinander und mit ihrer Umgebung. Erst aus der geschichtlichen Wechselwirkung zwischen den Faktoren dieser beiden Ebenen, der Dialektik von Natur und Kultur, ergibt sich das jeweils geltende Realitätsprinzip, d. h. die vorläufig unvermeidliche Begrenzung des Strebens nach Glück. Marcuse kann daher das noch geltende Realitätsprinzip mit dem Leistungsprinzip gleichsetzen.

Der Begriff Leistungsprinzip, dem Lustprinzip entgegengesetzt, ist ein vielleicht nicht ganz glücklicher Ausdruck für die objektiv nicht mehr notwendige und daher subjektiv als extreme Form von Heteronomie empfundene Verwertung des Menschen in einem Produktionsprozeß, der sich durch den quantitativ-progressiven Ausstoß von Konsumgütern rechtfertigt, in Wahrheit aber die schöpferische Lebenskraft des einzelnen lähmt. Diesen circulus vitiosus, einen Herrschaftszirkel der Produktions-Konsum-Kultur, gilt es zu zerbrechen. Und eben: weil es bereits so sei, sagt Marcuse, daß der einzelne sich nicht mehr, seiner Möglichkeit angemessen, schöpferisch in der Arbeitswelt verwirklichen, mit seinem Werk verbunden wissen könne, verliere die Ideologie der Lebensnot und des Triebverzichts sowohl ihre triebhafte (libidinöse) als auch ihre rationale Grundlage; die bestehenden Institutionen erweisen sich als überaltert, neue Formen beginnen sich im Schoß der heutigen Kultur herauszubilden. Das Lustprinzip, kann Marcuse sagen, greift auf das Bewußtsein über, und in der Phantasie nimmt das Bild eines neuen Realitätsprinzips greifbare Umrisse an.

Dieses Neue ist, recht begriffen, die Wiederkehr des Ursprungs unter den Bedingungen der reifen Kultur. Das bedeutet zunächst, einen großen Schritt zurück zu tun: „mit Willen und Bewußtsein". War die bisherige Kulturgeschichte eine Geschichte der Umformung des Lustprinzips in das Realitätsprinzip, so ist nun eine Regression unter die erreichte Stufe der zivilisierten Rationalität an der Zeit. Das Leistungsprinzip hat sich auf dieser Stufe als ein zusätzliches *principium individuationis* ausgewirkt[18]. Es hat die Konkurrenz zwischen den Individuen und zwischen ihnen und ihrer Welt verschärft, den alten Kampf zwischen dem Willen zur Lust und der Logik der Herrschaft. Dieser Konflikt verliert nun den Anschein der Notwendigkeit, und das Individuum wird sich selbst fragwürdig; der Kampf des einzelnen gegen die objektive Vernunft der Gesellschaft, wie sie ihm mit ihren Sitten, Gesetzen und Institutionen entgegentritt, verwandelt sich in eine Kraft der Versöhnung.

Das heißt: die kulturelle Moral braucht nicht mehr die Moral der verdrängten Triebe zu sein; Wertsystem und Triebstruktur können sich vielmehr in einer harmonischen Ordnung der Befriedigung vereinen. Und eben: die Institutionen des Leistungsprinzips, auch und gerade die der monogamen und patriarchalischen Familie, würden zunächst einmal aufgelöst werden, damit der Weg für neue menschliche Beziehungen aus der „Logik der Befriedigung" offensteht. Die Vision einer unterdrückungsfreien Kultur, in Schillers Idee eines „ästhetischen Staates" vorweggenommen, ließe nämlich gleichwohl die Entstehung einer neuen Humanität erkennen, die sich durch dauerhafte Bindungen – die auch Werkbeziehungen umfaßten – auszeichnen würde. Je freier die Triebe sich entwickeln könnten, desto freier würde auch ihre „konservative" Natur sich entfalten. „Das Streben nach *dauerhafter* Befriedigung", formuliert Marcuse, „geht nicht nur auf eine erweiterte Ordnung der libidinösen Beziehungen (‚Gemeinschaft'), sondern auf die Fortdauer dieser Ordnung auf höherer Ebene."[19]

Regression also – aber im Licht des reifen Bewußtseins und geleitet von einer neuen Vernunft; nicht Stillstand des Fortschritts, sondern ein Wechsel in seiner Richtung und ein Wendepunkt im Triebschicksal der Gattung: Befreiung zu einer neuen Geschichte der Selbstverwirklichung und Sozialisation, deren Subjekt die Natur im menschlichen Organismus ist. Der biologische Trieb wird, anders gesagt, zum kulturellen Antrieb, die scheinbar höheren Werte werden erniedrigt und wieder mit der organischen Struktur des Daseins vereint; Umwandlung der Natur bedeutet, daß das Realitätsprinzip zur sozialen Form des Lustprinzips wird. Was aber auf diese Weise angestrebt wird, hat sein Urbild in der unmittelbaren Einheit zwischen dem Allgemeinen und dem Gesonderten unter der Herrschaft des Lustprinzips in der Ausgangslage der Kulturgeschichte. Der befreite Eros, nach Freuds Lehre eine Kraft der Wiedervereinigung des Getrennten, vermag durch seine eigene Dynamik und also auf dem

---

[18] *Ebd.* 142f. Vgl. auch *ders.*, Konterrevolution 87. An dieser Stelle fragt Marcuse: „Wir haben es hier mit der *Dialektik* von Allgemeinem und Besonderem zu tun: wie kann die menschliche Sinnlichkeit, das *principium individuationis*, ein *universalisierendes Prinzip* erzeugen?"
[19] *Ders.*, Triebstruktur 220.

Weg einer Selbstsublimierung der Sinnlichkeit den einzelnen mit dem Ganzen, den Wunsch mit der Verwirklichung, das Glück mit der Vernunft zu versöhnen. Er vermag jene Dimension der Privatheit des Ichs, welche die bürgerliche Gesellschaft geschaffen, aber an den Widerspruch zwischen privater Verwirklichung und gesellschaftlicher Daseinsweise verraten hat, wiederherzustellen – ein universales Gesamtindividuum[20].

Besiegelt würde dieser Prozeß durch die Tatsache, daß der Kampf ums Dasein seinen ursprünglichen Charakter zurückgewinnt; er wird wieder zum Kampf um Lust. Das hieße aber, daß auch der Freudsche Gegenspieler des Eros, der Todestrieb, seinen Charakter änderte. Er wird zur konstruktiven Aggression im konkreten Kampf gegen jede Beschränkung des freien Spiels der menschlichen Fähigkeiten, gegen Mühsal, Armut, Krankheit und gegen den Tod. Mag dieser auch letztlich nicht aus der Welt zu schaffen sein, wird er doch nicht hingenommen, es sei denn eben als die äußerste Grenze, der „natürliche" Tod. Zutiefst bedeutet das alles aber, daß die Natur ihre Unschuld wiedergewinnt, denn mit den Zwängen der alten, unterdrückenden Kultur verschwinden auch Schuld und Angst. Marcuse zitiert Baudelaire: „Wahre Kultur liegt nicht in Gas, Dampf oder Drehscheiben. Sie liegt in der Tilgung der Ursünde." Und er meint, es möge wohl nach fast zweitausend Jahren Theologie merkwürdig klingen, sei aber doch wahr: daß Eros und Agape letzten Endes dasselbe seien – nicht Eros Agape, wohl aber Agape Eros[21].

Auch in diesem Modell hebt sich am Ende die Ethik auf. Die entsublimierte, wie Marcuse sie nennt: posttechnologische oder hedonistische Vernunft, für welche die Technik zum Instrumentarium der Lebenskunst wird, beansprucht zwar in utilitaristischer Tradition, „wahres" Glück als *allgemeines* Glück herzustellen. Dieser Ansatz läßt aber noch schärfer als der idealistische, in dessen Tradition Habermas von der apriorischen Forderung *gewissensmäßiger* Solidarität ausgeht, das Gesetz der Selbstwirklichung erkennen: die soziale Bedingung des Glücks ist eine endgeschichtliche Totalität der Entlastung. Nur im Kontext einer liberalistischen Gesellschaftsharmonie können sich die Triebkräfte des Willens zum Leben, die wegen des an ihnen festgemachten Protestes gegen alle äußeren Grenzen *asozial* von Natur sind und bleiben, in soziale Grundkräfte verwandeln. Jede Störung der prinzipiell erotischen Beziehungen muß deshalb ausgeschaltet werden können, und das wäre möglich, meint Marcuse, in einer „Ordnung der Fülle"; nur eine solche Ordnung des Überflusses sei vereinbar mit Freiheit[22].

---

[20] Ebd. 143; *ders.*, Konterrevolution 61.

[21] Das Baudelaire-Zitat findet sich bei *H. Marcuse*, Triebstruktur 152; das letzterwähnte ebd. 208.

[22] *Ders.*, Triebstruktur 193. Man muß beachten, daß hier nicht einfach die Quantität der Konsumgüter gemeint ist. Der Zusammenbruch des Leistungsprinzips würde vielmehr zunächst die Rückkehr zu einem niedrigeren Lebensstandard mit sich bringen. Die „Fülle", die Marcuse meint, ist

Nun ist nicht zu übersehen, daß diese soziale Möglichkeit der Entlastung auf der Grundlage individueller Autarkie heute bereits in Anspruch genommen werden kann; es *ist* ja schon möglich, Beziehungen allein aus „hedonistischer Vernunft" einzugehen und sie einvernehmlich zu beenden oder zu erweitern, wo sie nicht mehr dem wechselseitigen Glück und Nutzen dienen. Der Preis für diese neoromantische Konzeption besteht jedoch darin, daß die Identität des „Fremden", die jeder für sich hat, aus der Kategorie des Anderen verdrängt werden muß. Die Wirklichkeit der Person des anderen wird gerade nicht als neues Realitätsprinzip akzeptiert[23]. Wo das aber nicht geschieht, muß die Utopie – wo nicht bei jeder Krise des wirtschaftlichen Wachstums – an den Grenzen der eigenen „Annehmbarkeit" zusammenbrechen: die Leidensgestalt des Menschen, der altert und krank wird und stirbt, ist nicht integrierbar.

II
Theologische Korrelationen

1. Pragmatismus im christlichen Kontext: exemplarische Dialogansätze

Christliche Ethik ziele nicht auf Moral, sondern auf Reife ab; Reife sei im menschlichen Leben die Frucht des christlichen Glaubens, Moral ein Nebenprodukt der Reife. Mit dieser These *Paul. L. Lehmanns* läßt sich einsetzen. Sie charakterisiert, bevor noch ins einzelne zu gehen ist, die grundlegende Tendenz der theologischen Entwürfe einer neuen Moral. Im Kern geht es ihnen um die Entwicklung einer Kommunikation, deren wesentliches Merkmal – wie Habermas es postulierte – die vollständige Reziprozität zwischen verantwortlichen Personen ist. Lehmann nennt eine solche Partizipationsstruktur, in welcher richtige Antworten auf die Frage, was wir tun sollen, erst möglich werden: pattern of integrity in and through interrelatedness; Integration also in und durch Wechselbeziehung, Reife daher „die volle Entfaltung der Macht (power) in einem Menschen, wahrhaft und vollkommen er selbst zu sein durch das Bezogensein auf andere, die ebenfalls die Macht besitzen, wahrhaft und vollkommen sie selbst zu sein"[1].

---

eine neue Lebensqualität, die allerdings eine weltweite Befriedigung menschlicher *Grundbedürfnisse* voraussetzt. Vgl. dazu: Triebstruktur 152.

[23] Zur Kritik: *J. Israel,* Der Begriff Entfremdung (Hamburg 1972) 222–228 u. passim; *H. E. Richter,* Lernziel Solidarität (Hamburg 1974) 69–77; *H. Ringeling,* Theologie und Sexualität (Gütersloh [2]1969) 155–160.

[1] *P. L. Lehmann,* Ethics in a Christian Context (New York 1963) 54, deutsche Ausgabe: *ders.,* Ethik als Antwort. Methodik einer Koinonia-Ethik (München 1966) 46f.

Die Aufgabe einer christlichen Ethik sieht Lehmann infolgedessen darin: das Problem des Verhältnisses von Selbstliebe und Nächstenliebe zu lösen. Er akzeptiert Erich Fromms radikale Kritik, das Christentum habe zum Schaden für die Entfaltung des menschlichen Vermögens in universaler Liebe, die eine Frucht der reifen, produktiven Selbstliebe sei, ebendiese als Selbstsucht diffamiert und in einen unheilvollen Gegensatz zur Nächstenliebe gebracht. Er versucht jedoch, im Hinblick auf das unerledigte Problem der Endlichkeit und des Bösen nachzuweisen, daß die Reife der menschlichen Persönlichkeit, auf welche die humanistische Ethik aus sei, von der christlichen begründet und vollendet werde. Der Integrationsanspruch, mit dem die christliche Ethik hier auftritt, kommt in dem Bezug zweier Formeln aufeinander zum Ausdruck:

„Wenn die psychoanalytische Theorie Reife als *Selbstverwirklichung durch Selbstannahme* definiert, so unterstreicht sie damit einen Hauptaspekt des wesentlich *Menschlichen* in der Natur des Menschen und in seinem Verhältnis zur Welt und zu seinen Mitmenschen. Für das Christentum ist das wesentlich Menschliche in der menschlichen Natur die dem Menschen verliehene Fähigkeit, zu existieren und Erfüllung zu finden in einem und durch ein Verhältnis der Abhängigkeit und Selbsthingabe gegenüber Gott und seinen Mitmenschen. Reife ist darum *Selbstannahme durch Selbsthingabe*."[2]

Das Zitat kann als Orientierungspunkt für eine Skizze der Ansätze zu einer neuen Moral im Zusammenhang mit dem amerikanischen Pragmatismus dienen. Dabei läßt sich von *Joseph Fletchers* Situationsethik ausgehen, um die Dialogmöglichkeiten und offenen Fragen dieser Richtung in den Blick zu bekommen[3].

a) Die Situationsethik: J. Fletcher

Auch für J. Fletcher ist die höchste Stufe der Moral die der *Eigenliebe um des Nächsten willen;* die christliche Logik der Liebe bezieht das aristotelische Ideal der Selbstverwirklichung auf das Wohl des Nächsten. Die rechte Begründung dieser neuen Moral ist das ethische Problem. Sie setzt ein verantwortliches Ich

---

[2] Ebd. 12, 213, mit Bezug auf *E. Fromm,* Man for Himself (New York 1947), deutsche Fassung: *ders.,* Psychoanalyse und Ethik (Stuttgart 1954). Zur Auseinandersetzung mit E. Fromm (bei besonderer Betonung des Identitätsproblems) sei hingewiesen auf *G. Schneider-Flume,* Leben dürfen oder leben müssen. Die Bedeutung der humanistischen Psychoanalyse Erich Fromms für die theologische Anthropologie, in: *D. Henke – G. Kehrer – G. Schneider-Flume* (Hrsg.), Der Wirklichkeitsanspruch von Theologie und Kirche (Tübingen 1976).

[3] *J. Fletcher,* Situation Ethics. The New Morality (Philadelphia 1966), deutsche Ausgabe: *ders.,* Moral ohne Normen? (Gütersloh 1967) 27f., mit Bezug auf situationsethische Methoden bei E. Brunner, K. Barth, D. Bonhoeffer, N. Søe, R. Bultmann; H. R. Niebuhr, J. Sittler, J. Gustafson, G. Kaufmann, C. West; P. Tillich; K. Rahner, R. Gleason, 140 mit Bezug auf J. A. T. Robinson. Kritik und Überblick: *J. M. Gustafson,* Situation contra Prinzipien, in: ZEE 13 (1969); *Ph. Schmitz* SJ, Die Wirklichkeit fassen. Zur induktiven Normenfindung einer Neuen Moral (Frankfurt a. M. 1972).

voraus. Nur freie Menschen, die imstande sind, „verantwortliches Ich“ zu werden, sagt Fletcher, können Beziehungen pflegen und in den Bereich der Verpflichtung eintreten. Das ist ein Votum für einen personalistischen Ansatz der Ethik. Die ethische Person existiert nur in der Kommunikation, sie ist offen für das Du in seiner konkreten Situation; das Wesen menschlicher Existenz wird nur als Interexistenz wahrhaft begriffen: als radikale Gemeinschaftsbezogenheit und Solidarität des Ichs. Neue Moral ist insofern radikal „dialogisch“ oder eben Verantwortungsethik, wobei allerdings alles daran liegt, daß der Begriff Verantwortung nicht forensisch, sondern relational verstanden wird. Verantwortung ist, recht verstanden, Antwort auf Rufe und Nöte von Menschen, nicht aber Verantwortlichkeit gegenüber Gesetzen und Regeln. Solche Verantwortung nötigt aber auch zu politischem Einsatz, denn „Verantwortung muß die soziale Solidarität, unsere beständige Gliedschaft einer verflochtenen Existenzgemeinschaft, als gegeben unterstellen“[4].

Unterstellt wird also nicht nur, daß „Ethik als Antwort“ (so der deutsche Buchtitel von P. L. Lehmann: Ethics in a Christian Context) jenen Selbsteinsatz aus Freiheit erfordert, der nach Fletcher gleichbedeutend mit einem „grundsätzlichen Relativismus“ ist. Unterstellt wird vielmehr ebenfalls eine pluralistische Gesellschaftsordnung. Dieselbe Erkenntnis der Relativität jeder menschlichen Setzung verlangt nämlich, daß sich alle, auch die christlichen Mitbürger, in den allgemeinen Prozeß der Wertfindung mit dem Ziel des Konsenses über das Gemeinwohl fügen. Das hat sein Gegenstück in einem Dezisionismus und somit auch „theologischen Positivismus“, für den die letzten handlungsleitenden Werte auf Wahl und Entscheidung beruhen. Nach David Humes Kritik des naturalistischen Fehlschlusses geht Fletcher davon aus, daß zwischen Sein und Sollen, Indikativ und Imperativ eine Kluft besteht, über die es nur den Sprung des Glaubens gibt; „Schritte sind nicht möglich“. Deshalb lassen sich sittliche Urteile nicht wie Erkenntnisse ableiten und bestätigen. Ethische Entscheidungen verlangen vielmehr nach Rechtfertigung. Fletcher führt daher den von ihm gewählten letzten Wert bekenntnishaft ein: „Ich bejahe den Glaubenssatz, daß Gott die Liebe ist, und erhebe damit die Liebe (agape) zur Schlüsselkategorie; daraus ergibt sich durch logische Folgerung die Wertaussage, daß Liebe das höchste Gut ist.“

Wenngleich also prinzipiell „zufällig“, beruht diese Wertwahl doch offensichtlich auf der Interessenlage der Reflexionssubjektivität. In dieser Hinsicht erscheint sie auch bereits dadurch als gerechtfertigt, daß sie, um mit Max Weber zu sprechen, eine Wahlverwandtschaft zwischen der Struktur des christlichen Glaubens und derjenigen einer modernen Daseinsverfassung herstellt. Das ist

---

[4] *Ders.*, Moral Responsibility. Situation Ethics at Work (Philadelphia 1967), deutsche Ausgabe: *ders.*, Leben ohne Moral? (Gütersloh 1969) 95. Die folgende Darstellung bezieht sich ohne Einzelbelege auf die beiden genannten Bücher.

möglich, weil das Prinzip der Liebe als ein pragmatisches Formalprinzip begriffen werden kann. Es ist ein unbedingt verpflichtendes Prinzip der Gesinnung, welches gleichwohl nur situationsbedingte Handlungen gebietet. Es ist ebendeshalb von der Handlungsseite her dem Prinzip der Gerechtigkeit gleich; Gerechtigkeit, kann man nämlich umgekehrt sagen, ist das höchste Prinzip der Liebe, die Form, mit der die Liebe ihre Aufgaben bewältigt. „Gerechtigkeit", heißt das prägnant, „ist Liebe, die der Situation gerecht wird, wo man sie begehrt."

Auf dieser Basis kommt es für Fletcher zwingend zu einem Bündnis zwischen einer christlichen Liebesethik, die sich ihrer sozialen Verantwortung bewußt ist, und dem Utilitarismus. Das Bündnis nimmt sein regulatives Prinzip aus dem Glaubensgebot der Liebe und bedient sich des utilitaristischen Verfahrensgrundsatzes der Verteilung von Wohltaten nach Bentham und Mill. Die pragmatische Methode, die selbst weder eine geschlossene Weltanschauung darstellt noch die anzustrebenden Ziele schon vorgibt, wird zum Hilfsmittel der Ethik. Die von aller Ethik bezweckte Glückseligkeit wird durch das Bestreben, Gottes Willen zu tun, interpretiert; die Nützlichkeitserwägungen des christlichen Ethikers „leiten ihn, sein Glück (auch Lust und Selbstverwirklichung) zu suchen, indem er das Wohl des Nächsten soweit wie möglich anstrebt". Pragmatisch ist es denn auch gemeint, wenn Fletcher – hier wie oft und wie auch die anderen der hier dargestellten Theologen nahe bei P. Tillich, aber auf dessen Metaphysik verzichtend – sagt, die agapeische Dimension christlicher Verantwortung sei ihr soziales oder integrales Wesen: Liebe ist nur in Gott Substantiv, eine Eigenschaft (Gott *ist* die Liebe), für uns hingegen Prädikat: Haltung, Anlage, Neigung, Vorzug, Zweck; eine Weise, sich zu den Mitmenschen zu verhalten und Dinge zu gebrauchen. Gerechtfertigt wird die Ethik der Liebe daher letzten Endes durch das *Tun*, den Erfolg dieser Liebe, der im Einsatz für das Wohl der Person des Nächsten jedes Mittel recht sein kann (der Zweck heiligt die Mittel). Der Christ hat so zu handeln, daß sein Tun *Besseres* hervorbringt als andere mögliche Alternativen, er hat ein *Optimum* an Barmherzigkeit zu erstreben. Er wird deshalb auch gegenwärtig für eine Neuorientierung des ökonomischen Wertsystems an den Prioritäten einer menschengerechten Qualität des Lebens sein.

Es ist deutlich, daß dieser ethische Ansatz einer Gesellschaftsverfassung entspricht, die Konsens über den gegenseitigen Nutzen herstellt, während die weltanschaulichen Voraussetzungen der hier allein zählenden Taten im Hintergrund bleiben. An ein solches pluralistisch-pragmatisches Modell, wie es die USA besonders geprägt haben, angepaßt, wirkt sich der dogmatische Kontext des Glaubens nach Fletcher in ethischer Hinsicht nur als Handlungsmotivation aus. Die Eigenart der christlichen Ethik besteht darin, daß sie christologische, eucharistische Ethik ist: Ethik als Danksagung. Der Glaube, anders ausgedrückt, beantwortet die Frage nach den ethischen Universalien (Fletcher) oder Konstanten, dem *Was, Warum* und *Wer:* die Liebe, um Gottes willen, zugunsten des Mitmenschen. Die Vernunft hingegen fragt nach den Variablen der Situation: *Wann?– Wo?– Welches?– Wie?* Liebe und Vernunft wirken ineinander; der „handlungsdeontologische Agapismus" (Frankena) qualifiziert das teleologische Verfahren[5]. Ausdrücklich betont Fletcher in diesem Zusammenhang, daß die christliche Ethik in erster Linie *Gegenwarts*-, nicht Hoffnungsethik sei: die Liebesethik ist für das Hier und Jetzt bestimmt.

Trotz der letzten Bemerkung ist klar, daß der Aktivismus dieses exemplarischen Typs einer Situationsethik eine Affinität zu revolutionären Veränderungen hat; die Diskontinuität zur Vergangenheit ist Teil ihrer Methode. Unangetastet bleibt dabei allerdings die pluralistische Struktur des Gemeinwesens, weil absolute Positionen grundsätzlich nicht als konsensfähig gelten. Das ist zunächst ein Dialogvorteil: indem der ethische Ansatz auf das Motiv der Liebe konzentriert wird, läßt sich davon absehen, eine bestimmte theologische Theorie der Gesellschaft in die allgemeine Diskussion einzubringen. Eine solche positionelle Theorie wäre tatsächlich nicht „rechtfertigungsfähig", d. h., es bedürfte, um sie anzunehmen, jenes Glaubenssprungs, der nicht jedermanns Sache sein kann. Das wäre auch dann nicht anders, wenn dem von ihr bezogenen Wertsystem „Absolutheit" nur als Höchstgeltung beigemessen würde, und das wäre auch nicht etwa nur von einem positivistischen Standpunkt aus so zu sehen[6]. Eine theologische Theorie kann nicht unmittelbar zum möglichen Gegenstand eines allgemeinen Konsenses werden.

Der Preis für den Verzicht auf eine eigene Theorie der kulturellen Entwicklung besteht aber darin, daß keine „Identitätsprojektion" angeboten werden kann. Die notwendige Frage nach dem *Woraufhin* ist nicht zu beantworten. Das hat zur Folge, daß der Christ auf die jeweils auftretenden Probleme seiner Kulturlage nur existentiell zu reagieren vermag. Auch wenn man davon ausgehen könnte, daß das utilitaristische Verfahren weiterhin eine Handlungskonvention für alle gesellschaftlichen Gruppen und Individuen bleiben wird, ließe sich doch der wiederholt aufgezeigten Tendenz zur Entlastung vom Anspruch des Nächsten nicht mit besseren Argumenten entgegenwirken. Mit anderen Worten: die Grundhaltung einer Verantwortlichkeit, in deren Perspektive die „Selbstannahme durch Selbsthingabe" stehen könnte, ließe sich gegenüber der Tendenz zur „umweglosen Selbstverwirklichung" nicht allgemein plausibel machen.

An dieser Stelle weist die reine Situationsethik über sich hinaus. Entweder könnte nun nämlich doch versucht werden, die gesellschaftliche Entwicklung

---

[5] *W. Frankena,* Analytische Ethik (München 1972) 71: Die Ethik der Liebe.

[6] Zum Problem des Positionalismus: *D. Rössler,* Positionelle und kritische Theologie, in: ZThK 67 (1970); *Ch. Gremmels,* Konstitution und Reflexion, in: ZEE 19 (1975); zum Problem der Absolutheit oder Höchstgeltung: *E. Troeltsch,* Die Absolutheit des Christentums und die Religionsgeschichte (1902) (Siebenstern-Taschenbuch 138) (München – Hamburg 1969).

im ganzen zwar mit Hilfe theologischer Deutungsmuster, gleichwohl aber vernünftig einsehbar zu erklären, oder man könnte nun eben doch versuchen, anthropologische Konstanten aufzufinden, welche Selbsthingabe und so also „Liebe" als vom Grund der menschlichen Situation her notwendig erscheinen ließen.

b) Die Kontextethik

1) H. R. Niebuhr

P. L. Lehmann notiert in einer Anmerkung, daß ihm gleichsam nachträglich aufgegangen sei, in welchem Maße jene geistige Strömung, die grundlegend von William James geprägt, wenn nicht sogar hervorgerufen worden sei, seinen ethischen Ansatz beeinflußt habe[7]. In eben dieser Art gilt das auch für *H. Richard Niebuhr*, dessen Spätwerk wiederum von großer Bedeutung für die theologische Vermittlung des pragmatischen Denkens sein sollte. Niebuhr und Lehmann unterscheiden sich wesentlich durch die Betonung, welche bei dem ersteren die *Gegenwart*, bei dem letzteren die *Zukunft* für die Orientierung des ethischen Handelns erhält; beide hingegen verwenden nicht nur wie J. Fletcher eine allgemeine pragmatische Methode, sondern versuchen, die Philosophie und Anthropologie des Pragmatismus, hier also gerade: die Weltanschauung und das Menschenbild, in den religiösen Kontext der christlichen Ethik zu integrieren, und zwar genau an der Stelle, wo nach James die Wirklichkeitserfahrung von sich aus für die Gotteserfahrung geöffnet erscheint. In diesem Zusammenhang wird die Situationsethik auf die komplexere Reflexionsstufe der „Kontextethik" gehoben, und der Personalismus wird ausdrücklich in eine soziale Interpretationsstruktur einbezogen. In direkter Weise knüpfen H. R. Niebuhr und dann G. Winter an George Herbert Mead an. G. Winters Entwurf einer integrativen Ethik im Dialog mit den Humanwissenschaften kann als eine weiterführende, mit ihrem hermeneutischen und ontologischen Interesse sowohl dem Werk P. Tillichs als auch dem W. Pannenbergs benachbarte Vermittlung zwischen den Ansätzen Niebuhrs und Lehmanns gesehen werden[8].

Das pragmatische Schema ist bereits mit der Formel P. L. Lehmanns angesprochen worden: Integration in und durch Wechselbeziehung. Sie bezeichnet

---

[7] *P. L. Lehmann*, Ethik als Antwort 185.

[8] Im folgenden wird herangezogen: *H. R. Niebuhr*, The Responsible Self. An Essay in Christian Moral Philosophy. With an Introduction by James M. Gustafson (New York 1963). Ebd. 71: Bezug zu G. H. Cooley, G. H. Mead, H. S. Sullivan. Zur Einordnung und Bedeutung dieses Modells: *K. Raiser*, Identität und Sozialität. George Herbert Meads Theorie der Interaktion und ihre Bedeutung für die theologische Anthropologie (München – Mainz 1971) 185. K. Raisers Versuch, theologische Perspektiven in Anknüpfung an H. R. Niebuhr aufzuzeigen, ist eine Parallele zu G. Winters Grundlegung einer Ethik der Gesellschaft, wobei das Postulat, die Möglichkeit von Selbstidentität müsse in dem Vertrauen auf die potentielle Einheit der sozialen Welt gründen, allerdings eher eine Verwandtschaft mit W. Pannenbergs Denken erkennen läßt.

eine ideale Kommunikationsstruktur, die den vorhandenen gesellschaftlichen Pluralismus auf einen Reflexionsrahmen bezieht, den in allgemeiner Hinsicht der philosophische „Pluralismus" nach James, in besonderer Weise das Modell der „Verantwortlichen Gesellschaft" (Winter) und das der „Koinonia" (Lehmann) darstellen. Pluralismus als philosophischer Spiegel der modernen Lebenswelt bedeutet: „Die Welt ist eine Mannigfaltigkeit von einzelnen Einheiten, aber alle Teile sind aufeinander bezogen. Alles in der Welt hat eine Umgebung, es gibt keine oberste, alles abschließende Einheit, die ohne Beziehung auf anderes wäre." Für diese Weltanschauung kommt auch eine Wechselwirkung zwischen Gott und dem Menschen in Betracht; beide sind real verschieden, stehen einander aber, sofern dies als wirklich, nämlich in aufweisbaren Wirkungen der Religion, erfahrbar wird, nicht in Fremdheit, sondern in relationalem Selbst-Bezug, in Vertrautheit, gegenüber.

Diese Vertrautheit, interpretiert P. L. Lehmann, sei die funktionale Partizipation aller Teile einer pluralistischen Welt an der Ordnung und Bewegung, an der Mannigfaltigkeit der Beziehungen und an der Struktur des Ganzen. Gemeint ist also eine Totalität oder ein Universum, das als ein dynamisches, offenes Geflecht von Beziehungsfeldern erfahren wird. Der einzelne gewinnt in ihnen seine Individualität und Autonomie durch die Reziprozität aller Teilnehmer. H. R. Niebuhr betont entsprechend den grundlegend sozialen Charakter menschlichen Selbst-Seins, menschlicher Identität. Der Mensch geht nicht erst Beziehungen ein, sondern steht immer schon in Beziehungen zu anderen. Diese sind aber durch gesellschaftliche Interpretation vermittelt. Die „Situation" bildet also immer auch einen Kontext des gegenseitigen Verständnisses und der wechselseitigen Anerkennung; sie stellt, anders gesagt, konventionelle Deutungsmuster bereit, die das Aufeinander-Eingehen normativ regeln.

Dieses heute weithin geläufige Schema der Intersubjektivität und Interaktion kann ohne große Schwierigkeiten und Abänderungen in einen spezifisch christlichen, umgreifenden Kontext integriert werden. Das geschieht bei H. R. Niebuhr in einer religiösen Theorie der Verantwortlichkeit. Alles menschliche Leben hat den Charakter von Verantwortlichkeit (responsiveness). Das heißt wieder: Menschen sind antwortende, dialogische, re-agierende Wesen (responsive beings); sie antworten in allen ihren Handlungen (actions) auf Handlungen, die sich auf sie richten und deren Sinn von ihnen ausgelegt wird. Der Mensch ist daher ein *verantwortliches Selbst.* Selbst (self), sagt Niebuhr, der Mead folgt, ist ein reflexives Wort für einen reflexiven Sachverhalt. Begründet ist solche Verantwortung aber in Gott, dem einen, sich trinitarisch manifestierenden Absoluten, zu welchem alles andere relativ ist.

Gott ist sozusagen das Generalinterpretament für das menschliche Selbstverständnis. Gotteserkenntnis kommt nicht, offenbarungspositivistisch, durch singuläre Einbrüche von außen, christliche Ethik nicht, imperativisch, durch autoritäre Setzung zustande. Vielmehr ist Ethik Antwort auf das, was Gott in der Welt durch die Handlungen der anderen tut, und reflection on the response of man to the action and nature of God. Gott wird erfahren durch alle Handlungen, die sich auf einen selbst richten.

Der eigentliche Punkt der Vermittlung zwischen Pragmatismus und Offenbarungstheologie ist aber die Erfahrung der Endlichkeit und ihre Deutung in der zwar biblisch inaugurierten, jedoch gegenwärtigen Erfahrung der moral community in Verantwortung vor Gott. Menschliche Erfahrung ist im Grunde Erfahrung der Begrenzung, und das menschliche Beziehungsfeld ist ein Geflecht von Begrenzungen (web of limitations). Und eben: Gott regiert die Welt, indem er die Existenz der einen durch die der anderen begrenzt *und so* Verantwortung stiftet, ein tragendes Geflecht von Beziehungen (web of sustaining support). Die Mächte der Begrenzung als Gottes gegenwärtige Macht und Autorität zu verstehen, hieße dann aber: acceptance of God's acceptance of human limitations, *Selbstverleugnung* nicht, wie E. Fromm den Christen vorwirft, aus Selbsthaß und Schwäche, sondern aus Reife und um den wirklichen Verpflichtungen und Verbindlichkeiten des Lebens gewachsen zu sein und gerecht zu werden. Der Christ nimmt die Welt, wie sie ist, als Gottes gute Schöpfung an, und er wird befreit von jener Unreife, die das eigene, begrenzte Ich zum Mittelpunkt des Lebens macht. Anders ausgedrückt: *menschliche* Identität, nämlich die des Geschöpfes, und vollständige Reziprozität zwischen Geschöpfen in ihrer Relativität werden da erst erreicht, wo sich jeder zu sich und alle sich zueinander *über Gott* verhalten; der verantwortliche, bejahende Gottesbezug befreit vom pervertierten Selbstbezug zum Leben in Dienst und Liebe.

2) P. L. Lehmann

W. James habe ein nützliches Hilfsmittel für eine Interpretation der Ethik bereitgestellt, sagt *Paul L. Lehmann,* die das Verhalten nach Maßgabe der Dynamik und des Modells der *Politik Gottes* zu verstehen und zu gestalten suche. Es sei von grundlegender Bedeutung, daß er den Absolutismus durch den Pluralismus ersetzt und dabei doch in bezug auf die Wahrheit und das Gute einen extremen Relativismus vermieden habe. Dieser Hinweis enthält einen Schlüssel zum Verständnis der von Lehmann vertretenen Kontextethik als Koinonia-Ethik, die zu beträchtlichem ökumenischem Einfluß in der vor allem durch R. Shaull vermittelten Folgegestalt einer „Theologie der Revolution" gelangte. P. L. Lehmann geht kritisch auf James ein; sein eigenständiger Ansatz ist der dialektischen Theologie verpflichtet. Gerade durch ihren exklusiven Ausgangspunkt, darin stimmt er K. Barth zu, könne die christliche Ethik umfassende ethische Geltung gewinnen. Er führt deshalb einen gleichsam konfrontativen Dialog mit den philosophischen und humanistischen Konzeptionen der Ethik, um mit dem Nachweis ihrer Unzulänglichkeit den christologischen Entwurf einer neuen Humanität zu rechtfertigen. Das Entscheidende – und Unterscheidende – dabei ist für ihn die Frage nach der Überwindung des radikalen Bösen[9].

Diese Frage ist an der Zeit. Der Zweite Weltkrieg und der Koreakrieg haben das geistige Klima verändert. Sie haben den „Untergang des behäbigen relativistischen Selbstvertrauens" beschleunigt. Das heißt also gerade im Hinblick auf den Pragmatismus: das optimistisch-melioristische *Weltvertrauen* bricht wie schon im Europa der Zeit nach dem Ersten Weltkrieg zusammen; der Glaube an eine Fortschrittsbewegung vom Bruchstückhaften zum Vollkommenen, zur vollen Entwicklung jener Reife, die das Integrationsprinzip der menschlichen Natur und Kultur ist, wird fragwürdig. W. James hatte gemeint, der Gang der Geschichte sei nichts anderes als die Geschichte (story) der Kämpfe des Menschen um eine immer umfassendere Ordnung, und er hatte die moralische Entsprechung zu diesem Geschehen in den Grundsatz gekleidet: „Erfinde eine Art der Verwirklichung deines eigenen Ideals, die auch die Wünsche anderer befriedigen wird – das, und das allein ist der Pfad des Friedens!" Aber eben: in der Gegenwart büßt die Logik der Moral ihre Motivationskraft ein. Nachdem auf der einen Seite der Formalismus der traditionellen Ethik unwiderruflich veraltet ist, verliert auf der anderen auch der pragmatische Pluralismus den Anschein des Absoluten. Die zeitgenössische Ethik gerät, wie Lehmann es nennt, in das Dilemma von ethischer Irrelevanz und ethischem Relativismus, und die Kluft zwischen der ethischen Forderung und der ethischen Tat verbreitert sich.

Die ethische Orientierung, mit anderen Worten, wird in dem Maße unsicher, wie die Gewißheit wächst, von einer endlichen Welt, die Heil, Ganzheit, durchaus nicht verbürgt, umgeben zu sein. Diese Welt legt es – immer schon, wie die Geschichte von der Urversuchung erzählt – nahe, jenem tief verwurzelten „Drang zum Unbegrenzten", so Lehmanns Definition des Bösen, nachzugeben. Das Gute, das den Willen zur Macht brechen, die Selbstbestimmung begrenzen soll, trägt in der konkreten Lebenswirklichkeit die Beweislast. Das heißt aber auch, daß es von dieser Einsicht nicht weit zu der Erkenntnis ist: daß die ethische Forderung allein nicht ausreicht, um Menschen zu bewegen, das Gute zu tun. Sie brauchte schon immer einen Kontext von Hoffnung und Vertrauen. Kant und James haben die Bedeutung der Religion an dieser Stelle noch gesehen, ihr aber keinen angemessenen theoretischen Ausdruck zu geben vermocht. Sie haben die Motivationskraft der Religion zwar gewürdigt, sich aber nicht darauf eingelassen, einen eigenen religiösen Begründungszusammenhang für die Ethik zu akzeptieren; sie meinten, die Wahrheit des Guten in den Grenzen vernünftiger Selbstreflexion und Welterfahrung allgemeingültig be-

[9] *P. L. Lehmann,* Ethik als Antwort 196 f., 272; im folgenden keine weiteren Einzelbelege. Zu Shaull (und Lehmann) kritisch *T. Rendtorff – H. E. Tödt,* Theologie der Revolution. Analysen und Materialien (Frankfurt a. M. 1968); auch *H. Ringeling,* Politische Theologie und totale Revolution, in: Lutherische Monatshefte 7 (1968) 490–497.

gründen zu können. Das hat sich als unzulänglich erwiesen. Die ethische Frage in der „postrelativistischen" Situation der Gegenwart, so könnte man formulieren, lautet: Gibt es in dieser Welt eine *besondere Macht,* die das Böse besiegt und die Erfüllung verbürgt? Diese Frage, deren Struktur dem pragmatischen Denken nicht fremd ist, verweist aber von neuem auf einen *explizit* religiösen Kontext der Erkenntnis, denn die bloße Vernunft kann nicht allgemeingültig sagen, daß dem ethischen Selbsteinsatz bestimmter Menschen und Gruppen die Zukunft gehört.

P. L. Lehmanns Antwort läßt sich noch einmal auf James beziehen. Dieser hatte gesagt, der Pragmatismus würde „einen Gott akzeptieren, der mitten im Schmutz der persönlichen Wirklichkeit lebt – sofern denn sehr viel Aussicht bestände, ihn dort zu finden". Ebendieser Aufgabe aber, „ihn dort zu finden", will sich P. L. Lehmann stellen. Das ethische Programm, das aus ihr folgt, ist: die Erfahrung und Erforschung des politischen Charakters des Handelns Gottes, und der einzige Ort, wo es durchgeführt werden kann, ist für ihn die Gruppe der Christen. Gruppe, d. h. bei Lehmann koinonia. Mit diesem von Aristoteles wie von Paulus gebrauchten Begriff soll nicht zuletzt auf die gleichartige phänomenologische Struktur des ethischen Problems, in welchem die Methoden der christlichen und der philosophischen Ethik konvergieren, des Problems der Menschlichkeit nämlich, hingewiesen werden. Koinonia bezeichnet das grundlegende Bezogensein (the basic relatedness between human beings) in der Weise gegenseitiger Teilhabe und Teilnahme, die Basis also von Reife und Selbstentfaltung. Während Aristoteles hingegen von diesem phänomenologischen Ausgangspunkt, dem Kern jeglicher Gemeinschaft, zur Idealgestalt der menschlichen Gesellschaft in der Polis gelangt, wird koinonia im paulinischen Wortsinn eingeschränkt auf die Gemeinschaft (fellowship or relatedness) von Christen mit Christus und in der Folge dessen miteinander.

Auch diese christologisch interpretierte koinonia kann aber zum Gegenstand einer „politischen" Theorie werden. Wenn Politik nämlich bei Aristoteles Tätigkeit und Reflexion über Tätigkeit ist, wie P. L. Lehmann eine häufig von ihm benutzte Redewendung einführt, „die sich auf das richtet und das analysiert, was erforderlich ist, um das menschliche Leben in der Welt *menschlich* zu machen und zu erhalten", dann geht es jetzt im besonderen um das, was *Gott* in dieser Hinsicht tut. Gottes Politik ist jedoch nicht durch Logik, sondern durch Einbildungskraft (imagination and behavioral sensitivity) zu erfahren.

Gott macht Weltgeschichte, und die koinonia, welche – ecclesiola in ecclesia – die *ethische* Wirklichkeit des Glaubens der Kirche darstellt, bezeugt durch ihre Existenz den „Logos der Macht" des trinitarischen Gottes, der in Jesus Christus König und Sieger über die Mächte ist. Denn eben: diese „moral community", um an H. R. Niebuhr zu erinnern, ist selber die im Kern ökumenische Gestalt der Erfahrung, daß Reife, Ganzheit, nur dank der umwandelnden und umwertenden Erlösungsmacht Gottes von einer Möglichkeit zur Wirklichkeit wird. Die ethische *Wirklichkeit* der im Beziehungsfeld der empirischen Kirche verborgenen Keimzelle der koinonia ist, mit anderen Worten, der entscheidende Beweis des Geistes und der Kraft, die *Antizipation* derjenigen Entwicklungsstufe (measure of development), wie Lehmann Eph 4,13 wiedergibt, die mit der „Fülle Christi" gemeint ist.

Man muß beachten, daß die „Beweiskraft" dieser Erfahrung aus einer Bekehrungswirklichkeit kommt: Die Gemeinde erfährt Befreiung zur Selbsthingabe und grundlegenden menschlichen Offenheit füreinander im Kontrast zur gewöhnlichen Lebenswelt, „Umwandlung menschlicher Motivation und der Strukturen menschlicher Beziehung, die das Material menschlicher Erfüllung sind"; sie kann sich nicht als ein Ergebnis evolutionärer Prozesse, sondern nur eines revolutionären Ereignisses verstehen. Das Christentum, sagt Lehmann einmal, ist auf die Ausnahme spezialisiert. Das hat seinen Grund bereits im Dasein der Glaubensgemeinschaft; sie *ist* die Ausnahme von der Regel, und das legt ihr den Rückschluß auf die reale Wirksamkeit Gottes nahe. Sie ist die proleptische Gestalt des Reiches Gottes, das sich, wie K. Barth einst sagte, zum Angriff auf die Gesellschaft wendet[10]. Und auch das will beachtet sein, daß diese Orientierung am Kontext des göttlichen Wirkens in der Welt zwar keine Allgemeingültigkeit, wohl aber umfassende *soziale* Geltung beansprucht. Weil nämlich in der nachrelativistischen Situation alles darauf ankommt, daß Verhaltensforderungen nicht auf bloßen Behauptungen beruhen, muß es in dieser Welt Durchbrüche geben zu neuen Stufen der Humanität, auf die sich alle, die davon betroffen sind, Christen wie Nichtchristen, einlassen können, um die menschliche Gesellschaft entsprechend zu gestalten. Christen und Nichtchristen: sie befinden sich mit ihrer Erlösungs- und Orientierungsbedürftigkeit in derselben ethischen Situation und sind unterschiedslos einbezogen in die neue Menschheit; der christologische Ansatz der Ethik läßt keinen doppelten Maßstab für Gläubige und Ungläubige zu.

Voraus haben die Christen den Nichtglaubenden hingegen nach P. L. Lehmann eine prophetische Kompetenz. Sie können die Zeichen der Zeit deuten. Die Geschichte der christlichen Erfahrung mit den Machterweisen des biblischen Gottes, seiner messianischen Dynamik, hat die koinonia mit dem Vermögen ausgestattet, Analogien zu erkennen, indem sie sensibel auf den göttlichen Trend der Geschichte reagiert. Sie hat, heißt das bei R. Shaull, ein grundlegendes Verständnis des revolutionären Prozesses. Für Lehmann ist zwar, wie T. Rendtorff sagt, das Revolutionäre noch keine Kategorie der Praxis, sondern von Geschichtlichkeit überhaupt[11]; beide sind aber mit der Betonung des

---

[10] *K. Barth*, Der Christ in der Gesellschaft (1919), in: *J. Moltmann* (Hrsg.), Anfänge der dialektischen Theologie Teil 1 (Theologische Bücherei 17) (München 1962) 29.

[11] *T. Rendtorff*, Der Aufbau einer revolutionären Theologie, in: *T. Rendtorff – H. E. Tödt*, a. a. O. 72.

revolutionären Prinzips und dem emotionalen Erkenntnisinteresse nahe bei H. Marcuse, auf den sich Shaull auch bezieht.

Nun sind jene Zeichen der Zeit allerdings keine Orakel, sondern *ethische* Zeichen, die sich gleichsam in, mit und unter dem Handeln von Menschen ereignen – hinweisend und nicht verifizierbar; und die rationale Analyse dessen, was an der Zeit ist, wird nicht ersetzt, sondern umgriffen vom prophetischen Kontext der Erkenntnis. Die Komplexität der konkreten, potentiell ethischen Situation spiegelt den Widerstreit von Gottes- und Weltreich; sie läßt auch keine eindeutigen Entscheidungen zu. Dennoch kann die deskriptiv und intuitionistisch angelegte koinonia-Ethik, wie Lehmann meint, für sich in Anspruch nehmen, ein klareres Bild der Wirklichkeit zu geben als eine normative Ethik (auch wenn diese sich auf das eine Prinzip der Liebe konzentrieren würde), weil sie die Geister zu unterscheiden vermag. So kann sie z. B. in dem sozialen Druck, der auf Rassenintegration, oder dem politischen, der auf die Weltgesellschaft hindrängt, Gottes Handeln auf die neue Menschheit hin erkennen.

In diesem kirchlichen Beziehungsfeld kann die Kluft zwischen der ethischen Forderung und der ethischen Tat nach Lehmann durch einen theonomen Akt freien Gehorsams überwunden werden. Ethik ist Antwort auf das, was wirklich geschieht. Das Erkenntnisvermögen der aktuellen christlichen Gruppe, so läßt sich dieser Entwurf noch einmal umreißen, ist eine Dimension ihrer anthropologischen Wirklichkeit. Aufgeschlossen zu einer Struktur der reifen Wechselbeziehung in *Offenheit und Vertrauen*, ist sie auch aufgeschlossen für die Erkenntnis dessen, was Gott in der Welt und für ihre Zukunft tut. Tatsächlich besteht nach Lehmann der Unterschied zwischen Gläubigen und Ungläubigen darin, daß die Situation für die einen offen, für die anderen hingegen verborgen ist, und das ist wiederum nicht in erster Linie ein Unterschied zwischen Wissen und Unwissenheit, sondern ein Verhaltensunterschied: Offenheit bezeichnet ein Verhalten, das Vertrauen, Hoffnung und Hingabe im Gegensatz zu Angst, Verzweiflung und Berechnung ausdrückt. Es ist, wie Lehmann sagt, der *menschliche* Faktor, der menschliche Indikativ, der die primäre ethische Wirklichkeit ausmacht. Dem heilsgeschichtlichen Druck Gottes, welcher – wie die epochalen Trends zu Rassenintegration und Weltstaat andeuten – die menschlichen Verhältnisse umzuwandeln im Begriff ist, kann man ausweichen oder zu widerstehen versuchen. Wird die Herausforderung aber mit einem aktiven Entgegenkommen beantwortet, ist der Spielraum für neue *Experimente* mit reiferen Lebensformen offen. Und eben: das Modell dieses offenen Spielraums ist die christliche Gruppe mit ihrer Dynamik, mit Lehmanns Worten ein Laboratorium und Brückenkopf menschlicher Reife, die Hüterin ihres Geheimnisses.

3) G. Winter

Ethik sei wertende Hermeneutik der Geschichte, darin liege das Wahrheitsmoment der Kontextethik, sagt *Gibson Winter;* ethische Erkenntnis sei religiös: sie greife über die bestehenden Unmenschlichkeiten hinaus nach den menschlichen Möglichkeiten der Zukunft, öffne die ethische Haltung für das äußerste Streben nach dem wahren Sein. Diese Bemerkung kann dazu dienen, G. Winters „geschichtlichen Kontextualismus" von P. L. Lehmanns Entwurf einer geschichtstheologischen Kontextethik abzuheben und dessen Reflexionsniveau vorab kritisch zu würdigen[12].

Die leitende Frage Lehmanns ist die Frage nach der Überwindung des Bösen; wenn sie nur radikal genug gestellt werden würde, meint er, könnte sich auch in der Profanität unserer Zeit der Sinn für eine Ethik, die sich der Offenbarung göttlicher Geschichtsmacht verdankt, wieder erschließen. Es zeigt sich aber nun, daß das Böse nicht nur der wunde Punkt der Philosophie, sondern auch der Theologie ist. Die Frage, genauer, welche bei allen bisher dargestellten Konzeptionen einer neuen Humanität und Moral offenbleibt, ist die: ob das Gute *unmittelbar* durchzusetzen sei. Wer diese Frage zu bejahen geneigt ist, wird dem messianologischen Modell P. L. Lehmanns Plausibilität nicht absprechen können. Denn: die Idee der Erfüllung menschlichen Seins durch einen Geschichtsprozeß, den *Gottes* eingreifende und vorwärtsdrängende Macht bestimmt, könnte sehr wohl für sich ein höheres Maß an Realismus als humanistische Utopien in Anspruch nehmen; das pragmatische Vorverständnis der Wirklichkeit in einer entzauberten Lebenswelt könnte im religiösen Bedingungsrahmen dieser Ethik „aufgehoben" werden, und berücksichtigt wäre nicht zuletzt auch der Einwand, daß eine theologische Theorie der Gesellschaft nicht alternativlos eine bestimmte Position, nämlich einen normativen, aber eben relativen Standpunkt, auszeichnen dürfte. Lehmanns Kritik an der ideologischen Genitivstruktur einer „Theologie der Revolution" lehrt besonders deutlich, daß seine Theorie der Geschichte einen umgreifenden Rahmen der Kritik – zur Scheidung eben der Geister – anbieten will; die konkrete Handlungsweisung ist hingegen situationsgebunden und bleibt frei zu verantworten[13]. Mehr noch: dieser Bedingungsrahmen soll sich selber an den Geschichtstatsachen bewähren. Der Vernunft wird nahegelegt, in geschichtlichen Konstellationen, die für jedermann sichtbar eine Umwandlung menschlicher Verhältnisse einleiten, die Zeichen des göttlichen Handelns wahrzunehmen – wie, um ein eigenes Beispiel zu geben, in jener verheißungsvollen Konstellation nach dem Zweiten Weltkrieg, als die „Erbfeinde" Frankreich und Deutschland sich mit einemmal in

---

[12] *G. Winter*, Grundlegung einer Ethik der Gesellschaft (München – Mainz 1970) (Originalausgabe: Elements for a Social Ethic, Scientific and Ethical Perspectives on Social Process [New York 1966]) 252, 287, ohne Bezug auf P. L. Lehmann.

[13] *P. L. Lehmann*, Christliche Theologie in einer Welt der Revolution, in: *E. Feil – R. Weth* (Hrsg.), Diskussion zur „Theologie der Revolution/' (München–Mainz 1970).

einem Kontext europäischer Partnerschaft vorfanden und Feindschaft zum Unsinn veraltete.

Genau an diesem Punkt ist es aber mit der Plausibilität auch zu Ende. Denn: um die göttlichen Geschichtszeichen lesen zu können, bedarf es ja nach Lehmann eben jenes Organs, welches die christliche koinonia (nicht nur *hat*, sondern) ist. Die menschliche Gesellschaft müßte also entweder ganz in eine christliche Gemeinschaft transformiert werden oder sich der besonderen kirchlichen Zukunftsdeutung und theologischen Leitungskompetenz unterstellen. Das eine Theonomie, das andere Heteronomie: beides ist mit der Freiheit und Autonomie des ethischen Subjekts in der Neuzeit unvereinbar. Der Widerspruch ist denn auch schon mitprogrammiert, koinonia per definitionem religiöse Gruppe am Rande des Bestehenden, von vornherein keine Identitätsprojektion von allgemeingültiger Bedeutung. Der Antimodernismus dieser Konzeption wird hingegen spätestens dort manifest, wo das revolutionäre Prinzip zur Kategorie der Praxis wird; die Strategie der permanenten Humanisierung sucht das Bündnis mit Genossenschaftsbewegungen, für welche die moderne Gesellschaft den Geist und die Gestalt des Bösen hat.

Gegenüber dieser Affinität der Geschichtstheologie zu einer *Gesinnungsethik*, die sich in ihrer Vermittlungsunfähigkeit schließlich, wie Max Weber es sah, nur noch dafür verantwortlich fühlt, daß „die Flamme der reinen Gesinnung, z. B. des Protestes gegen die Ungerechtigkeit der sozialen Ordnung, nicht erlischt“[14], vertritt G. Winter ausdrücklich eine *Verantwortungsethik*, Verantwortung nicht *gegenüber* einer Autorität, sondern *für* die Folgen menschlichen Handelns. Daß sich im Rahmen einer „Ethik der Konsequenzen“ aber die Frage nach dem Subjekt der Geschichte anders stellen wird, liegt auf der Hand. „Der Mensch, der seine Geschichte macht, ist ein unabdingbares Element der Vorstellung von der verantwortlichen Gesellschaft“, heißt es bei G. Winter. Er sagt:

> „Die verantwortliche Gesellschaft bildet die Umgebung, deren der Mensch als Schöpfer seiner Geschichte bedarf. Der Mensch der Geschichte und der Verantwortlichkeit geht über sich selbst hinaus, indem er seine Geschichte auf sich nimmt und ihre Last trägt.“[15]

Das ethische Programm ist damit vorgezeichnet, es steht in deutlicher Korrelation zu den Entwürfen einer zeitgenössischen Ethik bei Habermas und vielleicht mehr noch bei Schulz. Auch für Winters Denken steht hingegen der Pragmatismus, der den Menschen als das aktive Subjekt eines evolutionären Kampfes betrachtet, im Hintergrund. In dieser Tradition ist für ihn H. R. Niebuhrs Ausgangspunkt bei der *wesentlichen Sozialität* des Menschen eine Selbstverständ-

---

[14] *M. Weber*, Politik als Beruf (1919), in: Gesammelte Politische Schriften (Tübingen ^{3}1971).
[15] *G. Winter*, a.a.O. 262.

lichkeit, und auch er sieht die Hauptaufgabe der Theologie darin, daß sie die alltägliche Erfahrung über ihre eigenen Bezüge zum christlichen Verständnis der Wirklichkeit aufklärt. Winter tut das aber, indem er einerseits die *geschichtlichen Voraussetzungen* für dieses Verständnis betont, während er andererseits nachzuweisen versucht, daß sie mit fundamentalen *anthropologischen Gegebenheiten* übereinstimmen, d. h., es geht ihm um den Entwurf einer hermeneutischen Ontologie, welche das gegenseitige Stützungs- und Stimmigkeitsverhältnis zwischen den leitenden Motiven der christlichen Kulturgeschichte und den grundlegenden Strukturelementen der Sozialität herausarbeiten will. Ähnlich wie Habermas, aber mit Bezug auf P. Tillich spricht G. Winter von einer „wesentlichen Struktur" der Sozialität als von einer Apriori-Struktur, durch welche Erfahrung möglich ist und die sich – bis jetzt und wohl auch weiterhin gleichartig – als deren allgemeinster Charakter enthüllt. Eine bewußt vorgenommene Reduktion der komplexen Metaphysik Tillichs auf einfache Komponenten des alltäglichen Lebensvollzugs ermöglicht es Winter, G. H. Meads sozialpsychologische Analyse der Prägung des Ichs zum sozialen Selbst durch den „generalisierten anderen" kritisch weiterzutreiben. Die Richtung, in der das geschieht, nämlich in der Absicht, das schöpferische Ich gegenüber deterministischen Tendenzen zur Geltung zu bringen, ließe sich ebenfalls bei P. L. Berger und T. Luckmann, zu denen Verbindungslinien über Alfred Schütz verlaufen, besonders aber der Sache nach bei D. Claessens aufzeigen[16].

An A. Schütz anknüpfend, gelingt es Winter, einen Widerspruch in Meads Theorie aufzulösen, den er so formuliert: „Das Selbst entsteht in der sozialen Erfahrung durch Kommunikation, und doch setzt der soziale Prozeß der Kommunikation das Selbst voraus." Dieser Widerspruch entsteht ebendadurch, daß die zentrale Rolle des „Ichs" (I) bei der Entstehung des „Ich-Selbst" (Me) übergangen wird. Das Ich erscheint als ein impulsives Leben ohne irgendeine besondere Form und erhält seine reflexive Gestalt durch die Welt der sozialen Gewohnheit; die Gruppe erschafft den Menschen nach ihrem Bilde. Das beschreibt also, anders ausgedrückt, die Entstehung der konventionellen Ich-Identität; das Ich-Selbst Meads, sagt Winter, ist das Produkt der Sitten der Gesellschaft. Der Widerspruch löst sich aber auf, wenn man mit Schütz die „Priorität der Sozialität im Kommunikationsprozeß" als eine „Priorität der einstimmenden Beziehung" versteht.

Das heißt: der grundlegende soziale Bezug aktualisiert sich in einem „Wir-

---

[16] Bezüge auf G. H. Mead (mit Rückbezug auf die pragmatische Philosophie: 32), H. R. Niebuhr, A. Schütz, P. Tillich: s. Register. – Zu P. Berger, T. Luckmann, D. Claessens vgl. die gleichsinnigen Ausführungen insbesondere in *P. Berger – T. Luckmann,* Die gesellschaftliche Konstruktion der Wirklichkeit. Eine Theorie der Wissenssoziologie (Frankfurt a. M. 1969) 139–149: Primäre Sozialisation; *D. Claessens,* Instinkt, Psyche, Geltung. Zur Legitimation menschlichen Verhaltens. Eine soziologische Anthropologie (Köln – Opladen ^{2}1970) 150 (Skizze: Verhaltensdeterminierende Regulative im Menschen), 151–155: Gelebte internalisierte Kommunikation.

Bezug", in welchem ich mein „Jetzt" als meine lebendige Gegenwart durch den anderen verwirkliche, ebenso wie dieser sein Selbstsein durch mein Gegenwärtigsein für ihn verwirklicht. Der „Wir-Bezug", sagt Winter treffend, sei der Mutterboden für die Selbstverwirklichung des „Ichs" als In-der-Welt-Sein. Gemeint ist nämlich, daß in den „primären Beziehungen", um C. Cooleys Begriff zu verwenden, die lebenswichtige Erfahrung gemacht wird, daß man wirklich *da* ist und gebraucht wird – nicht also: als ob es einen gar nicht gäbe – im Zusammenspiel und Einklang der Gemeinschaft, zu der man gehört und an *deren* „Selbstverwirklichung" man teilnimmt[17]. In der personalen Gruppe mit ihrer Struktur gegenseitiger Bestätigung und Begrenzung wird unmittelbar erlebt, was von den komplexeren Institutionen der Gesellschaft nur abstrakt vermittelt wird. Diese erweisen sich daher als *abgeleitete* Typisierungen der wesentlichen Sozialität, und auch die objektivierbaren Formen von Interaktion und Kommunikation setzen den affektiven Gehalt jener Bezüge schon voraus, aus denen das Ich, welches mit der Wendung zur Reflexion erst erscheint, die Kraft schöpft, um entstehen und sich erhalten und erneuern zu können.

Winter betont zwar, daß es der sekundären sozialen Strukturen bedarf, um die menschliche Gemeinschaft auf umfassendere Ebenen zu heben und vor ihren eigenen Entfremdungen zu schützen, und er weiß, daß „die Macht der Liebe in den Kernstrukturen von den destruktiven Kräften überwältigt werden kann", wenn sie nicht durch den kritischen Diskurs in den Einrichtungen des öffentlichen Lebens, auch der Kirchen, unterstützt wird. Aber eben: die Integrität des Wir-Bezugs, der in den Familien und Freundschaften, den Arbeitsteams, Vereinen und Freizeitgruppen erfahren wird, stellt für ihn das Telos auch der gesellschaftlichen Entwicklung im ganzen dar.

Auch hier also „koinonia" als Identitätsprojektion, aber nicht in der Weise des Vorgriffs auf einen „ganz anderen" Zustand neuer Humanität, sondern des Aufbruchs aus dem „begrenzten Ursprungsraum", in welchem das *intentionale Selbst* sich bildet. Das „intentionale Selbst", für Winter ein Grundbegriff, der Meads „soziales Selbst" ersetzt, entsteht aus der Seinsangst, die Tillich als die Angst vor der Zerstörung der ontologischen Struktur beschrieben hat: Angst, nicht zu sein, was wir *essentiell* sind, Ausdruck verlorener, ursprünglicher Einheit, der sich im *Drang nach Vereinigung* geltend macht. Dieser, genauer erschlossen, äußert sich in der *Dynamik* des Gebärdenspiels, welches die vorgegebene Sozialität zu aktualisieren sucht, indem sie die Reaktion des anderen hervorruft, und der Antwort, welche ihr in der *Form* einer interpretierenden Reaktion zuteil wird. Die Form, anders gesagt, aktualisiert die vorgegebene Sozialität als Sinn, an dem die herausfordernde Gebärde als Intention aufgrund

[17] So bei *H. Schelsky*, Wandlungen der deutschen Familie in der Gegenwart (Stuttgart [3]1955) 314–335. Zur kritischen Einordnung vgl. *D. Claessens*, a.a.O.; auch: *H. Ringeling*, Natürliches Recht. Sozialanthropologische Vorfragen einer Familienethik, in: ZEE 19 (1975).

der ursprünglichen Bezogenheit gleichwohl im Ansatz schon teilhat. Der Wir-Bezug hat also die kommunikative Struktur des Dialogs; dem Offensein *für* den anderen entspricht das Zugewandtsein *zum* anderen. Die Bedingung der gelungenen Vereinigung als vollständiger Reziprozität ist aber eine *Dynamik der Distanz:* die Freiheit nämlich des intentionalen Bewußtseins, sich an die Stelle des anderen versetzen und den Möglichkeitshorizont des anderen, dessen Bewußtsein ein „transzendentes Korrelat zu unserem eigenen Bewußtsein" auch in der intimsten Beziehung bleibt, offenhalten zu können. So verstanden, ist das intentionale Bewußtsein ein sozialer Entwurf, welcher die kulturelle Umwelt, von der es geprägt wird, auf neue Lebensmöglichkeiten hin überschreitet, Orientierung in Richtung auf die Zukunft. Allerdings: die Angst, die nach der Zuwendung des anderen drängt, ist immer auch die Angst vor der Abhängigkeit von ihm. Sie äußert sich in dem Versuch, den anderen einzuschränken und zu beherrschen, jenem „Drang zum Unbegrenzten" also, wie P. L. Lehmann das Böse nannte. Damit liegen die wesentlichen Konstruktionsprinzipien der gesellschaftlichen Wirklichkeit auf der Hand. Das vereinigende Prinzip der sozialen Welt ist Liebe, Gemeinschaft der Liebe eine offene Form der wechselseitigen Beziehung zwischen je besonderen Wesen, Einheit von Verschiedenem in der Teilhabe an einer gemeinsamen Welt. Und weil der destruktive Charakter des Bösen aus Beeinträchtigung der Freiheit *und* der Gemeinschaft entsteht, ist ein *Gleichgewicht der Macht* in einer *Ordnung der Verantwortlichkeit* anzustreben. Das Prinzip der Liebe und Gegenseitigkeit ist der normative Ausdruck des menschlichen Seins-in-Beziehung; Liebe schließt die Gegenseitigkeit der freien Initiative und der freien Antwort in sich ein, d. h., gleiche Freiheit für alle in einer verantwortlichen Gesellschaft ist die Formel für diejenige normative Struktur, in welcher die im Wir-Bezug erfahrene Liebe universal wird.

Diese Analyse der anthropologischen Konstanten, die Winter in einem sorgfältigen Dialog mit den Humanwissenschaften erstellt, steht bereits im geschichtlichen Kontext einer Kultur, die sich in der westlichen Tradition des Christentums auslegt und ihre Folgen in eigener Verantwortung auf sich nimmt. Der Zirkel solcher geschichtlichen Hermeneutik bedeutet einen erheblichen Erkenntnisfortschritt und Dialogvorteil gegenüber der Konzeption P. L. Lehmanns. Sein Zusammenhang ergibt sich aus der Beobachtung, daß dem werdenden Ich in der Kernstruktur der Sozialität im Ansatz schon der Sinn der umgebenden Kultur erschlossen ist; auf dieselbe Weise hat jeder Mensch unausweichlich teil an der vorgegebenen Identität seiner Gesellschaft. Selbsttranszendenz, Transzendenz nach vorn ist nur möglich, nämlich verständlich und also sinnvoll, wenn sie in einer evolutionären Erschließung des Möglichkeitshorizontes dieser bestimmten Kultur gegründet ist. Sozialwissenschaft und Sozialethik vereinigen sich dann aber nach G. Winters integrierendem Modell darin, daß sie zunächst prüfen, ob in der vorhandenen Kulturgestalt die Ideale des Ursprungs folgerichtig verwirklicht und ausgeschöpft worden sind. Die Zukunft der Gesellschaft wird dem Urteil ihrer eigenen Ideale unterworfen. Diese intentionale Hermeneutik kommt aber erst da ans Ziel, wo „die überkommenen Verantwortungsstrukturen (empirisch) und die gegebenen Idealvorstellungen (rational) eingebracht (werden) in neue geschichtliche Schöpfungen, welche sowohl das Ideal wie die praktische Wirklichkeit verwandeln. Diese Aufgabe enthüllt die schöpferischen und die zerstörerischen Möglichkeiten des Menschen; sie erhellt daher sein Streben nach Sinn in der Geschichte."

Der neue Entwurf ist die aktive Synthese des Sinnes im dynamischen Prozeß der Gesellschaft, sagt Winter; E. Troeltsch nannte das eine Kultursynthese. Und eben: die Freiheitsideen der neuzeitlichen Kultur stehen ihrerseits im Kontext des Christentums. Das rechtfertigt es, in der *Liebe* als der umfassenden Kategorie für Verantwortung und Gerechtigkeit ein *hermeneutisches Symbol* zu sehen. Gerade für eine verantwortliche Gesellschaft, zu deren Wesen es nach Winter gehört, sich ihrer eigenen gesellschaftlichen Identität *bewußt* zu sein und deren Reifekriterium die Kraft zu selbsttranszendierender Distanz ist, könnte sich auf den ihr zugrunde liegenden *Logos* des Seins-in-Beziehung, den die christliche Tradition „offenbart", besinnen. Ob das geschieht, bleibt indessen eine offene Frage; zum Optimismus ist auch nach Winter kein Anlaß, aber auch nicht zur Resignation.

„In Wahrheit leitet sich das Drängen auf die biblische Tradition anstelle eines unmittelbaren Humanismus aus der Tiefe der existentiellen Entfremdung des Menschen her und aus der Zwiespältigkeit der grundlegenden Strukturen, wie sie sich in der Geschichte manifestieren. Die biblische Tradition weckt ein Vertrauen in die Güte der Macht, in der die menschliche Gemeinschaft verwurzelt ist. Dies ist ein Glaubensbekenntnis, das die tiefere Wirklichkeit unserer biblischen Überlieferung zum Ausdruck bringt."[18]

2. *ReligiöseAspekte einer offenen Identität: vertiefende Ansätze*

a) Weltoffenheit – Gottoffenheit: K. Rahner, W. Pannenberg

Karl Rahner vertieft den Dialog zwischen Theologie und Anthropologie, indem er den Punkt ihrer Koinzidenz beschreibt: das Geheimnis des Menschen. Stärker als bereits bei G. Winter (und nahe bei P. Tillich, mit diesem besonders durch die phänomenologische Daseinsanalyse M. Heideggers verbunden) wird die „geschichtlich verfaßte" und insofern stets aposteriorische Gotteserfahrung im Christentum auf den Grund ihrer Möglichkeit in einem anthropologischen Apriori bezogen, und ähnlich wie bei W. Pannenberg sind Heilsgeschichte und Geschichte überhaupt für diesen Entwurf letztlich koexistent. Die Erkenntnis

[18] *G. Winter*, a.a.O. 243.

Gottes – so Rahner – ist eine „*transzendentale,* weil die ursprüngliche Verwiesenheit des Menschen auf das absolute Geheimnis, die die Grunderfahrung Gottes ausmacht, ein dauerndes Existential des Menschen als eines geistigen Subjektes ist“[1].

Die „geschichtlich verfaßte transzendentale Gotteserfahrung“ bezeichnet daher die übernatürliche Einheit der unableitbar freien Antwort Gottes als Grund und Abgrund des Seins (Gott – „das letzte Wort vor dem Verstummen“) und der notwendigen, wesentlichen Frage des Menschen nach ihm. Und das heißt genauer: der Mensch *ist* – wie K. Fischer formuliert – die „sich unendlich übersteigende und in Gottes Geheimnis hinein sich verlierende Frage“, der Ort, wo „Gott, *sich dem* Menschen offenbarend, nicht nur irgendein, sondern *sein* eigenes Geheimnis *als* das letzte Geheimnis des Menschen selbst offenbar macht“. Das allgemeine anthropologische Theorem der „Offenheit“ des Menschen wird auf diese Weise radikal als Gottoffenheit interpretiert, und zwar in dem doppelten Sinn des Wortes: der Ek-sistenz des Menschen entspricht die Ek-stase Gottes, die Aszendenz des Menschen und die Deszendenz Gottes vereinen sich im Sinnbild des Gottmenschen. Jesus Christus ist daher der „geheime“ (unverfügbare) Zielsinn des Menschen, die Zielrichtung seiner Selbsttranszendenz, das Woraufhin der Offenheit menschlicher Natur; Christologie ist sich selbst transzendierende Anthropologie und Anthropologie defiziente Christologie[2].

Der Mensch ist die Selbsttranszendenz der lebendigen Materie, Natur- und Geistesgeschichte bilden eine innere gestufte Einheit; das Nahekommen Gottes erscheint als ein kosmisches Ereignis, der gnadenhafte Selbstüberstieg des Menschen auf Gott hin als ein Moment der Entwicklungsdynamik alles Geschaffenen. Christologie also innerhalb einer „evolutiven Weltanschauung“: das erinnert an den Urheber des spekulativen Begriffs der Weltoffenheit am Anfang der philosophischen Anthropologie, Max Scheler, aber auch an spekulative Theologien der Evolution wie bei Richard Rothe auf evangelischer, Pierre Teilhard de Chardin auf katholischer Seite: Gemeint ist jedoch kein deterministischer Evolutionsprozeß. Vielmehr bleibt gerade in der Form der ignatianischen Mystik die Freiheit des Menschen bewahrt; auf die in Gottes Geheimnis hinein sich verlierende Frage, die der Mensch ist, kann, wie K. Fischer es ausdrückt, auch ein mögliches Schweigen Gottes eine mögliche Antwort sein[3].

Mehr noch: Rahners transzendentale Anthropologie ist in hohem Maße ge-

---

[1] *K. Rahner*, Grundkurs des Glaubens. Einführung in den Begriff des Christentums (Freiburg i. Br. 1976) 61; zum ganzen besonders: 1–75.

[2] *K. P. Fischer*, Der Mensch als Geheimnis. Die Anthropologie Karl Rahners (Freiburg i. Br. [2]1974) 176f., 296–302 u. passim.

[3] Ebd. 71f., 175. Überzeugend ist die abwägende Verteidigung Rahners gegen Einwände W. Pannenbergs (Stellen s. Register); die Ansichten beider Autoren erscheinen als konvergent.

eignet, die moderne Subjektivität und ihr konstitutives Reflexionsbedürfnis zu steigern, zu „überholen“ *und* solche Tendenz zur Selbstverwirklichung in Selbsthingabe umzuwandeln. Modernität und Christentum sind nicht nur – das auch – kulturgeschichtlich vermittelt, sondern konvergieren in jener unendlichen Steigerung der Reflexionsstufen, die alles gegenständliche, begrenzte Denken und Glauben von sich abstößt. Gott als das Woraufhin und Wovonher des auf ihn – d. h. auf un-endliche Vollendung – *zielenden* Vorgriffs teilt sich gewiß in ansprechbaren „Realsymbolen“, zentral dem gekreuzigten Christus, mit, gleichwohl aber geht, sagt Rahner, „der Vorgriff der ursprünglichen Transzendenz... auf das Namenlose und ursprünglich von sich selbst her Unendliche“. „Weil das Woraufhin der Transzendenz immer nur in der Erfahrung dieser gleichsam bodenlosen, an kein Ende kommenden Transzendenz gegeben ist, ist der *Ontologismus* in seinem vulgären Sinn vermieden. Denn dieses Woraufhin wird nicht an sich selbst erfahren, sondern nur in der Erfahrung dieser subjektiven Transzendenz ungegenständlich gewußt.“[4]

Transzendenz ist aber nicht nur gleichbedeutend mit einer theologisch-mystisch qualifizierten Dauerreflexion. Rahner sagt: „Indem der Mensch durch seine Transzendenz ins Offene gesetzt ist, ist er gleichzeitig sich selbst überantwortet, ist er nicht nur erkennend, sondern *handelnd* sich selbst anheim- und aufgegeben und erfährt er sich in dieser Überantwortetheit an sich selbst als verantwortlich und frei.“ Verantwortlichkeit und Freiheit gehören im ursprünglichen Ansatz zusammen, sie bilden nicht ein partikuläres, empirisches Datum in der Wirklichkeit des Menschen neben anderen. Hier geht es, wie Rahner betont, um die *Transzendenz der Freiheit, des Wollens, der Liebe*. Er fährt fort:

> „Diese Transzendenz, die das Subjekt als freies und personales Subjekt in einem unbegrenzten Raum der Tat konstituiert, ist ebenso wichtig und im Grunde nur eine andere Seite der Transzendenz eines geistigen, deswegen erkennenden und gerade deshalb freien Subjektes. Freiheit ist immer die Freiheit eines Subjektes, das mit anderen Subjekten in einer interpersonalen Kommunikation steht. Deswegen ist sie notwendigerweise Freiheit gegenüber einem anderen Subjekt von Transzendenz, die nicht zunächst die Bedingung sachhafter Erkenntnis, sondern die Bedingung der Möglichkeit des Bei-sich-Seins eines Subjektes bei sich selbst und genauso ursprünglich beim anderen *Subjekt* ist. Die bejahende Freiheit eines Subjektes, das sich selbst aufgegeben ist, gegenüber einem anderen Subjekt heißt aber letztlich Liebe.“[5]

Verantwortung und Freiheit: daß dieser Entwurf die Möglichkeit des Dialogs mit W. Schulz, aber auch mit J. Habermas eröffnet, liegt auf der Hand; tatsächlich ist – über J. Maréchal vermittelt – Fichte für Rahners Ansatz bedeutsam, und mit Recht hält K. Fischer einen Dialog mit J. Habermas für wünschenswert. Fischer fragt, „ob bei Rahner nicht die ‚Liebe‘, jene von ‚charismatischer Inspi-

---

[4] *K. Rahner*, a.a.O. 71, 73.
[5] Ebd. 46, 74.

ration' bewegte und erhöhte ‚geheime Spiritualität' des menschlichen Handelns, die Funktion jenes ‚erkenntnisleitenden Interesses' annimmt, das Habermas am Grund vor allem des moralischen Handelns wirksam sieht und das er zugleich als das – von Kant freilich nicht näher ausgeführte – ‚Prinzip Hoffnung' auslegt, das zu den bekannten ‚Postulaten der reinen praktischen Vernunft' (unsterbliche Seele, Dasein Gottes) führt"[6].

Denn eben: das Dialogangebot besteht im Kern darin, daß die moralische *Forderung* des freien, verantwortlichen Selbsteinsatzes im *Entgegenkommen Gottes* begründet wird. Die endliche Freiheit des Menschen erfährt in der Ekstase seines Geistes, die sich in das unendliche („heilige") Geheimnis hinein verliert, existentielle Befreiung, Eröffnung zur Selbsttranszendenz des Ichs auf den Nächsten hin; die Selbstübersteigung des Menschen auf ein Du hin ist das „*Geheimnis* der Liebe" oder, anders, der Umweg, auf welchem die „Bewegung auf Gott hin" offene Identität in Freiheit und Verantwortung verwirklicht. Daß der Mensch in der Gegenwart zum Schöpfer seiner selbst wird, daß der zeitgenössische Mensch sich als denjenigen empfindet, der sich selbst in eine neue und ganz andere Zukunft hinein zu überwinden hat – die Tendenz zur Selbstverwirklichung des Übermenschen in der Perspektive einer planetarisch vereinheitlichten Geschichte wird von der spirituellen Transzendenz umgriffen und zurechtgebracht. Gott, sagt K. Rahner, ist der Name für die letzte Radikalität, die letzte Würde und die letzte Geborgenheit des Verhältnisses des Menschen zu seinem mitmenschlichen Du[7].

Wolfhart Pannenberg bezieht den Dialog zwischen Theologie und Anthropologie ähnlich wie K. Rahner auf die religiöse Sinnthematik des Menschseins und ihre geschichtliche Gestalt im Christentum – „unter der Voraussetzung, daß dieses nicht mit seinen überlebten konfessionellen Ausprägungen identisch, sondern einer dem Wahrheitsbewußtsein der Gegenwart gewachsenen Erneuerung fähig ist". Dieser Satz ist auf das Problem der Evidenz des Ethischen gemünzt; auch das ethische Bewußtsein ist geschichtsbedingt, jede anthropologische Begründung der Ethik immer schon abhängig „von den jeweils zugrunde liegenden religiösen oder quasi-religiösen Sinnannahmen"[8]. Der Erfahrungs-

---

[6] *K. Fischer*, a.a.O. 396f. Vgl. dazu auch die Rezension seines Buches von *A. Peters* in: ThLZ 101 (1976) 452–455. Peters betont noch stärker den indirekten Einfluß Kants und Fichtes.

[7] Vgl. *K. Fischer*, a.a.O. 395. Zum Verständnis des korrelativen Zusammenhangs zwischen dem „Bild des neuen Menschen" in der Gegenwart und dem „christlichen Menschenbild" *K. Rahner*, Zur Theologie der Zukunft (dtv. Wiss. Reihe Bd. 4076) (München 1971).

[8] *W. Pannenberg*, Wissenschaftstheorie und Theologie (Frankfurt a. M. 1973) 412. Im besonderen bezieht sich der zitierte Satz auf eine Kontroverse mit Gerhard Ebeling; zur Lit. ebend. Ebelings Auffassung ist in dieser Frage derjenigen von Knud E. Løgstrup nahe. Vgl. vor allem *ders.*, Die ethische Forderung (Tübingen 1959). Løgstrup entwickelt eine Theorie universaler Daseinsäußerungen (anthropologischer Konstanten), wie vornehmlich eines ursprünglichen, elementaren „Vertrauens zum Dasein in seiner ständigen Erneuerung" (13). Dieses soll ein kommunikatives Handeln in der Form der Selbstauslieferung (Sichvorwagen auf ein Entgegenkommen zu) als Antwort auf die Gabe des Lebens allgemeingültig begründen können. Die Phänomenologie des Vertrauens weist – wie

und Sinnzusammenhang, in welchem humane Identität sich also (anthropologisch und ethisch) konstituiert, erscheint als „Weltbild", nämlich als Vorgriff auf die Sinntotalität einer Lebenswelt, wie ihn in den Kultursystemen der Geschichte vornehmlich die Religionen vertreten haben. Und eben: die *christliche* Lebenswelt reflektiert sich in theologischen Entwürfen, die den Status von Hypothesen haben; die Frage nach der Geschichte des Christentums ordnet sich in die Zusammenhänge der Menschheitsgeschichte ein, indem die mögliche Bedeutung der christlichen Überlieferung auf die Zukunft der Menschheit, ihr Inhalt als hypothetische Sinndeutung auf die verschiedensten Bereiche gegenwärtiger Erfahrung bezogen werden[9].

Solche theologischen Hypothesen müssen vier Kriterien erfüllen: sie müssen in einer, sei es auch angesichts veränderter Erfahrung nur in biblischen Implikationen ausweisbaren Kontinuität der christlichen Tradition stehen; sie müssen einen Bezug auf Wirklichkeit im ganzen haben, der für gegenwärtige Erfahrung einlösbar ist und sich an ihrem Verhältnis zum Stand des philosophischen Problembewußtseins ausweisen läßt; sie müssen zur Integration des zugeordneten Erfahrungsbereichs (hier also: Christologie und Anthropologie) tauglich sein; ihre Erklärungskraft darf nicht hinter dem bereits erreichten theologischen Problembewußtsein zurückbleiben[10]. Erfüllbar sind diese Kriterien hingegen unter der Voraussetzung, daß die Theologie durch den Begriff der Religion als Sinntotalität berechtigt ist, *indirekt* von ihrem Gegenstand – Gott als der alles bestimmenden Wirklichkeit – zu reden. „Die Wirklichkeit Gottes ist mitgegeben jeweils nur in subjektiven Antizipationen der Totalität der Wirklichkeit, in Entwürfen der in aller einzelnen Erfahrung mitgesetzten Sinntotalität, die ihrerseits geschichtlich sind, d. h. der Bestätigung oder Erschütterung durch den Fortgang der Erfahrung ausgesetzt bleiben." Und diese Wirklichkeit im ganzen ist nicht als abgeschlossener Bestand eines Kosmos gegeben, sondern befindet sich in einem noch unabgeschlossenen Prozeß[11].

In gleicher Weise wie G. Winter betont Pannenberg in Auseinandersetzung mit J. Habermas und mit Bezug auf dessen Kontroverse mit N. Luhmann über den Sinnbegriff, daß das Sinnerleben von unvermeidbar vorrangiger und der Möglichkeit nach auch kritischer Bedeutung für die Integration eines sozialen Systems sei. „Weltbilder", das eben legte auch Winter dar, sind nicht nur vom Typ des „einheitlichen Interpretationsrahmens herrschaftslegitimierender Weltbilder" (Habermas)[12], sondern können im Rückgriff auf den idealen Sinn des Systems *und* die mitgewußte Unzulänglichkeit seines Ausdrucks zur Kritik

---

auch Ebelings Position – auf W. Herrmann zurück. Eine der Sache nach zwischen beiden Auffassungen vermittelnde Daseinsanalyse ist die von G. Winter.

[9] *W. Pannenberg,* a.a.O. 103, 297.

[10] Ebd. 348.

[11] Ebd. 302, 312f.; 314: zum Verhältnis von Religions- und Sinnbegriff, 316.

[12] *J. Habermas,* Legitimationsprobleme im Spätkapitalismus (Frankfurt a.M. 1973) 121.

institutioneller Normen dienen. Pannenberg sagt: „Nur insoweit eine soziale Ordnung den ‚Sinn' der erfahrenen Wirklichkeit im ganzen *samt der an ihr erfahrenen Sinndefizienz* repräsentiert, brauchen ihre Normen von den Individuen nicht als repressiv, nämlich als letztlich willkürliche Normsetzungen anderer Individuen, empfunden zu werden."[13] Und nur soweit, wird man noch einmal ausdrücklich hinzufügen müssen, ein kulturelles System sich aufgrund seiner religiösen Selbsttranszendenz zu relativieren vermag, ist es auch *von sich aus* – nicht passiv, sondern produktiv – zur Veränderung (um mit E. Troeltschs Begriff zu sprechen) durch Kultursynthese fähig.

Der Kern der Kritik, die Pannenberg an Habermas übt, steckt jedoch in der These, daß die *geschichtliche*, kulturelle Sinnvermittlung – „die geschichtliche Vermittlung der Antriebe selbst (und nicht nur ihrer ‚Interpretationen') durch die kulturell-soziale Lebenswelt" – gegenüber der anthropologischen Grundstruktur einen Vorrang hat, den keine Überwindung faktisch geltender Weltbilder beseitigen kann[14]. Berücksichtigt man an dieser Stelle, daß auch Habermas auf die Notwendigkeit eines „identitätsverbürgenden Deutungssystems" für die Teilnahme an den evolutionären Sozialisierungsprozessen „mit Willen und Bewußtsein" hinweist, kommt die entscheidende Differenz erst klar heraus. Strittig muß nämlich weder die Frage sein, ob ein solcher Deutungsrahmen notwendig sei, noch die, ob auch ein religiöses Weltbild sich geschichtlich, in einem hypothetischen Rahmen, darstellen könne. Strittig ist vielmehr, ob dem Deutungsmuster nur die *abgeleitete* Bedeutung zukommt, ein anthropologisch vorgegebenes, grundlegendes Interesse an handlungsorientierter Selbstverwirklichung praktisch und moralisch auf die nächste Stufe der Freiheit auszurichten, oder ob es eine anthropologisch unableitbare, nicht handlungsfunktionale, sondern menschlichem Handeln erst grundlegend sinn*gebende* Bedeutung haben kann. Im letzteren Fall ist damit auch wieder die Möglichkeit eröffnet, daß ein *explizit* religiöser Bedingungsrahmen das ethische Handeln bestimmt und vom Zwang zur Selbstverwirklichung entlastet.

Eine offene Identität eignet dem Menschen W. Pannenberg zufolge denn auch gerade in der Weise, daß *keine* Verwirklichung des Guten durch das aktive (auch: kontemplative) Streben nach einem Zustand vollendeten Glücks (auch nicht: der Glückseligkeit in Gott) der Bestimmung des Menschen genügt[15]. Auch die philosophische Anthropologie, die von der Bestimmung des Menschen zur Kultur handelt, erfaßt die Offenheit des Menschen nicht tief genug, verfehlt sie vielmehr, weil auch sie – die gleichwohl ihren Zusammenhang mit der Geschichte des Christentums nicht verleugnen kann – von der Befangenheit des

[13] W. Pannenberg, a.a.O. 103.
[14] Ebd. 91.
[15] *W. Pannenberg*, Was ist der Mensch? Die Anthropologie der Gegenwart im Lichte der Theologie (Göttingen [5]1976) Kap. 1: Weltoffenheit und Gottoffenheit; *ders.*, Theologie und Reich Gottes (Gütersloh 1971) Kap. 3: Das Problem einer Begründung der Ethik und die Gottesherrschaft.

Menschen in seiner Ichhaftigkeit zeugt. Pannenberg knüpft daher an Scheler und Gehlen an, indem er den eudämonistisch-pragmatischen Kontext der Anthropologie aufbricht; die Selbstzentriertheit des Menschen als Inbegriff der Sünde steht im Widerspruch zur Weltoffenheit als unendlicher Angewiesenheit. Die Spannung zwischen Ichhaftigkeit und Weltoffenheit löst sich erst da auf, wo erkannt wird, daß Weltoffenheit im Kern Gottoffenheit bedeutet[16]. Das unendliche Streben des Menschen – seine Suche nach sich selbst – setzt ein Gegenüber jenseits aller Welterfahrung voraus, und für dieses Gegenüber hat die Sprache den Ausdruck Gott. „Das Wort Gott kann nur sinnvoll verwendet werden, wenn es das Gegenüber der grenzenlosen Angewiesenheit des Menschen meint. Sonst wird es zu einer leeren Vokabel."[17]

Das cor inquietum findet Ruhe erst in Gott. Umgekehrt wird diese transzendente Bestimmung des Menschen, die von der Theologie aufgezeigt wird, dadurch zur anthropologischen Grunderfahrung, daß der Mensch als Mensch diese Bewegung durch die Welt hindurch zu Gott *ist.* „In dieser Bewegung ist er unterwegs zu seiner Bestimmung, zur Gemeinschaft mit Gott. Und insofern die Bewegung seines Lebens auf Gott zuläuft, vollzieht sich in ihr selbst schon Gemeinschaft mit Gott. Insofern ist schon in diesem Leben die Bestimmung des Menschen wirksam und wirklich, vorausgesetzt, daß wir in der Bewegung bleiben, nur ja nicht unterwegs stehenbleiben."[18] Denn eben: es kommt alles darauf an, daß die Einheit der Welt und die Ganzheit des Daseins, auf welche der menschliche Antriebsdruck sich richtet, im Entgegenkommen Gottes selbst gründen. Gott ist kein Wort für einen Zustand, der doch nur partikular und relativ, ein Vorgriff des eigenen Interesses an Vollkommenheit sein könnte; Gott ist „der mit seiner kommenden Herrschaft identische Gott" und so der konkrete Inhalt des Guten, noch nicht Vorhandenen, aber Erstrebten, auf den sich die ethische Grundfrage richtet. Dieser Identität Gottes mit dem Kommen seiner Herrschaft entspricht die Teilnahme des Menschen an solcher Bewegung Gottes zur Welt; sie befriedet die Unruhe des Geschöpfes.

„Gemeinschaft mit Gott ist aber wiederum nur möglich durch Teilnahme an seiner schöpferischen Liebe, die alles Seiende trägt und jedem einzelnen auf je besondere Weise Dauer, selbständige Existenz und Daseinsinhalt durch Beziehung auf alles andere Seiende

---

[16] *W. Pannenberg,* Was ist der Mensch? 13,46. Nur wenn man diesen kritischen Punkt einer Anknüpfung oder auch theologischen Anthropologiekritik – wie er auch K. Rahners Ansatz bestimmt – ausblendet, kann man zu dem Urteil gelangen: Rahner und Pannenberg hätten die Theologie zu sehr den anthropologischen Begründungszusammenhängen ausgeliefert. So *P. Eicher,* Du sollst dir kein Bildnis machen. Möglichkeiten und Grenzen theologischer Anthropologie heute, in: *G. Bitter – G. Miller* (Hrsg.), Konturen heutiger Theologie (München 1976). Allerdings nimmt Pannenberg die vielschichtige und in ihrer jeweiligen methodischen Bestimmtheit scharf zu umreißende These von der Weltoffenheit tatsächlich zu unmittelbar für die theologische Sicht in Anspruch und legt sich dabei auch auf Grundpositionen, besonders die A. Gehlens, fest, über welche die anthropologische Diskussion hinausgeführt hat.

[17] *W. Pannenberg,* Was ist der Mensch? 11.

[18] Ebd. 40.

gewährt. Da Gott der eine Gott alles Seienden ist, richtet sich seine Liebe nicht exklusiv auf diesen oder jenen für sich allein, sondern auf die ganze Menschheit und durch sie auf die Welt. Teilnehmen an der Liebe Gottes heißt teilnehmen an der Dynamik einer Geschichte, die die Menschheit eint, indem sie die Individuen eint in der Frage nach dem gemeinsamen höchsten Gut, das – ob sie es wissen oder nicht – mit der Zukunft der Gottesherrschaft kommt. Nur ein Handeln, das aus dem Geist der schöpferischen Liebe geschieht und in ihrem Sinne integrierend wirkt, ist ein Handeln aus dem Geist der Gottesherrschaft – es integriert das Leben des einzelnen zu personaler Identität, es integriert ihn in eine Gemeinschaft, die ihrerseits sinnvoll auf umfassendere Gemeinschaften und auf das Ganze der Menschheit bezogen ist. Zur intensivsten Antizipation der eschatologischen Verwirklichung des Menschseins durch die Liebe ist in den Verhältnissen des individuellen Lebens die christlich verstandene Ehe geworden."[19]

b) Offene Integration: T. Rendtorff

Trutz Rendtorff konzentriert den Dialog zwischen Theologie und Philosophie auf den religiösen Aspekt der Dialektik von gesellschaftlicher Bestimmtheit und reflexiver Unbestimmtheit des individuellen Bewußtseins. Sein Ansatz kann auch die Verbindung zur Anthropologie H. Plessners, die für W. Schulz wichtig war, wiederherstellen, denn diese Dialektik entspricht sehr genau der Formel Plessners für die Indirektheit und Gebrochenheit des menschlichen Weltverhältnisses: vermittelte Unmittelbarkeit[20]. Rendtorff versucht im besonderen nachzuweisen, daß eine Gesellschaftstheorie, die beansprucht, Theorie der Wirklichkeit im ganzen zu sein, theologische Elemente enthält. Der Vorschlag, Theologie ausdrücklich als Metatheorie der Sozialwissenschaften einzubringen, stützt sich auf eine Analyse der aporetischen These vom „Ende des Individuums" am Beispiel der Kontroverse zwischen Systemtheorie (N. Luhmann) und Krisentheorie (J. Habermas)[21].

„Ende des Individuums", d. h., wie J. Habermas die kulturkritische Version nach Adorno präzisiert, Tod des bürgerlichen Individuums[22]. In der Zeitdiagnose durchaus einer Meinung mit A. Gehlen und H. Schelsky, hatten M. Horkheimer und Th. W. Adorno die abendländische Geschichte der Erhebung des menschlichen Geistes über die Natur in einen unabsehbar-endgültigen Zustand der „selbstproduzierten Objektivität" (Schelsky), jenes stahlharte Gehäuse der wissenschaftlich-technischen Zivilisation, von dem M. Weber schon sprach, einmünden sehen. „Dialektik der Aufklärung" ist das Stichwort der Kritischen Theorie für den Umschlag von der Herrschaft des individuellen

---

[19] *W. Pannenberg*, Theologie und Reich Gottes 71, 75.

[20] *H. Plessner*, Die Frage nach der Conditio humana. Aufsätze zur philosophischen Anthropologie (Frankfurt a. M. 1976) 54f. u. passim.

[21] *T. Rendtorff*, Gesellschaft ohne Religion? Theologische Aspekte einer sozialtheoretischen Kontroverse (Luhmann/Habermas) (München 1975). Vgl. dazu die Besprechung von *E. Herms* in: ZEE 21 (1977) 61–67.

[22] *J. Habermas*, a.a.O. 171–178.

Subjekts in die totale Gefangenschaft des Menschen unter der alles bestimmenden, selbstmächtigen Wirklichkeit des industriellen Systems. Die Beurteilung dieses Zustands ist allerdings unterschiedlich.

Schelsky erblickt in ihm – das Stichwort der posthistoire ist ebenfalls eine gängige Scheidemünze – den Anbruch einer nachgeschichtlichen Zeit, die schon zur Selbstverständlichkeit wird[23]. Das Neue verfestigt sich bereits und läßt weder mehr wertende Deutungen aus dem Vergleich mit früheren Epochen noch auch die Einschätzung als Gestalt einer „Krise" oder eines „Übergangs" zu. „Krise" ist ein Wort, das die Wende in einem Krankheitsverlauf anzeigt; der heile Zustand liegt in der Vergangenheit oder der Zukunft, bei dem, was ist, kann es jedenfalls nicht bleiben. Von Krise kann aber angesichts der beständigen Normalität der modernen Gesellschaft nur mehr in der eingeschränkten Weise die Rede sein: daß wir *„Alt-Europäer"* vorläufig noch die *Gefangenen* dieses neuen Kulturmilieus sind, einer weltweiten und dauerhaft einlinigen Entwicklung, deren Konstanten das Wachsen der Macht des Menschen über die außermenschliche Natur und die Steigerung der Reflexionsstufen sind: technologische Kompetenz und subjektive Dauerreflexion. Das also kann nicht nur als Selbstentfremdung *empfunden* werden. Vielmehr *ist* die Identität des neuzeitlichen Menschen, die sich aus dem Bewußtsein des Gegenübers zur Welt als Material gebildet hatte, bedroht. Diese kulturgeschichtliche Entfremdung des Menschen von einer alten „beseelten Einheit" mit der Welt, wie Schelsky sagt, durch deren Konstruktion undErarbeitung aus dem Geist geht in eine neue, andersartige Selbstentfremdung über: „Die Gefahr, daß der Schöpfer sich in sein Werk, der Konstrukteur sich in seine Konstruktion verliert, ist jetzt die metaphysische Versuchung des Menschen."

Mit Gotthard Günther sieht Schelsky in dieser Lage, einer neuen Welt-Mensch-Einheit, mit dem Ende des „alteuropäischen" Individuums auch das Ende der alten Metaphysik und Heilsreligion anbrechen. Die bürgerliche Kultur hatte noch „die Identifikation des Menschen mit seiner alten metaphysischen Subjektivität ermöglicht, gerade weil sie diese aus der Welt der beginnenden Arbeitsgesellschaft ‚freigab'". Nachdem diese Entzweiung jedoch historisch im Vergehen begriffen ist, macht sich eine „metaphysische Heimatlosigkeit" geltend. Sie findet nicht zuletzt ihren Ausdruck in einer emphatischen Rückbesinnung auf den „ganzen Menschen". Solche Unmittelbarkeit ist aber eine Illusion, der Prozeß der wissenschaftlich-technischen Selbstobjektivierung läßt keine *Ausgrenzung* von – eigentlicher – Humanität mehr zu; er kann nur zugleich als die Welt des Menschen akzeptiert und transzendiert werden: in einer meta-

---

[23] Zum folgenden: *H. Schelsky*, Ist die Dauerreflexion institutionalisierbar? Zum Thema einer modernen Religionssoziologie (1957); Zur Standortbestimmung der Gegenwart (1960); Der Mensch in der wissenschaftlichen Zivilisation (1961), in: Auf der Suche nach Wirklichkeit (Düsseldorf – Köln 1965). Wichtig für das Thema „Offene Identität" und „Identitätsprojektion" ist: *H. Schelsky*, Einsamkeit und Freiheit (Hamburg 1963) VII 20: Eine Theorie der Bildung.

physischen Dauerreflexion, „in der das denkende Subjekt seiner eigenen Vergegenständlichung immer vorauszueilen trachtet und sich so seiner Überlegenheit über seinen eigenen Weltprozeß versichert".

G. Günther nennt das auch eine neue, tiefere Spiritualität. Das Subjekt, das sich sozusagen *souverän,* bejahend und also nicht zurückhaltend und ablehnend, an seine Konstruktionen verliert (etwa im Verhältnis von menschlichem Bewußtsein und „Denkmaschinen"), gewinnt dabei immer neue Kräfte der Reflexion, die ihm aus einer unerschöpflichen und bodenlosen Innerlichkeit zufließen. Ein „metaphysischer Identitätswechsel" scheint daher an der Zeit zu sein – einer Zeit der zweiten, künstlichen Schöpfungswirklichkeit, die der Mensch selbst als geistige und materielle Produktion ist: „Der Schöpfer stößt in diesem Vorgang sein erstes Subjektsein ab und erwirbt durch eben diese Tätigkeit eine neue Identität."

Man könnte diese Spiritualität mit dem Paradox einer gnostischen Weltfrömmigkeit bezeichnen. Schelsky selbst hält dafür, daß sie den „Gebildeten", soziologisch gesprochen: den „Intellektuellen", besonders naheliege. Zu beachten ist aber, daß nicht etwa ein folgen- und verantwortungsloses Nach-denken über das, was ohnehin geschieht, sondern ein Voraus-denken, ein „providentielles Heilswissen", welches in der Form einer kritischen Reflexion die Gehalte der wissenschaftlich-technischen Evolution umgreift, gemeint ist. Die Dauerreflexion ist daher auch eine unabgrenzbare Dauerkommunikation. Wie W. Schulz sagt Schelsky, das Verhältnis zum Du (in welchem die Subjektivität sich selbst begegne) biete der Einsamkeit der Dauerreflexion am konkreten Gegenüber Einhalt. Und mit J. Habermas (und Gehlen) weiß Schelsky sich darin einig, daß der Sprache die Bedeutung einer Metainstitution zukomme. In ihrem Bereich lägen dann auch die Meta-Revolutionen des sozialen Zustands. Eben diese Folgerung zeigt aber auch den Unterschied an. Schelsky ist mit N. Luhmann der Meinung, daß dem einzelnen kritisch reflektierenden Bewußtsein die Fähigkeit der institutionellen Innovation abzusprechen, „die genialische Ideenlehre des Idealismus" also aufzugeben sei; die Freiheit der individuellen Ich-Subjektivität reduziere sich auf die Freiheit und institutionelle Möglichkeit ihres kommunikativen Ausdrucks[24].

Mit anderen Worten: *Meta*-Revolution heißt nach Schelsky, daß allein die völlig freigestellte, nämlich von direkten, politischen Absichten entlastete Sprache verändernd wirkt; frei über die Dinge zu sprechen heißt ihren Wandel zu betreiben. Ermöglicht von hochdifferenzierten und nicht unmittelbar in Frage gestellten Institutionen, bildet die freie Sprache selbst ein Kommunikationssystem, einen meta-subjektiven Reflexionszusammenhang. Schon der Verweis auf das intersubjektive Kommunikationssystem, sagt Schelsky, sei eine

---

[24] *Ders.*, Zur soziologischen Theorie der Institution, in: *ders.* (Hrsg.), Zur Theorie der Institution (Düsseldorf 1970).

Kollektivierung und Objektivierung der Subjektivität, und mit Recht habe Luhmann dargelegt, daß „Reflexion" inzwischen ein struktureller Wesenszug komplexer, moderner Sozialsysteme geworden sei.

Demgegenüber besteht J. Habermas darauf, daß die Entwicklung noch durchaus offen sei. Es mag wohl sein, daß wir „die Geburtswehen eines fundamental neuen Sozialisationsmodus", der dem Ideal eines Sozialisationsprozesses „mit Willen und Bewußtsein", den normativen Geltungsansprüchen also, entsagt hat, erleben. Das ist aber eben noch nicht ausgemacht; insofern erscheint es als angemessen, einstweilen von der „Krise" der spätbürgerlichen Gesellschaft zu sprechen und entschlossen Partei für die „alteuropäische" – eine besonders von N. Luhmann gern benutzte Abwertungsvokabel – Vernunft und Menschenwürde zu ergreifen: zu *wollen*, „daß die soziale Identität durch die Köpfe der vergesellschafteten Individuen hindurch gebildet" wird[25].

T. Rendtorffs Vorschlag, die Aporie der These vom Ende des Individuums durch ihre theologische Rekonstruktion zu überwinden, kann an dieser Stelle einsetzen. Er knüpft an die – allen Gesprächspartnern in diesem Kapitel gemeinsame – Auffassung an, daß die Exzentrizität des Menschen zunimmt. Die Subjektivität, formuliert J. Habermas, ist nichts Inwendiges; „denn die Reflexivität der Person wächst im Maße ihrer Entäußerung. Die Identität des Ichs ist eine symbolische Struktur, die sich mit wachsender Komplexität der Gesellschaft zentrifugal immer weiter aus ihrem Mittelpunkt entfernen muß, um sich zu stabilisieren; die Person setzt sich immer mehr Kontingenzen aus, sie wird immer weiter in ein dichter werdendes Netz von reziproken Schutzlosigkeiten und exponierten Schutzbedürftigkeiten vorgeschoben."[26] Dadurch eben entsteht für Habermas die Verlegenheit, „gegen den Augenschein" am geschichtlichen Individuum festhalten zu müssen, soll die menschliche Gesellschaft als eine „moralische Realität" verteidigt werden. Für N. Luhmann hingegen, der diese Position bestreitet, liegt die „De-Humanisierung des Sozialen" so unausweichlich wie vorteilhaft in der Logik der Entwicklung: das Individuum endet in der folgenlosen Beliebigkeit seines privaten Ausdrucks, das Subjekt der Evolution wird als kontingente Selektivität, mit welcher ein System sich selbst aufgrund seiner wachsenden Autonomie sozial integriert, begriffen. Auch das aber bleibt in der Verlegenheit. Denn die Pointe solcher De-Humanisierung, bemerkt T. Rendtorff, besteht gerade darin, daß sie *am Ort des individuellen Bewußtseins gewußt* wird: „als Selbstanwendung und Selbstunterscheidung des Menschen zwischen sich in der bestimmten gesellschaftlichen Funktion eines Teilsystems und sich als gesellschaftlich unspezifischer Allgemeinheit"[27].

Vermittelte Unmittelbarkeit: indem Rendtorff von der Beobachtung ausgeht,

---

[25] *J. Habermas*, a.a.O. 194.
[26] Ebd. 176.
[27] *T. Rendtorff*, a.a.O. 42.

daß Freiheit keine ontische Qualität, sondern nur an ihren Folgen bestimmbar ist, kann er das aporetische Verhältnis von Individualität und Sozialität dialektisch auflösen. Freiheit, heißt das, kann nicht unmittelbar hergestellt werden. Vielmehr wird *Freiheit, die sich selbst gegeben ist,* durch jene produktive Tätigkeit, die sich als ein unendlicher Prozeß der Unterscheidung vom eigenen Selbst beschreiben läßt, erfahren und verwirklicht. Das religiöse Bewußtsein ist der exemplarische Fall solcher reflexiven Praxis des menschlichen Selbstverhältnisses. Seine Tätigkeit nämlich – nimmt man dies als Aussage über die Logik der Christentumsgeschichte – vollzieht sich so, daß sich das *Christliche* nur „in der unaufhörlichen Präsenz seiner anderen Möglichkeiten" erfaßt. Ein Christ bin ich, wie Rendtorff beispielhaft anführt, als Vater, als Bürger, als Politiker usw., und zwar in der Weise, daß diese Bestimmungen anzueignen oder abzulehnen, jedenfalls aber zu überschreiten sind: die gegenständlichen, empirisch-partikularen Identitäten des Christseins können nur gelten, indem sie wieder abgestoßen werden. Rendtorff sagt:

„Das religiöse Bewußtsein ist nicht in sich identisch; deswegen will es über sich hinausgehen und sich als Gottesbewußtsein entfalten. Deshalb auch tendiert das religiöse Bewußtsein zu einer Radikalität, in der Christsein und Menschsein als sich gegenseitig aufhebende Möglichkeiten über alle konkreten Identitätsmerkmale hinausdrängen und sich zu einer Sinnfrage überhaupt ausweiten, die in exemplarischer Weise die Welt überhaupt thematisch werden läßt"[28].

Das Beispiel des spezifisch religiösen Identitätsbewußtseins verweist kraft seiner eigenen Dynamik auf die allgemeine Sinnfrage nach dem Wovonher und Woraufhin menschlicher Existenz. Das wird noch deutlicher, wenn man sieht, daß Freiheit am Ort des individuellen Bewußtseins „letztlich immer als die gesteigerte Fähigkeit zur Wahrnehmung von Abhängigkeit thematisch" wird. Das, sagt Rendtorff, zeige sich etwa daran, daß der kritischen Analyse von gesellschaftlicher Bedingtheit der Individuen auf der anderen Seite die konstruktive Forderung nach Realisierung von Freiheit als Kommunikation entspreche. Und eben: auch das Postulat der vollständigen Reziprozität autonomer Subjekte erlangt Realität wiederum nur in jenem intersubjektiven Kommunikationssystem, das den Anschein geschlossener Kollektivierung und Objektivierung hat. Diesen Anschein des Gefängnisses, theologisch ausgedrückt: des Gesetzes, hat es aber lediglich für eine individuelle Subjektivität, die keinen Grund außer sich erkennen kann, auf den sie sich – ihr Selbst und ihre Welt transzendierend – zu beziehen vermöchte, die also kein Glaubensbewußtsein ist. Nur das Glaubensbewußtsein nämlich ist in der Lage, die bloße Forderung, sein Ich im freien Selbsteinsatz aufs Spiel zu setzen, mit jener *gegebenen* Freiheit, der sich die Individualität schon immer verdankt und von der sie sich daher in einer letzten Selbst- und Weltunterscheidung „schlechthin abhängig" weiß, zu *begründen.*

---

[28] Ebd. 39.

So verstanden, ist „die individuelle Lebenswirklichkeit des Menschen gegenüber der empirisch-allgemeinen Welt der Gesellschaft, von der er sich zu unterscheiden weiß, Platzhalter eben jenes allgemeinen wirklichkeitsmächtigen Subjektes ... dem sich alle bestimmte Wirklichkeit verdankt – theologisch gesprochen: Platzhalter Gottes"[29].

Realisierung von Freiheit, läßt sich mit Rendtorff zusammenfassen, ist tatsächlich Entindividualisierung, „Überführung des individuellen Subjektes in eine neue, überindividuelle Identität". Solches Transzendieren ist prinzipiell unabgeschlossen. Ihm entspricht die Forderung einer *kommunikativen* Realisierung. Diese aber ist nur unter der Voraussetzung zu erfüllen, daß das Ich des Menschen, der sich auf den anderen einlassen soll, gleichsam „hinter" sich nicht das Nichts, sondern Gott hat, es also nicht zwanghaft an seiner Selbsterhaltung und Selbstverwirklichung interessiert sein muß. „Gott", heißt es bei Habermas in einer kritischen Notiz zur heutigen Theologie, „wird zum Namen für eine kommunikative Struktur, welche die Menschen bei Strafe des Verlustes ihrer Humanität zwingt, ihre zufällige empirische Natur zu überschreiten, indem sie einander mittelbar, nämlich über ein Objektives, das sie nicht selber sind, begegnen." Mit Recht akzeptiert Rendtorff diesen Satz, indem er sagt: „Die Theologie geht in der Tat von der Annahme aus, daß die Identität der Geschichte und des Menschen nur gewonnen werden kann, weil sie in deren Prozeß nicht erst hergestellt wird, sondern ihr vorausgegeben ist." Gott als Name für eine kommunikative Struktur: das hieße allerdings auch, daß die Identität des Menschen mit dem universalen Subjekt aller Wirklichkeit nicht anders als durch die Erfahrung von „dieser Zeit Leiden" (Rendtorff) zustande kommen kann, was bedeutet: christologisch vermittelt. Der metaphysische Identitätswechsel hat seinen zugleich transzendenten und empirischen Ort in der Vereinigung mit dem Gekreuzigten und Erhöhten. Das ist die christliche Auszeichnung jener Leidenswirklichkeit, die das Individuum erst zum wirklichen einzelnen macht und von der Habermas sagt, man müsse prinzipiell trostlos mit ihr leben.

Weltoffenheit, das kommt bei Rendtorff durch den Beispielcharakter des religiösen Bewußtseins klarer als bei Pannenberg zum Ausdruck, ist nicht mit zwingender Logik Gottoffenheit. Gott und das Nichts sind für die Frage nach dem Lebenssinn wie die nach der Lebenspraxis eine offene Alternative. Weltoffenheit als Gottoffenheit auszulegen ist ein christlicher Beitrag zur Begründung eines kommunikativen Ichs, eine *theologische* Theorie, deren Wahrheit sich erst an den Folgen erweist. Die aber – und das hebt T. Rendtorff hervor – bestehen in der Möglichkeit einer christlichen Welt, die dem einzelnen seinen besonderen Ort *an der Grenze* gesellschaftlicher Integration zukommen läßt, ihn rechtfertigt in seiner *Fremdheit* als kommunikativ hervorgebrachter Selbstunterscheidung und Andersartigkeit. Religion, welche zum Anwalt der Fragwürdigkeit des

---

[29] Ebd. 75.

Menschen wird, verwirklicht sich in einem Ordnungsdenken, dessen Kennzeichen die *offene Integration* ist. Reale Gestalt aber gewinnt sie, wo in der großen Ordnung der Ökumene und in der kleinen der Familie die Anerkennung der „fremden Würde" des Menschen zum Prinzip wird[30].

III

„Postmoderne" Identitätsprobleme – ein Nachtrag von 1993

1. *Das Problemfeld der biographischen Kontingenz*

Die „Postmoderne"-Diskussion der achtziger Jahre hat zwar keine Klarheit über den Begriff gebracht, die es gestatten würde, ihn ohne Anführungszeichen zu setzen[31]. Wohl aber rückt sie einen Qualitätssprung im Ethos neuzeitlicher Lebensführung ins Blickfeld, auf dessen Ambivalenz *Ralf Dahrendorfs* Konzept der Lebenschancen einen ersten Hinweis zu geben vermag. Mit dem Begriff „Lebenschancen" knüpft Dahrendorf an *Max Weber* an; er definiert sie als eine Funktion aus zwei Elementen: Optionen, nämlich in sozialen Strukturen gegebenen Handlungsalternativen, und Ligaturen, Bindungen wie an Heimat, Gemeinde, Kirche[32]. Der Modernisierungsprozeß nun bringt eine Ausweitung von Wahlmöglichkeiten, aber um den Preis der Auflösung oder Reduktion menschlicher Bezüge.

Modernität als individueller Freiheitsgewinn, aber auf Kosten von vorgegebenen und früher selbstverständlichen Gemeinschaftsgeborgenheiten: Das kann auch ein Gefühl des Verlustes von menschlicher Wärme bewirken, des Eintretens in ein kälteres Klima des Individualismus (und/oder Kollektivismus). Und es kann infolge solcher Polarisierung von „Gemeinschaft und Gesellschaft" nach *Ferdinand Tönnies'* Begriffsbildung auch politische Gegensätze hervorrufen. Das ist eine Warnung vor allzu eindeutigen Richtungsbeschreibungen des „Projekts Moderne"[33]. Die politische Romantik, die ebenfalls un-

---

[30] Zu Luthers Begriff der „fremden Würde" für die Gottebenbildlichkeit des Menschen, angewendet auf das Problem (Geheimnis) menschlicher Identität, vgl. *H. Thielicke,* Mensch sein – Mensch werden. Entwurf einer christlichen Anthropologie (München 1976) 102 f. u. passim.

[31] Zur Diskussion: *J. Berger* (Hrsg.), Die Moderne – Kontinuitäten und Zäsuren (Soziale Welt, Sonderband 4) (Göttingen 1986); *W. Welsch,* Unsere postmoderne Moderne (Weinheim ³1991), auch zum Unterschied von der „Posthistoire"; *T. Rendtorff,* Theologie in der Moderne (Gütersloh 1991) 9–25, 309–329; *H. J. Türk,* Postmoderne (Mainz-Stuttgart 1990).

[32] Lebenschancen (Frankfurt a. M. 1979) 48–52. Die Begriffe werden weiter bearbeitet in: *R. Dahrendorf,* Der moderne soziale Konflikt (Stuttgart 1992) 39–49.

[33] Vgl. *F.-X. Kaufmann,* Religion und Modernität, in: *J. Berger* (Hrsg.), a.a.O. 283–307, u. a.

ter den Bedingungen der heutigen, oft in fragwürdiger Weise (und meistens ohne Hinweis auf das geglückte „Modell Schweiz") multikulturell genannten Ablösung traditioneller Zugehörigkeiten eine neuerliche Verschärfung erfährt, gehört nun einmal selber zur Moderne. Und die ihr eigenen Identitätsängste haben auch für diejenigen, die eine rückwärtsgewandte Modernitätskritik ablehnen, einen realen Grund in der Tatsache, daß es ungleich leichter und zunächst sogar einleuchtender ist, vorgegebene Lebensverbindlichkeiten aufzulösen oder doch in Frage zu stellen, als sie mit eigenen Gründen anzuerkennen oder neue Verbindlichkeiten zu schaffen.

Es kann auch nicht verwundern, daß dieser ökumenisch schon sprichwörtliche „rasche soziale Wandel" von vielen als beängstigend empfunden wird. „Was hat sich", fragt zum Beispiel *Hermann Lübbe*, „zivilisationsabhängig geändert?" Seine Antwort lautet: Die Zahl der Jahre, über die hinweg mit einiger Konstanz der Strukturen unserer Lebenswelt gerechnet werden kann, schmelze zusammen. Die Geschwindigkeit, mit der sich, wissenschaftsabhängig, das Bild der Welt, in der wir leben, ändere, wachse immer noch. Die Veraltensgeschwindigkeit der zivilisatorischen Infrastruktur unseres sozialen und privaten Lebens nehme in eins mit der Rate technischer Innovationen zu. Nie zuvor hätten sich Kompetenzanforderungen, denen wir beruflich und in anderen Lebenstüchtigkeiten ausgesetzt seien, rascher gewandelt als heute. Arbeitsproduktivitätsabhängig expandiere der disponible Tages- und Lebenszeitanteil, und es wolle gelernt sein, notwendigkeitsentlastet selbstbestimmt sein Leben zu führen. Die Tauglichkeitsdauer des einmal Gelernten schrumpfe, und statt im Alter in schöne Ratgeberrollen einzurücken, finde man sich zur Teilnahme an Life-long-learning-Programmen für Senioren ermuntert[34].

Schon die quantitativen Umschreibungen des Modernisierungsprozesses deuten die insofern eindeutige Richtung einer kulturellen Evolution an. Das qualitativ Neue dieses raschen sozialen Wandels, dessen Folgeprobleme als „Postmoderne" thematisiert werden, kommt aber ethisch besonders tiefgreifend darin zum Ausdruck, daß in dem von durchsetzungsfähigen normativen Vorgaben weitgehend freigelassenen Bereich des Privaten, zumal im Umkreis von Ehe und Familie, jeweils mehrere Lebensführungs-„Modelle" oder -„Entwürfe" nebeneinander zu bestehen vermögen.

Das bewirkt eine erhöhte Reflexivität der Lebensführung. *Kurt Lüscher* hat dafür den Begriff *„gesellschaftliche Aleatorik"* vorgeschlagen. Aleatorik sei in Anlehnung an eine Kompositionsweise wie besonders bei *Witold Lutoslawski*

kritisch zu *J. Habermas,* Die Moderne – ein unvollendetes Projekt, in: Kleine politische Schriften I–IV (Frankfurt a. M. 1981) 444–464; auch: *J. Habermas,* Die neue Unübersichtlichkeit (Frankfurt a. M. 1985).

[34] Religion nach der Aufklärung (Graz – Wien – Köln 1986) 264 ff.

vorzustellen, die „innerhalb klar umschriebener zeitlicher und instrumentaler Vorgaben von den Interpreten ein freies Spiel verlangt, um eine Komplexität des Klangbildes zu verwirklichen, die sich anders nicht erzielen läßt". Der Begriff Aleatorik sei aber auch in der Entwicklungspsychologie anzutreffen und diene dort zur Kennzeichnung einer zufälligen Form der Konstitution von Identität. Auf den Sachverhalt der „Postmoderne" übertragen, bedeutet das: Die subjektive Realisierung von Individualität ist nicht nur eine Chance der Lebensgestaltung, sondern eine gesellschaftlich bedingte Notwendigkeit. Gesellschaftliche Aleatorik schafft, so Lüscher, ein geistiges Klima, das den einzelnen subjektiv eine Vielzahl von möglichen Perspektiven für die Orientierung ihres Handelns eröffnet; zugleich wächst der Entscheidungsdruck. Es entsteht für das Individuum ein Syndrom der *„subjektiven Multiperspektivität"*. Sie führt zu einer Problematisierung von ‚Identität'[35].

Erforderlich wird, anders gesagt, in neuer Zuschärfung eine *„offene Identität"*. Es ist aber auch, wie *Michael Wehrspaun* erläutert, nicht mehr angemessen, von einer „Suche nach der eigenen Identität" und Entfaltung der im Leben angelegten Potentialitäten zu reden. Vielmehr müsse der Mensch die Konstruktion seiner Identität in dem Bewußtsein vorantreiben, daß er dabei an einer Konstruktion arbeitet oder, besser, ständig an ihr arbeiten muß; keine einmal gefundene Lebensform ist vor der Infragestellung sicher. Das nennt er die „konstruktivistische" Natur des postmodernen Selbst-Verständnisses. Auf einen gleichermaßen philosophisch, soziologisch und theologisch zentralen Begriff gebracht, ist es die Kontingenz des Daseins, die in der Reflexivität der Lebensführung zu befreiendem *und* beängstigendem Bewußtsein kommt: die Einsicht nicht nur, „daß alles relativ ist", sondern auch daß diese Relativität alles Gewachsenen und Gewordenen nicht aufhebbar ist, vielmehr gelebt werden muß. Relativität als Lebensbedingung heißt aber mit einem Ausdruck M. Wehrspauns, aus dem „Kaleidoskop von Sinnangeboten" persönlich angemessen und überzeugend erscheinende Ziele und Werte auszuwählen und durch solche Entscheidungen die eigene Identität zu bestimmen[36].

Franz-Xaver Kaufmann nennt das Ergebnis des Zusammenhangs von zunehmenden Kontingenzerfahrungen und Individualisierungsdruck *„Kultur der Kontingenz"*[37]. Das „Lebensgefühl", das sich mit den modernen, wissenschaftlichen und technischen Entwicklungen, die das Leben bis in die genetischen Grundlagen hinein zum Gegenstand menschlicher Konstruktion und Inge-

[35] Familie und Familienpolitik im Übergang zur Postmoderne, in: *K. Lüscher – F. Schultheis – M. Wehrspaun* (Hrsg.), Die „postmoderne" Familie. Familiale Strategien und Familienpolitik in einer Übergangszeit (Konstanz 1988) 15ff.

[36] Alternative Lebensformen und postmoderne Identitätskonstitution, in: *K. Lüscher* u.a. (Hrsg.), a.a.O. (s. Anm. 35) 157–168, hier: 163ff.

[37] Zukunft der Familie (München 1990) 85.

nieurskunst, menschlichen Planens machen, einstellt, ist zunehmend das der Zufälligkeit. Das ist aber auch noch etwas anderes als das existentialistische „Geworfensein", denn das heutige Bewußtsein von der Zufälligkeit des Lebensschicksals enthält immer zugleich eine *ethische Protestkomponente:* sich nämlich nicht mit der Kontingenz des Daseins abzufinden, falls dies bedeuten würde, unerwünschte, aber vermeidbare Schicksalsvorgaben unreflektiert hinzunehmen[38]. Ein Zitat *Joseph Fletchers* vermag das zu beleuchten. Er sagt mit Bezug auf die Suizidfrage: „Das ethische Problem besteht darin, ob wir beim Tod und beim Sterben mit Fug und Recht eine rationale menschliche Initiative ergreifen dürfen oder statt dessen vom Gewissen her verpflichtet sind, Leben und Tod fatalistisch zu betrachten als etwas, das einfach mit uns *geschehen* muß, ob wir wollen oder nicht"[39]. Das gilt in gleichem Sinne für die Möglichkeiten einer Schicksalskontrolle durch den gezielten Eingriff in die genetische Konstitution des entstehenden und zukünftigen Lebens und die pränatale Qualitätskontrolle. Und das gilt, worauf schon hinzuweisen war, für die biographische Individualisierung des Lebenslaufs überhaupt. Das Lebensschicksal verliert seinen kulturell standardisierten Periodencharakter[40]. Auch darin liegt allerdings ein unmittelbar ethisch relevantes Problem, eine in neuer Gestalt erscheinende Sorge um das Leben nämlich: es recht gestalten oder verfehlen, gewinnen oder verlieren zu können[41].

2. *Das Ethos der universalen Akzeptanz*

Die *neue Vielfalt* (und insofern auch „Unübersichtlichkeit" nach *J. Habermas*) der Verhaltensstile und Ordnungsmuster legt einen lebenspraktischen Relativismus nahe: Alternativen werden prinzipiell anerkannt. Das geschieht zwar nicht vorbehaltlos. Vorbehalten bleibt vielmehr vernünftigerweise die Prüfung der Sozialverträglichkeit Geltung beanspruchender Lebensformen; ihre tatsächlichen und vermutlichen Folgen werden zum Gegenstand ethischer und rechtlicher Kritik. Das heißt aber, um es an einem Beispiel zu verdeutlichen, daß kaum noch über das ethische Recht oder Unrecht, unverheiratet zusam-

---

[38] Insofern wird die kontingente Identität „rechtfertigungsbedürftig". Vgl. dagegen *H. Lübbe,* Zur Identitätspräsentationsfunktion der Historie, und: Identität und Kontingenz, in: *O. Marquard – K. Stierle* (Hrsg.), Identität (Poetik und Hermeneutik VIII) (München 1979) 277–292, 655–659. Zu den Grundformen des Identitätsverständnisses („Allgemeinheitsidentität" und „Besonderheitsidentität", heute beispielhaft bei *Habermas* und *Lübbe*): *O. Marquard,* Schwundtelos und Mini-Essenz, ebd. 347–369.

[39] In Verteidigung des Suizids, in: *A. Eser* (Hrsg.), Suizid und Euthanasie als human- und sozialwissenschaftliches Problem (Stuttgart 1976) 233.

[40] Dazu: *A. E. Imhof,* Lebenszeit. Vom aufgeschobenen Tod und von der Kunst des Lebens (München 1988).

[41] Vgl. dazu auch *E. Fromm,* Psychoanalyse und Ethik (Stuttgart – Konstanz ²1954) 177f.

menzuleben, diskutiert zu werden pflegt, sondern weitgehend nur mehr über die Frage, welche Regeln im Falle des Zerbrechens solcher Gemeinschaften vermögensrechtlich am besten wären oder wie Kinder aus diesen Gemeinschaften rechtlich gestellt werden sollten. Das weist jedoch auch darauf hin, daß eine „postmoderne“ radikale Liberalität allein die Interessen der einzelnen ungeachtet ihrer Entscheidung für bestimmte Lebensformen oder ihrer Einbindung in unterschiedliche Lebensordnungen für schützens- und fördernswert hält. Daß das zu Widersprüchen bei der doch für liberales Ethos elementaren Begründung universaler Menschenrechte führt, diskutiert *Otfried Höffe*[42].

In der Lebenswirklichkeit geschieht diese Prüfung auf Sozialschädlichkeit allerdings nur scheinbar vorurteilslos. Sie wird vielmehr ihrerseits von fragwürdig-selbstbezogenen Vorbehalten gegen die Anerkennung aller Ansprüche auf ungehinderte Lebensentfaltung gelenkt, und das wiederum, wie schon anzudeuten war, in durchaus widersprüchlicher Weise: Das gleiche Grundinteresse an der eigenen, partikularen „Autonomie“ der Lebensführung kann bei Menschen und Gruppen, die durch „Überfremdung“ ihre Existenz gefährdet sehen, zum Vorbehalt einer kollektiven Abgrenzung des eigenen Kulturraums von (in ihrer Art und an ihrem Ort geschätzten) Anderskulturellen führen, in weniger existentiell gefährdet erscheinenden Kulturlagen hingegen zum Vorbehalt von individuellen Maßnahmen gegen Beeinträchtigungen der eigenen Lebensqualität.

Das ethische Fundamentalproblem liegt aber ungeachtet dessen in dem *Prinzip der universalen Anerkennung* unterschiedlicher Lebensweisen. Das Wort „Akzeptanz“ ist als Merkmal der heutigen Sitte treffender dafür als das Wort Toleranz. Nicht „Duldung“ ist ja gemeint, sondern die unterschiedslose Anerkennung von allem und jedem bloß wegen des faktischen Vorhandenseins, wie man das Problem mit *Arnold Gehlen* formulieren kann, auch ohne seine Gesamtsicht teilen zu müssen[43]. Das heißt nicht, daß es keine Werbung für die jeweils hochgeschätzten eigenen Lebenswerte gäbe; es findet stets auch eine Selektion durch die öffentliche „Konkurrenz auf dem Markt“ statt, einem *„Markt der Möglichkeiten“*. Aber das ist, bezogen auf das Ethos des Alltags, nicht mehr *Max Webers* „Polytheismus der Werte“[44]. Es ist kein unversöhnlicher Kulturkampf um monopolistische Vorherrschaft, sondern ein werbendes Ringen um Geltung, das – wie *Wolfgang Welsch* ausführt – zu einem „diffusen Postmodernismus“ der Indifferenz und Beliebigkeit nach der Maxime „alles ist erlaubt“, „anything goes“ werden kann, wohingegen, wie er es sieht, ein aufge-

---

[42] Kategorische Rechtsprinzipien (Frankfurt a. M. 1990), zur Thematik: 11–29 mit Bezügen auf *P. Feyerabend* und *J.-F. Lyotard*, 13: Zur „Anerkennung unter Vorbehalt“.

[43] Moral und Hypermoral (Frankfurt a. M. – Bonn 1969) 144f.

[44] Wissenschaft als Beruf, in: *J. Winckelmann* (Hrsg.), *Max Weber*, Gesammelte Aufsätze zur Wissenschaftslehre (Tübingen ³1968) 589.

klärter, „präziser Postmodernismus" die „Differenzen, die das Salz der Pluralität ausmachen", unverwischt festhält[45].

Was W. Welsch mit Bezug auf *Jean-François Lyotard* als postmoderne Tugend darstellt, die Fähigkeit nämlich, statt des bloßen Nebeneinanders in einer „Praxis von Übergängen", in spannungsvollen Beziehungen zwischen den erkannten und anerkannten Differenzen existieren zu können, ist, wie er selber sagt, soweit es auch verbreitet sein mag, eine anspruchsvolle Konzeption[46]. Weil das so ist und der Zwang zur „authentischen Lebensführung", die den eigenen Bedürfnissen gerecht wird, viele unsicher macht, ist der „Markt der Möglichkeiten" eben auch ein *Ratgebermarkt. Brigitte* und *Peter L. Berger* sprechen sogar von einer neuen Helferklasse (mit den dazugehörigen politischen Durchsetzungsansprüchen)[47].

Hier entsteht das Problem eines *therapeutischen Ethos*[48]. Das hat auch seinen guten kirchlichen Ort, weil es zum diakonischen Handeln gehört. Es ist aber in seinem Zusammenhang mit dem Pluralismusprinzip der grenzenlosen Akzeptanz auch eine Versuchung: nämlich nur noch zu „stützen", wo jemand Hilfe zur Selbstverwirklichung nach eigenem Lebensplan braucht, damit er oder sie selbstbewußter lebt, aber nicht notwendigerweise anders, als er oder sie es tut. Das ist mit einem tiefgreifenden Mißtrauen gegen die hilfreiche Kraft von Normen und Institutionen verbunden und mit einem seit längerem zu beobachtenden *Verlust der ethischen Sprache*[49]. Wo alles für gleich-wertig, gleich-gültig gehalten wird, was nicht als offenkundig sozialschädlich erscheint, wird die Rede von Sünde und Bekehrung unverständlich und damit auch die vom Evangelium, weil es das Gesetz und die Umkehr, die Buße, nun einmal voraussetzt und damit auf lebensentscheidende Wertunterschiede zwischen Verhaltensweisen und Lebensformen Bezug nimmt. Demgegenüber steht die psychologische Sprache, die Schuld nur als Fehlverhalten kennt und Fehlverhalten nicht „richtet", sondern aus Unreife oder Unfreiheiten „erklärt", um es therapieren zu können. Um so verständlicher und einflußreicher werden indessen Programme einer „*Renaissance des Hedonismus*" nach *Trutz Rendtorffs* Stichwort für *Herbert Marcuses* Entfaltung der Kritischen Theorie[50].

Eigenes Glück: diese „Identitätsprojektion" übergreift auch die unterschiedlichen Richtungen des Selbsterhaltungs- und Selbstentlastungsinteresses. Ihnen entspricht ziemlich genau *Robert N. Bellahs* Differenzierung eines Grundtyps, den er *ontologischen Individualismus* nennt, in einen utilitaristischen

---

[45] A.a.O. (s. Anm. 31) 3ff., 41ff.
[46] Ebd. 323.
[47] In Verteidigung der bürgerlichen Familie (Frankfurt a.M. 1984) 44–54.
[48] Dazu auch: *R. N. Bellah* u.a. (Hrsg.), Gewohnheiten des Herzens. Individualismus und Gemeinsinn in der amerikanischen Gesellschaft (Köln 1987) 127ff.
[49] Vgl. *W. Schulz,* Philosophie in der veränderten Welt (Pfullingen [5]1984) 687f.
[50] Ethik, Bd. I (Stuttgart – Berlin – Köln [2]1990) 158ff.

und einen expressiven Individualismus[51]. Der allgemeine Grundbegriff soll darauf hinweisen, daß das Individuum für den modernen-postmodernen Lebensstil die erste Realität darstellt, während die Gesellschaft nur als abgeleitetes oder künstliches Produkt erscheint. Gemeint ist also eine radikale (wirklich „wurzelhafte") Selbstbezogenheit, die ihren Ausdruck bei den tonangebenden amerikanischen Intellektuellen (Bergers Wissensklasse) findet. Dies jedoch mit einer für das „postmoderne" Lebensgefühl entscheidenden Verschiebung des Akzents auf die Ausdrucksform des expressiven Individualismus.

Utilitaristischer Individualismus heißt: das menschliche Leben wird als eine individuelle Anstrengung gesehen, die eigenen Interessen durchzusetzen und die größtmögliche wirtschaftliche und allgemein politische Verfügungsmacht zu erlangen. Das ist, so Bellah, klassisch amerikanisch. Im Protest gegen diesen materialistischen Lebensstil sei der expressive Individualismus entstanden, etwa als ein Bildungsbürgertum, könnte man sagen, wie in der deutschsprachigen Kultur die Romantik. Man darf mit K. Lüscher annehmen, daß sich die Deutungsmuster des ontologischen Individualismus überhaupt auch für die Analyse zum Beispiel von Grundeinstellungen in deutschen Familien bewähren[52].

Expressiver Individualismus heißt: jeder Mensch habe einen einzigartigen Kern individueller Gefühle und Intuitionen, den es zu entfalten und auszudrücken gelte, wenn Individualität sich verwirklichen soll. Es war mit M. Wehrspaun schon darauf hinzuweisen, daß darin der Denkfehler einer „Suche nach dem eigenen Ich" steckt, einer Selbstfindung, die der Selbstverwirklichung vorausgeht, als könnten wir in uns sozusagen durch Hineinhorchen unsere persönliche Lebensentelechie entdecken. Wie auch immer: Jener „Kern" stehe trotz seiner Einzigkeit anderen Menschen oder der Natur nicht fremd gegenüber; er könne mit der Natur oder dem Kosmos auch durch intuitives Fühlen zu einem Ganzen „verschmelzen".

Es ist wahrscheinlich, daß Bellah bei dieser Beschreibung auch an *Erich Fromm* denkt, den er in Verbindung mit dem *„autonomen Ich"* nennt, das *David Riesman* bereits als einen vierten Typus nach den Charaktertypen der Traditions-, Innen- und Außenlenkung beobachtet und begrüßt[53]. Und man wird charakterisieren dürfen, daß es sich gegenüber der äußerlich-materiellen Selbstbezogenheit (dem „Haben-Typus" nach E. Fromm) eher um eine innerliche, ganzheitsversponnene und auch (bis zum New-Age-Appeal) spirituelle Lebenseinstellung und Sinnsuche handelt, die in allen esoterischen oder auch politischen Farben der heutigen Daseinsorientierung schillert und bezeichnen-

[51] A.a.O. (s. Anm. 48), Glossar 369 ff.

[52] *K. Lüscher*, Der prekäre Beitrag von Familie zur Konstitution personaler Identität, in: ZEE 32 (1988) 250–259, hier: 257.

[53] A.a.O. (s. Anm. 48) 75; *D. Riesman* u. a., Die einsame Masse (Reinbek b. Hamburg 1958); vgl. auch die Einführung *H. Schelskys*, ebd. 17 f.

derweise auch leicht – chamäleonhaft – die Farbe zu wechseln vermag. Das deckt sich mit W. Welschs Kritik an dieser Facette des Postmodernismus[54]. Diese neuere Form, die sich mit dem Hedonismus vereinigt, ist – um die Distanz zu ethisch normativen (Selbst-)Bestimmungen der Lebensführung auch sprachlich anzugeben – ein *Lebensstil der Selbstdarstellung.* R. Bellahs Kritik daran ist gewiß hinsichtlich der Gesamteinschätzung der Liberalität ebenfalls kritikbedürftig. Sie vermag aber sehr gut das Bild der Aleatorik im hedonistischen Sinnhorizont zu zeichnen, wenn er über diesen Lebensstil sagt, eine von absoluten Werten oder „rigiden" moralischen Verpflichtungen befreite Persönlichkeit könne ihr Verhalten ändern, um sich anderen und verschiedenen sozialen Rollen anzupassen. Sie könne alle Rollen wie in einem Spiel übernehmen, sich eine besondere soziale Identität vom Leibe halten und dennoch nie die eigene „grundlegende" Identität ändern, weil diese Identität sich darin erschöpfe, die eigenen persönlichen Wünsche und die inneren Impulse zu entdekken und zu verfolgen[55].

Dabei bleibt zu beachten, daß diese Ausrichtung auf das eigene Ich den traditionellen Utilitarismus mit seiner Orientierung am *allgemeinen* Glück auf den Egoismus hin zu verengen droht. Das drückt sich in der hedonistischen Abwehr von Beeinträchtigungen der eigenen Lebensqualität aus. Was das für die Lebensplanung bedeutet, läßt sich an den Verhaltensänderungen, die das werdende menschliche Leben betreffen, besonders gut ablesen[56]. Daß gleichwohl eine Ambivalenz im Erscheinungsbild des „postmodernen" Individualismus ethische Korrekturen nahelegt, die das ethisch unanfechtbare *Interesse an Freiheit* und dem „Glücken des Lebens" mit dem ethisch unverzichtbaren *Sinn für Gemeinschaft* und dem Selbsteinsatz für andere verbinden können, zeigt sozusagen systemimmanent für den Postmodernismus W. Welsch, indem er auf J.-F. Lyotards These Bezug nimmt, das postmoderne Plädoyer für Partikularität und Pluralismus sei von seiner eigenen universalistischen Seite und der Idee der Gerechtigkeit für alle sinnvollerweise nicht zu trennen[57]. Das bestätigt auf andere Weise auch die empirische Familienforschung. K. Lüscher und M. Wehrspaun stellen dar, wie junge Eltern heute einerseits gegenüber früheren, an allgemeinen Werten, Normen und Vorbildern orientierten Sozialisationsmustern häufiger solche mit *situationsethischer Zielsetzung* bevorzugen[58]. Sie möchten ihre Kinder dazu anleiten, wechselnde Situationen zu meistern. Das

---

[54] A.a.O. (s. Anm. 31) 42 f.

[55] A.a.O. (s. Anm. 48) 105.

[56] Dazu: *H. Ringeling,* Christliche Ethik im Dialog. Beiträge zur Fundamental- und Lebensethik II (Studien zur theologischen Ethik, Bd. 32) (Freiburg/Schweiz – Freiburg i. Br. – Wien 1991), Kap. IX: Identität und Lebensqualität: Bioethische Perspektiven 227–238.

[57] A.a.O. (s. Anm. 31) 36 f., 239 f., 246 f.; vgl. mit *O. Höffe* (s. Anm. 42).

[58] *K. Lüscher – M. Wehrspaun,* Identitätszuschreibung als familiale Leistung, in: Schweizerische Zeitschrift für Psychologie und ihre Anwendungen 44 (1985) 295–302.

kann einen konformistischen Akzent bekommen; angepaßt und beliebt sein als Erfolgsprinzip. Das ist aber doch andererseits gemeint als ein *kommunikatives Ethos:* sich auf die anderen einlassen und mit ihnen auskommen, zurechtkommen, sich „vertragen" zu können; der Gedanke an den Gesellschaftsvertrag stellt sich nicht zufällig ein. Gemeint ist also ein Menschenbild, in welchem *personale Identität* und *interaktive Kompetenz* miteinander vereinbar und ausgeglichen sind, im besten Falle: Autonomie und Solidarität.

Weiterführende Literatur

H.-P. Frey – K. Haußer (Hrsg.), Identität (Stuttgart 1987).
H.-G. Gadamer – P. Vogler (Hrsg.), Neue Anthropologie, I–VII (Stuttgart 1972–1975).
K. Lüscher – F. Schultheis – M. Wehrspaun (Hrsg.), Die „postmoderne" Familie (Konstanz 1988).
O. *Marquard – K. Stierle,* Identität (Poetik und Hermeneutik VIII) (München 1979).
C. Morgenthaler, Sozialisation und Religion (Gütersloh 1976).
W. Pannenberg, Anthropologie in theologischer Perspektive (Göttingen 1983).
J. von Soosten, Gerechtigkeit ohne Solidarität? Deontologische Ethik in der Kritik. Literaturbericht in: ZEE 36 (1992) 61–74.

Hermann Ringeling

Literaturergänzungen zur Neuausgabe

Erster Teil

Zum ersten Kapitel: Die ethische Rationalität der Neuzeit (19–45)

Zur Diskussion um die Gestalt der Moderne:
R. Dahrendorf, Der moderne soziale Konflikt (Stuttgart 1992).
F. W. Graf – H. Renz, (Hrsg.), Umstrittene Moderne. Die Zukunft der Neuzeit im Urteil der Epoche Ernst Troeltschs (= Troeltsch-Studien Bd. 4) (Gütersloh 1987).
J. Habermas, Der philosophische Diskurs der Moderne (Frankfurt a. M. 1985).
H.-J. Höhn, Krise der Moderne – Krise der Vernunft?, in: ZKTh 109 (1987) 20–47.
F.-X. Kaufmann, Religion und Modernität. Sozialwissenschaftliche Perspektiven (Tübingen 1989).
R. Koselleck, Studien zum Beginn der modernen Welt (Stuttgart 1977).
P. Koslowski, Die postmoderne Kultur. Gesellschaftlich-kulturelle Konsequenz der technischen Entwicklung (München 1987).
H. Lübbe, Religion nach der Aufklärung (Graz u. a. 1986).
H. Meier (Hrsg.), Zur Diagnose der Moderne (München 1990).
T. Rendtorff, Theologie in der Moderne. Über Religion im Prozeß der Aufklärung (Gütersloh 1991).
H. H. Schrey (Hrsg.), Säkularisierung (Darmstadt 1981).
W. Welsch, Unsere postmoderne Moderne (Weinheim ^{3}1991).
Ders., Wege aus der Moderne. Schlüsseltexte der Postmodernediskussion (Weinheim 1988).
W. Ch. Zimmerli, Technologisches Zeitalter oder Postmoderne? (München 1988).

Zum zweiten Kapitel: Grundformen heutigen ethischen Argumentierens II: Wege analytischer Argumentation (67–82)

Zur Analytischen Ethik:
P. Allen, Proof of moral obligation in the 20th century philosophy (New York 1988).
E. Berlich, Universeller Präskriptivismus (St. Ingbert 1985).
H. Briesenbach, Zur Logik der moralischen Argumentation (Düsseldorf 1982).
W. Frankena, Analytische Ethik (München 1986).
W. Schwartz, Analytische Ethik und christliche Theologie. Zur methodischen Klärung der Grundlagen christlicher Ethik (Göttingen 1983).

Zur Theorie moralischer Entscheidung:
M. Hollis (Hrsg.), Moralische Entscheidung und rationale Wahl (München 1992).
G. Kohler, Handeln und Rechtfertigen (Frankfurt a. M. 1988).

Zur Sprachanalytik:
I. U. Dalferth, Religiöse Rede von Gott (München 1981).
Ders. (Hrsg.), Sprachlogik des Glaubens (München 1974).
G. Grewendorf – G. Meggle (Hrsg.), Seminar: Sprache und Ethik. Zur Entwicklung der Metaethik (Frankfurt a. M. 1974).
R. Hare, Die Sprache der Moral (Frankfurt a. M. 1983).
H. O. Jones, Die Logik theologischer Perspektiven. Eine sprachanalytische Untersuchung (Göttingen 1985).
M. Riedinger, Das Wort „gut“ in der angelsächsischen Metaethik (Freiburg i. Br. – München 1984).
J.-Cl. Wolf, Sprachanalyse und Ethik (Bern 1983).

Zur Diskursethik:
K.-O. Apel, Diskurs und Verantwortung (Frankfurt a. M. 1990).
J. Habermas, Erläuterungen zur Diskursethik (Frankfurt a. M. 1991).
Ders., Moralbewußtsein und kommunikatives Handeln (Frankfurt a. M. 1983).
Habermas und die Theologie. Beiträge zur theologischen Rezeption, Diskussion und Kritik einer Theorie des kommunikativen Handelns, hrsg. von *E. Arens* (Düsseldorf 1989).
H.-J. Höhn, Vernunft-Kommunikation-Diskurs, in: Freiburger Zeitschrift für Philosophie und Theologie 103 (1989).
W. Kuhlmann (Hrsg.), Moralität und Sittlichkeit (Frankfurt a. M. 1986).
Ders., Reflexive Letztbegründung (Freiburg i. Br. – München 1985).
A. Wellmer, Ethik und Dialog (Frankfurt a. M. 1986).

Zum dritten Kapitel: Materiale Grundlegungsfragen heutiger Ethik, 1. Abschnitt (114–167) und zum zweiten Teil, erstes Kapitel: Strukturen christlicher Ethik (199–242)

Zur Grundlegung der theologischen Ethik:
A. Anzenbacher, Was ist Ethik? Eine fundamentalethische Skizze (Düsseldorf 1987).
A. Auer, Autonome Moral und christlicher Glaube (Düsseldorf [2]1984).
F. Böckle, Fundamentalmoral (München [4]1985).
K. Demmer, Deuten und Handeln. Grundlagen und Grundfragen der Fundamentalmoral (Freiburg/Schweiz – Freiburg i. Br. – Wien 1985).
Ders., Moraltheologische Methodenlehre (Freiburg/Schweiz 1989).
Ders., Die Wahrheit leben. Theorie des Handelns (Freiburg i. Br. 1991).
Evangelische Ethik. Diskussionsbeiträge zu ihrer Grundlegung und ihren Aufgaben, eingeleitet und hrsg. von *H. G. Ulrich* (München 1990).
J. Fischer, Handeln als Grundbegriff von Ethik und Moral (Zürich 1983).
C. Frey, Die Ethik des Protestantismus von der Reformation bis zur Gegenwart (Gütersloh 1989).
Ders., Theologische Ethik (Neukirchen-Vluyn 1990).
F. Furger, Christliche Sozialethik. Grundlagen und Zielsetzung (Stuttgart 1991).
Ders., Einführung in die Moraltheologie (Darmstadt 1988).
Ders., Weltgestaltung aus Glauben. Versuche zu einer christlichen Sozialethik (Münster 1989).
F. W. Graf, Theonomie. Fallstudien zum Integrationsanspruch neuzeitlicher Theologie (Gütersloh 1987).
J. Gründel, Normen im Wandel (München [2]1984).
J. M. Gustafson, Ethics from a Theocentric Perspective, Bd. I: Theology and Ethics (Chicago 1981).
Ders. (Hrsg.), Theology and Ethics (Oxford 1981).
E. Herms, Gesellschaft gestalten. Beiträge zur evangelischen Sozialethik (Tübingen 1991).
H.-J. Höhn, Vernunft – Glaube – Politik. Reflexionsstufen einer Christlichen Sozialethik (Paderborn 1990).
M. Honecker, Einführung in die theologische Ethik (Berlin – New York 1990).
W. Huber, Konflikt und Konsens (München 1990).
W. Kerber (Hrsg.), Sittliche Normen. Zum Problem ihrer allgemeinen und unwandelbaren Geltung (Düsseldorf 1982).
Ders. (Hrsg.), Das Absolute in der Ethik (München 1991).
H. Kreß, Ethische Werte und der Gottesgedanke. Probleme und Perspektiven des neuzeitlichen Wertbegriffs (Stuttgart 1990).
W. Korff, Norm und Sittlichkeit. Untersuchungen zur Logik der normativen Vernunft (Freiburg i. Br. – München [2]1985).
Ders., Wie kann der Mensch glücken? Perspektiven der Ethik (München 1985).
H. Merklein, Die Gottesherrschaft als Handlungsprinzip (Würzburg [2]1981).
J. Reiter, Modelle christozentrischer Ethik. Eine historische Untersuchung in systematischer Absicht (Düsseldorf 1984).

T. Rendtorff, Ethik. Grundelemente, Methodologie und Konkretionen einer ethischen Theologie, 2 Bde. (Stuttgart [2]1990/91).
Ders., Vielspältiges. Protestantische Beiträge zur ethischen Kultur (Stuttgart 1991).
H. Ringeling, Christliche Ethik im Dialog. Beiträge zur Fundamental- und Lebensethik II (Freiburg i. Br. 1990).
Ders., Ethik vor der Sinnfrage (Gütersloh 1980).
J. Rohls, Geschichte der Ethik (Tübingen 1991).
H. Rotter (Hrsg.), Heilsgeschichte und ethische Normen (Freiburg i. Br. 1984).
W. Schrage (Hrsg.), Studien zum Text und zur Ethik des Neuen Testaments (Berlin – New York 1986).
Ders., Ethik des Neuen Testaments (Göttingen 1982).
B. Schüller, Die Begründung sittlicher Urteile (Düsseldorf [2]1980).
Ders., Pluralismus in der Ethik (Münster 1983).
H. E. Tödt, Perspektiven theologischer Ethik (München 1988).
A. Utz, Sozialethik. Mit internationaler Bibliographie, I: Die Prinzipien der Gesellschaftslehre, II: Rechtsphilosophie, III: Die soziale Ordnung (Walberberg – Bonn I 1958, II 1963, III 1986).
H.-D. Wendland, Grundzüge der evangelischen Sozialethik (Köln 1968).
K.-E. Wenke, (Hrsg.), Probleme sittlichen Urteilens (Bochum 1986).
J.-P. Wils, – *D. Mieth* (Hrsg.), Grundbegriffe der christlichen Ethik (Paderborn 1992).
E. Wolf, Sozialethik. Theologische Grundfragen (Göttingen 1975).
Moderne Zeiten – soziale Gerechtigkeit? 20 Jahre Sozialwissenschaftliches Institut der Evangelischen Kirche in Deutschland, hrsg. von U. Claußen (Bochum 1989).

Zur soziologischen Analyse:
É. Durkheim, Règles de la méthode sociologique (Paris 1895).
R. Lautmann, Wert und Norm. Begriffsanalysen für die Soziologie (Köln – Opladen 1969).
G. Korthals-Beyerlein, Soziale Normen. Begriffliche Explikation und Grundlagen empirischer Erfassung (München 1979).
K.-D. Opp, Die Entstehung sozialer Normen. Ein Integrationsversuch soziologischer, sozialpsychologischer und ökonomischer Erklärungen (Tübingen 1983).
K. Eichner, Die Entstehung sozialer Normen (Opladen 1981).
K. Lüderssen – *F. Sack* (Hrsg.), Seminar: Abweichendes Verhalten, I. Die selektiven Normen der Gesellschaft (Frankfurt a. M. 1975).
E. Goffman, Stigma (Frankfurt a. M. 1977).
D. von Engelhardt – *J. Glatzel* – *A. Holderegger*, Abweichung und Norm, in *F. Böckle* u. a. (Hrsg.), Christlicher Glaube in moderner Gesellschaft 16 (Freiburg i. Br. 1982) 5–58.

Zur Auseinandersetzung um die normative Ethik:
R. B. Brandt, Ethical Theory. The Problems of Normative and Critical Ethics (Englewood Cliffs/N. J. 1959).
O. Höffe, Ethik und Politik (Frankfurt a. M. [2]1984).
P. Lorenzen, Normative Logic and Ethics (Mannheim 1964).
R. Wimmer, Universalisierung in der Ethik. Analyse, Kritik und Rekonstruktion ethischer Rationalitätsansprüche (Frankfurt a. M. 1980).

Zur soziobiologischen Diskussion:
R. Dawkins, Das egoistische Gen (Berlin – Heidelberg – New York 1978).
B. Irrgang, Die naturale Basis der Werte. Der Beitrag der Soziobiologie und Gehirnforschung zur Begründung von Normen und Werten, in: *B. Irrgang* – *M. Lutz-Bachmann* (Hrsg.), Begründung von Ethik (Würzburg 1990) 25–68.
W. Wickler, – *U. Seibt*, Das Prinzip Eigennutz. Ursachen und Konsequenzen sozialen Verhaltens (München 1977).
E. Wilson, Die soziobiologischen Grundlagen des menschlichen Verhaltens (Frankfurt – Berlin – Wien 1980).
W. Ch. Zimmerli, Die Gene sind selbst-los. Nicht-biologische Relativität und Absolutheit der Geltung moralischer Normen, in: *B. Irrgang* – *M. Lutz-Bachmann* (Hrsg.), Begründung von Ethik (Würzburg 1990) 7–24.

Zur Rechtssoziologie:
N. Luhmann, Ausdifferenzierung des Rechts (Frankfurt a. M. 1981).
Ders., Rechtssoziologie (Opladen [3]1987).
Recht und Gesellschaft. Festschrift für Helmut Schelsky zum 65. Geburtstag, hrsg. von *F. Karlbach* u. a. (Berlin 1978).
H. Schelsky, Die Soziologie und das Recht (Opladen 1980).

Zur Moralpädagogik:
L. Kerstiens (Hrsg.), Verbindliche Perspektiven menschlichen Handelns. Zum Problem der Gültigkeit, Anerkennung und Vermittlung von Werten und Normen (Stuttgart 1983).
G. Schreiner (Hrsg.), Moralische Entwicklung und Erziehung (Braunschweig 1983).
H. Schröder, Wertorientierter Unterricht (München 1978).
H. Tschamel – H. Zöpfler, Sinn- und Wertorientierung als Erziehungsauftrag in der Schule (München 1978).

Zum dritten Kapitel: Materiale Grundlegungsfragen, 2. Abschnitt: Institutionstheorie (168–176)

P. Berger – T. Luckmann, Die gesellschaftliche Konstruktion der Wirklichkeit (Frankfurt a. M. 1969).
J. Blau, Social roles and social institutions (Boulder 1991).
G. Bloch, Revolution und Institution (Bochum 1991).
Charisma und Institution, hrsg. von T. Rendtorff (Gütersloh 1985).
G. Göhler, Die Rationalität politischer Institutionen (Baden-Baden 1990).
Ders., Grundfragen der Theorie politischer Institutionen (Opladen 1987).
Ders., Politische Institutionen im gesellschaftlichen Umbruch (Opladen 1990).
H. H. Hartwich, Macht und Ohnmacht politischer Institutionen (Opladen 1989).
R. M. Lepsius, Interessen, Ideen und Institutionen (Wiesbaden 1990).
W. Lübbe, Legitimität kraft Legalität. Sinnverstehen und Institutionenanalyse bei Max Weber und seinen Kritikern (Tübingen 1991).
J. Marck, Rediscovering institutions (New York 1989).
J. A. Schülein, Theorie der Institution. Eine dogmengeschichtliche und konzeptionelle Analyse (Opladen 1987).
M. Zentgraf, Die theologische Wahrnehmung von Institutionen. Eine Untersuchung zum Problem einer theologischen Theorie der Institutionen unter Berücksichtigung soziologisch-philosophischer und rechtswissenschaftlicher Institutionentheorie (Bonn 1983).

Zweiter Teil

Zum zweiten Kapitel: Vermittlungsinstanzen christlicher Ethik (243–296)

Ethik und Exegese:
W. O. Kaiser, Toward Old Testament Ethics (Gran Rapids, Michigan 1983).
E. Lohse, Theologische Ethik des Neuen Testaments (Stuttgart 1988).
W. Marxsen, „Christliche" und christliche Ethik im Neuen Testament (Gütersloh 1989).
W. Schrage, Ethik des Neuen Testaments (Grundrisse zum Neuen Testament. NTD Ergänzungsreihe, Bd. 4) (Göttingen 1982).
S. Schultz, Ethik des Neuen Testaments (Zürich 1987).
G. Strecker, Strukturen einer neutestamentlichen Ethik, in: ZThK 75 (1978) 117–136.

Dogmatik und Ethik:
G. Ebeling, Zum Verhältnis von Dogmatik und Ethik, in: ZEE 26 (1982) 10–18.
B. A. Gayhart, The Ethics of Ernst Troeltsch. A Commitment to Relevancy (Lewiston/NY. 1991).
P. D. Matheny, Dogmatics and Ethics. The Theological Realism and Ethics of Karl Barth's Church Dogmatics (Frankfurt a. M. u. a. 1990) (Studies in the intercultural history of christianity 63).

W. Pannenberg, Die Krise des Ethischen und die Theologie (1962), zusammen mit der Antwort an Ebeling, in: *ders.,* Ethik und Ekklesiologie (Göttingen 1977) 41 ff. und 55 ff.
T. Rendtorff, Der ethische Sinn der Dogmatik, in: *ders.,* Theologie in der Moderne. Über Religion im Prozeß der Aufklärung (Gütersloh 1991) 167–182.
Ders., Zum ethischen Sinn evangelischer Theologie – ein Diskussionsbeitrag, in: ZEE 26 (1982) 19–28.
W. Thönissen, Das Geschenk der Freiheit. Untersuchungen zum Verhältnis von Dogmatik und Ethik (Mainz 1988).
H. E. Tödt, Zum Verhältnis von Dogmatik und theologischer Ethik, in: ZEE 26 (1982) 29–39.

Bedeutung der empirischen Wissenschaften:
B. Thomassen, Wissenschaft zwischen Neugierde und Verantwortung. Studien zur Grundlegung einer theologischen Wissenschaftsethik (Frankfurt a. M. u. a. 1991).
Vgl. auch die Literaturangaben in den Anmerkungen des Beitrags „Die Bedeutung der empirischen Wissenschaften und der Technologie für die Ethik" von W. Ch. Zimmerli und S. Wolf in diesem Band S. 297–316.

Dritter Teil

Zum ersten Kapitel: Anspruch und Beschaffenheit theologischer Ethik als Integrationswissenschaft (391–406)

G. Mertens, Ethik und Geschichte. Der Systemansatz der theologischen Ethik Werner Schöllgens (Mainz 1982) 196–206: Schöllgens Verständnis der theologischen Ethik als „integrierender Wissenschaft" (Lit.).
H. Ringeling, Ethik als Integrationswissenschaft. Ein Arbeitspapier im Rahmen der Planung des Handbuchs der christlichen Ethik, in: *ders.,* Ethik vor der Sinnfrage (GTB 375) (Gütersloh 1980) 113–128.

Zum zweiten Kapitel: Integrationsansätze christlicher Ethik (407–473)

Schöpfung:
O. Bayer, Schöpfung als Anrede. Zu einer Hermeneutik der Schöpfung (Tübingen 1990).
S. N. Bosshard, Erschafft die Welt sich selbst? Die Selbstorganisation von Natur und Mensch aus naturwissenschaftlicher, philosophischer und theologischer Sicht (Freiburg i. Br. 1985).
F. W. Graf u. a., Natur = Schöpfung? (München 1991).
T. Koch, Das göttliche Gesetz der Natur. Zur Geschichte des neuzeitlichen Naturverständnisses und zu einer gegenwärtigen Lehre von der Schöpfung (Zürich 1991).
C. Link, Schöpfung, 2. Bde. (Handbuch Systematischer Theologie, Bd. 7/1 u. 7/2) (Gütersloh 1991).
H. Ringeling, Leben im Anspruch der Schöpfung. Beiträge zur Fundamental- und Lebensethik (Studien zur theologischen Ethik, Bd. 24) (Freiburg/Schweiz – Freiburg i. Br. – Wien 1988).

Rechtfertigung:
W. Härle – E. Herms, Rechtfertigung. Das Wirklichkeitsverständnis des christlichen Glaubens (UTB 1016) (Göttingen 1980).
O. H. Pesch – A. Peters, Einführung in die Lehre von Gnade und Rechtfertigung (Darmstadt 1981).
G. Sauter (Hrsg.), Rechtfertigung als Grundbegriff evangelischer Theologie (München 1989).

Eschatologie:
Die Bedeutung der Reich-Gottes-Erfahrung für das Zeugnis der christlichen Gemeinde. Votum des theologischen Ausschusses der EKU (Neukirchen 1986).
C. H. Ratschow, Eschatologie, VIII: Systematisch-theologisch, in: TRE X (Berlin 1982) 334–363.
H. G. Ulrich, Eschatologie und Ethik (München 1988).
Ch. Walter, Eschatologie als Theorie der Freiheit (Berlin – New York 1991).

Versöhnung:

P. Engelhardt, Versöhnung und Erlösung, in: *F. Böckle* u.a. (Hrsg.), Christlicher Glaube in moderner Gesellschaft, Tl.-Bd. 23 (Freiburg i. Br. 1982) 127–161.

W. Kreck, Grundfragen christlicher Ethik (München [2]1979) 105–152: Das Gebot des Schöpfers, Versöhners und Erlösers.

G. Wenz, Geschichte der Versöhnungslehre in der evangelischen Theologie der Neuzeit, 2 Bde. (München 1984 und 1986).

Zum dritten Kapitel: Christliche Ethik im Dialog mit der Anthropologie (474–526)

Siehe „Weiterführende Literatur" S. 526.

HANDBUCH DER CHRISTLICHEN ETHIK

HANDBUCH DER CHRISTLICHEN ETHIK

Herausgegeben von
Anselm Hertz, Wilhelm Korff,
Trutz Rendtorff, Hermann Ringeling

Mit
Beiträgen
von

R. Andresen
A. Auer
H. Bausch
J. Becker
H.-J. Birkner
F. Böckle
I. U. Dalferth
G. Dautzenberg
R. Degkwitz
W. Elsner
H. D. Engelhardt
P. Engelhardt
H. Fischer
J. Gründel
E. Herms
A. Hertz
H. Hesse
O. Höffe
A. Holderegger
M. Honecker
L. Honnefelder
F. Horner
W. Huber
G. W. Hunold
E. Jüngel
S. Katterle
H. Kaufmann
S. Keil
W. Kerber
W. Kluxen
T. Koch
W. Korff
H. Kreß
R. Leuenberger
Th. Leuenberger
G. Linnenbrink
D. Mieth
W. Molinski
A. Müller
J. Neumann
W. Pannenberg
T. Rendtorff
H. Ringeling
D. Rössler
P. Saladin
G. W. Schimmelpenning
H.-W. Schütte
Th. Strohm
M. M. Thomas
W. Trillhaas
G. Vahanian
G. Virt
Ch. Walther
D. Wiederkehr
G. Winter
S. Wolf
H. Zilleßen
W. Ch. Zimmerli

HANDBUCH DER CHRISTLICHEN ETHIK

2

Aktualisierte Neuausgabe

Herder
Freiburg · Basel · Wien

Alle Rechte vorbehalten – Printed in Germany
© Verlag Herder Freiburg im Breisgau 1993
Herstellung: Freiburger Graphische Betriebe 1993
ISBN 3-451-22826-2

Inhalt

ERSTER TEIL
LEBEN UND GESUNDHEIT

Erstes Kapitel
Probleme um den Lebensbeginn

Zweites Kapitel
Probleme um die Entfaltung, Gefährdung und Heilung des Lebens

Drittes Kapitel
Probleme um das Lebensende (R. Leuenberger)

ZWEITER TEIL

EHE UND FAMILIE

DRITTER TEIL

VERFASSUNG, POLITIK, RECHT

Erstes Kapitel
Verfassung

Zweites Kapitel
Politik

Drittes Kapitel
Recht

VIERTER TEIL
WIRTSCHAFT UND ARBEIT

Erstes Kapitel
Arbeit und Eigentum

Zweites Kapitel
Wohlstand und Qualität des Lebens

FÜNFTER TEIL

KULTUR UND RELIGION

Erster Teil

Leben und Gesundheit

Der Lebensbegriff gehört zu den Zentralgedanken des AT wie des NT. Als solcher wird er zunächst vom natürlichen Leben des Menschen gebraucht, meint hier aber zugleich von vornherein mehr als das bloße Dasein. Zum Leben gehören Gesundheit, Wohlstand, Glück, Friede, Freude, Gerechtigkeit. Leben ist nicht nur Voraussetzung, sondern auch Inbegriff all dieser Güter. In solcher Bedeutungsfülle aber erweist es sich zugleich wesenhaft als messianisches Heilsgut und kann so im NT, insbesondere bei Johannes, zu jener umfassenden Heilskategorie werden, die alles in sich faßt, was dem Menschen in Christus als Grund und Vollendung des Lebens erschlossen ist. Gerade die Tatsache aber, daß der biblische Lebensbegriff auf das Gelingen des von der Heils- und Vollendungszusage Gottes getragenen Menschen als *Geschöpf* zielt, der all dies nicht sich selbst verdankt, läßt jetzt die Wahrung und Entfaltung dieses Lebens für den Menschen zugleich zur umfassenden ethischen Aufgabe werden.

Mit zunehmender Ausklärung der generell anthropologischen, genetischen, physiologischen, psychologischen und sozialen Bedingungsstrukturen menschlichen Lebens und der sich von daher eröffnenden vielfältigen Möglichkeiten steuernder Einflußnahmen stellt sich diese Aufgabe heute entsprechend differenziert. Die Einsichten in grundlegende dispositionelle Faktoren menschlichen Lebens haben sich immens erweitert. Dies gilt insbesondere im Hinblick auf die jegliches Leben tragenden *genetischen* Voraussetzungen. Mit dem Wissen um diese Voraussetzungen erweitert sich zugleich der Umkreis ethischer Verantwortung. Aber auch das immer deutlichere Wissen um die elementaren Entwicklungsgesetzlichkeiten des *werdenden* Lebens wirft neue ethische Fragen auf. In wesentlich weiter ausgreifenden Zusammenhängen stellt sich dem heutigen Menschen auch das Problem der *Gesundheit.* Hier werden ökologische, ökonomische, psycho-genetische und psycho-soziale Aspekte gleichermaßen bedeutsam. Ein ganz eigenes neues Gewicht bekommen mit den Fortschritten der Medizin nicht zuletzt auch die Probleme um das *Lebensende* des Menschen. In den folgenden Beiträgen wird der Versuch unternommen, die Vielfalt der hier andrängenden Fragen in ihren wesentlichen Aspekten aufzunehmen und ethisch zu beantworten.

Wilhelm Korff

Erstes Kapitel
Probleme um den Lebensbeginn

I

Humangenetische Aspekte

Vorbemerkungen zum Themenfeld der Humangenetik

Der rasche Fortschritt gentechnischer Forschung und der genetisch-biologische und -medizinische Erkenntniszuwachs betrifft menschliches Leben in verschiedener Hinsicht. Mit gentechnisch hergestellten Medikamenten, z. B. gentechnisch produziertem Humaninsulin, ist noch keine *direkte* Anwendung von Gentechnik am Menschen gegeben. Die mit gentechnischen Methoden verbundene Chance quantitativ verbesserter Medikamentenherstellung wie auch die Risiken bedürfen einer gesonderten Diskussion[1]. Des weiteren ist zu beachten, daß auch die Gentechnik am Tier indirekt den Menschen mitbetrifft. Schon die zunächst am Tier vorgenommenen Reproduktionstechniken, die außerkorporale Befruchtung und der Embryotransfer, sind später beim Menschen angewendet worden. Bezogen auf die Gentechnik selbst ist vorstellbar, daß nicht nur die somatische Gentherapie, sondern auch Eingriffe in die Keimbahn, die vorerst an Tieren erprobt werden, unter Umständen eines Tages für den Menschen angestrebt werden könnten. Im Blick auf die Humangenetik darf also die Tiergenetik mit ihrer – sei es faktischen wie auch psychologischen – Vorreiterrolle nicht übersehen und vernachlässigt werden. Menschliche Existenz wird von der Gentechnik in Zukunft vor allem aber in verschiedener Hinsicht *direkt* und *unmittelbar* betroffen sein. Im öffentlichen Gesundheitswesen könnten breit angelegte Tests auf genetisch bedingte Krankheiten hin denkbar werden, ebenso wie sich die Problematik genetischer Tests an Arbeitsplatzbe-

[1] Es ist z. B. an Sicherheitsfragen der Produktion bzw. konkret – bei dem Medikament L-Tryptophan, das schwerste Nebenwirkungen ausgelöst hat – an Verunreinigungen bei der gentechnischen Herstellung zu denken (Die Zeit, 26. 10. 90, 46 [H. H. Bräutigam]).

werbern oder Versicherungsnehmern abzeichnet. Die forensische Medizin nimmt Gentests zur Täter- oder Vaterschaftsfeststellung in Anspruch. Das Handlungsfeld der Humangenetik betrifft also den *erwachsenen* Menschen: und zwar sowohl in Form von Gendiagnostik als auch evtl. (sehr viel langsamer fortschreitend!) von Krankheitsbehandlungen durch somatische Gentherapie. Ethische Aspekte der Humangenetik sind jedoch auch ganz spezifisch für den Lebens*beginn* zu diskutieren: Es ist zu bedenken, inwieweit am Beginn des Lebens a) genetische Diagnostik zulässig oder ratsam sein kann und wie b) eventuelle Eingriffe sowie Heilversuche durch Gentherapie (bis hin zur Keimbahntherapie) am Beginn des Lebens ethisch zu bewerten sind. Dabei darf nicht übersehen werden, daß Humangenetik am Lebensbeginn auch das spätere Leben des betroffenen Menschen – seine Lebensführung, sein Wissen um eigene Krankheiten und sein Fortpflanzungsverhalten – zutiefst beeinflussen und vorab prägen kann. Zugleich ist die Humangenetik am Lebensbeginn, die den Embryo oder Säugling betrifft, in ihrer Rückwirkung auf die Eltern und Familienangehörigen zu sehen. Über konkrete Auswirkungen auf einzelne Menschen hinausgehend, verbindet sich mit der Humangenetik am Lebensbeginn schließlich die Grundsatzfrage, wie sie sich zum Menschenbild, zum Verständnis von menschlichem Leben überhaupt, verhält. – Aus dem Spektrum dieser Problemaspekte sei nun zunächst das konkrete Anwendungsfeld vorgeburtlicher genetischer Diagnostik thematisiert.

1. Ethische Gesichtspunkte zur Pränataldiagnostik

a) Neuere Entwicklungen in der Pränataldiagnostik

Bereits durch Ultraschalluntersuchungen oder beim Hörbarmachen von Herztönen werden Erkenntnisse zur Gesundheit eines Embryos gewonnen. Mit Hilfe von Amniozentese (Fruchtwasseruntersuchung), Fetoskopie (Entnahme von fetalem Blut, Haut oder Leberzellen) und Chorionbiopsie (Zellentnahme aus der Embryonalhülle, schon im ersten Drittel der Schwangerschaft), also durch neuere Verfahren vorgeburtlicher Diagnostik, lassen sich dann aber *genetisch* bedingte Krankheitsrisiken des erwarteten Kindes erfassen. Inzwischen nimmt die Hälfte aller über 35jährigen Schwangeren die pränatale genetische Diagnostik in Anspruch. Denn mit dem Lebensalter der Mutter steigt das Risiko, daß das Kind an geistigen oder körperlichen Störungen aufgrund von Chromosomenfehlverteilungen leidet; hierfür ist die Trisomie 21 (Mongolismus; Down-Syndrom) ein besonders bekanntes Beispiel. Freilich ist keine exakte Grenzziehung für ein erhöhtes Krankheitsrisiko aufgrund eines bestimmten Lebensalters der Mutter möglich, so daß auch jüngere, unter 35jährige Schwangere zunehmend vorgeburtliche Untersuchungen auf Chromosomenabweichungen hin wünschen. Abgesehen von der Klärung solcher Ersterkrankungsrisiken eines Kindes – bei höherem Alter besonders der Mutter, unter Umständen aber auch des Vaters (bei mehr als 45 Lebensjahren) – wird vorgeburtliche Diagnostik häufig dann durchgeführt, wenn eine Wahrscheinlichkeit auf Wiederholung einer bereits bekannten Krankheit in der Familie besteht oder wenn bereits ein Kind mit einem genetischen Defekt geboren wurde (Wiederholungsrisiken). Der Wunsch, eine pränatale Diagnostik am Embryo vorzunehmen, kann z. B. auch entstehen, wenn die Keimzellen der Eltern mutagenen Stoffen oder Strahlen ausgesetzt waren. Abgesehen von solchen speziellen Indikationen, ist allerdings ein Basisrisiko von ca. 3% bei jeder Schwangerschaft vorhanden. Dieses gesundheitliche Basisrisiko des Embryos läßt sich auch durch pränatale genetische Diagnostik nicht ausräumen. In den letzten Jahren zeichnet sich jedenfalls der Trend ab, daß Pränataldiagnostik zunehmend in Anspruch genommen wird (in der Bundesrepublik Deutschland 22505 Untersuchungen im Jahr 1984, 46577 im Jahr 1988)[2]. Es erhöht sich auch die Anzahl derjenigen Behandlungswünsche, die nicht durch eine bestimmte Indikation (vor allem das Ersterkrankungs- oder Wiederholungsrisiko), sondern allgemein durch eine unbestimmte Sorge um Anomalien des Kindes motiviert sind.

b) Handlungschancen und -probleme durch pränatale Diagnostik

Angesichts der – für das Kind selbst wie für die Lebensplanung der Eltern – schwerwiegenden Bedeutung von Aussagen über evtl. genetische Defekte, die durch die pränatale Diagnostik über den Embryo gewonnen werden könnten, ist auf jeden Fall eine humangenetische Beratung und Betreuung betroffener Mütter bzw. Eltern geboten. Zu Recht hebt die Enquete-Kommission des Deutschen Bundestages darauf ab, daß schon vor der Pränataldiagnostik selbst, vorauslaufend, ein Beratungsgespräch stattfinden sollte, in dem auch auf eine denkbare Konfliktsituation hingewiesen wird, falls tatsächlich Erkenntnisse über Krankheitsdispositionen des Embryos gewonnen werden sollten. Derzeit werden freilich nur ca. 45% der Pränataldiagnosen von solchen genetischen Beratungen begleitet[3].

---

[2] Vgl. Bundesminister für Forschung und Technologie (Hrsg.), Die Erforschung des menschlichen Genoms. Ethische und soziale Aspekte (Gentechnologie, Bd. 26) (Frankfurt a. M. 1991) 193. Zur Übersicht sei ferner genannt: Dt. Bundestag (Hrsg.), Chancen und Risiken der Gentechnologie. Der Bericht der Enquete-Kommission des 10. Deutschen Bundestages (Zur Sache 87,1) (Bonn 1987) 147 ff.; *T. M. Schroeder-Kurth*, Vorgeburtliche Diagnostik, in: *dies.* – *St. Wehowsky* (Hrsg.), Das manipulierte Schicksal. Künstliche Befruchtung, Embryotransfer und Pränatale Diagnostik (Frankfurt a. M. – München 1988) 29–45; *H. Hepp* – *J. Wisser*, Pränatalmedizin, in: Lexikon Medizin Ethik Recht (Freiburg i. Br. 1989 [1992]) 819–827.

[3] Vgl. Chancen und Risiken der Gentechnologie (s. o. Anm. 2) 147 f., 153; Die Erforschung des menschlichen Genoms (s. o. Anm. 2) 192.

Die pränatale Diagnostik selbst wird im günstigen Fall – der mit 97 % der Regelfall ist! – die Befürchtung bestimmter Schädigungen des Kindes ausräumen und zur Beruhigung beitragen. Durch pränatale Diagnostik lassen sich zudem Abtreibungen vermeiden, die bislang vorgenommen wurden, wenn ein bloßer Verdacht oder eine bestimmte statistische Wahrscheinlichkeit auf eine Erbkrankheit des Kindes vorhanden waren. Ferner: Antizipatorisches Wissen um eine Erkrankung des erwarteten Kindes, das durch pränatale Diagnostik erlangt wurde, kann sogar für die innere Vorbereitung der Eltern auf die Behinderung sowie für vorsorgliche Überlegungen zur medizinischen und sozialen Begleitung sehr hilfreich sein[4].

Andererseits ist zu beobachten, daß das zunehmende Angebot pränataler Diagnostik offenbar die Bereitschaft zur Abtreibung ansteigen läßt. Konkret zeichnet sich schon jetzt ein ethisch bedenklicher Trend ab, daß von der pränatalen Diagnostik als technischem Hilfsmittel die Gewährleistung von Gesundheit oder sogar von bestimmten Eigenschaften, Qualitäten eines Kindes erwartet wird: „Heute leistet die leichte Zugänglichkeit zu dieser Untersuchungsmethode einer zunehmend unreflektierten Nutzung von Technik in der Hoffnung auf ein problemärmeres Leben Vorschub.“ Diese Erwartungshaltung läßt sich zugleich als Bestandteil einer generellen Werthaltung in der Gesellschaft interpretieren, die einseitig Funktionalität und Effizienz, Leistungsbereitschaft und -fähigkeit in den Mittelpunkt rückt. Das Zutrauen zum Gesundheit gewährleistenden (gen)technischen Fortschritt könnte in Zukunft gar einen eugenisch orientierten Wertwandel bestärken. Aus der Erfahrung humangenetischer Beratung wird jedenfalls, eher skeptisch stimmend, berichtet: „Da wir in unserer pluralistischen Gesellschaft daran gewöhnt sind, die unterschiedlichsten Begründungsebenen für Verhalten zu akzeptieren, darf es uns nicht wundern, wenn Eltern sich aus ganz anderen Gründen für einen Test des Ungeborenen entscheiden möchten, als ihre Berater ihnen zugestehen möchten.“ Zum Beispiel soll ein Kind als Knochenmarkspender in Frage kommen; die Mutter „möchte kein Kind gebären, das nicht als Spender dienen kann, sondern eher alle Schwangerschaften abbrechen lassen, bis sie ein passendes Kind erwartet ... Andere Mütter fragen nach der Diagnostik leichterer Erkrankungen, ... die sie ihren Kindern gerne ersparen möchten. Daß ‚ersparen‘ gleichzeitig Schwangerschaftsabbruch bedeuten würde, will ... nicht mehr schwerwiegend erscheinen“[5].

Ethisch ist jedoch zur Geltung zu bringen, daß eine genetisch bedingte Abtreibung einen schweren moralischen Entscheidungskonflikt impliziert, da mit

---

[4] Vgl. *R. M. Antley*, Die genetische Beratung von Eltern eines Kindes mit Down-Syndrom, in: *S. Kessler* (Hrsg.), Psychologische Aspekte der genetischen Beratung (dt. Stuttgart 1984) 95–111, hier 103.

[5] Zitate: *T. M. Schröder-Kurth* (s. o. Anm. 2) 38, 42f.

dem Schwangerschaftsabbruch nicht nur die Krankheit, sondern eben das Kind selbst verhindert und damit menschliches Leben vernichtet wird. Die Abtreibung eines Embryos, dem schwerstes, untherapierbares Leiden bevorstünde, läßt sich als vorweggenommene, umständebedingt aktive Euthanasie verstehen. Aufgrund der biologischen Vorgegebenheit, daß ein unauflöslicher Lebenszusammenhang von Mutter und Kind besteht, kann ein Vergleich mit der passiven Euthanasie, dem bloßen Sterben-*Lassen* schwerstleidenden, irreversibel dem Tod entgegengehenden Lebens, nicht herangezogen werden. Für die Mutter bzw. für die Eltern entsteht hierdurch dann gegebenenfalls eine schwerwiegende, belastende Konfliktsituation und Entscheidungsnot, die in den entsprechenden Gewissenskonflikt hineinführt[6].

Neben positiven Seiten und Handlungschancen, die durch die pränatale Diagnose eröffnet werden, muß also das im Gefolge dieser Technik aufbrechende Problem des Schwangerschaftskonflikts wahrgenommen werden. Im folgenden seien nun einzelne mit vorgeburtlicher genetischer Diagnostik zusammenhängende Handlungskonstellationen in ihrer Problematik und Ambivalenz nochmals genauer beleuchtet.

c) Einzelprobleme

In verschiedenen Ländern (z. B. Indien, USA) wird mit Hilfe pränataler Feststellung des Geschlechts und nachfolgender Abtreibung eine Geschlechtswahl von Kindern durch die Eltern praktiziert. Die Geschlechtsauswahl ist als Ausdruck freier elterlicher Verantwortung interpretiert worden; erst einem evtl. entstehenden Überhang eines Geschlechtes müßten dann die Marktkräfte und schließlich das „staatliche Verordnungswesen“ entgegenwirken[7]. Doch einer solchen moralischen Bagatellisierung ist besonders dann zu widersprechen, wenn die Geschlechtswahl mit dem Schwangerschaftsabbruch erreicht wird. Denn hier kann fraglos kein tiefgreifender Schwangerschafts*konflikt* zugrunde liegen, bei dem eine schwere Gefahr oder Belastung für die Mutter oder schwerstes Leiden des Kindes in Frage stünden. Eine ethische Güterabwägung hat zu unterstreichen, daß das menschliche Leben und damit der Lebensschutz, von dem auch das vorgeburtliche Leben nicht ausgenommen werden kann,

---

[6] Aus Sicht evangelischer Ethik ist hierzu grundsätzlich der Stellenwert und das Gewicht einer *reflektierten, bewußten* Gewissensentscheidung und -verantwortung der Mutter bzw. der Eltern herauszustellen. Überlegungen evangelischer Theologie sind zusammengestellt bei *H. v. Schubert,* Evangelische Ethik und Biotechnologie (Gentechnologie, Bd. 29) (Frankfurt a. M. 1991) 271 ff. Aus Achtung vor der Gewissensentscheidung der Mutter hat die humangenetische Beratung durch den Arzt informierend und psychologisch stützend, ohne moralisierende oder moralische Fragen verharmlosende Suggestion zu erfolgen.

[7] Vgl. *H.-M. Saß,* Vom Ethos der genetischen Manipulation, in: *H. Lenk* (Hrsg.), Humane Experimente? Genbiologie und Psychologie (München u. a. 1984) 46–60, hier 52 ff.

einen besonders fundamentalen, dringlichen und unhintergehbaren Wert darstellt, dem ein freies, ungebundenes Verfügungsrecht von Eltern auf jeden Fall nachzuordnen ist[8]. Zudem enthält jede Geschlechtsauswahl (auch wenn sie durch Methoden von Vorschwangerschaftstests *vorverlegt* würde) einen diskriminierenden Effekt gegenüber der abgelehnten – meist der weiblichen – Geschlechtszugehörigkeit. Die Geschlechtswahl, aber auch die Zwillingsherstellung u. a. können ferner sehr leicht eine Folge überzogener, psychologisch sehr problematischer Wunschprojektionen von Eltern sein. Wenn Kinder aber aufgrund bestimmter Wünsche von Eltern genotypisch von vornherein determiniert werden, droht dies eine spätere unbefangene, freie Selbstentfaltung des Kindes unzulässig einzuengen. Sofern nicht die Gefahr schwerer geschlechtsgebundener Erbkrankheiten besteht, muß die Geschlechtswahl als besonders zweifelhafte Nutzung von Pränataldiagnostik gelten.

Daß – sodann – aus pränataler Diagnostik schwierige Entscheidungs- und Handlungs*unsicherheiten* resultieren können, wird am Beispiel der XYY-Chromosomenabweichung bei männlichen Embryonen sichtbar[9]. Auf diese Chromosomenanomalie bezieht sich eine (nicht belegte, abzulehnende) Hypothese, die eine latente kriminelle Neigung der hiervon betroffenen Menschen unterstellt. Es erscheint vom Sachverhalt her weit überzogen, wenn evtl. mit der XYY-Anlage verbundene Verhaltensauffälligkeiten oder eben das besagte Vorurteil selbst zu einer pauschalen Legitimation für Abtreibungen führen würden. Im Fall der XYY-Chromosomenabweichung kann die genetische Information Eltern und Kind jedenfalls zutiefst *be*lasten, weil einem solchen Kind nach der Geburt unter Umständen eine vorurteilsgeprägte Einstellung entgegengebracht wird. Das Wissen um die genetische Veranlagung und das entsprechende soziale Vorurteil könnten sich im schlimmsten Fall gar im Sinn einer self fulfilling prophecy auswirken.

Aber auch bei der durch pränatale Testverfahren erlangten Einsicht in *schwere* Krankheiten des erwarteten Kindes ist eine unreflektierte Nutzung des Schwangerschaftsabbruchs problematisch. So ist die Erbkrankheit Mukoviszidose, die starke gesundheitliche Lasten durch Verschleimungen der Atemwege mit sich bringt, zwar nicht heilbar, aber inzwischen verbessert therapierbar; die Lebenserwartung Betroffener bleibt mit ca. 20 Lebensjahren aber noch immer sehr niedrig[10]. Auch einem mit dem Down-Syndrom, mit Mukoviszidose oder anderen schweren Erbkrankheiten belasteten Menschen kann jedoch Freude und Sinnerfahrung im Leben zuteil werden. Eine quasi-„automatisch" vollzo-

---

[8] Zur Thematik der Wertrangordnung vgl. (neben M. Scheler und N. Hartmann) z. B. *F. Böckle,* Fundamentalmoral (München [5]1991) 286 f.

[9] Vgl. Die Erforschung des menschlichen Genoms (s. o. Anm. 2) 135 f.

[10] Zur Zeit zeichnet sich immerhin eine Aussicht auf neue medikamentöse Behandlungschancen (mit Amilorid) ab. Zukünftig könnte u. U. auch eine somatische Gentherapie vorstellbar werden.

gene Abtreibung von Embryonen mit solchen genetischen Anomalien dürfte im übrigen auf die mit diesen Krankheiten tatsächlich *lebenden* Menschen – unter Umständen auf die älteren Geschwister – zutiefst diskriminierend wirken; denn hiermit würde deren Existenz faktisch zum „wrongful life" degradiert.

Für die Zukunft sind verstärkt Problemkonstellationen zu erwarten, die aus pränataler Erkenntnis genetisch bedingter Krankheiten herrühren, welche erst in *späten* Lebensjahrzehnten manifest werden, so daß sogar mehrere Jahrzehnte eines gesunden Lebens möglich wären (etwa bei Chorea Huntington; Zystennieren). Die Eltern stehen hier vor der Sachlage, daß sie selbst die schwere Erkrankung ihres Kindes vielleicht gar nicht mehr erleben, wohl aber um die späte Krankheitsgefahr *wissen.* Diese Eltern werden sich fragen müssen, ob ihr eigenes sorgenvolles Zukunftswissen sowie die erst *spät* ausbrechende Krankheit des Kindes selbst es hinreichend begründen können, dieses individuelle Leben als solches zu verhindern, zumal ja – andererseits – auch konkret verbesserte Therapiechancen für die Zukunft denkbar sind. Zugleich stehen die Eltern vor der Entscheidung, ob ihr Kind von seiner genetischen Disposition Kenntnis erhalten bzw. wie lange ihm, um seiner eigenen unbefangeneren Lebenseinstellung willen, dieses Wissen vorenthalten werden sollte. Dieses Entscheidungsdilemma läßt sich freilich nicht abstrakt auflösen, da hier existentielle und biographische Komponenten zu bedenken sind: Um so wichtiger wird die psychologische wie seelsorgerliche Beratung und Begleitung.

d) Ethische Überlegungen

Angesichts der mit pränataler Diagnostik verbundenen Problemaspekte und auch bedenklichen Handlungsmöglichkeiten gewinnt der Vorschlag Plausibilität, „daß vor Ablauf der 12. Schwangerschaftswoche nur solche bei einer pränatalen Diagnose gewonnenen genetischen Daten an die Eltern weitergegeben werden, die eine schwere nicht behandelbare Krankheit anzeigen"[11]. Hierdurch würde als sozialen Indikationen verdeckten, tatsächlich aber eugenisch motivierten Abtreibungen entgegengewirkt. Im Blick auf die gesellschaftliche Willens- und Bewußtseinsbildung sollte die Einsicht wachgehalten bzw. neu dafür sensibilisiert werden, daß der Schwangerschaftskonflikt in jedem Fall zu einer bewußten, individuell zu verantwortenden *Gewissens*entscheidung herausfordert, die sich auch damit auseinanderzusetzen hat, daß eine Vernichtung von Leben mit Schuld behaftet ist; denn der prinzipiell geltende Lebensschutz läßt es „nicht ein(...)sehen, wieso ein geschädigtes Kind um seiner eigenen Zukunft willen vor der Geburt eher getötet werden darf als nach der Geburt"[12]. Eine zu

---

[11] Chancen und Risiken der Gentechnologie (s.o. Anm. 2) 153.

[12] *F. Böckle*, Probleme um den Lebensbeginn II, in diesem Band S. 36–59, hier 58. Vgl. hierzu auch unten Abschn. 5 a), S. 34f.

selbstverständlich werdende Bereitschaft zur genetisch bedingten Abtreibung ist also zutiefst fragwürdig, ebenso wie ein sozialer Druck in diese Richtung hin nicht zu rechtfertigen ist. Keinesfalls dürfen diejenigen Eltern in Legitimationsnöte geraten, die sich entschließen, ein behindertes Kind aufzuziehen.

Für die ethische Betrachtung ist maßgebend, daß die Selbstzwecklichkeit und Würde jedes individuellen menschlichen Lebens *prinzipiell* gilt und die Achtung vor menschlichem, auch vorgeburtlichem Leben nicht von erwünschten – genetischen oder anderen – Eigenschaften abhängig werden darf. Der christlichen und menschenrechtlichen Tradition folgend, sind Achtung und Schutz menschlichen Lebens losgelöst von allen einschränkenden Bedingungen gültig, d.h. auch ungeachtet von Gesundheitsstandards, gesellschaftlich motivierten, gar oberflächlichen Glücksvorstellungen und Sichtweisen gesundheitlicher „Normalität" oder bestimmten, vordergründig erwünschten oder abgelehnten genetischen Eigenschaften (wie z.B. dem Geschlecht). Ein heutiger schleichender gesellschaftlicher Wertewandel, der das unbedingte Lebensrecht faktisch relativiert, spiegelt sich philosophisch im Utilitarismus P. Singers wider; hier wird schutzwürdiges menschliches Personsein vor und sogar nach der Geburt von bestimmten Kriterien (Rationalität, Selbstbewußtsein) abhängig gemacht, so daß der Lebensschutz nicht mehr prinzipiell, sondern nur bedingt gilt. Singers Auflistung bestimmter Konditionen für den Schutz personalen Lebens, die dann sogar eine aktive Euthanasie an lebensfähigen, therapierbaren Säuglingen zu legitimieren sucht[13], verbietet sich nun schon durch die hochgradige Unschärfe und die Willkür der zugrunde gelegten Kriterien. Vor allem ist aber *grundsätzlich* darauf abzuheben, daß einer Abhängigkeit des Lebensrechts und -schutzes von eingrenzenden Bedingungen – Gesundheit oder genetischen u. a. Eigenschaften oder Qualitäten – sowohl aufgrund des kategorischen Imperativs wie, christlich-theologisch, aufgrund der Gottebenbildlichkeit und der bedingungslosen Annahme jedes Menschen durch Gott eindeutig zu widersprechen ist.

2. *Zukünftig denkbare Formen von Gentechnik am Lebensbeginn und ihre ethische Beurteilung*

a) Präimplantationsdiagnostik

Während die pränatale Diagnostik bereits jetzt gängige Praxis ist, stellt eine denkbare *Vorverlegung* solcher Untersuchungen, nämlich die Präimplantationsdiagnostik als genetische Vor-Schwangerschafts-Analyse am Frühem-

[13] Vgl. *P. Singer,* Praktische Ethik (Reclam 8033) (dt. Stuttgart 1984) 104ff. (im Anschluß an J. Fletcher), 179–188 u. passim.

bryo, eine mögliche Zukunftsentwicklung dar. Hierbei würde dann eine genetische Analyse an Embryonen durchgeführt, die sich noch außerhalb des Mutterleibes befinden. An zusätzlich hergestellten bzw. an geteilten Embryonen könnten Untersuchungen auf genetische Defekte hin vorgenommen werden; für gesund befundene Embryonen würden implantiert. „Die dazu erforderlichen Fein-Techniken zum Teilen von Embryonen, Konservieren eines überlebens- und entwicklungsfähigen, ungeschädigten Teiles (Klonen!) und paralleler Untersuchung des anderen Teiles auf den in Frage stehenden genetischen Defekt werden in den nächsten Jahren ohne Zweifel erarbeitet werden und damit einsetzbar sein“[14].

Eine solche Handlungsoption wirft freilich schwerwiegende Probleme auf. Die Voraussetzung für Präimplantationsdiagnotik wäre verbrauchende Embryonenforschung, welcher ethische und in Deutschland auch rechtliche Schranken entgegenstehen. Bei einer eventuellen Durchführung von Präimplantationsdiagnotik müßten für die genetischen Testzwecke selbst zusätzliche Embryonen zur „Qualitätskontrolle“ bereitgestellt werden. Menschliches Leben würde also instrumentalisiert; getestete Embryonen würden vernutzt und für unwert befundene Embryonen verworfen. Hierbei würden zudem – anstelle der eigentlich verantwortlichen Eltern – Dritte, nämlich Ärzte, zu Entscheidungssubjekten über den Embryo.

b) Klonieren

Als weiteres, freilich futuristisches Beispiel denkbarer Anwendung von Gentechnik am Lebensbeginn hat Hans Jonas das Klonieren, die Herstellung genetisch identischer Duplikate von bereits vorhandenen Individuen, zur Sprache gebracht. Gegen diese Technik ist aber einzuwenden, daß – wiederum – verbrauchende Embryonenforschung überhaupt erst die Voraussetzung schaffen müßte und daß das Klonieren ein höchst unsicheres, mit der unkalkulierbaren Gefahr des Fehlschlagens behaftetes Humanexperiment wäre. Überdies hätte ein tatsächlich existierender Klon mit der schweren Hypothek zu leben, daß seine Bezugspersonen ihn genotypisch als Doppelgänger eines bereits vorhandenen Individuums ansähen: Daher würden ihm von vornherein vorgeprägte, für ihn selbst „tyrannische“[15] Erwartungshaltungen entgegengebracht, die seine *eigene* Autonomie, Selbstentdeckung und Selbstentfaltung weitgehend einschränken müßten. Die durch das Klonieren erfolgende *genotypische* Determinierung und De-Individualisierung könnte allzuleicht noch zusätzlich eine *psychologische* Determination durch Vorerwartungen und Erwartungshaltun-

---

[14] *T. M. Schroeder-Kurth*, a.a.O. (s.o. Anm. 2) 43; vgl. Die Erforschung des menschlichen Genoms (s.o. Anm. 2) 195ff.
[15] Vgl. *H. Jonas*, Technik, Medizin und Ethik (Frankfurt a.M. 1985) 162–203, hier 190.

gen Dritter nach sich ziehen. Demgegenüber ist das Anrecht jedes Menschen auf eine eigene, unbefangene Selbstentdeckung und eigenbestimmte Ich-Werdung zu betonen.

Der normativ-ethische Leitgedanke freier Selbstentfaltung, der – nicht nur hier! – zur Geltung zu bringen ist, wurde auf seiten protestantischer Theologie mit besonderer Prägnanz von Friedrich Schleiermacher entwickelt und ist dann in der Lebensphilosophie Georg Simmels zum Leitmotiv des einzelnen Menschen als eines „individuellen Gesetzes" verdichtet worden[16]. Die Normen der Autonomie und Freiheit als Schutzrechte der einzelnen Person und das Kriterium einer solchen Selbstentfaltung und Ich-Werdung des heranwachsenden Menschen, die unbelastet bleibt von am Genotypus fixierten, fremdbestimmenden Erwartungshaltungen Dritter, sind, losgelöst vom futuristischen Beispiel des Klonierens, schon jetzt angesichts anderer gen- und reproduktionstechnischer Technikanwendungen von maßgebender Bedeutung. So ist z.B. zur Geschlechtswahl, zur postmortalen Insemination oder zur Herstellung von Zwillingen einzuwenden, ob hier auf die erwünschten Nachkommen nicht vorab solche Projektionen und übersteigerten Erwartungen gerichtet werden, daß deren Chance auf unbefangene Individuation und Selbstentfaltung belastend, gar dramatisch reduziert wird.

c) Keimbahneingriffe

Zur Humangenetik am Lebensbeginn ist als evtl. zukünftige Handlungsform sodann der Keimbahneingriff bzw. die Therapie der Keimbahn in Blick zu nehmen. Eine Keimbahntherapie, die zur Behandlung monogen bedingter Erbkrankheiten wie Sichelzellanämie oder Chorea Huntington angestrebt werden könnte, ließe sich gegebenenfalls an männlichen oder weiblichen Keimzellen, an der befruchteten Eizelle oder den totipotenten Zellen des frühesten Embryonalstadiums vornehmen. Der Eingriff beträfe dann das betroffene Individuum selbst sowie seine Nachkommen. An Säugetieren (Mäusen) sind Keimbahneingriffe mit einer allerdings sehr niedrigen Erfolgsquote (2%) bereits durchgeführt worden. Vom Keimbahneingriff an totipotenten, noch undifferenzierten Zellen ist die *somatische Gentherapie* zu unterscheiden, bei der eine Korrektur an einem einzelnen defekten Gen eines Menschen vorgenommen wird. Zahlreiche medizinisch-technische Einzelprobleme auch der somatischen Gentherapie, etwa die korrekte Genexpression, bedürfen noch der Klärung. Immerhin werden in den USA zur Zeit erste Heilversuche mit somatischer Gentherapie zur Behebung einer genetisch bedingten Immunschwäche

---

[16] Vgl. *H. Kreß,* Schleiermachers Individualitätsgedanke in seinen Auswirkungen auf die Lebensphilosophie Georg Simmels, in: *K.-V. Selge* (Hrsg.), Internationaler Schleiermacher-Kongreß Berlin 1984, II (Berlin – New York 1985) 1243–1266.

(ADA-Defizienz) und des bösartigen Hautkrebses (malignes Melanom) durchgeführt. Neuere Forschungsergebnisse lassen jetzt unter Umständen die somatische Gentherapie der Duchenneschen Muskeldystrophie denkbar erscheinen[17]. Für die ethische Beurteilung ist die somatische Gentherapie mit Organtransplantationen vergleichbar. Insgesamt ist freilich festzuhalten, daß sich in Zukunft wohl eine – menschlich sehr belastende! – Schere zwischen zunehmenden Möglichkeiten der Gendiagnostik einerseits, dahinter aber stark zurückbleibenden Chancen von Gentherapie andererseits öffnen wird. Während die Gendiagnostik dem Menschen zunehmend Einsichten in seine Krankheitsanlagen und damit auch in sein eigenes zukünftiges Krankheitsschicksal vermitteln wird, werden Behandlungs- und Heilungsmöglichkeiten von der Gentechnik nicht in der gleichen Weise gewährleistet werden können.

Erfolgversprechende Heileingriffe in die menschliche *Keimbahn* sind nach heutigem Stand technisch überhaupt noch gar nicht absehbar. Vor allem erheben sich an dieser Stelle aber sehr schwerwiegende ethische Vorbehalte. In Äußerungen zur politisch-rechtlichen Willensbildung sowie in kirchlichen Voten sind Keimbahneingriffe eindeutig abgelehnt worden[18]. Weitreichende Einwände gegen Keimbahneingriffe bleiben auch dann bestehen, wenn man derjenigen Position nicht folgt, die „kategorisch" urteilt, bei einer eventuellen Keimbahntherapie werde eben nicht nur eine Heilung genetisch bedingter Krankheiten vorgenommen; vielmehr werde durch den Keimbahneingriff auf jeden Fall in die Identität eines Menschen eingegriffen: „Hier wird nicht ein existierender Mensch geheilt, sondern die personale Identität eines Menschen manipuliert, und zwar ganz unabhängig davon, ob die betreffende genetisch verankerte Eigenschaft oder Krankheit gewünscht wird oder nicht"[19]. Diese Argumentation läßt sich indes nicht aufrechterhalten. Denn sie sieht die Identität eines Menschen so sehr auf dem natürlichen Vorgegebensein seines Genoms, auf seiner genetischen Naturwüchsigkeit gegründet, daß dann gar die genetisch bedingte Krankheit selbst – gar eine schwerste Erbkrankheit – als konstitutiv für die personale Identität zu gelten hätte: Konsequent weitergedacht, müßte für einen solchen Naturalismus die Krankheit Bestandteil des Personkerns sein. Dies ist aber weder grundsätzlich anthropologisch noch konkret, angesichts des schweren Leidens von Menschen an genetisch bedingten Erbkrankheiten, vertretbar.

---

[17] Vgl. *D. Wells – G. Goldsprink* in: Human Molecular Genetics, 1992, H. 4. – In Deutschland sollen erstmals 1993 klinische Studien zur somatischen Gentherapie vor allem von Krebserkrankungen durchgeführt werden.

[18] Vgl. Chancen und Risiken der Gentechnologie (s. o. Anm. 2) 189 f.; Kirchenamt der EKD (Hrsg.), Zur Achtung vor dem Leben. Maßstäbe für Gentechnik und Fortpflanzungsmedizin – Kundgebung der Synode der Evang. Kirche in Deutschland (EKD Texte 20) (Berlin 1987) 6. – Zum Überblick: *H. v. Schubert* (s. o. Anm. 6) 249 ff., 253 ff., 276–290.

[19] *R. Löw*, Leben aus dem Labor (München 1985) 184.

Doch ungeachtet der Problematik *dieser* Argumentation sind so gravierende Vorbehalte gegen den Keimbahneingriff zu erheben, daß ein dezidiert ablehnendes ethisches Urteil resultiert. Dieses setzt sich aus normativen Gesichtspunkten und aus teleologischen, folgenethischen Einzeleinwänden zusammen.

a) Eine Keimbahntherapie hätte verbrauchende Embryonenforschung zur Voraussetzung, so daß der normativ-wertethische Grundgedanke prinzipiellen Lebensschutzes und der Nicht-Instrumentalisierung von menschlichem Leben zum Tragen zu bringen ist.

b) Die konkreten Auswirkungen eines eventuellen Keimbahneingriffs einschließlich möglicher Negativ- und Spätfolgen wären für das betroffene Individuum nicht genau vorhersehbar; sie wären irreversibel und würden sich unter Umständen gar erst in nachfolgenden Generationen erweisen: Es ist also die Gefahr unbeherrschbarer, fehlschlagender Humanexperimente zu sehen.

c) Im einzelnen ist zudem unsicher, in welchem Ausmaß und zu welchen Zielen Keimbahntherapien überhaupt zwingend vonnöten sind: „In vielen Fällen wird somatische Gentherapie aus der Sicht der behandelten Individuen eine hinreichende Alternative sein, die den Rückgriff auf Keimbahntherapie erübrigt“ [20].

d) Die normative *und* folgenethische Fragwürdigkeit des Keimbahneingriffs zeigt sich nicht zuletzt darin, daß hier die Grenze zwischen genetischer Therapie, Prävention und Eugenik fließend und unscharf wird. Die Technik des Keimbahneingriffs kann zum slippery slope in Richtung auf eugenische Manipulationen werden, weil bei „eine(r) Reihe von Eigenschaften (Kleinwuchs, niedriger Intelligenzquotient, Gedächtnisschwäche, Neigung zu Depressionen oder Zornausbrüchen usw.) ... undeutlich ist, wann sie Besonderheiten des Individuums im Rahmen normaler menschlicher Varianz sind und wann sie pathologisch genannt werden können“ [21]. Mit der Keimbahntherapie könnte sich die Verleitung zum manipulativen, auf „Verbesserung“ bestimmter Eigenschaften abzielenden Eingriff an den Nachkommen ergeben. Unter überzogener Berufung auf die elterliche Verantwortung und Fürsorge für das Wohl der Kinder würde schließlich eine genetische Prädisponierung und eine Heteronomie der Eltern über ihre Nachkommen entstehen können.

e) Vor allem: Die ethisch naheliegende Alternative zur Keimbahntherapie an Embryonen wäre ja der bewußte Verzicht von Eltern auf eigene Nachkommen (sofern man von weiteren Alternativen, nämlich den ethisch ambivalenten Möglichkeiten der Präimplantationsdiagnostik oder der pränatalen Diagnostik mit nachfolgender Abtreibung, einmal absieht). Ein Verzicht auf die Fortpflanzung ist fraglos psychisch belastend und muß innerlich verarbeitet, verkraftet werden. In einer ethischen Abwägung dürfte aber dem Handlungs*verzicht* – hier also dem Verzicht auf Nachkommen, der ethisch (normativ sowie verantwortungsethisch) keine Probleme aufwirft – der Vorzug zu geben sein vor einem *problematischen aktiven* Handeln, nämlich vor einer unsicheren Keimbahntherapie und schon gar vor einer scheinbaren Melioration des Erbguts durch Keimbahneingriffe.

[20] *W. v. d. Daele,* Mensch nach Maß? Ethische Probleme der Genmanipulation und Gentherapie (BSR 299) (München 1985) 197.
[21] Ebd.

3. Genetische Untersuchungen an Neugeborenen – Chancen vorbeugender Krankheitsbehandlung

Zum Themenkomplex der Humangenetik am Beginn des Lebens zählt, neben den bislang angesprochenen Handlungsfeldern *prä*nataler Diagnostik (1) und gentechnischer Eingriffe in früheste Lebensphasen (2), ebenfalls die – postnatale – genetische Untersuchung von Neugeborenen. In der Bundesrepublik Deutschland erfolgt eine routinemäßige genetische Diagnostik an Neugeborenen, also ein Screening oder Suchtest, auf die Stoffwechselkrankheit Phenylketonurie (PKU), auf Galaktosämie, Hypothyreose (Schilddrüsenunterfunktion) sowie auf die Mukoviszidose hin[22].

Entscheidend ist, daß die Untersuchung Neugeborener auf diese vier angeborenen Defekte die Chance eröffnet, diese Krankheiten vorbeugend zu behandeln bzw. im Fall der Mukoviszidose auf eine spätere symptomatische Behandlung des Kindes zumindest vorzubereiten. Bei der PKU und der Schilddrüsenunterfunktion gewährleisten eine vorsorgliche Diät bzw. Medikamentation eine normale Entwicklung, so daß schwere Entwicklungsstörungen und geistige Behinderungen der Kinder verhindert werden.

Suchtests an Neugeborenen werden jedoch fragwürdig, sobald sie Krankheiten betreffen, die unbehandelbar sind und erst in der Zukunft, gar erst in späteren Lebensjahrzehnten ausbrechen. In einigen Bundesstaaten der USA wird z. B. ein Neugeborenenscreening auf die Sichelzellanämie durchgeführt oder geplant. Diese in der schwarzen Bevölkerung auftretende Blutkrankheit ist nicht heilbar und kann im 2. bis 4. Lebensjahrzehnt zum Tod führen. Es wären – theoretisch – auch postnatale Untersuchungen auf Chorea Huntington oder Muskelerkrankungen denkbar, d. h. auf schwere, unheilbare Krankheiten, die erst im Erwachsenenalter in Erscheinung treten. Das Wissen um unbehandelbare, spät auftretende Krankheiten von Neugeborenen müßte die Eltern in ihrer Einstellung zum Kind jedoch zutiefst verunsichern[23] und würde für die Heranwachsenden selbst eine schwere Hypothek mit sich bringen, der keine entsprechenden Vorsorge- und Behandlungsmöglichkeiten gegenüberstünden. Von der genetischen Krankheitsanlage *nicht* zu wissen, kann in solchen Fällen den Spielraum für eine unbefangenere Lebensentfaltung freihalten, die von der Sorge der Eltern und Heranwachsenden um eine künftige, unheilbare Krankheit noch unbelastet ist. Da angesichts humangenetischer Anwendungen das Recht auf Nichtwissen um das eigene Genom als ein wesentlicher Urteilsmaß-

---

[22] Vgl. Chancen und Risiken der Gentechnologie (s. o. Anm. 2) 154 ff.

[23] Vgl. hierzu auch *W. v. d. Daele*, a.a.O. (s. o. Anm. 20) 103 f.

stab anzusehen ist, sollte nur ein solches Neugeborenenscreening angestrebt werden, das behandelbaren Krankheiten gilt[24].

Mit solchen normierenden Überlegungen wird die grundsätzlich sinnvolle Funktion genetischer Diagnostik an Neugeborenen freilich keineswegs in Frage gestellt. Genetische Untersuchungen an Neugeborenen zum Zweck vorbeugender Krankheitsfrüherkennung sind überdies nicht nur in Form von breit angelegten Screening-Programmen vorstellbar. Vielmehr rückt es zunehmend näher, daß sich in Risikofamilien, deren spezifische genetische Vorbelastung bekannt ist, speziell zugeschnittene gendiagnostische Einzeluntersuchungen an Neugeborenen durchführen lassen. Inzwischen ist postnatal, nach der Geburt, die genetische Veranlagung zum erblichen Retinoblastom, dem bösartigen Netzhauttumor, nachweisbar. An die DNS-Diagnostik kann sich eine vorbeugende Behandlung des Auges anschließen, die nicht-gentechnisch mit Hilfe von Lasermedizin erfolgt. Damit läßt sich verhindern, daß sich bei dem präventiv betreuten Kind der bösartige Netzhauttumor überhaupt erst ausbildet[25]. Dieses Beispiel zeigt, daß einzelne Anwendungsformen von Gentechnik – hier: vorsorgliche postnatale Gendiagnostik – eine große Hilfe angesichts von schwerstem Leiden bieten können. Wenn einerseits also mögliche Abwege und Mißbräuche gentechnischer Anwendungen zu beachten sind, denen durch ethische wie rechtliche Normierung gesteuert werden muß, ist andererseits der durch Gentechnik eröffnete medizinische, human erstrebens- und wünschenswerte Fortschritt in der Linderung von Krankheit und schwerem Leiden ebenfalls wahrzunehmen und deutlich zu unterstreichen.

Es ist nun aber in Blick zu nehmen, daß die Humangenetik am Lebensbeginn Konsequenzen und Auswirkungen auch auf die Lebensführung und -einstellung des *erwachsenen* Menschen besitzt. Bevor hierzu konkrete Problemaspekte angesprochen werden, ist mit einer grundsätzlichen Überlegung einzusetzen. Inwieweit darf dem einzelnen Menschen genetisches Wissen über sich selbst überhaupt zugemutet und auferlegt werden?

---

[24] Auch ein breit angelegter Neugeborenentest auf die Duchennesche Muskeldystrophie, die zwischen dem 2. und 6. Lebensjahr manifest wird, erscheint analog zu den erwähnten Gründen nicht vertretbar. Ein solcher Test wird in Südbaden vorgenommen. Vgl. Die Erforschung des menschlichen Genoms (s.o. Anm. 2) 199f.

[25] SZ 25.4.91, 46 (L. Hebauer); Dt. Krebshilfe, Presseinformationsdienst 12/1991.

4. Humangenetik am Lebensbeginn in ihren Auswirkungen auf den erwachsenen Menschen

a) Vorüberlegung: Menschliche Lebensführung zwischen Rationalitätsansprüchen und dem Recht auf Nichtwissen um das eigene Genom

Der humangenetische Fortschritt, genauer: die starke Zunahme genetischer Testmöglichkeiten *am Beginn und dann im Verlauf des menschlichen Lebens* werden dazu führen, daß Menschen in Zukunft vermehrt damit rechnen müssen, mit genetischem Wissen über sich selbst konfrontiert zu werden; dieses kann sie *ent*lasten oder *be*lasten. Daß der einzelne Mensch in seine eigene genetische Veranlagung – einschließlich genetischer Krankheitsanlagen – Einsicht zu nehmen vermag, könnte affirmativ als Chance zur humangenetisch ermöglichten Aktualisierung des alten tugendethischen Postulates „Erkenne dich selbst“[26] verstanden werden. Das Wissen um das eigene Genom böte dann die Voraussetzung für eine erweiterte Form rationaler Lebensführung, in der es um den bewußt verantwortlichen Umgang mit der eigenen genetischen Identität und um eine entsprechende persönliche Zukunftsplanung, geradezu um eine Lebensplanung im Wissen um das eigene – evtl. mögliche oder gar gewisse – künftige Krankheitsschicksal ginge. Der einzelne, der um sein Genom wüßte, stünde vor der Herausforderung, den neuzeitlich gebotenen Rationalismus äußerer Weltbeherrschung[27] durch einen rationalen Umgang mit seiner eigenen genetischen Disposition nochmals zu überbieten. Dies beträfe dann auch sein Verhältnis zum Partner und seine Entscheidung zur genetisch verantworteten Fortpflanzung.

Freilich ist zu bedenken, ob nicht schon das technisierte Verhältnis zur äußeren Welt den Menschen überfordernde Rationalitätsparadoxien nach sich zieht. Kulturkritische Theorien wenden sich *gegen* ein zu optimistisches Zutrauen zur technischen, instrumentellen neuzeitlichen Vernunft; sie betonen die Ambivalenzen – etwa die ökologische Krise oder die Technologierisiken –, in welche die weltbeherrschende Vernunft hineingeführt hat, und beleuchten den zusammen mit dem modernen rationalisierten Weltverhältnis entstandenen „gebrochenen Weltbezug“ des Menschen selbst, mit dem sich das „Gefühl der Ichauflösung“ und die „Sinnentleerung“[28] verbinden. Wenn aber schon das

---

[26] Vgl. *I. Kant,* Die Metaphysik der Sitten, Tugendlehre § 14.

[27] Vgl. die Interpretationen Max Webers zur Rationalität der modernen Welt (hierzu: *W. Schluchter,* Rationalismus der Weltbeherrschung. Studien zu Max Weber [stw 322] [Frankfurt a. M. 1980]).

[28] *W. Schulz,* Grundprobleme der Ethik (Pfullingen 1989) 418, 421.

äußere Weltverhältnis des Menschen zu Überforderungen führt, wird um so fraglicher, welches Maß an Rationalität im Blick auf das *eigene* Sein menschlich verkraftet werden kann. Konkret ist zu fragen, a) wie weit einzelne Menschen zum rationalen Umgang mit einem Wissen um das eigene Genom überhaupt in der Lage sind und ob nicht Schieflagen zwischen dem Fortschritt (gen)technischer Handlungsrationalität einerseits, individueller psychischer Belastbarkeit andererseits drohen, und b) ob eine rationale Lebensplanung in Hinsicht auf das eigene Genom dem einzelnen gar *von außen, heteronom* (durch Gesundheitsbehörden, Versicherungen oder durch sozialen Druck und gesellschaftliche Konventionen) zugemutet, auferlegt werden darf. Ein genaueres Durchdenken solcher Fragen leitet zu der Einsicht hin, daß die Ethik, in Anknüpfung an die Individual- und Schutzrechte der älteren Menschenrechtstradition, gegenwärtig ein individuelles Recht auf Nichtwissen um das eigene Genom zur Geltung zu bringen hat. Dieser Grundgedanke sei nun konkret veranschaulicht.

b) Probleme der Zumutbarkeit genetischen Wissens des Menschen um sich selbst

Hierzu sind zwei Teilfragen zu entfalten.

1) *Wie ist eine Speicherung prä- oder postnatal erhobener genetischer Daten zu bewerten?* – Genetische Untersuchungen an Neugeborenen sind nicht nur – wie oben (S. 27 f.) dargelegt – im Bezug auf die Prävention zukünftiger Krankheiten bei den Betroffenen und unter dem normierenden Kriterium der Behandelbarkeit der diagnostizierten Krankheiten zu erörtern. Vielmehr geben am Lebensbeginn, prä- oder postnatal erhobene genetische Daten noch in eine weitere Richtung hin zu denken: Denn genetisches Wissen, das durch Untersuchungen am Lebensbeginn entstand, kann belastende Perspektiven für die spätere Lebensführung dieser Menschen beinhalten. So wird die postnatal diagnostizierte Phenylketonurie (PKU) für Frauen später nochmals zum Problem, wenn sie selbst schwanger werden wollen, da während der Schwangerschaft ihr eigenes Kind durch mütterliche Stoffwechselprodukte toxisch gefährdet wird. Wie soll mit solchen genetischen Informationen wie der Belastung durch PKU daher umgegangen werden? Sollen, unter Umständen mit Hilfe staatlich geführter Genregister, junge Frauen gewarnt werden, bei denen am Beginn des Lebens PKU festgestellt wurde?

Nochmals weitaus bedrängender stellt sich eine solche Frage dar, wenn – über die derzeitige Situation in der Bundesrepublik Deutschland hinausgehend – bedacht wird, ob von staatlicher Seite im frühen Erwachsenenalter gar solche Risikopersonen benachrichtigt werden sollten, die selbst – sowie deren eventuelle Nachkommen – von spät ausbrechenden, tödlich verlaufenden Krankheiten wie etwa der Chorea Huntington bedroht sind[29]. Die Dokumentierung und Speicherung humangenetischer Daten, die zu Beginn des Lebens erfaßt wurden, birgt jedenfalls erhebliche Gefahren in sich. Eine unvermittelte, psychologisch nicht vorbereitete Konfrontation heranwachsender wie auch erwachsener Menschen mit solchen genetischen Daten erscheint unvertretbar.

Im Fall der PKU handelt es sich nun jedoch nicht um ein prinzipiell unzumutbares Wissen, da hier keine konkrete Gefährdung der erwachsenen Frauen selbst gegeben ist; vielmehr sollen Hinweise auf Verhaltensregeln (phenylalanin-arme Diät) während einer Schwangerschaft vermittelt werden, um eine Gefährdung des erwarteten Kindes zu vermeiden[30]. Um dies zu erreichen, müßten angemessene Formen genetischer Dokumentation und Information erwogen werden, wobei eine private der staatlichen Aufbewahrung von Daten vorzuziehen ist[31]. Vor allem aber dann, wenn es sich um hochgradig belastendes Wissen um eigene zukünftige, unbehandelbare Krankheiten handelt, muß der einzelne selbst autonom, eigenverantwortlich entscheiden können, ob er dieses Wissen um sich selbst überhaupt erfahren möchte und zu verkraften vermag. Das Schutzrecht des Individuums auf Nichtwissen um das eigene Genom setzt daher einem präventiv ausgerichteten Gesundheitssystem und an Kostenreduktion ausgerichteten staatlichen Initiativen Grenzen. Ein eventuelles staatliches Interesse, bei der Gefahr von Behinderung aus Kostengründen vor der Fortpflanzung zu warnen, muß hinter dem Selbstbestimmungsrecht der einzelnen Person zurücktreten. Aufgrund der Gefahren des Datenmißbrauchs und der Problematik des Datenschutzes sollten prä- oder postnatal erhobene genetische Informationen jedenfalls nicht in staatlichen Genregistern aufbewahrt werden. Generell ist festzuhalten: „Niemand darf mit Kenntnissen über sich selbst konfrontiert werden, die er gar nicht wissen wollte. Eine Ausnahme vom Grundsatz der Freiwilligkeit stellen lediglich die der Personenidentifizierung dienenden Genomanalysen im Strafverfahren und bei Vaterschaftsnachweisen dar"[32].

Bereits mit diesen Überlegungen wird sichtbar, in welchem Maß die Humangenetik am Beginn des Lebens für die spätere Lebensführung eines Menschen relevant bleibt. In *umgekehrter* Blickrichtung entsteht die Frage, inwieweit andererseits der erwachsene Mensch selbst, auch mit im späteren Leben erhebba-

---

29 Nach *W. v. d. Daele,* a.a.O. (s.o. Anm. 20) 108f., wird in Quebec ein PKU-Register, in Süd-Wales ein Huntington-Register geführt; heranwachsende Menschen werden von ihrer genetischen Anlage benachrichtigt. Daß zukünftig in Europa Risikopersonen von staatlichen Stellen vor der Fortpflanzung gewarnt werden sollen, sahen die 1988 formulierten (später zurückgezogenen) Überlegungen der EG-Kommission zur prädiktiven Medizin vor.

30 Vgl. z.B. *S. Schild,* Psychologische Probleme der genetischen Beratung bei der Phenylketonurie, in: Psychologische Aspekte (s.o. Anm. 4) 112–127, hier 115.

31 So das Votum auch bei *W. v. d. Daele,* a.a.O. (s.o. Anm. 20) 106ff. und des Arbeitskreises zur Genomforschung beim BMFT (s.o. Anm. 2) 230f.

32 Die Erforschung des menschlichen Genoms (s.o. Anm. 2) 229.

ren genetischen Daten über sich selbst, für die Gesundheit und genetische Disposition seiner Nachkommen Verantwortung trägt. Hierbei kann freilich die Sorge um die genetische Konstitution der nachfolgenden Generation mit dem legitimen Bestreben, um das eigene Genom *nicht* zu wissen, in Konflikt geraten. Die Humangenetik, die den Lebensbeginn betrifft, und das genetische Wissen des Erwachsenen um sich selbst müssen jedenfalls in ihrer Verschränkung wahrgenommen werden. Daher ist konkret zu fragen:

2) Sollen genetische Tests an Erwachsenen zur Klärung von Risiken bei der Fortpflanzung angestrebt werden? – Zu dieser Frage seien zwei unterschiedliche Typen genetischer Testmöglichkeiten voneinander abgehoben und gesondert erörtert.

Fall A: Durch einen Test kann die genetisch bedingte Krankheitsgefährdung möglicher Kinder erkannt werden. Damit verbunden wird, aber zugleich eine eigene zukünftige, nicht behandelbare Krankheit (z. B. die tödlich verlaufende Chorea Huntington) der getesteten erwachsenen Person selbst angezeigt.

Wie ist dieser Sachverhalt zu beurteilen? Aufgrund der extremen psychischen Belastung, die bei dem betroffenen erwachsenen Menschen durch ein solches prospektives Wissen um eine unheilbare und unbehandelbare eigene Krankheit erzeugt würde, läßt es sich nicht vertreten, daß ein sozialer Druck entsteht oder gar eine rechtliche Nötigung erfolgt, solche Tests durchzuführen. Dies würde einen zu weitreichenden Eingriff in die persönliche Identität und Lebenseinstellung betroffener Menschen darstellen. Zudem läßt sich eine absolute Pflicht des einzelnen Menschen zur negativen Eugenik bzw. zur genetischen Zukunftsplanung für noch ungezeugte Kinder nicht postulieren. Angesichts genetischer Testmöglichkeiten wie im genannten Fall greift also das Recht auf informationelle Selbstbestimmung bzw. auf Nichtwissen um das eigene Genom. Davon bleibt unberührt, daß Risikopersonen aus eigener ethischer Zukunftsverantwortung, auf der Grundlage einer autonomen, informierten Entscheidung, eine Untersuchung freiwillig durchführen lassen können. Auf die Bedeutung psychologischer Begleitung[33] und mitmenschlicher Stützung Betroffener kann für einen solchen Fall aber nicht nachdrücklich genug aufmerksam gemacht werden.

Fall B: Durch einen genetischen Test (Heterozygotentest) kann die Gen-Trägerschaft eines Erwachsenen erfaßt werden, die ein relatives Risiko für eine genetisch bedingte Erkrankung möglicher Kinder mit sich bringt. Die Gen-Trägerschaft des Getesteten selbst ist gesundheitlich ohne weitere Bedeutung.

---

[33] Vgl. *N. S. Wexler,* Genetisches „Russisches Roulett": Die Erfahrung, potentieller Anlageträger der Chorea Huntington zu sein, in: Psychologische Aspekte (s. o. Anm. 4) 169–188.

Ein solcher Heterozygotentest in der Bevölkerung dürfte in der Bundesrepublik Deutschland zukünftig für die schwere Erbkrankheit Mukoviszidose denkbar werden[34]. Sofern beide Eltern Genträger sind, wäre bei einer Schwangerschaft ein 25prozentiges Risiko für diese Erbkrankheit beim Embryo vorhanden. Die Eltern stünden dann vor der Entscheidung, auf eigene Nachkommen zu verzichten oder eine pränatale Diagnose vornehmen zu lassen, die zum Schwangerschaftskonflikt und unter Umständen zum Abbruch führen könnte. Soll nun die Genträgerschaft potentieller Eltern durch das Angebot von Tests oder gar durch ein breit angelegtes Screening-Programm ermittelt werden, um deren Fortpflanzungsverhalten zu beeinflussen und damit der Erbkrankheit Mukoviszidose zu wehren?

In verschiedenen Ländern sind bereits Erfahrungen mit Suchtests auf Genträger gesammelt worden. In den USA wurden Trägertests auf die in der schwarzen Bevölkerung auftretende Blutkrankheit Sichelzellanämie durchgeführt. Freilich haben diese Tests zu zusätzlicher rassischer wie auch sonstiger sozialer und beruflicher Diskriminierung bis hin zur Minderung von Heiratschancen geführt: „Angesichts der negativen Reaktionen vieler Behörden und Privatpersonen auf S-Überträger fühlen diese sich häufig genötigt, ihren heterozygoten Überträger-Status zu verheimlichen"[35]. Als erfolgreicheres, stärker positiv zu bewertendes Beispiel eines Heterozygotentests gilt das Screening auf das Tay-Sachs-Merkmal, das zum frühen geistigen Verfall und Tod von Kindern führt, bei Juden osteuropäischer Herkunft in den USA[36]. Auf die – ebenfalls tödlich verlaufende – Thalassämie wird ein Heterozygotentest in Sardinien und Zypern durchgeführt. In Zypern ist dieser Test Voraussetzung für die Eheschließung. Falls betroffene Elternpaare sich zur Fortpflanzung entscheiden, entsteht gegebenenfalls die Situation, daß nach einer pränatalen Diagnostik jeder vierte Embryo abgetrieben wird[37].

Jedoch darf die tiefe ethische Ambivalenz eines sich einschleichenden, faktischen Automatismus von Abtreibungen nicht verkannt und bagatellisiert werden. Dies ist im Blick auf einen eventuellen Test auf die Mukoviszidose-Trägerschaft in der Bundesrepublik Deutschland deutlich hervorzuheben. Zugleich könnte die Abtreibung genetisch belasteter Embryonen die mit dieser Erbkrankheit *lebenden* Menschen geradezu zu „unerwünschten" Mitmenschen abstempeln. Ein Heterozygotentest bei Erwachsenen auf Mukoviszidose vermag – angesichts des Risikos manifester Erkrankung jedes vierten Kindes – si-

---

[34] Vgl. Die Erforschung des menschlichen Genoms (s.o. Anm. 2) 200ff.

[35] *V. E. Headings*, Psychologische Probleme der genetischen Beratung bei der Sichelzellanämie, in: Psychologische Aspekte (s.o. Anm. 4) 156–168, hier 160, vgl. 159.

[36] Vgl. *W. v. d. Daele*, a.a.O. (s.o. Anm. 20) 100f.

[37] Vgl. *W. Schmid*, Anmerkungen zu den derzeit gebräuchlichsten Screening-Methoden, in: *R. Baumann-Hölzle* u.a. (Hrsg.), Genetische Testmöglichkeiten (Frankfurt a.M. 1990) 26–29, hier 27.

cherlich zur bewußten Reflexion des eigenen Kinderwunsches und auch eines möglichen Verzichtes auf eigene Nachkommen anzuregen: Insofern ist gegen freiwillige Tests Erwachsener, die aus eigener Verantwortung für das Wohl der Nachkommen erfolgen, keinerlei Einwand zu erheben. Es steht jedoch zu befürchten, daß ein theoretisch vorstellbares, breit angelegtes Mukoviszidose-*Screening* in der Bevölkerung zahlreiche Menschen psychologisch und rational stark überfordern würde, was ihr Selbstbild, die Konsequenzen für die eigene Lebensführung und die Partnerwahl anbetrifft. Überdies: Inwieweit sollte die Gesundheitsplanung für noch nicht vorhandene Kinder überhaupt von vornherein zum Kriterium für Partnerbindung und Eheschließung werden? Eine *unverstandene* Kenntnis der eigenen Genträgerschaft dürfte bei zahlreichen Menschen jedenfalls allzuleicht Gefühle der Stigmatisierung und unter Umständen erhebliche Verhaltensunsicherheiten auslösen. Da die denkbar gewordene Einführung eines Mukoviszidose-Screenings in Deutschland die Tür für weitere genetische Testverfahren öffnen könnte, muß die Frage eines Heterozygoten-Screenings gesundheitspolitisch und rechtlich jedenfalls *grundsätzlich* reflektiert werden. Die verschiedenen Einzelargumente, darunter das Recht auf informationelle Selbstbestimmung, weisen freilich insgesamt darauf hin, daß eine freie, persönliche Entscheidung, entsprechendes genetisches Wissen um sich selbst erlangen zu wollen, Respekt und Achtung verdient, wohingegen gegenüber einem gesellschaftlich oder rechtlich aufgenötigten, breit angelegten genetischen Screening ganz erhebliche Vorbehalte bestehen.

5. *Die Humangenetik am Lebensbeginn und das Menschenbild*

Wenn voranstehend eine Reihe konkreter Problemaspekte der Humangenetik *am* Lebensbeginn (oben Abschn. 1–3) und bezogen *auf* den Lebensbeginn (Abschn. 4) aufgeführt wurden, gelangten grundsätzliche ethische Gesichtspunkte, vor allem der prinzipielle Lebensschutz, das Recht auf freie Selbstentfaltung und das Recht auf genetisches Nichtwissen um sich selbst, mehrfach zur Sprache. Die Humangenetik am Lebensbeginn, die in ihren Auswirkungen in individuelle Biographien tief einschneiden kann, ist mithin an übergreifenden ethischen Maßstäben wie auch umfassend am Menschenbild insgesamt zu bemessen. Auf normativ-ethische und anthropologische Gesichtspunkte, die mit der Humangenetik am Beginn des Lebens in Zusammenhang stehen, sei abschließend nochmals in zugespitzter und summarischer Form aufmerksam gemacht.

a) Zum Problem des Schwangerschaftsabbruchs, aber auch zur Embryonenforschung und -erzeugung (etwa für genetische Testzwecke) wird zur Zeit die Frage nach dem zeitlichen Beginn besonderer Schutzwürdigkeit von Embryonen intensiv und kontrovers diskutiert. So wird unter anderem auf die Nidation oder auf den Beginn embryonaler Hirnbildung[38] als relevanten Einschnitt abgehoben, bis zu dem Embryonenforschung bzw. auch Abtreibung zulässig seien. Die großen Divergenzen der verschiedenen Regelungsvorschläge unterstreichen freilich nur, daß ein präzis und eindeutig benennbarer, scharfer Einschnitt im Werden des Menschen *nach* der Verschmelzung von Ei- und Samenzelle nicht mehr aufzeigbar ist: Vielmehr verläuft die Individuation und die auf Personalität angelegte embryonale Entwicklung *kontinuierlich* und ohne qualitative Sprünge. Menschliches Leben hat außerdem als *grundsätzlich* schutzwürdig zu gelten. Abgesehen von vertiefenden theologischen und philosophischen Erwägungen zur Menschenwürde, die eigens zu entfalten wären, ist Menschsein schon allein phänomenal, aufgrund seiner Moralfähigkeit, seines Transzendenzbezugs, seines Leidens- und reflektierten Todesbewußtseins, von nichtmenschlichem Leben kategorial abzuheben. Bereits diese Einsichten – das kontinuierliche Werden der menschlichen Person seit der Kernverschmelzung und der mit der Menschenwürde implizierte prinzipielle Lebensschutz – untermauern das ethische Postulat, den besonderen Schutz menschlichen Lebens von vornherein, d. h. von der Kernverschmelzung an, als wirksam und gültig anzuerkennen. Hieraus resultiert dann aber eine grundsätzliche normativ-ethische Restriktion gegenüber dem verbrauchenden Embryonenexperiment, wie auch die *Last* der persönlichen Gewissensentscheidung beim Schwangerschaftskonflikt von dieser Einsicht her unhintergehbar wird.

b) Solche Erwägungen lassen erkennen, daß Grundeinsichten theologisch und philosophisch reflektierter Anthropologie für die ethische Bewertung der Humangenetik den gedanklichen Hintergrund bilden sollten. Es ist freilich auch in die umgekehrte Richtung hin zu fragen, ob der humangenetische Erkenntniszuwachs seinerseits relevante Aussagen für das Menschenbild beisteuert. Hierzu sei betont, daß die biologisch-genetische Erkenntnis keine Basis dafür bietet, nun ein einseitig genetisch orientiertes oder gar ein genetisch deterministisches Menschenbild zu vertreten. Weder der genetische Reduktionismus der Soziobiologie noch eine Vereinnahmung der Genomanalyse für eine metaphysische Substanzontologie[39] sind plausibel. Gewichtig erscheint es, daß mit dem Zuwachs humangenetischer Erkenntnis die anthropologische Einsicht in die Anlage-Umwelt-*Verschränkung* des Menschseins nochmals zusätzlich bestätigt wird. So ist z. B. die Ausbildung des beidäugig synchronisierten menschlichen Sehens in den ersten Lebenswochen auf genetische Voraussetzungen *und* auf die Umwelt zurückzuführen[40]. Auch die große Überzahl der

---

[38] So *H.-M. Saß*, Hirntod und Hirnleben, in: *ders.* (Hrsg.), Medizin und Ethik (Reclam 8599) (Stuttgart 1989) 160–183.
[39] In diese Richtung: *P. Koslowski*, Genetisierung und Verlust der Gestalt, in: Aus Politik und Zeitgeschichte B 6/91, 1. 2. 91, 43–54, hier 51.
[40] Vgl. Die Erforschung des menschlichen Genoms (s. o. Anm. 2) 43.

menschlichen Krankheiten beruht auf einem komplexen Zusammenspiel von genetischen Ursachen und Umweltfaktoren. Das Menschenbild wie auch das Verständnis von Gesundheit und Krankheit dürfen daher keinesfalls einseitig nur an der Genetik orientiert werden.

c) Die ethisch erhellende Rückbesinnung auf die jüdisch-christlich geprägte Anthropologie wie auch auf die Menschenrechtstradition leitet zugleich dazu an, heute vorstellbar werdende, eugenisch orientierte Verschiebungen im gesellschaftlichen Wertbewußtsein, die sich im Gefolge bzw. als Sogwirkung der humangenetischen Technikanwendungen ausbilden könnten, pointierter Kritik zu unterziehen. Dies gilt um so mehr, als eugenisch-utopische Abwege menschliches Denken seit alters begleitet haben[41]. Ethische Reflexion sollte die gentechnische Entwicklung daher zu steuern und zu normieren versuchen. Menschliches Leiden lindernde Anwendungsformen von Humangenetik sollten gestützt, einem unter Umständen sich anbahnenden, schleichenden eugenischen Bewußtseinswandel in der Gesellschaft sollte jedoch nachdrücklich entgegengewirkt werden.

Hartmut Kreß

II
Medizinisch-ethische Aspekte

1. Der Beginn der konkreten geschichtlichen Existenz des einzelnen Menschen

Die großen Fortschritte der Biologie bei der Erforschung der genetischen Grundlagen des Lebens im allgemeinen und der Entwicklungsbedingungen der frühen Embryonalzeit im besonderen haben eine Reihe von neuen Möglichkeiten der Einflußnahme erschlossen. Sowohl Versuche am menschlichen Keimmaterial wie vor allem die Möglichkeit der hormonalen Nidationsverhinderung (Minipille IUC) haben eine intensive Diskussion um den Beginn des individuellen Lebens wachgerufen. Die Frage ist an sich nicht neu. Sie war allerdings – zumindest unter Biologen – etwas in den Hintergrund getreten, nachdem E. Haeckels biogenetisches Grundgesetz endgültig durch Fakten widerlegt war. Man weiß, daß vom Augenblick der Befruchtung an artspezifisches unverwechselbar menschliches Leben vorhanden ist. Die Chromosomenausrüstung des Keimes ist von der Befruchtung an sowohl hinsichtlich der Zahl als auch nach ihrer Gestalt und ihrer biochemischen Wirkung artspezifisch menschlich geprägt. Es gibt in diesem Sinn biologisch kein vormenschliches Stadium. Zugleich unterscheidet sich aber die befruchtete Eizelle eindeutig von

---

[41] Vgl. *K. Bayertz,* GenEthik (Reinbek 1987) 27–42.

den ursprünglichen Keimzellen. Durch die Verbindung der väterlichen und der mütterlichen Erbanlagen entsteht das chromosomale Programm eines neuen Menschen. So setzt der Befruchtungsakt für die normale Entwicklung eines neuen Menschen zweifellos einen entscheidenden Anfang. Aber aufgrund neuer Einsichten in die früheste Entwicklung des Keimes tauchte in neuester Zeit die Frage auf, ob „mit dem genetischen Informationsmaterial einer befruchteten Eizelle schon *alle* charakteristischen Besonderheiten eines bestimmten Individuums fertig vorgegeben (seien), so daß sich diese im Entwicklungsgang nur noch ausprägen müssen", oder ob das Individuum erst „durch einen differenzierten Umwandlungsprozeß" entstehe[1]. Mit dieser Frage stehen wir in ganz neuer Form vor der alten Problematik, die durch den Streit zwischen Präformismus und Epigenismus geprägt war[2].

Bei der Frage nach dem Ursprung des einzelnen Menschen wurde den Theologen schon früh die Herkunft der Seele zum besonderen Problem. Die außerhalb des Christentums oft im Zusammenhang mit der Seelenwanderung vertretene Auffassung einer vorleiblichen Existenz der Seele konnte im kirchlichen Bereich nicht recht Fuß fassen. Wohl gab es unter platonischem Einfluß auch bei Christen Vertreter des Präexistentialismus[3]. Doch erkannte man sehr bald den Widerspruch solch dualistischer Vorstellungen mit dem biblischen Denken. Schwieriger war die Auseinandersetzung mit dem Generatianismus, der in verschiedenen Formen die Seele aus dem Zeugungsakt der Eltern entstehen ließ[4]. Richtig daran war die Vorstellung, daß die Eltern nicht nur Erzeuger des Leibes, sondern des neuen Menschen sind; unbefriedigend für das Verständnis der Geistigkeit war die Vorstellung, daß die Seele mit dem Samen von den Eltern auf das Kind übertragen werde (traducere = übertragen, darum auch Traduzianismus). Es fiel schwer, in der menschlichen Zeugungskraft als solcher ein adäquates Instrument für die Vermittlung der Seele zu sehen. So konnte sich im Hochmittelalter als herrschende Meinung der *Kreatianismus* durchsetzen[5]. Danach wird die Geistseele unmittelbar von Gott geschaffen (creare = erschaffen) und in den von den Eltern auf die Seele hin gezeugten Leib eingesenkt. Der Augenblick der Erschaffung und Einsenkung galt dann als Beginn des spe-

---

[1] *W. Ruff* SJ, Die Menschwerdung menschlichen Lebens, in: Arzt und Christ 17 (1971) 131.

[2] Vgl. *K. Hinrichsen*, Embryologische Aspekte eines Schwangerschaftsabbruchs, in: Theol. prakt. Quartalschrift (Linz) 120 (1972) 229.

[3] Z. B. Origenes oder die Priszillianer. Ihre Auffassung wurde durch das Lehramt verurteilt. Vgl. DS 403, 456.

[4] Die Auffassung stand in einem innern Zusammenhang mit der Erbsündenlehre. Nur durch die Annahme einer Erzeugung der Seele des Kindes durch die Eltern glaubte man „erklären zu können, wie die Erbsünde auf das Kind übergehen könne: würde Gott die Seele erschaffen, müßte ihm auch die Übertragung der Erbschuld zugewiesen werden". *J. Feiner*, Der Ursprung des nachadamitischen Einzelmenschen, in: MySal II (Einsiedeln 1967) 577. Vgl. *A. Mitterer*, Generatianismus, in: LThK IV, 668 f.

[5] Der Kreatianismus gilt kirchenamtlich als „theologisch sichere Lehre". DS 361 f., 685, 1440, 2015, 3896. Vgl. *F. Lakner*, Kreatianismus, in: LThK VI, 1957 f.

zifisch menschlichen Lebens. Über den Zeitpunkt dieses Kreationsaktes im embryonalen Entwicklungsprozeß gingen die Meinungen allerdings erheblich auseinander. Dies hing mit der ungenügenden biologischen Vorstellung vom Zeugungsvorgang zusammen. Die Zeugung galt als Formung einer von der Frau gelieferten Materie (semen muliebre, Menstrualblut) durch den Mann, wobei dessen Sperma als eine Art Instrument in der Hand des Künstlers verstanden wurde[6]. Eine von der Seele des Vaters ausgehende Kraft disponiert die von der Frau dargebotene Materie, bis sie fähig wird, die menschliche Geistseele aufzunehmen, die ihrerseits von Gott unmittelbar erschaffen wird. In diesem Vorstellungsbild sind sich die mittelalterlichen Theologen im wesentlichen einig. Sie lehnen nicht nur die Präexistenz der Geistseele ab, sie lassen die Entstehung der Geistseele auch nicht mit der elterlichen Zeugung (generatio) zusammenfallen, sondern lassen diese als dispositive Ursache vorausgehen[7]. In diesem Sinn hat die Zeugung epigenetischen Charakter. Dies wird bei Thomas von Aquin besonders deutlich. Im Unterschied zu seinem Lehrer Albert dem Großen vertritt er die Meinung, daß bei dem genannten Ausformungsprozeß des körperlichen Substrates drei sich ablösende Lebens-(Wesens-)Formen zu unterscheiden seien (die vegetative, die sensitive und die rationale), von denen die höhere jeweils die Funktion der niedrigeren übernimmt (Sukzessivbeseelung). Der „Embryo" hat also bereits „Leben", bevor er geistbeseelt wird, wobei allerdings – wie eben gesagt – die zwei ersten Lebensformen auf die Formkraft des Vaters zurückgehen. Albertus Magnus lehnt diese Dreiteilung der Wesensform ab[8]. Die Formkraft liegt ausschließlich bei den Eltern, bis das Substrat fähig ist, die Geistseele aufzunehmen. Der Beginn des Eigenlebens und die Geistbeseelung fallen darum in einen Augenblick zusammen (Simultanbeseelung).

Seit es im *19. Jahrhundert* gelungen war, den Befruchtungsvorgang genauer zu beschreiben[9], wußte man, daß der Fötus als Ergebnis zweier lebendiger Zellen selbst belebt und von einem formenden Prinzip durchwaltet war. Da dieses formende Prinzip in der scholastischen Philosophie identisch ist mit der Seele, galt nun auch der Fötus von der Befruchtung an als beseelt. Man glaubte auch der Einheit und Kontinuität des sich entwickelnden Lebens mit der Annahme der einzigen und unteilbaren Seele, also durch eine Simultanbesee-

---

[6] „... anima est in semine non ut enthelechya corporis potentiam vitae habentis, sed potius sicut artifex et ars sunt in instrumentis in quibus fit artificiatum": *Albertus Magnus*, De animalibus, hrsg. von H. Stadler, Bd. II (Münster 1920) 1082.

[7] Der Grundsatz: „Generatio non sequitur, sed praecedit formam substantialem" (Thomas von Aquin, De pot., q. 3, a 12) ist allgemein anerkannt. Vgl. *H.-M. Hering* OP, De tempore animationis foetus humani, in: Angelicum 28 (1951) 28.

[8] „Quae omnia sunt absurda apud omnem recte philosophantem", in: De animalibus, hrsg. von H. Stadler, 1093.

[9] Nachdem die Follikel schon 1672 durch Regnier de Graaff entdeckt und die Spermazellen kurz darauf (1677) von Hamm nachgewiesen wurden, ist der Aufweis der Eizellen erst 150 Jahre später (1827) E. v. Baer gelungen.

lung, weit besser gerecht zu werden als durch eine Sukzessivbeseelung. Diese schien endgültig überwunden zu sein. Doch in der *ersten Hälfte dieses Jahrhunderts* kam es bei der Auseinandersetzung um das biogenetische Grundgesetz erneut zu einer lebhaften Diskussion um die Sukzessivbeseelung. Schon Kardinal Mercier, erster Inhaber des Lehrstuhls für thomistische Philosophie an der Universität Löwen, setzte sich kräftig mit den Thesen der Entwicklungslehre auseinander. Seinem Beispiel folgten die Dominikanertheologen B. H. Merkelbach[10], A.-D. Sertillanges[11], H.-M. Hering[12] und M. M. Hudeczek[13]. Sie übernahmen nicht einfach unbesehen die Theorie Haeckels, der in der Individualentwicklung (Ontogenese) eine abgekürzte Rekapitulation der Stammesentwicklung (Phylogenese) sehen wollte. Hering, Hudeczek und insbesondere der Pastoralmediziner Niedermeyer[14] konnten sich dabei auf bedeutende Biologen ihrer Zeit, wie etwa Hans André[15], Armin Müller[16], Bernhard Steiner[17], Heinz Woltereck[18], stützen. Ihrer Meinung nach bestimmt ein allgemeinstes Lebensprinzip die vegetativen Lebensfunktionen, dazu tritt mit der entsprechenden biologischen Entwicklung differenzierend ein sensitives Lebensprinzip, das wiederum als allgemeines Prinzip dient, bis in einer erneuten Differenzierung das geistige Lebensprinzip die Gestaltungsfunktion übernimmt. Dabei ist der menschliche Lebenskeim aber auch im Stadium rein vegetativer Funktion keineswegs bloß Tier. Vielmehr ist der menschliche Embryo „immer nur ein spezifisch menschlicher Lebenskeim, hingeordnet nur darauf, Mensch zu sein und nichts anderes; er ist ein homo imperfectus, aber *homo in potentia;* und in dieser *Potenz* ist er nur homo und nichts anderes“[19]. So glauben die genannten Vertreter der thomistischen Philosophie mit einer Sukzessivbeseelung einerseits die Einheit und Kontinuität der Entwicklung zu wahren und zugleich eine Reihe von biologischen Tatsachen, wie eineiige Zwillingsbildung, Geschlechtsdifferenzierung und pathologische Entwicklungen (z. B. Acephalie oder Anencephalie), besser erklären zu können, als dies bei der Annahme einer Geistseele von Anfang der Befruchtung an möglich wäre. In diesem Sinn wenden sie sich gegen einen rein biogenetischen Präformismus und postulieren eine epigenetische Entwicklung, die allerdings letztlich unter dem Vorzeichen einer nicht

---

10 *B. H. Merkelbach,* Quaestiones de Embryologia et de ministratione baptismatis (Liège ²1928).

11 *A. D. Sertillanges,* L'idée de création et ses retentissements en philosophie (Paris 1945).

12 *H.-M. Hering,* Angelicum 28 (1951) 18–29.

13 *M.-M. Hudeczek,* Angelicum 29 (1952) 162–181.

14 *A. Niedermeyer,* Hdb. der speziellen Pastoralmedizin, Bd. III (Wien 1950) 101–138.

15 *H. André,* Urbild und Ursache in der Biologie (München 1931).

16 *A. Müller,* Struktur und Aufbau der biologischen Ganzheiten (Leipzig 1933).

17 *B. Steiner,* Über das biogenetische Grundgesetz, in: Acta biotheoretica, Series A. v. IV. I (Leiden 1938).

18 *H. Woltereck,* Grundzüge einer allgemeinen Biologie (Stuttgart 1940).

19 *A. Niedermeyer,* a.a.O. 125.

recht befriedigenden Beseelungstheorie steht. Hier setzt die zweite Runde der Diskussion ein.

Seit etwa der *Mitte unseres Jahrhunderts* stand nicht mehr so sehr die Frage nach dem *Zeitpunkt* der Beseelung im Vordergrund, die *Beseelung als solche* wurde vielmehr *zum Problem.* Man fragte, wie denn eigentlich unter der Voraussetzung einer Erschaffung der Seele durch Gott (Kreatianismus) dieser Schöpfungsakt überhaupt zu denken sei. Das traditionelle Denkschema, wonach die Eltern ein organisches Substrat (die Materie) liefern, dem Gott die Seele (die Form) einerschafft, hielt man nicht mehr für brauchbar. Man bekannte sich zum Grundsatz „Homo generat hominem"; doch es blieb die Schwierigkeit, ob und wie die leibliche Zeugung als adäquate Ursache für das Werden einer Geistperson anzusehen sei. Man war zu Recht der Überzeugung, daß eine neue menschliche Person mehr sei als ein neuer individueller menschlicher Organismus. Man mußte also zu erklären versuchen, wie dieses Mehr an einzigartiger Wirklichkeit einer neuen Geistperson entstehe, wenn es nicht aus der Eigenart des zeugenden Wirkens allein voll zu verstehen war.

Hier setzt die Diskussion neu ein. Zunächst betonte man: Gottes Wirksamkeit beim Werdeprozeß des Menschen dürfe nicht als ein gleichartiges Tun *neben* das Wirken der menschlichen Erzeuger gestellt werden. Die bildhafte, vorwissenschaftliche Sprechweise des Volkes: Gott sage sein Ja zum Menschen, wo Menschen ein Kind zeugen, trifft tatsächlich den metaphysischen Sachverhalt besser als die Redeweise von der Einerschaffung der Seele durch Gott. „Für die Metaphysik ist Gott der transzendente, tragende Grund von allem, nicht aber ein Demiurg, dessen Tun innerhalb der Welt geschieht. Er ist Grund der Welt."[20] Zur Verdeutlichung dieser Tatsache und zugleich zur Erklärung, wie aufgrund der Zeugung jenes Mehr einer neuen menschlichen Person werden könne, unterschied Rahner neben dem Begriff des ursächlichen Entstehens den *Begriff des „sich selbst überbietenden Werdens"*. Alles echte Neu- und Mehrwerden in dieser Welt bedeutet als schöpferische Höherentwicklung immer einen Selbstüberstieg der geschöpflichen Ursache. „Diese Selbstüberbietung der kreatürlichen Ursache ist nur möglich kraft der Dynamik der göttlichen Ursächlichkeit, die gerade als transzendente dem geschöpflichen Wirkenden zutiefst immanent ist und von vorneherein als Moment am geschöpflichen Wirkenden zu sehen ist, das zu ihm gehört, ohne ein inneres Moment seiner Natur zu sein."[21] Gottes Wirken läßt sich – nach der Formulierung Rahners – „vom echten innerweltlichen Werden nicht eigentlich punktuell absetzen", sondern trägt den Werdevorgang als Ganzes wirkend mit[22]. Unter dieser Voraussetzung

---

[20] *K. Rahner,* in: Overhage-Rahner, Das Problem der Hominisation = Quaest. Disput. 12/13 (Freiburg i. Br. 1961) 80.
[21] *J. Feiner,* Der Ursprung, a.a.O. 580.
[22] A.a.O. 82f.

müssen sowohl die Eltern wie auch Gott in je verschiedenem Kausalbezug als Ursache des einen und ganzen Menschen verstanden werden. In der für uns greifbaren Kausalordnung gilt dann durchaus: Homo generat hominem[23]. Im gläubigen Bewußtsein der Geschöpflichkeit wissen wir entsprechend Gott als den transzendenten Grund ebenfalls des einen und ganzen Menschen (und nicht etwa nur der Seele).

Der von Rahner eingeführte Werdebegriff eignet sich entschieden besser als eine Beseelungstheorie, um die Transformation von menschlichen Lebenskeimen zu einem neuen Individuum als einen dynamischen Prozeß zu verstehen. Problematisch ist der von K. Rahner, P. Smulders u. a. angeführte Vergleich der ontogenetischen mit der phylogenetischen Entwicklung. Zu ihrem Schutz muß aber gesagt werden, daß diese Autoren – trotz gewisser mißverständlicher Formulierungen – sowenig wie die oben erwähnten Vertreter der dreißiger Jahre einfach das biogenetische Gesetz Haeckels übernommen haben. Wenn Rahner von einem „vormenschlichen" Stadium spricht, so meint er damit natürlich nicht „prähominid" im biologischen Sinn, wie ihm dies neuestens unterschoben wird[24]. Biologisch steht im ontogenetischen Prozeß *artspezifisches* Leben in der Entwicklung; im Entwicklungsprozeß selbst wirkt das Grundgesetz der zunehmenden Komplexität, das, wiewohl mit unterschiedlicher Motorik, auch bei der Stammesentwicklung eine Rolle spielt. Und dieser Prozeß mit seiner Tendenz zur Differenzierung, Zentrierung und Individualisierung hat durchaus *personspezifische* Konsequenzen, die das bloß quantitative Wachstum überschreiten. Niemand zweifelt an der Tatsache, daß in den genetischen Informationen einer befruchteten Eizelle eine weitgehende Codierung möglicher Entwicklungsschritte vorliegt. Damit ist sozusagen das Programm des Möglichen festgelegt. „Der Keim kann nur realisieren, was aufgrund seiner codierten Entwicklungseigenschaften möglich ist. Diese Begrenzung auf ein Programm des

[23] Vgl. *A. D. Sertillanges,* a.a.O. 120: „Es gibt keine Zeugung des Körpers, keine Erschaffung der Seele und keine Einsenkung der Seele in den Körper. Diese Sprechweise, die zwar geläufig ist, auch bei Thomas, ist nur ein Zugeständnis an die anthropomorphe Ausdrucksweise... In Wirklichkeit gibt es nur die Zeugung des Zusammengesetzten, und das Ziel dieser Generation ist eben das Zusammengesetzte selber und nicht nur der Körper. Homo generat hominem. Die Seele ist genaugenommen nicht das Ergebnis der Zeugung, sie ist jedoch deren Ziel, d. h. das einsgewordene Ziel." Zit. nach *P. Smulders,* Theologie der Evolution (Essen 1963) 96. Die gleiche Auffassung vertritt *G. Siewerth,* Der Mensch und sein Leib (Einsiedeln 1953).

[24] Vgl. *F. Büchner,* „Wann entsteht der Mensch?", in: Rheinischer Merkur vom 16.2.1973, 31. In der gleichen Richtung schreibt E. Blechschmidt: „Die Entstehung der Organe geschieht nicht nach dem Gesetz der Entstehung der Arten (gemeint ist, daß Chromosomenmutationen bei der Ontogenese im Gegensatz zur Phylogenese bei der normalen Entwicklung keine Rolle spielen). Es ist falsch zu behaupten und irrtümlich zu meinen, der menschliche Keim sei in den ersten Wochen und Monaten seiner Entwicklung in einem noch nicht-menschlichen Stadium." Das wird gegenwärtig – meines Wissens – von niemandem bestritten. Ob aber *deshalb* „die Frage, wann ein menschlicher Keim ein Mensch werde... im Ansatz verfehlt" sei, das möchte ich nicht behaupten. Hier geht es um eine anthropologische Frage, die von der Biologie allein nicht gelöst werden kann. (Vgl. *E. Blechschmidt,* Das Mißverständnis des „entwicklungsgeschichtlichen" Denkens, in: FamRZ 20 [1973] 114f.)

Möglichen ist aber keine Festlegung eines unveränderlichen Ablaufs."[25] Die einzelnen Entwicklungsschritte verlaufen zwar unter den *art*spezifischen Bedingungen des Programms, sie sind aber *individual*spezifisch noch nicht definitiv festgelegt. Im genetischen Informationsmuster sind ursprünglich mehrere Möglichkeiten zur Verwirklichung vorgegeben[26]. Sie können „je nach den Bedingungen der Umwelt – und diesen angepaßt – verwirklicht werden. Die eine Realmöglichkeit, die dann schließlich in ihrer Eigenart verwirklicht wird, ist also nur insoweit vorher bestimmt, daß aus ihr eine *der Art entsprechende* Ganzheit hervorgehen kann."[27] Der ausgewertete Teil des genetischen Programms wird unter Einengung seiner Potenzen fortschreitend individualspezifischer. „Dabei liegt in der Irreversibilität der Teilschritte die zunehmende Konkretisierung, das Definitive und schließlich Finale des Entwicklungsprozesses begründet."[28] Die Embryonalentwicklung ist darum als *epigenetisch* anzusehen, auch wenn sie sich im Rahmen eines genetischen Programms vollzieht[29]. So erklärt Hinrichsen abschließend: „Die genetische Erkenntnis einer weitgehenden Codierung möglicher Entwicklungsschritte im Genom hat zur Interpretation einer solchen Programm-Speicherung als einer Bestätigung der Praeformation in einem sublimierten Sinn geführt ... Einer solchen Auffassung entsprechen die embryologischen Befunde in keiner Weise. Vielmehr ist es eben charakteristisch, daß der Keim auf der Grundlage des genetischen Programms im Zusammenwirken mit seiner Umwelt seine Anlagen zu einem komplexen, in sich abgestimmten System zunehmender Mannigfaltigkeit auch zu verwirkli-

---

[25] *K. Hinrichsen,* Embryologische Aspekte des Schwangerschaftsabbruchs, a.a.O. 229.

[26] Vgl. *W. Ruff* SJ., Die Menschwerdung menschlichen Lebens, a.a.O. 131: „Was von Generation zu Generation vererbt wird, sind nicht schon festdeterminierte Eigenschaften, sondern ‚Informationen über die Manifestation von Merkmalen' (Kaudewitz). Im allgemeinen genügt der Informationsgehalt eines einzelnen Gens nicht, um ein bestimmtes Merkmal auszuprägen. Vielmehr müssen mehrere Informationsgehalte zu einer übergeordneten Informationseinheit integriert sein. Diese müssen aber primär-prospektiv auf eine Ganzheit ausgerichtet sein, wobei ihre unterschiedlichen Ausprägungsmöglichkeiten nicht schon bis ins einzelne festgelegt sein brauchen."

[27] *W. Ruff,* a.a.O. 131.

[28] *K. Hinrichsen,* a.a.O. 224.

[29] „Die Anfangsschritte sind durch existentielle und potentielle relative Unbestimmtheit gekennzeichnet. Die Vereinigung der einen Eizelle mit einem Spermium (von vielen Millionen hinsichtlich der Erbanlagen sich geringgradig unterscheidenden) bereitet die Möglichkeit zur Konkretisierung einer neuen Erbanlagenkombination, die sich aber erst in der ersten Furchungsteilung aktualisiert. Mit fortschreitenden Furchungsteilungen und der Entwicklung zur ‚Morula' wird die bestehende Potenz der ersten Furchungszellen (Blastomeren) zu eigenständiger Entwicklung auf die Bildung einer Blastocyste hingeordnet (und eingeengt). Die Bildung von einer (oder von zwei) ‚inneren Zellenmasse(n)', dem Embryoblasten, entscheidet kurz vor der Implantation über die Zuordnung der inneren Zellen zu einer oder zwei Keimscheiben. Und die beginnende axiale Differenzierung im Ektoblasten der Keimscheibe legt mit der Bildung des ‚Kopffortsatzes' erst die Zuordnung der ganzen Keimscheibe auf einen sich formenden Embryo, im Falle ihrer zweifachen Ausbildung gegebenenfalls auf zwei später selbständige Embryonen fest ... Auch der sich nicht teilende Keim erreicht erst in der axialen Differenzierung (beginnend am 14. Tag der Entwicklung) die Stufe, in der die Vielzahl der Zellen einer soweit definitiven Ordnung und Zuordnung unterworfen und damit praesumptiven Organbereichen eingegliedert wird." *K. Hinrichsen,* a.a.O. 224f.

chen vermag."[30] Der Mensch tritt somit nicht mit einem Schritt, sondern mit einer Vielzahl aufeinander bezogener Schritte in seine raumzeitliche Erscheinung. Und es stellt sich die Frage, ob im Bereich der frühen Embryonalentwicklung schon die bloße Möglichkeit oder noch mehr die realisierte Möglichkeit der Individualentwicklung anthropologisch bedeutsam sei.

Wenn man vom Menschen spricht, meint man einen konkreten Menschen, ein Individuum, eine Person. Die Frage, wann ein menschlicher Keim zum Menschen werde, impliziert also stillschweigend, daß der Keim noch nicht unbedingt ein Individuum sei, daß er sich aber zum Individuum, genauer zu einem personalen, d. h. zum Personsein fähigen Individuum hin, entwickle. E. Blechschmidt hält diese Frage für falsch gestellt. Es sei doch erwiesen, daß sich ein menschliches Ei vom Tag der Befruchtung an als individueller menschlicher Keim entwickle. Dies gelte auch dann, „wenn dieser unter Umständen nach wenigen Tagen als Individuum zugrunde geht und durch Tochterzellen eine neue Generation von zwei neuen Individuen in Form von Zwillingen entsteht"[31]. Biologisch mag das gewiß richtig sein. Vom anthropologischen Standpunkt aus muß aber gefragt werden, was in dieser konkreten Aussage mit dem Begriff „Individuum" gemeint sei. Sicher handelt es sich um die Einheit eines Zellgebildes, das artspezifisch menschlich und genetisch individuell geprägt ist. Damit wird aber dem philosophischen Begriff eines Individuums und erst recht dem eines personalen Individuums noch nicht Genüge getan. Die Individualität oder der Selbstand eines geistig Seienden hat zur unabdingbaren Voraussetzung, daß dieses Seiende als einziges und in sich unteilbares verstanden werden *muß*. Diese Voraussetzung ist aber nach dem, was Hinrichsen berichtet, sicher nicht vor der axialen Differenzierung mit der Bildung des Kopffortsatzes (beginnend am 14. Tag der Entwicklung) gegeben. Gerade darum kann es bis dahin noch zur Auflösung der vorläufigen Ganzheit und zur Bildung neuer „Individuen" kommen. Vor der biologischen Determinierung auf ein einziges und in sich unteilbares Individuum hin wird man darum anthropologisch im strengen Sinn noch nicht von einem *real existierenden Menschen* sprechen können. Was hier wirklich ist, das ist ein menschlicher Keim, der sich im Entwicklungsprozeß auf ein mögliches personales Dasein hin befindet. Er ist aber – sehen wir den Prozeß epigenetisch an – zu diesem Sein noch nicht definitiv präformiert.

Personalität setzt Individualität voraus, aber Individualität allein ist noch nicht das entscheidende Kriterium für Personalität. Ein personales Individuum ist ein zu geistgeprägtem Verhalten bestimmtes Individuum. Es braucht diese Fähigkeit nicht schon aktuell auszuüben, aber die notwendigen Bedingungen

---

[30] A.a.O. 229. Es berührt eigenartig, daß in kirchlichen Stellungnahmen der letzten Zeit immer nur die Äußerungen jener Biologen zitiert wurden, die eine solche von Hinrichsen zurückgewiesene Präformation vertreten. Man müßte sachgerecht doch mindestens sagen, daß unter Biologen die Meinungen nicht einheitlich seien.

[31] *E. Blechschmidt*, a. a. O. 115.

der Möglichkeit müßten präformiert sein. Aus dieser Überzeugung heraus verlangt W. Ruff nicht nur die abgeschlossene Individuation, sondern überdies die irreversible Anlage „jener Gehirnteile, die für die Geistigkeit notwendig sind“[32]. Damit „entscheidet sich also die *Möglichkeit oder Unmöglichkeit* einer späteren personalen Existenz“[33].

Man hört dagegen nicht selten den Einwand, solche Überlegungen seien reine Spekulation. Was man beobachten und naturwissenschaftlich begründen könne, das sei ein mit der Befruchtung beginnender kontinuierlicher Prozeß, der normalerweise zu einem lebensfähigen Kind führe. Wenn Naturwissenschaftler so argumentieren, kann man den Einwand verstehen. Es handelt sich tatsächlich – wie wir dargelegt haben – um einen kontinuierlichen Prozeß, der artspezifisch festgelegt ist. Darum ist das, was sich hier entwickelt, auch von Anfang an *schützenswert*. Darüber ist gar nicht zu diskutieren. Zu diskutieren ist nur, welcher Wert in einem Konkurrenzfall zur Güterabwägung in Frage stehe. Dazu muß der Anthropologe mitbefragt werden. Man darf als anthropologisch Interessierter nicht – je nach Interessenlage – einmal den Menschen nur von seinem biologischen Befund her interpretieren (Mensch = Person = eine biologisch „individuierte“ Substanz) und gleich darauf gegen den Biologismus Stellung nehmen, der den Menschen nicht in seiner Geistigkeit und unaussprechlichen (ineffabilis) Einmaligkeit sehe. Als Anthropologe muß man eben fragen, ob es sich bei dem, was man konkret vor sich hat und an dem unter Umständen gehandelt werden soll, um ein menschliches Gebilde handelt, das die Chance hat, Mensch zu werden, oder ob hier ein Wesen vorliegt, das, wenn auch noch in allerfrühester Entwicklung, doch schon auf die geistig-personale Existenz hin *definitiv präformiert ist*. Dies kann der Anthropologe aber nur beurteilen, wenn er auf die differenzierten Befunde des Embryologen achtet und feine Unterschiede, wie die zwischen Epigenese und Präformation, beachtet und in seine Interpretation miteinbezieht. Nimmt man diese Befunde in die Bewertung auf, so ergeben sich für das Handeln folgende Konsequenzen.

Erstens: Mit der Befruchtung wird eine neue menschliche Lebensgeschichte

---

[32] *W. Ruff*, a. a. O. 138. Zur näheren Begründung wird ausgeführt: Geistige Leistungen seien „trotz ihrer Immaterialität – zumindest in ihrem Inhalt und Ausdruck – an geordnete elektronische Abläufe innerhalb bestimmter materieller Strukturen gebunden ... Ohne Gehirn ist Geistigkeit für uns nicht nachweisbar“ (ebd. 135). Die spezifischen Möglichkeitsbedingungen liegen in der Großhirnrinde. Die Diskussion um den Gehirntod hat zur Überzeugung geführt, daß mit der Zerstörung jener Rindenstrukturen der Mensch die Möglichkeit seiner „freien personalen Auszeugung“ (Rahner) verliert, weil die dem individuellen Geist innerlich zu eigene Materie zerfallen ist. Es gibt demnach zwischen dem Beginn und dem Ende der Lebensgeschichte eine unverkennbare Ähnlichkeit, insofern dort das entsprechende Substrat überhaupt noch nicht vorhanden ist und hier das Substrat irreversibel zerstört ist. Der Vergleich wäre nur dann nicht zulässig, „wenn mit der Befruchtung oder zumindest mit der Individualität des Keimes alle weiteren Schritte derart *präformiert* wären, daß immer und auf jeden Fall späteres geistgeprägtes Verhalten zumindest möglich würde“ (ebd. 136).

[33] Ebd.

eingeleitet, die in einem kontinuierlichen Prozeß zur personalen Existenz eines Menschen führt. *Das menschliche Leben*, das sich in diesem Prozeß nach einem eigenen Programm relativ selbständig entwickelt, bildet vom Beginn dieses Prozesses, d. h. von der Befruchtung an, *ein eigenständiges Rechtsgut*. Seine gezielte Vernichtung bedeutet dementsprechend die Verletzung eines Rechtsgutes und kann darum niemals mit antikonzeptionellen Maßnahmen auf die gleiche Stufe gestellt werden.

Zweitens: Wenn wir von der oben dargelegten These ausgehen, daß sich beim Entstehungsprozeß des Individuums ein Überstieg zur personhaften Existenz verwirklicht, so lassen sich theoretisch folgende Aussagen machen: 1. Es gibt eine Zeit, in der dieser Überstieg mit größter Wahrscheinlichkeit (moralisch sicher) noch nicht anzunehmen ist. 2. Es gibt eine Zeit, in der der Überstieg sicher bereits erfolgt ist. 3. Zwischen diesen Terminen liegt eine Zeit, in der man mit dem Überstieg rechnen muß, wo aber die Tatsache noch unter einem positiven Zweifel steht. Für jede dieser drei Epochen sieht die Güterabwägung in einem Konfliktsfall verschieden aus.

In der *ersten Phase* steht ein noch nicht personales Leben im Konflikt. Es muß gegen hohe personale Werte zurückstehen. Im *zweiten Fall* ist die Vorentscheidung auf personale Existenz bereits gefallen. Der provozierte Abbruch der Schwangerschaft bedeutet Tötung eines Menschen. Die sittliche Bewertung einer solchen Tötung soll noch ausführlich dargestellt werden. Im *dritten Fall* steht das Rechtsgut „menschliches Leben" hinsichtlich seiner personalen Qualität unter einem positiven Zweifel. Nach einer alten Rechtsregel muß in einem solchen Fall der sichere Weg eingeschlagen und mit der Existenz eines Menschen gerechnet werden. Wenn freilich auf der andern Seite ebenfalls hohe personale Werte auf dem Spiel stehen, in einem Konflikt also zwischen zweifelhaft personalem und unzweifelhaft menschlich-personalen Werten entschieden werden müßte, müßte sittliche Vernunft dem *sicheren* Wert den Vorzug geben. Diese Überlegungen mögen vielen zu abstrakt-theoretisch erscheinen. Sie müssen es zunächst auch sein, wenn sie uns in der Praxis vor Willkür bewahren sollen. Ihre Konkretisierung setzt voraus, daß man sich über die Grunddaten einigen kann. Ist die frühe Embryonalentwicklung epigenetisch zu verstehen? Dann könnte man vor abgeschlossener Individuation und vor der Organogenese des Gehirns sicher nicht mit einem personalen Individuum rechnen, und es könnte „Gründe geben, die im *Gesamtzusammenhang* der *jeweiligen Situation* so gewichtig sind, daß sie die Entfernung des Keimes zu rechtfertigen vermögen" (W. Ruff). Dies müßte für nidationshemmende Maßnahmen wichtige praktische Konsequenzen haben, ohne daß der mit der Nidationshemmung provozierte Frühabort einfach auf die Stufe der Antikonzeption gestellt würde. Für die sittliche Beurteilung sind demnach *Sterilisation, Nidationshemmung* und *Schwangerschaftsabbruch* entsprechend zu unterscheiden.

2. *Sterilisation und Kastration*

Unter der *Sterilisation* verstehen wir einen Eingriff in den Körper des Mannes oder der Frau, der den Zweck hat, eine Vereinigung der Keimzellen (Befruchtung, Konzeption) als Folge des Geschlechtsverkehrs dauernd zu verhindern. Wir setzen dabei voraus, daß es sich um einen freiwilligen, d. h. vom Betroffenen bzw. von seinen gesetzlichen Vertretern in klarer Erkenntnis der Folgen gewünschten Eingriff handelt. Die dabei angewandte Methode ist für die ethische Beurteilung des Eingriffs nur insoweit von Bedeutung, als davon der Erfolg einer unter Umständen gewünschten Refertilisierungsoperation abhängen kann. Bei der allgemeinen Beurteilung ist aber davon auszugehen, daß der Eingriff definitiven Charakter hat und eine Reversibilität immer problematisch bleibt.

Unter der *Kastration* verstehen wir die operative Entfernung oder sonstige Ausschaltung der Funktion der Keimdrüsen: beim Mann der Hoden, bei der Frau der Eierstöcke. Für die Beurteilung ist wichtig, daß die Keimdrüsen eine doppelte Funktion haben: einerseits die Produktion von Keimzellen (außersekretorische Funktion), anderseits die Ausscheidung wichtiger Sexualhormone in den Blutkreislauf (innersekretorische Funktion). Die Kastration bewirkt daher nicht nur Sterilität, sondern auch eine entscheidende Veränderung im Hormonhaushalt mit unter Umständen erheblichen Folgen für die Persönlichkeitsstruktur. Bei jungen Menschen unterbindet die Kastration die Pubertät und damit die Persönlichkeitsreifung; bei erwachsenen Frauen bewirkt sie eine vorzeitige Menopause, bei Männern eine weitgehende Lähmung des Geschlechtstriebes (Impotenz).

Die sittliche Beurteilung der Sterilisation wie der Kastration geht im allgemeinen davon aus, daß es sich um Eingriffe in die leibliche Integrität des Menschen handelt. Es geht um den rechten Gebrauch des Selbstverfügungsrechtes. In der katholischen Moraltheologie wird außerdem die Sterilisation als besondere Form artifizieller Antikonzeption gesehen und entsprechend beurteilt. Wir müssen darum beiden Gesichtspunkten Beachtung schenken.

a) Die Wahrung leiblicher Integrität

Der Mensch ist nicht unbeschränkter Herr über seinen Leib und sein Leben. Gewiß liegen Verantwortung und Entscheidung für seine eigene Integrität bei jedem einzelnen. Aber unser Leben ist kein reines Individualrechtsgut. Wir sind mit Leib und Leben eingebunden in die menschliche Gemeinschaft. Darum ist auch die Sorge um unsere Gesundheit und unsere körperliche Integrität nicht einfach unserer eigenen Willkür überantwortet. Eine Hilfe zur rechten Entscheidung bietet das sog. *Totalitätsprinzip*. Dem Totalitätsprinzip liegt die Einsicht zugrunde, daß der Mensch nicht von unten, vom Teile her, sondern von seiner Ganzheit als Leib-Geist(-Seele)-Einheit zu verstehen ist. Entsprechend darf ein Teil (z.B. ein Glied, ein Organ, eine Funktion) zum Wohl des Ganzen geopfert werden, wenn der weitere Verbleib oder die Funktion dieses Teiles das Ganze gefährdet und wenn der Schaden dadurch erheblich vermindert werden kann[34]. Dieses Prinzip ist in der medizinischen Alltagspraxis völlig eingelebt. Es wird weitgehend unreflektiert praktiziert; es fordert nur immer wieder neu die Abwägung der Vor- und Nachteile einer Therapie im Einzelfall. Blickt man aber auf die letzten zwanzig Jahre zurück, so erkennt man doch sowohl in der Praxis wie in der theoretischen Diskussion einen interessanten Wandel. Das Totalitätsprinzip erfährt von einer ursprünglich vorherrschend physischen Deutung immer mehr eine psychische und schließlich eine altruistische Interpretation[35]. Während anfänglich das Ganze, zu dessen Wohl gehandelt werden soll, in der physischen Einheit und Ganzheit des körperlichen

---

[34] Pius XII. hat in einer Ansprache an den italienischen Urologenkongreß 1953 für die sittliche Erlaubtheit chirurgischer Eingriffe drei Bedingungen festgelegt: eine Operation ist erlaubt: *erstens*, wenn das Verbleiben oder die Tätigkeit eines einzelnen, auch gesunden Organs im Ganzen des Organismus einen ernsthaften Schaden verursacht oder eine Bedrohung darstellt; *zweitens*, wenn dieser Schaden nicht vermieden oder wenigstens nicht bedeutend vermindert werden kann, außer durch die in Frage stehende Verstümmelung; *drittens*, wenn man mit gutem Grund annehmen kann, daß die negative Folge, d.h. die Verstümmelung und ihre Nachwirkungen, durch den positiven Erfolg aufgewogen wird, nämlich durch die Beseitigung der Gefahr für den ganzen Organismus, durch die Eindämmung der Schmerzen usw. (vgl. Ansprache vom 8. 10. 1953, in: Utz-Groner I 2318).

[35] Die traditionelle Sicht des Totalitätsprinzips (= TP) betont, daß der Eingriff dem Träger des Gliedes zugute kommen muß. Exponent dieser Auffassung ist *L. Bender*, Organorum humanorum transplantatio, in: Angelicum 31 (1954) 139–160; *ders.*, Dominium in corpus eiusque partes, in: Palestra del Clero (1957) 69–75; aber auch die traditionellen Handbücher, *Merkelbach* und *Noldin-Schmidt-Heinzel* ([31]1957). Diese Autoren grenzen die Geltung des TP nur auf den „Körper" des Menschen ein. Damit wird nicht einmal die individuelle Seite erschöpfend erfaßt; denn die personalen Bedürfnisse gehen bereits erheblich über die rein körperlichen Gegebenheiten hinaus. In der amerikanischen Literatur (*G. Kelly*, Pope Pius XII. and the Principle of Totality, in: ThStudies 16 [1955] 373–396; *ders.*, The Morality of Mutilation, in: ThSt 17 [1956] 322–344) wird darum betont, daß die ganze Person und nicht nur der Körper Bezugspunkt des TP sein müsse. Pius XII. hat in seiner Ansprache vom 9. September 1958 an die Teilnehmer des Collegium Internationale Neuro-Psycho-Pharmacologicum (Utz-Groner III 5427–5445, bes. 5440) diese Ansätze mit aufgenommen. Vgl. dazu Notes on Moral Theology, in: ThSt 8 (1947) 48,51,54 u.ö.

Neue Ansätze zum TP werden im Hinblick auf das Problem der Geburtenregelung versucht: 1964, *G. Ermecke* in: Dokumentation der KNA, Nr. 33/1964; er bezieht die soziale Verfaßtheit des Menschen so mit ins Personganze, daß Eingriffe („Anpassungsbehandlungen") als zum Wohl des Betroffenen geschehen durch das TP gerechtfertigt werden. 1965, *R. Egenter* in: MThZ 16 (1965) 167–178; Person als Bezugspunkt, auch in ihrer Beziehung zum Nächsten. 1966, *A. Hamelin* in: Concilium 2 (1966) 362–368; bezieht den *analogen* Geltungscharakter des TP im Gemeinschaftsbereich ein und durchbricht damit etwas die Fixierung seit Pius XII., daß das TP auf das moralische Ganze *keine* Anwendung finde. Die beiden Aufsätze von *A. Regan* in: Studia Moralia III (1965) 320–361 und Studia Moralia V (1967) 179–200, gehen vom exklusiven Charakter des TP aus: wenn Organtransplantation erlaubt sein soll, muß sie vom TP her zu rechtfertigen sein. Er sieht die Person nicht nur in der Einheit von Leib–Geist, sondern als intersubjektive Größe, so daß die Möglichkeit einer Rechtfertigung nicht ausgeschlossen werden muß. Das führt *J. G. Ziegler* in: TThZ 77 (1968) 153–174 zu der zusammenfassenden Darstellung, das TP habe (erzwungen durch den Fortschritt und das gewandelte Selbstverständnis des Menschen) eine physische, eine personale und schließlich eine altruistische (intersubjektivistische) Deutung erfahren.

Organismus gesehen wurde, bezog man immer mehr das physische Wohlbefinden der ganzen Person in die Betrachtung mit ein. Die Person aber konnte wiederum nicht einfach losgelöst von ihren mitmenschlichen Bindungen gesehen und bewertet werden. Die Beurteilung von Kastration und Sterilisation läßt diese Entwicklung deutlich erkennen.

Die Frage der *Kastration* hat praktische Bedeutung bekommen im Zusammenhang mit der Strafverfolgung männlicher Sittlichkeitsdelinquenten. Schon 1952 haben die zuständigen römischen Instanzen der katholischen Kirche auf Anfrage hin der *freiwilligen* Kastration solcher Männer zugestimmt[36]. Man ging dabei nicht von einer organischen Erkrankung, sondern vom Begriff einer psychischen Störung aus, deren negative Wirkungen durch einen operativen Eingriff in ein gesundes Organ gestoppt werden können. Wenn die Operation aufgrund vorliegender psychiatrischer und endokrinologischer Gutachten medizinisch vertretbar schien und in eine voraufgehende und nachfolgende psychologische Behandlung eingebettet wurde, sah man darin die Basis für eine erfolgreiche Resozialisierung. Die heute zur Verfügung stehenden pharmazeutischen Produkte haben die operative Methode praktisch völlig verdrängt. Sie haben den großen Vorteil eines zeitlich begrenzten Einsatzes. Die prinzipielle Beurteilung bleibt sich aber gleich. Das angestrebte Ziel ist dasselbe; es geht um eine Lähmung der sexuellen Potenz, solange und soweit ein Mensch von seiner psychischen Verfassung her nicht imstande ist, von Belästigungen Dritter abzulassen. Grundlage aber bleibt immer die freie Entscheidung des Patienten. Sie kann etwa bei einer Alternative zwischen Schutzhaft oder Behandlung nur durch umfassende Aufklärung gewährleistet bleiben.

Da eine *Sterilisation* durch Eileiter- bzw. Samenleiterunterbindung eine weit geringere Verletzung körperlicher Integrität bewirkt als eine Kastration, müßte man wohl annehmen, daß sie aufgrund des Totalitätsprinzips auch entsprechend leichter ethisch gerechtfertigt werden kann. Das würde bedeuten, daß überall da, wo nach Abwägung der Gründe für dauernd eine Schwangerschaft ausgeschlossen werden soll, die Sterilisation als Methode der Wahl in Erwägung gezogen werden könnte. Das ist denn auch weitgehend der Standpunkt medizinischer Ethik, der auch von der evangelischen Sozialethik gedeckt wird. Anders urteilt hier die offizielle Lehre der katholischen Kirche. Sie verbietet bekanntlich jede Art von artifizieller Antikonzeption. Antikonzeptionelle Maßnahmen widersprechen nach dieser kirchlichen Lehre der *Sexualordnung.* Sie sind unabhängig vom Eingriffsrecht in die körperliche Integrität in sich sittenwidrig. Das Totalitätsprinzip kommt darum normalerweise zur Beurteilung der Sterilisation gar nicht ins Spiel[37]. Wo, durch Umstände und Absicht bedingt, keine Verlet-

---

[36] Vgl. *F. Decurtins,* Sexuelle Probleme im Lichte der Medizin, in: Anima 7 (1952) 311–317; *B. Häring,* Das Gesetz Christi III (1961) 260.

[37] Vgl. Ansprache Pius' XII. vom 8. Oktober 1953, in: Utz-Groner I 2321.

zung der Sexualordnung anzunehmen ist, wird auch nach katholischer Morallehre die Sterilisation nach dem Totalitätsprinzip beurteilt. Dies gilt:

– zunächst für die prophylaktische Sterilisation bei *drohender Gefahr einer Vergewaltigung*. Im Zusammenhang mit politischen Wirren in Missionsländern wurde gefragt, ob Ordensschwestern vor den Folgen von Vergewaltigungen durch sterilisierende Maßnahmen geschützt werden dürfen. Ein Gutachten der römischen Professoren Palazzini, Hürth und Lambruschini kommt zum Ergebnis, daß eine direkte Sterilisation nur dann verboten sei, wenn sie auf die Verhütung der Folgen eines freiwilligen Geschlechtsverkehrs ausgerichtet sei. Dann berühre sie die Geschlechtsordnung (das Antikonzeptionsverbot) und lasse darum die Anwendung des Totalitätsprinzips nicht zu. Wo sie nicht auf einen freiwilligen Geschlechtsverkehr bezogen sei, müsse das Totalitätsprinzip zur Anwendung gebracht werden. Dies lasse eine prophylaktische Sterilisation in Abwägung gegenüber den Folgen einer Vergewaltigung durchaus als berechtigt erscheinen[38]. Was hier im Blick auf eine bestimmte Form von Vergewaltigung gesagt wird, muß wohl für jede Situation gelten, in der eine Frau gegen ihren Willen bedrängt wird. Man denke beispielsweise an soziale Konfliktfälle (Trinkerehen) mit einer entsprechenden Zwangssituation.

– Dann aber findet das Totalitätsprinzip auch Anwendung bei einer *medizinisch indizierten prophylaktischen Sterilisation*. Grundlage dafür bildet die Unterscheidung zwischen Infertilität und Sterilität. Infertilität bedeutet die Unfähigkeit, weitere Kinder bis zur Geburt auszutragen; Sterilität dagegen die Konzeptionsunfähigkeit. Infertilität muß als ein Defekt betrachtet werden. Die noch vorhandene Konzeptionsfähigkeit hat keinen Sinn mehr. Die Ausschaltung einer sinnlos gewordenen Funktion durch eine direkt sterilisierende Maßnahme hat dann, ganzheitlich gesehen, einen therapeutischen Sinn. Für all jene Fälle, bei denen die Fertilität durch gesundheitliche Faktoren als für dauernd gestört betrachtet werden muß, haben diese Überlegungen innerhalb der katholischen Kirche praktisch einen Konsens gefunden[39]. Aufgrund dieser Tatsache läßt sich sagen, daß die offizielle *Lehre* der katholischen Kirche eine *medizinisch indizierte* operative Sterilisierung nicht ausschließt. Das Urteil über die Indikation liegt naturgemäß beim behandelnden Arzt.

Hier erhebt sich auch die Frage nach dem vikariierenden Einsatz der operativen Sterilisation beim Ehemann anstelle der Ehefrau. Gegen eine Ausweitung des Totalitätsprinzips auf das Verhältnis von Einzelglied und Gemeinschaft ergeben sich schwerwiegende Bedenken. Der einzelne Mensch darf nicht einfach dem Ganzen der menschlichen Gesellschaft geopfert werden. Die Fertilität einer konkreten Ehe kann aber wohl mit Recht bis zu einem gewissen Grad als eine

---

[38] Vgl. Studi Cattolici (1961) Nr. 27, 62–72; dagegen *L. Bender* in: Angelicum 39 (1963) 416–436.

[39] Vgl. *R. Faber – J. Köhne* (Hrsg.), Arzt und Ehe (Verlag Wort und Werk: Köln o. J.); *L. M. Weber*, Ehenot und Ehegnade (Freiburg ²1965) 109–111.

unteilbare Einheit angesehen werden. Sie partizipiert an der Einheits- und Unauflöslichkeitsverpflichtung der Ehe. Wo wichtige Gründe gegen einen Eingriff bei der Frau sprechen und wo die Alters- und Lebenssituation des Mannes es verantworten läßt, scheint mir die Anwendung des Totalitätsprinzips auf die Geschlechtsgemeinschaft der Ehe und damit eine vikariierende Sterilisation des Mannes sittlich vertretbar. Alles bisher Gesagte gilt unter der Voraussetzung einer definitiv gestörten Fertilität. Weitergehende Aussagen verlangen eine Auseinandersetzung mit der Haltung der Kirche zur Antikonzeption.

b) Sterilisation als Form der Empfängnisverhütung

Die Sterilisation gilt auch – wie bereits gesagt – als spezifische Form der Empfängnisverhütung. Hinsichtlich der Methoden der Antikonzeption hat Papst Paul VI. in der Enzyklika „Humanae vitae" die traditionelle Lehre bestätigt, wonach jeder direkte Eingriff in das Zeugungsgeschehen unerlaubt sei. Als einwandfrei werden nur Wege der Enthaltsamkeit anerkannt. Dieser Entscheid hat zu einer erheblichen Diskrepanz zwischen der offiziellen Lehre und der sittlichen Überzeugung von vielen Gläubigen geführt. Bei einer Umfrage des Allensbacher Instituts über die Dissonanzgefühle zwischen Wertvorstellungen der Gläubigen und der Auffassung der Kirche liegt mit Abstand das Problem der Empfängnisverhütung an der Spitze. 61 % der deutschen Katholiken denken hier anders als die Kirche. „Hier handelt es sich offensichtlich nicht bloß um eine durch Abständigkeit vom kirchlichen Leben her zu erklärende negative Einstellung zum Wertsystem der Kirche oder um Mißverständnisse. Hierin kommt sicherlich die einschlägige moraltheologische Diskussion zum Tragen, die ... in der überwiegenden Mehrzahl der Fachvertreter in Fragen der Empfängnisverhütung bezüglich der sog. Methodenwahl mit schwerwiegenden Argumenten eine von der in ‚Humanae vitae' niedergelegten kirchlichen Lehrmeinung abweichende Position vertritt."[40]

Das hat wohl die Bischofskonferenzen und Synoden mehrerer Länder veranlaßt, im Zusammenhang mit dem päpstlichen Entscheid die Gläubigen ausdrücklich auf die Möglichkeit und Pflicht der eigenen Gewissensentscheidung hinzuweisen: ein Ereignis, das in der neueren Kirchengeschichte seinesgleichen sucht. Dabei wird zwar gesagt, daß der einzelne die Argumente des Lehrschreibens ernsthaft bedenken müsse, daß aber die persönliche Auseinandersetzung eines geforderten Katholiken auch zu einer vom Papst abweichenden Meinung führen könne (vgl. w. o., Bd. I, S. 276). Dieser Hinweis auf die Berechtigung der Eigenentscheidung ist eine große Chance, die in der Kirche genutzt werden sollte. Es genügt aber nicht, wenn die kirchliche Verkündigung zu diesem per-

---

[40] *J. Gründel* in: Befragte Katholiken zur Zukunft von Glaube und Kirche, hrsg. von K. Forster (Freiburg 1973) 69.

sönlich verantworteten Entscheid aufruft; die unterschiedlichen Begründungen sowie die pluralen Möglichkeiten der Entscheidung müssen aufgezeigt werden.

Die Argumentation in „Humanae vitae" gipfelt in der Aussage, ein absichtlich unfruchtbar gemachter Geschlechtsverkehr sei ein in sich unsittlicher Akt (intrinsece inhonestum), und es sei „niemals erlaubt – auch aus noch so ernsten Gründen nicht –, Böses zu tun um eines guten Zweckes willen: d.h., etwas zu wollen, was seiner Natur nach die sittliche Ordnung verletzt" (Nr. 14). Dies letztere ist insofern richtig, als keine noch so gute Absicht je rechtfertigen kann, daß man *sittlich schlecht* handelt. *Die Frage ist aber, ob ein absichtlich unfruchtbar gemachter Akt bedingungslos* sittlich schlecht sei. Dies wird zwar im Text nicht explizit gesagt, aber der Begriff „intrinsece inhonestum" wird als „bedingungslos = absolut widersittlich" insinuiert, weil die Argumentation letztlich darauf hinausläuft, die künstliche Empfängnisverhütung unter allen Umständen und ohne Rücksicht auf eventuelle Folgen für verboten zu erklären.

Damit liegt hier einer der Fälle vor, in denen die moraltheologische Diskussion heute von deontologischer Normierung spricht, ein Begriff, dem in den Handbüchern die „moralitas absoluta" korrespondiert. Eine solche Weise der Normierung stellt nach weitgehender Übereinstimmung der Moraltheologie einen seltenen Ausnahmefall in der ansonsten fast durchgängig teleologisch, d.h. unter Berücksichtigung der Folgen des Handelns, argumentierenden katholischen Tradition dar. Neuere Untersuchungen[41] bestreiten zu Recht die deontologische Begründung sittlicher Urteile kategorialer Akte. Deontologische Gültigkeit können nur analytische Urteile beanspruchen (Morden, d.h. ungerecht töten, ist ungerecht!). Wer die Kontingenz der unsere menschlichen Handlungen bestimmenden Werte anerkennt, muß grundsätzlich für eine Berücksichtigung der Bedingungen, d.h. für eine Güterabwägung, offenstehen. Das gilt für alle kontingenten Güter, sie gilt auch für das Gut der Zeugung. Auch von ihm kann nicht gesagt werden, es könne nie und nirgendwo gegen ein größeres Gut stehen und binde darum auf jene – in der Normierung der Empfängnisregelung implizierte – absolute Weise. Mit der Zulassung der Zeitwahl zur Fruchtbarkeitsregelung hat man indirekt den relativen Wert der Zeugung zugegeben[42]. Um aber die Widersittlichkeit des Gebrauchs antikonzeptioneller Mittel aufrechtzuerhalten, greift man auf den in den natürlichen Gesetzen sich

---

[41] Vgl. *B. Schüller*, Zur Problematik allgemein verbindlicher ethischer Grundsätze, in: Theol. u. Phil. 45 (1970) 1–23; *ders.*, Die Begründung sittlicher Urteile (Düsseldorf 1973); *J. Fuchs*, Der Absolutheitscharakter sittlicher Handlungsnormen, in: Testimonium veritati, hrsg. von H. Wolter (Frankfurter Theol. Studien 7); *F. Böckle*, Fundamentalmoral (München ²1978) 302–319.

[42] Auch nach „Humanae vitae" ist der Akt, in seinen biologischen Gesetzen gesehen, sowohl auf Zeugung wie auf Nichtzeugung ausgerichtet. Darum liegt das sittlich Widersprüchliche nicht im Ausschluß des Zeugungszwecks als solchem, sondern im Widerspruch gegen den durch die biologischen Gesetze umschriebenen und ihnen gemäß zu verwirklichenden Furchtbarkeitsauftrag der Gatten. Diese Gesetze weisen den Weg sowohl zur verantwortlichen Zeugung wie zur Nichtzeugung.

manifestierenden Willen Gottes zurück („Deus... naturales leges ac tempora fecunditatis... disposuit", Nr. 11). Hier wird das sittliche Urteil nicht mehr bloß auf Werteinsichten verwiesen, sondern das verantwortliche menschliche Handeln wird an die Einhaltung biologischer Gesetzmäßigkeiten gebunden. Daran wurde nach „Humanae vitae" von so vielen Seiten Kritik geübt, daß wir hier nicht längst Gesagtes wiederholen wollen. Es soll nur klar betont werden, daß dies eine Identifizierung von Seins- und Sollensordnung bedeutet, wie sie die katholische Tradition sonst nicht kennt. Zu Recht beurteilt die Tradition das menschliche Handeln nach objektiven Werteinsichten, hier aber gibt nicht eine Werteinsicht den Ausschlag, sondern der Unterschied zwischen naturhafter und künstlicher Verursachung. Hier wird die Normativität eines biologischen Faktums behauptet[43]. Dies ist ein merkwürdiger Umweg zur Rettung einer deontologischen Argumentation, die vom Wert der Zeugung selbst aus nicht zu halten ist. Das dem traditionellen Antikonzeptionsverbot zugrunde liegende sittliche Urteil müßte in teleologischer Begründung etwa lauten: „Es ist widersittlich, die Zeugung aus der geschlechtlichen Hingabe aktiv auszuschließen, es sei denn, die Vermeidung einer Empfängnis sei aus wichtigen Gründen angezeigt und die Enthaltsamkeit dem Wohl des Paares abträglich."

Wenn sich nun heute die Bedingungen geändert haben, daß nicht nur ausnahmsweise, sondern regelmäßig der Fall einer sittlich gerechtfertigten Empfängnisverhütung eintritt, dann braucht man nicht das sittliche Urteil zu ändern, aber wohl ist die veränderte Regelmäßigkeit in entsprechender Weise normativ deutlich zu machen. Das könnte geschehen, indem man erklärt, die Empfängnisverhütung müsse in jedem Fall durch entsprechende Gründe gerechtfertigt sein und die Methode müsse auf die Gesundheit und die personale Würde der Gatten Rücksicht nehmen. Die Aussagen verschiedener Synoden der letzten Zeit gehen in dieser Richtung.

Diese Diskussion um die sittliche Bewertung der aktiven Zeugungsverhinderung rückt auch die Beurteilung der Sterilisation in ein neues Licht. Wer mit „Humanae vitae" an der inneren Bosheit jeder künstlichen Konzeptionsverhinderung festhält, muß auch jede Sterilisation zur bloßen Prophylaxe ablehnen. Wer jedoch gegen „Humanae vitae" eine Konzeptionsverhinderung nicht als in jedem Fall schlecht betrachtet (dies dürfte ein erheblicher Teil der Bischöfe und Theologen sein), der muß die Sterilisation als „ultima ratio" einer indizierten Konzeptionsverhütung betrachten. Die sittliche Beurteilung wird dann die positiven und negativen Folgen im wohlverstandenen Interesse der Person gewissenhaft abwägen. Wo eine dauernde Verhütung von Nachkommenschaft angezeigt ist, da kann die Sterilisation in die Überlegung miteinbezogen werden.

---

[43] Vgl. *B. Schüller,* Die Begründung sittlicher Urteile 174. Es ist nichts dagegen einzuwenden, wenn man sagen würde, die biologischen Gesetze eröffnen eine Möglichkeit zur Regelung; aber man sagt, diese Gesetze verbieten einen anderen Weg; und das geht nicht!

Zusammenfassend läßt sich sagen: Wo die Fertilität einer Ehe gesundheitlich definitiv gestört ist, gibt es von der offiziellen Lehre der Kirche her kein Verdikt für eine *medizinisch indizierte* operative Sterilisation. Die stellvertretende Bereitschaft eines Gatten für den andern müßte eigens geprüft werden.

Eine Sterilisation des Mannes oder der Frau als ultima ratio einer allgemein indizierten Konzeptionsregelung muß nach der entsprechenden Haltung zu „Humanae vitae" beurteilt werden. Nachdem anerkanntermaßen die Wahl der Methode in die an objektiven Kriterien geprüfte Entscheidung der Gatten gehört, muß dies entsprechend auch für die Sterilisation gelten.

Wo in katholischen Krankenhäusern die medikamentöse Antikonzeption toleriert wird, müßte konsequenterweise auch die operative Sterilisierung als ultima ratio einer gebotenen dauernden Konzeptionsverhütung zugelassen werden.

3. Schwangerschaftsabbruch in sittlicher Bewertung

Kaum jemand will menschliches Leben vor der Geburt zerstören, einfach weil er Lust hat am Töten. Der Schwangerschaftsabbruch wird vielmehr als das letzte Mittel gesehen, um im Konkurrenzfall andere, wichtiger erscheinende Güter nicht zu verlieren. Er entspringt nicht dem, was man gemeinhin mit „niederen Motiven" bezeichnet, wie Haß und Eifersucht; er ist vielmehr oft das Ergebnis einer – wenn vielleicht auch oberflächlichen und falschen – Güterabwägung. Man sieht ihn darum als Sonderfall und möchte ihn nicht in einem Atemzug mit Mord und Totschlag genannt wissen. Ja man hält es sogar für unangebracht, ihn vornehmlich vom allgemeinen Tötungsverbot her zu beurteilen. Dies letztere ist allerdings nicht richtig; denn es läßt sich nun einmal nicht verkennen, daß im Schwangerschaftsabbruch neues und eigenständiges menschliches Leben getötet wird. Diese Tatsache darf nicht verdrängt werden; ein sachbezogenes sittliches Werturteil verlangt vielmehr, daß vorurteilslos am Tötungsverbot Maß genommen werde. Darum gehen wir auch von diesem im allgemeinen anerkannten Verbot aus und versuchen, die Tötung eines Menschen in seiner vorgeburtlichen Entwicklung mit der nötigen Differenzierung von daher zu beurteilen.

a) Das allgemeine Tötungsverbot

Das allgemeine Tötungsverbot gründet in der Anerkennung des gleichen Rechtes auf Leben, Freiheit und Sicherheit für alle Menschen ohne Ansehen der Person. Diese elementaren Menschenrechte haben ihre Wurzel in der dem Menschen eigenen Würde. Die Menschenwürde gilt im Grundgesetz der Bundesrepublik Deutschland als „oberstes Konstitutionsprinzip allen objektiven Rechts"[44]. Der

---

[44] Vgl. *G. Dürig,* BVerfGE, Bd. 6, 36.

freiheitliche Rechtsstaat setzt voraus, daß es unabdingbare, mit dem Menschsein selbst gegebene Menschenrechte gibt und daß der Mensch als Mensch eine unverlierbare Würde hat, die geschützt werden muß. Auf die Frage, welches der letzte Grund dieser Menschenwürde sei, erhält man zwar verschiedene Antworten, die sich aber letztlich nicht ausschließen, sondern ergänzen. Man verweist zunächst auf die mit der Personalität gegebene Verantwortlichkeit, die dem Menschen grundsätzlich zukomme. Andere betonen stärker den Symbolwert; der einzelne erscheint darnach als Repräsentant der existierenden Menschheit. Damit verbindet sich das pragmatische Argument, daß das Ganze, d.h. Freiheit, Friede und Gerechtigkeit für die Menschheit, nur geschützt werden könne, wenn jedem einzelnen Repräsentanten das gleiche Recht und die gleiche Würde zuerkannt und garantiert würden. Unserer Überzeugung nach hat die Menschenwürde ihren letzten Grund in jenem Bereich, den wir gemeinhin mit Transzendenz bezeichnen. Nimmt man den Begriff weit genug, so erlaubt er noch eine elementare Verständigung zwischen Vertretern verschiedener Weltanschauungen. Er besagt, daß der Mensch seinen Grund und Sinn nicht in sich selbst habe, sondern sowohl als einzelner als auch in seiner gesellschaftlichen Verfaßtheit über sich hinaus verwiesen sei. Somit wäre dann auch die Unantastbarkeit der Menschenwürde jedem denkbaren politischen und gesellschaftlichen Einfluß entzogen. Im spezifisch christlichen Verständnis bedeutet die Transzendenz des Menschen seine Verwiesenheit auf Gott. Er ist berufen zur Erkenntnis und Liebe Gottes und darin Gottes Ebenbild. Als Geschöpf hat er ein Gebrauchsrecht, aber kein unbegrenztes Verfügungsrecht über sich selbst.

Das Tötungsverbot ist kein absolutes Verbot, d.h., es wird nicht jedes Töten bedingungslos verboten. Dieser bedingte Charakter des Tötungsverbotes wird auch durch seine theologische Begründung nicht aufgehoben. Das ist nichts Neues, es ist eine selbstverständliche Überzeugung der Tradition und ist im Grundsatz nie bestritten worden. Das Leben des Menschen ist für unsere menschliche Gemeinschaft das fundamentalste der Güter, das allen anderen Werten zugrunde liegt; aber es ist als konkrete leibliche Existenz jedes einzelnen der Güter höchstes nicht. Es stellt in dieser konkreten Form nicht einen Wert dar, der erwiesenermaßen nie mit einem anderen wichtigeren und darum vorzugswürdigeren Wert konkurrieren könnte. Im Gegenteil, die moraltheologische Tradition stellt dem Leben des einzelnen, der sich an der Rechtsgemeinschaft schuldig gemacht hat, das Gemeinwohl gegenüber und rechtfertigt damit die Todesstrafe[45]. Die Selbstverteidigung zielt nicht auf die Tötung, sondern

[45] Es ist hier nicht der Ort, um die ethische Legitimation der Todesstrafe zu diskutieren. Die Begründung ist keineswegs einheitlich. Der Vergeltungsgedanke ist praktisch aufgegeben. Man spricht aber vom Sühnecharakter (Wiederherstellung der Rechtsordnung) oder versucht die Rechtfertigung über die Idee der Rechtsverwirkung. Wenn man überhaupt nach einer Rechtfertigung sucht, so bleibt die Güterabwägung am plausibelsten: Die Vollstreckung der Todesstrafe erscheint erlaubt, wenn sie in concreto das einzige wirksame Mittel zur Abwendung einer schwersten Bedrohung der Rechtsgemeinschaft wäre.

intendiert die Kampfunfähigkeit des Gegners. Aber bei der Ausweitung der Selbstverteidigung im Kriegsrecht wird die Unterscheidung zwischen Kampfunfähigkeit und Tod zu einer reinen Fiktion, so daß hier nur der Verweis auf das höhere Gut eine plausible Klärung ergibt. Ja sogar bei der Frage nach der Selbsttötung haben sich die Vertreter der Tradition[46] in ihrer Argumentation auf die Güterabwägung gestützt: „Nach der eventuellen Erlaubtheit der Selbsttötung fragen heißt nach dem Gut fragen, dessen Verwirklichung es rechtfertigen könnte, das Übel der Lebensvernichtung zu verursachen."[47] Und das gleiche gilt nun im Prinzip auch für die Frage der Tötung eines Unschuldigen für den Fall, bei dem zwei Menschen in Konkurrenz stehen, ohne daß einer am anderen schuldig wäre. Es ist schwer, ein Kriterium zu nennen, das es rechtfertigen würde, den einen dem anderen vorzuziehen. An Menschenwürde (Symbolwert) sind beide gleich. Der Leistungswert kann aber nicht aus der Vergangenheit und aus der Gegenwart allein bestimmt werden. Er liegt auch in der Zukunft. Und hier könnte sittliche Vernunft in theoretischer Überlegung sagen: ein Menschenleben, das keine irdische Zukunft mehr hat (z.B. unrettbar ist), müßte hinter einem Menschenleben, das noch Zukunft hat, zurückgestellt werden. Ich meine, man müßte B. Schüller voll beipflichten, wenn er dementsprechend für das Tötungsverbot folgende bedingte Form vorschlägt: „Es ist unerlaubt, sich selbst oder einen anderen schuldlosen Menschen zu töten, es sei denn, die Vernichtung des sowieso unrettbar verlorenen eigenen oder fremden Lebens bewahre einen dritten Menschen vor dem Tode."[48]

b) Anwendung auf den Schwangerschaftsabbruch

Dem Menschen in seiner vorgeburtlichen Existenz eignet grundsätzlich der gleiche Wert wie dem Geborenen. Dieses Werturteil über das Leben vor der Geburt bildet den Ausgangspunkt für die ethische Bewertung einer Tötung durch Schwangerschaftsabbruch. Es soll darum näher erläutert und begründet werden. Aufgrund unserer Darlegungen über den Beginn der Existenz des Einzelmenschen (II 1) gehen wir davon aus, daß der Prozeß vom menschlichen Leben zum Menschen *frühestens* mit der Individuation des Keimes so weit fortgeschritten ist, daß man von der geschichtlichen Existenz eines einzigen und unteilbaren Menschen sprechen kann. *Spätestens* nach der sechsten Entwicklungswoche ist auch die Vorentscheidung über die personale Existenz gegeben[49].

Wir sprechen vom gleichen menschlichen Wert und meinen damit den *Sym-*

---

[46] Vgl. *B. Schüller,* Zur Problematik allgemein verbindlicher ethischer Grundsätze 15.
[47] Ebd.
[48] Ebd. 18.
[49] In der Morphogenese erkennbar durch die Determination der Großhirnanlage.

bolwert der Menschenwürde. Die Menschenwürde bildet zwar auch die notwendige Voraussetzung der Rechtsfähigkeit, sie ist aber mit ihr nicht einfach identisch. Die Rechtsfähigkeit ist ein Rechtsbegriff und wird vom positiven Recht festgelegt. Mit ihrer Zuerkennung wird einem konkreten Rechtssubjekt die Grundmitgliedschaft in der Rechtsgemeinschaft übertragen und die Fähigkeit zugesprochen, Rechte und Pflichten zu haben[50]. Die in der obigen These implizierte Kernfrage lautet, ob jemand nur dann als Träger von Rechten erscheinen kann, wenn ihm ein Sozialsystem zuvor die Mitgliedschaft und damit die Menschenwürde auch bescheinigt hat. Dies könnte von einem positivistischen Rechtsstandpunkt aus unter Umständen vertreten werden. Unsere These hält demgegenüber fest, daß die Menschenwürde durch die Bescheinigung nicht *konstituiert,* sondern vielmehr aus ihren Voraussetzungen heraus *als gegeben anerkannt wird.* Mit der Unterscheidung von Menschenwürde und Rechtsfähigkeit geben wir indirekt durchaus zu, daß es beim Vergleich zwischen dem ungeborenen und dem geborenen Menschen auch Unterschiede geben kann, die rechtlich relevant sind[51]. Ebensowenig soll bestritten werden, daß die enge Verbindung und die spezifische Abhängigkeit des Kindes von der Mutter vor der Geburt besondere Konfliktsituationen schafft. Mit der These wird nur gesagt, daß weder die Geburt noch die dadurch gegebene Grundmitgliedschaft in einem (oder: den) Sozialsystem(en) die Würde, die durch das Menschsein als solches gegeben ist, begründet[52].

Zur Begründung dieser These können wir zunächst von der Tatsache ausgehen, daß das menschliche Individuum als solches durch die Geburt biologisch nicht verändert wird. Die Änderungen bestehen in der Anpassung an die veränderten Umweltbedingungen, etwa durch die Umstellung der Ernährung und der Atmung. Diese Funktionen sind aber grundsätzlich substituierbar, ohne daß

---

[50] Nach dem BGB § 1 beginnt die Rechtsfähigkeit nach der Vollendung der Geburt. Das BGB anerkennt aber im Erbrecht § 1923, Abs. 2 und im Unterhaltsrecht §§ 844, Abs. 2.2 und 1712, Abs. 1 bereits das Ungeborene als Rechtsträger.

[51] Der Gesetzentwurf der Fraktionen der SPD, FDP (das Fristenmodell, Drucksache 7/375 vom 21. März 1973) sagt in der Begründung: „Werdendes Leben ist grundsätzlich geborenem gleichzuachten", und bekennt sich damit im Prinzip zu unserer These. Die unterschiedliche strafrechtliche Behandlung wird mit der engen Beziehung des werdenden Lebens zur Mutter begründet. W. Siebel weist darauf hin, daß dem Ungeborenen keine Grundmitgliedschaft in irgendeinem Sozialsystem zukomme und daß einer offiziellen Übertragung einer solchen große Schwierigkeiten entgegenstehen würden. Nach Siebel läßt sich allerdings ein Anspruch auf Mitgliedschaft begründen. Entsprechend ergibt sich für den Staat ein Unterschied in der Schutzpflicht: „Für den Staat ist es jedoch aus vielerlei Gründen nicht möglich, die Tötung eines Ungeborenen mit der Tötung eines Mitgliedes auf gleicher Stufe zu sehen" (*W. Siebel,* Soziologie der Abtreibung. Empirische Forschung und theoretische Analyse [Stuttgart 1971] 230f., 238, 259).

[52] Die Frage, ob die Menschenwürde durch das Personsein allein begründet werde oder nicht, hängt von dem zugrunde liegenden Personverständnis ab. Person besagt nicht nur Individualität, sondern wesenhaft auch Relation, Bezogensein auf die Mitmenschen (Menschheit als ganze) sowie deren transzendenten Grund. Da es kein Menschsein außer der Gesellschaft gibt, ist damit auch der gesellschaftliche Bezug mitgemeint.

die Natur des Individuums verändert würde[53]. Die biologische Ebene bildet aber nur den Ausgangspunkt. Der Mensch ist mehr als biologisches Individuum. Die Geburt läßt das Individuum in ein intersubjektives Beziehungsfeld eintreten, das ihm bisher verschlossen war. Psychologisch ist darum die Geburt für den Menschen, für seine Entwicklung zur Persönlichkeit von fundamentaler Bedeutung. Ob schon im vorgeburtlichen Stadium gewisse passiv-rezeptive Einflüsse möglich sind, braucht uns hier weiter nicht zu interessieren. Wichtig aber für die Bestimmung des Subjekts ist die Unterscheidung zwischen der Fähigkeit (der inneren Möglichkeit) und der äußeren Ermöglichung psychisch relevanter Beziehungen. Die Fähigkeit selbst, ohne die es keine personalen Beziehungen gäbe, wird aber nicht durch die Geburt verliehen; sie kommt dem Individuum schon vor der Geburt zu, ja sie könnte durch eine Vorverlegung der Geburt sogar bereits aktiviert werden, indem eben ein äußeres Hindernis abgebaut wird[54].

In der sozialphilosophischen Diskussion wird darauf hingewiesen, daß dem Ungeborenen keine Grundmitgliedschaft in einem Sozialsystem zukomme und daß ihm dementsprechend auch keine immanente Menschenwürde eigen sei. Diese mag für die Differenzierung der Schutzpflicht des Staates relevant sein. Die für die Ethik bestimmende anthropologische Grundfrage dagegen entscheidet sich nicht an der realen Mitgliedschaft in einem Sozialsystem, sondern an der Realität des individuellen Menschseins und der damit begründeten transzendentalen Menschenwürde. Schon der noch nicht geborene Mensch ist bereits ein Repräsentant des Menschengeschlechtes, der Menschheit als ganzer. Für eine humane Ethik müßte diese Mitgliedschaft in der Familie der Menschen als ganzer bedeutsam sein. Zu dieser Einsicht ist man nicht unbedingt auf religiöse Argumente angewiesen. Sie ist auch aufgrund von Vernunftargumenten plausibel. In der vom Glauben begründeten Überzeugung der Berufung jedes Menschen zum Ebenbild Gottes wird die postulierte transzendentale Menschenwürde allerdings nicht nur plausibel, sondern zwingend.

Unter der Voraussetzung des eben begründeten Werturteils über das Unge-

---

[53] Wer bewußtlos an einer Herz-Lungen-Maschine hängt, hört deswegen nicht auf, Mensch zu sein, d.h., daß die aktuelle Möglichkeit, diese Funktion spontan auszuführen, für das Individuum nicht als Kriterium seines spezifischen Menschseins gewertet werden darf. Solange die notwendige Bedingung zur Steuerung vitaler Funktionen im Gehirn erhalten ist, sprechen wir dem Individuum die Menschenwürde nicht ab.

[54] Julius Ebbinghaus hat anläßlich der ersten großen Nachkriegsdebatte zum Problem der Abtreibung den Nachweis zu erbringen versucht, daß dem Nasciturus nicht nur keine Rechtsfähigkeit zukomme, sondern daß ihm eine solche durch das Recht gar nicht übertragen werden könne, weil eine Personifizierung des Ungeborenen nicht möglich sei. Der Grund dafür: er hat keinen Willen; weil er „vom Leben eines anderen Wesens im ganzen Umfang seiner Lebensmöglichkeit abhängt". Wille heißt ja „Fähigkeit zur vernünftigen Bestimmung seines Handelns". Hier liegt der gleiche Fehler mangelnder Unterscheidung vor (*J. Ebbinghaus*, Rechtsfähigkeit des Menschen, metaphysische Embryologie und politische Psychiatrie, in: Kant-Studien 49 [Philos. Zeitschrift 1957/58] H. 1–4, 36–48, bes. 40).

borene konzentriert sich die ethische Frage des Schwangerschaftsabbruchs auf die Güterabwägung in einem möglichen Konflikt. Die Problematik der Sicherheit respektive des Zweifels, die sich durch die offene Diskussion um den Beginn der konkreten geschichtlichen Existenz ergibt, können wir hier außer Betracht lassen, da wir sie weiter oben bereits ethisch gewürdigt haben. *Wenn die Vorentscheidung über die personale Existenz gefallen ist, so muß die Tötung des noch nicht Geborenen grundsätzlich gleich bewertet werden wie die Tötung des Geborenen*[55]. Zu beachten bleibt dabei freilich das einzigartige Abhängigkeitsverhältnis, das die Mutter und das ungeborene Kind verbindet. Dieses Bedingungsverhältnis bildet den eigentlichen Hintergrund für die spezielle ethische Konfliktsituation. Aus dieser Abhängigkeit heraus ergeben sich auch heute Fälle, in denen Leben gegen Leben steht. Bei solch vitaler Indikation handelt es sich nicht darum, die Mutter dem Kind oder das Kind der Mutter vorzuziehen, sondern dem rettbaren Leben gegenüber dem unrettbaren den Vorzug zu geben. Wie in all diesen praktischen Urteilen wird dazu nicht mehr als eine moralische Gewißheit verlangt. In dieser Güterabwägung sehen wir die sittliche Berechtigung eines medizinisch indizierten Schwangerschaftsabbruchs bei vitalen Konflikten. Darüber hinaus sehe ich in *sittlicher* Beurteilung keine plausiblen Gründe für einen erlaubten Abbruch. Insbesondere ist – immer auf dem Hintergrund der Gleichwertigkeit des Ungeborenen mit dem Geborenen – nicht einzusehen, wieso ein geschädigtes Kind um seiner eigenen Zukunft willen vor der Geburt eher getötet werden darf als nach der Geburt. Das gleiche gilt für ein nicht gewolltes Kind. Wer hier in seinem sittlichen Urteil zu Ausnahmen neigt, der muß sich bewußt sein, daß er damit entweder das Werturteil über das Ungeborene insgeheim verändert oder daß er die gleiche Konsequenz auch für ein schwer geschädigtes geborenes Kind ziehen müßte. Daß beim spontanen Empfinden auch psychologische Gründe mitwirken, soll keineswegs verkannt werden; aber eine plausible Argumentation gibt es tatsächlich nur für die vitale Indikation.

Eine sittliche Bewertung des Schwangerschaftsabbruchs kann nicht auf die Herausarbeitung der Grundwerte und eine kasuistische Abwägung konkurrierender Güter verzichten. Sie gerät aber damit in Gefahr, das Gesamtphänomen aus dem Auge zu verlieren. Wir haben diese Überlegungen mit dem Hinweis begonnen, daß kaum jemand ein ungeborenes Kind aus Freude am Töten umbringe. Gewiß gibt es gewinnsüchtige Abtreiber und auch rücksichtslose Frauen. Aber dies deutet nur hin auf die Tatsache, daß wir es bei der Abtreibung mit einem gesellschaftlichen Phänomen zu tun haben, hinter dem sich unsagbar viel Ungerechtigkeit und Not verbergen. Die Tötung eines unschuldigen Men-

[55] Dies besagt, daß die Frage nach der eventuellen Erlaubtheit der Tötung gleichbedeutend ist mit der Frage nach dem Gut, dessen Verwirklichung das Übel der Lebensvernichtung im konkreten Fall rechtfertigen könnte.

schen kann aber niemals ein sittlich erlaubter Weg sein, um soziale Not und Ungerechtigkeit zu überwinden. Dazu müssen umfassende soziale und gesetzliche Maßnahmen ergriffen werden. Die *strafrechtliche Regelung* bildet dabei nur einen Teilaspekt. Wohl stehen Sittenordnung und Strafgesetz eines Volkes in enger Beziehung; sie erfüllen aber je für sich eine unterschiedliche Funktion. Das Sittengesetz gehört zur Wahrheitsordnung und soll den Menschen helfen, bei ihrem persönlichen sittlichen Entscheid die rechte Wahl zu treffen. Das Strafgesetz gehört demgegenüber auf die Ebene der Konfliktregelung. Seine hauptsächliche Funktion ist es, mit Hilfe von Strafsanktionen normabweichendes sozialschädliches Tun optimal zu unterbinden. Das Kriterium der Richtigkeit einer Strafandrohung liegt also weitgehend in ihrer *Effizienz*. Diese kann jedoch nur unter Berücksichtigung der verschiedenen Wirkweisen einer solchen Maßnahme umfassend genug beurteilt werden. Wenn auch die Pönalisierung der Verletzung eines konkreten Rechtsgutes für sich allein einen Wert nicht zu retten vermag, der im allgemeinen Empfinden bereits preisgegeben worden ist, so kann dennoch das Strafrecht eine Stützfunktion ausüben, die zusammen mit anderen Aktionen ein Wertbewußtsein zu mehren oder zu mindern imstande ist. Ein gegenüber dem werdenden Leben schwindendes Wertbewußtsein kann weder durch moralische Appelle noch Strafverfolgung allein wiedergewonnen werden. Vielmehr ist im Hinblick auf die grundlegenden Werte des menschlichen Zusammenlebens eine sinnvolle Kooperation von Sittengesetz und Strafgesetz dringend erfordert.

Franz Böckle

Zweites Kapitel
Probleme um die Entfaltung, Gefährdung und Heilung des Lebens

I

Umweltfaktoren und Krankheitsbedingungen

1. Gesundheit als Voraussetzung und Inhalt individueller Lebensqualität und sozialer Organisation

Der Schutz und die Erhaltung menschlichen Lebens nehmen in individuellen Bedürfnissystemen und in den Werthierarchien sozialer Lebenszusammenhänge einen außerordentlich hohen Stellenwert ein. Denn der Grad der Gesundheit wirkt sich mehr oder weniger direkt auf alle einzelnen differenzierten Lebensvollzüge des Individuums einschließlich jener aus, die für das soziale Zusammenleben konstitutiv sind. Gesundheit als Voraussetzung und Inhalt individueller Lebensqualität und sozialer Organisation ist deshalb in allen Systemen sozialen Zusammenlebens ein entscheidender Kristallisationskern, sei es religiöser Verbote oder Gebote oder sozialer Regelungen. Diese Aussage kann Allgemeingültigkeit beanspruchen. Sie läßt sich auf der individuellen Ebene vielfältig belegen anhand der verschiedenartigen Verhaltensweisen und Erlebnisformen, die im Zusammenhang mit Problemen, die mit Gesundheit zu tun haben, beobachtet werden können. Sie kann auf der gesellschaftlichen Ebene erhärtet werden durch die Vielzahl und Vielfalt sozialer Normen und Organisationen, die auf die Erhaltung oder Wiederherstellung der Gesundheit ausgerichtet sind. Der hohe Stellenwert der Gesundheit macht sie jedoch auch zum wirksamsten Sanktionsmittel, um die Einhaltung sozialer Normen zu erzwingen. Kurz: als Ziel und Mittel sozialer Regelung spielt Gesundheit im sozialen Zusammenleben eine entscheidende Rolle. Damit haben alle Verhaltensweisen, die sich mittelbar oder unmittelbar auf Gesundheit beziehen, *ethische* Qualität. *Welche* ethische Qualität Gesundheit jeweils in einer Gesellschaft hat und in welcher Weise sie durch Verhaltensnormen und tatsächliches Verhalten wirksam wird, hängt von der geschichtlichen Bedingungskonstellation einer

Gesellschaft ab, in der als wichtigste Komponenten das religiöse Deutungssystem, der sozio-ökonomische Entwicklungsstand und die Herrschaftsstruktur zusammenwirken.

2. *Gesundheitsbegriffe im sozialen Konflikt*

a) Zu einer christlichen Ethik der Gesundheit

In der christlichen Tradition, d. h. in den biblischen Texten und ihren im einzelnen unterschiedlich akzentuierten Interpretationen, wird bei Lebenszusammenhängen und Verhaltensweisen, in denen die Gesundheit von Menschen berührt wird, explizit oder implizit oft auf die Schöpfung des Menschen und den sich darin ausdrückenden Willen Gottes Bezug genommen. Die Achtung vor *dem* Leben und insbesondere die Erhaltung und der Schutz menschlichen Lebens ergeben sich aus der Sicht der Schöpfungslehre weniger aus ihrem Eigenwert als vielmehr aus dem Schöpferwillen Gottes. Das Leben des Menschen hat Bedeutung und bekommt Bedeutung, weil und insofern es aus dem Willen Gottes hervorgegangen ist; es ist abgeleitet aus dem „summum bonum" und bleibt daran gebunden. Damit wird gleichzeitig, was auch in den zahlreichen Heilungsgeschichten des NT deutlich wird, ein sehr umfassendes Verständnis von Gesundheit und menschlichem Leben zum Ausdruck gebracht, daß nämlich körperliches, seelisches und geistlich-religiöses Wohlergehen vielfältig miteinander verknüpft sind und erst und *nur* zusammen Leben, Gesundheit ausmachen. In moderner Terminologie könnte man folgendermaßen formulieren: Körperliche Unversehrtheit, psychisches Erleben und geistlich-religiöses Selbstverständnis bilden je ein System menschlichen Lebensvollzuges. Alle drei Systeme sind einerseits durch eine gewisse Autonomie und andererseits durch ihre wechselseitige Abhängigkeit (Interdependenz) gekennzeichnet. Für das Wohlbefinden des Menschen haben jedenfalls langfristig alle drei Systeme wesentliche, d. h. unaufgebbare Funktionen. Ihre Trennung würde deshalb auch zu gravierenden Störungen menschlichen Lebens bis hin zum Tode führen. Neuere Ergebnisse aus den Humanwissenschaften sprechen für die Richtigkeit dieses Gesundheitsverständnisses, das aus der geschichtlichen Erfahrung herausgewachsen ist, würden freilich die ausschließliche Bindung an den christlichen Glauben verneinen.

b) Christlicher contra modernen Gesundheitsbegriff

Demgegenüber ist festzuhalten, daß in der gesellschaftlichen Praxis und infolgedessen im Sprachgebrauch der Gegenwart Gesundheit nahezu ausschließlich auf körperliche Aspekte hin verkürzt wird. Zu diesem Sachverhalt haben unter anderem vor allem zwei geschichtliche Entwicklungen geführt.

Erstens ist die geistlich-religiöse Einheit unserer Gesellschaft als Ergebnis komplexer Umwälzungen zerbrochen und stellt deshalb jedenfalls praktisch keine gemeinsame, inhaltlich tragfähige Grundlage für den ganzheitlichen, christlichen Gesundheitsbegriff auf gesamtgesellschaftlicher Ebene mehr dar. Mangels Übereinstimmung werden die inhaltlichen Bestimmungsfaktoren von Gesundheit weitgehend privatisiert, d.h. in den Entscheidungsbereich des einzelnen überführt, so daß an konsensusfähigen Begriffsinhalten fast nur noch die körperlichen Aspekte von Gesundheit übrigbleiben. Davon kann auch die persönliche Lebensführung des Einzelindividuums nicht unberührt bleiben, da sie wesentlich von seinem geistlich-religiösen Bezugsrahmen bestimmt wird und ohne diesen die langfristige Zielperspektive, d.h. den roten Faden in seiner Lebensorientierung, verliert. Die Chance, dem ganzheitlichen biblischen Gesundheitsbegriff wenigstens in gesellschaftlichen Teilgruppen, wie z.B. den Kirchen und anderen weltanschaulich bestimmten Gruppierungen, eine Verwirklichungsmöglichkeit zu geben, um einer Disintegration der Einzelpersonen zu begegnen, ist mit erheblichen Schwierigkeiten konfrontiert: Weil das Gesundheitswesen der Bundesrepublik Deutschland mit seinen einzelnen Organisationen und Institutionen auf dem auf körperliche Aspekte hin verkürzten Gesundheitsbegriff aufbaut und damit die praktische Lebenswirklichkeit beherrschend bestimmt, bleibt zuwenig sozialer Entfaltungsspielraum, um das biblische Gesundheitsverständnis überzeugend, d.h. allgemein erfahrbar, in Lebenswirklichkeit umzusetzen.

Zweitens haben sich analytisch-differenzierendes Denken und empirisch-prüfendes Forschen zu den beherrschenden Erkenntnismethoden entwickelt und damit vor allem zwei wesentliche Konsequenzen nach sich gezogen. Zum einen haben sie tatsächlich, z.B. in der naturwissenschaftlich orientierten (dominierenden) Medizin, eine staunenswerte Fülle empirisch gesicherten Wissens erarbeiten und damit gleichzeitig eine neue Plattform des wissenschaftlichen Konsensus entstehen lassen. Gerade diese unbestreitbaren Erfolge haben aber zum anderen dazu geführt, daß die einer quantifizierenden Untersuchung weniger zugänglichen Erfahrungsbereiche menschlichen Lebens auch für weniger bedeutsam gehalten und in Forschung und gesellschaftlicher Praxis vernachlässigt wurden; so entstand die Illusion, man habe nun endlich *den* Schlüssel zur Lösung aller Probleme des menschlichen Daseins gefunden, ohne daß die Begrenztheit der erfolgreichen Erkenntnismethoden sowie der durch sie lösbaren Probleme allgemein offenkundig und hinterfragt worden wäre. Man hielt die erreichten Lösungen gerne und zu lange für die Gesamtlösung. Mittlerweile bringen die psycho-somatischen Krankheiten – mehrfach wird ihr Anteil an den organischen Erkrankungen mit ca. 40% angegeben –, die alarmierende Steigerung „normaler“ und existenzgefährdender Verhaltensstörungen sowie die steigende Selbstmordrate und die zwischen den genannten Krankheitsformen bestehenden Zusammenhänge – soweit sie erforscht sind – unabweisbar die verheerenden Folgen des verkürzten Gesundheitsbegriffes und der entsprechenden gesellschaftlichen Praxis andeutungsweise ins Bewußtsein. Eine Besserung in den angesprochenen Problembereichen ist jedoch nur von einer Rückbesinnung auf den ganzheitlichen, biblischen Gesundheitsbegriff zu erwarten und von einer entsprechenden Reorganisation des Gesundheitswesens. Angesichts der fortgeschrittenen Spezialisierung der betroffenen Wissenschaftszweige dürfte sich diese auch bei bestem Willen (!) als schwierig erweisen. Das eigentliche Dilemma besteht freilich in der Uneinigkeit über die Inhalte von Gesundheit. Beide Gesundheitsbegriffe, der christliche und der moderne, unterscheiden sich grundsätzlich durch das ihnen zugrunde liegende Menschenbild: auf der einen Seite die ganzheitliche, biblische Vorstellung von der Körper-Seele-Geist-Einheit, auf der anderen Seite die moderne Auffassung, die den Menschen primär von seinen quantifizierbaren Lebensvollzügen und deshalb nur partiell erfaßt und damit letztlich auf eine Wesensaussage, auf eine Zielangabe menschlichen Lebens verzichtet. Die fatalen Folgen des verkürzten Gesundheitsverständnisses verdeutlichen den hohen Stellenwert, der der anthropologisch-religiösen und damit auch ethischen Dimension von Gesundheit zukommt, gleichzeitig jedoch auch die in dieser Hinsicht verfahrene gesellschaftliche Situation, in der gegenwärtig eine Ethik der Gesundheit unter dem Gesichtspunkt der Umwelterhaltung, also eine Umweltethik, entwickelt werden muß.

3. Zur Entwicklung einer Umweltethik

a) Ethik und sozio-ökonomische Entwicklung

Die Umsetzung des ethischen Leitbildes Gesundheit in aktuelle Lebenswirklichkeit kann nur über das Verhalten von Individuen und Gruppen erfolgen, das deshalb einer gesundheitsbezogenen Normierung bedarf. Diese Normierung kann, um lebensnah zu sein, nicht einfach auf deduktivem Wege aus überlieferten Leitbildern abgeleitet werden, sondern geht vom Ursache-Wirkung-Zusammenhang menschlichen Verhaltens aus. Danach sind 1. die Folgen menschlichen Verhaltens für die eigene Gesundheit und die anderer grundsätzlich voraussehbar; erfordert 2. eine auf Gesundheit bezogene Normierung des Verhaltens die präzise Kenntnis und Erforschung von Handlungsfolgen; müssen 3. negative Auswirkungen auf die eigene Gesundheit und die anderer bereits durch den Normierungsprozeß, also durch die Festlegung von Verboten und Geboten, vermieden werden. Konformität mit derart gewonnenen Normen sichert dann Gesundheit. Dieses Denkschema, dessen praktischer Vollzug erhebliche Schwierigkeiten mit sich bringt, zieht sich wie ein roter Faden auch durch die biblischen Schriften des AT und NT und tritt vor allem an jenen

Textstellen hervor, in denen die Normen des Gesetzes dargestellt, problematisiert und interpretiert werden, also nach der Normgemäßheit bzw. Gerechtigkeit gefragt wird. Dieser Ursache-Wirkung-Zusammenhang schließt jedoch die Möglichkeit ein, daß sich die Folgen menschlichen Verhaltens für die Gesundheit und dementsprechend die ethischen Problemstellungen mit dem Fortschritt der sozio-ökonomischen Entwicklung verschieben, überlagern, differenzieren und komplizieren, was bereits innerhalb der biblischen Traditionsgeschichte unverkennbar ist. Dadurch sind insbesondere die letzten hundert Jahre betroffen, die durch immer schnellere Differenzierung und Komplizierung der Strukturen gekennzeichnet sind, in denen sich menschliches Leben vollzieht. Damit vermehrt die sozio-ökonomische Entwicklung jene Bestimmungsfaktoren, die bei der Sicherung von Gesundheit unbedingt berücksichtigt werden müssen, und bringt sie obendrein in einen interdependenten Wirkungszusammenhang. Sie stellt auf diese Weise die christliche Ethik immer wieder neu vor die zunehmend schwierigere Aufgabe, ihr aus dem Schöpferwillen abgeleitetes Leitbild der Gesundheit auf die differenzierten und komplizierten Lebenszusammenhänge hin so zu entfalten, daß Gesundheit in Gegenwart und Zukunft durch entsprechende Normierungen verwirklicht werden kann.

Man kann nun davon ausgehen, daß die herkömmliche Individualethik in der Form begründeter Gebote und Verbote für den einzelnen sowie die Sozialethik mit der solidarischen Verantwortung einer Gemeinschaft für die ihr zugehörigen Mitglieder weder in der Gegenwart noch für die Zukunft Gesundheit ausreichend ermöglichen können. Individualethik und Sozialethik müssen durch eine Umweltethik einerseits ergänzt und andererseits modifiziert und erweitert werden.

b) Umweltbelastung als Gesundheitsgefährdung: Problem, Begriff, Ursachen

Umweltbelastungen und Umweltzerstörungen sind zwar seit Jahrtausenden in verschiedenen Teilen der Erde auch mit verheerenden Folgen für die betroffenen Menschen nachweisbar. Doch hat erst die sozio-ökonomische Entwicklung vor allem für die Industrienationen neben zahlreichen Erleichterungen durch die Medizin auch viele neue Gesundheitsgefährdungen geschaffen, die durch Quantität und Qualität – unabhängig vom Gesellschaftssystem – globale Ausmaße angenommen haben. Umweltbelastungen können deshalb bei ausbleibenden oder unzureichenden Gegenmaßnahmen die Lebensbedingungen für Menschen global oder regional irreversibel zerstören oder doch derart schädigen, daß die Lebensmöglichkeiten in jeder Hinsicht drastisch sinken. Davon sind die unterprivilegierten Bevölkerungsgruppen in besonderem Ausmaß betroffen. Zusätzlich zu den Benachteiligungen hinsichtlich Arbeitsplatz, Einkommen, Vermögen und Ausbildung kommt nun die spürbare, umweltbedingte Verringerung der Lebenschancen in gesundheitlicher Hinsicht dazu. Zur Wahrung ihrer Lebenschancen und – zeitlich später – der der Gesamtbevölkerung muß eine Umweltethik entwickelt und durchgesetzt werden.

Der Begriff Umwelt bezeichnet hier sowohl die urwüchsige Natur als auch den vom Menschen gestalteten Lebensraum. Beide machen zusammen als komplexer, interdependenter Lebenszusammenhang zugleich seine Lebensbedingungen aus. Dieser Lebenszusammenhang wird auf globaler Ebene oft als Biosphäre bezeichnet, die sich aus zahlreichen Ökosystemen, d.h. mehr oder weniger abgegrenzten Lebensräumen, zusammensetzt, in denen Organismen und unbelebte Materie untereinander in Beziehung stehen und voneinander abhängig sind. Auch die einzelnen Ökosysteme sind miteinander verbunden in einem Verhältnis wechselseitiger Abhängigkeit[1]. Ihre Abgrenzung wird, der Problemstellung folgend, oft unterschiedlich vorgenommen. Umweltzerstörungen und Umweltbelastungen meinen die teilweise oder totale Zerstörung solcher Ökosysteme oder Lebensbedingungen, seien es einzelne oder mehrere, regional oder global, die dann auf die Gesundheit des Menschen ungünstig zurückschlagen. Umweltschutz umfaßt deshalb jene Verhaltensweisen und Maßnahmen, die in irgendeiner Weise auf die Vermeidung, notfalls auf die Verringerung oder Beseitigung von Umweltbelastungen[2] bezogen sind und deshalb ethische Qualität haben. Entscheidend für die ethische Fragestellung sind nun diejenigen Umweltbelastungen und -zerstörungen, die menschlichen Handlungsmöglichkeiten zugänglich sind. Das ethische Interesse richtet sich deshalb auf die anthropogenen Umweltbelastungen und ihre Bewältigung sowie auf die natürlich entstehenden. Letztere sind jedenfalls in der Bundesrepublik Deutschland z.B. durch Regulierungen großer Flüsse und durch Deiche an den Küsten usw. mit erstaunlichem Erfolg eingedämmt worden und können hier deshalb von der weiteren Betrachtung ausgeschlossen werden.

Nach der in der Bundesrepublik Deutschland verbreiteten Auffassung liegen die Ursachen der Umweltbelastungen in der unzulänglichen, aber anpassungsfähigen Technik, und dementsprechend wird die Problemlösung allein von der ständig weiterzutreibenden Produktions- und Entsorgungstechnologie erwartet. Demgegenüber wird hier davon ausgegangen, daß Umweltbelastungen Folgen eines in bestimmter Weise zielorientierten Verhaltens sind. Geht man diesem Zusammenhang nach, so erweist sich die Umweltkrise als Krise zentraler individueller und gesellschaftlicher Leitbilder und Lebensformen. Die Frage

---

[1] Sozialwissenschaftliches Institut der evangelischen Kirchen in Deutschland, Umweltschutz und gesellschaftliche Entwicklung, Materialdienst Nr. 1 (1975) (Bochum 1975) 31.

[2] Zu den konkreten Umweltbelastungen und ihren Folgen sei auf die ebenso umfangreiche wie lückenhafte Spezialliteratur verwiesen. Die folgenden Hinweise enthalten hinreichende Literaturangaben: *D. Meadows* u.a., Die Grenzen des Wachstums (Reinbek 1973); Der Rat der Sachverständigen für Umweltfragen, Umweltgutachten 1974 (Stuttgart – Mainz 1974); Umweltbericht der Bundesregierung, Bundestagsdrucksache VI/2710, und Materialien *zu* Bundesdrucksache VI/2710.

nach den in der Umweltzerstörung wirksamen Werten und Normen wird damit zu *dem* Schlüsselproblem für den Fortbestand und Fortschritt der Industriegesellschaft. Ursachen der Umweltkrise in der Bundesrepublik Deutschland sind primär zwei Verhaltensmuster: der Egoismus von Individuen und Gruppen, der sich über die Interessen und geltenden Rechtsnormen hinwegsetzt, und die vorherrschenden wirtschaftlichen Denk- und Verhaltensweisen selbst in nichtökonomischen Lebensbereichen. Beide Verhaltensmuster sind bei nahezu allen gesellschaftlichen Gruppen und Institutionen einschließlich derer der öffentlichen Hand vorherrschend und wirken in einem Netzwerk wechselseitiger Abhängigkeiten zusammen[3]. Daneben sind als untergeordnete Ursachen der Umweltbelastungen die verbreitete Unkenntnis ökologischer Zusammenhänge, die ihrerseits eine Folge wirtschaftlich bestimmter Motivationsstrukturen ist, und unpolitische, auf persönliche Bequemlichkeit abgestellte Grundhaltungen zu nennen. Egoismus von einzelnen und Gruppen hat in Verbindung mit dem Gewinnstreben zu einem seit 1950 unvorstellbar schnellen Produktionszuwachs und Rohstoffverbrauch geführt, die jene gesundheitsgefährdenden Umweltbelastungen sowie die Frage veranlaßt haben, wie lange die Rohstoffvorräte bei gleichbleibender Verbrauchssteigerung überhaupt noch reichen.

4. *Probleme einer Umweltethik*

Ziel der Umweltethik ist es, ein neues gesundheitsbezogenes Normensystem zu entwickeln, das die Umweltbelastungen und deren gesundheitsgefährdende bis lebensbedrohende Rückwirkungen auf den Menschen vermeiden, mindestens aber beseitigen oder verringern läßt. Ein solches Normensystem muß von einer grundsätzlichen Neuorientierung der individuellen und gesellschaftlichen Leitbilder ausgehen, wenn das gesteckte Ziel: langfristiges Leben und Überleben der Menschheit, erreicht werden soll. Insgesamt muß sich also die gesellschaftspolitische Zielsetzung zugunsten einer gesunden Umwelt verändern und bis in Raumordnung und Gebietsentwicklungspläne, Produktauswahl und -gestaltung, technische Herstellungsverfahren, Weiterverwertung oder notfalls Beseitigung von Abfällen und Schadstoffen, Vertrieb, Konsumgewohnheiten, Rückführung verbrauchter Güter in den Produktionskreislauf usw. ... hinein konkretisiert werden. Auch wenn man sich dabei zunächst nur auf die Bundesrepublik Deutschland als Bezugsfeld beschränkt, ergeben sich vielfältige Schwierigkeiten.

a) Damit es zu einer Umweltethik kommt, müssen sich die überkommene Ethik und die gesellschaftliche Praxis gegenüber Natur und Umwelt grundsätz-

---

[3] Siehe *H. D. Engelhardt,* Partikularismus im Gefüge sozialer Zwänge: Gesellschaftliche Ursachen der Umweltverschmutzung, in: *ders.* (Hrsg.), Umweltstrategie (Gütersloh 1975) 223–297.

lich neu orientieren. Der Anthropozentrismus und die traditionelle Behandlung von Natur und Umwelt als *Objekt* haben ja zu den kritisierten Umweltbelastungen und ihren Folgen geführt. Es ist daher unabweisbar, die Eingebundenheit des Menschen in den komplexen Lebenszusammenhang der Natur und seine Abhängigkeit von ihm in ethischer Grundhaltung und im konkreten Verhalten endlich nachzuvollziehen: Natur und Umwelt müssen vom Menschen als Partner akzeptiert werden, denen gegenüber er sich ethisch begründet zu verhalten hat.

b) Eine solche partnerschaftliche Beziehung setzt jedoch die Kenntnis des Partners voraus. Die bisherige Forschung war jedoch weit überwiegend auf Naturausbeutung hin angelegt und hat auch entsprechende Ergebnisse erbracht. Dagegen besteht ein großes Forschungsdefizit über ökologische Zusammenhänge, deren Erforschung deshalb besonders dringlich ist und eine entsprechende Korrektur der Forschungspolitik erfordert. Es kommt dazu, daß die Folgen menschlicher Eingriffe in die Natur aufgrund der Vielzahl der zusammenwirkenden Faktoren und der damit verbundenen methodischen Probleme sachlich schwer zu bestimmen sind. Dies gilt insbesondere für die Ermittlung der sog. Belastungsgrenzwerte, aber auch für Gesundheitsgefährdungen, die mit jahrzehntelanger Verzögerung oder durch langjährige Kumulation geringer Schadstoffdosen entstehen. Entsprechendes gilt für die Ermittlung umweltverträglicher Handlungsalternativen. Zur Zeit scheint keine definitive Antwort auf die Frage möglich zu sein, ob trotz der Vielfalt und Intensität menschlicher Eingriffe in die Biosphäre *der* Zustand erhalten oder wiederhergestellt werden kann, der als Minimalbedingung für die physische Existenz des Menschen zu betrachten ist. Gerade deshalb ist aber die Erforschung der Grenzen der Belastbarkeit der Natur oder das bloße Zuwarten höchst gefährlich, da eine Grenzüberschreitung *irreversible* Schädigungen unserer Lebensbedingungen nach sich ziehen kann. So bestehen selbst bei bestem Willen und optimaler Finanzierung – d. h. bei unrealistischen Annahmen – erhebliche sachliche Schwierigkeiten, die wiederum insbesondere hinsichtlich des Ursache-Wirkung-Zusammenhangs die ethischen Beurteilungsmöglichkeiten belasten. Zusätzlich ist zu bedenken, daß die fortgeschrittene Spezialisierung den Fachleuten, die oft der traditionellen Ideologie von der Wertneutralität der Naturwissenschaften anhängen, besondere ethische Verantwortung zuweist. Der Beitrag von Theologie und Kirche zugunsten der bedrohten Schöpfung wird sich deshalb zunehmend auf ethische Beratung der Fachleute und die Zusammenarbeit mit ihnen verlagern müssen.

c) Die Einbeziehung der Umweltqualität in gesellschaftspolitische Konzepte und individuelle Verhaltensstandards bringt den Zielkonflikt zwischen Umweltqualität und Wirtschaftswachstum samt seinen Folgewirkungen mit sich. Dieser Zielkonflikt ist bereits theoretisch sehr schwierig zu bewältigen. Zunächst ist festzuhalten, daß das exponentielle Wirtschaftswachstum die

Umweltbelastungen erst hervorgebracht hat, ihre weitere relative und absolute Zunahme bei fortgesetztem Wachstum bewirkt und innerhalb kurzer Zeiträume die Grenzen der Belastbarkeit der Natur sichtbar machen kann. Das überaus rasche Wachstum seit 1950 war auch nur auf Kosten der Entwicklungsländer und der Umwelt möglich, d.h., die Annehmlichkeiten des Wirtschaftswachstums wurden sofort angeeignet, die Kosten in der Form der Umweltbelastungen werden jetzt und später mit Gesundheit, später mit erhöhten Umweltschutzkosten zu tragen sein. Die Wachstumskosten werden also tendenziell der Zukunft und der Allgemeinheit angelastet, die Gewinne in der Gegenwart privatisiert. Auch der verkürzte Gesundheitsbegriff wird weiter zurückgenommen, wenn zugunsten überhöhter wirtschaftlicher Gegenwartsansprüche „zumutbare" – tatsächlich gesundheitsgefährdende – Belastungen definiert werden. Eine wenig oder gar nicht begrenzte Zunahme von Wirtschaftswachstum und entsprechenden Umweltbelastungen ist mit dem Risiko belastet, den irreversiblen Zusammenbruch von Ökosystemen herbeizuführen, Gesundheit und Leben mindestens großer Bevölkerungsteile zu bedrohen, um schließlich den Zuwachs des Volkseinkommens oder mehr zur Beseitigung oder Verringerung der wachstumsbedingten körperlichen und psychischen Gesundheitsschäden aufzuzehren – eine irrationale Politik. Auf der anderen Seite erbringt auch der Verzicht auf Wirtschaftswachstum als solcher keine Verringerung der Umweltbelastungen, sondern nur die Stabilisierung ihrer Zuwachsraten, da gleichbleibende Wirtschaftstätigkeit weiter Umweltbelastungen produziert. Eine Verbesserung der Umweltqualität würde die teilweise Verlagerung von der Güterproduktion auf Umwelttechniken und damit vermutlich eine Verringerung, jedenfalls eine Umstrukturierung des Lebenstandards voraussetzen. Gleichwohl würde Wachstumsverzicht unweigerlich die Verteilungskonflikte verschärfen, bei zunehmender Arbeitsproduktivität – mit der aufgrund der internationalen Konkurrenz zu rechnen ist – kurzfristig die Arbeitslosenquote kontinuierlich erhöhen und Einkommens- und Vermögensverluste ergeben, langfristig aber strukturelle Änderungen des Wirtschaftssystems nach sich ziehen[4]. Das ethische Problem besteht also auf der theoretischen Ebene darin, wie zwei gesellschaftspolitische Ziele, die beide zentrale Aspekte von Gesundheit und Leben betreffen, einander zugeordnet werden sollen. Diese Aufgabe wird durch die unzureichende Kenntnis ökologischer Zusammenhänge, insbesondere der Belastbarkeitsgrenzen der Natur, weiter erschwert. Die Umweltbelastungen und die Ungeklärtheit der ökologischen Probleme machen den Verzicht auf ökologische Risiken unumgänglich. Die theoretische Lösung der Bundesregierung, zur überkommenen Form des Wirtschaftswachstums zusätzlich Umweltqualität als neues Ziel anzustreben, d.h. beide *additiv* zu verbinden, erscheint angesichts der gegensätzlichen Ziele kaum denkbar. Die Bewältigung des Ziel-

[4] Siehe Materialdienst Nr. 1 (1975) 46f.

konflikts zwischen Umweltqualität und Wirtschaftswachstum setzt vielmehr eine Neuorientierung des Wachstums voraus, die von einem ethisch qualifizierten Verhältnis des Menschen zur Natur ausgeht. Das bisherige urwüchsige, allein von der Gewinnerwartung gesteuerte Wachstum muß abgelöst werden von einem Wirtschaftswachstum, dessen Produktionsziele nach ökologischen Rahmenbedingungen ausgerichtet werden. Danach sind verbrauchs- und schadstoffintensive Güter aus der Gesamtgüterproduktion auszuscheiden, besonders solche, deren gefährliche Nebenwirkungen nicht unter Kontrolle gebracht werden können. Dabei ergibt sich als wesentliches Ziel für Wissenschaft und Technik, aus Schadstoffen und Abfällen möglichst viele verwertbaren Rohstoffe zurückzugewinnen, um Schadstoffausstoß und zugleich Rohstoffverbrauch zu minimieren. Ein solches ökologisch qualifiziertes Wachstum wird auch dem Grundanliegen des ganzheitlichen Gesundheitsbegriffs gerecht, den Gesamtanspruch des Lebens gegenüber einzelnen, wenn auch wichtigen Teilaspekten durchzuhalten.

d) Voraussetzung eines solchen ökologisch qualifizierten Wachstums ist jedoch ein Umdenken in der Gesellschaft, die sich gegen die Verlockung kurzfristiger Bedürfnisbefriedigung für das Lebensganze entscheiden müßte. Davon kann jedoch zur Zeit überhaupt nicht die Rede sein. Der Zielkonflikt wird jedoch weniger auf grundsätzlicher Ebene als vielmehr in Auseinandersetzungen über bestimmte Projekte, wie z. B. Industrieansiedlungen oder Kraftwerke, ausgetragen, d.h. in einem für die Bevölkerung gerade noch überschaubaren Rahmen. Dabei ist das Engagement der Bevölkerung für einzelne Umweltaspekte sehr unterschiedlich. Es hängt von dem subjektiven Betroffenheitsgefühl ab, das keineswegs immer mit der objektiven Bedrohung korreliert, aber dennoch die eigentliche Grundlage für Engagement und Durchsetzung wird. Während z.B. gegen die Kernkraftwerke trotz Diffamierung von seiten des Staates und der Interessengruppen erhebliche Teile der Bevölkerung Front machen, finden die Wasserprobleme nur vereinzeltes Interesse. Solche je nach Interessen- und Zielrichtung unterschiedlichen Gruppierungen, teilweise auch in Verbänden organisiert, sind überwiegend den Mittelschichten zuzurechnen. Als Bürgerinitiativen oder andere Initiativgruppen versuchen sie, sich gegen Gefährdungen ihrer Lebensgrundlagen zur Wehr zu setzen. Sie gründen in der Erfahrung, daß selbst dort, wo unsere Gesetze den Betroffenen Einspruchsmöglichkeiten einräumen und ihre Belange schützen, diese nicht selten unter einseitig wirtschaftlichen Gesichtspunkten zu Lasten der Bevölkerung angewandt, nicht beachtet oder umgangen werden[5]. Das Problem besteht in der Dis-

---

[5] Hier sei erinnert an die großen Konflikte der siebziger Jahre: das Aluminiumwerk Bützfleth, die geplante Fabrikationsanlage der Delog-Detag in Gelsenkirchen, die Industrieansiedlung eines petrochemischen Großwerkes im Orsoyer Rheinbogen, die Atomkraftwerke in Biblis, das Kohlekraftwerk der Steag in Voerde, um nur die wichtigsten zu nennen.

krepanz, die zwischen den *Zielen* der geltenden Gesetze und den Leitbildern feststellbar ist, die der *Gesetzanwendung* zugrunde liegen.

Solange eine Regierungspartei über die Stimmzettel primär nach ihren ökonomischen Erfolgen beurteilt wird, ist die Förderung des Wirtschaftswachstums das wirksamste Mittel der Loyalitäts- und Herrschaftssicherung. Konflikte zwischen Wirtschaftswachstum und Umweltqualität werden unter diesen Umständen häufig zugunsten des Wachstums entschieden[6]. Dabei ist zu berücksichtigen, daß die Verwaltungsbehörden als Genehmigungsbehörden grundsätzlich über einen erheblichen Entscheidungsspielraum verfügen, gleichzeitig aber auch über die Mittel zur Durchsetzung. Trotz dieser Überlegenheit kommt es immer wieder zu Erfolgen von Bürgern und Bürgerinitiativen auf dem Klagewege. Die Analyse solcher Auseinandersetzungen zeigt erschrekkend, wie häufig und wie selbstverständlich sich öffentliche Behörden über geltende Rechtsnormen hinwegsetzen, zugunsten wirtschaftlicher und zu Lasten der Umweltinteressen. So sind die Gerichte nicht selten die einzigen Bundesgenossen bei der Durchsetzung gesundheitsbezogener Normen, die ja oft bereits eine zulässige Belastung einschließen, weil hier die grundsätzlichen Prioritätssetzungen des Gesetzgebers stringenter gehandhabt werden. In vielen Konflikten stehen Bürger und Bürgerinitiativen zusätzlich noch anderen mächtigen Großorganisationen gegenüber: Betrieben, Wirtschaftsverbänden, Parteigruppierungen, Gewerkschaften. Gerade bei Großprojekten (s. Anm. 5) ist diese Konstellation eher typisch als die Ausnahme. Daß in einem privatwirtschaftlichen Wirtschaftssystem die Eigentümer ihren Gewinn suchen und mit allen möglichen – gelegentlich auch unmöglichen – Mitteln durchsetzen wollen, ist Bestandteil eines solchen Systems. Daß aber die öffentlichen Behörden nahezu regelmäßig die umweltbezogenen Normen einseitig wirtschaftlich auslegen oder sinnwidrig umgehen, statt sie sinngemäß zu kontrollieren, zeigt ein fragwürdiges Rechtsbewußtsein. Die Konfliktanalyse ergibt aber weiter, daß Umweltnormen oft gerade im Konflikt durchgesetzt werden, weshalb Umweltethik, wenn sie realitätsnah sein will, sich aus solchen Konflikten nicht heraushalten kann. Sie kann sich nicht mit Theoriebildung begnügen, die in der gegenwärtigen Situation abseits der Praxis so kaum gelingen kann. Über eine Neuformulierung der Normen zugunsten der Umweltqualität muß sie mindestens geltende Normen erzwingen, oft jedoch auch eine Modifizierung geltender Normen anstreben. Deren Durchsetzung ist oft eine Machtfrage. Im Interesse von Umweltethik kann deshalb auf Umweltpolitik nicht verzichtet werden.

Als Zaungäste nehmen an der Auseinandersetzung auch jene Bevölkerungskreise teil, die unter den Umweltbelastungen am meisten zu leiden haben: die sog. unteren Schichten der Gesellschaft. Sie könnten durchaus auf den Ausgang

---

[6] Materialdienst Nr. 1 (1975) 62f.

des Konfliktes Einfluß bekommen, wenn sie, sei es zugunsten des Arbeitsplatzes oder ihrer Umweltbedingungen, aktiv werden.

So wird die theoretische Frage, wie der Zielkonflikt zwischen Umweltqualität und Wirtschaftswachstum gelöst werden kann, überlagert durch die gesellschaftliche Auseinandersetzung. In ihr versucht eine differenzierte, keineswegs homogene Minderheit, auf den verschiedenen Konfliktfeldern Umweltqualität gegen eine am Wirtschaftswachstum orientierte Mehrheit beherrschender Organisationen aus Wirtschaft, Verwaltung, Politik zur Geltung zu bringen – angesichts der Machtverhältnisse mit erstaunlichem Erfolg. Freilich gelingt es nur in Ansätzen, den am Lebensganzen orientierten Gesundheitsbegriff in der Wirklichkeit zu verankern. Unter diesen Bedingungen besteht das eigentliche Dilemma darin, daß zur langfristigen Existenzsicherung Entscheidungen zugunsten von Umweltqualität getroffen werden müssen, die gegen ständig wachsende Gegenwartsansprüche politisch nicht durchzusetzen sind.

Zu befürchten ist, daß die Gewinne aus Wirtschaftswachstum weiterhin privatisiert werden, die Umweltbelastungen als Wachstumskosten aber in der Form von Gesundheitsgefährdungen und schließlich, wenn die Belastungen ein Handeln unumgänglich machen, auch von Beseitigungskosten von der Allgemeinheit getragen werden müssen. Demgegenüber müßte eine ethisch begründete Bewältigung des Umweltkonflikts die gerechte Verteilung gesunder Lebensbedingungen erbringen. Gerechtigkeit, die grundsätzlich allen Gesellschaftsmitgliedern gesunde Lebensbedingungen zuspricht, ist daran gebunden, zunächst die geltenden Umweltregelungen stringent zu vollziehen und weitere vor allem für jene Lebensbereiche allgemeinverbindlich zu machen, in denen gesundheitsbedrohende Umweltbelastungen bestehen – und das sind viele. Da der Vollzug solcher wie aller Normen neben der Kontrolle vor allem der bejahenden Verinnerlichung bedarf, ist er von der aktiven sozialen Teilnahme und der gemeinsamen, auf Umweltqualität bezogenen Willensanstrengung, d. h. von Partizipation und Solidarität aller Gesellschaftsmitglieder, abhängig. Im Sinne des gegenwärtigen Umweltproblems sind Partizipation und Solidarität primär Ansprüche an die oberen Statusgruppen zugunsten der mittleren und unteren. Dabei ist zu bedenken, daß moderne Industriegesellschaften aufgrund ihrer arbeitsteiligen, d. h. interdependenten Strukturen nur in dem Grad funktionsfähig sind, als es zu diesen gemeinsamen Anstrengungen kommt.

Betreibt man Umweltethik entsprechend der globalen Entwicklung des Umweltproblems, so ist eine zukunftsorientierte und globale Betrachtungsweise erforderlich, die zwei weitere Problemkomplexe mit sich bringt und die bereits genannten erweitert. Aus dem Rohstoffproblem ergibt sich die Aufgabe, das Lebensrecht unserer künftigen Generationen zu sichern. Erweitert man den Bezugsrahmen von der nationalen auf die globale Ebene, so sind auch der Nachholbedarf und die künftigen Lebenschancen der Menschen aus unterentwikkelten Ländern in die Entwicklung einer Umweltethik einzubeziehen. Beide

Gesichtspunkte, die für sich allein schwierige Sachverhalte andeuten, verschärfen die Forderung nach einer Neuorientierung des Wachstums, der individuellen Lebensführung und der Gesellschaftspolitik. Angesichts der weltweiten wirtschaftlichen Verflechtungen würde auch hier ein Verzicht der Industrienationen auf Wachstum ungünstig auf die Entwicklungsländer zurückschlagen. Deshalb böte sich eher an, sie stärker an den Wachstumsergebnissen hier zu beteiligen.

Zum gegenwärtigen Zeitpunkt zeichnen sich erst die Umrisse einer Umweltethik ab. Ihre detaillierte Ausarbeitung und erst recht ihre Durchsetzung stehen noch vor unabsehbaren Schwierigkeiten. Dennoch würde erst eine Umweltethik mit globaler Verantwortung dem universalen Geltungsanspruch christlichen Glaubens gerecht. Gleichwohl kann es eine globale Umweltethik allenfalls in ihren allgemeinen Leitbildern geben, deren konkrete Normierung jeweils von den einzelnen Ländern entsprechend ihren sozio-ökonomischen Verhältnissen vorzunehmen wäre und deshalb auch zu sehr unterschiedlichen Regelungen führen müßte.

Literatur

E. v. Weizsäcker (Hrsg.), Humanökologie und Umweltschutz (Stuttgart – München 1972).
G. Altner, Schöpfung am Abgrund (Neukirchen-Vluyn 1974).
H. D. Engelhardt u. a., Lebensqualität. Zur inhaltlichen Bestimmung einer aktuellen politischen Forderung (Wuppertal 1973).
H. D. Engelhardt (Hrsg.), Umweltstrategie. Materialien und Analysen zu einer Umweltethik der Industriegesellschaft (Gütersloh 1975).
Ders., Art. „Umweltschutz", in: Ev. Staatslexikon Sp. 2647–2651.
K. Oeser – H. Zilleßen (Hrsg.), Kernenergie, Mensch, Umwelt (Köln 1976).
Sozialwissenschaftliches Institut der evangelischen Kirchen in Deutschland, Kirche und Umweltschutz, in: Materialdienst Nr. 1 (Bochum 1972).
Dass., Lebensqualität, Umwelt und die Zukunft des Menschen, in: Materialdienst Nr. 1 (1974).
Dass., Umweltschutz und gesellschaftliche Entwicklung, in: Materialdienst Nr. 1 (1975).
Dass., Kernenergie, Bericht der ökumenischen Konsultation von Sigtuna 1975, in: Materialdienst Nr. 1 (1976).

Hans Dietrich Engelhardt

II

Was können wir uns die Gesundheit kosten lassen?

1. Zu hohe Kosten des Gesundheitswesens – Folge von Mißbräuchen?

Jedermann muß sich mit der Erkenntnis auseinandersetzen, daß wir ein Gesundheitswesen, wie wir es zur Zeit haben und für selbstverständlich halten, nicht mehr ohne weiteres bezahlen können. Die erste Antwort auf diese Einsicht ist natürlich: Also muß gespart werden. Aber wie? Sind die hohen Kosten eine Folge von Mißbräuchen, etwa daß zu viele Kuren gemacht werden und die Gewinnspannen bei manchen Arzneimitteln zu hoch sind? Wenn derartiges die Ursache für die unverhältnismäßig rasch anwachsenden Kosten im Gesundheitswesen ist, ist auch unstreitig, was zu geschehen hat. Dann ist aber auch nicht nur die Ursache für die eingetretenen Schwierigkeiten erkannt, sondern auch klar, wer die Sündenböcke sind, die die derzeitige Situation erzeugt haben. Damit macht man sich die Sache aber wohl zu einfach. Es soll keineswegs bestritten werden, daß es Mißbräuche gibt. Aber ist das so rasche Ansteigen der Kosten für die Gesundheit damit allein hinreichend zu erklären? Das Ausmaß der jetzt eingetretenen Schwierigkeiten spricht dafür, daß es sich um eine tieferliegende Problematik handelt. Für die folgenden Überlegungen sei deswegen von Auswüchsen und Mißständen, die in allen Systemen, die Menschen jemals erdacht haben, vorkommen und selbstverständlich soweit wie möglich eingedämmt werden müssen, ganz abgesehen. Es ist zwar eine beliebte und deswegen immer wieder angewandte Methode, Mißstände allein dem System anzulasten und die Gegebenheiten der menschlichen Natur, die seit Menschengedenken in jedem System für Mißbräuche entscheidend mitverantwortlich sind, zu leugnen. Dieser Ansatz ermöglicht vornehmlich lautstarke Kritik und führt nicht selten zu kurzatmigen Maßnahmen der Tagespolitik, deren negative Folgen meist nicht bedacht werden, obwohl sie leicht vorauszusehen sind, da menschliche Verhaltensweisen durch sie nicht verändert werden, sondern der Mensch sich lediglich der neuen Situation anpaßt. Gleichzeitig wird damit nur zu oft die Gelegenheit, wirksame Maßnahmen zu ergreifen, vertan.

2. Wachsende Ansprüche – Benachteiligung sozial Schwacher

Der Kern der Frage ist darum nicht: Wo gibt es Mißstände, sondern: Ist auch weniger Gesundheit möglich? Erst wenn wir so fragen, wird der Ernst der Situation erkennbar. Dem wird man nur auf den ersten Blick gerecht mit dem Hinweis auf die wachsende Anspruchshaltung, die mit dem Ausbau des Wohlfahrtsstaates einhergeht. Hiervon sind natürlich alle Lebensbereiche betroffen, der der Gesundheit vielleicht in besonderem Maße. Die Folge der Anspruchshaltung ist die Tendenz, immer mehr Rechte geltend zu machen und ständig bessere Qualität der Versorgungsmaßnahmen zu fordern und als Pflichten lediglich Beitragszahlungen anzuerkennen, deren Höhe gleichzeitig kritisiert wird. Wesentlicher ist, daß mit der Anspruchshaltung die Vorstellung verbunden ist, daß allen die zur Gesundheit erforderlichen Mittel von dem Gesundheitssystem geliefert werden. Der gutgläubige, idealistisch gesinnte Bürger ist der Meinung, daß dies im sozialen Wohlfahrtsstaat für Starke und Schwache im gleichen Maße geschieht und so alle sozial gesichert sind. Die Wirklichkeit sieht, das kann nicht oft genug wiederholt werden, ganz anders aus. 9% der Haushalte in der Bundesrepublik Deutschland verfügen über ein Nettoeinkommen, das unter den Bedarfssätzen der Sozialhilfe liegt. Bei diesen 6 Millionen Personen (= 10% der Bevölkerung), die mit weniger auskommen müssen als mit dem, was nach dem Bundessozialhilfegesetz als unerläßlich für ein menschenwürdiges Leben definiert ist, handelt es sich vorwiegend um alte Menschen und um die Angehörigen kinderreicher Familien. Entsprechende Verhältnisse finden sich im Gesundheitswesen: chronisch Kranke, vor allem psychisch Kranke, Alterskranke, hier wieder die psychisch Alterskranken, sind in besonderer Weise benachteiligt. Trotz des enormen Ausbaus unseres Gesundheitswesens waren sie in den Psychiatrischen Krankenhäusern so schlecht versorgt, daß sich die Verantwortlichen auf vielfältige Proteste hin genötigt sahen, auf Länder- und Bundesebene Reformen zu planen und einzuleiten. Im Laufe der langjährigen Planungen sind diejenigen, deren unzureichende Versorgung der Anlaß für die Reformbemühungen war, immer mehr aus dem Gesichtsfeld der Reformer geraten. Die Aufmerksamkeit wandte sich immer mehr den Akutkranken und denen zu, bei denen man noch Heilung erhoffen kann. Die Folge davon ist, daß die ohnehin am meisten Benachteiligten jetzt aus den Psychiatrischen Krankenhäusern in Heime verlegt werden. Dies wird als Entflechtung und damit als Vorteil für die Psychiatrischen Krankenhäuser gepriesen, aber die Betroffenen sind schlechter dran als vorher. Die Dynamik der Anspruchshaltung führt also keineswegs zu einer generellen Verbesserung der gesundheitlichen Versorgung. Ist das so verwunderlich? Die Starken machen ihre Ansprüche auch lautstärker geltend und erhalten darum auch mehr von dem „Kuchen" der sozialen Hilfen. Das Krankenhausfinanzierungsgesetz, das seit dem 1. Januar 1974 in Kraft ist, fördert die Versorgung der chronisch Kranken, d. h. der Schwachen, nicht. Die vielen kleinen Krankenhäuser, die chronisch Kranke und Alterskranke aufnehmen könnten, werden nicht mehr gefördert, sondern dem Untergang preisgegeben. Sogenannte Pflegefälle, bei denen große technische Eingriffe nicht nötig oder nicht mehr erfolgversprechend sind, werden aber in den Akut- und Schwerpunktkrankenhäusern mit

Pflegesätzen von über 200,– DM pro Tag nicht aufgenommen oder höchstens kurzfristig versorgt und so rasch wie möglich weiterverlegt. Die Häuser, in die sie weiterverlegt werden, werden nicht durch ein Gesetz gefördert und nicht von Ministern eröffnet. Welches Elend ist hiermit für die Schwachen programmiert worden! Diejenigen, die Ansprüche stellen, werden von Sparmaßnahmen im Gesundheitswesen nicht in erster Linie getroffen werden, sondern wieder diejenigen, die sich ohnehin nicht wehren können. Nur für die Psychiatrischen Krankenhäuser sind z.T. Schiedskommissionen eingesetzt, die ermitteln, welche Kranken „nur noch Pflegefälle sind". Diese müssen darum in Heime verlegt werden, die keine offizielle Förderung erhalten.

Aus diesen Sachverhalten ergibt sich, daß es fraglich ist, ob eine ausreichende Versorgung aller möglich ist, da schon das jetzige Gesundheitssystem über unsere Verhältnisse geht. Eine optimale Versorgung aller, die der heutigen Anspruchshaltung der führenden und fordernden Gruppen entspricht, ist mit Sicherheit nicht zu realisieren.

Die Tatsache der ungleichmäßigen Versorgung im sozialen Wohlfahrtsstaat muß in einem größeren Zusammenhang gesehen werden. Hier sei auf die Auseinandersetzungen zwischen dem Sozialdarwinismus und dem Sozialismus im 19. Jahrhundert verwiesen. Die Sozialdarwinisten übertrugen die Thesen von Darwin über das Gesetz der Selektion im Kampf ums Dasein auf die Probleme der Entwicklung von Völkern und Staaten und vertraten die Ansicht, daß sich im wirtschaftlich-soziologischen Bereich durch den Konkurrenzkampf wie von selber die bestmögliche Wirtschafts- und Gesellschaftsform herausbildet. Die Darwinzeit war zugleich die Zeit des aufbrechenden Sozialismus. Da sich im sozialen Bereich zeigte, daß der sich selbst überlassene Konkurrenzkampf keineswegs ganz von selbst das Wohl aller fördert, wie die Darwinisten behaupteten, erwies es sich als notwendig, Maßnahmen zu ergreifen, um dem Walten des reinen Konkurrenzkampfes Grenzen zu setzen. Die Menschen begannen sich zur Wahrung ihrer gemeinsamen Interessen zu organisieren. Damit geschieht aber genau das, was die darwinistischen Soziologen ablehnen, nämlich daß innerhalb solcher Organisationen und mit ihrer Hilfe das Schwache geschützt, das Minderwertige gefördert und den Kranken aufgeholfen wird. Sie befürchten, daß dadurch die Kräfte der Starken zu sehr beansprucht und letztlich auch deren Schwächung bewirkt wird. Wir müssen uns fragen, ob es für unsere Situation charakteristisch ist, daß die organisierten Starken mit sozialen Parolen ihre Anliegen durchsetzen und so der Eindruck „sozialer Gerechtigkeit" vermittelt wird. Wir müssen uns weiter fragen, ob wir den Schwachen ausreichend helfen, wenn wir lediglich ihre „Interessen" vertreten. Werden wir auf diesem Weg die Starken dazu bewegen, die Richtung ihres Bemühens zu ändern? Die Tendenz, sich durchzusetzen, ist tief in der menschlichen Natur und deren Lebenswillen verwurzelt. Wird sie nicht eher verstärkt, wenn man in Konkurrenz zu ihr tritt? Führt das Denken in den Kategorien von Interessen zu der Zuwendung, die die Schwachen im Innersten erhoffen, zur Öffnung der Herzen? Hier liegt die moralische Herausforderung für uns alle angesichts der gegebenen Situation.

3. Kann Gesundheit allein durch technische Mittel bewirkt werden?

Kehren wir noch einmal zurück zu der Anspruchshaltung und zu dem, was aus ihr heraus für die Gesundheit gefordert wird: kurz gesagt, alles Erdenkliche soll gemacht werden. Unter dem, was gemacht werden kann, wird in erster Linie der technische Aufwand verstanden. Mit anderen Worten: Gesundheit wird weitgehend als ein durch technische Maßnahmen „machbares" und damit auch als käuflich zu erwerbendes Gut betrachtet. Dies führt uns zu einer andersartigen Problematik, die offenbar etwas mit den Kosten der Gesundheit zu tun hat, denn alles, was „machbar" ist, erfordert technische Mittel und Maßnahmen und somit Geld. Die dahinterstehende Frage ist aber: Wieweit hängt Gesundheit von der kostspieligen Technik ab, oder, anders ausgedrückt, kann Gesundheit ausschließlich oder vorwiegend durch Technik bewirkt werden? Die Ansicht über das Wesen von Gesundheit scheint weitgehend dieser Art zu sein.

Als Arzt erfährt man täglich, daß es als unzureichend angesehen wird, bei Patienten keine technischen Untersuchungen vorzunehmen, sondern sie „lediglich" ärztlich zu untersuchen. Ein Arzt mit vielen Apparaten wird als guter Arzt beurteilt, und apparative Untersuchungen werden nicht selten mit Nachdruck gefordert. Die ärztlichen Gebührenordnungen begünstigen ganz einseitig technische Maßnahmen. Jede von ihnen wird höher honoriert als die ärztliche Untersuchung der Kranken, ganz zu schweigen von einem ärztlichen Gespräch, das gar nicht in Rechnung gestellt werden kann. Das ist nur möglich, wenn man es als „Psychotherapie" bezeichnet. Bei den verschiedenen psychotherapeutischen Verfahren, z. B. Psychoanalyse, Verhaltens- oder Gesprächstherapie, handelt es sich um psychologische Techniken zur Behandlung psychischer Störungen. Es werden also auch hier nur Techniken, wenn auch nicht materieller Art, honoriert. Als Sachverständiger vor Gericht wird man ebenfalls immer wieder gefragt, ob man diese oder jene technische Untersuchung angestellt oder Tests gemacht habe. Die eingehende stundenlange Beschäftigung mit dem Kranken wird gegenüber den technischen Möglichkeiten als geringwertig eingeschätzt. Das gleiche gilt für die Behandlungsmaßnahmen. Oft genug wird der Rat, sich anders einzustellen und die Lebensweise zu ändern, als eine Zumutung empfunden. Statt dessen wird ein Mittel gefordert, das das Wohlbefinden wiederherstellt. Hierher gehört auch, daß der Tod durch das Aufbieten aller Mittel, gleichsam um jeden Preis, verhindert werden soll. Erst in letzter Zeit sind Zweifel laut geworden, die dieses Vorgehen der Intensivmedizin in Frage stellen – allerdings nicht aus

Kostengründen. Dafür werden jetzt Sterbekliniken gefordert, mit anderen Worten: mit Spezialisten ausgestattete Einrichtungen, die für dieses Problem des Menschen so gut wie möglich zu sorgen haben, also, wenn man so will, wiederum eine technische Lösung.

Praktisch größere Bedeutung hat zweifellos die zunehmende Tendenz, Gesundheit – d. h. in der Praxis Wohlbefinden, Leistungsfähigkeit, gute Laune, rasches Reaktionsvermögen – mit Hilfe von Medikamenten herbeizuführen. Hierbei wird Gesundheit im Sinne der Definition der Weltgesundheitsorganisation (WHO) vom Jahre 1948 verstanden, nämlich als völliges physisches, psychisches und soziales Wohlbefinden und nicht lediglich als die Abwesenheit von Krankheit. Das, was dieses Wohlbefinden beeinträchtigt, es handelt sich dabei nicht allein um Krankheit, wird mit medizinischen Mitteln „behandelt". Diese Behandlung besteht großenteils in der Gabe von Psychopharmaka der verschiedensten Art. Dabei darf nicht übersehen werden, daß es sich auch bei allen psychologischen Behandlungsmethoden um psychologische Techniken handelt und, das ist entscheidender, diese ebenfalls nicht nur für Krankheit, sondern zur Herstellung der Gesundheit im Sinne der WHO eingesetzt werden.

Ist Gesundheit also etwas, das vorwiegend oder gar ausschließlich durch medizinisch-technische Maßnahmen bewirkt werden kann? Wenn das zutrifft, muß weiter gefragt werden, anhand welchen Maßstabes der technische Aufwand und damit die Kosten eingeschränkt werden können. Zu der ersten Frage könnte man anführen, daß trotz des in jeder Richtung enormen medizinisch-technischen Aufwandes die Zahl der Kranken ständig steigt, d. h., anders ausgedrückt, die Gesundheit abnimmt. Die Erfahrung spricht also auf den ersten Blick dafür, daß die moderne Medizin trotz aller ihrer Erfolge Gesundheit nicht zu erhalten vermag. Dagegen könnte angeführt werden, daß unser modernes Leben so krankmachend ist, daß selbst die moderne Medizin die Schäden nicht voll ausgleichen kann, mit anderen Worten: unser Wohlstandsleben, für dessen Erhaltung und Ausbau wir fast unsere ganze Kraft aufwenden, ist so gesundheitsschädlich, daß der Mensch in ihm nur mit Hilfe der modernen Medizin bestehen oder überleben kann. Dieser Frage brauchen wir hier nicht weiter nachzugehen. Die Argumentation geht nämlich auch bei dieser Begründung davon aus, daß Gesundheit durch äußere Umstände und Maßnahmen determiniert wird. Der Kern der Frage ist, ob dieses zutrifft. Zweifel daran, daß es sich nur um die äußeren Umstände handelt, die unsere Gesundheit so stark beeinträchtigen, und daß die geschilderten technischen Maßnahmen allein die geeigneten Mittel sind, die Gesundheit zu erhalten, ergeben sich aus folgenden allgemeinen Überlegungen. Vorsorglich sei bemerkt, daß hier natürlich nicht eine allgemeine Theorie der Gesundheit vorgelegt werden kann.

4. Gesundheit gehört wesentlich zur Eigenständigkeit des Menschen, die nicht bewirkt werden kann

Es sollen lediglich einige für unsere Fragestellung wichtige Gesichtspunkte hervorgehoben werden.

Das Besondere eines jeden Menschen, seine Eigenständigkeit, kann durch äußere Maßnahmen letztlich nicht erreicht werden: seine Individualität kann durch Begriffe nicht erfaßt werden – Individuum est ineffabile –, seine Freiheit kann man ihm durch Fesseln zwar äußerlich, aber letztlich nicht nehmen, die Selbstregulation und Eigenständigkeit seines Organismus in der Umwelt kann zwar durch extreme Bedingungen letztlich zum Erliegen gebracht und der Mensch schließlich physisch vernichtet werden, aber die Fähigkeit, sich selbst zu erhalten, wird auch hierdurch nicht erreicht. Durch günstige äußere Bedingungen wird die Eigenständigkeit des Menschen auf allen diesen Ebenen bis zu einem gewissen Grade gefördert, aber nicht erzeugt.

Die Gesundheit ist der eigenständige Bereich, der am stärksten mit der Erde, dem Boden, auf dem wir leben, verhaftet ist. Deswegen sind wir in dieser Hinsicht abhängiger als in anderen Bereichen unserer Existenz. Unsere Individualität kann durch nichts beseitigt oder aufgelöst werden. Der Gesundheit ist dieses Maß an „individueller Eigenständigkeit" offensichtlich nicht eigen, sie ist davon aber auch nicht völlig losgelöst. Unser Organismus ist eben nicht ein mehr oder weniger gut funktionierender Apparat, den wir benutzen.

Aus dem Gesagten ergibt sich für unsere Frage, daß Gesundheit nicht „von außen" bewirkt, sondern lediglich bis zu einem gewissen Grade gefördert werden kann. Von der anderen Seite her betrachtet, heißt dies, das „Innere unserer Existenz" ist nicht nur durch einen dünnen Faden mit dem Leib und dessen Gesundheit verbunden, wie wir es im abendländischen Denken gewohnt sind anzunehmen, sondern ist wesentlich selbst Leib und Gesundheit. Mit anderen Worten: Gesundheit ist ein entscheidender Aspekt (nicht Teil) unserer Existenz und darum auch „von innen" entscheidend zu fördern. Das bedeutet, daß wir eine Verantwortung für unsere Gesundheit haben. Dies wird heute in der Regel so verstanden, daß eine Eigenbeteiligung, d.h. ein finanzieller Beitrag zu den Kosten der medizinischen Behandlung, gefordert wird. Das ist aber hier nicht gemeint, sondern eine Lebenshaltung, eine Gestaltung des Lebens, die unsere Gesundheit fördert. Hier sind natürlich die alten Gesundheitslehren zu nennen, die auf das rechte Maß von Arbeit, Muße und Schlaf sowie von Anstrengung und Erholung abzielen. Schon dazu haben wir keine rechte Beziehung mehr, ganz zu schweigen von der Bereitschaft, zu fasten oder Enthaltsamkeit zu üben und so wieder etwas von der gegenseitigen Bedingtheit und Einheit von Leib und Seele zu erfahren. Durch unsere Neigung, ständig zu reichlich zu essen, sowie durch den übermäßigen Gebrauch von Genußmitteln und Medikamenten sind wir gleichsam lärmgeschädigt und darum unfähig, solche Erfahrungen zu machen. Der Hunger danach bleibt natürlich. Wir versuchen, ihn durch ständig neue Reize aller Art zu stillen, die uns aber nur hungriger machen. Es ist also nicht zu fragen, was wir uns die Gesundheit kosten lassen können, sondern was wir sie uns kosten lassen müssen. Das heißt natürlich nicht, was ein naheliegendes Mißverständnis wäre, daß lediglich bestimmte Vorschriften eingehalten und Gesundheitsnahrung den Speisezettel füllen muß. Es geht vielmehr zunächst um eine Änderung der Einstellung und Haltung, die den einzelnen erfahren läßt, was ihm förderlich ist. Damit wäre auch das Maß zu gewinnen für den erforderlichen äußerlichen Aufwand.

5. Gesundheit – höchstes Gut des Menschen?

Angesichts der ungeheuren Dynamik der ganzen Entwicklung im Gesundheitswesen wirken solche Überlegungen nichtssagend und wenig erfolgversprechend. Auch die schwächlichen und halbherzigen Maßnahmen der Verantwortlichen zur Abbremsung der Entwicklung werden so nicht verständlich. Offenbar geht es bei der gesamten Problematik im Gesundheitswesen nicht nur um Haltungen und Einstellungen, die auch in anderen Lebensbereichen zu finden sind, sondern darum, daß wir der Gesundheit einen ganz besonderen Stellenwert einräumen. Bei Geburtstagen oder bei Glückwünschen zum Jahreswechsel wünschen wir uns vor allem gute Gesundheit. Wie oft hört man im Krankenhaus, daß es vor allem auf die Gesundheit ankommt. Die WHO spricht in ihrer schon erwähnten Definition der Gesundheit von völligem physischem, psychischem und sozialem Wohlbefinden. Nach dem Verständnis der WHO ist Gesundheit also ein nur auf den einzelnen bezogener diesseitiger Glückszustand. Die religiöse Dimension menschlichen Seins fehlt in dieser Definition. Damit wird die Sehnsucht des Menschen nach unendlichem Glück nicht angesprochen. So könnte man sagen, die ungeheuren Anstrengungen für die Gesundheit sind Ausdruck eines von der Sehnsucht nach Unendlichkeit getragenen Ringens des Menschen um ein innerweltliches, das bedeutet: mit entsprechenden Mitteln zu bewirkendes Glück. Da der Mensch sich selbst letztlich nie genügt und das, was er mit seinen eigenen Kräften erreichen kann, seine unendliche Sehnsucht nicht zu stillen vermag, bleibt ihm, wenn er keine andere Hoffnung hat, nur der Versuch, seine eigene Existenz zu überhöhen.

Erst so wird verständlich, daß niemand recht wagt, die Entwicklungen im Gesundheitswesen zu bremsen und ernstlich von Kostenreduktion zu sprechen. Die Tendenz, die Bemühungen zur Intensivierung des Lebens immer mehr zu steigern, birgt die Gefahr des Umschlagens in eine „Antihaltung" in sich, die ebenfalls nicht zu verkennen ist. Sie äußert sich in Gleichgültigkeit der Gesundheit gegenüber mit dem Argument, daß man nur dieses eine Leben habe, das man um jeden Preis genießen wolle. So werden große Risiken eingegangen, auch das der Selbstzerstörung, um wenigstens für einen kurzen Augenblick maximale Intensität des innerweltlichen Lebens zu erfahren. Dies kann auf verschiedene Weise angestrebt werden, etwa durch riskantes Motorrad- oder Autofahren oder Drogenexperimente, Verhaltensweisen, die die Welt in den vergangenen Jahren erschütterten. Die Kosten, die für das Ausgleichen der durch diese Haltungen entstandenen Schäden aufgewandt werden müssen, sind enorm.

Die an uns gerichtete Frage muß also nicht lauten: Was können, sondern: was müssen wir uns die Gesundheit kosten lassen? Die Antwort darauf lautet eindeutig: Mehr als bisher, damit den Schwachen ausreichend geholfen werden kann. Das wird für die, die zur Zeit auf der Sonnenseite des Wohlfahrtsstaates, ja des Lebens überhaupt stehen, einen erheblichen Verzicht bedeuten. Für alle stellt sich damit die Frage: Was ist uns die Gesundheit wert?

Literatur

Th. Bovet, Die Ganzheit der Person in der ärztlichen Praxis (Zürich 1940).
Th. Moore, Heroic Sanctity and Insanity. Eine Einführung in das geistliche Leben und die psychische Gesundheit (New York 1959).
G. Siegmund, Der kranke Mensch. Medizinische Anthropologie (Fulda 1951).

Rudolf Degkwitz

III
Das Sucht- und Drogenproblem

Das Wort „Sucht“ ist etymologisch nicht mit „suchen“, sondern mit „siech“ zu verbinden. Dennoch darf Sucht nicht ohne weiteres mit Krankheit gleichgesetzt werden. Sucht ist vielmehr allgemein eine Möglichkeit menschlichen Verhaltens. Sie kann deshalb begrifflich nicht von der klinischen Medizin allein festgelegt werden. Die verschiedensten menschlichen Neigungen, Strebungen und Antriebe können süchtig entarten (Matussek). So erscheinen bestimmte sexuelle Perversionen als Sucht, die Leidenschaft eines Sammlers oder Spielers kann „süchtig“ sein, aber auch Musikhören und Fernsehen und selbst Arbeit können in dieser Weise entarten. Am häufigsten entfaltet sich Sucht allerdings in Richtung des maßlosen Rauchens, des übermäßigen Alkoholgenusses und schließlich des unkontrollierten Konsums von Drogen. Aus der Sicht der klinischen Medizin handelt es sich hier um sehr unterschiedliche Krankheitsbilder. Die Weltgesundheitsorganisation hat deshalb vorgeschlagen, in der Medizin hier auf das Wort Sucht ganz zu verzichten und statt dessen von *Drogenabhängigkeit* zu sprechen.

Die Medizin ist bis heute fast ausschließlich mit den Folgewirkungen der Sucht befaßt, während ihr die Anfangsstadien süchtiger Entwicklungen kaum zugänglich sind. Schon ein Blick auf die in der klinischen Medizin beobachteten Folgewirkungen im Ablauf der vergangenen Jahrzehnte zeigt jedoch, daß die Äußerungsformen des Suchtverhaltens sich ständig wandeln. Um die Jahrhundertwende haben Psychiater wie E. Kraepelin einen geradezu leidenschaftlichen Kampf gegen die „Volksseuche Alkohol" geführt. War das Alkoholdelir damals eine alltägliche Erscheinung in den psychiatrischen Krankenhäusern, so wurde es nach dem letzten Krieg zu einer außergewöhnlichen Seltenheit, die fast vollständig auf männliche Angehörige freier Berufe im mittleren bis höheren Lebensalter beschränkt war. Heute ist das Alkoholdelir mit anderen Folgeerscheinungen des chronischen Alkoholismus die mit Abstand häufigste Aufnahmediagnose der psychiatrischen Krankenhäuser. Dabei werden jedoch nicht nur in ständig zunehmendem Maße jüngere männliche Patienten und selbst Jugendliche aufgenommen, die durch jahrelangen Alkoholismus geschädigt sind, sondern vor allem auch Frauen aller Altersgruppen. Hinzu kommt eine beträchtliche Anzahl von Kranken beider Geschlechter mit Arzneimittel- oder Rauschgiftabhängigkeit.

Dieser Panoramawechsel in den Folgeerscheinungen der Sucht zeigt schon, daß es sich hier – entgegen früheren Anschauungen – nicht um ein Problem einzelner psychopathischer Persönlichkeiten handeln kann. Das wechselnde „Angebot" von Suchtstoffen vermag solche Verschiebungen ebenfalls nicht zu erklären, sondern die wesentliche Ursache muß in einer Veränderung der psychologisch-sozialen Bedingungen gesucht werden. Damit ist zugleich erkennbar, wie begrenzt die Erkenntnis- wie die Eingriffsmöglichkeiten der Medizin gegenüber dem Sucht- und Drogenproblem sind.

Die sog. volkswirtschaftliche Bedeutung des Alkoholgenusses wird durch folgende Zahlen belegt: Der Verbrauch von reinem Weingeist, der im Jahre 1910 etwas mehr als 10 l pro Kopf der Bevölkerung betrug, ist nach einem allmählichen Rückgang bis zum letzten Krieg über 3,2 l im Jahre 1950 und 7,8 l im Jahre 1960 auf 12,4 l im Jahre 1975 angestiegen. Insgesamt wurden im Bundesgebiet einschließlich West-Berlins im Jahre 1975 für alkoholische Getränke 33,8 Milliarden DM ausgegeben, mit Tabakwaren zusammen fast 50 Milliarden DM. Der darin enthaltene Anteil an Verbrauchssteuern belief sich auf 13,8 Milliarden DM. Die Ausgaben für mißbräuchlich verwendete Arzneimittel und Rauschgifte dürften nicht entfernt an diese Zahlen heranreichen. Die Berichterstattung in den Massenmedien hat in den letzten Jahren das neue Problem der Rauschgiftsucht bei Jugendlichen sehr stark in den Vordergrund gerückt, während über Alkoholmißbrauch vergleichsweise wenig berichtet wurde. Tatsächlich ist der Alkoholismus ungleich häufiger. Die Zahl der Alkoholabhängigen in der Bundesrepublik Deutschland wird von Experten auf über 1 Million geschätzt, während die Zahl der Arzneimittelabhängigen bei 200000 und die der rauschgiftabhängigen Jugendlichen um 40000 liegen dürfte. Hier stehen allerdings nur Schätzwerte zur Verfügung, und es ist mit einer beträchtlichen Dunkelzahl zu rechnen.

1. Drogen und Typen der Abhängigkeit

Drogen im herkömmlichen Sinne sind chemische Substanzen, die zur Behandlung von Krankheiten verwendet werden, seien sie pflanzlicher bzw. tierischer Herkunft oder synthetisch gebildet. In Verbindung mit dem Suchtproblem wird man als „Drogen" solche Fremdstoffe bezeichnen, die geeignet sind, die seelische Befindlichkeit des Menschen zu verändern und insbesondere einen Rausch zu erzeugen. Dazu gehören selbstverständlich insbesondere der Alkohol, daneben vor allem Schlaf-, Beruhigungs- und Betäubungsmittel. Als sog. Rauschgifte, die vor allem von jugendlichen Abhängigen verwendet werden, sind sowohl Arzneimittel (Opium sowie dessen Derivate und synthetische Präparate mit ähnlicher Wirkung, ferner Weckmittel) als auch nicht offizinell verwendete Drogen wie Cannabis (Haschisch) und Halluzinogene (z. B. LSD) bekanntgeworden. Daß keineswegs jede psychisch wirksame Droge sich als Suchtstoff eignet, haben die Erfahrungen mit den modernen Psychopharmaka gezeigt. Die Neuroleptika und Thymoleptika, die eine therapeutische Wirkung auf endogene Psychosen haben, werden von Süchtigen in aller Regel nicht benutzt, während die angst- und spannungslösenden Tranquilizer (z.B. Valium®, Librium® oder neuerdings Tavor®) in den letzten Jahren als Suchtstoffe eine außerordentliche Verbreitung gefunden haben. Im übrigen gibt es keine Droge, deren Anwendung zwangsläufig zur Sucht führen muß, wohl hingegen Substanzen, die in dieser Richtung stärker gefährdend sind als andere („... drugs with a liability to produce addiction").

Während der globale Suchtbegriff wenig geeignet ist, die bei anhaltendem Mißbrauch der einzelnen Stoffe auftretenden klinischen Erscheinungen auseinanderzuhalten, ermöglicht der Begriff der Drogenabhängigkeit eine recht genaue Abgrenzung einzelner Abhängigkeitstypen. Sie unterscheiden sich nicht zuletzt durch die jeweilige Ausprägung der seelischen bzw. körperlichen Abhängigkeit. Als *psychische Abhängigkeit* bezeichnet man einen seelischen Zustand, der durch ein Gefühl der Befriedigung und den Antrieb charakterisiert ist, das betreffende Mittel weiter zu sich zu nehmen, um entweder das erreichte Wohlbefinden zu erhalten oder ein Mißgefühl zu vermeiden. Daneben entwickelt sich bei Anwendung bestimmter Drogen eine *physische Abhängigkeit*, ein Zustand körperlicher Gewöhnung, der sich in einem spezifischen Entziehungssyndrom manifestiert, wenn die Zufuhr des Mittels unterbrochen wird. Die

Entwicklung der körperlichen Abhängigkeit geht meistens einher mit einem *Toleranzerwerb* gegenüber den Fremdstoffen, der wahrscheinlich sowohl durch eine zelluläre „Gewöhnung" am jeweiligen Wirkungsort als auch durch eine Beschleunigung des Fremdstoffabbaus im Organismus zustande kommt. Infolgedessen werden steigende Mengen der Droge benötigt, um die gleiche Wirkung zu erreichen. Es ist anzunehmen, daß enzymchemische Veränderungen bei diesen Gewöhnungsvorgängen eine Rolle spielen. Auch die häufig plötzlich einsetzende qualitative Veränderung in der Wirkung eines Suchtstoffes ist vermutlich in Umstellungen des Stoffwechsels begründet. So gibt es einen Wirkungsumschlag etwa bei suchtmäßig gebrauchten Schlafmitteln, die schließlich nicht mehr sedierend, sondern stimulierend und euphorisierend wirken können.

Die weitaus häufigste Form der Drogenabhängigkeit ist durch den *Barbiturat-Alkohol-Typ* gegeben. Zum BA-Typ gehören auch die chronischen Intoxikationen mit nicht barbitursäurehaltigen Schlafmitteln sowie insbesondere mit den heute so verbreiteten Tranquilizern. Chronischer Mißbrauch von Alkohol und Barbituraten bzw. Tranquilizern führt zu sehr ähnlichen klinischen Bildern. Es entsteht eine sowohl seelische wie körperliche Abhängigkeit mit deutlichem Toleranzerwerb. Bei Abbruch der regelmäßigen Drogenzufuhr kommt es zu charakteristischen Entzugssymptomen. Dabei besteht eine gekreuzte Toleranz: Die Entzugssymptomatik eines Trinkers kann durch Schlafmittel unterdrückt werden, die eines schlafmittelabhängigen Patienten durch Alkohol. Während bei Männern die reine Alkoholabhängigkeit verbreitet ist, besteht heute im übrigen allgemein eine Neigung zur Überschichtung mehrerer Noxen. Bei Frauen geht Trunksucht meistens mit einem Schlafmittelmißbrauch einher. Diese Tendenz zur Polytoxikomanie (Kielholz) ist bei den folgenden Abhängigkeitstypen noch ausgeprägter.

Der *Morphin-Typ* der Abhängigkeit wurde früher in erster Linie bei Angehörigen der Heilberufe beobachtet, denen am ehesten der Zugang zu solchen Drogen offen war. Die Zahl dieser Morphinisten alten Stils ist infolge einer strengen Überwachung durch die Gesundheitsbehörden seit langem wesentlich zurückgegangen. Erst Ende der sechziger Jahre kam es mit der sog. Rauschgiftwelle wieder zu einer starken Zunahme dieses Abhängigkeitstyps. Benutzt werden Rohopium, Opiumderivate, vollsynthetische Betäubungsmittel, wie Polamidon®, Cliradon® und Dolantin®, sowie schließlich das halbsynthetische Opiat Heroin, das durch eine besonders rasant verlaufende Toleranzsteigerung ausgezeichnet ist und offizinell nicht verwendet werden darf. Die genannten Drogen sind gegenseitig weitgehend austauschbar. Auf dieser Erfahrung beruhen die in den USA mit großem Aufwand durchgeführten Methadonkuren, bei denen Heroinabhängigen in kontrollierter Dosierung ein vollsynthetisches Opiat gegeben wird. Man versucht, auf diese Weise zumindest eine Eindämmung der Rauschgiftkriminalität zu erreichen. Der Morphin-Typ gleicht in seinen Folgeerscheinungen dem BA-Typ weitgehend. Der Toleranzerwerb ist hier allerdings noch viel ausgeprägter und tritt vor allem sehr viel rascher ein. So erklärt es sich, daß der Zustand einer vollen Drogenabhängigkeit bei einem Morphinabhängigen schon nach wenigen Wochen erreicht sein kann, während dazu bei der Alkoholabhängigkeit in der Regel mehrere Jahre notwendig sind.

Der *Amphetamin-Typ* unterscheidet sich von den bisher genannten Abhängigkeitstypen in sehr charakteristischer Weise. Diese Weckmittel – hierher gehören auch die Intoxikationen mit den meisten bekannten Appetitzüglern – erzeugen eine ausgeprägte seelische Abhängigkeit mit einem langsamen, aber immerhin beträchtlichen Toleranzerwerb. Eine körperliche Abhängigkeit entwickelt sich dabei jedoch allenfalls in geringem Maße, und dementsprechend treten kaum Entzugssymptome in Erscheinung. Bei dauernder Einnahme von Weckaminen drohen Intoxikationspsychosen, denen die körperliche Begleitsymptomatik und oft auch die Bewußtseinsstörung etwa eines Alkoholdelirs fehlt und die deshalb manchmal nur schwer von schizophrenen Erkrankungen zu unterscheiden sind, zumal sie recht protrahiert verlaufen können. Häufig geht allerdings die Amphetaminabhängigkeit Hand in Hand mit dem Mißbrauch von Schlafmitteln und Alkohol. Dabei kann es zu tödlichen Zwischenfällen kommen, insbesondere wenn Amphetamine, in Wasser aufgelöst, intravenös injiziert werden.

Besonders verbreitet ist in der Drogenszene der Genuß von Haschisch und Marihuana, die aus der weiblichen indischen Hanfpflanze Cannabis sativa gewonnen werden. Bei diesem *Cannabis-Typ* kommt es zwar zu einer ausgeprägten psychischen Abhängigkeit. Es tritt jedoch weder eine Gewöhnung noch eine körperliche Abhängigkeit auf, und es bleiben deshalb typische Entzugserscheinungen aus. Wohl darauf ist es zurückzuführen, daß zeitweilig selbst in seriösen Presseorganen die Ansicht vertreten wurde: „Haschisch macht nicht süchtig", und die Droge müsse deshalb freigegeben werden. Unter Sachverständigen ist dagegen die Gefährlichkeit des dauernden Cannabis-Gebrauchs nie umstritten gewesen. Ob länger dauernder Haschischgenuß zu körperlichen Gesundheitsschäden führt, konnte hierzulande schon deshalb nicht untersucht werden, weil Haschisch bei längerem Gebrauch fast regelhaft die Funktion einer Einstiegsdroge hatte. Der sich daraus entwickelnde Mißbrauch von Opiaten bzw. von Weckmitteln oder Halluzinogenen führt bekanntermaßen zu schweren Organschädigungen. In Ländern, in denen früher reine Cannabis-Abhängigkeiten geläufig waren, sind jedoch eindeutig irreparable zentralnervöse Schädigungen durch chronische Haschischanwendung allein berichtet worden (Stringaris). Haschisch verdankt seine rasche Einführung in der westlichen Kulturwelt zweifellos nicht zuletzt seiner großen toxischen Breite. Es ist in der Rauschwirkung ähnlich wie Alkohol zunächst gut steuerbar.

Beim *Halluzinogen-Typ* der Abhängigkeit, der vor allem durch das LSD (Lysergsäurediäthylamid) bekannt wurde, ist die psychische Abhängigkeit weniger ausgeprägt als beim Cannabis-Typ, während körperliche Abhängigkeit und Toleranzerwerb vollständig fehlen. Hierher gehören auch Drogen wie Meskalin. Sie führen zu intensiven halluzinatorischen Psychosen, die im allgemeinen in einem euphorischen Rausch erlebt werden, gelegentlich aber auch in angstvolle psychotische Episoden entgleisen können („horror trip"). Von den meisten Süchtigen wird LSD bei dauernder Verwendung von Haschisch, Weckaminen oder Morphinen nur als Gelegenheitsdroge benutzt. Die Tendenz zur Polytoxikomanie ist hier besonders ausgeprägt, zumal inzwischen unbedenklich auch Alkohol verwendet wird, der zu Beginn der Entwicklung von vielen Jugendlichen als bürgerliches Requisit aus ideologischer Überzeugung abgelehnt wurde.

Die *Auswirkungen der Drogenabhängigkeit* in psychologischer und sozialer Hinsicht sind recht uniform, wenn man davon absieht, daß es selbstverständlich einen Unterschied machen muß, ob ein Jugendlicher infolge einer süchtigen Abhängigkeit seine Persönlichkeitsentwicklung abbricht und keine berufliche Ausbildung erhält, oder ob ein älterer Mensch in eine langsam entstehende Alkohol- bzw. Schlafmittelabhängigkeit entgleitet. In jedem Fall kommt es zu einer zunehmenden Einengung auf Drogenbeschaffung und -konsum, während ursprüngliche Interessen und Neigungen verfallen. Die bisherige Umgebung wird gemieden, im wiederholten Rausch auch verprellt, während die berufliche Leistungstüchtigkeit immer mehr eingeschränkt wird. Das Ergebnis ist letztlich ein Zerfallen der sozialen Situation mit einer zunehmenden Isolierung des Betroffenen, solange er nicht zumindest in sozialen Randgruppen aufgefangen wird. Das letztere gelingt am ehesten noch bei jugendlichen Rauschgiftabhängigen, während der erwachsene Alkoholiker in den späteren Stadien des gesundheitlichen Verfalls ohne Hilfe kaum noch eine mitmenschliche Anlehnung findet. Die körperlichen Schädigungen durch chronische Drogenzufuhr sind unterschiedlich. Im Mittelpunkt stehen immer zunehmende und schließlich irreparable Schädigungen des Zentralnervensystems, die sich vor allem in einer organischen Wesensveränderung und Demenz äußern. Leider kommen Süchtige sehr häufig erst in ärztliche *Behandlung*, wenn dieses Stadium erreicht ist. Die Therapieergebnisse sind nicht zuletzt aus diesem Grund bis heute wenig ermutigend. Sie sind aber auch deshalb unbefriedigend, weil es bislang in zu geringem Maße entsprechend ausgestattete Behandlungseinrichtungen gibt. Bei einer manifesten Drogensucht ist im allgemeinen eine mehrmonatige stationäre Behandlungsdauer nicht zu umgehen. Ebenso wichtig für einen bleibenden Erfolg ist allerdings eine langfristige ambulante Betreuung nach Abschluß der stationären Behandlung. Entscheidend für eine Verbesserung der Behandlungsergebnisse ist jedoch ein möglichst frühzeitiger Beginn der Behandlung, die bereits einsetzen sollte, wenn sich die Entwicklung einer süchtigen Abhängigkeit abzeichnet, und nicht erst, wenn bereits schwere soziale Komplikationen und körperliche Schäden eingetreten sind.

2. Bedingungen und Ursachen der Ausbreitung der Drogenabhängigkeit

Über die *Ursachen* der außerordentlichen Zunahme der Drogenabhängigkeit und insbesondere des Alkoholismus im Verlauf der beiden letzten Jahrzehnte gibt es keine gesicherten Erkenntnisse. Eine erste Voraussetzung ist selbstverständlich die Verfügbarkeit der Suchtstoffe. Vor allem Alkohol ist im Verhältnis zu den allgemeinen Lebenshaltungskosten vergleichsweise billig und dazu praktisch überall zu jeder Zeit zu haben. Diese hervorragende „Griffnähe" (Feuerlein) hat Alkohol zum verbreitetsten Suchtstoff werden lassen, zumal er durch eine aufwendige Werbung propagiert wird. Rezeptfreie Schlafmittel sind ebenfalls nicht teuer, so daß selbst die Aufwendungen für einen regelmäßigen Erwerb beträchtlicher Mengen sich in wirtschaftlich erträglichen Grenzen halten. Anders verhält es sich mit den im allgemeinen nur illegal erhältlichen Suchtstoffen der übrigen Abhängigkeitstypen, deren Kosten für den Betroffenen leicht das durchschnittliche Monatseinkommen eines Erwerbstätigen übersteigen. Hinzu kommt, daß ihre Beschaffung mit zeitraubenden Umständen verbunden sein kann. Von diesen Drogen Abhängige geraten dadurch leicht unter den Zwang, ihre ganze Existenz schon sehr früh auf die Beschaffung der Suchtstoffe einzustellen und deren Kosten zu bestreiten, indem sie selbst als „dealer" tätig werden oder sich in anderer Weise an der Rauschgiftkriminalität beteiligen.

Die außerordentliche Liberalisierung menschlicher Lebensformen in der jüngeren Vergangenheit – über deren Wert und Gewinn man im übrigen urteilen mag, wie man will – hat zweifellos zu der enormen Ausbreitung süchtiger Fehlentwicklungen viel beigetragen, ob sie nun im einzelnen durch größere Toleranz geprägt wird oder mehr durch Gleichgültigkeit gegenüber dem Mitmenschen. Der Einfluß gesellschaftlicher Konventionen und Sanktionen, die heute nicht mehr gültig sind, ist jedenfalls in früheren Zeiten weithin ein ebenso wirksames Hindernis gegenüber süchtigen Entgleisungen gewesen, wie sittliche Überzeugungen und Glaubenshaltungen es zweifellos häufig waren.

Es ist leider nicht zu bezweifeln, daß auch die Verschreibungspraxis nicht weniger Ärzte zu der Ausdehnung der Drogensuchten beigetragen hat, insbesondere seit dem Aufkommen der Tranquilizer. In einer durchschnittlichen Allgemeinpraxis sucht etwa jeder dritte Patient den Arzt primär wegen einer seelischen Störung auf. Er kommt zwar meistens unter dem Bild körperlicher Beschwerden, aber letztlich aus seelischem Anlaß zum Arzt. Wird kein für eine naturwissenschaftlich begründete therapeutische Maßnahme wegweisender Körperbefund erhoben, oder klagt der Patient von vornherein über „Nervosität", Verstimmung oder Anspannung, so erwartet und erhält er vielfach nicht die an sich notwendige psychotherapeutische Hilfe im ärztlichen Gespräch, sondern ein Rezept – und damit die nur scheinbar leichter zu verwirklichende Hoffnung auf rasche Linderung seiner Leiden. Tatsächlich wird auf diese Weise eine unter Umständen sogar einmal leicht aufzulösende aktuelle Konfliktspannung in eine dauernde Abhängigkeit von Schlafmitteln oder Tranquilizern übergeleitet.

Auch in zeitgebundenen Umständen, wie der Griffnähe der Suchtstoffe oder dem Abbau hemmender Tabus gegenüber dem Rauschverhalten, sind stets nur Einzelaspekte des Suchtproblems zu erfassen. Das gleiche gilt für die wirtschaftlichen Verhältnisse. Sprach man während der Gründerzeit von einem „Elendsalkoholismus", so kann die Beobachtung des heutigen „Wohlstandsalkoholismus" allenfalls zeigen, daß die wirtschaftliche Verelendung breiter Bevölkerungsschichten als solche sich nicht als alleinige Erklärung einer Entwicklung eignet, die geradezu epidemischen Charakter zu tragen scheint.

Die psychiatrische Forschung hat zur Deutung dieses Phänomens ebensowenig beitragen können wie die chemische Erforschung der Suchtstoffe selbst. Wie es keine Droge gibt, deren Gebrauch als solcher zwangsläufig in eine süchtige Abhängigkeit führt, so ist es auch keinem Menschen sozusagen in die Wiege gelegt, daß er in einer bestimmten Situation oder gar ohne äußere Einwirkungen im Laufe seines Lebens drogenabhängig werden müßte. Jahrzehntelange Bemühungen, die Eigenart suchtgefährdeter Persönlichkeitsstrukturen aufzudecken, haben kein überzeugendes und allgemein anerkanntes Ergebnis gehabt. Wir sind weit davon entfernt, irgendeine spezifische „Charakterschwäche" oder sonstige erkennbare Merkmale süchtig werdender Menschen aufzeigen zu können. Die biographische Analyse eines manifest Suchtkranken kann verständlich machen, warum *er* drogen- oder alkoholabhängig geworden ist. Gerade die auf das individuelle Lebensschicksal ausgerichtete Motivationsforschung vermag aber nicht zu erklären, warum heute so viele Menschen süchtig werden. Die Anlaßsituationen haben sich im übrigen durch Generationen wenig verändert. Da sollen Mißstimmungen behoben, ein Verlust durchgestanden, ein Mangel an Selbstgefühl überspielt, Kontaktscheu überwunden, Ärger gestillt, Enttäuschungen ertragen oder Ersatz für ein Unerfülltsein gefunden werden. Scheint es bei Erwachsenen fast immer zu gelingen, in ihrer Biographie eine verständliche Anlaßkonstellation der süchtigen Fehlentwicklung aufzuspüren, so ist das bei jugendlichen Drogenabhängigen häufig nicht möglich. Oft wird nur klischeehaft von „Bewußtseinserweiterung" oder vertiefter Empfindung gesprochen. Manchmal scheinen am ehesten noch das Spielen mit der Gefahr, das Suchen nach Grenzerfahrungen – und sei es um das Risiko des Todes – Motivationsmuster abzugeben, die doch nur wenig individuell geprägt sind. Eine Erklärung des Epidemiehaften der neueren Entwicklung des Drogenproblems kann daraus nicht gewonnen werden, sondern muß sich auf andere als nur medizinisch-ärztliche Erfahrungen stützen. Gemeinsam ist Erwachsenen wie Jugendlichen allerdings vielfach, daß der Sucht „ein schließlich unbezähmbar werdendes Bedürfnis nach Selbstveränderung" (Staehelin) zugrunde liegt, hier im Sinne der

Beruhigung und wohliger Entspannung, dort in Richtung eines reizhungrigen Erlebnisdranges. Die Sinnfrage wird von nicht wenigen Erwachsenen ratlos – aber doch ausdrücklich – gestellt, von vielen Jugendlichen von vornherein bitter verneint. Die wechselnden Sinngebungen der vergangenen Epochen sind vielleicht zu rasch aufeinander gefolgt, als daß überhaupt an eine sinnhafte Erfüllung des Lebens geglaubt werden könnte.

Frühere Generationen haben Seuchenzüge wie die der Cholera, die stets gegenwärtige Gefahr eines jede Geburt bedrohenden Kindbettfiebers, eine ganze Familien auslöschende Tuberkulose, Hunger und Not in jeglicher Gestalt zu ertragen gehabt. Das geschah oftmals im gläubigen Gebet, aber oft genug auch im jederzeit gesuchten Rausch, dessen Betäubung in der westlichen Welt praktisch nur der Alkohol zu bieten vermochte. Die Summe menschlichen Glücks scheint immer die gleiche zu bleiben. Es könnte sein, daß der Preis für Freiheit von Zwängen und Seuchen, für Wohlstand und Sattsein darin besteht, daß wir uns auf lange Zeit damit abzufinden haben werden, daß ein größerer Anteil der Bevölkerung als jemals zuvor süchtig wird. Die Medizin als Heilpraxis zwischen *einem* Arzt und *einem* Kranken ist und kann nicht imstande sein, dem zu begegnen.

Unter dem Motto „Arzt und Seelsorger" gibt es manchmal unzuträgliche Verwischungen und Vermengungen von Auftrag und Erfahrungskompetenz. Es kann aber kein Zweifel daran bestehen, daß beide, die in besonderer Weise mit dem Menschen zu tun haben, ihre Aufgabe vor allem darin sehen sollten, ihm Halt und Sinn zu vermitteln. Das mag in erster Linie für alle gelten, die sich durch Beruf oder Berufung um Menschen bemühen. Letztlich gilt es aber für jeden Menschen und seinen Nächsten.

Literatur

W. Feuerlein, Alkoholismus – Mißbrauch und Abhängigkeit (Stuttgart 1975).
P. Kielholz – D. Ladewig, Die Drogenabhängigkeit des modernen Menschen (München 1972).
P. Matussek, Süchtige Fehlhaltungen, in: Handbuch der Neurosenlehre (München 1959).
J. E. Staehelin, Nichtalkoholische Süchte, in: Psychiatrie der Gegenwart II (Berlin – Göttingen – Heidelberg 1960).
M. G. Stringaris, Die Haschischsucht (Berlin – Heidelberg – New York [2]1972).

G. W. Schimmelpenning

IV

Hilfen zur Bewältigung versehrter psychischer Identität

Auf seiner langen Suche nach Identität beginnt der Mensch die Masken abzulegen und dem immer neuen Drama seiner Versehrungen auf die Spur zu kommen. All das, was ihm an eigenen und gesellschaftlichen Pathologien zur Ausbildung von Pseudoidentitäten drängt, wird ihm zunehmend Gegenstand wissenschaftlicher Erforschung. Psychoanalyse und Psychiatrie, Psychosomatik und Humangenetik, Aggressions- und Konfliktforschung, Kriminalitätsforschung und Sozialisationsforschung, Humanethologie und Lernpsychologie suchen unter je unterschiedlichen Aspekten die zahllosen Ursachen menschlicher Fehlstrukturierung aufzuklären und Wege aufzuzeigen, die den Menschen aus den Sackgassen herausführen, in die er sich bei der Lösung seiner Probleme verirrt hat. Menschliche Fehlstrukturierungen auf ihre empirisch faßbaren Determinanten hin zu erforschen und sie auf diese Weise *kausal* zu interpretieren, bedeutet nun aber zugleich, die Frage nach der Freiheit des Menschen zu stellen. Gibt es für sie dann noch einen Ort?

Diese Frage müßte in der Tat negativ entschieden werden, wenn man Freiheit als eine ganz und gar aus sich wirkende, unabhängig von Vernunft gedachte Größe faßt. Das aber ist nirgends der Fall, und zwar nicht einmal, wie Erich Fromm überzeugend aufgewiesen hat, im Akt der sog. „Wahlfreiheit"[1]. Fromm geht zunächst von der schlichten Beobachtung aus, daß Menschen im Hinblick auf ein bestimmtes Gutes sich von ihrem spezifischen Charakter und Lebensaufbau her als unfähig erweisen können, in ihrem Handeln diesem Guten zu entsprechen. Ihre Unfreiheit zum Guten erscheint demnach hier voll determiniert. Umgekehrt läßt sich aber ebenso beoachten, daß Menschen von ihrem Charakter her auch im Hinblick auf ein bestimmtes Böses in gleicher Weise außerstande sind, diesem Bösen in ihrem Handeln Folge zu leisten. Auch hier erscheint die psychische Determinationskette geschlossen. Sonach gibt es im Menschen nicht nur die Möglichkeit einer Unfreiheit zum Guten, sondern ebenso auch die Möglichkeit einer Unfreiheit zum Bösen. Unfreiheit zum Bösen versteht sich hier aber gerade als Freiheit zum Guten, nämlich als die Freiheit des reifen, vollentwickelten, produktiven Menschen. „Freiheit in diesem Sinne hat nichts mit der speziellen Wahl zwischen zwei möglichen Handlungen zu tun – sie ist ein Merkmal der Charakterstruktur des betreffenden Menschen;

---

[1] Zum folgenden vgl. *E. Fromm*, Psychoanalyse und Ethik (Zürich ^{2}1954) 249–256; *ders.*, Das Menschliche in uns. Die Wahl zwischen Gut und Böse (Zürich 1968) 148–199.

und in diesem Sinne ist die Person, die ‚nicht frei ist, das Böse zu wählen', der vollkommen freie Mensch."[2]

Was aber ist dann das, was der Mensch in der Wahl zwischen Gut und Böse als die ihm zugelastete und immer neu einzulösende Freiheit erfährt? Ist wenigstens sie nicht die eigentliche Indeterminante im Feld der Determinationen? Das Problem taucht überall dort auf, wo sich der Mensch in den Konflikt einander widerstreitender Neigungen gestellt sieht. „Das Problem der Freiheit gegenüber dem Determinismus ist in Wirklichkeit der Konflikt verschiedener Neigungen und ihrer jeweiligen Stärke."[3] Die tatsächliche Handlung ist dann Resultat des jeweiligen Stärkeverhältnisses dieser widerstreitenden Neigungen. Was sie aber erst zur guten Handlung werden läßt und damit zu einem Akt der Freiheit zum Guten, bestimmt sich nicht aus dem Stärkeverhältnis als solchem, sondern wesenhaft und allein aus dem Verhältnis ihrer Vernünftigkeit. „Ist auch der Mensch wie alle anderen Geschöpfe Kräften unterworfen, die ihn bestimmen, so ist er doch das einzige vernunftbegabte Geschöpf. Er ist das einzige Wesen, das die Kräfte begreift, denen es unterworfen ist, und das dank seinem Verstehen aktiven Anteil an seinem eigenen Geschick nehmen und jene Elemente festigen kann, die zum Guten hinstreben."[4] Diese spezifische Mächtigkeit der Vernunft ist sonach für die Wahlfreiheit zum Guten der ausschlaggebende Faktor. Sie bestimmt die Erkenntnis dessen, was eine jeweilige Handlung als gut oder böse ausweist. Das gilt sowohl hinsichtlich der Motive, der Zielsetzungen, der Mittelwahl, der Beurteilung der konkreten Situation, der Einschätzung der realen Möglichkeiten und des Abwägens der Konsequenzen, die sich aus einer jeweiligen Handlung ergeben, als auch hinsichtlich der Erkenntnis, daß alle Einsicht nur dann auch wirkmächtig ist, wenn sie von einem Willen getragen bleibt, der sie zur Tat werden läßt, und zwar gegebenenfalls auch gegen die stärker andrängende Neigung. Bei alldem muß freilich in Rechnung gestellt werden, daß die Macht der Vernunft nicht unbegrenzt ist. Sie kann sich immer nur auf der Basis von Alternativen bewegen, die sich ihr real zeigen, und wird durch sie in der Wahl ihrer Möglichkeiten begrenzt. Ebendarin aber definiert sie zugleich den Spielraum möglicher Freiheit.

Die Möglichkeit zur Freiheit liegt sonach exakt im Wahrnehmen dessen, was sich unter jeweils gegebenen Bedingungen als die je bessere *reale* Wahlmöglichkeit anbietet, was also „unter Berücksichtigung der gesamten Kräftestruktur, die innerhalb eines Individuums oder einer Gesellschaft am Werke ist, Wirklichkeit werden kann"[5]. Die einzigartige Befähigung, die der Mensch in der Kraft seiner Vernunft besitzt, konstituiert zugleich seine Freiheit zur Wahl als sittliche

---

[2] *E. Fromm,* Das Menschliche in uns 173.
[3] Ebd. 167.
[4] *E. Fromm,* Psychoanalyse und Ethik 252.
[5] *E. Fromm,* Das Menschliche in uns 184.

Freiheit, nämlich die realen Determinanten seiner Möglichkeiten auf die je größere Vernunft des Guten hin neu zu alternieren. Jedes Verfehlen dieses Realitätsprinzips bedeutet zugleich ein Verfehlen der tatsächlichen Chancen zum Guten und damit ein Verfehlen der tatsächlichen Möglichkeit zur Freiheit.

Unter dieser Voraussetzung erweist sich dann aber auch all das, was zur Ausklärung der Fehlstrukturierungen und Pathologien des einzelnen wie der Gesellschaft beiträgt, in Wahrheit als Dienst an der Freiheit. Nur so können Hindernisse beseitigt und Widerstände ausgeräumt werden, die den Weg zur echten Wahl versperren. Hierfür gewinnen die Einsichten und Methoden der heutigen Humandisziplinen unersetzliche Bedeutung, und zwar sowohl im Hinblick auf die Aufarbeitung von Versehrungen als auch im Hinblick auf die je größere Freisetzung zu neuen konstruktiven Möglichkeiten. Die menschlichen Probleme lassen sich nun einmal nicht in ihrer Komplexität durch ein vom abstrakten Gedanken der Freiheit bewegtes Moralisieren lösen. Hier zu einem wirklichkeitsgerechteren Verständnis zu gelangen hat insbesondere die Psychoanalyse entscheidend beigetragen. Sie hat erstmals die unbewußten psychischen Ursachen menschlichen Fehlverhaltens, seine sozial disponierten Verdrängungen und Neurosen aufzudecken und hierfür geeignete Therapien zu entwickeln versucht. „Nie zuvor", so resümiert A. Görres, „ist der Gegenstand so sorgsam bedacht worden, den die Analyse in den Blick nimmt: das Unverständliche, Zufällige, das scheinbar Sinnlose, Unvernünftige und Ungeordnete im Erleben und Handeln des Menschen. Die Psychoanalyse erforscht die Fehlleistungen der Seele, den Irrtum, die Selbsttäuschung, die Gefühle am falschen Platz, den inadäquaten Affekt, die Triebstörungen und die Fehlentwicklungen des Charakters... Nie zuvor ist die Unordnung im unwillkürlichen Erleben und Verhalten des Menschen, die seelische Krankheit, so deutlich gegen Schuld, Bosheit und existentiellen Verfall abgegrenzt worden."[6] Sie konnte zeigen, daß charakterliche Fehlentwicklungen wesentlich in Dysfunktionen des Gefühlslebens gründen. Entsprechend ist es das Ziel ihrer Therapie, das Gefühlsleben umzustimmen, emotionale Entwicklungshemmungen abzubauen, verdrängte Erlebniskeime neu zu entfalten, Spontaneität freizusetzen und „verschüttete oder unbegangene Tore zu den nicht belebten Räumen der Persönlichkeit" zu eröffnen[7]. Hier liegt nach Görres „ein gemeinsamer Angelpunkt aller tiefenpsychologischen Schulen"[8]. Von daher erklärt es sich zugleich, „warum so verschiedene therapeutische Methoden mit einander widersprechenden theoretischen Grundlagen Heilerfolge aufzuweisen haben"[9].

In der Tat sind hier psychische Grundgegebenheiten erschlossen worden, die zu einem tieferen Verständnis der vielfältigen Formen menschlicher Verseh-

---

[6] *A. Görres,* Methode und Erfahrungen der Psychoanalyse (München 1958) 10.
[7] Ebd. 275. [8] Ebd. 271. [9] Ebd.

rungen und ihrer Ursachenzusammenhänge entscheidend beigetragen haben, so etwa in der Psychiatrie zum Verständnis der Ursachenzusammenhänge von Neurose und Psychose oder in der Medizin zum Verständnis der psychischen Ursachen bestimmter körperlicher Erkrankungen und deren Behandlungsmöglichkeit, wie dies die Psychosomatik als eigene Disziplin zunehmend zu erforschen sucht.

Eine nicht weniger große Bedeutung kommt dem hier Erkannten aber auch im Hinblick auf eine weiterführende Erhellung und Durchdringung des spezifisch *sozialen* Aspektes menschlicher Versehrungen zu. Damit richtet sich der Blick zugleich über eine ursprünglich dominant individual ausgerichtete Analyse und Therapie hinaus auf das übergreifende soziale Ursachenfeld. Aggressions- und Konfliktforschung, Kriminalitäts- und Sozialisationsforschung gewinnen in diesem Zusammenhang einen eigenen Stellenwert. Hierbei werden die Defekte und Defizite des einzelnen nicht nur vom Kontext frühkindlicher sozialer Entwicklungsbedingungen her analysiert, sondern zugleich auch aus dem Kontext seiner weiteren auf ihn einwirkenden sozialen Verflechtungen und Einflüsse. In diesem Zusammenhang werden die jeweiligen mikro-sozialen Konstellationen ebenso in Rechnung gestellt wie die makro-strukturellen Ordnungsgestaltungen der Gesellschaft, ihre Normen und Sanktionen. Entsprechend setzt auch die Therapie auf mehreren Ebenen an. So tritt neben die Einzeltherapie die Gruppentherapie. Hierzu gehören die vielfältigen Formen der Soziotherapie, der begleitenden Sozialtherapie, der gruppendynamischen Übung, des Social engineering, des Sensitivity-Training und ähnliches. Ziel ist es, den Prozeß der Identitätsfindung über spezifisch zugepaßte Sozialisationsprozesse voranzutreiben.

Darüber hinaus setzt sich aber auch immer stärker die Einsicht durch, daß sich die mikro-strukturellen Bedingungen nicht einfachhin von den makrostrukturellen trennen lassen. Auch die übergreifenden Ordnungsformen der Gesellschaft, ihre Rechtsgestaltungen und ihre moralischen Maßstäbe können ihrerseits gegebenenfalls negative Auswirkungen auf die konkreten sozialen Einzelprozesse und damit zugleich auf die Selbstfindungsbedingungen des Individuums haben. Eben diese Erkenntnis wird dem freiheitlich-sozialen Rechtsstaat heute zunehmend zum Anlaß, seine Gesetze, die die Vielfalt der sozialen Lebensbereiche regeln, immer neu zu überdenken und sie auf einen Stand zu bringen, der den einzelnen gerechter wird. Das gilt für den Bereich der Sozialgesetzgebung ebenso wie für den der Bildung, den des bürgerlichen Rechtes ebenso wie für den des Strafrechtes einschließlich der Formen des Strafvollzuges. Das ist freilich nur deshalb möglich, weil der freiheitlich-soziale Rechtsstaat im Gegensatz zum totalitären Staat bereits in seinem normativen Grundansatz von der Option für das Individuum bestimmt ist. Bei ihm erscheinen so in der Tat, trotz des nicht selten kompromißhaften Charakters der im Filter der politischen Auseinandersetzung jeweils gefundenen Lösungen, die makro-strukturellen Bedingungen für menschliche Identitätsfindung am ehesten gesichert.

Eine nicht minder große Bedeutung kommt den hier gewonnenen Einsichten nun aber auch im Hinblick auf die spezifisch *religiösen* Aspekte menschlicher Identitätsfindung zu. Auch fragwürdige religiöse Strukturen und Vorstellungen können psychische Versehrungen bewirken, wie umgekehrt gegebene psychische Fehlhaltungen zu falschen religiösen Praktiken führen können. Religions- und Kirchengeschichte wissen hiervon in Fülle zu berichten. Die Bandbreite der Entartungen reicht dabei von den extremsten religiösen Perversionen, wie sie etwa in Hexenwahn, Flagellantentum und Satanismus geschichtlich zum Ausdruck kamen, über Pseudomystik, Aberglaube und Wundersucht bis hin zu den vielfältigen Formen religiös bedingter Sexualneurosen, blinder Autoritätshörigkeit, Selbsttäuschung und pathologischer Schuldangst. Wenn heute Psychoanalyse, Sozialpsychologie und Aggressionsforschung das religiös-individuale und religiös-gesellschaftliche Bedingungsgefüge solcher Pathologien überzeugender aufzuklären vermögen, so verdienen sie damit alles andere als Mißtrauen. Weiß doch gerade die katholische Tradition mit ihrer überkommenen Lehre von der „Unterscheidung der Geister" um die Notwendigkeit solcher Aufklärung. Sie hatte sich in dieser Lehre, worauf W. Schöllgen mit Recht hinweist, bereits „eine analoge praktische Seelenkenntnis ausgearbeitet ... nicht als Charisma im paulinischen Sinne, sondern als lehrbare Tradition der Seelenführung und Seelenkenntnis, als discretio spirituum acquisita. Längst hatten die Seelsorger gelernt, sich nicht mit den Erscheinungen der Oberfläche des Bewußtseins zu begnügen: sie fragten deutend und ‚unterscheidend' nach den Impulsen als den wahren Triebfedern."[10]

Um gar nichts anderes aber als um die „Unterscheidung" und Aufklärung eben dieser unbewußten psychischen Dispositionsfelder menschlichen Handelns in ihrer ganzen, durch eine Fülle möglicher innerer und äußerer Versehrungsfaktoren bedingten Komplexität geht es auch den heutigen Humandisziplinen. Auch sie wollen, nun freilich in methodisch kontrollierten Verfahren, mit dem Aufdecken der tatsächlichen Störungsquellen, dem menschlichen Bewußtsein zu einer Reifung verhelfen, die überhaupt erst Umkehr und Aufbruch in Freiheit möglich macht. Hier bieten sich in der Tat Assistenzen an, die entscheidend zur realen Erkenntnis und Wahrnehmung des je Besseren beizutragen vermögen, die den Menschen dahin disponieren, seine wahre Potentialität entsprechend seiner wahren Natur und deren Lebensgesetzlichkeiten zu verwirklichen. Was immer den Menschen sowohl in seiner individuellen Verfaßtheit als

[10] *W. Schöllgen*, Geleitwort, in: *J. Bökmann*, Aufgaben und Methoden der Moralpsychologie (Köln 1964) 11 f. Vgl. auch *ders.*, Die traditionelle Lehre von der „Unterscheidung der Geister" unter dem Gesichtspunkt der Charakterologie und Psychagogik, in: *ders.*, Aktuelle Moralprobleme (Düsseldorf 1955) 119–135.

auch in seinen gesellschaftlichen Strukturen hinter sich zurückbleiben oder sich selbst überschätzen läßt, kann ihm so erst zur Erfahrung verfehlter Freiheit werden.

Freilich bleibt dies alles nur Assistenz zur Freiheit und nicht schon der Akt der Freiheit selbst. Dieser bestimmt sich vielmehr wesenhaft aus jener Vernunft, die der einzelne je und je als letzten Grund seines Daseins erkennt, nämlich im Wahrnehmen dieses Grundes und aus ihm sein Leben in Verantwortung zu führen. Dieser Grund aber zeigt sich christlichem Glauben in der lebensstiftenden Kraft Gottes selbst. Gerade darin aber, daß christlicher Glaube in eben diesem lebensstiftenden Handeln Gottes den eigentlichen Grund menschlicher Freiheit und den Grund *zu* dieser Freiheit erkennt, sieht er den Menschen selbst dort noch, wo er sich in seinen eigenen vernünftigen Möglichkeiten, in die er sich als Mensch gerufen weiß, verfehlt und so an sich selbst schuldig wird, dennoch nicht preisgegeben. Ebendarin aber findet jetzt alles menschliche Suchen nach Identität eine letzte Antwort: der Mensch fällt nicht aus der Hand Gottes. Gott weiß das Gute zu finden, selbst noch unter der Kruste der Verlorenheiten und Selbstentfremdungen.

Gerfried W. Hunold

Drittes Kapitel
Probleme um das Lebensende

I

Aspekte des Lebensendes

1. Der kulturelle und soziale Aspekt

Im biologischen Ablauf des Lebensprozesses greifen Leben und Tod fortwährend ineinander über, so daß eine naturwissenschaftlich strenge Unterscheidung und damit eine Definition der beiden Begriffe nicht möglich ist[1]. Die Begriffe Leben, Sterben, Tod entstammen menschlicher Erfahrung und sind nicht ohne geschichtliches Bewußtsein denkbar. Wenn im biblischen Mythos ein Zusammenhang besteht zwischen dem Sündenfall und der Sterblichkeit des Menschen (Gen 3, 19), so tritt damit der ursprüngliche Zusammenhang auch von Selbstbewußtsein und Todeswissen an den Tag. Der Tod als unerforschliches Verhängnis des Lebens hat in allen entwickelten Kulturen Anlaß gegeben, über das Geheimnis des Lebens und damit des Menschen nachzudenken, wie vor allem Plato die Philosophie als ein „Nachsinnen über das Sterben" bezeichnet hat (Phaidon 64; 67; 80). So hängt die Reflexion über die Sterblichkeit des Menschen auch zusammen mit der Entdeckung der Geschichtlichkeit der Menschheit. Vor allem die abendländische Kultur hat das Bewußtsein vom Altern und vom Sterben der Völker und Zivilisationen und damit von der Endlichkeit aller geschichtlichen Phänomene entwickelt.

Altern und Sterben vollziehen sich nicht unabhängig vom geschichtlichen Zustand einer Zivilisation. In einer Primitivgesellschaft, wo der Alters- und Sterbeprozeß rituell in das Leben des Stammes- und Familienverbandes integriert ist, gestaltet sich das Lebensende des einzelnen anders als in einer Hoch-

[1] *A. Butenandt*, Altern und Tod als biochemisches Problem, in: Deutsche med. Wschr. 84 (1959) 297ff.; *R. Nissen*, Leben und Tod, eine medizinisch-wissenschaftliche und ärztliche Betrachtung, in: *F. v. Bidder* (Hrsg.), Leben und Tod (Basel 1965) 31ff.

kultur, und dort wiederum ändert es sich fortwährend mit den religiösen, sozialen und politischen Entwicklungen. – In der Neuzeit hat die weltweite Industrialisierung zu fortschreitenden Formen der Entsakralisierung und Entsozialisierung des Alterns und Sterbens geführt. In den christlich geprägten Kulturen des Westens gehen mit dem schwindenden Einfluß der Kirchen die einst maßgebenden Sinngehalte für die Bewältigung des Todes allmählich verloren. Wenn kirchliche Bestattungsrituale trotzdem noch fast ungebrochen andauern, so ist mit einer unverarbeiteten Diskrepanz zwischen der religiös-kirchlichen Sinngebung, wie sie sich in den Bestattungsritualien ausdrückt, und der säkularen Erfahrung des Todes bei einem großen Teil derer zu rechnen, die sich ihrer noch bedienen.

Mit der Entsakralisierung des Todes hängt die Entsozialisierung des Alterns zusammen. Die Lebensbedingungen der Industriegesellschaft führen zur Herauslösung der Alten aus den beruflichen und familiären Lebensgemeinschaften und damit zu deren sozialer Isolation. Mit dem Abschluß der beruflichen Tätigkeit beginnt faktisch die Phase des Lebensendes, die sich zumeist in verschiedenen Stufen eines sich allmählich vollziehenden „Sozialtodes“ vollzieht[2]: zunächst durch die Versetzung der Lohnabhängigen, die den überwiegenden und immer noch zunehmenden Teil der Bevölkerung ausmachen, in den Ruhestand, sodann durch die Übersiedlung in eine Alterswohnung und schließlich durch die Überweisung in ein Pflegeheim. Dabei bezeichnen diese Etappen nur äußere Stationen eines sozialen Ablösungsprozesses, der sich auf sehr differenzierte Weise vollzieht. Vor allem zeigen sich spezifische Unterschiede nach Geschlecht und sozialer Schichtung. Dank durchschnittlich höherer Lebenserwartung der Frauen können mehr Männer als Frauen das Lebensende zu Hause erwarten. Angehörige unterer sozialer Schichten sind stärker auf öffentliche Institutionen (Alters- und Pflegeheime) angewiesen als reicher Bemittelte, die sich die Pflege in der familiären Umgebung oder in einer Anstalt mit privatem Komfort eher zu leisten vermögen.

Die gesellschaftliche Entwicklung insgesamt weist eine oft festgestellte Paradoxie auf. Einerseits wird die Pensionierungsgrenze tendenziell weiterhin nach vorn verlagert, während sich anderseits die medizinischen und technischen Fortschritte in Richtung einer fortschreitenden Lebensverlängerung und einer besseren Erhaltung der Arbeitsfähigkeit des einzelnen auswirken[3]. Die dadurch entstandene Situation ist bisher gesellschaftlich nicht bewältigt worden. Das sozialpolitische Bestreben, die Alten aus der großstädtischen Unrast herauszulösen und ihnen in Alterssiedlungen eine eigene Welt zu errichten, hat deren

---

[2] Zum Begriff „Sozialtod“ vgl. *H. P. Tews*, Soziologie des Alters (Heidelberg 1971) 159ff.; *L. V. Thomas*, Anthropologie de la mort (Paris 1975) 45ff.; *Ph. Ariès*, L'homme devant la mort (Paris 1977) 13ff.

[3] Statistische Angaben bei *H. P. Tews*, a. a. O. 20ff.; *L. V. Thomas*, a. a. O. 44ff.

Isolation eher noch verstärkt und der entsprechenden Betreuung schier unlösbare psychologische Aufgaben gestellt. Neuerdings setzt sich die Erkenntnis durch, daß der „soziale Tod" nur in dem Maße zu vermeiden und damit das Lebensende zu vermenschlichen ist, als die Alternden an sinnvollen Aufgaben der Gesamtgesellschaft beteiligt bleiben und ihr Zusammenleben mit den jüngeren Generationen so lange als möglich erhalten wird.

Jedoch ist der individuellen Begegnung und Verarbeitung der Probleme, welche das Lebensende bringt, ein beträchtlicher Spielraum gelassen. Das Gefühl, am Ende des Lebens zu stehen, kennen auch jüngere Menschen, und die bewußte oder unbewußte Einstellung auf den Tod samt den entsprechenden Verdrängungsmechanismen ist jeder Altersphase eigentümlich. Dabei besteht zwischen einer subjektiv empfundenen Lebenserfüllung oder Lebensenttäuschung und der Bereitschaft, die Probleme des Lebensendes zu bewältigen, ein Zusammenhang: ein Gefühl von Lebenserfüllung läßt den Gedanken an die Todesnähe eher zu und weiß diese somit besser zu verarbeiten als die subjektive Meinung, das Leben sei einem noch die Erfüllung schuldig geblieben – so wie anderseits ein Zusammenhang besteht zwischen einer als hoffnungslos empfundenen Lebensenttäuschung und dem unbewältigten, z. B. suizidalen Verlangen nach dem Tod[4].

2. *Der medizinische Aspekt*

Vom medizinischen Standpunkt aus erweisen sich die Begriffe „Lebensende" und „Tod" in besonderem Maße als mehrdeutig. Der Beginn einer „Endphase" des Lebens läßt sich medizinisch nicht bestimmen. Wohl kann in zahlreichen Fällen mit einer an Sicherheit grenzenden Wahrscheinlichkeit festgestellt werden, daß ein irreversibel zum Tod führender Krankheitsverlauf angefangen hat. Aber die Entstehung der Krankheit verliert sich zumeist im Dunkel der biographischen Vorgeschichte, wie umgekehrt auch schwere Krankheiten zu Regenerations- und Stabilisierungsphasen führen können, die den Tod auf Jahre oder Jahrzehnte hinauszuzögern vermögen.

Zur Bestimmung des Todeseintritts genügte bis gegen die Mitte dieses Jahrhunderts die Feststellung des „klinischen Todes"[5], der mit dem endgültigen Stillstand des Herz- und Atmungskreislaufs als identisch betrachtet wurde. Daß

---

[4] Vgl. *L. V. Thomas*, a.a.O. 101ff.

[5] Vgl. *J. Raekallio*, Vitale Reaktionen, in: *A. Ponsold* (Hrsg.), Lehrbuch der gerichtlichen Medizin (Stuttgart ³1967) 295ff. *W. Krösl–E. Scherzer* (Hrsg.), Die Bestimmung des Todeszeitpunktes (W 1973) 363ff.; *J. Gerlach*, Die Definition des Todes in der Medizin, in: Münchner med. Wschr. 112 (1970) 68ff.; *J. Wunderli*, Möglichkeiten und Grenzen der ärztlichen Lebenserhaltungspflicht, in: *J. Wunderli–K. Weisshaupt* (Hrsg.), Medizin im Widerspruch (Olten–Freiburg i. Br. 1977) 169ff.

es sich beim „klinischen Tod“ nicht um einen naturwissenschaftlichen Begriff handelte, war immer bekannt, so daß von ihm der „biologische“ oder „endgültige“ Tod, welcher erst Tage später einzutreten pflegt und den völligen Zerfall des Zellenhaushalts bezeichnet, unterschieden wurde. Die modernen Möglichkeiten der Intensivmedizin, nicht zuletzt die der Organverpflanzung, haben jedoch zu einer größeren Differenzierung genötigt. In der Zeit zwischen dem „klinischen“ und dem „biologischen“ Tod geht ein intermediäres Leben des zerfallenden Körpers weiter und sind, wenigstens für die ersten Stunden, gewisse Organe noch lebensfähig, somit also brauchbar für eine allfällige Transplantation. Dazu kommt, daß sich der Stillstand der Atmungs- und Kreislauforgane in gewissen Fällen beheben läßt, wodurch „der Tod in seinem bisherigen klinischen Sinn manipulierbar“ geworden ist (Wunderli)[6]. In der Folge hat sich die Mehrzahl der Mediziner darauf geeinigt, den klinischen Fixpunkt des Todeseintritts als „Hirntod“ zu bezeichnen, da mit dem vollständigen und irreversiblen Funktionsausfall des Gesamthirns der endgültige Zusammenbruch des gesamten Organismus eintreten muß. Bedeutsam wird diese Definition dadurch, daß bei intensiven Reanimationsversuchen der Hirntod auch schon vor dem Stillstand des Herzkreislaufes einzutreten vermag, was für die Organverpflanzung entscheidend sein kann. Daraus ergibt sich, daß auch der „Hirntod“ keineswegs den eindeutigen Zeitpunkt des Todeseintritts bezeichnet, der Tod vielmehr als Endpunkt eines Prozesses zu verstehen ist, der eine exakte zeitliche Feststellung nicht ermöglicht[7]. Der Tod – nicht das Sterben und nicht der Zustand des Totseins – ist somit in medizinisch-naturwissenschaftlicher Hinsicht ein abstrakter Begriff.

II

Ethische und gesellschaftliche Probleme des Lebensendes

1. Die Popularisierung der Diskussion um das Lebensende

Die zu Recht bestrittene, weil nur teilweise zutreffende These von der Tabuisierung der Todesfrage in der modernen Gesellschaft ist neuerdings durch eine breit geführte öffentliche Diskussion widerlegt worden. Das im Jahre 1969 erschienene und rasch in zahlreiche Sprachen übersetzte Buch von E. Kübler-Ross

---

6 *J. Wunderli,* Möglichkeiten 207.
7 Ebd. 208ff.

„On Death and Dying“ darf als Auslösesignal für eine noch nicht abgeschlossene Bewußtseinsbildung bezeichnet werden[8]. Wichtiger als die Frage nach den Gründen der Popularisierung des Todes- und Sterbeproblems ist die nach der Bedeutung, welche ihr für die Klärung dieses Problems selbst zukommt. Ohne Zweifel bringt sie ein allgemeines Gefühl der Unsicherheit und damit eine unbewältigte Situation der säkularisierten Gesellschaft zum Ausdruck, wodurch sie aber Rückwirkungen auf die Bewältigung des Todesproblems selbst hat, bis hin zu den Fragen ärztlichen Verhaltens. Durch die Popularisierung ist das Problem des menschlichen Sterbens jedenfalls dem alleinigen Kompetenzbereich der Ärzteschaft entzogen, zugleich jedoch der Gefahr emotionaler Überspielung eines differenzierten Sachverhaltes ausgesetzt worden. Die Krise, die dadurch ausgelöst worden ist, ruft nach einer interdisziplinären Zusammenarbeit, bei der nach Normen einer ärztlichen Sterbebegleitung und gesellschaftlichen Todesbewältigung zu suchen ist.

2. *Zum Begriff der Euthanasie und der Sterbehilfe*

Obwohl die sog. Euthanasiefrage nur einen Aspekt des Gesamtproblems der Sterbebegleitung darstellt, ist sie in besonderem Maße dazu geeignet, dessen ethische Tragweite bewußtzumachen. Eine erste Schwierigkeit liegt jedoch in der Herkunft des Begriffs „Euthanasie“[9]. Das Wort ist antiker Herkunft, hat aber bei keiner antiken Belegstelle etwas zu tun mit der spezifisch modernen Problematik des ärztlichen Eingriffs in den Sterbeprozeß. Posidipp (um 300 v. Chr.), Philo und Sueton bezeichnen mit der Euthanasie lediglich den leichten, d.h. schmerzlosen Tod. Da das Christentum der Spätantike und des Mittelalters mit einer eudämonistischen Haltung dem Tod gegenüber nichts anzufangen wußte, wurde das Problem erst wieder mit dem Abklingen der christlichen Ära aufgenommen. Thomas Morus zeichnet in der „Utopia“ das Wunschbild eines Schwerkranken, der durch Priester und Ärzte hilfreich zum Sterben begleitet wird, wobei erstmals der freiwillige Verzicht auf Nahrung und die Verabreichung eines tödlichen Schlaftrunkes erwähnt werden[10]. Noch handelt es sich somit um die antike Anschauung von einem angenehmen und natürlichen Sterben, zu welchem die Umwelt ihr Mögliches beizutragen hat. Demgegenüber erweist sich die Problematik, vor die das Industriezeitalter mit seinen medizinischen Möglichkeiten führt, als neuartig. Den Ausgangspunkt einer heute sinnvollen Diskussion der Euthanasiefrage muß denn ohne Zweifel

---

[8] *E. Kübler-Ross*, On Death and Dying (New York–London 1968), deutsch: *E. Kübler-Ross*, Interviews mit Sterbenden (Gütersloh [4]1975).
[9] *J. Wunderli*, Euthanasie oder Über die Würde des Sterbens (Stuttgart 1974) 15ff. (Lit.).
[10] Ebd. 17.

die veränderte Erfahrung des Todes in der technisch-wissenschaftlichen Welt bilden.

Eine weitere Schwierigkeit liegt in der Belastung, die dem Euthanasieproblem durch die staatlich angeordnete Vernichtung sog. lebensunwerten Lebens im Dritten Reich zukommt. In der nach dem Krieg entstandenen Literatur ist die Tötung sog. lebensunwerten Lebens, dem nationalsozialistischen Sprachgebrauch folgend, noch unter den Begriff der „Euthanasie" gestellt worden. Erst 1958 hat L. Loeffler die „Euthanasie" von jeder gewollten Vernichtung menschlichen Lebens grundsätzlich unterschieden[11]. Von „Euthanasie" könne nur so lange die Rede sein, als es sich bei den Kranken um subjektiv Leidende handle und das Motiv der Euthanasiehandlung ausschließlich im Mitleid liege. Die Unterscheidung Loefflers hat sich weitgehend, wenn auch nicht vollständig mit der Arbeit H. Ehrhardts über „Euthanasie und Vernichtung ‚lebensunwerten' Lebens" durchgesetzt[12], wobei Ehrhardt die Euthanasiehandlung einschränkte auf die ärztliche Betreuung von Sterbenden. – Trotz der Bemühungen Loefflers und Ehrhardts haben andere, unter dem Eindruck des nationalsozialistischen Mißbrauchs, der mit ihm getrieben worden ist, auf den Begriff der „Euthanasie" völlig verzichtet und ihn durch den der „Sterbehilfe" ersetzen wollen, so u. a. die „Schweizerische Akademie der medizinischen Wissenschaften"[13].

Ob man sich an den einen oder an den andern Begriff hält: für die Klärung des Sachverhalts darf der Vorschlag, den J. Wunderli in der Anlehnung namentlich an Ehrhardt vorgenommen hat, als einleuchtend bezeichnet werden[14]. Wunderli unterscheidet:

1) *Euthanasie als Sterbebeistand* (oder reine Euthanasie) im Sinn einer Sterbeerleichterung ohne lebensverkürzende Wirkung. Dazu gehört jede pflegerische und seelsorgerliche Maßnahme, die ein „gutes" Sterben, im Sinn der antiken Euthanasieauffassung, ermöglicht.

2) *Euthanasie als Erleichterung des Sterbens mit eventueller Lebensverkürzung als Nebeneffekt.* Darunter fällt jede Verabreichung von Narkotika, Hypnotika und Analgetika, die vielleicht de facto, jedoch ungewollt eine lebensverkürzende Wirkung haben können.

3) *Passive Euthanasie als Verzicht auf eine technisch mögliche Lebensverlängerung.*

4) *Aktive Euthanasie („mercy killing") als Erleichterung des Sterbens durch gezielte und direkte Lebensverkürzung* – wobei wiederum zwischen einer entsprechenden Handlung auf Wunsch des Patienten und einer solchen ohne dessen

---

11 *L. Loeffler*, Art. „Euthanasie", in: RGG³ II 743f.
12 *H. Ehrhardt*, Euthanasie und Vernichtung „lebensunwerten" Lebens (Stuttgart 1965).
13 Schweizerische Akad. der med. Wiss. (Hrsg.), Richtlinien für die Sterbehilfe (Basel 1976) 3.
14 *J. Wunderli*, Möglichkeiten 199f.

Wunsch zu unterscheiden ist (juristisch: „Tötung auf Verlangen" und „vorsätzliche Tötung").

Von entscheidender Bedeutung ist dabei, daß alle diese Unterscheidungen notwendig ungenau, d.h. in der Praxis die Übergänge von der einen zur andern Form von Sterbehilfe fließend sind. Dies gilt selbst für die Unterscheidung der „aktiven" von der „passiven" Euthanasie, auch wenn sie namentlich für die Gesetzgebung, d.h. im Sinne des Rechtsschutzes, unerläßlich ist.

3. Voraussetzungen ethischer Normfindung

a) Der Wille zum Sterben und die Vielschichtigkeit der psychischen Einstellung zum Tod

Seitdem die Diskussion um die Sterbehilfe auf breiter Basis zustande gekommen ist, beginnt sich ein sozialethischer Konsens dahingehend abzuzeichnen, daß weder eine Lebensverkürzung noch aber auch eine Lebensverlängerung wider den Willen des Leidenden bewirkt werden dürfe. So fordert die „Schweizerische Akademie der medizinischen Wissenschaften" in ihren „Richtlinien für die Sterbehilfe", daß „in bezug auf die Behandlung... der Wille des *urteilsfähigen* Patienten nach dessen Aufklärung zu respektieren (sei), auch wenn er sich nicht mit medizinischen Indikationen deckt"[15]. Im selben Sinn hatte sich schon zuvor F. Böckle geäußert: „Ich wüßte nicht, was mich dazu berechtigen könnte, mich der gereiften Bitte (eines Schwerkranken) zu widersetzen."[16] Differenzierter, doch in derselben Überzeugung äußert sich J. Wunderli, indem er verlangt, daß der Arzt in letztlicher Übereinstimmung mit dem „sterbenden Du des Patienten" zu handeln habe[17].

So einleuchtend der Grundsatz, wonach der Wille des Kranken zu respektieren sei, auch ist, so groß ist die Problematik, die er namentlich in psychologischer Hinsicht enthält. Nach übereinstimmender Beobachtung begegnet der Wille selbst von stark Leidenden, sie sterben zu lassen, eher selten. Wohl ist von Patienten zu hören, die sich auf das Sterben freuen, ja die den Tod herbeisehnen. Aber die sehnliche Bereitschaft zum Sterben ist nicht mit dem Wunsch zu verwechseln, das Sterben unmittelbar oder mittelbar herbeizuführen. Gewiß ist auch dieser Wunsch bis hin zur eingestandenen oder verheimlichten Suizidabsicht durchaus zu beobachten – freilich immer unter Bedingungen, die in psychologischer Hinsicht und in bezug auf die herrschenden Umweltverhältnisse der Abklärung bedürfen.

---

[15] Schweizerische Akad. der med. Wiss. (Hrsg.), a.a.O. 5.

[16] *F. Böckle,* Recht auf menschliches Sterben, in: EK 8 (1975) 74.

[17] *J. Wunderli,* Euthanasie 174.

Aufschlußreich für den gesamten Komplex der Einstellung des Kranken zum Tod sind die Untersuchungen, welche E. Kübler-Ross an Krebskranken einer Chicagoer Klinik vorgenommen hat[18]. Sie weist nach, daß sich das willentliche Verhalten des Schwerkranken zu seiner Krankheit und zu dem bevorstehenden Tod im Laufe der Krankheit ändert, und dies in mehreren einander gesetzmäßig ablösenden Phasen: von der Leugnung des Zustandes (denial) und der damit verbundenen Isolation werde der Patient zur Auflehnung geführt, sodann zu einer Art von Feilschen, weiterhin zur Depression und schließlich zur Bejahung und Annahme des Sterbens.

Auch wenn man sich vor einer Verallgemeinerung der Beobachtungen von E. Kübler-Ross zu hüten hat, so ist an ihnen doch so viel richtig, daß Krankheit und Sterben einen Prozeß umschließen, bei dem der Kranke durch vielfältige Erfahrungen hindurch sich selber, und damit seinen wahren Willen, erst zu finden sucht. Taucht vor dem Abschluß dieses Prozesses der Wunsch auf, das Leben zu beenden, so wird es sich dabei vielfach weniger um den Ausdruck eines gereiften Willens handeln als um ein Signal der Ohnmacht und damit vor allem um den Hilferuf nach vertiefter Gemeinschaft. Die Ergebnisse, die E. Kübler-Ross vorlegt, bedürfen einzig darin einer Korrektur, daß die Wandlungen in der Einstellung des Kranken nicht so sehr nach einer feststehenden psychologischen Gesetzmäßigkeit verlaufen, als daß sie abhängen von der Art der Zuwendung, die der Kranke von seiten der Ärzte und seiner Angehörigen erfährt. Sein Verhalten zur Krankheit und zum Lebensende ist vielschichtig und labil, weshalb er vor allem der ärztlichen und seelsorgerlichen Hilfe bedarf. Wichtiger als die Erkundung seines Willens ist, daß dem Sterbenden zur innern Wahrhaftigkeit und damit zu einer seelischen und geistigen Sterbebereitschaft geholfen wird. Dieser Notwendigkeit gegenüber ist die Frage, ob und unter welchen Bedingungen auf die mögliche Verlängerung seiner Sterbezeit verzichtet werden soll, sekundär, kann sich aber in Fällen, da sich der Kranke einem Übermaß an körperlichem Leiden – oder an seelischer Vereinsamung – gegenübersieht, konkret stellen.

b) Das Problem des Leidens in der Phase des Lebensendes

Die Ermöglichung eines leidensfreien Sterbens durch die Medizin zählt zu den Postulaten, die in den letzten Jahren immer wieder erhoben worden sind. Zu ihnen zählen selbst parlamentarische Vorstöße, welche den gesetzlichen Schutz vor dem Leiden der Sterbezeit zum Ziele hatten[19]. Dabei sind bei den Erwartungen, die an die Medizin gerichtet werden, nicht selten innere Widersprüche festzustellen. So wird auf der einen Seite bisweilen von ihr gefordert, daß sie

---

[18] *E. Kübler-Ross,* a.a.O.

[19] Vgl. *P. Moor,* Die Freiheit zum Tode (Reinbek 1973) 297.

den Schwerkranken das Leiden im vollen Umfang durch Anwendung medikamentöser und anderer Mittel erspare, während man sich anderseits dagegen auflehnt, daß der Mensch durch die Anwendung derselben Mittel um das „natürliche Sterben" gebracht und der Tod sinnlos hinausgezögert werde. Einerseits besteht also die Bereitschaft, mit Hilfe der medizinischen Wissenschaft die Natur zu überlisten, zugleich aber wird einer Medizin mißtraut, welche die Natur und damit auch das menschliche Sterben manipuliert.

Fest steht die unvermeidliche Ambivalenz aller medizinischen Errungenschaften. Das beständige Hinausschieben der Altersgrenze führt nicht nur zur Überalterung der Gesellschaft mit ihrer sozialen und wirtschaftlichen Problematik, sondern, wie oben dargetan wurde, auch zu einer Vereinsamung ungezählter Menschen in ihrer letzten Lebensphase. Sie führt damit die Medizin selbst vor neuartige Probleme der ärztlichen Sterbebegleitung. In dieser Situation ist es sicherlich illusorisch, das Postulat eines „natürlichen Sterbens" zu erheben. Der Mensch der Industriegesellschaft stirbt nicht nur anders als ein Tier, sondern auch als der Mensch einer Primitivgesellschaft, wobei selbst in einer sog. Primitivgesellschaft insofern nur bedingt von einem „natürlichen Sterben" gesprochen werden dürfte, als jede menschliche Gesellschaftsform notwendig die Entfremdung von der Natur bewirkt[20]. Anderseits produziert die moderne Medizin aus ihren naturwissenschaftlich-technischen Voraussetzungen heraus keine Lösungen für die ethischen Probleme, die sie selber geschaffen hat und weiterhin schafft.

Aufschlußreich für bestimmte ethische Grenzfragen, die sich angesichts der Endphase des Lebens stellen, ist das Sonderproblem der Tötung „lebensunwerten Lebens". Durch die bekannten Ereignisse im Dritten Reich und die Reaktionen, die sie nach dem Krieg weltweit ausgelöst hatten, ist dieses Problem nicht gelöst, sondern nur verzerrt und sind damit mögliche Lösungen verbaut worden. Jedenfalls taucht es heute im Zusammenhang der Euthanasiediskussion in verwandelter Gestalt wieder auf, wenn auch die Ausgangslage eine andere geworden ist. Die heutige Diskussion zeigt nun aber, daß im gesellschaftlichen und insbesondere im ärztlichen Verhalten etwa gegenüber Altersdebilen oder gegenüber schwer Verstümmelten (z.B. durch Unfall) und nicht zuletzt gegenüber Neugeborenen, die sich durch schwere Geburtsschäden an der Grenze der Lebensfähigkeit befinden, trotz scheinbar eindeutiger gesetzlicher Bestimmungen eine ethische Unsicherheit besteht. Wie sehr die Unsicherheit selbst gerichtliche Behörden zu erfassen vermag, lehren manche Vorfälle, die sich seit dem Krieg ereignet haben. So hat im Fall des belgischen Ehepaares van de Putt und des beteiligten Hausarztes, die im Jahre 1962 einige Tage nach der Geburt ihre körperlich abnormale Tochter durch Überdosierung von Schlafmitteln tö-

---

[20] Vgl. *H. Abrahamsson*, The Origin of Death, in. Studia Ethnografica Upsaliensis III (Uppsala 1951); *L. V. Thomas*, Cinq essais sur la mort africaine (Dakar 1968).

tete, das Lütticher Schwurgericht, das unter dem Druck der öffentlichen Meinung stand, die Angeklagten freigesprochen[21].

Das Motiv, das in diesem Fall zur Euthanasiehandlung geführt hat und von den Gerichtsbehörden anerkannt worden ist, bildet das Mitleid der Angehörigen mit dem Leidenden. Doch unausgesprochen oder unbewußt dürfte gerade im Fall van de Putt auch die Frage der familiären und sozialen Tragbarkeit, die ein abnormal geborenes Kind nun einmal stellt, eine Rolle gespielt haben. Jedenfalls lehren die zahlreichen Gerichtsfälle, zu denen es seit dem letzten Krieg in Europa und Amerika wegen aktiver Euthanasiehandlungen gekommen ist, daß der auf christlicher Tradition beruhenden Auffassung von der Unantastbarkeit allen menschlichen Lebens in zahlreichen Grenzsituationen eine unmittelbar einleuchtende Legitimation nicht mehr unbedingt zukommt. Das Problem der Erhaltung eines menschlichen Lebens, welches für die Außenstehenden keinen Sinn mehr zu enthalten scheint, stellt sich nicht unabhängig von wandelbaren gesellschaftlichen Wertvorstellungen. Nur im Bereich christlich und jüdisch geprägter Kultur ist es zu der Vorstellung gekommen, wonach alles menschliche Leben allein der Versfügungsmacht Gottes unterstehe. In einer säkularisierten Epoche muß daher neu gefragt werden, ob und aus welchen Gründen ein leidendes und außerhalb der Normalität stehendes Leben zu erhalten sei.

Dabei ist von der Tatsache auszugehen, daß die Forderung, menschliches Leiden abzukürzen und ein scheinbar sinnlos gewordenes Leben zu beenden, in den weit überwiegenden Fällen nicht von den Leidenden selbst erhoben zu werden pflegt – obwohl auf diese Möglichkeit noch einzugehen sein wird –, sondern von den Gesunden. Die Euthanasiediskussion, wie sie in den siebziger Jahren neu aufgekommen ist, zeigt neben objektiv ernst zu nehmenden Gründen auch solche einer Abwehr des unbewältigten Problems eigenen Leidens, d.h. der Projektion der Angst vor dem eigenen Leiden auf das eines Kranken oder schwer Geschädigten. Aufschlußreich hierfür ist u.a. das Postulat der Londoner „Euthanasia-Society", die fordert, es sei jeder kurz vor dem Tod stehende Patient „völlig schmerzfrei" zu halten, gleichgültig, ob er eine entsprechende Erklärung abgegeben habe oder nicht[22]. Eine solche Auffassung geht an der Tatsache vorbei, daß Krankheit und Alter das Bewußtsein der Betroffenen und damit deren Einstellung zum eigenen Leiden stark zu verändern pflegen. Es sei nur an die oben erwähnte Feststellung erinnert, wonach Schwerkranke sich zwar häufig nach dem Tod sehnen und vor allem dem bevorstehenden Ende zuzustimmen vermögen, jedoch nur in seltenen Ausnahmefällen wünschen, daß man sie vorzeitig zum Sterben bringe. Dafür sind nicht zuletzt Erfahrungen erhellend, die mit körperlich und geistig schwer Beeinträchtigten gemacht

---

[21] *J. Wunderli*, Euthanasie 11.
[22] Vgl. *P. Moor*, a.a.O. 303.

worden sind, etwa in Anstalten für Epileptische. Sie lauten übereinstimmend dahin, daß die Patienten auch bei schwersten Fällen auf den Appell personaler Zuwendung hin in ihrer Weise zu antworten pflegen[23]. Es zeigt sich, daß das Leben solcher Menschen von großer psychischer Sensibilität ist, daß es eine eigene und spannungsreiche Welt umschließt, die auch ihr Dasein in vollem Umfang lebenswert macht. Die genannte Erfahrung ist nicht auf Epileptische zu beschränken. Leiden auszuhalten ist grundsätzlich und zuerst eine Frage der Sinnhaftigkeit, die jedem Leben zukommt, und damit ist sie gebunden an die Dialogfähigkeit, d.h. an die Erfahrung von Mitmenschlichkeit. Solange ein Mensch Kommunikation und durch sie eine Sinnhaftigkeit seines Lebens erfährt, ist er in der Regel auch fähig und willens, Leiden zu ertragen. Durch kommunikative Erfahrung wird Leiden, das doch wesentlich zum Leben gehört, verwandelbar und damit sinnvoll.

Diese Wahrheit gilt unvermindert auch für die letzte Lebensphase, von der zu betonen ist, daß sie bis in die Zeit der Agonie hinein uneingeschränkt zum Leben gehört. Darum muß das Ziel gesellschaftlichen Verhaltens darin bestehen, den Leidenden und Sterbenden soweit als möglich Gemeinschaft zu gewähren. Ein guter Teil der Euthanasiediskussion der letzten Jahre ist als der Versuch zu verstehen, die familiäre und soziale Gemeinschaft, welche den Alten und Schwerkranken aus Gründen, die in den Lebensbedingungen des Industriezeitalters liegen, weitgehend versagt wird, durch sozialpolitische Forderungen von sich zu schieben.

4. Normenprobleme der Sterbehilfe

Die Möglichkeit, den Sterbeprozeß oder das Leiden von Beeinträchtigten, bei denen die Krankheit einen irreversiblen Verlauf genommen hat, durch medikamentöse und apparative Eingriffe auszudehnen, bedeutet für den Arzt eine schwierige ethische Situation[24]. Schon lange ist auf die Gefahr aufmerksam gemacht worden, daß die Medizin durch ihre modernen Möglichkeiten von der Humanität in die Inhumanität umschlagen könnte. H. Thielicke sprach in diesem Zusammenhang vom „Terror der Humanität", und K. Barth appellierte an den „Respekt, den auch das sterbende Leben als solches in Anspruch nehmen darf"[25].

Die gesetzlichen Bestimmungen setzen zwar dem ärztlichen Handeln bestimmte Grenzen, lassen ihm aber – wenn auch mit Unterschieden von Staat

---

[23] Vgl. *F. v. Bodelschwingh*, Bethel-Arbeitsheft 1 (o.O. 1970) 44ff.

[24] Als reichhaltige Dokumentation: *J. Barrière–E. Lalou*, Le dossier confidentiel de l'euthanasie (Paris 1962).

[25] *H. Thielicke*, Theologische Ethik III, Abschnitt 1537 (Tübingen 1968) 440; *K. Barth*, Kirchliche Dogmatik III/4 (Zollikon ²1957) 488.

zu Staat – einen großen Spielraum[26]. Von Rechts wegen hat der Arzt dem Patienten gegenüber die „Garantenpflicht" zu erfüllen, wonach er „alles in seinen Kräften stehende zu unternehmen (hat), um Gesundheit und Leben des Kranken zu fördern und zu bewahren"[27]. Auf dieser Basis beruht die ärztliche Sterbehilfe. In der Bundesrepublik Deutschland wie in der Schweiz und in Österreich gerät der Arzt dann in Konflikt mit dem Strafgesetz, wenn er die Garantenpflicht verletzt, indem er z. B. durch aktive Maßnahmen (aktive Euthanasie) das Leben eines kranken Patienten verkürzt. Was die passive Euthanasie betrifft, ist die juristische Diskussion darüber zur Zeit offen. Auch in der Bundesrepublik Deutschland, wo, im Gegensatz zur Schweiz, jede Form von passiver Euthanasie, nicht zuletzt als Folge der Vorgänge im Dritten Reich, verboten war, macht sich heute eine vorsichtig entgegenkommende Auffassung geltend[28]. Aufgrund der Schweizer Gesetzgebung hat, wie oben erwähnt worden ist, die „Schweizerische Akademie der medizinischen Wissenschaften" (unter Beizug juristischer Fachleute) den Willen des urteilsfähigen Patienten zu einem vornehmlichen Kriterium ärztlichen Handelns erklärt[29]. Darnach darf der Arzt, dem Wunsch des Patienten entsprechend, erlauben, in einem äußersten Fall „nur noch leidenmildernde Mittel zu geben oder eine in anderer Weise beschränkte Behandlung durchzuführen, ohne daß er deswegen rechtlich verantwortlich wird"[30]. Dabei vermöge eine allfällig vorliegende schriftliche Erklärung des Patienten zwar ein Indiz abzugeben, das jedoch für das ärztliche Handeln nicht maßgeblich sei[31]. Ist aber der tödlich erkrankte Patient nicht mehr urteilsfähig, so wird „die Pflicht des Arztes zivilrechtlich nach den Regeln der ‚Geschäftsführung ohne Auftrag' bestimmt"[32], was bedeutet, daß sich der Arzt nach „dem mutmaßlichen Willen des Patienten" zu richten habe. Dabei kann „der Respekt vor der Persönlichkeit des Sterbenden die Anwendung medizinischer Maßnahmen als nicht mehr angezeigt erscheinen lassen". Eine weitere Verbindlichkeit gilt für den Arzt insofern, als „dem Patienten nahestehende Personen anzuhören (sind)", wobei die letzte Entscheidung rechtlich beim Arzt liegt. Bei unmündigen Patienten darf freilich „die Behandlung nicht gegen den Willen der Eltern oder des Vormundes eingeschränkt ... werden"[33].

Die damit erhobene Norm räumt dem ärztlichen Ermessen wohl einen weiten Spielraum ein, läßt aber auch bestimmte Fragen offen. So wird in dem genannten Bericht der Akademie zugegeben, daß die Grenzen zwischen aktiver und passiver Sterbehilfe, an der aus Gründen der Rechtssicherheit unbedingt festgehalten wird, bisweilen fließend sind. In der Tat kann unter Umständen eine

[26] Zusammenstellung der wichtigsten einschlägigen Strafgesetzbestimmungen in: *J. Wunderli–K. Weisshaupt* (Hrsg.), a.a.O. 279ff.
[27] Schweizerische Akad. der med. Wiss. (Hrsg.), a.a.O. 5.
[28] Vgl. *J. Wunderli*, Möglichkeiten 214ff.
[29] Schweizerische Akad. der med. Wiss. (Hrsg.), a.a.O. 5.
[30] Ebd. [31] Ebd. [32] Ebd. [33] Ebd.

„aktive“ Sterbehilfe sogar einer größeren Zurückhaltung entsprechen als eine sog. „passive“ Maßnahme. Aufschlußreich für eine aktive Sterbehilfe, die sich noch in einem Bereich ethischer Verantwortlichkeit vollzieht, ist der Fall der holländischen Ärztin Dr. G. Postma, die im Jahre 1971 ihre 78jährige halbgelähmte und schwer leidende Mutter, Insassin eines Pflegeheims, auf deren seit Jahren vorgetragene Bitte durch eine Überdosis Morphium ums Leben brachte[34]. Das holländische Gericht erklärte die Ärztin zwar für schuldig, verhängte jedoch über sie eine bloß symbolische Haft. Damit dürfte es einen juristisch gangbaren Weg eingeschlagen haben, indem es an der Strafbarkeit jeder Form von aktiver Euthanasie zwar grundsätzlich festhielt, zugleich aber einer Grenzsituation, in welcher ethische mit allgemeinrechtlichen Gesichtspunkten notwendig in Konflikt geraten müssen, Rechnung trug. Umgekehrt wird die besondere Problematik einer „passiven Euthanasie“ gekennzeichnet durch den Fall des Zürcher Professors Hämmerli. Hämmerli hatte bei der künstlichen Ernährung unheilbar kranker und dauernd bewußtloser, somit also keinem unerträglichen Leidensdruck ausgesetzter Patienten diesen die Zufuhr lebenswichtiger Nährstoffe teilweise entzogen. Nach Bekanntgabe der von ihm befolgten Praxis erfolgte eine behördliche Anzeige. Das langfristige Untersuchungsverfahren ist dann aber durch die Staatsanwaltschaft aufgehoben worden, womit die ethischen Motive des Arztes gewissermaßen anerkannt worden sind.

Und doch markiert der sog. Fall Hämmerli nicht nur in rechtlicher, sondern auch in ethischer Hinsicht einen Grenzfall. Hämmerli hat sein Vorgehen bei irreversibel bewußtlosen Patienten durch den Hinweis auf deren *„Persontod“* oder *„geistigen Tod“* zu begründen versucht[35]. Darin kommt das ärztliche Bestreben zum Ausdruck, bei einer Situation, in der medizinische Kriterien für die Entscheidung nicht mehr ausreichen, solche philosophisch-anthropologischer Art geltend zu machen. Doch angesichts der geschichtlichen Wandlungen, die er durchgemacht hat, und der entsprechenden Vieldeutigkeit ist der Personbegriff umstritten[36]. Bezeichnete er in der Spätantike und in der Scholastik (Boethius, Thomas) die seelisch-geistige Substanz des Individuums, in der Aufklärung das vernünftig denkende und sittlich handelnde Subjekt, so wird er im Deutschen Idealismus (Jacobi, Hegel) und namentlich in der existentialen Philosophie der Neuzeit (M. Buber, K. Jaspers) wie auch in der dialektischen Theologie (E. Brunner) durch die Beziehungsfähigkeit (Ich-Du-Beziehung) bestimmt, d.h., die Person besteht hier in ihrer zwischenmenschlichen und religiösen Dialogstruktur. In jedem Fall ist der Personbegriff nur aufgrund seiner metaphysischen und idealistischen Herkunft zu verstehen, was der Vorstellung eines „Persontodes“ eine innere Widersprüchlichkeit verleiht und sie für die Medizin empirisch unverwendbar macht.

---

[34] *J. Wunderli,* Euthanasie 13.

[35] *J. Wunderli,* Möglichkeiten 196; *Ph. Ariès,* a.a.O. 553ff.

[36] Ebd. 126ff.

Für medizinische Grenzsituationen, wie sie u.a. im Problemkreis der durch Hämmerli bekanntgewordenen Fällen begegnen, muß aber doch nach ethischen Kriterien gesucht werden, die auch für den Arzt einsehbar sind. H. Ringeling hat deshalb darnach gefragt, welche Werte menschlichen Lebens bei einer schweren Beeinträchtigung als grundlegend erfahren werden[37]. Er erkennt eine empirisch feststellbare „Signatur des Menschlichen" in der Fähigkeit, Hoffnung und Leiden zu erfahren, denn „Hoffnung und Leidensfähigkeit machen den Menschen zum Menschen, (sie) sind der genaue Ausdruck eines endlichen, sterblichen Wesens, welches um seine Endlichkeit weiß und sich in solchem Wissen produktiv zu ihr verhalten kann"[38]. Man mag zur Konkretisierung dieses Vorschlags auf die artikulierbare Fähigkeit eines Patienten verweisen, Wünsche und Bedürfnisse, und damit Hoffnung, überhaupt noch zu empfinden, aber auch auf Einwirkungen von außen, und damit auf erfahrenes Leiden, noch zu reagieren, und schließlich, damit verbunden, auf die wahrnehmbare Fähigkeit einer verbalen oder nichtverbalen Kommunikation.

Daß auch einem solchen Kriterium empirische Eindeutigkeit abgeht, ist zuzugeben. Die Grenzen zwischen lebendiger und abgestorbener Leidensfähigkeit sind fließend, wie auch die zwischen einer nichtverbalen Kommunikationsfähigkeit und totalem Kommunikationsverlust. Gerade dadurch aber ist der verantwortlichen Interpretation ein notwendiger Spielraum gelassen. Um zu wissen, ob sich bei einem Sterbenden noch das Verlangen nach Gemeinschaft regt, bedarf es einer innern Verbundenheit mit ihm, die bis in das letzte Versinken weitergeht. Der Arzt oder die Angehörigen treten dann gleichsam stellvertretend für das sterbende Leben ein. Nur da, wo solche Identifikation mit dem Sterbenden versucht wird, darf in der letzten Stellvertretung für das erlöschende Ich eine Entscheidung getroffen werden, die den Verzicht auf die künstliche Fortsetzung eines Lebens, das zu seinem Ende kommen will, bedeutet.

[37] *H. Ringeling*, Bemerkungen zur These vom natürlichen Tod, in: *D. Henke* u.a. (Hrsg.), Der Wirklichkeitsanspruch von Theologie und Religion. Festschrift f. E. Steinbach (Tübingen 1976) 193ff.

[38] *H. Ringeling*, a.a.O.

III

Fragen der Sterbebegleitung

1. Todesbewältigung in der säkularisierten Gesellschaft

Das entscheidende Problem, das sich im Blick auf das Lebensende stellt, liegt nicht so sehr in der Grenzsituation der Sterbephase als solcher als in der Aufgabe, die der Tod dem einzelnen wie der Gesellschaft schon mitten im Leben stellt. Die christliche Jenseitserwartung, getragen von der Gewißheit eines kommenden Gerichts und eines durch die Kirche vermittelten Heils, ermöglicht heute nur einer immer noch schwindenden Minderheit die innere Festigkeit, welche einstmals allen Menschen die Sprache zur Meditation des eigenen Sterbenmüssens gewährt hatte. In der Aussicht auf den Tod hilft heute zumeist weniger eine christliche Jenseitserwartung zur inneren Ruhe als die Gewißheit, daß die familiären und beruflich-gesellschaftlichen Spannungen, die das Leben erzeugt hat, gelöst sind und damit ein guter Abschied vom irdischen Dasein gewährleistet ist. Was das Geheimnis des Todes selbst betrifft, so hat G. Bally wohl zu Recht die allgemeine Einstellung der meisten heutigen Menschen als eine sich östlicher Religiosität nähernde „translogische Erwartung" verstanden, mit dem Tode einzusinken in die Einheit des Alls[39]. Solche Haltung darf keineswegs als Nihilismus abgetan werden, sondern verlangt nach einer theologischen Interpretation und einer neuen Form von geistlicher Führung. Diese müßte sich denn auch an dem neu erwachten Interesse für Transzendenz bewähren, durch welches heute eine große Zahl von Menschen bezeugt, daß sie sich nicht mit einer materialistischen oder nihilistischen Auskunft über das Geheimnis des Lebens und des Todes begnügen will.

Die Aufgabe, die einem jeden Menschen mit der Tatsache seines Sterbenmüssens gesetzt ist, läßt sich nur in einer Grundhaltung dem Leben gegenüber lösen, welche ihr Ziel nicht allein in der wirtschaftlichen und technischen Beherrschung der Welt und einem damit verbundenen Konsumverhalten sieht. Eine Gesellschaft, welche der ethischen Wahrhaftigkeit, die das Leben fordert, genügen will, muß die Realität des Todes in ihre geistige und seelische Arbeit einbeziehen können. Die Tradition christlicher Sterbemeditation, die von der Antike bis ins 18. Jahrhundert hinein allen sozialen Schichten die Sprache zur Bewältigung des Todes vermittelt hatte, bietet insofern Maßstäbe auch für die Todesbewältigung im Industriezeitalter an, als sie in ihrer Weise die fundamentale Verflochtenheit von Leben und Tod zum Ausdruck bringt. Sie bringt damit

[39] *G. Bally*, Das Todesproblem in der wissenschaftlich-technischen Gesellschaft, in: WzM 18 (1966) 129ff.

auch die Zumutung zum Ausdruck, das Sterben schon mitten im Leben erfahren und begreifen zu müssen. Das Pauluswort: „Ich sterbe täglich" (1 Kor 15,31) findet eine anthropologische Bestätigung durch die Beobachtungen, welche u.a. E. Kübler-Ross an Krebskranken gewonnen hat. Darnach pflegen die Kranken dem Gedanken des Todes um soviel besser begegnen zu können, wie sie schon in gesunden Tagen gelernt hatten, das Leiden, den Verzicht, die Zusammenbrüche, die das Leben ihnen brachte, in Arbeit zu nehmen, um in solcher Arbeit einen Vertrauensgrund zu erfahren, der im Leben nicht minder als im Sterben standzuhalten vermag.

2. *Die Wahrheit am Krankenbett*

Die Konfrontation mit der eigenen Todesproblematik und deren Verarbeitung ist nicht zuletzt vorausgesetzt auch für Menschen, die berufsmäßig – als Ärzte, Pflegepersonal, Seelsorger usw. – mit Kranken und Sterbenden zu tun haben. Nur im Blick auf solche Voraussetzung jedenfalls läßt sich die umstrittene Frage der sog. Wahrheit am Krankenbett erörtern[40].

Von Hippokrates, der vom Arzt gefordert hatte, er solle das meiste vor dem Kranken verbergen, führt eine Tradition bis zu einer bedeutenden Anzahl von Ärzten der Gegenwart, welche dieselbe ethische Grundhaltung einnehmen[41]. Sie vertreten, z.T. mit Hinweis auf reichlich belegte negative Erfahrungen, die Ansicht, dem Patienten sei unter keinen Umständen die volle Tatsache einer malignen Krankheit mitzuteilen. Ihnen ist von jeher auch widersprochen worden, so in diesem Jahrhundert u.a. durch R. Siebeck und K. v. Dürckheim, die beide vom Arzt die Achtung vor der Persönlichkeit des Kranken fordern und auf die psychologisch befreiende Wirkung der Wahrheit hinweisen, wenn sie dem Patienten zur rechten Zeit mitgeteilt wird[42].

Obwohl sich die letztgenannte Gruppe auf überzeugende Argumente stützen kann, scheint sie sich unter der Ärzteschaft auch heute noch in der Minderheit zu befinden. Nach amerikanischen Untersuchungen sind in den USA nur 20–30% der Allgemeinärzte und mancherorts nur 10% der Klinikärzte dazu bereit, Krebskranke über ihren wahren Zustand aufzuklären, während die überwiegende Zahl der Ärzte ihn zu verschweigen pflegt[43]. Sofern sich nun aber

---

[40] Vgl. *E. Ansohn*, Die Wahrheit am Krankenbett (München 1965); *R. Leuenberger*, Die Wahrheit am Krankenbett, in: *J. Wunderli–K. Weisshaupt* (Hrsg.), a.a.O. 62ff. (Lit.).
[41] *R. Leuenberger*, a.a.O. 62f.
[42] *E. Ansohn*, a.a.O. 42ff.
[43] Vgl. *F. Meerwein*, Bemerkungen zur Arzt-Patienten-Beziehung bei Krebskranken, in: Zeitschrift für psychosomatische Medizin und Psychoanalyse 22 (1976) 278ff.

die Weigerung auf die Ansicht stützt, der Kranke ertrage die „Wahrheit" in der Regel nicht, ja er wolle sie nach einem Verschleierungsgesetz, das in der Natur der Krankheit liege, gar nicht wissen – so u.a. H.v.Kress und M.Mikorey[44] –, ist diese Ansicht durch Untersuchungen amerikanischer Ärzte, wie u.a. auch durch solche an der Onkologischen Station der Zürcher Universitätsklinik, widerlegt und das – zumeist unausgesprochene – Verlangen der meisten Krebspatienten, über ihren Zustand aufgeklärt zu werden, bewiesen worden[45]. Die Tatsache, daß ihnen die Aufklärung oft verweigert wird, hängt sowohl mit der Problematik jeder Diagnose (und Prognose) als auch mit der psychologischen Problematik zusammen, in der sich die Person des Arztes befindet. Mit dem Kranken über seinen Zustand zu reden bedeutet für den Arzt ein nicht geringes persönliches Risiko. Es ist denn nur natürlich, daß er, der sich täglich im Kampf gegen den Tod befindet, sich im Umgang mit Kranken ein habituelles Schutzverhalten angewöhnen muß. So hat sich in vielen Sprechzimmern und Kliniken ein fast ritueller Sprachgebrauch der ausweichenden Beschwichtigung eingebürgert. In bezug auf ihn stellt F. Meerwein fest, daß latente Todesängste „bei den Ärzten signifikant häufiger nachweisbar sind als in einer Vergleichsgruppe von Patienten"[46] – eine Beobachtung, die möglicherweise auch für Seelsorger zuträfe. Die Reaktion des Patienten auf die sehr wohl empfundene Abwehrhaltung des Arztes besteht jedoch darin, daß er verstummt und, indem er die ungelöste Angst in sich hineinnimmt, hilflos in sich verblutet. So dürften die namentlich durch H. v. Kress mitgeteilten Beobachtungen, wonach Kranke ihren Zustand gar nicht wissen wollen, vornehmlich als Reaktion auf ein bestimmtes ärztliches Verhalten und auf das der sonstigen Umwelt zu verstehen sein.

Die Alternativfrage, ob einem Patienten die Wahrheit mitzuteilen sei oder nicht, ist denn wohl zu einfach gestellt. Ihre Beantwortung hängt wesentlich ab sowohl von der seelischen Verfassung des Kranken als auch von der Person des Arztes, namentlich aber von der klinischen oder familiären Umwelt, in der sich der Patient befindet. Mit Sicherheit kann aber gesagt werden, daß der Respekt vor dem Kranken es verbietet, diesen zu belügen. Wahrhaftigkeit im Umgang mit dem Patienten bildet die unerläßliche Voraussetzung dafür, daß ein Verhältnis des Vertrauens, in dem sich der Kranke geborgen fühlen muß, überhaupt entstehen kann. Der Grad des Vertrauens aber ist anderseits maßgebend dafür, was dem Patienten an Wissen über seinen Zustand mitgeteilt werden darf und worüber die Auskunft vielleicht noch zu verweigern ist. Die zahlreich belegten Fälle, da es nach der Mitteilung der Diagnose durch den Arzt zum seelischen Zusammenbruch des Patienten, bis hin zum vollzogenen Suizid, gekommen ist, dürften in den meisten Fällen eine mangelnde Gesprächsreife von

---

[44] Vgl. *R. Leuenberger*, a.a.O. 63.
[45] *F. Meerwein*, a.a.O. 286. [46] Ebd.

Arzt und Patient verraten und damit ein mangelndes Vertrauensverhältnis zum Ausdruck bringen.

Das Ziel ärztlichen Verhaltens kann es darum nicht sein, dem Kranken auf eine tastende Frage hin zu einer vermeintlich „klaren Auskunft" zu verhelfen noch ihn mit beruhigenden Zusicherungen zum Schweigen zu bringen, wohl aber, ihn aus der Isolation herauszuholen. Die Mauer des Schweigens oder bloß konventionell-abwehrender Redensarten, die Arzt und Patient gleichermaßen voneinander trennen, muß so durchbrochen werden, daß der Patient die Solidarität spürt, die ihm der ärztliche (oder seelsorgerliche) Partner gewährt. Solche Gemeinschaft ist durchaus nicht an eine nur verbale Kommunikation gebunden, sondern besteht wesentlich in einer tieferen Übereinstimmung, die vielleicht fast schweigend zum Ausdruck kommt, jedenfalls ohne daß der Zustand des Patienten beständig verhandelt wird. Dabei darf vorausgesetzt werden, daß der Patient seinen wahren Zustand bis zu einem gewissen Grad immer schon begriffen hat oder doch ahnt. Er bedarf nur der Hilfe, damit er sich das, was er im Grunde weiß und wogegen er, in sich selbst gefangen, sich zur Wehr setzt, einzugestehen und in sich zur Reife zu bringen vermag.

Der rechte Gebrauch von Wahrheit am Krankenbett gründet in der Einheit von Wahrheit und Liebe. So wie alle Liebe Wahrhaftigkeit erfordert, so ist umgekehrt nach christlichem Verständnis Wahrheit allein in der Liebe. Darum ist die Mitteilung von Wahrheit nicht zu lösen von dem Vertrauen, welches ein zwischenmenschliches Verhältnis bestimmt. Nur wenn die Mitteilung von Wahrheit etwas fühlen läßt von einer Partnerschaft, die durchhält bis in die Zone des Schweigens hinein, vermag sie die Angst im Herzen des Kranken zu überwinden und diesen aus der Isolation, welche die Ahnung des kommenden Todes notwendig mit sich bringt, zu befreien.

Literatur

U. Eibach, Recht auf Leben – Recht auf Sterben. Anthropologische Grundlegung einer medizinischen Ethik (Wuppertal 1974).

Ders., Medizin und Menschenwürde. Ethische Probleme in der Medizin aus christlicher Sicht (Wuppertal 1976) (Lit.).

V. Eid (Hrsg.), Euthanasie – oder soll man auf Verlangen töten? (Mainz 1975).

A. Eser (Hrsg.), Suizid und Euthanasie als human- und sozialwissenschaftliches Problem (Medizin und Recht I) (Stuttgart 1976).

A. Auer – H. Menzel – A. Eser, Zwischen Heilauftrag und Sterbehilfe. Zum Behandlungsabbruch aus ethischer, medizinischer und rechtlicher Sicht (Berlin – Bonn – München 1977).

Th. Lohmann, Euthanasie in der Diskussion. Zu Beiträgen aus Medizin und Theologie seit 1945 (Düsseldorf 1975).

W. Fuchs, Todesbilder in der modernen Gesellschaft (Suhrkamp TB 102) (Frankfurt a. M. 1973).

J. Möllering, Schutz des Lebens – Recht auf Sterben. Zur rechtlichen Problematik der Euthanasie (Medizin und Recht III) (Stuttgart 1977).

Robert Leuenberger

Zweiter Teil

Ehe und Familie

Der Dialog der Theologie mit den Humanwissenschaften bestimmt die Konzeption auch dieses Teils. Auswahl und Reihenfolge der Themen, die behandelt werden, ergeben sich aus der Absicht, die hauptsächlichen Fragen der gegenwärtigen Diskussion über Sexualität, Ehe und Familie so zu erörtern, daß die in diesem Bereich obwaltende und die Ethik beider Konfessionen zu einer tendenziell gemeinsamen Antwort verpflichtende Sachlogik hinreichend deutlich wird.

Mit dieser Sachlogik ist im Zusammenhang des ganzen Werkes gemeint, daß der epochale Kulturwandel die Theologie zu einer Revision und Rekonstruktion ihrer moralwissenschaftlichen Grundlagen herausfordert, und zwar in der Weise eben einer „kulturellen Unbeliebigkeit": Die in der neuzeitlichen Welt vorgegebene Freiheit zur selbständigen Lebensführung muß von der christlichen Ethik als Aufgabe verantwortlicher Lebensgestaltung ergriffen, das heißt in konkrete Möglichkeiten personaler Kommunikation und Integration, stichwortartig: einer „offenen Identität", übersetzt werden.

Ehe und Familie: der Titel ist eine Abkürzung; die Beiträge umreißen modellhaft auch die zentralen Probleme einer Sexualethik im Vor- und Umfeld von Ehe und Familie. Zentral sind sie gerade insofern, als von ihnen aus eine allgemeine Theorie des geschlechtlichen Verhaltens abgeleitet werden kann. Anderseits ist es nicht ohne Bedeutung – und gewiß auch nicht ohne versuchsweise einer solchen Theorie vorgreifende Wertung –, daß die Probleme der menschlichen Sexualität überhaupt im *Vorfeld und Umfeld* von Ehe und Familie angesiedelt erscheinen. Tatsächlich ist das der Ausgangspunkt für die Disposition, wenngleich kein allzu aufdringliches Ausrufungszeichen, sondern eher in deutlicher Nähe eines Fragezeichens: daß die christliche Ethik eine Integration von Sexualität und Personalität und damit auch eine Einbeziehung der Sexualität sozusagen in die geordneten Verhältnisse von *Institutionen des Bundes* nahelegt.

Es ist also, anders gesagt, die Vorgabe der Tradition, die den Titel des Gesamtabschnitts rechtfertigt. Diese Vorgabe wird aber im Spektrum der Einzelbeiträge einer Bewährung ausgesetzt, die den Leser zu einer eigenen Antwort auffordert, d. h., für die Konzeption der Beiträge ist die gegenwärtige Problemlage der Ausgangspunkt. Der beobachtende Bezug auf den Wandel des Verhaltens, der Einstellung, der Erfahrung ist das erste für die ethische Reflexion. In diesem Bezug erscheinen neue Fragen, die in der Tradition noch keinen eigenen Ort haben, auch alte Fragen, die ungelöst blieben und nach neuen Antworten rufen. Diese Antworten aus der Intention der biblisch-christlichen Überlieferung zu erschließen ist das zweite, und das dritte dann der Versuch, für die Bewältigung der gegenwärtigen Situation wirklichkeitsgerechte Anhaltspunkte und Vorschläge zu bieten. Das bleibt ein offener Zirkel, der von Fachwissenschaftlern beschrieben wird und deshalb an solider Information und theoretischer Durchdringung der Sachverhalte nichts vermissen lassen sollte, gleichwohl aber den Leser sucht, der mit der Anstrengung des Mitdenkens seine Freiheit wahrnimmt.

Hermann Ringeling

I
Ehe und Ehescheidung

Mit der Überschrift dieses Abschnittes werden Ehe und Ehescheidung sozusagen in einem Atemzug zur Behandlung aufgerufen. Das macht deutlich, daß wir uns im Raum theologischer Ethik befinden. Sie weiß um Gnade und Sünde, um Glauben und Unglauben des Menschen. Sie weist den Menschen hin auf die Größe seiner Berufung, sie ermutigt ihn aber auch trotz seines Versagens. Seit es christliche Gemeinden gibt, läßt sich bei der Verkündigung der sittlichen Botschaft dieser doppelte Aspekt verfolgen: *Einerseits* weiß man sich den hohen Forderungen Jesu verpflichtet. Man bringt sie unverkürzt zur Sprache. *Andererseits* weiß man aber auch, daß sie sich an Glaubende richten, die „vom Tod zum Leben" gekommen sind und die immerfort vom Unglauben bedroht werden, deren Leben aber trotzdem weitergehen muß. Dies gilt auch für das Leben in der Ehe. So beruft sich Paulus 1 Kor 7, 10 ausdrücklich auf ein Herrenwort. Die Pflicht zur ehelichen Bindung wird als „Gebot (παραγγελία; V. 25 ἐπιταγή) des Kyrios" verstanden und damit jeder Diskussion entzogen[1]. Und die theologische Reflexion rückt schon früh nach atl. Vorbild den Ehebund in Parallele zum Bund des erhöhten Herrn mit seiner Gemeinde (Eph 5,21–33). Sie gewinnt damit eine feste Grundlage für die entsprechende Paränese. Aber trotzdem gibt Paulus, der das Herrenwort als unbedingt verbindlich zitiert, an der gleichen Stelle (1 Kor 7, 11) auch einen Rat für den Fall, daß das Gebot bereits übertreten wurde[2]. Wenn eine Aussöhnung nicht möglich ist[3], konzediert

---

[1] Vgl. *H. Schürmann*, „Das Gesetz des Christus" (Gal 6, 2). Jesu Verhalten und Wort als letztgültige sittliche Norm nach Paulus, in: *ders.*, Jesu ureigener Tod. Exegetische Besinnungen und Ausblick (Freiburg i. Br. 1974) 100.

[2] Vgl. *R. Pesch*, Paulinische „Kasuistik". Zum Verständnis von 1 Kor 7, 10–11, in: Publicado en „Homenage a Juan Prado", C.S.I.C. (Madrid 1975) 433–442, hier 440.

[3] Daß Paulus die Versöhnung nicht als einzige Lösung und erst an zweiter Stelle vorschlägt, hat

Paulus das Getrenntleben und gibt sich so mit einer „approximativen" (H. Schürmann) Erfüllung des Herrenwortes („nicht trennen") zufrieden. In der realen Situation, in der Ehen immer noch gebrochen werden, muß auch den davon Betroffenen eine Hilfe geboten werden.

Dies gilt heute mehr denn je. Mit der Auflösung der Großfamilie alter Prägung und mit der fortschreitenden Gleichberechtigung der Geschlechter hat sich auch das Bild der Ehe verändert. Die lange Zeit in Gesellschaft und Kirche vorherrschende Betonung der Ehe als Institution zur Erzeugung und Erziehung von Nachkommenschaft ist durch das Leitbild partnerschaftlicher Ehe ergänzt worden. Damit wurden auch eine vorwiegend rechtliche Sicht der Ehe als vertraglicher Institution und die stark patriarchalisch bestimmte Rollenverteilung von Mann und Frau korrigiert. Die gegenseitige personale Zuwendung der Partner und eine entsprechende Eltern-Kind-Beziehung wurde stärker ins Bewußtsein gerückt. Damit bringt die auf partnerschaftlicher Liebe gegründete Monogamie einen wesentlichen Zug jener Ordnung zur Geltung, auf die hin Gott den Menschen von Anfang an geschaffen hat (Mk 10,4–8). Man darf aber nicht übersehen, daß die heutige Ehewirklichkeit durch den Verlust früherer Stützen in wirtschaftlichen und gesellschaftlichen Ordnungen auch verletzlicher geworden ist; „der Schwund von Tradition und Autorität verweist die Ehepartner stärker auf sich selbst. Die partnerschaftliche Ehe stellt somit hohe Anforderungen an die Liebesfähigkeit der Ehegatten, an ihre Offenheit füreinander, an das Vermögen der Reifung im Verlauf der verschiedenen Phasen des menschlichen Lebens und an ihre Bereitschaft zur Konfliktlösung."[4] Es ist darum nicht verwunderlich, daß daran Ehen auch zunehmend scheitern. Darum sollen im folgenden die Ehe als Angebot und Auftrag (1), aber auch die mit einer Scheidung sich stellenden Probleme und Hilfen (2) zur Sprache kommen.

1. Ehe als Angebot und Auftrag

a) Das christliche Verständnis der Ehe

Das christliche Verständnis der Ehe wurde in den letzten zwanzig Jahren im interkonfessionellen Gespräch erheblich geklärt. Der Gegensatz und die Abgrenzung einer „res sacra" von einem „weltlich Ding" kann jedenfalls nicht mehr als Formel für den konfessionellen Unterschied gelten. Die Ehe ist dem

---

nach R. Pesch seinen Grund darin, daß der frühere, wohl heidnische Ehemann durch die Bekehrung seiner Frau zum Christentum „unversöhnlich" geworden und menschliche Versöhnung nicht erzwingbar sei (vgl. ebd. 441).

[4] Christlich gelebte Ehe und Familie. Ein Beschluß der Gemeinsamen Synode der Bistümer in der Bundesrepublik Deutschland, in: Gemeinsame Synode, Offizielle Gesamtausgabe I (Freiburg i. Br. 1976) 424.

evangelisch-reformierten Gläubigen in gewisser Hinsicht eine heilige Sache, ohne daß er von einem Sakrament sprechen möchte; und dem Katholiken bleibt die Ehe eine menschliche Grundinstitution mit einer vielfältigen kulturgeschichtlichen Tradition, auch wenn er die Ehe der Getauften als ein Sakrament betrachtet. Beides läßt sich verbinden.

Die prägende Kraft des Christen ist der Glaube. Das gilt auch für seine Ehe. Christlich gelebte Ehe enthält das Angebot des Glaubens. Sie darf leben „aus dem Glauben an Gott, der sich in Jesus Christus der Welt selbst vorbehaltlos mitgeteilt hat. Diese seine Liebe ist jedem einzelnen und der gesamten Menschheit so zugewandt, daß wir für unser eigenes Leben und für die ganze menschliche Geschichte Hoffnung auf eine Vollendung und Erfüllung haben dürfen, welche alles Vorstellen übersteigt. Die lebendige Gegenwart der in Jesus Christus geschenkten Liebe Gottes zu bezeugen und die in ihr für alle Menschen begründete Hoffnung zu verkünden, ist die eine alles umgreifende Sendung der Kirche. An ihr hat die Ehe ihren Anteil; denn christliche Ehepartner bezeugen in ihrem gemeinsamen Leben die Liebe Gottes, indem sie durch ihre eigene Liebe und Treue die Liebe Gottes sichtbar machen."[5] Mit diesen Worten hat die Gemeinsame Synode der Bistümer in der Bundesrepublik Deutschland in kürzester Form das Spezifische einer christlichen Ehe herauszuheben versucht. Absichtlich wurde bei dieser allgemeinsten Beschreibung des christlichen Eheverständnisses das Wort Sakrament nicht gebraucht, obwohl mit dem Hinweis auf den Glauben sowie auf die Teilnahme an der Sendung der Kirche die entscheidenden Elemente angesprochen sind. Wenn die Ehe als Sakrament bezeichnet wird, muß man gleich die üblichen Katechismusdefinitionen von „Sakrament" vergessen; sie ist ein „sacramentum sui generis". Jesus hat weder die Ehe als Institution eingesetzt, noch hat er einen Eheritus gestiftet. Da die Reformationskirchen ihren Sakramentenbegriff ausschließlich auf religiöse Institutionen beschränken, die von Jesus selbst gestiftet worden sind, hat es wenig Sinn, sich im ökumenischen Gespräch über den Begriff zu streiten. Man sollte sich allein der Sache zuwenden.

Die gemeinsame Grundlage für das theologische Verständnis der Ehe bildet nach wie vor die Bibel. Dabei zeigt sich auch hier das NT als Fortsetzung und Erfüllung des AT. Jesus selbst hat sich – soweit das Schriftzeugnis reicht – wenig zur Ehe geäußert[6]. Doch schon das Wenige, das er sagt, zeigt, wie sich in seiner

---

[5] Ebd. 425.

[6] Von Jesus selbst sind uns zur Ehe nur zwei Aussagen überliefert: In einem Streitgespräch mit den Pharisäern, das uns zunächst und wohl in der ursprünglichen Fassung von Markus (10,2–10) und dann in eigener Komposition von Mattäus (19,3–12) überliefert wird, nimmt er zur Frage der Ehescheidung Stellung. In Verbindung mit diesem Gespräch überliefern Mk 10,11 und Mt 19,9 das bekannte Logion vom Ehebruch, das auch Lk 16,18 berichtet und Mt überdies in die Antithese der Bergpredigt (5,31f.) eingefügt hat.

Botschaft von der Ehe die Grundstruktur seiner Botschaft überhaupt wiederholt. Im Streitgespräch mit den Pharisäern (Mk 10,2–10; Mt 19,3–12) greift er hinter das geschichtliche Recht und seine kasuistische Interpretation auf den Schöpferwillen Gottes zurück. Ihn gilt es in dieser heilsgeschichtlichen Stunde voll zur Geltung zu bringen. Jesus „erlöst den Menschen von der Zwielichtigkeit der Kasuistik, aber er überführt ihn auch seiner Sünde, weil das geschichtliche Gesetz und seine Auslegung zugleich auch als eine Flucht vor der Totalität des Gotteswillens erkennbar werden – als das Gebüsch, hinter dem sich Adam verbirgt, um von dem Gott nicht gesehen zu werden, dessen Anruf ‚Adam, wo bist du?' ihn in Jesu Worten dennoch erreicht"[7]. Dabei erweist sich der Rückgriff hinter Mose nicht einfach als eine Bestätigung oder Wiedereinsetzung eines Gesetzes. Jesu prophetisches Wort darf nicht ohne weiteres als Gesetz angesehen werden. Jesu Wort macht vielmehr den Auftrag des Ursprungs, d.h. die eigentliche *Absicht Gottes* mit dem Menschen, *zur gegenwärtigen Möglichkeit im Glauben*. Es ist Teil seiner Reich-Gottes-Predigt, der Verkündigung von Gottes Herrschaft und Reich. Das Reich Gottes ist die Macht und Sphäre göttlichen Wirkens, die Aufrichtung eines neuen Lebens und Zusammenlebens durch „Gottes befreiendes Recht der Liebe"[8]. Die Liebe, die er lehrt, soll in der Bereitschaft zum Verzeihen selbst Untreue und Enttäuschung überdauern. Sie weiß sich für den Gatten verantwortlich bis zum Tod; und diese Verantwortung kann nicht einfach durch einen Scheidebrief abgegolten werden. Damit wird die Ehe zum Ort und zum Zeichen des Heils für die Verbundenen, weil hier ein Mensch ganz und für immer aufgerufen und ermächtigt wird, in Liebe für den anderen dazusein. Das ist der Weg, auf dem durch Christi erlösende Liebe die menschliche Institution von innen her erneuert werden soll.

Über all das wurde in den Urgemeinden offenbar bereits tiefer reflektiert. Ein Beispiel dafür liefert die bekannte Stelle im Epheserbrief (Eph 5,21–33)[9]. Die Gemeinschaft von Mann und Frau wird gesehen und gedeutet als Bild für die Beziehungen zwischen Christus, dem erhöhten Herrn, und seiner Gemeinde, der Kirche. Wie Christus die Kirche in Liebe leitet, so soll auch der Mann seine „Führungsrolle" in der Ehe übernehmen. Mag diese Aufgabenstellung (V. 21–24) noch stark in der damals geltenden „hierarchischen Struktur" der Ehe verankert sein, so führen die weiteren Verse (25–32) darüber

---

[7] *J. Ratzinger*, Zur Theologie der Ehe, in: *G. Krems – R. Mumm* (Hrsg.), Theologie der Ehe (Regensburg – Göttingen 1969) 83.

[8] Vgl. *P. Stuhlmacher*, Gerechtigkeit Gottes bei Paulus (Göttingen ^{2}1966) 255. Stuhlmacher zeigt, daß „mit Jesu Begriff der βασιλεία und der paulinischen Rede von der δικαιοσύνη θεοῦ dasselbe Phänomen angegangen wird: Gottes befreiendes Recht der Liebe" (ebd. 255).

[9] Vgl. *H. Schlier*, Der Brief an die Epheser (Düsseldorf ^{4}1963) 252ff.; *R. Schnackenburg*, Die Ehe nach dem Neuen Testament, in: *G. Krems – R. Mumm* (Hrsg.), a.a.O. 28–31; *H. Greeven*, Ehe nach dem NT, in: *G. Krems – R. Mumm*, a.a.O. 77–79; *H. Baltensweiler*, Die Ehe im Neuen Testament. Exegetische Untersuchungen über die Ehe, Ehelosigkeit und Ehescheidung (AThANT 52) (Zürich – Stuttgart 1967) 218–233.

hinaus in eine Funktion christlicher Existenz schlechthin: Wie Christus die Kirche reinigt und heiligt, so werden die Gatten zu Dienern der Heiligung (vgl. 1 Kor 7,14). Damit ist ein ethisches Vorbild-Abbild-Verhältnis weit überschritten. In der gegenseitigen Beziehung verwirklicht sich das Verhältnis Christus–Kirche und kommt so zur Darstellung. Wie die Gemeinde als solche (V. 30) Christus auf dieser Erde repräsentiert, „so vergegenwärtigt die Ehe der Christen das Christusgeschehen unter den Menschen. Darum kann sich in der Ehe auch tatsächlich das Heil ereignen“[10].

Das, was der Katholik mit der Sakramentalität der Ehe meint, ist nicht eine zur Ehe hinzutretende Wirklichkeit. Der Ehe als Gabe des Schöpfers wird nichts hinzugefügt, vielmehr wird ihr vertiefter Sinn aufgedeckt. Für die durch die Taufe mit dem Herrn und seiner Gemeinde verbundenen Gläubigen wird die eheliche Gemeinschaft selbst zu einer sakramentalen Wirklichkeit, d.h. zu einer geschenkten Möglichkeit der Begegnung, in der sie das von Christus her verheißene Heil, die erhoffte Erfüllung ihres Lebenszieles finden. Es gehört zu dem von Gott gesetzten Auftrag des Menschen, in seinem Leben über sich in Freiheit zu verfügen. Grund und Ziel dieser Verfügung ist Gott. Die totale Verfügung des Menschen über sich selbst bildet den Inhalt und das Wesen seiner geschöpflichen Freiheit. Darum ist auch die Treuebindung als Verfügungsakt des Menschen über sich ein spezifischer Akt der Selbsttranszendenz in Freiheit. So gesehen, erweist sich gerade die „eheliche Bindung und Treue als ein Ort möglicher Transzendenzerfahrung, als Ort, an dem der Mensch sich selbst überschreitet, um von einer Hoffnung zu leben, die nicht mehr aus ihm selber sein kann“[11]. Er traut sich dem anderen, dem Du, an, um aus ihm und mit ihm zu leben. Freilich wird er sich gerade in dieser Freiheitsentscheidung auch der Erfahrung solcher Bindung bewußt. Die Bindung setzt ja auch die Anerkennung und Annahme des anderen voraus. Eine Anerkennung, die den Menschen um seiner selbst willen meint, beschränkt sich aber nicht bloß auf seine positiven

---

[10] *H. Baltensweiler*, Die Ehe als Glaubensgemeinschaft (in protestantischer Sicht), in: *A. Hardegger* (Hrsg.), Handbuch der Elternbildung I (Einsiedeln 1966) 399. B. wendet sich gegen die Auffassung Schliers, „daß das Vorbild (Christus und die Gemeinde) das Abbild (die Ehe) in seinem Wesen konstituiere“, sagt aber dann: „Wir (Protestanten) sehen zwar genau, daß im Epheserbrief mehr vorliegt als nur ein Vorbild (Christus und die Gemeinde), dem ein Abbild (die Ehe) entsprechen würde. Die Ehe wird auch nicht einfach als eine Schöpfungsordnung verstanden, sondern sie wird mit dem Christusgeschehen verbunden, und auf diese Weise wird ihr wahres, schon in der Schöpfung beabsichtigtes Wesen enthüllt... Demnach ist das Schema Vorbild–Abbild, wie es auf protestantischer Seite meistens zur Beschreibung des in Epheser 5 eigentlich Gemeinten verwendet wird, zu dürftig. Man müßte eher mit dem Begriff der Repräsentanten oder der Vergegenwärtigung operieren. Wie die Gemeinde als solche den Christus auf dieser Erde repräsentiert, so vergegenwärtigt die Ehe der Christen das Christusgeschehen unter den Menschen. Darum kann sich in der Ehe auch tatsächlich das Heil ereignen. Darum kann der ungläubige Ehepartner durch den gläubigen geheiligt werden (1 Kor 7,12–16).“

[11] *W. Kasper*, Die Verwirklichung der Kirche in Ehe und Familie, in: *A. Exeler* (Hrsg.), Die neue Gemeinde (Festschrift Filthaut) (Mainz 1967) 119.

Eigenschaften. Wirklich angenommen ist der Mensch nur dort, wo jemand ihn auch ohne Wenn und Aber mit seinen Schwächen und mitsamt den Belastungen annimmt, die ihm im Laufe seines Lebens zuwachsen.

Liebe bindet sich nicht bloß hypothetisch. Hypothetische Liebe ist keine Liebe. Liebe wird existentielle Wirklichkeit in der Treue. „Diese Liebe in Treue ist vor allem dem möglich, der in der Tiefe seiner Person hoffen kann, daß er selbst wie auch der andere nicht im Tod dem Nichts anheimfallen. Darum lebt solche Liebe immer – selbst wenn sie es nicht weiß – aus der Hoffnung auf Gott. Treue ist eine Frucht der Hoffnung und bringt auch in das Dasein des anderen Menschen die Möglichkeit der Hoffnung."[12] So reicht die Ehe, als entscheidende Verfügung der ganzen Person auf eine andere hin, schon als „weltlich Ding" in ihrem geschöpflichen Verständnis in die Dimension der Freiheitsverfügung vor Gott hinein. Sie trägt damit gleichsam von Haus aus einen immanent religiösen Charakter. Diesen Auftrag im bewußten Glauben an Gottes vergebende und stärkende Gnade in Jesus Christus zu leben heißt: die Ehe als Sakrament erleben. Oder noch konkreter gesagt: Wo zwei Liebende, die durch die Taufe Glieder Christi sind, im Glauben an ihre Berufung einander für dauernd und immer diese Liebe zusprechen, da ist solcher Liebe jenes Heil verheißen, das sie sich als Christen erhoffen. Ihr Lebensbund ist hineingenommen in den großen Bund Gottes mit dem Menschen, den er in Jesus Christus für alle erneuert hat. „Sakramentalität der Ehe besagt, daß die in der Ehe konkretisierte Schöpfungsordnung des Zueinanders von Mann und Frau nicht neutral und bloß weltlich neben dem Bundesgeheimnis Jesu Christi steht, sondern selbst aufgenommen ist in die Bundesordnung des Bundesvolkes Gottes."[13] So dürfte auch das Wort Sakrament kein unüberwindliches Hindernis bilden für das interkonfessionelle Verständnis der Ehe[14].

---

[12] Synodenbeschluß „Christlich gelebte Ehe und Familie" 427.

[13] *J. Ratzinger*, a.a.O. 91f.

[14] Der protestantische Schweizer Theologe H. Ott schreibt dazu: „Nun ist zwar die Auffassung der Ehe als einer Schöpfungsordnung, die Ablehnung der Sakramentalität, in der protestantischen Theologie seit ihren Anfängen stark belegt. Dennoch ist sie nicht wesensnotwendig protestantisch. Es handelt sich hier nicht um einen articulus stantis et cadentis ecclesiae. Die traditionelle protestantische Auffassung dürfte durch ein bestimmtes Verständnis und durch eine bestimmte Erscheinungsform des römischen Sakramentalismus bedingt sein, und ich möchte im Horizonte eines neuen vertieften Sakramentenverständnisses (nämlich des Begriffs der Kirche als Ur-Sakrament, welcher das Feld für den ökumenischen Dialog über die Sakramente plötzlich wieder weit geöffnet hat) die umgekehrte These vertreten: daß die christliche Einehe keine sogenannte Schöpfungsordnung noch ein Grundzug des Humanum ist, sondern sakramentalen Charakter hat. Wir dürfen hier nicht nur auf die protestantische Ehetheologie, sondern müssen (gemäß dem Grundsatz lex orandi lex credendi) auf die Trauungsliturgien und auf die gelebte Praxis der christlichen Ehe im Protestantismus achten. Dies um so mehr, als man sich römischerseits, wenn man den Dialog will, darüber klarsein und damit abfinden muß, daß man es im heutigen Protestantismus mit einer lehramtsfreien Kirche zu tun hat, bei der sich eine unité de doctrine nicht so einfach ablesen läßt." „In der vollkommenen, aber nur durch Gott den Heiligen Geist verwirklichten Solidarität, mit der sich christliche Ehegatten zugehören, wird etwas sichtbar, greifbar und wirksam, d.h. für die Mitmenschen zeugnishaft, von der vollkommenen Solidarität, in der sich Gott in der Menschwerdung seines Sohnes

b) Der Auftrag der Ehepartner

Der Auftrag der Ehepartner wird durch das eben dargelegte Eheverständnis bestimmt. Dies betrifft *zuerst* die *Beziehung* ihrer Ehegemeinschaft *zur Kirche*. Die Kirche – und dies ist wohl keine exklusiv katholische Auffassung – versteht sich als lebendiger Organismus, als Leib des erhöhten Herrn, dessen Wirken sie in Wort und Sakrament weiterträgt. Christliche Ehepartner nehmen in ihrer auf Glaube, Hoffnung und Liebe begründeten Ehe an dieser lebendigen Gemeinschaft teil; sie repräsentieren mit ihrer Ehe ein Stück Kirche. Darum legt die Kirche auch besonderen Wert darauf, daß die Partner durch das verpflichtende Ja-Wort vor der Gemeinde dies sichtbar bezeugen. Gewiß, die Ehe zu begründen vermögen nur sie selbst; konstitutive Ursache der Ehe ist allein der gegenseitige Ehewille. Dementsprechend ist nach katholischer Lehre die fundamentale Präsenz der Kirche auch durch die Partner selbst gegeben. Sie repräsentieren als Getaufte die Kirche. Die Amtsträger ihrerseits fungieren bei der Trauung als bloße Zeugen. Ihre Assistenz ist erfordert zur rechtlichen Anerkennung der Ehe[15].

---

den Menschen zugewendet hat. Wie die Kirche als ganze, so hat die christliche Ehe sakramentalen Charakter, sakramentale Struktur. Mit diesem Satz stellen wir die christliche Ehe nicht an die Seite von Taufe und Abendmahl. Doch eröffnet die von der protestantischen Praxis her begründete Rede vom sakramentalen Charakter der Ehe die Möglichkeit für ein Gespräch mit der katholischen Theologie, die ja doch auch (wie aus der Konstitution über die Kirche deutlich wird) eine Hierarchie unter den Sakramenten kennt" (Das Problem der Mischehe in dogmatischer Sicht, in: Neue Zürcher Zeitung, Fernausg. Nr. 69, Bl. 13, Samstag 11. März 1967).

[15] Seit dem 4. bzw. 5. Jahrhundert werden für die römische Kirche priesterlicher Ehesegen und Brautmesse bezeugt. Man hat aber niemals die Gültigkeit der Ehe davon abhängig gemacht. Wohl drang die Kirche stets darauf, die Ehe solle in öffentlicher, von der Sitte oder den weltlichen und kirchlichen Gesetzen vorgeschriebener Form geschlossen werden, aber man hielt schon sehr früh an der Alleinwesentlichkeit des Konsenses fest. Das führte unter anderem auch dazu, daß – nachdem sich die Konsensehe im 12. Jahrhundert auch im germanischen Kulturbereich durchgesetzt hatte und die Eheschließungsbräuche ihre Bedeutung verloren – die „heimlichen Eheschließungen" (Klandestinehen) zum Problem wurden. Diesen Klandestinehen galt der Kampf des Trienter Konzils. Nach langen Auseinandersetzungen wurde bestimmt, daß in Zukunft alle getauften Ehewilligen zu einer geheimen Eheschließung unfähig (inhabiles) seien und daß eine so geschlossene Ehe, d. h. praktisch ohne die vom Kirchengesetz vorgesehene Form, ungültig sei. Erst im CIC wurde das Hindernis der Klandestinität fallengelassen und dafür eine irritierende Formvorschrift eingeführt. Die Kanonistik begründet diese Vorschrift mit dem Recht der Kirche als vollkommener Gesellschaft, die Rechtsgültigkeit von Verträgen durch eine rechtlich verbindliche Form zu ordnen. Bedeutungsvoll ist dabei die Unterscheidung zwischen Nichtexistenz und Nichtwirksamkeit eines rechtlichen Aktes. Die Konstituierung des Wesens (Existenz) eines Rechtsaktes hängt allein von der personalen Tätigkeit des Menschen ab. „Einzige Wirkursache des Rechtsaktes ist der Wille der Person. Wo dieser Wille fehlt, ist nichts zustande gekommen, und deshalb ist hier z. B. auch späterhin keine ‚sanatio in radice' möglich. Die Gemeinschaft hingegen hat die Ausübung der Rechte so zu ordnen, daß das Gemeinwohl gewahrt bleibt... Sie hat keinen Einfluß auf die rechtliche Tätigkeit als solche, da diese eigentlich und ausschließlich personaler Natur ist. Doch kann sie durch Auferlegen einer bestimmten Form für die rechtliche Tätigkeit von deren Wahrung die Rechtswirksamkeit abhängig machen" (R. Lettmann, Die Diskussion um die klandestinen Ehen und die Einführung einer zur Gültigkeit verpflichtenden Form auf dem Konzil von Trient [Münster 1966] 183f.).

Nach heute geltendem Recht sind Katholiken an die kirchliche Eheschließung gebunden. Bei konfessionell gemischten Paaren kann aber von dieser sog. Formpflicht dispensiert werden, so daß ein Katholik auch unter Assistenz eines evangelischen Pfarrers in der evangelischen Kirche oder selbst durch bloßen Zivilakt eine sakramentale Ehe schließen kann. Wenn ein Katholik sich auch über diese Möglichkeit hinwegsetzt und auf jeden Kontakt zu seiner Kirche verzichtet, so fehlt nach katholischem Verständnis seiner ehelichen Verbindung die Rechtswirksamkeit. Trotzdem achtet und stützt die Kirche seinen Willen zur ehelichen Gemeinschaft in bürgerlich-rechtlicher Ordnung. Keineswegs ist es solchen Katholiken ins Belieben gestellt, sich scheiden zu lassen und dann mit einer anderen Person eine kirchliche Eheschließung zu begehren. „Die Kirche wird ihm die Zulassung zu einer kirchlichen Trauung mit einem anderen Partner nur dann gewähren können, wenn die kirchliche Gültigmachung der ersten Verbindung nicht möglich oder aus ernsten Gründen nicht zu vertreten ist und er bereit ist, etwa aus der früheren Verbindung bestehende Verpflichtungen (z. B. Unterhaltspflicht gegenüber der Frau und den Kindern) gewissenhaft zu erfüllen."[16]

Wir wollen die Rechtsproblematik hier nicht weiter vertiefen. Man sollte als Christ die kirchliche Traufeier auch gar nicht so sehr als Rechtspflicht sehen, von der man sich gegebenenfalls dispensieren lassen kann. Sie ist vielmehr ein vom Sinn des Ganzen her gefordertes Bekenntnis des Glaubens. Darum kann die Kirche ihrerseits „sinnvollerweise das Ja-Wort nur von solchen Partnern entgegennehmen, die in ihrer Mitte den ernsthaften Willen bekunden, sich dem Gebot des Herrn in freiem Gehorsam zu verpflichten und sich von der Gemeinschaft der Kirche in dieser Verpflichtung stärken und mahnen zu lassen. Deshalb muß im verpflichtenden Traugespräch der Anspruch Christi an die Ehe und ihre Bindung an die Kirche und ihr Gemeindeleben betont werden. Solange das Brautpaar keinerlei Konsequenzen aus dem christlichen Charakter der Ehe übernehmen will, fehlt der kirchlichen Trauung eine notwendige Grundlage von seiten der Ehepartner."[17] Angebot und Anforderung lassen sich hier nicht

---

[16] Synodenbeschluß „Christlich gelebte Ehe und Familie" 430f. – Die Zahl der Katholiken, die sich nicht mehr kirchlich trauen lassen, nimmt besonders in den Städten ständig zu. Daraus erwächst ein doppeltes seelsorgliches Problem: Einerseits wird das Urteil der Kirche „Ihr seid nicht gültig verheiratet" von manchen so empfunden, als habe man sie „abgeschrieben". Das hemmt nach dem Zeugnis vieler Seelsorger den Zugang zu diesen Menschen. Andererseits ergibt sich nicht selten die als skandalös empfundene Tatsache, daß Partner aus solchen Ehen nach einer Scheidung „ohne weiteres" die Möglichkeit zu einer kirchlichen Eheschließung haben. Eine allseits befriedigende Lösung gibt es nicht. Der in der kirchlichen Öffentlichkeit teilweise erhobene Vorschlag, die Formpflicht nur noch zur *erlaubten*, aber *nicht* mehr zur *gültigen* Eheschließung vorzuschreiben, konnte sich bisher nicht durchsetzen. Mit einer Aufhebung der zur Gültigkeit der Ehe vorgeschriebenen Eheschließungsform würden alle Ehen Getaufter von selbst in die absolute Bindung der sakramentalen Ehe mit allen Konsequenzen hineinwachsen. Angesichts der pastoralen Schwierigkeiten mit den wiederverheirateten Geschiedenen läßt sich leicht erkennen, daß dieses Problem dadurch noch erheblich erschwert würde.

[17] Synodenbeschluß „Christlich gelebte Ehe und Familie" 430.

trennen. Dies müßte wohl in der Verkündigung noch stärker herausgehoben werden. Gegen den antiinstitutionellen Trend, der unter dem Schlagwort „Ehe ohne Trauschein" die Paarbeziehung als rein private Angelegenheit betrachtet, kann wohl am ehesten durch eine positive Aufgabenstellung der christlich gelebten Ehe in Kirche und Gesellschaft entgegengewirkt werden.

Für die Ehepartner selbst bleibt die *Ehe ein Dauerauftrag*, ein Prozeß des Miteinanderlebens in Wachstum und Reife, in Erprobung und Konflikt. Dieser Prozeß steht, wie das Leben überhaupt, im Kräftefeld der jeweiligen politischen, sozialen und ökonomischen Verhältnisse. Andererseits wirkt jede Ehe selbst auch wieder in die Gesellschaft hinein. Christliches Leben fordert in dieser Situation Engagement und kritische Distanz zugleich. Im Rahmen dieses Beitrages müssen wir uns auf ein paar exemplarische Hinweise zur Partnerbeziehung beschränken. Die Frage der Elternschaft folgt im nächsten Punkt.

1) Ein Wort zum Verständnis ehelicher Treue

Der gängige Begriff der Treue ist einseitig negativ bestimmt: treu ist, wer keinen Ehebruch begeht, d.h., wer sich nicht in ein sexuelles Verhältnis mit einem Dritten einläßt. Hier liegt der Ton nur auf dem Bösen; das Vergehen und nicht die Treue wird inhaltlich bestimmt. Überdies fällt bei dieser Bestimmung eigentlich nur die Tat ins Gewicht; Gedanken, Wünsche und Gesinnungen stehen außerhalb der Beurteilung. Dazu wird auch die Tat sehr eingeengt: wo nur geflirtet wird, wo es nicht zum „Letzten" kommt, wo der Tatbestand nicht erfüllt ist, verlangt man Großzügigkeit. Aber – was eigentlich ins Gewicht fällt – hier wird eheliche Treue einfach mit geschlechtlicher Treue gleichgesetzt und erreicht so nicht die Weite und Tiefe der Ehe. Was wundert es da, wenn ein aufgeklärter Eros solchen Treuebegriff als „possessiv" abwertet. Ein positiv partnerschaftliches Verständnis der Treue kann nicht darin bestehen, daß dies oder jenes nicht geschieht; Treue will vielmehr, daß etwas sei. Eheliche *Treue* ist ein von zwei Partnern getragenes *Grundverhältnis zur konkreten Geschlechtsgemeinschaft, zu ihren Lebens- und Entfaltungsbedingungen*. Aus diesem Grundverhältnis ist das partnerschaftliche Verhalten im einzelnen zu verstehen und zu entwickeln, und zwar in dreifacher Richtung:

– *Als Treue zur Ehe.* – Die Ehe hat eine Grundgestalt als geschichtliche Ausprägung ihres Wesenssinnes. Diese Bestimmung verdankt sie nicht einfach der freien Übereinkunft der Partner. Wer immer in die Ehe eintritt, gerät in das Kraftfeld dieses Sinnes. Das Ja zur Geschlechtsgemeinschaft, deren Macht die Partner ergriffen hat und der sich beide in diesem Ja ganzheitlich anvertrauen, schließt die Bereitschaft ein, die Ehegemeinschaft sinngemäß zu gestalten und die in ihr liegenden Möglichkeiten zu ergreifen und zu nützen. Es kann sich dabei ergeben, daß eine Ehe in der Anlage echt und entfaltungsfähig ist, daß sie gewissermaßen vom Kern her lebt, aber noch nicht alle zugehörigen Lebensbereiche erfaßt und formt. Dann wird es notwendig sein, die der Kontinuität der Ehe widerstreitenden Faktoren rechtzeitig zu integrieren. Eheberater machen nicht selten die Erfahrung, daß selbst intelligente Menschen, die bemüht sind um Selbsterkenntnis und richtigen Lebenseinsatz und die gute Beobachter der Außengeschehnisse sind, kein richtiges Bild von ihrer Ehe haben und es auch nicht haben wollen, als wäre es gefährlich zu wissen, wie es um sie beide steht.

Dieses Ausweichen vor den Lebens- und Entfaltungsansprüchen der ehelichen Gemeinschaft aus Trägheit, ichhafter Bequemlichkeit und Verschlossenheit stellt eine schleichende Form der Treuelosigkeit dar, die zu einer langsamen Entleerung und Zersetzung und schließlich zur inneren Auflösung der Gemeinschaft führt, ohne daß eine einzige sog. „moralische Verfehlung" vorgekommen wäre.

– *Als Treue zum Partner.* – Treue zum Gatten heißt: den anderen *ganz* annehmen und dem anderen *ganz* sich anvertrauen. Im Versprechen dazu gründet die Ehe, im ständigen Bemühen darum erhält und bewährt sie sich. Mit der Auflösung der tragenden familiär-gesellschaftlichen Bindungen (Dorfgemeinschaft, Verwandte, Vereine) in der modernen Industriegesellschaft ist die einzelne Ehe viel mehr auf sich selbst gestellt. Der heutige Mensch empfindet nicht mehr in erster Linie familien- und sippenhaft, er fühlt sich nicht mehr primär als Glied einer Gemeinschaft, sondern bewußt als *Individuum.* Darum sucht er auch intensiver, personaler und zugleich ganzheitlicher das Du des ihm je entsprechenden Partners. Der einsame, beziehungsarme Mensch sucht beim Geschlechtspartner vor allem Geborgenheit und Liebe. „Die unbedingte Annahme in der gegenseitigen Liebe will dem anderen das geben, was ihm gebührt und worauf er als Person im tiefsten ein ‚Recht' hat: das eheliche Versprechen, welches die Annahme frei von Zufälligkeiten und Launen macht. Die unbedingte Annahme erlangt durch das freie, in aller Öffentlichkeit gesprochene und im Raum der Kirche wie der Gesellschaft vernehmbare Jawort so Objektivität. Daraus wird sichtbar, daß die institutionelle und rechtliche Dimension der Ehe nicht im Widerspruch zur personalen Haltung von Liebe und Treue steht, sondern erst der gegenseitige Bezug beider Bereiche der Ehe den vollen Lebensraum zu öffnen vermag."[18] Natürlich sind damit auch Spannungen und Konflikte verbunden. Es gibt kaum eine Ehe ohne Konflikte, und *eine Ehe mit Konflikten ist keine schlechte Ehe.* Ohne den Konflikt zu verherrlichen, ist doch zu sagen, daß nicht selten das Gute gerade im Erfahren, Erleiden und Bewältigen von Konflikten aufleuchtet. Auch was menschliches Leben wertvoll und glücklich macht, gehört unlöslich in den konfliktgeladenen Zusammenhang menschlichen Daseins hinein.

Auch in relativ harmonischen Ehen ist es heute nicht selten, daß der Mann oder die Frau auf der Höhe des Lebens einem Menschen begegnet, der in ihm

[18] Ebd. 429.

„eine neue Dimension des Daseins" auszulösen vermag. Der oder die Betreffende erfährt dabei in einer bestimmten Richtung eine Ergänzung, die der eigene Partner aus seiner persönlichen Struktur heraus nicht leisten kann. Plötzlich wird dieser dritte Mensch unendlich wichtig; und da dies dem Partner kaum verborgen bleiben kann, bleibt die Krise nicht aus. Die Gefahr ist groß, daß die neue Begegnung früher oder später die bestehende Ehe sprengt. Wo die eigenen Interessen und Begierden den Ausschlag geben, wird die Ehe kaum zu retten sein. Albert Görres meint dazu treffend: „Auch wenn man Lust für ein großes Gut und das Lustprinzip für ein notwendiges und wichtiges Orientierungsmittel allen Lebens hält, ist es offensichtlich, daß eine ... Orientierung nur an Triebdruck, Lustprinzip, Laune und Leidenschaft zwar mit einer sympathischen gemütlichen Gutmütigkeit und manchen anderen angenehmen Eigenschaften, niemals aber mit verläßlicher Gerechtigkeit und Liebe vereinbar ist, weil beide ohne eine elastische Bereitschaft und Fähigkeit, eigene Interessen und Begierden zurückzustellen, nicht bestehen können."[19] Ein Leben aus christlicher Inspiration wird solche Tendenz zu hedonistischem Egoismus und rücksichtsloser Eigenliebe bekämpfen und die soliden Haltungen der Gerechtigkeit und Solidarität auch gerade in der ehelichen Partnerschaft zu verwirklichen suchen.

Gewiß ist die Situation immer wieder verschieden. Es gibt Fälle, bei denen eine neue Begegnung eine zerbrechende Ehe zu stützen vermag. Der Dritte wird von beiden angenommen und wirkt so wie ein Stützpfeiler, damit die Brücke der Ehe nicht einstürze. Daneben kommt es aber auch nicht selten vor, daß der Partner, der die neue Begegnung des anderen bemerkt, sehr daran leidet und nicht weiß, wie er sich wehren soll. Der Partner dagegen, der selbst die neue Begegnung hat, leidet, weil er seinen Ehepartner leiden sieht und ihm doch die einfache Lösung des Verzichtes aus ernsten Gründen nicht sinnvoll erscheint. Hier stellen sich die letzten Fragen der menschlichen und christlichen Reifung. Vielleicht wächst im enttäuschten Partner die Einsicht, daß sein Partner tatsächlich bereichert wird und so auch die eheliche Gemeinschaft eher gewinnt. „Er überwindet sein restloses Besitzenwollen" und erkennt, „daß er nicht ganz schuldlos am ganzen Ablauf ist". „Das Auftun der Türen und Fenster, frische Luft, gegenseitiges Vertrauen und den anderen Glücklich-Wissen-Wollen kann die große Aufgabe der Ehe nach der Lebensmitte sein."[20] Die Situation kann aber auch so sein, daß der Partner, dem die Begegnung ward, einen großen und letzten Verzicht leisten muß, aus dem nur der Glaube Hoffnung gebiert.

– *Als Treue zu sich selbst.* – „Wir", „du", „ich" sind Grundworte der Ehe (Martin Buber). Keinem gebührt wesensmäßig der Vorrang, aber auch keines

---

[19] *A. Görres,* Psychologische Bemerkungen zur Sexualethik, in: *F. Böckle* (Hrsg.), Menschliche Sexualität und kirchliche Sexualmoral (Düsseldorf 1977) 26.
[20] *G. Frei,* Eheprobleme nach der Lebensmitte, in: *A. Hardegger,* a.a.O. (s.o. Anm. 10) I 373f.

darf hintangestellt werden. Der Halt der Ehe gründet auf der Ausgeglichenheit dieser drei Schwerpunkte. Partnerschaft lebt aus der Individualität der Partner. Eheliche Treue verlangt darum auch ein konsequentes Ja zur persönlichen Eigenart und Berufung. Sie verlangt die Bereitschaft, die Verantwortung für sich selbst zu übernehmen und zu tragen. Ehrlichkeit zu sich selbst schafft auch die notwendige Ehrlichkeit zum Partner. Treue zum eigenen Selbst heißt aber auch, daß es bei aller Offenheit und Durchsichtigkeit der Partner gegeneinander einen letzten Bereich des Personseins geben kann, der dem anderen vielleicht nicht ganz erschlossen werden muß, und darum gegenseitig auch *nicht taktlos erforscht werden darf*. Dies betrifft vor allem den religiösen Bereich, wozu auch besonders die Frage der Schuld gehört. Ein Fehltritt ist durch persönliche Umkehr gutzumachen. Er muß dem Partner nicht unbedingt bekannt werden. Dies wäre in manchen Fällen nicht richtig. Wahrsein heißt Verantwortung tragen für die Wahrheit! Wahrheit ist zuerst Besitz, und dieser Besitz muß oft schmerzlich als Geheimnis bewahrt werden. Jede Mitteilung der Wahrheit muß dem Aufbau der Liebe dienen.

2) Zum bleibenden Auftrag ehelicher Partnerschaft gehört auch die Entwicklung der sexuellen Liebe

Die passionierte Liebe des Anfangs muß eingehen in das Medium einer Alltagswelt. Die passionierte Liebe, die das Ideal der privatisierten Liebe darstellt, ist nicht so sehr auf Dauer angelegt und gesichert. Im Medium des ehelichen Alltags kann und soll sie die notwendige Stabilität und Sicherung erfahren. In diesem Zusammenhang müssen zunächst oft falsche Vorstellungen durch die eheliche Wirklichkeit korrigiert werden. Wer die Kulturgeschichte der Menschheit verfolgt, weiß, daß jede Zeit mit dem sich wandelnden Welt- und Selbstverständnis des Menschen auch vor der Aufgabe steht, die Sexualität zu deuten und zu gestalten. Extreme Auffassungen stehen sich gegenüber oder lösen sich nacheinander ab. Auf der einen Seite – wir kennen sie aus der Geschichte der christlichen Moral – wurde das Heil in der Verneinung und Abtötung der Sexualität gesucht, auf der anderen Seite suchte man Erfüllung in einer rauschhaften Preisgabe der personalen Individualität. Heute läßt sich beobachten, wie die Isolierung und Schematisierung der sexuellen Geschlechterbegegnung in den Sog eines Leistungsdenkens gerät: Sexualität ist teilweise degeneriert zum Konsumgut, zum Mittel für Prestigegewinn und zur Befriedigung infantiler Geborgenheitswünsche.

Die Eheberater wissen aber auch von einer wachsenden Zahl von Männern und Frauen, die in vielfältigen Formen unter einer unentwickelten und verdrängten Sexualität leiden. Falsche Vorstellungen und teilweise sogar Fehlentwicklungen können eine Ehe erheblich belasten, und es braucht viel Einfühlungsvermögen und viel Geduld, um gemeinsam die Sexualität in die Mitte personaler Liebe zu integrieren. Leider hat die religiöse Unterweisung bis in die neueste Zeit hinein die Geschlechtsgemeinschaft in den Bereich der asketischen Pflichtübung verwiesen. Sie hat sich gescheut, die geschlechtliche Begegnung in sich als Quelle beglückender Lust zu würdigen. Die Nachwirkungen sind noch deutlich spürbar; teilweise zeigen sie sich in einer typisch reaktiven Form: übertriebene Vorstellungen von sexueller Erfüllung in der Ehe erweisen sich nämlich nicht selten als Abwehrreaktion gegen ein in der religiösen Erziehung vermitteltes Verständnis der Sexualität.

3) Schließlich ein Wort zum Leben vor Gott

Das innere religiöse Leben ist ein Thema, von dem die meisten Leute, und besonders die vernünftigen, nur selten reden. Es geht um das Intimste und Geheimnisvollste, was es im Menschenleben gibt. Dies verlangt auch in der ehelichen Gemeinschaft ein äußerstes Feingefühl und eine besondere Diskretion. Es gibt eine sehr berechtigte seelische Scham. Die Gatten werden sich darum gegenseitig nur mit dieser gebotenen Diskretion über ihr persönliches Gebetsleben unterhalten. Das heißt aber nicht, daß sie überhaupt nicht gemeinsam beten sollen. Wir haben bereits deutlich gemacht, daß die Ehe als Verfügung des Menschen über sich selbst im Grunde einen religiösen Kern birgt. Ehepartner, die wissen, daß sie im Glauben miteinander verbunden sind, sollten sich darum gemeinsam vor Gott sammeln und finden. Das geschieht ordentlicherweise im gemeinsamen Besuch des Gottesdienstes oder im kurzen Segens- und Dankgebet bei Tisch. Aber sollte über diese äußere Gemeinschaft nicht die Verbundenheit der Gatten auch in irgendeiner privaten Form gemeinsamen Betens verwirklicht werden? Diese Frage wird erfahrungsgemäß heute von vielen sehr skeptisch aufgenommen; man sollte sie aber doch nicht einfach von sich weisen.

Die französische Ehezeitschrift „L'anneau d'or" hat vor Jahren bei jungen Eheleuten eine Umfrage veranstaltet, ob und wie in jungen Ehen ein gemeinsames Gebet möglich sei. Die Antworten überraschen zuerst mit der Tatsache, daß viel häufiger in spezieller Form gemeinsam gebetet wird, als man dies vermuten möchte. Die Angaben über die Art des Gebetes zeigen eine bunte Fülle von Möglichkeiten. Manche Paare beten gemeinsam zur gleichen Zeit, aber jeder Partner still für sich. Andere schließen dieses stille Beten mit einem kurzen gemeinsam gesprochenen Gebet ab. Einzelne Paare lesen jeden Tag oder wenigstens in regelmäßigen Abständen gemeinsam ein Stück aus der Heiligen Schrift, um dann in einer kurzen Stille darüber nachzudenken. Und alle bestätigen, daß einige Minuten gemeinsamen Gebetes dem gemeinsamen Leben eine große Kraft zu verleihen vermögen. So müßte wohl doch der Versuch gewagt werden, in der Stille und Sammlung des Gebetes Kraft und Mut zu schöpfen für die Gestaltung der Ehe.

Es ist richtig, daß sich die Gottesliebe in der Gestalt der Nächstenliebe inkarnieren muß. Damit wird die Ehe als intimste menschliche Gemeinschaft in ganz besonderer Weise zum Ort der Gottes- und Christusbegegnung. Das aber schließt nicht aus, sondern fordert sogar, daß die Gatten auch ihren Blick immer wieder auf Gott und sein Handeln in Christus richten, damit sie immer tiefer erfassen, was Liebe ist. Theodor Bovet hat vor Jahren dazu geschrieben: „Wir haben die Liebe als ein Gefühl, allenfalls als eine Tugend betrachtet, aber nicht als die weltschöpferische und weltordnende Kraft. Liebe war für uns gleichbedeutend mit Sympathie, Eros, Barmherzigkeit, Verantwortung. Das sind wohl einige ihrer Schalen, aber nicht ihr lebendiger Kern. Die Liebe ist von Gott; deshalb kann sie nicht in unsere Rechnungen eingehen. Wenn wir die Liebe verstehen wollen, müssen wir aufhören zu rechnen und unser Gesicht Gott zuwenden ... Liebe bedeutet den Tod des Ichs, und deshalb versucht das Ich immer wieder, die Liebe zu umgehen. Keiner von uns liebt so, wie er lieben könnte, wenn wir Gott ganz folgten. Das ist unsere Sünde. Aber die Erlösung liegt nicht darin, daß wir den natürlichen Beziehungen, in die uns Gott hineingestellt hat, aus dem Wege gehen und auf irgendeiner sublimen Höhe als engelgleiche Wesen ‚geistige Liebe' ausstrahlen. Vielmehr macht uns die Erlösung überhaupt erst zu wirklichen Menschen. Durch Gottes Gnade werden wir erst richtige Mütter, Väter, Frauen, Männer und Geschwister."[21]

2. *Ehescheidung und Wiederverheiratung Geschiedener*

„Was Gott verbunden hat, soll der Mensch nicht trennen." Dieses Wort hat, wie kaum ein anderes, die seelsorgliche Praxis der Kirche geprägt und belastet. Über den Sinn des Scheidungsverbotes im Munde Jesu ist in den letzten Jahren viel geforscht und geschrieben worden. Eine Rekonstruktion der wahrscheinlich ältesten Form des Logions, auf die sowohl die Q-Tradition wie die Markustradition zurückgehen, ergibt einen kasuistischen Rechtssatz: „Wenn einer seine Frau entläßt, bricht er die Ehe; und wenn einer eine Entlassene heiratet, so bricht er die Ehe."[22] In dieser Form ist das Wort ganz auf jüdische Rechtsvorstellungen ausgerichtet und stellt sich ihnen grundsätzlich entgegen. Offensichtlich wollte Jesus gegenüber der legalistischen Scheidungspraxis, die den Mann allein zum Ausstellen des Scheidebriefs berechtigte und damit die Frau für einen anderen freigab, jede beliebige Scheidung als Ehebruch charakterisieren. Nach geltendem Recht konnte der jüdische Mann seine eigene Ehe gar nicht brechen[23]. Es ist aber kaum anzunehmen, daß Jesus mit seiner Aussage in einen rechts*politischen* Streit eingreifen und das jüdische Ehegesetz als solches ändern wollte. Wir

---

[21] *Th. Bovet*, Die Liebe ist in unserer Mitte (Bern 1959) 7ff.

[22] Ὃς ἂν ἀπολύσῃ τὴν γυναῖκα αὐτοῦ μοιχᾶται καὶ ὃς ἂν ἀπολελυμένην γαμήσῃ μοιχᾶται. Zur Konstruktion der ältesten erreichbaren Fassung vgl. *G. Delling*, Das Logion Mark X 11 (und seine Abwandlungen) im Neuen Testament, in: NovT 1 (1956) 263–274.

[23] Vgl. *H. Baltensweiler*, Die Ehe im Neuen Testament 63.

kennen allerdings den konkreten Anlaß nicht, der Jesus zu diesem Wort herausgefordert hat. Doch das Streitgespräch mit den Pharisäern, bei dem sowohl Markus (10,1–12) wie Mattäus (19,3–9) das Logion erwähnen, kann uns einen Hinweis geben, worum es Jesus ging. Die Fragesteller kannten offensichtlich bereits seine Meinung und wollten ihn herausfordern, sich offen gegen eine klare Regelung des mosaischen Gesetzes zu stellen[24]. Jesus antwortet zunächst mit einer Gegenfrage: Was *gebot* euch Mose? Damit läßt er sich weder auf den Schulstreit um die verschiedenen Scheidungsgründe ein, noch greift er die Vorschrift des Gesetzes an, die den Scheidebrief forderte. Jesus fragt auch nicht nach dem gesetzlich Möglichen oder allenfalls Erlaubten, er weist vielmehr auf den eigentlichen Willen Gottes, der sich selbst hinter dem Gebot des Mose verbirgt[25] und den er in freier Interpretation aus zwei Genesisstellen entnimmt. Gott ist Urheber der geschlechtlichen Differenzierung und der ehelichen Zuordnung, die zwei Verbundenen sollen nach Gottes Willen immer eins sein. „Was Gott verbunden hat, soll der Mensch nicht trennen!"

Die Forderung Jesu ist eindeutig und kompromißlos. Sie duldet keine kasuistische Verkürzung, und gerade darum ist sie – wie wir bereits erwähnten – kein neues Gesetz in der Kategorie des alten[26]. Vielmehr wird die dem Menschen mit der Schöpfung eröffnete, von ihm aber mißbrauchte Wirklichkeit der ehelichen Gemeinschaft und Treue mit dem Anbruch der Basileia zur neuen Möglichkeit im Glauben angeboten. Jesu Wort gleicht daher einem prophetischen Ruf einer auffordernden Verheißung. In dieser Gesamtsicht, in der die Urgemeinde Jesu Lehre verstand, wird auch das überlieferte Logion in seinem ursprünglichen Sinn verständlich. Jesu Wort von der Ehescheidung war eine Provokation, weil er ein legales Verhalten unumwunden als ehebrecherisch bezeichnete. Aber „Jesus formuliert gegen das anerkannte Gesetz kein neues Gesetz, sondern fällt ein religiöses, ethisches, gesetzliches Denken sprengendes, ja zurückweisendes Urteil, das die geläufigen Maßstäbe zerbricht. Der Spruch hat diagnostischen, entlarvenden Sinn; er deckt auf, was der Mann, der sich auf sein Recht berufen kann, in Wirklichkeit tut. Der Spruch hat kritischen Sinn; er unterscheidet Gottes Willen und Gottes Recht von menschlichem Eigenwillen und menschlicher Rechthaberei."[27]

Die verschiedenen Formen der Überlieferung des Herrenwortes zeigen aber deutlich, daß diese in der Verkündigung und Praxis der apostolischen

---

24 Vgl. *R. Schnackenburg*, a. a. O. (s. o. Anm. 9) 13; nur so ist das Streitgespräch als echtes Jesusgespräch (und nicht Gemeindekomposition) zu wahren.

25 Die Anordnung war zum Schutz geordneter Eheverhältnisse erlassen. Der Scheidebrief zwang die Männer, öffentlich zur Scheidung zu stehen, somit war er nicht eine Konzession, sondern eher ein Zeugnis gegen (πρός) ihre Herzenshärte. Vgl. *H. Greeven*, Zu den Aussagen des Neuen Testamentes über die Ehe, in: ZEE 1 (1957) 109–175, bes. 114. H. Baltensweiler und R. Schnackenburg schließen sich dieser Deutung an.

26 Vgl. *H. Greeven*, Ehe nach dem NT (s. o. Anm. 9) 61–64.

27 *R. Pesch*, Freie Treue. Die Christen und die Ehescheidung (Freiburg i. Br. 1971) 13.

Gemeinden schon früh eine rechtliche Deutung und Anwendung gefunden haben. Je mehr die Zahl der Gläubigen wuchs und je zahlreicher die Gemeinden wurden, um so dringlicher zeigte sich das Bedürfnis nach einer Ordnung des Zusammenlebens. Das entspricht einem geschichtlichen Normalprozeß: eine kleine Gruppe von Anhängern kann von einer prophetischen Botschaft her leben. Je mehr sich die Gruppe weitet, um so mehr bedarf sie geltender Normen. Die Gläubigen wollten wissen, welche konkreten Anforderungen Jesu Botschaft von der Ehe stellen würde. Welche Konsequenzen hatten seine Ablehnung der Scheidung und sein Wort von der gottgestifteten Einheit, die der Mensch nicht trennen darf? Wie sollten diejenigen behandelt werden, die scheiterten? So sahen sich die Apostel und Gemeindevorsteher vor ganz konkrete Fragen gestellt, auf die sie Antwort und Weisung zu geben suchten. Und es passiert nun genau das, was wir einleitend zu diesem Abschnitt schon sagten: ohne die Forderung Jesu preiszugeben, wurde für einzelne und begrenzte Notfälle ein Weg gesucht, um noch Schlimmeres zu verhüten. Dieses Grundmuster wird im NT und in der Geschichte der Kirche in vielfältiger Weise sichtbar.

Wir haben bereits auf *das älteste literarische Zeugnis* 1 Kor 7,10–15 hingewiesen. Einerseits versteht Paulus das Herrenwort als echtes Erfüllungsgebot; andererseits konzediert er der geschiedenen Frau das Getrenntleben. Er begnügt sich mit einer „approximativen" Erfüllung des Herrenwortes. In den folgenden Versen (12–15) geht er noch weiter. Er nimmt in apostolischer Autorität Stellung zu den heidnisch-christlichen Ehen im allgemeinen; er ist bereit, die Situation zu akzeptieren, in die der christliche Teil durch die Entscheidung des anderen gerät. Aufgrund einer Güterabwägung zwischen dem Gut einer im Glauben zu realisierenden Ehe und der Ehe mit einem Heiden paßt er das Herrenwort der veränderten Lage an. Man kann – mit H. Schürmann – von einer „adaptiven" Erfüllung sprechen. Ähnliches passierte offenbar in den mattäischen Gemeinden. Die sog. „Unzuchtsklauseln" (Mt 5,32; 19,9) sehen jedenfalls eine bedingte Möglichkeit der Trennung vor. Das gilt unabhängig von der immer noch ungeklärten Frage, ob damit eine eigentliche Scheidung erlaubt wurde. Wichtig für uns ist, daß sich die Verantwortlichen bereits in apostolischer Zeit für bevollmächtigt hielten, das grundlegende und richtungweisende Wort Jesu zu konkretisieren und in ganz bestimmten, für uns z. T. nicht mehr klar erkennbaren Fällen die Ehescheidung einzuräumen.

Die kirchliche Tradition kennt ebenfalls bis ins Mittelalter hinein ein eigentümliches Ineinander und Nebeneinander von unbestritten festgehaltener Forderung Jesu und einer „Konzession" in einzelnen begrenzten Fällen. Die immer wieder sich ereignenden Dramen menschlicher Ehewirklichkeit verlangten eine Antwort: Ehebruch des Mannes mit der Schwester seiner Frau, die Untreue der zur „Hure" gewordenen Gattin, das Schicksal eines bei Nacht und Nebel von seinem Lebensgefährten verlassenen Ehepartners, gewaltsame Trennung von Ehen und Familien durch Krieg, Gefangenschaft und Willkür von Mächtigen. Die Kirche hat in einer langen Tradition für solche Notfälle pastorale Hilfen im Sinne einer milderen Praxis gefunden und hat von der Patristik bis ins Mittelalter hinein in manchen Gebieten (Teilkirchen) nach Ableistung einer Kirchenbuße sogar eine zweite Ehe geduldet. Man blieb sich allerdings stets der bleibenden Spannung zum Gebot Jesu in der Schrift bewußt[28].

Seit dem 12. Jahrhundert setzte sich in der *lateinischen Kirche* die strenge römische Lehre und Praxis durch, wonach eine gültig geschlossene und vollzogene Ehe zweier Getaufter nicht gelöst werden kann und dementsprechend für jeden der beiden Partner zu Lebzeiten des anderen eine zweite Ehe ausgeschlossen bleibt. In der *griechischen Kirche* des Ostens dagegen hielt man, gestützt auf die besonders von griechischen Kirchenvätern überlieferte Interpretation der Mattäusklauseln, an der Möglichkeit der Wiederverheiratung eines ohne Schuld verlassenen Partners fest. Das Konzil von Trient hat in bewußt behutsamer Formulierung auf eine Verurteilung der ostkirchlichen Lehre und Praxis verzichtet. Es begnügte sich damit, die eigene Lehre positiv als „gemäß der Lehre des Evangeliums" zu verteidigen. Der can. 7 (DS 1807) läßt mit Absicht die Frage offen, ob es auch andere Auslegungsmöglichkeiten und Verhaltensweisen gibt, die sich ebenfalls auf die Schrift berufen können. Die *Kirchen der Reformation* sahen von Anfang an im Herrenwort nicht so sehr ein Rechtsgesetz als vielmehr eine sittliche Sollensforderung, die immer wieder an der sündigen Wirklichkeit des Menschen scheitert. Da es vor allem dem Staat zukommt, durch das Gesetz dem Bösen zu wehren, überlassen sie die rechtliche Regelung zerrütteter Eheverhältnisse der staatlichen Autorität. Sie selbst verwalten als Kirchen den Gewissensbereich. Sie bezeugen dem Gewissen die Forderung Gottes und verkünden ihm zugleich auch das Evangelium von der verzeihenden Liebe[29].

Im Blick auf die Geschichte und die eben geschilderten unterschiedlichen Lehrtraditionen wird man sagen müssen: die großen christlichen Kirchen tun gut, wenn sie sich nicht gegenseitig der Untreue gegen Gottes Wort verdächtigen, sondern vielmehr gemeinsam die Heilskraft monogamer Ehe bezeugen.

---

[28] Im 3. Jahrhundert bezeugt Origenes, daß sich einige Bischöfe gegenüber der Wiederverheiratung des ohne Schuld verlassenen oder betrogenen Partners tolerant erwiesen. „Schon haben auch einige der Vorsteher der Kirche gegen das Geschriebene gestattet, daß eine Frau zu Lebzeiten des Mannes heiraten kann. Sie handeln damit allerdings gegen das Schriftwort, wo es heißt: ‚Die Frau ist gebunden, solange der Mann lebt' (1 Kor 7,39), und: ‚Darum würde sie als Ehebrecherin gelten, wollte sie, solange ihr Mann noch lebte, einem anderen zu eigen werden' (Röm 7,3). Und doch war dieses Verhalten nicht gänzlich ohne Grund. Man darf nämlich annehmen, daß sie diese Handlungsweise zur Vermeidung von Schlimmerem zugestanden haben, allerdings im Widerspruch zu dem von Anfang an gesetzten Recht und zum Schriftwort" (In Mt. 14,23 = PG 13,1245). In diesem Zeugnis wird das gesamte Problem in seiner Spannung und in der aufgezeigten Widersprüchlichkeit offenbar.

[29] Um der Willkür vorzubeugen und eine gemeinsame Praxis der Pfarrer zu gewährleisten, haben verschiedene evangelische Kirchen auch entsprechende Lebensordnungen erlassen. Vgl. Der Evangelische Standpunkt in den Lebensordnungen, in: Eheverständnis und Ehescheidung. Empfehlungen des Interkonfessionellen Arbeitskreises für Ehe und Familienfragen (Mainz – München 1971) 32–46.

Das schließt keineswegs aus, daß sie sich auch an der Seite derer wissen, die sich der Belastung ihrer Ehe nicht gewachsen fühlen, an ihr scheitern oder der gestellten Aufgabe ausweichen. Hier nützt keine Verurteilung. Hier ist Hilfe und Unterstützung notwendig durch Mobilisierung jener Kräfte, die uns im Glauben verheißen sind: „Wer sein Leben verliert, wird es finden!" Darin offenbart sich der Sinn der von Jesus verlangten unlösbaren Treuebindung. Daß jeder Ehebruch im sündigen Widerspruch zum Willen Gottes steht, dürfte wohl unter den Christen der verschiedenen Konfessionen nicht strittig sein. Auch eine Scheidung vermag zwei ehelich verbundene Menschen nicht einfach aus der Verantwortung füreinander zu lösen. Ist jedoch ein Sichwiederfinden der Partner ausgeschlossen, so muß die pastorale Hilfe weiter gehen.

Die Integration wiederverheirateter Geschiedener in unsere Gemeinden hat die Gemeinsame Synode der Bistümer in der Bundesrepublik Deutschland wie kaum ein anderes Problem beschäftigt. Die Art und Weise, wie sich hier die nicht unmittelbar selbst Betroffenen eingesetzt und „Barmherzigkeit" gefordert haben, macht deutlich, daß es hier unausgesprochen um mehr ging als um die Frage, ob ein Seelsorger in bestimmten Fällen – etwa am Kommuniontag eines Kindes – die standesamtlich verheirateten Eltern zur Kommunion zulassen dürfe. Dies ist doch von nicht wenigen Seelsorgern in aller Diskretion schon längst praktiziert worden. Das Problem wurde auf den verschiedenen Ländersynoden zu einem Testfall für eine grundsätzliche Reformbereitschaft im kirchlichen Eherecht gewertet. Hier stießen zwei grundsätzlich verschiedene Auffassungen über pastoralen Dienst der Kirche an der Ehe aufeinander. Da es nicht in der Kompetenz der Synode lag, die allgemeine Eheordnung der Kirche zu ändern, beschränkte man sich darauf, den Seelsorgern Entscheidungshilfen für das seelsorgliche Gespräch zu bieten. Man ging dabei vom *geltenden Recht* aus. Nach der herrschenden Lehre sind wiederverheiratete Geschiedene nicht durch Strafe vom Empfang der Sakramente ausgeschlossen (in can. 2294 § 1 sind die Wirkungen der infamia iuris erschöpfend aufgezählt und der Ausschluß der Sakramente zählt nicht dazu). Und nach can. 855 § 1 ist ihnen nur dort, wo ihre Situation öffentlich bekannt ist, die Eucharistie zu verweigern. Wo dies nicht der Fall ist bzw. wo kein öffentliches Ärgernis zu befürchten ist und aufgrund *moraltheologischer* Beurteilung das Verhalten des wiederverheirateten Katholiken mit guten Gründen als nicht oder nicht mehr sündhaft anzusehen ist, wäre der Betreffende zum Empfang der Eucharistie berechtigt (can. 856). Diese *moraltheologische* Beurteilung geschieht aufgrund eines seelsorglichen Gesprächs mit den Betroffenen. Dabei hat der Seelsorger keine Dispensen oder Genehmigungen auszusprechen. Er hat vielmehr in bereitem Anhören und durch kritisches Fragen dem Ratsuchenden zu einer redlichen Selbstbeurteilung zu verhelfen. Diesem Urteil wird er dann auch glauben und den Entscheid in der Praxis respektieren. Zu solcher Praxis erklärte der Vorsitzende der Gemeinsamen Synode der Bistümer in der Bundesrepublik Deutschland, Kardinal

Döpfner, wörtlich: „Es ist bisher weder in der Stellungnahme der Bischöfe noch in der Stellungnahme eines Bischofs auch nur der Ansatz eines harten Wortes über Versuche ernster, gewissenhafter Seelsorger gesagt worden, mit dieser Frage fertig zu werden. Ein jeder Bischof weiß, wie schwierig das ist."[30]

Franz Böckle

II

Eltern und Kinder

1. Bedeutung und Begrenzung von Elternschaft und Kindschaft

In den Theologischen Ethiken der Vergangenheit sind nicht nur die Erziehungsfragen im allgemeinen, sondern auch die Fragen der Familienerziehung im besonderen stets unter sehr eingeengten Fragestellungen zur Sprache gekommen. Im Vordergrund standen zumeist die Betonung der Wichtigkeit der Familienerziehung vor den staatlichen Erziehungsmaßnahmen, die soziale Verpflichtung der Eltern für die Entwicklung ihrer Kinder zu gläubigen Christen und die Gehorsamspflicht der Kinder wie ihre lebenslange Dankbarkeit gegenüber ihren Eltern. Es fehlte durchweg der Dialog mit den Erziehungswissenschaften, aus dem sich auch Einsichten in die innere Dynamik und Problematik der Familienerziehung hätten entwickeln können, insbesondere in bezug auf die unterschiedliche Konstellation des Eltern-Kind-Verhältnisses mit fortschreitendem Alter der Kinder[1].

Die ungebrochene Hochschätzung von Elternschaft und Kindschaft innerhalb der bei sich selbst bleibenden theologischen Reflexion rührt zweifellos aus der biblisch begründeten Analogie von menschlicher Elternschaft, speziell Vaterschaft, und göttlicher Vaterschaft, von menschlichem Kindsein und Gotteskindschaft[2]. Die Familie ist in dieser Tradition nicht nur rein biologisch „die

---

30 Verbalprotokoll der V. Vollversammlung, S. 92. Vgl. Synodenbeschluß „Christlich gelebte Ehe und Familie" 421.

1 Für die evangelische Ethik nach 1945 hat dies *F. Dreißigacker* in seiner Dissertation „Fragen der Erziehung in der evangelischen Ethik. Eine kritische Untersuchung der zeitgenössischen Lehrbücher" (Marburg 1968) nachgewiesen. Dreißigacker behandelt die Ethiken von Thielicke, Hirsch, Søe und Trillhaas. Als Erziehungswissenschaftliche Einführung sei hingewiesen auf *K. Mollenhauer* u. a., Die Familienerziehung (München 1975). Dort weitere Literatur.

2 Zur biblischen Begründung vgl. besonders die Artikel πατήρ (Schwenk, Quell) und παῖς (Oepke) bzw. παῖς θεοῦ (Zimmerli, Jeremias) im Theologischen Wörterbuch zum NT, Bd. V, hrsg. von *G. Friedrich* (Stuttgart 1954).

unersetzliche Keimzelle des Volkskörpers" (Pius XII.), sondern auch „die Urzelle des stets sich verjüngenden Gottesvolkes der Kirche"[3]. Die Autorität „der Eltern als der Stellvertreter Gottes weist unmittelbar auf die Majestät Gottes des Schöpfers hin"[4]. Aus dieser Analogie ergaben sich zugleich so viel Stoff für theologische Reflexionen zu Einzelfragen und eine ausreichende Begründung für das Leitbild einer durch Strenge (Vater) und Liebe (Mutter) geführten kinderreichen Familie, in der die Kinder im Gehorsam gegen Kirche und Staat wie im Glauben an Gott als den Vater Jesu Christi aufwachsen, daß es weder notwendig noch erlaubt schien, die theologischen Aussagen durch Erkenntnisse anderer Wissenschaften vom Menschen zu erweitern oder gar in Frage zu stellen.

Diese Tradition war durch die Reformation nicht unterbrochen worden. Martin Luther hat die Autorität des Familienvaters eher noch gestärkt und gegenüber der geistlichen Vaterschaft aufgewertet[5]. Diese Auseinandersetzung hat er auch persönlich durchlitten, indem er innerlich nicht damit fertig wurde, gegen den Willen seines Vaters Mönch geworden zu sein[6].

Die ersten Relativierungen der vom Gottesverhältnis abgeleiteten hierarchischen Familienstruktur innerhalb der evangelischen Ethik begegnen uns in der christlichen Sittenlehre Friedrich Daniel Ernst Schleiermachers[7]. Zwar gilt auch für Schleiermacher der Satz: „Die Familie ist die ursprüngliche Kirche"[8], aber in seinen Ausführungen zur „Hauszucht" findet sich eine Reihe bemerkenswerter neuer Akzente. Es tauchen nicht nur erste partnerschaftliche Gedanken in bezug auf das Verhältnis der erwachsenen Familienmitglieder untereinander auf, die sich „nur wie ein Gemeindeglied zum anderen"[9] verhalten sollen und keinen Vorrang des Vaters als Familienoberhaupt mehr anerkennen; auch das Verhältnis zwischen den Generationen gewinnt neue Konturen und berücksichtigt in hohem Maß die Entwicklung der Kinder, wobei der Vorgang des Mündigwerdens sich nicht als „plötzlicher Wechsel, sondern nur (als) ein allmählicher Übergang denken läßt"[10]. Gehorsam im Sinne bereitwilliger und freier Unterordnung unter elterliche Weisungen gilt nur für die Zeit der Unmündigkeit; von dem Augenblick an, da sich das Gewissen regt, ist „der Gehorsam schon im Abnehmen und so der Übergang in den freien Zustand eingeleitet"[11],

---

[3] *B. Häring*, Das Gesetz Christi III (München – Freiburg [8]1967) 108.
[4] Ebd. 128.
[5] Vgl. *Luthers* Erklärung zum Gebot „Du sollst Vater und Mutter ehren..." im Kleinen und Großen Katechismus.
[6] Vgl. bes. *Luthers* Schrift „De votis monasticis judicium" von 1521, WA VIII 570ff.; unter psychoanalytischen Gesichtspunkten s. auch *E. Erikson*, Der junge Mann Luther (rororo Taschenbuch) (Reinbek b. Hamburg 1970).
[7] *F. D. E. Schleiermacher*, Die Christliche Sitte nach den Grundsätzen der evangelischen Kirche im Zusammenhang dargestellt, hrsg. von L. Jonas (Berlin 1843) (Werke I 12).
[8] Ebd. Beilage 24. [9] Ebd. 219. [10] Ebd. 240. [11] Ebd.

den Zustand also, in dem die Auseinandersetzung und Erörterung der verschiedenen Meinungen und Ansichten auch zwischen Eltern und Kindern angebracht und notwendig ist. Es kommt Schleiermacher darauf an, daß die Eltern erkennen, auf welcher Stufe der Entwicklung und Reife sich ihr Kind befindet, und nicht zu früh, aber auch nicht zu spät das erwachende Gewissen und die eigene Reflexionsmöglichkeit der Kinder ernst nehmen. Das Ziel der Erziehung ist dann erreicht und hebt das Erziehungsverhältnis zwischen Eltern und Kindern auf, wenn das Kind die Selbständigkeit erreicht hat, d. h. die notwendige „Tüchtigkeit für die großen sittlichen Gemeinschaften" und die „Entwicklung der Individualität (Eigentümlichkeit)"[12].

Innerhalb der zeitgenössischen Theologie finden sich die ausführlichsten Überlegungen zu einem dynamischeren Eltern-Kind-Verhältnis in der „Kirchlichen Dogmatik" Karl Barths[13]. Anders als Schleiermacher, der die tendenzielle Gleichrangigkeit von Eltern und Kindern mit zunehmender Mündigkeit der Kinder aus seiner vom griechischen Humanismus geprägten Anthropologie ableitet[14], dynamisiert Barth das Verhältnis von Eltern und Kindern aus der dialektischen Spannung zwischen den Geboten zur Gottesverehrung (1. Gebot) und zur Ehrung der Eltern (4. bzw. nach reformierter Zählung 5. Gebot) post Christum natum.

Während für den Menschen im AT „seine Ehrung Gottes mit der seiner Eltern praktisch zusammenfällt" und also das Elterngebot praktisch unbegrenzt ist, kann für den Christen „die elterliche jetzt praktisch nicht mehr fraglose Autorität sein"[15]. Gott ist nicht mehr einfach aller Menschen Vater, sondern zunächst in besonderer Weise der Vater Jesu Christi. Die irdischen Väter sind daher auch nicht eo ipso Stellvertreter Gottes, sondern ihre Autorität steht als ein eigenes Faktum neben dem in Jesus Christus geoffenbarten Faktum der Vaterschaft Gottes und der Gotteskindschaft der Menschen. Damit fällt die Ehrung der Eltern nicht dahin; „sie ist nun erst recht gefordert. Sie hat nun aber den Charakter einer freien und differenzierten Entscheidung gewonnen"[16]. Autorität und Gehorsam haben gewissermaßen einen geistlichen Charakter erhalten, d. h., Kinder sind kein Eigentum der Eltern; sie sind ihnen lediglich anvertraut, „daß sie sie ins Leben hineinführen sollen"[17]. Nicht die Prägung nach einem überlieferten oder selbstgeformten Leitbild ist dabei anzustreben, sondern Eltern sollen

---

[12] *B. Laist,* Das Problem der Abhängigkeit in Schleiermachers Anthropologie und Bildungslehre (Ratingen 1965) 135. Zu den Überlegungen der Pädagogik zu diesem Fragenkomplex im vorigen Jahrhundert vgl. auch *R. Süßmuth,* Erziehungsverhältnis, in: *J. Speck* (Hrsg.), Problemgeschichte der neueren Pädagogik (Stuttgart – Berlin – Köln – Mainz 1976).

[13] *K. Barth,* Kirchliche Dogmatik III/4 (Zürich 1957) 269–320.

[14] Zu Schleiermachers Begründung des Gleichheitsgrundsatzes in der griechischen Philosophie vgl. *S. Keil,* Die Christliche Sittenlehre Friedrich Schleiermachers – Versuch einer sozialethischen Aktualisierung, in: Neue Zeitschrift für Systematische Theologie und Religionsphilosophie X (1968) H. 3, 310–342.

[15] *K. Barth,* a. a. O. 278. [16] Ebd. [17] Ebd. 273.

Kindern die Gelegenheit geben, „dem in Jesus Christus gegenwärtigen, handelnden und offenbaren Gott zu begegnen, ihn zu erkennen, ihn lieben und fürchten zu lernen“[18]. Eltern können Kindern damit aber ihre eigene Verantwortlichkeit nicht abnehmen. Sie sollen deshalb von Anfang an bedenken, daß die Kinder ihnen nur eine vorübergehende Zeit anvertraut sind. Die Beziehung wird einmal zu Ende sein, wenn die Kinder selbständig geworden sind, selbst heiraten und Eltern werden. Das wiederum bedeutet für Barth nicht, daß für die erwachsenen Kinder das Elterngebot außer Kraft gesetzt ist, aber es gilt für sie in besonderer Weise. Sie ehren Vater und Mutter darin am besten, daß sie von der gewonnenen Freiheit des Erwachsenen so Gebrauch machen, daß sie für ihre Eltern Ehre einlegen. Sie sollen ihnen zeigen, daß ihre Bemühungen, sie ins Leben hineinzuführen, nicht umsonst waren.

Der Gedanke Barths, daß Kinder nicht nach einem festen Leitbild geprägt werden sollen, sondern daß es gilt, ihnen Gelegenheit zu geben, eigene Erfahrungen mit Gott (und den Menschen) zu machen, sie dabei zu begleiten, ohne ihre eigene Verantwortlichkeit aufzuheben, begegnet uns im katholischen Bereich in ähnlicher Weise bei Felicitas Betz[19]. Nachdem sie die überkommenen Muster der christlichen Erziehung kritisiert hat, weil sie oft nur einen „religiösen Firnis“ bewirkt hätten und ein ungerechtfertigtes „Vertrauen auf das Angelernte“ hegten, entwickelt sie ein „Minimalprogramm“, das von der „Sorge um die Zukunft“ getragen sein müsse, in der es auf Selbständigkeit und Verantwortlichkeit ankommt. „In sich ständig wandelnden Situationen helfen keine Muster von gestern. Da muß jeder hinschauen und entscheiden können.“[20] Dementsprechend darf die Erziehung nicht einengen und auf ein bestimmtes Verhaltensmuster festlegen, sondern muß „dem Glauben ein Feld bereiten“[21].

In dem Maße, wie sich innerhalb der Theologie die Dynamisierung des Eltern-Kind-Verhältnisses durchsetzt, indem die leibliche Elternschaft und Kindschaft und deren Anfangssituation der totalen Abhängigkeit des Kindes von seinen Eltern nicht mehr die absolute Norm für das vollkommene Menschsein setzen, können Kirche und Theologie sich öffnen für situationsangemessene Lösungen der vielfältigen Sozialisationskonflikte und -defizite, denen der Mensch im Laufe seiner lebenslangen Sozialisation ausgesetzt sein kann. So wird etwa das Nebeneinander von Familienerziehung und Erziehungseinrichtungen von Staat und Kommune oder freien gesellschaftlichen Gruppen nicht mehr primär unter dem Gesichtspunkt des Elternrechtes zu beurteilen sein, sondern es können, orientiert am Maßstab des Kindeswohls, für die unterschiedlichsten Problemlagen adäquate Bewältigungsansätze gesucht werden. Generell haben

---

[18] Ebd. 318.

[19] *F. Betz*, Die christliche Erziehung in der Familie, in: Handbuch der Pastoraltheologie, hrsg. von F. X. Arnold, F. Klostermann, K. Rahner u. a., IV (Freiburg – Basel – Wien 1969) 52–65.

[20] Ebd. 62. [21] Ebd. 63.

Staat und Gesellschaft nicht nur die Pflicht, die Erziehungsleistung der Familie zu honorieren und die ökonomische Basis durch Familienlastenausgleich und Kindergeld zu sichern, sondern sie haben auch die Aufgabe, die Sozialisationsfähigkeit der Familien im Interesse der Kinder zu fördern, wo nötig zu ergänzen oder in besonderen Fällen auch zu ersetzen.

Ein besonderes Problem stellt die unvollständige Familie dar, die in der Vergangenheit von Kirche und Staat in gleicher Weise zusätzlich belastet wurde, da ledige Mutterschaft und uneheliche Geburt nicht nur einen lebenslangen moralischen Makel nach sich zogen, sondern auch formalrechtlich einschränkenden Bedingungen begegneten[22]. Demgegenüber sind heute den alleinerziehenden Müttern (bzw. Vätern) die gleichen Rechte und Pflichten einzuräumen wie den Elternpaaren und den unehelichen Kindern wie den ehelichen. Sie benötigen keine stärkere Bevormundung durch Staat und Gesellschaft, wohl aber besondere Maßnahmen ökonomischer Daseinssicherung und Sozialisationshilfen. Die ledige Mutter muß im Prinzip die gleiche Entscheidungsfreiheit haben, Berufstätigkeit und/oder Kindererziehung wahrzunehmen wie die verheiratete Mutter. Und Heimerziehung darf für uneheliche Kinder nicht unter anderen Voraussetzungen angeordnet werden als für eheliche, nämlich nur dann, wenn die Erziehungsunfähigkeit der Eltern festgestellt wird.

Auch für elternlose Kinder, deren Eltern verstorben sind oder die von ihren Eltern verlassen wurden, sollte man sich nicht vorschnell mit der Heimerziehung zufriedengeben, sondern zunächst versuchen, Adoptiveltern zu finden. Dabei kommt es allerdings darauf an, die Motivation zur „sozialen" Elternschaft zu prüfen. Die Adoption ist ungeeignet, um eigene physiologisch bedingte und als Makel empfundene Kinderlosigkeit zu bewältigen, kinderlose Ehen zu kitten oder das Alleinsein im Alter zu vermeiden. Theologisch-seelsorgerlich muß klarsein: „Einen Makel kann es jetzt auf keinen Fall mehr bedeuten, ohne Kinder zu sein."[23] Das folgt zwangsläufig aus der Relativität von Elternschaft post Christum natum. Psycho-soziale Beratung muß klären, inwieweit die soziale Elternschaft wirklich auch um der elternlosen Kinder willen angestrebt wird[24].

2. *Eltern und kleine Kinder*

Das Verhältnis zwischen Eltern und kleinen Kindern hat in der Vergangenheit sehr stark als Typus für das Eltern-Kind-Verhältnis überhaupt gedient; denn hier läßt sich sehr gut nachweisen, welche Bedeutung ein emotional warmes

---

[22] Diese Kritik teilt auch *B. Häring*, a.a.O. 118.

[23] *K. Barth*, a.a.O. 299.

[24] Ausführlicher hierzu vgl. *S. Keil*, Sozialpädagogische Aspekte der Reform des Adoptionswesens, in: Wege zum Menschen 26 (1974) H. 1, 1–12.

und sozial zuverlässiges Familienklima für die gesunde Entwicklung der Nachkommen hat. So beunruhigend die Psychoanalyse Freuds zunächst für die Theologische Ethik, speziell für die Sexualethik war, so sehr hat die psychoanalytisch orientierte frühkindliche Sozialisationsforschung[25] Theologie und Kirche Argumente geliefert für den Alleinerziehungsanspruch der Eltern in der frühen Kindheit.

Sofern Eltern kleiner Kinder bereit und in der Lage sind, ihre Kinder in den ersten drei Lebensjahren allein zu erziehen, die körperliche und seelisch-geistige Entwicklung ihrer Kinder aufmerksam zu verfolgen und regelmäßig vom Pädiater untersuchen zu lassen, sich bei Erziehungsunsicherheit in Erziehungsberatungsstellen fachlich beraten zu lassen und in Elterngruppen unter fachlicher Leitung (Elternbildung) ihre Erfahrungen auszutauschen, wird diesen Eltern in demokratischen Gesellschaften niemand das Recht auf die Erziehung ihrer Kinder absprechen.

In bezug auf diejenigen Eltern, die aufgrund ihrer gesamten Lebensumstände weder bereit noch in der Lage sind, die Verpflichtung für die Erziehung ihrer kleinen Kinder ganz oder teilweise einzulösen, müssen um der Kinder willen familienergänzende oder -ersetzende Sozialisationsagenturen geschaffen werden. Diese müssen eine zeitweise, langfristige oder vollständige Fremdversorgung der Kinder sicherstellen, wenn keine Möglichkeiten bestehen, die eine Elternerziehung einschränkenden Lebensumstände selbst zu ändern. In dem Maße, wie vorrangig sozio-ökonomische Gründe beide Eltern zwingen, erwerbstätig zu sein, müssen auch sozio-ökonomische Maßnahmen von Staat und Gesellschaft einsetzen, um einem Elternteil die Erziehung der Kinder durch Verzicht auf Erwerbstätigkeit zu ermöglichen.

In zunehmendem Maße entwickelt sich ein Konflikt zwischen dem Sozialisationsbedürfnis der Kinder und dem Emanzipationsbedürfnis der Eltern neben und unabhängig von dem unmittelbar ökonomischen Zwang zur Erwerbstätigkeit beider Elternteile. Frauen (und Männer) suchen ihre Lebenserfüllung und Selbstverwirklichung nicht mehr ausschließlich in der Elternschaft, sondern auch oder sogar primär im beruflichen, gesellschaftlichen oder politischen Engagement. Die Zahl derer wächst, die aus diesem Grunde wenn nicht schon auf Ehe, so doch auf eigene Kinder verzichten oder es bei einem Kind bewenden lassen. Da es weder aus theologischen (Relativität der Bedeutung von Elternschaft post Christum natum) noch aus allgemein sozialethischen (explosive Entwicklung der Weltbevölkerung), sondern allenfalls aus fragwürdigen nationalistischen oder rassistischen Gründen (Erhaltung der eigenen Nation oder Rasse) gerechtfertigt ist, potentielle Eltern zum Kindersegen zu „zwingen", müssen Kirche und Theologie dahingehend argumentieren, daß die Entscheidungsfreiheit, Kinder zu haben, erhalten bleibt.

---

[25] Stellvertretend für viele sei hier genannt *R. Spitz*, Vom Säugling zum Kleinkind (Stuttgart 1967).

Die Möglichkeit der außerhäuslichen Entfaltung beider Eltern ohne Gefährdung der kindlichen Entwicklung dadurch, daß die Kinder zeitweise fremdversorgt werden, ist nach neueren Ergebnissen frühkindlicher Sozialisationsforschung durchaus gegeben. „Die Berufstätigkeit ist offenbar keine ausschlaggebende Determinante im Hinblick auf die Sozialisation von Kindern.“[26] Es kommt vielmehr darauf an, wie die Mutter ihre Erwerbstätigkeit oder ihre Hausfrauentätigkeit empfindet, wie sehr sie durch die Tätigkeit selbst oder durch die Doppelrolle belastet wird bzw. wie stark sie den Verzicht auf einen sie erfüllenden Beruf als Einschränkung empfindet[27]. Daher wird heute weniger in Alternativen gedacht als vielmehr versucht, bisher Unvereinbares zu vereinbaren. „Die jüngste Sozialisationsforschung richtet ihr Interesse verstärkt auf den Zusammenhang zwischen inner- und außerfamilialen Interaktionssystemen. Familie und familienergänzende Einrichtungen werden eher als Verbundsystem verstanden, in dem die Interaktionspartner einander entlasten und unterstützen.“[28]

Überwog in den bisherigen Überlegungen zum Verhältnis der Eltern zu ihren kleinen Kindern der Gedanke, daß es an sich wünschenswert sei, wenn die Eltern ihre Erziehungsaufgabe selbst wahrnehmen, eine zeitweise Fremdversorgung unter bestimmten Voraussetzungen jedoch möglich ist, ohne Schaden anzurichten, so gibt es stichhaltige Argumente, daß es vom vierten Lebensjahr an notwendig wird, die Familienerziehung zu ergänzen. Das gilt insbesondere für die Entwicklung der kindlichen Sexualität und Aggression, die gerade in dieser Zeit, der sog. phallischen oder ödipalen Phase, ein entscheidendes Stadium durchläuft[29].

In dieser Zeit werden in Begegnung und Auseinandersetzung mit gleich- und gegengeschlechtlichen Bezugspersonen die Grundlagen für die Annahme der eigenen Geschlechtsrolle als Mann oder Frau gelegt und der Umgang mit den aggressiven und libidinösen Triebregungen eingeübt. Es erscheint fraglich, ob die Sozialisationserfahrungen in der heutigen Zwei-Generationen-Kleinfamilie ausreichen, um die Lebenstüchtigkeit zu vermitteln, die der Mensch in unserer Gesellschaft benötigt, wenn er als erwachsene Sozialisationspartner nur seine Eltern erlebt. Die Entwicklung der Fähigkeit zur Übernahme der eigenen Geschlechtsrolle wird auch dadurch behindert, daß immer mehr Kinder als Einzelkinder aufwachsen und ein großer Teil der Kinder auch in der Geschwistergruppe keine gegengeschlechtlichen Altersgenossen im Intimbereich der Familie

---

[26] *R. Süßmuth*, Kind und Bezugsperson – Neuere Ergebnisse frühkindlicher Sozialisationsforschung, in: Psychol. in Erziehung und Unterricht 23 (1976) 31.

[27] Vgl. auch *U. Lehr*, Die Rolle der Mutter in der Sozialisation des Kindes (Darmstadt 1974).

[28] *R. Süßmuth*, Kind und Bezugsperson 41.

[29] Hierzu ausführlicher *S. Keil*, Sozialisationsdefizite der Familie, in: Wege zum Menschen 23 (1971) H. 3, 113–122.

kennenlernt und also nicht frühzeitig Erfahrungen im Umgang mit dem anderen Geschlecht machen kann.

Die Notwendigkeit zusätzlicher Sozialisationsräume neben der Familie ergibt sich auch in bezug auf die Aggressivität, denn die Kleinfamilie ist in hohem Maße gezwungen, unkultiviertes Agieren zu unterdrücken, was zur unbewußten Verdrängung der Aggression durch den einzelnen führen kann, deren Folge in späteren Lebensphasen ungesteuerte Aggressivität oder lebenslange Inaktivität sein können.

Die hier angeregte Erweiterung der Eltern-Kind-Beziehung auf Sozialisationsräume, in denen Eltern und Kinder weitere Erwachsene und Kinder als Sozialisationspartner erleben, kann auf vielfältige Weise erfolgen. Wichtig ist in jedem Fall die möglichst umfassende Interaktion aller mit allen. Der Erfahrungsaustausch der Erwachsenen untereinander steigert deren erzieherische Kompetenz. Und die Begegnung der Kinder mit anderen Kindern und deren Eltern erweitert die kindlichen Möglichkeiten eines variablen Rollenlernens. Die Realisierung dieser Vorstellungen kann in „traditionellen" Kindergärten durch eine intensive Elternmitwirkung und Elternarbeit erreicht werden, sie kann aber auch durch offene Familienformen, wie Familiengruppen und neuere Wege der Nachbarschaft, bei denen eine bewußte Kooperation in der Kindererziehung erfolgt, angestrebt werden.

Das Ziel der ersten Entwicklungsphase des Eltern-Kind-Verhältnisses muß die Grundlegung einer sozial-emotionalen Sicherheit sein, aus der sich eine zunehmende Selbständigkeit des Kindes entwickeln kann. Aus diesem Grunde muß die Beziehung zwischen Eltern und Kindern von Übererwartungen entlastet werden. Eltern und Kinder brauchen dazu heute Hilfen aus der Gesellschaft, die sich früher in der Mehr-Generationen-Großfamilie gewissermaßen von selbst ergaben. Solche entlastenden Hilfen von außen brauchen im Prinzip alle Familien; unvollständige Familien, Pflege- und Adoptiveltern benötigen sie in besonderem Maße. Sie sollten nicht nur vom Staat und den gesellschaftlichen Gruppen erwartet werden, sondern auch innerhalb der Verwandtschaft und Freundschaft, der Nachbarschaft und den christlichen Gemeinden. Das Amt der Paten und Vormünder gibt Gelegenheit zu einer besonderen Form der sozialen Verantwortung für Kinder. Gerade auch ledige oder kinderlose Erwachsene können durch ihre von der täglichen Verpflichtung freie und daher entspanntere Beziehung zu den Kindern dazu beitragen, Eltern von zu hohen Erwartungen zu entlasten. Diese Entlastungsfunktion ist wichtiger als besserwisserische Ermahnungen und Kontrolle der Eltern oder korrigierende Erziehungsversuche an den Kindern, die nur zu einer zusätzlichen Belastung des Eltern-Kind-Verhältnisses führen können.

3. Eltern und heranwachsende Kinder

Wenn das Kind in den ersten sechs Lebensjahren so viel Selbständigkeit entwikkelt hat, daß es den Eintritt in die Schule ohne Trennungsängste erleben kann, sind die Voraussetzungen für die weitere Entwicklung des Kindes gut. Noch stärker als in der Kindergartenzeit entwickeln sich jetzt neben dem Eltern-Kind-Verhältnis Erziehungsverhältnisse mit einem eigenen Gewicht. In dieser Zeit müssen Eltern das rechte Maß finden, die Kinder in ihren neuen Beziehungen nicht allein zu lassen, ohne ihnen das Gefühl zu geben, es hätten sich alle Erziehenden gegen sie verschworen. Kinder benötigen diese neuen Beziehungen auch für die beginnende Ablösung von den Eltern.

In bezug auf die Schule sollten Eltern ermutigt werden, die in der Vorschulzeit angeregten intensiven Formen der Elternarbeit und Elternmitwirkung auf die Schule zu übertragen[30].

Eltern haben dabei mit ihren eigenen vergangenen Schulängsten zu kämpfen, Lehrer mit ihrer Angst vor der elterlichen Kontrolle. Nur in der Solidarität derer, die darum wissen, wie schwierig die Erziehung in Elternhaus und Schule heute ist, und die ihre eigenen Schwächen und Erziehungsfehler kennen und bewußt damit umgehen, wird eine vorbehaltlose Kooperation zwischen Eltern und Lehrern möglich sein. Dabei sollte nicht die Orientierung an sich in Zensuren spiegelnden Einzelleistungen dominieren, sondern das sozial-emotionale Lernen, Kooperationsfähigkeit, Toleranz und Hilfsbereitschaft. Die Eltern haben ein Recht, sich zu wehren gegen Experimente der Kultusministerialbürokratie auf Kosten ihrer Kinder, aber sie müssen darauf achten, daß sie sich dabei nicht vor den Wagen derer spannen lassen, die ihrerseits aus recht durchsichtigen eigennützigen Motiven jede Veränderung im allgemeinbildenden Schulwesen ablehnen[31].

Neben die Schule tritt mit zunehmendem Alter der Kinder als dritter Erziehungsbereich die Jugendarbeit mit ihren vielfältigen Gesellungsformen[32] und Aktivitäten. Während die Kontakte zu Kindergruppen von Kirchengemeinden und Sportverbänden noch weitgehend durch die Eltern angeregt werden, wählt der Jugendliche seine Gruppierung in der Regel selbst aus. Hier spielen seine sich entwickelnden Interessen sowie die Werbung durch Freunde und Klassenkameraden meist eine größere Rolle als der Elternwunsch. Darin liegt ein entscheidender Schritt auf dem Weg zum Erwachsenwerden, dem sich die Eltern nicht in den Weg stellen sollten. Für das Eltern-Kind-Verhältnis ist dies oft die

---

30 *K. Schleicher*, Elternhaus und Schule (Düsseldorf 1972).

31 Solche Interessengruppen, von denen die Eltern mißbraucht werden, können politische Parteien, Kirchen oder Berufsverbände der Lehrer sein. Vgl. z. B. den seinerzeitigen (1977) Protest der Gymnasialeltern und des Philologenverbandes gegen die kooperative Gesamtschule in Nordrhein-Westfalen, der schließlich zum erfolgreichen Volksbegehren führte.

32 *G. Wurzbacher*, Gesellungsformen der Jugend (München 1965).

Zeit der schwersten Belastungsprobe, weil die Sorge der Eltern groß ist, daß ihre Kinder in falsche Gruppen und Cliquen geraten, drogenabhängig oder kriminell werden, und weil die Jugendlichen die aus dieser Sorge herrührenden Ermahnungen und Ratschläge als lästige Bevormundung und Gängelung erleben. Während die Jugendlichen zu ihrer Reifung den Vertrauensvorschuß der Eltern benötigen, warten diese in ihrer Sorge oft auf Berichte und Informationen über das Gruppen- und Vereinsleben ihrer heranwachsenden Kinder. Diese Zirkelstruktur von Vertrauen und Offenheit zwischen Eltern und Jugendlichen ist unauflösbar. Eines bedingt das andere, aber die Eltern müssen hier den Anfang machen.

Die Wahl der Peer-groups und des Jugendverbandes ist das Trainingsfeld, auf dem die weiteren Wahlentscheidungen vorbereitet werden. Bei Partnerwahl und Berufswahl muß sich bewähren, was in den Jahren vorher eingeübt wurde: das Vertrauen in die Entscheidungsfähigkeit der Jugendlichen, die Bereitschaft, sich von den Eltern beraten zu lassen, der Wunsch, seine Eltern dadurch zu ehren, daß man sich ihres Vertrauens würdig erweist. Es kann sich gerade in dieser Zeit aus vielen Gründen als notwendig erweisen, daß der junge Mensch andere Personen ins Vertrauen zieht als seine Eltern. So kann die Intimität der Eltern-Kind-Beziehung dazu führen, daß Sohn oder Tochter Fragen der Sexualität lieber mit einem Arzt, einem Jugendberater, mit ihrem Gruppenleiter oder Lehrer besprechen. Auch für die Entwicklung eigener Berufsvorstellungen und -wünsche über die begrenzten Erwartungen des Elternhauses hinaus können solche Beratungsverhältnisse wichtig werden. Unverzichtbar sind sie, wenn junge Menschen einen bestimmten Berufswunsch realisieren möchten, ohne daß die eigenen Eltern ihnen helfen können oder gar wollen. Im Grunde macht jeder Wunsch der Heranwachsenden nach einer Lebensorientierung, in der er die bisherigen Maßstäbe seiner Herkunftsfamilie überprüfen und erweitern kann, das Entstehen neuer Beziehungen mit erzieherisch-beraterischem Charakter notwendig.

Solche besonderen Erziehungsverhältnisse haben wiederum ihre eigene Bedeutung im Ablöseprozeß der Heranwachsenden. Sie sollten in ihrer Eigenständigkeit bejaht, auch gesetzlich geschützt werden. Es darf nicht zu Schuldgefühlen bei den Eltern führen, daß sie das Vertrauen ihrer Kinder verloren hätten, oder zu Vorwürfen gegenüber ihren Kindern, daß diese anderen mehr vertrauten als ihnen. Damit wird wiederum von den Eltern eine große psychische Anstrengung erwartet: sie müssen ihre Kinder ein weiteres Stück freigeben, ohne zu wissen, was Inhalt und Ziel der fachlichen Beratung ihrer Kinder durch andere Bezugspersonen ist. In der Bundesrepublik Deutschland ist der Elterneinfluß in diesem Zusammenhang zur Zeit noch gesetzlich geschützt; denn bis zum 18. Lebensjahr dürfen Jugendliche in der ärztlichen Praxis und in anerkannten Beratungsstellen nur mit Einwilligung der Eltern beraten und behandelt werden. Die Eltern sollten diese Einwilligung bereitwillig geben und sich ihrerseits beraten lassen, wie sie das Vertrauen ihrer Kinder erhalten oder wiedererlangen können. Anderenfalls bleiben ihre Kinder ohne jede beratende Hilfe Erwachsener und sind in ihren Entscheidungen ganz auf sich allein gestellt.

Alle zivilisierten Staaten haben gesetzliche Regelungen geschaffen für die unterschiedlichsten Fälle der Konfliktregulierung, wenn Eltern und Kinder es innerhalb der Familie nicht erreichen, miteinander auszukommen. In der Bundesrepublik Deutschland sind es in erster Linie die Gesetze zur Jugendhilfe und zur elterlichen Sorge, die seit mehreren Jahren in der Reformdiskussion stehen. In beiden Gesetzeskomplexen geht es um das Wohl des Kindes. Dabei steht im neuen Jugendhilferecht die Gewährleistungspflicht der öffentlichen Hand für die vielfältigen Sozialisationshilfen für Eltern und Kinder im Vordergrund, vor allem der von allen gewünschte Ausbau von Angeboten der Bildung und Beratung, die freiwillig in Anspruch genommen werden können, um spätere Zwangsmaßnahmen, wie Heimeinweisung und Jugendstrafvollzug, zu vermeiden.

Im Recht der elterlichen Sorge geht es darum, den Jugendlichen stärker als bisher an wichtigen Entscheidungen für sein späteres Leben zu beteiligen und ihm in bestimmten Fällen auch das Recht einzuräumen, Gerichte anzurufen, wenn seine Eltern ihn in unzumutbarer Weise, etwa in bezug auf seinen Bildungs- und Berufsweg, bevormunden. Hier muß die Entscheidungsfreiheit der Jugendlichen gesetzlich abgesichert werden für den Fall, daß das Erziehungsverhältnis im Elternhaus zu gestört ist, um noch einvernehmlich entscheiden zu können. Theologie und Kirche sollten an dieser Stelle keine falschen Fronten aufbauen und unter dem Panier des Elternrechts gegen die Reformbestrebungen Sturm laufen[33]. Gesetze können keine vertrauensvollen Beziehungen schaffen oder verhindern. Sie können lediglich in Beziehungen, die bereits gestört sind, den Schwächeren vor dem Stärkeren schützen, d.h. in diesem Zusammenhang die Kinder vor ihren Eltern. Sofern Eltern und Kinder von vornherein die dem jeweiligen Kindesalter gemäße Balance zwischen Nähe und Distanz, Führen und Wachsenlassen, Gemeinsamkeit und Eigenständigkeit gefunden haben, wird auch die Belastungsprobe während der Pubertät und Adoleszenz ohne Rückgriff auf gesetzliche Regelungen bestanden werden. Es kann für die Eltern eine Entlastung bedeuten, wenn sie sich dessen stets bewußt sind, daß ihnen ihre Kinder nicht als Eigentum von Gott übergeben worden sind. Sie sind ihnen vielmehr als schutz- und hilfsbedürftige Partner anvertraut für die Zeit, in der sie des Schutzes und der Hilfe bedürfen. Auch das Erziehungsverhältnis zwischen Eltern und Kindern ist darauf angelegt, sich aufzuheben, wenn die Mün-

---

[33] Vgl. zu diesem Problembereich die unterschiedlichsten familienpolitischen Programme und speziellen Stellungnahmen des Familienbundes der deutschen Katholiken (FdK), der eine Auflösung der Familie befürchtet, und der Evangelischen Aktionsgemeinschaft für Familienfragen (EAF), die den Reformbestrebungen im Prinzip positiv gegenübersteht.

digkeit der Kinder erreicht ist. Diese Mündigkeit entwickelt sich vom ersten Lebenstag an und ist während der Jugendzeit für bestimmte Bereiche, in denen Jugendliche selbst die Verantwortung zu übernehmen haben, bereits voll entwickelt.

4. Eltern und erwachsene Kinder

Gesetzlich ist die Volljährigkeit in allen Rechtsstaaten mit dem Erreichen einer bestimmten Altersgrenze, im allgemeinen bei achtzehn oder einundzwanzig Jahren, eindeutig festgelegt. Im Verhältnis der Eltern zu ihren heranwachsenden Kindern erscheint dieser Einschnitt oft recht willkürlich, da auch die jetzt erwachsenen Kinder unter Umständen noch in vielerlei Hinsicht abhängig sind: sie mögen sich z.B. noch in der Ausbildung befinden und damit wirtschaftlich abhängig sein, oder sie wohnen noch bei den Eltern, werden im Elternhaus beköstigt oder wäschemäßig versorgt.

Unabhängig von der geltenden Rechtslage müssen sich beide Seiten darüber klarsein, daß dieser Zustand zwischen psycho-physischem Erwachsensein und juristischer Volljährigkeit einerseits und sozio-ökonomischer Abhängigkeit andererseits nur als Ausnahmezustand zu betrachten ist, eine letzte Form vor dem Schritt ins eigenständige Leben. Weder dürfen die heranwachsenden Kinder diesen Zustand aus Bequemlichkeit in die Länge ziehen und die Gutmütigkeit der Eltern ausnutzen, noch dürfen die Eltern die äußere Abhängigkeit ihrer Kinder benutzen, um sie auch innerlich festzuhalten und zu bevormunden. Soweit es wirtschaftlich tragbar ist, sollte nicht erst die eigene Familiengründung der Anlaß sein, das Elternhaus zu verlassen. Für die freie Entscheidung, ledig zu bleiben oder zu heiraten, und für die Gestaltung der späteren Ehe und Familie ist es eine wichtige Voraussetzung, wenigstens eine Zeitlang selbständig gewohnt und gewirtschaftet zu haben.

Sobald die Berufsausbildung abgeschlossen, ein selbständiger Hausstand gegründet, eventuell eine Zweierbeziehung eingegangen oder eine Familie gegründet ist, gewinnt die Eltern-Kind-Beziehung endgültig eine neue Qualität. Sie nimmt eher die Gestalt einer Freundschaft zwischen jüngeren und älteren Erwachsenen an, die beide für ihr Leben die volle Verantwortung tragen, aber wie Freunde bereit sind, sich in Wort und Tat beizustehen, wenn die Lebensumstände es erfordern. Diese Aussage gilt wiederum unabhängig von den jeweiligen gesetzlichen Regelungen der sozialen Verpflichtung zwischen Eltern und erwachsenen Kindern. In der Bundesrepublik Deutschland gilt die gegenseitige Unterhaltspflicht zur Zeit fast unbegrenzt nicht nur zwischen Kindern und Eltern, sondern auch zwischen Enkeln und Großeltern, Urenkeln und Urgroßeltern. In einer Zeit, da die soziale Sicherung weitgehend auf die Gesellschaft übergegangen ist und nur in besonderen Notfällen keine wirtschaftliche Absicherung der Betroffenen vorhanden ist, sollte auch die Unterhaltsverpflichtung zwischen Eltern und erwachsenen Kindern eingeschränkt werden. Für den Fall etwa, daß von den Eltern Sozialhilfe in Anspruch genommen werden muß, sollten die Beiträge der unterhaltsverpflichteten Kinder so bemessen sein, daß für die junge Familie keine unzumutbaren Härten entstehen. Auch für die besonderen wirtschaftlichen Belastungen, die Eltern dadurch entstehen können, daß sie ihr Leben lang für ein körperbehindertes oder geistig schwer behindertes Kind aufkommen müssen, reichen die gegenwärtig in der Sozialhilfe geltenden Einkommensgrenzen nicht aus. Im Erbrecht sollte das Eigengewicht der Ehe als der das Eltern-Kind-Verhältnis überdauernden sozialen Gemeinschaft ebenfalls stärker als bisher berücksichtigt werden, d. h., der überlebende Ehepartner muß gegenüber den Kindern einen größeren Erbteil erhalten[34].

Diese Überlegungen zielen im Kontext der bisherigen Argumentation ganz darauf ab, daß zwischen Eltern und Kindern ein Erziehungsverhältnis besteht, das sich vor allen anderen Erziehungsverhältnissen dadurch auszeichnet, daß es – auch bei Pflege- und Adoptiveltern – von einer totalen Abhängigkeit der Kinder von den Eltern und der ganzheitlichen Verpflichtung der Eltern für ihre Kinder ausgeht. Aber es bleibt ein Erziehungsverhältnis, in dem nicht die Blutsverwandtschaft eine lebenslange Totalität bewirkt, sondern die besondere Funktion des Hineinführens in das Leben eine zeitlich begrenzte Beziehung stiftet, die des Schutzes von Staat und Gesellschaft bedarf. In dieser Radikalität ist eine solche Begrenzung des Eltern-Kind-Verhältnisses als Erziehungsverhältnis auf die Zeit, in der Erziehung nötig ist, bisher meines Wissens nicht gedacht worden. Es lassen sich aber gerade aus den biblischen Aussagen zu Ehe und Elternschaft derartige, das Eltern-Kind-Verhältnis zeitlich begrenzende Argumente ableiten. Der Vollzug der Geschlechtsgemeinschaft, der Beginn der Ehe und die Gründung einer eigenen Familie werden in einem solchen Maß als tiefe Einschnitte im Leben eines Menschen beschrieben, daß alle seine bisherigen Bindungen dahinter zurücktreten. Das 4. (nach reformierter Zählung 5.) Gebot gilt dann auch für das aktuelle Eltern-Kind-Verhältnis der jungen Familie und schließt ein, daß die Großeltern in ihren Kindern die Eltern ihrer Enkel ehren sollen[35].

Das alles bedeutet nicht, daß erwachsene Kinder ein Recht hätten, ihre alternden Eltern abzuschieben und sich selbst zu überlassen. Aber das Verhältnis wird, noch stärker als es das schon zwischen den Eltern und ihren heranwachsenden Kindern sein sollte, ein Verhältnis auf Gegenseitigkeit. Je größer der freundschaftliche Respekt zwischen den Generationen, die Achtung vor der Eigenständigkeit des anderen, die wirtschaftliche und wohnungs-

---

[34] Vgl. Familienpolitisches Programm 1976 der EAF, 7f.

[35] Vgl. *F. Krukenberg*, Großeltern, in: *S. Keil*, Familien- und Lebensberatung – Ein Handbuch (Stuttgart 1975) Sp. 429f.

mäßige Selbständigkeit, desto größer wird die innere Nähe und Hilfsbereitschaft dann, wenn sie wirklich gebraucht wird, bis in die letzten Stunden des Lebens[36].

Literatur:

R. König – L. Rosenmayr (Hrsg.), Familie – Alter (Handbuch der empirischen Sozialforschung VII), 2., neubearb. Auflage (Stuttgart 1976).

F. Neidhardt (Hrsg.), Frühkindliche Sozialisation – Theorien und Analysen (Der Mensch als soziales und personales Wesen V) (Stuttgart 1975).

G. Wurzbacher (Hrsg.), Die Familie als Sozialisationsfaktor (Der Mensch als soziales und personales Wesen III), 2., neubearb. u. erw. Auflage (Stuttgart 1977).

Siegfried Keil

III
Empfängnisregelung und Bevölkerungspolitik

1. Entwicklung der Weltbevölkerung

Demographische Vorgänge sind für die Öffentlichkeit schwer faßbar, da sich Bevölkerungszahlen von einigen Millionen der Vorstellung entziehen. Besaß die Erde zu Beginn der christlichen Ära schätzungsweise 250 Millionen Einwohner, so hat sich die Zahl der Weltbevölkerung bis zum Jahre 1800 auf rund 1 Milliarde, während des 19. Jahrhunderts um weitere 50% auf 1,6 Milliarden vergrößert. Für das gesamte 20. Jahrhundert ist eine Zunahme zu erwarten, die alle bisherigen Vorstellungen übersteigt. 1971 betrug die Weltbevölkerung etwa 3,7 Milliarden, nach Vorausberechnungen soll im Jahre 2000 der Stand von 6–7 Milliarden, im Jahre 2050 von etwa 10 Milliarden erreicht sein. Dabei ist in dieser Berechnung ein regionaler Geburtenrückgang bereits einbezogen. Ausschlaggebend für diese rasche Entwicklung sind besonders die Entwicklungsländer Südostasiens, Afrikas und Südamerikas, wo jährlich auf 1000 Einwohner eine Zuwachsrate von 25 bis 35 Personen zu verzeichnen ist. – Doch selbst wenn es gelänge, in zahlreichen Ländern die Kinderzahl von einer Generation auf die andere von bisher 6–8 lebend Geborenen auf 2–3 Kinder je Ehe zu senken, würde die Weltbevölkerung um das Jahr 2000 noch 5,9 Milliarden, 50 Jahre später etwa 8 Milliarden betragen.

---

[36] Vgl. *U. Lehr*, Alter(n). II. Psychologisch, in: *S. Keil*, a.a.O. Sp. 34–46.

Es gibt verschiedene Ursachen für diese Bevölkerungslawine in der Welt. Der medizinische Fortschritt hat die Kindersterblichkeit zurückgehen lassen; starb im 19. Jahrhundert etwa die Hälfte der Neugeborenen als Kinder, so erreichen heute ca. 95% das Heiratsalter. Zudem drängt heute ein größerer Teil der Bevölkerung zur Heirat und zur Gründung einer Familie, als dies früher der Fall war; ledig zu bleiben ist eher die Ausnahme. Auch in den Entwicklungsländern vollzieht sich dank der Hilfen und der Errungenschaften der Medizin der Rückgang der Sterblichkeit sehr schnell, während die personale Verantwortung auch für die Zeugung neuen Lebens nicht mit Schritt hält. Insofern die Bevölkerungsexplosion in einigen Ländern mit der raschen industriellen Entwicklung zusammenfiel, waren mit neuen Arbeitsplätzen auch Möglichkeiten eröffnet, den Wohlstand voranzutreiben.

Seit 1972 gibt es jedoch in einigen hochindustrialisierten Ländern, auch in der Bundesrepublik, eine rückläufige Geburtenentwicklung, die in den nächsten Jahren noch anhalten dürfte. Ursachen hierfür sind die stärker ins öffentliche Bewußtsein gerückte Familienplanung, vielfache Möglichkeiten einer Empfängnisverhütung, geringere Belastbarkeit und gesundheitliche Schäden der Frau, hohe Ansprüche in der Erziehung und Ausbildung der Kinder, auch die zunehmende Emanzipation der Frau; ihre Eingliederung in den Arbeitsprozeß, die beruflichen Betätigungsmöglichkeiten und Eigenverantwortung für Erwerb und Altersversorgung lassen weniger Raum für Kinder. Oft fehlt es auch an möglichen Entlastungen der Mütter durch Hilfen, die – wenn sie vorhanden sind – entsprechend kostspielig sind. War in der Agrargesellschaft das Kind noch eine billige Arbeitskraft oder ein Prestigegewinn, so werden kinderreiche Familien heute eher bemitleidet oder als rückständig bezeichnet. Auch bei dem Bau von Sozialwohnungen schlägt sich ein gewisser kinderfeindlicher Trend nieder. In der Bundesrepublik zeichnet sich derzeit eine absolut rückläufige Bevölkerungsentwicklung ab, die jedoch durch die geburtenstarken im Bundesgebiet lebenden Ausländer noch kaschiert wird.

Folge eines solchen Geburtenrückganges ist das Anwachsen der Alterspyramide; die Gruppe, die die sozialen Lasten zu tragen hat, wird im Verhältnis dazu kleiner. Sicherlich kann eine Bevölkerung nicht ewig wachsen; angesichts des begrenzten Lebensraumes der Menschen muß eine Wachstumsideologie aufgegeben werden. Insofern wäre ein regionaler Geburtenrückgang noch kein Unglück. Er vollzieht sich aber gerade in jenen Ländern, die die Hauptlast der Entwicklungshilfe zu leisten haben. Die eigentlichen Motive des Geburtenrückganges lassen sich nicht voll erfassen; es ist ein ganzes Motivbündel. Materialistische Einstellungen spielen sicherlich auch eine nicht unbedeutende Rolle.

2. *Möglichkeiten und Grenzen einer Bevölkerungspolitik*

Der hohe Stellenwert, den Ehe und Familie in der Gesellschaft einnehmen sollten, veranlaßt auch die Politiker, im Rahmen der Öffentlichkeitsarbeit diese Fragen aufzugreifen und entsprechende Entscheidungsgrundlagen wie Leitvorstellungen zu entwickeln über verantwortbare Wege zur Steuerung des Bevölkerungsprozesses. Durch politischen Mißbrauch in der NS-Zeit war allerdings Bevölkerungspolitik lange Zeit belastet. Das generative Verhalten der Eheleute hängt ja wesentlich von ihren gesellschaftlichen Lebensumständen ab. Auf diese einzuwirken, erscheint wichtiger, als unmittelbare Zeugungsgebote oder Zeugungsverbote zu erlassen. Die optimale Bestandsgröße einer Bevölkerung läßt sich auch nicht einfachhin feststellen, noch kann ein sog. Nullwachstum einfachhin erreicht werden. Eine Bevölkerungspolitik regionaler Art wird wiederum anders aussehen als eine weltweite Bevölkerungspolitik, selbst wenn beide in Beziehung zueinander gesehen werden müssen. Hinsichtlich der Weltbevölkerung haben wir es oft mit natürlichen Bevölkerungsbewegungen zu tun, mit Geburten und Sterbefällen; hierbei spielen Wanderungsbewegungen kaum eine Rolle. Will man das Wachstum begrenzen, so bietet sich eine Familienplanung im Sinne der Empfängnisregelung an. Die Senkung der Sterberate, aber auch die Ausweitung der Lebenserwartungen und längere Lebensdauer führen gleichzeitig zur Vermehrung der auf der Welt lebenden Menschen. Wenn der Staat im Grundgesetz für den Schutz von Ehe und Familie eintritt, dann muß Bevölkerungspolitik ihre Grenzen gegenüber der Familie und der Familienpolitik sehen. Der Staat hat die Freiheit des einzelnen und das generative Verhalten der Eheleute zu respektieren und darf nur indirekt darauf einzuwirken versuchen. Insofern kann ein generatives Verhalten der Eltern weder befohlen noch erzwungen werden. Der Staat hat entsprechend dem Subsidiaritätsprinzip nur das Recht, unter Respektierung der vorgegebenen Grenzen zweckmäßige Aufklärung und geeignete Maßnahmen zu treffen. Papst Paul VI. bestätigt in „Populorum progressio“ dieses Recht des Staates und umschreibt gleichzeitig die gesetzten Grenzen: „Die letzte Entscheidung über die Kinderzahl liegt bei den Eltern. Sie haben es reiflich zu überlegen. Sie nehmen die Verantwortung auf sich vor Gott, vor sich selbst, vor den Kindern, die sie bereits haben, vor der Gemeinschaft, zu der sie gehören, nach ihrem gemäß dem authentisch interpretierten Gesetz Gottes gebildeten und durch ihr Gottvertrauen gestärkten Gewissen“ (n. 37).

Ziel einer Bevölkerungspolitik bleibt darum die optimale Verwirklichung der menschlichen Person und der Familie in dieser Welt und in der Gemeinschaft, die Entwicklung der individuellen und sozialen Anlagen in Würde und Freiheit. Insofern ist die optimale Bevölkerungsbewegung auf ein Gelingen und Glücken menschlichen Lebens und Zusammenlebens bezogen – ein dynamischer Prozeß, der sich nicht einfach starr fixieren und definieren läßt, sondern auf sehr verschiedenen Faktoren beruht, primär aber keine biologische, eugenische noch rassische oder politische Größe darstellt. Die originäre Verantwortung für die individuelle Zusammensetzung der Größe einer Kinderzahl in der Familie bleibt den Eheleuten selbst zugewiesen. Verantwortung bedeutet hier: Verantwortung der Ehegatten voreinander, gegenüber dem zu zeugenden Leben, gegenüber dem bereits bestehenden Leben und gegenüber der Gesellschaft, letztlich eine Verantwortung, die vor der Gemeinschaft und vor Gott wahrgenommen werden sollte. Gerade um einer guten Entfaltung und Entwicklung menschlichen Lebens willen bedarf es des Schutzes der Familie. Ungeborgenheit, Not und Angst, frühkindliche Schäden sind Ursachen tiefgreifender psychischer Störungen und späterer kriminologischer Verhaltensweisen. Die Forderung einer Familienpolitik besteht vor allem darin, durch entsprechenden Lastenausgleich, Steuerpolitik, Ausbildungsbeihilfen und Mütterhilfen, besonders aber auch durch eine entsprechende soziale Lohn- und Wohnungspolitik Hilfen zu gewähren, die auch die Bevölkerungsentwicklung entscheidend bestimmen. Dabei dürfen nationale Überlegungen nicht den Vorrang einnehmen, wenngleich sie nicht ausgeschlossen bleiben. Die Verflechtung der Völkergemeinschaft verlangt die Berücksichtigung einer überstaatlichen Solidarität.

Kindestötung und Abtreibung kommen als bevölkerungspolitisches Regulativ aus Achtung vor der Würde menschlichen Lebens, das unantastbar bleibt, nicht in Frage. Insofern bleibt als Weg das Einwirken auf das generative Verhalten der Eheleute. Dies ist mit dem Begriff „verantwortungsbewußte Elternschaft“ gemeint; er erfaßt besser die Eigenverantwortung der Eheleute als das Wort „Familienplanung“, das auf unmittelbare staatliche Regulative hinweist. Bevölkerungsentwicklung und Bevölkerungsstand bilden eine wichtige Voraussetzung für die Verwirklichung gesellschaftspolitischer Werte, stellen aber keinen Eigenwert dar.

3. Biblische Wertung der Ehe und des Kinderreichtums

Der ausdrückliche Fruchtbarkeitsauftrag des Schöpfungsberichtes der Priesterschrift (Gen 1, 28) muß im Zusammenhang mit dem Herrschaftsauftrag gesehen werden: der Mensch als Ebenbild Gottes soll sich die Erde untertan machen und sie anfüllen – nicht überfüllen! Dem Menschen ist die Natur zur Verantwortung anvertraut; er steht in und, im gewissen Sinne, auch über der Natur. In dem älteren Schöpfungsbericht des Jahwisten wird in psychologisch feinsinniger Weise die Zusammengehörigkeit von Mann und Frau, das Ein-Fleisch-Werden (Gen 2,24), betont; ein Hinweis auf die Fruchtbarkeit fehlt darin. Auch Christus greift nicht auf den Fruchtbarkeitsauftrag, sondern auf jene atl. Texte zurück, die die Zusammengehörigkeit von Mann und Frau betonen (Mk 10, 6–7; Gen 1,27; 2,24). Doch zeichnet sich im AT bald eine Akzentverlagerung ab: Abraham wird eine reiche Nachkommenschaft verheißen; im Volk Israel erfährt nun die Ehe ihren Wert vornehmlich von der Fruchtbarkeit her; sie ist ein Segen Gottes (Gen 17, 3–6; 24,60). In den Nachkommen erwartet der gläubige Israelit den Messias. Darum erscheint Kinderlosigkeit als Schmach, Unglück oder Strafe Gottes. Um der Fruchtbarkeit willen bleibt im AT auch Platz für Polygynie; in der sog. Pflicht zur Schwagerehe (Leviratsehe) kommt zum Ausdruck, daß die Sorge um Nachkommenschaft wichtiger ist als eheliche Treue: stirbt ein Mann kinderlos, dann muß der nächste Verwandte – zumeist der Bruder des Verstorbenen bzw. der Schwager (= Levir) der Frau – mit der Witwe zusammenkommen und neues Leben zeugen. Nach dem Bericht von Gen 38 entzog sich Onan dieser Verpflichtung, wobei die Bosheit Onans nicht im unterbrochenen Geschlechtsverkehr lag, sondern darin, daß er seinem verstorbenen Bruder keine Nachkommen zeugt und ihm damit die Teilhabe am messianischen Reich vereiteln möchte.

Doch bereits im AT setzt eine allmähliche Relativierung des Kindersegens ein, die im NT noch verstärkt wird: der Wert der fleischlichen Abstammung tritt zurück, insofern Gott in wichtigen Phasen der Geschichte seines Volkes auch Unfruchtbare oder Hochbetagte zur Mutterschaft beruft – ein theologischer Topos; im NT gilt schließlich nicht mehr die Abstammung von Abraham, sondern die geistliche Sohnschaft der Kinder Gottes im Neuen Israel. So schreibt Paulus: „Denn in Christo Jesu gilt weder Beschneidung noch Unbeschnittensein etwas, sondern eine neue Kreatur“ (Gal 6,15). Besaßen im AT die Nachkommenschaft und Stammbäume noch eine religiöse Bedeutung, so weist Jesus der körperlichen Abstammung keine Heilsbedeutung mehr zu; sein Stammbaum ist der letzte. Nirgendwo findet sich im NT die Forderung: „So viele Kinder wie möglich!“ Ehe und Fruchtbarkeit werden auch von Jesus relativiert; neben der Ehe erscheint auch der Weg der Ehelosigkeit gerechtfertigt. Darum findet Jesus im Anschluß an die Rede vom Scheideverbot auch ein Wort für die Verschnittenen (Eunuchen); gerade diese Unfähigen und Ausgeschlossenen werden von Jesus mit aufgenommen; ihnen wird eine eigene Berufung zur freiwilligen Ehelosigkeit zugesprochen. Doch führt diese Relativierung der Ehe und der Fruchtbarkeit in der abendländisch-christlichen Geschichte bald zu einer einseitigen Hochbewertung der Jungfräulichkeit, bald wieder zu einer sehr einseitigen Wertung der Ehe allein oder vornehmlich vom Kindersegen her.

4. Die Wertung von Ehe und Kindersegen in der christlich-abendländischen Geschichte

Unter gnostischen Einflüssen werten im 3. und 4. Jahrhundert einige Theologen Ehe und Fortpflanzung als Folge des Sündenfalls der Menschheit. So deutet Origenes den biblischen Fruchtbarkeitssegen im Paradies nur allegorisch: Im

Paradies gab es weder Ehe noch Kinderzeugung; erst als die Gnade der Unsterblichkeit verlorengegangen war, bekam die Ehe die Aufgabe, statt derer, die starben, Kinder zu zeugen und somit die Menschheit zu erhalten. Ähnlich deuten Gregor von Nyssa und Johannes Chrysostomos die Ehe als Folge des menschlichen Ungehorsams und des Verhängnisses des Todes. Neben dieser „erbsündlichen Deutung" des Ursprungs von Ehe und Fortpflanzung sollte durch das von Christen übernommene römisch-rechtliche Naturverständnis wieder eine einseitige Wertung der Ehe vornehmlich oder gar ausschließlich von der Fortpflanzung her erfolgen: wenn im tierischen Verhalten bereits die Begattung der Fortpflanzung dient, dann erst recht beim Menschen. So entwickelte sich das theologische Axiom, daß zur ehelichen Begegnung „naturhaft" auch die Bereitschaft zur Fortpflanzung gehöre. Angesichts einer stoischen Minderbewertung der Lust versuchte Augustinus, die mit der Aktuierung der Sexualität notwendig gegebene Lusterfahrung durch die drei Ehegüter zu kompensieren: Nachkommenschaft, Treue, Sakrament (proles, fides, sacramentum). Diese Trias sollte für die Folgezeit bestimmend bleiben. Besonders in der katholischen Moraltheologie begegnen wir ihr noch in dem Eherundschreiben Pius' XI. „Casti connubii" (1930), wobei die Nachkommenschaft nicht nur in der Aufzählung, sondern auch rangmäßig den ersten Platz erhielt.

Auch das reformatorische Eheverständnis macht in der vorrangigen Bewertung des Kinderreichtums keine Ausnahme. So spricht Martin Luther vom zweifachen Sinn der Ehe: das Verhältnis der Gatten zueinander und das Werk der Zeugung und Erziehung der Kinder: „Das Allerbeste im ehelichen Leben, um dessentwillen auch alles zu leiden und zu tun wäre, ist, daß Gott Frucht gibt und befiehlt aufzuziehen zu Gottes Dienst. Das ist auf Erden das alleredelste, teuerste Werk" (10 II, 301, 16). Luther spricht auch von der Mutterschaft als der allerhöchsten Ehre der Frau: „Ob sie sich aber auch müde und zuletzt tot tragen, das schadet nicht, laß nur tot tragen, sie sind drum da. Es ist besser, kurz gesund denn lange ungesund leben (wie die unfruchtbaren Frauen)" (10 II, 301, 13). Luther nahm an, daß mißgebildete Säuglinge, „Wechselbälge", nicht von Gott geschaffen, sondern vom Teufel gemacht und ohne Seele seien; ja der Teufel selbst sei in ihnen als ihre Seele; und so gab er gelegentlich den Rat, solche Wesen zu ertränken.

Der Catechismus Romanus stellte zwar erstmals bei der Ehe als Hauptgrund die Liebe heraus, sieht aber dennoch in der Zeugung neuen Lebens jenen Wert, um dessentwillen die Ehe offensichtlich als Institution geschaffen wurde. So bildete sich besonders in der katholischen Moral als klare Gewissensweisung der Grundsatz heraus: Ehe steht ganz und gar im Dienst der Fortpflanzung; Liebe und Begehren sind höchstens zweitrangige Ehezwecke. Wo die Begegnung ihrer Fruchtbarkeit beraubt wird, verliert sie ihren naturgegebenen Sinn. In der Praxis aber folgte man einer heilsamen Inkonsequenz: man gestattete auch jenen Menschen, die bereits über das gebärfähige Alter hinaus und offensichtlich unfruchtbar waren, das Eingehen einer Ehe. Doch sollte erst im 20. Jahrhundert unter Berücksichtigung neuer medizinischer Erkenntnisse über die Periode der fruchtbaren und unfruchtbaren Tage der Frau auch kirchlicherseits offiziell eine Relativierung des ehelichen Zeugungsgebotes erfolgen. Die von Ogino (1927) und Knaus (1929) vorgelegten Ergebnisse zur Zeitwahl wurden von Pius XI. 1930 in seiner Eheenzyklika übernommen: auch während der unfruchtbaren Zeit der Frau ist die eheliche Begegnung erlaubt. Damit erfolgte ein entscheidender Einschnitt in die vorausgehende Tradition katholischer Ehelehre. Doch ließ man nur eine solche „naturgegebene“ Regelung der Fruchtbarkeit als indirekte Empfängnisverhütung zu, verwarf aber weiterhin jeden aktiven direkten empfängnisverhütenden Eingriff, da dieser „der Natur“ des ehelichen Aktes (offenzubleiben auf Zeugung) widerspreche. Wenngleich von Moraltheologen schwerwiegende Argumente gegen eine solche Naturrechtsvorstellung vorgebracht wurden, so hielt doch Papst Paul VI. in seiner Enzyklika „Humanae vitae“ (1968) an dem Verbot jeder direkten Empfängnisverhütung fest. Die Enzyklika geht davon aus, daß die beiden Sinngehalte, liebende Vereinigung und Fortpflanzung, „in einer von Gott bestimmten unlösbaren Verknüpfung“ verbunden sind, die der Mensch nicht eigenmächtig auflösen dürfe n. 12). An diese gottgesetzte Ordnung habe sich der Mensch zu halten. „Die Kirche bleibt sich und ihrer Lehre treu, wenn sie einerseits die Berücksichtigung der empfängnisfreien Zeiten durch die Gatten für erlaubt hält, andererseits den Gebrauch direkt empfängnisverhütender Mittel als immer unerlaubt verwirft ... Tatsächlich handelt es sich um zwei ganz unterschiedliche Verhaltensweisen: bei der ersten machen die Eheleute von einer naturgegebenen Möglichkeit rechtmäßig Gebrauch; bei der anderen dagegen hindern sie den Zeugungsvorgang bei seinem natürlichen Ablauf“ (n. 16).

Im Zusammenhang mit den Äußerungen des Papstes zu Fragen der Empfängnisverhütung wird oftmals auf die Kontinuität der christlichen Lehre verwiesen. Dabei fällt auf, daß in zunehmender Weise das Sachargument zurücktritt gegenüber dem Hinweis auf die ungebrochene Tradition. Eines der Hauptargumente jener Theologen, deren Thesen für die Enzyklika „Humanae vitae“ mit maßgebend wurden, lautete:

„Die Geschichte liefert vollste Gewißheit darüber ..., daß die Antwort der Kirche immer und überall die gleiche gewesen ist, von den Anfängen bis zu unserem Jahrhundert. Es läßt sich keine geschichtliche Periode, kein kirchliches Dokument, keine theologische Schule, kaum ein katholischer Theologe finden, der je bestritten hätte, Empfängnisverhütung sei immer schweres Unrecht. Die Lehre der Kirche ist in dieser Sache absolut konstant ... Denn bei der Beantwortung der Frage: ‚Ist Empfängnisverhütung immer ernsthaft böse?‘ hat es niemals einen Wandel, kaum eine Entwicklung der Lehre gegeben. Die Art der Formulierung und Erklärung dieser Lehre hat sich gewandelt, aber nicht die Lehre selbst. Darum handelt es sich hier nicht um eine 1930 aufgestellte Lehre, die wegen neuer physiologischer Tatsachen und neuer theologischer Perspektiven geändert werden müßte. Es handelt sich vielmehr um eine Lehre, die bis zu unserem Jahrzehnt ständig und authentisch von der Kirche gelehrt worden ist" (Votum der Minderheit der päpstlichen Ehekommission).

Wo man gegen eine Position keine vernünftigen Argumente mehr vorlegen kann, greift man auf die ununterbrochene Tradition der Kirche und auf den dem ordentlichen Lehramt der Kirche verheißenen Beistand des Heiligen Geistes zurück. Hier liegt offensichtlich ein objektiviertes starres und statisches Traditionsverständnis vor, wie es für die nachtridentinische Zeit bis in die Mitte des 20. Jahrhunderts kennzeichnend ist. Von der Wichtigkeit des jeweiligen Sachverhaltes her wird auf die Eigenart und auf den Verbindlichkeitscharakter der Überlieferung geschlossen. Bei einem solchen Traditionsbeweis richtet sich der Blick zunächst auf das vorliegende historische Material, um aus ihm heraus eine unwandelbare Lehre zu „beweisen" oder – so dies nicht möglich ist – auf die Aussagen des kirchlichen Lehramtes hinzuweisen, das dann bekundet, was zur ununterbrochenen Überlieferung zu zählen ist. Angesichts pluraler theologischer Meinungen oder verschiedener Traditionen werden dann die Vertreter des kirchlichen Lehramtes zum Schiedsrichter für die Richtigkeit einer Lehre gemacht. Demgegenüber hat gerade das Zweite Vatikanische Konzil den verengten nachtridentinischen Traditionsbegriff ausgeweitet. Tradition erscheint nicht in erster Linie als gleichbleibender Inhalt von Sätzen oder Praktiken, sondern als der in der Kirche gelehrte und auch gelebte Glaube. Theologen des Mittelalters werteten den Traditionsbeweis als schwächstes Argument, das neben und mit den weiteren Vernunftgründen eine Bedeutung besitzt. Zudem zeigen genauere Untersuchungen des vorliegenden historischen Materials, daß zwar formal gewisse Normen der Sexual- und Ehemoral in ununterbrochener Folge tradiert werden, daß aber die Gründe für ihre Geltung einen starken Wandel erfahren haben. Nicht schon deshalb, weil eine sittliche Norm von der Mehrheit der Glaubenden angenommen oder über Jahrhunderte hindurch tradiert wurde, ist ihre Gültigkeit erwiesen. Der Wahrheitscharakter muß durch anderweitige Argumente aufgezeigt werden. Das Mehrheitsargument oder der Hinweis auf die Unwandelbarkeit einer Norm kann höchstens als zusätzliche Bestätigung der Richtigkeit, nicht aber als deren Begründung verwendet werden. Insofern reicht es auch nicht aus, angesichts der von katholischen Theologen vorgelegten Argumente für eine sittliche Erlaubtheit der Empfängnisregelung als Gegenbeweis auf die traditionelle Lehre der Kirche und auf die Äußerungen des kirchlichen Lehramtes zu verweisen. Vielmehr bedarf es einer ernsthaften Auseinandersetzung mit den von den Moraltheologen vorgelegten Argumenten, will man Theologie ernst nehmen. Trotz dieses auf dem Zweiten Vatikanischen Konzil herausgestellten dynamisch-geschichtlichen Traditionsverständnisses begegnen wir in der nachkonziliären Epoche zunehmend wieder einem solchen objektivierten Traditionsverständnis und damit einer ideologischen Verwendung der Traditionsargumentation.

5. Theologische Erwägungen zur verantworteten Elternschaft

Nicht nur evangelische, sondern auch katholische Theologen haben zu dieser Argumentation kritisch Stellung bezogen. Sie betonen, daß das Axiom „Ehe soll offen sein auf Zeugung“ nicht auf jeden einzelnen ehelichen Akt angewendet werden dürfe. Wenn schon die Natur empfängnisfreie Zeiten kenne, dann dürfe auch der Mensch aus entsprechend gewichtigen Gründen vom Vollzug des ehelichen Liebesaktes das generative Element trennen; die Verwendung „künstlicher“ empfängnisverhütender Mittel müsse darum nach den gleichen Grundsätzen sittlich beurteilt werden wie die Einschränkung des Verkehrs auf die unfruchtbaren Tage. Der eheliche Liebesakt behalte auch ohne Ausrichtung auf Zeugung seinen inneren Wert. Damit wird keineswegs geleugnet, daß unserem Handeln Werte vorgegeben und zugeordnet sind, die Achtung erfordern. Für die Bestimmung der sittlich richtigen Handlungsweise ist jedoch bei einer solchen Wertkonkurrenz eine Güterabwägung erforderlich. Eine von der authentischen Lehre der Kirche abweichende, aber gut begründete theologische Meinung besitzt darum durchaus ihren Stellenwert als theologische Quelle und darf bei der Meinungsbildung der Gläubigen berücksichtigt werden. Zwar bleiben die Ausweitung der Ehe auf Familie hin und die grundsätzliche Bereitschaft zum Kind den Eheleuten aufgegeben als hohe Werte, die für den Bestand und das Gelingen einer Ehe von Bedeutung sind. Doch ist das Verhalten jener christlichen Eheleute, die sich nicht nur zur Zeitwahl, sondern auch zu anderen kontrazeptiven Methoden entscheiden, nicht als unsittlich zu werten. Abtreibung als Methode einer Geburtenregelung ist abzulehnen; auch gegen Nidationshemmer bestehen schwere Bedenken. Verantwortungsbewußte Elternschaft heißt aber auch: neues Leben darf nur gezeugt werden, wo die entsprechenden Voraussetzungen für die Erziehung gewährleistet sind – und dazu gehören Vater und Mutter. Insofern sollte das Ja zu neuem Leben nur dort gesprochen werden, wo auch ein eheliches Zusammenleben der Partner gewährleistet ist. Wer sich das Recht des vor- oder außerehelichen Geschlechtsverkehrs herausnimmt, sollte zumindest eine nicht zu verantwortende Zeugung neuen Lebens vermeiden. Wo jedoch Leben gezeugt wurde, haben die Eltern dazu zu stehen und dafür einzutreten.

Auch die von einer Kommission der Evangelischen Kirche in Deutschland erarbeitete „Denkschrift zu Fragen der Sexualethik“ nimmt zur verantworteten Elternschaft Stellung:

„Die Liebe zum Kind, die Gesundheit der Mutter, die Fähigkeit der Eltern, Kinder zu erziehen, und die wirtschaftlichen Möglichkeiten der Eheleute sind bei der gewünschten Kinderzahl zu berücksichtigen. Der günstige Zeitpunkt für eine erste Schwangerschaft ist nicht unbedingt das erste Ehejahr ... Kinderreichtum kann für Eheleute, die Geschwister untereinander und die Familie eine Freude sein; er kann aber nicht von jedem Ehepaar gefordert werden... Kinder schenken Freude, aber sie können die Familie auch belasten. Gesellschaft und Kirche haben die Pflicht, den Familien zu helfen, diese Belastungen zu tragen. Ein angemessener und sinnvoller Familienlastenausgleich muß angestrebt werden. Es gilt, kinderfeindliche Einstellungen und Handlungen in unserer Gesellschaft zu überwinden. Modellhafte Maßnahmen auf den Gebieten der Städteplanung, des Wohnungsbaues, der Familienerholung u.a. können hier weiterhelfen" (n. 44–45).

Hier werden bereits bevölkerungspolitische Maßnahmen genannt. Die folgenden Hinweise zur Empfängnisregelung decken sich weithin mit der Position zahlreicher katholischer Moraltheologen:

„Zur Empfängnisregelung stehen verschiedene Mittel und Methoden zur Verfügung. Sie wirken auf den Menschen als Gesamtpersönlichkeit und beeinflussen das Miteinanderleben. Darum erfordert ihre Anwendung das andauernd freie Einverständnis beider Partner. Bei der Wahl der Mittel und Methoden sind neben ethischen auch ärztliche und psychologische Gesichtspunkte maßgebend. Zwischen natürlichen und künstlichen Methoden zu unterscheiden, wobei die einen erlaubt und die anderen abgelehnt werden, ist unsachgemäß. Empfängnisregelung setzt sachverständige Beratung voraus; bei bestimmten Methoden, auch der hormonalen Verhütung, muß ein Arzt hinzugezogen werden. Alle Verfahren, die begonnenes Leben antasten oder zum Abbruch der Schwangerschaft führen, sind als Methoden der Empfängnis*regelung* auszuschließen" (n. 46–47).

Wenn heute die operative Sterilisation – bisweilen euphemistisch als „chirurgische Kontrazeption" bezeichnet – empfohlen wird, so bleibt doch zu bedenken, daß sie ein schwerwiegender, verstümmelnder Eingriff ist, der nicht leichtfertig und vorschnell vorgenommen werden sollte, sondern nur aus entsprechend gewichtigen Gründen sittlich verantwortet werden kann: etwa bei zu erwartendem erbkrankem Nachwuchs, bei nahezu absoluter Unmöglichkeit, ein weiteres Kind auszutragen, oder bei der Unbrauchbarkeit aller anderen Methoden einer Empfängnisregelung und notwendigem sicherem Ausschluß jeder weiteren Empfängnis. Aufgabe einer psychologischen, pastoralen und seelsorglichen Betreuung bleibt es, hier Hilfen für einen persönlich zu verantwortenden Gewissensentscheid anzubieten.

6. Konsequenzen

Aus den vorausgehenden Überlegungen sollen einige Konsequenzen gezogen werden:

1) Wurde die Ehe in der Vergangenheit weithin unter dem Gesichtspunkt der Zeugung gesehen, so erhält sie heute ihren tragenden Sinn von der personalen Liebe und Partnerschaft. Die Liebe und Treue der Partner erschließen den tiefen Sinngehalt. Nach katholischem Verständnis sind sie die Grundlage der Sakramentalität der Ehe: in der Liebe und Treue der Partner realisiert sich die Liebe des Herrn zur Kirche. Durch die Möglichkeit, Sexualverhalten und Zeugung durch sichere Methoden der Empfängnisverhütung zu trennen, wird

das „Ja zum Kind" in die unmittelbare Verantwortung der Eltern gelegt. Eine eheliche Begegnung *nur* um der Zeugung willen würde dem personalen Du des Partners nicht gerecht, sondern würde ihn in ein Mittel-Zweck-Verhältnis setzen. Die Zeugung neuen Lebens aus materialen Motiven – etwa um genügend Arbeitskräfte zu haben – mag in Sozietäten, die von einem Agrarsystem bestimmt sind, noch mitschwingen; sie trägt aber vorsittlichen Charakter und steht in der Gefahr, das Kind als „Mittel zum Zweck" zu werten. Weder die personale Liebesehe noch die Zeugung neuen Lebens dürfen darum in ein Mittel-Zweck-Verhältnis gesetzt werden, etwa im Sinne von: mehr Kinder zur Stützung einer Wirtschaftswachstumsideologie, zur Steigerung der Wachstumsquote, um die Machtverhältnisse kirchenpolitischer oder gesellschaftlicher Art gegenüber anderen auszubauen.

2) Bevölkerungspolitische Überlegungen zur Bevölkerungsexplosion wie zum Geburtenrückgang dürfen nicht bagatellisiert werden. Sie stellen für uns eine drängende Aufgabe dar, die noch keineswegs hinreichend gelöst ist. Die Weltbevölkerungskonferenz in Bukarest wie der „Club of Rome", aber auch namhafte Vertreter der Kirche haben auf diese Verantwortung für „die Zukunft der Menschheit und die Bedingungen für ein künftiges menschenwürdiges Leben" (Julius Kardinal Döpfner, Ansprache am 24. September 1974) aufmerksam gemacht. Wenn sich dabei regional bisweilen ein Geburtendefizit abzeichnet, so muß auch dieses in weltweiter Sicht gesehen werden und darf nicht nationalistisch oder im Sinne eines besonderen „Berufungsdenkens" (weiße abendländische Rasse gegen „gelbe Gefahr"!) verstanden werden.

3) Familienplanung, Geburtenregelung, besser noch „verantwortungsbewußte Elternschaft" heißt nicht: so viele Kinder wie möglich, wenn „möglich" quantitativ im Sinne des physisch Möglichen verstanden wird. Vielmehr besitzen die Ehepartner die Pflicht, sich von Beginn ihres Zusammenlebens an über ein Gelingen ihrer Ehe und darüber Gedanken zu machen, wann und wie oft sie ein „Ja" zum Kind sagen. Es erscheint leichtsinnig und gegebenenfalls auch verantwortungslos, erst dann mit einer Regelung der Empfängnis anzusetzen, wenn unter keinen Umständen mehr neues Leben gezeugt werden darf. Staatliche Eingriffe im Sinne einer Steuerung der Geburten können höchstens subsidiären Charakter tragen; es bleibt dies die originäre Aufgabe der einzelnen Ehe und Familie.

4) Die Angst vor einem eventuell zu zeugenden Kind ist ein schlechtes Mittel für eine Erziehung zum rechten Sexualverhalten. Wer Empfängnisverhütung oder eine Information darüber deshalb ablehnt, weil er damit die Gefahr eines Mißbrauchs, nämlich zügelloses Sexualverhalten, befürchtet, handelt verantwortungslos; gerade um einer Eindämmung der Abtreibung willen sollte zumindest auf diese Verantwortung rechtzeitig hingewiesen werden. Nicht mit der Angst vor dem Kind, sondern mit personalen Motiven und mit dem Hinweis auf die Wahrhaftigkeit des gesamten menschlichen Verhaltens kann jungen Menschen

der Weg zu einem verantwortlichen Sexualverhalten und zu dem auch immer wieder geforderten recht motivierten Triebverzicht erschlossen werden.

5) Es gibt aber nicht nur eine verantwortungslose Zeugung neuen Lebens, sondern auch eine aus rein materialistischen Motiven erfolgte negative Einstellung der Ehepartner zum Kind, die ebenso unsittlich ist. Wann dies im einzelnen der Fall ist, läßt sich von außen her schwer beurteilen. Doch begegnen wir gerade in hochindustriellen Gesellschaften materialistischer und kinderfeindlicher Einstellung, die es zu überwinden gilt.

6) Es bleibt Aufgabe der Kirche und der Theologie, ihre Verkündigung so anzulegen, daß die Menschen wieder eine Antwort auf die Sinnfrage des Lebens und der Welt vom christlichen Glauben her und auf diese Weise auch Mut zu dem zu verantwortenden Leben erhalten. Jeder Fortschrittsoptimismus und jede Verabsolutierung des Wachstums haben sich als gefährlich erwiesen. Das biblische Bild vom Menschen ist nicht vereinbar mit der Vorstellung, der Mensch könne nach Willkür diesen Kosmos gestalten und dürfe unbegrenzt wachsen. Die rechte Gestaltung dieser unserer Welt, aber auch die erforderliche Einschränkung, Begrenzung und Askese – Askese im ursprünglichen Verständnis als „Einübung von Freiheit" – bleiben dem Christen aufgegeben und fordern von ihm neue Einstellungen und ein neues Verhalten. Die Selbstentfaltung des Menschen darf nicht zur Ideologie verabsolutiert werden; in der biblischen Botschaft kommt auch die Verantwortung des Menschen gegenüber Gott, gegenüber dem Mitmenschen und gegenüber der Natur zum Ausdruck. Daran haben sich menschliches Tun und Denken zu normieren.

7) „Die im Glauben grundgelegte *Solidarität* mit allen Menschen zwingt die Christen, die Grenzen der Natur und ihres Reichtums besser zu beachten, mögliche Grenzen des Wachstums anzuerkennen und erforderliche Einschränkungen zu akzeptieren. Denn zum Christsein gehört es wesentlich, die fundamentalen Bedürfnisse und unaufgebbaren Rechte der anderen Menschen, auch in der Dritten Welt und der der kommenden Generationen, sicherzustellen" (Julius Kardinal Döpfner). Dies bedeutet, daß eine christliche Askese als Motiv auch eine Verantwortung vor der menschlichen Weltgemeinschaft verlangt, Ansprüche zurückzustellen und solchen Bedürfnissen nicht nachzugeben, deren Erfüllung das Verhältnis der Menschen untereinander und das Verhältnis von Mensch und Umwelt belastet.

Literatur

J. Gründel (Hrsg.), Sterbendes Volk? Fakten, Ursachen, Konsequenzen des Geburtenrückgangs in der BRD (Düsseldorf 1973).

Denkschrift zu Fragen der Sexualethik, erarbeitet von einer Kommission der Evangelischen Kirche in Deutschland (Gütersloh 1971).

Paul VI., Enzyklika „Humanae vitae". Über die rechte Ordnung der Weitergabe menschlichen Lebens (1968).

Julius Kardinal Döpfner, Eröffnungsansprache zur Deutschen Bischofskonferenz am 24. September 1974: „Die Zukunft der Menschheit und die Bedingungen für ein künftiges menschenwürdiges Leben".

M. Wingen, Grundfragen der Bevölkerungspolitik (Urban-Taschenbuch 509), (Stuttgart 1975).

Ders., Bevölkerungspolitische Leitvorstellungen in der gegenwärtigen wissenschaftlichen und politischen Diskussion, in: *P. Külp – H. D. Haas* (Hrsg.), Soziale Probleme der modernen Industriegesellschaft (Berlin 1977) 435–473.

F. E. Freiherr v. Gagern, Geburtenregelung und Gewissensentscheid. Die bekanntgewordenen Dokumente der Päpstlichen Ehekommission (München 1967).

Johannes Gründel

IV
Sexuelle Beziehungen Unverheirateter

1. Die Tradition

Sexuelle Beziehungen Unverheirateter sind von der theologischen Tradition des Christentums nie gebilligt, sondern allenfalls geduldet worden. Diese Tatsache hat unterschiedliche Gründe. Die altisraelitische Gesellschaft verurteilte lediglich die nichtehelichen Sexualbeziehungen von Frauen strikt als Hurerei, während den Männern sexuelle Beziehungen mit Frauen, die nicht einem Mitglied des eigenen Volkes gehörten, freigestellt waren. Prostituierte waren daher zwar gemeinhin verachtet, aber von Verboten ausgenommen. Das ist das typische Schema einer patriarchalischen Ordnung, in welcher die geschlechtlichen Beziehungen nur insoweit normativ geregelt wurden, wie sie die Zeugung und Erziehung der Kinder betrafen. Grundwerte, die es zu schützen galt und die von Reinheits- und Heiligkeitsgesetzen bereits herkömmlich stark gestützt waren, sind hier die Stabilität der Familie und die Legitimität der Nachkommenschaft.

Strengere Maßstäbe brachte indessen die Abgrenzung des Jahweglaubens von der matriarchalen Naturreligion mit sich. Im Einflußbereich der kanaanäischen Kulte gingen sakrale und profane Prostitution ineinander über (Jer 3,2). Die Prostitution nahm insgesamt zu und gefährdete die Sitten Israels, war aber vor allem ein Einfallstor der fremden Götter, das verriegelt werden mußte. Der Kampf der israelitischen Propheten um die Reinheit des Jahwekultes richtet sich deshalb mit großer Schärfe gegen beide Gestalten der Prostitution; er ist ein Kampf um geschlechtliche Reinheit. Die prophetische Polemik führte zu Gesetzesbestimmungen gegen die kultische Prostitution (Dtn 23,18f.), welche sich – wie dieselbe Stelle in LXX besagt – als allgemeines, unbedingtes Verbot jeder

Hurerei auslegen ließen; entsprechend erweitert sich im Judentum der Sprachgebrauch von Hurerei (porneia), er bezeichnet geschlechtliche Vergehen im allgemeinen. Der Vorgang zeigt, daß die Ablehnung der Prostitution, neben der es in patriarchalischen Verhältnissen mit strikten Virginitätsvorschriften normalerweise keine andere Form nichtehelicher Sexualbeziehungen gab, eben diese Beziehungen insgesamt indiskutabel machte.

Der Grund für solche religiös und moralisch motivierte Verwerfung der kultischen Prostitution und ihrer Begleiterscheinungen ist also die Unvereinbarkeit des Jahwedienstes mit der Verehrung von Fruchtbarkeitsgöttern. Das hat aber auch eine Ambivalenz der Einstellung zur Sexualität überhaupt zur Folge gehabt. Auf der einen Seite fördert der Glaube an Jahwe, der transzendent und „transsexual" (F. Horst) ist, eine unbefangene Freude am Leiblichen und Sinnlichen, zumal da der Mensch als ganzer leiblich geschaffen ist; die „Entzauberung" der Sexualität durch den biblischen Schöpferglauben eröffnet prinzipiell die Möglichkeit, sexuelle Beziehungen unvoreingenommen nach ihrer Bedeutung für die menschliche Gemeinschaft zu beurteilen. Auf der anderen Seite mußte gerade die gebotene konfessionelle Abgrenzung, jenes prophetische Werturteil über die heidnische Prostitution, eine solche Entwicklung stören. Die ohnehin vorhandene archaische Scheu vor der Sexualität, welcher mit besonders starken Normierungen und Sanktionen die Verwandtschafts- und Familienordnungen abgerungen werden mußten (Lev 18), konnte sich zu einer Empfindlichkeit steigern, die im Sinnlichen die Affinität zum Dämonischen fürchtet.

Das wirkte sich besonders auf die Einschätzung der Frau aus. Durch die nachexilische Gesetzesfrömmigkeit sowieso schon benachteiligt, wird sie durch eine Vorstellung vom Weiblichen, die von der Angst vor sexueller Verunreinigung geprägt ist, noch weiter abgewertet. Die Frau gilt als leichter verführbar, weibliches Wesen dem sinnlich-sexuellen Bereich zugeordnet und dadurch besonders gefährdet. In dieser Sicht des Weiblichen, die im nachkanonischen Judentum, abseits allerdings von der Orthodoxie, radikale sexualasketische Tendenzen hervorbrachte, gibt sich eine androzentrische Grundeinstellung zu erkennen; Sexualität wird als Zeugungskraft des Mannes und männlicher Bemächtigungstrieb, im Kern daher nicht als durch Kommunikation, sondern durch Konkupiszenz bestimmter Trieb erfahren. Im Judentum der Zeit Jesu hat sich infolgedessen auch bereits eine psychologisch und moralisch verfeinerte Selbstkontrolle ausgebildet. Die Wurzeln und Verästelungen des „bösen Triebs" werden entdeckt, Herz und Auge, der begehrliche Blick, als Vermittler der Sünde erkannt; die „Angst vor der Konkupiszenz" beginnt.

Die ntl. Paränesen stehen in dieser Tradition. Die christlichen Missionare übernehmen das jüdische Vorurteil von der grundsätzlichen sexuellen Perversion des Heidentums. Auch die Front gegen sakrale Prostitution bleibt bestehen. Auf griechischem Gebiet hatte die Tempelprostitution in Korinth Einlaß gefunden. Bundesgenossen fanden sie hingegen in der Stoa. Die stoischen Philosophen verurteilten außereheliche Sexualbeziehungen durchweg scharf und empfahlen Enthaltsamkeit, um pädagogisch die Freiheit von den Leidenschaften zu fördern. Nach dem Aposteldekret (Apg 15) gehört das Verbot der geschlechtlichen Unzucht zu den Minimalforderungen, welche die Gemeinschaft von Juden- und Heidenchristen ermöglichen sollen, und unter den Lastern, vor denen die Neugetauften ausdrücklich gewarnt werden, hat sie deutlich den Vorrang; sie führt die Kataloge der Laster an (Kol 3,5).

Die sexualethische Kernfrage der hellenistischen Missionsgemeinden ist unter dem Eindruck der sexualasketischen Taufparänesen gewesen: ob die neue Existenz der Christen auch den teilweisen oder vollständigen Sexualverzicht erfordere. Auch die differenzierende Antwort des Apostels Paulus (1 Kor 7) geht von einem sexualasketischen Vorverständnis aus: Es ist gut für den Menschen (= Mann), eine Frau nicht zu berühren. Diese Prämisse wird zwar in einem christologischen Sinnzusammenhang auf den Vorteil des Eheverzichts für den Dienst des Kyrios und des Alleinstehens angesichts der apokalyptischen Schrecken bezogen, und gegenüber den enthusiastischen Radikalen wird die Schöpfungsordnung der Ehe als für die Dauer dieser Weltzeit gültig behauptet. Auf diese Weise wird verhindert, daß das asketische Motiv der christlichen Existenz zum Gesetz wird, indem es der Selbsterlösung dient. Enthaltsamkeit ist demgegenüber ein Mittel, das die Hingabe an den Herrn vollkommener macht; sie kann auch nur empfohlen, nicht angeordnet werden, weil sie eine Gnadengabe ist, und wo die Gefahr der Konkupiszenz besteht, erhält umgekehrt die Ehe die Bedeutung eines Mittels gegen das Übel der libidinösen Affekte. Aber eben: sexuelle Beziehungen kommen – wenn unvermeidbar – nur in der Ehe in Betracht. Nichteheliche Beziehungen können auf keinen Fall sexuelle sein.

Die Argumentation des Apostels gegenüber dem gnostisierenden Enthusiasmus korinthischer Christen, die aus dem Sieg Christi über die Mächte die libertinistische Konsequenz ziehen, daß alle somatischen Bezüge für die eschatologische Existenz irrelevant seien (1 Kor 6), pointiert den grundlegenden biblischen Gedanken der Ganzheit des Menschen: Der Leib ist nicht das – gleichgültig gewordene – Gefängnis der Seele, sondern Ausdruck und Darstellung des geschöpflichen Menschen selbst; er bewirkt Gemeinschaft und durch sexuelle Vereinigung Blutsverwandtschaft (Gen 2,23f.). Die Christen sind, analog verstanden, Glieder am Leib Christi, sie haben Vater und Mutter, prinzipiell alles, verlassen, um mit ihm in seinem Dienstverhältnis eins zu werden. Deshalb ist Unzucht nicht gleichgültig. Der Koitus mit der Prostituierten schafft eine leibliche Einheit; Christen, die sich mit ihr einlassen, werden ein Fleisch mit ihr und verschulden auf diese Weise, daß Christi Glieder Hurenglieder werden. Sie schänden den Leib Christi. Die Copula carnalis wird hier also zum Akt der Entscheidung gegen den Christusdienst, d.h., die christologisch, nämlich mit dem Mythos vom kosmischen Leib des Kyrios, begründete Ablehnung des außerehelichen Sexualverkehrs stützt sich auf die traditionelle Vorstellung von der dämonischen Macht, welche die Dirne repräsentiert, eröffnet aber auch die Möglichkeit einer ethischen Deutung: die Prostituierte ist das Symbol einer ungeistlichen Asozialität, der „Welt" im paulinischen Verständnis, des Widerspruchs zum natürlichen und vernünftigen Gottesdienst in gegenseitiger Bruderliebe. Und obwohl die biblischen Schriften den in der griechischen Umgangssprache üblichen Begriff „Eros" mit fast vollständiger Abwehr meiden und statt dessen das ungeläufige Wort „Agape" verwenden, kann das rigorose Nein zur außerehelichen Sexualbeziehung nun auch positiv begründet werden: nämlich aus dem Sinn und Gehalt der ehelichen Gemeinschaft in der Nachbildung des Bundes Christi mit der Gemeinde.

Die prinzipielle Ablehnung sexueller Beziehungen Unverheirateter wird in der frühen Geschichte des Christentums durch weitere Abwertungen der sexuellen Lust aufgrund von neuplatonisch-stoischen und anderen Einflüssen verstärkt. Bereits erotische Träume und Pollution gelten als sittlich zumindest bedenklich, Selbstbefriedigung als widernatürlich; männliche und weibliche Homoerotik wird bedingungslos verworfen. Wenn auf diese Weise also die Monogamie zur idealen Schutzinstitution (remedium incontinentiae) wird, bedeutet das andererseits nicht, daß es keine Alternativform gäbe. So kannte die frühe Kirche das Institut der Syneisakten, eine Art „geistlicher Ehe". Eine oder mehrere Frauen lebten mit einem Mann zusammen als Geschwister, Verlobte. Diese Gemeinschaft war nicht auf Nachkommenschaft ausgerichtet, mußte also auf geschlechtlichen Verkehr verzichten. Die Mitglieder waren dem Ideal nach „Liebende" im Sinne der Agape. Das schloß aber nicht aus, daß zwischen ihnen eine erotische Anziehung bestand; Johannes Chrysostomos lehnte das Syneisaktentum ebendeshalb ab[1].

Begründet wurde die Verwerfung nichtehelicher Beziehungen mit dem allgemeinen Wert der Askese und den besonderen Gütern der Ehe, die das Wohl des Kindes betrafen. Indessen ließen sich die Werte nicht ohne Relativierungen normativ durchsetzen. Sofern auch die Grundwerte für die kirchliche Sittenbildung normative Bedeutung haben, können sie als Idealnormen bezeichnet werden. Sie unterscheiden sich durch ihren sittlichen Appellcharakter von Realnormen, die das Verhalten (Handeln) den Gegebenheiten und Notwendigkeiten der sozial-kulturellen Lage anpassen. Notwendig war es für die vorindustrielle Gesellschaft besonders, die Ordnung des Nachwuchses zu sichern. Auf dieser Ebene gelten daher die stärksten Sanktionen der unehelichen Schwangerschaft, nicht dem außerehelichen Geschlechtsverkehr als solchem. Weil hierher aber

[1] *F. Hauck–S. Schulz*, Art. „Porne, Pornos, Porneia etc.", in: *G. Friedrich* (Hrsg.), Theologisches Wörterbuch zum Neuen Testament (Kittel); *K. Niederwimmer*, Askese und Mysterium (Göttingen 1975); *H. Cancik*, Zur Entstehung der christlichen Sexualmoral, in: *B. Gladigow* (Hrsg.), Religion und Moral (Düsseldorf 1976); *S. H. Pfürtner*, Kirche und Sexualität (Hamburg 1972).

auch gesetzliche Heiratsbeschränkungen gehören, entsteht ein Konflikt zwischen dieser Notwendigkeit und den Grundwerten, der durch die Zulassung sog. Ventilsitten reguliert wurde. Weil nämlich das Enthaltsamkeitsideal kein Ausweg für alle, die nicht heiraten durften, sein konnte, wurde die Prostitution stillschweigend geduldet, und die strengen Sitten wurden zu bestimmten Zeiten (Karneval) gelockert. Das schließt wieder ein, daß die soziale Kontrolle gegenüber den Frauen rigoros blieb. Zu den moralisch relevanten Gegebenheiten gehörte andererseits der in bäuerlichen Gegenden geltende Brauch der Probenächte und des „Kiltganges“ während der Verlobungszeit; die Eheschließung erfolgte erst nach eingetretener Schwangerschaft. Das stand also im Familieninteresse und war verhältnismäßig leicht zu rechtfertigen. Schwieriger war dies hingegen im Hinblick auf eine ständische Relativierung der Sexualmoral. Die Institution der Mätressen wurde kirchlicherseits auch weniger ausdrücklich geduldet als die Prostitution, sie bestand aber, wie überhaupt die größeren sexuellen Rechte der Herren, kraft der feudalen Tradition. In ihrem Zusammenhang entstand aber auch in Form der höfischen Minne, die sich mit Marienverehrung vermitteln konnte, ein Frauenkult, der neue Maßstäbe setzte; die sinnliche Qualität der erotischen Beziehung jenseits der Ehe und als ihr Gegenbild erhielt eine eigene, positive Bedeutung.

Die Spannung zwischen Idealnormen und Realnormen bedeutet somit bis zum Beginn der bürgerlichen Kultur, die bereits den Kontext der reformatorischen Theologie bildet, daß es einen begrenzten Pluralismus von Moralen gab. Die Grenze wurde durch die gesetzlichen Realnormen und die soziale Kontrolle (moralische Aufsicht der Umwelt) einerseits, andererseits durch das kanonische Recht und die pastorale Praxis gezogen. Daß aber die repräsentative Theologie des Mittelalters eine breite Toleranzspanne zu rechtfertigen oder doch hinzunehmen vermochte, hing letzten Endes damit zusammen, daß die Grundwerte Ehe und Askese sich als sinnvoll und nützlich für den Bestand der gesamten Kultur und die Erhaltung ihres obrigkeitlichen Systems erwiesen. In einer ökonomisch nur gering entwicklungsfähigen Gesellschaft konnte, wie S. Freud noch zu seiner Zeit sagte, die individuelle Freiheit (sprich: sexuelles, erotisches Glück) kein Kulturgut sein, und die Unterdrückung der Libido als Konkupiszenz bot mit ihren psychischen Folgen auch Schutz vor anarchischer Begehrlichkeit. Askese war ein plausibles Ideal, der kirchliche Richtungssinn der Sexualethik einleuchtend. Deutlich war dann aber auch, daß die Relativierungen der Sexualmoral – neben der geringen Lebenserwartung der Frauen – den labilen Normwert der Monogamie stabilisierten. Die kirchliche Universalkultur, mit anderen Worten, kannte eine funktionale Toleranz, welche die Bedeutung hatte, die Grundwerte zu sichern; solche Toleranz, umgekehrt, war möglich, solange die Grundwerte nicht bedrohlich in Frage gestellt erschienen.

Die reformatorische Theologie integrierte die beiden Grundwerte unter den Bedingungen des beginnenden bürgerlichen Zivilisationsprozesses in das Verhaltensmuster der innerweltlichen Askese, d.h., Askese in der Ehe wie überhaupt ein Ethos der Berufspflicht wird zum allgemeinen Ordnungs- und Gewissensprinzip, und dem kommt von seiten der gesellschaftlichen Entwicklung das allmähliche „Vorrücken der Schamgrenze" (N. Elias) bzw. der Übergang von Traditionslenkung zu Innenlenkung entgegen. Die Folge ist eine zweckrationale Beurteilung der Sexualität, welche die gesamte Triebsphäre, das „Natürliche", soweit es nicht der Zeugungs- und Gesundheitspflicht wegen gebraucht werden muß, als peinlich verdrängt und undiskutabel macht. Es verringert sich dadurch aber die Toleranzspanne für Normabweichungen; die Differenz von Ideal- und Realnormen wird für die bürgerliche Gewissensbildung zum Problem. Für die neuzeitliche Gesellschaft wird die Geltung der konventionellen Ordnungen, die das Verhalten des einzelnen vom Druck der Idealnormen entlasteten, fragwürdig. Im Kontext des geschichtlichen Denkens werden vielmehr die Grundwerte unmittelbar zu Konstruktionsprinzipien der Lebenswelt, und sie verpflichten den einzelnen, sein Leben ihnen gemäß zu führen und zu gestalten. Dies letztere hat zur Folge, daß auch die Empfindlichkeit für die eigene Integrität wächst; es wird zunehmend unerträglich, sich nicht im Einklang mit den verinnerlichten Prinzipien des persönlichen Lebensstils zu wissen. Diese Integrität und Identität bedarf aber angesichts des Streits über die richtigen Prinzipien und ihre geschichtliche Rechtfertigung einer Vergewisserung darüber, daß die eigene Einstellung der Wirklichkeit standhält. Die Prinzipien müssen sinnvoll und tauglich sein, um die Natur zu formen. Häufige Abweichungen von der akzeptierten Moral bedrohen daher die Gültigkeit der Prinzipien selbst; sie erzeugen Angst vor dem Verlust der eigenen Wertbasis[2].

Hier entstehen diejenigen Legitimationsprobleme der alten Moral, die zu einem grundlegend neuen Ansatz der Sexualethik führen. Das aufdringliche Phänomen der doppelten Moral in der bürgerlichen Gesellschaft ist gerade dadurch charakterisiert, daß die außerehelichen Freiheiten der Männer ihre selbstverständliche Geltung verlieren. Sie tragen den Stempel des Unanständigen, Heimlichen und Heuchlerischen, was sich zum einen in obszöner Sprache und brutaler Sexualität, die sich nicht mehr anders als eben mit der „männlichen Natur" zu rechtfertigen vermag, zum andern in Prüderie und prinzipiell rigider Sittlichkeit äußert. Diese aber gerät in ein kritisches Verhältnis zu den Lebensbedingungen einer Kultur, welche die private Freiheit und den allgemeinen Wohlstand fördert. Der Widerspruch zu einer asketischen Pflichtmoral tritt aber nicht nur als naturalistischer Protest, sondern innerhalb der patriarchalischen Familie zugleich als „Ahnung eines besseren menschlichen Zustands" (M. Horkheimer) auf. Es ist im besonderen die Entlastung der Frauen gehobener

---

[2] *D. S. Bailey,* Mann und Frau im christlichen Denken (Stuttgart 1963); *N. Elias,* Über den Prozeß der Zivilisation, 2 Bde. (1969) (Frankfurt a.M. 1976); *S. Keil,* Sexualität (Stuttgart 1966); *H. Schelsky,* Soziologie der Sexualität (Hamburg 1955).

Schichten von schwerer Hausarbeit, die mit einem neuen Bild weiblichen Wesens und geschlechtlicher Eigenart auch eine neuartige erotische Kultur hervorbringt. Bedeutet, schematisch gesprochen, die Verstärkung der sozialen Position der Frau „ein Zurücktreten von Triebrestriktionen für die Frauen und ein Vorrücken der Triebrestriktionen für die Männer“ (N. Elias), so legt dies auch eine Struktur der Kommunikation zwischen gleichwertigen Partnern nahe; die sexuellen Beziehungen können prinzipiell aus ihrer eigenen, humanen Qualität begriffen werden, während gleichwohl die eheliche Treue als Ausdruck lebensgeschichtlicher Ergänzung und Wechselwirkung zweier Individuen ihr Inbild bleibt.

Der junge Schleiermacher hat dieser erotischen Kultur einen vorwärtsweisenden, religiösen Ausdruck verliehen. Noch an der Seite Friedrich Schlegels, der das „Genießen des Genusses“ rühmte und eine (neue) „Moral zu stiften“ gedachte, tritt er für die Liebesehe gegenüber der bloßen Vernunftehe ein, warb selbst lange um eine in unglücklicher Ehe lebende Pfarrersfrau, gab den Frauen Leitsätze für ihre Emanzipation im Zeichen der „menschlichen Menschheit, die da war, ehe sie die Hülle der Männlichkeit und Weiblichkeit annahm“, polemisierte gegen die Zweckzeugung mit dem Grundsatz „Du sollst nicht absichtlich lebendig machen“ und rechtfertigte vorläufige Versuche in der Liebe, aus denen nichts Bleibendes entstehen mußte. Dies alles ist als eine Überbietung der Monogamie in der Idee der romantischen Liebe und Einübung in die Kunst der ehelichen Harmonie gedacht; die Deuterogamie hielt er im Grunde für ausgeschlossen und nur mit Rücksicht auf den noch nicht reifen Stand der christlichen Sitte für nicht zu verbieten[3].

2. *Die Gegenwart*

a) Die Herausforderung der neuen Moral

Neue moralische Einstellungen kommen selten durch einen revolutionären Bruch mit der Vergangenheit zustande. Sie sind in der Regel das Ergebnis langfristiger Prozesse, in denen ungelöste oder unlösbare Probleme der Tradition neu gestellt und gelöst oder einfach umgangen werden. Auch das Phänomen einer neuen Sexualmoral ist im Zusammenhang einer solchen Entwicklung zu sehen. Bezeichnend ist dafür die Tatsache, daß die unreflektierte Praxis der Theorie vorangeht und das Verhalten sich entsprechend schneller ändert als die Einstellung. Das bedeutet aber auch für die Ethik, daß sie zur Beobachtung der empirischen Vorgänge angehalten wird; Normen, die sie vermittelt, ergeben sich aus der Reflexion auf menschliche Erfahrungen.

---

[3] Vgl. *H. Ringeling*, Theologie und Sexualität (Gütersloh ^{2}1969).

Die Entstehungsbedingungen der neuen Moral sind komplex. Zu nennen ist zuerst die Privatisierung des sexuellen Verhaltens. Normative Zwänge, wie sie in einer weltanschaulich geschlossenen Gesellschaft möglich waren, treten zurück, und die ökonomisch begründbaren Einschränkungen sexueller Freiheit verlieren an Plausibilität. Es leuchtet nicht mehr ein, daß die individuelle Freiheit kein Kulturgut sein soll. Auf der anderen Seite ermöglicht die gesellschaftliche Entflechtung der traditionalen Lebensverhältnisse, daß besonders die Frauen über eine bloße Gleichwertigkeit hinaus eine sozial und rechtlich gesicherte Gleichberechtigung erlangen. Das bringt bereits einen Abbau der doppelten Moral mit sich. Dazu gehört aber auch ein Abbau der Angst. Sexuelle Aufklärung und Hygiene verringern den Druck, der auf der alten Moral lastete; jetzt erscheint sie als repressiv. Umgekehrt ergeben sich neue, drängende Probleme aus der Akzeleration der physischen (und psychischen) Reife, aus längeren Ausbildungszeiten, größeren Anforderungen an die soziale Mobilität der einzelnen. Das alles steht in dem selbstverständlich werdenden Erfahrungshorizont, daß menschliche Ordnungen wandelbar sind. Diese Erfahrung wird von den Massenmedien aktualisiert und potenziert, indem sie die Tatsachen, Meinungen und Moden in bezug auf die Sexualität veröffentlichen; sie beschleunigen auf diese Weise die Veränderung und verunsichern die Gesinnung. Das fördert eine „Außenlenkung" (D. Riesman), die das gewissensmäßige Handeln in einen sensiblen Konformismus überführt; man tut, was „man" tut. Und eben diese Haltung findet schließlich Rückhalt in einer Konsumorientierung, die den raschen Genuß begünstigt und nicht zuletzt hedonistische Einstellungen, die sich mit jener Freiheit begnügen, die einem in der Privatsphäre zufällt.

Es zeigt sich bereits die Ambivalenz und auch die Grundrichtung der moralischen Entwicklung. Sie geht so vonstatten, daß freiwerdende Lebensmöglichkeiten ausgeschöpft werden. Genauer: unter dem Antrieb der zeitgenössischen Glücksmotive werden die wachsenden Spielräume der sozialen Beliebigkeit sexuellen Verhaltens besetzt; die herkömmlichen normativen Grenzen werden vorverlegt und experimentell überschritten. Viele Untersuchungen belegen, daß nicht etwa ein Sprung in die Promiskuität gemacht wird, sondern die Regeln der ehelichen Beziehung analog auf die Verlobung, dann auf dauerhafte Verhältnisse übertragen werden, so daß die traditionellen Wertvorstellungen, wie Liebe, Treue, feste Freundschaft, Ehe und Familie, noch bestimmend bleiben. Auf dieser Linie nimmt aber die institutionelle Sicherheit des Verhaltens ab, und das wiederum bedingt zwar eine erhöhte Theoriebedürftigkeit des sexuellen Verhaltens, hat aber zunächst ein einfaches, praktikables Prüfungs- und Rechtfertigungsverfahren zur Folge: es legt sich nämlich nahe, versuchsweise so weit zu gehen, wie es möglich ist, ohne nachweisbar die eigene Person oder die des anderen wie den Bestand des Gemeinwesens überhaupt zu schädigen.

Von genau diesem Punkt nimmt die Theoriebildung der neuen Moral ihren Ausgang. Ihre Frage ist nicht, ob nur eheliche oder auch außereheliche Beziehungen erlaubt seien. Diese Frage ist für alle ihre Vertreter zugunsten des letzteren beantwortet. Das Kernproblem ist vielmehr, welche Grenze der Selbstregulierung des sexuellen Verhaltens mit vernünftigen Gründen gesetzt und an welchen Sinngehalten es allenfalls orientiert werden kann. Grundlegend ist dabei aber die Frage, wie die beiden Standards, die bei der Beurteilung sexueller Beziehungen Unverheirateter als verbreitete Alternative erscheinen, nämlich „Freizügigkeit bei Liebe" und „Freizügigkeit ohne Liebe", zu bewerten sind[4].

Was möglich ist, ohne nachweisbar schädliche Folgen zu haben, ergibt sich weitgehend aus dem Tatbestand selbst. Damit stellt sich ein Problem, das unter dem Stichwort von der Normativität des Faktischen diskutiert zu werden pflegt. Fakten können Normen nicht eindeutig begründen, das Sollen läßt sich nicht unvermittelt aus Seiendem ableiten, obwohl von dem, was ist und geschieht, auch die Richtung der moralischen Entwicklung bestimmt wird. Geht man aber einmal davon aus, daß es Tatsachen nicht ohne ihre Interpretation gibt, läßt sich sagen: Zwar kommt ihnen keine verbindliche normenbildende Bedeutung zu, in dieser Hinsicht können sie einen Konsens nur nahelegen, wohl aber ist die Darstellung empirischer Sachverhalte beweiskräftig gegenüber unzureichend begründeten Regeln. Und umgekehrt, wenn auf diese Weise die alte Moral als überholt erscheint, legt sich eine überzeugte Zustimmung zur normabweichenden Praxis nahe, sie beginnt zur Regel zu werden. W. Korff hat diesen Übergang aufgezeigt: Die Formel von der „normativen Kraft des Faktischen" treffe nicht schon auf den einfachen Tatbestand zu, daß sich eine Mehrheit normwidrig verhalte; geltende Ordnungen bleiben eben unangefochten, solange sie überzeugen. Wohl aber hat „der qualifizierte Tatbestand, daß sich eine solche Mehrheit mit diesem ihrem faktischen Verhalten in einem zustimmenden Sinne identifiziert", sittliche Bedeutung. Korff schlägt deshalb vor, von der „normativen Kraft faktisch gelebter Überzeugungen" zu sprechen; dies sei gleichbedeutend mit jener potentiellen Vernunft des Faktischen, die Aristoteles mit „ethos" und Thomas mit „consuetudo" bezeichnet haben. Die Frage nach der Wahrheit des so geschichtsmächtig Entstehenden bleibt hingegen offen, sie beantwortet sich nicht von selbst[5].

Es kommt also durchaus mit einer normativen Kraft des Faktischen zur Umbildung moralischer Verhaltensweisen und Einstellungen, und es ist insofern ein großes Verdienst der Sexualstatistik seit den bahnbrechenden Werken A. Kinseys, Vorurteile über die allgemeine Schädlichkeit eines sexuellen Verhaltens jenseits der traditionellen Normgrenzen entkräftet zu haben. Die Veröffentlichung der Tatsache, daß das wirkliche Verhalten beträchtlich von den verbal akzeptierten Grundsätzen abwich, hatte zur Folge, daß über außerehe-

---

[4] *V. Sigusch – G. Schmidt,* Jugendsexualität (Stuttgart 1973); vgl. auch *S. Pfürtner,* a.a.O. 226f.
[5] *W. Korff,* Norm und Sittlichkeit (Mainz 1973) 136–139, mit Bezug auf *A. Kinsey;* vgl. *G. Patzig,* Ethik ohne Metaphysik (Göttingen 1971) 96f., mit Bezug auf A. Kinsey.

liche Beziehungen, Selbstbefriedigung, gleichgeschlechtliche Neigungen und anderes sachlicher und toleranter geurteilt werden kann. Mit dem Bestand eines intakten Gemeinwesens ist ein sexueller Pluralismus vereinbar; die Toleranzgrenze des Rechtsstaats kann aus dem Bereich des Privaten weitgehend zurückgezogen werden. Fragwürdig ist es auch weder, daß auf diese Weise indirekt eine neue Moral gefördert wird noch daß die Entwicklung auf der Bahn zunehmender Entlastung von nicht mehr notwendigen Zwängen und Leiden erfolgt. Fragwürdig ist vielmehr erst ihre Rechtfertigung ohne ethisches Korrektiv.

Ebendas tut z.B. A. Kinsey[6]. Seine Berichte sind in der Absicht verfaßt, die Spannung zwischen Kultur und Natur und damit zwischen einem gesellschaftlichen Wertkonsens und der individuellen Beliebigkeit des Verhaltens überhaupt als repressiven Unsinn kenntlich zu machen. Er möchte, mit anderen Worten, die Auffassung vermitteln, daß jedes sexuelle Bedürfnis, das nicht nachweisbar sozialschädlich ist, auch ein sittliches Recht auf Befriedigung hat; Moral und „Natur" (das Wort im Sinne von individueller Veranlagung verstanden) sollen weitgehend zusammenfallen.

An dieser Auffassung ist wiederum so viel richtig, daß der sexuelle Trieb oder, genauer, die individuelle Triebneigung bei aller Plastizität der sexuellen Veranlagung der kulturellen Überformung nun doch konstitutionelle Grenzen setzt. Es gibt eine Toleranzgrenze, die nicht überschritten werden darf, wenn ein Mensch nicht in seiner psycho-somatischen Grundstruktur Schaden nehmen oder der Trieb nur mit um so größerer Gewalt durchbrechen soll. Kinsey fordert in dieser Hinsicht nichts anderes als S. Freud, der besonders gegenüber dem christlichen Liebesgebot geltend machte, man sei „in therapeutischer Absicht sehr oft genötigt, das Über-Ich zu bekämpfen" und sich zu bemühen, „seine Ansprüche zu erniedrigen"[7]. Für die Sexualethik ist das ein wichtiger Hinweis auf die Notwendigkeit, auch unter normalen Bedingungen einen Verhaltensspielraum im Umfeld der Ehe zu gewährleisten. Die Intention Kinseys, den Konflikt zwischen kultureller Forderung und individuellem Streben oder Versagen zu verringern, ist jedenfalls stark zu beachten.

Unhaltbar ist hingegen die These, daß die biologische Triebregulierung keiner moralischen Ordnung bedürfe. Dahinter steht eine naturalistische Konzeption von der Selbststeuerung (W. Reich) der sexuellen Bedürfnisse, die nicht neu ist. Sie rechtfertigt einen „freizügigen Hedonismus", der den Lustgewinn als einzigen Maßstab kennt. Gemeint ist zwar ein Streben nach sexueller Befriedigung auf Gegenseitigkeit und ohne den Partner zu verletzten, aber das wird nicht moralisch, sondern im Zusammenhang einer liberalistischen Harmonie der in-

---

[6] Zu Kinsey s. *H. Ringeling*, a.a.O. (Lit.); *S. H. Pfürtner*, a.a.O., und besonders die Auseinandersetzung bei *H. Schelsky*, a.a.O.

[7] *S. Freud*, Das Unbehagen in der Kultur (1930).

dividuellen Egoismen interpretiert. Auch H. Marcuses Vision einer Kultur, welche die Selbstsublimierung der Sexualität aufgrund einer neuen, libidinösen Vernunft ermöglichen soll, steht in diesem Deutungsmuster, sosehr sie sich auch gegen eine bloße Entfesselung der Libido in einer (Konsum-)Gesellschaft von Triebbesessenen wendet und einen humanen Eros in einer ganz und gar, in allen Bereichen, dem Lustprinzip erschlossenen, anderen Wirklichkeit fordert. Er sagt: „Die kulturelle Moral wird durch die Harmonisierung von Triebfreiheit und Ordnung aufgehoben und ersetzt: befreit von der Tyrannei repressiver Vernunft richten sich die Triebe auf freie und dauerhafte existentielle Beziehungen – sie schaffen ein neues Realitätsprinzip." Aber eben: dem geht eine bewußte, planmäßige Regression voraus; der vorkulturelle Stand einer prägenitalen polymorphen Sexualität, sozusagen ein Stand erotischer Unschuld, soll wiedergewonnen und zum Ausgangspunkt einer fundamental freien Triebentwicklung gemacht werden. „Diese Veränderung im Wert und im Ausmaß der libidinösen Beziehungen würde zu einer Auflösung der Institutionen führen, in denen die privaten zwischenmenschlichen Beziehungen organisiert waren, besonders der monogamen und patriarchalischen Familie."[8]

Die hedonistische neue Moral kommt dem Trend nach spannungslosem Glück, einem verantwortungsfreien Konsumverhalten entgegen. Man wird aber nicht übersehen dürfen, daß sie seit ihren Anfängen auch das Problem der verantwortlichen Beziehung neu gestellt und zu lösen gesucht hat. Schon B. Russell hat betont, daß gegenseitige Achtung und Rücksichtnahme, Verständnis und Vorsicht, Vermeidung jeder Beherrschung und Ausbeutung des anderen unerläßlich seien. Besonderes Gewicht fällt dabei aber auf die nicht-sexuellen Faktoren der ehelichen und außerehelichen Beziehung. Nicht der sexuelle Akt konstituiert die Beziehung, sondern ihr menschlicher Kontext. Entsprechend wird Treue auch eher als soziale und nicht nur sexuelle verstanden: den Partner zu betrügen, indem man ein intimes seelisch-geistiges Verhältnis, mit einer Arbeitskollegin oder seiner Sekretärin z. B., aufbaut, kann verletzender sein als der Ehebruch im engeren, sexuellen Sinn. Diese vertiefte Beurteilung folgt aus der Tatsache, daß die Ehe als Spezialfall der vielschichtigen Möglichkeit geschlechtlicher Gemeinschaft betrachtet wird. Das kann dann aber auch zu der Auffassung führen, daß Ehepartner einander die Freiheit zu nebenehelichem Geschlechtsverkehr unter der Bedingung, es bei partiellen Kontakten zu belassen, einräumen sollten[9].

Einwände gegen diese Haltung einer neuen, als „reif" und „mündig" bezeichneten Moral werden nur dann stichhaltig sein, wenn sie sich auf – psychologisch, soziologisch, theologisch – reflektierte Erfahrungen stützen können; und sofern daraus Regeln abgeleitet werden sollen, müssen sie verallgemeinerungsfähig sein.

---

[8] *H. Marcuse,* Triebstruktur und Gesellschaft (Frankfurt a. M. 1970) Kap. X.
[9] Vgl. zum Ganzen *G. Barczay,* Revolution der Moral? (Zürich 1967).

Ansätze für ein solches Verfahren der Normenbildung gibt es z. B. bei dem englischen Naturwissenschaftler Alex Comfort. Sein Versuch, der Selbstregulierung des sexuellen Verhaltens unter biologischen Gesichtspunkten, die allerdings mit soziologischen Einsichten verknüpft werden, notwendige Grenzen zu ziehen, zeichnet sich gegenüber Kinsey dadurch aus, daß es ihm um eine Erziehung zu sozialer Verantwortung geht. Zu diesem Zweck hat er zwei Minimalgebote formuliert: „Du sollst die Gefühle eines Menschen nicht rücksichtslos ausnutzen und ihn mutwillig enttäuschenden Erfahrungen aussetzen“ und „Du sollst unter keinen Umständen fahrlässig die Zeugung eines unerwünschten Kindes riskieren.“ Nicht zu Unrecht sind diese Gebote ein auf der Goldenen Regel basierendes Mindestmaß jeder heutigen Sexualerziehung genannt worden[10]. Sie setzen der sexuellen Emanzipation einen Rahmen, der ihren eigenen Grundsätzen entspricht, nämlich vermeidbares Leiden zu bekämpfen, wahren aber zugleich den sittlich-kritischen und mitmenschlich-personalen Aspekt der Sexualität. Diese Normen sollen innerhalb wie außerhalb der Ehe gelten. Sie lassen offen, welche Gestalt der sexuellen Beziehung vorzuziehen oder wünschenswert ist. Sie stellen jedoch vernünftige Klugheitsregeln dar, die dazu anhalten, sich in die Situation des anderen hineinzuversetzen und sie verantwortlich mitzubedenken. Der amoralische Egoismus ist hier jedenfalls zugunsten einer moralischen Einstellung, die im Partner nicht nur ein Mittel für den eigenen Lustgewinn sehen kann, überwunden. Die Maximen sind auch gut gewählt; die erste läßt sich nicht weniger als die zweite auf ein elementares Problem der sexuellen Beziehung Jugendlicher beziehen, nämlich das tiefgreifende Erlebnis der „Scheidung“ eines nicht-ehelichen Verhältnisses, die große psychische Belastung einer scheinbar weniger verbindlichen Partnerschaft.

b) Die Antwort der Theologie

Die Kongregation für die Glaubenslehre hat die neue Moral als „freizügigen Hedonismus“ verworfen und die traditionelle Auffassung bekräftigt, nach der jeder Geschlechtsakt des Menschen nur innerhalb der Ehe erfolgen darf[11]. Das trifft jedoch nur den groben, wenngleich verbreiteten Standard „Freizügigkeit ohne Liebe“, während der andere, „Freizügigkeit bei Liebe“, differenziert zu

[10] *A. Comfort*, Der aufgeklärte Eros (Hamburg 1968); *H. Scarbath*, Geschlechtserziehung (Heidelberg 1967).

[11] Erklärung zu einigen Fragen der Sexualethik (15. 1. 1976), in: Schweizerische Kirchenzeitung Nr. 5 (1976). So auch schon, den Ausdruck „Neue Moral“ in die Diskussion einführend, am 18. 4. 1952 (Kongregation des Heiligen Offiziums). Zur Kritik s. *W. Korff*, Moraltheologische Überlegungen zur Bevölkerungsentwicklung, in: Herz/Kreislauf 9 (1977) Nr. 1 (Verlag G. Witzstrock, Baden-Baden).

beurteilen ist und einer begleitenden Sexualethik pädagogische Anknüpfungspunkte bietet. Das wird wie von der neueren evangelischen auch von der katholischen Ethik zunehmend anerkannt. Eine neue Bewertungsgrundlage entsteht bereits da, wo die geschlechtliche Gemeinschaft in einem weiteren Sinn von der ehelichen ausdrücklich unterschieden wird, auch wenn sexuelle Beziehungen Unverheirateter noch nicht für diskutabel gehalten werden. Das geschieht z. B. bei K. Barth, der die geschlechtliche Beziehung zur Partnerschaft von Mann und Frau in allen Bereichen menschlichen Lebens erweitert und sie entsprechend „dezentralisiert", und bei H. Thielicke, für den die Ehe „ein an Bedingungen geknüpfter Sonderfall menschlicher Kommunikation überhaupt" ist[12].

Weiter gehen bereits ethische Entwürfe, die noch weniger an Schöpfungsordnungen orientiert sind, sondern auf den geschichtlichen Wandel der menschlichen Lebensformen eingehen. Die Ehe wird in dieser Sicht auf den Kontext des zeitgenössischen Lebensverständnisses bezogen. Sie erscheint als für die Gegenwart und die absehbare Zukunft dann gerechtfertigt, wenn sie ein angemessener Ausdruck des neuzeitlichen Begriffs von „Liebe als Lebenserfüllung" (K. Løgstrup) und des christlichen Begriffs von Reife als „Integration in und durch Wechselbeziehung" (P. L. Lehmann) ist. Lehmann spricht für viele, wenn er befindet: zwar sei in einem solchen Beziehungsfeld, das die Geschlechtlichkeit als wesentlich für die Erfüllung der Ganzheit des Menschen erscheinen lasse, kein Platz für Promiskuität und Prostitution, wohl aber sei es eine sekundäre Frage, ob der Geschlechtsakt innerhalb der Ehe oder auf dem Weg zur Ehe hin vollzogen werde; nicht die Ehe legitimiere den Geschlechtsakt, sondern der Geschlechtsakt legitimiere, besser: vollende, die Ehe[13]. Das Grundphänomen der Mitmenschlichkeit, mit anderen Worten, legitimiert und relativiert auf diese Weise die Ehe. Sie ist eine Kulturordnung, deren ethischer Gehalt sich mit der allgemeinen Entwicklung von Kultur und Moral ändert. An ihm muß sich die Institution bewähren, sie muß sich möglicherweise ebenfalls verändern, sie kann veralten; sie kann aber auch ein hypothetisches Richtmaß für Alternativen der ehelichen Gemeinschaft bleiben.

Das letztere bezeichnet die allgemeine Argumentationslinie der gegenwärtigen christlichen Ethik. Die Diskussion führte mit innerer Notwendigkeit von einer (z. B. noch bei Barth und Thielicke) unterschiedslosen Ablehnung nichtehelicher zu einer bedingten Anerkennung vorehelicher sexueller Beziehungen. Den Diskussionsstand und die Problemlage beleuchten die kirchlichen Stellungnahmen zum Thema. Sie lassen einen nicht mehr wesentlich konfessions-

---

[12] *K. Barth*, Kirchliche Dogmatik III/4 (Zollikon-Zürich 1951) § 54; die sexualethische Ableitung seiner Anthropologie führt zu der Formel: „Koitus ohne Koexistenz ist eine dämonische Angelegenheit" (148). *H. Thielicke*, Theologische Ethik III (Tübingen 1964) 532, 727f. Weiterführend und überleitend zur folgenden Gruppe *W. Trillhaas*, Sexualethik (Göttingen 1969).

[13] *K. Løgstrup*, Die ethische Forderung (Tübingen 1959); *P. L. Lehmann*, Ethik als Antwort (München 1966) 130f.

spezifischen Prozeß der Meinungsbildung erkennen. Gemeinsam ist ihnen aber auch der Umstand, daß sie von den obersten Kirchenbehörden nicht oder eben nur als Dokumente innerkirchlicher Meinungsbildung angenommen wurden, gleichwohl aber nicht nur von großem Einfluß, sondern auch mit beträchtlicher synodaler Vollmacht ausgestattet sind.

Die evangelische „Denkschrift zu Fragen der Sexualethik" (1971) stellt einleitend zum Thema fest, in der christlichen Ethik herrsche die einhellige Überzeugung, daß volle geschlechtliche Partnerschaft ihren Ort in der Ehe habe. Es werde jedoch auch die Notwendigkeit anerkannt, sexuelle Entwicklungsprozesse differenziert zu sehen. Daher werde „Geschlechtsverkehr verlobter oder fest befreundeter Paare in einer ganzheitlich-personalen Beziehung, die mit der Absicht auf Dauer verbunden ist, grundsätzlich anders gesehen als das ‚Ausprobieren' mit wechselnden Partnern". Aufgabe der Kirche sei es, die jungen Menschen in ihren unterschiedlichen Situationen zu verstehen und ihnen Hilfen zur sinnvollen Gestaltung ihres sexuellen Lebens zu geben. Schwierigkeiten bereite dabei aber die unterschiedliche Auslegung biblischer Aussagen über das Verhältnis von Mann und Frau für unsere Zeit.

An dieser Stelle legt die Kommission ihr eigenes Dilemma offen und zeigt ohne weitere Wertung drei von ihren Mitgliedern vertretene Ansätze auf: die einen folgern aus dem biblischen Gebot und den Aussagen Jesu auch heute eine Ablehnung des Geschlechtsverkehrs Unverheirateter. Sie sind außerdem der Überzeugung, daß ein genereller Verzicht für junge Menschen leichter sei als eine Entscheidung von Fall zu Fall, weil die eigentlichen Motive oft erst hinterher erkannt werden und deren Folgen für den Partner und die Umwelt nicht voraussehbar sind. Andere sind der Auffassung, daß die Selbstverantwortung der jungen Menschen nur wachsen könne, wenn auf verbindliche Weisungen für das sexuelle Verhalten vor der Ehe verzichtet werde. Nicht in Frage gestellt werden dürfe hingegen das ganzheitlich-personale Verhältnis, und es müsse die Freiheit des Partners gewahrt und auf seine Verletzlichkeit Rücksicht genommen werden. Eine mittlere Position nahmen diejenigen ein, die sich zu der Auffassung bekannten, daß die Gebote Gottes zwar als Angebot zur Ordnung menschlichen Lebens und Zusammenlebens zu bejahen seien, aber da sie unter ständig wechselnden gesellschaftlichen Bedingungen ausgelegt werden müssen, lasse sich aus ihnen keine eindeutige Weisung für jeden Einzelfall ableiten. Daher falle die Entscheidung, in welchem Abschnitt der Entwicklung ihrer Beziehung zur Ehe hin sie den Geschlechtsverkehr aufnehmen, in die Verantwortung der Partner. Im übrigen wird über das Zusammenleben von Menschen verschiedenen Geschlechts außerhalb der Familie gesagt: Die Beziehungen, die sich hier herausbilden, werden auch von sexueller Anziehung beeinflußt. Es komme in dieser Situation darauf an, eine Verdrängung der Sexualität ebenso zu vermeiden wie eine Erotisierung der Arbeitswelt, und das berufliche Verhältnis zu Menschen anderen Geschlechts dürfe sich gegenüber der Ehe nicht verselbständigen.

Ähnlich haben sich die Sachkommissionen der Gemeinsamen Synode der Bistümer in der Bundesrepublik Deutschland (1973) und der Synode 72 der Schweizerischen Bistümer (1974) geäußert. Im Vorraum der vollen sexuellen Gemeinschaft, heißt es im Arbeitspapier der deutschen Synode, gebe es ein breites Spektrum sexueller, d.h. aus der geschlechtlichen Bestimmtheit des ganzen Menschen erwachsender Beziehungen unterschiedlicher Intensität und Ausdrucksformen, auch eine Stufenleiter der Zärtlichkeit. Für das sittliche Urteil, das sich auf diese Feststellung bezieht, wird ein unerläßliches Kriterium angegeben: „Diese Beziehungen können als gut und richtig gelten, solange sie Ausdruck der Vorläufigkeit sind und nicht intensiver gestaltet werden, als es dem Grad der zwischen den Partnern bestehenden personalen Bindung und der daraus resultierenden Vertrautheit entspricht." Das heißt, kommentiert F. Böckle, der leibliche Vollzug soll je entsprechender Ausdruck der personalen Bindung sein. Dies sei aber verschieden interpretiert worden: Die einen sahen darin die einzige vollgültige Aussagemöglichkeit, die für eine definitive Hingabe auch eine definitive Bindung verlange. Die anderen sahen hingegen darin den Beweis für eine weiche Anpassungsformel, die jeder nach seinem eigenen Urteil auslegen werde. Während die ersten der Meinung waren, wer heute noch auf die Verlautbarungen der Kirche zu hören bereit sei, werde auf diese Weise zur kritischen Selbstbeurteilung herausgefordert, befürchteten die anderen den Zusammenbruch aller sittlichen Ordnung als Folge einer Verkündigung, die nicht mehr klar sage, was man dürfe und was nicht. Zur Vermittlung und Verdeutlichung wurde deshalb die Aussage aufgenommen, daß geschlechtliche Beziehungen ihren eigentlichen Ort in der Ehe haben [14].

Von dieser Grundnorm geht auch die Synode 72 der Schweizer Katholiken aus. Der Verfasser dieses Artikels hat – wie vorher schon in der Kommission für die evangelische Denkschrift – in der Kommission für das Thema „Ehe und Familie im Wandel unserer Gesellschaft" der Diözese Basel mitgewirkt. Weil seine Darstellung der Ergebnisse in der ersten Ausgabe des Handbuchs Kritik erfuhr, aber auch wegen der ökumenischen Gemeinschaft des ethischen Denkens, die der Text bekundet, sei hier ein längeres Stück davon zitiert. Dieser Text unter der Überschrift „6.3 Voreheliche Sexualität" ist nicht Kommissionsbericht, sondern Teil der „Entscheidungen und Empfehlungen", die von der Synode verabschiedet und von dem zuständigen Bischof Anton Hänggi genehmigt wurden.

---

[14] Denkschrift zu Fragen der Sexualethik, hrsg. von der Kirchenkanzlei der EKD (Gütersloh 1971). Synode 72, Diözese Basel, Ehe und Familie im Wandel unserer Zeit (Solothurn 1974). Hierher gehört auch: Sex and Morality. A report presented to the British Council of Churches (London 1966), deutsch: Sex und Moral (München 1967); *F. Böckle,* Möglichkeiten einer dynamischen Sexualmoral, in: *ders.:* Menschliche Sexualität und kirchliche Sexualmoral (Düsseldorf 1977).

6.3 Voreheliche Sexualität

6.3.1 Sexuelle Beziehungen müssen immer im Zeichen der Liebe, d. h. im großen Zusammenhang von Zärtlichkeit, gegenseitiger Bereicherung, Treue und Fruchtbarkeit sowie Verantwortung und Verzicht gesehen werden.

Erotische Beziehungen können zu erfüllenden Gemeinschaftserlebnissen führen. Sie verhelfen zu einem Erfahrungsbereich, in dem sich die eigene Persönlichkeit sowie die des Partners entfalten und bereichern können.

6.3.2 Das christliche Ideal fordert die Einordnung der sexuellen Beziehungen in die Ehe, deren Wesensmerkmale Liebe, Treue, Dauerhaftigkeit und Ausschließlichkeit sind. Die gesellschaftlich institutionalisierte Form der Ehe will Geborgenheit und Einfügung ins Lebensganze garantieren und die Rechte der Kinder sichern.

Die kirchliche Trauung weist den Bund von Mann und Frau in den Bund Gottes mit den Menschen ein und bindet menschliche Liebe und Treue an die Liebe und Treue Gottes. Dadurch bekommt die Ehe Zeugnischarakter.

6.3.3 Aufgrund dieser Voraussetzungen ergibt sich, daß sexuelle Beziehungen im Vorfeld der Ehe, die auf diese Werte ausgerichtet sind, differenziert beurteilt werden müssen. Sie sind sittlich anders zu werten, als wenn es sich um eine bloß vorläufige Episode handelt.

6.3.4 Die Sexualität umfaßt den ganzen gemüthaften Bereich der Zärtlichkeit, des Zusammenseins und der gemeinsamen Erlebnisse. Die Pflege dieser Werte ist besonders wichtig für das schrittweise Hineinwachsen in die volle eheliche Partnerschaft. Je besser junge Menschen diesen umfassenden Bereich als persönlichen Ausdruck erleben lernen, desto offener werden sie für die Eigenart und den Anspruch des Partners und den Reichtum seiner Person.

6.3.5 Sexuelle Beziehungen vor der Ehe sind, entgegen gelegentlichen Behauptungen, nicht notwendig; vielmehr kann das Warten bis zum Zeitpunkt größerer persönlicher Reife und der Übernahme gegenseitiger und verpflichtender Verantwortung sich für die Ehe fruchtbar auswirken. Der junge Mensch muß lernen, seine Sexualität zu beherrschen und zu steuern, um fähig zu werden, seinem Lebenspartner echte Erfüllung zu schenken. Das christliche Ideal sucht eine ganzheitliche Erfüllung des Menschen.

Die Kirche soll gegenüber jeder Art von Mißbrauch und Mißachtung des Partners in einer geschlechtlichen Beziehung die Liebe Gottes zu jedem Menschen als den letzten Maßstab menschlicher Liebe und Würde verkündigen. Um aber bestimmen zu können, was die heutige Wirklichkeit und Würde des Menschen ausmacht und an sexuellen Bedürfnissen, Erwartungen und Ansprüchen einschließt, ist sie auf den Dialog mit den zeitgenössischen Humanwissenschaften angewiesen (5.2.1). Sie muß sich sowohl vor einer wertfreien Sexualauffassung als auch einer formalistischen Gesetzesmoral hüten (6.1.3); sie soll vielmehr die persönliche Entscheidungsfähigkeit fördern (6.2.2).

Das Ergebnis zeigt eine offene Problemlage: Ausgangpunkt der gegenwärtigen christlichen Sexualethik ist die „heute vorwaltend gewordene tatsächliche Überzeugung und Praxis, die der interpersonal integrierten Dimension menschlicher Sexualität eine sittliche Eigenwertigkeit und Eigenbedeutung beimißt“ [15]. Anknüpfungspunkt für eine argumentative Sexualethik und -pädago-

[15] *W. Korff*, a.a.O. 13.

gik ist damit zugleich die Erfahrung, die im Rahmen jener beiden Grundstandards tatsächlich gemacht wird: daß nämlich „Freizügigkeit ohne Liebe" eine inhumane Tendenz zur Mißachtung des Partners erkennen läßt, während „Freizügigkeit bei Liebe" die Tendenz hat, das Streben nach Glück durch die Achtung des Partners einzuschränken oder, anders, die Integration von Sexualität und Personalität als Kriterium menschlichen Gelingens der geschlechtlichen Beziehung gelten zu lassen. Das wiederum läßt die Ehe als ideales Modell einer ganzheitlichen Lebensbeziehung und somit als Richtpunkt für einen Reifeprozeß erscheinen, der, weil er von der Selbstverantwortung schon des jungen Menschen ausgeht, eine anspruchsvolle Haltung fördert, für welche die sexuelle Vereinigung Ausdruck und Symbol der „Liebe zu einem selbst" ist.

Diese Integration von Sexualität und Personalität legt sich mit theologischen und humanwissenschaftlichen Gründen nahe, versteht sich hingegen nicht von selbst. Die Reflexion auf Erfahrung, in der sie ihre Überzeugungskraft gewinnt, steht ihrerseits im Kontext der christlichen Kulturgeschichte. Die theologische neue Moral hat ebendeshalb stets eine grundlegende Integration von Liebe und Sorge vertreten, die von der hedonistischen Moral nicht für konstitutiv erachtet wird. Das ist der Punkt, an dem sich die Geister scheiden; und das Korrektiv, welches die christliche Bewertung neuer Entwicklungen und hypothetisch-experimenteller Lebensformen steuert, ist das Gebot der Nächstenliebe. Dieses Libido, Eros und Philia noch einmal integrierende Liebesprinzip (P. Tillich) gegenüber Legalismus und Antinomismus zur Geltung gebracht zu haben, ist nicht zuletzt das Verdienst der situationsethischen Pioniere einer neuen Sexualmoral wie J. A. T. Robinson und J. Fletcher[16]. Allerdings hat die Diskussion ihrer Thesen deutlich gemacht, daß „Moral ohne Normen" nicht ausreicht, um Verhaltenssicherheit und Schutz vor Willkür wie auch vor Selbsttäuschung zu gewähren. Die Freiheit zur Gestaltung der personalen Beziehung wird vielmehr durch soziale Konventionen, die den Schwächeren stützen, erst ermöglicht. Das unterstreicht noch einmal den Vorrang der ehelichen Institution, wie immer diese gestaltet sein mag, vor „freizügigen" Verhältnissen und wirft die Frage auf, welche analogen Konstruktionen sich aus ihr ableiten lassen, um die sexuellen Beziehungen Unverheirateter sinnvoll zu ordnen.

Weiterführende Literatur

G. Barczay, Revolution der Moral? (Zürich 1967).
S. H. Pfürtner, Kirche und Sexualität (Hamburg 1972).
H. Ringeling, Theologie und Sexualität (Gütersloh ²1969).

Hermann Ringeling

[16] *J. A. T. Robinson,* Gott ist anders (München ⁵1964); *ders.,* Christliche Moral heute (München 1964); *J. Fletcher,* Moral ohne Normen? (Gütersloh 1967); *ders.,* Leben ohne Moral? (Gütersloh 1969).

V
Homosexualität

1. Das Problemfeld

Die lebhafte und zum Teil äußerst engagiert geführte Diskussion um die ethische Beurteilung der Homosexualität ist ein besonders prägnanter Fall der Auseinandersetzung um Gültigkeit und Modifikation von Überzeugungen, die in der Tradition der christlichen Ethik verankert sind. In einem ersten Schritt wird das Problemfeld historisch und systematisch abgeschritten[1].

a) Homosexualität ist erst im 20. Jahrhundert zu einem Thema offener Erörterung und in steigendem Maße auch öffentlicher Auseinandersetzung geworden. Der Beginn der moralischen und sozialethischen Erörterung der Homosexualität läßt sich für die deutschsprachige Diskussion recht genau datieren: Sie setzt ein mit der Debatte um die Reform des Strafrechts am Anfang des Jahrhunderts. Dabei ist der Begriff „Homosexualität" bereits als zu allgemeiner Verwendung eingeführt präsent.

So widmete z. B. der Evangelisch-soziale Kongreß seine Verhandlungen im Jahre 1903 der Strafrechtsreform. Dabei treten bereits die beiden Hauptpunkte der ethischen und rechtlichen Diskussion um die Homosexualität klar hervor. In dem einleitenden Vortrag von Wilhelm Kahl wird die Grundspannung der Auseinandersetzung deutlich gemacht, welche die ethische Funktion des Strafrechts betrifft. Der nachdrücklichen Aufforderung, „den Bestrebungen auf Beseitigung des § 175 vom christlich evangelisch-sozialen Standpunkt entgegenzutreten", wird zugleich die Abwehr der Bestrebungen gegenübergestellt, die „im Strafrecht die geeigneten Mittel zur Bekämpfung der Unsittlichkeit glauben finden zu können". Vielmehr sei gerade hier die „Schranke strafgesetzlicher Macht" anzuerkennen; dagegen seien „die komplementären sittlichen Kräfte der Erziehung und Belehrung, der Behütung in den Vordergrund" zu stellen[2]. Im Blick auf die Reform des Strafrechts verlagert sich die Auseinandersetzung zunehmend weg von der strafrechtlichen Normierung der Homosexualität. Im deutschen Strafrecht ist diese Tendenz durch die Reform des § 175 im Jahre 1969 zu einem vorläufigen Ende gekommen. Damit sind homosexuelle Handlungen zwischen Erwachsenen nicht mehr strafwürdig; im Straf-

[1] Im folgenden wird durchgehend der Begriff ‚Homosexualität' verwendet. Die differenzierende Terminologie ‚Homophilie', ‚Homotropie', ‚Homoerotik' ist darin eingeschlossen und wird der Sache nach miterörtert.

[2] *W. Kahl*, Die Reform des deutschen Strafrechts im Lichte evangelischer Sozialpolitik, in: Die Verhandlungen des vierzehnten Evangelisch-sozialen Kongresses (Göttingen 1903) 105, 135 f.

recht verbleibt nur der Tatbestand der Verführung Minderjähriger. Thema der Auseinandersetzung wird dagegen vorrangig die Frage, wie die vorherrschende und theologisch wie kirchlich im Grundsatz festgehaltene ethische Verurteilung der Homosexualität auf Wege geleitet werden kann, auf denen der seelsorgerliche und therapeutische Umgang mit Homosexuellen sinnvoll praktiziert und der Ausgrenzung homosexueller Menschen aus der Gesellschaft begegnet werden kann.

Für die Beurteilung und das Verständnis der Homosexualität jenseits des Strafrechts gewinnt die Frage der Ätiologie der Homosexualität besondere Bedeutung. Sie spannt sich aus zwischen der Erklärung der Homosexualität als „pathologischer Erscheinung“, für die eine willentliche Verantwortung nicht unmittelbar gegeben ist, auf der einen Seite und dem moralischen Urteil homosexueller Praktiken als „sinnlich zügelloser“ sexueller Verhaltensweise, die als willentliche Handlung einzuordnen ist, auf der anderen Seite. Zwischen diesen Eckpunkten hat sich das Urteil über die „Phänomenalität“ [3] der Homosexualität inzwischen in vielfacher Hinsicht differenziert. Die Aufgabe der Ethik besteht nun darin, zunächst einen Überblick über das Problemfeld zu gewinnen, um dem möglichen und nötigen ethischen Urteil den Weg zu bereiten.

b) Im Interesse einer Differenzierung des Problemfeldes lassen sich gegenwärtig folgende hauptsächliche Problemsektoren namhaft machen:

– Es geht dabei (1.) um die Kompetenz des Staates als gesetzlichen Garanten der gesamtgesellschaftlichen Ordnung für Regeln der Sexualität. In dieser Hinsicht ist der Rückgang von Kompetenzen des Gesetzgebers bzw. des Staates im gleichen Maße zu konstatieren, in dem der Bereich der Sexualität der Privatheit der Bürger zugerechnet wird. Recht, in Form erzwingbarer Gesetze, und Moral, in der Form individueller Lebensführung, sind nicht unmittelbar identisch. Das Strafrecht repräsentiert nicht die Gesamtheit der ethischen Normen und moralischen Verpflichtungen einer Gesellschaft. Die Aufhebung der strafrechtlichen Sanktion der Homosexualität gehört in diesen Kontext.

– Es geht (2.) um Reichweite und Grenzen der gesellschaftlichen und kulturellen Toleranz gegenüber Minderheiten. In dieser Hinsicht hat die Beurteilung der Homosexualität starke Impulse aus der Verfolgung von Minderheiten durch den NS-Staat erhalten, zu denen auch Homosexuelle gehörten. Die Tendenz zur Anerkennungswürdigkeit der Homosexualität als gesellschaftlicher Minderheit wird insofern auch aus Motiven politischer Erfahrung gespeist und durch Grundsätze liberaler Demokratie gestützt. Diese politisch-gesellschaftliche Tendenz kommt der Interessenlage organisierter Repräsentanz von Homosexuellen entgegen.

– Es geht (3.) um die Bestimmung dessen, was der Homosexualität als gleichgeschlechtlicher Orientierung zugrunde liegt. Die wissenschaftliche Frage nach

[3] *H. Thielicke*, Theologische Ethik III (1964) 788 ff.

der Ätiologie der von der zweigeschlechtlichen Orientierung abweichenden homosexuellen Disposition kreist um Versuche einer neutralen, wertfreien Bestimmung dessen, was in wissenschaftlichen, Begriffen als „natürlich" und insofern als „normal" zu gelten hat. Die darauf bezogene wissenschaftliche, medizinische und biologische Diskussion spielt eine genau abzuwägende Rolle für die ethische Urteilsbildung, ohne sie ersetzen zu können.

– Es geht (4.) um Homosexualität als eigenständige und dauerhafte Lebensform. Erörtert werden muß die individual- und sozialethische Frage, in welcher Hinsicht die homosexuelle Orientierung mehr und anderes impliziert als homosexuelle Praktiken, ob und in welcher Weise mit ihr eine dauerhafte Lebensform sich verbindet. Das ethische Proprium soll die Integration der Sexualität in personale und soziale Beziehungen sein, die durch Stetigkeit und Verläßlichkeit bestimmt sind. Die damit verbundenen Fragen sind, ob die Fähigkeit oder Unfähigkeit zu dauerhafter Bindung eine Frage der internen homosexuellen Disposition oder der externen gesellschaftlichen Bedingungen sei.

– Es geht (5.) um Bedeutung und Vorrang der Ehe als ethische Norm und kulturelles Leitbild humanen Umgangs mit Sexualität, deren Bedeutung als Voraussetzung und Kriterium zur Beurteilung der Homosexualität unabdingbar ist und nicht außer Kraft gesetzt werden darf. In dieser Hinsicht geht es der christlichen Ethik um die Identität des Christentums in seinem Verständnis des Ortes der Sexualität in der Verantwortung der Lebensführung vor Gott. Daran schließt sich die Verantwortung der Kirche an für die Stellungnahme in der öffentlichen Auseinandersetzung um die Homosexualität.

– Es geht (6.) um Homosexualität als eine spezifische Ausformung der in sich problemreichen Ethik der Sexualität in einer sich pluralisierenden Gesellschaft. In dieser Hinsicht werden vor allem die starken Assoziationen von Sexualität und Sünde, wie sie die Tradition der christlichen Theologie ausgebildet hat, in ihrer Zuspitzung auf die Verurteilung der Homosexualität mit vielfältigen Gründen in Frage gestellt.

Schon dieser Überblick über das Problemfeld zeigt, daß es nicht möglich ist, die ethische Problematik auf einen Punkt zu reduzieren unter Vernachlässigung der Zusammenhänge, in denen die Frage nach der Bewertung der Homosexualität erst ihr Profil erhält. In der weiteren Erörterung wird zu zeigen sein, daß die verschiedenen, oft gegensätzlichen Argumentationen ihr eigenes Profil jeweils daran gewinnen, welche Konsequenzen sich daraus ergeben.

2. *Auseinandersetzung mit der Tradition*

In einem nächsten Schritt soll gezeigt werden, daß und wie die Erörterung von Sinn und Bewertung der Homosexualität zugleich und exemplarisch eine Auseinandersetzung mit der ethischen Tradition darstellt. Zu den nicht zu unterschätzenden Konsequenzen der jeweiligen Beurteilung der Homosexualität gehört auch, welche Folgerungen sich daraus für die Begründung bzw. die grundlegenden Orientierungen der christlichen Ethik ergeben.

a) Die Auseinandersetzung um die ethische Beurteilung der Homosexualität muß gesehen werden auf dem Hintergrund der historisch tiefverwurzelten moralisch-religiösen Verurteilung in der vom Christentum geprägten gesellschaftlich geltenden Ethik und Rechtskultur. Die Bemühungen um eine andersgeartete Sicht der Homosexualität in diesem Jahrhundert stehen insofern in einem engen Zusammenhang mit Grundströmungen, die auf eine Befreiung von vorgegebenen weltanschaulich-religiös verankerten Urteilen abzielen.

Das gilt zunächst und vor allem für die Suche nach einer anderen, nichtmoralischen wissenschaftlichen Erklärung der Ursachen der Homosexualität. Medizinische und naturwissenschaftliche Erklärungen der Entstehung homosexueller Dispositionen sollen als Befreiung von moralischen Vorurteilen in der Konsequenz andere Wege des Umganges mit der Homosexualität eröffnen.

Zugleich und gegenläufig dazu kommt es zu einer neuen starken Moralisierung der Homosexualität, indem für die homosexuelle Orientierung ausdrückliche Anerkennung und Achtung gefordert wird, sei es mit Gründen der allgemeinen Menschenwürde, sei es mit Gründen einer allgemeinen Aufwertung von Sexualität als Element humaner Selbstverwirklichung. In dieser Hinsicht dient die Neubeurteilung der Homosexualität als Exempel für Konsequenzen hin auf eine tiefgreifende Veränderung moralischer Kriterien und ethischer, vor allem sozialethischer Normen, die auch auf andere Themen wie Ehe und Familie und überhaupt auf die Formen gesellschaftlicher Verbindlichkeiten ausgreifen.

b) Erst im Zusammenhang der Auseinandersetzung mit der Tradition und in ihrem Gefolge ist die Frage von Bedeutung geworden, worauf sich die traditionelle Verurteilung der Homosexualität im Christentum gründet und in welcher Form sie überhaupt ausdrücklich vertreten worden ist. Die Zuwendung zur historischen Betrachtung ist insofern eine Funktion der gegenwärtigen Auseinandersetzung und erkennbar von deren Interessen geleitet.

Der Befund, der sich dem historischen Urteil dazu bietet, ist allerdings, vom Umfang her gesehen, ausgesprochen gering. Der Begriff „Homosexualität" steht der Tradition durchweg nicht zur Verfügung. Überhaupt ist Homosexualität bzw. die damit bezeichnete gleichgeschlechtliche Orientierung und die damit verbundene Praxis nicht eben häufig Gegenstand expliziter Lehre und ethischer Reflexion gewesen. Vielmehr ist das Urteil über die Homosexualität bis in die Moderne ein weithin unausgesprochener Bestandteil des kulturellen Erbes. Die Verflechtungen und religiös-theologischen wie kulturell-ethischen Zusammenhänge, in denen explizite Äußerungen der Tradition stehen, müssen vielmehr jeweils rekonstruiert werden. Dabei ist ein breiter Spielraum für das historisch-wissenschaftliche Urteil gegeben.

– Im Alten Testament sind die Sexualgesetze wie die Speisegesetze und die

Vorschriften für Tieropfer Bestandteil von Reinheitsforderungen, die am israelitischen Kult orientiert sind. In der Forschung besteht Übereinstimmung darüber, daß diese Reinheitsgebote ihren Sitz im Leben haben als Abgrenzung gegenüber den kanaanäischen Fremdkulturen. Ihre religiös-ethische Legitimation bestand darin, die Identität Israels zu begründen, die im Jahwekult ihren zentralen Ort hatte, so daß der Verstoß gegen die kultischen Reinheitsgebote einen Verstoß gegen die Heiligkeit Jahwes bedeutete und als Vermischung mit dem Baalskult sanktioniert war. Darauf verweist die einzige Stelle, die in einem Katalog verbotener Sexualbeziehungen explizit auch das Verbot „bei einem Knaben liegen wie bei einem Weibe" erwähnt (Lev 18,22; vgl. Gen 19,4f.).

– Im Neuen Testament spielt Homosexualität als selbständiges und gesondert verhandeltes ethisches Thema so gut wie keine Rolle. In der Jesustradition, bei den Synoptikern und Johannes fehlt jeder Hinweis. Nur im heidenchristlichen Bereich wird das Thema erwähnt, aber nicht eigentlich erörtert. Adressaten der paulinischen Laster- und Tugendkataloge sind die Christen. Bei Paulus, 1 Kor 6,9–11, bleibt die Erwähnung der „Knabenschänder" unbetont. Im Hintergrund der zahlreichen Laster steht der Zusammenhang zwischen Sexualvergehen und Fremdkulten, die aber für die Christen der Vergangenheit angehören und durch die Taufe abgewaschen sind im Namen des Herrn Jesus Christus. Ausdrücklich wird die gleichgeschlechtliche Sexualpraxis in Röm 1,27 als Abweichung vom „natürlichen Umgang mit dem Weibe" von Paulus als ein Zeichen für die Gottlosigkeit der Heiden gedeutet, die „Mann mit Mann Schande trieben" und dafür den Lohn ihrer Verirrung empfangen.

Diese eindeutige theologische Beurteilung der homosexuellen Praxis als Gottlosigkeit wird in der Tradition als locus classicus zitiert und als biblische Norm weitergegeben. Sie gründet nicht auf einer Ätiologie im modernen wissenschaftlichen Sinne. Aber sie beruht auf einer religiösen Ätiologie, eben der in der homosexuellen Praxis sich auswirkenden Abwendung von dem Gott Israels. Die Interpretation muß sich davon leiten lassen, daß diese theologische ‚Erklärung' der homosexuellen Praxis von einem ganzheitlichen Verständnis des Menschen bestimmt ist, demzufolge die Gesamtheit seiner Lebensführung Zeugnis seiner Zugehörigkeit oder Trennung von dem einen Gott ist, dem Israel bzw. die christliche Gemeinde dienen. Insofern ist diese theologische Begründung durch den Hinweis auf ihren kultischen Hintergrund auch nicht einfach deswegen für gegenstandslos zu erklären, weil eine moderne Einschätzung der Homosexualität einen solchen kultischen Bezug nicht mehr wahrnimmt. Die Differenz liegt an einer anderen Stelle, nämlich dort, wo nach heutigem Verständnis primär nicht die homosexuelle Praxis, sondern deren Voraussetzungen, die homosexuelle Disposition durch Vererbung, Anlage oder habituellen Erwerb im Vordergrund stehen. Das wird später zu diskutieren sein.

c) Zum Kontext des paulinischen Urteils über die homosexuelle Praxis gehört darum die Zugehörigkeit zur christlichen Gemeinde und innerhalb dessen die christliche Einschätzung der Ehe. In dieser Hinsicht ist es eindeutig, daß Paulus, hier in voller Übereinstimmung mit der Jesustradition der Synoptiker, allein die Ehe von Mann und Frau anerkennt. Die Ehe wird als die Lebensform theologisch gewertet, in der die Sexualität den Ort findet, der der Heiligung nach dem Willen Gottes entspricht (1 Thess 3–5; vgl. 1 Kor 7). Für das jüdische und das daran anschließende christliche Verständnis steht dabei das ethische Urteil unmißverständlich im Vordergrund, während die kultischen Assoziationen für die christliche Gemeinde völlig zurücktreten. Maßstab der christlichen Ethik ist die Ehe. Das christliche Eheverständnis ist von seinen Anfängen her durchaus rigoros. Von einem Eigenwert der Sexualität wird nirgends gesprochen, da die einzige und durchaus privilegierte Alternative zur Ehe die sexuelle Askese darstellt. Die Lebensform der Ehe ist paradigmatisch an die Zugehörigkeit der Gemeinde der Heiligen zu Christus angeschlossen (Eph 5,25 ff.).

d) Die Kirchengeschichte enthält wie die christliche Kulturgeschichte zahlreiche Belege dafür, daß homosexuelle Praxis als Problem ständig präsent gewesen ist. Aber an dem grundlegenden theologischen und ethischen Urteil hat sich dadurch keinerlei Veränderung ergeben. Thomas von Aquin hat der an das Neue Testament anschließenden kirchlichen Tradition keine neue oder andere Bewertung, wohl aber im Rahmen seiner die aristotelische Philosophie aufnehmenden und umformenden Naturrechtslehre ein zusätzliches naturrechtliches Argument hinzugefügt[4]. In dessen Perspektive wird die Homosexualität als „vitium contra naturam" bestimmt. Der gesonderte, vom Lebenskontext der Gemeinde bzw. Kirche abgekoppelte Gesichtspunkt ist die „Natur" des Menschen, mit der hier auch hinsichtlich der Zweckbestimmung der Sexualorgane des Menschen argumentiert wird, verbunden mit der Aufgabe der Fortpflanzung. Doch ist diese naturrechtliche Argumentation in einen breiten Kontext der theologischen Ethik, der Ratio der Natur, des Vernunftrechts eingebettet und nicht naturalistisch auf ein Einzelmoment der sexuellen Disposition der natürlichen Organe zu reduzieren.

e) Das Interesse an einer Entmoralisierung bzw. an einer ethischen Umbewertung der Homosexualität kann sich an der biblischen und kirchlichen Tradition kritisch nur so orientieren, daß sie diese hinsichtlich ihrer religiös-ethischen Einschätzung der Sexualität insgesamt einer fundamentalen Kritik unterwirft und sie insoweit auch nicht mehr als Orientierung gelten läßt. Für die Bestimmung des Problems in der christlichen Ethik ist das kein möglicher und sinnvoll zu begründender Weg.

Anders steht es, wenn die Kritik an der Tradition sich auf die mit der theologisch-ethischen Beurteilung der Homosexualität zusammenhängende kirchliche und rechtliche Diskriminierung der Individuen mit gleichgeschlechtlicher

[4] Summa Theologiae II–II q. 153 u. 154, insbes. 154 a. 11 u. 12.

Orientierung richtet. Diese muß in der Tat als keineswegs notwendige Folge des theologisch-ethischen Urteils hinterfragt werden. Es geht also im wesentlichen wieder um die Konsequenzen, die sich mit der religiös-theologischen Einschätzung der Homosexualität verbinden. Die heutige theologische und ethische Diskussion der Homosexualität unterscheidet sich darin nachhaltig von der kirchlichen Tradition, daß sie der generellen Diskriminierung homosexuell orientierter Menschen nicht mehr das Wort redet. Sie bemüht sich statt dessen um ein ethisches und seelsorgerliches Verständnis homosexueller Dispositionen von Menschen, das für deren Integration in die christliche Gemeinde ebenso offen ist wie für die Gestaltung der gesellschaftlichen Konsequenz der Entkriminalisierung der Homosexualität innerhalb der Rechtsgemeinschaft des Staates wie innerhalb der Gesellschaft.

Nicht dagegen können aus der Tradition von Bibel und kirchlicher Lehre Argumente abgeleitet werden, die Gründe für eine generelle Gleichstellung oder ‚Normalisierung' der Homosexualität bereitstellen. Um dieses zeitgenössische Interesse zu würdigen, bedarf es einer genaueren Erörterung der Gesichtspunkte und Argumente, die aus anderen Quellen als denen der ethischen Tradition entstammen und die nicht unmittelbar aus dem Reservoir christlicher Traditionsbestände sich begründen lassen. Die Berufung auf die Tradition der christlichen Ethik muß sich in dieser Frage allerdings an der ethisch-theologisch begründeten Rolle der Ehe als Lebensform humaner Sexualität orientieren.

3. *Zur wissenschaftlichen Erforschung der Homosexualität*

Zwischen dem Interesse an einer Neuorientierung des ethischen Urteils über menschliche Verhaltensformen und den Versuchen zur wissenschaftlichen Erklärung der Ursachen und Bedingungen von Verhaltensweisen besteht eine enge Wechselbeziehung. Die Diskussion um die ethische Beurteilung der Homosexualität in diesem Jahrhundert hat sich deswegen auch mit vielfachen Bemühungen der wissenschaftlichen Erklärung der gleichgeschlechtlichen Orientierung verschränkt.

a) In erster Linie sind dabei psychiatrisch-psychologische sowie biologische Forschungen zu nennen, an die sich ein breiter Kranz sozialwissenschaftlicher Deutungen angeschlossen hat. Allerdings kann man nicht davon sprechen, daß die Frage der Entstehung der Homosexualität aus der Sicht der Bezugswissenschaften befriedigend geklärt sei. So gilt, daß die „Entschlüsselung des Geheimnisses der Verursachung" der Homosexualität[5] nicht gelungen ist.

Die relevanten Untersuchungen und Theorien entstammen zunächst zwei

---

[5] *Ch. W. Socarides,* Vorwort zu: *G. J. M. van den Aardweg,* On the Origins and Treatment of Homosexuality. A psychoanalytic Reinterpretation (New York 1985).

unterschiedlichen Grundtypen des wissenschaftlichen Umgangs mit dem Problemfeld der Homosexualität: Die psychiatrisch-psychologischen Theorien suchen in der Mehrheit nach einer Ätiologie, die geeignet ist, die homosexuelle Orientierung einer therapeutischen Behandlung zugänglich zu machen. Homosexualität gilt als eine solche sexuelle Abweichung, deren Bedingungen in einer fehlgeleiteten Sexualentwicklung im Kindesalter zu suchen sind.

So hat Sigmund Freud, in Aufnahme und zusammenfassender Interpretation der Ergebnisse der zeitgenössischen Psychiatrie, in seinen „Drei Abhandlungen zur Sexualtheorie“ (1905), die zum innersten Kern der Freudschen Lehre gehören, die Abweichung von der normalen Beziehung zwischen Sexualobjekt und Sexualziel an den Anfang seiner ersten Abhandlung über „Die sexuellen Abirrungen“ gestellt. Freud nennt Männer, „für die nicht das Weib, sondern der Mann, Weiber, für die nicht der Mann, sondern das Weib das Sexualobjekt darstellt“, „Invertierte“ und verwendet demgemäß den ätiologisch gezielten Begriff der „Inversion“[6]. Die Homosexualität wird von Freud im wesentlichen in den Deutekreis der infantilen Sexualität einbezogen und in deren Bezugsrahmen auch als ein Verfehlen der mit der Sexualität gestellten Aufgabe der Objektwahl im entgegengesetzten Geschlecht interpretiert. Damit ist aber keine eindeutige oder monokausale Erklärung der Entstehung der Inversion gegeben. Freud erklärt sich insofern auch für „außerstande, die Entstehung der Inversion ... befriedigend aufzuklären“[7]. Gleichwohl ist mit der Bestimmung der Homosexualität als Inversion eine Richtung verbunden, in der sie als therapiebedürftige „Abirrung“ verstanden werden kann.

In diese Richtung der auf Therapie zielenden psychiatrisch-psychologischen Erklärung sind viele Versuche unternommen worden. Eine der jüngsten Deutungen interpretiert z. B. die gleichgeschlechtliche Orientierung als eine Kindheitsreaktion des Selbstmitleids, die als Selbst-Dramatisierung in der Emotionalität des erwachsenen Homosexuellen festgehalten wird[8]. Die an einem therapeutischen Ziel orientierte Deutung der Homosexualität ist von der Heterosexualität als Maßstab für die Behandlung der Homosexualität geleitet, d. h. die Sexualbeziehung von Mann und Weib, die in die Lebensform der Ehe integrierbar ist, bildet das Paradigma, an dem die Deutung ausgerichtet bleibt. Die Theorien gewinnen ihre Deutungskonsistenz von ihrer Konsequenz, der therapeutischen Zielsetzung her.

In der Gemengelage möglicher ätiologischer Erklärungen – als vererbte Anlage, in der Kindheit erworbenes oder durch Umwelteinflüsse erlerntes Verhalten usw. – sind die erfolgreichen Verfahren einer Therapie alles andere als

---

[6] Sexuelle Abirrungen, in: Ges. Werke (London 1940–1968), Bd. V, 27–145.

[7] So in der Schlußfolgerung a.a.O. S. 58.

[8] ‚Self-pity‘ oder ‚Self-dramatization‘: *G. J. M. van den Aardweg,* a.a.O. (s. o. Anm. 5). In dieselbe Richtung (childhood-trauma) geht *E. R. Moberly,* Psychogenesis. The Early Development of Gender Identity (London 1983).

geklärt. Aus der insgesamt unübersichtlichen Lage der wissenschaftlichen Deutungen dieses Grundtyps lassen sich am ehesten Schlüsse in der Richtung ziehen: „Homosexualität" dient als Oberbegriff für nach Entstehung und Erscheinung durchaus verschiedene Verhaltensweisen. Diese sind nicht mit irgendeiner erkennbaren Notwendigkeit in einer in sich eindeutig bestimmbaren homosexuellen Lebensform zusammenzufassen, die dann die Charakterisierung einer homosexuellen Normalität zu begründen vermöchten.

Zugleich aber ist die Verbreitung der Homosexualität[9] sowie die Dauerhaftigkeit der gleichgeschlechtlichen Orientierung ein Indiz dafür, daß sie sich zwar als „Abirrung" oder Behinderung klassifizieren, aber in der Regel nicht als therapiefähige Krankheit bestimmen läßt.

b) Deswegen hat sich das Interesse auch auf biologische, psychiatrisch-biologische wie soziobiologische Erklärungsversuche verlagert. Dabei ist hinsichtlich der biologischen Voraussetzungen der individuellen gleichgeschlechtlichen Neigung auch keine größere Klarheit zu gewinnen. Jedenfalls gibt es hier keine unumstößlichen naturwissenschaftlichen Erkenntnisse, die einem entsprechend zu revidierenden ethischen Urteil zugrunde gelegt werden könnten. Vielmehr handelt es sich bei den einschlägigen Untersuchungen umgekehrt um die Suche nach Erklärungen für die Erfahrungstatsache, daß die individuelle homosexuelle Disposition zumeist vorwillentlichen Charakter hat, in irgendeiner Weise also genetisch bedingt sein muß.

In diesem Fragezusammenhang ermöglicht die evolutionsbiologische Betrachtungsweise eine Differenzierung des Urteils darüber, ob die Homosexualität allein schon deswegen als eine Perversion oder widernatürliche Abartigkeit bestimmt werden muß, weil sie sich der natürlichen Fortpflanzung der Gattung entzieht. Aus der Soziobiologie lassen sich zumindest Gesichtspunkte dafür geltend machen, daß das fortpflanzungsdienliche Verhalten innerhalb der Gattung nicht mit gleicher Notwendigkeit auch für jedes einzelne Individuum zwingend notwendig ist. Ein davon abweichendes sexuelles Verhalten ist in der an Selbsterhaltung orientierten lebendigen nichtmenschlichen Natur nachweisbar und muß insoweit auch nicht in einem evolutionsbiologischen Sinne als widernatürlich oder unnatürlich klassifiziert werden[10].

Der Versuch, dem Problem der ethischen Beurteilung der Homosexualität

---

[9] *Freud* spricht bereits davon, daß die „Zahl solcher Personen erheblich ist, wiewohl deren sichere Ermittlung Schwierigkeiten unterliegt", a.a.O. 48, unter Berufung auf Hirschfeld; zum gegenwärtigen Kenntnisstand vgl. *A. P. Bell – M. S. Weinberg,* A Study of Diversity Among Men and Women (1978), dt.: Der Kinsey Institut Report über weibliche und männliche Homosexualität (München 1978). Die Deutung geht von ca. 5 Prozent konstitutionell festgelegter Homosexualität bei Männern aus.

[10] Siehe dazu jetzt: *V. Sommer,* Wider die Natur? Homosexualität und Evolution (München 1990), der im Anschluß an *R. Dawkins,* The Selfish Gene (1976, Neuausgabe 1989), die Argumente für diese Betrachtungsweise zusammengetragen hat; vgl. dazu auch *W. Wickler,* Sind wir Sünder? Naturgesetze der Ehe (1969) (München 1972).

eine ethisch neutrale ‚wissenschaftliche' Basis zu vermitteln, die von der ethischen Stellungnahme entlastet und an deren Stelle die Autorität einer naturwissenschaftlichen Erklärung sprechen läßt, führt zu keinem zwingenden Ergebnis. Weder kann man argumentieren, die Homosexualität sei schon deswegen ethisch verwerflich, weil sie der auf Fortpflanzung angelegten biologischen Natur des Menschen widerspreche, noch kann man argumentieren, die Homosexualität sei eine andere, normale Form der Sexualität, weil sie aus einer natürlich gegebenen Disposition notwendig hervorgehe. Insofern ist auch die Verbindung von naturwissenschaftlichen Betrachtungsweisen mit dem theologisch-ethisch gehaltvollen Begriff der Schöpfung in seiner für das Christentum maßgeblichen Perspektive ein methodisch und inhaltlich unzulässiger Rückschluß. Denn in keiner Hinsicht gründet das humane Ethos in der unmittelbaren Übertragung biologischer Dispositionen in ethische Normen. Nicht die Sexualität definiert den Menschen, sondern der Mensch hat die Aufgabe, die Sexualität im Kontext der individuellen und sozialen Lebensführung zu definieren.

c) Die beiden als typisch summierten Zugangsweisen sind für die weitere Diskussion gleichwohl insofern beachtlich, als sie Hinweise auf die je unterschiedliche Zielrichtung enthalten, mit der das Problemfeld der Homosexualität erörtert wird.

In der psychologisch-psychiatrischen Betrachtungsweise steht der individuelle homosexuell orientierte Mensch im Vordergrund. Die wissenschaftliche Beurteilung bezieht sich dabei auf die Homosexualität als wie immer bedingte Abweichung von der mehrheitlich als normal empfundenen und gelebten Sexualität. Dabei wird die Frage erörtert, ob die homosexuelle Orientierung in jedem Falle nur als Störung zu bestimmen ist oder ob sie von sich aus zu einer in sich gelingenden dauerhaften, individuell sinnvollen Lebensform gestaltet werden kann.

In der biologisch-genetischen Betrachtungsweise wird die Homosexualität als artspezifische Abweichung im Horizont der Arterhaltung bzw. Fortpflanzung erörtert, wobei es unter Gesichtspunkten der Evolution um die Frage geht, ob Homosexualität als solche immer als naturwidrige Fehlform zu indizieren sei oder ob sie, genetisch gesehen, durchaus zu den Spielarten der Natur zu rechnen ist, die im Evolutionsprozeß auch solche Formen eines biologischen Altruismus kennt, der Individuen einer Art von der Beteiligung an der Fortpflanzung freistellt[11].

---

[11] *Dawkins* hat der Beobachtung, daß Homosexuelle häufig in kulturell kreativen Tätigkeiten anzutreffen sind, eine spekulative Variante der Theorie der Gene an die Seite gestellt: In Analogie zur ‚genetic transmission' postuliert er eine ‚cultural transmission', die nicht über natürliche Fortpflanzung verläuft. Analog zu den Genen hat *Dawkins* dafür den Begriff ‚Meme' geprägt. *Richard Dawkins,* The Selfish Gene (1976, Neuausgabe 1989) 189ff.

Diese unterschiedlichen Hinsichten werden auf der Ebene der ethischen Diskussion aber erst einer eigenständigen Erörterung zugänglich, wenn sie in Fragen überführt werden, die es mit der Integration der Sexualität überhaupt und so auch der Homosexualität in eine beständige humane Lebensform zu tun haben.

4. Zur kirchlichen Auseinandersetzung

Die kirchlichen Äußerungen sind entsprechend der kirchlich akzeptierten Ausrichtung eine wiederholte Bestätigung des Urteils über die Homosexualität, das aber hinsichtlich der damit verbundenen Konsequenzen weitgehend abgeschwächt bzw. absichtsvoll und konstruktiv in eine andere Richtung gelenkt wird. In Äußerungen einzelner Synoden und Gruppen reflektiert sich die veränderte Gesamtlage und die zeitgenössische Diskussion noch deutlicher. Diese veränderte, aber insgesamt in sich unabgeschlossene Diskussionslage besteht zum einen darin, daß der traditionellen Verurteilung der Homosexualität mit Berufung auf das biblische Zeugnis bzw. mit objektiven Gründen des Naturrechts die Offenheit für die individuelle Situation von homosexuell orientierten Menschen entgegentritt und darüber hinaus der Appell an die Achtung der Menschenwürde zur Abwehr gesetzlicher oder gesellschaftlicher Diskriminierung unterstützt wird. Damit verbunden ist auch der Einfluß zu bemerken, der von der selbstbewußter werdenden Vertretung des Lebensinteresses homosexueller Menschen in der Öffentlichkeit wie in der Kirche ausgeht. Eine neue Einschärfung des kirchlichen Urteils über die Homosexualität durch das römisch-katholische Lehramt [12] ist eine Folge dieser Auseinandersetzung innerhalb der Kirche.

a) Im Jahre 1975 veröffentlichte die Glaubenskongregation das Dokument „Persona humana“ (Erklärung zu einigen Fragen der Sexualität vom 15. Januar 1975). Die Erklärung beginnt mit der Aussage, daß aus dem Geschlecht sich die besonderen Merkmale ergeben, die die menschliche Person als Mann und Frau bestimmen und die einen großen Einfluß auf ihren Reifungsprozeß und ihre Einordnung in die Gesellschaft haben. Dieser Ausgangspunkt wird sodann in einer an der neuscholastischen Tradition ausgerichteten Auffassung des Naturrechts aufgenommen, demzufolge die Finalität des sexuellen Aktes der Maßstab für seinen moralischen Wert darstellt, d. h., daß die moralische Qualität sexueller Beziehungen nur im Kontext der Ehe und innerhalb der Ehe nur in der Orientierung auf die Zeugung neuen Lebens erkannt wird. Zur Diskussion kommt dabei die Frage unverheirateter und eheähnlicher Beziehungen sowie die homosexuelle Beziehung, von der gesagt wird, sie stehe „im Gegensatz zur beständigen Lehre

---

[12] Schreiben der Kongregation für die Glaubenslehre an die Bischöfe der katholischen Kirche über die Seelsorge für homosexuelle Personen vom 30. 10. 1986.

des kirchlichen Lehramtes und des sittlichen Empfindens des christlichen Volkes" (sensus fidelium). Im Blick auf den Umgang mit Homosexuellen wird in pastoraler Absicht empfohlen, sie mit Verständnis zu begleiten, getragen von der Hoffnung, daß sie ihre persönlichen Schwierigkeiten und Unfähigkeit überwinden können, um sich in der Gemeinschaft einzufügen. „Ihre Schuldhaftigkeit wird mit Klugheit beurteilt werden."[13] Die Erklärung zieht eine scharfe Grenze gegenüber einer moralischen Rechtfertigung der Homosexualität, da deren Praxis die „wesentliche und unabdingbare Zuordnung" der Sexualität fehle; auch wo individuelle homosexuelle Personen nicht als „persönlich verantwortlich" für ihre Orientierung angesehen werden müßten, sei doch daran festzuhalten, daß „homosexuelle Handlungen in sich nicht in Ordnung sind und keinesfalls in irgendeiner Weise gutgeheißen werden können"[14].

In dem Brief an die Bischöfe von 1986 spiegelt sich die spannungsreiche Problematik der römisch-katholischen Lehrauffassung: Sie erwächst daraus, daß einerseits der seelsorgerliche Umgang mit Homosexuellen nach Regeln pastoraler Klugheit empfohlen und gefördert wird; auf diesem Wege glaubt man der Anerkennung der Würde der individuellen Person in zureichender Weise Rechnung tragen zu können. Andererseits soll an dem Urteil festgehalten werden, daß die homosexuelle Neigung tendenziell auf ein „sittlich schlechtes Verhalten ausgerichtet ist"[15].

Besonders hervorzuheben ist im Blick auf den Brief von 1986, daß die Glaubenskongregation sich nunmehr auch in die öffentliche Auseinandersetzung verwickelt weiß durch den Druck, der von den organisierten Vereinigungen von Homosexuellen ausgeht[16]. Die kirchliche Lehre hat sich der Anschuldigung zu erwehren, daß „jede Art von Kritik oder Vorbehalt gegenüber homosexuellen Personen, ihrem Verhalten und ihrem Lebensstil lediglich Formen ungerechter Diskriminierung seien"[17].

Das Problemfeld der Homosexualität ist ebenso wie die Sexualethik überhaupt für das römische Lehramt ein wesentlicher Testfall für die weitere Gültigkeit der spezifischen Auffassung des Naturrechts und, neben Fragen der kirchlichen Autorität, von zentraler Bedeutung für das kirchliche Verständnis von christlicher Ethik, Ethos und Sitte überhaupt[18].

---

[13] Zitiert nach Herder-Korrespondenz 30 (1976) 82 ff., Nr. 1, Nr. 8, 2–4.
[14] Ebd. Nr. 8, 4. [15] Schreiben von 1986, Nr. 3. [16] Ebd. Nr. 8. [17] Ebd. Nr. 9
[18] Vgl. dazu die wichtige und einen breiten Konsens in der katholischen Moraltheologie reflektierende Stellungnahme von *A. Auer – W. Korff – G. Lohfink,* Zweierlei Sexualethik. Kritische Bemerkungen zur „Erklärung" der römischen Glaubenskongregation „Zu einigen Fragen der Sexualethik", in: ThQ 156 (1976) 148–158. Zu verschiedenen Erklärungen nordamerikanischer römisch-katholischer Bischöfe vgl. *C. W. Pilant,* The Evolution of Pastoral Thought Concerning Homosexuality in Selected Vatican and American Documents from 1975–1986, in: *M. Stemmeler – J. M. Clark,* Homophobia and the Judaeo-Christian Tradition (1990) 117 ff. Darüber hinaus ist zu verweisen auf *R. B. M. Ridinger,* The Homosexual and Society. An Annotated Bibliography (New York 1990).

b) In der evangelischen Kirche, in der die Auseinandersetzung nicht durch ein Lehramt gesteuert wird, gibt es außer einer gesamtkirchlichen Stellungnahme von 1971, in der die Homosexualität nur eine kurze Erwähnung findet[19], eine Reihe von differierenden Einzeläußerungen meist landeskirchlicher synodaler Gremien. In diesen Äußerungen überwiegt derzeit die Tendenz, den weitgehenden innerkirchlichen Konsens zu verändern. Daß Homosexualität sich im Konflikt befindet mit dem christlichen Verständnis der Ehe und der auf sie bezogenen Sexualität, wird in solchen Äußerungen als Vorurteil zugunsten einer Beurteilung der Homosexualität als ‚anderer Ausdruck der Sexualität' in Frage gestellt. Das ist beim gegenwärtigen Diskussionsstand auch nicht verwunderlich, da die Initiative zur innerkirchlichen Erörterung von denjenigen ausgeht, die an einer entsprechenden Korrektur interessiert sind. Ob es in der weiteren Erörterung zu einer tiefgreifenden Änderung des bestehenden Konsenses kommt, muß dem weiteren Gang der innerkirchlichen Diskussion überlassen bleiben.

Wichtiger als Erklärungen von Synoden oder Kirchenleitungen in Beschlußform ist jedoch, daß eine differenziertere Wahrnehmung des Problemfeldes der Homosexualität orientiert ist an den Lebenskonflikten homosexuell orientierter Menschen. Die unabweisbare Einsicht, daß Homosexualität, wie immer sie zustande kommt, für den homosexuell geneigten Menschen eine Verfaßtheit ist, über die er als solche nicht willentlich zu verfügen vermag, muß die Frage nach dem verantwortlichen Umgang mit einer solchen Verfaßtheit in den Vordergrund rücken. Nicht das – in seiner Pauschalität ohnehin unevangelische – allgemeine Verbot, sondern der Beistand in der individuellen Lebensführung wird von der Kirche zu erwarten sein, im Geiste des Gebots der Nächstenliebe. Eine Übertragung dieser ethisch-seelsorgerlichen Offenheit für den homosexuellen Lebenskonflikt auf eine allgemeine Ebene der Gleichwertigkeit mit der Ehe bzw. der Normalität einer eigenständigen Lebensform bringt dagegen das Problem nur scheinbar zum Verschwinden. Eine Ontologisierung der Homosexualität verlagert den Konflikt nur auf eine andere Ebene, auf der er Teil eines weltanschaulichen Konflikts wird. Zu der nötigen Differenzierung gehört auch, im Blick auf homosexuelle Menschen ein moralistisches Verständnis des Begriffs der Sünde zurückzunehmen auf jenes theologische Verständnis von Sünde, mit dem die Gesamtverfassung der der Gnade und Rechtfertigung bedürftigen Menschheit angezeigt ist[20]. Die inhaltlichen Gesichtspunkte und ethischen Kriterien, die für eine christliche Ethik in dieser offenen Diskussionslage maßgeblich sind, werden im folgenden Abschnitt ausgeführt.

---

[19] Denkschrift zu Fragen der Sexualität (1971), in: Die Denkschriften der EKD, Bd. 3: Ehe, Familie, Sexualität, Jugend (Gütersloh 1982).

[20] Vgl. dazu die theologischen Gesichtspunkte bei *H. Thielicke*, a.a.O. 800f.

5. Zur ethischen Urteilsfindung

Zwischen dem strengen Verdikt über die Homosexualität und der ebenso strikten Forderung, Homosexualität als einen gleichwertigen Ausdruck humaner Sexualität der Heterosexualität gleichzustellen, stellt sich gegenwärtig die Aufgabe der ethisch abwägenden Urteilsbildung. Die wissenschaftliche ebenso wie die ethische Bestimmung der Homosexualität ist, wie bisher gezeigt, ausgerichtet an den Konsequenzen, die sich aus ihr ergeben. Die Beurteilung der Homosexualität als Abweichung, als sündhafte oder krankhafte Abnormität erhält ihr Profil hinsichtlich der Konsequenz, sie entweder als moralisches Übel zu meiden (malum vitandum) oder als Krankheit nach Möglichkeit zu therapieren. Die Beurteilung der Homosexualität als konstitutionelle oder habituell erworbene Normalität erhält ihr Profil hinsichtlich der Konsequenz, sie als Ausdruck humaner Sexualität allgemein positiv zu werten und als eigene Lebensform anzuerkennen. Erst die Konsequenzen sind es, die dem Urteil jeweils seine Eindeutigkeit geben. Dabei kann die ethische Dimension des Problemfeldes der Homosexualität gerade verfehlt werden. Denn die Urteile beziehen sich auf einen Lebenskonflikt, der sowohl in individueller wie in sozialer Hinsicht mit der homosexuellen Orientierung verbunden ist. Dieser Konflikt wird durch ein theologisches Urteil, wie wohl begründet es in der Tradition auch ist, ebensowenig aus der Welt geschafft, wie er durch die Umformulierung der Homosexualität als ‚anderer Ausdruck menschlicher Sexualität' aufgehoben und gelöst wird. Die einander entgegengesetzten Urteile laufen darauf hinaus, die ethische Debatte auf den Vorwurf unbegründeter Vorurteile bzw. Fehlurteile zu reduzieren, ohne daß damit in dem eigentlichen ethischen Anliegen mehr als Polarisierungserfolge erzielt werden können.

a) In der gegenwärtigen Diskussion steht die Forderung nach uneingeschränkter Anerkennung der Homosexualität als normaler, von der Heterosexualität nicht abweichender, sondern unterschiedener Orientierung im Vordergrund. Die dabei auftretenden Gesichtspunkte sind zuerst zu erörtern.

Aus der veränderten Einschätzung der Homosexualität ergibt sich (1.) ein defensives Argument: Homosexualität ist eine dem einzelnen Individuum vorgegebene Verfaßtheit seiner Person. Darum ist es falsch, dem homosexuell Veranlagten mit einem moralischen Vorwurf zu begegnen[21].

Daran schließt (2.) an ein rechtliches Argument: Homosexualität sei genauso wie Heterosexualität der privaten Sphäre zuzurechnen und als Teil der gesetzlich geschützten Privatsphäre insofern im Rahmen individueller Menschenrechte vor öffentlicher Diskriminierung zu schützen.

Mit diesem Argument läßt sich (3.) ein anthropologisches Argument verbin-

---

[21] Dieses und das folgende Argument werden im einzelnen ausgeführt bei *R. D. Mohr*, Gays/Justice. A Study of Ethics, Society and Law (New York 1988) 39ff.

den: Da Sexualität zur Lebenswirklichkeit des Menschen gehöre und ihre Verwirklichung zu einem erfüllten Leben führe, könne es dem homosexuellen Menschen nicht verwehrt werden, seine besondere sexuelle Eigenart auch zu leben und zu erleben. Aus der Nichtdiskriminierung und rechtlichen Anerkennung geht der Schritt zur Eigentätigkeit des homosexuellen Subjekts.

Von da aus ergibt sich (4.) ein soziales Argument: Der homosexuell orientierte Mensch dürfe nicht auf seine Sexualität hin reduziert werden; vielmehr sei Sexualität Teil einer ganzheitlich zu begreifenden Lebensform, in der die sexuelle Ausprägung ein Aspekt eines umfassenderen Lebensstils sei[22].

Die in dieser Argumentationsweise enthaltene ethische Forderung ist konfliktorientiert: Im Gegensatz und gegenüber der in der christlichen Kultur entwickelten Betrachtungsweise der Homosexualität enthält sie eine implizite und dann auch explizite Herausforderung traditioneller Moralvorstellungen. Sie tendiert insbesondere dahin, das vorherrschende Eheverständnis als traditionelles, historisch bedingtes und wandelbares Vorurteil zu relativieren. Ihr ethisches Pathos verbindet sich mit Konzepten sexueller Emanzipation als Teil eines Programms zur Veränderung der Gesellschaft. Von der Rechtfertigung der Homosexualität her sieht es so aus, als ob sich die bisher als ‚normal' geltende Einstellung und Auffassung zuallererst zu rechtfertigen hätte. Diese Umkehrung der Maßstäbe macht den eigentlichen ethischen Konfliktstoff aus.

b) Demgemäß sind die Argumente, die den Konflikt von der anderen Seite her verdeutlichen, so zu formulieren:

Die ethische Aufgabe bezieht sich (1.) nicht auf die sexuelle Konstitution des Menschen als solche. Deren Gegebensein als Sexualität enthält im christlichen Verständnis und dessen ethischer Auslegung schon immer mehr: Der humane Sinn der Verbindung von Mann und Frau liegt darin, als richtungsgebundene Gabe zur Teilhabe an dem humanen Projekt des Lebens und seiner Weitergabe zu befähigen, aber nicht einfach als Konsequenz einer natürlichen Veranlagung, sondern in der Form einer personalen Beziehung gegenseitiger Ergänzung, in deren Gestaltung die Sexualität integriert wird. In dieser Richtung ist es auch geboten, auf die Beziehung des christlichen Eheverständnisses zur Lehre von der Schöpfung zu verweisen. Der theologische Begriff der Schöpfung ist nicht gleichzusetzen mit Naturveranlagung. Da er vom schöpferischen

---

22 Diese Auslegung ist in dem in den USA geprägten Begriff ‚Gay' als Selbstbezeichnung Homosexueller präsent: ‚Gay people' als die ‚Fröhlichen Leute' bezeichnet einen eigenen Lebensstil; in der Bezeichnung wird das besondere Profil einer bewußt antibürgerlichen, von konventionellen Zwängen sich befreienden ganzheitlichen Lebensweise zum Ausdruck gebracht; die deutschsprachige Präferenz dagegen, die als Selbstbezeichnung „Schwule" bevorzugt, ist in ausdrücklicher Aufnahme eines mit negativer Wortmoral besetzten Begriffs stärker auf die Opposition gegen das traditionelle gesellschaftliche Profil ausgerichtet, in einer Art trotzigen Forderung der Anerkennung dessen, was in dem Begriff mit negativer Konnotation besetzt ist.

Handeln Gottes her gebildet ist, kann er nur und muß er theologisch auf die Ganzheit der menschlichen Lebensgestaltung bezogen werden; hinsichtlich der ethischen Normierung und Formgebung humanen Daseins verweist der Schöpfungsbezug in einen natürliche Dispositionen übergreifenden größeren, auch öffentlich relevanten Zusammenhang der Lebensführung.

Richtmaß ist deswegen (2.) nicht die Erfüllung des Lebens durch Ausleben der Sexualität, das als solches dann eine Privatangelegenheit ohne öffentliche, d. h. die Gemeinschaft berührende Bedeutung wäre, sondern die Ehe als Institution des Gemeinwesens, mit dem Anspruch auf Schutz ihrer je individuellen Existenz. Das Gemeinwesen lebt von Voraussetzungen, die es sich nicht selbst beschaffen kann und die elementar mit seiner Regeneration zusammenhängen. Es existiert in der Lebensform der Familie, der Generationen (Generationenvertrag!) und der daraus möglich werdenden humanen und politischen Kultur. Die Tatsache, daß Martin Luther die Ehe als ‚weltlich Ding' verstanden wissen wollte, bedeutet insofern nicht, daß sie einem theologischen Urteil entzogen sei und allein nach Maßstäben zeitgemäßer wandelbarer Theorien relativiert werden könne. Der Ausdruck ‚weltlich' hat für Luther eine klare theologische Bedeutung zur Bezeichnung derjenigen Grundverbindlichkeiten, die den Menschen nach Gottes Willen für die Erhaltung und Gestaltung seiner Schöpfung in Anspruch nehmen. Darin sind sie für die christliche Lebensführung ein Äquivalent für den ‚geistlichen' Glauben als Vertrauen auf die rechtfertigende Gnade Gottes. Im Bewußtsein der Sündhaftigkeit des Menschen ist die Ehe eine Institution zur Einhegung der Sexualität, d. h. zu ihrer Integration in die Lebensform von Ehe und Familie, die selbst der Heiligung bedarf, nämlich der Anerkennung ihrer Verbindlichkeit als einer in sich gültigen Lebensform, die durch ihre immer auch gefährdeten Elemente noch nicht gesichert ist.

Die homosexuelle Orientierung hat demgegenüber (3.) konstitutive Mängel zu akzeptieren. Sie müssen keineswegs gegen den individuellen homosexuellen Menschen ausdrücklich zur Geltung gebracht werden, da sie für ihn schon in den Erfahrungen präsent sind, die aus den Bedingungen der homosexuellen Orientierung folgen. Diese konstitutiven Mängel treten an dem entscheidenden ethischen Knotenpunkt hervor, nämlich an der Frage, ob die homosexuelle Orientierung zu einer eigenen, der Ehe vergleichbaren Lebensform gestaltet werden kann. Daß dies prinzipiell nicht möglich ist, resultiert aus der elementaren Tatsache, daß aus der homosexuellen Beziehung keine weiteren Beziehungen hervorgehen, die sie aus ihrer eigenen Befähigung heraus als Familie, als Generationenfolge dauerhaft mit dem Leben der menschlichen Gemeinschaft zu verbinden vermögen.

Die Entwicklung von Regelungen für dauerhafte homosexuelle Partnerschaften, die diese in zivilrechtlicher, steuerrechtlicher oder sozialrechtlicher Hinsicht in einer an der Institution Ehe orientierten Weise privilegieren, kann vom Gesetzgeber insoweit zur Vermeidung unbilliger Härten auch nur vorgenommen werden, als dabei der in der Verfassung (GG Art. 6,1) festgehaltene Rang von Ehe und Familie gewahrt wird. Eine davon abweichende bzw. darüber hinauszielende Gleichstellung homosexueller Partnerschaften mit der Ehe liegt nicht in der Kompetenz des Gesetzgebers.

Insofern muß für die ethische Qualifikation der Homosexualität (4.) deren individuelle Achtung und Gestaltung in den Vordergrund treten und den angemessenen Platz erhalten. Eine generelle Forderung auf Normalisierung oder Gleichstellung als ‚anderer Ausdruck der Sexualität' stößt, wenn sie über die individuelle Veranlagung und ihre unmittelbare personale Gestaltung hinausgeht, sozialethisch und theologisch ins Leere.

c) Aus den dargelegten Gründen ist eine ‚Normalisierung' der Homosexualität als anderer Ausdruck humaner Sexualität ethisch nicht allgemein rechtfertigungsfähig. Daraus folgt, daß sie ethisch anders beurteilt und gewürdigt werden muß. Ein Rückgang auf eine strafrechtliche Sanktionierung oder moralische Diskriminierung kann und soll auf keinen Fall in Frage kommen. Vielmehr geht es um die ethische Würdigung eines individuellen Konflikts, der den Weg zu einer je individuellen Lösung und Gestaltung finden muß und dazu der Hilfe und Stützung durch die Gesellschaft, auch durch die Kirche bedarf. Das Gebot der Toleranz gilt dem individuellen Konflikt; es bezieht sich nicht auf solche Folgerungen, in denen die Homosexualität als eine in sich gültige Lebensweise ausgelegt wird. Auch aus dem Gebot der Nächstenliebe folgt nicht die Forderung einer prinzipiellen und förmlichen Gleichstellung. Denn diese müßte konsequenterweise mit ethischen Forderungen aufgeladen werden, nach denen die homosexuelle Lebensweise sich als eine in sich tragfähige, auf ihre eigene Fortsetzung hin angelegte allgemeine Lebensform erweisen müßte; diese wäre auch mit entsprechenden Erwartungen der Gesellschaft und Anforderungen an ihre Gestaltung versehen, denen sie von sich aus nun gerade nicht genügen könnte. Das Gebot der Nächstenliebe würde dabei sinnwidrig in ein allgemeines Gesetz verwandelt. Als individuelle, im Konflikt mit der in die Ehe integrierbaren Sexualität existierende Menschen sind die Homosexuellen der Achtung und Anerkennung bedürftig. Wegen ihrer konstitutionellen Behinderung und der daran sich über lange Zeit anschließenden Diskriminierung ist in dieser Hinsicht eine Änderung der Einstellung gegenüber homosexuellen Menschen ethisch dringend geboten, wobei davon auszugehen ist, daß der ethisch zu fordernde Abbau der moralischen Diskriminierung den Konflikt selbst nicht löst, wohl aber Wege öffnet, offen mit ihm umzugehen.

Die damit gebotene Ermöglichung freien Umgangs mit dem Problemfeld der Homosexualität in der Gestalt konkreter homosexuell orientierter Menschen schließt auch die Anerkennung und gegebenenfalls den Schutz homosexueller Lebensformen ein, in denen der Versuch einer „partnerschaftlichen

Integration"[23] praktisch verwirklicht wird. Eine öffentliche Privilegierung, d.h. die Verleihung eines öffentlich und kirchlich anerkannten Status, der Homosexualität als solcher wäre allerdings ethisch und rechtlich genausowenig sinnvoll und vertretbar wie für die Sexualität als solche. Sie kann sich nur auf die personal und kulturell bestimmte Lebensform beziehen, in die auch die Sexualität integriert wird. Doch werden homosexuelle Lebensgemeinschaften nicht den Rang eines anderen Paradigmas für humane Lebensgestaltung in Konkurrenz und Alternative zur Ehe erlangen oder beanspruchen können. Sie wären mit diesem Anspruch über ihre individuelle Gestaltung hinaus auch überfordert und insgesamt sozielethisch falsch beurteilt.

d) Ein spezielles Problem stellt die Forderung dar, homosexuellen Partnern, die ihrem Entschluß zu dauerhaftem Zusammenleben einen religiös-symbolischen Ausdruck geben wollen, eine Segenshandlung anzubieten, die der kirchlichen Trauung benachbart ist. Segnungen, wie sie im Vollzug individueller Seelsorge ihren Ort haben und für die es keine kirchlich verbindliche Form gibt, sind im Blick auf die Konfliktsituation der homosexuellen Lebensform ein angemessener Ausdruck der pastoralen Begleitung. Die Begründung der Trauung als kirchlicher Amtshandlung ist dagegen auf das biblische Verständnis der Ehe verwiesen. Eine ‚trauungsähnliche' kirchliche Amtshandlung für homosexuelle Partnerschaften müßte den Charakter der Gleichstellung mit der Ehe haben; dagegen wären für das kirchliche Handeln entsprechende Argumente geltend zu machen wie gegen die Normalisierungsforderung.

Im Prinzip vergleichbar liegt es mit der in der evangelischen Kirche umstrittenen Frage, ob ein Pfarrer, der sich öffentlich zu seiner homosexuellen Orientierung bekennt und diese in einer homosexuellen Partnerschaft lebt, ein kirchliches Amt bekleiden darf. Da für den Beruf des Pfarrers gilt, daß die Lebensführung ein Teil der Auslegung der Verkündigung der Kirche ist, muß ein derartiges ‚Outing' in Konflikt geraten mit der im kirchlichen Konsens enthaltenen Ehelehre. Eine generelle Zulassung und Anerkennung homosexueller Partnerschaften von Pfarrern oder die öffentliche Bezeugung homosexueller Orientierung ist insoweit mit der Ausübung des Berufs eines Pfarrers unvereinbar. Die Kirche kann aber dem individuellen Lebenskonflikt von Pfarrern mit homosexueller Neigung in einer Weise Raum geben, die eine Berufsausübung diesseits der Schwelle zur praktizierten homosexuellen Partnerschaft bzw. der öffentlichen Bezeugung der Veranlagung ermöglicht[24].

---

[23] *W. Korff,* in: *G. W. Hunold – W. Korff,* Minoritäten, Randgruppen und gesellschaftliche Integration, in: Christlicher Glaube in moderner Gesellschaft 16 (Freiburg i.Br. 1982) 85f.

[24] Vgl. dazu die Stellungnahme des Theologischen Ausschusses der VELKD zum Problem der Homosexualität von Pfarrern, in: Texte aus der VELKD 11/1980 (5. Aufl.) sowie *H. Hirschler,* Homosexualität und Pfarrerberuf (Hannover 1985) sowie dagegen: *H. Kentler* (Hrsg.), Die Menschlichkeit der Sexualität. Berichte – Analysen – Kommentare, ausgelöst durch die Frage: Wie homosexuell dürfen Pfarrer sein? (München 1983).

Literatur:

G. J. M. van den Aardweg, On the Origins and Treatment of Homosexuality. A Psychoanalytic Reinterpretation (New York 1986) (Lit.).
D. Sh. Bailey, Homosexuality and the Western Christian Tradition (London 1955).
J. Becker, Zum Problem der Sexualität in der Bibel, in: ZEE 31 (1987) 36–59.
A. P. Bell – M. S. Weinberg, A Study of Diversity Among Men and Women (1978), dt.: Der Kinsey Institut Report über weibliche und männliche Homosexualität (München 1978).
J. Boswell, Christianity, Social Tolerance and Homosexuality (Chicago – London 1980).
G. Grau (Hrsg.), Und diese Liebe auch. Theologische und sexualwissenschaftliche Einsichten zur Homosexualität (Berlin 1989).
G. Looser, Homosexualität – menschlich – christlich – moralisch. Das Problem sittlich verantworteter Homotropie als Anfrage an die normative Ethik (Bern 1980) (Lit.).
St. Pfürtner – A. Groß (Hrsg.), Sexualität und Gewissen (Mainz 1973).
R. B. Marks Ridinger, The Homosexual and Society. An Annotated Bibliography (New York 1990).
H. Ringeling, Homosexualität: Erscheinung und Bewertung, in: ders., Christliche Ethik im Dialog. Beiträge zur Fundamental- und Lebensethik II (Berlin 1991) 163–212.
V. Sommer, Wider die Natur? Homosexualität und Evolution (München 1990) (Lit.).
H. van den Spijker, Die gleichgeschlechtliche Zuneigung (Olten 1968).
M. L. Stemmeler – J. M. Clark, Homophobia and the Judaeo-Christian Tradition. Gay Men's Issues in Religious Studies I (Dallas 1990).

Trutz Rendtorff

VI

Offene Identität: Kriterien der Sozialisation

1. Zwischen Funktionalisierung und Reflexivität

Offene Identität ist das Stichwort für ein Sozialisationsprogramm, das sich von den vorhandenen Tendenzen auf eine größere *kommunikative Kompetenz* des einzelnen leiten läßt. Es bezeichnet einen Problembestand, bei dessen Sichtung die Theologie sich auf eine breite Übereinstimmung in den Humanwissenschaften beziehen kann. Allerdings setzt auch eine solche Konvergenz bereits gemeinsame Überzeugungen voraus[1].

Grundlegend ist ein abwägendes Urteil über die Entwicklung der wissenschaftlich-technischen Gesellschaft. Wer in ihr die „Welt des offenen Spielraums" (W. Schulz) wahrnimmt, wird sie in ihrer Ambivalenz gelten lassen: als die Welt jener gefährdeten Freiheit, die in Form von *Rationalität und Reflexivität* dem gegenwärtigen menschlichen Dasein vorgegeben ist und ihm so zur Aufgabe wird. Diese Beurteilung hat selbst einen geschichtswirksamen sozialen

---

[1] Dieses Kapitel nimmt Bezug auf Bd. 1, 3. Tl., 3. Kap., Christliche Ethik im Dialog mit der Anthropologie: das Problem der Identität.

Ort, nämlich im Weltbild der mittleren und oberen Mittelschicht (in der Bundesrepublik Deutschland etwa 50% der Bevölkerung). Es ist daher richtig, wenn die Kritik den Sozialisationszielen, die im folgenden angegeben werden, ihren begrenzten gesellschaftlichen Ursprung vorhält. Ebendeshalb aber, weil sie dort entspringen, sind sie von maßgeblichem Einfluß auf die Gesamtentwicklung. Sie stehen gut begründet für den Trend zu einer autonomen Orientierung, der sich nach Jakobus Wössner in allen Klassen mit aufsteigender Tendenz, korreliert mit Konfessionszugehörigkeit hingegen bei Katholiken gegenüber Protestanten mit einer signifikanten Verzögerung feststellen läßt[2].

Auf letzteres wird noch zurückzukommen sein. An dieser Stelle ist die Beobachtung wichtig, daß sich die Annahme eines „idealisierten Menschenbildes" (F. Neidhardt) nicht im Widerspruch zu einem segmentierten Gesellschaftssystem befindet. Sie geht vielmehr von einer Evolution aus, „die, gewissermaßen oberhalb aller pluralistischen Deutungen, Grundzüge eines personalen Leitbildes institutionalisiert", und rechtfertigt sie[3].

Zwischen Beobachtung und Bewertung besteht also ein Zirkel. F. Neidhardt betont das, indem er sagt, daß die Frage, welche Verhaltensdispositionen und Persönlichkeitseigenschaften dem modernen Menschenbild entsprechen, normative Entscheidungen voraussetze. Neidhardt schlägt (1970) vor, davon auszugehen, daß *Lernfähigkeit und Leistungsmotivation, Intelligenz und Kreativität, Autonomie und Liebesfähigkeit* wünschbare Eigenschaften des Menschen darstellen. Dieser Katalog von Zielen oder im Hinblick auf die Erziehungseinrichtungen Kriterien der Sozialisation ist in der Tat ein repräsentativer und brauchbarer Ansatz für weitere Überlegungen. Er kann sich auf die Theorie der kognitiven und moralischen Entwicklung nach J. Piaget und L. Kohlberg stützen und nimmt auf E. H. Erikson und H. E. Richter mit der Einsicht Bezug, daß die frühkindliche Erfahrung liebevoller Zuwendung aufgrund der familiären Vermittlung von „Urvertrauen" und Selbstwertgefühl die unabdingbare emotionale Grundlage der erstrebten Entwicklung ist. Diese wird, mit anderen Worten, an jener Identitätsprojektion orientiert, die J. Habermas als eine gemeinsam erst zu entwerfende kollektive Identität und insofern also Reflexivität bezeichnet[4].

Das wird noch deutlicher, wenn man den Katalog einer Sachverständigenkommission der Bundesregierung unter dem Vorsitz F. Neidhardts (1975) zum Vergleich und zur Ergänzung heranzieht. Die Kommission bemühte sich um

---

[2] *J. Wössner*, Kirche – Familie – Sozialisation, in: *G. Wurzbacher* (Hrsg.), Die Familie als Sozialisationsfaktor (Stuttgart 1968).

[3] *F. Neidhardt*, Schichtspezifische Elterneinflüsse im Sozialisationsprozeß, in: *G. Wurzbacher* (Hrsg.), Die Familie als Sozialisationsfaktor (Stuttgart 1968).

[4] *Ders.*, Strukturbedingungen und Probleme familialer Sozialisation, in: *G. Lüschen – E. Lupri* (Hrsg.), Soziologie der Familie, in: Kölner Zeitschrift für Soziologie und Sozialpsychologie, Sonderheft 14 (1970).

die Formulierung verbindlicher, allgemeiner Sozialisationsziele, die der aufwachsenden Generation vermittelt werden sollen. Bei der von ihr getroffenen Entscheidung für bestimmte, wünschenswert erscheinende Ziele ließ sie sich davon leiten, daß ihre eigenen Normierungen einigen allgemeinen Prinzipien nicht widersprechen dürfen, um als gerechtfertigt gelten zu können. Diese *Legitimationskriterien für die Bestimmung von Sozialisationszielen* sind vorzüglich geeignet, den Gedanken einer – um mit G. Winter zu sprechen – intentionalen, „wertenden Hermeneutik der Geschichte" zu veranschaulichen[5].

Den Ausgangspunkt bilden die im Grundgesetz bezeichneten Qualitäten von Grundrechten, sozusagen die Kristallisate der vorgegebenen Freiheit. Wo immer möglich, heißt es, sollen die in Sozialisationszielsetzungen eingebrachten Wertentscheidungen sich aus allgemeinen kulturellen Werten unserer Gesellschaft, vornehmlich aber den eben genannten, ableiten lassen. Diese Verpflichtung sei jedoch kritisch wahrzunehmen, dort nämlich, wo sich der Zweifel an der Legitimität konkreter Ziele der heute vorhandenen Erziehungseinrichtungen mit guten Gründen rechtfertigen lasse. Solche Kritik wiederum bedeutet, an Praxisgesichtspunkte gebunden, Reform, nicht Revolution: „Die normativ gesetzten Sozialisationsziele und die daraus abgeleiteten Forderungen für die Qualität der Erziehungseinrichtungen sollen auf einer Ebene liegen, die es erlaubt, das Wünschbare dem Machbaren zu vermitteln." Das heiße nicht, Utopisches schlechthin zu verwerfen. Das „Utopiequantum" (H. Schelsky) müsse nicht nur klein genug sein, um die nächsten Schritte auf dem Weg zur Veränderung gesellschaftlicher und familiärer Lebensbedingungen steuern zu können, es müsse vielmehr auch groß genug sein, um diese Veränderungen an langfristigen Perspektiven orientieren zu können.

Legitimiert (und staatlich förderungswürdig) erscheinen die Ziele des weiteren: wenn sie keine gesellschaftliche Gruppe von der Möglichkeit, sie zu erreichen, prinzipiell ausschließen; wenn sie keine Bestimmungen darüber enthalten, was der einzelne konkret denken, fühlen, glauben und wollen soll; wenn der einzelne befähigt wird, die Bedürfnisse und Interessen der anderen wahrzunehmen (Empathie) und, je nach ihrem Recht, in der eigenen Handlungsführung um so mehr zu berücksichtigen, je schwächer die Fähigkeit des anderen ist, seine Bedürfnisse und Interessen selber zu erkennen und durchzusetzen (Solidarität). Das Gesamtziel ist daher: „... diese Generation instand zu setzen und darauf zu verpflichten, daß der einzelne die Entscheidungen, die er über sich und andere treffen muß, sachlich kompetent und sozial verantwortlich fällt. Er muß befähigt werden, sich in den Grenzen eines Allgemeininteresses, über dessen konkrete

---

[5] *Bundesminister für Jugend, Familie und Gesundheit* (Hrsg.), Zweiter Familienbericht – Familie und Sozialisation (Bonn – Bad Godesberg 1975) (Lit.). Zur Definition des Begriffs Sozialisation s. ebd. 13: „... das durch die soziale Umwelt vermittelte Lernen von Verhaltensweisen, von Denkstilen, Gefühlen, Kenntnissen, Motivationen und Werthaltungen".

Inhalte er sich mit anderen verständigen muß, als letzte Entscheidungsinstanz über sich selber zu begreifen und zu verhalten."

Daraus folgt der Katalog der Kriterien, nach denen die Erziehungseinrichtungen, besonders die Familie, zu beurteilen sind:

„Welche Eigenschaften muß das Sozialisationsmilieu der Familie besitzen, um den Kindern Selbstsicherheit, Gewissen, intellektuelle Fähigkeiten, Leistungsmotivation, Empathie und Solidarität sowie die Fähigkeit zu produktiver Konfliktbewältigung in dem bezeichneten Sinne vermitteln zu können?"

Die Beschreibung der einzelnen Ziele gibt zu erkennen, daß ein *kritisches, kommunikatives Ich* gewünscht wird, leistungsfähig nicht durch Dressur und äußere Anerkennung, sondern „auf intrinsischer Motivationsgrundlage" (F. Neidhardt, 1970), die für hohe Lernleistungen und speziell für kreative Haltungen vorausgesetzt werden muß. Intelligenz, „breit verstanden als Fähigkeit zu kognitiver Umweltbeherrschung" (ebd.), und Gewissen, verantwortungsethisch verstanden als situationsbezogene moralische Kontrolle spontaner Bedürfnisse ebenso wie sozialer Zumutungen (Kommission 1975). Dabei wird nicht zuletzt unterstellt, daß die Familie auch ein „auf Konflikte angelegtes Handlungssystem" (D. Claessens – F. W. Menne) ist. Sie weder zu verdrängen noch gewaltsam die Widerstände zu beseitigen soll dort schon gelernt werden, und die Grundhaltung, die das ermöglicht, ist, wie man mit einem interpretierenden Hinweis auf J. Rawls sagen könnte, die Fairneß.

Diese allgemeinen Sozialisationsziele sind ethisch fundiert, wie sich zeigt. In der Spannung von Rationalität und Reflexivität, Autonomie und Kommunikation, von Freiheit und Gemeinschaft also umschreiben sie ein wirklichkeitsgerechtes und wirklichkeitsüberschreitendes Menschenbild, von dem auch die christliche Ethik auszugehen vermag. Um deren besonderen Beitrag zu skizzieren, ist es dagegen notwendig, auf den kritischen Punkt des Sozialisationsprogramms hinzuweisen. Ihn deutet bereits die Überschrift dieses Abschnittes an: zwischen Funktionalisierung und Reflexivität. Sie ist Karl Ernst Nipkows Auseinandersetzung mit dem gegenwärtigen Bildungswesen entlehnt[6].

Das ideale Menschenbild kann – nicht zuletzt vermittelt durch die eigenen Praxisgesichtspunkte – in ein „funktionalistisches Gefälle" (K. E. Nipkow) von Reformmaßnahmen und überhaupt in den Sog einer „instrumentellen Rationalität" geraten. Das ist die Ambivalenz der Freiheit: „Pädagogische Motive, die einerseits auf das Kind und sein Wohl bezogen sind oder zu sein scheinen", sagt K. E. Nipkow, „sind zugleich instrumentell verstehbar, als geeignete

[6] *K. E. Nipkow*, Grundfragen der Religionspädagogik I (Gütersloh 1975) 67. Dort wird ein Anknüpfungspunkt durch den Hinweis auf das Leitthema der 5. Vollversammlung des Ökumenischen Rates der Kirchen (Nairobi 1975) hergestellt: Jesus Christus befreit und eint. Das vierte Teilthema stellt mit der Ableitung „Erziehung zu Befreiung und Gemeinschaft" die Aufgabe, Freiheit „kommunikativ zu buchstabieren", Freiheit und Gemeinschaft zu verschränken; ebd. 19f., 107, 126.

Instrumente im gesamtgesellschaftlich-ökonomischen Verwertungszusammenhang von Bildung." Der kritische Punkt liegt eben da, wo eine unausgewogene Zuordnung der Sozialisationsziele zum Pol der Rationalität ihre Vorzüge in Nachteile verkehrt, nämlich beim Verzicht auf Bestimmungen darüber, „was der einzelne konkret denken, fühlen, glauben und wollen soll". Aus der Not, in einer pluralistischen Gesellschaft keine materiellen, sondern nur formale Sozialisationsziele von allgemeiner Gültigkeit angeben zu können, kann die fragwürdige Tugend gemacht werden, die Frage nach einem gemeinsam anzustrebenden, inhaltlich bestimmten „guten Leben", dem „Gemeinwohl", auszuklammern, um sie ganz der privaten und politischen Meinungsbildung zu überlassen. Inhaltliche Kategorien sind dann nur noch, wie K. E. Nipkow darstellt, Indikatoren der *verlorenen* Inhalte. „Als Gemeinsames bleibt das Bewußtsein des Verlustes substantieller Gemeinsamkeiten und der Wunsch, diese Situation trotzdem gemeinsam auszuhalten." Genauso urteilt W. Schulz: Die Konzeption, *Freiheit als Entscheidenkönnen* zu bestimmen, könne heute geradezu als die Grundeinstellung der Pädagogik bezeichnet werden. Die Abwendung von der Tradition und deren Ausrichtung an einem humanistischen Menschenbild erscheine hier exemplarisch für ein technologisch-pragmatisches Freiheitsverständnis überhaupt als vollendete Tatsache; gegenüber dem Vorrang der Unterrichtstechnologie (Didaktik) werde die Kulturpädagogik (Bildung) zur bloßen Problemanzeige. Anders: die ethische Reflexion droht an die psychologische und soziologische Rationalität, welche die freiheitsbeschränkenden Faktoren des individuellen und gesellschaftlichen Lebens erforscht, verlorenzugehen. Ähnlich wie W. Schulz sagt K. E. Nipkow, die soziologische und psychologische Fragestellung untersuche die *Relativität* der Moral, sie stelle hingegen nicht die philosophische Frage nach den Gründen der *Geltung* noch die politisch relevante, die gesellschaftliche Öffentlichkeit als ganze betreffende Frage nach dem materiellen *Gehalt* der gesellschaftlichen Moralität[7].

Hinzuzufügen ist aber auch, daß der technologisch-pragmatische „Einsatz" der Lern- und Leistungsfähigkeit samt ihren menschlichen Qualitäten, der Fähigkeit, sich dynamisch und vermittelnd anpassen und einfügen zu können, für die nicht problematisierten Zwecke des ökonomisch-bürokratischen Gesellschaftssystems nur die eine Seite des Sinnverlustes der Freiheit ausmacht. Diese Erziehung zu vielseitiger Verwendbarkeit hat vielmehr ihr Gegenstück in jener „Emanzipation ohne Gehalt", auf deren Möglichkeit in der Perspektive – von J. Habermas durchaus gesehen – der Kritischen Theorie wiederum auch K. E. Nipkow aufmerksam macht. Sofern dieses Freiheitsverständnis ebenfalls traditionskritisch in einem unendlichen Prozeß der Negation befangen bliebe

[7] *K. E. Nipkow*, a. a. O. 54–67; *W. Schulz*, Philosophie in der veränderten Welt (Pfullingen [2]1974) 654. Das letzte Zitat nach *K. E. Nipkow*, Moralerziehung heute – erziehungswissenschaftliche und theologische Probleme, in: *B. Gladigow* (Hrsg.), Religion und Moral (Düsseldorf 1976) 171.

und hierbei noch dazu nur auf das sich selbst bestimmende Subjekt abheben würde, müßte sich jede *nähere* Sinnbestimmung der wünschbaren kommunikativen Lebensform verflüchtigen[8].

Es geht nicht um ein Entweder-Oder. Es geht darum, daß die in der Form von Rationalität und Reflexivität gegebene Freiheit durch eine *Einübung in Sinnfragen* bewahrt bleibt. Das wiederum kann für die Formulierung allgemeiner Sozialisationskriterien nicht bedeuten, daß bestimmte materiale Ziele verbindlich gemacht werden sollten. Es geht vielmehr darum, die Problemindikation der verlorenen Inhalte wieder bewußt als Aufgabe zu ergreifen, d. h., die *Fähigkeit zur ethischen Reflexion* als ein eigenes Sozialisationsziel anzusehen. Diese Fähigkeit ist aber nur im Umgang mit den ethischen Gehalten der Tradition zu erwerben, vermittelt durch Institutionen, die ein *kommunikatives Ethos* fördern. Die Ethik wird auf diese Weise zum integrativen Faktor in der Spannung zwischen Rationalität und Reflexivität.

Wie sich der christliche Beitrag in einen solchen Zusammenhang der Sozialisationsziele einbringen läßt, zeigt vorbildlich Dietmar Mieth. Bezogen auf die Frage nach dem Ort der Ethik im Religionsunterricht, geht D. Mieth davon aus, daß die Grundfrage einer Ermöglichung der sittlichen Person nicht die Frage nach richtigen Normen („Was gilt? Was soll ich tun?"), sondern die Frage nach der personalen Aneignung der Sittlichkeit („Wie soll ich sein? Was kann ich tun?") sei, so also, „daß der Mensch sich als das Subjekt des Sittlichen allererst gewinnt". Im Hinblick darauf werden von ihm drei Qualifikationen des Bildungsprozesses genannt: Personwerdung, Urteilsfähigkeit, Praxisfähigkeit. D. Mieth spezifiziert:

1) Befähigung zur Wahrnehmung und Verwirklichung der Chancen einer christlich-sittlichen Personwerdung:

- Personwerdung als soziale Selbsterwirkung verstehen und einüben; insbesondere: Entscheidungsfähigkeit als Realisierung der christlichen Freiheit; Orientierungsfähigkeit und Unterscheidungsfähigkeit im Hinblick auf normative Angebote; Korrekturfähigkeit als Fähigkeit zu Einsicht und Umkehr und als Wahrnehmung der Fehler als Erfahrungschancen; kommunikative Kompetenz als Realisierung der sozialen und gemeindlichen Relevanz des sittlichen Zusammenlebens;
- Personwerdung als Realisierung der Verantwortung vor Gott (responsorische Selbsterwirkung).

2) Befähigung zur Entwicklung christlich-sittlicher Urteilsfähigkeit:

- Vertrautheit mit den Bedingungen sittlicher Urteile; Tatsachenerkenntnisse, Sinninterpretationen, vorgegebene Verhaltensmuster als solche Bedingungen kennen und verstehen;

---

[8] *K. E. Nipkow,* Grundfragen 124, mit Bezug auf *J. Habermas,* Zwischen Kunst und Politik. Eine Auseinandersetzung mit Walter Benjamin, in: Merkur 26 (1972). Vgl. auch *W. Schulz,* a. a. O. 172.

- Vertrautheit mit der christlichen Konditionierung sittlicher Urteile; Befähigung zur Annahme, Kritik und Weiterentwicklung sittlicher Urteile in der Gesellschaft im Kontext der im Glauben bewahrten und bewährten Sittlichkeit;
- Befähigung zur mündigen Teilnahme an Prozessen sittlicher Urteilsbildung in Gemeinde und Gesellschaft.

3) Befähigung zur Wahrnehmung und Verarbeitung christlicher Motivationen zum sittlichen Engagement:

- Wahrnehmung und Verarbeitung von Motivationserfahrungen aus der christlichen Anthropologie (Erlösung und Freiheit, Rechtfertigung und Gerechtigkeit, Gnade und Leistung);
- Wahrnehmung und Verarbeitung von Motivationserfahrungen aus der christlichen Spiritualität (Nachfolge Jesu, christliche Brüderlichkeit, theologische Tugenden, Umkehr und Erneuerung);
- Vermittlung von christlichen Kontrast-, Sinn- und Motivationserfahrungen zum konkreten Engagement[9].

2. *Zwischen familialem und öffentlichem Wertsystem*

Die Frage nach einem kirchlich vermittelten Beitrag der Theologie zur Sozialisation kann genauer gestellt werden, wenn man von J. Wössners Beobachtung ausgeht, daß sich bei Katholiken zwar ein religionsbedingtes Anpassungsdefizit an das Wertsystem der modernen Gesellschaft, bei Protestanten hingegen ein „Mengendefizit an Kirchlichkeit" zeige. Der Anpassungsdruck, den die moderne Gesellschaft auf die religiös-kirchlichen Systeme ausübt, trifft also bei den Protestanten auf eine größere Anpassungsbereitschaft. Offenbar hängt das mit ihrer Neigung zusammen, sich mehr außerfamilial zu orientieren, während Katholiken familiennahe Bezugsgruppen vorzuziehen scheinen. Die Ambivalenz von „Rückstand" und „Widerstand" kommt hingegen erst klar ins Blickfeld, wenn man sieht, daß die Struktur einer pluralistischen, segmentierten Gesellschaft die direkten Einflußmöglichkeiten der Kirche auf die öffentliche, institutionelle Lebenswelt schmälert, während ihr ein beträchtlicher Einfluß auf die Welt der Familien möglich bleibt. Und eben: einerseits dürfte die Anerkennung des zeitgemäßen Grundsatzes der Autoritätskritik für die volkskirchliche Bedeutung der Kirchen entscheidend sein, andererseits aber könnten sie unter der Voraussetzung einer solchen Reflexionsform des Glaubens wesentlich

---

[9] *D. Mieth*, Theologische Ethik und Religionsunterricht, in: Der Evangelische Erzieher 28 (1976). Auch D. Mieth geht es ähnlich wie K. E. Nipkow darum, Ziele und Inhalte (das „Wie" und das „Was") zu verschränken. Der Aufsatz ist insgesamt ein wichtiger Beitrag zum Problem der christlichen Ethik als Integrationswissenschaft.

dazu beitragen, daß die Bildungskraft der familiären Gemeinschaft zu einem Gegengewicht der Gesellschaft wird[10].

Das personale Leitbild, das die Kirche mitgestaltet, muß der Spannung zwischen den zwei verschiedenen Wertsystemen in einer komplexen, modernen Gesellschaft gerecht werden. Dabei ist es die Gefahr und wohl auch Versuchung der Kirche, das familiale Wertsystem unangemessen zu verstärken. Das kann auch noch da in unangemessener Weise geschehen, wo von einer „autoritären Orientierung" kaum noch die Rede sein kann, der Familie vielmehr – wie bei H. Schelsky – zu einer „natürlichen Autorität" verholfen werden soll. Diese, begrifflich von einer „abstrakten" oder funktionalen Autorität abgegrenzt, wird als die Ordnung einer kleinen, intimen Lebensgemeinschaft, die sich selbst Grund und Zweck ist, vorgestellt; sie entsteht unabhängig von gesellschaftsbedingten heteronomen Ordnungsfaktoren „von selbst". In einem solchen familiären Grundverhältnis kommt nach H. Schelsky den Eltern eine Führungs-, den Kindern eine Folgerolle zu; es stellt sich auf der einen Seite in Fürsorge, Verantwortung, Opfer, Liebe und Wohlwollen, auf der anderen in dem Vertrauen der Geborgenheit, in Hingabe, Liebe, Ehrfurcht und Achtung dar. Das ist nahe bei René König, der die Eigenart der familiären Sozialisation grundlegend herausgearbeitet hat. Bei ihm heißt es: die Familiengruppe bilde die erste Stufe, auf der sich der Aufbau der sozial-kulturellen Persönlichkeit des Menschen vollziehe. König spricht von der „zweiten Geburt" des Menschen als sozial-kultureller Persönlichkeit und sittlichem Wesen. Diese könne allein von der Familie geleistet werden, denn hier sei die Gruppensolidarität derart eng, daß sie den Menschen bis in die letzten Tiefen erreiche. Die Familie baut daher elementar die sittliche Persönlichkeit auf, „wobei dann die Grundformen sozialer Ideale erfahren werden, wie die Liebe, die Rücksicht, der Dienst, das Opfer, aber auch die Vorstellung vom Selbstwert anderer Personen, ohne die auf die Dauer überhaupt keine Gesellschaft bestehen kann"[11].

Die Nähe dieser Wertkataloge zu spezifisch religiösen Werten fällt auf. Das weist auf einen nicht nur geschichtlich bedingten, sondern auch sachlich gegebenen Zusammenhang zwischen Kirche und Familie hin. Er läßt es zu, die Reduktion des unmittelbaren kirchlichen Einflusses auch als eine Konzentration zu verstehen. Besonders Dietrich v. Oppen hat die Verbindung von Gemeinde und Familie als tragenden Institutionen in der gegenwärtigen Gesellschaft her-

---

[10] *J. Wössner*, a.a.O. Vgl. auch *G. Schmidtchen*, Gottesdienst in einer rationalen Welt (Stuttgart – Freiburg i. Br. 1973); dazu *H. Ringeling*, Die ethische Dimension der volkskirchlichen Predigt, ihre Reichweite und ihre Grenzen, in: Hundert Jahre Christkatholisch-theologische Fakultät der Universität Bern, Beiheft zur Internationalen Kirchlichen Zeitschrift H. 4 (1974). – Zu den zwei Wertsystemen vgl. das Schema bei *J. Wössner*, a.a.O. 311.

[11] *H. Schelsky*, Wandlungen der deutschen Familie in der Gegenwart (Stuttgart ³1955); *René König*, Soziologie der Familie, in: *A. Gehlen – H. Schelsky* (Hrsg.), Soziologie (Düsseldorf – Köln 1955); vgl. auch *H. Ringeling*, Natürliches Recht. Sozialanthropologische Vorfragen einer Familienethik, in: ZEE 5 (1975).

ausgearbeitet. Beide sind von grundlegender Bedeutung für den Aufbau einer weltoffenen Person, die den Ansprüchen jener modernen, verantwortlichen „*Freiheit als Entscheiden-können*" zu genügen vermag. Beide nämlich prägen in dynamischen, offenen Gruppenstrukturen eine Verhaltensform aus, deren Kern aus den Elementen der Nächstenliebe besteht: Kommunikation, Freigabe und zielgerichtete Bewegung. „Die Nächstenliebe und ihre Träger sind nicht in einem Zustand, sondern sie bewegen sich in einer bestimmten Richtung, und zwar bewußt und unter Einsatz des Willens." Und eben: „Einander ansprechen und Halt geben ist die Grundstruktur der Liebe." In dieser Bestimmung wird die „Annahme" des Menschen in der Familie, die Urvertrauen und Selbstwertgefühl stiftet, in das Geschehen der „Rechtfertigung" einbezogen und also im Evangelium begründet. Rechtfertigung als die „Annahme des Unannehmbaren" ist dann aber auch, wie Paul Tillich es sah, die Macht der Selbsttranszendenz in der Liebe, die das bloße Sympathiesystem sprengt; sie durchbricht den Bereich der Familie und wird universal. Gewiß eignet dem Entwurf D. v. Oppens ein apologetischer Zug: zu wenig wird berücksichtigt, daß die von Familie und Kirche begründete Personalität immer schon die von der modernen Gesellschaft ermöglichte Freiheit voraussetzt, und zu viel wird daher der Familie (und Kirchengemeinde) zugemutet, wenn ihr Eigentliches, unterschieden von sachlichen Leistungen für den Lebensunterhalt, „im bedingungslosen Annehmen und Bejahen des anderen" gesehen wird. Das berührt jedoch nicht die Tatsache, daß der kirchliche Beitrag zu den Sozialisationsleistungen der Familie gerade darin bestehen kann und vornehmlich bestehen sollte, die notwendige autonome Orientierung ihrer Mitglieder zu fundieren[12].

Demgegenüber ist es die Versuchung der Kirche, die Nähe der religiösen zu den familialen Grundwerten traditionalistisch zu interpretieren, d. h., die kirchliche Aufgabe in der Bewahrung und Verteidigung des familialen Systems *gegenüber* dem öffentlichen zu erblicken. Erst dieses dichotomische Gegenüber verkehrt die „natürliche Autonomie" der Familie in die von J. Wössner beschriebene autoritäre Orientierung. Die Kirche verschuldet dann jenes „Zuviel an Familie" (R. Dahrendorf), das den autoritären Charakter und die unkritische Anpassungsbereitschaft, ebenfalls aber, was nur scheinbar ein Gegensatz ist, das überkritische Unbehagen in der Kultur der wissenschaftlich-technischen Gesellschaft hervorbringt. Zu beachten ist allerdings, daß vorab aller Interpretation das familiale Wertsystem bereits durch die Struktur der Familie, ihren politischen Kontext, ihren Ort in der gesellschaftlichen Schichtung und den Einfluß des Vaters und der Mutter auf das familiale Geschehen in eine mehr autoritäre oder mehr autonome Orientierung eingewiesen wird. Aus den vielen Unter-

12 *D. v. Oppen*, Das personale Zeitalter (Stuttgart – Gelnhausen 1960). Kritisch dazu: *H. Ringeling*, Wenn die Kirche weltlich wird. Die sogenannte Säkularisierung des Christentums (Gütersloh 1970) 28–35. Die Zitate sind aus: *D. v. Oppen*, Moral (Stuttgart – Berlin 1974) 38, 43. *P. Tillich*, Das religiöse Fundament des moralischen Handelns (Gesammelte Werke III) (Stuttgart 1965) 35f., 54.

suchungen zum Thema Autorität und Familie lassen sich normative Gesichtspunkte für die Gestaltung der Familie im Verhältnis zur Gesellschaft und im Hinblick auf ihre Leistung für die Wertvermittlung gewinnen[13].

Gerhard Wurzbacher und Gudrun Cyprian stellen die ambivalente Bedeutung der heutigen Kleinfamilie dar. Ihre Stärke besteht darin, daß sie durch ein hohes Maß an personaler Intimität die Entwicklung der Individualität des Kindes begünstigt. Sie ist im Zusammenhang mit einer Vielfalt unterschiedlicher Sozialstrukturen ein wichtiger Träger der unerläßlichen *Sozialisation auf psychische und soziale Mobilität* hin geworden, erzeugt also eine Personstruktur, „die von klein auf so gebildet worden ist, daß sie durch den Wandel, durch neue Situationen und daraus sich ergebende Konflikte nicht übermäßig verunsichert wird, sondern daß sie im Gegenteil diese Herausforderungen als Chancen der Entfaltung der eigenen Persönlichkeit sogar sucht und nützt". Ihre Schwäche besteht hingegen darin, daß die Emotionalisierung und betonte Abgrenzung des familialen Intimraumes nach außen zu einer strukturellen Überabhängigkeit der Familienmitglieder voneinander tendiert. Das schließt die *Tendenz zu autoritärer Strukturierung* der Familienbeziehungen ein. So fragwürdig die Ideologiekritik an der bürgerlichen Kleinfamilie auch gelegentlich ist, wird man doch feststellen müssen, daß diese „in ihrer prinzipiell totalitären Verfassung Autoritätshierarchien ausformt, die Machtdifferenzen zwischen Mann und Frau und zwischen Eltern und Kindern erlauben und die Ausnutzung des Machtvorsprungs wahrscheinlich machen". An dieser Stelle erhebt sich die Frage, ob es einer Entwicklung und Erprobung neuer Familienformen mit geringerem Machtgefälle bedarf. Wie auch immer eine solche von den gegenwärtigen Bestrebungen zur Reform des Familienrechts tatsächlich angestrebte *Durchsichtigkeit und Durchlässigkeit* der Familie aber verwirklicht werden mag: wesentliches Kriterium ist die Ermöglichung von so viel „kritischer Öffentlichkeit" in der Familie, wie erforderlich ist, um den Nachwuchs – nach einer Bemerkung D. Claessens' – zu sozialisieren, ohne ihn zu dogmatisieren.

Auf einer höheren Abstraktionsebene hat Dieter Claessens gezeigt, daß die „Kernfamilie", verstanden als eine sozial-anthropologische und soziologische Primärformation, bestehend aus den Kleinkindern und ihrer männlichen und weiblichen Dauerpflegeperson (Mutter und Vater), die zwischen Kultur-Gesellschaft und Individuum „eingepaßt" ist, für die Vermittlung zwischen diesen, wie er sagt, beiden Polen des sozio-kulturellen Universums über besondere Qualitäten verfügt. Sie kann daher aufgrund ihrer eigenen Beschaffenheit zum Kriterium für die Beurteilung der konkreten Kleinfamilie werden. Der Ansatz bei der Kernfamilie als Modell für die „innere" Familie, wie sie sich

---

[13] *R. Dahrendorf*, Gesellschaft und Demokratie in Deutschland (München 1965). Zum folgenden: *G. Wurzbacher* – *G. Cyprian*, Großfamilie – Kleinfamilie – Kommune: ihre Integrations- und Individuationswirkungen, in: *J. Dus-v. Werdt* (Hrsg.), Kommune und Großfamilie (Veröffentlichungen des Instituts für Ehe- und Familienwissenschaft I, Zürich) (Bern – Tübingen 1972).

in allen bekannten Erziehungs- und Familiensystemen findet, hat gegenüber einseitigen Urteilen über die Familie nach Maßgabe der gesellschaftlichen oder über die Gesellschaft nach Maßgabe der familialen Lebenswelt den Vorzug, von ihrem gemeinsamen Entstehungsort auszugehen, um zu erforschen, welches die optimalen Funktionsbedingungen dieser Schaltstelle sind. Es handelt sich dabei also im genauen Sinn des Wortes um den immer schon vorgegebenen sozial-anthropologischen Ort der Vermittlung: zwischen der ersten, „natürlichen" und der zweiten, „kulturellen" Geburt des Menschen. Auf diese Weise läßt sich die Frage beantworten, wie der Mensch überhaupt in seine „exzentrische Position", die offene Identität, hineinkommt.

D. Claessens nimmt die These H. Plessners, daß diese Exzentrizität oder existentielle Gebrochenheit des Menschen eines Gegengewichts in der Kultur bedürfe, nämlich auf, um sie im Hinblick auf die anthropologische Genese des lebensnotwendigen Gleichgewichts zwischen der Weltoffenheit und der Kultur, die ihr Halt gibt, zu untersuchen. Die Frage, wie der Mensch, sich durch den Entwurf einer eigenen Welt in ihr befestigend, aus seiner konstitutionellen Ortlosigkeit („das Ich", referiert A. Gehlen, „steht hinter sich selbst, ortlos, im Nichts") herauskomme, wird durch die Vorfrage ergänzt, wie er allererst in sie hineinkommen könne. Diese Fragestellung setzt auch einen neuen Akzent gegenüber einer Zeitkritik, die in der „Offenheit" eher die Gefährdung als eine Chance des Menschen zu sehen geneigt war. Die Leistung einer Kultur kann aber gerade daran gemessen werden, ob sie den Menschen, um es nun so zu sagen, dogmatisch feststellt oder in seine ethische Existenz hinein freistellt: zu weiterer, konstruktiver Entwicklung seiner Lebensmöglichkeiten.

3. *Zwischen Natur und Kultur*

Die *Möglichkeit,* Mensch zu werden, sagt D. Claessens, werde mitgebracht, die *Fähigkeit* dazu, zur Bewältigung der ersten Schritte in die exzentrische Positionalität hinein und das heiße auch: zu deren Schaffung, besitze der menschliche Säugling nicht. Der Mensch sei auf Tradierung von Kultur angewiesen, denn nur in und mit Kultur könne er sich in seine genuine Positionalität begeben. Mit dem Vorhandensein von Kultur sei aber noch nicht der Schritt *in* Kultur gegeben. Neben der Vorgabe der Kultur sei also noch eine weitere Vorgabe vonnöten, die diesen Schritt ermögliche. Diese anthropologisch-genetische „Vorgabe" (A. Portmann) sei aber *vorhanden* durch die Kind-Familie-Beziehung und, enger noch, den „Kern der Kernfamilie": die Mutter-Kind-Beziehung. Die Mutter ist die Welt des Kindes, die Kernfamilie der Möglichkeit nach die ursprüngliche „Welt des offenen Spielraums".

D. Claessens beschreibt die Übernahme des sozialen Systems „Kernfamilie" durch das Individuum als die Übernahme eines gelebten Beziehungsgeflechts in das Individuum, und zwar als kategorial strukturierendes Element: „,Wir' wird nicht er-lebt, sondern ,Wir' wird ge-lebt, unmittelbar übernommen." Grundlage dieser Beziehung ist das *Vertrauen* in die Regelmäßigkeit des Verhaltens des anderen, eine Erwartungshaltung, die als Kategorie dem „logischen Optimismus" H. Vaihingers nahe verwandt sei. Sie erweitere sich in den ersten Interaktionen des Individuums mit seiner sozialen Umwelt zu einer *sozialen* Primärhaltung, die mit „sozialem Optimismus" bezeichnet werden könne; E. H. Eriksons Begriff des „Ur-Vertrauens" liege zwischen der emotionalen Fundierung und diesem. Das basale Vertrauen als Potenz parat zu haben, ist die unentbehrliche Voraussetzung sozialer Beziehungen; hier entsteht, wie D. Claessens mit Bezug auf E. Bloch sagt, die anthropologische Kategorie „Erwartung" („Hoffnung" als Vehikel der Antizipation).

Die Bewußtheit der Möglichkeit und Notwendigkeit von Vertrauen muß in der intimen Interaktion in der Kleinstgruppe „Kernfamilie" von dem Zeitpunkt an wachsen, in dem die *Distanz* zwischen Menschen, zuerst also wieder zwischen Kind und Mutter, erfahren wird. Ertragen von Distanz und Vertrauen sind ineinandergekoppelt. Und:

> „Beide, in das Individuum als differenzierende, strukturbildende Elemente eingehende Kategorien können ihrerseits wieder direkt zum Erlebnis der Solidarität führen. Sobald das Abhängigkeitsverhältnis des Säuglings zur Mutter beginnt, sich in echte Interaktion, in das ,Mittun', weiter in das Miteinander-Machen aufzulösen und zu steigern, wird die rechte *Abstimmung* des gegenseitigen Verhaltens auf der Grundlage von Vertrauen und im Erlebnis der Distanz, die es jeweils zu überbrücken gilt, d.h. auf der Grundlage des im Erlebnis der Distanz gefestigten sozialen Optimismus, eine ständige *Aufgabe*, wobei der tiefe Doppelsinn dieses bedeutungsvollen Wortes voll eingesetzt werden kann: als Anforderung und als Preisgabe. Diese soziale *Abstimmung* muß erfolgen, sollen das soziale System Kernfamilie und alle weiteren gesellschaftlichen Systeme ,funktionieren'. Sie fordert aber auch die *Preisgabe* eines Teils des die Distanz vertiefenden und das existentielle Vertrauen ständig in Frage stellenden Anspruchs des ,Primärstatus', der eigentlichen Individualität, um den Gewinn der Solidarität."

Das Erlebnis der *Notwendigkeit von Vertrauen und Solidarität im Rahmen von Kooperation* ist auch als inneres Erlebnis des Individuums wiederzufinden, es begründet die *Differenzierung und Integration der Persönlichkeitsstruktur* als „psychische Kooperation". Der Prozeß der Reifung des Individuums kann daher unter den Aspekten der Differenzierung und der Ablösung betrachtet werden; Abhängigkeit wandelt sich in Selbständigkeit: „An die Stelle der Mutter (und der ersten engsten Umwelt des Kindes), die zuerst ,Welt' war, rückt jetzt die eigene Welt, zu der ,Stellung' genommen wird, weil Stellung genommen werden kann." Und anders also: die Vermittlung von Welt als Kultur zeitigt kraft der Eigendynamik der Kernfamilie eine wachsende Fähigkeit zur Differenzierung und Distanzierung; die Spannung zwischen den Polen Gesellschaft und Familie induziert eine „elastische Transmission" des Wertsystems der Umwelt[14].

Das nachkonstruierte Modell der Kernfamilie als System der Menschwerdung ist gerade dadurch ein Maßstab für die konkrete Familie oder alternative Institutionen, daß es optimale Sozialisation durch Entlastung von „kulturellem Druck“ leistet. Je besser diese Leistung erbracht wird, desto mehr entspricht der Sozialisationsprozeß der in grundlegenden menschlichen Qualitäten angelegten Entwicklungslogik und erfüllt so also auch *anthropologische Grundrechte*. Tatsächlich wird die Familie in einer gewiß korrekturbedürftigen, aber doch gegenüber früheren Sozialsystemen wesentlich besseren und verbesserungsfähigen Weise von der modernen Gesellschaft zu solcher relationalen Autonomie freigestellt; „Offenheit“ und „Modernität“ sind Korrelate, d. h. mit anderen Worten: Wenn es so ist, wie Peter R. Hofstätter sagt, daß die *Gruppe* „die“ Erfindung der Menschheit ist, „erfunden“ nämlich, um die Aufgabe des Menschen als eines „offenen“ Wesens, die Welt durch Kultur und Konvention zu bestimmen, bewältigen zu können, und daß in diesem Zusammenhang die Familie besondere Beachtung verdient, so wird die Familie in der Gegenwart als „die“ Gruppe der Menschheit zur planbaren Form der Evolution neuer Seinsweisen[15].

Entlastung von kulturellem Druck oder, wie D. Claessens nach einem Ausdruck Hugh Millers sagt, Insulation gegen selektive Pression heißt: Schutz vor „der drängenden Anforderung unmittelbarer Anpassung“, sei es durch das Naturprinzip des Kampfes ums Dasein oder das Kulturprinzip der Arbeit, das „Leistungsprinzip“. Der Familie fällt die fundamentale Aufgabe zu, ihre Mitglieder von fremden Instanzen (wenngleich gerade nicht total) abzuschirmen, und es ist besonders die neuzeitlich-bürgerliche Familie, die infolge ihrer Desintegration aus der Welt der Arbeit den in ihr verbundenen Personen eine distanzierte Haltung zu den Anforderungen der Umwelt nahelegt. Sie ist, wie Max Horkheimer es beschrieben hat, nicht nur die Brutstätte eines autoritären Charakters, sondern immer zugleich ein Refugium der Humanität gewesen, die „Ahnung eines besseren menschlichen Zustandes“. In ihr konnte sich erstmals der Mensch als „Mensch“ im Unterschied von seinen – jetzt erst so zu nennenden – Rollen in der Gesellschaft darstellen, und nicht zuletzt bildete sich in ihr jene Differenzierung der Geschlechter aus, die im heute gewohnten Sinn von „Weiblichkeit“ und „Männlichkeit“ erscheint. „Insulation gegen selektive Pression“ ist in diesem Zusammenhang eine Formel, die von empirischer Beobachtung ausgeht, um ihr operationale Ziele für die bessere Verwirklichung dessen abzugewinnen, was der Familie möglich ist. Das Kind soll in ihrem – gemessen an der gesellschaftlichen Leistungswelt – „künstlichen Binnenklima“

[14] *D. Claessens*, Familie und Wertsystem (Berlin 1962) 12, 20, 54, 65f., 88–95, 153f. (Vgl. auch die dritte, überarbeitete und erweiterte Auflage, 1972.) Vgl. auch *K. E. Nipkow*, Grundfragen I 115, zu Vertrauen und Verantwortung als anthropologischen Aspekten des Verhältnisses von Freiheit und Gemeinschaft mit weiterer Literatur.

[15] *D. Claessens – F. W. Menne*, Zur Dynamik der bürgerlichen Familie und ihrer möglichen Alternativen, in: *G. Lüschen – E. Lupri* (Hrsg.), a. a. O. 176.

gegen den Zwang zur vorschnellen Übernahme bestimmter kultureller Lebensmuster gesichert, es soll ihm ein „*Spielraum freier Entwicklung*" garantiert werden[16].

Die neuere sozialanthropologische Forschung ist experimentell orientiert. Sie ist kritisch gegenüber dem vieldeutigen und für konservative wie progressive Theorien brauchbaren Begriff der „Weltoffenheit". Sie geht davon aus, daß diese Offenheit eine gesellschaftliche und individuelle Leistung bedeutet und den vorhandenen Fixierungen des Menschen in ihrer Verschränkung von Naturkonstanten und Kulturdeterminationen Schritt für Schritt abgerungen werden muß. Sie untersucht nicht zuletzt, wie groß der Veränderungsspielraum überhaupt ist; Schutz vor Anpassung ist immer auch „Schutz vor Unmittelbarkeit" (T. Rendtorff), den die Institutionen des menschlichen Zusammenlebens gegen die Pression utopischer Ansprüche bieten[17].

Gleichwohl lassen sich nun einige allgemeine *anthropologische Grundrechte* angeben, die den Postulatscharakter von langfristig bedeutungsvollen – um nicht sagen zu müssen: „übergeschichtlichen" und also im Wissen um die Integration von Natur und Vernunft in der menschlichen Evolution „naturrechtlichen" – Sozialisationskriterien haben. Dabei kann auch die theologische Diskussion wieder an die Arbeiten von D. Claessens anknüpfen. Dieser zitiert Ernst Bloch, der sagt: „... es gibt ein Grundrecht auf Gemeinde ...", und fährt fort: „Aber der Begriff ‚Gemeinde' ist mißverständlich. Vielleicht sollte man den anthropologischen Satz wagen: Es gibt ein Anrecht auf kommunikative Distanzierung, nämlich darauf, noch in der Distanzierung von der alten Natur sich wieder von dem Unterwerfungsanspruch der Gesellschaft distanzieren zu können, zu *dürfen*." Das *Grundrecht auf kommunikative Distanzierung* entfaltet sich in zwei weiteren, korrelativen Begriffen: dem „*Anspruch auf den Anspruch*" und den „*Anspruch auf Schutz*".

Gemeint ist jenes Grundrecht auf Utopie, das jedem Menschen von Natur zukommt, die strukturell zu ermöglichende Fähigkeit zum „Transzendieren nach vorn" (E. Bloch), das „Geheimnis" des Menschen (K. Rahner) als des Wesens – wie P. Tillich es sagte –, das „die Möglichkeit hat". Das weist auf ein Drittes hin: das „*Recht auf Selbstdarstellung*". Dieser Begriff folgt A. Portmann, der „Selbstdarstellung" als eine „Grundtatsache des Lebendigen" auffaßt, die der Selbsterhaltung und der Arterhaltung gleichzusetzen sei. Alle Gestalten des Lebens, sagt A. Portmann, seien in ihrer Erscheinung stets viel mehr, als sich durch die elementare, vom Leben geforderte Notwendigkeit erklären lasse. Entsprechend formuliert D. Claessens, es handle sich um die ka-

---

[16] Zur Insulationsthese *D. Claessens*, Instinkt, Psyche, Geltung (Köln – Opladen [2]1970) 93ff. u. passim. Max Horkheimer s. *A. Schmidt* (Hrsg.), Max Horkheimer, Kritische Theorie I (Frankfurt a.M. o.J.) 346. Vgl. *H. Ringeling*, Natürliches Recht, sowie *ders.*, Neue Humanität (Gütersloh 1975) Kap. 4, mit weiterer Literatur.

[17] Vgl. *W. Lepenies – Helmut Nolte*, Kritik der Anthropologie (München 1971).

tegorial-zweckfreie Erscheinung dessen am Menschen, was er „von sich selbst her“ sein kann. Genauer noch: Selbstdarstellung ist die Erscheinung des unverwechselbar und unvertretbar, „unnachahmlich“, in der Distanzierung des kulturell geprägten Individuums „von sich selbst“ hervortretenden Humanums, dasjenige also, was sich als *die transsoziale und transkulturelle Wirklichkeit des Menschen* beschreiben läßt.

D. Claessens sagt dazu auch: das weder durch tiefenpsychologische Analyse noch durch intensive Beobachtung ergründbare An-sich-so-Sein des Menschen. Es ist, anders ausgedrückt, das *anthropologische Novum*, das mit jedem Menschen der Möglichkeit nach in die Geschichte eintritt und einen Rechtsanspruch auf eigene Entwicklung begründet[18].

Nimmt man hinzu, daß die allgemeine Reifeformel, in der Soziologie und Sozialpsychologie weitgehend übereinstimmen, für die Entwicklung eines kommunikativen Ichs „Selbstwertschätzung durch Fremdschätzung“ lautet, also, wie D. Claessens interpretiert, das „Selbstwertgefühl“ des Menschen entscheidend durch den Grad der Achtung, den die gesellschaftliche Umgebung ihm entgegenbringt, beeinflußt wird, so ergibt sich: daß *Partizipation als Teilhabenkönnen* (nach Arthur Richs Verständnis) an den familiären Wechselbeziehungen in genauer Entsprechung zu dem Grundrecht auf kommunikative Distanzierung das regulative Kriterium für die Gestalt der Erziehungseinrichtungen ist. Dabei ist nicht der Abbau hilfreicher, sondern hemmender Dominanzen das Ziel, eine stufenweise, die Entwicklung des Kindes unterstützende Umwandlung naturgegebener in moralische Autorität. Das bedeutet auch, daß in einem solchen Sozialisationsprozeß neue Möglichkeiten der („elastischen“) Übernahme des geschlechtlichen Seins erschlossen werden; was wir sein können, bleibt offen[19].

Offene Identität hat sich so als ein Begriff erwiesen, der ein *reflexives Ich in experimentellen Lebensformen* meint. Thomas Luckmann hat in solchem Zusammenhang Musils Bild vom „Mann ohne Eigenschaften“ gebraucht. Die Möglichkeit der subjektiven Autonomie, die sich dem modernen Menschen erschließe, werde in der gesellschaftlichen Wirklichkeit zwar als individuelle Ohnmacht erfahren; gerade auf dem Grund dieser Erfahrung aber – und wenn sie nicht auf ihren Ursprung in der Privatsphäre beschränkt bleibt – bedeute sie eine historisch einmalige Chance[20].

---

[18] *D. Claessens*, Instinkt, Psyche, Geltung 194, mit Bezug auf *E. Bloch*, Naturrecht und menschliche Würde (Frankfurt a.M. 1961) 314; *ders.*, Instinkt, Psyche, Geltung 128, 175; *D. Claessens – F. W. Menne*, a.a.O. 189: „‚Neugeborene‘ haben – aus ihrem bloßen Da-Sein – ‚Anspruch‘ auf sozio-kulturelle Geburtshilfe in ‚Innenklimata‘; sie *sind* dieser Anspruch.“ *D. Claessens*, Familie und Wertsystem 122f., zum Recht auf Selbstdarstellung.

[19] *D. Claessens*, Familie und Wertsystem 112, 158; *D. Claessens – F. W. Menne*, a.a.O. 183. Zum Begriff Partizipation vgl. *A. Rich*, Mitbestimmung in der Industrie (Zürich 1973) 58.

[20] *Th. Luckmann*, Persönliche Identität in der modernen Gesellschaft, in: *H.-G. Gadamer – P. Vogler* (Hrsg.), Neue Anthropologie, III: Sozialanthropologie (Stuttgart 1972).

Wenn persönliche Identität jedoch, wie er sagt, stärker als zuvor eine mehr oder minder „gelungene" subjektive Leistung darstellt, kommt hier auch noch einmal der Beitrag der christlichen Religion ins Blickfeld. Sie vertieft das Weltvertrauen im Bezug auf das Vertrauen zu Gott und legt damit den Grund zur Bewältigung des modernen Problems der Identität als Bewältigung der Erfahrung hoher Zufälligkeit (Kontingenz) und Abhängigkeit (Heteronomie) und damit auch der Notwendigkeit, sich angesichts der wachsenden Fülle menschlicher Lebensmöglichkeiten (Komplexität) auf seinen endlichen Teil begrenzt verwirklichen zu müssen. Sich selbst als Geschöpf zu übernehmen oder, anders, sein Selbst auf dem Umweg über Gott, dem das Leben sich verdankt, zu übernehmen heißt dann aber auch „Selbstwertschätzung durch die Fremdschätzung *Gottes*" zu erfahren und dem anderen als seine – in eben dieser „fremden Würde" der Gottesebenbildlichkeit unter allen Umständen eröffnete – Bestimmung zur Freiheit zu bezeugen. Solche universale Humanität vorwegzunehmen und einzurichten verlangt Familien im Kontext einer ökumenischen Kirche.

Weiterführende Literatur

D. Claessens – P. Milhoffer (Hrsg.), Familiensoziologie. Ein Reader als Einführung (Frankfurt a. M. 1973).

Ch. Morgenthaler, Sozialisation und Religion (Gütersloh 1976).

W. Molinski, Modelle christlicher Ethik heute – Ehe und Familie, in: *A. Hertz* (Hrsg.), Moral (Mainz 1972).

G. Wurzbacher (Hrsg.), Die Familie als Sozialisationsfaktor (Stuttgart ²1977).

Hermann Ringeling

Dritter Teil

Verfassung, Politik, Recht

In diesem Teil des Handbuchs werden Probleme der Politischen Ethik behandelt. Es werden also Themen aufgenommen, die in der Tradition in Begriffe einer christlichen Lehre vom Staat gefaßt worden sind. In neuerer Zeit dominiert das Interesse an der *Selbständigkeit* der christlichen Kirchen gegenüber dem Staat sowie an den *Grenzen des Staates*. Dementsprechend konzentrieren sich die Fragen einer Grundlegung Politischer Ethik häufig auf die besondere politische Verantwortung der Kirche und der Christen. Doch hat gerade die theologische Diskussion der Gegenwart im Protestantismus wie Katholizismus der Auffassung Raum gegeben, daß die christliche Theologie immer schon eine politische Dimension habe, die die Voraussetzungen dafür gibt, daß eine bestimmte christliche Verantwortung in Staat und Gesellschaft begründet und wahrgenommen werden kann. Diese politische Dimension christlicher Theologie wird immer dann von Bedeutung, wenn es um die überindividuellen Verbindlichkeiten des Gemeinwesens geht, um das also, was die Menschen im politischen wie im gesellschaftlichen Zusammenleben zur Anerkennung von Voraussetzungen verpflichtet, die normative Kraft haben. Solche normativen Voraussetzungen machen den verpflichtenden Gehalt von Institutionen des Rechts und der Verfassung aus; sie enthalten die Kriterien für politisches Handeln, wenn dieses am Gemeinwohl orientiert sein soll. Die Politische Ethik darf also nicht auf die fallweise Anwendung von Glaubenseinstellungen und kirchlichen Überzeugungen reduziert werden. Sie hat es mit der ethischen Beschaffenheit der konstitutiven Lebensbedingungen des politischen Gemeinwesens zu tun und muß die für die Ethik relevanten Fragen auf dieser Ebene zur Sprache bringen.

Die Beiträge dieses Teils sind um die Begriffe *Verfassung, Politik, Recht* gruppiert. Sie bezeichnen exemplarische Problemkreise, in denen die Zusammenarbeit der Ethik mit der Rechtswissenschaft und der politischen Theorie im Vordergrund steht. Dem Begriff *Verfassung* sind die ethischen Prolegomena einer Staatslehre zugeordnet, die sich an den spezifisch neuzeitlichen Konstitutionsbedingungen des politischen Gemeinwesens orientiert. Wie der Freiheitswille des Menschen seine eigene Verbindlichkeit in Institutionen der *Verfassung* findet, welche der Freiheit gemäße *politische Form* sich die gegenseitige Abhängigkeit der das Gemeinwesen bildenden Bürger gibt, auf welchem Wege öffentlich wirksamen *Kriterien der Politischen Ethik* Ausdruck gegeben werden kann, das sind die Fragestellungen, die hier entwickelt werden. Dem Begriff *Politik* sind die Fragen zugeordnet, die sich aus der Stellung der *Kirche* gegenüber dem *Staat* und ihrer Verantwortung in der politischen *Öffentlichkeit* stellen. Gerade die ökumenische Dimension der Theologie der Gegenwart ist zutiefst von Themen bestimmt, die im Kontext der Erfahrung von *revolutionärem Wandel* ihr Gewicht erhalten. Insgesamt ist die politische Verantwortung der Kirchen selbst dem Wandel unterworfen und findet deshalb in unterschiedlichen kirchlichen und theologischen Positionen ihren Ausdruck. Dem Begriff *Recht* sind Begründungsprobleme grundsätzlicher Natur zugeordnet, die in dem Spannungsverhältnis von *positivem Recht* und *Naturrecht*, vom Gesetzgeber positivierten *strafrechtlichen Normen* und allgemeiner humaner wie christlicher *Sittlichkeit*, der religiösen Grundstruktur des Rechtes und seiner geschichtlichen Gestalt zur Darstellung kommen.

Insgesamt folgt dieser dritte Teil keiner strengen Systematik. Dafür hätten Themen wie Autoren einem Zwang unterworfen werden müssen, der der tatsächlichen Diskussionslage nicht entspräche. Vielmehr geht es darum, Themenkreise darzustellen, die für die Politische Ethik, die sich insgesamt in einem tiefen Prozeß der Umstrukturierung befindet, charakteristisch sind.

Trutz Rendtorff

Erstes Kapitel
Verfassung

I
Das Verfassungsprinzip der Neuzeit

1. *Die theologisch-ethische Struktur des Verfassungsproblems*

In der Verfassung des Gemeinwesens verdichten sich die Probleme der Politischen Ethik in exemplarischer Weise. Die Grundlegung der Verfassung wie ihre Auslegung nehmen fundamentale sittliche und religiöse Orientierungen in Anspruch. Die Spannung zwischen Verfassungstext und Verfassungswirklichkeit läßt die aktuelle ethische Situation des Gemeinwesens thematisch werden. Regierung und Parlament sind gebunden, einen Verfassungsauftrag zu erfüllen, über dessen Auslegung unabhängige Gerichte mitentscheiden. Die Verfassung eines Staates kann als „der hervorragendste Ausdruck der Rechtskultur einer Gesellschaft"[1] begriffen werden. Die Verfassung enthält die entscheidenden Bestimmungen, durch welche die Staatsgewalt gebunden und in ihrem Handeln strukturiert wird; sie definiert den *objektiven* Rechtszustand des Staates als Rechtsgemeinschaft; sie gibt der Staatsgewalt als *allgemeinem Subjekt* der politischen Gemeinschaft eine bestimmte Kontur. Die Verfassung enthält aber auch die wesentlichen Rechte des Bürgers, durch welche sein Schutz vor der Staatsgewalt im Gemeinwesen gesichert wird und seine Partizipation an der politischen Lebenswirklichkeit Anerkennung findet; sie definiert die *subjektiven* Rechte in der Rechtsgemeinschaft und gibt dem *individuellen Subjekt* innerhalb des Staates einen bestimmten Status. Im Blick auf die Verfassung verdichtet sich insofern der ethische Diskurs einer Gesellschaft, die ethische Reflexion, die das Lebenselement eines humanen Gemeinwesens ist. „But what is government itself, but the greatest of all reflections on human nature?"[2]

---

[1] *P. Badura*, Art. „Verfassung", in: Evang. Staatslexikon (Stuttgart ²1975) Sp. 2708–2725 (Lit.), hier Sp. 2708; *U. Scheuner*, Art. „Verfassung", in: Staatslexikon VIII (Freiburg i. Br. ⁶1963) Sp. 117f. (Lit.); *C.F. Friedrich*, Der Verfassungsstaat der Neuzeit (1953).

[2] *A. Hamilton* in: The Federalist Nr. 68.

Verfassungen wie Verfassungswirklichkeit stellen sich zwar unterschiedlich dar, blickt man auf ihren jeweiligen historischen und sozialen Kontext. Aber die *Struktur* des modernen Verfassungsstaates hebt sich klar ab, wenn man sie im Vergleich mit der Geschichte der politischen Theorie anschaut. Nach allgemeiner Auffassung sind Idee wie Realität einer ausdrücklich formulierten Verfassung ein spezifisch neuzeitliches Erzeugnis. Das entscheidende Strukturmerkmal kann so beschrieben werden: In der vorneuzeitlichen Welt galt die Ordnung des menschlichen Gemeinwesens in seinen wesentlichen Grundbestimmungen als von Gott gegeben, d. h., sie stand nicht zur Disposition durch die Verfügung des politischen Willens. Das „constituere" einer expliziten Verfassung oder eben die Konstitution des Gemeinwesens in der Neuzeit nimmt dagegen die Fähigkeit wie das Recht des Menschen in Anspruch, die politische Ordnung des Gemeinwesens überhaupt zu geben und aufzubauen. Die entscheidende Frage, die sich für die Theologische Ethik stellt, ist, ob und wie im modernen Prinzip der Verfassung die theologische Voraussetzung ihren Niederschlag findet, daß die Welt des Menschen nicht der Willkür überlassen ist, sondern einer letztlich unverfügbaren Grundordnung der menschlichen Angelegenheiten folgt. Das Verfassungsprinzip, wie es in den westeuropäischen Gesellschaften entwickelt worden ist, ist eine Antwort auf diese Frage und muß unter diesem Gesichtspunkt auf seine ethische Bedeutung hin befragt werden.

„Alle prägnanten Begriffe der modernen Staatslehre sind säkularisierte theologische Begriffe."[3] Diese Hypothese von Carl Schmitt kann immer noch als der beachtlichste Bezugspunkt für eine theologisch-ethische Erörterung der Verfassungstheorie gelten. Die entscheidenden Fragen des neuzeitlichen Verfassungsprinzips sind von derselben Art wie die Frage der Anerkennung einer von Gott gegebenen Ordnung der Welt des Menschen. Denn es geht darum, wieweit Ordnung überhaupt in einem verbindlichen Sinne Anerkennung finden kann und wer das letztlich entscheidende Subjekt sei. Auch wenn die Verfassungstheorie mit gutem Grund keine ausdrücklich theologischen Absichten verfolgt und die Verfassung gerade durch die bewußte Eingrenzung von staatlichen Omnipotenzansprüchen definiert sein soll, ist die Sachebene ihrer Grundlegung durchaus der theologischen Ebene äquivalent. Die These von Carl Schmitt bringt zum Ausdruck, daß sich die Intention der Verfassungslehre auf eine solche Konstitution der politischen Gemeinschaft richtet, die als letztlich verbindliche und entscheidungsrelevante Grundlage rechtlich verantwortbaren Handelns gilt. Dabei ist folgende einschränkende Präzisierung vorzunehmen: Die Annahme einer implizit theologischen Struktur der Verfassungslehre soll nicht bedeuten, daß die Wahrheit der modernen Staatslehre, als deren Prolegomena die Verfassungslehre anzusehen ist, erst erkennbar wäre, wenn ihre Begriffe historisch auf ihre theologischen Ursprünge festgelegt würden. Die hi-

[3] *C. Schmitt*, Politische Theologie. Vier Kapitel zur Lehre von der Souveränität (1922) 37.

storische Genealogie kann zwar bestimmte Sachfragen der Verfassungslehre erhellen und erklären. Aber die moderne Staatslehre muß in systematischer Hinsicht gerade als Verfassungstheorie auf die *Selbständigkeit* einer juristisch zu verantwortenden Rationalität aus sein. Der sachliche Grund für dieses Postulat ist dieser: Es geht um eine *Allgemeinheit* des Geltungsanspruches von Verfassungsnormen und der ihnen folgenden Rechtssetzungen, die nicht von der Zustimmung zu einer bestimmten historischen Genealogie abhängig gemacht werden kann, auch nicht in der Form einer Abhängigkeit von bestimmten religiösen Vermittlungen dieser Genealogie. Die politische Gemeinschaft ist darin eigenen Rechts, daß sie für ihre grundlegenden Normen eine unbedingte, d.h. unabhängig von kontingenten historischen Gründen zu fordernde Anerkennung erwarten muß und sich deswegen allein aus der sachnotwendigen inhaltlichen Funktion der Verfassung für das Zusammenleben der Rechtsgemeinschaft begründet. Das bedeutet nicht, die historische Bedingtheit einer jeden bestimmten Verfassungstheorie zu leugnen; es bedeutet nur, die Geltungsgründe der Verfassung auch unabhängig von ihrer Genealogie zu entwickeln und plausibel zu machen, d.h. in systematischer Weise.

Der Säkularisierungsvorgang bedeutet genau dieses, nämlich die Ermöglichung der *Allgemeinheit* des Geltungsgrundes der Verfassung für ein Gemeinwesen. Darin übernehmen die tragenden Begriffe der modernen Staatslehre in ihrer Struktur das Grundelement der theologischen Ordnungslehre, nämlich eine solche verbindliche Allgemeinheit der politischen Sozialität darzustellen, die der willkürlichen Disposition von einzelnen und Gruppen entzogen ist, die vielmehr dem aktuellen Handeln und den besonderen Meinungen sowohl des jeweiligen Gesetzgebers wie der Gesellschaft insgesamt vorgegeben ist. Von einer Säkularisierung kann in diesem Zusammenhange in dem Sinne geredet werden, in dem dieser Begriff die Übertragung einer einst ausdrücklich von religiösen Instanzen oder Legitimationen wahrgenommenen Befugnis auf eine ausdrücklich weltliche Instanz zum Inhalt hat. Nicht dagegen ist es notwendig, die andere Bedeutung von Säkularisierung zu bemühen[4], der zufolge es sich um einen *Verlust* eines ursprünglich religiösen Orientierungsrahmens oder um den Raub von ursprünglich kirchlichen Rechten handelt. Das neuzeitliche Prinzip der Verfassung hat in Theorie und Wirklichkeit die Aufgabe übernommen, dem sich selbst bestimmenden politischen Willen solche Voraussetzungen gegenüberzustellen, die mit inhaltlicher Verbindlichkeit das Gemeinsame einer politischen Gemeinschaft formulieren, an das der jeweilige politische Wille sich gebunden wissen soll.

So gesehen, wird die theologische Grundannahme, daß die Welt des Menschen einer ihr von Gott vorgegebenen Ordnungsstruktur verpflichtet sei und

---

[4] Zur Begriffsgeschichte der Verwendung von „Säkularisierung" vgl. *H. Lübbe*, Säkularisierung. Geschichte eines ideenpolitischen Begriffs (Freiburg i.Br. 1965).

nicht der Willkür und Beliebigkeit menschlichen Gestaltungswillens überantwortet sei, nicht außer Kraft gesetzt. Sie hat vielmehr im Prinzip der Verfassung ein neues säkulares Organ erhalten, in dem sich die Anstrengung funktional und material konkretisiert, diejenigen Voraussetzungen namhaft zu machen, deren Anerkennung für die politische Sozialität Bedingung ihrer eigenen Existenz sind. Das ist der systematische Gehalt des Verfassungsproblems, um den es der theologisch-ethischen Erörterung zu tun sein muß. Dann ist die Frage, wie diese Aufgabe eingelöst wird.

2. *Die ethische Wirklichkeit der Verfassung*

Verfassung im präzisen Sinne meint immer die geschriebene und kodifizierte Verfassung, die in einem gesetzmäßigen Verfahren positiviert ist. Im Verhältnis zur rechtlich-positiven Form der Verfassung wird die Frage nach der Verfassungswirklichkeit aufgeworfen. Denn soll die Verfassung die verbindlichen Normen der politischen Gemeinschaft enthalten, dann stellt sich die Frage nach ihrem vorpositiven oder außerpositiven normativen Inhalt genauso wie nach der politischen und sozialen Lebenswirklichkeit des Gemeinwesens. In dieser Spannung zwischen der Verfassung als Verfassungstext im engeren, positivierten Sinne und der Verfassung in einem umfassenden inhaltlichen normativen und geschichtlichen Sinne bewegt sich die Erörterung, die es mit der Grundlegung der Politischen Ethik zu tun hat. In diese Richtung weist die Auffassung, die Verfassung sei der „ethische Grundkonsens" der Gesellschaft[5]. Diese Formulierung soll zum Ausdruck bringen, daß die geschriebene Verfassung nicht selbstsuffizient ist, sondern die in einer Gesellschaft anerkannten sittlichen Orientierungen zusammenfaßt, sofern sie sich rechtlich fassen lassen. Insofern bringt die Konsensustheorie zwar die *Allgemeinheit* der Verfassung zum Ausdruck, noch nicht aber die *Selbständigkeit* der Verfassung gegenüber der wandelbaren lebendigen politischen und sozialen Wirklichkeit der Rechtsgemeinschaft. Konsensus schützt vor Irrtum nicht. Die *Selbständigkeit* der Verfassung ist jedoch ein wesentliches Merkmal für ihre Geltung, weil die grundlegenden Verfassungsartikel eine normierende und korrigierende Funktion gegenüber der geschichtlichen Wirklichkeit innehaben sollen. Das Interesse am Konkretisierungsgebot[6], welches um der geschichtlichen Wirklichkeit des Rechtes willen ein Element der Verfassungs*auslegung* darstellt, kann die not-

[5] Vgl. J. Isensee, in: Essener Gespräche zum Thema Staat und Kirche, Bd. 11, S. 92ff. In diesem Sinne bezeichnete *K. Löwenstein* den Konstitutionalismus als die Suche danach, „eine geistige, moralische und ethische Rechtfertigung der Autorität" zu finden (Verfassungslehre [Tübingen 1959] 128).

[6] Dies wird nachdrücklich vertreten von *R. Bäumlin*, Staat, Recht und Geschichte (Basel 1961). Zur Differenz von Verfassungstext und Verfassungswirklichkeit vgl. bes. *K. Hesse*, Die normative Kraft der Verfassung (1958).

wendige, wenn auch nur relative „Starrheit“ der Verfassung gegenüber dem gesellschaftlichen Prozeß nicht aufheben wollen.

Carl Schmitt hat der bereits zitierten These die andere These zugeordnet, die lautet: „Das metaphysische Bild, das sich ein bestimmtes Zeitalter von der Welt macht, hat dieselbe Struktur wie das, was ihr als Form ihrer politischen Organisation ohne weiteres einleuchtet.“[7] Diese These zielt auf eine nicht nur historische, sondern aktuelle Korrespondenz zwischen der metaphysisch-theologischen Welterklärung einerseits und den Grundannahmen über die dem Menschen adäquate politische Form andererseits. Ein Grundmodell, an dem eine solche Korrespondenz erläutert werden kann, ist die Korrespondenz zwischen einem monotheistischen Weltbild einerseits und einer monarchischen politischen Form andererseits. Doch es kann nicht der Sinn einer solchen Korrespondenzthese sein, ein einfältiges Verhältnis zwischen dem theologischen Weltbild einer Zeit und ihrer politischen Selbstorganisation zu postulieren. Zwar hat Karl Barth im protestantischen Bereich mit seinem Modell von „Christengemeinde und Bürgergemeinde“[8] eine solche Korrespondenz von Christokratie und einer am Bild der christlichen Gemeinde entworfenen Demokratie zu formulieren versucht, aber gerade dieses Beispiel zeigt, daß die moderne Verfassungsproblematik sich nicht so ohne weiteres auf eine solche einfache Korrespondenz hin interpretieren läßt. Die Schwierigkeiten, die dem entgegenstehen, lassen sich daran ablesen, daß mit ebenfalls gewichtigen Gründen die andersgeartete naturrechtliche Tradition der katholischen Soziallehre[9] sowie die sehr viel komplexer angelegte Wirklichkeitsauffassung, wie sie in der politischen Theorie des Luthertums lebendig ist und sich am Modell der Unterscheidung der beiden Regimente Gottes bzw. der Zwei-Regimenten-Lehre orientiert[10], solche Entsprechungsverhältnisse zu formulieren versuchen. Es wäre gänzlich unsachgemäß, zwischen solchen Auslegungen einfach wie zwischen falschen und richtigen Auslegungen entscheiden zu wollen.

Die Fruchtbarkeit der These Carl Schmitts besteht darin, daß sie einen Entdeckungszusammenhang für die Grundprobleme der Verfassungstheorie formuliert. Jedoch ist es keineswegs ohne weiteres klar, was denn einer Zeit „ohne weiteres“ einleuchtet. Auch wenn es gute Gründe dafür gibt, daß die Verfassungsdemokratie die Form der politischen Organisation sei, die der Gegenwart am meisten einleuchtet, bleibt die Tatsache doch bestehen, daß sich an dieser Form zwei wesentlich kontroverse Grundverständnisse entzweit haben: ein Demokratieverständnis, das die politische Gestaltung an eine Freiheit des bürgerlichen Subjekts bindet, die selbst die begrenzende Norm der Herr-

---

[7] *C. Schmitt,* a.a.O. 42.

[8] *K. Barth,* Christengemeinde und Bürgergemeinde (1946), in: *Th. Strohm – H.-D. Wendland* (Hrsg.), Kirche und Demokratie (Darmstadt 1971) 14–54.

[9] Vgl. dazu die Abhandlung von A. Hertz im Bd. I.

[10] Vgl. dazu die Abhandlung von H. W. Schütte im Bd. I.

schaft ist, die sog. liberale Demokratie; und ein Demokratieverständnis, das die Verwirklichung der Freiheit an den immanenten Prozeß der politischen Demokratisierung bindet und von ihm abhängig macht, die sog. totalitäre Demokratie[11]. Die Frage, wie die Korrespondenz zwischen dem allgemeinen Wirklichkeitsverständnis und der politischen Selbstorganisation aussieht, entscheidet sich grundsätzlich an der anderen Frage, in welcher Wirklichkeit der Mensch als politisches Subjekt seinen Stand hat. Von der Antwort auf diese Frage hängt es ab, woraufhin die tatsächlichen Konflikte innerhalb des Gemeinwesens bestimmt werden und welche ethische Qualität ihnen zukommt.

In der Verfassungsdemokratie westlich-angelsächsischer Prägung ist die Annahme leitend, die Freiheit des Individuums sei für die politische Verfügung durch den Staat grundsätzlich exemt und nur sekundär und funktional verfügbar. Daraus folgt das Interesse an einer fundamentalen Selbstbegrenzung der politischen Organisation, die von der Verfassung wahrgenommen und aufrechterhalten werden soll. Die Unterscheidung zwischen dem, was dem politischen Gestaltungswillen unterworfen ist, und dem, was als seine Voraussetzung anerkannt werden muß, findet in der Formulierung von Grundrechten als Menschenrechten ihren verfassungsmäßigen Ausdruck[12]. Diese Unterscheidung und Selbstbegrenzung ist es, die der politischen Form der Verfassungsdemokratie ihre Affinität zum christlichen Menschenbild verleiht, sofern dieses davon ausgeht, daß der Mensch seine letztgültige eigene Wirklichkeit in seiner Beziehung zu Gott und nicht in der politischen Sozialität findet. Im Verständnis der totalitären Demokratie findet die Auffassung von der politischen und gesellschaftlichen Natur des Menschen ihren Niederschlag, der zufolge eine Selbstverwirklichung des Menschen nur durch seine Gesellschaftlichkeit gelingen kann. Das individuelle Subjekt ist dann definiert durch seine Pflicht zur Sozialität und gewinnt seinen Stand in der Welt erst über die Partizipation an der politischen Gemeinschaft. Der autoritäre Charakter der Demokratie, der daraus folgt, enthält insofern bestimmte Affinitäten zur vorneuzeitlichen christlichen Ordolehre[13], allerdings unter der eingeschränkten Bedingung eines allein immanenten Realisierungsgebotes der menschlichen Bestimmung.

Die implizit theologische Struktur der politischen Selbstorganisation wird allein dort sachgemäß wahrgenommen, wo an dem säkularen Charakter von Staat

---

[11] Diese Problematik ist nachdrücklich herausgearbeitet worden von *J. L. Talmon*, Die Ursprünge der totalitären Demokratie (Berlin 1961); vgl. auch *U. Matz*, Grundprobleme der Demokratie (Darmstadt 1973).

[12] „Die Anerkennung und der Schutz der Grundrechte sind der Wesenskern des politischen Systems der konstitutionellen Demokratie" (*K. Löwenstein*, a.a.O. 335).

[13] *E. Troeltsch* hat schon früher darauf aufmerksam gemacht, daß der „Staatssozialismus" „in vieler Hinsicht einmal als eine Restauration erscheinen" werde (Die Restaurationsepoche am Anfang des 19. Jahrhunderts, in: Gesammelte Schriften IV [Aalen 1966] 613). Zum Sachproblem vgl. *E. W. Bökkenförde*, Die verfassungstheoretische Unterscheidung von Staat und Gesellschaft als Bedingung der individuellen Freiheit (Köln 1973).

und Gesellschaft in der Weise festgehalten wird, daß die ausdrückliche und definierte Selbstbegrenzung von Herrschaft, auch in der Form der Demokratisierung, den Vorrang hat vor dem Willen zu einer konsequenten ultimativen politischen Selbstverwirklichung des Menschen. Darum geht heute weltweit der Streit. Die ethische Problematik des Prinzips der Verfassung wird spruchreif, wo es um das Recht und die Fähigkeit des Menschen geht, sich selbst und seiner Welt überhaupt und in fundamentaler Absicht eine Verfassung zu geben. Die qualitative Struktur dieses Willens zur Verfassung tritt hervor, wenn man diesen Anspruch in seiner inhaltlichen Konkurrenz dazu sieht, daß die Ordnung der Welt dem Menschen *gegeben* sei, wie das vor allem das Anliegen der altlutherischen Staatslehre war[14]. In systematischer Stilisierung stellt sich diese Konkurrenz historisch so dar: Bis zum neuzeitlichen Verfassungsstaat wurde die politische Ordnung weitgehend und im Grundsatz als Verwaltungsordnung begriffen, also als die Verwaltung einer vorgegebenen Grundstruktur der Welt. Der politische, rechtliche wie soziale Streit ging im wesentlichen um die Besetzung der dominanten Verwaltungspositionen, nicht dagegen in konzeptioneller und ideologischer Weise um den Zuschnitt der Ordnung überhaupt. Es war in ethischer Hinsicht nicht ein Streit um die Selbstverwirklichung des Menschen, sondern um die angemessene Wahrnehmung eines vorgegebenen Auftrags.

Das war auch der Fall in dem tiefgreifenden Ordo-Konflikt der christlichen Welt, dem Streit zwischen Papst und Kaiser, der seine charakteristische Formel, bei allem Wandel der konkreten Lösungen, in der Zwei-Schwerter-Theorie fand. Thema dieses Streites war nicht, in welcher Form des Ordo der Mensch seine wahre Selbstverwirklichung finde; die Auseinandersetzung ging darum, welches die letztlich legitimierende Auftragsinstanz der Herrschaft sei. Das trat in der charakteristischen Symbolik dieses Streites hervor, in der Frage nämlich, ob Gott selbst, Jesus Christus oder, mit unmittelbaren politischen Folgen, die römische Kirche als Stellvertreter Christi auf Erden diese auch die weltliche Herrschaft legitimierende Instanz sei. Die Frage nach dem letztlich bestimmenden Subjekt blieb aber insofern weltimmanent, als sie sich im Rahmen der traditionalen Ordo-Struktur bewegte.

Im Verhältnis zu dieser Welt des Mittelalters ist die moderne Verfassungsproblematik zu sehen, die den homo politicus als Subjekt der politischen Ordnung anzusetzen unternimmt, nämlich als verfassunggebendes Subjekt. Damit tritt der homo politicus tendenziell in Konkurrenz mit dem Ordo-Willen Gottes, so daß Lincoln von der „Sünde eigenmächtiger Freiheit“[15] sprechen konnte.

---

[14] Zu deren Aktualisierung vgl. *H. Dombois – E. Wilkens* (Hrsg.), Macht und Recht. Beiträge zur lutherischen Staatslehre der Gegenwart (Berlin 1956); *R. Hauser*, Autorität und Macht. Die staatliche Autorität in der neueren protestantischen Ethik und in der katholischen Gesellschaftslehre (Heidelberg 1949).

[15] *W.-D. Marsch*, Christlicher Glaube und demokratisches Ethos, dargestellt am Lebenswerk Abraham Lincolns (Hamburg 1958) 79.

Die bis in die Gegenwart reichenden Motive einer theologisch-kirchlichen Kritik an der Souveränität Verfassung setzenden Handelns ist immer wieder die Kritik daran gewesen, ob der Mensch überhaupt das Recht habe, über den Zuschnitt der Ordnung des Gemeinwesens zu befinden, ob dies überhaupt seiner Fähigkeit entspreche. Das gleiche Motiv kann aber auch in progressivem Gewande sich äußern in der Forderung, das Versprechen auf Selbstbestimmung, wie es in der Idee eines souveränen Verfassungshandelns enthalten sei, müsse erst noch eingelöst werden, d.h. die formale Verfassungsstruktur in eine materiale Verfassungswirklichkeit souveräner Selbstbestimmung überführt werden.

Die ethische Qualität der Verfassung ist inhaltlich nach der Seite hin zu bestimmen, daß sich die Souveränität des verfassunggebenden Subjektes selbst bindet und begrenzt. Die Freiheit, die für die Souveränität verfassunggebenden Handelns in Anspruch genommen wird, muß selbst als Voraussetzung aller politischen Wirklichkeit bewahrt werden, sie ist eigenen Rechts. Das ist die ethische Grundbedingung der Grundrechte, zugleich die implizite theologische Struktur der Verfassung, mit der die Konkurrenz zum traditionalen Ordo-Gedanken gelöst, d.h. durch Selbstbegrenzung des politischen Subjekts in eine entsprechende Form überführt wird. Die Grundrechte in ihrer liberalen Auffassung sind dazu da, „die Willkür des alleinigen Machtträgers zu beugen“[16]. „Als die wirksamste von allen der Staatsmacht auferlegten Schranken gilt die rechtliche Anerkennung bestimmter Bereiche individueller Selbstbestimmung, in die der Leviathan nicht eindringen kann.“[17] Hinzuzufügen ist, daß unter neuzeitlichen Bedingungen der Staat und der verfassunggebende Mensch ein und dasselbe allgemeine Subjekt sind, so daß diese Begrenzung der Macht in ethischer Hinsicht den Charakter der Selbstbegrenzung oder Selbstbindung hat.

Das moderne Verfassungsprinzip setzt historisch wie sachlich dort ein, wo im Gefolge der Kirchenspaltung des 16. Jahrhunderts die Zuordnung weltlicher Herrschaft zum geistlichen Regiment ihren Halt in einer institutionellen Einheit des corpus christianum verliert und die weltliche Herrschaft zur Selbständigkeit ihrer Legitimation veranlaßt ist. Steht diese Legitimation aber in der Konsequenz der Selbständigkeit, die in der Glaubensfreiheit beruht, so tritt die Frage auf, in welcher Rechtsform sich dieses Subjekt in seiner Welt gebunden weiß. Im Gefolge dieser Konstellation kann die normierende und Herrschaft begrenzende Bedeutung der Verfassung als „die juristische Taufe der Herrschaft“ bezeichnet werden[18]. Dann lautet das theologische Fazit, die ethische Wirklichkeit der Verfassung ist in der Selbstbindung des modernen Freiheitsbegriffes zu sehen; diese verfassungsmäßige Selbstbindung korrespondiert dem theologischen Grundgedanken, daß die politische Ordnung des Gemeinwesens sich einem unbeliebigen göttlichen Auftrag verdankt.

---

[16] *K. Löwenstein,* a.a.O. [17] Ebd. 333.

[18] Nach *R. Piloty* in: *K. Stengel – M. Fleischmann* (Hrsg.), Wörterbuch des Deutschen Staats- und Verwaltungsrechts (^{2}1914) Bd. III, 459.

3. Die Rechtswirklichkeit des Verfassungsstaates

Die rechtstheoretische und spezifisch juristische Ausarbeitung dieses ethischen Grundcharakters der Verfassung kann hier nicht im einzelnen dargestellt und analysiert werden. Aber sie soll in ihren Grundelementen bezeichnet werden. Hierher gehört die zentrale Bedeutung, die dem von Montesquieu entwickelten und generell zur Wirkung gekommenen Prinzip der Gewaltenteilung zwischen Exekutive, Legislative und Judikatur zukommt. Sie ist, folgt man dem Grundmuster der neuzeitlichen Selbstbestimmungsidee, eine Differenzierung des politischen Subjektes durch funktionale Zuordnungen und Abgrenzungen. Dabei entsteht der Begriff eines relationalen politischen Subjektes, das nicht in sich selbst vollendbar ist, sondern den Charakter einer „immanenten Trinität" hat[19]. Als Thema eines immanenten Vollzuges der Verfassung weist dieses Prinzip der Gewaltenteilung die politische Selbstbestimmung auf die Bahnen einer Realisation in und als Rechtsgemeinschaft. In dieser Richtung liegen auch die Argumente, die die Bedeutung der Verfassung zurückzunehmen suchen auf die Grundsätze der Verhältnismäßigkeit und der Gesetzmäßigkeit der Verwaltung[20]. Tatsächlich kann ein verfassungskonformes Verhalten der politischen Subjekte wieder als ein Verwaltungshandeln[21] begriffen werden, als ein Handeln also, bei dem gerade nicht die Grundfrage der Konstitution des Gemeinwesens überhaupt auf dem Spiel steht, sondern politisches Handeln in rechtmäßiger Weise unter die Anerkennung einer vorgegebenen Ordnung tritt. Im Blick auf die politische Sozialität ist das Rechtsproblem dann in einen Begriff des Rechtes aufzunehmen, dem zufolge Recht als „Annahme und Vollzug des Miteinander", als „stabilisierender Verhaltensentwurf" beschrieben wird[22].

Die Versuche, die Rechtswirklichkeit des Verfassungsstaates auch inhaltlich näher zu bestimmen, verdanken sich der Auseinandersetzung mit dem sog. Rechtspositivismus des ausgehenden 19. Jahrhunderts. Die grundsätzliche Problemstellung der Verfassungstheorie läßt sich immer noch am deutlichsten an den Positionen C. Schmitts[23] und R. Smends[24] wiederfinden, ergänzt durch die soziologische Staatslehre H. Hellers[25]. Es sind die Positionen eines rechtspolitischen Dezisionismus (Schmitt) und einer institutionellen Integrationslehre

---

[19] Vgl. *R. Smend*, Verfassung und Verfassungsrecht (1929), in: *ders.*, Staatsrechtliche Abhandlungen (Berlin ²1968) 206.
[20] Nachdrücklich vertreten von *E. Forsthoff*, Zur Problematik der Verfassungsauslegung (1961).
[21] Dieses Urteil gilt im Sinne der oben S. 219 getroffenen Feststellung.
[22] *Bäumlin*, a. a. O. 24.
[23] *C. Schmitt*, Verfassungslehre (1928). Zum Dezisionismus sei verwiesen auf *Ch. v. Krockow*, Die Entscheidung. Eine Untersuchung über Ernst Jünger, Carl Schmitt, Martin Heidegger (Stuttgart 1958).
[24] *R. Smend*, Verfassung und Verfassungsrecht (1928), in: *ders.*, Staatsrechtliche Abhandlungen (Berlin ²1968).
[25] *H. Heller*, Staatslehre (1934), in: Gesammelte Schriften III (Leiden 1971) 81–396.

(Smend). Ihr gemeinsames Merkmal ist das Interesse an der Wirklichkeit von Recht und Verfassung, d.h. an der immanenten Durchführung der im Verfassungsprinzip der Neuzeit enthaltenen formalen Grundannahmen über die Verbindlichkeit positivierten Rechts. Jedoch weisen diese Positionen in verschiedene Richtungen.

C. Schmitt ist theoretisch interessiert am *Ausnahmezustand*, denn er will die Konstitutionsbedingungen des Politischen rekonstruieren, um Staat und staatliche Ordnung als Folge eines freien, unableitbaren Aktes der Entscheidung zu begreifen[26]. Seine Rechts- und Verfassungstheorie ist insofern eine juristisch-soziologische Theorie der politischen Subjektivität als einer souveränen, sich selbst bestimmenden Subjektivität. In der Sachlogik des Interesses am Ausnahmezustand als der klassischen Situation für die Voraussetzungslosigkeit des politischen Subjektes liegt es, die politische Diktatur als die unmittelbare Realisierung freier Herrschaft zu begreifen.

R. Smend dagegen ist am *Normalzustand* der Rechtsgemeinschaft interessiert. Er begreift das die Verfassung begründende Subjekt in seiner geschichtlichen und rechtlichen Wirklichkeit daraufhin, wie es dem verfaßten Gemeinwesen selbst immanent ist, ihm nicht souverän gegenübersteht, sondern sich in den institutionellen Formen der Rechtsgemeinschaft integriert findet. Die Verfassung erscheint ihm deswegen als die Rechtsordnung des Staates und damit zugleich als die Ordnung eines alle umfassenden gemeinsamen Lebens, innerhalb dessen auch der tatsächliche Staat seine Wirklichkeit hat. Der Staat ist nichts aus sich selbst, sondern hat seine Wirklichkeit in der lebendigen Funktion eines Integrationsprozesses. Der Rechtsstaat ist nicht durch eine abstrakte Souveränität definiert, sondern durch die Aufgabe, die Lebenstotalität des Gemeinwesens herzustellen. Im Blick auf diese Aufgabe ist die Verfassung als die integrierende Wirklichkeit zu begreifen, nicht nur Norm, sondern Leben. Der Verfassungsstaat ist das „in sich gravitierende Integrationssystem“[27]. Diese immanente Integrationslehre von R. Smend versucht, eine Legitimation des Staates zu denken, die der theologisch-transzendenten Legitimation der Obrigkeit korrespondiert, aber jetzt aus der spezifischen Aufgabe des Staates immanent abgeleitet wird. Wo C. Schmitt die unbedingte Souveränität der politischen Dezision einsetzt, läßt Smend den immanenten Vorgang der Integration als die Realisierung der Souveränität, als ihre Hingabe an ihren Zweck bewußt werden.

Diese Differenzen haben eine hintergründige, theologisch-theoretische Parallele in der Frage nach der Souveränität Gottes: Zeigt sich die Souveränität Gottes alleine darin, daß Gott als das alles bestimmende und alles sich unterwer-

---

[26] Vgl. bes. *C. Schmitt*, Politische Theologie, wo die These entfaltet wird, daß „der Ausnahmefall das Wesen der staatlichen Autorität am klarsten offenbart“ (13).

[27] *R. Smend*, Verfassung und Verfassungsrecht 195. Smend entwickelt die These, daß das „Problem einer Verfassung das ihrer integrierenden Kraft ist“ (220).

fende Subjekt gedacht wird, dann ist die Struktur der Dezision maßgebend für das theologische Wirklichkeitsverständnis. Wird dagegen das Subjektsein Gottes so begriffen, wie es sich gemäß der christlichen Offenbarung in Jesus Christus realisiert hat, so ist die Hingabe an das andere seiner selbst, wie sie in der Inkarnation symbolisiert ist, die maßgebliche Struktur für das Verständnis der göttlichen Subjektivität. Auch wenn Fragen dieser Größenordnung nicht in der Verfassungstheorie direkt zur Diskussion stehen, so ist doch erkennbar, daß und warum die Integrationslehre von R. Smend als wirklichkeitsgemäßer zu beurteilen ist als die Lehre vom sich selbst bestimmenden Souverän bei C. Schmitt.

Das ethische Problem der Rechtswirklichkeit der Verfassung besteht in der integrierenden Kraft der Verfassung. Der demokratische Verfassungsstaat liberaler Tradition ist der Fall einer Verfassung, in der der Akt der Selbstkonstituierung des Gemeinwesens zugleich die Positivierung eines Verpflichtungsgehaltes bzw. eines Auftrages ist, der den besonderen Verfassungsinhalten ihre spezifische Legitimierung gibt. Das Freiheitsrecht der Menschen, sich eine Verfassung zu geben, muß sich als die Kraft der Integration in der Staatswirklichkeit realisieren, sonst bleibt es ein abstrakter Freiheitsanspruch. Auf dem Wege der Integration aber gewinnt die Verfassung die Wirklichkeit einer Rechtsgemeinschaft.

4. Die inhaltliche Struktur der Grundrechte

Einen besonderen Problemkreis der Verfassung stellen die sog. Grundrechte dar[28]. Das vorherrschende Verständnis der Grundrechte als elementarer Menschenrechte ist an der nordamerikanischen Tradition orientiert und erblickt in den individuellen Freiheitsrechten die eigentliche Basis für den Gehalt dieser Verfassungsrechte. Demzufolge sind die Grundrechte in erster Linie negative Freiheitsrechte, die jene unmittelbar an den einzelnen Bürger gebundenen Rechte thematisieren, auf die der Staat seine Hand nicht legen darf, die vielmehr vor staatlichem Zugriff durch die Verfassung geschützt werden. Das Recht auf Religionsfreiheit, Gewissensfreiheit, Freiheit der Meinungsäußerung, das Recht auf Eigentum und auf Unverletzlichkeit der Person sind die klassischen Gestalten dieser Freiheitsrechte. G. Jellinek[29] hat die These historisch zu begründen versucht, daß die Glaubensfreiheit den inhaltlichen Bezugspunkt für alle anderen Menschenrechte abgegeben habe. Auch wenn diese These im ein-

---

[28] Zur Geschichte der Grundrechte vgl. *G. Oestreich*, Geschichte der Menschenrechte und Grundfreiheiten im Umriß (Berlin 1968); *F. Hartung*, Die Entwicklung der Menschen- und Bürgerrechte von 1776 bis zur Gegenwart (1972).

[29] *G. Jellinek*, Die Erklärung der Menschen- und Bürgerrechte (^{4}1927), in: *R. Schnur* (Hrsg.), Zur Geschichte der Erklärung der Menschenrechte (Darmstadt 1964).

zelnen bestritten worden ist[30], ist sie doch generell zutreffend, weil die Glaubensfreiheit zusammen mit der Gewissensfreiheit historisch wie sachlich das unmittelbarste, an die individuelle Person gebundene Freiheitsrecht darstellt. Die Geschichte der liberalen Grund- und Menschenrechte, die immer eine Geschichte ihrer Deutung ist, soll hier nicht im einzelnen referiert werden. Das Sachproblem ist dieses: Die Abgrenzungen im Sinne der „negativen" Freiheitsrechte der liberalen Tradition stehen dabei im Vordergrund. In der neueren Diskussion dagegen gewinnt die Frage an Bedeutung, wie es mit den sog. sozialen Menschenrechten stehe, wie z.B. dem Recht auf Arbeit (statt des Rechts auf freie Berufsausübung), dem Recht auf Gesundheit und Nahrung (statt des Rechts auf die Unverletzlichkeit des Lebens) usw. Das heißt, es geht um solche Grundrechte, die auf den Stand des einzelnen *innerhalb* der Gesellschaft und nicht *gegenüber* der Gesellschaft zielen. Dabei muß es allerdings als problematisch erscheinen, wenn diese sog. sozialen Menschenrechte als eine Fortentwicklung oder Realisierung der liberalen Freiheitsrechte gefordert werden. Das Problem stellt sich anders, wenn man die Frage aufwirft, ob die inhaltliche Struktur der Grundrechte nicht schon immer auch die Stellung des Menschen innerhalb des Gemeinwesens thematisiert habe. Unter diesem Gesichtspunkt können sich u. U. andere Aspekte aus der Geschichte der Grundrechte nahelegen, die ein differenzierteres Verständnis der inhaltlichen Struktur der Grundrechte ermöglichen. Darauf soll hier im Interesse der ethischen Urteilsbildung eingegangen werden.

a) Zu den theologischen Voraussetzungen der Freiheitsrechte

Die theologischen Voraussetzungen der modernen Freiheitsrechte lassen sich an der Neubestimmung der libertas christiana identifizieren, die das Herzstück der reformatorischen Bewegung des 16. Jahrhunderts war[31]. Der Grundsinn der Freiheitslehre kann elementar in den folgenden zwei Hinsichten näher bestimmt werden.

Der erste Grundaspekt geht auf die Freisetzung der Glaubenssubjektivität aus den äußeren Vermittlungen des institutionellen Systems der Kirche und der weltlichen Ordnungen. Die Freiheit, die im Glauben an Christus und sein Heilswerk gründet, ist eigenen göttlichen Rechts. Dabei ist zu beachten, daß die libertas christiana selbst in einem geistlichen Rechtsverhältnis begründet ist. Im Unterschied zu der später im Calvinismus und im angelsächsischen Puritanismus maßgeblich gewordenen Theologie des Covenant, den Gott mit seinem Volk geschlossen habe, ist für die Wittenberger Reformation die Freiheit des Christen gegründet in der Freisprechung von dem Schuldverhältnis des Men-

---

[30] Vgl. die Diskussion in dem von *R. Schnur* herausgegebenen Band (s. Anm. 29).
[31] Der klassische Text dafür ist *M. Luther,* Von der Freiheit eines Christenmenschen (1520).

schen vor Gott, d.h. in der Rechtfertigung des Menschen durch die ihm gewährte und zukommende Gnade[32]. Die Rechtfertigung begründet ein Rechtsverhältnis zwischen Gott und Mensch, in dem Freiheit, als Freiheit vor Gott, gewährte und verdankte Freiheit ist, die den Menschen als denjenigen konstituiert, der sein wahres Leben, seine Selbstverwirklichung von Gott empfängt. Diese Freiheit coram Deo begründet die prinzipielle Weltunabhängigkeit des Glaubens; sie ist der ureigene Rechtstitel des Menschen und seine Befreiung aus den weltlichen Bindungen der irdischen Existenz. Freiheit als weltunabhängige Selbständigkeit gründet also nicht im natürlichen Selbstsein des Menschen, sondern in seiner allen Leistungen vorausliegenden Beziehung zu Gott und Gottes zum Menschen. Damit steht nicht die leistungsstarke fromme und moralische Subjektivität im Mittelpunkt, sondern die verdankte Freiheit. Sie ist für den individuellen empirischen Menschen durchaus gebunden an die positiven Vorgegebenheiten des äußeren Wortes Gottes, wie es im Evangelium und seiner Verkündigung begegnet. Ihrer Qualität nach vorpositiver Natur, ist die Freiheit dieses Rechtsverhältnisses doch nicht ohne positiven Ausdruck; sie ist angewiesen auf das verbum externum. Darum ist die erste Folge dieser Freiheitslehre, daß die Glaubensfreiheit in der Welt auf die Freiheit ihrer eigenen und selbständigen Gestalt dringt, auf die sie angewiesen ist und bleibt. Die Unterscheidung zwischen dem geistlichen und dem weltlichen Regiment steht deswegen im Dienste der Freiheit des Menschen coram Deo.

Der zweite Grundaspekt der Freiheitslehre ist entwickelt an der Frage, wie diese libertas christiana sich im sozialen Lebenszusammenhang der irdischen Welt realisiert, zu welcher Konsequenz sie nötigt. Die Ethik der christlichen Freiheit ist die Liebe, die Zuwendung zur Sozialität um des Bedürfnisses des anderen willen. Nicht eine Ethik der Selbstverwirklichung also, denn die Selbstverwirklichung ist als empfangene und verdankte die Voraussetzung der Ethik, sondern die *Ethik aus Freiheit* ist der Richtungssinn des Glaubens. Die Liebe als Zuwendung zur Bedürftigkeit der Welt in ihrer Sozialität ist aber nicht nur subjektives Verhalten, sie ist die immanente Begründung der weltlichen Ordnung als der guten Schöpfung Gottes. Die christliche Freiheit erfüllt aus eigenen Gründen, was für das Zusammenleben der Menschen in der irdischen Sozialität nötig ist; sie tut die Werke, die im übrigen nur kraft äußeren Zwanges wahrgenommen werden. Wer unbefreit dem Zwang der Selbstverwirklichung unterworfen ist, kann die Welt nur unter dem Aspekt des eigenen Lebensgewinns begreifen und muß deswegen durch äußere Ordnungen dazu gezwungen

---

[32] Vgl. dazu *M. Waltzer*, The Revolution of the Saints (1968). Der theologische Zusammenhang zwischen der Lehre von der Rechtfertigung und den Menschenrechten ist erörtert bei *T. Rendtorff*, Menschenrechte und Rechtfertigung, in: *D. Henke* (Hrsg.), Der Wirklichkeitsanspruch von Theologie und Religion (Tübingen 1976) 161–174. Vgl. auch *E. Jüngel*, Freiheitsrechte und Gerechtigkeit (1968), in: *ders.*, Unterwegs zur Sache (München 1972) 246–256.

werden, der Sozialität zu dienen und zu nützen. Das ist das weltliche Regiment Gottes. Die christliche Freiheit erfüllt den guten Sinn der Ordnungen von innen her, aus eigenen Gründen. So gewinnt der Glaube seinen weltlichen Stand.

Erst beide Aspekte zusammen machen die Freiheitswirklichkeit aus, deren Verkündung das geistliche Präludium zum neuzeitlichen Freiheitsrecht vor Gott und den Menschen bildet. Von daher wird das Oszillieren der christlichen Ethik zwischen Bewahrung und Erneuerung der Lebensordnungen verständlich. Wo der innere Sinn der Ordnungen in einem Dienst aus Freiheit erfaßt ist, kann auch deren äußere Gestaltung dem Grundsinn der Ordnungen verfügbar gemacht werden. Aber die Gestaltungsaufgabe tritt nicht unter das absolute Sollensgebot einer Selbstverwirklichung, um Freiheit *durch* das Gesetz zu erlangen; sie steht unter dem pragmatischen Aspekt funktionaler sozialer Nützlichkeit. Die Kraft der Freiheit ist zugleich der innere Grund für eine Reserve gegenüber immanenter Heilserwartung, die sich in der Unterscheidung der dem Menschen geltenden Grundrechte, über die keine irdische Instanz zu verfügen mag, und der Rechte, die ihn zugleich zum Dienst am Gemeinwesen verpflichten, konstruktiven Ausdruck verschafft. Die theologisch-geistlich begriffene Weltunabhängigkeit des Glaubens vor Gott muß in der Welt ihr praktikables Äquivalent finden, aber nicht ohne daß dabei der weltlichen Verantwortung des Menschen für den Mitmenschen ihr voller ethischer Rang gegeben wird. Die rechtlich-soziale Ausarbeitung der Folgen dieser Glaubensfreiheit hat sich weithin in der Christenheit außerhalb der Kirche vollzogen. Der Sachzusammenhang zwischen diesen theologischen Voraussetzungen und ihren weltlichen Folgen kann darum historisch nicht allein daran gemessen werden, ob und wie er durch die christlichen Kirchen selbst bemerkt und gefördert worden ist. Denn die Wahrheit der libertas christiana hat sich oft auch gegen die Kirche durchsetzen müssen.

b) Zur Genealogie der Grundrechte im Blick auf die gegenwärtige Problemlage

Im Unterschied zu der bekannten und mit gutem Grund vielfach ausgewerteten puritanisch-angelsächsischen Genealogie der modernen Grund- und Menschenrechte, aber auch im Vergleich zu ihr kann die Aufmerksamkeit darauf gerichtet werden, daß die sozialethischen Voraussetzungen bei der Einführung der ersten konstitutionellen Verfassungen in der alten christlichen Lehre von den Drei Ständen zu finden seien[33]. Im status politicus, ecclesiasticus und oeconomicus findet sich der Mensch in jenem konkreten Verantwortungsstand, in dem seine eigene freie und selbstverantwortliche Lebensführung konkret wird. Im Konstitutionalismus geht es um eine neue Einordnung der zu politischer Mitwirkung

---

[33] *R. Smend*, Bürger und Bourgeois im deutschen Staatsrecht (1933), in: *ders.*, Staatsrechtliche Abhandlungen 309–325.

berufenen Untertanen, nicht als abstrakte einzelne, sondern im Felde ihrer konkreten Lebensverantwortung. Die Grundrechte sind die Form der neuen Rechtsstellung für diesen ihren „Beruf", d.h. für die konkrete Selbstverantwortung der Bürger, zu der sie in ihrem Stand berufen sind und bleiben. Das besondere Merkmal dieser Deutung der Grundrechte ist daran zu sehen, daß die Grundrechte hier keine vor- oder außerstaatliche Begründung erhalten, sondern die Stellung des Bürgers innerhalb des Gemeinwesens aufnehmen und sichern. Aus *Standesrechten* werden *Staatsrechte,* die Grundrechte sind die Basis für das neue *Staatsbürgertum.* In ihnen wird die grundrechtliche Stellung des konkret verantwortlichen Bürgers im Staat formuliert. Damit sind die Grundrechte als Freiheitsrechte zugleich soziale Rechte. Diese grundrechtliche Neuformung und Aktualisierung der alten Stände auf der allgemeinen Ebene der Staatsverfassung ist auf der religiös-kirchlichen Ebene immerhin vorbereitet.

Im Deutschen Pietismus hat Ph. J. Spener eine Vollendung der Reformation gefordert[34], die darin bestehen müsse, daß die Ordnung der öffentlichen Angelegenheiten so verändert werde, daß „alle Drei Stände selbst darin ihr Werk haben und miteinander konkurrieren". Die Reformation des 16. Jahrhunderts habe zwar dem politischen Stand seine Rechte wiedergegeben und den geistlichen Stand reformiert; der Dritte Stand aber sei noch nicht in sein eigenes Recht eingesetzt. Mit der Emanzipation des Dritten Standes verband sich für Spener auch und vor allem das Recht freier Ausübung der Religion, nämlich in den Hausgemeinden der ecclesiola in ecclesia, also am Ort des status oeconomicus oder familiaris. Hier wird die grundrechtliche Stellung der Stände im Konstitutionalismus gleichsam von innen her vorbereitet, sofern die religiöse Selbständigkeit im Zusammenhang des konkreten Lebensraumes der Bürger zu einer Forderung wird, die in der allgemeinen Verfassung des Gemeinwesens ihre Anerkennung finden soll, nicht aber in der Form eines Sonderstatus gegen oder außerhalb des Gemeinwesens. Dieses Interesse an der grundrechtlichen Stellung des Bürgers in seiner sozialen Lebenswelt bietet darum einen anderen Aspekt auf die Genealogie der Grundrechte, als er sichtbar wird, wenn man allein auf die Folgen der puritanischen Revolution blickt[35].

Auch die naturrechtliche Verankerung und Begründung der Grundrechte, die für die politische Theorie maßgeblich geworden ist, hat stärkere Anknüpfungspunkte an der Statuslehre, als dort gesehen wird, wo die natürliche Freiheit des Einzelsubjektes nicht zusammen mit seiner Lebenswelt begriffen wird. Jedenfalls ist es angebracht, im Blick auf die ideengeschichtliche Genealogie der

---

[34] *Ph. J. Spener,* Von der Verfassung unserer Kirchen, betreffend die gewalt des kirchen-standes (1691).

[35] *W. Fikentscher* hat den Nachweis geführt, daß die Statenversammlung von Dordrecht vom 15.7.1572 wohl „der erste Fall in verfassunggebender Versammlung beschlossener Grundrechte" ist (Methoden des Rechts in vergleichender Darstellung IV [Tübingen 1977] 536–544, hier 540).

Grundrechte von einer mehrfachen Wurzel dieses für das Verfassungsprinzip der Neuzeit elementaren Rechtsinstituts zu sprechen.

Das ist auch für die gegenwärtige Auseinandersetzung um eine Fortentwicklung der Menschenrechte von Bedeutung[36], will die Theologische Ethik sich vor der tendenziellen Aufteilung der Grundrechte in zwei ideologische Lager hüten. Die theoretische und praktische Diskrepanz zwischen den klassischen liberalen Freiheitsrechten und den sozialen Menschenrechten[37] kann wohl nur durch ein umfassendes Verständnis der Grundrechte überwunden werden. Dieses muß sich von der Sachlogik leiten lassen, der zufolge die Freiheitsrechte in der Tat den materialen Ausgangspunkt der Menschenrechte bilden, diese Freiheitsrechte selbst aber das Konzept eines verantwortlichen Bürgers implizieren und deswegen zu ihrer Realisierung auch nach sozialen Grundrechten rufen, aber in dieser Reihenfolge. Ein anderes wichtiges Feld der Fortentwicklung ist die Rechtsstellung des Individuums auch über seine Zugehörigkeit zu einem Staat hinaus, d.h. die Frage der Einklagbarkeit der Menschenrechte vor überstaatlichen, internationalen Rechtsinstanzen[38]. Die Zukunft der Grund- und Menschenrechte ist eng verbunden mit der Frage nach einer überstaatlichen Rechtsgemeinschaft.

5. *Ethische Probleme zwischen Rechtswissenschaft und Theologie*

Die rechtsimmanente Begründung und Ausarbeitung der Verfassungstheorie ist eine wesentliche Bedingung für die Lösung der ihr aufgegebenen Probleme. Denn das hohe Gut der Rechtsgemeinschaft als Rechtsstaat[39] verlangt nach dieser Selbständigkeit gegenüber ideologischen und gesellschaftlichen Interessen. Das kann aber nicht bedeuten, die inhaltlichen Verweisungen auf die religiös-theologische und die ethische Dimension der Verfassungsgenealogie wie der Verfassungswirklichkeit zu leugnen. Dabei sollten die im Gefolge der von der neueren Rechtstheorie[40] geforderten Konkretisierungen[41] der Rechtswirklich-

[36] Vgl. zum Stand der Diskussion *W. Huber – H.-E. Tödt*, Menschenrechte. Perspektiven einer menschlichen Welt (Stuttgart 1977); *J. Baur* (Hrsg.), Zum Thema Menschenrechte. Theol. Versuche und Entwürfe (Stuttgart 1977).

[37] Diese Probleme sind kritisch dargestellt worden von *G. Dietze*, Bedeutungswandel der Menschenrechte (Karlsruhe 1972).

[38] Erste Ansätze dazu finden sich in der Europäischen Konvention zum Schutze der Menschenrechte und Grundfreiheiten von 1950. Vgl. dazu *H. Schorn*, Die Europäische Konvention zum Schutze der Menschenrechte und Grundfreiheiten. Text und Kommentar (Frankfurt a.M. 1965).

[39] Daß die Orientierung am Rechtsstaat ein wesentliches Element der neueren Sozialethik sei, hat nachgewiesen *K. G. Steck*, Revolution und Gegenrevolution in der theologischen Ethik des 19. Jahrhunderts, in: *T. Rendtorff – K. G. Steck*, Protestantismus und Revolution (München 1969) 27–62. Vgl. aber auch *E. Wolf*, Die rechtsstaatliche Ordnung als theologisches Problem (1964), in: *Th. Strohm – H.-D. Wendland*, a.a.O. 257–304.

[40] Vgl. etwa *W. Kägi*, Die Verfassung als rechtliche Grundordnung des Staates. Untersuchungen über die Entwicklungstendenzen im modernen Verfassungsrecht (Zürich 1945); *R. Herzog*, Allgemeine Staatslehre (Frankfurt a.M. 1971).

[41] Vgl. Anm. 6.

keit nicht allein über eine Soziologisierung der Rechtstheorie[42] eingeholt werden, so wichtig die Rolle der Sozialwissenschaften auch ist[43]. Die Beziehungen von Rechtswissenschaft und Theologie harren noch der konkreten ethischen Entfaltung[44]. Einige Themenbereiche seien dabei besonders hervorgehoben.

Die *Stellung der Grund- und Menschenrechte innerhalb der Verfassung* hebt vor allem darauf ab, daß die Grundrechte nicht zur Verfügung des Gesetzgebers stehen, sondern eine *Grenze* politischen Handelns und rechtlicher Disposition darstellen. Diese Sonderstellung der Grundrechte innerhalb der Verfassung wirft die Frage nach dem Subjekt der Freiheit auf, das hier als Voraussetzung der Verfassung in Schutz genommen wird. Das allgemeine Konzept des freien, in sich selbst begründeten und aus sich selbst lebenden Einzelsubjektes ist eine Grundannahme, die keine Naturtatsache darstellt. In scharfer Zuspitzung formuliert: Welche Bedeutung hätten die Grundrechte, wenn man zu der Einsicht genötigt wäre, es gäbe genügend empirische Einzelsubjekte, die weder einen Glauben haben noch eine eigene Meinung, weder ein Gewissen noch ein nennenswertes Eigentum? Würden die Grundrechte dann gegenstandslos? Eine solche konstruierte Fragestellung soll die Aufmerksamkeit auf folgendes Problem lenken: Im Blick auf die individuelle empirische Lebenswirklichkeit enthält die grundrechtsgemäße Verfassung den Auftrag, eine staatliche Lebensform zu befördern und zu stärken, in der und durch die das konkrete Individuum in einer effektiven inhaltlichen Bildung und Entfaltung der Grundrechte gestützt und ermutigt wird. Das Recht kann hier durchaus auch als Aufgabe begriffen werden; denn die historische Identität des grundrechtsmäßigen Rechtsstaates lebt von der Existenz der Voraussetzungen, denen er sich verdankt. Die Rechtskultur enthält immer auch die Frage nach der faktisch gelebten Sozialität. Die Erörterung der Grundrechte ist auch eine Erörterung der Frage, wieweit ein Gemeinwesen das Niveau seiner inhaltlichen Voraussetzungen zu halten vermag oder dahinter zurückfällt. Die lebendige Erneuerung des Verfassungsstaates, seine innere Reform ist im Blick auf die Grundrechte der Sache nach identisch mit der Aufgabe, seine Identität zu bewahren.

Nicht minder wichtig ist die Frage nach der Anerkennung des einzelnen Individuums als Staatsbürger. „Der Gegenwart droht der Staatsbürger unterzugehen im Anhänger der politischen Konfession, in den religionsähnlichen Ansprüchen der großen politischen Bewegungen.“[45] In der Tat droht dem Staat als Rechts-

---

[42] Aufschlußreiche Materialien dazu finden sich im Jahrbuch für Rechtssoziologie und Rechtstheorie, hrsg. von *W. Maihofer* und *H. Schelsky* (Düsseldorf 1970ff.).

[43] Vor allem H. Heller (vgl. Anm. 25) hat die sozialwissenschaftliche Fragestellung in die Rechtstheorie aufgenommen.

[44] *H. E. Tödt*, Theologie und Völkerrecht – Eine Prüfung gemeinsamer historischer und gegenwärtiger Probleme angesichts der Mitverantwortung für den Weltfrieden, in: *G. Picht – C. Eisenbart* (Hrsg.), Frieden und Völkerrecht (Stuttgart 1973) 13–169.

[45] *R. Smend*, Bürger und Bourgeois 324.

gemeinschaft dort die größte Gefahr, wo die Anerkennung des Staatsbürgers abhängig gemacht wird von seiner inhaltlichen Zustimmung zu einer bestimmten Auslegung des Politischen, die identisch ist mit der Selbstauslegung einer womöglich alleinherrschenden Partei. Diese Gefahr verstärkt sich dort, wo unter dem Druck ideologischer Verwirklichungsansprüche das Menschsein des Menschen zu einer Funktion politischer Realisierungsgebote wird mit der Folge, daß der Mensch erst durch politisches Handeln zum Menschen im vollen Sinne gemacht werde wie im Fall der Erzeugung des sozialistischen Menschen[46]. Die rechtliche Anerkennung des Staatsbürgers muß im Verhältnis zu solchen inhaltlichen Ansprüchen als eine voraussetzungslose Anerkennung gewahrt werden, d.h., daß die Anerkennung des Bürgers als Glied der Rechtsgemeinschaft nicht an inhaltliche, konfessorische Vorleistungen gebunden sein darf. Dazu bedarf der Rechtsstaat aber einer außerpositiven Bezugsebene, die das Gemeinsame einer sittlichen Verpflichtung präsent hält und den Staat in einem strikten Sinne als weltliche Einrichtung bestimmbar sein läßt ohne transzendentes oder weltimmanentes Heilsversprechen. Die Freiheit und Selbständigkeit der Religion ist deswegen ein strukturelles Grundelement des Rechtsstaates. Die Anerkennung der Menschenwürde als „das Allgemeine des Rechts“[47] kann nur dann eine verantwortbare rechtliche Form finden und bewahren, wenn das Bewußtsein lebendig ist, daß der Mensch dem Menschen in einem letzten Sinne nicht zur Disposition steht, die Würde des Menschen also ein „Jenseits“ im „Diesseits“ des Staates repräsentiert.

In Zukunft wird die *Entwicklungsbedürftigkeit des Verfassungsrechtes,* und dabei insbesondere der Freiheitsrechte, die Aufmerksamkeit noch stärker auf sich ziehen müssen. M. Kriele[48] hat die Unterscheidung von fundamentalen und fundamentalsten Rechten eingeführt, um dieses Problem zu präzisieren. Die fundamentalsten Rechte, wie sie im Verbot des Diebstahls und des Mordes wie im Gebot der Lebenssicherung auftreten, verstehen sich überall in der Welt von selbst und bedürfen keiner weitergehenden Schutzeinrichtungen. Unter fundamentalen Rechten dagegen versteht Kriele solche Rechte, die einerseits besonders gefährdet sind, weil man sie nur hat in steter Konkurrenz mit den jeweiligen Gewalthabern, so daß sie ständig mit Entzug bedroht sind, die andererseits aber so fundamental sind, daß ihr Schutz generell plausibel gemacht und deshalb auch allgemein gefordert werden kann. Zu diesen fundamentalen Rechten gehören vor allem die Grundrechte.

Überdenkt man die Tatsache, daß das Elementarrecht im fundamentalsten Sinne in Jahrhunderten entwickelt und gehegt worden ist, dann ist es einleuch-

---

[46] Vgl. dazu den Beitrag von H. Zilleßen in diesem Bande.
[47] *Bäumlin,* a.a.O. 25.
[48] *M. Kriele,* Theorie der Rechtsgewinnung, entwickelt am Problem der Verfassungsinterpretation (Berlin 1967), 8. Kapitel: Zur Interpretation der Freiheitsgarantien (235ff.).

tend, zu sagen, dem Verfassungsrecht stehe der Prozeß seiner Entwicklung noch bevor.

Es heißt eine neue Ebene betreten, wenn man dem Gedanken Raum gibt, daß das Verfassungsrecht gerade in seinen grundrechtlichen Beständen *Gemeinschaftsrecht* sei. Dann wird die Frage akut, worauf denn eigentlich positive und konkretisierbare Gemeinschaft unter den Menschen bezogen sei. Dabei geht es um den Begriff einer Gemeinschaft, der Freiheit und Sozialität so miteinander zu verbinden weiß, wie das in dem Gedanken einer Gemeinschaft der Menschen mit Gott vorgestellt werden kann[49]. Die Selbständigkeit der juristischen Verfassungstheorie wie der Rechtspraxis wird durch einen solchen theologischen Bezug nicht in Frage gestellt. Sie kann aber auf rationale Weise und in ihren Grenzen nur funktionieren, wenn sie sich des Kontextes bewußt ist, in dem die ethischen Fragen stehen, die ihr immanent sind.

Literatur

P. Badura, Art. „Verfassung", in: Evang. Staatslexikon (Stuttgart ²1975) Sp. 2708–2725 (Lit.).
H. Heller, Staatslehre, in: Gesammelte Schriften III (Leiden 1971).
W. Huber – H.-E. Tödt, Menschenrechte. Perspektiven einer menschlichen Welt (Stuttgart 1977).
G. Jellinek, Die Erklärung der Menschen- und Bürgerrechte (⁴1927), in: *R. Schnur*, Zur Geschichte der Erklärung der Menschenrechte (Darmstadt 1964).
T. Rendtorff, Menschenrechte und Rechtfertigung, in: *D. Henke* (Hrsg.), Der Wirklichkeitsanspruch von Theologie und Religion (Tübingen 1976).
U. Scheuner, Art. „Verfassung", in: Staatslexikon VIII (Freiburg i. Br. ⁶1963) Sp. 117f.
C. Schmitt, Verfassungslehre (1928, Neudr. Berlin ³1957).
R. Smend, Staatsrechtliche Abhandlungen (Berlin ²1968).
W. Huber – H.-E. Tödt, Menschenrechte. Perspektiven einer menschlichen Welt (Stuttgart
R. Herzog, Allgemeine Staatslehre (Frankfurt a. M. 1974).
Th. Strohm – H. D. Wendland (Hrsg.), Kirche und Demokratie (Darmstadt 1971).

Trutz Rendtorff

[49] Vgl. dazu den Beitrag von W. Pannenberg in diesem Bande.

II
Die politische Form

1. Politische Form als Regelung und Institutionalisierung des politischen Prozesses

Die politische Entwicklung der Neuzeit kann trotz großer Unterschiedlichkeit und auch Widersprüchlichkeit im einzelnen unter ein alles beherrschendes Vorzeichen gestellt werden: den Siegeszug der Demokratie. Sie hat, insbesondere seit Ende des Zweiten Weltkriegs, eine so breite Anerkennung erfahren, daß auch ihre Gegner sie nicht offiziell zu verurteilen wagen und selbst ihre Feinde einer autokratischen Machtausübung noch einen demokratischen Schein beizulegen versuchen. Kontroversen gibt es allenfalls noch um die zeitgemäße Organisationsform der Demokratie oder um die Bedeutung sozialer Voraussetzungen für ihre Verwirklichung, nicht aber um das politische Prinzip der Demokratie.

Daß heute eine Regierungsform, die etwa Plato und Aristoteles eher abschätzig beurteilten, ein solches Maß an Zustimmung findet – und sei es auch nur verbal --, hat verschiedene Ursachen. An erster Stelle ist wohl jener Prozeß der Modernisierung zu nennen, der die Geltung der politischen Autorität von der mythischen, religiösen oder auf Tradition sich berufenden Begründung gelöst und den Kriterien menschlicher Rationalität unterworfen hat. Damit zusammen hängt die wachsende Bedeutung der individuellen Menschenwürde, die in Menschenrechten konkrete Gestalt erhielt. Die politische Konsequenz dieser Entwicklung bestand letztlich darin, daß Herrschaft nur dann als legitim erschien, wenn ihre Ausübung der Zustimmung der Herrschaftsunterworfenen unterliegt, diese an der Bildung des Gemeinschaftswillens beteiligt sind und über einen Bereich der Selbstbestimmung verfügen, in dem sie gegen die Willkür der Herrschenden abgesichert sind.

Die geschichtlichen Erfahrungen mit den verschiedenen Herrschaftsformen haben gezeigt, daß offenbar nur in der Demokratie Herrschaft in der angegebenen Weise legitimiert werden kann. Daher sind sich heute sowohl die Vertreter der „westlichen" Industrieländer als auch die Kommunisten und Vertreter der Entwicklungsländer über den politischen Wert der Demokratie weitgehend einig. Aber das Bekenntnis zur Demokratie und die Einführung demokratischer Ordnungen und Institutionen sagt im konkreten Fall wenig über den tatsächlichen politischen Stellenwert der Demokratie aus. Am Anfang des Weges zu den Zielen einer legitimen Herrschaft steht vielmehr die Tatsache, daß die Ziele nur dann mit Sicherheit erreicht werden können, wenn der Erfolg nicht von den jeweils beteiligten Personen abhängt, sondern durch die *Form* garantiert wird, in der Erwerb, Ausübung und Kontrolle politischer Macht sich vollziehen.

Der damit eingeführte Begriff „politische Form" wird in der Literatur relativ selten verwendet und zudem mit unterschiedlichem Inhalt gefüllt. Während Hermens und Stammer mit politischer Form das Gestaltungsprinzip des Prozesses beschreiben, durch den politische Macht gebildet, ausgeübt und kontrolliert wird, mit diesem Begriff also dem dynamischen Charakter der Politik Rechnung tragen, wird er von Kohn und Barbarino im Sinne von Staatsform, also mehr statisch, definiert[1].

Nun weist zwar – wie zu zeigen sein wird – politische Form auch einen statischen oder substantiellen Gehalt auf, aber ihre Gleichsetzung mit Staatsform ist dennoch eine Engführung. Wenn Politik nach Max Weber als ein soziales Handeln zu verstehen ist, das auf Machterwerb und Machtgebrauch gerichtet ist, um in einer konkreten gesellschaftlichen Situation die Ziele einer Gruppe gegen die Ziele anderer durchzusetzen[2], dann wirkt politische Form als Regelung von Auseinandersetzungen um den Erwerb von Macht auch dort, wo von Staat noch nicht die Rede sein kann. Überall, wo einzelne oder Gruppen einen gemeinsamen Willen bilden und Ordnungsfunktionen wahrgenommen werden sollen, entsteht das Problem, daß die vielfältigen individuellen Verhaltensweisen auf das gemeinsame Ziel ausgerichtet werden müssen. Der Prozeß der Einigung einer vorhandenen sozialen Vielfalt zu einer handlungsfähigen Einheit ist in der Regel weder aus der Sache heraus selbstverständlich noch durch die Entscheidung einzelner zu erzwingen. Denn da der Pluralismus aufgrund unterschiedlicher tatsächlicher Verhältnisse und individueller Wünsche und Interessen sowohl objektive als auch subjektive Ursachen hat, ist eine Auseinandersetzung der Betroffenen über das anzustrebende Ziel und den zu verfolgenden Weg eigentlich immer unvermeidlich. Diese Auseinandersetzung bedarf aber einer Regelung, d.h., sie muß in einer Form erfolgen, der eine Übereinkunft erzeugende Wirkung immanent ist.

Über politische Form in diesem Sinne verfügen also bereits primitive Gesellschaften, wo „Staat" nach Begriff und Inhalt unbekannt ist, wie auch der vorstaatliche gesellschaftliche Bereich, weil in beiden Fällen Prozesse der Einigung mit dem Ziel der Machtbildung stattfinden. Zweifellos ist aber die Frage nach dem Staat in diesem Zusammenhang von zentraler Bedeutung. Da der Staat als diejenige Organisation beschrieben werden kann, die in entwickelten Gesellschaften eine die soziale Vielfalt übergreifende, dauerhafte Handlungseinheit bewirkt, stellt sich hier das Problem der Einigung mit besonderer Dringlichkeit. Denn je größer und zahlreicher die Gruppen sind, die einen gemeinsamen Willen bilden sollen, um so vielfältiger sind die persönlichen und sachlichen Einfluß-

---

[1] Vgl. *F. A. Hermens*, Verfassungslehre (Frankfurt a. M. – Bonn 1964) 1f.; *O. Stammer*, Politische Soziologie, in: *A. Gehlen – H. Schelsky*, Soziologie (Düsseldorf – Köln [6]1966) 283; *H. Kohn*, Die Idee des Nationalismus (Frankfurt a. M. 1962) 10; *O. Barbarino*, Staatsform und politische Willensbildung (München 1949) 78.

[2] *M. Weber*, Wirtschaft und Gesellschaft (Tübingen 1922) 11f.

faktoren in diesem Einigungsprozeß, um so notwendiger, aber auch um so schwieriger ist seine Regelung. Als die Institutionalisierung und Regelung der bei der Bildung der staatlichen Einheit entstehenden Konflikte erhält daher die politische Form einen besonderen Wert – nicht zuletzt auch deshalb, weil sie über das Maß an Freiheit entscheidet, das in einem Staat vorhanden ist.

Bevor auf diesen normativen Aspekt näher eingegangen wird, muß die Begriffsbestimmung noch ergänzt werden. Bisher ist der Begriff „politische Form" vorwiegend auf den Prozeß der politischen Auseinandersetzung mit dem Ziel der Einigung angewendet und also von der Beziehung zwischen den jeweils Beteiligten her definiert worden. Diese Hervorhebung des dynamischen Aspekts sollte jedoch nicht darüber hinwegtäuschen, daß „politische Form" auch einen statischen, substantiellen Gehalt aufweist. Nicht nur die Form des Prozesses, sondern auch die Institutionen und Organe, in und zwischen denen die Auseinandersetzungen um die Festlegung eines Gesamtwillens stattfinden, machen den Inhalt dessen aus, was hier politische Form genannt wird. Mit anderen Worten: es geht nicht nur um die Form im Sinne von Regelung, nach welcher der Konflikt ausgetragen wird, sondern auch um die Formen, in denen sich die beteiligten Einflußfaktoren institutionell verfestigen, und um die Organe, deren sie sich zur Durchsetzung ihrer Ziele bedienen.

Als politische Form ist also die Art und Weise zu verstehen, in der eine politische Verfassung verwirklicht ist. Auch „Verfassung" ist nicht nur als Regelung des politischen Integrationsprozesses dynamisch definiert – was Smend[3] sicher zu sehr betont –, sondern auch statisch als Festlegung der Machtverteilung, als schriftliche Fixierung der Rechtssätze, nach welchen der Staatsapparat organisiert ist und seine Aufgaben und Befugnisse wahrnimmt. Da aber unter „Verfassung" in der Regel die „geschriebene Verfassungsurkunde mit erschwerter Abänderbarkeit" verstanden wird[4], ist sie für die Beurteilung der politischen Wirklichkeit nicht so geeignet wie der Maßstab der politischen Form. Wenn der Urkundencharakter der Verfassung betont wird, ist mit dem Hinweis auf die Verfassung über die wirkliche politische Struktur eines Gemeinwesens oft wenig oder nichts ausgesagt. So können unter dem Deckmantel eines unveränderten Verfassungstextes die tatsächliche Machtverteilung und Machtausübung völlig verändert worden sein, oder es kann eine demokratischen Zielsetzungen verpflichtete Verfassung von ihrem Text her und unter positivistischer Verfassungsauslegung die undemokratische Beschränkung von Grundrechten rechtfertigen[5].

Im Unterschied zur Verfassung richtet sich die Frage nach der politischen

---

[3] *R. Smend,* Die politische Gewalt im Verfassungsstaat, in: Staatsrechtliche Abhandlungen (Berlin ²1968) 85.

[4] *Th. Maunz,* Deutsches Staatsrecht (München – Berlin ¹²1963) 39.

[5] Vgl. dazu *K. Löwenstein,* Art. „Verfassung, Verfassungsrecht", in: Sowjetsystem und demokratische Gesellschaft VI (Freiburg i. Br. – Basel – Wien 1972) 643f.

Form eines Gemeinwesens stets auf den tatsächlichen Verlauf der Machtprozesse. Dadurch wird das Verhältnis von Norm und Wirklichkeit zum Maßstab einer politischen Entwicklung, wobei als Norm nicht nur der Verfassungstext gilt, sondern vor allem auch die politische Ordnungsvorstellung, die dem Text zugrunde liegt. Identisch sind politische Form und Verfassung nur dann, wenn die Verfassung nicht nur allgemein anerkannt ist, sondern bei Erwerb, Ausübung und Kontrolle politischer Macht auch tatsächlich angewendet wird.

2. *Strukturbedingungen für eine freiheitliche politische Ordnung*

Die Frage nun, auf welche Weise durch die politische Form über das Maß an politischer Freiheit und damit schließlich auch über die Legitimität von Herrschaft entschieden wird, läßt sich von dem Verhältnis her beantworten, in welchem ihr dynamischer und ihr statischer Gehalt zueinander stehen. Da für die politische Form wie für den Bereich des Politischen insgesamt Macht von zentraler Bedeutung ist, setzt die Fragestellung bei dem Begriff der Macht an. Dabei ist für den vorliegenden Zusammenhang die Argumentation C. J. Friedrichs von Bedeutung, nach welcher Macht einerseits als Beziehung und andererseits als Besitz zu verstehen ist[6]. Macht als „Besitz" von einzelnen, Gruppen oder Organisationen, durch die deren Herrschaft als hinreichend legitimiert erscheint, sich also selbst rechtfertigt, umschreibt nur eine Seite ihrer Wirklichkeit. Diese Seite wird derjenige als vorrangig ansehen, der den Zwangscharakter der Macht betont. Diesem substantiellen steht ein dynamischer Gehalt gegenüber. Macht erscheint insoweit als ein Prozeß, als sie aus der Beziehung zwischen denjenigen erwächst, die Macht anstreben, und denjenigen, die Macht verleihen. Wenn dabei der Zeitfaktor in Rechnung gestellt wird, kann auch der Hinweis, daß es sich letztlich immer um die Beziehung zwischen Machtträgern und Machtadressaten handelt, nicht die Tatsache verdecken, daß die letzteren erst durch ihre Zustimmung Macht begründen und ihren Gebrauch ermöglichen.

In der politischen Wirklichkeit erscheint Macht immer in beiderlei Gestalt, als Beziehung *und* als Besitz, ihre Ausübung wird stets durch Zustimmung *und* Zwang begleitet. Wenn also von einer Alternative nicht die Rede sein kann, so läßt sich doch eine Rangfolge feststellen, wobei der Rang nach dem Maßstab einer freiheitlichen Ordnung zuerkannt wird. Je mehr in einem Gemeinwesen die Macht als Beziehung sich darstellt und also auf Zustimmung beruht, um so mehr werden die Machtträger den Freiheitsraum der Gesellschaft und des einzelnen akzeptieren müssen. Der Substanz- und damit der Zwangscharakter der Macht ist auch dann vorhanden, aber er wird dadurch relativiert, daß der Machtbesitz ständig in Frage gestellt und die Ausübung von Zwang begrenzt

---

[6] *C. J. Friedrich*, Politik als Prozeß der Gemeinschaftsbildung (Köln–Opladen 1970) 30.

ist. In dem Maße, in dem der Zwang ausgedehnt wird und der in einem Machtapparat „verkörperte" Substanzgehalt der Macht ihr Erscheinungsbild beherrscht, in dem gleichen Maße verringert sich mit der Bedeutung der Zustimmung auch der Freiheitsspielraum des einzelnen.

Besteht demnach eine Wechselbeziehung zwischen der vorherrschenden Gestalt der Macht und einer bestimmten Herrschaftsweise, so gilt dies in ähnlicher Weise auch für die politische Form. Sie ist wie die Macht einerseits als dynamisch definiert, da sie sich auf den Prozeß der Auseinandersetzung bezieht, durch den Macht gebildet und verteilt wird, und andererseits als statisch, da sie als Substanz die Institutionen und Organe umfaßt, die Macht erlangen und ausüben. Das bedeutet zunächst, daß von politischer Form im vollen Umfang nur dort die Rede sein kann, wo politische Auseinandersetzungen möglich sind und in einer allgemeingültigen Form ausgetragen werden und wo schließlich ein „Apparat" für die abschließende Willensbildung sowie für die Durchsetzung von Entscheidungen sorgt.

Zum anderen aber stehen der dynamische und der substantielle Gehalt der politischen Form gleichfalls in einer Rangfolge zueinander, die den Grad der Freiheit danach bemißt, ob die politische Auseinandersetzung oder der Apparat die entscheidende Rolle im politischen Leben spielt. In dem Maße nämlich, in dem die politische Auseinandersetzung an Bedeutung gewinnt, werden der Erwerb und die Ausübung von politischer Macht, letztlich von Herrschaft, an die Zustimmung derer gebunden, die sich an der Auseinandersetzung beteiligen. Je größer die durch die politische Form geregelte Beteiligung, um so größer die Chance der Freiheit; denn je mehr um die Macht gekämpft werden muß, um so mehr wird bereits mit dem Prozeß der Machtbildung die Möglichkeit ihres Mißbrauchs eingeengt. Verantwortliche Anwendung und wirksame Kontrolle der Macht und damit auch Sicherung der Freiheit werden am ehesten dadurch erreicht, daß diejenigen, die Macht besitzen, diese ständig neu erwerben müssen, der „Besitz" der Macht also immer wieder in Frage gestellt ist. Wird die Macht dagegen zu einem dauerhaften Besitz der Machtträger, steigt auch die Bedeutung des Apparates, der diesen Besitz verwaltet, weil die Zustimmung durch die Ausübung von Zwang ersetzt werden muß.

Das Verhältnis von dynamischem und substantiellem Gehalt der politischen Form, das über das Maß an politischer Freiheit entscheidet, kann nicht zugunsten einer Seite aufgelöst werden, solange eine politische Form vorhanden ist. Werden die Institutionen und Organe völlig bedeutungslos im Vergleich zur politischen Auseinandersetzung, so wird das Ergebnis die politische Un-Form der Anarchie sein; tritt der umgekehrte Fall ein, so wird das Ergebnis die politische Un-Form des Totalitarismus sein. Wo der Raum politischer Auseinandersetzung eingeengt wird, verliert zwar der Begriff der politischen Form an Inhalt, aber solange noch zwischen gesellschaftlichem und staatlichem Bereich unterschieden werden kann, bleibt er in Gültigkeit. Wenn jedoch die Zuordnung von

Gesellschaft und Staat, etwa in einem alles beherrschenden Staatsapparat, aufgelöst wird, dann kann von politischer Form im eigentlichen Sinne nicht mehr die Rede sein. In diesem Fall ist die politische Herrschaft form- und strukturlos.

Die Begegnung mit der „Strukturlosigkeit der totalen Herrschaft"[7] hat deutlich gemacht, daß dem Problem der politischen Form eine entscheidende Bedeutung zukommt, wenn die Legitimität von Herrschaft und die Achtung der Menschenrechte zum Maßstab einer politischen Ordnung werden sollen. Die Frage, ob ein Staat, der eine gute Verfassung *hat,* auch in guter Verfassung im Sinne von politischer Form *ist,* läßt sich nicht allein von der bloßen Verteilung des Machtbesitzes unter verschiedene Machtträger her beantworten, so wichtig dieses formale Element für die Machtkontrolle auch ist. Vielmehr kommt es darauf an, daß die Machtträger sich der Macht nicht als eines angestammten oder endgültig erworbenen Besitzes erfreuen können, sondern in ihrer Machtausübung regelmäßig mit der möglichen Sanktion entzogener Zustimmung konfrontiert sind. Über die Verwirklichung einer humanen, an den Menschenrechten orientierten politischen Ordnung entscheidet also letztlich nicht die Qualität der politischen Führungspersonen oder ihr Verantwortungsbewußtsein im Umgang mit der Macht, sondern die politische Form.

3. Politische Form im liberalen und im sozialistischen Ordnungskonzept

Der politischen Form im hier vorgestellten Sinne entspricht weitgehend das Konzept der demokratischen Ordnung. Ausgehend von der anthropologischen Voraussetzung, daß grundsätzlich jeder Mensch zur Gestaltung seines Lebens in eigener Verantwortung kompetent ist, rechtfertigen sich nach diesem Konzept die für die Gesellschaft verbindlichen Entscheidungen allein aus ihrer Übereinkunft mit dem Willen der Betroffenen. Diese Übereinkunft wird nicht permanent und für jede Entscheidung hergestellt, sondern in regelmäßigen Abständen durch die Wahl von Volksvertretern, die ihrerseits die Regierenden kontrollieren und das Regierungspersonal stellen. Wenn nun die Demokratie – ungeachtet der Unterschiede im demokratietheoretischen Ansatz – das generelle Ziel hat, durch gleichberechtigte Beteiligung aller Bürger an der Bildung und Ausübung politischer Macht sowie durch Verteilung der Macht auf verschiedene Machtträger Freiheit und Selbstbestimmung zu verwirklichen, dann ist am Maßstab der politischen Form zu überprüfen, wieweit dieses Ziel gegenwärtig tatsächlich erreicht werden kann.

Was zunächst das Verhältnis von dynamischem und statischem Gehalt der politischen Form angeht, so zeigt die augenblickliche Entwicklung der parla-

---

[7] *H. Arendt,* Elemente und Ursprünge totaler Herrschaft (Frankfurt a.M. 1955) 661.

mentarischen Demokratie auf allen Ebenen ein deutliches Übergewicht der Exekutive, also des Apparates. Ein wesentlicher Grund dafür liegt in der zunehmenden Reichweite politischer Entscheidungen, die immer tiefer in den privaten und sozialen Bereich hineingreifen. Je zahlreicher und vielfältiger aber die politischen Entscheidungen werden, um so größer wird das Maß an Komplexität und Interdependenz, das dabei zu berücksichtigen ist, um so wichtiger wird schließlich auch für die Vorbereitung und Durchführung solcher Entscheidungen der Apparat – der Staatsapparat wie der Parteiapparat. Die politische Entwicklung tendiert also dahin, die mit der demokratischen Gewaltenteilung beabsichtigte Machtkontrolle außer Kraft zu setzen und alle staatlichen Teilfunktionen zu Instrumenten einer einheitlichen politischen Führung zu machen.

Angesichts der Qualität wie auch der Quantität politischer Entscheidungen droht die politische Auseinandersetzung zunehmend an Bedeutung zu verlieren. Das Gewicht des Staatsapparats nimmt demgegenüber so zu, daß das Verhältnis von Regierung und Parlament auf den Kopf gestellt und „das Parlament vielfach zu einem ‚Ausführungsorgan' der Regierung wird"[8]. Die Ausdehnung der Staatstätigkeit etwa in den Bereich der Planung und Gestaltung des gesellschaftlichen Lebens ist sicher notwendig, aber das den Grad der Freiheit bestimmende Verhältnis von dynamischem und statischem Gehalt der politischen Form sollte dabei nicht übersehen werden. Im Vergleich zu den Vorteilen werden die Nachteile der wachsenden Staatstätigkeit in Gestalt zunehmender Bürokratisierung immer drückender empfunden. Den demokratischen Staat erlebt der einzelne vor allem als Staatsapparat, dessen oft bevormundende Machtausübung insbesondere von den unteren sozialen Schichten als Symptom für Unfreiheit und Unterdrückung gewertet wird.

Das Übergewicht der Exekutive in Form von Regierung und Verwaltung führt zum anderen auch dazu, daß sich der Besitzcharakter der Macht in den Vordergrund schiebt. Denn obwohl die Bildung politischer Macht grundsätzlich der Zustimmung der Bürger im Wahlakt unterliegt, verfügen diese kaum über einen nachweisbaren politischen Einfluß. Ein solcher Einfluß soll sich nach dem geltenden Demokratieverständnis über die Mandatsträger geltend machen können. Je weniger aber die Parlamente ein eigenständiges Programm gegenüber der Exekutive durchsetzen können, um so belangloser wird der auf die Mandatsträger konzentrierte Einfluß des Bürgers. Er erscheint auch dann nicht als erheblich, wenn man berücksichtigt, daß die Parteien in ihren Parteiführern die Spitze der Regierung und in einer Vielzahl von Parteiangehörigen die Spitzen der Verwaltungen stellen. Der darin begründete Machtzuwachs kommt nahezu ausschließlich den Parteiapparaten zugute und vermindert eher noch den politischen Stellenwert der Abgeordneten. Zwar bleiben die einzelnen Politiker von

[8] Vgl. Beratungen und Empfehlungen zur Verfassungsreform. Schlußbericht der Enquete-Kommission Verfassungsreform des Deutschen Bundestages I (Bonn 1976) 190.

der Zustimmung der Wähler abhängig, auch wenn sie diese Abhängigkeit durch werbepsychologisch ausgefeilte Wahlpropaganda zu mildern versuchen. Der damit gegebene Einfluß des Wählers kann aber inhaltlich kaum wirksam werden, denn die dominierende Rolle des Staatsapparats begrenzt den politischen Stellenwert der Wahl, da deren Ausgang wesentliche Machtpositionen überhaupt nicht berührt.

Daß die Auseinandersetzungen um die Bildung von Macht an Gewicht verlieren gegenüber den Institutionen und Organen, die Macht besitzen und ausüben, ist schließlich auch auf den gut organisierten Einfluß der großen Interessenverbände zurückzuführen. Sie können aufgrund eines geschäftsordnungsmäßig geregelten Zusammenspiels mit Parteien und Ministerien häufig ihre Interessen durchsetzen, ohne daß die öffentliche Bedeutung der entsprechenden Entscheidungen zu einer öffentlichen Auseinandersetzung führt. Da Parteien, Verwaltung und Verbände zudem in ein Verhältnis wechselseitiger personeller Verflechtung eingetreten sind, erweist sich dieses Entscheidungssystem als ebenso dauerhaft wie wirksam.

Die Gewichtsverschiebung zugunsten der Machtapparate in Staat, Parteien und Verbänden hat also einerseits den Zustimmungsgehalt der Macht gemindert. Zugleich ist dadurch andererseits auch die gleichberechtigte Beteiligung der Bürger fraglich geworden. Die über Beteiligung angestrebte Einflußnahme auf das politische Geschehen gelingt meist nur noch über die Verwaltung, also über den Machtapparat, und dabei befinden sich gut organisierte Gruppen und Verbände sowie die Vertreter wirtschaftlicher Interessen eindeutig im Vorteil. Gleichberechtigte Beteiligung scheitert weitgehend an den gesellschaftlichen, insbesondere den ökonomischen Voraussetzungen, denn vor allem im kommunalen Bereich zählt für die Entscheidungen der Verwaltung nicht so sehr die Zahl der Stimmen als vielmehr ihr politisches und wirtschaftliches Gewicht.

Unter dem Maßstab der politischen Form zeigt sich also, daß die Entwicklung der Demokratie eines Kurswechsels bedarf. Sie gewährt zwar nach wie vor mehr Freiheit als jede andere politische Ordnung; aber politische Selbstbestimmung ist unter ihrem Vorzeichen nur sehr unvollkommen gelungen, was in vielen Fällen nicht nur zu Ungleichheit, sondern auch zu Unfreiheit geführt hat. Dem kann nur dadurch begegnet werden, daß dem dynamischen Gehalt der politischen Form, der politischen Auseinandersetzung, wieder größeres Gewicht zukommt. Notwendige Schritte in diese Richtung sind: Stärkung der Position des Parlaments gegenüber der Exekutive, innerparteiliche Demokratisierung, Offenlegung des Verbandseinflusses auf Exekutive und Legislative sowie nicht zuletzt größere Beteiligungschancen für alle Bürger.

Der Bedeutungszuwachs des statischen Gehalts der politischen Form hat in den „westlichen" Demokratien bewirkt, daß die wirtschaftlich-sozialen Verhältnisse auf Kosten der Gleichheit aller Bürger an politischem Gewicht gewonnen haben. Während dies aber hier als Fehlentwicklung gekennzeichnet werden muß und als solche auch schon weithin erkannt worden ist, geht das politische Ordnungskonzept des Marxismus-Leninismus davon aus, daß primär die Eigentumsverhältnisse die gesellschaftliche und politische Ordnung bestimmen. Gegenüber der politischen Form tritt daher hier gleichsam die ökonomische Form, die Form der Eigentumsverhältnisse an den Produktionsmitteln, in den Vordergrund.

In systematischen Kategorien ausgedrückt heißt das: der formale Faktor wird bedeutungslos im Vergleich zu den beiden anderen Faktoren der Politik, dem materialen und dem personalen Faktor, d.h. den gesellschaftlichen Voraussetzungen und den politischen Persönlichkeiten. Der entscheidende Vorwurf, den der Marxismus bis hin zur Theorie des staatsmonopolitischen Kapitalismus gegenüber der bürgerlich-liberalen Demokratie erhebt, zielt denn auch darauf ab, daß dieses System lediglich „formal" demokratisch sei und die materiellen Voraussetzungen für Freiheit und Gleichheit völlig vernachlässige. Der Marxismus macht die Aufhebung der bestehenden Besitzverhältnisse und damit die Schaffung einer sozialistischen Gesellschaft zum obersten politischen Wert. Gegenüber dem damit angezeigten „objektiven" Interesse der Arbeiterklasse kann es keine konkurrierenden Einzel- oder Gruppeninteressen geben, der dynamische Gehalt der politischen Form (und damit letztlich diese selbst) wird überflüssig, weil es über das Ziel „sozialistische Gesellschaft" keine grundlegenden Konflikte geben kann, die auf Herstellung einer handlungsfähigen Einheit hin zu regeln wären.

Aufgrund dieser Betrachtungsweise, teilweise sicher auch aufgrund ihrer Entstehungsgeschichte, haben die „sozialistischen" Gesellschaften keine Form für die Regelung von Konflikten zwischen gegensätzlichen Interessen und Meinungen entwickelt. Sie können daher die unvermeidlich auftretenden Auseinandersetzungen allenfalls durch Einsatz eines Machtapparates zu unterdrücken oder durch die Dramatisierung äußerer Gefahren zu verschleiern versuchen[9]. In historischer Perspektive lag es nahe, die Form, durch welche politische Macht gebildet und ausgeübt wurde, in Frage zu stellen. Aber der Marxismus ist von daher zu einer grundsätzlichen Geringschätzung des formalen Faktors in der Politik verführt worden. Er hat zugleich ein Monopol an politischer Macht bei denjenigen begründet, deren Machtbesitz in politischen Auseinandersetzungen nicht mehr angezweifelt werden kann.

Die Wirklichkeit sozialistischer Verfassungen, die vorgeben, Rechte und Freiheiten nicht nur formal zu verkündigen, sondern auch materiell zu garantieren, zeigt die entscheidende Bedeutung des formalen Faktors. Sicher sind die materiellen Grundlagen für die Rechte des einzelnen in den „bürgerlichen"

---

[9] Vgl. *Mihailo Marković*, Widersprüche in Staaten mit sozialistischen Verfassungen, in: *Ch. Fenner – Bernhard Blanke* (Hrsg.), Systemwandel und Demokratisierung (Frankfurt a.M. – Köln 1975) 185.

Demokratien nicht gleichmäßig verteilt, politischer Einfluß ist nach wie vor sehr eng mit dem Verfügungsrecht über Eigentum verbunden. Insofern behält der Vorwurf des Marxismus seine kritische Kraft. Aber die Bedeutung, die hier der Form des Machtprozesses beigemessen wird, hat doch weit mehr konkrete Freiheit und Achtung der Menschenrechte garantiert als dort, wo die materiellen Voraussetzungen gleichmäßiger verteilt sind, aber die Einhaltung der Form dem (sozialistischen) Inhalt der Verfassung untergeordnet wird.

Mit dieser politischen Bewertung der politischen Form ist die theologische unmittelbar verknüpft. Da Gottes Rechte immer da angetastet werden, wo Menschenrechte außer Kraft gesetzt werden, kann es keine theologisch begründete Gleichgültigkeit gegenüber der politischen Form geben. Denn diese entscheidet im Hinblick auf die institutionelle Bedingtheit menschlichen Handelns und Verhaltens über einen verantwortlichen Gebrauch politischer Macht.

Literatur

O. Barbarino, Staatsform und politische Willensbildung (München 1949).
V. Brandes – J. Hoffmann – U. Jürgens – W. Semmler (Hrsg.), Staat (Politische Ökonomie: Handbuch 5) (Frankfurt a.M. – Köln 1977) (Lit.).
A. Brecht, Politische Theorie (Tübingen 1961).
R. Dahrendorf, Gesellschaft und Demokratie in Deutschland (München 1966).
M. Duverger, Demokratie im technischen Zeitalter (München 1973).
Ch. Fenner – B. Blanke (Hrsg.), Systemwandel und Demokratisierung. Festschrift f. O. K. Flechtheim (Frankfurt a.M. – Köln 1975).
C. J. Friedrich, Demokratie als Herrschafts- und Lebensform (Heidelberg 1959).
Ders., Politik als Prozeß der Gemeinschaftsbildung (Köln–Opladen 1970).
Ders., Verfassungsstaat der Neuzeit (Berlin – Göttingen – Heidelberg 1953).
B. Guggenberger, Wem nützt der Staat? Kritik der neomarxistischen Staatstheorie (Stuttgart 1974).
J. Habermas, Legitimationsprobleme im Spätkapitalismus (Frankfurt a.M. 1973).
F. A. Hermens, Verfassungslehre (Frankfurt – Bonn 1964).
H. H. Hofmann (Hrsg.), Die Entstehung des modernen souveränen Staates (Köln – Berlin 1967).
M. Imboden, Politische Systeme – Staatsformen (Basel – Stuttgart 1964).
Graf P. v. Kielmansegg (Hrsg.), Legitimationsprobleme politischer Systeme (Opladen 1976).
K. Löwenstein, Verfassungslehre (Tübingen 1959).
R. MacIver, The Web of Government (New York 1947).
K. Marx – F. Engels, Staatstheorie. Materialien zur Rekonstruktion der marxistischen Staatstheorie, hrsg. und eingeleitet von E. Hennig – J. Hirsch – H. Reichelt – G. Schäfer (Frankfurt a.M. 1974).
R. Miliband, Marx und der Staat (Berlin 1971).
D. Oberndörfer – W. Jäger (Hrsg.), Die neue Elite. Eine Kritik der kritischen Demokratietheorie (Freiburg i.Br. 1975).
A. Schwan – G. Schwan, Sozialdemokratie und Marxismus (Hamburg 1974).
R. Smend, Staatsrechtliche Abhandlungen (Berlin 1955).
O. Stammer, Politische Soziologie und Demokratieforschung (Berlin 1965).
H. Zilleßen, Protestantismus und politische Form (Gütersloh 1971).

Horst Zilleßen

III
Kriterien einer Ethik des Politischen

1. Exposition des Problems in der Neuzeit

a) Skizzierung der Problematik

Das Problem ethischer Normierung stellt sich wohl nirgends derart akut und pointiert wie in bezug auf die „Politik". Wird darunter nämlich der zentrale und uneingeschränkt öffentliche, d.h. alle Mitglieder eines sozialen Verbandes betreffende, aber in sich institutionalisierte und mithin ausgegrenzte *Bereich* und das dementsprechende *Handeln* verstanden, so ist unmittelbar evident, daß sich alles Politische allen Betroffenen gegenüber legitimieren muß. Denn als die *umfassende* und Einheit konstituierende Sphäre, die doch zugleich eine von den übrigen Lebensbereichen unterschiedene, *besondere* ist, eignet allen politischen Institutionen und Handlungen in deren Eigenständigkeit notwendigerweise der Charakter des Stellvertretenden. Jedes selbständige Handeln einiger weniger für alle, jede spezielle Einrichtung, die Allgemeinheit nicht nur repräsentiert, sondern handelnd herstellt, impliziert jedoch das Element der *Macht.* Und folglich spitzt sich die Frage nach einer ethischen Normierung der Politik unumgänglich auf das Problem der Rechtfertigung von Macht zu, die immer Zustimmung fordernde und mit Sanktionsgewalt zwingende Macht ist.

Wie aber sollen sich Politik und Macht vor der moralischen Einsicht aller Bürger je rechtfertigen können? Schließt nicht jede vom Gewissen geleitete Einsicht gerade Macht und Gewalt aus, insofern das Gewissen nicht nur der Macht nicht unterliegt, sondern in sich selbst unvertretbar und macht-frei ist? Die Diskrepanz zwischen Ethik und Politik, in welcher beide sich aufgrund ihres jeweiligen Eigengehalts gegen eine Vermittlung sperren, kam nicht erst der Gegenwart angesichts totalitärer, „gewissenloser" Staatssysteme zum Bewußtsein, sondern durchzieht die gesamte Geschichte der Neuzeit. Diese Diskrepanz und damit die neuzeitliche Qualität von Politik treten zu dem Zeitpunkt in die Helle des Bewußtseins, als die Notwendigkeit zur Beendigung der Konfessionskriege des 16./17. Jahrhunderts die Entstehung des modernen Staats erzwingt. Dieser moderne Staat ist durch zwei Momente charakterisiert: durch die politische Anerkennung der Gewissensfreiheit sowie durch das Gesetzgebungs- und Gewaltmonopol. Nicht nur bestimmt die Art und Weise, wie die Beziehung dieser beiden Momente sich gestaltet, die Form der Staatsverfassungen in der Neuzeit; sie enthält zugleich das Problem jeder neuzeitlichen Ethik des Politischen in sich.

b) Die Insuffizienz des vorneuzeitlichen, aristotelisch-stoischen Naturrechts

Der moderne Staat entzieht sich der Normierung durch das vorneuzeitliche aristotelisch-stoische Naturrecht. In diesem war impliziert, daß das Recht in seinen Grundprinzipien – eben als „Natur"-Recht – der Politik als deren Direktive vorgeordnet, mithin der Einwirkung politischen Handelns enthoben ist. Ist es *von* Natur, so heißt das: es ist das der Praxis der Menschen und damit der Willkür vorausliegende Geltende, das sich in allem Handeln, das nicht mit sich widersprüchlich und böswillig ist, letztlich kraft eigenen Gehalts durchsetzt. Als objektive, immer seiende Sozialordnung steuert und begrenzt es die Willkür menschlicher Rechtsetzungen[1]. Die grundlegende politische Erfahrung der Neuzeit besteht hingegen darin, daß das von Natur Rechte sich nicht eindeutig ausmachen läßt und sich darum als Regulativ für die politischen Zerwürfnisse nicht durchsetzt. In der Perspektive des aristotelischen Naturrechts ist darum der moderne Staat von Anfang an ein „künstliches" Gebilde. Sogar die öffentliche Geltung und Gewährleistung von Grund- oder Menschenrechten, deren Funktion, die private Sphäre der Persönlichkeit und der Interaktionen freizusetzen und gegenüber staatlich-politischen Eingriffen zu schützen, sind Ergebnis politischen Kampfes und basieren selbst auf einer *politisch*-rechtlichen Setzung, auf dem Akt der Verfassungsgebung[2].

Aus diesem Sachverhalt folgt jedoch gerade nicht, daß es keiner Normen für die Politik und folglich für das „positive Recht" bedürfte. Das Gegenteil ist der Fall: Politische Macht, die vor Recht ginge, Rechtlichkeit von sich ausschlösse, wäre nichts als Gewalt und darum eo ipso unsittlich. Allerdings können solche Normen nicht mehr als unabhängig von der Freiheit des Handelns bestehend gedacht werden und als „Recht" der Politik enthoben sein.

Die vorneuzeitliche Naturrechtslehre versteht Macht und herrschaftliche Gewalt als Konstanten, die – angelegt in der augenscheinlichen Ungleichheit der Menschen – für die *Einheit* des Zusammenlebens notwendig und darum „immer schon" (d.h. von Natur) gegeben sind[3]. Sie rechtfertigt die politische Macht nicht vor einem Begriff der Freiheit aller, sondern entzieht sie gerade deren Einwirkung: legitimiert sie insofern unmittelbar (d.h. von Natur) und folglich theologisch als von Gott verliehene. Insbesondere in ihrer altlutheri-

---

[1] Vgl. *G. Ellscheid*, Art. „Naturrecht", in: Handbuch philosophischer Grundbegriffe, hrsg. von H. Krings u.a. (Studienausgabe VI) (München 1973) 969ff.

[2] Sehe ich recht, so weicht die christliche Soziallehre oder -ethik noch immer der prinzipiellen Einsicht aus, daß Recht veränderlich, *politisch* veränderlich ist und daß das Unveränderliche im Recht (wie die Grundrechte des Grundgesetzes) auf einer politisch gesetzten Ausnahme beruht; vgl. die Naturrechtsdiskussion in der katholischen Soziallehre, aber auch die Bemühung um einen „Institutions"-Begriff in der evangelischen Sozialethik seit dem Zweiten Weltkrieg und dessen Aufnahme beispielsweise bei *E. Wolf*, Sozialethik (Göttingen 1975) § 10.

[3] Vgl. *M. Riedel*, Metaphysik und Metapolitik. Studien zu Aristoteles und zur politischen Sprache der neuzeitlichen Philosophie (Frankfurt a.M. 1975). Vgl. noch *J. Mausbach – G. Ermecke*, Katholische Moraltheologie III, 2. Tl. (Münster [9]1953) 13, 36f., 143f.

schen Version leitet sie alle Herrschaft von der im 4. Gebot von Gott gesetzten potestas patris familiae ab[4]. – Besteht jedoch in der Neuzeit – nach der Ausbildung des absolutistischen Machtstaates Hobbesscher Provenienz – die zentrale Aufgabe für jede Ethik des Politischen darin, Macht und Herrschaft normativ zu begrenzen und so auch zu rechtfertigen, dann muß die Not-Funktion von Herrschaft überhaupt erst aufgewiesen werden.

c) Das ungelöste Erbe der reformatorischen Zwei-Reiche-Lehre im Hinblick auf die neuzeitliche Problematik von Gewissensfreiheit und Staatsgewalt

Durch die Unterscheidung zwischen geistlichem und weltlichem Reich („regnum civile" oder „weltliches Regiment" und „regnum Christi"[5]) und durch die zugrunde liegende Differenzbestimmung zwischen iustitia civilis und iustitia Dei[6] hat die lutherische Lehre den politischen Bereich[7] strikt als eine äußere und äußerliche Sphäre („res externae") deklariert. Mit dieser Externalisierung der politischen Sphäre wird zunächst einmal die das Christentum seit seinen Anfängen bestimmende distanzierende Beschränkung des Politischen wiederholt und verschärft: die Politik umfaßt keineswegs das Ganze und ist nicht die Erfüllung des Menschseins[8]. Zum anderen wird damit die Innerlichkeit des Subjekts jeder äußeren Einwirkung entzogen und damit zugleich ein Bereich interner Freiheit erschlossen, die selbst dem eigenen Handeln vorausliegt und die der einzelne der Gnade Gottes verdankt[9]: die Dimension des welt-unabhängigen Gewissens ist frei-gesetzt.

Mit jener Restriktion und kategorischen Veräußerlichung hat die lutherische Reformation das „weltliche Regiment" nicht nur aus der kirchlich-theologi-

---

[4] Vgl. dazu die Auslegung des 4. Gebots seit Luthers Katechismen. Nach Melanchthon fordert das 4. Gebot den Gehorsam gegen alle Autorität (vgl. den Nachweis bei *E. Uhl,* Die Sozialethik Johann Gerhards [FGLP 5. Reihe IV] [München 1932] 37). Daraus resultiert auch das vormundschaftliche Verständnis aller Politik: der Herrscher handelt idealiter wie ein Vater (Melanchthon: CR 16, 439; ebenso *der* lutherische Theologe des 16. Jahrhunderts, *J. Gerhard:* vgl. *E. Uhl,* a.a.O. 92, 113). So noch *Ch. Wolff,* zitiert bei *K. Röttgers,* Andeutungen zu einer Geschichte des Redens über die Gewalt, in: Gewaltverhältnisse und die Ohnmacht der Kritik, hrsg. von O. Rammstedt (Frankfurt a.M. 1974) 167f. Erst *Kant* löst sich von dieser Vorstellung und bekämpft die „väterliche Regierung" als den „größte(n) denkbare(n) Despotismus" (Über den Gemeinspruch, Akad.-Ausg. VIII 291; *ders.,* Metaphysik der Sitten, Akad.-Ausg. VI 317). Zur Nachwirkung dieser Tradition selbst bei Kant vgl. *M. Riedel,* a.a.O. 274f.

[5] So z.B. CA XVI und ApCA XVI (BSLK 70.307).

[6] So z.B. CA XVIII und ApCA XVIII (BSLK 73.311).

[7] „Oberkeit und Regiment, idem ihr Recht und Strafe und alles, was dazu gehöret": ApCA XVI (BSLK 307).

[8] Das Desinteresse am Politischen als Grundzug des Christentums hat insbes. *H. Arendt* (Vita activa oder Vom tätigen Leben [Stuttgart 1960] 29, 59, 71 u.ö.) herausgestellt.

[9] Vgl. dazu *T. Rendtorff,* Menschenrechte und Rechtfertigung. Eine theologische Konspektive, in: Der Wirklichkeitsanspruch von Theologie und Religion. Festschrift f. E. Steinbach (Tübingen 1976) 162ff., insbes. 167–174.

schen Vormundschaft entlassen; sie hat es auch definitiv und vorrangig von der potestas her verstanden[10]. Andererseits blieb es theologisch eingebunden, indem es unbeschadet seiner selbständigen potestas der Normierung durch das „ius divinum et (!) naturale" unterstand und ihm in diesem Rahmen die „cura ... utriusque tabulae decalogi, quod ad externam disciplinam attinet" aufgetragen war[11], so daß seine vornehmste Pflicht und sein letzter Endzweck darin bestanden, die Kirche oder die wahre Religion zu schützen und zu fördern[12]. An der Aufgabe jedoch, diese Direktive durchzusetzen, d.h. unter Umständen auch zu erzwingen, mußte im Zeitalter der Konfessionskriege die „weltliche Obrigkeit", wie sie von der reformatorischen Ethik konzipiert wurde, scheitern. Am Ende des Streites um die öffentliche Verfassung des reformatorischen Christentums, den insbesondere die Reformationsgruppen in England ausgetragen haben, steht folgerichtig die *politische* Anerkennung der Gewissensfreiheit als eines jedermann zukommenden Bürgerrechts, aber auch die Ausbildung einer reinen, machthabenden Autorität des Staates, die nicht länger durch eine inhaltlich definierte und übergeordnete Instanz normiert ist.

2. *Das Spannungsfeld einer Ethik des Politischen: Freiheit, Allgemeinheit und Staatsmacht*

A) Der gedankliche und politische Kampf des Bürgertums gegenüber dem absolutistischen Staat erreichte in den modernen, „bürgerlichen" Staatsordnungen die Verfassungsgarantie der Menschen- oder Grundrechte. Damit ist geschichtlich erarbeitet:

1) Die verfassungsimmanente Ausgrenzung einer *privaten Sphäre* zur „freien Entfaltung" der Persönlichkeit und der menschlichen Lebensverwirklichung, die gegenüber staatlich-politischen Interventionen exemt ist, was zugleich eine erste Restriktion der Staatsmacht bedeutet.

2) Insofern die Menschen- oder Grundrechte „Gesetzgebung, vollziehende Gewalt und Rechtsprechung als unmittelbar geltendes Recht" binden (so GG Art. 1, Abs. 3), stellen sie nicht nur subjektive Rechte, sondern Ordnungsprinzipien der gesamten Staatsverfassung dar. Mit anderen Worten: mit der Institutionalisierung der Menschenrechte ist zugleich der moderne *Rechtsstaat* gesetzt.

3) In der Verbindung der Meinungs-, Versammlungs- und Koalitionsfreiheit

---

10 Vgl. *H. Schmid*, Die Dogmatik der evangelisch-lutherischen Kirche dargestellt und aus den Quellen belegt (Gütersloh ^{7}1893) 454f.

11 *M. D. Hollaz* (1707), zit. bei *H. Schmid*, a.a.O. 455.

12 Vgl. die Zitate aus *J. Gerhard* (1610–1625), *J. W. Baier* (1686) und *M. D. Hollaz* bei *H. Schmid*, a.a.O. 455f., und den Auszug aus *J. A. Quenstedt* (1685) bei *E. Hirsch*, Hilfsbuch zum Studium der Dogmatik. Die Dogmatik der Reformatoren und der altevangelischen Lehrer quellenmäßig belegt und verdeutscht (Berlin ^{3}1958) 369f.

(z.B. GG Art. 5, 8, 9) mit der Freiheit der Parteiengründung (GG Art. 21, Abs. 1) sowie in der Verbindung des Gleichheitsgrundsatzes (GG Art. 3) mit der Verfassungsbestimmung „allgemeiner, unmittelbarer, freier, gleicher und geheimer Wahl" (GG Art. 38) sind ferner die grundlegenden Strukturmomente des *demokratischen Staatsaufbaus* gegeben.

B) Die verfassungsmäßige Sanktionierung der Menschen- oder Grundrechte birgt aber auch zwei bislang dilemmatische Folgeprobleme in sich:

1) Gemäß ihrer Herkunft aus dem Liberalismus begründen die Menschenrechte von sich selbst her die Allgemeinheit des Staates nicht, sondern sie taugen nur, staatliche Macht zu begrenzen. Sie sind *individuelle* Freiheitsrechte, die an sich die Allgemeinheit und den Bereich politisch-sozialen Zusammenlebens nicht konstitutiv einschließen, und insofern sind sie vorpolitischer, ja vorsozialer Art. Die eingeräumte Freiheit wird dementsprechend verstanden als Spielraum individueller Willkür und damit der Beliebigkeit. So verstanden, haben die Grundrechte auch nur zum Inhalt, Menschenwürde und Menschenrechte gegenseitig zu respektieren – statt sie in Gemeinsamkeit zu praktizieren.

Verkannt wird damit, daß der einzelne, wenn er der Beliebigkeit ausgeliefert ist, nicht frei und daß er ohne transsubjektiven Gehalt, mit dem er sich identifizieren kann, nicht bei sich selbst und selbständig sein kann. Übersehen wird, daß Freiheit auf Anerkennung beruht. – Diese Verkürzung auf individuelle Willkür hat gravierende Konsequenzen: das Recht und folglich die staatliche Machtausübung in Rechtsetzung und -durchsetzung wird vorgestellt als Einschränkung individueller Freiheit. Das Recht dient so ausschließlich dazu, die Verträglichkeit der Willkür des einen mit der Willkür des anderen zu gewährleisten und ist darum eo ipso Zwangsrecht[13].

Wenn Freiheit selbst jedoch Recht, ja höchstes Recht ist, dann ist sie nur real in der kommunikativen (reziprok mitteilenden und Gemeinsamkeit bildenden) Anerkennung[14]. Der Begriff von Freiheit hätte mithin folgenden Bedingungen zu genügen: Er muß a) einen Öffentlichkeitsbereich freier, auch rechtlich geordneter Gemeinsamkeit zu erkennen geben und b) zugleich die Doppelsinnigkeit der individuellen Freiheit in Betracht ziehen, die sich immer auch willkürlich gegen die Allgemeinheit des Miteinanders verselbständigen und darin einseitige Herrschaftsausübung sein kann. Er muß von daher staatliches Recht in dessen Ambivalenz verstehen lassen, das realgewordener Ausdruck gemeinsamer Freiheit wie Einschränkung von „Freiheit" (im Sinne des Schutzes vor

---

[13] Vgl. zu diesem Rechtsbegriff *I. Kant*, Über den Gemeinspruch (Akad.-Ausg. VIII 289f., vgl. 292); *ders.*, Metaphysik der Sitten (Akad.-Ausg. VI 230–232, 488).

[14] *Hegel* hat die Sphäre der Allgemeinheit als eine reale mit dem Staat identifiziert. – Einleuchtend ist, daß noch die innerlichste Freiheit, man selbst zu sein, und so auch die Freiheit, nach seinem Gewissen zu handeln, entweder die Beständigkeit der politischen Sphäre heteronom voraussetzen oder ihre eigene Realisation in der öffentlichen (politischen) Sphäre der Allgemeinheit selbst wollen müssen – nicht zuletzt um in diesem Hinausgehen über seine Einzelheit selbst Bestand zu haben und nicht zu einer leeren, bloß subjektiven Fiktion zu verkommen.

partikularer Willkür) ist. Er muß den Staat aus der Relation auf die *Freiheit der Gemeinsamkeit* begründen und in seiner Erzwingungsgewalt als Notfall rechtfertigen.

2) Das liberale, ausschließlich individualistische Freiheitsverständnis hat eine doppelte Konsequenz für das Verhältnis des staatlich-politischen Handlungsbereichs zum gesellschaftlichen: Zum einen wird der gesellschaftliche Antagonismus partikularer Interessen, gerade in einer Demokratie, auf die staatliche Gesetzgebung und Rechtsdurchsetzung einwirken, somit die formale Allgemeinheit des Rechts korrumpieren und staatliche Macht für die jeweiligen Partikularinteressen funktionalisieren. Das Recht und die ihm dienende staatliche Macht stehen folglich immer in der Gefahr, lediglich zum „Recht" der gesellschaftlich Herrschenden und so zum Unrecht zu werden[15].

Zum andern zeigt sich, daß die staatliche Verfassungsgarantie der Grund- oder Menschenrechte keineswegs schon die Freiheit aller Bürger zu gewährleisten vermag. Wird nämlich die gesellschaftliche Entwicklung von der Rechtsordnung nur freigegeben, d.h. in ihre Willkürlichkeit entlassen, so entstehen Produktions- und Eigentumsverhältnisse, in denen die Mehrzahl trotz sämtlicher liberaler Grundrechte faktisch kaum Freiheit besitzt[16]. Infolgedessen wird der Staat in wachsendem Maß genötigt, in die gesellschaftlich-ökonomische Entwicklung einzugreifen und für soziale Ausgleichsgerechtigkeit Sorge zu tragen; er wandelt sich zum *Sozialstaat*. Die Kompatibilität von demokratischer Partizipation und Rechtsstaatlichkeit einerseits, sozialstaatlicher Planung andererseits aber ist bis heute nicht erwiesen[17]. – Auch an diesem „Knoten" der Geschichte hat eine gegenwärtige Ethik des Politischen zu arbeiten.

---

[15] Diese Erkenntnis hat bekanntlich *Marx* seit seiner „Kritik des Hegelschen Staatsrechts" (MEW I [Berlin-Ost 1970] 203ff.) eingeschärft. Doch überzieht Marx diese fundamentale Einsicht in einen tendenziell immer gegebenen Mißbrauch des Rechts, wenn er prinzipiell das Recht selbst aus dem Partikularinteresse der herrschenden Klasse erklärt. Denn damit ist die – zumindest formale – Allgemeinheit, die dem Recht als Strukturprinzip innewohnt, nicht erklärt.

[16] Vgl. zum gegenwärtigen Stand der Thematik: *E.-W. Böckenförde*, Entstehung und Wandel des Rechtsstaatsbegriffs und Die Bedeutung der Unterscheidung von Staat und Gesellschaft in modernen Sozialstaaten der Gegenwart, beides in: *ders.*, Staat, Gesellschaft, Freiheit. Studien zur Staatstheorie und zum Verfassungsrecht (Frankfurt a.M. 1976) 65ff. und 185ff.

[17] Das Problem signalisiert pointiert *P. Ricœur*, Das politische Paradox, in: *ders.*, Geschichte und Wahrheit (München 1974) 248ff., insbes. 268. Zur Problemlage vgl. ferner *H.-J. Arndt*, „Staat" und „Wirtschaft", in: StudGen 21 (1968) 712ff.; *F. W. Scharpf*, Planung als politischer Prozeß. Aufsätze zur Theorie der planenden Demokratie (Frankfurt a.M. 1973); *H. G. Nutzinger*, Kontrolle durch den Staat? Investitionslenkung als Mittel der Wirtschaftspolitik, in: Evang. Kommentare 10 (1977) 274ff.

3. Die Ambivalenz der Freiheit und deren Öffentlichkeit: der Begriff eines „Gemeinwesens" und der „Staat"

Keine ethische Normierung des Politischen ist noch legitim, die nicht in der Gewissensfreiheit und also in der Autonomie des Subjekts gründet. Doch wie ist die Freiheit des einzelnen zu denken, so daß von ihr her die Sozialität und die Sphäre öffentlicher Allgemeinheit begreiflich wird? Wir sahen, daß die Autonomie des Subjekts nicht nur in ethischer, sondern gerade auch in politischer Perspektive selbst fragwürdig ist: solange die öffentlich geltende Freiheit nur die Willkür aller ist, muß der Staat als ein Machtmonopol erscheinen und um des inneren Friedens und der Sicherheit willen kraft seiner Macht in Recht und Gesetz jene Willkür einschränken.

Die Willkür als die Beliebigkeit der Wahl jedoch ist selbst vom Zufall bestimmt, *irgend* etwas zu wollen; bringt sie sich aber zur Geltung, so konvergiert sie mit Gewaltausübung, versteht sie sich doch selbst als Durchsetzung des Eigenen gegen die anderen. Über die Zufälligkeit und Zwanghaftigkeit der Willkür erhebt sich der Wille nur dann zur Freiheit, wenn das, *was* er will, so beschaffen ist, daß er *darin* mit sich und mit den anderen identisch ist: nur im Wollen solcher Allgemeinheit kann der einzelne seiner Anerkennung als freies Wesen gewiß sein und kann ihm eben diese Anerkennung realiter durch den Willen des anderen zuteil werden. Weil Autonomie überhaupt erst im freien Wollen des Allgemeinen zu sich selbst kommt, darum *begründet* dieses Allgemeine die Kommunikation unter den Menschen und die gegenseitige Anerkennung[18]. Der einzelne ist auf dem Weg zur Freiheit gerade in der ethisch-sittlichen Selbstbestimmung, in der er die Transsubjektivität der Allgemeinheit in das eigene Interesse aufnimmt, um das partikular Eigene darein zu verwandeln. Solche Freiheit und solche Sittlichkeit ist darum eine christliche, weil ihre wahre und umfassende Allgemeinheit Gott selbst ist[19].

Hingegen erweist sich die individualistische, ausschließlich an der Egoität des einzelnen festgemachte Formierung der Autonomie, wonach diese die Allgemeinheit der anderen außer sich hat, als Verkürzung und darin als Depravation der Freiheit. Diese Reduktion liefert den einzelnen gerade der Anonymität einer abstrakt-allgemeinen Gesellschaft und einer ihm fremd gegenüberstehenden Staatsgewalt aus.

Doch das willkürliche Moment des Einzelsubjekts, sein „Auch-anders-

---

[18] Dieser Gedanke stellt den entscheidenden Einwand gegen alle Versuche dar, die Ethik *direkt* auf die Kommunikation oder auf den Diskurs zu gründen (J. Habermas, K.-O. Apel und die „Erlanger Schule"). Vgl. dazu *T. Koch*, Kommunikative Ethik?, in: NZsyThR 18 (1976) 180ff.

[19] Vgl. dazu auch den eben genannten Artikel, insbes. 191. – Diese Identität des Ziels und damit auch des Grundes moralischen Handelns mit Gott selbst hat die altlutherische Dogmatik in ihrer Weise ebenfalls zum Ausdruck gebracht: in der Gleichheit der Definition der iustitia für den Bereich des „weltlichen Regiments" (iustitia civilis) mit der iustitia als Gottesprädikat.

Können", läßt sich in keinem Begriff von Freiheit eliminieren; an ihm hängt sogar das subjektive Bewußtsein, frei zu sein. Um dieses Momentes willen sind alle Realisationen der Freiheit – auch und gerade der Freiheit in der Allgemeinheit – mit einer unaufhebbaren Zweideutigkeit behaftet und unterstehen sie alle noch einmal dem theologischen Kriterium der wahrhaften, für alle guten Allgemeinheit Gottes: sie sind Verwirklichungen des göttlich Guten unter den Menschen und zugleich Zeugnisse partikularer, antithetisch-herrschaftlicher Selbstbehauptung gegen andere.

Alle Gehalte des Gemeinsamen nun, die in derartiger Ambivalenz von Freiheit und Willkür durch Menschen erarbeitet werden, können für sich gesetzt, „objektiviert" und institutionalisiert werden. Solche Gehalte konstituieren bereits die Bezugsmitte der Primärgruppen. Insofern sie aber alle Mitglieder eines Sozialverbandes betreffen, definieren sie die Sphäre der *Öffentlichkeit*, und insofern sie für jene Gesamtheit eigens als verbindlich gesetzt und durchgesetzt werden, bilden sie die Inhalte des *Rechts*.

Das Recht selbst jedoch als eine Form von Allgemeinheit wurzelt darin, daß sich der autonome Wille, um sich vor der eigenen Willkür zu sichern, selbst das Recht geben muß; denn allein dadurch ist er vor sich selbst berechtigt, d.h. im Recht, daß er willentlich den anderen das gleiche Recht läßt und aktiv einräumt[20]. Aber bestehendes, geschichtlich gesetztes Recht ist immer auch Realisat nicht-überwundener Willkürlichkeit: ist immer auch Manifestation von Herrschaft und Gewalt. Darum ist es nicht nur veränderlich, sondern *soll* es verändert werden.

Nicht im Handeln selbst, sondern erst in der nachträglichen Reflexion des Gewissens, das sich an der wahrhaften Allgemeinheit Gottes ausrichtet, kommt zur Erkenntnis, ob und inwieweit bestehendes Recht Ausdruck gemeinsamer Freiheit oder Manifestation partikularer Interessengewalt ist. Denn das Gewissen affirmiert oder reprobiert das Bestehende im Rückblick – um vorblikkend das jetzt mögliche Gute zu erkennen. Entscheidet nun ein religiöses Gewissen, das über sich selbst aufgeklärt ist, so setzt es seinen bestimmten Entscheidungsinhalt noch einmal in Differenz zu dem, woran es ausgerichtet ist: so nimmt es den Zweifel an der Richtigkeit seiner Entscheidung in seine Entschiedenheit mit auf.

Der Gedanke der Freiheit im gleichen Recht aller ist im neuzeitlichen Verständnis von Öffentlichkeit und Recht nicht ausgeschöpft worden: sei es, daß die Gleichheit als eine *vor* dem Gesetz (liberalistisch), sei es als eine *durch* das Gesetz („sozialstaatlich") definiert wurde; immer aber ist die *Sphäre des Staates* und des staatlichen Rechts *abstrakt*. Ins Unbegriffene abgedrängt jedoch wurden

---

20 Zum Konnex von Autonomie und Recht vgl. auch *U. Arnold*, Überlegungen zum Verhältnis von Freiheit und Gesetz, in: Geschichte und System. Festschrift für E. Heintel (Wien – München 1972) 125f.

die kommunikative Praxis und die soziale Lebenswelt, in der die Menschen – in mehr oder minder fest institutionalisierten, vor-staatlichen Gruppierungen – ihre Erfahrungen austauschen, gemeinsame Handlungsziele entwickeln und sich in der gegenseitigen Verständigung und Anerkennung selbst definieren. Eine solche Öffentlichkeitsphäre kommunikativ-kommunitärer Allgemeinheit – eine solche Sphäre des „Gemeinwesens", jenseits der ökonomisch determinierten Gesellschaft und diesseits des Staates mit seinem abstrakt-allgemeinen Recht und mit seiner Herrschaftsmacht – realisiert die Gleichheit nicht lediglich formal; vielmehr wird in ihr jedem als Person mit einer spezifischen Biographie und mit individuellen Erfahrungen dadurch das gleiche Recht zuteil, das er als dieser mitgewollt und Gegenstand des Interesses ist. In dieser Sphäre hätte auch der Glaube und hätten auch die Kirchen einen Ort angemessener Darstellung: eben einen öffentlichen und nicht bloß einen privaten.

Der Staat mit seinem Recht und mit seinen machthabenden Organen hat die Aufgabe, jene Sphäre des Gemeinwesens zu schützen und ihre Ausbildung zu fördern. Er hat ausschließlich in den Fällen in sie einzugreifen, in denen sich in ihr selbst die Willkür der Gruppeninteressen und die gegen die Allgemeinheit sich verschließenden Partikularismen verfestigen. In ihrer jeweiligen Spezifik wird die nie endgültig zu behebende Zweideutigkeit staatlicher Gewalt und staatlichen Rechts überhaupt erst kenntlich durch deren Bezogenheit auf die dem Staat vorausliegende Sphäre des Gemeinwesens, auch wenn diese selbst wiederum durch Willkür gefährdet ist. – Zur Entwicklung einer eigenen öffentlichen Sphäre des „Gemeinwesens", d.h. der entpartikularisierten, allgemein-gemeinsamen Lebenspraxis, und zur Relativierung des Staates auf diese soziale Welt beizutragen, das müßte das Ziel einer christlich normierten Politik sein.

Literatur

F. Böckle – E.-W. Böckenförde (Hrsg.), Naturrecht in der Kritik (Mainz 1973).

H. Büchele, Christsein im gesellschaftlichen System. Sozialethische Reflexionen über den Zusammenhang von Glaube und sozio-ökonomischen Strukturen (Wien 1976).

S. Katterle, Sozialwissenschaft und Sozialethik. Logische und theoretische Probleme praktischer Sozialwissenschaften, besonders christlicher Soziallehren (Wissenschaft und Gesellschaft V) (Göttingen 1972).

J. Mausbach – G. Ermecke, Katholische Moraltheologie III, 2. Tl. (Münster [9]1953).

R. Niebuhr, Christlicher Realismus und politische Probleme (München 1956).

P. Ricœur, Geschichte und Wahrheit (München 1974).

H.-H. Schrey, Einführung in die evangelische Soziallehre (Darmstadt 1973) §§ 7–11 (Lit.).

B. Schüller, Die Begründung sittlicher Urteile (Düsseldorf 1973).

H. Thielicke, Theologische Ethik II/2 (Tübingen [2]1966).

H.-D. Wendland (Hrsg.), Politik und Ethik (Wege der Forschung 139) (Darmstadt 1969).

G. Winter, Grundlegung einer Ethik der Gesellschaft (Gesellschaft und Theologie. Abt. Sozialwissenschaftliche Analysen Nr. 3) (München – Mainz 1970).

E. Wolf, Sozialethik (Göttingen 1975).

Traugott Koch

Zweites Kapitel
Politik

I
Der politische Auftrag der Kirchen

Die Kirchen stellen allein durch ihr Dasein einen politischen Faktor dar. Denn eine Gemeinschaft von Menschen, die beansprucht, sich nach der ihrem religiösen und kirchlichen Auftrag gemäßen Lebensform zusammenzufinden, stellt politische Ansprüche in Frage, sofern diese vollständig oder bestimmten ideologischen Vorstellungen gemäß Menschen in Beschlag nehmen wollen. Darüber hinaus können sich Kirchen vor die Notwendigkeit gestellt sehen, sich zu politischen Sachverhalten ausdrücklich zu äußern, wertend und urteilend Stellung zu nehmen und ihren Kirchengliedern wie der gesamten Gesellschaft Handlungsvorschläge und -anweisungen mitzuteilen. Dabei besteht unbestreitbar die Gefahr, daß Kirchen sich in den Dienst ihnen fremder politischer Zwecke stellen und mißbrauchen lassen und nicht „die Botschaft von der freien Gnade Gottes" (Barmen VI) an alles Volk ausrichten. Diese Gefahr des politischen Mißbrauchs kirchlichen Auftrags gilt es zu sehen. Dennoch kann eine Kirche, welche die Menschenfreundlichkeit Gottes verkündet, nicht zur Beeinträchtigung und Mißachtung der Würde des Menschen schweigen.

1. Die Problemlage

Die Wahrnehmung des politischen Auftrags durch die Kirchen enthält eine Reihe methodischer und sachlicher Schwierigkeiten. Strittig kann sein: die Beurteilung des in Frage stehenden politischen Sachverhalts als solche; worin sachlich der besondere Beitrag der Kirche zur Klärung oder Lösung politischer Problematik bestehen soll; *wie*, auf welche Weise, mit welchen Methoden die Kirche einen sinnvollen Beitrag leisten kann. Sachfragen und Differenzen hinsichtlich der Modalität der Durchführung des kirchlichen Auftrags können sich dabei überschneiden. Weiterhin können Spannungen zwischen der Loyalität der

Partikularkirchen gegenüber nationalen oder regionalen Interessen und ihrer Verpflichtung zu ökumenischer, weltweiter Gemeinschaft auftreten.

a) Als Beispiel sei verwiesen auf die Diskussion um das Anti-Rassismus-Programm des Ökumenischen Rates der Kirchen (PRC = Programme to Combat Racism). Alle dem Ökumenischen Rat der Kirchen (ÖRK) angehörenden Kirchen, wie in gleicher Weise die römisch-katholische Kirche, sind sich darüber einig, daß die Propagierung und Praxis von Rassismus christlichem Glaubensverständnis widerspricht. Unbestritten war auch das Recht des ÖRK, Initiativen zur Bekämpfung und Überwindung des Rassismus zu ergreifen. Umstritten war damals allein die Einrichtung eines Sonderfonds und dessen inhaltliche Begründung durch einen Beschluß des Exekutivausschusses des ÖRK am 2. September 1970 in Arnoldshain. Als Zeichen der Solidarität wurde beschlossen, einen Sonderfonds zu schaffen, aus dem Organisationen, welche den Rassismus bekämpfen, Geldspenden erhalten sollen, welche sie ohne Kontrolle verwenden können, freilich unter der Auflage, sie nur zu humanitären Zwecken zu verwenden. Unter den Zuwendungsempfängern waren Befreiungsbewegungen, die im aktiven Kampf gegen die weißen Kolonialmächte im südlichen Afrika, in Mozambique, Angola, Rhodesien standen. Umstritten war die Berechtigung der Vergabe dieser Gelder unter verschiedenen Gesichtspunkten, so z.B. ob dafür eine Verwendung von Kirchensteuermitteln zulässig sei, ob man kirchliche Gelder ohne Kontrolle ihrer Verwendung vergeben dürfe und ob man damit nicht indirekt Waffenkäufe finanziere. Vor allem zwei Gesichtspunkte traten in der Diskussion in der Öffentlichkeit und in den Landeskirchen der Bundesrepublik in den Vordergrund.

b) Strittig war, ob Kirchen politische Organisationen, Befreiungsbewegungen zum Partner kirchlicher Aktionen machen könnten oder ob die Partner von Kirchen nicht wiederum nur Kirchen sein sollten. Denn hier stellte sich die Frage, inwieweit Kirchen sich mit Zielen und Methoden politischer Bewegungen identifizieren können und dürfen. Die Diskussion wurde durch eine Resolution des Zentralausschusses des ÖRK in Addis Abeba vom 18. Januar 1971 zu einem vorläufigen Abschluß gebracht.

Der Zentralausschuß „ist der Ansicht, daß die Kirchen stets auf der Seite der Befreiung der Unterdrückten und der Opfer von Gewaltmaßnahmen, die grundlegende Menschenrechte verletzen, stehen müssen. Er weist auf die Tatsache hin, daß in vielen Fällen Gewalt der Aufrechterhaltung des Status quo inhärent ist. Dennoch kann und will der ÖRK sich nicht vollständig mit einer politischen Bewegung identifizieren, noch richtet er die Opfer des Rassismus, die zwangsläufig zur Gewalt greifen, weil sie die ultima ratio zur Wiedergutmachung erlittenen Unrechts ist und somit den Weg zu einer neuen, gerechteren Sozialordnung öffnet.“[1]

---

[1] Zitiert nach *K. M. Beckmann* (Hrsg.), Anti-Rassismus-Programm der Ökumene 216f.

c) Neben der Frage der Identifikation und Solidarisierung von Kirchen mit politischen Bewegungen war in der Bundesrepublik umstritten, ob die Kirche überhaupt Organisationen unterstützen dürfe, welche Gewalt anwenden oder zur Gewaltanwendung aufrufen und bereit sind.

2. *Die Gewaltproblematik*

a) Das Anti-Rassismus-Programm gab Anlaß zu einer breiten Erörterung der Gewaltthematik sowohl in der EKD wie auch in der Ökumene. Bei der Erörterung stellt sich eine Reihe von Schwierigkeiten ein: Einmal ist der Begriff „Gewalt" kaum gegen verwandte Begriffe, wie Herrschaft, Macht, Autorität, klar abzugrenzen und präzis zu definieren. „Gewalt" kann auch ausgeübt werden, ohne daß direkte physische Einwirkungen gegen Menschen, also Verletzung oder Tötung von Menschen, erfolgten. Einschüchterung, psychischer Druck, Drohung sind bereits schon Mittel der Gewalt, verstanden als Unterdrückung oder Beeinträchtigung von Menschen. Sodann verbindet sich die Gewaltfrage mit dem Staatsverständnis, mit der Zuweisung des „Monopols legitimer physischer Gewaltsamkeit" (Max Weber)[2] an den Staat. Rechtsstaat, Legitimation von Herrschaft, die Achtung der Menschenrechte sind ebenso mitzubedenken wie die Themen politischer Widerstand, Widerstandsrecht, Revolution und damit des Bürgerkrieges und des Krieges. Schließlich wurde die Diskussion erschwert und teilweise verwirrt durch die Unterscheidung zwischen direkter und indirekter Gewalt und durch den Begriff „institutionalisierte Gewalt", den das Dokument „Frieden" der lateinamerikanischen katholischen Bischofskonferenz in Medellín im September 1968 prägte. Sie nennt „institutionalisierte Gewalt" (man spricht auch von „struktureller Gewalt") eine „Situation der Ungerechtigkeit", „weil die gegenwärtigen Strukturen fundamentale Rechte verletzen"[3]. Gewaltherrschaft dient hier dem Schutz und der Aufrechterhaltung sozialer Ungerechtigkeit. Nun ist freilich auch jede Staats-„Gewalt" „institutionelle" Gewalt, insofern Polizei (und in manchen Ländern auch das Militär) durch „Androhung und Ausübung von Gewalt" (Barmen V) den innerstaatlichen Frieden wahren und Gewalttätigkeit der Bürger verhindern soll. Man kann daher die Gewaltfrage weder unabhängig vom gesellschaftlichen Kontext erörtern noch dabei absehen von der Erkennbarkeit manifester sozialer Ungerechtigkeiten und Verletzungen fundamentaler Menschenrechte.

Für die folgenden Überlegungen soll Gewalt im eingeschränkten Sinne als

---

[2] *M. Weber*, Gesammelte Politische Schriften (Tübingen [3]1971) 506.

[3] Zitiert nach *E. Feil – R. Weth* (Hrsg.), Diskussion zur ‚Theologie der Revolution' (München – Mainz [2]1971) 361.

Anwendung physischer Gewaltmittel (Waffengewalt, Brachialgewalt und dergleichen) bezeichnet werden.

b) Die „theologische Thesenreihe zu sozialen Konflikten“ „Gewalt und Gewaltanwendung in der Gesellschaft“, welche die Kammer der EKD für öffentliche Verantwortung 1973 als Beitrag zur öffentlichen Diskussion veröffentlicht hat, sucht der Komplexität des Problems ebenso Rechnung zu tragen wie der Unterschiedlichkeit der gesellschaftlichen und politischen Verhältnisse in den verschiedenen Ländern und Regionen. Sie sucht zum einen für die Diskussion in der Bundesrepublik verständlich zu machen, daß in Situationen der Ungerechtigkeit die Anwendung von Gewalt unvermeidlich sein kann. Zugleich aber betont sie, daß dort, wo eine rechtsstaatliche Ordnung gewährleistet ist und die Möglichkeit gesellschaftlicher Veränderungen auf friedlichem Weg besteht, keinerlei Grund vorhanden ist, den Gebrauch von Gewalt sittlich, politisch und rechtlich zu legitimieren. Die Alternative zur Gewalt sind rechtsstaatliche und demokratische Garantien und die Offenheit eines politischen Systems für gewaltlose Veränderungen.

Die Überlegungen beabsichtigen deswegen zweierlei: zum einen sollen die ethischen Bedenken gegen Gewaltanwendung in Erinnerung gerufen und damit zur Gewaltminimierung und zur Kritik der Gewaltverherrlichung gemahnt werden; zum anderen soll aber zugleich verdeutlicht werden, daß die Forderung nach einem Gewaltverzicht keineswegs dahingehend zu verstehen ist, daß ungerechte Verhältnisse einfach passiv hinzunehmen sind. Die Thesenreihe geht vielmehr von dem weithin in der Individualethik anerkannten Grundsatz aus, „daß bei einem unmittelbaren und gewaltsamen rechtswidrigen Angriff auf die Person der Angegriffene ein Recht zur Notwehr und jeder Dritte ein Recht zur Nothilfe hat“ (These 2). Auch wenn eine gesellschaftliche Notwehrsituation schwerer zu erkennen und zu bestimmen ist und von ihr mehr Menschen betroffen sind, so ist dennoch die Übertragung des individualethischen Grundsatzes auf die Sozialethik möglich. Auch das Gewaltmonopol des Staates hat nämlich seine Grenzen an der Respektierung von Menschenrechten und fundamentaler Gerechtigkeitsforderungen (These 5). Die Gewaltproblematik verbindet sich hier mit dem Widerstandsrecht. Gewaltanwendung kann nur ultima ratio sein. „Gewaltanwendung setzt wegen ihrer prinzipiellen Gefährlichkeit voraus, daß ohne sie eine Änderung unmenschlicher Lebensumstände ausgeschlossen ist. Sie kann also erst dann ernstlich in Betracht gezogen werden, wenn alle anderen Wege zur Besserung der Verhältnisse versagt haben oder doch völlig aussichtslos sind. Selbst dann müssen noch weitere Bedingungen erfüllt sein: Es muß ein realisierbares Konzept einer neuen, funktionsfähigen Ordnung vorhanden sein, die die bekämpfte alte Ordnung ersetzen kann. Die angestrebte Ordnung muß ihrerseits am Gedanken der Menschenrechte ausgerichtet sein und auch den bisherigen Unterdrückern Lebensraum gewähren. Die Gewaltanwendung muß ein erfolgversprechendes Mittel zu dem festumrissenen Zweck sein, eine bestehende gewaltsame Unterdrückung in überschaubarer Zeit zu beseitigen" (These 10). Die Thesenreihe bezieht am Schluß die theologische Deutung der Gewaltanwendung auf das christliche Verständnis des Menschen und interpretiert die Tatsache, daß faktisch Gewaltanwendung geschieht, als Zeichen der Schuldverstrickung der Menschen. Sie verweist ferner auf das Gebot der Nächsten- und Feindesliebe und der Versöhnung als ein Christen angebotenes Verhalten, den Teufelskreis von Gewalt und Gegengewalt aufzubrechen.

c) Sachlich zu demselben Ergebnis wie die Studie aus der Bundesrepublik kommt eine ökumenische Studie „Gewalt, Gewaltfreiheit und der Kampf um soziale Gerechtigkeit"[4]. Sie betont noch stärker den umfassenden Kontext der Gewaltfrage, nämlich den Kampf um soziale Gerechtigkeit. Gewaltfreiheit darf nicht verwechselt und gleichgesetzt werden mit bloßer Passivität, Duldung von Ungerechtigkeit und Mangel an Engagement. Daß faktisch Gewalt geschieht, bringt Christen in Gewissenskonflikte. Die Gewaltfrage ist für sie kein abstraktes, theoretisches Problem, sondern nötigt zu existentiellen Entscheidungen. Bei aller Einigkeit in der Ablehnung bestimmter Formen und bestimmter Rechtfertigungen, Legitimationen von Gewaltanwendung besteht jedoch ein grundsätzlicher Gegensatz in der Beurteilung der Frage, ob Christen durch ihre Bindung an den gekreuzigten Christus nicht jede Gewaltanwendung überhaupt untersagt sei. Das Dokument des ÖRK vermag diese Aporie nicht zu lösen und zu beseitigen. Es stellt deshalb lediglich die drei Grundpositionen nebeneinander dar: die Auffassung, „daß die gewaltfreie Aktion die einzige Möglichkeit darstellt, die sich mit dem Gehorsam gegenüber Jesus Christus vereinbaren läßt" (28a, 544); die Bereitschaft, „unter extremen Bedingungen den gewaltsamen Widerstand als notwendig und als christliche Pflicht zu akzeptieren", wofür sehr enge Kriterien angegeben werden (28b, 544); die Teilnahme an einem in Gang befindlichen Kampf um Gerechtigkeit, weil die Situation von Gewalt beherrscht wird und vor dem Aufhören von Gewalt erst eine relativ gerechte Ordnung geschaffen sein muß. Die Aporie wird sodann verdeutlicht, indem von jeder dieser drei Positionen Fragen an die anderen Positionen gerichtet werden. Das ethische Dilemma wird darin sichtbar, daß Gewalt unmenschlich ist, daß aber ebenso der Verzicht auf Gewalt bewirken kann und bewirkt, daß Unmenschlichkeit durch unmenschliche Verhältnisse geschaffen und gesichert wird. Aus diesem vorgegebenen Dilemma ergibt sich die alternative Stellungnahme zur Gewalt: Die Großkirchen lassen Gewaltanwendung als ultima ratio zu; die historischen Friedenskirchen und einzelne Glieder oder auch Gruppen innerhalb der Großkirchen fordern von den Christen einen prinzipiellen Gewaltverzicht.

d) Auch Papst Paul VI. vertritt in der Enzyklika „Populorum progressio"

---

[4] Ökumenische Rundschau 22 (1973) Nr. 4, 533–548.

(1967) sowohl eine Ablehnung von Gewaltanwendung um der Würde des Menschen willen wie die Einsicht, daß sie in Extremfällen unvermeidbar werden kann: „Jede Revolution – ausgenommen im Fall der eindeutigen und lange dauernden Gewaltherrschaft, die die Grundrechte der Person schwer verletzt und dem Gemeinwohl des Landes ernsten Schaden zufügt – zeugt neues Unrecht, bringt neue Störungen des Gleichgewichts mit sich, ruft neue Zerrüttung hervor. Man kann das Übel, das existiert, nicht mit einem noch größeren Übel vertreiben" (Nr. 31).

e) Die Auseinandersetzung mit der Gewaltproblematik ist ein genuin kirchlicher Auftrag. Seelsorgerliche, ethische Motive sowie christliche Deutungshilfen – Gewalttätigkeit und Ungerechtigkeit sind Sünde – und nicht zuletzt die Situation der betroffenen Kirchenglieder nötigen Kirchen zu einer Stellungnahme. Dabei können im Einzelfall die Vielzahl der zu berücksichtigenden Aspekte wie die Zweideutigkeit und Komplexität der vorliegenden Situation zu gegensätzlichen Optionen und Parteinahmen führen, welche auch die Gemeinschaft innerhalb einer Kirche oder zwischen Kirchen belasten können; sie können auch zu einer Einsicht in das Aporetische solcher Situationen führen, die über das ethische, politische, soziale Engagement hinausweist auf einen Glauben an und ein hoffendes Vertrauen auf Gott, welches gerade in politischer Verlegenheit den kirchlichen Auftrag der Verkündigung des Evangeliums vernehmen läßt.

3. Menschenrechte

a) Als Maßstab und Orientierung kirchlichen Handelns und Urteilens in der Gewaltfrage wurden die Menschenrechte genannt. Ohne die Thematik der Menschenrechte im ganzen hier anzusprechen, sind doch zum Verständnis des kirchlichen Eintretens für die Menschenrechte einige Erläuterungen unumgänglich. Die Frage, inwieweit Menschenrechte mehr als ethische Appelle sind, nämlich subjektiv-öffentliche Rechte, deren Erfüllung der einzelne einklagen kann, muß hier ebenso offenbleiben wie die weitere Frage, ob Menschenrechte erst durch innerstaatliche Rechtsetzung zu Rechten werden oder ob sie vorstaatliche oder überstaatliche Rechte sind und wie sie als solche geltend zu machen sind, etwa mit Hilfe des Völkerrechts. Es sollte jedenfalls nicht übersehen werden, daß auch die Kirchen ein elementares Interesse an der Rechtsverbindlichkeit von Menschenrechten und an Institutionen haben müssen, welche die Menschenrechte wahren. Unberücksichtigt soll hier auch bleiben, wie die Menschenrechte zu theologischen Traditionen, etwa des Naturrechts, sich verhalten und welche Bedeutung die „Weltlichkeit", Säkularität, der von einer sich von kirchlicher Autorität emanzipierenden Aufklärung gestalteten Idee der Menschenrechte auch für christliche Ethik hat. Es geht an dieser Stelle nicht um eine theologische Deutung der Menschenrechte, sondern um den Umgang der

Kirchen mit den Menschenrechten. Dieser Umgang der Kirche mit den Menschenrechten läßt sich nur sachgerecht beurteilen, wenn man beachtet, daß das Grundverständnis der Menschenrechte strittig ist. Zwischen einem individualistischen Verständnis der Menschenrechte, wie es der klassische Liberalismus vertrat und wonach Menschenrechte Freiheitsrechte des Individuums, Abwehrrechte gegenüber dem Staat sind, und einem sozialistischen Verständnis, wonach Menschenrechte Teilhaberechte des einzelnen an sozialen Gewährleistungen der Gesellschaft sind, denen entsprechende Pflichten korrespondieren und die die Freiheit des einzelnen einschränken, klafft ein tiefreichender Unterschied. Ausgangspunkt ist beide Male ein ganz unterschiedliches Gesamtverständnis der Gesellschaft und der Stellung des Menschen in der Gesellschaft. Der Unterschied tritt völkerrechtlich zutage in den beiden Menschenrechtskonventionen der Vereinten Nationen von 1966, dem „Internationalen Pakt über wirtschaftliche, soziale und kulturelle Rechte" und dem „Internationalen Pakt über staatsbürgerliche und politische Rechte"; er beherrscht die internationale Diskussion zwischen den ideologischen Blöcken. In der Tat sind die negativen Abwehrrechte auch leichter durch den Staat einzulösen als soziale Teilhaberechte. Mit dem Unterschied im Menschenrechtsverständnis verbinden sich weiterhin häufig Forderungen der Entwicklungsländer nach weltweiter sozialer Gerechtigkeit. Forderungen nach sozialer Gerechtigkeit werden dabei als Menschenrechte erklärt. Ulrich Scheuner hat dagegen kritisch eingewandt, man müsse einer Auflösung der Menschenrechte in eine allgemeine Bezeichnung für soziale Forderungen widerstehen und an einem klaren und begrenzten Umriß dieses Begriffs festhalten. „Probleme, wie die einer Neuordnung der wirtschaftlichen Beziehungen unter den Völkern und Änderung der Handelsbedingungen oder Fragen der Entwicklungshilfe können nicht von den Grundgedanken der Menschenrechte her erfaßt werden, sondern stellen politische Aufgaben dar, die von anderen Gedanken her zu bewältigen sind."[5] Die Warnung vor einer Überanstrengung des Gedankens der Menschenrechte verdient Beachtung. Gleichwohl ist eine scharfe Trennung nicht möglich, weil das Überleben Voraussetzung aller anderen Menschenrechte ist und ohne Erhaltung der Natur (Umweltschutz) und einer Gesellschaft, die den Menschen ein menschenwürdiges Leben ermöglicht, auch Menschenrechte nicht zur Geltung kommen können.

b) Die ökumenische Diskussion um die Menschenrechte steht *in* den Kontroversen über das richtige Verständnis der Menschenrechte, nicht *über* ihnen. Gerade im ökumenischen Gespräch wird daher die Partikularität mancher Menschenrechtsinterpretationen sichtbar. Persönliche Freiheit, sozialer Ausgleich und politische Teilnahme sind drei gleichermaßen und gleichzeitig zu beachtende Aspekte der Menschenrechte. Sie bedingen und ergänzen sich wechsel-

---

[5] *U. Scheuner*, Die Menschenrechte in der ökumenischen Diskussion, in: Ökumenische Rundschau 24 (1975) 152–164, hier 159.

seitig. Weiterhin ist zu vermeiden, daß unter Berufung auf Theologumena eine einzige bestimmte Auffassung der Menschenrechte als *die* christliche legitimiert wird. Dies schließt einen kritischen Umgang von Christen mit bestimmten Auffassungen von Menschenrechten nicht aus. Aber dieser Umgang fragt nicht nach der christlichen Legitimation oder christlichen Herkunft von Menschenrechten, sondern mißt sie an ihrem eigenen Anspruch, die Menschenwürde zu wahren.

c) Angesichts dieser Diskussionslage ist das Bemühen einer ökumenischen Konsultation in St. Pölten zu würdigen, einen knappen Katalog elementarer Rechte zu formulieren, die *vor* aller unterschiedlichen Interpretation der Menschenrechte im einzelnen allgemeine Geltung haben sollen und beanspruchen können. Diese Basisrechte beruhen auf „basic needs" des Menschen. Zu diesem Mindeststandard zählen ein grundlegendes Recht des Menschen auf Leben, ein Recht, sich kultureller Identität zu erfreuen und diese zu erhalten, ein Recht auf Teilhabe, Partizipation an den Entscheidungsprozessen in der Gemeinschaft, ein Recht auf eigene, auch abweichende Meinung, ein Recht auf persönliche Würde, wozu das Verbot der Folter und einer Haft ohne Gerichtsverfahren gehört, und schließlich ein Recht, sich frei für eine Religion oder einen Glauben zu entscheiden[6]. Fast dieselben Basisrechte zählt die „Botschaft über Menschenrechte und Versöhnung" der römischen Bischofssynode vom Oktober 1974 auf: 1. das Recht auf Leben, 2. das Recht auf Nahrung, 3. die sozio-ökonomischen Rechte, 4. die politischen und kulturellen Rechte, 5. das Recht auf Religionsfreiheit[7]. Diese Einigung auf gemeinsame Grundelemente eines modernen Menschenrechtsverständnisses müßte ein gemeinsames Eintreten der Kirchen für die Verwirklichung der Menschenrechte ermöglichen und könnte auch über die bloße Gegenüberstellung von individuellen und sozialen Menschenrechten hinausführen (vgl. 3d).

Auf dieser Grundlage läßt sich auch das Engagement der Ökumenischen Bewegung für die Achtung der Menschenrechte zureichend begründen, wie dies der Bericht der Sektion V „Strukturen der Ungerechtigkeit und der Kampf um Befreiung" der 5. Vollversammlung des ÖRK in Nairobi fordert. Die sechs in St. Pölten erwähnten Basisrechte sind auch in Nairobi Grundlage des Berichts geworden. Neben Sexismus, Mißachtung der Frauen und Rassismus sind Verletzungen der Menschenrechte ein Grundübel der Gegenwart. Der Ökumenischen Bewegung geht es weniger um ein theoretisches Verständnis der Menschenrechte als um deren praktische Anwendung. Darum wird die Aufgabe der Kirchen hauptsächlich auf dem Feld der Bewußtseinsbildung, der Information und der Aufklärung wie in Aktionen gegen Menschenrechtsverletzungen gesucht. Wichtig ist dabei die Schaffung juristischer Institutionen, eines „Instrumentariums", welche auf nationaler und internationaler Ebene die Menschen-

---

[6] Bericht der Gruppe 3 in St. Pölten, zit. nach epd-Dokumentation Nr. 5 (20. 1. 1975) 44.
[7] HerKorr 28 (1974) 624f.

rechte verteidigen und fördern[8]. Kirchen sollten über die Kommunikation der Kirchen untereinander hinaus ein besonderes Augenmerk richten auf die staatliche und internationale Rechtsordnung. Alle Staaten haben mit dem Beitritt zu den Vereinten Nationen überdies die Allgemeine Erklärung der Menschenrechte von 1948 anerkannt; entscheidend ist nun, diese in gesellschaftliche Praxis umzusetzen.

d) Die weltweite Perspektive kann auch einer falschen Entgegensetzung von individuellen und sozialen Menschenrechten wehren. Sicherlich bestehen in den unterschiedlichen Gesellschaftssystemen unterschiedliche Akzentuierungen. Das Recht auf Eigentum wird in einer Gesellschaft mit sozialisierten Produktionsmitteln eine andere Ausformung erfahren als in einer Gesellschaft, die das Privateigentum an Produktionsmitteln schützt. Gleiches gilt vom Recht auf Arbeit. Nur ein Staat, der selbst Eigentümer der Produktionsmittel ist, kann einen *bestimmten* Arbeitsplatz zuweisen. Ein Staat, dessen gesellschaftliche Verfassung die Produktionsmittel in Privathand beläßt, kann nur das Recht auf freie Wahl des Arbeitsplatzes und Berufes sichern (das im anderen Fall nicht immer unbedingt gewahrt wird!) und gegen die Risiken der Arbeitslosigkeit durch den Rechtsanspruch des Arbeitslosen auf staatliche Unterstützung schützen. Der Einfluß der gesellschaftlichen Strukturen auf die Ausgestaltung der Menschenrechte ist unverkennbar. Dennoch bleiben grundlegende Gemeinsamkeiten. Einmal widerspricht es dem Grundanliegen der Menschenrechte, wenn Individualrechte zugunsten des Kollektivs und der Befriedigung sozialer Bedürfnisse aufgehoben werden. Die individuellen Rechte der Person lassen sich nicht durch soziale Leistungen ersetzen oder zugunsten einer Klasse oder der Gesellschaft beseitigen. Zum anderen werden auch in einer liberalen Gesellschaft die klassischen Individualrechte ergänzt durch soziale Grundrechte. Das Gleichheitsprinzip, das Gebot der Sozialstaatlichkeit und die Erwägung einer „Drittwirkung" der Grundrechte erweitern das Menschenrechtsverständnis. Darauf hinzuweisen ist die Absicht des Beitrags der Kammer der EKD für öffentliche Verantwortung vom 26. September 1975 „Die Menschenrechte im ökumenischen Gespräch". Der Beitrag beabsichtigt zweierlei: zum einen will er Verständnis wecken für die unterschiedliche Akzentuierung der Menschenrechte in den marktwirtschaftlich-kapitalistischen Staaten, in sozialistischen Ländern und in Entwicklungsländern; zum anderen will er anleiten zu einer Weiterentwicklung der klassischen Freiheitsrechte. Daher weist der Beitrag auf die Spannung zwischen Freiheit und Gleichheit hin, welche sich nur bei abstrakter Betrachtung gegenseitig ausschließen. „In Wirklichkeit bedingen sich Freiheit und Gleichheit aber gegenseitig. Eine Freiheit, die nur wenigen gewährt wird, verdient diesen Namen nicht, und eine Gleichheit, die nur in gleichmä-

---

[8] Vgl. *H. Krüger – W. Müller-Römheld* (Hrsg.), Bericht aus Nairobi 1975 (Frankfurt a. M. 1976) 76–81.

ßiger Unfreiheit besteht, widerspricht der Idee der Menschenrechte ebenfalls" (Nr. 4). Vielmehr geht es darum, in einem gesellschaftlichen Prozeß das Gleichgewicht zwischen Freiheit und Gleichheit, zwischen Individualrechten und Sozialrechten zu finden. Der moderne Sozialstaat hat die Aufgabe, nicht nur eine formale, sondern eine reale Chancengleichheit aller Bürger zu schaffen. Deswegen sind Sozial- und Gesellschaftspolitik ein wesentliches Feld für die praktische Verwirklichung der Menschenrechte. Unter gleichzeitiger Beachtung des Rechtsschutzes der Person und ihrer Freiheit als Verbürgung von Menschenwürde ist heute die soziale Verpflichtung des einzelnen gegenüber seinen Mitmenschen und der Gesamtgesellschaft erneut und dringlich in Erinnerung zu bringen. Zur politischen Aufgabe der Kirche gehört auch die Überwindung eines bloß materiellen Anspruchdenkens und einer Überschätzung des Lebensstandards als des Maßstabs der Menschenwürde. Aus der Beachtung der Menschenrechte ergeben sich für die Kirchen auch Maßstäbe einer gesellschaftskritischen Beurteilung und Anstöße, ihre Ratschläge zur staatlichen Sozialpolitik verantwortlich zu reflektieren.

e) In der Stellung zu den Menschenrechten besteht zwischen den im ÖRK zusammengeschlossenen Kirchen und der römisch-katholischen Kirche Konsensus. Dies dokumentierte die „Gemeinsame Verlautbarung" des Weltrates der Kirchen und der Päpstlichen Kommission „Iustitia et Pax" zum 25. Jahrestag der „Allgemeinen Erklärung der Menschenrechte"[9] ebenso wie das Arbeitspapier „Die Kirche und die Menschenrechte" der Päpstlichen Kommission „Iustitia et Pax" (1976). Dieses Arbeitspapier kann sowohl zurückgreifen auf die in den Sozialenzykliken seit Papst Leo XIII. (in der Enzyklika „Rerum novarum") entwickelte Soziallehre, die Sozialrechte enthält, wie auf das zögernd bei Papst Leo XIII. (Enzyklika „Libertas"), dann bei Papst Pius XII. zunehmend sich findende Eintreten für die individuellen Freiheitsrechte. Papst Johannes XXIII. pries in „Pacem in terris" die Allgemeine Erklärung der Menschenrechte durch die Vereinten Nationen als „einen Akt von höchster Bedeutung" (Nr. 143), das Zweite Vatikanische Konzil berief sich in der Pastoralkonstitution über die Kirche in der Welt von heute „Gaudium et spes" (Nr. 26, 29, 41 f., 73, 76) ausdrücklich und ausführlich auf die Menschenrechte. Die Christen können nicht „gleichgültig bleiben angesichts so schwerer und systematischer Verletzungen der Menschenrechte " (Papst Paul VI.)[10].

„Schon beim ersten Blick auf die Welt von heute erkennt man, daß die Rechte der menschlichen Person in immer mehr Ländern und Gemeinschaften systematisch verletzt werden: rassische und völkische Diskriminierung, die gewaltsame Unterwerfung großer Mehrheiten, um Gewalt durch Minderheiten aus-

[9] L'Osservatore Romano, Wochenausgabe in deutscher Sprache 3 (21.12.1973) Nr. 51/52, 10.
[10] Papst Paul VI., Botschaft an die UN zum 25. Jahrestag der Allgemeinen Erklärung der Menschenrechte, in: AAS 65 (1973) 677.

zuüben, die Verfolgung von andersdenkenden Intellektuellen, physische und geistige Folter, Brutalität und Terror gegen wehrlose Völker, gewaltsame Unterdrückung der Religionsfreiheit, weitverbreitete Legalisierung der Abtreibung, Ausbeutung der Gastarbeiter, äußerste Armut, Hunger und Analphabetentum, die noch das Los eines großen Teils der Menschheit sind. Das sind nur einige von vielen Beispielen der weitverbreiteten Angriffe auf die Menschenrechte in verschiedenen Teilen der Welt."[11] Angesichts dieser Sachlage hat die Kirche eine pastorale Funktion bei der Verteidigung und Förderung der Menschenrechte: Diese Funktion hat eine Beziehung auf Politik, wird in der Verkündigung der Kirche alltäglich praktiziert und kann bis zum prophetischen Protest führen[12].

4. *Religionsfreiheit*

a) Voraussetzung der Ausübung einer öffentlichen Verantwortung der Kirchen wie der Christen ist freilich die Anerkennung der Religionsfreiheit. Menschenrechte sind nicht allein durch wirtschaftliche Besserstellung zu verwirklichen, sondern zu ihnen gehört auch die Erhaltung geistiger Freiheit und des Rechts einer eigenen, auch von der herrschenden politischen, weltanschaulichen und religiösen Meinung abweichenden Überzeugung. Die Religionsfreiheit hat darum einen fundamentalen Rang. Dies wird heute von allen Kirchen erkannt, auch wenn die Religionsfreiheit historisch gegen die dogmatische und politische Intoleranz der Großkirchen durchgesetzt werden mußte[13]. Schwierig ist freilich einmal die Abgrenzung der Religions- und Glaubensfreiheit von der allgemeinen Gewissens-, Meinungs- und Überzeugungsfreiheit. Zum anderen ist der Umfang der Religionsfreiheit umstritten. Zu ihr zählt das Individualrecht auf die eigene religiöse Überzeugung; sie umfaßt auch das Recht, gemeinsam mit anderen öffentlich diese Religion auszuüben, also die Kultusfreiheit, und schließlich auch das Recht, soziale Diakonie und caritative Werke wahrzunehmen und sich zu öffentlichen und politischen Vorgängen zu äußern.

b) In Nairobi wurde die Religionsfreiheit als ein Recht bezeichnet, das von anderen grundlegenden Freiheitsrechten nicht zu trennen und darum nicht ein ausschließliches Recht der Kirche sei. Religionsfreiheit rechtfertigt niemals den Anspruch auf staatliche Privilegierung, sondern verpflichtet zum Dienst an der gesamten Gemeinschaft. Religionsfreiheit beschränkt sich aber nicht auf die Ausübung des Gottesdienstes. „Zur Religionsfreiheit muß auch das Recht und

---

[11] Zitiert nach: Die Kirche und die Menschenrechte. Ein Arbeitspapier der Päpstlichen Kommission Iustitia et Pax (München 1976) 5.

[12] Ebd. 28f.

[13] Zur Geschichte der Religionsfreiheit vgl. *A. v. Campenhausen,* Religionsfreiheit (Göttingen 1971); *J. Lecler,* Geschichte der Religionsfreiheit im Zeitalter der Reformation I–II (Stuttgart 1965).

die Pflicht der religiösen Institutionen gehören, die herrschenden Mächte, wo dies notwendig ist, im Einklang mit ihren religiösen Überzeugungen zu kritisieren."[14]

c) Da auf der Konferenz in Nairobi vielfach über Verletzungen der Religionsfreiheit geklagt wurde, forderte die Vollversammlung einen Bericht vom Generalsekretär des ÖRK über Verletzungen der Religionsfreiheit. Ein Kolloquium über die Verwirklichung der Religionsfreiheit in Europa in Montreux vom 24.–28. Juli 1976 ergab[15], daß öffentliche Verhandlungen unter Beteiligung der betroffenen Kirchen über konkrete Verletzungen der Religionsfreiheit kaum möglich sind. Darüber hinaus bestehen unterschiedliche Beziehungen zwischen Staat und Kirche, unterschiedliche historische Traditionen und gesellschaftliche Verhältnisse, die bei der Ausgestaltung der Religionsfreiheit sich auswirken. Schließlich gibt es unterschiedliche Auffassungen zwischen den Kirchen über den Umfang der Religionsfreiheit: während die orthodoxen Kirchen darunter in erster Linie die Freiheit der Gemeinde, Gottesdienste abhalten zu können, verstehen, bezieht evangelisches und katholisches Verständnis darin auch die Freiheit zur erzieherischen, missionarischen, diakonischen und prophetischen Tätigkeit der Kirche ein.

d) Auch die katholische Kirche hat im Zweiten Vatikanischen Konzil grundsätzlich mit der lange umstrittenen Erklärung über die Religionsfreiheit „Dignitatis humanae" diese als Menschenrecht anerkannt: Religionsfreiheit wurde zwar im 19. Jahrhundert als unvereinbar mit dem Wahrheits- und Absolutheitsanspruch der katholischen Kirche abgelehnt. Heute ist jedoch Religionsfreiheit als Vorbedingung für die Wahrnehmung einer politischen Aufgabe der Kirche bei allen Kirchen anerkannt.

5. *Abschluß*

Die Stellung zur Gewaltanwendung und zu den Menschenrechten wurde als Beispiel für den politischen Auftrag der Kirche gewählt. Man könnte auch andere Beispiele anführen, wie den Beitrag der Kirche zur Soziallehre, Stellungnahmen zur Arbeit, zum Eigentum, zur Wirtschaftsordnung oder die Beurteilung des Staates, der Demokratie, des Rechtsstaates oder das Eintreten für Frieden in den zwischenstaatlichen Beziehungen, für eine gerechte Weltentwicklung und zugunsten benachteiligter Völker. Dennoch ist die Wahl des Beispiels nicht zufällig. Denn die Menschenwürde und das Recht der Person sind *ein* fundamentaler Bezugspunkt kirchlicher Verantwortung, weil ohne sie an-

---

[14] Bericht aus Nairobi 80f., hier 81.

[15] CCIA (Commission of the Churches on International Affairs), Newsletter (1976) Nr. 4: Menschenrechte.

dere Menschenrechte keinen Sinn haben. Die römisch-katholische Bischofssynode hat 1971 zutreffend betont: „Es ist nicht Sache der Kirche als einer religiösen und hierarchischen Gemeinschaft, für die Gerechtigkeit in der Welt konkrete Lösungen im sozialen, wirtschaftlichen und politischen Bereich zu geben. Ihre Sendung schließt vielmehr die Verteidigung und Förderung der Würde und der Grundrechte des Menschen ein."[16] Denn mit der Beanspruchung dieser politischen Aufgabe nimmt die Kirche zugleich ihren ureigenen kirchlichen Auftrag wahr, „zugleich Zeichen und Schutz der Transzendenz der menschlichen Person" zu sein (Gaudium et spes Nr. 76).

Literatur

Grundsätzliches zum Verhältnis Kirche und Gesellschaft:
„Aufgaben und Grenzen kirchlicher Äußerungen zu gesellschaftlichen Fragen". Eine Denkschrift der Kammer für soziale Ordnung der EKD, 1970 (Gütersloh [5]1973).
„Aufgaben der Kirche in Staat und Gesellschaft. Ein Arbeitspapier der Sachkommission V der Gemeinsamen Synode der Bistümer in der Bundesrepublik Deutschland", Sonderdruck aus: Synode Nr. 1 (1973).
Menschenrechte:
W. Huber – H. E. Tödt, Menschenrechte (Stuttgart 1977).
Anti-Rassismus-Programm:
K. M. Beckmann, Anti-Rassismus-Programm der Ökumene, epd-Dokumentation 5 (Witten 1971).
Ch. Walther, Rassismus. Eine Dokumentation zum ökumenischen Antirassismusprogramm (Zur Sache 6) (Berlin – Hamburg 1971).

Martin Honecker

---

[16] Gerechtigkeit in der Welt, in: Römische Bischofssynode 1971 (Trier 1972) 95, zit. nach: Die Kirche und die Menschenrechte 21.

II

Kirche und Staat

1. Religion und Staat in der Geschichte des Christentums

Das Religiöse ist eine Ausdrucksform des kulturellen Verhaltens des Menschen und seiner geistigen Möglichkeiten[1]. Es ist eng mit den übrigen Weisen gesellschaftlichen Verhaltens verwoben. Insbesondere in archaischen Kulturen fließen Religion, Recht, Sitte, Gemeinwesen (Stamm, Polis, Herrschaft und Staat) ineinander; sie bedingen und stützen sich gegenseitig. Das Religiöse ist eine entscheidende Ausdrucksform auch des politischen Selbstverständnisses.

Jesu Einstellung gegenüber der weltlichen und religiösen Herrschaft war zumindest ambivalent; dies wohl nicht zuletzt deshalb, weil er nicht als Messias mit weltlicher Erlöserfunktion mißverstanden werden wollte[2]. Gerade aber das Phänomen des messianischen Gedankens in der damaligen Zeit macht deutlich, wie eng religiöse Hoffnung mit politischer Befreiungserwartung verbunden war. Vom Religiösen bezog sie ihre politische Dynamik und Gefährlichkeit. Nach der Zerstörung des Tempels in Jerusalem trennten sich die ideologischen Wege des Judentums und der Jesusjünger endgültig: dem Judentum war jede konkrete politische Erwartung zerschlagen; es lebte fortan in weltweiter Diaspora seinem Glauben, daß dereinst das Reich Israel von seinem Gott wiederhergestellt werde.

Das Christentum dagegen wurde bei aller Eigenständigkeit seiner Botschaft vom Reich Gottes, das in Christus angebrochen sei, auf vielfältige Art mit griechischer Philosophie, insbesondere dem Neuplatonismus, und Vorstellungen des römischen Rechts angereichert[3]. Gleichzeitig grenzte es sich gegen jede andere Religion kompromißlos ab. Weil es sich dabei – anders als das Judentum – keinerlei Zurückhaltung auferlegte, sondern jede andere religiöse Form als irrig, ja als böse qualifizierte, konnte ein Konflikt mit den offiziellen Kulten und der von diesen geprägten Gesellschaft nicht ausbleiben[4]. Dabei lehnte das junge Christentum den (römischen) Staat als solchen nicht ab; es verweigerte ihm lediglich *religiösen* Gehorsam. Andererseits empfahlen sich die Christen nicht nur als loyale, sondern auch als bessere Staatsbürger[5]. Sie boten dem Staat und der

---

[1] *G. Mensching*, Die Religion (Stuttgart 1959); *R. Otto*, Das Heilige (München 1963); *H. R. Schlette*, Skeptische Religionsphilosophie. Zur Kritik der Pietät (Freiburg i. Br. 1972).

[2] Vgl. dazu den präzisen Überblick in *H. Küng*, Christ sein (München 1974) 175 ff.

[3] Vgl. u. a. *C. Schneider*, Geistesgeschichte der christlichen Antike (München 1970); *J. Neumann*, Der soziale Dynamismus, der der Kirche als Gemeinschaft eigen ist, und seine Rückwirkung auf den notwendigen Dynamismus des kanonischen Rechts, in: Concilium 5 (1969) 576–582.

[4] Statt vieler neuestens *H. Nesselhauf*, Der Ursprung des Problems „Staat und Kirche" (Konstanz 1975).

[5] Nachweise besonders bei *H. Rahner* (Hrsg.), Kirche und Staat im frühen Christentum (München 1960), u. a. 28.

Gesellschaft ihren Glauben, ihre Lehre und Sittlichkeit als Alternative für eine religiös-transzendentale Begründung und Sicherung der staatlichen Autorität an.

Nachdem der Versuch Diokletians gescheitert war, das alte religiöse Fundament des römischen Imperiums wieder zu festigen, griffen Konstantin und Licinius im Mailänder Vertrag vom Jahr 313 auf die sich anbietende religiöse Alternative in Form eines romanisierten und hellenisierten Christentums zurück. Eusebius von Caesarea berichtet uns den Vertragstext, der zugleich auch über die Motive seiner Urheber Aufschluß gibt: „In gesunder und durchaus richtiger Erwägung haben wir den Beschluß gefaßt, daß keinem Menschen die Freiheit versagt werden soll, Brauch und Kult der Christen zu befolgen und zu erwählen ... auf daß uns die Gottheit in allem die gewohnte Fürsorge und Huld schenken möge ...“[6]

Es geht den beiden Herrschern somit *nicht* um eine *bestimmte Lehre*, sondern um „Brauch und Kult“, damit die „Gottheit“ dem Imperium und seinen Lenkern „die gewohnte Fürsorge und Huld schenken möge“. Freilich wird jetzt ausdrücklich *allen* Kulten freie Ausübung garantiert, und es soll nicht der Anschein erweckt werden, „als würde irgendein Kult oder irgendeine Religion durch uns Hintansetzung erfahren“[7].

Die Konvention ging somit nicht über die gängige antike Auffassung von religiös-kultischer Freiheit hinaus; sie stellte vielmehr die Christen ausdrücklich unter diese allgemeine Freiheit. Doch die Christen ihrerseits verlangten nach größerem Einfluß. Ihre politisch-gesellschaftliche Kraft war bedeutend, ihr moralisches Ansehen beträchtlich, und der alte römische Gedanke von der Bindung des Staatswohles an die Gunst der Gottheit lebte in neuem Gewande weiter[8].

Concordia, die Eintracht des Imperiums, der Kaiser untereinander und jener mit dem Senat, war die Leitidee Konstantins, der auch die christliche Kirche zu dienen hatte. Weil die Christen in Donatisten, Arianer und Katholiken gespalten waren, versuchte der Kaiser, sie im Sinne der concordia zur Einheit zu zwingen. Die Kirche wurde mehr und mehr zu einem Bestandteil des Reiches. Die Bischöfe erhielten fortan ihren Platz im öffentlichen Leben und waren gleichen Ranges mit hohen Beamten. Sie bekamen Gerichtsvollmachten nicht nur für innerkirchliche Streitigkeiten, sondern auch in Zivilstreitverfahren (audientia episcopalis)[9]. Zu einem guten Teil dürften die Bischöfe aus dem Stand der Verwaltungsbeamten und Juristen, der Senatoren und Ritter gekommen sein.

---

[6] *Eusebius von Caesarea*, Kirchengeschichte X 5,4, hrsg. und eingeleitet von H. Kraft (München 1967) 431. Tatsächlich war für einen Römer der damaligen Zeit Verfolgung aus religiösen Gründen etwas Ungesundes und Unvernünftiges.

[7] *Eusebius von Caesarea*, a.a.O. X 5,8.

[8] Vgl. *H. Dörries*, Konstantin der Große (Stuttgart u.a. ^{2}1967), bes. 97ff.

[9] Vgl. hierzu *A. Steinwenter*, Art. „Audientia episcopalis“, in: RAC I (Stuttgart 1950) 915–917.

Theodosius zog aus dem zahlenmäßigen Anwachsen der Christen im Reich und ihrer wachsenden politischen Bedeutung die gesetzgeberischen Konsequenzen, als er im Jahr 380 das orthodox-römische Christentum zur Staatsreligion erhob und Gesetze gegen nichtnizänische Christen und gegen Heiden erließ, den Zwang in Glaubenssachen somit um der Reichseinheit willen einführte[10].

Im Gegensatz zu manchen Scharfmachern aus kirchlichen Kreisen sah er jedoch im staatlichen Zwang nur den letzten Ausweg. Durch seine Anordnung sollte nicht nur die Kirche als staatstragender Partner gewonnen, sondern auch das Zusammengehörigkeitsgefühl der Untertanen bestärkt werden: wo man als Römer und Christ auch hinkomme, so schrieb um das Jahr 420 der spanische Presbyter *Orosius*, sei „ein Vaterland, ein Gesetz und eine Religion"[11].

Gut einhundert Jahre später (494) entwickelte der römische Bischof Gelasius den Grundsatz von den zwei den Erdkreis beherrschenden Gewalten: „Zwei sind es nämlich, erhabener Kaiser, durch die an oberster Stelle die Welt regiert wird: die geheiligte Autorität der Bischöfe und die kaiserliche Gewalt..."[12] – Damit waren sowohl der Grundsatz als auch die Form des künftigen Zusammenwirkens idealtypisch abgesteckt, insofern sich immer deutlicher die Überordnung des Bischofs von Rom über die Könige und Kaiser herauskristallisierte, weil sie „selbst für die Könige der Menschen vor Gottes Gericht Rechenschaft abzulegen haben"[13].

Über die Päpste Gregor I., Leo III. und Nikolaus I. steigerten sich – trotz zeitweiliger Rückschläge – Anspruch und tatsächliche Macht der (römischen) Kirche. Ein Mittel dazu war die gezielte Mission (z.B. England) und die kirchliche Reorganisation in Gebieten nördlich der Alpen durch Bonifatius.

Wenn auch das Papsttum zeitweilig zunächst in Abhängigkeit vom deutschen Kaiser und später vom französischen Königtum geriet, wurde doch der Anspruch auf Vorherrschaft theoretisch nie revoziert, vielmehr bei jeder Gelegenheit betont und – wenn nur irgend möglich – weiter ausgebaut[14]. Sowohl durch die Gunst der politischen Umstände als auch aufgrund beharrlicher Forderungen konnte schließlich Papst Hadrian I. über ein nicht unbeträchtliches weltliches Territorium (Patrimonium Petri) verfügen[15].

---

[10] Vgl. *A. Lippold*, Theodosius der Große und seine Zeit (Stuttgart u.a. 1968), bes. 102ff., 132ff.

[11] *Paulus Orosius*, Libri VII adv. paganos V 2,1ff.; VII 36,1.

[12] Abgedruckt in: *H. Rahner*, a.a.O. 254–264, hier 256–257.

[13] Ebd.

[14] Vgl. dazu die allerdings stark überzeichnende Darstellung von *W. M. Plöchel*, Geschichte des Kirchenrechts, I: Das Recht des ersten christlichen Jahrtausends. Von der Urkirche bis zum großen Schisma (Wien – München ²1960) 305–317.

[15] Zur sog. „Pippinschen bzw. Konstantinischen Schenkung" vgl. vor allem *E. Ewig*, Das Zeitalter Karls des Großen, in: Handbuch der Kirchengeschichte, hrsg. von H. Jedin, III/1: Die mittelalterliche Kirche. Vom kirchlichen Frühmittelalter zur gregorianischen Reform (Freiburg – Basel – Wien 1966) 63ff. (Lit.).

Die Auseinandersetzungen des Investiturstreites (11. und 12. Jahrhundert, insbesondere unter Gregor VII. und Paschalis II.) festigten die Macht des Papsttums sowohl innerkirchlich gegenüber den Bischöfen und Orden als auch gegenüber der königlichen und kaiserlichen Gewalt. Selbst ein Friedrich II. scheiterte letztlich daran, daß das Papsttum sich auf die Seite seiner Gegner schlug[16].

Die Dichotomie zwischen geistlicher und weltlicher Gewalt mündete schließlich in den Umbruch der Reformation, der sich wie ein Flächenbrand über ganz Mittel- und Nordeuropa ausbreitete. Sie wurde erst eigentlich durch die Unterstützung der Fürsten des Deutschen Reiches und der Könige der Nachbarländer möglich. Dabei gerieten die neuen Kirchen der Reformation aus dem Einflußbereich des Papsttums unter die Oberhoheit des jeweiligen Fürsten. Daraus entwickelte sich schließlich über die „iura collegia" (im 18. Jahrhundert) der sog. „Summepiskopat" (im 19. Jahrhundert). So ermöglichte die Reformation nicht nur in Skandinavien erst die Durchsetzung eines starken Königtums, sondern bereitete auch dadurch, daß das Territorium zu einer sittlichen-religiösen Erziehungsgemeinschaft wurde, den patriarchalischen Absolutismus der Territorialherren vor. Weil innerhalb des Deutschen Reiches – zumal seit dem Westfälischen Frieden (1648) – das Corpus Evangelicorum und das Corpus Catholicorum einander gegenüberstanden, mußte für die Ausübung der staatlichen Gewalt trotz des Grundsatzes „Cuius regio, eius religio" notwendig der Gedanke der *Toleranz* an Boden gewinnen.

Führte die *Französische Revolution* schließlich zur Verdrängung der Religion und mit ihr der (katholischen) Kirche aus dem öffentlichen Leben, so verstand es Napoleon, sich die Kirche wieder dienstbar zu machen. Die territorialen Besitzverhältnisse wurden (aufgrund des Friedens von Lunéville von 1801) im Jahre 1803 durch den Reichsdeputationshauptschluß zu Lasten der Kirche(n) neu verteilt.

Das seit dem Westfälischen Frieden tatsächlich zerbrochene Deutsche Reich hörte im Jahre 1806, als Kaiser Franz II. auf Drängen Napoleons die deutsche Kaiserkrone niederlegte, auch rechtlich auf zu bestehen. Die christlichen Kirchen waren nun wie kaum jemals zuvor der Willkür der weltlichen Herren ausgeliefert; die katholische Kirche in Deutschland war darüber hinaus ihrer finanziellen Grundlage und weithin ihrer bischöflichen und territorialen Organisation beraubt. Darum verwundert es nicht, daß die deutschen Katholiken im Jahr 1848 auf der Seite der Revolution standen: sie forderten nicht nur Toleranz, sondern Freiheit für die Kirche. Der Ruf nach einer „freien Kirche im freien Staat" wird zum Kampfruf bis ins Jahr 1870. In jenem Jahr wurde das päpstliche Rom von den Truppen der italienischen Einigungsbewegung be-

---

[16] Vgl. *K. J. Heinisch* (Hrsg.), Kaiser Friedrich II. in Briefen und Berichten seiner Zeit (Darmstadt 1968), u.a. 631.

setzt. Damit wurden die letzten Reste des theokratischen Kirchenstaates nach über tausendjähriger Existenz beseitigt. Erst im Jahr 1929 sollte durch die von Mussolini aus politisch-taktischen Erwägungen angebotenen Lateranverträge dem Papst ein souveränes Territorium (Città del Vaticano) zurückgegeben werden.

In den deutschen Ländern, vor allem in Preußen, führte der Versuch, auch die katholische Kirche der staatlichen Oberaufsicht vollständig zu unterwerfen, zum sog. „Kulturkampf". Der formale Anlaß war die dogmatische Feststellung des päpstlichen Universalprimates und seiner lehramtlichen Unfehlbarkeit. Erst im Jahr 1878 flaute dieser Kampf ab, da einerseits Papst Leo XIII. friedensbereit war und andererseits Bismarck erkennen mußte, daß diese Auseinandersetzung zu einer deutlichen Schwächung des monarchischen Staatsgedankens geführt hatte. Dennoch hinterließ dieser Kampf tiefgehende psychische Schäden, einerseits für das Verhältnis der deutschen Katholiken zum Staat und andererseits bei der deutschen (protestantischen) Öffentlichkeit gegenüber der katholischen Kirche. Die gegenseitigen Vorbehalte verschwanden erst nach der Katastrophe von 1945[17].

In den meisten Staaten Europas stellte sich im 20. Jahrhundert die Frage, wie das Verhältnis zwischen Staat und Kirche(n) zu regeln sei, erneut. Hatte Frankreich im Jahr 1905 über die (totale) Trennung von Staat und Kirche beschlossen[18], so brachte für das Deutsche Reich erst die neue Reichsverfassung von Weimar aus dem Jahr 1919 eine gemäßigte, „hinkende" Trennung.

2. *Kirche und Staat in der jüngsten deutschen Geschichte*

Durch die Reichsverfassung von Weimar waren die Kirchen im Deutschen Reich „frei vom Staat" und zugleich „frei im Staat" geworden.

Nach dem Zusammenbruch der deutschen Monarchie im Jahr 1918 formte die Weimarer Reichsverfassung vom 11. August 1919 unter deutlichem Rückgriff auf die kirchenpolitische Konzeption der Frankfurter Nationalversammlung jenen historischen Kompromiß, der den Grundsatz der Trennung von Staat und Kirche auf der einen mit der Anerkennung der besonderen Stellung der Kirche im Staat auf der anderen Seite zu verbinden suchte.

Der Kardinalsatz des religionspolitischen Programms der Weimarer Reichs-

---

[17] Vgl. *H. Jedin* (Hrsg.), Handbuch der Kirchengeschichte, VI/1; Die Kirche in der Gegenwart. Die Kirche zwischen Revolution und Restauration (Freiburg – Basel – Wien 1971) 696ff. (Lit.); ebd. VI/2; Die Kirche in der Gegenwart. Die Kirche zwischen Anpassung und Widerstand (1878–1914) (Freiburg – Basel – Wien 1973) 28ff.

[18] *A. v. Campenhausen*, Staat und Kirche in Frankreich (Göttingen 1962). Zur allgemeinen Entwicklung vgl. *P. Leisching*, Kirche und Staat in den Rechtsordnungen Europas. Ein Überblick (Freiburg i. Br. 1973).

verfassung: „Es besteht keine Staatskirche" (Art. 137, Abs. I), zielte deutlich auf die Lösung der Kirchen aus *jeder* institutionellen Verklammerung mit dem Staat. In erster Linie schaffte dieser Grundsatz den sog. „Summepiskopat" ab, jene theologisch inkonsequente Einrichtung, die vor allem die evangelischen Landeskirchen dem landesherrlichen Kirchenregiment unterworfen hatte. Außerdem war damit jede Verwaltung der innerkirchlichen Angelegenheiten durch – wie immer geartete – Staatsorgane oder staatliche Kirchenorgane ausgeschlossen. Diese rechtlich neue Situation stellte vor allem die evangelischen Kirchen vor erhebliche innere Probleme, mit denen sie zunächst weder theologisch noch institutionell fertig zu werden vermochten.

Durch diese von der Verfassung proklamierte grundsätzliche Trennung des Staates von der Kirche hatte eine neue religionspolitische Epoche begonnen: der Staat hatte sich seines ohnehin nur fiktiven christlichen Charakters entledigt und die Kirchen der Monopolstellung im weltanschaulichen Bereich entkleidet. Dabei waren die Kirchen jedoch keineswegs auf die Stufe privatrechtlicher Vereinigungen herabgedrückt oder gar aus dem öffentlichen Leben eliminiert worden.

Die Weimarer Reichsverfassung versuchte vielmehr, den geschichtlichen Entwicklungen im Verhältnis zwischen Staat und Kirchen ebenso gerecht zu werden wie dem Willen der Mehrheit der christlich-kirchlich ausgerichteten Bevölkerungsteile. Deshalb anerkannte sie die Kirchen als „Körperschaften des öffentlichen Rechts" (Art. 137, Abs. V WRV); sie behielt den Religionsunterricht als Pflichtfach an den staatlichen Schulen bei (Art. 149 WRV) und sah den Einzug der Kirchensteuer nach Maßgabe der staatlichen Steuerlisten vor (Art. 137, Abs. VI WRV).

Die Weimarer Reichsverfassung arbeitete also weder mit den Kategorien eines veralteten liberalen Staatskirchenrechts, noch wollte sie eine totale Trennung beider Bereiche einführen. Sie gewährte vielmehr den „Religionsgesellschaften" Freiheit und Selbständigkeit im Rahmen des für alle geltenden staatlichen Rechts und nicht nur Selbstverwaltung unter der Hoheit des Staates. Trotz aller Ungewohntheit der neuen religionspolitischen Situation für alle Beteiligten kann dennoch die Zeit der Weimarer Republik als eine „Periode des friedlichen, insgesamt distanzierten Nebeneinanders von Kirche und Staat" bezeichnet werden (H. Raab).

Trotzdem versuchten die Kirchen, eine Reihe von, wie sie meinten, wohlerworbenen Rechten zu bewahren bzw. wiederzuerringen. Die katholische Kirche beispielsweise versuchte, die (katholische) Bekenntnisschule vertragsrechtlich zu sichern. Dies gelang in Preußen nicht. Aus diesen und anderen Gründen blieb das Verhältnis insbesondere der katholischen Kirche zur jungen Republik kühl. Wegen der verfassungsgarantierten Freiheit von Presse und Kunst, der Rede- und Meinungsfreiheit wurde dem jungen demokratischen Staat, der der inneren und äußeren Belastung ohnedies kaum Herr zu werden vermochte, dann auch noch von den Kirchen unterstellt, er fördere den Sittenverfall und propagiere den allgemeinen geistigen Niedergang.

Allerdings verdient festgehalten zu werden, daß die Kirchen, vor allem die katholischen Bischöfe, bereits frühzeitig laut und energisch vor dem Nationalsozialismus gewarnt und sein Programm verworfen haben. Die Unterstützung der NSDAP sei für einen Katholiken ebenso unerlaubt wie der Beitritt zu dieser Partei.

Insgesamt dürfte jedoch nicht zu leugnen sein, daß die Christen im Deutschen Reich, die Katholiken eingeschlossen, in den entscheidenden Monaten des Jahres 1933 nicht energisch genug Widerstand geleistet haben und für die gefährdete Demokratie nicht nachdrücklich eingetreten sind. Auch die Haltung der Bischöfe war in den entscheidenden Monaten nicht eindeutig[19].

Ungeachtet dieser geistlich-geistigen und institutionellen Schwäche der Kirchen in jener entscheidenden Phase darf nicht übersehen werden, daß die Kirchen sehr bald zu Refugien der Menschlichkeit in Deutschland wurden. Nicht wenige Christen versuchten, aus ihrem Glauben heraus dem Unrecht, auch unter dem Einsatz ihres Lebens, zu widerstehen.

Dennoch wird man die Kirchen nicht als Zentren des *politischen* Widerstandes gegen die Unrechtsherrschaft bezeichnen können. Einerseits fühlten sie sich dem Staat verpflichtet und von ihm abhängig, andererseits wirkte eine problematische Deutung von Röm 13, 1–7 in dieser Situation verhängnisvoll.

Für die katholische Kirche war das – umstritten zustande gekommene – Reichskonkordat die rechtliche Grundlage und die politische Argumentationsbasis ihres partiellen Widerstandes. In dem Maß, in dem die inhumane Gewalt nach innen brutaler und der Krieg nach außen noch sinnloser wurden, boten nicht wenige Christen unter persönlichem Einsatz Verfolgten Zuflucht und Hilfe an und wurden so zu Zeugen der Humanität und Freiheit, zum Zeichen der Hoffnung und der Vergebung. Diese Haltung einiger ihrer Glieder gab den Kirchen nach dem Zusammenbruch 1945 ein großes Maß an Ansehen und Vertrauen, nicht nur unter der Bevölkerung, sondern auch dem Ausland gegenüber, obwohl sie als Institutionen höchstens begrenzten Widerstand geleistet hatten.

Nach dem Zusammenbruch war das tatsächliche politische Gewicht der Kirchen groß und ihr Einfluß beachtlich geworden. Dennoch wurden die sehr weitreichenden Ansprüche der Kirchen, insbesondere der katholischen, nicht in die neue Verfassung aufgenommen. Im Gegenteil: die verfassunggebende Versammlung konnte sich auf ein neues kirchenpolitisches Konzept nicht einigen. Da eine andere kirchenpolitische Lösung kaum auszuhandeln war, entschloß sich der Parlamentarische Rat, die religionsrechtlichen Vorschriften der Weimarer Reichsverfassung in das Grundgesetz zu inkorporieren. „Wie in der

---

[19] Vgl. neuestens *K. Scholder*, Die Kirchen und das Dritte Reich, I: Vorgeschichte und Zeit der Illusionen 1918–1934 (Frankfurt u.a. 1977) (Lit.).

Nationalversammlung von 1919 war also auch diesmal der Kompromiß der einzige Ausweg zur Überwindung gegensätzlicher Auffassungen, um überhaupt eine Verfassungsentscheidung über die Kirchenartikel zu erreichen."[20] Die auf solche Weise in das Grundgesetz inkorporierten kirchenpolitischen Artikel sind jedoch „vollgültiges Verfassungsrecht der Bundesrepublik Deutschland geworden und stehen gegenüber den anderen Artikeln des Grundgesetzes nicht etwa auf einer Stufe minderen Ranges" (BVerfGE 19, 206; 219).

Dennoch sind diese kirchenpolitischen Artikel durch die vorrangige Betonung der Glaubens-, Gewissens- und Kulturfreiheit im Grundgesetz in einen veränderten Verfassungskontext hineingestellt. Nach den Erfahrungen des Kirchenkampfes war das Verhältnis des Staates zu den Kirchen nicht mehr dasselbe wie in der Weimarer Republik. Die politischen Umstände jener Zeit begünstigten die Kirchen und waren zunächst dem Gedanken der koordinatorischen Gleichordnung förderlich. Auf diesem ebenso politisch bezeichnenden wie geistesgeschichtlich bedeutsamen Hintergrund, der hier höchstens angedeutet werden kann, hat der Bundesgerichtshof festgestellt: „Die Kirchen sind der staatlichen Hoheitsgewalt grundsätzlich nicht mehr unterworfen. In den so abgegrenzten Hoheitsbereich der Kirchen darf und kann der Staat Rechtens nicht eindringen, und insoweit stehen staatliche und kirchliche Hoheitsgewalt nebeneinander" (BGHZ 34, 373–374). Damit war der von kirchlicher Seite behauptete Grundsatz der eigenen, von staatlicher Verleihung unabhängigen Hoheitsmacht der Kirchen rezipiert. Das war eine in ihren rechtspolitischen Auswirkungen ambivalente Entscheidung: das kirchliche Selbstverständnis und seine Bedeutung für Staat und Gesellschaft sind auf diesem Weg auch für die staatliche Rechtsordnung von Belang geworden. Hier kann sicherlich nicht mehr von einer Trennung des Staates von der Kirche gesprochen werden; vielmehr besteht die Gefahr, daß innerkirchliches Recht und kirchliche Anschauungen auch für die weltliche Rechtsordnung verbindlich werden.

3. Kritische Funktion und Öffentlichkeitsauftrag der Kirchen

Ihre kritische Funktion hat sich die Kirche niemals vom Staat „gewähren" lassen; sie hat sie von Anfang an kraft eigener Vollmacht wahrgenommen, längst noch bevor Bischof Ambrosius Kaiser Theodosius (390) ob seiner Mordtat von Thessalonich zur Buße aufforderte[21].

Andererseits wohnt dem Staat eine wesenseigene *Moralität* inne, sofern er Frieden nach innen und außen zu sichern sowie das Recht zu schützen und

[20] *H. Mayer-Scheu*, Grundgesetz und Parität von Kirchen und Religionsgesellschaften (Mainz 1970) 65.
[21] *Ambrosius von Mailand*, Ep. 51 ad Theodosium, in: PL 16, 1160ff.; *H. Rahner*, a.a.O. 184ff.

Gerechtigkeit unter den Rechtsgenossen zu gewährleisten hat. Die ethische Begründung für sein diesbezügliches Handeln muß der Staat *nicht* aus *religiösen* Moralsätzen schöpfen, vielmehr kann er aus rationalen Erwägungen und sachgerechter Opportunität handeln.

Insbesondere der demokratische Staat muß freilich sein Dasein und die Ausübung seiner Herrschaft stets neu legitimieren; dazu gehört, daß er seine Bindung an Ethos und Recht darzutun vermag. Gerade *weil* der religiös neutrale moderne Verfassungsstaat kein religiös-begründetes Ethos *absolut* setzen darf und kann, braucht er eine *funktional* orientierte „materiale Wertethik", die auf optimalen Interessenausgleich ebenso wie auf die Förderung des Gemeinwohls ausgerichtet sein soll.

Der moderne Verfassungsstaat kann und darf sich nicht mit einer bestimmten Religion oder gar mit deren institutionalisierter Form (z. B. einer Kirche) identifizieren. Ebenso lehrt die (abendländische) Geschichte, daß die religiösen Einflüsse dann, wenn sie unmittelbar in politisches Handeln umgesetzt wurden, keineswegs dem recht verstandenen Wohl weder des Staates noch seiner Bürger – ja nicht einmal der Religion – dienen. Die geschichtliche Erfahrung zeigt vielmehr ebenso wie soziologische Untersuchungen, daß religiöse Vorstellungen nur als kritisches Korrektiv, nicht aber als eigene politische Gegenmacht sinnvoll zu wirken vermögen. Andernfalls werden die Religion selbst, der Staat und vor allem die Freiheit seiner Bürger fundamental gefährdet. In dem Augenblick, da sich das Religiöse mit dem Politischen, das Geistliche mit der Macht verbindet, entsteht ein intolerantes absolutistisches Gebilde.

Unsere Verfassung gewährt aufgrund der dargelegten geschichtlichen Entwicklung den Kirchen ausdrücklich einen Freiraum, in dem sie als öffentlich anerkannte Institutionen sinnprägend und wertformend ein „Wächteramt" auszuüben vermögen. Dabei ist der Begriff „Wächteramt" allerdings keineswegs unproblematisch.

Für ihr Wirken in der Gesellschaft bedürfen sie weder eines Auftrags durch den Staat, noch hat der Staat über sie und ihr Wirken Kontrollfunktion oder Weisungsbefugnisse. Nichts anderes bedeutet es, wenn die Verfassung ihnen in Art. 140 GG (i. V. m. Art. 137 Abs. V) den – heute allerdings keineswegs mehr unbestrittenen – *Rechts*charakter einer „Körperschaft des öffentlichen Rechts" verleiht. Er anerkennt damit lediglich ihre Bedeutung und ihre Wirksamkeit als von öffentlichem Interesse, dem Gemeinwohl dienlich und allerdings auch verantwortlich.

Geistliche Wirksamkeit und geistige Bedeutung der Kirchen hängen jedoch nicht an diesem Status. Wohl aber bedeutet seine Verleihung *materiell* die staatliche Anerkennung der kirchlichen Eigenständigkeit und ihrer Öffentlichkeitsbedeutung und schafft *formell* die Grundlage für eine öffentlich-rechtliche Tätigkeit der Kirchen (z. B. Dienstherreneigenschaft u. a.). Die säkulare Natur des Staates bringt es mit sich, daß der Öffentlichkeitsanspruch der Kirchen mit dem Gehalt, den er für die Kirchen hat, „gar nicht in die staatliche Rechtsordnung einbezogen werden kann. Denn die Funktion des Öffentlichkeitsanspruchs als eines Mittels im Dienste der Verkündigung kann in einer weltlichen Rechtsordnung nicht unmittelbar zur Geltung kommen“[22].

Der Öffentlichkeitsanspruch der Kirchen wird also *weder* durch staatliches Recht begründet, noch kann die Relevanz der Kirchen als gesellschaftliche Kraft dadurch *erzeugt* werden. Damit aber ist die (alte) koordinationsrechtliche Theorie, nach der sich Staat und Kirche als gleichrangige (Vertrags-)Partner gegenüberstehen, überholt: die staatskirchenrechtlichen Regelungen – einschließlich des Vertragsrechtes – bilden zwar den Rahmen der religions*rechtlichen* Ordnung, diese vermag jedoch die tatsächlichen religions*politischen* Verhältnisse nicht zu schaffen. Sie werden wesentlich geprägt von der Glaubwürdigkeit des religiösen Zeugnisses und der Überzeugungskraft der jeweiligen religiösen „Sprachspiele“.

Auch in unserem säkularisierten Staatswesen stellen die religiösen Institutionen eine geistige – und politische – Kraft dar. Die zahlenmäßig größten und einflußreichsten religiösen Institutionen sind bei uns zweifelsfrei die Großkirchen, die durch ihre zahlreichen und teilweise gesetzlich gesicherten Mitwirkungsrechte in gesellschaftlich bedeutsamen Einrichtungen (z.B. Rundfunk, Sozial- und Wohlfahrtspflege) einen beträchtlichen Einfluß geltend machen können. Doch auch den Gesetzgeber vermögen sie in (gesellschaftspolitisch und ethisch) wichtigen Fragen zu weitgehender Rücksichtnahme zu veranlassen. Erinnert sei in diesem Zusammenhang nur an die Normen zum Ehe-, Familien- und Kindschaftsrecht sowie zur Ehescheidung, ferner an die Prärogativen der Kirchen im Sozial- und Jugendhilferecht, im Beratungs- und Schulwesen.

Über diesen politischen Erfolgen scheinen die Kirchen heute oft zu übersehen, daß sie keineswegs die einzigen Institutionen sind, die beanspruchen, Ethos, Sittlichkeit und humane Werte in der Gesellschaft mitzuprägen und sinnerhellend zu wirken. Darum muß sich der Anspruch der Kirchen in der Konkurrenz mit anderen Sinnangeboten täglich neu bewähren. Dabei ist allerdings ein Doppeltes zu beachten:

1) Christlicher Glaube kann sich auch in institutionalisierter (und damit „gebändigter“) Weise niemals mit einer bestimmten politischen Regierungsform identifizieren. Sicherlich ist die Demokratie im Augenblick die dem Menschen und seiner verantworteten Freiheit am besten entsprechende Regierungsform.

---

[22] *D. Pirson*, Öffentlichkeitsanspruch II, in: Evang. Staatslexikon (Stuttgart ²1975) 1660–1663, hier 1660; *W. Huber*, Kirche und Öffentlichkeit (Stuttgart 1973) (Lit.); *K. Schlaich*, Der Öffentlichkeitsauftrag der Kirchen, in: Handbuch des Staatskirchenrechts der Bundesrepublik Deutschland II (Berlin 1975) 231–272. Er weist darauf hin, daß Art. 4 GG dem Staat wie der Gesellschaft eine Identifikation mit einer Religion verwehrt. Gleicherweise aber wird dem Staat ebenso untersagt, die (christliche) Religion zur Privatsache zu erklären: „Politik und Recht der Bundesrepublik ist es durch die Verfassung verwehrt, Christentum und Kirche aus der Öffentlichkeit zu drängen“ (261).

Deshalb ist sie auch von den Kirchen zu akzeptieren. Dennoch darf nun auch die Demokratie nicht von christlichen Kirchen – nachdem sie jahrzehntelang verpönt war – „kanonisiert“ werden. Als Hüterin dessen, was im Menschen nicht verplant werden darf und sich einer allgemeinen Kontrolle entzieht, haben die religiösen Institutionen, insbesondere die christlichen Kirchen, ihrem Wesen nach in einer kritischen Distanz zu jeder Staatsform zu stehen. Es darf keine Identifikationen zwischen dem Staat und einer bestimmten Religion bzw. Kirche geben.

2) Jede menschliche Herrschaft, mag sie sich nun vom Volk her legitimiert wissen oder sich von Gott eingesetzt glauben, bedarf der kritischen Befragung, des loyalen Argwohns, ob nicht die Rechte der Menschen mißachtet werden und die Macht des Apparates alles beherrscht, ob nicht die Interessen einzelner mehr gefördert werden als das Gemeinwohl.

Wenn die christlichen Kirchen einen gesellschaftlichen Auftrag haben – und es dürfte das „Religiöse“, das gesellschaftlich neutral ist, auch heute nicht geben –, dann haben die Kirchen sicherlich die Aufgabe, die Menschen von einem bestimmten geistigen Ansatzpunkt her fähig zu machen, ihrer selbst gewahr zu werden und das Humane zu fördern bzw. der Gefahr des Inhumanen zu wehren.

4. Die Stellung der Kirchen in der Gesellschaft

Die soziologische Beurteilung der Stellung der Kirchen in der Gesellschaft ist keineswegs eindeutig. Sie werden als gesellschaftliche Gruppen im Vergleich zu anderen säkularen Gruppen aufgefaßt; sie werden als religiöses Teilsystem des gesellschaftlichen Gesamtsystems begriffen; sie werden aber auch als Teilrepräsentanten des gesellschaftlichen Wertesystems überhaupt aufgefaßt. Wie immer die soziologische Frage entschieden wird, die Frage an die Kirchen ist, ob und in welchem Ausmaß es ihnen gelingt, einsichtig zu machen, *was* sie an werthafter Freiheit und sinngefüllten Lebenszielen anzubieten haben. Sie müssen in Auseinandersetzung mit konkurrierenden Sinndeutungen das Wesentliche und Helfende der jesuanischen Botschaft für den Menschen heute deutlich werden lassen. Das setzt voraus, daß sie ihre „befreiende“ Botschaft als solche erkennbar werden lassen und nicht in einer Sprache sprechen, die von vornherein dem Menschen der Gegenwart den Zugang zu ihrer Botschaft verbaut.

Dabei können vor allem die großen Kirchen aufgrund der volkskirchlichen Situationen als „Kirchen des Angebotes“ den Menschen auf vielfältige Weise helfen, danach zu trachten, daß ihr Leben „glücken“ kann. Vom Kindergarten über Jugend-, Familien- und Verbandsarbeit, von den vielen Formen der Erwachsenenbildung bis hin zur Familienberatung, Telefonseelsorge und Krankenbetreuung reichen die kirchlichen Möglichkeiten durch Diakonie und Hilfe, Tröstung und Beistand, das jesuanische Vorbild zu bezeugen.

Die Kirchensteuer läßt sie dabei in der Bundesrepublik Deutschland unabhängig sein vom Willen reicher Geldgeber, und der Charakter einer Körperschaft des öffentlichen Rechtes anerkennt die öffentliche Bedeutung ihres Handelns[23].

So verstanden, handeln sie auch im Interesse der Öffentlichkeit. Dabei darf die Tätigkeit der kirchlichen Dienste sich allerdings keineswegs in *reinen* Sozialaufgaben erschöpfen. Das wäre nicht mehr religiöser Dienst, der für sich die Prärogativen der Religionsfreiheit und des freien Bekenntnisses in Anspruch nehmen könnte. Andererseits greifen kirchliche Institutionen häufig jene Probleme auf, für die sich die staatlichen Organe nicht zuständig fühlen bzw. die sie (noch) nicht als öffentliche Aufgabe erkannt haben. Allerdings sind den religiösen Initiativen in der neuesten Zeit durch soziale Sensibilisierung vielfältige Konkurrenten entstanden.

Die öffentlich-rechtliche Sicherung der Kirchen kann aber auch einen langsam immer größer werdenden Effizienzverlust ihrer Arbeit bewirken. Die sittenbildende Kraft der Kirchen und ihre Leitbildfunktion ist nicht mehr unbestritten. Dies ist keineswegs nur die Folge eines allgemeinen Säkularisierungsprozesses. Die Sicherung der rechtlichen Garantien kann auch eine Gefahr darstellen für die Aufgabe der Kirchen, jene Form zu finden, in der sie die jesuanische Botschaft *so* in die Öffentlichkeit tragen können, daß ihr Sinngehalt noch wahrgenommen wird. Deswegen wird heute überall die Frage aufgeworfen, ob die Kirchen trotz der rechtlichen Bevorzugung, die sie aufgrund der Verfassung und unserer Gesetze genießen, noch tatsächlich das alltägliche Handeln ethisch zu bestimmen vermögen[24].

Dieses Problem entsteht vor allem gegenüber der Tatsache, daß die Kirchen, insbesondere die katholische, meinen, ihre religiösen Grundforderungen, die weithin naturrechtlich begründet werden, seien *die* grundlegenden Normen für jedes Staatswesen und *die* notwendigen Werthaltungen einer jeden Gesellschaft. Aber auch die Kirchen müssen sich auf eine *argumentative* Auseinandersetzung mit anderen Begründungen und Ideologien einlassen. Sie müssen beachten, daß Politik immer die „Kunst des Möglichen" ist, zumal in einer Demokratie. Die faktische Haltung der Kirchen kann die Sachgerechtigkeit des politischen Han-

---

[23] Vgl. *J. Neumann,* Der religionspolitische Ort der Kirche in der Bundesrepublik Deutschland, in: ThQ 156 (1976) 171–182.

[24] Das Handbuch des Staatskirchenrechts der Bundesrepublik Deutschland, hrsg. von *E. Friesenhahn* und *U. Scheuner* i. V. m. *J. Listl,* 2 Bde. (Berlin 1974/1975) behandelt fast ausschließlich die rein juristische Problematik und läßt die soziologischen und gesellschaftspolitischen Voraussetzungen weitgehend unberücksichtigt. – Vgl. dazu *J. Neumann,* Kirche als Sinnpräger in einer pluralen Gesellschaft? Anmerkungen zum Selbstverständnis der (katholischen) Kirche, in: Kirche und Staat, hrsg. von H. Schambeck (Berlin 1976) 27–69.

delns und die Eigenständigkeit des Religiösen, auch gegen ihre Absicht, gefährden.

Kein Staatswesen und erst recht keine Demokratie kann ohne ein gewisses Maß an Grundübereinstimmung in entscheidenden Wertfragen des menschlichen Daseins existieren. Gerade in bezug auf diese „Grundwerte", deren rechtlicher Extrakt in den Grundrechten unserer Verfassung gesetzlich formuliert ist, könnten die Kirchen mittels der von ihnen verkündeten Botschaft die Gesellschaft in „kritischer Loyalität" dazu sensibilisieren, daß die Anerkennung bestimmter ethischer Maximen um des Gemeinwohls willen notwendig sei. Die Diskrepanz, die sich bei der Umsetzung ethisch-religiöser Ansprüche in politisch notwendige Orientierungen auftut, hat zu der Frage veranlaßt[25], ob sich z.B. die CDU nicht zu sehr darauf verlassen habe, daß die geistigen, ethischen und religiösen Wertfragen von den beiden christlichen Kirchen verwaltet würden und man auf das Ergebnis dieser Verwaltung zurückgreifen könnte. Bei einer solchen Arbeitsteilung wird nicht nur übersehen, daß die beiden großen Kirchen selbst in einer tiefen inneren Krise sich befinden. Es wird vor allem nicht der Tatsache Rechnung getragen, daß politische Ziele, die eine integrierende Kraft haben sollen, von der *politischen* Führung selbst *inhaltlich* bestimmt werden müssen. Man kann nicht Zielvorstellungen aus anderen Organisationen übernehmen und an eine konfessionelle oder sonstige Solidarität appellieren, um die eigenen Führungsanstrengungen zu entlasten.

In der Grundwertedebatte[26] steht heute die Frage im Vordergrund, ob und mit welcher Konsequenz sich nicht nur die Verantwortlichen der politischen Parteien, sondern auch die offiziellen Parteiorgane der Aufgabe selbständig annehmen müssen, die Grundwerte unserer Verfassung mit bestimmten inhaltlichen Werten zu erfüllen. Diese Diskussion kann hier nicht im einzelnen analysiert oder weitergeführt werden. Die Auswirkungen dieser Debatte sind auch im einzelnen noch nicht abzusehen, können aber u. U. sehr folgenreich für das Verhältnis von Staat und Kirche sein.

---

[25] So *Kurt H. Biedenkopf* in einem Interview mit dem „Deutschen Allgemeinen Sonntagsblatt" im April 1974 (zitiert nach CDU-Pressemitteilungen vom 16. April 1974, 1–2).

[26] Die Grundwertedebatte zwischen den deutschen Bischöfen und dem Zentralkomitee der deutschen Katholiken einerseits und den Führern bzw. Sprechern der großen politischen Parteien andererseits (H. Schmidt, H. Kohl, W. Maihofer) ist auszugsweise abgedruckt in: HerKorr 30 (1976) 356–370; *O. Kimminich* (Hrsg.), Was sind Grundwerte? Zum Problem ihrer Inhalte und ihrer Begründung (Düsseldorf 1977).

5. Der Staat vor der Aufgabe der religiös-ethischen Sinngebung

Wenn wir davon ausgehen, daß Religion zur Kultur des Menschen gehört, dürfen wir unterstellen, daß der Staat, sofern er ein Kulturstaat sein will, auch die Religion seiner Bürger zu fördern und religiös begründetes Ethos zu würdigen hat. Das schließt allerdings nicht aus, sondern vielmehr mit ein, daß geistige Vorstellungen und Sinnwerte nicht nur der Rezeption in einer Gesellschaft bedürfen, sondern auch in politisches Verhalten umzusetzen sind. Insofern hat jede Religion ebenso eine politische wie eine gesellschaftliche Verantwortung im allgemeinen Sinn[27].

An diesem Punkt stellt sich allerdings die entscheidende Frage, ob die christlichen Kirchen, aufgrund ihrer dogmatischen Gebundenheit, solche *politischen* Wert- und Sinnimpulse in die Gesellschaft *so* einzugeben vermögen, daß sie einen hinreichenden Konsens innerhalb der Gesellschaft und innerhalb der staatlichen Gemeinschaft herstellen können. Auf seiten der christlichen Kirchen würde das voraussetzen, daß sie auch Argumentationen eines wahren Humanismus, gleich welcher Genese, im Hinblick auf seine ethische Substanz als Humanismus anerkennen. Die christlichen Kirchen müßten also differenzieren zwischen dem, was sie als das eigentliche Proprium ihrer Botschaft zu verkündigen haben, und zwischen jenen Bereichen, in welchen sie sich redlich um das Wohl und das Glück der Menschen in dieser Gesellschaft und in diesem Staat bemühen.

Die politischen Parteien müssen im Augenblick wegen der knappen Mehrheitsverhältnisse auf das Wählerpotential der Christen in der einen wie in der anderen Richtung Rücksicht nehmen. Deshalb stellen – wie gesagt – die kirchlichen Institutionen noch einen beachtlichen Faktor des politischen Lebens dar. Das muß jedoch nicht so bleiben, denn es ist offenkundig, daß die kirchenamtlichen Äußerungen bei den angesprochenen „Gläubigen" zunehmend fruchtloser bleiben.

Der Staat in seinen verschiedenen Institutionen, von den Parlamenten bis zu den politischen Parteien, beginnt jetzt zu begreifen, daß er für die politischen Bereiche die Frage nach der Sinnhaftigkeit politischen Handelns selber beantworten und das Problem der Werthaftigkeit seiner Entscheidungen selber verantworten muß. Es wird den politischen Institutionen nicht erspart bleiben, den Bürgern die Notwendigkeit und die inhaltliche Füllung der Begriffe von Gleichheit, Solidarität und Freiheit klarzumachen. Die Gemeinsamkeit der Demokraten kann bezüglich dieser Fragen nicht länger bloß beschworen, sie muß tatsächlich, über konkrete Differenzen des politischen Alltags hinweg, von den Politikern und den Bürgern praktiziert werden. Die religiösen Institutionen

---

[27] Vgl. *J. Neumann,* Rechte und Pflichten der kirchlichen Gesellschaft, in: Concilium 13 (1977) 657–664 (Lit.).

vermögen ihrem Wesen nach diese Differenzen nicht so ohne weiteres zu überbrücken, weil sie gerade aufgrund ihrer Bekenntnisgebundenheit Differenzen eher schaffen.

Der moderne Staat vermag andererseits nicht nur seinen Bürgern keinen *absoluten* Sinn für ihr Dasein zu vermitteln, sondern er wird vielfach auch durch das Ausmaß seiner Reglementierung und seiner Bürokratisierung selber zu einer wachsenden Gefahr für die individuelle Freiheit. Die Menschen werden sich zunehmend in der Massengesellschaft der Sinnlosigkeit des kommerziellen Konsums und der inneren Leere bewußt. Die Anonymität der Massengesellschaft fördert ihre Ängste, zumal Ehe und Familie ihre neuen sinnfüllenden Formen und stabilisierenden Funktionen noch nicht wiedergefunden zu haben scheinen. Deshalb bedarf unsere Gesellschaft solcher Kräfte und geistbezogener Institutionen, die den Menschen davor in Schutz nehmen könnten, in der computergesteuerten und verplanten Staatsbürokratie und der Konsumgesellschaft nur noch eine Nummer zu sein, abhängig von vielfältigen Faktoren, die dem Menschlichen und erst recht dem Individuellen keine Rechnung mehr tragen. Hier liegt die große Verantwortung, die große Chance und zugleich auch die humane Aufgabe der religiösen Institutionen: dem Menschen zu helfen, daß die Welt wieder wohnlicher, wieder menschlicher werde. An den Kirchen wird es liegen, wieder mehr Wärme zu geben, Liebe erfahrbar werden zu lassen, Heimat zu vermitteln und Achtung vor der freien Entscheidung des Menschen zu zeigen.

Staat und Kirche werden künftig zwar in einer neuen, freundschaftlichen Distanz zueinander stehen, aber wie es bei einer guten Freundschaft ist, aus dieser Distanz aufeinander nicht verzichten können, jedoch den Weg des anderen mit kritischem Rat begleiten. Die Kirchen werden auch künftig in der Gesellschaft kein Monopol in bezug auf Sinn- und Wertfragen zu beanspruchen vermögen. Die Säkularisierung des Staates dürfte irreversibel sein; als positive Folge verlangt diese Entwicklung allerdings die Praxis der Toleranz und die Sicherung der Religionsfreiheit. Ebenso wird in der Gesellschaft ein neuer Humanismus nichtchristlicher Art präsent bleiben[28]. Doch auch diese „plurale Gesellschaft" wird ohne Antworten auf die immer drängender werdenden Fragen nach Sinn und Wert des menschlichen Daseins nicht zu existieren vermögen. Die Frage ist nur, ob sich die christlichen Kirchen selber aus diesem Zusammenspiel geistiger Kräfte nach und nach ausschalten, weil sie nicht ein Ethos des Seins, sondern des Habens verkünden, das mit der Botschaft ihres Herrn wenig gemein haben dürfte[29].

---

[28] Vgl. u.a. *L. Kolakowski*, Geist und Ungeist christlicher Traditionen (Stuttgart u.a. 1971).

[29] Hier sei auf eine empfehlenswerte Analyse im Geiste Erich Fromms hingewiesen: *R. Funk*, Frömmigkeit zwischen Haben und Sein. Religionspsychologische Anfragen an die „Bewegung Lefebvre" (Zürich u.a. 1977).

Literatur

H.-W. Brockmann (Hrsg.), Kirche und moderne Gesellschaft (Düsseldorf 1976).
A. v. Campenhausen, Staatskirchenrecht. Ein Leitfaden durch die Rechtsbeziehungen zwischen Staat und den Religionsgemeinschaften (München 1973).
G. Denzler (Hrsg.), Kirche und Staat auf Distanz. Historische und aktuelle Perspektiven (München 1977).
G. Gorschenek (Hrsg.), Katholiken und ihre Kirche in der Bundesrepublik Deutschland (München 1976).
Handbuch des Staatskirchenrechts der Bundesrepublik Deutschland, hrsg. von *E. Friesenhahn* und *U. Scheuner* i.V.m. *J. Listl*, 2 Bde. (Berlin 1974/1975).
H. Mayer-Scheu, Grundgesetz und Parität von Kirchen und Religionsgesellschaften (Mainz 1970).
P. Mikat, Religionsrechtliche Schriften. Abhandlungen zum Staatskirchenrecht und Eherecht, hrsg. von J. Listl, 2 Halb-Bde. (Berlin 1974).
J. Neumann, Kirche als Sinnträger in einer pluralen Gesellschaft? Anmerkungen zum Selbstverständnis der (katholischen) Kirche, in: Kirche und Staat, hrsg. von H. Schambeck (Berlin 1976) 27–69.
H. Quaritsch – H. Weber (Hrsg.), Staat und Kirchen in der Bundesrepublik. Staatskirchenrechtliche Aufsätze 1950–1967 (Bad Homburg – Berlin – Zürich 1967).
U. Scheuner, Schriften zum Staatskirchenrecht, hrsg. von J. Listl (Berlin 1973).
K. Scholder (Hrsg.), Die Kirchen und das Dritte Reich I (Frankfurt – Berlin – Wien 1977).

Johannes Neumann

III
Revolution und politischer Wandel

1. *„Rapid Social Change“*

Die Transformation, Deformation und Revolution politischer Systeme wurden in der politischen Theorie und Ethik des Aristoteles bereits thematisiert und beherrschten die Staatslehre seither in der ständigen Beschäftigung mit den faktischen Ereignissen in der Staaten- und Völkerwelt. Daß jedes „normale“ System, wozu Aristoteles die Monarchie, die Aristokratie und die Politie oder Demokratie rechnete, die Möglichkeit seiner Entartung, nämlich in Tyrannei, Oligarchie und Ochlokratie (Pöbelherrschaft), in sich trägt, war ihm ebenso geläufig wie der mögliche Wechsel von einer Regierungsform in die andere[1]. Jedoch sind morphologische Deutungsschemata eines gesetzmäßigen Zyklus von einer Herrschaftsform zur anderen nachträgliche Vereinfachungen und Geschichtsmetaphysik.

Gegenwärtig hat der von William F. Ogburn (1922) in die Sozialwissen-

[1] Vgl. *Aristoteles*, Politik IV.–VI. Buch, ed. Meiner VII (Hamburg 1958).

schaften eingeführte Begriff des „sozialen Wandels“ andere Kategorien, wie soziale Dynamik, Transformation, Umwälzung, Evolution, Untergang, verdrängt[2]. Diese Kategorie steht für alle wissenschaftlichen Bemühungen, mit denen die Veränderungen sozialer und politischer Strukturen analysiert werden, die Abweichung von relativ stabilen Zuständen, deren Stabilitätsbedingungen erforscht werden, damit die Wandlungspotentiale, die Entwicklungsrichtungen und Ziele erkannt, analysiert und erklärt werden können. In den Sprachgebrauch der christlichen Ethik wurde der Begriff 1954 eingeführt, als die Zweite Vollversammlung des Ökumenischen Rates ein Studienprogramm beschloß, das in einen Aktionsplan des Referates „Church and Society“ beim Ökumenischen Rat der Kirchen für ein Studienprojekt einmündete und den Titel „Die gemeinsame christliche Verantwortung gegenüber Gebieten des raschen sozialen Umbruchs“ („Rapid Social Change“) erhielt, und diese Ergebnisse vom Zentralausschuß des ÖRK gebilligt wurden[3]. Daß sozialer und politischer Wandel untrennbar verbunden sind, stellte schon die päpstliche Enzyklika „Rerum novarum“ (1891) fest, wenn sie gleich beginnt: „Das Verlangen nach Neuem, einmal erwacht und schon lange im Leben der Staaten wirksam, mußte notwendig vom eigentlich Politischen auch auf das verwandte Gebiet des Wirtschaftlichen übergreifen.“[4] „Rerum novarum“ war die erste ausführliche päpstliche Antwort auf die revolutionäre sozialistische Bewegung des 19. Jahrhunderts. Auch in der ökumenischen Diskussion folgte auf die Debatte um „Rapid Social Change“ die theologische Auseinandersetzung mit der Realität von Revolutionen in der gegenwärtigen Weltsituation anläßlich der Weltkonferenz von „Kirche und Gesellschaft“ 1966 in Genf. Hier zeigte sich „Revolution“ als inflationärer Begriff nicht zuletzt im angelsächsischen Sprachgebrauch. Dort stehen häufig Scientific Revolution, Industrial Revolution, Revolution of Art and Architecture selbstverständlich neben dem eigentlichen Begriff der sozialen bzw. politischen Revolution.

2. *Der engere Revolutionsbegriff*

Im klassischen Verständnis wird das Ziel der Revolution in der Herstellung der Identität von Idee und Realität gesehen. Revolution hat jedoch eine quantitative Komponente, die ihre Unterschiedenheit zum unspezifisch verlaufenden

---

[2] Vgl. *W. F. Ogburn*, Kultur und sozialer Wandel. Ausgewählte Schriften (Neuwied – Berlin 1969); *W. Zapf* (Hrsg.), Theorien des sozialen Wandels (Köln – Berlin [2]1970).

[3] Vgl. Zweite Erklärung über Fragen des Studienprojekts „Rascher sozialer Wandel“, Referat für Kirche und Gesellschaft, Studienabteilung, ÖRK (Genf 1956); *P. Abrecht*, The Churches and Rapid Social Change (London 1961).

[4] Vgl. Rundschreiben Papst Leos XIII. über die Arbeiterfrage (Rerum novarum) 1891, in: *F. Kübler*, Individuum und Gemeinschaft in katholischer Sicht (Hannover 1963) 73.

„Rapid Social Change" ausmacht. Es handelt sich um die Forderung nach der sozialen Umverteilung von knappen Gütern. Zu diesen gehören sowohl Produktionsmittel als auch Macht bzw. Herrschaft – knappe Güter, die sich ursprünglich in der Verfügungsgewalt weniger befanden, bei diesen zentralisiert und von ihnen okkupiert wurden. Dadurch ergibt sich eine Zweiteilung der jeweiligen Gesellschaft in Herrschende und Beherrschte, in Befehlende und Gehorchende.

Häufig besteht vor einer nationalen Revolution eine innere Polarisierung, d.h., die Mehrheit der Bevölkerung wird wirtschaftlich wie politisch negativ privilegiert. Herrschaft im Sinne institutionalisierter Herrschaftsverhältnisse bleibt damit bei einer Schicht. Es gibt keine Fraktionierungen und Koalitionen auf begrenzte Zeit. Daraus folgt eine Verhärtung der Machtstrukturen. Voraussetzung für eine Revolution ist das Bewußtsein der Massen, in Relation zu den gegebenen Möglichkeiten negativ privilegiert zu sein (subjektives Moment), und die Möglichkeiten der Massen, ihre Situation zu ändern (objektives Moment). Die Revolution erstrebt in jedem Fall die Beteiligung bzw. Kontrolle breiter Schichten an den knappen Gütern im jeweiligen Land[5].

Im Marxschen Sinne ist Revolution eine ruckartige Nachholung verhinderter Entwicklung, ein beschleunigter und umfassender Anpassungsprozeß an geänderte Verhältnisse. Hiermit ist ein Prozeß einer die gesamte Sozialstruktur erfassenden Umwälzung gemeint, welchem bislang nicht genügend Rechnung getragen wurde. Derartige Revolutionen verlangen als Volksrevolutionen zur Erreichung ihrer Ziele die Gewalt, um bürokratische oder militärische Apparate zu zerschlagen. Getragen werden diese Revolutionen von revolutionärer Intelligenz, die versucht, die unbefriedigten Massen hinter sich zu bringen, und einen Schichtwechsel in der Verfügung über die knappen Güter herbeiführen will. Die Verfügung soll in die Hände derer übergehen, die im Sinne höherer, weil allgemeiner Legitimität einem allgemeinen Menschheitsinteresse dienen.

Marx verstand sich als Theoretiker der politischen Revolution. Die beherrschte Klasse formiert sich im Klassenkampf zur politischen Organisation zwecks Verwirklichung des objektiven Interesses der Arbeiter als Klasse. Marx wies alle evolutionären Versuche zur Erfüllung der unmittelbaren Interessen der Arbeiter als Individuen im Tarifkampf als „Tradeunionism" ab. Hieraus zog Lenin die Konsequenz in der Gründung einer Partei von Berufsrevolutionären, auf die sich schließlich die stalinistische Diktatur stützen konnte. Auch Lenin wußte, daß eine Revolution ohne eine gesamtnationale Krise unmöglich sei. Eine revolutionäre Situation entstehe erst, „wenn die unteren Schichten die alte Ordnung nicht mehr wollen und die Oberschichten nicht mehr in der alten Weise leben können". Doch im Unterschied zu Rosa Luxemburgs orthodoxer

---

[5] Zum Revolutionsbegriff vgl. *E.-A. v. Renesse* (Hrsg.), Revolte und Revolution in Entwicklungsländern (Gütersloh 1969).

Position, der zufolge die revolutionäre Bewegung nur mit Willen und Bewußtsein des ganzen Proletariats zum Erfolg führen könne, glaubte Lenin den Prozeß abkürzen zu müssen auf dem Wege einer Parteidiktatur über die noch „unmündigen" Massen[6].

Wenn also Revolution Zusammenbruch von staatlicher Autorität und Herstellung einer anderen Staatsautorität bedeutet, die an einer Idee orientiert ist und eine Massenbewegung auslösen soll, so handelt es sich bei Staatsstreichen, Revolten und Putschen um die Eroberung von Herrschaftsfunktionen durch bereits andere an der Staatsführung beteiligte Gruppen oder Kader. Diese meist auch gewaltsamen Störungen des legalen politischen Lebens sind „gewiß Symptome für eine revolutionär geladene Atmosphäre und sind auch als Einzelereignisse im Ablauf einer Revolution zu bewerten, aber sie sind nicht Revolutionen"[7].

3. Gottes eschatologisches Handeln

Die abendländische Geschichte war im Zeichen des Christentums reich an politischem Wandel und an Revolutionen. Zu jeder Zeit wurde dieses Geschehen einer Sinndeutung unterzogen und in eine ethische Reflexion unter Legitimitätsgesichtspunkten überführt. Wir haben es in diesem Zusammenhang mit dem Verlauf eines durchgeführten Säkularisierungsprozesses zu tun, zu dessen Beschreibung vor allem Eugen Rosenstock-Huessy und Karl Griewank viel beigetragen haben[8].

Das Thema politischer Wandel und Revolution war der Christenheit von Anbeginn vorgegeben, es wurde aber behandelt im Sinne des Eingehens auf die eschatologischen Handlungsweisen Gottes. Daß Gott „heilige Kriege" führt und im Stillehalten die Weisheit der Menschen liegt, ist durchgehende Erkenntnis des Alten Bundes. Die Heilserkenntnis, daß der alte Äon vergeht und im neuen Äon „alles neu" gemacht werde, erzeugte eine Bewußtseinslage, die mit Revolutionen rechnete und dazu disponierte, im revolutionären Geschehen Stellung zu beziehen. Die (ciceronische) Einsicht in die „mutatio rerum" wurde durchweg auf Gottes Alleinwirksamkeit im politischen Wandel bezogen. So unterstreicht die konkrete paränetische Ermahnung des Paulus in Röm 13, die in die Zeit des Wandels, der Aufhebung des Edikts des Claudius

---

[6] Vgl. *W. I. Lenin*, Staat und Revolution. Die Lehre des Marxismus vom Staat und die Aufgabe des Proletariats in der Revolution (1917), veröffentlicht 1918, in: Werke XXVI (Berlin-Ost 1960) 393–537. Vgl. auch *J. Habermas*, Zur philosophischen Diskussion um Marx und den Marxismus, in: Philosophische Rundschau 5 (1957) H. 314, 230f.

[7] *Th. Geiger*, Revolution, in: *A. Vierkandt*, Handwörterbuch der Soziologie (Stuttgart ²1961).

[8] *K. Griewank*, Der neuzeitliche Revolutionsbegriff. Entstehung und Entwicklung (Frankfurt a. M. ²1969); *E. Rosenstock-Huessy*, Die europäischen Revolutionen und der Charakter der Nationen (Stuttgart 1961).

durch Nero fiel, die theozentrische und christozentrische Position. Auf die biblischen und urchristlichen Positionen kann hier nicht näher eingegangen werden[9].

4. Stationen im abendländischen Säkularisierungsprozeß

Sozialer Wandel in der alten Kirche wurde bewußt und nachhaltig in der konstantinischen Wende erlebt und problematisiert. Viele Theologen unter Führung des Eusebius von Caesarea haben unermüdlich den Satz vertreten, daß die Preisgabe des heidnischen Aberglaubens und der Schutz der wahren Religion des Christentums das Reich erneuern und erhalten würden[10]. Man betrachtete das Christentum also geradezu als das Fundament der wahren Ordnung des Weltreiches, als Garanten der Pax Romana, als die unentbehrliche Voraussetzung politischer Ordnungen. Aber mit dem Fall der ewigen Stadt Rom unter dem Goten Alarich bahnte sich erneut radikaler Wandel an, der diese Art der Reichstheologie widerlegte. Augustin gab diesem Geschehen eine prinzipielle theologische Deutung durch seine Unterscheidung der Pax Christi als dem Hoffnungsziel des Glaubens und der kritischen Potenz für alle immanenten Zielsetzungen und der Pax terrena als dem im Vorletzten erreichbaren Ziel, zu dem Christen wie Heiden fähig, ja für das sie sogar gemeinsam verantwortlich sind. Das christliche Mittelalter bewegte sich bis hin zu Luther in theologischen Denkkategorien, die Augustinus vorgeformt hatte.

Im Rahmen der augustinischen Sinndeutung konnte sich ein reiches Geflecht ethischer Deutungsmuster, ja die rechtliche Ausgestaltung des sacrum imperium entwickeln, die im Reich Karls des Großen ihren eigentlichen Höhepunkt erlebte. Hier wurde der Grundstein für bestimmte Formen des Widerstandsrechtes, des bellum iustum, der späteren Land- und Reichsfriedensregelungen entwickelt, der trotz fundamentaler Konflikte zwischen regnum und sacerdotium eine Rechts- und Friedensordnung begünstigte, die den Anspruch enthielt, den richtigen, göttlichem Inhalt entsprechenden Rechtszustand herzustellen oder wiederherzustellen. Das hohe und späte Mittelalter wird beherrscht von der Idee der Erneuerung. Sie war, wie die der Reformation, wesenhaft konservativ; sie sollte Altes aufnehmen und steigern, es auch den wechselhaften Möglichkeiten und Machtverhältnissen anpassen, aber nicht Neuartiges erstreben. Friedrich II. hat als letzter Hüter des christlichen Römerimperiums versucht, angesichts der Gegensätzlichkeit und revolutionären Geladenheit der politischen Welt durch eine Art „gegenrevolutionäre Oekumene" (Griewank) die monarchisch-aristokratische Ordnung gegen die Rebellen und Ketzer (z. B. die lombardischen Freistädte) zusammenzuhalten.

Die Reformation, insbesondere die lutherische, von Marx als bürgerliche Revolution akzeptiert, von Hegel als deutsche Revolution gewürdigt, verstand

---

[9] Vgl. hierzu *J. M. Hornus*, Politische Entscheidung in der Alten Kirche (München 1963); *H. A. Fast*, Jesus and Human Conflict (Scottdale 1959).
[10] *H. v. Campenhausen*, Lateinische Kirchenväter (1960) 195.

sich selbst als Wiederherstellung der alten christlichen Kirche ohne politischen Nebengedanken. Luther betrieb den Sturz des Papstes, den er als Antichrist gemäß 2 Thess 2, 3–12 interpretierte. Diesen Sturz bewirkt „der Herr mit dem Geist seines Mundes und wird durch die Erscheinung seiner Zukunft ihm ein Ende machen" (8). Die Predigt des Evangeliums war ihm die Waffe Gottes und Auftakt der Wiederkunft Christi. Die Wirkung seiner Handlungsweisen war politisch und revolutionär. Die Berufung der protestantischen Stände und Gemeinden auf die Gewissensfreiheit in Glaubensdingen (z.B. in Speyer 1529) zerstörte die Einheit der mittelalterlichen Welt und löste eine eigenständige politische Dynamik aus. Luther selbst war Gegner der sozialen Revolution und hielt sich in dieser Hinsicht streng an die Rechtsordnung, die nur ein enggefaßtes Widerstandsrecht kannte[11].

War Luther Exponent derjenigen Deutung, die ganz im Sinne des biblischen Verständnisses den politischen Wandel, revolutionäres Geschehen als Revolution Gottes gegenüber der Welt verstand, so bahnte sich der Wandel im 16. Jahrhundert an:

1) 1543 hat Kopernikus in seinen sechs Büchern „De revolutionibus orbium caelestium" die Erde „passiv unter das furchtbare Gesetz des unendlichen Himmels gestellt"[12]; passiv, weil die Erde als Planet Teil dieses Himmels geworden war. Hundert Jahre später wird dies von Galilei und Graf Rohan, einem Zeitgenossen Wallensteins, pointiert formuliert im Sinne der physiko-politischen Theorie: Wie die Erde an den Umläufen (Revolutionen) der Gestirne unentrinnbar beteiligt ist, so bewirken die Revolutionen auf dieser Erde die Unfälle und Zufälle des Menschenlebens.

2) Der Revolutionsbegriff beginnt zu einem objektiv politischen Begriff zu werden. Dieser objektive Revolutionsbegriff, der noch stark im Physikalisch-Astronomischen verwurzelt ist, findet dann auch bald Anwendung in der Beurteilung der englischen Revolution. Während z. B. durch Hobbes und Clarendon die Revolution Cromwells unter moralischen Gesichtspunkten als Great Rebellion und Civil War gedeutet wird, erhalten die Flucht Jakobs II. und die Landung Wilhelms III. 1688 die Bezeichnung Glorious Revolution; und dies ausdrücklich als objektiv naturhaftes Ereignis, durch welches die subjektiv-willentliche Rebellion zwischen 1640 und 1660 zurückgerollt wird in Richtung auf die alte Legitimität.

3) Dieser objektive Revolutionsbegriff wurde schon im 14. Jahrhundert ohne moralische Wertung des Neuen durch Worte wie Rebellion oder Civil War auf die ersten weltlichen Stadtrepubliken Italiens angewendet. Jede Verfassungsänderung in diesen Republiken nannte man Rivoluzione. Damit wurde der Weg frei, das Wort Revolution auch auf das subjektive Verhalten derer, die eine Revolution herbeiführen, anzuwenden. Revolution wird aus einem physiko-politischen zu einem rein politischen Begriff. Die objektive und faktische Veränderung der Dinge und das subjektiv-bewußte Zutun der Revolutionäre geraten im Zusammenhang mit der Französischen Revolution in Einklang.

---

[11] Vgl. *C. Hinrichs*, Luther und Thomas Müntzer, ihre Auseinandersetzung über Obrigkeit und Widerstandsrecht (Berlin 1952).

[12] *E. Rosenstock-Huessy*, Revolution als politischer Begriff der Neuzeit (Abhandlungen der Schlesischen Gesellschaft für vaterländische Kultur. Festgabe für P. Heilborn) (Breslau 1931) 84. Vgl. auch die Zusammenfassung von *M. Lotz*, Der Begriff der Revolution in der ökumenischen Diskussion, Deutsches Pfarrerblatt 68 (1968), Nr. 8.

Mehr noch: bei Voltaire entsprechen politisch-soziale Revolution und Revolutionen des Geistes einander.

Wohlgemerkt, die Revolution ist auch hier das Erlittene, das Passierte. Sie ist da. Deshalb hat sie Condorcet 1789 schon mit der englischen Revolution von 1688 vergleichen können. Robespierre ist also letztlich „nur" Anwalt der Revolution, der ihre von ihm unabhängige Sache vertritt.

4) Von jetzt an beginnt man auch in Frankreich und England, die englische Revolution als Revolution zu bezeichnen, und zwar weniger die Glorious Revolution als vielmehr den Civil War von 1642/46 (Hinrichtung Karls I.). Der erste, der dies tut, ist Burke im Jahre 1790.

Seit 1789 wird auch der amerikanische Befreiungskrieg 1775–1782 nachträglich eine Revolution genannt.

Das ebenfalls seit 1789 gebräuchlich werdende Wort „revolutionär" deutet darauf hin, daß die Französische Revolution nicht mehr wie die englische als einmaliges kontingentes Ereignis betrachtet wurde, sondern als „die Revolution" ins Bewußtsein tritt. Aus einer zufälligen Revolution wird „die" Revolution, die Ära der Revolution.

Evolution, Entwicklung, wird zum Seitenbegriff von Revolution und meint ungewollte Umwälzungen. Bis 1789 wurde Evolution lediglich von Mathematikern und Militärs gebraucht. Jetzt beschreibt Evolution die Entwicklungsgeschichte der Geologie und Biologie einerseits und dann die Bewegungsgesetze der industriellen Produktion im Zusammenwirken der Produktionsverhältnisse und der Produktivkräfte. Geschichte konnte zur Geschichte, bzw. Vorgeschichte der großen Revolution werden. „Die Geschichte aller bisherigen Gesellschaft ist die Geschichte von Klassenkämpfen."[13]

Spätestens seit dem Kommunistischen Manifest von 1847 wird der subjektive Revolutionsbegriff vorherrschend. Überwog bis 1789 der objektive Revolutionsbegriff und verschmolz 1789 der objektive mit dem subjektiven Begriff der Revolution, so wird jetzt die revolutionäre Gesinnung zur Voraussetzung der irgendwann einmal eintretenden „objektiven" Revolution. Durch die russische Revolution erfährt der Revolutionsbegriff eine wohl endgültige Verallgemeinerung. Wie die jahrzehntelange revolutionäre Gesinnung Voraussetzung war für eine Beteiligung an dieser Revolution, deren Bedingungen in Rußland ja ungemein lange auf sich warten ließen, so legte sich die Idee der Revolution in Permanenz nach den Ereignissen von 1917 nahe. Revolution wird zum notwendigen Welt-, bzw. Vergesellschaftungsprozeß, welchem eine latente revolutionäre Gesinnung entspricht.

5. Typologie theologischer Verarbeitung

Die Französische Revolution gilt mit Recht als das entscheidende und alles bestimmende politische Ereignis der Neuzeit. Sie begründete das kosmopolitische Zeitalter im Zeichen nationaler Selbstbestimmung und verschaffte zugleich ihren Menschenrechtsprinzipien „Freiheit, Gleichheit, Brüderlichkeit" universale Werbekraft. In den Menschenrechtskonventionen der Vereinten Nationen, in der Politik der UN-Organisationen zur Befreiung von kolonialistischer und

[13] *K. Marx,* Manifest der kommunistischen Partei, in: *ders.,* Die Frühschriften, hrsg. von S. Landshut (Stuttgart 1964) 525.

rassistischer Bevormundung der Völker, im Ost-West-Dialog der KSZE-Konferenz und im Nord-Süd-Dialog kam erst in der zweiten Hälfte des 20. Jahrhunderts weltweit zum Durchbruch, was unter ganz verschiedenen Voraussetzungen in der französischen, der amerikanischen und der russischen Revolution sich schon Bahn gebrochen hatte. Unabhängig von der Frage eines mittelbaren und oft auch unmittelbaren Einflusses der christlichen Theologie und Kirche auf dieses Geschehen sah sich die Theologie von Anfang an zur Stellungnahme herausgefordert. In einer typologischen Vereinfachung lassen sich hier fünf Positionen beschreiben, die die Schwierigkeit widerspiegeln, theologisch diesem Zeitalter Rechnung zu tragen.

a) Der sog. *theologische Rationalismus* setzte sich in Deutschland – nicht zuletzt unter dem Eindruck von Kants rational begründeter Moraltheologie, in der der praktische Sinn der biblischen Glaubenslehren zum alleinigen Maßstab von Religion und Theologie erhoben wurde – mit der Revolution theologisch auseinander. In einer Situation der Polarisierung der Wirklichkeit in ein „Reaktionssystem" und in ein „Reformationssystem" wurde der Ort des theologischen Denkens im Dienste „politischer Reformation" bestimmt. „Man muß vernünftig reformieren, damit nicht gewaltsam revoltiert werde."[14] Revolution erscheint hier als Extremfall, der durch Vernunft, Einsicht, Reform vermieden werden muß. Für den Theologen kommt es darauf an, zu untersuchen, inwieweit die bestehenden Ordnungen der Vernunft gegenüber legitimiert werden können. Am Gegebenen anzuknüpfen heißt nicht, es zu legitimieren, wohl aber gelte es, „das Ideal des Staates und damit eine Norm für die Beurteilung der in der Erfahrung gegebenen Staaten zu finden; nicht das, was ist, sondern das, was sein soll, darzustellen". Ein richtig verstandenes Christentum leistet in der Normfindung den entscheidenden Beitrag: „Die Sache des Protestantismus ist die Sache der Freiheit und des Lichtes."[15] Die bürgerliche Freiheit als Ideal des Staates wird zur obersten Norm, die alle anderen Normen und Forderungen in sich schließt: die Forderung der Glaubens-, Gewissens-, Lern-, Lehr- und Pressefreiheit, der Freiheit des Gedankens überhaupt. Hierher gehört die durch „Zeitgeist" und Protestantismus gleichermaßen vertretene Idee der bürgerlichen Rechtsgleichheit, der Gleichheit vor dem Gesetz, der Ausgleichung der Standesunterschiede, der gleichen Berechtigung des Bürgertums zu Staatsämtern. Es versammelten sich hier alle konstitutionellen Schlagworte der Zeit, vermieden wurde das Prinzip der Volkssouveränität, der gegenüber lediglich

[14] *K. G. Bretschneider*, Die Theologie und die Revolution. Oder: Die theologischen Richtungen unserer Zeit und ihr Einfluß auf den politischen und sittlichen Zustand der Völker (Leipzig 1835) 165; vgl. auch *H. Rosenberg*, Theologischer Rationalismus und vormärzlicher Vulgärliberalismus, in: HZ 141 (1930) 497–541; *M. Baumotte*, Theologie als politische Aufklärung. Studien zur neuzeitlichen Kategorie des Christentums (Gütersloh 1973) 134–155.

[15] *H. G. Tzschirner*, Protestantismus und Katholizismus aus dem Standpunkte der Politik (Leipzig [2]1822) 83.

die Herrschaft des Gesetzes und die Aufrichtung des konstitutionellen Rechtsstaates proklamiert wurde. Das naturrechtliche, aprioristische Denken, häufig als Stützung, Rechtfertigung und Legitimierung des positiven Rechtes und der staatlichen Autorität genutzt, wurde schon unter den katholischen Naturrechtsrationalisten des 17. und 18. Jahrhunderts zum Kampfmittel gegen Machtanmaßung und erhielt nun von einer ganzen Theologengruppe neue Nahrung. Die Wirkungsgeschichte dieser Bewegung ist relativ wenig untersucht. Gesichert ist der starke Einfluß dieser Theologie auf den vormärzlichen Liberalismus, auf die Lichtfreundebewegung und die deutschkatholische Bewegung, die in den vierziger Jahren eine breite Anhängerschaft im protestantischen und katholischen Lager gewannen. Man wird Hans Rosenbergs Auffassung zustimmen müssen, daß das Wirken dieser Bewegung so sehr auf die Begründung eines gesunden Verhältnisses zwischen den Freiheitsrechten des Individuums und den Gemeinschaftsforderungen des Staates gerichtet war, daß sie das große Machtproblem der nationalen Einigung, das in den vierziger Jahren akut wurde, übersah[16]. Aber eben dieses Machtproblem wurde vom politischen Hochkonservatismus aufgenommen und in bestimmter Hinsicht gelöst.

b) Der *theologische Konservatismus* des 19. Jahrhunderts ist sich zwar in seiner antirevolutionären Position einig, zeigt aber in seiner theoretischen Absicht ein sehr differenziertes Profil. Friedrich Julius Stahl als der bedeutendste Theoretiker des Konservatismus führte einen Zwei-Fronten-Kampf: einmal wehrt er sich gegen das Grundprinzip der Französischen Revolution, in der man nicht nur Verfassungen änderte als Folge der Revolution, sondern „Revolution selbst als eine Verfassung oder als ein Prinzip der Verfassung betrachtet“[17]. Jetzt gehört es zur „Vollbürtigkeit einer Nation, daß sie eine glorreiche Revolution vollbracht habe, und es gehört zur Vollkommenheit der Verfassung, daß sie auf einer glorreichen Revolution stehe, daß man für Gesetze und Einrichtungen nur sie zum Maße habe“[18]. Für Stahl war das „die absolute Revolution ... eine Umwälzung der höchsten sittlichen und politischen Begriffe selbst ... eine Umwälzung der ewigen Gesetze menschlicher Ordnung ... die Entsittlichung des gesellschaftlichen Verbandes“. Es ist dies, kurz, eine Empörung gegen Gott und seine Gesetze. Stahl reklamiert gegen den Rationalismus die Reformation für seine Position. Luther konnte „nicht müde werden, die Sünde der Empörung zu verdammen“. Das lutherische Deutschland habe den weltgeschichtlichen Beruf, die alte legitime Ordnungc wiederherzustellen[19].

[16] *H. Rosenberg*, a. a. O. 524 f. Zur Bewegung der Deutschkatholiken vgl. *A. Kuhn*, Die Provokation des Frieden. und der religiöse Sozialismus der Deutschkatholiken im Jahre 1848/49, in: *dies.* Theorie und Praxis historischer Friedensforschung (München 1971) 35–146.
[17] *F. J. Stahl*, Die Revolution und die constitutionelle Monarchie, eine Reihe ineinandergreifender Abhandlungen (Berlin 1848); *ders.*, Die Reformation und die Revolution, in: *ders.*, Was ist die Revolution? (³1852) 20–24.
[18] Ebd.
[19] Ebd.

Stahl mußte sich zugleich gegen den katholischen Konservatismus abgrenzen, der in Friedrich Schlegels Begründung des christlichen Staats den Staat der revolutionären Zerstörung überantwortete, sofern er die hierarchische Organisation der Kirche zum substantiellen Grund des Staatswesens machte und damit „die Alleinherrschaft der Kirche" theoretisch vorbereitete[20]. Auch die umgekehrte These, daß der „christliche Geist" aus seinem kirchlichen in sein „politisches Lebensalter eingetreten" sei[21], wird verworfen angesichts der historisch und theologisch legitimierten Instanzen und Institutionen Gottes, in denen sein Wille sich je verschieden, aber als Ausdruck göttlicher Gnadenzuwendung manifestiert.

Stahls theologische Abwehr der Französischen Revolution wurde von einem erheblichen Teil der Theologie nachvollzogen, u.a. von J. H. Wichern und A. F. C. Vilmar. Dies führte zu dem Ergebnis: Revolution als Gegenrevolution im Namen althergebrachter oder usurpierter institutioneller Gewalt im Dienste der dazu „berufenen" Herrschaft erhielt seit dem Sieg der Hochkonservativen im deutschen Protestantismus (1848) stets eine höhere Legitimation – noch in der Variante des nihilistischen Faschismus – als die Revolution im Sinne demokratischer Emanzipation.

„Wir bleiben in der apostolisch-lutherischen Linie, indem wir die rechte politische Revolution scharf abgrenzen gegen die Revolution des individualistischen, demokratischen Egoismus und die Revolution des religiösen oder säkularisierten Utopismus, z. B. des Bolschewismus", so P. Althaus in: Obrigkeit und Führertum (1937) 56. Die „rechte" Revolution erkennt Obrigkeit und Führertum als wesentliche Herrschaftsträger an. Friedrich Gogarten sagt es ebenso klar: „Daher unterscheidet sich die Revolution von 1933 von der von 1918, daß durch den Staat der Weimarer Verfassung die grundsätzliche Privatisierung der menschlichen Existenz, die bereits lange vorher begonnen hatte, und die Entmächtigung, man könnte auch sagen, die Entstaatlichung des Staates vollendet wurde. Es kam danach im Grunde nichts Neues. Jetzt dagegen ist diese Privatisierung der Existenz und die Entwicklung des Staates beendet und damit eine geistige Entwicklung liquidiert, und es beginnt etwas völlig Neues" (Einheit von Evangelium und Volkstum? [1933] 10).

c) Die Anfänge der *Dialektischen Theologie* fielen mit der Oktoberrevolution Lenins und der deutschen Novemberrevolution (1918) zusammen. Karl Barth setzte sich in den beiden Auflagen seines Römerbriefkommentars mit dem Religiösen Sozialismus, insbesondere mit Ch. Blumhardt, H. Kutter und L. Ragaz, auseinander und zugleich mit den revolutionären Ereignissen seiner Zeit, um zu einem eigenständigen theologischen Urteil zu gelangen. Vor allem H. Kutter hatte die Revolutionen als „Vulkane der Ewigkeit in der Geschichte" und theo-

---

[20] So *F. Schlegel*, Signatur des Zeitalters, Kritische Friedrich-Schlegel-Ausgabe VII (Zürich 1966) 564.

[21] So *R. Rothe*, Theologische Ethik V ([1]1845) 397. Vgl. auch *R. Strunk*, Politische Ekklesiologie im Zeitalter der Revolution (München 1971).

logisch als „Revolutionen Gottes" verstanden. So konnte die Erscheinung Jesu sub specie aeternitatis neben die französische und neben die russische Revolution auch mit deren gewaltsamen Implikationen gerückt werden. „Der lebendige Gott braucht Gewalt."[22] In der ersten Auflage des Römerbriefkommentars von 1918 treibt Barth Staatskritik in Anklängen an Lenins Schrift „Staat und Revolution". Aber für die Christen gilt die Parole: „Nehmt die göttliche Weltrevolution nicht einzeln vorweg, sondern schafft an ihrer Voraussetzung! Laßt die in euch vorhandenen Spannungen nicht verpuffen in voreiligen Explosionen."[23] So wird von innen her ein „Auflösungsprozeß" der „vergehenden Welt", zu der er auch den Machtstaat rechnet, vorbereitet und die Aufrichtung des Gottesstaates, die „Gewalt der Gerechtigkeit" in der Revolution Gottes ermöglicht. In der zweiten Auflage 1922 treibt Barth theologische Revolutionskritik und zugleich Kritik des Religiösen Sozialismus: „*Unsere* Sache kann es nicht sein, uns mit dem Maßstab Gottes zu bewaffnen und zu tun, als ob Gott durch uns täte. Auf die blaue Blume der *Romantik* muß auch die Revolution verzichten."[24]

„Auch die radikalste Revolution kann dem Bestehenden nur das Bestehende entgegenstellen. Auch die radikalste Revolution ist nur Revolte, wobei wohl zu beachten ist, daß dies auch von den sog. ‚geistigen' oder ‚friedlichen' Revolutionen gilt. Auch die radikalste Revolution ist an sich nur die Rechtfertigung und Verstärkung des Bestehenden. Denn alles relative Recht des Bestehenden wird durch das relative Unrecht der Revolution bei ihrem *Sieg* nur bestätigt, während das relative Recht der Revolution bei ihrem *Sieg* durch das relative Unrecht des Bestehenden jedenfalls nicht bestätigt wird. Und so wird auch die Widerstandskraft des Bestehenden durch den *sieg*reichen Angriff der Revolution keineswegs gebrochen, sondern nur zurückgedrängt, komprimiert, in andere Formen gezwungen und dadurch um so gefährlicher gemacht, während der *Sieg* einer Revolution die revolutionäre Energie nur verwässern und ungefährlich machen kann. Keinesfalls durch das *Tun* des *Rebellen* wird die Revolution zum *Gericht* über das Bestehende, so gewiß sie das in der Tat immer ist. Der Streit, in den sich der Rebell unvorsichtigerweise stürzt, ist der Streit zwischen der Ordnung *Gottes* und der bestehenden Ordnung..."

„M. a. W.: in Anbetracht der Lage zwischen Gott und Mensch kehrt das Alte bei der revolutionären Rechnung, nachdem es gestürzt ist, in neuer verstärkter Form wieder. Der Legitimist rechnet natürlich ebenso falsch, ja erst recht falsch, indem er den Größen in der Klammer *bewußt* (in der Bewußtheit steckt auch hier der Übergriff, in der Grundsätzlichkeit, im Legitimismus das Titanische!) das positive Vorzeichen gibt."[25]

Es ging Barth darum, die kritische Distanz der Offenbarung Gottes gegenüber unserem Handeln und Denken gerade in den extremen Situationen der Revolution, des Krieges, der nationalen Erhebung zu bewahren. Gegenüber Lenin hatte er betont: „der Christen Staat und Revolution ist im Himmel, im Verborgenen

---

[22] *H. Kutter*, Sie müssen. Ein offenes Wort an die christliche Gesellschaft (Jena 1910); *ders.*, Die Revolution des Christentums (Leipzig 1908).
[23] *K. Barth*, Der Römerbrief (¹1918)) 387.
[24] *K. Barth*, Der Römerbrief (²1922) 468.
[25] Ebd. 466f.

der Menschen ... Eben darum können und müssen sie warten ..."[26] Gegenüber der Gründung einer christlichen Partei nach 1945 betonte er ganz entsprechend: „Im politischen Raum können nun einmal die Christen mit ihrem Christentum nur anonym auftreten."[27] Darin anerkennen sie die Überlegenheit und Freiheit Gottes gegenüber all unseren menschlichen Gedanken und Handlungen, und seien sie noch so christlich begründet und motiviert.

d) Die ökumenische *Theologie der Revolution* nahm in den sechziger Jahren des 20. Jahrhunderts die dialektische Infragestellung von Revolution und christlicher Beteiligung an Revolution wieder zurück und knüpfte an die Tradition des Religiösen Sozialismus an. Paul Lehmanns Theorie der Theologischen Ethik[28] konzentrierte sich darauf, aus den Vorstellungsinhalten der Königsherrschaft Christi, der Messiasgestalt, des königlichen Amtes Christi, in denen sich „God's political activity" manifestiert, den „Christian context" zu bestimmen, in dem die ethischen Maßstäbe für eine Welt der politischen Umbrüche zu finden sind[29]. Der revolutionäre Gehalt des biblischen Zeugnisses konnte nun voll ausgeschöpft und weltweit aktualisiert werden. Richard Shaull – erfahren und ausgewiesen in einer aktiven Beteiligung an sozial-revolutionären Aktivitäten in Lateinamerika – verschaffte diesem Ansatz auf der Weltkonferenz für Kirche und Gesellschaft 1966 weltweite Resonanz: Für die Theologie und Kirche war Gott herkömmlicherweise dort erkennbar, wo die traditionellen Strukturen der kreatürlichen Wirklichkeit Sinn und Halt vermittelten. Doch diese Ordnung ist weltweit zerbrochen. Heute kommt es darauf an, in der Transformation oder Revolution unserer gegenwärtigen Strukturen die Richtung des Reiches Gottes zu erkennen. Wir müssen von Gott den Zusammenbruch der alten Strukturen annehmen und die neuen Mittel zum Leben finden. Theologisch bedeutet das: „Die Gegenwart Gottes kann deshalb am deutlichsten an jenen Punkten erkannt werden, wo die Kräfte der alten Ordnung mit den neuen messianischen Bewegungen für menschliche Befreiung konfrontiert werden, d.h. inmitten des Zusammenbruches der alten Institutionen, der Eruption von Konflikt und Gewalt und der Suche nach neuen Lösungen für unsere drängendsten sozialen Probleme." Die Theologie hat dazu beigetragen durch „... einen Reichtum biblischer und theologischer Bilder und Symbole, Mythen, Parabeln und Geschichten, die uns neue Einsichten in das Humane und die soziale Wirklichkeit geben können und die Aufmerksamkeit auf Dimensionen jener Wirklichkeit lenken, die oft übersehen werden und uns

---

[26] *K. Barth*, Römerbrief ([1]1918) 379f. Zur Interpretation vgl. *F. W. Marquardt*, Theologie und Sozialismus. Das Beispiel K. Barths (München 1972) 126–145.

[27] *K. Barth*, Christengemeinde und Bürgergemeinde (Zürich 1946).

[28] *P. Lehmann*, Ethics in a Christian Context, deutsch: Ethik als Antwort. Methodik einer Koinonia-Ethik (München 1966).

[29] Vgl. hierzu *H. E. Tödt*, Revolution als neue sozialethische Konzeption. Eine Inhaltsanalyse, in: *T. Rendtorff – H. E. Tödt*, Theologie der Revolution. Analysen und Materialien (Frankfurt a.M. 1968) 13–40.

Hinweise geben auf das, was am wichtigsten ist, und uns eine klarere Schau des Ganzen ermöglichen"[30].

Wir müssen die Mythen und Symbole wiedererkennen, die uns helfen, die Natur und die Richtung von Gottes humanisierendem Handeln in der Welt zu erkennen (God's humanizing activity). Wichtig sind: die Symbole von Exodus und Exil; Kreuzigung und Auferstehung; die Symbole des Überschreitens und Transzendierens in bezug auf jede etablierte Ordnung; die Bilder der Hoffnung inmitten des sozialen Kampfes; die Symbole, die das Leben als Geschenk beschreiben.

Gottes Auftrag an den Menschen zur Humanität läßt sich nicht abstrakt erfüllen. Die entscheidenden ethischen Fragen der Humanisierung und Enthumanisierung des menschlichen Lebens werden in der modernen Welt entschieden „an Fronten der Revolution"[31]. „Als Form politischer Veränderung stellt Revolution die Messerschneide der Humanisierung dar."[32]

e) Die *katholische Position* wurde in jüngster Zeit von François Houtart und André Rousseau einer Analyse unterzogen[33]. Die Französische Revolution hatte eine antireligiöse, antiklerikale Zuspitzung, durch die die katholische Kirche in einen Kampf um ihre Selbstbehauptung als hierarchische Institution und als festgefügtes Wertsystem hineingedrängt wurde. Zugleich konnte die Kirche im Übergang zu den bürgerlich-demokratischen Staaten sich als kraftvolle gesellschaftliche Gruppierung in den dialektischen Prozeß von Staat und Gesellschaft einbringen. Unter der Fassade eines hochkirchlichen Autoritarismus, der sich mit den autoritären Staaten der Restaurationsepoche verband, konnte sich eine Minderheitenposition entwickeln und behaupten, die als „katholischer Liberalismus" den gemeindlichen Aspekt betonte und sich in aktiver Auseinandersetzung mit dem Prozeß des geistigen und politischen Wandels befand. 1864 setzte sich in der Enzyklika „Quanta cura" und dem damit verbundenen „Syllabus errorum" der autoritäre Zentralismus durch. Zugleich entwikkelte der Katholizismus eine soziale Sensibilität gegenüber der Lage der Industriearbeiter und der industriellen Armut. Der Frühsozialist Saint-Simon versuchte, in seiner Parlamentsgeschichte der Revolution die Identität von christlichen und revolutionären Prinzipien zu beweisen[34]. Ein gemäßigter christlicher Sozialismus konnte sich neben der schroff antiklerikalen marxistischen Arbeiterbewegung etablieren und behaupten. In der Enzyklika „Rerum novarum" von 1891 wird die schroff antirevolutionäre, antisozialistische Position mit einer christlich-sozialen, sozialreformerischen, interventionistischen

---

[30] *R. Shaull*, The Presence of God and the Human Revolution (McCormick Quarterly XX/2) (1967) 97–103; *ders.*, Befreiung durch Veränderung (München 1970).
[31] *R. Shaull*, The Presence of God 101.
[32] Ebd.
[33] *F. Houtart – A. Rousseau*, Ist die Kirche eine antirevolutionäre Kraft? (München 1973).
[34] Ebd. 64–69.

Position verknüpft. In „Quadragesimo anno“ von 1931 wird diese Position systematisch ausgebaut. Erst unter den Päpsten Johannes XXIII. und Paul VI. kam es zu einer Revision in verschiedener Hinsicht: in der Enzyklika „Pacem in terris“ wurde das traditionalistische politische Einheitsmodell zugunsten einer Offenheit in der Verständigung zwischen verschiedenen Ideologien und gesellschaftlichen Systemen durch gemeinsame Achtung ethischer Grundvorstellungen – den Menschenrechten – zurückgestellt. Der Papst lehnte sich ausdrücklich an die Menschenrechtserklärung der Vereinten Nationen (1948) an. Zugleich fand die päpstliche Soziallehre eine neue positive Einstellung zur Demokratie und zum Sozialismus und korrigierte die traditionell autoritäre Position. Die Pastoralkonstitution „Gaudium et spes“ des Zweiten Vatikanischen Konzils führte diese Linie fort durch eine heilsgeschichtliche, die dynamischen Prozesse der Neuzeit produktiv aufgreifende Perspektive, die das Ziel des göttlichen Handelns und das immanente Ziel der weltgeschichtlichen Entwicklung in der Schaffung einer Einheit der Menschheit sieht. Im Aufnehmen des kosmopolitischen Ethos der Neuzeit rezipierte die päpstliche Soziallehre zugleich die großen Ideale der Französischen Revolution „Freiheit, Gleichheit, Brüderlichkeit“. Die Kluft zwischen Armen und Reichen innerhalb der sozialen Systeme und zwischen den Nationen erzwingt im Zeichen der ethischen Forderung „Gerechtigkeit in der Welt“[35] einen Ausgleich, ohne den in Grenzsituationen soziale und politische Revolutionen legitimiert sind. Auf dieser Linie fuhr die Enzyklika „Populorum progressio“ Pauls VI. fort und legte den Grundstein der Kommission „Justitia et Pax“, die seit 1967 beauftragt worden ist, den theologischen Ansatz von „Populorum progressio“ zu erproben und weiterzuentwickeln und die weltweite Zusammenarbeit mit den Vereinten Nationen, dem Ökumenischen Rat der Kirchen und den nichtchristlichen Religionen zu befördern[36].

6. *Problemstellungen ökumenischer Ethik*

Trotz der Reichhaltigkeit in der Begriffsgeschichte und in der theologischen Interpretation ist es möglich, die wichtigsten ethischen Probleme und Entscheidungen im Zusammenhang von Revolution und politischem Wandel zusammenfassend darzustellen. Der Säkularisierungsprozeß, der angedeutet wurde, hat die Erfahrung mit sich gebracht, daß ein streng theozentrisches Revolutions-

---

[35] Vgl. Papst Johannes XXIII., Pacem in terris. Rundschreiben über den Frieden unter allen Völkern in Wahrheit, Gerechtigkeit, Liebe und Freiheit (1963); Pastoralkonstitution über die Kirche in der Welt von heute „Gaudium et spes“. Lateinisch und Deutsch, mit einer Einleitung von W. Weber (Münster 1967); Die Gerechtigkeit in der Welt, Bischofssynode Vatikan (1971).

[36] Die Entwicklungsenzyklika Papst Pauls VI. „Populorum progressio“ (Freiburg i. Br. 1967). Vgl. auch *J. Bopp*, Populorum progressio, Aufbruch der Kirche (Stuttgart 1968).

verständnis sich gleichsam in die weltgeschichtliche Horizontale verlagert hat und mit der Machbarkeit von geschichtlichem Wandel zugleich die umfassende Verantwortlichkeit der Akteure verdeutlicht hat. Im Zeichen der Säkularisierung nehmen Revolutionen den Charakter des Absoluten an und gewinnen totalitäre Züge. In den Bemühungen um eine Rückdeutung revolutionärer Abläufe in Gottes Aktion zeigt sich, daß eine rationale politische Steuerung von „Revolution“ nicht möglicht ist, sondern sich ganze Völker dem Wagnis des Neuen aussetzen und der Sinnvermittlung ebenso bedürfen wie der realpolitischen Mitwirkung durch die Christen.

In der ökumenischen Ethik haben sich fünf Problemkreise in den Vordergrund gestellt, die nun abschließend behandelt werden.

a) In der ersten gemeinsamen Konferenz der Weltchristenheit zwischen Vertretern des Ökumenischen Rates der Kirchen und der päpstlichen Kommission „Justitia et Pax“ in Beirut 1968 wurde die sachliche Nähe der Positionen deutlich. Man einigte sich auf eine Erklärung zur Revolution, in der es heißt: „Revolutionen ohne Gewalt sind möglich. All unser Bemühen muß sich auf den Wandel ohne Gewalt richten. Doch wenn geltendes Recht so im Status quo verwurzelt ist und seine Träger einen Wandel nicht zulassen, dann kann das Gewissen der Menschen als letzter Ausweg sie in voller und klar erkannter Verantwortung ohne Haß und Erbitterung zur gewaltsamen Revolution führen. Eine schwere Schuld lastet dann auf denen, die sich dem Wandel widersetzt haben.“[37]

In dieser Erklärung rückt der Legitimitätsaspekt in Staat und Politik in den Mittelpunkt ethischer Reflexion. Revolution als weltrevolutionäre Methode tritt hier zurück hinter die Abwägung der Legitimität öffentlicher Gewalt in einer revolutionären Situation. Die relative Ungerechtigkeit des Umsturzes wird aufgewogen durch das größere Unrecht der gewaltsamen Perennierung von Unrechtsstrukturen. Es wird zugleich unterstellt, daß es verantwortliche Kräfte gibt, die derartige Erwägungen einbringen können. Das Subjekt kirchlichen Handelns und verantwortlicher Einflußnahme soll nicht neben, sondern im Mittelpunkt des relevanten Geschehens stehen. Häufig sind die revolutionären Führer – insbesondere in Ländern der Dritten Welt – zugleich Exponenten christlicher Kirchen und Gruppen. Auf der Iberischen Halbinsel wurde eindrucksvoll demonstriert, daß notwendiger politischer Wandel ohne Gewalt möglich ist. Im Zeichen der Rassenvorherrschaft einer Minderheit im südlichen Afrika ist eine gewaltlose Transformation eher unwahrscheinlich. Von der Gesamtsituation hängt die jeweilige Option ab. In jeder Situation sind die Christen jedoch aufgefordert, den gewaltlosen Weg zu zeigen und die Revolution als ultima ratio zu begreifen. Die Anwendung von Gewalt kommt sozialethisch nur in Betracht, wenn alle anderen Mittel entweder schon versagt haben oder

---

[37] Weltweite Entwicklung. Offizieller Bericht der Beirut-Konferenz (1968) 21.

nach gewissenhafter Prüfung als nicht erfolgversprechend verworfen werden müssen. Sodann muß eine reelle Chance gegeben sein, daß die bestehende verwerfliche Ordnung durch eine bessere, die Menschenrechte und die soziale Gerechtigkeit besser verwirklichende und zugleich funktionsfähige Ordnung ersetzt werden kann.

b) Damit ist deutlich geworden, daß das Gewaltproblem nicht isoliert betrachtet werden darf. Max Weber hat die Gegenwärtigkeit von Gewalt drastisch geschildert: „Wer Politik überhaupt und wer vollends Politik als Beruf betreiben will...läßt sich...mit den diabolischen Mächten ein, die in jeder Gewaltanwendung lauern... Wer das Heil seiner Seele und die Rettung anderer Seelen sucht, der sucht das nicht auf dem Wege der Politik, die ganz andere Aufgaben hat: solche, die nur mit Gewalt zu lösen sind."[38] Hier wird Politik mit Gewaltsamkeit nahezu identifiziert. Die Neuzeit brachte in der Tat eine Macht- und Gewaltmonopolisierung im öffentlich-staatlichen Bereich mit sich. Dadurch vergrößerte sich die Gefahr, daß der Staat als Leviathan zum Gewaltstaat entartet. Formen personaler Gewalt verbinden sich mit struktureller Gewalt, mit ihnen verbindet sich Unfreiheit, physische Not. Innerhalb dieses Prozesses verfielen die traditionalen Rechtsformen des legalen Widerstandsrechtes. In dieser Konstellation bestätigt ein prinzipieller Gewaltverzicht aus christlicher Gesinnung unter Umständen den Gewaltstaat. Demgegenüber hat z.B. Luther ein reiches Konzept des legitimen Widerstandsrechtes gekannt und den Grundsatz vertreten: „Schwert soll kein Christ für sich und seine Sache führen, wohl aber mag er und soll er es führen und anrufen für einen anderen, damit der Bosheit gesteuert und Frömmigkeit geschützt werde."[39] Revolution als Gegengewalt kann unter Umständen eine Form der Notwehr, des legitimen Widerstandes oder sogar des „gerechten Krieges" sein. Dies kann in bestimmten Situationen der Unterdrückung, Ungerechtigkeit, Unfreiheit und wirtschaftlicher Ausbeutung ein erlaubtes oder sogar gebotenes Mittel sein. Die lateinamerikanische Bischofskonferenz 1968 sprach diesen Sachverhalt an. Sie nannte die gegenwärtige Situation eine „Situation der Ungerechtigkeit", „weil die gegenwärtigen Strukturen fundamentale Rechte verletzen"[40]. Allerdings hängt im Zeichen der militärischen Potenzierung des Gewaltmonopols beim Staat dann alles davon ab, ob es den auf Veränderung drängenden Bewegungen gelingt, die Techniker, Militärs und die Polizei zum überwiegenden Teil von ihrem Ziele zu überzeugen und zum Frontwechsel zu veranlassen.

c) Ein dritter Fragenkreis berührt das Problem der effektiven Möglichkeit

---

[38] *M. Weber*, Politik als Beruf, in: Gesammelte Politische Schriften (Tübingen ²1958) 545.

[39] *M. Luther*, Von weltlicher Obrigkeit, wie weit man ihr Gehorsam schuldig sei (1523).

[40] Vgl. *E. Feil–R. Weth* (Hrsg.), Diskussion zu „Theologie der Revolution" (1969) 356 (dort das Dokument der Konferenz). Vgl. auch: Kammer der EKD für öffentliche Verantwortung, Gewalt und Gewaltanwendung in der Gesellschaft. Eine theologische Thesenreihe zu sozialen Konflikten (Gütersloh ³1973).

der Revolution in entwickelten Gesellschaften. André Philip hat in seinem kritischen Aufsatz „Des transformations révolutionnaires des structures politiques et économiques de la vie européenne“[41] gezeigt, daß in der modernen Industriegesellschaft, obschon sie „une situation révolutionnaire“ enthalte, keine abrupte, zumal gewalttätige Revolution mehr möglich sei. Denn ein derartiger Umbruch – das gelte auch für die Sowjetunion – müsse das gesamte technische Produktionssystem samt der gesellschaftlichen Infrastruktur erschüttern. Dies komme einem sozialen Rückschlag mit Massenarmut gleich und sei eine selbstmörderische Handlung. Im Zeichen der Nukleartechnologie kommen hier neuerdings Risikofaktoren von unabsehbarer Reichweite und Brisanz ins Spiel. In einer Zeit expansiven Technologietransfers in die Dritte Welt werden diese Risiken heute über die ganze Welt verteilt. Dadurch erhöht sich die Chance für Diktaturen, sich gewaltsam gegen Umbrüche zu behaupten. Transformation, Widerstand, Revolution verlaufen im Nuklearzeitalter nach ganz neuen Gesetzen, deren Tragweite erst noch erforscht werden muß. Politischer Wandel in den hochentwickelten Ländern hängt davon ab, ob Formen der Partizipation, Machtkontrolle, öffentlichen Meinung existieren, durch die hindurch daran gearbeitet wird, eine Willensbildung über die produktive Fortführung des humanen Zusammenlebens herbeizuführen. Den Kirchen und christlichen Gruppen kommt bei dieser Zielfindung eine erhebliche Bedeutung zu.

d) Der Auftrag zur Humanität ist Christen wie Nichtchristen gleichermaßen gegeben. Innerhalb dieses Grundzieles aller Entwicklung lassen sich heute drei normative Dimensionen unterscheiden, die zusammengenommen das normative Ziel des politischen Wandels bestimmen. Sie beziehen sich auf politische Verhältnisse, die es zu überwinden gilt, nämlich auf die Phänomene der in weitestem Sinne verstandenen physischen Not, auf die Formen personaler wie struktureller Gewalt und die mit ihnen verbundenen Formen der Unfreiheit[42].

Wenn von der Beseitigung der Disparität der Lebenschancen, von Sachverhalten der verbreiteten und wachsenden Not gehandelt wird, dann spiegeln sich hier die Ursachen von Revolution und Gewaltanwendung. Es müssen deshalb Strategien zur Minimierung von Not – zugleich in Kategorien der sozialen Gerechtigkeit und der ökologischen Vernunft – beschrieben und eingeleitet werden. – In früheren Zeiten war der Begriff des Gewaltfriedens u. U. eine sinnvolle Vorstellung. Durch den Wandel der militärischen, ökonomischen und technischen Verhältnisse ist die Legitimität rechtlich sanktionierter physischer Gewaltanwendung überhaupt zweifelhaft geworden. Deshalb wird die Minimierung von Gewalt sowohl international als auch intranational zu einer Forde-

---

[41] *A. Philip*, Église et Société (1968) 89–100.

[42] Die Grundlage für diese Zielsetzung bildet die Atlantikcharta vom 24. September 1941, die in den Menschenrechtserklärungen der Vereinten Nationen weiterentwickelt wurde. Vgl. *Th. Strohm*, Die Kirche vor der Frage revolutionärer Gewalt, in: EvTh 31 (1971) Nr. 10, 516f. Vgl. hierzu auch *W. Huber–H. E. Tödt*, Menschenrechte, Perspektiven einer menschlichen Welt (1977).

rung von hoher ethischer Bedeutung. Internationale Verflechtung und Partizipation erfüllen diese Forderung ebenso wie Formen der fundamental-demokratischen Partizipation, durch die die Menschen an denjenigen Entscheidungen beteiligt sind, von denen sie direkt und strukturell betroffen werden. Strukturelle Gewalt manifestiert sich dort, wo die Grundfreiheiten nicht respektiert werden. Die Minimierung von Unfreiheiten, die Anerkennung und Praktizierung der individuellen und sozialen Grundrechte (wie sie vor allem in den beiden UNO-Deklarationen von 1966 niedergelegt sind) bilden zusammen mit den beiden genannten Dimensionen die Zielvorstellung, an der nach heutiger Einsicht die Menschheit sich zu bewähren hat.

e) Damit kann schließlich klargestellt werden, daß die säkularen Bemühungen um eine Transformation politischer Strukturen und Systeme nicht in Gegensatz zur christlichen Eschatologie stehen, sondern zu dieser sich komplementär verhalten. Die von Gott her kommende Erneuerung der Welt findet ihre Entsprechung und Antwort in Taten der Veränderung. Die säkularen Ziele sind nicht identisch mit der eschatologischen Vorstellung vom Reich Gottes, dem „Reich der Freiheit und der Liebe", wohl aber sollen und können sie einer solchen Vorstellung entsprechen. Hingegen erweisen sich diejenigen Revolutionsideen als problematisch, die die revolutionäre Methode auf die Kritik und Zerstörung der bestehenden Welt beschränken, um es dann Gott, dem Weltgeist oder den revolutionären Potentialen zu überlassen, das Neue herbeizuführen[43]. Eine apokalyptisch bestimmte Theologie der Revolution bricht aus der weltgeschichtlichen Horizontalen in die chiliastische Vertikale aus und überspielt den menschlichen Ort, in dem beides ausgehalten werden soll. Auch das Revolutionäre aus christlicher Hoffnung ist Handeln im Vorletzten, das das Letzte nicht erzwingen kann, sondern mit allem, was es tut und leistet, in der geschichtlichen Welt bleibt.

Gleichwohl gilt im Prozeß der Veränderung das Gebot der Liebe als Richtschnur. Sie ist darum der „Krites", der alles kritisch prüft und den Menschen in Gesellschaft und Welt auf eine bessere Gerechtigkeit hin in Bewegung hält. So sagt Paulus im Philipperbrief: „Um das bete ich, daß eure Liebe immer noch reicher werde an Erkenntnis und allem Verständnis, damit ihr zu prüfen vermöget, was recht und was unrecht ist, auf daß ihr lauter und unanstößig seid auf den Tag Christi, erfüllt mit Furcht der Gerechtigkeit, die durch Jesus Christus gewirkt wird, zur Ehre und zum Lobe Gottes" (1, 9–11). Wo das ernst genommen wird in der Ganzheit des Daseins, da beweist das Gebot Jesu als die Leitschnur christlicher Existenz in der Zeit des Vorletzten durchaus seine weltverändernde Kraft[44].

---

[43] Zur Kritik an Marx' Revolutionsbegriff vgl. *J. Habermas*, a.a.O. 233.

[44] Vgl. hierzu *P. Tillich*, Macht, Liebe, Gerechtigkeit (1956), in: *H.-D. Wendland – Th. Strohm* (Hrsg.), Politik und Ethik (Wege der Forschung 139) (1969) 116–135.

Literaturhinweise

K. G. Bretschneider, Die Theologie und die Revolution. Oder: Die theologischen Richtungen unserer Zeit in ihrem Einfluß auf den politischen und sittlichen Zustand der Völker (Leipzig 1835).
F. J. Stahl, Die Revolution und die constitutionelle Monarchie, eine Reihe ineinandergreifender Abhandlungen (Berlin 1848).
Paul Abrecht, The churches and rapid social change (London 1961).
E. Rosenstock-Huessy, Die europäischen Revolutionen und der Charakter der Nationen (Stuttgart 1961).
H. Maier, Revolution und Kirche. Studien zur Frühgeschichte der christlichen Demokratie (1789–1901) (Freiburg i. Br. 1965).
T. Rendtorff – H. E. Tödt, Theologie der Revolution. Analysen und Materialien (Frankfurt a. M. 1968).
K. Griewank, Der neuzeitliche Revolutionsbegriff. Entstehung und Entwicklung (Frankfurt a. M. ²1969).
J. M. Gustafson – M. de Jong – R. Shaull, Zur Ethik der Revolution (Stuttgart 1970).
Th. Strohm, Die Kirche vor der Frage revolutionärer Gewalt, in: EvTh 31 (1971).
F. Houtart – A. Rousseau, Ist die Kirche eine antirevolutionäre Kraft? (München 1973).
N. Elias, Über den Prozeß der Zivilisation. Soziogenetische und psychogenetische Untersuchungen. Bd. 1: Wandlungen des Verhaltens in den weltlichen Oberschichten des Abendlandes (Frankfurt a. M. ³1977); Bd. 2: Wandlungen der Gesellschaft. Entwurf zu einer Theorie der Zivilisation (Frankfurt a. M. ²1977).

Th. Strohm

Drittes Kapitel
Recht

I

Positives Recht versus Naturrecht?

1. Die Fragestellung

Das Spannungsverhältnis zwischen positivem Recht und einem noch näher zu bestimmenden Naturrecht ist ein menschliches Grundproblem, das in der einen oder anderen Form die gesamte Geschichte der Rechtsphilosophie und Rechtstheologie durchzieht. Man hat daher ebenso von einer „ewigen Wiederkehr des Naturrechts“[1] wie von einer „ewigen Wiederkehr des Rechtspositivismus“[2] gesprochen. Der Terminus „Naturrecht“ wird dabei etwas anders als in der Ethik im allgemeinen und in der Moraltheologie (vgl. 1. Bd., 2. Tl., 3. Kap., I. Das Naturrecht) gebraucht, und zwar einerseits eingeschränkter, andererseits allgemeiner. „Naturrecht“ bezeichnet hier den Inbegriff jener Normen der Gerechtigkeit, von denen behauptet wird, daß sie als Grundlage allen Rechtes vorgängig zur Tätigkeit des Gesetzgebers und unabhängig von ihr gelten. Das so verstandene Naturrecht hat also (einschränkend) nur einen Teilbereich der sittlichen Ordnung zum Gegenstand, nämlich sittliche Normen der Gerechtigkeit, die grundlegend und unabdingbar für menschliches Zusammenleben gelten. Andererseits ist damit nicht notwendigerweise eine bestimmte philosophische Tradition der Begründung sittlicher Normen vorausgesetzt, etwa die aristotelisch-thomistische oder die stoische, sondern (allgemeiner) nur die grundsätzliche Begründbarkeit solcher sittlicher Normen überhaupt in ihrer Bedeutung für das Recht.

Ein so verstandenes Naturrecht gehört also einerseits der sittlichen Ordnung an, insofern es aus der „Natur“ des Menschen oder der Sachverhalte auf philosophischem Wege als verpflichtend geltend einsichtig gemacht werden soll, ande-

---

[1] *H. Rommen*, Die ewige Wiederkehr des Naturrechts (München 1947).

[2] *P. Schneider*, Naturrechtliche Strömungen in deutscher Rechtsprechung, in: ARSP 42 (1956) 98.

rerseits der Rechtsordnung, insofern seine Normen auch unmittelbar rechtliche Geltung beanspruchen. Es will also dem Bedürfnis nach einem „rechtfertigenden Grund und kritischem Richtmaß" allen positiv gesetzten Rechts genügen[3]. Dabei wird vorausgesetzt, daß nicht nur dem individuellen menschlichen Handeln, sondern auch der rechtlichen Gestaltung menschlichen Zusammenlebens gewisse erkennbare Ordnungsinhalte normativ vorgegeben sind, die nicht der Willkür des Gesetzgebers unterliegen (selbst wenn dieser volle demokratische Legitimation besäße), sondern von denen her die Gesetzgebung selbst und das positive Recht ihre Legitimation erhalten.

Als das entscheidende Problem einer so verstandenen Naturrechtslehre stellt sich die Frage, wie das Verhältnis zwischen diesem überpositiven und dem positiven Recht genauer zu bestimmen ist. Im Grunde ist dies nichts anderes als die alte Frage nach dem Verhältnis von Recht und Sittlichkeit, die Rudolf v. Ihering das „Kap Horn der Rechtsphilosophie" überhaupt genannt hat. Wenn es sich dabei nämlich nicht um zwei inhaltlich völlig getrennte Sphären handelt, können Widersprüche zwischen begründeten Normen der Moral und positiven Gesetzen auftreten. Was soll in einem derartigen Konfliktsfall rechtlich „gelten": die Norm des Naturrechts oder das entgegenstehende positive Gesetz? Lassen sich Fälle denken, in denen ein Richter, dem ein positives Gesetz dem Naturrecht zu widersprechen scheint, Recht sprechen kann, darf oder gar soll gegen dieses positive Gesetz unter Berufung auf die höhere Norm des Naturrechts? Wie läßt sich andererseits, wenn man eine Verwurzelung des positiven Rechtes im Naturrecht und der Moral ablehnt, die Gewissensverbindlichkeit der Gesetze begründen?

Das Verhältnis von positivem Recht zum Naturrecht, so viel dürfte deutlich geworden sein, ist nicht ein abseitiges Teilproblem von rein dogmengeschichtlicher Bedeutung, sondern betrifft zentral das Verständnis von Recht und Gesetz überhaupt.

2. *Gegenpositionen*

Wie schon erwähnt, beruht die Naturrechtslehre ganz allgemein auf zwei Annahmen, bei deren Leugnung die skizzierte Problematik als gegenstandslos entfällt. Bevor auf einzelne Naturrechtsauffassungen positiv eingegangen wird, sollen daher negativ die beiden möglichen Gegenpositionen grundsätzlich markiert und kritisiert werden:

a) In einem *Moralskeptizismus* oder grundsätzlichen *Wertrelativismus* wird die Möglichkeit verneint, inhaltliche Normen der Sittlichkeit und Gerechtigkeit mit dem Anspruch auf objektive Geltung zu erkennen. Dann gibt es auch kein

[3] *Erik Wolf*, Das Problem der Naturrechtslehre. Versuch einer Orientierung (Karlsruhe [3]1964) 13.

Kriterium, anhand dessen ein Gesetz als ungerecht oder naturrechtswidrig angesehen werden könnte. Der eine Spannungspol der Problematik entfällt.

In ihrer vollen Konsequenz wird die skeptische Position auch in der Ethik nur selten durchgehalten. Als eine mehr gefühlsmäßige Einstellung beeinflußt der Wertrelativismus die Naturrechtsdiskussion aber ganz erheblich. Zugrunde liegt die Erfahrung von der geschichtlichen und kulturellen Bedingtheit vieler Wertauffassungen, die von ihren Vertretern mit dem Anspruch auf absolute und überzeitliche Geltung vorgetragen werden. Angesichts der Tatsache, daß jedes Volk und jede Kultur ihre eigenen, manchmal recht unterschiedlichen sittlichen Normen ausbildet, ohne daß sich über die Richtigkeit oder Vorzugswürdigkeit der einzelnen sozialen Wertsysteme immer ein eindeutiges Urteil abgeben ließe, gelangt man häufig zu einem moralischen und rechtlichen *Positivismus,* der keine inhaltlich bestimmten sittlichen Pflichten anerkennt, aber dennoch eine verbindliche Ethik dadurch zu retten versucht, daß er die Beobachtung der in der eigenen Kultur tatsächlich geltenden und anerkannten sittlichen Normen und legitim zustande gekommenen Gesetze fordert. So schlägt eine Auffassung, die die Erkennbarkeit objektiv vorgegebener sittlicher Werte bezweifelt, häufig in eine autoritäre Moral um, der zufolge den positiv gesetzten geltenden Normen unbedingter und blinder Gehorsam zu leisten ist, sei diese normsetzende Instanz die Gesellschaft mit ihren kollektiven Wertvorstellungen oder die staatliche Autorität (so etwa bei Hobbes). Eine theologische Variante dieser positivistischen Moral sieht im freien Willen Gottes den einzigen Verpflichtungsgrund der Sittlichkeit (Ockham). Aber dieser Positivismus enthält insofern einen systematischen Widerspruch, als er wenigstens die Gehorsamspflicht selbst gegenüber einer gebietenden Autorität als unbedingte und „naturrechtliche", nicht mehr positiv begründbare sittliche Forderung anerkennen muß.

b) Im eigentlichen *Rechtspositivismus* wird die Möglichkeit einer inhaltlichen Ethik nicht geleugnet, aber ihre Bedeutung für das Recht bestritten. Die Geltung moralischer Normen für die persönliche individuelle Lebensführung wird anerkannt; zwischen Moral und Recht besteht aber kein notwendiger innerer Zusammenhang. Am konsequentesten hat Kelsen diese Position herausgearbeitet. Nach ihm hat die Rechtsgeltung eines Gesetzes nichts mit seinem Inhalt (Gerechtigkeit) zu tun, sondern beruht einzig auf der Tatsache, daß es in einer bestimmten Weise, nämlich entsprechend der staatlichen Verfassung (und letztlich einer vorausgesetzten Grundnorm), erzeugt ist. Gerechtigkeit kann als Eigenschaft nur von menschlichem Verhalten, nicht im eigentlichen Sinne von Rechtsnormen ausgesagt werden. Darum ist es nicht möglich, daß beide in Widerspruch zueinander geraten. Von einem „ungerechten Gesetz" zu reden, kann nur bedeuten, daß der Normsetzungsakt dem Gerechtigkeitswert nicht entsprach[4].

---

[4] *H. Kelsen,* Reine Rechtslehre (Wien ²1960).

Der entscheidende Unterschied zur Naturrechtsauffassung besteht hier offenbar im Begriff des Rechts: Liegt der Sinn einer Rechtsnorm nur darin, daß in der staatlichen Zwangsordnung an ein bestimmtes Handeln die vom Gesetz vorgesehenen Folgen geknüpft sind, oder ist der Rechtsbegriff selbst ein Wertbegriff, der eine dem Menschen gemäße, gerechte Ordnung sozialen Zusammenlebens zum Inhalt hat? Gehört das Recht ausschließlich der Ordnung des Seins (tatsächlich geltende Normen) oder auch des Sollens (gerechte Normen) an? Der auf den ersten Blick rein begrifflich-definitorisch erscheinende Unterschied hat weitreichende praktische Folgen: Kann es ein eigentliches Widerstands*recht*, vielleicht sogar eine rechtliche Widerstandspflicht gegen ein positives Gesetz geben, wenn es fundamental der Gerechtigkeit widerspricht?

3. Die Vieldeutigkeit des Naturrechtsbegriffs

Daß die positivistische Gegenthese zur Naturrechtslehre, die das Recht völlig der Willkür des Gesetzgebers ausliefert, das komplexe Phänomen „Recht" nicht befriedigend zu erklären vermag, darüber dürfte unter Juristen, Philosophen und Theologen leicht Übereinstimmung zu erzielen sein. Zu unausrottbar ist die spontane Überzeugung: „Der Mensch hat Recht"[5], d.h., dem Menschen kommen einfachhin aufgrund seiner Natur und nicht erst durch staatliche Gesetzgebung gewisse Rechte zu, die ihm auch dann nicht genommen werden können, wenn er sie gegen staatliche Unterdrückung nicht durchzusetzen vermag. So treten häufig gerade in Zeiten, in denen der Gedanke des „Naturrechts" im öffentlichen Bewußtsein verblaßt, Protestgruppen auf gegen einen bloß auf „law and order" bedachten Staat, und eine Bewegung zugunsten der Durchsetzung grundlegender „Menschenrechte" nimmt in neuer Form den alten Naturrechtsgedanken wieder auf.

Sobald es aber um eine genauere inhaltliche Bestimmung und systematische Begründung des Naturrechts geht, läßt sich die Uneinigkeit und Zerstrittenheit auch unter den Autoren nicht übersehen, die sich ausdrücklich zum Naturrecht bekennen. Beispielsweise hat Erik Wolf zwölf verschiedene Begriffe von „Natur" und zehn weitere Begriffe von „Recht" in den Naturrechtskonzeptionen zu erkennen geglaubt, die in der Geschichte des Abendlandes vorgetragen wurden[6], gar nicht zu reden von den widersprüchlichen Folgerungen, die im Hinblick auf konkrete Einzelfragen aus dem Naturrecht gezogen wurden. Im Grunde ist dies nicht verwunderlich, wenn man bedenkt, daß einerseits „Naturrecht" nichts anderes als die Anwendung der Ethik auf den Bereich des Rechts bedeutet, daß andererseits vielerlei ethische Systeme miteinander konkurrieren.

---

[5] *A. Auer,* Der Mensch hat Recht (Graz 1956).

[6] *E. Wolf,* a.a.O.

Hinzu kommt, daß nur einigermaßen gesicherte ethische Einsichten, nicht ein unbestimmtes bloßes Wertfühlen, wie es für die individuelle Lebensführung vielleicht genügt, begründete Aussicht haben, als naturrechtliche Forderungen allgemeine Anerkennung und Rechtsverbindlichkeit zu erlangen. Die methodischen Schwierigkeiten einer schlüssigen ethischen Argumentation sind aber nur allzu bekannt.

Für die hier interessierende Fragestellung ist es weder möglich noch erforderlich, die ganze Vielzahl der Naturrechtsauffassungen im einzelnen zu diskutieren oder den Versuch zu wagen, eine eigene, allen Schwierigkeiten Rechnung tragende Naturrechtslehre vorzulegen und zu begründen. Es seien nur einige Grundlinien der Argumentation skizziert, wie man zu einem den heutigen Bedürfnissen entsprechenden, annehmbaren Naturrechtsbegriff kommen könnte.

4. Naturrecht als Vernunftrecht

Welche „Natur“ vermag ein eigentliches Recht zu begründen? Zunächst wird man an die Wesensnatur des Menschen denken, d.h. an das, was den Menschen zum Menschen macht und worin er sich von allen anderen Wesen unterscheidet. Wie immer man diese „Natur“ des Menschen im einzelnen näher bestimmt, so zeichnet sich der Mensch doch zunächst dadurch vor allen anderen Seienden unserer Erfahrung aus, daß er – paradox ausgedrückt – kein bloßes „Natur“-Wesen ist, das sich gemäß den ihm innewohnenden Gesetzen entwickelt, sondern aus Entwürfen seiner selbst lebt, daß er also die Verwirklichung seiner selbst als eine ihm gestellte Aufgabe erfährt. „Natur“ im Sinne des Naturrechtes ist nie ein vorgegebenes bloßes Sein, sondern je immer schon ein aufgegebenes Sollen.

Damit lassen sich aber bereits alle jene Naturrechtsauffassungen als unzureichend ausschließen, die von einer rein biologischen, „naturalistischen“ Konzeption des Menschen ausgehen. Mit „Natur“ als Grundlage des Naturrechts kann – bei aller Verwandtschaft des Menschen mit den anderen Lebewesen – primär nur die Vernunftnatur gemeint sein. Nur sie vermag Recht zu begründen, sosehr biologische Naturbedürfnisse, erkennbare Naturfinalitäten, durch vergleichende Verhaltensforschung erkennbare Triebanlagen des Menschen bei der Bestimmung des konkreten Inhalts des Naturrechts Berücksichtigung verdienen mögen.

Zu einer weiteren Entfaltung dieses Ansatzes stehen zwei Wege offen: entweder man sucht allgemeine (formale) Prinzipien der Gerechtigkeit zu formulieren, denen jede Rechtsordnung mit Notwendigkeit genügen muß, die diesen Namen verdient, oder man versucht, durch eine philosophische Reflexion zu bestimmen, was unabhängig von allen geschichtlichen Bedingungen absolut zum Menschsein gehört, und gelangt so zu subjektiven (materialen) Rechten, die dem Menschen unter keinen Umständen genommen werden dürfen. Beide Wege führen zu einem „Naturrecht", an dem sich das positive Recht kritisch messen läßt, aber in einem etwas verschiedenen Sinne. Beide Wege haben auch ihre eigenen Schwierigkeiten.

5. Naturrecht als objektives Recht

In der ersten Alternative versteht man unter „Naturrecht" die letzten und allgemeinsten *Prinzipien der Gerechtigkeit,* die jeder Rechtsordnung zugrunde liegen, also etwa jedem das Seine zu geben, niemandem Unrecht zu tun, Gleiches gleich und Ungleiches ungleich zu behandeln. Solche Formaldefinitionen sind zwar noch äußerst abstrakt und unbestimmt, und aus ihnen allein läßt sich kein Naturrecht deduzieren. Sie sind aber auch nicht völlig tautologisch und inhaltsleer, wie manchmal behauptet wird. Beispielsweise kommt in der Kurzformel „Suum cuique" wenigstens die entscheidende Grundlage allen Rechts zum Ausdruck: die Anerkennung einer jeden menschlichen Person als Subjekt von (noch näher zu bestimmenden) Rechten. Damit wird menschliche Gesellschaft aus dem Zustand bloßer Willkür und Gewalt des Stärkeren herausgehoben und in die Ebene der Vernunft und Freiheit versetzt, auf der für die Verteilung von Ansprüchen eine Begründung gefordert wird. Indem jeder einem Gesetz unterstellt wird, das für alle gilt, muß er Ansprüche, die er erhebt, unter gleichen Bedingungen auch jedem anderen zugestehen, d. h. auch gegen sich selbst gelten lassen. Wird dieser Ansatz konsequent zu Ende gedacht, führt das Recht – schon einfach durch die Allgemeinheit der Formulierung seiner Gesetze – zur Gerechtigkeit des Handelns: die Handlungsmaximen der einzelnen werden verallgemeinerungsfähig etwa im Sinne des kategorischen Imperativs Kants.

Die (relative) Allgemeinheit, in der Gesetze formuliert sind, sichert aus sich heraus aber noch nicht auch ihre inhaltliche Gerechtigkeit. Um unmittelbar anwendbar zu sein, bedürfen Gesetze der näheren Bestimmung und inhaltlichen Füllung. Schon Thomas von Aquin machte einen Unterschied zwischen Gesetz und Recht, der auch in unserem Sprachgebrauch zum Ausdruck kommt, wenn wir von „Gesetzgebung" einerseits, von „Rechtsprechung" andererseits reden[7]. Thomas nannte die unveränderlichen Rechtsgrundsätze (principia communissima vel prima principia) nicht Natur*recht,* sondern Natur*gesetz*[8]. Das Recht im eigentlichen Sinne ist die konkrete Rechtswirklichkeit, nicht das abstrakte Gesetz, von dem her die Rechtswirklichkeit normiert wird, und noch weniger der abstrakte Rechtsgrundsatz.

[7] *Thomas von Aquin,* STh II–II q. 57 a. 1 ad 2.
[8] Ebd. I–II q. 94.

Diese „naturrechtlichen“ Rechtsprinzipien lassen sich aber durchaus verwenden, um innerhalb einer gegebenen Rechtsordnung bestimmte Ansprüche zu begründen. Sie werden dafür in der tagespolitischen Auseinandersetzung um das Recht auch laufend verwendet. Die Schwierigkeit liegt in der Gefahr einer Überdetermination des Rechtssystems, daß nämlich unter gegebenen Umständen nicht alle im Namen der Gerechtigkeit erhobenen Ansprüche sich miteinander vereinbaren lassen, daß also die Ansprüche aller etwas zurückgeschraubt werden müßten, wozu sich aber um der Wahrung legitim erworbener Rechte (des „sozialen Besitzstandes“) willen kaum jemand bereit findet. In jedem Falle wird man hier besser von „Gerechtigkeit“ als von „Naturrecht“ sprechen, solange solche Forderungen nicht unabdingbar aus der Natur des Menschen selbst begründet werden.

6. *Naturrecht als subjektives Recht*

In der zweiten Alternative, die den Ausgangspunkt von der allen Menschen gemeinsamen „absoluten“ Natur nimmt[9], stellt sich das Problem der Wesenserkenntnis: Durch welche Methode läßt sich ein inhaltlich gefüllter, nicht trivialer Begriff von der Natur des Menschen gewinnen, aus dem sich allgemeine und überzeitlich bei allen Völkern aller Kulturen geltende Rechte so zwingend ableiten lassen, daß ein entgegenstehendes positives Gesetz als ungültig angesehen werden muß? Gehört zum Wesen des Menschen doch auch seine Geschichtlichkeit, d.h. die Prägung seiner konkreten Wertauffassungen durch seine Kultur und geschichtliche Situation.

Diese Naturrechtsargumentation stößt in der evangelischen Theologie vielfach auf Vorbehalte. Man fürchtet, mit einer philosophischen Bestimmung der normativen Natur des Menschen werde die Vernunft vor und über das Wort Gottes gesetzt. Nur aus der Wortoffenbarung Gottes selbst lasse sich ein zureichendes Bild des Menschen erkennen, wie es in der gegenwärtigen Heilsordnung dem Willen Gottes entspricht. Die Rechtsphilosophie müsse durch eine eigentliche Rechtstheologie überhöht, ja ersetzt werden[10].

Die vielschichtigen kontroverstheologischen Streitfragen zwischen den christlichen Konfessionen um das Naturrecht können in diesem Zusammenhang nicht erörtert werden (vgl. den Beitrag 3.3 Christliche Rechtsbegründung). Es sei nur darauf hingewiesen, daß auch nach katholischer Auffassung, die sich stärker auf ein philosophisches Naturrecht stützt, die Autorität des Rechtes letztlich in Gott begründet ist, daß zu einer vollen Erkenntnis der Natur des Menschen, wie sie in der gegenwärtigen Heilsordnung verwirklicht ist, die reine Philosophie nicht ausreicht, daß demzufolge die philosophisch erkennbare „Natur“ nur einen Teilaspekt der Gesamtwirklichkeit des Menschen ausmacht. Gerade diese durch alle geschichtlichen (auch heilsgeschichtlichen) Bedingungen sich durchhaltende Natur kann aber die Grundlage eines Rechtes bilden, über dessen

[9] *J. Fuchs,* Lex Naturae. Zur Theologie des Naturrechts (Düsseldorf 1955).
[10] *Erik Wolf,* Recht des Nächsten (Frankfurt a.M. 1958).

unbedingte Geltung auch gegen ein ihm widersprechendes positives Gesetz sich mit allen Menschen guten Willens dürfte Übereinstimmung erzielen lassen. Inhalte des eigentlichen Offenbarungsglaubens wird man ohnehin dem allgemein verbindlichen Recht nicht zugrunde legen können.

Sicher wird man das Recht auf Leben und körperliche Unversehrtheit, genauer: das Recht, nicht willkürlich getötet, nicht verstümmelt, nicht gefoltert zu werden, zu den unabdingbaren Menschenrechten zählen können. Auch gewisse Freiheitsrechte gehören zum Kernbestand der Rechte des Menschen, die ihm von keinem entgegenstehenden Gesetz gültig genommen werden können. Ferner lassen sich wohl auch bestimmte soziale Institutionen, wie Ehe und Familie und eine politische Gemeinschaft, als notwendig aus der menschlichen Natur begründen. Bei der konkreten Ausgestaltung treten aber schon Unsicherheiten und Abgrenzungsschwierigkeiten auf.

Seit dem Ende des 18. Jahrhunderts ist immer wieder versucht worden, über solche Minimalforderungen hinaus einen Katalog von *allgemeinen Menschenrechten* aufzustellen, die jeder positiven Gesetzgebung vorausliegen und von ihr zu berücksichtigen sind. Den politisch anspruchsvollsten Entwurf dieser Art bildet die „Allgemeine Erklärung der Menschenrechte", die am 10. Dezember 1948 von der Vollversammlung der Vereinten Nationen (bei Stimmenthaltung der Ostblockstaaten) beschlossen wurde. Sie stellt positiv-rechtlich allerdings nur eine unverbindliche Empfehlung an die Mitgliedsstaaten dar. Ihr Inhalt wurde von Papst Johannes XXIII. mit der Enzyklika „Pacem in terris" (1963) in die katholische Soziallehre übernommen. Den darin ausgesprochenen Forderungen an eine gerechte politische und soziale Ordnung wird man ohne weiteres zustimmen können, wenn man sie als Zielvorstellungen (Programmsätze) versteht, die bei der Gesetzgebung zu verwirklichen sind. Als unmittelbar geltendes Recht können sie aber schon deswegen nicht verbindlich gemacht werden, weil nicht abzusehen ist, wie und von wem viele der hier formulierten sozialen Grundrechte gewährt werden können. Werden doch u. a. als „natürliche Menschenrechte" aufgeführt: Recht auf Arbeit, Anspruch auf eine Lebenshaltung, die Gesundheit und Wohlbefinden des einzelnen und seiner Familie gewährleistet einschließlich Nahrung, Kleidung, Wohnung, ärztlicher Betreuung und der notwendigen Leistungen der sozialen Fürsorge, ferner Recht auf Bildung, auf Urlaub usw. Solche Rechtsansprüche können nur im Rahmen der zur Verfügung stehenden Güter (im weitesten Sinne) erfüllt werden, wobei es selbstverständlich wieder einem gewissen Ermessen unterliegt, was als politisch erfüllbar angesehen wird. Sie stellen deshalb kein unabdingbares Naturrecht dar. Je größer die Ansprüche sind, die man – in bester Absicht – in solche Grundrechtskataloge aufnimmt, desto geringer wird der Verbindlichkeitsgrad *aller* dieser Grundrechte.

Von einer Verletzung des Naturrechtes im strengen Sinne kann also nur dann die Rede sein, wenn einem Menschen oder einer Gruppe durch Gesetz Rechtsgüter verweigert werden, auf die ein Anspruch besteht und die unter den gegebenen Umständen auch gewährt werden können. Aufgabe des Rechtes ist ja gerade der gerechte Ausgleich von Ansprüchen und Pflichten in einer Gesellschaft. Zur inhaltlichen Konkretisierung des Naturrechtes, wie es gegenüber dem positiven Recht mit Aussicht auf Erfolg geltend gemacht werden kann, wird man deshalb eine Verbindung der beiden vorgezeichneten Wege wählen müssen, d.h., von den subjektiven Rechtsansprüchen und den objektiven Gerechtigkeitsprinzipien zugleich auszugehen haben. Auf diese Weise läßt sich in bestimmten Einzelfällen aber zu durchaus eindeutigen Urteilen darüber kommen, was das Naturrecht verlangt.

7. Positives Recht und Naturrecht im Konflikt

Mit den voraufgehenden Überlegungen zur Erkennbarkeit und juristischen Bedeutsamkeit eines Naturrechtes ist dessen Verhältnis zum positiven Recht aber noch nicht zureichend geklärt. Ohne Zweifel kann nämlich auf demselben Rechtsgebiet nur *ein* Recht gelten, entweder das positive, in den staatlichen Gesetzen formulierte Recht oder das Naturrecht. Entsprechen die staatlichen Gesetze den angegebenen Gerechtigkeitskriterien, geht das Naturrecht also im positiven Recht auf, erscheint es für die Rechtsgeltung als ohne praktische Bedeutung. Was aber soll im Konfliktsfall gelten?

Aus dem bisher Gesagten dürfte klarsein, daß der Begriff des Naturrechtes in keinem Fall so verstanden werden darf, als werde neben das geltende positive Recht eine in sich geschlossene andere Rechtsordnung gestellt, die in ähnlicher Weise alle Rechtsverhältnisse regeln würde. Die konkrete inhaltliche Bestimmung durch den Gesetzgeber, was im Rahmen der naturrechtlichen Erwägungen als Recht gelten soll, ist vielmehr eine aus der Sache selbst sich ergebende Notwendigkeit. Soll aber das Naturrecht nicht zu einem bloßen Idealrecht oder Rechtsideal verflüchtigt werden, das bestenfalls den Gesetzgeber (moralisch) bindet, müssen sich auch Fälle denken lassen, in denen es das entgegenstehende positive Gesetz bricht, ähnlich wie die höhere die niedrigere Gesetzesnorm, also etwa wie in der BRD Bundesrecht das Landesrecht bricht (Art. 31 GG).

Zunächst hat das legitim zustande gekommene positive Gesetz eine gewisse (widerlegbare) Rechtsvermutung für sich, gerecht zu sein und der Gerechtigkeit zu dienen. Zu einem friedlichen, menschenwürdigen Zusammenleben ist es erforderlich, dem Gesetzgeber einen gewissen Vertrauensvorschuß zuzugestehen. Er trägt in erster Linie die Verantwortung für die Gerechtigkeit des Rechts.

Aber andererseits ist eine bloße Rechtsvermutung widerlegbar. Eine vorurteilsfreie Prüfung kann zu dem Ergebnis führen, daß ein Gesetz nicht nur schlecht, sondern ungerecht ist, in klarem Widerspruch zu Gerechtigkeitspostulaten steht. Dann besteht selbstverständlich zunächst für jeden die sittliche

Forderung, mit legalen Mitteln und entsprechend seinen Möglichkeiten auf eine Änderung und Verbesserung des Gesetzes hinzuwirken. Wie aber steht es in der Zwischenzeit um die Rechtsgeltung solcher ungerechten Gesetze?

Hier wird man unterscheiden müssen. Allein aus der Tatsache, daß ein Gesetz nicht allen Gerechtigkeitsansprüchen genügt, folgt an sich noch nichts über seine mangelnde Geltung. Entscheidend ist dafür der Gedanke, daß das positive Gesetz durch seine Eindeutigkeit, Unabhängigkeit von subjekten Wertüberzeugungen und Interessenstandpunkten dem sozialen Leben Sicherheit und Stabilität verleiht, den Frieden ermöglicht und durch seine Zwangsgewalt auch verwirklicht. Die Rechtsordnung wäre geradezu aufgehoben, wenn jeder seinen noch so ehrlichen persönlichen Überzeugungen von der Gerechtigkeit folgen und ihm mißliebige Gesetze für ungültig oder nicht verbindlich ansehen könnte.

Dies gilt auch für den Fall, daß die moralische Beurteilung des Sachverhaltes eindeutig ist. Auch die Beobachtung des Gebotes der Rechtssicherheit und der damit verbundenen Werte ist nämlich eine fundamentale Forderung der Gerechtigkeit, die im Normalfall den Vorrang hat vor mehr unmittelbaren einzelnen Gerechtigkeitspostulaten. Zugespitzt könnte man formulieren: Die Beobachtung des positiven Gesetzes ist eine Forderung des Naturrechtes.

Dies gilt in besonderem Maß für den Richter, der ein ihm als ungerecht erscheinendes Gesetz anwenden muß. Er hat in den normalen Konfliktsfällen nicht den Satz des überpositiven Rechts, sondern die gültige positiv-rechtliche Vorschrift anzuwenden. Er kann nicht gültiges positives Recht beiseite schieben, wo die Anwendung eines naturrechtlichen Satzes eine angemessenere oder gerechtere Lösung bietet[11].

Auch wer durch die Unvollkommenheit der gegebenen Rechtsordnung vor Gericht unterliegt und echte Ungerechtigkeit erleidet, wird dies im Normalfall hinnehmen müssen. Es ist ihm unter Umständen zuzumuten, zugunsten der gegebenen Rechtsordnung, an deren Segnungen auch er teilhat, auf echte Ansprüche zu verzichten, die er im Namen der Gerechtigkeit geltend machen könnte. Das schließt selbstverständlich nicht aus, daß er alle legalen Mittel einsetzt, um zu seinem Recht zu kommen.

Dies gilt in abgewandelter Form vielleicht sogar für den Gesetzgeber selbst, wenn er voraussehen kann, daß er einem Gesetz, das voll naturrechtlichen Ansprüchen genügt, keine allgemeine Anerkennung wird verschaffen können, weil die in der Bevölkerung vorherrschenden Auffassungen zu weit hinter der vom Naturrecht geforderten Moral zurückbleiben. Ein zu weites Auseinanderklaffen von Gesetz und der Rechtsüberzeugung der Bürger kann zu einem Mißstand, nämlich einer allgemeinen Mißachtung des Rechtes, führen, der schlimmer ist als eine nicht volle Übereinstimmung von Gesetz und Forderungen der inhaltlichen Gerechtigkeit. Wenn diese Frage auch umstritten ist, so lassen sich doch nicht nur pragmatische, sondern auch prinzipielle Gründe geltend machen, warum man beispielsweise eine zivile Ehescheidung gestatten kann, selbst wenn man (moralisch) an der Unauflöslichkeit der Ehe festhält.

[11] *W. Geiger,* Grundrechte und Rechtsprechung (München 1959) 83.

Dennoch hat das positive Gesetz im Recht nicht das letzte Wort. Es lassen sich nicht nur Fälle denken, sondern es gab und gibt tatsächlich in der jüngsten Vergangenheit Deutschlands und in der Gegenwart vieler anderer Völker Fälle, bei denen das positive Gesetz nicht nur gewissen Randforderungen der vollen Gerechtigkeit nicht entspricht, sondern fundamentale Menschenrechte verletzt und so selber zur Norm des Unrechts und der Unterdrückung wird. Das einem solchen positiven Gesetz entgegenstehende Naturrecht hat dann Geltung kraft seiner klaren und eindeutigen Determiniertheit und Promulgation in der sittlichen Einsicht des Gewissens. Im Fall einer so klaren Verletzung des Naturrechtes ist kein Richter berechtigt, sich auf das ungerechte positive Gesetz zu berufen, kein Mensch berechtigt, der Durchführung solcher Gesetze seine Hilfe zu leisten.

Ungemein schwierig ist selbstverständlich die Unterscheidung zwischen den beiden Klassen von Fällen, wo entweder Unterwerfung unter das Gesetz geboten ist oder ein Recht zum Widerstand, vielleicht sogar eine Pflicht des Widerstandes besteht. Als Kriterium der Unterscheidung wurde vorgeschlagen: „Wenn Gesetze den Willen zur Gerechtigkeit bewußt verleugnen, z.B. Menschenrechte Menschen nach Willkür gewähren und versagen, dann fehlt diesen Gesetzen die Geltung, dann schuldet das Volk ihnen keinen Gehorsam, dann müssen auch die Juristen den Mut finden, ihnen den Rechtscharakter abzusprechen."[12] Letztlich wird in einer solchen verzweifelten Situation niemand, der Verantwortung für das Recht trägt, einer persönlichen Gewissensentscheidung ausweichen können, wie er unter Berücksichtigung aller Umstände und angesichts aller Konsequenzen zu entscheiden hat. Daß sich die Notwendigkeit ergeben kann, gegen ein positives Gesetz dem Naturrecht Geltung zu verschaffen, diese Möglichkeit sollte im Rechtsbewußtsein verankert bleiben.

8. Das Naturrecht im positiven Recht der Bundesrepublik Deutschland

Nach den Erfahrungen mit dem gesetzlichen Unrecht des nationalsozialistischen Staates wurde im Bonner Grundgesetz von 1949 und der darauf aufbauenden Rechtsprechung der obersten Gerichte der Versuch unternommen, den Gegensatz von Naturrecht und positivem Recht durch eine ausdrückliche positiv-rechtliche Anerkennung über-positiv geltender Rechte und Pflichten zu überwinden. Das Bekenntnis zur Unantastbarkeit der Menschenwürde und zu unverletzlichen und unveräußerlichen Menschenrechten (Art. 1, Abs. 1 und 2 GG) bringt zum Ausdruck, daß nicht erst der Verfassungsgesetzgeber dem Menschen bestimmte Rechte zubilligt, sondern er solche vorverfassungsmäßigen Rechte vorfindet und nur anerkennt und formuliert. Dabei wird allerdings

[12] *G. Radbruch,* Rechtsphilosophie, hrsg. von E. Wolf (Stuttgart [8]1973).

nicht behauptet, daß alle in Art. 2–19 GG aufgezählten Grundrechte unabdingbare „Menschenrechte" in diesem absoluten, naturrechtlichen Sinne sind. In Art. 1, Abs. 3 GG wird aber die unmittelbare Rechtsgeltung dieser Grundrechte auch über entgegenstehendes positives Gesetz festgestellt und in Art. 19, Abs. 2 GG noch einmal die Unantastbarkeit der Grundrechte in ihrem Wesensgehalt ausdrücklich statuiert. Art. 79 macht schließlich jede Änderung dieses Grundgesetzes unmöglich, durch welche die in Art. 1 niedergelegten Grundsätze berührt werden. Damit hat der Verfassungsgesetzgeber, ohne das Wort „Naturrecht" zu verwenden, die gesamte Rechtsordnung der Bundesrepublik auf ein vorpositiv geltendes Naturrecht aufgebaut.

Für die Durchsetzung solcher Rechte bei ihrer Verletzung durch das positive Gesetz ist die Möglichkeit eröffnet, das Bundesverfassungsgericht anzurufen, das die Vereinbarkeit aller Gesetze mit diesem Grundgesetz auf Antrag der Bundesregierung, einer Landesregierung oder eines Drittels der Mitglieder des Bundestages (abstrakte Normenkontrolle nach Art. 93, Abs. 1, Nr. 2 GG), eines Gerichtes (konkrete Normenkontrolle nach Art. 100, Abs. 1 GG) oder eines einzelnen (Verfassungsbeschwerde nach § 10, Abs. 1, BVerfG) zu überprüfen hat. Damit soll nach Möglichkeit jeder Konflikt zwischen Naturrecht und positivem Recht ausgeschlossen werden. Tatsächlich hat die Rechtsprechung nicht nur des Bundesverfassungsgerichtes, sondern auch der anderen obersten Gerichte der BRD vor allem in der Auseinandersetzung mit dem zwischen 1933 und 1945 geschehenen gesetzlichen Unrecht in vielen Urteilen auf naturrechtliche Gedankengänge zurückgegriffen und konkrete Fälle nach dem Maßstab allgemeinverbindlicher rechtlicher Grundsätze entschieden, die unabhängig von staatlicher Anerkennung gelten. Es wird also mit der Möglichkeit gerechnet, daß die materiale Gerechtigkeit höher zu werten sei als die Rechtssicherheit, wie sie in der Geltung des positiven Gesetzes für die Regel der Fälle zum Ausdruck kommt. Mit dieser grundsätzlich zu bejahenden Offenheit der Rechtsordnung für moralische Argumente verschiebt sich aber das Problem „positives Recht versus Naturrecht" auf die Frage, was in einer pluralistischen Gesellschaft als unabdingbarer Grundbestand von Menschenrechten anzusehen ist.

Literaturverzeichnis

F. Böckle – E.-W. Böckenförde, Naturrecht in der Kritik (Mainz 1973).
H. Coing, Grundzüge der Rechtsphilosophie (Berlin – New York ²1969).
J. Fuchs, Lex Naturae. Zur Theologie des Naturrechts (Düsseldorf 1955).
H. J. A. Hart, Recht und Moral (Göttingen 1971).
U. Hommes, Die Existenzerhellung und das Recht (Frankfurt a. M. 1962).
A. Kaufmann, Rechtsphilosophie im Wandel. Stationen eines Weges (Frankfurt a. M. 1972).
Ders. (Hrsg.), Die ontologische Begründung des Rechts (Darmstadt 1965) (Lit.).
Ders. (Hrsg.), Widerstandsrecht (Darmstadt 1972).
A. Kaufmann – W. Hassemer (Hrsg.), Einführung in Rechtsphilosophie und Rechtstheorie der Gegenwart (Heidelberg – Karlsruhe 1977) (Lit.).

H. Kelsen, Reine Rechtslehre (Wien ²1960).
N. Luhmann, Grundrechte als Institution. Ein Beitrag zur politischen Soziologie (Berlin ²1974).
W. Maihofer, Naturrecht als Existenzrecht (Frankfurt a.M. 1963).
Ders. (Hrsg.), Begriff und Wesen des Rechts (Darmstadt 1973).
Ders. (Hrsg.), Naturrecht oder Rechtspositivismus? (Darmstadt 1962) (Lit.).
J. Messner, Das Naturrecht. Handbuch der Gesellschaftsethik, Staatsethik und Wirtschaftsethik (Innsbruck – Wien – München ⁵1966).
K. Peschke, Naturrecht in der Kontroverse. Kritik evangelischer Theologie an der katholischen Lehre von Naturrecht und natürlicher Sittlichkeit (Salzburg 1967).
G. Radbruch, Rechtsphilosophie, hrsg. von E. Wolf (Stuttgart ⁸1973).
H. Ryffel, Rechts- und Staatsphilosophie. Philosophische Anthropologie des Politischen (Neuwied – Berlin 1969).
H. D. Schelauske, Naturrechtsdiskussion in Deutschland. Ein Überblick über zwei Jahrzehnte 1946–1965 (Köln 1968).
W. Steinmüller, Evangelische Rechtstheologie. Zweireichelehre, Christokratie, Gnadenrecht (Köln 1968).
A.-F. Utz, Sozialethik, II: Rechtsphilosophie (Heidelberg – Löwen 1963).
W. Weischedel, Recht und Ethik. Zur Anwendung ethischer Prinzipien in der Rechtsprechung des Bundesgerichtshofes (Karlsruhe ²1959).
H. Welzel, Naturrecht und materiale Gerechtigkeit (Göttingen ⁴1962).
Erik Wolf, Das Problem der Naturrechtslehre. Versuch einer Orientierung (Karlsruhe ³1964).
Ders., Recht des Nächsten. Ein rechtstheologischer Entwurf (Frankfurt ²1966).

Walter Kerber

II

Strafrecht und Sittlichkeit

Die Rechtsordnung eines Volkes ist gewissermaßen das Abbild seines Kulturzustandes; sie ist Ausdruck seiner kulturgeschichtlichen wie seiner politischen Entwicklung. Das gilt vom Strafrecht in besonderer Weise. Stärker als das übrige Recht ist es mit dem Gemüt und Charakter eines Volkes verbunden und gilt nicht zuletzt deswegen vielen als „das Recht" schlechthin. Von seiner Aufgabe her gesehen, ist dies gar nicht so selbstverständlich, hat es doch weitgehend subsidiären Charakter, d.h., es tritt nur da in Funktion, wo anders der Rechtsfrieden nicht gesichert werden kann. Es regelt die Maßnahmen der Rechtsgemeinschaft gegen diejenigen, die der allgemeinen Ordnung zuwiderhandeln und dadurch das Zusammenleben stören. Doch gerade damit setzt es anthropologische Akzente, bringt Prioritäten unter den Rechtsgütern zum Ausdruck und macht deutlich, wie ernst eine Rechtsgemeinschaft ihre eigene Ordnung zu nehmen gewillt ist. Man spricht in diesem Zusammenhang sogar von einer „sittenbildenden Funktion" des Strafrechts. Tatsächlich liegt in der Ordnung schützenswerter Rechtsgüter der materiale Berührungspunkt zwischen Recht und Sittlichkeit. Wir verstehen ja unter Sittlichkeit nicht ein bloßes Pflichtbewußtsein oder eine rein innere Gesinnung. Sittlichkeit umfaßt auch jenes soziale Phänomen, das im Grundwort „Sitte“ zum Ausdruck kommt. Wir setzen voraus, daß menschliches Tun und Lassen nicht einfach hinzunehmen ist, sondern sich auch intersubjektiv auf seine Richtigkeit hin befragen läßt. Trotzdem fallen Rechts- und Sittlichkeitsordnung nicht einfach zusammen. Weder vom Inhalt noch von der Funktion her dürfen die beiden Ordnungen einander gleichgesetzt werden. Sie stehen allerdings auch nicht einfach separat nebeneinander. Sie bedingen sich vielmehr gegenseitig; und dieser gegenseitige Bezug ist mit einer einfachen begriffslogischen Unterscheidung nicht zu fassen. Auch herkömmliche Distinktionen, wie die zwischen Legalität und Moralität, zwischen äußerer Handlung und innerer Gesinnung oder auch zwischen Heteronomie und Autonomie, reichen nicht aus, um Recht und Sittlichkeit adäquat zu unterscheiden. Unsere Bemühungen richten sich darum nicht auf eine präzise Abgrenzung als vielmehr darauf, das Verhältnis von Strafrecht und Sittlichkeit von verschiedenen Seiten her auszuleuchten.

1. Das Strafrecht hat seine Rechtsgrundlage in der Verfassung

Das Strafrecht als Teil der konkreten Rechtsordnung eines Volkes hat seine Rechtsgrundlage in der Verfassung. Die Verfassung oder grundgesetzliche Ordnung moderner Rechtsstaaten wird anerkanntermaßen von bestimmten Wertvorstellungen geprägt. So ist man sich allgemein einig, daß beispielsweise das Grundgesetz der Bundesrepublik Deutschland keineswegs wertneutral sei. Dies kommt bereits im sogenannten Grundrechtskatalog (Art. 1–19 GG) deutlich zum Ausdruck. Das deutsche Volk bekennt sich darin zur Unantastbarkeit der Menschenwürde sowie „zu unverletzlichen und unveräußerlichen Menschenrechten als Grundlage jeder menschlichen Gemeinschaft, des Friedens und der Gerechtigkeit in der Welt“ (Art. 1,2 GG). Anschließend werden die wichtigsten Menschenrechte als Grundrechte der Bürger präzisiert. Dabei stehen die sogenannten Freiheits- und Unverletzlichkeitsrechte im Vordergrund; die Teilhabe- und die Sozialrechte werden mehr indirekt im Demokratie- und Sozialstaatsgebot (Art. 20) ausgesprochen[1]. Die einzelnen *Grundrechte* sind jeweils auf die

---

[1] Die Grundrechte des Grundgesetzes gehen auf die im 18. Jahrhundert proklamierten Rechte der Freiheit und Gleichheit zurück. Ihr Grundgedanke war der Schutz des einzelnen gegen den als allmächtig und willkürlich empfundenen Staat. Man spricht darum auch von einklagbaren Abwehrrechten der Bürger. Mit der Entwicklung des modernen Rechtsstaates haben die Teilnahme- sowie die Sozialrechte eine stärkere Bedeutung gewonnen. Sie werden zwar in Art. 20 „nur“ in grundsätzlicher Form als Demokratiegebot resp. Sozialstaatsgebot formuliert; doch diese Gebote gehören zur Kernsubstanz der Verfassung. Sie zählen wie die Unantastbarkeit der Menschenwürde und der Wesensgehalt der Grundrechte zu den unverrückbaren Eckpfeilern des Grundgesetzes. Sie sind Mehrheitsentscheidungen ausdrücklich entzogen.

ihnen entsprechenden *Rechtsgüter* bezogen, die damit den Schutz der Verfassung genießen. Das Recht auf Leben, auf leibliche und geistige Integrität oder das Recht auf freie Entfaltung der Persönlichkeit sowie die dazugehörenden Freiheiten, aber auch die Schutzgarantie für Ehe und Familie entziehen die entsprechenden Rechtsgüter dem beliebigen Zugriff durch andere. Der Staat hat diese Rechte und Güter entsprechend zu schützen. So verkörpert sich in den grundrechtlichen Bestimmungen eine *objektive Wertordnung*, die als verfassungsrechtliche Grundentscheidung für alle Bereiche des Rechtes gilt[2]. Dabei läßt diese Anerkennung grundgesetzlich geschützter Güter und Ansprüche durchaus offen, daß diese Werte auf verschiedene Weise als bedeutsam aufgewiesen werden können. Die Wertbegründung selbst ist nicht Sache des Staates. Dem Grundsatz weltanschaulicher Neutralität gemäß muß der moderne Rechtsstaat die Begründung von Werten dem Kräftespiel der sich darum mühenden Gruppen und Institutionen (Parteien, Kirchen usw.) überlassen. Es ist durchaus möglich, von unterschiedlichen weltanschaulichen Positionen aus zu einem Konsens über fundamentale Güter und soziale Grundhaltungen zu kommen und sich über grundlegende gesellschaftspolitische Prinzipien (Solidarität, Subsidiarität) oder über ordnungspolitische Ansprüche (Demokratie- und Sozialstaatsgebot) zu einigen.

In den solcherweise anerkannten *schutzwürdigen Rechtsgütern* des Staates finden Strafrecht und sittliche Ordnung einen *gemeinsamen Anknüpfungspunkt* Es handelt sich bis zu einem gewissen Grad um ein gemeinsames Materialobjekt, das aber unter einem je eigenen Aspekt gesehen wird. Dieser je eigene Aspekt bedingt bereits eine materiale Ausgrenzung. Der *Wertbereich der Sittlichkeit* ist *umfassender* als der des Rechts. Nicht alles, was an Gütern und Werthaltungen sittlich bedeutsam ist, kann auch Gegenstand des Rechts sein. Die Rechtsordnung begnügt sich mit den Ansprüchen der einfachen Sittlichkeit, mit den sogenannten minima moralia, unter Verzicht auf die Forderungen einer Hochethik. Das Recht hat „fragmentarische Natur" (A. Kaufmann). Es beschränkt sich seiner Natur gemäß letztlich auf einen einzigen, gewissermaßen den elementarsten sittlichen Wert, auf die Gerechtigkeit. Das gilt für die Rechtsordnung ganz allgemein, das erweist sich beim Strafrecht als besonders dringlich, weil hier die Konsequenzen für den einzelnen am härtesten in Erscheinung treten. Hier muß beim Rechtsgüterschutz die Sorge um das Gemeinwohl den Ausschlag geben. Sie gestattet eine Pönalisierung nur im Zusammenhang mit

---

[2] „Dieses Wertsystem, das seinen Mittelpunkt in der innerhalb der sozialen Gemeinschaft sich frei entfaltenden *menschlichen Persönlichkeit* und ihrer *Würde* findet, muß als verfassungsrechtliche Grundentscheidung für alle Bereiche des Rechts gelten; Gesetzgebung, Verwaltung und Rechtsprechung empfangen von ihm Richtlinien und Impulse. So beeinflußt es selbstverständlich auch das bürgerliche Recht; keine bürgerlich-rechtliche Vorschrift darf im Widerspruch zu ihm stehen, jede muß in seinem Geist ausgelegt werden (BVerfGE 7,205; 21,372)". *Schmidt-Bleibtreu – Klein,* Kommentar zum Grundgesetz für die Bundesrepublik Deutschland (Neuwied – Berlin [2]1969) 130.

jenen fundamentalen Forderungen, deren Verletzung einen gravierenden Sozialschaden mit sich bringt. Für das Strafrecht richtet sich der Schutzwert eines Rechtsgutes nach dem Grad des sozialen Schadens, den eine Rechtsgutverletzung hervorruft, und nicht nach dem moralischen Unwert, der ihr anhaftet. Dies fordert eine präzise Umschreibung des Straftatbestandes, die den Zusammenhang zwischen Tat und Schädigung klar erkennen läßt. Der Schaden muß nämlich mit der zu pönalisierenden Tat selbst zusammenhängen. Dieser anerkannte Grundsatz spielte im Zusammenhang mit der Revision des Sexualstrafrechts verschiedener Länder in den letzten zwanzig Jahren eine nicht unbedeutende Rolle. So forderte man z. B. die Freigabe des Tatbestandes der sogenannten einfachen Homosexualität. Ein von zwei erwachsenen Menschen in gegenseitigem Einverständnis vollzogenes Tun, das keinen nachweisbaren sozialen Schaden stiftet, muß von Strafe frei bleiben, auch wenn der Tatbestand von der Mehrheit als sittenwidrig betrachtet würde. Der katholische Primas von England, Kardinal Griffin, erklärte auf dem Höhepunkt der Auseinandersetzung in England: „Es ist nicht Sache des Staates, in den höchstpersönlichen Bereich einzugreifen; vielmehr hat er sich darauf zu beschränken, als Verteidiger des Gemeinwohls aufzutreten. Dinge, die zwar sittlich verwerflich sind, die aber das Gemeinwohl nicht berühren, gehen den irdischen Gesetzgeber nichts an.“ [3] Papst Pius XII. bestätigt ein Jahr später in einer Ansprache an die Vereinigung katholischer Juristen Italiens diese Auffassung, indem er darauf hinwies, daß die Pönalisierung nicht einfach im Lichte der christlichen Religion und Moral gesehen werden dürfe, sie müsse „auf einer anderen Ebene“ diskutiert werden, „nämlich als eine von der öffentlichen Autorität getroffene Maßnahme gegenüber dem Schuldigen, der das positive Recht gebrochen hat, durch das der Staat das geregelte soziale Leben zu schützen bestrebt ist“ [4]. Dagegen läßt sich auch nicht der Einwand erheben, die Aufhebung der Pönalisierung eines solchen Tatbestandes könnte zu einem Absinken der öffentlichen Moral führen. Damit würde es praktisch unmöglich, je einen Tatbestand aufgrund der Einsicht in die objektive Nicht-Strafwürdigkeit von Strafe zu befreien. Die Begründung der Strafwürdigkeit aus dem objektiven Zusammenhang von Tat und sozialem Schaden wäre für eine Revision des Strafrechts unbedeutend. Die aus einer sachlich begründeten Aufhebung einer Pönalisierung möglicherweise erwachsenden negativen Konsequenzen müssen auf eine andere Weise neutralisiert werden. Nicht zuletzt die Sozialethik müßte die sittlichen Grundhaltungen und die entsprechenden Güter überzeugend darstellen. Eine Strafrechtsreform fordert immer auch eine entsprechende Reform des Denkens. Während also die Ethik danach fragt, ob ein Tun von der Motivation her gut oder böse und auf dem

[3] *Dieckhoff – Knop – Kaufmann,* Der Protestanten-Bericht (nebst vollständiger Übersetzung des Griffin-Reports). Wer wirft den ersten Stein? (Hamburg 1961) 27.
[4] *Pius XII.,* Ansprache vom 26. Mai 1957, in: Utz-Groner III, Nr. 4703.

Hintergrund einer umfassenden Güterwelt richtig oder falsch sei, fragt die Strafrechtslehre, ob eine Handlung ein Rechtsgut der Bürger antaste und ob durch eine solche Handlung der öffentliche Friede gefährdet werde. Ist dies nicht der Fall, so ist die Strafwürdigkeit im Sinne des Strafrechts nicht gegeben, auch wenn unter sittlicher Bewertung das Tun als böse und falsch zu beurteilen wäre. Man denke beispielsweise an eine Lüge, die keinen nachweisbaren Schaden stiftet. Damit stehen Recht und Sittlichkeit nicht in einem Gegensatz; sie erfüllen vielmehr in komplementärer Zuordnung den umfassenden Schutz der Rechtsgüter. Nicht alles, was sittenwidrig ist, darf pönalisiert werden. Andererseits darf aber nichts pönalisiert werden, was nicht der Rechtsordnung widerspricht und damit in einem umfassenden Sinn auch objektiv sittenwidrig ist. Dies ist ein erster und wichtiger Grund dafür, daß sich die Begriffe „straflos“ und „erlaubt“ nicht gleichsetzen lassen. Es ist noch lange nicht alles erlaubt, was nicht strafbar ist. Aus der bloßen Straflosigkeit folgt noch gar nichts in bezug auf die Erlaubtheit oder Unerlaubtheit des betreffenden Handelns.

2. *Der funktionale Unterschied verlangt weitere Differenzierung*

Der funktionale Unterschied zwischen Strafrecht und Sittlichkeitsordnung verlangt aber noch eine weitere Differenzierung. Selbst da, wo eine bestimmte Handlung direkt und zweifelsfrei ein soziales Rechtsgut verletzt (also „sozialschädigend“ und damit an sich „strafwürdig“ ist), kann sich eine Strafdrohung von der Funktion des Strafrechts selbst her als inadäquat erweisen. Im Urteil des Bundesverfassungsgerichtes der Bundesrepublik Deutschland über die verfassungsrechtlichen Grenzen der Strafbarkeit des Schwangerschaftsabbruchs[5] wird einerseits klar festgehalten, daß das sich im Mutterleib entwickelnde Leben „als selbständiges Rechtsgut unter dem Schutz der Verfassung“ steht (Leitsatz 1). Ebenso eindeutig wird gesagt, daß der Lebensschutz der Leibesfrucht „grundsätzlich für die gesamte Dauer der Schwangerschaft Vorrang vor dem Selbstbestimmungsrecht der Schwangeren“ genießt (Leitsatz 3). Trotzdem wird nun aber erklärt, der Gesetzgeber könne „die grundgesetzlich gebotene rechtliche Mißbilligung des Schwangerschaftsabbruchs auch auf andere Weise zum Ausdruck bringen als mit dem Mittel der Strafdrohung. Entscheidend ist, ob die Gesamtheit der dem Schutz des ungeborenen Lebens dienenden Maßnahmen einen der Bedeutung des zu sichernden Rechtsgutes entsprechenden tatsächlichen Schutz gewährleistet. Im äußersten Falle, wenn der von der Verfassung gebotene Schutz auf keine andere Weise erreicht werden kann, ist der Gesetzgeber verpflichtet zur Sicherung des sich entwickelnden Lebens das Mittel des

---

[5] Vgl. Entscheidungen des Bundesverfassungsgerichts, hrsg. von den Mitgliedern des Bundesverfassungsgerichts (Tübingen 1975) Bd. 39, S. 1, Nr. 1.

Strafrechts einzusetzen" (Leitsatz 4). Dieser Grundsatzentscheid des Verfassungsgerichts bringt den *subsidiären Charakter des Strafrechts* deutlich zum Ausdruck. Die Strafdrohung hat erst dort einzusetzen, wo anderweitiger Schutz nicht mehr ausreicht. Damit wird durch höchstrichterlichen Entscheid anerkannt, was die neuere Strafrechtslehre immer wieder betont hat, daß nämlich die *Schutzbedürftigkeit* eines Rechtsgutes und die *Strafwürdigkeit* seiner Verletzung kein zureichender Grund seien für die Aufstellung einer Strafnorm; „es kommt immer auf die *Geeignetheit des Strafrechts* als Mittel zum Schutz des jeweiligen Rechtsgutes an. Vor allem darf eine Strafvorschrift nicht mehr Unheil anrichten, als sie Segen stiftet"[6].

Mit diesem Hinweis auf den subsidiären Charakter der Strafdrohung wird der Unterschied sowie die rechte Zuordnung von Sittlichkeit und Strafrecht erneut deutlich. Das Sittengesetz und das Strafgesetz sind zwei verschiedenen Ordnungen, man könnte auch sagen zwei verschiedenen Wirkebenen, zugeordnet: das Sittengesetz gehört zur Wahrheitsordnung, das Strafgesetz dagegen in die Ordnung der Konfliktregelung. Wie weiter oben bereits gesagt wurde, sucht die Sozialethik Antwort auf die Frage, ob ein bestimmtes Handeln auf dem Hintergrund einer umfassenden Güterlehre richtig oder falsch sei. Ihre Funktion ist es, den Menschen durch normative Aussagen zu helfen, bei ihrem persönlichen sittlichen Entscheid die rechte Wahl zu treffen. Bedingt durch neue Einsichten in größere Zusammenhänge oder aufgrund veränderter Umstände sind selbstverständlich auch sittliche Normen korrekturoffen. Sittliche Weisungen müssen darum den sich wandelnden Verhältnissen und Einsichten entsprechend entwickelt werden. Sie sind auch überzeugend zu begründen und zu vermitteln, aber ihre *Richtigkeit* und damit ihre *Geltung hängen nicht am Erfolg*. Wenn bestimmte Weisungen allerdings gar kein Gehör mehr fänden, müßte man sich fragen, ob sie von der Sache her noch genügend begründet seien. Aber die Effizienz als solche ist nicht das Kriterium ihrer Wahrheit. Anders verhält es sich beim Strafrecht. Seine Funktion, zumindest seine hauptsächliche Funktion, liegt nicht in der Bestimmung des guten oder des bösen Handelns, sondern in der Regelung von Konflikten. Es ist in diesem Sinn primär *kein Moralgesetz*. Sein Ausgangspunkt ist die Tatsache, daß immer wieder Menschen sich normabweichend verhalten und damit sozialen Schaden stiften. Seine primäre Aufgabe ist es, solch normabweichendes, sozialschädliches Tun möglichst zu verhindern. Im Vordergrund steht die Frage, wie man mit Hilfe von Strafsanktionen normabweichendes Tun optimal unterbinden kann. Soll die Strafe mehr sein als bloße „Negation der Negation"[7], dann ist eine konkrete Strafdro-

---

[6] *A. Kaufmann*, Bemerkungen zur Reform des § 218 aus rechtlicher Sicht, in: *J. Baumann* (Hrsg.), Das Abtreibungsverbot des § 218 (Neuwied – Berlin 1971) 46–56, hier 50.

[7] Gegenüber der Idee einer Präventionsstrafe, die den Bürger vor Verbrechen schützen soll (Ch. C. Stübel, 1764–1827), versuchten *Kant* und *Hegel* die Kriminalstrafe metaphysisch absolut zu be-

hung (Pönalisierung eines Tatbestandes) um so richtiger, je mehr Erfolg sie verheißt. Wir strafen nicht, weil etwas geschehen ist, was nicht geschehen soll (quia peccatum est); sondern wir strafen, damit weniger geschehe, was nicht geschehen soll (ne peccetur). Das Kriterium der Richtigkeit einer Strafdrohung liegt also weitgehend in ihrer *Effizienz* zum Schutz der Rechtsgüter und des Rechtsfriedens[8]. Eine Strafdrohung, die ineffizient geworden ist, muß geändert oder durch andere Maßnahmen ersetzt werden. Dabei darf man allerdings die Effizienz nicht nur nach der *unmittelbaren* Verhinderung eines Verbrechens bemessen. Das mit der Strafdrohung ausgesprochene Werturteil hat auch eine allgemein wertstützende Funktion. Man spricht mit Recht von der sittenbildenden Kraft des Strafrechts. Gewiß kann man mit Strafdrohung allein einen Wert auch nicht retten, wenn dieser im allgemeinen Empfinden des Volkes schon weithin keine Geltung mehr hat. Aber es geht hier nicht um alles oder nichts, sondern um eine Stützfunktion, die zusammen mit anderen Aktionen ein Wertbewußtsein zu mehren oder zu mindern vermag. So wird man z.B. durch eine harte Strafdrohung allein das Wertbewußtsein gegenüber dem ungeborenen Menschenleben nicht bewahren können, das heute so sehr im Schwinden ist. Ebenso gewiß wird aber eine weitgehende Liberalisierung des Strafrechts, wie sie heute in vielen Ländern betrieben wird, den Wertschwund erheblich fördern. Darum reichen hier weder moralische Appelle noch Strafdrohungen allein aus. Weder darf die Kirche zuviel vom Staat und seinen Möglichkeiten erwarten, noch darf eine Regierung nach dem Motto „Haltet den Dieb" die Liberalisierung betreiben und die Kirchen auffordern, sie sollen eben durch ihre Moralverkündigung die schwindenden Werte schützen. Im Hinblick auf die grundlegenden Werte des menschlichen Zusammenlebens ist eine sinnvolle Kooperation zwischen sozialethischen Bemühungen und der Reform des Strafrechts dringend geboten.

---

gründen. Richterliche Strafe darf ihrer Meinung nach niemals bloß als Mittel verhängt werden, sondern nur weil einer „verbrochen hat". Zumindest muß er vorher strafbar erfunden sein, ehe man daran denkt, Nutzen für ihn oder die Bürger aus der Strafe zu ziehen. Gerechtigkeit geschieht vielmehr da, wo dem Rechtsbrecher widerfährt, was er anderen verbrochen hat. Dies darf nach Hegel nicht als bloß äußere Aufhebung der Verletzung verstanden werden. Die die allgemeine Rechtsordnung negierende Gewalt des besonderen Willens des Verbrechers muß durch die Strafe vernichtet werden. In diesem Sinn ist sie als Negation der Negation zu verstehen und absolut geboten.

[8] Es war insbesondere Franz von Liszt, der mit seinem „Marburger Programm" (Der Zweck im Strafrecht [Marburg 1883], Nachdruck in: *E. Wolf* [Hrsg.], Quellenbuch zur Geschichte der deutschen Rechtswissenschaft [Frankfurt 1949] 437–473) nachhaltig auf eine Wende vom *Rechts*schutz zum Rechts*güter*schutz eingewirkt hat. Die Begründung der Strafe ergibt sich aus einem vernünftig begründbaren zweckmäßigen Handeln des Staates. Dazu muß er die erfolgversprechenden Mittel einsetzen. Gerecht ist die unter dem umfassenden Gesichtspunkt des Rechtsgüterschutzes empirisch als zweckmäßig erwiesene Strafe.

3. Die Begründung der Kriminalstrafe bedarf einer sozialethischen Vertiefung

Die Begründung der Kriminalstrafe aus ihrer Zweckmäßigkeit für den Schutz der Rechtsgüter und des Rechtsfriedens bedarf einer sozialethischen Vertiefung. Gegenüber einem primitiven Vergeltungsdenken oder gegenüber dem Versuch, die Strafe als metaphysischen Schuldausgleich zu verstehen, sind die modernen Postulate der „Entmetaphysizierung" und „Entmoralisierung" des Strafrechts bestimmt berechtigt[9]. Man wird das Problem eines gerechten Strafrechts allerdings auch nicht mit bloßer Zweck-Mittel-Rationalität und einer entsprechenden Gesetzestechnik lösen können. Zweck und Auftrag der Gesellschaft selbst sind zu überdenken. Die Verantwortlichkeit des Staates im Bereich der Kriminalität berührt in hohem Maß seinen Sozialauftrag. Sie stellt die Gesellschaft vor die Frage nach ihrem Selbstverständnis, nach ihrer Mitverantwortung für den einzelnen Menschen und für die Gerechtigkeit von Institutionen und Gesetzen. Verbrecher und ihre Verbrechen dürfen nicht nur unter dem Gesichtspunkt der Sozial*schädlichkeit* betrachtet werden, ihre Sozial*bedingt*heit ist nicht minder in Betracht zu ziehen. Das ruft die Gesellschaft zur Verantwortung für das Gesamt ihrer Rechtsordnung (a). Das fordert auch ein Überdenken von Strafe und Strafvollzug, und zwar nicht nur unter dem Aspekt ihrer rechtspolitischen *Zwecksetzung*, sondern unter Berücksichtigung ihrer *Sinngebung* im Leben des Täters (b). Beide Fragen sind von nicht geringer *sozialethischer Relevanz*.

a) Es ist heute üblich geworden, „soziale Konflikte und soziales Fehlverhalten immer seltener dem einzelnen als Folge sittlich falschen Handelns anzulasten, sondern vielmehr allein als Folge einer ungerechten Wirtschafts- und Gesellschaftsstruktur hinzustellen"[10]. Wo man dies tatsächlich exklusiv tut, d.h., wo man praktisch allein (!) die Gesellschaftsstrukturen für das Fehlverhalten der Gesellschaftsglieder verantwortlich macht, da ist diese Klage der Bischöfe berechtigt. Man sollte aber die kriminogenen Faktoren unserer Gesellschaft auch nicht unterschätzen. Es hat – um ein einfaches und alltägliches Beispiel zu wählen – wenig Sinn, über die ständig steigende Zahl von Warenhausdiebstählen zu klagen, wenn man nicht sieht, wie in den modernen Selbstbedienungsläden mit aller Raffinesse der Verkaufspsychologie ein Reizklima des Zugreifens geschaffen wird. Eine totale Welt des Geschäfts und der damit verbundene Leistungs- und Konkurrenzkampf macht den Menschen seinem Mitmenschen zum Wolf. Wenn begabte Schriftsteller voller Ironie feststellen, es gebe heute „keine Schuldigen und auch keine Verantwortlichen mehr"[11], dann wollen sie ja gerade

---

[9] Vgl. *Claus Roxin*, Strafzweck und Strafrechtsreform, in: *J. Baumann* (Hrsg.), Programm für ein neues Strafgesetzbuch (Frankfurt a.M. 1968) 75–92, hier 77.
[10] Gesellschaftliche Grundwerte und menschliches Glück. Ein Wort der deutschen Bischöfe zu Orientierungsfragen unserer Gesellschaft (Bonn 1976) 8.
[11] *F. Dürrenmatt*, Theaterproblem (Zürich 1955) 47. Vgl. *J. Kopperschmidt*, Schuldhafte Schuldlo-

den einzelnen auf die schlafwandlerische Gleichgültigkeit und das kritiklose Mitläufertum aufmerksam machen. Sie möchten zeigen, daß es in unserer Gesellschaft das Natürlichste sei, jemanden an die Wand zu drücken, rücksichtslos vorzugehen, geschehe, was da wolle. Das menschliche Handeln darf nicht nur aus seinem Selbstvollzug reflektiert werden, es ist vielmehr aus der Fülle der ihm voraus- und zugrunde liegenden individuellen, sozialen und geschichtlichen Dispositions- und Prägefelder zu begreifen. Und gerade diese sind selbst bereits erbrachte und fortwirkende Objektivationen guten oder schlechten menschlichen Freiheitshandelns. So muß denn „Freiheitshandeln wider bessere Einsicht und Vernunft ... als eine immer schon durchobjektivierte schlechte Freiheit, also durch effektiv gewordene Schuld und Sünde *Mitbestimmtes* begriffen werden“ [12].

Darum verlangt das *spezifisch gesellschaftliche Handeln* besondere Beachtung. Es gibt zwar kein kollektives Handlungssubjekt und dementsprechend auch keine Kollektivschuld. Aber man spricht heute zu Recht vom „Schuldigwerden der Gesellschaft“ und meint damit die Mitverantwortung für die Institutionen, Ordnungen, Sitten und „kollektiven Überzeugungen“, die unser Zusammenleben regeln und damit auch das Verhalten des einzelnen prägen. Wenn wir ernsthaft zur Kenntnis nehmen, daß diese gesellschaftlichen Institutionen unsere eigenen Schöpfungen sind und nicht einfach unhinterfragbare Explikationen einer vorgegebenen Wesensordnung, dann erkennen wir unsere Verantwortung. Entsprechend der Einsicht in diese gesellschaftliche „Mitschuld“ muß auch der *Sühnebegriff* korrigiert werden. Sühne ist ein Stück gesellschaftlicher Existenz in der Schuld. Dies impliziert ein strenges Korrespondenzverhältnis von Gesellschaftsverständnis und Sühneverständnis. Eine Gesellschaft, die ihre Ordnungen und Gesetze unmittelbar als Ausdruck einer den Mitgliedern entzogenen Ordnungsgesetzlichkeit begreift, muß notwendig einen Sühnebegriff produzieren, der Satisfaktion fordert, ganz im Sinne des nach dem „ius talionis“ verfahrenden Prinzips der Strafgerechtigkeit. Demgegenüber muß eine Gesellschaft, die dem einzelnen Mitglied Mitverantwortung für die Vernunft ihrer Ordnungen einräumt, zu einem Sühnebegriff führen, der Sühne nicht vom Gedanken der Vergeltung, sondern vom Gedanken der Umkehr und Rückkehr für alle bestimmt. Sühne setzt allerdings wieder bei jedem einzelnen an, sie verlangt vom Individuum ein Wissen um ein verantwortliches Schuldiggeblieben-Sein. Sühne bedeutet dann ein Übernehmen von Mitverantwortung. Sie verlangt das Aufgeben solipsistischer Tendenzen und den Versuch, die durch

---

sigkeit. Das Thema „Schuld“ in der modernen Literatur, in: *J. Blank* (Hrsg.), Der Mensch am Ende der Moral (Düsseldorf 1971) 35–61.

[12] *W. Korff*, Erfahrung von Schuld und Sünde in der Schulderfahrung des einzelnen und im Schuldigwerden der Gesellschaft, in: *St. Rehrl* (Hrsg.), Sünde – Schuld – Erlösung (Salzburg 1973) 18–24, hier 18.

solche Haltungen bedingte Ineffizienz seiner selbst und die gestörte soziale Kommunikation aufzuheben.

Theologisch betrachtet, findet dieses Sühneverständnis seine innere Legitimation aus dem Bundesgedanken des AT wie des NT. *Im alttestamentlichen Kontext* steht alles Einordnen und Bewältigen der Schuld unter einem Solidaritätsverständnis, das nicht nur Solidaritätsbereitschaft des einzelnen gegenüber dem Volk, sondern auch eine Solidaritätsbereitschaft des Volkes gegenüber dem einzelnen kennt. Diese wechselseitige Solidarität ist eine Ausfaltung des Bundes, den Jahwe mit Israel unverbrüchlich eingegangen ist. Alle Umkehr des einzelnen bleibt zugleich eingefangen in die Umkehr des Volkes als ganzem. *Im Neuen Bund* weitet sich die Solidarität auf die gesamte Menschheit aus. Denn indem sich Christus als der endgültige Zeuge der Liebe Gottes, als Sohn des Vaters, allen Menschen zum Bruder gemacht hat, hat er alle Menschen in eine brüderliche Verantwortung füreinander hineinverpflichtet. Das fordert ein gläubiges Sicheinlassen auf die geschichtliche und weltliche Nähe Gottes, wie sie uns in Jesus, dem Christus, offenbar wird.

b) Auf dem Hintergrund dieser Überlegungen muß auch die Frage nach der *Sinnhaftigkeit der Strafe im Blick auf den Täter* gestellt werden[13]. Sie steht keineswegs in einem unüberwindlichen Gegensatz zur *gesellschaftlichen Zweckmäßigkeit* der Strafe. Extreme Standpunkte führen hier nicht weiter. Eine gerechte und humane Lösung verlangt die Aufarbeitung sowohl der Enttäuschung der Gesellschaft am Täter wie der des Täters an der Gesellschaft. Die Alternative zwischen einem konsequenten *Schuldstrafrecht,* das Schuld (Vorwerfbarkeit der Tat) nur auf den Täter bezieht, und einem *Behandlungsrecht,* das die Verantwortung praktisch der Gesellschaft zuschiebt, ist falsch gestellt. Das Programmwort „Resozialisierung", das alle Diskussionen über Strafrechtsreformen durchzieht, verlangt eine Verbindung beider Gesichtspunkte, Resozialisierung muß im Rahmen einer sozialen Konfliktregelung gesehen werden.

Der Zugang zum Täter führt über die Tat. Dies ist nicht nur notwendig aus Gründen der Rechtssicherheit, dies ist auch die Voraussetzung für das Gelingen der Resozialisierung. Objektivität und Sicherheit des Rechts verbieten Zwangsmaßnahmen auf bloße Vermutung hin. Der von einer Gruppe angesehener Strafrechtslehrer ausgearbeitete Entwurf zu einem Strafgesetzbuch (sog. Alternativentwurf) bekennt sich zum Prinzip der Tatschuld und lehnt ein reines Maßregelrecht ab. Doch sind sich die Verfasser einig, daß eine exakte Quantifizierung von Schuld nicht möglich ist. Sie sehen in der Festlegung einer Höchststrafe im Einzelfall eine rechtsstaatlich notwendige Sicherung. Eine nur am Täter ausgerichtete Behandlung könnte leicht zu einer willkürlichen Erhöhung der auferlegten Maßnahmen führen. Die inkriminierte Tat, d.h. der Grad ihrer Sozialschädlichkeit, muß die Art der Maßnahmen mitbestimmen. Der Weg

---

13 Vgl. *B. Gareis – E. Wiesnet* (Hrsg.), Hat Strafe Sinn? (Freiburg i.Br. 1974).

über die Tat erschließt wohl auch am besten den Zugang zur *Korrekturfähigkeit und Korrekturwilligkeit des Täters,* die ihrerseits die Voraussetzung bilden für den Erfolg psycho-sozialer Maßnahmen im Strafvollzug. Das Kernstück der Reform liegt ja im Einsatz und möglicherweise im Verbund verschiedener Therapien (Milieu-, Arbeits-, analytisch orientierte und Gruppentherapie). Dagegen hört man zwar immer wieder den Einwand, der Staat könne vom Rechtsbrecher keine innere Umkehr fordern. Dies ist nur bedingt richtig. Wo die Gesellschaft bei einzelnen Gliedern ein Defizit an wertbezogener Einstellung feststellt, darf sie diese Glieder nicht aus der Mitverantwortung für die Werte entlassen. Sie muß sie vielmehr in Pflicht nehmen; und sie hat selbst die Pflicht, mit ihrer Strafrechts- und Strafvollzugsordnung die äußeren Bedingungen zu schaffen, die den Menschen auf den Weg bringen, sich selbst und den anderen zu finden, anzunehmen und zu verwirklichen. Sie muß im Normieren selbst Schulddispositionen abbauen und so zur Versöhnung des Rechtsbrechers mit der Gemeinschaft und der Gemeinschaft mit dem Rechtsbrecher beitragen.

Die Unmöglichkeit, über Gesinnungen zu urteilen, darf auch hier nicht zu einer Trennung von Strafrecht und Sittlichkeit verleiten. Die Strafvollzugsreform ist mit rechtlichen Mitteln allein nicht zu bewältigen. Der strafrechtlichen Ordnung liegt – wie bereits gezeigt wurde – eine Wertordnung zugrunde. Es genügt darum nicht, bloß Fakten festzustellen und auf ursächliche Zusammenhänge hinzuweisen. Hinter den Fakten stehen Wertungen. Insofern birgt die Strafe auch einen sozialethischen Vorwurf. Als Sozialisierungs- und Wiedergutmachungsstrafe unterwirft sie den Täter einem schmerzlichen Prozeß, aber um ihn zu veranlassen, sich selbst größere Übel zu ersparen. Zusammenfassend läßt sich sagen: „Strafe ist *sittlich erlaubt,* wenn auf humanere Weise das Vertrauen in die Rechtsordnung nicht gesichert werden kann. Strafe ist *sittlich richtig,* soweit sie die Verantwortungsfähigkeit des Täters im Horizont der objektiven Rechtsgüterordnung möglich macht oder seine Verantwortungsbereitschaft erhöht.“ [14]

Wenn es gilt, das Strafrecht auf diese Zielsetzung hin zu reformieren, sollten Christen in vorderster Front dabei sein. Unser Verständnis von Buße wie unsere Solidarität mit dem Rechtsbrecher weisen uns auf diesen Weg. Christliche Bußforderung ist zukunftsorientiert. Buße tut, wer umkehrt und in die Zukunft hinein sein Leben neu gestaltet. Gerade von diesem Spezifikum christlicher Buße her, daß allein die prospektive Verwirklichung des Willens Gottes heilsbedeutsam ist, ist das alte Schuldausgleichsdenken als überwunden zu betrachten. Der menschliche Richter kann sich nicht schlechthin als Stellvertreter des strafenden Gottes begreifen, der das Endgericht ein Stück weit vorwegnimmt, sondern menschliches Gerichtsurteil und Strafvollzug müssen den Sinn haben, die

[14] Dies ist die Schlußthese der Dissertation von *K.-H. Kurze,* Theologische Aspekte der Kriminalstrafe. Ein Beitrag zur Strafrechtsreform (Bonn 1977) (Maschinenschrift).

echte Umkehr zu ermöglichen und zu fördern. Die im beauftragten Richter richtende Gesellschaft muß mit sich selbst ins Gericht gehen. In dieser Umkehr sind wir solidarisch. Darum steht es Christen schlecht an, sich über die finanziellen Mittel und Anstrengungen zu ärgern, die moderne Vollzugsanstalten von der Gesellschaft fordern. Erst recht hat sich unsere Solidarität bei der Wiedereingliederung Straffälliger nach ihrer Entlassung zu bewähren. Hier wird die Beziehung von Strafrecht und Sittlichkeit bei uns selbst auf die Probe gestellt.

Literatur

A. Auer, Sittlichkeit und Strafrecht, in: Renovatio 32 (1976) 156–163.
H. Dombois (Hrsg.), Die weltliche Strafe in der evangelischen Theologie (Witten 1959).
M. Foucault, Überwachen und Strafen. Die Geburt des Gefängnisses (Frankfurt a. M. 1976).
A. Kaufmann, Recht und Sittlichkeit (Recht und Staat 282/283) (Tübingen 1964).
Ders., Subsidiaritätsprinzip und Strafrecht, in: *C. Roxin* (Hrsg.), Grundfragen der gesamten Strafrechtswissenschaft (Berlin 1974) 91–107.
P. Noll, Die ethische Begründung der Strafe (1962).
E. Schmidhäuser, Vom Sinn der Strafe (Göttingen 1963, ^{2}1971).
H. L. Schreiber, Der Begriff der Rechtspflicht (Berlin 1966).
R. Schreiber, Die Geltung von Rechtsnormen (Berlin 1966).
W. Weischedel, Recht und Ethik (Karlsruhe 1956).

Franz Böckle

III
Christliche Rechtsbegründung

1. Zur Geschichte des Themas

Die frühe Christenheit hat ihr von der Gesetzesauslegung Jesu ausgehendes Offenbarungswissen um Gottes Rechtswillen mit den in der antiken Gesellschaft gültigen Rechtsformen verbunden, indem sie den vom jüdischen Gesetz zu unterscheidenden Kern des göttlichen Rechtswillens im natürlichen Gesetz der Stoa wiedererkannte. Mit dem Kriterium des Naturrechts konnte sie sich dann auf auch für das hellenistisch gebildete Bewußtsein einleuchtende Weise gegen die Unzulänglichkeiten der bestehenden positiven Staatsgesetze wenden [1].

[1] Grundlegend dafür immer noch *E. Troeltsch*, Die Soziallehren der christlichen Kirchen und Gruppen (1912) 157ff., 172ff. Vorbereitet wurde diese Verknüpfung durch die paulinische Parallelisierung der im Herzen der Heiden sprechenden Gewissensstimme mit dem göttlichen Gesetz der Juden (Röm 2,14f.; vgl. 13,5) sowie überhaupt durch die urchristliche Paränese, aber nicht zuletzt auch durch die Analogie von Mt 7,12 mit der Goldenen Regel der Gegenseitigkeit.

Andererseits konnten die Christen in der stoischen Lehre vom Verlust der dem reinen Naturrecht gemäßen Lebensform des Goldenen Zeitalters die biblisch begründete Vorstellung vom Sündenfall Adams wiederfinden. Daraus wurde die christliche Lehre vom relativen Naturrecht der gefallenen Menschheit entwickelt, in der die ursprüngliche Freiheit und Gleichheit der Sünde wegen eingeschränkt ist durch die Institutionen von Eigentum, Sklaverei, hierarchischer Familienordnung und Staatsgewalt. Diese Anwendung des reinen Naturrechts unter den Bedingungen der eingetretenen Verschlechterung der Sitten wurde nun als Ausdruck des göttlichen Erhaltungswillens verstanden, als „eine Folge, aber zugleich auch ein Heilmittel gegen die Sünde“[2].

Der Gedanke einer durch den Sündenfall eingeschränkten Geltung des Naturrechts ist im Zeitalter der Reformation und der auf sie folgenden konfessionellen Kriege durch den Rückgriff auf das reine Naturrecht in Gestalt rationalistischer Naturrechtstheorien verdrängt worden. Zu den wichtigsten Voraussetzungen dieses Vorgangs gehört die Verbindung des theokratischen Ideals des Calvinismus mit der naturrechtlichen Interpretation des göttlichen Gesetzes[3]. Der Überdruß an den konfessionellen Streitigkeiten dürfte sodann die Verselbständigung eines rationalen Naturrechts gegenüber den strittigen Offenbarungslehren begründet haben, für die Althusius und Hugo Grotius bahnbrechend geworden sind[4]. Mit den auf das absolute Naturrecht gegründeten Theorien des Staatsvertrages wurde das Rechtssystem im Prinzip und tendenziell unabhängig von konfessionell-religiösen Grundlagen, obwohl die rationalistische Rechtsbegründung sich nur langsam und mit unterschiedlichem Erfolg gegen den fortwirkenden Einfluß religiöser Legitimation rechtlicher Strukturen durchsetzen konnte. Theologische Rechtslehre mochte die naturrechtlichen Rechtsgrundsätze dann entweder sanktionieren oder einschränken oder beides zugleich[5]. Von einer naturrechtlich begründeten Rechtslehre her geurteilt, konnte es sich dabei nur um sekundäre Deutung oder unbefugte Einmischung handeln. Erst mit der Auflösung der Naturrechtslehre durch die historische Rechtsschule ergab sich eine neue Situation, insbesondere mit der Zuspitzung des Bewußtseins von der historischen Relativität des Rechtssystems zum Positivismus: mit der Fragwürdigkeit eines bloßen Rechtspositivismus angesichts seiner Unfähigkeit, zwischen gerechtem Recht und gesetzlichem Unrecht zu unterscheiden, konnte die Angewiesenheit des Rechtes auf ein religiös begrün-

---

[2] *E. Troeltsch,* a.a.O. 164.

[3] Ebd. 661ff. Vgl. *J. Bohatec,* Calvin und das Recht (1934).

[4] Vgl. *E. Troeltsch,* a.a.O. 696ff.; *Ernst Wolf,* Naturrecht und Gerechtigkeit. Zum Problem des Naturrechts, in: EvTh 7 (1947/48) 233ff., bes. 236, hebt hervor, daß es sich dabei um eine Entwicklung handelt, die vom reformierten Flügel der Reformation ausgegangen ist.

[5] Das gilt sowohl für die lutherische Lehre von göttlichen Schöpfungs- und Erhaltungsordnungen als auch von der katholischen Soziallehre, deren Festhalten an der christlichen Naturrechtslehre unter den Bedingungen der Neuzeit selber zu einem konfessionsspezifischen Merkmal wurde, und schließlich auch von den theokratischen Konzeptionen des Calvinismus.

detes Sinnbewußtsein neu in den Blick kommen. So konnte in Europa nach dem Zweiten Weltkrieg, neben dem vorübergehenden Rückgriff auf die katholische Naturrechtslehre, das Bedürfnis nach einer tieferen Grundlegung des Rechts auch in der Rechtsphilosophie zu Ansätzen einer theologischen Begründung des Rechts führen[6]. Umgekehrt konnte nun in der Theologie eine sowohl der Naturrechtslehre als auch der theologischen Inanspruchnahme vorfindlicher „Ordnungen" gegenüber kritische, offenbarungstheologische Rechtsbegründung auftreten und über den Umkreis fachtheologischer Diskussion hinaus Beachtung finden[7].

Die Aufgabe einer theologischen Rechtsbegründung, die nicht an die Naturrechtslehre anknüpft, ist also verhältnismäßig neu. Man kann die Lehre von den Ordnungen, die das Neuluthertum des 19. Jahrhunderts hervorbrachte[8], als Übergang zu einer solchen theologischen Rechtsbegründung betrachten. Doch wurden die Ordnungen von Ehe und Familie, Volk, Staat und Kirche hier nur als „gewisse Grundformen der Gemeinschaften" thematisch, „welche der Christ als bestehende und sein Dasein bestimmende bereits vorfindet"[9]. Sie wurden daher in der Theologischen Ethik nicht eigentlich begründet, weshalb sie denn auch noch bei Schleiermacher ihren Ort in der philosophischen Sittenlehre hatten[10]. Eine theologische Rechts*begründung* liegt hier genaugenommen nicht vor. Vielmehr werden diese Institutionen als in sich selber bzw. im Schöpferwillen Gottes begründet vorausgesetzt. Das ist auch in der Ordnungstheologie des 20. Jahrhunderts noch der Fall gewesen: darum wird ja etwa bei

---

[6] *J. Ellul*, Die theologische Begründung des Rechts (1945, dt. 1948); *Erik Wolf*, Rechtsgedanke und biblische Weisung (1948); *ders.*, Recht des Nächsten (1958). Zu E. Wolfs Rechtstheologie siehe die ausführliche Darstellung bei *W. Steinmüller*, Evangelische Rechtstheologie I (1968) 259–441. Auch *J. Heckels* Erneuerung der Rechtslehre Luthers ist hier zu nennen: Lex caritatis. Eine juristische Untersuchung über das Recht in der Theologie Martin Luthers (1953) (dazu *W. Steinmüller*, a. a. O. 19ff.), sowie *H. Dombois*, Naturrecht und christliche Existenz (1952), und *ders.*, Glaube, Recht, Europa (1953).

[7] *K. Barth*, Rechtfertigung und Recht (1938, [3]1948); *Ernst Wolf*, Naturrecht und Gerechtigkeit 233–253; *ders.*, Der christliche Glaube und das Recht, in: Zeitschr. f. evang. Kirchenrecht 4 (1955) 225–253.

[8] *F. Lau* bezeichnet in seinem Art. „Schöpfungsordnung" (RGG[3] V [1961] 1492f.) A. v. Harleß als den „Vater" dieser Lehrbildung, obwohl die dabei entwickelten Gedanken bis auf die Reformation zurückreichende Wurzeln haben, vor allem in Luthers Lehre von den drei „Hierarchien" oder Ständen (s. dazu *J. Küppers*, Luthers Dreihierarchienlehre als Kritik an der mittelalterlichen Gesellschaftsauffassung, in: EvTh 19 [1959] 361ff., sowie *R. Schwarz*, Luthers Lehre von den drei Ständen und die drei Dimensionen der Ethik, in: Lutherjahrbuch 45 [1978] 15–34.

[9] *A. v. Harleß*, Christliche Ethik (1842, [7]1871) 490. Harleß unterschied drei solche Ordnungen: die „Liebesgemeinschaft" der Familie, die „Rechtsgemeinschaft" des Staates und die „Gnadengemeinschaft" der Kirche (ebd. 492).

[10] *F. Schleiermacher*, Grundriß der philosophischen Ethik, ed. Twesten (1841) 122ff., 276f. Seine „christliche Sitte" setzt diese sittlichen Lebensformen voraus; vgl. *H. J. Birkner*, Schleiermachers Christliche Sittenlehre (1964) 85f. In der an Schleiermacher anschließenden „Theologischen Ethik" *R. Rothes* werden sie zwar in einen theistischen Rahmen eingeordnet, aber noch in Abstraktion vom Gegensatz zwischen Sünde und Erlösung – also auch hier nicht in einem spezifisch christlichen Begründungszusammenhang – entwickelt (Theologische Ethik II [1845, [2]1867] 204–412).

E. Brunner das göttliche Gebot den natürlichen Ordnungen, in denen es doch erst konkrete Gestalt annehmen soll, gegenübergestellt[11]. Dieses Problem ist auch in der Arbeit der durch die Rechtstheologie J. Elluls angeregten „Institutionenkommission" der EKD (seit 1955) offengeblieben[12].

Die lutherische Zwei-Reiche-Lehre kann über dieses Dilemma nicht hinausführen: zwar hat sie durch die theologische Rechtfertigung der Selbständigkeit des weltlichen Regiments gegenüber dem geistlichen, indem dieses dem Erlösungswillen Gottes dient, jenes Ausdruck seines Erhaltungswillens ist, einen Rahmen geschaffen, in welchem auch dem Recht Ort und Funktion zugewiesen war, und zwar die Funktion des Maßstabs beim Schutz der Guten und bei der Abschreckung und Bestrafung der Bösen als der grundlegenden Aufgabe weltlicher Obrigkeit. Dennoch fällt es auch hier schwer, von einer theologischen Rechtsbegründung zu sprechen. Was das weltliche Recht sei, das setzte Luthers Zwei-Reiche-Lehre mehr voraus, als es zu begründen, und wo er sich dazu äußert, da wird deutlich, daß ihm „der liebe und natur recht" noch als identisch galten, so daß er über das „natürlich recht, des alle vernunfft voll ist", hinaus keines weiteren Kriteriums des Rechts und der Rechtsbildung bedurfte[13]. Vielmehr diente ihm umgekehrt das Recht in jener Einheit von Liebe und natürlicher Vernunft als Kriterium für das Urteil darüber, ob die Obrigkeit im weltlichen Regiment ihrem göttlichen Auftrag entspricht. Die Rechtsbegründung stellte sich hier noch nicht als eigenes Problem, solange das Recht der Vernunft sich gegen das der Liebe und gegen den Gott der Bibel noch nicht verselbständigt hatte und das Naturrecht insgesamt noch nicht historisch relativiert und durch die Positivität staatlicher Rechtsetzung verdrängt worden war.

Die Aufgabe einer theologischen Rechtsbegründung ist also in der Tat neu. Es gehört zu den Verdiensten Karl Barths, diese Aufgabe gesehen und durch seine christologische Rechtsbegründung in radikaler Weise in Angriff genommen zu haben[14]. Seinem Grundgedanken, daß die Offenbarung der Liebe Gottes in Jesus Christus wegweisend auch für die Erneuerung und Reform des Rechtes sein könne, kommt bleibende Bedeutung zu. Seine Durchführung durch analoge Ableitung von Sätzen über die Bürgergemeinde aus der Christologie[15] blieb jedoch unbefriedigend, und das nicht nur deshalb, weil solche christologische Engführung sich über die eigentümliche Problematik der Sachbereiche hinwegsetzt, über die mit derartigen Schlußfolgerungen geurteilt wird,

---

[11] *E. Brunner*, Das Gebot und die Ordnungen (1932) 313ff., 320f.

[12] Zu dieser Institutionendebatte s. außer den Bänden „Recht und Institution" I (1955) und II (1969) auch den Aufsatz von *W.-D. Marsch*, Evangelische Theologie vor der Frage nach dem Recht, in: EvTh 20 (1960) 481–510, bes. 491ff.

[13] *M. Luther*, Von weltlicher Obrigkeit (1523), WA XI 279. Siehe auch *J. Heckel*, Lex caritatis (1953) 84f.

[14] *K. Barth*, Rechtfertigung und Recht (1938).

[15] *K. Barth*, Christengemeinde und Bürgergemeinde (1946), bes. These 16. Vgl. auch die Kritik am Rückgriff auf das Naturrecht ebd. 21f.

sondern auch darum, weil umgekehrt die Zweideutigkeit analogen Schließens zu Folgerungen gelangt, die nicht wirklich aus dem christologischen Ausgangspunkt ermittelt sind, sondern aus anderen in solcher Argumentation nicht reflektierten Gründen herausgegriffen und in jene vage Analogiebeziehung zu christologischen Sätzen gebracht werden, die eine Pseudolegitimierung hervorbringt, die dem Sachverhalt im Grunde äußerlich bleibt und daher ebenso auf andere aus ebenso zufälligen Gründen bevorzugte Inhalte Anwendung finden könnte, vorausgesetzt, daß sich irgendeine Analogie zu christologischen Sätzen finden läßt[16]. Die Hauptschwäche einer theologischen Rechtsbegründung jedoch, die wie die Karl Barths von der Positivität der göttlichen Offenbarung in Christus ausgeht, besteht darin, daß sie über den Rechtspositivismus nur insofern hinausgelangt, als die positivistische Setzung um eine Stufe zurückverlegt wird – von staatlicher Gesetzgebung auf die Positivität einer religiösen (oder theologischen) Offenbarungsbehauptung. Der Positivismus als solcher wird dabei nicht überwunden, und so ist es auch kein Zufall, daß die Diskussion über die überpositiven Grundlagen des Rechts in der deutschen Nachkriegssituation überwiegend negativ ausgegangen ist, also zum Rechtspositivismus zurückgeführt hat.

2. *Recht und Religion*

Um eine christliche Rechtsbegründung mit dem Anspruch auf Allgemeingültigkeit zu entwickeln, muß man ausgehen von der Frage nach dem Verhältnis von *Recht und Religion.* Nur dann nämlich, wenn das Rechtssystem überhaupt einer religiösen Begründung bedürftig ist und nicht einfach autonom in sich selber ruht, ist es sinnvoll, nach einer christlichen Rechtsbegründung zu fragen.

Die Grundfrage nach dem Verhältnis von Recht und Religion ist heute strittig. Auf der einen Seite wird behauptet, daß alles Recht hinsichtlich seiner Verbindlichkeit letztlich auf Religion beruhe und ursprünglich in Zusammenhang mit Religion gestanden habe[17]. In Deutschland wird diese Ansicht generell von der Religionsphänomenologie vertreten. So schreibt W. Schilling, das religionsgeschichtliche Tatsachenmaterial erwecke „zwingend den Eindruck, daß der Mensch unter Einwirkungen der Religion erfährt, daß er ein Wesen ist, welches unter einer Rechtsnorm steht“[18]. Ähnlich setzt die Religionssoziologie (jeden-

[16] Ein besonders krasses Beispiel dafür bildet Barths Schluß aus dem johanneischen Satz, daß Christus das Licht sei (Joh 8,12), auf die Unannehmbarkeit „aller Geheimpolitik und Geheimdiplomatie“ (ebd. n. 22). Ebensogut könnte aus der Verborgenheit des in Christus ausgeführten göttlichen Ratschlusses eine Rechtfertigung von Geheimdiplomatie und Geheimpolitik gefolgert werden.

[17] Diese Auffassung hat *H. Maine*, Ancient Law (1865), ausführlich dargetan gegenüber entgegengesetzten, positivistischen Ansichten.

[18] *W. Schilling*, Religion und Recht (1957) 69, vgl. 86f. sowie die Zusammenstellung der religionsgeschichtlichen Befunde 15–37. Siehe auch *G. van der Leeuw*, Phänomenologie der Religion (1933,

falls als strukturell-funktionale Theorie) voraus, daß Religion die Einheit des gesellschaftlichen Sinnbewußtseins konstituiere und somit den verschiedenen Teilsystemen der Gesellschaft – also auch dem Recht – schon zugrunde liege[19]. In dieser Richtung bewegten sich hinsichtlich des Rechts auch schon Max Webers Thesen, daß die Rechtsordnung ursprünglich auf geheiligter Überlieferung beruhe und nur durch charismatische Offenbarung erneuert werden konnte[20].

Die Gegenposition ist von der Ethnologie her besonders durch Patrick H. Nowell-Smith verfochten worden: der Ursprung der Moral (und des Rechts) wäre danach unabhängig von der Religion; im Gegenteil seien die „höheren" Religionen ihrerseits durch moralische Auffassungen beeinflußt worden[21]. Die Unabhängigkeit des Rechts von der Religion suchte schon früher A. S. Diamond gegen H. Maine zu zeigen[22].

Nowell-Smith beruft sich für seine Behauptungen vor allem auf die Autorität von B. Malinowski. Dieser hatte 1926 von den Trobriandern aus Nordwestmelanesien berichtet, daß diese Menschen keineswegs instinktiv oder fraglos den Regeln überlieferter Sitte folgen noch auch in ihrem alltäglichen Verhalten von religiösen Vorstellungen ausgehen, sondern sich in ihren Beziehungen vor allem durch das Prinzip der Gegenseitigkeit leiten lassen[23]. Derselbe Malinowski beschrieb aber im gleichen Jahr die soziale Funktion des Mythos als die eines „unerläßlichen Ingrediens aller Kultur" dahingehend, daß die Urzeit, von der der Mythos berichtet, lebendig gegenwärtig sei „in that its precedent, its law, its moral, still rule the social life of the natives"[24]. Die Funktion des Mythos hat es dabei besonders mit der Rechtfertigung nicht nur von Ritualen und Zeremonien, sondern von „sozialen und moralischen Regeln" und überhaupt der gesell-

---

²1956) 517: „Die Sitte ist wesentlich religiös, weil sie die Gestaltung der Furcht ist, der Scheu dem Übersinnlichen gegenüber."

[19] So im Anschluß an É. Durkheim vor allem die Schule von T. Parsons, in Deutschland die Arbeiten von Th. Luckmann und N. Luhmann. In seinem zuletzt erschienenen Buch „Funktion der Religion" (1977) geht *N. Luhmann* allerdings vor allem den Problemen nach, die daraus entstehen, daß Religion trotz ihrer für das Sinnbewußtsein der Gesamtgesellschaft konstitutiven Funktion ihrerseits – im Zuge fortschreitender Differenzierung der Gesellschaft – zu einem Teilsystem im gesellschaftlichen Lebenszusammenhang geworden ist.

[20] *M. Weber*, Wirtschaft und Gesellschaft (⁵1972) 445f., vgl. 471 und zum Verhältnis von Rechtsordnung und Göttern 262ff.

[21] *P. H. Nowell-Smith*, Religion and Morality, in: The Encyclopedia of Philosophy VII (1967) 150–158, bes. 151f. und 155.

[22] *A. S. Diamond*, Primitive Law (London 1935).

[23] *B. Malinowski*, Sitte und Verbrechen bei den Naturvölkern (1926, dt. Wien o. J.) 15ff., 28ff., 40ff. Die von Nowell-Smith zit. Stelle findet sich in der deutschen Ausgabe S. 50: „The savages have a class of obligatory rules, not endowed with any mystical character, not set forth ‚in the name of God', not enforced by any supernatural sanction but provided with a purely social binding force." Dabei handelt es sich einerseits um handwerkliche Regeln, andererseits um Regeln der guten Sitte und des geselligen Verhaltens.

[24] *B. Malinowski*, Myth in Primitive Psychology (New York 1926) 92, hier 58.

schaftlichen Ordnung zu tun[25]. Aber auch die öffentliche zeremonielle Darstellung des religiösen „Dogmas" ist nach Malinowski unerläßlich für die Aufrechterhaltung der Moral (the maintenance of morals) in primitiven Gesellschaften[26]. Man wird daher Clifford Geertz zustimmen, der Malinowskis Gegensatz gegen Lévy-Bruhls These einer primitiven Pansakralität einschränkend im Sinne einer relativen Autonomie, aber keinesfalls prinzipiellen Unabhängigkeit der Alltagswelt gegenüber der des Kultus deutet[27].

Als Ergebnis ist festzuhalten, daß man zwar einerseits eigene anthropologische Wurzeln des Rechtslebens anzunehmen hat im Prinzip der Gegenseitigkeit, dem im Kriminalrecht die Talion entspricht, daß aber dadurch das Bedürfnis nach religiöser Legitimation der tatsächlichen Rechtsordnung keineswegs entfällt, vielmehr beide Aspekte nebeneinander bestehen. Der erste Gesichtspunkt erklärt die allgemeine Verbreitung weitgehend ähnlicher Rechtsauffassungen im menschlichen Zusammenleben bei gleichzeitig divergierenden religiösen Überzeugungen[28]. Der zweite läßt der ebenso allgemeinen Überzeugung von der Heiligkeit der überlieferten Sitten[29] und ihrer häufigen Zurückführung auf die (göttlichen) Urheber der kosmischen wie der gesellschaftlichen Ordnung[30] Gerechtigkeit widerfahren. Besonders die ausdrückliche Positivierung von Rechtsnormen durch eine Gesetzgebung bedurfte daher der Legitimation durch Berufung auf göttliche Autorität, auch wenn ihr Inhalt keineswegs völlig neu,

---

[25] Ebd. 28, vgl. 91.

[26] *B. Malinowski,* Magic, Science and Religion (1925, Neudr. New York 1954) 67, vgl. 64.

[27] *Clifford Geertz,* Religion as a Cultural System, in: Anthropological Approaches to the Study of Religion, ed. M. Banton (London 1966) 1–46, bes. 29.

[28] *P. H. Nowell-Smith,* a.a.O. 152f., Anm. 21.

[29] Das Verhältnis zwischen Sitte und Recht ist vor allem in der deutschen Rechtsphilosophie seit *R. v. Ihering* (Der Zweck im Recht [³1898]) intensiv diskutiert worden, wobei die Einbeziehung des Begriffs „Moral" in den Vergleich die Verwirrung gesteigert hat. *Max Weber* unterschied in seiner Rechtsphilosophie (a.a.O. 187ff.) zwischen Sitte als normfreier Gewohnheit und der mit Verpflichtung und Sanktionen verbundenen Konvention, von der das Recht wiederum unterschieden ist durch die Art der Sanktion, den Rechtszwang. In den „Soziologischen Grundbegriffen" (ebd. 15ff.) nahm Weber später jedoch den von *E. Weigelin* (Sitte, Recht und Moral [1919]) im Anschluß an Ihering verwendeten Begriff „Brauch" zusätzlich auf. Dieser bezeichnete jedoch bei Weigelin (wie schon bei Ihering) die von Weber „Sitte" genannte normfreie Gewohnheit, während der Begriff der Sitte nach Weigelin mit einem Normanspruch verbunden ist (ebd. 3f.). Letzteres nannte Weber „Konvention", aber seine terminologischen Festlegungen blieben unglücklich wegen ihrer Spannung zum normalen Sprachgebrauch: *G. Radbruch* (Rechtsphilosophie, hrsg. v. E. Wolf – H. P. Schneider [⁸1973] 138ff.) charakterisiert „Konvention" zutreffender als veräußerlichte Verfallsform der Sitte, die sich in der „Konvention" zur standesbedingten „Form" wandelt (ebd. 140f.). Die Sitte dagegen sei „Vorschule" des Rechts ebenso wie der Moral. (Auf die Problematik der Bestimmung der Moral als „innerlich", gegen die sich schon Weigelin [a.a.O. 16ff.] gewandt hatte, ist hier nicht weiter einzugehen: beide Autoren übersehen die entscheidende Bedeutung der Universalität des Moralischen im Unterschied zu Sitte und Recht.) Zum Begriff der Sitte in der griechischen Frühzeit siehe *E. Wolf,* Griechisches Rechtsdenken I (1950) 169f. 210ff.

[30] *Hesiod,* Erga 276ff. Zu den „Hochgöttern", „Urhebern" oder „dei otiosi" vgl. *W. Holsten,* Hochgottglaube, in: RGG³ III 374ff.); vor allem *N. Söderblom,* Das Werden des Gottesglaubens (1913, ²1926) 13–156.

sondern mehr oder weniger mit überlieferten sittlichen Anschauungen identisch war: so hat Hammurabi von Babylon im 18. Jahrhundert v. Chr. seine Gesetzgebung auf Enlil, Marduk und den Sonnengott Schamasch zurückgeführt, später beriefen sich nicht nur Mose auf Jahwe, sondern auch Minos von Kreta auf seinen Umgang mit Zeus, Lykurg von Sparta oder Solon von Athen auf das Delphische Orakel und also auf die Autorität Apolls[31].

Die beiden Grundauffassungen von der Autonomie des Rechts und seiner Angewiesenheit auf seine moralisch-religiöse Legitimation stehen sich auch in der Rechtsphilosophie gegenüber. Dabei ist die moderne Diskussionslage durch das zunehmende Auseinandertreten nicht nur von Recht und Religion, sondern auch von Recht und Moral gekennzeichnet. In den primitiven Kulturen gehörten Recht und Moral so eng zusammen, daß eine Trennung zwischen diesen beiden Gebieten, was die Rechtsvorstellungen (nicht die Prozeßform)[32] angeht, kaum möglich ist. Seit der griechischen Antike hat sich dann in unserer Kulturentwicklung die Moral durch ihren Anspruch auf allgemeinmenschliche Verbindlichkeit von der Positivität sowohl des Polisrechts als auch der positiven Religionen gelöst. Die Verselbständigung einer moralischen Rechtsbegründung in Gestalt des Naturrechts gegenüber der Positivität religiöser Tradition wurde seit Beginn der Neuzeit auch gegenüber dem Christentum erneuert, das sich in seiner antiken Frühzeit mit Philosophie und Naturrecht verbündet hatte. Doch die historistische Kritik des Naturrechts wie auch der moralischen Normbildung hat die Moral teilweise wieder an die Seite der Religion und beide ins Abseits privater Überzeugungen und Lebensstile verwiesen. In dieser Lage stellt sich die Frage nach der Bedeutung der Religion für Moral und Recht aufs neue. Dafür ist die in den sechziger Jahren in England zwischen Lord Patrick Devlin und dem Oxforder Rechtsphilosophen Herbert L. A. Hart geführte Diskussion[33] von besonderem Interesse. In dieser Debatte argumentierte Lord Devlin für einen engen Zusammenhang zwischen dem Gesellschaftssystem samt seinen überlieferten Institutionen und dem historisch gewachsenen System moralischer Überzeugungen. Er forderte daher, daß die diesen Institutionen zugrunde liegenden moralischen Prinzipien auch rechtlich geschützt werden müssen. Die Konsequenzen treten besonders deutlich beim Verhältnis von Sexualmoral und Strafrecht im Hinblick auf Bigamie, Homosexualität, Abtreibung hervor. Für

---

[31] Zu Hammurabi siehe Ancient Near Eastern Texts, ed. J. B. Pritchard (Princeton ²1955) 164ff., vgl. 178, 80. Schon mehr als ein Jahrhundert zuvor erließ Lipit-Ishtar seine Gesetzgebung als „Sohn Enlils" (ebd. 159). Zu den griechischen Nomotheten vgl. *H. Kittel* (Hrsg.), Theologisches Wörterbuch zum NT IV (1942) 1018f. (Kleinknecht). Zum Grundsätzlichen siehe nochmals *M. Weber*, a.a.O. 445f., 471.

[32] Dazu siehe *A. L. Epstein*, The Case Method in the Field of Law, in: *ders.* (Hrsg.), The Craft of Social Anthropology (London 1967) 205–230.

[33] Siehe besonders *P. Devlin*, The Enforcement of Morals (1959); *H. L. A. Hart*, Law, Liberty and Morality (1963), sowie den kritischen Bericht über diese Debatte von *B. Mitchell*, Law, Morality and Religion in a Secular Society (1967).

Hart gehören diese Fragen in den Bereich privater Moral, in den das Gesetz des pluralistischen Staates nicht einseitig zugunsten überlieferter religiös-moralischer Auffassungen einzugreifen habe. Nach Hart hat das Recht nur einen Minimalbestand naturrechtlicher Normen zu schützen, insbesondere also den Schutz des Individuums vor Verletzung durch andere zu gewährleisten. Immerhin schränkt auch Hart seine in der Tradition des Liberalismus von J. St. Mill entwickelte Argumentation durch „paternalistische" Gesichtspunkte ein, wo es um den Schutz Minderjähriger vor den Folgen ihrer eigenen unreifen Entscheidungen geht[34]. Nach Lord Devlin hingegen darf sich das Recht nicht nur an der Entscheidungsfreiheit des einzelnen orientieren, sondern muß auch die Institutionen schützen, ohne deren Bestand die historisch gewachsene Einheit der Gesellschaft dem Zerfall preisgegeben würde. B. Mitchell stimmt ihm insoweit zu[35] und verneint auch die Möglichkeit einer klaren Trennung zwischen öffentlicher und privater Moral. Das bedeutet, daß der Einfluß religiöser Überlieferung auf die öffentliche Moral und folglich auch auf das Recht anders als bei Hart als legitim gilt. Allerdings ist Mitchell mit Hart der Meinung, daß Moralität nicht völlig abhängig sein könne von Religion, weil einige Verhaltensregeln wegen ihrer sozialen Nützlichkeit in den verschiedensten Gesellschaften gleichermaßen verbreitet und anerkannt seien, so der Respekt vor Leben und Eigentum anderer und die Gegenseitigkeit von Dienstleistungen. Dabei scheint er jedoch zu übersehen, daß auch diese Verhaltensregeln für ihre Effektivität jeweils auf eine religiöse Fundierung angewiesen sind. Ob jemand sie für sich gelten läßt, hängt nämlich ab von Wertungen, und Werturteile sind nur für einen religiösen oder quasi-religiösen Glauben so verankert, daß sie privater Beliebigkeit entzogen sind[36]. In diesem Sinne beruht auch die Effektivität eines naturrechtlichen Liberalismus noch auf einem quasi-religiösen Glauben an die Verbindlichkeit der hier zugrunde liegenden Auffassung von der gemeinsamen Menschennatur für das individuelle Verhalten.

Die enge Zusammengehörigkeit von Recht und Religion ist neuerdings besonders von Harold J. Berman betont worden. Nach Berman degeneriert das Recht, wenn es von seiner religiösen Wurzel abgeschnitten ist, zu mechanischer Gesetzlichkeit, während umgekehrt die Religion ohne Verbundenheit mit dem Recht ihre soziale Wirksamkeit verliere[37]. Der Harvarder Rechtshistoriker zeigt

---

[34] Siehe dazu *B. Mitchell*, a.a.O. 22ff., auch 13f. sowie 70ff.

[35] Ebd. 134f.

[36] Siehe dazu *W. Fikentscher*, Methoden des Rechts in vergleichender Darstellung IV (1977) 405. Dieses Urteil ist um so bemerkenswerter, als es in einer Spannung zu Fikentschers Anschauungen über die anthropologische Selbständigkeit des Rechts gegenüber der Religion (ebd. I [1975] 91ff.). zu stehen scheint.

[37] *H. J. Berman*, The Interaction of Law and Religion (New York 1974) 11f., 22ff., vgl. 137ff. Dabei werden durchaus auch die unterschiedlichen Funktionen der mehr personal orientierten Religion einerseits und des Rechts, das in seiner Allgemeinheit auf Rechtsgleichheit zielen muß, andererseits hervorgehoben (ebd. 135f.).

auf, wie das Christentum in der Kulturgeschichte das Recht beeinflußt und verändert hat[38] und wie dann die Reformation durch ihre an sich berechtigte, kritische Wendung gegen die übermäßige Verrechtlichung der mittelalterlichen Kirche die Religion vom Recht löste und damit die spätere Trennung des Rechts von der Religion ermöglichte, deren extreme Zuspitzung durch die Isolierung beider Gebiete zu einer Aushöhlung jedes von ihnen und zur Demoralisierung der Gesellschaft geführt habe[39].

3. Recht durch Liebe

Der Gott Israels ist in besonderer Weise ein Gott des Rechts. Statt mit irgendwelchen Naturerscheinungen oder anderen Aspekten der menschlichen Lebenswelt ist die Manifestation seines Willens und seines Wesens innerlich mit dem Recht verbunden. Im Unterschied zu den Urhebergöttern aber gehört Jahwes Verhältnis zum Recht nicht in erster Linie mit seiner Funktion als Schöpfer der kosmischen Ordnung zusammen, der die Gesellschaft zu entsprechen hätte. Zwar wird auch Jahwe die Schöpfung der Welt zugeschrieben, aber sein Verhältnis zum Recht ist unmittelbar dadurch gegeben, daß er der Gott des Bundes ist. Die Erwählung eines bestimmten Volkes zur Bundesgemeinschaft mit ihm selber schließt den Willen zum fortdauernden Bestand dieses Volkes ein, und zwar in der Verbundenheit mit seinem Gott und durch sie. Daraus lassen sich die einzelnen Bestimmungen des Bundesgesetzes verstehen. Aus Gottes Willen zur Gemeinschaft mit seinem Volk ergibt sich für seine Glieder die Pflicht auch zur Gemeinschaft untereinander. Die von ihnen geforderte Gerechtigkeit ist das gemeinschaftsgemäße Verhalten sowohl im Verhältnis zu dem erwählenden Gott als auch gegenüber den anderen Teilhabern dieses Bundes.

Gerade der Ursprung des israelitischen Gottesrechts im geschichtlichen Bundesschluß Gottes mit seinem Volk hatte nun aber jene eigentümliche Verschränkung von Positivität und Unverbrüchlichkeit göttlicher Autorität zur Folge,

---

[38] Ebd. 52ff. Im einzelnen handelt es sich dabei besonders um unter den byzantinischen Kaisern vorgenommene Änderungen des Familienrechts (Abschaffung der Gewalt des Familienvaters über Leben und Tod, Stärkung der Stellung der Frau durch Erfordernis des Ehekonsenses und Erschwerung der Scheidung und des Sklavenrechts [vor allem Schaffung einer Beschwerdemöglichkeit des Sklaven beim Magistrat gegen den Herrn]), ferner um die Anstöße zur Rechtskodifizierung bei neu missionierten barbarischen Völkerschaften und in der mittelalterlichen Kirche um die Schaffung eines einheitlichen und geregelten Rechtslebens durch die Entwicklung des darin dem weltlichen Recht vorangehenden kanonischen Rechts.

[39] Ebd. 63ff., 73f., vgl. schon 12. Berman betont, daß diese Kritik die institutionelle Trennung von Staat und Kirche nicht antasten solle (ebd. 136f.). Mit entgegengesetzter Tendenz untersucht S. Ott (Christliche Aspekte unserer Rechtsordnung [1968]) Überreste einer Verbindung von Religion und Recht als zu beseitigende Verstöße gegen das Prinzip der religiösen Neutralität des Staates.

die den Partikularismus und die Schranke jüdischer Gesetzlichkeit ausmacht. Weil der Ursprung in der Gotteserscheinung am Sinai der alleinige Legitimitätsgrund des für Israel verbindlichen Rechtes war, mußten später entstandene Rechtsformulierungen immer wieder in die Ursituation der Rechtsoffenbarung am Sinai retrojiziert werden[40]. War das aber einmal geschehen, so konnten solche Rechtsformeln später nicht mehr revidiert, sondern nur noch ausgelegt werden. Die Folge dieses einfachen Sachverhalts war, was man als jüdische Gesetzlichkeit kennt. Obwohl die einzelnen Rechtssätze in bestimmten geschichtlichen Situationen ihren Ursprung hatten, konnten sie bei späterer Veränderung dieser Entstehungsbedingungen nicht selber verändert oder beseitigt werden, weil sie als Bestandteil des von Gott selbst am Sinai verkündeten Gottesrechts galten. Infolgedessen wuchs nicht nur die Zahl der zu beachtendenden Gebote, sondern auch die Notwendigkeit umständlicher, aktualisierender Auslegung. Das jüdische Gesetz wurde immer mehr zu einer Besonderheit nationaler Überlieferung, statt sich als allgemeingültiger Ausdruck des Rechtswillens des einen Gottes darzustellen.

Im Gegensatz zum Traditionalismus der jüdischen Gesetzlichkeit ist Jesu Gesetzesauslegung durch einen traditionskritischen Zug gekennzeichnet. Das kommt in den Antithesen der Bergpredigt (Mt 5,21–48) ebenso zum Ausdruck wie in Jesu Stellung zum Sabbat (Mk 2,27; Mt 12,1–14). Dabei ging es nicht um Abschaffung des Mosegesetzes, sondern um seinen eigentlichen Sinn. So hatte schon vor Jesus die jüdische Auslegung das Doppelgebot der Liebe als den Inbegriff des Gesetzes verstanden[41]. Diese Einsicht konnte aber nicht als kritisches Prinzip gegenüber den Bestimmungen des Gesetzes wirksam werden, solange sie nur aus der Überlieferung der Bestimmungen des Gottesrechts hergeleitet wurde. Die überlieferungskritische Wendung, die Jesus mit der Botschaft vom Liebeswillen Gottes verband, läßt eine der jüdischen Rechtstradition – oder zumindest ihren Einzelbestimmungen – gegenüber selbständige Wurzel dieses Gedankens bei ihm vermuten.

In der Tat hat Jesu Botschaft vom Liebeswillen Gottes, aus dem für den Empfänger die Pflicht zur Nächstenliebe folgt (Mt 18,32ff.), eine selbständige Wurzel, nämlich in seiner Verkündigung der Nähe des Gottesreiches. Die Bot-

---

[40] In dieser Weise ist schon das altertümliche „Bundesbuch" (Ex 20,23–23,9; vgl. 24,7) nachträglich in die Sinai-Erzählung eingefügt worden, weil eben „alle göttlichen Rechtsforderungen an Israel in dem Bundesverhältnis zwischen Gott und Volk ihre Wurzel haben" mußten (*M. Noth*, Das zweite Buch Mose. Exodus [1958] 141). Später wurden das Stiftshüttengesetz (Ex 25–31), die Opfergesetze von Lev 1–7, die Reinheitsvorschriften Lev 11–15, das Gesetz für den großen Versöhnungstag Lev 16 und das Heiligkeitsgesetz Lev 17–26 hinzugefügt. Allerdings hat schon das Deuteronomium die Gesetzesverkündigung durch Mose an die Stelle der direkten Gottesrede gesetzt (*G. v. Rad*, Das fünfte Buch Mose [1964] 43; dort auch zur ausnahmsweise als Gottesrede wiedergegebenen Form des Dekalogs Dtn 4,6–21).

[41] Zu Mk 12,38–34 parr. vgl. die etwa bei *J. Schniewind*, Das Evangelium nach Markus (1933, [6]1952) 160, genannten jüdischen Belege.

schaft von der kommenden Königsherrschaft Gottes nicht nur über Israel, sondern auch über die Völkerwelt geht auf die Prophetie zurück. Das Kommen des Gottesreiches, in welchem der Rechtswille Gottes erfüllt, Frieden und Gerechtigkeit verwirklicht sein werden (vgl. Jes 2,2ff.), wurde zum Kernbestand der eschatologischen Hoffnung Israels. Mit der Botschaft, daß das Gottesreich nahe sei, rief dann der Täufer zur Umkehr auf. Bei Jesus vermittelte sie darüber hinaus die Gewißheit der Gegenwart des Heils, weil bei dem, der sich ganz der Zukunft Gottes öffnet, Gott schon gegenwärtig zur Herrschaft kommt. Daher konnte Jesu Sendung zu seiner Verkündigung selber als Ausdruck der rettenden Liebe Gottes verstanden werden. Da nun das Gebot der Gottes- und Nächstenliebe in der Erfahrung von der liebenden Zuwendung Gottes selber gründet und nichts anderes bedeutet als Teilnahme an der Bewegung der Liebe Gottes zur Welt, geht das Liebesgebot aus der eschatologischen Botschaft Jesu hervor und kann deshalb auch kritisch gegenüber Einzelbestimmungen des überlieferten Gottesrechts geltend gemacht werden. Im Lichte der nahen Zukunft der Gottesherrschaft schied sich so der Kern des in der Rechtsüberlieferung Israels enthaltenen Gotteswillens von nur temporär damit verbundenen Rechtsanschauungen.

Der im Horizont der kommenden Gottesherrschaft konzipierte Liebesgedanke Jesu ermöglichte nicht nur die Kritik des überlieferten Gottesrechts, sondern auch die Revision seiner Bestimmungen – in den Antithesen der Bergpredigt im Sinne des eschatologischen Rechtswillens Gottes, in der apostolischen Paränese dann im Sinne von Anweisungen für das Leben in der vorläufigen Ordnung der gegenwärtigen Welt. In dieser Richtung ist der eschatologisch begründete christliche Liebesgedanke in der Geschichte des Christentums immer wieder zum Impuls von Rechtsreformen geworden: Reformen von Rechtsnormen im Hinblick auf die jeweils mögliche Gestalt eines dem Liebeswillen Gottes besser entsprechenden menschlichen Zusammenlebens. So haben schon Leo III. und Konstantin V. in ihrer Ekloge um 740 von Rechtsreformen in der Richtung größerer Humanität gesprochen, und H. J. Berman hebt auch im Blick auf die Rechtsschöpfungen des mittelalterlichen Christentums das Prinzip der Rechtserneuerung und Rechtsentwicklung im Unterschied zur bloßen Orientierung am Hergebrachten hervor – ein Prinzip, das dann in säkularisierter Form von der Moderne übernommen wurde[42].

Wenn man solche Impulse zur Rechtsentwicklung in dem (eschatologisch fundierten) christlichen Liebesgedanken begründet sieht, so erhebt sich die Frage, ob damit nur ein psychologisches Motiv der Rechtsbildung und Rechtserneuerung bezeichnet ist oder ob ein Strukturzusammenhang zwischen Recht und Liebe besteht. Gegenüber der von Leo Tolstoi und Rudolf Sohm behaupteten Gegensätzlichkeit der angeblich „äußerlichen" Rechtsnormen

[42] *H. J. Berman*, a.a.O. 62f.; zur byzantinischen Ekloge ebd. 154 Anm. 5.

gegenüber der Innerlichkeit der Liebe[43] – einer immer noch wirksamen Auffassung[44], die auf Kants Gegenüberstellung von Legalität und Moralität zurückweist und einen Ausgangspunkt in der reformatorischen Gegenüberstellung des inneren und äußeren Menschen hat – bedeutet es schon einen wichtigen Fortschritt, wenn Liebe als ein mögliches *Motiv* für die Rechtsbildung erkannt wird[45]. Die Rechtsordnung gilt allerdings auch dann noch als wesensverschieden von der Liebesordnung. Einen weitergehenden Zusammenhang zu behaupten, scheint gewagt, wenn Rudolf Bultmann die Liebesforderung Jesu richtig charakterisiert hat durch seine Feststellung, sie „überbietet jede Rechtsforderung"[46]. Doch dieser Sachverhalt hat es weniger mit dem Verhältnis von Liebe und Recht überhaupt zu tun als mit der eschatologischen Unbedingtheit der (in sich paradoxen) Liebes*forderung* Jesu. Daß Recht und Liebe zusammengehören, geht schon daraus hervor, daß Jesus die Liebe als den zentralen Inhalt des *Gesetzes* verstanden hat[47]. Die Liebe übersteigt nicht nur durch ihre Unbedingtheit immer wieder die Schranken vorhandener Rechtsnormen. Sie wird auch Motiv neuer Rechtsgestaltung, und umgekehrt läßt sich Recht als Ausdruck von Liebe verstehen, so daß über einen bloßen Motivationszusammenhang hinaus auch ein zwischen Liebe und Recht bestehender Strukturzusammenhang zu behaupten ist. Dagegen läßt sich nicht einwenden, daß formal geltendes Recht und seine Inanspruchnahme lieblos sein können. Sicherlich kann die Rechtsnorm ihrem sittlichen Ursprung entfremdet werden. Das geschieht oft schon durch ihre fortbestehende Geltung bei Änderung der dadurch geregelten Lebenssituationen. Vor allem aber werden Rechtsnormen natürlich zumeist aus ganz anderen Motiven in Geltung gesetzt als aus dem der Liebe. Aber wenn sie nicht der Sache nach einer Forderung der Liebe – soweit diese im Hinblick auf typische Situationen verallgemeinerungsfähig ist – entsprechen, wird auch ihr Rechtscharakter (als „gerechtes" Recht) fraglich.

Erik Wolf hat das „Nächstenverhältnis" – und also die Liebe – „als Grund und Mitte des Rechts" zu denken versucht, indem er rechtstheologisch die Inanspruchnahme des Menschen für Gott (Personalität) mit der Forderung zur Solidarität mit dem Nächsten verband[48]. Die Begründung seiner Thesen erschien

---

[43] Siehe *G. Radbruch*, a.a.O. 189ff., 289ff.

[44] Vgl. etwa *E. Brunner*, Gerechtigkeit (1943) 147–158; aber auch *H. Thielicke*, Theologische Ethik II/2 (1958) 189ff. (Nr. 982ff.), bes. zu Tolstoi und Luther 193 Nr. 1005f., wobei Thielicke allerdings die Notwendigkeit einer gegenseitigen Ergänzung von Recht und Liebe betont. Vgl. ferner die Situationsethik von *J. Fletcher*, Situation Ethics (1964), bes. 69ff., dazu *H. J. Berman*, a.a.O. 87f.

[45] *W. Trillhaas*, Ethik, (^{3}1970) 439f.

[46] *R. Bultmann*, Theologie des NT (1953) 18; vgl. aber Bultmanns Einschränkung der Thesen Sohms ebd. 443f.

[47] Daran erinnert mit Recht *H. J. Berman*, a.a.O. 82f. Er schreibt die Trennung des Rechts von der Liebe dem Vorurteil zu, „that the essence of law consists in its rules", so daß der lebendige Charakter des Rechts als „a process of social ordering" aus dem Blick gerate (83).

[48] *E. Wolf*, Recht des Nächsten (1958, ^{2}1966) 11, 18f. Siehe auch *ders.*, Ordnung der Liebe. Gottesgebot und Nächstenrecht im Heidelberger Katechismus (1963). Zur Entwicklung von Erik Wolfs

jedoch allzusehr als eine theologische Setzung, trotz seiner zunehmenden Bemühungen um eine engere Verflechtung von Rechtsphilosophie und Rechtstheologie. Der Strukturzusammenhang von Recht und Liebe muß als strukturelle Bedingung von Rechtsverhältnissen überhaupt aufweisbar sein, wenn er als allgemeingültig behauptet werden soll. Dazu genügt noch nicht der Nachweis, daß alle Rechtsverhältnisse typische Formen zwischenmenschlicher Beziehungen („Sozialität des Als-seins") zum Gegenstand haben und damit die Forderung der Solidarität implizieren[49]. Darin liegt noch keine notwendige Beziehung zum Liebesgedanken[50]. Eine solche ist erst dann gegeben, wenn alle Rechtsbeziehungen als durch Akte der *Anerkennung* begründet zu verstehen sind, und zwar vor aller Anerkennung von Rechtsnormen durch die diesen zugrunde liegende gegenseitige Anerkennung der beteiligten Personen hinsichtlich ihrer Rollen („Als-sein") und ihres damit gegebenen Status[51]. Anerkennung als ein Geltenlassen des andern in seiner Rolle und in seinem Status und darin zugleich als Mensch überhaupt[52] liegt der Anerkennung von solche Beziehungen regelnden Rechtsnormen immer schon zugrunde. Anerkennung ist aber ein fundamentales Strukturmoment der Liebe, die dem andern sein Dasein gönnt und seine Besonderheit gelten läßt. Das zeigt sich auch in der Tendenz auf Gegenseitigkeit, die mit jedem Akt von Anerkennung verbunden (wenn auch nicht immer vom Partner eingelöst) ist. Der Akt der Anerkennung verbindet so Momente der Ungleichheit, Besonderheit, die unmittelbar Gegenstand der Anerkennung ist, und der Gleichheit, die durch die Wechselseitigkeit der Anerkennung selber begründet wird, auch wo sie nicht zugleich ihr Gegenstand ist. Über das Moment der Anerkennung wird so der Zusammenhang zwischen Liebe und Recht deutlich, wobei im Begriff der Liebe sowohl die sentimentale Isolierung ihres emotionalen Elements als auch eine isolierte Betonung ihres Vereinigungsstrebens vermieden werden muß. Das Moment der Anerkennung bringt das bleibende Recht des andern und seiner Andersheit in der *Liebe* zum Ausdruck. Daß andererseits die Anerkennung Moment der Liebe ist, äußert sich entscheidend in ihrer Intention auf Dauer, indem sie sich auf die Person des andern als ganze richtet als Voraussetzung ihrer Rechtsfähigkeit in der jeweiligen besonderen Rechtsbeziehung. Von diesem Element der Dauer her, das von der

---

Rechtstheologie siehe *W. Steinmüller*, Evangelische Rechtstheologie I (1968) 405ff. Steinmüller weist auch hin auf die Entsprechungen zur Argumentation von E. Wolf bei *J. Fuchs*, Christliches Rechtsverständnis, in: *H. Loebel* (Hrsg.), Vom Recht (Hannover 1963) 211–226.

[49] *E. Wolf*, Recht des Nächsten 20.

[50] Der Begriff des Als-seins konnte daher von *W. Maihofer* (Recht und Sein. Prolegomena zu einer Rechtsontologie [Frankfurt 1954]) unabhängig vom Liebesgedanken und seinen theologischen Implikationen bei E. Wolf entwickelt werden.

[51] Siehe dazu *W. Pannenberg*, Zur Theologie des Rechts (1963), jetzt in: Ethik und Ekklesiologie (1977) 11–40, bes. 37ff., unter Berufung auf Hegels Rechtsphilosophie sowie auf *H. Dombois*.

[52] Der Sache nach hat *E. Wolf* in seinen Ausführungen in „Recht des Nächsten" (24ff.) eben diesen Sachverhalt beschrieben.

Anerkennung unabtrennbar ist, ist sowohl der institutionelle Charakter der Rechtsbeziehungen zu verstehen als auch die Allgemeinheit der Rechtsnorm, weil die den einzelnen Moment überschreitende Dauerhaftigkeit der Anerkennung eines andern nur möglich ist unter Einbeziehung der Verhältnisse zu Dritten. In der Allgemeinheit des Rechts, soweit sie nicht nur abstrakt, sondern als Ausdruck umfassender Gemeinschaftlichkeit zu verstehen ist, liegt denn auch implizit immer schon ein Bezug zum Reiche Gottes als der alle Menschen umfassenden, endgültigen Verwirklichung menschlicher Rechtsgemeinschaft in Frieden und Gerechtigkeit.

Die Entwicklung institutioneller, dauerhafter Interaktionsformen im menschlichen Verhalten ist nicht schon zureichend als gewohnheitsmäßige Verfestigung des Verhaltens der Individuen in ihren Beziehungen zueinander beschrieben[53]. Vielmehr muß das Moment der gegenseitigen „Annahme"[54] des andern *als* eines solchen (also in seiner Rolle) dem ersten gegenüber und durch ihn hinzutreten – die Geburt der Norm gegenüber dem bloßen Sein – sowie die „Annahme" der Rollen in ihrer gegenseitigen Zuordnung durch alle Beteiligten und, verbunden mit solcher Annahme eines Rollensystems, auch die der darin geltenden Spielregeln (Rechtsnormen) und des durch das Rollensystem für jeden Beteiligten gegebenen individuellen Status. Solche Akte der Annahme sind Akte freier Zuwendung, durch die sich die Beteiligten gegenseitig einen Rechtsstatus einräumen, innerhalb dessen der Betreffende sich frei bewegen kann[55]. Daß im Geschehen der Anerkennung Liebe wirksam ist, kommt darin noch einmal besonders zum Ausdruck: die wechselseitige Institutionalisierung des Verhaltens ermöglicht mit der Verläßlichkeit der Verhältnisse in der sozialen Lebenswelt zugleich individuelle Freiheit.

Der Prozeß wechselseitiger Anerkennung erschließt nicht nur den interpersonalen Aspekt der Rechtsbeziehungen, sondern die Anerkennung erstreckt sich auch auf die Verhältnisse von Personen und Sachen. Das ließe sich vor allem

---

[53] Dieser durch die Sozialpsychologie G. H. Meads angeregte Begriff der Institutionalisierung durch habitualisierte Gegenseitigkeit des Verhaltens ist besonders ausgearbeitet worden von *P. Berger – Th. Luckmann*, The Social Construction of Reality (New York 1966) 45ff.

[54] Das Moment der „Annahme" ist besonders in der „Institutionenkommission" der Evangelischen Studiengemeinschaft unter Leitung von *H. Dombois* seit 1956 betont worden, ausgehend allerdings nicht von den elementaren intersubjektiven Prozessen, sondern von der subjektiven „Annahme" vorgegebener Institutionen wie des Staates (Recht und Institution II [1969] 26ff.: Bericht von R. P. Callies). Die ursprüngliche Annahme einer abgrenzbaren Zahl als göttliche Stiftung dem Menschen vorgegebener Institutionen (im Anschluß an die Theologie der Ordnungen) wurde im Fortgang dieser Arbeit aufgegeben (ebd. 24f., 51, 58). Die „systematisch-deduktive Sicht" der Institutionen (ebd. 35ff.) als Beziehungsganzes von göttlichem „Angebot", menschlicher „Annahme" und daraufhin gewähltem „Status" (ebd. 47) erscheint jedoch immer noch als theologisch gleichsam aufgesetzt und durch die Phänomene nicht zureichend vermittelt. Die in den überpersonalen Beziehungen von Annahme als „Anerkennung" wirksame Begründung von Recht aus Liebe dürfte den theologischen Bezug ungezwungener erkennen lassen.

[55] Ebd. 30, 44, 56.

an der grundlegenden Bedeutung des Prinzips der *Gegenseitigkeit* für alle zivilrechtlichen und öffentlich-rechtlichen Beziehungen zeigen[56]. Im Schuldrecht sowie im Strafrecht ist dagegen der Sachverhalt anders gelagert: das erstere setzt die gegenseitige Anerkennung der Subjekte schon voraus, das zweite hat die Aufgabe, die zerstörte Rechtsbeziehung wiederherzustellen.

Abschließend ist es nötig, auf das Verhältnis christlichen Rechtsverständnisses und christlich motivierter Rechtspraxis zur menschheitlichen Allgemeinheit des Rechts einzugehen. Wenn alles Recht, weil fundiert auf Akte der wechselseitigen Annahme und Anerkennung, letztlich auf Liebe beruht, so bedeutet das nicht, daß dieser Sachverhalt auch überall erkannt wäre und sich entsprechend ungehindert auswirken kann. Das Recht wird vielmehr entstellt durch die Willkür der Sieger und der Herrschenden, durch den Eigennutz der Mächtigen und den Antagonismus zwischen den Gesellschaftsschichten, durch Traditionalismus und durch die jeweiligen politisch-religiösen Definitionen der Identität einer Gesellschaft. Gegenüber den vielfältigen Formen gesetzlichen Unrechts muß das aus der Gegenseitigkeit der menschlichen Beziehungen in ihrer jeweiligen geschichtlichen Gestaltung erwachsende Recht sich immer wieder erst Gehör verschaffen. Das kann geschehen durch die Wohltat einer weisen Gesetzgebung, es kann geschehen durch die Ausarbeitung der Allgemeinheit des Rechts zu dem Anspruch nach für alle Menschen verpflichtenden Rechtsgrundsätzen. Es kann aber auch geschehen von der Entdeckung her, daß Herzstück allen Rechts die Liebe ist, die alle Menschen untereinander zu einer die ganze Menschheit umfassenden Rechtsgemeinschaft verbindet, deren Einheit auf keiner menschlichen Herrschaft beruhen kann, sondern nur durch die Herrschaft des Gottes möglich ist, dessen Wille ganz auf das Recht unter den Menschen gerichtet und also selbst Liebe ist. Dabei motiviert die Gegenwart der zukünftigen Gottesherrschaft durch Jesus Christus das Wirken der Liebe als lebendige Erfüllung und unablässige Reform vorhandenen Rechts im Lichte seiner künftigen Vollendung in der Gottesherrschaft.

Wolfhart Pannenberg

---

[56] Zur grundlegenden Bedeutung der Reziprozität für die Rechtsvorstellungen primitiver Gesellschaften ist nochmals an *B. Malinowskis* Forschungen (s.o. Anm. 23) zu erinnern. Dieses Prinzip kommt überdies in der Talion und noch in der eng verwandten Goldenen Regel zum Ausdruck.

Vierter Teil

Wirtschaft und Arbeit

Wie bei anderen sozialen Fragen steht die christliche Ethik auch im weitgesteckten Problembereich Wirtschaft und Arbeit einer bestimmten Erwartungshaltung gegenüber. Diese Haltung artikuliert sich z. B. in den Forderungen nach konkreten kirchlichen Initiativen zur Lösung wirtschaftlicher Probleme oder in der Annahme, daß die christliche Ethik solche Lösungen erarbeiten könne und müsse. Einer der Gründe für diese Erwartungshaltung liegt sicherlich darin, daß die vorherrschenden Wirtschaftstheorien, wie etwa die liberale und die marxistische, zugleich Ideologien im Sinne Karl Mannheims sind, weil sie wirtschaftsethisch erstrebte Endziele durch wissenschaftliche Methoden zu prognostizieren und zu verwirklichen suchen.

Aber die christliche Ethik hat – von einigen sporadischen Ausnahmen abgesehen – nie eine Wirtschaftstheorie mit dem Ziel einer allgemeinen, durch bestimmte Methoden erreichbaren materiellen Bedürfnisbefriedigung entwickelt. Sie interessierte sich zwar für die Frage der Güterverteilung und die eines allgemeinen Wohlstandes, behandelte aber diese Probleme stets im Zusammenhang mit dem „ewigen Heil“ des Menschen und machte ihre Bewertungen von diesem Zusammenhang abhängig.

Ein typisches Beispiel für diese Abhängigkeit bildet die Theorie von der „kleinen Habe“ als einem dem Christen angemessenen Güterstand, eine Theorie, die noch bis in das 20. Jahrhundert besonders von der katholischen Ethik propagiert wurde. Sie beruht auf einer Übertragung der aristotelischen Mesotes-Lehre auf den Bereich der Wirtschaft: so wie ganz allgemein im menschlichen Verhalten die Tugend zwischen zwei Extremhaltungen liegt, so liegt auch im Bereich des ökonomischen Verhaltens die Tugend in der Mitte zwischen Verschwendung einerseits, die durch den Reichtum begünstigt wird, und dem Geiz andererseits, der durch Armut bedingt ist, während der ausreichende Besitz die günstigste Voraussetzung für die Tugend des ökonomischen Maßhaltens bildet. Durch den Einbau der aristotelischen Tugendlehre in die christliche Ethik bekam dann auch das ökonomische Maßhalten eine instrumentale Bedeutung für die Erreichung des „ewigen Heiles“. Aber diese Theorie konnte und kann nicht als eine Wirtschaftstheorie interpretiert werden, durch die eine allgemeine Bedürfnisbefriedigung oder ein allgemeiner Wohlstand prognostiziert und verwirklicht werden soll.

Ebensowenig wird man von der Existenz eines „Liebeskommunismus“ in der urchristlichen Gemeinde von Jerusalem auf eine christliche Wirtschaftstheorie zur allgemeinen Güterverteilung schließen dürfen; aber auch umgekehrt nicht aus der theologischen Begründung des Privateigentums in der mittelalterlichen Moraltheologie.

Andererseits gibt es durchaus eine Beziehung zwischen der Verkündigung des kommenden Gottesreiches als Fundament einer christlichen Ethik und den Problemen einer allgemeinen Bedürfnisbefriedigung, etwa in dem Sinne, daß das Bemühen um eine ausreichende materielle Existenz für alle Menschen das

Kommen dieses Gottesreiches transparent macht und damit über die Fragestellung hinausgreift, welcher Güterstand für den Christen der angemessenste sei, um sein „ewiges Heil" zu erlangen, eine Fragestellung, die eher einer individualethischen Sicht aufgrund der Annahme einer statischen Gesellschafts- und Wirtschaftsordnung entspricht.

Demgegenüber stellte und stellt die Erkenntnis der Machbarkeit von Gesellschafts- und Wirtschaftsordnungen, die den Ausgangspunkt neuzeitlicher und moderner Gesellschafts- und Wirtschaftsprogramme bildet, die christliche Ethik vor neue Aufgaben. Es geht nun nicht mehr so sehr darum, eine für den Christen angemessene oder auch optimale Einstellung zu den materiellen Gütern zu finden, sondern darum, ethische Prinzipien zu erarbeiten, die die Grundlage und vor allem die Kriterien dafür bilden können, was der Mensch im Bereich von Wirtschaft und Arbeit tun soll und was er nicht tun darf.

Unter diesem Aspekt gewinnen die ethisch-theologischen Prinzipien der Personwürde, der Solidarität und der Humanität – um hier nur einige zu nennen – ständig an Bedeutung. Für die Theologische Ethik liegt die Aufgabe vor allem darin, diese Prinzipien und Kriterien auf die Bereiche Wirtschaft und Arbeit zu adaptieren; aber keineswegs in einer deduktiven Weise, sondern unter ständiger Berücksichtigung der Eigenart wirtschaftlicher Prozesse und ihrer geschichtlich gewachsenen Unterschiedlichkeiten.

Die nachfolgenden Beiträge stellen den Versuch dar, für einige Teilbereiche dieses weitgesteckten Themenfeldes in paradigmatischer Weise solche ethischen Prinzipien zu erarbeiten.

Anselm Hertz

Erstes Kapitel
Arbeit und Eigentum

I

Biblische Perspektiven zu Arbeit und Eigentum

Die biblischen Aussagen zu den Problembereichen „Arbeit“ und „Eigentum“ weisen zwar in einzelnen Traditionskreisen (Weisheit, Jesustradition, Paulus) gewisse Beziehungen untereinander auf, sind aber im allgemeinen voneinander unabhängig, so daß sich für den folgenden Überblick eine getrennte Darstellung beider Problembereiche zwingend ergibt. Wenn darüber hinaus auf die Erhebung einer biblischen Arbeits- oder Eigentumslehre verzichtet und statt dessen die an markanten atl. und ntl. Traditionskreisen orientierte Erhebung biblischer „Perspektiven“ unternommen wird, so liegt dies gleichfalls an der Eigenart der betreffenden biblischen Aussagen und an ihrer Distanz zu modernen ethischen Fragestellungen. Hinsichtlich des Problemfeldes „Arbeit“ zeigt sich dieser Sachverhalt besonders deutlich in einer Bemerkung W. Bienerts, der diesem Thema über Jahrzehnte nachgegangen ist, wenn er nahezu resignierend feststellt: „Das Arbeitsethos Jesu ist noch unbekannter als das des Alten Testaments.“[1] Ähnliches gilt trotz einer Fülle biblischer Aussagen bzw. „Stellen“ für das Problemfeld „Eigentum“. Die atl. Schriften haben keinen generellen abstrakten Begriff von „Eigentum“ entwickelt[2], und in den ntl. Schriften finden sich keine grundsätzlichen Aussagen über das Wesen oder das Recht des Privateigentums[3]. Zur Ausbildung biblischer Perspektiven und theologisch relevanter Aussagen kommt es im Bereich der atl. Überlieferung erst durch die Entstehung

---

1 *W. Bienert*, Die Arbeit nach der Lehre der Bibel (Stuttgart 1954) 191; vgl. *J. David*, Die schöpferische Kraft des Menschen – Theologie der Arbeit und der Technik, in: *J. Feiner – M. Löhrer*, MySal II (Einsiedeln 1967) 787–804; 787 Anm. 1: „Eine rein biblische Theologie der Arbeit hat sich als ziemlich unergiebig erwiesen.“

2 *F. Horst*, Das Eigentum nach dem AT, in: *ders.*, Gottes Recht (München 1961) 205.

3 *W. G. Kümmel*, Der Begriff des Eigentums im NT, in: *ders.*, Heilsgeschehen und Geschichte (Marburg 1965) 271.

des sozialen Konflikt- und Spannungsfeldes Eigentum – Reichtum – Armut in der Königszeit[4], und dieses Konfliktfeld ist auch für die weitere Überlieferung bis in die ntl. Schriften hinein konstitutiv. Daß dennoch von den biblischen Aussagen und Traditionen her Anregungen für eine gegenwärtige christlich-ethische Besinnung zu „Arbeit" und „Eigentum" gewonnen werden können, soll mit dem Begriff der „Perspektive"[5] angedeutet werden. Er ist zunächst an der Sicht des jeweiligen Traditionskreises orientiert und soll dessen eigene Sicht erheben und verständlich machen. Er erlaubt es aber zugleich, eine Beziehung zwischen dem in einmaligen geschichtlichen biblischen Ursprungssituationen Erkannten, Geforderten und Verwirklichten und den gegenwärtigen Problemen herzustellen.

A. Biblische Perspektiven zum Problemfeld Arbeit

1. Die Perspektive der biblischen Urgeschichte: die Herkunft der vielgestaltigen menschlichen Arbeit vom Auftrag des Schöpfers

Zu den wichtigsten Erzählinteressen der biblischen Urgeschichte (Gen 1–11) gehört die Darstellung des Menschen als eines sozialen Wesens zusammen mit seiner Arbeit und deren Problemen[6]. Die Paradieserzählung weist an drei Stellen darauf hin, „daß die Arbeit zum Grundauftrag des Schöpfers an sein Geschöpf gehört"[7]. In der negativen Exposition der Paradieserzählung Gen 2,5: „... und noch war kein Kraut des Feldes gewachsen, denn Jahwe Gott hatte noch nicht auf die Erde regnen lassen, und Menschen gab es nicht, den Acker zu bebauen", erscheint die Arbeit auf dem Ackerboden als einzige Daseinsbestimmung des noch zu schaffenden Menschen. Dem entsprechen Gen 2,15 von der Aufgabe des Menschen im Garten Eden: „ihn zu bebauen und zu bewahren", und Gen 3,23 nach dem Fall: „So schickte Jahwe Gott ihn aus dem Garten fort, das Ackerland zu bearbeiten, von dem er genommen war." Die Arbeit gehört also auch schon im „Paradies" als Wesensbestandteil zum Menschen hinzu[8].

Die Bedingungen der Arbeit werden im Strafspruch über den Mann Gen 3, 17–19 genannt: „Verflucht der Acker um deinetwillen. Unter Mühsal sollst du

[4] *E. Bammel*, Art. „ptōchos", in: ThW VI 888–915, hier 890; *F. Hauck – W. Kasch*, Art. „ploutos", in: ThW VI 316–330, hier 322; *K. Koch*, Die Entstehung der sozialen Kritik bei den Propheten, in: *H. W. Wolff*, Probleme biblischer Theologie. Festschrift f. G. v. Rad (München 1971) 236–257.
[5] Zum Begriff der biblischen Perspektive vgl. die Überlegungen von *P. Hoffmann – V. Eid*, Jesus von Nazareth und eine christliche Moral (Freiburg i. Br. 1975) 23–25.
[6] *C. Westermann*, Schöpfung (Stuttgart) 31.
[7] *H. W. Wolff*, Anthropologie des AT (München 1973) 190.
[8] *O. H. Steck*, Die Paradieserzählung (Neukirchen-Vluyn 1970) 85 f.; *C. Westermann*, a. a. O. 115 f.

dich von ihm nähren alle Tage deines Lebens. Dornen und Disteln soll er dir tragen. Das Kraut des Feldes mußt du essen. Im Schweiße deines Angesichts sollst du Brot essen, bis du zum Acker zurückkehrst, denn du bist von ihm genommen." Diese Bedingungen sind wie die gesamte Paradieserzählung aus dem Blickwinkel des palästinischen Bauern formuliert, haben aber wie die übrigen Aussagen zur Arbeit in Gen 2 eine umfassendere Perspektive auf den Lebensraum des Menschen und auf seine Erfahrungen mit der Mühsal der Arbeit[9]. Bestand im Paradies kein nötigender Zusammenhang zwischen der Arbeit als Aufgabe des Menschen und seinem Lebensunterhalt von den köstlichen Früchten des Gartens, so kann er sich nun nur noch von den unter mühevollem Einsatz dem Erdboden abgerungenen Nutzpflanzen nähren und den Ertrag der Arbeit, das Brot, seine Nahrung, nur mühevoll erlangen[10]. Im Hinblick auf die Wirkungsgeschichte – die Septuaginta übersetzt Gen 3, 17: „Verflucht sei der Acker in deinen Werken", und stellt damit die Arbeit selber unter den Fluch – sollte beachtet werden, daß weder der Mensch noch seine Arbeit unter den Fluch gestellt werden. Aus dem Fluch leitet sich nur die Mühsal der Arbeit ab[11].

Die Paradieserzählung bildet den Einsatzpunkt für die in der biblischen Urgeschichte weiter ausgeführte „Genealogie" der menschlichen Arbeit, welche im Schema der Generationenfolge die sich ausbildende Differenzierung der Arbeit und das Erreichen kulturellen Fortschritts nachzeichnet[12]. Der Sohn des Ackerbauern Kain (4,1f.) gründet eine Stadt (4,17); dessen Nachkommen werden zu „Stammvätern" der Viehzüchter, Musiker und Metallbearbeiter (4, 18–22). In der Folge führt Noach den Weinbau ein (9,20f.); seine Nachfahren sind in der Lage, mit neuen Techniken – gebrannte Tonziegel – riesige Gebäude zu errichten (11,3f.). Erst die mit dem Fortschritt der Technik erreichte Machtsteigerung bzw. deren Tendenz, die dem Menschen gesetzte Grenze zu überschreiten, ruft die Kritik des Erzählers hervor (11, 1–9; vgl. 3,23f.), nicht jedoch „die Entwicklung des Kulturschaffens in Arbeitsteilung und Kulturfortschritten"[13]. Diese Entwicklung führt vielmehr den Auftrag von Gen 2,15 und auch den Schöpfungsauftrag von Gen 1,28 aus.

---

9 *C. Westermann,* a.a.O. 116, 145f.
10 *O. H. Steck,* a.a.O. 113; *G. Agrell,* Work, Toil, and Sustenance (Lund 1976) 12.
11 *H. W. Wolff,* Anthropologie 191f.; *O. H. Steck,* a.a.O. 113.
12 *C. Westermann,* a.a.O. 34, 40f.; *H. W. Wolff,* a.a.O. 192.
13 *C. Westermann,* a.a.O. 41.

2. Die Perspektive des Sabbatgebots: Beschränkung der Arbeit als Gebot und Gabe

Das Sabbatgebot gehört zu den ältesten und am breitesten bezeugten Überlieferungen Israels[14]. Seine vermutlich älteste Form lautet: „Sechs Tage kannst du schaffen, aber am siebenten Tag sollst du aufhören!" (Ex 24,21a; vgl. 23,12). Dieses kategorische Verbot der Arbeit am siebten Tag setzt dem Versuch, den Menschen nur von seiner Arbeit oder von seinem auf Existenzsicherung gerichteten Streben her zu verstehen, eine unerbittliche Grenze. Diese Tendenz zeigt sich gerade dort, wo das Gebot erweitert oder präzisiert wird und wo in den atl. Schriften von Sabbatkonflikten berichtet wird. Das Gebot widersteht der Neigung des Menschen, sein Leben durch pausenloses Durcharbeiten zu sichern oder zu steigern[15]. Ex 34,21 erweitert das ursprüngliche Verbot im Hinblick auf die Lebensverhältnisse des palästinischen Bauern um den Zusatz: „auch in der Zeit des Pflügens und Erntens". Die Mannageschichte Ex 16 verspottet die Geschäftigkeit und Umtriebigkeit jener Israeliten, die, obwohl bereits am sechsten Tag die doppelte Menge Manna gefallen und eingesammelt worden war, auch am siebten Tag hinausgingen, Manna einzusammeln, und nichts fanden (Ex 16,27). In geschichtlicher Zeit wird der Sabbat als Hinderung für den Handel und für das Erwerbsstreben empfunden (Am 8,5; Neh 13, 15–22).

In der Sicht Israels gewinnt die mit dem Sabbatgebot gesetzte Begrenzung der Arbeit jedoch durchaus positive Bedeutung. Der Sabbat erinnert an die Befreiung Israels aus dem harten Sklavendasein in Ägypten (Dtn 5,15). Er stellt ein Geschenk freier Zeit dar, nicht nur ein Geschenk an den Israeliten, der sich sechs Tage lang wie ein Sklave um seinen Lebensunterhalt müht (Dtn 5, 13), sondern auch für alle Abhängigen in seinem Hause: Sohn, Tochter, Knecht, Magd, Ochs, Esel und den abhängigen Fremdling: „damit dein Knecht und deine Magd ruhen können wie du" (Dtn 5, 14; vgl. Ex 20, 9f.). Das Ausruhen erscheint hier als Gabe, ohne welche die Arbeit den Menschen zum Sklaven machen würde. Die Bedeutung der Ruhe tritt noch stärker in der am Schöpfungsbericht der Priesterschrift orientierten Begründung der Arbeitsruhe Ex 20,11 hervor: „Denn in sechs Tagen hat Jahwe den Himmel und die Erde und das Meer und alles, was darinnen, gemacht; aber am siebten Tage ruhte er. Darum segnete Jahwe den Sabbattag und heiligte ihn" (vgl. Gen. 2, 1–3; Ex 31,17). Das Ruhen am Sabbat ist möglich in einer Welt, die mit allem Lebensnotwendigem ausgestattet ist. Der Segen über den Ruhetag zeigt an, daß der Mensch, seine Zeit und seine Arbeit durch die Begehung des Sabbats neue belebende Kräfte erfahren sollen[16].

---

[14] Vgl. zum folgenden *H. W. Wolff*, a.a.O. 200–210.
[15] Ebd. 207.
[16] Ebd. 204f.

3. Die Perspektive der Weisheitsliteratur: fleißiges Arbeiten führt zum Erfolg

Die ältere Spruchweisheit hat sich bei ihrem Bemühen um eine rationale Bewältigung der Wirklichkeit intensiv mit dem Problem der Arbeit und ihres Erfolges beschäftigt[17]. Indem sie nach dem Zusammenhang von Tun und Ergehen, nach Ursachen und Wirkungen fragte, stellte sie eine Gesetzmäßigkeit fest, nach welcher Fleiß zum Erfolg, Faulheit aber zur Armut führt: „Arm macht die lässige Hand, doch der Fleißigen Hand macht reich" (Spr 10,4; vgl. 11,16b; 12,27; 13,4; 14,23; 21,5). Der Prediger formuliert diese Erfahrung besonders anschaulich: „Bei Faulheit senkt sich das Gebälk, bei lässigen Händen trieft es ins Haus" (10,18). Faulheit ist eine Ursache für den Verlust der Freiheit, für das Absinken in die Schuldknechtschaft: „Des Fleißigen Hand wird herrschen, doch Lässigkeit führt zur Zwangsarbeit" (Spr 12,24).

Solche Feststellungen haben schon an und für sich eine pädagogische Absicht. Vor Faulheit wird gewarnt (Sir 22,1f.), der Adressat wird zum Anspannen seiner Kräfte und Fähigkeiten angespornt (Sir 11, 20f.). Der Faule, der seinen Acker verkommen läßt, wird nicht von ihm essen können und in Not und Bettelarmut geraten (Spr 24, 30–34). Von der Ameise soll er lernen, die Jahreszeiten zur Vorsorge und zum Ernten zu nutzen, damit ihm der Hunger erspart bleibt (Spr 6, 6–11; 19, 15). Wer im Sommer ernten will, muß vorher im Winter pflügen (Spr 20,4). Spr 26, 13–16 stellt die sonst vereinzelt genannten Charakteristika des Faulen in einer Spruchreihe zusammen: „faule" Ausreden, mit denen er seine Passivität bemäntelt, langer Schlaf, Trägheit, Unlust und Unbelehrbarkeit (vgl. Sir 10,27).

Doch die Erfahrung, daß Fleiß und Arbeit zum Erfolg, Faulheit und Nichtstun dagegen in Not führen, gilt nicht uneingeschränkt. „Wer die menschliche Wirklichkeit sehen will, muß mit der freien Einwirkung Jahwes rechnen lernen."[18] Es liegt an Jahwe, ob der Mensch vom Wollen zum Vollbringen kommt (Spr 16,1). Und vom Fleiß allein läßt sich nicht auf den Erfolg der Arbeit schließen: „Allein Jahwes Segen macht reich, die eigene Mühe fügt nichts hinzu" (Spr 10,22; vgl. Ps 127,1f.).

In der Weisheit des Jesus Sirach zeichnet sich neben der Weiterführung der überlieferten Themen und Gesichtspunkte zur menschlichen Arbeit[19] ein stärkeres Eingehen auf die seit langem übliche Arbeitsteilung und auf die mit ihr verbundene gesellschaftliche Differenzierung und eine bewußte Aufnahme der Perspektive der biblischen Urgeschichte ab. Die verschiedenen Berufe der Bauern, Handwerker und Künstler (Siegelschneider, Schmiede, Töpfer) erfordern je besondere Fähigkeiten und sind für die Gesellschaft unersetzlich: „Alle diese vertrauen auf ihre Hände, und jeder ist tüchtig in seinem

[17] *G. v. Rad*, Weisheit in Israel (Neukirchen-Vluyn 1970) 165f.; *H. W. Wolff*, a.a.O. 192.
[18] *H. W. Wolff*, a.a.O. 195.
[19] *G. Agrell*, a.a.O. 33.

Berufe. Ohne sie wird keine Stadt besiedelt" (38,31f.). Angesichts von Vorbehalten gegen die Heilkunst vermag Sirach sogar den Beruf des Arztes auf den Willen des Schöpfers zurückzuführen (38, 1–12), ebenso wie den Ackerbau, der trotz aller seiner Mühsal nicht verachtet werden darf, weil er „vom Allerhöchsten geschaffen ist" (7,15). Die Tendenz zur Verachtung des Ackerbaus ist in der aristokratisch-feudalen Gesellschaft des 2. Jahrhunderts v. Chr. durchaus vorhanden. Der Weisheitslehrer macht die Erfahrung, daß intellektuelle Arbeit, das Mühen um Weisheit (39, 1–3) ähnlich die Kräfte beanspruchend und den ganzen Menschen einfordernd ist wie die körperliche Arbeit auf dem Ackerboden (6, 18f.; 24,31.34). Nur „wer frei ist von schwerer Arbeit, kann Weisheit erlangen" (38,24). Während aber die Bauern und Handwerker „das Werk der Welt stützen" und ihr „Gebet sich auf die Dinge ihres Gewerbes richtet" (38,34), werden die Schriftgelehrten zu Richtern, erlangen überhaupt eine führende Stellung in der Gemeinde und erwerben einen großen dauernden Namen (38,33; 39, 9–11). Im Gegensatz zwischen Sir 7,15 und 38f. zeichnet sich eine Spannung zwischen Glaubens- und Erfahrungswirklichkeit ab, die weder von der israelitischen Weisheit noch vom rabbinischen Judentum[20] bewältigt worden ist. Das Christentum hatte sich dieser Spannung erst dann zu stellen, als es Verantwortung für die Ordnungen dieser Welt zu übernehmen begann, und ist ihr gleichfalls kaum gerecht geworden.

4. Die Perspektive der Jesustradition und der synoptischen Evangelien: der Primat der Ausrichtung auf das Reich Gottes

In der Jesustradition begegnen keine unmittelbar auf das Problem der Arbeit ausgerichteten Aussagen. Bezugnahmen auf den Schöpfungsbericht (Mk 10,7f.)[21], die Sabbatkonflikte (Mk 2, 23–27; 3, 1–6)[22] und die Anschauungswelt der Gleichnisse[23] lassen erkennen, daß die bisher vorgestellten atl. Perspektiven aufgenommen werden und weiterhin wirksam sind. Die eschatologische Ausrichtung der Botschaft Jesu und seines und seiner Jünger Wirkens auf das kommende Reich Gottes hat jedoch unmittelbare Auswirkungen auf das Problemfeld: Arbeit, Arbeitseinsatz, Lebensunterhalt. Jesus hat während seines Wirkens als eschatologischer Prophet den erlernten und ererbten Beruf eines *tekton*, eines Bauhandwerkers (Mk 6,3; Mt 13,55)[24], nicht mehr ausgeübt. Seine Jünger gaben in seiner Nachfolge ebenfalls ihre bisherigen Tätigkeiten auf (Mk 1, 16–20; 2,14).

Die Q-Tradition bezeugt, daß die nachösterlichen Missionare und Träger der in Q gesammelten Jesusüberlieferung die Lebensform des vorösterlichen Jüngerkreises weiterführten und institutionalisierten. Sie verstehen sich als „Arbeiter" bei der endzeitlichen Ernte. Wenn sie mittellos zum eschatologi-

---

[20] Ebd. 49–58, 66f.

[21] Zu den Anspielungen auf Gen 2f. in Mt 6,25–34 s. ebd. 81.

[22] Ebd. 87f.

[23] Ebd. 85; *M. Hengel*, Eigentum und Reichtum in der frühen Kirche (Stuttgart 1973) 23f., 35f.; *K. H. Schelkle*, Theologie des NT III (Düsseldorf 1970) 287f.

[24] *W. Bauer*, Griechisch-deutsches Wörterbuch zu den Schriften des NT (Berlin [5]1958) 1601; *M. Hengel*, a.a.O. 34.

schen Botendienst ausziehen, erwarten sie, daß sie als Gegenleistung für ihre Verkündigung in den Häusern, in denen sie Aufnahme und Gehör finden, versorgt werden. Denn „der Arbeiter hat ein Recht auf seinen Lohn" (Lk 10, 2–7; Mt 9,37f.; 10,10; 1 Kor 9,14)[25]. In der Sicht dieser Überlieferungsschicht schließen eschatologischer Botendienst und die Ausübung eines bürgerlichen Berufs zum Broterwerb einander aus (vgl. Lk 9, 57–62; Mk 10, 17–22.28f.). Der Nachfolger Jesu ist heimat-, familien-, besitz- und schutzlos und für seinen Unterhalt auf die zunächst unplanbare Unterstützung durch Sympathisanten angewiesen[26]. Sein Verzicht auf durch Arbeit gesicherten Lebensunterhalt ist Zeichen für die Nähe des Reiches Gottes und der durch das Reich Gottes neu gesetzten Rangordnung der Werte und zugleich Ausdruck des Vertrauens auf den nahen Schöpfergott.

Diese Haltung steht hinter der Brotbitte des Vaterunsers Mt 6,11: „Das Brot, das wir brauchen, gib uns heute." Dagegen erscheint in der Fassung der gleichen Bitte Lk 11,3: „Das Brot, das wir brauchen, gib uns täglich", die eschatologische Spannung gemildert und die Brotbitte stärker auf die Lebensverhältnise der in ihren Orten (Ortsgemeinden) lebenden und weiter bei ihrer gewohnten Arbeit bleibenden Christen bezogen. Ursprünglich handelte auch die Spruchkomposition Mt 6, 25–33/Lk 12, 22–31[27] wenigstens einschlußweise von dem Konflikt zwischen der auf die Sicherung des Lebensunterhalts bezogenen Arbeit (vgl. die Bildaussagen Mt 6,26.28) und der totalen In-Dienst-Nahme für die Reich-Gottes-Verkündigung, indem sie vor dem „Sorgen" um Nahrung und Kleidung warnte, dieses Sorgen als Ausdruck der Kleingläubigkeit wertete und dagegen zum Vertrauen auf Gott, den Schöpfer, und zum ‚Suchen" seines Reiches aufrief. In der lukanischen Redaktion wird diese Spruchkomposition von der Warnung vor dem irdischen Schätzesammeln und vom Aufruf, den Besitz zu verkaufen und einen Schatz im Himmel anzulegen, gerahmt (Lk 12, 13–15.16–21.33–34). Dadurch wird der Skopus der Warnung vor dem Sorgen vom Gegensatz Erwerbsarbeit – Reich-Gottes-Verkündigung weg und auf die Problematik des Besitzes hin verschoben (vgl. u. B 4).

Die mattäische Redaktion hat die Spannung zwischen Erwerbsarbeit und Reich-Gottes-Verkündigung in zweifacher Weise gemildert: durch die Einführung einer Rangordnung: „Suchet *zuerst*", und durch die Erweiterung der nun für alle Christen gültigen Aufgabe: „das Reich Gottes und *seine* (Gottes) *Gerechtigkeit*" (Mt 6,33; vgl. 5,6.10.20; 6,1). Das angehängte Logion Mt 6,34 verbietet das „Sorgen für den morgigen Tag" und läßt so gleichfalls erkennen, daß der Evangelist einen für alle Christen gültigen Ausgleich zwischen der vorrangigen Ausrichtung auf das Reich Gottes und dem in Maßen notwendigen Sorgen für den Lebensunterhalt intendiert. Dieses Sorgen ist täglich mit so viel Mühsal oder Plage *(kakia)* verbunden, daß ein „Sorgen für den morgigen Tag" die Ausrichtung auf das Reich Gottes und das Vertrauen auf seine Fürsorge gefährden und an die Stelle des Dienstes Gottes den Dienst am Mammon setzen würde (vgl. Mt 6,24).

---

25 *P. Hoffmann*, Studien zur Theologie der Logienquelle (Münster 1972) 301f.

26 *G. Theißen*, Soziologie der Jesusbewegung (München 1977) 16–21; *M. Hengel*, a.a.O. 35.

27 *G. Agrell*, a.a.O. 75–78, 82–84.

5. Die Perspektive des Paulus und des hellenistischen Christentums: Arbeit zum Lebensunterhalt

Die Perspektive der Paulusbriefe unterscheidet sich von jener der Jesustradition sowohl hinsichtlich der Einstellung zur Erwerbsarbeit der Verkündiger wie auch durch die ausdrückliche allgemeine Mahnung zur Arbeit. Zwar begegnet eine solche Mahnung nur an einer Stelle, aber der Text selbst weist sie als einen Bestandteil der apostolischen Missionsparänese und Missionsparadosis aus, die in 1 Thess 4,11f. nur noch einmal wiederholt wird: „Sucht eure Ehre darin, ein ruhiges Leben zu führen, eure eigenen Angelegenheiten zu betreiben und mit euren Händen zu arbeiten, wie wir euch geboten haben (11), damit ihr einen anständigen Wandel führt vor den Außenstehenden und niemanden nötig habt." Diese Weisung gehört traditions- und formgeschichtlich zur usuellen Paränese und soll mit anderem paränetischen Gut dazu dienen, den Gott wohlgefälligen Lebenswandel (vgl. 1 Thess 4,1) zu beschreiben. Das Arbeitsgebot steht an dritter Stelle in einer Reihe gleichgeordneter Infinitive, die zusammen das soziale Verhalten des Christen in seiner Umwelt umreißen sollen. Die Zusammenstellung entspricht, wenigstens in den ersten beiden Gliedern der hellenistischen Ethik (Plato, Rep. VI 496 D; Dio Cassius 60,27; Philo, Abr. 27). Das zeigt sich ebenfalls an den beiden Begründungen in 4,12. Der „anständige Wandel" appelliert an eine anerkannte Vorstellung vom richtigen Verhalten. Die angestrebte materielle Unabhängigkeit korrespondiert dem Ideal der Autarkie (Phil 4,11) nicht des Philosophen[28], sondern des schlichten Handwerkers oder Arbeiters[29], der „mit seinen Händen" arbeitet – ein Hinweis auf die Zusammensetzung der paulinischen Missionsgemeinden[30]. Für die Wiederholung der Mahnung zur Arbeit im 1 Thess zeigt sich kein aktueller Anlaß im Kontext des Briefes. Vermutungen, daß diese Mahnung vor dem Hintergrund der durch die Missionspredigt vermittelten eschatologischen Naherwartung und einer durch sie ausgelösten Arbeitsunlust gesehen werden sollte[31], finden am Text keinen Anhalt. Wahrscheinlicher ist, daß Paulus auch in diesem Punkt die in der jüdisch-hellenistischen und hellenistischen Umwelt geltenden Normen übernommen hat (vgl. 1 Thess 5,21; Röm 12,2; Phil 4,8f.)[32], welche sich von den Normen des

[28] Siehe dazu *O. Gigon*, Autarkie, in: *C. Andresen – H. Erbse* u.a., Lexikon der alten Welt (Zürich 1965) 414; *M. Hengel*, a.a.O. 60f.

[29] *B. Rigaux*, Les épîtres aux Thessaloniciens (Paris 1956) 523; *G. Agrell*, a.a.O. 100.

[30] *M. Hengel*, a.a.O. 45: „Die Mehrzahl der frühen Christen werden dem antiken Kleinbürgertum angehört haben, aus denen sich auch die ‚Gottesfürchtigen' der jüdischen Mission rekrutierten."

[31] Zur exegetischen Diskussion vgl. *O. Merk*, Handeln aus Glauben (Marburg 1968) 53f.; *G. Agrell*, a.a.O. 101–103.

[32] Zum praktischen Arbeitsethos der arbeitenden Schichten in der antiken Gesellschaft vgl. *F. Hauck*, Art. „Arbeit", in: RAC I 587; *M. v. Albrecht*, Arbeit, in: *K. Ziegler – W. Sontheimer*, Der Kleine Pauly (Stuttgart 1964) 1, 492; *Bertram*, Art. „ergon", in: ThW II 631–649, hier 632.

palästinischen Judentums seiner Zeit auf Grund anderer Tradition und unterschiedlicher Lebensbedingungen unterschieden.

Diese Annahme wird durch die Beobachtung gestützt, daß Paulus diese Normen auch für sein eigenes Verhalten anerkannt hat. Er hat trotz seiner Kenntnis des aus der Jesustradition stammenden apostolischen Unterhaltsrechts und der diesem entsprechenden Praxis der urchristlichen Missionare (1 Kor 9,4f.12.14) zusammen mit Barnabas von der „Erlaubnis, nicht zu arbeiten", keinen Gebrauch gemacht (1 Kor 9, 6.15), sondern in aufreibender Arbeit die Mittel für seinen Lebensunterhalt zu beschaffen gesucht (1 Thess 2,9; 1 Kor 4,12). Paulus hat seine Motivation für dieses Verhalten am ausführlichsten in 1 Kor 9 dargelegt: es ist sein „Ruhm" (9,15), Ausdruck seiner Teilhabe am Evangelium (9,18.23) und entspricht seinem durch Berufung und Rechtfertigung geprägten apostolischen Selbstverständnis[33]. Dies schließt aber eine Begründung auf der Linie der von ihm selbst in 1 Thess 4,11f. vertretenen Arbeits- und Sozialethik nicht aus. Obwohl er wie die Jesustradition die Verkündigung als mühevolles Arbeiten wertet (1 Kor 9,1.7–10; 15,10; 16,10.16; Gal 4,11; Phil 1,22; 2,30; 1 Thess 5,12), sieht er anders als Q in der Erwerbsarbeit kein Hindernis für das Evangelium. Eher würde der Verzicht auf eigenen Erwerb und die Inanspruchnahme des apostolischen Unterhaltsrechts, d.h. das Leben auf Kosten der Gemeinden, eine Hinderung für das Evangelium darstellen (1 Kor 9,12). Vorausgesetzt ist bei dieser Argumentation das Kriterium des „anständigen Wandels" von 1 Thess 4,12. Wenn er andererseits seine eigene Arbeit mit der Absicht begründen kann, der Gemeinde nicht zur Last zu fallen (1 Thess 2,9; 2 Kor 12,13), entspricht dies dem Kriterium der materiellen Unabhängigkeit von 1 Thess 4,12[34]. Ein Verzicht auf Sicherung des Lebensunterhalts durch Arbeit im Vertrauen auf die Güte des Schöpfers und unter Berufung auf das apostolische Unterhaltsrecht wäre, so muß man annehmen, im Milieu der hellenistischen Hafenstädte Mißverständnissen ausgesetzt gewesen (vgl. 1 Thess 2,5; 2 Kor 2,17), die Paulus vermeiden wollte, zumal da er selber als Handwerker und ehemaliger Pharisäer[35] das Arbeitsethos der arbeitenden Schichten bejahte und selber teilte.

Die eschatologische Erwartung hat bei Paulus Auswirkungen auf die allgemeine Einstellung zur Welt und zum Besitz (1 Kor 7, 29–31; s.u. B 4), die Arbeit wird jedoch nicht in einem Welt- oder Geschichtsbezug und auch nicht im Zusammenhang mit der Frage des Besitzes gesehen, sondern nur auf den notwendigen Lebensunterhalt bezogen.

Der 2 Thess schließt sich in 3, 6–15 der Perspektive von 1 Thess 4,11f. an: Arbeit zum Lebensunterhalt gehört zum ordentlichen Wandel gemäß der Überlieferung des Apostels (2 Thess 3,6–8.11). Der Abschnitt unterscheidet sich dennoch mehrfach von 1 Thess 4, 11f.: Die Mahnung zur Arbeit bildet mit der Warnung vor denen, die unordentlich wandeln und nicht arbeiten, sondern eine nicht näher beschriebene überflüssige Betriebsamkeit entwickeln (3,11; das Gegenbild zu 1 Thess 4,11), den einzigen Gegenstand des paränetischen Teils des 2 Thess; Paulus wird als Vorbild solch ordentlichen und arbeitsamen Wandels vorgestellt (3,7); ja er hat gerade deshalb auf sein Unterhalts-

[33] *G. Dautzenberg*, Der Verzicht auf das apostolische Unterhaltsrecht, in: Biblica 30 (1969) 212–233.

[34] *F. Hauck*, Art. „Erwerb", in: RAC 440; *G. Agrell*, a.a.O. 100.

[35] *M. Hengel*, a.a.O. 67; zur rabbinischen Einstellung zur Arbeit s. *Billerbeck* I 561f.; II 745f.; *Agrell* a.a.O. 57,63.

recht verzichtet und selber gearbeitet, um ein Beispiel zur Nachahmung zu geben (3,9); und er hat gelehrt: „Wer nicht arbeitet, soll auch nicht essen" (3,10); wer sich nicht an das im Brief erneut eingeschärfte Arbeitsgebot hält (3,12), soll bis zu seiner „Umkehr" von den Gemeindegliedern gemieden werden (3,14f.). Gerade die letzte Bestimmung zeigt, daß dem Abschnitt die Funktion einer Kirchenordnung zugedacht ist. Von daher und von der nachpaulinischen Entstehungssituation des Briefes her erklären sich die Besonderheiten des Textes, wohl auch die beispiellose Schärfe von 3,10[36]. Der Kirchenordnungscharakter macht die häufig hergestellte unmittelbare Verbindung zwischen der in 2 Thess 2, 1–12 behandelten und die ganze Gemeinde betreffenden Naherwartungsproblematik und der in 3, 6–12 vorausgesetzten Arbeitsunlust einiger Gemeindeglieder fraglich. Zumindest müßte bedacht werden, daß die in 3,11 gerügte überflüssige Betriebsamkeit – sollte sie mit der Naherwartung zusammenhängen? – das Betreiben einer Erwerbsarbeit in Ruhe (3,12) erschwerte.

Apg 20, 33–35 erinnert ebenfalls an das Beispiel, welches Paulus mit seiner Arbeit für seinen und seiner Mitarbeiter (!) Unterhalt gegeben hat, und fügt zum Motiv der materiellen Unabhängigkeit (20, 34) das Motiv der Befähigung zur Wohltätigkeit hinzu: „In allem habe ich euch gezeigt, daß man sich so abmühen und der Schwachen annehmen muß" (20,35)[37]. Die gleiche Verbindung beider Motive begegnet in der Paränese des Eph: „Der Dieb soll nicht mehr stehlen, sich vielmehr abmühen und mit seinen Händen das Gute erarbeiten, damit er den Bedürftigen mitteilen kann" (4,28; zur Verbindung von Arbeit und Wohltätigkeit vgl. auch TestXIIZab 6,5). 1 Tim 5,17 wertet wie die synoptische Tradition und Paulus Verkündigung und Lehre als mühevolle Arbeit und fordert für den bewährten Gemeindeleiter ein entsprechendes Honorar. In der in 5, 18 ausgesprochenen Begründung fließen wie in 1 Kor 9 Elemente allegorischer Schriftauslegung (5,18a = Dtn 25,4 = 1 Kor 9,9) und der Jesusüberlieferung zusammen (5,18b = Lk 10,7; vgl. 1 Kor 9,14). Der sicherlich bekannte Verzicht des Paulus auf das apostolische Unterhaltsrecht gilt wohl als Bestandteil seines eigenen einmaligen kirchengründenden Wirkens (vgl. 2 Tim 4,6–8), wird aber nicht zum Problem, da nach der pseudepigraphischen Fiktion ja nun gerade Paulus zur Entlohnung der Verkünder auffordert.

---

[36] *M. Dibelius,* An die Thessalonicher I II (Tübingen ³1937) 55, zur religionsgeschichtlichen Neuheit des Grundsatzes; zur Wirkungsgeschichte *M. Hengel,* a.a.O. 43: der Grundsatz ist in die sowjetrussische Verfassung übernommen worden; a.a.O. 68 zur Aufnahme im Urchristentum: Didascalia apostolorum 13 (Seid also allezeit tätig, denn eine Schande, die nicht wiedergutzumachen ist, ist der Müßiggang. So aber jemand bei euch nicht arbeitet, der soll auch nicht essen; denn den Faulen haßt auch Gott der Herr: Ein Fauler kann nämlich nicht Gläubiger werden); vgl. auch PsIgnMagn 9,3.

[37] Zur frühchristlichen Armenfürsorge s. *W. Schwer,* Armenpflege, in: RAC I 694–698; *M. Hengel,* a.a.O. 70–73.

B. Biblische Perspektiven zum Problemfeld Eigentum und Reichtum

1. Die prophetische Kritik am Reichtum und Auswirkungen in der alttestamentlichen Gesetzgebung

Für die israelitische Frühzeit nach der Landnahme kann eine mehr oder weniger ausgeglichene Verteilung des Bodeneigentums und das bäuerliche Privateigentum als Grundform des Eigentums angenommen werden[38]. Dieses Eigentum wurde durch die aus dem gemeinorientalischen Recht geschöpften Rechtsvorschriften des „Bundesbuchs" Ex 20,22 – 23,33 geschützt und stand unter dem Schutz der Gottheit (vgl. Ex 20,17). In der israelitischen Gesellschaft gab es von Anfang an eine Schicht von „Armen", die sich aus den unterworfenen Landesbewohnern, den „Fremdlingen", und bald auch aus Israeliten zusammensetzte[39]. In der Königszeit entstehen mit dem aufkommenden Frühkapitalismus und mit steigender gesellschaftlicher Differenzierung schroffe soziale Gegensätze: während sich königlicher und privater Großgrundbesitz, ein landbesitzendes Stadtpatriziat als Kapitalmacht und ein kapitalintensiver Außenhandel entwickeln, steigt auf der anderen Seite „die Verelendung der bäuerlichen Massen durch zunehmende Verschuldung, Steuerdruck, Rechtsbedrückung und politische Entrechtung"[40].

In der Prophetie des Amos werden diese Mißstände benannt, die in der Sicht des Propheten die Abwendung Israels von „Recht und Gerechtigkeit" (5,7) dokumentieren und die israelitische Gesellschaft als in sich brüchig und dem Untergang geweiht erkennen lassen[41]: „Sie hassen den, der im Tor Recht spricht, und verabscheuen den, der die Wahrheit sagt. Darum, weil ihr den Geringen niedertretet und Getreideabgaben von ihm erpreßt, habt ihr Häuser aus gehauenen Quadern erbaut, aber ihr sollt nicht darin wohnen. Ihr habt schöne Weinberge gepflanzt, aber ihr sollt ihren Wein nicht trinken. Denn ich kenne die Menge eurer Sünden und die Größe eurer Freveltaten. Ihr bedrückt den Gerechten, nehmt Lösegelder und beugt im Tore das Recht der Armen" (5, 10–12; vgl. 2, 6–8; 8,4–8). Die reichen Großgrundbesitzer und die königlichen Beamten des Nordreichs gefährden durch die schmachvolle Behandlung der unteren Schichten der grundbesitzenden Bauern den Bestand des gesamten Volkes. „Wegen einer lächerlichen Schuld geraten viele dieser Menschen in Schuldsklaverei (2,6; 8,6) und verlieren damit ihre Stellung als freie, recht- und kultfähige Bürger. Sie werden zertreten (4,1), zu Ende gebracht (8,4), niedergestreckt (2,7; 5,12)... Mit der Kult-, Rechts- und Wehrfähigkeit gehen sie des unmittelbaren Gottesbezuges verlustig... An der schleichenden und stetigen Verminderung der Volks- und Kultgemeinschaft muß der *'m* (das Volk) selbst

---

[38] *F. Horst,* a.a.O. (s.o. Anm. 2) 206.
[39] *E. Bammel,* a.O. (s.o. Anm. 4) 890.
[40] *F. Horst,* a.a.O. 213.
[41] *K. Koch,* a.a.O. (s.o. Anm. 4) 242; *H.J. Kraus,* Die prophetische Botschaft gegen das soziale Unrecht Israels, in: *ders.,* Biblisch-theologische Aufsätze (Neukirchen-Vluyn 1972) 120–133, 124.

eines Tages zerbrechen."[42] Die Propheten des Südreichs Micha (2, 2–4) und Jesaja geißeln in ähnlicher Weise das Verdrängen der kleinen Bauern von ihrem Land, die Bestechlichkeit der Richter, die Unbarmherzigkeit der Beamten: „Wehe denen, die Haus an Haus reihen und Acker zu Acker fügen, bis kein Raum mehr da ist und ihr allein im Lande wohnt" (Jes 5,8). „Wehe denen, die Gesetze des Unheils machen, und den Schreibern, die nur Bedrückung schreiben, um die Schwachen vom Rechtsweg abzudrängen und die Armen meines Volkes ihres Rechtes zu berauben, so daß die Witwen ihre Beute werden und sie die Verwaisten plündern!" (Jes 10, 1–2; vgl. 1, 21–23).

Die Intentionen der prophetischen Kritik an der sozialen Entwicklung Israels hatten Auswirkungen auf die Ausgestaltung der atl. Gesetzgebung. Alte Bestimmungen wurden auf die neuen sozialen Verhältnisse angewendet und als soziale Schutzbestimmungen für Schwache und Minderberechtigte interpretiert. Die ursprünglich kultisch motivierte Forderung, die Äcker in jedem siebten Jahr brachliegen zu lassen und den Wildwuchs nicht anzurühren (Ex 23,10.11a), erhält eine sozialethische Abzweckung: „damit die Armen deines Volkes sich davon ernähren können" (Ex 23,11a). Dtn 15, 1–6.12–15 erweitert die Institution des Brachjahres auf Schuldverhältnisse und Schuldknechtschaft; „dem Gläubiger wird im Schemittajahr der Zugriff auf den Schuldner, also die Durchführung der Personalexekution, entzogen"[43]. Alle israelitischen Schuldsklaven sollen nach sechs Jahren Dienst wieder freigelassen werden. Die Jobeljahrsgesetzgebung[44] geht von einer Ordnung von Sabbat-(= Brach-)Jahren aus (Lev 25, 1–7). Nach dem Ablauf von sieben Sabbatjahren soll aller in der Zwischenzeit verteilte Grundbesitz an die ursprünglichen Eigentümer zurückfallen, und wer in Schuldknechtschaft geraten ist, soll als Freier zu seiner Sippe zurückkommen (25,10). In Israel soll es keine Grundstücksverkäufe mit unwiderruflicher Gültigkeit geben, weil Jahwe der eigentliche Grundbesitzer des Landes ist: „Denn mir gehört das Land. Ihr seid ja nur Fremdlinge und Beisassen bei mir" (25,23b). Die Forderungen nach Schulderlaß, Sklavenfreilassung und Neuverteilung des Bodens sind, wie M. Hengel[45] beobachtet, in zahlreichen sozialen Reformversuchen der antiken Welt zu finden, jedoch habe nur die jüdische Gesetzgebung versucht, diese immer wiederkehrenden Grundforderungen der Sozialreform zu institutionalisieren. Wenn auch offenbleiben muß, wieweit diese Forderungen immer realisiert wurden und wieweit die Gesetzgebung Züge eines idealen Entwurfs aufweist, brachte sie doch ebenso wie die schriftlich überlieferte Verkündigung der Propheten starke eigentumskritische Impulse in die biblische Tradition ein.

---

[42] *K. Koch,* a.a.O. 244f.
[43] *F. Horst,* a.a.O. 214.
[44] Ebd. 214–220.
[45] *M. Hengel,* a.a.O. 23.

2. Armut und Reichtum im antiken Judentum

Nach dem Exil traten im palästinischen Judentum durch den Gegensatz zwischen Großgrundbesitzern und Kleinbauern oder landlosen Pächtern wieder ähnliche soziale Spannungen auf wie schon in der Königszeit (Neh 5, 1–13). Die Situation verschärfte sich noch in der hellenistischen und römischen Epoche[46]. Unter dem Einfluß griechischer Rationalität wurde die Landwirtschaft immer intensiver betrieben, die Domänenwirtschaft drängte das freie Kleinbauerntum zurück, das von den Ptolemäern eingeführte drückende Steuer- und Abgabenwesen blieb auch unter den nachfolgenden politischen Konstellationen – Seleukiden, Hasmonäer, Römer, Herodes – in Kraft. Die Herrschaftswechsel und interne Machtkämpfe hatten immer neue Konfiskationen und langfristig eine fortschreitende Besitzkonzentration, die Zunahme der Schicht landloser Pächter und aufgrund von Steuerschulden heimatlos gewordener Bauern zur Folge, die sich der Willkür der Bürokratie preisgegeben sahen: „Wenn du die Unterdrückung der Armen und den Entzug von Recht und Gerechtigkeit siehst in der Provinz, wundere dich nicht darüber, denn ein Hoher belauert den anderen Hohen, und andere sind über ihnen" (Koh 5,7). Die jüdischen Freiheitskämpfe und Aufstandsbewegungen hatten deshalb auch immer eine soziale Komponente[47].

Angesichts der tiefgreifenden sozialen Spannungen findet das antike Judentum nicht zu einer einheitlichen Stellungnahme zum Problemkreis „Armut und Reichtum". Die biblische Spruchweisheit bejaht eine differenzierte Sozialordnung (Sir 11,14; 13,24)[48]. Neben der selbstverständlichen Wertschätzung des Reichtums (Sir 40,18; 47,18) findet sich das Lob des gerechten Reichen (Sir 31,8)[49], die Verachtung für den Bettler, dessen Zustand als selbstverschuldet angesehen wird (Sir 18,33; 25,2; 40,28–30; vgl. o. A 3), die Kritik am hemmungslosen Geschäftemacher (Sir 11,10; 26,29; 31, 5–7), Verständnis für den Armen (Sir 30,14; 31,4; 10,30; 29,22), die Aufforderung zum Wohltun[50] (Sir 4, 8; 12, 4–7; 29, 20) und die am Armenrecht des Deuteronomiums und an der prophetischen Überlieferung orientierte scharfe Kritik an der Bedrückung der Armen: „Der Fraß des Löwen sind die Wildesel in der Wüste, also sind die Weide des Reichen die Armen" (Sir 13,19; vgl. 13,3f.). „Den Nächsten mordet, wer ihm den Lebensunterhalt wegnimmt, und Blut vergießt, wer dem Arbeiter den Lohn vorenthält" (Sir 34,22; vgl. Lev 19,13; Dtn 24,14f.; vgl. auch Sir 34,20f.).

Die gleichen Beobachtungen, welche hinter der zuletzt erwähnten Kritik an der Bedrückung der Armen stehen, werden in der apokalyptischen Überlieferung zum Ausgangspunkt schneidender Gerichtsansagen gegen die Reichen:

---

[46] *M. Hengel,* Gewalt und Gewaltlosigkeit (Stuttgart 1971) 15–27, 31; *G. Theißen,* a.a.O. (s.o. Anm. 26) 40–46.

[47] *M. Hengel,* Eigentum 24.

[48] *E. Bammel,* a.a.O. 893.

[49] *F. Hauck – W. Kasch,* a.a.O. (s.o. Anm. 4) 322.

[50] Zur Empfehlung des freiwilligen Wohltuns in den Pseudepigraphen und bei den Rabbinen s. *E. Bammel,* a.a.O. 895, 900; ebd. 901 zum Ausbau der gemeindlichen Armenfürsorge nach dem Untergang des 2. Tempels; vgl. *M. Hengel,* Eigentum 27f.

„*Wehe denen*, die Ungerechtigkeit und Gewalttat aufrichten und den Betrug zum Grundstein machen; denn plötzlich werden sie ausgerottet werden und keinen Frieden haben. *Wehe denen*, die ihre Häuser durch Sünde aufbauen, denn sie werden von ihrer ganzen Gründung losgerissen werden und durchs Schwert fallen; die aber, die Gold und Silber erwerben, werden plötzlich im Gericht umkommen. *Wehe euch Reichen*, denn ihr habt euch auf euren Reichtum verlassen, und ihr werdet aus euren Schätzen herausmüssen, denn ihr habt in den Tagen eures Reichtums nicht an den Höchsten gedacht" (aethHen 94, 6–8; vgl. 63,10; 94, 9–10; 96, 4–8; 97, 8–10; 100,6; 102,9). Der Gegensatz zwischen Armen und Reichen ist in dieser Geschichte unversöhnbar geworden und kann nur noch durch die große Wende beim Gericht wiedergutgemacht werden, wenn die Gerechten, die Armen, Ausgebeuteten und Verachteten zu Genossen der himmlischen Heerscharen werden, während ihre Widersacher dem Gericht verfallen (aethHen 102f.).

Die Annäherung der Begriffe „arm" und „fromm", „gerecht" im aethHen hat ihre atl. Vorgeschichte in den Psalmen, „wo Armut nicht nur als göttliche Strafe erscheint, sondern Gott als derjenige gepriesen wird, der in besonderer Weise den Armen seinen Schutz erfahren läßt"[51]. In den Psalmen Salomos (5,2.11; 10,6; 15,1; 18,2) erscheint „arm", *ptochos*, als Bezeichnung einer Gemeinschaft von Frommen und Gerechten, die außer durch materielle Armut durch mannigfache Notlagen charakterisiert ist[52] und ihre Errettung durch Gott erwartet (vgl. aethHen 108,7; 4 Esr 14,13). Die Qumrantexte zeigen, daß sich die essenische Gemeinde in einem ähnlichen Sinne als „Gemeinde der Armen" (4QpPs37 II 9ff.) verstanden hat[53]. Wenn nach der Kriegsrolle im endzeitlichen Krieg die feindlichen Völker durch „die Armen" besiegt werden, weil Gott selbst „die Feinde aller Länder in die Hand der Armen ausliefert" (1QM 11,8f.13), zeigt sich, daß hier das wahre endzeitliche Israel grundsätzlich mit den „Armen" identisch geworden ist[54].

3. *Die radikale Kritik an Eigentum und Reichtum in der Jesustradition*

Das Wirken Jesu ist vor dem Hintergrund der oben (B 2) kurz angedeuteten sozialen Verhältnisse zu sehen. Die zahlreichen eigentums- und reichtumskritisch ausgerichteten Jesusüberlieferungen nehmen jedoch nicht unmittelbar Stellung zur sozialen Problematik des palästinischen Judentums (vgl. Lk 12,13), sondern haben ihren eigenen Horizont in der Reich-Gottes-Verkündigung Jesu (vgl. o. A 4)[55]. Wie sich in der Spruchkomposition vom Sorgen das Sorgen um

[51] *E. Bammel*, a.a.O. 891. [52] Ebd. 896. [53] Ebd. 897.
[54] Ebd. 896f.; *M. Hengel*, Eigentum 26f.
[55] *W. G. Kümmel*, a.a.O. (s.o. Anm. 3) 272; *M. Hengel*, Eigentum 31f.

Nahrung und Kleidung und der Einsatz für das Reich Gottes gegenseitig ausschließen (Mt 6, 25–33; s.o. A 4), so stellt Mt 6,24/Lk 16,13 die Unvereinbarkeit von Gottes- und Mammonsdienst heraus: „Niemand kann zwei Herren dienen. Entweder wird er den einen hassen und den anderen lieben; oder er wird dem einen anhangen und den anderen verachten. Ihr könnt nicht Gott dienen und dem Mammon."

Durch die Verwendung des Wortes „Mammon" (neutral in 1QS 9,2) steht der Besitz oder seine Vermehrung durch Gewinn hier wahrscheinlich schon von Anfang an unter negativer Wertung (vgl. Sir 31,18hebr.)[56]; er ist zu oft unrecht erworben worden (vgl. Sir 26,29), wie es die Redeweise vom „ungerechten Mammon" (Lk 16,9.11; vgl. aethHen 63,10) ausdrücklich feststellt. Der Reichtum erschwert den Eintritt in die Nachfolge Jesu (Mk 10,22), ja „leichter kommt ein Kamel durch ein Nadelöhr hindurch als ein Reicher in das Reich Gottes hinein" (Mk 10,25). „Die Sorgen dieser Weltzeit und der Trug des Reichtums und die Begierden nach allem anderen" sind nach Mk 4,19 die Dornen, die den keimenden Samen des Wortes ersticken und ihn ohne Frucht sein lassen. Reichtum täuscht dem Menschen eine Sicherheit vor, die ihn, wenn er sterben muß, dann doch im Stich läßt (Lk 12,16–20: Gleichnis vom reichen Kornbauern). Im ebenfalls zum lukanischen Sondergut gehörenden Gleichnis vom reichen Mann und dem armen Lazarus (Lk 16,19–31) hat es den Anschein, daß allein der Genuß des Reichtums in diesem Leben die ewige Verurteilung in der Unterwelt begründet, während umgekehrt die Erniedrigung des Armen an sich den trostvollen Ausgleich im Jenseits hinreichend erklärt (Lk 16,25). Die Seligpreisungen der Armen, Hungernden und Weinenden (Lk 6,20b.21) und die ihnen zugeordneten Weherufe über die Reichen, Satten und Lachenden (Lk 6,24f.) scheinen dem gleichen Schema zu folgen, machen aber durch die für ihre Bildung konstitutive Verwendung von Jes 61, 1–3 in Lk 6,20f. (vgl. 4,18), durch die Bezugnahme auf das Reich Gottes in Lk 6,20 und dadurch, daß die Jünger Jesu Adressaten der Seligpreisungen sind, deutlich, daß der eigentliche Impuls zur Reichtumskritik Jesu in seiner Verkündigung des Reiches Gottes an die Bedrängten liegt (vgl. Lk 7,22/Mt 11,5; Mt 11,28), die das Heil ausschließlich von Gott erwarten.

Die Reichtumskritik Jesu geht trotz aller ihrer Grundsätzlichkeit und Schärfe mit einer bemerkenswert freien Haltung zum Eigentum einher.

Jesus selbst lebt besitzlos (Mt 8,20/Lk 9,58), und auch seine Jünger und Nachfolger sollen mit ihren familiären Bindungen brechen (Lk 9, 59–61/Mt 8, 21f.; Lk 14, 26/Mt 10, 37), ihren Besitz aufgeben (Mk 1, 16–20; 10, 22.28) und in demonstrativer Armut und Mittellosigkeit (Mk 6, 8f.; Mt 10, 9f.; Lk 9, 3; 10, 4) zur Verkündigung ausziehen. Gleichzeitig setzt Jesus in seiner nächsten Umgebung in fast selbstverständlicher Weise Eigentum und Besitz voraus[57]. Er und seine Jünger leben von der Unterstützung durch Anhänger und wohlhabende Sympathisanten (Lk 10,4, s.o. A 4; Lk 8,2f.; 10,38f.; Mk 1,29). Er läßt sich von Vornehmen und Begüterten zum Gastmahl laden (Lk 7,36ff.; 11,37; 14,1.12; Mk 14,3ff.) und hält bis zu seinem Tode Gemeinschaftsmähler mit seinen Jüngern (Mk 2, 13–16; 14,14; Mt 11,19/Lk 7,34). Nur wer etwas besitzt, kann seine Eltern unterstützen (Mk 7,9), Notleidenden helfen (Mk 12, 41–44;

---

[56] *F. Hauck*, Art. „mamonas", in: ThW IV 390–392.

[57] *W. G. Kümmel*, a.a.O. 273; *M. Hengel*, Eigentum 35.

Mt 6, 2; 25, 40; Lk 10, 30–37), ausleihen, ohne auf Rückgabe zu hoffen (Lk 6, 30.34/ Mt 5, 42), das zu Unrecht Erworbene zurückerstatten (Lk 19, 8f.). In den Gleichnissen fehlt trotz ihrer oft extremen Hervorkehrung des Besitzerstandpunktes (vgl. Mt 25, 14–30/Lk 19, 11–24; Mt 20, 15) jede sozialkritische Anwendung[58].

Es zeigt sich so noch einmal, daß die radikale Kritik am Reichtum einzig im Zusammenhang der Reich-Gottes-Botschaft richtig verstanden werden kann: sie enthüllt die dämonische Gefährlichkeit des Besitzes, sie macht zur Nachfolge in Armut frei, sie vermag auch dazu zu befähigen, den Besitz für den Dienst am Nächsten einzusetzen[59] und ihm gegenüber dieselbe Freiheit zu gewinnen, die Jesus vorgelebt hat. „Jesus wollte keine neue Theorie über Recht und Unrecht des Eigentums an sich, über seinen Ursprung oder auch über seine bessere Verteilung bringen, er steht ihm im Grunde mit derselben anstößigen Freiheit und Unbefangenheit gegenüber wie den staatlichen Mächten, der römischen Fremdherrschaft und ihren jüdischen Helfershelfern“[60].

4. Urchristliche Stellungnahmen zur Eigentums- und Reichtumsproblematik

An den unterschiedlichen und unterschiedlich ausgeprägten Stellungnahmen zum Problemfeld „Eigentum und Reichtum“ in den urchristlichen Traditionskreisen zeigt sich, daß dieses Problemfeld als solches ebensowenig wie in der Jesustradition Gegenstand der Verkündigung und der theologischen Reflexion geworden ist, sondern sich jeweils im Zusammenhang der unterschiedlichen Lebensbedingungen der urchristlichen Gemeinden stellte. Für das palästinische Judenchristentum, besonders für den Kreis der Q-Tradition, ist die Perspektive der Jesustradition maßgebend geblieben (vgl. o. A 4). Die Offenheit der Jesustradition zeigt sich auch darin, daß in ihrem Traditionsbereich sich durchaus unterschiedliche Lösungsversuche und ethische Konkretionen der durch die Predigt Jesu und durch die apokalyptische Tradition des Judentums aufgegebenen Problematik von Eigentum und Reichtum abzeichnen.

Die Gütergemeinschaft der Jerusalemer Urgemeinde (Apg 2,44; 4,32.36) ist wohl am ehesten als unmittelbarer Nachhall der Verkündigung und des Beispiels Jesu zu begreifen[61]. Ihre eschatologische Ausrichtung und Begründung zeigt sich vor allem daran, daß kaum Sorge für die Zukunft getragen wurde, so daß die Gemeinde schon in den vierziger Jahren in große wirtschaftliche Schwierigkeiten geriet (vgl. Apg 11,28), denen die Missionsgemeinden, zunächst die

---

[58] *M. Hengel*, Eigentum 36.
[59] *W. G. Kümmel*, a.a.O. 274.
[60] *M. Hengel*, Eigentum 37.
[61] Ebd. 39–42.

Gemeinde von Antiochien, dann aber auch die von Paulus und Barnabas gegründeten Gemeinden, durch Kollekten (Gal 2,10; Röm 15,26) abzuhelfen suchten. Das Moment der Freiwilligkeit (Apg 4,36; 5, 1–11), der Verzicht auf eine rechtliche Absicherung der Gütergemeinschaft durch grundsätzliche Besitzübertragung auf die Gemeinde, wie sie in der Gemeinschaft der Qumran-Essener üblich war (1 QS 1, 11–13; 6,22; vgl. dagegen Apg 12,12: die Mutter des Johannes Markus stellt ihr Haus der Gemeinde als Versammlungsort zur Verfügung), und die Versorgung der mittellosen Gemeindemitglieder aus dem Ertrag der Vermögensverkäufe entsprechen ebenfalls den Intentionen der Jesustradition. Eine stärkere Institutionalisierung der Gütergemeinschaft und des Armutsideals erfolgte wahrscheinlich im ebionitischen Judenchristentum (*'bjwn = ptochos* = arm), welches sich nach der Katastrophe Jerusalems in unmittelbarem Traditionszusammenhang mit der Jerusalemer Urgemeinde herausbildete[62].

Während die Gruppe Q in der Perspektive der Jesustradtion zur Eigentumsproblematik Stellung nahm und die praktischen Fragen durch die Institutionalisierung zweier unterschiedlicher Gruppen, nämlich der Wandermissionare und der Anhänger in den Ortsgemeinden, löste (s. o. A 4), zeigt sich im Lukasevangelium eine Verschärfung der Stellungnahme Jesu zum Besitz[63], sowohl in allgemeiner Hinsicht (Lk 12,13–21; 14,21; 16,9–11.19–37) wie auch in der Charakterisierung der Gegner Jesu als „geldgierig“ (16, 14) und in der Formulierung der Bedingungen für die Jüngerschaft: „So kann keiner von euch mein Jünger sein, wenn er nicht auf seinen ganzen Besitz verzichtet“ (14,33). Es ist aber fraglich, ob Lukas damit eine Vergesetzlichung der Stellungnahme Jesu und eine entsprechende Gemeindepraxis intendierte[64] oder ob die kräftige Konturierung des Problemfeldes „Eigentum und Reichtum“ der Herausarbeitung und Darstellung der Anfänge des Christentums (vgl. auch seine Darstellung der Jerusalemer Gütergemeinschaft in der Apg und Lk 22,35) und der Mahnung für die Christen seiner Zeit, für Gemeindeleiter und Gemeindeglieder, dienen sollte[65], zu denen in zunehmendem Maße auch Glieder der Oberschicht gehörten[66].

Die eher asketische Sicht der Reichtumsproblematik im Lukasevangelium dürfte auch mit der kulturellen und sozialen Entfernung des Evangelisten und seiner Adressaten vom palästinischen Milieu und mit ihrer mehr städtischen Kultur zusammenhängen. In der Paränese des Jakobusbriefes begegnet dagegen

---

62 *E. Bammel*, a.a.O. 912; *J. Reuss*, Ebioniten, in: LThK² III 633f.

63 *R. Schnackenburg*, Die sittliche Botschaft des NT (München ²1962) 96–99; *H. J. Degenhardt*, Lukas, Evangelist der Armen (Stuttgart 1965); *E. Bammel*, a.a.O. 904–907; *G. Schneider*, Das Evangelium nach Lukas (Gütersloh 1977) 343–345.

64 *W. G. Kümmel*, a.a.O. 274.

65 *H. J. Degenhardt*, a.a.O. 214–222; *G. Schneider*, a.a.O. 344; *E. Bammel*, a.a.O. 906f.

66 *M. Hengel*, Eigentum 45, 69.

eine erkennbar an ländlichen Verhältnissen (5,4) orientierte Reichtumskritik[67], in welcher Intentionen der Jesustradition (Jak 2,5) mit den Anklagen gegen die Reichen in der Tradition atl. Prophetie und jüdischer Apokalyptik verschmelzen[68]: die Reichen sind die Ausbeuter, Bedrücker und Vergewaltiger der Armen (2,6; 5,4–6); sie sind die Feinde der christlichen Armen (2,7) und Mörder des wehrlosen Gerechten (5,6); beim nahen Ende droht ihnen der Verlust ihrer Güter und schreckliches Elend (5, 1–3; vgl. 1,10f.); die Armen dagegen sind als „an Glauben Reiche und Erben der Gottesherrschaft“ auserwählt (2,5). Der Verfasser beschwört seine Leser, an dieser Perspektive festzuhalten und in ihren Gemeinden, auch wenn sich ihnen Wohlhabende anschließen, die Armen zu „ehren“ (2,6), d.h., in der Gemeinde keinen sozial begründeten Vorrang der Reichen zuzulassen (2,1), und so ihren Ursprung in der göttlichen Erwählung der Armen nicht zu verdunkeln. Für die Offenbarung des Johannes ist Reichtum vollends kein innergemeindliches Problem, sondern zusammen mit dem auf die Luxusgüter ausgerichteten Welthandel Kennzeichnen des gottlosen und dem Gerichte verfallenen römischen Weltreiches (Apk 18, 9–24).

In den Paulusbriefen tritt das Problemfeld „Eigentum und Reichtum“ gegenüber der palästinischen Tradition auffällig zurück[69]. Paulus versteht sich selber als „arm“, jedoch nicht im Sinne der palästinischen Armenförmmigkeit, sondern im Sinne seines von der Kreuzestheologie (vgl. 2 Kor 8,9) geprägten apostolischen Selbstverständnisses (vgl. oben A 5): „als Arme, die dennoch viele reich machen, als solche, die nichts haben und doch alles besitzen“ (2 Kor 6,10). Die Einstellung zum Besitz ist nur ein Sonderfall der Einstellung zur Welt überhaupt und untersteht wie diese der eschatologischen Relativierung: „Das aber sage ich euch, Brüder: Die Zeit ist zusammengedrängt. Fernerhin sollen die, die Frauen haben, sein, als hätten sie (schon) keine (mehr), die Weinenden, als weinten sie nicht, die, die sich freuen, als freuten sie sich nicht, die, die kaufen, als behielten sie es nicht, und die die Welt nützen, als benützten sie sie nicht. Denn die Gestalt dieser Welt vergeht. Ich möchte aber, daß ihr ohne Sorgen seid“ (1 Kor 7,29–32a)[70]. Die Nähe des Herrn soll das Sorgen überflüssig machen (Phil 4,5f.). In der Grundintention steht Paulus also der Jesusüberlieferung nahe. Das Zurücktreten der Reichtumsproblematik steht in unmittelbarem Zusammenhang mit dem Übergang von der palästinischen Jesusbewegung zum hellenistischen Urchristentum[71]. Das Verlassen des palästinischen Raumes bedeutete auch ein Zurücklassen der diesen Raum bestimmenden sozio-politi-

---

[67] *R. Schnackenburg,* a.a.O. 293f.; *M. Hengel,* Eigentum 54.

[68] *F. Mußner,* Die Armenfrömmigkeit des Jakobusbriefes, in: *ders.,* Der Jakobusbrief (Freiburg i.Br. 1964).

[69] *M. Hengel,* Eigentum 43f.; *G. Theißen,* a.a.O. 107.

[70] *W. Schrage,* Die Stellung zur Welt bei Paulus, Epiktet und in der Apokalyptik, in: ZThK 61 (1964) 125–154.

[71] *G. Theißen,* a.a.O. 107–109.

schen Spannungen. Im Bereich des hellenistischen Urchristentums verlagerte sich das Schwergewicht sehr früh von den wandernden Missionaren auf die sich integrierenden Ortsgemeinden. Aus einer ehemals ländlichen Bewegung wurde eine städtische Gruppierung, deren soziale Zusammensetzung wenigstens anfangs relativ homogen war (1 Kor 1, 26–31; vgl. auch o. A 5). Wo aufgrund von Besitzunterschieden Spannungen auftraten (1 Kor 11,21 f.), wurde nicht auf die Eigentumskritik zurückgegriffen, sondern der Versuch eines sozialen Ausgleichs nach innen (1 Kor 11,33: „Wartet einander auf"; 1 Thess 4,9f.: Bruderliebe gegenüber allen Brüdern in Mazedonien; Röm 15,10.13: Bruderliebe, Unterstützung Bedürftiger, Gastfreundschaft, vgl. Hebr 13,2; Eph 4,28 o. A 5; 1 Joh 3,17) und in begrenztem Umfang auch nach außen (Kollekte für Jerusalem: Gal 2,10; Röm 15, 25–27; 1 Kor 16, 1–4; 2 Kor 8 f.) unternommen, der mit der zunehmenden Einwurzelung der Gemeinden in Zeit und Gesellschaft immer stärker ihr Bild bestimmte[72].

Die Eigentums- und Reichtumsproblematik scheint erst am Ende des 1. Jahrhunderts wieder eigentlich virulent geworden zu sein, als die eschatologische Naherwartung zurückging, mehr Angehörige der vornehmen Schichten in die Gemeinden eindrangen und sich ein innergemeindlicher Gegensatz zwischen Armen und Reichen abzeichnete. In diese Situation trifft zeitlich die Rezeption der Jesusüberlieferung in den Evangelien (Lukas!), die neben der Aufnahme popularphilosophischer Kritik am Reichtum (1 Tim 6, 6–9)[73] mit ihren eigentums- und reichtumskritischen Impulsen zur über die ersten Jahrhunderte reichenden Stabilisierung des frühchristlichen Liebespatriarchalismus und innergemeindlichen Ausgleichs (vgl. 1 Tim 6, 17–19) zwischen Arm und Reich beigetragen hat.

Literatur

G. Agrell, Work, Toil and Sustenance (Lund 1976) (Lit.).
W. Bienert, Die Arbeit nach der Lehre der Bibel (Stuttgart 1954) (Lit.).
H. J. Degenhardt, Lukas, Evangelist der Armen (Stuttgart 1965).
M. Dibelius, Das soziale Motiv im NT, in: *ders.*, Botschaft und Geschichte I (Tübingen 1953) 178–203.
M. Hengel, Eigentum und Reichtum in der frühen Kirche (Stuttgart 1973) (Lit.).
F. Hauck, Die Stellung des Urchristentums zu Arbeit und Geld (Gütersloh 1921).
F. Horst, Das Eigentum nach dem AT, in: *ders.*, Gottes Recht (München 1961) 203–221.
W. G. Kümmel, Der Begriff des Eigentums im NT, in: *ders.*, Heilsgeschehen und Geschichte (Marburg 1965) 271–277.
F. Mußner, Die Armenfrömmigkeit des Jakobusbriefes, in: *ders.*, Der Jakobusbrief (Freiburg i. Br. 1964) 76–84 (Lit.).

---

[72] *G. Theißen,* a.a.O. 108; *Hengel,* Eigentum 65; ebd. 63f., 66–78 auch ein Überblick über die weitere Entwicklung im frühen Christentum.

[73] *M. Hengel,* Eigentum 62–64; ebd. 79–82 zu *Klemens von Alexandrien,* Quis dives salvetur.

H. Preisker, Das Ethos der Arbeit im NT (Gnadenfrei 1936).
A. Richardson, Die biblische Lehre von der Arbeit (Frankfurt a. M. 1953).
K. H. Schelkle, Theologie des NT III (Düsseldorf 1970) 284–307 (Lit.).
R. Schnackenburg, Die sittliche Botschaft des NT (München ²1962) 91–100 (Lit.).
G. Theißen, Soziologie der Jesusbewegung (München 1977).
H. W. Wolff, Anthropologie des AT (München 1973) 190–197, 200–210.

Gerhard Dautzenberg

II

Perspektiven christlicher Ethik zu Fragen der Arbeit und des Eigentums

A. Ansätze für eine theologische Ethik menschlicher Arbeit

Die Erstellung einer theologischen Ethik menschlicher Arbeit ist vor allem deshalb schwierig, weil Arbeit zugleich Schöpfungsauftrag Gottes, aber ebenso „durch die Last der Sünde in Mitleidenschaft gezogen ist“[1]. Diese Befindlichkeit ist für die Dauer der Menschheitsgeschichte unaufhebbar. Aber es ist Aufgabe der Theologie, sie in die Heilsökonomie Gottes einzuordnen.

1. *Theologische und ethische Interpretamente menschlicher Arbeit*

Während in der antiken Gesellschaft Berufsarbeit zum Zweck des Lebensunterhaltes verpönt war, folgten die frühen christlichen Gemeinden der im Alten Testament bezeugten Tradition, die jede menschliche Arbeit unter den Segen Gottes stellte. Die Aufnahme dieser Tradition durch die christlichen Urgemeinden wurde durch mehrere Faktoren begünstigt: Die meisten heidenchristlichen Gemeinden entstanden im Umfeld der jüdischen Diaspora und übernahmen deren ethische Beurteilung der Berufsarbeit. Hinzu kam der Umstand, daß die Mehrzahl der christlichen Gemeindemitglieder Handwerker waren, die sich durch Arbeit ihren Lebensunterhalt verdienen mußten.

Daher sind die in der neutestamentarischen Briefliteratur anzutreffenden Mahnungen zu geregelter Arbeit nicht als ethische Grundsatzaussagen zu verstehen. Dies gilt auch für den oft zitierten Satz: „Wer nicht arbeiten will, der

[1] *R. Kramer,* Arbeit. Theologische, wirtschaftliche und soziale Aspekte (Göttingen 1982) 43.

soll auch nicht essen" (2 Thess 3,10b). Solche Ermahnungen waren pastoraler Natur und bezogen sich auf jene Personen und Gruppen innerhalb der christlichen Gemeinden, die wegen der eschatologischen Naherwartung ihre Berufsarbeit aufgaben und daher der Armenfürsorge in der Gemeinde zur Last fielen. Zudem diskreditierten sie den guten Ruf der christlichen Gemeinde bei der nichtchristlichen Bevölkerung. Arbeit bildete daher einen festen Bestandteil des christlichen Gemeindelebens. Dies galt auch für den Durchreisenden, der sich in der Gemeinde niederlassen wollte[2]. Müßiggang war nicht nur wegen des sozialen Bestandes der Gemeinde verpönt, sondern wurde als ein Laster angesehen, das nicht mit dem Leben eines Christen zu vereinbaren war. In der *Didaskalia apostolorum* heißt es: „Seid also allezeit tätig, denn eine Schande, die nicht wiedergutzumachen ist, ist der Müßiggang!"[3]

Man hat dieses Arbeitsethos und den damit verbundenen Lebensstil der frühen Christengemeinden nicht zu Unrecht als „kleinbürgerlich" bezeichnet[4]. Aber ein solches Arbeitsethos entsprach auch jener popularphilosophischen Forderung nach Selbstgenügsamkeit, die sich im ökonomischen Bereich als genügendes Auskommen konkretisierte, mit dem sich der Mensch zufriedengeben solle.

Diese Situation änderte sich grundlegend nach der staatlichen Anerkennung des Christentums durch das Edikt von Mailand und mehr noch durch das Eindringen der Oberschicht in die christliche Religion. Besitz und Reichtum waren nicht mehr verpönt. Schon Klemens von Alexandrien schrieb: „Reichtum ist ein Ding, das in sich selbst weder gut noch schlecht ist. Du kannst ihn in gerechter Weise verwenden, dann dient er der Gerechtigkeit."[5] Da aber die Mitglieder dieser Oberschicht nicht arbeiten mußten, um ihren Lebensunterhalt zu verdienen, konnte für sie das israelitisch-paulinische Arbeitsethos der frühen christlichen Gemeinden nicht relevant sein. Es ist zwar nie aufgegeben worden, mußte aber angesichts der sozialen Pluralität der christlichen Gemeindestrukturen theologisch erweitert werden. Durch die Ausbreitung des zönobitischen Mönchtums entstand zudem eine Arbeitsethik, die nur noch bedingt am Erwerb des Lebensunterhalts orientiert war und eher als ein Ausgleich zum kontemplativen Lebensstil interpretiert werden kann. Die theologische Deutung des Arbeitens wurde daher der weitergesteckten Frage nach dem status perfectionis des Christen ein- und untergeordnet. Von daher ist es verständlich, daß in der mittelalterlichen Theologie die Bewertung der Arbeit innerhalb der Ständelehre erfolgt.

Thomas von Aquin hat in seinem Traktat über die Stände ausführlich zur

[2] Didache 12. [3] Didaskalia apostolorum c. 13.
[4] *M. Hengel,* Eigentum und Reichtum in der frühen Kirche. Aspekte einer frühchristlichen Sozialgeschichte (Stuttgart 1973) 64.
[5] *Klemens v. Alexandrien,* Welcher Reiche kann gerettet werden? 14, 3.4.

ethischen Bewertung menschlicher Arbeit Stellung genommen und führt vier Motive an, die die menschliche Arbeit begründen: zur Gewinnung des Lebensunterhaltes, zur Überwindung des Müßigganges, zur Zügelung der Begierlichkeit und zum Zweck des Almosengebens[6]. Entsprechend dem Kontext, bei dem es um die Frage geht, ob Ordensleute zur Handarbeit verpflichtet seien, lautet die Antwort: Sie brauchen nicht zu arbeiten, um den Müßiggang zu meiden und um sich abzutöten, denn sie können dies auf andere Weise tun. Das gleiche gilt dann aber auch für jene Christen, die nicht arbeiten müssen, um durch Arbeit ihren Lebensunterhalt zu verdienen. Ebenso ist niemand zur Arbeit verpflichtet, um Almosen geben zu können, wenn er andere Möglichkeiten hat, um den Armen zu helfen[7].

So bleibt nur das Argument, daß der Mensch arbeiten muß, um durch Arbeit seinen Lebensunterhalt verdienen zu können. Ist eine solche Situation gegeben, dann fällt die Handarbeit „unter die Nötigung des Gebotes, weil sie zur Erreichung dieses Zieles unerläßlich ist"[8]. Thomas begründet das Arbeitsgebot damit, daß auf diese Weise Diebstahl verhindert und die Begehrlichkeit nach fremdem Hab und Gut sowie der Hang zu unehrlicher Geschäftemacherei eingedämmt würden. Gegen diese ethische Engführung wird zu Recht argumentiert, daß hier die sonst gerade von Thomas angeführten anthropologisch begründeten Aspekte menschlichen Handelns zum Zweck der Personentfaltung fehlten[9]. Aber die mittelalterliche Ständelehre beruht auf einem Ordnungskonzept, das jedem Stand seinen Platz zuweist. Wer aus ökonomischen Gründen für seinen Lebensunterhalt sorgen muß, soll dies durch geregelte Handarbeit tun, wobei unter Handarbeit jede Art der Erwerbstätigkeit als bezahlte Arbeit verstanden wird[10]. Daraus ergibt sich, daß jene, die materiell hinreichend versorgt sind, nicht zu arbeiten brauchen.

Vor diesem Hintergrund des Arbeitenmüssens wird der Begriff „knechtliche Arbeit" verständlich. Während im Frühmittelalter das Verbot der Sonntagsarbeit auf die Handarbeit im engeren Sinne des Wortes beschränkt blieb, stellten die Theologen und Kanonisten des Hoch- und Spätmittelalters umfangreiche Verbotslisten für die Sonntagsarbeit auf, die schließlich auch die Betätigung in den artes liberales umfaßten, wenn diese Betätigung, wie z. B. das Unterrichten, gegen Bezahlung ausgeübt wurde. Andererseits führte diese strengere Normierung fast zwangsläufig zu einer großzügigeren Dispenspraxis; und dies nicht nur im Bereich der Dienstleistungen, sondern auch zum Zweck des wirtschaftlichen Überlebens; so wenn z. B. ein päpstliches Dekret den Fischern von

---

[6] *Thomas von Aquin,* STh II–II q. 187 a. 3.

[7] Ebd. [8] Ebd.

[9] *H. U. v. Balthasar,* Kommentar zu Bd. 24 der deutschen Ausgabe der Summa theologica (Heidelberg 1952).

[10] *Thomas von Aquin,* a.a.O.: „Ist unter Handarbeit jede Tätigkeit verstanden, durch die jemand erlaubterweise seinen Lebensunterhalt gewinnen kann."

Drontheim während des Anlandens von Fischen die Ausübung ihres Berufes auch an Sonntagen gestattete[11]. Diese Dispenspraxis trug der Tatsache Rechnung, daß im Mittelalter ein Drittel der Bevölkerung ständig am Rande des Existenzminimums lebte. Die Situation verschärfte sich noch in Zeiten von Mißernten; so z. B. in der Mitte des 12. Jahrhunderts in Frankreich. Ein zeitgenössischer Chronist schrieb: „Auf einen Bauern kommen hundert Arme." [12] Aber auch Bauern und Handwerker gerieten nach mehreren Mißernten und infolge ständiger Feudalkriege unter das Existenzminimum. Knechte und Gesellen verloren ihren Arbeitsplatz. Summarisch läßt sich für die gesamte Zeit des Mittelalters sagen: „So ist denn Armut in Stadt und Land mit der unabdingbaren Notwendigkeit zu täglicher Arbeit verbunden. Fehlt die Arbeit, so geraten die Mühlen der Not in Gang." [13] Unter diesen Umständen war es verständlich, daß Bischofssynoden vom Arbeitsverbot an Sonn- und Feiertagen generell dispensierten.

Auch wenn es falsch wäre, den theologisch-kirchenrechtlichen Begriff des opus servile mit der menschlichen Arbeit zu identifizieren, so wurde doch bis ins Hochmittelalter die menschliche Arbeit, soweit sie der materiellen Versorgung diente, als „Plage und Mühsal" interpretiert; und dies im Sinne der alttestamentarischen Aussage als Folge des Sündenfalls der Stammeltern. Obwohl sich der Begriff Arbeit seit dem 12. Jahrhundert um den Aspekt des Machens bis hin zum Bessermachen erweiterte, blieb dieser Aspekt für die theologische Bewertung ohne Bedeutung, da das Machen (facere) als Kunstfertigkeit ethisch nicht relevant war[14]. Darin folgte die mittelalterliche Theologie der aristotelischen Tradition; und so blieb es bei der bereits in der Karolingerzeit bekannten ständischen Dreiteilung der Gesellschaft in Beter (oratores), Krieger (bellatores) und Arbeiter (laboratores).

Dementsprechend stellt Thomas von Aquin fest, daß „in gewisser Hinsicht und je nach Sachlage ... das tätige Leben wegen der Not des gegenwärtigen Lebens (propter necessitates praesentis vitae) vorzuziehen" sei, und er zitiert Aristoteles: „Philosophieren ist besser als Reichwerden, aber Reichwerden ist besser als Not zu leiden." [15] Hierin liegt das „Defizit" [16] der antik-mittelalterlichen Ständelehre, die eine genuin ethische Bewertung menschlicher Arbeit nicht kannte[17].

---

[11] *G. Fransen*, La notion d'œuvre servile dans le droit canonique, in: Le Travail au Moyen Age hrsg. von *J. Hamasse – C. Muraille-Samaran* (Louvain-La-Neuve 1990) 180f.

[12] *M. Mollat*, Die Armen im Mittelalter (München 1984) 60.

[13] *J. Le Goff*, Le Travail dans les systèmes de valeur de l'Occident Médiéval, in: Le Travail au Moyen Age (s. o. Anm. 11) 14.

[14] Vgl. *H. Arendt*, Vita activa (München ³1983) 130ff.

[15] *Thomas von Aquin*, STh II–II q. 182 a. 1.

[16] Vgl. *A. Hertz*, Vita activa und vita contemplativa in der nikomachischen Ethik des Aristoteles und in der Summa theologica des hl. Thomas von Aquin, in: L'uomo via della chiesa. Studi in onore di Giovanni Paolo II. (Mailand 1991) 362.

[17] Vgl. *J. Le Goff*, a.a.O. 12. [18] Vgl. *Thomas von Aquin*, III, sent. 35, I, 14., 90.

Andererseits ist auch für die christliche Bewertung der menschlichen Arbeit der Primat der Gottes- und Nächstenliebe ausschlaggebend. Nicht die Zugehörigkeit zu einem Stand macht den Menschen vor Gott wertvoll, sondern das Ausmaß seiner Liebe, die jenes Verdienst (meritum) bewirkt, das zur Erlangung der ewigen Seligkeit beiträgt[18]. Auch bei Martin Luther und in der frühen protestantischen Ethik gibt es keine eigenständige Theologie menschlicher Arbeit. Aber ähnlich wie die Scholastik – freilich ohne deren Verdiensttheologie – überwindet Luther die aristotelischen Wertkriterien von vita contemplativa und vita activa, weil alle Christen als geistlichen Standes definiert werden: „sind ... alle Werke gleich und ist eines wie das andere, fallen ab aller Unterschied der Werke, sie seien groß, klein, kurz, lang, viel oder wenig."[19]

2. *Ansätze für eine theologische Ethik menschlicher Arbeit*

Einen entscheidenden, wenn auch nicht direkten Anlaß zur Entfaltung einer Theologie der Arbeit bildeten die nationalökonomischen Thesen des 18. und 19. Jahrhunderts mit ihrer Unterscheidung zwischen produktiver und unproduktiver Arbeit. Gewiß, die Kosten-Nutzen-Rechnung menschlicher Arbeitskraft gab es bereits in der antiken Literatur. Aber diese Produktivitätsberechnungen blieben auf den privatwirtschaftlichen Sektor beschränkt, während Adam Smith den Begriff der Arbeitsproduktivität in einen gesamtgesellschaftlichen Rahmen stellte und dabei von der These ausging, daß die Produktivität menschlicher Arbeit dem allgemeinen Wohlstand diene.

Es sind drei Aspekte, die für eine Theologie der Arbeit bedeutsam wurden:

1) Jede produktive Arbeit bringt einen Mehrwert hervor, der bisher noch nicht existierte[20].

2) Der Wohlstand eines Landes ist „das Ergebnis produktiver Arbeit"[21].

3) Um Wohlstand zu fördern, muß der Arbeitslohn ausreichend sein, denn „der Mensch ist darauf angewiesen, von seiner Arbeit zu leben"[22].

Diese nationalökonomischen Perspektiven entsprachen den wirtschaftlichen Tendenzen im Zeitalter der ersten industriellen Revolution, die tiefgreifende quantitative und qualitative Veränderungen der menschlichen Arbeit mit sich brachte und erforderlich machte[23]. Es ist daher verständlich, daß sich die entstehende christliche Soziallehre vordringlich mit der Arbeiterfrage befaßte, zumal jene volkswirtschaftlich ruinöse Situation eingetreten war, vor der bereits Adam

[19] *M. Luther,* W. A., VI. 407.
[20] *A. Smith,* Der Wohlstand der Nationen (München 1978) 272.
[21] Ebd. 273. [22] Ebd. 283.
[23] Vgl. *P. Deane,* La prima revoluzione industriale (Bologna 1990) 181.

Smith gewarnt hatte: ein Niveau von Niedrigstlöhnen mit der Folge von Massenverarmung. Die Hauptursache dieser Misere lag nicht in der Tatsache der Industrialisierung, sondern in der Zuwanderung kinderreicher Landarbeiterfamilien in die Industriezentren[24]. Da es noch kein Verbot der Kinderarbeit gab, kam es zu einem Überangebot von Arbeitskräften, und die Unternehmer widerstanden nicht der Versuchung, durch Niedrigstlöhne ihre Produkte zu verbilligen.

Deshalb stand für die Arbeiterfrage die Forderung nach gerechtem Lohn im Mittelpunkt der ersten Sozialenzyklika „Rerum novarum". Die Begründung ist zugleich personal- und sozialethischer Natur; wobei die beiden Aspekte konkret nicht zu trennen sind. Wenn im Katalog der sozialen Rechte und Pflichten von Arbeitgebern und Arbeitnehmern gesagt wird, daß „es weder nach göttlichem noch nach menschlichem Recht angängig ist, um des höheren Ertrages willen die Bedürftigen und Schwachen im Lohn zu drücken", dann liegt die personalethische Begründung dieser Forderung darin, daß es „unmenschlich sei, wenn man den Menschen, als wäre er totes Kapital, im Erwerbsbetrieb verbraucht". „Die Natur und auch die christliche Philosophie lehren uns, daß es keine Schande, sondern eine Ehre für den Menschen ist, einem Erwerbsberuf nachzugehen, da er die Möglichkeit verschafft, in Ehren den Lebensunterhalt zu sichern."[25]

Diesen personalethischen Aspekt menschlicher Arbeit vertieft die Konstitution „Gaudium et spes" des Zweiten Vatikanischen Konzils, wenn es dort heißt: „Die Arbeit ... gleichviel, ob selbständig ausgeübt oder im Lohnarbeitsverhältnis stehend, ist ein unmittelbarer Ausfluß der Person, die den stofflichen Dingen ihren Stempel aufprägt und sie ihrem Willen dienstbar macht."[26] Noch eindringlicher betont die Enzyklika „Laborem exercens" den personalethischen Aspekt, wenn gesagt wird, daß die Arbeit „ein Gut für den Menschen – für sein Menschsein" sei, „weil er durch die Arbeit nicht nur die Natur umwandelt und seinen Bedürfnissen anpaßt, sondern auch sich selbst verwirklicht, ja gewissermaßen ‚mehr' Mensch wird"[27]. Verknüpft man diese Aussage über die menschliche Arbeit als schöpferisches Tun und die personale Selbstverwirklichung mit den biblischen Aussagen des Schöpfungsberichtes, so entsteht ein theologisches Theorem, das die menschliche Arbeit zum Schöpfungsauftrag macht, damit sich der Mensch durch Arbeit die Erde unterwerfe[28].

---

[24] Vgl. *P. Alter,* Die „niedrigste" Klasse der Bevölkerung: die Iren im viktorianischen England, in: Vom Elend der Handarbeit, hrsg. von H. Mommsen u. W. Schulze (Stuttgart 1981) 295 f.

[25] *Leo XIII.* Enzyklika „Rerum novarum" (15.5.1891). Nr. 16 u. 17, in: Die katholische Sozialdoktrin in ihrer geschichtlichen Entfaltung, hrsg. v. A. Utz u. B. v. Galen, Bd. 1 (Aachen 1976) 513.

[26] Pastoralkonstitution über die Kirche in der Welt von heute Nr. 67, in: LThK, Das Zweite Vatikanische Konzil, Bd. 3, 497.

[27] *Johannes Paul II.,* Enzyklika „Laborem exercens" (14.9.1981), Nr. 9, dt. Ausgabe: Der Wert der Arbeit und der Weg zur Gerechtigkeit (Freiburg – Basel – Wien 1981) 38.

[28] Ebd. Nr. 6, 26 f.

Man kann zu Recht sagen, daß ein solches theologisches Konzept menschlicher Arbeit, „ganz unabhängig davon" Bestand habe, „was hier und heute in Wirtschaft, Gesellschaft und Politik vor sich geht"[29]. Zugleich muß aber berücksichtigt werden, daß dieses theologische Konzept einen Arbeitsbegriff übernimmt, der von der neuzeitlichen Nationalökonomie entwickelt wurde, weil nun auch, im Gegensatz zur mittelalterlichen Theologie, die Handarbeit als produktiv und schöpferisch bewertet wird. Deshalb wäre es irreführend, dieses theologische Konzept menschlicher Arbeit durch einen Rückgriff auf mittelalterliche Texte belegen zu wollen[30].

Im Gegensatz zum statischen Aspekt mittelalterlicher Theologie ist dieses theologische Konzept menschlicher Arbeit dynamisch angelegt. „Gottes kreative Aktivität endete nicht mit dem Sechs-Tage-Werk am Anfang der Welt. Sie erstreckt sich über die Jahrtausende."[31] Durch sein Tätigsein, das heißt durch geistige und körperliche Arbeit, leistet der Mensch „seinen Beitrag zur Veränderung des Schöpfungswerkes Gottes"[32], und „dies gilt auch für das gewöhnliche alltägliche Tun der Männer und Frauen, die, etwa beim Erwerb des Lebensunterhaltes für sich und ihre Familie, ihre Tätigkeit so ausüben, daß dies ein entsprechender Dienst für die Gesellschaft ist. Sie dürfen überzeugt sein, daß sie durch ihre Arbeit das Werk des Schöpfers weiterentwickeln ... und durch ihre persönliche Bemühung zur Geschichte des göttlichen Heilsplanes beitragen"[33].

Es ist dann besonders dieser heilsgeschichtliche Aspekt in der theologischen Konzeption menschlicher Arbeit, der die katholische Soziallehre mit der Sozialtheorie der ökumenischen Bewegung protestantischer Prägung verbindet[34]. Einerseits wird durchaus am reformatorischen Ansatz einer theologischen Deutung der Arbeit festgehalten, wenn es heißt: „Indem sich der Mensch zur Arbeit aufrufen läßt, macht er damit Ernst, daß er als menschliches Geschöpf in seinem Dasein als solchem zur Verfügung seines Schöpfers und Herrn zu stehen hat."[35] Aber Arbeit ist nicht nur Gehorsam Gott gegenüber, sondern ebenso „ein Schaffen von Neuem aufgrund der ersten Schöpfung"[36].

---

[29] *O. v. Nell-Breuning,* Kommentar zur Enzyklika über die menschliche Arbeit Johannes Pauls II. (s. o. Anm. 27) 113.

[30] Vgl. dazu *F. Seibt,* Vom Lob der Handarbeit, in: Vom Elend der Handarbeit (s. o. Anm. 24) 168 ff.

[31] *K. H. Peschke,* Christian Ethics, Moral Theology in the light of Vatican II. Bd. 2, Special Moral Theology ([6]1990) 492.

[32] Pastoralkonstitution über die Kirche in der Welt von heute Nr. 67, a.a.O. 497.

[33] Ebd. Nr. 34, a.a.O. 383.

[34] Vgl. *J. Sepúlveda,* Dialog aus protestantischer Perspektive mit der Enzyklika „Laborem exercens", in: Primat der Arbeit vor dem Kapital. Kommentare zur Enzyklika „Laborem exercens" aus der Sicht der Kirche Lateinamerikas (Münster 1983) 72 f.

[35] *K. Barth,* Kirchliche Dogmatik III/4 (Zürich 1951) 599.

[36] *E. Wolf,* Sozialethik. Theologische Grundfragen (Göttingen 1975) 200.

Dieser Aspekt gewinnt in dem Maße an Bedeutung, wie der dynamisch historische Charakter des göttlichen Handelns erkannt und anerkannt wird[36].

Wie aber verhält sich diese Theologie der Arbeit als Partnerschaft Gottes zur Vollendung der Schöpfung zum biblisch begründeten Interpretament von Arbeit als „Mühsal und Plage"? Auch wenn die Deutung dieser Befindlichkeit als Fluch Gottes irreführned ist, bleibt das Faktum als solches bestehen.

Man kann die Frage ethisch beantworten; etwa unter Hinweis darauf, daß bestimmte Güter nur unter Schwierigkeiten verwirklicht werden können. Dann ist Arbeit ein „schwieriges Gut", das alle Kräfte des Menschen fordert und stimuliert. Und man kann aus dieser ethischen Einordnung die Konsequenz ziehen, daß Arbeit ein „der Würde des Menschen entsprechendes Gut" sei, „ein Gut, das diese Würde zum Ausdruck bringt und sie vermehrt"[37]. Aber der primär ethische Hinweis auf Arbeit als ein schwieriges Gut vermag nicht jene genuin theologische und heilsgeschichtliche Dimension zu deuten, die mit der biblischen Aussage verbunden ist, daß Arbeit auch Mühe und Plage sei.

Vielleicht läßt sich die Frage nach der theologisch-heilsgeschichtlichen Dimension dieser Befindlichkeit menschlicher Arbeit dahingehend beantworten, daß Arbeit, wie alles menschliche Tun, unter einem eschatologischen Vorbehalt steht. So wie es innerhalb dieser Weltzeit kein perfektes menschliches Tun als vollkommene Übereinstimmung von Idee und Realisation gibt, so gibt es zwangsläufig auch nicht die perfekte Arbeit, weil Arbeit in den Bereich der Realisation gehört.

Andererseits ist es nicht nur das Recht, sondern auch die Pflicht des Menschen, vor allem jene Arbeitsvorgänge menschenwürdig zu gestalten, die, theologisch formuliert, als Folge der „Selbstherrlichkeit"[38] geschaffen oder zugelassen werden, weil „menschliche Arbeit ausschließlich nach ihrer wirtschaftlichen Zielsetzung betrachtet"[39] wird. Unter diesem Aspekt kann zu Recht die ethische Forderung nach dem Primat der Arbeit vor dem Kapital erhoben werden, denn „die in der Gütererzeugung, der Güterverteilung und in den Dienstleistungsgewerben geleistete menschliche Arbeit hat den Vorrang vor allen anderen Faktoren des wirtschaftlichen Lebens, denn diese sind nur werkzeuglicher Art"[40]. Die Erleichterung menschlicher Arbeit durch neue Technologien ist daher nicht nur ein Nebenprodukt der Rationalisierung von Arbeitspotential zum Zweck erhöhter Produktivität, sondern eine ethische Zielsetzung. Ob es freilich gelingen kann, durch neue Technologien eine Hu-

---

[36] Vgl. *H. D. Wendland*, Die Kirche in der revolutionären Gesellschaft. Sozialethische Reden und Aufsätze (Gütersloh 1967) 102.

[37] *Johannes Paul II.*, Enzyklika „Laborem exercens" Nr. 9, a.a.O., 38.

[38] *E. Wolf*, a.a.O. 202.

[39] *Johannes Paul II.*, Enzyklika „Laborem exercens" Nr. 13, a.a.O. 51.

[40] Pastoralkonstitution über die Kirche in der Welt von heute Nr. 67, a.a.O. 497.

manisierung aller Arbeitsvorgänge zu schaffen, bleibt in der Prognostik unbeantwortet[42]. Vielleicht trifft sogar die Feststellung zu, daß „die Mechanisierung und Automatisierung der Produktion ... neue Formen restriktiver und unqualifizierter Arbeit" mit sich bringt[43].

So bleibt für die christliche Theologie die Feststellung, daß Arbeit für die Mehrzahl der Menschen nach wie vor „Mühe und Plage" im Sinne der Bibel und der theologischen Tradition bedeutet. Vor diesem Hintergrund erhält die Mühsal der menschlichen Arbeit ihre originäre Sinngebung, wenn es in der Konstitution über die Kirche in der Welt von heute heißt, daß der Mensch sich „durch seine Gott dargebrachte Arbeit ... mit dem Erlösungswerk Jesu Christi ... verbindet"[44].

Der nach dem Ebenbild Gottes erschaffene Mensch ist dazu berufen, durch schöpferische Arbeit die Welt nach dem Plane Gottes zu entfalten; zugleich „wirkt er an der Erlösung der Menschheit auf seine Weise mit, indem er die Mühsal der Arbeit in Einheit mit dem für uns gekreuzigten Herrn erträgt"[45].

Literatur

Allgemeine Literatur:

H. Arendt, Vita activa (Stuttgart 1960).

W. Conze, Art. Arbeit, in: *O. Brunner – W. Conze – R. Koselleck* (Hrsg.), Geschichtliche Grundbegriffe. Historisches Lexikon zur politisch-sozialen Sprache in Deutschland, Bd. 1 (Stuttgart 1972) 154–215.

H. Franke – F. Buttler, Arbeitswelt 2000. Strukturwandel in Wirtschaft und Beruf (Frankfurt a. M. 1991).

H. Schneider (Hrsg.), Geschichte der Arbeit (Berlin 1983).

V. Schubert (Hrsg.), Der Mensch und seine Arbeit (St. Ottilien 1986).

Theologische Literatur:

A. Auer, Christsein im Beruf. Grundsätzliches und Geschichtliches zum christlichen Berufsethos (Düsseldorf 1966).

W. Biemert, Die Arbeit nach der Lehre der Bibel (Stuttgart 1954).

G. Brakelmann, Arbeit, in: Christlicher Glaube in moderner Gesellschaft, Bd. 8 (Freiburg – Basel – Wien 1980).

M.-D. Chenu, Die Arbeit und der göttliche Kosmos. Versuch einer Theologie der Arbeit; übers. u. eingel. v. K. Schmitt (Mainz 1956).

W. Korff, Wandlungen im Verständnis der Arbeit aus der Sicht der christlichen Soziallehre, in: *V. Schubert* (Hrsg.), a.a.O., 213–253.

R. Kramer, Arbeit, Theologische, wirtschaftliche und soziale Aspekte (Göttingen 1982).

Anselm Hertz

---

[42] Vgl. *H. Franke – F. Buttler,* Arbeitswelt 2000. Strukturwandel in Wirtschaft und Beruf (Frankfurt a. M. 1991) 88.

[43] *H. Schneider* (Hrsg.), Geschichte der Arbeit (Berlin 1983) 414.

[44] Pastoralkonstitution über die Kirche in der Welt von heute Nr. 67, a.a.O. 499.

[45] *Johannes Paul II.,* Enzyklika „Laborem exercens" Nr. 27, a.a.O. 98.

B. Perspektiven zur Eigentumsfrage

1. Individualethische und sozialethische Fragestellung

Ein Christ wird die entscheidende Orientierung für die Gestaltung seines gesamten Lebens am Evangelium Jesu Christi zu gewinnen suchen. Die hermeneutische Interpretation der christlichen Offenbarung im Hinblick auf grundlegende Fragen der Zeit stellt eine Hauptaufgabe christlicher Ethik dar. Dabei wird man sich aber vor der Versuchung hüten müssen, zu kurzschlüssig zu argumentieren und unmittelbare Antworten auf Fragestellungen zu erwarten, die noch außerhalb des kulturgeschichtlichen Horizontes der Zeit des Urchristentums lagen. Man wird also in einem schwierigen Verfahren zwischen den überzeitlich geltenden christlichen Haltungen und ihren geschichtlich bedingten Verwirklichungsformen zu unterscheiden haben.

Dies ist von besonderer Bedeutung für die Fragen des Eigentums. Läßt sich doch am Eigentum, zunächst einmal sehr weit umschrieben als das gesellschaftlich geregelte Verfügungsrecht über materielle Dinge, besonders deutlich die Wandelbarkeit und Kulturabhängigkeit sozialer Institutionen aufzeigen. Für eine zutreffende Interpretation biblischer Texte muß dabei die individualethische von der sozialethischen Fragestellung getrennt gehalten werden, obwohl selbstverständlich ein innerer Zusammenhang besteht. Die *individualethische* Fragestellung betrifft die sittliche Grundhaltung des Christen zum Eigentum innerhalb einer gegebenen sozialen und wirtschaftlichen Ordnung: Welche Rechte und Pflichten kommen dem einzelnen zu bezüglich des eigenen und fremden Besitzes? Die *sozialethische* Fragestellung ist umfassender: Wie soll die gesamte Verfügungsordnung über die materiellen Dinge in einer Gesellschaft gestaltet werden, um ein menschenwürdiges Leben zu ermöglichen? Welche Aufgaben kommen dem einzelnen zu in der Gestaltung einer solchen Eigentumsordnung?

Es leuchtet unmittelbar ein, daß die individualethischen Rechte und Pflichten, die mit dem Eigentum zusammenhängen, von der gesellschaftlichen Eigentumsordnung bestimmt werden. Aber auch umgekehrt setzt die Zielvorstellung einer menschenwürdigen Eigentumsordnung ein bestimmtes Menschenbild voraus, das man als verbindlich anerkennt und das verwirklicht werden soll.

Die heutige Diskussion um das Eigentum ist im Gefolge der industriellen Revolution und der darin erfahrenen Wandelbarkeit gesellschaftlicher Verhältnisse überwiegend von der sozialethischen Fragestellung her geprägt: Welche Art der Verfügungsgewalt über Eigentum (auch an Produktionsmitteln) führt zu einer christlich verantwortbaren Gesellschaftsordnung? Wie müssen die gesellschaftlichen und wirtschaftlichen Entwicklungsprozesse gelenkt werden, um eine gerechte soziale Ordnung zu ermöglichen und herbeizuführen? Welche

Verantwortung tragen die Christen für die Überwindung der Armut in der Welt?

Diese spezifisch sozialethische Fragestellung ist in historischer Sicht noch verhältnismäßig jung. Sie setzt die soziologische Einsicht voraus, daß die gesellschaftliche Ordnung und damit auch die Eigentumsordnung wandelbar, bis zu einem gewissen Grad veränderbar und insofern in die Verantwortung des Menschen gelegt ist. Im Gegensatz dazu wurde lange Jahrhunderte hindurch die vorherrschende soziale Ordnung als „natürlich" gegeben angesehen und kaum einer eigentlich kritischen Reflexion unterworfen. Die Ethik, auch die Eigentumsethik, konzentrierte sich ganz darauf, das richtige Verhalten des Menschen innerhalb der gegebenen Ordnung zu bestimmen, nicht diese zu verändern. Die sozialen Strukturen erschienen ähnlich wie die Natur als ein Werk des göttlichen Schöpferwillens, der die Welt so eingerichtet hat, und wenn sich Philosophie und Theologie damit überhaupt befaßten, dann eher in Richtung auf eine Rechtfertigung des Bestehenden durch Aufzeigen seiner inneren Sinnhaftigkeit.

Erst im Gefolge der industriellen Revolution lösten sich die überkommenen sozialen Strukturen, in denen jeder seinen festen Platz hatte, allmählich auf, und man lernte, gesellschaftliche Prozesse nicht als naturhaft vorgegeben, sondern als vom Menschen selbst hervorgebracht und steuerbar zu begreifen. Dabei setzte sich allerdings seit Ende des 18. Jahrhunderts in der Wirtschaft zunächst die Auffassung des frühen Liberalismus durch, es gebe auch im sozialen Wandel so etwas wie eine „natürliche", gottgegebene Ordnung, nämlich jene, die sich in einer Art gesellschaftlicher Himmelsmechanik dann herausstellt, wenn jeder einzelne nur möglichst ungestört sein wohlverstandenes Selbstinteresse verfolgt[1]. Das Elend der Arbeiterklasse, das sich aus diesem Fehlen einer positiven gesellschaftspolitischen Konzeption ergab, verführte umgekehrt Karl Marx zu der Auffassung des historischen Materialismus, nach einem mit Notwendigkeit wirkenden Gesetz steuere die geschichtliche Entwicklung auf eine kommunistische Gesellschaft zu. Auch hier war noch die Vorstellung wirksam, die großen sozialen Prozesse spielten sich mit einer vom Menschen nicht beeinflußbaren, schlechthin vorgegebenen Gesetzmäßigkeit ab.

In der Zwischenzeit hat sich aber weitgehend die soziologische Einsicht durchgesetzt, nicht irgendwelche „natürlichen Gesetze", sondern der Mensch, sein Bewußtsein und seine Entscheidungen bestimmten die gesellschaftliche Entwicklung. Zwar ist dieses kollektive Bewußtsein nicht völlig unabhängig von ökonomischen Voraussetzungen, aber andererseits durch diese auch nicht eindeutig festgelegt, sondern durch Argumente und Zielvorstellungen beeinflußbar. Nicht allein die ökonomischen Bedingungen bestimmen das gesell-

[1] Beispielhaft dafür der bekannte Gedanke von der „unsichtbaren Hand" bei *Adam Smith*, Der Wohlstand der Nationen (London 1776–1778, dt. München 1974).

schaftliche Bewußtsein, sondern das gesellschaftliche Bewußtsein bestimmt auch die ökonomischen Bedingungen.

Damit hat sich aber für die christliche Ethik ein neues Feld eröffnet, nämlich die Mitverantwortung eines jeden für die gesellschaftliche Ordnung. Derartige Einsichten, weil erst in der Neuzeit gewonnen, waren aber dem NT noch fremd. Darum dürfen wir uns nicht wundern, wenn wir für diese sozialethischen Fragen auch im Bereich des Eigentums in der Heiligen Schrift kaum Antworten finden. Die ganze Fragestellung lag außerhalb des Horizontes der damaligen Zeit. Auch spätere Aussagen christlicher Denker, die innerhalb der Kirche Anerkennung gefunden haben, können nur mit gewissen Vorbehalten übernommen werden, insofern sie in eine ganz andere gesellschaftliche und wirtschaftliche Situation hineingesprochen sind. Dennoch lassen sich aber unter diesen Einschränkungen aus der Art, wie in der christlichen Vergangenheit die Fragen des Eigentums behandelt wurden, gewisse Grundeinsichten gewinnen, die für die Stellung des Menschen zum Eigentum auch in unserer Zeit noch richtungweisend sein können.

2. Das Eigentum bei den Kirchenvätern und bei Thomas von Aquin

Das gesamte erste christliche Jahrtausend behandelt die Eigentumsfrage im Anschluß an das NT weniger unter der Rücksicht der rechtlichen Gestaltung der Eigentumsordnung als vielmehr im Hinblick auf die Gesinnung, mit der ein Christ mit dem Eigentum umgehen sollte. Es werden die eigentums- und reichtumskritischen Aussagen Jesu weiterentwickelt, ohne daß damit eine grundsätzliche Umgestaltung der Verfügungsordnung über das Eigentum angezielt würde. Die christliche Verkündigung ist also durchzogen von der Warnung, nicht in der Sorge um materiellen Besitz aufzugehen, sondern durch Unterstützung der Armen, durch „Besitzen, als besäße man nichts“[2], sich der christlichen Berufung würdig zu erweisen. Dabei finden sich allerdings bei einzelnen Kirchenvätern Aussagen, die als eine grundsätzliche Verurteilung der Eigentumsordnung überhaupt verstanden werden könnten. Hier machen sich teilweise auch Einflüsse der stoischen Philosophie geltend, der zufolge es von Natur kein Privateigentum gibt und das Eigentumsrecht erst durch den guten Gebrauch zustande kommt.

So lehrt beispielsweise Johannes Chrysostomos: „Heißt es nicht etwas Böses tun, wenn einer für sich allein über alles Herr sein, wenn er Gemeinsames allein genießen will?“ Wo es kein Sondergut gibt, „da entsteht kein Kampf und Streit. Also ist die Gütergemeinschaft in höherem Maße die angemessene Form unseres Lebens als der Privatbesitz, und sie ist naturgemäß.“[3] Es müßte also ein jeder

[2] 1 Kor 7,30. [3] PG 62,563f.

so auf die Gemeinschaft bedacht sein, daß eine Aufteilung in Privateigentum unnötig wäre.

Auch nach Ambrosius ist es nur die Sünde und der Sündenfall, was die Sondereigentumsordnung notwendig gemacht hat: „Die Natur bringt alle Güter zum gemeinsamen Gebrauch aller hervor; denn Gott ließ alle Erzeugnisse zum Zwecke sprossen, daß jedermann sich der gemeinsamen Nahrung erfreue und die Erde gleichsam der gemeinsame Besitz aller sein sollte. So schuf die Natur also ein gemeinsames Besitzrecht für alle – Usurpation aber machte daraus ein Privatrecht."[4]

Aus solchen Stellen, die sich leicht vermehren ließen, könnte man den Eindruck gewinnen, als hätten die Kirchenväter die Privateigentumsordnung selbst verurteilt. Tatsächlich werden solche Texte der Kirchenväter vielfach dafür herangezogen, sozialistische und kommunistische Bestrebungen unserer Zeit als Weiterführung urchristlicher Ansätze zu erweisen. In Wirklichkeit haben die Kirchenväter aber keine Versuche unternommen, eine solche Ordnung des Gemeineigentums als allgemeine Regelung der Verfügungsmacht über materielle Güter zu verwirklichen. Ihre Aussagen sind vielmehr in einer anderen Richtung zu interpretieren: Ein sündhafter Zustand der Menschheit ist die Ursache dafür, daß eine Privateigentumsordnung notwendig geworden ist. Diese Verkehrung besteht nicht nur in einer persönlichen Sünde der Habgier, sondern in einem Zustand allgemeiner Schuldverhaftung (Erbsünde), der sich nicht durch eine Sozialreform im Sinne der Abschaffung des Privateigentums beseitigen läßt, sondern nur durch einen Gesinnungswandel, dem zufolge der einzelne so mit den Gütern umgeht, als seien sie Eigentum der Allgemeinheit.

Nur in den religiösen Orden wurde der Versuch unternommen, eine institutionelle Gemeinschaftsordnung ohne persönliches Verfügungsrecht über materielle Güter zu verwirklichen. Wenn man davon ausgeht, daß der Ordensstand gewissermaßen als die radikale Verwirklichung des christlichen Ethos verstanden wurde, so kommt darin eine eher negative Wertung des Eigentumsrechtes zum Ausdruck. So läßt sich eine gewisse geistige Verwandtschaft zwischen dem Christentum, wie es von der frühen Kirche verstanden wurde[5], und einer Ordnung des Gemeineigentums nicht ganz leugnen. Es wurde aber nichts unternommen, diese Ordnung einer kleinen brüderlichen Gemeinschaft auf die Gesamtgesellschaft und den Staat zu übertragen.

Immerhin wurde im ganzen ersten christlichen Jahrtausend aber auch nicht versucht, das Eigentumsrecht als ein Menschenrecht aus christlichen oder allgemein philosophischen Quellen positiv zu begründen. Erst im hohen Mittelalter begannen die Theologen sich über die Rechtfertigung der bestehenden Privateigentumsordnung grundsätzliche Gedanken zu machen. Für die ganze Folgezeit sind dabei die Argumente des Thomas von Aquin von bleibender Bedeutung

[4] PL 16,67. [5] Vgl. Apg 4,32ff.

geworden. Er verbindet das christliche Traditionsgut vom sittlichen Wert des Gemeingebrauches mit einer sozialethischen Rechtfertigung einer Eigentumsordnung.

In jenem Teil seiner Summa Theologiae, der sich mit Problemen des Rechts und der Gerechtigkeit beschäftigt, stellt sich Thomas die Frage: „Ist es erlaubt, eine Sache als Eigentum zu besitzen?"[6] Zur Beantwortung dieser Frage unterscheidet er zwischen dem Recht der Anschaffung und Verwaltung von Gütern und ihrem Gebrauch. Im Gebrauch soll der Mensch die Dinge nicht als Eigentum betrachten, sondern als Gemeinbesitz, so nämlich, daß er sie ohne Schwierigkeit mitteilt zum Bedarf der anderen. Damit ist die soziale Bindung des Eigentums angesprochen und auch den Väterstellen Rechnung getragen. Die eigentlich sozialethische und ordnungspolitisch bedeutsame Frage, ob der Mensch überhaupt berechtigt sei, Dinge als eigene sich anzuschaffen und darüber zu verfügen, wird von Thomas ausdrücklich bejaht. Damit hat er sich grundsätzlich für eine Privateigentumsordnung entschieden.

Seine Argumente sind von so grundlegender Bedeutung, daß sie hier kurz wiedergegeben werden müssen. Er geht in zwei Schritten voran. Zunächst rechtfertigt er das Verfügungsrecht des Menschen über die Güter dieser Erde im allgemeinen. Durch Vernunft und Wille vermag der Mensch die äußeren Dinge zu seinem Nutzen zu gebrauchen als solche, die für ihn geschaffen sind. Gott hat in seiner Vorsehung die Dinge für den leiblichen Unterhalt der Menschen bestimmt. Daraus ergibt sich ein natürliches Herrschaftsrecht der Menschheit über die Natur.

Damit ist aber über die Vorzugswürdigkeit einer Privateigentumsordnung noch nichts entschieden (sog. „negativer Kommunismus"). Erst in einem zweiten Schritt sucht Thomas zu zeigen, daß zum geordneten Gebrauch der materiellen Güter eine Privateigentumsordnung erforderlich ist, in der die Verfügungsgewalt über die konkreten Einzeldinge bestimmten Menschen übertragen ist. Er gibt dafür drei Gründe an: a) Jeder verwendet mehr Sorge auf das, was ihm allein gehört; in einer gemeinwirtschaftlichen Ordnung fehlt der Arbeitsansporn. b) In einer Privateigentumsordnung gibt es eine klarere Aufgliederung und Abgrenzung der Zuständigkeiten. c) Gütergemeinschaft führt zu Unfrieden und Streitigkeiten[7].

Bemerkenswert an dieser Beweisführung ist die Tatsache, daß das Privateigentum von der sozialen Ordnung her begründet wird, nicht aus einem subjektiven Recht des einzelnen auf Eigentum. Die vorgebrachten Gründe sind zwar einleuchtend und aus der Alltagserfahrung leicht belegbar, aber verhältnismäßig pragmatisch und nicht philosophisch streng zwingend. So wird denn auch bei Thomas von Aquin das Recht auf Eigentum nicht als ein eigentliches Naturrecht verteidigt. Der Eigenbesitz ist aber auch nicht gegen das Naturrecht, sondern

[6] *Thomas von Aquin*, STh II–II q. 66 a. 2. [7] Ebd.

wird dem Naturrecht hinzugefügt aufgrund der Findung durch die menschliche Vernunft. Im Zustande des Paradieses wäre der Wille der Menschen so geordnet gewesen, daß sie ohne Gefahr der Zwietracht in einer Ordnung gemeinsamen Eigentums hätten leben können, in der jeder die Güter so nutzen kann, wie er ihrer gerade bedarf[8].

Unangetastet von dieser Argumentation zugunsten des Eigentumsrechtes blieb selbstverständlich die durch die ganze christliche Tradition sich durchhaltende sittliche Forderung, daß die Eigentümer sich in der Ausübung ihrer Verfügungsgewalt in den Grenzen des Gemeinwohls halten und auch die Bedürfnisse des Nächsten berücksichtigen müssen. Was man heute „Sozialpflichtigkeit des Eigentums" nennt, wurde nie in Frage gestellt. Ihr Inhalt wurde aber zumeist in einem eingeschränkten Sinne so verstanden, daß man wirtschaftliche Machtpositionen nicht rücksichtslos ausnützen dürfe (Wucher) und bereit sein müsse, Teile seines Einkommens oder Vermögens als caritative Hilfe für die Notleidenden abzugeben. Das bis in die Neuzeit verteidigte Zinsverbot beruhte zwar wohl auch auf dem Fehlen einer eigentlichen Kapitaltheorie. Sozialethisch war es aber sicher auch begründet in dem Bestreben, die Macht der Reichen über die Armen zu begrenzen. Außerdem wissen die Moralbücher genau anzugeben, wieviel vom Einkommen pflichtmäßig als Almosen an die Armen zu verteilen sei. Den Reichen oblag also die Pflicht, den wirtschaftlichen Verteilungsprozeß nachträglich zugunsten der Zukurzgekommenen ausgleichend zu korrigieren. Die Armenpflege gehörte als wesentlicher Teil zum sozialen Auftrag der Kirche.

3. *Eigentum in der industriellen Gesellschaft*

Es ist nicht möglich, in diesem Zusammenhang die Geschichte der christlichen Eigentumslehre bis in die Gegenwart weiterzuverfolgen oder gar die Auffassungsunterschiede zwischen den christlichen Konfessionen nach der Reformation im einzelnen herauszuarbeiten. Manche dieser Differenzen erscheinen in heutiger Sicht ohnehin als weniger bedeutend, als eine frühere Kontroverstheologie gemeint hat.

Die katholische Soziallehre, wie sie seit dem Ende des 19. Jahrhunderts in vielen päpstlichen Enzykliken und Lehrverlautbarungen auch kirchenamtlich vertreten wurde, betonte gegenüber dem marxistischen Sozialismus mit Nachdruck die Bedeutung der Eigentumsinstitution. Sie ging dabei in zwei Punkten noch über die Argumente des Thomas von Aquin hinaus: zum einen wurde das Eigentumsrecht als ein Naturrecht verteidigt in dem Sinne, daß es dem Menschen nicht erst durch positiv-rechtliche und deshalb u. U. auch aufhebbare Verfügung zukomme, sondern in der Natur des Menschen begründet sei; zum an-

[8] Ebd. I q. 98 a. 1 ad 3.

dern wurde der Gedanke einer Sicherung der Würde und Freiheit des Menschen betont, daß nämlich in einer kommunistischen Ordnung der einzelne nicht nur seine wirtschaftliche, sondern auch seine soziale und sittliche Selbständigkeit verliert. Die Argumente richten sich vorwiegend gegen einen allgemeinen Sozialismus, der sich von der Überführung allen Besitzes in Gemeineigentum eine Überwindung der sozialen Spannungen erhofft. Es wurde aber im Anfang noch wenig zwischen den verschiedenen Formen des Eigentums unterschieden, sondern man orientierte sich vielmehr in erster Linie am Leitbild des persönlichen (auch langlebigen) Konsumeigentums und des Produktiveigentums eines landwirtschaftlichen oder handwerklichen Klein- und Mittelbetriebes, das unmittelbar von seinen Besitzern genutzt wird. Ist dieses Eigentum einigermaßen gleichmäßig gestreut oder doch zumindest allen in gewissem Umfang zugänglich, bietet es dem einzelnen eine sichere Grundlage für die Entfaltung seiner Persönlichkeit in Freiheit und für eine gerechte soziale Ordnung. Mit der Verteidigung der Privateigentumsinstitution verband sich deshalb die Forderung nach Reform der Eigentumsverteilung, um die Spaltung der Gesellschaft in zwei Klassen, die Eigentümer der Produktionsmittel und die besitzlosen Arbeiter, zu überwinden.

Die evangelische Theologie hat kein gleichermaßen geschlossenes naturrechtliches Ordnungsdenken entwickelt; dies hängt mit ihrer stark biblischen Ausrichtung und der reformatorischen Zwei-Reiche-Lehre zusammen, der zufolge zwischen Predigt des Evangeliums und gesellschaftlicher Gestaltung nach dem Gesetz Gottes unterschieden werden muß, obgleich selbstverständlich die Bezüge nicht auseinandergerissen werden dürfen. Betont wurde immer der Gedanke vom Eigentum als einem von Gott anvertrauten „Lehen", über das der einzelne Rechenschaft abzulegen hat. Wenn so die Sozialpflichtigkeit allen Eigentums nie grundsätzlich in Frage gestellt wurde, so konnte man es doch entweder mehr im bürgerlich-liberalen Sinne „als Voraussetzung zu einem Eigen-Leben, als Bedingung der Freiheit von den anderen, als Mittel eigenen Dienstes" (Althaus) interpretieren oder aber mehr im Sinne eines religiösen Sozialismus das allen Menschen eignende Recht auf den Ertrag ihrer Arbeit betonen. Diese Offenheit erklärt wohl auch teilweise, warum bis in unsere Tage die Sozialdemokratie eher von evangelischen als von katholischen Kirchenmitgliedern unterstützt wird.

Im katholischen wie im evangelischen Ansatz wird also das Privateigentum grundsätzlich bejaht. Es bleibt aber zu beachten, daß für das moderne Wirtschaftsleben die industriellen Großunternehmen von zunehmender Bedeutung sind, in denen Eigentümerin der Produktionsmittel eine juristische Person in Form einer Kapitalgesellschaft ist, während die Kapitalgeber über diese Produktivgüter nur ein indirektes Verfügungsrecht ausüben. Auf die großen Vermögenskomplexe einer verschachtelten Aktiengesellschaft lassen sich aber die alten Eigentumsbegriffe nicht mehr ohne Korrekturen anwenden. Darum besitzen die klassischen Eigentumsargumente für diesen Bereich nur noch eingeschränkte Geltung. Entscheidend ist vielmehr das Element der Macht, die Großunternehmen auf die in der Wirtschaft tätigen Menschen und das gesamte öffentliche Leben ausüben. Der größere Teil des industriellen Produktivvermögens liegt aber in den Händen einer schmalen Gruppe der Gesamtbevölkerung. Diese wirtschaftliche Macht wird weitgehend gar nicht mehr von den Eigentümern selbst, sondern nur noch in ihrem Namen von beauftragten Angestellten-Unternehmern ausgeübt.

Infolgedessen wurde in der neuesten Zeit die Eigentumsfrage in der Bundesrepublik Deutschland vor allem im Zusammenhang von zwei gesellschaftspolitischen Zielen diskutiert: der breitgestreuten Vermögensbildung und der Mitbestimmung der Arbeitnehmer an den Entscheidungen der sie beschäftigenden Unternehmen.

4. Deutsche Eigentumsprobleme: Vermögensbildung und Mitbestimmung

Einen echten Ansatzpunkt zur Sozialkritik an den Eigentumsverhältnissen in der Bundesrepublik bietet die ungleiche Verteilung des Eigentums am industriellen Produktivvermögen. Von dieser Vermögensverteilung hängt aber weitgehend auch eine ungleiche Einkommensverteilung ab. Mit dem Kapitaleigentum, wenn es in relativ wenigen Händen konzentriert ist, ist aber auch eine große soziale und politische Macht verbunden. Wer eine Firma kapitalmäßig beherrscht, kann ohne eigentlich politische Legitimation das Lebensschicksal vieler Menschen beeinflussen.

Eine Überwindung der damit verbundenen sozialen Spannungen und Chancenungleichheiten ist grundsätzlich auf zwei Weisen denkbar: entweder indem man allen die Eigentumsprivilegien in gleicher Weise nimmt (Sozialisierung der Unternehmen) oder indem man allen in gleicher Weise durch gezielte Maßnahmen ermöglicht, Eigentum an Produktivvermögen zu erwerben (Vermögensbildung bzw. Vermögensumverteilung). Eine Überführung des Produktionsmittelbesitzes in das Eigentum öffentlicher Hände würde aber wieder neue Macht- und Freiheitsprobleme schaffen. Darum werden Maßnahmen gefordert, die noch bestehenden extremen Vermögensunterschiede zu überwinden, weil ohne derartige Maßnahmen ein Ausgleich nicht erwartet werden kann. Als Ziel ist allerdings eine völlige Gleichheit weder zu erreichen noch überhaupt wünschenswert, weil damit gesellschaftlich fruchtbare Anreize zur persönlichen Initiative beseitigt würden. Beide Kirchen haben deshalb immer wieder in Denkschriften und Gutachten Maßnahmen zur Eigentumsbildung und Eigentumspolitik empfohlen[9]. Ein durchschlagender Erfolg ist trotz mancher Ansätze diesen Bemühungen bisher versagt geblieben.

In der öffentlichen Diskussion um die Mitbestimmung spielt die Eigentumsfrage auch eine zentrale Rolle; hier sind die Meinungen auch innerhalb der Kirchen recht kontrovers. Bei der Mitbestimmung muß ein Ausgleich gefunden werden zwischen den Einflußrechten zweier Gruppen auf die Leitung der großen Unternehmen, nämlich der Kapitaleigentümer und der Arbeitnehmer. Viele sehen in einer paritätischen Mitbestimmung eine Verletzung des Eigentumsrechtes, insofern Nichteigentümer in die Verfügung über das Kapitalvermögen eingreifen. Andere weisen darauf hin, daß das Eigentumsrecht seine Grenzen finde an den Freiheitsrechten der Arbeitnehmer, an den sie betreffenden Entscheidungen der Unternehmen mitwirkend beteiligt zu werden. Es geht also auch hier um die Begrenzung der gesellschaftlichen Macht, die von den Eigentümern der Produktivvermögen ausgeübt wird. Aus dem abstrakten Begriff des Eigentums als solchen wird man eine derartige Frage nicht klären können, weil der Eigentumsbegriff selbst geschichtlichem Wandel unterliegt und je nach den gegebenen Verhältnissen genauer rechtlich definiert werden muß. In der katholischen Soziallehre betonen die jüngeren kirchlichen Dokumente stärker die Rechte der Arbeit gegenüber den Rechten des Eigentums, ohne eine bestimmte Lösung in dieser Frage verbindlich zu machen[10]. Auf seiten der evangelischen Kirche in Deutschland hat die Kammer für soziale Ordnung 1968 sozialethische Erwägungen zur Mitbestimmung in der Wirtschaft vorgelegt, die die öffentliche Auseinandersetzung versachlichen und für die Meinungsbildung der Christen eine Hilfe bieten sollen[11].

5. *Internationale Eigentumsprobleme: Entwicklungshilfe und Umweltschutz*

Erst in jüngster Zeit ist eine Dimension des Eigentumsproblems sichtbar geworden, die als die soziale Frage des 20. Jahrhunderts auch die Christen herausfordert: die extrem ungleiche Verteilung der Lebensgüter dieser Erde zwischen den Völkern und Kontinenten. Die Notwendigkeit, den Hunger in der Welt zu überwinden und den Entwicklungsländern eine reale Chance zur Schaffung menschenwürdiger ökonomischer Lebensbedingungen zu gewähren, kann auf verschiedene Weise begründet werden: aus der Voraussicht, daß die Not der Entwicklungsländer in absehbarer Zeit zu politischen Spannungen führen und damit auch die entwickelten Länder gefährden wird; aus der Einsicht, daß verbesserte

---

9 Denkschrift „Eigentumsbildung in sozialer Verantwortung" des Rates der EKD vom 6. April 1962; Denkschrift „Empfehlungen zur Eigentumspolitik", im Auftrag der Kirchenleitungen von evangelischen und katholischen Sozialwissenschaftlern gemeinsam erarbeitet, vom 14. Januar 1964; Erklärung des Zentralkomitees der deutschen Katholiken zur Eigentumspolitik vom 21. Juni 1972 u. a.

10 Enzyklika „Mater et magistra" vom 15. Mai 1961, Nr. 91; Pastoralkonstitution „Gaudium et spes" des Zweiten Vatikanischen Konzils vom 7. Dezember 1965, Nr. 67f.

11 Sozialethische Erwägungen zur Mitbestimmung in der Wirtschaft in der Bundesrepublik Deutschland. Eine Studie der Kammer für soziale Ordnung, vom 15. November 1968.

Lebensbedingungen und Produktionsverhältnisse in den Entwicklungsländern sich günstig auf den Welthandel auswirken und sich so langfristig auch zum Vorteil der entwickelten Länder durch verbesserte internationale Arbeitsteilung auswirken werden, daß also im Interesse der entwickelten Länder selbst den Entwicklungsländern geholfen werden muß. Für den Christen stellt sich das Entwicklungsproblem in erster Linie unter dem Gesichtspunkt der Gerechtigkeit, der Anerkennung der Rechte aller Menschen, auch ferner und fremder Völker, auf Lebensbedingungen, die der christlichen Auffassung von der Menschenwürde entsprechen. Es geht also nicht in erster Linie um eine Wiedergutmachung vergangenen Unrechts, etwa einer Ausbeutung durch eine Kolonialherrschaft, auch nicht um bloßes Almosen aus dem Überfluß, sondern um die Gerechtigkeitspflicht, derartige internationale Wirtschaftsbedingungen zu schaffen, daß alle Menschen Zugang zu den für sie notwendigen Gütern erhalten.

Beide Kirchen haben versucht, den Gläubigen diese neuen sittlichen Forderungen des Eigentums ins Bewußtsein zu rufen, die in besonderer Weise die christlichen Völker betreffen. Die Hilfswerke „Brot für die Welt" und „MISEREOR" in Deutschland wollen einen kirchlichen Beitrag zur praktischen Entwicklungshilfe und gleichzeitig zur Bewußtseinsbildung leisten. Die Eigentumslehre der katholischen Kirche wurde im Zweiten Vatikanischen Konzil in der Pastoralkonstitution „Gaudium et spes" (1965) noch einmal im Hinblick auf die gegenwärtige Weltsituation zusammengefaßt und von Papst Paul VI. in einer eigenen Enzyklika „Populorum progressio" (1967) auf die Entwicklungsproblematik angewandt[12]. Man wird aber kritisch feststellen müssen, daß in der westlichen Welt auch bei Christen noch weithin eine vom Individualismus und Liberalismus geprägte Eigentumsauffassung vorherrscht, die nicht voll der christlichen Ethik entspricht.

Zweifellos steht die Welt mit der Notwendigkeit, eine gerechte internationale Wirtschaftsordnung zu schaffen, die vor allem den ärmsten Ländern die Möglichkeit zur Entwicklung bietet, vor sehr vielschichtigen Problemen, auf die auch die christliche Ethik noch keine einfachen Antworten besitzt[13]. Was zur Lösung dieser Aufgabe bisher getan wurde, gleicht eher den Versuchen, die Arbeiterfrage des 19. Jahrhunderts durch caritative Unterstützung der Notleidenden lösen zu wollen, als einer Reform der wirtschaftlichen und sozialen Ordnung, wie sie im Hinblick auf mehr Gerechtigkeit notwendig wäre. Der Beitrag der Christen, sofern sie sich nicht unmittelbar mit diesen Fragen beschäftigen

---

[12] Pastoralkonstitution „Gaudium et spes" Nr. 83–90; Enzyklika „Populorum progressio" vom 26. März 1967.

[13] Soziale Gerechtigkeit und internationale Wirtschaftsordnung. Memorandum der Gemeinsamen Konferenz der Kirchen für Entwicklungsfragen aus Anlaß der 4. Konferenz der Vereinten Nationen für Handel und Entwicklung vom 11. Februar 1976, in: *H. Kunst – H. Tenhumberg* (Hrsg.), Soziale Gerechtigkeit und internationale Wirtschaftsordnung (München – Mainz 1976).

können, wird vor allem darin bestehen müssen, die nationalen Egoismen im öffentlichen Bewußtsein zu überwinden, weil daran viele politische Initiativen scheitern[14].

Ein weiteres Problem, das auch mit der Eigentumsfrage zusammenhängt und erst in jüngster Zeit stärker ins Bewußtsein getreten ist, betrifft die Notwendigkeit, so mit den Gütern dieser Erde umzugehen, daß auch die nachfolgenden Generationen daran teilhaben können. Auch hier gilt der Grundsatz, daß die Güter in erster Linie der Gesamtheit der Menschen dienen sollen und diese Zweckbindung das individuelle Eigentumsrecht begrenzt, die Verfügungsgewalt also keine unbeschränkte ist. Umweltschutz und Verknappung der Rohstoffe werden in der nächsten Zeit eine Umstellung mancher Lebensgewohnheiten erforderlich machen. Der Glaube, daß wir über den verantwortlichen Umgang mit den Gütern vor dem Schöpfer Rechenschaft ablegen müssen, der sie uns geschenkt hat, sollte den Christen diese Verhaltensänderungen erleichtern.

Weder individualethisch im unmittelbaren Bezug von Mensch zu Mensch noch sozialethisch für die Gestaltung der Gesellschaftsordnung ist die Eigentumsfrage das einzige oder auch nur das wichtigste ethische Problem. Von allen das menschliche Zusammenleben gestaltenden Kräften ist der ökonomische Faktor aber deshalb von besonderer Bedeutung, weil der Mensch zur Befriedigung fast aller seiner Bedürfnisse und Wünsche auf materielle Güter angewiesen und ohne diese unmittelbar in seiner Existenz bedroht ist. Deshalb hat das Christentum in seiner ganzen Geschichte immer darauf hingewiesen, im Eigentumsgebrauch auch an den Nächsten zu denken. Diese Sozialbindung allen Eigentums auch institutionell zu verankern ist in unserer Zeit eine besondere Aufgabe.

Literatur

U. Andersen, Einführung in die Vermögenspolitik (München 1976).
A. Antweiler, Eigentum (Münster 1967).
F. Beutter, Die Eigentumsbegründung in der Moraltheologie des 19. Jahrhunderts (Paderborn 1971).
G. Breidenstein, Das Eigentum und seine Verteilung (Stuttgart–Berlin 1968).
A. Burghardt, Eigentumsethik und Eigentumsrevisionismus (München 1955).
Christ und Eigentum. Ein Symposion mit Konrad Stopp, Gerhard Wendland, Günter Brakelmann, Hartmut Weber, Peter Heyde (Stundenbücher Bd. 29) (Hamburg 1963).
Eigentum und Eigentümer in unserer Gesellschaftsordnung (Veröffentlichungen der Walter-Raymond-Stiftung Bd. 1) (Köln–Opladen 1960).
Eigentumsordnung und katholische Soziallehre. 2. Honnefer Sozialtagung, Oktober 1969. Hrsg. v. Katholisch-Sozialen Institut der Erzdiözese Köln (Köln 1970).

[14] Vgl. Synodenbeschluß „Der Beitrag der katholischen Kirche in der Bundesrepublik Deutschland für Entwicklung und Frieden", in: Gemeinsame Synode der Bistümer in der Bundesrepublik Deutschland, I: Beschlüsse der Vollversammlung (Freiburg i. Br. 1976) 470–509.

Th. Heckel (Hrsg.), Eigentum und Eigentumsverteilung als theologisches, rechtsphilosophisches und ökonomisches Problem (München 1962).
M. Hengel, Eigentum und Reichtum in der frühen Kirche (Stuttgart 1973).
F. Klüber, Katholische Eigentumslehre (Osnabrück 1968).
O. Klug, Katholizismus und Protestantismus zur Eigentumsfrage (Reinbek 1966).
E. Küng, Eigentum und Eigentumspolitik (Tübingen 1964).
J. Messner, Die Soziale Frage (Innsbruck [6]1956).
E. Müller, Eigentumsbildung in sozialer Verantwortung. Der Text der Denkschrift der Evangelischen Kirche in Deutschland (Hamburg 1963).
O. Schilling, Der kirchliche Eigentumsbegriff (Freiburg i. Br. 1920).
F. Troxler, Die Lehre vom Eigentum bei Thomas von Aquin und Karl Marx (Freiburg i. Ü. 1973).
A.-F. Utz, Freiheit und Bindung des Eigentums (Heidelberg 1949).
H.-D. Wendland, Eigentum für alle. Eigentum und Gesellschaftsordnung in der evangelischen Soziallehre (Hamburg 1960).

Walter Kerber

III

Perspektiven christlicher Ethik zur Freizeitproblematik und zu Fragen der Muße

1. Die ethische Relevanz der Freizeitproblematik

Während die Muße bereits in der antiken Ethik behandelt wurde und in der Form der Kontemplation einen Topos der christlichen Ethik bildete, scheint die ethische und theologische Bedeutung des Phänomens der Freizeit nur schwer eruierbar zu sein. Diese Schwierigkeit gründet zunächst in der Begriffsbestimmung von Freizeit. Auch wenn man sich historisch darauf beziehen kann, daß die Idee der Freizeit eng mit der bürgerlichen Aufklärungsphilosophie zusammenhängt, um sich dann seit der zweiten Hälfte des 19. Jahrhunderts zu einer Reaktionsbewegung gegenüber der technisch-industrialisierten Arbeitswelt zu entwickeln, erscheint es gerade wegen dieser Komplexität von ideengeschichtlichen und ökonomischen Faktoren schwierig, einen Begriff der Freizeit zu entwickeln, der diesen Faktoren gerecht wird.

Wenn die Freizeit z. B. als diejenige Zeit definiert wird, die nach der normalen Arbeitsperiode übrigbleibt, dann steht diese Umschreibung von Freizeit ausschließlich unter dem Aspekt von Arbeitszeit und Nichtarbeitszeit, wobei der Begriff der Arbeitszeit wiederum ausschließlich unter dem Aspekt der Erwerbsarbeit betrachtet wird. Ein breiteres Spektrum von relevanten Faktoren berücksichtigen jene Umschreibungen, die Freizeit nicht nur gegenüber der Berufsarbeit, sondern auch von bestimmten, der menschlichen Lebensführung inhärenten Zwängen und Verpflichtungen, wie etwa Nahrungsaufnahme, Schlaf, Körperpflege usw., abgrenzen. Ihre Ausklammerung bedeutet, daß der Begriff der Freizeit auch unter dem Aspekt des Freiseins von Pflichthandlungen zu sehen ist, denen sich der Mensch unterziehen muß, wenn er existieren will. Man könnte diesen Pflichtenkreis mit Scheuch in dem Sinne umschreiben, daß er alle jene Tätigkeitsfelder umfaßt, die sich notwendig aus zentralen funktionalen Rollen ergeben, wobei neben der bereits erwähnten Berufstätigkeit vor allem an die Rollenfunktion in der Familie, an die Alters- und Geschlechtsrolle zu denken wäre. Der Nachteil solcher weiter gespannter Umschreibungen liegt freilich darin, daß die Abgrenzungskonturen unschärfer werden, zumal die Rollenfunktionen durch die jeweiligen Sozialisationsstrukturen geprägt sind, die einem ständigen Wechsel unterliegen. Aber diese Feststellung deutet nur darauf hin, daß der Begriff der Freizeit, einerlei, wie er definiert wird, nicht von den sozialen Veränderungen innerhalb der Gesellschaft zu trennen ist und daher zwangsläufig ständigen Korrekturen unterliegt.

Dies gilt auch für die sog. Positivbestimmung der Freizeit als einer verhaltensbeliebigen oder selbstbestimmten (Blücher) Zeit, in der die ideengeschichtliche Vorstellung von Freizeit als Faktor der Freiheit am deutlichsten zum Ausdruck kommt; besonders dann, wenn der Terminus der verhaltensbeliebigen Zeit mit Begriffen wie Kreativität, Menschenwürde oder Emanzipation in Verbindung gebracht wird und damit die ethische Thematisierung der Freizeit tangiert.

Inwieweit Freizeit als eine verhaltensbeliebige Zeit einen eigenständigen Lebensbereich darstellt und ob sich die gegenwärtige Industriegesellschaft zu einer nachindustriellen Freizeitgesellschaft entwickelt, kann und soll hier nicht untersucht werden. Aber der Begriff der Freizeitgesellschaft ist ebenso komplex wie jener der Freizeit, und aus der Tatsache einer zunehmenden Arbeitszeitverkürzung mit einer entsprechenden quantitativen Zunahme der Freizeit als Nichtarbeitszeit läßt sich nur ganz partiell die Vorstellung von einer Freizeitgesellschaft entwickeln. Ebenso kann auch die Bestimmung der Freizeit als einer verhaltensbeliebigen Zeit nicht in dem Sinne verstanden werden, als ob nur diese verhaltensbeliebige Zeit Gegenstand ethischer und theologischer Betrachtung sein könnte. Freizeit als verhaltensbeliebige Zeit ist immer im Kontext zu jenen Tätigkeitsfeldern zu sehen, in denen der Mensch mit seinen Rollenfunktionen engagiert ist, um existieren zu können.

Je stärker der Mensch oder bestimmte Gruppen in die Prozesse der Berufs- und damit der Arbeitswelt involviert sind, wobei nicht nur die Quantität der Arbeitszeit ausschlaggebend zu sein braucht, desto stärker wirkt dieses Verflochtensein in die Arbeitswelt auf die Gestaltung der Freizeit zurück. Ähnliches gilt für die anderen Rollenfunktionen des Menschen innerhalb der Gesellschaft, die um so intensiver die Gestaltung der Freizeit beeinflussen, je mehr der Mensch von diesen Rollenfunktionen beansprucht wird.

Hier stellt sich dann die Frage, inwieweit Freizeit angesichts einer solchen

Involviertheit des Menschen in zentrale und notwendige Rollenfunktionen als wirklich verhaltensbeliebige Zeit bezeichnet werden kann und in welchem Sinne der Begriff der Verhaltensbeliebigkeit, der die Basis und die Voraussetzung für eine ethische und theologische Qualifikation der Freizeit bildet, zu verstehen ist. Weil diese Frage eng mit dem ideengeschichtlich entwickelten Begriff der Freiheit verbunden ist und die Beziehung zwischen Freiheit und Verhaltensbeliebigkeit als Definition der Freizeit tangiert, übersteigt sie die Kompetenz einer rein an statistischen Daten orientierten Soziologie, deren Erhebungen lediglich das Material einer auf die Thematik der Freiheit bezogenen Interpretation zu liefern vermögen.

Geht man, wie es bereits Adorno und Horkheimer in ihren Untersuchungen zum Verhältnis von industrieller Arbeitswelt und Freizeitbetätigung taten, von der These einer Entfremdung des Menschen zu sich selbst durch die technisch-industrialisierten Arbeitsprozesse aus, dann besitzt die Freizeit, wie Habermas ausführt, vor allem eine regenerative, suspensive und kompensatorische Funktion, durch welche die Entfremdung in der Berufsarbeit ausgeglichen werden soll. Während die Freizeit in der Frühzeit der technisierten Arbeitsvorgänge einen vornehmlich regenerativen Charakter besaß und vorwiegend der physischen Reproduktion der Arbeitskraft diente, liegt nach Habermas die suspensive Funktion heutigen Freizeitverhaltens sowohl in der Fortsetzung der Berufsarbeit auf freiwilliger Basis, etwa in der Form von Schwarzarbeit, wie auch in dem Bemühen, durch „ganzheitliche" Betätigungen, wie etwa Gartenarbeit und handwerkliche Beschäftigung im Haus, die Abstraktheit und Eintönigkeit der Arbeitsvorgänge am beruflichen Arbeitsplatz auszugleichen und damit wenigstens in diesen Betätigungsbereichen so etwas wie Sinnerfüllung zu finden, die nicht zuletzt darin liegen kann, daß Arbeit in eigener Regie und Verantwortung verrichtet wird. Auch die Betätigung in Vereinen, die Übernahme von kommunalen und kirchlichen Ämtern und der Versuch, sich auf den verschiedensten Gebieten Bildung anzueignen, gehören nach Habermas zu den suspensiven Funktionen der Freizeit, weil auch durch sie jene Sinnerfüllung verwirklicht werden soll, die durch die Berufsarbeit nicht gegeben ist. Ähnliches gilt für die von Habermas als kompensatorisch bezeichneten Formen des Freizeitverhaltens, wie etwa die Regression in den kleinfamiliären Gruppenegoismus als Ausdruck und Folge einer Abkehr von der Berufssphäre, aber auch der Konsum der von der Freizeitindustrie angebotenen Freizeitbeschäftigungen und ebenso die Hinwendung zu Sport und Spiel, um mit diesen Formen einer Freizeitbeschäftigung so etwas wie ein Kontrastverhalten zur Berufsarbeit zu verwirklichen.

Tatsächlich kann aber nach Habermas weder in den suspensiven noch in den kompensatorischen Formen des Freizeitverhaltens eine Sinnerfüllung des Daseins gefunden werden. Denn die Freizeitindustrie und der Sport funktionieren wiederum nach den Regeln berufsbezogener Leistungsforderungen, und die Intimität der Kleinfamilie wird mehr und mehr durch die berufliche Inanspruchnahme der Familienmitglieder aufgebrochen. Gleiches gilt von den suspensiven Freizeitbeschäftigungen, die nur scheinbar eine Abkehr von den Mechanismen der beruflichen Arbeitswelt manifestieren, in Wirklichkeit aber den Perfektionsschemeta produktiver Arbeitsprozesse angeglichen sind. Dementsprechend steht für Habermas die Freizeit unter dem „Diktat der Arbeit"; und Freizeit als eine verhaltensbeliebige Zeit reduziert sich auf die Möglichkeit, zwischen verschiedenen vorprogrammierten Freizeitbetätigungen auswählen zu können, ohne indessen durch diese Wahl und die entsprechenden Betätigungen Freiheit im Sinne von Selbstbestimmung erreichen zu können.

Diese Thesen lassen sich, wie schon gesagt, statistisch weder beweisen noch widerlegen, weil es sich bei ihnen um Interpretationen von Daten handelt, die auch anders gedeutet werden können. Wenn daher andere Soziologen, wie etwa Linde-Heinemann und vor allem Lüdtke, zu dem Ergebnis kommen, daß das heutige Freizeitverhalten vornehmlich schichtenspezifisch orientiert, vom Grad des Sozialisationsprozesses und vom jeweiligen Bildungsstand abhängig sei, so schließt dennoch die eine Interpretation die andere nicht aus, zumal wenn man berücksichtigt, daß Bildungsstand und Sozialisationserfahrung eng mit der beruflichen Ausbildung und der Organisation am Arbeitsplatz verbunden sind. Hier geht es lediglich um den Aufweis, daß Freizeit als verhaltensbeliebige Zeit von einer Fülle gesellschaftlicher Faktoren abhängig ist, die es verbieten, den Begriff der Verhaltensbeliebigkeit a priori mit dem ideengeschichtlichen Begriff der Freiheit zu identifizieren, d. h., der Mensch ist nicht schon deshalb frei, weil er über Freizeit in der Form von verhaltensbeliebiger Zeit verfügt. Daher bildet die Möglichkeit von Freizeit als Freiheit ein ethisches Postulat, das immer im Kontext mit den jeweiligen gesamtgesellschaftlichen Strukturen gesehen werden muß und auch nur unter Berücksichtigung dieser Zusammenhänge verwirklicht werden kann.

2. *Das Ethos der Muße*

Dieses ideengeschichtlich entwickelte Postulat von Freizeit als Freiheit zur Selbstbestimmung und Selbstverwirklichung, in welcher der Mensch zugleich den Sinn seines Daseins erfahren kann, verbindet den Begriff der Freizeit mit dem der Muße. Auch die scheinbar rein individualethische Thematisierung der Muße durch die antike Philosophie steht dennoch eindeutig in einem gesamtgesellschaftlichen Kontext, wenn etwa Aristoteles im zehnten Buch seiner Nikomachischen Ethik schreibt, daß wir un-müßig sind, um dann Muße zu haben; wobei das Verhältnis von Nicht-Muße und Muße mit dem von Krieg und Frieden verglichen wird: das Ziel der Nicht-Muße ist die Muße, das Ziel des Kriegführens ist der Friede. Aber Nicht-Muße und Kriegführen besitzen für

Aristoteles einen anderen Stellenwert als in der modernen Gesellschaft. Man führte zwar damals auch Krieg aus nationalen Interessen, aber der Krieg war für die Mitglieder der Oberschicht zugleich so etwas wie ein Metier, das Ehre und Ruhm einbrachte. Ähnliches gilt für die Nicht-Muße, die für diese Schicht weitgehend mit der Beschäftigung mit den öffentlichen Angelegenheiten identisch war, etwa in der Übernahme öffentlicher Ämter und ganz generell mit der politischen Betätigung. Arbeit im Sinne von Produktion wurde von den Sklaven und den oft nur halbfreien Bauern verrichtet. Wenn daher Aristoteles von einer Alternative zwischen Nicht-Muße und Muße spricht, dann nicht in der Form einer Abgrenzung zwischen Produktionsarbeit einerseits und Muße andererseits, sondern in der Wahl zwischen dem Engagement zugunsten der öffentlichen Angelegenheiten und dem zurückgezogenen Leben in Muße. Für die Mitglieder der antiken Oberschicht bedeutet diese Wahl durchaus eine freie Entscheidung, denn ihre materielle Existenz war durch ererbten Besitz abgesichert oder wurde durch die Einnahmen aus dem Großhandel und den Erträgen von Latifundien garantiert. Aristoteles kann daher ganz unbefangen die Frage stellen, welche der beiden Lebensformen dem Menschen mehr Glück einbringe, und er entscheidet sich, gerade unter dem Aspekt des Glücks als eines Dauerzustandes, für die Muße, während die Erlangung von Ehre und Ruhm durch die Übernahme öffentlicher Ämter nur die „zweitbeste Lösung“ bietet.

Die aristotelische Präferenz der Muße gründet darin, daß sie als Akt des Schauens und damit als geistige Tätigkeit dem göttlichen Tun am nächsten komme, denn „geistig zu leben ist etwas Göttliches“. Nur fragt es sich dann, und Aristoteles macht sich selbst den Einwand, der aus der griechischen Weisheitstradition stammt, ob es nicht angemessener sei, „uns als Menschen mit menschlichen und als Sterbliche mit sterblichen Gedanken zu bescheiden“. Aber er verwirft dieses Argument, wie es vor ihm schon Plato tat, und fordert, „soweit wir können, uns zur Unsterblichkeit zu erheben und alles zu tun, um unser Leben nach dem einzurichten, was in uns das Höchste ist“, nämlich in der geistigen Anschauung zu leben. Erst dann gelangen wir zum „wahren Selbst“, „und dieses Leben ist dann auch das glücklichste“. Diese geistige Schau meint weniger das diskursive Denken, sondern die Schau der Wahrheit, sofern der Mensch den „Grund allen Seins“ erkannt hat und nun in der Schau des Erkannten verharrt. Muße ist daher eher eine geistige Haltung als ein geistiges Tun, und ihre Präferenz gegenüber allen anderen menschlichen Verhaltensweisen liegt entsprechend der aristotelischen Teleologie darin, daß sie „nach keinem außerhalb gelegenen Ziele strebt“, sondern sich selbst genügt. In dieser geistigen Schau findet daher der Mensch die höchste Stufe der Selbstverwirklichung, über die hinaus es nichts mehr zu erstreben gibt, und ebendarin liegt sein Lebensglück. Muße wird auf diese Weise zu einer Lebenshaltung, die sich nicht nur in der Distanz zur Beschäftigung mit den Öffentlichen Angelegenheiten auswirkt, sondern ebenso in der Distanz zu den materiellen Gütern, weil „der Sonderrang des Geistes die äußeren Güter nur in geringem Ausmaße nötig“ macht.

Bedeutsamer als die Frage, ob und in welchem Ausmaße die aristotelische Vorstellung von Muße in der athenischen Oberschicht praktiziert wurde, ist die Feststellung, daß die Präferenz des „geistigen Lebens“ in der Form der

Hochschätzung philosophischer Beschäftigung in das Bewußtsein dieser Oberschicht einging. Auch wer sich für die Übernahme von öffentlichen Ämtern entschied, bemühte sich um Zugang zu den Philosophenschulen und nahm an den Diskussionen über philosophische Fragen teil, wobei Philosophie nicht als Wissenschaft, sondern zur Erlangung von Lebensweisheit betrieben wurde. Diese Beschäftigung verband sich mit den kultischen Feiern und Festen, aus denen sie hervorgegangen war, und so entstand ein gesellschaftliches Spektrum der Muße, in das sich auch die Beschäftigung mit den öffentlichen Angelegenheiten in der Form einer beständigen Wechselwirkung integrieren ließ. Muße war auf diese Weise nicht nur eine durch die Arbeit der Sklaven, Kleinbauern und Handwerker gesellschaftlich überhaupt erst ermöglichte Lebensweise, sondern blieb auch in ihrem Vollzug gesellschaftlich bezogen und wirkte sich durch diesen Vollzug auf die Gestaltung der Gesellschaft aus.

Diese Verflochtenheit von Muße in die Gesellschaft bildet eines ihrer Kennzeichen während der langen Jahrhunderte, in denen die Aristokratie und später das aufstrebende Bürgertum als Oberschicht die gesellschaftlichen Verhältnisse bestimmten.

Dies traf auch dann noch zu, als sich die Muße unter römischem Einfluß stärker mit der „vita privata" verband und vom öffentlichen Pflichtendasein im Sinne eines „procul negotiis" distanzierte. Die von Aristoteles eher theoretisch entwickelte Alternative zwischen einem Leben in der Öffentlichkeit und einem zurückgezogenen Leben in Muße konnte in Rom bereits praktiziert werden, weil die Aufteilung der Ämter weiter fortgeschritten war. So gab es auch die ersten Anzeichen dessen, was man als Freizeit bezeichnen könnte, insofern den Inhabern öffentlicher Ämter nach Erfüllung ihrer Pflichten ein privater Freiraum blieb. Nur wurde diese aristotelische Alternative nicht im Sinne einer Inkompatibilität verstanden, sondern als Möglichkeit alternierender Lebensweisen, die sich gegenseitig ergänzten, so daß Muße immer gesellschaftsbezogen blieb. Ihr Inhalt bildete dann freilich nicht die aristotelische Schau des Seinsgrundes, sondern Muße wurde zur Welt- und Lebensbetrachtung des erfahrenen Daseins aufgrund jener ständigen Wechselwirkung des Dienstes in öffentlichen Ämtern und eines privaten Lebens, die jene kritische Distanz zur Umwelt und zu sich selbst bewirkte, die stets das Ergebnis der Beobachtung und der Reflexion ist.

Das Problem der Freiheit als Selbstbestimmung und Möglichkeit zur Selbstverwirklichung, das im Mittelpunkt der ethischen Thematisierung des modernen Freizeitverständnisses steht, stellte sich zwar auch für die Muße, aber unter anderen Aspekten. Da für die Oberschicht nicht der Zwang bestand, die eigene materielle Existenz durch abhängige Lohnarbeit absichern zu müssen, beeinflußten die ökonomischen Verhältnisse kaum die Voraussetzungen für ein Dasein in Muße. Erst die zur Zeit des Absolutismus immer häufiger vorkommende willkürliche Konfiskation von Besitz und Vermögen adliger und bürgerlicher Untertanen, die bei ihren Herrschern auf Mißfallen gestoßen waren, vernichtete dann mit der materiellen Existenz und der gesellschaftlichen Stellung der Betroffenen auch die Voraussetzungen für eine Lebensform in Muße. Andererseits versuchten zahlreiche Herrscher, durch

Vergabe von Pfründen und durch andere finanzielle Zuwendungen an den Adel, der in ihren Diensten stand, ein Abhängigkeitsverhältnis zu schaffen, das die Empfänger für dauernd an diesen Dienst band und die Retraite in die „vita privata" als Undankbarkeit erscheinen ließ. Verglichen mit den Abhängigkeitsverhältnissen und den Rollenzwängen in der modernen Gesellschaft mögen solche Pressionen gegenüber einzelnen Mitgliedern der Oberschicht als geringfügig erscheinen, aber sie machen deutlich, daß auch die Lebensformen der Muße von ihren Voraussetzungen her keineswegs so gesichert waren, wie gelegentlich behauptet wird. Aber von diesen Ausnahmen abgesehen, war die freie Wahl zwischen öffentlichen Diensten und der „vita privata" für diese Schicht durchaus gesichert; und gerade das Alternieren zwischen diesen Lebensformen, das auf beide Bereiche so befruchtend wirkte, begünstigte die Muße.

Während Adel, Besitzbürgertum und auch der Weltklerus über Jahrhunderte in den Daseinsformen eines solchen Austausches lebten und auch die Handwerker, Bauern und Tagelöhner durch die Festsetzung von Feiertagen und Arbeitszeiten, deren Einhaltung mehr oder minder streng überwacht wurde, über „freie Zeit" verfügten, entwickelte sich besonders seit dem Hochmittelalter in den Klöstern bestimmter Ordensgemeinschaften die Lebensform ausschließlicher Kontemplation. Die aristotelische Alternative zwischen einem Leben in der Öffentlichkeit und der vita contemplativa als Hochform der Muße wurde zur biblisch begründeten Alternative zwischen dem Christusdienst nach dem Vorbild Marthas einerseits und dem ausschließlichen Bemühen um das Sichversenken in das Wort Gottes nach dem Vorbilde Marias andererseits; wobei das Jesuswort „Maria hat den besseren Teil erwählt" im Sinne der platonisch-aristotelischen Präferenz des „geistigen Lebens" interpretiert wurde (vgl. Lk 10,38ff.).

Diese Hinwendung zur Kontemplation unter Zurücksetzung der Aktion war indessen keineswegs aus der monastischen Lebensform als solcher gegeben, denn fast alle monastischen Regeln postulieren die Koordination von vita activa und vita contemplativa, wobei die Arbeit als labor durchaus im atl. und antiken Sinne als Mühsal verstanden wurde, aber zugleich durch ihren Bezug zum Gebet als Gottesdienst eine neue Qualifikation erhielt. Der Grund liegt vielmehr in der Aristotelesrezeption durch die mittelalterliche Theologie. Ähnlich wie Aristoteles sah auch Thomas von Aquin im Intellekt – im Gegensatz zur diskursiven Funktion der Ratio – die Fähigkeit zur geistigen Schau als Teilhabe jener einfachen Erkenntnis, die sich in den höheren Wesen findet. Und wie Aristoteles diese geistige Schau als Teilhabe am Göttlichen bezeichnete, vergleicht auch Thomas diese Schau mit der Erkenntnisfähigkeit der Engel. Daher ist auch für ihn die vita contemplativa „non proprie humana, sed superhumana" und bildet daher die höchste Vollkommenheit, die der Mensch im irdischen Dasein erlangen kann.

3. Das neue Arbeitsethos und der Verfall der Muße

Der Verfall der Muße in all ihren Formen und Äußerungen steht in einem engen Zusammenhange mit dem Aufkommen der Industriearbeit und mit jenem Phänomen, das wir in der heutigen Nomenklatur als Berufs- und Arbeitsethos bezeichnen. Die sich im 18. Jahrhundert vollziehende „erste industrielle Revolution" entwickelte bereits, wenngleich zaghaft, alle jene Faktoren, die für ein Industriezeitalter kennzeichnend sind: das Streben nach Gewinn durch Produktionssteigerung, eine fortschreitende Arbeitsteilung und den Wettbewerb um neue Absatzmärkte. Der Faktor Zeit, der bisher in den Produktionsvorgängen vom tatsächlichen Bedarf her eine Rolle spielte, wurde nun zu einem Kalkulationsfaktor der Produktion im Hinblick auf den Preis und die damit verbundene Wettbewerbsfähigkeit der Produkte. Dadurch veränderte sich auch die Einschätzung der Arbeit, die noch im Mittelalter im Anschluß an die biblische Interpretation des Sündenfalls als bloße Mühsal oder sogar als Fluch Gottes gedeutet wurde, der dem sündigen Menschen auferlegt worden war. Der „paradiesische" Zustand bestand in der Vorstellung eines Nichtarbeitenmüssens, um materiell abgesichert zu sein; und wer dennoch arbeiten mußte, um existieren zu können, beschränkte Arbeitskraft und Arbeitszeit auf jenes Maß, das eine materielle Existenz sicherte, zumal wegen der strengen ständischen Ordnung ohnehin keine Chance für einen sozialen Aufstieg bestand.

Das sich entwickelnde Unternehmertum in der aufstrebenden Bürgerschicht stützte sich daher auf ein anderes Ethos, das sich in Anlehnung an die calvinistische Prädestinationslehre entwickelte. Gemäß der göttlichen Auserwählung sollte jeder Mensch das ihm im Leben Mögliche leisten, und seine Leistung bot zugleich die Möglichkeit eines Rückschlusses auf das Ausmaß der göttlichen Gnadenwahl. Zwar haben weder Calvin noch andere reformatorische Theologen dieses religiöse Leistungsethos auf den Bereich der Wirtschaft übertragen, aber diese Schlußfolgerung lag nahe und wurde in der Form eines neuen Arbeitsethos gezogen, das den veränderten Erfordernissen der industriellen Arbeitswelt entsprach und das Streben nach Gewinnmaximierung religiös begründete.

Dementsprechend bekam die freie Zeit mehr und mehr den Charakter einer Regenerationszeit für die Arbeit, während die Muße eine Reihe von neuen Sinngebungen erhielt. Sie wurde einerseits zur „demonstrativen Muße", d.h. zur Gelegenheit, den erworbenen Reichtum als Ergebnis unermüdlicher Arbeit zur Schau zu stellen, etwa in aufwendigen Gastereien, bei Land- und Jagdpartien, Theatervorstellungen usw. Doch wird man dieses Phänomen der demonstrativen Muße nicht nur negativ bewerten dürfen. Sie förderte andererseits das gesellige Leben, führte zur Gründung von Salons, Debattierklubs und Lesezirkeln, bei deren Mitgliedern zwar erworbenes oder ererbtes Vermögen vorausgesetzt wurde, aber Bildung im Sinne von esprit tonangebend war.

Die neureiche Bürgerschicht bemühte sich um die Übernahme aristokratischer Lebensformen und benutzte die Mußezeit zum Erwerb einer möglichst enzyklopädischen Bildung. Andererseits degenerierte die demonstrative Muße nicht selten zum bloßen Müßiggang, d.h. zu einem Dasein in Luxus, und wurde so nicht nur zur Zielscheibe von Kanzelpredigten, sondern auch zum Gegenstand des Neides in jenen Bevölkerungsgruppen, deren Mitglieder hart arbeiten mußten und mit ihrem Verdienst am Rande des Existenzminimums vegetierten. Das propagierte Arbeitsethos, unter dem die industrielle Revolution begonnen hatte, wandte sich schließlich gegen ihre eigenen Propagatoren, als sie die Früchte ihrer Arbeit genießen wollten.

Damit war erstmalig die Frage nach einer gesellschaftlichen Legitimation der Muße gestellt und zugleich das Problem der Freiheit zur Muße unter einem neuen Aspekt angesprochen. Für Aristoteles rechtfertigte sich die Muße aus sich selbst, weil sie die höchste Form des menschlichen Tuns, nämlich die geistige Schau, zum Inhalt hatte. Auch die Muße als Lebensbetrachtung im Sinne einer Lebensphilosophie bedurfte keiner weiteren Rechtfertigung. Aber gegenüber einem Leistungsethos, das zunächst noch religiös begründet wurde, um im Laufe der Zeit mehr und mehr durch ethische Prinzipien wie das „allgemeine Wohl", „das größtmögliche Glück der größtmöglichen Zahl" usw. ersetzt zu werden, ergab sich von diesen Postulaten her das gesellschaftliche Legitimationsproblem der Muße. Muße konnte nur gerechtfertigt erscheinen, wenn sie in ein positives Verhältnis zur Verwirklichung des allgemeinen Wohles zu bringen war, zu der jedes Mitglied der Gesellschaft seinen Beitrag in Form von Arbeit zu erbringen hatte. Die Bildungsinstitutionen wurden auf diese Weise mehr und mehr zu Ausbildungsstätten, Erziehung geriet unter das Postulat einer „Erziehung zur gesellschaftlichen Tüchtigkeit", und selbst der Erwerb von Allgemeinbildung diente weniger der Heranbildung der Persönlichkeit, sondern wurde zum Statussymbol und darüber hinaus zur conditio sine qua non, um bestimmte Führungspositionen in Wirtschaft und Verwaltung einnehmen zu können. Die berufliche Leistung bestimmte die gesellschaftliche Position und reduplikativ auch das Selbstwerterlebnis des Menschen. Sogar der luxuriöse Müßiggang konnte sich dadurch legitimieren, daß die Produktion von Luxusgütern bestimmte Gewerbe unterhielt, damit zugleich das Bruttosozialprodukt erhöhte und Arbeitsplätze schuf, ganz abgesehen von den hohen Luxussteuern, die dem allgemeinen Wohl zugute kamen und kommen, so daß zuletzt, wie es Mandeville in seiner „Bienenfabel" ausdrückt, sogar die privaten Laster dem öffentlichen Vorteil dienen.

Dieser Legitimationszwang führte und führt andererseits zu einer Form der Muße, die sich etwas ungenau und verallgemeinernd als Flucht aus der Zivilisation und als Hinwendung zum „einfachen Leben" umschreiben läßt. Schon im 18. Jahrhundert erscheint diese Form der Muße als Sehnsucht nach Einsamkeit, um im 19. Jahrhundert verstärkt als romantische Loslösung von der Gesellschaft aufzutreten, während der Topos vom „einfachen Leben" mit der Intention einer postnaiven Naturverbundenheit zusammentrifft. Muße wird so zum Ziel einer

Fluchtbewegung aus den Zwängen der industriellen Arbeitswelt und der vom Leistungsethos beherrschten gesellschaftlichen Rollenfunktionen. Aber im Unterschied zur alternierenden Beziehung zwischen otium und neg-otium, die Ausdruck einer freien Wahl war, bedeutet die Hinwendung zum „einfachen Leben" auch dann Eskapismus, wenn die Formen des „einfachen Lebens" und die des Daseins in der industrialisierten Arbeitswelt einander abwechseln, denn von einigen Ausnahmen abgesehen, kann sich heute auch die Mehrzahl der Mitglieder der Oberschicht den Luxus eines permanenten „einfachen Lebens" gar nicht leisten, da sie als „Geistesarbeiter" in die Organisation der Arbeitswelt integriert sind und durch ihre Arbeit ihren Lebensunterhalt verdienen müssen. Der Rückzug in die Einfachheit wird auf diese Weise zu einem Teil des kompensatorischen Freizeitverhaltens. Auch die klassische Formel vom „otium cum dignitate" läßt sich nicht heranziehen, denn sie setzt das ständige Alternieren von otium und neg-otium voraus. Wer aber mehr als die Hälfte seines Lebens unter dem Prinzip des Arbeitsethos sein Dasein verbracht und verbraucht hat, wird kaum in der Lage sein, für den Rest seines Lebens Formen der Selbstwerterfahrung zu finden, die nicht am gesellschaftlichen Nützlichkeitsstandpunkt orientiert sind.

4. *Ethische und theologische Postulate für Freizeit und Muße*

Andererseits wäre ohne die Industrialisierungsprozesse und das sie tragende Arbeitsethos eine Anhebung der materiellen Existenz für weite Teile der Bevölkerung nicht möglich gewesen, wobei die Frage, ob der mit diesen Prozessen verbundene Verlust der Muße unausweichlich war, hypothetischer Natur ist. Auch braucht die Tatsache, daß das Arbeitsethos der Industriegesellschaft und der Verlust der Muße in einem kausalen Zusammenhange stehen, nicht zu der Schlußfolgerung zu führen, daß Arbeit und Muße sich grundsätzlich ausschließen müßten. Dies wäre nur dann der Fall, wenn menschliche Arbeit notwendig unfrei wäre und dem Arbeitenden keinerlei Möglichkeiten zur Entfaltung der Persönlichkeit und zur Selbstwerterfahrung böte. Die antike Auffassung von der Arbeit als Last oder als „labor improbus" kommt dieser Position nahe, und auch Marx geht von einer ähnlichen Voraussetzung aus, wenn er in seinem „Kapital" schreibt, daß das „Reich der Freiheit" erst da beginne, wo das Arbeiten, das durch Not und äußere Umstände bedingt ist, aufhöre. Dann aber bliebe Muße das Privileg einer kleinen Oberschicht oder würde zu einer Art endzeitlicher Utopie, etwa der einer kommunistischen Gesellschaft, in welcher nach Marx die Gesellschaft die allgemeine Produktion regelt, so daß sich jeder in einem beliebigen Tätigkeitsbereich ausbilden lassen kann, ohne diese Tätigkeit als Beruf im Sinne des Broterwerbs ausüben zu müssen. Im Gegensatz zur antiken Vorstellung, wonach menschliche Freiheit und Unfreiheit von Natur aus und damit letzten Endes vom Schicksal her gegeben waren, wird hier der Freiheitsraum der Muße als ein Endzustand der menschlichen Gesellschaft postuliert, der freilich nur dadurch erreicht werden kann, daß in einer Übergangszeit alle Mitglieder der Gesellschaft zugunsten des Allgemeinwohls auf die Möglichkeit von Muße verzichten müßten, damit am Ende alle in Muße leben können. In dieser Übergangszeit würde zwar die menschliche Arbeitskraft wegen der Vergesellschaftung der Produktionsmittel direkt dem Gemeinwohl zugute kommen, aber das Arbeits- und Leistungsethos wäre das gleiche, und unter dem Aspekt der Muße bestünde der Unterschied zur „kapitalistischen Gesellschaft" nur darin, daß dem luxuriösen Müßiggang die traditionelle Legitimationsbasis entzogen würde.

Die Kritik an dieser Konzeption von Muße bezieht sich daher nicht nur auf rational begründete Zweifel an ihrer Realisierbarkeit, sondern vor allem auf die Vorstellung, daß Muße als Ausdruck des „Reiches der Freiheit" auf einen Endzustand der Gesellschaft beschränkt bleibt. Hier setzt nicht nur die Kritik des neuzeitlichen Freiheitsdenkens mit seinen Postulaten an, sondern ebenso die theologische Kritik aus dem christlichen Glauben. Es gehört zu den Grundeinsichten dieses Glaubens, daß der Mensch durch Gott „zur Freiheit befreit" worden ist, und dies nicht nur im Hinblick auf einen Endzustand als Eschaton, sondern ebenso für die sich auf diesen Endzustand hinbewegende Geschichte der Menschheit. Freiheit in diesem Sinne konstituiert sich in einem heilsgeschichtlichen Prozeß der Begegnung von Gott und Mensch, deren vorläufigen Höhepunkt die Beziehung zwischen Jesus Christus und Gott als Vater bildet, in der sich modellhaft für die ganze Menschheit ihre Beziehung zu Gott und untereinander manifestiert, eine Beziehung, durch die der Mensch zum „Sohn" Gottes des Vaters wird und damit aufhört, Gott als Knecht, als Unfreier, als Sklave gegenüberzustehen. Es ist eine Beziehung, in der sich Gott für den Menschen als Menschen interessiert und ebendadurch das konstituiert, was sich theologisch im Begriff der Personwürde ausdrückt, während in der Herr-und-Knecht-Beziehung vor allem das Interesse des Herrn an der Leistung des Knechtes vorherrscht, der entsprechend dieser Leistung beurteilt wird.

Die Personwürde des Menschen bildet unter diesem theologischen Aspekt ein Konstitutivum des Menschen, das unverzichtbar ist. Das Problem bestand und besteht freilich darin, daß die konkreten Freiheitspostulate, die diese Personwürde ausdrücken, zu verschiedenen Zeiten einen unterschiedlichen Stellenwert besaßen und besitzen; und dies gilt auch für die ethisch-theologische Betrachtung. Solange die christliche Theologie am antiken Weltbild festhielt, das die vorgegebenen sozialen Strukturen der Gesellschaft als „natürlich" im Sinne von naturgegeben ansah, gab es für sie auch keine Veranlassung, für diesen Bereich allgemeine Freiheitspostulate als Ausdruck der gottgeschenkten Personwürde aufzustellen. In ähnlicher Weise führte die Begründung der frühliberalen Wirtschaftstheorien durch die Übertragung der Leibnizschen Formel von der prästabilierten Harmonie auf den marktwirtschaftlichen Wettbewerb zu der Annahme, daß die wirtschaftlichen Produktionsvorgänge, einschließlich der mit ihnen verbundenen Arbeitsprozesse, im Sinne dieser mechanistischen Theorie „natürlich" seien. Die christlichen Kirchen beschränkten sich deshalb darauf, die offensichtlichen sozialen Mißstände durch caritative Maßnahmen zu mildern. Erst die zunehmende Erkenntnis, daß Wirtschaftstheorien nicht nur in ihrer philosophischen Begründung den jeweiligen Stand der Wissenschaft widerspiegeln, sondern ebenso den Versuch darstellen, Gruppeninteressen theoretisch zu Allgemeininteressen auszuweiten, führte zu der Einsicht, daß die wirtschaftliche und soziale Benachteiligung von Bevölkerungsgruppen keineswegs als „naturgemäß" oder als Folge fehlerhafter Konklusionen aus richtigen Prinzipien anzusehen sei.

Dieser Erkenntnisprozeß gab den Anstoß zu einem Umdenken in der christlichen Theologie und zu erweiterten kirchlichen Initiativen. In der protestantischen Theologie eröffnete sich nach Überwindung einer idealistischen Interpretation der Lutherischen Zwei-Reiche-Lehre, die Freiheit auf den Bereich der „Innerlichkeit" beschränkte, der Weg zu einer christlichen Sozialethik, die konsequent die Freiheitspostulate als Ausdruck der gottgeschenkten menschlichen Personwürde auf den Bereich der Wirtschaft anwandte. In ähnlicher Weise überwand die katholische Theologie eine exzessive Interpretation der Erbsündelehre für die ethische Wertung der menschlichen Arbeit. Der verstärkte theologische Rekurs auf die Schöpfungsordnung und den mit ihr verbundenen Auftrag Gottes an den Menschen förderte ein Verständnis der menschlichen Arbeit, in dem sie nicht nur global als ein Schöpfungsauftrag gedeutet wird, sondern auch als eine Freisetzung menschlichen Tuns als Ausdruck seiner gottgeschenkten Personwürde. Deshalb widerspricht die Instrumentalisierung menschlicher Arbeitskraft zu ausschließlich ökonomischen Zwecken, etwa in der Form eines bloßen Kalkulationsfaktors, der Personwürde des Menschen; und dies auch dann, wenn durch diese Instrumentalisierung „das größtmögliche Glück der größtmöglichen Zahl" oder „das Reich der Freiheit" verwirklicht werden soll.

Dementsprechend konzentrierten sich die kirchlichen Initiativen über den caritativen Bereich hinaus auf die Problematik des gerechten Lohnes und die damit zusammenhängenden Fragen der Alters- und Krankenversicherung. Die hierfür aufgestellten Postulate standen und stehen in einem direkten Bezug zur Personwürde des Menschen. Je mehr dann im Verlaufe der letzten Jahrzehnte die Freizeit durch die Arbeitszeitverkürzungen und die Erweiterung des tariflich ausgehandelten Urlaubs an Bedeutung gewann, um so mehr entfalteten sich die kirchlichen Initiativen auch in der Form von Freizeitbetreuung, wobei sich diese Initiativen mit der Intention verbanden, durch diese Freizeitbetreuung auch zu einer religiösen Betätigung zu animieren. Unter diesem Aspekt besitzen die kirchlichen Freizeitinitiativen den Charakter einer kompensatorischen Freizeitfunktion.

Aber es bleibt die Frage nach der Möglichkeit von Muße in der modernen Industriegesellschaft und hier nicht nur nach der Möglichkeit für eine wie auch immer geartete privilegierte Schicht oder für eine Allgemeinheit in einem utopischen Endzustand, sondern nach der Möglichkeit von Muße für jene Menschen, die zwar Freizeit haben, aber kaum einen Zugang zur Muße besitzen. Dabei wäre zunächst festzustellen, daß manche Bereiche, die traditionell der Muße zugezählt wurden, heute zu den Freizeitbeschäftigungen gehören, angefangen von Sport und Spiel bis hin zu Bildungsveranstaltungen. Aber durch ihre Einbeziehung in den Freizeitbereich haben sie auch den Charakter von Freizeitfunktionen angenommen, so etwa wenn Sport unter einem vorweigend regenerativen Aspekt betrieben wird oder als Leistungssport suspensive Freizeitfunktionen annimmt, weil er analog zum Leistungsethos in der Arbeitswelt stattfindet. Spiele dienen oft dem Aufbau und der Förderung zwischenmenschlicher Kommunikation und zielen damit auf die Erziehung zur gesellschaftlichen Tüchtigkeit ab, während das Spielen als Betätigung der Muße einen Ausdruck vorhandener Kommunikation bildete. Selbst das passive Freizeitverhalten, wie etwa das Fernsehen, besitzt weitgehend regenerative Freizeitfunktionen als Erholung von der Arbeit und ist deshalb keineswegs mit dem Müßiggang zu vergleichen, in dem der Müßiggänger sein Nichtarbeiten, das er nicht nötig hatte, demonstrierte. Wenn man davon ausgeht, daß der in Muße lebende Mensch sich selbst genügt, weil Muße keine Zwecke kennt, um derentwillen sie existierte, dann erscheint es fraglich, ob so etwas wie Muße für jene Vielzahl von Menschen, die durch ihre Arbeitsleistung ihre materielle Existenz absichern müssen, überhaupt möglich sei, weil auch die Freizeitbetätigungen bewußt oder unbewußt auf die existenznotwendige Arbeit bezogen bleiben.

Eine der wichtigsten Voraussetzungen für die Möglichkeit von Muße liegt daher in dem Postulat nach einer Humanisierung der Arbeitsbedingungen. Solange Menschen ihre Arbeit wegen der ständigen Wiederholung gleichbleibender Einzelvorgänge als eintönig erfahren, arbeiten sie unter inhumanen Bedingungen, weil ihre Arbeit ihnen keinen Sinn und damit auch keine Selbstwerterfahrung vermitteln kann. Wo aber diese Sinngebung am Arbeitsplatz fehlt, wird der Mensch unfähig, seine Freizeit so zu gestalten, daß sie mehr ist als eine Fortsetzung oder Ergänzung der Arbeitsvorgänge. Daß eine Humanisierung der Arbeitsbedingungen auch ohne Produktionsverlust möglich ist, zeigt das Beispiel verschiedener Unternehmen, die von der individuellen Akkordarbeit zur Gruppenarbeit übergingen, wobei innerhalb der Gruppe die verschiedenen Arbeitsvorgänge abwechselnd von verschiedenen Gruppenmitgliedern verrichtet werden, so daß ein in diesem Rahmen mögliches Maß an Abwechslung für den einzelnen erreicht wird. Solche und ähnliche Versuche, die zwar noch in den Anfängen stecken, führten schon jetzt – wie begleitende

Untersuchungen und Befragungen auswiesen – zu dem Ergebnis, daß die Zufriedenheit mit den Arbeitsbedingungen anstieg, und bewirkten ferner eine Anhebung der „Arbeitsmoral", die stets in einem engen Zusammenhang mit der erfahrenen Sinngebung von Arbeit steht.

Mit einer fortschreitenden Humanisierung der Arbeitsbedingungen und der damit verbundenen Möglichkeit, Arbeit als sinngebend zu erfahren, wäre für die Zukunft auch eine Entlastung des Menschen in anderen zentralen Rollenfunktionen verbunden. Die Regression in die Kleinfamilie als gesellschaftliche Zentralgruppe würde zumindest in dem Sinne verringert werden können, daß die oft allzu hohen Erwartungshaltungen hinsichtlich einer Lebenserfüllung durch die Familie verringert würden, und die Rollenfunktion des Alters würde von jener Haltung der Vergeblichkeit befreit, die fast immer auf der Erkenntnis beruht, daß die Berufsarbeit wenig oder gar nichts zur Sinnerfüllung des Lebens beigetragen hat.

Für die Freizeitthematik würde sich ergeben, daß die suspensiven und kompensatorischen Freizeitfunktionen weitgehend entfallen könnten und vor allem daß jene Beschäftigungen, die früher zur Muße gehörten, aufhören könnten, direkt oder indirekt auf die Arbeitswelt bezogen zu werden. Damit wäre, wenn auch zunächst nur abstrakt und theoretisch, der Weg zu einer Wiedergewinnung von Muße freigegeben, und zwar in dem Sinne, daß es Betätigungsfelder im menschlichen Dasein gäbe, in denen sich der Mensch selbst genügen kann, weil er durch sie keine anderen Ziele zu setzen braucht.

Hier böten sich dann gerade den christlichen Kirchen neue Initiativen an; einmal deshalb, weil die Kirchen im Gegensatz zur gängigen Freizeitindustrie nicht auf die „Vermarktung" von Freizeitbetätigungen angewiesen sind, dann aber auch deshalb, weil die Kirchen traditionell – worauf bereits Josef Pieper hingewiesen hat – durch die Vermittlung von Kult zugleich auch Muße vermittelt haben. Ebenso wichtig wäre freilich für solche kirchlichen Initiativen das Bemühen, die der Muße zugehörige Reflexion über die Sinnerfahrung des Lebens zu animieren; wobei es nicht nur darum ginge, eine globale Sinngebung in der Form dogmatischer Aussagen anzubieten, sondern den Menschen zu befähigen, konkrete Sinnerfahrung – und gerade auch in seiner Arbeitswelt erfahrene Sinngebung – für eine solche Reflexion einzubringen. Es würde zwar auch dann kein utopisches „Reich der Freiheit" geben können, weil der Zwang zur existenzsichernden Berufsarbeit bliebe, aber Arbeit und Muße bräuchten auch in einer Industriegesellschaft nicht in einem Verhältnis der Inkompatibilität zu stehen, weil der arbeitende Mensch wegen der durch die Humanisierung der Arbeitswelt ermöglichten Sinngebung von Arbeit so zwischen Arbeit und Muße alternieren könnte, daß sich beide Lebenskreise in jener Weise harmonisch aufeinander abstimmen ließen, wie es in früheren Zeiten für das Verhältnis von Muße und Beschäftigung mit den öffentlichen Angelegenheiten möglich war.

Literatur

V. Graf Blücher, Freizeit in der industriellen Gesellschaft (Stuttgart 1956).
S. De Grazia, Of Time, Work and Leisure (New York 1962).
J. Dumazedier, Vers une civilisation du loisir? (Paris 1962).
J. Habermas, Soziologische Notizen zum Verhältnis von Arbeit und Freizeit, in: *G. Funke* (Hrsg.), Konkrete Vernunft (Bonn 1968).
D. Kramer, Freizeit und Reproduktion der Arbeitskraft (Köln 1975).
Lenz-Romeiß, Freizeit und Alltag. Probleme der zunehmenden Freizeit (Göttingen 1974).
H. Lüdtke, Freizeit in der Industriegesellschaft (Opladen 1975).
W. Nahrstedt, Die Entstehung der Freizeit (Göttingen 1972).
H. W. Opaschowski, Pädagogik der Freizeit (Bad Heilbrunn 1976).
J. Pieper, Muße und Kult (München 1948).
H. W. Prahl, Freizeit-Soziologie (München 1977).
E. K. Scheuch – R. Meyersohn (Hrsg.), Soziologie der Freizeit (Neue wissenschaftliche Bibliothek 46) (Köln 1972).
R. Schmitz-Scherzer (Hrsg.), Freizeit. Eine problemorientierte Textsammlung (Frankfurt a.M. 1974).
A. Timm, Verlust der Muße (Hamburg 1968).
E. Weber, Das Freizeitproblem (München – Basel 1963).

Anselm Hertz

Zweites Kapitel
Wohlstand und Qualität des Lebens

I

Was braucht der Mensch?
Zum Begriff der Qualität des Lebens

Kein wirtschaftspolitisches Ziel hat nach dem Zweiten Weltkrieg eine so große Bedeutung erlangt wie das Ziel des Wirtschaftswachstums. Im Zeichen der Konkurrenz der Gesellschaftssysteme wurden das Sozialprodukt (SP) und sein Wachstum faktisch zum Maßstab der Qualität eines Gesellschaftssystems. Besonders der „dritten Welt“ der wenig entwickelten Länder, die sich auf die hintersten Plätze verwiesen sah, wurde die Imitation der „Besten“ als erfolgversprechender Entwicklungsweg nahegelegt.

Auch in der Bundesrepublik wurde das SP-Wachstum durch das „Gesetz zur Förderung der Stabilität und des Wachstums der Wirtschaft“ (1967) im wirtschaftspolitischen Zielkatalog an prominenter Stelle festgeschrieben. Die Wachstumsideologie durchdrang – unter erheblicher Nachhilfe von Vertretern der theoretischen Ökonomie – nicht allein das wirtschaftspolitische, sondern schlechthin das gesellschaftspolitische Denken; mit ihr schien eine allen gesellschaftlichen Gruppen gemeinsame und für alle verbindliche Basis des Denkens und Handelns gegeben, die eine „Versachlichung“ und technokratische Regelung gesellschaftlicher Konflikte ermöglichte.

Je mehr sich aber das starre Weltbild der fünfziger Jahre aufzulockern begann und die lang anhaltende Nachkriegsprosperität sich abschwächte, desto mehr wuchs auch das Bewußtsein dafür, daß die SP-Ziffer bzw. ihr Wachstum kaum ein hinreichender Ausdruck der Qualität von Gesellschaftssystemen und der Lebenslagen von Gruppen von Gesellschaftsmitgliedern sein kann. Es war eine Erfahrung der sechziger Jahre, daß Wirtschaftswachstum wirtschaftliche und gesellschaftliche Strukturprobleme nicht automatisch lösen kann („Bildungsnotstand“) und heftige gesellschaftliche Konflikte nicht verhindert. Vor allem aber waren es die Konfrontation mit externen und internen Wachstumsschranken und die Diskussion um die „Grenzen des Wachstums"[1], die die herkömmliche Wachstumsdoktrin entscheidend in Frage stellten – die Feststellung nämlich, daß die Institutionalisierung des wirtschaftlichen Wachstums entscheidende Lebensgrundlagen rapide verschlechtern und in absehbarer Zeit zerstören würde („Umweltkrise"); ferner die plötzliche Erkenntnis, daß wichtige Rohstoffe bereits heute zur Neige gehen und daher sparsam bewirtschaftet werden sollten („Erdölschock"); schließlich die aufgrund der jüngsten Krisenerfahrungen erneut diskutierte Hypothese, daß marktwirtschaftlich-kapitalistische Systeme offenbar an gewisse innere Schranken der Wachstumsfähigkeit gelangen (Weltwirtschaftskrise 1974/1975, Stagflation und Probleme der Dauerarbeitslosigkeit), obwohl systembedingt immer neue Konsumangebote bereitgestellt und immer neue Konsumbedürfnisse geweckt werden (müssen).

Dieser Erfahrungshintergrund war es, der die Überzeugung verbreitete, daß es nicht der wachsende Güterberg (ausgedrückt in der wachsenden SP-Ziffer) allein sein könne, was der Mensch zum Leben – zu einem „guten", „erfüllten" Leben – braucht. Es bedarf heute einer erneuten gründlichen theoretisch-konzeptionellen wie praktischen Suche danach, was der Mensch wirklich zur Verbesserung der Qualität seines Lebens braucht und wie demzufolge die Zukunft der Gesellschaft gestaltet werden soll.

1. Das Sozialprodukt als traditioneller Wohlfahrtsmaßstab – Grundlagen und Kritik

a) Zur Kritik der konkurrenztheoretischen Grundlagen

Die vorherrschende ökonomische Theorie und das von ihr mitgeprägte allgemeine Bewußtsein sind gekennzeichnet durch das Junktim von wirtschaftlichem Wachstum, allgemeiner (gesellschaftlicher) Wohlfahrt und marktwirtschaftlicher Ordnung auf der Grundlage der utilitaristischen Sozialphilosophie des Liberalismus[2]. Das zugrunde liegende Paradigma leitet logisch die Maximierung der allgemeinen Wohlfahrt aus den Prämissen einer vollkommenen Konkurrenzwirtschaft bei uneingeschränkter Konsumentensouveränität ab. Der Marktmechanismus bei vollkommener Konkurrenz bewirkt die Allokation der Ressourcen entsprechend den Bedürfnisstrukturen der souveränen Konsumenten – soweit diese mit Kaufkraft ausgestattet sind – und sichert dadurch die bei gegebenen natürlichen Knappheiten maximale Bedürfnisbefriedigung der

---

[1] Vgl. *Dennis Meadows – Donella Meadows – E. Zahn – P. Milling*, Die Grenzen des Wachstums (Stuttgart 1972); *H. v. Nussbaum* (Hrsg.), Die Zukunft des Wachstums. Kritische Antworten zum „Bericht des Club of Rome" (Düsseldorf 1973); *H. E. Richter* (Hrsg.), Wachstum bis zur Katastrophe? (München 1976).

[2] Vgl. *W. Glastetter*, Wachstumskonzeption und politische Ökonomie (Köln 1971) 47ff.

rational-eigennützig handelnden Konsumenten. Diese rein modell-logische Ableitung dient – besonders in ihrer popularisierten, bewußtseinsprägenden Form – dem wissenschaftlichen Nachweis der Überlegenheit des marktwirtschaftlich-kapitalistischen Systems. Vorausgesetzt wird dabei stets, daß dieses der Modellkonstruktion im wesentlichen entspricht und daß die Einkommensverteilung optimal ist, d.h. von den Gesellschaftsmitgliedern als gerecht empfunden wird.

Nun ist es offensichtlich, daß es in der Realität unmöglich ist, die Bedingungen der vollkommenen Konkurrenz auf allen Märkten herzustellen. Dennoch hat die herrschende Konzeption sich nicht der Frage angenommen, welches Wohlfahrtsniveau denn dann auf real vorfindbaren Märkten realisiert wird, weil sie das Monopol lediglich als Verformung des Paradigmas der vollkommenen Konkurrenz begreift, ohne dieses aufzugeben; sie versteht z.B. nicht, „daß die im Monopol zum Ausdruck kommende zunehmende Vergesellschaftung der Arbeit zum Wesen, nicht zur Abweichung von einem Normalzustand geworden ist“[3]. Diese Tatsache macht aber die Vorstellung einer optimalen Anpassung der Produktion an unabhängig gegebene Bedürfnisse vollends utopisch. Konsumentenbedürfnisse können zudem nicht unabhängig von der Produktion gedacht werden; vielmehr werden diese Bedürfnisse durch denselben Prozeß hervorgebracht, der sie auch befriedigt[4]. Mit den Prämissen der vollkommenen Konkurrenz und der Konsumentensouveränität fällt auch die „Meßlatte“ für den Wohlfahrtsgehalt von Marktpreisen im Sinne maximaler Befriedigung individueller Bedürfnisse.

b) Die Reduktion von Wohlfahrt auf das Sozialprodukt und das Problem der Einkommensverteilung

In der vorherrschenden ökonomischen Denktradition wird „Wohlfahrt“, die klassische und umfassende sozialökonomische Zielgröße, weitgehend mit der Summe der marktgängigen Güter und Dienste, gemessen in der Summe ihrer Marktpreise (dem SP), identifiziert. Zwar ist die Freiheit und Gleichheit der Wirtschaftsbürger in der Marktwirtschaft immer notwendige Denkvoraussetzung des Konkurrenzmodells geblieben; doch insofern die Summe der Konkurrenzpreise zugleich Ausdruck vollkommener Konsumentensouveränität ist, hat das SP die Wohlfahrtselemente „Freiheit“ und „Gleichheit“ nicht nur zur Voraussetzung, sondern enthält sie selbst. Es gibt mithin keine Größe, die in der Lage wäre, zusätzliche Informationen über die Wohlfahrt zu geben; insoweit kann man

---

[3] *W. Vogt*, Zur Kritik der herrschenden Wirtschaftstheorie, in: *ders.* (Hrsg.), Seminar: Politische Ökonomie (Frankfurt a.M. 1973) 190.

[4] Vgl. *J. K. Galbraith*, Volkswirtschaftslehre als Glaubenssystem, in: *W. Vogt* (Hrsg.), Seminar: Politische Ökonomie (Frankfurt a.M. 1973) 60ff.

im herkömmlichen Konzept eine Reduzierung von Wohlfahrt auf das SP feststellen[5]. Dies ist erst möglich geworden auf der Grundlage einer Verkürzung und zugleich Verabsolutierung des Wettbewerbs- und Gleichgewichtsdenkens, die im Zuge der „Enthistorisierung" (W. Hofmann) und „Enthumanisierung" (K. W. Kapp) der liberalen ökonomischen Theorie erfolgte: die klassische Idee der langfristigen gesellschaftlichen Harmonie wurde auf die formale Gleichgewichtslösung eines totalen Konkurrenzmodells reduziert, in dem alles seinen Konkurrenzpreis hat.

Ein zentraler analytischer Mangel dieser in der modernen Wohlfahrtsökonomik kulminierenden Tradition ist die Vernachlässigung der Einkommensverteilung, die zu jedem Zeitpunkt als „optimal" unterstellt werden muß[6]. Die Einkommensverteilung bestimmt natürlich die Marktwirksamkeit individueller Bedürfnisse und somit die Zusammensetzung und Größe des SP mit; andererseits wirkt das Marktergebnis in Form der über den Markt verteilten Einkommen auch auf die Einkommensverteilung zurück, ohne daß dabei die Gewähr besteht, daß eine als „optimal" unterstellte Einkommensverteilung tatsächlich hergestellt und identisch reproduziert wird. Der Produktions- und Tauschprozeß steht also in engem Wechselverhältnis mit der Einkommensverteilung; die Preise auch eines vollkommenen Konkurrenzmarktes können somit nicht als unabhängige („rein ökonomische") Wohlfahrtsmaßstäbe interpretiert werden. Sie setzen die außermarktliche Optimierung eines wichtigen Wohlfahrtselements, der Einkommensverteilung, stets voraus und sind insofern ein vom zu messenden Gegenstand (Wohlfahrt) nicht unabhängiger Maßstab.

Gleiches gilt für Entstehungsbedingungen des gesamtwirtschaftlichen Produktionsergebnisses, die wohlfahrtsrelevant sind, wie etwa die institutionellen Strukturen, in denen der Produktionsprozeß abläuft (industrielle Beziehungen, Mitbestimmungsmöglichkeiten usw.)[7].

c) Zur Notwendigkeit politischer Bewertung

Marktpreise – auch Konkurrenzpreise – geben Auskunft lediglich über marktwirksame Angebote und Nachfragen. Sie geben keine Antwort auf die Frage, wie intensiv die Bedürfnisse sind, die zu marktwirksamer Nachfrage geworden sind, und welcher Art und wie intensiv die Bedürfnisse sind, die nicht marktwirksam geworden sind, weil sie nicht mit hinreichender Kaufkraft ausgestattet sind. Marktpreise geben ferner keine Auskunft über die sozialen Kosten der produzierten marktgängigen Güter, und sie enthalten keine Informationen über die Art und die Intensität von Bedürfnissen, die sich auf nicht marktgängige,

[5] Vgl. *A. Bohnen,* Die utilitaristische Ethik als Grundlage der modernen Wohlfahrtsökonomik (Göttingen 1964) 48ff.
[6] Vgl. z. B. *H. Flohr,* Probleme der Ermittlung volkswirtschaftlicher Erfolge (Göttingen 1964) 78ff.
[7] Vgl. ebd. 95ff.

öffentliche Güter richten, sowie über den Umfang der Befriedigung solcher Bedürfnisse. Marktpreise sind also in erster Linie Ausdruck von relativer Kaufkraft (von Tauschwerten) und nicht von Bedürfnissen, Bedürfnisintensitäten und Graden der Bedürfnisbefriedigung (von Gebrauchswerten)[8]. Nicht-marktwirksame Bedürfnisse, die der Markt nicht oder nur in unzureichendem Umfang befriedigen kann, können indes zu sozialen Problemen von höchster gesellschaftlicher Dringlichkeit werden (z. B. Wohnungsbedarf) – eine Entwicklung, die in Gesellschaften mit großen sozialen Unterschieden sogar wahrscheinlich ist.

Die Feststellung, daß der Markt in dem, was er nicht bzw. nicht hinreichend differenziert bewertet, willkürlich ist, zwingt zu dem Schluß, daß er auch in dem, was er bewertet, keine Bewertungen von besonderer Dignität abgibt. Wenn das, was er nicht bewertet, einer gesonderten Bewertung durch andere gesellschaftliche Instanzen als den Markt noch unterzogen werden muß, so folgt daraus, daß auch die Wertungen, die er vornimmt – also die Marktpreise – gesellschaftlich nicht als gültig hingenommen werden müssen, sondern kritisiert und verändert werden können: der Markt als gesellschaftliche Zuordnungs- und Bewertungsinstanz ist seinerseits gesellschaftlich zu bewerten[9]. Diese gesellschaftliche Bewertung kann selbstverständlich auch in einer (stillschweigenden) Akzeptierung der herkömmlichen Rolle des Marktes, seiner Ergebnisse und Bewertungen bestehen. Immerhin muß klarsein, daß angesichts der Fragwürdigkeit der Marktergebnisse für die Qualität des Lebens die ökonomische und politische Konstitution einer Gesellschaft der theoretischen und normativen Erörterung offensteht und daß auch grundlegende Strukturen der Gesellschaft nicht mit rationalen Argumenten gegen die Möglichkeit von Kritik und Umgestaltung abgeschirmt werden können.

d) Zur Annahme einer Parallelentwicklung von Sozialprodukt und Wohlfahrt: externe Effekte und öffentliche Güter

Die gesellschaftspolitische Bedeutung des Sozialprodukts resultiert auch – logisch unabhängig von den beschriebenen markt- und konkurrenztheoretischen Grundlagen – aus der Annahme einer grundlegenden Parallelität in der Entwicklung des in Marktpreisen bewerteten Güterausstoßes mit entscheidenden anderen, nichtmateriellen Wohlfahrtselementen, wie Freiheit, Gerechtigkeit, Sicherheit. Wachsende (materielle) Wohlfahrt (Lebensstandard) bildet danach die Grundlage für eine tendenzielle Verbesserung aller anderen Wohlfahrtsaspekte. Diese Zielharmonie der herrschenden Konzeption hat sich freilich fak-

[8] Vgl. z. B. *G. A. Feldman*, Zur Wachstumstheorie des Nationaleinkommens (1928/1929) (Berlin 1969) 21 ff.

[9] Vgl. *S. Katterle*, Sozialwissenschaft und Sozialethik (Göttingen 1972) 34 ff.

tisch nicht durchgesetzt[10]. Der von der herrschenden Konzeption angenommenen Zielharmonie stehen zudem bisher weitgehend vernachlässigte grundlegende Zielkonflikte gegenüber[11].

Hier wäre vor allem nach den gesamten tatsächlichen Kosten der SP-Erstellung und -Steigerung zu fragen und zu prüfen, ob Einbußen bei jenen nichtmateriellen Wohlfahrtsaspekten nicht gerade ein Teil dieser Kosten sind (Probleme der Sicherheit und Gesundheit am Arbeitsplatz, der Humanisierung der Arbeitsinhalte und der Demokratisierung der Arbeitsorganisation), so daß bei steigendem SP eine gegenläufige Beeinflussung der Qualität des Lebens eintreten kann (Arbeitsunfälle, Berufskrankheiten, Zunahme von Monotonie und Fremdbestimmtheit der Arbeit nebst den Auswirkungen solcher entfremdeten Arbeit auf das Verhalten in anderen privaten und öffentlichen Lebensbereichen).

Eine strikte Orientierung am Güterausstoß, die solche Kostenfaktoren ignoriert, wird übrigens sozialgeschichtlich stets durch ein einseitiges, verengtes Leistungsprinzip begünstigt[12] und bewirkt wiederum die verstärkte gesellschaftliche Durchsetzung einer Leistungsideologie.

Zahlreiche Kostenfaktoren der genannten Art sind als nichtmonetäre Kosten für die privatwirtschaftlichen Kostenrechnungen nicht von Bedeutung und gehen somit nicht in das SP ein. Sie werden von privatwirtschaftlich kalkulierenden Unternehmen als soziale oder volkswirtschaftliche Kosten „externalisiert" („externe Effekte") und fallen bei Dritten und/oder bei der Allgemeinheit an, ohne über die etablierten Mechanismen registriert zu werden[13]. Sofern sie staatliche Korrekturaufwendungen induzieren, werden diese sogar in der SP-Berechnung positiv veranschlagt, ohne daß die Schäden zuvor negativ verbucht wurden.

Soziale Kosten treten vornehmlich in Form von Schädigungen bei Menschen (in ihren Rollen als Arbeiter und als Konsumenten) und der frei verfügbaren Natur auf – in der Regel mit negativen sozialen Verteilungswirkungen[14]. Sie sind keineswegs eine neue Erscheinung, wenngleich sie erst in neuerer Zeit aufgrund der Umweltdebatte allgemeine Beachtung gefunden haben[15].

---

[10] Vgl. *W. Glastetter*, a.a.O. 131ff.

[11] Vgl. z.B. *D. Schröder*, Wachstum und Gesellschaftspolitik. Gesellschaftspolitische Grundlagen der längerfristigen Sicherung des wirtschaftlichen Wachstums (Stuttgart u.a. 1971) 98ff.

[12] Vgl. *G. Hartfiel* (Hrsg.), Das Leistungsprinzip. Merkmale, Bedingungen, Probleme (Opladen 1977); *G. Gäfgen* (Hrsg.), Leistungsgesellschaft und Mitmenschlichkeit (Limburg 1972).

[13] *K. W. Kapp – F. Vilmar* (Hrsg.), Sozialisierung der Verluste? Die sozialen Kosten eines privatwirtschaftlichen Systems (München 1972).

[14] Siehe „Aufgabe Zukunft – Qualität des Lebens." Beiträge zur 4. internationalen Arbeitstagung der Industriegewerkschaft Metall IV (Frankfurt a.M. 1972) 20ff.

[15] Grundlegend *K. W. Kapp*, Volkswirtschaftliche Kosten der Privatwirtschaft (Tübingen – Zürich 1958); *E. J. Mishan*, The Costs of Economic Growth (London 1967); *E. Nowotny*, Wirtschaftspolitik und Umweltschutz (Freiburg i.Br. 1974) 57ff.

Soziale Kosten sind nur ein Beispiel für eine Fülle von wohlfahrtsrelevanten Faktoren und Aktivitäten, die den Markt nicht passieren und deren Bewertung logisch nicht aus individuellen Nutzenschätzungen ableitbar ist. Ein weiteres prominentes Beispiel, das die ökonomische Theorie in neuerer Zeit zunehmend beschäftigt, sind die öffentlichen (kollektiven) Güter, bei denen der Markt als Versorgungsinstanz aus strukturellen Gründen (fehlende ausschließlich private Aneignungsfähigkeit und Konsumierbarkeit) versagt[16]. Problematisch ist hierbei die in der herrschenden SP-Berechnung gebräuchliche Bewertung dieser Güter mit den Kosten, die dem Staat bei ihrer Erstellung entstehen. Die Kostenbewertung produzierter öffentlicher Güter wird merkwürdigerweise gerade mit der Abwesenheit von Marktpreisen begründet: angeblich will man angesichts fehlender Marktpreise willkürliche Bewertungen vermeiden. Tatsächlich ist die Kostenbewertung jedoch willkürlich. Mit der relativ wachsenden funktionalen Notwendigkeit staatlicher Aktivitäten (Erstellung öffentlicher Güter für die Sicherung der gesamtwirtschaftlichen Entwicklung und die qualifizierte Reproduktion der Arbeitskraft)[17] führt eine durchgängige schematische Kostenbewertung zu erheblichen und wachsenden Fehlinformationen im SP hinsichtlich der Lebensqualität. Das gleiche gilt im Falle der Nicht-Produktion solcher Güter bei relativ wachsender Intensität der auf sie gerichteten Bedürfnisse. Solche Fehlbewertungen im SP sind letztlich nur im Vorherrschen konkurrenzmarktorientierter Denktraditionen und entsprechender Bewertungskonventionen begründet[18].

e) Schlußfolgerungen

Insbesondere die Probleme öffentlicher Güter und sozialer Kosten haben in letzter Zeit deutlich werden lassen:

1) daß angesichts der nicht bewerteten Kosten des SP-Wachstums, angesichts von Sättigungstendenzen auf traditionellen Märkten privater Güter und relativen Überakkumulationstendenzen des privaten Kapitals, angesichts privater Wohlstandsmehrung bei öffentlicher Verarmung[19] die traditionelle Wachstumskonzeption, das Wachstum marktgängiger Güter, und unser gesellschaftlicher Erfolgsbegriff grundsätzlich neu eingeschätzt werden müssen[20];

[16] Vgl. *W. Bödecker*, Allokations- und Distributionsprobleme bei Kollektivgütern (Meisenheim 1972).

[17] Vgl. *D. Schröder*, a.a.O. 184ff., 320ff.; *D. Kramer*, Freizeit und Reproduktion der Arbeitskraft (Köln 1975).

[18] Vgl. z.B. *U.-P. Reich – Ph. Sonntag – H.-W. Holub*, Arbeit-Konsum-Rechnung. Axiomatische Kritik und Erweiterung der volkswirtschaftlichen Gesamtrechnung (Köln 1977) 25ff.

[19] *J. K. Galbraith*, Gesellschaft im Überfluß (München – Zürich 1963) 224ff.; *D. Schröder*, a.a.O. 320ff.

[20] Vgl. *W. Glastetter*, a.a.O. 181ff.; *H.-D. Engelhardt – K.E. Wenke – H. Westmüller – H. Zilleßen*, Lebensqualität – Zur inhaltlichen Bestimmung einer aktuellen politischen Forderung (Wuppertal 1973) 79ff.

2) daß die sozialwissenschaftliche, insbesondere die ökonomische Theorie zu einer Neubeschäftigung mit Problemen öffentlicher Güter, sozialer Kosten, gesellschaftlicher Bewertungen und Interessen(-konflikte) im Sinne einer Politischen Ökonomie herausgefordert ist[21].

2. *Wohlfahrt als Qualität des Lebens: die Notwendigkeit mehrdimensionaler Messung*

Die Untersuchung der Grundlagen und Berechnungsmethoden des SP hat gezeigt, daß das SP nur einen geringen originären Wohlfahrtsgehalt besitzt. Angesichts der Komplexität und Vieldimensionalität menschlicher Interessen und Zielsysteme wird jeder ausschließlich monetäre Maßstab, wie überhaupt jeder eindimensionale Maßstab, als Wohlfahrtsmaßstab obsolet. In diesem Sinne soll der Begriff „Qualität des Lebens" die der (empirisch gegebenen und kulturell wünschenswerten) Vielfalt menschlicher Interessen entsprechende Mehrdimensionalität von Wohlfahrt zum Ausdruck bringen.

Grundlegend kommt es also zunächst darauf an, die Fülle beobachtbarer „externer Effekte", öffentlicher Bedürfnisse, der Bedingungen, Nebenwirkungen und Korrekturaufwendungen des gesamtwirtschaftlichen Produktionsprozesses sowie alle anderen wohlfahrtsrelevanten individuellen und gesellschaftlichen Tatbestände mit Hilfe mehrdimensionaler Meßinstrumente zu identifizieren und zu ermitteln. Angesichts dieser Vielzahl der zu erhebenden Merkmale spricht man – in Abgrenzung zum monetären Indikator SP – von Sozialindikatoren (SI). Ein SI ist eine statistische Meßzahl, die in der Lage ist, den Stand und die Veränderung relevanter Merkmale in einem Lebensbereich anzuzeigen[22]. Der Mehrdimensionalität der Gegenstände entspricht dabei eine Vielzahl von Maßeinheiten, die dem jeweiligen Gegenstand angemessen sind. Um jedoch angesichts der Fülle der Tatbestände, über die ein adäquater Begriff der Lebensqualität informieren muß, Gesamtaussagen über den Stand und die Veränderung der Lebensqualität zu ermöglichen, bedarf es eines systematischen Zusammenhangs zwischen den zahlreichen zu erhebenden Elementen der Lebensqualität; es bedarf eines SI-Systems. Dies erfordert die empirische und theoretische Klärung der Interdependenzen zwischen den verwendeten SI der

---

[21] Vgl. z. B. *K. W. Kapp*, Umweltzerstörung und soziale Kosten – eine Herausforderung an die Ökonomie, in: *M. Glagow* (Hrsg.), Umweltgefährdung und Gesellschaftssystem (München 1972) 210ff.; *W. Hofmann*, Universität, Ideologie, Gesellschaft. Beiträge zur Wissenschaftssoziologie (Frankfurt a. M. 1968) 92ff.; *W. Glastetter*, a. a. O. 283ff.; *S. Katterle*, a. a. O. 39ff.; *E. F. Schumacher*, Es geht auch anders. Jenseits des Wachstums (München 1974) 53ff.; *F. Blum – J. Galtung – K. W. Kapp* u. a., Sozialwissenschaften – wozu?, in: Magazin Brennpunkte 8 (Frankfurt a. M. 1977), Nr. 2.

[22] Grundlegend *R. Werner*, Soziale Indikatoren und politische Planung (Reinbek 1975).

verschiedenen Lebensbereiche sowie eine empirische, theoretische und normative Klärung der relativen Gewichte der SI und SI-Gruppen.

Die direkte Ermittlung und Analyse der verschiedenen Aspekte des individuellen und gesellschaftlichen Lebens jenseits globaler monetärer Größen hat in der Sozialstatistik wie in den Sozialwissenschaften eine Tradition, die auf die liberalen und sozialistischen Klassiker der Disziplin zurückgeht.

John Stuart Mill, der Klassiker des Utilitarismus und Vertreter des ökonomischen Liberalismus, formulierte in seinen „Principles of Political Economy" (1848) eine Kulturkritik des vom Konkurrenzverhalten dominierten Lebensstils, den er gekennzeichnet fand „durch gegenseitiges Treten, Drängeln, mit den Ellbogen stoßen und einander in die Fersen treten". Er stellte fest, daß die Spielregeln marktwirtschaftlicher Konkurrenz das Verhalten der Gesellschaftsmitglieder in immer weiteren Bereichen des sozialen Lebens prägen (heute z.B. Konkurrenz um beruflichen Aufstieg, demonstrativer Konsum, Verkehrsverhalten) und daß die Qualität der Sozialbeziehungen durch diese „externen Effekte" des Marktverhaltens gemindert wurde. Er empfahl, den Konflikt zu Lasten des Wirtschaftswachstums zu lösen, da in einer stationären Wirtschaft die Menschen nicht mehr genötigt wären, ihr Hauptaugenmerk auf das Vorankommen in Konkurrenzbeziehungen zu richten.

Friedrich Engels untersuchte in seiner Arbeit über „Die Lage der arbeitenden Klasse in England" (1845) die „sozialen Kosten" der frühkapitalistischen Entwicklung, die überwiegend auf die Lebensumwelt, die Physis und Psyche des Industrieproletariats abgewälzt wurden (absolute und relative Verelendung), während gleichzeitig Industrieproduktion und Marktwerte eine erhebliche Wachstumsdynamik aufwiesen. Hier wurden bereits mehrdimensionale Maßstäbe zur Beschreibung und Analyse klassenspezifischer Lebenslagen verwendet.

Aus unserer Zeit ist besonders Gerhard Weissers Lebenslage-Konzept hervorzuheben, das bereits die heute unter der Bezeichnung „Qualität des Lebens" angestrebten erweiterten Wohlfahrtsmaßstäbe postuliert. Weisser versteht unter „Lebenslage" den Spielraum, den die äußeren Umstände einem Menschen (einer Gruppe von Menschen) für die Erfüllung der Interessen bieten, die bei unbehinderter und gründlicher Selbstbesinnung als bestimmend für den Sinn des Lebens angesehen werden[23]. Dieser Begriff kann eine realistische Erörterung der Bestimmung und Ermittlung von Lebensqualität anleiten, wenn etwa beachtet wird, daß der ökonomische Prozeß keineswegs nur Geldeinkommen verteilt, sondern „alle Umstände der Bedarfsdeckung, in die der einzelne gestellt wird. Verteilt werden Lebenslagen."[24] Dimensionen der Lebenslage sind neben der Einkommens- und Vermögensverteilung die Verteilung der Ausbildungschancen, die gesellschaftliche Stellung im Wirtschaftsprozeß und besonders zu

[23] Vgl. *G. Weisser*, Beiträge zur Gesellschaftspolitik (Göttingen 1978) 275, 386.
[24] Ebd. 360, s. auch 361, 667f.

den Produktionsmitteln sowie alle Interessen, die unmittelbar beim Vollzug des Wirtschaftens befriedigt oder verletzt werden (Abhängigkeiten, Selbstgestaltungsmöglichkeiten, Mitbestimmungsrechte u. a.).

In jüngster Zeit kommen Beiträge zur mehrdimensionalen Erfassung und Analyse der Lebensqualität aus den verschiedensten Quellen: der Umwelt- und Wachstumsdiskussion[25], der Erforschung der Arbeits- und Lebensbedingungen von Arbeitnehmern[26], der Konsum- und Freizeitforschung[27], der Bildungsforschung, den Diskussionen um Armut, Stadtentwicklung und öffentlichen Nahverkehr, um Bürgerinitiativen und gesellschaftliche Partizipation usw. Schließlich liegen nun auch erste Gesamtauswertungen auf der Grundlage umfangreicher, empirisch gefüllter SI-Systeme vor[28], die als umfassende Wiedergabe des Standes und der Entwicklung der Lebensqualität angesehen werden können.

Wenngleich in diesen Diskussionen vielfach „die Perspektive... die des ‚Establishment' (ist)"[29], gestattet die mehrdimensionale Erforschung der Lebensqualität eine erheblich erweiterte Informationsgewinnung, z.B. auch über konflikthaltige gesellschaftliche Dimensionen[30].

Aus der Reihe der z.Z. bereits bestehenden SI-Systeme zur Ermittlung von Lebensqualität[31] sei hier exemplarisch eine an das System der Organization for Economic Cooperation and Development (OECD) angelehnte Liste wiedergegeben, um die Breite der Informationen und Problembereiche zu illustrieren, die für einen adäquaten Begriff der Lebensqualität erhoben und analysiert werden müssen[32]. (Aus Platzgründen wird hier nur das Gerüst der gesellschaftlichen Bereiche und Unterbereiche wiedergegeben, die jeweils durch mehrere SI operationalisiert werden, wobei diese SI selbst nicht aufgeführt werden [eigene Übersetzung].)

---

[25] Zum Beispiel *K. W. Kapp – F. Vilmar*, a.a.O.; „Aufgabe Zukunft – Qualität des Lebens" (s.o. Anm. 14) VII; *H.v. Nussbaum*, a.a.O. (s.o. Anm. 1).

[26] Zum Beispiel *SOFI* (Sozialwissenschaftliches Forschungsinstitut) (Hrsg.), Materialien zur Lebens- und Arbeitssituation der Industriearbeiter in der BRD (Frankfurt a.M. ³1973); *G. Betz*, Qualität des Arbeitslebens, in: Arbeits- und sozialstatistische Mitteilungen 25 (1974).

[27] Zum Beispiel *B. Biervert – K.-H. Schaffartzik – G. Schmölders* (Hrsg.), Konsum und Qualität des Lebens (Opladen 1974); *D. Kramer*, a.a.O.

[28] Vor allem *W. Zapf* (Hrsg.), Lebensbedingungen in der Bundesrepublik. Sozialer Wandel und Wohlfahrtsentwicklung (Frankfurt a.M. – New York 1977).

[29] *W. Zapf*, Zur Messung der Lebensqualität, in: Zeitschr. f. Soziologie 1 (1972) 371.

[30] Vgl. *U. E. Simonis*, Ansätze zur Bestimmung und Gewinnung von Lebensqualität, in: Vorgänge. Zeitschr. f. Gesellschaftspolitik 12 (1973) Nr. 4, 108; *Ch. Leipert*, Unzulänglichkeiten des Sozialprodukts in seiner Eigenschaft als Wohlstandsmaß (Tübingen 1975) 239ff.

[31] Im deutschsprachigen Raum vor allem das sozialpolitische Entscheidungs- und Indikatorensystem (SPES), s. *W. Zapf*, Lebensbedingungen 29–74; für Ansätze auf internationaler Ebene (UNO) z.B. *J. Drewnowski*, On Measuring and Planning the Quality of Life (Den Haag – Paris 1974).

[32] Vgl. OECD, Measuring Social Well-Being. A Progress Report on the Development of Social Indicators (Paris 1976) 35–50; *W. Elsner*, Die Beeinflussung der Sozialökonomischen Lage durch die Westeuropäische Integration (Diss. Bielefeld 1977) 124–132.

Liste gesellschaftlicher Bereiche und Unterbereiche zur Ermittlung von Lebensqualität (nach OECD)

A) *Gesundheit*

A-1) Die Wahrscheinlichkeit eines gesunden Lebens durch alle Stadien des Lebens
A-2) Die Folgen von Beeinträchtigungen der Gesundheit für die Individuen
A-2-a) Die Qualität der medizinischen Versorgung – gemessen an der Verringerung von Schmerzen und der Wiederherstellung funktionaler Fähigkeiten
A-2-b) Die Möglichkeiten des Zugangs zu Gesundheitsdienstleistungen
A-3) Die subjektive Empfindung von Gesundheit

B) *Individuelle Entwicklung durch Bildung und Erziehung*

B-1) Erwerb, Erhaltung und Entwicklung des Grundwissens, des weiterreichenden Wissens, der Fertigkeiten und Werte, die für die individuelle und gesellschaftliche Entwicklung von Nutzen sind
B-2) Die organisierten Möglichkeiten der Individuen, das Wissen und die Fertigkeiten zu erlangen und zu entwickeln, die für die individuelle und gesellschaftliche Entwicklung von Nutzen sind, und die Neigung der Individuen, von diesen Möglichkeiten Gebrauch zu machen
B-3) Die Zufriedenheit der Personen, die sich in der Ausbildung befinden, mit dem individuellen Bildungsprozeß
B-4) Erhaltung und Entwicklung des kulturellen Erbes, soweit es einen positiven Beitrag zur Wohlfahrt der Mitglieder verschiedener gesellschaftlicher Gruppen liefert

C) *Beschäftigung und Qualität des Arbeitslebens*

C-1) Die Erreichbarkeit einer befriedigenden Arbeit für solche, die sich Arbeit wünschen
C-2) Die Qualität des Arbeitslebens
C-2-a) Arbeitsbedingungen (Schutz der Arbeitskraft)
C-2-b) Entlohnung und Nebenleistungen
C-2-c) Arbeitszeit, Arbeits-Nebenzeit und bezahlter Urlaub
C-2-d) Veränderung der Arbeits- und Einkommensbedingungen bei betrieblichen Umstellungen und Unternehmensveränderungen
C-2-e) Veränderung der Arbeits- und Einkommensbedingungen bei freiwilligen Arbeitsplatzwechsel
C-3) Individuelle Zufriedenheit mit den Erfahrungen des Arbeitslebens
C-4) Beziehungen zwischen den Arbeitnehmern und Partizipationsrechte der Arbeitnehme
C-5) Übersicht, Autonomie und Anforderungen am Arbeitsplatz

D) *Zeitverwendung und Freizeit*

D-1) Effektive Wahlmöglichkeiten für die Zeitverwendung
D-1-a) Die Flexibilität der Arbeitszeitregelungen
D-1-b) Zugang zu und Aufteilung von Freizeit
D-2) Qualität von Freizeitmöglichkeiten („Kultur und Kommunikation")

E) *Wirtschaftliche Situation*

E-1) Einkommen und Vermögen
E-1-a) Niveau und Verteilung des Einkommens
E-1-b) Niveau und Verteilung des Vermögens
E-2) Die Zahl der Personen, die materielle Deprivation erfahren
E-3) Die Position des Konsumenten in der Gesellschaft
E-3-a) Der Umfang, in dem Individuen die erforderlichen Informationen erhalten, um eine effektive Konsumwahl treffen zu können
E-3-b) Die Sicherheit und Qualität von Gütern und Dienstleistungen

E-3-c) Konsumstruktur, Ausgaben, Besitz und Ersparnisse von Haushalten nach Haushaltsklassen („Lebensstandard")
E-4) Der Schutz von Individuen und Familien gegen wirtschaftliche Risiken
E-4-a) Stetigkeit und Sicherheit des Einkommensstromes (in Abhängigkeit von der gesamtwirtschaftlichen Entwicklung)
E-4-b) Der Umfang, in dem Individuen und Familien Versicherungsleistungen oder andere Entschädigungen für Verschlechterungen ihres ökonomischen Status erhalten
E-4-c) Der Umfang, in dem Individuen und Familien sich selbst gegen Verschlechterungen ihres ökonomischen Status gesichert fühlen

F) *Physische Umwelt*

F-1) Die vom Menschen geschaffene Umwelt
F-1-a) Wohnbedingungen
F-1-b) Physischer Zugang zu Arbeitsplätzen, Gütern und Dienstleistungen
F-1-c) Umweltbelästigungen
F-1-d) Verkehr
F-2) Die natürliche Umwelt
F-2-a) Bestände und Qualität der natürlichen Ressourcen
F-2-b) Inanspruchnahme (Verbrauch) der natürlichen Ressourcen pro Jahr
F-2-c) Aktivitäten zur Erhaltung und Wiederherstellung der natürlichen Ressourcen

G) *Soziale Umwelt*

G-1) Primäre und sekundäre soziale Bindungen
G-1-a) Ehe und Familie
G-1-b) Sozialbeziehungen in Nachbarschaft, Wohnviertel usw.
G-2) Sozialbeziehungen zwischen großen gesellschaftlichen Gruppen (Klassen, Schichten, Organisationen)
G-3) Subjektive Perzeption der eigenen gesellschaftlichen Stellung und der Sozialbeziehungen

H) *Soziale Chancen und soziale Partizipation*

H-1) Der Grad der sozialen Ungleichheit
H-1-a) Der Grad der Ungleichheit zwischen gesellschaftlichen Schichten (Klassen, Gruppen)
H-1-b) Die Möglichkeiten sozialer Mobilität
H-1-c) Die Stellung bestimmter (benachteiligter, bevorzugter) gesellschaftlicher Gruppen
H-2) Chancen zur Partizipation in Institutionen und an Entscheidungsprozessen

I) *Persönliche Sicherheit und Rechtswesen*

I-1) Aktuelle Betroffenheit von Individuen als Opfer
I-2) Gefühl der Bedrohung, als Opfer betroffen zu werden
I-2-a) Durch andere Individuen
I-2-b) Durch soziale Institutionen
I-2-c) Durch die Umwelt
I-3) Rechtswesen
I-3-a) Gleichheit vor der Strafgerichtsbarkeit
I-3-b) Das Verhältnis von Sicherungsmaßnahmen und Aufklärung in Strafverfahren
I-3-c) Zugang zu Leistungen des Rechtswesens
I-3-d) Strafvollzug und Resozialisierung
I-4) Ausmaß des Vertrauens in das Rechtswesen

J) *Politisches System*

J-1) Politische Rechte und Freiheiten (rechtlich, tatsächlich)
J-2) Politische Machtverteilung und Partizipation
J-3) Politische Konflikte
J-4) Rüstung und internes Sicherungspotential
J-5) Internationale Beziehungen

3. Lebensqualität als gesellschaftliches Problem: der normative Gehalt des Begriffs der Lebensqualität

Die Bestrebungen, Lebensqualität mehrdimensional zu definieren und zu ermitteln, folgen aus der Erfahrung, daß angesichts der realen gesellschaftlichen Probleme eine Problematisierung der vorherrschenden und institutionalisierten gesellschaftlichen Wertvorstellungen erforderlich ist. Insofern ist die Diskussion um die Lebensqualität selbst bereits Ergebnis sich ändernder gesellschaftlicher Wertvorstellungen, die vom Markt übersehene Faktoren, das Marktergebnis und damit die gesellschaftliche Institution „Markt" selbst betreffen. Der Begriff der Lebensqualität ist geeignet, die Tatsache wieder bewußtzumachen, daß es für die Bestimmung der wünschenswerten Entwicklung unseres individuellen und gesellschaftlichen Lebens expliziter Wertentscheidungen bedarf. Dieses normative Problem ist ja in der Tradition der krypto-normativen Fixierung auf das Junktim Marktwirtschaft–Sozialprodukt–Wohlfahrt lediglich verdrängt, keineswegs aber aufgehoben worden.

Die mehrdimensionale Definition und Ermittlung von Lebensqualität mit Hilfe von SI-Systemen ist demgegenüber geeignet, den normativen Entscheidungsbedarf und den logischen Ort dieser Entscheidungen klarzumachen und so erheblich zur Rationalität auch im Umgang mit Wertungen beizutragen[33].

Um mit Hilfe eines SI-Systems zu einer Definition und empirischen Ermittlung des Standes und der Veränderung der Lebensqualität zu gelangen, müssen auf der normativen Ebene mindestens folgende Entscheidungen getroffen werden[34]: 1) Da es praktisch unmöglich ist, alle Aspekte des Lebens in einem SI-System zu erfassen, stellt sich das Selektionsproblem: Mit welchen SI aus welchen gesellschaftlichen Bereichen soll Lebensqualität gemessen werden? 2) Da eine bloße Ansammlung von SI gerade wegen der Vielzahl der gemessenen Tatbestände und der Maßeinheiten keine allgemeinen Aussagen und Gesamtzustandsvergleiche gestattet, sind die SI und SI-Gruppen durch relative Gewichtung vergleichbar zu machen (Gewichtungsproblem). 3) Eng verbunden damit ist das Bewertungsproblem im engeren Sinne: Wie sind die mit den einzelnen SI ermittelten verschiedenen möglichen empirischen Daten zu bewerten? Wo sind Zielwerte optimaler Situation zu veranschlagen oder Schwellenwerte, unterhalb deren Situationen als unbefriedigend gelten sollen (Mindestnormen des Umweltschutzes, des Arbeitsschutzes, des Einkommens sozial Schwacher, der Entwicklungshilfe usw.)?

Die Bewältigung dieser normativen Probleme erfordert neben einem hohen Stand empirischer Information und leistungsfähiger Theorie ein intellektuell geklärtes und explizit ausgewiesenes Zielsystem. Dabei haben auch logisch

---

[33] Vgl. *G. Weisser,* a. a. O. 15–104; *G. Myrdal,* Das Wertproblem in der Sozialwissenschaft (Bonn-Bad Godesberg ²1975); S. Katterle, a. a. O. 47ff.; *W. A. Jöhr,* Lebensqualität und Werturteilsstreit (Zürich 1974). [34] Vgl. *W. Elsner,* a.a.O. 81ff.

„letzte" Ziele und Wertentscheidungen keineswegs den Charakter rational undiskutierbarer Dogmen. Solche Wertentscheidungen sind nicht außerhalb und unabhängig von gesellschaftlichen Interessenlagen und Machtkonflikten in unserer Gesellschaft zu fällen; sie können nicht etwa von Wissenschaftlern oder Sachverständigen verbindlich getroffen werden. Vielmehr ist der Wertbildungsprozeß stets bezogen auf die Erfahrungswelt gesellschaftlicher Gruppen und unterliegt geschichtlichem Wandel[35]; deshalb wird die Definition, aber auch die Praktizierung, d.h. die Durchsetzung und Verbesserung von Lebensqualität, immer ein Prozeß gesellschaftlicher Auseinandersetzung sein[36]. Dies muß nicht heißen, daß der Einsatz für die Bestimmung und Praktizierung von Lebensqualität dazu verurteilt wäre, zwischen antagonistischen Interessen und nicht kompromißfähigen Gruppen zerrieben zu werden. Wenn die Tatsache der Unvermeidlichkeit und Legitimität gesellschaftlicher Auseinandersetzung um ein Konzept der Lebensqualität im öffentlichen Bewußtsein, d.h. von allen Beteiligten, akzeptiert wird (und auch im Selbstverständnis der Wissenschaftler ihren Stellenwert erhält), so ist die Befürchtung unangebracht, daß Rationalität und Fortschritt in der Diskussion um mehr Lebensqualität unmöglich sei.

Insofern die Bestimmung und Praktizierung von Lebensqualität ein klärender Prozeß ist, geht eine einfache, gleichsam „statische" Bedürfnisforschung, die nur die Widerspiegelung von Bestehendem erbringen kann, in diesen Fragen fehl[37]. Die Bestimmung von Lebensqualität als Prozeß ist vielmehr Motor auch für die Formulierung neuer Ziele und Bedürfnisse sowie für ein neues Problembewußtsein hinsichtlich des politischen Entscheidungsbedarfs, gesellschaftlicher Interessen und Macht, gesellschaftlicher Widerstände und politischer Strategien zur Durchsetzung eines Konzepts von Lebensqualität[38]. Und schließlich ist bereits die Art und Weise, in der der gesellschaftliche Prozeß der Bestimmung, Durchsetzung und Praktizierung von Lebensqualität gestaltet wird, welches Maß selbstbewußter Teilnahme der Bürger er ermöglicht und mobilisiert, ein Prüfstein für Lebensqualität: „Der demokratische Prozeß zur Findung und Durchsetzung von Lebensqualität ist Ausübung von Lebensqualität."[39]

---

[35] Vgl. *G. Myrdal,* Das politische Element in der nationalökonomischen Doktrinbildung (1932, Hannover 1963) 19ff., 135ff.

[36] Zum Beispiel *K.H. Becker – W. Belitz – W. Sohn – E. Wörmann,* Theologisch-sozialethische Überlegungen zur „Qualität des Lebens", in: Die Mitarbeit. Zeitschr. zur Gesellschafts- und Kulturpolitik 23 (1974) 154f.

[37] Vgl. *B. Badura,* Bedürfnisstruktur und politisches System. Macht, Kultur und Kommunikation in „pluralistischen" Gesellschaften (Stuttgart u.a. 1972); *K. Brede – W. Siebel,* Zur Kritik der Bedürfnisforschung, in: Leviathan. Zeitschr. f. Sozialwissenschaft 5 (1977).

[38] Vgl. *E. Eppler,* Maßstäbe für eine humane Gesellschaft: Lebensstandard oder Lebensqualität? (Stuttgart u.a. 1974) 44ff.; *R. Werner,* a.a.O. (s.o. Anm. 22) 138–149; *H.-D. Engelhardt* u.a., a.a.O. (s.o. Anm. 20) 57ff., 117ff.

[39] *E. Eppler,* a.a.O. 45; s. auch *K.H. Becker* u.a., a.a.O. 162ff.

4. Elemente eines Begriffs der Qualität des Lebens

Die inzwischen nicht wenigen Versuche zur inhaltlichen Bestimmung von Lebensqualität[40] sind im Sinne des bisher Gesagten jeweils Vorschläge und Diskussionsbeiträge, die sich der gesellschaftlichen Auseinandersetzung stellen; zugleich sind sie aber bereits wichtige Markierungen und vorwärtsweisende Konzepte, an denen sich die öffentliche Diskussion entwickeln kann. So sind auch die folgenden exemplarischen Überlegungen zu verstehen.

Ausgangspunkt ist die theoretisch, empirisch und normativ begründete Feststellung fundamentaler humaner Defizite in einem von privaten Gewinninteressen dominierten wirtschaftlichen und gesellschaftlichen System[41]. Bedürfnisse, deren Befriedigung keine attraktiven privatwirtschaftlichen Gewinnchancen verspricht, unterliegen im Kampf um die ökonomischen Ressourcen; ihre Träger verfügen nicht über wirksame Mechanismen der Bedürfnisentwicklung, -artikulation und -durchsetzung, sie bleiben strukturell benachteiligt. Eine empirisch feststellbare Folge ist das distributive Gefälle in der Zugangsmöglichkeit und im Versorgungsgrad mit privaten und sogar mit öffentlichen Gütern, das die sozialen Schichten entsprechend ihrer ökonomischen Verfügungsmacht privilegiert bzw. benachteiligt[42].

a) Bemerkungen zur Qualität der Arbeit

Immer mehr setzt sich die Erkenntnis durch, „daß die Qualität des Lebens mit der Qualität der Arbeit beginnt"[43]. Das herrschende Junktim (s.o.) setzt sich zuallererst und vor allem in der Arbeitswelt in Gestalt eines rigiden, äußerst engen Rentabilitäts- und Leistungsprinzips durch, das den Menschen auf wenige Funktionen reduziert[44]. Angesichts der herrschenden Orientierung am marktgängigen Produktionsergebnis (hier: Einkommen) und der Statuszuweisungsmechanismen über Einkommen und demonstrativen Konsum sowie angesichts des Mangels an bewußten Alternativen und an soziologischer Phantasie bei den Betroffenen wird das als Folge jener Organisation der Produktion erfahrene Arbeitsleid allerdings nicht als Arbeitsunzufriedenheit geäußert, sondern es wird verdrängt und in der Konsumaktivität (vergeblich) zu kompensieren versucht. Der Anspruch, Befriedigung, Persönlichkeitsentfaltung, Selbstverwirklichung im Arbeitsprozeß selbst zu erlangen – und die Möglichkeit, diesen

---

[40] Zum Beispiel *E. Eppler*, a.a.O.; *H.-D. Engelhardt* u.a., a.a.O.; *K. H. Becker* u.a., a.a.O.

[41] Zum Beispiel *J. K. Galbraith*, Gesellschaft im Überfluß 224ff.; *D. Schröder*, a.a.O. (s.o. Anm. 11) 125ff., 174ff.; *K. H. Becker* u.a., a.a.O. 154ff.

[42] Zum Beispiel *W. Zapf*, Lebensbedingungen.

[43] *E. Eppler*, a.a.O. 48.

[44] *Projektgruppe im WSI*, Grundelemente einer arbeitsorientierten Einzelwirtschaftslehre (Köln 1974) 47ff., 79ff., 157ff.

Anspruch solidarisch mit anderen in der gleichen sozialen Situation durchzusetzen –, wird als scheinbar unrealisierbar frühzeitig fallengelassen[45].

Dieser Widerspruch kennzeichnet nicht nur die Arbeitsweltforschung und kompliziert die Analysen von subjektiven Einstellungsindikatoren nicht nur hier[46]. Er macht zur Beschreibung und Analyse der tatsächlichen Qualität der Arbeit ein diffiziles System von Indikatoren, Kontrollindikatoren (z.B. gegenseitige Kontrolle erhobener objektiver Tatbestände und subjektiver Empfindungen) und Zieloperationalisierungen erforderlich, für die notwendiges Datenmaterial heute noch nicht im erforderlichen Umfang existiert.

Der beschriebene Widerspruch verhindert keinesfalls die Analyse von Privilegierungs-Benachteiligungs-Strukturen im Verhältnis von Kapital und Arbeit, von Interessenlagen und Interessenkonflikten; er verhindert nicht die Definition von alternativen, menschengerechten Leistungsbegriffen, von Mindest- und Zielgrößen der Arbeitsgestaltung und der sozialen Beziehungen beim Vollzug der Arbeit; er verhindert schließlich nicht die Formulierung von Durchsetzungsstrategien. Streng zu definieren und auch funktional zu begründen sind Interessen an Sicherheit der Arbeit, Sicherung der Arbeitsplätze, Humanisierung der Arbeit (Erweiterung und Rotation der Arbeit, horizontal-kooperative Organisation der Arbeit in teilautonomen Gruppen) und Mitbestimmung über Arbeitsbedingungen, -prozesse und -ergebnisse, an Einkommenssicherheit und gerechter Einkommensverteilung, optimaler Arbeitszeit und -intensität, sozialer Sicherung bei Krankheit, Arbeitsunfähigkeit und Alter, Qualifikation und Weiterbildung in beruflichen, gesellschaftlichen und privaten Rollen[47].

Es setzt sich die Erkenntnis durch, daß es eines kollektiv-solidarischen Konzepts der Emanzipation derjenigen bedarf, die strukturelle Abhängigkeiten und Benachteiligungen erfahren, um solche Zielvorstellungen im Sinne einer Humanisierung der Arbeitsinhalte und Demokratisierung der Arbeitsorganisation zu realisieren[48]. Alternative Entscheidungsstrukturen, Mitbestimmungsstrategien und Einübung von Solidarität haben in diesem Zusammenhang keineswegs nur Mittelcharakter, sondern Eigenwert als Ausdruck von Emanzipation[49]. Der beschriebene Widerspruch zwischen objektiver Situation und verbreiteter Bewußtseinslage bei vielen abhängig Beschäftigten verlangt aber auch, praktizierte Mitbestimmung und Solidarität nie als Emanzipationszustand, sondern als vorläufig erreichte Stufe eines Emanzipationsprozesses aufzufassen, d.h.,

---

[45] Zum Beispiel *K. H. Becker* u.a., a.a.O. 160f.; *K. Brede – W. Siebel*, a.a.O. 11ff.; *G. Betz*, a.a.O. (s.o. Anm. 26).

[46] Ausführlich *SOFI*, a.a.O. (s.o. Anm. 26).

[47] Vgl. z.B. *Projektgruppe im WSI*, a.a.O. 100–156.

[48] Vgl. ebd. 92ff.; *F. Vilmar* (Hrsg.), Menschenwürde im Betrieb (Reinbek 1973); *H. O. Vetter* (Hrsg.), Humanisierung der Arbeit als gesellschaftspolitische und gewerkschaftliche Aufgabe. Protokoll der Konferenz des DGB vom 16./17. Mai 1974 in München (Frankfurt a.M. – Köln 1974).

[49] Vgl. *K. H. Becker* u.a., a.a.O. 166f.; *Projektgruppe im WSI*, a.a.O. 243ff.

praktizierte Mitbestimmung als Einübung in erweiterte Mitbestimmung – allgemein: praktizierte Lebensqualität als Befähigung zur selbständigen Verbesserung der Lebensqualität – zu begreifen[50].

b) Bemerkungen zur Qualität der physischen Umwelt und zum Steuerungsdefizit der bestehenden Wirtschafts- und Gesellschaftsordnung

Für die gesellschaftliche Definition von Zielen, Indikatoren und Standards für die Gestaltung der physischen Umwelt liegen heute ebenfalls Ansätze vor[51]. Besondere Beachtung finden dabei die Probleme der natürlichen Umwelt, ihrer Belastung und ihres Schutzes. Für die meisten Probleme des Schutzes der Umwelt, für die zulässige maximale Inanspruchnahme (Verbrauch) dieser Ressourcen und die notwendigen Aktivitäten zu ihrer Erhaltung und Wiederherstellung sind Minimumstandards, Mindesttoleranzen, kritische Zonen usw. aufgrund wissenschaftlicher Erkenntnisse festlegbar. Auch hier stellen jedoch die Bewertung von Zuständen und die Entscheidung über die Art und Intensität des Schutzes der Ressourcen, über die dafür aufzuwendenden Kosten und deren gesellschaftliche Verteilung ein Problem dar, für das ein adäquater institutioneller Rahmen zur Entscheidungsfindung und -durchsetzung noch fehlt[52].

Ausschlaggebend dürfte eine grundlegende Veränderung des vorherrschenden Wertesystems sein: die Bereitschaft zur Inkaufnahme relativer Wachstumseinbußen und ein größeres Verantwortungsbewußtsein für die Begrenztheit der Lebensgrundlagen und für die Lebensqualität der künftigen Generationen[53].

Wird die Veränderung des herrschenden Wertesystems und der diesem entsprechenden Organisation der Produktion einschließlich der angewendeten Technologien nicht bewußt vorgenommen, so wird sie uns bei Fortsetzung der gegenwärtigen Entwicklung krisenhaft aufgedrängt werden. Dann könnte – unter dem Deckmantel von Sachzwängen der Krisenbewältigung – anstatt eines „Mehr" ein „Weniger" an Demokratie durchgesetzt werden[54].

Die Analyse der sozialen Kosten privater Wirtschaftstätigkeit deutet auf gewisse Grenzen der Problemlösungsfähigkeit der bestehenden Wirtschafts- und Gesellschaftsordnung hin. Bestimmendes Moment dürfte dabei eine ungleichgewichtige gesellschaftliche Funktions- und Machtverteilung sein: Der entscheidende Hebel für die wirtschaftliche Gesamtentwicklung, die Investitionen,

---

[50] Vgl. z. B. *G. Weisser*, a. a. O. (s. o. Anm. 23) 339ff.; *A. Rich*, Mitbestimmung in der Industrie. Eine sozialethische Orientierung (Zürich 1973).
[51] Zum Beispiel *W. Zapf*, Lebensbedingungen.
[52] Vgl. *E. Nowotny*, a.a.O. (s.o. Anm. 15) 133ff.; *K. W. Kapp – F. Vilmar*, a.a.O. 171ff.
[53] Vgl. *H.-D. Engelhardt* u.a., a.a.O. 19ff.
[54] *J. Strasser*, Die Zukunft der Demokratie. Grenzen des Wachstums – Grenzen der Freiheit? (Reinbek 1977) 58ff.

ist in die Dispositionsfreiheit privater Unternehmer und Kapitalorganisationen gegeben. Aus diesen Systembedingungen folgt als vorrangige Aufgabe der Wirtschaftspolitik, die Investitionsbereitschaft und den Expansionswillen der privaten Wirtschaftsführungen zu sichern und zu fördern. Eine solche Politik dürfte indes ein strukturelles Defizit an eigenständig steuernder Gestaltungsplanung aufweisen.

Erforderlich scheint demgegenüber die Anerkennung des gesellschaftlichen Charakters jeder wirtschaftlichen Entscheidung, insbesondere der Investitionsentscheidungen, sowie die Realisierung einer aufgrund umfassender gesellschaftlicher Kosten-Nutzen-Analysen konzipierten Strukturpolitik, die kritische Standards der ökologischen Stabilität und der Ressourcennutzung sowie Engpässe bei der Befriedigung öffentlicher Bedürfnisse zum Ausgangspunkt nimmt[55]. Dies impliziert eine gesellschaftspolitische Beeinflussung des Wachstums gemäß den Prioritäten einer „qualitativen" Wachstumskonzeption[56].

Die Artikulierung und Durchsetzung solcher gesellschaftlicher Prioritäten unter Bewahrung liberal-demokratischer Errungenschaften setzt die Institutionalisierung einer demokratisch strukturierten Planung unter Teilnahme der gesellschaftlichen Kräfte voraus. Entsprechende Institutionen könnten die erforderliche Aktionsfähigkeit des politischen Systems gegenüber dem ökonomischen System bei gleichzeitigem Ausbau von gesellschaftlichen Teilhaberechten ermöglichen[57].

c) Bemerkungen zum Erfordernis eines neuen Lebensstils

Max Weber kennzeichnete in seiner Studie über „Die protestantische Ethik und der Geist des Kapitalismus" (1905) die moderne kapitalistische Wirtschaftsordnung als „stahlhartes Gehäuse", das „den Lebensstil aller einzelnen, die in dieses Triebwerk hineingeboren werden – nicht nur der direkt ökonomisch Erwerbstätigen –, mit überwältigendem Zwange bestimmt". Unter dieser Ordnung „gewannen die äußeren Güter dieser Welt zunehmende und schließlich unentrinnbare Macht über den Menschen, wie niemals zuvor in der Geschichte". Diese Bemerkung macht deutlich, wie schwierig es in den entwickelten kapitalistischen Industriegesellschaften sein wird, dem Erfordernis nachzukommen, einen alternativen Lebensstil zu suchen, zu finden und durchzusetzen. Die Suche nach

---

55 Vgl. *D. Schröder*, a. a. O. (s. o. Anm. 11) 320ff.; *S. Katterle*, Infrastrukturpolitik und Wirtschaftsordnung, in: Gewerkschaftliche Monatshefte 22 (1971); *U. E. Simonis*, Kriterien qualitativen Wachstums, in: Vorgänge. Zeitschrift für Gesellschaftspolitik 16 (1977) Nr. 30, 46ff.

56 Vgl. *W. Glastetter*, a. a. O. (s. o. Anm. 2) 297ff.; *W. Meißner – N. Harting*, Gesellschaftliche Qualität des ökonomischen Wachstums, in: Vorgänge. Zeitschrift für Gesellschaftspolitik 12 (1973) Nr. 4, 85ff.

57 *S. Katterle*, Ökonomische und politische Aspekte zunehmender Staatstätigkeit, in: WSI-Mitteilungen 28 (1975) 224ff.; *Projektgruppe im WSI*, a. a. O. 266ff.

einem neuen Lebensstil bedingt den Versuch, „sich den Zwangsvorstellungen der ‚Wirtschaftsreligion', die fast die gesamte Menschheit beherrschen, zu entwinden"[58].

Die Forderung einer Veränderung der heutigen westlichen Lebensweise ist komplementär zu der Forderung struktureller Veränderungen unseres Wirtschaftssystems, im besonderen der Produktions- und Investitionsstruktur, der Einkommensverteilung und des Konsumverhaltens.

Bemühungen um einen neuen Lebensstil sind heute vorwiegend im Reproduktionsbereich zu finden, wo Gruppen von Menschen eine Umorientierung ihres Konsum- und Freizeitverhaltens, des politischen Verhaltens, der Wohnformen usw. anstreben[59]. Die solidarisch entworfenen und angestrebten Ziele beinhalten z.B. eine Begrenzung des Konsums und die Verlagerung der Konsumnachfrage auf umweltfreundliche und entwicklungsfördernde Güter sowie gemeinschaftliche oder genossenschaftliche Selbstversorgung anstelle der Versorgung über den Markt. Solche sozialen Experimente zur Konzipierung und Erprobung eines alternativen Lebensstils, die mit den Kräften kleiner Gruppen in Gang gesetzt werden, sind Versuche, „Einstellungen und Verhaltensweisen einzuüben, die eines Tages, soll die Menschheit eine Zukunft haben, die herrschenden werden sein müssen"[60].

Anreger und Träger des sozialen Wandels können möglicherweise auch die Kirchen werden, die erkannt haben, daß das zähe Streben nach dem heutigen Typ von Wohlstand einer der Gründe für die strukturelle Benachteiligung der wenig entwickelten Länder und für den dualistischen Charakter der Weltwirtschaft ist. Die Feststellung der Enzyklika „Populorum progressio" (1967), daß der internationale Wirtschaftsverkehr nach den Regeln des freien Wettbewerbs zwischen ungleichen Marktparteien zu wachsender Ungleichheit und „nur zu oft zu einer Wirtschaftsdiktatur führt", weshalb „das Grundprinzip des Liberalismus als Norm für die Handelsbeziehungen in Frage gestellt (ist)", wurde seither von vielen internationalen Konferenzen und Deklarationen wiederholt und hat zur Formulierung konkreter Forderungen der wenig entwickelten Länder für die Konzeption einer neuen Weltwirtschaftsordnung geführt.

Ehe ein größeres Maß an Solidarität zwischen reichen und armen Nationen in einer neuen Weltwirtschaftsordnung institutionalisiert werden kann, muß jedoch ein größeres Maß an Solidarität innerhalb der reichen wie der armen Nationen erreicht werden. Die von Egoismus und Konkurrenz als Ausdruck der kommerziellen Mentalität bestimmten Sozialbeziehungen in den kapitalistischen Ländern müßten verändert werden durch Sozialbeziehungen, in denen sich Gerechtigkeit und Brüderlichkeit ausdrücken. Die Sozialphilosophie, von

---

58 *E. F. Schumacher,* a.a.O. (s.o. Anm. 21) 61.
59 Siehe: „Alternative Lebensformen", Frankfurter Hefte – extra I (April 1978).
60 *H. Kunst – H. Tenhumberg* (Hrsg.), Soziale Gerechtigkeit und internationale Wirtschaftsordnung (München – Mainz 1976) 28.

der die westliche Industrialisierung getragen wurde, würde umgekehrt („umgekehrter Utilitarismus“[61]). Eine derartige Wandlung der Werte, die das gegenwärtige Wirtschaftssystem stützen, würde die Grundlagen der Wirtschaftspolitik verändern und müßte „das gegenwärtige System mit seinen Grundmotivationen Profit, Konkurrenz, materieller Fortschritt, freie Marktwirtschaft, Konsumdenken usw. verwerfen“[62].

Literatur

„Aufgabe Zukunft – Qualität des Lebens“. Beiträge zur 4. internationalen Arbeitstagung der Industriegewerkschaft Metall I–X (Frankfurt a.M. 1972).

K. H. Becker – W. Belitz – W. Sohn – E. Wörmann, Theologisch-sozialethische Überlegungen zur „Qualität des Lebens“, in: Die Mitarbeit. Zeitschr. zur Gesellschafts- und Kulturpolitik 23 (1974).

W. Dreier – R. Kümmel (Hrsg.), Zukunft durch kontrolliertes Wachstum. Ein interdisziplinärer Dialog (Münster 1977).

H.-D. Engelhardt – K. E. Wenke – H. Westmüller – H. Zilleßen, Lebensqualität – Zur inhaltlichen Bestimmung einer aktuellen politischen Forderung (Wuppertal 1973).

H.-D. Engelhardt (Hrsg.), Umweltstrategie. Materialien und Analysen zu einer Umweltethik der Industriegesellschaft (Gütersloh 1975).

E. Eppler, Ende oder Wende. Von der Machbarkeit des Notwendigen (Stuttgart 1975), überarbeitete Ausgabe als dtv-TB (München 1976).

G. Hartfiel (Hrsg.), Das Leistungsprinzip. Merkmale, Bedingungen, Probleme (Opladen 1977).

K. W. Kapp, Volkswirtschaftliche Kosten der Privatwirtschaft (Tübingen – Zürich 1958).

K. W. Kapp – F. Vilmar (Hrsg.), Sozialisierung der Verluste? Die sozialen Kosten eines privatwirtschaftlichen Systems (München 1972).

D. Schröder, Wachstum und Gesellschaftspolitik. Gesellschaftspolitische Grundlagen der längerfristigen Sicherung des wirtschaftlichen Wachstums (Stuttgart u.a. 1971).

E. F. Schumacher, Die Rückkehr zum menschlichen Maß. Alternativen für Wirtschaft und Technik (Reinbek 1977).

J. Wolff (Hrsg.), Wirtschaftspolitik in der Umweltkrise (Stuttgart 1974).

Siegfried Katterle/Wolfram Elsner

---

[61] *M. G. Adler-Karlsson*, Neue Lebensformen in den entwickelten Ländern, in: Die neue internationale Wirtschaftsordnung in der Diskussion (Schriftenreihe der Deutschen Gesellschaft für die Vereinten Nationen 21) (Bonn 1976).

[62] *S. L. Parmar*, Gibt die Neue Internationale Wirtschaftsordnung den Armen in der Welt Vorrang?, in: ZEE 21 (1977) 119.

II

Sozialethische Aspekte der Entwicklungshilfe

1. Die staatliche Entwicklungshilfedebatte

Die Entwicklungsproblematik, d.h. das Problem des spannungs- und konfliktreichen Verhältnisses zwischen Industriestaaten und Entwicklungsländern, ist älter als die Debatte um die Entwicklungshilfe der Staaten. Als der europäische Kolonialismus im vergangenen Jahrhundert Afrika und Asien zu politischen und wirtschaftlichen Einflußzonen Europas machte, die politische Emanzipation Südamerikas von den iberischen Kolonialmächten Spanien und Portugal das alte Feudalsystem in den südamerikanischen Nationalstaaten jedoch unangetastet ließ, war die Grundvoraussetzung für die wachsende Diskrepanz zwischen dem Wohlstand der Industrienationen und der Armut der Entwicklungsländer geschaffen. Diesen historischen Horizont hat staatliche Entwicklungshilfe nur in Ausnahmefällen wahrgenommen. Nach dem Zweiten Weltkrieg waren die Volkswirtschaften Europas weitgehend zerstört, entmutigt und ausgeblutet. Eine großzügige Finanzhilfe der USA, der sog. Marshallplan, führte den europäischen Volkswirtschaften das für einen wirtschaftlichen Wiederaufbau dringend benötigte Kapital zu, so daß das technische „Know-how" der europäischen Länder wieder mobilisiert werden konnte. Eine in der Geschichte der Weltwirtschaft beispiellose wirtschaftliche Entwicklung mit einem vergleichsweise hohen Lebensstandard für breite Schichten der Bevölkerung war das Ergebnis. Zudem erhöhte sich die soziale Sicherheit der Bevölkerung erheblich.

Die wirtschaftliche und soziale Situation der Länder Afrikas und Asiens, die ihre politische Unabhängigkeit nach dem Zweiten Weltkrieg erlangt hatten, fand in der ersten Dekade nach 1945 wenig Interesse. Das Nachkriegseuropa wie auch Japan waren völlig mit sich selbst beschäftigt. Erst gegen Ende der fünfziger Jahre wurden die wirtschaftlichen und sozialen Probleme der Entwicklungsländer zur Kenntnis genommen. Der Ruf nach Hilfe für diese Länder wurde laut. Die Konzeption, nach der in dieser frühen Phase Entwicklungshilfe geleistet wurde, war weitgehend von der Marshallplanhilfe und den daraus resultierenden Erfahrungen abgeleitet. Weil den Entwicklungsländern Kapital sowie technisches Wissen und Können fehlte, glaubte man durch „Kapitalhilfe" und „Technische Hilfe", d.h. durch Zur-Verfügung-Stellen von Kapital und die Entsendung von Fachkräften, die Entwicklungsländer zu befähigen, in relativ kurzer Zeit den Punkt eines sich selbst tragenden wirtschaftlichen Wachstums zu erreichen. Dabei ging man von der Voraussetzung aus, daß die Entwicklungsländer die verschiedenen Stadien des Entwicklungsprozesses von einer traditionalen Gesellschaft bis hin zu einer industriellen Konsumgesellschaft ebenso wie die Industriestaaten zu durchlaufen hätten. Die Investitionen von Kapital und „Know-how" sollten diesen Prozeß beschleunigen. Die arbeitsteilige industrielle Massenkonsumgesellschaft war das Leitbild der westlichen Entwicklungshilfe. Hinzu kam, daß mit der Entwicklungshilfe zugleich außenpolitische Interessen im Ost-West-Konflikt durchgesetzt werden sollten. Außenpolitisches Wohlverhalten (z. B. Nichtanerkennung der DDR) wurde durch Leistungen der öffentlichen Entwicklungshilfe honoriert.

In der zweiten Hälfte der sog. „ersten Entwicklungsdekade" der Vereinten Nationen (1959–1969) wurde die Kritik an dieser Form der Einzelprojekte immer lauter. Die Summe der Einzelprojekte hatte keine innovatorischen Wirkungen auf die Gesellschaft des jeweiligen Entwicklungslandes ausgelöst. Die Übertragung des Expertenwissens der ausländischen Fachkräfte auf die einheimische Bevölkerung erwies sich ohne eine wirkliche Berücksichtigung der kulturellen, religiösen, ethischen und sozialen Traditionen als unmöglich. Entwicklung wurde mehr und mehr als „sozialer Wandel" [1] verstanden, den es zu planen gelte. Nach dieser Konzeption sind folgende Forderungen zu berücksichtigen: Die konkrete sozio-kulturelle Situation muß Ausgangspunkt für das Bemühen sein, die wirtschaftliche Produktivität zu erhöhen; die Verhaltensweisen der Bevölkerung sollten in gezielter Weise durch Entwicklungshilfe beeinflußt werden; das Entwicklungsziel und die Wege sollten von den Eigenarten und Bedürfnissen der Bevölkerung her definiert werden. Entwicklungshilfe wurde somit zur Entwicklungspolitik als einer Strategie für gezielten sozialen Wandel. Regionale Entwicklungsprogramme oder sog. Verbundprogramme traten an die Stelle von Einzelprojekten.

Schließlich wurde die enge Verbindung von Entwicklungsförderung und internationalem Handel immer deutlicher. Die Forderungen der Entwicklungsländer in der 1964 gegründeten Weltkonferenz der Vereinten Nationen für Handel und Entwicklung (UNCTAD) nach einer Öffnung der Märkte der Industriestaaten für die Produkte der Entwicklungsländer („Handel statt Hilfe") wurden von Mal zu Mal energischer. Eine Bilanz der „ersten Entwicklungsdekade" zog die von der Weltbank eingesetzte Pearson-Kommission mit ihrem Bericht „Partners in Development"[2]. Als besonderer Mangel der Entwicklungshilfepolitik der Vergangenheit wurde die fehlende Konzeption und Koordination der bilateralen, multilateralen, staatlichen und privaten Hilfe angesehen. Auch wurde kritisiert, daß Kriterien der privatwirtschaftlichen Rentabilität und der politischen Opportunität überwiegend über die Vergabe der Hilfe entscheiden. Zudem hätten die Vergabekonditionen für die Kredite die Schul-

---

[1] *H. Besters – E. Boesch,* Entwicklungspolitik, Handbuch und Lexikon (Stuttgart – Berlin [1]1966).
[2] *L. B. Pearson,* Partners in Development (New York – Washington – London 1969).

denlast der Entwicklungsländer geradezu dramatisch erhöht. Der Zugang der Entwicklungsländer zu den Märkten der Industriestaaten sei nicht wesentlich erleichtert worden.

Die wichtigsten Empfehlungen des Pearson-Berichtes für die zweite „Entwicklungsdekade“ lauteten demzufolge: 1) Der Rahmen für einen freien internationalen Handel ohne Diskriminierung der Entwicklungsländer soll geschaffen werden; 2) ausländische Privatinvestitionen sollen gefördert und in die nationalen Entwicklungspläne der Entwicklungsländer eingeordnet werden; 3) zwischen Industriestaaten und Entwicklungsländern soll ein partnerschaftliches Verhältnis angestrebt werden; 4) das Volumen der Hilfe soll in den sog. Geberländern bis 1975 einen Anteil von 1% (öffentliche und private Mittel) des Bruttosozialprodukts erreichen, 0,7% des BSP soll die öffentliche Hilfe ausmachen; die Schuldenlast der Entwicklungsländer soll durch Umschuldungsmaßnahmen und Erleichterung der Kreditkonditionen verringert werden; 5) die Organisation der Hilfe soll effizienter, die Projekthilfe durch Programmhilfe ersetzt werden; 6) schließlich wird gefordert, dem Problem der Bevölkerungsexplosion durch gezielte Aufklärungs- und Familienplanungsmaßnahmen zu begegnen.

Die Bundesrepublik Deutschland legte im Februar 1971 eine eigene entwicklungspolitische Konzeption vor, die entscheidend von den Empfehlungen des Pearson-Berichtes und dem Strategiedokument der Vereinten Nationen aus dem Jahre 1970 bestimmt war. Als Ziel der Entwicklungspolitik wurde „die Förderung des wirtschaftlichen und sozialen Fortschritts der Entwicklungsländer in einem System weltweiter Partnerschaft“ angegeben, „um die Lebensbedingungen der Bevölkerung in diesen (sc. Entwicklungs-)Ländern zu verbessern ... Erfolg kann nur eine Entwicklungspolitik haben, die in Zusammenarbeit mit den Entwicklungsländern, den anderen Geberländern sowie internationalen Institutionen und Organisationen ständig den Ausgleich der Interessen aller Beteiligten erstrebt. Sie taugt nicht als Instrument kurzfristiger außenpolitischer Erwägungen.“[3] An anderer Stelle wird dabei hervorgehoben, daß wirtschaftspolitische Zusammenarbeit künftig „in der Form partnerschaftlicher Kooperation durchzuführen sein“ wird und daß „wirksame Entwicklungshilfe angewiesen (ist) auf die Zustimmung und Zusammenarbeit breiter Bevölkerungsschichten in Entwicklungsländern“. Hier kommt der eigentliche Adressat von Entwicklungsförderung erstmals in Sicht, der sonst in der staatlichen Entwicklungspolitik, die in aller Regel zwischen den jeweiligen Regierungen der Geber- und Empfängerländer verabredet wird, hinter großen nationalen Entwicklungsplänen verborgen bleibt. Es handelt sich um den bescheidenen Versuch, der Entwicklungspolitik einen leicht interventionistischen Akzent zu geben, damit

[3] Die entwicklungspolitische Konzeption der Bundesrepublik Deutschland für die Zweite Entwicklungsdekade (11. Februar 1971).

sie Instrument eines sozialen Fortschritts für die breiten Schichten der Bevölkerung werden kann.

Der Pearson-Bericht hatte an diesem Punkt äußerste Zurückhaltung geübt, wie er auch die politischen Probleme des Verhältnisses der Entwicklungsländer zu den Industriestaaten nur sehr vorsichtig angesprochen hatte, was ihm den Vorwurf eines technokratischen Dokumentes eintrug. In der Folgezeit mit ihren zunehmenden Spannungen zwischen Entwicklungsländern und Industriestaaten wie auch in den Entwicklungsländern selbst, wo die Kluft zwischen kleinen privilegierten Eliten und den Massen der Armen ständig größer wird, gewinnen diese politischen Fragen ein immer stärkeres Gewicht. Ist das gegenwärtige System der Weltwirtschaft überhaupt in der Lage, gleichberechtigte Partnerschaft zwischen Industriestaaten und Entwicklungsländern herzustellen? Wem nützt eigentlich die Entwicklungshilfe? Ist sie vielleicht ein retardierendes Moment in den notwendigen politischen und sozialen Transformationsprozessen in den Entwicklungsländern? Diese und ähnliche kritische Fragen stehen gegenwärtig im Vordergrund der entwicklungspolitischen Debatte.

2. *Entwicklungsländer und Industriestaaten im System der Weltwirtschaft*

1974 wurde von der Mehrheit der Vereinten Nationen die „Erklärung über die Errichtung einer neuen internationalen Wirtschaftsordnung" (New International Economic Order) sowie das dazugehörige Aktionsprogramm und die „Charta der wirtschaftlichen Rechte und Pflichten der Staaten" verabschiedet[4]. Die Meinungen über die Forderung nach einer neuen internationalen Wirtschaftsordnung gehen weit auseinander. So sehen nicht wenige Vertreter der westlichen Industriestaaten in diesem Katalog von Forderungen und Vorschlägen eine große Gefahr für den weltweiten freien Warenverkehr und Handel wegen dirigistischer Tendenzen. Andere sehen demgegenüber darin keine prinzipiell neuen Elemente und auch keine grundsätzliche Absage an das marktwirtschaftliche System des Welthandels, sondern notwendige Korrekturen zur Vermeidung der dauernden Abhängigkeit der wirtschaftlich schwächeren Partner, der Entwicklungsländer, von den Industriestaaten. Wieder andere halten den Ansatz dieser Forderung, die Entwicklungsländer fest in das System des internationalen Handels, allerdings zu für sie wesentlich günstigeren Bedingungen, zu integrieren für falsch, weil das eigentliche Entwicklungsproblem damit nicht gelöst werden könnte: die Beseitigung der Massenarmut in den Entwicklungsländern. Das durch den internationalen Handel bereitgestellte Warenangebot

---

[4] Die Neue Weltwirtschaftsordnung, in: Entwicklungspolitik. Materialien Nr. 49, hrsg. vom Bundesministerium für wirtschaftliche Zusammenarbeit (Bonn 1975).

sei nicht auf die elementaren Bedürfnisse der armen Massen ausgerichtet. Eine partielle Abkoppelung vom Weltwirtschaftssystem und eine Konzentration auf die eigenen Kräfte und Märkte mit ihrer speziellen Nachfragestruktur sei daher für die Entwicklungsländer erforderlich.

Es ist noch zu früh, ein abschließendes Urteil über Struktur und Funktion der neuen internationalen Wirtschaftsordnung zu geben. Eines steht jedoch fest: Die Entwicklungsländer anerkennen die interdependente Struktur der internationalen Wirtschaftsbeziehungen, sind aber entschlossen, sie zu ihren Gunsten zu verändern. Denn die gegenwärtigen Bedingungen sind für sie Ursache der wachsenden wirtschaftlichen und sozialen Kluft zu den Industriestaaten und der fortdauernden einseitigen Abhängigkeit von ihnen in wirtschaftlicher und politischer Hinsicht. Mit einem durch die Erfahrungen des Zusammenschlusses der erdölproduzierenden Länder im Umgang mit den rohstoffabhängigen Industriestaaten gestärkten Selbstbewußtsein wird eine Neuordnung in folgenden Bereichen gefordert:

1) Zusammenarbeit der Staaten auf wirtschaftlichem Gebiet auf der Basis der vollen, beständigen und unantastbaren Souveränität jedes Staates; 2) Sicherung der Einnahmen aus der Rohstoffausbeutung durch Ausübung der ständigen Souveränität über die natürlichen Ressourcen, die Festlegung von angemessenen und stabilen Preisen im Verhältnis zu den Preisen anderer Güter und die vermehrte Verarbeitung von Rohstoffen in den Ursprungsländern; 3) Ausweitung des allgemeinen Handels unter verstärkter Beteiligung der Entwicklungsländer durch verbesserten Zugang zu den Märkten der Industriestaaten auch für Fertigprodukte zwecks Veränderung der internationalen Arbeitsteilung; 4) Beteiligung der Entwicklungsländer am grenzüberschreitenden Gütertransport, Sicherung der Verkehrswege und besondere Erleichterungen für Länder ohne eigenen Zugang zum Meer; 5) Reform des internationalen Währungssystems und der Entwicklungsfinanzierung, um die Verschuldung der Entwicklungsländer abzubauen und ihre internationale Zahlungsfähigkeit zu erhöhen; 6) Erleichterung des Technologietransfers und Aufbau einer wissenschaftlich-technologischen Infrastruktur, um am technischen Fortschritt in angemessener Weise teilnehmen und eine an den eigenen Bedürfnissen orientierte Technik entwickeln zu können; 7) Kontrolle und Regulierung der Tätigkeit transnationaler Unternehmen durch Anpassung an die nationalen Entwicklungspläne und -ziele, zu welchem Zweck internationale Verfahrensregeln aufgestellt werden sollen; 8) Förderung einer diversifizierten Industrialisierung der Entwicklungsländer, auch von Exportindustrien; 9) Erhöhung der Nahrungsmittelproduktion in den Entwicklungsländern durch verstärkte Anstrengungen auf dem Gebiet der Ernährung und Landwirtschaft.

Dieser Forderungskatalog ist auf dem Hintergrund der derzeitigen Struktur des weltwirtschaftlichen Systems zu sehen, in dem die Industrieländer eindeutig größeren Nutzen aus den Tauschbeziehungen ziehen als die Entwicklungsländer. Zugleich ergeben sich aus dem höheren Entwicklungsniveau, der besseren Wirtschaftsstruktur und der unvergleichlich größeren Marktmacht der Industriestaaten entscheidende Vorteile im internationalen Handel, so daß die Entwicklungsländer immer in einer schwächeren und einseitig abhängigen Position sind. Zur Erklärung dieser die Entwicklungsländer diskriminierenden Situation werden verschiedene Theorien der internationalen Wirtschaftsbeziehungen herangezogen. Für die Vertreter der marxistischen Imperialismustheorie ist das kapitalistische Grundmuster der internationalen Wirtschaftsbeziehungen, die in der Kolonialzeit etabliert wurden, mit der Abhängigkeit der peripheren Länder von den wirtschaftlichen Metropolen die Ursache für die Benachteiligung der Entwicklungsländer. Nicht-marxistische Außenhandeltheoretiker versuchen mit den Theorien der komparativen Kostenvorteile, freilich in dynamischer Interpretation der klassischen Theorie D. Ricardos (1772–1823), den gleichen Sachverhalt zu erklären[5].

Trotz gegensätzlicher theoretischer Positionen kommen beide zu dem gleichen Ergebnis: Der Marktmechanismus in den internationalen Wirtschaftsbeziehungen ist allein nicht in der Lage, die Situation der Entwicklungsländer zu verbessern. Dazu sind die Startvoraussetzungen zu ungleich. Politische Entscheidungen sind notwendig, um die Rahmenbedingungen zugunsten der Entwicklungsländer zu verändern. Für die marxistischen Wirtschaftstheoretiker ergibt sich aufgrund ihres Ansatzes die Notwendigkeit, die internationalen Wirtschaftsbeziehungen nach dem Muster einer sozialistischen zentralen Verwaltungswirtschaft zu ordnen. Für die marktwirtschaftlich orientierten Theoretiker geht es darum, die Startbedingungen der Entwicklungsländer entscheidend zu verbessern, was ebenfalls mit einer Umverteilung der Einkommen und Macht verbunden ist. Die dadurch erreichte größere Startgerechtigkeit ermöglicht nach Meinung dieser Gruppe den Aufbau eines funktionierenden und leistungsfähigen marktwirtschaftlichen Systems mit einem höheren Maß an Leistungs- und Verteilungsgerechtigkeit im Verhältnis zwischen Industrie- und Entwicklungsländern.

Welche ordnungspolitische Zielvorstellung für die „neue internationale Wirtschaftsordnung" letztlich bestimmend wird, steht noch aus. Der vom Volumen her bescheidene Anteil der sozialistischen Länder am Welthandel macht es unwahrscheinlich, daß er sich in Zukunft nach sozialistischem Grundmuster vollziehen wird. Eines ist jedoch unbestritten: die Mehrheit der UNCTAD-Länder wird sich nicht mit bloß marginalen Änderungen des marktwirtschaftlichen Systems der Weltwirtschaft zufriedengeben[6]. Nach dem weit-

---

[5] Vgl. *Th. Dams* (Hrsg.), Entwicklungshilfe – Hilfe zur Unterentwicklung? (München – Mainz 1974).

[6] In diesem Zusammenhang ist auf den Druck jener Kräfte hinzuweisen, welche das asymmetrische Verhältnis zwischen den industriellen Machtzentren und den nicht-industriellen Peripherien struk-

gehenden Fehlschlag der bisherigen Welthandelskonferenzen (Neu-Delhi 1968, Sanitago de Chile 1972, Nairobi 1976) ist die Gefahr einer politischen Konfrontation zwischen Industriestaaten und Entwicklungsländern nicht mehr auszuschließen.

Für die Entwicklungspolitik ist damit eine neue Phase in der Zieldebatte erreicht. Entwicklungspolitik kann nicht mehr als eine Strategie zur Förderung des sozialen Wandels in den Entwicklungsländern unter Vermeidung sozialer Konflikte beschrieben werden. Entwicklungspolitik wird zu einer Gesellschafts- und Sozialpolitik im Weltmaßstab und im nationalen Bereich, die zugleich erhebliches Konfliktpotential enthält.

3. *Entwicklungspolitik als Strukturwandel*

Die Entwicklungstheorie wie die praktische Politik der vergangenen zwei Jahrzehnte war durch zwei Grunderwartungen bestimmt: durch gezielte Maßnahmen zur Steigerung des wirtschaftlichen Wachstums und des Bruttosozialprodukts würde eine ständig größer werdende Zahl der Menschen in den Entwicklungsländern am wirtschaftlichen und sozialen Fortschritt partizipieren. Je weniger politisch in den Warenaustausch zwischen Industriestaaten und Entwicklungsländern interveniert würde, desto schneller würde die qualifizierte Integration der Entwicklungsländer in das System der Weltwirtschaft gelingen. Sozialpolitische Rahmenbedingungen für die interne Verteilungsgerechtigkeit in den Entwicklungsländern sollten von solcher Art sein, daß sie nicht zu Hemmnissen für den freien Warenverkehr werden, da nur in einer wachsenden Wirtschaft das Sozialprodukt anders aufgeteilt werden könne.

Der von der liberalen, wachstumsorientierten Entwicklungstheorie erwartete Durchsickerungseffekt des Wohlstandes ist aber ausgeblieben. Der Sektor der „Marginalität", d.h. jener Teil der Bevölkerung, der an wirtschaftlichen, sozialen und politischen Entwicklungs- und Entscheidungsprozessen nicht beteiligt ist, ist vielmehr breiter geworden. Die soziale Diskrepanz zwischen Wohlstandsinseln und dem Hinterland in den meisten Entwicklungsländern sowie zwischen den städtischen Eliten und der Masse der Landbevölkerung hat sich ständig vergrößert. Ein entscheidender Faktor für dieses Ergebnis ist darin zu sehen, daß die wirtschaftliche und soziale Entwicklung sich nicht an den Grundbedürfnissen der armen Massen, sondern an den Interessen der privilegierten Schichten der jeweiligen Gesellschaft orientierte. Diese Schicht läßt je-

---

turell und ethisch nicht mehr länger für tragbar halten. Dabei wird der prinzipielle Zweifel an der Kraft des marktwirtschaftlichen Systems, diesen Zustand zu verändern, immer deutlicher artikuliert. Zum Ganzen vgl. *G. Heiduk*, Die weltwirtschaftlichen Ordnungsprinzipien von GATT und UNCTAD. Instrumente der Entwicklungspolitik, in: Internationale Kooperation 11 (Baden-Baden 1973).

weils nur so viel an wirtschaftlichem und sozialem Aufstieg zu, daß das generelle Vertrauen in die Funktionsfähigkeit des Systems nicht zerbricht[7].

Auf zwei verschiedenen Ebenen wird daher jetzt der Umverteilungsaspekt der Entwicklungspolitik, d.h. ihre strukturpolitische Zielrichtung, in den Vordergrund gerückt. Auf der Ebene der internationalen Beziehungen sollen die in der Formel von der „neuen internationalen Wirtschaftsordnung" zusammengefaßten Forderungen der Entwicklungsländer die Industriestaaten zwingen, sich zu entscheidenden strukturellen Änderungen des gegenwärtigen Weltwirtschaftssystems bereitzufinden, was natürlich für die nationale Gesellschafts- und Sozialpolitik der Industriestaaten erhebliche Probleme aufreißt und weitreichende Implikationen enthält.

Parallel dazu, oft im Gegensatz zu den politischen und wirtschaftlichen Führungskräften des eigenen Landes, wird in den Entwicklungsländern der Ruf nach einer radikalen Umorientierung der nationalen Wirtschafts- und Gesellschaftspolitik immer lauter: „Die bestehende Weltwirtschaftsordnung ist in erheblichem Maße für die Verarmung in den Entwicklungsländern verantwortlich. Der grundlegende Faktor liegt jedoch in den inneren Strukturen von Ungleichheit und Ausbeutung in den Entwicklungsländern selbst."[8] Dabei wird die „Aufholstrategie", nach der oft die eigenen Regierungen auf der internationalen Ebene ihr „bargaining" mit den Industriestaaten betreiben, unter Hinweis auf das interne Sozialgefälle prinzipieller Kritik unterzogen. Es wird bezweifelt, daß ein solches „Einholen" oder „Aufholen" die Lebensbedingungen der Armen in den Entwicklungsländern verbessert. Abgesehen von den ökologischen Grenzen, die dem Modell der Wohlstandskultur der Industriestaaten gesetzt sind, lassen auch die internen Verteilungsmechanismen und die nahezu ausschließlich an Gütervermehrung des industriellen Konsums orientierten wirtschaftspolitischen Ziele eine wirkliche Ausrichtung der Wirtschaft und Politik an den elementaren Bedürfnissen der Armen kaum zu: „In den Entwicklungsländern ist das ‚interne Einholen', d.h. die Verringerung des Unterschiedes zwischen Arm und Reich im eigenen Land, das Grundproblem. Man könnte dies durch eine Politik der sozialen Gerechtigkeit erreichen, in deren Rahmen Produktion, Investition, Konsum und Auswahl von Technologie unter dem Gesichtspunkt der Befriedigung der Grundbedürfnisse der Armen stünden."[9] Die Spannung zwischen einer Politik, die in erster Linie das wirtschaftliche Wachstum im Auge hat, und jener, die vordringlich an der Herstellung sozial gerechter Verhältnisse orientiert ist, soll dabei wie folgt überwunden werden: „Soziale Gerechtigkeit würde langfristig durch gesteigerte Produktivität und

---

[7] *Ch. Elliot*, Patterns of Poverty in the Third World (New York – Washington – London 1975).
[8] *S. L. Parmar*, Gibt die Neue internationale Wirtschaftsordnung den Armen in der Welt Vorrang?, in: ZEE 21 (1977) 108.
[9] Ebd. 109.

Einbeziehung der Massen in den Produktionsprozeß hohe Wachstumsraten sichern. Ein qualitativer Maßstab für Art und Zielgruppe der Produktion würde den gegenwärtig rein quantitativen ersetzen. Um diese Art des Wachstums zu erreichen, wird außerdem eine relativ restriktive Höchstgrenze für den Konsum der privilegierten Minderheit erforderlich sein, damit knappe Mittel in die Produktion lebensnotwendiger Güter umgelenkt werden können.“[10]

Eine solche Orientierung an den Grundbedürfnissen der armen Massen, die Forderung nach einer qualifizierten Beteiligung dieser Mehrheit an den politischen und wirtschaftlichen Prozessen sowie nach einer Begrenzung des privaten Konsums im Interesse einer Entwicklungspolitik, die nicht mehr dem alten utilitaristischen Grundsatz der Maximierung der Wohlfahrt und des Glücks für die größtmögliche Zahl der Menschen folgt, sondern soweit wie möglich menschliches Leiden zu reduzieren bzw. zu verhindern sucht, wird zu innenpolitischen Konflikten in den Entwicklungsländern führen. Die Mehrheit der Entwicklungsländer hat gegenwärtig noch nicht eine Gesellschaftsordnung, die diesem Ziel entspricht. So wird die auf der internationalen wie nationalen Ebene geforderte größere soziale Gerechtigkeit schmerzhafte Veränderungsprozesse in den bestehenden Macht- und Einkommensverhältnissen zur Folge haben.

Erhebliche strukturelle Transformationsprozesse sind auch für die Industriestaaten abzusehen. Die Entwicklungsländer wollen ihren Anteil an der industriellen Produktion in der Welt in den nächsten Jahren auf insgesamt 25% steigern. Sie wollen daher mit noch größerem Nachdruck als bisher auf eine generelle Öffnung der Märkte der Industriestaaten für alle Produkte der Entwicklungsländer drängen. Dieser Forderung können die Industriestaaten sich auf Dauer nicht verschließen. Strukturschwache Branchen und Wirtschaftsbereiche können dann nicht mehr durch sozialpolitisch begründete Erhaltungssubventionen gestützt werden. Vielmehr ist ein gezielter, von der Gesamtheit der Gesellschaft getragener Umstellungs- und Anpassungsprozeß für die frei werdenden Arbeitskräfte einzuleiten. Die Glaubwürdigkeit der marktwirtschaftlichen Ordnungspolitik steht hier auf dem Spiel. In dem Maße, in dem man die Liberalisierung des Welthandels und eine Diversifikation der industriellen Produktion der Entwicklungsländer befürwortet, ist im gleichen Maße die damit verbundene Umstrukturierung der Handelsbeziehungen zwischen Industriestaaten und Entwicklungsländern im Interesse einer verbesserten weltweiten Arbeitsteilung der industriellen Produktion erforderlich. Möglicherweise sind aber noch einschneidendere gesellschaftliche Umstellungsprozesse zu erwarten, die sich aus der wirtschaftlichen und ethischen Interdependenz von Industrie- und Entwicklungsländern ergeben. Massenarmut bei der Mehrheit der Menschen in der Welt und steigender Wohlstand und zunehmende Perfektionierung des Systems der sozialen Sicherheit bei einer vergleichsweise ge-

[10] Ebd.

ringen Zahl von Menschen stehen in einem offenen Widerspruch zu der allgemein akzeptierten sozialethischen Norm der sozialen Gerechtigkeit. So wie Freiheit unteilbar ist und jedes Privileg eine Beeinträchtigung von Freiheit ist, so ist soziale Gerechtigkeit unter den Bedingungen einer interdependenten Weltgesellschaft ebenfalls unteilbar. Das hat für die nationale Gesellschafts- und Sozialpolitik der Industriestaaten und ihre weitgehend utilitaristische Ausrichtung Konsequenzen[11]. Überlegungen zur Festlegung einer Obergrenze des Einkommens und der Wohlfahrt wie einer Untergrenze menschenwürdigen Lebens gehören in diesen notwendigen Prozeß der Überprüfung. Die quantitative Wachstumsideologie muß durch ein umfassender verstandenes Wohlfahrts- und Qualitätskonzept ersetzt werden, in dem der notwendigen weltweiten Solidarität z.B. durch entsprechende steuer- und sozialpolitische Maßnahmen Rechnung getragen wird.

4. *Die christlichen Kirchen und die Entwicklungsproblematik*

Der Entwicklungsproblematik und ihren sozialethischen Implikationen für das Zusammenleben der Menschen und Völker haben sich die christlichen Kirchen in den vergangenen Jahren in zunehmenden Maße und mit immer dringlicheren Tönen zugewandt. Schon relativ früh wurde sowohl im Ökumenischen Rat der Kirchen wie auch in der katholischen Kirche erkannt, daß die Entwicklungsfrage wesentlich mehr ist als ein ökonomisches oder Hilfsproblem. Zu Anfang der kirchlichen Entwicklungsdiskussion standen Überlegungen im Vordergrund, wie den notleidenden Menschen unmittelbar geholfen werden könnte. Mitte der sechziger Jahre verlagerten sich jedoch die Akzente. Nach wie vor sollte Hilfe nach dem Grundsatz vergeben werden, daß sie zur Selbsthilfe befähige. Aber die Frage nach den Ursachen von Armut und Not in den Entwicklungsländern, nach den politischen und sozialethischen Aspekten dieses Problems rückte in den Vordergrund.

Für die ökumenische Bewegung ist in diesem Zusammenhang die Weltstudienkonferenz für Kirche und Gesellschaft in Genf im Jahre 1966 von besonderer Bedeutung[12]. In Aufnahme der ökumenischen sozialethischen Zielvorstellung von der „verantwortlichen Gesellschaft" (I. Vollversammlung des Ökumenischen Rates der Kirchen 1948 in Amsterdam) sollte unter dem Eindruck der Ergebnisse eines weltweiten Studienprogramms zur Frage des raschen sozialen Wandels dieses „mittlere Axiom" ökumenischer Sozialethik fortgeschrieben werden. Die interdependente Struktur der wirtschaftlichen, politi-

[11] Vgl. *E. Eppler,* Ende oder Wende (Stuttgart 1975).
[12] „Appell an die Kirchen der Welt". Dokumente der Weltkonferenz für Kirche und Gesellschaft, hrsg. vom Ökumenischen Rat der Kirchen (Stuttgart [1]1967).

schen und sozialen Beziehungen zwischen den nationalen Gesellschaften in der Welt wurde thematisiert und konsequenterweise die auf die jeweilige nationale Gesellschaft begrenzte sozialethische Zielvorstellung von der „verantwortlichen Gesellschaft" national entschränkt. In dem Bericht der Sektion I „Wirtschaftliche Entwicklung in weltweiter Sicht" heißt es dann: „... die christliche Theologie (muß) das Verständnis des Menschenlichen als Kriterium zur Beurteilung des wirtschaftlichen und gesellschaftlichen Wandels darlegen und verteidigen. Gerade dies ist der Sinn des Gedankens von der ‚verantwortlichen Gesellschaft', welcher im christlichen Sozialdenken der vergangenen Jahre eine nützliche Rolle gespielt hat. Dieses kann ebenso fruchtbar auf internationale wie auf nationale politische, wirtschaftliche und gesellschaftliche Strukturen angewandt werden."[13]

Vertreter aus den Kirchen Afrikas, Asiens und insbesondere Lateinamerikas übten jedoch Kritik an der Theorie vom friedlichen sozialen Wandel im Zusammenhang der Entwicklungsproblematik. Sie bezweifelten, daß soziale Gerechtigkeit in den unterentwickelten Gesellschaften der Länder der sog. „Dritten Welt" ohne eine radikale Transformation der bestehenden nationalen Ordnungen und internationalen Abhängigkeitsverhältnisse erreicht werden könnte[14]. Das Konfliktpotential des Entwicklungsprozesses wurde erkennbar.

Für die Entwicklungsdiskussion der katholischen Kirche war die Enzyklika „Populorum progressio" (1967)[15] Papst Pauls VI. von entscheidender Bedeutung. Durch die Formel „Entwicklung ist der neue Name für Frieden" wurde die Entwicklungsproblematik in den Rang der Friedensethik erhoben und rezipiert. Zugleich wurde der traditionale, weithin statische Friedensbegriff, insofern er als bloße Abwesenheit von Krieg verstanden wurde, durch die Aufnahme sozial- und gesellschaftspolitischer Aspekte dynamisiert. Darüber hinaus wurde die Soziallehre der Kirche durch die Einbeziehung der Entwicklungsfrage, wie es auch schon in der Konstitution „Gaudium et spes" des Zweiten Vatikanischen Konzils angelegt war, nun noch in einem geographisch-politischen Sinne universalisiert. Im Herbst 1971 bestätigte die zweite Generalversammlung der Bischofssynode in Rom in ihrem Dokument „Die Gerechtigkeit in der Welt"[16] diesen universalen Einsatz für soziale Gerechtigkeit und sah ihn zugleich in der zentralen Sendungsaufgabe der Kirche begründet:

„Von daher erscheinen uns das aktive Engagement für die Gerechtigkeit und die Mitwirkung an der Umwandlung der Welt durchaus als konstitutive Dimension der Verkün-

---

[13] Ebd. 109.

[14] Vgl. *K.-H. Dejung*, Die Ökumenische Bewegung im Entwicklungskonflikt 1910–1968 (Studien zur Friedensforschung 11) (Stuttgart – München 1973) bn. 326ff.

[15] *Paul VI.*, Enzyklika „Populorum progressio" (Über die Entwicklung der Völker), in: HerKorr 21 (Freiburg i. Br. 1967) H. 5, 218–230.

[16] Gerechtigkeit in der Welt, in: HerKorr 26 (Freiburg i. Br. 1972) H. 1, 36–42.

digung des Evangeliums, nämlich der Sendung der Kirche zur Erlösung und Befreiung der Menschheit von jeglicher Unterdrückungsstiuation."[17]

Die IV. Vollversammlung des Ökumenischen Rates der Kirchen in Uppsala 1968 bekräftigte die globale Interpretation des sozialethischen Leitbegriffes „verantwortliche Gesellschaft", wie sie die Weltstudienkonferenz von Genf (1966) schon unternommen hatte.

„Da wir heute die Lage der Menschen in der ganzen Welt kennen und auch über die Mittel verfügen, gibt es keine Entschuldigung mehr. Es ist *eine* Welt, und die ungeheuren Ungleichheiten zwischen den Menschen verschiedener Nationen und verschiedener Kontinente sind so unentschuldbar wie die großen Unterschiede innerhalb von Nationen...

Christen wissen aus der Heiligen Schrift, daß Gott alle Menschen sich zum Bilde geschaffen hat und Christus für alle Menschen gestorben ist. Sie sollten in vorderster Front im Kampf gegen ein provinzielles, enges Gefühl der Solidarität stehen und sich dafür einsetzen, ein Bewußtsein für die Beteiligung an einer weltweiten verantwortlichen Gesellschaft mit Gerechtigkeit für alle zu schaffen."[18]

In Uppsala wurden zudem neben den endogenen auch die exogenen Faktoren der wirtschaftlichen und sozialen Diskrepanz zwischen Industrie- und Entwicklungsländern hervorgehoben, wenn die Armut der Entwicklungsländer nicht zuletzt auch als eine Folge der früheren kolonialen Abhängigkeitsstrukturen beschrieben wird: „Es ist notwendig, die politischen Strukturen dieser Nationen von allen Tendenzen einer wirtschaftlichen Ausbeutung oder Beherrschung ärmerer Nationen, die die Wirtschaften anderer Nationen schwächen, zu befreien."[19] Das war eine deutliche politische Akzentuierung der Entwicklungsproblematik, wie sie beispielsweise wenige Monate vorher auf der Beiruter Konferenz (21.–27.4.1968) nicht so zum Ausdruck kam, die von dem im Januar des gleichen Jahres gemeinsam von der katholischen Kirche und dem Weltrat der Kirchen gegründeten „Ausschuß für Gesellschaft, Entwicklung und Frieden" (SODEPAX) veranstaltet wurde. Dort wurde die Entwicklungsproblematik mehr als ein Modernisierungs- und Industrialisierungsprozeß mit den entsprechenden sozialen, wirtschaftlichen und kulturellen Begleitumständen verstanden[20].

Für die Frage nach dem Ziel und den Wegen des Entwicklungsprozesses waren die beiden vom Weltrat der Kirchen veranstalteten Konsultationen in Montreux 1970[21] und 1974 sowie die V. Vollversammlung des Ökumenischen Rates der Kirchen in Nairobi 1975 von erheblicher Bedeutung. Die schon in den früheren ökumenischen Stellungnahmen – das gleiche gilt für die entspre-

---

[17] Ebd. 37.
[18] Bericht aus Uppsala 1968, ÖRK (Genf 1968) 46.
[19] Ebd. 50.
[20] Weltweite Entwicklung (Genf 1968) 12f. und 29–32.
[21] *P. M. Gruber,* Ungerechte Fesseln öffnen (Genf 1970).

chenden Dokumente der katholischen Kirche – kritisierte ökonomische Verengung der Entwicklungsfrage als eines wirtschaftlichen Wachstumsprozesses wurde konsequent weitergeführt. Montreux 1970 definierte unter dem Einfluß des indischen Nationalökonomen Samuel L. Parmar das Ziel der Entwicklung wie folgt: „Das Hauptziel der Entwicklung muß in drei untereinander zusammenhängenden Teilzielen gesehen werden, nämlich Wirtschaftswachstum, Eigenständigkeit und soziale Gerechtigkeit, wobei von diesen dreien die Gerechtigkeit an erster Stelle steht."[22] Darüber hinaus wurde Entwicklung als ein „vielseitiger, sämtliche Lebensbereiche erfassender Prozeß"[23] verstanden, der zudem nicht nur die Entwicklungsländer betrifft, sondern für alle Gesellschaften gilt. Als besonders dringlich wurde hervorgehoben, daß in den reichen Industrieländern als den eigentlichen Machtzentren ein Bewußtseinswandel stattfindet, damit dort die Verantwortung für das Schicksal der Entwicklungsländer wächst.

Auf der zweiten Konferenz von Montreux (1974) kam ein neuer Akzent in die Diskussion. Die Vorstellung, von den Zentren wirtschaftlichen Wachstums in den Entwicklungsländern würde der Wohlstand gleichsam zu den Peripherien des Landes allmählich durchsickern und so die breite Mehrheit erfassen, hatte sich als illusorisch erwiesen[24]. Die politischen und wirtschaftlichen Eliten in den städtischen Ballungszentren sowie die von ihnen kontrollierten Machtstrukturen verhinderten einen solchen Ausbreitungseffekt. Daher wurde gefordert, daß die breiten Massen der Armen sich selbst organisieren und für eine Änderung der bestehenden Verhältnisse kämpfen müssen. Die Kirchen müßten in dieser Sache für die Armen Partei ergreifen und sie aktiv in ihrem Kampf unterstützen. Die Armen sollen das Subjekt der Entwicklung, die im wesentlichen als Befreiung von wirtschaftlicher, sozialer, politischer und kultureller Abhängigkeit verstanden wird, werden.

In Nairobi, auf der V. Vollversammlung des Ökumenischen Rates der Kirchen, wurde dieser Akzent aufgenommen und unterstrichen, wenn es in dem Bericht der Sektion VI „Menschliche Entwicklung: die Zwiespältigkeit von Macht und Technologie und die Qualität des Lebens" heißt: „Auch in den Entwicklungsländern entstehen Aktionsgruppen. Sie entstehen in einem Kontext, wo sie für ihren Kampf aus ihrer Kultur, ihrer Geschichte, ihren Bestrebungen und Hoffnungen Kraft und Energie ziehen können. Voraussetzungen für die Ausübung von Macht durch das Volk sind u.a., Abhängigkeit und Herrschaft zu erkennen und zu überwinden, Klarheit über die Ziele und Bereitschaft, sich zu organisieren und zu handeln. Für letzteren scheint eine Politik der Solidarisierung aller unterprivilegierten Schichten der Gesellschaft erforderlich."[25]

---

[22] *Ch. I. Itty*, Die Entwicklungsdiskussion in der Ökumenischen Bewegung, in: Entwicklungshilfe – Hilfe zur Unterentwicklung?, hrsg. von Th. Dams (München – Mainz 1974) 191.
[23] *P. M. Gruber*, a.a.O. 112. [24] Vgl. *Ch. Elliot*, a.a.O. 383ff.
[25] Bericht aus Nairobi 1975, hrsg. von Krüger – W. Müller-Römheld (Frankfurt a.M. 1976) 112.

5. Die sozialethischen Leitvorstellungen in der Entwicklungsdebatte der christlichen Kirchen

Die ökumenische Sozialethik wie auch die Soziallehre der katholischen Kirche haben durch die Entwicklungsproblematik wichtige Impulse erhalten, wie umgekehrt die Entwicklungsdiskussion in den Kirchen durch die jeweiligen sozialethischen Traditionen einen orientierenden Rahmen bekam. Das „mittlere Axiom" der ökumenischen Sozialethik, das in Amsterdam (1948) entwickelte Konzept der „verantwortlichen Gesellschaft", war eindeutig durch Ordnungsvorstellungen bestimmt, die aus der liberalen rechtsstaatlichen demokratischen Tradition stammten. Die politischen, sozialen und wirtschaftlichen Rahmenbedingungen der Gesellschaft sollten so beschaffen sein, daß der verantwortlich handelnde Mensch in seiner Freiheit und Menschenwürde nicht beeinträchtigt, sondern bestätigt wird. Offenkundig spielten die negativen Erfahrungen mit den totalitären Staats- und Gesellschaftsordnungen der unmittelbaren Vergangenheit bei diesen Überlegungen eine Rolle. Die Gesellschaft selbst wurde als ein pluralistisches, die allgemeine Wohlfahrt ermöglichendes Ordnungsgefüge verstanden, in dem der größtmöglichen Zahl von Menschen ein Höchstmaß an Wohlfahrt und Glück sowie Raum für verantwortliche Entscheidungen gewährt werden soll. Der freiheitliche und demokratische Wohlfahrtsstaat war das bestimmende Leitbild.

Das Leitbild von der „verantwortlichen Weltgesellschaft" (Genf 1966, Uppsala 1968) nahm diese sozialethische Zielvorstellung auf, führte sie aber über die nationalen Grenzen hinaus. Die universale politische und soziale Verantwortlichkeit der Christentheit wurde schöpfungstheologisch und christologisch begründet, indem auf das Bekenntnis zu dem einen Schöpfergott, der sich in Christus als der Vater aller Menschen offenbart hat und dessen rettendes und segnendes Handeln niemanden ausschließt, hingewiesen wird[26]. Parallel dazu wird unter Hinweis auf die zunehmende wechselseitige politische, wirtschaftliche und soziale Interdependenz der Staaten und Völker die Notwendigkeit einer Weltgesellschafts- und Weltinnenpolitik begründet. Beide Begründungszusammenhänge erfordern ein solidarisches Handeln von Christen und Völkern auf der nationalen wie internationalen Ebene, damit soziale Gerechtigkeit weltweit Gültigkeit erlangt. Unter sozialer Gerechtigkeit wird dabei verstanden: größere Chancengleichheit, gerechtere Verteilung des Sozialprodukts, Verlagerung wirtschaftlicher und politischer Macht von den wenigen auf die vielen.

[26] In der katholischen Entwicklungsdiskussion hatte das Zweite Vatikanische Konzil in seiner Konstitution „Gaudium et spes" (Die Kirche in der Welt von heute) den Begriff der Menschenwürde in den Mittelpunkt gerückt und diese im Blick auf die notwendigen Umwandlungen in Technik, Kultur, Wirtschaft und Politik als „brüderliche Gemeinschaft aller" entfaltet. Dem Verständnis der Menschheit als der universalen „Familie Gottes" soll die politische und soziale Ordnung entsprechen, die es zu errichten gilt.

Die Betonung der sozialethischen Norm „soziale Gerechtigkeit", so unbestimmt sie im einzelnen auch sein mag, wie auch das integrale Verständnis von Entwicklung haben bewirkt, daß in der christlichen Entwicklungsdiskussion die Gleichsetzung von wirtschaftlichem Wachstum und Entwicklung kritisch hinterfragt wurde: „Entwicklung ist nicht einfach gleichbedeutend mit wirtschaftlichem Wachstum. Wahre Entwicklung muß umfassend sein, sie muß den ganzen Menschen im Auge haben und die gesamte Menschheit..."[27]

Aber nicht nur die sozialethische Norm der sozialen Gerechtigkeit und das integrale Entwicklungsverständnis trugen zur Erweiterung der Perspektive von Entwicklung bei. Die in der postkolonialen Emanzipationsphase deutlich hervortretende Hinwendung zu den eigenen sozialen und kulturellen Werten läßt den Gedanken der *Eigenständigkeit* und Selbstverantwortung (Self reliance) bei den Völkern der sog. Dritten Welt immer stärker in den Vordergrund treten. Die Beseitigung von Armut, Not und Ungerechtigkeit wurde weiterhin nachdrücklich gefordert. Aber die Sozialordnung, die man anstrebte, sollte nicht die bloße Kopie eines liberalen oder sozialistischen Wohlfahrtsstaates sein. Der eigene Weg sollte gewählt und die eigenen Kräfte sollten entfaltet werden. „In einem ganz fundamentalen Sinn kann das zentrale Ziel als ‚Entwicklung aus eigener Kraft' bezeichnet werden."[28] Nur wenige verstehen darunter die totale Emanzipation von dem Wohlfahrtskonzept der technisch-industriellen Zivilisation. Die meisten Stimmen von Christen aus Entwicklungsländern lassen erkennen, daß eine partielle und gezielte Übernahme von gesellschafts- und sozialpolitischen Ordnungselementen der technisch-industriellen Zivilisation durchaus beabsichtigt ist. Es wird eine Vermittlung der eigenen Tradition mit den Möglichkeiten der Gegenwart angestrebt, um das wichtigste Ziel zu erreichen: die Beseitigung der Massenarmut.

Unter dem Einfluß insbesondere der lateinamerikanischen Dependenztheoretiker H. F. Cardoso, O. Sunkel, R. Stavenhagen, C. Furtado u. a. wurde zu Beginn der siebziger Jahre ein neuer Aspekt in der ökumenischen Entwicklungsdebatte erörtert: *Entwicklung als Befreiungsprozeß.* Während die oben erwähnten Autoren die Abhängigkeit der Entwicklungsländer von den Industriestaaten unter Zuhilfenahme der neo-marxistischen Imperialismustheorie in erster Linie unter politischen und ökonomischen Kriterien beschrieben, wurde im ökumenischen Bereich die Abhängigkeit umfassender gesehen. Danach sind Strukturen der Abhängigkeit in den Entwicklungsländern auf verschiedenen Ebenen anzutreffen: der wirtschaftlichen, politischen, kulturellen und zivilisatorischen. Diese Abhängigkeiten und die sie begünstigenden nationalen wie internationalen Macht- und Herrschaftsverhältnisse werden als

[27] *Paul VI.*, Enzyklika „Populorum progressio" (Über die Entwicklung der Völker) Nr. 14.
[28] *S. L. Parmar*, Entwicklungsprozeß und Entwicklungsziele – Zielsetzungen und Entwicklungsprojekte, in: *P. Gruber*, a. a. O. 43.

die eigentlichen Hindernisse für eine Beseitigung von Massenarmut, Ungerechtigkeit und Ausbeutung angesehen. „Wenn man das Problem der Ungerechtigkeit, Abhängigkeit und Armut von den politischen Entscheidungszentren aus anpacken will, dann muß man sich ernsthaft bemühen, von Strukturen loszukommen, die auf interner und externer Herrschaft aufgebaut sind. Das sind Strukturen, die ein Wirtschaftswachstum aufgedrängt haben, das in Lateinamerika nicht zum Nutzen der Menschen, sondern vielmehr zu ihrer Verarmung beigetragen hat ... Deshalb ist Befreiung eher ein Prozeß (als ein Konzept oder Ziel), der auf erhöhtes Selbstbewußtsein und Selbständigkeit ausgerichtet ist. Sie sind tatsächlich eine unerläßliche Vorbedingung für den Entwicklungsprozeß."[29]

Die Humanisierung der gesellschaftlichen und sozialen Lebensbedingungen der durch Massenarmut und Abhängigkeitsstrukturen entstellten Entwicklungsländer kann hiernach nicht in einer noch so großen Hilfeleistung von seiten der Industrienationen geschehen, abgesehen davon, daß deren politische und wirtschaftliche Interessenlage eine solche Anstrengung auch wohl nicht erwarten läßt. Vielmehr wird in einem bewußten und konflikträchtigen Emanzipationsakt der in ihrem Recht und ihrer Menschenwürde verletzten Massen von den sie diskriminierenden Herrschafts- und Abhängigkeitsstrukturen Entwicklung überhaupt erst als möglich angesehen. Das aber ist gleichbedeutend mit einer radikalen Transformation der bestehenden Gesellschafts- und Wirtschaftsordnung wie auch der sie bestimmenden Normen und Werte.

Theologisch wird die Forderung nach Humanisierung und Befreiung mit dem Hinweis auf die befreiende Macht des Evangeliums und das Veränderungspotential der christlichen Hoffnung, die eine Hoffnung für den konkreten Menschen und die konkrete Gesellschaft ist, begründet. Die Interpretation von Lk 4, 16–21 spielt hier eine zentrale Rolle.

Nicht selten läßt sich ein zuwenig differenziertes und kritisches Urteil über die wirtschaftlichen, politischen und sozio-kulturellen Bedingungen staatlichen und menschlichen Lebens feststellen, so daß nicht ganz der Eindruck eines gesellschaftlichen und sozialen Utopias als Zielvorstellung vermieden werden kann. Dennoch hat die Betonung der politisch-ökonomisch bzw. theologisch begründeten emanzipativen und humanisierenden Elemente das Entwicklungsverständnis selbst um einen wichtigen Aspekt erweitert.

Ausgelöst durch diese Überlegungen wurde eine intensive Diskussion über die Frage, wer das eigentliche Subjekt des Entwicklungsprozesses sei. Hatte man in der ersten Entwicklungsdebatte noch weitgehend auf die Experten des Auslands, die eigenen Regierungen und politischen, wirtschaftlichen und sozialen Eliten als Agenten des im wesentlichen als Modernisierung verstandenen Wan-

---

[29] *J. de Santa Ana*, Was die Entwicklung fordert. Eine lateinamerikanische Stellungnahme, in: *R. D. N. Dickinson*, Entwicklung in ökumenischer Sicht (Frankfurt a. M. 1975) 96f.

dels vertraut, so ließ der ständig breiter werdende Sektor der Armut Zweifel an dieser Vorstellung aufkommen. Die Interessengebundenheit des Handelns dieser Personen- und Gesellschaftsgruppen wurde erkannt. Daher fiel der Blick auf die eigentlichen Opfer der Entwicklungsmisere, die *Masse der Armen.* Sie müssen aus ihrer Objektsituation herausgeführt und zu Subjekten des Entwicklungsprozesses werden, d.h., sie müssen sich organisieren und ihre politische, wirtschaftliche und soziale Partizipation an den entsprechenden Entscheidungs- und Machtstrukturen erkämpfen. „Sobald das Verhältnis zwischen Macht und Armut gesehen wird, fällt die ganze Strategie der Veränderung von oben; Druck von unten ist der einzige Weg, die Verantwortlichen aufzuschrecken, damit sie auf die Forderungen nach Gerechtigkeit reagieren..."[30]

Die Armen und ihre elementaren Lebensbedürfnisse werden nunmehr zum Orientierungsrahmen für das Handeln im Zusammenhang der Entwicklungsproblematik. Folgerichtig fordert daher Nairobi 1975 die Mitgliedskirchen und Christen auf, „sich mit allen zusammenzuschließen, die ebenfalls die Aufgabe angepackt haben, die Armen im Kampf gegen Armut und Ungerechtigkeit zu organisieren..."[31] Die damit von Kirchen und Christen geforderte kämpferische Solidarität mit den Armen wirft über die sozialethischen Probleme hinaus die Frage nach Rolle und Auftrag der Kirche und ihr Verhältnis zur Armut auf, das zu erörtern den Rahmen dieses Beitrages sprengen würde.

Auf die Kirchen kommen neue und schwerwiegende ekklesiologische Probleme zu, wenn die Stellung zur Armut gleichsam konstitutive Bedeutung für die Bestimmung des Wesens der Kirche erhält.

Einen neuen Impuls bekam die ökumenische Entwicklungsdebatte durch die Aufnahme der ökologischen Einsichten von den knappen Ressourcen auf dieser Erde. Die vorher schon kritische Haltung gegenüber quantitativen Wachstumsideologien wurde hierdurch noch verstärkt. Auch sorgte die Orientierung an den elementaren Lebensbedürfnissen der Armen als Zielrahmen für die Entwicklungsstrategie der Kirchen dafür, daß heute von einer Art „umgekehrten Utilitarismus"[32] gesprochen werden kann, indem nicht mehr die unbegrenzte Steigerung der Wohlfahrt und des Glücks aller, sondern die Verringerung menschlichen Leidens im Rahmen des Möglichen angestrebt wird. In diesem Zusammenhang werden neben alternativen Konzepten zur rein quantitativ verstandenen Lebensqualität auch Überlegungen zu einer gesetzlich festzulegenden Sicherung von Minimaleinkommen und Begrenzung von Maximaleinkommen zum Zweck eines internationalen Umverteilungsprozesses angestellt[33]. Jedoch

---

[30] *S. L. Parmar,* Kernpunkte der Entwicklungsdebatte (Frankfurt 1975) 126.
[31] Bericht aus Nairobi 1975 101.
[32] *Th. Strohm,* Die sozialethische Bedeutung der UN-Charta der wirtschaftlichen Rechte und Pflichten der Staaten, in: ZEE 21 (1977) 103.
[33] Vgl. *H. Kunst – H. Tenhumberg* (Hrsg.), Soziale Gerechtigkeit und internationale Wirtschaftsordnung (München – Mainz 1976) 25ff.; Bericht aus Nairobi 1975 120.

bewegen sich diese Gedanken noch sehr im Allgemeinen. In der Ökumenischen Bewegung wird im Zusammenhang des in Nairobi 1975 beschlossenen Studienprojektes der „gerechten, partizipatorischen und überlebensfähigen Gesellschaft“ (just, participatory und sustainable society) der Versuch unternommen, einen gemeinsamen sozialethischen Rahmen für die Entwicklungs-, Verteilungs- und ökologische Problematik im Zusammenleben der Menschen zu finden. Wieweit das gelingt, ist jedoch noch offen.

6. Die Entwicklungsproblematik als internationale „soziale Frage“

Schon Johannes XXIII. hatte davon gesprochen, daß der Ausgleich des wirtschaftlichen und sozialen Gefälles zwischen den Völkern die „soziale Frage“ unserer Zeit sei. Paul VI. knüpfte an diese Vorstellung in der bereits mehrfach erwähnten Enzyklika „Populorum progressio“ an, wenn er betont, daß die umfassende Entwicklung der ganzen Menschen und der ganzen Menschheit „wurzelt in der natürlichen und übernatürlichen Bruderschaft der Menschen, und zwar in dreifacher Hinsicht: in der Pflicht zur Solidarität, zur Hilfe, die die reichen Völker den Entwicklungsländern leisten müssen; in der Pflicht zur sozialen Gerechtigkeit, nämlich in der Beseitigung dessen, was an den Wirtschaftsbeziehungen zwischen den mächtigen und schwachen Völkern ungenügend ist; in der Pflicht zur Liebe zu allen, die im Bemühen um eine menschlichere Welt für alle besteht, in der alle geben und empfangen sollen, ohne daß der Fortschritt des einen ein Hindernis für die Entwicklung des anderen ist“[34]. Ähnlich haben sich die evangelische und katholische Kirche in der Bundesrepublik Deutschland in ihren Erklärungen zu der III. und IV. Welthandelskonferenz in Santiago de Chile (1972) und Nairobi (1976)[35] geäußert.

Die mit der Geschichte des Begriffes „soziale Frage“ verbundenen Vorstellungen, Assoziationen und Erfahrungen bilden eine brauchbare Folie, auf der insbesondere die politische Dimension der Entwicklungsproblematik und das darin enthaltene Konfliktpotential sichtbar gemacht werden können. Die soziale Frage des 19. und beginnenden 20. Jahrhunderts war auch keine Arbeiterernährungsfrage. Es ging vielmehr um die gesellschaftliche und politische Integration der Arbeiter in die bürgerliche Gesellschaft. Ohne die Selbstorganisation der Arbeiterschaft in Gewerkschaften und Parteien, die ihre Interessen kämpferisch

[34] *Paul VI.*, Enzyklika „Populorum progressio“ (Über den Fortschritt der Völker) Nr. 44.
[35] „Partner in der Weltwirtschaft“, Erklärung der Kirchen in der Bundesrepublik Deutschland zur 3. Konferenz der Vereinten Nationen für Handel und Entwicklung (UNCTAD III), hrsg. von der Arbeitsgemeinschaft Kirchlicher Entwicklungsdienst und dem Katholischen Arbeitskreis Entwicklung und Frieden (Bonn 1972); „Soziale Gerechtigkeit und internationale Wirtschaftsordnung“, Memorandum der Gemeinsamen Konferenz der Kirchen für Entwicklungsfragen aus Anlaß der 4. Konferenz der Vereinten Nationen für Handel und Entwicklung (UNCTAD IV) (Bonn 1976).

vertraten, wäre diese Integration und Beteiligung an den politischen, sozialen und wirtschaftlichen Entscheidungsprozessen von Staat und Gesellschaft kaum erreicht worden. Die historisch-konkrete Bestimmung allgemeiner sozialethischer Normen, wie soziale Gerechtigkeit und menschliche Solidarität, ist immer auch Ergebnis gesellschaftlich-politischer Konflikte und nicht nur institutionalisierter Reflex tradierter und bereits anerkannter ethischer Grundanschauungen.

In den Auseinandersetzungen zwischen Industriestaaten und Entwicklungsländern beispielsweise heute um eine neue internationale Wirtschaftsordnung ist daher die Reform der internationalen Wirtschaftsordnung auch nur so möglich, daß die Benachteiligten kollektiv ihre Interessen durchzusetzen versuchen. Beim Aufbau einer sozial gerechteren Ordnung in den eigenen Staaten und Gesellschaften der Entwicklungsländer gilt das gleiche für das Verhältnis zwischen der Masse der Armen und den wenigen Privilegierten. Für die christliche sozialethische Diskussion der Entwicklungsproblematik bedeutet das den Verzicht auf eine harmonistische Interpretation des Versöhnungsgedankens. Vielmehr muß die dialektische Spannung zwischen Ausgleich und Konflikt, Versöhnung und Parteilichkeit im Engagement der Kirchen und Christen für weltweite soziale Gerechtigkeit begrifflich und praktisch durchgehalten werden.

Die Vergleichbarkeit der historischen Analogie der sozialen Frage des vergangenen Jahrhunderts mit dem gegenwärtigen Problem der wirtschaftlichen, sozialen und politischen Diskrepanz zwischen Industriestaaten und Entwicklungsländern hat jedoch auch ihre Grenzen: so gibt es zur Zeit auf internationaler Ebene weder eine hinreichende Selbstorganisation und Interessenvertretung des Faktors Arbeit, noch existiert eine dem nationalen Rechtsstaat vergleichbare Autorität, welche die Eroberung und Nutzung von Marktmacht wirksam begrenzen und sie den fundamentalen Forderungen sozialer Gerechtigkeit unterwerfen könnte.

Auch ist der Integrationsprozeß der Entwicklungsländer in die technisch-industrielle Weltgesellschaft ungleich komplexer und differenzierter als ein sozialer und politischer Integrationsprozeß auf nationaler Ebene. Bedenkt man, daß parallel zu dem internationalen Integrationsprozeß der konfliktreiche Partizipations- und Integrationsprozeß der Masse der Armen in die eigene Gesellschaft verläuft, wird die hohe Komplexität dieser Prozesse im Vergleich zu den Vorgängen im 19. und beginnenden 20. Jahrhundert deutlich.

Nicht zuletzt bringt die ökologische Frage einen völlig neuen Akzent in die Diskussion, insofern gerechtere Verteilung nicht mehr allein über ein gesteigertes Wachstum zu erreichen ist, sondern qualifizierte Umverteilungsprozesse auf internationalem und nationalem Niveau nötig sein werden.

Schließlich bahnt sich im Gefolge des sog. „umgekehrten Utilitarismus“ eine entscheidende Veränderung der gesellschaftlichen und sozialen Ziele im Vergleich zum früheren Wachstums- und Fortschrittsoptimismus an. Stichworte wie „Qualität des Lebens" und „neuer Lebensstil" sind ein Signal dafür.

Um der historischen und sachlichen Kontinuität der christlichen Sozialethik willen scheint der historische und begriffliche Vergleich der Entwicklungsproblematik mit der „sozialen Frage" trotz aller Grenzen dennoch ein brauchbares Instrument für die sozialethische Erörterung der Entwicklungsfrage zu sein; zumindest hat es eine heuristische Funktion. Wahrscheinlich erleichtert es auch die pädagogische Aufgabe, vor der die Kirchen und Christen stehen, wenn es gilt, deutlich zu machen, daß „Christen zum Anwalt für Gerechtigkeit in der Welt werden ... und nicht warten, bis die sozialen Probleme im eigenen Volk gelöst sind, ehe sie sich den sozialen Nöten der anderen Völker zuwenden."[36]

Günter Linnenbrink

---

[36] *Der Rat der EKD* (Hrsg.), Der Entwicklungsdienst der Kirche – ein Beitrag für Frieden und Gerechtigkeit in der Welt. Eine Denkschrift (Gütersloh ²1973) 53.

Fünfter Teil

Kultur und Religion

I
Christliche Religion und Kultur

1. Vom Mythos zur Technik: Ethik des Notwendigen und Ethik des Möglichen

Tempel und Gräber zu errichten, das ist bisher nur dem Menschen eingefallen, aber auch das andere: Ruinen zu hinterlassen. Er ist das einzige Wesen, das die Welt zu ruinieren vermag. Beides zusammen, das Vermögen des Bauens und das des Zerstörens, ist, was wir Kultur nennen.

Die Kultur, die der Ruhm des Menschen ist, macht zugleich seine Zerbrechlichkeit kund. Kultur ist weit mehr als eine Reihe von Einrichtungen mit befreiender, zugleich aber auch entfremdender Wirkung, sie ist die auf den Menschen bezogene Welt, und umgekehrt: sie ist der auf die Welt bezogene Mensch. Und mehr noch, sie ist der Mensch, wie er sich zu sich selbst verhält oder auch zu dem, was er nicht ist, zu dem anderen Unrückführbaren, Gott.

Auf den Spuren dieses radikal Anderen, auf der Suche nach sich selbst, hat der Mensch das Universum von der Natur her begriffen, als sie noch das Gepräge Gottes war, und von der Geschichte her, als sie noch das Handeln Gottes war. Die Kultur ist weder das Gepräge noch das Handeln Gottes, sie ist das, was alles auf den Menschen zurückführt und den Menschen auf das, was er nicht ist und nie sein kann, es sei denn, er würde aufhören Mensch zu sein.

Jede Kultur ist also Vorgriff des Menschen. Und wie der Mensch sind die Kulturen sterblich.

Sie kommen und gehen. Was bleibt von ihnen übrig? Da und dort Zeugnisse des menschlichen Geistes und seiner unveräußerlichen Größe. Vielleicht aber auch bloß Zeichen seines Elends. Wohl blühen neue Kulturen aus den Ruinen, entfalten sich und schieben die Grenzen des Menschen vor sich her; wohl tragen sie seinen Blick weiter oder höher und loten sein Wesen immer noch tiefer aus: wenn ihr Niedergang kommt, wenn sie dem Schicksalsstrom gleichsam querliegen, dann bleibt von ihnen doch nur ein Torso, der eines unvollendeten Menschen. Oder, besser gesagt, der eines Menschen, der sich erst schaffen muß, weil es den Menschen nur als den neuen Menschen gibt. Anders gesagt: indem der Mensch sich erst schaffen muß, ist er ein Präzedenzfall, d. h., er ist ohne Beispiel (sans précédent). Man kann den Menschen, in seiner Größe wie in seinem Elend, nur unter einem einzigen Zeichen verstehen: nicht unter jenem seiner Vergangenheit oder seines Werdens, sondern unter jenem des Utopismus, der darin besteht, daß der Mensch sich nicht akkumuliert, sondern daß er stets mit dem Nullpunkt beginnt. Man darf ihn auch weder auf eine Naturgegebenheit zurückführen noch auf einen Vorrat von Geschichte. Denn eben dadurch, daß er mit der Natur bricht, wird er sich ihrer bewußt, und so auch setzt er der Geschichte ein Ende, indem er sich als ihr Endziel setzt. Mit seinen eigenen Mitteln? Kraft seiner Fähigkeiten oder, wie man früher sagte, kraft seiner Verdienste? Die Frage liegt anders.

Der Utopismus, der den Menschen zu sich selbst bringt, orientiert sich nicht an der Notwendigkeit, sondern an der Möglichkeit. Der Mensch fragt sich nicht, was er tun kann aufgrund dessen, was er muß, sondern was er tun muß aufgrund dessen, was er kann: alles ist möglich, aber nicht alles ist notwendig, im selben Sinn, wie man vom Menschen sagen kann, alles ist Gnade, aber nie wegen, sondern immer trotz seiner Verdienste.

Beim Übergang vom Notwendigen zum Möglichen gerät der Mensch in eine veränderte Weltbeziehung. Er erlebt diesen Überwechsel als Krise ohnegleichen, weil sie global, planetarisch ist. Ergreift sie doch nicht nur die abendländische Kultur griechisch-römischer und jüdisch-christlicher Prägung, sondern auch solche Kulturen, die im Umkreis andersartiger religiöser Horizonte entstanden sind; und über unsere entwickelten Länder hinaus ergreift sie auch die Länder der Dritten und der Vierten Welt. So stehen wir alle am selben Punkt, trotz der Unterschiedlichkeiten unserer Ursprünge. Wohl sind unsere Bräuche verschiedener Herkunft, aber angekränkelt sind sie alle von Abnutzung und Aushöhlung und werden an den Rand gedrückt. Unsere Bräuche sind wie Relikte, die man wie Pfänder austauschen könnte, und ein kitschiger Exotismus ersetzt uns die Utopie.

Immerhin hat die gegenwärtige Krise eben wegen ihrer Reichweite wenigstens einen Vorteil: sie stellt alle unsere übernommenen Denkmuster in Frage, und um ihr entgegenzutreten, gleichviel, ob auf ideologischer und politischer oder auf religiöser und ethischer Ebene, sind wir doch auf alte Denkmuster, auf entwertete Werte angewiesen und langen schließlich bei jenem ironischen Paradox an, von dem Kierkegaard sprach, als er die abgelebte Christenheit aufs Korn nahm: es ist das Paradox einer Kultur, deren religiöse Praxis den Glauben selbst in Frage stellt und deren Sittlichkeit auf nichts anderes hinausläuft als auf die Verbannung Gottes, der als überflüssig erklärt wird, und auf die Abschaffung der Religion, wenn nicht die des Glaubens.

Max Weber hatte es schon bemerkt, der Mensch von heute ist, religiös gesprochen, ein enttäuschter Mensch. Aber ist er enttäuscht *von* der Religion oder *durch* die Religion? Und im letzteren Fall: In welcher Hinsicht ist er es dann? Bezieht sich seine Enttäuschung auf die Religion selbst oder nur auf den Mythos, der ihr als Matrize gedient hat, und auf den entfremdenden Dualismus, den er inzwischen verinnerlicht hat und von dem er nun dauernd hin- und hergerissen wird zwischen Idealismus und Realismus, zwischen Subjektivismus und Objektivismus?

Wenn die Krise auf diese religiös begründete Abkühlung oder Enttäuschung zurückzuführen ist, so müßte sie sich logischerweise durch das Einbringen von Grundoptionen entwickeln, die ausschließlich kultureller oder pseudokultureller Ordnung wären. Denn wenn der Mensch wirklich der Religion wegen enttäuscht wäre, müßte die Kultur mit dem Säkularisationsprozeß in eins fallen. Eine solche Interpretation hatte vor kurzem noch etwas Verführerisches. Heute ist man sich aber darüber im klaren, daß man sich ihr nur infolge einer optischen Täuschung hingeben konnte, geblendet vom Aufstieg eines völlig neuen Phänomens: der Technik. Freilich ändert das nichts daran, daß der heutige Mensch enttäuscht ist. Aber er ist durch die Religion hinsichtlich des *Mythos* enttäuscht. Hier liegt das Problem und zugleich seine Lösungsmöglichkeit, die Krankheit und zugleich die Hoffnung auf Heilung begründet. Obwohl *durch* die Religion enttäuscht, findet der Mensch keine Zuflucht in irgendeinem *ausschließlich* kulturellen Bezirk. Seine Enttäuschung empfindet er gegenüber den Angeboten der Religion geradeso wie gegenüber den Angeboten der Kultur: Sind nicht die Droge und die Gegenkultur die handgreiflichsten und zugleich verworrensten Belege dafür?

Die Kultur hat beim Übergang vom Mythos zur Technik nicht bloß den Rahmen gewechselt; ein radikaler Umsturz der Werte ging damit einher. Das Mittelglied zwischen Polytheismus und Atheismus, der Theismus, ist zusammengebrochen. Das hat, wie Nietzsche es unterstrich, keinen kleinen Preis gekostet, jedenfalls geschah es nicht bloß um den Preis einer Umwertung der Werte, die uns nun ermächtigen würde, uns allein auf den Menschen zu berufen, da wo unsere Vorfahren Gott anriefen. Die Lösung besteht nicht darin, den Berg zu leugnen oder uns um ihn herumzudrücken, sondern darin, ihn zu versetzen.

2. *Die sakral-mythische Kultur und der Utopismus der technischen Zivilisation: der Mensch ohne Beispiel (sans précédent)*

Die Kultur ist Träger einer Sittlichkeit nur unter der Bedingung, daß sie zugleich deren Problematik mitliefert. Da nun einmal unsere Kultur einer Welt mit mythischer Dominante verpflichtet ist, fühlen wir uns in ihr im gleichen Maße engagiert wie vor den Kopf gestoßen, wenn sie uns die ganze Wucht einer Welt mit technischer Dominante auflädt, deren Vorriß sich bereits in ihr abzeichnet.

Entweder ist nämlich die Sittlichkeit das, was von einer Kultur übrigbleibt, die gescheitert ist und deren Aktivitäten – wie die einer Firma, die sich für zahlungsunfähig erklärt hat – bis zur Auflösung übernommen werden; oder aber die Kultur ist das, was von einer abgewerteten, entwerteten Ethik übrigbleibt, und würde dann jenen im Untervertrag hergestellten Gütern gleichen, die für den Verbrauch im Bereich der Muttergesellschaft ungeeignet wären. Oder auf anderer Ebene: während man z. B. von einem Gemälde immer feststellen kann, ob es ein Original ist, wird es in der Musik schon schwieriger und erst recht, wenn die elektronische Vervielfältigung das Orchester samt dem Dirigenten überflüssig macht. Ähnlich geht es zu, wenn eine Kultur nur noch sozusagen im Zulieferungsvertrag produziert wird. Sie ist dann nicht mehr Ausdruck einer Religion oder Ethik, aber sie bleibt gleichwohl ihr Aufgebot, ihre Antezipation. Sie beseitigt nicht die Norm, legt sie aber anderswo an als in zuvor aufgestellten Prinzipien – und auch nicht unbedingt in einer anderen, jenseitigen Welt, sondern in einer andersartigen, neuartigen Welt. Die Vorstellung von einer anderen Welt entspricht einer hierarchischen Normenauffassung, wie sie auch einer sakralen Transzendenzauffassung entspricht. Und wie sich die Idee einer neuartigen Welt heute von einer utopischen Transzendenzauffassung herleitet, so entspricht sie auch einer funktionalen Wertauffassung. Daraus lassen sich zwei Erkenntnisse gewinnen, die sich übrigens überschneiden. Einerseits kann man sagen, „die Gesellschaft von heute, die mit Recht als technologische Gesellschaft bezeichnet wird, organisiert sich um ein Antriebszentrum, das nicht wie früher die politische oder militärische Macht ist oder der feudale Grundbesitz oder immerhin der Reichtum, sondern der Produktionsapparat und seine Funktion in ihrer solidarischen und untrennbaren Einheit mit Wissenschaft und Technik“[1]. Andererseits vollzieht sich beim Übergang von der Verneinung der Welt (die andere Welt) zu ihrer Bejahung (eine neuartige Welt) nicht nur eine Umwertung der Werte, sondern der Umsturz ihrer Norm. Aus der soteriologischen wird die eschatologische Norm, während das Heilige dem Utopischen das Feld räumt. Mehr noch, es folgt daraus – wie wir es bereits vorausgesehen haben – nicht etwa die Beseitigung der Ethik und noch weniger der Religion, sondern, parallel zu ihrer Umwandlung, die Ablösung der mystischen Sakramentsauffassung durch eine ethische, vielleicht auch ethologische, wenn nicht gar ökologische Auffassung.

Wir bauen keine Kathedralen mehr. Der Grund dafür mag sein, daß der Mensch von heute sich nicht mehr von der Natur bedroht fühlt, aber um so mehr vom Gebrauch, den er von der Technik macht oder nicht macht: wenn Parlamentsdebatten übertragen werden, kann man sicher sein, daß das Fernsehen groteskerweise mehr Gewicht für das Verhalten der Staatsmänner hat als ihre eigenen Überzeugungen fern von den Blicken der Zuschauer. Das sind

[1] *S. Cotta,* Le rôle du juriste dans la société en transformation, in: Analyse et prévision III/4 (1967) 282.

Dinge, an die man sich nur widerstrebend gewöhnt. Unleugbar ist, daß die Technik unsere überkommenen Auffassungen von Gott untergräbt[2], und doch hilft sie uns auch, den Menschen in einem neuen Licht zu sehen, und führt uns so zu den Quellen der jüdisch-christlichen Tradition zurück. Théo Preiss bemerkt hierzu: „Die Bibel kennt nicht den Menschen-an-sich"; und ähnlich drückt es Eduard Schweizer aus: „Ganz anders setzt das Verständnis des Menschen im alttestamentlichen Bereich ein. Der Mensch ist von vornherein in seinem Verhältnis zu Gott gesehen... Der Mensch ist nicht von seiner Natur, sondern von seiner Beziehung her verstanden. Er ist, was er ist, in dieser Beziehung. So bezeichnet Fleisch seine Situation vor Gott."[3] Es ist der Mensch in der Welt, der sich vor Gott findet. Genauer gesagt: bestimmt durch seine Beziehung zur Welt, findet sich der Mensch vor Gott, ganz gleich, in welcher Weise die Realität dieser Welt begriffen wird, mythologisch oder technologisch, religiös oder kulturell. Und insoweit die Technik so alt wie der Mensch ist[4], muß man auf alle Zivilisationsformen das anwenden, was Berdjajew vom technischen Fortschritt sagt, und zwar inwiefern er einen doppelten Einfluß auf das moralische und soziale Leben des Menschen ausübt. Denn wenn sich zwar einerseits das Leben materialisiert und mechanisiert auf Kosten der Geistigkeit, ist andererseits nicht zu leugnen, daß die Freiheit des Geistes zunimmt[5], selbst wenn wir mit Georg Picht zugeben müssen, daß heute die Erfahrung nicht mehr die Welt orientieren kann. Unsere Situation hat neue geistige und moralische Forderungen erzeugt, so daß weder Erfahrungen noch Bräuche uns eine Lebenshilfe anbieten können. Die Umstände ändern sich so rasch und so gründlich, daß jeder Brauch in Widerspruch zur gesellschaftlichen Situation von heute gerät[6]. Der Zusammenbruch des Theismus, den nach Nietzsche und Bonhoeffer so viele andere beschrieben haben, kennzeichnet so radikal wie möglich den Umschwung, wodurch die Orientierung des Menschen in seinem privaten und gesellschaftlichen Leben betroffen wurde. Von dem Zusammenbruch müßte man genauer sagen, daß er außer dem Theismus auch den Atheismus einschließt. Mit anderen Worten: wenn wir das gegenwärtige Kulturproblem auf die Säkularisierung zurückbringen, geben wir davon nur eine Teilerklärung und obendrein eine parteiische, die einfach falsch ist. Verdeckt doch die Säkularisierung in Wirklichkeit einen viel tiefergreifenden Prozeß, der eher die Verlagerung als die Austilgung des Religiösen, eher seine Umquartierung als seine Auflösung betreibt. Kurz: unsere Kultur ist im Begriff, ihre ehemals mythologischen Bestimmungsgründe durch den Bedingungsrahmen der Technik zu ersetzen.

---

[2] *E. Mesthene,* Technology and Humanistic Values, in: Technology, Human Values and Leisure (Nashville 1971) 53.

[3] *Th. Preiss,* Le témoignage intérieur du Saint-Esprit (Neuchâtel – Paris) 31; *E. Schweizer,* Art. „Sarx", in: ThW VII 123.

[4] *A. Toynbee,* Le changement et la tradition (Paris 1969) 30.

[5] *N. Berdjajew,* The Destiny of Man (New York 1960) 227.

[6] *G. Picht,* Réflexions au bord du gouffre (Paris 1970) 18.

Dieser Rahmenwechsel kann nicht genug betont werden. Beim Übergang von der sakral-mythischen Kultur zum Utopismus der technischen Zivilisation findet ohne Zweifel mehr als eine bloße Umwertung der Werte statt und mehr als ein Wechsel der Vorzeichen. Eine solche Deutung ergeht sich auf dem Weg des geringsten Widerstandes. Man sollte sich nicht täuschen lassen, sondern seinen kritischen Scharfsinn anstrengen. Wohl haben wir den Rahmen gewechselt; aber folgt daraus, daß wir alles Frühere abgetan haben? Ich bezweifle es. Und dies um so mehr, wenn ich in diesem Zusammenhang immer wieder der irrtümlichen Tendenz begegne, die Technik ausschließlich in der Verlängerung der Säkularisierung unterzubringen. Ich schlage statt dessen vor, das Technikproblem weniger in seiner Beziehung zum Säkularisierungsprozeß – also innerhalb der Dialektik des Profanen und Heiligen, wo das Heilige mit der Transzendenz eins wird – zu betrachten, sondern in seiner Beziehung zum dreifachen eschatologischen Begriff des Glaubens als Existenz des geschaffenen, erlösten und erfüllten Menschen, d.h. des Menschen, indem er ein Präzedenzfall und ohne Beispiel ist, dessen Utopismus die gelebte Dimension der Transzendenz darstellt. Anders gesagt: wir müssen zuerst einmal unsere herkömmlichen Denkmuster revidieren, verlesen und die eschatologische Orientierung wieder freizulegen suchen, die so lange verdeckt war durch die soteriologische Fragestellung und durch die Säkularisierung, in der sie schließlich versandet ist. Ein solches Vorgehen ist nicht unmöglich. Vielmehr bietet uns die durch Technik beherrschte Zivilisation einen günstigen Einstieg dafür.

Unter einer Bedingung. Vor allem müssen wir der fast universalen Versuchung der Säkularisierung und des Säkularismus widerstehen, der ihre einzige logische Schlußfolgerung ist. Diese Art Erörterung dreht sich immer nur im Kreis. Denn wenn der Mensch sich dadurch emanzipiert hat, daß er die Natur beherrschen lernte, so heißt das nicht zugleich, daß er sie deswegen profanieren mußte: man profaniert nur, was man überschreiten kann. Wenn der Mensch die Natur meistert, zähmt, humanisiert, so überschreitet er sie deswegen noch lange nicht, er gibt ihr nur ganz einfach ein menschliches Antlitz: indem er sie „versteht“ [7], gibt er sie ihr selbst und allen zurück wie alles, was Gott gehört.

Darin liegt ein erheblicher Unterschied, den man nicht übersehen sollte. Der Rahmen all dessen, was Gott gehört, wird heute nämlich weder durch die Natur abgesteckt noch durch die Geschichte, sondern durch die Technik. Maßgebend ist nicht mehr die Natur der Dinge oder ihre Ordnung, sondern ihre Wechselbeziehung, so daß der Mensch, der die Produkte produziert, die ihn produzieren, anderswo steht als im Menschen selbst. Er begreift sich nicht mehr als Element einer Größe innerhalb anderer Größen, wie Clan, Stamm, Familie, Volk usw. Im Gegenteil, er hat keinen eigenen Ort mehr. Da

---

[7] *J. Bronowsky*, Science and Human Values, revised edition (New York 1965) 10.

der Mensch nur im Menschen wohnen kann, könnte er nur so bestehen: als Geschöpf gegenüber der Natur, als Erlöster gegenüber der Geschichte und sogar als Erfüllter gegenüber der Utopie. Ohne Beispiel *(sans précédent)* sowie ohne Haus und Herd, ist er, was er nicht ist, und ist er nicht, was er ist – zugleich schuldig und begnadigt, sündhaft und gerechtfertigt, tot und dem Leben wiedergegeben –, ein Mensch ohne Beispiel *(sans précédent)*: eine Produktion eher als eine Reproduktion, nach vorwärts weit mehr als nach rückwärts gewandt und daher dem Menschen voraus, insofern er eben etwas anderes ist als ein Restbestand wie Adam nach dem Sündenfall (zumindest wie es eine gewisse klassische Theologie zu sehen pflegt). Denn der Mensch bleibt erst noch zu schaffen, nicht bloß zu vollenden (wie es jedenfalls eine gewisse klassische Soteriologie darstellt). Das ist es, was das Heraufkommen der Technik uns zu sagen hat, soweit sie sowohl die Natur wie die Geschichte als Matrize der menschlichen Realität ersetzt. Ist die Religion deswegen säkularisiert, der christliche Glaube abgeräumt? Ich glaube es nicht, obwohl ich zu der Annahme neige, daß so etwas wie ein Übergleiten des Religiösen mit sakraler Dominante zu einem „Kulturellen“ mit utopischer Dominante vor sich gegangen ist. Das Religiöse wechselt seinen Platz in so entscheidender Weise, daß die Kultur, die aufgehört hat, der Index einer erstarrten Ethik zu sein, nun unter der Wirkung einer neuen Religiosität nur noch eine dauernd in Frage gestellte Ethik mit sich führen kann. Eine Ethik, die sich weder auf ein Naturgesetz noch auf eine Heilsgeschichte gründet. Wie könnte es anders sein! Ist doch die Technik unsere Lebenswelt geworden, unser unbestrittener Zivilisationsfaktor, während sie bisher höchstens ein Anzeiger unserer Zivilisation war.

3. Die soteriologische Akkulturation des Christentums und das Ende der Religionen: vom Religiösen zum Kulturellen

Hier scheint mir der Grund zu liegen, warum die Idee der Kultur, in die das Religiöse übergeglitten ist, die der Christenheit ersetzt zu haben scheint; der Grund auch, warum diese Idee sich aufspaltet in Kultur in dem Sinn, der Zivilisation miteinschließt, und in dem Sinn von Kultur als Bildung. Während die Kultur der chronologischen Ordnung angehört, ist die Bildung etwas von überzeitlicher Dauer. Man kann auch sagen, die erste ist diachronisch, die zweite synchronisch. Von den Malereien, die uns an den Höhlenwänden aufbewahrt blieben, bis zu denen, deren Hüter unsere Museen sind oder die uns als Schätze dienen, ist eine ganze Reihe von Kulturen dahingegangen. Mit denen belastet die Bildung sich nicht, sie transzendiert sie. Das ändert nichts daran, daß die Kultur gleichwohl die Bildung umschließt. Und daß die Kultur, wie Jean Rostand sagt, das ist, „was der Mensch dem Menschen hinzufügt“[8], während

---

[8] *J. Rostand*, L'homme (Paris 1962) 131.

die Bildung einmal das ist, *was* der Mensch dem Menschen hinzufügt, einmal das, was der *Mensch* dem *Menschen* hinzufügt, einmal das, was der Mensch dem Menschen *hinzufügt*.

Ich kann hier nicht ins einzelne gehen, aber ich glaube genug gesagt zu haben, um folgende These abzustützen: Wenn wir von einem Übergleiten des Religiösen ins Kulturelle sprechen, benützen wir eine Kurzformel, um eine doppelte, sowohl religiöse wie kulturelle Wandlung zu bezeichnen, so daß wir auf dem Grunde des Problems der Technikkultur einem religiösen Problem gegenüberstehen. Nach klassischer Betrachtungsweise prägt nun tatsächlich das Religiöse nicht nur den geistigen, sondern auch den materiellen Bereich, so daß die Religion jegliche Realität in ihrer objektiven wie auch in ihrer subjektiven Dimension umgreift. Religion ist Sache der Frömmigkeit und des Gewissens, aber auch der staatsbürgerlichen Verantwortung; sie ist Sache der Ethik, aber auch der Politik und der Wissenschaft. Da sie den Menschen und die Gesellschaft umgreift, wird die Frage nach einer ihr entsprechenden „Zivilisation" überflüssig. Wir brauchen hier nicht auf das Entstehen dieses Wortes einzugehen, das erst im 18. Jahrhundert im abendländischen Vokabular Eingang findet. Wir brauchen uns nur dies vor Augen zu halten: als die Idee der Zivilisation im Sinne von Kultur auftrat, dachte man nicht daran, ihr Wesen anders als im Zusammenhang mit Religion zu denken. Im ersten Anlauf erteilt sich also die christliche Religion selber einen neuen Auftrag, obgleich sie bereits auf eigenem Boden von der Säkularisierung bedroht ist und das Abendland nicht umhin kann, in den Sitten und Gebräuchen der sog. Barbarenvölker eine Idee vom Menschen zu erblicken, die aus religiösem Denken entspringt und folglich den Namen eines Lebensstils, wenn nicht gar einer Kultur verdient. Ob Katholiken oder Protestanten, viele Christen beeilen sich nun, alles auf den christlichen Glauben zurückzuführen, indem sie ihm eine neue Sendung zuweisen, die allerdings weniger kirchlich als zivilisatorisch ist. Der Grund dafür ist ganz einfach dieses: einerseits hat sich die Christenheit offensichtlich unheilbar gespalten, und die Kirche hat die Doppelung der Wahrheit (Dogma und Wissenschaft) wie auch der Moral bereits abgesegnet; andererseits, soziologisch gesprochen, hatte sich selbst der Heilsbegriff, der die ganze personale und soziale Ethik beherrschte (Sakramente und Exkommunikation, Verbannung aus der Gesellschaft), schließlich mit einem bestimmten Menschenbild identifiziert, das schwerlich außerhalb einer christlichen, wenn auch säkularisierten Gesellschaft vorstellbar war. Von den Spaniern in Mexiko gar nicht zu reden, auch sonst in der Welt schritt man allenthalben, mit wenigen Ausnahmen, zuerst zur Okzidentalisierung der Heiden, um sie danach zu christianisieren. Wenn man unseren Vorfahren die Vermengung des christlichen Glaubens mit der abendländischen Kultur zum Vorwurf macht, fällt man in die umgekehrte Versuchung, den Lokaltraditionen rundweg den Vorrang zu geben, sowohl auf geistigem wie auf materiellem Gebiet. Von einem Extrem ins andere fallend, kann es leicht geschehen, daß man nach der Abkehr vom imperialistischen Expansionstrieb sich zur Ableugnung, Abdankung oder gar zum Verrat des Abendlandes hergibt[9]. Notfalls hängt man das Mäntelchen nach dem Wind. Aber man betreibt noch immer dasselbe: die Akkulturation des Christentums bis hin zu seiner Säkularisation, sei es als terminus ad quem (im Abendland), sei es als terminus a quo (Dritte Welt). So oder so, auf expansionistische Art oder nicht, wird das Christentum als eine Heilsverteilermaschine aufgefaßt, ganz wie in den Zeiten, als die Religion nicht nur das Gründerprinzip einer Kultur, sondern auch deren Organisationselement war: ein Glaube, ein Gesetz, ein König; oder: cuius regio, eius religio. So kann es nicht wundern, daß die Dritte Welt politisch noch im 19. Jahrhundert steht und daß das Abendland auf religiöser Ebene noch immer in der soteriologischen Akkulturation befangen ist oder sich mit ihr herumschlägt, so als sei mit der Wende vom Mythos zur Technik nichts geschehen. Und doch hat das Religiöse dem Kulturellen das Feld geräumt, das Heil als Weltverneinung mußte dem Heil als Weltbejahung weichen, während der Mensch sich nicht mehr so sehr unter dem Blickpunkt der Sünde wie unter dem der Unschuld sieht (Camus) und ihn dieses Gefühl noch mehr stört als eine unbewußt oder fast unbewußt begangene Schuld. Die Magie machte der Wissenschaft Platz, während die Technik den Mythos ablöste; die Umwertung der Werte nahm ihren Lauf, vom Religiösen als einem zum Mythos gehörigen *kulturellen* Phänomen hin zum Kulturellen als einem zur Technik gehörigen *religiösen* Phänomen.

4. Die technische Zivilisation und die Zukunft der Religion

Jeder Kulturbegriff ist ein Wertbegriff[10]. Es fragt sich nun aber, worin dieser Wertwandel besteht. An Symptomen fehlt es nicht. Man findet sie in der Entsakralisierung der Sexualität, die übrigens in einer Resakralisierung auf anderer Ebene zu Buche schlägt; man findet sie ferner im Zerbröckeln der Familie und in der Wiedereingliederung des Menschen, der als *Mit-sein* begriffen wird, in andere Zusammenhänge. Man findet sie auch am Kosmopolitismus, selbst wenn die Staaten immer noch um sich selbst kreisen: sie sind unvermeidlich dazu bestimmt, den ideologischen Horizont ihrer verschiedenen Nationalismen zu übersteigen und sich in multinationale oder gar planetarische Einheiten aufzulösen. Denn die Technikkultur ist eine planetarische Kultur, auch wenn einige Vorstöße dieser Art in moralischer Hinsicht sehr zu wünschen übriglassen, insofern sie von Imperialismus befleckt oder von Habsucht und Gier gezeichnet

---

[9] *J. Ellul*, Trahison de l'Occident (Paris 1976).

[10] *M. Weber*, Essais sur la théorie de la science (Paris 1965), zit. in: *P.-H. Chombart de Lauwe* u. a., Images de la culture (Paris 1966) 19.

sind, wie man es an den sog. „multinationalen Gesellschaften“ sehen kann. Indes, trotz ihrer Mängel erbringen sie den Beweis – wenn es bis jetzt auch nur ein dürftiger Beweis ist –, daß die Nationalstaaten nicht mehr Herr ihres Schicksals sind. Selbst die Atombombe, die als Symbol der Macht erdacht wurde, setzt ihr zugleich die Grenze und stellt den traditionellen Begriff vom gerechten Krieg in Frage. Was den Menschen als Mann angeht, so ist er gemäß der Bibel unvollendet. Zusammen mit der Frau hat er eine Möglichkeit unter anderen, ein Ganzes zu bilden, das sich einem anderen Ganzen einfügt und so weiter. Um das Unvollendete darzustellen, hat sich die Kunst oft mit einem Torso begnügt, als sei der Mensch nur ein Teil eines Ganzen. Wenn man heute die Figuren Picassos betrachtet, vermitteln sie uns nicht deswegen die Idee der Unvollendetheit des Menschen, weil sie Teil eines Ganzen, sondern weil sie Teil einer Gesamtheit sind, deren Konfigurationen sich je nach dem Blickpunkt ändern, so daß es keine feststehenden Unterschiede mehr gibt, „weder Griechen noch Juden, weder Mann noch Frau“; keinesfalls ist also der Mensch von Natur aus Mensch.

Das Religiöse war in der Natur verankert, das Kulturelle ist es nicht. Aber daraus folgt durchaus nicht, daß man sich beim Übergang vom Religiösen zum Kulturellen von der Natur entfernt, im Gegenteil, man wird sich ihrer mehr als früher bewußt. Es geht also nicht darum, Natur und Kultur gegeneinander auszuspielen; es wird auch nicht behauptet, das Religiöse sei mit der Natur verwachsen. In diesem Sinn gibt es keine natürliche Religion. Und es ist eine der Überraschungen unserer Epoche, daß man begriffen hat, daß die bedrängende Grundfrage, und zwar die religiöse Frage, nicht gestellt werden kann außer mit Berufung auf einen Offenbarungsbegriff[11]. Andernfalls wäre die Ethik nicht mehr Sache der Wahl, der Entscheidung oder der Verantwortung, sondern der Gebräuche und Pflichten; nicht der Befreiung, sondern der Entfremdung. Da also heute unsere Kulturkrise die Anzeige unserer Wertkrise ist, kann es nicht ausbleiben, daß man in den tieferen Schichten des Technikproblems einem Problem religiöser Ordnung begegnet. Aber dies ist ein Problem, dessen Koordinaten sich verschieben, wenn sie nicht mehr einer soteriologischen, sondern einer utopischen Wertoptik angehören.

Da die Religion in der Natur verankert ist, sind wir ganz natürlicherweise –

[11] *H. Zahrnt*, Die Sache mit Gott (München 1966) 428f.: „Tillich will weder, daß die Kultur heteronom von außen durch ein religiöses Gesetz überformt wird noch daß sie autonom ohne jegliche Bindung an einen letzten Grund und Sinn lebt, sondern daß sie theonom in sich selbst, auf ihrem eigenen Grund ihren unbedingten göttlichen Sinn erkennt. Wo dies geschieht, wo die profanen Sphären, wie Staat, Philosophie, Wissenschaft und Künste, ohne daß sie es mit religiösen Inhalten zu tun haben, zu ihrem eigenen Grund und Sinn durchstoßen, dort sind sie nicht mehr profan, sondern gewinnen, auch ohne ‚kirchliche Genehmigung‘, die Dimension des Religiösen. Wo dies nicht geschieht, wo die profanen Sphären ihre Beziehung zum Unbedingten bewußt abschneiden oder vergessen, dort wird das kulturelle Leben leer und geistlos. Die Religion aber wird, wenn sie sich von der Kultur trennt, ‚primitiv‘.“

wenn man so sagen darf – dazu geneigt, die universale Tragweite der Religion daraus abzuleiten. Ja, wird sind dermaßen an die Gleichsetzung von Natur und Universalität gewöhnt, daß wir nicht bemerken, wie sehr diese Gleichung das Ergebnis einer Verallgemeinerung ist. Während es irgendwo regnet, ist anderswo schönstes Wetter. Dem Winter in der nördlichen Hemisphäre entspricht der Sommer in der südlichen. Und wie könnte der Mensch als Gleichheitsprinzip die Sonne annehmen, die über Gerechte und Ungerechte scheint, wenn selbst der Mensch, dessen Religion in der Natur verankert war, dieses Prinzip nur unter der Bedingung annahm, daß es nicht in ihm selbst gründete, sondern in Gott, der seine Sonne über Gute und Böse aufgehen läßt. Wenn es also in der Tat nicht an mythologisch begründeten Religionen gefehlt hat, die sich universalistisch verstanden, so war das nicht wegen ihrer Verankerung in der Natur, sondern trotz jedes im Namen der Natur erhobenen Anspruchs. Auch hat es noch nie eine Religion gegeben, die schlichtweg auf die Natur verwies. Andernfalls wäre es nie zu einer Kultur menschlicher Technik gekommen. Und dann wäre der Mensch heute eher ein Fehlschlag als eine Hoffnung des Menschen.

Mit anderen Worten, bis jetzt hat es noch nie eine wirklich universale, planetarische Religion gegeben. Nach Art der Natur sind die Religionen Ausdruck bald dieser, bald jener menschlichen Jahreszeit. Sie sind fähig, in die Geschichte vorzuspringen, aber nicht die Zeit zu übergreifen. Im äußersten Falle können die Religionen der Natur den Rücken kehren und die Mauer der Geschichte durchbrechen. Aber sie können die Fülle des Universalen – wenn Gott alles in allem ist – nicht anders fassen als mittels der Apokalypse und ihrer entfremdenden Dialektik der Gerechten und Ungerechten. Was ist denn die Apokalypse anderes als eine dualistische Lösung oder, genauer, die dualistische Art, die Utopie zu zerkleinern? Dahin mußte es kommen, da man von einem religiösen Apriori ausging, dessen Anspruch auf Universalität durch alles widerlegt wurde, was deren Vektor hätte sein können.

In dieser Hinsicht verdient Picht unsere ganze Aufmerksamkeit, wenn er darauf hinweist, daß im Unterschied zu den früheren Kulturen die unsere universal ist, insofern sie sich auf die Wissenschaft und nicht auf die Religion gründet. Anders gesagt: die Universalität ist heute mehr eine kulturelle als eine religiöse Gegebenheit; denn was die Wissenschaft an Wahrem zu sagen hat, gilt weltum in jedwedem Längen- oder Breitengrad. Man sieht schon, wohin unsere Gedanken führen: Totalitarismus und Nationalismus sind nichts als Sprößlinge des Mythos oder der Ideologie der (natürlichen oder historischen) Rasse. Sie haben nichts mit einer Politik des Menschen zu tun oder, besser gesagt, nichts mit einer Technik des Menschlichen, sofern man unter Technik versteht, was sie ist, nämlich die Überschreitung des Menschen durch den Menschen. Immerhin sollte man, wenn man von Kultur spricht – vor allem wenn man sie dabei als Träger einer Sittlichkeit ins Auge faßt –, nicht in die Vergangenheit versinken und sich nicht von kulturellen Atavismen einspinnen lassen, die unter dem Vorwand der Säkularisierung verschiedener religiöser Bereiche nichtsdestoweniger den Menschen auf dem Weg zum Menschen behindern; dies um so mehr, wenn Gott, um dem Mangel des Menschen abzuhelfen, dem Menschen etwas hinzufügen muß, wenn sein Wort Fleisch wird und wenn er etwas sagt und es geschieht oder wenn er spricht, indem er dem Menschen das Wort gibt. Die Kultur, das ist nicht der Mensch, der das Wort ergreift; das ist der Mensch, der es empfängt und weitergibt. Und um es weiterzugeben, ist ein Netz nötig: die Religion macht es notwendig, die Ethik macht es möglich. Alles zusammen könnte man Kultur nennen, also all das, was mit den erwähnten Notwendigkeits- und Möglichkeitsbedingungen ein Ganzes bildet und dennoch überflüssig ist. Wie Albert Schweitzer sagen würde: Alles, was lebt, strebt nach dem Leben. Doch überleben ist nicht leben. Oder um Günther Howe zu zitieren: „Überleben bedeutet nicht nur den Erhalt des Lebens, es bedeutet zugleich auch das Erreichen des guten Lebens.“[12]

Und dieses Problem ist, was übrigbleibt, wenn eine Kultur zerfällt. Spengler, Toynbee, Schweitzer, jeder hat das auf seine Art ausgedrückt: der erste errichtete seine These von den Kulturzyklen, der zweite beschrieb die Kultur als Antwort des Menschen auf eine Herausforderung, der dritte erklärte die Kultur als Überschreiten des Lebens durch das Leben. Diese drei Ansätze, der zyklische (Spengler), der fatalistische (Toynbee) und der „eschatologische“ (Schweitzer), haben immerhin das Verdienst, uns der These näherzubringen, die, wie ich glaube, dem Utopismus der Technikkultur besser angemessen ist; diese unterscheidet sich doch gerade durch den Utopismus von den Kulturen mit mythologischer Dominante, aus denen sie hervorgegangen ist, aber von denen sie doch noch behindert ist durch Atavismen mehr kulturellen als religiösen Schlags, wie sie in Form von Institutionen und Praktiken ihr Leben fristen. Diese Atavismen werden noch unterstrichen und verstärkt durch den Generationenkonflikt, den Kampf der Klassen und Geschlechter, die Spannung zwischen entwickelten und unterentwickelten Ländern usw. Konflikt, Kampf, Spannung: im Grunde sind sie längst *fiktiv* geworden, da der Konflikt der Generationen durch das Bevölkerungsproblem theoretisch überholt ist, und der Klassenkampf ist überholt durch den Kampf um Automation und Freizeit, die Spannung zwischen Industrie- und Entwicklungsländern durch die Aufgaben der Ökologie (wenn anders man diesem Ausdruck einen seiner Etymologie gemäßeren Sinn zu geben bereit ist).

[12] *G. Howe,* Gott und die Technik (Hamburg – Zürich 1971).

5. Der Utopismus der Technikkultur und die Ethik des Reiches Gottes

Absichtlich habe ich die Frage der Unterscheidung zwischen Zivilisation und Kultur offengelassen. Gehen wir davon aus, daß man im allgemeinen von Zivilisation spricht, wenn es sich um bestimmte Gesellschaften handelt, und von Kultur, wenn man an die „Entwicklung der Person in der Gesellschaft" denkt oder wenn sie, nach angelsächsischem Sprachgebrauch, mit der Religion ein Paar bildet, dessen Glieder die Brennpunkte einer Ellipse sind, die sich manchmal als Zivilisation und manchmal als Glauben begreift, je nach dem angezielten Problem oder dem eingenommenen Standpunkt. Das Paar Religion und Kultur genießt alle Vorteile der Paare dieser Art: religiös und weltlich, sakral und profan, geistlich und zeitlich, ohne ihre Nachteile, ohne den Hang insbesondere, das Religiöse nach archaischen, hierarchischen, wenn nicht gar hieratischen oder magischen Vorlagen zu strukturieren. Auch ohne das Streitroß der Säkularisation zu besteigen, was jedoch nicht heißt, daß die Religion nicht als bevorzugtes Feld der *Säkularität* darzustellen ist, nämlich als die Verpflichtung des Glaubenden gegenüber der Welt, die immer mit der Verpflichtung gegenüber Gott einhergeht. Paul Tillich drückt dies sehr prägnant aus, wenn er die Religion als Substanz der Kultur und die Kultur als Form der Religion definiert, und Karl Barth faßt es auf seine Weise, wenn er den Glauben nicht der Kultur, sondern der Religion entgegensetzt[13], wobei mit Religion die Identifizierung des Menschen mit der Natur und schließlich gar des Christentums mit einer Agrarkultur gemeint ist.

Man wird die Tragweite dieser Feststellung bemerkt haben: der christliche Glaube ist nicht an eine bestimmte Kultur- oder Zivilisationsform gebunden. Gegenüber der Welt der Technik muß er nicht nur, sondern kann, und kann er nicht nur, sondern muß er sich eine neue Hermeneutik schmieden[14].

Gewiß, die abendländische Kultur ist noch zu sterbenskrank, als daß man ihr die Qualität einer Technikkultur zuschreiben könnte. Daran fehlt noch viel. Unwiderleglicher Beweis dafür ist sowohl die Privatisierung des Glaubens sowie seine Politisierung und seine Entfremdung zugunsten einer Welt, die hinter einer Welt oder, genauer, hinter einer Utopie zurückbleibt. Das Wort ist heute in Mode samt der Wiederentdeckung des Glaubens als eschatischer Existenz. Allerdings, Gemeinplätze über diesen Gegenstand lassen mich kalt. Was würde es schon nützen, den von Grund auf eschatologischen Charakter des Glaubens wiederzuentdecken, wenn man ihn alsbald im soteriologischen Utopismus einer abgelebten Kultur begraben müßte?

---

[13] *P. Tillich,* La dimension oubliée („L'être et l'unité", Gesammelte Werke IV) (Paris 1969) 110; *K. Barth,* Evangelium und Bildung, in: Theologische Studien H. 2 (Zollikon – Zürich ²1947); *G. Vahanian,* K. Barth as Theologian of Culture, in: Union Seminary Quarterly Review, Summer 1972.

[14] *G. Howe,* a.a.O. 85.

Denn zusammen mit dem Auftreten der Technikkultur haben wir es vor allem mit einer neuen Auffassung der Utopie und der Religiosität, deren Ausdruck sie ist, zu tun.

Die mythologisch orientierte Kultur des Übernatürlichen wie auch die der Apokalypse, die weiter nichts als deren Variante ist, war auf einem Utopismus der Bedürftigkeit gegründet. Es ist dies ein dem Mythos zugehöriger Utopismus; gleichviel, ob er nun ahistorisch oder historisch ist und dementsprechend die Seele oder den Geist auf Kosten des Leibes bevorzugt. Es ist ein Utopismus der Askese, des Verzichts, des *Schon* und *Noch-nicht.* Bald anamnestisch (imitatio Christi), bald futuristisch (visio beatifica oder zukünftiges Leben), verläuft er sich in eine Reduktion der Eschatologie und ihre Auflösung durch die Soteriologie, danach in eine außerweltliche Ethik, die das Leben mit dem Überleben und die Authentizität des Menschen mit einer Art Erlösungsdarwinismus verwechselt, so daß einerseits *extra ecclesiam nulla salus est,* während andererseits die Gesellschaft auf eine negative oder bestenfalls knapp zureichende Rolle beschränkt wird. Das kommt daher, daß der vom Mythos abkünftige Utopismus in der Idee verankert ist, allein das Notwendige sei möglich.

Im Gegensatz dazu ist der Utopismus der Technik ein Utopismus des Möglichen: alles ist möglich, wie auch alles erlaubt ist, ohne daß alles unbedingt nützlich ist. Denn wenn alles, was möglich ist, notwendig ist, müßte erst noch das Notwendige definiert werden. *Im Namen von was?* Das ist das Problem. Aber hier liegt auch das begründet, was den Utopismus der Technik hindert, die Ethik auszuschalten. Wir werden keine Automaten sein. Immer werden die Notwendigkeit und die Pflicht bleiben, die Praktiken und Gewohnheiten zu überwinden, die dazu führen, daß, was auf der einen Seite der Grenze wahr ist, auf der anderen falsch ist. Auch heute und immer wird der Mensch die Aufgabe haben, das zu humanisieren, was dem Menschen fremd ist, angefangen bei ihm selbst. Unter der Bedingung jedoch, daß er damit aufhört eine gewisse anthropozentrische Idee vom Menschen zu verwerten. Nachdem der Mensch verneint wurde, handelt es sich jetzt nicht darum, ihn zu bejahen, sondern ihn zu ändern. Ihm ein Herz von Fleisch einzusetzen, da, wo er ein Herz von Stein hat, unabhängig von irgendwelchen biotechnischen Veränderungen. Der künstliche Charakter des Menschen ist dazu aufgerufen, seinen Sinn für das Ethische zu stärken und nicht etwa ihn aufzulösen. Gleichwohl wird diese Ethik ikonoklastisch sein müssen, wie es sich gehört, wenn sie dem echten Utopismus der menschlichen Realität entspringt, und sie wird zugleich sakramental sein müssen: ich meine damit, daß sie sich als Ikonoklasmus der technischen Organisation der Dinge dieser Welt enthüllt, ebenso wie ehemals das Sakrament die Infragestellung der Dinge der Natur oder der Ordnung der Dinge war (Mt 25).

Doch hier erhebt sich ein neues Problem. In der Sicht des christlichen Glaubens gibt es nur eine kirchliche Ethik. Die Ethik ist eine Praktizierung der Liturgie, das, was der Mensch darbringt, insofern er orans, laborans und collaborans ist, Mitarbeiter Gottes, d. h. als Mensch, für den es weder Juden noch Griechen, weder Freie noch Sklaven gibt. Aber dann müßte die Ökumene, die bisher kulturabhängig begriffen wurde, von der Ökologie, einer planetarischen Ökologie, her zu begreifen sein.

Und das bringt dreierlei mit sich, was ich zum Schluß dieser Überlegungen aufzählen möchte.

1) Entgegen der von gewissen Ökologen in Umlauf gebrachten Tendenz greife ich die Einbildung an, die meint, „nature knows best“ – die Natur weiß es am besten[15]. Das ist eine Behauptung, die unverträglich ist mit der biblischen Aussage und ihrer Ausrichtung auf die Begriffe von Schöpfung, Erlösung oder Pleroma.

2) Früher oder später wird eine Weltregierung den heiliggehaltenen Egoismus der Nationen und Rassen dämpfen – wenn sie ihm nicht ein Ende macht. Aber es folgt daraus nicht, daß eine solche Regierung hinreichende Garantie bietet für eine Politik auf der Höhe des Menschen und seines ureigenen Utopismus. Es sollte nicht so kommen, daß man nur das Dorf wechselt, wenn man von der Pfarrei zum Erdball übergeht; oder daß man nur die Natur vertauscht, wenn man z. B. von einer Kultur, wo alles Sünde ist, überwechselt zu einer anderen, wo nichts Sünde ist: Ethik besteht nicht darin, die Sünde einzuschränken oder zu leugnen, sondern die Gnade offenbar zu machen. Um so mehr, wenn alles Gnade ist.

3) Gleichviel, ob die Utopie von technischer oder mythologischer Machart ist, nie ist sie zu verwechseln mit dem Reich Gottes. Bestenfalls ist sie für dieses eben eine Ethik. Und die Kultur wird den Träger hierfür nur unter der Bedingung spielen können, daß der Mensch sagen kann: „Ich glaube.“ Es ist die Bedingung des Menschen, der in Christus die „Bedingung“ selbst – die *conditio* – Gottes ist. Und das wird keine Kultur, auch nicht die technische – sowenig wie die Natur oder die Geschichte es vermochte –, jemals ausradieren können, ohne die radikale Andersheit Gottes erscheinen zu lassen.*

Gabriel Vahanian

[15] Vgl. *B. Commoner,* The Closing Circle (New York 1972); *V. Ferkiss,* The Future of Technological Society (New York 1974); *R. L. Heilbroner,* An Inquiry into the Human Prospect (New York 1975).

* Aus dem Französischen übertragen von Maria Otto.

II
Sprache als Träger von Sittlichkeit

1. *Freiheit und Sittlichkeit im Horizont der Rechtfertigung*

„Sittlich" ist seinem primären Gebrauch nach ein Prädikator, mit dem menschlichen Handlungen die Eigenschaft zu- oder abgesprochen wird, nicht nur inmitten und trotz aller Determiniertheit selber freie und deshalb zu verantwortende Handlungen zu sein, sondern als solche zur Förderung von Freiheit beizutragen. Nur wo es frei verantwortbares Handeln und nicht nur gesetzmäßiges oder durch Sanktionen erzwungenes Verhalten gibt, kann es Sittlichkeit geben. Nicht alle menschlichen Handlungen freilich sind frei, und selbst freie Handlungen können zwar, müssen aber keineswegs sittlich sein. Sofern freie Handlungen Freiheit nicht nur zu befördern, sondern ebenso zu behindern vermögen, werden sie durch das Zu- oder Absprechen des Prädikators „sittlich" zugleich als gut oder böse qualifiziert. Diese Qualifizierung einer Handlung als (sittlich) gut oder böse [1] setzt allerdings die Verantwortlichkeit des Menschen für sein Handeln immer schon voraus, so daß sich die Dimension der Freiheit für das Problem der Sittlichkeit als anthropologisch primär erweist. Denn nur freie Handlungen können (sittlich) gut oder böse sein; nur sittliche Handlungen aber sind gut.

Für den christlichen Glauben steht das Problem der Sittlichkeit durch deren Fundierung in der Freiheit und die daraus resultierende Bezogenheit auf die Unterscheidung zwischen Gut und Böse in doppelter Weise im Horizont des rechtfertigenden Handelns Gottes. So gründet einerseits die Möglichkeit zur Sittlichkeit angesichts der faktischen Verfehlung wirklich umfassender Freiheit, die der Mensch niemals auch nur annähernd selbst zu erwerben und zu praktizieren vermag, ontologisch in der ein für allemal am Kreuz geschehenen Rechtfertigung des Menschen, die ihm ontisch im Ereignis der befreienden Anrede des Evangeliums durch die Berufung in die Gemeinschaft und Kommunikation mit Gott als Ermöglichung von Freiheit zugesprochen wird. Denn dieses den Menschen eschatologisch als Partner Gottes neu konstituierende Wort der Rechtfertigung unterscheidet diesen so als Person von seinen Werken, daß er die Fähigkeit zur Freiheit nicht nur im Blick auf sein Verhalten, sondern auch gegenüber seiner Vergangenheit erhält. Er wird dadurch frei nicht nur gegenüber dem, was er tut, sondern ebenso gegenüber dem, was er getan hat, und erwirbt

---

[1] Zum Problem der Bestimmung der vielfältigen Bedeutung von „gut" vgl. *R. M. Hare*, The Language of Morals (London [2]1961) 79–150; *P. Ziff*, Semantic Analysis (Ithaca – New York [4]1962) 200–247; *J. Rawls*, A Theory of Justice (London 1972) 395–452.

ebenso die Möglichkeit, seine Fähigkeit zur Freiheit nicht zur vergangenheitsorientierten Selbstrechtfertigung, sondern zur zukunftsorientierten Förderung der Freiheit gerade auch anderer Menschen einzusetzen.

Andererseits kann die am Kriterium der Förderung von Freiheit orientierte menschliche Qualifizierung einer Handlung als sittlich gut oder böse niemals ein endgültiges Urteil darstellen. Denn es läßt sich nicht nur niemals überblicken, ob eine Handlung wirklich in all ihren Konsequenzen Freiheit fördert, sondern es gibt auch keine als sittlich beurteilbare Handlung, der unter einem anderen Gesichtspunkt nicht Sittlichkeit abgesprochen werden könnte. Die menschliche Beurteilung einer Handlung als sittlich gut oder böse ist daher in mehrfacher Hinsicht von einer unaufhebbaren Zweideutigkeit und die dem Menschen mögliche Unterscheidung zwischen Gut und Böse niemals definitiv. Eindeutig und definitiv zu sagen, was gut und was böse ist, vermag allein Gott, der richtet, indem er rechtfertigt. Im Ereignis der Rechtfertigung aber wird zwischen Gut und Böse dahingehend endgültig unterschieden, daß Gott es für gut hält, den Menschen freizusprechen. Damit wird das Gute eschatologisch als Freispruch und Befreiung erwiesen, und erst dies begründet theologisch den menschlichen Versuch, das sittlich Gute als Förderung von Freiheit zu bestimmen.

Die Möglichkeit von Sittlichkeit gründet somit in der menschlichen Fähigkeit zur Freiheit, die für den christlichen Glauben konstitutiv auf das rechtfertigende Handeln Gottes bezogen ist, der den Menschen zur Kommunikation und Gemeinschaft mit sich beruft und dadurch zu selbstverantwortlicher Freiheit befähigt. Diese theologische Fundierung der menschlichen Fähigkeit zur Freiheit im Ereignis der Rechtfertigung und freien Kommunikation mit Gott spiegelt sich für den christlichen Glauben dann allerdings auch in der ontischen Faktizität menschlicher Freiheit und Sittlichkeit. Damit erlaubt gerade er es, die Problematik von Freiheit und Sittlichkeit so zu verhandeln, daß auf adäquate Weise nichttheologisch von ihnen zu reden möglich wird.

2. *Sprachliche Kommunikation als Grund der Sittlichkeit*

Als frei gilt eine Handlung, wenn sie unbehindert nach einer selbstgesetzten Regel vollzogen wird. Die Möglichkeit dazu resultiert nicht einfach aus dem biologischen Faktum, daß beim Menschen ein Hiatus zwischen Antrieben und Handlung besteht, der die Zwangsläufigkeit des Reiz-Reaktions-Ablaufs unterbricht[2]. Sie gründet vielmehr in der Fähigkeit des Menschen, sein Handeln nach einem eigenen Entwurf selbst zu bestimmen und durchzuführen und so zwischen Antrieben und Handlungen (d.h. mit Hilfe sinnhafter und antriebsauf-

[2] *A. Gehlen,* Der Mensch. Seine Natur und seine Stellung in der Welt (Frankfurt a.M. [10]1974) 332–338.

schiebender Symbole) zu vermitteln, indem er sein Handeln durch einen „Sinnentwurf" vorstrukturiert und diesem gemäß vollzieht. Ein solcher „Sinnentwurf" ist ein Handlungsplan, der auf der Grundlage erworbener Erfahrung konzipiert ist und sich als eine Hierarchie von Instruktionen explizieren läßt[3]. Sofern die Fähigkeit zur Selbstbestimmung in der Konzipierung und Realisierung solcher Handlungspläne besteht, kann es sie nur aufgrund der einzigartigen menschlichen Fähigkeit geben, im Schaffen, Verändern und Verwenden von Symbolen Sinn zu konstituieren und im Austausch mit anderen zu kommunizieren. Die menschliche Fähigkeit zum Symbolisieren, die in seiner Sprachfähigkeit gipfelt, ist somit unabdingbare Voraussetzung seiner Fähigkeit zur Freiheit. Denn diese ist keine natürliche Disposition, sondern muß vom Menschen auf seinem Weg zur Person, die „wir", „du" und folglich auch „ich" zu sagen und sich als Ich zur Geltung zu bringen vermag, erworben werden. Ich aber oder Subjekt ist der Mensch nur in der Sprache und durch die Sprache, die er in reziproker Kommunikation mit anderen erwirbt und durch die er reflexiv seine eigene Identität und biographische Kontinuität kontinuierlich konstituiert[4]. Nur wer „ich" sagt, ist Person, und „ich" kann nur sagen, wer sich in der Anrede an ein Du zu wenden vermag, weil er selbst als Du angeredet und damit zur Sprache ermächtigt wurde[5]. Und wie es keine Person gibt ohne Sprache, so gibt es auch keine Sprache ohne die sprachlichen Formen, welche die Person anzeigen[6]. Die Grundlage der die Person begründenden Subjektivität liegt daher in der (unter den Bedingungen der Intersubjektivität in der reziprok-reflexiven Kommunikation mit anderen) vollzogenen Einübung und Ausübung der Sprache, in der sich die menschliche Symbolisierungsfähigkeit vollendet.

Die Fähigkeit zur Selbstbestimmung gehört somit nicht zur natürlichen „biologischen" Ausstattung des Menschen, sondern ist von ihm auf der Grundlage der Sprache und Kommunikation mit anderen zu erwerben. Dabei kann er sich die Fähigkeit zur Freiheit allerdings ebensowenig allein verschaffen, wie er als einzelner zu reden oder allein frei zu sein vermag[7]. Er erwirbt sie vielmehr nur aufgrund seines reziproken Bezugs auf andere, die sie ihm ermöglichen, wenn-

---

[3] *G. A. Miller – E. Galanter – K. H. Pribram,* Strategien des Handelns. Pläne und Strukturen des Verhaltens (Stuttgart 1973).

[4] *A. Strauss,* Spiegel und Masken. Die Suche nach der Identität (Frankfurt a. M. 1968); *L. Kohlberg,* Zur kognitiven Entwicklung des Kindes (Frankfurt a. M. 1974).

[5] Zur theologischen Dimension dieses Sachverhalts vgl. *E. Jüngel,* Der Gott entsprechende Mensch. Bemerkungen zur Gottebenbildlichkeit des Menschen als Grundfigur theologischer Anthropologie, in: *H. G. Gadamer – P. Vogler* (Hrsg.), Neue Anthropologie VI (Stuttgart 1975) 342–372; *ders.,* Metaphorische Wahrheit. Erwägungen zur theologischen Relevanz der Metapher als Beitrag zur Hermeneutik einer narrativen Theologie, in: *P. Ricœur – E. Jüngel,* Metapher. Zur Hermeneutik religiöser Sprache (München 1974) 71–122.

[6] *E. Benveniste,* Probleme der allgemeinen Sprachwissenschaft (München 1974) 287–297.

[7] *H. Krings,* Art. „Freiheit", in: *H. Krings – H. M. Baumgartner – Ch. Wild* (Hrsg.), Handbuch philosophischer Grundbegriffe I (München 1973) 507.

gleich auch niemals aufzwingen können. Die Fähigkeit zur Selbstbestimmung ist niemals Ergebnis einer gewaltsamen Fremdbestimmung zur Selbstbestimmung, sondern immer Resultat einer von anderen auf der Grundlage der Kommunikation mit ihnen ermöglichten und so sich vermittelnden Bestimmung zur Selbstbestimmung, in der sich ontisch realisiert, was ontologisch den Menschen konstituiert. Zur Freiheit bestimmen lassen kann sich allerdings nur, wer Sprache beherrscht, und diese Beherrschung läßt sich nicht anders als in der Kommunikation mit anderen erlernen. Wer jedoch sprachlich zu kommunizieren gelernt hat, der hat auch die Fähigkeit zur Freiheit erworben.

Die durch die sprachliche Kommunikation mit anderen erworbene Fähigkeit zur Freiheit wird indessen bei der Ausübung dieser Fähigkeit nur zu leicht pervertiert, indem die eigene Selbstbestimmung auf Kosten der anderen realisiert wird. Gerade deshalb gewinnt die sittliche Forderung Sinn, sich frei der Grundregel zum Gebrauch der Freiheit zu unterstellen, im eigenen Handeln stets auf die Förderung der Freiheit gerade auch des andern zu achten. Erst und nur wo die Fähigkeit zur Freiheit zur Förderung von Freiheit eingesetzt wird, wird *sittlich* gehandelt. Sittlichkeit besteht demnach im frei gewählten und stets neu zu bewährenden verantwortlichen Gebrauch von Freiheit, der sich daran ausweist, daß die von anderen ermöglichte Fähigkeit zur Selbstbestimmung des eigenen Handelns in jeder Situation in der dort angemessenen Weise zur Förderung der (fremden und eigenen) Freiheit eingesetzt wird. Diese Förderung wird sich immer auf ein Doppeltes erstrecken: zum einen muß sie auch bei andern die Fähigkeit zur Freiheit wecken, zum andern aber hat sie die Bedingungen zur Realisierung dieser Fähigkeit in konkreter Freiheit zu schaffen. Sittliches Handeln zielt somit immer sowohl auf die Befähigung zur Freiheit als auch auf die reale Ermöglichung von Freiheit.

Daß menschliches Handeln in diesem Sinn sittlich sein soll, ist die Grundforderung der Sittlichkeit, die es hier über das oben Angedeutete hinaus nicht zu begründen gilt. Daß menschliches Handeln sittlich sein kann, wird durch das Faktum der Freiheit belegt, die es nur als durch die Freiheit der anderen ermöglichte und geförderte und im eigenen Handeln ergriffene Freiheit gibt. Gibt es aber Freiheit nur auf der Grundlage sprachlicher Kommunikation, dann gilt das a fortiori auch für Sittlichkeit. Denn sprachliche Kommunikation ist nicht nur Voraussetzung, sondern zugleich ursprüngliches Feld sittlichen Handelns. So ist jede Praktizierung von Freiheit zur Förderung von Freiheit, die gewalttätig verfährt, sich selbst widersprechend und unsittlich. Gerade aber in sprachlicher Kommunikation kann Freiheit so praktiziert werden, daß sie, ohne gewalttätig werden zu müssen, zum Gebrauch von Freiheit zwingt. Das gilt nicht nur im Blick auf die Förderung der Fähigkeit zur Freiheit durch die Sprach- und Kommunikationspraxis überhaupt. Das gilt auch nicht nur, weil sie in konkreten Kommunikationsformen wie der Anrede vor die Möglichkeit alternativen Verhaltens stellt, ohne die es freies Handeln nicht geben könnte. Das gilt vielmehr vor allem deshalb, weil sie dabei zugleich zwingt, sich in der Entscheidung für eine und gegen die anderen dieser Möglichkeiten seiner Fähigkeit zur Selbstbestimmung zu bedienen. Eigene Freiheit wird gerade dadurch sittlich gebraucht, daß man sich sprachlicher Kommunikation zur Förderung von Freiheit bedient, da allein diese so zum Gebrauch von Freiheit nötigt, daß sie Selbstbestimmung nicht nur ermöglicht, sondern zugleich unumgänglich macht.

3. Dimensionen der Sprache

Die These von der Fundierung und ursprünglichen Praktizierung von Freiheit und Sittlichkeit in der Sprache bleibt freilich verschwommen, wenn die mindestens seit F. de Saussure bekannte Einsicht nicht berücksichtigt wird, daß das Wort „Sprache“ selbst mehrdeutig ist. So kann darunter die anthropologische Grundgegebenheit des *Sprachvermögens* des Menschen (langage) verstanden werden; oder eines der *Sprachsysteme* (langue), in denen sich dieses Vermögen realisiert und die aus einem historisch gewachsenen oder künstlich eingeführten Repertoire von (lautlichen) Zeichen und deren Verwendungsregeln bestehen; oder schließlich die mündliche oder schriftliche *Rede* (parole), die von einem (kompetenten) Sprecher eines bestimmten Sprachsystems in einer konkreten Situation geäußert wird[8]. Jedes dieser Problemfelder wirft seine eigenen Fragen auf, ohne daß sie deshalb getrennt werden dürften, da sie auf theoretische Unterscheidungen zurückgehen, mit denen der äußerst komplexe Phänomen- und Problembereich sprachlicher Kommunikation methodisch differenziert zu erfassen gesucht wird. Orientiert man sich an dieser methodischen Differenzierung, ohne dabei die wesentliche Einheit und Zusammengehörigkeit der als Rede, Sprachsystem und Sprachvermögen thematisierten Sprache zu unterschlagen, dann läßt sich die aufgestellte These folgendermaßen präzisieren:

- Das *Sprachvermögen* des Menschen ist der anthropologische Grund der Fähigkeit zur Freiheit, ohne die es keine Sittlichkeit geben könnte.
- Das (jeweilige) *Sprachsystem* ist der historische und soziale Horizont, in dem die Fähigkeit zur Freiheit faktisch erworben und praktisch ausgeübt und die Möglichkeit von Sittlichkeit nicht nur allgemein eröffnet, sondern in Form tradierter sittlicher Unterscheidungen in konkreter Weise realisierbar wird.
- Die *Rede* ist der konkrete Kommunikationsvorgang, durch den die Fähigkeit zur Freiheit geweckt und Freiheit in paradigmatischem Sinn sittlich realisiert wird.

Sprache ist somit Grund, Horizont und Vorgang von Freiheit und Sittlichkeit, und zwar im konstitutiven Zusammenspiel dieser verschiedenen Dimensionen.

---

[8] *F. de Saussure*, Cours de linguistique générale (Paris 1916) Kap. III.

4. Symbolisierungsfähigkeit und linguistische Kompetenz

Nur der Mensch kann frei und deshalb auch sittlich handeln, weil nur der Mensch zu reden vermag. Reden ist kommunikatives Handeln durch Texte und als solches spezifisches Kennzeichen des Menschen. Daß der Mensch als einziger unter allen endlichen Lebewesen Texte erzeugen und dadurch sprachlich handeln kann, gründet in seinem *Sprachvermögen*, das als höchste Form seiner einzigartigen Fähigkeit zum Symbolisieren zu verstehen ist. Daß er jeweils Texte einer bestimmten Art mit bestimmten Mitteln erzeugt und so auf bestimmte Weise sprachlich handelt, folgt aus der Notwendigkeit der Verwendung eines bestimmten *Sprachsystems* (Textbildungsrepertoires), dessen Beherrschung ihn zum Glied einer bestimmten Sprachgemeinschaft macht. Da sich das menschliche Sprachvermögen nie anders als durch die Verwendung eines bestimmten Sprachsystems in konkreter Rede realisiert, gründet die Fähigkeit zur Freiheit und Sittlichkeit in einem universellen Vermögen menschlicher Subjektivität, das sich aber nur unter den historischen und sozialen Bedingungen menschlicher Intersubjektivität im Horizont einer bestimmten Kommunikationsgemeinschaft in konkreten, individuell zu verantwortenden kommunikativen Einzelhandlungen verwirklicht. Entsprechend steht die Fähigkeit zur Freiheit und Sittlichkeit jedem als Möglichkeit offen, auch wenn er sie nur durch die Aneignung einer je bestimmten Sprache erwerben und im Kontext je spezifischer, historisch bedingter sozialer Beziehungen in konkreten Handlungen realisieren kann. Freiheit ist somit immer konkrete Freiheit und Sittlichkeit die Förderung von Freiheit unter den Bedingungen einer bestimmten Situation. Denn wie niemand einfach spricht, sondern immer eine bestimmte Sprache in einer bestimmten Situation spricht, so handelt auch niemand einfach frei oder sittlich, sondern er tut dies immer nur unter den spezifischen Bedingungen einer konkreten Situation.

a) Damit der Mensch frei und sittlich handeln kann, ist er nun allerdings darauf angewiesen, die unmittelbare Gegebenheit seiner Situation übersteigen zu können. Er vermag dies durch den Entwurf eines Handlungsplans, der auf Zukünftiges und Mögliches hin orientiert und auf der Grundlage erworbener Erfahrung und strukturierender Orientierung in seiner Situation konzipiert ist. Seine eigene Situation in die Dimensionen des Vergangenen und Zukünftigen, des Möglichen und Normativen zu übersteigen vermag der Mensch aber einzig aufgrund seiner – zunächst semiotisch zu charakterisierenden – Fähigkeit zum Symbolisieren. Diese Fähigkeit, die im Sprachvermögen gipfelt, besteht darin, Zeichen zu schaffen, zu verwenden und zu verändern. Dadurch wird es dem Menschen möglich, in Distanz zu seiner Umwelt und zu sich selbst zu treten, so daß die Symbolisierungsfähigkeit als Grundlage nicht nur des Bewußtseins und Selbstbewußtseins, sondern aller menschlichen Kommunikation, Kreativität und Rationalität und überhaupt alles auf Rezeption, Identifizierung, Reidentifizierung, Abstraktion, Strukturierung, Konzeptualisierung, Reflexion usw. gegründeten menschlichen Erlebens, Erkennens und Verhaltens zu bezeichnen ist, das den Menschen im Unterschied zum Tier als semiotisches und damit der Rationalität fähiges Wesen auszeichnet. Er allein kann nicht nur auf Zeichen reagieren, sondern Zeichen schaffen und durch Zeichen handeln, und zwar nicht weil ihm das zu tun oder zu lassen freistünde, sondern weil es zu seiner conditio humana gehört, immer schon in zeichenvermittelter Beziehung zu seiner menschlichen und nichtmenschlichen Umwelt zu stehen und in keiner anderen Beziehung zu ihr stehen zu können.

Die für ihn kennzeichnenden Zeichen sind nun keineswegs nur *Signale,* die als Stimuli auf natürliche oder konventionelle Weise mit einer feststehenden Reaktion verbunden sind und als solche auch im Tierreich eine Rolle spielen. Es sind vielmehr *Symbole,* und d.h. arbiträre Zeichen, die in einem System organisiert sind, in dem sie sich durch wechselseitige Opposition und damit wesentlich negativ definieren. Sie erhalten dadurch eine konventionelle Bedeutung, wie sich besonders deutlich an den verbalen Symbolen zeigt, deren System allen anderen graphischen, gestuellen, taktilen oder visuellen Symbolsystemen zugrunde liegt[9]. Diese Bedeutung erweist sich im Doppelcharakter der Signifikant-Signifikat-Struktur dieser Symbole, die nicht als analoge Beziehung zwischen Symbol und Symbolisiertem, sondern nur in Form einer Verwendungsregel auf der Grundlage ihrer systematischen Oppositionen expliziert werden kann. Infolge dieser konventionellen Organisation in einem System können sie sowohl in paradigmatische als auch syntagmatische Beziehungen zueinander treten, so daß sie die Eigenschaften der Substituierbarkeit, Kombinierbarkeit und Transformierbarkeit aufweisen, die ihre artikulierte Anordnung in Komplexen erlauben. Darüber hinaus besitzen verbale Symbole als einzige die metasprachliche Qualität, mit ihnen sowohl über andere Symbole und Symbolsysteme als auch über sich selbst kommunizieren zu können. Aufgrund dieser Eigenschaften ermöglichen sie ein schöpferisches Operieren, das aus einer beschränkten Anzahl identifizierbarer und distinktiver Symbole nach bestimmten Regeln in einer Mannigfaltigkeit von Kombinationen immer neuen Sinn zu schaffen vermag[10].

Diese *Kreativität* der menschlichen Symbolisierungsfähigkeit äußert sich allerdings nicht nur in der generatio von Sinn mittels eines vorgegebenen Symbolsystems, sondern ebenso in der creatio solcher Systeme[11]. Da ein Symbolsystem aber nichts anderes ist als das Sinnpotential, auf dessen Grundlage sich konkreter Sinn erst realisieren läßt, vermag der Mensch nicht nur aktuellen, sondern ebenso potentiellen Sinn zu schaffen. Er ist so imstande, sich selbst die ihm durch die Sprachlichkeit seines Daseins immer schon zugespielte Ermöglichung von Kreativität als eigene Möglichkeit anzueignen, und diese Figur wiederholt sich in der ihm widerfahrenden Bestimmung zur Selbstbestimmung. Allerdings gilt in beiden Fällen, daß er dies nicht als einzelner, sondern nur als Glied einer

---

[9] *E. Benveniste,* a.a.O. 40.

[10] Zur allgemeinen Information vgl. *T. Todorov – O. Ducrot,* Enzyklopädisches Wörterbuch der Sprachwissenschaften (Frankfurt a.M. 1975).

[11] Auf diese Unterscheidung macht in etwas anderem Zusammenhang *H. Weinrich,* Sprache in Texten (Stuttgart 1976) 288, aufmerksam.

Gemeinschaft tun kann. So steht zwar jedem, der ein Symbolsystem beherrscht, die generatio von Sinn offen, die creatio eines Systems aber ist keine nur individuelle Schöpfung, sondern ein Akt der Gemeinschaft, die ein solches System als Sinnpotential für ihre Kommunikation übernimmt[12]. Und entsprechend liegt zwar der Gebrauch der erworbenen Fähigkeit zur Freiheit in der Hand jedes einzelnen, der Erwerb dieser Fähigkeit aber ist nur als ein durch andere ermöglichter Vorgang möglich.

Da mit Symbolen sinnschaffend operiert werden kann, kommt mit ihnen keineswegs nur wie bei den Zeichen Anwesendes zur Sprache, sondern es kann ebenso Abwesendes, Abstraktes, Fiktives und Falsches thematisiert und in Affirmationen und Negationen auch Wahrheit artikuliert werden. Die sinnschöpfende Symbolisierungsfähigkeit ist somit ἐνέϱγεια im Sinne Humboldts und als solche „die erste Erscheinung der Freiheit des Menschen“[13]. Nur weil der Mensch die Fähigkeit besitzt, solche Symbole zu schaffen und sinnschöpfend zu verwenden, kann er aus der Unmittelbarkeit der Instinktgeleitetheit des Tieres heraustreten und sich die Welt nicht nur als Abbildung von Vorgegebenem vergegenwärtigen, sondern auch als seine Welt symbolisch konstruieren. Er wird damit zum Schöpfer einer nicht mit dem sinnlich Gegebenen identifizierbaren sinnvollen und sinnvermittelten Welt, die ihn die Beschränktheiten des Hier und Jetzt und die Beschränkung auf das unmittelbar Erfahrbare überwinden läßt. Mit dem Eintritt in diese weitere Sinn-Welt gewinnt er nicht nur eine größere Unabhängigkeit gegenüber seiner Umwelt, sondern gerät er auch in die nunmehr ständig drohende Gefahr des Abgleitens in eine durch den Leerlauf seines Symbolismus erzeugbare Scheinwelt, da mit der Möglichkeit zum Sinn auch die zum Unsinn gesetzt ist. Vor dieser Gefahr kann er sich nur dadurch bewahren, daß er die mit der metasprachlichen Qualität seines Symbolismus gegebene Möglichkeit der Reflexion auf seine symbolischen Schöpfungen dazu benützt, selbstkritisch die Wahrheitsfrage zu stellen und auf der Suche nach dem engeren Bezirk der Wahrheit im weiten Bereich von Sinn die Grenze zwischen Sinn und Unsinn mit den Mitteln der Logik und in der auf Konsens zielenden offenen Kommunikation mit anderen stets neu zu bestimmen. Erst durch die semiotische Fähigkeit zum Symbolisieren und der mit ihr eröffneten Möglichkeit von Sinn, Unsinn, Wahrheit und Falschheit ist daher auch die Voraussetzung für Erkennen (Theorie) und Handeln (Praxis) des Menschen gegeben, ohne die er weder frei noch sittlich handeln kann.

b) Die Symbolisier- und Sprachfähigkeit des Menschen realisiert sich nun aber nie anders als in einem der vielen verschiedenen Sprachsysteme und damit in einer bestimmten linguistischen Struktur, die als historisch gewachsenes Gebilde

---

[12] Vgl. dazu *E. Coseriu*, Synchronie, Diachronie und Geschichte. Das Problem des Sprachwandels (München 1974) 67–70.

[13] *E. Coseriu*, Das Phänomen der Sprache und das Daseinsverständnis des heutigen Menschen, in: *ders.*, Sprache. Strukturen und Funktionen (Tübingen 1970) 134.

unabtrennbar von einer bestimmten Sprach- und Kommunikationsgemeinschaft ist. Wie der Mensch daher aufgrund seines Sprachvermögens vor allen anderen Lebewesen ausgezeichnet ist, so ist er aufgrund seines Erwerbs und Gebrauchs eines bestimmten Sprachsystems immer Glied einer durch die Beherrschung dieses Systems konstituierten Sprachgemeinschaft, so daß er sein Menschsein nie anders als in bestimmten historischen und sozialen Bezügen zu verwirklichen vermag.

Mit der Beschreibung solcher Sprachsysteme hat sich nach der im wesentlichen diachronischen und komparativen Forschung der historischen Sprachwissenschaften des 19. Jahrhunderts vor allem der von Saussure inaugurierte, synchronisch verfahrende Strukturalismus befaßt, der in der Phonologie durch N. Trubetzkoj und R. Jakobson auch entscheidende Erfolge erzielt hat. Weit weniger erfolgreich erwies sich dagegen der Versuch, mit den Methoden des taxonomisch beschreibenden Strukturalismus und des ähnlich orientierten behavioristischen Distributionalismus (L. Bloomfield, Z. S. Harris) auch die syntaktische und semantische Sprachdimension in den Griff zu bekommen. Dies veranlaßte N. Chomsky zu einem grundsätzlichen Neuansatz. Gegen die strukturalistischen Versuche, einzelne Sprachsysteme klassifizierend zu beschreiben, stellt er die Forderung einer linguistischen Theorie, die „die formalen Eigenschaften einer jeden möglichen menschlichen Sprache“[14] zu erheben habe und damit den Rahmen und die Mittel zur Formulierung der Grammatik einer jeden bestimmten Sprache bereitstellen würde. Eine solche Theorie ist freilich nicht auf induktivem Weg über die klassifizierende Beschreibung verschiedener Sprachsysteme und ihren Vergleich auf Gemeinsamkeiten hin zu erreichen. Sie kann ihren Anspruch auf Allgemeinheit vielmehr nur dadurch einlösen, daß sie bei der hypothetisch als universell gleichartig angenommenen menschlichen *Beherrschung* solcher Systeme ansetzt[15]. Denn allein hier können die formalen Eigenschaften einer jeden möglichen menschlichen Sprache angelegt sein. Diese Wende von der bloß deskriptiven Betrachtung vorgegebener Sprachsysteme zur – idealisierten – Einbeziehung des dieses System beherrschenden und verwendenden menschlichen Subjekts führt Chomsky zu seiner explikativen Theorie der *linguistischen Kompetenz*. Indem er die Beherrschung eines Sprachsystems in Gestalt eines kompetenten, eingeborenen Sprechers/Hörers idealisiert und von der tatsächlichen Verwendung dieses Systems zur kommunikativen Interaktion systematisch abstrahiert, bestimmt er die linguistische Kompetenz als die kreative Fähigkeit, aus einem endlichen Repertoire von Symbolen nach endlich vielen Regeln in endlich vielen Schritten eine unbeschränkte Zahl wohlgeformter sinnvoller (d. h. in der entsprechenden Sprachgemeinschaft als korrekt und verständlich akzeptierter) Sätze zu bilden bzw. diese zu verstehen[16]. Dadurch gelingt es ihm, zu zeigen, daß Sprachsysteme als Systeme grammatischer Regeln auf syntaktischer, semantischer und phonologischer Ebene zu explizieren sind, mit denen auf der Basis eines entsprechend strukturierten Lexikons abstrakte Satzstrukturen generiert werden können, die sich durch Transformationen in die endgültige Oberflächenstruktur der Sätze der in Frage stehenden Sprache überführen lassen.

---

[14] *N. Chomsky*, Sprache und Geist (Frankfurt a. M. 1970) 119.

[15] Diese Hinwendung zu gleichsam transzendentalen Strukturen des Subjekts kennzeichnet in ganz ähnlicher Weise den genetischen Ansatz der kognitiven Entwicklungspsychologie Piagets – vgl. z. B. *ders.*, Einführung in die genetische Erkenntnistheorie (Frankfurt a. M. 1973) – und (auf einem ganz anderen Feld) die Methodologie von *B. Lonergan*, Method in Theology (London 1972).

[16] Vgl. *N. Chomsky*, Aspekte der Syntax-Theorie (Frankfurt a. M. 1965) 14.

Die prinzipielle Beschränkung dieser an der Grammatikalität der Satzerzeugung orientierten Konzeption der linguistischen Kompetenz, die als zu kleiner Schritt in die richtige Richtung bald heftig kritisiert, modifiziert und fortentwikkelt wurde[17], liegt in ihrer kommunikativen Indifferenz und damit letztlich monologischen Konzeption. Denn die kreative Fähigkeit des Menschen zu reden ist mehr als die linguistische Kompetenz zur regelrechten Bildung von Sätzen mit den Mitteln eines bestimmten Repertoires. Sie besteht im Vermögen, durch Texte kommunikativ zu handeln. Syntaktisch, semantisch und phonologisch erzeugte Sätze aber sind noch keine Texte, mit denen sich kommunizieren ließe, da bei ihnen von der illokutionär-pragmatischen Dimension ihrer Verwendung (also dem, was mit ihrer Äußerung getan und durch ihre Äußerung bewirkt wird), deren kommunikativem Zweck und den allgemeinen Bedingungen sprachlicher Kommunikation ebenso wie von den stilistischen, ästhetischen, gattungsspezifischen usw. Regelsystemen[18], die ihre faktische Gestalt entscheidend mitbestimmen, abgesehen wird. Sofern linguistische Theoriebildung aber das menschliche Vermögen zum kommunikativen Texthandeln zu explizieren sucht, kann sie diese Aspekte nicht unberücksichtigt lassen. Dazu genügt es freilich nicht, die Theorie der linguistischen Kompetenz durch eine Performanztheorie additiv zu ergänzen[19]. Vielmehr ist das menschliche Sprachvermögen von vornherein als integraler Bestandteil der vieldimensionalen[20] *kommunikativen Kompetenz* zu explizieren, in konkreter Rede durch die Erzeugung von Texten mit den Mitteln eines bestimmten Textbildungsrepertoires kommunikativ handeln zu können.

5. *Texthandeln und kommunikative Kompetenz*

Mit der Explikation des menschlichen Sprachvermögens als der kommunikativen Kompetenz zum Texthandeln befassen sich gegenwärtig unter unterschiedlichen Aspekten verschiedene sprachphilosophische und linguistische Ansätze. Auf drei sei im folgenden kurz verwiesen.

---

[17] Zur „Generativen Semantik" vgl. *G. Lakoff*, On Generative Semantics, in: *D. D. Steinberg – L. A. Jacobovits* (Hrsg.), Semantics. An Interdisciplinary Reader in Philosophy, Linguistics, and Psychology (Cambridge 1971) 232–296; *J. D. McCawley*, The Role of Semantics in a Grammar, in: *E. Bach – R. T. Harms* (Hrsg.), Universals in Linguistic Theory (New York 1968) 125–169; *H. E. Brekle*, Generative Semantics vs. Deep Syntax, in: *F. Kiefer* (Hrsg.), Studies in Syntax and Semantics (Dordrecht 1969) 80–90. Zur Entwicklung vgl. *J. S. Petöfi*, Transformationsgrammatiken und eine ko-textuelle Texttheorie (Frankfurt a. M. 1971).

[18] Vgl. *M. Riffaterre*, Strukturale Stilistik (München 1973); *K. W. Hempfer*, Gattungstheorie (München 1973).

[19] Vgl. *H. J. Schneider*, Pragmatik als Basis von Semantik und Syntax (Frankfurt a. M. 1975).

[20] Vgl. dazu *H. Peukert*, Wissenschaftstheorie – Handlungstheorie – Fundamentale Theologie. Analysen zu Ansatz und Status theologischer Theoriebildung (Düsseldorf 1976) 241 f.

a) In der textlinguistischen Fortentwicklung des generativen Ansatzes wird das Sprachvermögen als Fähigkeit zur Texterzeugung und Textrezeption expliziert[21]. Denn Reden ist kommunikatives Handeln durch Texte und damit ein symbolvermittelter Kommunikationsvorgang in konkreten Situationen. Durch einen Kommunikationsvorgang strukturierte Situationen sind modellhaft dadurch charakterisiert, daß zwei oder mehr Personen, die an demselben Repertoire teilhaben, in einem bestimmten Kanal mittels Zeichen Informationen austauschen. Dieser zeichenvermittelte, zumindest potentiell reziprok-dialogische Informationsaustausch stellt sich als Instruktion des jeweiligen Sprechers an den Hörer dar, die diesem in Form eines Sinnvorschlags zu verstehen gibt, wie er sich im weitesten, Erleben, Denken und Handeln umfassenden Sinn verhalten könnte. Texte sind entsprechend pragmatisch begrenzte symbolische Kommunikationseinheiten und können als Gesamtmenge der in dieser Situation kommunizierten Sinninstruktionen eines Sprechers an einen Hörer bestimmt werden. Sämtliche Elemente und Strukturen eines Textes auf allen seinen analytisch unterscheidbaren Ebenen haben daher eine Instruktionsfunktion, die den Hörer zum Aufbau einer Erwartungshaltung veranlaßt. Die verschiedenen Instruktionsebenen eines Textes lassen sich auf typologisch faßbare Elemente und Muster zurückführen, die als Instruktionspotential in dem für Sprecher und Hörer gemeinsamen Textbildungsrepertoire organisiert sind.

Das Textbildungsrepertoire umfaßt nicht nur das Lexikon und die syntaktischen, semantischen und phonologischen Regelsysteme, die in der Theorie der linguistischen Kompetenz expliziert werden, sondern darüber hinaus auch die (illokutionären) Sprechhandlungsmuster, die in der von J. L. Austin inaugurierten und von W. P. Alston, J. Searle, S. R. Schiffer, D. Wunderlich u. a. weiterentwickelten Theorie der Sprechakte erforscht werden[22]. Diese ging davon aus, daß in Redeäußerungen niemals nur etwas gesagt (lokutionärer oder propositionaler Akt), sondern immer zugleich dialogisch-kommunikativ gehandelt (illokutionärer Akt) und dadurch beim Hörer etwas bewirkt wird (perlokutionärer Akt). Das Interesse richtete sich dabei insbesondere auf die illokutionäre Dimension, da sich deren Vielfalt auf bestimmte sprachliche Handlungsmuster zurückführen läßt, die sich typologisch klassifizieren lassen[23] und deren Beherrschung konstitutiv zum

---

[21] *S. J. Schmidt*, Texttheorie. Probleme einer Linguistik der sprachlichen Kommunikation (München 1973); *J. S. Petöfi*, Towards an Empirically Motivated Grammatical Theory of Verbal Texts, in: *J. S. Petöfi – H. Riesner* (Hrsg.), Studies in Text Grammar (Dordrecht 1973) 205–275; *W. Kallmeyer* u. a., Lektürenkolleg zur Textlinguistik (Frankfurt a. M. 1974); *H. Weinrich*, a. a. O..

[22] *J. L. Austin*, Zur Theorie der Sprechakte (Stuttgart 1972); *W. P. Alston*, Philosophy of Language (Englewood Cliffs [N. J.] 1964); *J. Searle*, Sprechakte. Ein sprachphilosophischer Essay (Frankfurt a. M. 1971); *S. R. Schiffer*, Meaning (Oxford 1972); *D. Wunderlich*, Linguistische Pragmatik (Frankfurt a. M. 1972); *ders.*, Sprechakttheorie und Diskursanalyse, in: *K.-O. Apel* (Hrsg.), Sprachpragmatik und Philosophie (Frankfurt a. M. 1976) 463–488.

[23] *J. Searle*, a. a. O.; *J. Habermas*, Vorbereitende Bemerkungen zu einer Theorie der kommunikativen Kompetenz, in: *J. Habermas – N. Luhmann*, Theorie der Gesellschaft oder Sozialtechnologie (Frankfurt a. M. 1971) 101–141; *J. Habermas*, Was heißt Universalpragmatik?, in: *K.-O. Apel* (Hrsg.), Sprachpragmatik und Philosophie (Frankfurt a. M. 1976) 174–272; *S. R. Schiffer*, a. a. O.; *D. Wunderlich*, a. a. O. (1976); *S. Kanngießer*, Sprachliche Universalien und diachrone Prozesse, in: *K.-O. Apel* (Hrsg.), Sprachpragmatik und Philosophie (Frankfurt a. M. 1976) 273–393.

Vermögen, eine bestimmte Sprache zu sprechen, hinzugehört. Erst diese illokutionäre Kompetenz, die sich in einer generativen Theorie der Illokutionen explizieren läßt[24], und die linguistische Kompetenz zusammen ergeben die Sprachkompetenz, die als Zentrum der kommunikativen Kompetenz anzusehen ist. Sie ist daher bei der Charakterisierung des Instruktionspotentials eines Textbildungsrepertoires konstitutiv mitzuberücksichtigen.

Die Texterzeugung läßt sich dann als Entscheidungsprozeß rekonstruieren, in dem der Sprecher zur Erreichung eines intendierten kommunikativen Zwecks bestimmte lexikalische Einheiten, grammatische Muster und Illokutionsmuster aus dem ihm zur Verfügung stehenden Repertoire auswählt und durch Vertextung nach den entsprechenden Regeln in textuelle Instruktionen an den Hörer umsetzt[25]. Die Kode-Bedeutung der Elemente des Lexikons kann dabei als geordnetes Bündel syntaktisch-semantischer Merkmale dargestellt werden, die der jeweiligen Einheit eine bestimmte – vom Sprecher aus formuliert – „Instruktionsvirtualität"[26] bzw. – vom Hörer aus formuliert – „Determinationserwartung"[27] verleihen, die zur präzisen Instruktion wird, wenn sie den grammatischen Regeln entsprechend vertextet werden, indem „die Wörter mit ihrer jeweiligen Kode-Bedeutung einander Kontext geben und ihre Bedeutung im Hinblick auf deren Verträglichkeit oder Unverträglichkeit wechselseitig einschränken"[28]. Erst in der syntagmatischen Dimension des Textes werden die polysemen Einheiten des Repertoires durch den determinierenden Kontext von ihrer vieldeutigen lexikalischen Bedeutung auf einen bestimmten textuellen Sinn festgelegt. Sinn ist dementsprechend Ergebnis der Reduktion des Sinnpotentials der lexikalisch vorgegebenen Elemente durch ihre wechselseitige Determination im Kontext des Textes. Entsprechendes gilt auch für den Beitrag, den die verwendeten Illokutionsmuster zum Sinn eines Textes leisten. Denn auch sie besitzen eine Instruktionsvirtualität, die sich in Form von Erwartungen explizieren läßt. Nur sind es in diesem Fall meist „Erwartungen über Erwartungen", die im Text gar nicht explizit zum Ausdruck kommen, sondern als unausgesprochene, aber durch die illokutionäre Kraft des Textes indirekt aktualisierte kommunikative Präsuppositionen die Verständlichkeit des Textes bestimmen[29]. An diesem Punkt knüpfen die universalpragmatischen Überlegungen zu den Grundbedingungen von Kommunikation überhaupt an, auf die unten zurückzukommen sein wird.

Die Erzeugung von Sinn auf der Basis eines Textbildungsrepertoires ist nicht nur eine grundlegend kreative Leistung, sondern erschließt zugleich die entscheidende Dimension innovatorischen Handelns. Denn durch die wechselseitige Determination vorgegebenen Sinnpotentials im Textgefüge entsteht nicht nur Sinn, sondern zugleich auch Sinnpotential, wie besonders deutlich in der Metaphernbildung zutage tritt[30]. Texthandeln ist also niemals nur ein bloß mechanisches Aktualisieren vorgegebener Sinnmöglichkeiten, sondern immer zugleich auch ein strukturveränderndes innovatorisches Handeln, das seine eigene Basis zu verändern vermag.

---

[24] *Ch. Travis*, Saying and Understanding. A Generative Theory of Illocutions (Oxford 1975).
[25] *S. J. Schmidt*, a.a.O. 161ff.
[26] Ebd. 85.
[27] *H. Weinrich*, a.a.O. 319ff.
[28] Ebd. 13.
[29] Vgl. *J. S. Petöfi – D. Frank* (Hrsg.), Präsuppositionen in Philosophie und Linguistik (Frankfurt a.M. 1973).
[30] Vgl. *J. Nieraad*, „Bildgesegnet und Bildverflucht". Forschungen zur sprachlichen Metaphorik (Darmstadt 1977) 45–79; *P. Ricœur*, La métaphore vive (Paris 1975); *E. Jüngel*, Metaphorische Wahrheit, a.a.O.

Solchermaßen Sinn in Texten konstituieren, durch Texte kommunizieren und in Form von Texten rezipieren zu können, kennzeichnet die kommunikative Kompetenz des Menschen, die Grundlage seiner Fähigkeit zu Freiheit und Sittlichkeit ist. Denn ohne sie wäre er auf die eindimensionale sinnliche Welt unmittelbar gegenwärtiger Wirklichkeit beschränkt, die weder Bewußtsein noch Selbstbewußtsein aufkommen ließe und die er durch seinen Eintritt in eine durch die Kommunikation mit anderen konstituierte und vermittelte Sinn-Welt mit ihren Dimensionen der Vergangenheit und Zukunft, des Möglichen, Abstrakten, Normativen und Wahren überwindet. Nur insofern er in einer solchen Welt lebt, ist er Person, kann er handeln, und kann er sein Handeln frei und sittlich selbst bestimmen.

Durch Texte, d.h. durch den Austausch von Sinnangeboten, kommunikativ handeln kann der Mensch nun aber nur, insofern er durch eben solches Handeln dazu befähigt wurde. Nur weil er durch kommunikative Interaktion in eine ihm vorgegebene Sprache hineinwächst, indem er sich ein Textbildungsrepertoire auf dem etwa von Piaget entwicklungspsychologisch analysierten Weg allmählich erwirbt und es zu gebrauchen lernt[31], kann er sich selbst der Sprache bedienen. Nur weil er angeredet ist, kann er reden. Und nur weil er als Angeredeter zu reden vermag, kann er auch frei und sittlich handeln. Eine Analyse der Grundstrukturen der *Anrede* kann dies exemplarisch verdeutlichen.

In der Anrede erfährt die für alle Rede charakteristische Konstitution und Kommunikation von Sinn eine Zuspitzung, die die Pointe des Redens überhaupt enthüllt. So ist Anrede nicht wie der Großteil von Rede Antwort auf schon ergangene (An-)Rede, sondern das Paradigma kommunikativ-kreativer und neue zwischenmenschliche Beziehungen einleitender und ermöglichender Rede. Sucht doch das Anredesubjekt durch sie eine durch Art und Inhalt näher spezifizierte Beziehung zu einem gegenwärtigen Gegenüber herzustellen, das sich dabei durch einen gerade an ihn gerichteten spezifischen Anspruch betroffen erfährt. Durch die Anrede konstituiert sich der Anredende ein individuelles Gegenüber auf dem Hintergrund all des andern, zu dem er sich nicht in die intendierte und artikulierte Beziehung zu setzen sucht. Und entsprechend erfährt auch der Angeredete aus all den von ihm verschiedenen Gegenständen einen Gegenstand als ein Subjekt, das in spezifischer Weise auf ihn bezogen handelt. Durch die im Sinnangebot der Anrede angetragene Beziehung werden so sowohl der Anredende als auch der Angeredete für den jeweils anderen von allem übrigen und zugleich voneinander in spezifischer, eine neue Qualität setzender Weise unterschieden.

Aufgrund dieser durch die Anrede gesetzten numerischen und qualitativen

---

[31] Vgl. *J. Piaget*, Sprechen und Denken des Kindes (Sprache und Lernen I) (Düsseldorf 1972); *ders.*, Nachahmung, Spiel und Traum (Gesammelte Werke 5, Studienausgabe) (Stuttgart 1975).

Differenz werden nun aber Anredender und Angeredeter *identifizierbar*. Sie erhalten Züge, auf die sie sich sowohl selbst anzusprechen vermögen als auch von anderen ansprechen lassen. Sie werden damit Größen, von denen und zu denen sich reden läßt. Allerdings ist diese Identifizierbarkeit noch keineswegs hinreichend, um auch ihre Identität zu konstituieren. Denn niemand ist mit seinem Verhalten oder Handeln einfach identisch, auch wenn er sich gerade dadurch identifizieren läßt[32]. Identisch ist er vielmehr als derjenige, dem all dieses Verhalten, Handeln und Erleiden zu verschiedenen Zeiten zugerechnet werden kann, insofern trotz der Differenz identifizierender Bezugnahmen auf ihn seine Ununterschiedenheit als Referent gewahrt bleibt[33]. Dennoch wäre auch dadurch seine Identität nur eine von außen konstituierte und beschreibbare „relative Ununterschiedenheit" (Schirn). Als reflexive Kategorie aber ist sie mehr, insofern sie aufgrund der Fähigkeit zur Selbstidentifikation ein *Wissen* um die eigene Identität einschließt, wie es sich paradigmatisch in der Anredesituation konstituiert. So begreift sich der Anredende bei seiner auf die Herstellung einer bestimmten Beziehung gerichteten Handlung als Ich, das sich mit einem Du durch dessen Differenzierung von jedem Es in eine konkrete Verbindung zu setzen sucht; und umgekehrt wird der Anredende vom Angeredeten im Unterschied zu allem anderen als ein Du erfahren, das sich in spezifischer Handlung auf ihn bezieht. In diesem Betroffensein durch ein Du begreift sich der Angeredete als Ich, und dieses Selbstbewußtsein wird über die Selbstidentifikation zur Selbstentsprechung und damit zum Wissen und Wahren der eigenen Identität, wo sich Anredender und Angeredeter in der zeitlichen Differenz numerisch und qualitativ verschiedener Akte kontinuierlich als Ich begreifen. Der Außen-Identität der relativen Ununterschiedenheit in verschiedenen Identifikationen entspricht so die Kontinuität des Ichbewußtseins, das sich durch immer wieder vollzogene Selbstidentifikationen konstituiert. Durch die Anrede wird so ein Doppelprozeß ausgelöst, der zur Bildung eines Bewußtseins um ein gegenüberstehendes Du und zur Ausbildung des Selbstbewußtseins zum wachsenden Wissen um die Identität des eigenen Ichs führt[34].

Die angedeuteten Aspekte lassen sich dahingehend zusammenfassen, daß in der Anrede die personale Dimension aller sprachlichen Kommunikation besonders deutlich hervortritt. In der Anrede erweist und erfährt sich der Anredende im Prozeß der Identifizierung seines Gegenübers und seiner selbst als gegenwärtig existierende Person, die sich nicht nur dispositionell oder reaktiv verhält, sondern intentional nach einer selbstgesetzten Regel und damit frei handelt. Desgleichen erfährt sich der Angeredete als Person, insofern er die gerade an

---

[32] *J. Habermas*, Zur Rekonstruktion des Historischen Materialismus (Frankfurt a. M. 1976) 21.

[33] *M. Schirn*, Identität und Synonymie. Logisch-semantische Untersuchungen unter Berücksichtigung der sprachlichen Verständigungspraxis (Stuttgart – Bad Cannstatt 1975) 169–175.

[34] *J. Habermas*, Zur Rekonstruktion des Historischen Materialismus 20–25, 63–91.

ihn gerichtete Bezugnahme als ein Betroffensein erfährt, das ihn zu einer im Sinnangebot der Anrede spezifizierten Reaktion zu veranlassen sucht, ohne ihn dazu zwingen zu können. So begreift er sich nicht nur als angeredetes Ich, sondern als *freies* Ich, da er feststellt, daß er sich der Anrede entziehen kann. Diese Erfahrung des Neins, der Möglichkeit zur Verweigerung, ist der von anderen ermöglichte Ursprung der Fähigkeit zur Freiheit und gehört zu den Grunderfahrungen des Menschen[35]. Sie resultiert exemplarisch aus der Anrede, da diese nicht zwangsläufig eine positive Reaktion als Eingehen auf die angetragene Beziehung erzwingt, vielmehr die Möglichkeit der Ablehnung im Prinzip immer offenläßt, auch wenn man sich ihr faktisch aufgrund drohender Sanktionen nicht entziehen kann. Denn gerade dann erfährt man sich als potentiell freie, aber seiner Freiheit nicht mächtige, d. h. unterdrückte Person. Unfreiheit ist überhaupt nur unter der Voraussetzung möglicher Freiheit erfahrbar.

Insofern jeder, der sie überhaupt registriert, auf ergangene Anrede reagieren muß, und sei es, indem er sie ignoriert, ist Anrede ein unmittelbarer, nicht gewalttätiger Zwang zur Wahrnehmung der eigenen Freiheit. Indem sie unausweichlich vor die Entscheidung einer positiven oder negativen Reaktion stellt, schafft Anrede die Situation, in der Freiheit erfahren und praktiziert werden kann. Als freie Handlung, in der sich der Anredende auf ein bestimmtes Sinnangebot festlegt, entspringt sie nicht nur der Freiheit, sondern fördert Freiheit, indem sie dem Angeredeten die Möglichkeit von Freiheit eröffnet. Ohne gewalttätig zu sein, zwingt sie so zur Praktizierung von Freiheit und kann daher geradezu das Paradigma sittlichen Handelns genannt werden.

Das wird dadurch unterstrichen, daß Anrede nicht vor eine blinde, sondern rational begründbare Entscheidung stellt, da sie aufgrund ihres Textcharakters einen Sinn artikuliert, der als Verhaltensangebot rezipiert werden kann. So wird auf eine Anrede nicht rational reagiert, wenn man nur das Faktum der Kontaktaufnahme registriert, ohne auch das Sinnangebot zu verstehen. Durch die Verwendung eines bestimmten Textbildungsrepertoires liefert die Anrede aber selbst die wesentlichen Mittel zur Interpretation und Beurteilung ihres Sinnangebots. Sie ist so nicht nur kommunikative Handlung zur Herstellung einer Beziehung zwischen Personen, sondern zugleich Interpretation und Spezifizierung der besonderen Art dieser Beziehung durch die allgemeinen Mittel des verwendeten Repertoires. Nur aufgrund der kommunikativen Kompetenz, Texte zu rezipieren und zu verwenden, kann daher die in der Anrede – und das gilt cum grano salis für alle Rede – eröffnete Möglichkeit zur Freiheit und damit auch Sittlichkeit ergriffen werden.

b) Dieses grundlegende menschliche Vermögen der kommunikativen Kom-

---

[35] *J. Piaget – B. Inhelder*, Die Psychologie des Kindes (Frankfurt a. M. 1977) 100f.; *J. Piaget*, Theorien und Methoden der modernen Erziehung (Wien – München – Zürich ²1972) 273–280.

petenz wird im sprachphilosophischen Ansatz der Erlanger Schule (P. Lorenzen, K. Lorenz, J. Mittelstraß u. a.) genauer als das Vermögen zum *Prädikationshandeln* bestimmt und in Form einer Prädikationstheorie rekonstruiert[36]. Prädikationshandlungen werden dabei als die fundamentalen sinnsetzenden Handlungen des Unterscheidens begriffen, die allem faktischen Reden und Tun, das auf unterscheidende Orientierung angewiesen ist, zugrunde liegen. Denn die Prädikationspraxis bildet die Basis aller menschlichen Orientierungssysteme, insofern sie im Unterschied zu allen anderen zwar nicht in ihrer linguistisch beschreibbaren faktischen Ausprägung, wohl aber als Vermögen unhintergehbar ist, da „jede Reflexion über die Prädikation bereits von der Prädikation selbst Gebrauch machen muß“[37].

Die Prädikation läßt sich in Form der beiden Teilhandlungen des Referenzialisierens und Prädizierens rekonstruieren, sofern dabei immer etwas als Gegenstand mittels eines designatorisch verwendeten Symbols identifiziert und unter einem allgemeinen Gesichtspunkt durch einen Prädikator positiv oder negativ spezifiziert wird[38]. Dieser Ansatz erlaubt es, Prädikatoren etwa durch ihre exemplarische Einführung in der Angabe von Beispielen und Gegenbeispielen logisch zu normieren. Und da auch die logischen Junktoren, mit deren Hilfe sich die aus Prädikationshandlungen resultierenden Propositionen zu komplexeren Sinngebilden aufbauen lassen, mittels eines präzis geregelten Dialogverfahrens eingeführt werden können[39], kann die gesamte Prädikationspraxis als Feld logischer Normierung und Rekonstruktion bestimmt werden. Damit aber ist für den Kern und Grund aller Rede die Möglichkeit konstruktiver Normierung gegeben, so daß von einem „normativen Fundament der Sprache“ (Mittelstraß) zu reden möglich wird.

Durch Prädikatoren werden nie irgendwelche, sondern immer bestimmte Unterscheidungen gesetzt, ohne daß deshalb nicht weiter oder anders unterschieden werden könnte. Jeder Prädikator muß daher bestimmte, prinzipiell revidierbare Differenzierungsgesichtspunkte an die Hand geben, die, in konkreter Prädikationspraxis eingeübt und angewandt, die Welt in bestimmter Weise sinnvoll zu strukturieren erlauben. Diese Differenzierungsgesichtspunkte sind nichts anderes als die semantischen Merkmalsbündel der als Prädikatoren verwendbaren Elemente eines Sprachrepertoires. Diese repräsentieren infolgedessen mögliche Unterscheidungen, die in der Prädikationspraxis einer Sprachgemeinschaft eingeführt wurden und als Sinnmöglichkeiten tradiert werden. Denn daß überhaupt prädizierend sinnkonstituierende Unterscheidungen ge-

---

[36] *K. Lorenz*, Elemente der Sprachkritik. Eine Alternative zum Dogmatismus und Skeptizismus in der analytischen Philosophie (Frankfurt a. M. 1970); *P. Lorenzen*, Methodisches Denken (Frankfurt a. M. [2]1974); *J. Mittelstraß*, Die Möglichkeit von Wissenschaft (Frankfurt a. M. 1974); *W. Kamlah – P. Lorenzen*, Logische Propädeutik oder Vorschule des vernünftigen Redens (Mannheim 1967).

[37] *J. Mittelstraß*, a. a. O. 201.

[38] Vgl. *P. F. Strawson*, Individuals. An Essay in Descriptive Metaphysics (London Nachdr. 1971) 139; *ders.*, Subject and Predicate in Logic and Grammar (London 1974); *J. R. Searle*, a. a. O. 188.

[39] *K. Lorenz*, Dialogspiele als semantische Grundlage von Logikkalkülen, in: Arch. für mathematische Logik und Grundlagenforschung 11 (1968) 32–55, 73–100.

setzt werden können, resultiert aus unserem Sprachvermögen; welche Unterscheidungen wir aber setzen, hängt wesentlich mit der je distinktiven historischen Prädikations- und Erkenntnispraxis unserer Sprachgemeinschaft zusammen. So kommen Unterscheidungen, die sich im konkreten Leben bewähren, Entdeckungen gleich und stellen kulturelle Errungenschaften dar, die mit der Weitergabe der Prädikatoren zur wiederholenden Anwendung, damit aber auch zur genaueren Bestimmung, Veränderung und Erweiterung zur Verfügung stehen. Denn durch die Weiterverwendung einmal eingeführter Prädikatoren werden bestimmte Unterscheidungen immer wieder aufs neue eingeübt und formieren so eine distinktive Weltsicht, die mit dem Erwerb der entsprechenden Sprache als Möglichkeit miterworben wird. Und die Bedeutung von Philosophen wie Plato, Descartes, Kant oder Hegel und Theologen wie Paulus, Augustin, Thomas und Luther besteht nicht zuletzt darin, daß es ihnen gelang, Unterscheidungen zu setzen, die uns nunmehr als Sinnmöglichkeiten in Form von Prädikatoren zur Verfügung stehen und unsere Weltsicht aufs tiefste beeinflussen. Mit der Einübung in die rechte Verwendung überkommener Prädikatoren steht uns so die Unterscheidungspraxis und damit die Sinnerfahrung von Generationen zur Verfügung.

Zu den so tradierten Sinnmöglichkeiten gehören nicht zuletzt die moralischen und sittlichen Normen und Werte einer Gemeinschaft. Sie werden von den einzelnen im Prozeß der Sozialisation durch Einübung in den rechten Gebrauch der relevanten Unterscheidungen erworben. Mit der Sprache eignet man sich somit immer auch die Grundlagen der (im weiteren Sinn) sittlichen Orientierung der entsprechenden Sprachgemeinschaft an. Da in einer Sprache aber meist eine Vielzahl sittlicher und moralischer Unterscheidungen bereitgestellt sind, ist auch die sittliche Praxis zwangsläufig vieldimensional. Allerdings wird durch die Sprache zugleich auch die Möglichkeit eröffnet, die überkommenen sittlichen Unterscheidungen und ihre praktischen Konsequenzen zu reflektieren und durch kritische Überprüfung der entsprechenden Prädikatoren sittliche Praxis zu regulieren. Die tradierten Unterscheidungen überlieferter Normen, Werte und Tugendkataloge werden in der Prädikationspraxis faktischer Rede daher nicht einfach mechanisch wiederholt, sondern stehen in einem unaufhörlichen Prozeß der Veränderung und Neubestimmung, der Sittlichkeit von Sitte und Gesittung zu unterscheiden nötigt[40].

c) Obwohl die Handlung des Prädizierens in faktischer Rede niemals ohne den Vollzug einer illokutionären Sprechhandlung erfolgen kann[41], wird diese Dimension von der rekonstruktiven Explikation des Sprachvermögens als Fähigkeit zum Prädikationshandeln ausgeklammert und der Linguistik des fak-

---

[40] *M. Kähler,* Die Wissenschaft der christlichen Lehre von dem evangelischen Grundartikel aus im Abrisse dargestellt (Leipzig ³1905) 128–140.
[41] *J. R. Searle,* a. a. O. 186–195.

tischen Sprachsystems zugewiesen[42]. Dagegen betont der wohl am konsequentesten von J. Habermas und K.-O. Apel ausgearbeitete Entwurf einer „Universalpragmatik" oder „transzendentalen Sprachpragmatik" zur Explikation der kommunikativen Kompetenz, daß diese Dimension nicht nur auf der Ebene der „langue", sondern schon des Sprachvermögens angelegt sei, und zwar in Gestalt der „*universalpragmatischen Regeln* der Sprechakt-Erzeugung und des Sprechakt-Verstehens"[43]. So entwickelt Habermas im Anschluß an die Sprechakttheorie eine Typologie fundamentaler Sprechhandlungsmuster, mit der er die universalpragmatische Grundstruktur sprachlicher Kommunikation zu explizieren sucht[44]. Der entscheidende Gesichtspunkt ist dabei, daß in jedem Kommunikationsvorgang bestimmte normative Unterstellungen gemacht und angenommen werden, die normalerweise im Text nicht explizit artikuliert sind, sich aber jederzeit in der selbstreflexiven Form eines „Diskurses" thematisieren lassen. So herrscht bei Kommunikationspartnern gewöhnlich Einverständnis über die reziprok erhobenen Geltungsansprüche der Wahrheit, Richtigkeit und Wahrhaftigkeit, ohne die es keine Kommunikation geben könnte. Ist dieses Einverständnis aber einmal nicht (mehr) gegeben, so wird doch immer schon vorausgesetzt, daß sie „in einer Diskussion prinzipiell in der Lage sind, zur Sinn-Verständigung und zur Wahrheitsfindung durch Konsensbildung zu gelangen"[45]. In gewissem Sinn ist sprachliche Kommunikation sogar immer auf ein Mehr an Einverständnis bedacht, also eine Bewegung von beanspruchtem Einverständnis zu mehr Einverständnis (Ernst Fuchs)[46]. Voraussetzungen und Unterstellungen dieser Art gehören nicht einfach zu den faktischen Präsuppositionen einer Redehandlung oder den empirischen Konventionen, die sie konkret ermöglichen, da sie prinzipiell durch Konventionen weder konstituiert noch aufgehoben werden können. Sie stellen vielmehr universal- oder transzendentalpragmatische Bedingungen der Möglichkeit von Kommunikation überhaupt dar[47], die sich selbst auf keinem anderen Weg als in reflexiver Kommunikation begründen lassen. An dieser Zirkelstruktur aber wird deutlich, daß mit dem Eintritt in eine Kommunikation unabwendbar reziproke Verpflichtungen übernommen werden, insofern sich die Kommunikationspartner als gleichberechtigt zu akzeptieren und ihre gegenseitigen Ansprüche als verpflichtend anzuerkennen haben.

---

[42] *J. Mittelstraß*, a.a.O. 183.

[43] *K.-O. Apel*, Sprechakttheorie und transzendentale Sprachpragmatik zur Frage ethischer Normen, in: *ders.* (Hrsg.), Sprachpragmatik und Philosophie (Frankfurt a.M. 1976) 90; vgl. *ders.*, Transformationen der Philosophie, II: Das Apriori der Kommunikationsgemeinschaft (Frankfurt a.M. 1973).

[44] *J. Habermas*, Vorbereitende Bemerkungen; *ders.*, Was heißt Universalpragmatik? a.a.O.; *ders.*, Legitimationsprobleme im Spätkapitalismus (Frankfurt a.M. 1973).

[45] *K.-O. Apel*, Sprechakttheorie 117.

[46] Vgl. *E. Fuchs*, Hermeneutik (Tübingen [4]1970) 134–140; *ders.*, Marburger Hermeneutik (Tübingen 1968) 176f., 239–243.

[47] *K.-O. Apel*, Sprechakttheorie 101–104.

In der realen Kommunikationssituation ist diese Gleichberechtigung der Kommunikationspartner freilich immer nur annäherungsweise realisiert, so daß die universalpragmatischen Bedingungen der Möglichkeit von Kommunikation eine ideale Sprechsituation zu konzipieren zwingen, in der über gegenseitige Geltungsansprüche im Horizont einer prinzipiell unbegrenzten Kommunikationsgemeinschaft gleichberechtigt argumentativ entschieden wird, da niemand als potentieller Kommunikationspartner ausgeschlossen werden kann. Die ideale Kommunikationsgemeinschaft, die in jeder Kommunikation zu unterstellen ist, gewinnt damit aber den Status einer kritisch-normativen Leitidee, die emanzipatorische Praxis zu begründen vermag[48]. Denn jeder kommunikative Akt ist dann daran zu messen, inwiefern in ihm die freie gegenseitige Anerkennung der Kommunikationspartner realisiert ist; und da Partner im Prinzip jeder zu sein vermag, ist als letzter Horizont der zu unterstellenden Kommunikationsgemeinschaft immer die Menschheit als ganze thematisiert[49].

Mit der kommunikativen Kompetenz des Menschen ist damit aber konstitutiv ein Bezug auf die unbegrenzte Kommunikationsgemeinschaft der Menschheit gesetzt, in deren Horizont sich erst durch freie gegenseitige Anerkennung und reziproke Verpflichtung Subjektivität und Intersubjektivität konstituieren können. Keiner ist Subjekt, der nicht in Kommunikation mit anderen steht. Aber auch keiner, der nicht, wie vom Konzept der idealen Kommunikationsgemeinschaft gefordert, mit jedem möglichen Partner in freier gegenseitiger Anerkennung kommuniziert, hat die Möglichkeiten seiner Subjektivität völlig realisiert. Er existiert vielmehr mit einem Überschuß an Möglichkeiten, der es ihm unmöglich macht, nicht zu kommunizieren, solange er als Mensch existiert. Seine kommunikative Kompetenz ist daher ein Vermögen, das auf seine eigene Realisierung drängt und so nicht nur Grund sinnschaffender symbolischer Interaktion, sondern von Handeln überhaupt ist. Dabei ist aber zu beachten, daß mit ihr nicht nur ein unhintergehbares Sprachvermögen gesetzt ist, prädizierend in Texten handeln zu können, sondern das „nichthintergehbare *Apriori der Kommunikationsgemeinschaft*“[50], in dessen Horizont sich alles Handeln abspielt und aufgrund dessen erst so etwas wie redende und handelnde Subjekte möglich sind. Jeder monologischen Konzeption des Menschen ist damit von vornherein der Boden entzogen, da es ihn überhaupt nur gibt als angeredetes und anredendes Glied einer unbegrenzten Kommunikationsgemeinschaft.

Nur als solches vermag er infolgedessen auch frei und sittlich zu handeln. Denn wie seine Fähigkeit zur Freiheit aus der Kommunikation resultiert und sich nie anders als im (positiven oder negativen) Bezug auf andere realisiert,

---

[48] Ebd. 144.

[49] Die Aporien, in die man notwendig geführt wird, wenn man diesen Horizont zeitlich denkt, bilden den Ansatz für *H. Peukerts* Entwurf einer fundamentalen Theologie als einer „Theorie universalen, also auch anamnetisch-solidarischen, kommunikativen Handelns“ (a. a. O. 16).

[50] *K.-O. Apel*, Sprechakttheorie 144; vgl. *ders.*, Transformationen 358–435.

so kann er auch nur kommunizierend und im Bezug auf mögliche und tatsächliche Kommunikationspartner sittlich handeln. Sprachliche Kommunikation als Grund, Horizont und Vorgang von Freiheit und Sittlichkeit stellt damit aber auch Freiheit und Sittlichkeit in den Horizont einer universalen Kommunikationsgemeinschaft, von dem her sie ihren Status als nie zulänglich realisierte Postulate menschlichen Handelns erhalten. Zwar wird sittlich gehandelt, wo unter den Bedingungen einer bestimmten Situation Freiheit gefördert wird; aber da immer auf die Förderung der Freiheit aller möglichen und tatsächlichen (Kommunikations-) Partner hinzuwirken ist, wird nie sittlich genug gehandelt. Wenn daher Sprache als Träger von Sittlichkeit apostrophiert wird, dann hat dies seinen letzten und besten Grund darin, daß sie die Dimension eröffnet, durch die der Auftrag zur Sittlichkeit bleibend und begründbar konstituiert wird.

6. *Rechtfertigung und Sprache*

Im Horizont christlicher Theologie wird Sprache in diesem Sinn als Träger von Sittlichkeit ontologisch vorausgesetzt. Ontisch wird diese Voraussetzung als Ereignis einer dem Menschen widerfahrenden *göttlichen Anrede* begriffen, die den Menschen (als Individuum und Gattung) zur Gemeinschaft mit dem ihn anredenden Gott beruft (Verheißung). Diese Berufung zur Kommunikation mit Gott konstituiert den Menschen allererst als ein gemeinschaftsfähiges, zu eigener Antwort und Anrede ermächtigtes, auf Freiheit angewiesenes und deshalb zur Förderung von Freiheit verpflichtetes sittliches Wesen. Sittlichkeit ist folglich als ein Implikat der dem Menschen widerfahrenden Auszeichnung verstanden, durch das Ereignis göttlicher Anrede zur Selbstbestimmung bestimmt zu sein und stets neu bestimmt zu werden. Unter der weiteren Voraussetzung, daß der Mensch seine in der Faktizität der Sprache sich spiegelnde Berufung zur Gemeinschaft mit Gott – und mit ihr seine Bestimmung zur Selbstbestimmung – immer auch verfehlt, erscheint Sprache als der durch Gottes eigenes Wort garantierte Träger der den Menschen definierenden Rechtfertigung allein aus Gnade und Glauben und erst insofern dann auch als Träger der Sittlichkeit. Dem entspricht, daß der Mensch als eine von ihren Werken zu unterscheidende Person für sich selbst nur als Täter seiner Werke, nicht aber für sein Dasein als Person überhaupt verantwortlich ist. Das menschliche Dasein wird allein durch das Wort verantwortet, das den Menschen konstituiert und rechtfertigt.

Ingolf Dalferth – Eberhard Jüngel

III

Ansätze einer Ethik der Kunst

Kunst gehört zur Wirklichkeit, in der wir leben. Sie ist eines der Phänomene jener Sekundärwelt, die sich der Mensch gleichsam als erweiterten Lebensraum geschaffen hat und an der er zugleich weiterarbeitet und vor der er steht. Kunst ist also wie die Technik und die Wissenschaft ein reines Kulturprodukt.

Kann man das auch von der Sittlichkeit sagen? Auch heute noch ist man gewohnt, eher an Natur als an Kultur zu denken, wenn von Sittlichkeit die Rede ist. Denn der Mensch hat von Natur moralisches Wesen, weiß um Gut und Böse und kennt Sätze zumindest formaler Natur, in denen über die Grenzen von Epochen und Kulturen mitgeteilt werden kann, was der Menschlichkeit des Menschen angemessen, was also zu tun oder zu lassen sei.

So ähnlich aber hat man auch von der Kunst gedacht. Man verstand sie als Abbildung, Nachahmung der natürlichen Wirklichkeit unter der Perspektive der Schönheit durch die Kunstfähigkeit des Menschen. So konnten sich Sittlichkeit und Kunst des Menschen als Perspektiven derselben Wirklichkeit begegnen. Wirklichkeit, Güte und Wahrheit hatten ihren Abglanz in der Schönheit.

Was aber sehen wir heute noch an der Kunst oder an einer sittlichen Handlung an „Natur" im Sinne einer den Menschen umgreifenden Wirklichkeit, vor der er anschauend und nachahmend steht? Kunst und Sittlichkeit scheinen dem Menschen eher zu einer zweiten, von ihm selbst geschaffenen „Natur" geworden zu sein, Ausdruck seiner Selbstverwirklichung in einer ganz von diesem Ausdruck seiner Selbstverwirklichung her durchgestalteten Lebensraum. Der natursuchende Mensch stößt immer wieder auf sich selbst; sein Verhältnis zur Wirklichkeit ist nicht mehr das der Anschauung und Nachbildung, sondern das der Praxis, d.h. eines tätigen Entwurfs auf sich selbst hin.

Man könnte von daher in eine Klage ausbrechen: diese Art der totalen Anthropozentrik lasse nichts mehr als Schöpfung erscheinen, die für sich, nicht nur durch den Menschen, Ort des Lobes eines Schöpfers ist. Mit der Natur sei Gott als souveräner Bildner der Natur und des Menschen gleichsam ausgeklammert und der Mensch zum Maß aller Dinge geworden. Nun ist aber einer der wichtigen Punkte des biblisch-christlichen Schöpfungsglaubens, daß Schöpfung um des Menschen willen und durch den Willen des Menschen hindurch zu Gottes Ehre bestellt sei. So kann man abgeleitet sagen: Die künstlerische und sittliche Kreativität des Menschen ist, wenn sie sich auf seine Selbstverwirklichung bezieht, keinerlei Konkurrenzunternehmen zur Schöpfung Gottes, sondern Vollzug dieser Schöpfung.

Gilt auf der einen Seite dies, daß nämlich der Glaube Kunst und Sittlichkeit als Machterweise des Menschen aufgrund göttlicher Legitimation anerkennt, so gilt auf der anderen Seite doch, daß sie mit der gesamten Kultur auch Zeichen menschlicher Ohnmacht und menschlichen Versagens sind. Kunst und Sittlichkeit fallen unter die Ambivalenz der Kultur. Dahinter wird die allgemeine menschliche Erfahrung sichtbar, daß der Mensch sein Geschick nicht zu seinem eigenen Glücke meistert, daß seine Geschichte für ihn selbst nicht als Heilsgeschichte lesbar ist und daß er schließlich sich selbst und seinesgleichen nicht retten kann, wenn er unwiderruflich scheitert.

Eine theologische Ethik, die die Sittlichkeit nicht gleichsam als außerweltliches Phänomen betrachtet, muß mit dieser Ambivalenz in jeder Richtung rechnen und kann daher nicht einfach eine sittliche und religiöse Sekurität gegenüber der Gebrochenheit menschlicher Kultur im allgemeinen gewinnen. Wenn Sittlichkeit zu Kunst redet, redet sie wie eine „Freigelassene der Schöpfung" zur anderen[1], eingelassen auf eine Wirklichkeit, von der sie nicht unabhängig sein kann, in dem sie sie selbst gestaltet.

1. Die autonome Sinngebung von Kunst und Sittlichkeit: Einheit und Verschiedenheit

Kunst und Sittlichkeit befinden sich in einer gesellschaftlich vermittelten Autonomie[2]. Das bedeutet: Verschiedenheit, Beziehung und Abhängigkeit. Der gesellschaftliche Ort dieser verschiedenen Perspektiven läßt es nicht zu, die Einheit vom „Erlebnis" des Künstlers bzw. des Rezipienten her zu suchen. Noch 1904 formulierte der Goethebund: „Der Künstler und Literat ist an kein anderes Gesetz gebunden als an sein eigenes Empfinden."[3] Die Vorstellung der Autonomie, der Selbstgesetzlichkeit, war entschieden subjektivistisch, wobei das Subjekt von irrationalen Grundkräften her begriffen wurde.

Dagegen hat schon Brecht vor über fünfzig Jahren festgestellt (anläßlich der Verfilmung der Dreigroschenoper): „... der alte Begriff der Kunst, vom Erlebnis her, fällt aus. Denn auch wer von der Realität nur das von ihr Erlebbare gibt, gibt sie selbst nicht wieder. Sie ist längst nicht mehr im Totalen erlebbar. Wer die dunklen Assoziationen, die anonymen Gefühle gibt, gibt sie selbst nicht mehr ... Aber wir reden ... von einer Kunst mit ganz anderer Funktion im gesellschaftlichen Leben, nämlich der, Wirklichkeit zu geben, und wir tun es nur, um das, was die ‚Kunst' hierzulande macht, von solchen Ansprüchen zu be-

---

[1] Vgl. *J. Moltmann,* Die ersten Freigelassenen der Schöpfung. Versuche über die Freude an der Freiheit und das Wohlgefallen am Spiel (München 1971).

[2] Vgl. zum folgenden *D. Mieth,* Sittlichkeit und filmische Ästhetik, in: Hamburger Filmgespräche IV, hrsg. von der Hamburger Gesellschaft für Filmkunde (Hamburg 1972) 139–150; *ders.,* Dichtung, Glaube und Moral. Studien zur Begründung einer narrativen Ethik (Tübinger Theologische Studien 7) (Mainz 1976) 144ff.

[3] Zitiert nach *C. Willeke,* Film, Kunst, Moral (Düsseldorf 1948) 10f.

freien, die nicht aus ihrer Funktion resultieren." – „Wir sehen den unaufhaltsamen und daher zu billigenden Verfall des individualistischen Kunstwerkes. Es kann nicht mehr als Einheit den Markt erreichen; der Spannungszustand seiner widerspruchsvollen Einheit muß zerstört werden. Kunst ist eine Form des menschlichen Verkehrs und damit abhängig von den den menschlichen Verkehr im allgemeinen bestimmenden Faktoren."[4]

Wäre damit gesagt, daß Künstler keine Individualisten sind, so wäre Brecht auch heute noch (und nicht nur durch sich selbst) zu widerlegen. Aber die Kunst selbst schafft keinen gesellschaftsfreien Raum und unterliegt daher den komplexen Regeln gesellschaftlicher Kommunikation. Damit wäre eine immer wiederholte These zu widerlegen, Kunst habe mit Moral – mutatis mutandis mit Politik – nichts zu tun und daher solle auch die Moral oder gar die Politik ihre Finger aus der Kunst lassen. Diese These behält zwar geschichtlich recht gegen einen Monismus der Gesellschaftsordnung, der alles dem moralisch-politischen Willen einer Religion, eines Souveräns, des Volkes oder der Partei unterstellt, aber sie ist ebenso undialektisch wie ihr Gegenteil. Diese Gegenthese geht mit Recht davon aus, die sittliche Verantwortung habe alles zu umfassen und betreffe daher auch das Kunstwerk in der Weise, daß der sittliche und politische Selbstschutz bzw. Fortschritt einer Gesellschaft oder aber eine sittliche, wenn möglich religiös oder gesellschaftstheoretisch fundierte Wertordnung den Maßstab für Darstellungsmittel, Inhalt und Aussage eines Werkes bildeten. Diese These wird von „rechts" und von „links", also unter verschiedenen Vorzeichen, angewandt. Auch sie ist undialektisch, weil sie jede Schärfe der Eigendynamik in den Begriffen Kunst, Moral, Gesellschaft und Politik aufgibt.

Die Bereiche gesellschaftlicher Ausdrucks- und Kommunikationsformen sind sowohl eigenständig als auch vermittelt. Daher sind Kunst und Sittlichkeit zwar nicht einfach Ausprägungen gesellschaftlicher Wirklichkeit, wohl aber stehen sie je für sich in einem aufschlußreichen Spannungsverhältnis zu eben dieser Wirklichkeit, das ohne diese nicht erklärbar wäre.

2. *Die Einheit von Kunst und Sittlichkeit in der Dimension der Lebenserfahrung*[5]

Es gibt zwei Arten von Erfahrung. Die eine bezieht sich auf die Wahrnehmung und Beobachtung, die man unter bestimmten Voraussetzungen machen kann; die andere bezieht sich sozusagen auf die Voraussetzung, auf den Horizont

---

[4] *B. Brecht*, Werkausgabe (edition suhrkamp, Bd. 18) 162 bzw. 180.

[5] Vgl. zum folgenden *R. Egenter*, Erfahrung ist Leben (München 1974); *D. Mieth*, Die Bedeutung der menschlichen Lebenserfahrung. Plädoyer für eine Theorie des ethischen Modells, in: Concilium 12 (1976) 623–633; *ders.*, Moral und Erfahrung, Studien zur theologisch-ethischen Hermeneutik (Studien zur Theologischen Ethik I) (Freiburg i. Ü. 1977).

selbst: „Das Erfahrene macht den Bereich erst sichtbar, innerhalb dessen es erfahrbar ist."[6] Wer nur die erste Art der Erfahrung kennt, verfällt dem „Mythos des Gegebenen"[7] und sieht die Dimension nicht, in der durch Erfahrung ein Zusammenhang erst entdeckt wird. Genau diese entdeckende Bedeutung hat jedoch die allgemeine Lebenserfahrung. Man kann sie gegenüber der sog. „empirischen" Faktenerfahrung als „experientielle" Erfahrung von Sinnzusammenhängen bezeichnen. Adorno spricht vom „Wahrheitsgehalt der tragenden Erfahrungen, die von der Zunft mit subalternem Hochmut als bloße Kunst abgetan werden"[8]. Er verweist dabei, ähnlich wie andere, auf Pascals „esprit de finesse"[9].

Die Region des Empirischen ist gleichsam „neutral" und daher auch als Mittel zu verschiedenen Zwecken einsetzbar. In der Wissenschaft dient die Empirie als Basis und Kontrolle deskriptiver Verallgemeinerungen, also für synthetische Sätze a posteriori. Es liegt auf der Hand, daß im kreativ-poetischen und im sittlich-praktischen Bereich diese Art der Kontrolle durch Beobachtung nur von zweitrangiger Bedeutung ist: bei der Kunst etwa im Hinblick auf die Technik; bei der Sittlichkeit in der Verständigung über vorliegende Tatsachen[10].

Dagegen sind Kunst und Sittlichkeit gemeinsam und primär von der „experientiellen" Erfassung von Sinnzusammenhängen abhängig. Diese Feststellung ist jedoch noch zu undifferenziert. Erinnern wir uns an das Zitat von Brecht, Kunst habe die Funktion, „Wirklichkeit zu geben", dann tritt gleich ein Unterschied auf: Wirklichkeit ist, Sittlichkeit soll sein. Deskription und Präskription scheinen Kunst und Sittlichkeit zu trennen. Aber läßt sich in der Tat zwischen Sinn und Wert so unterscheiden? Wirklichkeit ist selbst nicht wertfrei, und ihre Erfassung durch Erfahrung ist nicht voraussetzungslos[11]. Deshalb ist es durchaus verständlich, daß Ethiker die sittliche Verbindlichkeit von der „Rationalität der Wirklichkeit" ausgehen lassen oder das Sittliche als Verpflichtungsseite von Sinnverhalten betrachten[12]. Wir lassen dabei den Vorgang spezifisch ethischer Argumentationen in umstrittenen Einzelfällen, die sog. Kasuistik, außer acht. Erfahrung, die auf Sinn geht, hebt die Wirklichkeit immer schon über die Realität hinaus, und das vermag wohl auch zu erklären, weshalb Kunst

---

[6] *H. Rombach*, Der Glaube an Gott und das wissenschaftliche Denken, in: *H. J. Schultz* (Hrsg.), Wer ist das eigentlich – Gott? (München 1969) 192–208, hier 206.

[7] *H. Albert*, Traktat über kritische Vernunft (Tübingen ^{2}1969) 54.

[8] *Th. W. Adorno*, Der Positivismusstreit in der deutschen Soziologie, in: *ders.*, Aufsätze zur Gesellschaftstheorie und Methologie (Frankfurt a. M. 1970) 167–245, hier 205.

[9] Vgl. ebd. 226 Anm. 55. Ausführlich ist der wissenschaftstheoretische Rückgriff auf Pascal bei *H. Rombach*, Substanz, System, Struktur II (Freiburg i. Br. 1966) 99–297, entfaltet.

[10] Vgl. *B. Schüller*, Die Bedeutung der Erfahrung für die Rechtfertigung sittlicher Verhaltensregeln, in: *K. Demmer – B. Schüller*, Christlich glauben und handeln. Fragen einer fundamentalen Moraltheologie in der Diskussion (Düsseldorf 1977) 261–286.

[11] Vgl. *H. Rombach*, Art. „Erfahrung", in: Lexikon der Pädagogik I (Freiburg i. Br. 1970) 375–377; *A. S. Kessler – A. Schöpf – Ch. Wild*, Erfahrung, in: HphGB II (München 1973) 373–386.

[12] Vgl. dazu *A. Auer*, Autonome Moral und christlicher Glaube (Düsseldorf 1971).

nicht einfach platter Realismus und Sittlichkeit nicht einfach vorgegebene Sitte sein kann. Wenn hier Wirklichkeit gegeben werden soll, muß immer zugleich gefragt werden: woraufhin? Damit gerät man in jedem Fall in die Spannung zwischen Sachverhalten und Sinngehalten, und die Realisierung dieser Spannung macht – in je anderer Weise – Kunst und Sittlichkeit aus.

Dabei ist darauf aufmerksam zu machen, daß Kunst nicht dasselbe ist wie Kunstphilosophie (Ästhetik), sowenig wie Sittlichkeit mit systematischer Ethik identisch ist. Ästheten müssen nicht Künstler, Ethiker keine Heiligen sein. Ästhetische und ethische Normen sind Schlußfolgerungen; sie beruhen auf Argumentationen. Diese wiederum ruhen auf letzten Einsichten in der „experientiellen" Lebenserfahrung, wie sie unmittelbar in künstlerische und sittliche Praxis übergeht. Denn offensichtlich bedarf weder der Künstler noch der sittlich Handelnde erst einer normativen Theorie. Das Gesetz konstituiert sich im Ablauf der Erfahrung: man erkennt, was nicht geht (Kontrasterfahrung), was einem aufgeht oder einleuchtet (Sinnerfahrung) und was einen unausweichlich angeht (Motivationserfahrung). Wenn man übrigens diese Komplexität verbindlicher Erfahrung sieht, braucht man sich nicht mehr über Intuitionismus, Emotivismus oder Dezisionismus zu streiten[13].

Worauf es uns hier ankommt, ist die Einsicht, daß man Kunst und Sittlichkeit von der Erfahrung her parallelisieren kann. Deshalb sind sie auch ineinander übersetzbar. Übersetzbare Sprachen sollten in ihrer Grammatik parallelisiert sein. Dann lassen sich strukturelle Entsprechungen beobachten. Eine solche Grammatik könnte im Anschluß an ein Schema des Sozialethikers G. Winter erstellt werden. Die Art, wie er die Sittlichkeit zwischen „alltäglicher" oder „pragmatischer" Orientierung einerseits und „wissenschaftlicher" Orientierung andererseits situiert, trifft auch für die Kunst zu[14]. Praxis und Poiesis basieren jeweils auf engagierter, teilnehmender Erfahrung, in der aber zugleich ein Moment interpretierender Selbstkontrolle anwesend ist. Von dieser komplexen, „experientiellen" Basis des künstlerischen Werkschaffens und des sittlichen Lebensvollzuges sagten wir nun von Anfang an, daß sie gesellschaftlich vermittelt sei.

3. Aspekte der gesellschaftlichen Vermittlung

Eingangs seiner Auseinandersetzungen mit dem „Problem der Beziehungen zwischen Geschichte und Kunstwerk" stellt R. Barthes fest, daß eine Sendereihe im französischen Rundfunk mit dem Titel „1789: Einberufung der Generalstände, Entlassung Neckers, Streichkonzert Nr. IV in c-Moll von B. Galuppi"

[13] Vgl. *B. Schüller*, a.a.O. 262f.
[14] Vgl. *G. Winter*, Grundlegung einer Ethik der Gesellschaft (München – Mainz 1970) 231.

geradezu „rührend" sei[15]. Die Möglichkeit einer Beziehung zwischen Gesellschaftsereignissen und Kunstwerken – Kausalität, Analogie, interessantes Nebeneinander – scheint ihm insgesamt verdächtig, da es sich um verschiedene „Geographien" handle, die sich nicht im gleichen „Rhythmus" bewegten. Zwar: man tauscht von einem Kontinent zum anderen ein paar Signale aus, hebt ein paar Einverständnisse hervor, im wesentlichen aber entwickelt sich das Studium der beiden Kontinente autonom; die Verbindung zwischen beiden Geographien ist schlecht"[16]. Barthes meint, daß das Werk sich dem unmittelbaren Zugriff der historischen Realität entzieht, daß sein „irreduzibler Kern" als „Schöpfung" betrachtet werden muß, die nach ihrer „psychologischen" Wertigkeit zu befragen sei[17]. Ein Werk ist nicht einfach aus der Zeit ableitbar, wohl aber kann man fragen, „was ein Werk uns von seiner Zeit enthüllt"[18]. Daher ist das Werk auch nicht „Wirkung einer Ursache", sondern „das Bedeutende eines Bedeuteten"; es ist signifikant.

Barthes betrachtet Kunst als Institution der Subjektivität; ähnlich geht auch Adorno von der Ungegenständlichkeit des Kunstwerkes aus, das „unmittelbar gesellschaftliche Daten" verweigert[19]. So sei z. B. „an der autonomen Musik ..., wie in aller neueren Kunst, gesellschaftlich vorab ihre Distanz von der Gesellschaft"[20]. Das Kunstwerk ist gesellschaftlich vermittelt als ein sozusagen anderer Zustand der Gesellschaft. Die Vermittlung kann daher nur dialektisch verstanden werden.

Der Unterschied zwischen einer strukturalistischen und einer dialektischen „Vermittlung" von Kunst und Gesellschaft liegt darin, daß im einen Fall von Entsprechungen, im anderen Fall von Gegensätzen auszugehen ist. Lassen wir offen, ob der Antagonismus plausibler ist als Aspekte der Konvergenz, und halten wir fest, daß Vermittlung und Autonomie einander voraussetzen, so wird es in jedem Falle darauf ankommen, in einer Interpretation für die Transparenz der Regionen füreinander zu sorgen.

Ähnliches gilt für eine Interpretation von sozial auferlegter Sitte und personal angeeigneter Sittlichkeit. Beide sind verschieden und bedingen sich doch wechselseitig, können also zu wechselseitigen Indikatoren werden. Auch hier läßt sich also die Grammatik von Kunst und Sittlichkeit parallelisieren. Man kann dies auch unter dem Aspekt der Kommunikation aufzeigen. Nehmen wir auch hier eine Bemerkung Brechts zum Anlaß: „Kunst ist eine Form des menschlichen Verkehrs und damit abhängig von den den menschlichen Verkehr im allgemeinen bestimmenden Faktoren." Man könnte hier auch ohne weiteres das Wort „Kunst" durch das Wort „Sittlichkeit" ersetzen. Nun ist Brechts These

---

[15] Vgl. *R. Barthes*, Literatur oder Geschichte (Frankfurt a. M. 1969) 11.
[16] Ebd. 12. [17] Ebd. 14. [18] Ebd. 22–24.
[19] *Th. W. Adorno*, Musiksoziologie. Zwölf theoretische Vorlesungen (Reinbek 1970) 209.
[20] Ebd. 219.

gegen subjektivistische Autonomieverständnisse formuliert, sie enthält sozusagen eine Art gesellschaftliches Apriori vor dem, was Barthes „psychologische" Wertigkeit nennt. Aber die Tatsache, daß Kunst und Sittlichkeit nicht einfach als Ausdrucksformen gesellschaftlicher Kommunikation erklärt werden können, sondern einen personalen Selbstand reklamieren, hebt noch nicht die Erkenntnis auf, daß die jeweiligen Genesen von Kunst und Moral von Bedingungen der Sozialisation betroffen sind. Das heute wieder vieldiskutierte Thema von Identität und Sozialität bezeichnet ein Problem, das Kunst und Sittlichkeit in gleicher Weise betrifft[21].

So kann man gleichsam problemindikatorisch sagen, daß die ästhetische und moralische Welt zwar verschieden sind, aber doch unlösbar miteinander verschränkt[22]. Dazu sei noch einmal das Bild herangezogen: verschiedene Sprachen haben verschiedene Grammatiken. Sie können aber übersetzt werden, indem man die Grammatiken parallelisiert. Auf einige solcher Übersetzungsversuche sei im folgenden eingegangen.

4. Ansätze zu einer Ethik der Kunst

a) Konkrete Negation

Übersetzungsversuche zwischen Kunst und Sittlichkeit sind gegenwärtig nur noch so weit relevant, als sie die geschichtlich-gesellschaftliche Vermittlung respektieren. Ein Ansatz bei der Transzendentalienlehre, wonach das Gute mit dem Schönen – als Abglanz des Wahren – konvergiere, bleibt nur noch als Erinnerung an das aristokratische Bildungsideal feudaler Zeiten[23]. Schöpfungsethische und soteriologische Ansätze geraten ebenfalls, so wichtig sie für die Frage nach dem theologischen Bezugspunkt sind, leicht in die Gefahr, mit übergeschichtlichen Begriffen von Kunst zu arbeiten.

Greifen wir also zunächst auf philosophische Einsichten über die gesellschaftliche Vermittlung zurück. Die Hauptleistung hat hier in der Hegelschule Th. W. Adorno vollbracht, der in seiner Musiksoziologie folgende These aufstellt:

„In der voll autonomen Musik wird der Gesellschaft in ihrer bestehenden Gestalt opponiert durch die Wendung gegen die Zumutung der Herrschaft, die sich in Produktionsverhältnissen vermummt. Was die Gesellschaft bedeutender Musik als ihr Negatives ankreiden könnte, ihre Unverwertbarkeit, ist zugleich Negation der Gesellschaft und als solche konkret nach dem Stand des Negierten ... Am ehesten wird man

---

[21] Vgl. *J. Habermas*, Moralentwicklung und Ich-Identität, in: *ders.*, Zur Rekonstruktion des historischen Materialismus (Frankfurt a.M. 1976) 63–91.

[22] Ein Paradigma dieser Verschränkung sind die Josephromane Thomas Manns, vgl. *D. Mieth*, Epik und Ethik. Eine theologisch-ethische Interpretation der Josephromane Thomas Manns (Studien zur deutschen Literatur 47) (Tübingen 1976) 164ff., 180f.

[23] Vgl. als letzten gelungenen Ansatz *Th. Haecker*, Schönheit. Ein Versuch (München ³1953).

den gesellschaftlichen Charakter jener Negation daran sich verdeutlichen, daß der Inbegriff dessen, was an gesellschaftlich Nützlichem und Angenehmem von der Autonomie der Musik verworfen wird, einen normativen Kanon hervorbringt und dadurch, auf jeder Stufe, auch etwas wie Positivität. Derlei Normen aber sind, in ihrer überindividuellen Dignität, auch, sei's noch so verkappt, soziale."[24]

Konkrete Norm ist also der Inbegriff des negierten Negativen auf dem soziohistorisch möglichen Bewußtseinsstand der Epoche. Damit ist die Kunst in der Tat kein gesellschaftlicher Topos, sondern eine konkrete Utopie. Bei Utopien kann man ja bekanntlich auch via negationis den sozialen Bewußtseinsstand der Zeit rekonstruieren, aus dem sie stammen und dem sie, obwohl sie ihn zugleich negieren, weiterhin verhaftet bleiben. Kunst wäre damit gleichsam ein Ausdruck für zeitgemäße Unzeitgemäßheiten in der menschlichen Kultur. Sie wäre damit jedoch noch nicht reaktiv, emigrativ oder eskapistisch, sondern vorrangig diagnostisch und, als „normativer Kanon", zugleich therapeutisch im Sinne einer freien Anamnese nicht ausgetragener Widersprüche[25].

Nach Adorno gibt es eine neue Sittlichkeit nur in diesem, dem Kunst-Sinne. Alles andere ist Sitte und Wohlverhalten und hat mit Autonomie wenig zu tun. Sittlichkeit hat also primär von der Kunst zu lernen und nicht umgekehrt. Nicht ohne Grund sind Adornos „Minima moralia" vor allem durch die Kunst gesehene Perspektiven des Endes der „Moral" als Ausdruck der Identifikation mit bestehenden Zuständen, der Gleichgültigkeit und Komplizenschaft, der Unfähigkeit zu leiden und zu trauern[26]. Wer sich also mit der Scheinobjektivität bestehender Ordnungsgestalten nicht zufriedengibt, flieht in den Moralismus der Kunst, der eine Ethik permanenter Kritik gestattet.

Nun hat in der Tat die Kunst häufig mit den Grenzen der Moral zu tun. Sie bringt die Erfahrungsgestalt des Sittlichen gegen die Ordnungsgestalt ins Spiel und damit Bewegung und Dynamisierung in die Sittlichkeit[27]. Dies ist nicht einfach einseitig evolutiv zu verstehen; es kann sich auch um echt konservative Regressionen zu vergangener Kultur handeln. In jedem Fall: Kunst, die Sittlichkeit bloß zur Erhaltung ihres gegenwärtigen Allerweltsverständnisses reklamiert, verdient sich den Namen nicht mehr. Vielmehr lebt Kunst nur „auf der Höhe unserer Zusammenbrüche"[28]. Sie wäre damit eine Erkenntnisquelle der Sittlichkeit im ganzen, freilich keineswegs eine Erkenntnisquelle für unmittelbare Handlungsanweisungen, sondern für sittlichen Erfahrungsstil überhaupt: die Autonomie der Kunst – im Sinne Adornos – provozierte die Auto-

---

[24] *Th. W. Adorno,* Musiksoziologie 219. Vgl. zum Ganzen auch *D. Mieth,* Dichtung, Glaube und Moral 61ff.

[25] Vgl. zu diesem Gedankengang *D. Mieth,* Die Relevanz der Geschichte für eine ethische Theorie der Praxis, in: ThQ 155 (1975) 216–231.

[26] Vgl. *Th. W. Adorno,* Minima Moralia (Frankfurt a.M. 1951); *J. Blank* (Hrsg.), Der Mensch am Ende der Moral. Dargestellt an Beispielen neuerer Literatur (Düsseldorf 1971).

[27] Vgl. meine Tristan-Interpretation in: Dichtung, Glaube und Moral 238ff.

[28] Vgl. dazu die Camus-Interpretation von *J. Blank,* a.a.O.

nomie des Sittlichen im Sinne des moralpsychologischen Kognitivismus: es kommt mehr auf personale Aneignung als auf soziale Auferlegung an; die Spannung zwischen Sitte und Sittlichkeit wird fortschreitend evoziert.

Damit ist aber – trotz der Formel „normativer Kanon" – keine normative Eindeutigkeit mehr möglich. Kontrasterfahrungen an schlechten Zuständen der öffentlichen Moral bleiben mehrdeutig. Die Konkretion ist also nicht zuletzt eine Anforderung an den Rezipienten, und wie verschieden die Kontrasterfahrungen der Kunst rezeptiv lebendig werden können, ließe sich an einer Geschichte von berühmten Inszenierungen bekannter Theaterstücke leicht aufzeigen. Es wundert daher nicht, daß Adornos Übersetzung zwischen Kunst und Sittlichkeit letztlich auf eine systematische Ethik verzichten muß.

b) Möglichkeit und Teilerfahrung

Die Positivität von Kunst und Sittlichkeit ist also von einer negativen Dialektik aus nicht zu erfassen. Bestenfalls erfahren sie daraus Anstöße zu ihrer Selbstfindung. Die Frage ist daher zu stellen: Leiden alle neuen Möglichkeiten der Moral, die von der Kunst her erfahrbar werden, unter dem Dilemma, daß das negierte Negative auch bei ihnen noch zum Zuge kommt? Oder gibt es nicht doch eine wesensgesetzliche, eine ontologische Basis für eine – zugegebenermaßen zeitliche – Vermittlung von Kunst und Sittlichkeit? Den Versuch dazu hat H. Rombach in seiner Strukturontologie gemacht[29]. Hier geht es nicht nur um Vertiefung der Kontrasterfahrung, sondern auch um das Entstehen neuer Möglichkeiten aus der Interpretation von Differenzen[30].

Differenzen werden hier nicht dialektisch gesehen, sondern als zeitlich verschobene Alternativen, die miteinander verglichen und neu integriert werden können. Ein Beispiel: die Kontrasterfahrung an der patriarchalischen Großfamilie hat zur partnerschaftlichen Kleinfamilie geführt, an der nun wiederum die Kontrasterfahrung teils privatisierende, teils isolierende Momente feststellt. Daraus ergeben sich Sinnerfahrungen für neue Möglichkeiten gruppenhaft aggregierter Familien. Zum Teil sind die Ideen aus konkreten Negationen entstanden, wie sie nicht in der Kommune und in der sog. „offenen Ehe" niedergeschlagen haben. Aber nicht die konkrete Negation, die ihre vom negierten Gegenteil erzeugten Bedingungen nicht verleugnen kann, sondern die neue Möglichkeit, das neue Modell, resultiert aus der kritischen Relation bisheriger Teilerfahrungen. Ähnlich setzen übrigens revolutionäre Zeiten der Kunstge-

---

[29] Vgl. *H. Rombach*, Strukturontologie. Eine Phänomenologie der Freiheit (Freiburg i. Br. – München 1971).

[30] Vgl. dazu auch *G. Schiwy*, Sittliche Normierungen im Strukturalismus, in: Moral, hrsg. von A. Hertz (Mainz 1972) 152–167; *ders.*, Moraltheologische Aspekte zur Erotik in der Kunst, in: Der befreite Eros. Ein Dialog zwischen Künstlern, Kritikern und Theologen, hrsg. von A. Grabner-Haider – K. Lüthi (Mainz 1972) 126–133.

schichte (Dadaismus, expressionistische Frühzeit, Popkultur usw.) neue Stilmöglichkeiten aus sich heraus.

Ein anderes Beispiel ist die Idee der „kommunikativen Kompetenz“, die aus der Korrektur von Statusgesellschaft durch Leistungsgesellschaft ihre Konturen gewinnt und sozusagen an den Grenzen des Leistungsprinzips deutlich wird[31]. Oder man könnte an Fontanes Romane denken, die eine Kritik des Bürgertums durch Regression auf – von der Aristokratie selbst nicht verwirklichte – aristokratische Ideale implizieren[32]. In jedem Fall geht es um folgendes: die Kontrasterfahrung oder negative Dialektik gibt noch keinen eindeutigen konkreten Sinn. Dieser muß schöpferisch erfaßt werden. Schöpferisches Erfassen von Sinn ist gleichgesetzlich für die gesamte Kultur des Menschen und damit für Kunst und Sittlichkeit.

Diese strukturale Gleichheit von Kunst und Sittlichkeit wird freilich nur dynamisch und prozessual faßbar. Kunst und Sittlichkeit produzieren und realisieren Sinn nur im „Aufbruch“. Sie sind gebunden an die Freiheitserfahrung, d.h. „an die Bewegung des Vorstoßens in neue Möglichkeiten, aber so, daß diese als Einlösung aller bisherigen wesentlichen Ansätze gesehen werden können“[33]. Für die Kunst gilt daher nach Rombach das gleiche „Gesetz“ wie für die Moralität (und vice versa):

> „Moralität bedeutet eine bestimmte Strukturierung der Handlungsdispositionen ... durch die die Dispositionen unter den gegebenen konkreten Bedingungen in ein wechselseitiges Förderungsverhältnis gelangen. Es geht um die Erreichung der Förderungsgestalt aller Möglichkeiten, wobei das, was eine Möglichkeit genannt werden kann, nicht durch äußere Koordinaten bestimmbar ist, sondern aus der Erfahrung ihrer Entfaltungsbedingungen personal und sozial evident wird.“[34]

Kunst und Sittlichkeit unterliegen also parallel dem Gesetz der „Förderungsgestalt“. Man könnte es auch das Gesetz der „Meliorisierung“ nennen, weil der Maßstab in der Entfaltung möglicher Fruchtbarkeit bisheriger Ansätze durch wechselseitige Kritik liegt und nicht in irgendeinem System der Perfektion oder der Optimierung. Man könnte auch vom Gesetz der „Kreativität“ sprechen, wenn man dabei Chomskys Beobachtung berücksichtigt:

> „Es ist ein Gemeinplatz der ästhetischen Theorie, daß Kreativität ein Handeln einbezieht, das sich innerhalb eines Rahmens von Regeln abspielt, aber weder durch die Regeln noch durch äußere Stimuli eng determiniert ist. Nur in einer Kombination von Freiheit und Zwang stellt sich die Frage der Kreativität.“[35]

---

[31] Vgl. *J. Habermas*, Vorbereitende Bemerkungen zu einer Theorie der kommunikativen Kompetenz, in: *J. Habermas – N. Luhmann*, Theorie der Gesellschaft oder Sozialtechnologie (Frankfurt a.M. 1971) 101–141; *K.-O. Apel*, Das Apriori der Kommunikationsgemeinschaft und die Grundlagen der Ethik, in: *ders.*, Transformation der Philosophie II (Frankfurt a.M. 1973) 358–435.
[32] Vgl. *R. Brinkmann*, Die Verbindlichkeit des Unverbindlichen. Zu Fontanes Zeitromanen (Tübingen 1970).
[33] *H. Rombach*, Strukturontologie 253. [34] Ebd. 257.
[35] *N. Chomsky*, Sprache und Geist (Frankfurt a.M. 1970) 184.

Demnach wäre vom Thema Kunst und Sittlichkeit her auf das theologische Thema der „gestellten Freiheit“ zurückzuverweisen, die sich zwischen autoritärer Determination und Permissivität bewegt. Nur diese Freiheit kann die Individualität von Kunst und Sittlichkeit retten, ohne die gesellschaftliche Vermittlung zu leugnen.

Führt die negative Dialektik zur Betonung der Kontrasterfahrung, so führt die Idee der Möglichkeit als „Förderungsgestalt“ zur Betonung kreativer Sinnerfahrung. Ein dritter Ansatz verweist darüber hinaus auf die zureichende Motivationserfahrung. Diese finden wir in dem heute wieder aktuellen Übersetzungsversuch durch die Symbolik.

c) Symbolik

Narrative Theologie, biographische Theologie, Überlegungen zum metaphorischen Charakter der Theologie innerhalb der allgemeinen theologischen Systematik; narrative Ethik, Theorie der Ausdruckshandlung innerhalb der Theologischen Ethik – alle diese Ansätze hängen wohl darin zusammen, daß sie sich erneut des Symbols, der Idee der Anschauung, im Gegensatz zum Begriff oder der Rede „per definitionem“ bedienen wollen[36]. Die Symbolik greift auf Kommunikationsstrukturen zurück, die nicht im argumentativen Diskurs zu erfassen sind, sondern gleichsam das konkrete Allgemeine im Bild zu zeigen versuchen. Symbolik ist ein Zeigesystem und insofern eine Sonderform der allgemeinen sprachlichen und metasprachlichen Zeichensysteme. Das Symbol ist nicht selbst, was es sagt, sondern es weist von sich weg „als das Bedeutende eines Bedeuteten“, es ist Weg-weisung. Dieser Charakter des Symbols entspricht nicht den Gesetzen einer Analogie, die Bekanntes mit Bekanntem in Proportion setzt, sondern höchstens den Gesetzen einer Analogie, die vom Bekannten ins Unbekannte verweist. Sie begrenzt („definiert“) und besetzt nicht ein Feld, sondern sie erschließt es erst. Symbolik ist daher wohl am Platz, wo es um Glaubensaussagen geht, die mit mehr rechnen müssen, als sie definieren können, oder aber dort, wo eine Argumentationskette einem Schiff auf dem Trockendock gleicht: das Inventar mag in Ordnung sein, aber es schwimmt nicht mehr. Symbolik erschließt also vorderhand die Angängigkeit von etwas, sie erzeugt Betroffenheit, sie gibt zu denken, sie bezwingt den Menschen gleichsam schlagend zu einer zureichenden „Motivationserfahrung“.

Der Mensch unterscheidet sich vom Tier dadurch, daß er symbolfähig ist. Das Tier versteht nur Anzeichen oder Vor-zeichen für Tatsächliches: Nahrung, Bewegung, Anwesenheit eines anderen. Beim Menschen ist das anders:

---

[36] Vgl. zu diesen Ansätzen *H. Weinrich*, Narrative Theologie, in: Concilium 9 (1973) 329–334; *J. B. Metz*, Kleine Apologie des Erzählens, in: ebd. 334–341; *ders.*, Theologie als Biographie, in: Concilium 12 (1976) 311–315; *D. Mieth*, Narrative Ethik, in FZPhTh 22 (1975) 297–326; *P. Ricœur–E. Jüngel*, Metapher. Zur Hermeneutik religiöser Sprache (München 1974).

„Die meisten Worte sind nicht Zeichen im Sinne von Anzeichen. Wir gebrauchen sie, um über Dinge zu sprechen, nicht um unsere Augen, Ohren und Nasen auf sie zu richten. Statt Dinge anzuzeigen, erinnern sie an sie. Man hat sie ‚Einsatzzeichen' genannt, denn in unserer gegenwärtigen Erfahrung stehen sie für Dinge, die wir in der Vergangenheit wahrgenommen haben, oder auch für solche, von denen wir bloß durch Kombination von Erinnerungen eine Vorstellung gewinnen können – Dinge, die in Vergangenheit oder Zukunft Gegenstand unserer Erfahrung sein könnten."[37]

Der menschliche Alltag ist in diesem Sinne bereits eine Symbolwelt, entstanden aus erinnerter Kultur. In der Alltagssprache diskutiert man nicht miteinander, sondern führt ein Gespräch, d.h., man gibt sich gegenseitig Einsatzzeichen auf dem Boden gemeinsamer Erfahrung. Kunst ist eine Form der Intensivierung dieser Sprache der Wirklichkeit, und das gleiche gilt für die Sittlichkeit. Man kann sogar sagen, daß man den Gleichnisreden und Nachfolgesprüchen Jesu näherkommt, wenn man sie von dieser Symbolik her versteht, als wenn man sie in normative, d.h. systematisch-präskriptive Rede übersetzt. Sie sind „acts of evocation", Einsatzstellen, Einsatzzeichen, die zu kreativer Fortsetzung aufrufen. Insofern kann Jesus auch als Beispiel neuer Sittlichkeit dienen. Von dieser sagt Rombach:

„Auch diese Sittlichkeit hat Leitvorstellungen, aber nicht solche aus Begriffen, Ideen, Idealen, sondern solche der Konkretion ... Was darum gebraucht wird, sind ... Modelle, die durch ihre Konkretheit ebensosehr der konkreten Nachahmung entzogen wie der Nacheiferung anempfohlen sind. Dabei kommt der Literatur und Kunst, den Explikationsmöglichkeiten des Menschen in allen Materialien, große Bedeutung zu."[38]

Nun ist jedem bekannt, daß vor allem aktuelle Formen der Kunstausübung, Musik, Theater, Film bis zu Happenings und Materialaktionen, eine besondere Bedeutung als Einsatzzeichen haben können. Symbole bringen in Bewegung. Ethisch ist dabei entscheidend, *wie* sie in Bewegung bringen. Dabei geht es nicht um Wahrheit oder Falschheit, Güte oder Schlechtigkeit, also nicht um die sog. Wertung von wie immer gearteten „Aussagen". Es geht vielmehr um die Frage nach dem Surrogatcharakter des Symbols, die sich Metz bereits für die „narrative Theologie" gestellt hat[39]. Je weniger ein Kunstwerk imstande ist, Distanz zu sich selbst zu geben, um so mehr überdeckt es die Möglichkeit seiner Reflexion, was schon Musil befürchten ließ, es werde vielleicht zu wenig überlegt und zu viel erzählt[40]. Immerhin hat etwa Brecht seine Theatertheorien und -praktiken, Verfremdung und epische Retardierung, als Zeitgewinn fürs Mit-

---

[37] *S. K. Langer*, Philosophie auf neuem Wege. Das Symbol im Denken, im Ritus und in der Kunst (Frankfurt a.M. 1965) 38f.; vgl. auch *N. Goodman*, Sprachen der Kunst. Ein Ansatz zu einer Symboltheorie (Frankfurt a.M. 1973). Heranzuziehen sind hier natürlich auch die Arbeiten *P. Ricœurs*, Symbolik des Bösen (Freiburg i.Br. 1971); *ders.*, Hermeneutik und Strukturalismus (München 1973).

[38] *H. Rombach*, Strukturontologie 257.

[39] Vgl. *J. B. Metz*, Kleine Apologie des Erzählens 337.

[40] Vgl. *R. Musil*, Der Mann ohne Eigenschaften, hrsg. von A. Frisé (Hamburg 1970) 1601.

denken zu verstehen versucht. Ein Symbol sollte keine Propaganda sein, sondern zur Selbstbewegung bewegen können. Ein Symbol ist auch an und für sich keine Wahrheit oder Gutheit, die in Richtung auf es selbst anzunehmen wäre, sondern es sollte zur Annahme dessen anregen, worauf es, vielleicht gar mit unzulänglichen Mitteln, verweist. Angängigkeit und Anregung ist die Aufgabe des Symbols, Entlastung durch Erinnerung, Befreiung zur Freiheit, Veränderung zur Suche nach Gerechtigkeit usw.[41]

Sittliche Symbolik ist die Sprache in Förderungsgestalten, in ethischen Modellen. Nun kann man Kunst gewiß nicht in sittliche Symbolik auflösen. Aber sie transportiert diese mit, neben anderen Funktionen. Daher sollte es möglich sein, ästhetische Symbolsprache in ethische zu übersetzen. An einem literarischen Beispiel, das sich ausdrücklich in diesem Feld bewegt, kann vielleicht der Ertrag solcher Übersetzungsversuche gesichtet werden.

5. Konkretisierung an einem Beispiel: „Das Vorbild" – Roman von S. Lenz[42]

Es scheint sinnvoller, im Kontext dieser kurzen Ausführung ein Beispiel genau anzuvisieren, als sich in vielen, deren Auswahl zufällig oder durch individuelle Präferenzen bedingt wäre, zu verlieren. Die Auswahl dieses Beispiels kann von ihm selbst her befürwortet werden, denn Lenz' Roman läßt sich von einer ethischen Fragestellung selbst bewegen, was ihm übrigens zu Unrecht den Vorwurf narrativer Sterilität eingebracht hat. Daß die Erzählfreude nicht unter guten Absichten zu leiden hat, kann der Blick auf manche großen Romane nur bestätigen. Im Grunde erzählt der Roman auch nicht eine „Moral" und ergibt auch keine, sondern er „zeigt", er symbolisiert die Suche nach einer solchen. Dies stünde ganz in der Fortsetzung von Musils Feststellung: „Moral ... ist sozial nur in der Bedeutung zusammenzufassen: wir brauchen eine."[43]

Lenz schildert nun den Weg einer Schulbuchautorengruppe zu einem Symbol

[41] Daher ist oft von der Rezeption der Symbolsprache der Kunst im Zusammenhang mit der „Krise der religiösen Sprache" (Concilium 9 [1973] H. 5) oder der mangelnden Emphatisierung der Theologie die Rede. Mangelndes Pathos des Sittlichen war auch ein Thema, das Musil sehr beschäftigt hat, vgl. dazu im einzelnen *D. Mieth,* Narrative Ethik 309ff. Mangelndes Pathos und damit mangelnde Motivationskraft und mangelnde Performanz wirft B. Quelquejeu der Theologie vor; vgl. Wenn die Schrift in Frage gestellt wird ... einige Fragen an die, die Theologie „schreiben", in: Concilium 12 (1976) 301–307, hier: 306: „... das theologische Sprechen ... erfordert die Stimme des Paradoxes, die Stimme des Gedichts. Wann wird, gestützt auf das Bewußtsein, daß es Dinge gibt, die nicht gerechtfertigt zu werden brauchen, die mächtige Stimme einer pathetischen Theologie erklingen? Wann endlich kommt es dazu, daß man, um die Verspottung des Gekreuzigten und das Paradox der Heiligkeit auszusagen, zum naiven, störenden Ausdruck einer burlesken Theologie greift?"

[42] *S. Lenz,* Das Vorbild (Hamburg 1973), Seitenzahlen der Zitate im Text.

[43] *R. Musil,* Der Mann ohne Eigenschaften 1341.

der Sittlichkeit, zu einem sog. „Vorbild". Alle Autoren haben so ihre Vorverständnisse, ihre Vorstellungen, alle fallen damit durch. Zum Schluß, als sie ein weitgehendes Einverständnis über ihr „Vorbild" erreichen, wird ihre Wahl für den Druck nicht akzeptiert. Das angebotene Vorbild ist eine Professorin griechischer Abstammung, die sich zum Zeichen der Solidarität mit den Inhaftierten zur Zeit der Generalsherrschaft in Griechenland gleichsam selbst in Haft setzt, also zu gleichen Bedingungen zu leben versucht wie die Inhaftierten. Völlige Gleichheit ist dabei ebensowenig zu erreichen wie größere politische Wirkung. Es handelt sich im wesentlichen um einen Akt des Mitleidens, der Anteilnahme, um deutlich zu machen, daß es keinen Grund gibt, „der die Leiden Unschuldiger rechtfertigt" (442).

Blenden wir uns in ein Gespräch ein, das zwei Autoren vor der endgültigen Stellungnahme des Verlages über ihr Vorbild miteinander führen:

„Sind Sie von Lucy (das Vorbild) begeistert? fragt Heller plötzlich. – Nein, und Sie? – Ich auch nicht, und gerade das bestätigt mir immer mehr, wie sehr sie geeignet ist. Eine strahlende Lucy, eine Lucy, die uns aus dem Häuschen bringt und uns baff werden läßt vor Bewunderung: kein empfehlenswertes Beispiel. Strittig bei allem Wegweisenden – das schwebte mir vor. Ein Vorbild, mit dem man auch ins Gericht gehen kann. – Manchmal, sagt Rita, hat es Augenblicke gegeben, in denen ich unserem Vorbild gern zur Hilfe gekommen wäre: große Entschlüsse scheinen wohl schutzlos zu machen – oder verwundbar nach anderer Seite –, und so erschien sie mir mitunter: schutzlos. – Und vielleicht beschränkt, sagt Heller, im Sinne großartiger Beschränktheit, zu der ein Vorbild wohl verpflichtet ist. – Wir haben es ausgesucht, sagt Rita, dieses Vorbild; und wenn ich mir vorstelle, wie viele junge Leute sich an ihm reiben werden – also mir wird etwas bange dabei" (510).

Die Suche führt also gleichsam zu einem problematischen Vorbild und nimmt dabei Abstand vom alltäglichen Vorbildverständnis: „in unserem Gedächtnis festgefrorene Ungeheuer, die uns zur Heldenverehrung drängen" (175). Vorbildlich erscheinen Handlungen vielmehr dadurch, daß sie aufgrund ihrer zeitgemäßen Unzeitgemäßheit „nicht allein verpflichten, sondern auch Widerspruch zulassen. Sagen wir, ein heutiges Vorbild kann uns nur auf exemplarische Weise umstritten vorkommen" (ebd.).

Moralisches Symbol ohne Surrogatwirkung, das ist das Ziel des epischen Arrangements. Man könnte es durch mancherlei Wortkunst hindurch verfolgen oder in der Bildkunst des Porträts wiederfinden. Worauf es aber hier ankommt, ist die Konvergenz philosophischer Übersetzungsversuche zwischen Kunst und Sittlichkeit mit einem Moment von Kunstauffassung selbst.

Die gleichsam innenkritische Symbolik der Kunst hebt daher auch den Aktivismus und die Pragmatik auf, sie gibt nicht unmittelbar zu handeln, sie gibt zu denken: Besinnung, Kontemplation. Darum ist sie auch nicht akzeptierbar für ein Denken, das ganz an der Effizienz interessiert ist. In Lenz' Roman wird der Druck des „Vorbilds" abgelehnt, weil es von „nobler Wirkungslosigkeit" sei (517), weil Mitleid keinen bewegenden Protest enthalte, weil schließlich dieses Vorbild die „vertrackte Neigung" habe, „sich zu rechtfertigen" – denn: „Wir meinen: ein Vorbild braucht sich nicht zu rechtfertigen" (518/519).

Das innere Dilemma der Kunst zwischen Symbol und Argumentation kehrt also auf der Ebene der moralischen Wirkung der Kunst wieder: jeder Versuch argumentativer Eindeutigkeit wird mit Verlust an Symbolkraft erkauft. So gelten die Worte, die dem Vorbild, Lucy, in den Mund gelegt sind (gegenüber Reportern): „Ich glaube nicht, daß ich mich Ihnen gegenüber zu rechtfertigen habe für meinen Entschluß" (444).

In der problematischen Vorbildlichkeit liegt der ethische Modellcharakter von Kunstwerken. Konkrete Negation, Möglichkeit, Einsatzzeichen; Kontrasterfahrungen, Sinnerfahrungen, Motivationserfahrungen – all dies wäre am einzelnen Kunstwerk zu untersuchen, je im Rahmen der Formproblematik, die es stellt.

Das Analogon zwischen Theologie und Kunst ist die Autonomie der Moral. Darüber hinaus mag es spezifische Formen der Kunst geben, die nach dem glaubenden Menschen fragen. Das führt zur Frage nach dem Verhältnis der Kunst zu den Hauptthemen der theologischen Anthropologie: Schöpfung, Sünde, Rechtfertigung, Gnade.

6. *„Realisation" der Theologie – „Integrierung" der Kunst*

D. Sölle hat den Versuch unternommen, Kunstwerke – und zwar unabhängig von der Frage nach Unterschieden von autonomer und „christlicher" Kunst – als bessere Theologie zu betrachten, weil sie die Idee des authentischen Lebens aus den verkrusteten und überinstitutionalisierten Traditionen herausnimmt und für die Massen verflüssigt, vervielfältigt, realisiert[44]. Die Kunst war ja schon immer, begonnen bei pädagogischen Wand- bzw. Fensterzyklen in den Kirchen, eine Art Bibel des kleinen Mannes. Seit der Buchdruckerkunst kann man nicht nur das Wort ins Bild, sondern auch das Bild genügend ins Wort setzen – ein Prozeß, der im Zeitalter hauptsächlich visioneller Medien auch wieder umkehrbar ist.

In jedem Fall: nach D. Sölle übersetzt Kunst Orthodoxie, die von den Kirchen verwaltet wird, in Orthopraxis, an der jeder teilhaben kann. Zu fragen ist natürlich, ob jeder an Kunst teilhaben kann und will. Alle Versuche der letzten Jahrzehnte, Kunst aus ihrem elitären Produktions- und Rezeptionsraum herauszuholen und die Kunstfähigkeit von jedermann zu stimulieren, stoßen immer wieder an – freilich elastische – Grenzen. Abgesehen davon, daß es noch Leute

---

[44] Vgl. *D. Sölle*, Realisation. Studien zum Verhältnis von Theologie und Dichtung nach der Aufklärung (Theologie und Politik 6) (Darmstadt – Neuwied 1973). Vgl. auch dazu und zum folgenden *D. Mieth*, Dichtung, Glaube und Moral 84ff.

gibt, die lieber auf den Pfarrer hören als auf den Filmemacher, entsteht das Problem: Wer wertet die Kunst, wenn sie sich in Pankreativismus auflöst? Offensichtlich ist die ästhetische Welt doch das Ganze unter einer Perspektive – ähnliches ließe sich von der moralischen Welt sagen –, und Perspektive heißt zugleich Einsicht in die eigene Begrenztheit.

Man wird also der Kunst als mögliche „Realisation" von Theologie nicht zuviel zumuten dürfen, aber man wird andererseits auch nicht einfach die Kunst als Ort der Gebrochenheit menschlicher Erfahrung heranziehen, um daran das Widerfahrnis des Glaubens plausibel zu machen[45]. Theologische Deutung der Kunst – für die es heute wieder einige Ansätze gibt – ist nicht einfach eine „Durchkreuzung" letztlich absurder Erfahrung[46]. Die beiden Extreme, „Realisation" und „Durchkreuzung", geben im Grunde die Autonomie des Kunstwerks auf oder rechnen sie ihm zur Sünde an. Darum scheint eine behutsame Integrierung des Kunstwerks in theologische Einsichten auch heute noch der richtige Weg, wenn er nicht zum „sensus accommodus" der weithin bekannten „Predigtaufhänger" verkürzt wird, wenn er vielmehr sich auf die Methoden exakter Kunstinterpretation einläßt. Kunst gehört in den Bereich der Erfahrungswirklichkeit, die um theologischer Erkenntnisüberprüfung willen, behutsam mit ihren eigenen Mitteln so weit aufgeschlossen werden muß, bis sie in die Grammatik theologischer Rede übersetzt werden kann. Wir erschließen also die Kunst nach Elementen der Kontrasterfahrung, der Sinnerfahrung und der Motivationserfahrung. Die so erhaltenen Perspektiven der Erfahrungswirklichkeit versuchen wir, im theologisch-ethischen Vorverständnis zu interpretieren. Diese Aufgabe schwebte schon P. Tillich vor, als er die Theologische Ethik als „Theologie der Kultur" interpretierte[47]. Sie muß heute auf zwei methodischen Wegen angegangen werden: auf dem Wege strukturalistischen Vergleichs und auf dem Wege hermeneutischer Überprüfung von Vorverständnissen[48]. Eine theologisch-ethische „Integrierung" der Kunst rechnet mit strukturellen Entsprechungen in der „*Gestalt*" der künstlerischen, sittlichen und religiösen Erfahrung; sie rechnet jedoch nicht unbedingt mit der Gleichheit des „*Gehaltes*". Man sehe sich etwa als Beispiel die Ehefilme eines Antonioni und Bergman an, und man wird feststellen, daß Adorno mit dem berühmten Schluß seiner „Minima Moralia" eine zutreffende Diagnose gestellt hat: Die Dinge

---

[45] Darauf läuft letztlich doch *H. E. Bahrs* Ansatz hinaus: Theologische Untersuchung der Kunst. Poiesis (zuletzt München – Hamburg 1965).

[46] Vgl. *G. Schüepp*, Die absurde Erfahrung als Ausgangspunkt des Existenzverständnisses bei Camus. Ein Beitrag zum Thema: Glaubensverkündigung heute, in: FZPhTh 23 (1976) 430–452.

[47] Vgl. *P. Tillich*, Über die Idee einer Theologie der Kultur (1919), zuletzt in: *ders.*, Die religiöse Substanz der Kultur. Schriften zur Theologie der Kultur (Gesammelte Werke IX) (Stuttgart 1967) 13–31. Die im folgenden gebrauchte Unterscheidung zwischen „Gestalt" und „Gehalt" (nicht identisch etwa mit „Inhalt" und „Form") ist an *P. Tillich*, Die Kunst und das Unbedingt-Wirkliche, a.a.O. 356–368, angelehnt.

[48] Vgl. *P. Ricœur*, Hermeneutik und Strukturalismus (München 1973).

werden so betrachtet, wie sie „vom Standpunkt der Erlösung aus" sich darstellten. Dies kann nur die Kunst – vielleicht auch eine ihr benachbarte Philosophie –: die Welt zeigen, „wie sie einmal als bedürftig und entstellt im messianischen Lichte daliegen wird"[49]. Die Kunst schließt sich dabei selbst nicht aus: in F. Dürrenmatts „Meteor" erscheint sie als eine subtile Form der Prostitution; für H. Eisler, den musikalischen Schöpfer der Brecht-Songs, kann die Musik selbst zur Hure werden. Noch einmal in Dürrenmatts „Meteor" erscheint ein theologisches Thema, die „Auferstehung", in der Form eines formalen Einfalls zur Entlarvung der verkehrten Zustände; in Becketts „Warten auf Godot" wird die Hoffnung zum Formalismus; in Bergmans „Schweigen" wird Kommunikationslosigkeit zum Gestaltungsprinzip; in Musils „Mann ohne Eigenschaften" Mystik zur Form der Gesellschaftstranszendenz; in Camus' „La Chute" der Sündenfall zum sozialen Bewußtseinsstand der Gleichgültigkeit, so wie in „La Peste" die Kenosis zum Formprinzip einer „Güte ohne Glauben" (eine Formel Thomas Manns) wird[50]. Man könnte solche Reihen und Beispiele fortsetzen. Worin sie konvergieren, hat wiederum Adorno an gleicher Stelle festgehalten: „die Frage nach der Wirklichkeit oder Unwirklichkeit der Erlösung selber" sei „fast gleichgültig", weil um so mehr der Welt verfalle, wer sich gegen ihre Kontingenz, Bedürftigkeit, gegen ihre „Risse und Schründe" abdichte, wer meine, er stünde auf einem „Standort" außerhalb.

So könnte die Kunst gegen die falsche „Abdichtung" der Theologie wirken. Und doch müßte sich zugleich die Theologie behaupten, um das zu retten, was hinter Adornos Formel „*fast* gleichgültig" steht: jenen unerledigten Rest, der nicht in der Treue zur endlichen Wirklichkeit aufgeht, jenen „Gehalt", der sich hinter der Vielfalt von Gestaltungen und Formen verbirgt, jenes Verschwiegene, das jeden Verfall und jeden „Aufbruch" ins Unendliche verlängert. Dazu am Schluß einen Blick auf einen kleinen Text Kafkas, der eben diesen Titel trägt, „Aufbruch":

> „Ich befahl, mein Pferd aus dem Stall zu holen. Der Diener verstand mich nicht. Ich ging selbst in den Stall, sattelte mein Pferd und bestieg es. In der Ferne hörte ich eine Trompete blasen, ich fragte ihn, was das bedeute. Er wußte nichts und hatte nichts gehört. Beim Tore hielt er mich auf und fragte: ‚Wohin reitest du, Herr?' ‚Ich weiß es nicht', sagte ich, ‚nur weg von hier, nur weg von hier. Immerfort weg von hier, nur so kann ich mein Ziel erreichen.' ‚Du kennst also dein Ziel', fragte er. ‚Ja', antwortete ich, ‚ich sagte es doch: Weg-von-hier, das ist mein Ziel.' ‚Du hast keinen Eßvorrat mit', sagte er. ‚Ich brauche keinen', sagte ich, ‚die Reise ist so lang, daß ich verhungern muß, wenn ich auf dem Weg nichts bekomme. Kein Eßvorrat kann mich retten. Es ist ja zum Glück eine wahrhaft ungeheure Reise.'"

---

[49] *Th. W. Adorno*, Minima Moralia 334. Die folgenden Adorno-Zitate entstammen ebenfalls dem Schluß des Buches.

[50] Vgl. zu weiteren Symbolen dieser Art *K. S. Guthke*, Die Mythologie der entgötterten Welt (Göttingen 1971).

Die Kontrasterfahrung („Weg-von-hier, das ist mein Ziel") wird hier deutlich, und zwar nach dem Modell des Wegweisers, der von sich weg verweist. Der Aufbruch selbst erscheint als Symbol, als nicht mehr weiter hinterfragbare Gestalt, nicht Symbol von etwas, sondern Symbol an sich selbst. Der verweigerte Eßvorrat gleicht hier Adornos Verweigerung, sich gegen das „Bedingtsein (abzudichten) um des Unbedingten willen". Dies wäre wohl auch gegen eine Immunisierung und gegen eine Absicherung durch Theologie zu behaupten. Das Symbol arbeitet nicht mit Antworten, sondern mit dem Widerhall der fernen Trompete, die nur noch wenige hören. Unterwegs sein, „in statu viatoris", ist alles, Ankunft nichts, *fast* nichts.

Wenn wir von theologischer Integrierung der Kunst sprechen, dann meinen wir eine Theologie des „fast", des Widerscheins des Gehaltes in der sich verweigernden Gestalt. Dieser Gehalt mag gegenüber der „reinen" Aufforderung, mitzuleiden und mitzuhandeln, gegenüber der „reinen" Orthopraxis der Sittlichkeit und der Kunst, fast nichts, fast gleichgültig sein, jedoch: nur fast und eben doch nicht ganz. Durch diese Schneise im Wald der wechselnden Gestalten und Symbole vermag vielleicht doch ein weltoffener Glaube einen Weg zu weisen auf das „Licht ... das von der Erlösung her auf die Welt scheint".

Literatur

Th. W. Adorno, Minima Moralia (Frankfurt a.M. 1951 ff.).
H. E. Bahr, Theologische Untersuchung der Kunst. Poiesis (München – Hamburg 1965).
J. Blank (Hrsg.), Der Mensch am Ende der Moral. Dargestellt an Beispielen neuerer Literatur (Düsseldorf 1971).
D. Mieth, Dichtung, Glaube und Moral. Studien zur Begründung einer narrativen Ethik (Tübinger Theologische Studien 7) (Mainz 1976).
Ders., Epik und Ethik. Eine theologisch-ethische Interpretation der Josephromane Thomas Manns (Studien zur deutschen Literatur 47) (Tübingen 1976).
D. Sölle, Realisation. Studien zum Verhältnis von Theologie und Dichtung nach der Aufklärung (Sammlung Luchterhand 124) (Darmstadt – Neuwied 1973).
P. Tillich, Die religiöse Substanz der Kultur. Schriften zur Theologie der Kultur (Gesammelte Werke IX) (Stuttgart 1967).

Dietmar Mieth

IV
Bildung und Sittlichkeit

1. Bildung als ethischer Begriff – Abgrenzung

Der Begriff der Bildung ist zunächst in der Pädagogik beheimatet. Er gewinnt von da aus erst über die Kulturethik eine gewisse ethische Relevanz. „Bildung" ist seit der deutschen Aufklärung und dem Deutschen Idealismus eine Leitidee, in der all das zur Gestaltung drängt, was der Mensch sein kann und wozu ihm verholfen werden soll. Die Idee beherrscht und durchdringt die Epoche des Neuhumanismus. Aber sie ist in ihrer Hochblüte nur verhalten thematisiert worden. Man findet keine „Definition" des Bildungsbegriffs; was Bildung heißen darf, läßt sich immer nur aus den Konsequenzen der Idee erschließen. Schleiermacher hat die dritte seiner „Reden über die Religion" der „Bildung zur Religion" gewidmet. Hier wird immerhin deutlich, daß es sich um eine Bildung handelt, in der die Anlage, mit der der Mensch geboren wird, ungehindert und unfehlbar auf seine eigene Art entwickelt werden soll. Von dem Pathos des neuhumanistischen Bildungsideals sind die Bemühungen W. v. Humboldts um die Gründung der Universität Berlin ebenso wie die damaligen Programmschriften Fichtes und Schleiermachers eindrucksvolle Zeugnisse. Aber seinen weitestreichenden Ausdruck findet der Bildungsbegriff jener Epoche dort, wo er sich nicht in der Sprache des „Begriffs" artikuliert, sondern im Kunstwerk wie in Goethes „Iphigenie" und im Bildungsroman wie im „Wilhelm Meister". Es ist das Interesse an der wahren Menschlichkeit, die sich nur sich selbst verdankt und sich durch alle Verstrickung in Schuld und Haß zur Klarheit und Liebe zu befreien vermag.

Der ethische Anspruch dieser Idee liegt offen zutage. Aber die Idee ist doch nur beiläufig von der systematischen Ethik aufgenommen worden, so etwa in der „Christlichen Ethik" H. Martensens, in unserem Jahrhundert dann in der „Theologischen Ethik" H. Thielickes. Die fast provokative Zurückhaltung der Theologischen Ethik, jedenfalls der protestantischen, ist wohl eine uneingestandene Reaktion auf die Tatsache, daß seit den Tagen der Klassik und des Neuhumanismus „Bildung" für das deutsche Bürgertum immer den Nebenton eines Gegenbegriffs zum christlichen Menschenverständnis gehabt hat. Es kommen noch weitere Gründe hinzu, welche es verhindern, daß man den Begriff der Bildung unbekümmert zu einem Thema der christlichen Ethik macht. Da ist einmal daran zu erinnern, daß der Begriff der deutschen Geistesgeschichte angehört und im Sinne seines „klassischen" Grundverständnisses schon in den europäischen Nachbarsprachen keine Entsprechungen hat. Von dieser deutschen Geistesgeschichte her hat der Begriff aber auch seine Instabilität empfangen.

Er hat seine eigentümliche Entstehung, er gerät in Widersprüche, er verblaßt, und seine Wandlungen spiegeln die Wandlungen im Selbstverständnis des Menschen von einer Epoche zur anderen.

Es kommt also darauf an, zunächst die Problemhaltigkeit des Bildungsbegriffes wahrzunehmen. Sie drückt sich im öffentlichen Bewußtsein unserer Generation insbesondere darin aus, daß der Begriff „Bildung“ nahezu ausschließlich in Verbindung mit Zweckzusammenhängen der Sozialpolitik Interesse findet. Man hat schon früher von „höherer Bildung“, von „Volksbildung“ oder „Schulbildung“ gesprochen. Bildung, als „Ausbildung“ verstanden, ist nichts Neues: Ausbildung für bestimmte Berufe, Funktionen, Waffengattungen und dergleichen. Heute aber ist dieser pragmatische Bildungsbegriff noch viel umfassender geworden: man spricht von Bildungspolitik, Bildungsnotstand, Bildungskrise, Bildungsreform, Bildungsplanung usw. Natürlich kann Bildung auch in diesem heutigen Verständnis zum Gegenstand der allgemeinen wie der persönlichen Verantwortung werden. Aber unsere Frage ist doch eine andere: sie gilt der Idee einer zweckfreien Bildung, also einer „Bildung“, in der sich der Mensch selber zu seinem „Bilde“ gestaltet, in der, anders ausgedrückt, der Mensch selbst alleiniger Zweck ist, wenn schon der Zweckbegriff hier überhaupt sinnvoll ist. Wie ist ein solcher Bildungsbegriff zu entfalten, wie kann er christlich legitim sein, und was könnte er als sittlicher Normbegriff praktisch bedeuten? Bevor wir uns dieser Frage zuwenden, müssen wir den ethischen Charakter des Bildungsbegriffes – besser vielleicht: der Bildungsidee – dadurch sichern, daß wir aufgrund unserer einleitenden Überlegungen eine dreifache Abgrenzung vornehmen:

Bildung als sittliche Idee bezeichnet keine gesellschaftliche Kategorie, nach der etwa die Gesellschaft in „Gebildete“ und „Ungebildete“ zerteilt wäre, ganz gleich, was als Maßstab für eine solche Unterscheidung anzunehmen wäre: der Stand des Wissens, ein durchlaufener Ausbildungsgang oder ein anderer Codex gesellschaftlicher Anerkennung. Ein elitärer Bildungsbegriff würde im Widerspruch zur Allgemeinheit der sittlichen Aufgabe stehen, und er würde leicht von Faktoren abhängig werden, welche ohne ethische Bedeutung sind. Wenn z. B. nur der als „gebildet“ gelten sollte, der weite Reisen gemacht hat, so wäre seine „Bildung“ von den wirtschaftlichen Voraussetzungen abhängig, welche ihm diese Reisen möglich gemacht haben.

Wenn Bildung – wie unser Thema besagt – Träger von Sittlichkeit sein soll, dann ist eine zweite Abgrenzung erforderlich. Sie ist mit der eben gezogenen eng verbunden; denn auch sie betrifft eine elitäre Vorstellung von Bildung. Es handelt sich um den humanistischen Bildungsbegriff, sofern er als ein Gegenbegriff zum christlichen Menschenverständnis gemeint ist. Es ist die Vorstellung von wahrer, gleichsam vollkommener Menschlichkeit, die keinen Raum mehr läßt für das Eingeständnis von Unvollkommenheiten, von Mängeln, von „Erlösungsbedürftigkeit“ oder auch nur für Abweichungen von geprägten Normen.

In der deutschen Klassik hat man die Idealität dieser Norm dadurch zum Ausdruck gebracht, daß man sie in die Sprache und die Gewänder des „Griechentums“ gekleidet hat. Im 20. Jahrhundert hat man für diese Idealität rassische Normen aufgestellt und zum Maßstab elitären Selbstgefühls gemacht. Daß es sich dann um ein Gegenideal zum christlichen Menschenverständnis gehandelt hat, war nicht mehr zu verbergen. Es war nur folgerichtig, daß man für dieses elitäre Menschenbild eigene „nationalpolitische Bildungsanstalten“ (Napola) und Ordensschulen errichtet hat.

Eine dritte Abgrenzung gilt schließlich dem pragmatischen Bildungsbegriff. Diese Abgrenzung ist die heute wichtigste; denn die heutige Bildungsdebatte und Bildungspolitik ist nahezu ausschließlich an einem Bildungsbegriff orientiert, der die „Ausbildung“ für bestimmte Zwecke und Bedürfnisse der Gesellschaft wie des einzelnen im Blick hat. Hatte die nach dem Zweiten Weltkrieg noch einmal für kurze Zeit aufblühende „autonome Pädagogik“ jene nur am jungen Menschen selbst orientierte Bildung im Sinn, seine eigenartige Entfaltung ohne Rücksicht auf von außen her kommende fremde Normierung, so hat das radikale Ende dieser Pädagogik die Wendung zum pragmatischen Bildungsbegriff offenkundig gemacht. Was nicht ausschließen muß, daß wesentliche pädagogische und psychologische Einsichten jener Epoche fortwirken. Es sollte unnötig sein, ausdrücklich zu betonen, daß die hier vollzogene „Abgrenzung“ keine Verneinung des pragmatischen Bildungsbegriffes bezweckt, sondern nur eine Unterscheidung. Diese Unterscheidung aber soll es uns dann möglich machen, „Bildung“ als einen Träger von Sittlichkeit zu verstehen.

2. *Bildung als ethischer Begriff – Entfaltung*

Hier kann es sich nur um die Idee einer zweckfreien Bildung handeln, also um eine Bildung, in der der Mensch zu sich selbst kommt. Man wird sich dabei auch auf ältere Fragestellungen einlassen müssen; denn „älter“ bedeutet ja kein Werturteil.

a) Es gibt keine „Bildung an sich“, keine „Bildung überhaupt“, sondern zur Idee der Bildung gehört der Mensch als Person. Zur Bildung gehört immer ein Ich, und zwar ein einmaliges, eine Individualität, ein Mensch, der es mit sich selbst zu tun hat, der seine eigenen Ziele sucht oder vielleicht schon hat, der auf seine zeitliche und vielleicht – je nachdem – ewige Bestimmung hinlebt. Es gibt keine Bildung am Individuum vorbei. Man erkennt, daß man sich mit diesen Sätzen unmittelbar in die Mitte der Ethik begibt. Aber das bedeutet nicht, daß sich das Individuum isolieren könnte, um sich gewissermaßen als vereinzelt nur um so ungestörter „bilden“ zu können. Dieser Ungedanke lohnt keine Erörterung. Wohl aber wird eine andere Folgerung zwingend. Es ist keine „Bildung“ am Individuum vorbei möglich. Eine solche das Individuum und seine Bildung auslassende Bildung findet sich etwa dort, wo in einer sog. Bildungsanstalt die Schüler ausschließlich zu bestimmten Fertigkeiten herangebildet, zu Virtuosen bestimmter Wissensgebiete herangezogen oder im Gehorsam gegen eine eingeschliffene Disziplin eingeübt werden sollen. Dabei kann die persönliche Bildung, die Pflege dessen, was für die ausgesprochenen Zwecke keine Bedeutung hat, bedenkenlos vernachlässigt werden.

Was hier von der Bildung gilt, hat in der Sittlichkeit seine unmittelbare Entsprechung. Es gibt eine Art des ethischen Denkens, das dem Individuum keine Beachtung mehr schenkt und nur die Sozialethik als wahre (christliche) Ethik gelten lassen möchte. Was hier an Reflexion über die einzelnen Probleme der gesellschaftlichen Wirklichkeit aufgeboten wird, ist oft achtunggebietend, aber es kann an der Existenz des Ethikers selbst spurlos vorübergehen, und es kann die sittliche Bildung des sozialethischen Aktivisten völlig außer acht lassen. Anders ausgedrückt: die Vernachlässigung der Individualität, das Überspringen des „Ichs" in der „Bildung" wie in der Ethik verwandeln dann die Sozialethik in Sozialpolitik, und die Ethik hört auf Ethik zu sein.

b) Alle Bildung vollzieht sich im Kontext der Mitmenschlichkeit. Das ist so selbstverständlich, daß demgegenüber eben die Individualbildung, wenn man will: der Mensch als Person, das Nichtselbstverständliche ist. Wir sprechen die Sprache unseres Volkes, wir denken wie die anderen Leute, wir „bilden" uns in den Institutionen unserer Kultur. Aber indem der Mensch über sich selbst, über seine eigenen Ziele nachdenkt, trennt er sich auch in gewissem Sinne wieder von den anderen. Er setzt sich gegen Konkurrenzen durch, er sucht Ansprüchen zu genügen, er vergleicht sich mit den vergleichbaren anderen Menschen seines Alters, seiner Gruppe, er wird durch das Vorausleben der vorhergehenden Generation, durch das Anderssein der Nachkommenden in bestürzende Reflexionen geworfen. Die Mitmenschlichkeit, die den Kontext unserer Bildung liefert, ist ein in sich widersprüchlicher Vorgang, der Geist ist „in sich selbst schon individuiert" (M. Scheler). Eben in dem Kontext der Mitmenschlichkeit wird sich der einzelne dann leicht als unfertig empfinden, er wird an sich arbeiten – die „Menschwerdung des Menschen" ist ebenso der Schlüsselbegriff der Bildung wie der Ethik. Die Selbstkritik wird ebenso zu einem integrierenden Vorgang der Bildung wie der Sittlichkeit. Sie kann in vielen Varianten zur Wirkung kommen: als Antrieb zum Fortschreiten auf dem eingeschlagenen Weg, als Wille zur Veränderung der Einstellung zur Umwelt oder des bisherigen Verhaltens bis hin zur Resignation: ich sollte eigentlich, aber ... Selbstkritik ist immer ein sittliches Element, das in der Reue seine religiöse Tiefe gewinnt. Hier ist der Mensch dann ganz für sich „im Angesicht Gottes", er revidiert sich selbst, und doch ist auch diese Einsamkeit der Selbstkritik nicht ohne die Mitmenschlichkeit zu denken, die wie ein unsichtbarer Rahmen diese Einsamkeit umgibt.

c) Bildung ist nicht ohne ihr Zustandekommen denkbar. Kein menschliches Wesen betritt als „gebildet" den Schauplatz dieser Welt. Bildung ist ein Vorgang und besteht insofern aus in der Zeit verlaufenden Akten. Man „wird“ gebildet, was in sich schon vielerlei bedeuten kann. Bildung erscheint als ein über die biologische Entwicklung hinauszielender Fortschritt, ihr Sinn scheint immer jenseits dessen zu liegen, was sich im Vollzug des natürlichen Wachstums von selbst ergibt. Eben dieser „Sinn“ des Fortschritts wird als etwas Unverfügbares erfahren. In der Frühphase des Bildungsprozesses scheinen andere Mächte über diesen „Sinn“ des Fortschrittes zu verfügen. „Erziehung“ meint offenbar, daß diejenigen, welche um den „Sinn“ des Vorganges „Bildung“ wissen und darüber verfügen, anderen zu dieser Bildung verhelfen. Das gilt selbst dann, wenn eben diese Verfügenden den „Sinn“ des Bildungsvorganges gegenbildlich zu den Wert- und Strukturvorstellungen der herrschenden Gesellschaft verstehen möchten und „antiautoritär erziehen“. Schon in der Frühphase des Bildungsvorganges, der von der „Erziehung“ besetzt ist und von „Erziehern“ betreut wird, muß auf eine Mitwirkung des zu Bildenden abgehoben werden. Er muß den „Sinn“ des Vorganges einsehen, in ihn einwilligen, ihn sich zu eigen machen. So wird die Aneignung, die Internalisierung zum eigentlichen Thema des Bildungsdramas. Die Bewältigung der Eindrücke, die bestätigenden oder korrigierenden Erfahrungen, das begehrliche Ausgreifen nach vorenthaltener „Welt“ wie die Abstoßung des Empfangenen („Vergessen“ des Lehrstoffes), das alles drängt zunehmend zur eigenen Gestaltung, in der der Mensch sich seine Welt ordnet und sich in nun zunehmend „seiner Welt“ einrichtet.

In alledem ist dann die Bildung als Vorgang, als „Bildungsgeschichte“ eine fortschreitende Verinnerlichung. Mehr und mehr ist nicht die Materie dessen, was man „hat“ und „weiß“, für die eigentliche Bildung entscheidend, sondern das, was man durch die Vermittlung der sog. Bildungselemente geworden ist. Das wirft die Frage nach den Bildungselementen auf.

Wenn wir nach ihnen fragen, geht der Blick sozusagen nach außen. Sie betreffen all das, was man wissen, haben, können muß, um seine Welt in den Griff zu bekommen. In einem etwas groben Schema könnte man drei Arten von Bildungselementen unterscheiden: das Wissen, das zu einem erheblichen Wissensquantum gesteigert werden kann; das Können, das durch die Technik auf immer mehr abgekürzten Wegen unsere Weltbeherrschung steigert; die materiellen Möglichkeiten, den Gesichtskreis zu erweitern, also den Erfahrungshorizont auszudehnen. Diese Bildungselemente sind ganz und gar Elemente der pragmatischen, zweckbezogenen Bildung, sie dienen der Daseinsbehauptung des Menschen und sind auch in ihren Ergebnissen kontrollierbar. Eine „Bildungsgeschichte“, welche dem Wachstum dieser so verstandenen Bildung folgt, wird mehr und mehr eins mit einer Geschichte der Wissenschaft bzw. der einzelnen Wissenschaften und mit einer Geschichte der Technik. Es ist – so könnte man sagen – eine „Bildung“, von der das Herz nichts weiß und die oft erst sehr mühsam nach offenkundigen Krisenfällen zu einer nachträglichen ethischen Besinnung zurückgerufen werden muß. Es gibt typische Ausschaltungen dieser

Beteiligung des „Herzens“, wobei dieser fast krampfhaft auf das Sachliche gerichtete und beschränkte Blick schon in leichten sprachlichen Nuancen der Benennungen zum Ausdruck kommt: wir meinen mit dem „Wissenschaftler“ etwas anderes als den „Gelehrten“, der „Mediziner“ ist nicht ohne weiteres auch ein „Arzt“, der Routinier ist mit dem „Könner“ nicht schlechthin identisch. Es schwingt allemal so etwas wie eine Suspension der Ethik mit. Und doch ist das menschliche Schicksal an jene äußeren Bildungselemente unlöslich gebunden.

Wenn man hingegen die Bildungsgeschichte als eine fortschreitende Menschwerdung des Menschen versteht, als einen der menschlichen Person selbst zugewendeten Gestaltungsprozeß, dann verwandelt sich der Aspekt von Grund auf. Überraschenderweise ergibt sich der Probefall für dieses Hervortreten der reinen Menschlichkeit gar nicht im isolierten Bereich der Einzelperson, sondern im Vollzug der Nächstenschaft. Daran, wieweit der andere Mensch in das eigene Verstehen aufgenommen worden ist, wieviel Raum für ihn im eigenen Handlungsspielraum ausgespart worden ist, d.h., wieviel Rücksicht er genießt – daran erweist sich die innere Bildung des Menschen. Wir pflegen sie in unserer Umgangssprache, die dann doch an Deutlichkeit nicht überboten werden kann, als „Herzensbildung“ zu bezeichnen.

Der Begriff der Herzensbildung bedeutet in gewissem Sinne einen Grenzfall. Denn wir pflegen den Ausdruck dann zu gebrauchen, wenn sich bei sog. „einfachen Menschen“ eine dienende und verstehende Gesinnung, ein genuines Einfühlungsvermögen zeigt, das von allen materialen Bildungselementen, also vom Quantum des Wissens, von besonderem technischen Können und von einem weitausgreifenden Gesichtskreis, völlig unabhängig ist. Herzensbildung ist insofern eine Erscheinungsform reiner menschlicher Gesinnung. Sie ist aber doch mit Recht als „Bildung“ zu bezeichnen; denn auch bei ihrem Entstehen ist ein Bildungsprozeß, eine Bildungsgeschichte vorauszusetzen, die freilich etwas Naturhaftes an sich haben mag, wie es in dem Begriff der „Reife“ zum Ausdruck kommt. Zweierlei macht den Begriff der Herzensbildung wichtig. An ihm wird einmal deutlich, daß die innere Bildung mit der Zunahme ihrer Reifung und Vollendung von den materialen Elementen einer pragmatischen Bildung unabhängig wird, daß sie also unabhängig von dem sog. „Bildungsgang“ jedermann, auch dem ungelehrten Menschen, zugänglich ist. Und dann besagt der Begriff Herzensbildung, daß diese Bildung vom „Herzen“ aus, d.h. von der Mitte der Person her, auch eine totale Inanspruchnahme dieser Person in Handlung und Gesinnung zur Folge haben muß. Dafür, daß daraus kein Dispens von den materialen Bildungselementen abgeleitet werden darf und kann, sorgen andere Notwendigkeiten.

Gibt es ein Ziel dieses Bildungsprozesses? In der Sprache der pragmatischen Bildung und ihrer Ausbildungspraxis sprechen wir von einer „abgeschlossenen“ Bildung. Schon dieser Ausdruck kann nur im vorläufigen Sinne Geltung in

Anspruch nehmen und weist auf die Fortsetzung der Propädeutik hin, der die kontrollierbaren Schulergebnisse zur Bestätigung dienen. Vollends kann sittliche Bildung nur als eine unabgeschlossene Bildung verstanden werden. Immer neue Erfahrungen mit anderen Menschen, „Lebenserfahrungen", Überwindungen, Zuwachs an Einsichten und Korrektur bisheriger Meinungen, das alles hört nicht auf, und gerade das Maß der Aufgeschlossenheit für solche Wandlungen erweist die sittliche Bildung in ihrer Tiefe. „Man lernt nie aus." Aber dennoch leben wir immer mit Zielvorstellungen. Wir erwarten die Bestätigung sittlicher Überzeugungen. Wir versuchen sie, wenn sie sich bestätigt haben, anderen Menschen zu vermitteln. Wir erwarten bei uns und anderen, biblisch ausgedrückt, „Früchte" (Mt 7,16). Ein steter Wandel sittlicher Überzeugungen widerspricht dem Grundbegriff von Sittlichkeit, der Zuverlässigkeit des Charakters; man muß wissen, was man von einem sittlich „gefestigten" Menschen erwarten kann. Man möchte selbst mit dem Prozeß seiner inneren Bildung zu einem Ziel, zu Reife und Vollendung kommen, man ist überdies dem „Nächsten", dem Mitmenschen eine Stabilität seiner sittlichen Überzeugungen schuldig, und man wird doch durch eine immer neue Erfahrung an die Unabgeschlossenheit seiner sittlichen Bildung erinnert.

d) Sosehr Bildung nicht ohne ihr Zustandekommen denkbar ist, so drängt sie doch zu einer bestimmten Gestalt. Diese Gestalt mag in letzter Ausformung, d. h. als zur Konkretheit drängende Idee, immer individuelle Züge tragen, so überhebt uns doch diese Mannigfaltigkeit nicht der Frage: Was ist das Wesen der Bildung? Wann kann man von einem Menschen sagen, er sei „gebildet"? Man kann diese Frage nicht mit einer Definition beantworten, sondern nur in aller Vorsicht einige Bedingungen nennen, die – gewiß jeweils in sehr individueller Weise – erfüllt sein müssen, aber doch auch erfüllt werden können, wenn von Bildung die Rede sein darf. Ich möchte mich hier auf vier Gesichtspunkte beschränken.

1) Bleiben wir noch einen Augenblick bei dem zuletzt erörterten Thema, bei dem Zustandekommen von Bildung. Wie die Bildung des Menschen, so hat dieser selbst eine Geschichte, und er ist darin gebildet, daß er von seiner eigenen Geschichte weiß. Die Bildung beginnt damit, daß der Mensch seiner eigenen Vergangenheit inne ist. Das bedeutet ein seine Existenz betreffendes Innesein: er weiß, daß er sich nicht sich selbst verdankt, daß er (im Guten und vielleicht sogar im Schlechten) weiß, woher er stammt. Er mag sich diesem Wissen verschließen, es von sich abschütteln, innerlich und äußerlich dagegen protestieren, es geht doch positiv oder negativ immer mit ihm. Es gibt zweifellos auch ein Existieren ohne dieses Innesein von Vergangenheit. Kinder haben diese Vergangenheit im familiären Umsichhaben der Generationen real vor Augen. Aber man kann Kindern diese Vergangenheit wegnehmen, man kann sie auslöschen und wird sie hernach aus keiner Erinnerung mehr zurückholen können, weil sie in keiner Erinnerung mehr vorhanden ist. Dann ist jedenfalls ein Grundelement

von Bildung vernichtet. Alte Menschen, die viel erlebt haben, erzählen gern und hoffen auf willige Zuhörer, weil sie sich immer neu ihrer Vergangenheit und damit eines Grundbestandteils ihrer Existenz versichern wollen. Sie gestalten erzählend an ihrem „Bilde" und erneuern so ihre „Bildung", stolz oder auch in gelassener Verwunderung über sich selbst. Die wissenschaftliche Beschäftigung mit der Geschichte ist vielleicht, aber doch nicht notwendig eine Fortsetzung dieses Innehabens der eigenen Vergangenheit. Aber eine Beschäftigung mit Literatur-, Philosophie-, oder Theologiegeschichte, die nicht von jenem Innesein von Vergangenheit, d. h. von existentieller Betroffenheit von Geschichte, begleitet ist, hebt den Bann der Unbildung nicht auf.

2) Als einen zweiten Wesenszug der Bildung möchte ich die Orientierung in der Welt nennen, zu der auch die Orientierung unter den Mitmenschen, in der uns umgebenden Gesellschaft gehört. Auch diese Orientierung besitzt der Mensch nicht von Anbeginn seines Lebens, sondern er wächst in sie hinein; der Mensch tastet sich gleichsam ins Dasein hinein, aber es ist keine Sache des Wissens, der Schulbildung. Diese Seite der Bildung hat mitunter fast etwas Animalisches: Instinktsicherheit, „Wissen, was es geschlagen hat", Spüren, was an der Zeit ist, was man von dem oder jenem zu halten hat. Es sind Dinge, in denen oft der Ungelehrte dem Studierten überlegen ist und worin sich dieser dann als unorientiert, als „dumm" erweist. Beobachtungen, Wanderungen, gesammelte und ausgetauschte Lebenserfahrung, aber auch die Gabe zu „sehen", ohne dabei Vorurteile einzumischen, das gerinnt zu der „Weisheit", in der die Bildung ihre Souveränität gewinnt. Gewiß heißt das zunächst nichts anderes, als daß der „Weise" dem Lauf der Welt, dem Treiben der Menschen zusieht, daß er Erfahrungen sammelt und Einsichten gewinnt, sie allenfalls auch dem mitteilt, der sie haben und hören will. Die Souveränität, die aus der Weisheit erwächst, liegt in der Beherrschung der Triebe, im Abstandnehmen vom Zorn, der aufsteigen will, in der Selbsteinschaltung von Hemmungen, die vor unbedachtem Handeln bewahren. Hierin gewinnt die Orientierung in der Welt ihre eigentümliche Tiefe, eine Tiefe des Wissens, wie denn ohne Wissen keine Bildung gedacht werden kann.

3) Und damit sind wir beim dritten hervorzuhebenden Wesenszug aller Bildung. Ihr ist in der Tat immer die Freude am Wissen zu eigen: an allem, was wir wissen können, und die Hoffnung auf neues Wissen. Alle Bildung, die den Namen verdient, hat ein uneingeschränkt positives Verhältnis zum Wissen, zur Wissenschaft, und dies eben ausdrücklich auch zur kritischen Funktion aller Wissenschaft. Denn die Kritik ist die Pforte zu neuem Wissen. Und doch gibt es ein spezifisch „gebildetes" Verhältnis zur Wissenschaft. Es scheint mir in einem Doppelten zu bestehen. Einmal wird sich der gebildete Mann der Wissenschaft der Relativität seiner Wissenschaft bewußt sein. Ich will hier über „letzte" Gewißheit und nur vorläufiges Wissen keine der bekannten Reflexionen wiederholen. Es genügt, auf noch einfachere Selbstverständlichkeiten zu ver-

weisen, die oft z. B. im Zusammenleben der Wissenschaften an einer Universität außer acht geraten: Auch die anderen „Wissenschaften" wissen etwas! Und das andere: Mit seinem wirklichen oder vermeintlichen Wissen in gebildeter Weise umgehen, das bedeutet, daß man mit ihm unaufdringlich umgeht, daß man dem anderen damit nicht lästig fällt und ihn nicht beschämt. Aber das kann nur der, dem das Wissen zugewachsen ist, dem es zur zweiten Natur geworden ist, der auch als „Wissender" Mensch geblieben ist, eben – der Gebildete.

4) Als vierter Wesenszug der Bildung ist schließlich zu nennen die Fähigkeit zu differenzieren. Man muß unterscheiden können. Hier wäre nun eine ganze Wertlehre einzubringen, was unmöglich ist. Nur wer unterscheiden kann, der kann wählen. Nur wer unterscheiden kann, kann sich entscheiden, ob er etwa in einer bestimmten Situation im Hintergrund bleiben oder hervortreten soll, ob er das, was er doch tun könnte, auch tun darf. Wir berühren damit die Fundamente der Ethik schlechthin. Denn in den schwersten Entscheidungssituationen hilft letztlich kein Regelsystem mehr, wenn dem, der sich entscheiden soll – und er soll es ja in den meisten Fällen dann nicht nur für sich allein, sondern für ungezählte andere zugleich –, dieses Unterscheidungsvermögen abgeht, kraft dessen er wählen, kompetent ja oder nein sagen kann.

e) Die hier aufgezählten Wesenszüge können natürlich nur als ideale Richtungen verstanden werden, in denen sich das Zustandekommen von „Bildung" ereignet. Die dem Menschen gesetzten Grenzen und die unabsehbare Fülle individueller Veranlagungen sorgen dafür, daß die Annäherung an die Idee der Bildung immer zu den Glücksfällen innerhalb der geschichtlichen Welt gehören wird. Ebendarum müssen hier noch drei beiläufige Bemerkungen eingefügt werden. 1) Man kann nämlich die Beobachtung, daß der Gebildete mit seinem überlegenen Wissen anderen Menschen nicht lästig fallen wird, dahingehend erweitern, daß die Bildung selbst sich paradoxerweise darin erweist, daß sie von sich selbst nicht weiß. Dieses Nichtwissen von sich selbst, was im Evangelium zu einer Grundregel der Wohltätigkeit erklärt ist (Mt 6,3), gilt auch von der wirklichen Bildung. 2) Aber die hier zutage tretende Verwandtschaft von Bildung und Sittlichkeit zeigt sich noch in anderer Weise, die mit dem eben Gesagten unmittelbar zusammenhängt. Wahrer Bildung ebenso wie dem sittlichen Verhalten sollte die krampfhafte Bemühung, die von anderen Menschen wahrnehmbare Überwindung und Anstrengung so fern wie möglich sein. Die Leichtigkeit und Mühelosigkeit des Verhaltens, des Sichgebens, des „Seins" (agere sequitur esse) sind ebenso hinsichtlich der Bildung wie des sittlichen Verhaltens Kennzeichen des Niveaus. 3) Und noch eine dritte Bemerkung schließt sich dem an. Sosehr die Bildung immer Sache des Individuums ist, sosehr sie nicht ohne „Ich" ist, so ist sie doch ganz und gar auf das Einverständnis mit anderen angelegt. Nicht Gleichheit, wohl aber Gleichklang, gegenseitiges Verstehen in der Sprache wie im Schweigen machen die Bildung zu einem Element der Kultur, wie denn überhaupt eine Philosophie und Theologie der Bildung unmittelbar in eine Kulturlehre übergehen müßte.

Es läßt sich aber nicht bestreiten, daß sich aus der hier geübten Betrachtungsweise ein ganz falsches Bild ergeben kann. Eine vom Vorgang, vom Prozeß der Bildung aus begriffene Bildung ist ebenso an einer idealen „Höhe des kulturellen Niveaus" orientiert, wie es bei der Beschreibung der Wesenszüge der Fall ist, die als „ideale Richtungen" auf vorschwebende, wenn auch vielleicht nie erreichbare Vollkommenheit erscheinen. Zweifellos ist Bildung in diesem überpersonalen Sinne ein Maßstab der kulturellen Höhe. Aber diese kulturelle Höhe ist an sich ein äußerst fragwürdiger Begriff, sie ist in der geschichtlichen Realität um so labiler, als sie von Faktoren abhängig ist, welche in diesem bisherigen Entwurf einer Bildungslehre überhaupt noch nicht verrechnet worden sind. Da sind zunächst äußere Faktoren zu nennen. Sofern nämlich sich die Bildung in Bildungseinrichtungen institutionalisiert, wird sie von wirtschaftlichen Bedingungen abhängig, die nicht in ihrer Macht liegen. Das – gemessen an den harten Notwendigkeiten des täglichen Bedarfs – Überschießende der Bildungseinrichtungen (Theater, Museen, Forschungseinrichtungen, Spiel, Feste und Feiern usw.) verhängt über sie und zuletzt sogar über die gelebte und genossene Bildung selbst so etwas wie einen Luxuscharakter. Und von daher ist Bildung eine fragile Sache. Sie kann jederzeit von der Politik auf der Skala der zu begünstigenden Prioritäten zurückgestuft werden, und sie kann dort, wo Verelendung und Hunger der Massen überhandnehmen, überhaupt aus dem öffentlichen Bewußtsein ausgelöscht werden.

Sie kann aber auch von innen her verfallen. Die Gründe dafür müssen nicht notwendig in einer wirtschaftlichen oder sozialen Misere liegen. Bildungstraditionen sind dann einfach eines Tages zu Ende. Bisher gehütete Wertsysteme verlieren über Nacht ihre Überzeugungskraft und stürzen in sich zusammen. Elitäre Verfeinerungen der ästhetischen Kultur, der literarischen Bildung finden sich einer kritischen Ablehnung gegenüber, die ihnen den Boden entzieht. Es kommt zu einem kulturellen Verfall, der sich am Niedergang der Bildungselemente – sozusagen im eigenen Hause der Bildungswelt – ereignet. Wie sich dieser von innen her eintretende Verfall der Bildung vollzieht, das läßt sich unschwer zeigen; denn die Symptome des Verfalls entsprechen den Wesenszügen der Bildung. Es kommt zu einem Ausfall des Geschichtsbewußtseins. Eine nachkommende Generation „weiß" einfach nichts mehr von früheren Zeiten. Und wenn sie schon etwas weiß, dann ist es doch nur ein bruchstückhaftes Erinnern, dem jede Einfühlungsgabe mangelt. Es ist dann noch das Geringste, wenn man vorausgegangene Generationen, die oft nur ein paar Jahrzehnte vor uns waren, mit heutigen Maßstäben mißt, beurteilt und verurteilt. Meist ist aber der Verlust des Geschichtsbewußtseins viel unmittelbarer: man interessiert sich einfach nicht mehr für das, was einmal war und wie es war. – Auch die Weltorientierung ändert sich grundlegend. Die Welt und die Gesellschaft, in der man lebt, wird nicht mehr realistisch erfahren, sondern durch die färbende und vereinfachende Brille einer angelesenen Ideologie in verzerrter Perspektive gesehen. Man mißtraut schon dem Hinweis darauf, wie die Dinge „eigentlich" liegen; denn auch das wird als gezielte Manipulation verdächtigt. – Will man überhaupt „wissen"? Selbst der Fortschritt der Wissenschaft, die den Namen verdienen möchte, wird durch ein gezieltes und gewolltes Nichtwissen an den Rändern des eigenen Fachgebietes und darüber hinaus erkauft. Die Spezialisierung der Wissenschaft, die bis tief in die Geisteswissenschaft und die Theologie hineinreicht, wird durch Unbildung, d.h. durch bewußtes Nicht-wissen-Wollen auf anderen Gebieten, erreicht. Aber man sollte nicht übersehen, daß uns diese Vereinfachungen das Leben erleichtern, worauf A. Gehlen schon hingewiesen hat. Auch die Religion rückt für den Durchschnittsbürger in den Bereich dessen, was man nicht „wissen" kann und wo man auch nicht wissen will, wofür andere „Spezialisten" zuständig sind. Auf diese Weise bleibt das Geschlecht, das vom Bildungsschwund betroffen ist, auch von Religionsstreitigkeiten verschont. – Vor allem ist die Minderung des Wertgefühls unübersehbar. Aus dem zwischenmenschlichen Umgang verschwinden alle Differenzierungen; in jeder Hinsicht, bis in die Tagespolitik hinein, ist die Stunde der terribles simplificateurs angebrochen. Die Massenmedien, vor allem Rundfunk und Fernsehen, zwingen schon durch ihre Struktur zur äußersten Vereinfachung ihrer Mitteilungen; denn alles Differenzierte fällt unter das Verdikt der Schwerverständlichkeit. Die Vergnügungen des Publikums nähern sich den unteren Graden der Primitivität, und die Repräsentanten des Staates sind gezwungen, sich an ihnen zu beteiligen.

Im ganzen gilt, daß die Bildung im Positiven wie im Negativen zu einem Maßstab der allgemeinen kulturellen Höhe wird und daß sie die ethische Kultur, d.h. das Niveau der sittlichen Erwartungen und des sittlichen Verhaltens, mit einschließt.

3. Bildung im Erweis durch die sittliche Praxis

Der Begriff der Bildung weist in seinen Ursprüngen weit über den Anfang seines Gebrauchs im neuzeitlichen Humanismus und in der Pädagogik zurück. In ihm lebt die Erinnerung an den Schöpfungsbericht fort, der die Bestimmung des Menschen mit dem „Bilde Gottes" in Zusammenhang bringt (Gen 1,26). Und bei der Beschreibung der eschatologischen Bestimmung in einer neuen Verwandlung wird wiederum der Bildgedanke aufgeboten (2 Kor 3,18). Im Begriff der Bildung ist die Vorstellung bleibend lebendig, daß uns das Ziel unseres unablässigen Werdens als „Bild" vorschwebt. Das erstreckt sich bis hin zu dem landläufigen Begriff des Vorbildes. In ihm kommt immer ein Doppeltes zusammen. Auf der einen Seite erweist sich die Buchstäblichkeit des Begriffs als stets erneuter Irrtum. Es kommt zu der Imitatio, zur Nachahmung bis in die äußerlichen Züge des Vorbildes hinein, was dann die Folge hat, daß der Sinn des Vorbildes gerade verfehlt wird. Und doch bedeutet „Vorbild", daß wir ein Leitbild empfangen, daß uns im Anschauen eines Fremden das eigene Wesen zu seiner Bestimmung erweckt wird. Aber dieses „Bild" kann man eben gerade nicht dadurch erfüllen, daß man die Ähnlichkeit einer sichtbaren Gestalt erreicht.

Aber das andere gilt dann doch nicht minder und bezeichnet für die Praxis, die uns jetzt noch beschäftigen soll, das eigentliche Problem. Im Bildgedanken liegt nämlich unaufgebbar die Vorstellung, daß etwas sichtbar werden soll. Durch das uns vorschwebende Bild geschieht es, daß wir ein Bild von uns selbst gewinnen. „Vor jedem steht ein Bild des, das er werden soll. Solang' er das nicht ist, ist nicht sein Friede voll." Die für jeden bewußt lebenden Menschen unvermeidbare Frage nach seinem Lebensziel kann nicht beantwortet werden ohne die Beimischung der Frage nach der Gestalt: man will Gestalt gewinnen, um selbst gestalten zu können. In der vorgestellten Zielsphäre handelt es sich dann wohl vorwiegend um einen bewußten Habitus; für den gereiften und „gebildeten" Menschen ist es dann doch der eigentliche Ausweis der Echtheit seiner Bildung, wenn sie einen unbewußten, der Selbstreflexion nicht mehr bedürftigen Charakter hat.

Bildung muß sich äußern, und insofern wird sie einen Einfluß auf die Gestaltung der Nächstenschaft gewinnen. Das setzt freilich voraus, daß dabei der Begriff des „Nächsten" ursprünglich, also im Sinne von Lk 10,29ff., verstanden wird. Solche Nächstenschaft entsteht ohne vorherige Planung und Berechnung, gleichsam zufällig, und ist nicht an stammesmäßige, familiäre oder freundschaftliche Voraussetzungen gebunden. Vielmehr wird uns der Nächste „gezeigt", es ist der, der in seiner Hilfsbedürftigkeit und Verletzlichkeit auf uns angewiesen ist, wie es im Paradigma des Evangeliums beschrieben ist. Aber es ist nicht nur die schwere Verletzung, die sozusagen aus dem Rahmen der Alltäglichkeit herausfällt, sondern es ist die grundsätzliche Verletzlichkeit, die wir am anderen Menschen wahrzunehmen haben. Es ist eine Sache der „Bildung", diese Verletzlichkeit wahrzunehmen. Im Vergleich zu den groben Fällen, in denen ein Mensch in unserem Blickfeld schweren Schaden nimmt, sind die oft tiefgreifenden Verletzungen des anderen Menschen geradezu ein Bestandteil der Alltäglichkeit, aber sie werden kaum wahrgenommen, weil sie in der Oberfläche des gegenseitigen Umganges nur ausnahmsweise in Erscheinung treten. Dazu gehören grobe Rücksichtslosigkeiten, Konkurrenzen, oft auch nur die Unterlassung des schuldigen Respekts. Die Bildung beweist sich daher im Alltag darin, daß sich das Einfühlungsvermögen der Verletzlichkeit des „Nächsten" bewußt ist, zum Entgegenkommen bereit, aufgeschlossen zum Zuhören.

Wir nennen diese Rücksicht auf die Verletzlichkeit des Nächsten den Takt. Taktgefühl ist ein Zeichen der sittlichen Reife eines Menschen, ja geradezu ein Gradmesser desselben. Alle Taktlosigkeit, wie wir sie gelegentlich an Jugendlichen (mitunter mehr als an Kindern) beobachten können, ist ein ausgesprochenes Symptom der Unreife, bei älteren Menschen einer tiefgreifenden Unbildung des Herzens. Der Takt ist nicht eine Sache des Wissens und der Ausbildung, sondern der Einfühlung. Hier erweist sich, wie sehr echte Bildung auch dem ungelehrten und einfachen Menschen eigen sein kann, wie denn umgekehrt die Taktlosigkeit des intelligenten Menschen zeigt, daß die ausgebildete Intelligenz noch keine echte Bildung garantiert. Takt bedeutet immer das Einhalten der Grenzen, die Respektierung des anderen in seiner Eigenart, vielleicht auch gerade seiner Schwäche und Hilflosigkeit, seines Unvermögens sich auszudrücken. Die Taktlosigkeit kann unabsichtlich sein. Ist die Verletzung des anderen beabsichtigt, so reden wir von Beleidigung bis hin zu einem förmlichen Angriff auf den anderen.

Der Takt ist der alltägliche Erweis der Nächstenliebe, die unauffälligste Form, in der wir uns innerhalb der Nächstenschaft menschlich verhalten können. Im Zusammenhang mit dem Gedanken der Bildung dürfen wir aber noch einen Schritt weitergehen. Denn die Bildung kann sich in diesen Fragen des alltäglichen Umgangs nicht auf Improvisationen verlassen, sie wird das Bedürfnis verspüren, auch den Erweis dieser Gesinnung auf Dauer zu stellen, ihn verläßlich zu machen, ihn in bestimmte und bewährte Regeln einzubinden. Es geschieht in der „Höflichkeit". Seltsamerweise stellt sich mit diesem Wort immer die Vorstellung von einer „übertriebenen" oder „nur äußerlichen" Höflichkeit ein, und viele Menschen ziehen aus dieser Neigung, die Höflichkeit nur in ihrer Karikatur gelten zu lassen, den Schluß, sich von ihren Forderungen überhaupt zu dispensieren. Aber wie es eine Herzensbildung gibt, so gibt es auch eine Höflichkeit des Herzens, d.h. eine aus dem Inneren, aus der Gesinnung kommende Wahrung der guten Formen, die daran zu erkennen sind, daß sie dem Empfänger wohltun. Und darum gehört auch die Höflichkeit zu dem Erweis einer geheimen, überdies nur auf den privaten Bereich begrenzten, mühelosen und darum oft kaum beachteten Nächstenliebe.

Diese Überlegungen fallen aus dem Rahmen des in der Ethik Üblichen, wie auch der Begriff der Bildung nur am Rande der traditionellen Ethik angesiedelt ist. Das hat einen doppelten Grund: einmal hat die angewandte Ethik in der gegenwärtigen Generation eine ausgesprochene Neigung zu den großen Themen, zu den weit ausgreifenden Fragen der politischen Ethik, der Struktur der Gesellschaft und ihrer Veränderungen, der Wirtschaftsethik, zu den Fragen der Herrschaft von Menschen über Menschen und des Widerstandes gegen Herrschaft. Demgegenüber treten die Fragen, welche die Person selbst betreffen, auffällig zurück, und das um so mehr, als sie in der Geschichte der Ethik, der Moraltheologie auf eine ältere Phase zurückgreifen. Zum anderen aber war auch die Ethik der Liebe, ist insbesondere der Begriff der Nächstenliebe in der Regel im Anschluß an Ausnahmesituationen, an Konfliktfälle, die sozusagen den Alltag unterbrechen, verhandelt worden. Diese Situationen sind aber im

Fortschreiten unserer technisierten Kultur, mit dem Anwachsen unserer alle Notfälle und Einzelschicksale besorgenden Öffentlichkeit immer mehr in die weit ausgreifende Sozialethik einbezogen worden.

Demgegenüber hat die mit dem Bildungsbegriff in Gang gesetzte Thematik einen vergleichsweise kleinen Rahmen. Das hat zur Folge, daß vielfach die auf den öffentlichen Horizont ausgerichtete Sozialethik den personalen Bereich, wenn man es so ausdrücken darf: die Intimsphäre der Person selbst, aus dem Blick verliert. Aber oft ist paradoxerweise das weithin Sichtbare, das Aufsehenerregende das Leichtere, zumal seine Bewältigung im Verbund vieler Interessenten zu erwarten ist. Das, was sich im alltäglichen Bereich abspielt, das, womit der einzelne für sich allein zu tun hat, ist das Schwere. Aber, das ist die diesen Artikel tragende Überzeugung, eben hier wird die Glaubhaftigkeit der Ethik erbracht. Und wenn sie hier erbracht ist, dann steht nichts im Wege, sie auch an den großen Problemen unserer Gesellschaft zu bewähren.

In diesem Sinne und unter dieser Voraussetzung ist Bildung ein Träger der Sittlichkeit.

Literaturhinweise

Zum Grundsätzlichen:
H. Bockelmann, Art. „Die gegenwärtige Erziehungswissenschaft und ihre Fragen an die Theologie", in: *H. Vorgrimler – R. v. Gucht* (Hrsg.), Bilanz der Theologie im 20. Jahrhundert I (Freiburg i. Br. – Basel – Wien 1969) 234–245.
Zur Geschichte des Bildungsbegriffs:
E. Lichtenstein, Art. „Bildung", in: *J. Ritter* (Hrsg.), Historisches Wörterbuch der Philosophie I (Basel – Stuttgart 1971) 921–937 (Lit.).
Zu einzelnen Problemen des Artikels:
A. Gehlen, Die Seele im technischen Zeitalter. Sozialpsychologische Probleme in der industriellen Gesellschaft (rde 53) (Hamburg 1957).
Ders., Anthropologische Forschung (rde 138) (Hamburg 1961) (Lit.).
H. Martensen, Die christliche Ethik (dt. Ausg.), 3 Bde. (Gotha ³1878).
G. v. Rad, Weisheit in Israel (Neukirchen 1970).
M. Scheler, Die Formen des Wissens und die Bildung, in: Philosophische Weltanschauung (Bonn 1929) 84–123.
Ders., Die Wissensformen und die Gesellschaft (Leipzig 1926).
F. D. Schleiermacher, Über die Religion. Reden an die Gebildeten unter ihren Verächtern, Neuausg. von R. Otto (Göttingen ⁶1967).
E. Spranger (Hrsg.), Über das Wesen der Universität. Drei Aufsätze von J. G. Fichte, F. Schleiermacher, H. Steffens aus den Jahren 1807–1809 (Leipzig 1919).
J. Stelzenberger, Moraltheologie. Die Sittlichkeitslehre der Königsherrschaft Gottes (Paderborn ²1965).
H. Thielicke, Theologische Ethik, 3 Bde. (Tübingen ²1958 ff.) (Lit.).
W. Trillhaas, Ethik (Berlin ³1970) (Lit.).

Wolfgang Trillhaas

V
Frömmigkeit als Thema der Ethik

1. Frömmigkeit als Gegenstand der Wissenschaft

Nach Wolfgang Trillhaas ist Frömmigkeit die „subjektive Seite der Religion“[1]. In der Wissenschaft ist Frömmigkeit deshalb überall dort als Thema zumindest impliziert, wo die Fragestellung sich der Religion zuwendet: in der Religionsphilosophie und der Religionsgeschichte, in Soziologie und Ethnologie. Besondere Bedeutung hat die Frömmigkeit in der Religionspsychologie gewonnen. Hier sind Religion und Frömmigkeit nahezu identisch und werden weithin synonym gebraucht. Die Untersuchung von intrapsychischen Erfahrungen und Vorgängen, mit der die Religionspsychologie begann, ist fortgeführt worden zu folgenreichen psychologischen Deutungen der vielfältigen Formen und Erscheinungen von Frömmigkeit[2]. Große praktische Bedeutung hat die Psychopathologie der Frömmigkeit und der individuellen religiösen Verhaltensweisen. Bei Geistes- und Gemütskrankheiten stehen nicht selten religiöse Inhalte und Vorstellungen im Vordergrund der Symptome, und der Übergang von „übersteigerter“ Frömmigkeit zur Krankheit kann für die Diagnostik zum schwierigen Problem werden[3]. Erwähnenswert ist schließlich, daß Frömmigkeit auch in der Literaturgeschichte zum Thema geworden ist. Vor allem Goethe, der den Begriff „Weltfrömmigkeit“ prägte, hat dabei das Interesse auf sich gezogen[4].

In der Theologie jedoch ist Frömmigkeit kein zentraler Begriff. Frömmigkeit gehört nicht zu den Themen, an denen die großen kirchlichen Reformationen und Erneuerungen oder die wechselnden theologischen Schulen ihre Diffe-

[1] *W. Trillhaas*, Art. „Frömmigkeit“, in: RGG³ II (1958) Sp. 1158; *ders.*, Die innere Welt (²1953).
[2] Die amerikanische Psychologie des ausgehenden 19. Jahrhunderts hatte sich „religiösen Erlebnissen“ zugewandt (*E. D. Starbuck*, Religionspsychologie, 2 Bde. [1899, dt. 1909]; *W. James*, Die religiöse Erfahrung in ihrer Mannigfaltigkeit [1902, dt. ²1914]) und in Deutschland ein starkes Echo gefunden. Für die neueren Ansätze der Religionspsychologie sind wichtig *W. Gruehn*, Die Frömmigkeit der Gegenwart (1956, ²1970), und vor allem *H. Sundén*, Die Religion und die Rollen. Eine psychologische Untersuchung der Frömmigkeit (1959, dt. 1966).
[3] Im Anschluß an *K. Jaspers* (Allgemeine Psychopathologie [1913, ⁷1959]) haben auch historische psycho-pathologische Untersuchungen (auch zu biblischen und zu Gestalten der Kirchengeschichte) vielfältiges Interesse gefunden. In der Psychiatrie hat das Thema seither seinen festen Ort (*K. Schneider*, Zur Einführung in die Religionspsychopathologie [1928]), es wird aber auch im theologischen Zusammenhang erörtert (*A. Köberle*, Psychopathologisches im religiösen Geschehen, in: Massenwahn in Geschichte und Gegenwart, hrsg. von W. Bitter [1965] 154ff.).
[4] Goethe hat „Hausfrömmigkeit“ und „Weltfrömmigkeit“ einander gegenübergestellt (Wilhelm Meisters Wanderjahre, Hamburger Ausgabe VIII [²1955] 243); vgl. *G. Niggl*, „Fromm“ bei Goethe [1967]).

renzen und Identitäten ausgelegt haben, mit einer Ausnahme, die freilich bedeutend genug ist: dem Pietismus, der die Frömmigkeit zum Programm gemacht hat. Aber der Pietismus ist nicht in erster Linie eine theologische Schule. Er ist eine kirchlich-religiöse Bewegung, die auf die Theologie Einfluß genommen hat. Die Eigenart pietistischer Theologie besteht weniger in der Thematisierung von „Frömmigkeit" als vielmehr in der Bewahrung biblizistischer und fundamentalistischer Grundsätze und, in verschiedenen Graden, in der Kritik der theoretischen und wissenschaftlichen Theologie. Pietistische Theologie will die fromme Praxis begründen und sie fördern. In diesem Sinn und aus diesem Zusammenhang ist das Wort „Frömmigkeit" auch für den Sprachgebrauch der neueren evangelischen Theologie festgelegt. Es wird deshalb kaum oder allenfalls polemisch verwendet[5].

In der katholischen Theologie ist der Sachverhalt anders, aber doch vergleichbar. Obschon einzelne moderne Theologen offenbar den Begriff „Spiritualität" bevorzugen, wird das Wort Frömmigkeit doch vielfältig und unbefangener gebraucht. Ihm fehlt hier die festgelegte Färbung durch eine bestimmte religiöse Richtung. Andererseits aber ist Frömmigkeit weder in der katholischen Dogmatik noch für die Kirchenlehre ein zentraler Begriff. Das Thema hat auch hier nicht den festen Ort, der überall in der katholischen systematischen Theologie entsprechende Erörterungen begründete. Die Behandlung dieses Themas ist vielmehr einer selbständigen Gattung theologischer Literatur überlassen, die als Moraltheologie eine eigene Tradition besitzt. Darin sind katholische und evangelische Theologie offenbar zutiefst verbunden: daß Frömmigkeit als theologisches Thema der Ethik zugewiesen ist[6].

Damit steht allerdings nicht fest, daß das Thema Frömmigkeit dort auch zureichend und angemessen behandelt wurde und wird. Bereits seit dem Ende des 19. Jahrhunderts ist in der evangelischen Theologie der Mangel an wissenschaftlicher Aufklärung über Geschichte und Konstitution der Frömmigkeit kritisiert worden. „Wir besitzen wohl ausgezeichnete Untersuchungen über die Geschichte des Dogmas, der Kirchenverfassung, des öffentlichen Kultus, der Kirchenzucht, mustergültige Darstellungen der Entwicklung christlicher Kunst und Literatur, aber das, was dem allem *zugrunde* liegt, das innerste persönliche religiöse Empfindungsleben und die Entfaltung der religiösen Vorstellungswelten, die doch die eigentlichen Motive für das religiöse Willensleben enthalten, das ist meines Erachtens noch nirgends zum Gegenstand einer methodi-

---

[5] Vgl. *W. Trillhaas* in: RGG³ II Sp. 1160.

[6] Daraus erklärt sich die Zurückhaltung derjenigen Theologie gegenüber dem Thema Frömmigkeit, die auch einer selbständigen Ethik bereits mißtraut und befürchtet, ein solches Unternehmen gründe zu sehr auf Erfahrung und zuwenig auf dem biblischen Wort; wo, im Rahmen einer solchen theologischen Richtung, die Ethik von der Dogmatik aufgenommen wird, kommt es andererseits leicht zu einem Verlust an ethischen Themen, nicht zuletzt dem der Frömmigkeit.

schen geschichtlichen Untersuchung gemacht worden."[7] Diese kritischen Feststellungen sind auch später wiederholt worden[8]. Sie haben die „Idee einer Geschichte der Frömmigkeit" inspiriert, die jedoch über einen programmatischen Entwurf nicht hinausgelangt ist[9].

2. *Grundsätzliche Aspekte des Frömmigkeitsproblems im Abendland*

Das Grundproblem, das mit dem Begriff „Frömmigkeit" gegeben ist, läßt sich auf die folgenden Sätze bringen: 1. Der christliche Glaube ist seinem Wesen und seinem Ziel nach auf die Person und die Existenzweise und damit auf das Denken, Urteilen und Handeln des Menschen gerichtet. 2. Im Begriff Frömmigkeit sind diese Bestimmungen als Lebensform des Christen zusammengefaßt. 3. Im Rahmen der Theologie ist dieser Themenkreis jedoch nicht angemessen repräsentiert. 4. Die Praxis des christlichen Lebens wird hier einerseits im Blick auf ihre allgemeinen Grundlagen und andererseits in Hinsicht auf ihre sittlichen Verpflichtungen und Ziele erörtert. 5. Theologisches Denken und Frömmigkeit stehen sich in einem spannungsvollen und unbefriedigend geklärten Verhältnis gegenüber.

Hans Urs v. Balthasar hat den wesentlichen Grund für diese Differenz in der Konstitution der scholastischen Theologie gesehen: „Die Theologie der Väter und noch des Mittelalters war doctrina sacra nicht nur dem Gegenstand, sondern auch der Form nach, weil in ihr die spirituelle Dimension des objektiven Mysteriums und der Einweihung durch den Heiligen Geist nicht nur im Ganzen als eine vage Atmosphäre ... sondern in den einzelnen Denkschritten ... gegenwärtig bleibt."[10] Hier also ist die Einheit von Frömmigkeit und Theologie noch gegeben, und zwar so, daß ebenso Frömmigkeit die Struktur von Theologie bestimmt, wie umgekehrt theologische Reflexion die Frömmigkeit prägt. Die Wandlung von einer „knienden zur sitzenden Theologie"[11] zeigt sich an Thomas, bei dem „der Wille vorherrscht, durch Einsatz aller rationalen Mittel die Theologie gegenüber den heraufziehenden exakten Wissenschaften als Wissenschaft (und nicht nur als spirituelle „Weisheit") zu etablieren"[12]. So kam es zum Zerfall: „Hier Dogmatik, dort Spiritualität des empirischen Subjekts, was übrigens in der parallelen Verselbständigung der theologia moralis von der Dogmatik sich nochmals bestätigt."[13]

---

[7] *K. Sell,* Die wissenschaftlichen Aufgaben einer Geschichte der christlichen Religion, in: Preußische Jahrbücher XCVIII (1899) 12ff.; als Arbeiten im Umkreis dieser Thematik kommen am ehesten von *A. Ritschl* in Frage: Geschichte des Pietismus, 3 Bde. (1880–1886); *ders.*, Die christliche Vollkommenheit (1879).

[8] So z.B. von *H. Preuss,* Luthers Frömmigkeit (1917) 1.

[9] *H. R. G. Günther,* Idee einer Geschichte der Frömmigkeit (SGV 190) (1948).

[10] *H. U. v. Balthasar,* Spiritualität, in: Verbum Caro. Skizzen zur Theologie I (1960) 229.

[11] Ebd. 224. [12] Ebd. 229. [13] Ebd.

Robert Leuenberger hat demgegenüber geltend gemacht, daß der Konflikt älter sei. Er spricht von einem „inneren Schisma", das durch die westliche Christenheit gehe, zwischen Theologie und Wissenschaft auf der einen und Spiritualität und exercitium pietatis auf der anderen Seite[14]. Und er fügt hinzu, daß auch diese andere Seite zur Vertiefung der Differenz beigetragen habe, „nämlich die Leidenschaft der imitatio Christi, welche in immer neuen Formen die Kirchen des Abendlandes beunruhigt und befruchtet hat: von den spezifisch westlichen Ausprägungen des Ordenswesens mit ihrer unentwegt schöpferischen Unruhe und den kirchlichen wie häretischen Bußbewegungen des Mittelalters bis hin zu den protestantischen Erweckungen und dem dazugehörigen Freikirchentum der Neuzeit"[15]. Die Wurzeln des Widerstreits sieht Leuenberger freilich bereits im NT selbst angelegt, und zwar als Parallele zum christologischen Problem der Einheit von Gott und Mensch. In der paulinischen Fassung von „Glaube und Liebe" kommt die eschatologische Existenz des Menschen zur Sprache, im Frömmigkeitsbegriff der Pastoralbriefe aber dann die aus diesem Glauben erwachsende Lebensführung. „Aus der entsprechend sich anbahnenden Entwicklung ist denn die Spannung zu begreifen, die zwischen Theologie und Frömmigkeit waltet, wenn wir unter Theologie die sich unablässig vergewissernde und also kritische Nachfrage nach dem Wort der Offenbarung verstehen, damit auch nach dem wortgemäßen ‚Gottesdienst' als der gelebten Form des Glaubens und der Liebe – unter Frömmigkeit die Weise, wie das Wort der Offenbarung als Glaube und Liebe zur Aneignung und zur gelebten Form kommt."[16] Die Kirchen der Reformation hatten diese Spannung als Erbe zu übernehmen, und im Widerstreit zwischen Pietismus und wissenschaftlich-rationaler Theologie sieht Leuenberger nur eine „Entfremdung aufs äußerste angespannt", die in den „wenigen wahrhaft schöpferischen Momenten" der Reformation für kurze Zeit zum Verschwinden gekommen war, die aber eben doch weiterhin bestimmend blieb[17].

Balthasar hat deutlich gemacht, daß der Konflikt nicht durch eine einfache Ergänzung im Themen- oder Disziplinenkatalog der Theologie zu lösen sei. Nicht ihre Gegenstände, ihre Konstitution steht in Frage[18]. Lösungsimpulse erwartet er von einer „kommenden totalen Theologiegeschichte" und von einer neubelebten und christologisch wie mariologisch orientierten Spiritualität[19]. Leuenberger sucht die Auflösung des Widerspruchs in der Rückbesinnung auf das Verhältnis zwischen Frömmigkeit und Wort: „Soll nämlich das Wort ‚Frömmigkeit' wieder einen theologischen Inhalt haben, so müssen umgekehrt die ‚Affekte' wie die ‚gelebten Formen des Glaubens' auf ihre Wortgemäßheit

---

[14] *R. Leuenberger,* Frömmigkeit als theologisches Problem, in: ThPr 2 (1967) 112.
[15] Ebd. 112. [16] Ebd. 113. [17] Ebd. 112.
[18] *H. U. v. Balthasar,* a.a.O. 229f.
[19] Ebd. 231, 234ff.

hin neu überprüfbar sein können. Denn die ‚Frömmigkeit' kann nur ein solches kirchliches oder individuelles Leben bezeichnen, welches durch das überlieferte Christuswort eröffnet und auf dieses hin geordnet ist."[20] In jedem Fall geht die Absicht dahin, christliches Denken und christliches Leben in ihrer ursprünglichen Einheit zurückzugewinnen.

Die Bedeutung dieser Analysen liegt vor allem darin, daß sie die Rolle der Frömmigkeit in der Geschichte des Christentums sachgemäß lokalisieren. Frömmigkeit ist unzureichend begriffen, wenn sie als beliebige und zufällige und für den Gang der Christentumsgeschichte gleichgültige und unerhebliche Randerscheinung angesehen wird. Sie ist tatsächlich das fundamentale Datum des christlichen Glaubens, aus dem sich seinerseits erst Reflexion und programmatische Lebensgestaltung ergeben. In der Sprache unmittelbarer Frömmigkeit: „Das Herz schlägt früher als unser *Kopf* denkt – ein guter *Wille* ist brauchbarer als eine noch so *reine Vernunft*."[21] Die Differenz, die sich der historischen Erkundung zeigt, ist freilich bedeutungsvoll für das Problem der Frömmigkeit bis auf den heutigen Tag. Seit Pietismus und Aufklärung legt diese Differenz sich aus als Streit zwischen wissenschaftlicher Theologie und kirchlicher Frömmigkeit. Trutz Rendtorff hat dargelegt, daß dieser Streit nicht durch den Sieg einer der beteiligten Parteien geschlichtet werden kann, sondern, wenn überhaupt, durch einen Standpunkt außerhalb der aufeinander festgelegten Positionen[22].

3. *Katholisches Verständnis der Frömmigkeit*

Die katholische Frömmigkeit ist seit altkirchlicher Zeit vor allem repräsentiert durch die Ordensfrömmigkeit[23]. Sie ruht auf den drei fundamentalen evangelischen Räten, die im can. 487 des CIC fixiert sind. Danach ist der Ordensstand die dauernde gemeinschaftliche Lebensweise, wo Gläubige außer den allgemeinen Geboten auch die Beobachtung der evangelischen Räte durch die Gelübde des Gehorsams, der Keuschheit und der Armut auf sich nehmen. Für diese Verpflichtungen gibt es eine traditionelle Kasuistik, die ihnen eine direkt dirigierende und strukturierende Funktion für das Alltagsverhalten zuweist. So wird beispielsweise durch die Verpflichtung zur Armut verlangt: „Nichts vom

---

[20] *R. Leuenberger*, a.a.O. 115.
[21] *J. G. Hamann*, zit. nach HWP III (1974) Sp. 1109.
[22] *T. Rendtorff*, Christentum außerhalb der Kirche (1969) 44ff.
[23] „Von Anfang an ist das Ordensleben das Herzstück des innerkirchlichen Lebens", *L. v. Hertling*, Lehrbuch der aszetischen Theologie (1930) 96. Die Moraltheologie unterscheidet Gebote (praecepta) und Räte (consilia), bei jenen zwischen schwer und leichter verpflichtenden, bei diesen nach verschiedenen Einteilungen zwischen Räten aus der Offenbarung, aus der Natur der Sache, zwischen allgemeinen und besonderen. Man kann sie als Stufen auf dem Wege zur Vollkommenheit deuten.

Haus für sich nehmen ohne Erlaubnis; auch nichts von Auswärtigen für sich nehmen oder annehmen, auch nicht für irgendwelche Leistung... nichts gebrauchen ohne Erlaubnis, selbst wenn es noch Eigentum wäre; nichts verschenken, verkaufen, kaufen, vertauschen, außer nach dem Willen der Obern... ebenso nichts ausleihen oder entlehnen; die Dinge nur zu den angewiesenen Zwecken und auf die angegebene Weise verwenden; sie nur so lange behalten und benützen, als erlaubt ist; nichts aus wirklicher Nachlässigkeit verderben lassen."[24] Die Räte und ihre Kasuistik werden weiterhin ergänzt und differenziert durch die Regeln des Ordens. Auf diese Weise entsteht eine festgeschriebene und detailliert geordnete Lebensform, zu der nach der Bestimmung des Thomas die Sichtbarkeit dessen, wozu man sich verpflichtet hat, hinzugehört. Die präzise Definition des Lebensverlaufs ist die äußere Seite derjenigen Verfassung, die der inneren Konzentration auf die Dimensionen der Spiritualität entspricht.

Ordensfrömmigkeit in diesem Sinne ist orientiert am zentralen Begriff der „Vollkommenheit". „Das Streben nach der Vollkommenheit gehört zum Wesen des Ordensstandes, nicht aber die Aktion."[25] Dieser Satz mag historisch ungenau sein, aber er bringt die offizielle und grundlegende Tendenz zu deutlichem Ausdruck. Der Mensch ist dann vollkommen, wenn er die ewige Seligkeit erreicht hat. Was um dieses Zieles willen unternommen wird, dient also der Vollkommenheit und gehört zum Prozeß der Vervollkommnung. Es steht zwar fest, daß Vollkommenheit selbst nur durch die Gnade und durch Gott als causa efficiens erreicht werden kann, aber deren Empfang bleibt gebunden an die entsprechende Lebensgestalt des eigenen menschlichen Strebens. Dieses Streben und die Befähigung dazu kann als sittliche Vollkommenheit eines Menschen bezeichnet werden[26].

Die Distinktionen, die am Begriff und für den Zusammenhang von Vollkommenheit eingeführt werden, dienen dem Zweck, diesen Begriff auf die Wirklichkeit zu beziehen und ihn praktikabel zu machen. Sie vermitteln zwischen Idee und Realität und sind darin Partizipation an ihrem eigenen Gegenstand. Für die alte „Frömmigkeit" ist die Einordnung in die verpflichtende Norm zugleich die Einordnung in eine Kommunität, die ihrerseits in die Welt und in den Kosmos eingeordnet ist. Darin, in dieser Ordnung aufgehoben zu sein, haben alle Elemente des Ganzen ihren Sinn. Dieser Sinn besteht gegen jedes zufällige Widerfahrnis der individuellen Biographie und gegen jedes Ereignis im Weltlauf, denn er ist aus dem letzten Ziel abgeleitet, dem auch solche Widerfahrnisse noch dienen müssen. Die sinnhafte Ordnung selbst aber ist in ihrer Sinnhaftigkeit in der subjektiven und jeweils eigenen Partizipation unmittelbar zu erfahren: Frömmigkeit läßt greifbar am Lebenssinn teilnehmen.

---

[24] *O. Zimmermann,* Lehrbuch der Aszetik (1932) 272.

[25] *L. v. Hertling,* a.a.O. 93. [26] Vgl. ebd. 5ff.; *O. Zimmermann,* a.a.O. 15ff.

Die mittelalterliche Mystik läßt sich als eine Radikalisierung dieser Frömmigkeit verstehen. Diejenigen Übungen und Verhaltensweisen, die der Partizipation am übernatürlichen Sinn dienen, werden als Instrumente dieses Sinngehalts (Gebet, kultische Übungen, Askese) mit der Welt, die sie zugänglich machen, identisch. Die fromme Erfahrung wird mehr als bloße Deutung eines irdischen Lebenslaufs. In ihr ist vielmehr der ganz und gar andere Lebenslauf, in dem der irdische (je nach den Schulen der Mystik) aufgehoben ist, gegenwärtig.

Hinsichtlich der Laienfrömmigkeit wird die Frage diskutiert, ob sie sich aus der Ordensfrömmigkeit ergebe oder aus eigenen Begründungen[27]. Für die mittelalterliche Volksfrömmigkeit hat Alfons Auer gezeigt, daß sie vor allem aus der Berufsethik erwachsen ist[28]. Die einzelnen Berufe und Stände haben sich in einer zusammenhängenden Gemeinschaft verbunden gewußt und verbunden wissen müssen, weil aus diesem Zusammenspiel erst die politischen und wirtschaftlichen Lebensgrundlagen erwuchsen. So haben hier Treue, Gemeinsinn und Gerechtigkeit ihre Bedeutung als allgemeine Tugenden erlangt. Innerhalb der ständischen Gliederung wurde nicht verkannt, daß auch die niederen Stände Aufgaben erfüllen, ohne die das Ganze nicht existieren könnte. Die soziale Rolle und die religiöse Einschätzung des Berufs sind bereits im Mittelalter geprägt und in ihrer Bedeutung gewürdigt worden. Die durch sie geleitete und inspirierte Frömmigkeit ist freilich in einer Hinsicht nicht von der monastischen verschieden: auch sie hat zum Ziel, den einzelnen Menschen in die sich bildende Sozietät einzuordnen und ihn darin der Sinnhaftigkeit auch seiner Existenz zu versichern. Frömmigkeit ist darin Grund und Motiv für dasjenige Handeln, das in den gesellschaftlichen Strukturen und Ordnungen der Welt zu leben befähigt. Freilich ist diese Frömmigkeit nicht die gewesen, die das Mittelalter beherrschte. Seine eigentliche Signatur hat es von der Frömmigkeit der Mönche empfangen und aus dem Versuch, die ganze Welt zum Kloster zu machen. Nach deren unmittelbarem Selbstverständnis dienten alle Anweisungen dem Zweck, von diesem Leben auf das andere zu verweisen und alle geistlichen Übungen, Gebet und kultische Tätigkeit, ins Zentrum zu rücken. „Darin liegt nun aber die Tragik in der Entwicklung der Frömmigkeit, daß man, anstatt auf dem von Thomas beschrittenen Weg weiterzugehen, wieder zu einem überholten Augustinismus zurückgekehrt ist.“[29]

Die Geschichte der katholischen Frömmigkeit in der Neuzeit ist wesentlich durch die Spannung zwischen Räte- und Laienfrömmigkeit bestimmt. Man könnte diese Geschichte als den Prozeß der sich ihrer eigenen Konstitution bewußt werdenden Laienfrömmigkeit beschreiben. Schon Erasmus hat in seinem Enchiridion militis Christiani ein Prinzip für die Frömmigkeit formuliert, das

---

[27] Vgl. *L. v. Hertling*, a.a.O. 101ff.; *A. Auer*, Weltoffener Christ (⁴1966) 71.
[28] Zum folgenden vgl. *A. Auer*, a.a.O. 30ff.
[29] Ebd. 42.

an der Schöpfung orientiert ist und das ganze weltliche Leben zu durchdringen vermag: „Durch das Sichtbare zum Unsichtbaren.“[30] Ganz ähnlich ist die Konzeption von Frömmigkeit, die gegenwärtig an Bedeutung in der katholischen Öffentlichkeit gewinnt: „Christliche Frömmigkeit als Laienfrömmigkeit wird nun besser nicht von der Rätefrömmigkeit her, sondern ‚von unten her‘, von dem durch die Taufe, Firmung und Ehe konstituierten christlichen Normalstand her, begründet.“[31]

4. Wandlungen des evangelischen Frömmigkeitsbegriffs

Die evangelische Frömmigkeit ist durch die Reformation vor allem im Widerspruch zur Ordensfrömmigkeit geprägt worden. Die Lebensgestalt des Christen verwirklicht sich in den Ständen, durch die die Schöpfung geordnet ist: „Gott gefallen alle unsere Werke, die ein jeglicher in seinem Beruf nach Gottes Befehl tut.“[32] In diesem Sinn hat Luther „Frömmigkeit“ verstanden und in die Bibelübersetzung eingeführt. Frömmigkeit ist das rechtschaffene Leben in den Ordnungen der Welt. Allerdings ist diese Frömmigkeit nicht ohne weiteres identisch mit dem christlichen Glauben. Hier hat Luther scharf unterschieden: „Fromme Leute machen gehört dem Evangelium nicht zu, sondern es machet nur Christen; es ist viel mehr ein Christ sein denn fromm sein; es kann einer wohl fromm sein, aber nicht ein Christ.“[33] Frömmigkeit korrespondiert dem Gesetz, nicht dem Evangelium. Dennoch sind Frömmigkeit und christlicher Glaube grundlegend verbunden: der Glaube kommt im rechtschaffenen Leben zum Ausdruck, er äußert sich als „Frömmigkeit“; die Wahrnehmung des „Berufs“ in dieser Welt ist das „gute Werk“ und die Frucht des Glaubens. Frömmigkeit und Glaube stehen denn auch im selben Verhältnis wie iustitia civilis und iustitia christiana[34]. Sie sind den beiden Reichen zugeordnet. Das hat zur Folge, daß der Frömmigkeit ihre Herkunft nicht angesehen werden kann: an der Frömmigkeit läßt sich der Glaube nicht identifizieren, so notwendig sie dessen Folge ist. Luthers Grundsätze in dieser Frage sind von den Bekenntnisschriften aufgenommen und bekräftigt worden.

Die allgemeinen sittlichen Verhältnisse haben sich durch dieses ethische Programm der Frömmigkeit indessen nicht wesentlich ändern und beeinflussen lassen. Die Reformation hatte hier katastrophale Zustände vorgefunden und die verschiedensten Maßnahmen dagegen ergriffen oder doch vorgeschlagen[35].

---

[30] Ebd. 51. [31] Ebd. 71; vgl. *K. Rahner*, Handbuch der Pastoraltheologie II/1 (1966) 70ff.
[32] WA 40, II, 5; vgl. *Th. Harnack*, Luthers Theologie II² (1927) 370. [33] WA 10, I, 2, 430.
[34] Vgl. *G. Ebeling*, Die Notwendigkeit der Lehre von den zwei Reichen, in: Wort und Glaube I (³1967) 407ff.
[35] Vgl. *J. Köstlin*, Martin Luther II (⁵1903) 13ff. Das Konzil von Trient hat dann von katholischer Seite diese Aufgaben behandelt.

Aber auch im folgenden Jahrhundert hat sich keine grundlegende Veränderung angebahnt, obwohl es an kritischen Stimmen nicht fehlte[36]. Bekanntlich hat erst der Pietismus die Wende herbeigeführt oder zumindest ihre Anfänge begründet. Speners „Pia desideria" enthalten das neue Programm der Frömmigkeit, von dem die pietistische Reformation ausgeht. Frömmigkeit wird zum Begriff für diejenige Lebensgestalt, die allein dem Glauben entspricht. Frömmigkeit also wird mit dem Anspruch auf Ausschließlichkeit für das Christentum reklamiert. „Fromm" ist danach der Mensch, der gläubig und kirchlich ist und der dies in seinem Verhalten eindeutig und unverwechselbar ausdrücklich macht. Der Grundsatz dafür ist der, „daß es mit dem wissen in dem Christenthum durchauß nicht gnug seye, sondern es vielmehr in der praxi bestehe"[37]. Wie diese Praxis beschaffen ist, wird deutlich und einprägsam beschrieben: „Daß nehmlich jeglicher Christ nicht nur selbs, sich und was an ihm ist, gebeth, dancksagung, gute werck, allmosen, etc. zu opffern, sondern in dem Wort deß Herrn emsig zu studiren, andere, absonderlich seine haußgenossen nach der gnade, die ihm gegeben ist, zu lehren, zu straffen, zu ermahnen, zu bekehren, zu erbauen, ihr leben zu beobachten, vor alle zu beten, und vor ihre seligkeit nach müglichkeit zu sorgen gehalten seye."[38] Es ist das Prinzip des allgemeinen Priestertums, das in die Tat umgesetzt werden soll. Je mehr die Frömmigkeit zum Spezifikum und zum sichtbaren Ausdruck des Christen wird, desto mehr nähert sich diese Vorstellung dem geistlich-mönchischen Frömmigkeitsideal, auch wenn sie sich nicht auf „Räte" beruft.

Diese Anschauung, die Frömmigkeit als eine kirchlich-religiöse Lebensgestaltung versteht, ist seither vorherrschend geworden. Im 18. Jahrhundert allerdings wurde diese Vorstellung noch einmal differenziert. Im Zusammenhang mit der Unterscheidung von natürlicher und offenbarter (christlicher) Religion wurde die Auffassung allgemein, daß der Mensch zunächst und eben von Natur aus sich von Gott abhängig wisse und bereit sei, sich dessen Willen zu fügen. Diese natürliche Frömmigkeit ist der Grund für die zur Sozialität nötige Sittlichkeit. Demgegenüber ist die kirchliche Frömmigkeit am ewigen Heil der Seele orientiert und gewinnt im kultisch-spirituellen Verhalten ihren eigenen Ausdruck. Natürliche Frömmigkeit besitzt jedes verantwortliche Glied der menschlichen Gemeinschaft, kirchliche Frömmigkeit ist dagegen Privatsache und eine Angelegenheit, die jeder für sich so oder so entscheiden kann[39].

Eine hervorragende Bedeutung hat der Begriff Frömmigkeit dann in der Theologie Schleiermachers gewonnen. Nach Schleiermacher ist Frömmigkeit

---

[36] Zum Beispiel J. M. Meyfart (1590–1642), dazu *A. Tholuck*, Lebenszeugen der Lutherischen Kirche (1859) 209ff.

[37] *Ph. J. Spener*, Pia desideria, hrsg. von K. Aland (^{3}1964) 60f. Vgl. dazu *T. Rendtorff*, Christentum zwischen Revolution und Restauration (1970) 15ff.

[38] *Ph. J. Spener*, a.a.O. 59.

[39] Vgl. dazu *D. Rössler*, Die Vernunft der Religion (1976) 90ff.

die Basis aller kirchlichen Gemeinschaften. Damit ist Frömmigkeit als eine geschichtliche Erscheinung begriffen, der gegenüber die Unterscheidung von natürlicher und kirchlicher Frömmigkeit willkürlich und unsachgemäß wird[40]. Frömmigkeit gilt weiterhin als eine „Bestimmtheit des Gefühls oder des unmittelbaren Selbstbewußtseins", wird also in der Subjektivität begründet und liegt dem Wissen wie dem Tun voraus. Schließlich nimmt Schleiermacher die ältere Formel auf, wenn er das Wesen der Frömmigkeit dadurch bestimmt sieht, „daß wir uns unsrer selbst als schlechthin abhängig oder, was dasselbe sagen will, als in Beziehung mit Gott bewußt sind"[41]. Das „prorsus dependere" war ein Begriff der natürlichen Theologie. In der Anwendung durch Schleiermacher zeigt sich die Absicht, Frömmigkeit als anthropologischen Grundbegriff zu verstehen und ihn nicht besonderen religiösen Gemeinschaften zu überlassen. Das ist deshalb möglich, weil Schleiermacher auch die Zugehörigkeit zu einer Kirche, also die religiöse Vergesellschaftung, als ein fundamentales Datum begreift, das von gleicher Ursprünglichkeit ist wie andere menschliche Gemeinschaften. Deshalb ist es konsequent, daß Schleiermacher die Erörterung dieser Gegenstände der Ethik als der theoretischen Kultur- und Gesellschaftswissenschaft zuweist und die entsprechenden Paragraphen der Glaubenslehre als „Lehnsätze aus der Ethik" bezeichnet[42].

Schleiermachers Wirkung blieb auch in diesem Zusammenhang gering. Die Kirchen- und Theologiegeschichte der Folgezeit hat sich den Begriff der Frömmigkeit mehr vom Pietismus deuten lassen oder nachdrücklicher noch von den Erweckungsbewegungen des 19. Jahrhunderts, die ihrerseits das pietistische Erbe auf praktikable und zumeist enge Formeln gebracht haben.

5. Neuere Tendenzen

Eine neue Zuwendung zu Frömmigkeit und Innerlichkeit ist seit Beginn dieses Jahrhunderts zu konstatieren.

a) Als charakteristische Daten gelten Rudolf Otto, Das Heilige (1917), und Friedrich Heiler, Das Gebet (1918). Die einschlägige Literatur dieser Epoche lebt von dem Bewußtsein, Entdeckungen oder doch Wiederentdeckungen zu machen, ohne die die Menschlichkeit des Lebens defekt und geschädigt ist. „Hier wird die abgründige Kluft erkennbar, die zwischen der lebendigen christlichen Frömmigkeit und dem modernen Denken gähnt. Daß wir uns dieses fundamentalen Gegensatzes nicht klar bewußt sind, liegt vor allem daran, daß die Theologie beider Konfessionen das ernstliche Studium des Gebets allzusehr vernachlässigt hat. War es die bange Ahnung des unvermeidlichen Konfliktes

---

[40] *F. D. E. Schleiermacher*, Der christliche Glaube, hrsg. von M. Redeker, I (1960) 14.
[41] Ebd. 23. [42] Ebd. 14.

mit der modernen Philosophie, die sie davor zurückschreckte? Besaß sie nicht den Mut, offen einzustehen für die irrationale Eigenart des Gebets, wider das Denken zu fechten für das Recht des Lebens?"[43] „Das Recht des Lebens" ist ein sachgemäßer Titel für die Aufbruchsmentalität, in deren Zusammenhang die Frömmigkeit zum Thema wird. Es ließe sich eine große Zahl entsprechender Äußerungen zusammentragen, zumal nicht allein die speziell religionsphänomenologisch oder religionsgeschichtlich orientierte Literatur dadurch geprägt ist, sondern auch weite Bereiche der Philosophie und der Theologie[44]. Besonders wirkungsvoll ist Eduard Spranger mit seinem Vortrag „Weltfrömmigkeit" (1941) gewesen. An ihm wird eine Tendenz sichtbar, die der neuen Zuwendung zur Frömmigkeit mehr oder weniger explizit gemeinsam ist und die zur spezifischen Färbung dieser Programme beigetragen hat. Es ist ein Moment des Aktionismus, der Wille, Frömmigkeit nicht allein im Herzen zu suchen, sondern ihre Folgen für einen „neuen Menschen" und für eine ihm adäquate Weltgestaltung einzuschließen. Sprangers Vortrag läßt sich geradezu als ein sozialethisches oder politisches Programm verstehen, das die Mehrdimensionalität des Lebens gegen seine Trivialisierung reklamiert.

b) Die neue Zuwendung zur Frömmigkeit hat ihren Ausdruck nicht zuletzt in Bewegungen, Gruppierungen und Strömungen religiösen, sozialen oder politischen Charakters gefunden. Bereits die Jugendbewegung hatte bekanntlich deutliche Züge einer eigenen irrationalen Frömmigkeit, und der Weltkrieg ließ eine Mentalität entstehen, innerhalb deren man sich als „Gottes Streiter wider eine ‚Welt voll Teufel'", und zwar mit philosophischer Legitimation, fühlen konnte[45]. In erster Linie aber sind hier die liturgischen und hochkirchlichen Bewegungen zu nennen, die Frömmigkeit im strengen Sinne und einen ganz von ihr geprägten Lebensstil zum Programm erhoben haben[46]. Die Gründung von evangelischen Gemeinschaften und Kommunitäten, die seit 1933 unterdrückt wurde, ist nach 1945 wiederaufgelebt und hat auch zur Intensivierung ökumenischer Beziehungen beigetragen.

c) Parallel zu den theoretischen und praktischen Thematisierungen von

---

[43] *F. Heiler*, Das Gebet (1918) S. V.

[44] Vgl. z. B. *M. Scheler*, Vom Ewigen im Menschen (1921) 1: „Die Gnade, staunend und beglückt im Ewigen zu ruhen und das sonstige Leben nur aufzufassen als einen verwickelten Pfad zu diesem hohen Ziele, wird nur Wenigen zuteil. Der Verfasser will sich hier begnügen mit dem Minderen, zu zeigen, wie aus den Quellen des Geistes im Menschen, in denen Göttliches und Nurmenschliches zusammen strömt, der Forderung der Stunde zu genügen sei, so daß eine ‚Vita nuova' denen wieder möglich werde, die am tiefsten an dieser Zeit gelitten und gekrankt haben." Ferner *F. K. Schumann*, Der Gottesgedanke und der Zerfall der Moderne (1929) 370: „Indem also die Moderne von ihrem Prinzip aus, das ein formales Seinsprinzip war, das ganze Leben zu gestalten beanspruchte, vergriff sie sich an diesem Leben, an seiner Wirklichkeit und an der Absolutheit seiner Positionen, löste sie ihre eigenen Gestaltungen als Scheinleben von der Wirklichkeit ab; die zeitlose Seinshaftigkeit ihres Grundprinzips wirkt sich in der Inhaltslosigkeit und Sinnentleerung dieses Scheinlebens aus."

[45] *H. Lübbe*, Politische Philosophie in Deutschland (1963) 186.

[46] Vgl. z. B. das „Berneuchener Buch" (1926); RGG^3 III (1959) Sp. 379ff.

Frömmigkeit hat sich ein kirchliches und theologisches Interesse an Frömmigkeit als dem faktischen religiösen und frommen Verhalten entwickelt. Zu dessen Begründern zählt Paul Drews mit dem Programm einer empirischen Bestandsaufnahme von Frömmigkeit und Sittlichkeit in den einzelnen Landeskirchen unter dem Titel „Religiöse Volkskunde"[47]. Die Frage nach der tatsächlichen Gemeindefrömmigkeit ist seither in der Praktischen Theologie immer wieder aufgegriffen worden[48]. Sie ist dann nahtlos in den Gegenstands- und Forschungsbereich der Kirchensoziologie übergegangen und hat in den großen repräsentativen Umfragen der katholischen wie der evangelischen Kirche ein vorläufiges Ende gefunden[49].

d) In neuester Zeit hat sich das Interesse am Thema Frömmigkeit noch einmal intensiviert. Hier liegt offenbar ein Zusammenhang mit den Erscheinungen der Frömmigkeitsgeschichte vor, die als „neue Religion" und als Auftreten vielschichtiger und mannigfaltiger religiöser Gruppen die Kirche und die Öffentlichkeit bewegen. Die Literatur zum Thema ist sprunghaft angewachsen. Seit gut einem Jahrzehnt zählt man mehr als zweihundert deutschsprachige Titel. Eine begründete Deutung dieser Phänomene dürfte jedoch einstweilen noch nicht möglich sein.

Weiterführende Literatur

W. Trillhaas, Die innere Welt (1953).
H. U. v. Balthasar, Vervum Caro. Skizzen zur Theologie I (1960).
R. Leuenberger, Frömmigkeit als theologisches Problem, in: ThPr 2 (1967) 110ff.
E. Amelung (Hrsg.), Strukturwandel der Frömmigkeit. Festschrift für D. v. Oppen (1972).
D. Rössler, Die Vernunft der Religion (1976).

Dietrich Rössler

---

[47] *P. Drews,* „Religiöse Volkskunde". Eine Aufgabe der praktischen Theologie, in: Monatsschrift für die kirchliche Praxis 1 (1901) 1 ff.; vgl. dazu *G. Biundo,* Die religiöse Volkskunde im Zusammenhang der evangelischen Theologie, in: Ein Leben für die Kirche (J. Bauer zum Gedächtnis) (1960) 110ff.

[48] Vgl. z. B. *F. Niebergall,* Praktische Theologie, 2 Bde. (1918–1919). Dazu *P. Cornehl,* Die Funktion der Bibel für die Frömmigkeit als praktisch-theologisches Problem, in: ThPr 8 (1972) 124ff.

[49] *G. Schmidtchen,* Zwischen Kirche und Gesellschaft (1972) (Umfrage im Auftrag der Bischofskonferenz); *ders.,* Gottesdienst in einer rationalen Welt (1973) (Umfrage im Auftrag der Vereinigten Evangelisch-Lutherischen Kirche); *H. Hild* (Hrsg.), Wie stabil ist die Kirche? (1974).

VI
Ethik und Ethos

1. Die konkrete Vermittlung der moralischen Norm im Ethos

Die Ethik ist als theoretisches Vorhaben auf die Erkenntnis der allgemeinen Strukturen ihres Gegenstandes, auf Fragen der Begründung des Sittlichen und der sittlichen Norm, auf Bedingungen seiner Konstitution gerichtet. Da dieser Gegenstand das durch Handeln erst zu leistende Gute oder auch dessen Verfehlung ist, bleibt die Ethik nicht beim theoretischen Begriff stehen. Sie zielt auf praktisch wirksame oder zumindest praktisch bedeutsame, also auf normative Erkenntnis. Entsprechend der Absicht auf das Allgemeine geht es dabei zunächst um allgemeine und allgemeingültige Normen, aber damit kann sich die Ethik nicht begnügen. Die Praxis, die Verwirklichung oder Verfehlung des Guten, findet in partikulären Akten statt, die von partikulären Subjekten unter partikulären Bedingungen gesetzt werden. Es bedarf daher einer Konkretisierung der allgemeinen Norm, die als solche die partikulären Elemente ja nicht enthält. Erst dadurch, daß die Ethik die allgemeine Grundlagenerkenntnis mit der partikulären Normierung des konkreten Handelns „vermittelt", wird sie ihrem Gegenstand als einem praktischen gerecht.

Die letzte, nämlich das jeweilige einzelne Handeln wirksam bestimmende Normierung ist Sache der subjektiven Vernunft dessen, der da konkret handelt. Eben diese Vernunft hat aber auch, da sie Vernunft ist, das Allgemeine zum Inhalt. Überhaupt kann man allgemein sagen, daß aller Inhalt nur insofern konkret normativ werden kann, als er ein solcher dieser subjektiven Vernunft wird. Die Vermittlung wäre daher als ein Prozeß zu konstruieren, der vollständig innerhalb der subjektiven Vernunft abläuft. Solche Konstruktion wäre dann zureichend, wenn der Inhalt des Handelns als solcher für das Gutsein keine Rolle spielte; wenn dies Gutsein einzig in einem rein subjektiven Moment, etwa im „guten Willen" oder in der „Gesinnung", bestände; wenn nur eine abstrakte, reine oder apriorische Moralität von ethischem Interesse wäre. Solche Bedingungen sind aber nicht gegeben: das subjektive „gute Wollen" ist nur ein Moment am Gutsein der Handlung, wenn auch ein wesentliches; Inhalte und Inhaltskontexte sind es gerade, die spezifisches Gutsein des Handelns vermitteln; und das Interesse der Ethik muß nicht nur der reinen Moralität, sondern ebenso deren Bedingungen und Voraussetzungen, der Gestalt ihrer Verwirklichung und überhaupt dem Ganzen eines Daseins gelten, das sich als Ganzes in mannigfachen Lebensentwürfen um seine Sinnerfüllung bemüht. Die Ethik, welche dies Interesse wahrnehmen will, wird sich nicht auf Konstruktion beschränken, sondern auf Erfahrung beziehen müssen; denn erst in der Erfahrung zeigt sich der materiale Reichtum des in den verschiedenen Daseinsentwürfen geleisteten menschlichen Gutseins. Der Vorgang der „Vermittlung" muß dort analysiert werden.

Ausgangspunkt ist die (eigentlich triviale) Feststellung, daß Normen menschlicher Daseinsführung einschließlich der eigentlich „moralisch" genannten durchaus nicht nur und nicht einmal primär im Bewußtsein des einzelnen Subjekts vorliegen, sondern ihm als Inhalte des kollektiven Bewußtseins jenes Lebenskreises vorgegeben sind, dem es angehört. Das Individuum „lernt" Verhaltensweisen und übernimmt (wenigstens zunächst) die in seinem sozialen Kontext anerkannten Normen, deren Annahme zudem von ihm erwartet wird. Das subjektive Apriori – wie immer man es bestimmen mag – wird selbstverständlich vorausgesetzt und durch die Annahmeerwartung gerade angesprochen. Aber es ist undenkbar, daß ein Individuum aus dem ihm innewohnenden Apriori jene Konkretion leistet, die seine Existenz im vorgegebenen sozialen Kontext, in den es hineingeboren und der ihm lebensnotwendig ist, ermöglicht; das wäre einer Forderung vergleichbar, sich selbst eine Sprache zu schaffen (wozu das Subjekt a priori befähigt sein müßte). Auch für jene Normen, die nicht zugleich solche des sozialen Lebens sind, sondern nur das Individuum betreffen, gilt, daß sie zunächst sozial vermittelt sind.

Das soll nun keineswegs bedeuten, daß alle Normen nur kraft sozialer Anerkennung gelten. Wohl aber sind auch jene Normen, die als unbedingt und unabhängig von jeder sozialen Anerkennung gültig angenommen werden, faktisch primär durch soziale Vermittlung gegeben – wie ja auch unbedingte Wahrheiten nicht ohne Vermittlung durch Sprache (eine bestimmte Sprache) zur Einsicht und zum Begriff gebracht werden. In der sozialen Vermittlung wird die unbedingte und die allgemeine Norm auf den Inhalt des faktischen Lebenskreises bezogen, auf ihn hin ausgelegt und somit konkretisiert. In dieser Konkretion gehört sie zur Gesamtheit der Lebensbedingungen, die wir allgemein „Kultur" nennen. Moralische Normen sind primär gegeben als Elemente einer Kultur, und mit Bezug auf diese und die diese Kultur tragende, in ihr lebende soziale „Gruppe" stellen sie einen Zusammenhang dar, der freilich nicht der strenge eines „Systems", sondern eher der variable eines „Musters" ist.

Den Inbegriff der Normen und normativen Gehalte, die in einer gegebenen menschlichen Gruppe oder menschlichen Existenzweise als maßgeblich für das Verhalten und Handeln angesehen werden, nenne ich „Ethos".

2. *Formen und Differenzierungen des Ethos*

Das griechische ἦθος (mit langem „e"; zu unterscheiden von ἔθος = „Verhalten, Gewohnheit") besagt ursprünglich wohl „Wohnstatt, gewohnter Aufenthalt", gewinnt aber früh eine große Bedeutungsbreite bis hin zu „Rolle, Charakter, sittliche Gesinnung", die auch der deutsche Ausdruck besitzt. Durch die gegebene Definition wird er auf objektive Gehalte eingeschränkt, etwa im Sinne von „Verhaltenskodex"; dem letzteren Ausdruck ziehe ich „Ethos" gerade wegen der subjektiven Konnotationen vor. Man hat auch den Ausdruck „Moral" vorgeschlagen, der einen handlichen Plural besitzt (ich brauche als Plural „Ethosformen", im Unterschied zu „Formen des Ethos"); „Moral" legt jedoch eine Einschränkung auf das im engeren Sinne „Moralische" nahe, das aus dem zumeist gleichgültigen Alltag nur in der besonderen und vor allem der Konfliktsituation hervortritt. Die Wahl des Leitbegriffes „Ethos" verlangt dagegen, auch die „moralische" Bedeutung von Sitten, Gebräuchen, Konventionen in den Blick zu nehmen, sofern doch auch in ihnen das „Gutsein" menschlichen Lebens zu verwirklichen ist. Es muß die Gesamtheit des Handlungsfeldes und seiner normativen Gestaltung beachtet werden.

Sofern nun das Ethos auf Gruppen und Kulturen bezogen ist, wird es in eben jener Pluralität und Differenziertheit auftreten wie das soziale und kulturelle Leben. Die Verschiedenheit der Sitten bis hin zur Gegensätzlichkeit der Auffassungen davon, was aus bestimmtem Anlaß zu tun oder zu lassen ist, ist eine alte Erfahrung; die moderne Kulturanthropologie stellt dazu ein überreiches Anschauungsmaterial zur Verfügung. Der Modellfall ist jener der sog. Primitivkulturen, in denen relativ kleine Gruppen in relativer Abgeschlossenheit leben. Innerhalb dieser Kultur sind alle Lebensverhältnisse und Verhaltensweisen in überschaubarer Weise normativ geordnet, und zwar zumeist bis ins rituelle oder konventionelle Detail. Die Gesamtheit der Normen bildet ein zusammenhängendes „Muster", und für den Gruppengenossen stellt sich in diesem Muster die einzige ihm mögliche sinnvolle und „gute" menschliche Existenzweise dar. Regelmäßig finden sich damit die Grundlinien eines Weltverständnisses, Auffassungen von Herkunft und Zukunft des Daseins, Elemente also einer Sinnorientierung verbunden, welche „theoretischer" Natur sind. Ich spreche von einem „geschlossenen" Ethos.

Auch in einem geschlossenen und einfach strukturierten Ethos gibt es schon Differenzierungen. Sie knüpfen an naturale Gegebenheiten an, wie den Unterschied von Mann und Frau, Kind und Erwachsenem; oder an soziale: die Rolle des Führers, der Eltern, des Schamanen. Hier gelten jeweils Sondernormen, die von der ganzen Gruppe den Betroffenen zugemutet werden. In materiell wie sozial komplexeren Gesellschaften können sich daraus normative Sondermuster herausbilden, die uns berechtigen, geradezu von Ethosformen zu sprechen, welche soziale Untergruppen zum Träger haben. Hierher gehören das Standesethos, etwa des Adels oder der Kriegerschaft, das Berufsethos, etwa das des „ordentlichen Kaufmanns", das noch im heutigen Zivilrecht eine Rolle spielt. Im Grenzfall kann man von einem Rollenethos sprechen, sofern die Übernahme bestimmter sozialer Funktionen den Träger bestimmten Erwartungen unterwirft, etwa als Unterhändler oder Gesprächsleiter. Es handelt sich hier durchaus um die Erwartung sittlicher Qualität: es gehört zum menschlichen Gutsein, in Stand, Beruf, sozialer Rolle „gut" zu sein; niemand ist „als Mensch" schlechthin gut, welcher vor der erwartbaren Leistung jener sozialen Position, die er beansprucht, völlig versagt.

Differenzierungen wie die genannten sind, wie gesagt, wenigstens im Ansatz auch im geschlossenen Ethos gegeben. Es kann sich bewahren, solange die in ihm verfaßte Gesellschaft ihre Identität zu behaupten vermag. Das kann in feindseligem Abschluß gegen alle anderen Gruppen und Ethosformen geschehen, bis hin zur Nichtanerkennung der anderen als sittlicher Subjekte. Häufiger dürfte jedoch der Fall sein, daß man den anderen seiner Andersheit überläßt. Es stört nicht den eigenen Lebenskreis, wenn anderswo ein anderes Ethos herrscht. Toleranz wird sogar notwendig, wenn sich herausstellt, daß die Fremden ihre eigenen und mächtigen Götter haben. Die Ermöglichung eines Pluralismus der Ethosformen ist gewiß auch ein Aspekt des Polytheismus. Die grundsätzliche Anerkennung ermöglicht eine „Verkehrsmoral", gemäß der man weiß, wie man als Fremder oder zu Fremden sich zu verhalten hat, die darüber hinaus ein gemeinsames Element von sonst verschiedenartigen Ethosformen darstellen kann. Hier zeigt sich eine Art „Öffnung" des Ethos. Viel weiter wird diese Öffnung gehen müssen, wenn verschiedene Gruppen zu einem friedlichen Miteinanderleben kommen müssen, durch Bündnis, Zusammenschluß, gemeinsam zu leistende Aufgaben, durch Eroberung und Staatenbildung, schließlich durch großräumige Reiche, in denen sich entsprechende Großgesellschaften als ihre Träger heranbilden.

In solchen gesellschaftlichen Großgebilden gehen ältere Identitäten nicht einfach unter. Auch im Römerreich blieben Juden, Griechen und Römer zunächst unterscheidbar. Sie fahren fort, aufgrund ihrer je eigenen Traditionen zu leben. Notwendig ist jedoch eine Art „Rahmenethos", auf das sich alle Reichsuntertanen gleichermaßen beziehen können. Die spätere Entwicklung zeigt wachsende Vereinheitlichung des gesamtgesellschaftlichen Ethos und eine unerwartete substantielle Vertiefung. Das Schwergewicht der einheitstiftenden Institutionen macht sich geltend, des Staates, besonders nachdem er entromanisiert ist, und des Rechts, das für alle gleich wird, schließlich das der Reichsreligion, des Christentums, das einen für jede Daseinsgestaltung verbindlichen Sinnhorizont aufzeigt und alle mit ihm vereinbaren Traditionen umdeutend integriert. Das so entstandene „Gesamtethos" kann seine Einheit jedoch nicht mehr in der fraglosen Weise eines „geschlossenen Ethos" besitzen, denn es ist Resultat einer tiefgreifenden Veränderung, es enthält Elemente von Entscheidung und Freiheit, es bleibt offen für Veränderung, ja sogar für Übertragung. Ich spreche von einem „offenen Gesamtethos".

Der extreme Fall von offenem Gesamtethos dürfte in unserer westlich-abendländischen Großgesellschaft vorliegen. Formal gesehen, ist das entscheidende Kennzeichen dieser Gesellschaft, daß sie in sich plural, ja pluralistisch strukturiert ist. Verschiedene Staaten, Religionen und Weltanschauungen, ethnische und soziale Gruppen behaupten ihre Identität gegeneinander. Moralität, Rechtsordnung, soziale Ordnung, Sitten und Konventionen werden als differente Größen betrachtet und unterschieden. Das Gemeinsame, worin die Einheit dieses Ethos wurzelt, liegt in der Anerkennung grundlegender Normen der Moralität, die als Leistung subjektiver Freiheit verstanden wird, und grundlegender Strukturen der Rechtsordnung. Dies Gemeinsame erscheint dann als integraler Bestandteil von im übrigen verschiedenen Daseinsmustern, die jeweils in den mannigfachen Untergruppierungen der plural verfaßten Gesellschaft tradiert oder gestaltet werden. Pluralistisch wird dies Ethos, da diese Gestaltungen als legitime Varianten zum Gesamtethos selbst gezählt und in ihm anerkannt sind; offen ist dies Ethos, weil es auch neue Entwürfe zuläßt – im gegebenen Rahmen –, weil es sie im Grenzfall sogar dem einzelnen gestattet.

In seiner faktischen Gestalt ist dies abendländisch-westliche Gesamtethos Resultat einer langen Geschichte, und es enthält hinreichend faktisch-kontingente Elemente, durch die es sich abhebt. Aber es ist seiner Struktur nach nicht auf diese faktische Gesellschaft beschränkt; es ist auf weitere Gruppen übertragbar, es vermag wahrscheinlich weitere Traditionen und Geschichten zu integrieren, es ist zukunftsfähig. Von diesem Ethos aus ist der Gedanke eines Menschheitsethos konkret denkbar, wenn zugleich die geschichtliche Möglichkeit der Zusammenfassung der Menschheit in einer globalen Gesellschaft erkennbar wäre.

3. Vorgaben, Grenzen und Entwurfscharakter des Ethos

Das „Menschheitsethos" hat jene Partikularität hinter sich gelassen, die im Bezug auf die bestimmte Gesellschaftsgruppierung als Träger eines in ihr geschichtlich anwesenden Ethos gründet. Da ihm jedermann „als Mensch" angehören, schon „als Mensch" Partner des sittlichen Verhältnisses sein würde, scheint es sich auf jene Position zu beziehen, die von der ethischen Reflexion als „allgemeine" Basis von Moralität überhaupt aufgedeckt wird. Das Menschheitsethos ist als solches der allgemeinen und allgemeingültigen Vernunft auffaßbar, wie denn umgekehrt die Vernunft das Menschheitsethos als ihr gemäße Idee zu konzipieren hätte.

Freilich kann dann nicht eine „reine" praktische Vernunft die Basis abgeben, da sie ja nicht an ihr selbst, sondern als solche „des Menschen" praktisch wird. Wohl aber wäre nach einem Verständnis des Menschen zu fragen, welches ihn von der Faktizität der Geschichte, von der Kontingenz der überlieferten Norm absetzen und dennoch zugleich in seiner Konkretion begreifen könnte. Hier bietet sich der traditionelle Begriff der „Natur" an, den die ethische Reflexion seit griechischen Zeiten kritisch gegen das positive Ethos oder auch affirmativ zur Auffindung menschengemäßer und „guter" Normen eingesetzt hat. Die heute übliche Kritik am „Naturalismus" operiert gegen diesen Ansatz mit dem Vorwurf, hier werde „Sollen" aus „Sein" abgeleitet, und das wäre in der Tat eine treffende Kritik, wenn „Sein" als bloße Konstatierbarkeit ohne Bezug auf Wertung und Handlung gefaßt werden müßte; der ethische Naturbegriff wird aber gerade nicht so gefaßt, und ganz allgemein kann ein „Sein" sehr wohl mein Handeln bestimmen, wenn es im Handlungsfeld selbst vorliegt und festgestellt wird. Die Frage ist also nur, wie weit der Natur eine normative Rolle kann zugesprochen werden, ob sie als zureichende Basis für ein Menschheitsethos in Anspruch genommen werden kann.

Natur, im Gegensatz zu Ethos, Geschichte und allem erst durch menschliches Zutun Zustandegekommenen verstanden, bedeutet den Inbegriff jener Bestände und Strukturen, die als vorgegebene Konstanten in allem menschlichen Dasein vor aller Selbstbestimmung festzustellen sind. Ein solcher Begriff bezieht sich auf Erfahrung, er ist erfahrungswissenschaftlich brauchbar, er ist darüber hinaus in aller Rede vom Menschen, die allgemeine Aussagen über ihn macht, vorausgesetzt. Kraft dieser Natur ist der Mensch ein Teil des Kosmos, sie ist das Resultat einer Stammesgeschichte, sie hat die Stabilität einer biologischen Art, die nur stammesgeschichtlich veränderbar zu denken ist. Gerade so gesehen, ist „Natur" aber nicht ein starrer Wesensbegriff, sondern der Begriff einer dynamischen Strukturiertheit, zu der Antriebe und Energien, Fähigkeiten und Möglichkeiten gehören. Zur Natur gehört die Vernunft selbst als Instrument der Weltorientierung, als Vermögen der Selbstbestimmung, ja selbst mit dem Dynamismus ihrer Intentionalität auf Sinn hin. Freilich ist die Erfüllung dieser Intentionalität nicht selbst wiederum Natur, so wie überhaupt der von der Natur freigesetzte Antrieb seine Erfüllung nicht schon „von Natur aus" bei sich hat. Die menschliche Natur ist, ontologisch ausgedrückt, nicht nur Sein, sondern vor allem Seinkönnen.

Als Seinkönnen enthält die menschliche Natur Handlungsantriebe und eröffnet ein Handlungsfeld. Vom letzteren wird man sagen müssen, daß es durch die menschliche Natur von vornherein begrenzt ist. Handlungen sind uns nur in einem ganz bestimmten, eng begrenzten und auf bestimmte Strukturen festgelegten Raum möglich. Die vorgegebene Natur ist für unser Handeln „Grenze", und das gilt nicht nur für die menschliche Natur, die wir selbst sind und haben, sondern auch für das kosmische Umfeld, in dem sich unser Handeln auswirkt. Diese „Grenze" hat insofern normative Bedeutung, als der Mensch nicht durch Normen betroffen werden kann, welche Handlungen vorschreiben, die nicht innerhalb dieser Grenze liegen. Dies ist nicht dort von Bedeutung, wo die Unmöglichkeit einer Handlung offensichtlich ist. Wichtig wird es unter besonderen Umständen, die nicht an der allgemeinen Natur als solcher, sondern in Gestalten ihrer konkreten Verwirklichung anzutreffen sind. So gibt es die naturbedingten Unterschiede zwischen Kind und Erwachsenem, Mann und

Frau, Starken und Schwachen, Begabten und Unbegabten, und das in mancherlei Hinsicht. Es gibt den „natürlichen" Normalfall, und es gibt den von der Natur „verschuldeten" Sonderfall. Was im Normalfall ohne weiteres erwartet werden kann, mag für den Sonderfall eine unmögliche Norm darstellen. Es ist in diesem Fall offensichtlich, daß die Feststellung des naturalen Sonderfalles normativ ist für die Normanwendung, daß die normative Bedeutung der „Grenze" durchaus real ist, aber sie bleibt rein negativ.

Die positive Rolle der Natur ist durchaus anders beschaffen. Antriebe und Bedürfnisse verlangen nach Befriedigung, Fähigkeiten nach Betätigung, das Seinkönnen im ganzen nach Erfüllung. In der Intentionsrichtung dieser mannigfachen Weisen von Verlangen, Streben, Drang zeigen sich Inhalte, welche solche Erfüllung zu leisten versprechen und damit als „Güter" erscheinen. Es ist ein klassisches Unternehmen der ethischen Reflexion, von der Analyse der Antriebsstrukturen zu einer Güterordnung zu kommen, aus welcher dann eine „naturgemäße" Normierung des Handelns zu gewinnen wäre. Allein man muß bei diesem Unternehmen auf das Ganze des menschlichen Lebens schauen, um dessen Selbstbestimmung zu einem „guten" es geht. Dies Ganze stellt sich aber nicht einfach aus der Erfüllung der jeweiligen Triebe her, da diese ihre partikularen Triebziele erfahrungsgemäß ohne Rücksicht auf das Ganze verfolgen, sondern muß dadurch geleistet werden, daß alles Partikulare einem Sinnziel zugeordnet wird, das nur auf der Ebene der Vernunft seinen Ort haben kann. Alle normative Ordnung kann nur als Sache der Vernunft, mit Bezug auf das in dieser anwesende Sinnziel, betrachtet werden. Die Natur kann also Güter erschließen, sie kann jedenfalls zeigen, was nicht gut ist und so die Grenzen ihrer Strukturen negativ-normativ zur Geltung bringen, aber normativ ist nur die Vernunft.

Menschliche Antriebe sind in ihren Strukturgrenzen plastisch, das Seinkönnen ist in mannigfacher Weise offen; selbst wenn es gelänge, im Hinblick auf Antriebsstrukturen und Güter allgemeine normative Aussagen zu machen, so wären diese noch nicht von hinreichender Konkretheit, um einem realen Dasein als Norm zu dienen. Die Vernunft muß sie determinieren, um zu einem Ethos zu kommen. Jedes Ethos hat daher den Charakter eines „Entwurfs", der freilich nicht beliebig ist, da ja die Norm auf die „Natur" bezogen bleibt und an ihr ihre Grenze hat. Allerdings sind die möglichen Varianten beträchtlich. Ein Ethos könnte menschliches Gutsein darin sehen, daß alle Antriebe und Fähigkeiten zur harmonischen Entfaltung gebracht werden; nicht minder legitim wäre ein entgegengesetztes Ethos, das um des höchsten Sinnzieles, des „einen Notwendigen" willen alle untergeordneten Triebe zu unterdrücken und asketisch zu beherrschen befiehlt. Wiederum wäre ein Ethos denkbar, das die „Natur", die menschliche wie die kosmische, möglichst gewähren zu lassen gebietet und sich nach ihr – genauer gesagt: nach einem bestimmten Bild von ihr – richtet; ein entgegengesetztes Ethos würde die Beherrschung der Natur, ihre

Dienstbarmachung zu menschlichen Zwecken und zu höheren Zielen zur Norm machen. Der „Naturalismus“ mag als Begründungsreflexion verfehlt sein; als Ethos bleibt er immer möglich und ist als solches auch nicht widerlegbar.

Weit größer als die Vielfalt, welche Ethosformen im Verhältnis zur Natur zukommt, ist jene, welche wir in der Gestaltung des sozialen Verhältnisses antreffen. Auch hier liegt eine naturale Struktur zugrunde, da der Mensch als biologische Art sich fortpflanzt, da er als Bedürfniswesen auf die Hilfe anderer angewiesen ist, da ihm aus seiner stammesgeschichtlichen Herkunft sowohl die Zuneigung, ja Hingabe an den anderen als auch die Selbstbehauptung, ja Aggression gegen ihn als „natürlich“ beiwohnen. Das sittliche Kernstück sozialen Verhaltens liegt jedoch auf einer anderen Ebene: es liegt in der Anerkennung des anderen als sittliches Subjekt, als Person. Diese Anerkennung ist die Grundlage der sozialen Geltung des Ethos, da sie es dem Anerkannten ermöglicht, die ihm von außen vorgetragene Norm zu verinnerlichen und zur Gestalt seiner sittlichen Existenz zu machen, die er mit den anderen gemeinsam hat. Hier liegt auch der Ansatz einer Rechtsordnung; dem Anerkannten kann ich Rechte zubilligen, als Anerkannter Rechte beanspruchen.

Es bedarf wohl keiner Beispiele, um die Verschiedenheit der Gestaltung des sozialen Verhältnisses und insbesondere der Rechtsordnungen darzutun. Es ist evident, daß konkretes soziales Zusammenleben eine Fülle determinierter Normen verlangt, die durchaus verschiedenartig gewählt werden können und deren rein positiver Charakter daher unübersehbar ist. Ebenso ist deutlich, daß rein positiv gegebene und als solche erkennbare Normen mit strengem Geltungsanspruch auftreten können; auch wenn es gleichgültig ist, ob im Verkehr rechts oder links gefahren wird, verlangt die getroffene Regelung strenge Befolgung, und ihre Nichtbeachtung wäre auch moralisch zu mißbilligen. Gerade positive Regelungen verlangen jedoch eine Rechtfertigung mindestens ihrer Positivität (wie das bei der Verkehrsregelung der Fall ist). Die Frage nach einer vorgegebenen Grundlage der Normgebung, nach einem Maßstab, nach normbegrenzenden Strukturen und normbegründenden Gütern stellt sich daher dringlich. Es ist die Frage des „Naturrechts“.

Nun läßt sich zuerst darauf hinweisen, daß soziale Regeln einmal überhaupt dem Gelingen des Zusammenlebens dienen, das durch Konflikte gefährdet ist. Es muß zuerst „funktionieren“, soziale Regeln müssen „funktional richtig“ sein. Das elementare Verhältnis der Fürsorge ist bezogen auf sachlich feststellbare Bedürfnisse dessen, dem die Sorge gilt; vorgegebene Sachgesetzlichkeiten spielen hier eine entscheidende Rolle. Hier läßt sich auch im Sinne des Utilitarismus rational argumentieren, wobei sich zugleich zeigt, daß die Einzelnorm einem logischen Komplex angehört, der als solcher zu den Bedingungen ihrer funktionalen Richtigkeit gehört. Mit den Gesichtspunkten von funktionaler Richtigkeit und Logik des normativen Zusammenhangs bewegt man sich freilich noch auf einem Feld, dessen sittliche Bedeutung sich erst im Verhältnis zu dem personalen Kern des sozialen Verhältnisses ergibt. Im Bezug auf den personalen Anspruch oder in dessen Geltendmachung bekommt die ihrem Inhalt nach sachlogisch bestimmte Handlung „personale" Qualität, wird „menschliches Gutsein" schlechthin (oder dessen Gegenteil). Nach klassischer Lehre erwirbt der Mensch, der sein eigenes Gutsein in solchen Handlungen verwirklicht, eine entsprechende Verfassung seines Wollens und Strebens, die als dauerhafte Einstellung ihn auf gutes Handeln richtet: die Tugend. Hierzu lassen sich allgemeine Aussagen machen, sofern die Tugenden einerseits auf Antriebe und Strebungen bezogen sind, die von einer strukturierten Natur ausgehen, und andererseits ein Verhältnis qualifizieren, das eine naturale, sachfunktionale Dimension besitzt. Aber Tugenden sind selbst nicht natural, sondern personal begründet. Ferner sind sie nicht Normen, sondern Normerfüllungen. Immerhin wird in ihrer Verwirklichung auch nach außen, für den anderen, menschliches Gutsein sichtbar; Tugend wird Vorbild, lädt ein zur Nachfolge. In diesem Sinne wirkt sie auf das Ethos ein, ja gehört zu dessen wesentlichen Gestaltungsmomenten.

Dies gilt nun in einem wechselseitigen Sinne. Die Tugend tritt im Plural auf, und gemäß ihrem Sachgehalt kann die eine Tugend in einer bestimmten Gesellschaft oder für eine soziale Rolle größere Bedeutung haben und mehr Wertschätzung verdienen als eine andere. Bedrohte Gesellschaften werden die Tapferkeit hochschätzen, friedliche der Gerechtigkeit den Vorzug geben. Bestimmte Tugenden sind nur unter bestimmten Bedingungen möglich: Großmut verlangt den Mächtigen, Gehorsam ist nur für den eine Tugend, dessen Aufgabe und Stellung er auferlegt ist. Ethosformen können sich also unterscheiden durch Vorzugsordnungen und Wertschätzungsunterschiede, und diese Unterschiede lassen sich vielfach als begründet ausweisen. Hier wird nun nochmals sichtbar, in welchem Sinne das Ethos Entwurfscharakter hat. Auch wenn der Kern des personalen Verhältnisses klar angebbar, personale Bezüge ihrer Struktur nach beschreibbar, sachfunktionale und logische Zusammenhänge heraushebbar sind, werden sie doch erst als Strukturelemente einer konkreten, positivierten normativen Ordnung normativ wirksam.

Sogar für die Grundlage des personalen-sozialen Verhältnisses, die Anerkennung als sittliches Subjekt, gilt, daß sie nicht von Natur aus gegeben ist. Der Mensch entsteht durch einen Naturvorgang; aber dieser Vorgang wird nicht in jedem Ethos einfach hingenommen und als zureichende Begründung für die Anerkennung angesehen. Es bedarf vielfach eines Aktes, der Annahme durch den Vater etwa, der sich die Aussetzung des untauglichen Geborenen vorbehalten kann. Nicht einmal in unserer Gesellschaft ist die Überzeugung durchgehend, daß die Entstehung eines Menschen als solche immer ein Gut ist; seine vorgeburtliche Existenz wird vielfach nicht als die eines „Subjektes" anerkannt.

4. Positivität und Verbindlichkeit des Ethos

Die Positivität des Ethos greift derart tief, daß sogar die Grundlage des Sittlichen, die Personalität, betroffen ist. Der Mensch kann nicht in einem konkreten Sinne Person sein und sich als Person wissen ohne die Anerkennung als sittliches Subjekt; sie muß durch das Ethos vermittelt werden. Es kann nicht ein Vernunftethos oder Menschheitsethos geben, das ohne Positivierung auskäme. Auch ein Ethos, das rein aus der Vernunft konstruiert würde, bliebe gegenüber dem Allgemeinen der Vernunft partikulär; als bestimmte und konkrete Normierung bliebe es kontingent-faktisch; es bleibt immer in anderer Weise möglich.

Die klassischen Konstruktionen eines Ethos aus reiner Vernunft, deren Modell wir in Platos Staatsentwürfen haben und deren treffenden Namen Thomas Morus geprägt hat, tragen mit Recht dieser Partikularität schon dadurch Rechnung, daß sie das Bild einer bestimmten Gesellschaft zeichnen, die einen begrenzten und abgeschlossenen Lebenskreis auf beste (oder zweitbeste) Weise gestaltet hat. Die Frage nach der Menschheit und einem ihr angemessenen Gesamtethos scheint bei solchem Modell gar nicht gestellt. Man sucht sich vielmehr in einer gegebenen Pluralität von Ethosformen, die als relativ „geschlossen" unterstellt werden, an einem Maßstab des „Besten" zu orientieren. Die Frage nach der Maßstäblichkeit stellt sich allerdings für die Vernunft zwingend, wenn sie ihre eigene Verantwortlichkeit für die Gestaltung des Ethos entdeckt. Der utopische Entwurf stellt den Versuch dar, den Maßstab als Modell unter Abstraktion von allen Bedingungen einer realen Geschichte aufzustellen, und dadurch wird er im wörtlichen Sinne „ortlos"; er hat keine geschichtliche Chance.

Gerade der Utopist Plato bezeugt aber auch die sittliche Notwendigkeit geschichtlicher Faktizität, wenn er seinen Sokrates im Gefängnis bleiben läßt um der Gesetze Athens willen (Kriton 50–54); denn diesen, und gemeint sind durchaus die positiven „gesatzten" Normen der Stadt, erklärt er seine moralische Existenz zu verdanken. Auch Aristoteles ist der Ansicht, daß die Beobachtung der „Gesetze" – und wieder ist die positive Normierung des gegebenen Ethos gemeint – grundlegend ist; solche „Gesetzesgerechtigkeit" heißt auch „generische" Gerechtigkeit, und sie umfaßt die „Tugend" generell. Das faktisch-kontingente Ethos ist für den einzelnen eine notwendige Bedingung der Moralität: in ihm erfährt er sich als Person, an seinen Normen lernt er die inhaltliche Bedeutung von Gut und Böse, ihm werden Beispiele und Leitbilder menschlichen Gutseins dargeboten, er findet eine Auslegung des Daseinssinnes vor, im Hinblick auf die er selbst sein Dasein sinnvoll gestalten kann. Das Allgemeine des „Sittengesetzes", wenn man von einem solchen reden will, ist dem einzelnen in seinem Ethos gegenwärtig und nur in diesem. Die strenge Forderung nach Gehorsam gegenüber dem Sittengesetz transformiert sich in die nach Konformität zum Ethos.

Das gilt zunächst für jedes Ethos, und das heißt: für jeden im Verhältnis zu *seinem* Ethos. Hier ergibt sich aber eine Schwierigkeit, wenn einem gegebenen Ethos Bestände zugehören, die wir für unbedingt vernunftwidrig und unmoralisch halten müssen, wie Kannibalismus, Kopfjagd, Menschenopfer, Unterdrükkung von Mitmenschen als Unpersonen. Wir müssen damit rechnen, daß Ethosnormen ebensowenig wie Menschen dagegen gefeit sind, zu denaturieren, in Verfall zu geraten, so daß nach einem Ausweis ihres Gutseins zu fragen wäre. Hiergegen ist zunächst einmal das Prinzip der Subjektivität zu berufen. Der einzelne kann nur im Hinblick auf *seine* Vernunft und *sein* Wollen, auf *sein* moralisches Gewissen beurteilt werden, und dies bildet sich im Verhältnis zum gegebenen Ethos. Man kann ihn nicht von außen her schuldig sprechen. Normen weisen sich für ihn dadurch aus, daß sie integrale Bestände des Ethos darstellen, das als Ganzes Bedingung seiner moralischen Existenz, Ermöglichung seines sinnvollen Daseins und Gutseins ist. Im ganzen ist daher jedes Ethos, das diese Leistung kontinuierlich erbringt, als gut ausgewiesen. Es besitzt *seine* immanente Vernünftigkeit, und die Widervernunft einzelner Normen muß sich im Hinblick auf *diese* zeigen. Hier gilt nun, daß selbst im streng geschlossenen Ethos die subjektive Vernunft nicht derart determiniert wird, daß ihr die prinzipielle Offenheit für das Allgemeine verlorenginge, von der aus die Kontingenz der konkreten Norm erkennbar wird. Ein widervernünftiger, dem menschlichen Gutsein widerstreitender und es aufhebender Bestand kann nur am Rande, er kann mit Sicherheit nicht auf Dauer unkorrigiert zum Ethos gehören. Insofern kann die Stabilität des Ethos in der Kontinuität seiner Tradition als Kriterium für sein Gutsein gelten. Wird es deformiert und denaturiert, so ist sein Untergang sicher, und ein neuer Entwurf wird an seine Stelle treten.

Für ein geschlossenes Ethos werden Änderungen, wenn nicht gar eine Neuorientierung zwingend notwendig, wenn sich die Struktur des gesellschaftlichen Lebens grundlegend ändert. Das ist der Fall bei Staatenbildung, bei Eingliederung in eine „Großgesellschaft". Die Gefahren liegen auf der Hand: die Vernichtung geschlossener Stammeskulturen hebt auch die Tradition des diesen verbundenen Ethos auf, es folgt sittliche Desorientierung, die im Gesamtethos als solchem nicht aufgehoben wird. In solchem Fall kann das Gesamtethos, wie immer es beschaffen ist, nicht als das „bessere" gelten – wieder nach dem Prinzip der Subjektivität, und selbst dann, wenn dieses Gesamtethos das Prinzip der Subjektivität ausdrücklich in seinem eigenem Bestand integriert. So ist es ja bei unserem westlich-abendländischen Gesamtethos der Fall, das nicht einen verbindlichen Daseinssinn allen vorlegt, sondern das Verständnis der letzten Bedeutung moralischen Handelns der freien Entscheidung des Subjekts als eigene Verantwortung aufgibt. Solches Ethos scheint höher, weil es mehr an Möglichkeiten menschlichen Gutseins freigibt; weil es vorgegebene Traditionen in sich aufnehmen und in seiner Identität versammeln kann; weil es seine Identität in Veränderungen festhalten, also nicht nur Geschichte haben, sondern geschichtlich existieren kann; weil in ihm Neuentwürfe möglich sind, die ungeahnte Möglichkeiten menschlichen Gutseins eröffnen können; weil es zukunftsfähig ist und als Menschheitsethos möglich. Das offene Gesamtethos scheint also aufgrund seiner Struktur schon höheren Rang zu haben.

Dennoch ist das nicht schlechthin richtig. Der ihm als Gesamtethos eigene Inhalt ist nämlich beschränkt auf jene Grundnormen, durch welche die subjektive Freiheit freigesetzt und das Miteinander spezifischer Ethosformen der Untergruppen dieser Gesellschaft zu sichern ist. Charakteristisch ist die Unterscheidung, wenn nicht gar Trennung von Moralität und Legalität; die stabilisierenden Elemente des Gesamtethos werden in institutionell objektivierten Rechtsordnungen eingebracht, deren evidente moralische Bedeutung für ihr Verständnis, ihren Geltungsanspruch und ihre Durchsetzung nicht beachtet werden muß. Die Offenheit des Gesamtethos bedeutet Seinkönnen, und so füllt es für den einzelnen nur einen – wie immer maßgeblichen – Teil seines normativen Horizontes. Zuerst ist er angewiesen auf das ihm nahe und voll determinierte Sonderethos, zu dem er sich freilich später entscheiden oder das er um einer anderen Wahl willen verlassen muß. Es liegt also eine strukturelle Notwendigkeit vor, wenn in den utopischen Entwürfen das „beste" Ethos als ein geschlossenes dargestellt wird. So erscheint innerhalb des Gesamtethos höchster sittlicher, gar asketischer Anspruch als Sonderethos kleiner, frei zusammentretender und dann streng geschlossener Gruppen; man denke etwa an Mönchsorden.

Man kann sogar vom Gesamtethos sagen, daß es seine eigene Grundlegung und Stabilität nicht in sich selbst besitzt, sondern dadurch, daß sein wesentlicher Bestand zugleich Teilbestand des Sonderethos der es maßgeblich tragenden Gruppen ist. So hängt, historisch gesehen, die Durchsetzung des Prinzips der Subjektivität und die Anerkennung des Menschen, jedes Menschen als Person in unserem Ethos mit der Geschichte des Christentums zusammen. Die Überzeugung, daß jeder Mensch unmittelbarer Gegenstand von Gottes Heilssorge ist, zwingt zur Anerkennung seiner Würde unter allen Umständen; daß die Annahme des Glaubens ein Akt der Freiheit ist, macht die Freiheit zum Prinzip eines „guten" Lebens. Allerdings ist der Glaube noch kein Ethos, und er kann Teil eines Ethos werden, das als „geschlossenes" seine Annahme schlechthin verlangt. Erst der neuzeitliche Konfessionsfriede gibt in unserer Geschichte den Ansatz, das Prinzip von Gewissensfreiheit und Toleranz durchzusetzen, und ein weiterer Schritt ist noch, es auch hinsichtlich verschiedener Ethosformen anzuerkennen. In unserer Gesellschaft spielen dabei philosophische Diskussionen eine bedeutende Rolle, und ohne das Element einer reflektierten Rationalität ist unser Ethos schwerlich zu denken. Dennoch ist es zumindest fraglich, ob ein Ethos der Ethik, als rein rationaler und traditionsunabhängiger Entwurf gedacht, in dieser Gesellschaft eine maßgebliche Rolle spielen könnte; jedenfalls wohl kaum als normative Erfüllung eines konkreten Lebenskreises. Eine Ethik des Ethos hätte dagegen permanente Bedeutung.

5. Die Vernunft des Ethos und die ethische Reflexion

Die ethische Reflexion, die in der Intention auf das Allgemeine und Allgemeingültige die Positivität des Ethos hinter sich läßt, kommt bei ihrer Rückwendung zur konkreten Praxis zur Anerkennung des Ethos. Sie bestätigt dessen Geltungsanspruch, die Forderung nach Konformität. Sie zeigt, daß jedes durch kontinuierliche Existenz ausgewiesene Ethos authentische Gestaltung menschlichen Gutseins ermöglicht, daß es auf seine besondere Weise legitime Konkretion des Allgemeinen der Vernunft ist: Jedes Ethos hat Vernunft in sich, und regelmäßig auch in ausdrücklicher Form, als formulierte Rede und Begründung. Sie verkennt nicht, daß es Rangunterschiede, ein Mehr oder Minder an menschlicher Verwirklichung, bei den einzelnen Ethosformen gibt, und sie zieht ein Ethos vor, welches das Prinzip der subjektiven Freiheit zu seinem konkreten Bestande zählt und als Menschheitsethos möglich ist. Eben dieses Prinzip veranlaßt sie jedoch zugleich, die Andersheit des anderen Ethos, auch des ganz begrenzten geschlossenen, gelten zu lassen. Sie opfert nicht das Gute dem Besseren, die Wirklichkeit nicht der Möglichkeit, die Gegenwart nicht der Zukunft. Nur dann wird der Person die ihr zukommende Würde eingeräumt, wenn ihr faktischer geschichtlicher Ort immer und überall als ein solcher begriffen werden kann, der schlechthinniges Gutsein ermöglicht. Jede Person muß als „unmittelbar zu Gott" betrachtet werden. Der Pluralismus der Ethosformen, der hier vertreten wird, widerspricht also nicht dem Gedanken des „Absoluten"; vielmehr ermöglicht er erst, die konkrete Person geschichtsunabhängig als „absolut bedeutsam" zu denken. Nicht eine Relativierung des Absoluten, sondern eher eine „Verabsolutierung" des Relativen ist das Ergebnis, nämlich das Kontingente als Konkretion des Absoluten zu erkennen.

Diese Position hat geschichtsphilosophische Implikationen. Sie leugnet die Möglichkeit eines konkreten absoluten Endzustandes, in welchem sich der Sinn der Geschichte derart erfüllen würde, daß alles davorliegende seine Eigenbedeutung verliert. Personale Existenz darf nie und in keinem Fall zum bloßen Abraum der Weltgeschichte geworfen werden. Es gibt keine immanente Eschatologie. Die Ideologien von Weltveränderung, Fortschritt, Revolution verfallen von da aus der Kritik. Wir haben uns in unserer Geschichte einzurichten, auch wenn das nicht heißen muß, daß wir uns mit ihr abzufinden haben. Schließlich leben wir in einer Welt, in der Veränderung und auch Fortschritt – was immer das bedeuten mag – in mannigfacher Weise stattfinden, und dem müssen wir auch ethisch entsprechen. Revolutionen bedeuten nicht notwendig Umbruch; sie können als Korrektur einer Fehlentwicklung, als Wiederherstellung geschichtlicher Kontinuität wirken. In unserem Ethos, das auf die Verantwortung der Subjekte für seine Normativität gestellt ist, kann der Neuentwurf nicht schon als solcher mißbilligt werden. Aber gegen ihn steht das Recht jener, deren menschliches Gutsein und dessen Daseinssinn im Bestehenden verankert ist. Die Vernunft hat nichts gegen Mission und Predigt, wohl aber etwas gegen Intoleranz und Zerstörung. Die Vernunft ist niemals bloß revolutionär; sie besitzt immer einen konservativen Grundzug.

Das offene Gesamtethos gibt dem Neuentwurf eine Chance, die er im geschlossenen Ethos nicht haben kann. Dort führt er notwendig zu einem Konflikt, der entweder mit der Übernahme eines neuen Ethos – der unwahrscheinliche Fall – oder mit dem Ausschluß des Neuerers, mit Sanktionen bis zu seiner Vernichtung endet. Der Konflikt ist tragisch, sofern er innerhalb des Ethos nicht lösbar ist. Das Gesamtethos schließt Tragik nicht aus, aber seine Integrationsfähigkeit zeigt sich gerade darin, daß Konflikte in ihm ausgehalten, aufgefangen oder gelöst werden können. Unter diesem Gesichtspunkt ist die Anwesenheit reflektierter Rationalität in ihm ausschlaggebend. Das ergibt sich dadurch, daß der gesamte Kulturprozeß unserer Gesellschaft von der Wissenschaft durchdrungen ist, die durch die Unmittelbarkeit ihres Ausweises von allen, bei aller Divergenz der lebensbestimmenden Sinnüberzeugungen, als Instanz bestimmter Sachkompetenz anerkannt wird. Normenkonflikte können daher argumentativ auf der Ebene der Rationalität ausgetragen und, wenn überhaupt, gelöst werden. Die Ethik hat folglich einen Platz im Vollzug dieses Ethos. Sie hat ihn nicht, weil sie als Theorie universelle Maßgeblichkeit beanspruchen könnte, sondern weil dieses besondere Ethos in einem geschichtlichen Prozeß, an dem die ethische Reflexion beteiligt war (aber nicht nur sie), die Rationalität zu ihrem Element gemacht hat. Die praktische Bedeutung der Ethik hängt vom Ethos ab, nicht von ihr selbst. Die praktische Ethik hat daher auch nicht nur ihre allgemeinen theoretischen Erkenntnisse, sondern auch und zugleich die Evidenzen des Ethos zur Prämisse, dem sie angehört. Sie bezieht sich auf kontingente Zustände und auf faktisch geltende Überzeugungen. Daß sie dann erst bedeutende soziale Wirksamkeit hat, zeigt das Beispiel der Theologischen Ethik, die durchaus rational, aber unter Einbezug der Prämissen des kirchlichen Glaubens vorgeht; sie hat für das kirchlich bestimmte Ethos weit mehr Bedeutung als eine philosophische Ethik – sofern diese nicht ihrerseits theologisch aufgenommen wurde – jemals hatte. Es zeigt sich auch, daß die Wirkung der Argumentationen, sofern sie eben rational sind, nicht auf das jeweilige Kirchenvolk beschränkt bleibt. Die rationale Ebene ist allen gleichermaßen zugänglich.

Es gehört zu den Signaturen unserer Zeit, daß sich die Vernunft gern kritisch gebärdet: sie stellt alles in Frage, sie verlangt für alles eine Begründung, und diese soll aus der Vernunft selbst geschehen. Es ist klar, daß im praktischen Bereich, der Konkretion verlangt, diese abstrakt gesehene allgemeine Vernunft zwar zur Kritik, nicht aber zur Entscheidung ausreicht. Sie kann argumentieren, und sie tut es mit Berufung auf „Natur“ oder Naturrecht, auf einleuchtende menschliche Güter, auf Lebensnotwendigkeiten oder Zweckmäßigkeiten. Aber sobald wir ins konkrete Detail gehen, sind die Argumente nicht mehr schlechthin zwingend, und das gilt für eine Fülle von Beständen. Denken wir nur an die Sexualmoral: nicht einmal für das Inzestverbot, das gar nicht zur Debatte steht, gibt es eine zwingende rationale Begründung; und doch ist es von so fundamentaler Bedeutung für menschliche Gesittung, daß Anthropologen in ihm den entscheidenden Schritt von der bloßen Natur zur Kultur gesehen haben. Der sittliche Wert, die personale Bedeutung der Einehe ist unbestritten; Bibelgläubige können aber die Polygamie des Patriarchen Jakob nicht für widersittlich halten. Umgekehrt ist rational durchaus einleuchtend zu machen, daß die Unauflöslichkeit der Ehe ein hohes Gut ist, aber als für die Gesamtgesellschaft gültige Norm ist sie gewiß nicht durchsetzbar. Die Beispiele ließen sich aus anderen Bereichen vermehren. Der Nachweis, daß eine bestimmte Norm „gut“ ist, daß sie deshalb zu wahren oder einzuführen sei, muß nicht nur zeigen, daß es sich um eine Konkretion des allgemeinen menschlichen „Guten“ handelt, sondern auch, daß sie integrierender Bestand jenes Ethos ist, durch das wir moralisch existieren, daß ihre Bewahrung oder Anerkennung die Stabilität dieser Bedingung unserer sittlichen Daseinsführung stärkt, ihre Aufhebung sie schwächt oder gar zu ihrer Zerstörung beiträgt.

Unser Ethos gibt der Ethik eine besondere Chance, und zwar als einer Ethik des Ethos. Sie ist um so bedeutsamer, als dieses Ethos kraft seiner Struktur zwar mehr Freiheit und mehr Chancen humaner Verwirklichung gibt, zugleich aber weniger Sicherheit. Es ist gefährdet und bedarf daher ständiger Reproduktion.

Wolfgang Kluxen

Literaturergänzungen zur Neuausgabe

Erster Teil: Leben und Gesundheit

Zum ersten Kapitel: Probleme um den Lebensbeginn I: Humangenetische Aspekte (15–36)

Kath. Bibliographie:

G. W. Hunold – C. Kappes (Hrsg.), Aufbrüche in eine neue Verantwortung. Annotierte Bibliographie zur Humangenetik und Embryonenforschung (Freiburg i. Br. 1992).

Kirchenamtliche Stellungnahmen:

H. Barth, Fortpflanzungsmedizin und Gentechnik als Gegenstand ethischer Urteilsbildung, in: Kirchliches Jahrbuch 1986 (Gütersloh 1989) 315–361.

Gott ist ein Freund des Lebens. Herausforderungen und Aufgaben beim Schutz des Lebens. Gemeinsame Erklärung des Rates der Evangelischen Kirche in Deutschland und der Deutschen Bischofskonferenz. Hrsg. vom Kirchenamt der Evangelischen Kirche in Deutschland und dem Sekretariat der Deutschen Bischofskonferenz (Gütersloh 1989).

Instruktion der Kongregation für die Glaubenslehre über die Achtung vor dem beginnenden menschlichen Leben und die Würde der Fortpflanzung. Antworten auf einige aktuelle Fragen, in: Verlautbarungen des Apostolischen Stuhls 74, hrsg. vom Sekretariat der Deutschen Bischofskonferenz (Bonn 1987).

Das Leben achten. Maßstäbe für Gentechnik und Fortpflanzungsmedizin, hrsg. von der Synode der Evangelischen Kirche (Gütersloh 1988).

Allgemeine Informationen zur Gentechnologie:

Bundesminister für Forschung und Technologie (Hrsg.), Genforschung – Gentechnik. Was ist das? Welche Chancen, welche Gefahren sind mit ihnen verbunden? (Bonn 1989).

A. Freudenberg – K. Röhrig – N. Stennes, Gentechnik. Grundwissen für den politisch-ethischen Dialog (Frankfurt a. M. – New York 1990).

Generelle kritische Auseinandersetzung mit der Gentechnologie:

G. Altner, Leben auf Bestellung? Das gefährliche Dilemma der Gentechnologie (Freiburg i. Br. 1986).

K. von Bonin (Hrsg.), Menschenzüchtung. Ethische Diskussion über die Gentechnik (Stuttgart 1985).

U. Eibach, Experimentierfeld: werdendes Leben (Göttingen 1983).

R. Flöhl (Hrsg.), Genforschung – Fluch oder Segen? (München 1985).

M. Honecker, Genetische Eingriffe und Reproduktionsmedizin aus der Sicht der theologischen Anthropologie, in: ZThK 84 (1987) 118–136.

J. Hübner, Die neue Verantwortung für das Leben. Ethik im Zeitalter von Gentechnologie und Umweltkrise (München 1986).

W. Klingmüller (Hrsg.), Genforschung im Widerstreit (Stuttgart [8]1980).

R. Knippers, Die schöne neue Welt und ihre Folgen. Ein Beitrag zur gegenwärtigen Diskussion um Eingriffe in die Reproduktion des Menschen (Konstanz 1985).

Th. Löbsack, Das manipulierte Leben. Gen-Technologie zwischen Fortschritt und Frevel (München 1985).

U. Steger (Hrsg.), Die Herstellung der Natur. Chancen und Risiken der Gentechnologie (Bonn 1985).

St. Wehowsky, Schöpfer Mensch? Gentechnik, Verantwortung für unsere Zukunft (Gütersloh 1985).

H.-B. Wuermeling (Hrsg.), Leben als Labormaterial? Zur Problematik der Embryonenforschung (Düsseldorf 1988).

Zur Konstruktion einer Gen-Ethik:

G. Altner, Die Scheu vor dem Heiligen. Theologische und sozialethische Kriterien für die Beurteilung der Gentechnologie, in: *U. Steger* (Hrsg.), Die Herstellung der Natur (Bonn 1985).

R. Baumann-Hölzle – A. Bondolfi – H. Ruh (Hrsg.), Genetische Testmöglichkeiten. Ethische und rechtliche Fragen (Frankfurt a. M. – New York 1990).

W. van de Daele, Mensch nach Maß? Ethische Probleme der Genmanipulation und Gentherapie (München 1985).

H. Domdey – W. Neubert – J. Schmidtke, Gentechnologie. Grundlagen, Genomanalyse, Genomsequenzierung, Positionen (München 1990).

U. Eibach, Gentechnik – der Griff nach dem Leben. Eine ethische und theologische Beurteilung (Wuppertal 1986).

B. Irrgang, Bewertung der Gentechnologie aus ethisch-theologischer Perspektive, in: Bio-Engineering 5 (1989), H. 1, 36–40; H. 2, 73–76; H. 3, 68–72.

Ders., Leitlinien einer Ethik der Gentechnik. Vorüberlegungen zu einer Ethik der Biotechnologie, in: Naturwissenschaften 77 (1990) 569–577.

Ders., Sittliche Bewertungs-Kriterien der Human-Gentechnik, in: Stimmen der Zeit 116 (1991) 239–253.

H. Kaiser – Arbeitsgruppe Bioethik des Instituts für Sozialethik (Bern), Kommentar zu den medizinisch-ethischen Richtlinien für die In-vitro-Fertilisation (IVF) und den Embryotransfer (ET), in: ZEE 30 (1986) 270–294.

Dies., In-Vitro-Befruchtung. Technische Möglichkeiten und ethische Perspektiven (Studien und Berichte aus dem Institut für Sozialethik des SEK 37) (Bern 1987).

K. Kleber, An den Grenzen der ethischen Belastbarkeit: Ethische Reflexionen zur Reproduktionsmedizin (Passau 1990).

R. Löw (Hrsg.), Bioethik. Philosophisch-theologische Beiträge zu einem brisanten Thema (Köln 1990).

J. Reiter, Menschliche Würde und christliche Verantwortung. Bedenkliches zu Technik, Ethik, Politik (Kevelaer 1989).

J. Reiter – U. Theile (Hrsg.), Genetik und Moral. Beiträge zu einer Ethik des Ungeborenen (Mainz 1985).

H.-P. Schreiber, Die Erprobung des Humanen. Ethische Probleme der Fortpflanzungs- und Gentechnologie (Bern – Stuttgart 1987).

H. v. Schubert, Evangelische Ethik und Biotechnologie (Frankfurt a. M. – New York 1991).

D. Suzuki, Genethics. The clash between the new genetics and human values (Cambridge 1989).

Zum ersten Kapitel: Probleme um den Lebensbeginn II: Medizinisch-ethische Aspekte (36–59)

Kirchenamtliche Dokumente:

Das Leben des ungeborenen Kindes, in: Arbeitshilfen 48, hrsg. vom Sekretariat der Deutschen Bischofskonferenz (Bonn 1986).

Deutsche Bischofskonferenz, Rat der Evangelischen Kirche Deutschlands, „Gott ist ein Freund des Lebens". Gemeinsame Erklärung zu den Herausforderungen und Aufgaben beim Schutz des Lebens, hrsg. vom Sekretariat der Deutschen Bischofskonferenz (Bonn 1989).

Gemeinsame Erklärung des Vorsitzenden der Deutschen Bischofskonferenz und des Vorsitzenden des Rates der Evangelischen Kirche Deutschlands „Zur Frage nach dem Schutz des Lebens im Prozeß der Vereinigung der beiden deutschen Staaten" (Bonn 1990).

Von der Würde werdenden Lebens. Extrakorporale Befruchtung. Fremdschwangerschaft und genetische Beratung. Eine Handreichung der Evangelischen Kirche in Deutschland zur ethischen Urteilsbildung (EKD-Texte 11) (Hannover 1985).

Ethische Überlegungen zur Problematik des Schwangerschaftsabbruchs:

M. Benedikt, Zygote, Foetus, Mensch (Wien – München 1987).

F. Böckle, Schwangerschaftsabbruch (Düsseldorf 1981).

J. Channer, Abortion and the sanctity of human life (Exeter 1985).

U. Eibach, Abtreibung: Lebensschutz contra Selbstbestimmung? (Wuppertal – Zürich 1991).

V. Eid – A. Elsässer – G. W. Hunold (Hrsg.), Moraltheologisches Jahrbuch, 1: Bioethische Probleme (Mainz 1989).
A. Eiff, Verantwortung für das menschliche Leben (Düsseldorf 1991).
A. Eser, Sterilisation und Schwangerschaftsabbruch (Stuttgart 1980).
A. Eser – H.-G. Koch (Hrsg.), Schwangerschaftsabbruch im internationalen Vergleich. Rechtliche Regelungen – Soziale Rahmenbedingungen – Empirische Grunddaten, Teil 1: Europa (Baden-Baden 1988), Teil 2: Außereuropa (Baden-Baden 1989).
A. Eser – M. v. Lutterotti – P. Sporken (Hrsg.), Lexikon Medizin – Ethik – Recht (Freiburg i. Br. 1989).
M. Gante, § 218 in der Diskussion (Düsseldorf 1991).
M. Häußler-Sczepan, Arzt und Schwangerschaftsabbruch (Freiburg i. Br. 1989).
S. Heil (Hrsg.), § 218 – Ein Grenzfall des Rechts (Tübingen 1991).
N. Hoerster, Abtreibung im säkularen Staat (Frankfurt a. M. 1991).
P. Hoffacker, Auf Leben und Tod (Bergisch Gladbach 1991).
B. Holzhausen, Schwangerschaft und Schwangerschaftsabbruch (Freiburg i. Br. 1984).
G. Jerouschek, Lebensschutz und Lebensbeginn (Stuttgart 1988).
A. Leist, Eine Frage des Lebens (Frankfurt a. M. 1990).
J.-F. Malherbe, Medizinische Ethik (Würzburg 1990).
D. Mieth – I. Mieth, Schwangerschaftsabbruch. Die Herausforderung und die Alternativen (Freiburg i. Br. 1991).
E. Neubauer, Schwangerschaftsabbruch als soziales und personales Problem (Weinheim 1982).
P. Petersen, Schwangerschaftsabbruch: Unser Bewußtsein vom Tod im Leben (Stuttgart 1986).
H. Sass, Medizin und Ethik (Stuttgart 1989).
M. Tooley, Abortion and infanticide (Oxford 1985).
H. Wagner, Tod oder Leben (München 1984).

Zum zweiten Kapitel: Probleme um die Entfaltung, Gefährdung und Heilung des Lebens: Das Sucht- und Drogenproblem (80–94)

Zur sozialpsychologischen Analyse und Suchttheorie:

I. Arenz-Greiving (Hrsg.), Sucht – Gewalt – Sexualität (Freiburg i. Br. 1990).
Deutsche Hauptstelle gegen die Suchtgefahren (Hrsg.), Sucht und Gesellschaft. Ursachen, Folgen, Zusammenhänge (Hamm 1984).
J. Eisenburg, (Hrsg.), Sucht – ein Massenphänomen als Alarmsignal (Düsseldorf 1988).
W. Feuerlein – Deutsche Hauptstelle gegen die Suchtgefahren (Hrsg.), Theorie der Sucht (Berlin 1986).
A. Schaef, Im Zeitalter der Sucht (München 1991).
A. Schmieder, Suchtalltag. Normalisierter Drogenmißbrauch (Münster 1988).

Zur Suchtpädagogik und Suchttherapie:

N. Bartsch (Hrsg.), Sucht und Erziehung: Ein Handbuch für Lehrer und Sozialpädagogen I: Sucht und Schule, II: Sucht und Jugendarbeit (Weinheim 1987 und 1988).
R. Geier (Hrsg.), Suchtkrankenhilfe (Freiburg i. Br. 1986).
R. Hodgson, Der abhängige Mensch. Was tun gegen Süchte, Gewohnheiten, Zwänge? (München 1985).
R. Mader (Hrsg.), Drogenpolitik zwischen Therapie und Haftstrafe (München 1980).
G. Osterhold, Systemische Suchttherapie (Heidelberg 1992).
U. Osterhues, Prolegomena zu einem angemessenen Verständnis von Suchtkrankheiten (München 1988).
Ders., Stagnation und Wandel in der Suchttherapie (München 1989).

Zweiter Teil: Ehe und Familie

H. Beck – A. Rieber, Anthropologie und Ethik der Sexualität. Zur ideologischen Auseinandersetzung um körperliche Liebe (München – Salzburg 1982) (Lit.).
F. Böckle, Geschlechterbeziehung und Liebesfähigkeit, in: *ders.* u. a. (Hrsg.), Christlicher Glaube in moderner Gesellschaft, Bd. 6 (Freiburg i. Br. 1981) 109–153.
V. Eid – L. Vascovics (Hrsg.), Wandel der Familie – Zukunft der Familie (Mainz 1982).
H. Fritzsche, Freiheit und Verantwortung in Liebe und Ehe. Zur Theologie der Partnerbeziehungen (Berlin 1983).
Johannes Paul II., Familiaris consortio. Dem Leben in Liebe dienen. Apostolisches Schreiben über die Aufgaben der christlichen Familie in der Welt von heute Papst Johannes Pauls II. Mit einem Kommentar von *F. Böckle* (Freiburg i. Br. 1982).
F.-X. Kaufmann, Zukunft der Familie (München 1990).
S. Keil, Familie, in: Theologische Realenzyklopädie (TRE) XI (Berlin 1983) 1–23.
K. Lüscher – F. Böckle, Familie, in: *F. Böckle* u. a. (Hrsg.), Christlicher Glaube in moderner Gesellschaft Bd. 6, 87–145.
K. Lüscher – F. Schultheis – M. Wehrspaun (Hrsg.), Die „postmoderne" Familie. Familiale Strategien und Familiepolitik in einer Übergangszeit (Konstanz 1988).
D. Mieth, Ehe als Entwurf. Zur Lebensform der Liebe (Mainz 1984).
C. H. Ratschow – J. Scharbert – Z. W. Falk – B. Reicke – H. Crousel – L. Brink – M. E. Schild – H. Ringeling – A. Stein, Ehe – Eherecht – Ehescheidung, in: Theologische Realenzyklopädie (TRE) IX (Berlin 1982) 308–362.
Siehe auch „Weiterführende Literatur" oben S. 195.

Dritter Teil: Verfassung, Politik, Recht

Verfassung (215–252):

H. Boldt, Einführung in die Verfassungsgeschichte (Düsseldorf 1984).
G. Brunner, Grundwerte als Fundament der pluralistischen Gesellschaft (Freiburg i. Br. 1989).
Evangelische Kirche und freiheitliche Demokratie. Der Staat des Grundgesetzes als Angebot und Aufgabe. Eine Denkschrift der Evangelischen Kirche in Deutschland, hrsg. vom Kirchenamt der EKD im Auftrag des Rates der EKD (Gütersloh 1985).
T. Geddert-Steinacher, Menschenwürde als Verfassungsbegriff (Berlin 1990).
D. Grimm, Die Zukunft der Verfassung (Frankfurt a. M. 1991).
B. Guggenberger – C. Offe, An den Grenzen der Mehrheitsdemokratie (Opladen 1984).
G. W. Heinemann, Unser Grundgesetz ist ein großes Angebot. Rechtspolitische Schriften (München 1990).
H. Heller, Staatslehre (1934), bearb. von G. Niemeyer (Tübingen [6]1983).
K. Hesse, Grundzüge des Verfassungsrechts der Bundesrepublik Deutschland (Heidelberg [16]1988).
W. Huber (Hrsg.), Protestanten in der Demokratie, Positionen und Profile im Nachkriegsdeutschland (München 1990).
Ders., Protestantismus und Protest. Zum Verhältnis von Ethik und Politik (Hamburg 1987).
J. Isensee – P. Kirchhof (Hrsg.), Handbuch des Staatsrechts der Bundesrepublik Deutschland, Bd. 1: Grundlagen von Staat und Verfassung (Heidelberg 1987).
P. Graf Kielmannsegg, Das Experiment der Freiheit (Stuttgart 1988).
G. Lindgens (Hrsg.), Freiheit, Demokratie und pluralistische Gesellschaft in der Sicht der katholischen Kirche (Stuttgart 1985).
R. Morsey – K. Repgen, Christen und Grundgesetz (Lübeck 1989).
U. K. Preuss, Politische Verantwortung und Bürgerloyalität. Von den Grenzen der Verfassung und des Gehorsams in der Demokratie (Frankfurt a. M. 1984).
T. Rendtorff, Die Autorität der Freiheit. Die Stellung des Protestantismus zu Staat und Demokratie, in: *ders.,* Vielspältiges (Stuttgart 1991) 81–100.
B. Stangl, Untersuchungen zur Diskussion um die Demokratie im Deutschen Katholizismus (München 1985).

K. Tanner, Späte Taufe der Demokratie?, in: ZEE 32 (1988) 119–128.
Ders., Die fromme Verstaatlichung des Gewissens. Zur Auseinandersetzung um die Legitimität der Weimarer Reichsverfassung in Staatsrechtswissenschaft und Theologie (Göttingen 1989).

Politik (253–299):
H. Abromeit – G. Wewer (Hrsg.), Die Kirchen und die Politik. Beiträge zu einem ungeklärten Verhältnis (Opladen – Wiesbaden 1989).
E.-W. Böckenförde, Recht, Staat, Freiheit (Frankfurt a.M. 1991).
ders., Religionsfreiheit (Freiburg i.Br. 1990).
G. Czermak, Bewegung ins Staatskirchenrecht!, in: Zeitschrift für Rechtspolitik 1990, 475–479.
E. Fischer, Trennung von Staat und Kirche. Die Gefährdung der Religions- und Weltanschauungsfreiheit in der Bundesrepublik (Frankfurt a.M. [3]1984).
E. Forndran (Hrsg.), Religion und Politik in einer säkularisierten Welt (Baden-Baden 1991).
F. W. Graf, Vom Munus Propheticum Christi zum prophetischen Wächteramt der Kirche, in: ZEE 32 (1988) 88–106.
W. Härle (Hrsg.), Kirche und Gesellschaft. Analysen – Reflexionen – Perspektiven (Stuttgart 1989).
H. Kleger – A. Müller (Hrsg.), Religion des Bürgers. Zivilreligion in Amerika und Europa (München 1986).
M. Kleine, Institutionalisierte Verfassungswidrigkeiten im Verhältnis von Staat und Kirchen unter dem Grundgesetz. Ein Beitrag zur juristischen Methodik im Staatskirchenrecht (Mannheim 1992).
E. G. Mahrenholz, Staat und katholisch-theologisches Lehramt, in: Der Staat 25 (1986) 79ff.
J. Müller-Kent, Militärseelsorge im Spannungsfeld zwischen kirchlichem Auftrag und militärischer Einbindung (Hamburg 1990).
J. Neumann, Demokratie und Normativität. Gegen die Tyrannei der Werte, in: *K. Hartmann* (Hrsg.), Die Demokratie im Spektrum der Wissenschaften (Freiburg i.Br. 1980) 43ff.
Ders., Die gesellschaftliche und religionspolitische Bedeutung der katholischen Kirche in Deutschland, in: *J. Albertz* (Hrsg.), Die Rolle der Großkirchen in der Gesellschaft der Bundesrepublik Deutschland (Wiesbaden 1983) 59ff.
Ders., Zur religiösen Legitimation der Staatsgewalt in der Bundesrepublik Deutschland, in: *J. Albertz* (Hrsg.), Gesellschaft und Religion (Berlin 1991) 77ff.
Ders., Grundriß des katholischen Kirchenrechts (Darmstadt 1981/84), bes. 323–352.
T. Rendtorff, Die gute Regel als Weg des guten Lebens. Bemerkungen zu einer Ethik der Machtordnungsverhältnisse, in: ZEE 33 (1989) 98–108.
B. Rüthers, „Wir denken die Rechtsbegriffe um ...“ Weltanschauung als Auslegungsprinzip (Zürich 1987).
R. Schieder, Civil Religion (München 1987).
K. Scholder, Die Kirchen und das Dritte Reich, Bd. 2: Das Jahr der Ernüchterung – 1934 – Barmen und Rom (Frankfurt a.M. – Berlin 1988).
H. Simon, Die zweite und fünfte These der Barmer Erklärung und der staatliche Gewaltgebrauch, in: *J. Moltmann* (Hrsg.), Bekennende Kirche wagen. Barmen 1983–1984 (München 1984) 192–222.

Recht (300–338):
Begründungen des Rechts, 2 Bde, hrsg. von K. von Bonin – U. Nembach (Göttingen 1979).
E. L. Behrendt (Hrsg.), Rechtsstaat und Christentum, Bd. I (München 1982).
G. Dilcher – I. Staff, Christentum und modernes Recht (Frankfurt a.M. 1982).
R. Dreier, Entwicklungen und Probleme der Rechtstheologie, in: ZevKR 25 (1980) 25–39.
K. Gäfgen, Das Recht in der Korrelation von Dogmatik und Ethik (Berlin – New York 1991).
O. Höffe, Kategorische Rechtsprinzipien. Ein Kontrapunkt der Moderne (Frankfurt a.M. 1990).
A. Kaufmann – W. Hassemer (Hrsg.), Einführung in Rechtsphilosophie und Rechtstheorie der Gegenwart (Stuttgart [5]1989).
H. M. Müller, Evangeliumspredigt und Rechtsordnung, in: *ders. – D. Rössler,* Reformation und Praktische Theologie (Göttingen 1983), 145–160.

Vierter Teil: Wirtschaft und Arbeit

Zum ersten Kapitel: Arbeit und Eigentum (343–396)

G. Brakelmann, Zur Arbeit geboren? (SWI-Studien 11) (Bochum 1988).
E. Lorenz (Hrsg.), Arbeitslosigkeit. Ein Appell an die Kirchen (Erlangen 1986).
Solidargemeinschaft von Arbeitenden und Arbeitslosen, hrsg. von der Kirchenkanzlei der EKD (Gütersloh 1982).

Fünfter Teil: Kultur und Religion

Christliche Religion und Kultur (439–453):

Culture and Society. Contemporary Debates, hrsg. von *J. C. Alexander – St. Seidmann* (Cambridge 1990).
W. Korff, Christlicher Glaube als Quelle konkreter Moral, in: Herder-Korrespondenz 44 (1990) 279–287.
H. M. Müller (Hrsg.), Kulturprotestantismus (Gütersloh 1991).
M. Theobald – W. Simon (Hrsg.), Zwischen Babylon und Jerusalem. Beiträge zu einer Theologie der Stadt (Berlin – Hildesheim 1988).
R. Ziegert (Hrsg.), Protestantismus als Kultur (Gütersloh 1991).

Kunst und Religion (474–491):

T. W. Adorno, Ästhetische Theorie (Frankfurt a. M. 1973).
Ders., Der Artist als Statthalter, in: ders., Gesammelte Schriften, Bd. 11 (Frankfurt a. M. 1974), 114–134.
T. Baumeister – J. Kulenkampff, Geschichtsphilosophie und philosophische Ästhetik, in: Neue Hefte für Philosophie 5 (1973) 74–104.
R. Bubner, Über einige Bedingungen gegenwärtiger Ästhetik, in: Neue Hefte für Philosophie 5 (1973) 38–73.
Ch. Dohmen (Hrsg.), Kunst und Theologie im Gespräch (Würzburg 1987).
T. Lehnerer, Die Kunsttheorie Friedrich Schleiermachers (Stuttgart 1987).
G. Rombold, Der Streit um das Bild. Zum Verhältnis von moderner Kunst und Religion (Stuttgart 1988).
A. Stock, Wozu Bilder im Christentum? Beiträge zur theologischen Kunsttheorie (St. Ottilien 1990).
H. Timm, Das ästhetische Jahrzehnt. Zur Postmodernisierung der Religion (Gütersloh 1990).

Bildung (492–505):

Kirchenamt der EKD (Hrsg.), Der Dienst der Evangelischen Kirche an der Hochschule (Gütersloh 1991).
K. E. Nipkow, Bildung als Lebensbegleitung und Erneuerung (Gütersloh 1990).
R. Preul (Hrsg.), Bildung – Glaube – Aufklärung. Zur Wiedergewinnung des Bildungsbegriffs in Pädagogik und Theologie (Gütersloh [2]1990).

Frömmigkeit als Thema der Ethik (506–517):

V. Drehsen, Protestantische Frömmigkeit im neuzeitlichen Strukturwandel der Frömmigkeit, in: *A. Falaturi – M. Glöcker – U. Tworuschka,* Religionsgeschichte in der Öffentlichkeit (Köln – Wien 1983) 78–113.

Spirituelle Theologie und Mystik:

A. Auer, Weltoffener Christ. Grundsätzliches und Geschichtliches zur Laienfrömmigkeit (Düsseldorf 1960).
F. Furger – M. Heimbach-Steins, Christliche Existenz im Spannungsfeld von Mystik und Politik (= Arbeiterfragen 3/1991) (Herzogenrath 1991).
P. Gordan (Hrsg.), Der Christ der Zukunft – ein Mystiker (Graz – Wien – Köln 1992).
G. Holotik, Spiritualität und Moraltheologie – Pneumatologie und Ethik, in: *J. Pfammater –*

F. Furger (Hrsg.), Pneumatologie und Spiritualität (Einsiedeln – Zürich – Köln 1987) (= Theologische Berichte 16).
D. Mieth, Gotteserfahrung und Weltverantwortung. Über die christliche Spiritualität des Handelns (München 1982).
A. Rotzetter (Hrsg.), Seminar Spiritualität 1–4 (Einsiedeln – Zürich – Köln 1980–82).
M. Scheuer, Die evangelischen Räte. Strukturprinzip systematischer Theologie bei Hans Urs von Balthasar, Karl Rahner, Johann Baptist Metz und in der Theologie der Befreiung (Würzburg 1990).
J. Sudbrack, Mystische Spuren. Auf der Suche nach der christlichen Lebensgestalt (Würzburg 1990).
J. Weismayer, Leben in Fülle. Zur Geschichte und Theologie christlicher Spiritualität (Innsbruck – Wien 1983).
A. Zottl (Hrsg.), Weltfrömmigkeit. Grundlagen, Traditionen, Zeugnisse (Eichstätt – Wien 1985).

Frauenspiritualität:
P. Dinzelbacher – P. R. Bauer (Hrsg.), Frauenmystik im Mittelalter (Ostfildern 1985).
S. Heine, Wiederbelebung der Göttinngen? Zur systematischen Kritik an der feministischen Theologie (Göttingen 1987).
U. King, Women and spirituality. Voices of protest and promise (London 1989).
U. Krattiger, Die perlmutterne Mönchin. Reise in eine weibliche Spiritualität (Zürich 1983).
M. Schmidt – P. R. Bauer (Hrsg.), Eine Höhe, über die nichts geht. Spezielle Glaubenserfahrung in der Frauenmystik? (Stuttgart 1986).
E. Sorge, Religion und Frau. Weibliche Spiritualität im Christentum (Stuttgart 1987).

Befreiungstheologie und Spiritualität:
E. Bonnin (Hrsg.), Spiritualität und Befreiung in Lateinamerika (Würzburg 1983).
G. Gutiérrez, Aus der eigenen Quelle trinken. Spiritualität der Befreiung (München – Mainz 1986).
J. Sobrino, Geist, der befreit. Lateinamerikanische Spiritualität (Freiburg i. Br. 1989).

HANDBUCH DER CHRISTLICHEN ETHIK

HANDBUCH DER CHRISTLICHEN ETHIK

Herausgegeben von
Anselm Hertz, Wilhelm Korff,
Trutz Rendtorff, Hermann Ringeling

Mit
Beiträgen
von

R. Andresen
A. Auer
H. A. Bausch
J. Becker
H.-J. Birkner
F. Böckle
I. U. Dalferth
G. Dautzenberg
R. Degkwitz
W. Elsner
H. D. Engelhardt
P. Engelhardt
H. Fischer
J. Gründel
E. Herms
A. Hertz
H. Hesse
O. Höffe
A. Holderegger
M. Honecker
L. Honnefelder
F. Horner
W. Huber
G. W. Hunold
E. Jüngel
S. Katterle
H. Kaufmann
S. Keil
W. Kerber
W. Kluxen
T. Koch
W. Korff
H. Kreß
R. Leuenberger
Th. Leuenberger
G. Linnenbrink
D. Mieth
W. Molinski
A. Müller
J. Neumann
W. Pannenberg
T. Rendtorff
H. Ringeling
D. Rössler
P. Saladin
G. W. Schimmelpenning
H.-W. Schütte
Th. Strohm
M. M. Thomas
W. Trillhaas
G. Vahanian
G. Virt
Ch. Walther
D. Wiederkehr
G. Winter
S. Wolf
H. Zilleßen
W. Ch. Zimmerli

HANDBUCH DER CHRISTLICHEN ETHIK

3

Aktualisierte Neuausgabe

Herder
Freiburg · Basel · Wien

Alle Rechte vorbehalten – Printed in Germany
© Verlag Herder Freiburg im Breisgau 1993
Herstellung: Freiburger Graphische Betriebe 1993
ISBN 3-451-22826-2

Inhalt

ERSTER TEIL

HANDELN UNTER DEM ANSPRUCH CHRISTLICHER VERANTWORTUNG

Erstes Kapitel
Gewissen und Verantwortung

Zweites Kapitel
Schuld und Bekehrung

ZWEITER TEIL

ENTSCHEIDUNGSFELDER CHRISTLICHER VERANTWORTUNG HEUTE

Erstes Kapitel
Menschenwürde und Menschenrechte

Zweites Kapitel
Ethische Strukturprobleme der Geschlechter

Drittes Kapitel
Neue Weltwirtschaftsordnung

Viertes Kapitel
Die Friedensaufgabe der Gegenwart

Fünftes Kapitel
Die ethische Relevanz des Sports

Sechstes Kapitel
Zur Ethik der Informationsmedien

Erster Teil

Handeln unter dem Anspruch christlicher Verantwortung

Erstes Kapitel
Gewissen und Verantwortung

I

Praktische Vernunft und Gewissen

Die Frage nach dem sittlich guten Handeln ist niemals nur eine Frage nach den inhaltlichen Maßstäben dieses Handelns, sondern stets auch eine Frage nach der Weise, in der der Handelnde selbst sich diese Maßstäbe zu eigen macht. Bezieht sich die erste Frage auf die *praktische Vernunft* und die von ihr als gültig betrachteten Gründe, so die zweite auf das *Gewissen* und das von ihm verwaltete Verhältnis des einzelnen zu seinem eigenen Wollen und Handeln und eben darin zu sich selbst. Unverkennbar stand innerhalb der Diskussion der letzten beiden Jahrzehnte im Bereich der praktischen Philosophie die erste dieser beiden Teilfragen im Vordergrund. In der Frage nach dem Gewissen blieb es weitgehend bei den von der phänomenologischen Wertethik Schelers und Hartmanns und der Existentialanalyse Heideggers ausgehenden Deutungen[1]. Die wichtige Frage, wie sich praktische Vernunft und Gewissen, Wahrheits- und Selbstbezug, Sittlichkeit und Selbstverhältnis zueinander verhalten, fand nur wenig Aufmerksamkeit[2]. Ohne Zweifel kommt aber ihrer Beantwortung eine Schlüsselfunktion zu: Das Gewissen kann ohne Klärung seines Verhältnisses zur praktischen Vernunft nicht angemessen, die praktische Vernunft ohne Bezugnahme auf das Gewissen nicht vollständig gedeutet werden. Offenkundig wird dies in jenen Disziplinen, die sich über die Frage der inhaltlichen Maßstäbe hinaus mit der aus dem Selbstverhältnis des Menschen resultierenden

---

[1] Deutlich zeigt sich dies an den philosophischen Beiträgen in den Sammelbänden von *N. Petrilowitsch* (Hrsg.), Das Gewissen als Problem (Darmstadt 1966); *H. Holzhey* (Hrsg.), Gewissen? (Basel – Stuttgart 1975); *J. Blühdorn* (Hrsg.), Das Gewissen in der Diskussion (Darmstadt 1976).

[2] Vgl. zu dieser Fragestellung neuerlich *E. Tugendhat*, Selbstbewußtsein und Selbstbestimmung. Sprachanalytische Interpretationen (Frankfurt a. M. 1979) bes. 9–11, 27–49, 145–244, 294 ff.

Verantwortlichkeit des Menschen für sein Handeln beschäftigen, nämlich der Rechtswissenschaft und der theologischen Ethik. Innerhalb der juristischen Diskussion entzündet sich das Problem in besonderer Weise am Grundrecht der Gewissensfreiheit. Unterscheidet man – wie schon die Menschenrechtserklärung der Vereinten Nationen von 1948 – die Gewissensfreiheit von der Religions- und Bekenntnisfreiheit[3] und erhebt sie, wie dies im Grundgesetz der Bundesrepublik Deutschland geschieht, zu einem Grundrecht, das durch keinen Gesetzesvorbehalt eingeschränkt ist[4], dann kann die Frage, welcher Begriff des Gewissens hier zugrunde zu legen ist, nicht unerörtert bleiben. Wie ein Blick auf die Auslegung dieses Grundrechtes zeigt[5], stellt dabei der Wahrheitsbezug des Gewissens das eigentliche Problem dar: Setzt man Gewissen einfachhin gleich mit der Einsicht der Vernunft in eine objektive Sittenordnung als einen vorgegebenen Zusammenhang feststehender inhaltlicher Wahrheiten oder mit dem Bewußtsein apriorischer materialer Werte, dann wird der Schutz des Gewissens im Rechtsstaat entweder letztlich überflüssig, oder aber er reduziert sich auf die bloße Duldung des irrenden Gewissens. Der rechtliche Schutz der Gewissensfreiheit ist aber nur sinnvoll, wenn dem Gewissen selbst die Kompetenz zukommt, darüber zu entscheiden, was das in einem Gewissensfall Verpflichtende, ja, was überhaupt als Gewissensfall zu betrachten ist[6]. Ausdrücklich hält deshalb das Bundesverfassungsgericht der Bundesrepublik Deutschland die richterliche Bewertung einer Gewissensentscheidung nach Richtig oder Falsch für unvereinbar mit der im Grundrecht garantierten Unverletzlichkeit der Gewissensfreiheit[7].

Zieht man aber daraus die Konsequenz, dem Gewissen jeden Wahrheitsbezug abzusprechen, dann entsteht die gegenteilige Gefahr: Das Gewissen erscheint als Instanz purer Dezision, als blindes Gefühl, als „Eruption der Eigentlichkeit des Selbst“[8], die sich jeglicher Begründung und Überprüfung entzieht. Die Gewissens*freiheit* droht zu dem schon von Hegel und erneut von Scheler

---

[3] Vgl. Art. 18 der Allgemeinen Erklärung der Menschenrechte vom 10. 12. 1948, UN-Doc. 217/A (III), dt. in: Die Charta der Vereinten Nationen mit Völkerbundsatzung, IGH-Statut und zwei UNO-Resolutionen (München [7]1979) 71.

[4] Vgl. Art. 4 Abs. 1 des Grundgesetzes der Bundesrepublik Deutschland: „Die Freiheit des Glaubens, des Gewissens und die Freiheit des religiösen und weltanschaulichen Bekenntnisses sind unverletzlich.“

[5] Vgl. etwa *E.-W. Böckenförde,* Das Grundrecht der Gewissensfreiheit, in: *ders.,* Staat, Gesellschaft, Freiheit. Studien zur Staatstheorie und zum Verfassungsrecht (Frankfurt a. M. 1976) 253–317; *R. Bäumlin,* Das Grundrecht der Gewissensfreiheit, in: Veröffentl. Vereinig. Dt. Staatsrechtslehrer 28 (1970) 3–32; *J. Seewald-Renner,* Die Gewissensfreiheit in Gesetzgebung und Rechtsprechung seit 1945, Jur. Diss., (Würzburg 1972); *G. U. Freihalter,* Gewissensfreiheit. Aspekte eines Grundrechts (Berlin 1973) bes. 20–75.

[6] Vgl. *A. Podlech,* Das Grundrecht der Gewissensfreiheit (Berlin 1969) 30f.

[7] Vgl. BVerfGE 12, 45–61; 55f.

[8] *N. Luhmann,* Die Gewissensfreiheit und das Gewissen, in: Archiv d. öffentl. Rechts 90 (1965) 261.

befürchteten „Prinzip der ‚Anarchie in allen sittlichen Fragen'"[9] zu werden; das Gewissens*urteil* kann von bloßer Meinung, Anschauung oder ähnlichen Phänomenen nicht mehr unterschieden, ja, es kann im strengen Sinn gar nicht mehr mitgeteilt werden[10]. Ausdrücklich besteht deshalb das gleiche Urteil des Bundesverfassungsgerichts auf der Abgrenzbarkeit und Mitteilbarkeit der Gewissensentscheidung und erklärt es für zulässig und erforderlich zu prüfen, „ob wirklich eine ‚Gewissens'-Entscheidung vorliegt"[11].

Um die verhängnisvolle Alternative zu vermeiden, ist der Auslegung des Grundrechts der Gewissensfreiheit daher nach Meinung verschiedener Staatsrechtler ein „allgemeiner, an das Gewissens*phänomen* anknüpfender Begriff des Gewissens"[12] zugrunde zu legen. Das aber kann gerade nicht heißen, auf jegliche *philosophische* Deutung des Gewissens und seiner Funktion zu verzichten zugunsten einer wertneutralen *humanwissenschaftlichen* Erklärung, wie sie beispielsweise N. Luhmann vorgelegt hat[13]. Eine solche Schlußfolgerung wäre nur zwingend, wenn die zuvor beschriebene „Zweideutigkeit in Ansehung des Gewissens" (Hegel)[14] als eine Disjunktion betrachtet werden müßte, die für jede philosophische Gewissensdeutung unüberwindbar bleibt. Das aber ist nur der Fall, wenn man von einem inhaltlich bestimmten Gewissensbegriff wie dem (die Grundrechtsauslegung lange Zeit beherrschenden) wertethischen oder seinsethischen Gewissensbegriff ausgeht, nicht aber, wenn man beispielsweise dem Leitfaden zweier für die philosophische Geschichte des Begriffs so einflußreicher Deutungen wie der thomanischen und der kantischen folgt. Gerade die von Luhmann herausgestellte Funktion des Gewissens für die Konstituierung und Aufrechterhaltung der personalen Identität des handelnden Subjekts ist hinsichtlich des *normativen* Anspruchs, den das Grundrecht als Ausfluß der Würde und Freiheit des Menschen unterstellt[15], nicht anders als philosophisch auszuweisen.

---

[9] *M. Scheler,* Der Formalismus in der Ethik und die materiale Wertethik. Neuer Versuch der Grundlegung eines ethischen Personalismus (Halle 1921), Ges. Werke, hrsg. von M. Scheler II (Bern 1954) 336; vgl. *G. W. F. Hegel,* Grundlinien der Philosophie des Rechts, Sämtl. Werke, hrsg. von H. Glockner VII 196ff. (§ 137).

[10] Vgl. *E.-W. Böckenförde,* a.a.O. 274; *R. Bäumlin,* a.a.O. 18; *G. U. Freihalter,* a.a.O. 102.

[11] BVerfGE 12, 56; vgl. auch BVerfGE 48, 127–206.

[12] So *E.-W. Böckenförde* als Berichterstatter der dem Thema gewidmeten Berner Tagung der Vereinigung der Staatsrechtler (1969), in: *ders.,* a.a.O. 274.

[13] Vgl. ebd. – Zu N. Luhmann vgl. *N. Luhmann,* a.a.O. 257–286; *ders.,* Die Funktion der Gewissensfreiheit im öffentlichen Recht, in: Die Funktion des Gewissens im Recht (Schriften d. Evang. Akademie in Hessen und Nassau, H. 86) (Frankfurt a.M. 1970) 9–22; *ders.,* Das Phänomen des Gewissens und die normative Selbstbestimmung der Persönlichkeit, in: *F. Böckle – E.-W. Böckenförde* (Hrsg.), Naturrecht in der Kritik (Mainz 1973) 223–243.

[14] *G. W. F. Hegel,* a.a.O. 197. – Vgl. dazu *H. Lübbe,* Gewissens-Freiheit und Bürgerpflicht. Aktuelle Aspekte der Gewissenstheorie Hegels, in: *R. Reich* (Hrsg.), Humanität und politische Verantwortung. Festschrift f. H. Barth (Stuttgart – Zürich 1964) 194–213.

[15] Vgl. den die Unantastbarkeit der Würde des Menschen feststellenden Art. 1, der sowohl in der Menschenrechtserklärung der Vereinten Nationen von 1948 als auch im Grundgesetz der Bundesrepublik Deutschland den einzelnen Grundrechten vorangestellt wird.

1. Die Vernünftigkeit des Gewissens

Zum Phänomen „Gewissen“, wie es kulturgeschichtlich belegt[16] und empirisch greifbar[17] ist, gehören unabweisbar drei Momente: Gewissen ist erstens Wissen um einen Anspruch, der für das eigene Handeln als *bindend* erfahren wird und der deshalb nicht ohne innere Not übertreten werden kann. Wie die Erfahrung des irrenden Gewissens zeigt, ist zweitens bezüglich des jeweils im Gewissensurteil erfaßten inhaltlichen Anspruchs *Zweifel* oder gar *Irrtum* möglich. Handeln „nach bestem Wissen und Gewissen“ schließt deshalb drittens die Frage nach dem Maßstab der Bindung, d. h. die *Prüfung* und *Bildung* des Gewissens durch den einzelnen selbst ein. Gilt aber von diesen drei Aspekten der Gewissensbindung, des Gewissensirrtums und der Gewissensbildung[18], daß sie in den klassischen Gewissenslehren von Thomas von Aquin über Chr. Wolff, A. G. Baumgarten und Chr. A. Crusius bis hin zu I. Kant offensichtlich deshalb behandelt werden, weil sie unaufgebbare Momente des Phänomens selbst sind, dann kann kein Gewissensbegriff als zulänglich betrachtet werden, der diese drei Momente nicht angemessen aufzunehmen vermag. Deutungen des Gewissens als Wille, als bloßes Gefühl, als ein eigenes, nicht recht definierbares Vermögen oder als unmittelbar vernehmliche göttliche Stimme scheiden daher aus, weil sie zwar die Erfahrung der Bindung, nicht aber die der Möglichkeit des Irrtums und der Notwendigkeit der Prüfung zu erklären vermögen. Dies vermag nur die Deutung des Gewissens als eines spezifischen Vollzugs der praktischen Vernunft zu leisten. Freilich kann diese Deutung ihrerseits erst befriedigen, wenn sich die *Bindung* des Gewissens und ihre Letztinstanzlichkeit als Momente nachweisen lassen, die sich aus der Struktur der handlungsleitenden Vernunft selbst zwingend ergeben. Das aber läuft auf den Versuch hinaus, das populäre Gewissen, das sich als „Gefühl“ darstellt, in seiner tieferen Struktur als Vollzug von Vernunft aufzuzeigen, nämlich – um mit Kant zu sprechen – als jene „dunkel gedachte Metaphysik, die jedem Menschen in seiner Vernunftanlage beiwohnt“[19] und die deutlich zu erklären Aufgabe jeder Gewissensdeutung ist.

---

[16] Vgl. etwa die Überblicke bei *M. Kähler,* Das Gewissen (Halle 1878, Nachdr. Darmstadt 1967); *J. Stelzenberger,* Syneidesis, Conscientia, Gewissen (Paderborn 1963); *H. Chadwick,* Betrachtungen über das Gewissen in der griechischen, jüdischen und christlichen Tradition (Düsseldorf 1974); *ders.,* Art. Gewissen, in: RAC X 1025–1107; *H. Reiner,* Art. Gewissen, in: Hist. Wörterb. d. Philos. III 574–592.

[17] Vgl. etwa *D. Rüdiger,* Der Beitrag der Psychologie zur Theorie des Gewissens und der Gewissensbildung, in: *J. Blühdorn* (Hrsg.), a. a. O. 461–485, sowie den Überblick über die humanwissenschaftlichen Gewissensdeutungen bei *A. Schavan,* Person und Gewissen (Frankfurt a. M. 1980) 59–160.

[18] Vgl. *H. Wagner,* Philosophie und Reflexion (München – Basel ^{2}1967) 260 f.

[19] *I. Kant,* Die Metaphysik der Sitten, Akad.-Ausg. VI 376. – Auf die Gewissenstheorien bei Thomas von Aquin, I. Kant und anderen Autoren wird im folgenden nur Bezug genommen,

Wenn es nun ein Merkmal der sittlichen Einsicht gibt, in dem alle großen Denker übereinstimmen, dann dies, daß sie Erkenntnis in Form der Anerkenntnis ist[20]. Als sittlich gut wird etwas erkannt, insofern es als Anspruch erkannt wird, der Zustimmung erfährt und dadurch Verbindlichkeit für das eigene Handeln gewinnt. Anerkenntnis im Sinn solcher ursprünglicher Zustimmung ist zwar nicht hinreichende, wohl aber notwendige Bedingung des als sittlich gut Erkannten. Denn erst durch sie gewinnt der Gegenstand der praktischen Vernunft seine spezifische Realität als ein praktisch Gutes, d. h. als zu Tuendes. Das aber bedeutet, daß Vernunft praktisch ist, sofern sie sich unter einer ursprünglichen Differenz, einer obersten Regel vollzieht, in der sie vorweg zu jedem konkreten handlungsleitenden Akt jenen Grundinhalt konstituiert, der in allen bestimmteren Inhalten, sofern sie als sittlich gut oder böse erfaßt werden, notwendig mitgesetzt ist, nämlich jenes Prinzip, das Form aller konkreten Handlungsregeln ist: daß das Gute zu tun und das Böse zu lassen ist.

In der Analyse, der *Thomas von Aquin* das sittliche Handeln des Menschen unterzieht, wird der Besitz dieser Regel zum ersten Mal in Form einer konsistenten Theorie von ihrem Vollzug abgehoben und unter dem (auf fehlerhafte Hieronymus-Abschriften zurückgehenden) Terminus der „Synderesis“[21], des Urgewissens, festgehalten. Das oberste praktische Prinzip ist als Gesetz oder Regel „durch die Vernunft konstituiert“ (per rationem constitutum), doch gehört es wie die ersten Prinzipien der theoretischen Vernunft zu den Sätzen, die „natürlicherweise“ und „ursprünglich“, also immer schon erkannt sind, so daß Thomas den Besitz der Erkenntnis dieses Prinzips als „natürlichen Habitus“ der praktischen Vernunft, als mit ihrem Vermögen ursprünglich verbundene Prägung bezeichnen kann[22]. Was auf diese Weise „immer schon“ gewußt ist, wird *als solches* freilich erst erkannt, wenn man die zu den konkreten Handlungen führenden pratikulären praktischen Urteile einer reflexiven Analyse unterzieht. In ihr erweisen sich die praktischen Sätze ähnlich wie die theoretischen

---

soweit es bestimmte Aspekte in der Deutung des Phänomens erfordern. Eine doxographische Darstellung, die die zwischen den verschiedenen Theorien bestehenden Divergenzen stärker berücksichtigen müßte, ist nicht beabsichtigt.

[20] Vgl. *D. Henrich*, Der Begriff der sittlichen Einsicht und Kants Lehre vom Faktum der Vernunft, in: *D. Henrich – W. Schulz – K. H. Volkmann-Schluck* (Hrsg.), Die Gegenwart der Griechen im neueren Denken. Festschrift f. H. G. Gadamer (Tübingen 1960) 83–91. – In bezug auf Thomas von Aquin vgl. *G. Grisez*, The First Principle of Practical Reason, in: *A. Kenny* (Hrsg.), Aquinas: A Collection of Critical Essays (London – Melbourne 1969) 340–382; 350 f.

[21] So in einer durch den griechischen Terminus συντήρησις (conservatio) nahegelegten fehlerhaften Lesung von συνείδησις; vgl. das Resümee der einschlägigen Forschungen bei *H. Reiner*, a. a. O. 580 f.

[22] Vgl. *Thomas von Aquin*, STh I–II q. 94 a. 1–2; I–II q.63 a.1; I q.79 a.12; De ver. q.16 a.1; II Sent. d.24 q.2 a.3; vgl. dazu *K.-W. Merks*, Theologische Grundlegung der sittlichen Autonomie. Strukturmomente eines ‚autonomen‘ Normbegründungsverständnisses im lex-Traktat der Summa theologiae des Thomas von Aquin (Düsseldorf 1978) 240–279. – Zur Analyse des sittlichen Handelns bei Thomas insgesamt vgl. *W. Kluxen*, Philosophische Ethik bei Thomas von Aquin (Hamburg ²1980).

Sätze als Formen einer Ja/Nein-Stellungnahme[23]. Während in theoretischen Sätzen einem Gegenstand etwas zu- oder abgesprochen wird, wird in praktischen Sätzen in bezug auf ein gegebenes Streben eine Handlung als zu tun oder zu lassen vorgeschrieben. Die damit sichtbar werdende doppelte Weise einer Ja/Nein-Differenz ist die Grundstruktur der Vernünftigkeit überhaupt. Denn dem gleichen Gegenstand das gleiche zugleich zu- und abzusprechen hieße, gar nichts auszusagen, die gleiche Handlung in bezug auf das gegebene Streben zugleich als zu tun oder zu lassen vorzuschreiben hieße, überhaupt nicht zur Handlung anzuleiten. Wie das Kontradiktionsprinzip die Differenz von Wahr und Falsch als die prinzipielle Struktur angibt, der alle Sätze folgen müssen, die etwas von etwas aussagen sollen, gibt das oberste praktische Prinzip, daß das Gute zu tun ist und das Böse zu meiden (bonum est faciendum et prosequendum, malum vitandum), die Differenz von Gut und Böse im Sinn von „zu tun" oder „zu lassen" als die prinzipielle Struktur an, der alle Sätze folgen müssen, die in bezug auf ein gegebenes Streben ein Handeln vorschreiben sollen.

Was im obersten praktischen Prinzip zum Ausdruck kommt, ist der Sinn von Handeln überhaupt, sofern mit Handeln jene Verwirklichung eines Strebens gemeint ist, die frei erfolgt, weil sie dem überlegten Willen, d.h. der Bestimmung des Willens durch Vernunft, entspringt[24]. Wenn nun vernünftig handeln nichts anderes heißt, als sich unter die Differenz von Gut und Böse zu stellen und das als gut Erkannte als zu tun anzuerkennen und das als böse Erkannte als zu lassen zu verwerfen, dann ist die Erkenntnis dieser Differenz – wie immer Gut und Böse jeweils zu bestimmen sind – gleichbedeutend mit der Anerkenntnis des Prinzips „vernunftgemäßer Existenz" (esse secundum rationem) überhaupt[25]. Damit wird die für die Urteile der praktischen Vernunft konstitutive Grundstruktur in Form eines Prinzips von dessen Anwendung abhebbar. Das hinwieder erlaubt, Gewissen im Sinn von „conscientia", von Mit-Wissen, als jenen Akt eines Urteils zu begreifen, in dem die praktische Vernunft das ihr habituell eigene, für die Leitung von Handeln maßgebliche Wissen auf die einzelne vergangene oder zukünftige Handlung bezieht[26]. Da das oberste Prinzip der

---

[23] In bezug auf Thomas vgl. *W. Korff,* Norm und Sittlichkeit. Untersuchungen zur Logik der normativen Vernunft (Mainz 1973) 51 u. 62ff.; *ders.,* Die naturale und geschichtliche Unbeliebigkeit menschlicher Normativität, in diesem Handbuch, Bd. I, 148ff.; *ders.,* Kernenergie und Moraltheologie. Der Beitrag der theologischen Ethik zur Frage allgemeiner Kriterien ethischer Entscheidungsprozesse (Frankfurt a.M. 1979) 12; *K.-W. Merks,* a.a.O. 276ff. – Zum Problem der Ja/Nein-Stellungnahme als Vollzugsform der theoretischen und der praktischen Vernunft vgl. *E. Tugendhat,* a.a.O. 182f., 256ff.

[24] Vgl. *Thomas von Aquin,* STh I–II q.1 a.1; I q.83 a.1.

[25] Vgl. Anm. 45 u. 46; zum Terminus vgl. *W. Kluxen,* a.a.O. 190.

[26] *Thomas von Aquin,* De ver. q.17 a.1: Nomen enim conscientiae significat applicationem scientiae ad aliquid; unde conscire dicitur quasi simul scire ... unde conscientia ... nominat ipsum actum, qui est applicatio cuiuscumque notitiae ad aliquem actum particularem. – Applicatur ... uno modo secundum quod consideratur an actus sit vel fuerit; alio modo ... an actus sit rectus vel non; vgl. STh I q.79 a.13; II Sent. d.24 q.2 a.4.

praktischen Vernunft ebensowenig wie das Kontradiktionsprinzip als oberstes Prinzip der theoretischen Vernunft eine *Quelle* inhaltlicher Erkenntnis darstellt, sondern deren *Form* angibt, kann das Gewissensurteil nicht als Deduktion eines inhaltlichen Guten aufgefaßt werden, sondern nur als Prüfung der konkreten Handlung an dem in ihr eingeschlossenen Prinzip[27].

2. Die Gewissenhaftigkeit der Vernunft

Ist das Urgewissen nichts anderes als die habituelle Kenntnis des Prinzips, das die Grundstruktur aller praktischen Sätze angibt und damit den Vollzug der praktischen Vernunft überhaupt bestimmt, dann ergibt sich geradezu zwangsläufig eine doppelte Anwendung: Im spezifisch *handlungsleitenden Akt* gelangt die Vernunft unter Leitung des obersten Prinzips zu dem unmittelbar in die Wahl der Handlung übergehenden „letzten praktischen Urteil"; im *Akt des Gewissens* aber prüft die Vernunft eben dieses Urteil am Maßstab des obersten Prinzips und der hinzukommenden Prämissen[28].

Der tiefere Grund dieser Differenzierung liegt in der Struktur, die bereits das bei den Griechen für das Gewissen verwendete Wort der συνείδησις in seiner Doppelbedeutung von *Mit-Wissen* um das eigene (gute oder böse) Handeln und *Selbst-Bewußtsein* andeutet[29]: Wenn menschliches Handeln nicht einfach dem Streben folgt, sondern einer praktischen Überlegung, einer Stellungnahme zu den eigenen Strebungen und Wünschen entspringt, ist Handeln notwendigerweise – wenn auch in der Regel unthematisch – von einem Wissen um die eigenen Möglichkeiten und damit um sich selbst begleitet[30]. Erst dieses Selbstverhältnis und das in ihm enthaltene Selbstbewußtsein ermöglichen, was menschliches Handeln von tierischem Verhalten unterscheidet: Planung des zukünftigen und Kritik des vergangenen Handelns, Wahl nicht nur von Mitteln, sondern auch von Zielen, Wissen um Kriterien, nach denen die Wahl zu treffen und die getroffene Wahl zu beurteilen ist. Trifft diese Analyse zu, dann muß sich sittliche Einsicht notwendig in die *planende* und die *prüfende* praktische Vernunft, in praktisches Urteil und Gewissensurteil differenzieren.

Bezeichnenderweise führt daher der historisch erste Versuch, die bis dahin vorliegenden fragmentarischen und eher verworrenen Gewissensdeutungen in einem konsistenten Begriff zu erfassen, wie er bei Thomas begegnet, zur Unter-

---

[27] Vgl. *Thomas Aquin,* De ver. q.16 a.2 ... oportet esse aliquod principium permanens, quod rectitudinem immutabilem habeat, ad quod omnia opera examinantur; ita quod illud principium permanens omni malo resistat, et omni bono assentiat; vgl. auch ebd. q.17 a.1 c. et ad 3–5; STh I q.79 a.12–13.

[28] *Thomas von Aquin,* STh I-II q.6–16; I q.79 a.13; De ver. q.17 a.1; II Sent. d.24 q.2 a.4.

[29] Vgl. *H. Chadwick,* a.a.O. 1026–1060; *H. Reiner,* a.a.O. 575f.

[30] Vgl. *H. Wagner,* Bewußtsein, in: *ders.,* Kritische Philosophie (Würzburg 1980) 138ff.; *E. Tugendhat,* a.a.O. 28–33, 178f., 188ff., 259–262.

scheidung zwischen dem zur Wahl des Willens führenden, also praktischen Urteil der prudentia und dem dieses Urteil prüfenden, also rein kognitiven Urteil der conscientia[31]. Fragt man nach den Gründen, warum bei Aristoteles und in der Stoa zwar schon das in der praktischen Überlegung enthaltene Selbstverhältnis, nicht aber eine dementsprechende Theorie des Gewissensurteils begegnet, dann ist wohl auf zweierlei zu verweisen: Erst die Frage nach der Einordnung des Handelns in die Perspektive der Theologie veranlaßt Thomas, eine eigene Metaphysik des Handelns zu entwickeln[32], in deren Zusammenhang er auf die Differenz zwischen oberstem praktischem Prinzip und partikulärem praktischem Urteil stößt, die ihm die beschriebene Unterscheidung zwischen Urgewissen und Gewissensurteil erlaubt. Zugleich nötigt die vor allem von Paulus (1 Kor 8 u. 10; Röm 14,23) erörterte Rolle des Gewissens für die Bewertung des Verhaltens die mittelalterlichen Theologen zu der philosophischen Frage, welche Bedeutung der Willensintention, der „Gesinnung" des handelnden Subjekts, für das sittlich gute Handeln neben dem objektiven Handlungsziel zukommt[33]. Heißt es in der Vulgatafassung von Röm 14,23: „Omne autem quod non est ex fide, peccatum est", so bei *Petrus Abaelardus:* „Quod peccatum non est nisi contra conscientiam"[34]. Zur Frage nach der conscientia des einzelnen geworden, erfordert das Problem aber eine Gewissenstheorie, in der die implizit reflexive Struktur der praktischen Vernunft unvermeidlich ins Spiel kommen muß. Beide Formen des Gewissensurteils – die Beurteilung meines bevorstehenden Handelns im anspornenden oder abhaltenden Gewissensurteil und die Beurteilung des durch mich geschehenen Handelns im billigenden oder anklagenden Gewissensurteil – sind nur möglich unter der Voraussetzung, daß ich um das eigene Handeln weiß[35]. Gewissen ist Selbstbezug der handlungsleitenden Vernunft, Wissen um die Art und Weise der Aneignung des zu tuenden Guten und deshalb nur für die eigene Person möglich.

Ohne Zweifel bleibt die begriffliche Fassung dieser Struktur bei Thomas noch deutlichen Grenzen unterworfen: Die Differenz zwischen dem Vollzug der Synderesis im praktischen Urteil und im Gewissen wird – zum Kummer der Ausleger[36] – noch nicht so herausgearbeitet, daß die Eigenstruktur des Gewissens hinlänglich deutlich wird. Die *Willensintention* bleibt auf die Ziele der „na-

---

[31] Vgl. *Thomas von Aquin,* De ver. q.17 a.1 ad 4; II Sent. d.24 q.2 a.4.

[32] Vgl. dazu *W. Kluxen,* a. a. O.

[33] Vgl. *Thomas von Aquin,* STh I–II q.19 a.5–8.

[34] *Petrus Abaelardus,* Ethica sive nosce te ipsum, hrsg. von D. E. Luscombe (Oxford 1971) 54. – Vgl. *O. Lottin,* Psychologie et morale aux XIIe et XIIIe siècles, Bd. IV (Louvain 1954) 27–29, 310–315; *M.-D. Chenu,* L'éveil de la conscience dans la civilisation médiévale (Montréal – Paris 1969) 17–32.

[35] Vgl. die drei von *Thomas* in STh I q.79 a.13 angeführten Momente der im Gewissensurteil geschehenden Anwendung des Wissens auf das eigene Handeln: testificari, ligare, accusare.

[36] Vgl. etwa den Überblick bei *F. Furger,* Gewissen und Klugheit in der katholischen Moraltheologie der letzten Jahrzehnte (Luzern – Stuttgart 1965).

türlichen" Antriebe rückbezogen[37]; die reflexive Struktur wird als solche noch nicht ausdrücklich.

Daher kann es nicht verwundern, wenn eine Thematisierung der letzten beiden Momente, wie sie bei *Kant* begegnet, auch zu einer wesentlich schärferen Fassung des Gewissensbegriffs führt. Gewissen, so erklärt Kant in der Einleitung zur *Metaphysik der Sitten,* ist „die dem Menschen in jedem Fall eines Gesetzes seine Pflicht zum Lossprechen oder Verurteilen vorhaltende praktische Vernunft"[38]. Praktische Vernunft bezieht sich also im Gewissen nicht auf ein Objekt, nämlich auf eine zu beurteilende Handlungsmaxime, sondern „bloß aufs Subjekt"[39], das diese Maxime beurteilt. Durch die praktische Vernunft hält sich das Subjekt selbst die Pflicht vor, sich in einer Handlung selbst zu beurteilen und zu richten. Gewissen ist, wie es in *Die Religion innerhalb der Grenzen der bloßen Vernunft* heißt, die „sich selbst richtende moralische Urteilskraft"[40]. Daß es zu diesem Selbstbezug praktischer Vernunft kommt, liegt daran, daß jeder Mensch eine „natürliche Gemütsanlage" besitzt, sich durch Pflichten affizieren zu lassen. „Pflichten anzuerkennen", d.h. sich in seinem Handeln durch Vernunft bestimmen zu lassen und darum sich selbst durch Vernunft zu beurteilen, ist eine „Prädisposition", die zur ursprünglichen Natur des Menschen als Menschen gehört[41].

Mit dieser Bestimmung des Verhältnisses von praktischer Vernunft und Gewissen zieht Kant die Konsequenz aus der Verschiebung in der Sinndeutung der sittlichen Einsicht: Was bei Thomas unter dem Begriff des Urgewissens erfaßt wird, nämlich die oberste Vorschrift, dem Prinzip der praktischen Vernunft zu folgen, erscheint nun als der eigentliche Kern sittlicher Einsicht. Sie besteht nicht mehr wie bei Aristoteles darin, ein Gut des natürlichen Strebens als gut zu billigen, sondern in der Vernunftbestimmtheit des Willens (wie sie sich im kategorischen Imperativ als Forderung der Verallgemeinerbarkeit der Maxime explizieren läßt) das Gute allererst hervorzubringen. Ist aber die Vernunftbestimmtheit des Willens die Form, die das sittliche Gutsein des Handelns bestimmt, dann ist damit ein Prinzip formuliert, das nicht nur unmittelbar eine Entscheidung über die konkrete Handlung zuläßt, sondern das zugleich fordert, daß die der konkreten Handlung zugrundeliegende Entscheidung auch tatsächlich nach diesem Prinzip beurteilt wird. Auf ihr Prinzip gebracht, wird praktische Vernunft notwendig zum Gewissen, zur Instanz der Selbstprüfung des eigenen Vollzugs.

---

[37] Vgl. *W. Kluxen,* Thomas von Aquin: Zum Gutsein des Handelns, in: PhJ 87 (1980) 329–333.

[38] *I. Kant,* Die Metaphysik der Sitten, Akad.-Ausg. VI 400. – Zur Gewissenslehre Kants vgl. *R. Meyer,* Vernunft und Gewissen. Ein Beitrag zur politischen Ethik Kants, in: *R. Reich* (Hrsg.), Humanität und politische Verantwortung. Festschrift f. H. Barth (Stuttgart – Zürich 1964) 214–251.

[39] *I. Kant,* ebd.

[40] *I. Kant,* Die Religion innerhalb der Grenzen der bloßen Vernunft, Akad.-Ausg. VI 186.

[41] Vgl. *I. Kant,* Die Metaphysik der Sitten, Akad.-Ausg. VI 399f.

Entsprechend erfolgt die Differenzierung des Gewissensurteils nach seinen Strukturmomenten: Das objektive Urteil, „ob etwas Pflicht sei oder nicht"[42], ist Sache des praktischen Verstandes, genauer gesagt, der Vernunft, sofern sie subjektiv-praktisch ist. Sache des Gewissens ist das Urteil *über* dieses Urteil, nämlich das Urteil darüber, wie ich dieses Urteil getroffen und auf mein Handeln bezogen habe. Erst auf die *obligatio* als jene objektive Nötigung durch das Gesetz, die Sache des praktischen Verstandes als Vermögens der Regel ist, und die *imputatio* als jene innere Zurechnung, die Sache der Urteilskraft als Vermögens der Anwendung des Gesetzes auf den Fall ist, folgt der Sachlogik nach die *sententia* als jenes Urteil, in dem die Vernunft als Vermögen der Einheit das iudicium der Urteilskraft mit der Tat verbindet und dementsprechend den Täter verurteilt oder losspricht[43].

3. Gewissen und personale Identität

Vom beschriebenen Verhältnis von praktischer Vernunft und Gewissen her ist der Sprachgebrauch durchaus sinnvoll, der Gewissen in weiterem Sinn mit der sittlichen Einsicht, genauerhin mit ihrem Prinzip, im eigentlichen, engeren Sinn dagegen mit der Prüfung der konkreten sittlichen Einsicht an ihrem eigenen Prinzip gleichsetzt. In beiden Fällen ist Gewissen primär nicht auf einen bestimmten *Inhalt* der Willensbestimmung bezogen, sondern auf die *Form seiner Aneignung,* nämlich auf die der Bestimmung des Willens durch Vernunft überhaupt. Gewissen zu haben heißt nicht einfachhin, ein gegenständliches Gutes zu ergreifen und dadurch sittlich zu werden, sondern im Ergreifen des jeweils Guten allererst sich selbst zu ergreifen als das durch Vernunft in Freiheit sich bestimmende Wesen, um damit dieses Wesen zu sein. Ansätze der Entwicklung, die zu diesem Resultat führt, finden sich (im Anschluß an Aristoteles) bereits bei *Thomas:* Wenn das jeweils Gute für den Menschen nicht einfach in den Zielen seiner „natürlichen" Antriebe liegt, sondern in den Zielen, die die Vernunft dem Willen als erstrebenswert vorstellt, und die Verpflichtungskraft aller moralischen Gebote daher nicht der Natur, sondern nur der Weisung der Vernunft selbst (ex ipso dictamine rationis)[44] entspringt, dann kann das spezifisch Gute für den Menschen nichts anderes sein als die Selbstbestimmung des Wollens durch die Vernunft, als das „secundum rationem esse"[45]. „Die natürliche Vernunft befiehlt einem jeden, nach der Vernunft zu handeln"; sie ist, wie es an an-

---

[42] Ebd. 401; vgl. auch 437 f.; *I. Kant,* Die Religion innerhalb der Grenzen der bloßen Vernunft, Akad.-Ausg. VI 186.
[43] Vgl. *I. Kant,* Die Metaphysik der Sitten, Akad.-Ausg. VI 437 f.
[44] Vgl. *Thomas von Aquin,* STh I–II q.104 a.1; I–II q.92 a.1 ad 2; I–II q.94 a.4 ad 3; II Sent. d.39 q.3 a.3.
[45] Vgl. *Thomas von Aquin,* STh I–II q.18 a.5; I–II q.94 a.3; I–II q.54 a.3.

derer Stelle heißt, „die Ordnungskraft für alles, was die Menschen betrifft“[46]. Ihr zu folgen macht die Freiheit des Menschen aus. Denn von vollkommen willentlichem Handeln kann nur dann gesprochen werden, wenn der Handelnde das Ziel seines Strebens nicht nur einfach erfaßt, wie dies auch die Tiere tun, sondern wenn er zugleich die *ratio finis,* das Ziel *als Ziel,* und damit das Verhältnis der Mittel zu diesem Ziel erkennt, also *aus Gründen* handelt[47]. Da dies die Fähigkeit voraussetzt, über das eigene Urteilen zu urteilen, wie sie allein die über ihren eigenen Akt reflektierende Vernunft besitzt, liegt in der Vernunft und dem durch sie ermöglichten reflektierten Selbstverhältnis des Handelnden der ganze Ursprung seiner Freiheit[48]. Konsequenterweise besteht Gewissen dann zuvorderst darin, zu prüfen, ob ich in meinem Handeln einem vernunftbestimmten, also begründeten Wollen gefolgt bin oder, anders ausgedrückt, ob in meinem praktischen Urteil jenes Prinzip der Vernunft selbst zur Geltung gekommen ist, das ich im Urgewissen wie ein „Licht“[49] besitze. Liegt die Würde des Menschen darin, daß er durch Vernunft und freien Willen „selbst der Ursprung seines Handelns ist“ (ipse est suorum operum principium)[50], dann ist Gewissen, im wörtlichen Sinn von συντήρησις, „Bewahrung“ der grundlegenden Übereinstimmung des Menschen mit sich selbst, nämlich seiner im Wollen und Handeln sich konstituierenden und bewahrenden Existenz als Vernunft- und Freiheitswesen.

In aller Schärfe tritt dies hervor, wenn die Vernunftbestimmung des Willens wie bei *Kant* als das Prinzip gefaßt wird, das überhaupt erst Sittlichkeit begründet und das als Prinzip einer neuen Kausalität, der Kausalität durch Freiheit, das Gute allererst hervorbringt. Wird aber, wie die verschiedenen Formeln des kategorischen Imperativs besagen, mit dem vernunftbestimmten Wollen, nämlich dem Wollen nach verallgemeinerungsfähigen und untereinander konsistenten Maximen, die vernünftige Natur des Menschen als „Zweck an sich selbst“ gewollt[51], dann fällt die Funktion des Gewissens, die Form dieses Wollens zur Geltung zu bringen, zusammen mit der Funktion, jenes „Selbst“ im Menschen zu wahren, in dem der Mensch seine Identität als moralisches, weil sich selbst das Gesetz auferlegendes Wesen besitzt[52].

---

46 Vgl. ebd. II–II q.47 a.7; I–II q.94 a.2 ad 3.

47 Vgl. ebd. I–II q.6 a.2; vgl. dazu *A. Kenny,* Thomas von Aquin über den Willen, in: *W. Kluxen* (Hrsg.), Thomas von Aquin im philosophischen Gespräch (Freiburg – München 1975) 119 ff.; *W. Kluxen,* Thomas von Aquin: Zum Gutsein des Handelns 330 f.

48 *Thomas von Aquin,* De ver. q.24 a.2: Iudicare ... de iudicio suo est solius rationis, quae super actum suum reflectitur, et cognoscit habitudines rerum de quibus iudicat, et per quas iudicat: unde totius libertatis radix est in ratione constituta.

49 Vgl. *Thomas von Aquin,* STh I–II q.91 a.2; De ver q.16 a.3.

50 Vgl. *Thomas von Aquin,* STh I–II prol.

51 Vgl. *I. Kant,* Grundlegung zur Metaphysik der Sitten, Akad.-Ausg. IV 421–430.

52 Vgl. die Rede von dem „doppelten Selbst“ in: *I. Kant,* Die Metaphysik der Sitten, Akad.-Ausg. VI 439.

Damit deutet sich der für eine entwickelte Gewissensdeutung maßgebliche Zusammenhang zwischen dem sittlichen Handeln als einem vernunftbestimmten Wollen und dem von *Kierkegaard* und *Heidegger* herausgearbeiteten Selbstsein des Menschen als einem „Sein zu", einem Verhältnis zur eigenen Existenz, an[53]. Wenn sittlich gut dasjenige Handeln ist, das einem durch Vernunft bestimmten Wollen, und damit letztlich dem Wollen dieses Wollens, entspringt, dann erweist sich die Frage: Was habe ich getan? bzw.: Was soll ich tun? in letzter Konsequenz als Frage: Wer bin ich, der ich dies getan habe? bzw.: Wer will ich sein? Läßt sich auf diese Weise die Verbindung zwischen Sittlichkeit und Selbstverhältnis herstellen, dann kann auch der rein formale (und als solcher problematische) Charakter der Gewissensdeutung *Heideggers* überwunden und das Berechtigte der Interpretation des Gewissens als „Aufruf des Selbst zu seinem Selbstseinkönnen"[54] festgehalten werden. Gewissen, so wird dann deutlich, betrifft stets nur mich, und zwar als den, dem es um das eigene Selbst (und damit zugleich um das anderer) geht. Deshalb offenbart sich das Gewissen als „Ruf der Sorge", der „*aus* mir und doch *über* mich" kommt und durch den das Dasein zu seinem „eigensten Seinkönnen" aufgerufen ist[55]. Selbst die beiden schärfsten Kritiker eines als Kontrollinstanz normativer Inhalte begriffenen Gewissens sehen hier den unbezweifelbar berechtigten Kern des Phänomens: „Die moralische Verantwortlichkeit", so heißt es bei *Schopenhauer*, „(betrifft) zwar zunächst und ostensibel das, was er tut, im Grunde aber das, wer er ist; ... hier im Esse liegt die Stelle, welche der Stachel des Gewissens trifft."[56] In einem ähnlichen Sinn spricht *Nietzsche* vom „Gewissen über dem Gewissen" und erblickt dessen Funktion in der Forderung: „Du sollst werden, der du bist."[57].

In diese Richtung bewegt sich auch die auf empirische Theorien vor allem sozialwissenschaftlicher Art gestützte Deutung *Luhmanns*. Da die Identität des Menschen weder durch seine organische Existenz noch durch das soziale System ausreichend gesichert ist und seine Erlebens- und Verhaltenspotentiale umfangreicher sind, als daß er sie zur Einheit eines sinnvollen persönlichen Lebens zusammenordnen könnte, braucht er das Gewissen als Kontrollinstanz, die über seine personale Identität und das sie steuernde System als ganzes wacht und die für die Kommunikation erforderliche Konsistenz seiner Selbst-

---

[53] Vgl. *E. Tugendhat*, der diesem Zusammenhang (a. a. O. bes. 164–244) im Hinblick auf die Selbstbestimmung als ein reflektiertes Selbstverhältnis nachgeht.

[54] *M. Heidegger*, Sein und Zeit (Halle 1927), Gesamtausg. I/2, hrsg. von F. W. v. Herrmann (Frankfurt a. M. 1977) 364.

[55] Ebd. 364–371; 366.

[56] *A. Schopenhauer*, Über die Grundlage der Moral, § 10, Sämtl. Werke, hrsg. von P. Deussen III (München 1912) 647; vgl. dazu *F. Mockrauer*, Der Begriff des Gewissens bei Schopenhauer, in: *C. A. Emge* (Hrsg.), Kreise um Schopenhauer. Festschrift f. A. Hübscher (Wiesbaden 1962) 56–66.

[57] *F. Nietzsche*, Fröhliche Wissenschaft, Werke, Krit. Gesamtausg., hrsg. von G. Colli und M. Montinari V/1, 279; V/2, 197; vgl. dazu *J. Mohr*, Nietzsches Deutung des Gewissens, in: Nietzsche-Studien 6 (1977) 1–15.

darstellung sichert. Diese Kontrolle erfolgt in Form einer reflexen Selbstthematisierung, so daß mit der Ausbildung des Gewissens eine neue Stufe des Selbstverhältnisses erreicht ist, nämlich die der Selbstbestimmung[58]. Gewissen ist daher zu verstehen als „jene normative Selbstbestimmung der Persönlichkeit, die diese gegenüber einem Überschuß an organischen und psychisch-möglichen Verhaltenspotentialen als Steuerungssystem konstituiert"[59] und deren „individuell-sinnvolle, konsistente Selbstdarstellung"[60] ermöglicht und wahrt.

Mit der beschriebenen Funktion der Selektion wird dem Gewissen aber die Wahrung genau jener praktischen Nichtwidersprüchlichkeit zugeordnet, die schon Thomas als konstitutive, im Urgewissen festgehaltene Grundstruktur der praktischen Vernunft herausarbeitet. Gerade der Vergleich zeigt aber, daß es dabei um mehr geht als um die Sicherung numerischer Singularität oder formaler Widerspruchslosigkeit. Denn Handeln unter Gut und Böse als einer sich durchhaltenden Differenz stellt sich erst dann ein, wenn das von mir jeweils zu tuende Gute von dem insgesamt für mich Besten her seine Bestimmung erfährt[61]. Die vom Gewissen verwaltete Frage, wer ich sein will, läuft daher auf die Frage hinaus, was für ein Mensch oder wie ich sein will oder – um mit Aristoteles und Thomas zu sprechen – welchem Entwurf der Eudaimonia, des „guten Lebens", ich folgen will; personale Identität ist stets qualitative Identität[62]. Deutlich wird dies an der Differenz zwischen der personalen Identität des Menschen und seiner organischen Existenz. Die Möglichkeit, im Konfliktfall eher den eigenen Tod wählen zu können als die qualitative Identität der Persönlichkeit preiszugeben, ist, so betont Luhmann, die Voraussetzung, um überhaupt Gewissen zu haben[63]. Entspringt diese Wahl aber nicht purer Dezision, sondern der eigenen Selbstbestimmung als einem vernunftbestimmten Wollen, dann wird damit bereits eine allgemeinste Antwort auf die Frage, was für ein Mensch ich sein will, gegeben: ein solcher, der Gewissen haben, d.h. ihm folgen will. Nur wenn die sich selbst bestimmende und verantwortende Persönlichkeit als unbedingt Gutes unterstellt wird, kann dem Gewissen die beschriebene Funktion einer norma normans zugeordnet werden.

Fragt man aber nach dem Grund, warum der Mensch überhaupt Gewissen haben, warum er ein durch Gründe sich bestimmendes Wollen wollen soll, dann läßt sich, wie die neueren Versuche zeigen, nur darauf verweisen, daß die Frage nach der Begründung dieses Wollen schon voraussetzt[64], daß allem ver-

---

58 Vgl. *N. Luhmann*, a.a.O. 263–266.

59 *N. Luhmann*, Das Phänomen des Gewissens und die normative Selbstbestimmung der Persönlichkeit 223–242; 232; vgl. auch *ders.*, Die Funktion der Gewissensfreiheit im öffentlichen Recht 9–22; 19ff.

60 *N. Luhmann*, Die Gewissensfreiheit und das Gewissen 264.

61 Vgl. weiter unten Anm. 89–93.

62 Vgl. dazu *E. Tugendhat*, a.a.O. 288–291.

63 Vgl. *N. Luhmann*, Die Gewissensfreiheit und das Gewissen 269.

64 Vgl. *E. Tugendhat*, a.a.O. 356.

nunftbestimmten Wollen ein Wollen dieses Wollens[65], aller praktischen Freiheit eine „Bejahung der Freiheit durch Freiheit"[66] voraufgeht, die die Selbstgestaltung des Willens allererst zur unbedingten Aufgabe werden lassen. Damit wird die Konsequenz zwingend, daß dann, wenn meine konkrete Wahl dieser ursprünglichen Wahl widerspricht, der Fall gegeben ist, in dem das Gewissen als Verwalter der ursprünglichen Wahl zur unbedingt verpflichtenden Instanz wird, die keine höhere Instanz mehr anerkennen kann. Dieser Rang kommt aber nicht nur *meinem* Gewissen zu. Wenn ich das vernünftige Wollen nur wollen kann, indem ich es als Wollen *aller* will, und die Idee der Freiheit nur bejahen kann in der Bejahung der Freiheit anderer[67], schließt die Normativität des eigenen Gewissens die Normativität des Gewissens jedes anderen ein. Die Menschenrechtsdeklaration der Vereinten Nationen wie auch das Grundgesetz der Bundesrepublik Deutschland betrachten daher die Unverletzlichkeit der Gewissensfreiheit als Grundrecht, in dem sich jene Würde des Menschen als freie sittliche Persönlichkeit ausspricht, die in beiden Dokumenten vor den besonderen Grundrechten als höchstes Rechtsgut deklariert wird[68]. Für den demokratischen Rechtsstaat, der auf der Idee des mündigen Bürgers gründet, ist die Anerkennung des Rechts der Gewissensfreiheit daher zwingend.

Verwaltet aber das Gewissen das ursprüngliche Wollen, durch das sich die sittliche Persönlichkeit konstituiert und in dessen Konkretisierung sie gelingt oder scheitert, dann muß sich das Gewissensurteil in der Betroffenheit des ganzen Menschen, in seinem Gefühl, in seinen Gemütsbewegungen, in seinem innersten Zentrum äußern[69]. Damit wird der sachliche Grund sichtbar, warum das Gewissen in der Geschichte seiner Deutungen immer wieder als Regung eines besonderen Instinkts, als Äußerung des Gefühls, als Akt des Willens oder – wie vor allem in den vom phänomenologischen Ansatz ausgehenden Deutungen unseres Jahrhunderts – als Vollzug des ganzen Menschen im Zentrum seines Gemüts verstanden worden ist. Ohne Zweifel gilt, daß es dem Gewissen in der Reflexion auf das einzelne praktische Urteil letztlich um nichts anderes als um das Selbst des Menschen, um seine Existenz im ganzen, geht und daß die vom Gewissen reflektierte Erkenntnis ein Akt der Anerkenntnis ist[70]. Gerade

---

[65] Vgl. *H. Wagner,* Philosophie und Reflexion 252 f.
[66] *H. Krings,* Reale Freiheit. Praktische Freiheit. Transzendentale Freiheit, in: *ders.,* System und Freiheit (Freiburg – München 1980) 58–68.
[67] Vgl. ebd. 61; ferner *N. Hinske,* Kant als Herausforderung an die Gegenwart (Freiburg – München 1980) 121 ff.
[68] Vgl. Anm. 15.
[69] Vgl. etwa die Metaphorologie von Gewissensbiß, von Schmerz und Not des Gewissens u. ä. bei *Thomas von Aquin,* De ver. q. 17 a.1 und bei *I. Kant,* Über das Mißlingen aller philosophischen Versuche in der Theodizee, Akad.-Ausg. VIII 261, 265; vgl. dazu auch die Phänomenologie des Gewissens bei *W. Weischedel,* Skeptische Ethik (Frankfurt a. M. 1976) 161–166.
[70] Vgl. *D. Henrich,* a. a. O. 87.

für einen solchen Akt kann aber die Frage nach seiner Gültigkeit nur als Frage nach seinen Gründen gestellt und daher nur durch die Vernunft beantwortet werden. Wo Handeln durch Vernunft bestimmt wird, kann nur die Vernunft das Vermögen sein, das (im Akt des Gewissens) die Vielheit der Handlungen auf eine letzte Einheit, nämlich auf das Gelingen der menschlichen Existenz als ganzer, bezieht.

4. Gewissen und Wahrheit

Mit Hilfe der beschriebenen Bestimmung des Verhältnisses von Vernunft und Gewissen läßt sich auch die Beziehung zwischen Gewissen und Wahrheit genauer angeben. Die eingangs genannte, für den Gewissensbegriff zerstörerische Dichotomie, so kann festgestellt werden, ergibt sich erst dann, wenn die „Zweistufigkeit" der sittlichen Einsicht, aus der sich die spezifische Funktion des Gewissens ergibt, übersehen und Gewissen als bloße Internalisierungs- und Applikationsinstanz einer dem Gewissen vorgegebenen, von ihm selbst aber *nicht* betroffenen inhaltlichen Sittenordnung verstanden wird[71].

Das aber trifft in dieser Weise schon für Thomas nicht zu: Wenn das partikuläre praktische Urteil nicht durch Ableitung aus den im Urgewissen habituell erkannten Prinzipien gewonnen werden kann, sondern nur durch deren „Determination", die nicht ohne erfinderische „Ergänzung" und „Hinzufügung" durch die Vernunft möglich ist[72], dann besteht die im Gewissensurteil vorliegende „Applikation" zuvorderst darin, dieses der konkreten Handlung zugrundeliegende praktische Urteil an dem in ihm eingeschlossenen Prinzip praktischer Vernünftigkeit überhaupt zu prüfen. Gewissen ist Prüfung der konkreten Handlungsleitung an deren oberstem Prinzip, dem des „esse secundum rationem", der „vernunftgemäßen Existenz"[73]. Erst recht besteht nach Kant der Sinn des Prinzips praktischer Vernunft nicht darin, ein bestimmtes inhaltliches Sittengesetz vorzuschreiben, sondern die unabschließbare Fülle möglicher Handlungsmaximen auf ihre moralische Gültigkeit hin zu prüfen.

Wie das Verhältnis von Gewissen und Wahrheit des näheren zu bestimmen ist, zeigt sich für die klassischen Gewissenslehren am *Problem des irrigen Gewissens:* Wenn das Prinzip des Gewissens nichts anderes ist als das durch sich selbst einleuchtende Prinzip praktischer Vernunft überhaupt, dann ist Irrtum für *Thomas* nicht auf der Ebene der Erkenntnis des Prinzips, sondern allein auf dem der Anwendung möglich. „Im allgemeinen Urteil des Urgewissens kommt

---

71 Vgl. etwa *N. Luhmann,* a. a. O. 270; *ders.,* Das Phänomen des Gewissens und die normative Selbstbestimmung der Persönlichkeit 233 f., 241.

72 Vgl. *Thomas von Aquin,* STh I-II q.95 a.2; I-II q.91 a.3; I-II q.94 a.5; vgl. dazu *W. Kluxen,* Philosophische Ethik bei Thomas von Aquin 233–241.

73 Vgl. Anm. 45, 46, 25.

kein Irrtum vor." Wohl aber ist Irrtum im partikulären Gewissensurteil möglich, weil sowohl die erforderlichen zusätzlichen Prämissen unzutreffend sein können als auch die Applikation logisch unkorrekt erfolgt sein kann[74]. Was die Wahrheit des konkreten Urteils berührt, ist die Art der Urteilsfindung selbst: Da die im Urgewissen erkannten obersten Prinzipien nur die Rahmenstruktur menschlicher Handlungsleitung angeben und konkrete, die soziale und geschichtliche Verschiedenheit aufnehmende Handlungsregeln nicht durch Deduktion aus diesen Prinzipien, sondern nur durch deren konkretisierende Determination gewonnen werden können, muß die Notwendigkeit der Wahrheit der praktischen Sätze mit absteigender Allgemeinheit dieser Sätze abnehmen: „Die praktische Vernunft beschäftigt sich mit den kontingenten Dingen, mit denen es die menschlichen Handlungen zu tun haben. Wenn es daher auch im Bereich des Allgemeinen eine gewisse Notwendigkeit gibt, so kommt desto eher ein Fehler vor, je mehr man in den Bereich des Einzelnen absteigt."[75]

Geht der Irrtum nicht seinerseits auf willentliches Tun oder Unterlassen zurück, so ist auch das irrige Gewissensurteil für den Urteilenden *unbedingt bindend,* und zwar, wie Thomas gegen die Tradition betont, nicht nur im Bereich der ihrem Gehalt nach moralisch indifferenten Handlungen. Denn wenn auch das an sich Gute von der Vernunft unter der ratio des Bösen und das an sich Böse unter der ratio des Guten erfaßt werden kann, verbindlicher Willensgegenstand aber das ist, was dem Willen von der Vernunft vorgelegt wird, ist der Wille durch das gebunden, was die Vernunft ihm als gut oder böse, als zu tun oder zu lassen vorlegt, auch wenn die Vernunft dabei irrt, wie etwa dann, wenn sie den christlichen Glauben als sittlich böse beurteilt[76]. Gerade in der Gewissens*bindung* zeigt sich die *Freiheit* des Menschen. Denn „wer die bösen Taten unterläßt, nicht weil sie böse sind, sondern (nur) weil Gott es so geboten hat, ist nicht frei"[77]. Gewissenhaft handelt also nur, wer einem Guten zustimmt, weil er es kraft eigener Vernunft als gut beurteilt.

Daher kann das Gut- oder Bösesein des „inneren (Willens-)Aktes", durch

---

[74] Vgl. *Thomas von Aquin,* De ver. q.17 a.2; II Sent. d.39 q.1 a.2; Quodl. III q.12 a.1.
[75] Vgl. *Thomas von Aquin,* STh I-II q.94 a.4; vgl. auch Anm. 72.
[76] Vgl. Thomas von Aquin, STh I–II q.19 a.5–6; De ver. q.17 a.3–4; II Sent. d.39 q.3 a.1; Quodl. III q.12 a.2. – Während das „richtige Gewissensurteil" (conscientia recta) nach Thomas „schlechthin und an sich" (simpliciter et per se) bindet, bindet das „irrige Gewissensurteil" (conscientia erronea) nur „in bestimmter Hinsicht und für den gegebenen Fall" (secundum quid et per accidens); denn die Bindung gilt im zweiten Fall nur, sofern und solange das irrige Gewissensurteil, von dem sie ausgeht, besteht. Thomas zieht daraus die Schlußfolgerung, daß derjenige, der in der Bindung an ein irriges Gewissensurteil handelt, zwar schuldlos bleibt, aber nicht sittlich gut wird (vgl. De ver. q.17 a.4; II Sent. d.39 q.3 a.3). Die heutige katholische Moraltheologie kommt in der Mehrzahl ihrer Vertreter aus den gleichen Prämissen zu dem Schluß, daß der in gutgläubiger Befolgung eines irrigen Gewissensurteils Handelnde durch dieses Handeln auch sittlich gut wird (vgl. *J. Fuchs,* Die Frage an das Gewissen, in: *ders.,* Das Gewissen [Düsseldorf 1979] 61).
[77] *Thomas von Aquin,* Expos. super II epist. ad Cor. c.3 l.2.

den die äußere Handlung auf ein Ziel ausgerichtet wird und durch den sie deshalb ihr eigentlich sittliches Gut- oder Bösesein gewinnt, vom Gut- oder Bösesein des „äußeren Aktes" als solchen differieren[78]. Die Thomas folgende Tradition hat deshalb zwischen formaler und materialer Sittlichkeit, subjektivem oder objektivem Gut- oder Bösesein der Handlung unterschieden. Vor allem die zweite Unterscheidung trifft aber nicht eigentlich den von Thomas gemeinten Fall. Was im unüberwindlich irrigen Gewissensurteil als gut erkannt wird, wird ja durchaus von der Vernunft als *objektiv* gut beurteilt[79]; nur deshalb verpflichtet auch dieses Urteil. Glücklicher ist daher die Unterscheidung zwischen dem sittlich Gut- oder Bösesein, das einer Handlung durch ihre willentliche Ausrichtung auf ein Ziel zukommt, und dem sittlich Richtig- oder Falschsein des Urteils, in dem der Verstand die betreffende Handlung ihrem Gegenstand, ihren Umständen und ihren Folgen nach beurteilt und dem gewählten Ziel zuordnet[80].

Welchen Zusammenhang zwischen der Zielausrichtung des Willens und der zugrunde gelegten Beurteilung der auf dieses Ziel ausgerichteten Handlung Thomas bei der Bewertung des irrigen Gewissensurteils voraussetzt, wird deutlich, wenn man die von ihm im Kommentar zur Nikomachischen Ethik getroffene Unterscheidung zwischen dem Vollzug einer Handlung (quantum ad speciem operationis) und der vollzogenen Handlung (ex parte ipsius operati) heranzieht[81]. Im ersten Fall geht es dann um die Frage, ob der jeweils handlungsleitende Akt als Akt dem Prinzip folgt, das die prinzipielle Struktur praktischer Vernunft angibt und das der Mensch im Urgewissen mit absoluter Sicherheit erkennt; im zweiten Fall geht es darum, die vollzogene Handlung unter dem Gesichtspunkt des besonderen Gegenstands und der näheren Umstände als gut oder böse zu beurteilen. Da das Urteil, daß das, was als gut erkannt wird, auch zu tun ist, nur von dem gelten kann, was der einzelne als gut erkennt, verpflichtet dieses Urteil auch dann, wenn das zweite Urteil ohne zurechenbares Tun oder Unterlassen des Urteilenden irrig ist. Die aus der Würde des Menschen als Vernunft- und Freiheitswesen resultierende Bestimmung des Willens durch Vernunft fordert aber nicht nur die *Bindung* des Gewissens an das als gut Erkannte, sondern auch die *Bildung* des Gewissens, die den Wahrheitsanspruch dieser Erkenntnis sichert. Weil das Urteil über das jeweilige Gute nur kraft des obersten praktischen Prinzips bindet, das das als gut Erkannte zu tun gebietet,

---

78 Vgl. *Thomas von Aquin*, STh I–II q.20 a.3.

79 Vgl. *B. Schüller*, Gewissen und Schuld, in: *J. Fuchs* (Hrsg.), Das Gewissen (Düsseldorf 1979) 39–42; *ders.*, Die Begründung sittlicher Urteile. Typen ethischer Argumentation in der Moraltheologie (Düsseldorf ²1980) 40.

80 Vgl. ebd. 139f.

81 Vgl. *Thomas von Aquin*, In Eth. V l.13; vgl. dazu *J. Fuchs*, „Operatio" et „operatum" in dictamine conscientiae, in: Thomistica morum principia II (Rom 1960) 71–79; *K. Golser*, Gewissen und objektive Sittenordnung (Wien 1975) 134–138.

kann eine Bindung des Gewissens an das als gut Erkannte nicht bestehen, wenn diese Erkenntnis in ihrer Wahrheit zweifelhaft ist und den Urteilenden in Unsicherheit beläßt.

Auch *Kant* unterscheidet zwischen dem Urteil des Gewissens im engeren Sinn und dem von ihm vorausgesetzten Urteil des praktischen Verstandes und der Urteilskraft. Da das Gewissen nicht sagt, *was* jeweils gut ist, sondern dies als Urteil des praktischen Verstandes und der subsumierenden Urteilskraft voraussetzt, kann zwar der praktische Verstand, nicht aber das Gewissen irren. Das Gewissen sagt nur, daß das Gute zu tun sei, und prüft in Form eines subjektiven Urteils, ob ich das objektive Urteil, „ob etwas Pflicht sei oder nicht ... mit meiner praktischen (hier richtenden) Vernunft zum Behuf jenes Urteils verglichen habe". „Gewissenlosigkeit ist nicht Mangel des Gewissens, sondern Hang, sich an dessen Urteil nicht zu kehren. Wenn aber jemand sich bewußt ist, nach Gewissen gehandelt zu haben, so kann von ihm, was Schuld oder Unschuld betrifft, nichts mehr verlangt werden. Es liegt ihm nur ob, seinen Verstand über das, was Pflicht ist oder nicht, aufzuklären." Daß es aber im Fall der Tat zu einem Urteil kommt, ist für Kant „unwillkürlich und unvermeidlich"; denn Gewissen ist jenes mitlaufende Bewußtsein des eigenen Handelns, das der Mensch „ursprünglich in sich" hat[82]. Unter diesem Gesichtspunkt gibt es weder ein wahres noch ein irrendes Gewissen, sondern nur ein „Bewußtsein, das für sich selbst Pflicht ist". Daraus folgt nur, daß ich der Wahrheit des vorausgesetzten Verstandesurteils *gewiß* sein muß. Das Gewissen im engeren Sinn urteilt nur über diese Gewißheit, nicht über die Wahrheit[83]. Dafür, daß eine Aussage wahr ist, so betont Kant an anderer Stelle, kann der Mensch nicht jederzeit einstehen; denn hier ist Irrtum möglich. Dafür aber, daß die Äußerung seines Fürwahrhaltens wahrhaftig ist, „kann und muß er stehen"; denn hier geht es um die Übereinstimmung der Äußerung mit dem Subjekt, deren sich jeder unmittelbar bewußt ist, wobei Kant einräumt, daß auch Unlauterkeit vor sich selbst nicht ausgeschlossen werden kann[84]. Gerade wenn das Gewissen ein „Leitfaden in den bedenklichsten moralischen Entschließungen" ist, der selbst nicht noch einmal geleitet werden kann – es „will keinen Leiter; es ist genug eines zu haben" –, weil es nichts anderes sagt, als daß der Mensch dem von seinem Verstand als gut Erkannten zu folgen hat, folgt als „Postulat des Gewissens" der Grundsatz,

---

[82] *I. Kant,* Die Metaphysik der Sitten, Akad.-Ausg. VI 400 f.; vgl. ebd. 437 f.

[83] Vgl. *I. Kant,* Die Religion innerhalb der Grenzen der bloßen Vernunft, Akad.-Ausg. VI 185 f.

[84] Vgl. *I. Kant,* Über das Mißlingen aller philosophischen Versuche in der Theodizee, Akad.-Ausg. VIII 267 f., 270; vgl. dazu *G. Nessler,* Das oberste Prinzip der Moralität in Kants kritischer Ethik, Phil. Diss. (Bonn 1971) 224–261; *ders.,* „Amoralismus" und „Gewissen" bei Kant, in: Akten des 4. Intern. Kant-Kongr., hrsg. von G. Funke II, 2 (Berlin – New York 1974) 550–559.

daß man nur einer solchen Erkenntnis des Guten folgen darf, deren man gewiß ist und „nichts auf die Gefahr wagen (soll), daß es unrecht sei"[85].

Zieht man die bei Thomas und Kant vorliegenden Ansätze aus, so zeichnen sich die maßgeblichen Linien für eine Bestimmung des Verhältnisses von Gewissensurteil und Wahrheit, Selbstbestimmung und Vernunftbezug, sittlichem Handeln und Selbstverhältnis ab: Im Gewissensurteil antworte ich auf die Frage, ob ich die der konkreten Handlung zugrundeliegende Willensbestimmung, so wie ich sie getroffen habe oder zu treffen beabsichtige, als gewissenhaft verantworten kann. Gewissenhaft aber ist sie, wenn ich sie gemäß dem (Ur-)Gewissen getroffen habe, das dem Menschen ursprünglich eigen ist und das ihm gebietet, in seinen Willensakten dem als gut Erkannten zu folgen, d. h. aufgrund eines praktischen Urteils, einer praktischen Überlegung zu handeln. Nur ein Handeln, das durch Vernunft bestimmt ist, das nicht aus Ursachen resultiert, sondern Gründen folgt, ist eine Tat, die aus Freiheit geschieht; nur sie ist *meine* Tat, die mir zurechenbar ist und für die ich verantwortlich bin. Sich in Freiheit selbst zu bestimmen heißt also gerade nicht, sich willkürlich oder zufällig, sondern sich nach Gründen zu bestimmen. Die Bindung, die sich im Urgewissen ausspricht, fordert den Vernunft- und Wahrheitsbezug. Eben dieser Bezug ist aber nur durch das Subjekt selbst herstellbar. Denn als gut habe ich nur dann etwas erkannt und anerkannt, wenn *ich selbst* es als gut erkannt und anerkannt habe. „Die Wahrheitsfrage kann ich nicht delegieren, ich kann ihr nur entweder ausweichen oder sie selbst stellen, und dasselbe gilt fürs Überlegen und fürs Wählen."[86] Die Wahrheit des Gewissensurteils kann deshalb nur gesichert werden durch den Urteilenden selbst: Gewissensbindung schließt notwendig die Verpflichtung zur Gewissensbildung ein.

Weil aber die Wahrheitsfrage nicht anders als von mir selbst gestellt und beantwortet werden kann, folgt gerade aus dem Wahrheitsbezug der praktischen Vernunft die Letztinstanzlichkeit des individuellen Gewissensurteils. In ihr manifestiert sich der Mensch nicht nur als einmalige, unvertretbar selbst urteilende und handelnde und deshalb für sein Handeln die Verantwortung tragende *Person;* sie ist die Form, in der allein er diese personale Existenz als Vernunft- und Freiheitswesen zu wahren vermag. Deshalb gehört es zur unaufgebbaren Würde des Menschen, nur dem zuzustimmen und zu folgen, was das eigene Gewissen gebietet. Da das Gewissen Vollzug praktischer Vernunft ist, bedeutet das gerade nicht, einer subjektiven Norm zu folgen, sondern der objektiven Norm, sofern sie von mir als objektiv erkannt ist[87]. Deshalb kann einer

[85] *I. Kant,* Die Religion innerhalb der Grenzen der bloßen Vernunft, Akad.-Ausg. VI 185f.; vgl. dazu *G. Funke,* Gutes Gewissen, falsches Bewußtsein, richtende Vernunft, in: *J. Blühdorn* (Hrsg.), Das Gewissen in der Diskussion 252–284.

[86] *E. Tugendhat,* a. a. O. 291.

[87] Vgl. *B. Schüller,* Die Begründung sittlicher Urteile 55; *J. Fuchs,* „Operatio" et „operatum" in dictamine conscientiae 75; *K. Golser,* a. a. O. 136.

sittlichen Weisung – und sei es die der höchsten Autorität –, die nicht im eigenen Gewissensurteil als sittlich gut erkannt und anerkannt ist, keine sittliche Bindung zukommen. Da die Wahrheit ihre sittliche Relevanz in der Vermittlung durch die individuelle Vernunft gewinnt, ist die Unverletzlichkeit der Gewissensfreiheit ein aus der Würde des Menschen folgendes Grundrecht. Gewissensfreiheit aber ermöglicht ihrerseits das, was den Wahrheitsbezug sichert, nämlich die uneingeschränkte Gewissensbildung[88].

5. Gewissen und individueller Lebensentwurf

Mit Hilfe der beschriebenen Beziehung zwischen praktischer Vernunft und Gewissen kann auch der für das Phänomen des Gewissens charakteristische Zusammenhang zwischen Gewissen und Individualität näher verdeutlicht werden: Wenn das Wollen des Menschen, wie schon gesagt, sein sittliches Gutsein durch die Ausrichtung auf das gewinnt, was die Vernunft dem Willen als gut vorstellt, und das oberste Gute das vernunftbestimmte Wollen selbst ist, dann steht jedes einzelne Wollen im Zusammenhang eines umfassenden Wollens und empfängt von ihm her seine sittliche Dignität. Als vernunftgeleitetes Wollen eines Subjekts, dem eine bestimmte Natur eignet und das hier und jetzt existiert, kann aber dieses umfassende Wollen seine konkrete Gestalt nur finden in Form eines *Lebensplans,* den das Individuum selbst *entwirft.*

Für *Thomas* ergibt sich dieser Zusammenhang aus der eigentümlichen Form der Zielbestimmtheit des menschlichen Handelns[89]: Da der Mensch sich nicht einfach den Zielen seiner natürlichen Antriebe überlassen kann, sondern sich kraft Vernunft selbst dazu bestimmen muß, welchen Zielen er folgen will, findet er die Erfüllung seiner Natur als „letztes Ziel" (finis ultimus) nur, wenn er dieses Ziel in jedem einzelnen Gewollten als Letztgewolltes intendiert. Ist aber seine Natur, deren Erfüllung er anstrebt, ein nur in seiner Rahmenstruktur bestimmtes, ansonsten aber offenes Seinkönnen, dann kann die konkrete Gestalt ihrer Erfüllung nicht als inhaltlich fertig vorgegebenes, sondern muß als ein vom Menschen selbst im Handeln zu entwerfendes und zu verwirklichendes Ziel betrachtet werden. Der Mensch erscheint als das sich selbst aufgegebene Wesen. Er muß sein Leben „führen", indem er das einzelne Wollen und Handeln auf ein letztes Ziel bezieht und damit unter einen Lebensplan stellt, in dem sein Lebenssinn, das gute Leben (im Sinn der aristotelischen Eudaimonia), seine konkrete Gestalt gewinnt. In der Einheit des Handelns, die er selbst vollzieht, wird Wirklichkeit, wer oder was für ein Mensch er sein will.

---

[88] Vgl. *R. Hofmann,* Gewissensfreiheit in theologischer Sicht, in: *R. Hauser – F. Scholz* (Hrsg.), Der Mensch unter Gottes Anruf und Ordnung. Festschrift f. Th. Müncker (Düsseldorf 1958) 25ff.

[89] Vgl. *Thomas von Aquin,* STh I–II q.1 a.4–6; vgl. dazu *W. Kluxen,* Philosophische Ethik bei Thomas von Aquin 115–118; *ders.,* Thomas von Aquin: Zum Gutsein des Handelns 333–336.

Geleistet wird dies durch die Überlegung der Klugheit (prudentia), in der die praktische Vernunft zum Handeln anleitet, indem sie die Allgemeinheit des Ziels mit der hier und jetzt von mir zu vollziehenden Handlung vermittelt[90]. Ihrer logischen Struktur nach ist diese Vermittlung keineswegs nur eine bloße, den besonderen Umständen Rechnung tragende Applikation des allgemeinen Guten. Was jeweils zu tun ist, ergibt sich für mich nur, indem ich jene Handlungsmöglichkeiten entwerfe und ergreife, die sich mir als Konkretisierung der für mich gebotenen Gestalt des guten, geglückten Lebens zu erkennen geben. Auf diese Weise stellt das jeweilige Konzept des guten Lebens zwar das in allem besonders Gewollten der Intention nach zuerst Gewollte dar, doch läuft dies gerade nicht auf eine Mediatisierung aller besonderen Ziele hinaus. Denn ich kann mein Konzept des guten Lebens nur verfolgen, indem ich die mir jeweils eröffneten je eigenen Handlungsziele ergreife[91]. Sobald der Mensch zum Vernunftgebrauch gelangt ist und Gut und Böse selbst zu unterscheiden und zu beurteilen vermag, so heißt es bei Thomas, ist er in der Lage, mit sich selbst zu Rate zu gehen (deliberare de seipso) und sich selbst in seinem Handeln „auf das gebotene Ziel hinzuordnen“[92]. Dazu ist nicht erforderlich, daß er das die Hinordnung bestimmende letzte Ziel bewußt erfaßt; denn die Kraft der „ersten Intention“ des letzten Ziels hält sich in allem Streben durch und leitet es auf diejenigen Ziele, in denen das letzte Ziel seine konkrete Gestalt findet[93].

Damit ergibt sich ein komplexer Zusammenhang: Erst durch diese „Grundentscheidung“[94] als Grundausrichtung des Wollens steht jedes einzelne Wollen, jede partikuläre Entscheidung unter einem Richtungssinn, nämlich unter der Frage, ob und in welcher Weise der Mensch in ihr seinen Daseinssinn als ganzen trifft oder verfehlt. Der Raum des menschlichen Seinkönnens wird zum Raum der Freiheit eines Wollens, in dem der Mensch sich entscheidet, wer bzw. was für ein Mensch er eigentlich sein will. Die Grundentscheidung hat, um mit Kierkegaard zu sprechen, den Charakter einer „ursprünglichen Wahl“, nämlich jener Wahl der Freiheit, die die Freiheit der Wahl allererst ermöglicht: „Durch diese Wahl wähle ich eigentlich nicht zwischen Gut und Böse, sondern ich wähle das Gute; indem ich aber das Gute wähle, wähle ich eben damit die Wahl zwischen Gut und Böse. Die ursprüngliche Wahl ist ständig zugegen in einer jeden folgenden Wahl.“[95]

---

[90] Vgl. *Thomas von Aquin,* STh II–II q.47.

[91] Vgl. *Thomas von Aquin,* STh I–II q.1 a.6; vgl. dazu *W. Kluxen,* a.a.O. 336–339.

[92] *Thomas von Aquin,* STh I–II q.89 a.6; vgl. auch De ver. q.28 a.3 ad 4.

[93] Vgl. *Thomas von Aquin,* STh I–II q.1 a.6 ad 3.

[94] Vgl. dazu und zum folgenden *J. B. Metz,* Art. „Entscheidung“, in: HthGB I 281–288; *H. Reiners,* Grundintention und sittliches Tun (Freiburg – Basel – Wien 1966); *H. Rombach,* Art. „Entscheidung“, in: HphGB I 361–373; *H. Kramer,* Die sittliche Vorentscheidung (Würzburg 1970); *K. Demmer,* Die Lebensentscheidung (Paderborn 1974).

[95] *S. Kierkegaard,* Entweder-Oder, 2. Teil, Ges. Werke, hrsg. von E. Hirsch II (Düsseldorf 1957) 232f.; vgl. dazu *A. Pieper,* Die Wahl der Freiheit als die Freiheit der Wahl, in: *H. M.*

Gerade das aber impliziert, daß die ursprüngliche Wahl die Gestalt einer *Selbstwahl*, daß die Grundentscheidung für das letzte Ziel die Gestalt einer individuellen Lebensentscheidung, eines *Lebensplans* annimmt, in dem der Mensch die ihm natural und geschichtlich eröffneten Möglichkeiten als die ihm eigenen ergreift[96]. Ist aber die Lebensentscheidung der Horizont, der alle einzelnen Entscheidungen bestimmt, selbst aber nur durch diese Entscheidungen vollzogen werden kann, dann leuchtet ein, daß es ein Mitwissen – wenn auch nicht notwendig ein thematisches Wissen – von dem gewählten Lebenskonzept geben muß und daß das Konzept selbst erst im Verlauf seiner Konkretisierung in den einzelnen Handlungen seine endgültige Gestalt annimmt. Je mehr die Konkretisierung voranschreitet, um so mehr gewinnt das menschliche Leben sein definitives Profil. Jede getroffene Entscheidung wirkt zurück und bestimmt damit den Raum zukünftiger Entscheidungen. Die einzelnen Entscheidungen gewinnen immer mehr den Charakter des unwiderruflich Einmaligen, in dem die individuelle sittliche Persönlichkeit ihre endgültige Gestalt annimmt. Ohne Zweifel bedeutet dies einen zunehmenden Verzicht auf eine Fülle wählbarer anderer Möglichkeiten und eine wachsende innere Notwendigkeit der jeweils zu wählenden Möglichkeit, nicht aber Verlust der Offenheit für Korrektur und Änderung. Als Konkretisierung der Grundentscheidung, die nur in Form einer Vorentscheidung in das einzelne Wollen eingeht, muß der eingeschlagene Lebensplan für die Korrektur an dem in der Grundentscheidung intendierten Guten offen bleiben. Ein Lebenskonzept, das nicht mehr auf das größere Maß des guten Lebens hin korrigierbar und umstürzbar ist, hätte die durch die Grundentscheidung getroffene Ausrichtung auf die Totalität des Guten und damit seine sittliche Dignität verloren. Wann immer der Mensch ein bestimmtes Lebenskonzept totalisiert, hebt er die Ausrichtung auf die nie einholbare Totalität des guten Lebens auf; er verfehlt sich selbst, sein Handeln gewinnt den Charakter der Schuld[97].

Wenn aber in jeder partikulären Entscheidung eine Grundentscheidung vollzogen wird, in der *ich mich* entscheide, impliziert jede Entscheidung ein Verhältnis zu mir selbst, das mir in der Form eines ausdrücklichen und unausdrücklichen Mitwissens gegeben sein muß. Selbstwahl ist nur möglich als explizite oder implizite Selbsterfassung[98]. Damit liegt der Zusammenhang zwischen Gewissen und individuellem Lebensentwurf auf der Hand: Im Gewissen weiß *ich* mich als Subjekt eines Anspruchs, der sich an *mich* als diese konkrete indivi-

---

Baumgartner (Hrsg.), Prinzip Freiheit (Freiburg – München 1979) 75–96; *H. Fahrenbach*, Kierkegaards ethische Existenzanalyse (als „Korrektiv" der Kantisch-idealistischen Moralphilosophie), in: *M. Theunissen – W. Greve* (Hrsg.), Materialien zur Philosophie Søren Kierkegaards (Frankfurt a.M. 1979) 216–240.

96 Vgl. dazu und zum folgenden Anm. 94.

97 Vgl. *L. Honnefelder*, Zur Philosophie der Schuld, in: ThQ 155 (1975) 31–48; 43f., 46ff.

98 Vgl. *K. Demmer*, a.a.O. 18–27.

duelle Person in dieser konkreten Handlungssituation richtet und der sich nur in Form der Bestimmung meiner selbst einlösen läßt. Das Gewissensurteil ist diejenige Form der Selbsterfassung, in der das individuelle sittliche Subjekt diese Selbstwahl, bezogen auf die einzelne Tat, trifft und wahrt. Nicht von ungefähr konzipiert Thomas daher das Gewissensurteil, die conscientia, als die reflexive Gestalt der Überlegung der Klugheit, der prudentia, in der das individuelle Subjekt in Konkretisierung des ihm im Urgewissen gegebenen obersten praktischen Prinzips und der natural und geschichtlich hinzunehmenden Prämissen das jeweils zu Tuende entwirft und vorschreibt[99]. Das Gewissensurteil ist Resultat der „persönlichen Reflexion"[100], in der ich mir jenes „individuellen Gesetzes"[101] bewußt werde, in dem das im Urgewissen habituell erkannte oberste praktische Prinzip seine in meinem Handeln sich durchhaltende Konkretisierung durch mich und für mich erfährt. Im Gewissensurteil äußert sich der Anspruch an den Handelnden, die unverwechselbare Einheit der individuellen Person angesichts der wechselnden Handlungsbedingungen zu wahren und sie nach den in Form von Schuld eingetretenen Widersprüchen wiederherzustellen[102].

Damit wird im Zusammenhang von Allgemeinheit und Individualität des im Gewissen erfahrenen Anspruchs noch einmal der für das Phänomen des Gewissens charakteristische Zusammenhang von Wahrheits- und Selbstbezug sichtbar: Sich für die Individualität der eigenen Entscheidung auf das Gewissen zu berufen heißt, sich darauf zu berufen, daß die Selbstbestimmung als Bestimmung durch Vernunft hier und jetzt keine andere als diese Entscheidung zuläßt und daß die Preisgabe dieser Entscheidung deshalb auf die Selbstaufhebung als Vernunft- und Freiheitswesen hinausläuft. *Daß* die praktische Vernunft mir *dieses* gebietet, kann mir aber wiederum nur *meine* Vernunft sagen. Nur sie kann die Objektivität des individuellen Anspruchs als Anspruch der Objektivität beurteilen. Der allgemeine Anspruch kann nur in der *individuellen* Forderung aufgenommen werden, die *ich* erkenne und anerkenne. Doch kann umgekehrt nur diejenige individuelle Forderung von mir erkannt und anerkannt werden, die ich als Forderung erfahre, die aus dem Anspruch der Selbstbestimmung durch Vernunft erwächst[103]. Deshalb ist es auch kein Zufall, daß die

---

[99] Vgl. *Thomas von Aquin,* De ver. q.17 a.1; II Sent. d.24 q.2 a.4.

[100] *H. Wagner,* Philosophie und Reflexion 340–350; 348.

[101] So der Titel bei *G. Simmel,* Das individuelle Gesetz, in: Logos 4 (1913) 117–160.

[102] Vgl. dazu *T. Rendtorff,* Ethik. Grundelemente, Methodologie und Konkretionen einer ethischen Theologie, Bd. I (Stuttgart – Berlin – Köln – Mainz 1980) 114f. – Damit deutet sich der Zusammenhang zwischen Gewissensurteil und Reue als „Wiedergeburt" an, wie ihn *M. Scheler* (Reue und Wiedergeburt, in: *ders.,* Vom Ewigen im Menschen, Ges. Werke, hrsg. von M. Scheler V [Bern – München ⁵1968] 29–59) beschreibt.

[103] Vgl. dazu *F. Kaulbach,* Ethik und Metaethik. Darstellung und Kritik metaethischer Argumente (Darmstadt 1974) 193f.; *ders.,* Die Frage nach dem Gewissen im Aspekt analytischer Philosophie, in: *J. Blühdorn* (Hrsg.), Das Gewissen in der Diskussion (Darmstadt 1976) 336–340.

Frage nach der Gültigkeit des individuellen Gewissens und die Frage nach der Objektivität des Allgemeinen historisch zugleich auftreten: zuerst beim platonischen Sokrates und dann erneut – unter den spezifischen Einflüssen des christlichen Glaubens – in der geistigen Bewegung des 12. und 13. Jahrhunderts, wie sie im Denken Abaelards erstmals deutlich hervortritt[104]. Hier wie dort führt die Gewissensfrage zur Ausbildung philosophischer Ethik.

Kann aber die alltägliche Frage nach dem zu Tuenden als an mich gestellte Frage letztlich nur von mir beantwortet werden, dann kann ein letzter Aspekt des Gewissensphänomens nicht übersehen werden: So gewiß die Berufung auf das individuelle Gewissen eine Berufung auf von mir als zwingend erkannte Gründe ist, so wenig können doch die Gründe diese von mir hier und jetzt zu treffende Entscheidung *vollständig* bestimmen. Deshalb kann die letzte Antwort auf die Frage, warum ich so handle und handeln muß, über alle Gründe hinaus nur die sein, daß ich eben ich bin. Wenn jede Entscheidung singulär ist und von einem singulären Ich zu treffen ist, dann gibt es einen „Rest", für den sich keine Gründe mehr angeben lassen[105]. Da gehandelt werden muß, muß hier der einzelne in einem irreduzibel individuellen Akt seines Willens entscheiden und für die getroffene Entscheidung die Verantwortung übernehmen. Zur Letztinstanzlichkeit des Gewissens gehört unteilbar die Unübertragbarkeit der *Verantwortung*. Gerade sie fordert vom Handelnden, die Frage nach den Gründen, die für die Bestimmung seines Handelns maßgeblich sind, bis zu der Grenze voranzutreiben, bis zu der eine Vergewisserung möglich ist, um dann die jenseits dieser Grenze erforderliche individuelle Entscheidung auf sich zu nehmen. Um den Vollzug der eigenen Freiheit selbst verantworten zu können, ist der Prozeß der Gewissensbildung unabdingbar.

Ist das Gewissen aber die Instanz, vor der der Mensch unübertragbar die Verantwortung für sein Handeln übernimmt und damit über sich selbst entscheidet, dann liegt es nahe, das Gewissen „als subjektives Prinzip einer vor Gott seiner Taten wegen zu leistenden Verantwortung"[106] zu denken. Damit erfährt das Gewissen eine letzte Explikation; doch setzt diese Explikation – sei es in Form eines auf Gott als Postulat der praktischen Vernunft oder eines auf Offenbarung sich beziehenden Glaubens – zu ihrer Gültigkeit die Anerkennung des Gewissens als der alles Handeln beurteilenden und verantwortenden Instanz voraus[107].

---

[104] Vgl. *B. Nelson*, Der Ursprung der Moderne. Vergleichende Studien zum Zivilisationsprozeß (Frankfurt a.M. 1977) IX, 50ff., 160f.

[105] Vgl. *E. Tugendhat*, a.a.O. 238, 277, 295, 346.

[106] *I. Kant*, Die Metaphysik der Sitten, Akad.-Ausg. VI 439; vgl. dazu ausführlich *R. Meyer*, a.a.O. 233–251.

[107] Das Gewissen „entscheidet in letzter Instanz und ist inappellabel": *J. G. Fichte*, Das System der Sittenlehre nach den Prinzipien der Wissenschaftslehre, Gesamtausg. I/5, hrsg. von R. Lauth und H. Gliwitzky (Stuttgart – Bad Cannstatt 1977) 161f.

Weiterführende Literatur

J. Blühdorn (Hrsg.), Das Gewissen in der Diskussion (Darmstadt 1976).
J. Fuchs (Hrsg.), Das Gewissen (Düsseldorf 1979).
H. Holzhey (Hrsg.), Gewissen? (Basel – Stuttgart 1975).
D. Mieth, Gewissen, in: *F. Böckle – F.-X. Kaufmann – K. Rahner – B. Welte* (Hrsg.), Christlicher Glaube in moderner Gesellschaft, Tl.-Bd. 12 (Freiburg – Basel – Wien 1981) 137–184.
N. Petrilowitsch (Hrsg.), Das Gewissen als Problem (Darmstadt 1966).
A. Schavan – B. Welte (Hrsg.), Person und Verantwortung. Zur Bedeutung und Begründung von Personalität (Düsseldorf 1980).
E. Tugendhat, Selbstbewußtsein und Selbstbestimmung. Sprachanalytische Interpretationen (Frankfurt a. M. 1979).

Ludger Honnefelder

II

Glaube und Gewissen

Es gibt wohl kaum einen Begriff der allgemeinen Ethik, der für die christliche Ethik eine solche Bedeutung erlangt hat wie der des Gewissens. Diese Feststellung ergibt sich – unter einem historischen Aspekt – aus der Tatsache, daß bestimmte philosophische Interpretamente des Gewissensphänomens die theologische Konzeption des Gewissens beeinflußt haben. Sie ergibt sich aber vor allem aus der Tatsache, daß es gerade der Begriff des Gewissens ist, der es der christlichen Theologie ermöglichte und ermöglicht, bestimmte religiös-ethische Erfahrungen zu artikulieren. Dies gilt dann in besonderer Weise für die grundlegende Beziehung von Glaube und Gewissen, in der das religiöse und spezifisch christliche Element des Gewissens zum Ausdruck kommt. In dieser Beziehung von Glaube und Gewissen geht es daher weniger um die Funktionalität des Gewissens in seinem Verhältnis zur praktischen Vernunft und die Begründung dieser Funktionalität aus einem vernunftgeleiteten Urgewissen[1], sondern um das Gewissen als Vermittlungsort des Verhältnisses von Mensch und Gott und der daraus resultierenden Verantwortung Gott gegenüber, die sich zugleich als handlungsorientierte Entscheidung auf alle Dimensionen menschlichen Daseins erstreckt. Oder anders formuliert: Die Beziehung von Glaube und Gewissen setzt die formale Struktur des Gewissens voraus und bezieht sich auf jenes Gewissen in der Form des Glaubensgehorsams gegenüber Gottes Wort, in dem der Mensch seine spezifisch religiöse und christliche Identität erfährt, die zugleich als handlungsorientierte sittliche Entscheidung zum Ausdruck kommt.

[1] Vgl. den Beitrag von *L. Honnefelder*, Praktische Vernunft und Gewissen, in diesem Band S. 19.

1. Die Beziehung von Glauben und Gewissen im Alten und im Neuen Testament

Obwohl der Begriff des Gewissens im Alten Testament nicht thematisiert wird und, von zwei Ausnahmen im griechischen Text abgesehen, auch gar nicht vorkommt[2], gibt es dennoch eine Reihe von Hinweisen auf das Phänomen des Gewissens als einer vor Gott zu verantwortenden Entscheidung des Menschen, wobei auf das Herz als Sitz dieser Entscheidung rekurriert wird, das als Zentrum der geistigen Kräfte und Fähigkeiten des Menschen angesehen wird[3]. In dieser Funktion ist das Herz Ansprechpartner und Empfänger des Willens Gottes, der sich im Gesetz und durch die Propheten kundtut, sich aber auch direkt äußern kann. Besonders das Gesetz offenbart „den unbeschränkten Herrschaftswillen Gottes. Gott gibt das Gesetz, damit der Mensch ihm Gehorsam leiste; und beide, Gesetz und Gehorsam, sind unbedingt."[4]

Auch wenn man berücksichtigt, daß sich der Heilswille Gottes primär an das Volk Israel als Gemeinschaft richtet und somit das Volk vor die Entscheidung des Gehorsams gestellt wird, so kann man doch auch von einer individuell-personalen Gehorsamsentscheidung sprechen, weil der Heilswille Gottes auch auf das Zusammenleben aller in der Gemeinschaft Israels lebenden Mitglieder abzielt und daher die Erfordernisse für dieses Zusammenleben in die Gehorsamsforderung mit einbezieht[5]. Darüberhinaus wird im Zusammenhang mit der Funktion des Herzens als sittlichem Entscheidungszentrum auch das Individuum ausdrücklich als Träger des Gehorsams gegenüber Gottes Wort erwähnt; bezeichnenderweise in den Daviderzählungen, die dann auch unter diesem Aspekt exemplarischen Charakter erhalten[6].

Aber einerlei, ob das Individuum direkt oder indirekt als Mitglied der Gemeinschaft angesprochen wird, der einzelne wie das Volk werden mit dem Heilswillen als Wort Gottes konfrontiert, das der Mensch hören und in sein Herz aufnehmen soll: „Aus demHören muß ein Gehören, aus dem Horchen ein Gehorchen werden".[7] Das Annehmen oder das Ablehnen des Wortes Gottes wird zur sittlichen Lebensentscheidung des Menschen: „Ganz nahe bei dir ist das Wort, in deinem Munde, in deinem Herzen, so daß du es tun kannst. Vorgelegt habe ich dir Leben und Tod, Segen und Fluch. So wähle denn das Leben" (Dtn 30, 14.19). Dieser Text und ähnliche Aussagen im Alten Testament machen deutlich, daß das Wort Gottes, daß sein Gesetz im Vergleich zu anderen vorderorientalischen Religionen[8] nicht blindes, von Gott auferlegtes Schicksal

---

[2] Koh 10,20; Weish 17,10.
[3] Vgl. *Baumgärtel-Behm*, in: ThWNT III 609 ff.
[4] *L. Köhler*, Theologie des Alten Testaments (Tübingen [4]1966) 191.
[5] Vgl. *L. Köhler*, a.a.O. 192.
[6] Vgl. *J. Schreiner*, Persönliche Entscheidung vor Gott nach biblischem Zeugnis. „Gewissen" in der Bibel, in: Bibel und Leben 6 (1965) 113 ff.; *L. Köhler*, a.a.O. 192.
[7] *J. Schreiner*, a.a.O. 114.
[8] Vgl. *M. Eliade*, Geschichte der religiösen Ideen I (Freiburg i.Br. [2]1978) 62 ff.

oder gar Zwang ist, dem sich der Mensch nicht entziehen kann, sondern Anruf zu einer sittlichen Entscheidung, bei der zwar das Wort, das Gesetz Gottes Ziel und Richtung bestimmen, für oder gegen das sich aber der Mensch in seinem Herzen frei entscheiden kann.

Auch in den Jesusberichten der Synoptiker und in den johanneischen Schriften fehlt der Begriff des Gewissens. Der naheliegende Grund für dieses Fehlen mag darin bestehen, daß es in der hebräischen Sprache keinen entsprechenden Ausdruck für diesen Begriff gibt. Man kann darüber hinaus dieses Fehlen auch dahingehend deuten, daß die Verkündigung Jesu nicht auf den zu seiner Zeit legalistischen Gehorsam abzielte, sondern auf die Umkehr des Herzens als metanoia[9]. Wie dem aber auch sein mag, das Phänomen des Gewissens ist durchaus vorhanden, und wie im Alten Testament ist auch hier das Herz der Sitz der menschlichen Entscheidung für oder gegen den Anruf Gottes.

Das gilt auch für die relativ häufige Verwendung des Gewissensbegriffes als syneidesis in der neutestamentlichen Briefliteratur und in der Apostelgeschichte; wobei es im Zusammenhang der zu behandelnden Thematik von Glaube und Gewissen unerheblich ist, ob im Einzelfall mehr die Gehorsamsintention auf den Anruf Gottes oder die sittliche Entscheidungsfunktion des Gewissens betont wird, denn in concreto läßt sich die eine Funktion nicht von der anderen trennen: Glaubensgehorsam als menschliche Entscheidung konkretisiert sich paradigmatisch in der jeweiligen sittlichen Entscheidung, jede konkrete sittliche Entscheidung – soweit sie den Anspruch erhebt, religiös-sittliche Entscheidung zu sein – erfolgt aus dem Glaubensgehorsam Gott gegenüber.

Der Terminus syneidesis erhält auf diese Weise eine weitgreifende Bedeutung, die mit dem Begriff Gewissen nur unzulänglich ausgedrückt werden kann. Wenn etwa 1 Petr 2,19 davon die Rede ist, daß es Gnade sei, „wenn jemand seiner Gottes-syneidesis wegen Trübsal zu Unrecht leidet", dann meint hier der Begriff syneidesis zwar auch die konkrete sittliche Entscheidung, Unrecht zu erleiden, bezieht sich aber primär auf das Gottesbewußtsein, das den christlichen Sklaven in der Form von Gnade dazu führt, auch einem harten und ungerechten Herrn weiter zu dienen[10]. Als eine bloß sittliche Entscheidung wäre das Erleiden von Unrecht zudem kaum verständlich, auch wenn man berücksichtigt, daß sich ein christlicher Sklave wegen der Naherwartung der Wiederkehr Christi eher mit einem derartigen Los abfinden mochte. Aber es ist nicht diese Naherwartung, die als eine Art moralischer Abwägung ausschlaggebend für die sittliche Entscheidung wäre, sondern die syneidesis als „personale Bewußtheit von der religiösen Verbundenheit des Menschen mit Gott"[11]. Es geht hier um eine spezifisch christliche Interpretation von Gewissen, die „aus

[9] *C. Spicq*, La conscience dans le Nouveau Testament, in: Revue Biblique 35 (1938) 51, Anm. 1.
[10] Vgl. *J. Stelzenberger*, Syneidesis im Neuen Testament (Paderborn 1961) 45 ff.
[11] *J. Stelzenberger*, a.a.O. 49.

dem Glauben kommt", insofern sich dieser Glaube unmittelbar auf Gott bezieht, nicht dagegen um ein Gewissen, das sich, wie etwa im Falle der „Heiden"[12] auf ein Gesetz ausrichtet, das in ihr Herz geschrieben ist[13].

Aber auch dann, wenn vom Text her eine primär sittliche Bestimmung der syneidesis naheliegt, ist die Thematik des „Bewußtseins vor Gott" mitintendiert[14]. So etwa, wenn Paulus Apg 23, 1 vor Gericht ausführt: „Ihr Herren, liebe Brüder! Ich bin mit völlig guter syneidesis bis zu diesem Tage gewandelt." Das gute Gewissen als Selbstbeurteilung bezieht sich zwar auf den gesamten Lebenswandel des Apostels, aber im Mittelpunkt steht nicht so sehr eine moralische Rechtfertigung, sondern die ausdrückliche Betonung der „Beständigkeit im christlichen Glauben" als eines „Wandels vor Gott"[15]. Obwohl Paulus den Terminus syneidesis formal im Sinn der griechischen Philosophie als sittliches Selbstbewußtsein verwendet, so unterscheidet sich die paulinische Bestimmung der syneidesis gerade dadurch von der philosophischen Interpretation, daß nicht „der Mensch zum Maß aller Dinge wird"[16], sondern Gott, der sich in und durch Jesus Christus offenbart und den Menschen durch das Evangelium Christi zur sittlichen Entscheidung führt. Das gilt dann sowohl für den unmittelbaren personalen Bezug zu Gott wie für das Leben in der Gemeinschaft. In diesem Sinne kann der Apostel vor dem Tribunal des Statthalters Felix ausführen, daß er sich darum bemühe, „in allen Stücken eine untadelige syneidesis vor Gott und den Menschen zu besitzen" (Apg 24, 16).

Was die personale Relation zu Gott betrifft, so bezieht sich diese syneidesis als untadeliges Gewissen auf „die Harmonie des Lebenswandels mit der Untadeligkeit seiner Absichten" vor Gott[17], die freilich nicht aus eigener Kraft realisiert werden kann, sondern der Gnade Gottes und des Gebetes der Brüder bedarf[18]. Gerade weil das untadelige Gewissen für Paulus nicht das Ergebnis eigener moralischen Anstrengung ist, sondern in der gnadenhaft glaubensgeleiteten Bewußtheit vor Gott gründet, kann sich Paulus auf das Mitzeugnis des heiligen Geistes für diese Bewußtheit vor Gott berufen[19] und darüber hinaus „jedes menschliche Gewissen" als Zeugnis für diese Bewußtheit anrufen[20].

Ist aber dieses Gottesbewußtsein, wie zum Beispiel bei manchen Neugetauften in Korinth, erst schwach entfaltet[21], so handelt es sich dementsprechend

---

[12] Vgl. Röm 2, 15.
[13] Vgl. *C. Spicq*, a. a. O. 67.
[14] Vgl. *J. Stelzenberger*, a. a. O. 49.
[15] Vgl. *C. Spicq*, Saint Paul, Les épîtres pastorales (Paris ²1947) 29 ff.
[16] ThWNT VII 903.
[17] *C. Spicq*, Saint Paul. Les épîtres pastorales 33.
[18] Vgl. Hebr 13, 18; 2 Kor 1, 11.
[19] Vgl. Röm 9, 1.; *P. Hilsberg*, Das Gewissen im Neuen Testament (Theologische Versuche IX., hrsg. von J. Rogge-G. Schille) (Berlin 1977) 147 ff.
[20] Vgl. 2 Kor 4, 22; dazu auch *C. Spicq*, Saint Paul. Les épîtres pastorales 34: „La présence divine garantit l'objectivité et la droiture du jugement de conscience."
[21] Vgl. 1 Kor 8, 7.

auch um ein schwaches Gewissen[22], insofern die noch rudimentäre Bewußtheit von Gott und die durch das Evangelium Christi geschenkte Freiheit gegenüber dem mosaischen Gesetz noch nicht in ihrer ganzen Tragweite erkannt worden sind. Daher wird die syneidesis dieser Neugetauften „befleckt“[23], wenn sie mitansehen müssen, daß Brüder mit einer vollkommeneren Bewußtheit von Gott und der Freiheit des Evangeliums Fleisch essen, das von heidnischen Opferaltären stammt. Dem nur schwach entwickelten glaubensgeleiteten Gottesbewußtsein entspricht eine nur schwach entwickelte sittliche Urteilskraft in jenen Bereichen, die die Realisierung des Glaubens im täglichen Leben betreffen. Gerade in der historisch beispielhaften Situation der Gewissensentscheidung im Falle des Essens von Götzenopferfleisch wird der enge Zusammenhang von pistis und gnosis als glaubensgeleitete Gotteserkenntnis und von syneidesis als die diese pistis und gnosis umfassende und von ihr her orientierte sittliche Urteilskraft deutlich. Entsprechend der stärkeren oder schwächeren Gotteserkenntnis ist auch die religiös-sittliche Urteilskraft stärker oder schwächer.

Nur wäre es ungenau, im Falle des schwachen Gewissens von einem schlechthin irrenden Gewissen im Sinne der Gewissensfunktionalität zu sprechen. Die Schwachheit bezieht sich auf die glaubensgeleitete Gotteserkenntnis, die nicht falsch oder irrig ist, aber eben noch zu schwach und unentfaltet, um sich in der handlungsorientierten religiös-sittlichen Entscheidung über das Essen von Götzenopferfleisch gegenüber der heidnischen Umwelt und der eigenen Gewöhnung aus der Zeit vor der Konversion zum christlichen Glauben behaupten zu können. Der im Glauben noch schwache Christ irrt sich keineswegs in seinem konkret religiös-sittlichen Gewissensurteil, wenn er es ablehnt, Götzenopferfleisch zu essen und am Essen der Brüder mit einem stärkeren Glauben Anstoß nimmt. Er verhält sich, seinem schwachen Glauben entsprechend, durchaus richtig. Deshalb gilt auch und gerade für ihn der Satz, daß alles Handeln, das nicht dem Glauben entspricht, Sünde ist[24]. Der Schwache würde daher gegen seinen Glauben und damit gegen sein glaubensgeleitetes schwaches Gewissen handeln, wenn er Fleisch äße, das vorher bei heidnischen Opferhandlungen verwendet worden ist. Nicht irrendes und richtiges Gewissen stehen sich in diesem Falle gegenüber, sondern schwaches und starkes Gewissen.

Paulus gibt daher der Gemeinde von Korinth den Rat, „um der syneidesis willen nicht näher nachzuforschen“[25]. Er will mit diesem Rat die im Glauben

---

[22] Vgl. *C. Spicq*, La conscience dans le Nouveau Testament 67; Zum Begriff „schwach“ im Zusammenhang von Glaube und Gewissen vgl. bes. *J. Dupont*, Syneidesis. Aux origines de la notion chrétienne de conscience morale, in: Studia Hellenistica 5 (1948) 140ff.

[23] 1 Kor 8,7; vgl. *H. Thielecke*, Theologische Ethik I (Tübingen ^{3}1965) 515 (1555): „... die Unruhe des Gewissens entsteht durch das Fehlen der völligen und ausschließlich auf Jesus Christus als den Kyrios gerichteten Hoffnung.“

[24] Vgl. Röm 14,23.

[25] 1 Kor 10,25.

und im Gewissen schwächeren Gemeindemitglieder vor der „Qual eines sittlichen Werturteils" bewahren[26]. Man kann diesen Rat als eine Art pastoraler Empfehlung bezeichnen. Es ist besser, erst gar nicht nachzufragen, vor allem natürlich für jene, die noch keine gefestigte Glaubenserkenntnis besitzen. Aber gleiches gilt auch für die im Glauben starken Mitglieder der Gemeinde. Weil es Gemeindemitglieder gibt, die noch nicht eine starke Glaubenserkenntnis besitzen, ist es das Beste, dieses Problem nicht aufkommen zu lassen[27].

Wichtiger ist aber die grundsätzliche Entscheidung des Apostels im offenen Konfliktsfall, der dann entsteht, wenn schwache Mitglieder der Gemeinde daran Anstoß nehmen, daß andere Gemeindemitglieder Fleisch essen, das zuvor heidnischen Kultzwecken gedient hat. In einem solchen Falle soll das im Glauben stärkere Gemeindemitglied auf das Essen von Götzenopferfleisch verzichten, damit nicht seine „Freiheit dem Schwachen zum Anstoß werde", weil durch das Essen solchen Fleisches dem schwachen Gewissen des Bruders „ein Schlag versetzt" werde[28]. Hier geht es nicht mehr um einen pastoralen Ratschlag oder Kompromiß, und Paulus wehrt sich in einer analogen Situation gegen die Zumutung, seine Freiheit, das heißt sein starkes Gewissen, von einem Bruder mit einem nur schwachen Gewissen beurteilen zu lassen[29]. Die Freiheit, Götzenopferfleisch zu essen, ist der Ausdruck eines starken Gewissens, und dementsprechend ließe sich sagen, daß „der Mensch gerade in der syneidesis seine eleutheria" besitze, so daß „kein anderer Mensch berechtigt" ist, „mir sein Urteil aufzudrängen"[30]. Wenn Paulus dennoch auf das Essen von Opferfleisch verzichten will, dann mag dies vordergründig auch deshalb geschehen, weil er seine in der eigenen syneidesis gewonnene Freiheit dadurch nicht aufgibt[31], da „eine Speise uns Gott nicht näher bringt. Denn wenn wir nicht essen, so haben wir keinen Verlust, und wenn wir essen, so haben wir keinen Gewinn."[32]

Aber der eigentliche Grund für diesen Verzicht liegt in der liebenden Sorge um den schwächeren Bruder, der Anstoß nimmt. Der Bruder mit der klareren und gefestigteren Gotteserkenntnis, die das Vorhandensein anderer Götter ausschließt, besitzt zwar deshalb auch ein stärkeres Gewissen, aber ihm würde die Liebe fehlen, wenn er ohne Rücksicht auf den schwächeren Bruder allein seiner eigenen syneidesis folgen würde. Dann träfe der Satz des Apostels zu: „Die Nur-Erkenntnis bläht auf, die Liebe dagegen erbaut" (1 Kor 8, 1). Um zu

[26] *J. Stelzenberger*, a. a. O. 72.

[27] Vgl. *H. D. Wendland*, Die Briefe an die Korinther (Göttingen [13]1972) 69.

[28] 1 Kor 8, 9f.; vgl. *P. Hilsberg*, a. a. O. 149: „Bewegt man sie, gegen ihr Gewissen zu handeln, so bewegt man sie, Gott nicht ernst zu nehmen, der auch für sie allein Gott ist – obwohl sie einer Gewöhnung noch unterliegen, Götzen ernst zu nehmen."

[29] Vgl. 1 Kor 10, 29f.

[30] *R. Bultmann*, Theologie des Neuen Testaments (Tübingen [3]1958) 219.; vgl. auch *P. Hilsberg*, a. a. O. 149.

[31] Vgl. *R. Bultmann*, a. a. O. 220.

[32] 1 Kor 8, 8.

erkennen, „wie man erkennen muß" (1 Kor 8, 2), bedarf es der glaubensgeleiteten Liebe, die sich in der Sorge um den schwächeren Bruder manifestiert, der nicht an der Erkenntnis des stärkeren Bruders „zugrunde gehen" (1 Kor 8, 11) darf. „Der Maßstab des wahren Pneumatikers ist die Liebe."[33]

Gerade dieser Konfliktfall in der Gemeinde von Korinth macht deutlich, daß die glaubensgeleitete syneidesis nicht nur auf einer klareren Erkenntnis Gottes und der durch Jesus Christus erwirkten Befreiung vom Gesetz beruht, sondern daß die so gewonnene Gewissenseinsicht die Liebe miteinschließt, wenn Glaube mehr sein soll als eine Nur-Erkenntnis, die sich im sittlichen Urteil des Gewissens konstituiert. Die glaubensgeleitete Stärke des Gewissens manifestiert sich nicht zuletzt in der Rücksichtnahme auf das schwächere Gewissen anderer.

Hier wird die soziale Dimension des Verhältnisses von Glaube und Gewissen besonders sichtbar. Zwar ist „alles dem Christen erlaubt, wenn er nur die Erkenntnis Gottes sucht und erstrebt"[34], aber die glaubensgeleitete Gewissensentscheidung bezieht sich ebenso auf das Gewissen der anderen, die zum Heil berufen sind, und besonders das der Brüder, auch und gerade dann, wenn sie ein nur schwaches Gewissen haben. Ganz in diesem Sinne mahnt Paulus die Starken in der Gemeinde, der „Kirche Gottes" keinen „Anstoß" zu geben[35], wenn dadurch das Heil der Brüder wegen ihres schwächeren Gewissens gefährdet würde. Und ganz allgemein spricht Paulus vom Ziel der christlichen Verkündigung: „Liebe aus reinem Herzen und gutem Gewissen und ungeheucheltem Glauben" (1 Tim 1, 5)[36].

Das glaubensgeleitete Gewissen befähigt dann auch den Christen, sein Verhältnis zur staatlichen Obrigkeit in einer diesem Gewissen entsprechenden Weise zu gestalten, wenn Paulus schreibt: „Darum ist es notwendig, ihr (der Obrigkeit) sich zu beugen, nicht bloß wegen des Zornes, sondern wegen der syneidesis" (Röm 13, 5). Der in seinem sittlichen Urteil von der Gotteserkenntnis geleitete Christ unterwirft sich der staatlichen Obrigkeit nicht nur deshalb, weil die Staatsmacht mit „Rechts- und Zwangsmacht"[37] ausgestattet ist, sondern vor allem aus der glaubensgeleiteten Einsicht, daß diese staatliche Gewalt von Gott eingesetzt ist[38]. Nicht aus dem psychologischen Motiv der Furcht vor

---

[33] *H. D. Wendland*, a. a. O. 70.

[34] *J. Stelzenberger*, a. a. O. 73.

[35] 1 Kor 10, 33; vgl. dazu *P. Hilsberg*, a. a. O. 149: „Die falsch demonstrierte Freiheit kann rücksichtslos verwunden ... Das Wort ‚verlorengehen' hat volles Gewicht ... Verlorengehen und gerettet werden sind nun einmal entscheidende Gegensätze bei Paulus." *J. Dupont*, a. a. O. 152 f., verweist auf die Eigenart der paulinischen Lösung im Unterschied zu den Verhaltensregeln der Stoa.

[36] Vgl. dazu *C. Spicq*, Saint Paul. Les épîtres pastorales 36.

[37] *J. Stelzenberger*, a. a. O. 56.

[38] Vgl. Röm 13, 1. Zur Frage, ob Paulus eine aus der jüdischen Tradition stammende Norm nochmals unterstreicht oder unter Berufung auf die „erneuerte Vernunft" (Röm 12, 2) eine vom christlichen Glaubensverständnis geleitete Beziehung zu den staatlichen Behörden postuliert vgl. *P. Hilsberg*, a. a. O. 250 und die dort behandelte Diskussion.

Strafe im Falle des Ungehorsams, auch nicht aus Furcht vor einem Strafgericht Gottes soll der Christ gehorchen, sondern aus der glaubensgeleiteten Einsicht, die sich im Gewissen manifestiert.

Unter dem Aspekt der Beziehung von Glaube und Gewissen bekommt dann auch die Gewissenssünde ihren eigenen Stellenwert. Sie ist weder einfachhin mit dem schlechten Gewissen der conscientia antecedens oder consequens im Sinne des Gewissens als einer sittlichen Entscheidungsfunktion identisch, noch mit dem schwachen Gewissen der von Paulus erwähnten Neophyten, die noch nicht jene klare Gotteserkenntnis besitzen, um ohne Gewissensskrupel vom Götzenopferfleisch zu essen. Aber ihre syneidesis wird „befleckt", wenn sie mitansehen müssen, wie andere Christen dies ohne Bedenken tun. Der Schritt vom schwachen Gewissen zur Gewissenssünde bestünde dann darin, daß diese im Glauben noch schwachen Mitglieder der Gemeinde trotz ihrer Gewissensbedenken Götzenopferfleisch äßen, weil die im Glauben starken Mitglieder der Gemeinde dies ohne Gewissensbedenken tun. Sie hätten dann ein böses Gewissen im Sinne der conscientia consequens, insofern das Gewissen ihr Verhalten verurteilt[39]. „Es liegt ein schlechtes Gewissen vor, weil das Essen von Götzenopferfleisch gegen das persönlich verbindliche Wertgefühl erfolgt ist."[40]

Für die Beziehung von Glaube und Gewissen liegt die eigentliche Ursache für die Gewissenssünde darin, daß das schwache Gewissen auf einem „Mangel an gläubigem Unterscheidungsvermögen" beruht, das dann seinerseits zum „Schuldurteil des Gewissens führt"[41]. Je schwächer das gläubige Unterscheidungsvermögen entfaltet ist, desto stärker ist es wegen seiner Unentschiedenheit anderen Einflüssen ausgesetzt und desto größer ist die Tendenz, sich gegen das eigene Gewissen zu entscheiden.

Wie eng die Beziehung zwischen Glaube und Gewissen gerade im Falle der Gewissenssünde ist und bei ihr zum Ausdruck kommt, verdeutlicht auch die paulinische Wendung von der „gebrandmarkten syneidesis der Irrlehrer"[42]. Der Kontext bezieht sich auf den Abfall vom Glauben in der Endzeit, der darin besteht, daß die Abgefallenen „irreführenden Geistern und Dämonenlehren Gehör geben" werden[43]. Hier handelt es sich nicht um Christen mit einer schwachen Gotteserkenntnis und einer dementsprechend schwachen syneidesis, die einen Mangel an gläubigem Unterscheidungsvermögen manifestiert, sondern um Menschen, die von der Klarheit und der Freiheit des Glaubens in die Tiefen und Absurditäten des Geister- und Dämonenglaubens zurücksinken. Ihr reli-

---

[39] Vgl. *R. Bultmann*, a. a. O. 217.
[40] *J. Stelzenberger*, a. a. O. 91.; *P. Tillich*, Das religiöse Fundament des moralischen Handelns, Gesammelte Werke III (Stuttgart 1965) 60: „Man kann das Heil verlieren, wenn man etwas, das objektiv richtig ist, mit einem schlechten Gewissen tut."
[41] *J. Stelzenberger*, a. a. O. 91.
[42] 1 Tim 4, 2.
[43] 1 Tim 4, 11.

giös-sittliches Urteil wird von diesem Aberglauben geprägt: „Sie verbieten zu heiraten und fordern auf, sich von Speisen zu enthalten, die doch Gott geschaffen hat."[44] Der Abfall von der glaubensgeleiteten Gotteserkenntnis wird zum Sündenfall der syneidesis als sittlichem Unterscheidungsvermögen, und diese syneidesis ist dann wie bei entlaufenen und wieder eingefangenen Sklaven, denen zur Strafe mit dem Brenneisen ein Mal auf den Leib gedrückt wird, „gebrandmarkt". „Es ist die Perversion des Glaubens, die die Bosheit des Gewissens nach sich zieht"[45], insofern dieses Gewissen nicht mehr in der Freiheit einer glaubensgeleiteten Gotteserkenntnis zu urteilen vermag. Dieses Urteil über die Verderbtheit des Gewissens bezieht sich primär nicht auf die Gewissensfunktion, sondern auf den Gegensatz von Glauben und Unglauben als Glaubensabfall, der die Verderbtheit des Gewissens nach sich zieht.

Wenn Paulus andrerseits davon spricht, daß die Heiden, das heißt die Nichtchristen und die Nichtjuden, sich „selbst Gesetz"[46] seien und dafür auf deren syneidesis rekurriert, weil „die Forderungen des Gesetzes in ihr Herz geschrieben sind, wovon auch ihre syneidesis Zeugnis ablegt"[47], so wird auch hier der Bezug von Glaube und Gewissen sichtbar. Freilich nicht in dem Sinne, daß die Heiden eine an der glaubensorientierten Gotteserkenntnis ausgerichtete syneidesis besäßen, wohl aber in dem Sinne, daß den Heiden, „die von Natur aus das Gesetz befolgen"[48], diese Befolgung von Gott ins Herz geschrieben ist, denn Gott selbst ist der Schöpfer der Natur und ihrer Gesetzmäßigkeiten. Auch wenn Paulus an dieser Stelle, wie auch sonst gelegentlich, auf die philosophische Umschreibung der syneidesis rekurriert, wie sie im Denken der antiken Welt bekannt war, so liegt das Schwergewicht seiner Aussage nicht so sehr auf dem Hinweis, daß die Heiden, und somit alle Menschen, ein Gewissen als sittliches Urteilsvermögen besitzen, sondern er nimmt diese Tatsache als Zeugnis für das Vorhandensein religiös-sittlicher Pflichten Gott gegenüber, die die Heiden zu erfüllen versuchen, obwohl sie den wahren Gott nicht erkennen. Für die Thematik der Beziehung von Glauben und Gewissen ist es daher nicht von ausschlaggebender Bedeutung, wie der Terminus syneidesis in Röm 2,15 im einzelnen interpretiert wird[49], wohl aber der Hinweis darauf, daß sich die Gedanken der Heiden über die Erfüllung oder Nichterfüllung der Forderungen Gottes „anklagen und verteidigen"[50]. Denn obwohl die Heiden Gott nicht erkennen, ist ihr „Herz" durch das Wirken Gottes Sitz der syneidesis als sittliches

---

44 1 Tim 4,3; vgl. dazu besonders *G. Holtz*, Die Pastoralbriefe (Berlin 1965) 100f.
45 *C. Spicq*, La conscience dans le Nouveau Testament 31; vgl. dazu auch *P. Tillich*, a.a.O. 61: „Häresie ist nicht falsches Urteil oder abweichende Erfahrung, sondern dämonische Besessenheit, die das moralische Selbst zerstört und daher ein schlechtes Gewissen schafft."
46 Röm 2,14.
47 Röm 2,15; vgl. zu der besonderen Art dieses Zeugnisses *P. Hilsberg*, a.a.O. 147.
48 Röm 2,14.
49 Vgl. dazu *J. Stelzenberger*, a.a.O. 79 und die dort angegebene Literatur.
50 Röm 2,15; vgl. dazu *H. Thielecke*, a.a.O. 499 (1499, 1500, 1501), 507 (1527).

Urteilsvermögen, so daß sie trotz ihrer fehlenden Gotteserkenntnis die Forderungen Gottes zu erfüllen vermögen, wobei freilich stets die paulinische Grundthese mitzuverstehen ist, daß die Rechtfertigung vor Gott nicht aus der Erfüllung des Gesetzes – weder bei den Juden noch bei den Heiden– kommen kann[51], sondern aus dem Glauben an Jesus Christus „durch das Gesetz des Glaubens“[52]. Aber wie das gute Gewissen Zeugnis für das glaubensorientierte Handeln des Christen als „Wandel vor Gott“ ablegt, so bezeugt die von Gott in das Herz der Heiden gelegte syneidesis deren Bereitschaft, den Willen Gottes zu tun.

2. Die theologische Entwicklung der Beziehung von Glauben und Gewissen

Obwohl es in der Briefliteratur des Neuen Testamentes und besonders bei Paulus eine Fülle von Hinweisen auf den engen Zusammenhang von Glauben und Gewissen gibt, kann man kaum von einer „biblischen Theologie“ dieser Beziehung sprechen; auch wenn gelegentlich der Versuch unternommen wurde und wird, diese Beziehung nachträglich, etwa innerhalb einer „Theologie des Paulus“[53], als eigenständige Thematik herauszuarbeiten. Eine ähnliche Situation ergibt sich für die Thematik einer theologischen Entwicklung der Beziehung von Glauben und Gewissen. Diese Entwicklung vollzieht sich nicht in dem Sinne, daß die Beziehung von Glauben und Gewissen eigens thematisiert würde, sondern sie verläuft parallel als ein Teil der allgemeinen Entfaltung des christlichen Glaubens zu einer vom Glauben her inspirierten Theologie als Wissenschaft. Hinzu kommt der Umstand, daß vor allem die patristische und die mittelalterliche Theologie bei der Behandlung der Gewissensthematik viel stärker als die neutestamentliche Literatur von den Anschauungen der antiken Philosophie zu dieser Thematik mitgeprägt worden ist[54], so daß die theologische Entwicklung der Beziehung von Glauben und Gewissen zum Teil parallel mit der Rezeption und Verarbeitung der philosophischen Tradition, sei es im Sinne einer bloßen Übernahme, sei es im Sinn einer Differenzierung dieser Tradition, erfolgte. Gerade im Hinblick auf diese Verarbeitung und Differenzierung wäre es irreführend, zum Beispiel den Begriff der conscientia bei den lateinischen Theologen generell als „christliches Gewissen“ zu interpretieren[55].

Ähnliche Vorbehalte gelten aber auch für die Verwendung biblischer Texte,

---

[51] Vgl. Röm 3,21 ff.

[52] Röm 3,27; vgl. dazu bes. *B. Reicke*, Syneidesis in Röm 2,15; in: Theologische Zeitschrift 12 (1956) 158.

[53] Vgl. *R. Bultmann*, a.a.O., S. 211 ff.

[54] Vgl. dazu *J. Stelzenberger*, Syneidesis, Conscientia, Gewissen (Paderborn 1963) 67 ff.

[55] Vgl. *J. Stelzenberger*, a.a.O. 45.

die sich mit der syneidesis befassen, durch die Patristik und die mittelalterliche Theologie[56]. Nicht selten werden biblische Texte, die sich primär auf das Verhältnis von Glauben und Gewissen beziehen, im Sinne einer vorwiegend moralischen und psychologischen Auslegung umgedeutet; eine Umdeutung, die zumindest in der Patristik aus deren Hinneigung zur Allegorese verständlich wird.

Umgekehrt liegt die theologische Entfaltung der Beziehung von Glauben und Gewissen in der patristischen und mittelalterlichen Literatur zum Teil gerade darin, daß dieses Verhältnis, das in den biblischen Texten noch nicht präzise umschrieben wurde und wohl im Sinne einer Theologie als Wissenschaft auch noch nicht umschrieben werden konnte, nun begrifflich aufgefüllt und ausgestaltet wird. Das wird zum Beispiel für die Aussagen in Röm 2, 14.15 besonders deutlich, wenn etwa Origenes die paulinische Aussage, daß die Heiden das Gesetz Gottes „von Natur“ aus erfüllen, als Ausdruck einer lex naturalis nimmt und damit in einen theologischen Kontext bringt[57]. Und die Formulierung, daß dieses Gesetz in das „Herz“ der Heiden „eingeschrieben“ sei, wird in dem Sinne theologisch interpretiert, daß die conscientia der Heiden mehr als nur „Herz“ bedeute, nämlich göttliches Pneuma[58].

Diese theologische Aufarbeitung wird vielleicht bei Augustinus am deutlichsten erkennbar; nicht zuletzt auch deshalb, weil seine theologischen Ausführungen zur Gewissensthematik die mittelalterliche Theologie maßgeblich beeinflußten. Ähnlich wie andere Kirchenväter interpretiert auch Augustinus das „Einschreiben“ des Gesetzes „in das Herz der Heiden“ als Werk des Heiligen Geistes, der „Finger Gottes“ ist[59]. Und noch ausführlicher als andere Kirchenväter beschäftigt sich Augustinus mit einer weitgeführten theologischen Durchdringung der paulinischen Feststellung, daß alle Menschen eine syneidesis besitzen, die das Vorhandensein einer lex naturalis manifestiere, indem er versucht, den Erkenntniswert dieser lex naturalis der Heiden gegenüber der glaubensgeleiteten syneidesis der Christen herauszuarbeiten. Auch und gerade weil die Heiden jene „scientia boni et mali“ besitzen, die allen Nachkommen Adams „eingesenkt“ worden ist, interpretiert Augustinus die Erfüllung der lex naturalis nicht als natürliches Verdienst, sondern als Konsequenz jener Glaubensliebe, die erst durch die Erlösungstat Christi möglich wurde[60]. Die syneidesis der Heiden „bewahrt“ zwar die Unterscheidung von Gut und Böse, aber erst

---

[56] Vgl. ebd. 57ff.

[57] Vgl. dazu *K. H. Schelkle,* Paulus, Lehrer der Väter (Düsseldorf 1956) 81ff.

[58] Vgl. *J. Stelzenberger,* a.a.O. 61.

[59] De spir. et litt. 21,36: CSEL 60, S. 189, 9: „quid sunt ergo leges Dei ab ipso Deo scriptae in cordibus (Rom 2,14) nisi ipsa praesentia spiritus sancti, qui est digitus Dei ...“; cf. dazu die Kritik *J. Stelzenberger,* Conscientia bei Augustinus (Paderborn 1959) 112, Anm. 14

[60] C. Faustum 19,18: CSEL 25,1, S. 517, 25: „ista quae in recte vivente conscientia conservantur, fide per dilectionem operante complentur.“

die glaubensgeleitete und von der Liebe durchdrungene syneidesis vermag Gottes Gebote in ihrer ganzen Sinnfülle zu realisieren. Gerade diese Interpretation macht deutlich, wie sehr die theologische Aufarbeitung des Verhältnisses von Glauben und Gewissen durch Augustinus in den Rahmen einer allgemeinen Entfaltung der Theologie eingefügt ist; denn diese und ähnliche Aussagen über den Stellenwert der syneidesis bei den Heiden richtet sich mehr oder weniger explizit gegen den Pelagianismus und dessen Auffassung, daß die Heiden „von Natur aus" gute Werke vollbringen könnten und daher vor Gott gerechtfertigt seien[61].

Indessen liegt die eigentlich theologische Bedeutung der theologischen Entwicklung der Gewissensthematik durch Augustinus darin, daß bei ihm die syneidesis, die im paulinischen Text das Vorhandensein eines sittlichen Gesetzes im Herzen der Heiden bezeugt, nun selber zum Sitz dieses sittlichen Gesetzes wird. Auf diese Weise wird die conscientia zum „Träger des sittlichen Sollens, der Verbindlichkeit und Verpflichtung"[62]. Unter diesem Aspekt wird verständlich, warum dann Augustinus, in einem stärkeren Maße als andere Kirchenväter, von der „Stimme Gottes" spricht, die sich in der conscientia aller Menschen als Träger eines natürlichen Sittengesetzes äußere. Wie im Alten Testament das Herz des Menschen als Empfänger des Anrufes Gottes gedeutet wurde, so wird nun bei Augustinus die conscientia zum „Ort", an dem sich der Anruf Gottes und das Hören des Menschen auf den Ruf Gottes treffen[63]. Aber im Gegensatz zu dem weitverbreiteten Mißverständnis, daß mit dieser Berufung auf die „Stimme Gottes" für die sittliche Gewissensentscheidung einer Relativität dieser Gewissensentscheidung der Weg bereitet worden sei, bezieht sich Augustinus auf den Sollcharakter des Gewissens im Zusammenhang mit dem sittlichen Naturgesetz als „goldener Regel" und kann deshalb sagen, daß Gott sowohl in der conscientia der Guten wie der Bösen spreche[64]. Zugleich bedeutete diese Verbindung von „Stimme Gottes" und Gewissen eine Abgrenzung gegenüber der stoischen Philosophie und deren Lehre vom sittlichen Naturgesetz als einer allein in der Vernunft gründenden Verpflichtung, wobei diese Vernunft als Partizipation an der Weltvernunft gedeutet wurde. Auch wenn Augustinus in seiner Auffassung von der lex naturalis von der stoischen Philosophie beeinflußt worden ist, so steht nicht nur sein Rekurs auf die Verbindung von „Stimme Gottes" und Gewissen in der alttestamentlichen Tradition der Beziehung von Glauben und Gewissen, sondern er entwickelt diese Beziehung theologisch weiter, indem er die conscientia zum Träger der sittlichen Verpflichtung wie auch zum „Organ" des Hörens auf die „Stimme Gottes" macht.

---

[61] Vgl. *J. Stelzenberger*, Conscientia bei Augustinus 113, Anm. 19.
[62] *J. Stelzenberger*, a.a.O. 116.
[63] Cf. De sermone Dom. 2,9,32: PL 34, 1283: „in cuius conscientia non loquatur Deus?"
[64] Cf. Sermo 12,4: PL 38,102: „loquitur etiam Deus in bonorum malorumque conscientia."

Dies gilt dann um so mehr für die glaubensgeleitete conscientia des Christen. Unter dem Anruf Gottes stehend wird sie zur medulla, zum inneren Kern des Menschen, zur Mitte seines Lebens. Durch das „mysterium fidei" wird die conscientia zur „conscientia pura", zu einem reinen Gewissen[65] als Ausdruck der glaubensgeleiteten Beziehung zu Gott. Gott selber „nimmt Wohnung" in der conscientia des glaubenden Menschen und führt dort „gewissermaßen den Vorsitz"[66]. Und genauso wie in den paulinischen Aussagen über die glaubensgeleitete syneidesis, ist auch für Augustinus die Beziehung von Glauben und Gewissen durch die Liebe geprägt. Das gilt nicht nur für die sittliche Entscheidung der conscientia, sondern vor allem in dem Sinne, daß die conscientia bei Augustinus zum „Ort" der liebenden Gottesbegegnung und metaphorisch zum „Ort" der „Gottesschau" wird: „Wer seine conscientia aufmerksam betrachtet, sieht dort Gott."[67] Ja, die conscientia bleibt selbst dann noch „Sitz Gottes" im Menschen, wenn sich der Mensch von der Liebe Gottes wieder abwendet[68]. Daher ist das schlechte Gewissen für Augustinus mehr als eine nur anklagende Reflexion über eine sittlich schlechte Tat, sondern zugleich Ausdruck der „Stimme Gottes", die den Sünder zu Reue und Umkehr mahnt.

Aber diese Begegnung zwischen Gott und dem Menschen in dessen conscientia bleibt ein geheimnisvoller Vorgang, der sich ganz im Innern des Menschen abspielt; ein Vorgang, zu dem andere Menschen keinen Zugang haben und über den sie daher auch nicht urteilen können[69]. Lediglich Gott kennt das menschliche Gewissen[70]. Gerade weil für Augustinus die conscientia das Tiefste im Menschen ausmacht[71], bedeutet ein Verhalten, ein Reden „contra consientiam" Sünde. Augustinus bezieht dieses Verhalten „contra conscientiam" ausdrücklich auf Röm 14,23: „Alles, was nicht aus pistis geschieht, ist Sünde."[72] Hier, gewissermaßen am Negativbeispiel, wird die enge Beziehung zwischen Glauben und Gewissen besonders deutlich. Augustinus unterscheidet zum Beispiel klar zwischen einer Lüge, die sich gegen das „bessere Wissen" richtet, und der Sünde „contra conscientiam"[73]. Sie ist für ihn vor allem deshalb Sünde, weil sie dem Urteil des glaubensgeleiteten Gewissens widerspricht. So wie einerseits jedes gute Werk, mit dem der Mensch Gott gefallen kann, an die fides Christi

---

[65] Cf. Speculum 32: CSEL 12, S. 246, 19; De div. script. 47: CSEL 12, S. 505, 9.
[66] *J. Stelzenberger*, a.a.O. 54.
[67] Sermo 10,2: PL 46, 844: „conscientiam suam attendat, et ibi videt Deum."
[68] Cf. En. ps. 45, 9: PL 36, 520: „... et ita sedes Dei in cordibus hominum, ut si homo cediderit a Deo, Deus in se maneat."
[69] Cf. En. ps. 54, 9: PL 36, 635: „in conscientia, quo nullus hominum intrat, ubi homo secum est, ubi tu et Deus es."
[70] Cf. Ep. 144, 3: CSEL 44, S. 265, 3: „Deum, cui nuda est humana conscientia."
[71] Cf. En. ps. 77, 18: PL 35, 980: „quid profundius humana conscientia?"
[72] Cf. dazu *Ph. Platz*, Der Römerbrief in der Gnadenlehre Augustins (Würzburg 1938) 125 f.
[73] Cf. C. mend. 5, 8: CSEL 41, S. 480, 5: „ille (priscilianista) ergo blasphemat nesciens, iste (catholicus) autem sciens; ille contra scientiam, iste contra conscientiam."

gebunden ist, so liegt andrerseits die besondere Schlechtigkeit des Handelns „contra conscientiam“ darin, daß der Christ durch dieses Handeln sein glaubensgeleitetes Gewissen verleugnet[74].

Zusammenfassend läßt sich gerade für die augustinische Weiterentwicklung der Gewissensthematik sagen, daß sie sich trotz ihrer Abhängigkeit in der phänomenologisch-psychologischen Darstellung von der antiken Philosophie vor allem wegen ihrer engen Bindung an die Glaubensthematik theologisch entfalten konnte. Wegen dieser engen Bindung von Glauben und Gewissen kann man zu Recht sagen, daß in der augustinischen Interpretation das Gewissen „die göttliche Mitte im Menschen, der Ort des Sich-angesprochen-Fühlens und der Auseinandersetzung mit Gott, der Raum des Zwiegespräches und des Wissens um Gott und Seele“ ist[75].

Wenn diese Aussage nicht im gleichen Umfang für die nachaugustinische Behandlung der Gewissensthematik in der mittelalterlichen Theologie gilt, dann vor allem deshalb, weil die Theologie der Hochscholastik in der Behandlung der Relation von Glauben und Gewissen, andere, eher spekulative Ansätze verfolgt hat, die auf den ersten Blick weniger auf die Orthopraxie ausgerichtet zu sein scheinen als die Behandlung der Thematik bei Paulus und Augustinus. Aber unabhängig davon, ob etwa die synteresis als Urgewissen oder (wie in der voluntaristischen Ausrichtung der Schule Bonaventuras) als eine emotionale Willensausrichtung zum Guten oder (wie in der intellektuellen Ausrichtung der Thomisten) als die vernunftgemäße Erfassung der obersten Handlungsprinzipien umschrieben wird, so stellt sich doch gerade für diese synteresis die Frage nach ihrer Beziehung zum Glauben. Dies um so mehr, da die Existenz eines solchen Urgewissens aus dem inzwischen klassischen Text Röm 2,14f. theologisch begründet wird[76].

Beispielhaft für diese Beziehung zwischen Glaube und Gewissen ist die scholastische Diskussion, ob auch eine irrende conscientia – hier im Sinne einer konkreten sittlichen Entscheidung genommen – zum Handeln verpflichte. Dabei knüpft auch die scholastische Theologie an Röm 14,23 an: „Alles, was nicht aus pistis geschieht, ist Sünde“; interpretiert dann aber die theologische pistis als ein Überzeugungsurteil, in dem der Urteilende von der Überzeugung ausgeht, daß er um Gottes willen so und nicht anders handeln müsse[77]. Dementsprechend wäre dann ein Handeln gegen diese Überzeugung Sünde.

Ohne hier auf die sich daraus ergebende theologische Diskussion eingehen

---

[74] Vgl. *J. Stelzenberger*, a.a.O. 68ff.

[75] Ebd. 174.

[76] Vgl. Thomas von Aquin, De Veritate q. 17.1; zur Begriffsgeschichte von Synteresis vgl. bes. *M. Waldmann*, Synteresis oder Syneidesis? Ein Beitrag zur Lehre vom Gewissen, in: ThQ 119 (1938) 332–371.

[77] In diesem Sinne vgl. z.B. *Hugo v. St. Viktor*, Quaest. in Rom. 320: PL 175, 510A; *Petrus Lombardus*, Collect. in Rom.: PL 191, 1519C.

zu können, erscheint unter dem Aspekt der Beziehung von Glaube und Gewissen folgende Konsequenz wichtig: Werturteile über Sünde oder Nichtsünde einer konkreten menschlichen Handlung können und dürfen nur unter Berücksichtigung der conscientia des Handelnden gefällt werden, insofern diese conscientia als subjektiv glaubensgeleitetes sittliches Urteil so und nicht anders entscheidet.

Man wird aber bei dieser Interpretation des paulinischen Textes von Röm 14,23 differenzieren müssen. Wenn zum Beispiel Abälard den Begriff der conscientia in dem Sinne auslegt, daß ausschließlich die subjektive Absicht des Handelnden den Wert oder Unwert seiner sittlichen Handlung bestimmen könne, dann wird Röm 14,23 einseitig als eine rein moralische conscientia ausgelegt ohne die glaubensgeleitete Struktur, die für Paulus das ausschlaggebende Motiv ist, zu berücksichtigen[78]. Nicht schon die Berufung auf eine subjektive Überzeugung begründet das Werturteil der conscientia, sondern die glaubensgeleitete Überzeugung, vor Gott und den Menschen so und nicht anders handeln zu dürfen. Nur wenn die conscientia als sittliche Entscheidung an den Glauben gebunden ist, wird etwa die Sentenz Richards von St. Viktor verständlich, daß jemand auch dann sündige, wenn er eine Handlung, die er ausführt, für schwer sündhaft hält, obwohl es sich bei ihr um ein peccatum leve handelt[79]. Es geht im Grunde nicht um ein scheinbar irrendes Gewissen im Sinne eines irrenden Gewissensurteils, das etwas für Sünde hält, obwohl es nicht sündhaft ist, sondern um die Identität von Glauben und Handeln, die sich im Urteil des Gewissens manifestiert.

Nur deshalb kann Thomas von Aquin sagen, daß die conscientia „aufgrund des göttlichen Gebotes binde“[80] und bezeichnet daher diese conscientia als ein „vinculum spirituale“[81]. Es ist nicht der Mensch, der sich das Gesetz seines Handelns selber vorschreibt[82], sondern Gott, und die conscientia als glaubensgeleitete sittliche Entscheidung erfährt sich aufgrund ihrer Gebundenheit an die Weisungen Gottes an die jeweilige sittliche Entscheidung gebunden, und dies auch dann, wenn die konkrete sittliche Entscheidung auf einer unvollkommen oder falschen Einsicht in die Weisungen Gottes beruht, weil der Mensch sündigen würde, wenn er das nicht täte, was seine glaubensgeleitete conscientia ihm zu tun aufträgt[83].

Von da her wird es verständlich, daß sich besonders die katholische Moraltheologie der nachfolgenden Jahrhunderte vordringlich mit dem Thema der

---

[78] Vgl. dazu *J. Stelzenberger*, Syneideses, Conscientia, Gewissen (s. o. Anm. 54) 102.
[79] Expl. in Cant 25: PL 196, 481 A.
[80] De Veritate q. 17 a. 3.
[81] Ebd. a. 5.
[82] Ebd. a. 3 ad primum.
[83] Ebd. a. 4: „Non igitur propter hoc conscientia dicitur ad aliquid ligare, quod si illud fiat, ex tali conscientia bonum sit: sed quia si non fiat; peccatum incurritur.“

glaubensgeleiteten und kirchlich vermittelten Gewissensbildung beschäftigte; auch wenn zeitweilig unter dem Einfluß der Kasuistik die Klassifizierung der moralischen Verantwortung für eine Gewissensentscheidung, die auf einem mangelnden Wissen um die Weisungen Gottes beruht, im Mittelpunkt des Interesses stand[84]. Wenn demgegenüber in der gegenwärtigen katholischen Literatur der Akzent verstärkt auf die kirchliche Vermittlung des Glaubens in der Gewissensformation gelegt wird[85], dann kommt auch hier die enge Bindung von Glauben und Gewissen zum Ausdruck.

Für die Beziehung von Glauben und Gewissen ebenso bedeutsam, wenngleich in den Lehrbüchern der katholischen Moraltheologie der folgenden Jahrhunderte weniger beachtet, ist die in der Hochscholastik entwickelte Lehre von der synteresis als einer aktiven Willenspotenz, die in stärkerem Maße als die rational ausgerichtete thomasische Theologie die emotionale Seite der Gewissensverfassung des Menschen berücksichtigt. Wenn Bonaventura diese synteresis als „scintilla conscientiae" bezeichnet[86] und die conscientia selbst unmittelbar auf Gott zurückführt, dann wird hier eine Unmittelbarkeit in der Beziehung von Glauben und Gewissen postuliert, die stärker in der Tradition der Gewisseninterpretation von Paulus und Augustinus steht. Denn ähnlich wie bei Augustinus wird das Gewissen als „Ort" und „Sitz" der Gottesbegegnung aufgefaßt. Diese Fortführung der augustinischen Tradition hat nicht nur die Mystik des Hoch- und Spätmittelalters beeinflußt, sondern ebenso eine Wiederaufnahme in den Dokumenten des Zweiten Vatikanischen Konzils erfahren, wenn in der Pastoralkonstitution „Gaudium et spes" (Nr. 16) davon die Rede ist, daß „das Gewissen … die verborgene Mitte und das Heiligtum des Menschen" sei, „wo er allein ist mit Gott, dessen Stimme in diesem seinen Inneren zu hören ist."

3. Die reformatorisch-evangelische Auslegung der Beziehung von Glauben und Gewissen

Die reformatorische Theologie rekurriert in ihrer Auslegung der Verbindung von Glauben und Gewissen vor allem auf die paulinischen Texte, wobei diese Interpretation in einem engen Zusammenhang mit der reformatorischen Rechtfertigungslehre steht. Das Gewissen wird auf diese Weise zum Artikulationszentrum des Vollzugs der Rechtfertigung des Menschen durch Gott. Fast typologisch hat Luther diesen Vorgang der Rechtfertigung durch den Glauben im

---

[84] Vgl. dazu *Mausbach-Ermecke*, Katholische Moraltheologie I (Münster [9]1959) 171 ff.
[85] Vgl. dazu *A. K. Ruf*, Theologische Aspekte zur Gewissensformung, in: Neue Ordnung 25 (1971) 207–213.
[86] Opera omnia II (Ad Aquas Claras 1882–1902) 909.

Gewissen des Menschen in seiner Schrift „De votis monasticis" aufgewiesen und nachvollzogen[87].

Der noch nicht durch den personalen Glauben vor Gott gerechtfertigte Mensch befindet sich nach Luther im Zustand des „schlechten", des „gefangenen" Gewissens; auch und gerade, weil er sich bemüht, Gottes Gebote einzuhalten. Da er aber dies nicht vermag, zweifelt er immer stärker daran, durch sein Bemühen vor Gott bestehen zu können[88], und kommt schließlich zu der Erkenntnis, daß es die Aufgabe des Gesetzes Gottes sei, ihm sein eigenes Unvermögen und seinen sündigen Zustand zu zeigen[89].

Die Umwandlung vom „schlechten", vom „gefangenen" zum „guten" und „befreiten" Gewissen vollzieht sich im Glauben an Jesus Christus, der für die Sünden der Menschen ein für allemal und stellvertretend für alle Menschen Genugtuung geleistet hat, so daß sich der sündige Mensch allein auf die Barmherzigkeit Christi verlassen dürfe[90]. Im Glauben „ergreift"[91] der Mensch die verheißene Barmherzigkeit Christi und durch dieses gläubige Ergreifen wird das Gewissen in der Weise befreit, daß der Mensch sich nicht mehr auf seine eigenen Werke verläßt, um Gott gefallen zu können, sondern auf die Barmherzigkeit Christi[92].

Wegen dieser engen Verbindung von personalem Glauben und Gewissenserfahrung kann man zu Recht sagen, daß Luthers Religion „Gewissensreligion im ausgeprägtesten Sinne des Wortes" sei[93]. Die Rechtfertigung durch den Glauben ereignet sich im menschlichen Gewissen. Deshalb ist das Gewissen auch Ausdruck der Formel, daß der Mensch „simul justus et peccator" sei. Denn das gute, befreite Gewissen ist nicht in dem Sinne gut zu nennen, daß es nun gute Werke vollbringen könnte, die vor Gott verdienstvoll wären; vielmehr bleibt auch das durch die Rechtfertigung im Glauben befreite Gewissen als moralische Instanz vor Gott schuldig. Für Luther ist das Gewissen – nicht primär sittliches Entscheidungszentrum zum konkreten Handeln, sondern eine reflektierende Urteilskraft[94]. Dieses Urteilen besteht darin, daß das Gewissen anklagt und entschuldigt, aber nicht als moralisches Werturteil, sondern in dem Sinne, daß es zwischen den eigenen Taten, die anklagen, und der Erlösungstat Christi, die entschuldigt und daher befreit, unterscheidet. Deshalb ist auch das gute Ge-

---

[87] De votis monasticis – judicium Martini Lutheri, WA 8, 573–670; vgl. dazu *E. Hirsch*, Lutherstudien I (Gütersloh 1954); *R. Mokrosch*, Das evangelische Gewissensverständnis, in: Deutsches Pfarrerblatt 76 (1976) 518–521.

[88] De votis monasticis, WA 8, 593: dubitat se et sua placara Deo."

[89] Ebd. 609: „officium legis est ... ostendere peccatum et impossibilitatem nostram."

[90] Ebd. 606: „nullis operibus fidere, sed in solis sua misericordia praesumere."

[91] Ebd. 607: „Christi opera apprehendit."

[92] Ebd. 606.

[93] *K. Holl*, Was verstand Luther unter Religion? in: *ders.*, Gesammelte Aufsätze zur Kirchengeschichte I, Luther, (Tübingen ⁷1947) 37; vgl. dazu die gegenteilige Ansicht von *P. Tillich*, a.a.O. 60.

[94] De votis monasticis, WA 8, 606: „non est virtus operandi, sed virtus iudicandi."

wissen zugleich frei und unfrei: unfrei unter dem Aspekt, daß es das Gesetz Gottes aus eigener Kraft nicht erfüllen kann und daher stets vor Gott schuldig bleibt; frei, weil es durch das Evangelium und die darin zum Ausdruck kommenden opera Christi entschuldigt und befreit worden ist. Der Glaube an die opera Christi als Rechtfertigung ist „das höchste Werk, daß er auch bleibet und tilget diese täglichen Sünden, damit daß er nicht zweifelt, Gott sei dir so günstig, daß er solchem täglichen Fall und der Gebrechlichkeit durch die Finger sieht"[95]. „Es ist eine sehr große Mühe, dies mit dem Glauben so zu erfassen und zu glauben, daß du sagen kannst: ich habe gesündigt und (doch) nicht gesündigt, damit so das Gewissen besiegt werde."[96] „Das ‚gute Gewissen' ist also keine Norminstanz und kein Kontrollorgan zum verantwortlichen ethischen Handeln, sondern ein Glaubensereignis und ein Freiheitsbewußtsein."[97] Wenn der Christ dennoch „gute Werke" vollbringt, und er soll dies durchaus tun, dann nicht als solche, „die verteidigen und rechtfertigen", „sondern zum Nutzen und Vorteil des Nächsten, so wie die Werke Christi für uns frei und umsonst getan sind"[98].

Obwohl Luther das menschliche Gewissen nicht primär unter dem Aspekt eines sittlichen Entscheidungszentrums betrachtet, übernimmt er durchaus die Grundzüge der traditionellen Lehre von der synteresis: jeder Mensch hat ein Gewissen; dieses Gewissen klagt an oder verteidigt und ist deshalb Ausdruck des menschlichen Strebens nach dem sittlich Guten[99]. Aber Luther interessiert weniger das Phänomen des Gewissens, als vielmehr der daraus abzuleitende

---

[95] Von den guten Werken, WA 6, 215.; vgl. dazu *H. Schultze*, Das Gewissen als normgebundene und normsetzende Instanz. Theologische Versuche IV (Berlin 1972) 146: „So ist tatsächlich das Gewissen primär eine transmoralische Größe, die vor allem dazu dient aufzudecken, daß der Mensch am Gesetz scheitern muß, wenn er sich nicht zugleich dem Rechtfertigungsurteil Gottes aussetzt." Ähnlich *P. Tillich*, a.a.O. 66ff.

[96] Jesajascholien, WA 25, 330. Vgl. dazu *P. Tillich*, a.a.O. 67: „In psychologischen Begriffen bedeutet dies: Insoweit wir auf uns selber sehen, müssen wir ein verzweifeltes Gewissen bekommen, insoweit wir auf die Macht einer neuen Schöpfung jenseits unserer selbst sehen, können wir ein fröhliches Gewissen erlangen." *H. Thielicke*, a.a.O. 529 (1598): „Das Gewissen ist auch beim Gerechtfertigten bleibend der Ort, an dem der Friede und der Trost Gottes „Ereignis" werden müssen. Das getröstete Gewissen existiert nicht als ein „Zustand", sondern als der Gegenstand eines „Zuspruches".

[97] *R. Mokrosch*, a.a.O. 520; vgl. *G. Ebeling*, Luther (Tübingen ³1978) 302: „Gewissen meint ... nicht im Sinne der herrschenden aber problematischen Gewissensinterpretation den Inbegriff von normativen Bewußtseinsinhalten und autonomen Urteilsfunktionen, also das Vorhandensein der entscheidenden Normen und Instanzen im Menschen selbst. Vielmehr versteht Luther unter Gewissen die Worthaftigkeit des Menschen in dem Sinne, daß er nicht bloß in dieser oder jener Hinsicht, sondern in seinem Personsein selbst in Anspruch genommen, gefordert, in Frage gestellt, einem Urteil ausgesetzt, also so oder so bestimmtes, so oder so gehöriges Gewissen ist. Verzweifelt oder anmaßend, in eingebildeter Freiheit, die in Wahrheit Unfreiheit unter den Mächtigen der Welt, oder gewiß und getröstet in der Hörigkeit Gott gegenüber, die in Wahrheit Freiheit der Welt gegenüber ist."

[98] De votis monasticis, WA 8, 608.

[99] Cf. Sch. Ps. 10, 5, WA 3, 94: „quia nullus est tam malus, quin sentiat rationis murmur et syntheresim juxta illud: „Ratio semper deprecetur ad optima."

existenziell religiöse Bezug. Weil für ihn das Gewissen „der Ursprung oder der Ort der allerstärksten Affekte und Affektäußerungen" ist[100], erlebt Luther ganz personal in seinem Gewissen die eigene Sündhaftigkeit und die Vergeblichkeit sittlicher Anstrengungen vor Gott; zugleich aber auch das Erbarmen Gottes, das das Gewissen zur Ruhe bringt[101]. Und so wird für ihn das Gewissen zum „Träger des menschlichen Gottesverhältnisses"[102]. Das Gewissen ist in seiner Existenz ganz und gar von Gott abhängig: „es wird durch die Sünde getötet, durch das Wort Christi wieder zum Leben erweckt"[103].

Dieses personale Verständnis von Gewissen bei Luther wurde und wird, besonders unter dem Aspekt der traditionellen Lehre von der synteresis, gelegentlich als subjektivistisch kritisiert. Aber Luther hat weder die Existenz einer allen Menschen von Gott geschenkten synteresis geleugnet noch deren allgemeine Verbindlichkeit. Entscheidend für ihn ist freilich die Akzentsetzung, die für ihn nicht zuletzt durch seine Auseinandersetzung mit der kirchlichen Autorität bestimmt war. Wenn sich zum Beispiel Luther auf dem Reichstag in Worms auf die Schrift und sein in „Gott gefangenes Gewissen"[104] beruft, dann ist für ihn die Schrift nicht ein Schriftenkanon im biblizistischen Sinne, sondern Wort Gottes in der Verheißung der Rechtfertigung aus dem Glauben, der Befreiung vom Gesetz durch das Evangelium. Dieses Wort Gottes wird durch das Gewissen und im Gewissen als Heil erfahren. Wort Gottes und Heil des Menschen bedingen einander so sehr, daß es keiner weiteren Instanz – vor allem keiner kirchlichen Instanz – bedarf, um dieses Heil zu vermitteln. Man kann und mag diese Auffassung Luthers als Subjektivismus bezeichnen; zumal unter dem Aspekt, „daß bei Luther in der Tat eine Haltung begegnet, für die es in der Kirchengeschichte so gut wie kein Beispiel gibt"[105], muß aber dann den Begriff des Subjektivismus differenzieren, weil es sich hier nicht um eine Objekt-Subjekt Beziehung handelt, sondern um die Frage der Autorität und deren Vermittlung. Man kann dann unter diesem Aspekt zu Recht sagen: „Wenn Luther sich in Worms auf sein in Gottes Wort gefangenes Gewissen berufen hat, so ist damit nicht nur eine neue Autorität an die Stelle einer anderen getreten, sondern die Autorität selbst ist durch die radikale Unterscheidung zwischen göttlich und menschlich neu begriffen."[106] Luther geht es primär um „Gottes Gnadenzusage gegenüber dem Menschen. Sie hat unbedingte Autorität, so daß man sagen muß, daß Luther wegen der Autorität des Wortes mit der Autorität der Kirche seiner Zeit in Konflikt geriet"[107].

---

[100] *E. Hirsch*, a. a. O. 130 f.

[101] Cf. Sch. Ps. 40, 2, WA 3, 231: „in sola conscientia quiescit anima vel inquietatur, per gratiam vel per culpam."

[102] *E. Hirsch*, a. a. O. 127.

[103] WA 44, 546: „quae occiditur per peccatum et vivicatur per verbum Christi."

[104] Cf. WA 7, 838: „capta conscientia in verbis Dei ..."

[105] *B. Lohse*, Gewissen und Autorität bei Luther, in: Kerygma und Dogma 20 (1974) 17.

[106] Vgl. *B. Lohse*, a. a. O. 18 f. [107] Ebd. 19.

Dieser Anspruch der unbedingten Autorität des Wortes Gottes, die sich im Gewissen des Menschen manifestiert, muß dann freilich für jeden und für alle Menschen gelten, sofern sie sich für ihre Gewissensentscheidung auf das Wort Gottes berufen. Luther betont und postuliert dies ausdrücklich[108]. Das hinderte ihn freilich nicht daran, scharf gegen die sogenannten Schwärmer und Täufer innerhalb der reformatorischen Bewegung vorzugehen, und er stimmte im Jahre 1531 einem Gutachten Melanchthons zu, in dem für hartnäckige Täufer die Todesstrafe gefordert wurde[109]. Wenn Luther einigen Chorherren das Recht absprach, sich auf ihr Gewissen zu berufen, da sie eine Disputation auf der Basis der Heiligen Schrift abgelehnt hatten, so zeigt diese Haltung zwar einerseits, daß von „wirklicher Gewissensfreiheit ... bei Luther nicht gesprochen werden" könne[110], macht aber andrerseits deutlich, daß von Gewissen im christlichen Sinne für Luther eben nur auf der Basis der Relation von Schrift als Wort Gottes gesprochen werden kann. Hier stellt sich dann aber die Frage nach der authentischen Interpretation dieser Beziehung. Damit ist dann zugleich die Frage nach dem „unterrichteten Gewissen" im Sinne Luthers oder, allgemeiner formuliert, die Frage nach der glaubensgeleiteten Gewissensbildung berührt.

4. Glaubensgeleitete Gewissensbildung

Für die Notwendigkeit einer glaubensgeleiteten Gewissensbildung sind vor allem zwei Faktoren maßgebend: einmal die Tatsache, daß der christliche Glaube – unabhängig davon, wie er jeweils umschrieben wird – keine in sich feststehende Größe ist, sondern immer in der Beziehung zum glaubenden Menschen steht; zum anderen aus der Tatsache, daß das glaubensgeleitete Gewissen als „Ort" der Begegnung mit Gott zugleich in dieser Gottesbegegnung das Phänomen der Welt im umfassenden Sinne des Wortes miteinschließt.

Wenn zum Beispiel Paulus anläßlich der Auseinandersetzungen über das Essen von Götzenopferfleisch in der Gemeinde von Korinth von einem schwachen und einem starken Glauben spricht und diese Formen menschlichen Glaubens unmittelbar auf die jeweiligen Gewissensentscheidungen bezieht, dann wird hier nicht nur die Beziehung zwischen Glauben und Gewissen deutlich, sondern auch – bei allem Rücksichtnehmen auf das Gewissen der Schwachen – die Notwendigkeit, den schwachen Glauben zu stärken und damit zugleich zur Freiheit des Gewissens zu führen. Denn je stärker der Glaube an Gott als den „einzigen Schöpfer des Himmels und der Erde" ist, desto freier kann sich das glaubensgeleitete Gewissen gegenüber anderen religiösen Praktiken entscheiden.

---

[108] Cf. Vorlesungen über das Deuteronomium, WA 14, 647.
[109] Vgl. *B. Lohse*, a.a.O. 21.
[110] Ebd.

Die mittelalterliche Theologie verwendet dann für die Gewissensformation in zunehmendem Maße anthropologisch-psychologische Erkenntnisse, die oft in biblisch-allegorische oder metaphorische Ausdrucksweisen eingekleidet werden. Ziel der Gewissensbildung ist dabei immer das reine, das gute Gewissen vor Gott. Die konkrete Anleitung und Belehrung erfolgt dabei weniger im Sinne einer handlungsorientierten Gewissensentscheidung, sondern ist in einem starken Maße asketisch, gelegentlich sogar mystisch orientiert.

Das kommt zum Beispiel deutlich in den beiden Bernhard von Clairvaux zugeschriebenen Abhandlungen „De interiori domo, seu de conscientia aedificanda" und „De conscientia" zum Ausdruck. Die Gewissensbildung beginnt mit der Gewissensreinigung als Freiwerden von der Sünde. Dann werden die einzelnen aufbauenden Elemente angeführt: Bereitschaft des Willens, Erinnerung an die Wohltaten Gottes, ein Herz, das Gott in allem gefallen will, ein Geist, der sich von übertriebenen weltlichen Sorgen löst, um sich ganz auf Gott zu konzentrieren, um in dessen Betrachtung Ruhe und Frieden zu finden[111]. Die conscientia erscheint in diesem Zusammenhang als Lebensmitte des Menschen, und dementsprechend tendiert ihre Bildung auf eine möglichst enge Verbindung mit Christus: das Gewissen soll darauf vorbereitet werden, Christus in sich „aufzunehmen"[112], wobei letztlich Gewissen und Seele des Menschen gleichgesetzt werden. Diese und ähnliche Texte[113] zur Gewissensbildung machen deutlich, daß Gewissensbildung geradezu mit der Hinführung des Menschen zu einer möglichst engen Verbindung mit Gott identisch ist. Es gibt in diesen Traktaten zwar auch eine Fülle moralischer Anweisungen, aber sie dienen vor allem dazu, um den Rückfall der conscientia in die Sünde zu vermeiden.

Wie wichtig und notwendig andrerseits eine handlungsorientierte Gewissensbildung aus dem Glauben ist, ergibt sich aus dem Aspekt, daß das Gewissen als „Ort" der Gottesbegegnung zugleich die Begegnung mit der Welt einschließt. Dieser Aspekt ist auch deshalb von Bedeutung, weil in der abendländischen Auffassung „das Reden von Gewissen auf individualistische Isolierung des Menschen und auf Rückzug in die Innerlichkeit" tendiert[114]. Das gilt auch – wenngleich mit Einschränkungen – für den religiösen Bereich, zumal hier die Tendenz besteht, das Gewissen als das „Innere", als „Herz" des Menschen einseitig im Sinne einer spiritualistischen Innerlichkeit zu interpretieren[115]. Aber

---

111 *S. Bernardi* Tractatus de interiori domo seu de conscientia aedificanda: PL 184, 507 ff.

112 Ebd. 548 f.

113 Vgl. J. Stelzenberger, Syneidesis Conscientia Gewissen (s. o. Anm. 54) 75 f.

114 *G. Ebeling*, Theologische Erwägungen über das Gewissen, in: *ders.*, Wort und Glaube (Tübingen ³1967) 428.

115 Diese Tendenz besteht z. B. auch in den zitierten Traktaten de conscientia, die Bernhard von Clairvaux zugeschrieben werden. Man muß freilich bei ihnen berücksichtigen, daß es sich hier um Traktate handelt, die von Mönchen für Mönche verfaßt wurden. Ihr Einfluß ist noch in Luthers Schrift de votis monasticis spürbar.

die Begegnung mit Gott im Gewissen schließt immer Gottes Welt als zugleich radikal erlöste und andererseits noch zu vollendende Schöpfung mit ein. In der Begegnung mit Gott im Gewissen als der Lebensmitte des Menschen kommt daher dieser Welt ein Stellenwert zu, der der Intensität der Gottesbegegnung entspricht. Unter diesem Aspekt wäre das Gewissen „als das Zusammentreffen, das Miteinander-präsent-Werden von Mensch, Welt und Gott" zu verstehen[116]. Auf diese Weise wird das Gewissen zum „theologischen Ort" dieses Zusammentreffens, denn der Mensch soll glaubensgeleitet in diese Welt, der er selber unverbrüchlich zugehört, hineinwirken. Er ist aus seinem glaubensgeleiteten Gewissen für diese Welt mitverantwortlich; mag sein Anteil konkret auch noch so gering sein, wobei im übrigen zu bedenken wäre, daß sich Gewissensverantwortung ohnehin nicht quantitativ einordnen läßt. In diesem Sinne gilt die Aussage: „Nur in Relation auf den Menschen als Gewissen kommt Welt als Welt, d. h. nicht als bloß Vorhandenes, sondern zu Verantwortendes, in den Blick."[117]

Deshalb impliziert glaubensgeleitete Gewissensbildung notwendigerweise die Bildung des Gewissens zur Verantwortung für die Welt und in der Welt. So wie Glaube und Gewissen einander bedingen, ist auch die glaubensgeleitete Gewissensbildung auf das glaubensverantwortliche Handeln ausgerichtet. Das gilt zunächst und allgemein in dem Sinne, daß „im Gewissen und als Gewissen ... Absichten und Handlungen thematisch" werden, „von denen man also auch sagen könnte, sie betreffen nicht das *eigene* Leben, sondern in ihm gehe es um das *Lebengeben*, um das Leben für *andere.*"[118] Je mehr das Gewissen in dieser Verantwortung für andere gebildet wird, in einem desto stärkeren Maße wird es fähig sein, sich konkret in dieser Verantwortung für andere ansprechen zu lassen; und dies auch und gerade dann, wenn diese Verantwortung Forderungen impliziert, die über die eigene, empirische Lebensführung hinausgreifen[119]. Das so gebildete Gewissen wird zum eigentlichen Träger der Gewissensfreiheit, die nicht zuletzt darin besteht, menschliches Handeln im Sinne des nur Machbaren zu übersteigen und mit diesem Übersteigen auf die Intentionalität des Endgültigen zu verweisen. Diese glaubensgeleitete und im Glauben verantwortete Freiheit des Gewissens ist daher keineswegs selbstherrlich[120], sondern manifestiert den Vorrang der Heilsintention Gottes als des Letztgültigen gegenüber einer Normativität des nur Vorläufigen, das zwar auch geschehen muß, aber seiner Struktur nach auch unabhängig vom Glauben realisiert werden kann[121].

---

116 *G. Ebeling*, a. a. O. 433; vgl. dazu *H. Schultze*, a. a. O. 147: „In der Möglichkeit, diese Einheit von Gott, Mensch und Welt – d. h. aber doch: die Einheit von Glaubensbekenntnis und Weltverantwortung – zur Sprache zu bringen, liegt die Chance des Gewissensbegriffs."

117 G. Ebeling, a. a. O. 441.

118 *T. Rendtorff*, Ethik I (Stuttgart 1980) 115.

119 Ebd. 115f.

120 Vgl. dazu *J. G. Ziegler*, Vom Gesetz zum Gewissen (Quaestiones disputatae 39) (Freiburg i. Br. 1968) 20f.

121 Vgl. dazu *G. Ebeling*, a. a. O. 437

Die eigentlich soziale Dimension in der glaubensgeleiteten Gewissensbildung ist freilich erst dann gegeben, wenn der Aspekt der Gewissensentscheidung aus dem Letztgültigen mit dem Aspekt des Liebesgebotes Christi verbunden wird[122]. Diese Bildung des Gewissens zum liebesfähigen Gewissen setzt, ähnlich wie bei der Bildung des Gewissens zur Weltverantwortung, beim Letztgültigen an, das für das soziale Handeln des Menschen maßgeblich ist: durch Christi Liebe und Beispiel gefordert zu sein als Bruder unter Brüdern. Diese Forderung schließt die Achtung der Personwürde, der Identität des anderen, die sich in dessen Gewissen manifestiert, zwar mit ein, übersteigert sie aber zugleich in dem Sinne, daß über diese Achtung der Identität des anderen hinaus, dieser andere als Bruder in Christus und durch Christus angesprochen wird. In diesem Sinne ist die Bildung des Gewissens zum liebesfähigen Gewissen stets ein reziproker Vorgang: das Gewissen des anderen wird durch die eigene Liebesvorgabe zur Liebe befähigt, das eigene Gewissen reift durch die Erfahrung geschenkter brüderlicher Liebe in der Liebe. Auch unter diesem Aspekt wäre dann zu sagen, daß das Gewissen des Menschen „nie eine fertige Größe" ist[123], sondern einer beständigen Reifung durch die Liebe bedarf. Das glaubensgeleitete, zur Liebe befähigte Gewissen darf dann als gereiftes Gewissen bezeichnet werden, wenn seine Entscheidungen aus dem Letztgültigen des Glaubens und der Liebe auch das Vorläufige, jetzt Gültige in dem Maße miterfassen, daß sich auch in den sachorientierten Gewissensentscheidungen des Vorläufigen die Beziehung von Glaube und Gewissen manifestiert.

Weiterführende Literatur

A. Auer, Das Gewissen – Chance der Person, in: Person und Verantwortung, hrsg. von A. Schavan – B. Welte (Düsseldorf 1980) 26–43.

J. Dupont, Syneidesis. Aux origines de la notion chrétienne de conscience morale. in: Studia Hellenistica 5 (1948) 119–153.

G. Ebeling, Theologische Erwägungen über das Gewissen, in: *ders.*, Wort und Glaube (Tübingen [3]1967) 429–446.

P. Hilsberg, Das Gewissen im Neuen Testament, in: Theologische Versuche IX, hrsg. von J. Rogge-G. Schille (Berlin 1977) 145–160.

E. Hirsch, Lutherstudien I (Gütersloh 1954).

G. Jacob, Der Gewissensbegriff in der Theologie Luthers, in: Beiträge zur historischen Theologie 4 (Tübingen 1929).

M. Kähler, Das Gewissen. Erste Hälfte. Altertum und Neues Testament (Halle 1878, Neudruck Darmstadt 1967).

B. Lohse, Gewissen und Autorität bei Luther, in: Kerygma und Dogma 20 (1974) 1–22.

B. Reicke, Syneideses in Röm. 2,15, in: ThZ 12 (1956) 157–161.

J. Rudin, Das Gewissen in katholischer Sicht, in: Das Gewissen. Studien aus dem C. G. Jung Institut VII (Zürich-Stuttgart 1958) 139–165.

---

122 Vgl. Pastoralkonstitution „Gaudium et spes" Nr. 16: „Im Gewissen erkennt man in wunderbarer Weise jenes Gesetz, das in der Liebe zu Gott und zum Nächsten seine Erfüllung hat."

123 *A. Auer,* Das Gewissen – Chance der Person, in: Person und Verantwortung, hrsg. von A. Schavan-B. Welte (Düsseldorf 1980) 42.

A. K. Ruf, Theologische Aspekte zur Gewissensformung, in: Die Neue Ordnung 25 (1971) 207–216.
H. Schär, Das Gewissen in protestantischer Sicht, in: Das Gewissen. Studien aus dem C. G. Jung Institut VII (Zürich-Stuttgart 1958) 119–137.
J. Schreiner, Persönliche Entscheidung vor Gott nach biblischem Zeugnis. „Gewissen" in der Bibel, in: Bibel und Leben 6 (1965) 107–121.
H. Schultze, Das Gewissen als normgebundene und normsetzende Instanz, in: Theologische Versuche IV, hrsg. von J. Rogge-G. Schille (Berlin 1972) 145–162.
C. Spicq, La conscience dans le Nouveau Testament, in: Revue biblique 47 (1938) 50–80.
J. Stelzenberger, Conscientia bei Augustinus (Paderborn 1959).
Ders., Syneidesis im Neuen Testament (Paderborn 1961).
Ders., Syneidesis Conscientia Gewissen (Paderborn 1963).
J. G. Ziegler, Vom Gesetz zum Gewissen (Quaestiones disputatae 39) (Freiburg i. Br. 1968).

Anselm Hertz

III

Norm und Gewissensfreiheit

Es gehört zum Wesen von Normen, Anspruchsaspekte menschlichen Handelns in ihrer Allgemeinheit herauszuheben, zu artikulieren und sie darin für dieses Handeln verbindlich zu setzen. Als solche stellen sie Lösungsvorgaben dar, die den einzelnen in seinen konkreten Handlungsvollzügen von einer Fülle von Entscheidungszumutungen entlasten und zugleich, kraft ihrer Allgemeinheit, als soziale Transfers menschliches Miteinander in überschaubare, verläßliche Bahnen lenken. Eben hieraus, daß in ihnen die Wahrheit des jeweils Allgemeinen zur Geltung gebracht wird, gewinnen sie ihre Dignität und Verbindlichkeit. Dies bedeutet jedoch nicht, daß mit der gegebenen Normwelt schon das Ganze der Vernunft menschlichen Handelns sichergestellt wäre. Normen vermögen ihrer generalisierenden Natur nach weder den Anspruch des Individuellen noch den des spezifisch Situativen, noch auch den des Kreativ-Neuen in den konkreten Wertungsprozessen in sich zu fassen. Sie bedürfen sonach, wie die anderen Anspruchsaspekte auch, einer sie tragenden letzten Legitimationsinstanz: der Vernunft des handelnden Subjektes selbst und dem darin liegenden Anspruch seiner sittlichen Freiheit. Wo immer eine Norm gegen die Vernunft des Handelnden steht, wo ihm also Normkonformität den Weg zum je Besseren verstellt, wird dies von ihm zugleich als Herausforderung seiner sittlichen Freiheit erfahren. Freiheitserfahrung und Erwartungsdruck von Normen können sonach in ein grundsätzliches Spannungsverhältnis treten. Sittliche Freiheit verwirklicht sich nicht allein im Gehorsam gegenüber Normen, sie vollzieht sich gegebenenfalls auch in der Aufkündigung dieses Gehorsams, sei es, weil gegebene Normen, legalistisch verkürzt, mit einem Anspruch geltend gemacht werden, der den übrigen Anspruchsaspekten menschlichen Handelns Gewalt antut, oder sei es, weil sie die tatsächlich erreichte Einsicht über das in ihnen angezielte Allgemeine nicht mehr zureichend repräsentieren und insofern überhaupt der Neubestimmung bedürfen. Unter dieser Voraussetzung aber sind Normen nicht Herr über das Gewissen der Menschen, sondern stehen in seinem Dienst.

1. *Der theologische Begründungszusammenhang*

Insofern es hier um elementare ethische Gesetzlichkeiten geht, die sich unmittelbar aus der schöpfungsmäßig angelegten Selbstaufgegebenheit des Menschen ergeben, bleibt dies auch für jede weiterführende *theologische* Betrachtungsweise der Zuordnung von Normanspruch und Gewissensfreiheit bestimmend. Das bedeutet zunächst: auch jede theologisch fundierte Normierung menschlichen Handelns ist mit einem heteronomen Handlungsverständnis, mit der Vorstellung von einer radikalen Fremdbestimmtheit des Menschen unvereinbar. Wer das Böse nur deshalb unterlasse, so heißt es bei Thomas, weil Gott es so geboten habe, nicht aber weil es böse sei, der sei nicht im vollen Sinne frei[1]. Und noch lapidarer im Aufgreifen des Pauluswortes: „Alles, was nicht aus Überzeugung geschieht, ist Sünde" (Röm 14,23)[2]. Das Spezifikum theologischer Handlungsweisung, wie es sich in seiner endgültigen Dimension freilich erst im genuin heilsgeschichtlichen Kontext christlichen Glaubens erschließt, muß vielmehr in etwas anderem gesehen werden: in dem auf Aufhebung aller menschlichen Verhängnisse zielenden befreienden Handeln Gottes selbst. Darin ist zunächst vorausgesetzt, daß auch die Normenwelt die menschliche Verhängnissituation nicht grundsätzlich aufzulösen vermag, sondern vielmehr fundamental von ihr bestimmt bleibt. Sie bewirkt von sich aus nicht schon das Heil. Weder kann der Mensch ihrem Anspruch genügen oder sich gar mit ihrer Hilfe vor Gott ins Recht setzen, noch wird sie ihrerseits dem Anspruch des Menschen gerecht. Insofern eröffnet sich also in der Tat erst in Christus als der Erfüllung aller Verheißungen Gottes (Kor 1,10) dem Menschen der Weg zur

---

[1] *Thomas von Aquin,* Expos. II epist. ad Cor. III,3.

[2] STh I–II q. 19 a. 5: „Omne quod non est ex fide, peccatum est, id est, omne quod est contra conscientiam. Ergo voluntas discordans a ratione errante est mala." Diese Verbindlichkeit des Gewissensspruchs gilt nach Thomas selbst noch im Fall schwerwiegendsten Irrtums, etwa wenn dem Handelnden Enthaltsamkeit von Unzucht oder der für das Heil notwendige Glaube an Christus als verwerflich erscheinen würde. Der Wille bleibt, soll er ein sittlicher sein, strikt an die Einsichtskraft des Subjektes zurückgebunden: „Jegliches Wollen, das von der Vernunft abweicht, mag diese nun recht sein oder irren, ist immer schlecht" (ebd.). Hier scheint die fundamentale Aussage der Gewissenslehre des Petrus Abaelardus (Nosce te ipsum, cap. 13) verarbeitet und kritisch weitergeführt: „Non est peccatum, nisi contra conscientiam."

endgültigen Gestalt seiner Freiheit. In ihm ist er von der versklavenden Macht des Gesetzes zur Freiheit befreit worden (Gal 5,1). Das Gesetz Christi, das Gesetz des Neuen Bundes, und hier trifft der Begriff Gesetz nur noch in einem analogen, übertragenen Sinne zu, ist als das „Gesetz des Geistes des Lebens" (Röm 8,2) das „vollkommene Gesetz der Freiheit" (Jak 1,25)[3].

Ausgangspunkt und Schlüssel dieses spezifisch christlichen Freiheitsverständnisses ist das in der Schöpfungstat grundgelegte und in Christus definitiv besiegelte „Ja" Gottes zu seinem Werk. Gott will den Menschen und steht für seinen Sinn ein. „Da gilt nicht mehr Jude oder Heide, nicht mehr Knecht oder Freier, nicht mehr Mann oder Frau. Ihr seid alle einer in Christus Jesus" (Gal 3,28–29). Die eigentliche Freiheitsgeschichte des Menschen beginnt mit dem Aufgreifen der schöpferischen Liebeshaltung Gottes selbst: mit einem neuen, von der Zuwendung Gottes bestimmten Umgang des Menschen mit dem Menschen. Seine ethische Konsequenz findet dieser Ansatz in der Radikalität des christlichen Liebesgebotes, wie es sich in den Forderungen der Bergpredigt unüberhörbar Ausdruck verschafft. Hier ist die Vernunft menschlicher Freiheit auf ihren letzten Begriff gebracht. Andererseits wird damit weder die Notwendigkeit zur Aufstellung und gesellschaftlichen Durchsetzung von Normen noch die damit unmittelbar gegebene Notwendigkeit politischer Machtausübung theologisch außer Kraft gesetzt. Wenn Paulus in Röm 13 die politische Gewalt als von Gott stammend herausstellt und die politischen Machtträger als „Gottes Beamte" kennzeichnet, so zieht er damit offensichtlich Linien aus, die letztlich bereits in Jesu Aussage vor Pilatus: „Du hättest keine Macht über mich, wenn sie dir nicht von oben gegeben wäre" (Joh 19,11), und in der Perikope vom Steuergroschen, nämlich dem Kaiser zu geben, „was dem Kaiser zukommt" (Mt 22,21), angelegt sind.

Zugleich aber wird jetzt – und dies ist wesentlich – vom Ansatz des Liebesgebotes her der Umgang mit der Macht selbst in einer völlig neuen Weise bestimmt: „Ihr wißt, die Herrscher gebieten über ihre Völker, und die Großen lassen sie ihre Macht fühlen. Unter euch soll es nicht so sein. Wer vielmehr unter euch groß sein will, der sei euer Diener, und wer unter euch der Erste sein will, der sei euer Knecht. So ist der Menschensohn auch nicht gekommen, sich bedienen zu lassen, sondern zu dienen, ja sein Leben hinzugeben als Lösepreis für viele" (Mt 20,25–27). Der Wille zur Macht und der Umgang mit ihr läßt sich nach diesem Jesuslogion vor Pervertierungen nur bewahren, wo er wurzelhaft vom Ja Gottes für den Menschen bestimmt ist, wo er zum vollkommenen Dienst an der Freiheit des Menschen wird, zu einem Dienst, der um dieses Zieles willen keiner Erniedrigung, keiner Demütigung ausweicht, ja alles, selbst das Leben, hierfür einzusetzen bereit ist.

Daß hier ganz gewiß alles andere als Sklavenmoral im Spiel ist, die den Men-

---

[3] Vgl. *Thomas von Aquin,* STh I–II q. 108 a. 1 ad 2.

schen zu politischer Resignation und Schicksalsergebenheit erziehen möchte und ihn damit zwangsläufig um sein Gewissen bringt, tritt denn auch deutlich am Umgang Jesu mit jener Wirklichkeit hervor, durch die die gesellschaftlich-politische Macht menschliches Gelingen vorzuprogrammieren und sich hierdurch zugleich die eigene Legitimität zu verschaffen sucht: an seinem Umgang mit dem Gesetz. Ja, hier zeigt sich das ganze in die gesellschaftlich-politische Realität ausstrahlende Gewicht der Freiheitsbotschaft Jesu.

Zur Verdeutlichung seien zwei prägnante Stellen aus dem Johannesevangelium angeführt, in denen eine zentrale synoptische Jesustradition aufgenommen und theologisch weiterentfaltet wird. Es geht um Jesu Einstellung zum Sabbat als einer religiös ausgerichteten und sanktionierten politisch-gesellschaftlichen Institution, die das Leben seiner jüdischen Mitbürger mit einer erdrückenden Fülle von Vorschriften bis in die Einzelheiten hinein rigoros regelt. Eben damit bricht Jesus, indem er bewußt an diesem Tage Kranke heilt. Im ersten Falle handelt es sich um die Heilung eines seit 38 Jahren Kranken am Teich Betesda. Jesus stellt hier das Wunder einer Krankenheilung zugleich in den Dienst seiner Sabbatkritik und macht diese darin wiederum zum Prüfstein eines geläuterten Gottesglaubens. Sein Handeln manifestiert das Handeln des Vaters. „Was dieser wirkt, das wirkt in gleicher Weise auch der Sohn" (Joh 5,19). Das an den konkreten Nöten des Menschen ausgerichtete neue Verhältnis zum Sabbat wird so zum konstitutiven Bestandteil der Lehre Jesu, einer Lehre, die den Menschen zu sachgerechtem Umgang mit dem Gesetz und darin zur Freiheit zu führen sucht. Die Argumentation Jesu kulminiert in dem Satz: „Wenn ihr in dieser meiner Lehre verharrt, seid ihr wahrhaftig meine Jünger. Dann werdet ihr die Wahrheit erkennen, und die Wahrheit wird euch frei machen" (Joh 8,31–32). Im zweiten Falle geht es um die Heilung eines blindgeborenen Mannes. Jesus wirkt das Wunder wiederum am Sabbat und provoziert damit den erbitterten Widerspruch der Pharisäer, die für sich in Anspruch nehmen, als unbestechliche Hüter der Tora die wahren Hirten des Volkes zu sein. Jesus stellt dem entgegen, daß der wahrhaft gute Hirte daran zu erkennen sei, daß er seinen Schafen Weide, Lebensraum und Geborgenheit schenkt. Er herrscht nicht durch Angst. Seine Stimme ist ihnen vertraut. Sie fliehen vor ihm nicht wie vor einem Fremden, einem Dieb oder einem Mörder. Ja, er ist bereit, in der Stunde der Gefahr sein Leben für sie einzusetzen.

Die Freiheitsbotschaft Jesu zielt ihrer ethisch-politischen Dimension nach ganz offensichtlich auf Humanisierung der Gesetzeswirklichkeit. Die Ordnungsgestaltungen menschlichen Lebens dürfen nicht ihrerseits zum Kainsinstrument werden: „Der Sabbat ist des Menschen wegen da", so lautet das wegweisende Jesuswort bei Markus, „und nicht der Mensch des Sabbats wegen (Mk 2,27), und auf dem Höhepunkt des Hirtengleichnisses bei Johannes: „Ich bin der gute Hirt. Ich bin gekommen, daß sie das Leben haben und es in Fülle haben" (Joh 10,10–11). Der ethisch-politische Impetus zu situationsgerechtem

Umgang mit dem Gesetz in seiner Gestaltung wie in seiner Handhabung erweist sich als ein unablösbares, substantielles Moment der auf das universale Heil des Menschen gerichteten Freiheitsbotschaft Jesu. Damit aber rückt jetzt ein von der klassischen griechischen Ethik entwickelter Begriff in den Vordergrund, der diesen Impetus genau aufnimmt, ein Begriff, dem für die theologische wie für die politische Entfaltung des Freiheitsgedankens eine geschichtlich zentrale Bedeutung zukommt und der uns unmittelbar an die gegenwärtige Diskussion um die Bestimmung des Zuordnungsverhältnisses von Normanspruch und Gewissensfreiheit heranführt: der Begriff der Epikie.

2. *Epikie als Platzhalterin der Gewissensfreiheit*

Unter Epikie (griech.: epieíkeia, lat.: aequitas) versteht die ethische Tradition das nach Zumutbarkeit, Angemessenheit und Billigkeit verfahrende, am übergreifenden Gedanken der Gerechtigkeit ausgerichtete „rechtschaffene" Verhalten des Menschen im Umgang mit positiven Gesetzesnormen. Als „rechtschaffen" im Umgang mit positiven Gesetzesnormen hat aber zunächst ein Verhalten zu gelten, das diesen Gesetzesnormen entspricht, das sich ihnen legal anpaßt. Und hierauf zielt denn auch der Begriff „epieikés" in seiner ältesten, schon von Homer bezeugten Bedeutung[4]. Demgegenüber gewinnt Epikie die Funktion eines spezifischen Korrektivs der bloßen Legalgerechtigkeit erst dort, wo die gegebenen Gesetzesnormen mit zunehmender Differenzierung der gesellschaftlichen Lebenswirklichkeit im Hinblick auf die Einzelsituation als unbillig, unzumutbar und unangemessen empfunden werden. Nach Platon ist das Gesetz, angesichts der Unähnlichkeit der Menschen und der Dynamik aller menschlichen Dinge, außerstande, „das für alle Zuträglichste und Gerechteste genau zu umfassen und so das wirklich Beste zu befehlen". Es verhält sich vielmehr, so heißt es im Politikos (294 b), „wie ein selbstgefälliger und ungelehriger Mensch", der nur nach seinen eigenen Anschauungen verfährt „und auch niemanden weiter anfragen lassen will, auch nicht, wenn jemandem etwas Neues und Besseres gekommen ist, außer der Ordnung, die er selbst festgelegt hat". Um also diese dem Gesetz eigentümliche Unbeweglichkeit, Realitätsferne und Situationsfremdheit auszugleichen, bedarf es bei seiner Anwendung der Epikie. Eben solche Fähigkeit, Gesetze nach gerechtem Ermessen anzuwenden und dem Einzelfall zuzupassen, übersteigt nun aber nach Platon wiederum zugleich das Vermögen der Menge, der dafür jede geistige und politische Kompetenz abgeht. Die Befähigung zur Epikie, zu gerechter Korrektur der Gesetze auf die Besonderheit der Situation hin, kann vielmehr nur dem zugesprochen werden, der die gesellschaftliche Ordnung so zu gestalten vermag, daß in ihr die wahre

[4] Vgl. Ilias I, 547 u.ö.

Natur der menschlichen Psyche selbst zur Ausprägung gelangt, dem weisen Staatsmann, Platons Philosophenkönig, sowie dem, der von ihm mit der Verwaltung und Durchsetzung des Geistes dieser Ordnung betraut ist, dem Richter[5]. Erst Aristoteles bringt hier, dem tatsächlichen Gang der geschichtlichen Entwicklung der Polis folgend, mit seiner politisch-ethischen Konzeption die entscheidende Wende. Er spricht die Eignung, positive Gesetzesnormen nach Zumutbarkeit, Billigkeit und Angemessenheit auf die Situation anzuwenden und das Recht darauf einem jeden freien, dem von der Tugend der Gerechtigkeit bestimmten Bürger zu. Angesichts der Abstraktheit jedweder Gesetzesformulierung, die, weil im allgemeinen bleibend, auch immer nur „katholou“[6], „im allgemeinen“, gelten kann, erweist sich die Epikie im Hinblick auf die konkrete Situation als deren notwendige, sich von der Gerechtigkeit selbst her ergebende korrektive Ergänzung. Sie ist „die Berichtigung des Gesetzes dort, wo es infolge seiner allgemeinen Fassung lückenhaft ist“, und bleibt so, als das die konkrete Einzelsituation überhaupt erst adäquat einholende optimalere Gerechte („beltion dikaion“)[7], jedem bloß legalen Verhalten kritisch zu- und übergeordnet.

Für die Rezeptionsgeschichte des Epikiebegriffs innerhalb der katholischen Moraltheologie ist es nun wesentlich, daß Thomas von Aquin diese Auffassung des Aristoteles übernimmt. Nach Thomas ist die Epikie maßgebend für die Handhabung der Legalgerechtigkeit (dirigitur secundum epieikeiam), ja sie bedeutet „gleichsam eine höhere Regel für die menschlichen Akte“[8]. Die durch Gesetze allein nicht durchrationalisierbare Vielfalt und Unübersehbarkeit der Handlungssituationen ruft die sittliche Einzelvernunft auf den Plan und eröffnet ihr darin den ihr wesenhaft zugelasteten eigenen Raum der Freiheit. Weil das positive menschliche Gesetz nur das jeweils Generalisierbare am menschlichen Handeln ins Auge zu fassen vermag, kann es im Einzelfall erlaubt, ja pflichtgemäß sein, „unter Absehen vom Gesetzeswortlaut dem zu folgen, was die Vernunft der Gerechtigkeit und der allgemeine Nutzen fordert“[9]. Der im Hinblick auf die Einzelsituation nach Angemessenheit und Billigkeit Verfahrende handelt also durchaus nicht willkürlich, sofern er in seinem Handeln vom deontologischen Anspruch der Gerechtigkeit bewegt bleibt, zu deren teleologischer Einlösung dann nicht nur die auf den spezifisch individuellen Sachverhalt bezogene Situationsvernunft gehört, sondern eben immer auch die auf das allgemeine Wohl bezogene *soziale* Vernunft. Damit aber wird deutlich, daß es sowohl Aristoteles als auch Thomas im Begriff der Epikie um die Herausarbei-

[5] Nomoi, 757 d–e, 867 d–e. Vgl. auch *E. Michaelakis,* Platons Lehre von der Anwendung des Gesetzes und der Begriff der Billigkeit bei Aristoteles (München 1953); ferner *F. d'Agostino, Epieikeia.* Il tema dell'equità nell'antichità greca (Mailand 1973). Weitere wichtige Hinweise verdanke ich der noch unveröffentlichten, 1983 erscheinenden Arbeit von *G. Virt,* Epikie. Eine historisch-systematische Untersuchung zu Aristoteles, Thomas von Aquin und F. Suárez.
[6] Nikomachische Ethik, 1137 b.
[7] Vgl. Ebd. 1137 b 24. [8] STh II–II q. 120 a. 2. [9] STh II–II q. 120 a. 1.

tung einer für menschliches Handeln in Gemeinschaft notwendigen und unentbehrlichen sittlichen Grundhaltung, um eine *Tugend* geht, kraft deren der Mensch das im Hinblick auf die Einzelsituation jeweils gebotene optimale Gerechte zu finden vermag, ohne sich darin dem Vorwurf subjektiver Willkür und schlauer Gesetzesumgehung ausgesetzt zu sehen.

Epikie ist nach Aristoteles nicht „Verwässerung" (Elattosis), sondern gerade „Verbesserung" (epanorthoma) des Gesetzes[10]. Daß dem Menschen solche Reife im Umgang mit Normen überhaupt zugetraut werden kann, setzt freilich voraus, daß er dazu im Grund bereits von Natur aus disponiert ist und dies auch im Prozeß seiner geschichtlich-gesellschaftlichen Entfaltung aktual einzufordern vermag. Für Aristoteles legitimiert sich dies aus der Wesensbestimmung des Menschen als „zoon politikon". Erst in der geschichtlichen Gestalt der Polis als der „*Gemeinschaft der Freien*" gelangt der Mensch zum Stande seines Menschseins, findet die menschliche Natur jene ihr gemäße Form des Gerechten, zu dem sie von sich aus, ihrem eigenen naturhaften Grunde nach, immer schon hindrängt. Gerade weil aber der Mensch unter dieser Voraussetzung auf Gerechtigkeit in *Freiheit* hin angelegt ist, kann sich ihm der Umgang mit den konkreten Gesetzen auch nicht anders gestalten denn in der Weise eines ständigen kritischen Rückgriffs auf eben diesen unmittelbaren naturhaften Grund des Gerechten selbst und das heißt dann notwendig in der Weise der Angemessenheit, Billigkeit und Rechtschaffenheit.

Gewinnt die Lehre von der Epikie bei Aristoteles ihre volle Begründung erst aus dem Kontext seiner Lehre von der Polis und damit aus dem Kontext seiner *politischen* Anthropologie, so gewinnt sie ihre genuine Legitimation bei Thomas vorgängig aus dem Kontext seiner theologischen Freiheitslehre und damit aus dem Kontext *theologischer* Anthropologie. Ausgangspunkt ist hier nicht der Mensch als „zoon politikon", sondern der Mensch als „imago Dei", als Bild Gottes[11].

Nach Thomas ist der Mensch imago Dei, insofern er, entsprechend seinem Urbild, also Gott selbst, Ursprungsprinzip seiner eigenen Werke ist, und zwar kraft seiner Vernunft und seiner Freiheit. Der Mensch ist das Wesen der Selbstursächlichkeit, das seine Handlungen mit Wissen und Willen zu setzen imstande ist und eben darin Macht hat über seine Werke[12]. Hieraus fließt zugleich seine einzigartige Vollmacht: seine Teilhabe an der „divina providentia", an der Vorsehung Gottes. Sie geschieht darin, daß er für sich und andere Vorsehung auszuüben vermag (sibi ipsi et aliis providens)[13]. Kraft des ihm eigenen natürli-

---

[10] Vgl. Nikomachische Ethik, 1136 b 21 und 1137 b 26.

[11] STh I–II, prol.

[12] Dahin weist die Bestimmung des Menschen als „sui causa", als „principium suorum actuum". Er hat die „potestas suorum operum" (De veritate XXIV, 1; ferner Ebd. XXII, 6 ad 1 und De unione verbi incarnati).

[13] STh I–II q. 91 a. 2.

chen Gesetzes – der lex naturalis – nimmt der Mensch sonach aktiv teil an der göttlichen Ordnungsvernunft. Darin ist der Gedanke der Autonomie theologisch vorgezeichnet. Das aber bedeutet, das konkrete Finden des Guten und damit das konkrete Erfassen des Willens Gottes wird dem Menschen keineswegs von Gott abgenommen, sondern bleibt in seine wesenhafte und ureigene Kompetenz gelegt.

Dies vertieft sich nochmals im Anspruch der lex nova, dem Gesetz des Neuen Bundes, mit dem menschliches Handeln in das in Christus erschlossene Handeln Gottes selbst hineingenommen und so gnadenhaft auf seine endgültige – göttliche – Bestimmung hin erschlossen wird. Wesentlich ist dabei, daß die lex nova, im Gegensatz zur lex vetus, dem Gesetz des Alten Bundes, sich ihrem Kern nach überhaupt nicht mehr als eine Größe darstellt, die dem Menschen von außen auferlegt erscheint. Sie ist vielmehr eine ihn zuinnerst bewegende, ihm eingestiftete, von sich aus wirkende Kraft, das Geheimnis der amicitia Dei, der Freundschaft Gottes mit dem Menschen, seiner unendlichen, ungeschuldeten, den Sinn menschlichen Daseins endgültig und unwiderruflich verbürgenden Liebe, nämlich die gratia Spiritus Sancti, die sich im Glauben an den in Gott verbürgten Menschen manifestiert und in der Liebe wirksam wird. Darin, in dieser gratia Spiritus Sancti, und in nichts anderem, hat die lex nova nach Thomas ihre „tota virtus", ihre ganze Kraft[14]. Insofern kann von ihr auch nurmehr im übertragenen (analogen) Sinne als von einem „Gesetz" gesprochen werden. Thomas kennzeichnet sie deshalb im Anschluß an Augustinus ausdrücklich als „lex indita et non scripta"[15]. Letzteres gilt nun aber wiederum unter diesem formalen Aspekt auch von der lex naturalis. Auch diese ist keine positiv satzhafte, sondern eine dem Menschen eingestiftete, von sich aus wirkende Größe. Der wesenhafte Unterschied zeigt sich dann freilich darin, daß die eine naturhaft angelegt ist, die andere hingegen reines Gottesgeschenk bleibt. Da nun aber beide wiederum den gleichen Gott zum Urheber haben, erscheinen sie zugleich einander zugeordnet. Wie die Gnade die Natur, so hebt die lex nova die lex naturalis nicht auf, sondern setzt sie voraus und vollendet sie[16]. Erst aus der Wahrheit des mit der lex nova erschlossenen, alle Horizonte überschreitenden Glaubens gewinnt die Liebe ihr unendliches Maß. Oder anders, auf die menschliche Grunddimension der Freiheit hin gewendet: die durch dieses neue Gesetz und in diesem neuen Gesetz lebende, zum „Sohn" gewordene „vernunftbegabte Kreatur" erfährt es zugleich als die tiefste Vollzugsweise ihrer Existenz, als das „vollkommene Gesetz der Freiheit". In Christus als dem Ja und Amen der Verheißungen ist alle Offenbarung, auch die Willensoffenbarung Gottes, vollendet. In ihm ist der Mensch in die Mündigkeit eingesetzt.

---

14 STh I–II q. 106 a. 1 und q. 108 a. 1.
15 STh I–II q. 106 a. 1.
16 STh I–II q. 99 a. 2 ad 1.

Um zur Vernunft seines Handelns zu finden, bedarf es nun keiner neuen, zusätzlichen Willensdekrete Gottes mehr. Dies aber macht nun vollends deutlich, daß Epikie nicht einfachhin als ein risikoträchtiges notwendiges Übel zur Ausfüllung von wesensmäßig immer unzureichend bleibenden Gesetzesgestaltungen verstanden werden kann, sondern eine wesenhaft eigene sittliche Grundhaltung darstellt, zu der sich der Mensch kraft der ihm schöpfungsmäßig eingestifteten Potenz zur Vernunft und Freiheit sowie kraft der ihn zur Freundschaft Gottes mit dem Menschen befreienden Gnade des Heiligen Geistes, als Individuum in Gemeinschaft befähigt und legitimiert sieht.

Ist das aber noch realistisch? Kann dem Durchschnittsmenschen solche Selbstverantwortung im Umgang mit konkreten Gesetzesnormen tatsächlich zugetraut werden? Tugend ist schließlich kein Naturereignis. Man kann nicht sicher mit ihr rechnen. Nichts aber gefährdet menschliches Zusammenleben so sehr wie subjektive Willkür. Andererseits läßt sich, soll dem nun einmal gegebenen, vom Gesetz nicht erfaßten Einzelfall überhaupt Rechnung getragen werden, schwerlich ganz auf Epikie verzichten, will man nicht auf die Position Platons zurückfallen und dem Normadressaten jede eigene situationsspezifische Applikation von Gesetzesforderungen verwehren. Damit aber drängt jetzt alles auf ein Konzept von Epikie – und in diese Richtung weist denn auch ihre weitere Rezeption innerhalb der katholischen Moraltheologie –, das sie einerseits im Hinblick auf den Einzelfall rechtfertigt, sie dabei jedoch zugleich streng kontrollierbar hält. Dies hat freilich seinen Preis. Sie verliert ihre Leuchtkraft als Tugend und wird zu einer kasuistischen Interpretationsregel. Dieser Prozeß im Verständnis von Epikie ist spätestens mit Suárez abgeschlossen. Nach Suárez[17] gibt es nurmehr drei Anwendungsfälle: 1. wenn die Gesetzeserfüllung im konkreten Fall sittlich unerlaubt ist[18], 2. wenn sie sich für den einzelnen als unverhältnismäßig schwer, ja verderblich erweist, 3. wenn nach vernünftigem Ermessen der Gesetzgeber hier nicht verpflichten wollte.

Nun wird man in der Tat sagen müssen, daß mit wachsender Tendenz zur Entwicklung einer Gesetzgebung, die das Leben sowohl rechtlich als auch ethisch möglichst vollständig in Griff zu bekommen und zu regulieren sucht, für Epikie exakt nur noch dieser Spielraum bleibt. Diese Tendenz herrschte aber im Zeitalter des Absolutismus im staatlichen Bereich ebenso vor wie im kirchlich-religiösen (hier übrigens faktisch noch bis zum Zweiten Vaticanum). Die entscheidende Wende zeichnet sich demgegenüber erst mit der ethisch-politischen Kehre zum Subjekt, mit der Heraufkunft des modernen freiheitlichen Rechtsstaates ab. Erst mit ihm gewinnt der einzelne Staatsbürger als *Mensch* – und nicht mehr nur, wie bei Aristoteles, der Mensch als *„polites"*, als freier Bürger der Polis, der sich hierzu, im Gegensatz zum Sklaven, auch das reale Recht

---

[17] *F. de Suárez,* De legibus (1612), 1.6, c.7, n.11.
[18] Vgl. Apg 5,29; zu Fall 1 und zu den beiden folgenden auch *Thomas,* STh II–II, 120,1.

verschafft hat – eine Bedeutung, die ihn zum Träger von Grundrechten macht, auf die letztlich alle weiteren, dem Gemeinwohl dienenden politisch-rechtlichen Gestaltungen bezogen bleiben. Das aber bedeutet, die Ordnungen des freiheitlichen Rechtsstaates zielen nicht auf Einschränkung der sittlichen Freiheit des Subjektes, sondern gerade auf deren Schutz und Sicherung. Insofern bleibt hier auch die sittliche Grundhaltung der Epikie, nunmehr aufgenommen und weitergeführt im politischen Begriff der *Gewissensfreiheit*, vom Recht selbst wesentlich vorausgesetzt, ja sie wird als *Grundrecht* der Gewissensfreiheit zu seinem ausdrücklichen Inhalt gemacht, einzig begrenzt durch die sich aus ihr selbst ergebende Gegenseitigkeitsforderung: die Unantastbarkeit der Würde der menschlichen Person.

Das vom Gedanken der Gerechtigkeit bewegte, nach Rechtschaffenheit, Billigkeit und Angemessenheit verfahrende Gewissen stimuliert so eine ganz neue gesellschaftliche Handlungsdynamik. Es wird zum Impulsgeber und Richtmaß *aller* an den „öffentlichen Dingen" Beteiligten. Es bleibt nicht länger Privileg der normsetzenden und -verwaltenden Instanzen – der auf je größere Gerechtigkeit zielenden Tätigkeit des Gesetzgebers, der um gerechte Urteile bemühten, alle gegebenen Umstände gewissenhaft abwägenden Gerichte, der nach „freiem pflichtgemäßen *Ermessen*" verfahrenden Verwaltung und der auf Grund ihrer „Definitionsvollmacht" in ihrem Einsatz auf „Angemessenheit der Mittel" verpflichteten polizeilichen Sicherheitsorgane –, sondern es gewinnt darüber hinaus jetzt auch maßgebliche Bedeutung für die Normadressaten selbst. Wahlrecht, Petitionsrecht, Streikrecht, Demonstrationsrecht sind ihrerseits bereits institutionalisierte, und das heißt vom Recht selbst her legitimierte, Formen des am eigenen und am öffentlichen Wohl vital interessierten, nach Billigkeit und Angemessenheit fragenden und verfahrenden Einzelgewissens. Der einzelne Staatsbürger schaltet sich auf diese Weise in den öffentlichen Prozeß der sittlichen Urteilsfindung ein und übt so *mittelbar*, im Falle der Institution der Volksbefragung sogar *unmittelbar* Gestaltungsverantwortung für Normen aus.

Unter dieser Voraussetzung rechtlich institutionalisierter Gewissensfreiheit wird der überkommene Weg der Normstiftung „von oben" auf die Möglichkeit der Normbildung „von unten" hin ausdrücklich ausgeweitet. In anderer Weise kommt die hierin gegebene Möglichkeit einer die Rechtsgestaltung beeinflussenden Normbildung „von unten" dort zum Tragen, wo die faktisch gelebte Überzeugung von Mehrheiten, aber auch die benachteiligter Minderheiten gegen überkommene moralische Oktrois und deren rechtliche Fassungen aufbegehrt und unaufhaltsam auf Neulösung drängt. Hier undifferenziert von einer bloßen „normativen Kraft des Faktischen" zu sprechen, geht offenkundig an der Sache vorbei. Das faktische Abweichen von gegebenen Normen hat als solches noch nie normverändernd gewirkt, solange die Abweichenden im Grunde von der Richtigkeit der Norm überzeugt waren. Zu Normveränderungen kann in der Tat nur ein Verhalten führen, das mit *Überzeugung*, und das heißt mit argumentativ stichhaltigen „guten Gründen", gelebt wird, selbst wenn sich diese im Nachhinein unter umfassenderen Gesichtspunkten als nicht zureichend erweisen sollten. Eben dies aber muß letztlich auch bei jeder Normsetzung „von oben" als Möglichkeit in Rechnung gestellt werden. Fortschritt und Verfall im Normbildungsprozeß sind beidemal möglich und lassen sich weder dem einen noch dem anderen Weg unmittelbar zuordnen.

Erst im Rahmen eines vom Recht selbst als Freiheitsrecht vorausgesetzten Epikieverständnisses gewinnt sonach das Gewissen, die Freiheit und Selbstverantwortlichkeit des einzelnen – seine Würde – einen Rang, der es allen übrigen Gütern gegenüber dominieren läßt. Das aber bedeutet, das sittliche Gut der freien Eigenverantwortlichkeit, der Freiheit des Gewissens, ist im Konfliktfall sämtlichen übrigen Gütern, die ein Gesetz schützen will, vorzuziehen[19]. Diese ethisch grundlegende Handlungsweisung ist unmittelbar mit dem Anspruch der Unantastbarkeit der Würde der menschlichen Person gegeben. Sie gebietet in ihrer Konsequenz genau das, was Kant in den kategorischen Imperativ faßt, daß der Mensch „von keinem Menschen (weder von anderen noch sogar von sich selbst) bloß als Mittel" gebraucht werden darf, sondern jederzeit zugleich als „Zweck an sich selbst" respektiert bleiben muß[20]. Eben darin bestehe seine Würde, „dadurch er sich über alle anderen Weltwesen, die nicht Menschen sind, und doch gebraucht werden können, mithin über alle Sachen erhebt"[21]. An niemandem dürfen Handlungen vollzogen werden, denen sein Gewissen nicht zustimmen würde (Beispiel: medizinische Therapieversuche ohne vorherigen „informed consent" der Testpersonen). Niemand darf zu Handlungen gezwungen werden, die zu tun ihm sein Gewissen verbietet (Beispiel: Wehrdienstverweigerung aus Gewissensgründen). Niemand darf daran gehindert werden, gegen Handlungen und Unternehmungen aufzubegehren, die nach seiner Gewissensüberzeugung sittlich nicht vertretbar sind (Beispiel: Kernkraftwerksgegner).

Gerade an den hier genannten Beispielen wird nun freilich auch deutlich, daß solche durch das Recht garantierte Gewissensfreiheit keineswegs risikolos und die Handhabung der sie ethisch sichernden Vorzugsregel keineswegs einfach ist. Muß sich doch die freiheitliche Rechtsordnung, die es dem einzelnen gestattet, „nicht nur ein Gewissen zu haben, sondern auch danach zu handeln"[22], darin immer neu auf ihre eigene Tragfähigkeit und Vernunft hin befragen lassen. Dies tritt überall dort hervor, wo es in wesentlichen, das Einzelwohl oder

[19] *B. Schüller,* Die Begründung sittlicher Urteile. Typen ethischer Argumentation in der katholischen Moraltheologie (Düsseldorf 1973) 43.
[20] *I. Kant,* Metaphysik der Sitten, ed. Weischedel, Bd. 4, 600, Kritik der praktischen Vernunft, ebd. 210.
[21] *I. Kant,* Metaphysik der Sitten, a. a. O. 600f.
[22] *E. Spranger,* Zur Frage der Erneuerung des Naturrechts, in: Universitas 3 (1948) 405–420, 419.

das Gemeinwohl betreffenden Fragen zu einem unüberbrückbaren Widerstreit zwischen den an der sittlichen Urteilsfindung Beteiligten kommt, wo also Überzeugung gegen Überzeugung steht. Dabei ist es gleichgültig, ob es sich nun um eine Kollision zwischen den Überzeugungen der Mitglieder von gesetzgebenden Körperschaften, zwischen denen des jeweiligen Gesetzgebers und denen der Gesetzesunterworfenen oder zwischen der von der Überzeugung der Mehrheit getragenen Überzeugung des Gesetzgebers und der Überzeugung einzelner bzw. einzelner Gruppen handelt. Geht es hierbei doch immer wieder um das Austragen von Überzeugungspolarisierungen, bei denen grundlegende Bedingungen, Wege und Voraussetzungen für ein menschenwürdiges Leben, handle es sich nun um die Sicherung der Gesundheit, des Friedens oder auch nur der Energieversorgung, je anders bestimmt werden. Um hier überhaupt zu Resultaten zu kommen, müssen gleichzeitig verbindliche, von den an der sittlichen Urteilsfindung Beteiligten in Freiheit ausgehandelte Spielregeln eingebaut sein, die den jeweiligen Entscheidungsprozeß zum Abschluß bringen. Hierzu mag man in der Regel auf das quantitative Prinzip der Mehrheit als Einigungs- und Legitimationskriterium zurückgreifen. Eben dies läßt sich aber gerade nicht in jenen Fällen durchsetzen, in denen eine Minderheit auch dann noch aus zwingenden Gewissensgründen unabdingbar widersteht. Hier muß sich die Gesellschaft, will sie den Grundsatz der Gewissensfreiheit nicht preisgeben, mit den Kontrahenten im Sinne der Toleranz arrangieren.

Letztlich bleibt also, will man überhaupt zu allseits verbindlichen Übereinstimmungen gelangen – und dies ist nicht ohne die Chance ständiger gegenseitiger Korrektur möglich –, immer wieder nur der Weg des Austauschs der Argumente, der Gründe und Faktoren, die zu den unterschiedlichen Ermessensurteilen führen. Damit sehen wir uns aber jetzt auf jene Grundfrage zurückverwiesen, die, wo immer nach Angemessenheit, Billigkeit und Zumutbarkeit im Prozeß sittlicher Urteilsfindung gefragt wird, eine eigene Relevanz gewinnt und entspechend einer eigenen Thematisierung bedarf, nämlich auf die Frage nach dem sittlich Richtigen, die mit der Frage nach dem sittlich Guten keineswegs in eins fällt.

Weiterführende Literatur

E. Michaelakis, Platons Lehre von der Anwendung des Gesetzes und der Begriff der Billigkeit bei Aristoteles (München 1953).

F. d'Agostino, Epieikeia. Il tema dell'Equità nell'antichità greca (Mailand 1973).

W. Korff, Kernenergie und Moraltheologie. Der Beitrag der theologischen Ethik zur Frage allgemeiner Kriterien ethischer Entscheidungsprozesse (= suhrkamp taschenbuch 597) (Frankfurt a. M. 1979).

G. Virt, Epikie. Eine historisch-systematische Untersuchung zu Aristoteles, Thomas von Aquin und F. Suárez (Mainz 1983).

Wilhelm Korff

IV

Ethische Entscheidungskonflikte: Zum Problem der Güterabwägung

Wo immer der Mensch seiner Überzeugung, seinem Gewissen folgt, handelt er sittlich gut. Das bedeutet jedoch nicht, daß er damit in jedem Falle zugleich auch schon sittlich richtig handelt[1]. Wer bestimmte Handlungsweisen für sittlich unerlaubt hält, gehe es nun um das Essen von Schweinefleisch, um Organtransplantation, Todesstrafe oder Zinsnehmen, um das Problem des Wehrdienstes oder um die Errichtung von Kernkraftwerken, handelt ohne jeden Zweifel sittlich gut, sofern er darin seiner Überzeugung folgt. Ob solche Einstellung nun aber zugleich auch sittlich *richtig* ist, hängt demgegenüber einzig und allein von der Kraft der jeweiligen Sachargumente ab, die er hierfür gleichsam im Zuge einer möglichen Gesamtinventur der hierbei ins Spiel kommenden Bedingungen und Konsequenzen erbringen kann. Seine letztlich auf Güterabwägung beruhenden Argumente müssen – mit Kant zu sprechen – eine „freie und öffentliche Prüfung aushalten können"[2]. Wo immer sonach eine Handlungsdirektive, die der Wahrung und Sicherung eines Gutes dienen will, kraft der durch die gesetzten Umstände wesentliche andere von ihr mitberührte Güter *unberücksichtigt* läßt, kann sie solcher Prüfung nicht standhalten und bleibt den Beweis ihrer sittlichen Vernunft schuldig. Oder anders gewendet: Jede falsche Einschätzung der durch andere Güter mitbedingten Umstände einer Handlung macht diese Handlung zwar nicht sittlich schlecht, wohl aber sittlich falsch. Sie bedarf der Korrektur.

Sucht man zunächst einmal die in der Vielfalt menschlicher Entscheidungsprozesse ansichtig werdenden Fragen nach dem sittlich je Richtigen auf einen zusammenfassenden Nenner zu bringen, so könnte man sagen: Welchen generalisierbaren Präferenzordnungen unterliegt menschliches Handeln im Konfliktfall konkurrierender Güter? Näherhin kommen dabei folgende Konfliktaspekte in Betracht:

1. Konflikte im Bezug auf die Vorzugswürdigkeit der gegebenen Güter selbst.

---

[1] Vgl. *B. Schüller,* Die Begründung sittlicher Urteile. Typen ethischer Argumentation in der katholischen Moraltheologie (Düsseldorf 1973) 102ff. Die moraltheologische Tradition sucht die hier anstehende Problematik im Rahmen ihrer Lehre über das irrige Gewissen durch die Unterscheidung „zwischen subjektiver und objektiver sittlicher Norm, zwischen dem nur subjektiv sittlich Guten und dem nur objektiv sittlich Schlechten, der nur materiellen Sünde", zu lösen. Nach Schüller hat diese Art des Unterscheidens etwas Unbefriedigendes an sich: „Sie könnte zumindest den Anschein erwecken, als ob sie das Tun des Guten oder Schlechten doch in irgendeiner Form von der besseren und schlechteren Einsicht des Menschen abhängig mache."

[2] *I. Kant,* Kritik der reinen Vernunft, ed. Weischedel, Bd. 2, 13 Anm.

2. Konflikte zwischen dem Wohl des einzelnen, der Gesellschaft und der Gesamtökologie.

3. Konflikte zwischen den dieses Wohl sichernden Gütern und den ihre Einlösung ermöglichenden Bedingungen.

Von den unterschiedlichen Konfliktkonstellationen her ergeben sich denn auch entsprechende, der Natur der Sache nach ganz unterschiedliche Vorzugsregeln, die dabei zur Anwendung kommen. Diese gilt es im folgenden zu systematisieren und auf ihre generelle Bedeutung als operationale Handlungsregeln hin zu prüfen.

1. Ranghöhe und Dringlichkeit

Ein Gut in seinem Wert als „höher" einstufen, impliziert zugleich die Einschätzung und Gewichtung anderer als geringer. Sie werden ihm „nachgesetzt" und „niedriger" eingestuft. Sie erscheinen darin als möglicher Gegenstand menschlichen Strebens relativiert, gegebenenfalls sogar überflüssig. Der höhere Wert offenbart nach Max Scheler seine Überlegenheit darin, daß er sich nicht aufbraucht, wie materielle Werte, sich nicht abnutzt, wie die sinnlichen Werte, und sich nicht verrechnen läßt, wie die Werte des Nützlichen. Er trägt das Stigma der Freiheit. Tugenden wie Freundschaft, Güte, Selbstlosigkeit, Gerechtigkeit, Tapferkeit, Liebe, Glaube, aber auch höchste geistige Werte und Güter, wie die der Kunst, Wissenschaft, Religion, lassen sich nicht erzwingen. Sie sind das Werk freier, von einer je größeren Vernunft der Sache bewegten Hingabe. Eben deshalb werden sie als dauerhafter empfunden und führen zu tieferer Sinnerfüllung und Befriedigung.

Dies freilich impliziert immer schon entsprechende *Erfahrung* solcher Hochformen der Freiheit menschlichen Seinkönnens. Das „Höhere" versteht sich nicht von selbst. Um sich in seiner Dignität und Leuchtkraft geltend zu machen, bedarf es erst der Begegnung mit ihm, der spontanen Einsicht, der Kontrasterlebnisse, der Vorbilder und der so erst evozierten, zu gefestigter Haltung führenden „Einübung" in den sich in ihm vermittelnden Sinn – der „Askese" in der ursprünglichen Bedeutung des Wortes. Wo immer dies aber glückt, entwikkelt es seine eigene handlungsleitende Schwerkraft: „Sua vi nos allicit et sua dignitate trahit", durch die Kraft seines eigenen Wesens gewinnt es uns und zieht uns durch seine Würde in seinen Bann[3]. Von daher kann Scheler jetzt völlig zu Recht sagen, daß es der höhere Wert ist, der dem niederen den ihm angemessenen Platz zuweist, ihn also in diesem Sinne fundiert und damit den Takt des Vorziehens und Nachsetzens in der konkreten Situation bestimmt[4].

[3] So *Thomas* (im Anschluß an Cicero), STh II–II q. 145 a. 1.

[4] *M. Scheler,* Der Formalismus in der Ethik und die materiale Wertethik (Bern [4]1954) 114–116.

Dem scheint nun freilich auf den ersten Blick zu widersprechen, daß unter gegebenen Umständen dem niederen Wert entschieden der Vorzug gegeben werden muß. Primum vivere, deinde philosophari! Ranghöhe und Dringlichkeit eines Wertes fallen durchaus nicht zusammen. Von daher gelangt Nicolai Hartmann zu einer Umkehrung des Fundierungsverhältnisses von höherem und niederem Wert: „Der höhere Wert ist allemal der bedingtere, abhängigere und in diesem Sinne schwächere; seine Erfüllung ist sinnvoll nur, soweit sie sich über der Erfüllung der niederen Werte erhebt. Der unbedingtere, elementare und in diesem Sinn stärkere Wert aber ist allemal der niedere; er ist nur axiologisches Fundament des sittlichen Lebens, nicht Erfüllung seines Sinnes."[5] Daran ist sicher dies richtig: Basisgüter haben Vorrang vor Gütern, die diese als Bedingung voraussetzen. Lebensstandard und Lebenskultur verlieren notwendig ihr Gewicht, wo es um fundamentalste Dinge des Überlebens geht. Aber ergibt sich dies umgekehrt nicht auch bereits aus dem in der Rangordnung der Werte mitgesetzten Anspruch selbst? Ist dies nicht gerade dem höchsten unser menschliches Handeln fundierenden sittlichen Wert, dem (theologisch begründeten) Glauben an die Würde des Menschen und dem damit gegebenen Gebot der Achtung und Liebe als Forderung immanent, nämlich dem einzelnen hierzu die notwendigen Bedingungen und Voraussetzungen zu verschaffen? Ist nicht in der Rangsetzung gerade dieses Wertes als höchstem Maßstab allen Handelns die Dringlichkeit der niederen Werte (aber auch entsprechend der aller übrigen sogenannten geistigen Güter und Werte) je und je mitdefiniert? Man muß nicht erst die Moral beiseite schieben – etwa im Sinne Brechts: zuerst da kommt das Fressen, und dann kommt die Moral –, um den Anspruch des Menschen auf Stillung seines leiblichen Hungers zu begründen. Selbst das Allerelementarste erscheint auf die Dauer doch nur unter der Voraussetzung eben jenes scheinbar so schwachen Hochwertes wirklich gesichert und nicht schon unter der eines bloßen Faustrechts. Was aber im Grunde nichts anderes heißt, als die Wahrung der Würde des Menschen und das, was sie sichert, im Konfliktfall allen übrigen Werten voranzustellen. Auch die Wahrung des niedrigsten Wertes fällt hier noch mit der Wahrung des höchsten zusammen.

2. *Gemeinwohl, Eigenwohl, Wohl der Gesamtökologie*

Gerade im Zusammenhang mit dem technisch-wissenschaftlichen Fortschritt ist dem Menschen immer deutlicher bewußt geworden, daß die als solche immer schon gegebene Zuordnungsproblematik Gemeinwohl – Eigenwohl inzwischen längst eine entscheidende Ausweitung erfahren hat. Sie läßt sich nicht mehr von dem weiter reichenden Zuordnungsproblem Mensch – Erde und da-

---

[5] *N. Hartmann,* Ethik (Berlin [3]1949) 607.

mit von der Frage nach der Funktionsfähigkeit der Gesamtökologie trennen. Nichts gefährdet das Überleben des Menschen so sehr wie die Zerstörung seiner Umwelt, des eingespielten Haushalts der Natur. Er muß sich dazu verstehen, seine Ansprüche danach auszurichten und zu begrenzen. Das aber setzt voraus, daß er sowohl sein quantitatives (Bevölkerungszahl) als auch sein qualitatives (Lebensstandard) materielles Wachstum von der Belastbarkeit der Natur her bestimmt. Auf eine Vorzugsregel gebracht, bedeutet dies: *Unter gegebenen Umständen kommt den sich von dem übergreifenden Ökosystem Mensch – Erde für den Menschen ergebenden Ansprüchen gegenüber den sich von den menschlichen Soziosystemen her ergebenden Ansprüchen der Vorrang zu.*

Vorrang kommt in diesem Fall also weder der apersonalen außermenschlichen Natur noch der ihr gegenüberstehenden personalen Eigenwirklichkeit menschlicher Soziosysteme zu, sondern vielmehr dem beides umgreifenden Ökosystem Person – Natur, Mensch – Erde. Letzter Bezugspunkt bleibt somit auch hier die *von Personen* bestimmte Welt, die dem *Menschen* anvertraute Erde, und nicht deren vorpersonale Formen für sich genommen. In der Tat wäre es ein absurder Gedanke, der Mensch müßte gegebenenfalls zu irgendeinem Zeitpunkt bereit sein, sich für das Überleben einer zwar gewaltigen, aber eben als solche doch immer noch vorpersonalen Natur zu opfern. Das widerspräche nicht nur jedem menschlichen Lebenswillen, sondern stünde auch gegen alle Logik des evolutiven Aufbaus der Natur selbst, deren Sinnspitze der Mensch ist. Dies vorausgesetzt, daß der Mensch tatsächlich diese Sinnspitze und Krone der Schöpfung ist (was sich freilich – Indikativ und Imperativ zugleich – nicht nur *zeigt*, sondern jederzeit auch neu *bewähren* muß), setzt das nun aber doch nicht die andere Tatsache außer Kraft, daß der Mensch zugleich ein *Teil* dieser Schöpfung ist. Er kann seiner Berufung nur gerecht werden, indem er ihre Bedingungen respektiert, sie in ihrem wesentlichen Bestand bewahrt und in Verantwortung mit ihr umgeht. Wenn er also etwa heute zunehmend auf verantwortliche Weise die Zahl seiner Geburten zu regeln und, was sehr viel schwieriger scheint, seine materiellen Ansprüche den ökologischen Erfordernissen anzupassen sucht, so tut er dies im Grunde in Konsequenz eben dieser Einsichten. Auch hier koinzidiert also die Forderung nach Verwirklichung des höheren Wertes, die Entfaltung des Menschen als bewußtes Subjekt, als Person, mit der Forderung nach Respektierung des Elementareren. Das eine setzt unumkehrbar das andere als Bedingung voraus, und zwar auch dort noch, wo es kraft der ihm eigenen schöpferischen Überlegenheit das andere in seinen gegebenen Formen und Strukturen verändert, fortentwickelt und auf neue Möglichkeiten hin entwirft.

So wenig nun der Mensch gegen seine *natürliche* Umwelt überleben und losgelöst von ihr als Subjekt standzufassen vermag, ebensowenig kann er dies auch gegen seine *soziale* Umwelt und außerhalb ihrer. Als soziales Wesen bleibt er auf *Gemeinschaft* verwiesen. Entsprechend muß er also auch hier Anpassungsleistungen erbringen, Bedingungen respektieren und sich übergeordneten übergreifenden Ansprüchen fügen. Die Möglichkeit von Konflikten und Spannungen scheint sich sonach von ganz ähnlichen Prämissen her zu ergeben: Die Funktionsmöglichkeit des einen setzt die Funktionsfähigkeit des anderen voraus. Der Mensch kann sich in seiner Eigenwirklichkeit als Subjekt nur behaupten, wenn er zugleich den übergreifenden Ansprüchen der ihn bedingenden und ermöglichenden größeren Einheit Rechnung trägt. – Und dennoch besteht ein grundlegender Unterschied. Allein das Funktionssystem „menschliche Gemeinschaft" (oder auch „Gesellschaft", was unter diesem Aspekt auf dasselbe hinausläuft) ist ein *System von Personen,* nicht aber das Funktionssystem „Mensch – Erde". Dieses ist vielmehr ein Funktionssystem vorpersonaler Naturgegebenheiten *im Bezug auf Personen.* Von daher ergeben sich ganz andere Prioritäten. Menschliche Gemeinschaft ist als System von Personen per definitionem um des Menschen willen da. Eben das aber kann man von den Naturgegebenheiten, die erst unter dem Aspekt ihrer fallweise gegebenen Bezogenheit auf den Menschen das ökologische System Mensch – Erde ausmachen, nicht ohne Einschränkung sagen. Ihr Sinn geht offenkundig nicht darin auf, einzig des Menschen wegen da zu sein, und zwar auch dann nicht, wenn man diesen als die äußerste Sinnspitze der Schöpfung voraussetzt. Die vorpersonalen Naturgegebenheiten haben vielmehr ihre eigene Realität und damit ihren je eigenen Sinn, und zwar sowohl im Bezug auf sich selbst als auch im Bezug auf das Ganze der Wirklichkeit, worin dieser Sinn letztlich auch immer bestehen mag.

Von daher bleibt das moralische Verhältnis des Menschen zur außermenschlichen Schöpfungswirklichkeit notwendig ambivalent. Auf der einen Seite kommt ihr angesichts der durchgängigen Abhängigkeit des Menschen von ihr, der unbezähmbaren, immer neuen Bedrohungen, die von ihr ausgehen, des Reichtums, der ihm durch sie geschenkt ist, aber auch ihres Überhangs an Eigenbedeutung, die den Sinn ihres Daseins nie vollständig mit dem des Menschen koinzidieren lassen, eine eigene Überlegenheit zu. Sie fordert Respekt, ja Ehrfurcht. Sie ist nicht in die Beliebigkeit des Menschen gestellt. – Auf der anderen Seite ist sie als vorpersonale Wirklichkeit von insgesamt geringerem Rang als der Mensch selbst. Unter dieser Voraussetzung erscheint es ihm legitim, sie sich untertan zu machen und als Mittel für seine Zwecke einzusetzen. Er gebraucht sie und paßt sie sich zu. Er greift in sie ein und nutzt ihre Schätze aus. Er vernichtet Lebensformen, die sich für ihn als parasitär, gegebenenfalls sogar als lebensbedrohlich erweisen. Andere hingegen, für ihn nützliche, hegt und domestiziert er, setzt sie für sich ein oder entwickelt sogar neue Formen. Nirgends jedenfalls sieht er die moralische Notwendigkeit, sie höher zu stellen als sich selbst oder sich gar für sie zu opfern.

Genau hier aber zeigt sich jetzt die moralische Differenz im Verhältnis des Menschen zur außermenschlichen Naturwirklichkeit einerseits und zur menschlichen Sozialwirklichkeit andererseits. Erst mit der Sozialwirklichkeit kommt durchgängig, und zwar in all ihren Zielsetzungen, der Mensch als Person ins Spiel. Erst sie ist ihrem ganzen Sinn nach, als Funktionssystem von Personen, des Menschen wegen da und legitimiert sich sonach auch einzig und allein von ihm her: „Principium, subjectum et finis omnium institutorum socialium est et esse debet humana persona."[6] Zweck aller menschlichen Gemeinschaft und ihrer Institutionalisierungen ist der Mensch. Was zugleich voraussetzt, daß der Mensch ihrer bedarf. Ohne sie kommt er nicht zum Stande seines Menschseins. Von daher leiten sich zunächst eigene Rechte der Gemeinschaft ab. Als solche sind diese auf das Wohl der Vielen gerichtet, bewirken darin jedoch, aufs Ganze hin betrachtet, eben auch das Wohl des einzelnen. Gemeinwohl und Eigenwohl stehen sonach in der Regel nicht notwendig im Widerspruch. Dasselbe zeigt sich entsprechend auch vom Blickwinkel des einzelnen aus. Wo immer ihm zugemutet wird, sein Eigenwohl dem Wohl der Gemeinschaft zu- und unterzuordnen, empfindet er dies in der Regel keineswegs als ein Unrecht, sondern vielmehr als eine Notwendigkeit um der Funktionalität des Ganzen willen. Diese Notwendigkeit kann sich für ihn, in äußersten Konfliktfällen, bei denen es um den Bestand der Gemeinschaft als solcher geht, selbst noch auf die Bereitschaft zum Einsatz seines Lebens erstrecken. Aber sogar dort, wo nicht schon das Ganze der Gemeinschaft auf dem Spiel steht, sondern nur die Sicherung eines für viele lebenswichtigen Gutes, erscheint solcher Einsatz des einzelnen moralisch zutiefst gerechtfertigt, und zwar gerade weil er unter den hier gegebenen Umständen ganz und gar freiwillig bleiben muß und die Gemeinschaft dem einzelnen solch spezifisch individuelle Tat nach dem Gleichheitsgrundsatz nicht einfachhin abverlangen kann (z. B. Selbstversuche eines Forschers zur Erprobung gesundheitsrettender Medikamente).

Dennoch darf der Begriff „Gemeinwohl" in all dem nicht unkritisch gehandhabt werden. Sind doch die Bedingungen, die das Wohl einer Gemeinschaft tatsächlich sichern, keineswegs immer schon in dem gegeben, was im Namen des Gemeinwohls an faktischen Normen, Ansprüchen und Forderungen geltend gemacht wird. Gemeinwohl meint sonach eher eine dynamische Größe, die in keiner normativen Verfaßtheit endgültig aufgeht, sondern auf je größere Gerechtigkeit hin offen bleibt. Unter solcher Voraussetzung aber verfolgt der einzelne das wahre Wohl der Gemeinschaft auch dann, wenn er vorhandene, in deren Ordnungen selbst begründete Unrechtszustände aufdeckt und um gerechtere Lösungen kämpft. Ein Ziel, das zu erreichen unter zugeschärften Umständen gewiß nicht ohne Zurückstellung des eigenen Wohls möglich ist, ja gegebenenfalls sogar das Opfer des eigenen Lebens fordert und rechtfertigt.

Von woher aber läßt sich dann die je größere Gerechtigkeit einer Gemeinschaft gewinnen? Dies verweist uns wieder an den Ausgangspunkt zurück: „Principium, subjectum et finis omnium institutorum socialium est et esse debet

[6] *Vaticanum II,* Pastoralkonstitution „Gaudium et Spes", Nr. 25, Abs. 1.

humana persona" – „Wurzelgrund, Träger und Ziel aller gesellschaftlichen Institutionen ist und muß auch sein die menschliche Person"[7]. Soziale Funktionssysteme sind des Menschen wegen da und nicht umgekehrt. Die Substanz des Gemeinwohls ebenso wie die des Eigenwohls ist der Mensch als Person. Er allein ist „Zweck an sich selbst", d. h., er darf weder sich noch andere als ein bloßes Mittel gebrauchen. Unter dieser Voraussetzung aber ist der darin hervortretende Anspruch seiner Würde und Freiheit als Person im Konfliktfall allen übrigen Gütern vorzuziehen. Damit aber sind jetzt auch den Ansprüchen der Gemeinschaft gegenüber dem einzelnen zugleich eindeutige Grenzen gesetzt. Sie darf ihn in keinem Fall einem Anspruch unterwerfen, der ihn seines eigenen Willens beraubt und ihn in seiner Personwürde zerstört. Wo immer dies dennoch geschieht, zerstört sie letztlich ihre eigene moralische Basis (sowie sie ihre physische Grundlage zerstört, wo immer sie sich aus eigenem kurzsichtigem Interesse an der sie tragenden natürlichen Umwelt vergeht). Von hier aus ergibt sich jetzt aber zugleich auch die Notwendigkeit einer wesentlichen Präzisierung der gebräuchlichen Vorzugsregel „Gemeinwohl geht vor Eigenwohl": *Allein unter der Voraussetzung der Respektierung der Personwürde kommt den sich von der Gemeinschaft her ergebenden Ansprüchen gegenüber den Ansprüchen des einzelnen im Konfliktfall der Vorrang zu.*

Läßt sich dies aber in allen Situationen und unter allen Umständen auch real durchhalten? Kann der Mensch seine natürliche Umwelt tatsächlich in jedem Falle, ohne selbst Schaden zu nehmen, ohne Schaden für sie bewahren? Und kann die Gemeinschaft tatsächlich ohne Schaden überleben, wenn sie die Gewissensüberzeugung des einzelnen – und worin anders drückt sich der Uranspruch menschlicher Würde und Freiheit unmittelbarer aus – in jedem Falle kompromißlos respektiert? Wieviele Wehrdienstverweigerer kann eine Gemeinschaft tolerieren, wenn ihre Sicherheit unter den gegebenen Umständen in Wahrheit eben doch vorgängig auf ihrer Wehrfähigkeit beruht? Wie viele Kernkraftwerksgegner muß sie hinnehmen, wenn sie morgen noch den vielen die notwendige Energie sichern soll? Oder welches Maß an Restriktionen wird sie einem Forscher auferlegen dürfen, wenn dieser die letzte Sicherheit über die Wirksamkeit eines Medikaments nur über bestimmte, den informed consent faktisch ausschließende oder zumindest erheblich einschränkende Testbedingungen (Doppelblindversuche) erreichen kann? Oder wird sie Schwangerschaftsabbruch ausnahmslos unter Strafe stellen dürfen, auch wenn sie feststellt, daß sie dem Übel auf diese Weise nicht wirksam gegensteuern kann, sondern umgekehrt damit eher noch zusätzlichen Risiken und Gefährdungen Vorschub leistet? Oder gar: darf sie einer schwangeren Frau den Tod zumuten, wenn deren eigenes Überleben nur um den Preis der aktiven Vernichtung ihrer Leibesfrucht zu erreichen ist?

---

[7] Vgl. Anm. 6.

Kein Zweifel, es gibt Konfliktkonstellationen, die sich nur um den gleichzeitigen Preis eines Übels lösen lassen, gegebenenfalls also auch nur um den Preis eines *moralischen* Übels. Beraubt sich der Mensch damit aber nicht zugleich jeder Eindeutigkeit und Unbedingtheit seines Vorziehens überhaupt, oder lassen sich selbst hier noch Orientierungshalte finden – Kriterien, die ihn zwar nicht gänzlich exkulpieren und aus der letzten Tiefe seiner Entscheidungsnot befreien, die ihn aber dennoch gerade darin vor blanker Willkür bewahren und ihm Mut geben, auf das je größtmögliche Gute hin verantwortlich zu handeln?

3. Kriterien für die Inkaufnahme von Übeln

Jede Kasuistik dient dem Zweck, Gewissenszweifel auszuräumen, Handlungsunsicherheiten zu beenden und für den Einzelfall zu möglichst klaren normativen Lösungen zu kommen. Eine Notwendigkeit, die sich nicht nur im Anwendungsbereich des Rechts stellt, sondern ebenso auch im Anwendungsbereich der Moral. Geht es aber dort nur um die Frage, was im Anspruch gegebener positiver Rechtsnormen im Hinblick auf den konkreten Fall Rechtens sei, so geht es hier vielmehr um die Frage, was ein Handeln – und darin sind jetzt zugleich auch die hierfür zu setzenden konkreten Rechts- und Moralnormen miteingeschlossen – im gegebenen Fall zu einem vom Anspruch des jeweils Guten und Rechten *als solchem* bestimmten Handeln macht. Das aber bedeutet zugleich immer auch, was es unter den je gegebenen Umständen zu einem human sinnvollen, angemessenen und leistbaren macht. Eine so verstandene Moralkasuistik bleibt von vornherein dem Verdacht entzogen, *legalistisch* zu verfahren, d. h. nach Analogie der Rechtskasuistik die sittliche Vernunft einer Handlung einem in sich geschlossenen System von Normen zu subsumieren, die letztlich eine Eigenverantwortung des Handelnden selbst in der Bestimmung und Handhabung dieser Normen ausschließen. Von eben diesem Verdacht des Legalismus wird man nun aber in der Tat die überkommene katholische Moralkasuistik, wie sie insbesondere im Zusammenhang mit der Verwaltung des Bußsakraments ausgebildet wurde, nicht in allem freisprechen können. Das Bedürfnis nach sicheren Unterscheidungskriterien zwischen Gut und Böse, nach klaren und eindeutigen materialen Normen, führte hier fast zwangsläufig zu einer Strategie der Aufschlüsselung von Konfliktfällen, die den einzelnen weitgehend von den Zumutungen und der Not des ethischen Risikos persönlicher Gewissensentscheidungen entlastet. Naturgemäß ging und geht es dabei um Probleme der Güterabwägung und der Anwendung hierzu notwendiger Vorzugskriterien, wie sie insbesondere im Rahmen der Lehre von den actus cum duplici effectu, den Handlungen mit Doppelwirkung, sowie der Lehre vom minus malum, vom kleineren Übel, erarbeitet wurden. Dies wiederum erscheint legitim – um was schließlich geht es auch uns hier anders als um Kriterien für konkrete ethische Entscheidungsprozesse? –, solange dabei nicht unterstellt wird, daß letztlich alles sauber aufgeht, daß sich also im Grunde jeder Gewissenszweifel ausräumen läßt und ein rein vom einzelnen zu leistendes subjektives Ermessen überflüssig macht. Die Berufung auf das Gewissen, wie sich dies angesichts zugeschärfter Konfliktsituationen immer wieder von der Sache her aufdrängt, gibt, obschon als letzte subjektive Norm moraltheologisch nie bestritten, unter solcher Voraussetzung eher zum Mißtrauen Anlaß. Engführungen, denen im Rahmen heutigen moraltheologischen Denkens kaum jemand mehr ernsthaft das Wort reden wird.

Sowenig nun eine der Rechtskasuistik nachgebildete *legalistisch* gehandhabte Moralkasuistik die konkrete Vernunft des Sittlichen sicherzustellen vermag, so wenig kann dies aber auch über eine „Situationsethik" erreicht werden, die die Vernunft jeder normativen Generalisierung bestreitet und eine „Moral ohne Normen" fordert. In der Tat bleibt eine solche überhaupt ein Unding. Moralische Normen sind nicht Produkte menschlicher Willkür, sondern erwachsen aus Güterabwägungen, deren Vernunft sich in einer Vielzahl gleichgelagerter Handlungssituationen – und solche gibt es nun einmal auch – erhärtet, eben deshalb aber auch auf künftige Fälle gleichermaßen anwendbar ist. Man bringt das diesen Handlungssituationen normativ Gemeinsame, wie es sich von der jeweiligen Identität der Sachlage her aufdrängt, gleichsam auf einen Nenner. Auf diese Weise wird es zugleich zum unverzichtbaren Transfer menschlichen Miteinanders. Das schließt nicht aus, daß in den konkreten Handlungssituationen auch noch andere Aspekte ins Spiel kommen können, die mitberücksichtigt werden müssen und gegebenenfalls wiederum zu einer Einschränkung und Relativierung der zunächst dominanten Norm führen können. Eben diesen Tatbestand aber zum einzigen Ausgangspunkt ethischen Argumentierens zu machen hieße, den Anspruch des Ethischen auf das sozial Unwägbare der individuellen Entscheidungssituation reduzieren. Warum diesem sozial Unwägbaren aber a priori eine ethisch höhere Dignität zukommen soll als dem für jedermann unmittelbar plausiblen und darin sozial kommunikablen Regelfall, bleibt unerfindlich. Die Vernunft des Sittlichen geht weder im Allgemeinen noch im Besonderen auf, sie umfaßt vielmehr beides. Gefordert bleibt also auch weiterhin eine *offene Moralkasuistik,* die dem Allgemeinen soviel Recht einräumt, als es zur Erklärung des Besonderen faktisch beiträgt, und damit eine solche, die die Komplexität gegebener Handlungssituationen mit Hilfe genereller Vorzugskriterien soweit auszuklären sucht, wie diese Vorzugskriterien in ihrer Allgemeinheit tragen.

Eine Schlüsselbedeutung kommt hierbei insbesondere jenem grundlegenden Abwägungsprinzip zu, wie es sich bei der Beurteilung von sogenannten Handlungen mit Doppelwirkung von der Sache her aufdrängt. Dieses generelle Abwägungsprinzip, das seit Thomas von Aquin[8] von der katholischen Moraltheo-

[8] Vgl. STh II–II q. 64 a. 7.

logie zur Lösung solcher Fälle immer wieder herangezogen wird, besagt, daß die Inkaufnahme eines bestimmten Übels, das zur Erreichung eines an sich guten Zieles unabdingbar ist, dann gerechtfertigt ist bzw. toleriert werden kann, wenn die als solche nicht um ihrer selbst willen intendierte negative Nebenwirkung in ihren üblen Folgen geringer ist als die üblen Folgen, die aus dem Unterlassen der Handlung und ihrem primär angestrebten Zweck entstehen würden.

Dennoch kann auch eine solche Handlungskonstellation gegebenenfalls Entscheidungsnöte zurücklassen, die sich in ihrem Kern einer definitiven rationalen Auflösung widersetzen. Sie betreffen zum einen den Grad der *Entscheidungssicherheit* und zum andern das Maß der *Entscheidungszumutung.* So kann bei zunehmender Komplexität der Prämissen im gegebenen Fall Gewißheit im Bezug auf die Richtigkeit des Vorgehens möglicherweise nur *approximativ* erreicht werden. Unter solchen Umständen Handlungsverantwortung tragen heißt dann aber zugleich, das Risiko von nicht restlos voraussehbaren Folgen und damit die Möglichkeit des faktischen Irrtums und damit die Möglichkeit des nachträglichen Schuldspruchs der Geschichte auf sich nehmen. Zum anderen kann Entscheidungsnot aber auch dann noch gegeben bleiben, wenn über Art und Umfang der in Kauf zu nehmenden üblen Nebenwirkungen einer Handlung keinerlei Unsicherheiten bestehen. Bleibt doch die Tatsache, daß die üble Nebenwirkung vom Handelnden selbst ausdrücklich mitbejaht und mitgewollt werden muß, soll das anzustrebende Gute überhaupt erreicht werden, daß er sich also darin selbst als ihre Ursache weiß, auch für sich alleine schon eine zuweilen schwere moralische Last und Zumutung.

Daß hier ein nicht zu unterschätzendes ethisches Problem liegt, zeigt sich am offenkundigsten darin, daß eine spätere moraltheologische Tradition immer wieder geneigt war, die um eines guten Zieles willen unvermeidlich in Kauf zu nehmende schlechte Nebenwirkung möglichst als eine nichtintendierte, unbeabsichtigte, rein zugelassene Größe zu rechtfertigen[9]. Man konnte es einfach nicht ertragen, daß es für den Menschen Handlungssituationen geben könnte, die sich ihrem Wesen nach nur um den gleichzeitigen Preis eines von ihm willentlich zu verantwortenden Übels lösen lassen. Solche Exkulpierungsstrategie stößt mit Recht auf die Kritik heutiger Moraltheologie. Wo immer Handlungen gesetzt werden, um deren Nebenwirkung man weiß, fällt diese Nebenwirkung zugleich auch in die Verantwortung des Handelnden, d. h., sie läßt sich nicht im nachhinein als nichtintendierte ausgeben, wenn sie in Wahrheit als conditio sine qua non des eigentlichen Handlungsziels mitgewollt werden muß. Dabei ist es gleichgültig, ob sie nun, soll das Handlungsziel erreicht werden,

[9] Vgl. *A. Vermeersch,* Theologia Moralis, Principia – Responsa – Consilia I (Rom 1947) 105 ff. Zur Kritik dieser Interpretation, für die man sich zu Unrecht auf Thomas beruft, vgl. *F. Scholz,* Wege, Umwege und Auswege der Moraltheologie. Ein Plädoyer für begründete Ausnahmen (München 1976) 112–120. Zum gegenwärtigen Diskussionsstand *F. Böckle,* Fundamentalmoral (München 1977) 311–315.

vom Handelnden direkt in einem eigenen zusätzlichen Akt zu realisieren und mitzusetzen ist oder ob sie im Verfolg des Handlungszieles von sich aus eintritt, also nur mehr indirekt mitgewollt bleibt. In beiden Fällen ist er der Verursacher und somit auch dafür verantwortlich.

Die Berufung auf ein bloß passives Zulassen kann also in keiner Weise als der geeignete Weg betrachtet werden, um die Inkaufnahme eines Übels moralisch zu rechtfertigen. Der Mensch würde sich damit nur an seiner eigentlichen Verantwortung vorbeistehlen. Ein von ihm indirekt verursachtes Übel bleibt de facto ebenso ein willentlich zu verantwortendes wie ein von ihm direkt verursachtes. Einen ihn in seinem Handeln dennoch rechtfertigenden angemessenen Grund kann er sonach aber nur noch aus dem unmittelbaren Abwägen jener möglichen Übel gewinnen, zwischen denen er hierbei in Wahrheit zu wählen hat, nämlich zwischen dem Übel, das im Falle des Handelns als Nebenwirkung in Kauf zu nehmen ist, und dem Übel, das aus dem Unterlassen der Handlung entstehen würde. Dabei darf das Übel, das als Nebenwirkung zu verantworten ist – und hier liegt die eigentliche Zumutung seines Ermessens –, in keinem Fall größer sein als jenes, das aus einem generellen Handlungsverzicht erwachsen würde. Erst damit ist eine Maxime gesetzt, die dem Handelnden die Last, Ursache von Übeln sein zu müssen, zwar nicht einfachhin abnimmt, ihm aber dennoch zugleich den Weg zu einem Handeln eröffnet, das *verantwortliches* Handeln bleiben kann. Sie bewahrt ihn davor, die Mittel dem Zweck blindlings unterzuordnen und um eines guten Zieles willen die hierfür unabdingbar – direkt oder indirekt – in Kauf zu nehmenden Übel um jeden Preis zu zahlen. Was man also damit gerade nicht rechtfertigen kann, ist die ihr im Grunde zutiefst entgegengesetzte Sentenz, daß der Zweck die Mittel heilige. Was sie dieser gegenüber vielmehr verpflichtend deutlich macht, ist die Tatsache, daß der Zweck seinen Sinn verliert wo immer die negativen Nebenwirkungen, über die er zu erreichen und zu sichern ist, seinen eigenen positiven Wert übersteigen.

Darf diese Maxime aber auch noch für solche Situationen in Anspruch genommen werden, wo das in Kauf zu nehmende Übel nicht ein physisches, sondern ein moralisches ist, wo also der Handelnde, sei es direkt oder indirekt, Ursache eines sittlich bösen Tuns wird? Hierzu müssen wir uns zunächst fragen, was das eigentlich heißt, sittlich böse handeln. Die Antwort lautet: Sittlich böse handelt, wer aus bösem Willen handelt, also ein Übel um seiner selbst willen anstrebt, gehe es dabei nun um ein *physisches* Übel, das man sich oder anderen aus bösem Willen zufügt, oder um ein *moralisches,* zu dem man sich oder andere aus bösem Willen verführt. Genau dies aber trifft im Rahmen einer verantwortlichen *Inkaufnahme* von Übeln, bei der es nur mehr um die Verhinderung eines im gegebenen Fall noch *größeren* physischen oder moralischen Übels geht, per definitionem nicht zu, und zwar auch dann nicht, wenn das in Kauf zu nehmende Übel ein solches moralischer Art ist. Bleibt doch hier gerade nicht der böse, sondern der *gute* Wille des Handelnden, nämlich aus der gegebenen Konfliktsituation das moralisch *Bestmögliche* zu machen, für den gesamten Entscheidungsablauf bestimmend.

Dennoch läßt sich nicht leugnen, daß solche Konfliktsituationen, die einem Menschen die Entscheidung abfordern, etwas tun zu müssen, was er unter normalen Umständen weder tun würde noch tun dürfte, ihre eigene moralische Härte haben. Gerade hier ist deshalb das Bedürfnis nach Legitimation naturgemäß besonders groß. Die Antwort der moraltheologischen Tradition ist denn auch eher restriktiv, wenngleich keineswegs in allem einhellig. So sieht es Thomas immerhin als geboten an, auch moralische Übel unter bestimmten Umständen zu *tolerieren*, wenn damit größere verhindert werden können. „Ein moralisches Gut muß bisweilen beiseite gelassen werden, um ein anderes schlimmeres moralisches Übel zu vermeiden", heißt es in einer quaestio disputata über die „brüderliche Zurechtweisung"[10]. Dieselbe Regel gilt im Bezug auf die Tolerierung der Prostitution: „Der weise Gesetzgeber erlaubt geringere Übertretungen, um größere zu vermeiden."[11] Hierbei bringt er das Augustinuswort in Erinnerung: „Wenn du die Dirnen aus der menschlichen Gesellschaft entfernst, wirst du alles durch die Leidenschaften verwirren."[12] Die Leidenschaften finden auf diese Weise ein Ventil. Das Böse bleibt gleichsam domestiziert. Dem entspricht die damalige gesellschaftliche Praxis. Das Mittelalter hat die Dirnen zu fast zunftmäßigen Gemeinschaften zusammengefaßt, verpflichtete sie zu bestimmten Steuern und gab diesem „unehrlichen" Gewerbe immerhin einen gesetzlich umfriedeten Platz am Rande der Gesellschaft. Bereits dieser Ansatz des Thomas erlaubt, jedenfalls soweit es das Recht und seine Sanktionen betrifft, auch für andere, gegebenenfalls noch gewichtigere Handlungsbereiche ähnliche nüchterne Lösungen im Sinne einer Wahl des moralisch kleineren Übels. So haben Überlegungen dieser Art etwa bei der Einführung und Fortentwicklung des Ehescheidungsrechts in den neuzeitlichen Gesetzgebungen, aber auch bei den jüngsten, hier freilich nicht unumstritten gebliebenen strafrechtlichen Neufassungen des § 218 ohne Zweifel eine maßgebliche Rolle gespielt.

Aber Thomas nennt noch einen weiteren normativen Aspekt, der das Tolerieren eines geringeren moralischen Übels rechtfertigt, nämlich die Tatsache, daß gegebenenfalls zugleich ein Gutes daraus entsteht oder, besser gesagt, allein unter dieser Voraussetzung gewahrt bleiben kann[13]. Das minus malum nimmt so in bestimmten Fällen, mit einem späteren Interpreten, Thomas Sanchez, zu sprechen, gleichsam „den Charakter eines relativ Guten" eines „minus bonum" an[14]. In der Tat wird man dies beispielsweise im Hinblick auf die ethische Be-

---

[10] Q. disp. de correctione fraterna, q. un., a. 1, ad 5.
[11] STh I–II q. 101, a. 3 ad 2. [12] Ebd.
[13] STh II–II q. 10 a. 11c.
[14] *Thomas Sanchez,* De sancto matrimonii sacramento. Lib. VII, disp. XI, n. 14–28 (Norimbergae 1706, tom II, p. 39–42). Vgl. *R. Bruch,* Die Bevorzugung des kleineren Übels in moraltheologischer Beurteilung, in: Theologie und Glaube 48 (1958) 241–264, 253.

wältigung einer gegebenen homosexuellen Disposition ins Feld führen können, nämlich für den Fall des Aufbaus einer festen, personalen partnerschaftlichen Beziehung. Eine solche Partnerschaft steht nicht auf derselben Stufe wie promiskes homosexuelles oder heterosexuelles Verhalten. Andererseits bleibt sie das geringere Gute – das minus bonum – gegenüber der Fülle einer zweigeschlechtlichen Beziehung[15].

Dennoch ist mit solcher Argumentation, die das Problem des malum morale nur unter dem Aspekt des Zulassens und damit des nur indirekten Inkaufnehmens zu lösen sucht, die eigentlich kritische Kernfrage nicht erfaßt, solange man nämlich davon ausgeht, daß man ein moralisches Übel nie direkt wollen dürfe, und zwar auch dann nicht, wenn die aus einem generellen Handlungsverzicht erwachsenden physisch üblen Folgen ungleich größer sind als jene, die sich aus der Wahl des *moralischen* Übels ergeben. Hiernach bliebe es beispielsweise einem Arzt selbst dann moralisch versagt, einen Schwangerschaftsabbruch vorzunehmen, wenn dieser medizinisch indiziert ist, wenn es also gilt, zwischen dem sicher eintretenden Tod von Mutter und Kind einerseits und der Tötung des noch ungeborenen Kindes andererseits abzuwägen[16]. Objektiv kann es hiernach, so meinte man, keine Unsicherheit geben. Dem Arzt bleiben die Hände gebunden. Er muß den Tod beider zulassen, will er sich nicht moralisch schuldig machen. Alles andere sei „subjektive Täuschung"[17]. Die Vorzugsregel des minus malum auf die Möglichkeit der direkten Wahl eines malum morale ausdehnen bedeute letztlich deren ethische Pervertierung. Eine solche Argumentation trägt freilich nur, solange man die Illusion aufrechterhält, daß die Übel, die hier aus einem bewußten und absichtlichen Unterlassen erwachsen, eben solche rein physischer Art seien, für die man unter dieser Voraussetzung eben nichts könne und insofern auch keinerlei Verantwortung trüge. In Wahrheit sind diese Übel aber ganz und gar nicht mehr nur solche physischer Art, wo immer nämlich dem Handelnden die aktive Macht gegeben ist, sie zu verhindern. Tatsächlich geht es also in unserem Fall um die unabwendbare Wahl zwischen einem direkt angezielten geringeren moralischen Übel und einem bewußt zugelassenen und sonach indirekt gewollten größeren moralischen Übel.

Von daher scheint mir der Satz, man dürfe ein moralisches Übel nie direkt wollen, einer Präzisierung bedürftig. Bleibt doch im gegebenen Konfliktfall die Option für das geringere moralische Übel, auch wenn es sich um ein direkt in Kauf zu nehmendes handelt, gegenüber dem aus seinem Unterlassen entstehen-

---

[15] Vgl. hierzu die unterschiedlichen Positionen in der von der römischen Glaubenskongregation veröffentlichten „Erklärung zu einigen Fragen der Sexualethik" vom 15. 1. 76 und in dem Arbeitspapier der Würzburger Synode über „Sinn und Gestaltung menschlicher Sexualität" (1973). Zum Ganzen: *A. Auer – W. Korff – G. Lohfink*, Zweierlei Sexualethik?, in: Theologische Quartalschrift 156 (1976) 148–158.

[16] *L. Bender*, Ex duobus malis minus est eligendum, in: Periodica de re morali, canonica, liturgica 40 (1951) 256–264, 257.

[17] *O. Schilling*, Handbuch der Moraltheologie, Bd. 1 (Stuttgart 1952) 160.

den größeren moralischen Übel eindeutig geboten. Wie sollte man, um ein anderes Beispiel zu nehmen, eine Situation, in der durch eine wahre Aussage, die jemandem abverlangt wird, einem Mitmenschen ohne dessen böses Zutun schwerster Schaden zugefügt würde, ethisch anders bewältigen als eben durch das in diesem Falle geringere moralische Übel einer Falschaussage?[18] Solches Handeln erscheint sowohl seiner subjektiven Intention nach als auch von der gegebenen Handlungskonstellation her ethisch offensichtlich gerechtfertigt. Hier ist weder böser Wille im Spiel noch zeichnet sich irgendeine andere sittlich vertretbare Wahlmöglichkeit als die bessere ab. Vor neue, ähnliche Situationen gestellt, muß in gleicher Weise entschieden werden. Dennoch bleibt solches Handeln seiner ethischen Struktur nach zugleich vom Bewußtsein eines an und für sich Nicht-Seindürfenden und -Seinsollenden durchgängig mitbestimmt. Gerade deshalb geschieht es ja, den guten Willen vorausgesetzt, nicht ohne inneres Widerstreben. Es bleibt, so sehr es auch aus objektiven Verhängnissen erwachsen und von ihnen her ethisch geboten sein mag, für sich selbst ein moralisches Übel, das auf sich zu nehmen dem Handelnden sittliche Überwindung abverlangt. Nicolai Hartmann spricht in diesem Zusammenhang vom „Mut zum Schuldigwerden", zu einem Schuldigwerden freilich, bei dem Schuld nicht die qualifiziert böse Tat meint, sondern vielmehr die Übernahme der Insuffizienz der Wirklichkeit. Ihr Preis ist nicht Reue, sondern Trauer. Solcher „Mut zum Schuldigwerden" erscheint unter gegebenen Umständen in der Tat unumgänglich, will man nicht durch Unterlassen noch größere Schuld auf sich nehmen. Nur so läßt sich die als solche auch hier unbestritten gültige, auf die Sicherung der menschlichen Würde und Freiheit gerichtete „personale" Vorzugsregel unter dergestalt personal zugeschärften Konfliktbedingungen verantwortlich einlösen. Im Bezug auf das malum morale gilt demzufolge dieselbe Maxime, die sich generell bei der Abwägung in Kauf zu nehmender Übel herauskristallisiert hat: Es ist als direkt zu setzende oder auch nur zuzulassende Nebenwirkung dort und nur dort zu verantworten, wo sein Vermeiden ein noch schlimmeres moralisches Übel nach sich ziehen würde. Darin bleibt zugleich die klare ethische Forderung vorausgesetzt, daß man ein malum nie, weder direkt noch indirekt, um seiner selbst willen, aus böser Absicht wollen oder tun darf.

Damit aber sind die wesentlichen Bedingungen für ein ethisch verantwortliches Handeln sichergestellt. Erst die so gefaßte Maxime formuliert Voraussetzungen, die den Handelnden vor dem Zynismus einer „machiavellistischen Erfolgsethik" ebenso bewahren wie vor dem Utopismus einer realitätsblinden „Gesinnungsethik", die sich letztlich als Exkulpierungsstrategie entlarvt[19]. Der

[18] Vgl. auch *B. Schüller,* Begründung sittlicher Urteile 175 ff.; *ders.,* Typen ethischer Argumentation in der katholischen Moraltheologie, in: Theologie u. Philosophie 45 (1970) 526–550, 534.

[19] *W. Schöllgen,* Die soziologischen Grundlagen der katholischen Sittenlehre (Düsseldorf 1953) 91 ff.

Mensch bleibt der Last moralischer Entscheidungszumutungen ausgesetzt, denen er nicht entfliehen kann. Er muß sie auf sich nehmen und durchtragen, will er sich nicht am Ende nunmehr wirklich qualifiziert, gegen besseres Wissen und Gewissen handelnd, schuldig machen.

Man hat gelegentlich gesagt, Politik sei die Kunst des Möglichen. Das gilt in noch fundamentalerer Weise von der Moral. Sie ist die Kunst der Einlösung und Sicherung des Humanen in seinen tatsächlichen, je und je von den Umständen her gegebenen sachlichen und technischen, individuellen und sozialen Möglichkeiten. Wo sich Moral nur von der Gesinnung, von der bloßen Intention des Realisierungswürdigen, nicht aber zugleich auch von der Hinsicht auf das im jeweiligen Akt tatsächlich Realisierbare bzw. Realisierte bestimmen läßt, wird sie zur bloßen „Zuschauerethik“ (W. Schöllgen)[20]. Erweist es sich doch im Grunde als völlig verfehlt, das moralische Problem einzig und allein im guten oder bösen *Willen* des Menschen zu suchen. Alle ethische Verwirklichung geschieht in Bedingtheiten und Brechungen und somit unter Inkaufnahme von Übeln, physischer wie moralischer. Eine Moral, die den Menschen in seiner Kreatürlichkeit ernst nimmt und ihn zugleich dort abholt, wo er in seiner geschichtlichen Verfaßtheit steht, ist nur möglich als Verantwortungsethik und eben darin letztlich nur als eine Ethik des Kompromisses. Das Mögliche ist das meiste und nicht das von allen Umständen purgierte denkbar Größte, das zum Totalitären tendierende Ideal. Damit ist aber jetzt zugleich die genuin theologische Problematik einer Ethik des Kompromisses aufgeworfen.

Weiterführende Literatur

B. Schüller, Die Begründung sittlicher Urteile. Typen ethischer Argumentation in der katholischen Moraltheologie (Düsseldorf 1973, 2. überarb. u. erw. Auflage 1980).

F. Scholz, Wege, Umwege und Auswege der Moraltheologie. Ein Plädoyer für begründete Ausnahmen (München 1976) 112–120.

F. Böckle, Fundamentalmoral (München 1977) 311–315.

Wilhelm Korff

[20] *Ders.,* Aktuelle Moralprobleme (Düsseldorf 1955) 216.

V

Die Notwendigkeit des ethischen Kompromisses: Kritik und theologische Begründung

1. Begriffsbestimmung: das ethische Problem

Der Begriff Kompromiß ist ein Grundbegriff der freiwilligen Gerichtsbarkeit. W. Trillhaas hat diesen rechtsgeschichtlichen Ausgangspunkt besonders betont. Kompromiß bezeichnete im römischen Zivilprozeß die Vereinbarung der streitenden Parteien darüber, sich dem Spruch eines Schiedsrichters zu unterwerfen. Davon abgeleitet erst habe er dann überhaupt einen Vergleich oder einen Vertrag bezeichnet, wie zum Beispiel in freiheitlichen Verfassungen den „Verfassungskompromiß“, der gegensätzliche Prinzipien miteinander ausgleicht[1]. Noch weiter verallgemeinert läßt sich dann mit A. Eser sagen, das Grundspezifikum allen Rechts sei sein Kompromißcharakter. Er äußere sich darin, „daß gegenläufige Interessen miteinander abgewogen und unter Berücksichtigung tendenzieller Folgewirkungen in eine optimale Konkordanz gebracht werden müssen“[2]. Die theologische Bearbeitung hat an diesen Sachverhalt anknüpfen und ihn kasuistisch ausgestalten können; es leuchtet aber darüberhinaus ein, daß dem Kompromißthema eine pragmatische, verantwortungsethische Tendenz und subjektive Ermessenskomponente eignet, die es objektivistischen Positionen der Philosophie und Theologie schwer macht, sich mit ihm zu befassen.

Definitionen, die in katholischer Tradition von einer objektiven Rangordnung der sittlich relevanten Güter und Werte und von der, wenn auch begrenzten, menschlichen Fähigkeit, sie zu erkennen und zu befolgen, ausgehen, bietet N. Monzel an[3]. Auch er gibt zunächst die grundlegende Definition, Kompromiß sei der Ausgleich zwischen verschieden strebenden Personen durch beiderseitigen Teilverzicht auf die volle Zielverwirklichung. Analog dazu sei Kompromiß aber auch der Ausgleich zwischen einander widerstrebenden Forderungen oder Wünschen in der Brust eines und desselben Menschen. Man könne

---

[1] *W. Trillhaas,* Zum Problem des Kompromisses, in: ZEE 4 (1960) 355–364; *ders.,* Ethik (Berlin [3]1970) 467–470. Vgl. aber auch die Bedeutung des Wortes componere z. B. in „Gaudium et spes“ Nr. 51 (Ausgleich zwischen ehelicher Liebe und verantwortlicher Weitergabe des Lebens).

[2] *A. Eser,* Neues Recht des Sterbens? Einige grundsätzliche Betrachtungen, in: *ders.* (Hrsg.), Suizid und Euthanasie als human- und sozialwissenschaftliches Problem (Stuttgart 1976) 392–407.

[3] *N. Monzel,* Art. Kompromiß, in: Staatslexikon IV ([6]1959) 1203–1206; vgl. auch *B. Schöpf,* Art. Kompromiß, in: Katholisches Soziallexikon (1964) 552–553; *V. Zsifkovits,* Art. Kompromiß, in: Katholisches Soziallexikon ([2]1980) 1463–1467.

deshalb unterscheiden zwischen einem interpersonalen Kompromiß als einem zwischenmenschlich sozialen Vorgang und einem intrapersonalen Kompromiß, der als solcher ein „einsamer" seelischer Vorgang sei. Monzel unterscheidet weiter zwischen einem vorläufigen und einem endgültigen Kompromiß, auch „taktischer" und „echter" Kompromiß genannt, und nach C. Schmitt zwischen dem „echten Sach-Kompromiß" und dem „dilatorischen Kompromiß". Dieser kann auch als „Schein-Kompromiß" bezeichnet werden, weil dabei keine eindeutige Sachentscheidung durch beiderseitiges Nachgeben getroffen, sondern nur eine vieldeutige Formel vereinbart wird, die unterschiedlich ausgelegt werden kann. Monzel macht aber darauf aufmerksam, daß doch auch eine solche vorläufige Formel, die erst durch spätere sachliche Entscheidungen interpretiert wird, eine wirkliche Übereinkunft darstellen kann. Man wird dabei zum Beispiel an die Basisformeln des Ökumenischen Rates der Kirchen denken können, es wird aber auch grundsätzlich auf den Charakter der Vorläufigkeit als Merkmal eines gerechtfertigten Kompromisses zurückzukommen sein.

Weitere Unterscheidungen betreffen die Sachgebiete, die Wertsphären, innerhalb deren oder zwischen denen Kompromisse eingegangen werden, und schließlich den Unterschied zwischen Kompromissen im privaten und im öffentlichen Leben. Eine besondere Art von intrapersonalem Kompromiß liege in der Rechtsprechung vor, wenn der richterliche Spruch einen Ausgleich darstellt zwischen einer positiven Gesetzesvorschrift, die um des Gemeinwohls willen zu beachten ist, und den Umständen, die für den Einzelfall eine Milderung der Vorschrift oder eine Abweichung von ihr nahelegen. Das ist das klassische Problem der Billigkeit (aequitas).

Alle diese Definitionen und Klassifikationen haben den Zweck, möglichst klare Grenzen zwischen dem ethischen und dem unethischen Kompromiß zu ziehen. Daß jedoch Klarheit auf der Ebene der Logik nicht ausreicht, um in komplexen Handlungssituationen richtige Entscheidungen treffen zu können, macht Monzel selbst deutlich, wenn er zwischen der Orientierung an der objektiven Wertrangordnung und der auf den Menschen bezogenen Dringlichkeit der Güter unterscheidet. Einen Hungernden zu speisen sei wichtiger, als ihn zu unterrichten, sagt er mit Thomas (STh II–II q. 32 a. 3). W. Trillhaas hat daran die Frage geknüpft, ob das Moment der Dringlichkeit nicht ganz allgemein das Merkmal der bedrängenden Entscheidungssituation sei, in der ein Kompromiß getroffen oder verweigert werden muß, das heißt einer Ausnahmesituation, die eine unmittelbare Gewissensentscheidung verlangt. Wenn das richtig sei, habe aber alle Reflexion über den Kompromiß ein Element in sich, das zur Situationsethik führe[4].

Ebendiese Einsicht hat aber auch die katholische Ethik zu neuen, traditionskritischen Begriffsbestimmungen bewegt. So hat C. van Ouwerkerk die noch

---

[4] ZEE 4 (1960) 362f.

eingehend zu behandelnde „reformatorische Position" (hier gilt wie auch sonst oft H. Thielicke als der hauptsächliche Exponent) zum Anlaß genommen, um den Ort des „ethischen Kompromisses" in katholischer Sicht schärfer als bisher zu bestimmen. Dahinter steht das aktuelle seelsorgerliche Interesse an einer „objektiven" Rechtfertigung desjenigen Kompromisses, den viele Gläubige aufgrund der neuartigen Erfahrung des Wertes der ehelichen Liebe in der Antikonzeptionsfrage mit ihrer kirchlichen Glaubens- und Gehorsamspflicht geschlossen haben[5]. Van Ouwerkerk lehnt die Auffassung ab, daß es für den Kompromiß überhaupt nur eine theologische Lösung, das heißt ein Ertragen im Glauben, geben könne. Er erkennt jedoch an, daß die evangelische Kritik an einer unreflektiert als realitätsgerecht behaupteten Möglichkeit, um des Lebens in dieser gebrochenen Welt willen sittlich gerechtfertigt mit der Liebe zu feilschen, eine schwache Stelle der Kasuistik treffe. Sie neige dazu, den Gewissenskonflikt als einen „Konflikt zwischen zwei Lieben", der Eigenliebe und der Nächstenliebe, darzustellen und von Fall zu Fall die eine der anderen vorzuziehen. Diese „feilschende Kasuistik" drohe die Liebe der Realisierbarkeit der menschlichen Werte zu opfern; sie verharmlose damit aber auch den wirklichen Kompromiß, der, behaftet mit dem Problem des menschlichen Versagens und der Gebrochenheit dieser Welt, eine harte Wahl bedeute: Werte gegeneinander abzuwägen, Werte zu opfern, die wir ungern und nur notfalls preisgeben und bei denen es sich in den meisten Formen des Kompromisses um solche handle, „die von Lebensinteresse für den Nächsten sind; wir opfern sein Leben, seine leibliche Integrität, seine Ehre, seine Geborgenheit".

In seiner ganzen Härte erscheint der Kompromiß aber überhaupt erst da, wo man einsieht, daß die Liebe als Gesinnung keinen Kompromiß duldet und die Welt ihn ihr auch nie als eine unvermeidbare Notwendigkeit aufdrängt. Der Kern der Frage ist vielmehr gerade: „Inwieweit wird dem anderen durch mein aufopferndes Handeln geholfen? Inwieweit besteht ein Wert, der dieses Opfer sinnvoll macht?" Das ist der springende Punkt. Eine Analyse des Kompromisses zeigt nach van Ouwerkerk, daß es beim Kompromiß nicht per se um die Gesinnung, sondern um das Verhalten geht. Das ist die begriffliche Unterscheidung, die hier eingeführt wird. Der Kompromiß hat seinen Ort nicht auf der Ebene der Gesinnung; er steht nicht im Gegensatz zur Opfergesinnung. Wo die Nächstenliebe vor der Eigenliebe kapituliert und nicht die Bereitschaft und Offenheit für die mögliche Tat bewahrt, ist nicht von Kompromiß, sondern von Entscheidung zum Bösen die Rede. Demgegenüber gilt: „Der bedrängende Gewissenskonflikt und der Kompromiß liegen im Bereich des Verhaltens und haben Bezug auf eine Entscheidung zwischen Verantwortungen gegenüber der Welt." Tatsächlich kommt auch dieser Bezug jetzt deutlich zum Vorschein. Die

[5] *C. A. J. van Ouwerkerk,* Biblisches Ethos und menschlicher Kompromiß, in: Concilium 1 (1965) 367–374.

komplexe Handlungssituation kann nicht im vorhinein, rational und autoritativ, von einer scheinbar zeitlosen Wertrangordnung aus geklärt und normiert werden. Sie unterliegt dem Wandel der Kultur und des Bewußtseins. Todesstrafe und gerechter Krieg zum Beispiel konnten gestern auch christlich beurteilt als tragbare Kompromisse angesehen werden, während sie heute als menschenunwürdig abgelehnt werden können. Und gerade auch die Not, in die ein Mensch gerät, sagt van Ouwerkerk, könne die Bedeutung einer Situation so wandeln, daß neue Formen oder neue Werte oder Unwerte sich manifestieren und ein unvermutetes Verhalten verlangen.

Wenn das so ist, kann der ethische Kompromiß vom unethischen durch zwei Unterscheidungen abgegrenzt werden. Die Relativierung menschlicher Werte durch das Verhalten hat, so van Ouwerkerk, die eine deutliche Grenze da, wo „die Antastung eines bestimmten Wertes im anderen einer Leugnung seines Wertes als Person (aus der Art des Verhaltens oder mit Absicht) gleichkommt", und die andere da, wo „ein relativierbarer Wert unmotiviert und ohne das Gegengewicht eines vergleichbaren Wertes geopfert wird". Innerhalb dieser feststehenden Grenzen der absoluten, negativen Normen liege ein großes Gebiet ethischer Unsicherheit. Die Verantwortungen und die Lebenswerte selbst müßten untersucht werden, und das Urteil über die Zulässigkeit oder Unzulässigkeit eines bestimmten Kompromisses laufe letztlich auf eine mutig gewagte Wahl hinaus.

Das ist ganz nahe bei Trillhaas, der das Ermessen betont und den ethischen Begriff des Kompromisses im Kern als einen Verzicht, des näheren den vereinbarten Verzicht auf eigene Interessen, bezeichnet, und zwar, was weiter zu beachten sein wird, in der Weise, daß wir etwas opfern, um die Verletzung eines Unverletzlichen zu verhüten, das „Letzte" nach D. Bonhoeffers Verständnis. Und auch er grenzt den ethischen Kompromiß ab einerseits von dem versucherischen Kompromiß der „einfachsten Lösung" und andererseits dem Kompromiß, der mit einer Lüge erkauft wird oder eine nicht mehr zumutbare Ungerechtigkeit darstellt. Anders formuliert: „Was immer Würde hat, die Tugend der Wahrheit, die Gerechtigkeit, die Ehre oder auch das bedrohte physische Leben, es muß unverletzlich bleiben." Ob diese Zusammenstellung stichhaltig ist, wird allerdings diskutiert werden können. Das gilt nicht nur für das physische Leben, sondern auch für die Ehre, gerade wenn man vom Strafrecht ausgeht; der größere Realismus scheint bei van Ouwerkerks Beobachtungen zu liegen. Aber eben: die Diskussion wird in der Tat möglich, wo man die objektive Wertrangordnung, ohne doch den ethischen Anspruch ganz auf die individuelle Entscheidungssituation zu reduzieren, zu kulturbedingten, vorläufigen oder allgemeinen Annahmen relativiert. Man kann dann auch mit W. Korff von einer „offenen Moralkasuistik" sprechen, die dem Allgemeinen soviel Recht einräumt, wie es zur Erklärung des Besonderen tatsächlich beiträgt. Sie soll die Komplexität gegebener Handlungssituationen mit Hilfe genereller Vorzugskriterien soweit auszuklären suchen, wie diese Kriterien in ihrer Allgemeinheit tragen[6]. Aber das berührt schon Verfahrensprobleme. Wichtig ist an dieser Stelle, daß der ethische Kompromiß die ernsthafte, glaubensmotivierte, aber nicht unmittelbar glaubensnormierte Verantwortungshaltung voraussetzt, wie sie N. Monzel exemplarisch umschreibt: Friedensliebe, Sorge um das Gemeinwohl, Bewußtsein der Begrenztheit der eigenen Erkenntniskraft, Achtung vor der Gewissensentscheidung und Würde des Mitmenschen (Toleranz). Bei dem darin enthaltenen Gedanken der rationalen Verantwortung kann man aber noch einmal einsetzen, um den Begriff des ethischen Kompromisses zu klären.

Der Kompromiß, heißt es bei Trillhaas, erscheine als ein Grundelement menschlichen Zusammenlebens, und er gelte als Inbegriff der Schwäche, des unwürdigen und charakterlosen Verzichtes; beides enthalte Werturteile. Tatsächlich ist es eine triviale Bemerkung, wenn man sagt: Kompromisse gehören zum Leben. Wer im alltäglichen Leben nicht bereit oder fähig ist, sich den gegebenen Verhältnissen anzupassen und anderen Menschen entgegenzukommen, indem er, was seine Ideale und Interessen betrifft, „zurücksteckt“, ist vermutlich nur ein Sonderling oder Querulant. Wer allerdings umgekehrt auch nicht fähig oder bereit ist, da, wo seine Ideale und Interessen unzumutbar beeinträchtigt werden, entschieden und entschlossen Widerstand zu leisten, macht ebenfalls einen fragwürdigen Eindruck. Kompromißloses Verhalten ist zwar der Ausnahmefall, aber es gibt für jeden Menschen eine Schwelle der Zumutbarkeit, bei der seine moralische Existenz auf dem Spiel steht. Diese Schwelle kenntlich und die Tatsache, daß niemand ganz um sie herumkommen kann, bewußt zu machen, ist eine wesentliche Aufgabe der Ethik.

René König hat in einem Aufsatz über die Frage der Werturteilsfreiheit bei Max Weber auf das „Verflachende des Alltags“ hingewiesen: daß nämlich in fast jeder einzelnen wichtigen Stellungnahme realer Menschen die Wertsphären sich kreuzen und verschlingen, aber der im Alltag dahinlebende Mensch sich dieser teils psychologisch, teils pragmatisch bedingten Vermengung todfeindlicher Werte gar nicht bewußt werde und auch nicht werden wolle[7]. Das zeigt eine Tendenz zum Relativismus an, dergegenüber das gesinnungsethische Moment jedes verantwortlichen Handelns geltend gemacht werden muß. Verantwortlich verhält sich eben gerade derjenige, der weiß, daß er um seiner selbst willen genötigt sein kann, irgendwann, wie König es ausdrückt, mit dem Rükken an der Wand seine Position mit allen Mitteln zu verteidigen und damit zum Gesinnungsethiker zu werden. Das aber ist, wie er hinzufügt, die ultima ratio des absoluten Widerstands, die im wissenschaftlichen und ethischen Alltag zwar als Möglichkeit enthalten sei, aber nicht immer aktualisiert werden müsse.

---

6 *W. Korff*, Kernenergie und Moraltheologie. Der Beitrag der theologischen Ethik zur Frage allgemeiner Kriterien ethischer Entscheidungsprozesse (Frankfurt a. M. 1970) 80.
7 *R. König*, Einige Überlegungen zur Frage der „Werturteilsfreiheit“ bei Max Weber (1964), in: *H. Albert – E. Topitsch* (Hrsg.), Werturteilsstreit (Darmstadt 1979) 150–188, hier: 178.

Mit anderen Worten und um auf eine andere Stelle des Aufsatzes Bezug zu nehmen: In jeder Gesellschaft, die ein gewisses Maß von Komplexität erreicht habe, sagt König, „lauern" Wertkonflikte, wie sie unmittelbar bei der Entstehung von Subkulturen sichtbar werden und überhaupt in Interessenkonflikten und Interessenkämpfen mit ihrer Erweiterung in Weltanschauungskonflikte, zwischen denen ein Ausgleich völlig unmöglich sei, weil es niemals eine Art von totaler Wertrang- oder Wertvorzugsordnung geben werde, die jede Wertposition zu jeder anderen Wertposition in ein festes, gesetzmäßiges Verhältnis bringen könne.

König unterstellt hier mit M. Weber, daß zum Begriff der komplexen Gesellschaft ein nicht kompromißfähiger Antagonismus von Wertpositionen gehört. Das heißt genauer, sie sind nicht auf dem Wege wissenschaftlicher Reflexion und ethischer Vereinbarung zu vermitteln. Das liefe eben auf Relativismus hinaus oder etwa auf einen Synkretismus, den man aus dieser Sicht als eine „Verflachung" auf höherer Ebene ansehen könnte. Wohl aber sind sie für das politische Handeln kompromißfähig, sofern dieses, wie König M. Weber interpretiert, der ethischen Praxis der Rationalität verpflichtet ist. Rationalität als Prinzip des Handelns – man muß hinzufügen: von menschlichen Subjekten in einer als endlich akzeptierten Welt – heißt, die Folgen von Wertkonflikten gegeneinander abzuwägen und damit „alle kämpferischen Dogmatismen kritisch im Zaum" zu halten; sie entwickelt damit ein eigenes Humanitätsideal, so wie es etwa auch K. Popper mit seinem Begriff der „offenen Gesellschaft" und der Rolle der Rationalität als Ordnungsprinzip erwiesen habe[8].

Es liegt auf der Hand, daß diese Überlegungen strittig bleiben, man ihnen aber gleichwohl eine weiterführende Begriffsunterscheidung zum Problem des Kompromisses abgewinnen kann. So kann man zwar gerade in einem theologischen Kontext den Begriff der Rationalität verwenden, um *allen*, also auch den „letzten" Werten und Gütern, den Status von vorläufigen Hypothesen, die sich endgültig erst noch bewähren müssen, zuzuweisen, etwa im Sinne W. Pannenbergs. Man kann dann auch Synkretismen unbefangener beurteilen, wie zum Beispiel C. F. von Weizsäcker[9]. Man kann also insgesamt dem Streben nach Konsens durch Argumentation größere Chancen einräumen und jedenfalls auf Lösungen durch bloße Machtausübung verzichten. Man wird aber nicht nur zugeben müssen, *daß* in einer komplexen Gesellschaft latente Wertgegensätze da sind und bei einer „Legitimationskrise" der Gesellschaftsverfassung jederzeit gewaltsam ausbrechen können. Man wird vielmehr auch die besonders von H. Lübbe hervorgehobene Notwendigkeit sehen müssen, in Anbetracht vorläu-

---

[8] Ebd., bes. 174, 178, 182f.

[9] *W. Pannenberg,* Wissenschaftstheorie und Theologie (Frankfurt a.M. 1973) 344–348; *C. F. von Weizsäcker,* Der Garten des Menschlichen. Beiträge zur geschichtlichen Anthropologie (München 1977) 524–528 u. passim.

fig nicht abschließbarer Bemühungen um einen Konsens auf der Ebene der Wertordnung, ja, selbst da, wo „eigentlich" Einverständnis über Grundnormen besteht, die Interessenlagen mit den jeweiligen Folgen bei ihrer Durchsetzung jedoch sehr verschieden sind, zu einem politischen Kompromiß zu gelangen. Der Kompromiß hat seinen Ort danach auf der Ebene pragmatischer, vorläufiger, aber dringlicher Entscheidungen, und sein ethischer Kern ist ein freiwilliger Verzicht auf gewaltsame Konfliktlösungen auch bei eigener Machtüberlegenheit. Der Inbegriff des ethischen Kompromisses ist, mit H. Lübbe gesagt, der Verzicht auf den Zwang, die „kontingenten Identitäten beteiligter empirischer Subjekte", individueller wie kollektiver, einem einheitlichen, vermeintlich übergeordneten Willen zu unterwerfen[10].

2. *Begründungsfragen: die theologische Diskussion*

a) Evangelische Ansätze

Die Frage nach der Rechtmäßigkeit des Kompromisses als eines Strukturprinzips der christlichen Ethik hat einen besonders ausgezeichneten Ort in den theologischen Konzeptionen E. Troeltschs und auch D. Bonhoeffers. Von ihnen ausgehend, lassen sich die verschiedenen Aspekte und Akzente in der gegenwärtigen theologischen Diskussion in der Weise darstellen, daß dabei die ontologischen Grundlagen der jeweiligen Antworten hervortreten. Weil von Troeltsch Linien zu H. Thielicke führen, der, wie schon gesagt, als hauptsächlicher Vertreter der reformatorischen Position zu gelten pflegt, empfiehlt es sich, zunächst den Blick auf Bonhoeffer und im Zusammenhang mit ihm auf Barth zu richten.

Seinen genauen Ort hat das Kompromißproblem in Bonhoeffers Ethik bei der Entfaltung eines Schlüsselthemas, nämlich der Beziehung zwischen dem „Letzten" und dem „Vorletzten"[11]. Das Letzte ist die Rechtfertigung des Sünders allein aus Gnade, das Vorletzte ein Werturteil über das ihm Vorangegangene, anders: das Vorletzte ist das Menschsein, wie es dem Gerechtfertigtwerden vorangeht und ihm in dieser Modalität den Weg bereitet. Dieser systematische Grundgedanke wird nun von Bonhoeffer profiliert, indem er sich gegen die verhängnisvolle, in der Situation des politischen Widerstands besonders aktuelle Annahme wendet, das Letzte und das Vorletzte stünden in ausschließendem Gegensatz zueinander. Das hieße: die Welt hat ihr eigenes Recht, und die „letzten Dinge" haben für die notwendige Verantwortung für die Welt, wie

---

[10] *H. Lübbe*, Die Begründbarkeit von Normen und die sogenannte Wertfreiheit der Wissenschaften, in: *A. Paus* (Hrsg.), Werte, Rechte, Normen (Graz – Wien – Köln 1979) 171–202, hier: 196f.

[11] *D. Bonhoeffer*, Ethik, hersg. von Eberhard Bethge (München 1966) 128–152. – Zum Gesamten vgl. auch: *H. Steubing – J. Wiebering*, s. unter: Weiterführende Literatur.

Gott sie schuf, noch keine Bedeutung. Noch muß mit den Menschen gerechnet werden, wie sie sind. Hierher gehört auch der stereotype Hinweis auf den Großinquisitor bei Dostojewski, der sich auch bei H. Thielicke findet. Es gibt aber, so Bonhoeffer, *zwei* Lösungen, zwei extreme Formen, um das Verhältnis von Letztem und Vorletztem im christlichen Leben zu bestimmen, nämlich den Radikalismus und den Kompromiß. Die radikale Lösung setzt das Ende absolut, sie sieht Christus als den Zerstörer und Feind alles Vorletzten, und alles Vorletzte ist Feindschaft gegen Christus. Die Kompromißlösung setzt dagegen das Bestehende absolut; das bedeutet resignierte oder schal weltkluge Anpassung. Beides sind Formen des Hasses: das eine Mal gegen die Welt, das andere Mal gegen das Wort von der Rechtfertigung aus Gnade allein.

Der Kompromiß wird also scharf abgelehnt. Er ist letztlich Haß auf die (Glaubens-)Entscheidung; er bleibt der Welt verhaftet, die, im Kontext des christologischen Werturteils begriffen, als Welt „an sich", das heißt, so wie sie sich selbst versteht, dem Gericht Gottes über alle Christusfeindschaft verfallen ist. Aber auch der Haß auf das Bestehende ist christuswidrig. Beide Haltungen sind vielmehr in Christus eins. Der Widerstreit zwischen dem prinzipiell konservativen und dem radikalen, enthusiastischen Pol der Einstellung zur Welt wird in der christlichen Lebenswirklichkeit selbst vermittelt, und die Theologie trägt dem christlichen Leben dadurch Rechnung, daß sie die Einheit der Christusoffenbarung gegenüber den falschen Absolutsetzungen ihrer drei Stücke verteidigt: „In der Menschwerdung erkennen wir die Liebe Gottes zu seiner Kreatur, in der Kreuzigung das Gericht Gottes über alles Fleisch, in der Auferstehung den Willen Gottes zu einer neuen Welt."

Der Kompromiß bleibt also als sozusagen „uneigentlicher" im Vollzug der christlichen Existenz aufgehoben. Die von Bonhoeffer vertretene Exklusivität der christlichen Gebotsethik läßt zwar keine selbständige ethische Klärung der weltlichen Sachverhalte zu, wohl aber ein unmittelbares „Mitleben", das bestrebt ist, die Wege vom Vorletzten zum Letzten offen, gangbar zu halten. Das bedeutet praktisch, diejenigen Lebensbedingungen zu gewährleisten, die zum Menschsein gehören, weil sie es vor Not und Unrecht bewahren und „letztlich" die Möglichkeit bereitstellen, Gottes Wort zu hören. Die Unfreiheit eines Sklaven zum Beispiel würde verhindern können, daß er die Verkündigung des Wortes Gottes vernimmt. Sich auf die Welt als den Widerspruch zu dem Guten, das allein der Glaube wahrnimmt, einzulassen, heißt daher: Wegbereitung für das Kommen der Gnade.

An diese Konzeption läßt sich anknüpfen, um die ethische Struktur des Kompromisses als ein Handeln nicht nur in der Vorläufigkeit dieser Welt, sondern *um* ihrer eschatologischen Vorläufigkeit willen weiter zu untersuchen. Es ist aber nicht zu verkennen, daß Bonhoeffers Interesse an der Einheit der Wirklichkeit in Christus und seiner Anweisung zum christlichen Leben auch eine selbständige Entsprechung zu K. Barths theologischem Ansatz darstellt, und in diesem hat der Kompromiß noch weniger einen legitimen Ort. Die christliche Gemeinde, heißt es mit Bezug auf die 5. These der Barmer Theologischen Erklärung von 1934 in der Schrift „Christengemeinde und Bürgergemeinde", sei in einem ganz bestimmten Sinn für die Gestaltung der politischen Wirklichkeit verantwortlich und mitverantwortlich. Der Christ könne zwar im politischen Raum vieles verstehen und an seinem Ort gelten lassen. Seine Mitverantwortung bestehe jedoch in dem, was die christliche Gemeinde vor Gott wollen und wofür sie sich vor Gott entscheiden müsse. Das Müssen wird von Barth unterstrichen. Im einzelnen bedeute das nämlich gewiß eine Entscheidung von Fall zu Fall, und darüber müsse man sich auch immer neu in der Christengemeinde verständigen. Dieses Wollen und Entscheiden sei aber gleichwohl kein eigenes Ermessen. Die Christen dienen vielmehr dem Wohl des Staates „messend an dem Maßstab ihrer Erkenntnis des Herrn, der der Herr über alles ist", und sie sind aufgrund dessen genötigt, in einer ganz bestimmten Richtung zu handeln, über die es für die Gemeinde „in der Sache keine Diskussion geben und die sie auch nach außen nicht zum Gegenstand von Nachgiebigkeiten und Kompromissen machen kann"[12].

Das ist die Konsequenz einer „Theologie, die sich im Zeichen der Weltbemächtigung entfaltet". Die Herrschaft Christi repräsentiert „die Einheit des göttlichen Handelns, die, in Gott selber oder in seinem geschichtlichen Werk sich darstellend, unabhängig ist von der endlichen, sich in Widersprüchen bewegenden menschlichen Erkenntnis"[13]. Anders und mit Barth selber gesagt: Weil der gnädige Gott, Gott in Jesus Christus, über den Inhalt des an uns gerichteten Anspruchs verfügt, hat Gottes Gnade, die sich in konkreten göttlichen Ansprüchen äußert, teleologische Kraft. Das Kriterium, an dem alle Forderungen zu messen sind, ist deshalb, ob sie Jesu Sieg und Regierung verkündigen, und das Ziel ist die vollkommene Gemeinschaft mit Gott. Von daher ist die Richtung des menschlichen Handelns in der Nachfolge bestimmt. Weil es aber eben Gott ist, der als das Subjekt der Wirklichkeit im ganzen die Erfüllung und Erfüllbarkeit des Gebotenen verbürgt, dürfen die Christen glauben und erkennen, daß das Reich der Welt nicht das Reich des Teufels, sondern das Reich Christi ist. Die Welt als Widerstand ist in dieser Glaubenserkenntnis, zugespitzt gesagt: einem theologischen Optimismus, relativiert, das Böse als Nichtiges durchschaut. Das Kompromißthema entfällt damit als buchstäblich gegenstandslos. Was üblicherweise als Kompromiß zu verstehen wäre, zum Beispiel eine Verletzung des Tötungsverbots in der Frage des Schwangerschaftsabbruchs, darf nicht nur als „Erlaubnis" gelten, sondern muß ein klares, allerdings

[12] *K. Barth,* Christengemeinde und Bürgergemeinde (1946), in: Theologische Studien 104 (Zürich 1970) Nr. 10, 59f.
[13] *H.-W. Schütte,* Zwei-Reiche-Lehre und Königsherrschaft Christi, in diesem Handbuch, Bd. I (Freiburg i. Br. – Gütersloh ²1979) 351ff.

nicht verallgemeinerbares, sondern konkret-individuelles Gebot für sich haben; an die Stelle des ethischen Kompromisses tritt hier die Pneumatologie[14].

Bei E. Troeltsch hat der Kompromiß eine Schlüsselstellung für das Verständnis des Christentums und seiner Geschichte. Er sieht das Grundproblem der christlichen Ethik, wie er anläßlich der Darstellung von Luthers Ethik formuliert, in der Frage, wie sich von dieser religiös bestimmten, allgemeinen Gesinnungsethik aus die wirkliche inhaltliche Normierung des christlichen Lebens gestalte, wie sie sich insbesondere zu den mit der radikalen Liebesethik in so schwerer Spannung befindlichen innerweltlichen Werten und Ordnungen verhalte. Anders und mit Bezug auf das ursprüngliche Evangelium gesagt: wie es von einer Moral des absoluten religiösen Lebenswertes in Gottesliebe und religiöser Bruderliebe zu einer innerweltlichen Moralität überhaupt kommen könne[15].

Im Resümee der „Soziallehren" arbeitet er noch einmal die Spannung zwischen dem radikalen und dem konservativen Charakter des Christentums seit Paulus heraus, indem er feststellt: das Ethos des Evangeliums sei ein Ideal, das zu seiner vollen Durchführung eine neue Welt, wie Jesus sie als das Reich Gottes verkündet habe, verlange. Aber es sei ein Ideal, das in der dauernden irdischen Welt nicht ohne Kompromisse durchführbar sei. Daher werde die Geschichte des christlichen Ethos zu einer immer neuen Suche nach diesem Kompromiß und zu immer neuen Bekämpfungen der Kompromißgesinnung. Dem Kompromiß aufgeschlossen seien vor allem die Großkirchen. So habe die katholische Kirche ihn nach der Meinung Troeltschs geschichtswirksam durch das Bündnis mit der stoischen Idee von dem relativen Naturrecht des Sündenfalls gefunden, die für die Dauer des irdischen Lebens Recht, Macht, Gewalt, Krieg, Privateigentum, Besitzstreben als Folge wie als Heiligungsmittel der Sünde anerkenne. Mit diesem Kompromiß seien dann allerdings in der Kirche die durchschnittliche Weltmoral und die strenge Heiligkeitsmoral auseinandergetreten. Der kirchliche Protestantismus habe diesen Stufungsgegensatz zwar überwunden, ihn aber im Luthertum als Gegensatz von Gesinnungschristentum der „Person" und weltlicher Amtsmoral, das heißt: als einer anderen Form des Kompromisses, wiedereingerichtet. Aber auch für die heutige christliche Ethik bleibe das Grundproblem unvermindert bestehen: daß das christliche Ethos überweltlich und doch zugleich keine einfache Welt- und Selbstverneinung sei und daß es ebendeshalb einer Ergänzung durch eine mit ihm vereinbare Kulturethik bedürfe[16].

---

[14] *K. Barth,* Kirchliche Dogmatik II/2 (Zollikon – Zürich 1948) 628–632; *ders.,* Kirchliche Dogmatik III/4 (Zollikon – Zürich 1951) 480f.

[15] *E. Troeltsch,* Die Soziallehren der christlichen Kirchen und Gruppen (Ausgabe von 1922) (Aalen 1965) 479ff.

[16] Ebd. 973ff. Zu beachten ist dabei – auch im Hinblick auf 2b –, daß der Kompromißcharakter der Ethik nach Troeltsch nicht etwa auf die Sünde und damit die sündige Verderbung und Verselbständigung der Kulturzwecke zurückgeführt werden kann, sondern tief in der meta-

Diese theologische Konzeption ist zwar fragwürdig, weil sie sich von der Vorstellung einer ursprünglich reinen Autonomie des christlichen Glaubens auch in ethischer Hinsicht leiten läßt[17]. Damit wird ein struktureller Gegensatz zwischen dem ursprünglichen Christentum und der jeweiligen Kulturlage unterstellt, der immer neuer Vermittlungen bedarf und nach Troeltsch überdies in der gegenwärtigen Gesellschaft kaum noch überbrückt werden kann, geschweige denn, daß diese unbefangen als eine legitime Folgegestalt der christlichen Problemgeschichte betrachtet werden könnte. Demgegenüber ist mit T. Rendtorff zu fragen, ob nicht die Aufnahme der „Welt" in das Selbstverständnis der christlichen Ethik von den neutestamentlichen Anfängen an und aus ihr selbst eigenen Gründen erfolgt sei. Das Kompromißthema kann dann wieder aus seiner dogmatischen Verallgemeinerung bei Troeltsch auf den ethischen Kompromiß als eine bestimmte Handlungsweise zurückgenommen werden. Gleichwohl bleibt das Problem der „Vereinbarkeit" von christlichem Ethos und kulturellen Gegebenheiten bestehen, und auch die Bemerkungen Troeltschs über die lutherische Ethik führen weiter.

Troeltsch gibt hier, und das könnte für eine immanente Kritik seiner Position verwendet werden, primäre, eigentliche theologische Gründe im Unterschied von sekundären, die eher in einer „Stimmung" liegen, dafür an, daß Luthers evangelischer Radikalismus dennoch nicht im Sektentypus der religiösen Gemeinschaft aufgegangen sei. Er nennt drei theologische Hauptgründe: Der erste ist die Ablehnung aller Gesetzlichkeit oder der Grundgedanke der Gnade, die nur in Glauben und Vertrauen angeeignet werden kann, der zweite die Unüberwindlichkeit der Sünde und der dritte der Glaube an die Einheit der christlichen Kirche. Diese Gründe wirken miteinander dahin, daß keine Abgrenzung der vollkommenen von den unvollkommenen Christen, keine Lieblosigkeit der Trennungen und mehr noch kein Herausheben der Frommen aus der Gesellschaft mit ihren Sündern und Unchristen möglich ist. Die Christen und die Menschen überhaupt, das ganze Volk, sollen durch Liebe und Dienst zusammengehalten werden. Erst die sekundären Gründe, die nicht unmittelbar aus dem Gnadengedanken hervorgehen, sind es nach Troeltsch, die aus der Zuwendung zur Welt eine schlechte Anpassung an das Bestehende werden lassen; die „ergebungsselige Demut", die die Gnade der Sündenvergebung hinnimmt, gleiche sich immer mehr der Demut an, die die weltlichen Verhältnisse als direkt und positiv von Gott geordnet hinnimmt, und umgekehrt. Diese Anpassung und Stimmung einer spannungslos-harmonischen Weltbejahung sei aber zer-

---

physischen Konstitution des Menschen, die ihn zwischen die vergängliche und die ewige Welt stelle, begründet ist. So in: Grundprobleme der Ethik (1902), Ges. Schr. Band 2 (Tübingen 1913) 665.

[17] So *T. Rendtorff,* Ethik I (Stuttgart – Berlin – Köln – Mainz 1980) 120. Vgl. auch W. Pannenberg, Die Begründung der Ethik bei Ernst Troeltsch, in: Ethik und Ekklesiologie (Göttingen 1977) 93.

brechlich. Sobald am Ideal der Bergpredigt wieder der tiefe Gegensatz der gegebenen Verhältnisse gegen das wahrhaftige christliche Ideal bewußt werde oder die gegebene gesellschaftlich-politische Ordnung sich der Kirche und dem Worte Gottes nicht füge, schlage die Stimmung um: die Welt erscheint wieder als Stiftung der Sünde[18].

Eben dies ist für die Position H. Thielickes bezeichnend, eine Theologie, die sich „im Zeichen der Weltverfallenheit" nach dem Strukturprinzip der Zwei-Reiche-Lehre entfaltet, wie H.-W. Schütte den lutherischen Ansatz allgemein charakterisiert[19]. Die Welt ist nach Thielickes Glaubensurteil die „Seinsform des sündigen Menschen", die Objektivierung seines eigenen Ichs. Diese hamartiologische Ontologie ist das Gegenstück zu Barths Urteil über die Welt als die Seinsform der Gnade. Weil aber dieser Äon die Welt des gefallenen Menschen ist, nimmt das Kompromißthema anders als bei Barth auch in Thielickes Ethik eine Schlüsselstellung ein und wird breit behandelt[20]. Weil es nämlich keine ontische Gerechtigkeitsgestalt unseres Handelns gibt, ist *alles* Handeln, wie er es sieht, „de facto ein Kompromiß zwischen der göttlichen Forderung und dem, was die Gestalt dieser Welt, die Eigengesetzlichkeit ihrer Ordnungen und die vielfache Pflichtenkollision zulassen". Luthers Lehre von den beiden Reichen sei ein Symptom dafür, wie die göttlichen Gebote je nach den verschiedenen Daseinsbereichen, in denen sie zu verwirklichen sind, alteriert werden. Es ist aber in der Tat die Bergpredigt mit der Unbedingtheit ihrer Gebote, die zu diesem Urteil Anlaß gibt. Die Bergpredigt protestiert gegen die Realität der Welt. Allerdings: sie übersieht sie auch nicht, und damit wird zugleich die Brücke geschlagen, die bei Thielicke von der dogmatischen Allgemeinheit der Kompromißfrage und ihrer rein „theologischen Lösung" zu einer relativen Legitimation des konkreten ethischen Kompromisses hinführt.

Auf der einen Seite ist dem Christen eine „simple Bejahung" des Kompromisses verwehrt. Gemeint ist eine nicht theologisch reflektierte Begrenzung des Sollens durch das Können, wie sie für die „natürliche" Ethik bezeichnend sei; eine Lehre vom Kompromiß besagt unter dieser Voraussetzung „ganz schlicht", daß die Reinheit des ethischen Wollens Zugeständnisse an die realen Verhältnisse machen müsse. Das Sollen findet hier seine definitive Grenze an der Eigengesetzlichkeit der vorläufig zur Verfügung stehenden Mittel. Insofern ist jede realistische Ethik eine Ethik des Kompromisses; der Kompromiß ist der ethischen Weisheit letzter Schluß. Man kann aber nun eben nicht den

---

18 A.a.O. 481–485, 505f.

19 A.a.O. Vgl. zum Ganzen auch: *D. Walther,* Zur Behandlung des Kompromißproblems in der Geschichte der ev.-luth. Ethik, s. unter: Weiterführende Literatur. Desgleichen: *H.-J. Wilting,* Der Kompromiß als theologisches und als ethisches Problem (Düsseldorf 1975).

20 *H. Thielicke,* Theologische Ethik II/1 (Tübingen 1959) 56–201, bes. 56–89, 190–201; zur Welt als Seinsform des sündigen Menschen etc. vgl. auch: *ders.,* Theologische Ethik I (Tübingen 1958) 699–707.

Widerstand der Welt sozusagen durch eine theologische Fassung des kantischen „Du kannst, denn du sollst!“ – bei Barth also etwa, wie man sagen könnte – entkräften. Vielmehr bringt der christliche Glaube die Aporie des Ethischen zum Vorschein. Der Christ lebt in derselben Welt wie alle Menschen, aber er muß angesichts der radikalen Forderung der Bergpredigt bekennen: „Ich soll, aber ich kann nicht.“

In diesem fundamentalen theologischen Pessimismus, um wieder das Gegenstück zu Barths Konzeption aufzuzeigen, ist ethischer Realismus, recht verstanden, das Ertragen des Zwiespalts. Das heißt, der Christ muß handeln, obwohl der Stoff dieser Welt den Gehorsam eines kompromißlosen Handelns nicht aus sich heraus gibt. Er muß wissen, daß das Stadium des Kompromisses in diesem Äon nicht zu überwinden ist, und zwar prinzipiell nicht, und er muß wissen, daß das vor Gott keine Entschuldigung seiner Situation bedeutet. Diese Erkenntnis ist die richtende Wahrheit des Gesetzes. Aber er darf nun eben auch wissen, daß ihm jener Zwiespalt und De-facto-Kompromiß letztlich nichts anhaben und ihn von der Liebe Gottes trennen kann; das ist der Trost des Evangeliums, der ihm die Kraft verleiht, realistisch zu werden und die Wahrheit gegen die falschen Tröstungen und Illusionen, den trügerischen „Frieden mit der Welt“ durchzuhalten. Allein in solcher Dialektik liegt die Lösung der „theologischen Frage, ob es im Hinblick auf Gesetz und Evangelium eine Legitimation dieser Gebrochenheit alles ethischen Handelns geben könne und wie jene Gebrochenheit theologisch zu verstehen sei“.

Im Kompromiß kommt also nach dieser Interpretation eine „Grundbefindlichkeit des Seins in der Welt“, nämlich zwischen Sündenfall und Gericht oder, anders, in der Vorläufigkeit zum Ausdruck; er ist ein Tribut, der an die gefallene Welt zu entrichten ist. Wenngleich aber der Kompromiß keine Entschuldigung, sondern Teilhabe an der überpersönlichen Schuld dieses Äons ist, gilt trotz dieser „christlichen Hemmung gegenüber dem Kompromiß“ andererseits, daß er uns „geradezu aufgetragen“ ist. Dabei ist zwar jede Selbstgerechtigkeit und Sicherheit ausgeschlossen. Das betrifft besonders die „Illusion einer Berechenbarkeit des Kompromisses“, wie sie nach Thielicke in der katholischen Theologie vorherrsche, wo das ontologische Denkschema einer naturrechtlich orientierten Kasuistik absolute Entscheidungen zugunsten des relativ Möglichen nach seiner Meinung zurücktreten lasse. Demgegenüber – und gegenüber einem Vorrang der Erziehung im Katholizismus – ist die freie Entscheidung zu betonen, das Ermessensurteil und mutige Handeln und (cum grano salis) Sündigen-im-Kompromiß, nämlich in zwielichtigen Situationen und mit fragwürdigen Mitteln, im Vertrauen auf die „unbegrenzte Weite der Vergebung“. Aber eben: es gibt nun doch auch für Thielicke ein Kriterium, an welchem der vergebungsbedürftige Kompromiß theologisch orientiert werden kann. Das ist da möglich, wo man das Verständnis des menschlichen Kompromisses in Analogie zur göttlichen Akkommodation der Gnade versteht. Thielicke sieht hier eine

Gestalt dialektischer Analogie, die, wie er sagt, gewissermaßen die Unterscheidung von „analogia entis" und „analogia fidei" in sich begreife. Diese Akkommodation ist – cum grano salis – auch mit dem Begriff Kompromiß zu bezeichnen, aber nicht nach dem menschlichen Gesetz des geringsten Widerstandes, sondern nach dem Maß der Gnade Gottes: Schon das Gesetz deutet die Richtung des göttlichen Erbarmens an, weil hinter ihm das Motiv der Geduld steht. Im Evangelium wird dieses Erbarmen offenbar, und in der Richtung dieses Erbarmens, die den Kompromiß als einen bedingten und begrenzten, nicht in sich gerechtfertigten, aber von der göttlichen Geduld lebenden, „in re" fragwürdigen, aber doch „in spe" möglichen gelten läßt, kann Thielicke eine Ethik entfalten, für die die Wahrheit und Würde der menschlichen Person Grund und Grenze allen Handelns ist.

b) Katholische Ansätze

Ausgehend von H. Thielickes Konzeption mit ihrem methodischen Ansatzpunkt bei der Grenzsituation haben, wie schon C. van Ouwerkerk, ebenfalls K. Demmer und W. Korff die Frage nach dem konfessionell Unterscheidenden und einer ökumenischen Verständigungsmöglichkeit aufgeworfen. Auch Demmer erkennt in der reformatorischen Anfrage ein unerledigtes Problem für die katholische Theologie[21]. Er sieht in der Bereitschaft zu einer unausweichlichen, verantwortlichen Schuldübernahme den dichtesten Ausdruck für die Gebrochenheit der geschichtlichen Wirklichkeit mit ihrer ethischen Unsicherheit und in der reformatorischen Ausweitung des Schuldbegriffs ein Korrektiv gegenüber der gemeinhin katholischen Einengung auf die aktive Tatschuld. Im konkreten Handlungsvollzug sind die Erfahrungen von Gnade und Schuldverhaftung untrennbar verschränkt; das läßt keine glatten und schuldfreien Entscheidungen in der Konfliktsituation zu. Der Vorteil der reformatorischen Position ist es daher, daß er das Angewiesensein jeder Entscheidung auf die göttliche Barmherzigkeit klarer aufzeigt. Demgegenüber bleibt es der Vorteil des an der Normalsituation orientierten katholischen Denkens, daß die persönliche Verantwortung im Hinblick auf Entscheidungsfindung und -vollzug stärker betont wird. Der Akzent, so K. Demmer, liegt nicht auf einem resignierenden Sich-Abfinden mit schuldhaft verzerrter Wirklichkeit, sondern auf dem Appell zu ihrer gnadenhaften, geschenkten Überwindung.

K. Demmer konzentriert seinen Versuch, das Kompromißproblem zu klären, auf die Frage nach dem unterschiedlichen Wirklichkeitsverständnis, also den ontologisch-anthropologischen Kontext oder, anders ausgedrückt, den erkenntnistheoretischen Ort der Frage nach dem moralischen Kompromiß in den unterschiedlichen konfessionellen Denkformen. Gegenüber Thielickes Ansatz

---

[21] *K. Demmer*, Entscheidung und Kompromiß, in: Gregorianum 53 (1972) 323–350.

hebt er die spannungsvolle Einheit der Wirklichkeit hervor. Bei der vom reformatorischen Ethiker betonten Unausweichlichkeit der Schuld und Gewißheit der göttlichen Barmherzigkeit handle es sich um zwei stilisierte Extreme. Weil diese dann in der Einheit der konkreten Entscheidung zusammenfallen, werden die Unterschiede auf diese Weise verwischt. Die konkrete Entscheidungsgestalt muß in der Konsequenz dieses Ansatzes als letzthin unter Gottes gewisser Vergebung gleichgültig erscheinen. Demgegenüber erreiche das katholische Denken größere Wirklichkeitsnähe, weil es bei der konkret-geschichtlichen Einheit und Durchdringung von Gnade und Natur ansetze. Das heißt: Gottes Vergebungstat schwebt nicht im freien Raum, schafft und stärkt auch nicht nur das Heilsvertrauen, sondern hilft, weil sie eine erkennbare und erfahrbare Wirklichkeit ist, bei zum Gelingen der Entscheidung. Diese spannungsvolle Übereinkunft des Unterschiedenen in der konkreten Einheit des Entscheidungsvollzugs zu wahren bedeutet nach Demmer, die eschatologische Perspektivierung der sittlichen Entscheidung stärker zu akzentuieren. In dieser Dialektik verbinden ethische Normen Endgültigkeit und Vorläufigkeit zugleich, enthalten sie die absolute Verpflichtung im Hier und Jetzt wie den Kompromißcharakter des Übergangs, sind sie, indem sie zugleich festhalten und offenlassen, Ausdruck dessen, daß die Verworrenheit und Konflikthaftigkeit der gegenwärtigen Entscheidungen im Glauben *schon* ihre anfanghafte Versöhnung gefunden haben, während diese Anfanghaftigkeit doch echte geschichtliche Wirklichkeit ist.

W. Korffs Bemerkungen zum Problem der theologischen Legitimation des ethischen Kompromisses, wieder auf H. Thielickes Position bezogen, ergänzen das[22]. Er sieht die entscheidende Frage darin, ob man den Kompromiß in seiner für das menschliche Handeln nahezu allgegenwärtigen Bedeutung ausschließlich von der durch die Sünde bestimmten Verfallssituation des Menschen her deute oder ihn wesentlich auch bereits als eine aus den Strukturgesetzlichkeiten der Welt als endlich und bedingt verfaßter Schöpfung hervorgehende Größe begreife. Auch W. Korff meint hier gewisse katholisch-protestantische Differenzpunkte zu sehen. Nach Thomas und allgemeiner katholischer Überzeugung sei im Unterschied zu reformatorischer Auffassung die Schöpfungsstruktur ihrer Substanz nach nicht durch die Sünde versehrt, die lex naturalis erscheine daher auch unter dem Vollendungsprinzip der lex nova nicht aufgehoben, sondern bleibe in ihr vorausgesetzt. Die Liebe Gottes bedeute zwar Rechtfertigung der Existenz des Christen und zugleich das höchste Richtmaß seines weiteren Handelns, sie bleibe aber gleichwohl zur Einlösung des darin liegenden Anspruchs glaubensgeleiteter Liebe auf die natürliche Vernunft und ihre Bedingungsgesetzlichkeiten zurückverwiesen. Hierzu aber gehört, so Korff, wesenhaft der schöpfungsmäßig gegebene Tatbestand der Kontingenz aller Dinge und damit die aus den Endlichkeitsstrukturen der Welt erwach-

---

[22] *W. Korff,* a.a.O. 91–97 (Theologische Legitimation des Kompromisses).

sende und nicht erst als Folge der Sünde notwendig gewordene Form des ethischen Kompromisses als legitime Vollzugsweise des Willens Gottes. Der ethische Kompromiß ist infolgedessen, wie Korff ausführt, zunächst durchaus mit W. Trillhaas vom unethischen Kompromiß zu unterscheiden und mit A. Auer als eine qualifizierte moralische Leistung zu bestimmen. Er ist aber darüber hinaus auch unmittelbarer Ausdruck der der Welt schon von Natur aus eingestifteten Erlösungsbedürftigkeit und darin gleichzeitiges Movens ihrer Evolution: Der Mensch hat die Fähigkeit, gegebene Zustände zu transzendieren und Erreichtes zu überbieten, aber diese Fähigkeit ist weder beliebig noch grenzenlos, sondern eingebunden in das Potential einer Welt, das ihn in seiner Endlichkeit je und je neu begrenzt.

Die Kritik an H. Thielickes Konzeption läßt sich nun aber auch aus evangelischer Sicht aufnehmen und abwandeln. So trifft insbesondere die Kritik K. Demmers an der Ausweitung des Schuldbegriffs mit der Folge, daß sich das Verhältnis zwischen der Unausweichlichkeit der Schuld und der Gewißheit der göttlichen Barmherzigkeit wie das von zwei stilisierten Extremen ausnimmt, genau den fraglichen Punkt. Man wird nämlich sagen können, daß eine Aussage über die Schuld des Menschen, die es nicht erlaubt, sich von den geschichtlichen Verflechtungen des Bösen zu distanzieren, ihren rechtmäßigen Ort im Schuldbekenntnis hat. Dieses Bekenntnis der Betroffenheit wird aber von Thielicke in die objektivierende oder, anders gesagt, reifizierende Sprache eines ontologischen Werturteils übersetzt. Indem auf diese Weise die Welt zur „Stiftung der Sünde" erklärt wird, verliert jedoch das ebenfalls rechtmäßige Bekenntnis des Glaubens, daß Gott die Welt gut geschaffen habe, seine aktuelle Bedeutung. Es kann nurmehr auf den Urstand bezogen werden. Die gegenwärtige Welt hingegen läßt keine in ihr selbst begründeten Gestaltungs- und Entwicklungstendenzen mehr erkennen, es sei denn eben so, daß um ihrer Erhaltung willen ein nützlicher Gebrauch von ihren Übeln gemacht werden kann; Machtstreben kann durch Macht, Besitzstreben durch den Markt erträglich geordnet werden. „Fortschritt" ist nach dieser Auffassung keine theologisch (biblisch) legitime Kategorie, und die „Vorläufigkeit" dieses Äons verliert in der Tat ihre eschatologische Perspektive. Das Verhältnis des Christen zur Welt stellt sich hingegen anders dar, wenn man die Glaubensaussage, daß Gott die Welt gut geschaffen habe, als ein Bekenntnis zu den hier und jetzt gegebenen Möglichkeiten der Weltgestaltung und -entwicklung versteht und nicht aus der unauflösbaren Spannung zum Schuldbekenntnis herausnimmt. Daß ich bekennen muß, in einer verkehrten Welt zu leben und daran schuld zu sein, bedeutet dann gerade, daß ich die mir in meinem Leben und meiner Welt eröffneten Möglichkeiten nicht wahrnehme, weil ich mich ihnen und damit sie selbst immer wieder verschließe. Diese Potentialität des Guten gegenüber der Manifestation des Bösen in der Lebenswirklichkeit darf nicht als ein zeitliches und logisches Nacheinander beschrieben werden. Vielmehr bildet sich das Urteil des

Christen über die offenen, zukunftsbezogenen Möglichkeiten des gegebenen Lebens in der einheitlichen Denkbewegung eines Hin- und Hergehens zwischen den Erfahrungen und Erkenntnissen, wie sie sich ihm in seiner Natur- und Kulturlage erschließen, und der grundlegenden Umwandlung der menschlichen Wirklichkeit im Kontext des christlichen Glaubens, die sein Denken und Erleben vorab schon prägt[23]. Dies vorausgesetzt, kann man dann aber ähnlich wie W. Korff sagen, daß „das Gute *noch nicht* in vollem Maße Wirklichkeit" sei, und hinzufügen: „Aber nicht nur der Mensch, sondern die *Welt* des Menschen ist noch nicht vollendet."[24]

So gesehen, läßt sich an Bonhoeffers Gedanken der Wegbereitung anknüpfen. Der ethische Kompromiß als Handeln im Zeichen der Vorläufigkeit erscheint dann nämlich in einer Zukunftsorientierung, die drei Komponenten in sich vereinigt. Die erste besteht darin, daß das verantwortliche Handeln das anzustrebende Gute nur soweit verwirklichen kann, wie dies „vorläufig", rebus sic stantibus, möglich ist. Das ist der schlichte Sinn von Vorläufigkeit aufgrund der pragmatischen Opportunität. Das betrifft die politischen und sozialen, aber eben auch die natürlichen und kulturellen Begrenzungen, die der vorhandene Stand der menschlichen Evolutionsbedingungen weiterreichenden Absichten auferlegt, und die gegenseitige Begrenzung der menschlichen Fähigkeiten überhaupt[25]. Die zweite Komponente besteht darin, daß sich die Kriterien eben dieser Absichten aus dem Endzweck oder jeweils vorausgesetzten „höchsten Gut" ergeben. Theologisch spezifiziert, ergibt sich in dieser Hinsicht die Richtung des Handelns aus dem eschatologischen Ziel des Reiches Gottes. Vorläufigkeit heißt hier: in der konkret begrenzten Lebensgestaltung der vollendeten Gottesgemeinschaft, die das Weltliche überschreitet, soviel wie möglich Raum zu verschaffen und sie in die menschliche Lebenswirklichkeit immer besser hineinzubilden. Die dritte schließlich besteht darin, daß jede menschliche Erkenntnis von den Bedingungen ihrer Zeit und ihres Ortes begrenzt ist. Das verlangt auch von den Kirchen, diese grundsätzliche Relativierung in der Weise zu beachten, daß sie Kritik an ihren Konzeptionen zulassen. Vorläufigkeit heißt dann also: kritische Interpretationsmöglichkeiten einzuräumen und nicht durch die Absolutsetzung eines Programms des „guten Lebens" zu verschließen. Der Begriff der Vorläufigkeit entspricht damit dem der „offenen Ordnung". Weil das aber die prinzipielle Begrenzung des menschlichen Daseins ausdrückt, weist es zugleich darauf hin, daß Grund und Grenze allen menschlichen Handelns die Freiheit der Person des einzelnen ist; diese ist jederzeit anzustreben und unter allen Umständen, kompromißlos, einzurichten.

---

[23] Vgl. *H. Ringeling,* Ethik vor der Sinnfrage. Religiöse Aspekte der Verantwortung (Gütersloh 1980), Kap. 7: Ethik als Integrationswissenschaft, 113f. u. passim.
[24] *T. Rendtorff,* a.a.O. 66.
[25] Vgl. *T. Rendtorff,* a.a.O. 92.

c) Neutestamentliche Maßstäbe

Die drei Komponenten des Handelns im Zeichen der Vorläufigkeit erscheinen in der neutestamentlichen Ausgangslage des Glaubens verbunden und vertieft durch das Verständnis des Vorläufigen als des Vorübergehenden. Daß das Wesen dieser Welt im Vergehen ist (1 Kor 7,31), ist das Gegenstück zu dem Heilsruf Jesu, daß das Reich Gottes im Anbruch sei. Die „Spannung von Weltenthobenheit und des Lebens noch in dieser Welt“ (J. Becker), in der sich das christliche Ethos entfaltet, besteht nicht zwischen gleichstarken, gleichmäßig zu berücksichtigenden Polen, sondern setzt die Umwandlung der menschlichen Wirklichkeit bereits voraus. Deshalb ist es so, daß die in der Bergpredigt konzentrierte ethische Verkündigung Jesu „eine kompromißlose Orientierung an der kommenden und schon erfahrbaren Zukunft und zugleich eine grenzüberschreitende Relativierung alles Bestehenden“ fordert; sie verlangt eine grundsätzliche Einstellungsveränderung und stellt die uneingeschränkte Aufgabe, durch Liebe Personen und Situationen zu verändern[26]. Und aus demselben Grund, daß nämlich die Welt vergeht, weil sie unter der einbrechenden Herrschaft Gottes verwandelt wird, ist das eine Bejahung dieser als der von Gott geschaffenen Welt; die als erfüllbar gemeinte Forderung Jesu macht verantwortlich für eine Gerechtigkeit, die weit hinausgeht über die sozial geltende Ordnung (Mt 5,20), so aber gerade auf sie bezogen bleibt. Wie dieser Bezug hingegen konkret herzustellen sei oder, mit K. Niederwimmer anders gesagt, wie die reine Unmittelbarkeit der eschatologischen Moralkritik Jesu, die kompromißlose Radikalität einer Forderung, die am Bestand der gesellschaftlichen Positivität schon nicht mehr interessiert ist, dann doch mit eben dieser Positivität zu vermitteln sei, ist das ethische Problem der Urgemeinde[27].

Es ist in der Tat das ethische Grundproblem des Christentums. Man muß nur beachten, daß die eschatologische Orientierung der Kritik Jesu zugleich auch eine protologische Orientierung am Willen des Schöpfers ist. Weil der Schöpfer der Welt aber der Gott Israels ist, hat die ethische Verkündigung Jesu ihren Ort von Anfang an nicht in einem abstrakten, unwelthaften Gegenüber zur Verfassung der ethischen Lebenswirklichkeit Israels im Gesetz. Sie bringt vielmehr *in* dieser Wirklichkeit den endgültigen Willen Gottes zur Geltung und verlangt *in ihr* konkreten Gehorsam; sie hat also ihren Ort in einem konkreten, überbietenden Interpretationsbezug auf das Gesetz. Es kann auch noch nicht als Abweichung und Kompromiß beurteilt werden, daß die Forderungen Jesu dann ebenfalls zur konkreten Auseinandersetzung mit der hellenistischen Kultur anleiten konnten, denn auch diese mußte sich aus ihrem Verhältnis zu dem in Israel offenbaren Schöpfergott deuten und bestimmen lassen. Der endgültige Wille

---

[26] *J. Becker,* Das Problem der Schriftgemäßheit der Ethik, in diesem Handbuch, Bd. I, 247, 250, vgl. auch 246–261.

[27] *K. Niederwimmer,* Askese und Mysterium (Göttingen 1975) 32, 39ff.

Gottes befreit gerade als eine kompromißlose Ganzheitsforderung, die bei der neuen Gesinnung ansetzt, zur selbständigen, verantwortlichen Prüfung der Umstände, auf die sich das christliche Verhalten einlassen soll. Das Liebesgebot, in welchem er seinen maßgeblichen Ausdruck findet, ist das zentrale Kriterium, mit dessen Hilfe die vorgefundenen menschlichen Beziehungen vorläufig, d.h. so gut wie unter diesen Umständen möglich, normativ geordnet werden können. Hier aber hat der Kompromiß seinen legitimen Ort.

So soll der Christ seinen sozialen Stand nicht mehr verlassen (1 Kor 7,18–24). Die vergehende Ordnung gilt wesentlich als unveränderbar und muß hingenommen werden. Aber auch da, wo sich etwas ändern ließe, Sklaven sich aus der Knechtschaft, Frauen aus den patriarchalischen Bindungen und Sitten befreien könnten, *darf* sie hingenommen werden, weil sie im Verhältnis zu der Freiheit, die in Christus schon besteht (Gal 3,28), vergleichgültigt wird. Daraus ergeben sich die Kriterien für den Konfliktsfall. Weil die Freiheit in Christus Einheit, Gemeinschaft in Liebe und Dienst, bedeutet, sind die Berufung zum Frieden (1 Kor 7,15), die Vermeidung von Ärgernis (1 Kor 10,32), die Bereitschaft zur Versöhnung – W. Trillhaas nennt besonders Mt 5,25 die Kompromißregel Jesu – und die Rücksicht auf die Schwachen Maßstäbe, die einen Kompromiß finden lassen. So erscheint Paulus die Ehe als eine Konzession an die leibliche Bedürftigkeit, während es besser wäre, sich ungeteilt und unbelastet dem Christusdienst zu widmen. Der Kompromiß zwischen dem asketischen Grundsatz und der Vermeidung von Unzucht (1 Kor 7,1 f) bezeichnet, wie K. Niederwimmer sagt, eine Moral des Kompromisses, die für die kirchliche Einstellung zur Welt von entscheidender Bedeutung sein sollte[28]. Einmal getroffen, konnte diese Entscheidung aber auch zu konkreten Weisungen der normativen Paränese führen. So kann trotz des prinzipiellen Herrengebots, das eben damit, wie W. Schrage betont, überhaupt erst normative Bedeutung erlangt, im Ausnahmefall um des Glaubens willen eine Scheidung akzeptiert werden[29]. Die sogenannten Unzuchtsklauseln (Mt 5,32; 19,9) sind ein anderer, weitergehender Schritt, nämlich über die Situation des Übergangs vom alten zum neuen Sein, wie er sich etwa in der Problematik der Ehen zwischen Christen und Nichtchristen manifestierte, hinaus, um die christliche Lebensführung an die Sitten der Umwelt und das noch prägende alte Ethos anzupassen; F. Böckle nennt das eine adaptive und approximative Erfüllung des Herrenworts[30]. Diese Prägung ist auch das Problem bei der Frage der kultischen Reinheit von Speisen und des Götzenopferfleisches (Röm 14,13–17; 1 Kor 8). Die Christen dürfen zwar unbefangen alles essen, was auf dem Markt angeboten

---

[28] Ebd. 88.

[29] *W. Schrage,* Die konkreten Einzelgebote in der paulinischen Paränese (Gütersloh 1961) 244 f. mit Bezug auf H. Greeven.

[30] *F. Böckle,* Ehe und Ehescheidung, in diesem Handbuch, Bd. II (Freiburg i. Br. – Gütersloh ²1979) 132 mit Bezug auf H. Schürmann.

wird, aber sie sollen dabei auf die Vorurteile anderer achten und das Gewissen derer, die durch Sitte oder Furcht vor den doch in Christus schon überwundenen Gottheiten gehemmt sind, nicht unnötig belasten. Gegenüber diesen Schwachen sind sie die Starken, aber die Regel – auch dies: eine grundlegende Regel, die, wie A. Denecke sagt, den Kompromiß zur ethischen Pflicht macht – lautet: „Alles ist erlaubt“, aber nicht alles dient dem Guten, nicht alles baut auf (1 Kor 10,23). Auch in diesem Fall bleibt jedoch der Grundsatz kompromißlos in Kraft: daß die christliche Freiheit nicht wieder auf das Niveau des überwundenen Gesetzes zurückgeworfen werden darf, wie Paulus gegenüber Petrus geltend macht (Gal 2,11–14). Gerade weil der Glaube keinen Kompromiß duldet, kann es eine Ethik der Freiheit geben, „in der sich der Christ auch frei weiß im Verhältnis zu seinem eigenen Glauben und darum an der brüderlichen Humanität orientiert sein kann“[31].

3. Verfahrensprobleme: der gangbare Weg

Der Weg zum theologisch legitimierten Kompromiß als Kontext der pragmatischen Suche nach einem gangbaren Weg im Konfliktsfall läßt sich aufzeigen, indem man noch einmal, verallgemeinernd, von den biblischen Beispielen ausgeht[32]. Man kann ihnen nämlich ein bestimmtes Verfahren abgewinnen. Die Problematik des Verhältnisses von „Starken“ und „Schwachen“ ist dafür besonders aufschlußreich. Es ist ja zweifellos so, daß die Schwachen nicht für ihr eigenes Verständnis schwach im Glauben, sondern gesetzestreu, traditionsbewußt und allenfalls vorsichtig sind. Auch eine pietistische Frömmigkeit, um Vergleichbares zu nennen, hat ja für die Abneigung gegen alkoholische Getränke und allzu hautnahe Tanzfreuden nie Glaubensschwäche, sondern größere Reife und Stärke geltend gemacht. Es ist vielmehr so, daß die Schwachen nur und erst durch ein Werturteil derer, die für ihr Selbstverständnis die Starken sind, zu „Schwachen“ gemacht werden. Dieses *Machen* drückt aber bereits ein Verfahren aus.

Der Ausgangspunkt des Verfahrens ist, mit anderen Worten, ein dogmatisches Urteil. Dieses Urteil stellt aus der Sicht des Apostels zunächst einmal fest, daß beide Typen oder Gruppierungen von Christen tatsächlich Christen sind: sie sind getauft, und sie bekennen sich zum Herrn Jesus Christus. Das ist schon sehr folgenreich und im übrigen nur durch die logische Operation von dem zweiten Schritt zu trennen, der in der Praxis der Liebe besteht und eben deshalb nicht engherzig auf Abgrenzung, sondern großmütig auf Integration, „Erbau-

---

[31] *T. Rendtorff*, a.a.O. 120. – Zum Ganzen: *A. Denecke*, Wahrhaftigkeit. Eine evangelische Kasuistik (Göttingen 1972) 76f.
[32] Zum Problem des Konflikts vgl. weiter auch die vorhergehenden Artikel dieses Bandes.

ung" der Gemeinde, Wachsen in der Erkenntnis gerichtet ist. Der erste Schritt ist also ein Urteil, welches den übergeordneten, verbindlichen Glauben und den Willen, aus ihm zu leben, feststellt, ihn unterstellt. Das kann entweder in apostolischer Vollmacht oder durch Konsens geschehen. In der Regel wird das heißen – man denke auch an das „Apostelkonzil" (Apg 15) –, daß man sich auf eine beiderseits akzeptable dogmatische und ethische Formel einigt, einen ökumenischen Minimalkonsens, der den Kompromiß darstellt. Dabei muß man zugleich beachten, was schon einmal anzudeuten war, daß solche Formeln, wenn sie langfristig erfolgreich sein sollen, für weitergehende Interpretationen offen sein müssen. Mehr noch, sie müssen bis zu einem gewissen Grade konträr interpretiert werden können, ohne daß es doch allzu schnell wieder zum Dissens kommt. Das wiederum ist möglich, wenn für beide Partner, die immer auch Kontrahenten bleiben, die Glaubenseinheit, die sich in Liebe und Dienst äußert, ein hoher Wert ist. Weil aber der Konflikt latent vorhanden bleibt, kann er unter bestimmten Umständen wieder aufbrechen. Das ist dann der Fall, wenn eine Schwelle konfessioneller Zumutung überschritten wird, bei welcher für einen der Partner eine dogmatische oder ethische Teilfrage unversehens die Bedeutung einer Frage erhält, bei der es „ums Ganze der Theologie" geht. So hat K. Barth den Status confessionis beschrieben, der die Bekennende Kirche und die Barmer Theologische Erklärung – und das hieß für ihn: die bis weit in die Theologiegeschichte zurückreichende Aufkündigung von theologischen Vermittlungsformeln – notwendig machte[33].

Das Besondere an der paulinischen „Kompromißbereitschaft" in einzelnen ethischen Fragen ist nun dies, daß Paulus zum Beispiel die Speisenfrage, an der sich ein Glaubensstreit zu entzünden droht, abwertet. Sie gehört nach seinem Verständnis nur noch zu den vorübergehenden Verschiedenheiten von Lebensformen, denen das dogmatische Gewicht bereits durch die in Christus erlangte Freiheit vom Gesetz genommen ist. Man kann es damit so oder anders halten; das Reich Gottes besteht eben nicht in Essen und Trinken, sondern in Gerechtigkeit, Friede und Freude durch den Heiligen Geist (Röm 14, 17). Der „Starke" kann eben deshalb um der Einheit des Glaubens und der Gemeinde willen einen Kompromiß zwischen christlicher Freiheit und den zeitgebundenen Sitten schließen. Das ist der zweite Schritt aus der Praxis der Liebe. Damit wird den Schwachen in einer ihnen bedeutsamen Teilfrage nachgegeben, solange sie im Ganzen den Glauben an das Evangelium bekunden, und damit werden sie zugleich in einen Interpretationszusammenhang integriert, der ihre noch nicht genügend entwickelte Position durch die Kraft des Glaubens und das Zeugnis der Liebe zu höherer Erkenntnis anleiten kann. Unwirksam würde dieser Kompromiß aber in dem Augenblick, wo die „Schwachen" diese Relativierung nicht hinnehmen, sondern die Teilfrage der Speisesitten wieder zu dem machen, was

---

[33] *K. Barth,* Kirchliche Dogmatik II/1 (Zollikon – Zürich ³1948), 194–200.

sie war, nämlich einer Frage, an der sich „das Ganze" entscheidet, d.h. nicht weniger als das Verhältnis von Werkgerechtigkeit und Glaubensfreiheit, Gesetz und Evangelium. Ähnlich verhielt es sich für Paulus offenbar mit der emanzipatorischen Gesetzlichkeit, einem „Gesetz der Selbstverwirklichung", wie es sich in der korinthischen Schleierfrage zeigte (1 Kor 11). Der Kompromiß ist hier also durchaus „Wegbereitung für das Kommen der Gnade", er hat das Ziel, durch die Vergleichgültigung eines Vorletzten den Weg zur christlichen Freiheit für die Glaubensschwächeren offenzuhalten und sie der werbenden, aufbauend-erzieherischen Kraft des Evangeliums anheimzugeben.

Der theologisch legitimierte Kompromiß zwischen der freien Lebensführung, die dem Christen möglich ist, und dem gesetzlich verengten Verhalten, in das er sich um der brüderlichen Humanität willen schicken soll, setzt also die Vereinbarkeit dieses Kompromisses – und das heißt eben auch: des Verhaltens derer, denen die freiheitliche Gesinnung sich anpaßt – mit dem Glauben voraus. Das Ziel, christlich und in Einmütigkeit zu leben, ist „letztlich" bestimmt von der Hoffnung, daß ein solches Entgegenkommen dazu dient, den Prozeß der christlichen Reife zu befördern. *Der Kompromiß unterbietet nicht einfach das Niveau einer Ethik der Freiheit, sondern wird getroffen, um eine entwicklungsbedürftige, aber auch entwicklungsfähige Moral in der Perspektive der Heiligung zu überbieten.* Dieser Gesichtspunkt ist allgemein wichtig, weil er darauf aufmerksam macht, daß der ethische Kompromiß stets beim höchsten Stand der gegebenen Sittlichkeit ansetzen wird, wenn diese sich überhaupt als vereinbar mit den Prinzipien einer christlichen Ethik erweist; er enthält – nach einem Ausdruck H. Schelskys in anderem Zusammenhang – einen „Appell nach oben", hin zur größeren Gerechtigkeit im Sinne von Mt 5,20.

Das ist auch da der Fall, wo es nicht, pointiert gesagt, um die Identität des Christen als Christen, sondern um die Identität des Christen als Menschen geht, wie zum Beispiel bei den Konzessionen an die sexuellen Bedürfnisse oder an ein Scheidungsrecht, da also, wo „Schwäche" im Verhältnis zum radikalen Gebot in seiner jeweiligen Auslegung bedeutet, nicht fähig zu sein, es zu erfüllen, weil man daran zerbrechen würde. Das Ziel ist hier, menschlich und in Frieden zu leben (und die Anspielung an 1 Kor 7,15 deutet allerdings auch an, daß die Aspekte der Identität des Christen als Christen und als Menschen im Lebensvollzug nicht zu trennen sind), und vorausgesetzt ist dabei, daß ein Kompromiß mit den Verhältnissen dieser Welt und einer bestimmten Kultur dann mit dem erstrebten christlichen Ethos vereinbar ist, wenn er einen Weg sucht, noch Schlimmeres zu verhüten. F. Böckle nennt das ein Grundmuster, das im Neuen Testament und in der Kirchengeschichte in vielfältiger Weise sichtbar werde[34]. Aber eben: auch in diesem Fall wird der ethische Kompromiß unter vorhandenen Alternativen diejenige wählen, die im Verhältnis zu jener

[34] A.a.O. 132.

größeren Gerechtigkeit bereits auf dem höchsten ethischen Niveau angelegt ist, zum Beispiel also die Monogamie (obwohl dann wieder unter den sozialen Bedingungen etwa vorzivilisatorischer afrikanischer Kulturen Polygamie ein Kompromiß sein kann) und ein Scheidungsrecht, das der menschlichen Willkür und Beliebigkeit möglichst enge Grenzen zieht. Dazu gehört auch, daß vorläufig unveränderbare Ungleichheit – betreffe sie die Sklaven oder die Frauen – fortschreitend aufgehoben werden muß, wenn günstigere Umstände dies gestatten. Und das heißt auch, daß der Ausnahmefall des ethischen Kompromisses zugleich den Anfang einer normativen Entwicklung bedeuten kann, die bis auf weiteres gilt, nämlich bis sich neue, bessere ethische Entscheidungen, „Ausnahmen" auf höherem ethischem Niveau, treffen lassen.

Das pragmatische Verfahren der Suche nach dem gangbaren Weg kann in diesen Kontext einbezogen werden. Es lassen sich, wie H. Lübbe darstellt, zwei Verfahrensweisen erkennen, die nicht voneinander zu trennen, wohl aber zu unterscheiden sind: das Normenbegründungs- und das Normendurchsetzungsverfahren[35]. Der erste Schritt besteht demnach wie bei dem nachkonstruierten neutestamentlichen Sachverhalt darin, daß man einen übergeordneten, gemeinsamen Willen der an einem Konflikt beteiligten Partner feststellt. Man kann dann eine begrenzte Handlungsnorm formulieren, die im Rahmen optimal verteilter Vor- und Nachteile vertretbare Verzichte vorsieht. Der Vorschlag, den Konfliktsgegenstand so weit wie möglich zu begrenzen, das Verfahren also einer „Reduktion von Komplexität", wird auch sonst gemacht[36]. Dazu gehört auch die Bereitschaft, gleichsam eine größtmögliche Abstinenz von den Grundmotiven zu üben, um den Beteiligten die Freiheit zur eigenen Interpretation offenzuhalten. Andererseits muß man aber damit rechnen, daß die Handlungsnorm, so gut begründet sie allen Beteiligten auch erscheint, nicht ausreicht, um zu erreichen, daß sie auch wirklich befolgt wird. Das liegt, wie Lübbe sagt, daran, daß die Norm in anderen Handlungszusammenhängen neue Konflikte hervorrufen kann. Die einfache Normreduktion genügt also nicht, weil die gesellschaftlichen Lebenszusammenhänge nun einmal komplex sind. In dieser Lage beginnt das Problem der Normenbegründung auf höherer Ebene von neuem. Man kann versuchen, von anderen, höheren Normen auszugehen und sich etwa auf eine „Grundnorm" zu berufen, die wiederum jedermann einleuchtet. Ein solcher „Wille letzter Instanz" ist zum Beispiel, so Lübbe, der gemeinsame Wille, gut und in Frieden zu leben[37].

Auch das bewirkt aber nicht notwendig ein gemeinsames Handeln. Vielmehr besteht zwischen der logisch einsehbaren Norm und dem Vollzug in der Le-

---

[35] A.a.O. 185, 190–198.

[36] Vgl. die parallelen Ausführungen bei *G. Zacharias,* Der Kompromiß, Vermittlung zwischen gegensätzlichen Positionen als Ermöglichung des Friedens. Interdisziplinäre Untersuchungen (München 1974) bes. 22, 36.

[37] Vgl. auch *W. Trillhaas,* ZEE 4 (1960) 363: die Sorge um eine gemeinsame Zukunft.

benswirklichkeit eine Kluft, wie Lübbe hervorhebt, und diese Kluft wird im Kontext einer theologischen Interpretation, die die Realität des Bösen und menschlichen Widerspruchs berücksichtigt, auch besonders zu beachten sein. Deshalb bedarf es nicht nur eines übergeordneten Willens, sondern – worauf ebenfalls G. Zacharias hinweist – einer übergeordneten Instanz. Das ist der zweite Schritt: die kognitiv geltende Norm erlangt nach H. Lübbes Darlegung erst dann soziale Geltung, „wenn der ernsthafte Wille, sie zu befolgen, unter allen Beteiligten ausdrücklich erklärt worden ist oder – und das ist der Regelfall sozialer Geltung von Normen – einschlägig legitimierte Institutionen die fragliche Norm rite beschlossen haben“. Es ist das, was N. Luhmann mit der Formel „Legitimation durch Verfahren“ meint. Beides greift jedoch insofern ineinander, als ein grundsätzlicher Verzicht darauf, den eigenen Standpunkt schließlich mit Gewalt durchzusetzen, verlangt, den Kontrahenten von der Richtigkeit einer Entscheidung, zu der es nun kommen muß, zu überzeugen oder nach geeigneten anderen Möglichkeiten zu suchen, um den Konflikt so bald wie notwendig zu beenden. Jedenfalls aber läuft es auf eine *Entscheidung* hinaus, weil keine Begründung der Vielschichtigkeit und Widersprüchlichkeit der Situation und der Handlungsfolgen gerecht werden und schon gar nicht die Verzichtleistung ersparen kann. Gewiß sind Gesprächstechniken, wie E. Müller sie vorschlägt, nützlich, um zu einer gemeinsamen Beschlußfassung zu gelangen, und es gilt für alle Bereiche, in denen ein Kompromiß gesucht werden muß, daß die in Wahrhaftigkeit gründende Gesprächsbereitschaft unverzichtbar ist, weil sie in sich selbst schon ein Verfahren der Selbstbegrenzung und auch der Kompromißbegrenzung gegenüber der Freiheit und Würde des anderen darstellt: der ethische Kompromiß kann stets nur ein Stadium und Mittel auf dem Wege einer offenen Kommunikation sein[38]. Am Ende aber verweist das Kompromißthema doch wieder zurück auf die freiwillige Unterwerfung unter ein Schiedsgericht, von der zu Anfang die Rede war.

Weiterführende Literatur

N. Monzel, Kompromiß, Staatslexikon IV (^{6}1959) 1203–1206.
H. Steubing, Der Kompromiß als ethisches Problem (Gütersloh 1955).
H. Thielicke, Theologische Ethik II/1 (Tübingen 1959) 56–201.
D. Walther, Zur Behandlung des Kompromißproblems in der evangelisch-lutherischen Ethik, in: Kerygma und Dogma 4 (1958) 73–111.
J. Wiebering, Kompromiß als christliche Kategorie, in: ZEE 22 (1978) 296–306.
H.-J. Wilting, Der Kompromiß als theologisches und als ethisches Problem. Ein Beitrag zur unterschiedlichen Beurteilung des Kompromisses durch H. Thielicke und W. Trillhaas (Düsseldorf 1975).

Hermann Ringeling

[38] Vgl. *E. Müller,* Art. Kompromiß, Evangelisches Soziallexikon (Stuttgart – Berlin ^{7}1980) 740–743.

VI

Vom ethischen Sinn der Verantwortung

Der Begriff der Verantwortung nimmt für das heutige Verständnis der ethischen Lebenswirklichkeit eine Art Schlüsselfunktion ein. Das ist auffällig, weil Verantwortung jedenfalls kein Begriff ist, der in der ethischen Theoriebildung der philosophisch-theologischen Tradition eine prominente Rolle spielt. Er tritt vielmehr erst in unserer Zeit ins Zentrum der ethischen Diskussion und kann hier als Leitbegriff einer neuen, zukunftsorientierten Ethik bestimmt werden[1]. Aber auch wo er nicht derart programmatisch verwendet wird, kennzeichnet er doch gut die theoretische und praktische Haltung, die einem auf bewußte ethische Reflexion ausgehenden Umgang mit der Lebenswirklichkeit eigentümlich ist. Der besondere Vorzug des Begriffs Verantwortung liegt nicht zuletzt darin, daß er auf plausible Weise eine praktisch-ethische Haltung zu kennzeichnen vermag, die umgangssprachlich als verantwortlich bezeichnet zu werden verdient und in sich eine Reihe wichtiger Dimensionen ethischer Theoriebildung umfaßt. Wenn darum der ethische Sinn von Verantwortung hier erörtert werden soll, dann kann dabei der der alltäglichen Verwendung dieses Begriffes implizite Sinn durchaus in Anspruch genommen werden, um die innere Struktur der darin enthaltenen ethischen Anschauung genauer zu bestimmen und zu analysieren.

Zur näheren Bestimmung gehen wir aus von der Verwendung von Verantwortung in der Redewendung „Verantwortung übernehmen". Diese Redewendung ist in allen Lebensbereichen zu Hause, in der Erziehung wie in der Politik, im gesellschaftlichen und im persönlichen Leben. Der ethische Sinn, den sie impliziert, besagt, daß für die eigene Lebensführung eines Menschen das Gelingen des Lebens anderer Menschen eine ihn verpflichtende Bedeutung erhält. Für etwas, eine Sache, eine Aufgabe, eine Unternehmung, Verantwortung zu übernehmen, impliziert immer zugleich, für andere Verantwortung zu übernehmen. In dieser Hinsicht ist der Begriff Verantwortung deshalb eine Abbreviatur für die Sozialität der ethischen Lebenswirklichkeit. Eine Schlüsselfunktion hat der Begriff der Verantwortung hier deswegen inne, weil Verantwortung für andere, wie immer sie durch Aufgabe oder Beruf vermittelt ist, einen Menschen mitthematisiert, der die Verantwortung übernimmt und wahrnimmt. Insofern könnte man sagen, daß der Begriff der Verantwortung in sich Bestimmungen der Individualethik und der Sozialethik vereint und verbindet.

Verantwortlich zu handeln und zu leben, damit wird immer wieder auch ein

---

[1] So bei *Hans Jonas*, Das Prinzip Verantwortung. Versuch einer Ethik für die technologische Zivilisation (1979).

Moment der Selbständigkeit im Rahmen allgemeiner Pflichten und Normen zum Ausdruck gebracht. Verantwortung zu üben, das bedeutet deshalb, Normen und Gesetze nicht nur in ihrem formalen äußeren Anspruch anzuerkennen und zu beachten, sondern sie ihrem ethischen Sinn gemäß selbständig auszulegen, zu verwenden und zu gestalten. In Aufnahme einer anderen, traditionsreichen Redewendung kann mit Verantwortung besagt werden, nicht allein dem „Buchstaben des Gesetzes" Genüge zu tun, sondern seinem „Geist". In dieser Hinsicht ist der Begriff Verantwortung deshalb eine Abbreviatur für die Hermeneutik der ethischen Lebenswirklichkeit. Es geht um eine situationsgemäße Aktualisierung der Normativität ethischer Traditionen, um eine sachgemäße Konkretion dessen, was die ältere ethische Theorie mit der Rede von der Klugheit und Besonnenheit im Vollzug ethischer Lebensführung thematisiert hat. Eine Schlüsselfunktion kommt dem Begriff der Verantwortung hier deswegen zu, weil Verantwortung zwischen Norm und Situation vermittelt und die darin liegende hermeneutische Aufgabe signalisiert.

Sich selbst als verantwortlich zu wissen und zu bestimmen, also Verantwortung zu bejahen, diese Verwendung des Begriffes führt zu der für die moderne Ethik zentralen Frage nach der ethischen Bedeutung von Autonomie und Selbstbestimmung des Menschen. Verantwortung zu bejahen enthält in dieser Beziehung die Bejahung der Aufforderung, die eigene Freiheit in den Dienst überindividueller Aufgaben zu stellen. Verantwortung führt so verstanden die Autonomie oder die Selbstbestimmung über das primäre Interesse an unmittelbarer Selbstverwirklichung hinaus und nimmt sie für die Hingabe der eigenen Lebensführung an die ethische Lebenswirklichkeit in Anspruch. In dieser Hinsicht ist Verantwortung eine Steigerung des Begriffes der Freiheit und dessen ethische Einlösung. Auch im Blick auf diese Bestimmung hat der Begriff der Verantwortung eine Schlüsselfunktion für die Ethik inne.

In allen genannten Hinsichten ist es nun unverkennbar, daß der Begriff der Verantwortung jeweils die Existenz eines konkreten ethischen Subjekts voraussetzt, dessen Selbständigkeit ihm aber nicht unmittelbar selbst eignet, sondern die sich im Prozeß der ethisch bestimmten Lebensführung bildet und realisiert, in der Erfüllung von Verantwortung aber auch nicht aufgehoben wird. Deswegen gehört zur Verwendung der Kategorie der Verantwortung auch diejenige Dimension, die mit dem Ausdruck einer „Verantwortung vor Gott" hervortritt, sofern damit sowohl der Gedanke einer Rechenschaft über das Ganze der Lebensführung und des sittlichen Handelns bezeichnet wird, das mehr ist als die Summe isolierter einzelner Handlungen, als auch die von allen bestimmten Aufgaben und Normen noch einmal zu unterscheidende Selbständigkeit und Unabschließbarkeit der Verantwortung. In dieser letzten Hinsicht bezeichnet der Begriff Verantwortung dann die Gesamtsituation des Menschen in der Sichtweise der Ethik. So ist es nicht zufällig, daß der Begriff Verantwortung ein spezifisches Kennzeichen heutiger ethischer Theoriebildung ist, weil darin sich auch und gerade die Unabgeschlossenheit und in vielen konkreten Problemlagen auch durchaus Neuartigkeit ethischer Probleme zur Geltung zu bringen vermag. Verantwortung wird zu einem Schlüsselbegriff, wo es um die Vermittlung der ethischen Tradition mit den ethischen Herausforderungen einer Welt geht, die in vielen Problembereichen ethisches Neuland ist.

Wenn darum der Begriff der Verantwortung als Leitbegriff für „Wege ethischer Praxis“ gelten soll, dann vor allem deswegen, weil mit ihm das Folgende zum Ausdruck gebracht wird: Offene, durch bisherige Regeln und Normen nicht definierte Handlungssituationen und Gestaltungsaufgaben sind deswegen nicht beliebig und ethisch unqualifiziert. Ihr ethischer Verpflichtungsgehalt wird vielmehr über Begriff und Vorstellung von Verantwortung erschlossen, und das auch dort, wo uns keine letztlich umfassende und mit absoluter Sicherheit einhergehende Einsicht, Wissen und Urteilsbildung zur Verfügung stehen. Verantwortung ist insofern der lebensvolle Praxisbegriff der Ethik als Theorie menschlicher Lebensführung.

Ein produktiver Umgang mit dem ethischen Bedeutungsgehalt von Verantwortung hat die Bestimmung dessen zum Inhalt, was zu tun sei. Der Blick fällt damit auf Aufgaben, die in einem bestimmten, engeren oder weiteren Lebenszusammenhang auftreten und die sich zumeist durch mehr oder minder deutliche Konflikte bemerkbar machen. Wird die Verantwortung für solche Aufgaben bejaht, dann bedeutet das nicht bereits deren Lösung, sondern die Bereitschaft, in den oft höchst aporetischen materiellen Problemstand einzutreten und sich auf ihn einzulassen. Nicht vorgängige Erklärungen oder Absicherungen der ethischen Integrität des verantwortlichen Subjektes sind hier gefordert. Vielmehr schließt Verantwortung auch die Übernahme der Mehrdeutigkeit und der Ambivalenz der Problemlagen mit ein. Wer Verantwortung übernimmt, riskiert damit immer auch ein Stück weit seine ethische Identität, indem er sie auf den bestimmten Lebenszusammenhang der Verantwortung hin überschreitet. Diese prekäre Lage eines Lebens in Verantwortung kann auch nicht durch die Setzung und Formulierung von Zielen des Handelns übersprungen werden, wie etwa Schutz und Bewahrung des Lebens, vollkommene Gerechtigkeit, Glück und Wohlergehen von jedermann, weil deren Verwirklichung selbst wieder von der verantwortlichen Gestaltung des gemeinsamen Lebens, von Konflikten der Menschen untereinander und von Bedingungen der menschlichen Lebenswelt abhängig sind. Verantwortung ist insofern der Begriff für die Konstitution ethischer Verbindlichkeit innerhalb der Realität des Lebens.

Etwas anderes ist es, wenn von Verantwortung gesprochen wird, um begangene Taten einem bestimmten Subjekt zuzurechnen, als demjenigen, der für sie verantwortlich ist und darum auch im Ausgang verantwortlich gemacht werden kann. Dieses vor allem im juristischen Kontext wichtige Verständnis von Verantwortung, das z. B. in der Frage auftritt, ob und wieweit jemand für eine bestimmte Tat verantwortlich ist und bei Berücksichtigung aller Umstände und seiner Person auch voll verantwortlich gemacht werden kann, setzt das Wissen um Gut und Böse, um richtig und falsch, also um das, was getan werden sollte, immer schon voraus. Deswegen haben die hier mit dem Begriff der Verantwortung zusammenhängenden Fragen, wie die nach der Zurechenbarkeit einer Tat oder die nach der Freiheit des Willens (wie sie im Streit zwischen Determinismus und Indeterminismus ausgetragen werden) für das Gesamtverständnis der Ethik keine konstitutive, sondern eine mehr nachgängige Relevanz, so wichtig sie im übrigen auch sind.

Die ethische Grundstruktur von Verantwortung soll im Folgenden in drei wichtigen Hinsichten beschrieben und analysiert werden, nämlich 1. Verantwortung als Einlösung des ethischen Sinnes von Freiheit; 2. Verantwortung als Einlösung des ethischen Sinnes von Gesetz und Norm; 3. Verantwortung als Einlösung des ethischen Sinnes des Kompromisses[2].

1. Verantwortung als Einlösung des ethischen Sinnes von Freiheit

Verantwortung ist diejenige ethische Kategorie, mit der die Spannung von Freiheit und Abhängigkeit in einen produktiven Umgang von Freiheit mit Abhängigkeit überführt wird. Verantwortung ist die Einlösung des ethischen Sinnes von Freiheit.

In dieser ersten Hinsicht kann im heutigen Verständnis von Verantwortung zunächst resümiert werden, was als neuzeitliche Erfahrung mit dem Gegensatz von Freiheit und Abhängigkeit gelten kann. Sofern das neuzeitliche Freiheitsverständnis sich im Begriff der Emanzipation ausgelegt hat, ist es von der Negation jeder Abhängigkeit bestimmt und hat Freiheit vorwiegend als Befreiung aus Abhängigkeit zu begreifen gesucht. Mündigkeit, sowohl als politisch-rechtliches wie als individuell-biographisches Ziel der Emanzipation hat dabei, über gewährte Freiheit hinausgehend, die Bedeutung von Selbstbefreiung mit dem Ziel der Selbstverwirklichung angenommen. Das ethische Subjekt, aus den es leitenden, bestimmenden und haltenden Bindungen befreit, bleibt allerdings einer schlechten Unendlichkeit des Sollens unterworfen, solange seine Freiheit allein von der Befreiung her verstanden wird, von der es seinen Ausgang genommen hat. Das Freiheitsbewußtsein perenniert dann in der immer neuen Entdeckung von Abhängigkeiten und bleibt so in kritischer Hinsicht auf diese fixiert, ohne zu sich selbst gefunden zu haben.

---

[2] Damit wird hier zugleich ein Fazit aus den vorstehenden Beiträgen gezogen, in denen die historische und systematische Struktur des Gewissensbegriffs analysiert wird (A. Hertz, S. 43 und L. Honnefelder, S. 19); das Spannungsverhältnis von sittlicher Norm und Freiheit des sittlichen Subjektes (W. Korff, S. 66) als Ort für die Aufgabe der Epikie namhaft gemacht wurde (W. Korff, S. 70) und der ethisch verantwortliche Kompromiß zugleich als je neuer Anfang einer normativen Entwicklung begriffen wurde (H. Ringeling, S. 93).

Verantwortung ist, im Verhältnis dazu, die Steigerung und Einlösung des ethischen Sinnes der Freiheit. Denn als mündiger Mensch wird mit gutem Grund eine Person angesehen, der Verantwortung übertragen werden kann und die zu selbständiger Wahrnehmung von Verantwortung fähig gilt. Das aber ist jemand, dem es insofern nicht mehr allein um seine eigene Freiheit zu tun ist, im Sinne der Emanzipation, sondern der seine Freiheit moralisch, religiös, politisch in den Dienst anderer bzw. des gemeinsamen Lebens zu stellen bereit und fähig ist. Verantwortung ist die Bewährungsprobe der Freiheit Der Aufbau und die Realisierung von Verantwortung vermitteln das Subjekt mit seiner Welt, und in dieser Vermittlung wird die erlangte, aber noch abstrakte Freiheit konkrete Wirklichkeit, im „Wofür“ gelebter Verantwortung.

Im elementaren Aufbau des Freiheitsverständnisses ist dieser Zusammenhang deutlich, wo Freiheit als Selbstverantwortung den ersten Schritt der Mündigkeit bezeichnet. Davon wird z. B. beim heranwachsenden Menschen gesprochen, wenn er die alltäglichen Verrichtungen nicht mehr von der Mutter oder einer anderen Pflegeperson an sich geschehen läßt, sondern diese vom Kind selbst übernommen werden. Dann bildet sich im Lebensumgang jene elementare Selbstverantwortung, die ein Schritt auf dem Wege individueller Freiheit ist. Als Selbstverantwortung entläßt diese Freiheit den Menschen nicht aus der Aufgabe einer alltäglich zu ordnenden, und das heißt mit anderen zu vermittelnden Lebensführung, sondern verpflichtet das Subjekt vielmehr zu deren selbständiger, verantwortlicher Wahrnehmung. Insofern ist Selbstverantwortung auch als elementare „Selbsterhaltung“ ohne die Übernahme von Imperativen nicht realisierbar und kein bloß biologisch-natürlicher Vorgang, als ob die verantwortliche Sozialität erst jenseits der Selbsterhaltung begänne. Selbstverantwortung ist bereits in der Beziehung des Subjektes zu sich, zu seiner Lebensführung eine soziale Verantwortung in nuce. Was mit diesem Ausgriff auf eine anthropologische Phänomenologie namhaft gemacht wird, ist dieses: Jeder Schritt auf dem Wege der Freiheit ist ein Schritt in einen übergeordneten Verantwortungszusammenhang. Verantwortung ist eine Folge von Freiheit und inhaltlich deren Steigerung.

Auf diesem Wege wird der anfängliche, empirische wie begriffliche, Gegensatz von Freiheit und Abhängigkeit durch Verantwortung vermittelt und aufgehoben. So wie die werdende Selbstverantwortung des heranwachsenden Menschen die Bedingung seiner selbständigen Partizipation am gemeinsamen Leben ist, so wächst ihm in diesem Prozeß auch eine neue, durch bestimmte Verantwortlichkeiten der Lebensführung vermittelte Abhängigkeit zu. Diese aber fordert nicht Unterwerfung oder immer neue Emanzipation, sondern, produktiv, die Gestaltung des Lebens in seinem unverzichtbaren Zusammenbestehen mit anderem Leben und darum die aktive Wahrnehmung der darin begegnenden Aufgaben und Sachforderungen.

Je größer und inhaltsreicher darum der tätige Freiheitsspielraum ist, etwa im

Hinzutreten beruflicher, rechtlich-politischer oder ökonomischer Fähigkeiten und Erwartungen, um so dichter werden auch die durch Verantwortung vermittelten Abhängigkeiten oder die als Ansprüche an die Verantwortung sich meldenden Forderungen. Freiheit empfängt ihren ethischen Sinn wie ihren sachlichen Gehalt aus Verantwortung. Verantwortung aber ist dann zugleich der ethische Begriff von Abhängigkeit. Das ethische Subjekt der Freiheit realisiert sich nicht und niemals unmittelbar als solches, sondern allein in der Wahrnehmung von Verantwortung, in deren Gestalten es für andere zum Gelingen des Lebens etwas beiträgt, worauf sie angewiesen sind. Die daraus resultierende Abhängigkeit nimmt die Freiheit als Verantwortung in Anspruch.

Verantwortung ist deswegen auch geeignet, der Frage nach der Identität des ethischen Freiheitssubjektes eine bestimmte Wendung zu geben. Wer sein Leben in Verantwortung führt, gibt seine unmittelbare Autonomie preis zugunsten einer in Aufgaben und sachhaltigen Forderungen vermittelten Autonomie, indem er sich selbst in Verantwortung bestimmt. Die daraus resultierende Erweiterung der Identität in Richtung auf eine gleichsam überindividuelle Identität, wie sie für jeden Beruf oder jedes Amt gilt, kann auf der Ebene unmittelbaren Freiheitsstrebens als Entfremdung bestimmt werden, als Zwang oder doch Beeinträchtigung des Selbstseins. Das in die überindividuellen Aufgaben einer verantwortlichen Lebensführung aufgehobene Subjekt geht in der Tat in dem empirischen Zusammenhang seiner Verantwortlichkeiten nicht vollends auf. Verantwortung ist darum mehr und anderes als die Erfüllung von Erwartungen anderer an den Menschen oder die Erfüllung von Rollen des Berufes oder der Umwelt. Die Kategorie der Verantwortung insistiert auf der Selbständigkeit des Subjektes auch und gerade unter den Bedingungen seiner in Anspruch genommenen Freiheit gegenüber dem bloßen Nachvollzug von zugemuteten Funktionen. Verantwortung bleibt immer ans Subjekt gebunden. Verantwortung ist ohne Freiheitsbewußtsein auch ohne eigene Gestaltungskraft.

Die Frage des ethischen Subjekts, ob die Außenforderungen und externen Verpflichtungen einem Leben aus Freiheit adäquat sind, ist und bleibt als kritische Frage gegenüber allen zugemuteten oder geforderten Handlungserwartungen relevant. Freiheit als Eintreten in Verantwortung ist darum nur insofern eine Einlösung des Freiheitsbegriffes, als dabei die Unterscheidung von „Person“ und „Werk“ nicht verschwindet und die Sphäre der Entscheidung für oder gegen ein bestimmtes Handeln nicht eskamotiert wird. Das führt zur zweiten Hinsicht, dem Begriff der Verantwortung als Einlösung des ethischen Sinnes von Gesetz und Norm.

2. Verantwortung als Einlösung des ethischen Sinnes von Gesetz und Norm

Uns ist keine Summe von Gesetzen und Normen bekannt, die als solche die Gesamtheit der ethischen Lebensführungsprobleme vorab zu regeln und zu fixieren vermöchte. Jeder Versuch zu einer derartigen Gesetzesvollkommenheit muß sich dahin auswirken, eine Knechtschaft des Lebens unter dem Gesetz aufzurichten. Die ethische Theorie kennt darum die Aufgabe, einem selbständigen Umgang mit positiven Gesetzesnormen Raum zu geben. Das ist der systematische Gedanke, der in der an Aristoteles orientierten Konzeption der „Epikie" Ausdruck gefunden hat, von der mit Recht gesagt werden kann, sie habe für die „Entfaltung des Freiheitsgedankens eine zentrale Bedeutung"[3]. Gefüllt wird die Lehre von der Epikie von den Grundhaltungen der Klugheit und der Besonnenheit, in deren Ausarbeitung die traditionelle Lehre den selbständigen Umgang mit Gesetzesnormen präzisiert hat. Sie zielen, auch in ihrer ins einzelne gehenden Durchführung, darauf ab, ein dem *Sinn* des Gesetzes gemäßes Handeln so zu bestimmen, daß es von sich aus, auch ohne positives Gesetz, der ethischen Intention des Gesetzes entspricht.

Verantwortung hat hier, im Verhältnis zu Gesetz und Norm, die Bedeutung, das Gesetz zu individualisieren und auf dem Wege der selbständigen Auslegung seiner Intention zu konkretisieren. Der Versuch allerdings, für diesen selbständigen Umgang gesetzesanaloge Regeln zu entwickeln und in einer entsprechenden Moralkasuistik festzuschreiben, weicht dem ethischen Problem aus, wie es sich in der Lehre von der Epikie ansatzweise meldet und heute im Begriff der Verantwortung neu stellt. Wenn nicht die Summe der Gesetze, sondern der sie tragende und bestimmende ethische Sinn die Suche nach den Kriterien der Lebensführung leiten soll, dann müssen zwei Bedingungen erfüllt sein: Es muß 1. möglich und geboten sein, auf den positiver Gesetzlichkeit zugrundeliegenden Sinn zurückzugehen und in diesem Rückgang dem Handeln die Sicherheit, die eine Orientierung an Gesetzen zu geben vermag, in der Gewißheit ihrer sinngemäßen Intention wiederzugewinnen. Und es muß 2. bejaht und zugelassen sein, den Menschen als freies Subjekt auf die Konstitution der Verbindlichkeit des ethischen Sinnes von Gesetz und Norm hin anzusprechen, ihn also gewissermaßen als Gesetzgeber zu sehen, nicht nur als einen, der „unter dem Gesetz" steht. Beide Bedingungen sind erfüllt in der Art und Weise, wie Jesus in seiner Verkündigung das „Gesetz" auf das Doppelgebot der Liebe zurückgenommen hat und darin erfüllt sieht: „Du sollst Gott, deinen Herrn, lieben", und: „Du sollst deinen Nächsten lieben wie dich selbst."

Im Anschluß an diese doppelte Bestimmung der Liebe kann erläutert werden, inwiefern Verantwortung als Einlösung des ethischen Sinnes von Gesetz und

---

[3] W. Korff, in diesem Bande S. 70.

Norm zu verstehen ist[4]. Der Rückgang auf den positiver Gesetzlichkeit zugrundeliegenden ethischen Sinn besagt, daß es kein „unbedingtes" Gesetz gibt, sondern daß jede Gesetzesforderung bedingt ist durch den Sinn, der mit ihr wie mit ihrer Befolgung intendiert ist. So gilt das Gesetz nur in der Hinsicht als Träger des Willens Gottes, als es von seiner Beziehung auf den sich darin manifestierenden göttlichen Willen her sachgemäß ausgelegt werden soll. Das aber ist etwas anderes als das Gesetz in seiner Positivität unmittelbar mit der unbedingten Autorität des Willens Gottes auszustatten. Die erste Wendung im Doppelgebot der Liebe verweist also auf diese innere Beziehung des Gesetzes auf Gott selbst. Die Auslegung des Gesetzes in der Lebensführung ist darum zugleich eine ad hominem adressierte Inanspruchnahme des Menschen durch dessen Sinn, d. h., sie zielt darauf, ein dem Willen Gottes, wie er dem Gesetz selbst zugrunde liegt, gemäßes Leben zu führen. Das ist darum mehr und anderes, als die pünktliche Erfüllung einzelner Bestimmungen des Gesetzes um ihrer selbst willen.

Verantwortung hat in dieser doppelten Hinsicht darum die Bedeutung, daß der Mensch sich nicht nur als einen begreift, der das gegebene Gesetz *befolgt*, sondern sich von Gott her auch in der Perspektive des Gesetz*gebers* selbst begreift. Denn jeder freie Umgang mit dem Forderungscharakter der ethischen Lebenswirklichkeit steht, in dem er auf den ethischen Sinn des Gesetzes zurückgeht, zugleich vor der Aufgabe, sich als produktives Substitut positiver Gesetze zu gestalten. Verantwortung heißt hier also nicht, alternative Gesetze aufzurichten, sondern die eigene Lebensführung vom Sinn des Gesetzes, von seinem „Geist" bestimmen zu lassen, wo der Buchstabe des Gesetzes gleichsam in seine ethische Syntax zurückverfolgt wird. Blickt man auf den systematischen Anspruch, der sich so dem Begriff der Verantwortung mitteilt, dann ergibt sich die für die theologische Lehre von der Verantwortung unabweisbare Konsequenz, daß Freiheit des Menschen als Verantwortung des ethischen Sinnes des Gesetzes im wesentlichen zugleich und unabweislich die Differenz des menschlichen Freiheitsvermögens zum göttlichen Willen aufdeckt. Denn Verantwortung muß hier ja die Bedeutung haben, daß an den Menschen die Frage herantritt, ob sein Handeln und seine Lebensführung überhaupt dem Willen Gottes entspricht, also vollkommen ist, d. h., zu einer dem göttlichen Willen gemäßen Gesetzgebung überhaupt fähig sei, also allumfassend und Leben spendend. Dem allein im positiven Gesetz sich bergenden Menschen stellt sich dieses Problem nicht, aber er ist auch nicht offen für die Ansprache auf den das Gesetz tragenden Sinn und seine je neue Auslegung.

Das theologische Problem, das im ethischen Begriff der Verantwortung auftritt, ist dieses: Im Rückgang auf den ethischen Sinn des Gesetzes als den Willen

---

[4] Vom Liebesgebot in seiner Auslegung durch die Bergpredigt Jesu kann deshalb gesagt werden, daß darin die „Vernunft menschlicher Freiheit auf ihren letzten Begriff" gebracht sei (W. Korff, in diesem Bande S. 68).

Gottes wird der Mensch für die ethische Intention des Gesetzes selbst in Anspruch genommen, nicht nur für dessen Befolgung. In dieser Hinsicht tritt er in eine unausweichliche Forderung ein, der er de facto nicht genügen kann, weil er nicht Gott ist, die aber gleichwohl unausweichlich ist, weil er anders auch dem Gesetz als dem Willen Gottes nicht Genüge tun kann. Dieses Problem wird festgehalten, d. h., ihm wird standgehalten, wenn die Gewißheit festgehalten wird, daß allein die Einsicht in den dem Gesetz zugrundeliegenden Sinn des Gesetzes dessen rechte und lebensgemäße Anwendung und Befolgung leiten kann[5]. Das heißt, daß die Befolgung des Gesetzes im Grundsinn in die Verantwortung des Menschen übernommen wird und nicht an die einzelnen Bestimmungen des Gesetzes abgegeben wird. Zur Verantwortung gibt es für den über die Bedingungen des Gesetzes aufgeklärten Menschen in dieser Hinsicht keine echte Alternative. An dieser Verantwortung kann aber nur festgehalten werden, und der Einsicht, ihrer Forderung de facto nicht genügen zu können, kann nur standgehalten werden, wenn die Freiheit des Menschen nicht Ergebnis und Produkt seiner Gesetzestreue ist, sondern sich selbst bereits der Zuwendung Gottes zum Menschen verdankt, die als solche bereits der tragende Sinn des Gesetzes ist.

Auf der Linie dieser theologischen Argumentation liegen die Gründe bereit, die den Begriff der Verantwortung als Einlösung des ethischen Sinnes des Gesetzes verstehen lassen. Die Ermöglichung und die Stärkung der – im Verhältnis des Menschen zu Gott immer prekären! – Verantwortung des Menschen ist die Konkretion einer ihm gegebenen und gewährten Freiheit, die selbst das primäre Ziel göttlicher Gesetzgebung und damit auch aller ihrer irdischen Äquivalente ist.

Die Durchführung dieses Begriffes der Verantwortung verlangt danach, auf die Bedingung seiner Ermöglichung hin durchsichtig gemacht zu werden. Verantwortung als Befreiung zur Freiheit bezieht auch das Thema der Schuld des Menschen und der Vergebung der Schuld mit ein, wie es zur christlichen Sensibilität des ethischen Bewußtseins gehört.

3. Verantwortung als Einlösung des ethischen Sinnes des Kompromisses

Das Verhältnis von Schuld und Freiheit bildet den theologischen Hintergrund für ein ethisches Verständnis des Kompromisses[6]. Kompromisse, die zum Aus-

---

[5] Aus dieser Problemstellung folgt auch die Notwendigkeit, eine Lehre von der Epikie zu entwickeln, die ihrerseits auf die weitergefaßte Lehre von der Klugheit und Besonnenheit angewiesen ist, wie sie in der Theorie der Verantwortung aufgenommen und fortgebildet wird. Damit zeigt sich zugleich die Verbindung mit der Tradition der aristotelischen Ethik und ihrer Renaissance in der neueren praktischen Philosophie.

[6] Vgl. dazu den Beitrag von H. Ringeling, in diesem Bande S. 93.

gleich unterschiedlicher Interessenlagen oder um der Vereinbarkeit konfligierender Handlungsziele willen geschlossen werden, sind oft nur das an der Oberfläche auftretende Indiz dafür, daß Menschen die Bedingungen vollkommenen und vollmächtigen Handelns nicht zur Verfügung stehen. Kompromisse sind insofern höchst relevant für das Verständnis der Grundsituation des Menschen, für die Einsicht in die Widersprüchlichkeit menschlicher Existenz[7]. Die Gründe, die zur Notwendigkeit und zur Forderung nach Kompromißbereitschaft führen, liegen also nicht erst darin, daß unterschiedliche Menschen einen Ausgleich ihrer Lebensführungspraxis untereinander suchen müssen bzw. von den Umständen ihrer Welt zu Kompromissen gezwungen werden. Diese Vorstellung bliebe noch zu sehr an der Oberfläche; sie legte die Annahme nahe, wenn nur die anderen nicht hinderlich in den Weg träten, dann würde ein kompromißloses Handeln unproblematisch vollzogen werden können, oder wenn die Umstände nicht widrig wären, bedürfe es auch keiner Kompromisse mit ihnen.

Kompromisse sind bereits im Rückgang des Menschen auf sich selbst wohl begründet, sofern nämlich das ethische Subjekt der Einsicht in die Grenzen der eigenen Macht und Fähigkeit in Leben und Handeln konfrontiert ist. Sie sind nicht erst eine Folge der Sozialität, sondern hängen mit der Grundsituation des Menschen zusammen, der nie „Mensch überhaupt" ist, sondern immer nur konkreter, bestimmter, und darin vor allem sündiger Mensch ist.

Allerdings, diese Grenzen zu wissen und sie auch zu akzeptieren, statt sie auf die Unvollkommenheit der Umstände oder die Hinderlichkeit anderer zu schieben setzt bereits voraus, daß der Mensch nicht völlig identisch ist weder mit seinen Taten noch auch mit der Selbstbestimmung, die ihnen zugrunde liegt[8]. Distanz zu sich selbst als ein Wissen um die Grenzen eigener Macht und Fähigkeit ist ein Wissen darum, daß der Mensch letztlich nicht in sich selbst gründet, sondern in einer ihm gegebenen Wirklichkeit des Lebens. Dieses Wissen gestaltet sich im Glauben als das Vertrauen, in Gott geborgen zu sein übers eigene Vermögen hinaus, Glauben als die Wahrnehmung einer ek-zentrischen Identität. Ein solches ethisches Bewußtsein ist auf einen elementaren Kompromiß hin disponiert. Es realisiert sich darum in der Offenheit für Tun und Selbstbestimmen anderer, für welche dieselbe Grundsituation gilt. Damit aber gewinnt das Verständnis des Kompromisses eine andere Dimension, als wenn der Kompromiß nur als Berücksichtigung widriger Umstände oder als ein Vergleich unter, für sich allein gelassen je starken, Subjekten vorgestellt wird. Kompromiß verbindet sich mit dem Sinn von Verantwortung, wenn diese Ausgangssituation als die den Menschen als konkret daseienden ethischen Subjekten gemeinsame Situation akzeptiert wird.

---

[7] Vgl. dazu den Beitrag von H. Fischer, in diesem Bande S. 160.
[8] Vgl. dazu den Beitrag von A. Müller, in diesem Bande S. 180.

Auf dem Hintergrund dieser Selbstreflexion gewinnt dann der Gedanke des Kompromisses von Menschen untereinander und im Medium bestimmter Aufgaben der Lebensführungspraxis seine Kontur. Verantwortung unter Lebensbedingungen, die den Kompromiß einschließen, heißt, daß es übergreifende ethische Aufgaben gibt, die in jedem Falle wahrgenommen werden müssen und nicht an den Grenzen der Selbstbestimmung enden. So sind etwa die politische Aufgabe der Gestaltung des gemeinsamen Lebens, wie sie im Begriff des Gemeinwohls zusammengefaßt ist, wie auch die allgemeine Aufgabe der Bewahrung von Leben vor den Mächten der Zerstörung von der Art, daß sie nicht an den Grenzen der an ihr beteiligten Positionen enden. Verantwortung bedeutet hier, von einer ethischen Aufgabe in Anspruch genommen zu sein, die einen selbständigen Rang hat gegenüber konfligierenden Positionen und Einstellungen und als solche die Kompromißbereitschaft der verantwortlichen Subjekte fordert. Verantwortung ist der ethische Sinn des Kompromisses. Die Notwendigkeit des Kompromisses folgt aus der Anerkennung übergreifender Verantwortung unter Bedingungen begrenzter Handlungsfähigkeit. Im Verhältnis zu solcher Gesamtverantwortung wäre eine Forderung zu allein kompromißlosem Handeln der Verzicht darauf, der Verantwortung zu genügen. Der Politiker müßte, da ihm nie alle Bedingungen des Handelns allein zu Gebote stehen, seinen Beruf verfehlen. Der Mensch müßte, um der Kompromißlosigkeit willen, sich als ethisches Verantwortungssubjekt liquidieren. Kompromißlosigkeit rückte nahe an Verantwortungslosigkeit heran. Die Alternative zum Kompromiß wäre allein einseitiger Zwang, durch den eine Eindeutigkeit der Handlungssituation erzwungen werden soll, die in der Wirklichkeit des Menschen und seiner Welt niemals gegeben ist.

Damit ist ein weiteres Element im Verhältnis von Verantwortung und Kompromiß genannt: „Die Abwesenheit des Zwanges ist ein entscheidendes Moment von Freiheit." Der Kompromiß besteht darin, „daß er alle Gegensätze und Unterschiede, indem er sie in einer Mitte zu vereinigen sucht, zugleich als berechtigt anerkennt und so weiterbestehen läßt"[9].

Der Kompromiß enthält immer ein Element sachlicher und positioneller Ungleichheit unter den Menschen und ist darum eine Weise, mit unaufhebbarer Verschiedenheit umzugehen. Damit wird ein Versuch fraglich, den Kompromiß zumindest in der ethischen Theorie einzuholen und aufzuheben, nämlich

[9] *M. Müller*, Der Kompromiß oder Vom Unsinn und Sinn menschlichen Lebens. Vier Abhandlungen zur historischen Daseinsstruktur zwischen Differenz und Identität (Freiburg-München 1980) 142. Max Müller nennt die dem Kompromiß adäquate Haltung „Gelassenheit, die nur ein Name für die spezifisch-menschliche Freiheit ist; diese läßt dem anderen sein Recht, anders zu sein, d.h. frei von unserem Streben, alles uns verfügbar zu machen". Hans Jonas hat im Kontext seiner Theorie der Verantwortung (vgl. Anm. 1) die Frage aufgeworfen, „ob es zwischen völlig Ebenbürtigen Verantwortung im strikten Sinne geben kann"? Er spricht demgegenüber von einem „nicht-reziproken Verantwortungsverhältnis" (a.a.O. 177).

in den Vorschlag, daß die Menschen untereinander in einen Prozeß der Argumentation und des Austausches von Vernunftsgründen eintreten sollten mit dem Ziel, statt eines Kompromisses eine solche Übereinkunft zu finden, der alle vorbehaltlos zustimmen und der sie kraft Vernunft auch zustimmen *müssen*. In diesem Gedankenmodell wird aber die Nichtübereinstimmung, und das heißt das unaufhebbare Anderssein des anderen nicht zureichend berücksichtigt[10] und die Überzeugungskraft von rationalen Argumenten gegenüber der Lebenswirklichkeit des Menschen überschätzt bzw. an der falschen Stelle eingesetzt. Das Geltenlassen von Verschiedenheiten aber verweist den Kompromiß noch einmal auf seine Begründung in der Verantwortung. Denn im gemeinsamen Leben gibt es eine nichtreziproke Verantwortung von Menschen füreinander, die über das bloße Geltenlassen hinaus das Existenzrecht anderer in ihrer Andersartigkeit in die eigene tätige Verantwortung zu übernehmen verpflichtet.

Beides, sowohl die aus der Insuffizienz und Widersprüchlichkeit der Grundsituation des Menschen folgende Notwendigkeit des Kompromisses wie die aus der unaufhebbaren Verschiedenheit konkreter menschlicher Lebenswirklichkeit herrührende Nötigung zu aktiver Anerkennung von Andersartigkeit, verweist auf den theologischen Sinn der Freiheit, wie er in der christlichen Theologie in der Vergebung von Schuld und der Befreiung von Schuld ausgearbeitet wird. Denn erst über die Anerkennung von Schuld wird der Mensch im vollen Sinne zum ethischen Subjekt, weil er nur unter der Bedingung der Anerkennung eigener Schuld sich auch über die Grenzen seiner unmittelbaren eigenen Fähigkeit hinaus verantwortlich in Anspruch genommen wissen kann. Schuld aber kann nur bekannt, anerkannt, gewußt werden vor einer Instanz, die die Macht und die Bereitschaft hat, sie zu vergeben. Das gilt im christlichen Verständnis letztgültig allein von Gott. Erst die Befreiung von Schuld befähigt dazu, das Ausmaß und die Tiefe von Schuld zu bekennen. In diesem Sinne ist die Befreiung des Menschen von Schuld durch Gottes gnädige Zuwendung die Bedingung menschlicher Freiheit und zugleich die immer neue Begründung und Ermöglichung übergreifender Verantwortung.

Doch auch im Blick auf diese theologischen Prämissen des ethischen Sinnes von Verantwortung und Kompromiß hat dann noch einmal die ethische Reflexion einen eigenen Rang. Die Ethik kann in ihrem Anspruch und in ihrer Geltung nicht so von der Dogmatik abhängig gemacht werden, als sei die dogmatische Einsicht auch empirisch die Bedingung von Verantwortung. Es wäre falsch und abwegig zu behaupten, erst derjenige, der eine bestimmte definierte dogmatische Einsicht teilt, habe auch Anteil am ethischen Sinn der Verantwortung. Ein solches Abhängigkeitsverhältnis kann und darf gerade nicht behauptet wer-

---

[10] Vgl. dazu *T. Rendtorff*, Ethik. Grundelemente, Methodologie und Konkretionen einer ethischen Theologie, Bd. 1 (1980) S. 134ff.

den. Das Licht, das von der theologischen Argumentation her auf die Struktur der Verantwortung fällt, soll zur Erklärung einer im übrigen in jedem Fall bestehenden Verfaßtheit der ethischen Lebenswirklichkeit dienen. Insofern steht auch und gerade die theoretische Begründung der Ethik noch einmal unter dem praktischen Gebot des Kompromisses und kann sich davon nicht, im Interesse theoretisch-theologischer Alleinherrschaft, ausnehmen wollen. Oder anders ausgedrückt: auch die Dogmatik muß auf ethische Weise verstanden werden.

Trutz Rendtorff

Zweites Kapitel
Schuld und Bekehrung

I

Das Verständnis von Sünde und Schuld in geschichtlicher Entwicklung

1. Schuld und Verantwortung

Über Schuld und Verantwortung zu sprechen heißt, über Eigenart und Selbstverständnis des Menschen zu reflektieren, nach grundlegenden Strukturen menschlichen Handelns zu fragen und aus dem Bereich menschlicher Erfahrung auch theologische Interpretationen mit aufzugreifen. Allen theologischen Aussagen liegt bereits ein vorgängiges anthropologisches Verständnis voraus: u. a. die Tatsache, daß dem Menschen sein Handeln zugerechnet werden kann, daß man darum – in der Praxis oft noch mehr als in der Theorie – dem Menschen ein gewisses Maß an Freiheit und Entscheidungsmöglichkeit im Handeln zuspricht. Schuld im ethischen Sinne setzt zunächst auch im allgemeinen Verständnis Freiheit und Verantwortung voraus.

Theologisch wird dieser Gedanke vertieft durch den Bezug der Verantwortung auf Gott: „Der Mensch verfügt vor Gott und auf ihn hin oder von ihm weg über die Totalität seines Wesens und Daseins, und zwar so, daß diese zeitliche Verfügung die ewige Endgültigkeit seiner Existenz in absolutem Heil oder Unheil bildet: der Mensch ist durch seine Freiheit für sein ewiges Heil oder Unheil verantwortlich.[1]" In dieser Umschreibung wird Freiheit nicht einfach als autonomer Selbsbesitz des Menschen vor oder gegen Gott verstanden in einer Weise, daß etwa menschliche Freiheit und Gnadenhandeln Gottes als Konkurrenten verstanden werden; vielmehr bildet die göttliche Freiheit den Ermöglichungsgrund menschlicher Freiheit; beide hängen eng zusammen. Die Wahl-

---

[1] *K. Rahner,* Schuld – Verantwortung – Strafe in der Sicht der katholischen Theologie, in: *ders.,* Schriften zur Theologie VI (1965) 241.

und Entscheidungsfreiheit des Menschen wird in den biblischen Texten nicht eigens zum Thema gemacht, sonderen bereits vorausgesetzt. Die biblischen Texte bekunden vielmehr, daß der unter die Macht der Sünde und des Todes versklavte Mensch auch unter das Gesetz versklavt wurde und erst durch Gottes Gnade die Freiheit wieder zu ihrer eigentlichen Aufgabe, zur inneren Geneigtheit für Gottes Liebe befreit werden muß. Freiheit wird hier als eine transzendentale Auszeichnung des Menschen selbst verstanden, als Selbstvollzug, nicht bloß als Wahl zwischen einzelnen Objekten[2]. Zum sittlichen Verhalten lassen sich nicht nur formale Prinzipien des subjektiven Freiheitsvollzugs entwickeln; es gibt durchaus materiale Orientierungen und Normen objektiver bzw. allgemeingültiger Art, die das sittliche Handeln nicht als gut oder schlecht, sondern als richtig oder falsch charakterisieren. Es gehört zum Unterwegssein des Menschen, daß er über sein Tun und Lassen reflektiert, auch die Frage nach dem Richtigen und Falschen stellt; denn die Gestaltung dieser Welt ist uns verantwortlich aufgegeben. Eine reine Gesinnungsethik würde die Wirklichkeit dieser Welt nicht hinreichend ernst nehmen, sondern führte zu einer Diastase zwischen einer geistigen Ideenwelt und der realen Wirklichkeit. Wo die Entscheidung in Freiheit das Ganze menschlichen Lebens betrifft, sprechen wir von einer Grundentscheidung.

Wenn die katholische Moraltheologie in der Tradition zwischen Todsünde und läßlicher Sünde zu unterscheiden pflegte, so meinte sie in der sogenannten schweren Sünde oder Todsünde jene wirkliche Grundentscheidung oder letzte Verfügung des Menschen über sein Heil vor Gott, eine Selbstverfügung hinsichtlich des Zieles und des gesamten Daseins. Wo jedoch eine solche radikale Entscheidung nicht vorliegt, sondern mehr am Rande vollzogen wird, sprach man von läßlicher Sünde. Menschliche Freiheit versteht sich theologisch als Gabe Gottes für den Menschen, als „Möglichkeit der schöpferischen Setzung des Guten“[3]; in der Wahl des Bösen verfehlt Freiheit ihr eigenstes inneres Wesen.

In der christlichen Lehre von der Schuld als Sünde kommt zum Ausdruck, daß der Mensch ständig in der Gefahr steht, sich vor Gott zu verschließen, in einer Art Selbstsucht und Selbstgenügsamkeit sein eigentliches Lebensziel zu verfehlen, ja daß es geradezu zur Geschichte des Menschen gehört, daß er Sünder ist. Zudem zeigt die Erfahrung – und auch die biblischen Texte sprechen von einer Verhärtung des menschlichen Herzens –, daß der Mensch eine so verstandene Sünde und Schuld einfach auch leugnen kann.

Eine adäquate Beurteilung der eigenen Freiheitsentscheidung ist insofern unmöglich, da niemand sich selbst zu richten vermag. Insofern läßt sich auch ein letztes Wort hinsichtlich der konkret vorliegenden Schuld nicht sprechen – ja es

---

[2] Vgl. ebd. 244.
[3] Ebd. 253.

kann immer wieder überhaupt die Tatsache menschlicher Schuld bezweifelt oder geleugnet werden. Doch die Offenbarung bezeugt, daß in der Geschichte des Menschen solche Schuld vorherrscht, daß sie der Mensch nicht allein zu überwinden vermag, daß sie aber in und durch Jesus Christus überwältigt und in der Endzeit aufgehoben wird. Wenn darum vom „Sündersein" des Menschen gesprochen wird, dann kommt diese Eigenmächtigkeit und Gottesferne zum Ausdruck. Dennoch wird sich dieses „Nein" der ganzen Existenz gegenüber Gott immer wieder auch in ganz bestimmten konkreten Taten des Lebens realisieren. Die Sünde geschieht eben in einzelnen Sünden, von denen in den neutestamentlichen Lasterkatalogen gesprochen wird, wie da sind: Unzucht, Unreinheit, Schwelgerei, Götzendienst, Zauberei, Feindschaften, Hader, Eifersucht, Zorn, Streit, Zwistigkeiten, Spaltungen, Neid, Trunkenheit, Gelage (Gal 5,19-21). Wenn uns aber ein adäquates Urteil über die persönliche Schuld eines Menschen bzw. auch über die in der äußeren Tat vorliegende wirkliche Schuld verwehrt bleibt, dann bildet das äußere Geschehen kein zureichendes Kriterium einer Bewertung von sittlich gut oder sittlich böse. Ein und dieselbe Tat kann zwar sittlich falsch sein, zugleich aber dennoch keine Schuld im theologischen Sinne beinhalten, also sittlich gut vollzogen werden; ebenso aber „kann jemand sein Nein gegen Gott realisieren in einer Gestalt, die vor einer objektiven Sachmoral eher den Eindruck der Erfüllung eines göttlichen Gebotes macht. Man kann dieser grundsätzlichen, letzten Zweideutigkeit aller konkreten Taten eines Menschen hinsichtlich der Frage des Vorhandenseins von Schuld oder deren Fehlen nicht ausweichen mit der klassischen Unterscheidung von Gesinnung und äußerer Tat (Erfolg)"[4]. Selbst wenn Freiheit nicht beweisbar ist, so erweist sie sich doch als Postulat der praktischen Vernunft in dem Sinne, daß man von einer wenn auch noch so begrenzten Freiheit des Menschen ausgeht. Auch für den Profanbereich ist eine letzte Unsicherheit bezüglich des Schuldspruches gegeben; denn die sachlichen Voraussetzungen für Schuld sind hier dieselben wie im theologischen Bereich[5].

2. *Wahrheit und Grenzen der traditionellen Deutung von Sünde und Schuld*

a) Das alttestamentliche Verständnis von Sünde und Schuld[6]

Mit den deutschen Begriffen „Sünde" und „Schuld" kann nicht die Fülle dessen wiedergegeben werden, was darunter in der Bibel bald in einem mehr religiösen, bald in einem profanen Sinn alles zu verstehen ist. Bereits die reiche

---

[4] Ebd. 255.
[5] Ebd.
[6] Vgl. hierzu *W. Grundmann*, in: ThWNT III 470-487; *G. Harder*, ebd. VI 546-566.

sprachliche Differenzierung im Hebräischen läßt erkennen, daß im AT kein abgeschlossener Sündenbegriff vorzufinden ist. Im profanen Sinne ist zunächst eine Verfehlung, ein Fehltritt gemeint. Ebenso aber kann darunter eine Rebellion, ein Abfall verstanden werden. Auch das Irren des Menschen im Umgang mit Gott, ein irrationales Moment, fehlt im Sündengedanken des Alten Testamentes nicht. Die Abweichung von einer geforderten Norm, die Auflehnung gegen jede Norm, der Irrtum, der Fehltritt, all dies zählt mit zu Sünde und Schuld. Dabei wird die Verfehlung für den Gläubigen allein im Gedanken an Gott und die von ihm gesetzte Ordnung erst bewußt. Für die Autoren des AT ist Sünde sowohl ein rechtlicher wie ein theologischer Begriff für eine normwidrige Handlung, wobei verschiedene sprachliche Ausdrucksformen Verwendung finden. Trotz dieser Vielschichtigkeit geht die Einheitlichkeit des Begriffes Sünde nicht verloren. Ein beträchtlicher Teil der biblischen Worte kann sowohl als Sünde wie auch als Schuld übersetzt werden. Bisweilen wird nicht die Handlung, sondern die Folge der Handlung damit umschrieben. Es ist ein Zustand, der aus der Sünde oder der inneren Haltung erwächst. An einer scharfen begrifflichen Unterscheidung von Sünde und Schuld war dem Hebräer nicht viel gelegen, da der kausale Zusammenhang zwischen normwidriger Handlung und normwidrigem Zustand für ihn selbstverständlich war.

In der religiösen Sprache ist wohl der Zustand der Verschuldung, aber ebenso die auf dem Menschen lastende Schuld besonders herausgestellt. Es gibt auch eine sakrale Schuld, die mit Unreinheit gleich ist, in die man geraten kann, ohne dies zu wollen. Ein solches Vergehen „durch Irrtum" – also ohne Vorsatz – wird in den Folgen kaum geringer bewertet als die anderen Sünden. Der Beseitigung von Schuld aber dient ein bestimmtes Ritual.

In der Erzählung vom Sündenfall hat der Jahwist (Gen 3) unter Verwendung uralten mythologischen Materials in geradezu allgemeinverständlicher Form überzeugend darzulegen versucht, was Sünde ist, wie es zu ihr kommt und wie sie sich auswirkt. Es handelt sich um eine anschauliche Darstellung von Lebensvorgängen, ohne daß dabei der Begriff Sünde selbst verwendet wird. In der Erzählung vom Sündenfall erscheint Sünde als Verfehlung gegen Gottes Ordnung; die treibende Kraft ist das Drängen des Menschen, zu sein wie Gott, das Wissen um Gut und Böse. Die Menschen zweifeln, daß Gottes Verfügung in ihrem Interesse liege und daß Gottes Wille für sie unbedingt verbindlich sei. Der Mensch möchte nicht mehr Gott als Herr seines Lebens anerkennen, nicht mehr Gottes Wort und Urteil als Richtschnur seines Handelns annehmen. Dennoch bricht menschlicher Eigenwille zusammen. Der Mensch wird seiner Sünde überführt.

Gerade der Jahwist hat die psychologische Wirklichkeit der Sünde meisterhaft umschrieben. In jeder Tat, in der sich der Mensch von Gottes Gehorsam entfernt und eigenmächtig etwas setzt, scheitert menschliches Bemühen. Darum muß der Mensch nach einem Versteck vor Gottes Blick, dem er nicht mehr standzuhalten vermag, suchen. Adam, der sich vor Gott verbirgt, ist Ausdruck jenes Menschen, der sich im Angesicht Gottes als Sünder und schuldig erfährt. Das Gebären unter Schmerzen, das Leben in Abhängigkeit, die Mühsal der Arbeit um das tägliche Brot und die Rückkehr zum Staub im Tod finden in der Ursünde des Menschen eine ursächliche Deutung. Einfachste Beobachtungen, tägliche Erfahrungen, die unentrinnbaren Nöte, Leiden, Mühsale und der Tod werden als gottverhängte Strafe und Wirkung der Übertretung angesehen und finden so eine ätiologische Deutung. Aus dieser Typologie hat sich die Lehre von der allgemeinen Sündhaftigkeit des Menschen, die Theorie der Erbsünde, entwickelt. Sie ist heute nicht mehr – wie etwa noch zu Beginn des 20. Jahrhunderts von der Bibelkommission gefordert wurde – im geschichtlichen Literalsinn zu verstehen. Doch kommt in dieser Lehre zum Ausdruck, daß Sünde und Schuld des Menschen einerseits nicht zum ursprünglichen guten Wesen des Menschen, wie es Gott gewollt hat, gehört, zum anderen aber auch nicht allein im einzelnen bösen Willen seine Erklärung besitzt. Über dem Menschen und im Menschen waltet noch so etwas wie eine fremde Macht, eine unergründliche Zwiespältigkeit, die sich im konkreten sündhaften Verhalten auswirkt.

b) Das jüdische Sündenverständnis

Der jüdische Sündenbegriff ist weithin durch das Gesetz bestimmt. Die Übertretung einzelner Gebote der Tora ist Sünde, da die Tora die Offenbarung des Willens Gottes enthält. Jede Übertretung trägt religiösen Charakter, ist Auflehnung gegen den Bundesgott. Auch kultische Vergehen zählen als Sünden gegen Gott ebenso wie Verbrechen gegen die Mitmenschen. Zu den Sünden zählen Missetaten, aufrührerische Handlungen und unwissentliche Verstöße (vgl. Lev 16,21). Die Schwere einer Sünde hängt ab von der Kenntnis des Gesetzes. Man unterscheidet besonders schwere Sünden wie Götzendienst, Unzucht und Blutvergießen, die auf keinen Fall begangen werden dürfen und nur mit dem Tode gesühnt werden, von anderen Sünden, für die es Reinigungsriten oder gute Werke als Sühne gibt.

Beim Propheten Ezechiel setzt die Tendenz ein, eine kollektive Sündenhaftung auszuschalten und die Sünde dem einzelnen Individuum zuzuweisen, sie als Verstoß des einzelnen Menschen gegen das Gebot der Tora anzusehen. Gesetz, die Theorie vom Ausgleich und Verdienst und der Sündenbegriff bilden eine unlösliche Einheit. Im Judentum ist man davon überzeugt, daß alle Menschen sündig sind; auch die Heiden sind dieser Sündhaftigkeit als einer religiösen Schuldverhaftung vor Gott verfallen. Nach jüdischer Vorstellung haben sie die adamitischen und noachitischen Gebote; darum sind sie in ihrer Sünde nicht unschuldig. Die Tora jedoch haben sie abgelehnt. Einzelnen Frommen wird Sündenlosigkeit zugeschrieben. Durch Gesetzesbeobachtung haben sie die Möglichkeit eines sündenlosen Lebens. Vom Messias nimmt man selbstverständlich an, daß er ohne Sünde ist. Die Frage nach dem Ursprung der Sünde wird mit dem Hinweis auf Adam und Eva beantwortet; durch sie hat sich die Sünde über das ganze Menschengeschlecht ausgebreitet.

c) „Sünde“ und „Sünden“ nach dem Neuen Testament

Im Neuen Testament begegnet uns Sünde sowohl in der Einzahl wie in der Mehrzahl. Johannes spricht von der „Sünde der Welt“ (Joh 1,29), Paulus von der Sünde, die in diese Welt eintrat (Röm 5,12). Hier liegt das alttestamentliche Verständnis von der Solidarität aller in der Sünde zugrunde. Es bleibt offen, ob damit der Zustand der Sünde der Welt das gleiche besagen will wie unser Verständnis der Erbsünde als in unsere Freiheitsgeschichte eingestiftete Schuldbestimmtheit oder ob die Sünde der Welt eher eine Verleiblichung dieser „Erbsünde“ in der menschlichen Geschichte darstellt[7]. Jedenfalls meint Sünde zunächst das Nicht-Treffen, die Verfehlung. Es geht um eine Schuld vor Gott. Sünde wird als widergöttliche Bestimmtheit des Menschen, der außer Christus in Sünden stirbt (1 Kor 15,17), verstanden. Bei Paulus findet die Sünde gewissermaßen eine Personifikation, da sie in die Welt kam und im Menschen wohnt (Röm 5,12; 7,17.20). Sie wird zur Beherrscherin des Menschen gleich einer dämonischen Macht. Der Mensch erscheint als Sklave an die Sünde verkauft, er leiht ihr seine Glieder. Durch und mit Christus aber stirbt der Mensch mit der Sünde und wird von ihr befreit. Gegenüber der Sünde in der Einzahl wird „Sünden“ in der Mehrzahl für die Einzeltaten verwendet; sie gründen aber in der Sündhaftigkeit des Menschen.

Bezeichnenderweise ist dem klassischen Griechentum der christliche Begriff der Sünde im Sinne einer Feindschaft gegen Gott fremd. Hier wird nur von Verfehlung und Schuld gesprochen, wobei es um das Verfehlen eines bestimmten Zieles – ob aus Irrtum oder aus klarem schuldhaftem Wissen – geht. Schuld erweist sich als Störung einer Ordnung, als Verblendung, die auch mit der Existenz des Menschen gegeben ist, mit seiner Begrenztheit. Hier hängen Schuld und Schicksal eng zusammen. Dem griechischen Schuldgedanken ist die Existentialschuld, die Schuld als Schicksal gewertet, eigentümlich. Doch setzt sich zunehmend auch der rationale Gedanke in der Philosophie durch: alle Schuld kommt aus Unwissen. Darum kann die Erziehung beim Menschen durch Wissensvermittlung das Schuldigwerden eingrenzen.

Dem neutestamentlichen Sündenverständnis liegt jedoch der Begriff menschlicher Freiheit und Verantwortung und damit auch die persönliche Zurechenbarkeit der einzelnen sittlichen Schuld zugrunde.

---

[7] Vgl. hierzu *K. Rahner*, Gerecht und Sünder zugleich, in: *ders.*, Schriften zur Theologie VI 262-276.

Im übrigen spielt im Neuen Testament das Sündenverständnis keine vordergründige Rolle; Jesus hat nicht über die Sünde geredet, sondern wußte um deren Wirklichkeit. Er verstand sich als Überwinder von Sünde und Tod, indem mit ihm die Gottesherrschaft anbrach. Im Gleichnis vom verlorenen Sohn (Lk 15, 18) wird bildhaft deutlich, daß Sünde Weggehen aus dem Vaterhaus, Gottlosigkeit und Gottesferne bedeutet; sie wirkt sich bereits im Leben in der Welt aus. Durch Jesu Kommen ist die Erkenntnis dieser Sünde als Gottesferne, aber auch die Umkehr zu Gott ausgelöst worden. Dem heimkehrenden Sohn aber kommt Gott mit seinem Erbarmen bereits zuvor. Im Vergebungswort wird die Sünde überwunden, bricht die Gottesherrschaft an. Mit dem Kommen Jesu, seinem Tod und seiner Auferstehung ist somit die Sünde überwunden. Das Wort von der unvergebbaren Sünde wird verständlich für jenen Fall, wo sich der Mensch – obwohl er die Sendung Jesu durch den Heiligen Geist erkennt – im Trotz gegen diese Sendung auflehnt und sie zurückweist.

d) Sünde als Selbstwiderspruch bei Paulus

Das Sündenverständnis von Paulus ist weithin geprägt durch seine Erfahrung der Christusoffenbarung bei Damaskus; sie führt ihn zur Erkenntnis, daß die Verfolgung der Gemeinde Gottes letztlich Konsequenz seines eingeschlagenen Heilsweges der Eigengerechtigkeit durch Gesetzeswerke darstellte. Die Verfolgung der Gemeinde gründete im Selbstverfügenwollen und Widerstreben gegen Gottes Willen.

Paulus erblickt in Adams Tat den Anfang aller Sünde in der Welt; sie entspringt der Freiheit des Menschen. Mit der Sünde kam der Tod. Darum findet sich nunmehr jeder Mensch in einem sündigen Zustand, der unlöslich mit der Tat Adams und dem Todesschicksal der Menschheit bzw. einer allgemeinen sündigen Zuständlichkeit verbunden bleibt.

Paulus hat in Kapitel 7 und 8 des Römerbriefes einen Entwurf seiner Anthropologie gegeben. Nicht selten übernimmt er Worte aus der stoischen Popularphilosophie und deren anthropologische Vorstellungen. Noch vor aller moralisch-sittlichen Wertung versteht er Sünde als Macht, ja als Selbstwiderspruch des Menschen. „Denn ich begreife mein Handeln nicht: ich tue nicht das, was ich will, sondern das, was ich hasse ...“ (Röm 7, 14-20).

Von dem Stoiker Epiktet (gest. um 138 n. Chr.) wird in seinen „Gesprächen“ ebenfalls von der Entfremdung des Menschen gesprochen, die sich in der Sünde vollzieht: „Was er will, tut er nicht, und was er nicht will, tut er“ (II, 26, 4)[8]. Epiktet betont, daß eigentlich der Mensch immer das für ihn Nützliche anstrebt und, indem er es nicht tut oder zu tun vermag, eigentlich in einem objektiven Widerspruch lebt, den er subjektiv oftmals gar nicht erfährt.

---

[8] *H. Schenkel* (Hrsg.), Epicteti dissertationis ab Arriani digestae (Neudruck Stuttgart 1965).

Paulus versteht die Entfremdung des Menschen tiefer als Epiktet: die Aufklärung genügt nicht, dieses törichte Verhalten oder das Leben im Widerspruch zu beseitigen. Paulus ist auch der Überzeugung, daß der Mensch in seinem Leben nach dem Guten, nach Heil und nach Glück strebt, daß er das Nützliche will, dennoch aber immer wieder das tut, was er eigentlich nicht will. Mit diesem Wollen und Erstreben ist die tiefste Ausrichtung des Menschen auf Heil und Leben gemeint, die sich im konkreten Willensakt keineswegs immer verwirklicht, wenngleich jeder Mensch das Gute will, nach Heil, Identität und Sinn sucht. Nach Paulus bedarf der Mensch der Erlösung. Die Sünde ist in dem Augenblick in ihm mächtig, als er Leben nicht von Gott her erwartet, sondern aus sich selbst zu gewinnen versucht. „Leben ist nie Besitz des Menschen, sondern stets Gabe des Schöpfers. Wer leben will, muß sich deshalb an Gottes Gnade genügen lassen (2 Kor 12,9). Von anderswoher leben zu wollen heißt, die Sünde in sich wohnen lassen."[9]

Wo also der Mensch nicht mehr aus Gott, der Quelle des Lebens, heraus lebt, sondern aus sich selbst, lebt er in der Entfremdung, in einem Widerspruch. Damit wird die ontologische Grundstruktur der Sünde umschrieben.

e) Das Verständnis der Sünde in der traditionellen katholischen Theologie[10]

1) Sünde als Ungehorsam: Das ist jene Antwort, die in Katechismen und in religiösen Lehrbüchern weithin herausgestellt wird. Hier liegt die Auffassung zugrunde, daß der Mensch als Geschöpf Gottes den Willen Gottes zu erfüllen hat. Gerade im Alten Testament kommt dieser voluntaristische Ansatz besonders zum Tragen: Im Bundesschluß Jahwes mit dem Volk Israel, im Dekalog als dem Bundesbuch wird der Anspruch Jahwes besonders deutlich. Es ist jene Auffassung, die sich auch im außerchristlichen Bereich immer wieder findet: eine vorgegebene Ordnung, die beachtet werden will. Augustinus und Thomas von Aquin übernehmen diese Umschreibung von 1 Joh 3,4 wonach Sünde als Übertretung des Gesetzes verstanden wird: „Sündigen heißt, sich dem ewigen Gesetz durch Wort, Begehren oder Tun widersetzen." Gerade in der Volksmoral, in den Katechismen und im Anschluß an den „Vater" der Moraltheologie, Alfons Maria von Liguori, wurde dieser Ansatz zum Grundschema für das Moralverständnis. Positiv daran ist, daß Sünde als Handeln vor Gott verstanden wird. Die religiöse Atmosphäre bleibt ausschlaggebend. Gott als absoluter Herr, als letzte Verbindlichkeit, steht im Vordergrund. Sünde erweist sich als

---

[9] Vgl. ebd.

[10] Vgl. hierzu *F. Scholz*, Schuld – Sünde – Fehlhaltung (Christliches Leben heute 13) (Augsburg ^{2}1973); *L. Monden*, Sünde, Freiheit und Gewissen (Salzburg 1968); *R. Blomme*, Widerspruch in Freiheit (Limburg 1965); *J. Regnier*, Der moderne Mensch und die Sünde (Würzburg 1959).

Ausdruck menschlichen Stolzes und menschlicher Willkür, als Ungehorsam und Beleidigung Gottes.

Dennoch führt eine Beschränkung auf dieses Sündenverständnis zu einer Verzerrung des christlichen Glaubens überhaupt. Zugrunde liegt weithin die Vorstellung von einem Untertanenverhältnis, das von der Gesellschaft auf Gott projiziert und umgekehrt von der Gottesvorstellung wieder auf die Gesellschaft übertragen wird. Der Verdienstgedanke rückt in den Vordergrund. Das Gottesbild erhält bald feudalistische Züge. Gott erscheint als Herrscher und Richter, vor dem der Mensch in Angst zittert. Hier resultiert auch die Eigenart der Sünde weithin aus dem Verbot, nicht so sehr aus der Handlung selbst; die eigentliche Bosheit liegt im Fehltritt als solchem, nicht in der Grundhaltung des einzelnen. Sittliche Forderungen verstehen sich dann bald als Pflichten – was die Moral auf eine Sammlung gesetzlicher Verpflichtungen reduziert. Was nicht unter Strafe auferlegt wird, ist erlaubt oder zählt als Werk der „Übergebühr", das außerhalb der Moral liegt und nur von einer geistlichen Elite einzuhalten ist. Das ganze religiöse Leben erhält gesetzesmäßigen Anstrich, wird negativ, infantil.

Gegen eine solche bevormundende Sicht des Christentums muß sich der gläubige Mensch wehren. Es ist jene Sicht, gegen die auch André Gide protestiert, wenn er sagt: „Gebote Gottes, mögt ihr zehn oder zwanzig sein, ihr habt mein Herz verwundet." Mag am Beginn eines sittlichen Lebens durchaus das Gebot für die Bildung des Gewissens eine positive Funktion besitzen, es wird in dem Augenblick gefährlich, wo das sittlich Böse mit der Gesetzesübertretung gleichgesetzt wird. Religion und Moral bleiben hier als Verbot eines autoritativen Über-Ichs, das im Kindesalter erworben wurde und dessen Gefangener der Erwachsene zu Unrecht geblieben ist. Wenn Karl Marx in Gott eine Erinnerung an den Herrn der Feudalzeit sieht, dessen Befehle im Menschen eine Selbstentfremdung hervorrufen, dann gründet dieses Mißverständnis auch auf einer solchen fragmentarischen Sicht von Sünde und Schuld. Eine solche voluntaristische Konzeption einer Gebotemoral trägt heute nicht mehr ausreichend.

2) Sünde als Unordnung – als Zerstörung der gottgewollten und gottgesetzten Ordnung: Das ist jene in der Tradition der thomanischen Theologie festgehaltene Wertung, daß Sünde Hindernis der menschlichen Entfaltung und Freiheit, also Unfreiheit ist. In einer metaphysischen Betrachtungsweise wird Sünde hier umschrieben als Mangel am Sein, am Sosein, als Zerstörung der zum Wohle des Menschen gegebenen gottgesetzten Ordnung. Demnach führt Sünde nicht nur zum Tode, sondern trägt schon den Keim des Todes in sich. Bestrafung ist keine von außen her über die Menschen verhängte Sanktion, wie auch das Gesetz kein forensisches Gesetz ist. Die Strafe liegt bereits in der Tat. Was ich verdient habe, bin ich: der Materialist oder Egoist bleibt in seinen kleinen engen Bereich eingeschlossen. Sünde ist dann die Selbstzerstörung. Auch dieses Ver-

ständnis hat einen wahren Kern, aus dem heraus er sich immer wieder erhellt. Menschliches Verhalten ist nicht der Beliebigkeit anheimgegeben, sondern hat dem Mitmenschen zu dienen. Zugrunde liegt der Ordnungsgedanke, der – so er nicht statisch starr, sondern evolutiv verstanden wird im Sinne der dem Menschen aufgegebenen immer wieder neu zu suchenden rechten Ordnung – eine starke rationale Note trägt.

Trotzdem sind auch hier entsprechende Einwände nicht zu überhören: Wird wirklich jeder Verstoß als unvernünftig, als unfrei erlebt – widerspricht dieser Vorstellung nicht doch oftmals die unmittelbare Erfahrung? Kommt nicht auch bei diesem Ansatz das biblische Verständnis des Glaubens, der den Juden Ärgernis, den Heiden Torheit ist, also der Kreuzesgedanke, nicht hinreichend zur Geltung? Fallen wir nicht in einen innerweltlichen Humanismus zurück, wenn wir Sündigen nur noch als Übel für den Menschen in dieser Welt ansehen? Die Erfahrung weiß um die Zerrissenheit, um Schicksal und Not, Streit und Krieg, um Gestaltung dieser Welt im Sinne einer Beseitigung der Unordnung und um ständiges Versagen. Wichtig und richtig an dieser Überlegung ist sicher, daß sittliches Verhalten letztlich immer auch vernunftbegründet sein sollte.

3) Sünde als Verweigerung der Liebe: Erst hier kommt der personale Bezug des Menschen am stärksten zum Ausdruck, wenn Sünde als Störung des interpersonalen Verhältnisses, als Mißachtung der zwischenmenschlichen Interaktion, als Zurückweisung der Liebe gesehen wird. Gerade unter dem Gesichtspunkt, daß Gott die Liebe ist, wird auch eine Gebotemoral nicht zur repressiven Moral. Im Drama „Verschlossene Türen" sagt Sartre: Die Hölle kann nie Gemeinschaft sein, „denn die Hölle ist nichts anderes als das Leiden derer, die nicht lieben können"[11]. Hier kommt Sünde als Entfremdung des Menschen mit Gott, mit der Gemeinschaft und mit sich selbst zum Ausdruck. Erlösung wäre die Wiederherstellung der verlorenen Einheit, Aufnahme des abgebrochenen Dialogs, Einigung mit Gott, mit den Mitmenschen und mit sich selbst. Sünde wäre Ausgangspunkt der sozialen Entfremdung und aller Spaltungen der Menschheit.

---

[11] *R. Schnackenburg* (Hrsg.), Die Macht des Bösen und der Glaube der Kirche (Düsseldorf 1979); *R. Goetschi*, Der Mensch und seine Schuld. Das Schuldverständnis der Psychotherapie in seiner Bedeutung für Theologie und Seelsorge (Einsiedeln 1976).
A. K. Ruf, Sünde – was ist das? (München 1972); *P. Ricœur*, Die Fehlbarkeit des Menschen. Phänomenologie der Schuld I (München 1971); *M. Oraison*, Was ist Sünde? (Frankfurt 1968).

3. *Das Schuldverständnis in der Literatur*[12]

Im Mittelalter wie in der Reformationszeit steht in der Literatur das Thema Schuld und Erlösung vielfach im Mittelpunkt. Wolfram von Eschenbach hat in seinem „Parzival“ (um 1210) in der Gestalt jenes Ritters den langen Weg der Verirrung und Schuld, das mannhafte Bemühen um die Erkenntnis und schließlich die Erkenntnis, daß die Anerkennung der Welt nicht um den Preis der Gottesferne gewonnen werden kann, dargestellt. In der Reformation ist es Martin Luther, der in der Rechtfertigungslehre die Frage zu beantworten versucht, wie findet der schuldige Mensch einen gnädigen Gott. In der Aufklärungszeit hingegen wird die Schuldfrage zurückgedrängt. Im 19. und 20. Jahrhundert tritt zunehmend die Frage nach dem Sinn des Daseins, nach der Eigenart des Bösen in der Welt in den Vordergrund – ähnlich wie in der Spätantike beim Übergang zum Mittelalter. In der Gegenwartsliteratur jedoch wird das Thema Schuld wieder deutlicher, wenngleich in einer anderen Weise als zuvor artikuliert.

Man kann heute durchaus die paradoxe Feststellung machen: einerseits wird von zahlreichen Menschen ein persönliches Schuldbewußtsein, das zumindest zum Teil noch vorhanden ist, verdrängt oder durch Fehlprojektionen überspielt, andererseits wird gleichzeitig in literarischen Veröffentlichungen intensiv nach den Schuldigen von öffentlichen Mißständen, Fehlplanungen und Entwicklungen gesucht. Öffentliche Schuldsprüche sind zahlreich, wobei ein Sündenbockdenken um sich greifen kann, zugleich aber das persönliche Schuldbewußtsein aus dem privaten in den öffentlichen Bereich verdrängt wird. Schuld wird bisweilen eher als Fehlverhalten mit psychischem Versagen oder mit Krankheit in Zusammenhang gebracht. Dies mag eine Reaktion auf eine Überstrapazierung des Schuldbegriffes in der Vergangenheit sein. Für die Theologie gilt es, immer wieder blinde Flecke aufzuhellen und Impulse aufzugreifen, die etwa von Dichtern und Schriftstellern in ihrem besonderen Gespür für die Geschehnisse und Bedürfnisse der jeweiligen Zeit vermittelt werden. In literarischen Formen, Erzählungen und Bildern umreißen sie ja Probleme, die unterschwellig vorhanden, aber noch nicht genügend bewußt gemacht und verarbeitet sind. Insofern steht die Literatur menschlichem Leben oft näher als reine theoretische Reflexion. Zudem besitzt sie größere Möglichkeiten der Aussage und Umschreibung eines Phänomens. Im folgenden lassen sich einige Tendenzen für das von der Literatur angedeutete Schuldverständnis aufzeigen.

---

[12] Vgl. hierzu *P. K. Kurz*, Das Böse und die Schuld in der zeitgenössischen Literatur, in: *St. Rehrl* (Hrsg.), Sünde – Schuld – Erlösung. Kongreß der Moraltheologen und Sozialethiker 1971 in Salzburg (Salzburg 1973) 47-65; *J. Blank* (Hrsg.), Der Mensch am Ende der Moral (Düsseldorf 1971).

a) Von der persönlichen Schuld zur „Schuld der Gesellschaft“

Wurden in den klassischen Dramen die Individuen angeklagt, kam die Gesellschaft ungeschoren davon, so setzte sich mit zunehmendem Realismus im 19. Jahrhundert die Erkenntnis durch, daß der einzelne dem gesellschaftlichen Milieu ausgeliefert ist. Die Schuld für Mißstände, Fehlverhaltensweisen und dergleichen wurde mehr und mehr den Verhältnissen zugewiesen. So hat etwa *Hermann Broch* (1886-1951) in seinem zeitkritischen Roman „Die Schlafwandler“ (1931/32) an exemplarischen Figuren den Zerfall der Werte, die Unfähigkeit betroffener Menschen, sich zu orientieren und kritisch zu verhalten, dargestellt. Bereits hier deutet sich der Untergang einer bürgerlichen Kultur und die Auflösung eines Wertesystems an, das sämtliche Bereiche des Lebens und Denkens umspannt[13]. Bei *Kafka* und *Büchner*, aber auch bei *Samuel Beckett* und den Autoren des Absurden begegnet uns Schuld als Zerfall der Werte und Verlust der Wirklichkeit.

Albert Camus schildert in „La Chute“ (1956) in der Gestalt des Bußrichters J. Clamans den „Sündenfall“ des Menschen. Clamans steht nicht für sich allein, sondern für die gesellschaftliche Situation Europas nach dem Zweiten Weltkrieg. Seine Schuld besteht in der „reinen Weste“, in der Unentschiedenheit und Feigheit, in dem Sich-nicht-einlassen-Wollen. Die signalisierte Gleichgültigkeit ist das Böse, der Sündenfall der Gesellschaft. Im entscheidenden Augenblick ließ sich Clamans nicht ansprechen von der Notlage der jungen Frau, die sich in Paris von der Brücke in die Seine stürzte. Es ist der klassische Fall der Unterlassungssünde, die im fast Beiläufigen, Zufälligen besteht. Die Gleichgültigkeit wird zum Lebensentwurf, die Schuld wird kollektiv. Dabei wird von Clamans, der schließlich als Bußrichter nach Amsterdam geht, die Schuldfrage gar nicht mehr ernsthaft gestellt. Vielmehr geht es darum: wie läßt sich unter den Voraussetzungen einer Welt ohne Gott, in der es keine Vergebung und Absolution mehr gibt, schuldig gewordenes Dasein rechtfertigen. Wenn kein Gott, keine Vergebung und Gnade mehr existieren, ist dem Menschen die Rechtfertigung des schuldig gewordenen Daseins übertragen. Während der Christ die Rechtfertigung im Glauben allein von der Gnade Jesu Christi erwartet, versucht nun Clamans, sie selbst zu beschaffen – nicht durch moralische Leistung, sondern dadurch, daß die Notwendigkeit der Rechtfertigung zurückgewiesen wird[14]. Immerhin besteht aber in der bürgerlich-atheistischen Gesellschaft noch das Bedürfnis nach Rechtfertigung. Hier existiert eine Welt, in der kein Gott, keine Gnade, und damit auch keine Vergebung mehr zu erwarten ist.

In der Gestalt des Clamans und seiner korrekten Haltung als Pariser Anwalt kommt zum Ausdruck, wie man durchaus allen konventionellen Regeln und

---

[13] Vgl. *P. K. Kurz*, a.a.O. 51.
[14] *J. Blank*, a.a.O. 9ff.

Gesetzen einer Gesellschaft nachkommen kann, dabei aber das Wichtigste vergißt. Ihm mangelt die Fähigkeit zu lieben und Verantwortung für die anderen anzunehmen. Gleichzeitig erscheint er als ein Gefangener seiner eigenen Schuld, aus der herauszukommen aussichtslos ist. Diese Schuld zieht ihn immer weiter bis in den „letzten Kreis" der Hölle hinein. Aus dieser fundamentalen Schuld findet Clamans keinen Ausweg. Um so drastischer erscheint das Bild einer in der ganzen Menschheit sich ansammelnden und verfestigenden Schuld, die negative Atmosphäre von Amsterdam. Es ist eine allgemeine Komplizenschaft, ein Mitschuldigsein aller. Hinter dem Bußrichtertum aber versteckt sich ein subtiler psychologischer Mechanismus, der zwar vordergründig zu einem Schuldbekenntnis bereit ist, letztlich aber Schuld dadurch verdrängt oder abschiebt. Wird man nicht jenem, der seine große Schuld so bekennt, zurechnen, daß er das Opfer seiner Umwelt, der gesellschaftlichen Situation geworden ist? Hier liegt also ein raffinierter Schuldverlagerungsmechanismus vor, der sich auch anderweitig immer wieder unter Christen niederschlägt.

Noch deutlicher wird die Verschiebung der Schuld des einzelnen auf die Verhältnisse und auf die Gesellschaft, vom Individuum auf die kollektive Struktur von *Bert Brecht* dargestellt. Er greift zurück auf das Vokabular der marxistischen Gesellschaft. „Die Verhältnisse" sind gewissermaßen die Verleiblichung und Zementierung des Bösen in einer kapitalistischen Welt und in der Klassengesellschaft von Ausbeutern und Ausgebeuteten. Im berühmten Kehrvers aus dem ersten Finale der Dreigroschenoper kommt dies zum Ausdruck:

„Die Welt ist arm, der Mensch ist schlecht.
Wir wären gut – anstatt so roh;
doch die Verhältnisse, sie sind nicht so!"

Lastete eine bürgerliche Gesellschaft die Schuld fast ausschließlich dem Individuum zu, so wird sie nunmehr der bürgerlichen Gesellschaft selbst zugeschoben[15].

Friedrich Dürrenmatt hat in seiner berühmten Rede über „Theaterprobleme" (1954) die „Schuld der Gesellschaft" als kollektive Schuld umschrieben:

„In der Wurstelei unseres Jahrhunderts, in diesem Kehraus der weißen Rasse gibt es keine Schuldigen und auch keine Verantwortlichen mehr. Alle können nichts dafür und haben es nicht gewollt ... Wir sind zu kollektiv schuldig, zu kollektiv gebettet in die Sünde unserer Väter und Vorväter. Wir sind nur noch Kindeskinder. Das ist unser Pech, nicht unsere Schuld."[16]

---

[15] Vgl. *P. K. Kurz*, a. a. O. 53.

[16] *J. Kopperschmidt*, „Schuldhafte Schuldlosigkeit". Das Thema „Schuld" in der modernen Literatur, in: *J. Blank* (Hrsg.), a. a. O. 35-61, bes. 35.

b) Die „schuldhafte Schuldlosigkeit" – das „gute Gewissen" aus Mangel an Gewissen

Rolf Hochhuth versuchte in seinem umstrittenen Werk „Der Stellvertreter" (1959) Schuld als das Schweigen einer moralischen Autorität und Macht und den Selbstfreispruch als Leugnung vorhandener Mitschuld darzustellen. In diesem Stück wird eigentlich nicht nach der geschichtlichen Schuld des Papstes an Auschwitz gefragt; vielmehr soll in literarischer Form jede Selbstgerechtigkeit und Selbstrechtfertigung von Menschen angesichts der in der NS-Zeit vorgekommenen Judenmorde aufgedeckt werden. In einer solchen Situation kann es eigentlich Unschuldige nicht mehr geben. Wer sich selbst freispricht oder – wie der Papst – seine Hände in Unschuld wäscht (man vergleiche hier die geradezu gespenstisch anmutende Parallele zu Pilatus), ist erst recht schuldig. So wird das Wort des Papstes: „Wir sind – weiß Gott – unschuldig am Blut, das da vergossen wird", zur Selbstanklage. Das Nein zur Mitschuld macht schuldig[17].

Hermann Broch schildert in seinem 1949 erschienenen Roman „Die Schuldlosen" in elf Erzählungen das Verbrechen der Gleichgültigkeit und Verhärtung von Menschen, deren Ohr stumpf geworden ist für die Tatsache der Schuld. Der Titel ist ironisch gemeint und weist hin auf den Wertzerfall, auf das unkritische Mitmachen, auf die ethische Schläfrigkeit. Das Böse wird als solches nicht erkannt oder als tragische Verstrickung erfahren und egoistisch-triebhaft selbst produziert. Broch sieht als Schuld des Menschen seine Urgleichgültigkeit gegen das eigene Menschentum an. Das Ohr der Menschen ist stumpf geworden, die Schuld versperrt ihm das Gehör für die Not der anderen. Die Gleichgültigkeit gegenüber dem Leid der Mitmenschen ist schließlich eine Folge dieser Urgleichgültigkeit.

c) Die Verlagerung von Schuld auf andere

Bereits die Tiefenpsychologie weiß um jenes Phänomen, daß nicht angenommene Schuld verdrängt, schließlich aber auf andere projiziert wird. Im „Sündenbockdenken" finden derartige Fehlprojektionen ihren Niederschlag. Der Schweizer Schriftsteller *Max Frisch* hat sich mit dem Problem der Identität, mit der Freiheit des Sich-anders-verhalten-Könnens und mit der Verlagerung von Schuld auseinandergesetzt. Bereits in den Tagebuchaufzeichnungen von 1946-1949 (1959) schreibt er zum 2. Gebot unter dem Leitwort „Du sollst dir kein Bildnis machen":

> „Du sollst dir kein Bildnis machen, heißt es von Gott. Es dürfte auch in diesem Sinne gelten: Gott als das Lebendige in jedem Menschen, das, was nicht erfaßbar ist. Es ist eine Versündigung, die wir, so wie sie an uns begangen wird, fast ohne Unterlaß wieder begehen – ausgenommen wir lieben."[18]

---

[17] Ebd. 41ff. [18] Ebd. 45ff.

Im 1961 geschriebenen Stück „Andorra" kommt diese Ursünde des Menschen, andere in ein Bild zu drängen und sich selbst auch hineindrängen zu lassen, deutlich zum Ausdruck. Andorra ist nur Name für ein Modell. Die Fabel dieses Stückes spielt auf dem Hintergrund der Judenverfolgung durch das NS-Regime. Andorra ist Name für den selbstgefälligen Menschen oder Kleinstaat, der sich eben ein Bild vom Juden gemacht hat – und dieser Jude heißt Andri. Obwohl Andri – ohne daß er es weiß, kein Jude, sondern der uneheliche Sohn des Lehrers ist, was sich erst später herausstellt, „wird" er zum Juden, benimmt sich so, wie man es von einem Juden erwartet, und bestätigt damit die Vorurteile der Andorraner. Ihn trifft schließlich auch das Schicksal der verfolgten Juden, er stirbt am Pfahl. Max Frisch hat aber – und das ist die Eigenart dieses Stückes – jeweils die einzelnen Gestalten hineingeblendet, die Andri begegnet sind; sie müssen sich später vor der Zeugenschranke rechtfertigen. Sie alle aber haben keine Schuld. „Ich bin nicht schuldig" lautet der Grundtenor aller Zeugenaussagen jener verblendeten Andorraner. Niemand weiß sich schuldig, weiß, daß er etwas falsch gemacht hat, jeder spricht sich selbst frei – nur einer nicht, der Pater. Er tritt vor das Kreuz mit den Worten: „Auch ich bin schuldig geworden, damals. Ich wollte ihm mit Liebe begegnen, als ich gesprochen hab mit ihm. Auch ich hab mir ein Bildnis gemacht von ihm" – dennoch erfährt auch er den Vorwurf, daß er, als man den vermeintlichen Judenjungen Andri abholte, nicht zugegen war, sondern wohl für den Juden betete[19]! Es liegt nahe, diese Projektion nicht angenommener Schuld nicht nur auf die zurückliegende Zeit der Judenverfolgung, sondern auch auf Situationen in der Gegenwart zu beziehen.

d) Das „Ja zur Schuld" als einzige Form möglicher Unschuld

Siegfried Lenz hat in drei Theaterstücken die Mechanismen aufgedeckt, die sich abspielen bei Herrschenden und Beherrschten, wenn sie unter der Zwangsherrschaft einer Diktatur zu einem Urteil gezwungen werden[20]. In „Zeit der Schuldlosen" (1969) sind es neun unbescholtene Bürger, die sich unter einer bestimmten Situation dem Druck des Gouverneurs ausgesetzt sehen; einer wird zum Mörder, aber alle sind an dieser Schuld mit beteiligt. „Das Gesicht" (1964) führt diesen Gedanken weiter und deutet an, daß auch Kleinbürger die Mittel der Diktatur zu gebrauchen vermögen: die Repräsentanten der Macht sind also austauschbar. In „Die Augenbinde" (1970) stehen die Bewohner eines Dorfes vor der Alternative: Unterwerfung unter das Gesetz oder furchtlose Behauptung der Freiheit. Lenz prüft den Menschen, seine Anfälligkeit gegenüber der Versuchung der Macht und seine Standfestigkeit in jenen Situationen, in denen die Schuld sein Gewissen herausfordert.

---

[19] Ebd.

[20] *Siegfried Lenz*, Drei Stücke: Zeit der Schuldlosen – Das Gesicht – Die Augenbinde (Hamburg 1980).

In dem mit dem Bremer Literaturpreis ausgezeichneten Werk „Zeit der Schuldlosen" sind es neun unschuldige Bürger – gewissermaßen ein repräsentativer Querschnitt der Bevölkerung –, die ein Diktator, auf den ein Attentat vorgenommen wurde, einsperrt, und zwar zusammen mit dem Attentäter Sason. Den Unschuldigen wird Freiheit versprochen, falls sie dem Hauptschuldigen die Namen seiner Komplizen entlocken oder dessen Zustimmung zum totalitären System erreichen. Geradezu modellhaft wird hier deutlich, wie sich unter bestimmten Bedingungen neun Unschuldige gegenüber einem Schuldigen verhalten. Während sie den Verlust ihrer Freiheit dem Diktator verdanken, verschiebt sich zunehmend dessen Schuld auf den Mithäftling und Attentäter: seinetwegen sitzen sie ja hinter Gittern. Als schließlich einer von ihnen nachts heimlich den Attentäter erwürgt, erhalten sie die Freiheit zurück. – Der zweite Teil des Stückes bringt ein spiegelverkehrtes Bild des ersten Aktes: Ein Umsturz ist erfolgt. Die Komplicen des ermordeten Attentäters Sason sind an die Regierung gelangt und suchen nun unter den einstmals neun unschuldig Eingesperrten nach dem Mörder: diese werden wieder in Haft genommen. Ihnen wird Freiheit versprochen, wenn sie den Schuldigen benennen können. Wiederum wird ein Urteil als Bedingung für ihre Freiheit gefordert – und jeder fällt es zunächst über den anderen nur in Gedanken. Ein Sündenbockdenken größten Ausmaßes mit gegenseitigen Verdächtigungen setzt ein, bis sich schließlich einer der Eingesperrten, der Konsul, erschießt. Aber gerade er ist nicht der Schuldige, wie die Handlungsführung des Stückes zeigt: „Es ist etwas anderes: Die Schuld auf sich zu nehmen – oder schuldig zu sein." Nicht die Schuld des Attentäters oder des Mörders interessiert, sondern nur das Verhältnis zur Schuld als Mitschuld oder das Ja zur Schuld als einzige Form möglicher Unschuld. So hat auch der Konsul schon gesagt: „Ich habe den Verdacht, daß die Unschuld allmählich auf die Seite derer geraten ist, die bereit sind, die Schuld auf sich zu nehmen." Hier wird Schuld als ein Kollektivphänomen der heutigen Zeit dargestellt, es gibt nicht mehr Schuldige und Unschuldige, sondern nur noch Schuldige, die die Schuld annehmen, und Schuldige, die sie nicht annahmen[21]. Die freiwillige Übernahme der Schuld durch einen Unschuldigen bildet gewissermaßen eine säkularisierte Parallele zum Erlösungsgeschehen durch Jesus Christus, der als „Lamm Gottes" die Sünden der Welt auf sich nahm.

Die Theologie sollte diese Anstöße zum Schuldverständnis, wie sie in der Literatur vermittelt werden, aufgreifen und zur Ergänzung oder Korrektur des traditionellen Verständnisses von Sünde und Schuld mit einbeziehen.

---

[21] *J. Kopperschmidt,* a. a. O. 48 ff.

4. Zum Phänomen und zur Eigenart des Bösen

Wenn vom Bösen die Rede ist, so fällt zunächst auf, daß es nur in Bezug zum Guten gedacht werden kann – ähnlich wie die Nacht nur in Bezug zum Tage. Umgekehrt bedarf der Tag nicht der Nacht, um Tag, das Gute nicht des Bösen, um gut zu sein. Das Böse als Negation bedarf also des Guten bzw. Positiven, das Positive aber nicht der Negation. Augustinus bezeichnete das Böse zunächst als Abwesenheit des Guten, als Mangel. Wenn von sittlich Bösem die Rede ist, so ist damit mehr als nur etwas Schlechtes oder Übles gemeint. Das sittlich Böse ist der positiv gesetzte Gegensatz zum Guten, das erkannte und gewollte „Nein". Es wird dem, der es setzt, auch zugerechnet. Insofern kann es kein unschuldiges sittlich Böses geben; vielmehr gründet dieses Böse in einer Bestimmung des Willens, ist Ausdruck einer Willensrichtung vom Guten weg. Die bloße Schwäche des Willens erreicht noch nicht die Mitte des Bösen. Soweit sie jedoch bejaht und unterstützt wird, verfällt der Wille mehr und mehr der Macht des Bösen.

Das Böse ist aber auch nicht nur der Gegensatz zum Guten, es ist vielmehr in sich selbst gegensätzlich, ein Selbstwiderspruch, das Nein zum Guten. Der böse Wille bestreitet eigentlich das als solches erkannte Gute und gibt das von ihm gesetzte Gut als Gutes aus. Insofern kann man sagen, daß sich der Wille zwar immer auf ein Gutes ausrichtet – nur ist zu fragen, ob dieser Wille selbstherrlich das Gute setzt oder ob er sich ausrichten läßt am Guten. Selbst wer das Böse will, nur um böse zu sein, findet es eben gut, auszubrechen und böse zu sein. Die Formel des guten Willens heißt: weil etwas gut ist, will ich dieses. Die Formel des bösen Willens aber besagt: das ist gut, weil ich es will. Der böse Wille setzt also selbstherrlich das Gute, verneint das vorgegebene Gute, zerstört oder verzerrt es und handelt so zutiefst unsachlich, egoistisch.

Es zählt zur zentralen Aussage der Offenbarung, daß Gott der Heilige, der Gute schlechthin ist, Quelle alles Guten. Er kann darum nicht Urheber des Bösen sein, sondern ist unbedingt gut. Darum gründet das Böse nicht in Gott, ist aber gerade im Angesicht Gottes böse. Die Frage nach der Möglichkeit des Bösen kann jedoch nicht gestellt werden, ohne zugleich auf die Überwindung und das Ende des Bösen in der Herrschaft Gottes zu blicken. Der freie schuldhafte Ungehorsam des Menschen gilt als Verursacher des Bösen – wenngleich in den biblischen Texten auch noch vom Versucher die Rede ist und damit angedeutet wird, daß sich die Eigenart des sittlich Bösen nicht allein hinreichend verdeutlichen läßt aus dem bösen Willen des Menschen, daß es also auch so etwas wie eine Macht des Bösen gibt. Die Überwindung des Bösen aber geschah aus Gottes freiem Ratschluß durch Tod und Auferstehung Jesu Christi. In seinem Gehorsam gegenüber dem Willen des Vaters und zugleich in der Solidarität mit der sündigen Menschheit vollzog Jesus die Versöhnung der Menschheit und der Welt mit Gott. Tod und Auferstehung Jesu sind darum die frohe Botschaft, die auf die Überwindung des Bösen in der Welt verweist und dem Menschen angeboten wird.

Wozu ist also das Böse gut? Damit die Gnade Gottes in der Schwachheit zur Vollendung gelangt! Und heißt dies, daß man Böses tun kann, um die Gnade zu erhalten? – Paulus weist diesen Gedanken zurück: „Heißt das nun, daß wir an der Sünde festhalten sollen, damit die Gnade mächtiger werde? Keineswegs!" (Röm 6,1-2). Auch Augustinus bekundet, daß der Christ nicht ohne den Blick auf die in Jesus Christus erfolgte Erlösung von Sünde und Schuld sprechen kann, wenn er von der „felix culpa" spricht, jener glückseligen Schuld Adams, die einen solchen Erlöser hervorgebracht hat.

a) Die ethische und die religiöse Dimension des Bösen

Sprechen wir vom sittlich Bösen, so ist Voraussetzung dazu die Anerkennung menschlicher Freiheit und die Erfahrung einer sittlichen Verpflichtung. In diesem Sinne gibt es kein Böse-Sein, sondern nur ein von mir Böses-Tun. Indem ich mich in meinem Handeln gegen eine Verpflichtung gestellt habe, dieses mein Tun als mir zugehörig betrachte und damit auch den mit dem Fehler angerichteten Schaden und seine Folgen auf mich nehme, erfahre ich mich schuldig. Ich trage Verantwortung sowohl für die Handlung in der Vergangenheit als auch für Sanktionen, die aufgrund dieser Handlung in der Zukunft auf mich zukommen. „Wer die Konsequenzen auf sich nimmt, erklärt sich als frei und erkennt diese Freiheit als bereits in der belastenden Handlung am Werk. Soweit kann ich sagen, daß ich die Handlung begangen habe. Diese Bewegung vom Vor zum Nach der Verantwortung ist wesentlich. Sie macht die Identität des moralischen Subjektes von der Vergangenheit über die Gegenwart zur Zukunft aus."[22] Die ethische Dimension liegt sowohl in der Erkenntnis, daß dieses Tun böse, d.h. meiner Überzeugung widersprechend, war, daß ich zudem anders handeln konnte und daß ich schließlich diese Tat als mir zugehörig anerkenne, mich dazu bekenne. Gleichzeitig wird mir bewußt, daß ich im Handeln gegen meine Überzeugung Freiheit zu etwas, wofür sie eigentlich gar nicht gegeben wurde, verwende, d.h. mißbrauche. In der bösen Handlung wirkt sich Freiheit zerstörerisch aus und führt den, der so handelt, zunehmend in eine Unfreiheit oder Sklaverei der Sünde.

Wenn die religiöse Dimension des Bösen in den Blick kommt, erscheint es als Sünde, als Verstoß gegen Gottes Willen. Dennoch wird der Christ auch und gerade über das Böse immer nur sprechen können unter der Voraussetzung dessen, was in Jesus Christus bereits geschehen ist: daß die Macht des Bösen im Kern bereits gebrochen ist und daß darum über das Böse in der Sprache der

---

[22] Vgl. hierzu *K. Rahner,* Theologie der Freiheit, in: *ders.,* Schriften zur Theologie VI 215-237.

Hoffnung geredet wird. Die Botschaft Jesu ist eine frohe Botschaft, die auch dem Sünder Hoffnung vermittelt. Im Unterschied zur Bußpredigt Johannes des Täufers ist Jesu Botschaft Zuspruch der vergebenden Liebe Gottes, die an jedem wirksam wird, der sich dieser Liebe öffnet. Es wird damit dem Schuldigen und Sünder ein Neuanfang ermöglicht, Hoffnung vermittelt. Sie gründet im Tod und in der Auferstehung Jesu Christi. „Doch anders als mit der Übertretung verhält es sich mit der Gnade; sind durch die Übertretung des Einen die Vielen dem Tode anheimgefallen, so ist erst recht die Gnade Gottes und die Gabe, die durch die Gnadentat des einen Menschen Jesus Christus bewirkt worden ist, den vielen reichlich zuteil geworden ... Wie es also durch die Übertretung eines einzigen für alle Menschen zur Verurteilung kam, so wird es auch durch die gerechte Tat eines einzigen für alle Menschen zur Gerechtsprechung kommen, die Leben gibt. Wie durch den Ungehorsam des einen Menschen die Vielen zu Sündern wurden, so werden auch durch den Gehorsam des Einen die vielen zu Gerechten gemacht werden" (Röm 5,15.18-19). Insofern kann über Schuld und Sünde in der religiösen Dimension nicht gesprochen werden, ohne zugleich auch auf das Wirken der Gnade und die mögliche Rechtfertigung des Sünders hinzuweisen.

b) Das personale und strukturelle Böse in der menschlichen Existenz

M. Buber bezeichnete einmal als Charakteristikum der Menschen des 20. Jahrhunderts, daß sie sich keiner Schuld mehr bewußt seien; es gebe nur noch Schuldgefühle und Schuldkonventionen. In der Bibel dagegen ist gerade die Einsicht des Menschen in den Schuldgrad der Verfehlungen Voraussetzung für die Umkehr und für das Bekenntnis der Schuld. Erst aus dem Wissen um die Schuld erwächst dem Menschen auch die Hoffnung auf Gottes Gnade und Barmherzigkeit. Um diese persönliche Schuld wußte David, als er den Hetiter Urija heimtückisch aus dem Wege räumen ließ, um dessen Frau Batseba selbst zur Frau zu nehmen. Mit seiner Parabel vom reichen Mann, der einem Armen das Lamm, sein einziges Besitztum, genommen hat, stellt der Prophet Natan den König David in seiner Schuld und schließt mit den Worten an David: „Du bist der Mann!" Und David erkennt sein Vergehen und bekennt: „Ich habe gesündigt gegen den Ewigen" (2 Sam 12).

Hier liegt persönliche Schuld vor. Es gibt aber auch unwissentliche Verstöße, kollektive Sündenverhaftung, das Böse in der Welt. Gott als der Heilige und Schöpfer des Himmels und der Erde kann nicht Urheber des Bösen sein, weder des persönlich zu verantwortenden Bösen noch des in der menschlichen Existenz strukturellen Bösen. Nach biblischer Lehre hat der freie, schuldhafte Ungehorsam des Menschen den Einklang des Urstandes zerstört; durch den Menschen kam das Böse in die Welt. Selbst wenn die Frage nach dem Ursprung des Bösen immer Geheimnis bleiben wird, der Kerngehalt der biblischen Aussage bleibt, daß es nicht zwei Urprinzipien, Gut und Böse, gibt. Vielmehr ist Gott nur als der Gute, Schöpfer alles Guten zu sehen. Das Böse ist Abfall vom Guten, Eigenmächtigkeit, Eigensinnigkeit des Menschen.

Im Zusammenhang mit der Noogenese zeichnet sich eine vertiefte Erfassung des Bösen ab, in der man die Frage nach dem Träger des Bösen stellt. Der Mensch erfährt sich mehr und mehr nicht nur als Leidender oder Objekt des Bösen, sondern zunehmend auch als Subjekt – als einer, der Böses zu tun vermag. Trotzdem bleibt der Begriff des Bösen zunächst noch im vormoralischen oder vorsittlichen Raum stehen: jede ungerechte oder gemeinschaftswidrige Verhaltensweise, selbst wenn sie dem einzelnen noch nicht bewußt war, wird als böse gewertet, erschwert sie doch das Verhältnis des Betreffenden zur Gemeinschaft. Auch kennt die Bibel jene sachliche Verkehrtheit, wo Böses einfachhin als falsches Verhalten – aus Unkenntnis oder Torheit – verstanden und entsprechend geahndet wird. So erfährt Abimelech den Zornspruch Gottes, weil er Sara, die Frau Abrahams, die dieser als seine Schwester ausgegeben hatte, zu sich holen ließ, um sie zu ehelichen (Gen 20,3). Beim Propheten Ezechiel setzt eine Tendenz ein, eine kollektive Sündenverhaftung auszuschalten und die Sünde dem einzelnen zuzuweisen, sie als Verstoß gegen das Gebot der Tora anzusehen. Doch das Judentum bleibt davon überzeugt, daß die Sünde alle Menschen betrifft. Auch die Heiden sind dieser Sündhaftigkeit als einer religiösen Schuldverhaftung vor Gott verfallen, weil sie zwar die adamitischen und noachitischen Gebote kennen, die Tora jedoch abgelehnt haben. Die Erfahrung menschlichen Versagens, Irrens und menschlicher Schuld führt eben dazu, daß man in der menschlichen Existenz auch das Böse als solches mit verankert sieht.

Über das persönlich zu verantwortende Böse gibt es also offensichtlich auch Böses in der Welt, das als überpersonales Geschehen in den Strukturen der Gesellschaft und der jeweiligen Generation verfestigt vorliegt: gemeint sind nicht nur vorsittliche Übel, sondern Ungerechtigkeiten, Tötungen Unschuldiger, Mord und Haßregungen, die in verblendeter Weise ohne vorhandenes Schuldbewußtsein geschehen und in die die Menschen einfach mit hineingerissen werden. Solches Böse wird bald als persönlich zu verantwortende Tat, bald als nicht voll zu verantwortende Verhaltensweise, psychisch krankhafte Regung oder als notvolle Verstrickung erfahren – also als eine Verhaltensweise, innerhalb deren jemand in eine Situation hineingestellt wird, aus der er nicht mehr ohne weiteres „schuldlos“ zu entkommen vermag (vgl. hierzu die folgenden Ausführungen „Die Dialektik des Bösen in der Welt“).

c) Versuche einer Ätiologie des Bösen

Die Frage nach dem Ursprung des Bösen in der Welt wird bereits in den alttestamentlichen Texten zu beantworten versucht. Das Alte Testament redet von Jahwe als umfassender Wirklichkeit allen Seins und Lebens, als Schöpfer des Himmels und einer Erde, die am Anfang „gut“ war. Auf die Frage, woher Leid und Not, Böses und Schuld kommen, zeichnen sich im Alten Testament verschiedene Antworten ab. Unheil und Katastrophen, Kriege und Zerstörung werden zunächst erfahren als Reaktion Gottes auf Verhaltensweisen seines Volkes Israel in der Geschichte, die Gott zuwiderlaufen. Diese Vorstellung hat Israel mit den altorientalischen Religionen gemeinsam: Unheil, Leid und Übel in der Welt sind Strafe Gottes für das Fehlverhalten des Volkes. Entsprechend diesem Modell erscheint Sünde auch nicht so sehr als ethisches Verhalten, sondern als eine Zerstörung des Verhältnisses zu Gott: Sich von Gott abwenden ist Sünde. Sünde aber zieht Gottes Strafe und Zorn nach sich. Hier ist das Ausgleichsdenken noch vorrangig. Allerdings kannten auch schon die Propheten die andere Seite des Wesens Gottes: Gott nicht nur als der Strafende, sondern auch als jener, der das Heil des Menschen, seine Umkehr anstrebt. Bereits im Buch Hiob kommt dieses Ausgleichsdenken nicht mehr zum Tragen: Leid erscheint hier nicht mehr unmittelbar als Strafe für böse Taten, sondern als Prüfung des Glaubens des geduldigen Hiob. Wieweit jedoch zur Zeit Jesu dieses Modell des Ausgleichsdenkens noch vorherrschend war, kommt zum Ausdruck in der Frage der Jünger angesichts des Blindgeborenen: „Meister, wer hat gesündigt, er oder seine Eltern, daß er blind geboren wurde?“ (Joh 9,2).

Ein weiteres Modell für die Beantwortung der Frage nach dem Ursprung des Bösen bieten die sogenannten „Erb- und Ursündengeschichten“. Sie dürften bereits im 10. Jahrhundert v. Chr. vom Jahwisten geschrieben sein. Neben dem klassischen Bericht vom Ursündenfall (Gen 3 u. 4) verdeutlichen die Geschichten von der Sintflut, vom Turmbau zu Babel u. a. die Struktur menschlicher Geschichte, ja des Menschen selbst. – Hier wird der Versuch gemacht, nicht Gott das Böse anzulasten. Die Erfahrung einer nicht-heilen Welt, in der Böses herrscht, wird mit der im Menschen vorherrschenden Neigung (Konkupiszenz) zum Selbstherrlichen und Bösen verbunden.

Nach dem Exil kommt das Satansmodell zum Tragen. Man erfährt Gott nicht mehr als umfassende Wirklichkeit. Die Geschichte sieht so aus, als wäre Gott in die Ferne gerückt. Der Abstand zwischen Gott und Menschen wird durch Zwischenwesen (Geisterwesen) überbrückt. Hinzutreten neue religionsgeschichtliche Erfahrungen mit den Religionen im Perserreich und Hellenismus, die eine ausgebaute Geisterlehre besaßen. Die Gestalt Satans ist ein wichtiges Element des jüngeren biblischen Weltbildes. Gott wird nicht mehr unmittelbar das Leid angelastet. Vielmehr ist es ein Diener Jahwes, der Hiob schlägt. Hier geht es jetzt nicht um Schuld, sondern um Leid. Der Satan bekommt auch nicht die Macht, zur Sünde zu verführen, sondern unter der Verantwortung Gottes Unheil zu wirken. Satan hat zunächst noch die Funktion, im Auftrage Gottes zu handeln. Erst später vollzieht sich der Schritt einer Loslösung dieser Gestalt von Gott. Ihr wird ein eigener Seinsbereich zugewiesen[23].

d) Die Dialektik des Bösen in der Welt[24]

Die Begriffe Sünde und Schuld werden auch in einem übertragenen „transpersonalen“ Sinne verwendet. So sehr Sünde und Schuld zunächst eng mit der Freiheit und Verantwortung des Menschen zusammenhängen, so begegnen uns beide Begriffe doch auch im weiteren Sinne. Schuld wie Böses überhaupt werden von uns bald als persönlich zu verantwortendes Geschehen erfahren, bald aber auch als etwas, das uns zwar mit trifft und betrifft, für das wir einzustehen haben, das aber dennoch nicht allein von unserer Freiheit und Verantwortung her uns zugewiesen wird, sondern gleich einem Schicksal auf uns lastet. Es gibt notvolle Verstrickungen in böses und ungerechtes Geschehen, in das der einzelne hineingezogen wird, wobei er „schmutzige Finger“ bekommt, ohne daß er sich diesem zu entziehen vermag. Es gibt eben Konfliktsituationen, aus denen heraus man – selbst wenn man mit bestem Wissen und Gewissen einen Kompromiß gewählt hat – nicht mit dem Gefühl, eine glatte und für alle befriedigende Lösung gefunden zu haben, herauskommt. Darum gilt: Böses und Ungerechtigkeit in dieser unserer Welt zeichnen sich bald als Tat eines einzelnen ab, der persönlich schuldig wird und entsprechend zur Verantwortung gezogen werden kann, bald aber auch als ein Geschehen, das den Menschen in Verstrikkungen bringt und ihn in eine Mittäterschaft einbezieht. So gesehen wird Böses nicht nur personal, sondern auch über das moraltheologisch-sittlich Böse hinaus als Verhängnis in dieser unserer Welt, die eben keine heile Welt ist, zu verstehen sein.

Sowenig sich eine undifferenzierte Redeweise von einem Schuldigwerden-Müssen moraltheologisch halten läßt, setzt man für Schuld Werteinsicht und ein entsprechendes Maß an Freiwilligkeit voraus, so erhält eine solche besonders in der protestantischen Theologie verwendete Redeweise ihre Berechtigung, weitet man den Sünden- und Schuldbegriff auch aus auf jene notvollen Verstrickungen bösen und ungerechten Geschehens, in das der einzelne hineingerissen wird. Man könnte hier von einer Verleiblichung, von einem verfestigten Niederschlag der verschiedenen Bosheiten der Menschheit in unserer Welt und Gesellschaft sprechen. Ob nicht auch hinter einer Personifizierung des Bösen als Satan oder Teufel – der wir ebenso im außerchristlichen Bereich begeg-

[23] Vgl. hierzu *H. Haag*, Vor dem Bösen ratlos? (München 1978).

[24] Vgl. hierzu *J. Gründel*, Überlegungen zum Wesen und zur Eigenart der Sünde, in: *G. Teichtweier – W. Dreier* (Hrsg.), Herausforderung und Kritik der Moraltheologie (Würzburg 1971) 131-148.

nen – die Erfahrung von einer Wirkmacht des Bösen schlechthin steht, der sich der Mensch ausgeliefert weiß und die über das unmittelbar persönlich zu verantwortende Böse des Einzelnen noch hinausgeht? Das Versagen und die Sünde des einzelnen besitzen eben innerhalb der Menschheitsgeschichte auch ihre eigene Wirkgestalt. Sie haben eine Atmosphäre geschaffen, in der Unglaube und Selbstgerechtigkeit, Ungerechtigkeit und Streit sich weiterhin auszubreiten vermögen. Noch vor jeder persönlichen Stellungnahme und vor jeder persönlich unmittelbar zurechenbaren Sünde bleibt der einzelne Mensch in derartige Strukturen einbezogen. In der Erbsündenlehre haben wir einen Versuch vor uns, diese Tatsache ätiologisch aufzuarbeiten.

Darin besteht nun die Grenze der bisherigen Redeweise von Sünde und Schuld. Innerhalb der katholischen Moraltheologie erfolgte eine Reduktion des Bösen lediglich auf die Person und deren „bösen Willen". Eine solche Reduktion übersah, daß es auch Böses, Sünde und Schuld als strukturales Geschehen, als schicksalhafte Unheilsmacht gibt. Die extreme Reaktion auf diese individualistische Position ist jene Meinung, die das Böse lediglich auf die Gesellschaft reduziert und in den Strukturen und Institutionen einer etablierten Gesellschaft den eigentlichen Ort des Bösen sieht. Dementsprechend erwartet man dann nicht durch die Änderung des Menschen, sondern durch eine Veränderung der verfestigten Strukturen und Institutionen, durch eine Revolution der Gesellschaft Besserung und Heil. In beiden Positionen steckt eine Teilwahrheit.

Die Begriffe „Schuld" und „Sünde" werden also hier in einem analogen Sinne verwendet. Sie betreffen aber auch die Person. Mit dem Begriff „transpersonal" ist darum ein vielschichtiges Phänomen gemeint, das sowohl das in der Gesellschaft verfestigte Böse, menschliche Trägheit, Irrtum, Versagen notvolle Verstrickung aber auch das „gute Gewissen aus Mangel an Gewissen" und die Flucht vor der Verantwortung wie das Abschieben der Schuld auf andere mit umfaßt. In so manchen gesellschaftlichen Schuldsprüchen kommt verdrängte persönliche Schuld wieder zum Durchbruch. Andererseits zeigt sich darin zugleich auch, daß in der persönlich zurechenbaren sittlichen Schuld das gesamte Phänomen von Versagen, Sünde und Schuld in dieser unserer Welt nicht hinreichend erklärbar ist. Man kann also durchaus von einer Verleiblichung und Verfestigung der verschiedenen Bosheiten der Menschen in unserer Welt und Gesellschaft sprechen.

Der Einwand, es handle sich bei derartigen durch Kriege oder ungerechte gesellschaftliche Strukturen heraufbeschworenen Unheilssituationen nur um physisches, nicht um sittliches Übel, löst das Problem noch nicht – bedenkt man etwa jene Situation, in der um der Verhütung eines größeren physischen Übels willen (etwa der Tötung zahlreicher Menschen) mit „schlechtem Gewissen" ein geringeres Übel (die Tötung eines Unschuldigen) gewählt wird. So sehr man darum daran festhalten muß, daß sittlich persönlich zu verantwortende Schuld

Freiheit und Verantwortung voraussetzt, so gilt doch auch: Böses und Ungerechtigkeit in dieser Welt begegnen uns bald als Tat eines einzelnen, der persönlich schuldig wird und auch zur Verantwortung gezogen werden kann, bald als ein transpersonales Geschehen in einer Weise, daß weltimmanente gesellschaftliche Strukturen den Menschen in Verstrickungen bringen, in eine Mittäterschaft zu Ungerechtigkeit, Tötung und Krieg hineinzuziehen vermögen. Eine klare Abgrenzung dieser beiden Faktoren wird oft nur schwer möglich sein; denn die Grenzen zwischen persönlicher Schuld und gemeinschaftlicher Mitverschuldung sind fließend.

Hinter jedem kriminellen Geschehen steht eben doch als ein in irgendeiner Weise noch schuldig zu sprechender Mittäter die Umwelt des Täters, seine Vergangenheit, seine Familie, die Strukturen der Gesellschaft und auch das ihn mehr oder weniger belastende Erbe seiner Vorfahren. Will man darum zu einer humanen Gestaltung dieser Welt ernsthaft beitragen, so genügt es nicht, den Täter als solchen und nur ihn allein zu sehen und auf seine Verantwortung hin zu prüfen. Vielmehr sind auch die weiteren Faktoren mit zu bedenken, die zu einem solchen Unheilsgeschehen beigetragen haben. Man kann hier vom Bösen als Verhängnis, von dem in der Welt noch wirkenden Bösen sprechen.

e) Die Flucht vor der Verantwortung

Bereits im jahwistischen Bericht vom Sündenfall wird als urmenschliches Phänomen und Verhängnis bzw. als Folge der Sünde die Tatsache umschrieben, daß der Mensch Schuld nicht anerkennt oder sich hinter der Schuld anderer versteckt. Die Flucht aus der persönlichen Verantwortung und die Verschiebung der Schuld auf den Partner geschehen oft unbewußt. Doch Gott ruft auch dann noch zur Verantwortung, wenn sich der Mensch „im Garten Eden" hinter Gesetz, biologischen, soziologischen oder psychologischen Faktoren verstekken möchte, wenn er sich auf seine Erbmasse oder die tragischen Verhältnisse der Umwelt „beruft". Selbst wenn im Einzelfall vorliegende Schuld niemals adäquat festgestellt werden kann, immer wieder zeichnet sich jedoch jenes Verhängnis ab, daß der Mensch hinter der ihm aufgetragenen Emanzipation zurückbleibt, daß er eine Entwicklung und Reifung schuldig ist. Dieser Zustand ist eigentümlich für den Massenmenschen, der sich um so leichter dirigieren und einem System unterordnen läßt und schließlich seine aufgestauten Aggressionen auf einen Feind als den Sündenbock losläßt. Im Phänomen des Sündenbockkomplexes zeichnet sich jene Verlagerung eines vorhandenen Schuldgefühles ab, das die Psychologie als intrapsychische Verschiebung kennt: vorhandene Schuld wird nicht anerkannt, sondern ins Unbewußte abgedrängt und dann als unverarbeitete Schuld falsch lokalisiert, zumeist auf gesellschaftliche Minderheiten projiziert. Somit wird es dann möglich, die Aggressionen ganzer Gruppen auf jene Außenseiter der Gesellschaft zu richten, die einer Volkswut ausgeliefert werden. Beispiele hierfür bietet die Geschichte in vielfältiger Weise – man denke nur an die grausamen Hexenprozesse im Spätmittelalter. Die neutestamentlichen Berichte über das Wirken Jesu bekunden jedoch, wie sehr sich Jesus gegen diese gesellschaftliche Verfremdung und Verschiebung der Schuld wehrt und den Teufelskreis des Sündenbockdenkens zu durchbrechen versucht. Er nimmt sich der Ausgestoßenen und der verfolgten Minderheiten besonders an.

In der Verschiebung von Schuld und in der Flucht vor der persönlichen Verantwortung wird aber auch sichtbar, wie tief in der Grundverfassung des Menschen Feigheit, Trägheit und Abbruch zwischenmenschlicher Beziehungen als Folge einer Abkehr von Gott und einer ungeordneten Hinkehr zur Welt sich niederschlagen.

f) „Erbsünde" als Solidarität der Menschen in der Sünde

Es erscheint sinnvoll, auf dem Hintergrund des transpersonalen Schuldverständnisses nochmals auf die Erbsünde zu sprechen zu kommen. Mit „Erbsünde" wird ein Zustand bezeichnet, in dem die einzelnen Tatsünden wurzeln. Die paulinische typologische Gegenüberstellung von Adam und Christus (Röm 5,12-21) führte zur Vorstellung, daß Adam Stammvater der Sünde sei und diese sich durch Generationen fortpflanze. Doch Kern der Erbsündenlehre ist: der Mensch als Sünder steht nicht allein, sondern bleibt eingebettet in die Geschichte einer sündigen Menschheit. Er handelt als Glied dieser Gemeinschaft; diese Gemeinschaft und sündige gesellschaftliche Verfaßtheit bestimmt auch noch meine menschliche Existenz zutiefst. Jedes Individuum hat teil am ganzen Geschlecht und das ganze Geschlecht am Individuum. Was in Adam geschieht, vollzieht sich in jedem Menschen. In diesem Sinne gibt es eine – allerdings nicht positive, sondern sich negativ auswirkende – „Solidarität" des Sündigens. In der theologischen Lehre von der Erbsünde geht es also nicht so sehr um eine Ursprungserklärung oder um eine Einsicht in den Zusammenhang von Ursache und Folge; vielmehr kommt in dieser Wahrheit zum Ausdruck, daß Sünde nicht nur Schuld des Menschen ist, sondern auch noch den Charakter des Verhängnisses besitzt. Diese Spannung in der Paradoxie zwischen Schuld und Verhängnis bleibt für jeden Menschen bestehen. Keiner kann aus der Solidarität des Sündigens ausbrechen. Der Mensch bleibt also einerseits persönlich verantwortlich dafür, was er in der einzelnen sündigen Tat tut – hierin gründet seine persönliche sittliche Schuld; er ist aber zugleich auch in ein überindividuelles (transpersonales) Geschehen verwoben, das die Menschheit in ihren Gliedern vollzieht. Diese sündige „Solidarität" ist letztlich auch Ursprung der einzelnen Sünde und Schuld. Die persönliche Sünde beinhaltet ein Tun oder Unterlassen, in dem wir einem an uns ergehenden Anspruch (Gottes) nicht genügen, dafür aber verantwortlich bzw. haftbar sind; die Folge ist die Zurechnung der Sünde für die Person und die damit gegebene Strafwürdigkeit. Sünde ist also ein Widerspruch zu Gottes Willen im Denken, Tun oder auch Unterlassen – dies ist die objektive oder sachliche Dimension der Sünde; sie ist zugleich aber auch der bewußt willentliche und damit verantwortliche Widerspruch des Menschen als Person.

5. Schuld und Vergebung

a) Die verschiedenen Ebenen der Schulderfahrung[25]

Auch „Schuld" kann in verschiedenen Dimensionen gesehen werden. Es gibt verschiedene Ebenen einer Schulderfahrung.

1) *Die „moralische" Ebene* – Schuld als Verstoß gegen eine Norm, gegen ein Gesetz, gegen das, was „man" tut. Man könnte hier von der Steuerung durch das Über-Ich, durch eine mehr noch äußerlich bleibende Moralität sprechen. Wenn C. G. Jung vom moralischen Gewissen spricht, das sich regt, dann ist diese äußere Form gemeint. Hier wird bereits die materielle Übertretung, die Verfehlung – gleichgültig, ob sie freiwillig oder unfreiwillig geschehen ist – als Schuld erfahren. Es ist mehr eine instinktive Reaktion, ein Reagieren auf das nicht mehr von der Masse getragene Verhalten dessen, der ansonsten „Mitläufer" ist. Zugrunde liegt nicht so sehr die Erkenntnis einer wirklichen Verfehlung oder Bosheit, sondern nur der Drang, einer Übertretung zu entgehen[26].

2) *Die ethische Ebene* – Eine bereits stärker *ethische Wertung* von Schuld zeichnet sich dort ab, wo die Verfehlung als Verstoß gegen die freie Selbstverwirklichung der menschlichen Persönlichkeit erlebt wird – M. Buber spricht von „mittlerer Sphäre". Hier erfährt die Person ihre moralische Verpflichtung im Gewissen. Schuld wird als Verstoß gegen das eigene Gewissen erfahren, als Verlust der eigentlichen Identität. Die reine materielle Übertretung für sich genommen vermag hier noch keine Schuldgefühle hervorzurufen. Vielmehr läßt die freie Wahl und die verkehrte Einstellung des Willens gegen die innere Überzeugung moralische Schuld entstehen. Schuld ist hier die frei gewählte Untreue gegenüber der eigenen Selbstverwirklichung. Dagegen ist die richtige, vom Gewissen aber als verkehrt angesehene Tat durchaus Schuld. Das „schlechte Gewissen" erweist sich als Reaktion auf die persönliche Untreue gegenüber dem Gewissensspruch. Erst wo die innere Bereitschaft vorliegt, diese Fehlhaltung wieder aufzugeben, wo Umkehr, Reue und Vorsatz vorliegen, wird diese in-

---

[25] *L. Monden,* a. a. O. (s. a. Anm. 10) 12 ff.
[26] Ebd. 18 ff.

nere Ordnung wiederhergestellt. Aber auch diese Schulderfahrung liegt noch nicht im unmittelbar religiösen Bereich.

3) *Die religiös-personale Ebene* – Der *religiös-personale Bereich* von Schulderfahrung ist erst dort gegeben, wo Sünde als Störung der Beziehung zwischen Mensch und dem personalen Gott, als Nein zum Liebesangebot Gottes verstanden wird. Die religiöse Dimension besteht vor allem darin, daß das gesamte innerweltliche Dasein auch in die neue Sinnhaftigkeit mit aufgenommen wird. Das zwischenmenschliche Verhalten wird in den gott-menschlichen Dialog mit aufgenommen und ist Ausdruck der Liebesbeziehung zwischen Gott und Mensch. Sünde und Schuld sind nicht so sehr in der materiellen Tat gegeben, sind auch nicht nur Verstümmelung der eigenen Wesensentfaltung, sondern sind wesentlich Verstoß gegen die Interaktion, Ablehnung der Liebe Gottes. Erst auf dieser dritten Ebene wird der eigentliche religiöse Bezug erfahrbar.

b) Krankhafte Schuldgefühle

Von dem Schuldbewußtsein und den damit zusammenhängenden normalen Schuldgefühlen zu unterscheiden sind jene krankhaften Symptome, die sich besonders bei psychisch kranken Menschen, vornehmlich Zwangsneurotikern, vorfinden. Jene Menschen werden von Schuldgefühlen geplagt, die geradezu selbstzerstörerischen Charakter tragen und eine überstrenge Kritik der eigenen Person darstellen. Ihr ganzes Dasein schwankt zwischen Selbsthaß und dem Bedürfnis nach Selbstbestätigung. Sie sind oft gar nicht in der Lage, eine tragfähige menschliche Beziehung aufzubauen. Das unersättliche Bedürfnis nach Befriedigung, das sich in Fluchtversuchen und Kompensationen, in Überessen, Alkoholismus oder einer Flucht in eine Traumwelt mit weniger Bindung und Verantwortung äußert, ist kennzeichnend für diese Menschen. Hier liegt kein echter Gewissensspruch, keine echte, sondern krankhafte Schuld vor; denn ein anklagender Gewissensspruch und echtes Schuldgefühl gründen im Erlebnis individueller Schuld, die dort gegeben ist, wo dem Individuum eine gewisse Freiheit der Wahl und eine entsprechende Verantwortung eingeräumt war.

Gerade die Psychotherapie hat es mit dem an Schuldgefühlen leidenden Menschen zu tun. Diese Schuldgefühle dürfen nicht einfach auf sittliche Schuld bezogen werden. Kennzeichnend für das neurotische, krankhafte und somit falsche Schuldgefühl ist, daß eben eine „falsche Verknüpfung" festzustellen ist; Schuld wird falsch lokalisiert. Oft bleibt ein solches Schuldgefühl gekoppelt mit den Gefühlen der Minderwertigkeit und Angst. Dies deutet bereits an, daß das Schuldgefühl tiefer liegt: Es bezieht sich nicht auf eine einzelne Tat eines Menschen, sondern auf seine gesamte Existenz, die unter dem Zeichen der Schuld steht. Bereits in der frühen Kindheit gründet die Entstehung eines solchen Schuldgefühls: etwa in frühkindlichen Konflikten, in der Erfahrung des Nicht-angenommen-Seins von seiten der Eltern oder in einem häufigen Wechsel der Bezugspersonen. Solche Schuldgefühle können später im Leben Selbstbestrafungstendenzen im Gefolge haben, ja selbst Verbrechen können Folgen eines solchen Strafbedürfnisses oder Schuldgefühles sein. In diesem Bereich ist eigentlich der Psychotherapeut zuständig. Schuldgefühle und Schuldbewußtsein sind oft Ausdruck der Spannung zwischen den Forderungen des Über-Ich und dem Ich. Solche Forderungen lassen sich oft von der Vernunft nicht rechtfertigen, üben dennoch eine tyrannisierende Macht auf den Menschen aus[27].

c) Schuld und Schuldvergebung

In der Theologie geht es um Gottes Wort an den Menschen. Dieses Wort, das den Menschen in seiner Totalität anspricht, erklärt ihn als Sünder vor Gott, zugleich aber auch als einen, der von Gott Erlösung zu erfahren vermag[28].

Theologisch ist mit Sünde und Schuld etwas gemeint, was nicht einfach als abgeleitetes Phänomen auf etwas anderes zurückgeführt werden kann, kein ideologischer Überbau einer Deutung von Depression oder Krankheit oder eines seelischen Geschehens oder eines idealen Sollens. Vielmehr ist es nach Rahner ein „In-die-richtige-Verfassung-Bringen" der Realität des Geistig-personalen[29], ein intentionales Geschehen, dessen inneres konstitutives Moment die Wahrheit, Unwahrheit, sittliche Richtigkeit oder Unrichtigkeit ist. Sittliche Schuld liegt in der personalen Dimension. Im theologischen Sinne ist Schuld nicht einfach Verstoß gegen eine Verhaltensregel, gegen ein Gesetz oder eine Konvention, nicht bloß Fehlhandlung, die zerstörend wirkt; letztlich theologisch gibt es Sünde und Schuld nur dort, „wo der von Gott angesprochene Mensch, Gottes Willen entsprechend vor Gott und mit Gott handelt, wenn auch das verdrängende Nichtwahrhabenwollen dieser Tatsache, das Niederhalten dieser Wahrheit, nämlich der dialogischen Struktur der Schuld, zu den wesentlichen Momenten der Schuld gehört und erst in der Umkehr aus Gnade eingestanden wird", (d.h., Schuld gibt es nur dort, „wo wissend gegen Gott gesündigt wird"[30]). Dieses „Wissen" muß nicht in einer begrifflichen Gegenständlichkeit und reflex unbedingt vorhanden sein. Nur „unbewußte und unfreiwillige Schuld im Sinne persönlicher Schuld vor Gott gibt es nicht, kann es nicht geben. Es kann eine sehr unreflexe Schuld geben, eine vergessene Schuld, eine verhohlene und verdrängte Schuld, aber keine Schuld, die unwissend und un-

---

[27] *E. Struck*, Einige Aspekte zum Problem der Schuld aus anthropologisch-psychologischer Sicht, in: EvTh 36 (1976) 72-85.
[28] Vgl. *K. Rahner*, Schuld und Schuldvergebung als Grenzgebiet zwischen Theologie und Psychotherapie, in: *ders.*, Schriften zur Theologie II ([5]1961) 279-297.
[29] Ebd. 280.
[30] Ebd. 280f.

frei begangen wurde. Die Grade der Schuld sind darum in einer absoluten Abhängigkeit von der Erkenntnis und der Freiheit und deren Graden und Abstufungen"[31].

Natürlich kann es durchaus Fehlentscheidungen und Fehlhandlungen geben, die material gegen objektive Strukturen verstoßen, dennoch aber keine persönliche Schuld nach sich ziehen.

Schuld versteht sich theologisch nach den Offenbarungsaussagen zunächst ursprünglich als Tat, Ereignis – nicht so sehr als Zustand – , wenngleich der sündigen Tat eine Verfaßtheit, eine Atmosphäre, in der Sünde gedeiht, vorausliegt.

Dies will wohl der Sündenfallbericht andeuten, daß der Mensch durch eine Tat, nicht einfach durch einen schon vorhandenen sündigen Zustand in Sünde gerät. Sündigkeit kommt aus Sünde. Für diese Tat ist er verantwortlich. Schuld in der einzelnen Tat zeigt sich immer als eine Emanzipation vom umfassenden Willen Gottes. Insofern sich dieses „Wie-Gott-sein-Wollen" oder Gott-nicht-anerkennen-Wollen immer wieder anders material verleiblicht, gibt es eben auch – selbst nach den Aussagen der Schrift und der Überlieferung – gegen Gott und vor Gott doch verschieden zu wertende Sünden.

Es gibt aber auch einen Zusammenhang von Schuld und Leid. Leid erweist sich als konstitutives Zeichen der Schuld, aber nicht als Schuld. Eigene Schuld wird bei jenem Menschen, der zu einer reflexiven Stellungnahme in Freiheit herangereift ist, auch erfahren als ihm zukommende Schuld.

Befreiung von Schuld ist in diesem theologischen Verständnis nur möglich durch Gott. Gefordert ist von seiten der Person zumindest eine umkehrende Freiheitstat. Selbst wenn diese bereits schon wieder von Gottes Gnade angeregt und wesentlich von ihr getragen ist, so kann sich der Mensch einer solchen Umkehr durchaus widersetzen, in seiner Schuld verharren, die ihm zugewiesene Vergebung zurückweisen. Darin besteht eigentlich dann auch sein Verderben, seine Hölle.

Weiterführende Literatur

A. Auer, Ist die Sünde eine Beleidigung Gottes? Zur theologischen Dimension der Sünde. in: ThQ 155 (1975).

W. Bitter (Hrsg.), Angst und Schuld in theologischer und psychotherapeutischer Sicht (Stuttgart [5]1971).

J. Blank (Hrsg.), Der Mensch am Ende der Moral (Düsseldorf 1971).

R. Blomme, Widerspruch in Freiheit (Limburg 1964).

K. Blümlein, Mündige und schuldige Welt. Überlegungen zum christlichen Verständnis von Schuld und Mündigkeit im Gespräch mit Paul Tillich und Karl Rahner (Göttingen 1974).

Das Böse. Studien aus dem C. G. Jung-Institut, Bd. 13 (Zürich 1961).

M. Buber, Schuld und Schuldgefühle (Heidelberg 1958).

Concilium (1970), H. 6/7.

---

[31] Ebd. 281.

G. Condrau, Angst und Schuld als Grundprobleme der Psychotherapie. Philosophische und psychotherapeutische Betrachtungen zu Grundfragen menschlicher Existenz (Frankfurt ²1976).
G. Condrau – F. Böckle, Schuld und Sünde, in: Christlicher Glaube in moderner Gesellschaft (Tl. -Bd. 12) (Freiburg-Basel-Wien 1981) 91-135.
K. Demmer, Entscheidung und Verhängnis. Die moraltheologische Lehre von der Sünde im Licht christologischer Anthropologie (Paderborn 1976).
F. Funke, Christliche Existenz zwischen Sünde und Rechtfertigung (Mainz 1969).
J. Gründel, Überlegungen zum Wesen und zur Eigenart der Sünde, in: *G. Teichtweier – W. Dreier* (Hrsg.), Herausforderung und Kritik der Moraltheologie (Würzburg 1971) 131-148.
H. Haag, Vor dem Bösen ratlos? (München-Zürich 1978).
H. Häring, Die Macht des Bösen. Das Erbe Augustins (Gütersloh-Zürich-Einsiedeln-Köln 1979).
N. Hoffmann, Sühne. Zur Theologie der Stellvertretung (Einsiedeln 1981).
H. Köster, Urstand, Fall und Erbsünde. Von der Scholastik bis zur Reformation (Handbuch der Dogmengeschichte II/3b) (Freiburg i. Br. 1979).
W. Korff, Norm und Sittlichkeit (Mainz 1973) 169-178.
W. Lauer, Schuld – Das komplexe Phänomen (Kevelaer 1972).
J. Moltmann, Die ersten Freigelassenen der Schöpfung. Versuch über die Freude an der Freiheit und Wohlgefallen am Spiel (München ²1971).
L. Monden, Sünde, Freiheit und Gewissen (Salzburg 1968).
M. Oraison, Was ist Sünde? (Frankfurt 1968).
P. Palazzini (Hrsg.), Il peccato (Roma 1959).
W. Pannenberg, Aggression und die theologische Lehre von der Sünde, in: ZEE 21 (1977) 161-173.
K. Rahner, Schuld und Schuldvergebung als Grenzgebiet zwischen Theologie und Psychotherapie, in: *ders.*, Schriften zur Theologie II (Einsiedeln 1955) 279-297.
P. Ricœur, Symbolik des Bösen, Phänomenologie der Schuld II (Freiburg-München 1971).
A. K. Ruf, Sünde – Was ist das? (München 1972).
R. Schnackenburg (Hrsg.), Die Macht des Bösen und der Glaube der Kirche (Düsseldorf 1979).
F. Scholz, Schuld – Sünde – Fehlhaltung (Christliches Leben heute, Bd. 13) (Augsburg ²1973).
P. Schoonenberg, Theologie der Sünde, Ein theologischer Versuch (Zürich-Köln 1966).
R. Schwager, Brauchen wir einen Sündenbock? Gewalt und Erlösung in den biblischen Schriften (München 1978).
E. V. Stein, Schuld. Im Verständnis von Tiefenpsychologie und Religion (Olten-Freiburg 1978).

Johannes Gründel

II

Der Schuldbegriff im Kontext heutiger theologischer Anthropologie

1. Das Problemfeld der gegenwärtigen Diskussion

Im Zusammenhang der Sünden- und Versöhnungslehre ist der Schuldbegriff für das christliche Verständnis vom Menschen von zentraler Bedeutung. Der Verwendung des Begriffs in der theologischen Anthropologie steht aber entgegen, daß im allgemeinen Sprachgebrauch und Verständnis der Gegenwart für den Schuldbegriff keine Eindeutigkeit mehr in Anspruch genommen werden kann. Das innere Gefüge von Schuld mit den Korrespondenzphänomenen Freiheit und Verantwortung hat im 20. Jahrhundert eine im einzelnen schwer durchschaubare Umstrukturierung erfahren, die sich an einzelnen Tendenzen veranschaulichen, in ihrem Gehalt und in ihren Folgen aber noch nicht übersehen läßt. Insgesamt laufen diese Tendenzen darauf hinaus, daß Begriff und Sache der Schuld zunehmend auf kritische Reserve stoßen. Die Bereitschaft zu personaler Schuldübernahme scheint zu schwinden, das dadurch entstehende Vakuum wird durch Schuldzuweisung an die „anderen", die Gesellschaft, die Institutionen und Organisationen, kompensiert. Hand in Hand mit solchen Umpolungen bauen sich dann überhaupt Verstehensbarrieren angesichts des Schuldphänomens auf. „Die religiöse Situation der Gegenwart ist bis in die psychiatrische Klinik hinein gekennzeichnet durch ein Erlöschen des Wissens um Schuld."[1]

Die kritische Revision des Schuldbegriffs spiegelt sich besonders sinnfällig in den Bemühungen um die Reform des deutschen Strafrechts in den 60er Jahren unseres Jahrhunderts. Gegen das überlieferte Schuldstrafrecht wird eingewandt, es basiere auf einem metaphysischen Schuldbegriff, der seine nähere Begründung und Ausformung in den Konzeptionen des deutschen Idealismus (Kant, Hegel) erfahren habe, sich aber wissenschaftlich nicht ausweisen lasse. Das „heutige Bild vom Menschen", das auf den Einsichten der Natur- und Sozialwissenschaften beruhe, vermag das „idealisierende Bild vom Menschen", das für die klassische Philosophie bestimmend gewesen sei, nicht zu bestätigen. Deshalb bedarf das Strafrecht einer neuen Begründung. „Die uralte Vorstellung von einer *Schuld*, sofern damit mehr als die Unterscheidung von Vorsatz und Fahrlässigkeit gemeint ist, wird durch den Begriff der Ursache ersetzt werden müssen. Hier ist uns zunächst die schwere Aufgabe einer Entmythologisie-

[1] *A. Görres,* Kennt die Psychologie den Menschen? Fragen zwischen Psychotherapie, Anthropologie und Christentum (München – Zürich 1978) 187.

rung unseres Rechts gestellt."[2] Das drängt in der Konsequenz auf die Ersetzung des überkommenen Schuldstrafrechts durch das „Maßnahmerecht". Und mit der wissenschaftlichen Brauchbarkeit des Begriffs scheint zugleich die Faktizität von Schuld in Frage gestellt zu sein, wenn das Wissen um Gut und Böse und das Wollen von Gut und Böse zum „Reflex der Umwelt" stilisiert werden[3].

Die Kritik am *juristischen* Schuldbegriff samt seinen metaphysischen Wurzeln hat durch die Problematisierung des *moralischen* Schuldbegriffs Flankenschutz erhalten. In einer eigentümlichen Mischung von feuilletonistischer Diktion und wissenschaftlicher Argumentation vertritt *Arno Plack* in seinem weitverbreiteten Buch „Die Gesellschaft und das Böse" die These, die herrschende Moral sei verfehlte Moral, da sie den Menschen zur Unterdrückung seiner vitalen Antriebe verpflichte und so im Ergebnis Aggression befördere. Nicht der Mensch sei eigentlich böse, sondern die Gesellschaft, die den Menschen durch Triebunterdrückung erst auf den Abweg der Normverletzung stoße. Unter Voraussetzung der globalen Vermutung, „daß eine ganze Kulturgemeinschaft neurotisch" sei und jenen generellen Sinn von Moral verfehle, „der aus der ungebrochenen Natur des Menschen sich ergibt", wird in Umkehrung des geläufigen Schemas der gesamten Gesellschaft, der Gesellschaft der Guten und Gerechten, heilende „Behandlung" anempfohlen, nicht aber dem an der Rechtsordnung gescheiterten oder am Sittengesetz schuldig gewordenen Menschen, der nur auf individuelle Weise die Fehler einer repressiv gewordenen Moral reproduziere. Schuld erweist sich in solcher Perspektive als Fiktion, da sie das Spiegelbild einer pervertierten Moral darstellt. Plack macht sich die Kritik am Schuldstrafrecht nicht nur zu eigen, er überbietet sie durch die Forderung einer grundlegenden Revision der „herrschenden Moral" und das Programm einer auf der Bejahung der ungebrochenen Natur des Menschen basierenden „neuen Moral"[4].

Mag es sich bei diesen kritischen und programmatischen Ausführungen zu einer neuen Moral um zugespitzte Thesen und in dieser Zuspitzung auch um eine vereinzelte Stimme handeln, sie beziehen ihre verführerische Kraft aus dem großzügigen Angebot an „Enttäuschungsverarbeitungstechniken" (Odo Marquard) und sichern ihnen eine willige Aufnahme, wie die hohe Auflage des Buches zeigt (12. Aufl. 1977). Für die Konflikte mit der rechtlichen Ordnung und der moralischen Norm ist in der Gesellschaft ein Schuldiger gefunden, der von eigener Schuldübernahme entlastet.

Entgegen dem äußeren Anschein bestätigt auch die *tiefenpsychologische* und *psychotherapeutische* Bearbeitung des Schuldproblems das angedeutete Bewe-

---

[2] *F. Bauer*, Das Strafrecht und das heutige Bild vom Menschen, in: *L. Reinisch* (Hrsg.), Die deutsche Strafrechtsreform (München 1967) 11–23, 22.

[3] Ebd. 19.

[4] *A. Plack*, Die Gesellschaft und das Böse. Eine Kritik der herrschenden Moral (München 1967, [3]1968) 25, 119.

gungsgefälle. Obwohl das Phänomen der Schuld zu ihren viel erörterten Themen gehört, stehen Tiefenpsychologie und Psychotherapie im 20. Jahrhundert weiterhin unter dem dominierenden Einfluß *Sigmund Freuds*, der das Schuldbewußtsein als Krankheit diagnostiziert und behandelt hatte. Freilich ist der Sachverhalt bei Freud nicht völlig eindeutig. Seine Untersuchungen beziehen sich nicht auf das Wesen der Schuld, sondern auf das Schuldgefühl bzw. das Schuldbewußtsein des Menschen. In der Analyse neurotisch kranker Menschen stößt Freud auf Schuldgefühle, die er aus einer Disharmonie der Instanzen von Ich, Es und Über-Ich erklärt. Schuldgefühle sind das Resultat eines unbewußten innerpsychischen Konflikts, der dem Patienten bewußt gemacht werden muß und durch Aufarbeitung seine heilende Lösung erfährt[5].

Von diesen neurotisch-krankhaften Schuldgefühlen unterscheidet Freud ein Schuldgefühl nicht-krankhafter Natur und nennt es „Schuldgefühl aus Reue“[6]. Reue als Reaktion auf eine Unrechtstat vermag aber den Ursprung von Gewissen und Schuldgefühl nicht zu erklären, da sie umgekehrt die Bereitschaft zur Schuldübernahme schon voraussetzt. Deshalb klammert Freud das „Schuldgefühl aus Reue“ aus seinen tiefenpsychologischen Erwägungen aus und grenzt sie auf das krankhaft-neurotische Schuldbewußtsein ein. Da Freud aber ungeachtet dieser Differenzierung eine klare Unterscheidung von krankem und gesundem Menschen nicht vornimmt, verdichten sich seine am kranken Menschen gewonnenen Einsichten unter der Hand zu einem anthropologischen Gesamtbild. Der Gedanke nicht-neurotischer Schuldgefühle rückt zugunsten einer Identifizierung von Schuldgefühl und Neurose in den Hintergrund. Schuld ist „falsches“ Bewußtsein, Krankheit und damit letztlich Illusion.

In seinen „Vorlesungen zur Einführung in die Psychoanalyse“ hat Freud von den drei großen Kränkungen gesprochen, die dem Menschen im Laufe der Geschichte zugefügt worden sind: Durch die Entdeckungen des Kopernikus ist er – mit der Erde – aus dem Mittelpunkt des Kosmos verstoßen worden, mit dem Nachweis seiner Abstammung aus dem Tierreich hat er sein Schöpfungsvorrecht eingebüßt, und schließlich konfrontiert die psychologische Forschung das „Ich“ mit dem schmerzhaften Tatbestand, „daß es nicht einmal Herr ist im eigenen Hause, sondern auf kärgliche Nachrichten angewiesen bleibt von dem, was unbewußt in seinem Seelenleben vorgeht“[7]. Es fehlt in diesem Bild unangenehmer Wahrheiten allerdings der beruhigende Hinweis, daß die Psychoanalyse nicht nur die Wunde schlägt, sondern sie auch heilt, indem sie Schuldbewußtsein als Neurose interpretiert und so den Menschen von Schuld frei-

---

[5] Vgl. u. a. *S. Freud*, Zwangshandlungen und Religionsübungen (1907), in: *A. Mitscherlich – A. Richards – J. Strachey* (Hrsg.), Freud-Studienausgabe, 10 Bde. (Frankfurt a. M. 1969–1975) VII, 11–21; *ders.*, Trauer und Melancholie (1917) III, 193–212; *ders.*, Das Ich und das Es (1923) III, 273–330.

[6] *S. Freud*, Das Unbehagen in der Kultur (1930) IX, 191–270, 257.

[7] Freud-Studienausgabe I, 283 f.

spricht. Psychoanalyse ist ungeachtet ihres Beitrages zur Aufdeckung und Heilung neurotischer Krankheiten ein Angebot von Schuldbewältigung durch „Nichtigkeitserklärung“[8]. Solch Verständnis ist verwurzelt in den deterministischen Grundannahmen[9] der Psychologie S. Freuds, die der Freiheit und Verantwortung einen echten Kern abspricht und deshalb auch Schuld nur als krankhafte Illusion zu sehen und anzuerkennen vermag. Es sind diese deterministischen Grundannahmen, die sich, in wissenschaftlich durch die Verhaltensforschung angereicherter Gestalt, für das Verständnis des Menschen aber mit den gleichen Konsequenzen, in der heutigen Psychologie – und nicht nur in ihr – breiter Zustimmung erfreuen. Bhurrus Frederic Skinner hat ihnen mit dem Titel seines Buches „Jenseits von Freiheit und Würde“[10] eine aufschlußreiche Formulierung gegeben.

Für den gegenwärtigen Prozeß kritischer Distanzierung von Schuldphänomenen ist die Wirkung *Friedrich Nietzsches* im einzelnen schwer abschätzbar, obwohl er im 2. Abschnitt von „Zur Genealogie der Moral“ („Schuld“, „Schlechtes Gewissen“ und Verwandtes) seine Auseinandersetzung mit der Moral und dem Christentum auf eine schneidende Kritik an den Begriffen „Schuld“ und „schlechtes Gewissen“ zugespitzt hat. Seine Erklärungen sind nicht frei von schweifender Phantasie, die Analysen und Urteile ambivalent. Zunächst hat es den Anschein, daß Schuld und Gewissen, die Nietzsche aus dem Vertragsverhältnis zwischen Gläubiger und Schuldner herleitet, für die Reife des Menschen zum „souveränen Individuum“ unabdingbar sind. Um für sich als Zukunft gut zu sagen und versprechen zu können, bedurfte der Mensch des Gedächtnisses als einer Gegenkraft zum positiven Hemmungsvermögen der Vergeßlichkeit. Diese Entwicklung vollzog sich in „vorhistorischer Arbeit“ als schmerzhafte Erziehung des Menschen zum Wissen um seine Schulden, und hier haben „Gewissen“ und „Schuld“ nicht nur ihren Ursprung, sondern auch ihre „große Rechtfertigung“. Schuld und Gewissen wandeln sich zu Elementen der Zerstörung aber in dem Augenblick, in dem der Mensch durch die „Starken“ in ein geordnetes Gemeinwesen hineingezwungen worden ist. Die Instinkte kehren sich, nachdem ihnen der Weg nach außen verlegt ist, nach innen und beginnen ihr destruktives Werk, indem sie durch aporetische Konstellationen Kraft und Gesundheit des Menschen untergraben. Das Schuldgefühl als Gefühl persönlicher, aber einlösbarer Verpflichtung einer Person gegen die andere weitet sich krankhaft aus in das überdimensionale Bewußtsein, Schulden

---

[8] *A. Görres,* a.a.O. 175, vgl. 174–176.

[9] *S. Freud,* Vorlesungen zur Einführung in die Psychoanalyse (1916–17), Freud-Studienausgabe I, 33–445, 52, 70, 121. Im Widerspruch zur deterministischen Theorie der Psychoanalyse hat Freud dann doch ein gewisses Maß an Freiheit zugestanden. Vgl. dazu *A. Görres,* Vernunft und Leidenschaft. Determination und Freiheit im Exempel der Psychoanalyse, in: *ders.,* An den Grenzen der Psychoanalyse (München 1968) 31–52, bes. 38 ff.

[10] (Hamburg 1973) Original-Titel: Beyond Freedom and Dignity (1971). Vgl. dazu auch *A. Görres,* Kennt die Psychologie den Menschen? 17–46, 172–191.

gegen Gott zu haben, die sich nicht mehr abtragen lassen, und dieses Schuldbewußtsein wächst in gleichem Maße, wie sich der Gottesbegriff vertieft. „Die Heraufkunft des christlichen Gottes, als des Maximal-Gottes, der bisher erreicht worden ist, hat deshalb auch das Maximum des Schuldgefühls auf Erden zur Erscheinung gebracht."[11] So ist das Christentum in besonderer Weise schuld an der „Verschlechterung" der menschlichen Rasse. Es bedarf der Gegenbewegung, die sich nach Nietzsches Urteil im unaufhaltsamen Niedergang des Glaubens faktisch schon abzeichnet. Der Atheismus wird die Selbsterledigung des menschlichen Schuldbewußtseins mit sich bringen und zu einer Art „zweiter Unschuld" führen.

Es sind damit nur einige Motive und Problemfelder benannt, an denen sich der eingangs angesprochene Wandel im Schuldverständnis belegen läßt. Eine Thematik, die zum dauerhaften Problembestand nicht nur der Theologie, sondern der Philosophie und überhaupt des allgemeinen Bewußtseins gehörte, hat im 20. Jahrhundert eine einschneidende Reduktion erfahren oder ist – ungeachtet zunehmender Schuldzuweisung in der alltäglichen Lebenswelt – an den Rand des wissenschaftlichen Interessenfeldes geraten. In den neueren Entwürfen der (philosophischen) Anthropologie taucht das Schuldproblem bis auf vereinzelte Ausnahmen nicht mehr auf, und auch in der übrigen philosophischen Diskussion begegnet Schuld als Terminus nur noch selten[12].

2. *Der Schuldbegriff in der gegenwärtigen protestantischen Theologie*

Eine offene Frage ist, wieweit der allgemeine Wandel im Selbstverständnis des modernen Menschen hinsichtlich des Schuldphänomens auch in die Theologie hineingewirkt hat. Immerhin gibt zu denken, daß in den neueren Entwürfen theologischer Anthropologie aus dem protestantischen Raum der Schuldbegriff eine auffällig geringe Rolle spielt; er kommt allenfalls im Rahmen des Sündenverständnisses kurz zur Sprache, fristet ansonsten eher eine Randexistenz und erfährt keine gesonderte Behandlung. Schuld gehört nicht zu den

---

[11] *F. Nietzsche,* Werke. Kritische Gesamtausgabe, hrsg. von G. Colli und M. Montinari VI, 2 (Berlin 1968) 314ff., 321f., 309, 337ff., 346. Vgl. auch VI, 3 (Berlin 1969) 89f.

[12] Während *Max Scheler* in seiner religionsphilosophisch fundierten Anthropologie „Vom Ewigen im Menschen" (1921) dem Phänomen der Schuld noch eingehende Analysen gewidmet hat (*Max Scheler,* Gesammelte Werke V, hrsg. von Maria Scheler [Bern – München [5]1968] 36ff.), sucht man in seiner Neukonzeption von philosophischer Anthropologie „Die Stellung des Menschen im Kosmos" (1929) Analoges vergebens. *M. Heidegger* erörtert das Thema in „Sein und Zeit" (Tübingen 1927, [13]1976) § 58: Anrufverstehen und Schuld. – Eine imponierende Ausnahme in der gegenwärtigen Diskussion bildet *P. Ricœur,* Die Fehlbarkeit des Menschen. Phänomenologie der Schuld I; Symbolik des Bösen. Phänomenologie der Schuld II (Freiburg – München 1971). Vgl. zum Ganzen *L. Honnefelder,* Zur Philosophie der Schuld, in: ThQ 175 (1975) 31–48; *W. Korff,* Aporien einer „Moral ohne Schuld", in: *ders.,* Norm und Sittlichkeit. Untersuchungen zur Logik der normativen Vernunft (Mainz 1973) 151–168.

zentralen und charakteristischen Themen der neueren theologischen Anthropologie[13]. Das ist um so bemerkenswerter, als mit dem Stuttgarter Schuldbekenntnis der Evangelischen Kirche in Deutschland von 1945 Schuld einen singulären kirchlichen und kirchenpolitischen Ausdruck gefunden hatte, der durchaus geeignet gewesen wäre, auch die theologische Erörterung des Schuldproblems zu befördern. Während die damaligen politischen Geschehnisse Karl Jaspers veranlaßt haben, den Schuldbegriff und die Schuldfrage neu durchzuklären[14], sind sie in der Grundlagendiskussion der protestantischen Theologie nach dem Zweiten Weltkrieg ohne spürbares Echo geblieben. Damit stellt sich noch einmal die Frage nach dem möglichen Einfluß des modernen Selbstverständnisses auf die theologische Erörterung des Schuldproblems, zumal angesichts der extremen These: „Die Krise der Gesellschaft wiederholt sich in der Krise der Sprache. Die sprachlichen Weltdeutungsschemata von ‚Sünde', ‚Bösem' und ‚Schuld' leisten zur Orientierung im Handeln der Menschen keinen Beitrag mehr."[15]

Gleichwohl erlauben diese Hinweise nicht den Schluß, als seien die unter dem Begriff „Schuld" verhandelten Sachverhalte theologisch obsolet geworden. Es gibt zu dieser angedeuteten Perspektive eine Gegenperspektive. Einmal zeigt sich, daß in der Entfaltung der christlichen Lehre vom Menschen im Rahmen dogmatischer Gesamtdarstellungen und auch in der Ethik die Thematik durchaus weiter zur Diskussion steht, und es fehlt darüber hinaus – etwa in den Schriften Dietrich Bonhoeffers und im Werk Paul Tillichs – nicht an Versuchen, den Schuldbegriff neben seiner traditionell-dogmatischen Fassung im Zusammenhang der Sündenlehre neu zu bestimmen. Sodann gewinnt die Thematik im Gespräch der Theologie mit der Tiefenpsychologie zunehmend an Aktualität. In den letzten Jahren sind die Publikationen zum Problem der Angst und der Schuld gerade in der Verbindung von theologischer und tiefenpsychologischer Sicht sprunghaft angestiegen und scheinen ein neues Interesse zu signalisieren[16].

---

[13] Dieser Befund gilt schon für *E. Brunners* große Monographie „Der Mensch im Widerspruch. Die christliche Lehre vom wahren und vom wirklichen Menschen" (1937, Zürich – Stuttgart [4]1965). Vgl. ferner *W. Trillhaas,* Vom Wesen des Menschen. Eine christliche Anthropologie (Stuttgart 1949); *W. Pannenberg,* Was ist der Mensch? Die Anthropologie der Gegenwart im Lichte der Theologie (Göttingen 1962, [5]1976); *H.-R. Müller-Schwefe,* Der Mensch – das Experiment Gottes (Gütersloh 1966); *J. Moltmann,* Mensch. Christliche Anthropologie in den Konflikten der Gegenwart (Stuttgart – Berlin 1971, [3]1977). Einige Ausführungen finden sich bei *H. Thielicke,* Mensch sein – Mensch werden. Entwurf einer christlichen Anthropologie (München – Zürich 1976) 83ff.

[14] *K. Jaspers,* Die Schuldfrage. Ein Beitrag zur deutschen Frage (Zürich 1947).

[15] *Chr. Gremmels,* Die Sünde – das Böse – die Schuld. Soziologische Aspekte, in: *G. Altner – E. Anders* (Hrsg.), Die Sünde – das Böse – die Schuld. Aus theologischer, ärztlicher und soziologischer Sicht (Stuttgart 1971) 33–47, 34.

[16] Vgl. *M. Hartung,* Angst und Schuld in Tiefenpsychologie und Theologie (Stuttgart – Berlin – Köln – Mainz 1979) (Lit.).

Der klassische Ort für die theologische Durchklärung des Schuldproblems ist die Sündenlehre, die ihrerseits auf die Schöpfungslehre zurückweist. Nach christlichem Verständnis ist der Mensch zur Gemeinschaft mit Gott in Freiheit und zur Herrschaft über die außermenschliche Kreatur geschaffen. Er gehört in den Zusammenhang der gesamten Schöpfung, ist Kreatur „samt allen Kreaturen" und doch zugleich Kreatur in ausgezeichneter Weise. Diese Auszeichnung liegt in der Besonderheit seines Gottesverhältnisses, zur Gemeinschaft mit Gott bestimmt zu sein. Sie macht sein Wesen aus. „Das Mensch-sein des Menschen ist ... das Gottesverhältnis."[17] Gott spricht den Menschen an, und er vermag in Freiheit auf diesen Anspruch zu antworten, ist das Gott verantwortliche Wesen. Freiheit und Verantwortung konstituieren das Person-Sein des Menschen. In der Tradition ist diese besondere Würde des Menschen in Anlehnung an die Aussagen in Gen 1, 26 f begrifflich als Gottebenbildlichkeit gefaßt worden.

Hart neben der Aussage von der Bestimmung des Menschen zur Gemeinschaft mit Gott steht die andere von seiner Auflehnung gegen diese Bestimmung. Der Mensch in seiner Faktizität ist „der Mensch im Widerspruch" (Emil Brunner), und diese Widersprüchlichkeit seines Wesens bezeichnet die theologische Reflexion mit der Bibel als Sünde. Sünde ist ihrem primären Sinn nach eine religiös-theologische Kategorie, sie gewinnt ihre Bestimmtheit aus der Gottesbeziehung des Menschen und wird ohne sie unverständlich. Der Mensch bleibt Geschöpf Gottes, vermag mit seiner Auflehnung nicht auch seine Geschöpflichkeit aufzuheben, aber er vergeht sich am Anspruch Gottes, indem er sich in sich selbst verschließt, sein will wie Gott und so die Gott geschuldete Ehre verweigert. Aus dem Person-Sein des geschaffenen Menschen, der der Freiheit und Verantwortung fähig ist, folgt, daß seine Auflehnung ihm als Schuld zugerechnet wird. Sünde wird mit der Bibel und der Tradition als schuldhaftes Vergehen des Menschen interpretiert, und nur weil sie den Charakter der Schuld hat, kann der Mensch auch vom Gerichtswort Gottes getroffen werden. Sünde und Schuld sind nicht identisch, sondern begrifflich unterschieden. Sünde bringt die Grundhaltung und den Akt der Verfehlung gegenüber Gott zum Ausdruck, Schuld bezeichnet die persönliche Haftbarkeit des Menschen für diese widersprüchliche und selbstwidersprüchliche Existenzweise. Zwei Momente sind im Schuldverständnis miteinander verbunden: die geschuldete Beziehung als die objektive und die persönliche Haftbarkeit des Menschen als die subjektive Seite des Verhältnisses. Nur wo es etwas gibt, an dem der Mensch schuldig werden kann, vermag sich Schuld zu aktualisieren. Nach P. Althaus sagt der Schuldbegriff dies beides aus:

---

[17] *P. Althaus,* Grundriß der Dogmatik (Gütersloh [5]1959) 153.

„Erstens die Beziehung unseres Handelns auf den an uns ergehenden Anspruch: wir bleiben uns ihm schuldig und sind damit an ihm schuldig; zweitens die persönliche Urheberschaft unser selbst in der Sünde, demgemäß die Verantwortlichkeit, Haftbarkeit und Strafwürdigkeit als Personen, die Zurechnung der Sünde an uns als Personen. Man kann die beiden Momente auch in dem einen Worte ‚Widerspruch' zusammenfassen mit seinem Doppelsinn: die Sünde ist tatsächlicher objektiver Widerspruch zu Gottes Wille und: sie ist subjektives, aktives, willentliches und daher verantwortliches Widersprechen des Menschen als Person."[18]

Dieser Schuldcharakter der Sünde, den die Reformatoren nachdrücklich hervorgehoben haben, ist aber immer wieder gefährdet durch die sogenannte Erbsündenlehre, d. h. durch ein Verständnis von Sünde, das mit der Erbsünde einen Zustand vorausgehen läßt, in dem die einzelnen Tatsünden verwurzelt sind. Aus der systematischen Verknüpfung der Geschichte vom „Sündenfall" (Gen 3), von Ps 51,7 und der paulinischen typologischen Gegenüberstellung von Adam und Christus nach Röm 5, 12–21 – dies mit der problematischen Interpretation von Röm 5, 12 – hat sich in der Tradition die Vorstellung gebildet, daß Adam der Stammvater der Sünde ist, von dem sie sich auf dem Wege der Vererbung durch die Generationen fortpflanzt. *Friedrich Schleiermacher* hat dieses Verständnis in der Glaubenslehre, gerade um den Schuldcharakter der Sünde zu wahren, einer grundlegenden Revision unterzogen, und *Sören Kierkegaard* hat sich ihm, was die kritische Seite dieser Revision angeht, angeschlossen und sarkastisch geurteilt: „Man möge sich keine Ungelegenheiten machen, die Sündigkeit ist keine Seuche, die sich ausbreitet wie die Kuhpocken ..."[19] Mit seiner Kritik hat Schleiermacher sich durchgesetzt. In ihrer traditionellen Fassung wird die Erbsündenlehre heute in der protestantischen Theologie ernsthaft nicht mehr vertreten. Die Wahrheit dieser Lehre ist in Versuche ihrer Neuformulierung eingegangen, die in der angemessenen Begründung und Entfaltung des Schuldcharakters der Sünde ihre Gemeinsamkeit haben.

In der überlieferten Erbsündenlehre ist auf unzureichende Weise die Einsicht des Glaubens ausgesprochen und aufbewahrt, daß der Mensch als Sünder nicht allein steht, in seiner sündigen Tat vielmehr eingebettet bleibt in die Geschichte der Menschheit, er handelt als ihr Glied, und sie greift in seinen individuellen Raum hinein. Kierkegaard hat in solchem Sinn das Wesentliche der menschlichen Existenz dahin bestimmt, daß „der Mensch Individuum ist und als solches zu gleicher Zeit er selbst und das ganze Geschlecht, dergestalt, daß das ganze Geschlecht am Individuum teilhat, und das Individuum am ganzen Geschlecht"[20]. Was in Adam geschieht, vollzieht sich wesentlich auf gleiche Weise

[18] *P. Althaus,* Die christliche Wahrheit (Gütersloh 1947, [8]1969) 358.
[19] *F. Schleiermacher,* Der christliche Glaube (Berlin 1821/22) §§ 92–94, (2. Aufl. 1830/31) §§ 71 f.; *S. Kierkegaard,* Der Begriff der Angst (1844), übers. von Emanuel Hirsch (Düsseldorf 1952) 36. Vgl. zum Ganzen *H. Fischer,* Subjektivität und Sünde. Kierkegaards Begriff der Sünde mit ständiger Rücksicht auf Schleiermachers Lehre von der Sünde (Itzehoe 1963).
[20] *S. Kierkegaard,* a. a. O. 25.

in jedem Menschen. Es gibt eine Solidarität des Sündigens, das ist die Wahrheit der alten Erbsündenlehre, daran liegt ihr vordringlich, nicht an der Ursprungserklärung oder an der genauen Einsicht in den Folgezusammenhang[21]. Indem aber diese Wahrheit zur Geltung kommt, wird nicht nur deutlich, daß Sünde zuallererst Schuld des Menschen ist, sondern auch den Charakter des Verhängnisses hat[22]. Keiner kann aus der Solidarität des Sündigens ausbrechen, weil Mensch-Sein sich nicht auf ein punctum mathematicum reduzieren läßt. Es macht die Besonderheit der christlichen Lehre von der Sünde aus, daß sie auf der theoretisch letztlich nicht auflösbaren paradoxalen Zusammengehörigkeit von Schuld und Verhängnis insistiert. Der Mensch bleibt persönlich verantwortlich für seine als Selbstrühmung sich äußernde Auflehnung gegen Gott, und doch ist er damit in das überindividuelle Geschehen verwoben, das die Menschheit in ihren Gliedern vollzieht.

„Überkommener Gemeinwille und Einzelwille liegen ganz ineinander. Ich bin Mensch wie alle, aber ich bin eben darin ganz ich selber. Ich erleide mein Sündigsein so, daß ich es ständig mit eigenem Willen vollziehe. ... Wir sind Erben, aber zugleich Eigene, nicht daneben, sondern darin, in der willentlichen Bejahung und Aneignung des Erbes. Wir sind bestimmt, aber so, daß wir uns in und zu dieser Bestimmtheit selber bestimmen ... So bezeichnet der Begriff Erbsünde das Geheimnis eines immer schon vor mir entschiedenen Gesamtwillens, der mich bestimmt und trägt, doch so, daß ich selber ihn will und ihn mit trage."[23]

Aber das Moment des Verhängnisses wäre mißverstanden, wenn die Erkenntnis der eigenen Sünde und Schuld als logische Konsequenz eines allgemeinen Lehrsatzes von der Sünde aller Menschen zu stehen käme. Es verhält sich umgekehrt: Ich selbst bin Sünder, und indem ich meine Sünde erkenne und meine Schuld anerkenne, erschließt sich mir die Erkenntnis des Glaubens, daß alle Menschen Sünder sind (Röm 5,12).

In dieser Neuinterpretation, für die in der gegenwärtigen evangelischen Theologie ein breiter Consensus auch dort unterstellt werden kann, wo das Thema nicht förmlich verhandelt wird, ist die Intention der alten Erbsündenlehre beibehalten, ihr aber zugleich eine solche Fassung gegeben, die unbeschadet des Verhängnismomentes den Schuldcharakter der Sünde zu wahren vermag. Im einzelnen ergeben sich dann allerdings unterschiedliche Akzentuierungen. Für *Werner Elerts* Verständnis von Schuld ist seine schroffe Antithetik von Gesetz und Evangelium, von Gericht und Gnade leitend. Als Sünder wird der Mensch vor Gott schuldig, aber dieser Gott ist der Deus absconditus, dessen absolute Fremdheit gegenüber dem Menschen Elert im Anschluß an die Spitzenaussagen Luthers in De servo arbitrio hervorhebt. Zu diesem Gott gibt es

---

21 *M. Doerne,* Der Mensch im Urteil der Bibel (Potsdam 1939) 40.
22 Ebd. 43ff.
23 *P. Althaus,* Die christliche Wahrheit, 369.

„keine Brücke, keinen Weg, keine Verständigungsmöglichkeit". Dementsprechend liegt für Elert das Gewicht viel stärker auf der Unentrinnbarkeit der Schuld, dem „ungefragten Schuldigwerden". Damit droht aber der personale Charakter von Schuld von einer schicksalsmächtigen Todes- und Fluchordnung aufgezehrt zu werden[24].

Paul Tillich knüpft in seiner Auslegung von Schuld an die psychologischen und theologischen Analysen Kierkegaards in dessen Schrift „Der Begriff Angst" an, nimmt aber auch Motive der Hegelschen Deutung des Sündenfalls auf. Zugespitzt lautet seine These: Die Unschuld des Menschen muß zur Schuld werden, und doch vollzieht sich dieser Schritt in Freiheit, hat „den Charakter des Sprunges und nicht den struktureller Notwendigkeit"[25]. Dieser „Übergang von der Essenz zur Existenz", wie Tillich formuliert, ist auch kein Geschehen der Vergangenheit, sondern ein „ursprüngliches Faktum", das in jeder Wirklichkeit wirklich ist[26]. Um alle historisierenden Interpretationsversuche von Gen 1–3 schon an der Schwelle zurückzuweisen, bezeichnet Tillich den Sündenfall als „Symbol", das die universale menschliche Situation ausdrückt. Leitend für die symbolische Deutung des Falls mit den Konsequenzen für das Schuldphänomen ist der Freiheitsgedanke.

Im Unterschied zu allen Lebewesen kommt dem Menschen Freiheit zu, freilich in der Näherbestimmung von endlicher Freiheit. Freiheit im Zustand der Essentialität, der geschöpflichen Bestimmung, entzieht sich aber der Beschreibung, da das essentielle Sein faktisch immer schon in seine existentielle Verzerrung verflochten ist. Essentielles Sein kann nur metaphorisch anvisiert werden, und dazu bedient Tillich sich des von Kierkegaard geprägten Ausdrucks „träumende Unschuld". Träumende Unschuld meint in psychologischer Begrifflichkeit und in einem analogen, nicht eigentlichen Bedeutungssinn einen Zustand, der der aktuellen Existenz vorausgeht, noch in der Potentialität verbleibt. So wie im Traum Wirklichkeit und Nichtwirklichkeit ineinanderliegen, so kommt auch der Unschuld nicht-aktualisierte Potentialität zu. „Man ist unschuldig nur im Hinblick auf etwas, das – wenn es aktualisiert wird – den Zustand der Unschuld beendet. ... Unschuld kennzeichnet den Zustand vor der Aktualität, vor der Existenz und vor der Geschichte."[27] Aber der Zustand unentschiedener Potentialität ist unvollkommen, träumende Unschuld treibt über sich hinaus. Die im Menschen mit seiner Freiheit verbundene Angst, die „sich ängstigende Freiheit", und seine „erregte Freiheit", d. h. der Wunsch zur Sünde, der gleichwohl

---

[24] *W. Elert,* Der christliche Glaube. Grundlinien der lutherischen Dogmatik (1940, Hamburg ³1956) 154 f., vgl. auch 103–108 (§ 15: Das Schicksal widerspricht sich selbst); *ders.,* Das christliche Ethos. Grundlinien der lutherischen Ethik (1949, Hamburg ²1961) 188–231, bes. 195–205, 219–231. Vgl. auch *A. Peters,* Der Mensch (Gütersloh 1979) 142–146.

[25] *P. Tillich,* Systematische Theologie Bd. II, 52.

[26] Ebd. 43.

[27] Ebd. 40.

noch nicht Sünde ist, drängen zur Verwirklichung von Freiheit. „Der Mensch befindet sich in dem Konflikt zwischen dem Wunsch, seine Freiheit zu aktualisieren, und der Forderung, seine träumende Unschuld zu bewahren. Kraft seiner endlichen Freiheit entscheidet er sich für die Aktualisierung."[28] Verwirklichte Freiheit ist schuldig gewordene Freiheit oder, wie Tillich es mit Anklängen an Aussagen der Philosophie Hegels und Schellings noch allgemeiner formulieren kann: „Die Schöpfung ist gut, aber sie ist reine Potentialität. Wird sie aktualisiert, so verfällt sie durch Freiheit und Schicksal der universalen Entfremdung."[29]

Auch nach Tillich hat der individuelle Akt des Schuldigwerdens durch Freiheit eine überindividuelle Komponente, die er „Schicksal" nennt. Freiheit findet als endliche Freiheit im Schicksal ihren Gegenpol. Damit ist nicht nur das persönliche Schicksal des einzelnen gemeint, sondern Schicksal als universale Größe. Die Polarität von Freiheit und Schicksal hat die Qualität einer ontologischen Grundstruktur. Aber auch mit der Betonung des „tragischen Schicksals" ist der Schuldcharakter des Übergangs von der Essenz zur Existenz nicht aufgehoben, sondern sichtbar gemacht, daß der Mensch nie in der Vereinzelung lebt. Seine Freiheit vollzieht sich vielmehr im Rahmen von Grenzen, die durch die Geschichte der Menschheit und den Kosmos gesetzt sind. Darum muß beides zusammengedacht werden: „die tragische Universalität der Entfremdung und die persönliche Verantwortlichkeit des Menschen"[30].

Um die Begriffe „Sünde" und „Schuld" in ihrem Wirklichkeitsgehalt zu verdeutlichen, interpretiert Tillich sie als Modi der Entfremdung und vermag mit dem Rückbezug auf diese Hegelsche Kategorie, die K. Marx dann in einen sozialpolitischen Kontext übersetzte, die Vieldimensionalität des Phänomens zu illustrieren. Dennoch behalten seine Ausführungen zum Schuldverständnis in der Systematischen Theologie und auch in anderen Schriften[31] einen hohen Grad an Abstraktheit. Das gilt insgesamt für die theologische Diskussion zur Thematik und erklärt wohl u. a. auch deren geringe Resonanz.

Ansätze zur Überwindung der weithin abstrakt geführten Diskussion finden sich bei *Dietrich Bonhoeffer.* Das mag aus der Sicht seiner Gefängnisbriefe überraschen, denn in „Widerstand und Ergebung"[32] erscheint der Schuldbegriff als Negativfolie für die Mündigkeit des Menschen und seiner Welt. Schuld wird

---

[28] Ebd. 42.
[29] Ebd. 52.
[30] Ebd. 46.
[31] Vor allem *P. Tillich,* Der Mut zum Sein, in: Gesammelte Werke XI (Stuttgart 1969) 11–139, bes. 46ff. Vgl. zum Ganzen *K. Bümlein,* Mündige und schuldige Welt. Überlegungen zum christlichen Verständnis von Schuld und Mündigkeit im Gespräch mit P. Tillich und K. Rahner (Göttingen 1974) 43–78. – *M. Hartung,* Angst und Schuld in Tiefenpsychologie und Theologie, 63f., 82–89.
[32] *D. Bonhoeffer,* Widerstand und Ergebung. Neuausgabe, hrsg. von E. Bethge (München 1970, ^{2}1977).

zum Synonymbegriff für Schwäche, die der Predigt, der Seelsorge und auch der Theologie – in einer höchst verdächtigen Arbeitsgemeinschaft mit der Existentialphilosophie und Psychotherapie! – als Einfallstor ihrer Aktivitäten dient. Solche Ausnutzung menschlicher Schwäche weist Bonhoeffer vehement zurück, er hält es für unritterlich, den Menschen vornehmlich auf seine Grenzen hin anzusprechen, ihn bei seinem Unvermögen und seiner Schwäche zu behaften. „Ich möchte von Gott nicht an den Grenzen, sondern in der Mitte, nicht in den Schwächen, sondern in der Kraft, nicht also bei Tod und Schuld, sondern im Leben und im Guten des Menschen sprechen."[33] Diese deutliche Zurückhaltung gegenüber einer Vermittlung der christlichen Botschaft über die Grenzphänomene menschlicher Existenz steht bei Bonhoeffer im Zusammenhang seiner Religionskritik und der ihr korrespondierenden Vision von einem „religionslosen Christentum". „Religion" ist für ihn neben „Metaphysik" wesentlich bestimmt durch die Momente der Innerlichkeit und des Gewissens, und da Schuld genau in diesen Kontext hineingehört, überträgt sich die Kritik an der Religion auch auf sie.

Schuld erscheint bei Bonhoeffer dann aber auch noch in einer anderen Sicht, die nur scheinbar dem Befund in den Gefangenschaftsbriefen widerspricht. Schon in seiner Dissertation betont er die zugleich vereinzelnde und mit dem anderen verbindende Seite von Sünde und Schuld, die Einzigartigkeit der Schuld ist bezogen auf einen überindividuellen Horizont. In deutlicher Rezeption der Grundthese Kierkegaards aus dem „Begriff Angst" heißt es: „Die Sünde muß als überindividuelle, wie auch freilich als individuelle Tat vorgestellt werden, sie muß Tat des Geschlechts und Tat des Einzelnen zugleich sein."[34] Diese These dient Bonhoeffer zur Entfaltung der mit „der Sünde zwischen Ich und Du, wie zwischen Ich und Menschheit gesetzten neuen sozialen Grundbeziehungen"[35]. Der energische Vorstoß zur Entschränkung eines nur individuell gedachten Sünden- und Schuldverständnisses zeigt aber, daß die Aussagen der Gefangenschaftsbriefe bereits in der Dissertation anklingen. Nicht am Schuldbegriff, sondern an seiner ausschließlich individuellen Interpretation entzündet sich das kritische Interesse. Diese soziale Grundstruktur von Sünde und Schuld ist Bonhoeffer so wichtig, daß er sich nicht scheut, den Begriff der „ethischen Kollektivpersonen" ins Spiel zu bringen. Er versteht darunter die empirische Gemeinschaft in ihren Kleingestalten wie Freundschaft, Ehe oder Familie, aber auch in ihren Großformen wie Volk und Kirche. Ihnen allen gilt Gottes Wille, nicht nur dem einzelnen, und nur wo der einzelne in der Gemeinschaft steht, vermag Schuld in ihrem ganzen Ausmaß einsichtig zu wer-

---

[33] *D. Bonhoeffer,* a.a.O. 307, ähnlich 357, 341, vgl. außerdem 374.

[34] *D. Bonhoeffer,* Sanctorum Communio (1930, München ³1960) 73. Vgl. zur Thematik auch die Auslegung Bonhoeffers von Gen 1–3 in: Schöpfung und Fall (1933), jetzt in: *ders.,* Schöpfung und Fall. Versuchung (München 1968) 7–111, bes. 75, 89.

[35] *D. Bonhoeffer,* Sanctorum Communio, 72.

den und muß dann auch von der Gemeinschaft übernommen und getragen werden. So schreibt Bonhoeffer auf dem Hintergrund der Ereignisse des Ersten Weltkrieges:

„Es gibt nicht nur eine Schuld der einzelnen Deutschen, der einzelnen Christen, sondern es gibt eine Schuld Deutschlands und eine Schuld der Kirche. Hier schafft nicht Abhilfe die Bußfertigkeit und Rechtfertigung der Einzelnen, sondern Deutschland und die Kirche müssen Buße tun und Rechtfertigung erfahren.... Es ist klar, daß das nur ‚in' den Einzelnen geschehen kann. Nur so wird das Hören des Anrufs konkret faßbar, und doch sind es nicht die Einzelnen, sondern die Gesamtheit, die in den Einzelnen hört, Buße tut und glaubt."[36]

Diese frühen Aussagen Bonhoeffers haben dann gut zehn Jahre später einen sehr nachdenkenswerten Ausdruck in dem für seine Kirche formulierten Schuldbekenntnis gefunden, das das Stuttgarter Schuldbekenntnis von 1945 an konkreten Aussagen weit übertrifft. Kirche erscheint als Ort, an dem es zur Schulderkenntnis kommt, die sich im Schuldbekenntnis ausspricht und zur Schuldübernahme führt; die soziale Dimension ist klar ausgesprochen. „Die Kirche ist heute die Gemeinschaft der Menschen, die, gefaßt von der Gewalt der Gnade Christi, ihre eigene persönliche Sünde wie den Abfall der abendländischen Welt von Jesus Christus als Schuld an Jesus Christus erkennt, bekennt und auf sich nimmt."[37] In der Ethik, die dieses Schuldbekenntnis enthält, ist der Schuldübernahme noch eigens ein Abschnitt im Rahmen eines Kapitels über „Die Struktur des verantwortlichen Lebens" gewidmet[38]. Die Bereitschaft zur Schuldübernahme gehört mit der Stellvertretung, der Wirklichkeitsgemäßheit und der Sachgemäßheit zu den Strukturmerkmalen des verantwortlichen Lebens. Schuldübernahme heißt in der Nachfolge Christi, um der Liebe zum Menschen willen in die Gemeinschaft der Schuld anderer Menschen einzutreten und sich mit ihrer Schuld belasten zu lassen, und diese Einsicht hat Bonhoeffer durch seine aktive Mitarbeit in der Widerstandsbewegung mit dem Blutopfer seines Lebens besiegelt.

Die Reflexionen Bonhoeffers können als der Versuch angesehen werden, die auch ansonsten in der Theologie betonte überindividuelle Dimension im Sünden- und Schuldverständnis in den Bereichen sozialer Wirklichkeit sichtbar zu machen und damit dem aufgetretenen Bewußtseinsschwund entgegenzuwirken. Allerdings haben Bonhoeffers Anstöße in dieser Richtung die Diskussion in der protestantischen Theologie nicht nachhaltig zu bestimmen vermocht,

---

[36] Ebd. 78f.

[37] *D. Bonhoeffer,* Ethik, hrsg. von E. Bethge (München 1949, [8]1975) 117–123, 118.

[38] *D. Bonhoeffer,* a.a.O. 255f. Vgl. zum Ganzen *K. Bümlein,* a.a.O. 15ff.; *E. Bethge,* Schuld bei D. Bonhoeffer (1978), in: *ders.,* Am gegebenen Ort. Aufsätze und Reden (München 1979) 83–99; *H. J. Held,* Schuldübernahme als Ausdruck der Christusnachfolge bei Martin Luther und Dietrich Bonhoeffer, in: *E. Feil – I. Tödt* (Hrsg.), Konsequenzen. Dietrich Bonhoeffers Kirchenverständnis heute (München 1980) 140–168.

und so bleibt die theologische Reflexion des Schuldbegriffs angesichts der gewandelten Verhältnisse in der industriellen Gesellschaft mit ihren anonymen Großinstitutionen ein dringendes Desiderat. Unter solchem Vorzeichen kann der zu Beginn dieses Absatzes zitierten These von Christian Gremmels (s. o. Anm. 15) ein positiver Sinn abgewonnen werden.

Noch unter einem weiteren Gesichtspunkt sind die Erörterungen Bonhoeffers für eine zugleich evangeliums- und wirklichkeitsgemäße Erfassung des Schuldproblems aufschlußreich. Schuld ist in der Theologie kein Thema für sich, sondern eine Relationsgröße; es ist immer die Instanz mitgedacht, vor der der Mensch schuldig wird. Aber der Schuldbegriff ist in doppelter Weise relational bestimmt, er ist nicht nur auf das Gottesverständnis bezogen, Schuld gewinnt ihre Tiefenschärfe allererst von der in Christus geschehenen Versöhnung. Dieser Einsicht trägt Bonhoeffer dadurch Rechnung, daß er in seiner Ethik die Thematik der Schuld und das Schuldbekenntnis der Kirche in einem Zusammenhang zur Sprache bringt, der durch die Stichworte Schuld, Rechtfertigung und Erneuerung ein klares Gefälle aufweist. Erst vom Evangelium her wird ein Verständnis von Schuld gewonnen, das über den moralischen Bedeutungsgehalt hinaus deren metasittlichen, „religiösen" Kern freilegt und die Überwindung von Schuld in das Zentrum rückt. Der überlieferte Begriff dafür lautet „Vergebung der Schuld". Die nicht immer klare begriffliche Unterscheidung zwischen „Vergebung der Sünde" und „Vergebung der Schuld" ist so zu verstehen, daß der erste Ausdruck das personale Geschehen der gnädigen Annahme des Menschen durch Gott und Gewährung neuer Gemeinschaft meint, während der zweite nach Analogie juridischer Denkweise den in jenem Geschehen begründeten Erlaß der Schuld, ihre Tilgung zum Ausdruck bringen soll.

„Vergebung der Schuld" ist nicht die einzige Perspektive, in der die Theologie das Phänomen der Schuld sieht, aber doch ihre zentrale. Im Lichte der in der Versöhnung zugesprochenen Freiheit erschließt sich dem Menschen die Selbstwidersprüchlichkeit seiner Existenz gerade deshalb in ihrer Tiefe und in ihrem Ausmaß, weil er im Glauben an dem in Christus eröffneten neuen Leben partizipiert. Erst die Überwindung des Widerspruchs ermöglicht die Einsicht in dessen wahren Charakter und eröffnet Freiheit. Dieser Freiheitszuspruch ist der vom Evangelium vorgezeichnete Rahmen für die Erörterung des Schuldproblems. Deshalb ist zu Recht darauf hingewiesen worden, daß „für den christlichen Glauben die Erkenntnis und Bejahung der Schuld in den Horizont der Freiheit, nämlich der von Gott in der Vergebung vollzogenen Befreiung von der Last der Schuld gehört"[39]. Die menschliche Wirklichkeit ist nicht angemessen auf die Versöhnungswirklichkeit des Evangeliums bezogen, wenn Theologie und Kirche den Menschen einseitig auf seine Schuldverfallenheit

[39] *G. Krause*, Vergebung ohne Schuld?, in: EvTh 36 (1976) 53–72, 64, vgl. auch *T. Rendtorff*, Schuld und Rechtfertigung, in: ZEE 13 (1969) 153–163, bes. 156f.

festlegen und ihn mit dem Reservoir überlieferter Begrifflichkeit überschütten. Ebensowenig aber kann es ihre Aufgabe sein, sich an Deutungsversuchen menschlicher Wirklichkeit zu beteiligen, die im Kern auf die Erledigung von Schuld und damit auch von Freiheit und Verantwortung hinauslaufen. Mögen sich auch krankhafte Einbildungen oder gar Wahnvorstellungen mit dem Bewußtsein der Verschuldung verbinden, die Interpretation von Schuld als Neurose, Krankheit oder Illusion und die darauf zugeschnittene Therapie befördern genau jene Verdrängung, zu deren Beseitigung sie beitragen sollen. Verdrängungsbeförderung im Modus von Verdrängungsbeseitigung aber ist kein produktiver und hilfreicher Umgang mit Wirklichkeit; der Mensch kann nicht geheilt werden, weil er hier in die Mauern seiner Selbstwidersprüchlichkeit eingeschlossen bleibt. Mit der verweigerten Übernahme von Schuld befestigt der Mensch ungewollt das Gehäuse seiner eigenen Unfreiheit und arbeitet an seiner „Krankheit zum Tode"[40].

Im christlichen Glauben wird dem Menschen dieser Ausweg der Leugnung, Verdrängung oder Überlistung verlegt, er wird auf seine Schuld angesprochen und zu ihrer Erkenntnis und Übernahme gerade dadurch befähigt, daß er sich hineingenommen weiß in das in Christus realisierte Reich der Freiheit. Nicht der Versuch der Selbstbefreiung, die Annahme der Befreiung führt zur Annahme der Schuld und eröffnet neues Leben. Freilich steht die Theologie damit vor der schwierigen Aufgabe, das Schuldverständnis im Horizont ihres Freiheitsverständnisses so zu entfalten, daß darin die Erfahrungswirklichkeit des gegenwärtigen Lebens in der komplexen industriellen Gesellschaft eine angemessene, überzeugende und das Handeln des Menschen leitende Beschreibung erfährt.

3. Der Schuldbegriff in der katholischen Theologie

Anders als in der gegenwärtigen protestantischen Theologie gehört der Schuldbegriff in der katholischen Theologie zum festen Themenbestand der Dogmatik und Moraltheologie. Wenngleich in einigen Entwürfen theologischer Anthropologie aus neuerer Zeit die Schuldthematik ebenfalls mehr am Rande angesiedelt ist oder gar nicht auftaucht[41], bleibt sie doch in den einschlägigen Lehrbüchern, in Sammelpublikationen, in Zeitschriften (z. B. Concilium) und

---

[40] Vgl. zu diesem Prozeß die eindringlichen Analysen *S. Kierkegaards* in seiner Schrift „Die Krankheit zum Tode" (1849), übers. von E. Hirsch (Düsseldorf 1954).

[41] *L. Berg,* Das theologische Menschenbild. Entwurf – Ethos (Köln 1969); *M. Hermanns,* Der Mensch: woher – wohin? (Paderborn 1971); *J. B. Lotz,* Person und Freiheit. Eine philosophische Untersuchung mit theologischen Ausblicken (Freiburg i. Br. 1979).

auch in gesonderten Veröffentlichungen[42] dauerhafter Diskussionsgegenstand. Im „Grundkurs des Glaubens" gibt Karl Rahner dem 1. Teil seiner Anthropologie förmlich die Überschrift „Der Mensch als das Wesen der radikalen Schuldbedrohtheit" und erläutert:

> „Schuld und Sünde sind zweifellos ein zentrales Thema für das Christentum; denn dieses versteht sich ja als Erlösungsreligion, als das Ereignis der Vergebung der Schuld durch Gott selbst in seiner Tat an uns in Jesus Christus – in seinem Tod und seiner Auferstehung. ... Insofern wäre jede Einführung in den Begriff des Christentums mangelhaft, wäre nicht von der Schuld und der Verlorenheit des Menschen, von der Notwendigkeit einer Rettung aus einem radikalen Unheil, von Erlösungsbedürftigkeit und Erlösung die Rede."[43]

Das nähere Verständnis von Sünde und Schuld in der traditionellen katholischen Theologie war dadurch bestimmt, daß man, ganz ähnlich wie auf evangelischer Seite, lange Zeit die ersten drei Kapitel der Genesis im geschichtlichen Literalsinn (sensus litteralis historicus) verstand, den die Bibelkommission durch Beschluß vom 30. 6. 1906 für verbindlich erklärte[44]. Entsprechend wurde der theologische Gedanke von der Universalität der Sünde im problematischen Modell der „Vererbung" zum Ausdruck gebracht. Erbsünde ist die Sünde Adams, die sich durch Vererbung der Natur auf alle Menschen überträgt, auf jeden einzelnen als die ihm eigene. Da sich aber nicht eigentlich der sündige Akt Adams vererben kann, sondern nur die durch ihn verursachte Schuld, ist die Lehre von der Erbsünde zu derjenigen von der Erbschuld zugespitzt worden[45]. Durch den Ungehorsam gegen das ausdrückliche Gebot Gottes hat das erste Menschenpaar Schuld auf sich geladen, die im Verlust der übernatürlichen Gnade besteht, und dieser Verlust, der auf alle Menschen übergeht, macht das Wesen der Erbschuld aus. Im „Lexikon für Theologie und Kirche" heißt es lapidar: „Die Lehre von der Erb-Schuld ist *reine Offenbarungs- und Glaubenswahrheit*, in der aber auch unser erfahrbarer Zustand der grandeur et misère des Menschen (Pascal) seine letzte Verschärfung und Erhellung findet."[46]

Die katholische Theologie der Gegenwart geht freilich neue Wege. Es liegen

---

[42] Z. B. *W. Lauer*, Schuld – das komplexe Phänomen. Ein Vergleich zwischen schicksals- und daseinsanalytischem Schuldverständnis im Lichte christlicher Ethik (Kevelaer 1972); *H. Gauly*, Wissen um Schuld. Die Bedeutung der nachtridentinischen Lehre über die subjektiven Bedingungen der Todsünde für die Pastoraltheologie (Mainz 1972); *R. Goetschi*, Der Mensch und seine Schuld. Das Schuldverständnis der Psychotherapie in seiner Bedeutung für Theologie und Seelsorge (Zürich – Einsiedeln – Köln 1976) (Lit.); *St. Rehrl* (Hrsg.), Sünde. Schuld. Erlösung. Kongreß der Moraltheologen und Sozialethiker 1971 in Salzburg (Salzburg – München 1973).

[43] *K. Rahner*, Grundkurs des Glaubens (Freiburg i. Br. 1976, [11]1979) 97–121, 97.

[44] *H. Denzinger – A. Schönmetzer*, Enchiridion Symbolorum (Freiburg i. Br. [33]1965) 3512–3514 (2121–2123). (Die in Klammern gesetzten Zahlen bezeichnen die alten Nummern.)

[45] Vgl. *F. Diekamp – K. Jüssen*, Katholische Dogmatik nach den Grundsätzen des Heiligen Thomas II (München [12]1959) 159, 163 ff.

[46] *J. Auer*, Art. Erbsünde im dogmatischen Verständnis, in: LThK[2] III, 967–972, 971.

eindrucksvolle Versuche vor, etwa bei Karl Rahner und dem Holländer Piet Schoonenberg[47], die überlieferten Vorstellungen und Begriffe von Sünde und Schuld im Bewußtsein um das Selbstverständnis des heutigen Menschen neu zu interpretieren. Karl Rahner läßt sich dabei von der Vermutung leiten, daß die traditionelle Theologie möglicherweise durch einige Grundannahmen (endliche Freiheit des Menschen, Allwirksamkeit Gottes, der privative Charakter der formellen Bosheit der Schuld) gegen ihre eigene Intention zu einer Verharmlosung der Schuld beigetragen habe, so daß sich deren Neufassung nicht allein aus außertheologischen, sondern vor allem auch aus innertheologischen Gründen nahelegt.

Unter Verzicht auf den belasteten Begriff der Erb-Schuld setzt *Karl Rahner* sehr pointiert beim personalen Kern der Schuld an:

> „Schuld kann es nur dort geben, wo wissend gegen Gott gesündigt wird. Wie weit dieses ‚Wissen', daß ein Nein gegen Gott und seinen heiligen Willen gesprochen und so und nur so Schuld begründet wird, in einer begrifflichen Gegenständlichkeit gegeben und selbst ein Gegenstand reflexer Art sein muß, das ist eine andere Frage. ... Aber es gehört zum theologischen Begriff der eigentlichen Schuld vor Gott, daß sie wissend vor Gott begangen sein muß. Unbewußte und unfreiwillige Schuld im Sinne persönlicher Schuld vor Gott gibt es nicht, kann es nicht geben."[48]

Diese Interpretation von Schuld ist in einem Verständnis vom Menschen verwurzelt, dessen Dasein wesenhaft durch Verantwortlichkeit und Freiheit bestimmt ist. In der Freiheit will der Mensch nicht dies oder das, sondern letztlich sich selbst. Freiheit ist „zunächst einmal die Überantwortetheit des Subjekts an sich selber, so daß die Freiheit in ihrem Grundwesen auf das Subjekt als solches und ganzes geht"[49].

Aber der Mensch lebt nicht in individueller Vereinzelung, sondern ist gerade als freies Subjekt unauflöslich auf die Mitwelt, die Weltlichkeit, die Geschichte bezogen. Seine Freiheit vollzieht sich nicht in einen leeren, sondern in einen durch „Objektivationen fremder Schuld" vorgeprägten Raum hinein. Rahner ist allerdings vorsichtig, er nimmt für die Behauptung vom schuldhaften Versagen anderer nur Wahrscheinlichkeit in Anspruch, da ich Schuld – nach seinem Ansatz – immer nur als eigene erfahren kann. Immerhin werden diese Objekti-

---

[47] *K. Rahner,* Schuld und Schuldvergebung als Grenzgebiet zwischen Theologie und Psychotherapie (1953), in: *ders.,* Schriften zur Theologie II (Einsiedeln – Zürich – Köln 1955) 279–297; *ders.,* Art. Sünde, V dogmatisch, in: LThK² IX, 1177–1181; *ders.,* Verharmlosung der Schuld in der traditionellen Theologie?, in: *ders.,* Schriften zur Theologie X (1972) 145–163; *ders.,* Grundkurs des Glaubens, 97–121. Dazu *K. Bümlein,* a. a. O. 78–112. – *P. Schoonenberg,* Theologie der Sünde; *ders.,* Der Mensch in der Sünde, in: *J. Feiner – M. Löhrer* (Hrsg.), Mysterium Salutis II (Einsiedeln – Zürich – Köln 1967) 845–931; *ders.,* Art. Sünde und Schuld, in: *K. Rahner u. a.* (Hrsg.), Sacramentum Mundi IV (Freiburg i. Br. 1969) 766–779. Dazu *M. Hartung,* Angst und Schuld, 89–98. – Vgl. auch *J. Gründel* in diesem Bd. S. 130.

[48] *K. Rahner,* Schriften zur Theologie II, 281; vgl. auch *ders.,* Grundkurs des Glaubens, 109.

[49] *K. Rahner,* Grundkurs des Glaubens, 101.

vationen personaler Schuld durch die Erfahrung des Menschen sehr nahegelegt, und sie greifen in einer nie restlos durchzuklärenden Weise in die Freiheitsentscheidung des einzelnen Menschen ein. Und da kein Mensch aus diesem Schuldzusammenhang ausbrechen kann, muß diese „Mitbestimmtheit der Situation jedes Menschen durch fremde Schuld als eine allgemeine, bleibende und darum auch ursprüngliche ausgesagt" werden[50]. Für diesen Sachverhalt steht in der christlichen Tradition der Begriff „Erbsünde". Rahner gibt diesem Begriff in subtilen Untersuchungen, die durchaus in Spannung zu den überlieferten Lehraussagen stehen, einen neuen Inhalt, wenn er nicht bei Gen 1–3 einsetzt, sondern von der religiös-existentialen Interpretation der jeweils eigenen, durch fremde Schuld aber immer schon mitgeprägten Freiheitssituation des Menschen ausgeht. Der Mensch erfährt die Unentrinnbarkeit und folgeweise auch die Universalität von Schuld, und diese existentiale Verfaßtheit wird mit dem Ausdruck „Erbsünde" auf ihren Begriff gebracht. Für das angemessene Verständnis von „Erbsünde" ist es nicht unabdingbar, die biblische Erzählung von der Sünde des ersten Menschenpaares als „historische Reportage" zu lesen[51], und schon gar nicht kann die personale Tat Adams uns als ein quasi biologisch vererbtes Geschehen angerechnet werden. Solche Vorstellungen haben „mit dem christlichen Dogma von der Erbsünde schlechterdings nichts zu tun"[52]. Zusammenfassend heißt es sehr kühn: „Die Darstellung der Sünde der ersten Menschen ist ... der ätiologische Rückschluß aus der Erfahrung der existentiellen und heilsgeschichtlichen Situation des Menschen auf das, was ‚im Anfang' geschehen sein muß, wenn die jetzige Freiheitssituation so ist, wie sie erfahren wird und unverstellt angenommen wird."[53]

Piet Schoonenberg, Mitarbeiter am Holländischen Katechismus, hat Rahners Anstöße aufgenommen und einige weiterführende Überlegungen vor allem an den Begriff „Situation" angeschlossen. Wie Rahner will er die persönliche Tiefendimension im Sünden- und Schuldverständnis neu zur Geltung bringen. Der Mensch vollzieht die Sünde im Zentrum seiner Person als Akt einer freien Entscheidung gegen Gott und den Menschen. Zur Sünde wird die Sünde durch die Schuld[54]. Auch Schoonenberg verzichtet auf den Begriff der Erbschuld und hebt hervor: „Auf jeden Fall geht die Schuld, gerade weil sie der persönlichen Freiheit jedes Einzelnen entspringt, nicht von einem auf den anderen über, sie ist nicht gemeinschaftlich."[55] Aber die persönliche Freiheit jedes einzelnen wirkt auf die der anderen Person ein, und mit dieser unauflöslichen Verzah-

---

[50] Ebd. 115.
[51] Ebd. 120.
[52] Ebd. 116f.
[53] Ebd. 120. Vgl. auch *K. Rahner*, Art. Sünde, V dogmatisch, in: LThK² IX, 1180.
[54] *P. Schoonenberg*, Art. Sünde und Schuld, in: *K. Rahner* u. a. (Hrsg.), Sacramentum Mundi IV, 773.
[55] Ebd. 775.

nung ist eine Gemeinschaftlichkeit und Solidarität von Sünde und Schuld gegeben, die das Johannesevangelium (1, 29) als „Sünde der Welt" anspricht. Unter diesem Begriff nimmt Schoonenberg den Gedanken Rahners von den Objektivationen fremder Schuld auf und versucht, ihm mit Anleihen bei der sozialen Milieutheorie eine verdeutlichende Beschreibung zu geben. Der andere kann mir durch sein Handeln einen Wert erschließen und so an meine Freiheit appellieren, er kann mir aber durch ein schlechtes Beispiel diesen Appell auch vorenthalten. Diese „Situation" ist auch auf große Gemeinschaften übertragbar. In einem Volk oder einer Kultur können religiös-sittliche Werte verdunkelt oder gar abwesend sein, so daß Kindern oder auch ganzen Generationen der handlungsorientierende Blick für solche Werte verstellt wird. „Dadurch entstehen dann die ‚Sünden' eines Volkes oder einer Kultur, die zum großen Teil aus den rein materiellen Sünden individueller Personen bestehen, die für einen Wert blindgeboren sind."[56] Um dem Mißverständnis vorzubeugen, es habe solch eine Bestimmtheit durch die sünd- und schuldbeladene Situation einen lediglich äußeren Charakter, hebt Schoonenberg eine innere Angelegtheit oder Offenheit des Menschen für diese Situation hervor, die er durch den Ausdruck „Situiertsein" auch begrifflich von ihr unterscheidet.

„*Es geht hier nicht um die Situation, sondern um das Situiert-sein der Person,* das man nach einem scholastischen Sprachgebrauch ihre ‚situatio passive sumpta' nennen könnte. Nicht ein Bindeglied zwischen den persönlichen Sünden, das außerhalb des Menschen und insofern es außerhalb des Menschen liegt, ist letztlich von Bedeutung als Bestandteil der Sünde der Welt, sondern das Bestimmt-sein dieses Menschen selbst. Die Sünde der Welt ... ist eine Wirklichkeit im Menschen selbst."[57]

Solch eine Vorstellung von der „Sünde der Welt", die sich in der Erfahrung des Menschen vielfältig bestätigt, ist nach Schoonenberg geeignet, die alte Wahrheit der kirchlichen Erbsündenlehre neu verständlich zu machen, zumal dann, wenn die Fixierung auf die Sünde des ersten Menschenpaares abgelöst wird durch den Gedanken einer allmählich fortschreitenden geschichtlichen Entwicklung der Sünde.

Nicht nur auf dogmatisch-anthropologischer, auch auf moraltheologischer Ebene wird das Schuldproblem neu durchdacht. *Wilhelm Korff* hat die überindividuelle Komponente der Schulderfahrung thematisch erweitert und das mögliche „Schuldigwerden der Gesellschaft" zur Diskussion gestellt. Dieses Problem gewinnt gerade angesichts der schwierigen Zuordnung von Individuum und Gesellschaft im technisch-industriellen Zeitalter eine besondere Dringlichkeit. Gesellschaft geht nicht auf im Handlungsgeflecht ihrer Individuen, hat vielmehr eine eigene Dynamik und Struktur, die sich in ihren institutionalisierten Normen und Ordnungen ausdrücken. Menschliches Handeln

---

[56] Ebd. 776.

[57] *P. Schoonenberg,* Theologie der Sünde, 122.

verläuft als gesellschaftliches über Institutionen, die aber nicht verhängt sind, sondern ihrerseits auf menschliches Handeln zurückgehen. Nur aufgrund dieser komplexen Struktur, daß die institutionell verfaßte Gesellschaft einerseits Veranstaltung des Menschen selbst ist, ihm aber andererseits in einer gewissen Verselbständigung als Handlungsregulativ gegenübertritt, kann es überhaupt erst zur Frage nach dem möglichen Schuldigwerden der Gesellschaft und dann zu der weiteren nach der Vernunft der gesellschaftlichen Institutionen und Ordnungen kommen. Nach Korff hat die Vergangenheit nun vorwiegend solche gesellschaftlichen Ordnungsgebilde hervorgebracht, die dem gestaltenden Zugriff des Menschen letztlich entzogen blieben, vielmehr über ihn verhängt wurden und deren Vernunft er deshalb auch nicht zu verantworten vermochte. Damit hat sich aber jene „heillose Ordnung einer Schuldmoral"[58] etabliert, gegen die sich – nach Korff zu Recht – die neuzeitliche Kritik am Schuldbegriff erhoben hat, nicht um das Schuldphänomen überhaupt aufzulösen, sondern um falsche Schulddispositionen abzubauen. Positiv erwächst daraus die Aufgabe, an einer gesellschaftlichen Ordnung zu arbeiten, die dem Menschen „nicht mehr nur normative Gehorsamsbereitschaft, sondern zugleich auch normativen Gestaltungswillen abverlangt und zumutet"[59]. Darin erfüllt sich dann auch die lex Christi, sofern der Mensch sich nicht mehr zum Richter über den anderen Menschen aufschwingt, sondern ihm Wege seiner Menschwerdung ebnet.

Diese Skizzierung einiger Neuansätze zum Schuldverständnis in der katholischen Theologie läßt eine gewisse Parallele zu den Versuchen in der protestantischen Theologie erkennen, sofern beide Male die überlieferte Sündenlehre nach ihrem eigentlichen Gehalt neu zu Gehör gebracht werden soll. Gleichwohl drängt sich der Eindruck auf, daß in der katholischen Theologie nicht nur ein wacheres Bewußtsein für die Bedeutung des Schuldproblems selbst, sondern auch seiner Vermittlung an das neuzeitliche Bewußtsein vorhanden ist.

Weiterführende Literatur

W. Bitter (Hrsg.), Angst und Schuld in theologischer und psychotherapeutischer Sicht. Ein Tagungsbericht (Stuttgart ²1959).

K. Bümlein, Mündige und schuldige Welt. Überlegungen zum christlichen Verständnis von Schuld und Mündigkeit im Gespräch mit P. Tillich und K. Rahner (Göttingen 1974).

R. Goetschi, Der Mensch und seine Schuld. Das Schuldverständnis der Psychotherapie in seiner Bedeutung für Theologie und Seelsorge (Zürich – Einsiedeln – Köln 1976) (Lit.).

H. Harsch, Das Schuldproblem in Theologie und Tiefenpsychologie (Heidelberg 1965).

M. Hartung, Angst und Schuld in Tiefenpsychologie und Theologie (Stuttgart – Berlin – Köln – Mainz 1979) (Lit.).

W. Korff, Norm und Sittlichkeit. Untersuchungen zur Logik der normativen Vernunft (Mainz 1973).

[58] *W. Korff,* Norm und Sittlichkeit, 175.
[59] Ebd. 177.

K. Rahner, Grundkurs des Glaubens. Einführung in den Begriff des Christentums (Freiburg i. Br. 1976, [11]1979).
P. Schoonenberg, Der Mensch in der Sünde, in: J. Feiner – M. Löhrer (Hrsg.), Mysterium Salutis II (Einsiedeln – Zürich – Köln 1967, [2]1975) 845–941.
Ders., Art. Sünde und Schuld, in: K. Rahner u. a. (Hrsg.), Sacramentum Mundi IV (Freiburg i. Br. 1969) 766–779.
Ders., Theologie der Sünde (Einsiedeln – Zürich – Köln 1966).
E. v. Stein, Schuld im Verständnis der Tiefenpsychologie und Religion (Olten – Freiburg i. Br. 1978).
P. Tillich, Systematische Theologie II (Stuttgart 1958, [3]1964).

Hermann Fischer

III

Die Befreiung zur Hoffnung
Wege der Metanoia

Problembeschreibung

Ethik stellt sich dar als Norm des Handelns unter dem Anspruch von Verantwortung. Wo menschliches Handeln diesem Anspruch gerecht wird – nach dem Ausweis bestimmter Kriterien und nach bestimmten Koordinaten wie „Konflikt“ und „Kompromiß“ –, da erhält es die Qualität des ethisch Guten oder des Ethischen („Moralischen“) schlechthin.

Es gibt aber auch das „Verfehlen verantwortlicher sittlicher Praxis“, dem der Name „Schuld“ gegeben wird. Zwischen erfüllter und verfehlter Verantwortung, zwischen Erfüllung und Schuld spielt sich also sittliche Praxis ab – wobei Erfüllung von Verantwortung etwas wesentlich Dynamischeres und Flexibleres meint als Erfüllung von Vorschriften.

Dieses Spannungsfeld ist aber noch durch einen dritten Pol bestimmt. Es gibt auch den Weg von der Schuld zur Erfüllung, den die Bibel „Metanoia“ nennt, Umkehr, Sinnesänderung zum Guten. Aus seinem paränetischen Kontext in den Evangelien ist dieser Ausdruck zu übertragen in die analytische Reflexion, die hier vollzogen wird; denn die gemeinte Sache ist in dieser Reflexion ebenso wesentlich und unverzichtbar. Sie wird hier, doch auch nicht ohne einen Anflug von Paränese, „Befreiung zur Hoffnung“ genannt. Diese Begriffsbestimmung muß sich aber als Frucht gründlicher Reflexion bewähren.

Im Folgenden ist somit der Raum nach zwei Richtungen auszuschreiten: einerseits von der Ver-Schuld-ung über die Umkehr zur Vergebung und Versöhnung im Sinn der Verstehensordnung sittlicher Wirklichkeit im Horizont der Transzendenz, anderseits im Verfolg des Metanoia-Prozesses, wie er sich im Menschen und zwischen Menschen im selben Horizont vollzieht.

1. Verstehen: Von der Schuld zur Vergebung

a) Schuld als Ausweglosigkeit und Unfreiheit

Das Verstehen menschlichen Handelns ist erschwert durch dessen eigene Vielschichtigkeit. Einen großen Anteil am ganzen hat das *funktionale Handeln*, das Setzen von (richtigen) Ursachen zum Erzielen (beabsichtigter) Wirkungen. Es ist das Handeln des homo faber, des „Werk-Menschen", und somit in einer erdrückend technisch geprägten Kultur das überwiegende und zumeist das höchstbewertete Handeln, zumindest dasjenige, das unreflex zum Maßstab für jedes Handeln gemacht wird.

Daneben steht aber ein Handeln, das generell „*Sinnhandeln*" genannt werden könnte, oder auch „*Vollzugshandeln*", und das darin besteht, daß der Mensch sein eigenes Dasein vollzieht, das „seinen Sinn in sich hat", jedenfalls ihn nicht aus irgendeinem funktionalen Effekt bezieht wie das vielzitierte „Rädchen im Getriebe". Zu diesem Vollzugshandeln gehört das personale Beziehungshandeln, Kommunikation, Gemeinschaftsvollzug. Denn darin liegt ein wesentlicher Sinnbereich menschlichen Daseins. Und als personalen Vollzug versteht der Christ auch seinen Transzendenzbezug, also das innerste Feld der Sinnfrage.

Es sei festgehalten, daß auch funktionales Handeln teilhaben kann und soll am Sinnhandeln des Menschen; aber das geschieht bereits durch Sinn-Zuordnung; unmittelbar ist es vom Ursache-Wirkung- oder vom „Wenn A, dann B"-Schema bestimmt. Und umgekehrt gibt es funktionale Handlungsabläufe, die ganz einfach für ein Sinnhandeln gebraucht werden und nur diesem dienen.

Im funktionalen Handeln nun spricht man bei eigentlicher Redeweise nicht von Schuld, sondern bloß von „Fehler" (außer eben bei einer bestimmten Sinn-Zuordnung). Das Ursache-Wirkung-Schema hat einerseits eine gewisse Unerbittlichkeit: Wenn A, dann B, meist genau quantifizierbar und unabhängig von sogenannten „subjektiven" Faktoren wie Absicht und Meinung. Anderseits ist ein Fehler in der Regel leicht korrigierbar. Man muß beim nächsten Mal nur für den richtigen Ablauf besorgt sein, dann ist auch das Resultat richtig, der angestrebte Effekt wird erreicht. Das bewirkt für den Menschen ein gewisses Freiheitserlebnis oder jenes typische technische Herrschaftsgefühl: Die Objekte der Welt sind verfügbar, auch im „Trial and Error" behält man die Dinge noch im Griff, schafft man sich systematisch den Erfolg an. Und in einer technisch geprägten Kultur besteht die Tendenz, alles menschliche Handeln auf das Schema des funktionalen Handelns zu reduzieren.

Beim Sinnhandeln oder Vollzugshandeln verhält es sich aber anders. Wer beispielsweise unverantwortlich gegen eine Freundschaft gehandelt hat, kann nicht einfach von sich aus „die Freundschaft wiederherstellen". Denn eine solche Beziehung beruht auf personaler Freiheit, ist zwar einseitig zerstörbar, aber nicht einseitig manipulierbar. Wer sich eine solche Schuld aufgeladen hat, hat den weiteren Verlauf der Beziehung nicht in der Hand. Dieser hat seine Grenze an der Freiheit des Andern*. Das heißt, daß der Schuldige *unfrei* geworden ist durch seine Tat. Schuld in diesem Sinn hat den Charakter der *Ausweglosigkeit.* Der aus technischem Denken inspirierte Satz: Probleme, die der Mensch geschaffen hat, kann auch der Mensch wieder lösen, erweist in diesem fundamentalen Bereich des Bezugshandelns seine Unrichtigkeit. Es gibt nicht diese Symmetrie; vieles, was der Mensch „aus eigener Kraft" zerstören kann, kann er nicht in eigener Macht wieder heilen. Würde dieser Sachverhalt nur der quantitativen Komplexität des (zwischenmenschlich-psychologischen) Problems und der „noch ungenügenden" Beherrschung der funktionalen Regeln zur Beeinflussung des Andern zugeschrieben, dann hieße das bloß das Wesen personaler Freiheit und interpersonaler Beziehung verkennen, also das Problem und die Sachlage selber mißverstehen.

Der Christ nun ist durch Jesus Christus belehrt, seinen Transzendenzbezug nach der Art einer interpersonalen Beziehung zu verstehen, als Freundschaft zum himmlischen Vater. Die transzendente Bedeutsamkeit sittlicher Verantwortung und Praxis gehört dem Sinnbereich an, ist nicht funktional manipulierbar. Durch Verfehlen sittlicher Verantwortung wird der Mensch schuldig an seiner Freundschaft mit Gott. Auch sein Transzendenzbezug ist asymmetrisch angelegt: Er kann ihn eigenwillig (zer)stören, aber nicht eigenmächtig wiederherstellen. Der Mensch begibt sich durch sittliche Schuld also in eine bestimmte Weise der Unfreiheit, aus der er sich nicht befreien kann. Das Wort von der „Schuldverstrickung" oder von der „Knechtschaft der Sünde" ist mehr als ein Bild für üble Gewohnheiten oder für den „Fluch der bösen Tat", die weitere Sünden nach sich zieht. Es ist (auch) eine Aussage anthropologischer und theologischer Art, daß sich der Mensch aus der durch die schuldhafte Tat geschaffenen Daseinssituation nicht aus eigener Kraft befreien kann, daß er in dieser Situation, etwa der Zerstörung einer Beziehung, zutiefst stets der Zerstörung des Transzendenzbezugs verhaftet bleibt. A. Auer weist in diesem Zusammenhang nicht nur darauf hin, daß nach modernen Schriftstellern „der heutige Mensch seine Schuld ohne Aussicht auf Gnade und Vergebung" erfährt; er enthüllt auch Verhaltensweisen, welche bloß Reaktion auf die „Einmauerung" in Gnadenlosigkeit sind: „Das Pathos der Absurdität, die heroische Geste des Tragizismus, die stumme Verzweiflung der Resignation oder das unheimliche Hohngelächter des Nihilismus"[1].

---

* Wo in diesem Beitrag „der Andere" mit Majuskel geschrieben ist, geschah das in der Absicht, zu kennzeichnen, daß der Ausdruck in dem qualifizierten Sinn des „Anderen in der Beziehung" gebraucht ist.

[1] *A. Auer,* Ist die Sünde eine Beleidigung Gottes?, in: *P. Müller* (Hrsg.), Chancen der Umkehr (Stuttgart 1978) 18–27, 21.

b) Metanoia als erste Freiheit

Wenn im vorher beschriebenen Sinn der Mensch sich durch Schuld unfrei macht, dann ist in ihm trotzdem ein Anfang zu neuer Freiheit angelegt. Er liegt in der Wurzel menschlicher Freiheit überhaupt, nämlich in der Fähigkeit zur inneren Selbstbestimmung und zur sukzessiv verschiedenen Selbstbestimmung. Der Mensch ist nicht schlechthin identisch mit seiner Tat, und nicht mit der Selbstbestimmung, die einer Tat zugrunde lag. Es ist möglich, daß der Mensch, z. B. nach einer Tat, zu einer inneren Selbstbestimmung kommt, welche dieselbe Tat nicht mehr zuließe. Wenn auch der Mensch unter mancherlei Hinsicht der Gebundene seiner Tat ist, in einer Hinsicht bleibt ihm eine erste Freiheit: Er muß mit den Folgen der Tat nicht auch die Gesinnung der Tat festhalten; er kann sich *innerlich* anders bestimmen, kann von seiner Tat „Abstand nehmen"; er kann der *Gesinnung* nach *ein anderer* werden, als wie er sich durch die schuldhafte Tat verwirklichte. Und genau das ist gemeint mit Metanoia: Gesinnungswandel.

Die Metanoia kann die Tat unterlaufen. Die Tat kann der Mensch nicht ungeschehen machen, er bleibt in gewisser Weise an sie gekettet. Aber er muß nicht der Gesinnung nach der bleiben, aus dem die Tat hervorging. Er hat die Freiheit zur Distanzierung, zur Reue, zum Gesinnungswandel, ja im Gesinnungswandel erlebt er sich erneut anfanghaft als frei.

Wenn also gemäß einer Umfrage fast jedermann Schuldgefühle mit dem Vorsatz beantwortet, „in Zukunft besser zu handeln"[2], dann mag darin die richtige Erkenntnis stecken, daß jede „Reue" den „guten Vorsatz" einschließen muß. Es mag darin auch unausgesprochen der Gesinnungswandel schon enthalten sein. Aber jedenfalls müßte man davor warnen, einen solchen Vorsatz rein im Sinne des funktionalen Handelns zu verstehen: Fehler sind zu korrigieren, und damit hat es sich. So würden (und werden?) die meisten aus Schuld entstandenen zwischenmenschlichen Situationen mißverstanden und würde der Schuldige seine eigene Lage verkennen. Diese scheinbar „vernünftige", nüchterne und pragmatische Betrachtungsweise übersieht die Wirklichkeit des Bezugs- oder Sinnhandelns mit ihrer Asymmetrie. Aus dem nicht nur funktionalen, sondern existenzialen Verhängnis und Gefängnis der Schuld führt nur, in einem ersten Schritt, Gesinnungswandel wieder in die Freiheit. Aber auch sie kann erst der Anfang sein.

c) Vergebung als zweite Freiheit

Der Zwiespalt wird nur noch schmerzlicher erfahren, wenn ein Mensch sich durch Gesinnungswandel von seiner schuldhaften Tat distanziert hat, ihrem

---

[2] *P. M. Zulehner,* Umkehr: Prinzip und Verwirklichung. Am Beispiel Beichte (Frankfurt a. M. 1979) 47.

Ergebnis aber, der Zerstörung einer Beziehung, nicht entrinnen kann. Wie auch immer ein Mensch an einem Anderen schuldig geworden ist: Er kann seine Gesinnung ändern, nicht aber seine Schuld aufheben. Zu diesem zweiten und entscheidenden Schritt der Befreiung hängt er ab von der Freiheit dieses Anderen. Und die entscheidende Tat des Anderen heißt: *Vergebung.*

Mehrere Ausdrücke teilen sich, vorab aus kirchlicher Tradition, in die Bezeichnung des Sachverhalts auf verschiedenen Ebenen.

Verzeihung, stammverwandt mit Verzichten und Versagen, bedeutet, „seinen Anspruch auf Genugtuung oder Rache aufgeben" (Kluge), und gehört so gewissermaßen dem privatrechtlichen Bereich an.

Nachlaß liegt im selben Bereich und bezieht sich primär auf Geldschulden.

Lossprechung ist ein richterlicher Terminus, indem durch „Spruch" eine Rechtssituation geschaffen wird.

Vergebung ist ein Geben ohne Gegengabe, woraus sich die zwei Bedeutungen abzweigten von „Vergeblichkeit" und von Geschenk. (In den Schweizer Mundarten bedeutet „vergebens" wie „umsonst" nicht nur „ohne Erfolg", sondern auch „geschenkweise".)

Im Wort Vergebung, das die juridische Perspektive überschreitet und auch das Negative des „Verzichts" in das Positive des Gebens wendet, ist das Ereignis auf die personale Beziehungsebene gestellt. Wer eine Beziehung zerstört hat, kann sie nicht eigenmächtig wiederherstellen. Aber er kann, wenn sich seine Gesinnung gewandelt hat, den Anderen um Vergebung *bitten,* und der Andere kann ihm in Freiheit Vergebung *gewähren,* und das heißt, die Tat ihrer zerstörerischen Wirkung berauben und die Beziehung wiederherstellen. Vergebung ist so im anthropologischen Sinn ein schöpferischer Vorgang. Spekulationen über bloße (juridische) „Nichtanrechnung" oder (psychologisches) „Übersehen" der Schuld werden überholt durch die Beziehungswirklichkeit, in welcher die Person schöpferisch sein kann.

Aus dem Loch seiner Schuld, aus der Unfreiheit, eine zerstörte Beziehung trotz Sinneswandel nicht wiederherstellen zu können, wird also der Mensch befreit, indem der Andere ihm die Schuld vergibt, die Beziehung neuwerden läßt. Vergebung ist die zweite, die geschenkte Freiheit nach der „Knechtschaft" der Schuld.

Aber die Möglichkeit der Vergebung zwischen Menschen ist vielfältig bedingt und beschränkt. Einmal ist die Freiheit des Anderen bedingte Freiheit. Es kann sein, daß er Vergebung nicht gewährt und so den „Beleidiger" nicht „freispricht". Zum andern ist die Schuld oft gar nicht von der Art, daß ein Anderer, der vergeben kann, da ist. Nicht nur der Extremfall der Tötung erfüllt diesen Tatbestand nicht, sondern vor allem auch das vielfältige schuldhafte Handeln, von dem bloß Ferne oder Spätere betroffen werden, wie es sich vor allem auf dem Feld der Sozialethik ereignen kann.

Das ist nur ein besonders deutlicher Hinweis auf eine Wahrheit, die an sich und in jedem Fall gilt: Verantwortliche sittliche Praxis wie deren Verfehlung in der Schuld spielen sich vor dem Hintergrund des Transzendenzbezugs des Menschen ab, betreffen diesen Transzendenzbezug. Es wurde schon gesagt, daß Schuld Zerstörung des Transzendenzbezugs von seiten des Menschen ist und daß wir von Jesus belehrt sind, diesen Transzendenzbezug nach der Art einer interpersonalen Beziehung zu verstehen. Wir sind von ihm aber auch belehrt, daß der himmlische Vater grenzenlos zur Vergebung bereit ist. Und diese transzendente Vergebung ist die eigentliche letzte Befreiung des schuldigen Menschen: daß schöpferisch sein positiver Transzendenzbezug wiederhergestellt wird, den er selber zerstören, nicht aber heilen konnte. Das ist die eigentliche Befreiung: ohne sie wäre Vergebung durch Mitmenschen nur vordergründig, ungewichtig. Sie aber, die göttliche Vergebung, schenkt wirkliche Befreiung auch dort, wo kein Mensch ist, der vergeben kann.

d) Vergebung: Versöhnung und Hoffnung

Biblisch hat beim Thema der Wiederherstellung des positiven Transzendenzbezugs, des „Lebens“, ein Begriff besondere Bedeutung: *Versöhnung*[3].

Eine regionale Lautverschiebung hat im Deutschen denselben Wortstamm in zwei Bedeutungen verzweigt. Unter „Sühnen“ wird eher das Zahlen eines kultischen oder juridischen Preises, ein „Opfern“ verstanden, das geleistet wird, um eine Untat auszugleichen. Als „Versöhnen“ bezeichnet der Stamm denselben Effekt, aber im Sinne einer personalen Befriedung. Obwohl es die erstgenannte Bedeutung im NT auch gibt, steht bei Paulus die letztgenannte im Vordergrund bzw. sind in Christus beide miteinander zur Deckung gebracht[4]: Röm 5,10f; 11,15; 2 Kor 5,18–20; Kol 1,20.22.

Versöhnung besagt genau das, was hier als Ver-gebung, geschenkte Wiederherstellung des positiven Gottesbezuges beschrieben wurde. Ausgangspunkt ist die Feindschaft gegen Gott, welche der Mensch durch die Sünde errichtete. Die Unfähigkeit des Menschen, den Gottesbezug wiederherzustellen, stellt Paulus dar in der Nutzlosigkeit der Gesetzeswerke zur Rechtfertigung. Und die freie Versöhnungstat Gottes ist offenbar geworden in Christus. Damit wird auch im anthropologischen Schema für die Theologie eine wichtige Korrektur vorgenommen: Nicht die Metanoia des Menschen löst die Vergebung durch Gott aus, sondern die Versöhnungstat Gottes in Christus soll den Menschen zur Metanoia motivieren, wie es in 2 Kor 5,18–21 mit aller Deutlichkeit gesagt wird.

Bisher hat sich der theologische Versöhnungsbegriff auf einer Bildebene bewegt, wenn er etwa von H. G. Link als „Wiederherstellung eines guten Verhält-

---

[3] Im neuen offiziellen „Ordo Paenitentiae“ wird sowohl die Einzelbeichte als auch die gemeinschaftliche Bußfeier „Feier der Versöhnung“ genannt.

[4] Zum ganzen s. *H. G. Link – H. Vorländer,* Art. Versöhnung, in: Theologisches Begriffslexikon zum NT III (Wuppertal [3]1972) 1302–1313.

nisses zwischen Feinden" definiert wurde[5]. Direkter anthropologisch hat G. Schüepp 1979 an einem Symposion über „Buße und Feier der Buße heute" seine Bedeutung umschrieben: „Menschliches Leben setzt täglich Versöhnung voraus im Sinne des *Annehmens des Lebens in seiner Defizienz und seinem Versagen* und im Sinne der *Erfahrung des Angenommenseins.* Die Versöhnung betrifft des Menschen Beziehung zu sich selbst, zu Mitmensch, Gemeinschaft und Gesellschaft und zur Natur, und in all dem zusammen zu Gott."[6] Hier wird Versöhnung also in zwei Momente gegliedert: Sie ist Annehmen des Lebens in seiner Defizienz (objektiv) und seinem Versagen (subjektiv), und sie ist Erfahrung des Angenommenseins. Es wird nicht gesagt, wie sich die beiden Momente zueinander verhalten. Man müßte wohl sagen: Annehmen des defizienten Lebens *aufgrund* der Erfahrung des Angenommenseins. Dann ist das „Angenommensein" die objektive Versöhnung, die Positivität der Beziehung, und das Annehmen des Lebens daraus folgend die subjektive Befriedung, welche die deutschen Wörter Versöhnung, versöhnt, versöhnlich besonders mitbezeichnen.

Wenn zunächst alle empirischen Beziehungspartner einschließlich der Natur genannt werden und „in all dem zusammen" Gott, dann ist richtig, daß unsere Annahme durch Gott sich kategorial artikuliert, vermittelt in unserem Angenommensein durch Mitmenschen und uns selber, ja auch in „gnädigen" apersonalen Vorgängen. Es muß aber betont werden, daß die Annahme durch Gott der ermöglichende Grund jeder anderen Annahme ist und daß sie besteht und uns vollendet, auch wenn es konkret kein Angenommensein durch Menschen mehr gibt. Das ist ja der Offenbarungsgehalt des Kreuzestodes Jesu und seiner Auferweckung.

Das Dasein in aller Defizienz annehmen können, weil man angenommen ist (aus der Schuld), das ist die Versöhnung, welche Befreiung ist. Das ist aber wiederum die Grundlage für *Hoffnung.* Ohne die ganze Fülle des anthropologischen und theologischen Hoffnungsbegriffs auszubreiten noch sie zu verleugnen, kann im vorliegenden Zusammenhang Hoffnung verstanden werden als Annehmen des Daseins auf Zukunft dank einem Glauben an eine liebende Freiheit. „Wie kann man auf etwas hoffen, das man sieht?", fragt lapidar der Römerbrief (8,24). Nicht gegenüber berechenbaren Naturgesetzen gibt es Hoffnung (dort gibt es Prognose), sondern gegenüber personaler Freiheit und der Transzendenz. Wenn der Glaube fest ist, daß es sich um eine *liebende* Freiheit handelt, dann ist die Hoffnung „sicher", können wir daraufhin das Dasein in die Zukunft hinein annehmen. Hoffnung ist also ein anderer Begriff für ein begründetes „Annehmen des Daseins in seiner Defizienz".

Erfahrung der Möglichkeit des Gesinnungswandels, der Metanoia, Erfahrung der Vergebung aus schöpferischer personaler Freiheit, das ist es, was den

---

[5] Ebd. 1302.

[6] Arbeitspapier, unveröffentlicht.

Menschen aus der Unfreiheitssituation des Schuldigseins befreit und ihn in dieser geschenkten Versöhnung Dasein auf Zukunft annehmen läßt. Der geschenkte Weg aus der Schuld ist also wirklich Befreiung zur Hoffnung. Wie aber vollzieht sich solches im Menschenleben?

2. *Vollziehen: Wege der Metanoia*

Wenn nun Metanoia als Ausdruck für den ganzen Vorgang genommen wird, wie Menschen aus der Schuld zur Hoffnung befreit werden, dann zeigt sich bald, daß er sich auf verschiedenen Ebenen abspielt. Dieser zweite Abschnitt soll dartun, wie Metanoia sich vollziehen muß.

a) Die innere Umkehr im Licht des Glaubens

Das vorher erwähnte Problem der „Gnadenlehre", daß nämlich Gesinnungswandel des Menschen erst möglich wird durch den vergebenden Gott, soll jetzt nicht weiter erörtert werden. Es ist ein „Theologumenon", eine Aussage des Transzendenzverständnisses. Empirisch-psychologisch, vom Bewußtsein des Menschen her, kann der Gesinnungswandel durchaus als erstes erlebt werden, wenn auch der schuldige Christ je schon weiß um die Versöhnungszusage Gottes. Gerade darum kann hier behauptet werden: Der erste Weg aus der Schuld zur Befreiung ist „innere Umkehr im Licht des Glaubens". Was ist diese Umkehr? Worin besteht oder wie äußert sich Gesinnungswandel:

Sicher darf an erster Stelle genannt werden die ganz direkte Neueinschätzung des eigenen Handelns. Der Mensch erkennt, daß sein Handeln „häßlich" war, er ist emotional nicht mehr daran gebunden, er möchte nicht mehr damit identifiziert werden.

Dieses direkt Inhaltliche oder „Materielle" der Umkehr ist für betroffene Mitmenschen das zuerste Faßbare, der für sie vielleicht wichtigste Effekt; er soll darum nicht etwa wegabstrahiert werden. Immerhin ist dabei die Gefahr zu sehen, daß das ganze nur funktional gesehen wird, als Agieren, das nicht den gewünschten Effekt gebracht hat. Mindestens ist zu sagen, daß die direkt-inhaltliche Einschätzung verschiedene Motive haben kann und nicht in jedem Fall auf einen Gesinnungswandel schließen läßt.

Oft ist es ja auch so, daß der unmittelbar empirische Eindruck gar nicht der eines Unrechts, eines Verfehlens der sittlich verantwortlichen Praxis ist. Wie zufrieden erscheinen doch oft Menschen, die etwa auf Konsum manipuliert werden. Und doch geschieht ihnen Unrecht, wird eine zwischenmenschliche Beziehung verletzt. Zur Umkehr gehört also das formale Bewußtsein vom wirklichen Unwert des als unverantwortlich erkannten Handelns. „Verbrechen lohnen sich nicht" ist ein durch und durch unmoralischer Grundsatz, und ein

Lassen von unrechtem Tun mit dem Bedauern: „Es wär so schön gewesen, es hat nicht sollen sein", ist nicht Metanoia. Der Glaube muß zu der überzeugten Einstellung führen, daß das sittliche Böse (sofern es wirklich dies ist) für den Menschen und menschliche Verhältnisse kein Gut darstellt und daß das sittlich Gute als wirklicher Wert „zu erstreben wert" ist. Dieser Satz gilt zwar zunächst umgekehrt: Sittlich gut ist, was für den Menschen wirklich zu erstreben wert ist; aber beim einzelnen Handeln ist der empirische Beweis meist nicht kurzfristig erhältlich, weshalb auf einen zunächst abstrakten Normenvorrat nicht verzichtet werden kann. Die Aspekte von Konflikt und Kompromiß wurden schon erörtert.

Letztlich ist diese Überzeugung schwer erhältlich und jedenfalls nicht unerschütterlich begründbar ohne Überzeugung von der transzendenten Relevanz menschlich sittlichen Handelns. Umkehr aus Schuld muß darum für den Christen bedeuten: anerkennen, daß das schuldhafte Handeln der Freundschaft mit Gott widerstritt, und Motivierung der Sinnesänderung aus dem Willen, im Handeln Gott zu entsprechen.

Der erste Schritt der Metanoia, die innere Umkehr, kann wohl als der fundamentale bezeichnet werden, vor allem wenn man vom schuldig gewordenen Subjekt spricht. Er kann also in keinem Fall ausgelassen werden noch ist es berechtigt, „den zweiten Schritt vor dem ersten zu tun". Oft liegen die Dinge so, daß mit der inneren Umkehr das Ganze der Metanoia schon gegeben ist. Das ist aber nicht immer und nicht an sich der Fall. Vielmehr führt die innere Umkehr zu weiteren Schritten.

b) Zwischenmenschliche Versöhnung

Es konnte vorhin der Eindruck entstehen, als wäre das „Direkt-Inhaltliche" schuldhaften Handelns eigentlich unerheblich gegenüber dem formalen, aber abstrakten Moment der „Wertbejahung". Dieser Eindruck wäre falsch; es ist vielmehr zu betonen, daß sich eben das formal Gute oder Böse in den Inhalten des konkreten Handelns ereignet, aber dort wesentlich auf der Sinn- oder Vollzugsebene.

Es ist ferner vorauszublicken auf die „Entscheidungsfelder christlicher Verantwortung" (s. Zweiter Teil dieses Bandes). Zu diesen Feldern gehört der Mensch als sich selber aufgegebenes Werdewesen, und es gehört dazu das Handeln gegenüber der Schöpfung, in die sich der Mensch mit einem Auftrag hineingestellt sieht. Sachlich weitaus am breitesten ist aber doch das Feld der Mitmenschlichkeit, von Person zu Person und im Rahmen größerer Gemeinschaften und der Gesellschaft.

Hier spielt sich das eingangs erwähnte Drama ab von der Verletzung oder Zerstörung einer in sich sinnvollen, ethisch und transzendent relevanten Beziehungswirklichkeit durch schuldhaftes Handeln. Ein Mensch wird an (einem)

Mitmenschen schuldig; Menschengruppen werden an Mitmenschen(gruppen) schuldig: Das ist wohl das häufigste und das gewichtigste Muster, wie ethische Schuld sich ereignet. Man kann gerade hier hinzufügen: Am häufigsten dürfte wechselseitiges Schuldigwerden in irgendeinem „Prozentverhältnis" sein.

Metanoia, Weg aus der Schuld, muß darum als zweiten Schritt enthalten die zwischenmenschliche Versöhnung. Es ist nicht leicht, das Gemeinte ohne Mißverständnis zu erklären. Sicher ungenügend wäre eine Art innere Reue über zugefügtes Unrecht oder falsches Verhalten in der Beziehung, ohne daß der Andere nun eine Veränderung feststellen könnte. Umgekehrt fordert Versöhnung nicht unbedingt eine larmoyante Zeremonie. Aber sie muß wechselseitig feststellbar und vollziehbar sein. Ob das stillschweigend möglich ist oder irgendeine ausdrückliche Form braucht, ist aus der Gesamtsituation zu entscheiden.

Schließlich meint Versöhnung nicht Ausschluß jedes Konflikts in der künftigen Beziehung (obwohl eine heute feststellbare wahre Konfliktideologie ihre Herkunft nicht in einem Denken der Versöhnung hat). Die „Kunst" besteht gerade darin, unvermeidliche Konflikte auszutragen, ohne Unrecht zu tun, ohne die Beziehung zu verletzen. Versöhnung beruht auf der Achtung des Anderen in seinem Anderssein und seinem Menschsein, so wie umgekehrt Feindschaft im Bruch dieser Achtung besteht.

Zwischenmenschliche Versöhnung nach Schuld ist also Vergewisserung der gegenseitigen Annahme in der geforderten oder gewollten Beziehung, in wechselseitiger Bereitschaft, dem Anderen, so wie er schuldig ist, die Annahme zu schenken, ihm zu vergeben. Diese Versöhnung ist eine Bedingung der Echtheit der inneren Umkehr. Wo aber erbetene Vergebung beispielsweise nicht gewährt wird, dort ist tätige Versöhnungsbereitschaft ein Element der Versöhnung mit Gott.

Als Modell wurde bisher die Versöhnung zweier Personen stillschweigend vorausgesetzt. Wie stellt sich aber die Aufgabe in dem mindestens ebenso bedeutsamen Fall sozialer, kollektiver Schuld unter Gruppen in der Gesellschaft, ja zwischen Gesellschaften? Dafür bestehen nicht nur kaum Modelle, sondern auch noch fast keine Überlegungen[7]. Das Problem ist noch nicht einmal auf den Begriff gebracht. Man ist so fixiert auf die Annahme, daß Subjekt von sittlich guter oder schuldhafter Wirklichkeit nur eine handelnde Person sein könne, daß alle Welt bei sittlich bösen Kollektivphänomenen nach „den Schuldigen" sucht. *Dieses* Modell ist allerdings entwickelt ... Es hilft aber auch nicht ein solcher Begriff von „Kollektivschuld", der jedem einzelnen als persönliche Schuld voll anrechnet, was ein Kollektivphänomen oder Sozialphänomen ist. Es wäre zuerst ein analoger Schuldbegriff zu prägen, welcher besagt, daß eine Gruppe (durch Verhaltensmuster, ja Gesetze) als ganze Subjekt eines moralisch

---

[7] Vgl. etwa *H. Leroy*, Buße und Umkehr. Jesu Verhalten zu Sünde und Sünden, in *P. Müller* (Hrsg.), Chancen der Umkehr (Stuttgart 1978) 38–52, 50.

verwerflichen Tuns sein kann, ohne daß eine einzelne Person in der Gruppe diese Schuld als solche und als ganze trifft. Die persönliche Schuld der einzelnen daran kann vielfältig gebrochen, vermittelt sein.

Dann ist in gleicher Weise eine analoge Pflicht des Kollektivs zur Metanoia zu entwerfen, und schließlich wäre nach möglichen Modellen zu fragen, wie Kollektive zur Versöhnung, zu einem versöhnten Miteinander, Nebeneinander und Gegeneinander finden. Daß hier unser heutiges Vorstellungsvermögen überfordert ist, spricht nicht gegen die Berechtigung und Dringlichkeit der Forderung. In dem Maß, wie das menschliche Leben durch bewußte Interaktion von Gruppen geprägt wird, ist es dringlich, Modelle ihrer Versöhnung zu entwickeln. Sonst herrscht weiter die Meinung vor, Umkehr und Versöhnung betreffe den ethischen Privatsektor, das halböffentliche und das öffentliche Leben kämen ohne das aus, und das bedeutet nicht weniger, als daß der breiteste Bereich menschlicher Praxis aus der sittlichen Verantwortung mit denkbar schlechten Argumenten verdrängt wird. Das aber dürfte nun genau das Elend unserer heutigen gesellschaftlichen und politischen Situation sein.

Zwei Momente sind hier noch namhaft zu machen. Ohne den Transzendenzbezug ist auch kollektiv einer Befreiung zur Hoffnung letztlich nicht zu trauen. Und Formen kollektiver Versöhnung müssen wiederum durch Kollektive, durch Gemeinschaften entwickelt werden. Beides zusammen führt zum dritten Schritt auf dem Weg der Metanoia.

c) Schuldbekenntnis und Vergebung als Sakrament

1) Was Beichte nicht ist

Vorwiegend in der römisch-katholischen Kirche stand seit langem bis in die Gegenwart eigentlich nur die Beichte als Weg der Metanoia im Bewußtsein. Ob sie in ihrer Praxis Befreiung zur Hoffnung war, entzieht sich wissenschaftlicher Erforschung. Daß sie weitgehend eine unbefriedigende (innere) Form hatte, läßt sich wohl aus ihrem plötzlichen Rückgang zugunsten der Bußfeiern schließen. Wenn jetzt aber eben von Buße als Sakrament zu reden ist, soll vorerst das Verständnis gegen einige Mißverständnisse abgegrenzt werden.

Der Beichtpraxis oder dem vulgären Beichtverständnis wurde etwa der Vorwurf der Vergebungsmagie gemacht: Man sündigt, man beichtet, die Sünde wird „weggenommen", und der Fall ist erledigt, d.h., dieses Rad kann sich endlos drehen. Aber kein katholisches Schulkind der Vergangenheit kann ehrlich behaupten, es sei nicht eindringlich belehrt worden, daß ohne „wahre Reue" (= innere Umkehr) und „aufrichtigen Vorsatz" (= Versöhnung) keine priesterliche Lossprechung etwas nütze. Und den angehenden Beichtvätern wurde eingeschärft, wie sie sich der rechten Disposition der Pönitenten zu vergewissern hätten, ehe sie die Lossprechung erteilten.

Ernster ist das Bedenken zu nehmen, daß die Beichte mit ihrer konkreten Bekenntnisform eine legalistische Sündenauffassung förderte: Es gibt eine „endliche Menge“ von sittlichen Geboten, die man entweder erfüllt oder übertreten hat. Die Übertretungen beichtet man, und der ganze Vorsatz besteht darin, solche Übertretungen künftig zu meiden. Hier konnte – nicht prinzipiell und absichtlich, aber aus diesem verkürzten ethischen Denken heraus tatsächlich – der Gedanke der inneren Umkehr selber verkürzt werden.

Ein drittes führte oft zu demselben Ergebnis, was in der Anlage der Beichte selber wurzelte. In alten Zeiten vielleicht die Strenge der Bußauflage, in jüngerer Zeit vielmehr die „Beichtscham“ mochte oft dazu führen, daß „Sünden“ möglichst verharmlost oder vage ausgesagt wurden. Folgte auf ein vages Bekenntnis ein vager Zuspruch, dann konnte das zur Folge haben, daß dem Pönitenten das wahre Bewußtsein seiner Schuld verwischt wurde und so auch die innere Umkehr sich verflüchtigte.

Ferner verdunkelte die Beichtpraxis, wie sie seit dem Mittelalter aufkam, ganz im Gegensatz zur Bußordnung des Altertums, die Notwendigkeit, Umkehr unter Umständen als einen zeitlich erstreckten Prozeß zu verstehen. Der Katholik kam zum Bekenntnis, am Schluß mußte die Lossprechung stehen; ein „Zuspruch“ versuchte Pflichten und Vorsätze zu klären und die Umkehrgesinnung ins rechte Lot zu bringen. „Verweigerung“ der Absolution war ein Odium, man vermied sie selbst dort, wo die Kriterien da*für* gesprochen hätten. So war die Gefahr groß, daß ein Pönitent beim Verlassen des Beichtstuhls sich trotz aller Ermahnungen dem Gefühl der Erleichterung hingab, „es wieder hinter sich zu haben“, während der Umkehrprozeß erst richtig hätte einsetzen müssen.

Schließlich ist zu bekennen, daß in der Beichte zwar die „Wiedergutmachung zugefügten Schadens“ als Bedingung zur fruchtbaren Lossprechung eingeschärft wurde, daß aber vor dem Gedanken der „Vergebung durch Gott“, der „Sündentilgung“, derjenige der „Versöhnung mit dem Bruder“ (Mt 5,24) aus allerlei menschlicher Rücksichtnahme (um die Beichte nicht zu schwer zu machen) pastoral eher zurücktrat. Hierin mochte mehr eine Schwäche der allgemeinen Theologie als der Beichte im besonderen liegen. Es war aber anderseits auch die Stärke des richtig verstandenen Bußsakraments.

2) *Schuldvergebung als Sakrament*

Ihrer Wahrheit nach ist Buße als Sakrament nichts anderes als die Einlösung des Satzes, daß Schuld den Transzendenzbezug des Menschen tangiert und daß Gott *vor* allem menschlichen Werk die Versöhnung mit sich in Jesus Christus zugesagt hat. Es geht bei Buße als Sakrament um die Transzendenzdimension von Schuld und Versöhnung. Ein christliches Sakrament ist ein Symbolhandeln oder Sinnhandeln, in welchem einerseits die vorausliegende Gnade Gottes „gefeiert“ wird, anderseits der Christ seine glaubende Antwort auf diese göttliche Vorgegebenheit zum Ausdruck bringt. Sakramentales Handeln

„zwingt“ Gott zu nichts, seine Zusage ist in Jesus Christus vielmehr schon unwiderruflich vorgegeben. Sakramentales Handeln folgt vielmehr Gott. Es vermittelt die transzendente Gewißheit in die Kategorialität dieses Menschen, dieser Zeit, dieser Schuld. So wie für die Haltung der Versöhnung zwischen Menschen irgendeine Erkennbarkeit gefordert ist und ein Appell an reine Innerlichkeit nicht gilt, so ist die sakramentale Gestalt der Metanoia die Erkennbarkeit des Glaubens, daß Gott der Vergebende und der Versöhnende ist. Bußsakrament ist in diesem Sinn tatsächlich der dritte, vollendende Schritt auf dem Weg der Metanoia.

3) Sakrament als ekklesiale Wirklichkeit

Mit dem Vorigen ist aber erst die eine Dimension des Sakraments ausgesagt. Gottes Heil in Jesus Christus hat auf Erden einen bleibenden „Leib“ oder „Ort“, nämlich eine menschliche Gemeinschaft, die Kirche. Sie ist nach Christus die erste, grundlegende Vermittlung des transzendenten Heilswillens Gottes in die menschliche Kategorialität, darum Grundsakrament oder Wurzelsakrament genannt[8].

Das prägt entscheidend das Verständnis der einzelnen Sakramente. Sie sind nicht in sich selber stehende objektive „Gnadenmittel“, für den Einzelnen gemacht und vom Einzelnen beliebig aneigenbar, wie etwa eine Gebetsformel. Sie sind Artikulationen des Wesens der Kirche, kirchliche Geschehnisse in der Kirche, also in jeder Hinsicht auf Gemeinschaft bezogen. Im Sakrament der Buße artikuliert die Kirche ihr Wesen, Gemeinschaft der Versöhnung zu sein. Das ist von grundlegender Bedeutung für die „Wege der Metanoia“.

P. Zulehner macht auf die Bedeutung gemeinschaftlicher Unterstützung eines Umkehrvorganges aufmerksam und verwendet dazu die „Elemente einer gedeihlichen Verwandlung“, welche von P. L. Berger und Th. Luckmann aufgezählt wurden, darunter vor allem ein Ort, wo das „neuartige Lebenswissen“ glaubwürdig ist, und eine Gemeinschaft, die das unterstützt[9].

Das ist aber erst die humanwissenschaftliche Dimension des Problems. Sie kam schon in der alten Beichtform zum Tragen, wenn vor Festtagen oder bei „Volksmissionen“ eine wahre Beichtwelle die Pfarreien erfaßte und es so manchem Zögernden erleichterte, zu kommen. Noch entscheidender ist die theologische Dimension, daß in der Kirche Versöhnung unter Menschen sich ereignet als wirksames Zeichen der Versöhnung, die von Gott kommt.

In der „privaten“ Einzelbeichte, wo der Katholik vor dem Priester seine Sünden bekennt oder „sich als Sünder bekennt“ zum Zeichen der konkreten per-

[8] Vgl. die grundlegende Untersuchung von *L. Boff*, Die Kirche als Sakrament im Horizont der Welterfahrung (Paderborn 1972).

[9] *P. M. Zulehner*, a.a.O. 115–127; *P. L. Berger – Th. Luckmann*, Die gesellschaftliche Konstruktion der Wirklichkeit (Frankfurt a. M. 1969) 172.

sönlichen Umkehrgesinnung, wird die transzendenzvermittelnde Dimension des Sakraments wohl erfahren. Seine ekklesiale Dimension ist anwesend im Priester als dem offiziellen Vertreter der Gemeinde, der Kirche. Aber dieser Aspekt kann auch verdunkelt sein, wenn der Priester nicht in seiner ekklesialen Rolle wahrgenommen bzw. wenn diese reduziert wird auf eine durch individuelle Weihe erlangte individuelle „Absolutionsvollmacht". Obwohl die Einzelbeichte im Sinne der individuell-persönlichen Umkehr ihre Bedeutung behält und sogar noch verstärken kann, ist für die Erhellung der ekklesiologischen Dimension mehr zu erhoffen von der gemeindlichen Bußfeier, welcher auch der Priester vorsteht[10]. Sie hat zwei komplementäre Funktionen. Für den je einzelnen „reumütigen" Teilnehmer ist sie die Instanz Gemeinde, welche ihm ihre Versöhnung anbietet als wirksames Zeichen der vorgegebenen Versöhnung von Gott. Als ganze ist sie die „büßende Gemeinde", welche ihrerseits der Versöhnung von Gott bedürftig ist, da sie sich eben auch als Gemeinde sündig bekennen muß.

Hier müßte ein Ansatz vorliegen zur Lösung des oben angemeldeten Problems, wie ganze Gruppen Umkehr und Versöhnung vollziehen können. Wenn mit Bezug auf Kirche und Buße schon mit einem gewissen Recht die Frage erhoben wurde: Wo sonst in der Gesellschaft wird gegen das Böse gekämpft, wird Schuld bearbeitet und zur Sprache gebracht?, dann kann man ebenso berechtigt weiterfahren: Wo, wenn nicht in der Gemeinschaft der glaubenden, büßenden Kirche kann sich Schuld und Umkehr der Gemeinde artikulieren, können sich Verständnis und Modelle entwickeln für Versöhnung zwischen Gemeinschaften? Man nehme als nächstliegendes Paradigma die ökumenische Versöhnung. Aber die Aufgabe darf bei der Ökumene nicht schon haltmachen. Erst wenn kirchlich-gemeinschaftliche Versöhnung gesellschaftlich, und das heißt politisch, bedeutsam wird, ist sie ganz auf der Höhe ihrer Aufgabe. Auch hier gibt es naheliegende Paradigmen: Ausländer, diskriminierte Minderheiten, ehe die eingefleischten „Feindbilder" angegangen werden. Doch darf dieses letztere keinesfalls hinausgeschoben werden.

Es ist mit diesem Hinweis nicht in dem Sinn eine kurzschlüssige „Politisierung" der Kirche und des gemeindlichen Bußsakraments gemeint, daß „Buße" reduziert und gleichgesetzt würde mit politischen Solidarisierungsaktionen unter dem Stichwort „Versöhnung". Buße muß im innersten Umkehr des Herzens und Glaube an die Versöhnung von Gott sein. Aber gerade als dieses darf sie sich der gemeinschaftlichen, politischen Konsequenzen nicht entschlagen.

Auch hier gilt: Formen sind noch nicht einmal im Ansatz vorhanden. Aber die Erkenntnis, daß sie von hier ausgehen müssen, läßt den Anspruch anmelden, daß sie hier gesucht und entwickelt werden. Es kann nämlich angesichts

---

[10] Zum Thema Bußfeier vgl. *H. Leroy,* a. a. O. 49–52; *P. M. Zulehner,* a. a. O. 190–196, und die übrige Literatur.

der Entwicklung der Dinge als nüchternes Sachurteil ausgesprochen werden: Anders besteht für die Gesellschaft und ihre Gruppen keine Aussicht auf Befreiung zur Hoffnung.

Weiterführende Literatur

A. Auer, Ist die Sünde eine Beleidigung Gottes?, in: Chancen der Umkehr 18–27.
K. Baumgartner, Anfragen an das Bußsakrament (München 1977).
Ders. (Hrsg.), Erfahrungen mit dem Bußsakrament, 2 Bde. (München 1979).
L. Bertsch, Buße und Bußsakrament in der heutigen Kirche = Pastorale (Mainz ³1970).
J. Bommer, Versöhnung als Befreiung (Zürich 1980).
Ders., Befreiung von Schuld. Gedanken zu einer vielfältigen Buß- und Beichtpraxis (Zürich 1976).
Chancen der Umkehr. Ein Arbeitsbuch für die Erwachsenenbildung zu Buße und Beichte, hrsg. von P. Müller (Stuttgart 1978) (Lit.).
G. Doman – P. Lippert, Versöhnung – Ende der Konflikte? Konfliktbewältigung in Gruppe und Gemeinde (Limburg 1975).
A. Exeler u. a., Zum Thema Buße und Bußfeier (Stuttgart 1971). Die Feier der Buße nach dem neuen Rituale Romanum. Studienausgabe, hrsg. von den Liturgischen Instituten Salzburg, Trier, Zürich (Zürich – Freiburg – Wien 1974) = Deutsche Ausgabe des Ordo Paenitentiae, Editio typica (Vatikan 1974).
E. Feifel (Hrsg.), Buße, Bußsakrament, Bußpraxis (München 1975).
J. Finkenzeller – G. Griesl, Entspricht die Beichtpraxis der Kirche der Forderung Jesu zur Umkehr? (München 1971).
K. Forster (Hrsg.), Vergebung – Versöhnung – Friede (Donauwörth 1976).
Hilfen zur Arbeit mit der neuen Bußordnung (Ordo Paenitentiae), hrsg. vom Sekretariat der Deutschen Bischofskonferenz (Bonn 1975).
Laßt euch versöhnen ... Eine pastorale Handreichung zur neuen Bußordnung, hrsg. von der Liturgischen Kommission der Schweiz (Zürich 1975).
H. Leroy, Buße und Umkehr. Jesu Verhalten zu Sünde und Sündern, in: Chancen der Umkehr 38–52.
F. Nikolasch, Die Feier der Buße. Theologie und Liturgie = Pastorale Handreichungen 8 (Würzburg 1974).
O. *H. Pesch,* Buße konkret – heute (Zürich 1974).
P. M. Zulehner, Umkehr: Prinzip und Verwirklichung. Am Beispiel Beichte (Frankfurt a. M. 1979) (Lit.).

Alois Müller

Zweiter Teil

Entscheidungsfelder christlicher Verantwortung heute

Erstes Kapitel
Menschenwürde und Menschenrechte

I

Die Rechtsgeltung von Menschenrechten als Beispiel für die Rechtserheblichkeit ethischer Kriterien

1. Die rechtliche Gewährleistung von Menschenrechten

a) Ziele und Funktionen der rechtlichen Gewährleistung

1) Am Ende des 18. Jahrhunderts begannen die Menschenrechte[1], als Idee und als rechtliche Kategorie, ihren Siegeszug durch den Westen. Damit setzte eine der geschichtsmächtigsten Bewegungen der Moderne ein. Gewiß war dieser Durchbruch in Amerika wie auch in Europa durch lange und vielfältige geistige Anstrengung und politische Auseinandersetzung vorbereitet; aber erst die kom-

---

[1] Der Begriff der Menschenrechte ist nicht eindeutig. Im folgenden werden darunter Rechte verstanden, welche nicht nur und nicht erst kraft staatlicher Verfassung- oder Gesetzgebung anerkannt werden (im Unterschied zu den „Grundrechten").
Der Begriff der Menschenrechte umschließt nach heute wohl herrschender Auffassung einen sehr weiten Kreis rechtlicher Grundsätze. Dazu gehören Rechte von Völkern (Selbstbestimmungsrecht!), von Gruppen und von Individuen. Die Klasse der Individualrechte umfaßt wiederum eine Vielzahl verschiedener Rechte: Freiheitsrechte, Sozialrechte, politische (Mitwirkungs-) Rechte, Schutzrechte (wie das Recht auf Leben und auf körperliche, seelische und geistige Integrität oder das Recht auf faires Gerichtsverfahren, oder die vom humanitären Kriegsvölkerrecht gewährleisteten Rechte von Kriegsgefangenen etc.). Von der (bei R. Schnur abgedruckten und diskutierten) These G. Jellineks zur Erklärung der Menschen- und Bürgerrechte, daß nämlich die Glaubensfreiheit den inhaltlichen Bezugspunkt für alle anderen Menschenrechte abgegeben habe, ausgehend, hat T. Rendtorff die theologischen Voraussetzungen und im Zusammenhang einer „Ethik aus Freiheit" die fundamentale Einheit der liberalen und sozialen Freiheitsrechte dargestellt. Vgl. *T. Rendtorff,* Das Verfassungsprinzip der Neuzeit, in diesem Handbuch, Bd. 2, 215–233, bes. 225 ff. Der vorliegende Beitrag setzt die von diesem Artikel erarbeiteten Maßstäbe der ethischen Urteilsbildung voraus.

plexe historische Verbindung mit der revolutionären Neuschaffung oder Neugestaltung von Staaten brachte den Erfolg[2].

Philosophische Anerkennung und staatliche Gewährleistung von Menschenrechten waren im ausgehenden 18. Jahrhundert, sehr vereinfacht ausgedrückt, auf ein doppeltes Ziel ausgerichtet:

– Einmal galten sie als *Symbole und Instrumente der Emanzipation*, als Höhenfeuer der neuzeitlichen Freiheitsgeschichte. Sie waren ausgerichtet auf Bannung arroganter Staatsgewalt und damit auch auf Aussparung staatsfreier Lebenssphären, welche individuellem und selbstverantwortlichem Glücks- und Erfolgsstreben (auch im wirtschaftlichen Bereich)[3] vorbehalten sein sollten.

– Die amerikanische wie auch die französische Revolution ließen indessen ihre Vorkämpfer auch das Bedürfnis nach *Legitimierung des „neuen" Staates* empfinden; die Menschenrechte boten sich als hervorragende Integrations- und Legitimationsfaktoren an.

Schon in ihrer „Geburtsstunde" wurden also den Menschenrechten eine objektive und eine subjektive Dimension zuerkannt.

Daran hat sich seither im grundsätzlichen nichts geändert, kann sich im grundsätzlichen auch nichts ändern. Der Kampf um Gewährleistung der Menschenrechte im Völkerrecht und im Staatsrecht bleibt nach der historischen Erfahrung und nach der Intention heutiger Menschenrechtskonzeptionen auf eine Mehrzahl von Zielen ausgerichtet. Vor allem sind Menschenrechte auch heute und morgen zur Legitimierung der staatlichen und der überstaatlichen Rechtsordnung berufen. Je mehr sich der moderne (westliche und östliche) Staat in Legitimationskrisen verstrickt, je umfassender er sich durch soziologische und technologische Entwicklungen zu Überwachung, Regulierung, Gestaltung sozialer Prozesse veranlaßt sieht und damit wiederum zur Bedrohung für den Menschen wird, je mörderischer Kriege und Umweltveränderungen zu werden drohen, desto heller leuchten für die, die sehen wollen, als leitende „Fixsterne" die Menschenrechte.

---

[2] Vgl. etwa *J. Sandweg*, Rationales Naturrecht als revolutionäre Praxis (Berlin 1972). In gewissem Sinn trifft dies auch für die – im Zug der „glorious revolution" errungene – englische „Bill of Rights" zu (1689), mutatis mutandis wiederum für den Wiederbeginn deutscher Staatlichkeit nach dem Zweiten Weltkrieg (Bekenntnis zu Menschenwürde und „unverletzlichen und unveräußerlichen Menschenrechten" am Anfang der neuen deutschen Verfassung (Art. 1 Abs. 1 und 2 des Bonner Grundgesetzes). Vgl. zur Geschichte der Menschenrechte etwa *G. Oestreich*, Geschichte der Menschenrechte und Grundfreiheiten im Umriß (Berlin 1968); *M. Kriele*, Zur Geschichte der Grund- und Menschenrechte, in: Festschrift für H. U. Scupin (Berlin 1973) 187 ff.; Zur Geschichte der Erklärung der Menschenrechte, hrsg. von R. Schnur (Darmstadt 1964); *F. Hartung*, Die Entwicklung der Menschen- und Bürgerrechte von 1776 bis zur Gegenwart (Göttingen 1972).

[3] Auch Sicherung von Status und Privilegien war (und ist!) für manche Ziel des Einsatzes für Menschenrechte. Vgl. dazu *G. Picht*, Geistesgeschichtlicher Hintergrund der Lehre von den Menschenrechten, in: Festschrift für E. Menzel zum 65. Geburtstag (Berlin 1975) 296; ferner etwa die Einleitung von J. B. Müller zur deutschen Ausgabe von *Ch. A. Beard*, Eine ökonomische Interpretation der amerikanischen Verfassung (Frankfurt a. M. 1974).

2) Die Menschenrechte sind vielfältige Facetten einer einzigen Grundidee: der Anerkennung und des rechtlichen Schutzes *menschlicher Würde*, d. h. der jedem Menschen zugehörigen unaufhebbaren, sowohl allgemeinen wie auch spezifischen Wertigkeit des Menschlichen, der „Subjektivität" des Menschen und damit des Verbots einer „Verzweckung" irgendwelcher Menschen[4]. Am Schutz der Menschenwürde partizipieren die Menschenrechte aber nur dann wirksam, wenn sie rechtlich so ausgestaltet und bewehrt werden, daß sie *jede* ernsthafte Bedrohung abzuwenden erlauben, woher sie immer stammt und in welcher Gestalt sie immer erscheint. Um solche rechtliche Ausgestaltung haben sich moderne Rechtssetzung, moderne Rechtsprechung und moderne Grundrechtsdogmatik[5] gleichermaßen bemüht. Immer mehr setzt sich die Einsicht durch, daß Grundrechte nicht mehr nur als Abwehrrechte des Bürgers gegen den Staat begriffen werden dürfen, daß sie vielmehr auch von *„privaten Mächten"* aller Art zu respektieren und, wenn nötig, gegen sie rechtlich durchzusetzen sind (sog. „Dritt-" oder „Horizontalwirkung" der Grundrechte). Sie dürfen sich auch nicht mehr beschränken auf eine Verpflichtung des Staats zu Dulden oder Unterlassen – sie verlangen vielmehr, wenn sie Realität werden wollen, auch staatliches Leisten und Gestalten. Sie sind nicht nur subjektive Rechte im Sinne von Waffen, mit denen Bürger sich in staatlichen Verfahren, vor Verwaltungsbehörden und Gerichten, gegen Übergriffe staatlicher Macht wehren können; sie sind vielmehr auch, ja primär *objektive Leitprinzipien* für alle staatliche (und in gewissem Sinne auch für private) Tätigkeit, Auftrag vor allem an den Gesetzgeber, ihre „Grundideen" immer wieder neu zu konkretisieren und so Realität werden zu lassen. Dies heißt auch, daß die Menschenrechte keinesfalls dem Gesetzgeber zur freien Disposition gestellt sind: Ein innerster Kern der Menschenrechte darf von keiner Instanz, eben auch nicht vom Gesetzgeber, verletzt werden (sog. Wesenskern oder -gehalt der Menschenrechte)[6]. Der

---

[4] Vgl. zu Begriff und Prinzip der Menschenwürde aus juristischer Sicht etwa: *Ph. Mastronardi*, Der Verfassungsgrundsatz der Menschenwürde in der Schweiz (Berlin 1978); *P. Häberle*, Menschenwürde und Verfassung am Beispiel von Art. 2 Abs. 1 Verf. Griechenland 1975, in: Rechtstheorie (Berlin 1980) 389 ff.; *B. Giese*, Das Würde-Konzept. Eine normfunktionale Explikation des Begriffes Würde in Art. 1 Abs. 1 GG (Schriften zur Rechtstheorie, H. 45) (Berlin 1975); zuletzt *Ch. Starck*, Menschenwürde als Verfassungsgarantie im modernen Staat, in: JZ 36 (1981) H. 14, 457 ff.

[5] Vgl. – aus dem deutschen Sprachbereich – neben der Rechtsprechung des deutschen Bundesverfassungsgerichts und des schweizerischen Bundesgerichts etwa: *P. Häberle*, Grundrechte im Leistungsstaat (VVDStRL 30) (Berlin – New York 1972) 42 ff.; *ders.*, Die Wesensgehaltsgarantie des Art. 19 Abs. 2 Grundgesetz (Berlin ²1972); *K. Hesse*, Bestand und Bedeutung der Grundrechte in der Bundesrepublik Deutschland, in: EuGR 2 (1978) 427 ff.; *H. Willke*, Stand und Kritik der neueren Grundrechtstheorie (Berlin 1975); *D. Suhr*, Die Entfaltung des Menschen durch den Menschen (Berlin 1976); *J. P. Müller*, Soziale Grundrechte in der Verfassung? (Basel ²1981); *ders.*, Elemente einer schweizerischen Grundrechtstheorie (Bern 1982); *P. Saladin*, Grundrechte im Wandel (Bern ³1982).

[6] Ausdrücklich gewährleistet in Art. 19 Abs. 2 des Bonner Grundgesetzes. Ja sogar dem Verfassungsgeber ist nach Art. 79 Abs. 3 GG eine Änderung etwa von Art. 1 GG und seiner wichtigsten Konkretisierungen verwehrt.

Staat erscheint so heute nicht mehr bloß als der „große Gefährder“ der Menschenrechte. Diese haben zwar nach wie vor die Funktion, staatliche Macht zu bändigen; zugleich sind sie aber – in zunehmendem Maß – auf staatlichen Schutz[7] und eben auf staatliches Bemühen um Entfaltung und Verwirklichung angewiesen. Dies gilt gerade auch für die „klassischen“ Freiheitsrechte.

3) Rechtsprechung und Literatur haben nach dem Zweiten Weltkrieg die *Interdependenz* der verschiedenen Grundrechtskategorien herausgearbeitet. Freiheitsrechte, Sozial-, Schutz und Mitwirkungsrechte stehen nicht unverbunden nebeneinander, sondern ergänzen einander notwendig, stoßen freilich auch aneinander und bedürfen damit sorgfältiger Abstimmung.

So sind etwa die Grundrechte der Presse-, der Meinungs- und der Versammlungsfreiheit unentbehrlich für die Sinnhaftigkeit demokratischer Partizipation und damit für die Funktionsfähigkeit der *Demokratie*[8]. Sie sichern „Offenheit“ der Gesellschaft, sie gewährleisten das Recht und die Pflicht aller Bürger und jeder Generation, ihre politischen Probleme in eigener Verantwortung zu lösen. Der demokratische Gesetzgeber ist auf der andern Seite eben berufen, Freiheits-, Sozial- und Schutzrechte immer wieder neu – auf wechselnde Gefahren und Mängel ausgerichtet – zu konkretisieren.

Nur als interdependentes Normgefüge sind sodann die Menschenrechte in der Lage, zur normativen Sicherung des *Friedens* zwischen Staaten und im Innern von Staaten wirksam beizutragen. Frieden[9] ist auf Dauer nur möglich zwischen Menschen, deren Würde anerkannt und gewährleistet ist, und der Mensch kann seine Würde nur fruchtbar machen im Frieden. Diese Einsicht war etwa für die Verfasser der UNO-Charta und der Allgemeinen Erklärung der Menschenrechte von 1948 bestimmend[10]. Freilich bedeutet langfristige Friedenssicherung nicht, daß der Kampf um Menschenrechte auch auf kurze

---

[7] In verschiedenen neuen Entscheidungen hat das deutsche Bundesverfassungsgericht die Schutzpflicht des Gesetzgebers hervorgehoben; vgl. dazu etwa *F. Ossenbühl*, Kernenergie im Spiegel des Verfassungsrechts, in: DOeV 1981, S. 1ff.

[8] Zum Verhältnis von Grundrechten und Demokratie vgl. etwa *K. Grimmer*, Demokratie und Grundrechte. Elemente zu einer Theorie des Grundgesetzes (Berlin 1980); *O. Höffe*, Die Menschenrechte als Legitimation demokratischer Politik, in: FZPhTh 26 (1979) 3ff.; *J. Isensee*, Grundrechte und Demokratie, in: Der Staat 20 (1981) 161ff.; *J. Perels* (Hrsg.), Grundrechte als Fundament der Demokratie (Frankfurt a. M. 1979); zuletzt *J. Schwartländer* (Hrsg.), Menschenrechte und Demokratie (Straßburg 1981).

[9] Mit Recht wird der Begriff des „Friedens“ immer entschiedener „positiv“ begriffen, nicht nur im Sinne bloßen „Nicht-Krieges“ (vgl. etwa *G. Picht*, Was heißt Friedensforschung? in: Sozialpolitik und Friedensforschung [Informationen der Universität Freiburg i. Ue., Dokumente 9] [1971] 26ff.).

[10] Vgl. die Präambel zur Allgemeinen Erklärung der Menschenrechte der UNO von 1948 und dazu das Symposion „Um die Erklärung der Menschenrechte“, eingeführt von J. Maritain (Zürich u.a. 1951), bes. den Schlußbericht des Ausschusses der UNESCO für die theoretischen Grundlagen der Menschenrechte (359ff.) sowie den der deutschen Ausgabe beigefügten Beitrag von A. Verdross über „Die internationale Anerkennung der Menschenrechte als Voraussetzung des Weltfriedens“ (335ff.).

Sicht den Frieden gewährleistete, im Gegenteil; wo immer die Menschenrechte unterdrückt werden, sind „Dissidenz", Widerstand, Aufruhr, Revolution die unvermeidliche Folge. Wird solche Bewegung im Namen des Friedens aber wiederum unterdrückt, so erzeugt dies permanenten – latenten oder virulenten – Unfrieden.

Nur eine entschlossene Anerkennung und Durchsetzung aller wesentlichen Menschenrechte gewährleistet letztlich das *menschenwürdige Überleben der Menschheit:* durch Befestigung des Friedens, aber auch durch Abwehr schleichender Vernichtung des Lebens infolge übermäßiger Nutzung von Rohstoffen und infolge übermäßiger Belastung der Erde mit Schadstoffen. Auch die kommenden Generationen sind Träger von Menschenrechten[11], und die Lebenden sind verpflichtet, die Grundlagen für ihre fruchtbare Ausübung zu schaffen und zu bewahren.

b) Heutiger Stand von Schutz und Gefährdung

Oft hat man das Auseinanderklaffen zwischen weltweitem Bemühen um immer wirksameren Schutz der Menschenrechte und, wie es scheint, unverminderter oder wachsender Häufigkeit und Grausamkeit von Menschenrechtsverletzungen in vielen Teilen der Welt registriert. In der Tat scheinen diejenigen, die für Menschenrechte kämpfen, mit wachsender Atemlosigkeit hinter den zunehmenden Bedrohungen herzulaufen.

Auf der einen Seite ist für die letzten Jahre eine Verstärkung des internationalen Menschenrechtsschutzes dankbar zu registrieren. Seit 1976 sind die beiden UNO-Menschenrechtskonventionen von 1966 (über die wirtschaftlichen, sozialen und kulturellen Rechte und über die bürgerlichen und politischen Rechte) in Kraft; heute sind sie von 70 bzw. 72 Staaten ratifiziert. Das Fakultativ-Protokoll zur Konvention über die bürgerlichen und politischen Rechte ist, dank 28 Ratifikationen, heute ebenfalls in Kraft. Leider steht die Mehrzahl der UNO-Mitglieder noch heute abseits (auch die Schweiz als Nicht-Mitglied!). Der Menschenrechtsausschuß (Human Rights Committee), der von der Konvention über bürgerliche und politische Rechte geschaffen wurde und der ihre „Durchsetzung" zu überwachen hat, scheint sich neuerdings zu einer mutigeren Haltung durchzuringen. Bedeutungsvoll ist sodann der international-rechtliche Menschenrechtsschutz auf regionaler Ebene geworden (Europäische Konvention zum Schutz der Menschenrechte und Grundfreiheiten von 1950, Amerikanische Menschenrechtskonvention von 1969, Europäische Sozial-

---

[11] So *J. Moltmann,* Theologische Erklärung zu den Menschenrechten, in: Gottes Recht und Menschenrechte, hrsg. von J. M. Lochmann und J. Moltmann (Neukirchen-Vluyn 1976) 44 ff., 52 f.; vgl. auch *W. von Simson,* Die Bedingtheit der Menschenrechte, in: Liber Amicorum B. C. H. Aubin, Festschrift für B. C. H. Aubin zum 65. Geburtstag (Kehl a. Rh. – Straßburg 1979) 217 ff., 226.

charta von 1961); ebenfalls wichtig ist die Fortentwicklung des humanitären Kriegsvölkerrechts mit den Zusatzprotokollen zu den Genfer Konventionen von 1977. Das Völkerrecht verdankt der Internationalisierung des Menschenrechtsschutzes seinerseits eine wesentliche Fortbildung: So bewirkte (vor allem) diese Entwicklung, daß dem einzelnen Menschen (wenigstens beschränkte) Völkerrechtssubjektivität zuerkannt wurde; sie führte zu einem Ausbau nicht nur des humanitären Völkervertrags-, sondern auch des Völkergewohnheitsrechts (so mit der Ausbildung des Mindeststandards für Ausländer); schließlich ist auch die Rechtsfigur eines völkerrechtlichen ius cogens wenigstens teilweise menschenrechts-orientiert[12]. – Wichtig ist aber auch das Engagement nichtstaatlicher Organisationen wie etwa des IKRK, des Ökumenischen Rates der Kirchen oder von Amnesty International. Sie haben wesentlich dazu beigetragen, daß Menschenrechtsverletzungen auf der ganzen Erde als solche registriert werden, und sie haben in ihrem Kampf, den sie mit unterschiedlichen Methoden führen, immer wieder wichtige Erfolge verzeichnet.

Freilich sind eben trotz allen Bemühungen um eine Verstärkung des Menschenrechtsschutzes auf internationaler und auf nationaler Ebene alte Bedrohungen nicht beseitigt und neue noch kaum erfaßt. So wird heute in vielen Ländern mehr gefoltert als wohl je zuvor; dem menschlichen Leben droht plötzliche oder schleichende Vernichtung, dem menschlichen Denken und Fühlen verstärkte Banalisierung, Lähmung und Pervertierung als Folge etwa einer immer entschiedeneren Orientierung der Massenmedien am kommerziellen Erfolg und einer zunehmenden Trägheit von Medienproduzenten und -konsumenten. Neue Technologien schaffen neue Gefahren für Leben und Gesundheit wie auch für das existentiale Bedürfnis nach Ruhe, Geborgenheit, Privatheit. Der Mensch riskiert, zum Objekt, zur Maschine degradiert zu werden. Daß solche Entwicklungen auch unter dem Gesichtspunkt der Menschenrechte fragwürdig sind, wurde bisher kaum erkannt. Insgesamt wurde bisher die Grundidee der Menschenrechte zu wenig als umfassendes Prinzip menschlicher Würde begriffen; zu wenig umsichtig wurden entsprechend die Gefährdungen dieser Würde in den Blick genommen und bekämpft[13].

---

[12] Vgl. hierzu etwa *F. Berber,* Lehrbuch des Völkerrechts I (München 1975) 40 ff.; *A. Verdross – B. Simma,* Universelles Völkerrecht (Berlin ²1982) 262 ff.

[13] Wenigstens heute ist die Gefahr einer Verkürzung der Menschenrechtswirkung größer als die Gefahr ihrer Überanstrengung – die freilich auch ernst zu nehmen ist (vgl. hierzu etwa *U. Scheuner,* Die Menschenrechte in der ökumenischen Diskussion, in: Ökumenische Rundschau 24 [1975] 152 ff.; *L. Raiser,* Menschenrechte in einer gespaltenen Welt. Erwägungen zum Stand der ökumenischen Diskussion, in: Evangelische Kommentare 8 [1975] 199 ff., 203).

2. *Menschenrechte als „geronnene Ethik"*

Die völkerrechtlich und verfassungsrechtlich gewährleisteten Menschenrechte dienen, wie bemerkt, dem Schutz und der Entfaltung des Menschlichen im Menschen, seiner „Eigentlichkeit". Ihre Intention ist somit dieselbe wie diejenige allen ethischen Bemühens der Gegenwart. Die Frage der Bezüge zwischen Theorie und Praxis der Ethik hier, Theorie und Praxis des Menschenrechtsschutzes dort ist somit unumgehbar. Sie entfaltet sich freilich in verschiedene Teilfragen:

– Welches ist die historische Wechselwirkung zwischen der Ausbildung ethischer Konzepte und dem Aufbau eines rechtlichen Menschenrechtsschutzes?

– In welcher Weise sind heute und morgen Sinn, Begründung, Gegenstand und Wirkungsbereich des Menschenrechtsschutzes von der Ethik bestimmt oder bestimmbar? In welcher Weise hat also die Ethik zum permanenten Bemühen um immer besseren und wirksameren Schutz der Menschenrechte beizutragen?

– In welchen Prozessen können und müssen ethische Konzepte in rechtliche Gewährleistung von Menschenrechten übergeführt werden? Welche Hindernisse stellen sich solcher Überführung entgegen?

Diese Fragen sollen im folgenden erörtert werden, zum Teil freilich in einer durchaus vorläufigen Weise. Denn gerade die erste Teilfrage ist bisher nur wenig systematisch untersucht worden, und hinsichtlich der zweiten und der dritten hat die wissenschaftliche Diskussion erst vor wenigen Jahren auf breiterer Front eingesetzt.

a) Historische Wechselwirkungen zwischen der Ausbildung ethischer Konzepte und dem Aufbau eines rechtlichen Menschenrechtsschutzes

1) Jede Menschenrechtskonzeption fußt notwendig in einem bestimmten Menschenbild und im Willen zur „Würdigung" des solchermaßen vorgestellten Menschen. Diese Zielsetzung – „Würdigung" – ist essentiell ethisch, freilich sehr unterschiedlich „begründbar" und geschichtlich auch sehr unterschiedlich „begründet"[14]:

– So diente als Grundlage immer wieder ein *unmittelbar religiöses Verständnis* des Menschen oder bestimmter Gruppen von Menschen: Fremde galten als von Gott in besonderer Weise Behütete und darum vom Menschen mit besonderer Sorgfalt in ihren „Rechten" zu Achtende (so etwa im frühen Judentum); bestimmte Menschen begriffen sich als von Gott „Auserwählte" und darum mit dem Recht freier Äußerung ihres „rechten" Glaubens Auszustattende (so die von England auf den amerikanischen Kontinent ausgewanderten Puritaner). Oder es wird allgemein der Mensch als „Kind Gottes" verstanden und daher

---

[14] Vgl. zur Vieldeutigkeit des Begriffes „Begründung" *B. Sitter,* Kritizistische Kritik am Naturrecht – Ein Ritt gegen Windmühlen?, in: FZPhTh 28 (1981) 26ff., 47f.

mit dem Anspruch auf Schutz durch den Menschen in seiner gottgegebenen individuell-generellen Personalität versehen (so von modernen christlichen Begründungen der Menschenrechte, vgl. dazu unten 3; aber auch etwa im islamischen Menschen- und Menschenrechtsverständnis).

– Für die geschichtliche Ausbildung rechtlichen Menschenrechtsschutzes wirksamer waren indessen mittelbar-religiöse, säkularisierte ethische Konzeptionen: so vor allem eine naturrechtliche Vorstellung von der *„natürlichen Freiheit"* des Menschen, welche ihrerseits – außer für ausgeprägt atheistische Naturrechtstheoretiker – als eine von Gott geschaffene galt, aber eben als eine durch die Schöpfung mediatisierte und darum geltend „etsi daremus non esse Deum" (zur Bedeutung der Christentumsgeschichte, besonders auch der Reformation für die Herausbildung des rechtlichen Menschenrechtsschutzes vgl. auch unten 3). Die in den klassischen Menschenrechtserklärungen formulierten „Wahrheiten" galten als „self-evident" (so der Anfang der amerikanischen Unabhängigkeitserklärung von 1776), menschlicher Vernunft unmittelbar zugänglich.

– Dort schließlich, wo Geknechtete, Geschändete, Verfolgte nach Schutz und Gerechtigkeit schrien oder wo schaudernde Einblicke in begangenes Unrecht unmittelbar zu rechtlicher Veranstaltung drängten, die ähnliches für alle Zukunft verhindern sollte (so die Ausgestaltung des Grundrechtskatalogs im Bonner Grundgesetz), drückte sich ein *„unmittelbar menschliches", existentiales, nicht notwendig religiös begründetes Grundbedürfnis aus,* ein „Elementarethos" (Winfried Brugger).

2) Im „Westen" ist der Kampf um die Menschenrechte (vereinfachend und vergröbernd und darum auch in gewissem Sinne ungerecht ausgedrückt) in seiner ersten, entscheidenden Phase nicht unter der Fahne des Christentums ausgetragen worden; und auch im 19. und in der ersten Hälfte des 20. Jahrhunderts wurden wichtige Siege zum Teil *gegen,* nicht *durch* die christlichen Kirchen errungen[15]. Kirchen und Theologie hatten darum in unserer Zeit, als sie die untrennbare Verbindung von Menschenrechten und christlicher Heilslehre erkannten, ein Gelände zu betreten, das sie vorher weitgehend gemieden hatten.

Das Christentum kann die Menschenrechte aber auch nicht mittelbar als seine „Erfindung" beanspruchen. Zur Idee der Menschenrechte öffnen auch etwa Islam[16] und Buddhismus Zugänge[17]. Die Frage ist freilich, ob die Menschenrechte, wie sie heute in Verfassungen und vor allem in international-

[15] Vgl. hierzu etwa *M. Brecht,* Die Menschenrechte in der Geschichte der Kirche, in: Zum Thema Menschenrechte, hrsg. von J. Baur (Stuttgart 1977) 39ff.

[16] Vgl. *S. Ramadan,* Das islamische Recht. Theorie und Praxis (Wiesbaden 1980) 96ff., 155; *M. Boisard,* L'Islam et la morale internationale, thèse Genève (Paris 1979); *U. Steinbach,* Die Menschenrechte im Verständnis des Islam, in: Verfassung und Recht in Übersee 8 (1975) 47ff.

[17] Vgl. auch *S. V. Puntambekar,* Die Menschenrechte in der Auffassung des Hinduismus, in: Um die Erklärung der Menschenrechte (s. o. Anm. 10) 254ff., bes. 257.

rechtlichen Instrumenten gewährleistet sind, ob also die heutige rechtliche Ausformung der Menschenrechtsidee nicht doch schwergewichtig, ja einseitig von christlich-westlicher Ethik bestimmt ist. Diese Frage stellt sich nicht nur für die ökonomischen Grundrechte (der Gedanke privaten Eigentums und staatlichen Schutzes desselben ist wichtigen Kulturen fremd, soweit sie eben nicht schon „verwestlicht" sind, vom Gesellschaftssystem des Sozialismus ganz zu schweigen[18]); das Problem ist allgemeiner und darum beunruhigender: Ist nicht die entschiedene Ausrichtung sehr vieler (vor allem freiheitsorientierter) Menschenrechte auf das Individuum Folge eines *Subjektivismus* und *Individualismus,* wie er das (von einem stoisch-christlichen Menschenbild getragene[19]) europäische Denken jedenfalls seit der Renaissance, noch deutlicher seit der Reformation und dann wiederum in Idealismus und Liberalismus prägt? Wenn dies aber zutrifft – und es trifft wohl in höherem Maße zu, als es sich Theorie und Praxis der Menschenrechte bewußtmachen –, ist es dann nicht eine verkürzte oder gar verfälschte christliche Botschaft, welche in den vergangenen Jahrhunderten die Forderung nach Menschenrechten wenigstens mittelbar fundierte? Und wenn das richtig ist: Wie konnte es zu solcher Pervertierung kommen? Verlangt nicht gerade das Evangelium eine rechtliche Verfassung des Menschen, welche die *Rechte* des einzelnen entschiedener als heute verbindet mit *Pflichten* des einzelnen gegenüber seinem Nächsten und gegenüber (kleineren und größeren) Gemeinschaften? Könnten nicht gerade von hierher festere Brücken zu anderen geistigen Fundamenten und den darauf gestellten Gebäuden geschlagen werden? Diese Fragen sind heute insgesamt noch durchaus unzureichend erfaßt und beantwortet. Im 3. Teil des Beitrags wird darauf zurückzukommen sein.

b) Notwendigkeit und Strukturen der Wechselwirkung heute und morgen

Am Ende des 2. Jahrtausends nach Christus hat sich der Menschenrechtsgedanke Zugang zu fast allen Verfassungen der Erde und zu wichtigsten Bereichen des Völkerrechts verschafft; in die Wirklichkeit hat er sich freilich nur fragmentarisch umgesetzt. Welches ist die Aufgabe der Ethik im Hinblick auf die Menschenrechte heute?

Die Ethik ist mit der rechtlichen Gewährleistung von Menschenrechten nicht entlassen. In mehrfacher Weise ist das Recht vielmehr auch heute und morgen auf permanente Mitwirkung der Ethik angewiesen:

1) Menschenrechte „gelten" – wie alles Recht – auf längere Sicht nur auf der Grundlage eines zustimmenden *Konsenses der Rechtsunterworfenen.* Macht ver-

---

[18] Vgl. *M. Werder,* Eigentum und Verfassungswandel. Eine Untersuchung der anthropologischen Bedingtheit der Eigentumsordnung und ihrer verfassungsrechtlichen Gewährleistung (Diessenhofen 1978).

[19] Vgl. hierzu etwa, v. a. auch zum stoischen Einfluß, *G. Picht,* a. a. O. (s. o. Anm. 3) 290ff.

mittelt einer Rechtsordnung und ihren einzelnen Elementen für sich allein keine Legitimität und sichert ihr somit auch keine Dauer. Konsens ist freilich nicht nur für Setzung und Geltung der obersten Rechtsnormen, sondern auch für die zahlreichen Akte der Konkretisierung erforderlich, welche jene Normen erst zur Realität werden lassen (vgl. dazu unten b 2). Menschenrechte sind also, jedenfalls auf längere Sicht und „auf breiter Front“, nur wirksam, wenn die Bürger sie als *„richtig“* ansehen, wenn sie also von einem *ausreichenden Fundus übereinstimmender politischer und ethischer Überzeugung* getragen sind. „Politische“ Überzeugung (in einem engen Sinn) genügt für sich allein keineswegs; bloßes politisches Kalkül (oder bloße „sozialtechnologische“ Konstruktion) wird nie die Grundsätzlichkeit des Denkens und die „Größe“ des Verhaltens hervorbringen und sichern, deren wir bedürfen, wenn wir immer wieder den Nächsten „anerkennen“, mit ihm teilen und ihn auch dann „würdigen“ sollen, wenn er schwach, krank oder sehr unbequem ist. Politisches Kalkül „trägt“ somit auch Rechtsnormen nicht, welche solches Verhalten zum Gegenstand allgemeiner und durchsetzbarer Gebote erheben.

Ebenso ist evident (und in der Theorie hinlänglich belegt), daß Hinweise auf „Selbst-Evidenz“ irgendwelcher Rechtsnormen oder auf „Eigengesetzlichkeit“ irgendwelcher (ökonomischer, sozialer, kultureller) Entwicklungen („Sachzwänge“!) in die Irre führen und der legitimierenden Kraft ermangeln[20]. Auf der anderen Seite ist nicht zu verkennen, daß auf kurze Sicht in einer konkreten Situation jene Grundsätzlichkeit des Denkens und jene Größe des Verhaltens nicht hinreichen, wenn nämlich konkrete (staatliche oder private) Macht die Menschenrechte unterdrückt. Der Kampf um Menschenrechte ist darum auf längere Sicht notwendig ein geistiger, ethischer, auf kürzere unter Umständen vorab ein (freilich ethisch fundierter) „handfest“ politischer.

Die Menschenrechte sind also – wie alle rechtlichen Grundsätze – notwendig in der Ethik begründet. Von der Ethik her ist somit auch notwenig die Frage anzugehen, welche Menschenrechte in Prozessen der Rechtssetzung zu Anerkennung und zu Konkretisierung zu bringen, und in welchen Verfahren und unter welchen Voraussetzungen sie durchzusetzen sind.

2) Besonderes Gewicht kommen ethischer Grundlegung und ethischem Engagement in der *Rechtsfortbildung* zu. Menschenrechte sind kein Besitztum. Sie sind nicht geschichtslos in dem Sinne, daß je ein endgültiger Stand des Menschenrechtsschutzes erreicht werden könnte. Das Prinzip Menschenwürde und seine elementarsten „menschenrechtlichen“ Konkretisierungen (so v. a. Freiheit des religiösen Bekenntnisses und des Kultus, Freiheit der Meinungsäußerung,

[20] Damit ist das Problemfeld von Geltung und Legitimität rechtlicher Normen natürlich nicht einmal stichwortartig umrissen. Zu anderen Versuchen nicht-ethischer Legitimierung (Legitimation durch „Verfahren“, durch die „Natur der Sache“ etc.) vgl. *O. Höffe*, Sind Moral- und Rechtsbegründung kommunikations(konsens-, diskurs-)theoretisch möglich?, in: *ders.* Ethik und Politik (Frankfurt a. M. 1979) 243 ff.

vor allem in der Presse, der Versammlung und der Vereinigung, Anspruch auf körperliche, seelische und geistige Integrität, Anspruch auf faire staatliche Verfahren, Anspruch auf Gewährleistung des Existenzminimums, auf faire Arbeitsmöglichkeiten und -bedingungen, auf Bildung[21]) erscheinen heute zwar vielen als unaufgebbare Errungenschaft und insofern als unwandelbar, den Schüben des geschichtlichen Flusses entzogen[22]. Allein, es ist etwa die rechtliche Gewährleistung von Sozialrechten im „Westen" nach wie vor umstritten, die Gewährleistung wahrhaft individualbezogener ideeller Freiheitsrechte im „Osten" letztlich mit dem herrschenden Staats- und Gesellschaftsverständnis unvereinbar, die Verwendung der Folter in vielen Staaten als mehr oder weniger legitim gewertet. Durchaus kontingent ist sodann die *Konkretisierung* jener „basic rights", d.h. ihre jeweilige rechtliche Ausprägung in konkretisierenden Rechtsnormen.

International-rechtliche und verfassungsrechtliche Menschenrechtsnormen sind „Grundsätze", verrechtlichte „regulative Ideen" und bedürfen, wenn sie für die Lösung konkreter Rechtsfragen operabel werden sollen, unablässiger Konkretisierung durch den Gesetzgeber, später durch Richter und Verwaltung. Vor allem dem Gesetzgeber ist hierbei ein beträchtlicher Spielraum des „Ermessens" und damit der ergänzenden ethischen Wertung gelassen[23]; auch hier ist also die Ethik zu entschiedener und vielfältiger Mitarbeit aufgerufen.

Heute sieht sich die Ethik etwa vor die Frage gestellt, ob sie sich vermehrt für ein umfassendes Verbot der Todesstrafe, für zusätzliche, wirkungsvollere rechtliche Sicherung gegen die Folter auf multinationaler Ebene einsetzen sollte; ob ihr – im nationalen und im internationalen Rahmen – der Kampf für die rechtliche Gewährleistung von Sozialrechten, für einen stärkeren Schutz der Menschenrechte vor Übergriffen privater Macht, für eine erhöhte Wirksamkeit der Menschenrechte auf Feldern aufgegeben ist, auf denen die Umwelt des Menschen und damit auch seine Personalität durch schleichende Entwicklungen verändert und in Frage gestellt werden. Die Arbeit an der rechtlichen

---

[21] Vgl. etwa die (im einzelnen freilich nicht unbedingt übereinstimmenden) Kataloge der Konsultation von St. Pölten im Oktober 1974, epd-Dokumentation Nr. 5 (20. 1. 1975); *M. Honekker,* Der politische Auftrag der Kirchen, in diesem Handbuch, Bd. II, 253ff., 260; *W. Kerber,* Positives Recht versus Naturrecht?, ebd. 300ff., 307; vgl. zu diesem Fragenkreis auch *O. Höffe,* Papst Johannnes Paul II. und die Menschenrechte: Philosophische Überlegungen, in: Johannes Paul II. und die Menschenrechte (Freiburg/Schweiz 1981) 36ff., bes. 40f., 46ff., 52f.

[22] Zur Diskussion über die Beziehung zwischen der Kategorie der Menschenrechte und derjenigen der – im einzelnen unterschiedlich verstandenen und nuancierten – „Grundwerte" vgl. etwa *A. Paus* (Hrsg.), Werte, Rechte, Normen (Graz u.a. 1979), bes. die Beiträge von A. Auer („Die Bedeutung der christlichen Botschaft für das Verständnis und die Durchsetzung der Grundrechte") 29ff. und J. Isensee („Ethische Grundwerte im freiheitlichen Staat") 131ff.; ferner *G. Gorschenek* (Hrsg.), Grundwerte in Staat und Gesellschaft (München 1977).

[23] Zum Verhältnis der rechtlichen Kategorien von „Grundsatz" und „Norm" vgl. die grundlegende Schrift von *J. Esser,* Grundsatz und Norm in der richterlichen Fortbildung des Privatrechts (Tübingen ^{3}1974).

Ausgestaltung der Menschenrechte ist nie abgeschlossen; und die Ethik hat ständig mitzuarbeiten.

Aber auch die *Handhabung* menschenrechtsrelevanter Normen im Einzelfall ist notwendig in der Ethik begründet. Die ethische Überzeugung ist Bestandteil des *Vorverständnisses*, welches jede (generelle oder individuelle) politische und rechtliche Entscheidung, somit auch Entscheidungen über die Handhabung von Menschenrechten im Einzelfall, notwendig mitbestimmt. Das Vor-Verständnis ist Element jedes Rechtsfindungsprozesses; es ist uneliminierbar; der „Rechtsfinder" kann und muß lediglich versuchen, es sich bewußt und andern plausibel zu machen[24].

3) Ethik und Menschenrechte stehen in komplexer *dialektischer Beziehung* zueinander. Die Menschenrechte werden Wirklichkeit nur, wenn sie von permanentem ethischem Bemühen genährt sind; ethisches Bemühen mündet immer notwendiger in Rechtsnormen, und eben vornehmlich in Anerkennung und Konkretisierung von Menschenrechten: Das Rechtsprinzip Menschenwürde ist normativer Ausdruck des (gerade auch von Verfechtern einer „reinrationalen" Ethik oder Rechtstheorie unterstellten)[25] Grund-Satzes, daß „die Unverletzlichkeit der Person uneingeschränkte Anerkennung gefunden hat, mithin eine Wertentscheidung gefallen ist, die erst den Vorwurf des naturalistischen Fehlschlusses entkräftet"[26]. Und Menschenrechte (als primäre Ausdifferenzierungen jenes Grundprinzips) sind besonders wichtige Instrumente zur Verwirklichung ethischer Normen. Sie sind überdies darauf angelegt, ethisches Nachdenken und Fordern in Freiheit rechtlich zu ermöglichen. Sie gewährleisten Individuen und menschlichen Gemeinschaften Freiheit, so wie es der christlichen Ethik um die „Verwirklichung der Freiheit" geht. Sie fördern den Dialog als Grundlage allen Konsenses. Verwirklichte Menschenrechte sind Produkt gelebter ethischer Verantwortung; und sie bilden eine notwendige Grundlage dafür, daß Ethik immer wieder neu gedacht und gelebt werden kann. Sie schaffen damit ein „neu-altes Naturrecht", sie gewährleisten „Gerechtigkeit als Prozeß" (Beat Sitter).

Eine arbeitsmethodische Forderung folgt aus dieser Einsicht zwangsläufig: Alle Arbeit an Menschenrechten bedingt *intensive Zusammenarbeit zwischen Ethik und Recht* (und Sozialwissenschaft! vgl. unten c)) in Theorie und Praxis. Im wissenschaftlichen Bemühen um Menschenrechte hat solche Zusammenarbeit aber noch kaum richtig eingesetzt; und gerade Theologen, die sich in den

---

[24] Zum Vorverständnis als einer essentiellen Kategorie der mordernen juristischen Hermeneutik vgl. *J. Esser*, Vorverständnis und Methodenwahl (Frankfurt a. M. ^{2}1972).

[25] Gerade auch von *J. Rawls*, A Theory of Justice (Harvard 1971); vgl. zu ihm *O. Höffe*, Über John Rawls' Theorie der Gerechtigkeit (Frankfurt a. M. 1977); *ders.*, Entscheidungstheoretische Denkfiguren und die Begründung von Recht, in: ARSP, Beiheft n. F. 14 (1980) 21 ff., bes. 46 ff.

[26] *B. Sitter*, a. a. O. (s. o. Anm. 14) 61.

letzten Jahren intensiv mit Menschenrechten beschäftigten, haben das Gespräch mit Juristen kaum gesucht. Das muß – um der Menschenrechte willen – anders werden.

c) Prozesse der Überführung ethischer Konzepte in rechtliche Menschenrechts-Gewährleistungen

1) Der rechtlichen Anerkennung und Durchsetzung von ethisch begründeten Menschenrechten stellten und stellen sich vielfältige Hindernisse in den Weg. Ihnen ist gemeinsam, daß sie emporwachsen aus einer Position der *Macht* oder aus einer Haltung der *Trägheit* und der *Angst.* Menschenrechte wurden errungen im Kampf gegen die Machtansprüche von Monarchen und Ständen, zur Abwehr des Machtmißbrauchs in der Demokratie („Tyrannei der Mehrheit") oder in irgendwelchen Organisationen (auch in den Kirchen!). Menschenrechte wurden und werden aber auch gefordert und durchgesetzt im Kampf gegen träges und ängstliches Verharren im Gewohnten und „Normalen" und damit für immer wieder erneute, am „Prinzip Menschenwürde" orientierte Fortbildung gesellschaftlicher Ordnungen.

Auch heute sind die Mächte stark, die einer Fortbildung und Durchsetzung der Menschenrechte entgegenwirken. Auf internationaler Ebene sind es vor allem der *Nationalismus* und der damit aufs engste verknüpfte *Souveränitätsanspruch* der einzelnen Staaten. Die UNO-Charta bekennt sich gleichermaßen zur Achtung vor den Menschenrechten wie zur Unanstastbarkeit der „Hoheit" eines Staates (Art. 1 Abs. 3, Art. 2 Abs. 7 der Charta), und das Argument, eine Menschenrechtsverletzung sei „innere Angelegenheit", hat sich als wirksamste Schranke für die Menschenrechtseffektivität erwiesen. Auch die KSZE-Schlußakte stellen nebeneinander die „Achtung der der Souveränität innewohnenden Rechte" und die „Nichteinmischung in innere Angelegenheiten" einerseits, die „Achtung der Menschenrechte und Grundfreiheiten" andererseits (Erklärung über die Prinzipien, die die Beziehungen der Teilnehmerstaaten leiten, Art. I, VI und VII). Freilich akzeptiert nach heute gesicherter juristischer Auffassung jeder Staat, welcher der UNO beitritt und – a fortiori – welcher die UNO-Menschenrechtspakte ratifiziert oder der die KSZE-Schlußakte unterzeichnet, daß die Anerkennung und Sicherung der Menschenrechte nicht ausschließlich seine „innere Angelegenheit" sind. Rechtlich gesehen verzichtet also dieser Staat auf einen Teil seines „Souveränitätsanspruchs"[27]. Dies ändert aber nichts

---

[27] Vgl. *R. L. Bindschedler,* Der Schutz der Menschenrechte und das Verbot der Einmischung, in: Festschrift für Hans-Jürgen Schlochauer (Berlin – New York 1981) 179 ff.; *A. Khol,* Zwischen Staat und Weltstaat. Die internationalen Sicherungsverfahren zum Schutze der Menschenrechte (Wien 1969) 1 ff., bes. 43; *I. Seidl-Hohenveldern,* Völkerrecht (Köln u. a. [4]1980) 272 f.; *A. Verdross – B. Simma,* a. a. O. (s. o. Anm. 12) 50 f., 248 ff.; *J. Delbrück,* Menschenrechte – universaler Schutzanspruch und Souveränität, in: German Yearbook of International Law (Berlin 1979) 384 ff., bes. 387 ff.

daran, daß sich in den täglichen Auseinandersetzungen um die Durchsetzung der international-rechtlich gewährleisteten oder wenigstens anerkannten Menschenrechte jener Anspruch immer wieder zu behaupten sucht und daß er einer Fortbildung des international-rechtlichen Menschenrechtsschutzes nach wie vor kräftig entgegenwirkt (z.B. einer Verbesserung des internationalen Schutzes vor Folterungen). Nicht zuletzt gilt das für die Länder der Dritten Welt: Ihre zum Teil noch wenig gefestigte, von außen und von innen immer wieder bedrohte Staatlichkeit sucht sich zu behaupten unter anderem gerade durch eine bisweilen übersteigerte Empfindlichkeit gegenüber allem, was sie als „Einmischung in ihre inneren Angelegenheiten" betrachtet.

Andere Schranken werden von *privater (v. a. von wirtschaftlicher) Macht* gesetzt. So stößt etwa in der Schweiz eine Ratifikation der Europäischen Sozialcharta auf heftige Opposition von Arbeitgeberverbänden und ihnen nahestehenden Organisationen; allgemein wurde und wird die Gewährleistung *sozialer Grundrechte* im „Westen" immer wieder und vorzugsweise bekämpft unter der Fahne der (ökonomischen) Freiheitsrechte, zur Abwehr von Einschränkungen ökonomischer Selbständigkeit der wirtschaftlich Starken; dies gilt für ein Recht auf Bildung ebenso wie etwa für ein Recht auf Arbeit oder für ein Recht auf Wohnung. Ähnliches widerfährt dem Anspruch auf Mitwirkung an staatlichen oder an gesellschaftlichen (vor allem wirtschaftlichen) Entscheidungen: Wer Macht hat, läßt andere nicht gerne mitreden.

Immer stärkere Kräfte stemmen sich einer Fortbildung und Konkretisierung *ideeller Menschenrechte* entgegen. In sozialistischen Staaten ist es der Glaube an die Notwendigkeit „endzeitlicher" Übereinstimmung individuellen Denkens mit dem Denken des Kollektivs, an das unausweichliche Aufgehen eines „gesunden" Geistes im Geist der Gemeinschaft – damit die Disqualifizierung „abweichlerischer" Haltung als „krank" (und entsprechend die „Versorgung" solcher Kranker in psychiatrischen Anstalten)[28]. In verschiedenen Ländern der Dritten Welt (zum Teil auch in sozialistischen Staaten) versperrt die Angst vor Schwächung der „nationalen Einheit" den Zugang zu einer Gewährleistung geistiger Freiheit, in Ländern mit sehr enger Verbindung zwischen Religion und Staat steht ihr unter Umständen (keineswegs immer, nicht einmal durchwegs in den islamischen Ländern) die Perhorreszierung anderer Glaubensbekenntnisse entgegen. Im „Westen" scheinen diese Hindernisse ausgeräumt zu sein; der von gesellschaftlichem Pluralismus geprägte, entsprechend auf innere Neutralität sich verpflichtende demokratische Staat scheint geistige Freiheit als Konstituens seiner selbst „natürlich" garantieren zu müssen. Aber auch hier sind Widerstände mit Händen zu greifen: Die westliche Industriegesellschaft

---

[28] Vgl. dazu etwa *L. Révész,* Menschenrechte in der UdSSR (Bern 1977) 26ff., 173f.; *Autorenkollektiv,* Marxistisch-leninistische allgemeine Theorie des Staates und des Rechts I (Berlin 1974) 351; Verfassung der UdSSR, Art. 50.

ist nur bedingt „offen", scheint sich sogar immer mehr zu „schließen", zeigt jedenfalls zunehmende Intoleranz und immer bedrohlicheres Unverständnis gegenüber aktiver, kritischer, verantwortlicher geistiger Haltung und sozialer Tätigkeit. Geistige Ausebnung und Banalisierung und die Angst vor Veränderung in einer Zeit, in der das technologische und soziologische Veränderungspotential ständig wächst und risikoreicher wird, lassen das Sensorium für die Wichtigkeit jener Haltung, ja für die Subjektivität des Menschen verkümmern. Sie verschütten damit auch die Erkenntnis, daß Schutz der Menschenrechte immer auch Schutz von Unbequemem, Ungewohntem, Beunruhigendem bedeutet. Wo das Verlangen nach Ruhe und der „horror novi" zur absoluten Herrschaft kommen, werden die geistigen Menschenrechte zwangsläufig eingesperrt. Dies gilt um so mehr, wenn, wie heute mit Händen zu greifen, eine Übersteigerung des Wertes materieller Güter hinzukommt, damit eine Überhöhung des Rangs materieller Rechte (der Eigentumsgarantie, der Wirtschaftsfreiheit). Und gesellt sich diese, wie ebenfalls aufs beklemmendste spürbar, zu einer abnehmenden Ehrfurcht vor allem Lebendigen (in der Forderung nach vollständiger Freigabe des Schwangerschaftsabbruchs, in der hybriden Forderung nach einem „Recht auf Gesundheit", im hemmungslosen Verlangen nach zunehmender Energieproduktion mit zunehmenden Risiken für Leben und Umwelt, in der brutalen Zerstörung von Pflanzen und Tieren durch den „zivilisatorischen Fortschritt" usf.), so geraten auch die *Schutzrechte*, vor allem das Recht auf Leben und auf Wahrung körperlicher, geistiger, psychischer Integrität, in Gefahr; auch das „Menschenrecht auf Privatheit" wird dann bald einmal bedenkenlos der Forderung nach immer perfekterem Funktionieren von Polizei und öffentlichen Diensten aller Art geopfert.

Es sind, vereinfacht ausgedrückt, unterschiedliche Hindernisse, die der Kampf um Menschenrechte in den drei „Welten" unseres Planeten zu überwinden hat. Bedrückend ist die Erkenntnis, daß im Westen, in dem die Menschenrechte als solche zuerst Recht geworden sind, eine Pervertierung der Menschenrechtsidee sich abzeichnet, eine wachsende Neigung, die Menschenrechte als Rüstung des Egoismus zu mißbrauchen. Vielleicht hat aber der Keim dieser Pervertierung, dieser Entethisierung bereits in der Wiege der modernen Menschenrechte gelegen; vielleicht ist sie nur die Konsequenz einer Pervertierung der christlichen Botschaft, wie sie vorn angedeutet wurde.

Dafür sollte heute der Blick geschärft sein. Denn es ist unverkennbar, daß das philosophische Fundament, in dem die Menschenrechtsidee traditionell begründet ist – Philosopheme der Aufklärung, des Liberalismus, des Utilitarismus –, heute weitgehend erschüttert, ja unglaubwürdig geworden ist. Dem anthropologischen Optimismus, der jene Philosopheme trug, können wir heute, nach zwei Weltkriegen und nach unzähligen Manifestationen der Inhumanität, nicht mehr anhängen ohne Preisgabe intellektueller und moralischer Redlichkeit. Damit hängt aber die Menschenrechtsidee im Leeren; ein eklatantes Begründungsdefizit ist eingetreten und muß in ein Legitimitätsdefizit münden, wenn es nicht gelingt, neue Fundamente zu legen[29]. Anzeichen für eine „Legitimitätskrise" sind, wie bemerkt, durchaus vorhanden. Der Legitimitätsschwund ist letztlich das größte Hindernis für die Verwirklichung von Menschenrechten. Die Aufgabe, ein neues Fundament zu legen, ist auch und besonders eindringlich den Christen und den christlichen Kirchen gestellt.

2) Zur Überwindung der skizzierten Hindernisse ist aber *auch* intensive und breite *rechtliche Arbeit* erforderlich.

Die Auseinandersetzung um völkerrechtliche und verfassungsrechtliche Gewährleistung von Menschenrechten bewegt sich auf hohem Abstraktionsniveau[30]. Diese Abstraktheit war es, wie die Erfahrung zeigt, die einen Konsens zwischen Staaten des Westens, des Ostens und der Dritten Welt ermöglichte, die es ihnen gestattete, die Unterschiede in der metajuristischen Begründung und in der sozialen Realität, auf die die Menschenrechte einwirken sollten, ein Stück weit zu neutralisieren. Die Folge war freilich ein Defizit in der Wirkkraft der internationalen Menschenrechtsinstrumente. Ähnliches läßt sich auch im Innern westlicher Staaten beobachten. Will man jene Wirkkraft verbessern, so erfordert dies Bemühungen auf vier Ebenen: auf der Ebene ethischer Argumentation, auf der Ebene politischer Verständigung, auf der Ebene juristischer Normierung und „Implementation", und nicht zuletzt auf der Ebene der Erziehung.

Die Notwendigkeit intensivierter ethischer Argumentation wird im 3. Teil dieses Beitrags weiter erörtert; die hervorragend wichtige Menschenrechtserziehung kann hier nicht weiter behandelt werden. Zur Ebene juristischer Normierung und Implementation sei lediglich dies bemerkt: Je mehr es gelingt, Menschenrechtsnormen in völkerrechtlichen Instrumenten wie auch im Verfassungsrecht der einzelnen Staaten mit hinreichender juristischer Präzision zu fassen (Grundrechtsnormen bleiben freilich notwendig Grundsatznormen!), und je besser Verhaltensnormen mit institutionellen (organisatorischen und verfahrensmäßigen) Sicherungen versehen werden, desto mehr steigt die Chance der Verwirklichung solcher Verhaltensnormen. Und wenn auch eine universelle, weltweite Gewährleistung und Durchsetzung der Menschenrechte Ziel sein muß, so mag es sich doch als sinnvoll erweisen, den juristischen

[29] Die Notwendigkeit eines neuen Bemühens um metajuristische Begründung von Menschenrechten wird heute von protestantischen und katholischen Theologen anerkannt, ebenso von philosophischen Ethikern und von Rechtsphilosophen (so besonders von Hans Ryffel). Vgl. zuletzt *W. Brugger,* Menschenrechtsethos und Verantwortungspolitik (Freiburg/München 1980) 256ff. Eine Übersicht über die Bemühungen der angelsächsischen politischen Philosophie um eine Begründung der Menschenrechte vermittelt *T. R. Machan,* Some recent work in human rights theory, in: American Philosophical Quarterly 17 (1980) 103ff.

[30] Vgl. etwa zur Frage der Menschenrechte in der Ost-West-Entspannungspolitik *C. Stern,* Strategien für Menschenrechte (Köln 1980) 30ff.

Menschenrechtsschutz wenigstens teilweise regional und lokal, d. h. „regions-" und „volksspezifisch" auszugestalten[31].

Eine Verbesserung der Wirkkraft setzt aber auch eine hinreichende sozialwissenschaftliche Grundlegung voraus[32]. Das gilt für die Erforschung der psychologischen Bedingungen des Einsatzes für Menschenrechte, es gilt aber auch etwa für die Erforschung der Wirkungsmöglichkeiten von Menschenrechtsnormen. Unerläßlich erscheint ferner eine genaue Kenntnis der soziologischen und kulturellen Gegebenheiten, aus denen heraus ein Partner an internationalen und nationalen Gesprächen über Aus- und Fortbildung des Menschenrechtsschutzes votiert und in die die Menschenrechte hineinwirken sollen – also Erforschung des wechselseitigen soziologischen und kulturellen Hintergrundes.

Ein Ausbau des Menschenrechtsschutzes im nationalen wie im internationalen Rahmen setzt aber vor allem wechselseitiges *Vertrauen* voraus. Die dynamisierende und die ausgleichende Wirkung von Menschenrechten werden von demjenigen nicht akzeptiert, der die Verfechter der Menschenrechte nicht „anerkennt", der vor ihnen Angst hat oder der sich von ihnen benachteiligt fühlt. Vertrauensbildung ist somit erste Voraussetzung für eine Verstärkung vor allem des völkerrechtlichen Menschenrechtsschutzes; dies haben die Verfasser der KSZE-Schlußakte mit aller Deutlichkeit erkannt. Vertrauensbildung verlangt wechselseitige Offenheit und Achtung, verlangt aber auch wechselseitige Hilfsbereitschaft. Wirksame Hilfe für die benachteiligten Staaten der Dritten Welt ist somit ebenso unerläßlich wie allgemeine, entschiedene Abrüstung.

3. Menschenrechte als notwendiges Produkt christlich-ethischen Engagements

Wenn die Ethik in notwendig-dialektischer Verbindung zu den Menschenrechten steht, dann steht auch christliche Ethik in dieser Verbindung. Die Frage ist, welcher spezifische Auftrag christlicher Ethik hierfür zukommt. Alle, die an Jesus Christus glauben – und damit auch alle christlichen Kirchen –, sind aufgefordert, sich für eine Staats- und Rechtsordnung einzusetzen, welche dem Staat und dem Recht zur Erfüllung der ihnen von Gott gesetzten Aufgabe verhilft[33]

[31] Vgl. *C. Stern*, a. a. O. 65. Neuerdings werden Anstrengungen für die Schaffung einer afrikanischen Menschenrechtskonvention unternommen; vgl. etwa *E. O. Esiemokhai*, Toward Adequate Defense of Human Rights in Africa, in: Verfassung und Recht in Übersee 13 (1980) 151 ff.; *H.-J. Bartsch*, Die Entwicklung des internationalen Menschenrechtsschutzes im Jahre 1980, in: NJW 34 (1981) 488 ff., 489.

[32] Exemplarisch wird das dargetan von *Christoph Zenger*, Berufswahl und die Freiheit wirtschaftlicher Entfaltung (Manuskript 1981), der, als mein Assistent, zusammen mit seinem Kollegen Hans Gruber zum vorliegenden Beitrag viele wichtige Anregungen und Hinweise vermittelt hat; ihnen sei an dieser Stelle herzlich gedankt.

[33] Vgl. zu diesem Problemkreis als neuere Übersichten *W. Huber*, Kirche und Öffentlichkeit (Stuttgart 1973); *K. G. Meyer-Teschendorf*, Staat und Kirche im pluralistischen Gemeinwesen (Tübingen 1979); *K. Schlaich*, Der Öffentlichkeitsauftrag der Kirchen, in: Handbuch des Staatskirchenrechts der Bundesrepublik Deutschland I (Berlin 1975) 231 ff.

(Staat als „Gnadengabe Gottes“, Karl Barth; vgl. 1 Petr 2, 13 ff.). Zentrales Element solcher Ordnung sind Anerkennung und Durchsetzung von Menschenrechten.

a) Sinn, Wege und Leistungsvermögen einer theologischen „Begründung“ der Menschenrechte

1) Daß es auch im Zeitalter (scheinbar) „fortgeschrittener Rationalität“ unerläßlich ist, nach metajuristischer und letztlich metarationaler Begründung des Rechts und somit auch der Menschenrechte zu suchen, wurde dargetan. Das eigentliche Problem solcher Begründung ist die Frage ihrer „Verbindlichkeit“, eine Frage, von der man regelmäßig annimmt, sie sei zwangsläufig verknüpft mit der Frage nach ihrer „intersubjektiven Ausweisbarkeit“: „Das Evangelium von Jesus Christus kann, einsichtigerweise, Erkenntnisgrund politischer Gestaltung nur für glaubende Christen sein. Der Staat, die Menschenrechte beanspruchen hingegen Evidenz für jeden Menschen. Sie können also als ‚weltliche‘ Ideen, Leitbilder und Normen ihre ideelle Legitimation nicht aus dem christlichen Glauben entnehmen.“[34] Theologische Begründung der Menschenrechte ist in dieser Sicht folgerichtig zu akzeptieren, soweit sie den Test der „Vernunftgemäßheit“ besteht. Damit ist, wie es scheint, das Grundproblem theologischer Ethik angesprochen: Das im christlichen Glauben enthaltene Glaubensverständnis steht „vor der Aufgabe, den Akt des Glaubens als eine vor der – in Gestalt von Philosophie begegnenden – Vernunft verantwortbare und in sich sinnvolle Möglichkeit auszuweisen und seine Gehalte in Gestalt einer durch Philosophie vermittelten Theologie zu einem reflektierten Verständnis zu bringen“[35]. Aber ist das Wirkungsfeld des Glaubens damit hinreichend erfaßt?

Das Rechtsprinzip Menschenwürde und die Menschenrechte als seine primären Ausformungen bedürfen, wie bemerkt, der „Begründung“ in ethischen Normen. Diese wiederum fußen notwendig auf persönlicher Wertentscheidung[36], und das heißt: im Glauben, sowie auf rationaler Vermittlung ihres Gegenstands. Aber diese Aussage bedarf der Ergänzung: Es kann ein anderes „Medium“ der Vermittlung zur Vernunft hinzutreten, nämlich die *glaubensstiftende Kraft Gottes:* Wenn ich nur mit Überzeugung und Fröhlichkeit meinen Glaubensstandpunkt „auf den Tisch lege“, kann es geschehen, daß Gott davon etwas auf meinen (zunächst vielleicht „ungläubigen“ oder „andersgläubigen“) Gesprächspartner überspringen läßt.

Im übrigen hat persönliche Wertentscheidung das *Setzen* allgemeiner Menschenrechtsnormen wie auch die vielen konkretisierenden Rechts*setzungs-*

---

[34] *M. Honecker,* Das Recht des Menschen (Gütersloh 1978) 134, in kritischer Auseinandersetzung mit Karl Barth.

[35] *L. Honnefelder,* Die ethische Rationalität der Neuzeit, in diesem Handbuch, Bd. I, 19 ff., 21. [36] Vgl. *B. Sitter,* a. a. O. (s. o. Anm. 14) 61, 68.

prozesse legitimierend zu stützen. Unvollständig ist es daher, wenn das Proprium christlicher Ethik in einem bestimmten (nämlich eben christlichen) *Umgang* mit den Menschenrechten gesehen wird[37]. Diese These verkennt, daß alles Recht – nach heute herrschender, wenngleich nicht ausschließlicher Überzeugung – von Menschen gesetzt, damit von menschlichen Urteilen *und* Vor-Urteilen bestimmt ist. Christlicher Glaube kann und soll daher nicht erst auf bereits gesetztes, sondern auch und vor allem auf erst zu setzendes Recht einwirken; es soll der Rechtsfortbildung *kreative Impulse* vermitteln[38]; diese ist nicht ausschließliches Produkt der Vernunft.

2) Christlicher Glaube kann sich so in dreifacher Weise als „Fundament" der Menschenrechte bewähren: einmal als persönliches, transzendentales Apriori, auf das ich (als an Setzung, Fortbildung und Handhabung des „Rechts der Menschenrechte" Beteiligter) meine eigenen rechtspolitischen Konzeptionen gründe – und jedermann bedarf eben notwendig eines solchen „archimedischen Punktes". Sodann kann meine Glaubensaussage „Anknüpfungspunkt" für Gottes Geschenk des Glaubens an andere sein. Und schließlich läßt christlicher Glaube die Vernunft selbst als Geschenk Gottes erkennen. Auch wenn sie vom christlichen Glaubensakt ablösbar erscheint, so soll und muß sie doch nicht von ihm abgelöst werden. Ein Christ ist daher aufgefordert, in sein Streiten für Menschenrechte seine Vernunft aufs intensivste einzusetzen; er wird sich bemühen, seine Menschenrechtskonzeption mit dem Instrumentarium moderner Wissenschaftlichkeit durchzugestalten und seine Konzeption, seine Antworten auf alle möglichen Menschenrechtsprobleme *auch* mit den Kräften der Vernunft andern Menschen möglichst einsichtig zu machen[39]. Es ist denn auch durchaus denkbar und entspricht historischer Erfahrung, daß von unterschiedlichen persönlichen Aprioris her die kontingente Vernunft zur Anerkennung identischer Normen gelangen kann. Der Glaube hat also die Vernunft nicht „außer sich" zu sehen und schon gar nicht „über sich"; er hat sie sich vielmehr dienstbar zu machen. Dafür sollten wir heute sensibler sein als Generationen vor uns: „Die Krise der Vernunft, ihre Reduktion auf bloß rationale Effizienz, das Ausklammern der humanen Orientierung, die Reduzierung auf an sich bloß technisch ‚vernünftige', rationale Verfahren hat in der Gegenwart Zweifel an der Tragfähigkeit der Vernunft geweckt."[40]

---

[37] So etwa *M. Honecker,* a. a. O. 143; *W. Huber – H. E. Tödt,* Menschenrechte (Stuttgart – Berlin 1977) 71 ff., 157 ff.; vgl. auch die vom Lutherischen Weltbund herausgegebenen „theologischen Perspektiven der Menschenrechte" (1977) 16.

[38] Vgl. *W. Pannenberg,* Christliche Rechtsbegründung, in diesem Handbuch, Bd. II, 323–338, 334 f. Eine „christliche Rechtsbegründung mit dem Anspruch auf Allgemeingültigkeit" kann darum gar nicht auf der Ebene der Vernunft erstrebt werden; dies disqualifiziert aber das Bemühen um christliche Begründung nicht (dies entgegen Pannenberg, S. 327).

[39] Vgl. hierzu *W. Kern SJ,* Menschenrechte und christlicher Glaube, in: Stimmen der Zeit 104 (1979) 164 ff.; *D. Moser,* Gesellschaftstheorie oder Christentum (Bern 1977) 195.

[40] *M. Honecker,* a. a. O. 163.

Es wäre m. E. sehr nützlich, in diesem Zusammenhang die Blicke über die Grenzen des Christentums hinaus zu richten. Dem Islam wäre die Frage nach dem Sinn theologischer Begründung von Menschenrechten wohl unbegreiflich – für ihn ist solche Begründung selbstverständlich: Das islamische Recht bezieht die Verbindlichkeit einer Norm von der religiösen Offenbarung. „Pour le musulman, ... la règle de conduite est la volonté divine exprimée dans le Coran et explicitée par la mission prophétique de Mohammed."[41] Es könnte wohl höchst fruchtbar werden, Gespräche über Menschenrechte zwischen Christen und Muslimen (und auch Anhängern anderer großer Religionen) aufzunehmen, um über die Denkmuster westlicher Philosophie und Theologie über das Verhältnis von Glauben und Vernunft hinauszukommen.

3) Auf *welchen Wegen* ist nun aber das im Alten und im Neuen Testament ausgedrückte Wort Gottes für die Gestaltung des Rechts und besonders eben für Gestaltung und Konkretisierung der Menschenrechte fruchtbar zu machen? Wie ist vor allem die christliche Botschaft in rechtliche Normen zu „übersetzen"? Mit dieser Frage haben sich protestantische Theologen, denen Menschenrechte wissenschaftliches Anliegen sind, vornehmlich beschäftigt. Hierauf einzutreten ist nicht Aufgabe dieses Beitrags; eine Zusammenstellung der bisher entwickelten Modelle bietet der Aufsatz von Wolfgang Huber in Band I dieses Handbuchs (S. 397 f.).

4) Zu *welchen Stationen* jene Wege führen, welche Richtlinien sich aus dem Alten und aus dem Neuen Testament für die Gestaltung der Menschenrechte und für ihre Konkretisierung entnehmen lassen, kann hier nicht ausführlich dargestellt werden. Eine Skizze sei immerhin versucht[42]:

– Vom ersten biblischen Gebot her ergeht die Weisung[42a] an den Staat und an alle Menschen, das offene persönliche Bekenntnis zur Herrschaft und zur Gnade Gottes und die Verbreitung dieses Bekenntnisses zu ermöglichen und für den Gottes-Dienst eine günstige Atmosphäre zu schaffen.

– Von Tod und Auferstehung Jesu Christi und von der dadurch bewirkten Rechtfertigung jedes Menschen, der Jesus als Christus akzeptiert, damit von der Wiederherstellung seiner Gottesebenbildlichkeit empfängt jeder Mensch unaufhebbare göttliche Würde; diese Würde anzuerkennen ist fundamentale biblische Forderung an jeden Mitmenschen und damit auch an den Staat. Der Staat hat den Bürger in seiner allgemein-menschlichen und in seiner spezifisch-individuellen Personalität zu respektieren und zu schützen. Damit ist ihm die Gewährleistung von „Schutzrechten" ebenso aufgetragen wie die Garantie von Freiheitsrechten; der Staat hat zu gewährleisten, daß jeder Mensch unter menschenwürdigen Bedingungen leben kann, daß seine existentialen Lebensbedürfnisse gedeckt sind und daß er vor Eingriffen wie etwa Folterungen bewahrt

---

[41] *M. Boisard*, a. a. O. (s. o. Anm. 16) 22; vgl. auch *S. Ramadan*, a. a. O. (s. o. Anm. 16) 35 ff.
[42] Ausführlicher *P. Saladin*, Grundrechte im Wandel (s. o. Anm. 5) 449 ff.
[42a] Im Sinne Erik Wolfs (u. a. in: Recht des Nächsten [Frankfurt a. M. 1958]).

bleibt. Der Staat hat aber darauf hinzuwirken, daß alle Bürger möglichst gleichwertige Ausgangspositionen für die verantwortliche Gestaltung ihres Lebens erhalten. Geboten ist somit die Gewährleistung der „persönlichen Freiheit“, vor allem die Garantie körperlicher und seelischer Integrität; geboten ist aber auch die Gewährleistung sozialer Grundrechte, so des Rechts auf hinreichende Subsistenzmittel, des Rechts auf Fürsorge im Falle von Krankheit, Invalidität, Alter usf., des Anspruchs auf hinreichende Bildung usf. Der Staat soll aber auch (durch die Anerkennung von Freiheitsrechten) gewährleisten, daß der Mensch einen hinreichenden Raum freier und verantwortlicher Lebensgestaltung besitzt, einen Raum, in dem der Mensch seine Verantwortung vor Gott einüben kann. – Damit ist aber auch klargestellt, daß der Staat die Freiheit nicht um ihrer selbst willen gewährleisten soll, sondern die verantwortete Freiheit, die Freiheit zum Dienst, die freie, verantwortliche Zuwendung zum Nächsten. Die Menschenrechte sind so viel eher vom Du her zu begreifen als vom Ich.

– Weisungen an den Staat und an die Bürger ergehen auch von bestimmten biblischen Aussagen über die menschliche Natur wie auch von Aussagen über das Verhältnis des Menschen zu den Tieren sowie zur pflanzlichen und zur unbelebten Natur: So verlangt die Bibel Achtung der Ehe und der Familie – was nicht heißt, daß notwendig nur etwa die heutige Kleinfamilie biblisch legitim wäre. Ferner ist dem Menschen Verantwortung für die ihn umgebende Natur übertragen. Er hat sie so zu erhalten, daß auch seine Nachkommen in einer menschenwürdigen Umwelt leben können, daß auch ihr „Lebensrecht“ (Jürgen Moltmann) gewährleistet ist.[43]

– Die biblischen „Weisungen“ erheischen eine nach Ort und Zeit spezifische Ausprägung und Konkretisierung der Menschenrechte. Und je nach historischer Situation kann der Kampf um Schutz- oder Sozialrechte viel dringender sein als um Freiheitsrechte. Freilich ist von der Bibel her nicht denkbar, daß „fundamentalste“ Menschenrechte wie vor allem das Recht auf Leben und die Religionsfreiheit in irgendeiner geschichtlichen Lage als generell „sekundär“ erscheinen. Und auf lange Sicht können der Anspruch auf universale Geltung der Menschenrechte wie auch die Interdependenz zwischen den verschiedenen Menschenrechtskategorien – um des Überlebens der Menschheit in Menschlichkeit willen – nicht preisgegeben werden. Überdies ist konkret die Rechtsordnung so zu gestalten, daß zwischen konfligierenden Menschenrechtsansprüchen verschiedener Menschen aufs ganze „praktische Konkordanz“ (Konrad Hesse) hergestellt und daß konkrete Konflikte im Gehorsam gegenüber Gottes konkreter Weisung gelöst werden können (z. B. in der Frage eines Schwangerschaftsabbruchs).

---

[43] Vgl. dazu neuerdings und besonders eindringlich *J. Zink*, Kostbare Erde (Stuttgart – Berlin 1981).

b) Aktuelle Anlässe für christlich-ethisches Engagement zugunsten der Menschenrechte

Wie immer der Weg gesehen wird, auf dem die christliche Botschaft für die Gestaltung rechtlicher Normen, besonders für Begründung, Ausformung und Konkretisierung der Menschenrechte wirkkräftig werden kann und soll: wichtig ist vor allem andern, *daß* sie wirksam wird. Die christlichen Kirchen und jeder einzelne, der sich Christ nennt, hat von der biblischen Botschaft her den Kampf für Menschenrechte zu kämpfen. Dieser Kampf ist nie zu Ende, und er verläuft in jeder historischen Situation spezifisch. Er ist auch gewiß nicht *nur* von Christen zu führen.

Der Kampf um Menschenrechte ist überall dort zu führen, wo die Würde eines Menschen geringer eingeschätzt wird als diejenige eines andern, wo also rechtliche und andere Normen die Menschen in Klassen einteilen und z. B. Frauen, Kinder, Strafentlassene, Angehörige bestimmter Rassen oder Religionen oder sozialer Schichten, Ausländer, Kranke diskriminieren, d. h. anders behandeln als andere, ohne daß dies durch spezifische Struktur und Bedürfnisse der Persönlichkeit von Angehörigen solcher Gruppen (z. B. von Kindern) indiziert wäre; oder wo in konkreten staatlichen Verfahren eine Partei schlechter gestellt wird als die andere (Verletzung der „Waffengleichheit" im Verfahren, allgemeiner des Prinzips der Fairneß).

Der Kampf um Menschenrechte ist überall dort zu führen, wo die Persönlichkeit einzelner Menschen oder ganzer Gruppen physischer, seelischer oder geistiger Beeinträchtigung, ja Vernichtung ausgesetzt wird: durch Krieg, durch medizinische Experimente gegen den Willen des Betroffenen, durch inhumane Behandlung in Strafanstalten oder in psychiatrischen Kliniken, durch Einsperrung in Kliniken ohne zwingende medizinische Indikation, durch Folterungen aller Art; aber auch durch unnötige gefährliche Emmissionen, durch den (je nach historischer Situation) unnötigen Bau von Kernkraftwerken und anderen Werken moderner Großtechnologie mit einem (wenn auch als gering eingeschätzten) Risiko verheerender Katastrophen[44]; durch eine unzureichende Regelung des Straßenverkehrs, durch vollständig Freigabe des Schwangerschaftsabbruchs etc.

Der Kampf für Menschenrechte ist – auf längere Sicht – stets Kampf für den Frieden, und Friede (im engen Sinn von Nicht-Krieg) ist notwendige, wenngleich nicht hinreichende Voraussetzung für die Verwirklichung der Menschenrechte. Kampf um Menschenrechte ist stets auch Kampf im Interesse künftiger Generationen; er schließt darum stets das Bemühen um Schaffung und Sicherung menschenwürdiger Lebensbedingungen in allen Teilen der Erde ein.

---

[44] Vgl. dazu ausführlicher *P. Saladin*, Kernenergie und schweizerische Staatsordnung, in: Festschrift für Hans Huber (Bern 1981) 297 ff.

Der Kampf um Menschenrechte ist überall dort zu führen, wo einem einzelnen oder ganzen Gruppen das Streben nach und die Ausübung von Autonomie und Verantwortung verwehrt wird: durch Unterdrückung des Glaubensbekenntnisses und des Kultus, durch Unterdrückung der freien Meinungsäußerung, durch Nicht-Gewährung oder Verhinderung hinreichender Bildung, durch Verweigerung der Mitwirkung an Entscheidungen über Fragen, die für Menschen von existentialer Bedeutung sind (im staatlichen wie im nicht-staatlichen Bereich) etc.

Der Kampf um Menschenrechte ist schließlich überall dort zu führen, wo Menschen menschenunwürdige Lebensbedingungen zugemutet werden: wo es Menschen materiell nicht möglich ist, Nahrung, Kleidung, Wohnung, Gesundheitspflege, Freizeit in hinreichendem Ausmaß und in hinreichender Qualität zu erhalten.

Der Kampf um Menschenrechte muß alle zwischenmenschlichen Beziehungen erfassen; es darf von den beiden biblischen Höchst-Geboten keine Aussparungen, es darf keine „weißen Flecken" auf der Landkarte der Menschenrechte geben. Der Kampf ist zu führen, wo immer und von wem immer die Würde eines einzelnen Menschen oder ganzer Gruppen bedroht wird: vom Staat oder von irgendwelcher „privaten Macht" (von gesellschaftlichen Gruppen, von großen Unternehmungen, von Gewerkschaften und anderen Verbänden, von Ehegatten und Eltern, von Lehrmeistern und Dienstherren etc.). Der staatliche (und auch der supranationale) Gesetzgeber haben die Verletzung von Menschenrechten durch irgendwelche Menschen nach Möglichkeit zu verhindern und für die Rüge und Korrektur irgendwelcher Verletzungen geeignete Verfahren bereitzustellen; die Unterscheidung zwischen „vertikaler" und „horizontaler" Rechtswirkung der Menschenrechte wird damit notwendig ebenso relativiert wie diejenige zwischen den verschiedenen Menschenrechtskategorien. Jeder einzelne trägt aber Verantwortung für den Kampf um Menschenrechte in seinem jeweiligen Lebensbereich.

Menschenrechte müssen auch innerhalb irgendwelcher Organisationen, auch innerhalb der Kirchen gelten, sofern und solange der einzelne keine reale, keine zumutbare Freiheit hat, die Organisation zu verlassen. Eine „große" Kirche, neben der der Gläubige keine für ihn akzeptable Alternative sieht, hat durch ihre Strukturen, durch ihre Verhaltensnormen und durch ihre Verfahren die Menschenwürde grundsätzlich ebenso zu achten wie der Staat, wenngleich nicht unbedingt in gleicher Weise: Sie kann gewiß eine minimale Übereinstimmung ihrer Angehörigen mit dem Fundus ihrer Glaubensüberzeugungen verlangen, muß aber unter allen Umständen ihre Angehörigen als „Subjekte" behandeln, hat ihnen also z. B. in irgendwelchen Verfahren „Waffengleichheit" einzuräumen und Gelegenheit zu geben, ihren Standpunkt zu vertreten und die Gründe für Entscheidungen zu erfahren.

Christliches Engagement muß sich auf alle jeweils aktuellen Aspekte des

Menschenrechtsgedankens, auf alle in bestimmter geschichtlicher Situation wichtigen Konkretisierungen des „Prinzips Menschenwürde" erstrecken. Es hat in besonderer Weise die Zusammenhänge zwischen den verschiedenen Kategorien von Menschenrechten aufzuspüren und zu betonen. Es muß jede grundsätzliche „menschenrechtliche Parteilichkeit" vermeiden. Das setzt voraus, daß es das Risiko der Unpopularität, d. h. des Widerspruchs gegen dominierende politische und gesellschaftliche Ansichten zu tragen bereit ist. Menschenrechtsschutz ist stets ein Stück „Minderheitenschutz", d. h. Eintreten für Schwache oder allgemein für Menschen, die ihre Grundbedürfnisse nicht oder nicht mit hinreichender Kraft zu Geltung bringen können – z. B. eben auch für die künftigen Generationen!

Der Kampf um Menschenrechte ist nie bequem! Er muß in der Theorie, vor allem aber in der Praxis gekämpft werden, entsprechend der Erkenntnis, daß der eigentliche Ort für die Frage nach der Wahrheit des Menschen die Praxis ist[45]. Das wiederum heißt auch und besonders, wie im 2. Teil (c 2) skizziert: ihn in die politischen Aufgaben der Rechtsgestaltung (Rechtssetzung und Rechtsanwendung) übersetzen.

Weiterführende Literatur

J. Baur (Hrsg.), Zum Thema Menschenrechte. Theologische Versuche und Entwürfe (Stuttgart 1977).
... „erkämpft das Menschenrecht. Wie christlich sind die Menschenrechte?" (Hamburg 1981)
E. Corecco u. a. (Hrsg.), Die Grundrechte des Christen in Kirche und Gesellschaft. Akten des IV. Internationalen Kongresses für Kirchenrecht (Freiburg/Schweiz – Freiburg i. Br. – Milano 1981).
F. Ermacora, Menschenrechte in der sich wandelnden Welt I (Wien 1974).
M. Honecker, Das Recht des Menschen (Gütersloh 1978).
W. Huber – H.-E. Tödt, Menschenrechte (Stuttgart – Berlin 1977).
Johannes Paul II. und die Menschenrechte. Ein Jahr Pontifikat (Freiburg/Schweiz 1981), mit Beiträgen von Otfried Höffe, Augustin Macheret, Carlos-Josaphat Pinto de Olveira und Charlotte de Habicht.
A. Khol, Zwischen Staat und Weltstaat. Die internationalen Sicherungsverfahren zum Schutze der Menschenrechte (Wien 1969).
Die Kirche und die Menschenrechte. Ein Arbeitspapier der Päpstlichen Kommission „Justitia et Pax" (München – Mainz 1976).
J. M. Lochman – J. Moltmann (Hrsg.), Gottes Recht und Menschenrechte (Neukirchen-Vluyn 1976).
R. Schnur (Hrsg.), Zur Geschichte der Erklärung der Menschenrechte (Darmstadt 1964).
J. Schwartländer (Hrsg.), Modernes Freiheitsethos und christlicher Glaube (München – Mainz 1981).
Vgl. auch die in den Anmerkungen zitierte juristische Literatur.

Peter Saladin

[45] *G. W. Hunold*, Wege transzendental-anthropologischer Argumentation, in diesem Handbuch, Bd. I, 46–67, 49.

II

Ethische Kriterien für die Entwicklung sozialer Grundrechte

1. Soziale Grundrechte in Geltung

Ausgehend von der Existenz eines konkreten Problems in der Alltagswelt werden wir die vorhandenen juristischen Lösungen deskriptiv darstellen und schließlich ihr historisches Zustandekommen nachvollziehen, um zum Schluß auf einer höheren Stufe theoretischer Reflexion den Versuch zu unternehmen, ethische Kriterien für die Entwicklung sozialer Grundrechte herauszuarbeiten.

Seit der Weltwirtschaftskrise in der Zeit zwischen den beiden Weltkriegen mit ihren schwerwiegenden politischen Folgen ist die Sicherung sozialer Rechte – schon vorher vorsichtig versucht – ein zentrales Anliegen der Politik der demokratischen Rechtsstaaten des Westens geworden. In der „Allgemeinen Erklärung der Menschenrechte"[1], die nach Beendigung des Zweiten Weltkrieges von den Vereinten Nationen im Jahre 1948 beschlossen wurde, sind daher nicht nur „Freiheitsrechte", sondern auch „soziale" Grundrechte enthalten. Die Deklaration der Menschenrechte hat freilich für die Mitgliedsstaaten keine rechtsverbindliche Wirkungen, weil die Generalversammlung der Vereinten Nationen generell keine normsetzende Kompetenz besitzt, sondern nur „Empfehlungen" beschließen kann[2]. Um diesem Problem zu begegnen, haben die Vereinten Nationen 1966 neue Entwürfe, und zwar zu einer „Konvention über wirtschaftliche, soziale und kulturelle Rechte" (KWSKR) einerseits und einer „Konvention über bürgerliche und politische Rechte" (KBPR) andererseits, vorgelegt und ihren Mitgliedsstaaten eine Ratifikation der Dokumente empfohlen[3]. Fehlende Sanktionsmöglichkeiten sind jedoch weiterhin Kennzeichen des universalen Völkerrechts. Anders ist hingegen die Situation in bezug auf die vom Europarat 1950 in Rom beschlossene „Europäische Konvention zum Schutz der Menschenrechte und Grundfreiheiten", die in den meisten europäischen Staaten geltendes Verfassungsrecht darstellt[4]. In ihr sind allerdings nur die traditionellen Freiheitsrechte rechtsverbindlich normiert.

---

[1] Der Originaltext der „Universal Declaration of Human Rights" findet sich in der Resolution 217 (III) A der Generalversammlung der Vereinten Nationen; sie ist abgedruckt in den „Official Records of the Third Session of the General Assembly", Part I, 71 ff. Siehe aber auch das „Yearbook of Human Rights for 1948, Part III (New York 1950).

[2] *A. Verdross,* Völkerrecht (Wien [5]1964) 521.

[3] Vgl. die Resolution der Generalversammlung der Vereinten Nationen vom 16. Dezember 1966, Nr. 2200 (XXI) A, B, C.

[4] Die Republik Österreich hat – um ein konkretes Beispiel zur Illustration herauszugreifen – im Bundes-Verfassungsgesetz vom 6. 4. 1964 (BGBl. Nr. 59/1964) beschlossen, daß bestimmten Staatsverträgen Verfassungsrang zukommt. Zu diesen Staatsverträgen zählt z. B. die Euro-

Was die „Konvention zum Schutz der Menschenrechte" für die klassischen Freiheitsrechte bedeutet, soll nach Ansicht des Europarates die „Europäische Sozialcharta" für die sozialen Grundrechte sein. Die Europäische Sozialcharta wurde am 18. Oktober 1961 in Turin von 13 der 15 damals dem Europarat angehörenden Staaten unterzeichnet. Die Sozialcharta besteht aus einer Präambel und fünf Teilen. In der Einleitung wird ganz allgemein der Entschluß der unterzeichneten Mitglieder des Europarates kundgetan, „alle Anstrengungen zu unternehmen, um durch geeignete Einrichtungen und Maßnahmen den Lebensstandard ihrer Bevölkerung in Stadt und Land zu verbessern und ihr soziales Wohl zu fördern"[5]. Dazu postuliert Teil I zunächst nur kurz die Grundsätze, deren Verwirklichung das Ziel aller Vertragsparteien sein soll. Teil II wiederholt diese Grundsätze in Artikelform und führt sie in numerierten Absätzen rechtlich näher aus. Die Teile II bis V enthalten die technischen Details der Durchführung und Anwendung der Charta, um auch die sozialen „Grundrechte" in geltendes Recht zu transformieren. Im einzelnen bedeutet dies:

Durch die Ratifikation bzw. Annahme der Charta verpflichten sich die Vertragsstaaten nicht nur gemäß Art. 20, Abs. 1, den bereits erwähnten Teil I „als eine Erklärung der Ziele anzusehen...", sondern sie müssen mindestens fünf der sieben wichtigsten Artikel des Teiles II als rechtlich bindend ansehen. Diese sieben Grundrechte sind die Artikel 1: Recht auf Arbeit; 5: Vereinigungsrecht; 6: Recht auf Kollektivverhandlungen; 12: Recht auf soziale Sicherheit; 13: Recht auf soziale und ärztliche Hilfe; 16: Recht der Familie auf sozialen, gesetzlichen und wirtschaftlichen Schutz; und 19: Recht der Wanderarbeiter und ihrer Familien auf Schutz und Beistand. Darüber hinaus verpflichten sich die Vertragsparteien, zusätzlich so viele Artikel oder numerierte Absätze des Teiles II der Sozialcharta auszuwählen und für sich als bindend anzusehen, daß die Gesamtzahl der Artikel oder numerierten Absätze, durch die sie gebunden sind, mindestens 10 Artikel oder 45 Absätze umfaßt.

Eine Reihe von Mitgliedsstaaten des Europarates hat die Sozialcharta nur unter Vorbehalten ratifiziert. Dies deshalb, weil – und dies gilt vor allem für die unmittelbare Anwendung als Verfassungsrecht – die Verwirklichung des Abkommens wegen innerstaatlicher legistischer Hindernisse schwierig ist. Indem die Charta sowohl ein bestimmtes genau abgegrenztes Rechtsgebiet regelt, aber darüber hinaus ganz allgemein die Mitgliedsstaaten zu einer Harmonisierung wesentlicher Belange ihrer Wirtschafts-, Beschäftigungs- und Sozialpolitik verpflichtet, entzieht die Charta bis zu einem gewissen Grad den bislang souveränen Staaten die Entscheidung über die Zielsetzung staatlichen Handelns. Die

---

päische Konvention zum Schutz der Menschenrechte und Grundfreiheiten samt Zusatzprotokoll. Damit ist klargestellt, daß die MRK verfassungsrechtliche Grundrechte enthält und gegenüber anderen innerstaatlichen Normen derogatorische und ergänzende Wirkung besitzt.

[5] Zitiert nach der deutschen Übersetzung der Sozialcharta im (österreichischen) BGBl. Nr. 460/1969.

Europäische Sozialcharta ist somit nicht nur geltendes Spezialrecht, sondern zugleich eine Art politischer Staatsvertrag, dessen Auswirkungen die ganze Polis, die ganze staatliche Gemeinschaft betreffen.

Ist schon die unmittelbare Anwendung der Europäischen Sozialcharta als innerstaatliches Verfassungsrecht nicht nur rechtstechnisch schwierig, sondern vor allem ein *rechtspolitisch* brisantes Thema, so gilt dies in verstärktem Maße für die internationale „Konvention über wirtschaftliche, soziale und kulturelle Rechte“ der Vereinten Nationen, die in der heterogenen universalen Staatengemeinschaft durchgesetzt werden soll.

Einwände gegen soziale Grundrechte gründen häufig auf dem Argument, daß Ansprüche auf positive Leistungen des Staates wegen ihrer Relativität nicht justitiabel seien. Die juristischen Bedenken sind aber zugleich die logische Konsequenz einer implizit als richtig vorausgesetzten politischen Theorie. Dadurch scheinen die Grundrechtstypen des klassischen Liberalismus – so wie sie in die Verfassungen der westlichen Demokratien Eingang gefunden haben – endgültig und unveränderlich zu sein. Umgekehrt begnügen eine Reihe von Staaten sich nicht damit, einzelne liberale Grundrechte wegen ihrer Konsequenzen für die Gesellschaft zu relativieren und durch soziale Rechte zu ergänzen, sondern bestehen auf einer völlig anderen Prioritätensetzung, in der wiederum Freiheit und Eigentum keinen Platz mehr finden. Eine stichhältige, logische und ethische Begründung der in internationalen Konventionen und nationalen Verfassungen normierten sozialen Grundrechte ist daher unerläßlich. Eine solche kann sich nur auf ein entsprechendes Menschenbild und damit eine Anthropologie stützen.

2. *Die logische Begründung der Menschenrechte in der Menschenwürde*

Nach der Formulierung von Otto Semmelroth in seiner Einleitung zur Pastoralkonstitution des Zweiten Vatikanums ist christliche Anthropologie die Darstellung des Menschen „in seiner leib-seelischen Einheit mit der Würde seines Gewissens“[6]. Allerdings kann und darf der Mensch nicht nur als Individuum dargestellt werden. „Eine Lehre vom Menschen muß ihn auch in seiner Beziehung zu den Mitmenschen und zum Kosmos darstellen.“[7] Auch das sind Züge, ohne die nicht beschrieben werden kann, was der Mensch ist – wenigstens wenn man das konkrete Sein des Menschen meint.

Von dieser Position aus scheint es durchaus verständlich zu sein, daß man „Menschenrechte“ als grundlegende Werte und damit als eine Anzahl dem Staat „vorgegebener“ Rechte verteidigt. Diese Rechte sind der Verfügung nicht

---

[6] Dokumente des Zweiten Vatikanischen Konzils, Bd. 9 (Trier 1967) 13.
[7] Ebd. 13.

nur des einfachen Gesetzgebers, sondern auch des Verfassungsgesetzgebers entzogen, sind „unverfügbar" und damit auch „unabstimmbar". Und doch stellt sich logisch die Frage: Trifft dies auch für langfristige historische Entwicklungen zu? Und folgt daraus wirklich – das ist eine andere große Frage –, daß nur derjenige, der die Autorität eines persönlichen Gottes als Quelle der „auctoritas socialis" in Gebilden aller Art, einschließlich des Staates, anerkennt, imstande ist, die Verbindlichkeit weltanschaulicher Werte, hier in erster Linie „der Unverletzlichkeit der Menschenwürde, als vorstaatlich und daher auch für den Staat unantastbar anzuerkennen"?[8] Diese Behauptung ändert jedoch nichts an der in unserer pluralistischen Gesellschaft empirisch feststellbaren Tatsache, daß viele Menschen weltanschauliche Werte dieser Art und insbesondere die Menschenwürde als verpflichtend anerkennen, sei es ohne ein Bedürfnis nach theologischer Begründung zu empfinden, sei es mit der Überzeugung, eine Begründung sei weder erforderlich noch überhaupt möglich.

In bezug auf die Menschenwürde und den daraus abgeleiteten Grundrechten stellt sich der Sozialethik nicht nur die Frage nach der *Begründung,* sondern vor allem die nach dem *Inhalt* der Menschenrechte. Nach den Regeln der Logik entspricht der jeweils verschiedenen Begründung tatsächlich je ein verschiedener Inhalt. Damit haben wir es zweifellos mit verschiedenen Menschenbildern und folglich mit verschiedenen Sinndeutungen der Menschenwürde zu tun. Der Unterschied besteht zunächst darin, daß die eine – sagen wir – um eine Dimension reicher ist als die andere. Nun ist diese andere Dimension zwar sicher für die Sinndeutung des persönlichen individuellen Lebens im Hinblick auf „Glück" und „Leid" oder angesichts des Todes relevant, nicht jedoch unerläßliche Voraussetzung für die wirtschaftliche, soziale, rechtliche und politische Ordnung des Gemeinwesens. Dasselbe gilt auch für die Grundrechte, die naturgemäß allgemeine Verbindlichkeit beanspruchen müssen. Nur für den Christen, für den die transzendente Dimension die entscheidende, um nicht zu sagen die konstitutive, ist, stellt sich somit die Frage, ob diese beiden Menschenbilder einen gemeinsamen Wesenskern haben, „oder ob hier nur sachlich Ungleiches mit den gleichen Worten benannt wird"[9]. In wissenschaftstheoretischen Termini würde man sagen: es liegt zwar keine univoke Übereinstimmung vor, wohl aber gibt es „sehr viel und gewichtig analog Übereinstimmendes"[10].

Können daher – das ist für unser Thema die entscheidende Frage – in unserer pluralistischen Gesellschaft Anhänger verschiedener Weltanschauungen, denen analog Gehalt des Menschenbildes und Sinndeutung der Menschenwürde gemeinsam sind, gleichgültig ob ihrer transzendenten oder immanenten Begrün-

---

[8] O. *von Nell-Breuning,* Politische Programmatik und Weltanschauung, in: Festschrift für Adolf Arndt (Frankfurt a. M. 1969) 315.
[9] Ebd. 316.
[10] Ebd.

dung, für praktisch politische Zwecke sich auf dem gemeinsamen Boden eines Grundrechtskataloges finden? Logisch ließe sich die Verfassungsordnung eines politischen Gemeinwesens sehr gut auf die Unverletzbarkeit der so verstandenen und konkretisierten Menschenwürde als tragfähiger gemeinsamer Basis aufbauen. Dies deshalb, weil die Rechtsordnung gar nicht beansprucht, für die letzten Sinnfragen des individuellen Lebens zuständig zu sein, sondern nur die Voraussetzungen dafür zu schaffen hat, nämlich ein geordnetes und friedliches Gemeinwesen zu ermöglichen und zu sichern. Und dazu genügt es, sich über den konkreten *Inhalt* der Grundrechte in einem politischen Kompromiß zu einigen.

Die Auseinandersetzungen innerhalb der Vereinten Nationen um den Grundrechtskatalog der universalen Staatengemeinschaft, mit dem auf weltweiter Ebene der Mensch zum Subjekt des Völkerrechts gemacht werden soll um dadurch seine Menschenwürde zu sichern, zeigen jedoch, daß dieser Basiskonsens keineswegs existiert und es gerade nicht gelang, sich über die konkreten Inhalte universal gültiger Grundrechte zu einigen. Um einen Menschenrechtsschutz durch die Vereinten Nationen nicht völlig zu verhindern, wurde nämlich in einer umstrittenen Verlegenheitslösung der Grundrechtskatalog in zwei selbständige Konventionen geteilt, „die unabhängig voneinander angenommen werden können, wobei die eine den westlichen Vorstellungen, die andere den östlichen entspricht"[11]. Die mangelnde Zustimmung wird außerdem deutlich am schwachen Rechtsschutz und der nur fakultativ für die KBPR vorgesehenen Staaten- und Einzelbeschwerde[12], sowie in der umstrittenen Aufnahme von politischen Postulaten, wie des Rechtes auf Selbstbestimmung und des Rechtes auf die eigenen Naturreichtümer. Der grundlegende Dissens zeigt sich vor allem aber in der Tatsache, daß der Schutz des Eigentums als notwendiges Pendant zu den sozialen Grundrechten in keine der beiden Konventionen aufgenommen wurde[13].

---

[11] *A. Khol*, Der Menschenrechtskatalog der Völkergemeinschaft (Wien 1968) 34.

[12] Sofern der ratifizierende Staat neben den beiden Konventionen auch das sogenannte Fakultativprotokoll angenommen hat.

[13] Diese weltanschaulich bedingten Auffassungsunterschiede in der pluralistischen Staatengemeinschaft waren von Anfang an sichtbar und konnten auch später nie überbrückt werden. Der Inhalt der Konventionen war bereits 1954 als einheitlicher Text der Generalversammlung vorgelegt worden, aber erst nach jahrelangen Beratungen konnte – und zwar dadurch, daß man den Text in drei Teile zerlegte – die Lösung gefunden werden, die heute zur Annahme offensteht. Vgl. dazu insbesondere *R. Langer*, Der Kampf um die Menschenrechtskonvention der Vereinten Nationen, in: Österr. Zeitschrift für öffentliches Recht IX (1958/59) 25f.

3. Die Problematik von sozialen Grundrechten in Verfassungsrang

Selbst in den weltanschaulich unvergleichlichen homogeneren Mitgliedsstaaten des Europarates sind die sozialen Grundrechte nicht unumstritten[14]. Gegen die verfassungsrechtliche Kodifizierung von sozialen Grundrechten wird nämlich auch in den europäischen Demokratien häufig eingewendet, die Menschen würden durch soziale Leistungen der öffentlichen Hand verweichlicht und verwöhnt, ja geradezu angelernt, der Arbeit aus dem Weg zu gehen. Obzwar sich diese Behauptung gewiß durch einzelne Beispiele belegen läßt, hat doch die Entwicklung des Sozialstaates im großen und ganzen bewiesen, daß der Leistungsanreiz im menschlichen Handeln weitgehend erhalten geblieben ist[15] und negative Einzelfälle nicht zur Regel geworden sind.

Ein anderes Argument, wonach mit dem Aufbau einer staatlichen Arbeits- und Sozialverwaltung ein zu großer Teil der Lebensverantwortung vom einzelnen und der Familie auf den Staat übergeht, ist hingegen ernster zu nehmen. Sollte nämlich bewiesen werden können, daß die weitreichende Ausdehnung der staatlichen Tätigkeit zu einer zunehmenden „Ermattung und Entmächtigung der autonomen und gesellschaftlichen Gestaltungskräfte“[16] führt, wäre dies aus ethischen Erwägungen in der Tat problematisch. Allerdings dürfte hier eine Verwechslung von Ursache und Wirkung vorliegen. Wie die Sozialgeschichte zeigt, war es eher umgekehrt: Weil die autonomen, privaten Gestaltungskräfte in der Vergangenheit in Wirtschaft und Gesellschaft zu unsozialen Zuständen führten bzw. so eminent bedeutsame Probleme wie Vollbeschäftigung, gleichmäßiges Wirtschaftswachstum und Preisstabilität nicht zu lösen vermochten, ist öffentliche Planung und Leitung in der modernen Industriegesellschaft unentbehrlich. Das Gesagte gilt in gleichem Maße für die neuen Aufgaben der Raumordnung, Stadtsanierung, den Umweltschutz usw. Hier wird das in der Ethik vielzitierte Subsidiaritätsprinzip wirksam, das nicht nur *zugunsten*, sondern auch *gegen* die kleinen Lebenskreise spricht, wenn diese mit den anstehenden Ordnungsproblemen in der Gesellschaft nicht fertig werden.

Aber selbst für den Fall, daß die in der Argumentation gegen soziale Grundrechte angeführten Gefahren zuträfen, würden sie dennoch nicht so schwer

---

[14] Dies gilt nicht nur für Österreich, sondern auch für andere Staaten mit weitgehend vergleichbarem Verfassungssystem, wie etwa der Schweiz oder der Bundesrepublik Deutschland. Aus der reichhaltigen Literatur in den genannten Ländern sei exemplarisch nur auf die umfangreiche Untersuchung von *J. P. Müller*, Soziale Grundrechte in der Verfassung?, in: Zeitschrift für Schweizerisches Recht (1973) 687 f. und auf den Sammelband Rechtsstaatlichkeit und Sozialstaatlichkeit hrsg. von E. Forsthoff (Darmstadt 1968) verwiesen.

[15] *H. Achinger*, Sozialpolitik als Gesellschaftspolitik (Hamburg 1958) 99.

[16] So *H. Maier*, Rechtsstaat und Grundrechte im Wandel des modernen Freiheitsverständnisses, in: Aus Politik und Zeitgeschichte, Beilage zur Wochenzeitung „Das Parlament“, Nr. 29 / 1966, S. 14.

wiegen, wie die von John Maynard Keynes[17] schon in den dreißiger Jahren dieses Jahrhunderts nachgewiesene Tatsache, daß die autonomen, „privaten" Gestaltungskräfte in der Gesellschaft, makroökonomisch gesehen, sich auch auf ein Gleichgewicht der Unterbeschäftigung einpendeln können. Sieht man Arbeitslosigkeit, wirtschaftliche Stagnation oder Depression daher nicht als Folge individualethischer Verfehlungen, sondern als Konsequenz gravierender Strukturmängel des wirtschaftlich-gesellschaftlichen Systems, wird man soziale Grundrechte, auch wenn sie einen Zuwachs an öffentlicher Planung, Leitung und Fürsorge mit sich bringen, sozialethisch anders beurteilen als dies früher der Fall war.

Der in allen westlichen Demokratien bisher gegangene Weg läuft in der Regel auf die Übernahme von Verantwortung durch gesellschaftliche Institutionen hinaus. Dabei läßt sich nicht leugnen, daß die Abwälzung von Verantwortung vom Gesichtspunkt der Freiheit fragwürdig sein kann, was aber nur dann gilt, wenn es sich um Situationen und Aufgaben handelt, „die der mit seiner Verantwortung allein Gelassene tatsächlich hätte meistern können, und zweitens dann, wenn nachgewiesen werden könnte, daß es andere Möglichkeiten gegeben hätte oder noch gäbe, um die Freiheit von Not zu verwirklichen, ohne den gewaltigen Sicherheitsapparat aufzuführen"[18], der in den Jahrzehnten nach dem Zweiten Weltkrieg entstanden ist.

Die These von der „Entmächtigung der kleinen Lebenskreise" mag sogar für das wirtschaftlich selbständige Bürgertum zutreffen, nicht aber gilt sie für die Industriearbeiterschaft und die Bauern, deren „Privatautonomie" doch früher nur theoretisch auf dem Papier bestand. In der Realität konnte sie nicht wirksam werden, solange man daran glaubte, daß Wirtschaft und Gesellschaft durch einen natürlichen Mechanismus automatisch geregelt würden, dessen Gesetze durch Interventionen des Menschen völlig unbeeinflußbar seien. Und zwar deshalb, weil nach liberaler Überzeugung das wirtschaftliche und gesellschaftliche Gleichgewicht „allein durch natürliche Kräfte und biologische Gegebenheiten bedingt ist"[19]. Arm und benachteiligt zu sein, war im 18. und 19. Jahrhundert eben ein „Naturgesetz".

Eine *individual*ethische Betrachtung der in einer Gesellschaft bestehenden Mängel und alternativer gesellschaftspolitischer Modelle ginge daher an der Frage der sittlichen Struktur der Gesellschaft vorbei und würde nur Material für vordergründige Polemiken liefern. Nur eine *sozial*ethische Betrachtungsweise der sittlichen Struktur der Gesellschaft, d.h. mit anderen Worten, nur

---

[17] Und zwar in seinem epochalen Werk „A General Theory of Employment, Interest and Money".

[18] *H. Achinger,* a.a.O. 99.

[19] So Joseph Townsend in seinem Werk „Dissertation on the Poor Laws" aus dem Jahre 1786, zitiert nach *F. Matson,* Rückkehr zum Menschen. Vom mechanistischen zum humanen Weltverständnis (Olten 1969) 13.

eine in die Tiefe gehende Analyse der im menschlichen Bewußtsein existenten, die gesellschaftlichen Strukturen und politischen Institutionen legitimierenden kollektiven Sinnvorstellungen, kann die uns gestellte Frage nach den ethischen Kriterien der sozialen Grundrechte klären helfen. Zu diesem Zweck ist es auch in seinem systematischen Beitrag notwendig, etwas weiter auszuholen und zuerst ideologiegeschichtlich die wesentlichsten Elemente des liberalen Weltbildes zu skizzieren.

4. Das liberale Weltbild

Der Liberalismus entstand nicht durch Zufall. Im Mittelalter und noch bis ins Zeitalter des aufgeklärten Absolutismus des 18. Jahrhunderts war das Ziel der Wirtschaft – zumindest im theoretischen Modell – ein ethisch-normatives, das heißt, es war auf das bonum commune, auf das Gemeinwohl, ausgerichtet. Mit anderen Worten, die Wirtschaft wurde in der klassischen Philosophie und Theorie der Politik als Mittel zum Zweck angesehen. Der wachsende Protest gegen das Überwuchern von Staatsinterventionen, die im Zeitalter des Merkantilismus aus dynastisch-machtpolitischen Erwägungen willkürlich und ohne Kenntnis volkswirtschaftlicher Zusammenhänge, einseitig staatliche Manufakturen und Außenhandel begünstigen, führte schließlich im neu entstandenen Besitzbürgertum zu einer entschiedenen Ablehnung „obrigkeitlicher" Eingriffe in das Wirtschaftsleben und in weiterer Folge zur Ausbildung einer Naturlehre der Wirtschaft, die im Übergang von der mittelalterlichen ständisch-gebundenen zur liberal-freiheitlichen Wirtschaftsordnung zugleich das erste geschlossene System einer Wirtschaftstheorie begründete. Dieses System mußte dazu ideologische Elemente in Form des Dogmas der „prästabilierten Harmonie" und des Glaubens an den „ordre naturel" des Weltgeschehens in sich aufnehmen. Damit war die Wirtschaft angeblich nicht nur der schöpferischen Gestaltung des Menschen entzogen, sondern vor allem die Ethik wurde aus der Wirtschaftstheorie verbannt. Das „laissez faire, laissez passé, le monde va de lui même" wurde zur Verhaltensregel in der liberalen Epoche mit all den bekannten, zum Teil katastrophalen Folgen. Es entstand nämlich eine Klassengesellschaft mit revolutionären politischen Tendenzen.

War der Bereich der wirtschaftlichen und gesellschaftlichen Erscheinungen – weil durch den Menschen hervorgerufen und durch ihn gelenkt – in der klassischen Philosophie der Antike und des Mittelalters immer als ein Teil der „Politik" verstanden worden, hat die Aufklärung den ambivalenten Schritt zur Emanzipation der Wissenschaft aus dem Bereich von Herrschaft und Politik getan. Das mußte geradezu jenen Wandel des geistigen Bewußtseins im 19. Jahrhundert herbeiführen, der in letzter Konsequenz im Manchester-Liberalismus mündete. Demnach hatte alles Geschehen am Himmel und auf Erden eine natürliche und erkennbare Wirkursache. Es galt jetzt nur mehr, den vorbestimmten Lauf zu erkennen, denn die gigantische Maschine hatte nicht nur ihre Kausalität: „Sie war objektiv in dem Sinne, daß keine Handlung und kein Eingriff des Menschen ihren Gang bestimmte."[20]

Der Glaube an diesen Mechanismus ist das Charakteristische des großen Perpetuum mobile, das bereits Descartes in seinen Grundzügen entworfen hatte und das als Modell von Newton vollendet wurde. Das Problematische dieses Weltbildes liegt nicht nur darin, daß die „Maschine unberührt und unberührbar durch Menschenhand war, ihr fehlte jede Zielsetzung"[21]. Sogar die moderne Naturwissenschaft kommt heute zu dem Schluß, daß die Verbannung jeder Zielhaftigkeit aus dem Universum die problematische Kehrseite der ausschließlich „naturwissenschaftlichen" Weltbetrachtung Newtons gewesen ist. Noch mehr gilt dieser Einwand für den gesellschaftlichen Bereich, denn nachdem die Sozialwissenschaften in den Bannkreis der Naturwissenschaften geraten waren, beschränkten sie sich darauf, „objektive" Gesetze zu erkennen und vernachlässigten mehr und mehr ihre Aufgabe durch schöpferisch-normative Theoriebildung, die Welt nach „ethischen" Zielvorstellungen zu verändern. Nachdem das Prinzip des „laissez-faire" die Gleichung zwischen Humes „Egoismus" und Benthams „größtem Glück der größten Zahl" hergestellt hatte, wurde logisch konsequent „der politische Philosoph zugunsten des Geschäftsmannes in den Ruhestand versetzt – denn letzterer konnte das summum bonum des Philosophen viel besser erreichen, indem er ganz einfach seinen eigenen privaten Profit verfolgte"[22].

Gemeinsames Kennzeichen alller Sozialwissenschaften im Zeitalter des Liberalismus und der Aufklärung war der Versuch, eine Anzahl einfacher und unveränderlicher Elemente zu entdecken, die sich nach ebenso einfachen und unveränderlichen Gesetzen verhalten, wie sie die Naturwissenschaften formuliert hatten. Man meinte, hieraus ließen sich einfache und unveränderliche Elemente für „richtiges" Verhalten in Politik, Wirtschaft, Psychologie, Ethik, ja selbst Religion ableiten und durch Beobachtung verifizieren. Bei den Elementen des Systems, mochte es sich um den fuchsschlauen Fürsten eines Macchiavelli oder die wölfischen Bürger eines Hobbes handeln, um die klugen Unternehmer eines Ricardo oder aber um die abstrakten und unveräußerlichen natürlichen Rechte wie sie Thomas Jefferson postulierte, „in jedem Fall handelt es sich um Einheiten, die so unveränderlich waren wie die Himmelskörper in Newtons Sonnensystem vor der Einführung des Evolutionsprinzips durch Kant"[23] in das menschliche Denken.

---

[20] *R. Oppenheimer,* Science and Common Understanding (New York 1954) 13.
[21] *N. Bohr,* Atomphysik und menschliche Erkenntnis (Braunschweig 1958) 20.
[22] *J. M. Keynes,* The End of Laissez-Faire, abgedruckt bei *W. Ebenstein* (Hrsg.), Great Political Thinkers (New York 1961) 656.
[23] *K. Deutsch,* Politische Kybernetik (Freiburg i.Br. 1969) 69.

Die bürgerlich-liberale Gesellschaft hat in der Folge auch ihre vom Staat gewährleisteten tragenden Ordnungsprinzipien, ihre „Verfassung“, weitgehend mit „Erwerbsfreiheit“ und „Eigentumsgarantie“ identifiziert[24]. Aus der Aktualisierung dieser Prinzipien „ergibt sich aber mit Notwendigkeit die besitzbestimmte soziale Ungleichheit und, in ihrer rechtlichen Verfestigung und Fortschreibung durch die Garantie des Eigentums, ein klassenmäßiger Antagonismus in der Gesellschaft“[25]. Mit anderen Worten: Wird dieser in der Verfassung des bürgerlich-liberalen Rechtsstaates der Vergangenheit angelegten Entwicklung freier, d. h. vom Staat nicht gehinderten Lauf gelassen, so wird – und das ist in allen westlichen Nationalstaaten historisch nachweisbar – „die staatlich gewährleistete und geschützte rechtliche Freiheit und Gleichheit für eine immer wachsende Zahl von Menschen zur leeren Form“[26].

Dieser Standpunkt ist auch heute noch nicht ganz überwunden. Im Gegensatz dazu sollten sich die Wissenschaften bemühen, wieder mehr Entscheidungshilfen zu liefern. Leider waren bisher die „Sozialwissenschaften“ dazu kaum imstande weil die Reflexion normativer Aspekte nicht zu ihrem „Selbstverständnis“ gehörte. Gerade deshalb aber haben sie die selbständige verantwortliche politische Entscheidung in der – zumindest seit der Aufklärung – wissenschaftsgläubigen westlichen Gesellschaft zugunsten von scheinbaren Selbstläufigkeiten unterbestimmt; das gilt sowohl von liberal-mechanistischen wie marxistisch-deterministischen Theorien. Dadurch mußte auch der Begriff der Freiheit seinen Sinn und seine nur den Menschen auszeichnende Bedeutung verlieren.

Der einflußreiche konservative Staatsrechtslehrer Ernst Forsthoff[27] hat sogar noch nach dem Zweiten Weltkrieg behauptet, daß es für den Rechtsstaat – dem er den Terminus „egalitärer Sozialstaat“ gegenüberstellt – charakteristisch ist, den Status der sozialen Verhältnisse und das System der Güterverteilung als „vorgegeben“ und damit als unproblematisch anzusehen. Das Wesen der Sozialstaatlichkeit besteht hingegen gerade darin, daß die existente liberal-kapitalistische Sozialordnung als im Prinzip nicht mehr gerecht angesehen und die Gesellschaft – weil grundsätzlich autonom – nicht mehr als dem staatlichen Zugriff entzogen hingenommen wird. Die Sozialordnung hört also auf, für den Staat „Vorgegebenheit“ zu sein, mit der man sich abfinden müsse, und wird zum Gegenstand der Gestaltung durch den Staat und das Recht.

Der Gedanke der Sozialstaatlichkeit, wie er in den sozialen Grundrechten

---

[24] Seinen wissenschaftlichen Ausdruck fand dieses Gesellschaftsverständnis in den großen „Allgemeinen Staatslehren“ von Karl Friedrich von Gerber, Paul Laband, Georg Jellinek, Hans Kelsen u. a.

[25] *E. W. Böckenförde,* Die Bedeutung der Unterscheidung von Staat und Gesellschaft im demokratischen Sozialstaat der Gegenwart, in: Aus Politik und Zeitgeschichte, Beilage zur Wochenzeitung „Das Parlament“, 4. 12. 1971, S. 13.

[26] Ebd.

[27] Vgl. sein Lehrbuch des Verwaltungsrechts I (Allgemeiner Teil) (München 1951) 59f.

seinen verfassungsmäßigen Ausdruck findet, besteht also darin, daß der Glaube an die immanente Gerechtigkeit der bestehenden Wirtschafts- und Gesellschaftsordnung aufgehoben ist[28]. Deshalb muß auch unserem heutigen Verständnis entsprechend die Wirtschafts- und Gesellschaftsordnung durch Rechtsgrundsätze gestaltet werden, hinter denen nicht mehr das mechanische, konfliktfreie liberale Weltbild steht, sondern ein dynamischer Freiheitsbegriff, der die Vorstellung der Geschichtlichkeit des Rechts im allgemeinen und unserer Verfassung im besonderen mit einschließt.

5. Erweiterung und Fortführung des liberalen Rechtsstaates durch den Einbau von sozialen Grundrechten in die Verfassungsordnung

Gesellschaftskonflikte in Form von „Klassenkämpfen" können nur entstehen, wenn übersehen wird, daß Weltanschauungen wie Liberalismus oder Sozialismus keine theoretischen Aussagen über die politische Realität darstellen, die zeitlos gültig wären, sondern politische Meinungen und Haltungen sind, die „ihren optimalen Wahrheitsgehalt in der Situation haben, die sie motiviert, dann aber von der Geschichte überholt werden und neuen Situationen gerecht werden müssen"[29]. Die Schwäche des Neoliberalismus ist demnach sein Vertrauen in die unbedingte Geltung eines Verfassungsmodells, das in Opposition zu absoluter Monarchie und Polizeistaat konstruiert worden ist. Ein Verfassungsmodell, das so offensichtlich historisch bedingt ist, muß dann unvermeidlich zu Schwierigkeiten führen, wenn seine Prämissen und Axiome nicht mehr hinterfragt werden. So muß es heute als bedenklich gelten, eine grundsätzliche Unvereinbarkeit des rechtsstaatlichen Verfassungsgefüges gegenüber sozialstaatlichen Forderungen zu behaupten. Der Verzicht auf soziale Gerechtigkeit würde ein Todesurteil über den freiheitlichen Rechtsstaat schlechthin bedeuten. Das muß in der Auseinandersetzung über mögliche Gefahren oder die ethische Notwendigkeit der sozialen Grundrechte im Auge behalten werden.

Während die herkömmlichen Grundrechte sich noch beschränken auf die Zusicherung einer negativen Freiheitssphäre zugunsten der Einzelperson – einen Bereich also, worin die Einzelperson von Einmischungen gesellschaftlicher Kräfte geschützt war –, fordern die neuen, als „sozial" bezeichneten Grundrechte gerade ein positives Eingreifen der Staatsorgane. Die dem absolutisti-

---

[28] Es wäre nicht richtig, diesen „Glauben" nur auf handfeste subjektive Interessen der Akteure im Wirtschaftsprozeß zurückzuführen. Beim doktrinären Liberalismus handelt es sich zweifellos um eine „Ideologie", d. h. um ein kollektives „falsches Bewußtsein" von der gesellschaftlichen Wirklichkeit. Das Ideologieproblem geht – wie wir heute wissen – weit über die Frage nach der subjektiven Redlichkeit des Ideologieträgers hinaus: Es ist somit auch keine Frage der *Individual*ethik, sondern einer *Sozial*ethik.

[29] *E. Voegelin*, Der Liberalismus und seine Geschichte, in: Christentum und Liberalismus (München 1960) 16.

schen Staat abgetrotzten Freiheitsrechte haben zwar die „Privatautonomie" der Einzelperson begründet, und das freie Spiel der Kräfte in der Wirtschaft hat ohne Zweifel eine explosive Entfaltung von Produktion und Konsum ermöglicht. In der heutigen hochtechnisierten Industriegesellschaft geht es aber eher darum, daß der demokratische Rechtsstaat die Einzelperson vor den, im Zusammenhang mit den Ausführungen von Keynes' bereits geschilderten, ursprünglich nicht vorhergesehenen Konsequenzen des freien Spiels der Kräfte und damit vor der Eigendynamik gewisser gesellschaftlicher Entwicklungen schützt.

Die berechtigten Bedenken gegen eine wachsende Staatsmacht und die zunehmende Sorge um eine freiheitliche Wirtschaftsordnung dürfen nicht darüber hinwegtäuschen, daß die „objektive" empirische Sozialwissenschaft ursprünglich nicht imstande war, ein Politikmodell zu entwickeln, das das Problem gelöst hätte, obwohl quantifizierbare Ergebnisse über die volkswirtschaftlichen Kosten der „Privatautonomie" schon lange vorlagen. Diese fanden erst ex post in die wirtschaftliche Diskussion zwischen den beiden Weltkriegen Eingang.

Untersuchungen von Nationalökonomen[30] haben jedenfalls ergeben, daß es eine Vielzahl von Verlusten gibt, die auf Mängel der Rechts- und Wirtschaftsordnung zurückzuführen sind, die keinen Niederschlag in der Kalkulation privater Firmen finden. Bezieht man aber derartige „soziale" Kosten in die volkswirtschaftliche Selbstkostenanalyse ein, um die tatsächlichen Gesamtproduktionskosten zu erfassen, wird klar, daß das Gesetz von der vermeintlichen immerwährenden wohltätigen Ordnungskraft des Wettbewerbsprozesses nur ein Mythos ist, der zumindest als „Naturgesetz" nur eine beschränkte Gültigkeit besitzt. Jedenfalls kann das allgemeine wettbewerbsbedingte Gleichgewicht – realisiert und garantiert durch das Grundrecht auf Privateigentum an Produktionsmitteln – nicht mit der optimalen Gesamtbefriedigung der gesellschaftlichen Bedürfnisse gleichgesetzt werden. Was maximiert wird, sind bestenfalls private Nutzungen, denen aber – wie die unbewältigten Probleme der Konjunktur- und Einkommenspolitik der Vergangenheit und die Wachstums- und Umweltprobleme der Gegenwart überzeugend dokumentieren – andere Wertungen in Form von sozialen Grundrechten gleichrangig an die Seite gestellt werden müssen.

Das Ergebnis dieser Überlegungen kann dahingehend zusammengefaßt werden, daß Freiheit keine gesellschaftliche Gegebenheit ist, die öffentliche Interventionen ausschließlich „beeinträchtigen", sondern im Gegenteil: sie muß häufig erst – und dies gilt vor allem für die Gegenwart – durch sozialstaatliche In-

[30] Stellvertretend für viele etwa *K. W. Kapp*, Volkswirtschaftliche Kosten der Privatwirtschaft (Tübingen 1958); *ders.*, Nationalökonomie und rationaler Humanismus: Kyklos, Fasc. I (1968).

terventionen erst „hergestellt“ werden. In vielen Fällen kann der einzelne seinen Freiheitsraum nicht allein erweitern, auch wenn er es wollte. Der Verzicht auf staatliche Einwirkung kann daher unter bestimmten Umständen nicht zu dem behaupteten Ziel der individuellen Freiheitssicherung führen, sondern im Gegenteil, sogar den Verzicht auf die Verwirklichung größerer gesellschaftlicher Freiheit bedeuten. Aus diesem neuen Verständnis der wechselseitigen Bezüge von Staat und Gesellschaft im demokratischen Staatswesen der Gegenwart folgt: der Bürger hat heute auch Ansprüche euf eine bestimmte inhaltliche Ordnung des wirtschaftlich-gesellschaftlichen Bereichs und laufender Durchsetzung dieser Ordnung durch den Staat[31]. *Darin liegt die Funktion und damit die ethische Rechtfertigung der sozialen Grundrechte,* denn persönliche Freiheit hat nur dann einen Sinn, wenn der einzelne Bürger tatsächlich die Möglichkeit hat in seinem Alltag von ihr Gebrauch zu machen.

Da im Industriezeitalter der Gegenwart mit dem steten Anwachsen der Zahl unselbständiger Erwerbstätiger der Weg zum Eigentumserwerb über die Arbeit führt, stehen auch die sozialen Grundrechte im Dienste der Freiheitssicherung. Sie sind in diesem übertragenen Sinn auch Freiheitsrechte, weshalb die „Konvention über wirtschaftliche, soziale und kulturelle Rechte“ der Vereinten Nationen, der „Konvention über bürgerliche und politische Rechte“ der Vereinten Nationen nicht gegenüber- oder gar entgegengestellt, sondern solange an die Seite gestellt gehört, als sie als Sozialgestaltungsauftrag an den jeweiligen nationalen Gesetzgeber dem Persönlichkeitsschutz dient. Bei der sicht- und fühlbaren Bedeutung der Sozial- und Wirtschaftspolitik könnte man heute durchaus behaupten, daß es letztlich von der Verwirklichung der in den sozialen Grundrechten vorgesehenen Standards abhängt, ob heute nicht nur einige wenige, sondern alle Staatsbürger von den klassischen Freiheitsrechten überhaupt Gebrauch machen können. Es hieße allerdings den Charakter der positiven sozialen Rechte zu verkennen, würde man nicht begreifen, daß solche Rechte des einzelnen immer gleichzeitig für einen anderen Pflichten mit sich bringen. Dies bedeutet jeweils, daß die klassisch-liberalen Grundrechte als Abwehrrechte dem Staat gegenüber eingeschränkt werden. Insbesondere beschneiden die sozialen Rechte fast immer das Eigentumsrecht eines anderen in ein und derselben Gesellschaft. Insofern ist das Fehlen einer Eigentumsgarantie in den beiden UNO-Konventionen von besonderer Bedeutung: es fehlt damit das Gegengewicht zu den sozialen Ansprüchen. Auch findet die notwendige Güterabwägung deswegen nicht statt, obwohl sich erst in ihr die wahre Wertordnung einer Gesellschaft zeigen würde.

Vergleicht man den Inhalt der KWSKR mit der Europäischen Sozialcharta,

---

[31] Zum geänderten Verständnis der Aufgaben und Funktionen des Staates vgl. z. B. *U. Scheuner,* Die neuere Entwicklung des Rechtsstaates in Deutschland, in: *E. Forsthoff* (Hrsg.), Rechtsstaatlichkeit und Sozialstaatlichkeit (Darmstadt 1968) 461 f.

so stellt man fest, daß die beiden Verträge sich hinsichtlich der *Lebensrechte des einzelnen* (es sind dies u. a.: das Recht auf Freiheit von Hunger, das Recht auf einen angemessenen Lebensstandard, das Recht auf Gesundheit, das Recht auf Schutz der Familien, das Recht auf besonderen Mutter-, Kinder- und Jugendschutz, das Recht auf ärztliche Behandlung und auf Sozialversicherung) und der *Freiheitsrechte der Arbeit* (dazu zählen u. a.: das Recht auf Lebensunterhalt durch Arbeit, das Recht auf angemessene Arbeitsbedingungen, das Recht auf gerechten Lohn, das Recht auf angemessenen Urlaub, das Recht auf gleiche berufliche Aufstiegsmöglichkeiten, das Streikrecht und das Recht, Gewerkschaften zu bilden) zwar in manchem decken, der Umfang der Ansprüche in der UNO-Konvention insgesamt noch größer und die rechtliche Formulierung noch ungenauer ist. Im übrigen ist schon die Auswahl der Rechte in der KWSKR nicht immer überzeugend. Zumindest sind Zweifel angebracht, ob alle genannten Rechte wirklich zum Schutz der Menschenwürde unabdingbar notwendig sind[32].

6. Die Abgrenzung von liberalen Freiheitsrechten und sozialen Grundrechten als ethisches Problem

Aus dem bisher Gesagten ergibt sich, daß die Frage nach den Menschenrechten im allgemeinen und den sozialen Grundrechten im speziellen nur aus der Perspektive der sich wandelnden Funktion von Normen innerhalb der konkreten historischen Entwicklung beantwortet werden kann. Dabei wäre es allerdings problematisch, den Anschein zu erwecken, daß der Rechtsstaat einfach dadurch zu einem Sozialstaat umgewandelt werden kann, daß man auf die klassischen Freiheitsrechte zusätzlich soziale Grundrechte einfach aufpfropft. Wirtschaftliche und rechtliche Ziele sind selbstverständlich nicht voneinander unabhängig. Einige von ihnen verhalten sich zwar komplementär, d. h. die Verwirklichung des einen Zieles unterstützt gleichzeitig die Erreichung des anderen, manche wieder stehen in konkurrierendem Verhältnis zueinander[33].

Man kann der Ethik und insbesondere der katholischen Sozialethik den Vorwurf nicht ersparen, häufig ein konfliktfreies Gesellschaftsmodell zu suggerieren, wobei die Realisierung von Freiheit und Gerechtigkeit nur ein Problem des einzelmenschlichen guten Willens zu sein scheint. Dieser Standpunkt dürfte nicht zuletzt durch die Erkenntnisse der empirischen Sozialwissenschaften heute endgültig als überwunden gelten. „Geblieben ist eine große Unsicherheit über die richtigen Ziele und erst recht darüber, wie man ihre Bedeutung gegen-

---

[32] So *A. Khol*, a.a.O. 37.

[33] Zu diesem Problem ausführlich *W. Knips*, Die Problematik wirtschaftspolitischer Zielkonflikte (Tübingen 1970).

einander abzuwägen habe."[34] Gerade über die Rangordnung der Ziele, die mit den sozialen Grundrechten hier und jetzt verwirklicht werden können und sollen, sagen die einschlägigen ethischen Traktate relativ wenig. Die Festlegung der Prioritäten für das konkrete Handeln wäre aber nicht nur wichtiger, sondern sie ist auch viel schwieriger als die Aufzählung von abstrakten Grundsätzen. Jedenfalls hängt von der optimalen Kombination dieser Prioritäten der Erfolg der Gesellschaftspolitik im Hinblick auf mehr Freiheit, Gleichheit und Sicherheit ab.

Diese „Güterabwägung" wird die Ethik aus verschiedenen Gründen allein nicht bewältigen können. Vor dem Einbau von sozialen Grundrechten in die nationalen Verfassungen muß nämlich im Lichte der Erfahrungen aller mit Menschenrechtsfragen befaßten Wissenschaften überhaupt erst überprüft werden, ob und wieweit sie zur Erreichung des angestrebten Zieles tatsächlich beitragen oder ob sie nicht Nebenwirkungen verursachen, die das Ziel als solches paralysieren. Die Kriterien für die Entwicklung sozialer Grundrechte können daher nicht einfach aus abstrakten Moralprinzipien deduziert werden. Es bedarf vielmehr einer sorgfältigen sozialwissenschaftlichen Kausalanalyse der Bedingungszusammenhänge die jeweils neu vorzunehmen ist, und die die Ethik nicht in verallgemeinernder Weise vorwegnehmen kann und darf. Umgekehrt muß man sich aber der Problematik eines allzu großen Rationalismus in der Ethik bewußt sein. Denn eine unabdingbare Voraussetzung dafür, daß die befreiende Funktion der christlichen Ethik nicht in ihr Gegenteil umschlägt, ist die Einsicht: „Alle Zukunftsgestaltung beruht nur zum Teil auf Wissen, zum anderen aber auf Wagnis und Bekenntnis."[35]

Die Anerkennung der Menschenwürde als Grundlage des Rechts kann somit nur dann in eine verantwortbare rechtliche Form gegossen werden, wenn das Bewußtsein darüber wach gehalten wird, daß der Mensch dem Menschen in einem moralischen Sinne nicht voll zur Disposition steht, die Würde des Menschen also das „Jenseits" im „Diesseits" des Staates repräsentiert[36]. Die Selbständigkeit der Rechts- und Sozialwissenschaften und der gesellschaftlichen Praxis wird durch einen solchen ethischen Bezug nicht in Frage gestellt. Man muß sich nur im klaren sein, daß soziale Grundrechte – man mag sie im Detail so oder so präzisieren – theoretisch nur begründet werden und praktisch nur funktionieren können, wenn sich die Gesellschaft des ethischen Kontextes bewußt ist, in dem sie stehen. Desgleichen muß das Bewußtsein wach gehalten werden, daß die christliche Ethik selbst ein Teil jener Unzulänglichkeit ist, die

---

[34] *G. Gäfgen*, Wissenschaftliche und ethische Methodenfragen des Zielkonfliktes in der Wirtschaftspolitik, in: Wirtschaftspolitischer Zielkonflikt und katholische Soziallehre, hrsg. vom Katholisch-sozialen Institut der Erzdiözese Köln (Köln 1968) 18f.

[35] *E. Topitsch*, Sozialphilosophie zwischen Ideologie und Wissenschaft (Neuwied ^{2}1961) 96.

[36] Vgl. dazu die grundlegenden Ausführungen von *T. Rendtorff*, Das Verfassungsprinzip der Neuzeit, in diesem Handbuch, Bd. II, 215–234, bes. 233.

nun einmal für das Diesseits und die Geschichte charakteristisch ist. Der eschatologische Vorbehalt hat nämlich nicht nur im Außenbezug der christlichen Gesellschaftslehre Gültigkeit, sondern er ist konstitutiv auch und gerade für die Ethik selbst.

Weiterführende Literatur

E. W. Böckenförde, Die Bedeutung der Unterscheidung von Staat und Gesellschaft im demokratischen Sozialstaat der Gegenwart, in: Rechtsfragen der Gegenwart, Festschrift für W. Hefemehl (Stuttgart 1972).

E. Forsthoff (Hrsg.), Rechtsstaatlichkeit und Sozialstaatlichkeit (Darmstadt 1968).

F. Horner, Die sozialen Grundrechte. Weltanschauliche und gesellschaftspolitische Aspekte (Salzburg 1974).

Katholisch-Soziales Institut der Erzdiözese Köln (Hrsg.), Wirtschaftspolitischer Zielkonflikt und katholische Soziallehre (Köln 1968).

A. Khol, Der Menschenrechtskatalog der Völkergemeinschaft (Wien 1968).

F. Matson, Rückkehr zum Menschen. Vom mechanistischen zum humanen Weltverständnis (Olten 1969).

J. P. Müller, Soziale Grundrechte in der Verfassung? in: Zeitschrift für Schweizerisches Recht (1973) 687 f.

O. von Nell-Breuning, Politische Programmatik und Weltanschauung, in: Festschrift für A. Arndt (Frankfurt a. M. 1969).

J. Neumann, Rechte und Pflichten der kirchlichen Gesellschaft, in: Concilium 13 (1977), H. 12.

F. van der Ven, Sociale Grondrechten (Utrecht 1957).

Franz Horner

III

Die Menschenrechte in der Kirche

1. Begriff und Prinzip der Menschenrechte

In den Menschenrechten hat das sittlich-politische Bewußtsein der Neuzeit eine paradigmatische Gestalt gefunden, in der fundamentale Forderungen der politisch-sozialen Gerechtigkeit konzentrisch zusammenlaufen. Die Mißachtung der Menschenrechte vereint Bürger unterschiedlicher politischer und religiöser Überzeugungen: zum Protest gegen die Verfolgung rassischer, religiöser und sprachlich-kultureller Minderheiten, zum Protest gegen das Abstempeln unliebsamer Bürger als staatsfeindlich und gegen die Folterung und Hinrichtung politischer Kritiker. Die Menschenrechte sind ein wesentlicher Bestandteil der neuzeitlichen Freiheitsgeschichte. Ihre moderne Gestalt als subjektive öffentliche Rechte: als persönliche Ansprüche gegenüber dem Staat, verdanken sie vor allem der neuzeitlichen Naturrechts-(Vernunftrechts-)theorie, der Emanzipationsbewegung der europäischen Aufklärung und dem politischen Liberalismus. Zu den älteren Wurzeln gehören auch stoisch-christliche Gedanken, obwohl der neuzeitliche Siegeszug der Menschenrechte nur zum geringsten Teil durch die christlichen Kirchen, teilweise sogar gegen sie errungen wurde.

Die Menschenrechte suchen zeitgenössische Krisenerfahrungen zu überwinden. Im 18. und 19. Jahrhundert, viel zu häufig auch heute noch richten sie sich als persönliche Freiheitsrechte gegen die massiven Ausschreitungen absolutistischer oder gar totalitärer Gewalten, in der Frühzeit auch gegen politische Ansprüche der mit dem Absolutismus verschränkten Kirchen. Anfangs sehr zögernd, seit einigen Jahren verstärkt suchen sie als soziale Menschenrechte die großen wirtschaftlich-gesellschaftlichen Fragen unserer Zeit zu lösen. Als politische Mitwirkungsrechte schließlich bemühen sie sich, alte und neue Formen von Kolonialismus, Satellitenabhängigkeit und zentralistischen Staatsgewalten zu überwinden und die unterschiedlichen Minderheiten vor Unterdrückung zu schützen.

Über die spezifisch geschichtliche Bedeutung hinaus erfüllen die Menschenrechte eine fundamental-anthropologische Aufgabe, suchen sie doch die grundsätzliche Angewiesenheit der Menschen aufeinander und vor allem die prinzipielle Bedrohung durch ihresgleichen nach Prinzipien der Gerechtigkeit zu behandeln.

Allgemein heißen Menschenrechte jene subjektiven Rechte, die jedem einzelnen Menschen gegenüber seinen Mitmenschen, insbesondere gegenüber politischen, auch kirchlichen Autoritäten zukommen. Weil es sich um sittlich-politische Ansprüche handelt, gehören sie zu dem, was dem Menschen geschuldet ist. Sie stammen nicht erst aus freiwilligen und über das Geschuldete hinausgehenden Handlungen der (politisch-sozialen) Liebe; die Menschenrechte sind ein unverzichtbarer Bestandteil der (politisch-sozialen) Gerechtigkeit. Weil sie jedem Menschen als solchem zukommen, unabhängig von Geschlecht und Rasse, von Sprache, religiöser und politischer Anschauung, auch von wirtschaftlicher und sozialer Stellung, nennt man sie auch natürliche, angeborene, unveräußerliche und unverletzliche Rechte, die – zeitlich gesehen – immer und – räumlich betrachtet – überall gültig sind. Ihrem Begriff nach sind die Menschenrechte unverzichtbar, unantastbar und unwiderrufbar. Sie sollen jedem Menschen ermöglichen, nicht in Erniedrigung und Entfremdung zu leben, vielmehr „mit aufrechtem Gang, frei von Not und Furcht". Ihr Grundprinzip ist die gleiche Würde und gleiche Freiheit jedes Menschen; sie haben die Aufgabe zu verhindern, daß Menschen jemals bloß als Objekt behandelt werden.

Weil die Menschenrechte dem Menschen als solchem zukommen, sind sie der Verfügung der politischen Autoritäten grundsätzlich entzogen. Es sind vorstaatliche – überpositive und überkonstitutionelle – Rechtsgrundsätze, die von einem Staat oder einer Staatengemeinschaft nicht gewährt oder verweigert, wohl aber gewährleistet oder mißachtet werden können. Andererseits sind die Menschenrechte auf die staatliche Gewährleistung angewiesen, weshalb sie nicht bloß ein ethisch-philosophisches Thema darstellen, sondern auch die Aufgabe und – den Streitpunkt aktueller Politik. Trotz der Menschenrechtserklärungen brauchte es beispielsweise noch einen Bürgerkrieg (1861–1865), bevor die Vereinigten Staaten die Sklaverei abschafften.

Ohne die positivrechtliche Gewährleistung sind die Menschenrechte nur universal gültige sittliche Forderungen; sie haben bloß die Bedeutung von Ideen, Postulaten und Proklamationen, die gegenüber der herrschenden Rechts- und Staatswirklichkeit ohnmächtig bleiben. Werden die Menschenrechte dagegen von einer positiven Rechtsordnung institutionell garantiert, werden sie zum festen Bestandteil des politischen Gemeinwesens, dann erhalten sie den positivrechtlichen Status von *Grundrechten* (Freiheits-, Mitwirkungs- und Sozialrechten) oder von fundamentalen Staatszielbestimmungen (wie Freiheit, Demokratie und Sozialstaat), an die alle politischen Gewalten gebunden sind und deren Anerkennung vor den Gerichten eingeklagt werden kann.

In der Institutionalisierung der Menschenrechte als Grundrechte und als normativer Staatsprinzipien besteht die Gerechtigkeitsaufgabe, ohne deren Verwirklichung kein Staat eine auch nur elementare sittliche Legitimität erhält. Die Menschenrechte sind Fundamentalkriterien und normative Leitprinzipien jeder sittlich legitimen Politik; sie sichern die Gleichberechtigung derjenigen, die nicht die wirtschaftlichen, politischen, religiösen und sprachlich-kulturellen Überzeugungen der Mehrheit teilen und sind deshalb auch in Demokratien ein kritisches Korrektiv gegenüber den ausufernden Souveränitätsanmaßungen der politischen Autorität. Der Inbegriff der rechtlichen Institutionalisierung und Positivierung der Menschenrechte ist der demokratische und soziale Rechts- und Verfassungsstaat, dessen fortschreitende, freilich noch nicht abgeschlossene Verwirklichung als die größte politische Errungenschaft der Neuzeit und zugleich als eine der großen Kulturleistungen der Menschheit überhaupt gelten kann.

Das Grundprinzip der Menschenrechte, die gleiche Würde und Freiheit jedes Menschen, läßt sich in eine Vielzahl spezifischer Menschenrechte auffächern, die ihrerseits in drei Gruppen zusammengefaßt werden können: die persönlichen Freiheitsrechte, die politischen Mitwirkungsrechte sowie die Sozial- und Kulturrechte.

Abgesehen von der häufig erschütternden Diskrepanz zwischen öffentlicher Beteuerung und tatsächlicher Verwirklichung, gebieten die Menschenrechte auch in ihrer Auffächerung zu spezifischen Menschenrechten und in deren Institutionalisierung als Grundrechte nur zum geringen Teil ein unmittelbares Tun oder Lassen. Häufig sind sie erst normative Leitprinzipien, auf die alles öffentliche Handeln verpflichtet ist, ohne daß sie schon eine konkrete rechtlich-politische Ordnung definieren. Die konkrete Verwirklichung der Menschenrechte in den verschiedenen, gerade auch neuen Lebensbereichen (wie dem Umweltschutz oder der Weltwirtschaftsordnung) stellt die Aufgabe, sie gemäß den Funktionsanforderungen von Wirtschaft, Gesellschaft und Politik mit der jeweiligen konkreten Lage zu vermitteln. Erst in der geschichtlich konkreten, daher auch geschichtlich verschiedenen Vermittlung und Anerkennung der Menschenrechte vollendet sich ihre Verwirklichung. Diese konkrete Verwirklichung ist ohne sittlich-politische Urteilskraft nicht möglich und kann sich – angesichts der häufig sehr komplizierten und vielschichtigen Probleme – der Unterstützung durch wissenschaftliche Politikberatung versichern[1].

2. *Die Menschenrechte in der Sozialethik der Kirche*

a) Zeit der Ablehnung

Lange Zeit standen die großen Kirchen der Idee der Menschenrechte zurückhaltend, ja sogar ablehnend gegenüber. Es waren vor allem Minderheiten, die für ihre Religionsfreiheit fochten, und Einzelgänger, die wie der Dominikaner Bartholomé de las Casas (1474–1566) gegen die Ausbeutung der Indianer durch spanische Kolonisatoren oder wie Roger Williams (1603–1684) für die Gewissensfreiheit und eine Trennung von Kirche und Staat kämpften. Selbst in reformierten Territorien ging es den Andersgläubigen nicht besser als den Ketzern im Mittelalter; sie wurden verfolgt, gewaltsam zum Glaubensübertritt gezwungen oder mußten auswandern.

Trotzdem atmete die erste Formulierung der Menschenrechte, die „Virginian Bill of Rights“, auch den Geist christlicher Aufklärung und war vor allem vom eschatologischen Enthusiasmus der erweckten Calvinisten getragen. Wegen der Verklammerung der Kirche mit dem Ancien régime enthielt die Menschenrechtserklärung der Französischen Revolution aber deutliche antikirchliche Elemente, obwohl die Schlagworte „Freiheit, Gleichheit, Brüderlichkeit“ wohl christlichen Traditionen, nämlich dem Gedankengut der geheimen Bruderschaft der Rosenkreutzer des 17. Jahrhunderts entstammen[2] und obwohl die (gegenüber der spanischen Kolonialpolitik kritische) Begründung des modernen Völkerrechts von der Gleichheit und Gleichberechtigung aller Menschen und Völker ausgeht und sich einem Theologen, dem Spanier F. de Vitoria, verdankt. Doch die Kirchen übersahen die christlichen Elemente der ameri-

---

[1] Vgl. *O. Höffe*, Strategien politischer Gerechtigkeit, in: *ders.*, Ethik und Politik (Frankfurt a. M. 1979) 419–452.

[2] *M. Brecht*, Die Menschenrechte in der Geschichte der Kirche, in: *J. Baur* (Hrsg.), Zum Thema Menschenrechte. Theologische Versuche und Entwürfe (Stuttgart 1977) 41.

kanischen Erklärungen. Sie bemühten sich auch nicht um eine konstruktive Auseinandersetzung, indem sie etwa selbstkritisch ihre Verklammerung mit absolutistischen Regierungen eingesehen und andererseits eine unnötige Kirchenkritik der französischen Erklärung herausgefiltert hätten, um jene Substanz der Menschenrechtsidee anzuerkennen, die sehr wohl mit grundsätzlichen christlichen Überzeugungen zusammenstimmt und etwa in Vitorias These von unantastbaren Rechten des Menschen auch von theologischer Seite formuliert worden war. Stattdessen fixierten sich die großen Kirchen auf die antikirchlichen Elemente der französischen Menschenrechtserklärungen, schlossen sich etwas voreilig der konservativen Kritik der Französischen Revolution an und erklärten sich nicht zu Glaubens-, Gewissens- und Religionsfreiheit bereit[3].

Von einer unnötigerweise pauschalen Ablehnung des „Geistes der Moderne" war auch der Protestantismus nicht frei. Trotz der anfänglich überschwenglichen Begrüßung der Französischen Revolution als eines weltgeschichtlichen Ereignisses der Freiheit durch Fichte, Schelling, Hölderlin und Hegel blieb auch der deutsche Protestantismus in „traditioneller Distanz zu den Menschenrechten"[4]. Aus Mißtrauen gegen das rationalistisch-optimistische Welt- und Menschenbild der Aufklärung, aus Empörung über das Umschlagen der Freiheits- und Gleichheitsparolen in den blutigen Terror der Jakobiner, aber auch aufgrund einer Mißachtung des christlichen Hintergrunds der amerikanischen Menschenrechtserklärung (allerdings handelte es sich bei den Gründern der Vereinigten Staaten großenteils um Minderheitschristen, die vor der religiösen Intoleranz der herrschenden Konfessionen aus Großbritannien und dem Alten Kontinent fliehen mußten), auch im Gegensatz zu den Einsichten des oft als „Philosophen des deutschen Protestantismus" apostrophierten Immanuel Kant sonderte sich der deutsche Protestantismus nicht weniger als der Katholizismus von der westeuropäischen Freiheits- und Menschenrechtsentwicklung ab.

In der Ablehnung der Menschenrechte trafen sich die christlichen Kirchen ironischerweise mit Karl Marx, der sich auf einige besitzindividualistische, damit bürgerliche (kapitalistische) Aspekte versteifte und die Freiheitschancen übersah[5], aber immerhin die Religions- und Glaubensfreiheit als allgemeines Menschenrecht anerkannte[6].

Jedoch gab es auch im Katholizismus liberale Strömungen, die sich die Behauptung von überpositiv gültigen Menschenrechten zu eigen machten. Aber die Stellungnahmen der Päpste des 19. Jahrhunderts gegenüber den Menschenrechten waren von „Vorsicht und Ablehnung, ja manchmal sogar offener

---

[3] Vgl. das Breve „Caritas" von Papst Pius VI., 13. 3. 1791; das Rundschreiben Gregors XVI., „Mirari vos arbitramur", 15. 8. 1832; das Rundschreiben „Quanta cura" und den „Syllabus" von Papst Pius IX., 8. 12. 1864.

[4] *W. Huber – H. E. Tödt,* Menschenrechte. Perspektiven einer menschlichen Welt (Stuttgart 1977) 45–55.

[5] *K. Marx,* Zur Judenfrage, in: *Marx-Engels,* Werke I, 361ff. [6] Ebd. 363.

Feindschaft und Verurteilung" gekennzeichnet[7]. Ablehnend war auch Papst Leo XIII., der ansonsten eine tiefgreifende Veränderung der katholischen Soziallehre einleitete. In seinem Rundschreiben „Immortale Dei" (1. 11. 1885) sah er in den Menschenrechten einen Geist des Umsturzes am Werk, den er bis auf die Zeit der Reformation zurückführte. Im einzelnen verurteilte er – dies weniger ein Zeichen genuin christlicher als paternalistischer Elemente in seiner Soziallehre – vor allem den Gedanken der Gleichheit, die Lehre von der Demokratie (Volkssouveränität), die Forderung nach Meinungs-, Presse- und Lehrfreiheit, nicht zuletzt die Forderung nach Religionsfreiheit, an deren Stelle er eine religiöse Homogenität des Staates (im Zeichen des allein wahren, des katholischen Glaubens) beanspruchte.

b) Die Menschenrechte als Grundbestandteil der kirchlichen Sozialethik

Gelegentlich sprach schon Leo XIII. im Zusammenhang von Menschenpflichten auch von Menschenrechten[8]. Vor allem Pius XII. forderte aufgrund der Erfahrungen mit den inhumanen und kirchenfeindlichen Regimes Hitlers und Stalins seit 1941 mit wachsender Deutlichkeit die Wiederherstellung und Wahrung der Würde des Menschen, so besonders in seiner Weihnachtsbotschaft über Demokratie und Weltfrieden (24. 12. 1944). Obwohl sich auch schon der einflußreiche katholische Philosoph J. Maritain in Theorie und Praxis nachhaltig für die Menschenrechte eingesetzt hatte, mußte man trotzdem für eine ausführliche Stellungnahme bis zum Rundschreiben Johannes' XXIII. „Pacem in terris" (11. 4. 1963) warten. Durch „Pacem in terris" (Nr. 11–27, 142–145), der großen Menschenrechtserklärung des katholischen Lehramts, wurden die Menschenrechte in ihrer Gesamtheit als oberstes Kriterium des politisch-sozialen Lebens anerkannt. Der Katalog der Allgemeinen Erklärung der Vereinten Nationen wurde im wesentlichen übernommen, gegen eine mögliche Überbetonung der persönlichen Freiheitsrechte aber die gleichrangige Gültigkeit der Sozialrechte herausgehoben. So führte der Weg der Kirchen von einer scharfen Kritik über die zurückhaltende Beurteilung schließlich doch zu einer Billigung, ja sogar enthusiastischen Verteidigung der Menschenrechte.

Das Interesse, gegen einen einseitigen Individualismus die soziale Verpflichtung und gesellschaftlich-politische Eingebundenheit des Menschen hervorzuheben, hierin besonders die Nöte der unterentwickelten Völker zu berücksichtigen, findet sich auch beim Reformierten Weltbund und dem Ökumenischen Rat der Kirchen, die seit Anfang der siebziger Jahre dem Schutz der Menschenrechte eine zunehmende Aufmerksamkeit schenkten. Den Anstoß gaben die Versammlung der Reformierten in Nairobi (1970) und die des Zentralausschus-

[7] Die Kirche und die Menschenrechte. Ein Arbeitspapier der Päpstlichen Kommission Justitia et Pax (München – Mainz 1976) 8.

[8] *Leo XIII.*, Enzyklika „Rerum novarum", Nr. 21 (Au milieu des sollicitudes).

ses der ökumenischen Kirchen in Addis Abeba (1971). Einen Höhepunkt bildeten die Konsultation des Ökumenischen Rats in St. Pölten (Oktober 1974) und die Studien und Empfehlungen des Reformierten Weltbundes (London, Februar 1976)[9]. Zu erwähnen sind auch das Soziale Credo der Methodistischen Kirche Brasiliens (1971), die Wirkung der ökumenischen Menschenrechtsdiskussion auf die Arbeit der Vereinten Nationen und eine Erklärung des Ökumenischen Rats der Kirchen zur Religionsfreiheit (Amsterdam 1948, Neu-Delhi 1961), die die Konzilserklärung über die Religionsfreiheit „Dignitatis humanae" erheblich beeinflußte.

Seit „Pacem in terris" bilden die Menschenrechte einen festen und – im Gegensatz zu einer Marginalisierung – zentralen Bestandteil der katholischen Sozialethik. Das Zweite Vatikanische Konzil und Papst Paul VI. knüpften in ihren Verlautbarungen zu den Menschenrechten an das Rundschreiben Johannes' XXIII. an. Die wichtigsten Dokumente sind: das Vorwort zur Erklärung über die christliche Erziehung (1965), vor allem die Erklärung über die Religionsfreiheit (in der in einem Akt welthistorischer Bedeutung die katholische Kirche sich zur Religionsfreiheit ebenso des einzelnen wie der kirchlichen Gruppen und Gemeinschaften bekennt) sowie die Pastoralkonstitution über die Kirche in der Welt von heute „Gaudium et spes" (7. 12. 1965). Die Anerkennung der Menschenrechte fordern auch die Pastoralinstruktion „Communio et progressio" (3. 6. 1971), das Sozialrundschreiben „Populorum progressio" (1967) und die Neujahrsansprache von Papst Paul VI. (1969), die das Augustinische Prinzip „Das Werk der Gerechtigkeit ist der Friede" (opus justitiae pax) zum Motto konkretisiert: „Die Förderung der Menschenrechte – ein Weg zum Frieden". Wichtig sind auch die päpstliche Botschaft an die internationale Konferenz über die Menschenrechte in Teheran (15. 4. 1968), das päpstliche Schreiben an den Vorsitzenden der 28. Generalversammlung der Vereinten Nationen (10. 12. 1973) sowie die päpstliche Botschaft über Menschenrechte und Versöhnung, mit der die römische Bischofssynode im Oktober 1974 abgeschlossen wurde.

Die wesentliche Übereinstimmung der christlichen Kirchen untereinander zur Menschenrechtsfrage beweisen die gemeinsame Verlautbarung des Weltrates der Kirchen und der Päpstlichen Kommission Justitia et Pax zum 25. Jahrestag der Allgemeinen Erklärung der Menschenrechte[10] und die im Jahre 1976 erschienene gemeinsame Stellungnahme der katholischen und evangelischen Kirche in der Bundesrepublik Deutschland aus Anlaß der Weltwirtschaftskonferenz UNCTAD IV[11].

---

[9] Siehe *J. M. Lochman – J. Moltmann* (Hrsg.), Gottes Recht und Menschenrechte. Studien und Empfehlungen des Reformierten Weltbundes (Neukirchen-Vluyn ²1977).

[10] Osservatore Romano, Deutsche Wochenausgabe vom 21. 12. 1973, 10.

[11] Siehe *H. Tenhumberg – H. Kunst*, Soziale Gerechtigkeit und internationale Weltwirtschaftsordnung (München 1976).

Mit all diesen Verlautbarungen hat die kirchliche Theorie der politisch-sozialen Gerechtigkeit einen wesentlichen Fortschritt gemacht. Mit der Anerkennung der Menschenrechte wird die außerordentlich politisch-sittliche Errungenschaft der Neuzeit, die vom modernen Freiheitsbewußtsein getragene Rechts- und Verfassungsentwicklung, gewürdigt. Auch wenn die Wirklichkeit der zeitgenössischen Staaten noch zu verbessern bleibt, dürfen sie doch nicht hinter den Weg vom absolutistischen Wohlfahrtsstaat zum demokratischen und sozialen Rechts- und Verfassungsstaat zurückfallen.

c) Die Aufgabe der theologischen Begründung

Mit der Aufnahme der Menschenrechte in die Sozialethik der Kirchen ist deren theologische Problematik noch nicht gelöst. Weil die Kirchen ihren Einsatz für die Menschenrechte als eine Forderung des Evangeliums verstehen, konnte eine ökumenische Gruppe Brasiliens unter dem Titel „Menschenrechte – Christenrechte" die einzelnen Artikel der Allgemeinen Erklärung der Menschenrechte nicht nur mit sozialethischen Aussagen der Kirchen, sondern auch mit einschlägigen Stellen aus dem Alten und Neuen Testament verbinden. Doch darf man nicht vergessen, daß die Frage nach den Menschenrechten neuzeitlich ist und an das Alte und Neue Testament nicht direkt gestellt werden kann.

Eine theologische Begründung der Menschenrechte vom Alten Testament her kann sich etwa darauf berufen, daß der Mensch von Gott geschaffen ist und die gemeinsame Geschöpflichkeit jedem ohne Ausnahme eine unantastbare Würde verleiht. Hinzuweisen ist auch auf die Tatsache, daß sich Gottes erster Wille auf grundlegende Bedingungen des Menschseins gerichtet hat, zuallererst auf das Leben selbst (Gen 2,7) und seine Unantastbarkeit (9,6), dann auf den Lebensraum des Menschen (2,8), auf die Mittel zum Leben (2,9), die Arbeit (2,15) und die Beziehung von Mann und Frau (2,18–25). Weil diese Gaben von Gott frei gewährt sind, darf kein Mensch sie einem anderen absprechen.

Vom Neuen Testament her kann man sich auf die Freiheit beziehen, zu der die Menschen durch Christus berufen worden sind (Gal 5,1; 5,13), auf die Gleichheit aller in Christus (Gal 3,26–28; vgl. 1 Kor 12,13; Kol 3,11), auf die Solidarität des Glaubens mit denen, die zu Unrecht leiden (Gal 6,2), und überhaupt auf Gott als Vater, wodurch die Brüderlichkeit zwischen den Menschen verpflichtend wird.

Eine biblisch inspirierte Betrachtung der Menschenrechte weiß um die ständige Bedrohung der Menschenwürde in einer Geschichte unter den Bedingungen der Sünde, weshalb die institutionelle Garantie der Menschenrechte ebenso notwendig ist wie die immer wieder neue Frage, wo die zeitgenössischen, eventuell ganz neuartigen Gefährdungen liegen.

Eine biblische Begründung muß sich aber auch mit biblischen Unterscheidungen auseinandersetzen, die den Zugang zur Menschenrechtsidee erschweren. Die Schwierigkeiten einer theologischen Begründung beginnen mit der fundamentalen Ungleichheit zwischen den Erwählten und Nichterwählten und setzen sich in der Tatsache fort, daß Paulus zwar alle gesellschaftlichen Unterschiede in Christus relativiert sieht (Gal 3, 26–28), daß das gleiche himmlische Bürgerrecht aber die irdischen Rechtsverhältnisse so radikal transzendiert, daß im Irdischen keine Gleichheit erforderlich ist. Deshalb konnte Paulus die Sklaverei ebenso hinnehmen (1 Kor 7, 20 f.) wie den Vorrang des Mannes vor der Frau (1 Kor 11, 3–11; 14, 34 f.; 1 Tim 2, 11–15).

Eine theologische Begründung darf auch nicht übersehen, daß das Hauptgebot des Neuen Testamentes die Nächstenliebe ist, die Menschenrechte aber eine Gerechtigkeitsforderung und keine Frage von Almosen oder Caritas sind, daher nicht erst vom Liebesgebot her begründet werden dürfen. Zu berücksichtigen ist auch, daß die Menschenrechte im Menschen, das Alte und Neue Testament dagegen in Gott das Maß aller Dinge sehen, so daß sich die Frage stellt, wie man die Menschenrechte „humanistisch" begründen und doch in den weiteren Zusammenhang eines Handelns Gottes an der ganzen Menschheit stellen kann. Zu den philosophisch-theologischen Problemen, die nicht einfach durch mehr Engagement übersprungen werden dürfen, gehört nicht zuletzt die methodische Schwierigkeit, daß eine Berufung auf die jüdisch-christliche Offenbarung nur den Gläubigen anspricht, eine Begründung der Menschenrechte aber allgemeingültig sein muß.

d) Die Menschenrechte als sozialethisches Leitmotiv von Papst Johannes Paul II.

Wie kaum ein Papst zuvor sieht Johannes Paul II. in der ständigen Forderung, weltweit die Menschenrechte zu verwirklichen, den kritisch-konstruktiven Beitrag der Kirche zur gesellschaftlich-politischen Situation der Gegenwart. Im ersten Pontifikatsjahr bildeten die Menschenrechte geradezu das Leitmotiv seines sozialethischen Engagements[12]. Wer die katholische Sozialethik vornehmlich als neuscholastische Naturrechtslehre kennt, den muß es überraschen, daß dabei naturrechtliche Überlegungen im engeren Sinn fehlen. Durch den Verzicht auf Naturrechtsüberlegungen kann der Papst inhaltliche Verengungen, methodische Schwierigkeiten, auch ökumenische Barrieren des neuscholastischen Naturrechts überwinden. Es entfällt aber auch eine inhaltliche Fortführung und methodische Klärung des Naturrechts, damit die Chance einer kreativen Auseinandersetzung mit jenem Teil neuzeitlicher Rechts- und Staatsphilosophie, die zu den wichtigsten Wurzeln der Menschenrechtsidee gehört.

Für den Papst entspringen die Menschenrechte der unantastbaren Würde des

[12] *O. Höffe – A. Macheret – C.-J. Pinto de Oliveira – C. de Habicht,* Johannes Paul II. und die Menschenrechte. Ein Jahr Pontifikat (Freiburg i. Ü. 1981) (frz. 1980).

Menschen, also einem allgemeinen humanistischen Ethos. Indem der Papst sich nachdrücklich auf diesen Ursprung beruft, enthält seine Sozialethik ein philosophisches Element, das allen Christen und Nichtchristen gemeinsam ist. Ein spezifisch religiöser Aspekt kommt in die Menschenrechtsbegründung erst dann herein, wenn er die unantastbare Würde des Menschen noch einmal theologisch, vor allem christologisch begründet. Dadurch wird die Menschenrechtslegitimation insgesamt zweistufig: auf eine allgemeine humanistische Ethik folgt eine spezifisch christliche Begründung des Humanismus; die Anthropozentrik basiert auf der Theozentrik und Christozentrik, so daß der Humanismus zu einem christlichen Humanismus wird.

Bei den Menschenrechten, die im einzelnen benannt werden, stehen 1) jene Rechte im Mittelpunkt, die mit allgemeinen Forderungen der überlieferten katholischen Sozialethik zusammenhängen, und 2) jene Rechte, die die Voraussetzung kirchlicher Arbeit darstellen, von der Kirche daher für ihre eigene Tätigkeit eingefordert werden.

Zu den immer schon vertretenen Ansprüchen gehört das Recht auf Leib und Leben, das der Papst – unter Berufung auf die entsprechende Forderung seines Vorgängers Paul VI. – zu einem Recht auf Geburt verschärft. Ein solches den internationalen Menschenrechtserklärungen unbekanntes Recht zeigt, wie sich die katholische Sozialethik, um ihre Überzeugungen besser verständlich zu machen, einer allgemein anerkannten Sprache, eben der der Menschenrechte, bedient. Der Papst steht ganz in der Tradition der Soziallehre und ihres hohen kritischen Potentials, wenn er besonders die Sozialrechte betont, allgemein das Prinzip der sozialen Gerechtigkeit, näherhin die Rechte des arbeitenden Menschen („Laborem exercens", Tl. IV): das Recht auf einen Arbeitsplatz, auf gerechten Lohn und Sozialleistungen und das auf gewerkschaftliche Organisation. Darüber hinaus beginnt er den Themen- und Forderungskatalog der Sozialethik auf Umweltprobleme und die Verantwortung der Menschheit gegenüber der Zukunft zu erweitern.

Unter den Menschenrechten, die für die kirchliche Arbeit unerläßlich sind, nennt der Papst an erster Stelle die Religionsfreiheit, die er geradezu als Grundlage aller anderen Freiheiten betrachtet, womit er die mindestens ebenso elementare Bedeutung des Rechtes auf Leben übersieht. Damit die Kirche ihre karitativen Aufgaben erfüllen kann, wendet sich der Papst gegen eine monopolistische Ausweitung der staatlichen Hilfe und fordert, in Übereinstimmung mit dem traditionellen Subsidiaritätsprinzip, von den politischen Autoritäten einen Freiraum für nichtstaatliche Hilfe.

Menschenrechtliche Forderungen, die weder unmittelbar in den klassischen Kanon der katholischen Sozialethik fallen noch die Eigenrechte der Kirche gegen staatliche Autoritäten betreffen, treten in den päpstlichen Verlautbarungen zurück.

3. Die binnenkirchliche Bedeutung der Menschenrechte

a) Die Kirche als „Spiegel der Gerechtigkeit"

Religionsausübung in Form einer Kirche schafft mehr als eine bloß charismatische Bewegung; sie nimmt die Gestalt einer politisch-sozialen Institution an. Die Leiter der Kirchen, die Ältesten (Presbyter), Konsistorien und Synoden, die Pfarrer, Superintendenten, Dekane und Bischöfe, die Bischofskonferenzen und Landeskirchen, der Papst und die Konzile, üben nicht nur eine indirekte, eine moralische, sondern auch – in lockerer oder aber strafferer Form – eine direkte, eine politisch-rechtliche Macht aus. Einen nicht zu unterschätzenden Machtfaktor bilden die Kirchen schon in ihrer jeweiligen Gesellschaft, während sie gegenüber ihren Kirchenmitgliedern sogar Rechtsbefugnisse haben. Ob es mehr in demokratischer oder mehr in „aristokratischer" Form geschieht: die christlichen Kirchen haben selbst im Fall der presbyterial verfaßten Reformierten hierarchische Strukturen und rechtliche Verbindlichkeiten. Dann aber sind sie jenem normativen Kriterium unterworfen, das sich zu einem leitenden Topos kirchlicher Sozialethik herausgebildet hat und durch die Kirchen von allen politisch-sozialen Institutionen als Gestaltungsprinzip eingefordert wird, nämlich der Idee der politisch-sozialen Gerechtigkeit und ihrer neuzeitlich-zeitgenössischen Konkretisierung als Menschenrechte.

Wie es Papst Johannes Paul II. gegenüber den Leitern der jüdischen Organisationen betont hat: „Die katholische Kirche verwirft daher im Prinzip und in der Praxis jede Verletzung der Menschenrechte, wo immer in der Welt sie auch auftritt" (12. 3. 1979). Mit dem „wo immer" richtet sich der Papst ebenso an die politischen Gemeinschaften und Autoritäten außerhalb der Kirche wie an die Kirchen selbst, insofern sie als (katholische, lutherische, reformierte oder ökumenische) Rechtsgemeinschaften mit Macht, Autorität und rechtlichen Verbindlichkeiten, mit Verwaltungen und Gerichtshöfen ausgestattet sind. Mehr noch: die christlichen Kirchen haben eine besondere Aufgabe, da sie – wie es der Papst gegenüber den Mitgliedern des höchsten Gerichtshofes der katholischen Kirche, der S. Rota Romana, betont hat (17. 12. 1979) – ein „Spiegel der Gerechtigkeit" sein sollen. Daher hat „rechtes Kirchenrecht vorbildliches Recht" zu sein[13].

Schon die römische Bischofssynode (1971) hatte nachdrücklich hervorgehoben: „Wer immer zu den Menschen von Gerechtigkeit sprechen will, muß erst in ihren Augen gerecht sein." Und Papst Paul VI. hat in der Botschaft über Menschenrechte und Versöhnung selbstkritisch gesagt: „Aus Erfahrung weiß die Kirche, daß der Dienst an der Durchsetzung der Menschenrechte in der Welt sie zu dauernder Gewissenserforschung verpflichtet und zu ununterbro-

[13] *K. Barth,* Die Ordnung der Gemeinde (München 1955) 73.

chener Reinigung ihres eigenen Lebens, ihrer Gesetzgebung, ihrer Institutionen und ihrer Handlungsweise ... Im Licht der uns auferlegten Pflicht der Evangelisierung bestärken wir unsere eigene Entschlossenheit, die Rechte des Menschen und die Versöhnung überall in der Kirche ... zu fördern."[14] Dann aber sind die Menschenrechte nicht bloß – wie in den meisten Verlautbarungen der Kirchen – ein Gegenstand sittlich-politischer Stellungnahmen gegenüber anderen; sie sind auch ein Maßstab zur Wahrnehmung und Beurteilung, gegebenenfalls Veränderung der binnenkirchlichen Strukturen und des kirchlichen Rechtes. Weil es sich bei den Menschenrechten um vor- und überpositive Rechte handelt, sind sie jeder Verfügungsgewalt, auch der kirchlicher Autoritäten, entzogen. Die kircheninterne Gewährleistung der Menschenrechte ist um so mehr zu fordern, als die Kirche sie aus göttlichem Recht und biblischer Offenbarung begründet hat, also ohne jeden Vorbehalt als gültig erachtet. Daß die Menschenrechte zu einem notwendigen Bestandteil der innerkirchlichen Rechtsordnung werden, ist für die Glaubwürdigkeit des sozialethischen Engagements der Kirchen unabdingbar; eine „doppelte Wahrheit" wäre hier untragbar.

Obwohl einige Bestimmungen des Kirchenrechts mit Menschenrechten in Verbindung gebracht werden können, so etwa das Recht auf Rechtsschutz (CIC, c. 1167) oder der Grundsatz „nulla poena sine lege" (c. 2195), kennt das kanonische Recht der katholischen Kirche doch keinen Grundrechtskatalog, und für die reformatorischen Kirchen gilt: „Die Rechtsfigur des Grundrechts hat bisher nirgends Eingang in das geltende Kirchenrecht gefunden."[15] Da die Menschenrechte neuerdings aus genuin christlichen Überzeugungen begründet werden, kann dieses Fehlen nicht als heilsgeschichtlich notwendig behauptet werden; es folgt nicht aus dem göttlichen, sondern aus dem menschlichen Element im Kirchenrecht. Andererseits ist das Fehlen der Menschenrechte nicht zufällig, sondern entspricht dem zugrundeliegenden Autoritäts- und Rechtskonzept, das im Fall der katholischen Kirche einschneidenderweise aus der Konfrontation mit der Ausbildung des neuzeitlichen Verfassungsstaates und der Abwehr des ihm zugrundeliegenden Freiheitsprinzips entstanden ist. Das kanonische Recht ist klerus- und hierarchielastig; es wendet sich in erster Hinsicht an die hierarchisch gestuften kirchlichen Amtsträger und spricht von Rechten der Gläubigen nur insoweit, als sie den Bezugspunkt der Pflichten der Amtsträger bilden. Die Leitungsgewalt wird streng autoritativ verstanden und die Laien nur der „hörenden Kirche" zugeordnet, weshalb die Rechte vor allem beim Klerus liegen, während den Laien vornehmlich Aufgaben und Pflichten übertragen

---

[14] Die Kirche und Menschenrechte (s. o. Anm. 7) 8.

[15] *D. Pirson*, Grundrechte in Recht und Tradition der reformatorischen Kirchen, in: *E. Corecco* u. a. (Hrsg.), Die Grundrechte des Christen in Kirche und Gesellschaft (Freiburg i. Ü. – Freiburg i. Br. – Mailand 1981) 683–712, 683.

werden (so beispielsweise all das zu glauben, was durch das kirchliche Lehramt als göttlich geoffenbart vorgelegt wird: CIC, c. 1323, oder jede Häresie und alle ihr nahekommenden Irrtümer abzulehnen: c. 1324). Schließlich wird das Gesetz als eine objektive Größe verstanden, das keiner geschichtlich-hermeneutischen Auslegung bedarf, überdies einen Vorrang vor der individuellen Freiheit des Glaubens und dem persönlichen Gewissensentscheid erhält[16].

Da ein solches Rechtsverständnis geschichtlich bedingt ist und das kirchliche Recht überhaupt vom Rechtsethos seiner Zeit abhängt, kann das Kirchenrecht nicht als ahistorisch gültig betrachtet werden; es muß sich gemäß einer kritisch-konstruktiven Auseinandersetzung mit dem Rechtsethos der Zeit wandeln. Eine Wandlung ist auch deshalb notwendig, weil das Kirchenrecht den geschichtlich konkreten Menschen anspricht, dessen Rechtsbewußtsein von den zeitgenössischen Vorstellungen politisch-sozialer Gerechtigkeit geprägt ist und der von der Gerechtigkeit des kirchlichen Rechts überzeugt sein muß, soll es nicht rapide an Geltungskraft verlieren. Zum Rechts- und Gerechtigkeitsethos von heute gehört aber die Menschenrechtsidee als entscheidendes Element hinzu.

b) Menschenrechte – Christenrechte

In der Diskussion um die binnenkirchliche Bedeutung der Menschenrechte, wie sie vor allem im katholischen Raum geführt wird, wird von allen Seiten die Einschränkung gemacht, daß die Menschenrechte nicht unbesehen auf die Kirchen übertragen werden könnten. Die Kirchen seien nämlich nicht im selben Sinn politische Gemeinschaften wie die modernen Staaten. Zunächst einmal komme ihnen, vom Vatikanstaat vielleicht abgesehen, keine staatliche Souveränität zu; sie seien vielmehr Körperschaften innerhalb souveräner Staaten, deren Rechtsstatus vom Staat verliehen sei und deren Tun und Lassen unter dem Vorbehalt „innerhalb der Schranken der für alle geltenden Gesetze" stehe. Vor allem aber seien die Kirchen nicht wie die modernen Staaten weltanschaulich neutral, sondern im Gegenteil sakramentale Gemeinschaften von Gläubigen, die sich durch ein gemeinsames Bekenntnis konstituierten und denen man freiwillig beitreten und aus denen man wieder frei austreten könne. Deshalb dürften die Kirchen die zeitgenössische Garantie der Menschenrechte, den demokratischen und sozialen Rechts- und Verfassungsstaat, nicht einfach kopieren.

Dieser Vorbehalt ist richtig, darf jedoch nicht übersehen, daß die Menschenrechte als unveräußerliche Rechte jedem Menschen zukommen, daher auch durch den freiwilligen Beitritt zu einer Gemeinschaft nicht aufgegeben werden

---

[16] *G. Luf*, Die Autonomie des religiösen Subjekts, in: *J. Schwartländer* (Hrsg.), Modernes Freiheitsethos und christlicher Glaube. Beiträge zur juristischen, philosophischen und theologischen Bestimmung der Menschenrechte (München – Mainz 1981) 322–343, 325 ff.

können; die Menschenrechte stehen selbstverständlich auch jedem Christen zu. Mehr noch: Als Garant der Menschenrechte muß der Staat, in Übereinstimmung mit dem Vorbehalt „innerhalb der Schranken der für alle geltenden Gesetze", darauf achten, daß die Kirchen unbeschadet des Rechtes, ihren Prinzipien zu folgen, doch in ihren Autoritätsstrukturen und Rechtsverbindlichkeiten nicht gegen die Menschenrechte verstoßen. Der Verfassungsstaat kann die binnenkirchliche Anerkennung der Menschenrechte den Religionsgemeinschaften nicht freistellen, muß sie vielmehr notfalls erzwingen. Dazu gehört vor allem die Durchsetzung jenes Aspekts innerhalb der Religionsfreiheit, der vom Staat fordert, auf eine strenge Freiwilligkeit des Ein- und Austritts zu achten, also den Religionsgemeinschaften jede Form von Inquisition, Ketzerverfolgung und psychisch-sozialem Druck auf ihre Mitglieder zu verbieten.

Bei einer so elementaren und heute selbstverständlichen Verbindlichkeit kann aber die Diskussion um die binnenkirchliche Bedeutung der Menschenrechte nicht stehenbleiben, dies schon deshalb nicht, weil das universale Freiheitsbewußtsein der Neuzeit die Kirchen nicht ausspart. Andererseits ist zuzugeben, daß die weitergehenden Rechte, die der Christ heute von seiner Kirche einfordert, wegen der begrifflichen Unterschiede von staatlicher und kirchlicher Rechtsgemeinschaft aus der Idee der Menschenrechte und dem neuzeitlichen Freiheitsbewußtsein allein noch nicht abgeleitet werden können. In jedem Fall dient es der begrifflichen Klärung, wenn man die binnenkirchliche Bedeutung der Menschenrechte von weitergehenden Rechten jedes Christen unterscheidet und sie als Menschenrechte innerhalb der Kirche oder als innerkirchliche Menschenrechte bezeichnet, während man jene Rechte, zu deren Begründung eine zusätzliche Reflexion auf die besondere Struktur einer christlichen Glaubensgemeinschaft notwendig sind, Christenrechte oder Grundrechte des Christen nennen kann. Dabei gehören die Menschenrechte auch zu den *Christenrechten im weiteren Sinn,* nämlich zu jenen Rechten, die jedem Christen gebühren, freilich nicht erst, weil sie Christen, sondern schon deshalb, weil sie Menschen sind. Die *Christenrechte im engeren Sinn* berücksichtigen die besondere Situation des Gläubigen. Sie kommen daher im Unterschied zu den Menschenrechten nicht mit einer rein sozialphilosophischen Begründung aus, brauchen vielmehr zusätzliche theologische: soteriologische, christologische und vor allem ekklesiologische, Überlegungen.

Die neuere Ekklesiologie bestimmt die Kirche als Volk Gottes[17] und als Communio, die alle Kirchenglieder gleichermaßen umfaßt. In diesen Bestimmungen rücken die dialogische Struktur der Kirche und der Gedanke der grundlegenden Gleichheit aller Gläubigen in den Vordergrund und verdrängen die Vorstellung der societas inaequalis: „Wenn auch einige nach Gottes Willen

[17] So der Titel des zweiten Kapitels der Dogmatischen Konstitution des Zweiten Vatikanischen Konzils „Lumen gentium" (= LG).

als Lehrer, Ausspender der Geheimnisse und Hirten für die anderen bestellt sind, so waltet doch unter allen eine wahre Gleichheit in der allen Gläubigen gemeinsamen Würde und Tätigkeit zum Aufbau des Leibes Christi."[18] Die fundamentale Gleichheit aller Gläubigen *vor* allen Ämtern, Leistungen und Verdiensten und die Teilnahme aller an der dreifachen Sendung der Kirche[19] folgt auch aus dem gemeinsamen Priestertum aller[20].

Die fundamentale Gleichheit der Würde und Freiheit des Christen ist das Grundprinzip, von dem her alle einzelnen Christenrechte zu verstehen sind. Dabei haben die Christenrechte, unabhängig davon, wie man sie im einzelnen bestimmt, eine Eigenschaft mit den Menschenrechten gemeinsam: Die Christenrechte werden von den Kirchen in ihren Organisationsstrukturen und Rechtsbestimmungen institutionell garantiert oder verweigert; sie werden aber von der Kirche, wie die Menschenrechte vom Staat, nicht ursprünglich gewährt, da sie sich letztlich nicht kirchlichen Amtsträgern, vielmehr Gott und seinem Mittler Christus verdanken.

Die Tatsache, daß religiöse Institutionen keine staatlichen Gemeinschaften sind, hat auch zur Folge, daß eine kirchliche Rechtsordnung sich mit der Anerkennung der Menschenrechte als den Gerechtigkeitsprinzipien nicht zufrieden geben darf. Eine religiöse Gemeinschaft muß ihrer Struktur nach auch von jenem Gesetz durchdrungen sein, das im Mittelpunkt ihrer Botschaft steht, im Fall des Christentums also vom „Gesetz der Liebe". Das Liebesgebot ist zwar nicht für die Gerechtigkeit und die aus ihr fließenden Menschenrechte, wohl aber für die Christenrechte ein zulässiger Berufungsgrund.

c) Freiheitsrechte in der Kirche

Gegen die Vorstellung, auch in der Kirche gäbe es Freiheitsrechte, nämlich Rechte, die die Freiheit im neuzeitlichen Sinne sittlich-religiöser Autonomie garantieren sollen, läßt sich einwenden, daß solche Rechte im Widerspruch zum Absolutheitscharakter religiöser Wahrheit stünden und einen bindungslosen Autonomismus verträten. Tatsächlich ist die Autonomie aber nicht bindungslos, kann überdies – wie etwa in der zweistufigen Menschenrechtsbegründung der neueren Sozialethik – der Theonomie zugeordnet werden. Außerdem steht der Glaubensgehorsam – und das macht seine Freiheitlichkeit aus – noch einmal unter dem Anspruch des Gewissens, so daß auch innerkirchliche Freiheitsrechte sinnvoll sind. Worauf besonders die Konstitution über die Religionsfrei-

---

[18] LG 32, Abs. 3.

[19] LG 10–12.

[20] Vgl. die Liturgiekonstitution des Zweiten Vatikanischen Konzils „Sacrosanctum Concilium", Nr. 14, 48; LG 9, 10, 26, 34; Dekret über das Laienapostolat „Apostolicam actussitatem", Nr. 3; Dekret über Dienst und Leben der Priester „Presbyterorum ordinis", Nr. 2.

heit „Dignitatis humanae“ aufmerksam gemacht hat: niemand darf gezwungen werden, gegen sein Gewissen zu handeln (Nr. 2); Religion besteht vor allem in inneren, willentlichen und freien Akten (Nr. 3); Gott nimmt Rücksicht auf die Würde der von ihm geschaffenen menschlichen Personen, die nach eigener Entscheidung in Freiheit leben sollen (Nr. 11). Aus diesen Aussagen folgt als erstes Freiheitsrecht die *Freiheit der Glaubensannahme.*

Schon das bestehende katholische Kirchenrecht erkennt dieses Freiheitsrecht an (CIC, c. 1351). Doch wurde es bislang punktuell verstanden; wer die Gewissensentscheidung für den Glauben getroffen hat, steht von diesem Augenblick an in der Pflicht, alles zu glauben, was das kirchliche Lehramt als göttlich geoffenbart vorlegt. Ohne die überragende Bedeutung der sakramentalen Annahme des Glaubens in der Taufe und seiner sakramentalen Bekräftigung in der Firmung bzw. Konfirmation zu bestreiten, ist die Glaubensentscheidung aber kein einmaliger Akt, sondern eine geschichtliche Größe mit Anfechtungen, Neubesinnungen und Neueinsichten; so wie es eine wirkliche Glaubens*geschichte* der Gesamtkirche gibt, so auch eine Glaubensgeschichte jedes einzelnen. Unter Berücksichtigung dieser geschichtlichen Dimension besteht die Glaubensfreiheit deshalb nicht nur in der Freiheit der Glaubensannahme, sondern auch – so ein zweites Christenrecht – in der *Freiheit der Glaubensbewährung.*

Die Neubesinnung auf die Kirche als das eine Volkes Gottes und auf das dynamisch-geschichtliche Verständnis der Glaubensfreiheit fordern eine nicht mehr von gegenreformatorischen und staatskirchlichen Vorstellungen geprägte Verhältnisbestimmung von Institution und christlicher Freiheit heraus. Die geistliche Autorität ist auf freie Anerkennung, diese auf geistliche Einsicht angewiesen, so daß die geistliche Autorität den Anforderungen von Rechtfertigung und Kritik unterstellt ist. Dem Gedanken der *argumentativen Verständigung* (man könnte ihn auch als weiteres Freiheitsrecht formulieren) ist deshalb der Vorzug gegenüber bloß formeller Autoritätsausübung zu geben; insbesondere ist die *Freiheit der theologischen Forschung* zu wahren.

Dort, wo die kirchlichen Amtsträger mit einem Theologen eine von beiden Seiten ernsthaft versuchte argumentative Verständigung als gescheitert betrachten und den Dissens wegen seiner wirklich grundlegenden Bedeutung nicht einer legitimen innerkirchlichen Pluralität überlassen können, mag man als ultima ratio ein Rechtsverfahren einleiten. Das Verfahren muß allerdings endlich (nach unzähligen Eingaben und Forderungen, so etwas auf dem Konzil von Seiten Kardinal Frings') den elementaren Regeln eines *fair trial* genügen. Dazu gehört, daß dem Beschuldigten die Kläger, die Anklagepunkte und ihre Begründung mitgeteilt und das sogenannte außerordentliche Verfahren abgeschafft werden, ferner daß der Beschuldigte das Recht hat, seinen eigenen Standpunkt vorzutragen, durch Hinzuziehung (theologischer) Fachkollegen eine Berücksichtigung der neueren wissenschaftlichen Entwicklung geltend zu machen sowie juristischen Beistand nach eigener Wahl beizuziehen. Zum selbstverständlichen Rechtsschutz zählen auch die Öffentlichkeit des Verfahrens, die schriftliche Begründung und die Veröffentlichung der Entscheidung, die Rechtsmittelbelehrung und die Möglichkeit, vor unabhängigen Instanzen Berufung einzulegen.

Bei diesen Beispielen von Freiheitsrechten in der Kirche (denen etwa die Versammlungs-, Vereinigungs- und Meinungsfreiheit zugefügt werden müssen) handelt es sich nicht um eine Freiheit von oder gar im Gegensatz zu den bestehenden Institutionen. Es geht nicht um eine Freisetzung individuellen Beliebens in der Kirche, vielmehr um eine Institutionalisierung kritischer Freiheit, ohne die weder die geschichtliche Glaubensbewährung noch die Spontaneität des religiösen Handelns möglich sind.

Der im Gefolge des Konzils erarbeitete Entwurf eines kirchlichen Grundgesetzes (Lex Ecclesiae Fundamentalis) enthält einen Katalog von „Grundpflichten und Grundrechten des Christgläubigen", dessen Formulierung sich eng, teilweise wortwörtlich an die Texte des Konzils anlehnt und der beispielsweise eine Art Petitions- und Beschwerderecht, ein Recht auf den eigenen Ritus, auf die persönliche Form der Spiritualität, auf Vereins- und Versammlungsfreiheit und einen Anspruch auf Rechtsschutz enthält. Das Bemühen um einen solchen Katalog[21] bietet allerdings auch Anlaß zu einiger Skepsis und Kritik, da der Katalog Rechte und Pflichten verknüpft und schon im Titel den Pflichten einen Vorrang gibt, da ein an die Spitze gestellter Grundsatz der christlichen Freiheit, etwa als Prinzip der gleichen Würde, fehlt, der der Liste eine feste Grundlage geben und die Anwendung der Grundrechte in der kirchlichen Rechtspraxis leiten könnte; schließlich mangelt es den Grundrechten an Justitiabilität.

d) Mitwirkungsrechte

Die dialogische Struktur der Kirche, die grundlegende Gleichheit aller Gläubigen im Volk Gottes sowie ihre Teilhabe am allgemeinen Priestertum und an der Sendung der Kirche müssen sich auch in Mitwirkungsrechten aller Gläubigen niederschlagen. Gerade auch die Laien dürfen nicht bloß Objekt, sondern müssen im emphatischen Sinn Subjekt der kirchlichen Organisation und Entscheidungsprozesse sein. Für Mitwirkungsrechte der Laien spricht ferner die Angewiesenheit des Amtes auf ein geschichtlich bedingtes Glaubensverstehen, auf die geschichtliche Bewährung bei jedem einzelnen und daraus folgend auf den „sensus fidelium", auf die Zustimmung der ganzen Gemeinschaft der Gläubigen. Daher müssen die Kirchen Strukturen der Partnerschaft, Kommunika-

[21] Zur kritischen Diskussion vgl. *G. Luf*, a. a. O., sowie *J. Bernhard*, Les droits fondamentaux dans la perspective de la „Lex Fundamentalis" et de la revision du code de droit canonique, in: *E. Corecco* u. a. (Hrsg.), a. a. O. (s. o. Anm. 15) 367–395; *H. Schnizer*, Individuelle und gemeinschaftliche Verwirklichung der Grundrechte, ebd. 419–448.

tions-, nicht bloß Befehls- und Gehorsamsstrukturen, institutionalisieren, um allen „möglichst umfassend und vielfältig die lebendige Partizipation am Glaubensleben der Kirche zu ermöglichen“[22].

Eine entscheidende Belebung des Partnerschaftsgedankens erfuhr die katholische Kirche durch die Einberufung des Zweiten Vatikanums und durch die Wiederaufnahme des Synodalprinzips. Die „lebendige Partizipation“ erfordert einen weiteren Ausbau der Synodalstruktur; dabei dürfen die Synoden nicht nur Beratungs-, sie müssen auch Entscheidungsbefugnisse erhalten und sich der Mitwirkung von Laien auf allen, nicht nur den lokalen und regionalen Ebenen vergewissern. Ebenso verdienen die Laien eine größere Präsenz in der kirchlichen Verwaltung bis hinauf zu Führungspositionen in der Kurie.

Die neuere Sozialethik der Kirche kann die Menschenrechte nur dann auf den Geist des Evangeliums zurückführen, wenn sie zeitbedingte gesellschaftliche Unterschiede im Alten und Neuen Testament relativiert. Seit der Anerkennung der Menschenrechte von seiten der Kirchen ist so zum Beispiel eine Duldung der Sklaverei unter Hinweis auf Paulus schlechthin unmöglich geworden. In der Logik einer solchen Relativierung zeitbedingter Aussagen der Bibel liegt auch die Zurücknahme der Diskriminierung der Frau. Wenn man der neueren Auslegung des Schöpfungsberichts folgt, nach der der Adam, der geschaffen wird, zunächst allgemein den Menschen und erst nach der Erschaffung der Frau den Mann meint, und wenn man das nicht-diskriminierende Verhalten Jesu gegenüber den Frauen beobachtet, dann erscheint die kirchenrechtliche Ungleichbehandlung der Frau als fragwürdig. Ist diese Ungleichbehandlung, wozu heute auch die Nichtzulassung der Frau zu den kirchlichen Weihen gerechnet wird, aber nicht als Element des göttlichen Rechtes innerhalb der Kirchenverfassung aufzufassen, sondern – wie auch früher nicht ernsthaft bestritten – als Element des geschichtlich bedingten menschlichen Rechtes, dann erscheint gemäß dem „Rechtsgut der Vergegenwärtigung des Glaubens im Denken und Sprechen einer Epoche“[23] eine Aufhebung der Privilegien des Mannes geboten. Auch in diesem Punkt sollte die Aussage des Konzils gültig sein: „Es ist also in Christus und in der Kirche keine Ungleichheit aufgrund von Rasse und Volkszugehörigkeit, sozialer Stellung oder Geschlecht.“[24]

Zur Gleichstellung gehört auch, daß bei kirchlichen Rechtsverfahren, vor allem bei den Eheprozessen, nicht nur – wie seit dem Jahre 1971 – männliche Laien, sondern auch Frauen als Vernehmungsrichter, als erkennende Richter und als Beisitzer fungieren dürfen.

---

[22] *J. Ratzinger*, Freiheit und Bindung in der Kirche, in: *E. Corecco* u. a. (Hrsg.), a. a. O. 37–52, 51.

[23] *J. Ratzinger*, ebd.

[24] LG 32, Abs. 2

e) Teilhaberechte und Kulturrechte

Obwohl die aktuelle Diskussion sich mehr auf andere Bereiche konzentriert, darf man nicht übersehen, daß ein erster Platz innerhalb der Christenrechte dem Recht jedes Christen gebührt, das Wort Gottes zu hören, die Sakramente zu empfangen und geistlichen Zuspruch zu erhalten. So selbstverständlich für die Kirche dieses Recht im Prinzip ist, so deutlich ist es doch wegen des weltweiten, manchmal geradezu alarmierenden Priestermangels in Gefahr. Es ist deshalb eine Aufgabe von christenrechtlicher Bedeutung, daß die Kirchen erfolgversprechende Wege zur Behebung des Priestermangels aufspüren und unter diesem Gesichtspunkt beispielsweise die Zulassung von „viri probati“, d.h. von verheirateten Männern, die in Beruf und Familie erprobt sind, zur Priesterweihe, offen diskutieren.

Das Recht auf eine geschichtliche Bewährung des Glaubens hat nicht nur eine persönliche, sondern auch eine gesellschaftlich-kulturelle Seite; das Recht auf freie Glaubensbewährung ist nicht nur ein persönliches Freiheitsrecht, sondern auch ein Sozial- und Kulturrecht. Im Abendland haben sich die christlichen Kirchen aus einer kritischen Auseinandersetzung mit vorchristlichem, mit griechischem, römischem und germanischem Denken ausgebildet. Dasselbe Recht, sich in Auseinandersetzung mit regionalen Traditionen zu entwickeln, muß heute den Kirchen in Afrika, Asien und Südamerika gewährt werden. Will man das Abendland nicht unzulässigerweise privilegieren, dann muß man auch den anderen Sprach- und Kulturräumen die Freiheit geben, unter Rückgriff auf ihre Geschichte eigene Ausprägungen des christlichen Lebens und Verstehens zu entwickeln. Mit der für das Abendland vielleicht schmerzlichen Abschaffung der gemeinsamen lateinischen Kultsprache und der Anerkennung der Verschiedenheit der Sprachen in der Liturgie hat die Kirche einen ersten Schritt in die Richtung auf eine wahrhafte Weltkirche getan: „Die Liturgie der Gesamtkirche wird nicht auf die Dauer die Liturgie der römischen Kirche in bloßen Übersetzungen sein, sondern eine Einheit in Vielfalt regionaler Liturgien, von denen jede ihre Eigenart hat, die nicht nur in ihrer Sprache allein besteht.“[25]

Weiterführende Literatur

G. Alberigo, Ein Statut im Dienste der Restauration. Zur Diskussion über die „Lex Fundamentalis“ in: Concilium 14 (1978) 492–495.

K. Barth, Die Ordnung der Gemeinde, München 1955.

J. Baur (Hrsg.), Zum Thema Menschenrechte. Theologische Versuche und Entwürfe (Stuttgart 1977).

P. de la Chapelle, La déclaration universelle des droits de l'homme et le catholicisme (Paris 1967).

---

[25] *K. Rahner,* Über die bleibende Bedeutung des Zweiten Vatikanischen Konzils, Themen der Katholischen Akademie in Bayern (München 1979) 5.

Christen und Menschenrechte. Ein brasilianisches Dokument (Freiburg/Schweiz 1978).
E. Corecco u. a. (Hrsg.), Die Grundrechte des Christen in Kirche und Gesellschaft (Freiburg i.Ü. – Freiburg i. Br. – Mailand 1981).
J. A. Coriden (Hrsg.), The Case for Freedom. Human Rights in the Church (Washington 1969).
N. Greinacher – J. Jens (Hrsg.), Freiheitsrechte für Christen? Warum die Kirche ein Grundgesetz braucht (München–Zürich 1980).
P. Hinder, Grundrechte in der Kirche. Eine Untersuchung zur Begründung der Grundrechte in der Kirche (Freiburg/Schweiz 1977).
O. Höffe, Die Menschenrechte als Prinzipien politischer Humanität, in: *ders.,* Sittlich-politische Diskurse (Frankfurt a. M. 1981).
Ders. – A. Macheret – C.-J. Pinto de Oliveira – C. de Habicht, Johannes Paul II. und die Menschenrechte. Ein Jahr Pontifikat (Freiburg/Schweiz 1981) (frz. 1980).
W. Heidelmeyer (Hrsg.), Die Menschenrechte (Paderborn [2]1977).
W. Huber – H. E. Tödt, Menschenrechte. Perspektiven einer menschlichen Welt (Stuttgart 1977).
Die Kirche und die Menschenrechte. Ein Arbeitspapier der päpstlichen Kommission Justitia et Pax (München–Mainz 1976).
H. Kunst – H. Tenhumberg, Soziale Gerechtigkeit und internationale Weltwirtschaftsordnung (München 1976).
A. Langner, Menschenrechte, Staat, Gesellschaft (Köln 1975).
J. M. Lochman – J. Moltmann (Hrsg.), Gottes Recht und Menschenrechte. Studien und Empfehlungen des Reformierten Weltbundes (Neukirchen–Vluyn [2]1977).
E. Lorenz (Hrsg.), „... erkämpft das Menschenrecht" – Wie christlich sind die Menschenrechte?, in: Zur Sache, H. 22 (Hamburg 1981).
H. Maier, Revolution und Kirche. Zur Frühgeschichte der christlichen Demokratie (München 1975).
Ders., Die Kirche und die Menschenrechte – eine Leidensgeschichte?, in: Internationale Kath. Zeitschr. 10 (1981) 501–516.
J. Maritain, Die Menschenrechte und das natürliche Gesetz (Bonn 1953).
J. Neumann, Synodales Prinzip. Der größere Spielraum des Kirchenrechtes (Freiburg i. Br. 1973).
S. H. Pfürtner, Die Menschenrechte in der römisch-katholischen Kirche, in: ZEE 20 (1976) 35–63.
K. Rahner, Über die bleibende Bedeutung des Zweiten Vatikanischen Konzils, Themen der Katholischen Akademie in Bayern (München 1979).
U. Scheuner, Die Menschenrechte in der ökumenischen Diskussion, in: Ökum. Rundschau 24 (1975) 152–164.
J. Schwartländer (Hrsg.), Menschenrechte und Demokratie (Kehl–Straßburg 1981).
Ders. (Hrsg.), Modernes Freiheitsethos und christlicher Glaube. Beiträge zur juristischen, philosophischen und theologischen Bestimmung der Menschenrechte (München–Mainz 1981).

Otfried Höffe

IV

Die Verantwortung vor dem eigenen Leben: Das Problem des Suizids

1. Eine zeitgeschichtliche Herausforderung

Der Suizid war schon immer eine Herausforderung an den einzelnen und die Gesellschaft, aber die Zunahme der Suizidhandlungen in den letzten Jahren stellt insbesondere die industrialisierten Gesellschaften, soziale und religiöse Institutionen eindringlicher denn je vor schwerwiegende Probleme der Prävention, der produktiv-lebensfördernden Strukturpolitik, der konkreten institutionalisierten Hilfeleistung und der Schaffung und Erhaltung neuer Sinnpotentiale. Gesellschaftspolitisch gesehen reiht sich die Suizidproblematik neben der Toxikomanie und der Altersisolation in jene Fragenkomplexe ein, die zu den unbewältigten Stigmata der neuzeitlich-industriellen Gesellschaft gehören und nachdrücklich auf eine umfassende Auseinandersetzung drängen.

Gewiß mahnt die Unvollständigkeit der offiziellen Statistiken[1] (erhebungstechnische Mängel, Kaschierungsversuche, unterschiedliche Kriterien zur Feststellung der Todesursache) vor pauschalisierenden Aussagen; doch lassen sich mit aller gebotenen Vorsicht folgende Trendangaben[2] machen:

1) In allen westlichen Industriestaaten, ausgenommen sind allein die Mittelmeerstaaten, stieg die Suizidziffer seit den sechziger Jahren erheblich an: so zum Beispiel in Kanada von 7,6 auf 14,2 (1977) pro 100000 Einwohner; in den USA von 10,7 auf 13,3 (1977); in Dänemark von 19,2 auf 23,2 (1978); in der Bundesrepublik Deutschland von 19,4 auf 22,2 (1978); in Österreich von 22,4 auf 24,8 (1978).

2) Im Vergleich zu den Industrieländern stellt man in den Drittweltländern eine um etwa einen Drittel geringere Suizidquote fest. Dort scheint sie, mit Ausnahme der südamerikanischen Staaten, in den letzten Jahrzehnten konstant geblieben zu sein.

3) Aufgrund von Schätzungen nimmt man an, daß in den vergangenen zehn Jahren die Suizidhäufigkeit in den sozialistischen Staaten Osteuropas stärker gestiegen ist als im Westen. Ungarn, das als einziger osteuropäischer Staat die Zahlen der Weltgesundheitsorganisation nach Genf meldet, verzeichnet einen Anstieg seit den sechziger Jahren von 26,1 auf 41,1 (1978) pro 100000 Einwohner. Dieser Staat hat die größte uns bekannte Suizidziffer: ein Phänomen, das der Forschung bis heute ein Rätsel geblieben ist.

Nachforschungen der WHO (Weltgesundheitsorganisation) weisen darauf hin, daß es in sämtlichen Kulturen der Erde das Phänomen der Selbsttötung

[1] Vgl. *E. M. Brooke – M. Atkinson,* Détermination des décès par suicide, in: Le suicide et les tentatives de suicide (Cahiers de santé publique 58) (Genève 1975) 15–76.

[2] Diese Angaben entstammen aus den jährlich veröffentlichten Statistiken der WHO in Genf. Vgl. auch *E. S. Shneidman* (Hrsg.), Suicidology: Contemporary Developments (New York – San Francisco – London 1976).

gibt. Ärzte der WHO mutmaßen, daß in keiner Kultur der Erde die Suizidrate geringer ausfällt als zwei Suizide auf 100 000 Einwohner pro Jahr. Unter den großen Kulturen scheint die islamische die wahrscheinlich schon seit jeher geringste Suizidquote zu haben, gefolgt von den buddhistischen und hinduistischen Religionsgebieten Asiens. Die mit Abstand höchste Suizidziffer weist das Abendland auf, insbesondere die mitteleuropäischen Staaten.

Diese Fakten werfen Schlaglichter auf ein Problem, vor dem generelle Deutungen versagen, etwa der allgemeine Hinweis auf den Sinnverlust oder die angespannten Arbeitsmarktverhältnisse. Es sei deshalb gleich an dieser Stelle vorweggenommen, daß es kein alles erklärendes und alle bedeutsamen Momente aufnehmendes Deutungsschema gibt. Das Phänomen erschließt sich nur über die *unterschiedlichen Perspektiven*, die – auch wenn man sie synoptisch interpretiert – die suizidale Lebenstragik nur annähernd aufdecken. Man muß sich der Mühe unterziehen, dem Problem von umfassend-empirischen Befunden, von psychologischer, soziologischer und anthropologischer Seite her näherzukommen[3]; denn je konkreter die humane und damit auch die ethische Fragestellung ist, desto eindringlicher wird die menschliche Handlungsvernunft im ethischen Urteil und im Aufweis normativer Ansprüche an die „empirischen" Gesetzlichkeiten verwiesen. Die ältere ethische und moraltheologische Literatur weist zum größten Teil eine Realitätsdistanz in dem Sinne auf, als ihr eine konstruktive Integrierung empirischer Befunde und die Einordnung in einen anthropologischen Kontext kaum gelungen ist, zumal sie sich vornehmlich auf den Aspekt der ethisch-moralischen Frage nach Erlaubtheit bzw. Unerlaubtheit der Selbsttötung konzentrierte[4]. Dieses Dilemma soll hier durch eine Perspektivenvielfalt vermieden werden, aber so, daß die einzelnen Ebenen, die sachgesetzliche, anthropologische und normative, in ihrer Eigenständigkeit gewahrt bleiben.

Eingangs wurde betont, die Suizidproblematik zähle heute zu den wichtigsten gesundheitspolitischen Problemkomplexen, was sich übrigens auch in der starken Beschäftigung der Medien mit dieser Thematik widerspiegelt. Sie läßt sich in ein aktuales „Anschauungsklima"[5] (P. Haerlin) einordnen, auch wenn

---

[3] Vgl. *A. Holderegger,* Suizid und Suizidgefährdung. Humanwissenschaftliche Ergebnisse, anthropologische Grundlagen (Studien zur theologischen Ethik 5) (Freiburg i. Ue. – Freiburg i. Br. 1979). Einen umfassenden Überblick über die ältere Literatur gibt *K. Thomas,* Handbuch der Selbstmordverhütung. Psychopathologie, Psychologie und Religionspsychologie einschließlich der Eheberatung und Telefonseelsorge (Stuttgart 1964).

[4] Neuerdings versucht *K.-P. Jörns* eine Einbindung der sittlich-normativen Dimension in die konkrete Suizidproblematik über eine theologische Sinnanthropologie. *Ders.,* Nicht leben und nicht sterben können. Suizidgefährdung – Suche nach dem Leben (Freiburg – Basel – Göttingen 1979). Für die Pastoraltheologie hat die empirischen Ansätze fruchtbar gemacht: *A. Reiner,* Ich sehe keinen Ausweg mehr. Suizid und Suizidverhütung (Gesellschaft und Theologie, Praxis der Kirche 17) (Mainz ²1976).

[5] Vgl. *P. Haerlin,* Selbstmord und aktive Sterbehilfe, in: *F. Rauh – Ch. Hörgl* (Hrsg.), Die Grenzen des menschlichen Ethos (Düsseldorf 1975) 87–112.

von ihm her allein kein unmittelbarer kausaler Nexus zur Suizidinzidenz hergestellt werden darf. Die Suizidproblematik erhält im neuzeitlichen geistesgeschichtlichen und gesellschaftlichen Kontext ein eigenes Profil. Im neuzeitlich-modernen Bewußtsein wird das menschliche Leben zunehmend als zur eigenen verantwortlichen Gestaltung aufgegeben erfahren. Nicht zuletzt der wissenschaftliche und technische Fortschritt im Umkreis der Human- und Sozialwissenschaften, ermöglicht durch die Akzentuierung der Forderung nach vernünftiger Welt- und Selbstgestaltung, hat das „moralische" Bewußtsein der Manipulierbarkeit und Verfügbarkeit menschlichen Lebens verstärkt. Dies führt – latent oder offen – zu einer Veränderung der Einschätzung und Einstellung gegenüber dem menschlichen Leben, das *prinzipiell* verfügbar wird. Die dem heutigen Menschen zugewachsene Grunderkenntnis ist offensichtlich von einer Ambivalenz geprägt, die einerseits zur Humanisierung der Lebensverhältnisse und der Lebensqualität stimuliert, die aber andererseits an verschiedene Eingriffstabus rührt (vgl. etwa Experimentalmedizin und Humangenetik). In diesem bewußtseinsmäßigen Umfeld scheint die erkannte Verfügbarkeit menschlichen Lebens in der Form des Planens und Gestaltens in der totalen Selbstverfügung (Selbsttötung) in letzter Konsequenz zu einem Signum emanzipatorischer Freiheit zu werden, die meint, sich aufgezwungener und unausweichlicher Not und Bedrängnis entheben zu dürfen.

Verschiedene Plädoyers[6] urgieren deshalb ein „Recht auf den eigenen Tod", da es zur Selbstbestimmungsmächtigkeit des Menschen gehöre, das Leben nach freier Wahl beenden zu können. Diese Einforderung des Rechtes auf totale Selbstbestimmung artikuliert sich vornehmlich auf dem Hintergrund jener gesellschaftspolitischen Situation, in der zwar wissenschaftlicher und technischer Fortschritt zur Steigerung der Lebenserwartung beigetragen haben, aber dennoch in manchem Zeitgenossen eine resignative oder gar depressive Grundstimmung zurücklassen, weil sich diese Fortschritte schließlich als Sperre der eigenen Ich-Entfaltung gegen das Subjekt selbst kehren würden. Auf der andern Seite zeugt dies aber auch für eine erhöhte Sensibilität, deren Stichworte Lebensqualität, Steigerung der Ich-Bewußtheit, Leidverminderung sind. Für dieses Spannungsfeld wurde die Vokabel vom „psychischen Tod" geprägt, die das Leiden an der Gesellschaft und den daraus resultierenden gebrochenen Lebenswillen indiziert und an die schließlich Fragen nach dem Recht auf Lebensbeendigung gebunden werden. In der als Widerspruch empfundenen Spannung zwischen gesellschaftlicher Lebenssituation, die ein „suizidales Klima" erzeugen mag, und den individuellen Ich-Ansprüchen artikuliert sich das Recht auf Selbstbeendigung des Lebens gebieterischer als früher. Und endlich wird für

---

[6] Vgl. etwa *P. Moor,* Die Freiheit zum Tode. Ein Plädoyer für das Recht auf ein menschenwürdiges Sterben (Reinbek b. Hamburg 1973); *J. Améry,* Hand an sich legen. Diskurs über den Freitod (Stuttgart [2]1976); *Jo Roman,* Freiwillig aus dem Leben (München 1981).

das veränderte Anschauungsklima der Verlust der gesellschaftlichen Insertion des christlich-eschatologischen Sinnpotentials verantwortlich gemacht, das in hohem Maße zur Leidbewältigung und Leidverarbeitung beigetragen habe. Weil solche Angaben nur auf generelle Zusammenhänge hinweisen, die für die konkrete Suizidproblematik nur wenig hilfreich sind, erweist sich der Zugang von der induktiv-empirischen Forschung her als notwendig.

2. *Die humanwissenschaftlich gedeutete Wirklichkeit*

Die intensiv betriebene Forschung der letzten Jahrzehnte hat einen vertiefteren Einblick in die suizidale Verfassung und die sie bedingenden Momente gebracht, was nicht zuletzt einen reflektierteren Umgang und eine effizientere Prävention ermöglicht. Dies ist erforderlich, da es wohl kein anderes Thema gibt, das über Jahrhunderte hinweg mit so vielen Mißverständnissen und mit so vielen mythischen und unsachlichen Deutungen behaftet war, wie gerade der Suizid. Die Volkskunde[7] berichtet von uralten Praktiken, die eine unmenschliche Ächtung von Suizidanten und Suizidgefährdeten zur Folge hatten: Skurrile Abwehrriten, die von der Meidung des Tatortes bis zur Praktik der Leichenschändung reichen, zeigen eine eigenartige Vermischung von irrationaler Bewältigung, streng moralischer Verurteilung und handfest-naiver Verhütung. Die empirische Sozialforschung, die im letzten Jahrhundert mit einer wegweisenden Studie von É. Durkheim[8] begann, hat ein Verständnis geschaffen, das einen sachlicheren und damit auch menschlicheren Umgang mit der Suizidproblematik erlaubt.

a) Die suizidale Verfassung in psychologischer Sicht

Die immense Vielfalt von psychologischen Deutungsversuchen reicht von einfachen, nur heuristisch bedeutsamen Fallstudien zu motiv-analytischen Untersuchungen bis hin zu „klassischen" psychoanalytischen Erklärungen (Freud, Abraham, Menninger u. a.). Aufgrund der Partialität des Forschungsobjektes oder aufgrund der empirischen Nicht-Überprüfbarkeit der Aussagen oder dann aufgrund des Wegfalles eines größeren theoretischen Bezugsrahmens weist ein Großteil dieser Studien einen begrenzten Informationsgehalt und damit auch ein begrenztes Problemlösungspotential auf[9]. Auf der Grundlage der

---

[7] Vgl. *H. Bächtold-Stäubli,* Handwörterbuch des deutschen Aberglaubens VII (Berlin – Leipzig 1935/36) 1627–1633.

[8] *É. Durkheim,* Le suicide (Paris 1897), dt.: Der Selbstmord (Soziologische Texte 32) (Neuwied – Berlin 1973).

[9] Vgl. hierzu: *Chr. Braun,* Selbstmord. Soziologie, Sozialpsychologie, Psychologie (München 1971) 78–99.

psychoanalytischen Erkenntnisse und unter Einbezug psychosozialer Sachverhalte hat E. Ringel[10], der phänomenologisch beschreibenden und deutenden Psychiatrie verpflichtet, eine Charakteristik der suizidalen Verfassung beschrieben, die in der Regel den suizid-gefährdeten Menschen gemeinsam ist und den psychischen Prozeß im Vorfeld des Suizids erfaßt. Das von Ringel erkannte „präsuizidale Syndrom" prägt bis heute im wesentlichen die psychodynamisch ausgerichteten Verstehens- und Deutungsmodelle. Der Vorteil dieser Charakteristik liegt in ihrer den Einzelfall übergreifenden Gültigkeit, in der präzisen Phänomenologie des suizidalen Status und in der prognostischen Nutzbarkeit. Das „präsuizidale Syndrom" gilt unabhängig vom Alter und ist ein gemeinsamer Nenner all jener Erkrankungen (Depression, Schizophrenie, Paranoia usw.), welche eine suizidale Entwicklung in die Wege leiten können. Es erfaßt im wesentlichen die suizidale Psychodynamik und benennt damit auch die entscheidenden Erkennungszeichen einer Suizidgefährdung. Erkenntnisleitend ist die Einsicht, daß die Ursache der Suizidhandlung weit mehr in der Entwicklung der Persönlichkeit und in ihrem Lebensweg liegt als in akuten, aktualen Konflikten (z. B. zwischenmenschliche Belastungen, Berufskrisen, finanzielle Schwierigkeiten).

Nach Ringel gibt es keine spezifischen Traumata, die zum Syndrom prädisponieren, doch sind es traumatisierende Bedingungen, die fortgesetzt wirksam sind und das zentrale Symptom der „Ich-Verunsicherung" evozieren. Diese Entwicklung ist durch drei Faktoren bestimmt: 1) durch eine „grundsätzlich entmutigende Lebenseinstellung", die im vorhinein eine Einengung des Lebensraumes mit sich bringt; 2) durch eine Fixierung an stereotype Wahrnehmungs- und Verhaltensmuster, die im Sinne des Wiederholungszwanges die ursprünglich pathogene Konstellation verfestigen; 3) durch neurotische Übertragungshaltungen, die auf jede neue Person die Erwartung des Nichtverstandenwerdens übertragen. Diese psychischen Determinanten führen zu einem triadischen Syndrom, das durch einen regressiven Entwicklungstrend *(Einengung)*, durch verstärkte, aber gleichzeitig gegen sich selbst gerichtete *Aggression*[11] und durch die Flucht in die *suizidale Phantasiewelt* gekennzeichnet ist. Die Einengung[12] signalisiert jenen Prozeß, bei dem die bisher vorhandenen inneren und

---

[10] *E. Ringel*, Der Selbstmord. Abschluß einer krankhaften psychischen Entwicklung (Wien, Düsseldorf 1953); *ders.*, Neue Gesichtspunkte zum präsuizidalen Syndrom, in: *ders.* (Hrsg.), Selbstmordverhütung (Bern – Stuttgart – Wien 1969) 51–116.

[11] Schon *Freud* hat den Suizid als Aggressionsakt beschrieben, insofern sich die „Aggressionsneigungen seines (d. h. des Menschen) Ideals gegen das eigene Ich" wendet, in: Das Ich und das Es (Ges. Werke 13) (London 1940) 248.

[12] Der Suizidversuch wird in steigendem Maße auch dazu benutzt, um für kurze Zeit „abzuschalten" und um in einer „Ruhepause" eine Entwirrung der Schwierigkeiten und einen Abstand zu den bedrückenden Erlebnissen herbeizuführen. *W. Feuerlein*, Selbstmordversuch oder parasuicidale Handlung? Tendenzen suicidalen Verhaltens, in: Nervenarzt 42 (1971) 127–130, spricht hier von einer parasuicidalen Geste; da hier die Intention zur Autodestruk-

äußeren Möglichkeiten der produktiven Gestaltung des eigenen Lebens bis auf jenen Punkt beengt werden, wo das Individuum einen zunehmenden Freiheitsverlust erleidet. Die „situative" Einengung mobilisiert zwar im allgemeinen die Selbsterhaltungskräfte und setzt psychische Abwehrkräfte frei, doch erst wenn die „dynamische" Einengung, also passive Erwartungshaltung, düster gestimmte Apperzeptionsmechanismen, Fixierung auf negative Stimmungs- und Gefühlsmomente, hinzukommt, werden pathologische Reaktionsmuster mit suizidaler Einfärbung entbunden. Damit verknüpft ist auch die Einengung der zwischenmenschlichen Beziehungen, die nebst der zahlenmäßigen Reduktion auch ein dynamisches Moment in dem Sinne aufweist, als die person-gerichteten Erwartungen überfrachtet und die Kontakte ausgeprägt konfliktanfällig werden. Die immer neuen Enttäuschungen führen schließlich zu einer mangelnden Wertobjektivierung und zu einer Überbetonung des subjektiven Werterlebens – die initiativen Gestaltungskräfte erlahmen, subjektiv und negativ geprägte Werturteile herrschen vor –, was zu einer erhöhten Verletzlichkeit und zu einem erhöhten Aggressionsdruck führt. Können nun aggressive Impulse unter gegebenen Voraussetzungen nicht nach außen abgeführt werden, bildet sich ein Aggressionsstau, der sich gegen die eigene Person wendet und das eigene Selbst destruiert. Da sich der Suizidgefährdete in der Realität immer weniger zurechtfindet, entstehen als Antwort auf die Unerträglichkeit der Lebensumstände Phantasien, welche sich, anfänglich intendiert, schließlich aktiv aufdrängen und unvermittelt in die Gedankenabfolge einschießen.

Ein bedeutender und weiterführender Versuch, das „präsuizidale Syndrom" mit den Elementen der Einengung, der Aggressionsumkehr und den Suizidphantasien in seiner Psychogenese genauer zu erfassen, ist der psychodynamische, an der *Narzißmustheorie* orientierte Interpretationsansatz von H. Henseler[13]. Er nimmt die typische Selbstwertproblematik zum Anlaß, die Entstehung und Entwicklung der Suizidalität im Modell der psychoanalytischen Narzißmustheorie umfassend und differenziert zu verstehen. Dabei geht er von der Voraussetzung aus, daß die primäre Störung des suizidalen Menschen in der „Ich-Verunsicherung" besteht, also in einer narzißtischen Krise, deren Eigentümlichkeit in der Anwendung infantiler Kompensationsmechanismen (Verleugnung und Idealisierung) zum Schutze vor Kränkungen zu suchen ist. Henseler versteht unter Narzißmus „die verschiedenen Zustände des Selbstwertgefühls, der affektiven Einstellung des Menschen zu sich selbst. Ist diese realitätsgerecht, spricht man vom gesunden Narzißmus, ist sie es nicht, von narzißtischer Störung. Die narzißtische Störung kann sich in einem übertriebenen

---

tion fast völlig fehlt und da hier die typischen Anzeichen des präsuizidalen Syndroms, außer der ansatzhaft vorhandenen dynamischen Einengung, wegfallen, weist eine solche Handlung nur einen analogen Suizidversuchscharakter auf.

[13] *H. Henseler,* Narzißtische Krisen. Zur Psychodynamik des Selbstmords (Reinbek b. Hamburg 1974).

Selbstgefühl ebenso wie in übertriebenen Minderwertigkeitsgefühlen äußern."[14] Bei schweren Beeinträchtigungen der Vorstellungen von sich selbst ist die Person nicht mehr in der Lage, das affektive Gleichgewicht, etwa das Gefühl von innerer Sicherheit, von Wohlbehagen und Selbstsicherheit, herzustellen. Statt dessen werden bei dieser Subjektbedrohung Kompensationsmechanismen der Verleugnung, der Idealisierung, der Regression und Verinnerlichung in Gang gesetzt. Insbesondere kommt es zur Flucht in Einbildungen einer unwirklichen Welt der Ruhe, Geborgenheit und Harmonie. Der Suizid-Akt kann beim Versagen der „ungefährlicheren" Kompensationsmechanismen plausibel als Aufgehen und Rückzug in einen harmonischen, diffus erlebten Primärzustand interpretiert werden. Diese Annahme erklärt nicht nur viele Besonderheiten in der Phänomenologie des Suizidgeschehens, sondern auch spezifische Problematiken der suizidalen Persönlichkeit wie das ambivalente Selbsterleben, die überhöhte Idealbildung, die Aggressionshemmung und die Schwierigkeiten in den zwischenmenschlichen Beziehungen. Den letzteren kommt eine besondere Bedeutung zu, da die überhöhten Ich-Ideale bzw. die daraus entstehenden Minderwertigkeitsgefühle in den zwischenmenschlichen Beziehungen auszugleichen versucht werden. Solchen Beziehungen haften deshalb einige Eigentümlichkeiten an: Kontakte zu nahestehenden Personen sind äußerst konfliktanfällig, da selbst banale Ereignise und für den Konfliktpartner unverständliche Anlässe zu Kränkungen und zu folgenschweren Wirkungen führen können. Die Bezugspersonen vermögen den überforderten Ich-Ansprüchen nicht gerecht zu werden, was zu immer neuen Enttäuschungen und endlich zur Resignation führt. Die gesteigerte Kränkbarkeit wird denn auch in der therapeutischen Praxis genutzt, um die Enttäuschungsreaktionen zu deuten und durchzuarbeiten. Hier lassen sich die entscheidenden Einsichten in die narzißtische Problematik vermitteln und Veränderungen erzielen.

Die Forschung hebt bei der Entstehung des „präsuizidalen Syndroms" die enorme Bedeutung *frühkindlicher Schädigungen* hervor. Da erwiesenermaßen ein sehr hoher Prozentsatz von Suizidanten schwere psychische Belastungen in der Kindheit erkennen läßt, muß ein Zusammenhang zwischen psychischer Belastung in der Kindheit und der später auftretenden Suizidalität angenommen werden[15]. Als Belastungsfaktoren werden angeführt: Verluste von Elternteilen durch Tod oder Scheidung, sonstige frühe und langdauernde Trennungserlebnisse, Fürsorgemängel und emotionale Vernachlässigungen von seiten der Betreuerpersonen. Derartige Befunde sind aber nicht suizid-spezifisch, da die gleichen Ausgangsverhältnisse zu andern Devianzen (z. B. Kriminalität, Streunen) führen können. Zweifellos sind die frühkindlichen Belastungen an der

---

[14] Ebd. 73.

[15] Vgl. *G. Zilboorg*, Considerations on Suicide, in: Amer. J. Orthopsychiat. 7 (1937) 15–31. *G. Lester-D. Lester*, Suicide, the Gamble with Death (Prentice-Hall 1971).

Disposition zur Suizidalität maßgeblich beteiligt, auch wenn die vorliegenden Forschungsergebnisse keine eindeutigen Schlüsse auf spezifische, suizidrelevante Faktoren zulassen. Insbesondere ist von der Narzißmusforschung zu erwarten, daß sie die grobe Registrierung des „broken home" unter dem Gesichtspunkt der „narzißtischen Traumata" aufschlüsselt und Angaben für Prophylaxe, Pädagogik und Sozialpolitik zu machen imstande ist, gerade im Hinblick auf den lebenswichtigen Schutz des kindlichen Selbstwertgefühls.

b) Der Suizid in soziologischer Sicht

In der bisherigen Perspektive ist vor allem die Persönlichkeit des Suizidgefährdeten im Mittelpunkt gestanden. Da der einzelne als Gesellschaftswesen immer auch in die konkreten Umstände eingebunden und von ihnen determiniert ist, muß a priori angenommen werden, daß es gesellschaftliche Determinanten gibt, welche die Suizidalität mitverursachen. Die langjährige Forschung der Sozialwissenschaften hat in zwei Bereichen bedeutende Ergebnisse gebracht: im statistischen Bereich und auf der „modelltheoretischen" Ebene der Interpretation der statistisch erhobenen Gesetzlichkeiten.

Das seit dem letzten Jahrhundert gesammelte und inzwischen ins Immense angewachsene Zahlenmaterial läßt bis heute folgende wichtige suizidale *Gesetzmäßigkeiten* erkennen[16]: Die Suizidhäufigkeit steigt prozentual an, von den Jugendlichen zu den Personen mittleren und hohen Alters, wobei biologische Umstellungen und beruflich-gesellschaftliche Zäsuren eine erhöhte Suizidinzidenz mit sich bringen; die Suizidhäufigkeit nimmt von verheirateten über verwitwete, alleinstehende zu geschiedenen Personen zu; in bezug auf die berufliche Position und Veränderung konnte festgestellt werden, daß ein beruflicher Abstieg mit dem entsprechenden Statusverlust ein stärkeres Suizidrisiko mit sich bringt. Ein Vergleich der verschiedenen Berufsklassen zeigt, daß Suizide in der Regel in Schichten mit höchsten beruflichen Positionen und in Schichten mit niedrigstem beruflichem Status am häufigsten vorkommen, wobei die Ergebnisse allerdings nicht so eindeutig sind, daß die Zugehörigkeit zu einer bestimmten Berufsschicht und damit auch zu einer bestimmten sozialen Schicht als sehr maßgeblicher Faktor für das Suizidrisiko angesehen werden kann. Statistisch hat sich ferner erhärtet, daß zwischen wirtschaftlichen Krisen, schneller wirtschaftlicher Aufwärtsentwicklung (Konjunktur) und abrupter wirtschaftlicher Abwärtsentwicklung (Rezession) ein Zusammenhang besteht. Hierbei ist von Bedeutung, daß sich etwa nicht ein länger andauernder wirtschaftlicher Notstand suizidfördernd auswirkt (vgl. Dritt-Welt-Länder), sondern erst eine abrupte Veränderung der ökonomischen Basisstruktur. Soziale Desorganisation schließlich, die etwa an der Häufigkeit von Rechtsverstößen, an der Häu-

[16] Vgl. die Bestandsaufnahme in: *A. Holderegger,* a.a.O. (s.o. Anm. 3) 57ff.

figkeit der Wohnungswechsel und an der Überbevölkerung gemessen wird, läßt keine allgemeingültigen Schlüsse zu, da die Ergebnisse der Erhebungen uneinheitlich sind. Offensichtlich spielt die soziale Integration, die Art und Weise des Zusammenlebens und die Häufigkeit der qualifizierten Interaktion eine Rolle, die auch bei der sogenannten sozialen Desorganisation gegeben sein können und die anscheinend imstande sind, nachgeordnete Defekte auszugleichen.

Diese hier locker zusammengefügten Erkenntnisse haben die Soziologie schon früh herausgefordert, die einzelnen erhebbaren Elemente mit einem übergeordneten, *integrativen Deutungsmodell* zu verbinden. Einer der bis heute brauchbarsten Ansätze geht auf É. Durkheim zurück[17]. Die *Integrations- und Anomietheorie* von É. Durkheim formuliert drei Grundthesen:

> 1) Die Höhe der Suizidquote hängt generell vom Grad der sozialen Integration einer Gesellschaft bzw. einer Gruppe ab. Ist die soziale Integration in einer Gesellschaft oder einer Gruppe niedrig, wird die Suizidrate der entsprechenden Population verhältnismäßig hoch ausfallen und umgekehrt. Je weniger sich das Individuum an die Normen und Wertvorstellungen seines sozialen Kontextes gebunden fühlt, desto eher ist es dem Suizidrisiko ausgesetzt („egoistischer Suizid"). 2) Das Verhältnis von sozialer Integration und Suizidrate weist einen parabelförmigen Verlauf auf. Steht der Raum der freien Entfaltung des Individuums und seine Gebundenheit an das Norm- und Wertsystem im Gleichgewicht, erreicht die Suizidrate ein Minimum. Wird jedoch dieses Gleichgewicht zerstört, sei es zugunsten einer zu starken oder einer zu schwachen Integration, steigt die Suizidrate („altruistischer Suizid"). 3) Die Höhe der Suizidrate hängt ebenfalls vom Grad der Anomie ab, die in einer Gesellschaft oder Gruppe herrscht. Eine anomische Störung der kollektiven Ordnung zeigt sich nach Durkheim dann, wenn sozialmoralische Leitideen ihren Einfluß einbüßen und ihre verhaltensregelnde Kraft verlieren und wenn das Gleichgewicht zwischen Bedürfnissen und den zur Verfügung stehenden Mitteln der Bedürfnisbefriedigung im gesellschaftlichen Bereich beeinträchtigt wird. Das Individuum reagiert nach Durkheim auf diese Störung mit Ratlosigkeit und Orientierungsunsicherheit, was zu depressiven Verstimmungen und zu Suizidhandlungen führen kann („anomischer Suizid").

Diese allgemeine Integrations- und Anomietheorie behält auch heute noch ihre Gültigkeit, doch muß sie – soll das Suizidgeschehen integral erklärt werden – mit psychologischen und psychopathologischen Theorien verknüpft werden, da gesellschaftliche Verhaltensmuster nicht schon individuelle Verhaltensmuster erklären und umgekehrt.

---

[17] Wir müssen es uns hier versagen, die ganze Vielfalt soziologischer Theorien zu referieren, die zumeist eine Weiterentwicklung oder Variation der Durkheimschen Grundthese sind. Vgl. M. Halbwachs, der die Integrationstheorie mit motivpsychologischen Elementen verknüpft; R. E. Merton, der die Anomietheorie zur Devianztheorie ausweitet; A. F. Henry / J. F. Short, die Durkheimsche Grundannahmen mit psychoanalytischen Elementen verbinden und Suizidalität im System von externen und internen Zwängen deuten; R. K. Merton / R. A. Cloward, welche die spezifizierte Anomie-Theorie mit der behavioristischen Frustrations-Aggressions-Theorie von A. J. Yates / J. Dollard verbinden. Literaturnachweise in: *A. Holderegger,* a. a. O.

Im Bestreben, den Grundsatz von É. Durkheim operationalisierungsfähig zu machen, haben J. P. Gibbs und T. W. Martin[18] die *Statusintegrationstheorie* entwickelt. Sie formulieren die These, daß das Suizidrisiko für das Individuum um so geringer ist, je vereinbarer die einzelnen Erwartungen, Rechte und Pflichten sind, die an es herangetragen werden. Nur schwer miteinander verträgliche Rollen erzeugen einen Rollenkonflikt, der für den einzelnen eine gesteigerte Anforderung darstellt, sich durchhalten zu können. Hat jemand z. B. gleichzeitig den Ansprüchen seiner Familie, den hohen Anforderungen seiner Führungsposition und den Erwartungen einer politischen Karriere zu genügen, kann dies zu einem inneren Zwiespalt und zu einer persönlichen Überforderung führen. Umgangssprachlich kennzeichnen wir eine solche Situation als Streß und meinen, daß überhöhte oder zu unterschiedliche Anforderungen an jemanden herangetragen werden, denen er unter Aufbietung aller Kräfte zu genügen sucht, was zu einer Desintegration der verschiedenen Staten und folglich zu einer psychischen Überanstrengung führen kann. Dies bedeutet, daß der Sozialfaktor des Rollenkonfliktes in sich tendenziell den Keim für eine schwierige oder gar suizidale Entwicklung birgt. Umgekehrt ist aber nicht nur die Überbesetzung an Rollen, sondern auch der äußerlich aufgezwungene Verlust an Rollen für den einzelnen beschwerlich. Dies zeigt sich besonders dramatisch bei älteren, nicht mehr im Arbeitsprozeß stehenden Menschen – hier ist die Suizidinzidenz besonders ausgeprägt –, deren berufliche, prestigemäßigen und familialen Rollen zum großen Teil wegfallen. Hier ist die Frage zu stellen, ob die Gesellschaft den älteren Menschen mit dem Ausscheiden aus dem Arbeitsprozeß nicht nur hinsichtlich seiner Arbeit in Pension schickt, sondern auch hinsichtlich seiner ganzmenschlichen Bedürfnisse, denn Aufgabenbereiche sind für die Selbstentfaltung und für die Selbstdarstellung unabdingbar notwendig.

Im Zusammenhang mit der Integrationsproblematik haben Forscher schon früh eine Beziehung zwischen Suizidalität und *Kommunikationsstörung* herstellen können. Die Suizidhandlung ist in den allermeisten Fällen ein „Appell an die andern“[19], eine besondere Form der Mitteilung, daß man der Hilfe bedürftig ist und mit eigenen Kräften das Leben zu meistern nicht mehr imstande ist. Versagen alle Formen der Verständigung und des gegenseitigen Austausches und versagen die üblichen Formen der verbalen Mitteilung, bleibt unter Umständen nur noch die Sprache über die Verletzung des eigenen Körpers. Wir müssen davon ausgehen, daß ein größerer Teil aller in unserm Kulturkreis ausgeführten suizidalen Handlungen überwiegend auch unternommen wird, um im Endpunkt eines fortgeschrittenen Kommunikationsschwundes die Kommu-

---

[18] *J. P. Gibbs-T. W. Martin,* Status Integration and Suicide. A Sociological Study (Oregon 1964).

[19] Vgl. *N. L. Farberow-E. S. Shneidman (Hrsg.),* The Cry for Help (New York – London 1965). *H. F. Späte,* Über kommunikative Elemente suizidaler Handlungen, in: Psychiat. Neurol. med. Psychol. 25 (1973) 647–655.

nikation zu einem Partner oder zur Umwelt auf einer andern Ebene, gleichsam mit gröberen Signalen, zu erzwingen und fortzuführen. Jedenfalls darf man die Suizidhandlung nicht allein unter den üblich genannten Aspekten der Demonstration, Rache und Druckausübung sehen, sondern man muß auch mitbedenken, daß solche Verhaltensweisen oftmals der verzweifelte Versuch sind, Kommunikation aufrechtzuerhalten. Wenn man davon ausgehen kann, daß die meisten seelisch-geistigen Störungen und Fehlentwicklungen bis hin zur Verzweiflungstat, dem Suizid, aus der Beziehungs- und Kommunikationslosigkeit erwachsen, dann wird deutlich, welche Bedeutung der sozial-integrativen Gesellschafts- und Kleingruppenstruktur und welche Bedeutung dem kommunikativ-lebensfördernden Austausch zukommt, welcher nicht nur die vitalen Bedürfnisse, sondern auch diejenigen der höheren Ich-Organisation abdecken.

Abschließend zu diesen sozialwissenschaftlichen Perspektiven haben wir nochmals eigens auf die Partialität dieser Aspekte hinzuweisen. Ihre Verknüpfung bietet fast unüberwindliche Schwierigkeiten, zumal eines der größten und noch weithin unerforschten Rätsel bei der Selbsttötung die Frage ist, wie die verschiedenen Faktoren zusammenwirken. Können soziale Faktoren (etwa Arbeitslosigkeit, unerwünschte Schwangerschaft, Isolationshaft) einen Suizid verursachen, oder ist dies nur der Fall bei entsprechenden individuellen und persönlichen Voraussetzungen? Nach aller Erfahrung können soziale, familiale und ökonomische Umstände so gravierend und belastend werden, daß sie fast allein in der Lage sind, Suizidhandlungen herbeizuführen. Auf der andern Seite ist aber hervorzuheben, daß solche Umstände bereits schon vorhandene seelische Verwundungen dramatisieren und im Zusammenwirken mit einer Mehrzahl anderer Elemente eine suizidale Lebensproblematik hervorzurufen vermögen. Es dürfte zur Zeit noch kaum abschließend geklärt sein, warum dieselben sozialen Ausgangsverhältnisse beim einen eine suizidale Entwicklung in Gang setzen und beim andern nicht. Dies bedeutet aber allerdings, daß der Entscheid, dem eigenen Leben ein Ende zu bereiten, immer in der Persönlichkeit des einzelnen fällt. Wenn E. Ringel meint, keine noch so bedrängenden äußern Umstände vermöchten einen Suizid zu erzwingen, dann bedeutet dies nichts mehr und nichts weniger, als daß von außen kommende Störungen zwar eine Suizidhandlung mitverursachen können, daß es aber immer der Stellungnahme der Persönlichkeit bedarf, mag sie in ihrem Freiheitsvermögen und in ihrer Willensäußerung noch so eingeschränkt sein. Diese Tatsache eröffnet uns einen weitern Fragenkreis, nämlich den der anthropologischen Einordnung des Suizidphänomens.

3. Anthropologische Einordnung des Suizidphänomens

Abstrakt geführte Diskussionen über das Verfügungsrecht des Menschen über das Leben, über dessen Gründe und Gegengründe bleiben im Kontext der Suizidproblematik im „luftleeren Raum" oder sind zumindest unvollständig, solange sie nicht erweitert werden mit dem Wissen um die pathologischen und tragischen Dimensionen des Suizidphänomens. Erfahrungsgemäß schätzen Suizidgefährdete die Frage nach der Selbstverfügung anders ein als diejenigen, welche nicht unmittelbar tödliche Gedanken tragen, denn Suizidgefährdete schlagen in der Regel viel eher adaptive Lösungen vor, die ihnen das Weiterleben garantieren. Dieses Faktum allein schon mahnt zur Vorsicht, die suizidale Lebensnot nicht mit abstrakten Argumenten zu verfremden, wiewohl auf der andern Seite eine gründliche und ernsthaft geführte Diskussion um das Verfügungsrecht des Menschen vonnöten ist, weil sie das Anschauungsklima mitbestimmt und langfristig gesehen doch einen entscheidenden Einfluß auf das suizidale Verhalten ausübt.

a) Krankheit oder Freitod

Erfahrungsgemäß entzünden sich die heftigsten Debatten um den Suizid immer an jenen Gruppen von Menschen, die anscheinend bei völliger seelischer Gesundheit und aus anscheinend freier Willensentscheidung in den Tod gehen. Der Freitod hat in der Geschichte, etwa bei den Griechen und Römern und neuerdings wiederum in jener „Exit-House-Bewegung", die für das freie Recht auf Selbsttötung einsteht, eine eigenartige Faszination ausgeübt. Die suizidologische Forschung stellt nun keineswegs in Abrede, daß es den wirklich frei gewählten Tod und den aus einer nüchtern erstellten Lebensbilanz erfolgenden Freitod gibt, doch jenseits von subtilen Unterscheidungen und Positionen um Krankheit und Freiheit geht die suizidologische Praxis davon aus, daß der Suizidgefährdete in der Regel im Augenblick nicht imstande ist, an seinem Leben festzuhalten und daß es enormer pathologischer Tendenzen bedarf, um die vitalen Antriebskräfte zu überwinden (Ringel, Pöldinger, Stengel, Hole). Mit andern Worten: Der Stand der heutigen Forschung zeigt immer deutlicher, daß sich die Mehrzahl solcher Täter in einem außergewöhnlichen Zustand befindet, der einen drängenden, mehr oder weniger zwingenden Einfluß ausübt, so sehr, daß der Ausdruck „Freitod" gerade als fraglich erscheint. Dies bedeutet, daß die weitaus meisten Suizidanten die Willensfähigkeit verloren haben, einmal Kräfte und Wertinhalte zu erfassen und im Vergleich dazu ein Werturteil zu objektivieren und sie in Beziehung zur Gesamtausrichtung der Person zu bringen. Die emotionale und intellektuelle Apperzeptionsfähigkeit erfährt eine Einengung solcher Art, daß es nicht gelingt, aus den widerstreitenden Kräften und Neigungen jenes Verhältnis zu ermitteln, das aufgrund seiner Vernünftigkeit zur positiven Stützung eines produktiven Lebensentwurfes und zur Entfaltung der Ich-Identität beitragen würde. Verstehen wir Freiheit nicht so sehr als Freiheit der Wahl, sondern als jene Fähigkeit, zu sich selbst Distanz zu gewinnen, die Kräfte zu begreifen, denen man unterworfen ist, aktiven Anteil am Lebensgeschick zu gewinnen und die Lebenskonsequenz auch unter veränderten Umständen durchzuhalten[20], dann muß man von der Tatsache ausgehen, daß die allerwenigsten Suizidanten diese Fähigkeit noch besitzen.

Die medizinischen Wissenschaften sind mehrheitlich der Überzeugung, daß der weitaus größte Teil aller Suizide und Suizidversuche den Ursprung im psychischen Kranksein hat, d. h. die Suizidhandlung ist in der Regel eine Manifestation einer definierbaren psychopathologischen Basis oder dann zumindest der Abschluß einer Entwicklung im Rahmen einer akuten Einengung oder Dekompensation der psychischen Selbststeuerung[21]. Man hat also von der Tatsache und Voraussetzung auszugehen, daß beim suizidalen Menschen im allgemeinen keineswegs volle Willens- und Handlungsfreiheit gegeben ist, sondern vielmehr Einengung und Verlust dominieren. Ärztliche und soziotherapeutische Praxis darf sich deshalb nicht an der theoretischen Möglichkeit des „Freitodes“ im wörtlichsten Sinne orientieren, sondern hat vom Grundsatz „in dubio pro vita“ auszugehen und sich von der Absicht leiten zu lassen, dem Suizidgefährdeten die innere Freiheit wieder zu vermitteln, selbst wenn notfalls stellvertretend Entscheidungen getroffen werden müssen. Vermittlung von „innerer Freiheit“ heißt in vielen Fällen nicht nur Wiederherstellung der psychischen Gesundheit, sondern auch aktive Veränderung konkreter, schädigender Lebenssituationen. Wie einsichtig diese Maxime auch sein mag, so ergeben sich in praxi eine Reihe von Problemen (Zwangsinhaftierung, Zwangsernährung usw.), die nur unter Einbezug von ethischen, juristischen, medizinischen und sozialpolitischen Überlegungen zu lösen sind[22]. Jedenfalls muß man darauf hinweisen, daß nicht jeder Suizid verhindert werden kann und daß es analog zu somatischen Erkrankungen hoffnungslose Fälle gibt, die nicht mehr zu retten sind und denen durch ein noch so kunst- und menschengerechtes Engagement nicht mehr jene Freiheit zu vermitteln ist, die schließlich über den „Todestrieb“ dominiert. Dies soll und darf jedoch nicht von der erforderlichen Hilfsbereitschaft dispensieren, doch soll durch diese Erkenntnis die „Haltung engagierter Gelassenheit“ (J. Niemann) nicht nur der Institutionen, sondern auch der einzelnen Betreuenden stimuliert werden. Sie gewinnt sich aus menschlicher Betroffenheit und Anteilnahme und notwendiger therapeutischer Distanz.

---

[20] Vgl. *J. Habermas,* Können komplexe Gesellschaften eine vernünftige Identität ausbilden?, in: *ders.,* Zur Rekonstruktion des Historischen Materialismus (Frankfurt a. M. [2]1976).

[21] Vgl. *G. Hole,* Allgemeine und medizinische Aspekte der Suizidalität, in: Alter und Tod – annehmen oder verdrängen?, hrsg. von W. Bitter (Stuttgart 1974) 111. *E. Ringel,* Der Selbstmord (s. o. Anm. 10) 231. Gegen diese These argumentieren u. a. A. Flew, J. Fletcher, J. Améry, die aber allerdings die klinischen Fakten zu wenig berücksichtigen.

[22] Vgl. hierzu den Sammelband von *A. Eser* (Hrsg.), Suizid und Euthanasie als human- und sozialwissenschaftliches Problem (= Medizin und Recht 1) (Stuttgart 1976).

b) Die klinische Erfahrung

Die allgemein sich durchsetzende Krankheitsthese, die freilich nicht immer mit der nötigen Differenzierung rezipiert wird, hat die Aufklärung gebracht, daß der Suizidant nicht mehr einfach als Sünder und Feigling gebrandmarkt, sondern als kranker, leidender und hilfsbedürftiger Mensch anerkannt wird. Anderseits bringt dies aber die Gefahr mit sich, daß die Gefährdeten vorschnell eingeordnet und durch das Etikett der Krankheit verfremdet werden. Diese nominalistische Etikettierung vermag vielleicht nicht mehr immer genügend zu verdeutlichen, daß die Suizidalität eine *fundamentale Lebenskrise* ist, welche die Tiefen der Existenz betrifft und allein nur mit medizinisch-psychologischen Deutungsmodellen nicht voll zu erfassen ist. Es liegt in der Natur der Sache, daß in solcher Grenzerfahrung mehrere Seinssphären des Menschen mitbetroffen sind, was die Krankheitsthese der psychopathologischen Wissenschaft nicht grundsätzlich in Frage stellt, sondern nur in einen größeren Zusammenhang einordnet. Die Suizidalität affiziert nicht nur die somatische und psychische Dimension, sondern an ihr artikuliert sich die Sinnfrage überhaupt, also die Frage nach Daseinssinn und Zukunftshoffnung (vgl. Camus). Wird diese Sinnfrage aber entschlüsselt, so zeigt sich, daß mit dieser Frage nicht in erster Linie philosophische und theologische Probleme des Sinnes unserer menschlichen Existenz gemeint sind, sondern daß es sich hier zunächst einmal um „eingekleidete" Umschreibungen eines andern wichtigen Problems handelt, nämlich der schlichten Frage: Gibt es einen Menschen, der zuverlässig zu mir hält? Gibt es ein menschliches Du, das mich versteht? Dies läßt sich daran aufzeigen, daß Menschen nach einem Suizidversuch, nachdem versucht wurde, die Sinnfrage in die eben genannte Form zu übersetzen, die Frage nach dem Sinn des Lebens hinterher nicht mehr so bedeutsam war, jedenfalls nicht für die suizidale Problematik[23].

Auf der andern Seite darf die Einordnung des Suizids in den Kontext der existenziellen Lebenskrise nicht davon dispensieren, den in der Suizidalität inhärierenden *Krankheitskeimen* nachzugehen. Aus diesem Forschungsimpetus heraus hat die Psychiatrie (klinische Psychologie und Psychopathologie) folgendes ermitteln können: In querschnittlicher Betrachtungsweise können die Suizidantenkollektive ungefähr in einen Drittel psychotische und in zwei Drittel nicht-psychotische (psychopathische, neurotische und psychoreaktive) Suizide aufgegliedert werden[24]. Diese mit verschiedenen Unschärfen behaftete Grobeinteilung kann allerdings kaum etwas über den Anteil exogen-aktueller Faktoren am Krankheitsbild aussagen, es sei denn dies eine, daß bei Psychosen (z. B.

---

[23] Vgl. *H. Henseler,* Die Interaktionsbeobachtung als diagnostische und therapeutische Chance bei Suizidgefährdeten, in: *E. Ringel* u. a., Sucht und Suizid (Freiburg 1976) 61–76.

[24] Vgl. *A. Holderegger,* a. a. O. (s. o. Anm. 3) 137 ff.; *W. Pöldinger,* Die Abschätzung der Suizidalität (Bern – Stuttgart 1968) 38 ff.

endogene Depression) schon geringe situative Anlässe oder gar nur krankheitsimmanente Impulse einen Suizid auslösen, während bei Personen mit einem neurotischen Krankheitsbild erst schwere, langandauernde situative Einengungen suizidauslösend wirken. Dementsprechend unterschiedlich ausgeprägt ist die Dynamik der inneren suizidalen Tendenzen, die sich zwischen den beiden Polen der Selbstdestruktion und dem Appell auf Hilfe bewegen, d. h., je nach Krankheitsbild und psychischer Verfassung reicht das Feld der suizidalen Dynamik von raptusartigen, immanenten Suizidimpulsen über den ausgeprägten Ambivalenzzustand der Autoaggressivität bis hin zur Dominanz des „Wunsches" nach Hilfe[25].

Die unterschiedlichen Schwerpunkte der suizidalen Dynamik bilden denn auch einen Ansatzpunkt für die Abschätzung des individuellen Suizidrisikos, wobei allerdings die ursächlich-pathologische Basis mitberücksichtigt werden muß. Sie spezifiziert die Art der Therapie und die Weise des Umganges mit Suizidgefährdeten.

1) An erster Stelle der Krankheitsursachen stehen Depressionen und depressive Verstimmungen unterschiedlichster Genese, deren Anteil bei den Suizidhandlungen über 50% geschätzt wird[26]. Depressive Erkrankung bedeutet fast immer auch Suizidgefährdung, doch hängt das Suizidrisiko Depressiver weniger von „der Diagnose als vielmehr von der Symptomatologie" (W. Pöldinger) ab; die Suizidanfälligkeit ist dann besonders hoch, wenn die Depression mit Angst und Agitiertheit gekoppelt ist.

2) Als nächste Gruppe von Ursachen folgen die Neurosen und neurotische Entwicklungen, also jene Störungen im Verhalten und Erleben, welche die Daseinsbewältigung nur schwer gelingen lassen. Hier handelt es sich weniger um die klassischen Neurosen, als vielmehr um jene chronischen Verläufe im seelischen Erleben, die E. Ringel als „Neurosen der Lebensgestaltung"[27] bezeichnet hat. Sie sind geprägt durch eine ausgesprochen entmutigte Lebenseinstellung, durch ungezügelte Impulsivität und durch eine auffällige Verletzlichkeit, die gleichsam den „wunden Punkt" der Persönlichkeit darstellt.

3) Eine Ursachengruppe, die eindeutiger abzugrenzen ist, bildet der Alkoholismus und die Sucht. Der Anteil dieser Gruppe beläuft sich auf etwa 15–20%. Seit langem kennt man die untergründigen Beziehungen zwischen den Suchtformen und der Suizidneigung[28]; bei beiden Formen handelt es sich zumindest in der Endphase um eine Abkehr von der augenblicklichen Lebensrealität, sei es nun in der Flucht in den schwebenden Zustand der Irrealität oder sei es in der Flucht in den direkten Tod. Alkohol- und suchtmittelabhängige und suizidale Persönlichkeiten lassen Störungen im Selbstwertgefühl vermuten, das allerdings erst bei bestimmten, bis heute erst vermuteten Zusatzdeterminanten und Verumständungen das eine oder andere psychopathologische Erleben und Verhalten provoziert.

4) Andere Beeinträchtigungen wie Schizophrenie, Paranoia, Debilität und hirnorganische Traumata können zwar Suizidimpulse freisetzen, fallen aber allein schon infolge der geringen Häufigkeit in der Gesamtbevölkerung weniger ins Gewicht.

---

[25] Vgl. *G. Hole,* a. a. O. 118 ff.

[26] Vgl. *W. Birkmayer,* Depression – Biochemie, Klinik, Therapie (Köln 1977).

[27] Vgl. *E. Ringel,* Neue Gesichtspunkte (s. o. Anm. 10) 69.

[28] Vgl. *W. Feuerlein,* Sucht und Selbstmordhandlungen. Situation – psychopathologische Gemeinsamkeiten, in: *E. Ringel* u. a., Sucht und Suizid 22–36.

Die klinische Differenzierung der psychopathologischen Basis – hier ist insbesondere auf die Depressionsforschung hinzuweisen – erlaubt heute eine wirksame medikamentöse Behandlung der Suizidalität, die stützend zu andern therapeutischen Interventionsformen hinzutritt. Die dem Stand der Forschung entsprechende Suizidverhütung ist mehrdimensional und nutzt die Möglichkeiten der Psychiatrie, der psychoanalytischen Therapieformen wie der Sozio-Therapie im Dienste am Leidenden[29].

4. Die Selbsttötung in ehtischer Bewertung

Schon der in der Überschrift vollzogene Wort-Wechsel von „Suizid“ zu „Selbsttötung“ deutet darauf hin, daß es sich hier um eine grundlegend andere Betrachtungsweise des Suizids handelt. Während die empirischen Zugänge der Suizidologie nach Dynamik, Entwicklung, Ursachen und Gesetzlichkeiten der Suizidalität fragen, beschäftigt sich die allgemein-ethische Fragestellung mit der sittlichen Qualifikation der Selbsttötungshandlung. Diese Perspektive abstrahiert notgedrungen von den das sittliche Subjekt beeinträchtigenden Handlungskonditionalitäten und stellt sich der generell-ethischen Frage, ob dem Menschen ein sittlich vertretbares Recht zukommt, über sich selbst im Akt der Selbstbeendigung des eigenen Lebens verfügen zu können. Werden diese Überlegungen auf die konkrete Suizidproblematik angewendet, dann ist zu berücksichtigen, daß dem handelnden Subjekt nur in dem Maße subjektive Sittlichkeit und Verantwortung zukommt, als Handlungsfreiheit und Entscheidungsfähigkeit (Zurechenbarkeit) gegeben ist. Zur subjektiv-sittlichen Fähigkeit des suizidgefährdeten Menschen wurde schon Wesentliches in gebotener Kürze im vorausgehenden Kapitel gesagt.

a) Die Selbsttötung in welt-immanent ethischer Sicht

Ohne Pathos müssen wir feststellen, daß der Mensch über die Möglichkeit verfügt, sich bewußt selbst den Tod geben zu können, denn es gehört zur Eigentümlichkeit der menschlichen Existenz, daß er faktisch in Freiheit radikal über sich selbst bestimmen und verfügen kann. Nicht ohne Grund hat deshalb diese Möglichkeit immer auch eine eigenartige Faszination, aber gleichzeitig auch ein „existentielles Schaudern“ (K. Jaspers) bei Menschen aller Zeiten hervorgerufen. Es ist daher nicht verwunderlich, daß die philosophisch-ethische Bewertung der Selbsttötung seit der Antike bis heute eine eigenartige Zwiespältigkeit

---

[29] Vgl. *W. Pöldinger – M. Stoll-Hürlimann* (Hrsg.), Krisenintervention auf interdisziplinärer Basis (Bern – Stuttgart – Wien 1980).

aufweist[30]: Auf der einen Seite wird die Selbsttötung als Tat völliger Unfreiheit entschuldigt[31] oder aber als Tat höchster Freiheit gepriesen[32]. Auf der andern Seite wird versucht, die Selbsttötung moralisierend auf einen persönlichen Zustand des sittlich-geistigen Zerfalls zurückzuführen[33].

Insgesamt impliziert das radikale Freiheitsverständnis im Zusammenhang einer rein weltimmanent begründeten Autonomie von der Antike bis zur Gegenwart auch die Freiheit zur Selbstauslöschung. A. Auer ist Recht zu geben: „Wenn der Mensch die Überzeugung hat, daß er sich selbst das Letzte ist, dann gibt es keinen zwingenden Grund dafür, daß er sein Hineingestelltsein zwischen Geburt und Tod als unaufhebbare Verfügung betrachten muß; es gibt kein zwingendes Argument dagegen, daß er – wenn das Gesamt der Umstände die weitere Unwertigkeit des Lebens dokumentiert – diesem durch eine freie Entscheidung ein Ende setzt."[34] Allerdings scheint sich sowohl die Frage, ob die Selbsttötung als einmalige Freiheitsmöglichkeit in die Verfügungsmacht des Menschen gegeben ist, gegen eine dezisive Antwort zu sperren, wie sich auch die Gegenfrage gegen eine apodiktische Position zu wehren scheint. Denn die Kraft der Argumente evoziert selbst immer wieder ihre eigene Alternative.

Die Bewegung der Vernunft treibt, wo Selbsttötung oder Überleben auf dem Spiele steht, von selbst in der Entwicklung eines Pro-Argumentes die Basis für ein entsprechendes Kontra-Argument voran und umgekehrt. So gerät das radikale Freiheitsverständnis selbst in einen Zwiespalt, weil der Akt der Selbstauslöschung gerade, auch wenn er höchster Freiheitsvollzug sein will, ein Stück Unfreiheit setzt, insofern sich die Freiheit der notwendigen Konstitutiva der Zeitlichkeit und Geschichtlichkeit begibt[35]. Wie aber, wenn der Freiheitsvollzug auf ein Minimum reduziert ist und nach menschlichem Ermessen keinen Reifezuwachs mehr erfährt? Hier scheint das qualitative Element des vollen Augenblicks das quantitative Moment der verflachenden Dauer zu überbieten. Autark

---

[30] Vgl. *F. Hammer,* Selbsttötung philosophisch gesehen (Düsseldorf 1975). Am Leitfaden der philosophischen Tradition unternimmt es der Autor, Grundtypen der Argumentation gegen und für die Selbsttötung herauszuarbeiten und kritisch zu durchleuchten. Zur weiteren Information sei auf diese Studie verwiesen.

[31] Vgl. z. B. *B. Spinoza,* Ethik, IV. Teil, Propositio 18, meint, der „Selbstmörder (sei) ohnmächtigen Gemüts und (erliege) den äußeren Ursachen, die sich ihrer Natur entgegensetzen".

[32] Am konsequentesten hat die Stoa bei jener Freiheit angesetzt, die sich angesichts der Widerwärtigkeiten des Lebens das Recht herausnimmt, das Leben in höchster Bewußtheit und Sittlichkeit zu beenden. Die insgesamt rational-vernünftige Argumentation verdiente eine eigene Analyse. Vgl. *E. Benz,* Das Todesproblem in der stoischen Philosophie (Stuttgart 1929) 85 ff.

[33] Vgl. Eth. Nicom. 1166b 7: „Sie sind in sich gespalten, begehren das eine und wollen das andere, wie die Unbeherrschten."

[34] *A. Auer,* Die Unverfügbarkeit des Lebens und das Recht auf einen natürlichen Tod, in: Zwischen Heilauftrag und Sterbehilfe, hrsg. von A. Auer – H. Menzel – A. Eser (Köln – Berlin – Bonn – München 1977) 40.

[35] Vgl. *A. Holderegger,* Verfügung über den eigenen Tod? Typen ethischer Argumentation am Beispiel der Selbsttötung (Studien zur theologischen Ethik 6) (Freiburg i. Ue. – Freiburg i. Br. 1982).

verstandene Freiheit schließt ebenfalls die Todesverantwortung ein, eines Tages möglicherweise „frei zum Tod und frei im Tod" (Nietzsche) zu sterben. Doch scheint hier solche Verantwortung angesichts der Ungewißheit neuer Freiheitserfahrung und weiterer Sinnerfahrung wie auch der absoluten Unwiderruflichkeit solcher Handlung überfordert zu werden. Wenn die freiheitliche Existenz „als in Fraglichkeit stehende"[36] zu begreifen ist, dann wäre der vorzeitig gewählte Tod der vorzeitige Abbruch des Grundentschlusses zur Freiheit, die sich nur im Horizont offener und fraglicher Zukunft vollziehen kann. So gerät zwar die radikale Freiheit in eine Wertpräferenzordnung, bei der die Selbstzwecklichkeit des Menschen die Sinnspitze darstellt, aber dennoch bei massiven Einbußen der Bedingungen des Lebensvollzuges einem Dilemma unterliegt. I. Kant hat die mit der Selbsttötung verbundene ethische „Unschlüssigkeit" so formuliert: „Aller Schein verliert sich doch aber, wenn man den Selbstmord in Ansehung der Religion erwägt."[37] Wie steht es aber mit der theologischen Argumentation?

b) Die Selbstverfügungsproblematik im Kontext der Theologie

In den Handbüchern der Moraltheologie werden bis in neuere Zeit die bei Thomas (STh II–II q 64 a 5) vorgelegten Argumente gegen die Erlaubtheit der Selbsttötung immer wieder aufgeführt: zum einen wird in der Selbsttötung ein Verstoß gegen die Selbstliebe und zum andern ein Verstoß gegen die Gesellschaft gesehen. Die Unzulänglichkeit dieser beiden Beweise gilt als längst aufgedeckt, da sich einerseits die Wertschätzung (Selbstliebe) des Lebens nicht bloß auf die physische Existenz, sondern auch auf die (sittliche) Entfaltung der Gesamtperson bezieht, die, exemplarisch im Martyrium, gerade die Drangabe der physischen Existenz einfordern kann, und da andererseits die sittlichen Ansprüche gegenüber der Gemeinschaft in den sittlichen Ansprüchen der Person selbst gründen.

Dem dritten, spezifisch theologischen Argument wird denn auch die eigentliche Kraft der Überzeugung beigemessen: Als Schöpfer sei Gott der alleinige Herr über Leben und Tod; folglich komme dem Menschen nur ein Nutzungsrecht, aber kein Verfügungsrecht „in substantiam" über das Leben zu. Abgesehen von der in diesem Theologumenon implizierten problematischen Gottesvorstellung, die weder der Freiheit Gottes noch der des Menschen voll gerecht wird, ist das *Souveränitätsargument* zum Teil nur eine analytische Erklärung des vorgegebenen Prohibitivs; denn wie B. Schüller[38] bemerkt: keine totale Verfü-

---

[36] Vgl. *W. Weischedel,* Skeptische Ethik (Frankfurt a.M. 1976) 184.
[37] *I. Kant,* Eine Vorlesung über Ethik, hrsg. von P. Menzer (Berlin ²1925) 192.
[38] Vgl. *B. Schüller,* Zur Problematik allgemein verbindlicher ethischer Grundsätze, in: Theol. u. Phil. 45 (1970) 12; *ders.,* Direkte Tötung – indirekte Tötung, in: Theol. u. Phil. 47 (1972) 341–357.

gungsmacht über das eigene Leben zu besitzen, heißt doch bedeutungsgleich, daß man sich selbst nicht umbringen darf. Und zudem – darin scheint die eigentliche Schwäche des Argumentes zu liegen – beruht der Prohibitiv der direkten Selbsttötung[39] auf einer univoken Vorstellung von den Verfügungsrechten Gottes und der des Menschen, was aber der theologischen Sprachlehre widerspricht. Mit B. Schüller sind wir der Meinung, daß erst sittliche Kriterien gefunden werden müssen, in denen sich das mit der Souveränität Gottes Gemeinte ebenso kategorial fassen läßt wie bei den sittlichen Kriterien, die man zur Erlaubtheit oder Unerlaubtheit der Tötung eines anderen Menschen benutzt. Denn die Souveränität Gottes erweist sich „nur" als ein Anspruch zur sittlichen Verantwortung des Menschen. Diese Verantwortung konkretisiert sich aber in der Tradition bereits bei allen fundamentalen Streitfragen (außer der direkten Selbsttötung) teleologisch, d. h. im Sinne einer Begründung von Verboten aus der Abwägung der Werte angesichts der Folgen. So wurde das sittliche Urteil zur Frage der Tötung im Krieg, der Todesstrafe, der Tötung in Notwehr wie auch bei jener indirekten Selbsttötung[40], die den Tod nicht als intendierten Zweck, aber doch als gleichunmittelbar aus der Handlung hervorgehend zur Folge hat (z. B. das Selbstopfer aus religiös-sittlichen Motiven), teleologisch konstituiert.

Die mit der Souveränität Gottes mitgemeinte Geschöpflichkeit und Verdanktheit der menschlichen Existenz ist nur eine „Grammatik" für verantwortlichen und nicht irrelevant beliebigen Umgang mit dem Leben. Die Geschöpflichkeit und damit die von seiten Gottes in Anspruch genommene menschliche Freiheit impliziert den Imperativ zur verantwortlichen Verwirklichung der Schöpfungswirklichkeit, worin sich das menschliche Wesen als ein sich selbst aufgegebenes erkennt und sich zur humanen Sinngestaltung seiner selbst und von Wirklichkeit überhaupt aufgerufen weiß. Von dieser grundlegenden Einsicht her kommt eine Anzahl von Theologen zur Überzeugung, „daß wohl kein Weg daran vorbei führt, die Möglichkeit der Tötung bzw. der Selbsttötung als eine dem Menschen mit der *tatsächlichen* Selbstverfügungsmacht vom Schöpfer gegebene zu konstatieren, um dann sofort festzustellen, daß der Mensch die

---

[39] Die theologische Tradition hat das direkte Selbsttötungsverbot immer auch mit der Ausnahmeklausel „außer auf eine positive göttliche Verordnung hin" versehen. Vgl. schon Augustinus in: De Civ. Dei I, 26; CCL 47, 26. Allerdings können wir hier nicht auf die damit verbundene erkenntnis- und normtheoretische Schwierigkeit eingehen. Eine genauere Prüfung dieser Ausnahmeklausel würde jedenfalls zeigen, daß das deontologisch verfaßte (direkte) Selbsttötungsverbot nochmals teleologisch eingeschränkt wurde.

[40] Für die Angemessenheit des die direkte Selbsttötung rechtfertigenden Gutes galt folgendes allgemeine Prinzip: Ein um so höherer rechtfertigender Grund ist erforderlich, je drängender und sicherer die Todesgefahr. Vgl. *A. Tanquerey,* Synopsis theologiae moralis II (Romae – Tornaci – Parisiis [3]1906) 130. Man braucht hier nicht eigens auf die kasuistische, realitätsfremde Verengung aufmerksam zu machen, die sich auf dem Hintergrund dieses allgemeinen Prinzips entfaltet hat.

sittliche Entscheidung darüber zu fällen habe, unter welchen Umständen sie als berechtigt zu gelten habe, unter welchen nicht“[41].

Von anthropologischer Seite her erscheint das Souveränitätsargument als Argument aus der geschöpflichen *Kontingenz* oder der *Relationalität* des Menschen. Es wird gesagt, Wesen und Würde des Menschen wurzeln letztlich in der in der Gestalt Jesu verbürgten Annahme des Menschen[42]. Die Zielbestimmung des Menschen liege nicht in ihm selbst, sondern in dem sich ihm zuwendenden Gott. Die Unverfügbarkeit des Menschen nicht nur in seiner geistig-sittlichen Existenz, sondern auch in seiner leiblichen Dimension sei deshalb in der Relation zu Gott begründet. Es könne darum nicht Sache des Menschen sein, sich aus dieser Bezogenheit herauszulösen. Auch wenn der Mensch in mannigfacher Weise über sich selbst zu bestimmen und zu verfügen habe, so „ist die Leiblichkeit der absoluten Totalverfügung des Menschen entzogen“[43]. Die Grenze menschlicher Selbstverfügung sei da erreicht, wo die menschliche Existenz als ganze in Frage stehe, weil sich die sittliche Autonomie des Menschen nur auf die zeitlich-geschichtliche Dimension seines Daseins beziehe und nicht auf deren Aufhebung. Ist diese zweite Begründungsform der (direkten) Unverfügbarkeit menschlichen Lebens zwingend?

Mit Recht hält die theologische Tradition daran fest, daß die Würde des Menschen in der göttlichen, erlösenden und befreienden Affirmation ihren Grund hat, worin denn auch die Unantastbarbeit der Menschenwürde und deren Unverfügbarkeit garantiert bleibt[44]. Und zweifellos gehört in moraltheologischer Perspektive der theologisch fundamentierte Wert des Lebens notwendig zur Begründung des sittlichen Handelns. Allerdings ist damit kein zureichender Grund für die Lösung eines jeden Wertkonfliktes (etwa zwischen Lebenserhaltung und sittlicher Selbstverwirklichung) gegeben. Andernfalls stünde man vor der normlogisch unmöglichen Aufgabe, aus einer *heilstheologischen* Deskription der Würde der menschlichen Person eine Präskription der letztlichen Nicht-Verfügbarkeit des leiblichen Lebens folgern zu müssen. Der theologische Beitrag heilsökonomischer und salutarischer Aussagen in bezug auf das normethische Feld besteht in der Festigung, Korrektur und Verdeutlichung der Valenz einzelner Güter und Werte, deren materiale Konditionierung bzw. de-

---

[41] *V. Eid*, Freie Verfügung über das eigene Leben?, in: *ders.* (Hrsg.), Euthanasie oder soll man auf Verlangen töten? (Mainz 1975) 83. Vgl. auch das von *F. Böckle* in diesem Handbuch, Bd. II, 53 ff. zum Tötungsverbot Gesagte.

[42] Vgl. *K. Barth, KD III/4, 458 f; U. Eibach*, Recht auf Leben – Recht auf Sterben. Anthropologische Grundlegung einer medizinischen Ethik (Wuppertal 1974) 144 ff., im Anschluß daran auch: *A. Auer*, Die Unverfügbarkeit des Lebens (s.o. Anm. 34) 40 ff. Demselben Autor erschien allerdings in späteren Veröffentlichungen jene ethische Position, die die Selbstverfügungsproblematik auf dem Weg einer verantwortlichen Güterabwägung entscheidet, als tragfähiger. Vgl. *A. Auer*, Probleme konkreter Ethik (Tübingen o.J.) 152 f.

[43] *A. Auer*, Die Unverfügbarkeit des Lebens, 41.

[44] Vgl. *F. Böckle*, Recht auf menschenwürdiges Sterben, in: Evang. Komm. 8 (1975) 72.

ren Einordnung in ein sittliches (Vorzugs-)Urteil unterliegt aber der praktischen Vernunft[45]. Gerade weil nach der Überzeugung der theologischen Tradition das menschlich-leibliche Leben zwar ein fundamentales Gut darstellt, das aber dennoch in einer Wertpräferenzordnung steht (vgl. z. B. die stellvertretende Hingabe des eigenen Lebens) und weil aus heilstheologischen Aussagen nicht *unmittelbar* Normsätze gewonnen werden können, heißt „nach der eventuellen Erlaubtheit der Selbsttötung fragen ..., nach dem Gut fragen, dessen Verwirklichung es rechtfertigen könnte, das Übel der Lebensvernichtung zu verursachen“[46].

c) Das Verantwortungssein des Menschen und die radikalen Selbstverfügungsformen

Wenn also allein aufgrund der Herrschaftsrechte Gottes und der transzendenten Bezogenheit des Menschen nicht jede radikale Selbstverfügung von vornherein als unsittlich („intrinsece malum“) auszuschließen ist, dann läßt das Verantwortungssein des Menschen die reale Möglichkeit von Selbsttötung aus sittlicher Verantwortung zunächst offen, auch wenn in concreto zu sehen ist, ob es diesen Fall der verantwortlichen Tat überhaupt geben kann. Menschlicher Freiheit, die sich theologisch nur paradoxal fassen läßt als totale Selbstbestimmungsfreiheit *und* gleichzeitig als im Schöpfungswillen Gottes begründete totale Inanspruchnahme, ist jedenfalls unter dieser Voraussetzung die ethische Zumutung überbunden, das Problem der Selbsttötung auf dem Weg einer *verantwortlichen Güterabwägung* zu entscheiden. Dieses Verfahren erfordert jedoch eine umsichtige Hermeneutik in Frage stehender Güter und Werte und ein bedachtsames Abwägen, das nicht umhin kommt, die verschiedenen Gestalten der Selbsttötung auf ihre Legitimität bzw. Illegitimität hin zu befragen. Der Suizid als Krankheitssymptom ist ein „Sonderfall“ der Selbsttötungsproblematik und tritt naturgemäß bei andern Formen in den Hintergrund.

Das *Selbstopfer* als verantwortlicher Einsatz des Lebens für ein höher erachtetes Gut (z. B. Schutz und Erhaltung des Lebens anderer, Rettung fundamentaler Werte der Gemeinschaft) wurde in der theologischen Tradition bei angemessenem Verhältnis von Lebensverzicht und dem daraus resultierenden Handlungserfolg als indirekte Selbsttötungshandlung, d. h., insofern unter der Inkaufnahme des Verlustes des eigenen Lebens das im „Opfer“ erstrebte Gut Ziel des Lebenseinsatzes war, immer gerechtfertigt[47]. Allerdings ist in Anwendung der hier entfalteten Prinzipien und in Übereinstimmung mit einigen

---

[45] Vgl. *ders.*, Fundamentalmoral (München ²1978) 294 ff.
[46] *B. Schüller*, Problematik (s. o. Anm. 38) 15.
[47] Vgl. *B. Alaimo*, De suicidii definitione, in: Antonianum 33 (1958) 13–44; *J. Mausbach-G. Ermecke*, Katholische Moraltheologie III (Münster ¹⁰1961) 257 f.

Theologen[48] das Selbstopfer wohl auch in der Form der direkten Selbsttötung als ethisch vertretbare Möglichkeit in Betracht zu ziehen. Der Mensch kann sich in seinem Verhalten unter Anforderungen gestellt sehen, wo ihm im *äußersten Grenzfall* die Totalität des Einsatzes des Lebens und damit die Inkaufnahme des Todes abverlangt werden, weil die Intensität des Anspruches der Treue und Gerechtigkeit andern Menschen gegenüber höher wiegt als das physische Dasein. Eine solche Hingabe „um des Bruders willen" übersteigt die Kasuistik des Direkt – Indirekt, aber auch jede sittlich-kasuistische Beurteilung, denn die selbstlose Selbsttötung ist weder forderbar noch beurteilbar, sondern allenfalls respektierbar.

Weit diffiziler ist die Frage der Selbsttötung als *Ausdruckshandlung* (z. B. Selbstverbrennung als Darstellung einer Überzeugung), da sich eine solche Handlung nicht allein aus konkurrierenden Werten der Handlung erklärt. Die Abwägung liegt hier in der Frage der Eignung der zu wählenden Qualität einer Ausdruckshandlung[49] angesichts der von ihr ausgehenden üblen Folgen. Geht man davon aus, daß das sittliche Werturteil über das „Selbstopfer" von den wertrealisierenden Folgen her konstitutiert werden muß und daß das „Selbstopfer" seine Rechtfertigung nur aufgrund eines zu realisierenden ranghöheren Wertes erhält, dann ist wohl auch für die direkte Selbsttötung wie für die indirekte verursachte Inkaufnahme des Todes, welche vorzugsweise einen bezeugenden Charakter aufweisen, die Regel der Angemessenheit anzuwenden. Obwohl zwar auch die Ausdruckshandlung (als confessio und als demonstratio) unter bestimmten Umständen ein wirklicher Prüfstein sein kann, an dem sich die verleiblichte, sittliche Einstellung gegen die der eigenen Freiheit vorgegebenen Verhältnisse bewähren und realisieren mag, so gibt es auf die eine Seite hin Fälle, wo sich das Mißverhältnis zwischen der Ausdrucksqualität und den Folgen unübersehbar aufdrängt (z. B. Selbstverbrennung), so gibt es aber auf die andere Seite hin Fälle, wo der Wertausdruck vor den Folgen legitimerweise vorgezogen werden kann (z. B. Martyrium)[50].

Bedeutend umstrittener ist heute die Frage der Selbsttötung aus *Mangelsituationen* (die sich auch mit der Frage der Euthanasie berührt). Nach D. Bonhoef-

---

[48] Das Umsichtigste hierzu hat *D. Bonhoeffer,* Ethik (München [7]1966) 181 f., formuliert. Zu einem ähnlichen Ergebnis kommen auch andere: K. Barth, N. H. Søe, B. Häring, F. Böckle, V. Eid, B. Schüller.

[49] Vgl. *R. Ginters,* Die Ausdruckshandlung. Eine Untersuchung ihrer sittlichen Bedeutsamkeit (Düsseldorf 1976) 100 ff.

[50] So vertritt die katholische und protestantische Tradition die These, daß das unvermeidliche Zeugnis der eigenen sittlichen Überzeugung, insbesondere das Bekenntnis der eigenen Glaubenstreue (Martyrium), den üblen Folgen (z. B. die Inkaufnahme des Todes) vorzuziehen sei. Es gilt nach *J. Mausbach-G. Ermecke,* Katholische Moraltheologie II (Münster [10]1961) sogar die „negative Pflicht, den Glauben nicht zu verleugnen, d. h. für alle Fälle und unter allen Umständen" (S. 54). Wie schwierig zwar die Begründung dieses uneingeschränkt gültigen Gebotes auch wäre, so viel ist aber daran richtig, daß die sittliche Existenz höher wiegt als das physische Dasein und daß eben die subjektive Sittlichkeit das Martyrium einfordern kann.

fer[51] und K. Barth[52] wäre eine Selbsttötung als letzte paradoxale Sinnstiftung inmitten der Sinnlosigkeit aller Alternativen denkbar, wenn nicht an den Lebenssinn „Gott" geglaubt wird. In der Tat erscheint solche Selbsttötung aus Bedrängnis und Not als radikalstes Mittel, sich selbst einen Sinn zu verschaffen, und wäre es nur den, einem Leben zu entkommen, dem man sich nicht mehr gewachsen fühlt. Auf der andern Seite reklamiert der christliche Schöpfungs- und Erlösungsglaube für jeden Menschen einen Wert und eine Würde, die ihm „von außen" als konstitutive Qualität bleibend zugesprochen sind, so daß er sich in seiner Sinnhaftigkeit und Würdigkeit letztlich nicht selbst zu rechtfertigen braucht. Auch dort, wo das Leben nicht mehr lebenswert erscheint, ist es von der göttlichen Affirmation noch getragen und sinnvoll gemacht. Aber dennoch stellt sich die Frage, ob aus dem sinnstiftenden Ja Gottes zum Menschen ein Prohibitiv der Selbstauslöschung abgeleitet werden kann. Die Glaubenstatsache des Sinnzuspruches trägt den Charakter einer transzendental-theologischen Wahrheit, die sich zum konkret-menschlichen Verhalten, in bezug auf das von ihm Gesollte und in bezug auf menschliche Sinnrealisierung, analog verhält. Selbst wenn in theologischer Perspektive das Sein des Menschen von der in der Heilstat Christi endgültig besiegelten, sinnstiftenden Affirmation getragen ist, so bleibt die praktische Vernunft dennoch auf sich selbst zurückgewiesen, konkrete Sinnrealisierungen zu ermitteln, insofern man ja nicht weiß, ob sich der geglaubte Sinn „Affirmation" Gottes einbahnig in der Lebenserhaltung realisiert. Zwar wird man im Anschluß an diese theologischen Überlegungen sagen können, daß die Selbsttötung in dem Maße zu einem schuldhaften Vergehen wird, als sie wissentliche und willentliche Auflehnung und aus „bösem Herzen" aufsteigende Verneinung des Sinngrundes menschlicher Freiheit wird, aber dennoch darf dies nicht im vorhinein der paradoxalen Sinnstiftung im Akt der Selbstauslöschung angesichts physischer und psychischer Bedrängnisse unterstellt werden.

So bleibt auch unter dem Aspekt göttlicher Sinnstiftung wohl kein anderer Weg, als das Problem der Selbsttötung aus Mangelsituationen über eine verantwortliche Güterabwägung zu lösen. Jene theologischen Ethiker, welche sich auch hier für ein Vorzugsurteil entscheiden, können keinen wirklichen Grund finden, der eine direkte Tötung infolge physischen und psychischen Schmerzes oder infolge Krankheit und Ehrverletzung rechtfertigen würde. Denn die Person in ihrer Auszeichnung von Vernunft und Freiheit ist ein sittlicher Wert, der den Beeinträchtigungen wie Leid, Krankheit als nicht-sittlichen Übeln immer den Vorrang behält. Allerdings kann auch hier in Extremsituationen der Güter- und Wertevergleich in die Dialektik von Freiheitswahrung, Freiheitsentfaltung und Lebensbeendigung geraten. In theologischer Perspektive ist dies nicht zu

---

[51] Ethik 178.
[52] KD III/4, 459f.

verneinen, aber die daraus resultierende Aporie der Freiheit und die damit verbundene „ethische“ Unschlüssigkeit werden in einer andern Präferenzuordnung aufgehoben. Wenn das gesamte menschliche Leben von der sinnstiftenden Affirmation Gottes getragen und umfangen ist, dann können nicht-sittliche Übel die leiblich-sittliche Existenz letztlich nicht um ihren Sinn bringen. Hier liegt das glaubensethische Proprium; es bestätigt das Urteil der praktischen Vernunft, vertieft aber gleichzeitig die Einschätzung des Lebens und die Interpretation nicht-sittlicher Übel. Über diesem „Umweg“ gewinnt sich das theologisch-ethische Sollensurteil, daß dem Menschen kein Recht zukommt, sein Leben aus Mangelsituationen zu beenden.

d) Die praktische Hermeneutik

Wenn und insofern das glaubensethische Proprium nicht so sehr auf der Ebene des „Sollens“, als vielmehr auf der Ebene des „Sinnes“ formuliert werden muß, begegnen sich hier jene Ansätze, die in der Suizidproblematik bei der Therapie ansetzen, und jene theologischen Ansätze, die den Sinn menschlichen Lebens in den Vordergrund stellen. Beiden geht es letztlich darum, dem Sinn gegen Unsinn zum Durchbruch zu verhelfen. Die sinnstiftende Affirmation Gottes ist darum ein Sollensanspruch an die praktische Hermeneutik, welche die christliche „Erlösungs- und Leidensgeschichte“ als Lebensbewältigungshilfe auslegt, aber auch an die christliche Praxis, welche den verbürgten Sinn am andern bewahrheitet.

Weiterführende Literatur

A. Eser (Hrsg.), Suizid und Euthanasie als human- und sozialwissenschaftliches Problem (Stuttgart 1976).
H. Henseler, Narzißtische Krisen. Zur Psychodynamik des Selbstmordes (Reinbek b. Hamburg 1974).
A. Holderegger, Suizid und Suizidgefährdung. Humanwissenschaftliche Ergebnisse, anthropologische Grundlagen (Freiburg i. Ue. – Freiburg i. Br. 1979).
Ders., Verfügung über den eigenen Tod? Typen ethischer Argumentation am Beispiel der Selbsttötung (Freiburg i. Ue. – Freiburg i. Br. 1982).

Adrian Holderegger

Zweites Kapitel
Ethische Strukturprobleme der Geschlechter

I

Die Autoritätsstrukturen der Familie in menschenrechtlicher Sicht

1. Kriterien der Ordnung des menschlichen Zusammenlebens

Nach der Auffassung der christlichen Überlieferung hat jeder Mensch aufgrund der Tatsache, daß er mit Vernunft und Freiheit begabt ist, eine unveräußerliche Menschenwürde. Aufgrund dieser Würde ist jedermann unabhängig von persönlichem Verdienst und persönlicher Schuld unter folgenden Bedingungen dazu berechtigt, sich eigenständig zu entfalten: Er soll sein Leben so gestalten, daß er dadurch die Bedingungen der Möglichkeit einer sinnvollen Entfaltung seines Lebens nicht behindert oder sogar zunichte macht, d. h. er soll sich nach den objektiven Erfordernissen des naturalen Bedingungsrahmens seiner personalen Erhaltung und Entfaltung soweit richten, wie das im Interesse einer eigenständigen personalen Entfaltung seiner selbst und seiner Mitmenschen nötig ist. Er soll weiterhin sein Verhalten so gestalten, daß durch dessen Auswirkungen nicht die auf ihrer Menschenwürde beruhenden Menschenrechte seiner Mitmenschen beeinträchtigt werden, sich genauso eigenständig entfalten zu dürfen wie er selbst. Soweit durch diese objektiven Erfordernisse seines Handelns der Spielraum seiner Handlungsmöglichkeiten nicht nach objektiven Handlungsnormen festgelegt ist, soll er sich schließlich nach den Kriterien seiner subjektiven – gegebenenfalls vom Glauben erleuchteten – Vernunft und somit nach eigenem sinnvollen Ermessen im Dienste einer geordneten Selbst- und Nächstenliebe entfalten; diese soll ihrerseits im Dienste einer grenzenlosen Offenheit für den sich mittelbar durch die Schöpfung und unmittelbar selbst offenbarenden Gott und einer grenzenlosen Liebe zu ihm transzendiert werden. Sofern ein solches sinnvolles Handeln nichts anderes ist als ein Handeln entsprechend dem Gesetz der eigenen Vernunft, soll er demnach nach den Erfordernissen der autonomen Vernunft handeln.

Daraus ergibt sich in Übereinstimmung mit den grundlegenden Auffassungen der christlichen Soziallehre für die Ordnung des menschlichen Zusammenlebens, daß dieses zweckmäßigerweise nach den Erfordernissen des Solidaritätsprinzips gestaltet werden soll, und zwar unter Beachtung der subsidiären Reihenfolge der Zuständigkeit für solidarische Hilfe. Das heißt, zur bestmöglichen Entfaltung seiner eigenen Fähigkeiten und der Fähigkeiten derjenigen seiner Mitmenschen, die von seinem Tun betroffen werden, soll jedermann unter der Voraussetzung der Befriedigung derjenigen eigenen Bedürfnisse, die zur Entfaltung dieser Tätigkeit nötig sind, das selbst tun, was er im Dienste der Verwirklichung dieses Ziels besser selbst tun kann, und das solidarisch mit anderen tun, was er – unter Berücksichtigung des Subsidiaritätsprinzips – besser in Solidarität mit anderen tun kann, sei es, daß er auf diese Weise Hilfe zur Selbsthilfe leistet oder empfängt. Das objektive Entscheidungskriterium für das Ausmaß von zu gewährender bzw. zu empfangender Hilfe soll dementsprechend zweckmäßigerweise sein, daß diejenige der verwirklichbar erscheinenden Hilfen angemessen ist, die am besten geeignet erscheint, eine gleichberechtigte Entfaltung der Menschenrechte eines jeden zu ermöglichen, der von den Folgen der Handlungen des die Entscheidung treffenden Subjekts betroffen wird, d.h. das Gerechtigkeitsprinzip. Das subjektive Entscheidungskriterium aber für eine Gestaltung des Verhaltens nach eigenem Ermessen, das unter Berücksichtigung dieses objektiven Entscheidungskriteriums noch möglich ist, soll die subjektiv geordnete Selbst-, Nächsten- und Gottesliebe sein, d.h. das Liebesprinzip.

Daraus ergibt sich für die Ordnung der Autoritätsstrukturen des menschlichen Zusammenlebens: einzelne bzw. die Repräsentanten von Solidargemeinschaften, die im Interesse des menschlichen Zusammenlebens nötig sind, sollen im Interesse der gleichberechtigten Entfaltung der Menschenrechte eines jeden Verfügungsrechte über andere soweit haben, wie es nötig ist, damit die in subsidiärer Reihenfolge zu solidarischem Handeln Verpflichteten sich im Rahmen des Möglichen gleichermaßen eigenständig entfalten können. Zur Verwirklichung dieses Ziels sollen diejenigen, die für die Ordnung von Solidargemeinschaften im Interesse ihrer zweckmäßigen Gestaltung nach den Erfordernissen des Subsidiaritätsprinzips zuständig sind, das Zusammenleben in den nötigen Solidargemeinschaften so ordnen, daß einerseits jedes Mitglied dieser Gemeinschaften sich soweit ungehindert entfalten kann, wie das mit den gleichen Rechten auf ungehinderte Entfaltung der anderen Mitglieder dieser Gemeinschaft erforderlich ist, und daß anderseits die einzelnen Mitglieder dieser Gemeinschaft nach der Ordnung der subsidiären Zuständigkeit einander soweit helfen, wie es erforderlich ist, daß jedes Mitglied der betreffenden Gemeinschaft sich im Rahmen seiner Fähigkeiten gleichermaßen unbehindert entfalten kann wie alle anderen Mitglieder der betreffenden Gemeinschaft.

Die im Interesse der Solidargemeinschaft für die Ordnung der Solidargemeinschaft zuständigen Autoritäten sollen demnach das Gemeinschaftsleben nach den Erfordernissen der demokratischen und sozialen Gerechtigkeit und somit nach den Erfordernissen der zuteilenden Gerechtigkeit ordnen und dadurch eine eigenständige Entfaltung ihrer Mitglieder nach dem subjektiven Kriterium ihrer Liebe ermöglichen. Soweit bestimmte Solidargemeinschaften im Interesse des gleichberechtigten Zusammenlebens aller oder bestimmter Menschen erforderlich sind, darf deshalb die Ordnung ihrer Autoritätsstrukturen nicht dem subjektiven Ermessen ihrer Mitglieder überlassen werden. Sie ist insoweit institutionell festgelegt und somit unbedingt gesollt.

2. *Kriterien für die Ordnung der Familie*

Unter Berücksichtigung der für die Ordnung der Autoritätsstrukturen aller Solidargemeinschaften erforderlichen Entscheidungskriterien sollen die Autoritätsstrukturen der Familie so gestaltet werden, daß die Familie sich dem Liebesprinzip entsprechend nach den eigenen Zielvorstellungen ihrer Mitglieder soweit entfalten kann, wie das mit den Zielen vereinbar ist, die sie dem Gerechtigkeitsprinzip entsprechend im berechtigten Interesse der Erhaltung und Entfaltung der Familie sowie der berechtigten Ansprüche ihrer Mitmenschen, denen gegenüber sie zur Solidarität verpflichtet ist, verfolgen soll.

Dabei ist davon auszugehen, daß die Familie ihren Ursprung einerseits der Fähigkeit der Menschen verdankt, sich mittels einer Geschlechtsgemeinschaft fortzupflanzen, und anderseits der Tatsache, daß die Menschen mit der Gründung einer Familie eine Solidargemeinschaft zur Zeugung und/oder Aufzucht und Erziehung von Kindern begründen, mittels derer sie ihr Bedürfnis nach Weitergabe des Lebens und gleichzeitig nach einer Vorsorge für ein menschenwürdiges Überleben befriedigen wollen. Die Autoritätsstrukturen der Familie sind deshalb so zu gestalten, daß sie den Erfordernissen entsprechen, die an eine eigene Ziele eigenständig verfolgende Fortpflanzungsgemeinschaft im Interesse der gleichberechtigten und solidarischen Entfaltung aller und somit im Interesse des Gemeinwohls zu stellen sind.

Dabei ist zu bedenken, daß die Menschen aufgrund ihrer naturalen Angewiesenheit auf solidarische Hilfe und aufgrund ihres Menschenrechts auf gleichberechtigte eigenständige Entfaltung hinsichtlich der Fortpflanzung unter drei verschiedenen Rücksichten einen Rechtsanspruch auf Solidarität haben bzw. zu ihr verpflichtet sind:

a) Die Erwachsenen sind auf die Solidarität der von ihnen gezeugten Kinder angewiesen, um angesichts ihrer Hilfsbedürftigkeit im Alter menschenwürdig überleben zu können. Sie sind angesichts der Angewiesenheit der Kinder auf Versorgung und Erziehung aufgrund ihrer Verantwortung für die Zeugung der Kinder zur Solidarität ihnen gegenüber verpflichtet.

b) Die Kinder sind auf Hilfe zur Selbsthilfe seitens der Erwachsenen angewiesen, um sich entsprechend dem Fortschritt in der Verwirklichung ihrer Fähigkeiten gleichberechtigt wie die Erwachsenen eigenständig entfalten zu können. Sie sind anderseits zur Solidarität denjenigen gegenüber verpflichtet, denen sie Leben, Aufzucht und Erziehung verdanken, wenn diese sich nur mit Hilfe ihrer Kinder gleichberechtigt wie sie entfalten können.

c) Eltern und Kinder sowie die sie verbindende Familie sind auf die Solidarität der sie übersteigenden Solidargemeinschaften angewiesen, um angesichts ihrer begrenzten Fähigkeit und ihrer unbegrenzten Bedürfnisse mittels deren Hilfe ihre Bedürfnisse in einem Ausmaße zu befriedigen, wie es in ihrem Eigeninteresse erforderlich ist und wie sie sie ohne die entsprechende Solidarität der übergeordneten Solidargemeinschaften nicht befriedigen können. Sie sind ihrerseits zur Solidarität mit den übergeordneten Solidargemeinschaften, die zur Wahrnehmung ihrer Aufgaben im Dienste des Gemeinwohls auf die Dienste ihrer Mitglieder angewiesen sind, soweit verpflichtet, wie diese Solidargemeinschaften zur Erfüllung ihrer Aufgaben im Dienste des Gemeinwohls auf ihre Hilfe angewiesen sind.

Folglich sollen die Autoritätsstrukturen der Familie institutionell so gestaltet werden, daß sie den berechtigten Ansprüchen der Eltern auf Fortpflanzung, auf Aufzucht und Erziehung ihrer Kinder und somit den Erfordernissen des Elternrechts und den mit ihm verbundenen Verpflichtungen entsprechen. Gleichzeitig sollen sie den Ansprüchen der Kinder auf soziale Gerechtigkeit, damit sie sich entsprechend dem Fortschritt in der Entfaltung ihrer Fähigkeiten gleichermaßen wie alle anderen entfalten können, und somit den Erfordernissen des Kindesrechtes und den auch mit ihm verbundenen Verpflichtungen entsprechen. Darüber hinaus sollen sie schließlich dem Rechtsanspruch der Gesellschaft entsprechen, daß die autonome Entfaltung der Eltern und Kinder sowie der sie verbindenden Familie in Übereinstimmung mit der gleichberechtigten autonomen Entfaltung aller und somit in Übereinstimmung mit den Erfordernissen des Gemeinwohls erfolgt.

3. Kriterien der Elternrechte und -pflichten

Zur Gestaltung der Autoritätsstrukturen der Familie entsprechend den Erfordernissen des Elternrechts ist es nötig, sie so zu ordnen, daß sie die gleichberechtigte eigenständige Entfaltung der Eltern soweit fördern, wie das mit der gleichberechtigten Entfaltung ihrer Kinder und den Rechtsansprüchen der Gesellschaft ihnen gegenüber vereinbar ist.

Dazu ist es zunächst nötig, die Zeugungsgemeinschaft soweit wie möglich in eine lebenslängliche *monogame Ehe* einzubinden, weil sie bessere Voraussetzungen für eine menschenwürdige und gleichberechtigte Geschlechtsgemeinschaft bietet als alle anderen vorhandenen und praktisch denkbaren Formen der Geschlechtsgemeinschaft. Das gilt insbesondere, wenn man deren mittelbar oder unmittelbar inhärente Hinordnung auf Fortpflanzung berücksichtigt. Die Monogamie ist insoweit eine notwendige Voraussetzung für eine ordnungsgemäße Gestaltung der Fortpflanzung und eines ihren Bedürfnissen entsprechenden Familienlebens. Dabei wird allerdings vorausgesetzt, daß bei den zu einer solchen Geschlechtsgemeinschaft gewillten Personen die subjektiven und in der Gesellschaft, in die sie eingebunden sind, die objektiven Voraussetzungen vorhanden sind, die zum Gelingen einer sinnvollen monogamen Dauerbindung notwendig sind.

Angesichts der Tatsache, daß die naturalen Bedingungen für die Aufzucht und Erziehung der Kinder bei Mann und Frau nur in begrenztem Umfange verschieden und instinktmäßig geprägt sind, ist es zur Wahrung des Elternrechts weiterhin nötig, daß eine im Interesse des *partnerschaftlichen Zusammenlebens* und einer zweckmäßigen Aufzucht und Erziehung der Kinder sinnvolle Aufgabenteilung aufgrund einer Übereinkunft der Eltern entsprechend ihren Fähigkeiten und Bedürfnissen erfolgt und nicht von außen beeinflußt wird. Alle Versuche Außenstehender, die außerhäusliche Berufstätigkeit oder die Hausfrauentätigkeit der Ehefrauen einseitig zu diskriminieren bzw. zu begünstigen, sind demnach als unberechtigte Beeinträchtigungen des Elternrechts anzusehen, weil keine solcher gesellschaftlichen Rollenfestlegungen im Interesse der gleichberechtigten Entfaltung aller nötig ist, diese gleichberechtigte Entfaltung aber bei den diskriminierten Frauen behindert. Gleichermaßen ist im innerfamiliären Bereich eine Festlegung auf Rollen unzulässig, sofern diese nicht im Interesse des familiären Gemeinwohls erforderlich ist, es sei denn, daß eine solche Rollenfestlegung aus guten subjektiven Gründen gewünscht und freiwillig vereinbart wird.

Zur Wahrung des Elternrechts ist es weiterhin nötig, die betreffende Gesellschaft so zu ordnen, daß die Eltern über die *Zeugung, Aufzucht und Erziehung* ihrer Kinder soweit *eigenständig* entscheiden können, wie das mit den objektiven Erfordernissen, die sich aus dieser Abhängigkeit vom naturalen Bedingungsrahmen ihres Handelns ergeben, und den objektiven Erfordernissen der Respektierung und Verwirklichung der Menschenrechte derjenigen Personen vereinbar ist, die von diesem elterlichen Verhalten betroffen werden. Das Elternrecht auf eigenständige Zeugung, Aufzucht und Erziehung ihrer Kinder reicht demnach so weit, wie die Eltern in der Lage und bereit sind, eigenständige Verantwortung für die Zeugung, Aufzucht und Erziehung ihrer Kinder zu übernehmen und dabei die Rechte ihrer Kinder und der von ihrem Tun betroffenen Mitmenschen zu achten. Deshalb dürfen Ehegatten bzw. Eltern an der Kindererzeugung bzw. an der Aufzucht und Erziehung ihrer Kinder nicht gehindert werden, sofern sie durch ein entsprechendes Verhalten nicht die Verwirklichung vordringlich zu verwirklichender eigener Rechte und der Rechte anderer durch ihr Tun betroffener Personen und speziell ihrer Kinder auf eine gleichberechtigte subjektive und somit menschenwürdige Entfaltung wie sie selbst verhindern. Andernfalls verletzt man ihr Recht auf eigenständige Entfaltung.

Angesichts unserer naturalen Angewiesenheit auf eine hinreichende Nachwuchssicherung haben Ehegatten dementsprechend die Pflicht, im Rahmen des ihnen Möglichen und Zumutbaren so viele Kinder zu zeugen, wie es für ihr menschenwürdiges Überleben und für das menschenwürdige Überleben derjenigen Mitmenschen erforderlich ist, deren menschenwürdiges Überleben ohne eine solche Übernahme solidarischer Verantwortung für die Nachwuchssicherung nicht gewährleistet werden kann. Die Eltern haben darüber hinaus eine ihrem Elternrecht entsprechende Liebespflicht, das menschliche Leben um seiner selbst willen weiterzugeben, wenn sie entsprechend dem Liebesprinzip nach subjektiven Kriterien zu der Überzeugung kommen, daß es für sie eindeutig sinnvoller ist, eine Zeugung weiteren Lebens anzustreben statt darauf zu verzichten. Eltern handeln dementsprechend dem Elternrecht zuwider, wenn sie ihrer Pflicht zur Weitergabe des Lebens nicht in angemessenem Umfange nachkommen.

Eltern handeln aber auch umgekehrt den mit ihrem Elternrecht verbundenen Pflichten dann zuwider, wenn sie so viele Kinder zeugen und sich so intensiv für ihre Aufzucht und Erziehung einsetzen, daß ihre eigene im Verhältnis zu den Kindern gleichberechtigte eigenständige Entfaltung darunter Schaden leidet. Das gleiche gilt, wenn sie so viele Kinder zeugen, daß sie nicht in der Lage sind, das Kindesrecht der von ihnen gezeugten Kinder auf subsidiäre Hilfe zu erfüllen, das die Kinder dazu berechtigt, von ihren Eltern im Rahmen des ihnen Zumutbaren so versorgt und erzogen zu werden, daß sie ihre eigenen Fähigkeiten gleichberechtigt wie alle anderen unbehindert entfalten können. Indem die Eltern durch unverantwortliche Zeugung gegen das Kindesrecht verstoßen, verletzen sie gleichzeitig auch das Recht auf ungehinderte Entfaltung der von ihrem Handeln betroffenen Mitmenschen. Diese werden dadurch nämlich – nach der subsidiären Ordnung solidarischer Verantwortung füreinander – zu einer Versorgung und Erziehung der von anderen gezeugten Kinder genötigt, zu der sie im Falle eines verantwortlichen Verhaltens ihrer Erzeuger nicht verpflichtet wären. Noch unverantwortlicher wird das Zeugungsverhalten, wenn andere dazu genötigt werden, ihren Wunsch nach Kindern nicht zu erfüllen, um eine Bevölkerungsentwicklung zu verhindern, die mit den Erfordernissen des Gemeinwohls unvereinbar ist, weil dann das demokratische Menschenrecht der Betroffenen auf eigenständige Zeugung eingeschränkt wird. Ein solches unverantwortliches Handeln, das zu diesen Konsequenzen führt, ist aber trotz der Bevölkerungsexplosion in den hiesigen Gegenden eher eine theoretische Möglichkeit, weil hier wohl niemand genötigt ist, sich mit Rücksicht auf die Bevölkerungsexplosion die Verwirklichung eines Kinderwunsches zu versagen.

4. Kriterien der Kindesrechte und -pflichten

Das Elternrecht wird nicht nur durch die im Interesse des Elternrechts selbst bestehenden Verpflichtungen begrenzt, sondern auch durch das Kindesrecht, dessen Verwirklichung die Kinder ursprünglich und zunächst von den Eltern beanspruchen können. Aufgrund ihrer Verantwortlichkeit für die Zeugung ihrer Kinder sollen die Eltern nämlich für ihre Kinder vorrangig vor allen anderen soweit eigenständig einstehen, wie das der gleichberechtigten eigenständigen Entfaltung aller und somit der Solidarität in Subsidiarität dienlich ist.

Die Pflicht der Eltern zur Sozialisation und Erziehung ihrer Kinder und deren dieser Pflicht entsprechendes Recht ist sachlich in der Angewiesenheit der Kinder auf die elterliche Hilfe begründet. Tatsächlich sind nämlich Kinder im Maße ihrer Unfähigkeit, für sich selbst zu sorgen und ihre persönlichen Fähigkeiten eigenständig zu entfalten, einerseits zum Überleben und anderseits zur gleichen Entfaltung ihrer Fähigkeiten wie ihre Eltern und sonstigen Mitmenschen in der Regel nicht nur auf viel weiterreichende Hilfen als die Erwachsenen angewiesen, die sich häufig in beachtlichem Umfange selbst helfen können. Diese Hilfsbedürftigkeit ist vielmehr auch derart, daß die Kinder zum Aufbau eines angemessenen Vertrauens und Durchsetzungsvermögens auf eine umfassende mütterliche und väterliche Zuwendung angewiesen sind, auf die man zugunsten einer weniger ganzheitlichen Zuwendung nicht willkürlich verzichten darf. Aus dieser Zuständigkeit der Eltern für ihre Kinder, die im Falle der Verhinderung der Eltern auch von anderen Personen wahrgenommen werden kann, beruht das Erziehungsrecht der Eltern. Das Elternrecht besteht insoweit in einem Treuhandrecht vormundschaftlicher Art im Dienste des Kindesrechts. Der Umfang dieses Elternrechts richtet sich nach dem Maß der Angewiesenheit der Kinder auf elterliche Hilfe.

Der Umfang des vormundlichen Elternrechts ist dementsprechend von der kindlichen Angewiesenheit auf elterliche Fürsorge her zu bestimmen. Deshalb ist dieses stellvertretend Kindesrecht wahrnehmende Elternrecht unmittelbar durch die Pflicht und das Recht des Kindes begrenzt, im Rahmen des ihm Möglichen für sich selbst Verantwortung zu tragen und mittelbar begrenzt durch die Pflicht und das Recht der übergeordneten Gemeinschaft, auf die Sozialisation und Erziehung der Kinder in dem Maße Einfluß zu nehmen, wie es zur Erfüllung ihrer rechtmäßigen Aufgaben im Dienste des Gemeinwohls nötig ist. Die Eltern sollen deshalb ihre Erziehungspflicht so wahrnehmen, daß sie ihre Kinder zu einer Mündigkeit erziehen, die sie zu Solidarität in Subsidiarität befähigt und motiviert. Sie sollen, soweit es an ihnen liegt, ihre Kinder in die Lage versetzen, ihr Leben gleichermaßen selbständig und partnerschaftlich zu gestalten, für sich selbst und für die anderen gleichermaßen Verantwortung zu übernehmen, in angemessenem Umfange zu helfen und sich helfen zu lassen sowie entsprechend ihren je eigenen Fähigkeiten und Bedürfnissen Selbstbestimmung auszuüben beziehungsweise Fremdbestimmung anzuerkennen.

Zu diesem Zwecke sollen die Eltern in einem dynamisch fortschreitenden Prozeß den Eigeninteressen, -auffassungen und -wünschen ihrer Kinder soweit Rechnung tragen, daß sie zunehmend die Fähigkeit erlangen, ihre Chancen zur Selbstverwirklichung in Solidarität zu verwirklichen, wie sie die Eltern bereits haben bzw. wenigstens für sich beanspruchen, sie dadurch zu erweitern und so mündig zu werden. Das soll freilich nur in dem Umfange geschehen, wie die Kinder in der Lage sind, solche Eigeninteressen, -auffassungen und -wünsche zu entfalten, zu artikulieren, in ihrer Tragweite abzuschätzen und durch eigene Entscheidungen zu vertreten. Auf diese Weise lassen die Eltern das von ihnen im wohlverstandenen Interesse der Kinder treuhänderisch wahrgenommene Erziehungsrecht zugunsten des ursprünglichen Menschenrechts der immer mündiger werdenden Kinder auf Selbstbestimmung zurücktreten. Sie vermeiden so, ihre Kinder bloß nach den Zielvorstellungen zu erziehen, die sie selbst für deren Zukunft autonom entwerfen, oder bloß die Ansprüche zu beachten, die andere, insbesonders übergeordnete Gemeinschaften, an sie im – freilich unberechtigten – Interesse der von ihnen wahrzunehmenden Aufgaben stellen. Sie verfallen somit nicht dem Fehler einer autoritären Erziehung. Soweit die Kinder in der Lage sind, ihre Gegenwart und Zukunft nach ihren eigenen Vorstellungen zu gestalten, sollen sie nämlich deren eigenständige Lebensgestaltung und speziell deren eigene Zukunftspläne in dem Maße respektieren und fördern, wie das mit den Pflichten der Kinder zur Solidarität anderen und speziell ihren Eltern gegenüber vereinbar ist.

Eine unabhängige Lebensgestaltung der Kinder dürfen sie deshalb mittels Handlungen und insbesondere mittels Strafen, durch die in die Freiheit und Unversehrtheit der Kinder eingegriffen wird, in dem Maße zu verhindern suchen, wie diese durch ihre Lebensgestaltung und Zukunftsplanungen einerseits ihrem wohlverstandenen Eigeninteresse zuwiderhandeln und anderseits sich auf Kosten der gleichberechtigten Entfaltungsmöglichkeiten anderer bzw. mittels Vernachlässigung ihrer Verpflichtungen diesen anderen gegenüber zu verwirklichen suchen. Das Erziehungsrecht zur Manipulation bzw. zur Gewaltanwendung gegen Kinder in dieser oder jener Form ist demnach einerseits ein Recht zur Wahrnehmung treuhänderischer Maßnahmen im wohlverstandenen Interesse der Kinder, soweit diese ihre eigenen Interessen nicht selbst vertreten können, und anderseits ein Recht zu gewissermaßen richterlichen Abwehrmaßnahmen gegen ein Fehlverhalten der Kinder anderen gegenüber, mittels deren die Eltern den berechtigten Interessen der sich fehlverhaltenden Kinder und der durch deren Fehlverhalten Geschädigten gleichermaßen gerecht zu werden versuchen. Daraus ergibt sich u. a., daß man Kinder ebensowenig wie Erwachsene körperlich züchtigen darf und ihnen gegenüber physische Gewalt nur im

Rahmen des zur Notwehr bzw. der Unversehrtheit der Kinder Notwendigen anwenden darf.

So wie auf eine autoritäre sollen die Eltern allerdings auch auf eine antiautoritäre Erziehung verzichten. Letztere würde darin bestehen, daß sie die Kinder aus allen Bindungen an sie selbst und die Mitmenschen zu lösen versuchten, zu deren Aufrechterhaltung die Kinder von sich aus nicht bereit sind. Auf diese Weise würden sie nämlich ihre treuhänderischen Pflichten den Kindern gegenüber nicht in genügendem Umfange wahrnehmen, die ja gerade darin bestehen, daß sie an Kindes Statt und im Kindesinteresse in dem Umfange handeln, wie die Kinder aufgrund ihrer Unmündigkeit dazu nicht in der Lage sind. Sie würden so darauf verzichten, ihre Erziehungsaufgaben nach eigenem Gewissen zu erfüllen, obwohl eine treuhänderische Aufgabe in sowohl menschenwürdiger als auch verantwortlicher und sachgerechter Weise nur wahrgenommen werden kann, wenn der Treuhänder anstelle des anderen in eigener Verantwortung handelt, gerade weil derjenige, an dessen Stelle gehandelt wird, keine Verantwortung wahrnehmen kann. Nur aus diesem Grunde haben die Eltern u. a. ein treuhänderisches Recht, das inhaltlich immer eine Verpflichtung gegenüber den Kindern bedeutet, ihre Kinder nach eigenem Gewissen weltanschaulich bzw. religiös zu erziehen. Sie würden dementsprechend versagen, wenn sie die Kinder nicht nach ihrem eigenen Gewissen in dem Umfange religiös erziehen würden, wie sie meinen, daß es im wohlverstandenen Interesse der Kinder erforderlich und ihnen selbst im berechtigten Eigeninteresse zumutbar ist[1].

Die Kinder sollen den Eltern gegenüber, die ihnen nicht nur das Leben geschenkt, sondern sie auch aufgezogen und erzogen haben, so solidarisch sein, wie sie es mit ihren vorrangigen Verpflichtungen sich selbst gegenüber und, falls sie eine eigene Familie gegründet haben, mit ihren vorrangigen Verpflichtungen ihrem Ehegatten und ihren Kindern gegenüber vereinbaren können. Sie sollen deshalb im Rahmen dieser ihrer Möglichkeiten ihren Eltern, falls sie darauf angewiesen sind, vor allen sonstigen Mitmenschen diejenige Hilfe leisten, die sie objektiv nötig haben, damit sie sich genau so eigenständig wie sie selbst entfalten können. Soweit sie nach ihrem eigenen subjektiven Ermessen entsprechend dem Liebesprinzip die Kraft dazu haben, sollen sie ihren Eltern darüber hinaus soweit helfen, wie diese es subjektiv wünschen.

Die Kinder sollen demnach entsprechend dem Solidaritätsprinzip in subsidiärer Weise für die Eltern soweit aufkommen und im Falle ihrer Gebrechlichkeit Fürsorgeverpflichtungen für sie übernehmen, wie es mit ihren Verpflichtungen ihrer eigenen Kernfamilie gegenüber und mit ihrer darüber hinausge-

---

[1] Zur Problematik, unter welchen Umständen Eltern auf eine Erziehung ihrer Kinder in der eigenen Konfession verzichten dürfen: *W. Molinski* (Hrsg.), Kindererziehung in der Mischehe (Recklinghausen 1969), daselbst insbesondere *J. G. Gerhartz,* Die Verpflichtung zur religiösen Kindererziehung in katholischer Sicht, 17–49, und *E. Wilkens,* Mischehe und religiöse Kindererziehung in protestantischer Sicht, 50–81.

henden Liebesfähigkeit vereinbar ist. Das heißt, der sogenannte Generationenvertrag beruht nicht nur auf der wechselseitigen Verpflichtung der Generationen als solcher, die aufgrund der Fürsorge der vorausgegangenen Gesamtgeneration für die nachfolgende Gesamtgeneration entstanden ist, sondern er muß aus Gerechtigkeits- und Liebesgründen auch so gestaltet werden, daß dabei dem Subsidiaritätsprinzip und somit der Zuständigkeit in der wechselseitigen individuellen Verantwortung der Eltern und Kinder füreinander Rechnung getragen wird. Die familienunabhängige Versorgung der älteren Generation ist dementsprechend in dem Maße ungerecht, wie die Versorgung der jüngeren Generation familienabhängig erfolgte.

Daraus ergibt sich: Die Versorgung der älteren Generation soll so familiennah erfolgen, wie die Familie dazu in der Lage ist, gegebenenfalls bei entsprechender Hilfe zur Selbsthilfe. Sie soll weiterhin so gestaltet werden, daß – so wie die Eltern einen individuellen Beitrag zur Begründung des Wohlstandes ihrer Kinder geleistet haben – die Kinder, soweit sie dazu in der Lage sind, einen entsprechenden individuellen Beitrag zur Fürsorge und zum Wohlstand ihrer gebrechlich und alt gewordenen Eltern leisten. So wird erreicht, daß die Investitionen für die Zukunft, die die Eltern durch die Sozialisation und Erziehung ihrer Kinder getätigt haben, auch ihnen zugute kommen und die Kinder zu einer angemessenen Wahrnehmung ihrer Verpflichtungen gegenüber ihren Eltern angehalten werden. Gleichzeitig werden so Anstöße vermittelt, daß die Kinderlosen einen geistigen und materiellen Beitrag zur Sicherung der Zukunft ihrer Generation leisten, der dem Einsatz der Eltern für ihre Kinder entspricht.

So werden schließlich nicht leichtfertig und willkürlich umfassende personale Bindungen zu einer begrenzten und eng miteinander verbundenen Familiengemeinschaft zugunsten mehr partikulärer und mehr funktionaler Bindungen gegenüber einem größeren und nur entfernter verbundenen Personenkreis aufgegeben. So wird vielmehr dem Umstand Rechnung getragen, daß die Fähigkeit zu verantwortlicher Interaktion nicht nur bei Kindern in aller Regel Schaden leidet, wenn weitläufige partikuläre und mehr sachliche Beziehungen nicht durch anderweitige begrenzte, dafür aber umfassendere und engere personale und religiöse Bindungen genährt werden.

Die Kinder sollen darüber hinaus elterlichen Erziehungsansprüchen Folge leisten, die diese aufgrund ihres ursprünglichen Elternrechts berechtigterweise an sie stellen. Sie sollen deshalb bereit sein, in ihrem Werdegang sich auf die berechtigten Anliegen und Wünsche ihrer Eltern ebenso einzustellen, wie die Eltern sich in ihrem Werdegang pflichtgemäß und freiwillig auf die berechtigten Anliegen und Wünsche ihrer Kinder im Interesse deren eigenständiger Entfaltung einstellen. Sie sollen so unnötige Entfremdung zwischen den Generationen sowie unberechtigte Generationenkonflikte vermeiden und statt dessen einen auf der Tradition aufbauenden Fortschritt anstreben.

Sie sollen weiterhin im Maße ihrer Unmündigkeit und Angewiesenheit auf

Führung den Anforderungen der Eltern entsprechen, die diese aufgrund ihres treuhänderischen Elternrechts in ihrem wohlverstandenen Eigeninteresse an sie stellen. Sie sollen ihnen zu diesem Zwecke das nötige Vertrauen entgegenbringen, das sie aufgrund ihrer Zuwendung zu den Kindern und aufgrund ihrer Erfahrung verdienen.

Sie sollen sich schließlich im Maße der zunehmenden Entfaltung ihrer Fähigkeiten und ihrer Reife wie alle anderen an der Wahrnehmung der Aufgaben beteiligen, die im Interesse einer ordnungsgemäßen Haushaltsführung und eines harmonischen Familienlebens und somit gleichermaßen im Interesse der Eltern und der Kinder sowie der sonstigen Familienangehörigen erforderlich sind. Welche ihren sozialen Aufgaben entsprechenden Rechte innerhalb der Familie die Väter, Mütter, Kinder, Großeltern usw. wahrzunehmen haben, hängt sowohl von ihrer Fähigkeit und von ihren gewohnheitsmäßig wahrgenommenen Aufgaben als auch von überkommenen oder neugetroffenen Übereinkünften sowohl innerhalb der Familie als auch seitens der für das Familienrecht zuständigen außerfamiliären Instanzen ab. Grundlegendes Entscheidungskriterium für die Bestimmung der Tragweite solcher sozialer Autorität ist die funktionale Angemessenheit im Dienste des familiären Gemeinwohls. Da die inner- und außerfamiliären Bedingungen für eine angemessene Ausgestaltung des Familienlebens immer wieder erheblichem Wandel unterworfen sind, ist es weder angebracht noch möglich, das angemessene familiäre Rollenverhalten zu weitgehend zu fixieren. Gleichzeitig ist aber darauf zu achten, daß eine für ein gedeihliches Zusammenleben erforderliche Rollensicherheit gefördert wird.

Damit eine solche Ausgestaltung der innerfamiliären Autoritätsstrukturen der Familie gelingt, die den Rechten der Eltern und Kinder und der sonstigen Familienangehörigen gleichermaßen gerecht wird, müssen die innerfamiliären Beziehungen so partnerschaftlich gestaltet werden, daß alle Familienangehörigen möglichst weitgehend zueinander Vertrauen fassen und jeglichen Mißbrauch ihrer eigenen Rechte vermeiden. Nur dann werden sie nämlich die Bindungen aneinander nicht als Einschränkung ihrer gleichberechtigten eigenständigen Entfaltungsmöglichkeiten erfahren, sondern als Voraussetzung dafür, daß alle Beteiligten sowohl als Einzelne wie auch als Gemeinschaft durch solidarisches Handeln, das die Eigenständigkeit eines jeden gleichermaßen respektiert, eine Ausweitung der Entfaltung ihrer Fähigkeiten und der Befriedigung ihrer Bedürfnisse erfahren.

5. Kriterien der Rechte und Pflichten der übergeordneten Gemeinschaften

Sowohl das Eltern- als auch das Kindesrecht werden schließlich durch die Rechte ihrer Mitmenschen auf ihnen gegenüber gleichberechtigte eigenständige Entfaltung und somit durch die entsprechenden Verpflichtungen der Eltern, Kinder und sonstigen Familienangehörigen sowie ihrer Familien im Dienste des Wohles bestimmter nicht zur Familie gehörender Einzelner sowie des Gemeinwohls begrenzt. Aufgrund dieser Verpflichtungen haben bestimmte Einzelne sowie die übergeordneten Solidargemeinschaften einen Rechtsanspruch auf Solidarität seitens der Familienangehörigen und der Familien, daß sie ihre innerfamiliären und familiären Rechte so wahrnehmen, daß dadurch die gleichberechtigte eigenständige Entfaltung derjenigen Einzelnen, mit denen sie in Verbindung treten, sowie der übergeordneten Solidargemeinschaften nicht behindert und im Rahmen des Möglichen gefördert werden. Daraus ergibt sich insbesondere, daß die übergeordneten Solidargemeinschaften den einzelnen Familienangehörigen und der Familie als solcher gegenüber spezifische Rechtsansprüche auf Solidarität haben.

Dem Recht der Kinder auf eine angemessene Wahrnehmung des Elternrechts seitens der Eltern entspricht ein Recht derjenigen Solidargemeinschaften, die einen Anspruch auf Solidarität seitens der Eltern und Kinder haben, daß die Eltern ihr Versorgungs- und Erziehungsrecht so wahrnehmen, wie es mit den berechtigten Ansprüchen dieser Solidargemeinschaften auf Solidarität ihnen gegenüber vereinbar ist. Das bedeutet, daß diese Solidargemeinschaften den Eltern gegenüber einen Rechtsanspruch haben, daß sie die Versorgung und Erziehung ihrer Kinder in angemessenem Umfange selbständig wahrnehmen, daß sie dabei den Erfordernissen des Gemeinwohls, d. h. der gleichberechtigten Entfaltung aller durch Nichtbehinderung sowie durch soziale Hilfe, soweit Rechnung tragen, wie das mit ihren eigenen Rechten auf ungehinderte Selbstentfaltung und auf die Gewährleistung von sozialer Hilfe zu vereinbaren ist.

Das bedeutet weiterhin, daß die übergeordneten Solidargemeinschaften den Kindern gegenüber ein Recht haben, zu verlangen, daß sie ihre Fähigkeiten soweit entfalten, daß sie im Rahmen des ihnen Zumutbaren zunehmend in die Lage kommen, einen Beitrag zur solidarischen Entfaltung des Gemeinwesens zu leisten, der der aktuellen und potentiellen Solidarität der Solidargemeinschaften ihnen gegenüber entspricht.

Die übergeordneten Solidargemeinschaften und insbesondere der Staat sind dementsprechend berechtigt, eine Ausgestaltung des Familienlebens zu verlangen und im erforderlichen Umfange mittels positiv rechtlicher Regelungen festzulegen, wie sie im Interesse des Gemeinwohls nötig ist. Er darf zu diesem Zwecke negativ abgrenzend und zurückdrängend eingreifen, wenn die Familien oder bestimmte Familien ihre demokratischen Rechte mißbrauchen und sich dadurch auf Kosten anderer in einem größeren Ausmaße entfalten, als es mit den gleichen Rechten auf eigenständige Entfaltung ihrer Mitmenschen vereinbar ist. Das geschieht z. B. wenn das Zeugungs-, Versorgungs- und Erziehungsrecht derart mißbraucht wird, daß dadurch andere an der gleichberechtigten Zeugung, Versorgung und Erziehung von Kindern gehindert werden. Wenn also die einen gezwungen werden, weniger Kinder zu haben, weil die anderen zu viele haben, wenn die einen durch die anderen gezwungen werden, ihre Kinder schlechter zu versorgen als die anderen, wenn die einen durch die Art der Erziehung ihrer Kinder eine entsprechende Erziehung der Kinder von anderen unmöglich machen. Das geschieht aber auch, wenn Eltern ihre Kinder ausbeuten oder wenn umgekehrt Kinder die Eigentumsrechte ihrer Eltern mißbrauchen.

Der Staat darf im Interesse des Gemeinwohls weiterhin eingreifen, wenn Eltern, Kinder und Familien ihre Solidaritätsverpflichtungen ihren Familienangehörigen gegenüber vernachlässigen und dadurch außerfamiliäre Instanzen dazu nötigen, an ihrer Stelle die entsprechenden Solidaritätsverpflichtungen wahrzunehmen. Das gleiche gilt, wenn einzelne Familienangehörige oder ganze Familien ihre außerfamiliären Solidaritätsverpflichtungen nicht hinreichend wahrnehmen und folglich den ihnen möglichen und zumutbaren Beitrag zur Entfaltung des Gemeinwohls nicht leisten. So darf der Staat z. B. eine allgemeine Schulpflicht und für alle diejenigen, die bestimmte Kriterien erfüllen, eine bestimmte Schulform dann einführen, wenn ohne derartig weitreichende Eingriffe in das Selbstbestimmungsrecht der Eltern und Kinder eine gleichberechtigte Erziehung aller nicht gewährleistet werden kann. Genauso kann er eine gleiche ökonomische Versorgung aller Familien verlangen und z. B. durch Bezugsscheine durchführen, wenn nur so eine im gleichen Interesse eines jeden erforderliche ökonomische Entfaltung aller gewährleistet werden kann. Das heißt, daß im Interesse einer gleichberechtigten Entfaltung eine gleiche Entfaltung nur dann gefordert werden darf, wenn nur durch diesen Zwang zur Gleichheit verhindert werden kann, daß der eine den anderen ausbeutet und somit das demokratische Recht auf gleichberechtigte eigenständige Entfaltung verletzt wird.

Wenn pluriforme statt uniforme Lösungen zur Herstellung der sozialen Gerechtigkeit möglich sind, darf der Staat demnach seine Bürger nicht zu uniformen Lösungen zwingen und somit nicht Gleichheit verlangen, die im Interesse der Gleichberechtigung nicht erforderlich ist. Er ist unter diesen Umständen vielmehr verpflichtet, bestehende soziale Ungerechtigkeiten dadurch auszugleichen, daß er durch entsprechende ordnungspolitische Maßnahmen positive Anreize zur Überwindung der sozialen Defizite gibt und somit seinen Kampf gegen das Unrecht als einen Kampf für das Recht aller, also auch derjenigen, die nicht das gleiche wollen, gestaltet.

Seitens der Solidargemeinschaft erfolgt eine unberechtigte Behinderung des Eltern- und Kindesrechts auf demokratische Gerechtigkeit durch solche politischen Entscheidungen, die bevölkerungs-, versorgungs- und erziehungspolitische Auswirkungen einseitig zugunsten des Selbstbestimmungsrechts eines Teils der Bevölkerung auf Kosten des Selbstbestimmungsrechts der andere Zielvorstellungen verfolgenden Eltern und Kinder haben. Das geschieht z. B. durch eine Politik mit bevölkerungspolitischen Auswirkungen, die im Interesse eines Wachstums des Wohlstands der Bevölkerung insgesamt oder bestimmter

Bevölkerungsgruppen das Recht derjenigen Eltern zur Selbstbestimmung der Zahl ihrer Kinder beschränkt, die in subsidiärer Verantwortlichkeit bereit sind, für die Aufzucht und Erziehung ihrer Kinder im angemessenen Umfange Sorge zu tragen. Solche Auswirkungen unmittelbar zugunsten der Steigerung des öffentlichen Wohlstands auf Kosten einer unangemessen starken Belastung von Eltern mit Kindern hat z. B. eine Steuerpolitik, durch die die betrieblichen Ausgaben im Dienste der subjektiven Wohlstandssteigerung der unternehmerisch Tätigen – oder auch aller Glieder der Solidargemeinschaft – steuerlich mehr begünstigt werden als familiäre Ausgaben im Dienste der Kinderaufzucht und Erziehung. Eine solche steuerliche Begünstigung von Betriebsausgaben im Verhältnis zu Erziehungsausgaben erfolgt bei uns in doppelter Hinsicht. Betriebsausgaben können in vollem Umfange, Ausgaben für die Kinder aber nur im begrenzten pauschalierten Umfange abgesetzt werden, obwohl man betriebliche Ausgaben genauso gut oder genauso schlecht pauschal berücksichtigen könnte, z. B. nach der Höhe des Umsatzes oder nach der Anzahl der betrieblichen Arbeitsplätze usw. Außerdem wird bei uns die Einschränkung der steuerlichen Belastbarkeit infolge von Betriebsausgaben wesentlich steuerwirksamer anerkannt als eine entsprechende Einschränkung infolge von Ausgaben für die Kinder. Das führt dazu, daß diejenigen, die eine größere subjektive Lebensqualität für einzelne oder viele mittels einer Steigerung des Wohlstands anstreben, in unserer Gesellschaft mehr begünstigt werden als diejenigen, die eine größere subjektive Lebensqualität durch die Aufzucht und Erziehung von Kindern für einzelne oder viele anstreben. Sie werden somit diesen gegenüber in ungerechter Weise bevorzugt. Dazu kommt, daß durch die gegenwärtigen Steuerregelungen der weithin falsche und letztlich wohl heuchlerische Eindruck erweckt wird, daß die Eltern mit Kindern mit den Kindergeldern, durch die den Belastungen aller Eltern durch die Kindererziehung gleichermaßen Rechnung getragen werden soll, seitens der kinderlosen Bevölkerung in solidarischer Weise in großem Umfange unterstützt werden, obwohl die Kindergelder in Wirklichkeit weitgehend durch die Steuern der Eltern mit Kindern selbst erwirtschaftet und somit keineswegs von der Solidargemeinschaft zuerkannt werden.

In die gleiche Richtung einer ungerechten Behinderung der Verwirklichung des Eltern- und Kindesrechts, allerdings unmittelbar zugunsten der Steigerung des privaten Wohlstands der Kinderlosen und -armen auf Kosten der Kinderreichen führen die komplexen Umverteilungsmaßnahmen mittels der Zuteilung von Rentenansprüchen für die jetzt tätige Generation. Diese erfolgen nämlich in der Weise, daß Dienste im Interesse der Altersversorgung seitens der Kinderlosen und -armen auf Kosten der Dienste der Kinderreichen honoriert werden. Denn im Rahmen des sogenannten Generationenvertrags werden die Dienste, die zur Erfüllung der künftigen Rentenansprüche der jetzt tätigen Generation nötig sind, zu einem erheblichen Teil mittels der familiären Aufzucht und Erziehung der Kinder erbracht, die dadurch dazu befähigt werden, die

Renten für die jetzt tätige Generation in Zukunft zu erarbeiten; die Dienste zur Befriedigung der Ansprüche der gegenwärtigen älteren Generation aber werden durch Beiträge befriedigt, die mittels bezahlter außerfamiliärer Tätigkeit der jetzt tätigen Generation erwirtschaftet werden. Obwohl beide Arten von Tätigkeiten zur Erfüllung des Generationenvertrags nötig sind, erwirbt man jedoch nur für die durch Beiträge geleisteten Dienste Rentenansprüche für die Zukunft. Dabei wird gleichzeitig der weithin falsche und letztlich wohl heuchlerische Eindruck erweckt, daß die auf dem Beitragssystem beruhende Zuteilung von Rentenansprüchen leistungsentsprechend und somit gerecht sei und daß folglich die im Vergleich zu den Kinderreichen in der Regel weit höheren Renteneinkünfte der Kinderlosen und -armen gerechtfertigt seien.

In entsprechender Weise wird die Ausübung des Elternrechts nicht selten durch politische Maßnahmen mit erziehungs-, versorgungs- und jugendpolitischen Auswirkungen beeinträchtigt, durch die z. B. schulische oder auf den Wohnungsbau oder auf das Selbstbestimmungsrecht der Jugendlichen bezogene Zielvorstellungen bestimmter Bevölkerungsgruppen ungerechterweise auf Kosten der schulischen oder auf den Wohnungsbau oder auf das Selbstbestimmungsrecht der Jugendlichen bezogenen Zielvorstellungen anderer Bevölkerungsgruppen verwirklicht werden. Ebenso verstoßen wirtschaftspolitische Maßnahmen gegen die demokratische Gerechtigkeit, durch die außerfamiliäre Arbeit, Berufstätigkeit und wirtschaftliche Aktivität einseitig zu Lasten innerfamiliärer Arbeit, Berufstätigkeit und wirtschaftlicher Aktivität gefördert werden. Eine solche ungerechte Bevorzugung einer bestimmten familienpolitischen Zielvorstellung auf Kosten einer anderen geschieht immer dann, wenn eine Festlegung auf eine bestimmte politische Zielvorstellung zugunsten einer Mehrheit oder Minderheit erfolgt, obwohl eine solche uniforme statt einer pluriformen Festlegung im Interesse der gleichberechtigten subjektiven Entfaltung der Gesamtheit nicht nötig ist und somit den gleichen Rechten aller widerspricht. Unter diesen Umständen erfolgt nämlich eine parteipolitische Entscheidung im Interesse der Partei und nicht des Gemeinwohls, obwohl parteipolitisch orientierte Entscheidungen im Interesse der demokratischen Gleichberechtigung nur dann berechtigt sind, wenn das Gemeinwohl und somit die gleichberechtigte Entfaltung aller nicht anders als durch eine uniforme Entscheidung verwirklicht werden kann[2].

In dieser Hinsicht erscheint es im Gegensatz zu heute weitverbreiteten Auffassungen u. a. zweifelhaft, ob eine so starke staatliche Reglementierung und Vereinheitlichung des Schulwesens, insbesondere auch mittels so riesiger Schuleinheiten und im Zusammenhang damit nicht selten mittels einer beachtli-

---

[2] Zur Problematik der Kompetenz zur Entscheidung, ob eine uniforme statt einer pluriformen Entscheidung nötig ist, weil andernfalls gegen die gleichen Rechte aller verstoßen wird: *W. Molinski*, Staat und Moral, in: St. d. Zeit 195 (1977) 825–836.

chen Benachteiligung des alternativen nichtstaatlichen Schulwesens, im Interesse des Gemeinwohls nötig und mit der ungehinderten Verwirklichung des Eltern- und Kindesrechts vereinbar ist. Eine solche Vereinheitlichung des Schulwesens ist nämlich nur soweit berechtigt, wie nur durch sie im gleichen Interesse aller notwendige und somit vorrangig zu verwirklichende Erziehungsziele verwirklicht werden können. Sie wird illegitim, sobald sie mit den vordringlichen subjektiven Selbstbestimmungsrechten der Kinder und Eltern in Konflikt gerät, aufgrund deren man auf der Nichtbehinderung der Verwirklichung sehr unterschiedlicher – die alltägliche Erziehung in beachtlichem Umfange berührender – Erziehungsziele und unter Umständen sogar auf sozialer Hilfe bei ihrer Verwirklichung bestehen kann. Um die gleichberechtigte Entfaltung aller Schüler, die im Interesse ihrer unterschiedlichen Fähigkeiten und Bedürfnisse nötig ist, und um eine hinreichend qualifizierte Ausbildung aller, wie sie im Interesse des Gemeinwohls nötig ist, zu ermöglichen und gleichzeitig den Rechtsansprüchen der Kinder und Eltern auf Verwirklichung ihrer unterschiedlichen subjektiven Erziehungsziele gerecht zu werden, erscheint es deshalb sachgerechter und sinnvoller, statt der Uniformität verstärkt die Pluriformität des Schulwesens zu fördern und denjenigen Schülern und Eltern, die an zentralisierten und unifizierten Schulen interessiert sind, die gleichen Chancen einzuräumen, aber auch die gleichen Lasten zuzumuten wie denjenigen Schülern und Eltern, die an dezentralisierten und diversifizierten Schulen interessiert sind. Anstatt im subjektiven Interesse voreilig zu unterstellen, daß ein bestimmtes Schulwesen im vordringlichen Interesse aller erforderlich ist, und diesem dann Vorrechte gegenüber dem Schulwesen einzuräumen, das den parteiischen Interessen nicht entspricht, sollte man stärker als gegenwärtig die gleichen Rechte aller Schüler und Eltern respektieren, das Schulwesen im Rahmen erforderlicher einheitlicher Bedingungen nach eigenen Vorstellungen pluriform zu gestalten. Man sollte darauf vertrauen, daß sie durchaus in der Lage sind, eine angemessene Wahl zu treffen, und folglich das Schulwesen nicht pluralistischer gestalten, als es mit dem Gemeinwohl vereinbar ist, vor allem wenn dessen Interessen durch einheitliche, für alle geltende Rahmenbedingungen angemessen abgesichert sind[3].

Gegen das ursprüngliche Eltern- und Kindesrecht auf *soziale Gleichberechtigung* wird immer dann verstoßen, wenn potentiellen Eltern bzw. Eltern und Kindern eine zur Wahrnehmung ihres Eltern- und Kindesrechts nötige und mögliche Hilfe versagt wird, auf die sie aus nicht von ihnen selbst zu verantwortenden Gründen angewiesen sind. Zu solcher Hilfe sind diejenigen Personen, die zur Übernahme elterlicher Verantwortung subjektiv befähigt und be-

---

[3] *W. Molinski* (Hrsg.), Katholische Schule von morgen (Recklinghausen ^{2}1969); *ders.*, Freie Schulen in kirchlicher Trägerschaft, in: Handbuch der Religionspädagogik III, hrsg. von E. Feifel – R. Leuenberger – G. Stachel – K. Wegenast (Gütersloh-Einsiedeln 1975) 251–267.

reit sind, sowie Kinder ursprünglich immer dann berechtigt, wenn die Behinderung ihres Eltern- und Kindesrechts ihre Ursache nicht in ihrer nicht behebbaren subjektiven Unfähigkeit, sondern in von niemandem persönlich zu verantwortenden Lebensumständen hat, die nur durch solidarisches Vorgehen behoben werden können und aufgrund derer die Mitmenschen in der subsidiären Ordnung der solidarischen Verantwortlichkeit füreinander verpflichtet sind, den unschuldig in Not Befindlichen gleiche Entfaltungsmöglichkeiten zu erschließen wie sich selbst.

Das schließt nicht aus, sondern vielmehr ein, daß gegen das Eltern- und Kindesrecht auf soziale Gerechtigkeit auch immer dann verstoßen wird, wenn sie aufgrund ungerechter demokratischer Strukturen sozial benachteiligt sind, und es (noch) nicht möglich ist, diese Behinderung der eigenständigen Ausübung ihres Eltern- und Kindesrechts zu beseitigen. Aber man muß sich bewußt sein, daß man durch die Befriedigung solcher sozialer Rechtsansprüche, die durch Verstöße gegen die demokratische Gerechtigkeit verursacht wurden, die Verwirklichung weiterreichender demokratischer Gerechtigkeit behindert, wenn man nicht gleichzeitig und darüber hinaus mit Entschiedenheit darauf hinarbeitet, die der sozialen Benachteiligung der Eltern und Kinder zugrunde liegende unnötige und deshalb entwürdigende soziale Abhängigkeit zu beseitigen. Man gewährt dann in Wirklichkeit auch keine Hilfe zur Selbsthilfe und verstößt mit dieser Art von Hilfe somit durch unnötige Bevormundung letztlich auch gegen die soziale Gerechtigkeit, vielleicht weil man törichterweise meint, für die Benachteiligten besser entscheiden zu können als sie selbst, oder aber vielleicht auch, weil man bevormunden will oder aus uneingestandener Scheu vor Eigenverantwortlichkeit eine gleiche Bevormundung der Verantwortungsfähigen und der Verantwortungslosen will.

Wie weit die nicht zu übersehende demokratische Ungerechtigkeit in unserer Gesellschaft reicht, kommt nicht zuletzt in dem komplizierten System sozialer Hilfen für Eltern und Kinder zum Ausdruck, das weitgehend aus Hilfen aller für alle besteht und durch das gerade so höchst undurchsichtige und teilweise fragwürdige Umverteilungsprozesse erfolgen. Man sollte sich deshalb im Interesse besserer Hilfe für die wirklich sozial Benachteiligten wohl wesentlich intensiver um eine Erweiterung der Möglichkeiten zu eigenverantwortlicher Wahrnehmung des Eltern- und Kindesrechts für diejenigen bemühen, die ihre Probleme lieber eigenständig lösen, und diejenigen, die auf ein festes und enges soziales Netz größeren Wert legen, mit geeigneten Mitteln dazu motivieren, sich solche Solidarität durch freiwillige Hilfe auf Gegenseitigkeit zu erschließen, anstatt auch in diesem Bereich vorschnell die Notwendigkeit uniformer Lösungen zu unterstellen. Man sollte vielmehr stärker auf die Fähigkeit der Menschen zu eigenverantwortlicher Wahrnehmung des Eltern- und Kindesrechts vertrauen und ihnen gegebenenfalls zu einer besseren Befähigung dazu verhelfen.

6. Schlußbemerkung

Die Entscheidungskriterien für die Ordnung der Familie werden demnach ethisch insbesondere immer dann bloß politisch und bloß empirisch fehlinterpretiert, wenn die Ordnung der Familie bloß als Aufgabe und Ergebnis des machtpolitischen Gestaltungswillens Einzelner oder gesellschaftlicher Gruppierungen, insbesondere des Staates, verstanden wird, mittels dessen in möglichst zweckmäßiger Weise subjektive Interessen bzw. souveräne Zielsetzungen durchgesetzt werden sollen bzw. tatsächlich durchgesetzt werden. Die ethischen Entscheidungskriterien für die Ordnung der Familie sind vielmehr auch und zutiefst Menschenrechte, die sich aus der Bedürfnisstruktur des Menschen als solchen ergeben. Durch eine der Würde eines jeden Menschen entsprechende und deshalb gleichermaßen gerechte und geordnete Befriedigung dieser Bedürfnisse sollen die eigenständigen Liebesfähigkeiten eines jeden Menschen möglichst weitgehend freigesetzt werden. Die subjektiven Interessen Einzelner und die insofern gar nicht souveränen Zielsetzungen der Staaten sind diesem Ziel unterzuordnen.

Weiterführende Literatur

H. Begemann, Strukturwandel der Familie. Eine sozialethisch-theologische Untersuchung über die Wandlung von der patriarchalischen zur partnerschaftlichen Familie (Witten [2]1966).

L. Berg, Familie in sozialtheologischer Perspektive (Münster 1973).

E. W. Böckenförde, Elternrecht – Recht des Kindes – Recht des Staates, in: Internationale Kath. Zeitschrift 8 (1979) 320–336 u. 423–433.

P. Bréchon, La famille. Idées traditionnelles et idées nouvelles (Paris 1976).

H. Ebel – A. Cramer – R. Eickelpasch – E. Kühne, Familie in der Gesellschaft. Gestalt – Standort – Funktion, I + II. Grundlagen, Materialien und Unterrichtsmodelle für die Erwachsenenbildung. Hrsg. von der Projektgruppe Curriculum Familie im Auftrag des Vorstandes der Arbeitsgemeinschaft katholisch-sozialer Bildungswerke in der Bundesrepublik Deutschland (Bonn 1978).

V. Eid – L. Vaskovics (Hrsg.), Wandel der Familie – Zukunft der Familie (Mainz 1982).

G. Gaßmann (Hrsg.), Ehe – Institution im Wandel. Zum evangelischen Eheverständnis heute. Im Auftrag der Bischofskonferenz der Vereinigten evangelisch-lutherischen Kirche Deutschlands (Hamburg 1979).

S. Gastiger – G. Oswald, Familienrecht (Stuttgart-Berlin 1978).

G. Hepp, Die bedrohte Familie (Ploetz Taschenbücher zum Zeitgeschehen 8) (Freiburg i. Br. 1979).

E. Kühn – I. Tourneau (Hrsg.), Familienrechtsreform – Chance einer besseren Wirklichkeit? (Industriegesellschaft und Recht, Bd. 9) (Bielefeld 1978).

J. Lange, Ehe- und Familienpastoral heute. Situationsanalyse, Impulse, Konzepte (Wien-Freiburg-Basel [2]1977).

J. Mandel, Das Elternrecht nach der natürlichen und übernatürlichen Ordnung (FtST 77) (Freiburg 1960).

W. Molinski, Modelle christlicher Ethik heute – Ehe und Familie, in: *A. Hertz* (Hrsg.), Moral (Mainz 1972) 196–225.

W. Molinski, Theologie der Ehe in der Geschichte (Aschaffenburg 1976).
G. Oestreich, Elternladen. Familie zwischen Klischee und Wirklichkeit (Hamburg 1978).
H. E. Richter – H. Strotzka – J. Willi (Hrsg.), Familie und seelische Krankheit eine neue Perspektive der psychologischen Medizin und der Sozialtherapie (Reinbek 1976).
J. Röbbelen, Zum Problem des Elternrechts (Heidelberg 1966).
J. Schroeteler, Das Elternrecht in der katholisch-theologischen Auseinandersetzung (München 1936).
E. Stein – W. Jost – H. Dombois, Elternrecht. Studien zu einer rechtsphilosophischen und evang.-theologischen Grundlegung (Heidelberg 1958).
H. G. Stockinger (Hrsg.), Sozialisierung der Familie? Zur Reform des Rechts der elterlichen Sorge (Berichte und Studien der Hanns-Seidel-Stiftung, Bd. 21) (München-Wien 1979).
R. Weiler – V. Zsifkovits (Hrsg.), Familie im Wandel (Freiburg-Wien 1975).

Waldemar Molinski

II

Die nichteheliche Lebensgemeinschaft: Das Problem alternativer Wege zur Verbindlichkeit der Ehe

Das Stichwort heißt: nichteheliche Lebensgemeinschaft. Die traditionelle Bezeichnung ist: Konkubinat. Der saloppe Ausdruck lautet: Ehe ohne Trauschein. Das Phänomen, um das es geht, ist damit aber erst angedeutet. Weder läßt es sich schon typologisch genau beschreiben noch auch zureichend aus geschichtlichen Analogien verstehen, und es ist auch kaum nur eine vorübergehende Modeerscheinung. Die Fakten sprechen eher für eine zunehmende Verbreitung, und sie weisen auf einen Bewußtseinswandel hin, der es nicht nur für das Recht, sondern auch die Ethik zu einem bedeutsamen, neuen Thema macht. Modisch wäre dies Thema allerdings dann behandelt, wollte man die Neuheit sogleich zu einer revolutionären „Anfrage" an die Lehre der christlichen Kirchen stilisieren. Wenn diese davon überzeugt sind, daß die geschlechtliche Gemeinschaft in der Verbindlichkeit der Ehe ihre christlich wie menschlich angemessenste Gestalt finde, haben sie dafür gute Gründe[1]. Es empfiehlt sich deshalb, danach zu fragen, ob und wieweit alternative Formen mit der bevorzugten ethischen und

[1] Vgl. *F. Böckle,* Ehe und Ehescheidung, in diesem Handbuch, Bd. II, 117–135. Eine klare Stellungnahme zu „Die Ehe auf Probe" und „Freie Verbindungen" siehe bei *Johannes Paul II.,* „Familiaris consortio", Nr. 80–81.

sozialen Geltung der Ehe als vereinbar betrachtet und insofern als eigene Wege, die zu ihr hinführen oder doch auf sie hinweisen, beurteilt werden können.

1. *Deutungsversuche*

a) Fakten und Definitionen

Daß nichteheliche Lebensgemeinschaften nach Zahl und Dauer in den vergangenen 25 Jahren erheblich zugenommen haben und heute eine alltägliche Lebensform sind, ist schon ein Gemeinplatz[2]. Bereits stehen den Partnern, die freie Vereinbarungen miteinander treffen wollen, Rechtsratgeber und Musterverträge zur Verfügung. Rechtspraxis und Rechtsprechung haben sich hingegen – ausgenommen Frankreich und Österreich – erst seit einigen Jahren mit den Interessenkonflikten, die in solchen Gemeinschaften auftreten, zu befassen begonnen, und ähnlich steht es mit der ethischen und theologischen Diskussion. Dabei weiß man über die Verbreitung der nichtehelichen Lebensgemeinschaften noch nicht viel Genaues. Man muß auch von vornherein beachten, daß die Zahlen, die genannt werden, von Definitionen abhängig sind. Je nachdem, welche zeitliche Mindestdauer und welchen Grad der Verflechtung des Zusammenlebens man zugrunde legt, wird man zu unterschiedlichen Ergebnissen kommen. Vor allem aber muß man sehen, daß eine deutliche Zäsur zwischen nichtehelichen Lebensgemeinschaften vor und solchen nach etwa dem 30. Lebensjahr besteht. Die Zahl der jungen Menschen, die unverheiratet zusammenleben, erreicht das Doppelte und mehr als die der älteren, was internationale Schwankungen zwischen 50% und 10% der Gesamtbevölkerung ergibt. Die jungen Menschen heiraten aber auch häufiger, wobei die Wahrscheinlichkeit einer späteren Eheschließung um so geringer zu sein scheint, je länger das Zusammenleben dauert; bei drei Jahren liegt hier eine ebenfalls erkennbare Zäsur[3].

---

[2] Vgl. *W. Müller-Freienfels,* Tendenzen zur Verrechtlichung nichtehelicher Lebensgemeinschaften, in: ZEE 24 (1980) 55–73 mit Zahlenangaben zur internationalen Situation; auch abgedruckt in: *H. Ringeling – Maja Svilar* (Hrsg.), Familie im Wandel (Bern 1980). – Vgl. auch *H.-W. Strätz,* Rechtsfragen des Konkubinats im Überblick, in: Zeitschrift für das gesamte Familienrecht 27 (1980) 303.

[3] Vgl. *K. Schwarz,* Die nicht-eheliche Lebensgemeinschaft in der Bundesrepublik Deutschland, in: Partnerschaft und Identität, Die nicht-eheliche Lebensgemeinschaft (Loccumer Protokolle 3/1980) 8 ff., gestützt auf eine Repräsentativbefragung des Bundesinstituts für Bevölkerungsforschung. *Ders.,* Information und Informationslücken. Zur neueren Entwicklung von Ehe und Familie in der BRD, in: Eheschließung und Familienbildung heute (Wiesbaden 1980). Vgl. auch *Cees J. Straver,* Die nicht-eheliche Lebensgemeinschaft. Bericht über eine qualitative Untersuchung in den Niederlanden (Loccumer Protokolle 3/1980) 18 f. *M. Wingen,* Der soziologische Tatbestand der nichtehelichen Lebensgemeinschaften, in: Zeitschrift für das gesamte Familienrecht 28 (1981) 331–337.

Mit anderen Worten, man kann einen beträchtlichen Teil der nichtehelichen Lebensgemeinschaften als voreheliche bewerten; die „Ehe ohne Trauschein" ist dann eher eine „Ehe auf Probe"[4]. Wenn man gleichwohl die sehr verschiedenen Gruppen als ein einheitliches Phänomen betrachten will, wird es sinnvoll sein, bei einer Mindestdauer der Gemeinschaft von etwa einem Jahr anzusetzen und weniger die sexuelle Beziehung als vielmehr die Wohn- und Wirtschaftsgemeinschaft zu betonen[5]. Umgekehrt muß man sich dessen bewußt sein, daß dies zwar die Möglichkeit bietet, die nichtehelichen Lebensgemeinschaften als alternative Formen im Verhältnis zur traditionellen Ehe zu beurteilen, aber eben aufgrund einer methodischen Abgrenzung. In Wirklichkeit gibt es Übergänge zu unterscheidbaren, aber nicht abtrennbaren Erscheinungen. So gibt es das schwer zu erfassende Phänomen der „Singles" auf der einen, die vielfältigen Kommunen auf der anderen Seite, und es gibt die homosexuellen Partnerschaften. Diese bedürften einer eigenen Bewertung, es ist aber nicht nur aus rechtspragmatischen Gründen, sondern auch aus Gründen ihres Selbstverständnisses vertretbar, sie auszugrenzen, weil die Feststellung ihrer „Eheähnlichkeit" problematisch und strittig ist.

Aus diesen Überlegungen kann man sich einer Definition anschließen, die Hans-Wolfgang Strätz vorschlägt, um mit Anklang an das kanonische Recht (can. 1128 1129 CIC) die Eheähnlichkeit in dem Bereich, in dem sie besteht, so aber auch die Eigenart nichtehelicher Lebensgemeinschaften hervorzuheben. Strätz, der sich gegenüber dem im deutschsprachigen Bereich geläufigen Ausdruck „nichteheliche Lebensgemeinschaft" und dem englischen „cohabitation" (als „Kohabitation" auch ins Deutsche eindringend, aber mißverständlich) für den abwertenden Begriff „Konkubinat" entscheidet, definiert dieses als eine heterosexuelle Gemeinschaft zweier Personen, die auf unbestimmte Zeit zusammenleben und eine umfassende Lebensgemeinschaft (communio tori mensae ac habitationis) verwirklichen wollen, jedoch unter dem Vorbehalt der jederzeit möglichen einseitigen Beendigung ihrer Beziehung[6].

Wie auch immer die Verbreitungshäufigkeit aber relativiert werden kann: die Fakten spiegeln einen Bewußtseinswandel. Bei den genauer als die älteren untersuchten jüngeren Menschen zeigt sich eine Gleichgültigkeit oder Abneigung gegen die institutionelle Form der Ehe, die dem seit einem Jahrzehnt zu beobachtenden dramatischen Rückgang der Heiratsziffern, dem Anstieg der Scheidungshäufigkeit und dem Sinken der Geburtenzahlen entspricht. Gewiß kann

---

[4] Dazu: *H. Ringeling*, Sexuelle Beziehungen Unverheirateter, in diesem Handbuch, Bd. II, 160–176.

[5] Letzteres auch nach: Die Lage der Familien in der Bundesrepublik Deutschland – Dritter Familienbericht – Bericht der Sachverständigenkommission der Bundesregierung (Drucksache 8/3121, Deutscher Bundestag, Bonn 1979) 13 mit Bezug auf ein Bundesverwaltungsgerichtsurteil vom 20. Januar 1977.

[6] *H.-W. Strätz*, a. a. O.

man daraufhinweisen, daß es neuerdings wieder eine nachweislich größere Heiratswilligkeit gibt. Gewiß kann man sagen, daß viele Ursachen in gesetzgeberischen und wirtschaftlichen Sachverhalten zu suchen sind, die verändert werden können, um die Ehe wieder anziehender zu machen. Und gewiß muß man schließlich berücksichtigen, daß die Entwicklung mit weltanschaulichen und religiösen Faktoren zusammenhängt: In einem säkularistischen Staat oder gar unter dem Einfluß einer sogenannten Neutralitätsideologie, wie sie sich in Schweden gegen die Privilegierung einer bestimmten Form ehelicher Gemeinschaft richtet, ist der Trend stärker, schneller, anders als zum Beispiel in der Bundesrepublik Deutschland mit ihren Verfassungsbestimmungen über einen besonderen Schutz von Ehe und Familie (Art. 6 Abs. 1 GG); hier zeigt sich außerdem an einem signifikanten konfessionellen Gefälle die Bedeutung kirchlicher Bindung[7]. Also sind auch ethische und politische Korrektive möglich; es besteht kein Anlaß zur Resignation angesichts einer vermeintlichen Eigengesetzlichkeit des Zeitgeistes. Aber eben: zur Bagatellisierung des Phänomens besteht auch kein Grund, dagegen spricht der statistisch belegbare Wandel der sittlichen Überzeugungen[8].

b) Motive und Formen

Die nichteheliche Lebensgemeinschaft gibt es nicht. Was sich vielmehr beobachten läßt, ist ein Spektrum unterschiedlicher Formen, die von einigen Grundmotiven abhängen.

1) Unter den Motiven steht bei den jüngeren Menschen sicherlich ein Beweggrund des Heiratsverzichtes im Vordergrund, den man als *Aufschubsmotiv* bezeichnen könnte. Das heißt, man lehnt die Ehe nicht prinzipiell, sondern nur vorläufig ab. Im einzelnen läßt das eine Reihe von Varianten zu. So gehört hierher die „Probeehe", aber dieser schon herkömmliche Typus steht doch zugleich in einem neuen Kontext der Gleichgültigkeit gegenüber Institutionen und Riten, also einer häufig kaum reflektierten oder artikulierten personalen Unmittelbarkeit. Man behält sich zukünftige Entscheidungen vor und läßt alles offen; das kann auch eine Kompromißlösung sein, wenn nur einer der Partner die Ehe will, der andere aber Vorbehalte hat. Ausgeprägt erscheint hier wie bei allen Formen der nichtehelichen Lebensgemeinschaft die bewußt praktizierte Emp-

---

[7] *Vgl. K. Schwarz,* a.a.O. (Loccumer Protokolle 3/1980) 9: Von rund 1000 befragten ledigen Frauen unter insgesamt 2000 Frauen im Alter von 18–28 Jahren lebte rund ein Viertel mit einem Partner zusammen, in Hamburg fast 30%, im Landkreis Fulda weniger als 10%.

[8] Vgl. Allensbacher Jahrbuch der Demoskopie, 1974–1976, Bd. VI, und 1976–1977, Bd. VII, hrsg. von E. Noelle-Neumann (Wien 1976 u. 1977). Allensbach (Institut für Demoskopie), Moral 1978 – Eine Repräsentativ-Umfrage für den „Stern" über Sexualität und Lebensglück, Ehe und Gesellschaft (Allensbach 1978). Dazu und zum ethischen Problem vgl. auch *F. Böckle,* Geschlechterbeziehung und Liebesfähigkeit (s. weiterführende Lit.).

fängnisverhütung; gemeinsame Kinder sind selten vorhanden. Andererseits ist auch die Zahl der sogenannten „Muß-Ehen" eindrucksvoll zurückgegangen; man heiratet nicht, weil man ein Kind bekommt, sondern weil man Kinder will. Insofern kann man mit K. Schwarz sagen, daß möglicherweise vor allem solche Menschen auf eine Ehe verzichten, die entschlossen sind, keine Kinder zu haben oder allenfalls ein Kind. Desgleichen ist die Beobachtung wichtig, daß die egalitäre Rollenverteilung zwischen den Partnern besonders betont wird. Im übrigen ist die an Freiheits- und Gleichheitsmotiven orientierte Gemeinschaftsform nicht nur auf die sozial höheren Schichten beschränkt[9]. Das mag damit zusammenhängen, daß die nichtinstitutionelle Gemeinschaft nur unter der Voraussetzung einer möglichst gleichheitlich geordneten Partnerschaft gelingen kann. Sie legt also von sich aus ein bestimmtes Verhalten nahe. So gesehen, entspricht sie dem früher oft „Kameradschaftsehe" genannten Typus.

2) Neben diesem Grundmotiv und überwiegend, aber nicht nur bei der jüngeren Generation anzutreffen, steht ein Beweggrund, den man als *Verweigerungsmotiv* bezeichnen kann. Das bedeutet eine prinzipielle Ablehnung der Ehe, aber wiederum in unterschiedlicher Weise. Die Abneigung kann sich gegen die weltliche oder kirchliche Eheschließung oder auch deren für die Kirche obligatorische Verbindung richten. Verweigert werden kann aber tiefergreifend auch die „bürgerliche" oder die „christliche" Ehe und wiederum auch gerade die Verbindung beider in kulturgeschichtlicher Hinsicht; sie beide können als repressiv der Form nach oder von ihrem Verpflichtungsgehalt her als inhumanes Gesetz, das den wirklichen menschlichen Glücksbedürfnissen nicht gerecht werde, abgelehnt werden. Tatsächlich ist damit also eine bestimmte Gestalt der Ehe, keineswegs *die* Ehe gemeint. Wo das einsehbar wird, eröffnen sich neue Zugänge zur Ehe wie etwa Modellen einer „offenen Ehe" nach Nena und George O'Neill[10]. Das bedeutet noch keinen generellen Verzicht auf eine rechtliche Institution oder vertragliche Vereinbarungen. Grundsätzlich ist dieser Verzicht nur da, wo man entweder die Verbindlichkeit und Dauer der ehelichen Gemeinschaft scheut, oder aber da, wo man nur die Spontaneität der Liebesbeziehung gelten läßt. Das letztere ist eine Variante des Typs der „romantischen Ehe", man sieht aber auch, wie es hier – und oft wie in der Romantik selbst ineinander übergehend – moralisch fragwürdige, aber auch sittlich qualifizierte Haltungen geben kann.

3) Ein drittes Grundmotiv kann man als *Nützlichkeitsmotiv* bezeichnen; hier verschiebt sich das Spektrum von den Jüngeren zu den Älteren. Die Partner vermeiden eine Ehe, weil sie sonst bestimmte Vorteile verlieren würden. Dafür

---

[9] Dies aufgrund des Berichts von *K. Schwarz*, a.a.O. (Loccumer Protokolle 3/1980); auch *H.-W. Strätz*, a.a.O. 302 gegenüber *K.-F. Daiber*, Die Partnerschaften auf Zeit, in: Lutherische Monatshefte 18 (1979) 76ff.

[10] *Nena* und *George O'Neill*, Die offene Ehe. Konzept für einen neuen Typus der Monogamie (Reinbek b. Hamburg 1975); Original: Open Marriage (New York 1972).

zwei Beispiele, die auch zu umgangssprachlichen Wortprägungen geführt haben, worin sich übrigens eine gewisse Billigung des Verhaltens durch die öffentliche Meinung bekundet; sie stellen eine Reaktion auf Härten im geltenden Recht dar[11]. So lebt also etwa eine Witwe, die eine Hinterbliebenenrente bezieht, mit einem Mann zusammen, heiratet aber nicht, um die Versorgung nicht einzubüßen. Das ist die – heute weniger als früher so genannte – „Onkel-Ehe", ein Rentenkonkubinat. Oder ein Student, der nach dem Bundesausbildungsförderungsgesetz unterstützt wird, lebt mit einer erwerbstätigen Frau zusammen, heiratet aber nicht, um das Stipendium nicht zu verlieren („BAFöG-Ehe"). Auch will man häufig die Abwicklungs- und Folgelasten beim Scheitern einer Ehe nicht in Kauf nehmen; gerade bei den Geschiedenen und Getrennten nimmt die Neigung zu, in einer nichtehelichen Gemeinschaft zu verbleiben, zum Teil auch aus wenig achtbaren Gründen[12].

Es gibt aber neben diesen Motiven noch eine andere Kategorie von Gründen, die zur nichtehelichen Gemeinschaft führen können. Nach einer Formel A. Dieckmanns ist das die Fallgruppe: „die Parteien können nicht heiraten, wie sie wollen", während die bisher genannten Fälle zu der Gruppe gehören: „die Parteien wollen nicht heiraten, wie sie können". Das überschneidet sich zwar, aber zu jener anderen Fallgruppe gehören besondere, auch ethisch anders zu beurteilende Eheverbote und Heiratsbeschränkungen verschiedener Art, standes- und sozialpolitische, die in der Vergangenheit zum Konkubinat Anlaß gaben, rassistische wie nach den Nürnberger Gesetzen von 1935, aber auch religiöse und konfessionelle. Auch das Bigamieverbot gehört hierher.

Schließlich aber kann man die nichtehelichen Lebensgemeinschaften auch nach ihren Grundformen unterscheiden; das führt zum Definitionsansatz zurück. So hat C. J. Straver vier solcher Formen feststellen können[13]: Es gibt 1) die Form der Zusammengehörigkeit; man lebt und erscheint als Paar und nimmt am Leben des Partners intensiv Anteil. Das kann übergehen in 2) die Form der Zusammengehörigkeit mit Selbständigkeitstendenzen: man läßt einander mehr Raum zur eigenen Entfaltung, auch für einen eigenen Freundeskreis, betrachtet das aber als Bereicherung, nicht als Schwächung der Zweierbeziehung. Während bei diesen beiden Formen in der Regel noch vorausgesetzt wird, daß man dauerhaft zusammenbleiben will, tritt dies Merkmal der Verbindlichkeit bei einer dritten Form zurück, nämlich bei 3) der Form der Unabhängigen Beziehungen; man lebt miteinander, solange es gutgeht, und pflegt gerade deshalb eine größtmögliche Selbständigkeit. Das geht über in eine weni-

---

[11] Nach *A. Dieckmann*, Rechtsprobleme der nicht-ehelichen Lebensgemeinschaft, in: Partnerschaft und Identität (Loccumer Protokolle 3/1980) 123; vgl. dort 120–124 auch die Typologie, zu der auch die im folgenden angeführten Formeln gehören.

[12] Gemeint ist die Absicht, sich weiterhin den Unterhalt des getrennt lebenden oder geschiedenen Ehepartners zu erhalten, vgl. *H.-W. Strätz*, a.a.O. 302.

[13] A.a.O. 25ff.

ger häufige, aber doch klar sich abzeichnende Form, die Straver 4) die Form der Living Apart Together-Beziehungen nennt. Dabei handelt es sich um persönliche Beziehungen – manchmal sind auch Kinder da, die aber bei der Mutter bleiben – bei gleichzeitiger wirtschaftlicher Unabhängigkeit der einzelnen und ohne gemeinsame Wohnung. Das ist für die typischen rechtlichen und ethischen Probleme der nichtehelichen Lebensgemeinschaft schon nicht mehr relevant, genausowenig wie das bloße, aber nicht mehr verbindlich gemeinte Zusammenleben in einer offenen Wohngemeinschaft.

2. *Geschichtliche Rückfragen*

Die heutige Situation ist nicht ohne historische Analogien. Sich daran zu erinnern, ist nützlich, weil allzu große Nähe zu den Gegenwartsproblemen und verfestigte Werturteile den Blick sonst verengen könnten. Besonders interessieren deshalb die Anfänge der kirchlichen Lehrentwicklung in der Konkubinatsfrage und die neuzeitliche Ausgangslage für die sozialen Grundmuster und theologischen Argumentationstendenzen unserer Zeit. Beides: Wege zur Verbindlichkeit.

a) Spätantike und Mittelalter

Für die Anfänge der kirchlichen Lehrentwicklung ist festzustellen, daß die Kirche das Konkubinat nicht kompromißlos abgelehnt hat[14]. Das hat mehrere Gründe. Sie bestanden nicht nur im Zwang der faktischen Verhältnisse. Das war zwar auch der Fall. Es erklärt aber nur zum Teil, warum die Kirche im Osten das Konkubinat durch Basileios I. und Leo VI. im 9. Jahrhundert verbieten konnte, während das Verbot im Westen, wo dem die germanische Rechtsauffassung entgegenstand, konsequent für alle, nicht nur die Kleriker, erst im 13. Jahrhundert durchgesetzt werden konnte. Im Römischen Recht, welches das Konkubinat wie die Ehe selbst seit der Ehegesetzgebung des Augustus rechtlich ordnete, kam die weitere Rechtsentwicklung der theologischen Ethik insofern entgegen, als sich die „Lebenssachverhalte ‚Ehe' und ‚Konkubinat'" (Hans-Jürgen Becker) einander näherten. Gegenüber der Vollehe blieb das Konkubinat wohl eine Ehe minderen Rechts, war aber in der späten Kaiserzeit neben einer bestehenden Ehe nicht gestattet, und es mußte sich um eine dauerhafte Verbindung von monogamem Charakter handeln.

---

[14] Vgl. *H.-J. Becker,* Die nichteheliche Lebensgemeinschaft (Konkubinat) in der Rechtsgeschichte, in: *G. Landwehr,* (Hrsg.), Die nichteheliche Lebensgemeinschaft (Göttingen 1978), mit guter Dokumentation der kirchengeschichtlichen Quellen. Man vgl. aber besonders auch *P. Mikat,* Art. Ehe, in: Handwörterbuch zur deutschen Rechtsgeschichte I (Berlin 1964) 809–833 (Lit.), und *W. Ogris,* Art. Friedelehe, ebd. 1293–1296.

Eben das aber war der springende Punkt. Die Kirche konnte das Konkubinat als eine rechtlich anerkannte Alternative zur Vollehe mit ihren vermögens- und erbrechtlichen Wirkungen gelten lassen, weil gerade dieses Nebeneinander verschiedener Formen das „Fundamentalrecht“ jedes Menschen auf Eheschließung ermöglichte[15]. Für das Konkubinat entfielen die Standesschranken, es gab den Angehörigen der unteren Schichten eine Chance und trug nicht zuletzt auf diese Weise dazu bei, daß die Christen nur unter sich die Ehe eingehen konnten. Dieser Kompromiß hatte aber zur Voraussetzung, daß der Wesensgehalt der Ehe von der Alternativform nicht verletzt wurde. Die Kriterien, die für die Ehe galten, mußten auch von der nichtehelichen Lebensgemeinschaft erfüllt werden: die monogame Verbindung auf Dauer ohne den absichtlichen Ausschluß von Nachkommen[16]. Dazu gehört aber grundlegend auch der freie Konsens, der zwischen den Ehepartnern als fundamental Gleichen die Ehe stiftet, und an dieser Stelle erscheint für die Einstellung der Kirche zum germanischen Recht ein Widerspruch, auf den Paul Mikat hinweist.

In diesem Rechtsbereich fand die Kirche drei unterschiedliche Formen ehelicher und nichtehelicher Verbindungen vor. Die normale Form für die Ehe unter Freien war die Vertrags- oder Muntehe, die durch eine Vereinbarung der beteiligten Sippen zustande kam. Daneben bestand die Friedelehe, die ebenfalls eine Vollehe eigener Art unter Freien war, aber auf dem Konsens der Brautleute, genauer wohl der Willenseinigung der Ehewerber, beruhte. Diese Form der Ehe wurde vor allem dann gewählt, wenn die Frau nach Stand oder Vermögen dem Mann überlegen war und dieser in das Haus des Schwiegervaters einheiratete. Anders die dritte Form, die Kebsehe. Diese, am ehesten als Konkubinat zu bezeichnen, kam durch eine einseitige Verfügung des Mannes über seine Unfreie zustande.

Für die Kirche hätte es nun nahegelegen, wie P. Mikat sagt, die Friedelehe, die die Zustimmung der Frau zum Eheschluß voraussetzte, zum alleinigen Ehetyp zu erheben. Tatsächlich hat das bei der Friedelehe vorherrschende Konsensprinzip die weitere Gestaltung des christlichen Eheschließungsrechts auch stark beeinflußt[17]. Daß die Kirche das nicht tat, sondern im Gegenteil dazu neigte, die Friedelehe durch die Bezeichnung als Konkubinat abzuwerten, hat seinen Grund wieder in jenem springenden Punkt: Die Friedelehe begünstigte die Polygamie. Sie war zudem in der Lebenswirklichkeit von der Kebsehe, was die Stellung der Frau angeht, oft kaum zu unterscheiden und leichter aufzulösen als die Vertragsehe. Die Kirche bekämpfte aus dem gleichen Grund auch das sogenannte Sklavenkonkubinat, das der Herr willkürlich aufzulösen vermochte. Aber auch das war ein Grund, die Muntehe zu privilegieren, daß die

---

[15] *W. Müller-Freienfels,* Ehe und Recht (Tübingen 1962) 14.

[16] *H.-J. Becker,* a.a.O. 18 mit besonderer Erwähnung Augustins.

[17] *P. Mikat,* a.a.O. 819, *W. Ogris,* a.a.O. 1295.

Gleichstellung von Mann und Frau in der Friedelschaft nach Überzeugung der Zeit den Aussagen der Schrift (Eph 5, 22) widersprach.

Wie auch immer: In den Bußordnungen des frühen Mittelalters und dem Dekret Gratians wird das Konkubinat geduldet, sofern es sich um eine dauernde monogame Verbindung handelt, die den affectus maritalis, die Ehegesinnung, erkennen läßt. Gerade dies aber wird für die Kirche zum Motiv, die gewünschte Öffentlichkeit der Eheschließung zu verbessern und mit den „verborgenen Ehen" auch das Konkubinat zu beseitigen.

b) Aufklärung, Romantik und Restauration

Die kirchliche Konsolidierung der Ehelehre, welche die Monogamie in der Form eines Konsensualkontraktes zur allein gültigen, von Gott gestifteten und den Ehepartnern unverfügbaren Institution mit dem Verpflichtungsgehalt der Treue, Fortpflanzung und Unauflösbarkeit erhob, wurde seit der Aufklärung wieder in Frage gestellt. Die erreichte Integration, mit anderen Worten, des Konsensmodells („Bund") und des Vertragsmodells seit der spätrömischen und kanonischen Verrechtlichung der Ehe in der Institution als pactum supra partes wird durch einen eigentümlichen Säkularisationsprozeß in unterschiedliche Grundmuster aufgelöst. Das ist die Ausgangslage der gegenwärtigen Situation, in der sich diese Grundmuster analog aufzeigen lassen. Dabei muß der Begriff Säkularisation im Sinne einer Übertragung der kirchlichen Tradition in neuzeitliche Ordnungsvorstellungen verstanden werden, ein Prozeß, an dem die protestantische Theologie in der Linie ihrer eigenen Tradition beteiligt war. Das heißt für den Ansatz der Aufklärung, daß der theologisch beziehungsweise in katholischer Überlieferung kirchlich, sakramental überformte Vertragsgedanke im Kontext der protestantischen und rationalistischen Naturrechtstheorien in einen weltlichen, zivilen Vertragsgedanken überführt wurde[18].

Diese Säkularisierung ließ den herkömmlichen Verpflichtungsgehalt der Ehe vielfach unangetastet, akzentuierte nur anders, besonders da, wo die Ehezwecke unter staatlichen Nützlichkeitsgesichtspunkten bewertet wurden. Prinzipiell aber ist die Ehe nach dem Ehemodell des aufgeklärten Naturrechts ein Gesellschaftsvertrag mit personalen Besonderheiten und unterliegt dem Vertrags- und Gesellschaftsrecht. Und indem sie als eine Gemeinschaft vorgestellt wird, die durch einen Vertrag des natürlichen Rechts entsteht, beginnt sie nicht nur mit einem Vertrag, sondern *ist* ein Vertrag. Tendenziell geraten daher die Ehezwecke auch unter das Prinzip der vertraglichen Verfügungsfreiheit, und das entsprach jener zunehmenden Individualisierung aller Beziehungen in der

[18] Vgl. *W. Müller-Freienfels,* a.a.O. 11, 15, 20. Vgl. auch *H. Ringeling,* Art. Ehe, in: Evangelisches Soziallexikon (Stuttgart [7]1980) 260–266; *ders.,* Art. Ehe, Eherecht, Ehescheidung, VIII, Ethisch, in: TRE IX (Berlin 1982) 346–355.

neuzeitlichen Gesellschaft, die von René König als sozialer Desintegrationsprozeß beschrieben wird; die Kompetenz, eine Ehe zu vereinbaren, und auch, sie nach eigenem Ermessen zu gestalten und zu führen, verlagert sich auf die Ehepartner selbst. Dem Prinzip nach verwalten sie nicht mehr eine vorgegebene Institution, sondern konstituieren sie aufgrund eigener Willensentscheidung. Ein Pluralismus von Formen der geschlechtlichen Gemeinschaft wird dadurch denkbar, und das Merkmal der Gemeinschaftsdauer steht zur Disposition, zumindest über die Vermehrung der Scheidungsgründe. Eine eigentliche Verpflichtung zur ehelichen Verbindung ergibt sich (seit J. Locke und nach Montesquieu, während Rousseau auch dies bereits bestritt) erst aus der Bedürftigkeit der Kinder[19].

Das Denkmodell der Aufklärung, das den Grundwert der Freiheit betont, wird von der frühen Romantik teils bestritten, teils ergänzt. Betont wird jetzt eher der Grundwert der Gleichheit als Gleichwertigkeit von Mann und Frau, und in der Tat bestanden auch erst für die Romantik reale gesellschaftliche Voraussetzungen für eine liberale Neuordnung der Geschlechterbeziehung im gebildeten Bürgertum. Sie treibt die Tendenz zur Privatisierung der Ehe aus eigenen Gründen weiter; der Verstandesehe und damit der Vertragsehe wird die Liebesehe, der freie Bund, entgegengesetzt. Für F. Schlegel *ist* die Liebe Ehe, auch ohne Trauung und bürgerliche (kirchliche) Zeremonien. Ehe ist das ganzheitliche Einswerden von Mann und Frau in Form einer erotisch-harmonischen Ergänzung, einer gemeinschaftlichen Selbstverwirklichung, die Schleiermacher auf das ideale Niveau einer sittlichen Lebensgemeinschaft zweier füreinander gleich bedeutender Individuen gehoben hat. Hier kündigt sich bereits die moderne „gleichrangige Gefährtenschaft" (E. Burgess, G. Wurzbacher) an, vor allem aber war das ein Protest- und Alternativprogramm gegenüber der normalen bürgerlichen Ehe, die Idee einer neuen Moral der Innerlichkeit im Kontrast zur „kalten Notwendigkeit" der von den Familien arrangierten Ehen. Der Grundgedanke zumindest des jungen Schleiermachers ist der, daß das „Haus" aus dem gemeinschaftlichen Willen, das heißt: als freie Tat von innen her, entstehen soll.

Im Ideal der romantischen Ehe bleibt ein Anspruch auf Dauer zwar mitgesetzt, bei Schleiermacher sogar bis hin zu einer moralischen Geringschätzung

---

[19] Vgl. *D. Schwab*, Art. Familie, in: Geschichtliche Grundbegriffe. Historisches Lexikon zur politisch-sozialen Sprache in Deutschland II (Stuttgart 1975), hrsg. von O. Brunner u. a., bes. 281 ff. Dort zitiert als Beispiel für ein folgerichtiges Zuendedenken der Vertragsfreiheit wird *Karl Ludwig Pörschke*, Vorbereitung zu einem populären Naturrechte (Königsberg 1795) 230 f., 234: „Die Ehe ist ein Vertrag zwischen Personen beiderlei Geschlechtes, um zusammen in der engsten Verbindung zu leben... Der Zweck bei der Ehe muß jedes Willkür überlassen werden, jeder darf bei seiner Heirat Bedingungen eingehen, welche er will, er darf die Ehe auf so lange als er will schließen und sie mit Einwilligung des anderen Teiles auch vor der Zeit aufheben... Nur durch Verabredungen und durch Einwilligung erlangt ein Teil die Herrschaft über den andern."

einer zweiten Ehe nach dem Tod eines Partners, aber die „Gemeinschaft" gerät doch auch in eine kritische Distanz zur Institution als dem bloß äußerlichen Gehäuse der wesensmäßig und sittlich maßgebenden personalen Beziehung und innerlichen Verbindlichkeit. Tendenziell treten damit für das typisch romantische Denkmodell die rationalen und sozialen Zwecke der Ehe zurück gegenüber den emotionalen und privaten Sinngehalten; sie erscheint als „wahre Ehe", wenn sie im biographischen Gestaltungs- und Aneignungsprozeß gelingt, aber auch als auflösbar, wenn sie mißglückt. Der Grundbegriff Ehe bezeichnet also eine „Lebensgemeinschaft", die sich in einer bestimmten Rechtsform verwirklichen kann, es aber nicht muß. Auch hier aber kristallisierte sich dann wie beim späteren Schleiermacher der Gesichtspunkt einer institutionellen Verbindlichkeit der Ehe durch das Kind beziehungsweise eine starke Betonung der Pflicht zur Fortpflanzung heraus.

Die Problematik der beiden Grundmuster ist bald erkannt und vorbildhaft noch für heute in den spätromantischen, spätidealistischen und rechtshistorischen Reflexionen über Wesen und Gehalt der Ehe diskutiert worden. Die Einsicht besonders, daß ihnen ein erheblicher struktureller Mangel, eine Schwäche im Verhältnis von Theorie und Praxis, gemeinsam war, begünstigte den Versuch einer Vermittlung, wie ihn das über lange Zeit einflußreiche Restaurationsmodell darstellte. Diese hauptsächliche Schwäche kann man mit Bezug auf die beiden Werte der Freiheit und Gleichheit beschreiben, indem man feststellt, daß der Wert der Solidarität in der Lebenswirklichkeit zu schwach abgesichert war. Genauer: die mangelnde soziale Selbständigkeit der Frau hatte zur Folge, daß einerseits mit theoretischen Unterstellungen wie der Idee eines freiwilligen Unterwerfungsvertrages, andererseits mit dem psychologischen Druck des Harmonieideals ihre Anpassung an die Interessenlage des Mannes erzwungen werden konnte. Das gilt auch für Fichtes idealistischen Ansatz, der die vorstaatliche Natur der Ehe betonte und die Ehe damit dem Dilemma des rationalistischen Vertragsrechts entzog, nämlich zwischen der naturrechtlichen Vertragsfreiheit der Individuen und der außerordentlich starken Verrechtlichung in der positiven staatlichen Gesetzlichkeit. Als ein moralisches Verhältnis verstanden, erscheint die Ehe demgegenüber bei Fichte als ein individuelles Ganzes, dessen freiwillig zustandegekommene Geschlossenheit einen gesetzesfreien Raum konstituiert; die Eheleute können ihre Ehe auch frei wieder auflösen, wenn ihre rechtfertigenden sittlichen Voraussetzungen entfallen. Weil aber die Gatten *eine* Seele sind, ist in der Ehe, die der Mann beherrscht und vertritt, auch kein Rechtsschutz für die Frau denkbar[20].

In diesem Freiheitskonflikt bedeutete das Restaurationsmodell eine zeitgerechte Lösung. Die nun wieder betonte Institution der Ehe als einer dauerhaf-

---

[20] Vgl. *D. Schwab*, a.a.O. 290 ff.; *W. Müller-Freienfels*, a.a.O. 21 ff.; *D. Huhn*, Der Fall Familie (Darmstadt – Neuwied 1977) 151 ff.

ten, unverfügbaren Grundordnung des Rechts und der Sittlichkeit bot „Schutz vor Unmittelbarkeit", wie T. Rendtorff eine wesentliche Leistung von Institutionen genannt hat, hier also vor der Willkür von Interpretationen des ehelichen Verhältnisses durch den Mann. Diesen Schutzcharakter der Institution konnte Hegel in einer Deutung wieder zur Geltung bringen, die Fichtes Ansatz umkehrt. Wenn die Ehe als *eine* Person ein eigenes substantielles Ganzes ist, kann sie auch so begriffen werden, daß sie den Individuen vorgegeben und übergeordnet ist. Liebe kann dann als die sittlich verpflichtende Teilnahme an dem staatlich gewährleisteten Stand der Ehe oder eben diese als „die rechtlich sittliche Liebe" bestimmt werden. Das tilgt nach Hegel die Willkür, Launenhaftigkeit, Vergänglichkeit und bloße Subjektivität der Liebe als einer Empfindung aus dem Begriff der Ehe, begründet diese aber gleichwohl gegenüber einseitigen Verständnisweisen als physischer Geschlechtsbeziehung oder bürgerlichem Kontrakt als ein sittliches Verhältnis[21]. Ihre Wirklichkeit ist die transsubjektive Gestalt, die dann im Statusmodell der Ehe und unter dem Einfluß Savignys als ein ethisch-organisches Ganzes von dauerhaft verpflichtendem Charakter, welches in der Familie Festigkeit und Erfüllung erlangt, aufgefaßt werden konnte: eine unbedingte Verbindlichkeit im Staatswesen.

3. *Lösungsvorschläge*

a) Theologische Argumentationstendenzen

Nach der geschichtlichen Orientierung kann die Aufgabe der christlichen Ethik jetzt als der Versuch einer neuen, zeitgerechten Integration der drei Grundmuster beschrieben werden. Um zeitgerecht sein zu können, muß sie ihre Argumente für eine Höchstgeltung der Ehe als Lebensgemeinschaft und als Rechtsinstitut auf den gegenwärtigen Überzeugungswandel und die Erfahrungswirklichkeit der alternativen Gemeinschaftsformen beziehen. In diesem Satz werden aber schon zwei Voraussetzungen gemacht, die den theologischen Ansatz der Argumentation von vornherein auf die Ebene des zeitgenössischen Denkens stellen.

Das ist zum einen die Voraussetzung, daß nicht mehr von der Absolutheit einer bestimmten Form ehelicher Gemeinschaft, sondern nur von ihrer Höchstgeltung gesprochen werden kann[22]. Dies berücksichtigt die allgemeine Erkenntnis der historischen Relativität jeder menschlichen Lebensordnung. Weder konnten die spätidealistischen und rechtshistorischen Begründungen der

---

[21] Theorie Werkausgabe VII. Grundlinien der Philosophie des Rechts (1821) (Frankfurt a. M. 1970) §§ 161–169.

[22] Vgl. *H. Ringeling,* Freie Lebensgemeinschaften in der Sicht evangelischer Sozialethik, in: ZEE 24 (1980) 143–148; breiter auch in: Partnerschaft und Identität (Loccumer Protokolle 3/1980).

Ehe mit dem objektiven Gang der Geistesgeschichte eine weitergehende Relativierung ihrer Institution aufhalten. Noch ist dies theologischen Konzeptionen möglich, die mit Hilfe naturrechtlicher oder schöpfungstheologischer Begründungen der Ehe als einer Seinsordnung ihre anthropologische Absolutheit erweisen wollen. Das Scheitern solcher Begründungsweisen zeigt sich exemplarisch an der – ebenfalls einflußreichen und vielfach an das Restaurationsmodell anknüpfenden – sogenannten theologischen Institutionentheorie[23].

Diese machte den Versuch, die Ehe als strukturelle Einheit von göttlicher Stiftung und freier Annahme durch den Menschen zu verstehen. Das ermöglichte es, die soziale Veränderung vom Patriarchat zur modernen Partnerschaft ethisch zu rechtfertigen, ohne den transpersonalen Statusgedanken und damit die Unverfügbarkeit der Eheinstitution für die einzelnen aufzugeben. Der Kompromiß bestand darin, daß die absolute Institution auf einen Grundriß mit kulturgeschichtlich wandelbarem Inhalt hin relativiert wurde. Konkret ist die Unterscheidung von Form und Inhalt aber nicht überzeugend durchzuführen, so daß diese Theorie im Fortgang der Diskussion einen konsequent kulturgeschichtlichen Ansatz im Kontext des Christentums nahelegt, anders gesagt: falsifizierbare Argumentationsmodelle, die stets nur die vorläufige Höchstgeltung einer bewährten und durch ihren eigenen Sachverhalt einleuchtenden Ordnung vertreten können[24].

Das gleiche Problem zeigt sich bei dem Versuch, den Traugott Koch macht, um gegenüber der nichtehelichen Lebensgemeinschaft das Recht der Ehe zu verteidigen, indem er, den Vertragsgedanken für die Ehe ablehnend, an Hegel anknüpft, dabei aber, um den gegenwärtigen Diskussionsstand zu erreichen, wesentlich stärker betont, daß die Partner ihr Verbundensein ausdrücklich *wollen* müssen. Die Ehe beruhe demnach auf *bewußter* und *selbstbewußter* Liebe, und dies erst, die selbstbewußte und auf das gemeinsame Allgemeine bezogene Liebe, begründe die Unauflösbarkeit der ehelichen Verbindung. Damit kommt in der Tat das typisch neuzeitliche Moment der Konstituierung menschlicher Ordnungen durch den Willen der Beteiligten zum Ausdruck, und Koch lehnt von daher auch den Hegelschen Gedanken ab, daß die staatliche Gesetzgebung die Ehescheidung auf das Höchste erschweren soll, um so das Recht der Sittlichkeit gegen das Belieben aufrechtzuerhalten[25]. Aber gerade darin bestand – bei Hegel wie bei Savigny – die richtige Konsequenz des Institutionenmodells mit seiner Schutzfunktion.

---

[23] Vgl. *H. Dombois,* Kirche und Eherecht. Studien und Abhandlungen 1953–1972 (Stuttgart 1974) 221–240, 249ff. u. passim; *H. Begemann,* Strukturwandel der Familie (Witten ²1966) 152–155.

[24] Vgl. *H. Ringeling,* Theologie und Sexualität (Gütersloh ²1969) 227f., 236–257.

[25] *T. Koch,* Ehe und „Nicht-eheliche Lebensgemeinschaft“ als Thema der Ethik, in: *G. Landwehr* (Hrsg.), a.a.O. (s.o. Anm. 14) 47, 59f. Vgl. zum Problem auch *T. Rendtorff,* Ethik II (Stuttgart 1981) 19ff., 41ff.

Zum anderen ist es eine Voraussetzung zeitgerechter Argumentation, daß man zwischen der Ehe als Lebensgemeinschaft und als Rechtsinstitut unterscheidet. Diese Notwendigkeit hat Karl Barth besonders nachdrücklich betont; Ethiker wie zum Beispiel Paul L. Lehmann und Jan M. Lochman sind ihm darin gefolgt. Ungeachtet der weiterreichenden sexualethischen Konsequenzen, die P. L. Lehmann daraus zieht, ist das theologische Interesse an dieser Unterscheidung nicht etwa eine Abwertung der institutionellen Seite der Ehe. Die Heirat ist der Ehe nicht äußerlich, sondern als Bekenntnis des Paares zu seiner Ehe und deren öffentliche Bestätigung ein für die Ehe selbst substantieller Faktor; dagegen nennt Barth es eine „greuliche alte Irrlehre, daß Ehe gleichbedeutend sei mit Heirat, Heirat mit Ehe". Es könnten ja zwei Menschen verheiratet sein und doch nicht in einer ernstlich so zu nennenden Ehe leben. Und es könnte sein, daß zwei Menschen nicht verheiratet sind „und in ihrer, in diesem Fall gewiß sehr bedrohten Weise dennoch unter dem Gesetz der Ehe leben". Von grundlegendem Interesse ist demgegenüber der Begriff der „Lebensgemeinschaft", der das umfassende Wesen der Ehe in der Ganzheit, Dauer und Unauflöslichkeit ihrer mitmenschlichen Beziehungsfülle meint.

Barth wendet sich damit zwar ebenfalls gegen das Vertragsmodell der Aufklärung, votiert aber nicht für ein theologisches Institutionenmodell, sondern ein christologisch interpretiertes Bundesmodell, das bei der personalen Liebe ansetzt. Das eröffnet die Möglichkeit, mit J. M. Lochman zu sagen: wohl erscheine in der christologischen Perspektive (des Neuen Testaments) die monogame Ehe als der verbindlich anzustrebende Lebensbund, es lasse sich aber zwischen „Ehe" und „Eheform" unterscheiden, und die Ehe sei in ihrem Wesen eine immer wieder zu gestaltende Lebensgemeinschaft[26].

Von besonderer Bedeutung ist aber auch die Einsicht, daß es falsch wäre, zwischen Ehe und nichtehelicher Lebensgemeinschaft nur aufgrund des Instituts der Heirat zu unterscheiden, obgleich es tatsächlich präzise den Unterschied bezeichnet, in sozialgeschichtlicher Sicht allerdings nicht zuletzt auch zwischen Ehen, bei denen Besitzverhältnisse förmlich zu regeln waren, und solchen, für die das keine Bedeutung hatte[27]. Es gibt *die* Ehe sowenig wie *die* nicht-

[26] *K. Barth,* Kirchliche Dogmatik III/4 (Zollikon – Zürich 1951) § 54, 1, bes. 202, 208, 218, 251–255. *P. L. Lehmann,* Ethik als Antwort (München 1966) 129 f.; *J. M. Lochman,* Wegweisung der Freiheit. Abriß der Ethik in der Perspektive des Dekalogs (Gütersloh 1979) 106 f.

[27] *R. König,* Die Familie der Gegenwart (München 1974) 50–54, 132, mit besonderem Hinweis auf die Zusammenhänge zwischen Konsensehe und Armut der Unterklassen und weiteren Angaben zu traditionellen und modernen Konkubinatsformen. König bietet als „Minimaldefinition" der verschiedenen Eheformen gegenüber der Institution der Hochzeit, aber auch gegenüber den „geheimen Ehen" an, von einem „anthropologischen Universal" auszugehen: dem Willen von Mann und Frau, auf Dauer zusammenzuleben, seiner (formellen oder informellen) Bezeugung und der Absicht, gemeinsam Kinder aufzuziehen. Diese affectio maritalis finde heute, wie dem Prinzip nach schon im kanonischen Recht, ihren generellen Ausdruck in der Konsensehe.

eheliche Lebensgemeinschaft, und für das ethische Urteil ist mit Barth zu beachten, daß Heirat nicht schon Ehe macht. Das Gelingen der geschlechtlichen Gemeinschaft hat eigene Gründe; die moralische Beurteilung einer heute als nichtehelich zu bezeichnenden Lebensgemeinschaft muß darauf differenzierend Bezug nehmen. Gleichwohl braucht eine solche Bereitschaft zu differenzieren nicht auf einen ethischen Relativismus hinauszulaufen, der alle persönlich bekundeten Sinn- und Werterfahrungen in den verschiedenen Gemeinschaftsformen auch normativ für gleichmäßig gültig hält. Vielmehr wird das ethische Urteil, gestützt auf die unterschiedlichen Sinninterpretationen im Erfahrungsbereich der Sexualität, zu dem Ergebnis kommen können, daß ein „institutionelles Integrationsmodell" ihre Bedeutungsgehalte aufzunehmen und am besten zu erfüllen vermag[28]. Daraus folgt der Anspruch auf eine Treuebindung, die nach F. Böckle im Wesen der geschöpflichen Freiheit gründet und einen Akt der Selbstverfügung darstellt[29].

b) Ethische Kriterien und Kompromisse

Den Ansatz für die Integration ihrer Bedeutungsgehalte hat die geschlechtliche Gemeinschaft im ethisch qualifizierten Konsens der Partner. Ihn teilt die Ehe mit nichtehelichen Lebensgemeinschaften; er bezeichnet aber auch eine moralische Schwelle. Dieses Konsensprinzip unterscheidet nämlich zwischen alternativen Formen, die einen solchen Entschluß zur Verbindlichkeit vermissen lassen, und denen, für die er sich aus der grundlegend ehelichen Gesinnung zu erneuern und in der Lebenswirklichkeit auszulegen vermag als „ein andauernder, sich anreichernder Prozeß, der die immer umfassendere Ausbildung der Einheit zweier Personen zum Ziel hat"[30]. Ein Ziel, das die Öffnung zur Familie einschließt; insofern sind Integration und Komplexität die Maßstäbe des biographischen Prozesses. Die alte theologische Urteilsgrundlage kommt in diesem Bezug auf die neuzeitliche Freiheit zur Eheführung klar zur Geltung, mit einem allerdings prinzipielleren Vorbehalt gegen institutionelle Absolutheit.

Das heißt aber auch, daß der für die nichteheliche Lebensgemeinschaft typische Vorbehalt ihrer jederzeit möglichen einseitigen Beendigung nicht schon als solcher unterhalb jener moralischen Schwelle liegt, die eine bloß hedonistische Partnerschaft von einer verantwortlichen Gemeinschaft trennt. Vielmehr wird man davon ausgehen können, daß diese ihren Zusammenhalt primär in einer inneren Verbindlichkeit besitzt, einer Einheit von Liebe und Sorge, die den

---

[28] So *F. Böckle*, Fundamentalmoral (München 1977) 285 mit Bezug auf *D. Mieth*, Die Bedeutung der menschlichen Lebenserfahrung. Plädoyer für eine Theorie des ethischen Modells, in: Concilium 12 (1976) 630. Ebenfalls *F. Böckle*, Geschlechterbeziehung und Liebesfähigkeit (s. weiterführende Lit.) 137ff.

[29] *F. Böckle*, Ehe und Ehescheidung (s. o. Anm. 1) 121.

[30] *T. Koch*, a.a.O. 47.

Gedanken der „sittlichen Liebe“ erfüllt, während auf die äußere Verbindlichkeit, die Regelung der Dauer des Zusammenlebens, bewußt verzichtet wird. Aus dem gleichen Gedanken der inneren Verbindlichkeit wäre jedoch nicht eine vorweg vereinbarte Begrenzung der Lebensgemeinschaft auf eine bestimmte Zeit abzuleiten. Er fordert im Gegenteil einen Selbsteinsatz, der dem anderen Menschen in seiner biographischen Ganzheit, seiner zeitlichen, veränderlichen und alternden, Erscheinung gilt.

Das legt es nahe zu heiraten, und es liegt auch auf der Hand, daß ein – wie auch immer bezeugtes – Versprechen uneingeschränkter Gemeinschaft von zwanghaften Glücks- und Harmonieerwartungen entlasten kann. Gleichwohl werden Aufschubs- und Verweigerungsmotive, die die traditionelle Ehe in Frage stellen, durch den Wandel der äußeren Institutionalisierungsgründe gestützt. Solche Gründe waren 1) ökonomischer Art: die beiderseitigen Besitzverhältnisse wurden durch die Heirat dauerhaft geordnet. Sie waren 2) genealogischer Art: die Legitimität der Nachkommen wurde gesichert. Und sie waren 3) sozialer Art: die schwächeren Mitglieder wurden geschützt. Alle drei Gründe sind auch heute noch Heiratsmotive. Sie sind aber durch die individuellen Rechte und Chancen in einer modernen Gesellschaft schwächer geworden. Das gilt nicht nur für die Verfügung über Besitz, sondern auch hinsichtlich der Kindesrechte (in der Schweiz gibt es den Begriff des unehelichen Kindes nicht mehr, woraus sich auch weitreichende Konsequenzen für die Gleichstellung von Kindern aus Ehen und nichtehelichen Verbindungen erheben könnten)[31]. Besonders folgenreich ist aber das dritte: Die soziale Selbständigkeit der Frau vermindert die Bedeutung des Schutzmotivs der Institution erheblich; ihre zunehmende Unabhängigkeit, zu der die christliche Ethik beiträgt, läßt die fundamentale Freiheit und Gleichheit der Konsenspartner erst wirklich werden. Auf diese Weise wird der herkömmliche Institutionalisierungsgrund in die freie Vereinbarung hinein aufgehoben und entsprechend dazu wird auch die Scheidungsmöglichkeit größer: eine unbedingte Verbindlichkeit kann nurmehr durch die bewußte und selbstbewußte Liebe, den Willen der Beteiligten, erlangt werden.

Hier ist denn auch der Punkt, wo die Ethik, begleitend und beratend, anknüpfen wird. Sie wird das Recht auf die freie Entscheidung und Vereinbarung grundsätzlich anerkennen und eben deshalb nicht diffamierend, sondern konstruktiv auf die Probleme der nichtehelichen Lebensgemeinschaften eingehen. Konstruktiv heißt, daß sie, die tatsächliche und ethisch wie rechtlich weithin unbestrittene Pluralität und Privatheit der geschlechtlichen Gemeinschaftsfor-

[31] Nach geltendem Recht hat auch dort allein die Mutter die elterliche Gewalt, auch wenn sie mit dem Vater des Kindes im Konkubinat lebt; das zeigt allgemein eine schwere Problematik der nichtehelichen Lebensgemeinschaften in der Gegenwart auf. – Zum schweizerischen Kindesrecht vgl. weiter *H. Hausheer*, Recht und Familie: Die Familienrechtsreform in der Schweiz als gesetzgeberische Aufgabe, in: *H. Ringeling – M. Svilar* (Hrsg.), a.a.O. 88f.

men voraussetzend, mit überzeugenden Gründen den Weg zur Ehe gangbar macht und also auch die Ehe den berechtigten Interessen, die sich in den nichtehelichen Lebensgemeinschaften ausdrücken, anpaßt, ohne ihre bevorzugte moralische und soziale Geltung aufzugeben. Das ist der Weg des ethischen Kompromisses[32].

Ansetzen läßt sich damit, daß man die bleibenden Schutzfunktionen der Institution aufweist. Das betrifft bereits die Frau. Auch wenn es vorstellbar ist, daß ein umfassender individueller Vertrag, ergänzt durch ausgebaute Schwangerschafts- und Mutterschutzrechte und andere Hilfseinrichtungen, gleiche Leistungen wie das Rechtsinstitut der Ehe erbringt, ist es fraglich, ob ihre berufliche Chancengleichheit mit dem Mann nicht durch Kinder beeinträchtigt wird; und das ist ja auch offenkundig ein Grund für den Verzicht auf Kinder. Möglicherweise noch stärker, wenngleich weniger beachtet dürfte eine – jedenfalls vorderhand noch – andere Schutzfunktion der Ehe sein, die nämlich, daß sie überhaupt eine Option für den Hausfrauenberuf offenhält, während die Unabhängigkeit der Frau sonst weitaus überwiegend eine außerhäusliche Berufstätigkeit verlangt. Allerdings zeigt sich bei der Gewichtung, daß sich heute die Ehe, die als ein Selbstzweck betrachtet werden kann, auch im Hinblick auf die Institutionalisierungsgründe deutlich von der Familie abhebt. Diese erfordert nämlich unzweifelhaft eine privilegierte Rechtsform, und zwar aus der Natur der Sache heraus: um den Kindern eine feste, zuverlässige Umgebung zu garantieren.

Damit kommt die erste konstruktive Aufgabe ins Blickfeld. Sie besteht in familienpolitischen Maßnahmen, die dazu führen müssen, daß die ethischen und wirtschaftlichen Leistungen, die in der Familie erbracht werden, besser als bisher vergolten werden, so daß Eltern nicht im Verhältnis zu unverheirateten Paaren übermäßige Verzichte an Lebensqualität zu leisten haben[33]. Es sollte auch zwischen dem berechtigten sozialen Interesse an der Familie und dem Interesse an persönlicher Freiheit ein ausgewogener Kompromiß zu finden sein.

In einem anderen Kompromiß besteht die zweite Aufgabe, die sich abzeichnet. Sie liegt darin, die berechtigte Kritik an der „bürgerlichen Ehe" aufzunehmen, die besonders dem Verweigerungsmotiv zugrunde liegt. Das geschieht ja allerdings auch schon in den verschiedenen Eherechtsreformen. Nach Heinz Hausheer stellt sich die Lösung des Problems angesichts, wie er sagt, der Szylla in der Gestalt der Forderungen nach Gleichstellung der Ehegatten und nach Anpassungsfähigkeit des Eherechts an unterschiedliche Ehetypen nebeneinander und nacheinander und der Charybdis in der Gestalt der Forderung nach

[32] Vgl. in diesem Band: *H. Ringeling,* Die Notwendigkeit des ethischen Kompromisses: Kritik und theologische Begründung.
[33] So nach einer vorläufigen Antwort des Schweizerischen Evangelischen Kirchenbundes auf eine Anfrage des Evangelischen Kirchenrates des Kantons Thurgau: Institut für Sozialethik SEK, Nichteheliche Lebensgemeinschaften (Bern, Sulgenauweg 26, 28. 5. 1980).

normativem Leitbild so dar, daß für eine rechtliche Ordnung wohl nur der Kompromiß bleibe: grundsätzlich auf ein normatives Leitbild mit ganz bestimmten Konturen und damit auf eine bestimmte Aufgabenverteilung zu verzichten und gleichzeitig die Ehegatten bei ihren frei gewählten Eheausgestaltungen zu behaften, indem sie zwar gemeinsame Veränderungen bei der Rollenverteilung in größtem Ausmaß jederzeit duldet, einen einseitigen Änderungswunsch aber den übergeordneten Interessen der Ehegemeinschaft als solcher im Sinne von gegenseitiger Rücksichtnahme unterordnet[34].

In dieser Linie sind differenzierte Übergänge von der Rollenfreiheit in der Ehe zur vertraglichen Vielfalt bei der Eheschließung und auch zu den alternativen Formen möglich, mit dem Vorbehalt, daß die Rücksichtnahme auf den Ehepartner und das Wohl des Kindes als ein Verantwortungsrahmen „unverfügbar" bleibt. Die Aufgabe erweitert sich im Hinblick auf das Nützlichkeitsmotiv. Hier geht es um den Abbau von unbilligen Härten im geltenden Recht, ohne doch wiederum die juristisch ohnehin nicht einheitlich zu erfassenden nichtehelichen Lebensgemeinschaften der Ehe im Bereich des Privatrechts und des öffentlichen Rechts Zug um Zug gleichzustellen. Das Ziel ist vielmehr eine solche Ausgestaltung des Ehe- und Ehescheidungsrechts, daß grundsätzlich Ehewillige die Ehe nicht zu scheuen brauchen.

Das führt des weiteren zu einer offenen Frage. Wie weit soll das Recht die nichtehelichen Lebensgemeinschaften überhaupt erfassen und nach welchen Regelungsmustern können Streit- und Härtefälle, die sich aus ihnen ergeben, behandelt werden?[35] Wieder wird ein Kompromiß zwischen zwei extremen Positionen anzustreben sein. Der eine extreme Lösungsvorschlag lehnt jeden Rechtsschutz für die nichteheliche Lebensgemeinschaft ab. Das vertritt auch T. Koch; er sieht im Verzicht zweier Personen darauf, ihrer Ehe eine Rechtsform zu geben, einen grundsätzlichen Rechtsverzicht. Ihr Entschluß bedeute, daß ihre Ehe selbst keine Rechte habe. Die Betreffenden müßten die Folgen ihres Rechtsverzichtes übernehmen, und der Staat müßte dies respektieren[36]. Dagegen bemerkt Wolfram Müller-Freienfels mit Recht, es sollte doch eigentlich da, wo als mögliche Lösung anerkannt werde, daß jeder Partner einer nichtehelichen Lebensgemeinschaft sich ohne Rechte und Pflichten stellt, um so mehr möglich sein, daß die Partner im Einzelfall untereinander auch Rechtswirkungen vereinbaren können, wenn sie dies wollen. Der Schluß a maiore ad minus biete sich hier an, zumal mit dem Eingehen solcher Vereinbarungen mehr Verantwortungsgefühl praktiziert werden könne als ohne sie[37].

Tatsächlich wird man auf einen generellen Rechtsverzicht auch bei denen

---

[34] *H. Hausheer,* a.a.O. 93.

[35] Zur Diskussion umfassend *W. Müller-Freienfels,* Tendenzen zur Verrechtlichung nichtehelicher Lebensgemeinschaften (s.o. Anm. 1); s. auch: weiterführende Lit.

[36] A.a.O. 51 f.

[37] ZEE 24 (1980) 65.

nicht schließen dürfen, die dem Vertragsmodell das Bundesmodell vorziehen und ohne vertragliche Sicherung – von ihnen als falsche securitas gegenüber der certitudo ihrer inneren Verbundenheit verstanden – miteinander leben. Gerade von dieser Haltung fällt aber Licht auf den anderen Lösungsvorschlag, der ebenso allgemein die analoge Anwendung von Ehevorschriften auf nicht-eheliche Verbindungen von einer gewissen zeitlichen Dauer an fordert. Auch hier wird man W. Müller-Freienfels zustimmen können, wenn er darin eine problematische Ableitung von Normen aus dem „gelebten Leben" und damit eine unethische Tendenz der „Naturalisierung des menschlichen Geschlechtslebens" erblickt[38]. Hier ist es nun wirklich geboten, daß der Staat sich zurückhält und die Betreffenden das menschliche und finanzielle Risiko ihrer Beziehung tragen läßt. Man kann nur versuchen, sie zu beraten, damit sie wissen, was sie tun. Dessenungeachtet bleibt für das Recht die Aufgabe bestehen, Teilprobleme der nichtehelichen Lebensgemeinschaft im Zivilrecht, Gesellschaftsrecht, Arbeitsrecht, Sozialrecht zu regeln, aber eingeschränkt auf Sachverhalte wie den der mißbräuchlichen Ausnutzung einer Rechtsstellung und nur insofern unter dem Gesichtspunkt des „Schutzes des Schwächeren im Recht"[39]. Und auch dabei bleibt es in ethischer Hinsicht, daß die Solidaritätspflicht der Partner nicht einfach mit dem Ende der Gemeinschaft aufhört, auch das ein Grund, Verantwortung für den anderen Menschen von vornherein in ihrer ganzen biographischen Verbindlichkeit zu übernehmen.

Weiterführende Literatur

Franz Böckle, Geschlechterbeziehung und Liebesfähigkeit, in: Christlicher Glaube in moderner Gesellschaft. Enzyklopädische Bibliothek, hrsg. von F. Böckle u. a., Tl.-Bd. 6 (Freiburg i. Br. 1981) 109–160.

Götz Landwehr (Hrsg.), Die nichteheliche Lebensgemeinschaft. Veröffentlichung der Joachim Jungius-Gesellschaft der Wissenschaften Hamburg Nr. 34 (Göttingen 1978).

Wolfram Müller-Freienfels, Les problèmes juridiques posés par les couples non mariés, Europarat 1981 (CJ–DE/11 [81] 3); auch in englischer Sprache.

Hermann Ringeling – Maja Svilar (Hrsg.), Familie im Wandel (Bern 1980).

Wilfried Schlüter, Die nichteheliche Lebensgemeinschaft (Berlin 1981).

Hermann Ringeling

---

[38] Ebd. 59 f.

[39] Vgl. dazu die Bemerkungen von *Ingo von Münch,* Verfassungsrecht und nichteheliche Lebensgemeinschaft, in: *G. Landwehr* (Hrsg.), a.a.O. (s. o. Anm. 14) 151, und *D. Schwab,* Zivilrecht und nichteheliche Lebensgemeinschaft, ebd. 83.

III

Maßstäbe für die Bewertung der Gleichheit und Ungleichheit von Mann und Frau

1. Ergebnisse der empirischen Forschung

Maßstäbe für die Bewertung von Gleichheit bzw. Ungleichheit der Geschlechter können selbstverständlich nicht durch bloße Reflexion entwickelt werden; die Frage nach ihnen bedeutet vielmehr zuerst und vor allem eine Anfrage an die Forschungsergebnisse der Human- und Sozialwissenschaften zum Thema. Dabei ist allerdings zu beachten, daß diese sich zwar vorwiegend mit der Erfassung und Erklärung des Seienden (und Gewesenen), doch teilweise auch mit der Diskussion verhaltensnormierender oder -steuernder Zielperspektiven befassen, was scharf zu trennen ist und bei welch letzterer Diskussion unstreitig auch theologische Kompetenz zum Tragen kommt.

Schon bei kursorischer Übersicht über diese Human- und Sozialwissenschaften läßt sich ein Ergebnis an den Anfang stellen: An Kriterien im Sinne von unveränderlich fest zugeordneten Wesenseigenschaften von Mann und Frau lassen sich jenseits der Biologie keine nennen, sehr viel – und hier daher nur in Grundzügen – ist hingegen zu sagen zur Frage der konkreten Unterscheidungen zwischen den Geschlechtern in jeweiligen geschichtlichen Epochen. Diese Unterscheidung ist zu legitimieren und in ihren Ergebnissen darzutun; dies geht nur, indem auch auf die forschungsmäßig-methodische Situation wenigstens andeutungsweise eingegangen wird.

Was die bestehenden Schwierigkeiten der Forschung anbetrifft, so resultieren sie zunächst einmal aus dem Umfang des Themas:

1) *Alles* menschliche Verhalten ist immer zugleich Verhalten von Männern bzw. Frauen, so daß nach der geschlechtsspezifischen Seite von Verhalten überhaupt gefragt, dieses also als solches in bezug auf seine Erfaßbarkeit und Erklärbarkeit ins Spiel kommt. (Das bedeutet keineswegs, es gebe in allen Verhaltensbereichen Unterschiede, wohl aber, daß solche denkbar und nachfragbar sind.) 2) Zum zweiten ist die Geschlechtszugehörigkeit des jeweiligen Forschers unaufhebbar ein problematischer Faktor[1]. 3) Drittens spielt bei den methodischen Ansätzen die Infragestellung der früheren Grundannahme von konstanten Eigenschaften von jeweils einzelnen Menschen eine Rolle; einerseits werden Situationsabhängigkeit und -verschiedenheit von Verhalten immer stärker betont, andererseits Änderungsprozesse im Verlaufe der Lebensgeschichte hervorgehoben (ohne Begriffe wie „Persönlichkeit“ völlig aufheben zu wollen.) 4) So-

[1] *R. Eckert,* (Hrsg,), Geschlechtsrollen und Arbeitsteilung (München 1979) 16; Handbuch der Sozialisationsforschung, hrsg. von K. Hurrelmann – D. Ulrich (Weinheim 1980) 779; *H. Schenk,* Geschlechtsrollenwandel und Sexismus (Weinheim 1979) 212.

dann wird die begrenzte Reichweite der jeweiligen empirischen Forschungen lebhaft diskutiert; sie gehen nämlich vor allem auf den „weißen US-amerikanischen Mittelschichtmann" und ähnliche Bevölkerungsgruppen zurück. 5) Nicht minder intensiv wird die Grenze der zulässigen Rückschlüsse vom Tier auf den Menschen erörtert. 6) Des weiteren wächst das Bewußtsein in bezug auf die Probleme der einzelnen Meßinstrumente: So hat sich z. B. in der Hochbegabtenforschung ergeben, daß der scheinbar größere Anteil von Hochbegabungen ebenso wie von Minusvarianten beim männlichen Geschlecht in Wahrheit darauf beruht, daß in den eingesetzten Tests verstärkt diejenigen Teile der Intelligenz gemessen wurden, die in den derzeitigen Kulturen jedenfalls ohnedies häufiger und stärker beim Mann auftraten[2]. Ebenso wichtig ist die Frage des Meßzeitpunktes[3].

Trotz dieser und zahlreicher weiterer Schwierigkeiten gibt es inzwischen einen bestimmten Kern von gemeinsamen zentralen Ansichten, die als wissenschaftlich gesichert angenommen werden können.

a) Biologisch-medizinische Grundlagen

Klarheit besteht zunächst einmal in bezug auf eine Reihe von Fragen der Beschaffenheit und Entstehung der biologischen Unterschiede:

Bekanntlich wird das Geschlecht eines Menschen durch die Chromosomenausstattung in den Zellen seines Körpers festgelegt. Entscheidend hierfür ist die Konstellation des Chromosomenpaares 23, des sogenannten Geschlechtschromosomen- oder Gonosomenpaares, das bei der Frau aus zwei formgleichen, homologen X-Chromosomen besteht, beim Manne hingegen aus einem ungleichen Paar, dem großen X- und dem kleineren Y-Chromosom, das im Gegensatz zum X-Chromosom nur sehr wenige, ausschließlich mit der Geschlechtsdifferenzierung in Zusammenhang stehende Erbmerkmale enthält. Bei der Besamung erhält die Eizelle zu ihrem X-Chromosom aus dem mütterlichen Erbe entweder ein weiteres X- oder ein Y-Chromosom vom Vater, so daß der väterliche Chromosomenanteil geschlechtsbestimmend wirkt. Unter dem Einfluß der XX-Chromosomenkonstellation entwickeln sich im frühen Embryo die ursprünglich indifferent angelegten Keimdrüsen zu Eierstöcken, während es bei XY-Konstellation zur Hodenbildung kommt. Die weitere geschlechtsspezifische Entwicklung wird nun durch die Keimdrüsen selbst ausgelöst: Beim männlichen Fötus steuert das in den Hoden gebildete Hormon Testosteron die weitere Differenzierung der primären und sekundären Geschlechtsmerkmale, während es bei der Ausbildung des weiblichen Geschlechts in diesem Stadium noch keiner besonderen hormonalen Kontrolle bedarf; bei Ausbleiben der Testosteronwirkung differenzieren sich die Anlagen der inneren und äußeren Geschlechtsmerkmale in weiblicher Richtung. In der Pubertät schließlich erfolgt die Ausreifung der Geschlechtsorgane, beim Mädchen überwiegend unter der Wirkung der östrogenen Hormone, beim Jungen unter der Steuerung durch Androgene. Allerdings ist bei beiden Geschlechtern eine Produktion geringer Mengen gegengeschlechtlicher Hormone zu beobachten[4].

---

[2] *A. Degenhardt – H. M. Trautner* (Hrsg.), Geschlechtstypisches Verhalten (München 1979) 182; *A. Anastasi*, Differentielle Psychologie (Weinheim 1976) II 488; *H. Schenk*, a.a.O. 42.
[3] *A. Degenhardt – H. M. Trautner* (Hrsg.), a.a.O. 31.
[4] *A. Allemann-Tschopp*, Geschlechtsrollen (Bern 1979) 57.

Neben den grundlegenden primären körperlichen Differenzierungen haben Biologie und Medizin eine Reihe von sekundären körperlichen Unterschieden festgestellt:

So sind z. B. Männer im Durchschnitt größer und schwerer als Frauen, beide unterscheiden sich in chemischer Zusammensetzung von Blut und Muskelfaser sowie Stoffwechsel, auch der Sauerstoffhaushalt ist verschieden ebenso wie Herzvolumen, Herzgewicht, Lungenkraft usw. Die Muskelkraft der Männer ist größer. Auch der Ablauf der physio-psychischen Entwicklung differiert: Mädchen haben ein schnelleres Entwicklungstempo als Jungen.

Man muß also von zahlreichen biologischen Unterschieden zwischen den Geschlechtern ausgehen[5].

In begrifflicher Hinsicht ist hier darauf hinzuweisen, daß „biologische" Unterschiede nicht völlig identisch sind mit „anlagebedingten" Unterschieden: Bald nach der Geburt setzt Geschlechterdifferenzierung von seiten der Umwelt ein (im Prinzip unstreitig, im Grad umstritten); das sogenannte „Zuweisungsgeschlecht" im Augenblick der Geburt führt zur Zuweisung des „Erziehungsgeschlechts" und damit zu partiell verschiedenen Umwelten. Bei der Frage der Muskelkraft würden Kulturen, die alle Schwerarbeit der Frau überließen, dem Mann hingegen das Nichtstun, sicher bis zu einem gewissen Grade andere Befunde aufweisen als die untersuchte westliche Welt von heute, ohne daß der Grundbefund notwendigerweise entfiele. Und bei der festgestellten längeren Lebensdauer der Frau drängt sich die Frage geradezu auf, was denn alles auf das Konto unterschiedlicher Lebensformen zu buchen sei und inwieweit es ein biologisches Substrat für diesen Unterschied gebe.

b) Psychologische und soziologische Erkenntnisse

Wendet man sich nun der Frage nach den psychischen Unterschieden zu, so besteht in bezug auf einen Punkt selbstverständlicher und nicht mehr thematisierter Konsens: *Es gibt nicht die Natur bzw. das Wesen des Mannes respektive der Frau im Sinne fest zugeordneter, genetisch verankerter unwandelbarer Eigenschaften.* Geschlechtstypische *Verhaltens*unterschiede sind vielmehr erworbene und damit abänderbare Unterschiede (nicht jederzeit und bei jedem Menschen, aber prinzipiell im Laufe menschheitsgeschichtlicher Entwicklungen). Dies ergibt sich im grundsätzlichen bereits aus den *allgemeinen* Erkenntnissen der Human- und Sozialwissenschaften in bezug auf die Bedeutung von Umwelt:

Ohne Rekurs auf Umweltfaktoren läßt sich nicht einmal im Pflanzen- und Tierreich konkretes Leben erklären! Der Saft der Traube des gleichen Rebstockes entwickelt völlig verschiedene Qualitäten je nach Bodenbeschaffenheit, Klima, Pflege usw; ein Fohlen aus

---

[5] Ebd. – Vgl. *A. Anastasi,* a.a.O. II 490.

geeigneter Zucht wird nur dann Hochleistungspferd und nicht Klepper oder Ackergaul, wenn ihm die entsprechende Aufzucht-Umwelt gegeben wird. Beim Menschen nun ist Sein und Verhalten unendlich viel weniger biologisch verankert, vielmehr entscheidend kulturelles Prägungsprodukt („Kultur" im Sinne der Summe von physischen und psychischen Faktoren der Umwelt).

Die biologische Ausstattung des Menschen mit ihrer genetischen Verankerung ist nach heutiger wissenschaftlicher Überzeugung *zwar eine notwendige, nicht aber hinreichende Bedingung* für die Entwicklung menschlicher Verhaltensweisen; denn sie stellt nicht sicher, welche bestimmten konkreten Verhaltensweisen auftreten können. „Außer bei Individuen mit groben pathologischen Defekten erlaubt die strukturelle Ausstattung der meisten Personen eine fast unbegrenzte Vielfalt in der Verhaltensentwicklung... Für komplexe menschliche psychische Eigenschaften sind diese Grenzen meist so weit gesteckt, daß fast unbegrenzte Variabilität möglich ist."[6] Zwei Beispiele:

1) Der körperliche Sprachapparat ist zwar biologisch vorgegeben und vererbt; welche konkrete Sprache später gesprochen wird, hingegen Produkt der Umweltverarbeitung. 2) Ob beim einbeinig Geborenen das Bein atrophiert wegen eines Lebens im Rollstuhl, sich normal oder gar besonders kräftig entwickelt, ist nicht aus der Einbeinigkeit zu beantworten: Diese ist zwar in allen Lebensentscheidungen präsent und weiterwirkend, doch erklärt sie unmittelbar allenfalls den Verzicht auf bestimmte Formen des Hochleistungssports, niemals aber Berufs- und Partnerwahl usw.

Dies gilt auch für den ganzen emotionalen Bereich: Zwar gibt es unstreitig gewisse biochemische (im Kern vererbte) Mechanismen, die teilweise hinter Antrieben oder Emotionen (Motivationen) stehen, doch ob und wie diese sich in konkrete Empfindungen und aus diesen resultierendes Verhalten umsetzt, ist ebenfalls nicht ohne die ganze entwicklungsmäßige Umwelteinwirkung zu erklären (Gefühle werden „gelernt" im Sinne der Lerntheorie). Diese Prinzipien werden heute ausnahmslos in den Human- und Sozialwissenschaften zugrunde gelegt; Gegenstand der Forschung sind die genaueren Konkretisierungen derartiger Abläufe und Gesetzmäßigkeiten.

Geht man nun den weiteren Untersuchungen zur Frage der Geschlechterunterschiede nach, so ist zunächst hervorzuheben, daß es sich jenseits der primären biologischen Unterschiede um solche handelt – und dies schon im Bereich der sekundären biologischen Unterschiede –, die *statistische Aussagen* machen, die Auftretenshäufigkeit und den Ausprägungsgrad von Merkmalen betreffend. Damit ist impliziert, daß es sich erstens um Merkmale handelt, die dem Grunde nach bei beiden Geschlechtern vorhanden sind, und zweitens um Aussagen von der Art, daß entgegen der statistischen Aussage im konkreten Einzelfall die Dinge umgekehrt liegen können.

---

[6] *A. Anastasi*, a.a.O. I 83.

Zwar hat das männliche Geschlecht bessere räumliche Orientierung als das weibliche, doch gibt es durchaus bestimmte Frauen, die davon mehr besitzen als bestimmte Männer. Und ob die Vergleichsgruppen in bezug auf die gemessene Eigenschaft relativ nahe beieinander liegen oder extrem divergieren, ist ebenfalls nicht mit der einfachen Feststellung statistischer Häufigkeit ausgesagt, sondern gemäß den allgemeinen Regeln über quantitatives Arbeiten weiter zu analysieren[7].

In dieser Weise sind die folgenden Ergebnisse zu lesen, die entsprechend psychologischem Sprachgebrauch nach Leistungs- und sonstigen Persönlichkeitsdimensionen („Charaktereigenschaften“ usw.) geordnet werden sollen.

Geht man der auf Psycho-physisches gestützten Frage nach *Leistungen* nach, so ist offenbar gesichert, daß Jungen nicht nur, wie erwähnt, über mehr Körperstärke verfügen, sondern auch in Geschwindigkeit und Koordination grober Körperbewegungen den Mädchen überlegen sind, umgekehrt Mädchen über mehr Handgeschicklichkeit verfügen als Jungen. Bei den Wahrnehmungen sind Frauen besser in der raschen Detailwahrnehmung, Männer hingegen in der räumlichen Orientierung. Inwieweit dies alles auf Unterschieden in der biologischen Ausstattung beruht und/oder Ergebnis kultureller Lernprozesse bildet, steht dahin.

Damit ist bereits der Bereich intellektueller Befähigung angeschnitten: In bezug auf diese ging bekanntlich noch die Zeit der Jahrhundertwende ganz selbstverständlich davon aus, daß Frauen allgemein zu geringeren intellektuellen Leistungen fähig seien und intellektuelle Betätigung überdies für sie schädlich sei. Nach Überwindung dieses groben Vorurteils hat allmählich die differentielle Psychologie das Resultat erarbeitet, daß es *keine generellen* Aussagen über schlechtere oder bessere Intelligenz eines der beiden Geschlechter gebe, wohl aber gewisse spezifische Unterschiede, die neben dem in vielen Punkten gefundenen Resultat des Nichtvorliegens von Unterschieden auftraten[8].

An solchen Unterschieden scheint es gesichert zu sein (für unseren Kulturkreis oder generell?), daß die verbalen Fähigkeiten der Mädchen denjenigen der Jungen von früh an überlegen sind, ebenso die Gedächtnisleistungen, umgekehrt Jungen eine bessere räumliche Orientierung und Bewältigung numerischer Aufgaben erbringen als Mädchen. Leistungsuntersuchungen in Schule und Hochschule zeigen generell die Mädchen im Vorteil, doch fächerweise zugleich Unterschiede, die offenbar zurückgehen auf oder korrelieren mit den besseren verbalen und gedächtnismäßigen Leistungen der Mädchen und die Genauigkeit und Geschwindigkeit von Wahrnehmungen betreffen, Jungen hingegen in solchen Fächern, die an numerisches Denken, räumliches Vorstellungsvermögen u. ä. anknüpfen. Im Schul- und Hochschulergebnis sind Mädchen insgesamt besser; im Berufsleistungsergebnis liegt hingegen das Schwer-

---

[7] Handbuch der Sozialisationsforschung (s. o. Anm. 1) 778; *R. König*, Materialien zur Soziologie der Familie (Köln 1974) passim.
[8] *H. Schenk*, a.a.O. 34.

gewicht ganz auf der männlichen Seite; dies ist nun allerdings zunächst einmal ein ganz und gar soziologischer Befund, der die Frage der „án sich" vorhandenen beruflichen Fähigkeiten völlig unbeantwortet läßt[9].

In bezug auf die sonstigen Persönlichkeitsdimensionen hat sich die Forschung am stärksten mit der Frage beschäftigt, ob Männer tatsächlich größere *Aggressivität* besitzen. Fast alle empirischen Untersuchungen stimmen darin überein, daß dem so ist; es gibt nur wenige Arbeiten, die in dieser Hinsicht keine Unterschiede gefunden haben, und überhaupt keine, bei denen das weibliche Geschlecht aggressiver war; wohl aber gibt es die Diskussion, ob das Aggressionspotential der beiden Geschlechter eigentlich wirklich verschieden sei oder es nicht nur unterschiedliche Manifestationen aufweise. Auch bei der Anwendung verschiedener Meßverfahren blieb dieser Unterschied bestehen, der gut gesichert ist und klare und konstante Untersuchungsergebnisse hat[10]. Naturgemäß taucht hier dann die Frage auf, ob die für Tiere gesicherte Zuordnung von männlichen Geschlechtshormonen (Androgenen) und höherer Aggressivität auch beim Menschen zumindest die Basis abgibt und inwieweit darüberhinaus Aggressionen gelernt sind (zu welcher Frage die gesamte Aggressionsforschung beizuziehen wäre). Aber auch die Autoren, die eine biologische Basis für die größere männliche Aggressivität in Form des Androgenhaushaltes annehmen, betonen die starke Bedeutung des kulturbedingten Aggressionslernens[11].

Sehr unklar sind hingegen bislang die Untersuchungsergebnisse zum Begriff der „Abhängigkeit", in bezug auf welche bisweilen größere Ausprägungsgrade beim weiblichen Geschlecht angenommen werden. Unklarheit liegt möglicherweise in erster Linie an der Unklarheit und Mehrdeutigkeit des Begriffes „Abhängigkeit", der in künftigen Forschungen zuvor besser operationalisiert werden müßte, ehe er zu klareren Untersuchungsergebnissen führen könnte. Etliche Untersuchungen schließlich kommen auch zu einer größeren emotionalen Instabilität beim weiblichen Geschlecht. Beide bislang nicht als gesichert anzusehenden Ergebnisse hängen aber fraglos, falls sie sich bestätigen sollten, allenfalls von ganz unspezifischen biologischen Basisfaktoren ab, wie größerer physischer Stärke usw.[12], und müßten zumindest als in hohem Maße kulturbedingtes Lernprodukt angesehen werden.

Daß schließlich bei der Erfassung der dominanten Interessenrichtungen Unterschiede bei den Geschlechtern herauskamen, bedarf keiner langen Ausführungen und Belege, ebenso wie die Tatsache, daß Einstellungen zu Berufsrolle

---

9 *A. Degenhardt – H. M. Trautner* (Hrsg.), a.a.O. 26; *A. Anastasi*, a.a.O. II 500; *H. Schenk*, a.a.O. 33.

10 *A. Degenhardt – H. M. Trautner* (Hrsg.), a.a.O. 27; *A. Allemann-Tschopp*, a.a.O. 75; *A. Anastasi*, a.a.O. II 518; *H. Schenk*, a.a.O. 16.

11 Vgl. Anm. 10.

12 *A. Anastasi*, a.a.O. II 515; *H. Schenk*, a.a.O. 28.

und Familie verschieden sind bei den beiden Geschlechtern[13]. Denn hier kommt die ganze Kulturbedingtheit dieses Befundes voll zum Tragen.

Auf diese Weise haben sich in der Vielzahl der Untersuchungen zu potentiellen Unterschieden zwischen den Geschlechtern eine Reihe von solchen herausgestellt. Dies birgt die Gefahr in sich, dieses Ergebnis falsch einzuordnen. Demgegenüber ist zunächst noch einmal darauf hinzuweisen, daß es sich um statistische Häufigkeitsverteilungen handelt und daß ferner diese – jenseits der biologischen Unterschiede – nirgendwo als genetisch verankerte, sondern als kulturgeborene Eigenschaften (partiell auf der Basis unspezifisch vorgegebener biologischer Befunde) angesehen werden. Außerdem hat sich in bezug auf eine Vielzahl von früher angenommenen Unterschieden *kein* Beweis erbringen lassen[14]. So heißt es bei Degenhardt und Trautner mit Recht: „Wenn sich psychologische Untersuchungen statt mit Geschlechts*unterschieden* mit Gemeinsamkeiten der Geschlechter befassen würden, wäre es für den Leser viel deutlicher, daß die meisten Verhaltensweisen bei beiden Geschlechtern ein weit höheres Maß an Ähnlichkeit als an Verschiedenheit aufweisen und sich entsprechend immer nur ein geringer Prozentanteil dieser Verhaltensweisen als geschlechtstypisch unterschieden darstellt."[15]

Darüberhinaus nun kann nicht vergessen werden, daß die Untersuchungen, auf die sich derartige Feststellungen von Unterschieden stützen, im wesentlichen basieren auf Mittelschichtprobanden in westlichen Industriegesellschaften. Um demgegenüber einen angenommenen und in diesen Gesellschaften auch bestehenden hohen Grad von Gemeinsamkeiten wiederum zu relativieren, ist ein Blick in Ethnologie und Kulturgeschichte nützlich, die sich natürlich immer auch mit dem Thema der Geschlechterdifferenzierung befaßt haben.

c) Befunde der Ethnologie und Kulturgeschichte

Die Ethnologie, die zum Thema eine Menge von Material zutage gefördert hat und anschaulich die Ausformung konkreter Unterschiede der Geschlechter in verschiedenen Kulturen zu bieten scheint, muß sich heute allerdings gerade auch in diesem Punkt befragen lassen, inwieweit sie nicht den bereits zu Beginn dieses Beitrages angesprochenen Problemen der Vorstrukturierung von Wahrnehmung infolge eigener geschlechtsgebundener Denk- und Interpretationsmuster erlegen ist.

---

[13] *A. Degenhardt – H. M. Trautner* (Hrsg.), a.a.O. 49. – Vgl. auch *D. Claessens – P. Milhoffer* (Hrsg.), Familiensoziologie (Königstein 1973); *R. Eckert* (Hrsg.), a.a.O. (s. o. Anm 1); *M. Perrez* (Hrsg.), Krise der Kleinfamilie? (Bern 1979); *H. Kaufmann*, Über den Wandel im Selbstverständnis der Frau, in: ThQ 156 (1976) 100–110.

[14] *A. Degenhardt – H. M. Trautner* (Hrsg.), a.a.O. 14; *H. Schenk*, a.a.O. 61.

[15] *A. Degenhardt – H. M. Trautner* (Hrsg.), a.a.O. 14.

So berichten z. B. Hart und Pilling über die Tiwi in Nordaustralien, daß dort Frauen primär Objekt männlicher Prestigepolitik seien; über die gleiche Population berichtet eine weibliche Ethnologin, daß bei ihnen den Frauen eher eine komplementäre, ebenbürtige Rolle zukomme. (Wer hat Recht?) Eckert, der sich insbesondere mit diesem Aspekt ethnologischer Forschung befaßt hat, berichtet von einer ganzen Reihe von jungen Ethnologinnen, die einen Großteil der Aussagen über Frauen in von Männern durchgeführten ethnologischen Berichten schlicht für falsch hielten. Dies keineswegs nur und primär deshalb, weil männliche Forscher mit vorgefaßten (unbewußten oder unreflektierten) Stereotypen an ihre Arbeit gingen, sondern weil ihre Informanten wohl oder übel Männer waren, die ihre Berichte aus der Sicht des Mannes gaben, damit also möglicherweise einseitige und partiell deformierte Darstellungen gegeben wurden. Eckert weist mit Recht darauf hin, ein männlicher Informant würde wohl nie berichtet haben, daß er etwa zu Hause unter dem Pantoffel stünde[16].

Angesichts dieser Fragestellungen ebenso wie der weithin bekannten prinzipiellen Andersartigkeit der Lebensformen, die die Ethnologie berichtet hat, sei nur ein vielzitiertes Beispiel angeführt. Margaret Mead berichtet von drei primitiven Stämmen auf Neuguinea Folgendes:

1) Bei den Arapesh zeigten Männer und Frauen gleicherweise emotionale Charakteristika, die man in unserer Gesellschaft als eindeutig feminin bezeichnen würde. 2) Die Mundugumur hingegen boten in beiden Geschlechtern ein gewaltsames, aggressives, unbarmherziges und kämpferisches Bild und hatten große Freude an Aktivitäten und Kämpfen. 3) Die Tachambuli wiesen Geschlechtsrollenausprägungen auf, die genau umgekehrt beschaffen waren wie diejenigen in unsere Gesellschaft: Die Frauen hatten die Machtpositionen inne; denn sie waren für den lebenswichtigen Fischfang und die Netzherstellung zuständig. Die Männer hingegen beschäftigten sich in erster Linie mit künstlerischen und anderen nicht nützlichen Tätigkeiten, tanzten, malten und schnitzten. Die Frauen waren unpersönlich, praktisch und tüchtig, die Männer anmutig, künstlerisch und emotional unterwürfig, furchtsam und empfindlich für die Meinungen anderer[17].

Die Kulturgeschichte ist eine nicht minder reiche Fundgrube für die Erfassung von Wandlungen in der Gestaltung und Differenzierungen der Geschlechterrollen: Auch wenn man kritisch zurückhaltend der Auswertung literarischer Berichte gegenübersteht, so scheint doch abweichend von dem heute in unserem Kulturbereich vorfindlichen Verständnis von „Weiblichkeit" folgendes ablesbar zu sein:

Die germanische Frau folgte offenbar sehr harten Rollenmustern; im Mittelalter wurde überlegene Bildung den Frauen (und Pfaffen, die ja nicht dem ritterlichen Männlichkeitsverständnis unterlagen) zugewiesen. Frühere Zeiten mit ihrer hohen Säuglingssterblichkeit zeigten eine gefühlsharte Einstellung von Frauen gegenüber ihren sterbenden Babys. In der Romantik besaßen Männer (der bürgerlichen Schicht) offenbar einen Umgang mit ihren Gefühlen, der heute als ganz „unmännlich" deklariert und auch nicht von Frauen praktiziert würde. Kriegs- und Nachkriegszeit des Zweiten Weltkrieges ha-

[16] *R. Eckert* (Hrsg.), a.a.O. 17.
[17] *H. Schenk,* a.a.O. 23.

ben die Frauen mit einem bis dahin lange nicht mehr bekannten Maß an Selbstverständlichkeit „Männeraufgaben" wahrnehmen und Kriegssituationen bestehen lassen, und später – nicht zuletzt wegen der kriegsbedingten Verschiebung der Geschlechterrelationen auf bis zu 1:5 bei den am stärksten belasteten Jahrgängen – in eine Vielzahl von bis dahin unbekannte berufliche Tätigkeiten und Lebensformen einströmen lassen. Die Gegenwart zeigt wiederum Teilnahme von Frauen an Kriegen, Militärdiensten, Guerillatätigkeiten, Terrorismus usw.[18]

Bei alledem kommt es hier nicht auf die Einzelheiten an, sondern nur auf die Feststellung, die sich – trotz aller Schwierigkeiten genauer Aussagen – im Grundsätzlichen deutlich aufdrängt: Kulturgeschichte ebenso wie Ethnologie belegen eindrucksvoll die kulturelle Wandelbarkeit der Rollenmuster für geschlechtsspezifisches Verhalten und drängen zugleich die Frage auf, inwieweit es sich nur um Rollen*wandel* und nicht vielmehr auch um wechselnde Tendenzen der Zunahme bzw. Abnahme des *Grades* der Rollendifferenzierungen handelt.

Belegt so der gegenwärtige Forschungsstand von Ethnologie und Kulturgeschichte jedenfalls eindrücklich die Variabilität der geschlechtsspezifischen Verhaltensmuster (womit noch nichts gesagt ist über die Stärke der Differenzierung zwischen den Geschlechtern in den einzelnen Epochen), so drängt sich naturgemäß die Frage nach der *Entstehung* dieser Verhaltensmuster und ihrer Unterschiede auf.

2. Theoriebildungen über die Entstehung geschlechtstypischen Verhaltens

Vom Ansatz her sind zwei Fragestellungen zu trennen: Einerseits die Frage, wie der *konkrete Einzelne* jeweils seine geschlechtstypische Verhaltensweise erwirbt, und zum zweiten, wie in *Gesellschaften* die Bedingungszusammenhänge für Entstehung und Wandel von geschlechtsspezifischen Verhaltensmustern beschaffen sind. Die erstere der beiden Fragestellungen wird dabei naturgemäß vor allem von der Psychologie angegangen, die letztere hingegen von der Soziologie, beide somit der je spezifischen Fragestellung ihres Faches zugeordnet und beide je bestimmte Aspekte menschlichen Verhaltens erklärend, entsprechend der perspektivischen Arbeitsweise von Human- und Sozialwissenschaften überhaupt.

---

[18] *R. Nave-Herz,* Über die gewandelte Rolle der Frau in unserer Gesellschaft, in: ThQ 156 (1976) 87–99; vgl. *dies.,* Das Dilemma der Frau in unserer Gesellschaft. Der Anachronismus der Rollenerwartungen (Berlin 1975).

a) Individuelle Übernahme als Erklärung geschlechtstypischen Verhaltens

Was zunächst die vom je einzelnen Menschen zu erbringende Übernahme und Ausprägung geschlechtstypischen Verhaltens anbetrifft, so stehen hier nach Trautner[19] im großen und ganzen drei Gruppen von Theorien nebeneinander, von denen keine in der Lage ist, alle Fragen jeweils umfassend zu beantworten: Es sind dies die Bekräftigungstheorie, die Imitations- und Identifikationstheorie und die kognitive Theorie. Gemeinsam ist allen dreien dabei, daß sie vom *Erwerb* oder vom *Lernen* der geschlechtstypischen Verhaltensmuster ausgehen, entsprechend dem heutigen Stand der Lerntheorie allgemein.

1) Die *Bekräftigungstheorie* setzt die lerntheoretischen Begriffe der Belohnung und Bestrafung ein, wonach, wenn jemand einem bestimmten Verhalten folgt, dieses im Falle der Belohnung verstärkt und im Falle der Bestrafung abgeschwächt wird bis gegebenenfalls hin zur Löschung. Belohnung und Bestrafung werden dabei im allerweitesten Sinne verstanden.

Belohnung ist jede Verhaltensfolge, die als angenehm, Bestrafung ist jede Verhaltensfolge, die als unangenehm empfunden wird. Als solche können auftreten die Befriedigung bzw. Nichtbefriedigung physiologischer primärer Bedürfnisse wie Hunger, Durst, Schlaf usw. als auch die Erfüllung sekundärer, also erworbener Bedürfnisse wie Wunsch nach Anerkennung, Kontakt usw.

Diese Theorie setzt folgende drei Grundannahmen: 1. Eltern und andere Personen der Umgebung *erwarten* geschlechtstypisch verschiedenes Verhalten, 2. Eltern *verhalten* sich Jungen und Mädchen gegenüber unterschiedlich und *bekräftigen* Jungen und Mädchen für je unterschiedliches Verhalten, 3. das Verhalten der Jungen und Mädchen wird durch die jeweils verschiedenen Belohnungen bzw. Bestrafungen *beeinflußt.*

2) Die *Imitations-* und *Identifikationstheorie* wählte einen anderen Ansatzpunkt für ihren Erklärungsversuch: Sie stellt die durch Jungen und Mädchen erfolgenden Beobachtungen an Erwachsenen in den Mittelpunkt der lerntheoretischen Ableitung.

Die *Imitationstheorie* geht von den Annahmen aus, daß 1. Kinder mehr Gelegenheit zur Beobachtung des Verhaltens des jeweils eigenen Geschlechts (Spiele, Schule usw.) als des anderen Geschlechts haben, 2. falls beide Geschlechter beobachtet werden, dennoch das eigene Geschlecht eher nachgeahmt wird als das andere und 3. der gleichgeschlechtliche Elternteil jedenfalls während der Kindheit das dominant nachgeahmte Modell bildet.

Die Variante in Form der *Identifikationstheorien* verschiebt den Schwerpunkt des Lernvorganges auf die gefühlsmäßigen Beziehungen zu den frühkindlichen Bezugspersonen, zu denen beständig Interaktionen laufen, die zur Übernahme von Werthaltungen, Gefühlen und Verhaltensweisen führen, von denen die Summe geschlechtstypischer Verhaltensweisen einen Ausschnitt darstellt. Dabei wird im einzelnen wiederum mit dreierlei Ansätzen gearbeitet, nämlich dem psychoanalytischen , sodann dem entwicklungsorien-

[19] *A. Degenhardt – H. M. Trautner* (Hrsg.), a.a.O. 50.

tierten und schließlich dem der Soziologie entstammenden rollentheoretischen Konzept. Bei dem in vieler Hinsicht problematischen psychoanalytischen Konzept wird – insbesondere bei Jungen – die Vaterfigur als bedrohliches Erlebnis angesehen und, um dieser Bedrohung zu entkommen, eine Identifikation mit dem Vater vorgenommen (Anpassung). Bei der entwicklungstheoretisch orientierten Theorie hingegen führt Bewunderung, Anerkennung und Liebe für den zugleich als mächtig erlebten Elternteil zur Identifikation. Beim dritten, dem rollentheoretischen Ansatz schließlich geht es nicht um die Identifikation mit *Personen,* sondern mit wechselseitigen Rollenbeziehungen in der Kernfamilie, die zum Weiterführen von deren Rollenschemata führt[20].

3) Der *kognitive Erklärungsansatz,* der ganz auf Piagets Entwicklungstheorie zurückgeht, erörtert schließlich vor allem die aktive Rolle des Heranwachsenden und die von Piaget generell herausgestellten Beziehungen zwischen Kognition, Motivation und Verhalten, so daß die Übernahme von geschlechtstypischen Verhaltensweisen nicht primär durch die mit Hilfe der anderen Theorien herausgestellten Abläufe erfolgt, sondern in erster Linie durch Wahrnehmung und Urteilsbildung über geschlechtstypisches Verhalten[21].

b) Sozialgeschichtliche und soziologische Erklärungen der Geschlechtsrollendifferenzierung

1) Was die *historische* Entstehung und Gestaltung der Geschlechterdifferenzierung anbetrifft, so stehen sich hier eine Reihe von Theorien gegenüber, die naturgemäß alle spekulativen Charakter besitzen. Sie knüpfen an unterschiedliche Bewertungen der physischen, also kräftemäßigen, Unterschiede der Geschlechter an sowie an die naheliegende Tatsache, daß Frauen mehr jene Tätigkeiten übernahmen, die ihnen gestatteten, den Nachwuchs aufzuziehen und zu betreuen, also „hausnahe" Tätigkeiten. Sodann gehen diese Theorien aus von den Unterschieden zwischen den frühen Kulturen je danach, ob es sich um Jäger-Sammler-Kulturen handelte, um Großviehwirtschaft oder um Hack- und Gartentätigkeit usw[22]. Marxistische und frühe sozialistische Theorien sehen gemäß ihrem Denkansatz die Bildung von Privateigentum als die Wurzel von Differenzierungen zwischen den Geschlechtern an; dieses habe zur Überlegenheit der Männer geführt, bei denen, nachdem Mehrwert produziert worden sei, das Bedürfnis entstanden sei, diesen der Nachkommenschaft zu vermachen, wofür es erforderlich geworden sei, Frauen „im Besitz" zu haben usw.[23]

2) Bleiben alle diese Theorien zwangsläufig in der Spekulation hängen, so sind jene *soziologischen* Ansätze interessanter, die mehr das gesellschaftliche

[20] R. Eckert (Hrsg.), a.a.O. 165.

[21] *J. Friedrichs,* Art. Geschlechterrollen, in: Lexikon der Psychologie I (1971) 762; I (^{2}1980) 751; *A. Degenhardt – H. M. Trautner* (Hrsg.), a.a.O. 102, 122; Handbuch der Sozialisationsforschung (s. o. Anm. 1) 785; *A. Allemann-Tschopp,* a.a.O. 152.

[22] *H. Schenk,* a.a.O. 183.

[23] Ebd.

Funktionieren und die gesellschaftliche Bedeutung der Geschlechterverschiedenheit in der heutigen Gesellschaft analysieren. Dabei wirkt sich – entsprechend der Situation in der allgemeinen Soziologie – selbstverständlich auch bei diesem Thema aus, daß in dieser Disziplin derzeit Konsens- und Konfliktmodelle in bezug auf alle zu analysierenden gesellschaftlichen Strukturen nebeneinander (bzw. gegeneinander) stehen, worauf hier nicht weiter eingegangen werden kann. Es seien deshalb nur einige exemplarische Hinweise angeführt: Viel diskutiert ist zunächst einmal die auf Parsons zurückgehende Zuweisung der instrumentellen Rolle zum männlichen Geschlecht, einer Rolle, die vor allem durch Objektbezüge gekennzeichnet sei, und der expressiven Rolle, die der Aufrechterhaltung und Ausbalancierung im Bereich der Gefühle gelte, zum weiblichen Geschlecht. Dies wird inzwischen als eine Interpretation angesehen, die nur Teile der bürgerlichen Gesellschaft des ausgehenden 19. Jahrhunderts zugrunde lege und von sehr begrenzter Reichweite sei, im übrigen natürlich die ganzen Probleme des Strukturfunktionalismus aufwirft (Nichtgeeignetheit zur Konfliktanalyse und zur Erfassung von Wandlungsprozessen)[24].

3) *Konflikttheoretisch* ist das Problem der Rollenbestimmung z. B. angegangen durch Beck-Gernsheim, die analysiert, daß die Frau für ihre häuslichen familiären Aufgaben gerade solche Wesenszüge entwickele wie Zurückstellung von Eigeninteressen, Pflege von Harmonie, Pflege menschlicher Beziehungen usw., die sie weithin hinderten, diejenigen Seiten kräftiger zu entfalten, die im Beruf gefordert würden wie Durchsetzung von Eigeninteressen, Konfliktfähigkeit, Konkurrenzdenken usw. Die geringeren Erfolge und Positionen von Frauen im Berufsfeld seien nicht nur durch die Doppelbelastung, sondern primär von den genannten konträren Verhaltensanforderungen zu erklären[25]. Andere Analysen weisen darauf hin, daß die Gleichsetzung von Frauenrollen mit der familiären Rolle bzw. der Mutterrolle zur Vernachlässigung der Rollen der sehr jungen sowie der älteren und alleinstehenden und kinderlosen Frauen führte[26]. Wieder andere betonen die Tatsache, daß die Doppelrollenproblematik ein Produkt der modernen Industriegesellschaft mit ihrer Trennung von Arbeitsplatz und Wohnort sei und daß die Aufnahme der Berufstätigkeit der Frauen deren Rollen um ein Segment erweitert habe, die männliche Rolle hingegen unverändert geblieben sei, so daß die Komplementarität der Rollen gestört worden sei. Umgekehrt sei auf Seiten der Männer die Rolle der Väter = Ernährer, Beschützer und Erzieher fragwürdig geworden[27].

---

[24] Ebd. 181; *R. Eckert* (Hrsg.), a.a.O. 60.
[25] *R. Eckert* (Hrsg.), a.a.O. 72.
[26] *H. Schenk*, a.a.O. 158.
[27] Ebd. 166.

3. Zusammenfassung und weiterführende Diskussion

a) Resultate der Forschung

Versucht man diesen, in starkem Flusse befindlichen Forschungsstand zu kurzen Resultaten zusammenzufassen, so läßt sich in folgenden Punkten ein Konsens feststellen:

1) Die beiden Geschlechter unterscheiden sich grundlegend und bleibend in einigen Punkten ihrer biologischen Ausstattung (den „primären" Geschlechtsmerkmalen, die man als „geschlechtsspezifisch" zu bezeichnen pflegt). Sie unterscheiden sich in einer Reihe von weiteren biologischen Aspekten, dies jedoch durch unterschiedliche Ausprägungsgrade und Häufigkeitsverteilungen („geschlechtstypische" Merkmale). Dabei ist zu beachten, daß „biologische" Unterschiede nicht völlig mit „genetisch verankerten" Unterschieden gleichgesetzt werden können.

2) Biologische Unterschiede stellen keinen zureichenden Erklärungsansatz für menschliches Verhalten und damit konkrete Geschlechtsunterschiede dar (mit Ausnahme von Zeugung und Geburt natürlich). Vielmehr sind hier als entscheidend stets kulturelle Lernprozesse heranzuziehen. – Wenn auch biologische Unterschiede Verhalten nicht erklären, so handelt es sich dennoch um wirksam bleibende Faktoren, die freilich so gut wie alles noch offen lassen in bezug auf die verhaltenskonkretisierende Überformung dieser Basisfaktoren.

3) Die konkreten Unterschiede zwischen den Geschlechtern unterliegen kulturellem Wandel und differieren nach Zeit und Ort, wenngleich dominant diese Gestaltung bislang offenbar daran anknüpfte, daß die Frauen stärker mit dem Aufziehen der Kinder und den häuslichen bzw. hausnahen Tätigkeiten verbunden erscheinen als die Männer.

4) Es besteht eine erhebliche Vermutung dafür, daß die festgestellte größere Aggressivität des männlichen Geschlechts in dem Hormon Androgen eine verhaltenssteuernde Basis hat, die jedoch auch nach den Vertretern dieser These entscheidend der kulturellen Gestaltung unterliegt. Andererseits kann derzeit nicht ausgeschlossen werden, daß weibliche Aggressivität sich nicht im Potential, sondern in der Art der Manifestation unterscheidet.

5) Da es sich bei den meisten Aspekten der Geschlechterrollendifferenzierungen um statistische Unterschiede handelt, muß immer die Möglichkeit gegentypischen Verhaltens der konkreten Einzelpersonen mitbedacht werden. Bestehende Geschlechterrollendifferenzierungen lassen also keinen unmittelbaren Schluß auf den je einzelnen Menschen zu.

6) Der Nachweis der ungeheuren Variabilität der Geschlechterrollendifferenzierungen besagt nicht, daß der Eintritt aller denkbaren Varianten gleich wahrscheinlich ist. Die Frage der tendentiell größeren Wahrscheinlichkeit be-

stimmter Ausprägungen ist getrennt zu halten von der prinzipiellen Möglichkeit des Eintritts unendlich variabler Formen.

7) Zumindest in den derzeitigen modernen Industriegesellschaften sind die Gemeinsamkeiten zwischen den Geschlechtern sehr viel größer als ihre Unterschiede. Umgekehrt stellen Unterschiede infolge von Zugehörigkeit zu wesentlich andersartigen Kulturen oder zu anderen Schichten weit wichtigere Unterschiede zwischen Menschen her als ihre Geschlechtszugehörigkeit.

8) Der Ausprägungsgrad der Differenzierungen zwischen den Geschlechtern ist seinerseits dem Wandel unterworfen.

b) Die normative Fragestellung

Von diesem grundlegenden Konsens hebt sich die Diskussion um die Fragen ab, inwieweit *konkrete* Rollendifferenzierungen überhaupt zuverlässig festgestellt sind, für welche Teile der Menschheit sie für die Gegenwart Gültigkeit beanspruchen können und natürlich in bezug auf Zielvorstellungen, die nicht selten unreflektiert zugrunde gelegt werden. Hinzu kommt die Diskussion um Erklärung geschichtlicher Zusammenhänge und heutiger Bedingungen für bestimmte Ausprägungen der Differenzierungen. Trotzdem lassen sich einige Ausgangspunkte für normative Fragestellungen gewinnen:

1) Zunächst ist dabei – entsprechend zu der oben skizzierten Diskussion um unbewußte wissenschaftliche Voreinstellungen zum Problem der Geschlechterverschiedenheiten – die Frage anzuschneiden, wie es im *„kirchlichen Raum"* um unbewußte Denk- und Wahrnehmungsvorstrukturierungen durch die je eigene Geschlechtszugehörigkeit steht: Zwar fehlen diesbezügliche empirische Untersuchungen, soweit ich sehe, doch läßt sich m. E. nicht übersehen, daß im Rahmen der Kirchen und speziell bei kirchlichen Amtsträgern erhebliche Reserven gegen die These von der Geschlechtsrollendifferenzierung als einem wandlungsförmigen Kulturprodukt bestehen. Ob diese Reserve häufiger auftritt als bei anderen Nichtfachleuten (in bezug auf human- und sozialwissenschaftliche Erkenntnisse und Forschungen), kann hier dahinstehen; vulgäre Meinung ist es ja offenbar noch, die Geschlechterunterschiede seien ein vorgegebenes naturbedingtes Gebilde. Innerhalb der Kirchen dürften sich diese Voreinstellungen wohl im wesentlichen aus zwei Wurzeln nähren: In den männerverwalteten Kirchen gibt es ganz unverkennbar vielerorts ein unerleuchtetes männliches Dominanzstreben (z. T. in der bekannten Mischung von Macht und Fürsorglichkeit), das in Verbindung steht mit der Tatsache, daß offenbar im kirchlichen Raum die gefügig unselbständige Frau häufiger in Erscheinung tritt als die selbständigere Vertreterin ihres Geschlechts. Zum anderen gibt es unverkennbar an der Wurzel dieses Widerstrebens eine verständliche Besorgnis um den notwendigen Erhalt von Ehe und Familie ebenso wie um die menschliche Bereicherung aufgrund der (relativen und oft überbetonten) Polarität und gegenseitigen Ergän-

zung der Geschlechter. Deshalb ist vor Eintritt in alle normativen Fragestellungen auf Folgendes hinzuweisen:

2) In der allgemeinen Anthropologie ist längst erkannt, daß der Mangel des Menschen an Festlegungen durch „Natur" und sein totales Angewiesensein auf „Kultur" die Basis der ganzen Menschheitsentwicklung darstellt. Nur weil der Mensch angewiesen ist auf kulturelle Prägung, ist er befähigt zu kultureller Entwicklung. Dies muß selbstverständlich auch gelten für den speziellen Bereich der Geschlechterrollendifferenzierung. Nur weil die Geschlechter nicht durch eine „Natur" festgelegt sind in bezug auf solche Differenzierungen, sind sie in der Lage, diese in immer neuen Umwelten zu realisieren. So kann man formulieren: Gerade der Erhalt von Ehe und Familie, dem die berechtigte Sorge der Kirchen gilt, basiert auf dieser Offenheit und Variablität der Geschlechterdifferenzierung. Nur so können jene Formen in immer neuen Zeiten und Umwelten gefunden werden, die den Erhalt von Ehe und Familie ermöglichen. – Daß eine solche Situation des Aufgegebenseins der Entwicklung von konkreten Verhaltensmustern zugleich immer mit dem Risiko des Scheiterns und Verfehlens einhergeht, ist nur Ausdruck dieses Grundbefundes von Menschsein in seiner geschichtlichen und entwicklungshaften Dimension überhaupt.

3) Was nun die inhaltliche Seite dieser Gestaltung anbetrifft, so dürfte unmittelbar evident sein, daß die Antwort weder zeitlos gültig sein kann noch universell einheitlich. Was in der einen Kultur an Gleichheit der Geschlechterrollen möglich ist, ist in der anderen unrealisierbar; durchaus jeweils denkbare und auffindbare einzelne Gegenbeispiele widerlegen dies nicht; denn es geht hier um die Frage von Kulturmustern und nicht von möglichen Einzelfällen, womit allerdings die Notwendigkeit der Durchlässigkeit von Kulturmustern für Innovationen einen wichtigen Aspekt des Problems darstellt. So ist in bestimmten Kulturen m. E. heute noch keine kirchliche Amtsträgerschaft für Frauen möglich, in anderen hingegen bestehen von seiten der konkreten umgebenden Gesellschaft absolut keine Hindernisse, so daß auch hier das Problem der Pluralität auftritt.

c) Die Frage nach verhaltensnormierenden Regeln

Damit kann übergegangen werden zu der Frage der Entwicklung einiger Ansätze für verhaltensnormierende oder -orientierende Regeln: Für ihre Gewinnung und die Methode ihrer Ableitung hat die relativ eingehende Beschäftigung mit der Kernthese des kulturellen Wandels jedenfalls soviel erbracht, daß derartige Ableitungen *nicht* durch Rekurs auf eine vorgebene „Natur" der Geschlechter möglich sind mit Ausnahme des Rekurses auf die letzten biologischen Grundtatsachen von Zeugung und Geburt, die aber sogut wie nichts unmittelbar entscheiden können. Dies ist zunächst eine Negativfeststellung in bezug auf mögliche Kriterien.

Sucht man nun nach positiven Ansätzen, so wird schon durch die geschilderte wissenschaftliche Diskussion sehr deutlich, daß am Beginn aller Überlegungen eine Besinnung auf zwei Grundaufgaben des menschlichen Geschlechts stehen muß, die für ihr Überleben unabdingbar sind: Die Fortpflanzung und die Schaffung der wirtschaftlichen Lebensbasis. Damit ist für die normative Frage freilich nicht mehr gesagt als dies: ohne Berücksichtigung und Einbau dieser Aufgaben ist keine wirkliche Lösung denkbar. Umgekehrt ist wiederum allein hieraus kein konkretes Modell ableitbar. Beim Aufziehen von Kindern *kann* vom Augenblick der Geburt an der Mann die ganze Aufgabe übernehmen, da die grundlegenden Bedingungen für deren gute Bewältigung inzwischen bekannt sind: Zusätzlich zur biologisch-medizinischen Versorgung stehen Affektzufuhr, normative Orientierung, Herstellung eines Bezuges auch zum anderen Geschlecht usw. usf. Es geht hier nicht um die Frage, inwieweit eine solche Entwicklung zu erwarten ist, sondern um die andere Frage, ob eine solche Lösung ausgeschlossen werden kann, um von hier aus einen normativen Ansatz von der Art zu gewinnen, daß es stets die Frau sein müsse, die die Hauptaufgabe der Kindererziehung übernehmen müsse. – Daß für die Lösung der wirtschaftlichen Aufgabe in modernen Industriegesellschaften nicht notwendigerweise mehr auf den Mann rekurriert werden muß, bedarf keiner Erläuterungen. Auch dies ist nicht eine Frage der vermuteten künftigen Entwicklung, sondern der Nichtableitbarkeit bestimmter diesbezüglicher Regelungen.

Wohl aber läßt sich die eine Regel ableiten, daß überhaupt Konsens zwischen den Geschlechtern als genus und zwischen den jeweils einzelnen Partnern hergestellt werden muß. Der Konsens zwischen den Geschlechtern als genus kann sich dabei beschränken auf die Bereitschaft, gesamtgesellschaftlich auch solche Formen der Geschlechterdifferenzierung zu tolerieren, die man für den persönlichen Partner nicht wünscht. Und zwar muß sich dieser Konsens zumindest auf die Verteilung der elementaren Aufgaben richten: Heranziehung von Kindern und Beschaffung der materiellen Lebensbasis. Zu diesen beiden, vom Überlebenwollen der Menschheit zwingend vorgegebenen Aufgaben tritt nun eine weitere, diesmal zwar nicht schon vom einfachen Überleben her erzwungene, doch aus ethischen Grundsätzen stringent ableitbare inhaltliche Maxime: Die Gestaltung der Geschlechterrollendifferenzierung muß der *Personenwürde beider Geschlechter* entsprechen. Daraus resultieren weitere Konsequenzen: Der unbestreitbare Machtüberschuß auf seiten der Männer muß überwunden werden zugunsten einer gleichberechtigten Geschlechterbeziehung. Bei diesen notwendigen Änderungsprozessen sollte freilich – manchen eifernden Vertreterinnen des weiblichen Geschlechtes zum Trotz – eines nicht übersehen werden: Männliche Macht hat sich keineswegs immer nur in primitiv-rüden Formen artikuliert, sondern ist sehr oft jene auch sonst in der Tiefenpsychologie bekannte Amalgamierung von Fürsorge und Beherrschung eingegangen und hat dabei selbstverständlich auch hochkulturelle Formen entwickelt. Eine abrupte Einebnung des Machtpotentials kann dabei die fürsorgerische Komponente zerstören, ehe eine entsprechende Selbständigkeit auf seiten der betroffenen Frauen herangewachsen ist, eine Argument, das freilich wiederum mißbraucht werden kann. – Hier wird deutlich, daß die richtige Einschätzung der jeweiligen Wandlungsfähigkeit der Geschlechter ein wichtiger Aspekt ist.

Damit sind die Darlegungen der Frage zur Gleichheitsproblematik an den Punkt gelangt, die Geschlechterrollendifferenzierung als bleibende und stets neu aufgegebene Aufgabe anzusehen. Konstanten gibt es hierfür jenseits der Biologie nicht.

Weiterführende Literatur

Die sehr zahlreichen empirischen Untersuchungen zum Thema sind zusammenfassend dargestellt vor allem in *U. Lehr,* Handbuch der Psychologie VII/2 (Göttingen 1972) und in *Macoby – Jacklin,* The psychology of sex differences (1975) mit einer 200 Seiten umfassenden Bibliographie mit abstracts. Sie liegen auch der im Anschluß genannten Literatur zugrunde; als solche wurden wegen der starken Entwicklung der Forschung zum Thema vorwiegend jüngste Zusammenfassungen und Darstellungen genannt.

A. Sammelwerke:

Lexikon der Psychologie, hrsg. von W. Arnold – H. J. Eysenck – R. Meili I (Freiburg i. Br. 1971, Neuausgabe 1980).
D. Claessens – P. Milhoffer (Hrsg.), Familiensoziologie (Königstein 1973).
A. Degenhardt – H. M. Trautner (Hrsg.), Geschlechtstypisches Verhalten (München 1979).
R. Eckert (Hrsg.), Geschlechtsrollen und Arbeitsteilung (München 1979).
Neue Anthropologie, hrsg. von H. G. Gadamer – P. Vogler, Bd. 5 (München 1971).
Handbuch der Sozialisationsforschung, hrsg. von K. Hurrelmann – D. Ulich (Weinheim 1980).
M. Perrez (Hrsg.), Krise der Kleinfamilie? (Bern 1979).

B. Sonstige Literatur:

A. Allemann-Tschopp, Geschlechtsrollen (Bern 1979).
A. Anastasi, Differentielle Psychologie I. u. II (Weinheim 1976).
F. Filser, Einführung in die Familiensoziologie (Paderborn 1978).
W. J. Goode, Soziologie der Familie (München 1967).
C. S. Hall – G. Lindzey, Theorien der Persönlichkeit I (München 1978) u. II (1979).
H. Kaufmann, Über den Wandel im Selbstverständnis der Frau, in: ThQ 156 (1976) 100–110.
R. König, Materialien zur Soziologie der Familie (Köln 1974).
R. Mayntz – K. Hübner – P. Hübner, Einführung in die Methoden der empirischen Soziologie (Gütersloh [5]1978).
R. Nave-Herz, Über die gewandelte Rolle der Frau in unserer Gesellschaft, in: ThQ 156 (1976) 87–99.
H. Rosemann, Intelligenztheorien (Reinbek 1979).
H. Schenk, Geschlechtsrollenwandel und Sexismus (Weinheim 1979).

Hilde Kaufmann †

4. Nachtrag: Historisch-theologische Anmerkung zum „männlichen Dominanzstreben in der Kirche"

Der plötzliche Tod von Hilde Kaufmann unterbrach eine Korrespondenz zwischen der Autorin des Beitrages und den Herausgebern, in der es von Seiten der Herausgeber vor allem um die Bitte ging, noch einige theologische Aspekte zur Thematik des „männlichen Dominanzstrebens in der Kirche" einzubringen. Um die Geschlossenheit des Beitrages von H. Kaufmann nicht zu zerstören, kamen die Herausgeber überein, diesen historisch-theologischen Aspekt in Form einer Anmerkung dem Beitrag anzufügen.

Die Ursachen für die Dominanzstellung des Mannes im Aufgabenbereich der Kirche, hier vor allem der katholischen Kirche, erklären sich primär aus bestimmten historischen Interpretationen, deren Eigenart darin liegt, daß bei ihnen zeitgenössisch-anthropologische und exegetisch-theologische Aspekte zu einer Einheit verbunden wurden. So übernimmt zum Beispiel Augustinus die neuplatonische Anthropologie von der Geschlechtslosigkeit der menschlichen Geistseele, die dann unter einem theologischen Aspekt die Gottebenbildlichkeit des Menschen repräsentiert. Die Geschlechterdifferenzierung bezieht sich demnach auf die Leiblichkeit des Menschen. Unter dem Aspekt der Gottebenbildlichkeit steht daher die Frau als Mensch in der gleichen Unmittelbarkeit zu Gott wie der Mann als Mensch. Aber aus der Geschlechterdifferenzierung hinsichtlich der Leiblichkeit ergibt sich für die Frau als primäre Aufgabe die der Fortpflanzung, wobei Augustinus Genesis 1,28 im Sinne einer eher passiven Hilfe interpretiert, insofern die Frau den Samen des Mannes in sich aufnimmt. Diese Unterordnung der Frau ergibt sich für Augustinus auch aus seiner Ansicht, daß im männlichen Samen das Wesen des zukünftigen Kindes, wenn auch latent, vorhanden sei, während die Mutter die Substanz des Leibes bereitstelle.

Auch die von Thomas von Aquin im Anschluß an die aristotelische Lehre vom Hylemorphismus entwickelte Lehre von der menschlichen Seele als forma substantialis des Leibes kommt zu einer ähnlichen Schlußfolgerung, da das wirkursächliche Prinzip der Zeugung, das daher auch die Substanz des Leibes bestimmt, der Mann ist. Entsprechend diesem Prinzip müßte der Vater an und für sich ausnahmslos Knaben zeugen. Wenn es trotzdem zur Zeugung von Mädchen kommt, dann geschieht dies per accidens. Der biogenetischen Minderwertigkeit der Frau entspricht dann auch eine qualitative Minderwertigkeit in körperlicher und geistiger Hinsicht.

Und ähnlich wie für Augustinus liegt auch für Thomas die Hauptaufgabe der Frau in der Sorge um die Nachkommenschaft. Deshalb steht die Frau in Haus und Familie dem Mann ebenbürtig zur Seite, während sie als Staatsbürgerin zwar frei, aber nicht staatsunmittelbar, sondern Bürgerin nur durch den Mann ist, der in jeder Beziehung das Oberhaupt bleibt.

Aber ähnlich wie Augustinus betont auch Thomas die Gottunmittelbarkeit der Frau innerhalb der Heilsordnung und spricht wie Augustinus von der neuen Schöpfung in Christus, die sich in der Auferstehung von den Toten vollende, bei der die Frau ebenso wie der Mann ihre Geschlechtlichkeit behalte, die freilich dann zum Ausdruck einer vollständigen Wiederherstellung der ursprünglichen, also nicht mehr durch die Erbsünde getrübten Ordnung wird.

Wenn sich dennoch diese Heilsordnung im irdisch-kirchlichen Bereich nicht als Gleichberechtigung der Frau auswirkt, so liegt dies an der sowohl von Augustinus wie von Thomas auf biblischen Aussagen weiterentwickelten Parallelität zwischen Schöpfungs- und Erlösungsordnung, bei der die geschlechterspezifische Rollenverteilung der Schöpfungsordnung auf die Erlösungsordnung übertragen wird: so etwa, wenn Christus als der neue Adam, Maria als die neue Eva bezeichnet werden. So vollzieht sich die Inkarnation durch die „werkzeugliche Hilfe" Marias, während Christus nach Thomas aus Gründen der Angemessenheit dem vollkommeneren Geschlecht angehört, also als Mann zur Welt kam. Und wie in der Heilsordnung die Kirche, deren Urbild Maria ist, Christus als dem Haupt der Kirche ein- und untergeordnet wird, so gilt nach Augustinus in der gleichen irdischen Heilsordnung das Prinzip der Zu- und Einordnung der Frau auf den Mann hin. Aus dieser Parallelität von Schöpfungs- und Erlösungsordnung ergibt sich dann auch die Ablehnung des Priestertums der Frau aus Gründen der Angemessenheit, da der Priester das „äußere Werkzeug" Christi bei der Verwaltung der Sakramente ist und daher das gleiche Geschlecht wie Christus haben solle. Dieses Angemessenheitsargument und die Tatsache, daß die katholische Kirche keine Ordination von Frauen kennt, kann man mit Yves Congar als eine Art negativer Tradition bezeichnen.

Umgekehrt mag die von Hilde Kaufmann betonte Bevorzugung nicht verheirateter Frauen für den Laiendienst in der Kirche unter anderem auf einen Restbestand der traditionellen Hochschätzung des Standes der Jungfräulichkeit zurückzuführen sein, da nach dieser Auffassung die Frau, ungehindert von Ehe und Kinderpflege, sich um so intensiver dem unmittelbaren Dienste Gottes widmen, somit ihre in der Geistseele verankerte Gottebenbildlichkeit besser entfalten könne und auf diese Weise ihre Gleichwertigkeit mit dem Mann im Bereich der Heilsökonomie besonders zum Ausdruck käme.

Zusammenfassend wäre zu sagen, daß die traditionelle theologische Bewertung des Verhältnisses von Mann und Frau sowohl auf einer den damaligen Erkenntnissen entsprechenden Anthropologie beruhte, zugleich aber auch dem sozio-kulturellen Kontext einer primär patriarchalischen Gesellschaft entsprach, in der die Vorstellung von Harmonie auf der Voraussetzung einer hierarchischen Über- und Unterordnung beruhte. Beide Elemente haben die theologische Interpretation maßgeblich beeinflußt. Wenn heute die Inkarnation Christi im männlichen Geschlecht nicht mehr als exemplarisch für das Verhältnis von Mann und Frau angesehen wird und die Kirche sich eher als Volk Gottes versteht, dann besagen diese theologischen Formulierungen nicht nur eine

Abkehr von zeitgenössisch bedingten Einflüssen, sondern bieten darüber hinaus die Möglichkeit einer theologischen Neuinterpretation des Verhältnisses von Mann und Frau.

Weiterführende Literatur

J. Burri, Als Mann und Frau schuf er sie. Differenz der Geschlechter aus moral- und praktisch-theologischer Sicht (Zürich – Einsiedeln – Köln 1977).
K. E. Borresen, Die anthropologischen Grundlagen der Beziehung zwischen Mann und Frau in der klassischen Theologie, in: Concilium 12 (1976) 10–16.
E. Kähler, Die Frau in den paulinischen Briefen (Zürich – Frankfurt 1960).
H. Ringeling, Die Frau zwischen gestern und morgen. Der sozialtheologische Aspekt ihrer Gleichberechtigung (Hamburg 1962).

Anselm Hertz

Drittes Kapitel
Neue Weltwirtschaftsordnung

I

Ökonomische Kriterien zur Beurteilung konkurrierender Lösungsmodelle

1. Warum wird eine Neuordnung der Weltwirtschaft gefordert?

Als eigentliche Ursache des Nord-Süd-Konflikts und als Ausgangspunkt der Forderungen nach einer neuen Weltwirtschaftsordnung[1] darf man die völlige Verarmung vieler Menschen in der Dritten Welt und das stark ausgeprägte internationale Einkommensgefälle ansehen.

Offiziell wird nach einem Vorschlag der Weltbank „völlige Verarmung" mit Hilfe eines jährlichen Pro-Kopf-Einkommens definiert, das im Jahr 1975 in Indien nicht ausreichte, den täglichen Bedarf von 2150 Kalorien zu decken und einige für die Lebensführung unbedingt notwendige Nicht-Nahrungsgüter zu erwerben[2]. Das Jahreseinkommen, mit dessen Hilfe die sogenannte Armutsgrenze („poverty line") gezogen wird, ist je nach der Preisstruktur der Waren, dem Gesundheitswesen, dem Klima usw. von Land zu Land verschieden. Auf die Verhältnisse in Deutschland bezogen lag diese Armutsgrenze 1972 bei einem Jahreseinkommen von 250 US-Dollar (das waren seinerzeit 800 DM); in Asien waren diese Beträge mit 50 US-Dollar bzw. 160 DM deutlich niedriger. Gleichwohl haben im Jahr 1972 etwa 706 Millionen Menschen in der Dritten

---

[1] Unter der Weltwirtschaftsordnung versteht man „die Gesamtheit der Institutionen und Normen, welche die kommerziellen und finanziellen Transaktionen im internationalen Wirtschaftsverkehr regeln". So definiert der *Wissenschaftliche Beirat beim Bundesministerium für Wirtschaft* in seinem Gutachten „Fragen einer neuen Weltwirtschaftsordnung" vom 19./20. Nov. 1976, Gutachten vom November 1976 – November 1977, hrsg. vom Bundesministerium für Wirtschaft, Bd. 9 (Göttingen 1978) 777.

[2] *M. Ahluwalia – N. Carter – H. Chenery,* Growth and poverty in developing countries, World Bank Staff Working Paper Nr. 309 (Washington 1978).

Welt unterhalb einer solchen Grenze ihr Leben gefristet[3]. Trotz aller Bemühungen um wirtschaftliches Wachstum ist ihre Zahl gestiegen, und zwar auf rund 780 Millionen im Jahr 1978[4]. Für das Jahr 2000 wird die entsprechende Zahl immer noch auf 754 Millionen geschätzt[5].

Dieser „völligen Verarmung" steht ein im Durchschnitt hoher Lebensstandard in den Industrieländern (im „Norden") gegenüber. So waren beispielsweise im Jahr 1980 die Pro-Kopf-Einkommen in den westlichen Industrieländern mit 9684 US-Dollar (das waren etwa 18 400 DM) rund 39mal höher als in den ärmeren Entwicklungsländern, wo sich die Menschen im Durchschnitt mit 245 US-Dollar (rund 465 DM) begnügen mußten. Das in diesen Zahlen zum Ausdruck kommende internationale Einkommensgefälle ist in den vergangenen drei Jahrzehnten größer geworden; denn im Jahr 1950 waren die Pro-Kopf-Einkommen in den Industrieländern „nur" 23mal höher als in den ärmeren Entwicklungsländern[6].

Die krasse und noch zunehmende Ungleichheit der Pro-Kopf-Einkommen wird von den meisten Menschen als ungerecht bewertet. Entsprechend werden mit Gerechtigkeitserwägungen Forderungen nach neuen Normen und Institutionen zur Regelung der kommerziellen und finanziellen Transaktionen im internationalen Wirtschaftsverkehr begründet: die Neuordnung der Weltwirtschaft soll zur Ausrottung von Armut und zur Verringerung des internationalen Einkommensgefälles beitragen.

2. Zum Konflikt über die Ursachen der internationalen Ungleichheiten

Der Nord-Süd-Konflikt beginnt – was häufig übersehen wird – mit der Diskussion über die Ursachen dieser internationalen Ungleichheiten. Diese Diskussion ist deshalb wichtig, weil man dann andere Wege zur Verringerung der Ungleichheiten einschlagen wird, wenn man sie auf andere Ursachen zurückführt. Im wesentlichen kann man drei Gruppen von Antworten auf die Frage nach den Ursachen der Ungleichheiten unterscheiden.

---

[3] *Internationales Arbeitsamt,* Beschäftigung, Wachstum und Grundbedürfnisse. Ein weltweites Problem (Genf 1976) 21–25.

[4] *Weltbank,* Weltentwicklungsbericht 1980 (Washington 1980) 45.

[5] *M. J. D. Hopkins,* A global forecast of absolute poverty and employment, in: International Labour Review 119 (1980) 575.

[6] Die Zahlen über das internationale Einkommensgefälle sind dem oben zitierten Weltentwicklungsbericht 1980, S. 44, entnommen. Bei der Interpretation der Zahlen ist zu berücksichtigen, daß das internationale Wohlstandsgefälle, auf das es in diesem Zusammenhang allein ankommt, geringer als das Einkommensgefälle ist (statt 39:1 nur etwa 16:1). Dies ist u. a. deshalb der Fall, weil die Preise für wichtige Güter der Lebensführung in den Entwicklungsländern niedriger als in den Industrieländern sind, ohne daß dies bei einem Vergleich der in US-$ angegebenen Einkommen der einzelnen Länder zum Ausdruck kommt.

a) In einer ersten, extremen Gruppe von Antworten heißt es, daß von jeher die Entwicklungsländer einseitig von den Industrieländern abhängig gewesen seien und offen oder verdeckt ausgebeutet würden[7]. Hierbei wird keineswegs allein auf die Tatsache verwiesen, daß viele Entwicklungsländer kolonialisiert worden sind und in dieser Zeit ihre Wirtschafts- und ihre Sozialstruktur ein besonderes und nachhaltiges Gepräge erhielten. Es wird ebenfalls angeführt, daß die Einbeziehung in die internationale Arbeitsteilung für Entwicklungsländer andere Konsequenzen als für die Industrieländer habe. Zwar gelte für Industrie- wie für Entwicklungsländer, daß Lebensstandard und wirtschaftliches Wachstum von den außenwirtschaftlichen Beziehungen beeinflußt werden, aber die Industriestaaten besäßen im Vergleich zu den Ländern der Dritten Welt im höheren Maße die Möglichkeit einer aktiven Beeinflussung ihrer Wirtschaftspartner. Auch müßten sich die Entwicklungsländer weitgehend den von Industrieländern ausgehenden wirtschaftlichen Impulsen anpassen; umgekehrt sei dies weniger der Fall. Insgesamt erwiese sich deshalb das System der internationalen Arbeitsteilung für die Dritte Welt weitgehend als ein Dependenzsystem. Dies käme am deutlichsten in den Transnationalen Unternehmungen, den sogenannten Multis, zum Ausdruck. Diese Abhängigkeit sei die tiefere Ursache für die wirtschaftliche Unterentwicklung in weiten Teilen der Welt.

Obwohl diese Behauptung empirisch nicht abgesichert ist (sie wird häufig als a priori, um nicht zu sagen definitionsgemäß richtig angesehen), werden aus ihr zwei weitreichende Forderungen abgeleitet: Einmal wird es als „moralische Pflicht" der Industrieländer bezeichnet, wiedergutzumachen, was der Dritten Welt in Ausnutzung ihrer Abhängigkeit angetan worden sei. Entwicklungshilfe, Ressourcen- und Technologietransfer usw. erscheinen danach als notwendiger Akt der Wiedergutmachung, auf die Entwicklungsländer einen moralischen Anspruch hätten. Zum andern wird gefordert, jeglicher Art von wirtschaftlicher Abhängigkeit ein Ende zu bereiten. Da das in einem marktwirtschaftlichen System kaum möglich sei, müßten die wirtschaftlichen Beziehungen des Südens mit dem Norden anders als marktwirtschaftlich geregelt werden. Man fordert deshalb eine neue Weltwirtschaftsordnung, die weitgehende Elemente einer supranationalen, für alle Länder verbindlichen Wirtschaftsplanung enthalten solle.

b) Dem Extrem auf der anderen Seite sind jene Antworten zuzurechnen, denen zufolge wirtschaftliche Armut in der Dritten Welt weitgehend selbstverschuldet ist. Diese Ansicht wird damit begründet, daß die Entwicklung einer Volkswirtschaft nicht automatisch erfolge, sondern vom Wollen und vom Können der Menschen getragen werde. Ihre Einstellung zur Arbeit, ihr Bemühen um eine

[7] Vgl. z. B. *T. Szentes,* Politische Ökonomie der Unterentwicklung (Stuttgart 1974).

bessere Organisation des Produktionsprozesses und um technologische Verbesserungen, ihr Leistungsstreben, ihr Sparwille und ihre Bereitschaft zur Übernahme von wirtschaftlichen Risiken seien die eigentlichen „Wachstumshormone" in einer Volkswirtschaft. Hier seien zwischen dem Norden und dem Süden große Unterschiede festzustellen.

Mit dieser Feststellung gibt man sich vielfach nicht zufrieden; man fragt weiter, warum diese Unterschiede bestehen. Dabei gelangt man zu unterschiedlichen Antworten. Man verweist beispielsweise auf die in den einzelnen Religionen liegende Ethik und das mit ihr verbundene Erfolgsmotiv der Menschen und erklärt auf diese Weise, daß der wirtschaftliche Entwicklungsprozeß in Ländern mit überwiegend protestantischer Bevölkerung überdurchschnittlich rasch[8] und in den vom Islam oder Buddhismus geprägten Ländern vergleichsweise langsam verlaufen ist[9]. Oder man deckt auf, daß die meisten Entwicklungsländer im Tropengürtel der Erde liegen, und begründet mit dem feuchtheißen Klima die relativ geringe Arbeitsproduktivität[10]. Schließlich wird in diesem Zusammenhang auch das rasche Bevölkerungswachstum in der Dritten Welt angeführt.

Wer in dieser Weise internationale Ungleichheiten erklärt, wird Entwicklungshilfe nicht als Akt der Wiedergutmachung betrachten; und er wird auch kaum bereit sein, eine Weltwirtschaftsordnung zu akzeptieren, die ihn mit seinem wirtschaftlichen Tun in die Pflicht nimmt zugunsten der wirtschaftlich noch unterentwickelten Länder. Eher – wenn auch nicht zwingend – wird er nach einer Weltwirtschaftsordnung verlangen, die – um es in seiner Sprache zu sagen – tüchtigen Völkern den Raum läßt, die Früchte ihrer Tüchtigkeit zu ernten. Entwicklungshilfe wird er – wenn er sie nicht gänzlich ablehnt – nur aus karitativen Gründen akzeptieren oder zur politischen Beschwichtigung leisten.

c) Dieses sind zwei extreme Ansichten. Zwischen ihnen sind andere Antworten einzuordnen, von denen zwei beispielhaft skizziert werden sollen.
(1) Die erste Antwort nimmt Bezug auf ein ethisch begründetes Werturteil, von dem man sich in der Nachkriegszeit bei den Bemühungen um eine durch Freihandel charakterisierte Welthandelsordnung (d.i. einem Bestandteil der Weltwirtschaftsordnung) hat leiten lassen. Es ist dies das Pareto-Kriterium, mit dessen Hilfe Ökonomen vielfach entscheiden, ob eine Veränderung in der wirt-

---

[8] Siehe z. B. *Max Weber*, Die Protestantische Ethik und der Geist des Kapitalismus, in: *ders.*, Gesammelte Aufsätze zur Religionssoziologie (Tübingen 1922). Vgl. auch *Gerhard W. Ditz*, The Protestant Ethic and the Market Economy, in: Kyklos 33 (1980) 623–657.
[9] Vgl. dazu beispielsweise: *Cynthia Taft Morris – Irma Adelman*, The Religious Factor in Economic Development, in: World Development 8 (1980) 491–501.
[10] Siehe z. B. *O. H. K. Lee*, Climate and Economic Development in the Tropics (New York 1957).

schaftlichen Situation verschiedener Menschen (z. B. auf Grund einer wirtschaftspolitischen Maßnahme) als vorteilhaft zu bezeichnen ist. Nach dem Pareto-Kriterium führt ein wirtschaftlicher Vorgang dann zu einer Erhöhung des allgemeinen Wohlergehens (der „sozialen Wohlfahrt"), wenn er einer Personengruppe einen wirtschaftlichen Vorteil bringt, ohne für eine andere nachteilig zu sein. Die Sicherstellung des Vorteils erhoffte man sich auf dem Gebiet der internationalen Handelspolitik von der Anerkennung des Prinzips der Reziprozität: danach müßten Länderdelegationen, die über den Abbau von Handelshindernissen (z. B. Zölle) verhandelten, einander Zugeständnisse machen, die hinsichtlich ihrer materiellen Bedeutung etwa gleich waren. Die Vermeidung von Nachteilen für andere Länder, die an den Verhandlungen nicht beteiligt waren, glaubte man durch die vertragliche Absicherung (GATT-Vertrag) des Prinzips der unbedingten Meistbegünstigung erreichen zu können. Nach diesem Prinzip gilt jedes Zugeständnis, das ein Land einem andern macht, als allen Ländern gegenüber gemacht. Das heißt beispielsweise, daß dann, wenn die USA der EWG zugestehen, europäischen Schuhherstellern ungehinderten Zutritt zum amerikanischen Markt zu gewähren, auch brasilianische Schuhfabrikanten dorthin freien Zugang haben. Dadurch sollten Diskriminierungen in der internationalen Handelspolitik ausgeschlossen werden; unter anderem sollte sichergestellt werden, daß den Entwicklungsländern aus Handelsvereinbarungen, die Industrieländer getroffen hatten, keine Nachteile erwachsen. Man meinte, dem Pareto-Kriterium damit Genüge getan zu haben. Gleichwohl ist in diesem Vorgehen ein Grund dafür zu sehen, daß das Einkommensgefälle zwischen dem Norden und dem Süden größer wurde.

Für die Entwicklungsländer bedeutete das Prinzip der Reziprozität nämlich ein vorzeitiges Aus. Sie sahen keine Chance, Industrienationen dazu zu bewegen, die Einfuhr von Produkten aus der Dritten Welt durch Zollsenkungen oder vergleichbare Maßnahmen zu fördern; denn solchen Zugeständnissen der Industrieländer ihnen gegenüber hatten sie nichts Gleichwertiges entgegenzusetzen. Das bedeutet: Über Handelsprobleme, an deren Lösung besonders die Entwicklungsländer Interesse zeigten, wurde selten verhandelt. Die Folge war, daß sich die Arbeitsteilung zwischen den Industrieländern sehr viel stärker intensivierte als zwischen Nord und Süd. Die Entwicklung des Welthandels begünstigte deshalb vornehmlich die Industrieländer und bot ihnen eine wichtige Voraussetzung für den Anstieg der Pro-Kopf-Einkommen.

Vor dem Hintergrund dieser Diagnose sind zwei weitreichende Forderungen des Südens nach einer Umgestaltung der bestehenden Welthandelsordnung zu verstehen. Einmal wird verlangt, daß Verhandlungen über Handelsprobleme weniger als bisher von Delegationen einzelner Länder, dagegen mehr multilateral aufgenommen werden sollen, d. h. von der Völkergemeinschaft der Erde insgesamt (z. B. im Rahmen von UNCTAD-Konferenzen). Zum anderen wird gefordert, die Entwicklungsländer gänzlich von der Reziprozität zu entbinden, so daß es in Verhandlungen auf Weltebene nur noch um einseitige Zugeständnisse des Nordens an den Süden zur Überwindung von Ungleichheiten gehen könnte.

Man kann diese erste Antwort in anderer Weise formulieren. Dabei wird das Einkommensgefälle zwischen Nord und Süd zu einem großen Teil damit erklärt, daß teilweise die Regeln nicht eingehalten worden sind, welche die gegenwärtige Weltwirtschaftsordnung ausmachen. Zu diesen Regeln gehört es, den Außenhandel nicht zu beschränken. Industrieländer haben diesem Ordnungselement nicht entsprochen; denn sie haben die Behinderungen der Einfuhren industrieller Fertigwaren aus der Dritten Welt nur vergleichsweise langsam abgebaut, ja, in den 70er Jahren teilweise sogar größer werden lassen. Hätten die Industrieländer den Außenhandel mit Entwicklungsländern in dem Maß liberalisiert wie untereinander, so hätten die Entwicklungsländer mehr Industrieerzeugnisse auf dem Weltmarkt absetzen und ihre Industrialisierung schneller vorantreiben können. Deshalb wird gefordert, allen protektionistischen Bestrebungen im Norden entgegenzutreten und die Märkte gänzlich für die Anbieter aus der Dritten Welt zu öffnen[11].

(2) In einer zweiten Antwort wird betont, daß jede Wirtschaftsordnung, die diesen Namen verdiene, nicht nur Normen und Institutionen umfasse, die den Einsatz knapper Ressourcen, den Warenaustausch und die finanziellen Transaktionen regeln, sondern auch solche, die eine weitgehend als ungerecht bewertete Verteilung der Güter ausschließen. Die gegenwärtige Weltwirtschaftsordnung erweist sich bei einem solchen Ausgangspunkt der Betrachtung als unvollständig. Es fehlt ihr ein Transfer- bzw. Verteilungssystem (eine „redistribution machinery"). Internationale Ungleichheiten seien deshalb entstanden. Entsprechend wird die Einrichtung eines solchen Systems gefordert[12]; die entsprechenden Schlagwörter lauten: „Weltsozialpolitik tut not", oder: „Von der freien zu einer sozialen Weltmarktwirtschaft". Angesichts dieser Forderung erhält der Nord-Süd-Konflikt ein besonderes Gepräge: im Mittelpunkt der Auseinandersetzungen stehen die Bausteine einer solchen „redistribution machinery".

---

[11] Z. B. von *R. J. Langhammer – B. Stecher,* Der Nord-Süd-Konflikt. Die Spielregeln der Weltwirtschaft im Brennpunkt (Würzburg – Wien 1980) 127 ff.

[12] In der Einführung eines solchen Verteilungssystems sieht beispielsweise die Sektion VIII der Weltkirchenkonferenz 1979 in Boston den „initial Step" auf dem Weg zu einer „Just, Participatory and Sustainable Society". Siehe: *Paul Albrecht* (Hrsg.), Faith and Science in an unjust World. Report of the world council of churches' Conference on Faith, Science and the Future, Bd. 2 (Reports and Recommendations) (Genf 1980) 133.

3. Ökonomische Kriterien zur Beurteilung von Wegen und Maßnahmen zum Abbau internationaler Ungleichheiten

Die zahlreichen und auch vielfältigen Vorschläge zur Beseitigung völliger Armut und zum Abbau internationaler Ungleichheiten können nach den Antworten auf zwei zentrale Fragen klassifiziert und beurteilt werden. Es sind dies die sogenannte Souveränitätsfrage und die von ihr meist nicht trennbare Frage nach der Funktion, welche die Preise (genauer: die Preisrelationen) in einer neu geordneten Weltwirtschaft spielen sollen.

a) Zur „Souveränitätsfrage"

Die Bedeutung der „Souveränitätsfrage" ist an zwei Sachverhalten zu erkennen, die für die Weltwirtschaft von heute charakteristisch sind. Der erste ist in der Verflochtenheit der nationalen Güter- und Geldmärkte zu erblicken, die enger ist als jemals zuvor: Vorgänge in einer Region der Welt wirken sich auf andere Regionen stärker und schneller aus als früher. Der zweite besteht darin, daß in diesem zunehmend enger werdenden Geflecht wechselseitiger wirtschaftlicher Abhängigkeiten die Regierungen der Nationalstaaten die letzten Entscheidungsträger in dem Sinn darstellen, daß die Entscheidungen der Regierungen nicht mehr durch übergeordnete Gremien korrigiert, ergänzt oder ausgesetzt werden können. Aus dieser Souveränität der Nationalstaaten können dann Probleme erwachsen, wenn sich die Regierungen bei ihren vielfältigen, wirtschaftlich relevanten Handlungen und Entscheidungen von rein nationalen Zielsetzungen leiten lassen und dabei zudem die Rückwirkungen auf die Volkswirtschaften des Auslands mehr oder weniger unberücksichtigt lassen. Hier setzt die „Souveränitätsfrage" an: „Sollen die Regierungen von Nationalstaaten in allen ihren Entscheidungen auch dann souverän bleiben, wenn davon negative Auswirkungen auf andere Staaten ausgehen, oder sollten die Nationalstaaten verpflichtet werden,

- zur Erreichung von Zielen beizutragen, die von der globalen Völkergemeinschaft gesetzt worden sind,
- und dies auf Wegen und mit Maßnahmen, die ebenfalls multilateral festgelegt wurden?

Die Beantwortung dieser Frage verlangt neben der Lösung schwieriger organisatorischer Probleme die Abgabe einer Reihe von Werturteilen, die zu fällen allerdings nicht immer Sache von Ökonomen ist. So kann der Ökonom beispielsweise nichts Ausschlaggebendes zur Beantwortung der Frage beitragen, wer die Völkergemeinschaft repräsentieren soll und ob die Entscheidungen – wie von vielen Entwicklungsländern gefordert – nach der Regel „Ein Land = eine Stimme" gefunden werden soll. Er kann dagegen Entscheidendes zur Beurteilung der ökonomischen Regelungen beitragen, die in den zahlreichen[13], von einem globalen Ansatz aus entwickelten Lösungsmodellen enthalten sind. Das läßt sich anhand zweier wichtiger Beispiele zeigen, von denen sich das erste auf die Forderung einer Reihe von Entwicklungsländern bezieht, den Internationalen Währungsfond in eine internationale Zentralbank zu verwandeln und so, wie die nationalen Zentralbanken unter Regierungskontrolle gebracht worden sind, der globalen Völkergemeinschaft zu unterstellen. Diese Weltzentralbank soll den gesamten internationalen Zahlungsverkehr regulieren und die Welt mit internationalem Geld versorgen. Die Entscheidungen hierüber soll ein Zentralbankrat treffen, in dem Vertreter der Dritten Welt hinreichend vertreten sind. Man erhofft sich von dieser souveränen Weltbehörde eine Umverteilung der internationalen Kaufkraft zugunsten der Entwicklungsländer. Ein Teil des neu geschaffenen internationalen Geldes soll nämlich automatisch diesen Ländern zufließen (sog. „link"); allgemeine Erhöhungen von Kreditfazilitäten sollen auch dann vorgenommen werden, wenn damit lediglich spezielle Bedürfnisse bestimmter Ländergruppen (z.B. in der Dritten Welt) befriedigt werden.

Diese Forderungen verstößt gegen ein „fundamentales Prinzip" der ökonomischen Ordnungstheorie. Es ist dies das „Prinzip der Trennung der Aufgabenbereiche". Danach wäre die Ordnung der Weltwirtschaft so zu gestalten, daß die großen Perspektiven, die dabei zu bedenken sind, deutlich voneinander getrennt und durch jeweils ein Bündel von Regeln und Maßnahmen mit den zugehörigen institutionellen Vorkehrungen verwirklicht werden. Diese Perspektiven sind

- die Verringerung der internationalen Wohlstandsunterschiede (Distribution),
- die effiziente Nutzung und die zweckmäßigste Verteilung der knappen Ressourcen auf die einzelnen Wirtschaftszweige und Tätigkeitsbereiche (optimale Allokation),
- die Verhinderung von Inflations- und Rezessionsgefahren (Stabilisierung).

Der dargestellte Vorschlag, eine Weltzentralbank als Umverteilungsmaschinerie zu nutzen, verstößt deutlich gegen dieses Fundamentalprinzip, weil hier Distributions- *und* Stabilisierungsziel gleichzeitig einer einzigen Institution anvertraut werden. Diese könnte eine weltweite Inflation mit all ihren negativen Konsequenzen für die Menschen nicht vermeiden, wenn sie zum Abbau von internationalen Einkommensunterschieden Entwicklungsländer mit zusätzlichen Zahlungsmitteln versorgen würde. Dem „Prinzip der Trennung der Aufgaben-

[13] Besonders sei in diesem Zusammenhang auf den Dritten Bericht an den Club of Rome, den sogenannten RIO-Report, verwiesen, in dem wesentliche Elemente eines zentralen Lenkungssystems für die Welt gefordert werden. *RIO:* Reshaping the International Order (New York 1976). Die entsprechenden Vorschläge des RIO-Reports hat übersichtlich zusammengestellt *Eike von Hippel*, Grundfragen der Weltwirtschaftsordnung (München 1980) 29ff.

bereiche" entspräche vielmehr die Errichtung eines eigenständigen Transfersystems neben dem Internationalen Währungsfond. Hinzu kommt, daß zusätzliches Geld – auf diese Weise geschaffen – die Finanzierung von ineffizienten Projekten in der Dritten Welt ermöglichen könnte und damit auch dem Allokationsziel abträglich wäre.

Das zweite Beispiel ist der internationalen Industriepolitik entnommen und knüpft an das sogenannte Lima-Ziel an[14]. Danach soll zum Abbau internationaler Ungleichheiten der Anteil der Entwicklungsländer an der Weltindustrieproduktion (von 7% im Jahr 1975) bis zum Jahr 2000 auf 25% erhöht werden. Vielfach wird zur Erreichung dieses Ziels gefordert[15], die Weltindustriebehörde UNIDO solle Pläne zu einer industriellen Produktionsverlagerung vom Norden in den Süden aufstellen, die von den Industrieländern durch eine „antizipatorische Anpassungspolitik" sowie vergleichbare Maßnahmen verwirklicht werden könnte. Zur Beurteilung dieser Forderung müßten die mit ihrer Verwirklichung verbundenen Allokationsnachteile (Verringerung des Weltsozialprodukts) ermittelt werden. Darüber hinaus bietet sich zur Beurteilung das der ökonomischen Ordnungstheorie entstammende „Prinzip der Interessenverwirklichung" an. Danach wären die Normen einer neuen Weltwirtschaftsordnung so zu gestalten, „daß die Betroffenen an ihrem Bestand und ihrer Einhaltung interessiert sind – sei es, weil sie den Betroffenen unmittelbar die Verwirklichung gleichgerichteter oder wechselseitiger Interessen ermöglichen, sei es, weil die Betroffenen einsehen können, daß eine Regel oder ein System von Regeln auf lange Sicht ihren Interessen dient, auch wenn die Regel oder das System in Einzelfällen für sie nachteilig sind"[16].

Mit der zitierten Forderung wird gegen dieses Prinzip deshalb verstoßen, weil hierbei eine „grundsätzliche Voraussetzung für eine störungsfreie Weltwirtschaft nicht gegeben ist, nämlich die Übereinstimmung von Verantwortlichkeit, Interesse, Betroffensein und Entscheidungskompetenz. Die meisten Personen, die in den internationalen Gremien entscheiden, können bei Fehlentscheidungen nicht verantwortlich gemacht werden. Weder folgen materielle Sanktionen noch politische Konsequenzen. Diese Personen wären auch durch ihre Entscheidungen nicht direkt betroffen, handelt es sich doch in der Regel um Politiker, nicht um Vertreter der betroffenen Produzenten oder Verbraucher. Somit besteht die hohe Wahrscheinlichkeit einer Politisierung der Wirtschaft; die für effiziente Entscheidungen notwendige Nähe zwischen Entschei-

---

[14] Das Ziel wurde auf der im Jahre 1975 in Lima veranstalteten UNIDO-Konferenz aufgestellt.

[15] Einen Überblick über die Forderungen im einzelnen gibt *H. Hesse*, Industrial Redeployment – Opportunity, Threat, or Illusion?. in: Institut d'Études Européennes, Université Libre de Bruxelles, Colloques Européens, Le role de l'Europe dans le nouvel ordre économique international (Bruxelles 1979) 234ff.

[16] *Wissenschaftlicher Beirat*, a.a.O. 787f.

dung und Betroffensein muß zum Nachteil der Weltwirtschaft als Ganzes verlorengehen"[17].

b) Zur Frage nach der Funktion der Preise

Während ökonomische Kriterien zur Beurteilung von Antworten auf die „Souveränitätsfrage" häufig unzureichend sind, hängt von ihnen entscheidend die Bewertung jener Vorschläge ab, die einen Abbau internationaler Ungleichheiten mittels entsprechender Preisgestaltung der Hauptexportprodukte und gegebenenfalls wichtiger Einfuhrgüter der Dritten Welt vorsehen. Zur Erfassung dieser Kriterien muß man sich klar machen, daß Preise unter einem zweifachen Blickwinkel betrachtet werden können. Einmal üben sie eine wichtige Lenkungsfunktion aus. Indem die Preise einzelner Produkte relativ zu denen anderer steigen, signalisieren sie, daß diese Produkte relativ knapper geworden sind, sei es, weil die Ressourcen, die für die Produktion benötigt werden, knapper und damit teurer geworden sind, sei es, weil die Nachfrage nach diesen Gütern vergleichsweise stark gestiegen ist. Steigende Preise eröffnen Gewinnchancen und reizen damit zu vermehrter Produktion des fraglichen Guts oder seiner Substitution an (sogenannte Anreizfunktion der Preise). Gleichzeitig drängen relativ steigende Preise die Nachfrage unbürokratisch, anonym (d. h., ohne daß politisch zu verantwortende Entscheidungen getroffen werden müssen) und effektiv in dem Sinn zurück, daß die dringlicher empfundenen Bedürfnisse weiterhin befriedigt werden. Analog sind die Wirkungen sinkender relativer Preise.

Immer aber beeinflussen Veränderungen der relativen Preise auch die Realeinkommensverteilung. Steigen die Preise eines Guts relativ zu den Preisen anderer Güter, so verbessert sich die Einkommensposition jener Produktionsfaktoren, die in der Produktion dieses Guts eingesetzt sind, und es verschlechtert sich die relative Realeinkommenssituation derer, die das Gut erwerben. Am Beispiel des Mineralöls wird dies sehr deutlich: die seit 1979 stark ansteigenden Ölpreise verbessern die wirtschaftliche Lage der Ölländer, und sie schmälern das Realeinkommen der Öleinfuhrländer.

Ein großer Teil der Entwicklungsländer blickt schwerpunktmäßig auf die Verteilungsfunktion der Preise; mit ihrer Hilfe sollen internationale Ungleichheiten verkleinert werden. Das verrät bereits ihr Sprachgebrauch. Sie fordern „gerechte Preise", „faire Preise", „angemessene Preise". In gewisser Weise schwebt ihnen vor, was die Europäische Gemeinschaft auf dem Agrarmarkt zur finanziellen Absicherung der europäischen Landwirte praktiziert. Um nämlich die den Bauern gegebene Zusage der „Einkommensparität" einhalten zu können, werden Mindestpreise für Agrarprodukte festgelegt; Angebotsüberschüsse, die bei diesen Preisen entstehen, werden von staatlichen Vorratsstellen

[17] Ebd. 793.

aufgenommen. Im Prinzip verlangen die Entwicklungsländer nichts anderes als solche Marktordnungen auch für ihre Hauptexportprodukte. Dabei ordnen sie der Preisfestsetzung unter verteilungspolitischen Zielsetzungen die entscheidende Bedeutung zu[18].

Diese Forderung verstößt deutlich gegen das bereits erwähnte fundamentale „Prinzip der Trennung der Aufgabenbereiche". Würden die Preise der Hauptexportprodukte der Entwicklungsländer unter Verteilungsgesichtspunkten auf ein bestimmtes Mindestmaß festgelegt, würden sie ihre Lenkungsfunktion nicht mehr übernehmen können; eine effiziente Nutzung und optimale Allokation der knappen Ressourcen dieser Welt wäre dann nicht mehr zu erreichen, ein Sachverhalt, der angesichts der Not in der Welt schwer wiegt. Schon die den europäischen Zeitungslesern bekannten, ständigen Klagen über „Butterberg" und „Rußlandgeschäfte" zeigen, daß bei einer verteilungsbedingten Fixierung von „Mindestpreisen" nicht mehr von einer Abstimmung zwischen Angebot und Nachfrage und von einem effizienten Einsatz knapper Ressourcen auf dem europäischen Agrarmarkt die Rede sein kann. Würden solche Marktordnungen auf die ganze Welt ausgedehnt, müßte der auf relativen Preisen beruhende Allokationsmechanismus weitgehend zusammenbrechen, zumal es dann einen Weltmarkt außerhalb der Marktordnungen nicht mehr gäbe, auf dem man Überschüsse „abladen" könnte und auf dem im Fall von Mißwirtschaft und schlechten Ernten Versorgungsdefizite gedeckt werden könnten.

Diese Forderung verstößt ebenfalls gegen das fundamentale „Prinzip der Interessenverwirklichung", da die Festlegung der Mindestpreise in einem politischen Akt Nicht-Betroffener geschehen müßte.

Schließlich würden sich die finanziellen Lasten, die mit einer weltweiten Ausweitung solcher Marktordnungen verbunden sind, gegenüber den Beträgen, die schon im Haushalt der Europäischen Gemeinschaft als unvertretbar hoch bezeichnet werden, derart erhöhen, daß mit einer Zustimmung der Bevölkerung zu diesem Plan kaum gerechnet werden kann.

c) Internationales Transfersystem und Handelsliberalisierung

Eine aus diesen drei Gründen erfolgende Ablehnung der Forderung, die Preise in den Dienst einer internationalen Verteilungspolitik zu stellen, bedeutet keineswegs einen Verzicht auf Bemühungen, die internationalen Ungleichheiten zu mindern. Diesen Bemühungen wird damit lediglich ein anderer Weg gewie-

---

[18] Diese Einstellung wurde besonders deutlich bei den Verhandlungen über ein „integriertes Rohstoffprogramm", das von der UNCTAD, der die internationalen Handelsinteressen der Entwicklungsländer im Rahmen der Vereinigten Nationen wahrnehmenden Organisation, vorgeschlagen wurde. Dieser Vorschlag sah u. a. vor, für 18 Rohstoffe internationale Lager vorzusehen und mit ihrer Hilfe eine Preiserhöhung zu ermöglichen. Siehe dazu: *Klaus Glaubitt – Wilfried Lütkenhorst,* Elemente einer neuen Weltwirtschaftsordnung. Verhandlungsstand zu UNCTAD V; Bochumer Materialien zur Entwicklungsforschung und Entwicklungspolitik, Bd. 12 (Tübingen – Basel 1979) 2ff.

sen, ein Weg, der nicht nur ethisch begründbar ist, sondern auch ökonomischen Kriterien entspricht. Dieser Weg besteht einmal darin, ein alle Länder umfassendes Verteilungs- bzw. Transfersystem aufzubauen, dessen Grundlegung durch einen völkerrechtlichen Vertrag erfolgen sollte[19]. Zum andern sind die Voraussetzungen dafür zu schaffen oder zu erhalten, daß die Preise auf dem Weltmarkt – wo möglich – ihre Lenkungsfunktion erfüllen können.

Der Vertrag zur Errichtung eines Transfersystems müßte die Beiträge für Transferzwecke der Höhe nach festlegen (z. B. zunächst 0,7 Prozent des Bruttosozialprodukts, später mehr) und in seitens der Geberländer regelmäßig zu erfüllende Verbindlichkeiten umformen. Außerdem wären generelle Kategorien und Prinzipien für die Verwendung der Beiträge festzulegen. Dabei sollte auch sichergestellt werden, daß die Nehmerländer maßgeblich an den Entscheidungen über die Mittelverwendung beteiligt werden[20].

Die Schaffung von Voraussetzungen dafür, daß die Preise zu einer effizienten Nutzung knapper Ressourcen in der Welt beitragen, schließt Maßnahmen zum Abbau aller Importhindernisse ein, auf die Produkte aus der Dritten Welt in den Industrieländern stoßen. Daraus resultieren allerdings Gefahren für Arbeitsplätze in einer Reihe von Wirtschaftszweigen. Denjenigen, die mit dem Hinweis auf diese Gefahren für die Beibehaltung von Einfuhrschranken plädieren, wird man mutmaßlich nicht mit dem – gegebenenfalls ethisch fundierten – Argument entgegentreten können, daß die auf Grund einer Importliberalisierung erfolgende Freisetzung eines Arbeiters in einem Industrieland in den arbeitsintensiver produzierenden Entwicklungsländern zwei bis sieben neue Arbeitsplätze schafft[21]. Eher dürfte ein ökonomisches Gegenargument überzeugen: Entwicklungsländer, die durch den Verkauf eigener Industrieerzeugnisse Devisen erwerben, pflegen damit Käufe in Industrieländern zu finanzieren und schaffen so die Grundlage für neue Arbeitsplätze[22]. Diese entstehen zumeist noch in Wirtschaftszweigen mit vergleichsweise hohen Arbeitsproduktivitäten und gestatten den Erwerb höherer Pro-Kopf-Einkommen.

---

[19] Ein Konzept für ein solches Transfersystem hat unter der Überschrift „Ein neuer Ansatz in der Entwicklungsfinanzierung" die „Nord-Süd-Kommission" (sog. Brandt-Kommission) entwickelt. Gegen Ausformungen des Konzepts, z. B. gegen die Einführung einer internationalen Steuer auf den Handel, sind allerdings schwerwiegende ökonomische Einwände zu erheben. *Bericht der Nord-Süd-Kommission,* Das Überleben sichern. Gemeinsame Interessen der Industrie- und Entwicklungsländer (Köln 1980) Kap. 15, S. 297–300. Vgl. dazu: Friedrich Ebert Stiftung, Towards One World? International Responses to the Brandt Report. London 1981.

[20] Zu weiteren Einzelheiten vgl. *Wissenschaftlicher Beirat,* a. a. O. 806 ff.

[21] Zu diesen Ergebnissen führen die Berechnungen von *H. F. Lydall,* Trade and Employment. A Study of the Effects of Trade Expansion on Employment in Developing and Developed Countries (Genf 1975).

[22] In der deutschen Industrie sind zwischen 1970 und 1976 auf Grund von Exporten in Entwicklungsländer beispielsweise rund 240 000 zusätzliche Arbeitsplätze geschaffen, auf Grund von Importen aus der Dritten Welt aber nur etwa 90 000 Arbeitsplätze vernichtet worden. UNIDO-Working Papers on Structural Changes, Nr. 6 (März 1979): Future Structural Changes in the Industry of the Federal Republic of Germany.

Weiterführende Literatur

a) Wer sich über Einzelheiten der Diskussion über eine neue Weltwirtschaftsordnung orientieren will, sei auf die in den Fußnoten 1, 11 und 19 angegebene Literatur verwiesen. Empfehlenswert ist auch die Lektüre folgender Veröffentlichungen:
- Artikel „Weltwirtschaftsordnung“ *(H. Sautter),* in: Handwörterbuch der Wirtschaftswissenschaft, Bd. 9 (1982). In diesem Artikel finden sich zahlreiche weitere Literaturhinweise.
- *H. H. Glismann – E.-J. Horn – S. Nebring – R. Vaubel,* Weltwirtschaftslehre. Eine problemorientierte Einführung. dtv wissenschaft, Taschenbuch 4331 (München 1980).

b) Wer sich – unabhängig von Problemen einer Neuen Weltwirtschaftsordnung – mit der Frage nach dem Zusammenhang zwischen marktwirtschaftlichen Systemen einerseits und Ethik und Moral andererseits befassen will, sei nachdrücklich verwiesen auf
R. C. O. Matthews, Morality, Competition and Efficiency, in: „The Manchester School of Economic and Social Studies“ (1981) 289–309, und die dort angeführte Literatur.

Helmut Hesse

II
Ethische Probleme einer Weltwirtschaftsordnung

Wie eine künftige Weltwirtschaftsordnung auszusehen, in welche Richtung sie sich zu entwickeln hat, hängt wesentlich von den Erwartungen ab, die man mit ihr verbindet. Sucht man in ihr vorgängig das übergreifende Regulativ für eine unangefochtene Gestaltung des internationalen *Wettbewerbs,* so wird der Schwerpunkt zwangsläufig auf dem Anspruch der *Reziprozität,* der *Gegenseitigkeit* liegen. Von der Einlösung dieses Anspruchs sind am ehesten für all jene Länder, die mit eigenen konkurrenzfähigen Leistungen am internationalen Marktgeschehen beteiligt sind, gleichmäßige Vorteilssicherungen zu erwarten. Auf dieser Grundlage ist etwa die erste und ursprüngliche Fassung der Welthandelsordnung, das *Allgemeine Zoll- und Handelsabkommen* (GATT) von 1947, konzipiert.

Sucht man hingegen in der Weltwirtschaftsordnung das übergreifende Regulativ für die Herstellung *sozialer Gerechtigkeit,* so wird man sich mit einem solchen Ansatz nicht zufriedengeben können. Der Schwerpunkt wird sich notwendig verlagern: Radikal einbezogen werden muß auch der Schwächere, der ökonomisch hoffnungslos an den Rand Gedrängte und Zukurzgekommene. Dies wird gegebenenfalls selbst einseitige Vorleistungen und Vorteilssicherungen für ihn nicht ausschließen dürfen. Nur unter dieser Voraussetzung wird Weltwirtschaftsordnung als Instrument zur Überwindung des desolaten Zustandes der Zweiten und des Elends der Dritten Welt überhaupt erst tauglich.

Zu einer so verstandenen Weltwirtschaftsordnung würde dann allerdings mehr gehören als eine entsprechend auf dieses Ziel ausgerichtete Welthandelsordnung. Mit Handelsordnungen allein, und seien sie auch noch so sehr auf Chancen für den Schwächeren hin austariert, läßt sich wirkliche Armut nicht überwinden. Wem es an elementarer ökonomischer Leistungskraft mangelt, mit dem lassen sich Geschäftsbeziehungen – und um deren Regelung geht es ja bei Handelsordnungen – gar nicht erst aufbauen. Er muß erst einmal dazu instand gesetzt werden. Soll also eine Weltwirtschaftsordnung dem hier beschriebenen Ziel gerecht werden, gehört zu ihr nicht nur ein Ordnungsrahmen zur Koordinierung und Verbesserung der Bedingungen internationaler wirtschaftlicher Transaktionen im Sinne der Welthandelsordnung, sondern ebensosehr auch ein Ordnungsrahmen, der die spezifisch *sozialen* Anforderungen im Miteinander der Wirtschaftsgesellschaften auf entsprechend effiziente und berechenbare Grundlagen stellt.

1. Die Entwicklung der Wirtschaft zur Weltwirtschaft als ethische Herausforderung

Tatsächlich hat die seit Ende des letzten Weltkriegs rasant voranschreitende Internationalisierung der Wirtschaft ganz neue Ausgangslagen geschaffen. Die einzelnen Volkswirtschaften sehen sich in großen Bereichen zunehmend in die Weltwirtschaft verflochten. In vielerlei Hinsicht lassen sie sich nur noch als Teil eines inzwischen längst global ausgelegten, hochsensiblen, über alle Ländergrenzen hinweg agierenden Wirtschaftsgefüges verstehen. Dieser Prozeß der Globalisierung der modernen Wirtschaft zeigt sich insbesondere an drei Erscheinungen[1]:

1) An der Internationalisierung des Warenaustauschs. – Der „Offenheitsgrad" der meisten Volkswirtschaften – darunter versteht man die Summe aus Export- und Importquote – ist höher als je zuvor. Die Auslandsnachfrage ist für nicht wenige Produktionsbereiche wichtiger geworden als die Inlandsnachfrage. Aber auch der Anteil der Importe am Inlandsverbrauch ist durchweg gestiegen. Demzufolge läßt sich im Bezug auf zahlreiche Güter und ihre Märkte streng genommen nicht mehr von nationalen Märkten, sondern nur noch von Weltmärkten sprechen.

2) An der Internationalisierung der Produktion. – Direktinvestitionen im Aus-

[1] Ich folge hier dem Überblick der Denkschrift der Evangelischen Kirche in Deutschland: Gemeinwohl und Eigennutz. Wirtschaftliches Handeln in Verantwortung für die Zukunft (Gütersloh 1991) 70; vgl. ferner *H. Hesse,* Internationale Wirtschaftsbeziehungen als Gegenstand der Wirtschaftsethik, in: *ders.,* (Hrsg.), Wirtschaftswissenschaft und Ethik (Berlin 1988) 195–215 hier: 196f.

land gewinnen für die Wettbewerbsfähigkeit von Firmen erhebliches Gewicht. Der Anteil der Auslandsproduktion von Inlandsfirmen hat ständig zugenommen. Darüber hinaus hat sich innerhalb sogenannter transnationaler Unternehmen, die ihre Produktionsprozesse inzwischen weltweit planen, eine intensive Arbeitsteilung über viele Ländergrenzen hinweg ausgebildet.

3) An der Globalisierung der Finanzmärkte. – Banken tätigen heute ihre Aktiv- und Passivgeschäfte mit Ausländern ebenso selbstverständlich wie mit Inländern, inzwischen in nicht unbeträchtlichem Maße auch durch eigene Vertretungen im Ausland selbst. Der Austausch steigt, Kapitalbewegungen kennen keine Grenzen. Am deutlichsten zeigen dies wohl die ungeheuren Umsätze im internationalen Wertpapierverkehr. „Es gibt nur noch eine Aktienbörse in der Welt, und sie ist ganztägig geöffnet; wenn der Handel in Tokio beginnt, werden in Los Angeles gerade die Schlußkurse festgestellt.“[2]

Betrachten wir die Einheit der Menschheit in Freiheit als ein der geschichtlich-personalen Entfaltung des Menschen adäquates und damit ethisch zutiefst gerechtfertigtes Ziel, so wird man gerade die Entwicklung der Wirtschaft von der relativ geschlossenen Volkswirtschaft zur offenen Weltwirtschaft in eben jenen größeren Zusammenhang einzuordnen haben. Ohne eine Internationalisierung der Wirtschaft wäre dieses Ziel in der Tat nicht erreichbar. Von daher aber stellt dieser Vorgang ungeachtet aller weiter notwendigen Korrekturen einen gewaltigen Schritt nach vorn dar.

Wenn wir ferner die Tatsache ernst nehmen, daß Wettbewerb als strukturelles Element für eine effiziente, von Eigeninitiative, Risikobereitschaft und Leistungswille bestimmte Wirtschaft unerläßlich ist, dann muß dies in gleicher Weise auch für die Entfaltungsbedingungen von Wirtschaft auf internationaler Ebene gelten. Wir haben es also bei der Ausweitung des dezentralen Entscheidungssystems „Marktwirtschaft“ auf weltwirtschaftliche Prozesse nicht mit einem Verfallssyndrom zu tun. Soll diese Wirtschaft tatsächlich zu einem Instrument des „Gemeinwohls der Menschheitsfamilie“[3] werden, so kann sie hierbei auf dieses grundlegende Ordnungsprinzip nicht verzichten[4].

Dennoch müssen wir darüber hinaus ebenso die Tatsache in Rechnung stellen, daß freier Wettbewerb auf offenen Märkten aus sich heraus, ohne entsprechende Rahmenordnungen, noch keine humanen Symmetrien in die ökonomischen Abläufe zu bringen, geschweige denn soziale Gerechtigkeit zu schaffen vermag. Genau diesem Problem aber sehen wir uns hier in eminenter Weise

---

[2] Denkschrift, a. a. O. 70.

[3] *J. Ratzinger,* Dem Wohl der Menschheit dienen, in: FAZ Nr. 284 (7. 12. 1985) 15.

[4] In dieser Richtung argumentieren auch die päpstlichen Sozialenzykliken, so schon Paul VI. in „Populorum progressio“ 1967 (Nr. 61) und nachdrücklicher noch Johannes Paul II. in „Centesimus annus“: auch auf der Ebene „der internationalen Beziehungen scheint der freie Markt das wirksamste Instrument für die Anlage von Ressourcen und für die beste Befriedigung der Bedürfnisse zu sein“ (Nr. 34).

konfrontiert. Letztlich wiederholen sich damit – jetzt freilich auf globaler Ebene – dieselben grundlegenden Schwierigkeiten, vor die sich bereits die jungen Industrienationen des 19. Jahrhunderts mit ihrer Option für Wettbewerb und der daraus resultierenden „sozialen Frage" im Bezug auf eine gerechte Gestaltung ihrer Volkswirtschaften gestellt sahen. Wenn sich aber für diese die „soziale Frage" als im Prinzip lösbar erwies, so wesentlich deshalb, weil hier der Staat selbst als oberster Souveränitätsträger unmittelbar einzugreifen und das marktwirtschaftliche System sozialpolitisch auszutarieren bzw., wie in der Bundesrepublik, mit der Entwicklung der sozialen Marktwirtschaft in eine inzwischen hochentwickelte soziale Rahmenordnung einzubinden vermochte.

Gerade für diesen Lösungsweg fehlen jedoch auf weltwirtschaftlicher Ebene alle Voraussetzungen. Hier gibt es in der Tat keine dem Staat und seinen Befugnissen vergleichbare, mit eigener Souveränität ausgestattete überstaatliche Ordnungsmacht, die jene sozialpolitischen Aufgaben im Bezug auf eine „Weltwirtschaftsgemeinschaft" zu erfüllen vermöchte, wie sie die einzelnen Staaten im Hinblick auf ihre eigenen Volkswirtschaften wahrnehmen und leisten. Wenn aber eine solche überstaatliche Ordnungsmacht fehlt, von wem anders sollte dann noch die Initiative zur Schaffung einer für die Durchsetzung dieser Aufgabe notwendigen globalen wirtschaftlichen Rahmenordnung ausgehen können als von den Einzelstaaten selbst? Damit scheinen wir freilich mit unserem Problem auf schwankenden Boden zu geraten. Staaten sind in ihren Entscheidungen autonom. Dies macht eine Lösung gewiß nicht leichter, aber auch nicht weniger drängend. Jedes weitere Ausweichen vor der hier liegenden Herausforderung verbietet sich fundamentalen ethischen Gründen ebenso wie aus Gründen des wohlverstandenen Interesses aller. Dies machen folgende Überlegungen deutlich:

1) Die Internationalisierung der Wirtschaft ist faktisch vollzogen und als solche irreversibel. Das Interesse der einzelnen Länder, an der überwältigenden Fülle der Produkte, aber auch an den spezifischen Investitionsangeboten des so entstandenen Weltmarkts zu partizipieren und umgekehrt die eigenen Ressourcen und Güter in diesen Markt einzubringen, ist ungebrochen. Demgegenüber haben sich Versuche, die Chancen der eigenen Entwicklung mit einer bewußten Abkoppelung der nationalen Wirtschaft vom Weltmarkt verbessern zu wollen, als Fehlschläge erwiesen. Sie wurden durchgängig mit „Stagnation und Rückgang" bezahlt[5].

2) Die Ausweitung und Öffnung der Märkte führt ihrerseits zu immer größeren Interdependenzen und damit zu wachsender Abhängigkeit der einzelnen Volkswirtschaften voneinander. Mit dem Maß an wechselseitiger Abhängigkeit aber wächst zugleich der generelle Kooperationsdruck. Wo sich Nachteile und

[5] Centesimus annus Nr. 33.

Vorteile des andern mit eigenen Nachteilen und Vorteilen verknüpfen, ist am ehesten der Weg zur Abstimmung über konkurrierende Interessen zu größtmöglichem Vorteil aller und damit zu entsprechenden Vereinbarungen gewiesen. Genau darin haben wir denn auch die Voraussetzungen für das Allgemeine Zoll- und Handelsabkommen von 1947 zu suchen, das, seitdem mehrfach, und zwar was seine Grundlagen betrifft, in durchaus konstruktiver, weiterführender Weise geändert, heute von fast 100 Staaten unterzeichnet ist.

3) Tatsächlich ist das sich aus der gegenseitigen Durchdringung der Märkte ergebende Interesse an Zusammenarbeit aber durchaus noch steigerungsfähig. Wo die wechselseitigen Abhängigkeiten genügend groß sind und von den Beteiligten gleichzeitig die ungeheuren Vorteile erkannt werden, die sich für sie durch eine noch engere Verbindung ihrer Volkswirtschaften erreichen lassen, legt sich der Schritt zur Fusionierung dieser Wirtschaften und damit der Schritt zur Schaffung noch größerer, in sich konsistenter Wirtschaftsräume unmittelbar nahe. „Unter dem Dach globaler wirtschaftlicher Verflechtung vollzieht sich eine verstärkte regionale Integration.“[6] Das Beispiel der Europäischen Wirtschaftsgemeinschaft (EG) und ihrer Entstehung hat dies auf besonders eindrucksvolle Weise gezeigt.

4) Nicht jede Abhängigkeit von den Entwicklungen des Weltmarktes führt aber zugleich auch zu neuen Formen der Kooperation oder läßt sich für die eigene Volkswirtschaft wenigstens als Vorteil nutzen. Abhängigkeit impliziert als solche immer auch entsprechende Möglichkeiten der Verletzbarkeit. Jede Marktsättigung, jede Wettbewerbsverschiebung kann hier empfindliche Negativwirkungen hervorrufen und Konjunkturrückgänge, Verluste an Arbeitsplätzen sowie Unausgeglichenheiten der Außenhandelsbilanz nach sich ziehen. Fortgeschrittene Industrieländer mit ihrer Vielfalt an Produktionsbereichen und ihren zum Teil hochentwickelten sozialen Netzen werden damit in der Regel vergleichsweise leicht fertig. Ganz und gar anders stellen sich die Dinge demgegenüber für die meisten Entwicklungsländer dar. Verletzungen dieser Art können hier bereits schwerwiegende Folgen für die Gesamtintegration ihrer Wirtschaft in die Weltwirtschaft haben und damit ihre Wohlfahrt entscheidend treffen. Was sich ihnen als Weg zu Fortschritt und Entwicklung anbot, wird ihnen unter eben solcher Voraussetzung zum Verhängnis. Wo die für eine von Technik und Wissenschaft bestimmte moderne Wirtschaft erforderlichen immensen kulturellen Transformationsleistungen noch erst zu erbringen sind, ohne daß dazu weder die notwendige Zeit noch die notwendigen sachlichen und personellen Mittel zur Verfügung stehen, wo ferner der größte Teil der vorhandenen Ressourcen vor allem für die eigene dramatisch wachsende Bevölkerung dringend benötigt wird und wo dann am Ende auch noch das, was man

---

[6] *E. Thiel,* Weltwirtschaftlicher Wandel und internationale Wirtschaftsordnung, in: *Bundeszentrale für politische Bildung* (Hrsg.), Wirtschaftspolitik (Bonn 1990) 459–477, hier. 475.

auf dem Weltmarkt tatsächlich anzubieten in der Lage ist, infolge Überangebot von ständigem Preisverfall bedroht ist, da kann eine erfolgreiche weltwirtschaftliche Eingliederung nicht gelingen, da ist der wirtschaftliche Niedergang und damit die Verelendung ganzer Länder und großer Bevölkerungsmassen geradezu vorprogrammiert. Um Bewußtmachung ebendieses Problems einer sich auf globaler Ebene anbahnenden neuen Armut ging es bereits Paul VI. in seiner 1967 erschienenen Sozialenzyklika „Populorum progressio" – „Über den Fortschritt der Völker", der ersten Enzyklika, die ihre Aufmerksamkeit systematisch auf die großen weltwirtschaftlichen Zusammenhänge richtet, wenn er seine Situationsanalyse mit der lapidaren Feststellung beginnt: „Heute ist – darüber müssen sich alle klar sein – die soziale Frage weltweit geworden" (Nr. 3). Gerade im Zuge dieser ihrer Ausweitung aber gewinnt diese Frage nochmals eine neue Dimension. Sie stellt nicht mehr nur eine Herausforderung für den sozialen Frieden einzelner Gesellschaften dar, sondern wirkt sich nunmehr auch als gefährlich destabilisierender Faktor auf das internationale Ordnungsgefüge insgesamt aus. Sie vermag Prozesse in Gang zu setzen, die das friedliche Miteinander der Völker in vielfältiger Weise und in zunehmendem Maße bedrohen. Was hier gärt, fordert, soll es nicht am Ende zu verheerenden, unsteuerbaren Auswirkungen kommen, ganz neue produktive Antworten, mit denen dem elementaren Anspruch auf soziale Gerechtigkeit auch auf globaler Ebene endlich Rechnung getragen wird. Entwicklung und Friede – so die Argumentation des Papstes – lassen sich unter den erreichten Voraussetzungen nicht länger voneinander trennen. Nur wo dem einen Bahn gebrochen wird, ist auch das andere zu sichern: „Entwicklung ist der neue Name für Friede" (Nr. 8).

5) Eine zusätzliche Verschärfung gewinnt die wirtschaftliche Gesamtsituation mit dem sukzessiven Zusammenbruch der sozialistischen Systeme seit Beginn der neunziger Jahre. Dabei fällt als erstes ins Gewicht, daß mit der darin zum Ausdruck kommenden Absage an jegliche Form einer Zentralverwaltungswirtschaft ein solcher Weg auch für die Entwicklungsländer als mögliche Option und damit als Alternative zur Marktwirtschaft obsolet geworden ist. Um so nachdrücklicher sehen sich die Entwicklungsländer nunmehr allein auf den westlichen Weg verwiesen. In Wahrheit bedeutet dies jedoch auch, daß sich ihr ökonomisches Schicksal unablösbar mit dem verknüpft, was ihnen die den Weltmarkt beherrschende industriell entwickelte Welt an tatsächlichen Chancen eröffnet und an Möglichkeiten beläßt. Dasselbe Problem stellt sich nun aber zusätzlich auch für die Länder der bisherigen sogenannten Zweiten Welt, wenngleich unter etwas anderen Voraussetzungen. Hier handelt es sich nämlich um Länder, die einerseits schon über einen gewissen industriellen Entwicklungsstand verfügen, andererseits aber mit der Ausbildung der für deren humane Effizienz erforderlichen sozialstrukturellen Voraussetzungen noch ganz am Anfang stehen. Für die hochentwickelten westlichen Industrienationen bedeutet beides, das weithin ungelöste Problem der Dritten Welt ebenso

wie die nicht weniger brisante Problemlage der Zweiten, zuvor kommunistischen Welt, eine in Wahrheit noch längst nicht voll begriffene, ungeahnte Herausforderung: Die damit geforderte Nacharbeit ist von den Betroffenen selbst alleine nicht zu leisten. Ob also die hier einzubringende gezielte Assistenz von eben jenen geleistet wird, für deren Weg man optiert, entscheidet letztlich das blanke Überleben aller übrigen. Läßt der Westen weiter die Dinge treiben und entzieht sich der ihm gestellten Aufgabe, so schafft er sich damit ohne Zweifel immer unkalkulierbarer werdende Konfliktpotentiale, deren Herr zu werden er am Ende womöglich gar die eigenen menschenrechtlichen Prinzipien verraten müßte, unter denen er angetreten ist.

6) Die größte Herausforderung jedoch, der sich die Menschheit heute insgesamt konfrontiert sieht, stellt die im Kontext von Industrialisierung und Bevölkerungswachstum immer nachhaltiger hervortretende Zerstörung der natürlichen Umwelt dar. Sollen die damit heraufbeschworenen immensen Gefahren endgültig gebannt werden, so macht gerade dies eine entsprechend umfassende Umgestaltung und Fortentwicklung der weltwirtschaftlichen Rahmenordnung unausweichlich. Wirtschaftliches Wachstum läßt sich nur dort auch als Fortschritt geltend machen, wo es von den Bedingungen der Natur mitgetragen wird, andernfalls schlägt es über kurz oder lang negativ auf seinen Urheber, den Menschen, zurück. Die dem Prozeß menschlichen Wirtschaftens zugrunde zu legende umweltethische Leitforderung lautet sonach: „Gesamtvernetzung" – Rückbindung unserer gesamten Ökonomie in das sie tragende Netzwerk der Natur (Prinzip der Retinität). In alldem geht es um nicht weniger als um ein an der Bewahrung der Schöpfung orientiertes, neues Verständnis von wirtschaftlicher Entwicklung, von wirtschaftlichem Wachstum und wirtschaftlichem Fortschritt. „Sustainable development – tragfähige Entwicklung" heißt dies mit dem entscheidenden Stichwort des Brundtland-Berichts von 1987, das seit dem Umweltgipfel von Rio 1992 endgültig in die ökonomisch-ökologische Diskussion Eingang gefunden hat. Der damit einzuschlagende Weg in die weltwirtschaftliche Zukunft impliziert insofern also auch keine Absage an technologisch-ökonomische Progression, wohl aber deren entscheidende Einbindung in unabdingbar zu wahrende Voraussetzungen der Natur. Insgesamt liegt in eben dieser Notwendigkeit der Einbindung zugleich der entscheidende Motivationsfaktor, der unter allen übrigen am unerbittlichsten zu einer generellen Neuorientierung in Sachen Weltwirtschaft und ihrer Entwicklung zwingt. Wo jeder der Beteiligten auch zum Betroffenen wird, kann auf die Dauer niemand Solidarität verweigern.

Dennoch bleibt generell festzuhalten: Das Ringen um eine neue Weltwirtschaftsordnung in unserem Jahrhundert hat seinen Ausgang weder bei der Umweltfrage noch bei der sich globalisierenden „sozialen Frage", sondern wesentlich bei der Frage nach einer übergreifenden Koordinierung der zwischenstaatlichen ökonomischen Austauschprozesse genommen, und diese

Frage macht ohne Zweifel bis heute auch seinen innersten Kern aus. Die beiden anderen Problemkomponenten sind demgegenüber erst im weiteren Prozeß der weltwirtschaftlichen Entwicklung in ihrem ganzen, ungeheuren Gewicht hervorgetreten. Wenn sich uns also heute das Problem der Weltwirtschaftsordnung als ein derart umfassendes ethisches Problem stellt, so werden wir dann auch von diesen genealogischen Zusammenhängen und deren innerer Systematik nicht absehen dürfen. Gerade deshalb aber erscheint es zunächst erforderlich, den besonderen Stellenwert, der der Welthandelsordnung – also GATT – und den sich daran kristallisierenden Bemühungen in diesem Gesamtkontext zukommt, genauer in Blick zu nehmen.

2. Das Allgemeine Zoll- und Handelsabkommen als ordnungsethische Antwort – Notwendigkeit und Grenzen

Als regulative Idee fungiert hierbei näherhin die Idee einer internationalen Arbeitsteilung mit dem Ziel friedlichen Austausches von aufeinander verwiesenen und einander ergänzenden nationalen Märkten. Als Maßstab für ein diesem Ziel dienendes Verhalten wurde das „Pareto-Kriterium" zugrunde gelegt. Demzufolge sind Handelsabsprachen zwischen Nationen so zu treffen, daß erstens der hierbei von den beteiligten Ländern angestrebte Nutzen ein gegenseitiger ist (Prinzip der „Reziprozität") und daß zweitens der Wirtschaft keines weiteren Landes dadurch Schaden entsteht. Um letzteres sicherzustellen, rekurriert GATT auf das Prinzip der „unbedingten Meistbegünstigung". Hiernach gelten Zugeständnisse, die ein Land einem anderen einräumt, gleichzeitig als allen übrigen Unterzeichnerstaaten gegenüber gemacht. Auf diese Weise tragen die einzelnen Staaten im Verfolgen ihres Eigenwohls immer auch ein Stück weit dazu bei, die „Weltwohlfahrt" als Ganzes voranzubringen. Grundsätzlich geht es hier also um die Herstellung von Handelsbedingungen, die auf dem ethischen Fundament einer durch das Prinzip der „unbedingten Meistbegünstigung" multilateral ausgeweiteten Reziprozität beruhen. In der Konsequenz führte dies zum prinzipiellen Verbot von mengenmäßigen Handelsbeschränkungen. Die einheimische Produktion sollte nicht mehr durch Export- bzw. Importkontingentierungen geschützt werden, sondern allein noch durch Zölle, die ihrerseits wiederum im Rahmen von bisher sieben Zollsenkungsrunden (den sogenannten GATT-Runden) in bezug auf viele Produkte harmonisiert und deutlich gesenkt wurden. Bis 1979, dem Abschluß der sogenannten Tokio-Runde, konnte auf diesem Wege multilateraler Vereinbarungen die durchschnittliche Zollbelastung auf 4 Prozent herabgesetzt werden[7].

[7] *W. Woyke* (Hrsg.), Handwörterbuch internationaler Politik (Bonn [4]1990) 198–202.

Damit waren ohne Zweifel erste Schritte auf dem Weg zur Installierung einer Ordnung getan, die ein größeres Maß an Fairneß und Gemeinwohlorientierung in den internationalen Wettbewerb zu bringen versprachen. Freilich erkannte man schon bald, daß die hier entwickelte Konzeption, wie sie dem GATT-Vertrag von 1947 zugrunde liegt, faktisch ganz auf den Umgang fortgeschrittener Industrienationen abgestimmt ist und damit auch nur zur Lösung der Konflikte, die *sie* miteinander haben, beitragen kann. Impliziert ist darin nämlich im Grunde eine Position beiderseitiger Stärke bei gleichzeitiger Abhängigkeit voneinander. Nur wo dies gegeben ist, sind die Kontrahenten in der Lage und zugleich auch motiviert genug, einander Vorteile einzuräumen und sich gegenseitige Zugeständnisse bei der Regelung des Güteraustauschs zu machen, die dann ebenso auch allen andern gegenüber gelten. Diese Voraussetzungen treffen jedoch auf das Verhältnis zwischen armen und reichen Ländern gerade nicht zu. Zu derlei Zugeständnissen sind die armen Länder auf Grund ihrer Armut gar nicht erst in der Lage. Und die reichen gegenüber den armen? Auch sie werden kaum Anlaß zu eigenen Vorleistungen sehen, solange die Ressourcen, Güter und Fähigkeiten, die die armen zu bieten haben, nicht knapp genug sind, um sie sich durch Einräumen von Handelsvorteilen sichern zu müssen. Das Prinzip der Reziprozität greift hier also gar nicht. Die Abhängigkeit ist einseitig. So kann es denn nicht verwundern, daß Handelsvereinbarungen zu gegenseitigem Vorteil zwischen Industrie- und Entwicklungsländern nur selten getroffen werden. Dies bleibt weithin eine Sache der Industrieländer, die damit vor allem ihr eigenes Wohlstandsniveau verbessern können. Zwar partizipieren auch die Entwicklungsländer auf Grund des Prinzips der „unbedingten Meistbegünstigung“ an derlei Vereinbarungen. Aber eben nur theoretisch, sie können sich die Produkte auf Grund ihrer Armut trotzdem nicht leisten.

Aufs Ganze betrachtet wird hier deutlich, daß der GATT-Vertrag von 1947 im Bezug auf eine umfassendere Koordinierung und effizientere Gestaltung des Wettbewerbs unter den Industrieländern mit seinem Ansatz zwar Fortschritte gebracht hat, daß er aber damit der Problematik der Entwicklungsländer nicht gerecht werden konnte. Das Prinzip der Reziprozität vermag zwar zwischen Starken Ausgleich zu schaffen, nicht aber zwischen Starken und Schwachen. Eine fortschreitende Einbindung der Entwicklungsländer in den Weltmarkt war auf diese Weise nicht zu erreichen. Im Gegenteil, die Einkommensabstände zwischen reichen und armen Ländern haben sich mit der einseitigen Favorisierung dieses Prinzips tendenziell noch vergrößert. Spätestens in den sechziger Jahren hat man dies deutlich erkannt. Die darüber entstandene Diskussion führte dann schließlich 1966 in der sogenannten Kennedy-Runde zu einer nicht unwichtigen Differenzierung der Bedingungen des ursprünglichen GATT-Vertrages. In einem eigens hinzugefügten Teil IV sagen die Industrieländer zu, von den Entwicklungsländern keine Reziprozität mehr zu verlangen. Darüber hinaus wurden auf eine Initiative der UNCTAD hin Vorzugszölle zugestanden.

Dies war, wollte man in Sachen Entwicklungsländer auf der Ordnungsebene vorankommen, ohne Zweifel ein weiterer Schritt nach vorn. Es sind damit Konditionen geschaffen, mit deren Hilfe sich die Gewinnspannen bei den Exporten für diese Länder im Prinzip zusätzlich verbessern lassen, was dann wiederum der Gesamtentwicklung des jeweiligen Landes zugute kommt. Vorausgesetzt bleibt freilich auch hier, daß ein entsprechend nachhaltiger Bedarf an den angebotenen Gütern besteht, daß sie also knapp genug sind, um derart einseitige Vorteilssicherungen für die Anbieter seitens der Nachfrager trotzdem interessant zu machen und zu rechtfertigen. Genau dies aber trifft im Bezug auf die meisten Güter, die die Entwicklungsländer als Exportgüter in den Weltmarkt einzubringen haben, gar nicht erst zu. Insofern sind die Ausgangslagen solcher Länder in der Regel doch sehr viel schlechter, als daß die genannten GATT-Zugeständnisse so schnell irgendeine Relevanz gewinnen könnten[8]. Nicht wenige unter ihnen, und hier vor allem jene, die stark von Rohstoffexporten abhängig sind, mußten vielmehr umgekehrt in den letzten Jahrzehnten einen erheblichen Rückgang ihrer Exportpreise hinnehmen. Das gilt z. B. in eklatanter Weise für die Länder Schwarzafrikas. Dabei vermochte hier der Versuch, die wachsenden Einnahmeverluste durch entsprechende Steigerung der Produktionsmengen auszugleichen, gewiß keine Lösung zu bringen. Am Ende führte dies nur zu weiterer Übersättigung des Weltmarkts mit den angebotenen Produkten und damit zu weiterem Verfall der Preise. Der Anteil Afrikas am Weltexport, ohnehin minimal genug, zeigt denn auch eine stetig abnehmende Tendenz. Betrug er 1955 4,7 Prozent, so 1988 nur noch 1,9 Prozent. In seiner Bedeutung für die Weltwirtschaft ist Afrika damit zu einer „praktisch vernachlässigbaren Größe" geworden, und das überdies noch in einer Phase des stärksten Bevölkerungswachstums seiner Geschichte. Was sich mit dieser Ausweglosigkeit der Entwicklungsländer, und hier ist Afrika ja nicht allein zu nennen, an Schrecken und Leiden für die Betroffenen, aber auch an Risiken für die Welt verbindet, gibt der Frage nach einer wirklich zureichenden Weltwirtschaftsordnung einen ganz neuen Ernst.

Bei aller Notwendigkeit, hier endlich eine grundlegende Wende herbeizuführen, wird man jedoch aus dem bisher Gesagten nicht den Schluß ziehen dürfen, daß die Ursache der Verelendung der Dritten Welt unmittelbar in möglichen Defiziten des GATT-Vertrages zu suchen ist, daß also eine Ände-

---

[8] Im Grunde konnten sich hiervon nur jene Länder unmittelbar positive Wirkungen versprechen, die von sich aus bereits gewisse Voraussetzungen für eine steigerbare Produktivität boten, die also von ihrer kulturellen Motivation, ihren Bildungsanstrengungen, womöglich auch von ihren Ressourcen her in der Lage waren, bei entsprechenden externen Assistenzen den Status von Schwellenländern zu erreichen.

rung der Lage nur über ganz entschiedene Verbesserungen dieses Vertrages erreicht werden könnte. Solche Überlegungen haben in der Tat während der siebziger Jahre eine Rolle gespielt. Hierzu gehört u. a. auch der Vorschlag, die Welthandelsordnung fundamental zu ändern und ihr anstelle des Pareto-Kriteriums das Fairneß-Prinzip von Rawls zugrunde zu legen[9]. Folgt man diesem Prinzip, so dürfen internationale Handelsverträge nur unter der Voraussetzung abgeschlossen werden, daß sie gleichzeitig jenen Ländern Vorteile bringen, die als die jeweils ärmsten zu ermitteln sind. Das aber bedeutet, daß diesen Ländern im Hinblick auf die jeweiligen Vereinbarungen gewissermaßen ein Kontroll- und Vetorecht eingeräumt wird. Damit würde der Markt freilich Mechanismen unterworfen, die die Entscheidungsspielräume derart einengen, daß dies faktisch zu einer Erosion des Wettbewerbsprinzips führen müßte. An eine Anhebung der Weltwohlfahrt wäre dann aber erst recht nicht zu denken.

Angesichts derart radikal ansetzender, in ihren Konsequenzen kaum durchschaubarer Konstruktionen bleibt zu fragen, ob nicht mit den 1966 am GATT-Vertrag vorgenommenen Korrekturen in Wahrheit bereits das Äußerste an Möglichkeiten ausgeschöpft wurde, um damit das sicherzustellen, was ein Ordnungsinstrument nicht außer Kraft setzen darf und will, von sich aus zur Schaffung von mehr sozialer Gerechtigkeit beizutragen vermag. Wenn nun aber dennoch im Zusammenhang mit GATT durchaus auch Kritik am Platz ist, dann betrifft dies eine ganz andere Tatsache, jene nämlich, daß gerade die Industrienationen, die sich diese Ordnung ursprünglich gegeben haben, von Anfang an immer wieder dahin tendierten, die Geltungsbereiche des Abkommens nunmehr unter Zuhilfenahme nichttarifärer Handelsrestriktionen (z. B. über technische Normauflagen, Zulassungsbeschränkungen, Gesundheitsschutzbestimmungen u. ä.) möglichst einzuengen, um so den besonders gefährdeten Produktionssektoren ihrer eigenen Volkswirtschaften möglichst günstige Konditionen zu sichern. Die Denkschrift der EKD „Gemeinwohl und Eigenwohl" weist hier mit Recht nachdrücklich auf die Fragwürdigkeit einer solchen Praxis hin und nimmt dies zum Anlaß, eine ganze Reihe von Kritikpunkten aufzulisten: „Der Agrarhandel war weitgehend von den verabredeten Regeln ausgenommen, der internationale Dienstleistungsverkehr blieb völlig unberührt,

[9] Hierzu: *J. Rawls,* Eine Theorie der Gerechtigkeit (Frankfurt a. M. 1975); *ders.,* Justice as Fairness: Political not Metaphysical, in: Philosophy and Public affairs 14 (1985) 219–251; ferner: *K. J. Arrow,* Some Ordinalist Utilitarian on Rawls's Theory of Justice, in: Journal of Philosophy 70 (1973) 245–263; *G. Gäfgen,* Ökonomische Implikationen ethischer Prinzipien, in: *D. Duwendag – H. Siebert* (Hrsg.), Politik und Markt. Wirtschaftspolitische Probleme der 80er Jahre (Stuttgart – New York 1980) 191–207; *M. E. Yaari,* Rawls, Edgeworth, Shapley, Nash: Theories of Distributive Justice Re-examined, in: Journal of Economique Theory, 24 (1981) 1–39; *W. Gaertner,* Einige Theorien der Verteilungsgerechtigkeit im Vergleich, in: *G. Enderle* (Hrsg.), Ethik und Wirtschaftswissenschaft (Berlin 1985) 111–142; *H. Hastedt,* Aufklärung und Technik. Grundprobleme einer Ethik der Technik (Frankfurt a. M. 1991) 227–244.

und bei verarbeiteten Produkten wurde fast ausschließlich die Importseite, der Zugang zu den Märkten anderer Staaten, geregelt. Selbst die Importe von Industriewaren unterliegen nicht vollständig den Bestimmungen des Abkommens: Für Textilien und Bekleidung wurde schon früh ein eigenes (protektionistisches) Regime geschaffen; Stahl wurde später weitestgehend ausgenommen. Ferner gingen Länder nach und nach dazu über, zur Vermeidung höherer struktureller Arbeitslosigkeit einen außenhandelsbedingten Strukturwandel durch selektive protektionistische Maßnahmen zu verlangsamen. So blieb es nicht aus, daß Anfang der achtziger Jahre Abweichungen vom Prinzip der unbedingten Meistbegünstigung eher die Regel als die Ausnahme bildeten."[10] Wenn also im Zusammenhang mit dem GATT-Vertrag gerade der Dritten Welt zusätzliche Nachteile entstehen, dann liegt das offensichtlich nicht an der Vernunft des Vertrages selbst, sondern an seiner Aufweichung durch protektionistische Praktiken der Industrieländer.

Natürlich wird man wiederum für jede der genannten Abweichungen „gute Gründe" geltend machen können. Und das geschieht ja auch ständig. Dennoch wird man sich fragen müssen, ob der Preis für den Schaden, den man auf diese Weise vom eigenen Haus abzuwenden sucht, nicht am Ende von denen bezahlt werden muß, die daran, von ihren eigenen Voraussetzungen her, noch ganz anders zu tragen haben. Als Dienst am „Weltgemeinwohl" wird man das wohl, aufs Ganze betrachtet, nicht interpretieren dürfen. Eine um so größere Bedeutung kommt deshalb in diesem Zusammenhang der Bewältigung jener Aufgaben zu, die sich die GATT-Mitglieder mit der 1986 eröffneten, jedoch bis zum jetzigen Zeitpunkt immer noch nicht abgeschlossenen Uruguay-Runde gestellt haben. Die wichtigsten Verhandlungsziele sind hier: stärkere Integration der Entwicklungsländer in das multilaterale Handelssystem, Abbau der Agrarsubventionen in der EG, Japan und den USA, Liberalisierung des internationalen Dienstleistungsaustausches und der Niederlassungsrechte, für die es bisher noch keine GATT-Regeln gibt.

Tatsächlich behält also der GATT-Vertrag als solcher auch für eine künftig zu gestaltende Weltwirtschaftsordnung seine eigene, im Prinzip unersetzliche Bedeutung, vorausgesetzt freilich, daß er auch inhaltlich entsprechend umfassend ausgelegt und ausgeschöpft wird. Was ihm hingegen dann immer noch an Begrenztheiten bleibend anhaftet, liegt, wie bereits aufgewiesen, in seinem Wesen als Handelsvertrag. Auch ein Handelsvertrag kann zwar der Weltwohlfahrt und deren Anhebung dienen, aber eben immer nur in den Grenzen, die ihm gesetzt sind, nämlich denen einer klugen sozialen Aussteuerung des Selbstinteresses der Beteiligten.

---

[10] Denkschrift, a. a. O. 74.

3. Koordinative Entwicklungshilfe: Der strukturelle Ansatz für die Herstellung einer globalen sozialen Rahmenordnung

Wie aus dem bisher Gesagten deutlich geworden ist, hängt die Verwirklichung einer tragfähigen Weltwirtschaftsordnung wesentlich davon ab, wieweit es gelingt, den normativen Rahmen für den Umgang der ökonomischen Akteure miteinander weltweit so zu gestalten, daß ihre Aktivitäten zugleich dem Wohl aller, also auch dem der ökonomisch Unterprivilegierten, der Zurückgebliebenen und an den Rand Gedrängten dienen. Das aber ist über eine am Wettbewerbsgedanken orientierte Handelsordnung alleine nicht zu erreichen, vielmehr bedarf es hierzu einer eigenen zusätzlichen, an den unmittelbaren Erfordernissen des Schwachen orientierten, ebenso global angelegten *sozialen* Strategie. Zu einer auf dem Reziprozitätsprinzip aufbauenden weltweiten *Tauschordnung* muß gleichzeitig eine auf dem Personalitäts- und Solidaritätsprinzip beruhende, an Elemente der bisherigen Entwicklungshilfe anknüpfende, strukturell jedoch entschieden stärker ausgestaltete *Distributionsordnung* hinzutreten. Erst daraus empfängt Weltwirtschaftsordnung eine Dignität, die sie über jede nach bloßen Interessen und Nützlichkeitserwägungen verfahrende Ordnungsgestalt erhebt: Sie wird so selbst zum integrierenden Bestandteil des Ringens um Menschenwürde und Menschenrechte.

Dieser Weg drängt sich um so mehr auf, als es ja in Wahrheit der Weg ist, den die modernen westlichen Demokratien für sich selbst längst eingeschlagen haben, auch wenn er dabei nicht von allen mit der gleichen Entschiedenheit verfolgt und ausgebaut wurde. Wo der Menschenrechtsgedanke einmal Wurzel gefaßt hat und zur Grundlage politischer Ordnung gemacht wird, kann man es auf die Dauer nicht bei der institutionellen Absicherung rein individuell gefaßter Freiheitsrechte im Sinne einer formalen Chancengleichheit bewenden lassen. Wo es um Menschenrechte geht, geht es durchgängig auch um *soziale Anspruchsrechte* und damit um die Heraufführung und Durchsetzung einer auch material entfalteten Chancengerechtigkeit.

Ohne Zweifel haben wir es hier mit Optionen zu tun, die ihrer ganzen Ausrichtung nach in besonderer Weise in das genuin christliche Selbstverständnis vom Menschen zurückverweisen. Was sich heute an Menschenrechtsforderungen, und hier insbesondere mit deren sozialen Aspekten, geltend macht, setzt in Wahrheit die Wirkungsgeschichte eines Ethos voraus, das dem Menschen auf eine einzigartige Weise gerecht wird, indem es bei dem ansetzt, was über seine Eigenschaften und Leistungen hinausweist: Erst die Liebe entdeckt den Menschen als Person. Erst wo auf diese Weise dem Weg zur personalen Existenz des Menschen Bahn gebrochen ist, zu dem also, was seine Würde ausmacht, erscheint es denkbar, nun auch umgekehrt das um der Entfaltung dieser Würde Willen Geforderte zum Gegenstand eigener einklagbarer Rechte zu machen. Genau darin liegt der neuzeitliche Schritt zur Konzeption von Menschenrechten. Das Recht kommt endlich dort an, wo die Liebe schon ist, beim Menschen als Person. Erst so wird dann auch die Schaffung von Bedingungen plausibel, die es verhindern, daß die Schwachen und Geringen aus der Solidarität mit den übrigen herausfallen.

Es liegt auf der Hand, daß die Kirchen in besonderer Weise gefordert sind, sich zum Anwalt derer zu machen, denen diese Solidarität verweigert wird. Wenn nach Ausweis der neutestamentlichen Botschaft der Dienst am „Geringsten" (Mt 25, 40) als Testfall des Christlichen zu betrachten ist, so hat dies notwendigerweise auch generelle Auswirkungen auf zu setzende Handlungsprioritäten. Die den Problemen der Entwicklungsländer gewidmete zweite große Sozialenzyklika nach „Populorum progressio", die Enzyklika „Sollicitudo rei socialis" Johannes Pauls II. (1987), spricht deshalb nachdrücklich von der hier zu treffenden „Option für die Armen" als einer Konsequenz des „Vorrangs der Liebe" (Nr. 42). Darüber hinaus stellt die Enzyklika aber noch einen damit in unmittelbarem Zusammenhang stehenden weiteren wichtigen Aspekt heraus, wie er sich in dieser Form erst auf der Grundlage der Zuordnung von christlichem Liebesgebot und neuzeitlichem Menschenrechtsdenken für die theologisch-ethische Reflexion zu erkennen gibt, nämlich den der *strukturellen* Voraussetzungen des wachsenden Massenelends der Dritten Welt, der Bedeutung defizitärer globaler Sozialstrukturen für die gesamte Armutsproblematik. Wirtschaftliche und politische Bedingungen, die Unterentwicklung verfestigen und verschärfen, müssen hiernach wesentlich als „Strukturen der Sünde" verstanden werden (Nr. 36). Zwar haben auch derartige Strukturen ihren Ursprung im Mißbrauch menschlicher Verantwortung, also in der Sünde als personaler Tat. Gleichzeitig aber stellen sie gegenüber der Sünde selbst eine Wirklichkeit sui generis dar. Indem sie sich mit ihren defizitären Gestaltungen Geltung verschaffen, gewinnen sie über ihren personalen Ursprung hinaus eine eigenständige, prägende Kraft. Sie schaffen „Abhängigkeiten und Hindernisse, die viel weiter reichen als die kurze Lebensdauer der einzelnen Menschen" (Nr. 36). Entsprechend aber bedarf es – und auch das gehört dann zur „Option für die Armen" – zur Überwindung eben solcher Strukturen zugleich eines genuin *politischen* Willens, eines Willens freilich, der nunmehr an den Menschenrechten ausgerichtet vom Gedanken universeller Solidarität bewegt bleibt.

Aber noch ein weiterer, erst in unserem Jahrhundert im Rahmen der christlichen Gesellschaftslehre entwickelter sozialethischer Schlüsselbegriff, als Wegweiser für strukturelle Entscheidungsprozesse gerade auch im Hinblick auf die Entwicklungsproblematik längst unentbehrlich geworden, muß in diesem Zusammenhang genannt werden, nämlich das *Subsidiaritätsprinzip.* Auch dieses Prinzip verdankt die ihm eigene Ausrichtung und Dynamik nicht weniger wesentlich dem Impetus des christlichen Liebesgebotes. Subsidiarität meint in ihrem Kern: Hilfe zur Selbsthilfe, Ermöglichung von Eigenverantwortung und der Entwicklung von Kompetenz, Hilfe, die den anderen nicht vom Helfenden abhängig zu machen, sondern ihn zu sich selbst zu befreien sucht. Es ist keine Frage: wo immer es darum geht, den Entwicklungsländern über bloße Überlebenshilfen hinaus auch tatsächliche Zukunftsperspektiven zu eröffnen, setzt dies voraus, daß gerade dieses Prinzip in vollem Umfang zur Geltung gelangt. Entwicklungshilfe, die sich daran nicht orientiert, muß damit rechnen, daß sie sich von vornherein um ihre eigentliche Wirkung bringt, ja schlimmstenfalls sogar negativ zu Buche schlägt.

Es gibt in jüngster Zeit ein besonders bedrückendes Beispiel für derartige Fehlstrategien, ein Vorgang, der geschichtlich ohne Vergleich bleibt und für den, obschon damit die gesamte Entwicklungssituation der betroffenen Länder aufs schwerste belastet ist, eine Lösung bis heute aussteht. Es geht um jene überaus leichtfertige, als „exportorientierte Entwicklungsstrategie" vermarktete Kreditpolitik der im internationalen Geschäft tätigen Banken gegenüber den Entwicklungsländern während der siebziger Jahre. Tatsächlich führte zu dieser Zeit die aus verschiedenen Ursachen herrührende Überschwemmung der Weltfinanzmärkte mit Dollars (Preisgabe der Dollar-Gold-Konvertibilität 1971, Recycling des Petro-Dollar-Stromes nach der Ölpreiserhöhung 1973/74) [11] zu einem nachdrücklichen Sinken der Zinssätze, und da in den Industrieländern die Investitionsmöglichkeiten abnahmen, suchte man für die überschüssige Liquidität gewinnbringende Anlagen in der Dritten Welt. Dies alles geschah zudem damals durchaus unter den Augen und mit Zustimmung der Weltbank und der Entwicklungshilfeinstitutionen der Industrieländer. Keine zehn Jahre später, unter erheblich veränderten Weltmarktbedingungen, wurde das Resultat einer derart kurzgreifenden „Entwicklungshilfe" sichtbar: Ein zuvor nie dagewesener gigantischer Verschuldungsprozeß der Dritten Welt, der diese in ihren Möglichkeiten immer mehr einschnürt und aus dem sie sich aus eigenen Anstrengungen allein nicht mehr zu befreien vermag. Einen Ausweg aus der Krise kann es für die hier von einer neuen, modernen Form von „Schuldensklaverei" bedrohten Länder denn auch am Ende nur geben, wenn die Lösung dieses Problems zum Gegenstand einer gemeinsamen internationalen Strategie gemacht wird, die die so entstandene Schuldenkrise als einen nicht weiter zumutbaren Sonderfall, als eine Fehlleistung der neuzeitlichen Sozialgeschichte erkennen läßt und über eine faire und gerechte Abwägung der Dinge die Lasten neu verteilt.

Ungeachtet der Frage, worin im einzelnen die Auslöser für diesen Vorgang zu suchen sind und wie sich hier die Verantwortungen verteilen, so ist doch das entscheidende Versagen darin zu sehen, daß man hier Kreditpolitik mit einer

---

[11] Zum Verständnis der Gesamtzusammenhänge sowie zur Folgenbewertung vgl. insb. *A. Schubert,* Die internationale Verschuldung (Frankfurt a. M. 1985); *E. Thiel* (s. Anm. 6) 466–470; ferner *T. Kunayakam,* Die internationale Verschuldung der Entwicklungsländer – Ursache und Interessen, Gewinner und Verlierer, in: ZEE 36 (1992) 41–60.

Leitidee verknüpft hat, deren inhärenten Ansprüchen zu genügen man auf der Grundlage der eigenen Geschäftsbedingungen im Ernstfall gar nicht in der Lage war. Entwicklungshilfe ist nun einmal keine handelsübliche Sache von Leistung und Gegenleistung, sondern eine Sache, in der es um Initiierung eines sich selbst erhaltenden Wachstums gerade des *anderen* geht. Das aber ist im gegebenen Fall nur über eine Zurückstellung, Einschränkung oder gar Suspendierung von dominanten Eigeninteressen erreichbar.

Im übrigen konnte es nicht ausbleiben, daß derart fragwürdige Vorgänge sich zunehmend auch im Hinblick auf die generelle Einschätzung möglicher für die Situation der Dritten Welt verantwortlich zu machender *Grundursachen* in entsprechender Weise auswirken mußten. Immerhin lautet der in Lateinamerika avancierte sozialethische Schlüsselbegriff der siebziger Jahre, wie er dann sogar selbst von Theologien der Befreiung im Sinne einer Begründungskategorie aufgenommen wurde, „Dependencia". Damit aber war das Fanalwort gegeben: Das Elend der Entwicklungsländer ist letztlich eine Folge der von den Industrienationen geschaffenen ungerechten, ausbeuterischen Abhängigkeitsverhältnisse! – Auch wenn eine derart auf den Dependenzbegriff abgestellte Argumentation von den meisten nicht gleich ideologisch so befrachtet verstanden sein will wie die alte marxistisch-leninistische „Imperialismustheorie", die dabei Pate gestanden haben mag, so geht es darin doch sehr wohl um eine auf die Ebene der Überzeugung gehobene grundsätzlich gefaßte Ursachenbestimmung. Genau dies aber birgt seine Gefahren in sich. Was sich hier als Ergebnis präsentiert, ist nicht nur von der Gesamtlage der Befunde her schwerlich abzudecken, es führt darüber hinaus zwangsläufig zum Aufbau von Feindbildern und blockiert damit jede weitere Diskussion. Gleichzeitig lenkt es – und das wiegt noch am schwersten – von einer effektiven Auseinandersetzung mit jenen zahlreichen anderen, endogen oder auch exogen bestimmten Ursachenzusammenhängen ab, denen jenseits aller defizitären Aspekte und Möglichkeiten politisch-ökonomischer Dependenz eine ganz eigene gravierende Bedeutung zukommt; sei es, daß sie die Situation der Entwicklungsländer generell, sei es, daß sie die des jeweiligen Landes in seiner Besonderheit entscheidend mitbestimmen. Es wäre deshalb an der Zeit, gerade dieser Art von Ursachen auch unter ethisch-systematischem Gesichtspunkt entschieden mehr Aufmerksamkeit zu schenken. Betreffe dies nun, um nur einige Beispiele zu nennen, das letztlich erst auf der Grundlage des Fortschritts der modernen Medizin und deren weltweit erfolgreicher Bekämpfung der klassischen Seuchen möglich gewordene ungeheure Bevölkerungswachstum, nunmehr auch in der Dritten Welt, mit dem diese überhaupt erst eine Welt von Entwicklungsländern geworden ist. Oder betreffe dies die sich aus den Sichtweisen der einzelnen Religionen ergebenden unterschiedlichen Weltverständnisse in ihrer nicht zu unterschätzenden, Entwicklung fördernden oder auch Entwicklung hemmenden Relevanz. Oder betreffe dies gar die Ursachen für das schier unüberwindliche Defizit an

Demokratie in den meisten Entwicklungsländern – mit all den Chancen, die sich daraus für Korruption und die Bildung mafioser Strukturen ergeben.

Schon diese wenigen Hinweise belegen zur Genüge die Unhaltbarkeit des Ansatzes der Dependenztheorie, lassen aber jetzt um so mehr auch die immensen Schwierigkeiten erkennen, unter denen sich der Entwicklungsprozeß der Dritten Welt tatsächlich vollzieht. Um so größeres Gewicht muß der Erkenntnis und Berücksichtigung derartiger Ursachenzusammenhänge deshalb gerade dort beigemessen werden, wo es um effiziente Gestaltung von Entwicklungshilfe geht. Mit finanziellen Transfers ist es hier oft alleine nicht getan. Was als Hilfe zur Selbsthilfe konzipiert ist, ist nicht selten nur über eine Verknüpfung mit entsprechenden *Auflagen,* als einer dieser Hilfe korrelierenden Übernahme von eigener Verantwortung erreichbar. Insofern geht es also durchaus nicht um Bevormundung, wenn etwa die Hilfeleistung von der generellen Einhaltung der Menschenrechte abhängig gemacht wird, wenn sie, was inzwischen seine eigene Dringlichkeit hat, mit Schutzverpflichtungen für besonders gefährdete Ökosysteme verbunden ist, oder selbst wenn sie unmittelbar zweckgebunden angelegt ist und etwa im Bereich Familie, Gesundheit oder Bildung das Humanpotential der betreffenden Gesellschaft sichern und entfalten hilft.

Nun macht freilich eine moralisch noch so hoch motivierte und verantwortungsethisch klug ausgelegte Entwicklungshilfe noch keine internationale soziale Rahmenordnung, die als Komplement zur Welthandelsordnung verstanden werden könnte. Und dennoch gehört eine solche keineswegs in den Bereich der Utopie. Genau betrachtet liegt der strukturelle Ansatz hierfür bereits in der Entschließung UNCTAD II 1968, mit der sich die Industrieländer für den Finanztransfer an die Entwicklungsländer auf ein Prozent ihres Bruttosozialprodukts als quantitatives Ziel festgelegt haben, ohne allerdings hierfür schon einen für alle verbindlichen Zeitplan aufzustellen. Freilich erst die längst fällige Revision eben dieser zeitlichen Unverbindlichkeitsklausel, die es den einzelnen Ländern, trotz klarer inhaltlicher Zielvorgabe, immer noch erlaubt, nach bloßem Ermessen zu verfahren, könnte hier den entscheidenden Durchbruch bringen. Es eröffnete sich damit erstmals die Chance zur Schaffung einer gemeinsamen Dispositionsplattform, die eine weltweit ausgerichtete, quantitativ wie qualitativ koordinierte Entwicklungshilfe und Sozialstrategie überhaupt erst möglich macht. In der Tat läge darin bereits der Überstieg auf eine neue Ebene der Auseinandersetzung mit der weltweit gewordenen „sozialen Frage", der Ausgangspunkt zum Ausbau einer Weltwirtschaftsordnung, die den bisher vergeblich um ihre Entwicklung ringenden Völkern der Welt endlich Hoffnung gibt und sie nicht länger chancenlos beiseite läßt.

Wilhelm Korff

III

Zum Verhältnis von ökonomischer Ordnung und politischer Organisation

Wir stehen immer wieder neu vor der Frage, wie politische Systeme und ökonomische Ordnungen voneinander abhängen und aufeinander einwirken. Dabei halten wir fest, daß politisches und ökonomisches System nur in ihrer Verknüpfung zutreffend erfaßt werden können. Es gilt die Schranken zu übersteigen, die die wissenschaftlichen Disziplinen mit ihren Zuständigkeiten hier für die Politik und dort für die Ökonomie setzen. Gemäß ihrer eigenen Tradition ist die Wirtschaft – also der Markt – sozusagen außerhalb der politischen Ordnung. Es gilt die Trennung „hier Politik – da Wirtschaft", welche durch die Grenzziehung zwischen Wirtschaftstheorie und den übrigen Sozialwissenschaften wie Politologie, Soziologie und Psychologie gekennzeichnet ist[1].

Wirtschaft und Gesellschaft sind jedoch engstens miteinander verknüpft. So stellt der amerikanische Systemtheoretiker Eric Jantch Wirtschaft, Staat und Gesellschaft als ein einziges System dar, dabei gibt er der Wirtschaft die Aufgabe, die Verantwortung für den Bau der Systeme menschlichen Lebens zu übernehmen[2]. Dies im Gegensatz zur Neoklassik: Mit dem politischen Bereich befaßt sich die neoklassische Wirtschaftstheorie nicht näher. „Die Politik gehört zum Datenkranz, der außerhalb ökonomischer Betrachtung liegt."[3] Allein in der politischen Ökonomie wird eine Orientierung der Wirtschaftswissenschaft entwickelt, welche die gegenseitigen Beziehungen zwischen Politik, Staat, Wirtschaft und Gesellschaft ins Zentrum rückt.

1. Die Herausbildung von Wirtschaftsrecht aus der Privatrechtsordnung

Ein ganz entscheidender Faktor für das Verständnis des liberalen apolitischen Marktmodells ist die Herausbildung der bürgerlichen Gesellschaft im 19. Jahrhundert und ihr Kampf für einen Raum privater Autonomie: Das Privatrecht und der liberalisierte Markt sind die Voraussetzungen des bürgerlichen Liberalismus. Auf dieser Basis wurde die Wirtschaft zu einer Sache von Privatleuten.

Ausdehnung der Marktsphäre hieß zugleich Entstehung von privaten Bereichen, die nicht mehr dem staatlichen Reglement unterstehen[4]. Öffentlichkeit

[1] Vgl. *B. Frey,* Umweltökonomie (Göttingen) 7; *ders.,* Moderne politische Ökonomie (München 1977).
[2] *E. Jantch,* Evolution and Consciousness (Massachussets 1976).
[3] *B. Frey,* Umweltökonomie 15.
[4] Vgl. *J. Habermas,* Strukturwandel der Öffentlichkeit (Frankfurt a.M. 1969).

und Privatheit traten seither auseinander oder, vielmehr, sie bildeten sich zu polaren Spannungsgefügen. Dieser Vorgang der Privatisierung läßt sich ablesen an der modernen Geschichte des Privatrechts. Mit den großen Kodifikationen des bürgerlichen Rechts wurde ein Normensystem entwickelt, das zum ersten Mal eine von staatlichen oder korporativen Bindungen befreite private Sphäre schuf (Preußen: allgemeines Landrecht 1794, Österreich: allgemeines bürgerliches Gesetzbuch 1811, Frankreich: Code civil 1804). Der Grund aller Rechtsverhältnisse wurde allein die Herrschaft des individuellen Willens: Savigny verstand Rechtsverhältnisse als die durch eine Rechtsregel bestimmte Beziehung von Person zu Person. Im privatrechtlichen Vertrag verband sich der Wille zweier Marktsubjekte. Wirtschaftliches Handeln wird nun privatrechtliches Handeln. Der Staat ist lediglich Garant der bürgerlichen Freiheiten nach innen und nach außen. Wirtschaftsgeschichtlich nennen wir diese Periode jene des klassischen Wirtschaftliberalismus. Nach damaliger Auffassung vermochte sich dieses System freier Konkurrenz durchaus selbst zu regulieren. Alles sollte in die Entscheidung des Marktes fallen. Die Väter des Wirtschaftsliberalismus stellten sich die weitere Entwicklung als eine Entwicklung zu einem reinen Konkurrenz-Kapitalismus vor, in dem viele kleine Unternehmungen vorherrschten, deren wirtschaftliche Macht eng begrenzt war. Nicht nur die Politik sollte die Wirtschaft unbehelligt lassen, es sei auch kaum ein Einfluß der Wirtschaft auf die Politik zu erwarten. Eine solche rein konkurrenz-kapitalistische Phase hat spätestens mit der großen Weltwirtschaftskrise 1873 ein Ende gefunden. Das Verhältnis von Staat und Wirtschaft veränderte sich in Richtung einer immer stärkeren Inpflichtnahme der Wirtschaft durch staatliche Korrekturen und Eingriffe in den Wirtschaftsprozeß. Im Zuge der industriellen Konzentration im letzten Drittel des 19. Jahrhunderts verstärkte sich die Verflechtung der ökonomischen und der staatlichen Sphäre. Vor allem die Gleichgewichtsstörungen des Industriekapitalismus forderten stabilisierende Interventionen des Staates. Der Staat wurde oft selbst zum Unternehmer (im Verkehrswesen, in der Energieerzeugung, im Montanbereich, in der Infrastruktur, im Bildungswesen).

In dem Maße, in dem der Staat stärker in den wirtschaftlichen und sozialen Bereich eingriff, wuchs auch der Anreiz der Wirtschaft, auf diese Entscheidungen Einfluß zu nehmen. Es schälte sich ein neues Verhältnis zwischen Wirtschaft und Politik heraus[5]. Die politische Inpflichtnahme der Gesamtwirtschaft zeigte sich auch in der Bildung eines eigenständigen Wirtschaftsrechts, das die Spaltung zwischen Staat und Wirtschaft zu verringern suchte.

Freilich bleibt in der Neoklassik die Gleichsetzung von Privatrechtsordnung und Wirtschaftsordnung bis heute bestimmend. Die neoliberale Vorstellung ei-

---

[5] *J. Kocka*, Organisierter Kapitalismus oder Staatsmonopolistischer Kapitalismus? in: *H. A. Winkler*, Organisierter Kapitalismus (Göttingen 1974) 19ff.

ner Wirtschaftsgesellschaft ist letztlich immer noch die einer Privatrechtsgesellschaft. Eine solche Privatrechtsordnung bedient sich des Marktes und des Wettbewerbs als entscheidenden Koordinationsmechanismus. Der Staat schafft und sichert dabei die Spielregeln[6]. Seine Aufgabe ist die eines „ehrlichen Maklers", einer „wirtschaftspolitisch ordnenden Potenz"[7]. „Der Staat hat die Formen, das institutionelle Rahmenwerk, die Ordnung, in der gewirtschaftet wird, zu beinflussen, und er hat Bedingungen zu setzen, unter denen sich eine funktionsfähige und menschenwürdige Wirtschaftsordnung entwickelt. Aber er hat nicht den Wirtschaftsprozeß selbst zu führen. Das ist Sache der Haushalte und Betriebe, die im Rahmen dieser Wirtschaftsordnung frei planen und handeln."[8] Für Eucken stand die Staatsbildung in unlösbarem Zusammenhang mit dem Aufbau einer Wirtschaftsordnung. „Weil aber diese allgemeine Interdependenz besteht, kann die Frage nach dem Aufbau des Staates nur so gestellt werden, daß die Probleme der Staatsordnung und der Wirtschaftsordnung in Zusammenhang gebracht werden."[9]

Damit wollte Eucken zugleich betonen, daß keiner der Ordnungen ein Primat zukommt: „Nicht also eine einseitige Abhängigkeit der übrigen Ordnungen von der Wirtschaftsordnung besteht, sondern eine wechselseitige Abhängigkeit, eine Interdependenz der Ordnungen."[10]

2. *Die Lehre von der Interdependenz der Ordnungen*

Wirtschaft und Politik bilden in der Tat ein interdependentes Regelsystem in dem sich Veränderungen in einem Bereich auch sofort im andern Bereich auswirken. Dieser Wirkungszusammenhang kann zwar für die theoretische Analyse zerlegt werden, aber grundsätzlich ist eine Trennung von Politik, Wirtschaft und Gesellschaft nicht möglich.

Wir postulieren daher ein Interdependenzverhältnis zwischen wirtschaftlichen, politischen und sozialen Kräften. Abzulehnen ist eine einseitige Abhängigkeit in einer Unterbau-Überbau-Lehre. Staat und Politik sind nicht einfach ein Machtinstrument der wirtschaftlichen Führungsgeschichten. So besaß der deutsche Staat im ganzen Industrialisierungsprozeß durch seine obrigkeitliche und bürokratische Tradition starke Eigeninteressen, die sich nicht einfach deckten mit den Interessen der Wirtschaft.

---

6 *F. Böhm,* Reden und Schriften (Göttingen 1960) 105.

7 *W. Eucken,* Grundsätze der Wirtschaftspolitik (Hamburg 1959) 187f.

8 *W. Eucken,* Die Wettbewerbsordnung und ihre Verwirklichung, in: Ordo (Düsseldorf und München 1949) 93.

9 *W. Eucken,* Grundsätze 188.

10 Ebd. 121.

Das Konzept des organisierten Kapitalismus trägt diesem ambivalenten Verhältnis der beiden Sphären Rechnung[11]. Jürgen Kocka hat ein Modell interdependenter Veränderungen im Verlaufe des westlichen Industrialisierungsprozesses gekennzeichnet, das die Phase des organisierten Kapitalismus klar abhebt von der früheren Phase des Wirtschaftsliberalismus:

Es handelt sich um Veränderungen, die gegen Ende des 19. Jahrhunderts auftraten und sich im ersten Weltkrieg, in der Zwischenkriegszeit und nach dem zweiten Weltkrieg noch verstärkten:

1) Konzentrations- und Zentralisationsbewegungen in Industrie, Bankwesen, Handel und Versicherungen (Selbstorganisation) sowie deren Verflechtungen führen zur Aufspaltung in einen Wettbewerbs- und Monopolsektor.

2) Trennung von Besitz (Eigentum) und Kontrolle in den als Kapitalgesellschaften verfaßten Großunternehmen und damit einhergehend der innerbetrieblichen Organisations- und Herrschaftsstrukturen (Bürokratisierung) und Verwissenschaftlichung der Unternehmungsführung.

3) Veränderung in der sozialen Schichtenbildung komplementär zu den Veränderungen im Produktionsbereich, insbesondere die Bildung neuer Führungsschichten (technisch-wissenschaftliche Intelligenz, Manager, leitende Angestellte).

4) Kollektive Formen der Interessenaustragung insbesondere auf dem Arbeitsmarkt.

5) Tendenzen der Verknüpfung und Verflechtung zwischen Staat und Wirtschaft bei grundsätzlicher Aufrechterhaltung kapitalistischer Strukturprinzipien (Sozialökonomisierung der Politik); Verwischung der Trennungslinie zwischen privater und öffentlicher Macht.

6) Außenwirtschaftliche Expansionstendenzen.

7) Komplementäre Veränderungen in der staatlichen Sphäre: Bürokratisierung der Verwaltung, Übergang von der Ordnungs- zur Leistungsverwaltung; Konfrontation des Parteiensystems mit organisierten Interessen, Zugang größerer Bevölkerungskreise zur Politik.

8) Komplementäre Veränderungen der „Ideen, Ideologien und kollektiven Mentalitäten“[12].

Die amerikanischen Spielarten des Organisierten Kapitalismus kommen erst Ende der 90er Jahre zum Tragen. Endgültig setzen sie sich erst im Gefolge der Weltwirtschaftskrise durch, in der Politik des New Deal. Traditionell spielte das politische System in den USA eine untergeordnete Rolle. Die bürgerlich-liberale Republik der USA sah den Zweck des Staates immer darin, der Wirtschaft möglichst freien Raum zu schaffen[13]. Die amerikanische Wirtschaft war in den letzten hundert Jahren so stark geworden, daß sie den Staat mit „benign neclect“ behandeln konnte. Mit einem gewissen Recht läßt sich sagen, die „Abkoppelung des Wirtschaftssystems vom politischen System“ sei das große amerikanische Experiment gewesen[14].

---

[11] *J. Kocka,* a. a. O. 19ff.
[12] *J. Kocka,* Unternehmer in der deutschen Industrialisierung (Göttingen 1975) 88ff.
[13] *E. O. Czempiel,* Amerikanische Außenpolitik (Stuttgart 1979) 20ff.
[14] Ebd.

Es waren vor allem die Perioden des Republikanismus, in der die Wirtschaft unangefochten den Ton angibt. Erst unter Präsident Roosevelt erwachte das politische System aus einer traditionell untergeordneten Rolle. Einen eigentlichen Machtzuwachs hat der Staat in den Bereichen der Sicherheits- und Verteidigungspolitik im Zweiten Weltkrieg verzeichnen können. Aber im Bereich der Außenwirtschaftspolitik setzte die Wirtschaft die politisch bedeutsamen Daten. Freilich schritt die Machterweiterung des politischen Systems vor allem über den Rüstungssektor weiter voran. Gerade in diesem Bereich verwischten sich die Trennungslinien zwischen privater und öffentlicher Macht. Wesentlich zum Verständnis der Politik, auch der Reagan-Administration, ist die viel stärkere Ausprägung privater Selbstorganisation in den USA. Man kennt in den USA nicht dieselbe stark bürokratischen Interventionstraditionen wie in Europa. Entsprechend setzte auch das Wirtschaftsprogramm der Reagan-Administration ganz auf die Selbstheilungskräfte der Wirtschaft. Dahinter steht letztlich die radikal basisdemokratische Tradition der Populisten, die sich immer schon gegen übergreifende politische Organisation und die politischen Maschinen in Washington richtete. Die Forderungen der Grassroots Democracy bilden eine komplementäre Entwicklungslinie zur Selbstorganisation des Wirtschaftssystems.

Aber weder in den USA noch in Europa, noch in den östlichen Systemen sind Politik und Ökonomie, Machtstruktur und Wirtschaftsordnung zu trennen. Die Lehre der Interdependenz der Ordnungen hält fest, daß zwischen der politischen und der wirtschaftlichen Ordnung einer Gesellschaft im Blick auf die Entscheidungsstrukturen ein angenähertes Entsprechungsverhältnis herrschen muß. Wirtschaftliche und politische Entscheidungskompetenzen müssen in allen Systemen annähernd gleich strukturiert sein, wenn die jeweilige Gesellschaftsordnung stabil bleiben soll. Was wir heute in östlichen und teilweise auch in westlichen Gesellschaftsordnungen vorfinden, ist freilich eine Diskrepanz zwischen wirtschaftlichen, technologischen und politischen Entwicklungen.

3. Die Politik der Interdependenz

Aufgabe des politischen und wirtschaftlichen Handelns muß es jedoch sein, die politisch-ökonomischen Prozesse so zu strukturieren, daß politische und wirtschaftliche Systeme sich wieder stärker aufeinander zubewegen. Dies verlangt von Seiten der Politik eine Abkehr vom nationalen „Ein-Gesellschafts-Modell“[15]. Unsere Theorien der internationalen Beziehungen operieren noch mit Begriffen, die dem mechanistischen Denken des 17. Jahrhunderts verpflichtet

---

[15] *W. L. Bühl,* Transnationale Politik (Stuttgart 1978) 15ff.

sind, nämlich der Idee des nomadenhaften Nationalstaates. Unsere politische Rhetorik wird immer noch von diesem Paradigma beherrscht. Dies zeigt sich im Gebrauch alter Begriffe wie nationale Unabhängigkeit, nationales Interesse. Dieses alte Nationalstaatsparadigma steht in der Tradition des Substanzdenkens. Die antik-mittelalterlichen Substanzkategorien wurden einfach auf die zwischenstaatlichen Beziehungen übertragen. Die Staaten stehen sich als physikalische Größen gegenüber, wie Billardkugeln, die nach immer gleichen Gesetzen aneinanderstoßen und einander aus dem Raum verdrängen. Konflikte zwischen Staaten werden auf Nullsummenspiele reduziert, d. h., daß der Gewinn des einen immer auf Kosten eines andern gehen muß.

Es geht heute darum, aus diesem Nationalstaatsparadigma herauszukommen und einen neuen Bezugsrahmen zu entwickeln, der die neuen transnationalen Qualitäten von Wirtschaft und Technologie umfaßt. Es geht darum, einen Makrohorizont zu gewinnen, d. h., sich loszulösen vom homogenen „Ein-Gesellschafts-Modell" zu einem „Mehr-Gesellschafts-Modell", also um eine Abkehr von nationalen Simplex-Modellen und um eine Hinwendung zu komplexen Modellen transnationaler, wirtschaftlich-politischer Mischsysteme.

Das heute bei uns proklamierte politische Modell ist ein konzentrisches Staats- oder auch Weltmodell, in dessen Mittelpunkt die Familie steht, eingebettet in Gemeinde und Staat. Darauf baut sich Nation und Weltgesellschaft auf. Dieses bei uns noch gängige Modell ist von der politischen Realität her nicht mehr zu halten. Die großen funktionalen Ordnungen sind nicht einfach eine Summierung der persönlichen Gemeinschaftsbildung. Die Makroebene läßt sich nicht einfach durch Kumulierung von Mikrogrößen erklären. Nicht alle Makroereignisse sind auf den Mikrobereich zurückzuführen.

Überhaupt sind politische und wirtschaftliche Abläufe und Mechanismen heute nicht mehr nur von *einem* Modell her zu begreifen, dem klassischen Staatsmodell oder dem liberalen privatwirtschaftlichen Modell, vielmehr haben wir es mit einer Mischung verschiedener Prozesse zu tun, die ineinandergreifen. Kein Zufall, daß heute der Prozeßbegriff Konjunktur hat. Das Vordringen der Prozeßkategorie hängt eng mit dem Bild zusammen, das uns heute die Welt bietet: Das Schwinden der Einflußmöglichkeiten, die ständige Verlängerung der Interdependenzketten, die zunehmende wechselseitige Abhängigkeit führt zu Impulsreihen, über die sich kaum mehr verfügen läßt[16]. Die politischen Entscheidungs- und Einflußchancen haben, aufs ganze gesehen, abgenommen. Ein gutes Beispiel dafür ist die Unmöglichkeit von wirklich umfassenden Friedensverträgen. Henry Kissinger hatte ursprünglich einen großangelegten diplomatischen Prozeß für den gesamten Nahen und Mittleren Osten inszenieren wollen. Der ägyptisch-israelische Teilfriede ist ein kläglicher Anfang, der die wirklichen Probleme nicht in den Griff bringt. Die zunehmende Verschränkung

---

[16] *K. G. Faber,* Historische Prozesse (München 1978) 16.

und Undurchsichtigkeit der Machtvorgänge führt dazu, daß immer mehr Prozesse Platz greifen, wo früher regiert wurde. Die sogenannte Unregierbarkeit unserer Staaten besteht ja darin, daß das Gewicht und die Reichweite sehr vieler Entscheidungen begrenzt ist durch Prozesse, die wir Sachzwänge nennen.

Der moderne Staat handelt heute meist nur noch reaktiv aus den jeweiligen Sachzwängen heraus. Die Fähigkeit, Ziele zu formulieren und die politischen Entscheidungen daran zu orientieren, ist weitgehend nicht mehr vorhanden. Typisch sind reaktive Anpassungsprozesse an bereits determinierte Entwicklungen. Oft ist die staatliche Steuerung nur noch ein schwacher Überbau über eigengesetzlich ablaufende wirtschaftliche Prozesse. Unsere nationalen Bürokratien sind kaum mehr in der Lage, Ausmaß und Richtung des wirtschaftlich-technologischen Wandels verantwortlich zu bestimmen. Die politische Praxis folgt der Taktik des Durchwurstelns. Es wird noch punktuell eingegriffen, wenn die Entwicklung oft bereits zum Wildwuchs geworden ist. Die heute ablaufenden wirtschaftlichen und technologischen Prozesse erweisen sich als stärker als die Entscheidungs- und Steuerungsmöglichkeiten unserer politischen Systeme. Wir sprechen ja gerade dann von Prozessen, wenn es sich um Abläufe handelt, die sich einer Steuerung zum großen Teil entziehen. Nicht die Tendenz und Richtung, höchstens die Geschwindigkeit und die Auswirkungen können durch politisches Handeln verändert werden. Mit andern Worten: Prozesse lassen sich abbremsen oder beschleunigen, nicht mehr aber anhalten.

Eigengesetzlichkeit umschreibt diesen Prozeßcharakter unserer Geschichte: das Ganze scheint wie von selbst abzulaufen, wohin auch immer. Die Beteiligten sind ihm zum großen Teil unterworfen.

Das bei uns proklamierte Demokratiemodell und Staatsmodell postuliert aber immer noch, daß das gesellschaftliche Gesamtgeschehen politisch einzufangen sei, daß Gesellschaft zum Herr über die in ihr ablaufenden Prozesse zu machen sei: Politik soll die Prozesse kontrollieren oder wenigstens eingrenzen.

Bei der Schulung des ethischen Bewußtseins geht es darum, den Sinn für diese komplexen Abläufe zu schärfen, so daß man Zwangsläufigkeiten identifizieren kann aber auch Spielräume, wo überhaupt noch autonome Entscheidungen möglich wären. Es muß auch deutlich werden, daß nicht ganz und gar alle Impulse im Prozeßsinn bereits festgelegt sind und daß es auch noch den Grundtyp des Ereignisses gibt, daß es Grenzen dieser prozeßhaften Eigendynamik gibt (diese wären auszumachen)[17]. Gleichwohl gilt es sich darauf einzustellen, in einer mehr oder weniger prozeßbestimmten Welt zu leben. Allein so kann man die eigenen Handlungsmöglichkeiten klarer erkennen und auch das Verständnis schulen für den Abstand zwischen Intention und Nebenwirkungen. Gegenüber der wachsenden Komplexität erscheint heute politische Gestaltungsfähigkeit und politisches Handeln als sehr partikular.

---

[17] Ebd. 47ff.

Aufgabe jeder Bewußtseinsbildung ist es, unsere Prozeßabläufe so transparent zu machen, daß die noch vorhandenen minimalen Verhaltensspielräume und Handlungsalternativen deutlich werden. Immer im Wissen darum, daß eigenem Handeln heute starke Grenzen gesetzt sind und daß nur Teile handlungsmäßig überhaupt kontrollierbar sind.

Es ist bezeichnend, daß die hochgespannten Hoffnungen auf politische Planbarkeit seit Mitte der 60er Jahre in der Bundesrepublik Deutschland völlig verflogen sind. Die damalige Planungseuphorie ist nicht nur der Skepsis, sondern auch der Resignation an den Möglichkeiten einer umfassenden und längerfristigen politischen und wirtschaftlichen Planung gewichen. Die ganzen Optimierungstechnologien scheiterten an den unaufhebbaren politisch-strukturellen Defekten. Das Vertrauen auf die Möglichkeit längerfristiger Entwicklungsprognosen ist völlig gestört. Wir mußten uns an massive Entwicklungsbrüche und Tendenzänderungen gewöhnen. Das Wissen ist gewachsen, daß Politik nur einen geringen Teil jener Faktorenkonstellation beherrscht, von der wirtschaftliche und gesellschaftliche Entwicklungen bestimmt werden. Nichts spricht dafür, daß diese komplexen Konstellationen über längere Zeit stabil bleiben. Wir sind auch nicht in der Lage, Zeitpunkt und Richtung künftiger Entwicklungen vorherzusagen. Die Grundbedingung politischen und wirtschaftlichen Handelns ist mehr denn je die Ungewißheit[18].

Was heißt dies für die heute notwendigen Bewußtseinsprozesse?

Die Anstrengung des Nachdenkens muß weit über das reine Postulat einer Demokratisierung hinausgehen. Verstehen wir politisch-ökonomische Prozesse als ein ständig sich bewegendes und veränderndes Netz von Bezügen und Abhängigkeiten, so gilt es heute die Fähigkeit anzutrainieren, mit solcher Komplexität zu leben. Es gilt die Widerstandskraft zu stärken gegenüber der Versuchung, in schnellen Formeln und flinken Welterklärungstheorien die Dinge in Griff nehmen zu wollen. Einsicht in die Ambi- und Polyvalenz unserer politischen und wirtschaftlichen Situationen ist notwendig. Allein solcher Sinn für Komplexität ist heute eine gewisse Versicherung für die Bewältigung von Zukunft.

Dies verlangt zunächst eine Umorientierung unseres politischen Denkens, eine Abwendung von einem Denken in statischen Gebilden und Staatsaktionen zu einem Denken in Funktionszusammenhängen. Die staatliche Komponente tritt zurück: verstärkte Globalisierung der Probleme, Interdependenzen und Verflechtungen müssen deutlich werden als die bestimmenden weltpolitischen und weltwirtschaftlichen Tendenzen.

Diese Tendenzen können bereits in den eigenen Mikroprozessen festgemacht werden: Auch da sind Politik und Wirtschaft als permanente komplexe

---

[18] *F. W. Scharpf,* Politische Planung zwischen Anspruch und Realität (Wissenschaftzentrum Berlin 1979) 7ff.

Aushandlungsprozesse zu zeigen, als Geschehen auf mehreren Ebenen in einer pluralen Konkurrenzsituation.

Bedingung für politisches und wirtschaftliches Handeln ist das Akzeptieren des Dissens, des geregelten Konflikts. Es ist zu zeigen, daß Politik immer aus Nichtübereinstimmung entsteht, aber immer in einem Netzwerk, in dem alle Akteure miteinander und gegeneinander verhängt sind. Es handelt sich bei solchen Aushandlungsprozessen immer um Mixturen, um Balancefindung und Kompromisse.

4. Entstrukturierung versus Interdependenz

Bei dem heutigen weltweiten industriellen Strukturwandel, bei der Internationalisierung der Produktionen und Investitionen sind Entwicklungsprozesse im Gange, die der direkten und schnellen politischen Beeinflussung weitgehend entzogen sind.

Weltpolitik und Weltwirtschaft können heute nur verstanden werden, wenn man nicht nur bestehende Strukturen wahrnimmt, sondern auch die Abwesenheit von Struktur, die Entstehung neuer Systeme, den Zerfall alter Systeme, das Auftauchen neuer und das Verschwinden alter Akteure, die fehlende Zuordnung von Macht und Legitimation, die zunehmende Entropie, die Unangemessenheit der politischen und ethischen Codes usw.[19]

Die heute ablaufenden Prozesse deuten auf eine zunehmende Entstrukturierung der jetzigen Weltgesellschaft. Eine Struktur stellt in der Regel ihren Mitgliedern klar umrissene, begrenzte Handlungs-Zeit-Räume zur Verfügung. Der heutige strukturelle Wandel fordert nun die Erkundung und Verarbeitung neuer, weitgehend unbekannter Handlungs-Zeit-Räume.

Dort wo einzelne oder Gruppen und Kollektive nur die strukturellen Spannungen erfahren, aber keine neuen Handlungs-Zeit-Räume entdecken, kann es zu irrationalen Eruptionen führen. Der gegenwärtige Zustand der Weltstruktur ist an manchen Orten und Regionen davon bestimmt.

Man könnte sich jedoch auch vorstellen, daß die zunehmende Erfahrung der Entstrukturierung der Weltgesellschaft zu einer intensiveren Suche nach neuen Handlungs- und Orientierungsmustern führen könnte. Freilich ist es nicht möglich, der sich entstrukturierenden und zugleich neu strukturierenden Weltgesellschaft Normsysteme aufzuzwingen. Denn Normen, die durchsetzbar sein sollen, wirken nur, wenn sie mit der Dynamik der ablaufenden Prozesse einigermaßen im Einklang stehen. Solche transideologische, transkulturelle und transnationale Codes sind heute erst in einem mühsamen Entstehungs- und

[19] *P. Heintz*, Strukturwandel der Weltgesellschaft, in: Neue Zürcher Zeitung vom 24. 2. 1974.

Realisierungsprozeß. Wir sehen z.B. Ansätze zur Bildung eines transnationalen Rechts. Der Internationalisierungsprozeß hat das Recht heute ebenso erfaßt wie Wirtschaft und Politik. Dies gilt immer mehr im Kreise der Europäischen Gemeinschaft oder in der Tätigkeit der internationalen Schiedsgerichte. Anhand von Urteilen oberster Gerichte läßt sich belegen[20], daß in den Welthandelsländern eine Abkehr vom reinen Rechtsnationalismus feststellbar ist. Die Bildung des EG-Rechts und die Praxis des EG-Gerichtshofs im transnationalen Rechtsbereich ist ein weiteres Indiz in dieser Richtung. Auch für die Durchsetzung transnationaler Rechtsnormen gibt es immer mehr Beispiele. Man kann bereits von einer Europäisierung und einer Internationalisierung der Rechtszuständigkeit sprechen. Regionale und internationale Organisationen werden zum Mitschöpfer und Mitträger internationaler Regelungen. Seit der Erklärung der Menschenrechte von 1948 und den Menschenrechtskonventionen von 1966 ist auch der einzelne Bürger in seinen Rechts- und Freiheitsbedingungen von internationaler Relevanz. Als einzelner soll er unmittelbar Zugang zu den Institutionen des Völkerrechts haben. Mit andern Worten: die Zuständigkeit des Nationalstaates wurde begrenzt und das Völkerrecht schuf Raum für über- und transnationale Zuständigkeiten.

So kam es zur Ausbildung eines internationalen Humanrechts und zur Entwicklung eines internationalen Menschenrechtsbewußtseins. Eine andere Sache ist die Durchsetzung solcher transnationaler Völkerrechtsstandards. Wir müssen davon ausgehen, daß die gegenwärtigen Strukturen weltweit diesem Standard sehr oft nicht gewachsen sind. Dieser Zustand stellt neue Anforderungen nicht mehr bloß an die protektiven, sondern auch an die produktiven Funktionen des Rechts. Es müssen global Strukturen entwickelt und gefördert werden, in denen die Humanrechte und Sozialrechte vermehrt zur Geltung kommen können.

Dazu ist aber vorerst notwendig, daß die verschiedenen Kulturen und Regionen ihr eigenes rechtliches und soziales Bewußtsein artikulieren und in universalere Normen einbringen können. Vorläufig sind die kulturellen Gegensätze noch immens. Gleichwohl befinden wir uns in einem Weltzustand, in dem die allgemeine Interdependenz keine Isolierung der Probleme und Konflikte mehr erlaubt. Die Weltgesellschaft ist in toto von derselben technologisch-wirtschaftlichen Dynamik bestimmt, und diesem Internationalisierungsprozeß läßt sich nicht Einhalt gebieten. Überall haben dieselben wissenschaftlich-technischen Utopien Eingang gefunden. Dabei wird deutlich, daß die westlich rationalen Planungssysteme kulturelle, politische und wirtschaftliche Infrastrukturen brauchen, die so im größten Teil der heutigen Weltgesellschaft gar nicht vorhanden sind. Die künstliche Implantation solcher technologisch-wirtschaftlicher Systeme des Westens in nichtwestliche Kulturen wirkt sehr oft destruktiv

[20] Vgl. *E. Langen*, Transnationales Recht (Heidelberg 1981).

und führt zwangsläufig zu gesellschaftlicher Desintegration. Gesellschaftliche Erosion und Entstrukturierung sind daher zum globalen Phänomen geworden[21].

Heute gehen die Tendenzen, politisch und wirtschaftlich, nicht mehr in Richtung mehr Zentralisierung und mehr Integration wie in den 50er und 60er Jahren. Im Gegenteil: Dezentralisierung, Desintegration, Devolution sind kennzeichnend für die gesellschaftlichen Trends. Hinter den klassischen Integrationsmodellen (und davon ist auch die Weltmodell-Bewegung der frühen 70er Jahre nicht ausgenommen) verbarg sich noch die Hoffnung auf Steuerbarkeit durch Integration und möglichst große Einheitlichkeit. Aber gerade diese Integrationsideologien und -praktiken haben zu einem Anwachsen des Konfliktniveaus geführt. Eine Reduzierung des jetzigen Konfliktpotentials wird nur möglich sein durch die Schaffung von vermehrt regionalisierten und zugleich koordinierten Systemen. Die Idee der verstärkten Regionalisierung hat eine Chance, wenn die regionalen Weltprovinzen politisch und wirtschaftlich eigenständiger werden und sich als eigenständige Partner in Verbundsystemen formieren. Man denke an die ostasiatisch-pazifische Zone oder an die südostasiatische Fünfergruppe (ASEAN), an die Hindu-Zone, die Zone islamischer Völker und an die Staaten des EG-Raumes.

Regionalisierung, Dezentralisierung, Devolution sind heute nicht nur Postulate, sondern Prozesse. Aber dasselbe gilt von den zunehmenden Verflechtungszusammenhängen. Gemeinsames Interesse der OECD-Welt, der COMECON-Welt, der OPEC-Welt und der übrigen Dritten und Vierten Welt ist die eigene Lebens- und Überlebensfähigkeit. Was solche Überlebensfähigkeit für die verschiedenen Regionen bedeutet, ist heute Gegenstand eines weltweiten Aushandlungsprozesses zwischen Nord und Süd, sowie zwischen West und Ost. Ein solcher weltpolitischer und -wirtschaftlicher Ausgleich fordert auf allen Seiten äußerste Verständnis- und Verständigungsanstrengungen aller betroffenen Gegenspieler. Nicht Independenz, sondern zunehmende Interdependenz politischer, ökonomischer und technischer Prozesse bestimmt die kommenden Jahrzehnte. Alle sich bildenden regionalen und überregionalen politischen und wirtschaftlichen Verbundsysteme müssen, um lebensfähig zu bleiben, in die größeren transatlantischen und transpazifischen Interdependenzen eingeordnet werden[22].

Interdependenz ist zunächst ein kognitives Erfordernis. Überhaupt liegt der Grund für die mangelnde Fähigkeit, mit neuer komplexer Weltrealität umzugehen, vor allem im kognitiven Bereich.

Politische Establishments und Bürokratien machen oft sehr vereinfachende Deutungen der Umwelt zur Grundlage ihres eigenen Verhaltens und Handelns.

---

[21] Vgl. *G. Picht,* Hier und Jetzt (Stuttgart 1980) 388.
[22] *W. L. Bühl,* a. a. O. 290 ff., 314 ff.

Die Einübung in möglichst zutreffende Einschätzung der Realitäten ist darum eine primäre Forderung.

Dabei liegt die Herausforderung in einer Zeit zunehmender Interdependenz darin, die Fülle verschiedenartiger Realitäten und Prozesse wahrnehmen zu können. Es gibt so viele verschiedene Realitäten wie es Gesellschaften und Kulturen gibt. Die Internationalisierung der Kommunikation hat dazu geführt, daß man oft zugleich mit Dutzenden von Wirklichkeiten nebeneinander zu tun hat. Man kann nicht mehr wie in einem sicheren Kokon in der Gewißheit denken und handeln, daß die verschiedenen kulturellen, politischen und sozialen Realitäten schließlich im gleichen Weltmodell konvergieren. Die vergleichende Modernisierungsforschung hat die Kulturbedingtheit und damit die Relativität jeder gesellschaftlichen Entwicklung hervorgehoben. Wegen der Verschiedenheit der Lebensbedingungen, wegen der unterschiedlichen kulturellen Tradition und Mentalitäten wird man die Kategorie „Entwicklung" sowohl im politischen wie im ökonomischen Bereich pluralisieren müssen.

Ein derart relationales Verständnis von Entwicklung bedeutet auch eine Relativierung westlicher Ordnungs- und Entwicklungsideologien und die Stärkung anderer Entwicklungsmöglichkeiten mit verschiedenen Zuordnungsverhältnissen von Politik, Wirtschaft und Gesellschaft.

Die Relationen zwischen politischer, kultureller und wirtschaftlicher Ordnung sehen in anderen Kulturkreisen anders aus. So gab es in Ostasien keine gesellschaftlichen Autonomieentwicklungen wie im Westen[23]. Nie vermochten sich unabhängige Machtzentren (wie das städtische Bürgertum Europas) gegenüber der konfuzianischen Herrschaftsstruktur zu etablieren. Die Gesamtgesellschaft war völlig auf das politisch-kulturelle Machtzentrum des Mandarinats ausgerichtet. Es gab keine Privatrechtsentwicklung im europäischen Sinne. Das Mandarinat übte im politischen und wirtschaftlichen System eine integrative Funktion aus. Es hielt das Ideal einer hierarchisch ausgerichteten soziopolitisch-kulturellen Ordnung aufrecht. Diese Identität von konfuzianischer, politischer und ökonomischer Ordnung besaß über zwei Jahrtausende eine ungeheure Integrationskraft. Die grundlegenden kulturellen Symbole bestimmten sowohl politische wie wirtschaftliche Ordnung. Ein Entsprechungsverhältnis war vorhanden, freilich unter dem Primat des konfuzianischen Kulturalismus. Bis heute ist die chinesische Kultur eine ausgesprochene Integrationskultur und kann schon aus ihrem Selbstverständnis keine autonomen Denk- und Handlungsräume außerhalb ihrer zentralen Integrationstraditionen zulassen. Sicher ist, daß der westliche Entwurf von Emanzipation und Demokratie in einer derart antiindividualistischen Gesellschaft keinen großen Niederschlag findet.

Der Westen hingegen kennt sowohl in seiner politischen wie in seiner ökono-

---

[23] *Th. Leuenberger*, China: Kontinuität und Umbruch (Tübingen 1979).

mischen Organisation keine Integrationstradition. Rationalität der verschiedenen Ordnungen, deren vernünftige Zuordnung und nicht deren Integration ist das Schlüsselwort westlicher Entwicklung. Zu solcher Rationalität gehört in der ganzen westlichen Emanzipationsgeschichte auch die immer wieder neue Distanzierung von übermächtigen kollektiven Ideologien und Mentalitäten. Luthers große reformatorische Schrift „Von der Freiheit eines Christenmenschen" (1520) hat gerade das damalige geistlich-weltliche Integrationssystem scharf in Frage gestellt und ihm seine metaphysische Legitimation entrissen. Das Fundament metaphysischer Totalordnungen hat sich in einem jahrhundertelangen Prozeß aufgelöst und überall dort, wo politische und wirtschaftliche Systeme noch auf metaphysisch-totalistischen Prämissen aufgebaut sind, sehen sie sich einer immer stärkeren Erschütterung und Erosion ausgesetzt.

Diese westliche Krise der metaphysischen Grundordnungen zeigt sich in einem geistig-politischen Abbröckelungsprozeß. Die politische und ökonomische Ideenwelt westlicher Entwicklungs- und Wachstumsideologien hat sich erschöpft. Sowohl die Gestaltung, wie die Zuordnung der verschiedenen politischen, wirtschaftlichen und sozialen Systeme stehen zur Debatte.

Die jetzigen Probleme im Verhältnis zwischen Politik, Wirtschaft und Gesellschaft beruhen darauf, daß die in der ersten Hälfte dieses Jahrhunderts entwickelten Interpretationen unserer politischen und wirtschaftlichen Realität nicht mehr zutreffen. Die vom englischen Nationalökonomen Keynes beeinflußten Wachstumsideologien der 50er und 60er Jahre sind an ihre Grenze gestoßen[24]. Wir erleben heute eine Störung des Gleichgewichtes zwischen den politisch-wirtschaftlichen Ressourcen, den politischen Institutionen und den allgemeinen Erwartungen. Regierungen und Administrationen sind über ihre Kapazität gefordert. Die Ressourcendecke reicht nicht aus, die Leistungsfähigkeit der Regierungsinstitutionen wird überfordert und deren Manövrierfähigkeit nimmt ab. Wir erleben den Parallelvorgang, daß die Aktivitäten der Regierungen und ihrer Bürokratien in westlichen Gesellschaften erheblich zugenommen haben und daß zugleich ihre Autorität und Effizienz zusehends abnimmt. In milden Fällen durch Nicht-Einhalten versprochener Ziele, in massiven Fällen heißt dies Watergate[25].

5. Machtknappheit

Die heutige Ära struktureller Knappheit verlangt Strategien, die vermehrt in der Lage sind, mit politisch und wirtschaftlich knappen Ressourcen umzugehen. Die neuen Verflechtungszusammenhänge von Politik, Industrie und Wis-

[24] *F. W. Scharpf,* Capitalism of yesterday and of tomorrow (Berlin 1979) 4ff.
[25] *Th. Leuenberger,* Führung gegen Bürokratie, in: Rechtstheorie 11 (Berlin 1980) 443–463.

senschaft fordern neue Verantwortungszuteilungen. Die neuen Mischungsverhältnisse zwischen staatlichen, nichtstaatlichen und überstaatlichen Akteuren fordern auch neue funktionale und regionale Arbeits- und Aufgabenteilung. Die staatliche Komponente tritt zurück: Die nationalen Administrationen bleiben auf bestimmte Ebenen und Funktionen beschränkt. Ihre Macht ist nicht mehr einfach Durchsetzungsmacht, dasselbe Knappheitsproblem zeigt sich auch innerhalb der Wirtschaftsmacht. Für beide ist ihre Durchsetzungsfähigkeit beschränkt, ja auch dort, wo sie formell verfügbar ist, setzt man sie ungern ein, weil das Beziehungsnetz sehr komplex und auf Dauer angelegt ist. Wer sich allzu rücksichtslos durchsetzt, bezahlt den Preis bei anderer Gelegenheit. Durchsetzung ist nur möglich mit Zustimmung oder Duldung der anderen wichtigen Gruppen und Institutionen. Erfolgreiche Strategien sind nur möglich, wenn die verschiedenen Partner und Gegenspieler die jeweiligen Rahmenbedingungen und Zwänge des andern richtig einschätzen. Die Notwendigkeit der richtigen Einschätzungsfähigkeit und Kooperation gilt für alle Verknüpfungen im komplexen Netzwerk zwischen Wirtschaft, Politik und Bürokratie. Es braucht möglichst gemeinsame und möglichst zutreffende Situationseinschätzungen. Wenn diese vorhanden sind, kann man auch die Handlungsfähigkeit und die Kooperationszonen stärken[26].

Weiterführende Literatur siehe S. 424

Theodor Leuenberger

IV
Moralische Aspekte der Energie- und Umweltfrage

Einleitung

In der älteren Literatur wird man den Ausdruck „Energie“ nicht im Titel moralischer Darlegungen finden. Heute gibt es eine ausgedehnte öffentliche, politische und moralische Debatte um Fragen der Energieversorgung und der Energiewirtschaft. Im Zentrum steht dabei der Streit um die Nutzung der Kernenergie. Vorzüglich in ihm, wenn auch nicht allein in ihm, markieren sich konträre Positionen, die sich einerseits auf Tatsachenbeurteilungen, andererseits auf moralische Prinzipien und auf Lebensperspektiven berufen.

---

[26] *F. W. Scharpf,* Die Rolle des Staates im westlichen Wirtschaftssystem (Berlin 1978) 24–28.

a) Extrempositionen

Die Extrempositionen im Konflikt lassen sich grob folgendermaßen kennzeichnen: Die „Befürworter" halten einen fortschreitenden Ausbau der Energieproduktion für notwendig, der allein die Wahrung des erreichten Wohlstandes und Lebensstandards unserer Gesellschaft ermöglichen könne. Sie wünschen die Fortsetzung eines Fortschritts, der unter dem Begriff des wirtschaftlichen Wachstums zu den Lebensgesetzen dieser Gesellschaft gehört. Die Perspektive ist dabei global: Es wird eine weltweite Entwicklung in Richtung auf jenen technisch-ökonomischen Status erwartet und bejaht, der jetzt schon in den Industrienationen erreicht ist, und der Wunsch danach wird unterstellt. Zugleich wird mit einem beträchtlichen Wachstum der Weltbevölkerung gerechnet. Der dann ungeheuer gesteigerte Energiebedarf verlangt den Einsatz aller Techniken einschließlich jener, die ein gesteigertes Risiko mit sich bringen, das heißt insbesondere der Kernenergie. Das Risiko gilt als vertretbar, wenn es statistisch hinreichend klein ist.

Die „Gegner" sind nicht bereit, ein solches Risiko in Kauf zu nehmen. Das gilt nicht nur für die Kernenergie: Konsequente Kritiker sehen die ökologischen Folgen eines fortschreitenden Ausbaus der Energieproduktion als so gravierend an, daß sie den Sinn des Wachstums in Zweifel ziehen. Eigentlich humane Lebensqualität kann nicht in einem Zustand bestehen, der rein ökonomisch-technisch charakterisiert ist. Umgekehrt sehen sie die Gefahr, daß der technische Fortschritt die naturale Grundlage schmälert oder gar zerstört, auf der er basiert. Ökologische Zerstörung und Erschöpfung der naturalen Ressourcen verbinden sich zu einer nachhaltigen Verminderung menschlicher Lebensmöglichkeit. Die Alternative ist der Verzicht auf Wachstum, auf Fortschritt, auf weiteren Ausbau der technischen Zivilisation. Zu fordern ist die Rückkehr zu einfacheren, weniger anspruchsvollen Formen des „alternativen Lebens".

b) Wertungsgegensätze und ihre Implikationen

Es ist deutlich, daß sich die Position der Gegner des Energieausbaus als moralisch motiviert darstellt. Humane Lebensqualität, humaner Lebensraum sind Güter, deren moralische Bedeutung unmittelbar einleuchtet. Es ist „gut" und darüber hinaus „geboten", ihre Bewahrung zum Handlungsziel zu machen und technisches Handeln unter ihren Maßstab zu stellen. Demgegenüber erscheint die Position der Befürworter durch technisch-ökonomische Gesichtspunkte bestimmt und demgemäß als amoralisch. Wenn sie jedoch eine Entwicklungsrichtung verfolgen will, welche der als „gut" und „geboten" bewerteten entgegengesetzt ist, wird sie darüber hinaus als „schlecht" oder gar „böse" zu beurteilen sein; das letztere freilich nur dann, wenn sich auch ein „böser Wille" aufzeigen ließe.

Die Befürworter verstehen sich nun selbst tatsächlich weitgehend als Ökonomen und Techniker, die als solche vom gegebenen „Bedürfnis“ oder vom „Bedarf“ ausgehen und Mittel zu dessen Abdeckung bereitgestellt sehen wollen. Unter den Lebensbedingungen unserer Industriegesellschaft ist der Bedarf nach Energieausbau wirklich gegeben, und nur technischer Fortschritt kann ihm wirksam begegnen. Die ökologischen Probleme und andere Risiken werden durchaus gesehen, aber auch sie werden primär als technische Aufgaben betrachtet: die „Kosten“ müssen vertretbar sein, nicht nur im wirtschaftlichen, sondern auch im humanen Sinne. Spätestens hier erscheint das Humane als normativ, freilich nur als einschränkende Bedingung, die zugleich Ansätze für kritische Sichten liefert. Aber Detailkritik muß nicht die selbstverständliche, nicht in Frage gestellte Generalprämisse treffen: Auszugehen sei vom realen Bedürfnis der real existierenden Gesellschaft, entsprechend den realen Wünschen ihrer Mitglieder, und es gehe um die realen, realisierbaren Möglichkeiten ihrer Lebenserhaltung.

Diesem Realismus gegenüber wirkt die Position der Gegner unrealistisch, doktrinär und sogar evasiv; sie weicht vor der Verantwortung für diese reale Gesellschaft aus in die Proklamation utopischer Zielvorstellungen. Sie gefährdet nicht nur den Wohlstand, sondern die Gesamtverfassung der Gesellschaft, indem sie deren Lebensform unmöglich macht. Ihre Moral ist, selbst wenn man sie als „Gesinnung“ gelten lassen will, bestenfalls privat möglich, untauglich für die Gesellschaft im Ganzen und unvereinbar mit der Verantwortung für diese. Zudem beruht sie auf Tatsachenbewertungen, die als Irrtümer oder Verzerrungen zu erweisen sind. So kann man sich fragen, ob sich nicht hinter ihr andere als humane, nämlich politische Interessen verbergen, von denen aus die Bewegung der Gegnerschaft „gesteuert“ wird.

Aber es bedarf solcher Annahme nicht. Die politischen Implikationen liegen offen: Die Gegner des Energieausbaus wollen in der extremen Konsequenz eine Änderung der Lebensform der Gesellschaft, eine Änderung ihrer Verfassung, wenn nicht gar die „Zerschlagung des Systems“, dem sie die als inhuman bewerteten wirklichen oder möglichen Folgen der technischen Entwicklung anlasten. Sie verbünden sich daher, oder mit ihnen verbinden sich Kräfte, die aus anderen Gründen Veränderung oder „Revolution“ anstreben, vom Anarchismus bis zum religiösen Schwärmertum. Die Befürworter, die sich primär als Vorkämpfer des Fortschritts verstehen, finden sich unversehens in der Rolle der Konservativen, die das Bestehende durch Fortentwicklung in die ihm immanente Richtung erhalten wollen. Sie geraten ihrerseits in den Verdacht, politische Ziele zu verfolgen; und wenn ihre Generalprämisse des „Bedürfnisses“ nicht zugestanden wird, kann ihr Ziel nur die Erhaltung der bestehenden Machtverhältnisse sein. Es wird möglich, ihnen „bösen Willen“ zu unterstellen.

Derart ins Extrem getrieben, zeigen sich die streitenden Positionen nicht mehr als konträre Stellungnahmen zu einer „Sachfrage“, sondern als unvereinbare Lebensentwürfe. Eine „Versachlichung" der Debatte, im Sinne der Reduktion von Wertungsproblemen auf technische und Tatsachenfragen, die rational zu entscheiden wären, hat von den Extremen aus wenig Chancen. Von ihnen aus wird der Streit zum politischen Kampf, der durch den Gewinn der Mehrheit entschieden werden müßte.

Auch wenn die Extreme selten „rein" vertreten werden und das Diskussionsfeld eher durch Zwischenpositionen besetzt ist, die der rationalen Argumentation zugänglich und durch sie beeinflußbar sind, wirken diese doch polarisierend; Zwischenpositionen werden der einen oder anderen Seite zugeordnet. Ferner emotionalisieren, ja verfälschen sie die Debatte durch den latenten Verdacht des politischen Interesses gegen jeden, der sich auf „sachliche" Gründe beruft. Eine Diskussion ist daher als rationale Auseinandersetzung nur zu führen, wenn sie grundlegend auf jene Ebene bezogen wird, auf der Lebensziele, Wertungen und Interessen human legitimiert werden können, auf die moralische Ebene.

c) Ansätze der moralischen Diskussion

Die moralische Diskussion ist für die Frage nach dem Ausbau der Energiewirtschaft nicht akzidentell, wie sie es sonst bei „technischen" Fragen sein könnte. Sie ist zentral, sofern sich Lebensentwürfe globalen Charakters abzeichnen.

Unterschiedliche, auch unvereinbare Lebensentwürfe unterscheiden sich meist nicht wie „gut" und „schlecht", sondern wie „gut" und „gut". Verschiedene Optionen können human legitim sein. Sie müssen deswegen noch nicht gleichwertig sein; ein Mehr oder Minder an Gutsein – wobei das mindere Gut dennoch ein Gut bleibt – kann vorliegen, und es kann legitim sein, das mindere Gut zu wählen. So kann die Ehe als „gut" wählen, wer die Jungfräulichkeit an sich für das höhere Gut hält.

Die moralische Diskussion wird daher nicht immer zu einer klaren Normerkenntnis führen, welche ein bestimmtes Verhalten eindeutig als „Pflicht" erkennt, die für jedermann besteht. Sie vermag zumeist nur Gesichtspunkte, Maßstäbe oder Vorzugsregeln anzugeben, nach denen eine bestimmte Entscheidung, angesichts gegebener Aufgaben und vorgebrachter Ansprüche, als „gut" zu rechtfertigen, vielleicht im Einzelfall – wenn auch nicht universell – geboten ist.

Im vorliegenden Falle haben wir es mit Positionen zu tun, die nicht bloß global einander entgegengesetzt sind, sondern verschiedene Problembereiche unterscheiden lassen, deren Bewertung jeweils andere Gesichtspunkte zum Zuge kommen läßt. Positionen zwischen den Extremen bilden sich durch die jeweils andere Stellungnahme zu diesen Bereichen. Die moralische Diskussion kann sich nach ihnen gliedern.

Grundlegend ist (1) die Frage des *Bedürfnisses,* womit die nach dem Recht auf

Befriedigung oder der Pflicht zum Verzicht verbunden ist. Es folgt (2) die Frage nach dem *Fortschritt*, als wirtschaftlichem Wachstum wie als Perfektionierung der Technik, und dessen Grenzen, unter dem Gesichtspunkt seiner humanen Bedeutung. Eine eigene Frage, wenngleich damit verbunden, ist (3) die nach der *Ökologie* und der neuen ökologischen Ethik. So wie die vorhergehenden führt sie über die spezielle Energieproblematik hinaus, aber diese wird ja durch allgemeinere Zusammenhänge erst zum Kristallisationspunkt globaler Existenzentwürfe. Schließlich ist speziell, anläßlich des Streites um die Nuklearenergie, (4) die Frage des *Risikos* zu behandeln; denn eine „befürwortende" Stellungnahme zu Bedürfnis, Fortschritt und Ökologie schließt noch nicht eine solche zur Atomkraftnutzung ein. Soweit es nach diesem Durchgang möglich ist, wird dann eine zusammenfassende Wertung zu geben sein; freilich nicht mit dem Anspruch, die Debatte zu schließen, sondern eher in der Absicht, ihren geschichtlichen Ort zu präzisieren.

1. Die Frage des Bedürfnisses

a) Existenzrecht und Fürsorgeanspruch

Energieversorgung ist zunächst ein technisch-ökonomisches Problem, und mit „Energie" meinen wir zunächst ein technisch-ökonomisches Gut. Gerade solche Güter werden aber Inhalt moralischen Handelns, und sogar eines dringlich gebotenen, wenn sie elementaren und dringlichen Bedürfnissen des menschlichen Lebens entsprechen. Wir sind für unsere Existenz auf solche Güter angewiesen, und wir bedürfen mindestens zeitweise der Fürsorge unserer Mitmenschen, die uns diese zukommen lassen. Umgekehrt räumen wir diesen ein Recht auf Existenz und Leben ein, das sich als Anspruch an uns richtet und uns im Falle der Not zu Hilfe verpflichtet. Menschliches Leben kann nicht einmal zustande kommen, menschliches Miteinander, das zur Lebensführung notwendig ist, kann nicht gelingen ohne die wechselseitige Anerkennung von Bedürftigkeit und daraus resultierendem Anspruch auf Fürsorge, als Recht wie als Verpflichtung.

„Mitmensch" ist dabei zuerst der „Nächste", der mir in wörtlichem Sinne nahe ist, so daß ich unmittelbar und konkret von seinem Anspruch betroffen bin und auch konkret Fürsorge leisten kann. Es gehört jedoch zu den grundlegenden und nicht diskussionsfähigen ethischen Erkenntnissen unseres Ethos, daß „Mitmensch" prinzipiell jeder ist, der Menschenantlitz trägt; jeder kann mein Nächster werden. Dazu muß man feststellen, daß diese Mitmenschlichkeit unter den Bedingungen der technischen Welt mit ihren globalen Kommunikations- und Interaktionsmöglichkeiten aufgehört hat, ein bloß abstrakt-allgemeines Prinzip zu sein. Die Erdbewohner sind einander nahe gerückt; sie sind einander in einem globalen Sinne „Nächste" geworden. Der Anspruch auf Fürsorge, auf Gewährung der grundlegenden Existenzbedingungen und der dazu gehörenden elementaren ökonomischen Güter kann mich von weit her betreffen, und umgekehrt kann mir keine „entfernte" menschliche Existenz völlig gleichgültig sein. Selbstverständlich kann mich ein solcher Anspruch aus der „Ferne" nur insoweit verpflichten, als ich auch konkret zur Fürsorge fähig bin. Das bin ich normalerweise nicht als Individuum, wohl aber als Mitglied einer technisch entwickelten Gesellschaft, die in kollektivem – politischem, wirtschaftlichem – Handeln und unter Einsatz technischer Mittel von globaler Reichweite auch einem entfernten Bedürfnis entsprechen kann. Technisch-ökonomische Entscheidungen über existenznotwendige Güter müssen moralisch auch unter dieser Perspektive globaler Mitmenschlichkeit beurteilt werden.

b) Das Maß der Daseinschance

Energie, allgemein gesprochen, gehört fraglos zu den existenznotwendigen Gütern, aber fraglich ist, welche Energiemenge existenznotwendig, welcher Bedarf „berechtigt" ist und zu welchen Leistungen dieser verpflichtet. Es liegt nahe, vom Begriff des „Existenzminimums" auszugehen, und es läßt sich abstrakt sagen: Das unabdingbar Notwendige schafft unübergehbaren Anspruch und damit strenge Pflicht.

Aber das Existenzminimum ist schwerlich allgemein, etwa im Hinblick auf das physiologisch Notwendige, zu bestimmen. Als wesentlich ökonomisch zu verstehende Größe muß es mit Bezug auf die konkreten Bedingungen gesehen werden, unter denen eine gegebene Gesellschaft wirtschaftet. Was in einer steinzeitlichen Gruppe bei günstigen Umweltverhältnissen zur Existenzsicherung ausreicht, wird es nicht in einer technisch hochentwickelten Massengesellschaft: sie muß ungleich höhere Leistungen erbringen, um auch nur die Lebensfristung ihrer Mitglieder zu gewährleisten. Aber bloßes Leben, das gerade nur den Tod aus Mangel vermeidet, ist zu wenig; „Leben" ist nur die Grundlage für eine Lebensführung, die weiterreichende, sinnerfüllende Daseinsmöglichkeiten verwirklicht. Existenznotwendig ist die Eröffnung der Chance eines menschenwürdigen Lebens. Erst damit ist das eigentlich humane, nämlich das personale Moment angesprochen, um dessentwillen allein die animalische Existenz verpflichtenden Anspruch moralisch geltend machen kann.

Nicht der nur negativ abgrenzende Begriff des Existenzminimums, sondern eher jener der „Daseinschance" ist geeignet, den Sinn der Fürsorge und die Dynamik des Anspruchs angemessen zu bezeichnen. Seine grundlegende Chance erhält das Individuum nicht schon damit, daß es vor dem Tode bewahrt wird, sondern erst durch Aufnahme in das menschliche Miteinander der Gesellschaft, durch Anerkennung als deren Mitglied, durch Zuerkennung eines sozialen Ortes und Gewährung auch der ökonomischen Bedingungen, die zu dessen Wahrnehmung erforderlich sind. Es kommt darauf an, daß der Mensch nicht Objekt der Fürsorge bleibt, sondern daß er Subjekt und als solches anerkannt wird, und zwar in dem Maße, wie er es zu sein fähig ist.

Die Daseinschance ist demnach wesentlich soziale Chance. Ihre Gewährung ist nicht mehr nur Sache des „Nächsten" als eines Individuums. Ihre konkrete Gestalt bekommt sie durch die jeweilige Ordnung des gesellschaftlichen Lebens, durch die in dieser geübte soziale und ökonomische Praxis, im Zusammenhang der Kultur und des Ethos. Ihr Aussehen wird in einer primitiven Gesellschaft anders sein als in einer feudalen, wieder anders in der industriellen Massengesellschaft. Dementsprechend werden auch die Bedürfnisse – wessen der Mensch bedarf, um eine Daseinschance zu haben – verschieden sein, ebenso die Ansprüche, die er auf Grund dessen zu erheben berechtigt ist. Es handelt sich nicht mehr um ein abstraktes anthropologisches Minimum, sondern um eine „faire", positiv ausgestattete Chance, die dem Zustand der Gesamtkultur angemessen ist und deren Sinn die Teilnahme an dieser ist. Wir sprechen von „sozialer Gerechtigkeit".

Dieser Begriff ergänzt die klassische Aufgliederung der Gerechtigkeit im Hinblick auf die industrielle Massengesellschaft, die durch ökonomisches Wachstum und technischen Fortschritt gekennzeichnet ist. Soziale Chancen stehen hier unter ökonomisch-technischen Bedingungen, und die geschichtliche Erfahrung hat gezeigt, daß diese nicht schon durch eine Automatik des Fortschritts gesichert werden. Im Gegenteil, es entstand die „soziale Frage" zugleich mit der „industriellen Revolution"; sie indiziert eine Verschlechterung der Daseinschancen für erhebliche Teile der Gesellschaft als Folge der Industrialisierung. Ebenso ist aber geschichtliche Erfahrung, daß eine Lösung der „sozialen Frage" durch Rückgang auf eine vorindustrielle Gesellschaft niemals eine ernsthafte Möglichkeit war. Die erfolgreiche Lösung lag und liegt in der Beteiligung aller an den Daseinschancen, die durch den ökonomisch-technischen Fortschritt eröffnet werden, und in der Sicherung dieser Beteiligung. Dies ist das legitime Bedürfnis und der gerechte Anspruch.

c) Die soziale Charakteristik des Anspruchs

Offenbar richtet sich dieser Anspruch nicht an ein Individuum, an den unmittelbaren „Nächsten". Er reicht über die Ebene, auf der von Existenzrecht und Fürsorgepflicht im Sinne menschlicher Unmittelbarkeit die Rede war, hinaus. Sein Ort ist das soziale Miteinander, und er kann dort auch als Forderung, also im Stile der Selbstbehauptung, erhoben werden. Seine moralische Kraft bezieht der Anspruch jedoch von seiner Gründung her: er legitimiert sich als Entfaltung des unmittelbaren Elementarbedürfnisses derer, denen dies in der gegebenen

Gesellschaft nicht garantiert ist. Auch wenn der Begriff des Bedürfnisses auf höherer Anspruchsebene in den des Interesses übergeht, behält er etwas vom Pathos der Unmittelbarkeit.

Dies Pathos erscheint unter anderem, wenn Adressaten benannt werden: es sind jene, die im gesicherten Besitz der Teilhabe an der Gesellschaft und ihren Gütern sind, die Besitzenden und die Herrschenden. In Wahrheit geht es um eine soziale und ökonomische Ordnung, in welcher für alle diese Teilhabe möglich, und eine Praxis, in der sie verwirklicht wird. Dies Ziel ist politisch durchzusetzen, aber nicht eine Frage von Staatsform oder Verfassung; ebensowenig ist die ökonomische Zielsetzung eine Frage der Form der Güterverteilung. Die spezifisch soziale Charakteristik des Anspruchs ist für seine moralische Legitimation wesentlich.

Allerdings mindert die Extension des Anspruchs seine moralische Evidenz. Es ist zwar einsichtig, daß lebensbedrohende Nachteile beseitigt werden müssen oder daß erhebliche Minderungen der Daseinschancen – auch schicksalhafte – Fürsorge verlangen, und zwar nicht nur je individuelle, sondern soziale. Hier kann von Pflicht die Rede sein, aber nicht mehr dort, wo es um ein Mehr an Konsum oder wo es um spezifische Produkte der Technik wie die Mittel zu Information, Kommunikation, Mobilität geht. Bei jedem spezifischen Gut ist die Beziehung auf unmittelbare Bedürfnisse des Individuums, welche Notwendigkeit begründen, nicht evident. Es geschieht ihm nicht notwendig Unrecht, wenn ihm bestimmte Güter nicht zukommen. Auch das unbestreitbare Recht auf die gesellschaftliche Daseinschance kann nicht spezifisch festgemacht werden; daß etwa dieses Individuum müsse diesen Beruf wählen können, ist keine zwingende Gerechtigkeitsforderung. Die soziale Gerechtigkeit betrifft einen Bereich, der inhaltlich durch Kontingenzen bestimmt ist, und ihre Konkretion ist selbst kontingent. Auch das ist eine Folge ihrer sozialen Charakteristik.

Es scheint demnach, als sei der Bereich der sozialen Gerechtigkeit nicht vollständig mit den Begriffen von Recht und Pflicht zu beschreiben, die im Bereich des Kontingenten mindestens nicht eindeutig bestimmbar, sondern nur allgemein und abstrakt gültig sind. Aber damit verlassen wir noch nicht den Bereich des Moralischen: das Gute ist nicht durch das Pflichtgemäße begrenzbar, und wer mehr als die Pflicht tut oder mehr als ein „Recht“ gewährt, handelt nicht pflichtwidrig und nicht unrechtmäßig. Auch die Forderung nach „Verbesserung“ des sozialen Verhältnisses, die nicht zwingend ist, ist nicht schon ungerecht; ihre Verweigerung kann durchaus „unbillig“ oder gar „böswillig“ sein, auch wenn keine „Pflicht“ verletzt wird. Der soziale Gerechtigkeitsanspruch ist daher nicht auf das zwingende Notwendige zu beschränken, moralische Legitimation kann er auch besitzen, wo er darüber hinausgeht.

Es geht nicht immer um ein Sollen; es geht zuweilen um ein Wollen, das als „gutes“ moralisch legitimiert ist. So ist der Wille nach Teilhabe an den Chancen, welche der technische Fortschritt eröffnet, und nach Erweiterung der Daseinsmöglichkeiten durch Beförderung technischen Fortschritts auch dann legitim, wenn die Ausgangssituation, aus der er kommt, nicht die der Not und des Elends, sondern vielleicht gar human befriedigend ist. So ist auch der Wille legitim, diesem Anspruch zu entsprechen.

d) Bedürfnis und Verzicht

Die Frage, von welchem Bedürfnis auszugehen ist, um den Bedarf an Energieausbau zu bestimmen, läßt sich nun so beantworten: Es ist moralisch legitim, es ist angemessen und billig, vom gegebenen Zustand auszugehen. Die erweiterten Daseinschancen der technischen Welt, auch den Standard des materiellen Lebens und des Wohlstandes, zu wahren und womöglich zu mehren, ist ein einleuchtendes Ziel. Das ist aber nicht jedermanns zwingende Pflicht, und es schließt nicht spezifische Inhalte ein, etwa die Wahrung bestimmter sozialer Besitzstände oder bestimmte Konsumansprüche. Sowohl der soziale Charakter des Anspruchs als auch die Kontingenz der Inhalte machen sich hier geltend. Hier kann Kritik an der Generalprämisse des Bedürfnisses ansetzen.

Ein Beispiel mag das veranschaulichen, und es soll aus dem Bereich genommen werden, der nicht existenznotwendig ist. Dazu gehört zweifellos das Fernsehen. Als neuartiges Mittel der Kommunikation, der Information und auch der Unterhaltung, von zuvor unbekannter Intensität und Verfügbarkeit, ist es sehr schnell zu einem nicht nur erwünschten, sondern fast selbstverständlichen Element des durchschnittlichen Lebens in unserer Gesellschaft geworden, dessen Fehlen für viele kaum mehr vorstellbar ist. Wie sehr hier ein „Bedürfnis" besteht, das „Ansprüche" hervorruft, zeigt sich etwa dann, wenn Örtlichkeiten mit ungünstigen Empfangsbedingungen bessere „Versorgung" verlangen; es würde vermutlich als ungerechte Benachteiligung empfunden, wenn bestimmte Regionen Deutschlands keine Möglichkeit zum Fernsehempfang hätten. Der soziale Standard bestimmt das Anspruchsniveau, und man darf durchaus von „Angemessenheit" reden. Der Anspruch ist aber nicht individuell; wer ein Ferienhaus in einem entlegenen Alpental baut, kann nicht einen Sender in der Nähe verlangen, und die Bereitstellung eines Fernsehgerätes für diesen oder jenen Bürger ist keine gesellschaftliche Pflicht. Wiederum kann man nicht von Luxus reden, wo es sich um ein Massengut handelt; oder können Massengüter „überflüssig" sein?

Die Antwort auf diese Frage hängt von dem Standard ab, von dem wir ausgehen. Luxus scheidet allerdings aus; zu seinem Begriff gehört die Exklusivität, durch die er von jedem Standard abgehoben ist. Aber „überflüssig" ist das Fernsehen von jedem Standard aus, der vor seiner Erfindung liegt. So scheint es sich um einen Musterfall nicht von Bedarfsdeckung, sondern Bedarfsweckung zu handeln, für die es in der „Überflußgesellschaft" zahlreiche Beispiele gibt: ein „Bedürfnis" wird geradezu künstlich geschaffen, und es entsteht nicht anders als bei jenen Süchten, die dann dringend nach Befriedigung verlangen, und ebenso ist die soziale Folge Abhängigkeit von jenen, die diese Befriedigung verschaffen können. Bedürfnisse können also durch Interessen gesteuert oder gar künstlich geschaffen werden. Die Folgerung ist, daß Bedürfnisstandards nicht hingenommen, sondern kritisch geprüft werden sollen: man müßte die wahren Bedürfnisse von den falschen, die objektiven von den bloß subjektiven unterscheiden und die verdeckten Interessen, die Abhängigkeiten schaffen und Herrschaft stabilisieren, demaskieren. Nur die wahren und objektiven Bedürfnisse dürfen den Standard bestimmen.

Solche Argumentation, die in mancherlei Abwandlungen wirksam ist, schlägt trotz ihrer oberflächlichen Plausibilität nicht durch. So ist „Abhängigkeit" nicht erst auf der Ebene des künstlichen Bedürfnisses gegeben, sondern ist ein notwendiges Korrelat jener Bedürftigkeit, welche Fürsorge durch den anderen verlangt. Sie ist im Bereich des Existenznotwendigen viel stärker. Den manchmal berufenen „Konsumzwang" gibt es tatsächlich in unserer technischen Welt, aber gerade nicht beim Überflüssigen. Er liegt vor, wenn etwa der Hausbesitzer zur Abnahme von Wasser und Strom aus dem öffentlichen Versorgungsnetz verpflichtet wird, und hier gibt es klare „Herrschaftsverhältnisse", die aber kaum jemand zu stören scheinen. Das Abhängigkeitsargument, bezogen auf die Überflußproduktion, zielt in Wahrheit auf Abschaffung des privaten Produzenten, also eine Änderung der gegebenen Sozialordnung, und betrifft insofern gar nicht die Frage des Bedürfnisstandards.

Die Unterscheidung von objektiven und subjektiven Bedürfnissen (als „wahren" und „falschen") trifft man häufig. Es ist aber bisher noch niemand gelungen, die Grenze nach deutlichen Kriterien zu bestimmen und damit die Unterscheidung als sinnvoll zu erweisen. Alle Bedürfnisse sind subjektiv; sie sind zunächst mehr oder weniger dringlich, der aus ihnen resultierende Anspruch ist mehr oder weniger gerechtfertigt oder gerecht; ein Verzicht auf Befriedigung ist im sozialen Kontext mehr oder weniger zumutbar: das sind einleuchtende Unterscheidungen. Soll aber das „objektive" Bedürfnis nicht auf das Existenzminimum eingeschränkt werden, so kommt man nicht an der Frage des sozialen Standards vorbei; „objektive" Bedürfnisse nicht-physiologischer Art können schlechterdings nicht anders gemessen werden. Die Rede vom objektiven Bedürfnis tritt unter den Verdacht, die Einrichtung einer sozialen Instanz zu bezwecken, die über Ansprüche aus einer Perspektive entscheidet, die nicht die der faktischen Gesellschaft ist – zweifellos eine Herrschaftsperspektive.

Überhaupt ist die Unterscheidung von „wahr" und „falsch" bei Bedürfnissen zumindest dubios. Der Süchtige hat zweifellos ein „wahres", sogar höchst dringliches Bedürfnis nach Rauschgift; falsch ist die Weise der Befriedigung, und zwar wegen ihrer Schädlichkeit. Andererseits kann auch ein Bedürfnis nach Luxus im Einzelfall ein „wahres" sein; sofern dessen Befriedigung weder für den einzelnen schädlich ist noch ihr dringliche Ansprüche anderer im sozialen Miteinander entgegenstehen, ist nicht einzusehen, warum sie nicht zulässig, moralisch erlaubt und „gut" sein soll.

Ebensowenig kann man die Bedarfsweckung schon als solche für schlecht halten, und es fragt sich, ob sie überhaupt rein „künstlich" geschehen kann. Selbst Perversionen wie die Rauschgiftsucht, ja gerade sie, knüpfen an physiologische Gegebenheiten an. Die Erfindung des Fernsehens konnte zu einem Massengut werden, weil die gebotenen Güter von Information, Kommunikation und Unterhaltung tatsächliche, auch zuvor gegebene Bedürfnisse abdekken. Neu ist die Weise der Befriedigung, und man kann allenfalls von einer Fixierung sprechen, die manchem nicht wünschenswert erscheint.

Die Frage der Bedarfsweckung hat jedoch grundsätzlichere Aspekte. Nach einhelliger Überzeugung der ökonomischen Theorie seit den Zeiten von Adam Smith ist sie der Motor der wirtschaftlichen und auch der technischen Entwicklung, und ihre negative Bewertung müßte konsequent die gesamte Welt der Technik und ihrer Ökonomie treffen. Es gibt nun Systemkritiker, welche diese Konsequenz ziehen. Nicht bedacht wird aber, daß nicht nur für ökonomische, sondern darüber hinaus für fast alle Kulturgüter gilt, daß sie erst durch Wekkung, durch Erziehung und Bildung zum Bedürfnis werden. So wie das Fernsehen, ist auch die Schrift eine in historischer Zeit gemachte Erfindung; sie ist durchaus verzichtbar für menschliches Dasein, wie die schriftlosen Kulturen beweisen. Selbstverständlich denkt kein Vernünftiger an Abschaffung der Schrift, jeder wird vielmehr die Beseitigung des Analphabetentums für „gut" halten.

Das kann man beim gewählten Beispiel des Fernsehens nun nicht sagen. Es ist durchaus möglich, die Einrichtung im Ganzen einer Kritik zu unterziehen, die nach Abwägung der guten und der schlechten Folgen zu dem Ergebnis käme, man solle besser auf das Fernsehen verzichten. Bekanntlich tun das viele, als Individuen, und niemand kann sie tadeln, wenn sie andere zum gleichen Verzicht zu bewegen suchen. Man könnte es auch wohl kaum verwerflich finden, wenn sie die Mehrheit der Gesellschaft für den Verzicht zu gewinnen suchten mit der Absicht, das Fernsehen ganz abzuschaffen. Das hätte zweifellos neben möglicherweise guten auch schlechte Folgen, aber die Schwierigkeiten wären wahrscheinlich nicht größer als jene, die bei Einführung des Fernsehens entstanden sind. Es bedürfte freilich eines breiten Konsenses, der gar nicht zu erwarten wäre, und die Bedingung wäre ferner, daß der – als recht klein anzunehmenden – Minorität der Verzicht zugemutet werden könnte. Das wäre der Fall, wenn das zugrunde liegende Bedürfnis auf andere Weise befriedigt würde. Ein spezifisches Gut ist innerhalb des Standards verzichtbar, so wie auch kein spezifischer Anspruch anerkannt werden muß.

Es ist dann auch möglich, auf alle spezifischen Güter zu verzichten und sich selbst auf das Existenznotwendige zu beschränken: das kynische Ideal der Bedürfnislosigkeit, das von Abhängigkeiten freisetzen soll, ist legitim wählbar, und es ist natürlich auch erlaubt, für asketische Lebensformen zu werben. Für die Gesellschaft als Ganzes, als Forderung nach Aufgabe ihres gesamten Standards, wäre das aber eine unerträgliche Beschneidung der Daseinschancen; und auch spezifische Güter sind dann nicht verzichtbar, wenn durch sie die soziale Identität kulturell Bestand hat. Deshalb kann die Schrift nicht abgeschafft werden, und auch nicht die industrielle Produktion. Asketisches Leben von Individuen oder kleinen Gruppen kann soziale Bedeutung haben, wenn es Zeugniswert besitzt; Verzicht hat Würde, wenn er zu höheren personalen Möglichkeiten befreit und ein Beispiel setzt. Dann kann er nur individuell gewählt und bejaht werden.

Verzichte und auch Opfer können dem einzelnen und der Gesellschaft nur zugemutet, dann aber auch auferlegt werden, wenn ein Notstand vorliegt oder allgemeine zwingende Notwendigkeit. Krieg und Katastrophe, vielleicht der Friede, Krisen zuweilen, das wären solche Fälle. In der Energiefrage ist es die Knappheit der Ressourcen, welche möglicherweise Abstriche am sozialen Standard unausweichlich macht. Es ist dann durchaus sinnvoll, Sparsamkeit im Energieverbrauch, Maßhalten im Konsum, Zurückhaltung bei der Geltendmachung von weiter gehenden Ansprüchen zu propagieren, um nämlich jene Abstriche gering zu halten. Das spricht nicht gegen die Generalprämisse, sondern bestätigt sie; die Knappheit der Ressourcen ist ein Element des gegebenen Zustandes, und die geforderte „Askese“ dient gerade einer möglichst „gerechten“ Berücksichtigung des sozialen Bedürfnisses.

Gleichwohl ist die Ressourcenknappheit, von der heute geredet wird, bekanntlich kein absolutes Datum. Unter der Weitergeltung der Generalprämisse kann sie gerade zum Ausbau der Energieproduktion bewegen, und zwar in doppeltem Sinne: einmal zur besseren Verwertung vorhandener Ressourcen durch technische Fortentwicklung, zum anderen zur Erschließung neuer Ressourcen. Es ist somit moralisch gerechtfertigt, daß die Möglichkeiten der Kernenergie geprüft werden. Angesichts des besonderen Risikos wird gleichzeitig verlangt werden müssen, auch andere, ja alle Alternativen zu untersuchen. Für eine generelle Verzichtforderung fehlt die generelle Voraussetzung.

e) Die globale Perspektive

Die Abnahme des Bedürfnisses am gegebenen Zustand bekommt einen besonderen Akzent, wenn man diesen global betrachtet. Zum gegebenen Zustand unserer technischen Welt gehört die Öffnung der sozialen Perspektive auf die Menschheit im Ganzen. Man kann wohl noch nicht von einer Weltgesellschaft sprechen. Zweifellos gibt es aber bereits ein wirksames Bewußtsein des globalen Miteinander, damit auch der umfassenden Fürsorgepflicht und der Berechtigung des Anspruchs der Bedürftigen an die Besitzenden. In der Forderung der Entwicklungsländer nach angemessener Teilhabe an den Möglichkeiten der technischen Welt greift, in analoger Weise, der Gedanke der sozialen Gerechtigkeit. Er ist im globalen Miteinander unabweisbar. Ihm kann nur durch Ausbau der Technik entsprochen werden.

Diese grundsätzliche Einsicht ist natürlich auch in dem Sinne global, daß sie durchaus offen läßt, wie weit Verpflichtung einerseits, Anspruch andererseits angesichts der tatsächlichen Verhältnisse des Miteinander, angesichts des Leistungsvermögens und der Aufnahmefähigkeit der beiden Seiten bestehen. Wir haben es mit einem längerfristigen Prozeß zu tun, dessen Einzelheiten ebenso technisch wie moralisch noch zu prüfen wären. Das darf nicht den Grundsatz schwächen, der zudem noch zusätzlich Gewicht durch das Zentralproblem der Zukunft erhält, das Bevölkerungsproblem.

Die Weltbevölkerung wächst, nicht zuletzt im Zusammenhang mit der Expansion der technischen Welt. Nun mag man dies Wachstum schädlich, ja bedrohlich finden und Maßnahmen für geboten halten, es einzuschränken. Aber man kann nicht umhin, den existierenden Menschen – den jetzigen wie auch den künftigen, zahlreicheren – das Existenzrecht zuzugestehen. Man kann sie auch nicht einfach ignorieren: das wäre wider elementare moralische Grundsätze. Nun ist weiterhin klar, daß die unterentwickelten Kulturen, deren Bevölkerung vornehmlich wächst, der Fürsorgepflicht nicht aus eigenen Mitteln genügen können. Das geht nicht ohne den Einsatz technischer Mittel.

Es ist keine Frage, daß die geforderte und im letztgenannten Falle moralisch gebotene Hilfeleistung nicht ohne zusätzlichen Einsatz von Energie zu leisten ist. Insofern ist in globaler Perspektive die Notwendigkeit des Energieausbaus schlicht gegeben und moralisch gestützt. Immerhin ließe sich auch jetzt noch die Ansicht vertreten, daß die Verpflichtungsbehauptung die Voraussetzung einschließt, daß Technik überhaupt „gut“ sei – was nicht unbestritten ist – und ihre schädlichen Folgen, besonders ökologischer Natur, dies Gutsein nicht aufheben: die Frage nach dieser Voraussetzung ist immer noch zu beantworten, wie auch die besondere nach dem Einsatz von Kernenergie noch nicht beantwortet ist.

2. Die Frage nach dem Fortschritt

Zweifel am „Gutsein“ der Technik sind Zweifel an ihrem humanen Sinn, sie betreffen ihre Zielsetzung. Die Technik erscheint in einem Prozeß des Fortschritts begriffen, bei dem man fragen kann, wohin er eigentlich führt. Nun läßt sich ein „Ende“ des Fortschrittsprozesses, von dem her sich sein Sinn bestimmen ließe, nicht absehen. Unübersehbar ist jedoch, daß sein Verlauf lebensverändernde Folgen zeitigt, deren einige unerwünscht oder schädlich sind und humanes Dasein beeinträchtigen. Das gilt auch, wenn man zunächst von den ökologischen Problemen absehen will: es gibt strukturelle Folgen der Entwicklung einer technischen Welt, die im humanen Sinne schwerlich als „Fortschritt" zu bezeichnen sind. So stellt sich die Frage nach der Technik wesentlich als Frage nach dem Fortschritt.

a) Technologischer und wissenschaftlicher Fortschritt

Einfach gesagt, läßt sich das Wesentliche des technischen Fortschritts darin erblicken, daß wir heute manches „können", was wir früher nicht konnten. Technik wird in diesem vordergründig-simplen, aber durchaus richtigen Verständnis als Verfahren betrachtet, mit dem wir etwas herstellen, bewerkstelligen oder bewirken. Der also *technologisch* charakterisierte Fortschritt besteht in der Verbesserung eines bekannten oder in der Neueinführung eines besseren Verfahrens, wobei das „besser" nach Gesichtspunkten wie Funktion, Sicherheit, Leistung bemessen wird. Der Fortschritt ist im Vergleich mit dem früheren Zustand gegeben: an ihm wird das Mehr an Können erkennbar.

Hält man sich nur an den technologischen Aspekt, so hat man einen sinnvollen Begriff von Fortschritt, der jedoch nicht den Gedanken eines Endzieles enthält. Verbesserungen sind nicht prinzipiell endgültig, sondern übertreffbar; der Maßstab liegt im Vorhergehenden und ist deshalb nur relativ. Natürlich gibt es Zielsetzungen, Aufgaben, Ideallösungen und Planungen, aber stets nur als Projektionen vom Gegebenen aus. Ferner handelt es sich immer um spezifische, auf bestimmte Sachgebiete bezogene Fortschritte, von denen man im Plural reden muß. Die Summe dieser Fortschritte gibt keine Einheit, die ihrerseits durch ein Prinzip oder ein Ziel beherrscht werden müßte. Ihre Glieder stehen kontingent zueinander, wie überhaupt die Geschichte des technologischen Fortschritts durch Kontingenzen, nämlich Entdeckungen und Erfindungen bestimmt ist. Der technologische Fortschritt im Ganzen ist „endlos" und „ziellos", im wörtlichen Sinne „anarchisch". Er läßt sich nicht als rationaler Ablauf rekonstruieren noch voraussagen: es gibt kein prognostisches „Modell" des technologischen Fortschritts im Ganzen.

Das mag befremdlich klingen, wo wir doch mit der „Technik" den Gedanken rationalen Vorgehens, gezielter Planung und kontinuierlicher Dynamik zu verbinden gewohnt sind. Aber der Befund ergibt sich, wenn man sich auf den technologischen Aspekt beschränkt, der nur die, sozusagen ingenieurwissenschaftlich isolierten, Resultate in den Blick bringt. Der innere Zusammenhang der Technik, der sie als einheitlich strukturiert erkennen läßt, zeigt sich erst unter einem zweiten Aspekt: Sie ist insgesamt Frucht der experimentell-empirischen *Wissenschaft*, die kausalanalytisch verfährt, ihre Erkenntnisse formal-mathematisch ausdrückt und im Sinne extensionaler Logik systematisiert, somit nach einem bestimmten Methodenmodell verfährt. Entscheidend ist bei diesem Verfahren, daß der Gegenstand nicht in der ihm eigenen Gestalt belassen und nur beobachtet, sondern experimentell „befragt", nämlich verändert wird, mit dem

Ziel, ihn als Produkt der experimentell identifizierten Kräfte und Gesetzlichkeiten zu begreifen. Tatsächlich wird er dann „beherrscht", nämlich in dem Sinne, daß er prinzipiell „herstellbar" oder seine Herstellung simulierbar wird. Die moderne Erfahrungswissenschaft begründet nicht nur die Technik, sie vollzieht ihren eigenen Erkenntnisprozeß in „technischer Einstellung", so daß auch ihre Theorie immer schon die einer (mindestens möglichen) Praxis ist.

Der überwältigende, umfassende und unbestreitbare Erkenntniserfolg dieses Typs von Wissenschaft bezeugt und bekräftigt die ihr innewohnende Dynamik, die schon im Ansatz des aktiven „Befragens" steckt, die ferner im Selbstverständnis der Wissenschaft als „Forschung" hervorkommt – das ja keineswegs selbstverständlich ist – und die zur Erfassung des gesamten Bereichs unserer Erfahrung drängt. Für solche wissenschaftliche Forschung ist der Fortschritt der Erkenntnis das Lebensgesetz, und das gilt ungeachtet der Tatsache, daß sich von einem inneren Wandel, etwa im Sinne des Paradigmenwechsels, reden läßt. Es gibt durchaus auch ein „Ziel" des Fortschritts, nämlich die Erfassung des Gesamtbereichs unserer Erfahrung, und jeder Erkenntnisschritt kann als solcher zu diesem Ziel begriffen werden. Dies ist allerdings nicht notwendig; Erkenntnis ist schon als solche sinnvoll, und daher tut es nichts, wenn der Erkenntnisfortschritt zugleich als „endlos", als unbeendbar gelten muß. Denn unser Erfahrungsbereich ist keine abgeschlossene Größe; er wird durch Forschung erweitert, und er hört nicht auf, sich zu verändern, außer mit der Zeit selbst. Fortschritt ist unbeendbar, solange er in der Zeit stattfindet.

In dieser Weise läßt sich vom erfahrungswissenschaftlichen Fortschritt reden, wenn man nur die kognitive Dimension ins Auge befaßt. Der technologische Fortschritt, wiewohl er auch eine kognitive Dimension besitzt, wird dagegen stets auch nach Kriterien beurteilt, die der praktischen, der Lebenswelt angehören, wie Brauchbarkeit, Sicherheit, Funktionieren. Technologische Entwicklungen haben eben nicht nur „technologische", also kognitive Bedeutung, sondern finden in einer Lebenswelt statt, in der sie angewendet werden und die sie verändern. Dies ist, neben dem technologischen und dem wissenschaftlichen, ein dritter Aspekt: die Transformation der Lebenswelt des Menschen durch die Technik, die Entstehung der *„technischen Welt"*, und diese meinen wir gewöhnlich, wenn wir von der Technik und ihren menschlichen Problemen reden.

b) Ethos der technischen Welt

Was heißt unter diesem Aspekt Fortschritt? Nichts anderes als der Einsatz erfahrungswissenschaftlicher Erkenntnis und technologischen Könnens zur Verbesserung menschlicher Lebensbedingungen und zur Vermehrung menschlicher Daseinschancen. So verstanden, ist der Fortschritt auf Ziele von unmittelbarer humaner Bedeutung gerichtet, die keineswegs erst am Ende einer Gesamtentwicklung, sondern jeweils mit jedem Schritt verwirklicht werden. Sie sind lebensweltlich gegenwärtig und ausgewiesen, und jeder Kritik an der Technik muß die Anerkennung dieser Evidenzen vorausgehen.

Beispiele für evidenten Fortschritt von humaner Bedeutung, welcher der Technik verdankt ist, lassen sich leicht geben. Dazu gehört vor allem die Befreiung von schwerer körperlicher Arbeit, die „Humanisierung des Arbeitsplatzes"; was damit gemeint ist, zeigt jeder Blick in einen modernen Industriebetrieb, aber auch in Küche und Waschküche eines modernen Durchschnittshaushaltes. Damit verbunden ist die ungeheure Steigerung der Arbeitsproduktivität; am eindrucksvollsten ist sie in der Landwirtschaft, deren technischer Stand die Ernährung der vielfachen Anzahl Menschen vom gleichen Boden ermöglicht. Eindrucksvoll ist nicht minder der medizinische Fortschritt, mit der Folge einer Verdopplung der Lebenserwartung in fortgeschrittenen Gesellschaften. Dem Fortschritt verdanken wir den uns selbstverständlichen Wohlstand; es ist kein Geringes, daß in unseren Städten jeder Haushalt Trinkwasser von verläßlich gleichbleibender Qualität oder elektrische Energie stets zur Verfügung hat, um nur dies anzuführen.

In den angeführten Beispielen handelt es sich durchweg um Leistungen der Technik, mit denen elementaren Bedürfnissen des Daseins entsprochen wird. Es wird ihnen nicht nur „besser" entsprochen als in einer vortechnischen Welt, sondern in unserer Welt kann der versorgungsbedürftigen Zahl nicht anders Versorgung gebracht werden. Insofern sind die hier verwirklichten Fortschrittsziele nicht nur „gut" und bejahenswert, sie sind vielmehr verpflichtend. Eine grundsätzliche Gegnerschaft gegen technischen Fortschritt überhaupt wäre nicht nur lebensfremd, sondern moralisch unhaltbar.

Umgekehrt gilt dann, daß die wissenschaftliche und die technologische Arbeit des Forschers und vor allem des Ingenieurs im Hinblick auf die humanen Ziele eine moralische Dimension gewinnt. Zwar hat schon „reine" Erkenntnis humane Bedeutung, aber nur in dem Sinne, in welchem die Tradition von „dianoetischer Tugend" spricht. Anders ist es, wenn ein Chirurg neue Methoden der Krebsoperation erforscht oder ein Agronom Bodenbearbeitungsmethoden zur Ertragssteigerung arider Böden untersucht: der Wissenschaftsprozeß erfüllt sich dann in humaner Praxis, und es gehört zum Ethos dieser Wissenschaft, sich an dieser Erfüllung zu messen. Vollends ist das Ethos des Ingenieurs, wiewohl nächstliegend auf die richtige und „gute" Besorgung seiner Sache gerichtet, immer schon human ausgerichtet durch die Evidenz, mit der seine Tätigkeit human einleuchtenden Zielen, menschlichen Bedürfnissen und Wünschen dient. Wasserwerke und Elektrizitätszentralen, Straßen und Brükken, Waschmaschinen und Autos haben klare Bestimmungen in der technischen Lebenswelt; es ist undenkbar, daß ein Ingenieur an ihnen arbeitet ohne zu wissen, daß er für Menschen arbeitet und ihrem Interesse verpflichtet ist.

Normalerweise bleibt die ethische Ausrichtung technischen Handelns verdeckt von der Selbstverständlichkeit des Professionellen. Zutage tritt sie im

Notstand, wo der volle Einsatz des professionellen Könnens zur moralischen Pflicht werden kann, oder auch im Falle des Versagens und des Mißbrauchs: wenn ein Ingenieur Folterinstumente konstruiert, werden wir ihn nicht nur moralisch verurteilen, sondern auch für untauglich zu seinem Beruf halten und ihn von dessen Ausübung fernhalten wollen; so wie wir auch den Arzt, der statt zu heilen tötet, eben als Arzt für untauglich halten würden. Es ist deshalb unangemessen, die Technik als das Feld einer bloß instrumentalen Vernunft anzusehen, die für beliebige Zwecke einsetzbar ist. Zur Vernunft der Technik gehört ihre humane Bedeutung.

Gleichwohl ist die Technik als Wissen und Können für die Lebenswelt Mittel, und das humane Ziel ist nicht selbst technischer Art, nicht Gegenstand besonderer technischer Sachkompetenz. Auch ist der Techniker für das Ziel nur insoweit verantwortlich, als er für das Mittel verantwortlich ist, es zu verwirklichen. Dennoch ist seine Vernunft nicht bloß instrumentell, weil die Vernunft der Ziele bereits im voraus feststeht und er von ihr ausgeht. Nur und gerade dann würde er bloß instrumentell und unvernünftig denken, wenn er die Zielvorgabe nicht anerkennte.

Freilich garantiert die Vernunft der Ziele noch nicht die der Mittel, und der Fortschritt in Wissen und Können garantiert noch nicht Fortschritt im Sinne humaner Lebenswelt. Es kann Diskrepanzen geben, und sie sind faktisch unvermeidbar, wenn eine vorgegebene und gewohnte Lebenswelt durch die Technik transformiert wird. Auch Verbesserungen können, da sie Veränderungen sind, schmerzlich und schwierig sein, Gewinne durch Verluste erkauft werden. Das zeigt sich an den strukturellen Folgen des technischen Fortschritts.

c) Strukturelle Folgen des technischen Fortschritts

Die Technik ist zwar Mittel, aber nicht von der Art eines Werkzeuges, das lebensweltlich vertraut ist und vom einzelnen beherrscht und willkürlich eingesetzt wird. Die Technik erscheint vielmehr als ein System von Einrichtungen und Zurichtungen, von Geräten und Apparaturen, die nach eigener Gesetzlichkeit bestehen und funktionieren. Dies System wird von spezialisierten Technikern beherrscht und besorgt. Der einzelne ist zwar derjenige, um dessentwillen die technische Apparatur funktioniert, aber er muß sie nicht verstehen – er kennt sie nur zufällig und niemals im Ganzen – und kann nicht über sie verfügen; verfügen kann er nur über die erbrachte und bereitgestellte Leistung. Sie kann er abnehmen, wobei er allerdings sich auf die Bedingungen einlassen muß, welche die Apparatur setzt; er muß das Gerät „bedienen", welches ihm „dienen" soll.

Diese Bedienung kann sehr leicht sein: ein Knopfdruck, eine Berührung bringt Licht, Wärme, Information, Unterhaltung ins Haus. Gerade dann wird klar, daß hier eine „fremde" Leistung in Anspruch genommen wird; die Apparatur gestattet dem Subjekt nur den Konsum, definiert es als Konsumenten, sie selbst bleibt unabhängig und fremd. Das braucht nicht zu stören, der Mensch kann es sich im Konsum wohlsein lassen. Doch kann ihm jederzeit bewußt werden, daß er sich darin zugleich in Abhängigkeit von der Apparatur, ihrem Angebot und ihren Bedingungen befindet und einer „Fremdbestimmung" unterliegt, die ihn gerade auf diese bestimmte Weise des Konsums festlegt und zur Anpassung „zwingt". In der Tat gibt es ja technisch bedingten Konsumzwang, wenn etwa die Einwohner einer Stadt gesetzlich gezwungen sind, Elektrizität oder Gas dem öffentlichen Versorgungsnetz zu entnehmen.

Der Techniker nun, oder wer immer produktiv an der technischen Apparatur arbeitet, ist damit noch nicht der Fremdbestimmung enthoben. Er kann sich durchaus als „Rädchen im Getriebe" vorkommen, das nach Regeln zu funktionieren hat, die sich aus der rationalen Konstruktion des Ganzen ergeben und einfach als „Sachzwang" wirken. Im günstigeren Falle kann er sich als Exekutor der technischen Rationalität verstehen, welche die Apparatur beherrscht. Aber in jedem Falle bleibt auch er im Verhältnis zur Apparatur „abhängig", und das würde selbst dann gelten, wenn er sie selbst konstruiert; denn sie wird ja konstruiert als eine solche, die nach eigener Gesetzlichkeit besteht und funktioniert. „Beherrschen" wird sie der Techniker nur im kognitiven Sinne.

Der Einsatz der Technik schafft in der Lebenswelt Entlastung, aber ermöglicht eine Konsumentenmentalität und eine Anspruchshaltung, welche sich auf fremde Leistung verläßt; Verlust an Subjektsein, an Eigenstand und Freiheit ist die Folge. Es entsteht eine neue Weise von Abhängigkeit, die als „Sachzwang" in lebensweltliche Zusammenhänge eingreift. Die Erweiterung von Daseinsmöglichkeiten wird auf die Linien begrenzt, welche „technisch" möglich sind. Manche Weisen der Lebensgestaltung sind nicht mehr möglich; die fortschreitende Technisierung beschneidet individuelle Wünsche, bevorzugt Konformität.

Die spürbare Veränderung der Lebenswelt wird verstärkt, wenn die technische Rationalität in Bereichen eingesetzt wird, die nicht von Hause aus „technisch", also der Praxis des „Herstellens" zugehörig sind. Verwaltung und Wirtschaft, vor allem der Bereich sozialer Fürsorge sind betroffen. Bei gestiegener Bevölkerungszahl, bei vergrößerter Bevölkerungsdichte, bei wachsenden Leistungsanforderungen und vermehrtem „Bedarf" – alles durch technischen Fortschritt ermöglicht – gibt es mehr zu verwalten, gibt es mehr zu produzieren und zu verteilen, gibt es neue Möglichkeiten und Notwendigkeiten sozialer Fürsorge, die eine „Rationalisierung" unausweichlich machen. Die Folge ist eine Versachlichung und damit „Entpersonalisierung" der sozialen Praxis, die nicht ohne bedenkliche Aspekte ist. Wenn wir sehen, daß in der technischen Welt Tod und Sterben um der richtigen Fürsorge (im Sinne der wissenschaftlichen Medizin) willen in das Hospital, womöglich in die Intensivstation verlegt werden, so kann man das nicht in jedem Falle für einen Fortschritt im humanen

Sinne halten. Die weitgehende Übertragung persönlicher Fürsorgepflicht auf technisch-rational funktionierende Einrichtungen ist nicht in jedem Betracht „besser" – freilich ist sie es doch im Vergleich zu einem Zustand, in welchem die Zahl jener Fälle groß ist, in denen persönliche Pflicht nicht empfunden wird.

Es gibt also durchaus Anlaß zur Kritik des technischen Fortschritts angesichts der strukturellen Folgen. Um so wichtiger ist es, auf die unübersehbaren und unverzichtbaren Güter hinzuweisen, die dem Fortschritt zu verdanken sind. Die überwältigende Evidenz ihrer Positivität nimmt einer grundsätzlichen Feindschaft gegen die moderne Technik jedes Recht. Berechtigte Kritik gibt es nur dort, wo der für den positiven Fortschrittsbegriff notwendige Bezug auf humane Ziele nicht gegeben, der Mittelcharakter der Technik nicht gewahrt und der Fortschritt der Technologie und der technischen Rationalität – der Fortschritt im Bereich des Mittels – schon für Fortschritt schlechthin, für Zielverwirklichung gehalten wird. Die Frage, wohin der Fortschritt denn führe, wird regelmäßig auf dieser Ebene gestellt. Die Antwort ist: dorthin, wohin wir wollen; denn es liegt prinzipiell an uns, das Mittel auf unsere Ziele hin einzusetzen. Es gibt, vom technischen Fortschritt aus gesehen, nicht das Problem der Sinnfindung oder der Zielbestimmung; viel eher geht es um Fragen der „Steuerung" des Einsatzes technischer Rationalität und der Entwicklung eines Ethos, das den veränderten strukturellen Bedingungen der Lebenswelt gerecht wird, welche um der übergreifenden Ziele willen notwendig sind. Wie der technische Fortschritt auch ethisch neue positive Perspektiven eröffnet, zeigt die Extension des sozialen Verantwortungsbewußtseins auf die Menschheit insgesamt; im Prinzip darf man das einen Fortschritt im Sinne der Humanisierung nennen.

Diesen Punkt kann man nicht berühren, ohne die politische Variante der Fortschritts- und Technikkritik zu erwähnen. Ihr Ansatzpunkt ist die strukturelle Abhängigkeit, in welche die Expansion der technischen Apparatur ihre Nutznießer bringt. Aber es ist ihr klar, daß es sich nur um ein Mittel handelt, bei dem die Frage zu stellen ist, wer es zu welchem Zweck einsetzt, und aus der Abhängigkeitsfolge wird dann hergeleitet, daß Technik jedenfalls Herrschaftsmittel ist. Die bedenklichen Folgen des Fortschritts werden als Auswirkungen bedenkenlosen Herrschaftswillens interpretiert, gute Folgen als Mittel, Zustimmung und Anhängerschaft zu gewinnen. Der Verdacht richtet sich gegen jeden humanen Sinn des technischen Fortschritts. Er kann für sich anführen, daß tatsächlich in totalitären Gesellschaften die technische Entwicklung als Instrument der Selbstbehauptung eingesetzt, die Technologie zum Zwecke der Aufrüstung entwickelt wird. Auch die Massenkonsumgesellschaft der freiheitlichen Staaten wird als Herrschaftsfeld, nämlich des wirtschaftlichen Interesses gedeutet. Die Ablehnung der Technik geschieht im Hinblick auf das utopische Ideal einer herrschaftsfreien Gesellschaft; gelegentlich geht es freilich nur um die politisch gewollte „richtige" Herrschaft, denn es ist selbst für radikale Kritiker extrem schwierig, die elementaren Lebensentlastungen durch den Fortschritt als antihuman zu diffamieren.

Diese Kritik ist nur insofern ernst zu nehmen als sie zugleich die ökologischen Folgen der Technik kritisiert, worüber eigens zu reden sein wird. Die Tatsache aber, daß Herrschaft und Abhängigkeit strukturelle Momente der technischen Welt sind, ist nicht als solche ein Indiz inhumanen Charakters der Technik. Die Kritik, die das behauptet, hat ihre Grundlage überhaupt nicht im spezifischen Verhältnis der technischen Welt, sondern geht von allgemeinen moralischen Überzeugungen aus, welche an der technischen Welt artikuliert werden. Dennoch stellt sich natürlich in der technischen Welt das Problem der Herrschaft, als das der Entscheidung über den Einsatz der technischen Rationalität, in besonderer Weise, nämlich als Problem der Technokratie, der Herrschaft der Sachverständigen. Dagegen ist festzuhalten, daß die Technik als Apparatur natürlich zum Herrschaftsinstrument geeignet ist, aber nicht Herrschaft legitimieren kann. Das kann nur im sozialen Verhältnis geschehen, und es gehört zu den politisch-moralischen Aufgaben der Gestaltung der technischen Welt, im sozialen Verhältnis Bedingungen zu schaffen, durch die der Mittelcharakter der Technik im Dienste humaner Ziele gesichert wird.

Fehlentwicklungen und Mißbrauch beweisen nichts gegen das „Gutsein“ der Technik, sondern zeigen nur, daß hier eine Gestaltungsaufgabe vorliegt, die ethische Anstrengung verlangt, damit dies „Gutsein“ freigemacht werde.

d) Der ökonomische Aspekt: Wachstum und seine Grenzen

Daß Technik mit Wirtschaft zu tun hat, liegt auf der Hand; der ökonomische Aspekt des Fortschritts tritt als vierter zu den drei behandelten hinzu. Es war unvermeidlich, schon auf ihn zu verweisen: Ausdrücke wie Konsum, Produktion, Bedürfnis und Bedarf haben ökonomische Bedeutung, der Vorgang der Technisierung ist immer auch ein wirtschaftlicher; die Ziele der Technik sind nur durch eine Entwicklung der Wirtschaft zu verwirklichen, die wir „Wachstum“ nennen. Umgekehrt ist der technische Fortschritt, neben der Bevölkerungszunahme, der wichtigste Antrieb des wirtschaftlichen Wachstums, dessen Resultat im (realen) Sozialprodukt ausgedrückt ist, der (in Geld berechneten) Summe aller erzeugten Güter und erbrachten Dienstleistungen.

Wachstum des Sozialprodukts, jeweils für eine Volkswirtschaft auf Jahresbasis angegeben, bedeutet, daß die Arbeit wertvoller geworden ist. Das liegt nicht daran, daß mehr Zeit und Mühe aufgewendet wird; im Gegenteil, auch bei verkürzter Arbeitszeit und geringerer Mühsal ist in den Industriegesellschaften das Sozialprodukt real gestiegen. Es liegt offenbar am technischen Fortschritt, am Ausbau der technischen Einrichtungen wie an der Zunahme des technischen Könnens. Die Wertzunahme der Arbeit ist wiederum die Grundlage des „Wohlstands für alle“, der Überwindung jenes Zustandes bedrückender und mühevoller Armut, der in traditionellen Gesellschaften mit stationärer Wirtschaft das Schicksal der Masse des Volkes war und ist. Das ist zweifellos eine gute, uneingeschränkt zu bejahende Folge des Wachstums. Wie immer man die Massenkonsumgesellschaft kritisieren mag, man kann ihr nicht die der Massenarmut vorziehen.

Gewiß kann nun der einzelne ein Leben der Armut wählen, um höherer Lebensziele willen oder auch, um eine Lebensform zu erhalten, die unter Bedingungen technisch-ökonomischen Fortschritts transformiert werden müßte; und das gleiche gilt für Gruppen, die ihre Identität unter traditionellen Bedingungen gewahrt wissen wollen. Aber man kann die Armut nicht denen auferlegen, die sie als Bedrückung fühlen und sie überwinden wollen. Wirtschaftliches Wachstum ist ein legitimes, moralisch förderungswürdiges Ziel; wenn heute unterentwickelte Länder Wachstum als oberstes Ziel ihrer Wirtschaftspolitik ansehen, wenn sie am technisch-ökonomischen Fortschritt teilzunehmen wünschen, so kann man diese Zielsetzung nur anerkennen. Man muß ihnen darüber hinaus den Anspruch zuerkennen, im Rahmen der menschheitlichen Sozialität jene Hilfe zu erfahren, welche fortgeschrittene Volkswirtschaften ihnen zur Verfolgung dieses Zieles sinnvoll leisten können.

Dies ist um so mehr erforderlich als ihnen die schmerzlichen Zwischenstufen erspart werden sollten, welche in den jetzigen Wohlstandsgesellschaften überwunden sind. Der Prozeß der Industrialisierung hat im Zeichen des frühen Kapitalismus Phasen gekannt, die durch Proletarisierung, Ausbeutung, Verelendung der Arbeiterschaft gekennzeichnet waren und die „soziale Frage", wie man damals sagte, ins Zentrum der Sorge rückte. Erst im Stadium der wirtschaftlichen „Reife", bei dem optimistische Prognostiker sogar von „Überfluß" gesprochen haben, wirkte sich der Wertzuwachs der Leistung für alle aus, freilich auch nicht im Sinne einer Automatik, sondern durch Geltendmachung ordnungspolitischer Prinzipien. Jedoch, auch im Reifestadium gibt es nicht kontinuierliche Ruhe, sondern Wechsel von Konjunktur und Rezession. Das Tempo des Wachstums verlangsamt sich, in der Rezession sinkt es ab zum „Nullwachstum", wenn nicht gar zum „Minuswachstum". Die Folgen werden, vom Niveau des erreichten Wohlstands aus, als schmerzlich empfunden und sind zudem – wie sich das bei der Arbeitslosigkeit zeigt – nicht gleichmäßig verteilt, schaffen daher soziale Unruhe und Unsicherheit. Vorgriffe auf die Zukunft, nämlich öffentliche wie private Verschuldung, in Aufschwungperioden leicht eingeholt, werden in der Rezession zu ernsten Belastungen, die man nur in Hoffnung auf neuen Aufschwung tragen zu können glaubt. Unter diesen Voraussetzungen ist die Wirtschaft auf dauerndes, kontinuierliches Wachstum hin orientiert, Sachverständige halten das für notwendig, um eine „stabile" Wirtschaft zu erreichen. Zweifellos ist das wieder ein bejahenswertes Ziel; wer es will, dem kann man nicht vorwerfen, er wolle etwas Schlechtes. Die Frage kann jedoch gestellt werden, ob nicht das Wachstum, als das allein ins Auge gefaßte Mittel, auf längere Sicht derartige Schwierigkeiten zur Folge habe, daß Zweifel am Sinn des Konzepts begründet sind.

Das vordergründig wirksamste Argument der Wachstumskritiker ist das ökologische, als müsse die Fortsetzung der Entwicklung zwangsläufig zu einer Umweltzerstörung führen, welche ihre Grundlagen aufhebt; darüber wird eigens zu handeln sein. Grundsätzlicher ist der Gedanke, daß das Wachstumskonzept die Vorstellung eines unendlichen Progresses einschließt, der in einer endlichen Welt stattfinden soll. Begrifflich ist es kein Widerspruch, unendlichen Progreß in endlichen Grenzen anzunehmen; so ist mathematisch eine endliche Strecke unendlich teilbar. Hier handelt es sich aber nicht um ein vergleichbares Modell, da nicht potentielle Unendlichkeit, sondern die Addition oder Subtraktion realer Größen vorliegt, die im Endlichen an eine reale Grenze stößt, die sie über- oder unterschreiten müßte. So kann die Bevölkerungszahl nicht unbegrenzt zunehmen; die Erde kann nicht unbegrenzt viele Menschen tragen, auch wenn nicht genau angegeben werden kann, wieviele. Es ist aber erkennbar, daß bei Fortsetzung des jetzigen Bevölkerungswachstums die Grenze in absehbarer Zeit erreicht wird. Ferner leben wir auf Grund erschöpfbarer Ressourcen; das gilt für mancherlei Rohstoffe, vor allem aber für die Grundlage unserer Energieerzeugung. Eine Fortsetzung der jetzigen Entwicklung würde längerfristig zur tatsächlichen Erschöpfung der vorhandenen Vorräte führen. An den Grenzen des Wachstums steht damit das Schreckbild eines völligen Zusammenbruchs, und die Forderung ist verständlich, jetzt schon unser Verhalten neu zu orientieren.

Zu dieser Prognose ist als erstes anzumerken, daß sie aus der Extrapolation vorhandener Entwicklungstrends gewonnen wird und deren Weiterwirken unterstellen muß; sie kann gar nicht anders verfahren. Gerade deshalb kann sie nicht als Voraussage gewertet werden, die nur bei stabilen Verhältnissen möglich ist. Im Zeichen des wissenschaftlich-technologischen Fortschritts und der ständigen Transformation der technisch-ökonomischen Welt wissen wir über die Zukunft weniger als je, und die Erfindung der sogenannten „Futurologie" ist ein Indiz nicht der wissenschaftlichen Bewältigung, sondern der Unwissenheit über das, was sein wird. Das Unerwartete ist zu erwarten, aber es gilt auch, daß dies gerade nicht „erwartet" werden kann. Die Prognose kann daher nicht den Sinn der Voraussage, sondern nur den der Problematisierung jetziger Handlungsgewohnheiten haben; zumindest ist ja sicher, daß sie in der Zukunft Folgen haben werden.

Damit stellt sich die Frage, wie weit wir für die Zukunft in moralischem Sinne Verantwortung haben. Gewiß kann das nicht unbegrenzt der Fall sein, sondern nur so weit, als unser Wissen reicht und unsere Handlungen voraussehbare Folgen haben. Der Zielpunkt ist dabei klar; Sicherung und möglichst Erweiterung menschlicher Daseinschancen für alle. „Alle" sind selbstverständlich die existierenden Menschen, deren Daseinsrecht wir nicht bestreiten und deren Anspruch auf menschenwürdige Existenz wir nicht ohne „Wachstum" entsprechen können. Wie aber, wenn eine naturwüchsige Bevölkerungszunahme zur Einschränkung oder gar Aufhebung der Daseinsmöglichkeit führt? Sind wir dann nicht berechtigt und verpflichtet, den Naturwuchs zu beschneiden, und müssen wir nicht angesichts der Prognose jetzt damit anfangen? Verlangt das nicht unsere Verantwortung?

Hier macht sich die Ungewißheit der Prognose geltend. Tatsächlich wissen wir nicht, ob nicht der Naturwuchs zum Stillstand kommt, wenn die Technisierung und Industrialisierung fortschreitet. In den entwickelten Nationen ist das der Fall. Es ist möglich, daß mit einer Verzögerung von wenigen Generationen weltweit ein solcher Stillstand eintritt, daß die Existenzmöglichkeit für alle – gewiß eine wesentlich höhere Zahl als heute – unter Einsatz aller technischen Mittel gewährleistet werden kann. Wir können es aber nicht wissen, ebensowenig wie wir die pessimistische Erwartung wissen können. Deshalb ist es nicht sicher, ob wir jetzt zu Eingriffen berechtigt sind, welche die Existenz künftiger Menschen verhindern, und noch weniger sicher ist, ob wir dazu verpflichtet sind. Andererseits ist auch nicht sicher, daß ein Eingriffsrecht nicht besteht – nur besteht sicher keine Pflicht, für die Bevölkerungsvermehrung Sorge zu tragen. Gewiß sollen wir die Entwicklung beobachten, um gegebenenfalls notwendige Entscheidungen treffen zu können. Im Grunde muß die Frage jetzt und heute offen bleiben, und noch mehr muß offen bleiben, welche Maßnahmen gegebenenfalls zu ergreifen, welche Mittel einzusetzen sind: hier spielen weitergehende Fragen der Sexualmoral hinein, die dann mitberücksichtigt werden müssen.

Unsere Zukunftsverantwortung muß unter diesen Voraussetzungen auf einen künftigen Zustand bezogen werden, in dem eine gewachsene, aber noch begrenzte und versorgbare Bevölkerungszahl besteht, wobei offen bleibt, ob sie sich auch und wie sie sich auf deren Begrenzung bezieht. Dann ist aber jetzt noch in erheblichem Maße Wachstum erforderlich, wie schon gesagt wurde. Allerdings ist nicht gesagt, daß dies in der einfachen Fortführung bisheriger Linien stattfinden müsse. „Wachstum" ist auf das Sozialprodukt bezogen, eine globale Größe, die verschieden zusammengesetzt sein kann. Zum Wachstum gehört auch die Vermehrung der Dienstleistungen, unter anderem auch die Zunahme kultureller Anstrengungen im Bereich von Bildung und Kunst. Auch im Bereich der Gütererzeugung sind Umschichtungen an der Tagesordnung: „Wachstumsindustrien" können eines Tages zum Stillstand kommen, wenn die angewandte Technologie durch neue ersetzt oder einfach wenn der Markt gesättigt ist. Es ist denkbar, daß eine technologische „Alternative" das künftige Wachstum bestimmt, das die notwendige Versorgung sicherstellen wird. Mit Sicherheit wird es jedoch keine „untechnische" Alternative sein, und die Frage der Ressourcen wird sich in jedem Falle stellen.

Auch hier gilt, daß die Fortführung der gegenwärtigen Linien nicht zwangsläufig, daß Erschöpfung der gegenwärtigen Ressourcen nicht notwendig von katastrophaler Bedeutung ist. Der technologische Fortschritt hat in vielen Fällen Möglichkeiten der Substitution von Rohstoffen gefunden, Möglichkeiten des sogenannten „Recycling" sind noch bei weitem nicht ausgeschöpft. Die Erde verliert nicht ihren Stoff – es sei denn, er wird in wörtlichem Sinne verbrannt, wie das in der Energiegewinnung weitgehend der Fall ist. Schon deshalb, aber auch wegen der grundlegenden Bedeutung für alle Produktion, ist die Frage nach den Energieressourcen die entscheidende. An ihr entscheidet sich, ob der Wachstumsgedanke überhaupt verantwortbar ist.

Im Grundsatz muß dazu gesagt werden: Der tatsächliche Energievorrat der Erde ist aus der Perspektive menschlichen und menschheitlichen Daseins praktisch unerschöpflich. Die Frage ist, ob wir ihn entsprechend für unsere Zwecke nutzen können und ob diese Nutzung nicht wiederum Folgen hat, die für menschliches Leben untragbar sind. Die erste Frage kann man im Grundsatz positiv beantworten; die technologische Entwicklung der Nukleartechnik eröffnet die Aussicht, auf geschichtlich nicht mehr absehbare Zukunft eine Energiemenge bereitzustellen, welche eine sichere Versorgung der Menschheit auf einem technischen Niveau wie dem jetzigen – und wohl auch unter Einrechnung des notwendigen Wachstums – ermöglicht. Insofern handeln jene legitim, die einen Ausbau der Atomenergiewirtschaft anstreben. Die zweite Frage ist es, die im Streit ist; falls man sie nicht positiv beantworten kann, wird das Rückwirkung für die Gesamtbeurteilung nicht nur des Wachstums im wirtschaftlichen Sinne, sondern der technisch-ökonomischen Welt im Ganzen haben.

Daher ist nun über die ökologische Frage sowie die des besonderen Risikos der Nutzung atomarer Energie zu handeln.

3. Die Frage der Ökologie und der ökologischen Ethik

a) Nebenfolgen der Technik und der technischen Einstellung

Technisches Handeln, das in die Natur eingreift, hat neben der beabsichtigten Wirkung immer auch unbeabsichtigte Nebenfolgen. Daß diese ihrerseits auf den Lebensraum des Menschen rückwirken, ihn beeinträchtigen und einschränken und somit schädlich sein können, ist keine neue Erfahrung. Schon die primitivste Technik hat solche Nebenfolgen. Wer in seiner Höhle Feuer macht, bekommt es mit dem Rauch zu tun; wer seinen Unrat durch einen Bach wegschwemmen läßt, kann dessen Wasser nicht mehr trinken. Im vorindustriellen Zeitalter bleiben das lokale Störungen, denen man sich entziehen kann. Für die Betroffenen sind sie durchaus nicht unbeachtlich gewesen. Der Londoner Nebel, verursacht durch Kohleverbrennung in offenen Kaminen, war alles andere als harmlos, und die Entwaldung mit nachfolgender Verkarstung ganzer Landschaften, wie in Anatolien und Sizilien, ist nur ein Beispiel unter mehreren dafür, wie auch vorindustriell irreversible Schäden erheblicher Art an der Subsistenzgrundlage des Menschen eintreten konnten. Immerhin konnte man glauben, daß die Erde im ganzen durch technische Eingriffe nur oberflächlich und selbst durch Raubbau nur partiell betroffen war. Sie blieb der unerschöpfte und scheinbar unerschöpfliche Boden menschlicher Kulturtätigkeit, und die Natur wurde kraft ihrer Regenerationsfähigkeit auch mit Störungen fertig. Der Rauch verwehte, der Bach reinigte sich selbst. Niemand wäre auf den Gedanken gekommen, daß die Luft zum Atmen oder das trinkbare Wasser global zu knappen Gütern werden könnten. Genau dieser Gedanke ist heute unvermeidlich.

Die Expansion der technischen Welt hat zu einem Zustand geführt, wo der Rauch nicht mehr verweht, sondern zusammen mit Abgasen aller Art über unseren Städten liegen bleibt; wo selbst große Ströme sich nicht mehr von dem Unrat reinigen können, der sie zusammen mit industriellen, manchmal gifthaltigen Abwässern belastet. Jedermann stehen somit schädliche Nebenfolgen des technischen Fortschritts vor Augen, die schwerlich als Nebensache abzutun sind. Im Gegenteil, die weitere Expansion der Technik und die Fortsetzung des industriellen Wachstums lassen die Befürchtung aufkommen, daß sich gleichzeitig mit der Technik auch der Schaden global ausbreiten und den gesamten Lebensraum der Menschheit betreffen werde. Technische Maßnahmen zur Eindämmung des ökologischen Schadens, die nur begrenzte Erfolge bringen, heben die Furcht nicht auf und begegnen eher Mißtrauen. Glauben finden dagegen bei vielen die düsteren Prognosen, welche auf längere Frist eine Selbstaufhebung des technischen Fortschritts prophezeien; denn dieser zerstöre am Ende jene Grundlage, auf der er beruht.

Diese Grundlage ist nach wie vor die Erde, Boden unseres Lebensraumes und der unser Leben umfassenden Natur. Die entscheidende neue Erkenntnis ist die von deren absehbarer Endlichkeit. Nichts anderes ist der wesentliche Inhalt der Rede von den „Grenzen des Wachstums", und dabei ist es nicht ausschlaggebend, ob die vorgelegten Prognosen im einzelnen stimmen oder nicht. Denn es steht grundsätzlich fest, daß die Ressourcen erschöpfbar sind: die regenerierbaren sind nicht unbegrenzt belastbar – in manchen Fällen ist die Belastbarkeitsgrenze schon überschritten –, und bei den nicht regenerierbaren können wir den Zeitpunkt ihrer Erschöpfung für den Fall, daß wir sie weiter wie bisher ausnützen, prinzipiell absehen. Wenn diese Ressourcen die Grundlage des Fortschritts sind, dann scheint die Aussage wörtlich zu stimmen, der Fortschritt zerstört am Ende die Grundlage, auf der er beruht.

Nun war bereits die Rede davon, daß sich dem Techniker das Problem der Ressourcenerschöpfung als ein solches der Substitution stellt und als solches dann prinzipiell lösbar ist. Aber das beeindruckt die ökologisch gezielte Kritik nicht. Für sie ist ausschlaggebend, daß in allen technischen Versuchen, die ökologischen Nebenfolgen zu mindern oder zu beheben, jene Einstellung maßgeblich bleibt, welche die Wurzel allen ökologischen Übels ist. In der „technischen Einstellung" ist die Natur zuerst Objekt eines Erkenntniswillens, der sie zu beherrschen sucht; dann Rohstoff eines Gestaltungswillens, der sie sich dienstbar macht; und zugleich Ressource eines Nutzungswillens, der sie für seine Zwecke ausbeutet. Beherrschung und Dienstbarmachung der Natur galten den Gründern der modernen Wissenschaft als humane Auszeichnung; so vielfach ausgesagt bei Francis Bacon, eindrucksvoll auch bei Descartes, wenn er den Menschen „maître et possesseur de la nature" nennt. Beide sahen wohl kaum, daß der Mensch dann auch die Natur „verbraucht" und damit vernichtet; am deutlichsten in der Energieproduktion, wenn die Vorräte an Kohle und Öl einfach verbrannt werden. Dies ist nichts anderes als die Konsequenz des ursprünglichen Ansatzes, und dieser wendet sich dann gegen den Menschen selbst. Es ist verräterisch, wenn im technisch-ökonomischen Verhältnis auch menschliche Arbeitskraft, und besonders die innovatorisch-kreative Fähigkeit, zu den Ressourcen gezählt wird. In der technischen Einstellung wird der Mensch, wenn er nicht Ausbeuter ist, selbst zum Ausgebeuteten. Mindestens wird er zum Objekt abgezweckter Erkenntnis, die ihn mittels sogenannter „Humantechniken" zu dirigieren, also zu „manipulieren" ermöglicht. Der Computer, die Datenbank ist die symbolische Verdichtung des Herrschaftswissens. So verkehrt sich, was im Ansatz humanen Rang geben sollte, in der Konsequenz zum Inhumanen.

In solchen Kontext gesetzt, zeigt sich die ökologisch motivierte Fortschrittskritik als grundsätzlich und weitreichend. Man kann verstehen, wie das „neue ökologische Bewußtsein", das sich zuerst an den unübersehbaren Umweltschäden gebildet hat, zum Kristallisationskern einer ökologischen Bewegung geworden ist, deren Spitze die zahlenmäßig kleine, symptomatisch keineswegs unbedeutende Gruppe der „Alternativen" bildet: sie vertreten einen ganzen Lebensentwurf, dessen Kern die Abkehr von der „technischen Einstellung" bildet. In der Tat ist das allgemein die Kernfrage angesichts des ökologischen Problems: ob wir nicht allein dadurch den Fortschrittsschäden entgehen können, daß wir eine grundsätzlich andere Einstellung zur Natur gewinnen als jene, die nur Herrschaft und Besitz, Nutzung und Ausbeutung besagt.

Der ökologischen Kritik genügt es nicht, daß man der technischen Welt ein Eigeninteresse an der Schadensvermeidung und am pfleglichen Umgang mit den Ressourcen der Natur zutrauen kann, schon weil sie sich perpetuieren will. Anknüpfungspunkte für eine andersartige Orientierung des Naturverhältnisses findet sie aber in zwei Bereichen, die schon seit langem in den Industrienationen durch gesetzliche Regelung hervorgehoben sind: im Bereich des Naturschutzes und des Verbotes der Tierquälerei. Der erstere stützt sich auf den Gedanken des Eigen*wertes* der Natur, der letztere führt zu dem eines Eigen*rechtes,* das der Natur auch gegen den Menschen zusteht. Freilich ist es noch etwas anderes, solche Gedanken einem Lebensentwurf zu integrieren, welcher die technische Einstellung völlig eliminiert und die technisch-ökonomische Welt revolutionär abschaffen will. Solcher Radikalismus ist kaum diskutierbar; doch wird man diskutieren müssen, wie denn real dem entsprochen werden kann, was der radikalen Utopie den Anschein des Rechtes gibt.

b) Vom Naturschutz zum Umweltschutz

Der Gedanke des Naturschutzes schließt nicht die technische Einstellung aus, sondern er tritt sozusagen neben sie. Er grenzt Schutzbezirke aus, die nicht durch technischen Eingriff „gestört“ werden dürfen. In ihnen soll sichtbar bleiben, was die Natur von sich aus ist, was sie von sich aus an Formen und Gestalten hervorzubringen vermag. Man spricht von „Naturdenkmälern“, die man der Ausbreitung der technisch-ökonomischen Welt entzieht. Man wünscht die Erhaltung von Tier- und Pflanzenarten, deren Ausrottung durch Ausbeutung sonst denkbar wäre. Hier ist der Gedanke der Ressource durchaus abwesend, es sei denn in dem Sinne, daß etwa Naturschutzgebiete zugleich Erholungsräume für arbeitende Menschen sein sollen. Aber es kommt darauf an, daß die Natur hier nicht in der Einstellung von Beherrschung und Nutzung gesehen wird. Ihr wird ein Wert „in sich“ zugemessen: sie soll in ihrem Eigenwert angeschaut, erlebt und anerkannt werden.

Wenn die Natur in der Gestalt, wie sie vor dem menschlichen Eingriff ist, geschätzt und geschützt werden soll, so kommt darin auch zum Ausdruck, daß der Mensch sich als ihr zugehörig wissen will; Naturschützer fühlen sich „naturverbunden“, und die Natur ist ihnen die ursprüngliche Welt auch des Menschen. Der Schutzbezirk erinnert daran, und so ist mit Recht von „Naturdenkmälern“ die Rede. Folgerichtig erscheinen uns Naturschutz und Denkmalschutz zusammengehörig: so wie wir auch Museen und Zoologische Gärten in verwandten Funktionen sehen. Die Einstellung, in der wir diesen Einrichtungen begegnen und die sie verlangen, ist – in einem weiten Sinne – prinzipiell ästhetisch; es kommt auf das Erlebnis an, das durch Anschauung vermittelt wird. Dazu stimmt, daß die geschützte Natur selbstverständlich eine domestizierte ist, nicht jene wilde und gefahrenreiche, gegen die der Mensch immer auch um sein Überleben zu kämpfen hatte; im Schutzbereich gibt es höchstens Unfälle.

Solche ästhetische und historisch-erinnernde Einstellung hat zweifellos humane Bedeutung und ist moralisch positiv zu beurteilen. Aber es ist klar, daß diese Bedeutung sehr begrenzt und der moralische Anspruch nicht dringlich und jedenfalls nicht zwingend verbindlich ist. Das ist anders beim sogenannten Umweltschutz, der nicht mehr geschützte Naturbereiche ausgrenzen und vor Störung bewahren will, sondern dem es umgekehrt darauf ankommt, die technische Welt einzugrenzen, ihren störenden Zugriff zurückzudrängen. Das umfassende Maß der Störung durch die Technik, die selbst Luft und Wasser angreift, verlangt solch umfassende Reaktion. Es geht um nichts Geringeres als die Grundlage menschlichen Lebens, als welche sich die Natur gerade dann zeigt, wenn die von der Technik verursachten „Umweltschäden" globale Auswirkungen haben. Es wird dann erkennbar, daß die Natur diese Grundlage nur bleiben kann, wenn sie in jenem Bestand bewahrt bleibt, durch den sie sich selbst regeneriert und reproduziert. Wenn dieser Bestand durch Wirkungen der Technik gefährdet wird oder auch nur gefährdet werden kann, wird der Mensch dafür verantwortlich. Soweit die Natur von seinem Wirken betroffen wird, wird sie damit zum Gegenstand seiner Fürsorge.

„Fürsorge" ist der Ausdruck, welcher die geforderte neue Einstellung vielleicht am besten bezeichnet, sofern es dabei nicht auf den eigenen Nutzen, sondern auf die Zwecke dessen ankommt, dem die Fürsorge gilt. Diese ist dem „Machen" entgegengesetzt, das sich die Natur unterwirft, und will sie gerade für sich sein lassen; sie hat daher abwehrenden, negativen Charakter gegen das „Machen", und die technischen Maßnahmen des Umweltschutzes – wie Abwässerreinigung, Abgasentgiftung und ähnliches –, die selbst doch wieder technische Eingriffe sind, entsprechen nicht ihrer Intention. Eine alleingelassene Natur weiß sich ja selbst zu erhalten; es käme darauf an, ihre Selbsterhaltungskraft störungsfrei wirken, die Natur einfach „wachsen zu lassen". Dem Gewachsenen ist der Vorzug zu geben vor dem Gemachten: das wäre eine maßgebliche Maxime des so verstandenen Umweltschutzes.

Das ist nun eine Maxime mit sehr breitem Anwendungsbereich und weitgehender Interpretierbarkeit. Es ist einsichtig, daß sich ihr der Gedanke des Naturschutzes zuordnen läßt, einschließlich seiner ästhetischen Komponente. Auch versteht sich, daß ihr alle jene zustimmen, die das Ideal eines naturverbundenen, „natürlichen" oder naturgemäßen Lebens für das menschliche Dasein aufstellen; der Umweltschutz mobilisiert Romantiker und Schwärmer, die ihn tragende „ökologische Bewegung" wird zum Sammelbecken für „Naturalismen" verschiedenster Herkunft. Freilich wird die Maxime nicht stärker, wenn sie zur Forderung eines technikfreien Lebens hochstilisiert wird; der Mensch kann nicht ohne jede Technik, und die heutige Menschheit kann unter den gegebenen Bedingungen nicht ohne wissenschaftliche Technik überleben. Ihre eigentliche Kraft besitzt die Maxime in der scheinbar schwächeren Form, nämlich als Vorzugsregel. Als solche ist sie eine positive Norm, welche eine bestimmte Gestaltung der technischen Welt verlangt, nicht deren Abschaffung.

Abgeschafft werden soll aber die technische Einstellung, die als Herrschaft und Ausbeutung definiert wurde, und mit ihr jene Verfahrensweisen, welche ausbeuterisch und zerstörerisch wirken. Es genügt der ökologischen Kritik nicht, bloß negativ schädliche Wirkungen der technischen Welt einzudämmen und damit sie doch in sich unberührt zu lassen. Die technische Welt ist ein Teilbereich jener Welt, die im Ganzen Natur ist und in einem umfassenden Wirkungszusammenhang steht, in der jedes einzelne Wirken Konsequenzen für das Ganze hat. Daher ist die Technik nicht ein auszugrenzender, sondern ein in das Ganze einzufügender Bereich, dessen Prozeß naturgemäß, naturentsprechend und womöglich naturförderlich zu gestalten ist. Modellfälle geben der Gärtner und der Hirt, auch der Weber und der Zimmermann. In der vortechnischen Kultur – so ist vielfach die Vorstellung – hat sich das Menschenwerk der Natur gefügt und eingefügt. Wir sprechen von einer „gewachsenen" Kultur, deren Bewahrung dann ebenfalls eine Aufgabe für den „Umweltschutz" wäre.

Gerade an letzterem, dem Verhältnis zur menschlich geschaffenen Umwelt, zeigt sich nochmals, daß es der ökologischen Bewegung nicht allein auf den Bestand der Natur, sondern ebenso auf ihre Gestalt und deren Wahrung ankommt, auf ihre „Natürlichkeit", die dann für menschliches Verhalten die Richtung weist. Damit ist die Einstellung das Entscheidende, die vom Menschen gefordert wird, und diese hat dann nicht nur für das Verhältnis zur Natur, sondern auch für das zwischenmenschliche Verhältnis Bedeutung. Man darf daher von einer „ökologischen Ethik" sprechen, zu welcher sich der Gedanke des Umweltschutzes konsequent ausweitet. Diese Ethik wendet sich dann gegen jene strukturellen Folgen des technischen Fortschritts für die humane Lebenswelt, die sich als Formen von Herrschaft und Zwang, Abhängigkeit und Entfremdung darstellen. Hier verbindet sich die ökologische Kritik mit der rein politischen, ja wird selbst politisch. Freilich bleibt der Unterschied insofern bestehen, als die ökologische Begründung sozusagen umgekehrt verläuft, nämlich von der Evidenz des Umweltproblems zur Forderung nach Einstellungsänderung, während die politische Kritik der technisch-ökonomischen „Ausbeutung" des Menschen durch den Menschen durchaus mit dem Gedanken der Herrschaft über die Natur und der Naturausbeutung vereinbar ist – so zeigt es das Beispiel des Marxismus.

Die ökologische Ethik kann solch unterschiedliche Einstellung zu Mitmensch und Natur nicht gutheißen. Vielmehr legt der Gedanke von Fürsorge und Verantwortung für eine in ihrem Eigenwert gewollte Natur eher nahe, das Naturverhältnis selbst nach Analogie des Zwischenmenschlichen, als eines des Miteinander und der Partnerschaft zu interpretieren und zu gestalten. Es stellt sich ihr die Frage nach einem Eigen*recht* der Natur.

c) Eigenrecht der Natur?

Wie bereits gesagt, liegt der Ansatz zu diesem Gedanken bei einem Motiv, das in unserer Rechtsordnung zuerst im Verbot der Tierquälerei hervorgekommen ist, das inzwischen wohl weltweit gesetzlich besteht. Grund dieses Verbotes ist die Leidensfähigkeit der Tiere. Leiden ist ein ganz offensichtlich von den Tieren – den höheren, die sinnlicher Empfindung fähig sind – erfahrenes Übel, das wir als solches bei ihnen erkennen. Es bewegt uns zum Mitleid, und wir fühlen uns verpflichtet, es zu vermeiden, ihm zuvorzukommen und womöglich abzuhelfen. Dagegen kommen Theorien nicht auf, welche Tiere, etwa aus metaphysischen Gründen wie bei Descartes, als bloße Mechanismen angesehen haben wollen, die an sich nicht schmerzfähig sind. Eher sind wir umgekehrt geneigt, Tiere als eine Art Partner anzusehen, die uns begegnen und uns antworten. Wir stehen zweifellos mit einigen Tieren – man braucht nur an Haustiere zu denken – in Kommunikation; wir sind versucht, ihr Ausdrucksverhalten und ihre Signalgebung als „Sprache" zu interpretieren, als handelte es sich um Symbole für Bedeutungsinhalte, wir benennen ihr Verhalten zuweilen mit Ausdrücken, die eindeutig der personalen Sphäre entstammen (Tiere sind geduldig, gehorsam, tapfer), und anerkennen, daß sie in der Hausgemeinschaft mit uns direkte „Ansprüche" haben – auf Nahrung, Pflege, vielleicht gar auf menschliche Zuwendung. Wenn wir also „Ansprüche" von Tieren und Pflichten ihnen gegenüber anerkennen, müssen wir sie dann nicht auch als Träger von Rechten anerkennen, die ihnen nicht erst durch uns, sondern von sich aus zukommen?

Begrifflich ist es nicht notwendig, daß einer Pflicht immer ein Recht entspricht: schon bei den „Pflichten gegen sich selbst" ist das nicht der Fall, denn es wäre unsinnig, von Rechten sich selbst gegenüber zu reden. Auch die von uns empfundenen Pflichten gegen Tiere lassen sich ohne die Annahme verstehen, daß die Tiere Rechtsträger sind, einschließlich des Verbots der Tierquälerei. Unser moralischer Abscheu gilt ja der Grausamkeit, und die Tat kann als deren Äußerung verboten und verurteilt werden, so wie wir die gehässige Zerstörung oder Verunstaltung eines Kunstwerks verurteilen würden. Aber solche Interpretation ist nicht überzeugend. Grausam ist die Tat, weil sie die Kreatur quält, und dieser gilt unser Mitleid; sie selbst und ihr Leid, nicht die Gesinnung des Tierquälers ist das, worum es geht. Wir solidarisieren uns mit den Tieren, denen wir Mitgefühl entgegenbringen. Wir betrachten sie nicht bloß als „Sachen", sondern als von leidbringenden Taten betreffbare Subjekte, die in unserer Rechtsgemeinschaft Schutz verdienen. Es ist nicht unsinnig, wenn schon Tierquälerei eine Rechtsverletzung darstellt, diese Verletzung als die eines Rechtes anzusehen, welches die Tiere gegen uns haben. Und wir meinen wohl auch nicht, daß der Schutz vor Quälerei ihnen nur als positives Recht zugewiesen wird, sondern daß wir mit der Rechtssetzung dem gerecht werden, was schon zuvor „von Natur aus" ihnen zusteht.

Eine neue Sorte von „Naturrecht" wird damit vertretbar. Es erreicht den äußersten Gegensatz zur technischen Einstellung, geht aber auch über den Gedanken der Fürsorge und der sie begründenden Verantwortung hinaus, in dem Naturschutz und Umweltschutz wesentlich immer noch auf den Menschen und dessen Interesse bezogen bleiben. Diese, wie man in der gegenwärtigen Diskussion sagt, „Anthropozentrik" ist in der Anerkennung eigenen Rechts der Natur überstiegen; der Mensch beugt sich einem ihm vorgegebenen, ihn zugleich mit der Natur umfassenden Rechte, in welchem nicht nur sein Interesse, sondern das Interesse des Ganzen maßgeblich ist, in welchem alle dessen Glieder je nachdem, was sie sind und sein können, auch sein sollen. Solidarität, Partnerschaft, Gemeinschaft mit der Natur wird damit zur verbindlichen Grundlage einer ökologischen Ethik, die das „Naturverhältnis" in ein ausdrückliches „Rechtsverhältnis" umgestaltet haben will. Der technische Eingriff, der die Natur nur als Ressource nutzen und „ausbeuten" will, wird zum „Unrecht".

Radikal konsequente Vertreter solchen Universalkonzepts ökologischer Ethik könnten demnach für Unrecht halten, daß wir mit riesigen Baggern die Erde aufreißen und die gewonnene Braunkohle verbrennen, womit wir noch erheblich zur Luftverschmutzung beitragen. Meist ist es jedoch nur die Gemeinschaft alles Lebendigen, die im Blick steht, und da kann man auf den Zusammenhang verweisen, in welchem der Mensch in der Evolution steht und sich Verbundenheiten mit seiner animalischen Herkunft erhalten hat; es ist ja nicht bestreitbar, daß wir zu Tieren in Kommunikationsverhältnissen stehen und diese zu uns. Philosophisch kann man an Denker anknüpfen, welche die Solidarität des Lebens zu einem Prinzip moralischer Art erhoben haben; an Schopenhauer kann man erinnern, ebenso an Albert Schweitzer, der eine universelle Ehrfurcht vor dem Leben, vor jedem Lebendigen verlangt. Theologen können sich auf Franz von Assisi berufen, der Vögeln predigt und Fische als Brüder anspricht, der aber auch die Sonne preist: für manche ist die Schöpfungsordnung tatsächlich eine „Rechtsordnung" Gottes, in der jeder Kreatur – auch der unlebendigen – mit ihrem Ort und Wesen ein Recht zugeteilt ist, dessen Respektierung moralisch geboten ist. Die alte Lehre von der „lex aeterna" findet sich in einem erstaunlichen Amalgam mit der neuen ökologischen Ethik, freilich vorerst nur in vereinzelten Fällen.

Allerdings hätten jene ökologisch motivierten Schöpfungstheologen aus der Tradition lernen können, daß die von Gott gesetzte Ordnung zu einer solchen des handlungsbestimmenden Rechts erst durch die menschliche Vernunft wird, die als solche das „Naturrecht" (lex naturalis) konstituiert. Der Rechtsbegriff ist unweigerlich und unabweislich ein Vernunftbegriff. Es hat keinen Sinn, einer ohne den Menschen gedachten Natur in eigentlichem Sinne ein Recht oder eine Rechtsordnung – mit entsprechenden Pflichten – zuzusprechen. Begrifflich vollzieht das neue ökologische „Naturrecht" eben jenen Anthropozentrismus, gegen den es sich inhaltlich wenden will. Auch die Berufung auf eine gottgesetzte Schöpfungsordnung ändert daran nichts; es ist sinnlos, sie als menschlich verbindliche Rechtsordnung auszugeben, wenn nicht schon der Rechtsbegriff der menschlichen Vernunft und die menschliche Erkenntnisleistung vorausgesetzt sind. Gerade die Schöpfungsordnung ist anthropozentrisch zu verstehen. Die Rede von einem vor-menschlichen Eigenrecht der Natur ist reine Metaphorik.

Das gilt auch für das Recht der Tiere, nicht von Menschen gequält zu werden, Anspruch auf Hege und Pflege zu haben und überhaupt als „Partner" behandelt zu werden. Es ergibt sich erst dadurch, daß der Mensch mit ihnen in Gemeinschaft tritt, sie in seinen Lebensbereich einbezieht und sie darin als das, was sie sind, beheimatet; im Prinzip ist die Domestikation der Modellfall für das so bestimmte Verhältnis. Es ist genau die vom Menschen beanspruchte und als sein Lebensbereich verantwortlich gestaltete „Umwelt", in der dann von einem „Recht" der Natur geredet werden kann. Man kann freilich sagen, daß die Umwelt im gegebenen geschichtlichen Zustand umfangsgleich mit dem Planeten Erde ist, und so ist der Verantwortungsbereich umfassend. Aber die Verantwortung für die Reinheit von Wasser und Luft ist keinesfalls eine solche, der ein „Recht" von Wasser und Luft zugrunde liegt, sondern eine solche für menschliche Umwelt. Insoweit können wir für die Natur verantwortlich sein – aber nicht „vor" der Natur.

Daher ist der Eingriff in die Natur kein Unrecht, soweit es die Natur angeht. Das gilt auch für den Eingriff, der Lebendiges zerstört. Die uneingeschränkte Ehrfurcht vor dem Leben – allem Lebendigen – ist keine vernünftig zu rechtfertigende Pflicht. Es wäre durchaus absurd, sie etwa für Prokaryonten geltend zu machen, für Viren und andere Krankheitserreger oder für Ungeziefer. Organismisches Leben, gekennzeichnet durch Stoffwechsel und Fortpflanzung, hat nicht „Würde". Nur menschliches Leben ist ihrer fähig, aber doch nur deshalb, weil es Grundlage einer sittlichen Existenz von uneingeschränkter Bedeutung ist. Eben darum ist sogar menschliches Leben nicht unbedingt moralisch und rechtlich geschützt. Es gibt eine „rechtmäßige" Tötung, es gibt ein Recht, sein Leben um sittlicher Ziele willen zu wagen, und es gibt sogar die Pflicht, lieber sein Leben zu opfern als seine sittliche Existenz. A fortiori können Tiere und Pflanzen kein unbedingtes Lebensrecht besitzen, und wenn wir uns verpflichten, sie als Lebendiges rücksichtsvoll und schonend zu behandeln, so tun wir doch kein Unrecht, wenn wir sie um des menschlichen Lebens willen töten. Das heißt selbstverständlich nicht, daß außermenschliches Leben beliebig zur Disposition steht, sondern daß allein aus dem menschlichen Lebenszusammenhang heraus Begriffe von Recht und Unrecht legitimierbar sind. Holzfäller, Metzger und Jäger sind keine Verbrecher.

Daher ist auch der Lebenszusammenhang zwischen dem Menschen und den nichtmenschlichen Lebewesen, der durch die Evolution begründet ist, nicht geeignet, ein moralisches oder rechtliches Verhältnis zu stiften, insbesondere nicht im Sinne von „Solidarität". Entwicklungsgeschichtlich ist mit nicht minderer Bedeutung die „Konkurrenz" gegeben, der Kommunikation steht die Selbstbehauptung gegenüber. Gerade die Entwicklungsgeschichte ist, wenn schon nicht bloß als „Kampf ums Dasein", so jedenfalls nicht als ein Modell friedlichen Fortschreitens zu sehen, und die gegenwärtige Natur, ohne den Menschen und seine umgestaltende Wirkung betrachtet, bietet ebensowenig das Bild des Friedens, in dem Lamm und Löwe nebeneinander liegen. Von der Evolution her wird man eher jene Einstellung „naturgemäß" finden, in welcher der Mensch auf Beherrschung der Natur und der konkurrierenden Lebewesen aus ist.

Theologisch kann man sich diesem, wie auch jedem anderen, Hinweis auf Fakten und Erkenntnisse über Fakten unseres Naturverhältnisses entziehen, wenn man die Schöpfung eschatologisch versteht: „Denn die ungeduldige Sehnsucht der Schöpfung harrt auf das Offenbarwerden der Söhne Gottes ..., daß auch sie, die Schöpfung, von der Knechtschaft der Vergänglichkeit befreit werde zur Freiheit der Herrlichkeit der Kinder Gottes" (Röm 8, 19.21). Es gibt – allerdings selten – Berufungen auf diesen Text als ein ökologisches Programm. Der Mensch soll nicht als Herrscher, sondern als Befreier der Natur wirken und so an ihrem eschatologischen Sinn mitwirken. Ihr gegenwärtiger Zustand muß dann korrumpiert, menschliche Teilnahme am Konkurrenzkampf – etwa durch Lebensvernichtung – schuldhaft sein. Der Mensch ist dann mit Notwendigkeit schuldig, da er nicht anders leben kann; er wird verantwortlich in einem Maße, das alle Weltzeit übersteigt. – Solche Theologie ist aber nicht nur exegetisch dubios; sie überfordert den Menschen, indem sie ihn zugleich in die Unausweichlichkeit verschuldeten Scheiterns bringt. Er kann nicht einmal einen Apfel essen, geschweige denn ein Schwein schlachten, ohne metaphysisch schuldig zu werden. Und was heißt „Befreiung" der Natur? Wird der Diamant befreit, wenn er geschliffen wird? Oder wird gar die Energie der Kohle befreit, wenn diese verbrannt wird? Ökologische Ethik solch eschatologischer oder auch metaphysisch-kosmischer Prägung diskreditiert sich selbst durch die Ungeheuerlichkeit ihres Anspruchs wie ihres Verdikts; mit Ethik für konkret lebende Menschen hat sie wenig mehr zu tun.

Aber selbst in dieser hybriden Variante bestätigt sich die Unausweichlichkeit des „anthropozentrischen" Denkens. Das ist der Grund, warum die Annahme eines „Eigenrechts" der Natur nicht trägt; sie ist eher geeignet, das vernunftgegründete sittliche Gewicht des Rechtsbegriffs zu mindern. Die ökologische Ethik hat ihre Stärke gerade dadurch, daß sie ein im zwischenmenschlichen Verhältnis als moralisch gut und notwendig ausgewiesenes Verhalten zum maßgeblichen Modell für das Verhalten zur Natur verbindlich macht, sozusagen den gesamten Lebensbereich des Menschen humanisiert. Sie extrapoliert das Modell einer kommunikativen Ethik, und so ist die offensichtliche Einseitigkeit zugleich die jenes kommunikativen Ansatzes, der sich gegen den Grundgedanken der Selbstbehauptung stellt und diesem jede moralische Bedeutung abspricht. Die Technik wird demgemäß, als Weise der Selbstbehauptung, als amoralisch und in ihrer Expansion gar als widermoralisch gesehen. Demgegenüber ist zur Geltung zu bringen, was über die humane Bedeutung technischen Fortschritts gesagt wurde; es ist in keiner Weise entkräftet, sondern einfach aus dem Blickfeld gerückt worden.

d) Technik vor dem Umweltproblem

Wer allein im kommunikativen Verhalten Moralität findet, muß den Willen zur Selbsterhaltung als naturalen (oder naturwüchsigen, wie man heute gern sagt) Antrieb ansehen. Er sollte aber nicht darüber hinwegsehen, daß auch Kommunikation natural vorgegeben ist; im tierischen Verhalten gibt es hinreichend Beispiele, daß der arterhaltende Fürsorgetrieb unter bestimmten Umständen stärker als der Selbsterhaltungstrieb des Individuums ist. Natural gehört beides dazu, um Überleben zu gewährleisten. Es ist im menschlichen Leben nicht anders: wenn es gelingen soll – so wird heute gerne vom humanen Lebensziel gesprochen –, muß der Selbstbehauptungswille ebenso vorausgesetzt werden wie der Antrieb zum Für- und Miteinander. Es wäre schon logisch fehlerhaft, nur das Wirken für den Anderen moralisch auszuzeichnen – für wen oder was soll dann der Andere wirken? Er muß um seiner selbst willen anerkannt und bejaht werden. Das kommunikative Verhalten schließt notwendig die Selbstbehauptung, nämlich die des Anderen, ein und ist seinerseits keineswegs der „Selbstverwirklichung" entgegengesetzt. Selbstbehauptung ist ein moralisches Recht, und die Einräumung dieses Rechtes für den Anderen ist Pflicht. Die Verweigerung dieses Rechtes liefe auf eine Bestreitung des Existenzrechtes des Anderen hinaus, eine zweifellos unsittliche Einstellung. Moralisch kommt es darauf an, Selbstbehauptung und Kommunikation in das richtige Verhältnis zu bringen: das ist eine Voraussetzung für das Gelingen menschlichen Lebens.

Nun kann der einzelne gewiß auf sein Recht verzichten, aber eben nur auf seines und nicht das des Anderen. Eine reine Ethik des „Für den Anderen" ist denkbar und auch wählbar als Grundlage eines persönlichen oder Gruppenethos, nicht aber einer umfassenden Ordnung menschlichen Lebens überhaupt; sie nähme zustehendes Recht weg, und wollte sie sich gesellschaftlich-rechtlich durchsetzen, würde sie konkret eine Unrechtsordnung. Das gleiche würde natürlich umgekehrt gelten, wenn eine Gesellschaft ausschließlich nach dem Prinzip konkurrierender Selbstbehauptungsrechte verfaßt wäre; es wäre in ihr nicht human zu leben.

Gerade das ist nun, was den Kern einer radikalen Kritik an der „technischen Einstellung" ausmacht: daß sie grundsätzlich, als Betätigung des Selbstbehauptungswillens, zu einer inhumanen Verfassung des Lebens führt. Umgekehrt sehen die Verfechter technischen Fortschritts selten die ethische Qualität der Kritik. Meist verweisen sie auf die „reale" Unmöglichkeit der technik-freien Alternative; in der Tat ist sie unmöglich, wenn man fünf oder mehr Milliarden Menschen auf sie verpflichten will, und sie bleibt Sache einer im Verhältnis zur technisch lebenden Gesellschaft parasitären Gruppe. Ferner wird auf die „Kosten" des Umweltschutzes verwiesen, zu denen die Maßnahmen in einem „gesunden" Verhältnis zu stehen hätten. Man argumentiert zumeist also unter Gesichtspunkten der „Machbarkeit", ohne zu beachten, daß die Prämisse, von der aus man so argumentieren kann, vom Kritiker gerade nicht zugestanden ist. Es ist endlich auch nicht schwer, der ökologischen Bewegung Inkonsequenzen und Inkonsistenzen nachzurechnen, Widersprüche zwischen propagiertem und geübtem Verhalten, wie sie nicht anders bei einer Sammlungsbewegung zu erwarten sind, die nicht als doktrinärer Block, sondern als Konglomerat verschieden begründeter und abgestufter Meinungen erscheint, die emotional in der Angst um angebliche und wirkliche Bedrohung menschlichen Lebensraumes geeint sind. Aber das berührt den Kern der Kritik nicht. Daher muß dieser in ihrem Kern begegnet werden, nämlich zuerst in der Korrektur des Bildes der „technischen Einstellung".

Dieses Bild ist schon deshalb eine Karikatur, weil es die „technische Einstellung" so behandelt, als sei sie ein integrales Ethos, und weil sie zudem insinuiert, wer sich technisch verhalte, verhalte sich notwendig im Sinne dieses Ethos. Gerade das wäre, wenn es das gäbe, die technokratische Aberration, die dem Wesen der Technik als eines menschlichen Verhaltens entgegengesetzt ist. Hier ist an alles zu erinnern, was zum humanen Sinn von Fortschritt, zum Ethos des Technikers, zur Notwendigkeit der Technik im Hinblick auf menschliches Bedürfnis gesagt wurde. Davon ist kein Wort zurückzunehmen oder auch nur einzuschränken. Die „technische Einstellung" ist wesentlich eingeordnet in das Ganze der humanen Existenz und empfängt aus diesem Sinn und Normierung. Sie ist damit wesentlich partiell; es ist nicht nur möglich, daß derjenige, der sich technisch verhält, sich in anderen Lebensbezügen nichttechnisch verhält, sondern dies ist notwendig der Fall, und es ist geboten, daß er sich den Handlungssinn nicht von der Strukturgesetzlichkeit technischen Wirkens vorgeben läßt, sondern dieser den ihren gibt.

Die Forderung nach der ökologischen Normierung technischen Handelns ist daher nicht eine ihr äußerliche, der sie sich kraft ihrer Eigengesetzlichkeit entziehen will oder gar muß; sie erscheint in ihr selbst, sofern sie in der Hinordnung auf humane Ziele steht. Es ist unberechtigt, die technischen Bemühungen um Umweltschutz zu verdächtigen; im Gegenteil, in ihnen kommt die humane Bedeutung der Technik hervor. Insofern ist es schlechthin richtig, daß die schädlichen Folgen der Expansion der technischen Welt tatsächlich unbeabsichtigte „Nebenfolgen" sind; keine Konsequenz der Technik, sondern Zeichen ihrer Imperfektion, die zu überwinden wiederum der Technik zugemutet oder abverlangt werden kann. Dies wäre der bessere Weg gegenüber einem unterschiedslosen „Zurückfahren" der Technik. Am drastischen Beispiel läßt es sich verdeutlichen: Die Luftverschmutzung wäre sehr schnell zu beseitigen, wenn wir alle Autos stillegen und alle Feuer löschen würden. Dies wäre allerdings eine massiv menschheitsfeindliche Maßnahme, auch dann, wenn es vor nicht sehr langer Zeit keine Autos gegeben hat und unsere Vorahnen irgendwann einmal ohne Feuer gelebt haben mögen. Der technische Weg wäre, abgasfreie Autos und rauchlose Feuer zu entwickeln; dies ist nicht unmöglich, mindestens kann man sich diesem Ziel nähern. Dazu freilich muß man weiter die technische Welt erhalten, also Autos fahren und Feuer rauchen lassen, um auch die „Kosten" aufbringen zu können, welche solche Entwicklung fordert – unter anderem die notwendige Energie.

Es ist auch nicht wahr, daß die technische Einstellung notwendig „ausbeuterisch" ist und die Natur im Prinzip nur als „Ressource" nutzt. Es ist richtig, daß sie das letztere vorwiegend tut. Aber sie tut der Natur damit kein Unrecht. Vielmehr vollzieht sie eine anthropologische, selbst also naturgemäße, Notwendigkeit. Selbst der radikalste „Alternative" kann nicht umhin, von der Erde zu leben und damit zugleich sie unweigerlich als Ressource zu beanspruchen. Es wäre wieder eine Metaphorik, etwa die Suche nach Bodenschätzen als Verletzung des Leibes der „Mutter Erde", die Entnahme von Kohle und Öl als deren Schädigung oder auch deren Verbrennen als Unrecht anzusehen; unter ganz anderen Gesichtspunkten mag man es freilich kritisieren. Nur ist damit, daß die Erde als Ressource angesehen und behandelt wird und werden muß, keineswegs gegeben, daß sie nicht auch zugleich als etwas anderes angesehen und behandelt, daß sie sogar technisch „verbessert" werden kann. Hege und Pflege sind durch entwickelte Technik erfolgreicher. Primitive Nutzung hat Landschaften entwaldet, die technisierte Gesellschaft verfügt über mehr Wald (in Deutschland) als vor zwei Jahrhunderten; Versalzung der Böden in Entwicklungsländern fürchten wir von primitivem Raubbau, landwirtschaftliche Technik kann die Fruchtbarkeit bewahren.

Auch wenn die Technik gegenüber der Natur als bloßes Selbstbehauptungsverhalten gelten müßte, wäre sie im zwischenmenschlichen Verhältnis doch etwas anderes. Hier ist sie unübersehbar Instrument der Fürsorge und Hilfsmittel des Miteinander. Damit ist wieder nicht gesagt, daß sie nur das sei: selbstverständlich kann sie wieder als Mittel der Selbstbehauptung und der Herrschaft eingesetzt werden, und das kann wieder in legitimer und in illegitimer, in humaner und inhumaner Weise geschehen. Gefahr und Bedrohung gehen aber nicht von der Technik aus: sie vergrößert nur die Möglichkeiten des Menschen, zum Guten wie zum Bösen.

Das ist eigentlich trivial, wie vieles von dem hier Gesagten. Aber selbst Trivialitäten können vergessen werden und bedürfen der Erinnerung. Wie hätte sonst der triviale Satz, daß wir nicht alles dürfen, was wir können, der jedem Kinde einsichtig ist, in der Diskussion Aufsehen erregen können, als er publizistisch wie eine neue grundlegende Einsicht zur technischen Welt verbreitet wurde? Das ist ein Anzeichen dafür, daß die Rede über die Technik sich zu sehr in den Bahnen des „technischen" Denkens bewegt – nicht ohne die Schuld der Techniker selbst, die freilich professionell so reden müssen – und den evidenten humanen Sinn der Technik als Instrument der Lebensbewältigung vergessen ließ. Es ist trivial, daß menschliches Verhalten der Normen bedarf, daß auch die Technik solchen menschlichen Normen unterliegt. Die ökologische Ethik tut unrecht, sich prinzipiell in Gegensatz zur Technik zu verstehen. Sie muß werden, was sie sachgemäß zu sein hat: integrierender Bestandteil einer Ethik der Technik, oder umgekehrt muß die letztere die erstere integrieren.

Unter dieser Voraussetzung werden die ökologischen Fragen zu „Sachfragen", nicht mehr zu Polarisationszentren entgegengesetzter Lebensentwürfe. Sie sind damit noch nicht beantwortet noch außer Streit. Es besteht aber eine weit bessere Chance, zu Lösungen zu kommen, welche sowohl „real" als auch „human" sind. Sie liegen in der Linie eines Fortschritts, der sich dem Maße des Menschlichen unterstellt.

4. Die Frage des Risikos

a) Gesichtspunkte zur Diskussion der Lage

Es bleibt die Frage des Risikos zu behandeln; sie ist für den Bereich der Energiefrage von besonderer Bedeutung, da sich an ihr, nämlich bezüglich des Einsatzes von Kernenergie, die heftige Diskussion der letzten Jahre entzündet hat (Mitte der 70er Jahre), welche dann in der ökologischen Bewegung Breite und Inhalt gewann. Im Streit um die Kernenergie haben sich erstmals jene Extrempositionen ausgebildet, von denen wir ausgegangen sind: Techniker gegen „Moralisten". Fragen des Bedarfs, des Fortschritts, der Ökologie wurden angeschnitten und öffentlich gemacht. Allgemein gesellschaftliche und politische Probleme wurden aus dem Blickwinkel des Streites angegangen, der somit Emotionen bewegte und Aktionen in Gang brachte, die bis zu bürgerkriegsähnlicher Gewaltanwendung gingen.

Im Streit ist viel von „Argumenten" die Rede gewesen, die man zu besitzen glaubte oder verlangte. In Wahrheit war der argumentative Gehalt gering, und keinesfalls ist die explosive und unerwartete Ausweitung der Bewegung auf Argumente zurückzuführen. Sie bedarf viel eher der soziologischen, psychologischen und politischen Erklärung. Sucht man den spezifischen, argumentativ zu behandelnden Kern des Streits aus den mannigfachen Implikationen heraus, so findet man ihn eben in der Frage des Risikos: eine sehr berechtigte und nicht einfach lösbare, aber begrenzte Frage.

Freilich hat der Fortgang der Diskussion deutlich gemacht, daß sie doch nicht nur auf die Risiken der Kernenergie beschränkt werden kann. Unter ökologischem Gesichtspunkt ist Energiegewinnung auch in anderen Fällen durch Risiken belastet, die nicht unbeachtlich sind. Die Forderung ist berechtigt, risikoarme Weisen der Energieproduktion unbedingt vorzuziehen und risikoreiche nur dann einzusetzen, wenn zwingender Bedarf vorliegt. Hier muß das Verfahren der Güterabwägung angewandt werden. Sollte eine Energie – das steht bei der Kernenergie im Streit – ein derartiges Risiko bringen, daß mit einer ernsthaften Beeinträchtigung menschlicher Lebensmöglichkeit gerechnet werden muß, so wäre deren Nutzung unzumutbar und nicht aufzuwägen; sie wäre „in sich schlecht".

Die „technische" Entscheidung wird durch ihre lebensbedeutsamen Folgen zu einer moralischen. Die moralische Qualität der Entscheidung hängt demnach an den Folgen, die wir nicht in allen Fällen selbst voraussehen und beurteilen können. Im Bewertungsprozeß hat daher der technische Fachmann einen bestimmten Platz: bei der Beurteilung des Bedarfs, bei der Frage der Einsetzbarkeit der Energiearten, bei der Frage nach dem Ausmaß des jeweiligen Risikos. Es versteht sich, daß der Fachmann als solcher nicht entscheidet, sondern Entscheidungsgrundlagen bereitstellt, und insbesondere ist die praktisch-moralische Vernunft bei unterschiedlichen Äußerungen der Fachleute nicht von ihrer Verantwortung entlastet. Sie muß nicht den Inhalt der Aussage des Fachmanns, aber doch seine Sichtweise und seine Vertrauenswürdigkeit beurteilen. Es kommt hinzu, daß für komplexe und vielverflochtene Sachverhalte nicht selten mehrere Fachleute verschiedener Kompetenz benötigt werden, und es kann schwierig sein, deren verschiedene Ansätze und Sichtweisen in einem einheitlichen Bilde zu vereinigen. Globale Sichten bleiben mit einem Moment von Unsicherheit belastet, und das erleichtert nicht die Entscheidung. Insbesondere gilt das, wenn Entscheidungen globaler Auswirkung für die Zukunft getroffen werden müssen; hier sind sogar die Prämissen einer „fachmännischen" Prognose bloß Annahmen mit begrenzter, wenn auch beachtlicher Wahrscheinlichkeit.

Dies ist hier deshalb von besonderer Bedeutung, weil Energiefragen die für die Existenz des Menschen in einer technischen Welt grundlegenden sind. Sie sind nicht „privat" im Gewissen abzumachen, sondern Entscheidungen können nicht anders als „politisch" gefällt werden: für eine und im Namen einer Gemeinschaft, welche am Ende die der Menschheit insgesamt ist; und nicht nur die der existierenden, sondern auch künftiger Menschen, die wir mit unserer Entscheidung festlegen. Freilich müssen wir entscheiden – auch eine Verweigerung der Entscheidung hat das gleiche Ausmaß an Folgen wie ein Entschluß. Es gibt keine Möglichkeit folgenloser Enthaltung. Natürlich gilt das nur in jenem „politischen" Sinne, in dem die Entscheidung zu fällen ist. Private Abstinenz bleibt selbstverständlich möglich, auch diejenige privater Gruppen. Andererseits kann aber etwa die Feststellung, im eigenen Lande brauche man keine Kernenergie (was ja möglich ist), nicht davon entbinden, zum Grundsätzlichen der Entscheidung Überlegungen anzustellen. Der globale Charakter des Problems und der global bestehende Entscheidungsdruck gehen jeden an, der sich im globalen Horizont mitverantwortlich weiß und Mitwirkung schuldet.

b) Bedarfsdruck, Alternativen und Risiken

Vom Bedarf ist grundsätzlich die Rede gewesen. Das Resultat ist, daß wir global mit einem gesteigerten Energiebedarf rechnen müssen. Dies gilt auch dann, wenn etwa die energiereichen Industrieländer ihren Verbrauch um ein Viertel vermindern würden (was nicht unmöglich ist) und die energiearmen Länder auf dem jetzigen Verbrauchsniveau stehen blieben; denn wir müssen mit einer Zunahme der Weltbevölkerung rechnen, die selbst bei der angenommenen Drosselung des Verbrauchs ein Plus an Energie nötig hätte, das mit jetzigen Mitteln nicht beizubringen wäre.

Diese Grundannahme ist mit Ungewißheiten behaftet, und sie ist daher noch diskutierbar. Allerdings in sehr engem Spielraum; tatsächlich handelt es sich bei dieser Prognose um einen Minimalansatz, der vernünftigerweise nicht unterschritten werden kann. Wer verantwortlich handeln muß, wird sich moralisch verpflichtet fühlen, von diesem Minimum auszugehen; es wäre unverantwortlich, diese Prognose bei Entscheidungen nicht zu berücksichtigen.

Klarer ist die Antwort der Fachleute auf die zweite Frage, die sie beantworten müssen, die nach der *Einsetzbarkeit der Energiearten.* Sie können aufzählen, welche Energiequellen zur Verfügung stehen und wie sie mit welchem Effekt zu nutzen sind; sie können auch angeben, wie groß die Vorräte an bestimmten Energieträgern sind und wie lange man, bei bestimmtem Verbrauch, sie nutzen können wird. Sie können selbstverständlich dabei nur von jetzt Gegebenem ausgehen und nur jene künftigen Möglichkeiten berücksichtigen, die sich schon jetzt real abzeichnen. Kontingenzen der Zukunft – neue Funde und Erfindungen, die in keiner Weise absehbar sind – können sie nicht in Rechnung stellen, und niemand kann das: Verantwortbare Entscheidungen müssen die realen Gegebenheiten zugrunde legen.

Es ergibt sich nun, daß die regenerierbaren Energiequellen wie Wasserkraft, Wind, Sonnenstrahlung, auch Holz (sofern es nicht durch Raubbau erschöpft wird) und „Biomasse" eine relativ geringe Energiemenge abgeben. Dieser Betrag verringert sich dadurch, daß für die Nutzung zuvor große technische Aufwendungen nötig sind, die – ebenso wie bei „Spargeräten", z. B. der Wärmepumpe – ihrerseits Energieaufwand verlangen. Die Bilanz, gemessen an der Primärenergie, auf die es ankommt, ist nicht ermutigend. Solche Energiequellen haben praktisch nur Randbedeutung, auch wenn ihr Einsatz sinnvoll und im lokalen Bereich, bei günstigen Bedingungen, sogar recht erfolgreich ist. Es ist nicht zu erwarten, daß die zu berücksichtigende Bedarfsmenge durch sie gedeckt werden kann.

Die Hauptlast der Energieversorgung fällt auf die energiereichen Träger, zur Zeit die fossilen Brennstoffe Kohle und Öl. Daß die Vorräte bei diesen begrenzt sind und ihre Erschöpfung absehbar ist – in zwei, drei Generationen ist sie zu erwarten –, ist inzwischen jedermann bekannt. Es spielt auch ein wenig mit, daß sie zugleich Grundstoffe für mancherlei industrielle Produkte sind, deren Verlust nicht wünschenswert ist. Schließlich ist ihre Einsetzbarkeit auch insofern begrenzt, als der Gesichtspunkt des *Risikos* ins Gewicht fällt.

Im Sinne des Sprachgebrauchs der Techniker gibt es keine Technik oder technische Anlage ohne Risiko; auch das elektrische Bügeleisen hat ein „Restrisiko". Eine völlig risikolose Energiegewinnung gibt es nicht, und gerade primitive Techniken sind durchaus riskant, wie das Feuer in der Waldhütte. Auf allen Stufen stellt sich daher das Problem der Sicherheit, nicht nur bezogen auf die Anlage und ihr Funktionieren, sondern auch für deren Umgebung. Auch die ökologischen, selbst die sozialen Auswirkungen der Energiegewinnung lassen sich dem Risikobegriff zuordnen. Die Technik kennt Verfahren des „riskassessment", welche alle Gesichtspunkte systematisch erfassen.

Sonnenkollektoren oder Windmühlen sind risikoarm, obwohl bei letzteren Großanlagen durch Lärm die Umgebung unbewohnbar machen können. Talsperren sind „sicher", aber Dammbrüche bei „kühnen" Bauten nicht ausgeschlossen, wie wir wissen; und die Landschaftsveränderungen, die sie zur Folge haben, sind nicht immer willkommen. Was das Öl angeht, so sprechen die Abgasverseuchung unserer Städte und die Ölpest an den Küsten bei Tankerunglücken eine deutliche Sprache. Die Kohle vollends kennt in ihrer Geschichte eine beachtliche Reihe Grubenkatastrophen, dazu zahlreiche kleinere Unglücke; sie ist maßgeblich an der Luftverschmutzung beteiligt; sie verändert die Landschaft – die Braunkohlenbagger berauben den Boden seiner Geschichte, und die Rekultivierung kompensiert diesen besonderen Verlust nicht.

Das sind Beispiele, die wir alle aus der Welt unserer Anschauung kennen. Einige sind so gravierende Fälle von hohem Risiko für die Beteiligten und so weitgreifenden Folgen darüber hinaus, daß Maßnahmen zur Risikominderung dringend erforderlich sind, oder auch waren: Die Technik hat sich der Sicherungsaufgabe mit vielem Erfolg angenommen, ist aber weit davon entfernt, den Gesamtkomplex auch nur annähernd zu beherrschen. Wir aber haben uns an die Risiken weitgehend gewöhnt, sehen sie als unvermeidbar an, nehmen sie in Kauf als Bestand der technischen Welt um des Vorteils willen, der uns nicht ohne sie zukommt. Wir sehen sie als partiell, lokal, jedenfalls als begrenzt an und somit als zumutbar. Wir halten nicht für nötig, die risikoreichen Techniken abzuschaffen; wohl halten wir für geboten, die Risiken begrenzt zu halten und womöglich zu verringern, entsprechend die Sicherungen zu verstärken.

Ein Sonderfall liegt bei der Kohle vor. Bei ihrer Verbrennung fällt Kohlendioxyd an, und zwar bei dem heutigen Ausmaß der Verbrennung in einer Menge, daß sich die Atmosphäre der Erde merkbar verändert. Wenn das hundert Jahre fortgesetzt wird, müssen wir mit einer Klimaänderung rechnen; die Temperaturen werden steigen, gering am Äquator (1–2 Grad Celsius), erheblich an den Polen (5–15 Grad Celsius). Fachleute versichern uns, daß die Folgen schwerwiegend sein werden, z. B. Abschmelzen der Polkappen, Vermehrung der Trockengebiete usw., und sie halten für erforderlich, baldmöglichst mit der Kohleverbrennung aufzuhören, um eine klimatische Katastrophe zu vermeiden, deren Folgen für die ganze Menschheit auf der Hand liegen.

Hier geraten wir jedoch in ein Dilemma: Andere kompetente Fachleute beurteilen die Folgen der Klimaänderung – an der sie nicht zweifeln – gegensätzlich. Das Kohlendioxyd der Kohle stammt schließlich aus der Atmosphäre unserer Erde, der es durch die Wälder entzogen wurde, die zur Kohle geworden sind. Ein alter Zustand stellt sich wieder her, und ein Klima, das riesige Wälder wachsen ließ, könnte wiederkommen, womöglich sogar günstiger für uns sein als das jetzige. Wer das für wahrscheinlich hält, sieht keinen Grund zum Anhalten der Kohleverbrennung. Die so gespaltene Ansicht der Fachleute, bei der zudem keine Seite eindeutig die Mehrheit hat, gibt keinen Anhaltspunkt für weitreichende Entscheidungen.

Auch ohne die mögliche Gefahr der Klimaänderung wären die Risiken und Folgen der Energiegewinnung aus fossilen Brennstoffen Grund genug, sich nach einem Ersatz dieser Energiequellen umzutun. Was dazu zwingt, ist die Knappheit der Ressourcen und die Absehbarkeit ihrer Erschöpfung. Es bleibt dann noch die Kernenergie, über die eigens zu handeln ist.

c) Fragen der Kernenergie

Uran ist ein besonders ergiebiger Energieträger; durch seine Ausnutzung wären wir in der Lage, die künftig durch den Ausfall der fossilen Brennstoffe entstehende Lücke zu füllen oder, was dasselbe besagt, die Vorräte beträchtlich zu „strecken". Allerdings ist auch Uran knapp, und seine Nutzung ist technisch aufwendig. Die jetzt in bislang etwa 200 Reaktoren angewandte „Leichtwassertechnik" reicht nicht aus; sie würde die Vorräte in etwa einem halben Jahrhundert erschöpfen. Bessere Nutzung ist vom „Brüter" zu erwarten, der über die Erzeugung von Plutonium arbeitet; die Vorräte würden dann für drei Jahrhunderte reichen. Die „endgültige" Lösung brächte erst die „Fusionstechnik", die für mehr als ein Jahrtausend die Energieversorgung sicherstellen und auch das erwartete Wachstum bewältigen könnte. Allerdings braucht der „Brüter" noch ein oder zwei Jahrzehnte bis zur technischen Reife. Für die Entwicklung der Fusionstechnik setzen Fachleute noch ein halbes Jahrhundert an. Wer zum erforderlichen Zeitpunkt Kernenergie als Ersatz für Ausfälle anbieten will, muß sich jetzt für sie entscheiden.

Die bedeutenden Chancen, welche die Kernenergie bietet, machen es den Verantwortlichen zur Pflicht, ihre Möglichkeiten zu prüfen und auf ihren Einsatz hinzuarbeiten, wenn das Risiko vertretbar ist. Das ist allerdings eine Frage, die nicht schon deshalb als entschieden gelten kann, weil Kerntechnik bereits angewandt wird und Schäden noch nicht eingetreten sind. Das ist zwar nicht unbeachtlich, aber schon deshalb nicht ausschlaggebend, weil Tatsachen nicht

Grundsätze begründen können; die Entscheidung, durch die sie geschaffen sind, ist nicht dadurch richtig, daß sie gefallen ist und bisherige Folgen unschädlich waren. Die Gefahren der Kernenergie sind qualitativ besonderer Art, die möglichen Auswirkungen äußerst langfristig, und bei dem erforderlichen Ausbauzustand und der Verbreitung der Anlagen potenzieren sie sich. Die Abschätzung des Risikos muß von diesem Endzustand ausgehen, in welchem statistische Größen, welche jetzt unbeachtlich sind, Gewicht erhalten können.

Was die Kernkraftgegner psychologisch entscheidend beeindruckt, ist die anschaulich gegebene, katastrophale Wirkung der Kernenergie in der Atombombe. Man kann dabei von der falschen, bei Ununterrichteten jedoch antreffbaren Vorstellung absehen, als seien Reaktoren selbst eine Art Atombomben, die explodieren könnten; richtig ist doch, daß es sich um dieselbe Energieart handelt und wir somit eine Gefahrenquelle gleicher Artung einrichten. Radioaktive Strahlung in entsprechender Dosis wirkt tödlich, in geringerer Menge ruft sie schwere gesundheitliche Schäden hervor; insbesondere können diese das genetische Material angreifen und dadurch über Generationen von Menschen unberechenbar weiterwirken. Nicht nur die unmittelbare Strahlenwirkung ist zu fürchten, mehr noch ihre Nachwirkung in der Umwelt; Pflanzen und Tiere werden verseucht, die Nahrungsmittel werden zu Vermittlern fortwirkender Schäden. Auch ist zu beachten, daß die radioaktiven Abfälle, der „Atommüll", eine langfristige Strahlung haben, welche die Gefahr, nachdem einmal Kernreaktoren eingerichtet sind, perpetuiert; man kann diese Energie nicht mehr einfach „abstellen".

Der entscheidende, eigentlich kritische Punkt ist, daß wir mit Kernkraftwerken eine Gefahrenquelle bei uns installieren, die unwiderruflich auf Dauer bleibt und die ihrer Artung nach geeignet ist, die bezeichneten unabsehbaren Schäden hervorzurufen. Das ist auch dann richtig, wenn durch geeignete Maßnahmen die Auswirkungen der radioaktiven Strahlung kontrolliert und sogar ausgeschaltet werden können; die Gefahrenquelle als solche wird ja nicht beseitigt. Hier knüpfen grundsätzliche Kernkraftgegner an, die deshalb den Einsatz der Kernenergie für „in sich schlecht" halten. Sie sind durch den Nachweis, daß die schädlichen Auswirkungen ausgeschaltet werden können, nicht beeindruckbar und also nicht einmal zu einer Diskussion bereit.

Dieser unbedingten moralischen Position kann man nicht durch den Hinweis auf entgegenstehende Güter begegnen, auf Nützlichkeit oder auch Unentbehrlichkeit der Kernenergie. Das „in sich Schlechte" kann nicht kompensiert, die Methode der Güterabwägung nicht angewandt werden. Aber man kann einwenden, daß das „Schlechtsein" des Kernenergieeinsatzes keineswegs „unbedingt", sondern gerade durch die befürchteten Folgen bedingt ist. Wenn diese nicht eintreten oder, besser, wenn sie ausgeschaltet und soweit sie ausgeschaltet werden können, fällt die Bedingung weg, die Gefahr wird auf bloße Potentialität reduziert. Bloße Potentialität läßt aber überhaupt kein moralisches Urteil zu; rein potentiell wäre schließlich auch der gute Mensch ein Verbrecher. Im gegebenen Falle muß man aber sagen, daß ein unvermeidbares „Restrisiko" bleibt, dessen Qualität selbst dann, wenn es gering ist, das Urteil rechtfertigt, man solle den Einsatz von Kernenergie am besten unterlassen. Das liefe auf eine Vorzugsregel hinaus, und in deren Sinne ist eine Gegnerschaft gegen die Kernenergie moralisch zu rechtfertigen.

Damit ist die unbedingte Position – man nennt eine solche gern „deontologisch" – verlassen, als in der Tat nicht haltbar, und es wird Güterabwägung möglich. Freilich muß sie unter dem Vorbehalt der genannten Vorzugsregel geschehen. Das bedeutet einerseits, daß das zu erwirkende Gut von großer Dringlichkeit ist: diese Frage muß man nach allem, was dazu gesagt und unbestritten ist, bejahen. Andererseits müssen sehr hohe Anforderungen an die „Sicherheit" der Anlagen gestellt werden; das Gesamtrisiko muß zumutbar sein. Zu dieser Frage haben natürlich die Fachleute das entscheidende Wort, und hier wiederum muß man verlangen, daß ihre Auskunft einhellig positiv ausfällt; eine bloß „überwiegende" Mehrheit würde nicht genügen, eine „Minderheitenmeinung" – womit nicht vereinzelte Stimmen gemeint sind – fiele negativ schwer ins Gewicht. Man kann auch erwarten, daß der Sachverhalt in einer demokratisch verfaßten Gesellschaft öffentlich zureichend klargelegt wird; eine weittragende Entscheidung solcher Art bedarf breiter Zustimmung, die freilich den Entscheidungsbefugten ihre eigene Verantwortung nicht abnehmen kann.

Man muß einräumen, daß die Techniker von Anfang an der Sicherheit größte Sorgfalt gewidmet haben. Für die Beurteilung ihres Erfolges fällt schon ins Gewicht, daß in bisher laufenden Kraftwerken noch kein tödlicher Unglücksfall durch Kernenergie zu verzeichnen ist. Die statistische Wahrscheinlichkeit, daß wir einen solchen in nächster Zukunft – etwa im folgenden Jahr – zu erwarten haben, liegt praktisch bei Null; es ist möglich, daß dieser Umstand die emotionale „Atomangst" herabmindert, wenn er sich fortsetzt – und dies ist wiederum sehr wahrscheinlich. Aber es ist grundsätzlich nicht möglich, das Risiko auf Null zu bringen, und die Techniker selbst haben durch ihr Verfahren, auch den unwahrscheinlichsten Fall – Versagen aller Sicherheitsmechanismen und völliges Versagen der Techniker – noch einzubeziehen, das Mißverständnis hervorgerufen, als müsse doch irgendwann der „größte anzunehmende Unfall", mit wirklichen Katastrophenfolgen, tatsächlich eintreten. Freilich ist selbst dann noch die Risikobilanz bei vollem Ausbauzustand der Kernenergieproduktion günstiger als beim Einsatz von Kohle oder im Vergleich mit den Opfern, welche der moderne Verkehr fordert. Man hat diese „Aufrechnung von Menschenleben" zuweilen beanstandet; aber wenn man das tut, muß man konsequenterweise auch einseitige Berufungen auf die technische Risikorechnung unterlassen; man darf dann auch nicht den „größten anzunehmenden Unfall" herausgreifen und wie eine bevorstehende Realität behandeln.

Inzwischen ist mit dem Fortgang der Diskussion auch die Information weitergegangen. Es ist deutlich geworden, daß bei den Fachleuten nicht einmal mehr eine beachtenswerte Minderheit das Risiko der Kernenergie für unzumutbar hält. Der Kraftwerksbetrieb gilt in dem Sinne als sicher, daß die zu erwartenden Unfälle selten und ihre Auswirkungen kontrollierbar, begrenzbar sein werden. Der „größte anzunehmende Unfall" ist statistisch so unwahrscheinlich, daß er nicht ausschlaggebend sein kann. Das ökologische Risiko ist nicht verschwunden, aber beim Normalbetrieb ohne Unfall praktisch nicht vorhanden (die Radioaktivität in der Nähe von Kernkraftwerken ist ein Bruchteil von derjenigen in der Nähe von Kohlekraftwerken). Das gewichtige Problem der „Entsorgung" engagiert zwar kommende Generationen; es wird aber von ihnen technisch gut beherrscht werden können, und die Strahlenwirkung reduziert sich in historisch absehbarer Frist auf ungefährliche Werte. Die weitergehende Frage, ob die Verbreitung der Kernkraftwerke nicht zugleich eine gefährliche Verbreitung der Atombombe ermögliche, sofern die künftige Technik das zur Bombenherstellung geeignete Plutonium einsetzt, betrifft ebenfalls künftige Generationen; man muß ihnen zutrauen, mit diesem Problem in gleichem Sinne fertig zu werden wie unsere Generation, für die es ja schon besteht. Die Irreversibilität der Entscheidung für Kernenergie, durch die eine von uns nicht mehr verantwortbare Gestaltung der Zukunft festgelegt wird, kann endlich deshalb diese Entscheidung nicht hindern, weil die Alternative, wenigstens nach jetzigem Kenntnisstand, die ist, denselben Generationen Existenzmöglichkeiten zu versagen, auf die sie möglicherweise angewiesen sein werden.

Das Resultat aus diesen Überlegungen ist, daß die Entscheidung für Kernenergie moralisch erlaubt ist; ein verantwortlicher Politiker oder Wirtschaftler, der ihren Einsatz für notwendig hält, handelt nicht schlecht, sondern in rechtfertigungsfähiger Weise. Es ist moralisch geboten, das anzuerkennen. Es kann aber nicht mit Sicherheit gesagt werden, daß die Zustimmung zur Entscheidung selbst unter Umständen moralisch geboten ist. Die Vorzugsregel ist nach wie vor anerkannt, und es bleibt wahr, daß Kernkraftwerke ein Potential an Gefährlichkeit enthalten, das nicht völlig ausgeschaltet werden kann. Man kann jemanden nicht tadeln, wenn er diese Vorzugsregel für sein Teil so auslegt, daß er selbst zur Zustimmung nicht in der Lage ist – unter der Bedingung, daß er die gegenteilige Entscheidung nicht für „in sich schlecht" hält.

Dies Ergebnis ist kein klares und eindeutiges Ja oder Nein, sondern ein bedingtes Ja und ein Nein unter Bedingungen. Logisch gesprochen, liegt ein Verhältnis der Subkontrarietät vor, bei dem die Gegensätze sich nicht ausschließen. Ausgeschlossen ist nur die unbedingte, die „deontologische" Position.

Die entgegengesetzten Positionen sind aber nicht gleichgewichtig. Die Waage senkt sich zweifellos auf jene Seite, wo Verantwortung für reale Menschen unter den Bedingungen der realen Welt wahrgenommen wird, auch wenn dort keine „reine" Lösung zu finden ist: ein potentielles Übel wird in Kauf genommen. Die Gegenposition hält sich von dieser Belastung frei, sie wird dem Gewissen und der reinen Gesinnung gerecht. Trotzdem ist auch sie keine „reine" Lösung; sie kann nicht von der Verantwortung freigesprochen werden und muß im Zweifel bleiben, ob sie dieser gerecht wird. Die Gesinnung hat den absoluten Vorrang nur dort, wo es um Unbedingtes geht. Im Bereich des Bedingten, des kontingenten Guten kann der Gewissensanspruch der Verantwortung zu Entscheidungen zwingen, die den Charakter eines „moralischen Kompromisses" haben. Das ist im Prinzip nichts Neues; die Welt war immer schon so, daß in ihr Anforderungen und Rechte, Interessen und Pflichten, Lebensentwürfe und Gesinnungen sich nicht immer in Harmonie befanden, sondern sich real widerstreitend auswirkten, und zwar so, daß die Verteilung des moralischen Gegensatzes von Gut und Böse auf die widerstreitenden Positionen nicht möglich war. Wer in der Gesellschaft und für sie Verantwortung trug, war immer schon zu Entscheidungen verpflichtet, die unter dem Gesichtspunkt des „kleineren Übels" standen, und nicht selten ist der Konflikt, in dem beide Gegner „Recht" haben und doch nur einem Recht gegeben werden kann. Unser moralisches Dasein steht, wie unser physisches, unter den Bedingungen der Endlichkeit.

Schlußbemerkung

Im Streit um die moralische Bewertung des Risikos der Kernkraftwerke spielt sicher die Spannung von „Gesinnung" und „Verantwortung" eine Rolle. Im Gesamtkomplex der moralischen Fragen, die im Umkreis des für die technisch lebende Gesellschaft – die letztlich die Menschheit ist – lebensentscheidenden Energieproblems anstehen, sind diese seit Max Weber „klassischen" Begriffe nicht zureichend, um auch nur den Konflikt zu beschreiben. Wie sich am ökologischen Problem zeigte, ist die anthropologisch tiefer angesetzte Spannung von Selbstbehauptung und Kommunikation die grundlegende. Bei ihr geht es niemals um die Entscheidung für eine der beiden Seiten, sondern um jenen Ausgleich, der die Spannung nicht beseitigt, sondern integriert. Das Motiv der ökologischen Ethik muß nicht gegen die technische Welt, sondern als ein ihr innerliches Moment zur Geltung gebracht werden.

Daß diese Spannung in einer neuen Weise hervorgetreten ist, nämlich in konträr sich auffassenden Lebensentwürfen, läßt nach der Erfahrung fragen, auf deren Grund dies Auseinandertreten stattfindet. Es ist die *geschichtliche* Erfahrung der Endlichkeit in dieser Welt. Sie hat ihre besondere Gestalt dadurch, daß sie innerhalb einer Kultur des Fortschritts gemacht wird, welcher wesentlich als endlos und unbegrenzt verstanden wird. Die Selbstbehauptung des Menschen zeigt sich als nur noch durch Selbstbegrenzung möglich, die am Faktum der Endlichkeit der Welt ihr Maß nimmt; das ist die Perspektive des Bevölkerungsproblems. Diese geschichtlich neue Lage ist es, die moralisch zu bewältigen ist.

Dazu bedarf es einiger Anstrengungen, auch solcher der ethischen Reflexion. Freilich bedarf es keiner neuen Moral; Gut und Böse haben sich nicht geändert, und der Mensch ist nicht zu einem anderen Wesen geworden.

Weiterführende Literatur

W. L. Bühl, Ökologische Knappheit. Gesellschaftliche und technologische Bedingungen ihrer Bewältigung (Göttingen 1981).

D. Birnbacher (Hrsg.), Ökologie und Ethik (Stuttgart 1980).

R. Gerwin, Die Welt-Energieperspektive. Analyse bis zum Jahr 2030 nach dem IIASA – Forschungsbericht „Energy in a Finite World". Vorgelegt von der Max-Planck-Gesellschaft (Stuttgart 1980).

W. Heintzeler - H. J. Werhahn (Hrsg.), Energie und Gewissen (Stuttgart 1981).

F. Hengsbach u. a. (Hrsg.), Macht euch die Erde untertan? Schöpfungsglauben und Umweltkrise (Würzburg 1981).

W. Korff, Kernenergie und Moraltheologie. Der Beitrag der theologischen Ethik zur Frage allgemeiner Kriterien ethischer Entscheidungsprozesse (Frankfurt 1979).

E. Kroker (Hrsg.), Kernenergie und Humanität. Königsteiner Forum (Königstein: Städt. Kurverwaltung und Kath. Institut für Ostkunde (1981).

U. Waas, Kernenergie – Ein Votum für Vernunft (Köln 1981).

Zukunft der Schöpfung – Zukunft des Menschen. Erklärung der Deutschen Bischofskonferenz zu Fragen der Umwelt und Energieversorgung. Hrsg. v. Sekretariat der Deutschen Bischofskonferenz, Kaiserstr. 163, 5300 Bonn 1.

Wolfgang Kluxen

Weiterführende Literatur zu: Zum Verhältnis ökonomischer Ordnung und politischer Organisation (Th. Leuenberger) S. 366–379

Volker Bornschier, Multinationale Konzerne, Wirtschaftspolitik und nationale Entwicklung im Weltsystem (Frankfurt a. M. 1980).

Bruno S. Frey, Moderne Politische Ökonomie (München 1977).

The Cambridge Economic History of Europe (Cambridge University Press 1978) Vol. VII, VIII, XIII.

Manfred Grosser, Pluralismus, Korporatismus und Neue Politische Ökonomie (Wissenschaftszentrum Berlin 1980).

Peter Heintz, Die Weltgesellschaft im Spiegel von Ereignissen (Diessenhofen 1982).

Peter Heintz, Weltgesellschaft und Sozialstruktur (Diessenhofen 1980).

Emil Küng, Weltwirtschaftspolitik (Tübingen 1978).

Charles E. Lindblom, Jenseits von Markt und Staat (Stuttgart 1980).

Models of political Economy, hrsg. von Paul Whiteley (London 1980).

Trends toward Corporatist Intermediation, hrsg. von Philippe C. Schmitter und Gerhard Lehmbruch (London 1979).

John Rawls, Eine Theorie der Gerechtigkeit (Frankfurt a. M. 1975).

Andrew Shonfield, Geplanter Kapitalismus, Wirtschaftspolitik in Westeuropa und USA (Köln, Berlin 1968).

Ota Sik, Humane Wirtschaftsdemokratie (Hamburg 1979).

Armin Wildermuth – Alfred Jäger, Gerechtigkeit. Themen der Sozialethik (Tübingen 1981).

Viertes Kapitel
Die Friedensaufgabe der Gegenwart

I

Die Lehre vom „gerechten Krieg“ als ethischer Kompromiß

Die Stellungnahmen der christlichen Theologie zum Problem des Krieges sind unter verschiedenen Aspekten von Bedeutung: einmal, weil sich die kirchliche Theologie seit dem 2. Jahrhundert durchgehend mit der Frage des Krieges beschäftigen mußte und muß; vor allem aber deshalb, weil das Phänomen des Krieges als kollektive Gewaltanwendung mit der Konsequenz des Tötens im Gegensatz zur Friedensbotschaft Jesu und dessen Forderungen auf Gewaltverzicht steht. Dieser Widerspruch bedeutete und bedeutet eine ständige Herausforderung der christlichen Theologie, die sich zudem nicht damit begnügen kann, allgemeine Prinzipien aufzustellen, sondern darüber hinaus eingrenzende Kriterien benötigt, die die jeweilige geschichtliche Situation berücksichtigen und Lösungsmöglichkeiten für diese Situation vorgeben müssen. Diese Intention diente und dient vor allem die in der christlichen Tradition entwikkelte Lehre vom „gerechten Krieg“, die hier freilich nicht so sehr in ihrer theologischen Entwicklung, sondern unter dem Aspekt des „ethischen Kompromisses“ als Vermittlungsinstanz in einem ethischen Konflikt dargestellt werden soll.

Wie in vielen Anwendungsbereichen des ethischen Kompromisses muß auch hier zwischen einem eher pastoralen und einem genuin ethischen Kompromiß unterschieden werden. Der *pastorale Kompromiß* bezieht sich auf die Einschränkung in der Normanwendung, weil die konkrete Situation eine uneingeschränkte Anwendung der Norm nicht zuläßt. Dieser pastorale Kompromiß wurde und wird vor allem in der institutionalisierten Form der Dispens praktiziert. Aber auch im weiteren Bereich der Moraltheologie spielt der pastorale Kompromiß eine entscheidende Rolle für die Praxis, wenn es etwa darum geht, eine nicht intendierte schwere Belastung für den Normadressaten zu vermeiden. Das gilt zum Beispiel – um im Bereich des Militär- und Kriegsdienstes zu bleiben – für die Stellungnahme Tertullians, der zwar grundsätzlich den Militärdienst für Christen ablehnte, aber Soldaten, die Christen geworden waren, das Verbleiben in ihrem Beruf zugestand[1]. Ähnliches ließ sich für die scholastische Theologie sagen, wenn durch sie der untergebene Soldat nicht verpflichtet wurde, die Argumente für oder gegen einen „gerechten Krieg" in jedem Einzelfall zu überprüfen, weil er dazu nicht immer in der Lage sei[2]. Beide Beispiele machen aber zugleich die Zeitgebundenheit eines pastoralen Kompromisses deutlich. Im Gegensatz zu diesem pastoralen Kompromiß bezieht sich der *genuin ethische Kompromiß* auf den Konflikt zweier konkurrierender Werte oder Normen, zwischen denen der Kompromiß vermitteln soll: im Falle des „gerechten Krieges" zwischen der Forderung Jesu nach Frieden und dem Recht auf Selbstverteidigung gegenüber einem ungerechten Angriff.

1. Zum Problem des Militärdienstes von Christen in der Antike

Für die Theologie der vorkonstantinischen Kirche stellte sich freilich noch nicht die Frage eines ethischen Kompromisses, weil sich die kirchliche Theologie dieser Epoche auf die Frage des Militärdienstes für Christen beschränkte. Unabhängig davon, ob und aus welchen Gründen der Militärdienst für Christen toleriert oder abgelehnt wurde[3], galt das Tötungsverbot für Christen als Ausdruck der jesuanisch-biblischen Forderung nach Gewaltlosigkeit.

Diese radikale Einstellung kommt zum Beispiel in den sogenannten *Canones Hippolyti* zum Ausdruck, die aus den ersten Jahrzehnten des 3. Jahrhunderts stammen und als eine erste Zusammenfassung kirchlicher Disziplinarmaßnahmen gelten. Auch wenn verschiedene Bestimmungen der Sammlung auf späteren Interpolationen beruhen mögen, sind doch die Canones hinsichtlich des Tötungsverbotes eindeutig: „Der untergebene Soldat soll niemanden töten. Wenn er einen derartigen Befehl erhält, darf er ihn nicht ausführen. Er soll auch keinen Eid schwören. Wenn er sich nicht daran hält, soll er ausgeschlossen werden."[4] Der Kanon toleriert das Verbleiben christlich gewordener Soldaten im Militärdienst, verbietet aber die Teilnahme an Tötungsaktionen und die Eidesleistung, zu der die Nichtoffiziere zwar nicht verpflichtet waren, die aber gelegentlich freiwillig erfolgte. Dagegen wird für die Disziplinarvorgesetzten bestimmt: „Ein Vorgesetzter, der Gewalt über Leben und Tod hat, oder ein

---

[1] De Corona 11.

[2] So zum Beispiel *Francisco de Vitoria,* in De Jure belli Hispanorum in Barbaros Relectiones, Nr. 31.

[3] Vgl. dazu vor allem *A. Harnack,* Militia Christi. Die christliche Religion und der Soldatenstand in den ersten drei Jahrhunderten (Tübingen 1905, Neudruck Darmstadt 1963); *R. H. Bainton,* The Early Church and war, in: HThR 39 (1946) 190 ff.; *A. Ryan,* The Rejection of military Service by the Early Christians, in: ThSt 13 (1953) 15 ff.; *J. Fontaine,* Die Christen und der Militärdienst im frühen Christentum, in: Concilium 1 (1965).

[4] Apostolische Tradition, can. 14.

oberster Stadtbeamter muß sein Amt niederlegen, oder er sei ausgeschlossen."[5] Ähnlich wie bei der Bestimmung für die untergebenen Soldaten geht es auch hier um die Frage des Tötens, vor allem um die Unvereinbarkeit der richterlichen Gewalt im Fällen von Todesurteilen mit dem christlichen Glauben. Allerdings besaßen nicht alle Offiziere diese umfassende richterliche Gewalt. Beide Bestimmungen zeigen aber auch, daß durch sie nicht primär die Frage des Krieges behandelt wird, sondern die Aufgabe des Militärs als „Ordnungsmacht" mit den dazu gehörigen Funktionen, die vom Feuerwehrdienst bis zum Niederschlagen von Aufständen reichten, die nicht selten mit Massenexekutionen endeten. Unter diesen Umständen mußten auch die untergebenen Soldaten fast zwangsläufig in Konfliktsituationen geraten; und es war daher nur konsequent, daß der Eintritt von Christen in den Militärdienst untersagt wurde: „Ein Katechumene oder ein Gläubiger, die Militärdienst leisten wollen, sollen weggeschickt werden, denn sie haben Gott verachtet."[6] Die Tolerierung von Angehörigen des Militärs, die zum christlichen Glauben übergetreten waren, bildete daher einen pastoralen Kompromiß.

Aber die vorkonstantinische christliche Theologie bestritt nicht das Recht des Kaisers, Kriege zu führen. Origenes betonte die Notwendigkeit von Verteidigungskriegen[7], während *Laktanz* vor allem die imperialen Angriffskriege verurteilte[8]. Aber auch im Falle eines Verteidigungskrieges galt für die Christen das Tötungsverbot: „Wenn Gott das Töten verboten hat, dann hat er nicht nur das Räuberunwesen verboten, das auch durch die staatlichen Gesetze bestraft wird, sondern er weist uns darauf hin, auch das nicht zu tun, was die Menschen ansonsten für erlaubt halten. Und deshalb kann der Gerechte nicht Soldat sein, denn die Gerechtigkeit ist sein Militärdienst ... Deshalb darf es für dieses göttliche Gebot keine einzige Ausnahme geben, die es erlaubte, einen Menschen zu töten. Gott hat gewollt, daß der Mensch ein heiliges Lebewesen sei."[9]

Diese komplexe Einstellung mußte zwangsläufig die nichtchristliche Kritik herausfordern. *Origenes* zitiert in seinem Werk „Contra Celsum" dessen Vorwurf: „Wenn sich alle so wie ihr (Christen) verhielten, könnte es leicht dazu kommen, daß der Kaiser alleine ohne Waffen dastünde und das ganze Land eine Beute der Barbaren würde."[10] Origenes beantwortete den Vorwurf mit dem Hinweis auf das Friedensgebot Jesu: „Wir sind gekommen, den Ermahnungen Jesu folgend, die Schwerter zu zerbrechen, mit denen wir einst unsere Meinungen verfochten und unsere Feinde angegriffen haben, und wir verwan-

---

[5] Apostolische Tradition, can. 15.
[6] Der Zusatz „wenn es nicht notwendig für ihn ist" dürfte mit Sicherheit aus einer späteren Überarbeitung stammen. Vgl. dazu *A. Harnack*, a.a.O. 73, Anm. 1.
[7] C. Celsum IV, 82.
[8] Cf. Inst. I, 18, 8; V, 17; VI, 20.
[9] Inst. VI, 20.
[10] Bei *Origenes*, C. Celsum VIII, 68.

deln die Speere, die wir früher im Kampf verwendeten, in Pflugscharen. Denn wir ziehen nicht mehr das Schwert gegen ein Volk und wir erlernen nicht mehr das Kriegshandwerk, nachdem wir durch Jesus Kinder des Friedens geworden sind."[11] Andrerseits betont Origenes die Bereitschaft der Christen, sich durchaus für die Sache des Kaisers zu engagieren, nur nicht in der Form des Kriegsdienstes: „Es gibt keinen, der für den Kaiser besser streitet als wir. Wir ziehen zwar nicht mit ihm in den Krieg, auch dann nicht, wenn er es befehlen würde, aber wir kämpfen für ihn, indem wir ein eigenes Heer bilden, ein Heer der Frömmigkeit durch unsere Gebete zu Gott."[12]

Diese positive Einstellung zur staatlichen Obrigkeit entsprach der frühchristlichen Tradition. Wenn sich die Christen von der Übernahme öffentlicher Ämter und besonders vom Militärdienst fernhielten, so geschah dies nicht aus Indifferenz oder Ablehnung des römischen Reiches, sondern wegen der Unvereinbarkeit bestimmter mit diesen Ämtern verbundenen Funktionen mit dem christlichen Glauben. Denn im Gegensatz zur Stoa entwickelte die frühchristliche Theologie keine eigene Gesellschafts- und Staatslehre. Daran hinderte nicht zuletzt die eschatologische Naherwartung, in der sich mit der Hoffnung auf die zukünftige polis der Gehorsam gegenüber der gegenwärtigen polis verband. Gerade weil die Christen ihre Erwartungen nicht auf die weltlichen Institutionen setzten, konnten sie das Imperium Romanum als eine vorläufige, von Gott gesetzte Institution anerkennen[13]. Und an dieser Grundeinstellung haben auch die Christenverfolgungen nichts geändert.

Auch wenn diese eschatologische Naherwartung im Laufe der Zeit verflachte, blieb doch die positive Einstellung zum Imperium Romanum erhalten, und die sogenannte „konstantinische Wende" ist zum Teil aus dieser Einstellung zu erklären. Die Toleranzedikte des Jahres 313 gaben den Christen nicht nur die volle Religionsfreiheit und die bürgerlichen Rechte, sondern führten auch dazu, daß Konstantin durch einen besonderen Erlaß die christlichen Offiziere und Soldaten, die wegen ihres Glaubens zur Zeit der Verfolgung ihren Dienst quittiert hatten, voll rehabilitierte[14]. Damit war die über hundert Jahre anhaltende Diskussion um die Vereinbarkeit von christlichem Glauben und Militärdienst beendet, und bereits im Jahre 314 legte das *Konzil von Arles* fest: „Diejenigen, die im Frieden ihre Waffen wegwerfen, sollen ausgeschlossen werden."[15]

Dieser Beschluß wurde und wird gelegentlich als eine „Kehrtwende" in der kirchlichen Praxis bezeichnet. Aber man wird hier doch differenzieren müssen.

---

[11] C. Celsum V, 33.
[12] C. Celsum VIII, 73.
[13] Vgl. dazu *H. Schlier,* Die Beurteilung des Staates im Neuen Testament, in: *ders.,* Die Zeit der Kirche (Freiburg i. Br. [4]1966) 7.
[14] Cf. *Eusebius,* Vita Constantini II, 33.
[15] Can. III.

Die Androhung der Exkommunikation galt für die Friedenszeit, nicht dagegen für den Krieg. Das heißt: der christliche Soldat war nicht exkommuniziert, wenn er sich weigerte, an einem Krieg, der das Töten einschloß, teilzunehmen. Unter diesem Aspekt beruhte der Beschluß des Konzils von Arles durchaus auf der bisherigen kirchlichen Praxis. Andrerseits betrachtete sich die Kirche nach der Aufhebung der staatlichen Diskriminierungen als „Beschützer der römischen Ordnung“[16], deren Ausdruck die „Pax Romana“ mit ihrer militärischen Friedenssicherung nach innen und außen war und ging daher disziplinär gegen jene Christen vor, die sich dieser Aufgabe durch Desertation entziehen wollten. Das Dilemma dieser Situation lag freilich darin, daß die „Pax Romana“ als Garant staatlicher Ordnung gerade auf den von Laktanz kritisierten Eroberungskriegen beruhte und daher Produkt einer imperialen Konzeption war[17]. Deshalb ging es für die kirchliche Theologie vor allem darum, imperiale Vorstellungen von Krieg als Eroberung einzudämmen, aber andrerseits die Tatsache zu berücksichtigen, daß das Imperium Romanum unter bestimmten Voraussetzungen gezwungen war, Kriege zu führen. So war es etwa für *Augustinus* selbstverständlich, daß sich das Römische Reich gegen den Einbruch der Völkerwanderungsstämme zur Wehr setzen mußte[18]. Die Lehre vom „gerechten Krieg“ bildete dann den Versuch, diese Voraussetzungen ethisch zu bestimmen. Dabei lag es für Augustinus und Ambrosius als den Begründern der christlichen Variante dieser Theorie vom bellum justum nahe, auf die rechtsphilosophische Konzeption Ciceros zurückzugreifen; nicht zuletzt deshalb, weil Ciceros Pflichten- und Staatslehre das – wenn auch vielfach nur theoretisch – akzeptierte Ethos der spätrömischen Gesellschaft und vor allem deren Oberschicht begründete.

2. *Die Entwicklung der Theorie vom „gerechten Krieg“ und ihr Charakter als ethischer Kompromiß*

Leitgedanke der Theorie vom gerechten Krieg bildet das Prinzip, daß Kriege grundsätzlich nur um des Friedens willen geführt werden dürften. Bereits Platon[19] und Aristoteles[20] bezeichneten, wenn auch noch in sehr allgemeinen Formulierungen, die Wiederhestellung des Friedens als das Ziel von Kriegen. Und wenn Cicero einen Krieg nur dann für gerechtfertigt hält, wenn alle Verhandlungen zu einer friedlichen Beilegung von Streitfällen gescheitert sind[21], dann steht auch hinter dieser Bedingung die Auffassung, daß der Friede nicht nur der

[16] *A. R. Cantalamessa,* Da Gesù a Constantino: Politica ed Escatologica dal Nuovo Testamento alla Svolta Constantiana, in: Vita e Pensiero, 104, 6 (1972) 37.
[17] Vgl. dazu besonders *H. Schmidt,* Frieden (Stuttgart 1969) 67 ff.
[18] De Civitate Dei XIX, 7. [19] Leges 626 a–628 e.
[20] Politica VII 14,1333 a. [21] De officiis I, 11, 34.

Zweck von Kriegen, sondern schlechthin der um jeden Preis aufrecht zu erhaltende Zustand der Gesellschaft sei[22]. In diesem Sinne schreibt er dann zusammenfassend: „Jene Kriege sind ungerecht, die ohne Grund unternommen werden: denn ohne Grund, sich zu rächen oder die Feinde zurückzuschlagen, kann kein gerechter Krieg geführt werden. Kein Krieg gilt als gerecht außer dem angesagten, erklärten, außer nach Stellung der Forderung auf Rückgabe des Eigentums."[23]

Augustinus übernahm diese Umschreibung fast wörtlich: „Gerechte Kriege nennt man gewöhnlich solche, die das Unrecht rächen, wenn ein Volk oder Staatsgebilde, das angegriffen werden soll, entweder das ungerechte Vorgehen seiner Bürger nicht geahndet oder das von seinen Bürgern Geraubte nicht zurückerstattet hat."[24] Aber bei Augustinus muß diese Definition auch in ihrem theologischen Kontext gesehen werden. Wenn die Wiederherstellung des Rechts und damit des Friedens die erste und wichtigste Bedingung für einen gerechten Krieg darstellt, dann bedeutet dieser Friede, der von Augustinus als „tranquillitas ordinis" umschrieben wird, nicht nur eine Wiederherstellung des status quo als Rechtszustand, sondern bezieht sich auf die von Gott gewollte Ruhe in der Ordnung, die in einem engen Zusammenhang zu der von Gott gesetzten Schöpfungsordnung zu sehen ist[25]. Die Störung dieser Ordnung ist daher für Augustinus nicht nur und primär innerweltliches Unrecht, sondern vor allem Sünde im Sinne einer Mißachtung des göttlichen Friedensgebotes. Wenn daher Augustinus, wieder in Anlehnung an Cicero, schreibt: „Es ist das Unrecht des Gegners, das den Weisen zu einem gerechten Kriege zwingt"[26], dann handelt es sich hier nicht um den Weisen der antiken Philosophie, sondern unter einem theologischen Aspekt um jene, die sich um die Wiederherstellung der gottgebotenen Friedensordnung bemühen und deshalb gezwungen sind, zu den Waffen zu greifen. Unter diesem Aspekt bekommt der gerechte Krieg bei Augustinus den Charakter einer Bestrafung der Sünder[27]. Und von da her wird dann auch seine antimanichäistische Feststellung verständlich, daß „oftmals selbst die Guten auf Geheiß Gottes oder auf Befehl einer rechtmäßigen Staatsautorität im Kriege streiten und gegen die Gewalttätigkeit ihrer Gegner kämpfen müssen"[28].

---

[22] De officiis I, 23, 80. Die von Hobbes vertretene Auffassung eines Krieges aller gegen alle als Naturzustand (cf. Grundzüge der Philosophie II, Tl. 3, c.I u. III) war der antiken Philosophie fremd.
[23] De re publica III, 23.
[24] Quaest. In Heptateuchum VI, 10.
[25] De Civitate Dei XIX, 13: „Pax omnium rerum, tranquillitas ordinis. Ordo parium dispariumque rerum sua cuique loca tribuens dispositio."
[26] De Civitate Dei XIX, 7.
[27] Vgl. bes. *P. Engelhardt*, Die Lehre vom „gerechten Krieg" in der vorreformatorischen und katholischen Tradition. Herkunft – Wandlungen – Krise, in: Der gerechte Krieg: Christentum, Islam, Marxismus. Redaktion R. Steinweg (Frankfurt a. M. 1981) 77.
[28] C. Faustum XXIII, 74.

Diese Vorstellung vom gerechten Krieg als einer Art *Strafaktion* erklärt sich aber auch aus der relativ eng gefaßten Definition des gerechten Krieges bei Cicero und Augustinus. Denn in dieser Definition wird das zwischenstaatliche Unrecht in Analogie zum innerstaatlichen Unrecht aufgefaßt und umschrieben. Da aber die Vorstellung von einer vermittelnden oder die Wiedergutmachung des Unrechts erzwingenden internationalen Instanz dem antiken und dem mittelalterlichen Denken fremd war, erhielt der in seinem Recht verletzte Staat die Funktion einer strafrechtlichen Instanz. Und dementsprechend muß der in seinem Recht verletzte Staat den gerechten Krieg sine ira et studio führen.

Diese Forderung wird von Augustinus und der mittelalterlichen Theologie unter dem Stichwort der „recta intentio" zusammengefaßt: „Berechtigte Einwände gegen den Krieg sind die in ihm hervortretenden Gesinnungen wie Lust zu schaden, grausame Rachgier, Unversöhnlichkeit, Vergeltungs- und Eroberungssucht."[29] Schon Cicero verweist auf die Notwendigkeit, daß in der Kriegführung die allgemeinen Rechtsgrundsätze gewahrt werden müßten[30], und Ambrosius übernimmt diese Forderung mit dem konkreten Hinweis, daß alle früher getroffenen Vereinbarungen über die Rechte und Pflichten der Gegner eingehalten werden müßten[31]. Damit war auch das spätere „jus in bello" in die Theorie des gerechten Krieges miteinbezogen.

Was die theologische Deutung der *Kriegsübel* betrifft, so werden diese Übel zwar von Augustinus bedauert, und er verurteilt besonders jene, die die Leiden des Krieges ohne jedes menschliche Mitgefühl geschehen lassen[32], zugleich sieht er aber in Anlehnung an bestimmte Aussagen im Alten Testament in diesen Kriegsübeln eine Erprobung für die Gerechten und ein Strafgericht über die Sünder[33]. Und es entspricht dieser alttestamentarisch begründeten Geschichtstheologie, wenn er schreibt: „Gott selbst bestimmt die Dauer der Kriege. Von seinem gerechten Urteil und von seinem Erbarmen hängt es ab, die Menschheit in tiefes Leid zu stürzen oder zu trösten. Das ist auch der Grund, warum manche Kriege länger dauern, andere dagegen nur von kurzer Dauer sind."[34] Was die Verluste an Menschenleben unter den Soldaten betrifft, so galt von der Antike bis weit in die Neuzeit hinein der Grundsatz, daß der Tod von Berufssoldaten zu ihrem Berufsrisiko gehöre. Augustinus übernimmt diese Einstellung, deutet sie aber unter dem Aspekt des gerechten Krieges theologisch: „Was ist am Kriege zu tadeln? Ist es die Tatsache, daß in ihm Menschen getötet werden – die doch eines Tages sterben müssen –, damit die Sieger in Frieden

---

[29] Ebd. XXII,75.
[30] De officiis I,11,36.
[31] De officiis ministrorum I,29.
[32] De Civitate Dei XIX,7.
[33] Ebd. I,1.
[34] Ebd. V,22.

leben können? Das am Kriege zu beanstanden oder zu verabscheuen, ist kleinmütig und hat mit Gottesfurcht wenig zu tun."[35] Dieser oft zitierte Satz zeigt zugleich die Zeitbedingtheit der antik-mittelalterlichen Vorstellung von der Durchführung eines gerechten Krieges als Strafaktion, auch wenn Augustinus die Forderung aufstellt, daß die Leiden, die ein Krieg mit sich bringt, in einer gerechten Proportion zum Unrecht stehen müssen, das durch den Krieg als Strafaktion wiedergutgemacht werden solle[36].

Aber gerade weil der Krieg ein Strafgericht Gottes ist, will Augustinus das Recht zum Führen eines gerechten Krieges auf die staatliche Autorität beschränkt wissen[37]. Nur die staatliche Autorität hat das Recht, ein an seinen Bürgern durch Angehörige eines anderen Staates verübtes Unrecht zu ahnden. Auch diese Einstellung entspricht der römisch rechtlichen Tradition; nicht zuletzt aus der Sorge heraus, daß Privatkriege unter Gruppen sich ungewollt zu zwischenstaatlichen Kriegen ausweiten könnten. Aber für Augustinus liegt diese Beschränkung auf die staatliche Autorität vor allem deshalb nahe, weil diese staatliche Autorität von Gott kommt und unter diesem Aspekt allein bevollmächtigt ist, das Strafgericht Gottes in der Form eines gerechten Kreiges zu vollziehen.

Damit ist dann zugleich das Problem des *Gehorsams* gegenüber dieser kriegführenden Autorität berührt. Weil jede staatliche Autorität von Gott ausgeht, besteht für den Soldaten grundsätzlich Gehorsamspflicht, und Augustinus schreibt in diesem Sinne: „Es kann also geschehen, daß sich der Herrscher durch seinen ungerechten Befehl schuldig macht, während der den Befehl ausführende Soldat schuldlos bleibt."[38] Aber diese Sentenz wird im Kontext durch den Hinweis eingeschränkt: „Wenn es feststeht, daß dieser Befehl nicht dem Gesetz Gottes zuwiderläuft oder wenn wenigstens nicht feststeht, daß er ihm zuwiderläuft."[39] Dieser Text, der durch die Aufnahme in das Decretum Gratianum wirkungsgeschichtliche Bedeutung erlangte, bezieht sich ausdrücklich auf die Situation christlicher Soldaten, die unter einem „unwürdigen König" dienen. Wahrscheinlich – aber diese Frage ist kontrovers – handelt es sich hier nicht um das generelle Problem, ob der Krieg, in dem christliche Soldaten ihren Dienst tun, gerecht ist oder nicht, – der Tatbestand des gerechten Krieges wird vorausgesetzt –, sondern darum, ob einzelne Befehle der militärischen Autorität gegen das Gebot Gottes verstoßen. Ist dies der Fall, dann ist der Soldat nicht zum Gehorsam verpflichtet, wohl aber dann, wenn es nicht feststeht, ob dieser Befehl den Geboten Gottes zuwiderläuft. Eine derartige Situation wäre in solchen Fällen denkbar, in denen nach römischem Kriegsrecht bestimmte Maß-

---

[35] C. Faustum XXII, 74.
[36] Cf. De Civitate Dei IV, 6 ein eher indirekter Hinweis.
[37] C. Faustum XXII, 75.
[38] Ebd. XXII, 74.
[39] Ebd.

nahmen erlaubt sind, aber Zweifel bestehen, ob diese Maßnahmen mit dem Gebot Gottes übereinstimmen.

Es war dann gerade die theologische Umwandlung der Theorie des bellum justum durch Augustinus, die die Lehre vom gerechten Krieg zu einem ethischen Kompromiß werden ließ: einerseits das göttliche Gebot der Friedenserhaltung, andrerseits die Notwendigkeit, den durch Unrecht und Gewalt verletzten Frieden durch kriegerische Maßnahmen wiederherzustellen. Die Unterscheidung zwischen einem ungerechten und einem gerechten Krieg differenzierte aber nicht nur das Phänomen des Krieges, sondern zugleich das der Gewaltanwendung. Wie bereits erwähnt, hatte auch die vorkonstantinische kirchliche Theologie dem Kaiser das Recht zum Kriegführen keineswegs abgesprochen, wohl aber dem christlichen Soldaten das Töten verboten. Die Differenzierung zwischen gerechtem und ungerechtem Krieg und die Umwandlung der Bellum-justum-Theorie in eine Strafaktion zur Wiederherstellung der gottgewollten Friedensordnung führte in dern Konsequenz dazu, daß nun auch der christliche Soldat in einem gerechten Krieg kämpfen durfte, um einen ungerechten Angriff abzuwehren oder ein erlittenes Unrecht wiedergutzumachen. Zwar äußerte sich Augustinus durchaus kritisch über die Friedensordnung der „civitas terrena"[40], aber es gibt bei ihm in concreto keine scharfe Trennung zwischen dem Gottesstaat und dem irdischen Staat[41], denn die irdische Friedensordnung partizipiert, wenngleich nur unvollkommen und torsohaft, an der göttlichen Friedensordnung. Aus diesem Grunde liegt die Aufrechterhaltung oder Wiedergewinnung des irdischen Friedens in der Intention Gottes, so daß der christliche Soldat, der in einem gerechten Kriege kämpft, auf seine Weise den Willen Gottes erfüllt.

Unter diesem Aspekt eines ethischen Kompromisses wäre es für Augustinus nicht nötig gewesen, noch eigens auf die Frage christlicher *Gewaltlosigkeit* einzugehen. Tatsächlich stehen denn auch seine Aussagen zu dieser Thematik nicht in einem unmittelbaren Zusammenhang mit der Lehre vom gerechten Krieg. Sie sind aber deshalb von Bedeutung, weil sie in der mittelalterlichen Tradition in diesem Zusammenhang gesehen und behandelt wurden[42]. Augustinus versucht die jesuanische Forderung nach Gewaltverzicht in dem Sinne zu differenzieren, daß er in Anlehnung an Ciceros Pflichtenlehre zwischen consilium und debitum unterscheidet und die Forderung nach Feindesliebe und Gewaltverzicht als einen evangelischen Rat und damit als ein besonders verdienst-

---

[40] Cf. De Civitate Dei XIX, 7. Der irdische Friede ist dauernd gefährdet, weil die durch Eroberungskriege erreichten Friedensverträge bereits den Keim zu neuen Kriegen in sich tragen. Vgl. zum Verhältnis irdischer und himmlischer Friede bei Augustinus *W. Kamlah,* Christentum und Geschichtlichkeit (Stuttgart-Köln [2]1951) 261 ff.; *J. Ratzinger,* Volk und Haus Gottes in Augustins Lehre von der Kirche (Theologische Studien 7) (München 1954) 256ff.

[41] Cf. De Civitate Dei XIX, 12 u. 14.

[42] So z.B. bei *Thomas von Aquin,* STh II-II q. 40 a. 1.

volles Verhalten bezeichnet, dieses Verhalten aber nicht zu einer Pflicht für alle Christen machen will[43]. Ohne hier auf die Frage nach dem Verpflichtungscharakter des Gebotes der Feindesliebe und des Gewaltverzichts einzugehen[44], sei lediglich darauf hingewiesen, daß die augustinische Konzeption des gerechten Krieges auch dann ihre Gütligkeit besäße, wenn für die Forderung nach Gewaltverzicht ein allgemeiner Verpflichtungscharakter angenommen wird. Denn der ethische Kompromiß zwischen dem Friedensgebot Gottes und der Notwendigkeit, unter Umständen den verletzten Frieden durch Waffengewalt wiederherzustellen, ergibt sich nicht aus der Ansicht, daß das Gebot auf Gewaltverzicht keinen allgemeinen Verpflichtungscharakter besitzen könne, sondern aus der Funktion des gerechten Krieges als einem ethischen Kompromiß.

Obwohl die Äußerung Augustins zum gerechten Krieg eher fragmentarisch sind und zudem unter sehr unterschiedlichen Aspekten erfolgten[45], waren sie von entscheidendem Einfluß auf die weitere Entwicklung dieser Lehre. So wurde die stärker ciceronisch beeinflußte Definition des gerechten Krieges von Isidor von Sevilla in sein mittelalterliches Standardwerk der theologischen Begriffe übernommen[46], während Augustins antimanichäistische Verteidigung des gerechten Krieges zusammen mit der Definition Isidors in das *Decretum Gratianum* einging, das als mittelalterliche Zusammenstellung kirchenrechtlicher Bestimmungen von weitreichendem Einfluß war. Obwohl umstritten ist, ob und inwieweit dieses Decretum eine Synthese der Theorie des bellum justum darstellt, wurden in ihm doch die wichtigsten Gründe für eine justa causa belli aufgezählt: Die Zurückschlagung des Feindes bis über die Grenzen, die Wiedererlangung geraubter Güter und die Vergeltung für erlittenes Unrecht. Ein weiterer gerechter Grund für einen Krieg kann die militärische Hilfe für Verbündete sein, wenn diese Verbündeten mit einem ungerechten Krieg überzogen werden. Aber einziges Ziel eines gerechten Krieges muß immer die Wiederherstellung des vom Feinde verletzten Rechtszustands sein. Unter diesem Aspekt wird dann erstmals auch eine Unterscheidung zwischen Angriffs- und Verteidigungskrieg versucht: der Verteidigungskrieg hat den Zweck, einen ungerechten Angriff zurückzuweisen, während der Angriffskrieg als eine Strafaktion zur Wiedergutmachung erlittenen Unrechts verstanden wird. Aber beide Umschreibungen beziehen sich auf den Tatbestand des gerechten Krieges.

In ähnlicher Weise führt *Raymund von Peñafort* in seiner „Summa de poenitentia" fünf Bedingungen für einen gerechten Krieg an: 1. Die Person: nur ein

---

[43] Cf. Ep. 138, 5: „Si christiana disciplina omnino bella culparet, hoc potius consilium salutis petentibus in Evangelio daretur, ut abiecerent arma, seque militiae omnino subtraherent." Vgl. zum Problem der Gewaltlosigkeit bei Augustinus besonders *F. H. Russell,* The Just War in the Middle Ages (London 1975) 16ff.

[44] Vgl. *W. Korff,* Grundsätze einer christlichen Friedensethik, in diesem Kapitel, Beitrag IV.

[45] Vgl. *P. Engelhardt,* a.a.O. 76f.

[46] Etymologiarium XCIII, 1: „Justum bellum est quod ex predicto geritur de rebus repititio aut propulscendorum hostium causa."

Laie, kein Kleriker darf Soldat sein, 2. die Sache: um geraubtes Gut wiederzuerlangen und um das eigene Land zu verteidigen, 3. die Ursache: ein Krieg muß stets um des Friedens willen geführt werden, 4. Die Gesinnung: ein Krieg darf nicht aus Haß, sondern nur um der Gerechtigkeit willen geführt werden, 5. die Autorität: nur eine kirchliche[47] oder eine weltliche Autorität darf Krieg führen[48].

Im Unterschied zu den Juristen betont *Thomas von Aquin* in seiner „Summa theologiae" wieder stärker die moraltheologische Komponente der Thematik. Krieg ist für ihn primär eine Verletzung des Liebesgebotes, und deshalb wird die Lehre vom gerechten Krieg im Gesamttraktat de Caritate abgehandelt. Unter Berufung auf Augustinus verneint auch Thomas die Forderung, daß kein Christ zu den Waffen greifen dürfe und nennt diese Forderung in Anlehnung an Augustinus ein consilium[49].

Unter den drei Bedingungen für einen gerechten Krieg, die wiederum mit Zitaten von Augustinus belegt werden, nimmt die Bedingung der rechtmäßigen *Autorität* in der Behandlung den breitesten Raum ein; wahrscheinlich deshalb, weil sie in der mittelalterlichen Literatur kontrovers war. Während noch bis in das 13. Jahrhundert die Ansicht vertreten wurde, daß ein Krieg unter christlichen Fürsten nur dann legitim sein könne, wenn er vom Kaiser autorisiert sei, kam zu Beginn dieses Jahrhunderts die These auf, daß bestimmte christliche Fürsten unabhängig vom Kaiser das Recht zum Kriegführen besäßen, während das mittelalterliche Gewohnheitsrecht jedem Ritter das Recht zum Kriegführen zugestand. Thomas lehnt dieses Gewohnheitsrecht mit dem Argument ab, daß über Streitfragen zwischen Rittern der Fürst als übergeordnete Instanz zu entscheiden habe. Auch hier wird die Tendenz sichtbar, Privatkriege auszuschalten und Streitfragen durch übergeordnete Instanzen regeln zu lassen. Umgekehrt lehnt aber Thomas die nicht mehr zeitgemäße These von der alleinigen Autorität des Kaisers ab und entscheidet sich dafür, den Fürsten das Recht zum Kriegführen zuzugestehen, also jenem Personenkreis, der die höchste Autorität in einem autonom verwalteten Territorium bildet. Denn wie es ihre Aufgabe sei, dieses Territorium gegen inneren Aufruhr mit militärischen Mitteln zu schützen, so sei es auch ihre Aufgabe, das gleiche gegen äußere Feinde zu tun[50]. Da im Mittelalter die Autoritätsfrage eine entscheidende Rolle spielte, kommt der Übertragung des Rechts zum Kriegführen auf die Fürsten eine große Be-

[47] II, Tit. V. § 12, Qu. 5: „presertim cum pugnetur de fide".
[48] Unter Berufung auf das Naturrecht, aber in einer sehr vorsichtigen Formulierung, führt Raymund de Peñafort auch das Recht zum Kriegführen ohne ausdrückliche Autorisation der staatlichen Obrigkeit an: um Güter zurückzuerlangen oder das Land zu verteidigen (cf. Summa de poenitentia II, Tit. V, § 17). Zu denken wäre hier an eine Art Notsituation gegenüber einem ohne Kriegserklärung angreifenden Feind. Vgl. dazu *P. Engelhardt,* a. a. O. 84.
[49] STh II-II q. 40 a. 1.
[50] Ebd. – Vgl. dazu bes. *E. Nys,* Le Droit de Guerre et les Précurseurs de Grotius (Paris 1882) 54 ff.

deutung zu. Diese Zuständigkeitsverlagerung entsprach freilich der geschichtlichen Realität, und auf diese Weise konnte das Kriegführen unter Fürsten in die Lehre vom gerechten Krieg eingebunden werden, während die Autorität des Kaisers zu schwach war, um Kriege zwischen Fürsten zu verhindern.

Für die justa causa belli zitiert Thomas die bekannte, durch Augustinus von Cicero übernommene Definition des gerechten Krieges, schränkt aber diese gerechte *Ursache* dahingehend ein, daß eine wirkliche Schuld auf seiten des Gegners bestehen müsse[51]. Es genügt demnach nicht die bloße Tatsache, daß ein Schaden entstanden oder ein Unrecht geschehen ist, um einen Krieg zu rechtfertigen, es muß sich auch um ein objektiv und subjektiv schuldhaftes Verhalten des Gegners handeln, wobei freilich die von späteren Theologen aufgeworfene Frage nach der Wahrscheinlichkeit oder Evidenz des Vorliegens von subjektiver Schuld von Thomas noch nicht behandelt wird[52]. Aber trotzdem kann man hier von einer ethischen Entwicklung der Lehre des gerechten Krieges sprechen. Es geht nicht mehr nur um die Feststellung von Unrecht und die Forderung nach einem „Instanzenzug", das heißt die Wiedergutmachung des Unrechts mit friedlichen Mitteln, dessen Scheitern die Führung eines gerechten Krieges rechtfertigt, sondern vor allem darum, die ethische Komponente der Schuld zum Angelpunkt für die justa causa belli zu machen. Natürlich kann man einwenden, daß jede Partei bestrebt sein wird, der anderen die Schuld zuzuweisen, aber die Einführung des Schuldprinzips in die Lehre vom gerechten Krieg, bedeutete – zumindest theoretisch – eine Verschärfung der zentralen Bedingung für die Führung eines gerechten Krieges und damit eine Differenzierung des gerechten Krieges als ethischer Kompromiß.

Auch für die dritte Bedingung, die recta intentio, verweist Thomas auf bereits zitierte Augustinustexte, um dann ausdrücklich festzustellen, daß auch ein ansonsten gerechter Krieg wegen der fehlenden intentio recta ein ungerechter Krieg sei. Die rechte *Gesinnung* dürfe nur in der Intention bestehen, den Frieden wiederherzustellen und den Rechtsbrecher zu bestrafen. Wie schon bei Augustinus handelt es sich auch bei Thomas um eine primär ethische Bedingung, die freilich in concreto ebensowenig verifizierbar ist wie die Schuldfrage. Aber die Bedeutung dieser ethischen Position ergibt sich aus dem von einigen Kommentatoren angeführten Argument, daß es für die Verurteilung eines Diebes rechtlich unerheblich sei, ob der Bestohlene aus Haß gegen den Dieb oder anderen ethisch verwerfbaren Motiven Anzeige erstattet habe, um daraus zu folgern, daß die recta intentio als Bedingung für einen gerechten Krieg rechtlich ebenso unerheblich sein müsse[53]. Abgesehen davon, daß diese Argumentation

[51] STh II-II q. 40 a. 1.: „ut scilicet illi qui impugnantur propter aliquam culpam impugnationem mereantur."
[52] Vgl. dazu *R. Coste,* Le problème de droit de guerre dans la pensée de Pie XII (Paris 1962) 39 f.
[53] Vgl. *R. H. W. Regout,* La doctrine de la guerre juste de Saint Augustine à nos jours (Paris 1934), Nachdruck Aalen 1974) 81.

die Tatsache übersieht, daß in einem Strafprozeß der Geschädigte nicht zugleich der Richter ist, während in einem Krieg der geschädigte Fürst zugleich die Sanktion vollzieht, bedeutete das Fallenlassen der intentio recta als Bedingung für das Führen eines gerechten Krieges das Ende der genuin ethischen Konzeption der Lehre vom gerechten Krieg. Andrerseits macht diese über Jahrhunderte geführte Diskussion deutlich, daß es kaum möglich ist, eine moralische Bedingung adäquat in rechtlich relevante Kriterien umzusetzen. Für die Politik in der mittelalterlichen Gesellschaft war eine solche „Umsetzung" freilich kaum nötig, da Ethik und Recht noch eine Einheit bildeten. Unter diesem Aspekt besaß die Lehre vom gerechten Krieg als ethischer Kompromiß durchaus ihre Bedeutung. Erst die zunehmende Trennung von Recht und theologischer Moral in der Neuzeit machte eine Verrechtlichung dieser Lehre fast unausweichlich.

3. Die Verrechtlichung der Lehre vom „gerechten Krieg"

Der Prozeß der Verrechtlichung, dem die Lehre vom gerechten Krieg zu Beginn der Neuzeit unterworfen wurde, vollzog sich, wenn auch zunächst unbeabsichtigt, unter dem Einfluß des aufkommenden europäischen Völkerrechts und der Souveränitätstheorie. Der Einfluß des Völkerrechts ergab sich aus der engen Beziehung zur christlichen Moraltheologie, zumal diese Verbindung auf der gemeinsamen Basis des Naturrechts gründete.

Diese Gemeinsamkeit kommt vielleicht am deutlichsten in *Francisco de Vitorias* Abhandlungen zur Lehre vom gerechten Krieg zum Ausdruck. In seinen „Relectiones theologiae", vor allem aber in „De Indis recenter inventis" und in „De jure belli Hispanorum in Barbaros Relectiones", die 1539 erschienen, rekurriert Vitoria auf das Theorem einer von Gott gesetzten *Universalgemeinschaft* aller Menschen, die Christen und Nichtchristen gleichermaßen umfaßt und deren Ordnung sich über alle Länder der Erde erstreckt. Damit wird – zumindest theoretisch – im Rahmen dieser internationalen Ordnung der Unterschied zwischen Christen einerseits, „Heiden" und „Barbaren" anderseits, aufgehoben.

Und es ist dann diese internationale Gemeinschaft, die die Grundlage für die Beurteilung des gerechten Krieges abgibt: „Ein Krieg ist einzig deshalb ungerecht, weil er dem Universum und der gesamten Christenheit schadet, auch wenn er einem einzelnen Land Vorteile bringen mag."[54] Wenn daher der von einem Unrecht betroffene Staat zur Wiederherstellung des Rechtszustandes zu den Waffen greift, dann zwar auch aufgrund eigener Autorität[55], vor allem aber deshalb, weil die internationale Ordnung von sich aus diese Aufgabe nicht er-

---

[54] De Potestate civili, Nr. 13.
[55] Cf. De Jure Belli, Nr. 5.

füllen kann[56]. Dieses Prinzip einer gedachten „Delegation" gilt aber nach Vitoria nicht nur für zwischenstaatliche Konflikte, sonderen auch für Fälle von Menschenrechtsverletzungen innerhalb eines Staates, etwa für die Tötung Unschuldiger, weil diese Verletzungen Unrecht im Sinne eines umfassenden, naturrechtlich begründeten Völkerrechts sind. Und deshalb haben andere Staaten nicht nur das Recht, sondern darüber hinaus auch die Pflicht, notfalls durch militärisches Eingreifen dafür zu sorgen, daß der betreffende Staat gegenüber seinen Untertanen die Menschenrechte achtet[57]. Der einzig gerechte Grund für einen Krieg kann daher auch nur die „Verletzung eines Rechts"[58] sein, nicht aber „die Ausdehnung des Reiches, der Ruhm oder ein anderer persönlicher Vorteil des Fürsten", und auch nicht der „Unterschied in der Religion."[59]

Freilich blieb das Bemühen Vitorias, die Lehre vom gerechten Krieg aus einem theologischen Natur- und Völkerrecht zu begründen, angesichts des erstarkenden Souveränitätsdenkens der Fürsten ohne konkrete Auswirkungen. Es wurde auch von der zeitgenössischen Theologie nicht übernommen oder sogar wie etwa von Suárez ausdrücklich abgelehnt[60]. Erst im 20. Jahrhundert griffen die Satzungen des Völkerbundes und der Vereinten Nationen auf dieses Prinzip zurück.

Erfolgreicher war Vitoria mit seiner Forderung, nicht nur das subjektive Element der Gerechtigkeit zu berücksichtigen, sondern in gleicher Weise die *Proportionalität* zwischen dem geschehenen Unrecht und den Schäden, die eine kriegerische Intervention mit sich zu bringen pflege[61]. Auf diese Proportionalität hatte zwar schon Augustinus hingewiesen, aber Vitoria bemühte sich um eine konkretere Fixierung, wenn er schreibt, daß nicht schon jede Form des Unrechts, sondern nur ein schwerwiegender Unrechtstatbestand einen gerechten Krieg rechtfertigen könne[62]. Damit wird die von Thomas von Aquin aufgestellte Bedingung, daß auf seiten des Gegners wirkliche Schuld vorliegen müsse, um die Differenzierung zwischen leichtem und schwerem Unrecht ergänzt. Diese Frage der Proportionalität drängte zugleich die traditionelle Auffassung vom gerechten Krieg als einem Strafgericht Gottes für die Sünder zurück und leitete eine Entwicklung ein, die sich schließlich ganz von dieser These abwenden sollte.

Auch hinsichtlich der ethischen Bedingung der recta intentio bemühte sich

---

[56] Cf. Ebd. 19.
[57] Cf. De Indis III, 15.
[58] De Jure Belli, Nr. 13.
[59] Ebd. 10 u. 12.
[60] Cf. opus de Triplice virtute theologica, Fide, Spe et Charitate Dist. XIII, Sectio IVa,10,3: „quod quidam aiunt, supremos Reges habere potestatem ad vindicandas iniurias totius orbis, est omnino falsum et confundit ordinem et distinctionem iurisdictionum: talis enim potestas, neque a Deo data est, neque ex ratione colligitur."
[61] De Jure Belli, Nr.14.
[62] Ebd.

Vitoria um eine eher rechtliche Fixierung, wenn er die Frage stellt, was zu tun sei, wenn beide Parteien bona fide einen gerechten Krieg zu führen meinen und dabei auf zivilrechtliche Normen rekurriert[63]. Ähnlich versucht Vitoria in der Frage des soldatischen *Gehorsams* noch weiter zu differenzieren als Augustinus. Kein Soldat darf in einem Kriege unschuldige Zivilisten auf Befehl der militärischen Führung töten[64]. Auch darf er nicht Militärdienst in einem Kriege leisten, von dessen Ungerechtigkeit er überzeugt ist, selbst dann nicht, wenn es sich bei diesem Krieg objektiv um einen gerechten Krieg handelt[65]. Umgekehrt ist der einfache Soldat in einem Verteidigungskrieg, das heißt in einem Krieg, in dem der eigene Staat unmittelbar angegriffen wird, aber auch in einem Angriffskrieg, in dem der eigene Staat zu militärischen Sanktionen greift, verpflichtet, Militärdienst zu leisten, auch wenn er Zweifel an den gerechten Gründen für diesen Krieg hat. Vitoria beruft sich mit dieser Ansicht nicht nur auf Augustinus, sondern führt als Argument an, daß der Fürst nicht immer die Gründe für einen Krieg allen Untertanen erklären könne und dürfe; daß aber vor allem das Wohl des Staates gefährdet sei, der zum Opfer feindlicher Raubzüge würde, wenn Soldaten im Falle des Zweifels, ob dieser Krieg auch gerecht sei, den Kriegsdienst verweigerten[66]. Andererseits sind alle an einer politischen Entscheidung Beteiligten verpflichtet, die Frage nach den gerechten Gründen des Krieges genau zu prüfen, weil es mit von ihrer Entscheidung abhängt, einen möglicherweise ungerechten Krieg zu verhindern[67]. Dies gilt dann freilich nicht für jene Untertanen, die am politischen Entscheidungsprozeß nicht beteiligt sind, weil sie, „selbst wenn sie die Ungerechtigkeit des Krieges erkennen würden, den Krieg nicht verhindern könnten, da ihre Meinung nicht gehört würde[68]. Sie können und dürfen sich daher auf die Gründe des Fürsten und seiner Ratgeber verlassen. Allerdings fügt Vitoria dieser viel zitierten Sentenz die Klausel hinzu, „wenn nicht das Gegenteil feststeht"[69].

Diese Bemühung Vitorias um eine Differenzierung zeigt nicht nur die Abhängigkeit von zeitgeschichtlich bedingten politischen Verhältnissen, sondern auch die Relativität der in einer solchen Situation gefundenen konkreten Verhaltenskriterien. Die zunehmende Verrechtlichung der Lehre vom gerechten Krieg führte einerseits zu einer Konkretisierung der ethischen Normen und damit zu einer Klärung konkreter Verhaltensfragen, aber andererseits zu einer, wenn auch unbeabsichtigten, kasuistischen Verengung der ethischen Bedingungen für einen gerechten Krieg.

---

[63] Ebd. 27–30.
[64] Ebd. 22.
[65] Ebd. 23.
[66] Ebd. 31.
[67] Ebd. 24.
[68] Ebd. 25.
[69] Ebd.

Einen vielleicht noch stärkeren Einfluß als das entstehende europäische Völkerrecht übte die erstarkende *Souveränitätstheorie* auf die Verrechtlichung der Lehre vom gerechten Krieg aus. Diese Tendenz kommt besonders bei *Francisco Suárez* in dessen Stellungnahmen zu dieser Thematik zum Ausdruck. Er lehnt nicht nur, wie bereits erwähnt, die von Vitoria geforderte Intervention aus Humanitätsgründen als unvereinbar mit der Souveränität der Fürsten ab, sondern erweitert die Gründe für einen gerechten Krieg unter dem Aspekt der Souveränitätslehre; so zum Beispiel, wenn er die verletzte Ehre des Monarchen als Grund zur Führung eines gerechten Krieges anführt[70]. Gleichzeitig werden Verstöße gegen zeitgenössische politische Bestrebungen, wie die Freiheit der Meere und des Handels, in den Katalog der Rechtsgründe für einen gerechten Krieg aufgenommen[71].

Andrerseits bemüht sich Suárez, diese Vielfalt der Rechtsgründe mit Hilfe der moraltheologischen Propabilitätslehre so weit wie möglich zu objektivieren; so etwa, wenn er die Bedingungen für einen gerechten Krieg eher gegeben sieht, wenn die ungerechte Aktion des Gegners noch andauert, während der Krieg als „Strafaktion" nur dann gerechtfertigt sein könne, wenn er zur Wiederherstellung des Rechts und eines dauernden Friedens führe[72].

Und ähnlich wie Vitoria unterscheidet auch Suárez zwischen geringeren und schweren Rechtsverletzungen, weist aber zugleich darauf hin, daß oft aus kleineren Rechtsverletzungen im Wiederholungsfall Situationen entstehen können, die dann doch das Wohl des Staates gefährden[73], wobei die ethische Komponente der Schuld mehr und mehr zugunsten einer Berechenbarkeit des Unrechts und seiner Auswirkungen in den Hintergrund tritt.

Diesen Versuchen zu einer detaillierten und möglichst konkreten Fassung rechtlicher Kriterien entspricht dann andererseits der Versuch, die subjektive Moralität genauso konkret erfassen zu können wie die objektiven Rechtskriterien. Um ein Höchstmaß an moralischer Gewißheit zu erreichen, ob die Gründe für einen Krieg auch tatsächlich gerecht seien, will Suárez den Fürsten verpflichten, sich in die Rolle eines unparteiischen Richters zu versetzen, um auf diese Weise die Gründe pro et contra abwägen zu können. Hingegen können sich die Soldaten auf die Entscheidung des Fürsten über die gerechten Gründe verlassen[74]. Diese Konzeption des Fürsten als eines „unparteiischen Richters" entsprach durchaus der theologischen Tradition von der staatlichen Autorität als Stellvertreterin Gottes, dürfte aber kaum auf die Position absolutistisch herrschender Monarchen der Neuzeit zutreffen.

In der Folgezeit löste sich das europäische Völkerrecht in der Frage des ge-

---

70 De Charitate, Dist. XIII, Sectio VI, Nr. 3.
71 Ebd. Nr. 3.
72 Ebd. Nr. 5.
73 Ebd. Nr. 2
74 Ebd. Nr. 3 u. Nr. 8.

rechten Krieges von den bisherigen theologischen Einflüssen, auch wenn etwa bei Hugo Grotius noch eine aus der theologischen Tradition stammende Argumentation vorherrscht. Aber der entscheidende Schritt zu einer völligen Trennung von Recht und Moral in der Beurteilung des gerechten Krieges erfolgte bereits bei Grotius mit dessen Festlegung, daß jeder Krieg gerecht sei, wenn er von der höchsten staatlichen Autorität als ein „bellum publicum solemne" erklärt und dem Gegner als ein solcher angezeigt werde[75]. Diese rein positiv rechtliche Bestimmung konnte weder die katholische noch die von *Luthers* Stellungnahmen beeinflußte portestantische Theologie mitvollziehen. Auch wenn Luthers Ausführungen zum Thema Krieg nicht formal der scholastischen Lehre vom gerechten Krieg folgen, so enthalten sie doch – besonders in Luthers Bindungen an Augustinus – die ethischen Elemente dieser Lehre[76] und machen damit deutlich, daß sich der frühe Protestantismus trotz seiner starken Betonung der staatlichen Obrigkeit in der Tradition der Lehre vom gerechten Krieg bewegte. Das kommt besonders in Luthers Schrift „Von weltlicher Obrigkeit"[77] zum Ausdruck, in der sich die wichtigsten ethischen Positionen der traditionellen Lehre vom gerechten Krieg finden: Nur die oberste weltliche Gewalt ist zum Kriegführen berechtigt, und deshalb darf kein weltlicher Stand gegen die ihm übergeordnete Obrigkeit Krieg führen. Ein Krieg darf erst dann geführt werden, wenn alle Mittel zur friedlichen Beilegung des zwischenstaatlichen Konfliktes erschöpft sind. Im Verteidigungsfall – und Luther stellt einzig auf ihn ab – sind die Untertanen verpflichtet, Gewalt mit Gewalt zu beantworten.

Aber im Gegensatz zur ciceronisch-augustinischen und zur scholastischen Tradition betont Luther nicht so sehr den Unrechtscharakter des Angriffskrieges und die Wiedergutmachung dieses Unrechts, sondern die Pflicht der weltlichen Obrigkeit, die Untertanen zu schützen und den Frieden des Landes zu sichern[78]. Ähnliches gilt dann auch ganz allgemein für die Bereitschaft des Christen, einen Verteidigungskrieg zu führen, weil er damit „dem Nächsten und Anderen nützt und du tust es nicht in der Meinung, daß du dich rächen oder Böses mit Bösem vergelten wolltest, sondern deinem Nächsten zu Gute und zum Schutz und Frieden der Anderen"[79].

Diese Schutzfunktion der Obrigkeit als eigentlicher Grund für das Führen eines gerechten Krieges gründet bei Luther, der hier ganz der augustinischen Tradition mit ihrer Berufung auf Röm 13 folgt, darin, daß die weltliche Obrig-

[75] De Jure Pacis et belli III, 3, § 5.

[76] Vgl. dazu *H. Kunst,* Martin Luther und der Krieg. Eine historische Betrachtung (Stuttgart 1968); *W. Lienemann,* Das Problem des gerechten Krieges im deutschen Protestantismus nach dem Zweiten Weltkrieg, in: Der gerechte Krieg (s. o. Anm. 27) 125 ff.

[77] WA 11, 245–281.

[78] Vgl. WA 11, 245 ff.; dazu auch „Ob Kriegsleute auch im seligen Stande sein können", WA 19, 648: „Ein jeglicher Fürst ist schuldig, die seinen zu schützen und ihnen Friede zu schaffen."

[79] Von weltlicher Obrigkeit: WA 11, 255.

keit „Dienerin Gottes" ist, damit durch das Schwert der „Frieden erhalten, die Sünde bestraft und dem Bösen gewehret" werde[80]. In diesem Sinne dürfte auch der Artikel 16 der Confessio Augustana zu interpretieren sein, in dem das „iure bellare, militare" als legitime Aufgabe der weltlichen Obrigkeit aufgezählt wird[81].

Aber ähnlich wie die starke Betonung der Souveränitätslehre in der katholischen Lehre vom gerechten Krieg, so begünstigte auch die Betonung der Schutzfunktion der weltlichen Obrigkeit eine nationalstaatliche Tendenz in der Auslegung dieser Lehre im Protestantismus und führte wegen dieser Verrechtlichung zu einer Stagnation in der theologischen Entwicklung in der Lehre vom gerechten Krieg[82]. Diesem theologischen Desinteresse an Fragen der Friedens- und Kriegsethik entsprach eine Pastoral in den Ortskirchen, die sich weitgehend mit den jeweiligen nationalstaatlichen Interessen identifizierte[83] und die dann ihrerseits auf die theologische Behandlung der Thematik zurückwirkte[84]. Mit der Verrechtlichung der Lehre vom gerechten Krieg ging zwar nicht die ethische Substanz dieser Lehre verloren, wohl aber ihr Charakter als ethischer Kompromiß. Besonders unter dem Einfluß der Souveränitätslehre wurde die Lehre vom gerechten Krieg mehr und mehr zu einem „Katalog" von Gründen, die den Krieg rechtfertigten. Damit reduzierte sich der theologische Aspekt auf die Betonung der staatlichen Autorität als „Stellvertreterin Gottes", während die genuin ethische Frage nach dem Spannungsverhältnis zwischen dem Friedensgebot und der Notwendigkeit einer militärischen Abwehr ungerechter Gewaltanwendung in den Hintergrund trat.

4. Der „gerechte Krieg" als Notlösung

Die ethische Intention der Lehre vom gerechten Krieg erlangte erst wieder in verschiedenen christlichen Friedensbewegungen vor und nach dem Ersten Weltkrieg an Bedeutung und wurde nun vor dem Hintergrund der Erfahrungen und Leiden dieses Weltkrieges in einem restriktiven Sinn entwickelt. Kennzeichnend für diese Betonung der ethischen Komponente sind die von *F. Stratmann* unter Rückgriff auf die scholastische Tradition zusammengestellten Bedingungen für die Führung eines gerechten Krieges:

[80] Ebd. 253.
[81] Confessio Augustana, Art. 16: „... quod legitimae ordinationes civiles sunt bona opera Dei ..."
[82] Vgl. dazu *M. B. Chenu,* L'evolution de la théologie de la guerre, in: Lumière et Vie, Nr. 38 (1958) 95.
[83] Vgl. für den deutschsprachigen Raum *K. Hammer,* Deutsche Kriegstheologie 1870–1918 (München 1974).
[84] Vgl. dazu *P. Engelhardt,* a. a. O. 9 ff.

„1. schweres Unrecht auf seiten einer und nur einer der beiden streitenden Parteien;
2. schwere formelle Schuld auf einer der beiden Seiten. Bloß materielles Unrecht genügt nicht;
3. zweifelsfreie Nachweisbarkeit dieser Schuld.
4. Unvermeidbarkeit der kriegerischen Auseinandersetzung nach Fehlschlagen aller mit ganzem Ernst und ganzer Kraft unternommenen friedlichen Verständigungsversuchen;
5. Proportion zwischen Schuld und Strafmittel. Ein das Maß der Schuld überschreitendes Strafmaß ist ungerecht und unerlaubt;
6. moralische Gewißheit, daß der Sieg der gerechten Sache zuteil werden wird;
7. rechte Absicht, durch einen Krieg das Gute zu fördern und das Böse zu vermeiden. Das aus dem Krieg zu erwartende Wohl des Staates muß das zu erwartende Übel übersteigen;
8. rechte Art der Kriegführung: Einhaltung der Schranken der Gerechtigkeit und Liebe;
9. Vermeidung schwerer Erschütterung anderer nicht unmittelbar in die Kriegshandlung verwickelter Staaten sowie der christlichen Gesamtheit;
10. Kriegserklärung durch eine gesetzlich dazu autorisierte Obrigkeit im Namen Gottes zur Vollstreckung seiner Gerechtigkeit."[85]

Bei diesen Bedingungen handelt es sich im wesentlichen um eine Aufarbeitung der traditionellen ethischen Gründe, die im Hinblick auf die Gefahr eines Weltkrieges weitere Restriktionen erfahren. Der für diese Tradition kennzeichnende Aspekt des gerechten Krieges als einer „Strafaktion" steht in einem bewußten Gegensatz zu den Verrechtlichungstendenzen im Völkerrecht, aber auch zur moraltheologischen Behandlung der Thematik in den voraufgegangenen Jahrhunderten. Aber diese Vorstellung von der staatlichen Obrigkeit als der Vollstreckerin der Gerechtigkeit Gottes gilt für Stratmann nur unter der Voraussetzung, daß eine „überstaatliche Instanz nicht da ist, bei der der Staat sein Recht finden kann."[86] Dieser Intention kam nicht nur die Verurteilung des Angriffskrieges durch den Kellog-Pakt im Jahre 1928 entgegen, sondern ebenso das in der Völkerbundssatzung festgelegte System von Sanktionen und deren Ziel, durch das Einschalten einer internationalen Instanz die Wiedergutmachung eines schweren Unrechts zu erreichen, ohne daß der in seinem Recht verletzte Staat das Mittel des Krieges als „Strafaktion" anwenden müßte.

Aber auch in den außerkatholischen christlichen Friedensbewegungen nach dem Ersten Weltkrieg gab es Rückgriffe auf die Lehre vom gerechten Krieg – wie zum Beispiel auf der ökumenischen *Weltkirchenkonferenz von Oxford* im Jahre 1937. In den Vorschlägen der Konferenzteilnehmer kam zwar vor allem die Bemühung der Christen um eine aktive Friedenspolitik zum Ausdruck, aber es wurde auch festgestellt, daß es Situationen geben könne, in denen ein militärisches Eingreifen gerechtfertigt sei; so zum Beispiel, „um den Opfern eines un-

[85] *F. Stratmann,* Weltkirche und Weltfriede (Augsburg 1924) 103f.
[86] *F. Stratmann,* a.a.O. 82.

provozierten Angriffs zu Hilfe zu kommen, oder Unterdrückten Freiheit zu verschaffen, würde es ihnen (den Christen) wenn alle anderen Mittel versagt haben, als christliche Pflicht erscheinen, zu den Waffen zu greifen"[87]. Allerdings kam es über diese und andere Formulierungen zu keinem einheitlichen Konsens[88].

Das Vorhandensein bzw. Nichtvorhandensein einer internationalen Instanz zur friedlichen Beilegung zwischenstaatlicher Streitfälle und zur Verhinderung von Kriegen rückte dann nach dem Zweiten Weltkrieg in den Mittelpunkt der Bemühungen, die Lehre vom gerechten Krieg neu zu definieren. In diesem Sinne kann die Aussage des *Zweiten Vaticanums* verstanden werden: „Solange die Gefahr von Krieg besteht und solange es noch keine zuständige internationale Autorität gibt, die mit entsprechenden Mitteln ausgestattet ist, kann man, wenn alle Möglichkeiten einer friedlichen Regelung erschöpft sind, einer Regierung das Recht auf sittlich erlaubte Verteidigung nicht absprechen."[89]

Eine Analyse dieser Formulierung ergibt, daß von den traditionellen Gründen für einen gerechten Krieg nur noch jener der Selbstverteidigung gegenüber einem kollektiven Angriff aufrechterhalten wird. Damit entfällt dann aber auch die traditionelle Vorstellung vom Krieg als einer Strafaktion zur Wiedergutmachung erlittenen Unrechts. Der Krieg ist nicht mehr, wie noch bei Augustinus, eine Strafe für die Sünder. Das Zweite Vaticanum spricht dagegen von der „alten Knechtschaft des Krieges", die es zu überwinden gälte, und von der Vorsehung Gottes, daß wir Menschen „Wege finden, wie wir unsere Streitigkeiten auf eine menschenwürdigere Weise austragen können"[90]. Ähnlich heißt es auch in einer Zwischenüberschrift eines Sektionsberichtes der I. Vollversammlung des nach dem Zweiten Weltkrieg neugegründeten *ökumenischen Rates in Amsterdam* aus dem Jahre 1948: „Krieg soll nach Gottes Willen nicht sein."[91] Aber diese Eliminierung der Vorstellung von Krieg als einer Strafaktion gründet nicht nur in der Hoffnung auf die Wirksamkeit internationaler Instanzen, sondern vor allem in der Einsicht, daß eine hochentwickelte Waffentechnik mit ihren atomaren Vernichtungsmitteln und der durch sie verursachten Opfern an Menschenleben und an Zerstörungen in keinem Verhältnis zu den klassischen Unrechtstatbeständen steht, die einen Krieg als Strafaktion rechtfertigen könnten. Die ethische Bedingung einer Proportionalität zwischen Unrecht und Wiedergutmachung des Unrechts durch Krieg, wie sie vor allem in der scholastischen Tradition entwickelt wurde, führt in ihrer Konsequenz zur Aufgabe der Position, durch militärische Aktionen die Wiedergutmachung eines Unrechts

[87] Kirche und Welt in ökumenischer Sicht. Bericht der Weltkirchenkonferenz von Oxford über Kirche, Volk und Staat (Genf 1938) 252.
[88] Vgl. *W. Lienemann*, a. a. O. 133.
[89] Pastoralkonstitution „Gaudium et spes", Nr. 79.
[90] Gaudium et spes, Nr. 81.
[91] Die Kirche und die internationale Unordnung (Genf 1948) 260.

verwirklichen zu können. Auf diese Entwicklung hatte bereits Pius XII. in verschiedenen Stellungnahmen hingewiesen und daher nur die Selbstverteidigung gegen einen kollektiven Angriff als einzige legitime Begründung für die Führung eines gerechten Krieges bezeichnet[92]. Auch die bereits erwähnte I. Vollversammlung des ökumensichen Rates vom Jahre 1948 hatte lediglich den Extremfall der Selbstverteidigung als einen den Krieg rechtfertigenden Grund gelten lassen wollen[93]. Man kann daher zusammenfassend sagen: „Der kollektive bewaffnete Widerstand gegen den Angreifer kann nur eine Notlösung in einer Situation äußerster Verzweiflung sein".[94]

Aber auch im Falle einer solchen Selbstverteidigung als Notlösung sind nicht alle Mittel der Kriegführung sittlich erlaubt. Das Zweite Vaticanum verurteilt „jede Kriegführung, die unterschiedslos auf die Vernichtung ganzer Städte oder weiter Gebiete und ihrer Bevölkerung gerichtet ist"[95]. Diese Verurteilung gilt, was gelegentlich übersehen wird, nicht nur im Hinblick auf die Wirkung atomarer Waffen, sondern ebenso für die konventionelle Kriegführung und bedeutet daher eine klare Absage an die These vom totalen Krieg, in dem nicht mehr zwischen kämpfender Truppe und Zivilbevölkerung, zwischen militärischen und zivilen Objekten unterschieden wird[96]. Man mag zu Recht einwenden, daß dieses sittliche Verbot des totalen Krieges nicht mit der Praxis der modernen Kriegführung übereinstimme, in der weite Teile der Zivilbevölkerung unmittelbar oder mittelbar in die Rüstungsindustrie und andere die Kriegführung unterstützende Funktionen einbezogen werden, und daß es in vielen Fällen unmöglich ist, zwischen genuin militärischen und zivilen Objekten zu unterscheiden. Aber abgesehen davon, daß zahlreiche Praktiken der totalen Kriegführung durch die Haager Verträge und die Genfer Konvention rechtlich verboten sind, ergibt sich das sittliche Verbot des totalen Krieges nicht nur aus humanitären Gründen, sondern ebenso aus der Quintessenz der Lehre vom gerechten Krieg; denn letztes Ziel eines gerechten Krieges ist die Wiederherstellung des Friedens und einer Friedensordnung, nicht dagegen die totale Zerstörung und damit die Vernichtung der Voraussetzungen für eine Friedensordnung.

Unter diesem Aspekt wäre auch die viel diskutierte Verwendung *atomarer Vernichtungsmittel* zu betrachten. Bereits im Jahre 1949 betonte Pius XII.: „Wenn die Indienststellung dieses Mittels eine solche Ausdehnung des Übels mit sich bringt, daß es sich der Kontrolle der Menschen völlig entzieht, muß

[92] R. Coste, a. a. O. (s. o. Anm. 52) 458 ff.; vgl. dazu auch *K. Hörmann*, Friede und moderner Krieg im Urteil der Kirche (Wien 1964) 10 ff.
[93] Vgl. *W. Lienemann*, a. a. O. 133 f.
[94] *R. Coste*, Kommentar zur Pastoralkonstitution „Gaudium et spes", Nr. 77–90, in: LThK, Konz. III (Freiburg i. Br. 1968) 553.
[95] Gaudium et spes, Nr. 79.
[96] Vgl. dazu *E. W. Böckenförde – R. Spaemann*, Die Zerstörung der naturrechtlichen Kriegslehre, in: Atomare Kampfmittel und christliche Ethik (München 1960) 161 ff.

seine Anwendung als unsittlich verworfen werden."[97] Diese immer wieder und durchaus kontrovers kommentierte Sentenz bezieht sich, was die Frage der Kontrolle betrifft, primär auf die physische Kontrollfähigkeit. Aber diese Frage der Kontrollmöglichkeit ist ebenso unter dem Aspekt der Leitidee des gerechten Krieges zu sehen, die auf die Wiederherstellung einer Friedensordnung durch die Selbstverteidigung gegen einen kollektiven Angriff ausgerichtet ist. Auch die kollektive Selbstverteidigung eines Volkes steht unter dem ethischen Aspekt einer Proportionalität zwischen Zweck und Mittel; das heißt: auch die Mittel der Selbstverteidigung sind am Zweck der Verteidigung, nämlich der Wiederherstellung des Friedens als einer Überlebensordnung, gebunden. Das ergibt sich auch klar aus dem Kontext der bereits zitierten Stellungnahme Pius XII. über die der Kontrolle völlig entzogene Anwendung atomarer Waffen als Vernichtungsmittel: „Es würde sich dann ... einfach um die Vernichtung allen menschlichen Lebens innerhalb des Aktionsbereichs" handeln. „Dies ist aus keinem Grunde erlaubt."[98] Man kann daher sagen: „Die Verteidigung hat nur dann einen Sinn, wenn man erwarten kann, daß etwas übrigbleibt, das derart zu verteidigen sich lohnt."[99] Das gilt dann a fortiori für eine globale Anwendung von atomaren Vernichtungswaffen, bei der die Überlebenschance der Menschheit tangiert würde. In einem solchen Falle wäre „es absurd, den Untergang der Menschheit als Mittel zu ihrer Rettung zu stempeln"[100]. Wenn das Zweite Vaticanum nicht zu der Frage Stellung nahm, ob die Verwendung atomarer Waffen in sich selbst unsittlich sei, dann nicht nur im Hinblick auf die Entwicklung taktischer atomarer Waffen mit eindeutig begrenzter Wirkung, sondern auch deshalb, weil jede Verwendung von Waffen, einerlei ob konventioneller oder atomarer Art, in ihrer sittlichen Beurteilung bereits der ethischen Bedingung der Proportionalität unterstellt ist.

In ähnlicher Weise argumentieren verschiedene evangelische Theologen, wenn sie darauf hinweisen, daß die Anwendung von Massenvernichtungsmitteln die Unterscheidung von Kombattanten und Nichtkombattanten aufhebt und daß die Gefahr bestünde, jenes Recht zu zerstören, das eigentlich erhalten werden solle, denn ein solcher Krieg würde zur völligen Vernichtung des Gegners führen, nicht aber zu einer Wiederherstellung des Friedens unter den streitenden Parteien. Ganz abgesehen davon, daß ein solcher Krieg auch die Wahrscheinlichkeit der Selbstvernichtung des angegriffenen Staates mit sich brächte[101].

---

97 AAS 41 (1949) 13.; cf. zur Interpretation dieses Textes *F. Böckle*, Friede und moderner Krieg, in: Concilium 2 (1966), H. 5, S. 381 ff.

98 AAS 41 (1949) 13.

99 *F. Böckle*, a. a. O. 385.

100 Ebd.

101 So vor allem *H. Gollwitzer*, Die Christen und die Atomwaffen (München 1957) 20 ff.; vgl. auf katholischer Seite *E. W. Böckenförde – R. Spaemann*, a. a. O. 161 ff.

5. Aktuelle Fragen

Aktuelle Fragen stellen sich anläßlich der Veränderungen, die mit dem Zusammenbruch der sowjetischen Militärmacht eingetreten sind. Die Gefahr eines globalen atomaren Krieges scheint gebannt zu sein, und damit ist auch die vieldiskutierte Frage einer ethischen Erlaubtheit atomarer Abschreckung (Nuclear Deterrence) in den Hintergrund getreten. Dabei darf freilich nicht übersehen werden, daß diese Frage auf nicht globaler Ebene weiterhin akut bleibt[1], zumal die Zahl der Staaten, die über Kernwaffen verfügen, ständig zunimmt. Daher bleibt auch die Frage nach dem Sicherheitskonzept akut, das „einen allfälligen militärischen Angriff der Gegenseite dadurch zu verhindern trachtet, daß sie ihn unrentabel zu machen versucht"[2]. Denn solange es keine kompetente internationale Instanz gibt, die die nationale Sicherheit effizient garantiert, ist eine nationale oder multinationale Selbstverteidigung ethisch gerechtfertigt: „Die Regierenden und alle, die Verantwortung für den Staat tragen, sind verpflichtet, das Wohl der ihnen anvertrauten Völker zu schützen."[3]

Es ist gerade die Diskussion um den globalen Einsatz von Kernwaffen gewesen, die die ethische Sensibilität hinsichtlich der Lehre vom gerechten Krieg weiter geschärft hat. Dies gilt vor allem für die Bedingung der Proportion zwischen Kriegszweck und anzuwendenden militärischen Mitteln (proportionality) wie für die Bedingung, daß ein Krieg nur dann gerecht sein könne, wenn die Unterscheidung zwischen Kombattanten und Nichtkombattanten gewahrt wird (discrimination).

a) Das Prinzip der Proportionalität

In der Bellum-Justum-Lehre wird das Prinzip der Proportionalität durch die Pflicht des Staates begründet, seine Bürger zu schützen[4]. Es ist dann diese Schutzpflicht des Staates als Bestandteil der staatlichen Fürsorgepflicht für das allgemeine Wohl (bonum commune) der Bürger, das die Staatsführung ethisch verpflichtet, im Falle eines Krieges zwischen Schaden und Nutzen für das Wohl der Bürger abzuwägen.

Obwohl der Problembereich der Proportionalität weiter gesteckt ist als die

---

[1] Vgl. *T. Hoppe,* Friedenspolitik mit militärischen Mitteln. Eine ethische Analyse strategischer Ansätze (Köln 1986) 77 f.; *D. Mac Kinnon,* On Comprehending the Threat: The Nuclear Weapons Debate: Theological and Ethical Issues, hrsg. von R. J. Bauckham – R. J. Elford (London 1989) 6 f.

[2] *F. Furger,* Probleme ethischer Urteilsfindung angesichts der verschiedenen Positionen – einige Rückfragen, in: Die strategische Verteidigungsinitiative im Spannungsfeld von Politik und Ethik, hrsg. von F. Furger u. E. Nagel (Köln 1986) 147 f.

[3] Pastoralkonstitution des II. Vatikanischen Konzils über die Kirche in der Welt von heute, Art. 79.

[4] *Thomas von Aquin,* Th II–II q. 40 a. 1.

Frage nach dem möglichen Erfolg militärischer Aktionen, hat diese Frage in der aktuellen Diskussion über die Abschreckung eine herausragende Bedeutung erlangt. Denn militärische Abschreckung kann nur sinnvoll sein, wenn sie glaubwürdig ist. Beim potentiellen Gegner muß ein hinreichender Grund zur Annahme bestehen, „ daß man diese Drohung auch wahr zu machen beabsichtigt, falls sie ihre Wirkung verfehlt.“ [5] Das Ziel der militärischen Abschreckung liegt demnach darin, „den Gegner zu entmutigen, indem man ihm klarmacht, daß die Verluste und das Risiko“, die er mit einer militärischen Aktion eingehen würde, „den von ihm erwarteten Gewinn zunichte machen“ [6].

Wie aber ist ein Mißerfolg der Abschreckung ethisch zu bewerten? Die Frage ist hypothetischer Natur, muß aber gestellt werden, da in einem solchen Falle jene kriegerischen Aktionen eintreten würden, die durch die Abschreckung verhindert werden sollten. Die Frage wurde bei der Abfassung des nordamerikanischen Pastoralbriefes „The Challence of Peace“ diskutiert. Sie blieb aber unbeantwortet, da der Vorschlag, nukleare Abschreckung ethisch zu verurteilen, wenn sie sich gegen Zivilpersonen richtet, bei der Endfassung der Hirtenbriefes nicht berücksichtigt wurde [7]. Die Problematik des Vorschlages liegt wohl darin, daß die ethische Bewertung nuklearer Abschreckung nicht isoliert betrachtet werden darf. Unkonditionierter Zweck der nuklearen Abschreckung muß die Vermeidung eines Krieges sein. Würde die nukleare Abschreckung aufgebaut, um bei passender Gelegenheit den potentiellen Gegner zu überfallen, dann wäre diese Abschreckung ein Täuschungsmanöver, das unter dem Vorwand der Selbstverteidigung einen Angriffskrieg plant. Das Mißlingen der Abschreckung wäre ein Bestandteil dieser Täuschung.

Geht man aber von dem unkonditionierten Ziel der Kriegsvermeidung als Zweck der Abschreckung aus, dann ist das Scheitern der Abschreckung lediglich das auslösende Moment für die nachfolgenden Kriegshandlungen. Dementsprechend ist die Anwendung der angedrohten militärischen Aktionen kein Angriff, sondern ein Akt der staatlichen Notwehr [8]. Es hängt dann von der konkreten politischen und militärischen Situation ab, welche in der Deterrence angedrohten Maßnahmen anzuwenden sind. Diese Entscheidung muß nach dem Prinzip der Proportionalität erfolgen. Wenn es unberücksichtigt bliebe, wäre nach der Bellum-Justum-Lehre auch der Verteidigungskrieg ein ungerechter Krieg. Gewiß, auch die Deterrence hat nach dem Prinzip der „Proportionalität

---

[5] *T. Hoppe*, a.a.O. 79.

[6] *G. H. Snyder*, Deterrence and Defence, Towards a Theory of National Security (Princetown 1961) 3. Im Original zitiert bei *T. Hoppe*, a.a.O. 79.

[7] *P. J. Mahony*, Swords and Ploughshares (London 1986) 73: „If the present nuclear deterrent is focused on non-combatants and its threat includes a choice to kill them if Deterrence falls, then that Deterrence is unmoral and nothing can justify it.“

[8] Vgl. *J. Haldane*, Defence, Deterrence and the Taking of Life, in: The Nuclear Weapons Debate (s.o. Anm. 1) 139f.

zwischen politischem Ziel und militärischem Aufwand“ vorzugehen, wenn sie ethisch akzeptabel sein soll[9]. Während sich aber die Deterrence mit differenzierten Einsatzstrategien für die Möglichkeit eines Scheiterns der Drohung begnügen kann, muß im Falle des tatsächlichen Scheiterns konkret entschieden werden, welche strategische Konzeption anzuwenden sei.

Ziel aller militärischen Strategien und Aktionen ist die Wiederherstellung der durch einen Angriff bedrohten Friedensordnung, die für die Staaten eine Existenz in Freiheit und Unabhängigkeit bedeutet[10]. Deshalb bildet die Forderung nach einer Schadensbegrenzung einen unabdingbaren Bestandteil des Proportionalitätsprinzips.

Während die klassische Bellum-Justum-Lehre die Forderung nach Schadensbegrenzung vor allem auf die „verkehrte Absicht“ bezog, dem Feind soviel Schaden wie möglich zuzufügen, und deshalb einen an sich gerechten Krieg als ungerecht bewertete[11], geht es in der aktuellen Diskussion primär um die Frage einer Schadensbegrenzung im Bereich der Selbstverteidigung. So heißt es z. B. im Pastoralschreiben „The Challence of Peace: „Auch wenn das angewendete Mittel nicht in sich böse ist, muß man den möglichen Schaden berücksichtigen, der daraus entsteht, und fragen, ob die Hinnahme eines solchen Schadens zu rechtfertigen ist.“ Dabei „ist es äußerst wichtig, an die Armen und Hilflosen zu denken, denn sie sind gewöhnlich diejenigen, die am wenigsten zu gewinnen und am meisten zu verlieren haben, wenn ihr Leben von der Gewalt des Krieges betroffen wird“[12]. Auch bei einem Erstschlag auf militärische Ziele, der begrenzt sein mag, würden doch auf dem „regionalen Kriegsschauplatz ... Verheerungen ...“ eintreten, „die jeder Proportionalitätsforderung widersprächen“[13]. Daher sind Rüstungsbeschränkung und kontrollierte Abrüstung nicht nur die Voraussetzung für eine zukünftige Weltfriedensordnung, sondern eine aktuell ethische Forderung an die einzelnen Staaten und Staatenbündnisse zu deren Friedenssicherung. Denn ohne Abrüstung im Bereich der Kernwaffen und einen Verzicht auf die massive Anwendung strategischer Atomwaffen kann das Prinzip der Proportionalität nicht eingehalten werden.

Unter dem Aspekt nationaler Sicherheit kann freilich nur eine bilaterale Rüstungsbeschränkung und Abrüstung zur Diskussion stehen. Eine einseitige Ab-

---

[9] *D. Senghaas,* Rückblick und Ausblick auf Abschreckungspolitik, in: *F. Böckle – G. Krell* (Hrsg.), Politik und Ethik der Abschreckung. Theologische und sozialwissenschaftliche Beiträge zur Herausforderung der Nuklearwaffen (München–Mainz 1984) 108.

[10] Vgl. *T. Hoppe,* a. a. O. 78.

[11] Vgl. *Thomas von Aquin,* Th II–II q. 40 a. 1.

[12] Die Herausforderung des Friedens – Gottes Verheißung und unsere Antwort. Pastoralbrief der katholischen Bischofskonferenz der USA über Krieg und Frieden, 3. Mai 1983, dt. Ausgabe in: Hirtenworte zu Krieg und Frieden (Köln 1983) 184 f. Vgl. auch Friede und Gerechtigkeit, ein Brief der niederländischen Bischofskonferenz über Atomrüstung, 1983, dt. Ausgabe, a. a. O. 298 f.

[13] *T. Hoppe,* a. a. O. 112.

rüstung würde der Schutzfunktion widersprechen, die der Staat gegenüber seinen Bürgern auszuüben hat. Diese Funktion schließt aber nicht den Versuch des „ersten Schrittes“ aus, durch bilaterale oder multilaterale Verträge eine schrittweise Rüstungsbeschränkung und Abrüstung in die Wege zu leiten[14]. Während das Fernziel aller Abrüstungsbemühungen die „Festigung des Friedens und der Sicherheit in der ganzen Welt“ ist[15], läge ein Nahziel der Abrüstung darin, „daß die Kontrahenten aus weiteren Rüstungsmaßnahmen keine Verbesserung ihrer Position erwarten und so auf sie verzichten könnten“[16]. Aktuelles Hauptziel der Rüstungsbegrenzung und der Abrüstung muß es sein, das Rüstungspotential so zu stabilisieren, daß es dem Prinzip der Proportionalität entspricht. Das heißt: „Nur solche und so viele militärischen Mittel dürfen bereitgestellt werden, wie zum Zweck der an Kriegsverhütung orientierten Abschreckung gerade noch erforderlich sind“[17].

b) Das Prinzip der Diskrimination

Das Prinzip der Diskrimination ist eng mit dem der Proportionalität verknüpft, bezieht sich aber primär auf die klassische Unterscheidung zwischen Kombattanten und Nichtkombattanten in einem gerechten Krieg. Ausgangspunkt für die aktuelle Diskussion innerhalb der Bellum-Justum-Lehre bildet die Verurteilung des totalen Krieges durch das Zweite Vatikanische Konzil, eine Verurteilung, die sich explizit auf das Prinzip der Diskrimination bezieht, wenn es heißt: „Jede Kriegshandlung, die auf die Vernichtung ganzer Städte oder weiter Gebiete und ihrer Bevölkerung unterschiedslos abstellt, ist ein Verbrechen gegen Gott und den Menschen.“[18] Obgleich es irreführend wäre, den totalen Krieg mit der Verletzung des Diskriminationsprinzips gleichzusetzen[19], bildet das Prinzip der Unantastbarkeit der Zivilbevölkerung eine conditio sine qua non für einen gerechten Krieg.

Hier beginnt freilich die Problematik. In der klassischen Bellum-Justum-Theorie, wie sie von Francisco de Vitoria entwickelt wurde, gibt es nicht die moderne Unterscheidung zwischen kämpfenden Soldaten und nicht kämpfender Zivilbevölkerung, sondern die zwischen Schuldigen und Nichtschuldigen.

---

[14] Vgl. Brief der niederländischen Bischofskonferenz über Atomrüstung, dt. Ausgabe, a.a.O. 310.
[15] Schlußakte der Konferenz über Sicherheit und Zusammenarbeit in Europa, Helsinki, 1. 8. 1975, dt. Übersetzung: Archiv der Gegenwart 45 (1975).
[16] *T. Hoppe*, a.a.O. 97.
[17] Gerechtigkeit schafft Frieden. Wort der Deutschen Bischofskonferenz zum Frieden vom 18. 4. 1983, in: Hirtenworte zu Krieg und Frieden (Köln 1983) 67.
[18] Pastoralkonstitution des II. Vatikanischen Konzils über die Kirche in der Welt von heute, Art. 80.
[19] Vgl. Kommentar von *R. Coste* zum Art. 80, in: LThK, Das Zweite Vatikanische Konzil, Bd. 3, 544.

„Unschuldig (innocens) sind diejenigen, die kein Unrecht zu verantworten haben." In diese Kategorie fällt zwar die am Kriege nicht beteiligte Zivilbevölkerung, aber auch der Fürst und die Soldaten, die einen gerechten Krieg führen, sind unschuldig. „Der von ihnen verübte Schaden ist kein Unrecht, sondern im Interesse des Gemeinwohls unvermeidbar"[20]. Unschuldig sind aber auch die Soldaten eines Staates, der einen Angriffskrieg führt, wenn sie subjektiv davon überzeugt sind, in einem gerechten Kriege zu kämpfen. Da es aber „niemals erlaubt ist, Unschuldige als solche, und zwar aus Absicht, zu töten", ist die „unbeabsichtigte Tötung Unschuldiger dann vertretbar, wenn der Handelnde im Konfliktfall das geringere Übel wählt". Das geringere Übel wäre dann der Tod von Unschuldigen, um das Gemeinwohl zu retten, und wenn „der Krieg anders gegen die Schuldigen selbst nicht geführt werden kann"[21]. Dies gilt dann sowohl für die unschuldigen Soldaten wie auch für die nicht am Krieg beteiligte Zivilbevölkerung. Die Schwäche dieser klassischen Argumentation liegt darin, daß bei einer Anwendung des Prinzips vom kleineren Übel die Unterscheidung zwischen beabsichtigter und nichtbeabsichtigter Tötung Unschuldiger nicht aufrechterhalten werden kann[22]. Eine weitere Schwäche dieser Konzeption besteht auch darin, daß sie keine Kriterien dafür bietet, wann die Verluste an Menschenleben zum „größeren Übel" werden.

Angesichts dieser Situation und der Tatsache, daß in den beiden Weltkriegen Millionen von Zivilpersonen als Folge kriegerischer Aktionen umkamen, ist es verständlich, daß die moderne Bellum-Justum-Lehre die völkerrechtliche Unterscheidung zwischen Kombattanten und Nichtkombattanten übernommen hat. Die Präambel der vierten Haager Konvention von 1907, die Konvention über den Schutz von Zivilpersonen in Kriegszeiten von 1949 und der Entwurf von Regeln zur Begrenzung der Gefahren für die Zivilbevölkerung in Kriegszeiten, der 1956 vom Internationalen Komitee des Roten Kreuzes in Genf erarbeitet wurde[23], bieten zudem eine konkrete Basis für die aktuelle ethische Diskussion des Prinzips der Diskrimination.

Eine der Hauptschwierigkeiten dieser Diskussion liegt darin, daß es in einem modernen Krieg, selbst dann, wenn er lokal begrenzt ist, kaum möglich sein dürfte, exakt zwischen Kombattanten und Nichtkombattanten zu unterscheiden. Die Entwicklung und die Herstellung von Waffen liegt fast ausschließlich in den Händen von Zivilpersonen. Ähnliches gilt für weite Bereiche der Logistik, wie z. B. die Lebensmittelversorgung und das Transportwesen. Man muß zudem davon ausgehen, daß im Kriegsfall fast alle Industriezentren eines Landes zu

---

[20] *H. G. Justenhoven,* Francisco de Vitoria zu Krieg und Frieden (Köln 1991) 131 f. Vgl. zu den folgenden Ausführungen ebd. 132 ff.
[21] *H. G. Justenhoven,* a. a. O. 139.
[22] Vgl. *H. G. Justenhoven,* a. a. O. 140.
[23] Vgl. dazu *R. Coste,* a. a. O. (s. o. Anm. 19) 555.

kriegswirtschaftlich wichtigen Zentren und damit zu Objekten kriegerischer Aktionen der Gegenseite werden. Von ihnen werden nicht nur die in solchen Zentren arbeitenden Menschen betroffen, sondern ebenso die Bewohner angrenzender Gebiete. Selbst das perfekt funktionierende Waffensystem der Alliierten im Golfkrieg von 1991 forderte wegen mangelnder Zielsicherheit und anderer Fehlerquellen hohe Verluste unter der Zivilbevölkerung des Gegners.

Zur ethischen Bewertung solcher und auch noch größerer Verluste an Menschenleben kann man auf das klassische Theorem der Doppelwirkung einer Handlung zurückgreifen. Dann wäre die Zerstörung von kriegswichtigen Zentren eine Wirkung per se, die Zerstörung eines Wohngebietes und der Tod vieler seiner Bewohner eine Wirkung, die per accidens einträte; also eine unbeabsichtigte Nebenwirkung. Solche „vielleicht voraussehbaren, aber ungewollten Nebenwirkungen bei der Verfolgung eines Zieles“ wären dann „in Kauf zu nehmen“[24].

Aber die Anwendung des Prinzips der unbeabsichtigten Nebenwirkungen erfährt dann seine Grenze, wenn solche nichtbeabsichtigten Wirkungen das Proportionalitätsprinzip konkret in Frage stellen. Dies versucht der nordamerikanische Pastoralbrief „The Challence of Peace“ zu verdeutlichen, wenn es heißt: „Die Lage von industriellen oder militärisch bedeutenden wirtschaftlichen Zielen innerhalb dichtbesiedelter Gebiete ... könnte durchaus zu solch massiven Verlusten unter der Zivilbevölkerung führen, daß nach unserem Urteil ein solcher Schlag als moralisch unverhältnismäßig anzusehen wäre, auch wenn er nicht vorsätzlich auf die unterschiedslose Zerstörung abzielt.“[25] Auch wenn im Kontext des Pastoralbriefs vom Einsatz von Kernwaffen die Rede ist, so gilt dieser Vorbehalt zugunsten des Proportionalitätsprinzips doch für jede militärische Aktion, die vorhersehbar oder tatsächlich ein hohes Maß an Menschenleben unter der Zivilbevölkerung mit sich brächte.

Will man am Prinzip der Diskrimination festhalten – man sollte es tun, weil es einer der wirklichen Fortschritte des ius in bello ist[26] –, so bleibt als Lösung nur die bilaterale Rüstungsbeschränkung und Abrüstung. Auch hier wäre, ähnlich wie für die Durchsetzung des Prinzips der Proportionalität, ein Nahziel darin zu sehen, daß durch gegenseitige Abrüstung massive Angriffe in Form eines „Schlages“ auf strategisch wichtige Ziele im dichtbesiedelten „Hinterland“ vermeidbar würden. Dies kann und soll nicht bedeuten, daß ausschließlich die Kombattanten die Last eines Verteidigungskrieges zu tragen hätten. Aber die bisherige, auf globale Abschreckung spezialisierte Militärstrategie

[24] *N. Glatzel,* Kirchliche Lehrverkündigung zur Sicherheits- und Rüstungsdebatte, in: Frieden in Sicherheit. Zur Weiterentwicklung der katholischen Friedensethik, hrsg. von N. Glatzel u. E. J. Nagel (Freiburg i. Br. 1981) 139.
[25] Die Herausforderung des Friedens (s. o. Anm. 12) 218.
[26] Vgl. *R. Coste,* a. a. O. 555.

müßte dahin kommen, daß sie bei ihren differenzierten strategischen Aktionen der Immunität der Zivilbevölkerung Priorität einräumt.

Gewiß, solange es Krieg gibt, wird er auch Menschenleben fordern; und je bedrohter die zu verteidigenden Werte, wie etwa Freiheit und Unabhängigkeit, sind, desto weitgreifender und massiver müssen die strategischen Anstrengungen sein, um diese Werte zu verteidigen. Aber „es wäre verwerflich, wenn man um der Verteidigung willen zu Mitteln greifen wollte, deren Anwendung zu Resultaten führen müßte, die in keinem Verhältnis zu den bedrohten Werten stünden"[27]. Die Prinzipien der Proportionalität und der Diskrimination können und sollen dazu beitragen, um dies zu verhindern.

Weiterführende Literatur

K. H. Bainton, Christian Attitude towards War and Peace (Nashville 1960).

R. J. Bauckhham – R. J. Elford (Hrsg.), The Nuclear Weapons Debate: Theological and Ethical Issues (London 1989).

G. Beerstermöller, Thomas von Aquin und der gerechte Krieg. Friedensethik im theologischen Kontext der Summa Theologiae (Köln 1991).

P. Engelhardt, Die Lehre vom „gerechten Krieg" in der vorreformatorischen und katholischen Tradition. Herkunft – Wandlung – Krise, in: Der gerechte Krieg: Christentum, Islam, Marxismus. Redaktion R. Steinweg (es 1017, NF 17) (Frankfurt a. M. 1980).

F. Furger – E. J. Nagel (Hrsg.), Die strategische Verteidigungsinitiative im Spannungsfeld von Politik und Ethik (Köln 1986).

Hirtenworte zu Krieg und Frieden. Die Texte der katholischen Bischöfe der Bundesrepublik Deutschland, der Deutschen Demokratischen Republik, der Niederlande, Österreichs, der Schweiz, Ungarns und der Vereinigten Staaten von Amerika (Köln 1983).

T. Hoppe, Friedenspolitik mit militärischen Mitteln. Eine ethische Analyse strategischer Ansätze (Köln 1986).

K. Hörmann, Der „gerechte Krieg" im christlichen Denken, in: *R. Weiler – V. Zsifkovits* (Hrsg.), Unterwegs zum Frieden. Beiträge zur Idee und Wirklichkeit des Friedens (Wien–Freiburg–Basel 1973).

H. G. Justenhoven, Francisco de Vitoria zu Krieg und Frieden (Köln 1991).

H. Kunst, Martin Luther und der Krieg. Eine historische Betrachtung (Stuttgart 1968).

W. Lienemann, Das Problem des gerechten Krieges im deutschen Protestantismus nach dem zweiten Weltkrieg, in: Der gerechte Krieg: Christentum, Islam, Marxismus. Redaktion R. Steinweg (es 1017, NF 17) (Frankfurt a. M. 1980).

E. J. Nagel, Die strategische Verteidigungsinitiative als ethische Frage (Köln 1986).

Ders., Die Friedenslehre der katholischen Kirche. Eine Konkordanz kirchenamtlicher Dokumente (Barsbüttel 1990).

H. Oberhem, Zur Kontroverse um die Bellum-Justum-Theorie in der Gegenwart, in: Frieden in Sicherheit. Zur Weiterentwicklung der katholischen Friedensethik, hrsg. von N. Glatzel – E. J. Nagel (Freiburg–Basel–Wien 1981).

H. W. Regout, La doctrine de la guerre juste de Saint Augustin à nos jours (Paris 1934, Nachdruck: Aalen 1974).

F. H. Russel, The Iust War in the Middle Ages (Cambridge Studies in Medieval Life and Thought, Bd. 8) (London – New York – Melbourne 1975).

Anselm Hertz

---

[27] *T. Hoppe,* a. a. O. 185.

II

Die Friedenspflicht zwischen Wehrdienst und Wehrdienstverweigerung

Der Beitrag erschien zum erstenmal vor zehn Jahren und ist somit „historisch". Trotzdem kann ich die abschließenden Thesen als Denkanstoß für die neunziger Jahre verantworten. Die ‚historisch' bedingten Abschnitte 2. und 3. – besonders die beiden kurzen Abschnitte über die Kirchen in der (ehemaligen) DDR – behalten dokumentarischen Charakter. Die Ausgangslage hat sich hingegen in den vergangenen Jahren in mehrfacher Weise gewandelt. Vier Aspekte sollen mit ihrer Auswirkung auf das Thema angedeutet werden:

1) In der Welt nach dem Golfkrieg und während der Bürgerkriegszenarien in Jugoslawien, im Bereich der GUS, in schwarzafrikanischen und lateinamerikanischen Ländern gewinnen Stimmen von Theoretikern, Politikern und Militärs an Gewicht, die Eingreiftruppen verschiedener Art und (begrenzte) Kriegsbereitschaft fordern, um solche Konflikte einzudämmen und die Verbreitung von Atomwaffentechnologie zu verhindern. Auf der anderen Seite flammte kurze Zeit ein breiter und wenig organisierter Protest gegen das leichtsinnig eingesetzte oder sogar erwünschte Mittel des Krieges zur Lösung politischer Fragen auf. Weniger spektakulär, aber in geistiger Auseinandersetzung und praktischem Training vorbereitet, zeigten gewaltfreie Aktionen (z. B. Friedenscamp in Bagdad, Friedenskarawane durch Jugoslawien) neue Möglichkeiten der Solidarisierung und Vernetzung von Friedenskräften der Basis. Sie deckten dabei die von den Medien wenig vermittelte Friedenssehnsucht von Bevölkerungsmehrheiten auf.

2) Vorher hatte die ‚gewaltlose Revolution' der DDR eine Euphorie als Bewußtsein einer neu anbrechenden Ära wirksamer Gewaltlosigkeit erzeugt, die aber bald enttäuscht wurde. Ein ebenfalls vorübergehender Effekt der Solidarisierung mit dem mutigen „Schwerter-zu-Pflugscharen"-Friedensgruppen der DDR war die Absicht, die „Verordnung über den Zivildienst in der Deutschen Demokratischen Republik vom 20. Februar 1990" für Gesamtdeutschland zu übernehmen. Sie sah eine begründete Erklärung als ausreichend an und begrenzte die Dauer auf zwölf Monate, die (damalige) Dauer des westdeutschen Wehrdienstes. Im August 1990 traten die Leitungen der evangelischen und der katholischen Kirche in der DDR dafür ein, dieses Gesetz als Grundlage einer gesamtdeutschen Regelung zu nehmen. Im Bezug auf den Golfkrieg wurde das Thema der Desertion aus Gewissensgründen aktuell – einmal als Schutzauftrag für US-amerikanische Deserteure, zum anderen als Verweigerung eines Kriegseinsatzes auf dem Gebiet des NATO-Partners Türkei. Inzwischen weitet sich die Problematik durch die Pläne, durch Grundgesetzänderung einen Out-of-

area-Einsatz der Bundeswehr zu ermöglichen. Diese Möglichkeit wird von manchen als Konsequenz des Einigungsvertrages im Zusammenhang einer weitergehenden Revision des Grundgesetzes gesehen. Auf der anderen Seite wird diskutiert, ob der Fortbestand der Wehrpflicht sinnvoll ist.

3) Die „Individualisierung" der mittleren und jüngeren Generation in Gesellschaft und Kirche einerseits, die (philosophische) Diskussion über Gewissen und Verantwortung andererseits erfordert es, das Gewissensverständnis zu vertiefen. Erfahrungen von Beratern potentieller Kriegsdienstverweigerer lassen erkennen, daß die Entscheidung junger Männer – soweit sie nicht rein pragmatisch begründet ist – als eine wichtige Stufe ihrer Identitätsfindung begreifbar ist. Dabei wird die politische Dimension nicht mehr wie in den sechziger und siebziger Jahren als Feld struktureller Entscheidungen angesehen (eine Ausnahme bilden die „Dritte-Welt"-Engagierten), sondern als Umfeld persönlicher Entscheidungen.

4) Beide Sichtweisen verbinden sich bei den durch den „Konziliaren Prozeß" Geprägten. Der Prozeß der Umkehr ist geleitet vom persönlichen Gewissenskern, der sich der globalen Krise stellt. Der Ergebnistext der drei Ökumenischen Versammlungen der DDR vom 30. April 1989 geht von der „Umkehr in den Schalom" aus und kennzeichnet diesen biblischen Ansatz: „Auch durch die zu fürchtenden Krisen kommt uns der rettende Gott entgegen ... Der Umkehrruf zielt auf Herz und Verhalten wie auf Verhältnisse ... Die Umkehrbotschaft ... macht klar, daß es heute gilt, zugleich sich selbst, die persönliche Lebensweise, das Leben der Kirche und auch die Strukturen von industrieller Produktion, internationaler Wirtschaft und politischer Friedenssicherung zu prüfen und gegebenenfalls zu verändern" (1.3; vgl. 2).

Die historische Darstellung einiger Schritte zur Friedensethik, 1982 verfaßt, will einladen, sich am Prozeß der Orientierungsgewinnung zu beteiligen. Dabei konzentriert sich die Darstellung aus staatsrechtlich-ethischen Gründen auf den Problembereich: Gewissen und Gewissensentscheidung.

1. Einsatz kirchlicher Orientierungshilfen

Die evangelische Bekennende Kirche beendet die unkritische Abhängigkeit der Kirche vom Staat, aber nicht die unkritisch gewordene Tradition vom „gerechten Krieg" – trotz der Erinnerung „an Gottes Gebot und Gerechtigkeit und damit an die Verantwortung der Regierenden und Regierten" (V. These der Barmer Theologischen Erklärung von 1934)[1]. Die Erschütterung über den Umfang

[1] Vgl. *W. Lienemann,* Das Problem des gerechten Krieges im deutschen Protestantismus nach dem Zweiten Weltkrieg, in: *R. Steinweg* (Hrsg.), Der gerechte Krieg: Christentum, Islam, Marxismus (Frankfurt a. M. 1980) 125 f.

der mitzuverantwortenden Verbrechen und die Zerstörungskraft der Massenvernichtungswaffen brach die Tradition rational eingrenzender Kriegsbedingungen ab.

Die katholische Kirche führte – weniger angefochten – die Kasuistik des „gerechten Krieges" bis in die Zeit des Zweiten Vatikanischen Konzils weiter. Trotz des kühnen Neubeginns Johannes' XXIII. in seiner Enzyklika „Pacem in terris" (11. 4. 1963; Nr. 127: „Darum widerstrebt es in unserem Zeitalter, das sich rühmt, Atomzeitalter zu sein, der Vernunft" – wörtlich: „ist es Wahnsinn" –, „den Krieg noch als das geeignete Mittel zur Wiederherstellung verletzter Rechte zu betrachten") bleibt als kasuistische Restformel „das Recht auf sittlich erlaubte Verteidigung" (Pastoralkonstitution „Gaudium et spes" vom 7. 12. 1965 Nr. 79, und spätere Verlautbarungen[2]). Von den „pazifistischen" Initiativen bleibt (in derselben Nr.) eine zwar völlig neuartige, aber im letzten Augenblick gedämpfte, ethisch neutrale und unsystematisch eingeführte positive Erwähnung der Wehrdienstverweigerer.

2. *Wehr- und Kriegsdienstverweigerer in kirchlichen Dokumenten*

Der Wortlaut in „Gaudium et spes" (GS), Nr. 79: „Ferner scheint es angebracht, daß Gesetze für die in humaner Weise Vorsorge treffen, die aus Gewissensgründen den Wehrdienst verweigern, vorausgesetzt, daß sie zu einer anderen Form des Dienstes an der menschlichen Gemeinschaft bereit sind." Dem gewünschten Zustand entsprach am ehesten die Gesetzgebung der Bundesrepublik Deutschland[3]. Die Initiative, das „prophetische Zeugnis" der „objecteurs de conscience" zu bezeugen, ging aber nicht von deutschen Bischöfen aus, sondern kam aus Frankreich, England, Holland und Kanada[4].

Die kirchliche Führung der Bundesrepublik Deutschland schien zunächst die von dem Beauftragten der deutschen Bischöfe, Johannes Hirschmann SJ, am

---

[2] Vgl. Sekretariat der Deutschen Bischofskonferenz (Hrsg.), Dienst am Frieden. Stellungnahmen der Päpste, des II. Vatikanischen Konzils und der Bischofssynode. Von 1963 bis 1980 (Bonn o. J.), Register S. 262. Zur Interpretation: *N. Glatzel,* Neueste kirchliche Lehrverkündigung zur Sicherheits- und Rüstungsdebatte ab 1945, in: *N. Glatzel* u. *E. J. Nagel* (Hrsg.), Frieden in Sicherheit (Freiburg 1981) 125–148, bes. 134ff.

[3] Ein Überblick über die gesetzliche Lage der Dienstverweigerer in verschiedenen (vor allem europäischen) Staaten: Forum Helveticum, Militärdienst – Zivildienst – Gewissensverpflichtung = Polis 45, Evangelische Zeitbuchreihe (Zürich 1973) 68–79. Vorher: *H. Hecker,* Die Kriegsdienstverweigerung im deutschen und ausländischen Recht = Dokumente, H. XIII (Frankfurt a. M. - Berlin 1954).

[4] Vgl. *W. J. Schujt,* Die Geschichte des Textes „Gaudium et spes", Nr. 79–90, in: LThK, Konz. III (1968) 533–543; *H. de Riedmatten,* Von der Vermeidung des Krieges, in: *G. Baraúna* (Hrsg.), Die Kirche in der Welt von heute (Salzburg 1967) 423, 428f; *J. Ch. Hampe* (Hrsg.), Die Autorität der Freiheit III (München 1967) 416, 468f.

1. 6. 1956 vor dem Verteidigungsausschuß des Deutschen Bundestages sowie von Pius XII. in der Weihnachtsbotschaft 1956[5] ausgesprochene These, Wehrdienstverweigerung in einer freien, westlichen Demokratie, die Verteidigungsmaßnahmen beschließt und durchführt (für die BRD ist nach Art. 25 und 26, 1 GG nichts anderes möglich), sei nur auf Grund eines „irrenden Gewissens" möglich, weiter vorauszusetzen.

Die von Walter Dirks in einer Konzilseingabe[6] formulierte Ethik der „Sackgasse" überwindet erst allmählich das kasuistische Verständnis, das für jede Gewissensfrage eine eindeutige Antwort anbieten will (und offenbleibende Probleme auf die Begrenzung der Situationserkenntnis reduziert).

Evangelisches Gewissensverständnis verzichtet auf „objektive" Prinzipien mit ihrer Tendenz zur Vergesetzlichung um der Freiheit des Gehorsams gegen Gott und sein Wort willen. Zusammen mit der weiterwirkenden Erschütterung führte dies zu einem frühen Eintreten für „die Kriegsdienstverweigerer aus Gewissensgründen" (gesamtdeutsche Synode von Berlin-Weißensee 1950)[7]. Trotz des Koreakrieges und der mit dessen Ausnutzung forcierten Wiederbewaffnung der Bundesrepublik zeigt sich der „Ratschlag der EKD" zur gesetzlichen Regelung der Kriegsdienstverweigerer[8] 1955/56 engagierter als das katholische Gutachten von J. Hirschmann. Der „Ratschlag" betont im Gegensatz zu dem von Hirschmann formulierten Spannungsverhältnis von „Normerfassung" und „Situationserfassung"[9], „daß für den evangelischen Christen die Stimme des Gewissens aus der konkreten Lage heraus vernehmbar wird und nicht (!) an allgemeinen Maßstäben zu messen ist". Die „Heidelberger Thesen" von 1958/59 – „bis in die Gegenwart weithin, wenn auch oft murrend, akzeptierter Minimalkonsens deutscher evangelischer Friedensethik nach 1945"[10] – enthalten drei unser Thema unmittelbar betreffende Aussagen:

---

[5] *J. Hirschmann,* zit. bei *G. Leder,* Kriegsdienstverweigerung aus Gewissensgründen (Freiburg 1957) 131 f. (vgl. *W. Krücken,* Wehrdienst und Gewissen [Mannheim-Ludwigshafen 1972] 50–52); ähnlich: *ders.,* Zur Diskussion um die Wehrpflicht, in: Stimmen der Zeit 159 (1956/57) 214 f. – *Pius XII.,* in: Utz-Groner III (1961) Nr. 4413.

[6] *J. Ch. Hampe* (Hrsg.), a.a.O. 474–480.

[7] Vgl. *W. Lienemann,* a.a.O. 134 f. – Wir sprechen künftig im Text von „Kriegsdienstverweigerern", weil nur „Kriegsdienstverweigerer aus Gewissensgründen" vom Wehrdienst freigestellt werden können.

[8] Gekürzt in: *K. Mayr,* Der Andere Weg. Dokumente und Materialien zur europäisch-christlichen Friedenspolitik (Nürnberg o.J. [1957]) 362–365.

[9] KNA 21. 7. 1956, Beilage.

[10] *W. Lienemann,* a.a.O. 144 – dort auch die Thesen. Zur Interpretation der in der 6. These zuerst formulierten Komplementaritätsthese: *G. Scharffenorth,* in: *U. Duchrow – G. Scharffenorth* (Hrsg.), Konflikte zwischen Wehrdienst und Friedensdiensten (Stuttgart-München 1970) 58–65; zum physikalischen Hintergrund des analogen Wortgebrauchs (zeitlich-zirkuläre, nicht gleichzeitige, nur dem gleichzeitigen Erkennen unzugängliche Komplementarität) vgl. *G. Howe – H. E. Tödt,* Frieden im wissenschaftlich-technischen Zeitalter. Ökumenische Theologie und Zivilisation (Stuttgart-Berlin 1966) 57–63; *G. Howe,* Die Christenheit im Atomzeitalter (Stuttgart 1970) 78–82, 92–100, 173–179, 361 f. (Nachwort).

„6. Wir müssen versuchen, die verschiedenen im Dilemma der Atomwaffen getroffenen Gewissensentscheidungen als komplementäres Handeln zu verstehen.

7. Die Kirche muß den Waffenverzicht als eine christliche Handlungsweise anerkennen.

8. Die Kirche muß die Beteiligung an dem Versuch, durch das Dasein von Atomwaffen einen Frieden in Freiheit zu sichern, als eine heute noch (!) mögliche christliche Handlungsweise anerkennen."

Die am 1. 12. 1969 veröffentlichte Thesenreihe „Der Friedensdienst der Christen" versucht, die „Komplementarität" entgegengesetzter Gewissensentscheidungen über „eine zeitlos gültige theologische Norm", wie sie „die Lehre vom gerechten Krieg ... wie der prinzipielle Pazifismus" darstellen (These 8), zu einem verantworteten Verständnis des geschichtlichen Prozesses hinauszuführen, „in dem durch allmähliche Abrüstung und Aktivierung der internationalen Organisationen die Entscheidung gegen die Aufrechterhaltung eines Rüstungsstandes immer stärker das politische Feld bestimmt, bis eine wirksame und politisch vertretbare Ordnung für eine Regulierung internationaler Konflikte durchgesetzt worden ist" (These 10). Diese übergreifende Sicht entbindet den Wehrpflichtigen nicht von einer eindeutigen Entscheidung. „Eine verantwortliche Entscheidung für den Wehrdienst" ist „nur im Bewußtsein des Friedensauftrags der Christen" und des Dilemmas, das beim Versagen der atomaren Abschreckung, also im Kriegsfall, eintritt, möglich. „Eine verantwortliche Entscheidung" für Wehrdienstverweigerung darf „nicht nur der Salvierung des eigenen Gewissens dienen" und muß „darüber hinaus die Bereitschaft einschließen ..., sich für einen konstruktiven Dienst am Frieden einzusetzen" (These 12; vgl. 9)[11]. Ein Vergleich mit dem kompromißhaften Text des Zweiten Vatikanischen Konzils zeigt dort: „... die Tendenz der Aussagen (ist) innerhalb des erhalten gebliebenen Gesamtduktus eindeutig und stimmt mit der evangelischen Komplementaritätsthese ... überein. Das Gleichgewicht des Schreckens (und wohl auch das Verteidigungsrecht!?) gilt noch für begrenzte Zeit, für eine ‚Frist, die uns noch von oben gewährt wurde' und die wir ‚nützen' müssen, ‚um mit geschärftem Verantwortungsbewußtsein Methoden zu finden, unsere Meinungsverschiedenheiten auf eine Art und Weise zu lösen, die des Menschen würdiger ist. Die göttliche Vorsehung fordert dringend von uns, daß wir uns von der alten Knechtschaft des Krieges befreien" (GS 81)[12].

Die Konferenz der (evangelischen) Kirchenleitungen in der DDR knüpfte 1965 in ihrer Handreichung für Seelsorge an Wehrpflichtigen „Zum Friedens-

---

[11] Die Denkschriften der Evangelischen Kirche in Deutschland, Bd. I/2: Frieden, Versöhnung und Menschenrechte (Gütersloh 1978) 45, 50, 57; vgl. 49. Die EKD-Denkschrift vom Nov. 1981 „Frieden wahren, fördern und erneuern" betont beiden Seiten gegenüber den Primat von Friedens*politik*.

[12] *P. Engelhardt,* Die Lehre vom „gerechten Krieg" in der vorreformatorischen und katholischen Tradition. Herkunft – Wandlungen – Krise, in: *R. Steinweg* (Hrsg.), a.a.O. (s. o. Anm. 1) 114.

dienst der Kirche" an die Heidelberger Thesen an, aber mit einer an die Rheinischen Bruderschaften anknüpfenden deutlichen theologischen Beurteilung innerhalb der drei Möglichkeiten: Dienst mit und ohne Waffe (Bausoldaten), Totalverweigerung: danach „geben Verweigerer, die im Straflager für ihren Gehorsam (gegen Gott und ihr Gewissen) mit persönlichem Freiheitsentzug leidend bezahlen, und auch die Bausoldaten, welche die Last nicht abreißender Gewissensfragen und Situationsentscheidungen übernehmen, ein deutlicheres Zeugnis des gegenwärtigen Friedensgebotes unseres Herrn ... Halten sie nicht – gewiß in aller Schwachheit und Armseligkeit – als kleine prophetische Zeichen die Gewissensbeunruhigung angesichts des Rüstungswettlaufes und der Haßpropaganda wach?"[13]

Die katholische Kirche der DDR bleibt in ihren offiziellen Äußerungen zurückhaltend, auf Gewissensentlastung der Wehrpflichtigen bedacht (Stellungnahme der katholischen Bischöfe zum Wehrpflichtgesetz vom 6. 2. 1962)[14]. Selbst auf der engagiert verlaufenden Pastoralsynode (März 1974 bis November 1976) gelingt es der einschlägigen Synodenfachgruppe zu „Apostolat und Weltdienst" nicht, ein geplantes deutliches Wort, in dem selbst die Totalverweigerung „als prophetischer Dienst" gewürdigt werden sollte, zur Beschlußfassung einzubringen. Im endgültigen Beschluß bleibt eine Anmerkung übrig, die durch Zitation der Konzilsäußerungen zwar Intentionen zu verstehen gibt, diese aber nicht ausdrücklich auf die Situation der Wehrpflichtigen in der DDR anwendet[15].

In der katholischen Kirche der Bundesrepublik führten Initiativen „von unten" zur allmählichen Umorientierung. Nach der Vorarbeit der „Kommission für aktiven Friedensdienst" der Pax-Christi-Bewegung (1966), einer intensiven Entwicklung in den Führungsgremien des Bundes der Deutschen Katholischen Jugend (BDKJ: 1966–68)[16] sowie der Beratungsaktivitäten katholischer Studentengemeinden beschloß die Deutsche Bischofskonferenz März 1968 (in der evangelischen Kirche begann die Beratungsarbeit offiziell 1960) eine Empfehlung zur Einrichtung von Beratungsstellen „für Wehrdienstverweigerer aus Gewissensgründen" und die Mitwirkung „an der Entwicklung neuer Formen eines Zivildienstes in Sozialarbeit und Entwicklungshilfe". Nach Kardinal Döpfners

---

[13] Zit. nach: *W. Lienemann,* a.a.O. 150; vgl. *K. Richter,* Die Verweigerung des Waffendienstes in der DDR (Bonn 1979) 21, 25 f.; *A. v. Mutius,* Aufruf zum Frieden. Bleibende Bedeutung der Heidelberger Thesen, in: EvKomm 14 (1981) 390. Auf diesem Hintergrund sind auch die mutigen, bisher (1982) erfolglosen Initiativen der evangelischen Kirche in der DDR für einen sozialen Friedensdienst zu sehen.

[14] *K. Richter,* a. a. O. 28.

[15] Dienst der Kirche für Versöhnung und Frieden (Beschlußtext), in: Pax Christi 28 (1976), H. 3/4, S. 12; abgedruckt in: *W. Ruez,* Den Frieden tun = Veröffentlichungen der Deutschen Pax-Christi-Sektion 22 (Frankfurt 1980) 41 m. Anm. 31 S. 44; vgl. *K. Richter,* a. a. O. 30 f.; 4. Fassung des Synodenentwurfs vom 24. 8. 1974, vervielfältigt vom Pax-Christi-Sekretariat (Frankfurt a. M.) 8.

[16] Vgl. *W. Krücken – H. Neyer* (Hrsg.), Wehrdienst – Kriegsdienstverweigerung – Zivildienst (München - Mainz 1974) 30–35.

Bericht über die bisherigen Erfahrungen beschließt die Außerordentliche Vollversammlung der Deutschen Bischofskonferenz November 1970: „Die Deutsche Bischofskonferenz ... betont zum wiederholtenmal die Rechte des Staatsbürgers auf Anerkennung seiner Gewissensentscheidung für den Wehrdienst oder für die Kriegsdienstverweigerung. Sie weist eindringlich darauf hin, daß diese Entscheidung von der Sorge für den Frieden und der Bereitschaft zum Dienst am Allgemeinwohl getragen sein muß. Beide Dienste – mit und ohne Waffen – sollten dazu beitragen, den gewaltsamen Austrag von Konflikte zu verhindern und den bestehenden Zustand in Richtung auf friedensfördernde Strukturen zu verändern ... Um die bestehenden Meinungsverschiedenheiten und Konflikte in beiden Bereichen auf eine Weise auszutragen, die dem gemeinsamen Ziel der Friedenssicherung und Friedensförderung dient, empfiehlt die Bischofskonferenz dem Katholischen Arbeitskreis Entwicklung und Frieden (KAEF – die deutsche Sektion von Justitia et Pax) die Bildung eines Ständigen Ausschusses, in dem die beteiligten kirchlichen Stellen und Organisationen sowie Fachleute aus beiden Bereichen vertreten sind ...“[17]

Dieser am 1. 2. 1971 konstituierte Ausschuß leistete durch Überwindung gegenseitiger Mißverständnisse und Klärung von Sachfragen entscheidende Vorarbeit für die Synode der Bistümer in der Bundesrepublik Deutschland. Die zitierte Vorgabe der Bischofskonferenz steht der Themenformulierung des evangelischen Kirchentages 1967 „Friedensdienst mit und ohne Waffen“ nahe, die innerevangelisch auch als „Ohnmachtsformel“, als Aufgabe des geschichtlich-dynamischen Anspruchs der Komplementaritätsformel abgewertet wird[18]. Der Synodenbeschluß vom 19. 11. 1975 „Der Beitrag der Katholischen Kirche in der Bundesrepublik Deutschland für Entwicklung und Frieden“ versucht, verschiedene „Dienste“ der Friedenspflicht zuzuordnen. Dabei haben Interessenvertreter beider Seiten für „Gleichbehandlung“ und den Ausdruck gegenseitigen Respekts gesorgt. Die durchgehende Formel von der „Sicherung und Förderung des Friedens“ läßt das Spannungsverhältnis zugunsten einer harmonisierenden Tendenz zurücktreten. Doch wird in der Zusammenfassung der Konzilsaussagen die geschichtliche Tendenz weg von einem statisch-kasuistischen Verständnis zu einem neuen Friedensverständnis gekennzeichnet: Frieden als dynamischer „Prozeß mit dem dreifachen Ziel: gleiche Chancen zur menschenwürdigen Entfaltung des einzelnen sowie aller gesellschaftlichen und nationalen Gruppen zu schaffen bzw. zu sichern; internationale und soziale Gerechtigkeit herzustellen; eine Völkergemeinschaft ohne Krieg aufzubauen“ (2.1.2.3). Hilfen für eine verantwortete Entscheidung zu einem Dienst für den Frieden mit ihren institutionellen Voraussetzungen werden gefordert. Die Kriterien bleiben unscharf.

---

[17] Ebd. 28 f.

[18] Vgl. *G. Scharffenorth*, a.a.O. 70–80; *F. Eitel – A. v. Mutius*, in: EvKomm 14 (1981) 386–391.

3. *Gewissen und Kriegsdienstverweigerung*

In der Auf-, Nach- und Abrüstungsdiskussion seit 1979 sind die Spannungen zwischen den verschiedenen Entscheidungen und den sie vertretenden Gruppen breiter ins öffentliche Bewußtsein getreten. Die verschiedenen Bewertungen dieser Entscheidungen sind nicht nur durch die gegenwärtige sicherheitspolitische Lage, sondern auch durch das mit der Entwicklung des Rechtes auf Kriegsdienstverweigerung entwickelte Gewissensverständneis bedingt. Einiges, was auch über den Gültigkeitsbereich des Bonner Grundgesetzes (GG) hinaus bedeutsam ist, soll im folgenden skizziert werden.

a) Zum Ursprung von Art. 4, 3 GG

Geschichtlich stehen hinter dem grundgesetzlichen Recht auf Kriegsdienstverweigerung: Gewissensfreiheit usw. (Art. 4) in der Tradition der liberalen Menschenrechte, die den einzelnen vor der Übermacht des Staates schützen sollen; die (verschieden verarbeiteten) Erfahrungen der Zeit des Nationalsozialismus; das Zeugnis der historischen Friedenskirchen (Mennoniten, Quäker und Brethren), das (später ergänzt durch Zeugen Jehovas usw.) schrittweise zur Freistellung vom Militärdienst für religiöse Totalpazifisten führte (England 1957)[19]. Da im Parlamentarischen Rat (1948/49) nicht, wie ursprünglich vorgesehen, *jede* Kriegsvorbereitung, sondern nur diejenige eines *Angriffskrieges* abgewiesen wird (Art. 21, 1 GG), gilt bereits für die damaligen Beratungen: „Die Mehrheit sah die Kriegsdienstverweigerung nicht unter dem Aspekt einer radikalen Selbstbeschränkung des Staates, der auf militärische Gewalt im Rahmen einer nationalen Sicherheitspolitik verzichten sollte, sie sah in der rechtlichen Regelung der Kriegsdienstverweigerung vielmehr eine Schutzbestimmung für den einzelnen Bürger“[20] – oder, wie eine Gruppe von Auslegern noch schärfer formulierte, „einen staatlichen Akt der ‚Duldsamkeit gegenüber menschlicher Gewissensnot‘“[21] – eine Auslegung, die sich auf die vom weitergehenden SPD-Antrag abweichende Formulierung berufen kann: „Niemand darf gegen sein Gewissen zum Kriegsdienst mit der Waffe *gezwungen* werden.“ Obgleich das Recht auf Kriegsdienstverweigerung verfassungslogisch unabhängig von der späteren Entscheidung „Wiederbewaffnung oder nicht“ ist[22], wurde dieses bereits innerhalb der Diskussionen des Parlamentarischen Rates durch die Theorie von der allgemeinen Wehrpflicht als Wesensmerkmal der neuzeitlichen De-

---

[19] Vgl. *G. Scharffenorth*, a.a.O. 30f.
[20] *W. Krücken*, a.a.O. (s.o. Anm. 5) 10.
[21] Zit. nach: *V. Möhle – Ch. Rabe*, Kriegsdienstverweigerer in der BRD (Opladen 1972) 15.
[22] Gutachten v. *R. Smend* u. *E. Menzel:* (Juni 1952) zur Feststellungsklage vor dem BVerfg (Wehrbeitrag); vgl. *P. Engelhardt*, Prüfung des Gewissens, in: Rüstung und Militär in der Bundesrepublik Deutschland (Opladen 1977) 128f.

mokratie und bald darauf durch die Theorie von der naturrechtlichen Begründung der Verteidigungspflicht des Staates (Adenauer[23]) sowie durch Mischformen beider Theorien weiter abgewertet.

b) Gesetzliche Ausgestaltung des Rechtes auf Kriegsdienstverweigerung

Die Einengung des Grundrechts auf Kriegsdienstverweigerung, die sich bereits in der Debatte um den Wehrbeitrag (1952) abzeichnete, wurde 1956 durch den von der CDU/CSU-Mehrheit gegen die kirchlichen Gutachten auf totalen Pazifismus beschränkten (seitdem nicht veränderten) § 25 des Wehrpflichtgesetzes[24] festgeschrieben: „Wer sich aus Gewissensgründen der Beteiligung an *jeder* Waffenanwendung zwischen den Staaten widersetzt und deshalb den *Kriegsdienst* mit der Waffe verweigert, hat statt des *Wehrdienstes* einen zivilen *Ersatzdienst* außerhalb der Bundeswehr zu leisten ...“ Die am heftigsten in Ausschuß und Bundestag umstrittene Formulierung „jeder“ verstößt – was ausdrücklich hervorgehoben wurde – gegen die Situationsgebundenheit des Gewissens in katholischem und noch mehr im evangelischen Verständnis. Maßgebende Staatsrechtler sahen in der verabschiedeten Fassung eine unzulässige Einschränkung des Grundrechts[25]. Das BVerfG vermochte am 20. 12. 1960 die Verfassungskonformität nur durch einschränkende Auslegung des Grundrechts (aktuell „situations*bedingte*“ Entscheidungen nicht schützend) und durch weite Auslegung des § 25 WpflG (nicht nur „grundsätzliche [dogmatische] Pazifisten“ schützend, sondern auch „situations*bezogen*“ urteilende Kriegsdienstverweigerer, die „heute und hier allgemein ablehnen, Kriegsdienst mit der Waffe zu leisten“)[26] zu retten. Die Widersprüchlichkeit oder zumindest Mehrdeutigkeit dieses Grundsatzurteils trug zur bleibenden Rechtsunsicherheit in den Anerkennungsverfahren bei.

Eine weitere Festlegung bedeutet der in der Bundestagsdebatte vom 4. 7. 1956 umstrittene Begriff „ziviler Ersatzdienst“, den die Mehrheit nicht in „Zivildienst“ abzuändern bereit war. Er schreibt eine von den ursprünglichen GG-Intentionen abweichende Unterordnung dieses Dienstes unter den Wehrdienst und damit seinen Ausnahmecharakter fest. Damit ist auch die Gewissensent-

---

[23] Zit. ebd. 130.

[24] Die einschlägigen Art. 25–27 in der entsprechenden Literatur abgedruckt, z. B. Pax Christi, Kriegsdienstverweigerung (Pax-Christi-Schriften 6) (Frankfurt a. M. [6]1981) 17 f.

[25] Zusammenfassung bei: *H. Geißler,* Das Recht auf Kriegsdienstverweigerung nach Art. 4 Abs. III des Grundgesetzes (Diss. Reutlingen 1960) 96–100.

[26] Interpretation mit zurückhaltender Kritik: *H. Simon,* Das Recht zur Kriegsdienstverweigerung in Gesetzgebung und Rechtsprechung der Bundesrepublik, in: *M. Schröter* (Hrsg.), Kriegsdienstverweigerung als christliche Entscheidung = Theologische Existenz heute NF 120 (München 1965) 40–42; *P. A. Hausmann,* Kriegsdienstverweigerung als Rechtsproblem, in: *U. Duchrow – G. Scharffenorth* (Hrsg.), a.a.O. (s. o. Anm. 10) 187–190. Kritisch: *V. Möhle – Ch. Rabe,* a.a.O. 32–34.

scheidung als Ausnahmeentscheidung einzelner impliziert und die von mehreren Abgeordneten geforderte Möglichkeit abgelehnt, auch die Wahl einer politischen Alternative zur militärischen Sicherheitspolitik als Gewissensentscheidung anzuerkennen – eine Auslegung, die durch das Verfassungsgerichtsurteil vom 13. 4. 1978 noch einmal ausdrücklich abgelehnt wurde[27], womit indirekt die in beiden großen Kirchen herrschende Überzeugung von „der Gleichrangigkeit von Wehrdienst und Zivildienst ... als nicht verfassungsgemäß zurückgewiesen" wurde[28].

c) Juristisch-ethische Probleme des Gewissensbegriffs

In Art. 4, 3 GG und § 25 WpflG sind mehr oder weniger bestimmte Vorstellungen über das Gewissen impliziert. Es zeichnet sich schon früh eine folgenschwere Verwechslung von Unbedingtheits- und Allgemeinheitscharakter der Gewissensentscheidung ab sowie eine Reduktion auf den privaten Ausnahmecharakter der Entscheidung zur Kriegsdienstverweigerung. Die Probleme wurden nun explizit; denn § 26 WpflG forderte ein Prüfungsverfahren des Kriegsdienstverweigerers vor Gremien, die unter Vorsitz eines vom Bundesminister für Verteidigung bestimmten Juristen das Vorliegen oder Nichtvorliegen einer zur Anerkennung ausreichenden Gewissensentscheidung zu beurteilen haben. Auf Grund des Verfassungsrangs und der deutschen – gegenüber der angelsächsischen stärker auf Festlegungen bedachten – Rechtstradition[29] ergab sich die Notwendigkeit, einen forensisch greifbaren Tatbestand zu definieren, der die (juristisch gesprochen) „innere Tatsache" Gewissen(sentscheidung) prüfbar werden läßt.

Dieser Versuch mußte aus der Aufgabenstellung heraus sowie aus geschichtlich-politisch bedingten Gründen zu Problemen und Widersprüchen führen, deren Analyse Moment einer weiterführenden Gewissensdiskussion (im Sachbezug „Krieg und Frieden") werden kann.

1) Bereits das erste umfassende definitorische Grundsatzurteil (BVerwG 3. 10. 1958), mit dessen Hilfe die knappere Gewissensdefinition des BVerfG (20. 12. 1960) stets interpretiert wurde, versucht, für Bürger des weltanschaulich neutralen Verfassungsstaates auf Grund des allgemeinen Sprachgebrauchs und der „allgemeinen Meinung" „eine Begriffsbestimmung, die den Inhalt allgemeingültig und zweifelsfrei wiedergibt", zu formulieren, nämlich: „daß die eigene Erkenntnis des Erlaubten und des Verbotenen und die Ansicht, verpflichtet zu sein, dieser Erkenntnis gemäß zu handeln, somit eine im Inneren ursprünglich vorhandene Überzeugung von Recht und Unrecht und die sich daraus ergebende Verpflichtung des Betroffenen zu einem bestimmten Han-

[27] Europäische Grundrechte Zeitschrift 5 (1978) 162, 175.

[28] *W. Lienemann,* a.a.O. 154. [29] *G. Leder,* a.a.O. (s.o. Anm. 5) 56–58.

deln und Unterlassen, das Gewissen ausmachen. Es stellt demnach das subjektive Bewußtsein vom sittlichen Wert oder Unwert des eigenen Verhaltens dar ..., und es ist die innerste und deshalb nicht weiter begründbare Erfahrung, in der der Mensch (als anderes Ich) seiner Verantwortung gewiß wird." Text[30] und Literaturhinweise[31] verraten Elemente Kantischer Tradition und wertphilosophischer Begrifflichkeit. Die Anwendung der Definition auf ein Revisionsverfahren fügt ein Thema hinzu, das in den höchstrichterlichen Urteilen immer wieder auftaucht; zustimmend wird die Formulierung eines Landesverwaltungsgerichtes zitiert: „Wesentlich für die Entscheidung des Gerichtes sei ... nur, ob es sich bei der Gewissensentscheidung um eine ernste, sittliche Entscheidung handle, die für den Betroffenen als innerer Zwang verbindlich sei, so daß ein Zuwiderhandeln gegen diesen Zwang die sittliche Persönlichkeit schädigen oder zerbrechen würde."

Es geht um ein Freiheitsrecht. Kant vermochte es, Freiheit (als Autonomie), Pflicht, Verbindlichkeit, kurz: Wollen und Sollen in eins zu denken. Die Rede vom „Zwang" bringt gerade das Moment hinein, das vermieden werden sollte: Charaktere des Freudschen Über-Ich. – Freiheit findet ihre grundlegende Verwirklichung in der Identität der Person. Das wird in den Grundsatzurteilen betont, aber zunehmend mit Ausdrücken, die eine labile, „zerbrechliche" Persönlichkeit vorauszusetzen scheinen.

2) Die „Erfahrung" dieses Verpflichtet-, Gebunden-, Gezwungenseins wird auf die Hörerseite des aus der religiösen Tradition stammenden, philosophisch aufgenommenen „Sprecher-Hörer"-Modells verlegt. Der „Sprecher" kann nach der zitierten Entscheidung „als ‚unmittelbare Stimme Gottes'" geglaubt „oder auf die dem Menschen innewohnenden naturrechtlichen Normen zurückgeführt" werden (= „anderes Ich"?). Der „Hörer" oder Spruchempfänger kann allein Gegenstand der Prüfung sein. An ihm muß sich zeigen, daß der „Sprecher" für ihn verbindlich spricht. Mit diesem Dualismus rückt die Gewissensentscheidung als Freiheitsgeschehen noch weiter in die Ferne.

3) Ein weiterer Dualismus: Das Hörergeschehen wird von Motiven, die rationaler und emotionaler Art sein können, von persönlichen und gesellschaftlichen „auslösenden" Faktoren so weit getrennt, daß nicht diese (was noch eher möglich wäre), sondern nur ein über sie wesentlich hinausgehender „verdichteter", in der Tiefe der „sittlichen Persönlichkeit" angesiedelter und (durch die Trennung von den möglicherweise rationalen Motivationen) irrationaler Vorgang zu prüfen ist: ein Widerspruch bis in die Formulierung hinein. Der Rationalität wird konzediert: „Eine zur Verweigerung des Kriegsdienstes mit der

[30] Im Auszug in: Pax Christi, Aktiver Friedensdienst – Kriegsdienstverweigerung, bis 5. Aufl. (1980) 67f.

[31] *G. Leder*, a.a.O. 119–123; Der Große Brockhaus, 15. Aufl., 7. Bd., 327; Der Große Herder, 5. Aufl., 4. Bd., 99.

Waffe berechtigende Gewissensentscheidung kann auch (!) durch die Betätigung des Verstandes und der Vernunft (!) ausgelöst (!) worden sein" (BVerwG 28. 5. 1960).

4) Mit dieser Hintansetzung der Vernunft wird auch erreicht, politische und damit situationsbedingte (s. o.) Begründungen als nicht ausreichend hinzustellen. Auf dem Höhepunkt politisch motivierter Tendenzen zur Kriegsdienstverweigerung „räumte das BVerwG am 17. 12. 1970 in einem Revisionsverfahren (das wegen Anerkennung revolutionärer Gegengewalt zur Ablehnung führte) ein, daß eine Gleichsetzung von ‚Gewissen' und ‚politischer Vernunft' der Anerkennung als Kriegsdienstverweigerer nicht im Wege stehe, wenn der Antragsteller ‚nicht nur politischen Zielen und rationalen Erwägungen folgt, sondern sich auch von seinem durch diese Anstöße geprägten Gewissen im Sinne eines von ihm als unmittelbar verpflichtend empfundenen inneren sittlichen Gebots leiten läßt'."[32] Aus der Zweideutigkeit des Ursprungs von Art. 4, 3 GG – Schutz der individuell verstandenen Gewissensfreiheit *und* politische Folgerung aus den politischen Erfahrungen der NS-Zeit – ist die Eindeutigkeit des Schutzes eines möglichst unpolitisch orientierten, individuellen „Gewissens" dessen, der nicht töten *kann* – nicht dessen, der unter gegebenen Bedingungen nicht töten *will*[33] – geworden. Die durch die BVerfG-Entscheidung vom 20. 12. 1960 teilweise eröffnete Dimension des „hier und heute" (s. o.) wird durch die Entscheidung vom 13. 4. 1978 faktisch wieder geschlossen. Die „Unbedingtheit" der Gewissensentscheidung wird im Leitsatz 4 als „grundsätzlich und ausnahmslos zwingend" interpretiert und in dem ausführlichen Urteil als „absolut" einer „relativen" Entscheidung gegenübergestellt, die gekennzeichnet wird als „ernsthafte und nachdrückliche Auffassung von guter politischer Ordnung und Vernunft, sozialer Gerechtigkeit und wirtschaftlicher Nützlichkeit ..."[34] Die Trennung von Ethik und Politik wirkte sich fast durchgehend dahin aus, die Kriegsdienstverweigerung auf einen unpolitisch-individuellen Akt einzuschränken und alle Forderungen nach politischer Alternative zu einer militärisch bestimmten Sicherheitspolitik, alle Werbung für Kriegsdienstverweigerung und alternative Friedensdienste und in der Konsequenz die Forderung nach öffentlicher Gruppenberatung als illegitime Subversion abzustempeln.

---

[32] Bensberger Kreis, Die katholische Kirche der Bundesrepublik Deutschland und die Frage der Kriegsdienstverweigerung, V. Sonderdruck in: Publik-Forum 3. 5. 1974. Der gesamte Urteilstext bei: *H. J. Haug – H. Maessen* (Hrsg.), Kriegsdienstverweigerer: Gegen die Militarisierung der Gesellschaft (Fischer Taschenbuch 1173) (1971) 180–187.

[33] Vgl. *M. Klein,* Juristischer Ratgeber, in: *H. S. Haug – H. Maessen,* a.a.O. 154–156; Bensberger Kreis, a.a.O.; *P. Engelhardt,* in: KAK/EAK (Hrsg.), Gegen die Inquisition des Gewissens (o.J. [1974]) 13.

[34] EGZ 5 (1978) (s. o. Anm. 27) 175. Zur Kritik vgl. *R. Eckertz,* Die Kriegsdienstverweigerung aus Gewissensgründen. Eine Kritik des Urteils des Bundesverfassungsgerichts vom 13. April 1978 = Texte und Materialien der Forschungsstätte der Evangelischen Studiengemeinschaft, Reihe A Nr. 13 (Heidelberg 1981) 91–96.

5) Die Problematik des Gewissensbegriffs und der Gewissensprüfung wird noch verschärft durch die umstrittene Frage der Beweislast[35]. Die Zuständigkeit von Verwaltungsgerichten förderte die Tendenz, nach den „allgemeinen Grundsätzen des Verwaltungsrechts“ (im Gegensatz zum Strafrecht) den Beweis der „anspruchsbegründenden Tatsachen“ – hier der „inneren Tatsache“ der Gewissensentscheidung – dem Antragsteller zuzumuten. Eindeutig wird bei zweifelhaften Fällen seit 1967 (Zuständigkeit des VIII. statt des VII. Senats des Bundesverwaltungsgerichts für Wehrpflichtsachen) die Beweislast dem Antragsteller zugewiesen – in der Konkretion der Beweismomente seit 1973 (Übernahme durch den VI. Senat) ins Unzumutbare verschärft[36].

Empirische Untersuchungen und Erfahrungen in der Bildungsarbeit zeigen, daß die ohnehin oft zu resignativer Haltung neigenden Kriegsdienstverweigerer[37] das Anerkennungsverfahren als repressiv erfahren und dadurch verstärkt mißtrauisch gegenüber Staat und Institutionen werden[38].

4. Herausforderung der theologischen Gewissenslehre

In den letzten 25–30 Jahren haben Staats- und Verfassungsrechtler und an gesellschaftlichen Fragen arbeitende Philosophen und Soziologen über die einschlägigen Fragen nachgedacht. Die Theologie suchte auf Grund eines personalistischen Gewissensverständnisses Brücken zur Psychologie und Pädagogik zu schlagen. Die kirchlich orientierten Berater von zur Kriegsdienstverweigerung tendierenden Wehrpflichtigen fühlten sich alleingelassen, gerade weil sie ständig mit der personalen *und* der politischen Dimension von möglichen oder als vorhanden anzunehmenden Gewissensentscheidungen konfrontiert und nach ihrem eigenen Gewissensverständnis gefragt wurden. Wieweit haben die Kirchen diese Fragen aufgenommen?

a) Evangelische Verantwortungsethik

Von evangelischer Seite stand seit dem „Ratschlag“ (1955) die Unverfügbarkeit der Gewissensentscheidung im Blick. Die Komplementaritätsthese und die

---

[35] Eingehende Stellungnahme bei: *H. Geißler,* a.a.O. (s.o. Anm. 25) 168–171.

[36] Vgl. *R. Monnerjahn,* in: Gegen die Inquisition des Gewissens 19–22; *P. Engelhardt,* Prüfung des Gewissens (s.o. Anm. 22) 138f.

[37] Vgl. *E.-J. Nagel – H. W. Starkulla,* Einstellungen von Wehrdienstverweigerern und Soldaten. Eine empirische Untersuchung = Entwicklung und Frieden – Wissenschaftliche Reihe 14 (München - Mainz 1977) 168; umgangssprachliche Zusammenfassung: *E. J. Nagel,* Was sind das für Leute, die Zivildienstleistenden?, in: Caritas 78 (1977) 98.

[38] Vgl. *R. Öhlschläger,* Zivildienstleistende: Eine Zielgruppe zwischen Ideal und Wirklichkeit. Erfahrungen aus der politischen Bildungsarbeit = Verein für Friedenspädagogik, Argumente 2 (Tübingen 1978) 4f., 7f.

Friedensdienst-Denkschrift betonen als Kriterien die biblische Weisung *und* die zu erwartenden Folgen, argumentieren also im Sinne einer christlichen Verantwortungsethik. Die Diskussionen um die Komplementaritätsthese zeigten ein unlösbares Spannungsverhältnis von Unbedingtheit des christlichen Gefordertseins und Relativierung der eigenen Position durch die Möglichkeit der entgegengesetzten. Die geschichtliche Perspektive wirksamer Schritte auf eine neue Friedensordnung hin forderte von beiden Gruppen, den Kriegsdienstverweigerern und den Soldaten und von den geistlichen Beratern beider, sich ohne Selbstgerechtigkeit auf neue Verhaltensweisen einzustellen. Entwicklung neuer Friedensdienste auf der einen, eine soldatische Existenz mit dem Ziel, Militär in absehbarer Zeit überflüssig zu machen, auf der anderen. Dabei rechnet evangelische Ethik damit, bei jeder Entscheidung schuldig zu werden und die Gewissensentscheidung nur im Vertrauen auf die Vergebung Gottes durchhalten zu können. Somit bildet sich konkret eine Verantwortungsethik heraus, die jenseits der beliebten, sich auf Max Weber berufenden Unterscheidung von Gesinnungs- und Verantwortungsethik liegt: „Eine verantwortliche Gewissensentscheidung wird sich auf begründete Zielvorstellungen und auf ein geschultes Urteilsvermögen stützen müssen, das notwendig Information über politische Sachverhalte zur Voraussetzung hat." So „erfordert eine Gewissensentscheidung im Fall politischer Alternativen gerade das Abwägen der Ziele und Mittel. Insgesamt bedarf das Problem gewissensmäßig getroffener Entscheidungen in politischen Fragen allerdings noch weiterer Klärung, als es in der gegenwärtigen Diskussion zum Gewissensverständnis möglich ist." Bei aller Betonung der inhaltlichen Begründungspflicht sagt die zitierte 12. These der Friedensdienst-Denkschrift von 1969 in Kontinuität mit allen einschlägigen evangelischen Äußerungen zur Gewissensprüfung: „Die Behauptung einer Gewissensentscheidung ist für den Außenstehenden aus dem Wesen des Gewissens heraus im Kern unzugänglich."[39]

b) Katholische Klärungsversuche

Die katholische Position zur Prüfbarkeit blieb bis hin zum Synodenbeschluß von 1975 trotz der Bemerkung von der Unzumutbarkeit der Gewissensprüfung (2.2.4.3) unscharf. Nach begrenzten Vorstößen zur Klärung des Gewissensbegriffs mit Aufnahme der Thomas-Tradition von praktischer Vernunft und Klugheit[40] kam ein öffentlicher Klärungsprozeß erst durch eine Diskussion in Gang, die von der durch das Urteil des BVerfG vom 13. 4. 1978 erneut unabweisbar gewordenen direkten oder indirekten (durch spürbare Verlängerung

[39] Die Denkschriften der EKD 1/2, 53f., 56; daran anknüpfend: Synode der EKD in Coburg am 2. 6. 1973; zit. in: Gegen die Inquisition des Gewissens (s. o. Anm. 33) 70.
[40] Vgl. Bensberger Kreis, a.a.O. (s. o. Anm. 32).

des Zivildienstes) Gewissensprüfung ausgelöst wurde. Das Zentralkomitee der deutschen Katholiken (ZdK) sprach sich am 15. 12. 1978 grundsätzlich – über den Bereich der Wehrdienstverweigerung hinaus – für die Prüfbarkeit von Gewissensentscheidungen durch den Staat aus. Das ungeklärte Verhältnis von Tatbestand und Gründen einer Gewissensentscheidung kommt besonders in der praktisch-politisch entscheidenden Folgerung heraus, „... daß es grundsätzlich und in der Regel möglich ist, die *Gründe* zu nennen, aus denen man der Stimme seines Gewissens (gegenüber den Forderungen des Staates) den Vorrang gibt. *Deshalb* werden Instanzen, die berufen sind zu beurteilen, *ob* eine Gewissensentscheidung vorliegt, nicht vor eine unlösbare Aufgabe gestellt."[41] Der Bensberger Kreis kritisiert im März 1979: „Mit dem zu bejahenden Eintreten für Rationalität und Begründbarkeit von Gewissensentscheidungen wird ein Verfahren unterstützt, das sich um ein irrationales Zwangsphänomen dreht."[42] Franz Böckle versuchte, auf dem Hearing des Ausschusses für Arbeit und Sozialordnung des Deutschen Bundestages am 16. 1. 1980 Unterscheidung und Zusammenhang zu vermitteln: die „Unbedingtheit der Gewissensbeanspruchung ... läßt sich nicht weiter begründen und daher nicht überprüfen. Ihr Gegebensein kann nur bezeugt und über die allgemeine Glaubhaftigkeit eines Menschen geglaubt werden" – die einzig mögliche und in den späteren Grundsatzentscheidungen immer mehr in den Hintergrund gedrängte Auslegung der selbst nicht eindeutigen Regel von § 26, 4 WpflG: „Die Ausschüsse haben bei ihrer Entscheidung die gesamte Persönlichkeit des Antragstellers und sein sittliches Verhalten zu berücksichtigen ..." – Die konkrete, freie, als sittliche Selbstbestimmung sich darstellende Entscheidung hingegen muß vor sich selbst begründet und damit vor anderen (je nach persönlichem Ausdrucksvermögen) begründbar sein. – Solche Objektivierungen „lassen Schlüsse zu auf die Ernsthaftigkeit der Berufung auf das Grundrecht des Art. 4, Abs. 3 GG. So gestatten sie indirekt einen Rückschluß auf das Vorhandensein des Unbedingtheitscharakters der Entscheidung." Allerdings erfolgt aus der zu schützenden Gewissens*freiheit*: „Solange also die Unseriösität der vorgebrachten Gewissensentscheidung nicht durch gerichtlich nachprüfbare Tatsachen bewiesen wird, muß, um der Bedeutung des Gewissens willen, der Anspruch als gegeben angenommen werden. Mit anderen Worten: die Beweislast liegt bei den Prüfenden ..."[43] Angesichts des Charakters der Prüfungsverfahren kann dieser klärenden Argumentation hinzugefügt werden: nicht nur die Umkehrung der Beweislast, sondern auch die Schaffung von Bedingungen für eine soweit wie möglich angst-

---

[41] Über die Begründbarkeit von Gewissensentscheidungen (Bonn 1978), 6.

[42] Bensberger Kreis, Rechenschaft – ja / Prüfung – nein, I. Publik-Forum Sonderdruck (1979), 2.

[43] Zur Frage der Begründbarkeit von Gewissensentscheidungen, in: Pax Christi 32 (1980), H. 3/4, S. 27 f.

freie Kommunikation wäre eine Voraussetzung dafür, Prüfungsverfahren (schriftlicher und, wenn nötig, mündlicher Art[44]) sittlich zu rechtfertigen.

Die bisherigen Argumentationen lassen folgende vorsichtige Zusammenfassung zu: Auf katholischer Seite ist weitgehend die neuscholastische Position vieler moraltheologischer Handbücher überwunden, nach der Gewissen objektiv ein mehr oder weniger enger Spielraum innerhalb des Gesetzes und gegenüber dem Gesetz und subjektiv zwar oberste Handlungsnorm, aber durch übergeordnete Instanzen (z. B. das kirchliche Lehramt) eindeutig als rechtberatenes oder (schuldlos) irrendes Gewissen qualifizierbar ist. Ebenfalls ist die in die höchstrichterlichen Urteile hineinwirkende Vorstellung der Wertphilosophie, es gebe ein von der urteilenden Vernunft streng zu unterscheidendes Wertfühlen, wohl nicht mehr wirksam. Hingegen entwickelt sich aus reformatorischer, aristotelisch-thomistischer und kantischer Tradition (auf die sich Böckle ausdrücklich beruft) ein nicht mehr konfessionsspezifisches Gewissensverständnis, das die biblische Friedensbotschaft als nichtgesetzliche Orientierung und Motivierung auf die Herausforderung der gegenwärtigen Situation bezieht: Friedensbotschaft in der äußersten Gefährdung des Friedens.

5. *Kraft und Grenzen biblischer Orientierung*

In Verhandlungen zur Anerkennung von Kriegsdienstverweigerern tauchen oft fundamentalistische biblische Begründungen auf. In der theologischen Diskussion mehren sich hingegen die Versuche, „Frieden“ (= Heil?) als Gesamtperspektive der biblischen Botschaft darzustellen. Die folgende Skizze will diese Anregungen aufnehmen, aber auch relativieren.

a) Orientierung am Alten Testament?

Gegenüber der Wortinflation von „Schalom“ muß zunächst gesagt werden: Die Wortbedeutung „Heilsein, Ganzsein, eine runde Sache sein“ (des einzelnen und einer Gemeinschaft) ist so weit, daß es auch einen „Schalom“ des Krieges gibt: „Der Krieg läuft o. k.!“ (vgl. 2 Sam 11,7[45]). Das hängt nicht nur mit der Selbstverständlichkeit von Kriegen zusammen, sondern auch damit, daß der Schalom-Zustand sich innerhalb einer Gemeinschaft (des Volkes Israel) findet und zunächst nicht auf das Verhältnis zu anderen Völkern bezogen ist.

Betrachten wir die Grundintention des Gesetzes und die prophetische Kritik am Fehlen des wirklichen Schalom (der mit dem Wort gemeinten Sache, die nur

---

[44] Vgl. Stellungnahme des Ständigen Ausschusses „Dienste für den Frieden“ beim KAEF und des Kommissariats der deutschen Bischöfe (1979/80). Vgl. *Risse – Möller* bei *Glatzel – Nagel* (s. o. Anm. 2) 191, 207.

[45] Vgl. *C. Westermann*, Der Frieden im Alten Testament, in: Studien zur Friedensforschung 1 (Stuttgart 1969) 144–177, hier: 152, 155, 163; ferner *H. H. Schmid*, Shalom. „Frieden“ im Alten Orient und im Alten Testament = Stuttgarter Bibelstudien 51 (Stuttgart 1971) 48.

gelegentlich mit diesem Wort bezeichnet wird, z. B. Jer 6, 14; 8, 11), so müssen wir ihn als einen ständig aufgegebenen Prozeß[46] hin zu sozialer Gerechtigkeit vor allem gegenüber Witwen, Waisen und Fremdlingen (also den Menschen in schwacher Rechtsposition), die allein wahren Gottesdienst ermöglicht, begreifen.

Das Wort „Schalom“ bekommt erst dort unsere im Gegensatz zum Krieg stehende Bedeutung, wo dieser als Unheil erfahren wird[47]. In der Erfahrung radikalen Unheils entstehen universale Friedensvisionen, die selbst das Verhältnis zur Natur einschließen (Jes 9, 1–6; vgl. 2, 1–4 = Mich 4, 1–3; Jes 11, 1–9).

Rechts- und Friedensaspekt sind in dem Wort des Jesaja zusammengefaßt, das von Pius XII. zum Leitwort gewählt und für das Konzil und die Synode der Bistümer in der Bundesrepublik Deutschland (Der Beitrag der katholischen Kirche in der Bundesrepublik Deutschland für Entwicklung und Frieden, Nr. 2.2.1) zum Orientierungswort wurde: „Das Werk der Gerechtigkeit wird der Friede sein“ (Jes 32, 17).

b) Friedensbotschaft Jesu

Der Friede („auf Erden“!), der sich in der Geburt Jesu verwirklicht (Lk 2, 14), als der sich Jesus am Kreuz erweist (Eph 2, 14), nimmt die Inhalte der prophetischen Predigt auf, gewinnt das „Gesetz“ in die „neue Gerechtigkeit“ aufhebend (Mt 5, 17.20) zurück als Lebensweisung (Tora) im Dienst menschlicher Entfaltung (vgl. Mk 2, 27), radikalisiert es, um die Ursachen des Unfriedens von der Wurzel her zu überwinden (Mt 5, 38–48; Lk 6, 27–36).

Der als Begründung für Gewaltlosigkeit und als Begründung für die Ablehnung, mit der Bergpredigt Politik zu machen, immer wieder zitierte Spruch: „Ich aber sage euch, daß ihr dem Bösen nicht widerstehen sollt“ (Mt 5, 39a) scheint sekundär zu sein. Die wahrscheinlich ursprünglichere Lukasfassung geht von der aktiven Feindesliebe aus (Lk 6, 27 f.) und eröffnet damit den Deutungshorizont der Sprüche von der anderen Backe usw.: „Sie wollen dadurch, daß sie durch die Aufforderung zu einem anscheinend widersinnigen Tun das Normalverhalten stören, eine Chance dafür schaffen, auch im Feind den Nächsten zu erkennen und ihm als Mitmensch gerecht zu werden“[48] – und zwar ohne

---

[46] Anregend thematisiert von dem zu früh verstorbenen *H. Schmidt*, Frieden = Themen der Theologie 3 (Stuttgart - Berlin 1969) 89–115.

[47] Besonders *C. Westermann*, a.a.O. 162–164. – Eine hermeneutische Vermittlung zwischen gegenwärtiger (Einleitung dieses Beitrags) und biblischer Betroffenheit versucht *P. Engelhardt*, Das Friedenszeugnis der Bibel zwischen Katastrophenangst und Hoffnung, in: Wort und Antwort 23 (1982) 65–71.

[48] *P. Hoffmann*, „Eschatologie“ und „Friedenshandeln“ in der Jesus-Überlieferung, in: *G. Liedke* u. a. (Hrsg.), Eschatologie und Frieden II (Heidelberg 1978) 200; vgl. *P. Hoffmann – V. Eid*, Jesus von Nazareth und eine christliche Moral = Quaestiones disputatae 66 (Freiburg i. Br. 1975) 157–160; *R. Pesch*, in: *N. Lohfink – R. Pesch*, Weltgestaltung und Gewaltlosigkeit = Schriften der Katholischen Akademie in Bayern 87 (Düsseldorf 1978) 39 f., 62 f., 65–67.

Beschränkung auf den Privatbereich. Die Welt-Friedens-Dimension eröffnet sich: „Söhne eures Vaters im Himmel" (Mt 5,45; vgl. Lk 6,35) sind diejenigen, welche die Vollkommenheit und Güte seiner universalen Liebe aufnehmen und verwirklichen: die selig-gepriesenen „Friedensmacher" (Mt 5,9). „Friedensschaffer" nimmt mit seinem aramäischen oder hebräischen Hintergrund die praktische, gemeindebezogene Friedenstradition der Rabbiner auf und übernimmt in der griechischen Wortform einen (ausschließlichen) Ehrentitel des römischen Kaisers (Augustus) – wie das Jesus zugeordnete Wort Kyrios eine praktische Infragestellung kaiserlichen Anspruchs. Die in ihm ausgesprochene Tätigkeit ist der Gegensatz zum „Krieg-Machen", das in der Geheimen Offenbarung dem Teufel zugeschrieben wird (11,7; 12,17; 13,7; 19,19)[49] und auf den römischen Verfolgerstaat verweist. Die Botschaft Jesu fordert und ermöglicht also eine grundlegende Änderung („Umkehr") der Unfriedensverhältnisse durch radikal verändertes und unerwartetes Verhalten. Wer an die Ankunft der Herrschaft Gottes glaubt, ist in die Verantwortung gerufen, die neue Weise des Miteinander schaffen zu helfen.

Jakobus betont in schlichter Weise die Kontinuität alttestamentlicher und jesuanischer Friedensweisung. Er sieht die Ursache der Kriege im Habenwollen (4,1 f.) und führt seine ethische Paränese auf das „königliche Gesetz" der Nächstenliebe zurück (2,8), versteht „die Weisheit von oben" (3,17) als liebend, friedvoll, gerecht. Ihr Inhalt verbindet Jes 32,17 und Jesu Seligpreisung: „Die Frucht der Gerechtigkeit aber wird in Frieden gesät für jene, die Frieden schaffen" (3,18)[50].

c) Friedensordnung der Gemeinde

Der Geist der Bergpredigt „gewinnt Gestalt in den Beispielen der Konfliktregelung, wie sie Paulus fordert und praktiziert und wie sie sein Gegenpart Jakobus herausstellt. Beiden geht es um die Überwindung der sozialen Gegensätze angesichts des Herrn (1 Kor 11,17 ff.; Jak 2,1 ff.; vgl. 2 Kor 8 u. 9). Aus dem Geist der Bergpredigt gestaltet Lukas in der Apostelgeschichte (2,44 f.) die Zielvorstellung einer Liebesgemeinschaft, in der allen alles gemeinsam ist."[51]

Paulus bezieht die Weisung der Feindesliebe über die Gemeinde hinaus (vgl. 2 Kor 13,11; 1 Thess 5,13) auf das Verhältnis zu „allen Menschen" (Röm 12,18; vgl. Hebr 12,14).

---

[49] Vgl. *W. Bienert,* Krieg – Kriegsdienst und Kriegsdienstverweigerung (Stuttgart 1952) 45, 61.

[50] Vgl. *E. Schawe,* Die Ethik des Jakobusbriefes, in: Wort und Antwort 20 (1979) 134.

[51] *P. Engelhardt,* Kirche und Kriegsdienstverweigerung in: KAK, Kirche und Kriegsdienstverweigerung (Köln 1976) 9.

d) Geschichtliche Konkretion

Das Neue Testament ist vom tragischen Konflikt zwischen Christen (bald überwiegend aus dem Heidentum) und Juden, zwischen neuem und altem Israel erfüllt. Paulus, der pharisäische Jude aus Tarsus, thematisiert in seiner Kreuzestheologie den Zusammenhang von „Schon" und „Noch-nicht" des Heils, des Friedens, der Versöhnung (vgl. Röm 5,1–11[52]; 6,1–11; 8,18–39) und bezieht ihn auf das Schicksal Israels (Röm 9–11). Die Spannungssituation fordert zum liebenden Handeln heraus: die Christen aus den Heiden sollen die Juden „eifersüchtig" auf das Heil machen (Röm 11,11.14; vgl. 15).

Zur Zeit des Epheserbriefes „hat sich bereits verwirklicht, was Paulus in Röm 11,17ff. noch als drohende Möglichkeit erwog. Die Heidenchristen drängen die Judenchristen beiseite. Sie werden deshalb an deren heilsgeschichtliche Priorität erinnert ..."[53] Andererseits scheint die „Apartheidshaltung der Juden"[54] auch bei den Judenchristen weiterzuwirken. So ergibt sich eine konkrete Versöhnungsaufgabe, die zugleich in der Sicht des (Deutero-)Paulinismus Weltversöhnung (Heiden und Juden sind heilsgeschichtlich die beiden „Teile" der Welt) anzielt. Frieden und Versöhnung in all ihren Dimensionen entscheiden sich am Verhältnis der beiden Weltteile, bei denen „Ferne" und „Nähe" zu Gott dialektisch umschlägt und die wechselseitigen Vorurteile und Feindbilder Feindschaft steigern – oder in eine neue Einheit hin (Kirche aus Juden und Heiden) überwunden werden. Die Kirche ist der Ort, an dem der gekreuzigte Christus als „unser Friede" (Eph 2,14; vgl. 15–17) Frieden und Versöhnung schaffend gegenwärtig ist.

6. Friedensorientierte Verantwortungsethik

Die geschichtliche Betroffenheit der 80er Jahre erfordert eine produktive Auseinandersetzung mit den vermehrten Kriegsängsten. Biblische Botschaft ist nicht angstverdrängend, sondern angstüberwindend. Alttestamentliche Friedensvisionen sind ermutigender und tröstender Zuspruch. Die Friedensbotschaft Jesu eröffnet neue Handlungsmöglichkeiten. Apostolische und nachapostolische Zeugnisse benennen Felder, in denen verantwortliches Friedensschaffen notwendig und möglich wird. Bereits innerhalb des Neuen Testamentes zeichnen sich „Übersetzungsvorgänge" ab, die zum erneuten Hören auf die

---

[52] Vgl. *P. Stuhlmacher*, Der Begriff des Friedens im Neuen Testament und seine Konsequenzen, in: *W. Huber* (Hrsg.), Historische Beiträge zur Friedensforschung = Studien zur Friedensforschung 4 (Stuttgart - München 1970) 33–37.

[53] *E. Käsemann*, Paulinische Perspektiven (Tübingen 1969) 191.

[54] *E. Schillebeeckx*, Christus und die Christen. Die Geschichte einer neuen Lebenspraxis (Freiburg i. Br. 1977) 193.

„Zeichen der Zeit" (in der Enzyklika „Pacem in terris" und in der Pastoralkonstitution „Gaudium et spes" als Herausforderung zu neuer „Übersetzung" verstanden) und zu Antwortversuchen auf ihre Herausforderung aufrufen. Evangelische und katholische Stellungnahmen zum Frieden und zu friedensorientierten Entscheidungen lassen Gewissen und Verantwortung in einem gemeinsamen Licht erscheinen. Die darin angelegten Grundstrukturen einer friedensorientierten Verantwortungsethik sollen zum Abschluß skizziert und ergänzt werden.

1) Einig sind alle Mitsprechenden, daß sich Sittlichkeit und ihr Organ, das Gewissen – wie es auch näherhin zu deuten ist – unbedingten Forderungen gegenübersehen. Frieden als unbedingte Forderung ist eine geschichtliche Herausforderung, der verschieden gestreute Verantwortlichkeiten zu entsprechen haben. Das Versagen gegenüber dieser Forderung hat überwiegend die Gestalt des nichthandelnden Geschehenlassens – in der Delegation der Verantwortung auf die offiziellen Kriegs- und Friedens-„Macher" – aus verdrängter Angst oder Resignation.

2) Das Gewissen als Instanz verantwortlichen Handelns ist ein Zentrum der Freiheit. Freiheit wird gefährdet durch fertige Antworten, Fragen abwehrende Selbstrechtfertigung, nicht zugelassene oder allein herrschende Angst, repressive Mechanismen (z. B. „Geschäft mit der Angst"), angstbesetztes Nicht-zur-Kenntnis-nehmen-Wollen von Wirklichkeit. Wer es vermag, die geschichtliche Herausforderung zum Frieden zugleich als Gegenwart der Friedensverheißung zu glauben, kann die Kraft Angst und Resignation überwindender Hoffnung erfahren.

3) Freiheit als produktive Wahlmöglichkeit bedarf weiter Perspektiven. Die Perspektive biblischer Friedensverheißung umfaßt die Überwindung von Krieg („negativer Friede"), soziale Gerechtigkeit in der in die gemeinsame Geschichte eingetretenen Menschheit („positiver Friede") und ein die Ausbeutung überwindendes Verhältnis zur Umwelt („Friede mit der Natur"). Weite der Perspektive, Einblick in die Zusammenhänge der Friedensmomente und Konkretion der Teilziele und ihrer Prioritäten bedarf der nur dem reflektierten Handeln möglichen Horizonterweiterung, Horizontklärung und der kommunikativen Horizontverschmelzung[55].

4) Die Kommunikation ist bedroht und kann gefördert werden durch verschiedene, ja gegensätzliche Prioritäten. Zum Beispiel müssen die sicherheitsorientierte Priorität der Kriegsverhütung und die gerechtigkeitsorientierte Priorität einer die Bedürfnisse der „Dritten Welt" erfüllenden Wirtschaftspoli-

---

[55] Vgl. *G. Howe,* Die atomare Bewaffnung als geistesgeschichtliches und theologisches Problem (1959), in. *G. Howe,* a.a.O. (s. o. Anm. 10) 166 f.; *H.-G. Gadamer,* Wahrheit und Methode (Tübingen 1960) 289 f; *G. Picht,* Mut zur Utopie. Die großen Zukunftsaufgaben (München 1969) 113–118; *Thomas von Aquin,* Summa contra Gentiles II (lat.-dt., Darmstadt 1982) c. 48, p. 190/191–194/195.

tik in ihrem wechselseitigen Bedingungsverhältnis begriffen und politisch angegangen werden.

5) Der Prozeß der Horizonterweiterung und -klärung vollzieht sich mit den Schritten, die auf dem Wege zum Frieden gegangen werden (im Bereich der „Mittel"). Er erfordert eine genaue Analyse der Ausgangsbedingungen, ihrer Ursachen und ihrer Tendenzen zu „sachgesetzlicher" Weiterentwicklung und eine gerade darum schwierige ständige Lern- und Korrekturbereitschaft – im Grenzfall bis zur Bereitschaft der „Umkehr", die den Bereich der Ziele berührt (z. B. von Wirtschaftswachstum zu wirtschaftlicher Solidarität, vom Primat der Sicherheit zum Primat der Vertrauensförderung). Die Grenzgestalt dieser Lernbereitschaft ist das seit Sokrates den Philosophen, aber kaum den Praktikern bekannte „produktive Nichtwissen"[56].

6) Urteilsbildung und Entscheidung sind von der möglichst genauen Einschätzung der zu erwartenden (gewünschten oder unerwünschten) Folgen bestimmt („Verantwortungsethik"). Das moraltheologische Denkmodell der in Kauf zu nehmenden unerwünschten Nebenfolgen reicht nicht mehr aus, weil in der technischen Welt die „Nebenfolgen" zur Hauptsache geworden sind und werden[57] (z. B. Atomkrieg als „Nebenfolge" der Kernspaltung – Welthunger als „Nebenfolge" medizinischen Fortschritts und der durch ihn bedingten Bevölkerungsexplosion – Umweltzerstörung als „Nebenfolge" technologisch intensivierter Landwirtschaft[58]).

7) Die Verantwortungsethik in der wissenschaftlich-technischen Welt ist erschwert durch die Ausblendung von Wirklichkeitsbereichen als Leistungsprinzip spezialisierter Wissenschaft; insbesondere durch die einlinig zukunftsorientierte „Machbarkeit", die komplexe wechselseitige Bedingungsverhältnisse, unter denen immer auch konkrete Menschen und Menschengruppen stehen – trotz Kybernetik – übersieht.

8) Die Institution Wissenschaft (und nicht nur der einzelne Wissenschaftler) wird zunehmend zum (noch amorphen) Subjekt der Verantwortung: durch ihre finanzielle Einbettung in technisch orientierte Aufträge aus dem politisch-militärischen Bereich; durch die unabwendbare Notwendigkeit, die durch wissenschaftlich-technisches Handeln entstandenen unerwünschten „Nebenfolgen" mit ihrem heute und morgen lebensbedrohenden Charakter wissenschaftlich-technisch (und nicht durch nostalgische Anti-Technik-Ideologien) zu überwinden; durch die allein zusammenarbeitenden Wissenschaftlern verschiedener Disziplinen mögliche kritische Funktion gegenüber den in Wirtschaft, Politik und allgemeinem Bewußtsein akzeptierten „Sachzwängen".

---

[56] *H. Fröhlich,* Der Auftrag der Kirche für die Kriegsdienstverweigerer, in: KAK, Rundbrief III/81, 6–13.

[57] Vgl. *G. Picht,* a.a.O. 96f.

[58] Vgl. *Ch. Wilhelm,* Grüne Revolution. Revolution für oder gegen den Menschen? in: Pax Christi 33 (1981), H. 3/4, S. 5–17.

9) So gehört „die Wissenschaft“ zentral zu den Entscheidungsträgern verantwortlichen, friedensorientierten Handelns. Ihre Funktion für politische Entscheidungen kann sich nicht in spezialisierten Expertisen (mit ihren unvermeidlichen Ausblendungen) erschöpfen, sondern erfordert einen institutionalisierten kritischen Dauerdialog zwischen Wissenschaftlern und Praktikern, insbesondere Politikern. Da erfahrungsgemäß solche Zusammenarbeit nur in der Folge vitaler Interessen zustande kommt, ist darauf hinzuarbeiten, daß die Dringlichkeit, qualifizierte Überlebensbedingungen zu schaffen, bewußter wird.

10) Die erforderliche Bewußtseinsbildung geht jeden an. Wenn die Menschheit nicht Subjekt ihrer eigenen Zukunftsgestaltung wird, wird diese Zukunft verspielt. Besonders von einem entwickelten Demokratieverständnis (und einem auf Mündigkeit beruhenden Kirchenverständnis) her ist jeder einzelne im Rahmen seiner Möglichkeiten zur Eigeninformation und zur Informationsweitergabe verpflichtet. Dazu muß die Unerreichbarkeit von Wissenschaft und deren Kehrseite, die Wissenschafts- und Expertengläubigkeit, zugunsten eines verantwortlichen und umfassenden Dilettantismus aller dazu Fähigen überwunden werden. Dieser entsteht nicht durch die Einbahnkommunikation popularisierter Wissenschaft, sondern vor allem durch kritische Anfragen angesichts der Entscheidungssituationen (wobei das Überwiegen der besser bezahlten Expertisen bewußt wird).

11) Die Bewußtseinsbildung hat ihre größten Chancen im Zusammenhang verantworteten gemeinsamen Handelnwollens – z. B. in der Entwicklung alternativer Konfliktlösungsmodelle. Kriegsdienstverweigerer werden in ihrer Frustration bestätigt, wenn Zivildienst nicht in Richtung auf Friedensdienst (der sich weitgehend im konkreten sozialen Bereich abspielt) entwickelt wird. Dienstpflichtige Soldaten werden im Gefühl des Zeitverlustes bestärkt, wenn sie nicht die Bedingungen begreifen, unter denen ihre Ausbildung zur Friedenssicherung beiträgt und Lerneffekte für ihre künftige politische Verantwortung entstehen. Berufssoldaten werden im Gefühl der Isolierung bestärkt, wenn sie nicht die Möglichkeit kritischer Auseinandersetzung mit ihren Aufgaben untereinander und mit der übrigen Gesellschaft (insbesondere der kritischen Jugend) weiterentwickeln.

12) Solche und ähnliche Auseinandersetzungen sind nicht in der Angriffs-, Verteidigungssituation möglich – weder als indoktrinierende „Wehrkunde“[59] noch als Verteidigung unbefragter Sicherheitskonzepte gegenüber den aggres-

[59] Zur Situation in der DDR: *K. Richter*, a.a.O. (s.o. Anm. 13) 42–46; *Th. Mechtenberg*, DDR-Wehrunterricht und Friedensdienst der Kirchen, in: Orientierung 43 (1979) 244–246. Zum „Wehrkundeunterricht“ in der BRD: Brief des damaligen Bundeskanzlers W. Brandt an die Ministerpräsidenten der Länder vom 19. 11. 1970 (in Auszug bei *H. J. Haug – H. Maessen* [Hrsg.], a.a.O. [s.o. Anm. 32] 165) und die sich anschließenden Stellungnahmen sowie erneute Vorstöße.

siven Bestreitern –, sondern nur in den Formen kritischer Kommunikation mit den drei Momenten: sich befragen lassen, den anderen befragen, sich selbst befragen – mit der Überwindung der Angst, radikal in Frage gestellt zu werden – selbstverständlich gleichgewichtig bei allen Beteiligten. Dieses ausdrücklich gemeinte Moment der Komplementaritätsthese[60] ist noch wenig entwickelt, aber unverzichtbar für die Erfüllung der Friedenspflicht. Dabei wird die in der Sache, den Institutionen und Menschen angelegte Spannung zwischen Utopie und pragmatischem „Machen" nicht aufgelöst werden, aber umgewandelt in das produktiv-notwendige Spannungsverhältnis von „aufgeklärter Utopie" (Picht[61]) und lang-, mittel- und kurzfristige Ziele unterscheidendem und aufeinander beziehendem Handeln[62].

13) Nur hingewiesen kann hier darauf werden, daß Theorie und Praxis gewaltfreien Handelns in allen Bereichen[63] gegen die (manchmal kaum vermeidbare) Versuchung steht, Gewalt und Gewaltlosigkeit in den Bereich der mehr oder weniger neutralen Mittel dem Friedensziel unterzuordnen. Verantwortliches Bedenken der Folgen unterschätzt nicht das immanente Weiterwirken und das Sich-Verselbständigen jeglicher Gewaltanwendung. Die durch Jesu Aufruf zum Gewaltverzicht eröffnete Dimension gewaltfreien Friedenshandelns ist seit Gandhi und Martin Luther King ins Bewußtsein getreten, aber erst in begrenzten, oft durch Ungeduld gefährdeten Schritten verwirklicht. Die Einübung gewaltloser, im Nahbereich verändernder Aktion ist eine wesentliche Aufgabe der Friedenserziehung (Synode [s. o. S. 470] 2.2.3), Gewaltfreiheit im Streit um die rechten Wege zum Frieden Bedingung der Glaubwürdigkeit einer Position.

14) Innerhalb der Friedensverantwortung aller Menschen hat die der Kirchen eine besondere Dringlichkeit: auf Grund historischer Schuld der Rechtfertigung oder Nichtverhinderung von Kriegen; auf Grund pastoraler Schuld an der Pflege des Freund-Feind-Denkens[64]; auf Grund der Friedenskraft des Evangeliums; auf Grund des Anspruchs, wirksames Zeichen des Friedens, der Einheit und der Versöhnung in der Welt zu sein[65]. Paradox erscheint es, daß Ökumene noch nicht überall als konstitutives Moment des Friedensprozesses angesehen wird (ansatzweise im Internationalen Versöhnungsbund und der

---

[60] Vgl. *G. Howe,* a.a.O. 174–179.

[61] Vgl. *G. Picht,* a.a.O. 85–94. Zur Kritik vgl. *W.-D. Marsch,* Zukunft = Themen der Theologie 2 (Stuttgart-Berlin 1969) 20f. 142ff.

[62] Vgl. Abrüstung und Sicherheit. Plattform der deutschen Sektion der internationalen katholischen Friedensbewegung Pax Christi, in: Publik-Forum 20. 2. 1981, 22f =Pax Christi, Dokumentation Nr. 4 (Frankfurt a. M. 1981) 9–11; Schritte zur Abrüstung. Abrüstungsvorschlag der Arbeitsgruppe „Schritte zur Abrüstung" (Ludwigshafen-Arnoldshain, Mai 1981).

[63] Vgl. bes. die Veröffentlichungen von *Th. Ebert* u. *H. Goss-Mayr;* anthropologisch-ethisch: *P. Engelhardt,* Thesen zur „Christlichen Gewaltlosigkeit", in: Wort und Antwort 11 (1970) 65–71.

[64] Vgl. *R. Friedli,* Frieden wagen =Ökum. Beih. z. FZPhTh 14 (1981) 179–186.

[65] Vgl. Zweites Vatikanum, Konstitution über die Kirche „Lumen gentium" Nr. 1, 9.

„Aktion Sühnezeichen"), wie es prophetische Gestalten, etwa Friedrich Siegmund-Schultze[66], Max Josef Metzger[67], Johannes XXIII. und Martin Buber, begriffen haben. Zum ökumenischen Friedensprozeß gehört es inzwischen auch, konfessionsübergreifende Solidaritäten nicht zu verfestigten Parteibildungen erstarren zu lassen.

Weiterführende Literatur

W. Bienert, Krieg – Kriegsdienst und Kriegsdienstverweigerung. Nach der Botschaft des Neuen Testaments (Stuttgart 1952) (Lit.).

P. Engelhardt, Prüfung des Gewissens – Auftrag des Grundgesetzes oder Mittel der Militarisierung? in: Rüstung und Militär in der Bundesrepublik Deutschland = Jahrbuch für Friedens- und Konfliktforschung V (Opladen 1977) 127–144.

R. Friedli, Frieden wagen. Ein Beitrag der Religionen zur Gewaltanalyse und zur Friedensarbeit = Ökumenische Beihefte zur FZPhTh 14 (1981) (Lit.).

H. Geißler, Das Recht auf Kriegsdienstverweigerung nach Art. 4 Abs. III des Grundgesetzes (Diss. Reutlingen 1960).

N. Glatzel – E. J. Nagel (Hrsg.), Frieden in Sicherheit. Zur Weiterentwicklung der katholischen Friedensethik (Freiburg i. Br. 1981).

B. Häring, Frei in Christus. Moraltheologie für die Praxis des christlichen Lebens III (Freiburg i. Br. 1981) 428–467.

G. Howe, Die Christenheit im Atomzeitalter. Vorträge und Studien = Forschungen und Berichte der Evangelischen Studiengemeinschaft 26 (Stuttgart 1970).

A. Krölls, Kriegsdienstverweigerung. Das unbequeme Grundrecht (Frankfurt 1980).

W. Krücken, Wehrdienst und Gewissen = Freiheit und Ordnung 79 (Mannheim-Ludwigshafen 1972).

W. Krücken – H. Neyer (Hrsg.), Wehrdienst – Kriegsdienstverweigerung – Zivildienst. Katholische Stellungnahmen vom Zweiten Vatikanischen Konzil bis zum Jahr 1974 = Entwicklung und Frieden – Dokumente, Berichte, Meinungen 1 (München-Mainz 1974).

G. Leder, Kriegsdienstverweigerung aus Gewissensgründen. Zur Problematik des Artikels 4 Abs. 3 des Grundgesetzes (Freiburg 1957) (Lit.).

G. Liedke u. a. (Hrsg.), Eschatologie und Frieden. 2 Bde = Texte und Materialien der Forschungsstätte der Evangelischen Studiengemeinschaft, Reihe A Nr. 6 f. (Heidelberg 1978).

Pax Christi, Kriegsdienstverweigerung. Antragstellung und Anerkennung = Pax-Christi-Schriften 6 (Frankfurt a. M. ^{6}1981).

K. Richter, Die Verweigerung des Waffendienstes in der DDR = KAEF Arbeitspapier, Wissenschaftliche Kommission 10 (Bonn 1979).

G. Scharffenorth, Konflikte in der Evangelischen Kirche in Deutschland 1950 bis 1969 im Rahmen der historischen und ökumenischen Friedensdiskussion, in: *U. Duchrow – G. Scharffenorth* (Hrsg.), Konflikte zwischen Wehrdienst und Friedensdiensten. Ein Strukturproblem der Kirche = Studien zur Friedensforschung 3 (Stuttgart-München 1970) 17–113.

H. Schmidt, Frieden = Themen der Theologie 3 (Stuttgart-Berlin 1969).

H. E. Tödt, Frieden, in: Christlicher Glaube in moderner Gesellschaft, Tl.-Bd. 13 (Freiburg i. Br. 1981) 79–119.

C. Westermann, Der Frieden *(Shalom)* im Alten Testament, in: Studien zur Friedensforschung 1 (Stuttgart 1969) 144–177. Abgedruckt: ders., Forschung am Alten Testament. Gesammelte Studien II = Theologische Bücherei 55 (München 1974) 196–229.

Paulus Engelhardt

[66] Vgl. *H. Delfs* (Hrsg.), Aktiver Friede. Gedenkschrift für Friedrich Siegmund-Schultze (1885–1969) = Schriften des Ökumenischen Archivs der Evangelischen Kirche in Deutschland VII (Soest 1972).

[67] Vgl. *P. Engelhardt,* Max Josef Metzger (Freiburg/Schweiz - Hamburg - Freising 1980).

III

Grundsätze einer christlichen Friedensethik

Christliches Verständnis von Friede, im Sinne der neutestamentlichen Botschaft, erscheint nicht einfachhin mit einem wie immer auch im einzelnen gedachten, innerweltlichen Friedensbegriff deckungsgleich. Die Friedensverheißung des Evangeliums zielt auf Totalität, auf Aufhebung aller menschlichen Verhängnisse, und zwar auch jener, die zu überwinden dem Menschen aus eigener Kraft entzogen sind: seiner aus der Ohnmacht des alten Gesetzes resultierenden Schuldverflochtenheit und seiner Bestimmung zum Tode.

Entscheidend ist in diesem Zusammenhang jedoch, daß darin die innerweltliche, ethisch-politische Dimension von Friede notwendig eingeschlossen bleibt. Soll sich nämlich der theologisch fundierte, auf das Ganze von Frieden zielende Anspruch christlichen Daseins- und Weltverständnisses überhaupt empirisch geltend machen, so muß er sich darin, und zwar gerade in besonders nachdrücklicher und zugleich eigener Weise, eben auch als ein ethisch-politischer geltend machen. Jede Einengung christlichen Friedensverständnisses auf ein rein religiös-metaphysisches Verständnis beraubt dieses zugleich seiner ursprünglichen Wahrheit. Eine Möglichkeit, die sich sowohl schöpfungstheologisch als auch christologisch verbietet, wenn wir die Wahrheit von der Inkarnation, der Menschwerdung Gottes, und der am Kreuz besiegelten Liebe Gottes zur Welt überhaupt ernst nehmen und Eschatologie nicht zur Lehre von den letzten Dingen verkümmern lassen, sondern als Entfaltung und Zu-Ende-Denken des einen Gedankens der bereits angebrochenen – Schöpfung, Erlösung und Vollendung umfassenden – *Herrschaft* Gottes, des Reiches Gottes, verstehen.

Eben damit aber bleiben wir bei der Suche nach Maßstäben für eine konkrete christliche Friedensethik grundsätzlich zugleich immer auch auf Anhaltspunkte, Wirkgesetzlichkeiten und Kriterien verwiesen, die die menschliche Natur von sich aus und in ihren tatsächlichen geschichtlichen Entfaltungsprozessen als notwendig zu berücksichtigende pazifizierende Wirkgrößen erkennen läßt. Unter dieser Voraussetzung wiederum bleibt jede gegenwartsgerechte Friedens*ethik* an Friedens*forschung* zurückgebunden. Entsprechend müssen auch bei der Herausarbeitung von Maßstäben einer *christlichen* Friedensethik die Ergebnisse der modernen Friedens- und Konfliktforschung wesentlich mit einbezogen werden. Auf dem Hintergrund der dort gewonnenen Einsichten eröffnet sich in der Tat eine Vielfalt neuer Problemzugänge, mit denen sich Friedensethik überhaupt erst auf eine methodisch gesicherte und wissenschaftlich tragfähige Grundlage stellen läßt. Dies soll im folgenden unter drei für die Friedensthematik zentralen Fragestellungen entfaltet werden.

1. Worauf kann sich menschlicher Friedenswille stützen: Ist Wirken für den Frieden – mit Kant gefragt – nur eine „moralische Pflicht" oder auch eine „gegründete Hoffnung"?[1] – So zu fragen bedeutet, das die Geschichte der Menschheit durchziehende Wechselspiel von Krieg und Frieden nicht mehr länger als unausweichlich gegebenes Schicksal nach Art von Naturereignissen hinzunehmen und erst recht nicht die Notwendigkeit von Kriegen als Reaktion des Zornes Gottes auf menschliche Bosheit, als göttliches Strafgericht zu deuten. Jedenfalls nicht so, daß sie dem Menschen den Schein des Rechtes zu geben vermöchte, im Namen Gottes Kriege zu führen und sich damit, wie dies die ältere theologische Lehre vom „gerechten Krieg" nahelegt, als Vollzugsorgan seiner Strafgerechtigkeit zu verstehen. Gerade im Überwinden solcher Fehldeutungen und Anmaßungen sieht sich der Mensch überhaupt erst in die ihm als moralischem Subjekt genuin zukommende Verantwortung für Krieg und Frieden genommen. Kriege lassen sich nicht mehr länger weder kosmologisch rechtfertigen nocht theologisch verklären. Sie bleiben zu überwindende Übel. – Sind sie aber auch tatsächlich überwindbar? Ist Wirken für den Frieden, um es nochmals mit der uns von Kant vorgegebenen Frage zu sagen, nurmehr „moralische Pflicht" oder auch „gegründete Hoffnung"?

2. Was steht der Möglichkeit einer dauerhaften, universalen Friedensordnung entgegen: Ist die Frage nach der Gerechtigkeit menschlichen Miteinanders mit der Frage nach der Wahrheit über den Menschen zum Ausgleich zu bringen? – Daß der Friede Werk der Gerechtigkeit sei und sein müsse, ist ein alter theologischer Topos. Friede impliziert hiernach vor allem gerechten Ausgleich von Interessenkonflikten. Unter den Bedingungen der Endlichkeit und Gebrochenheit allen menschlichen Tuns hieße dann das Ausgleichsprinzip in der Regel der Fälle Kompromiß. Nun geht es aber in Fragen des Friedens dort, wo darin zugleich menschliches Selbstverständnis in seiner Wurzel berührt wird, nicht nur um Probleme der Gerechtigkeit, sondern zwangsläufig auch um Wahrheitsfragen, die als solche keinen Kompromiß zulassen. Die wirklich großen Konfliktkonstellationen, die die Welt immer wieder in kollektive Auseinandersetzungen verstricken, berühren denn auch in der Tat sehr viel weniger Fragen der Gerechtigkeit im Umgang der Menschen und Völker miteinander als vielmehr Fragen der Wahrheit über den Menschen. Man denke nur an die großen gesellschaftlichen Polarisierungen in der Religionsfrage am Beginn der Neuzeit oder an die gerade erst zu Ende gegangene politisch-ideologische Konfrontation des Ost-West-Konflikts, der die Welt in Blöcke spaltete. Konstellationen dieser Art, die ja in anderer Gestalt auch für die Zukunft nicht prinzipiell ausgeschlossen werden können, lassen sich eben nicht auf dem Wege von Kompromissen lösen, sondern fordern im Falle ihrer Unversöhnbarkeit als übergreifendes Be-

---

[1] *I. Kant,* Zum ewigen Frieden. Ein philosophischer Entwurf, ed. Weischedel, Bd. VI, 191–251, 251.

friedungsprinzip Toleranz. Woran findet dann dieses jedoch wiederum seine Grenze? Bietet der christliche Anspruch der Liebe einen Ausweg?

3. Unter welchen Bedingungen und in welchen Formen kann ein gesamtmenschheitliches Friedensethos aus christlichen Voraussetzungen als Weg kommunikativer Einlösung der Wahrheitsfrage Realität gewinnen? – Hier geht es letztlich um das Problem der Umsetzung der Friedensmaxime des Evangeliums, nämlich des Gebots der Feindesliebe, in den sozialethisch übergreifenden, von der komplexen politischen Realität mitbestimmten Gesamtkontext. Friede als eine Frage des Umsetzungsprozesses von Liebe? Dies bleibt zu prüfen.

1. Die friedenstiftende Eigendynamik naturaler und geschichtlich-gesellschaftlicher Wirkkräfte

Friede ist kein „Naturstand" [2]. Der Prozeß menschlicher Zivilisation ist ein Prozeß zunehmender Tabuierung unkontrollierter Aggression. Die zum Wesen des Menschen gehörende und zur Gewinnung seines Selbstandes notwendige aggressionsspezifische Komponente, das zu Ausuferungen tendierende kämpferische Prinzip in ihm, bedarf der Eingrenzung und wachsenden Formung. Gerade deshalb aber ist dieser Prozeß kein automatischer, sich von selbst einstellender. Der Mensch bleibt auf jeder Stufe seiner Entwicklung ein riskiertes und gefährdetes Wesen, das immer wieder hinter sich zurückfallen und selbst noch das äußerste an Rationalität in den Dienst destruktiver Tendenzen stellen kann. Die Grausamkeiten, die Menschen an Menschen heute verüben, sowie die Möglichkeiten einer technologisch immer perfekteren Kriegführung sind gewiß nicht geringer geworden, seit Norbert Elias in seinem 1939 erschienenen Werk „Über den Prozeß der Zivilisation" die solchen Fakten eher entgegenstehende These von der auf Aggressionshemmung gerichteten Eigendynamik geschichtlich-gesellschaftlicher Wirkkräfte zum Deutungsschlüssel seiner großen kulturanthropologischen Analyse machte [3]. Friede bleibt in der Tat ein immer neu einzulösender Anspruch. Friede muß „gestiftet" werden (Kant) [4]. Zu seiner Heraufkunft und Wahrung bedarf es insofern der sittlichen Tat des Menschen.

a) Neigt der Mensch zum Frieden?

Andererseits gewinnt menschliche Optionsbereitschaft für Frieden ihre tatsächlich zureichende innere Dynamik keineswegs schon aus einem rein für sich gedachten genuin moralischen Willen. Dieser bliebe sogar weithin machtlos, kämen ihm nicht sowohl angeborene naturale Neigungen des Menschen als auch

[2] Ebd. 203.
[3] *N. Elias,* Über den Prozeß der Zivilisation. Soziogenetische und psychogenetische Untersuchungen, 2 Bde. (Basel 1939).
[4] *I. Kant,* a.a.O. 203.

eine geschichtlich fortschreitende Vielfalt sozial bestimmter Sachzwänge hierbei zu Hilfe. So läßt sich nicht übersehen, daß zur generellen naturalen Grundausstattung des Menschen, seiner stammesgeschichtlichen Mitgift, neben aggressionsspezifisch-konkurrierenden auch zuwendungsspezifische, auf interaktionelles Mit- und Füreinander gerichtete Antriebsmomente gehören, die menschliche Friedensneigung keineswegs als eine seiner Natur schlechthin abgenötigte Größe erscheinen lassen. Hierzu gehört der das Bedürfnis nach Geborgenheit formierende Impetus der „sozialisierenden Angst" ebenso konstitutiv wie der im „Brutpflegeimpuls" wurzelnde und sich im Bedürfnis, Geborgenheit zu schenken, formierende Impetus zu fürsorgendem Verhalten[5]. Mögen diese naturalen Dispositionen auch nur unmittelbar lebensweltlich bezogene und insofern labile Größen sein, die aus sich heraus gewiß noch keine menschheitsumspannende Friedensgesinnung zu produzieren vermögen, so bliebe doch umgekehrt eine solche gänzlich irreal, hätte sie nicht diese naturalen Impulse zu ihren stets konkomitanten Vorreitern.

b) Aggressionshemmung durch Kooperationsdruck

Darüber hinaus muß aber ebenso auch der Eigendynamik von geschichtlich-gesellschaftlichen Wirkkräften für die Entwicklung auf ein je Mehr an Frieden hin Gewicht beigemessen werden. In der Tat läßt die Geschichte der Menschheit trotz aller sich immer wieder einstellenden Rückschläge und trotz des noch zutiefst fragmentarischen Charakters an tatsächlich Gelungenem und Erreichtem so etwas wie eine Logik zunehmender Aggressionsbewältigung erkennen. Hierzu gehört beispielsweise ganz gewiß die Tatsache, daß jede Zunahme an Komplexität sozialer Systeme zugleich auch zunehmende Sachzwänge zur Kooperation evoziert, die ihrerseits jeglichen Überhang an Aggressionen zunehmend als Störfaktor erscheinen lassen.

In diesem Zusammenhang geht es um einen Elementarvorgang überindividuellen Miteinanders, der bereits von der Soziologie der ersten Stunde erkannt und herausgestellt wurde. Ausgangspunkt ist das *Phänomen der Arbeitsteilung.* Arbeitsteilung führt nach É. Durkheim nicht nur zu einer Vervielfältigung der Produktionsweisen, sondern auch zu einer wachsenden Rollendifferenzierung, Individuierung und gleichzeitigen Verschränkung der sozialen Beziehungen. Die Abhängigkeitspole pluralisieren sich. Die Austauschverhältnisse weiten sich aus. Die soziale Interdependenz steigt. Der Kooperationsdruck nimmt zu. Mannigfaltigkeit der Bedürfnisse – das Bedürfnissystem Hegels – und darauf bezogene Leistungsfunktionen sind sozialisierende Faktoren. Dieser sich aus

---

[5] Vgl. *W. Korff,* Norm und Sittlichkeit. Untersuchungen zur Logik der normativen Vernunft (Mainz 1973) 76–112; *ders.,* Die naturale und geschichtliche Unbeliebigkeit menschlicher Normativität, Handbuch der christlichen Ethik Bd. I, 147–164, 152–158.

der Arbeitsteilung ergebende eigentümliche Solidaritätseffekt macht Aggressionen zunehmend dysfunktional[6]. In eben dem Maße, wie sich das funktionale Leistungsgefüge verschränkt, so faßt F. Neidhardt zusammen, „muß gesellschaftliches Interesse an innerer Befriedung wachsen und auf eine Zivilisierung der sozialen Formen aus sein. Aggressionen werden aus dem allgemeinen Verkehr gedrängt."[7] Mit der Arbeitsteilung entsteht sonach gleichzeitig eine neue, sich von dem interdependenten Leistungskosmos her ergebende und ihn ermöglichende Moral, deren Normen auf Aggressionshemmung gerichtet sind.

Aggressionen brechen demgegenüber jedoch in neuer, durch wachsende Individuation sensibilisierter Form dort wieder auf, wo es zu Ausbeutungen und Ungerechtigkeiten der am Leistungskosmos Beteiligten kommt. Hier kann sich Solidarität eben nicht von selbst herstellen, es sei denn als Solidarität von Kampfgemeinschaften, als Klassensolidarität. Um den empfundenen Unrechtszustand zu überwinden und zu neuer übergreifender Solidarität zu gelangen, bleiben nur zwei Möglichkeiten. Entweder wird der Unterschied in der Bewertung von Leistungsfunktionen überhaupt geleugnet, dann sucht man, wie es der Marxismus getan hat, die Herstellung der darin implizierten allgemeinen Gleichheitsforderung über eine Zuspitzung des Klassenkampfes und ihm folgende grundsätzliche Strukturveränderung zu erreichen. Oder man hält am Prinzip relativer Ungleichheit von Leistungsfunktionen fest, dann geht der Weg über den Kampf um einen gerechten Interessenausgleich in Form von Arbeits- und Lohnkämpfen sowie sozioökonomischer Reform.

c) Einschränkung der Aggressionschancen durch politische Monopolisierung der Gewalt und deren gesellschaftliche Kontrolle

Die wachsende Verflechtung und Komplexität des gesellschaftlichen Beziehungsgeschehens sowie die sich hieraus immer wieder ergebenden, je neuen Konfliktkonstellationen rufen nun aber ihrerseits zugleich nach übergeordneten Leitungs- und Gewaltkompetenzen. Der Prozeß der Zivilisation stellt sich so als ein (gegebenenfalls durchaus aggressiv durchgeführter) Prozeß der Enteignung individueller Aggressionschancen dar, der mit dem einer zunehmenden Institutionalisierung und Monopolisierung von Aggressionsrechten, kulminierend im Gewaltmonopol des Staates, zusammengeht. „Die Bedrohung, die der Mensch für den Menschen darstellt, ist durch die Bildung von Gewaltmonopolen einer strengeren Regelung unterworfen und wird berechenbarer."[8]

---

[6] *É. Durkheim*, De la Division du Travail social. (Paris 1883, [7]1960); ferner *G. F. W. Hegel*, Grundlinien der Philosophie des Rechts, § 198.

[7] *F. Neidhardt*, Aggressivität und Furcht in der modernen Gesellschaft, in: *F. Neidhardt* u. a. (Hrsg.), Aggressivität und Gewalt in unserer Gesellschaft (München 1973) 15–37, 25.

[8] *N. Elias*, a.a.O. Bd. 2, 325.

Es „entstehen befriedete Räume, gesellschaftliche Felder, die von Gewalttaten normalerweise frei sind."[9] Vornehmstes Instrument dieses Befriedungsprozesses ist das staatlich monopolisierte *Recht,* das seinerseits mit der vis coactiva, mit der Befugnis zu zwingen, ausgestattet bleibt. In einem zusätzlichen Prozeß, wie er sich in der Heraufkunft des modernen freiheitlichen Rechtsstaates abzeichnet, werden dann auch die rechtsetzenden und rechtverwaltenden Instanzen selbst nochmals diesem Gesetz der Befriedung unterworfen. Eine der wichtigsten Voraussetzungen hierfür wurde die erstmals von Montesquieu erhobene Forderung der „Gewaltenteilung": *Legislative* (Gesetzgebung), *Judikative* (Rechtssprechung) und *Exekutive* (Regierung und ihre Vollzugsorgane) müssen sich als selbständige, sich in ihren Befugnissen gegenseitig kontrollierende Größen darstellen. Nur so kann dem Machtmißbrauch gesteuert werden. Ein weiteres wesentliches Moment betrifft dann die politischen Formen der Beteiligung des Volkes – der zu Regierenden also – an der Macht: seine Rechte auf politische Mitsprache und Mitbestimmung.

Dies alles hat zugleich wesentlich zu einem generellen Sinken der individuellen wie gesellschaftlichen Aggressionsbereitschaft beigetragen. Im Hinblick auf den einzelnen zeigt sich dies besonders deutlich an der Entschärfung des Ehrbegriffs, ein Vorgang, der in unmittelbarem Zusammenhang mit der Übernahme des Schutzes der sozialen Existenz und Entfaltungsmöglichkeit des einzelnen durch die auf Gleichheit aller vor dem Gesetz gründenden Rechtsordnung des modernen humanitären Staates steht[10]. Wo die Ahndung von Beleidigungen und Angriffen auf die eigene Ehre nicht mehr Sache des Betroffenen selber, sondern Sache der Gerichte ist, wird Ehrverletzung meist weniger ernst genommen als in einer Gesellschaft, in der dies gleichbedeutend ist mit Bedrohung der Freiheit. Die Ehre verliert hierdurch einfach an vitaler Bedeutsamkeit. Instruktiv hierfür mag die Bemerkung eines jugoslawischen Diplomaten der 20er Jahre sein: „Wenn mich jemand in London beleidigt, drehe ich mich gar nicht um. In Paris werde ich ihn ausschimpfen, in Berlin ihn verklagen, in Belgrad ihm die Zähne einschlagen, in Montenegro ihn niederschießen."[11]

Aber auch die *gesellschaftliche* Aggressionsbereitschaft sinkt, wie dies insbesondere an der Humanisierung der Sanktionsbedingungen und Sanktionsformen des Rechts deutlich wird. Am unmittelbarsten kommt dies wohl im Verbot von Strafen ohne Strafgesetz und Strafverfahren (nach dem Prinzip „nulla poena sine lege") sowie in der Abschaffung der Folter und zunehmend auch der Todesstrafe zum Ausdruck. Dies setzt sich in Forderungen nach weiterer Humanisierung der Normen des Strafvollzugs heute fort. Die Tendenz geht dahin, Strafvollzug nicht mehr nur als Instrument einer Ordnungspolitik zu ver-

---

[9] Ebd. 320.
[10] Vgl. *W. Korff,* Ehre, Prestige, Gewissen (Köln 1966).
[11] Zit. nach *H. Reiner,* Die Ehre (o.O. 1956) 32.

stehen, die den straffällig Gewordenen als bloßes Objekt des Rechts betrachtet, sondern zunehmend als Instrument einer umfassenden Bildungspolitik und Pädagogik, die ihn wesentlich auch als *Subjekt* des Rechts einstuft, in deren Konsequenz Strafvollzug letztlich Erziehung zur Versöhnung, zu Selbstfindung und verantwortlicher Freiheit ist.

d) Universale Aggressionsächtung als Konsequenz des Menschenrechtsgedankens

Tendenzen zunehmender Aggressionsächtung zeichnen sich aber nicht zuletzt auch im Umgang der Nationen miteinander ab, einmal bedingt durch die wachsenden wirtschaftlichen Verflechtungen im Zuge der industriellen Entwicklung, zum andern bedingt durch das Wissen um die totale Vernichtungskapazität moderner Kriege. Der einzige Weg zur Bewahrung von Freiheit und Leben ist, wie R. F. Behrendt sagt, „das Erlernen der Gewaltlosigkeit bei Austragung von Konflikten, auch zwischen Nationen und anderen großräumigen Sozialgebilden, in deren Beziehung Gewalt bisher noch als eine normale Verhaltensweise gegolten hat“ [12]. Unsere Zeit ist die erste, „in der die Machthaber es nicht mehr wagen, sich und ihren Untertanen die Opfer und Trophäen ihrer Kriege in Triumphzügen, Monumenten, Gemälden, Theatervorstellungen usw. immer wieder vor Augen zu führen. Noch im 18. Jahrhundert ließen Herrscher und Feldherren ihre Repräsentationsräume, ja ihre Schlafzimmer, gern mit Gobelins schmücken, auf denen sie hoch zu Roß über ihre mit Sterbenden und Toten besäten Schlachtfelder sprengen.“ [13]

Freilich, die sehr viel weitergehende Möglichkeit, nämlich eine endgültige *Enteignung* kollektiver Aggressionschancen, ist damit noch längst nicht mitgesetzt. Gewiß schaffen inzwischen auch hier weltweit wachsende ökonomische Verflechtungen und Verwiesenheiten schon von sich aus ein zunehmendes Maß an Kooperationsdruck, der den Willen der Staaten zu Verständigung und Kooperationsbereitschaft eher begünstigt. Andererseits bleiben oberhalb der rein ökonomischen Schwelle zwischenstaatliche Neigungen zu Solidarität jedoch sehr viel stärker noch von den Prämissen gleichgerichteter politischer Grundlagenvorstellungen abhängig. Gerade dies vermag gegebenenfalls aber auch zu sich eher noch makrostrukturell zuschärfenden Polarisierungen zu führen, wie es etwa im Ost-West-Konflikt der Fall war und wie dies heute zum Teil auch in den Gemengelagen des politischen Nord-Süd-Gefälles zutage tritt.

Dennoch wird man in alldem, auf Dauer betrachtet, einer anderen Tatsache aber noch größeres Gewicht beimessen müssen: der wachsenden Sensibilisierung für die Sache des Menschen als solcher. Mißachtung von Menschenrech-

---

[12] *R. F. Behrendt,* Der Mensch im Lichte der Soziologie (Stuttgart 1962) 103.
[13] Ebd. 122.

ten wird heute zunehmend universell empfunden, so daß – mit Kant zu sprechen – „die Rechtsverletzung an *einem* Platz der Erde an *allen* gefühlt wird“ [14]. Je mehr der sich darin geltend machende, erst mit der neuzeitlichen Säkularisierungsbewegung freigesetzte genuin christliche Anspruch als prinzipielles Plädoyer für den Menschen und seine Würde auf die tatsächlichen politischen Ordnungsgestalten hin durchschlägt und die gesellschaftlichen Emanzipations- und Humanisierungsprozesse vorantreibt, um so größer wird die Chance, daß er auch auf menschheitlicher Ebene, im Miteinander der Völker, nicht nur moralische Deklaration bleibt, sondern einklagbare Wirklichkeit wird. Für Kant galt dies in der Tat als die Voraussetzung überhaupt, mit begründeter Hoffnung von der Möglichkeit einer weltumspannenden pax civilis zu sprechen.

2. *Die Frage nach der Wahrheit über den Menschen als Schlüsselproblem einer universalen Friedensordnung*

Die Durchsetzung der Idee einer weltumspannenden pax civilis hängt wesentlich von der Sensibilität ab, die der Mensch für die Sache des Menschen entwikkelt. Naturale Fürsorgeneigungen, interaktioneller Kooperationsdruck oder ökonomische Sachzwänge schaffen offensichtlich für sich alleine noch keine zureichende Basis. Entscheidend ist vielmehr, was der Mensch vom Menschen hält, wie er ihn einstuft und welchen Wert er ihm beimißt. Die Vorstellung vom Frieden als opus justitiae, als Werk der Gerechtigkeit (Thomas von Aquin) [15] erscheint unerbittlich an die Frage nach der Wahrheit über den Menschen zurückgebunden: an die Frage nach der *wahren* Vernunft seiner Geschichte, an die Frage nach der *wahren* Gestalt seiner Freiheit, an die Frage nach den *wahren* Formen seiner sozialen Bestimmung.

a) Der geschichtliche Umgang mit Überzeugungskonflikten

Generell anthropologisch betrachtet scheinen sich für den Menschen Gerechtigkeitskonflikte im menschlichen Miteinander, soweit darin nicht zugleich fundamentale Wahrheitsfragen berührt sind, offenkundig leichter pazifizieren zu lassen als jene, die in substanzielle Wurzeln seines Selbstverständnisses hineinreichen. Geradezu paradigmatisch hierfür sind die spezifischen Befriedungsordnungen, wie sie etwa die mittelalterliche Gesellschaft zur Bereinigung der für sie maßgeblichen Konfliktfelder entwickelt hatte. Gelang es ihr einerseits, über die Ritualisierung des Fehdewesens, über die weitere Limitierung

[14] *I. Kant,* a.a.O. 216.
[15] *Thomas von Aquin,* STh II–II q. 29 a. 3.

durch die Gottesfriedensbewegung des 11. Jahrhunderts (treuga Dei) und zugreifender dann noch durch die Landfriedensbewegung seit dem 12. Jahrhundert – kulminierend in der Errichtung des Reichskammergerichts als oberster Justizbehörde 1495 durch Kaiser Maximilian I. – die Vielfalt individueller Gewaltsausübungen zunehmend einzuschränken und so zur Lösung gegebener Konflikte im sozialen Miteinander eine rechtlich abgesicherte wesentlich argumentative Austragungsebene zu schaffen, so fand sie andererseits keinen analogen Weg zur Regelung von Konflikten in fundamentalen Fragen der Wahrheit über den Menschen. Hier gab es im Ernstfall, sofern eine Position aus dem kirchlich vorgegebenen Rahmen des theologisch möglichen Diskurses herausfiel, faktisch nur den Weg der Eliminierung des Abweichlers. Es konnte deshalb nicht ausbleiben, daß zur Bewältigung des durch die Reformation erstmals auf organisierter kollektiv-sozialer Ebene entstandenen Problems von miteinander unvereinbaren Wahrheitsverständnissen zunächst auf dasselbe Konfliktlösungsschema zurückgegriffen wurde. Aber auch nachdem dieses Lösungsmodell der Vernichtung des Wahrheitsgegners – wie das Resultat der Religionskriege erbrachte – gänzlich erfolglos blieb, wurde dies keineswegs schon zum Anstoß für grundsätzliche Innovationen im Umgang mit den unterschiedlichen Wahrheitsverständnissen selbst. Vielmehr beschränkte man sich zunächst lediglich darauf, ihren Geltungsbereich territorial zu regeln und ihn von der Entscheidung und Wahl des jeweiligen Herrschers abhängig zu machen: cuius regio, eius religio.

Erst die damit gleichzeitig produzierte Vielfalt neuer Konfliktstoffe führte zur Ausbildung des Gedankens der Toleranz im Umgang mit divergierenden Überzeugungen als moralischer Notwendigkeit und in deren Konsequenz schließlich zur Auslagerung kirchlich vorgezeichneten Wahrheitsverständnisses aus dem politischen Kompetenzbereich des säkularen, sich weltanschaulich neutral verstehenden Staates.

b) Die Anerkennung des Wegcharakters der Wahrheit

Was aber jetzt darin hervortritt, erscheint, so meine ich, wie eine List der Weltgeschichte: Die Urbotschaft des Evangeliums, die Wahrheit von der letztlich durch keine empirische Vernunft erweisbaren und d. h. im Grunde nur durch Gott verbürgten und verbürgbaren Würde der menschlichen Person als Person, gewann erst unter dieser Voraussetzung ihre tatsächliche Leuchtkraft. Nur dort, wo sich der säkulare Staat gegenüber den spezifisch kirchlich vermittelten Prämissen dieser seiner genuin christlichen Herkunft und Bestimmung eigenständig setzt und die damit zugleich wiederum in ihm freigesetzte Kirche diesen genuinen Grund der Wahrheit über den Menschen um so entschiedener und lauterer proklamiert, erscheint der darin Geltung gewinnende moralische Anspruch menschlicher Würde in seiner Unbedingtheit gesichert.

Damit eröffnet sich freilich ein Prozeß, der für beide Seiten noch längst nicht abgeschlossen erscheint und beiden, unabhängig voneinander, ganz neu zu lösende Probleme zumutet. So sieht sich auf der einen Seite das Christentum immer mehr dem Vorwurf ausgesetzt, nicht einmal der Verständigung über seine eigene Wahrheit fähig zu sein und somit nicht über die Position einer ihm letztlich erst vom Staat abgerungenen friedlichen Koexistenz hinauszugelangen, solange es sich der Welt im Reglement strenger konfessioneller Grenzsetzungen darbietet. Friedliche Koexistenz aber impliziert per definitionem noch keinen vollen Begriff von Frieden, zu dem Einheit auch in der darin beanspruchten auf Universalität hin angelegten Wahrheit wesenhaft gehört.

Sollen also Maßstäbe einer christlichen Friedensethik für heutiges Bewußtsein Geltung gewinnen, so können sie nicht aus dem bisherigen konkreten Gang der Christentumsgeschichte abgelesen, sondern müssen aus dem Grundduktus des Evangeliums selbst im Anspruch eines neuen, mutigen argumentativen und korrekturoffenen Wahrheitsverständnisses erschlossen werden. Der Versuch der ökumenischen Theologie, die konfessionelle Spaltung vom gemeinsamen Ursprung her zu überwinden, gewinnt in diesem Zusammenhang geradezu exemplarische Bedeutung.

Entsprechendes gilt auf der anderen Seite aber auch ebenso generell und grundsätzlich im Hinblick auf die Interpretationsmacht all jener Kräfte, die die Frage nach der Wahrheit über den Menschen politisch einzulösen haben. Auch die pax civilis als partielle oder gar als universelle Friedensordnung in Freiheit und Gerechtigkeit läßt sich nur unter der Bedingung herstellen und immer neu auf dem Weg halten, daß die Frage nach den je und je auszuhandelnden Freiheits- und Gerechtigkeitslösungen durch keinerlei Totalisierungs- und Immunisierungsstrategien verstellt wird. Das aber setzt ein im Grundansatz offenes Wahrheitsverständnis voraus, das der Komplexität der Wirklichkeit nicht ausweicht und diese nicht auf unhinterfragbare Doktrinen und Bekenntnisformeln reduziert.

Nun bedeutet offenes Wahrheitsverständnis ganz und gar nicht Beliebigkeit und Inkonsistenz des Prozesses der Wahrheitsfindung selbst. Menschliche Vernunft ist auf Wahrheit hin angelegt. Dies aber schließt ein, daß sie der Unterscheidung von Wahr und Falsch bzw. von Gut und Böse und damit der Erkenntnis dessen, was ist und was sein soll, ihrem Wesen nach fähig ist. Gerade dies konstituiert ja überhaupt erst den Menschen als moralisches Subjekt, daß er in seinem Erkennen und Handeln dieser ihm wesenhaft eigenen auf Wahrheit hin angelegten Vernunft folgt. Die Notwendigkeit, sich im jeweiligen Erkenntnisakt lern- und korrekturoffen zu halten, ergibt sich vielmehr aus der Tatsache, daß diese Vernunft eine endliche, geschaffene Größe ist und insofern zugleich der Möglichkeit des Irrtums unterliegt. Sie vermag nicht in all ihrem Vorgehen alles zu überschauen.

c) Konflikt als Promotor

Eben damit aber kommt ein bleibendes Spannungsmoment in den Prozeß der Wahrheitsfindung. Wahrheit lebt aus den jeweiligen Gründen, die sie bezeugen. Um sich einer Wahrheit zu vergewissern, bedarf es des rationalen Diskurses, d.h. des Geltendmachens, Abwägens und Vergleichens von Gründen und Gegengründen. Unter dieser Voraussetzung aber vollzieht sich auch menschliche Wahrheitsfindung durchgängig als ein Konfliktgeschehen. Wo immer sich der Mensch dem Anspruch konfligierender Argumente verschließt, verstellt er sich den Weg zur Wahrheit und vergeht sich darin zugleich an seiner eigenen ihn als moralisches Subjekt konstituierenden Vernunft. Auf die Ebene von gesellschaftlichen Prozessen der Wahrheitsfindung und Wahrheitsdurchsetzung übertragen, bedeutet dies aber: Konfliktverbot und Kritikimmunisierung führen nicht zu einem Frieden in der Wahrheit, sondern zu einem Unterwerfungsfrieden diskursfähiger und unter solcher Voraussetung in ihrer Würde als Vernunftwesen versehrter und beeinträchtigter Menschen. „Wer eine Gesellschaft ohne Konflikte herbeiführen will, muß dies mit Terror und Polizeigewalt tun; denn schon der Gedanke einer konfliktlosen Gesellschaft ist ein Gewaltakt an der menschlichen Natur.“[16]

Wir müssen also davon ausgehen, daß eine Gesellschaft, die der auf Wahrheit hin konzipierten Vernunft des Menschen Rechnung tragen soll, sich nicht spannungs-, aggressions- und konfliktlos auslegen kann. Die Frage nach der Wahrheit erweist sich nämlich hier zugleich als Kampf um die Geltung dieser Wahrheit für *andere,* faktisch also als Austragen von sich jeweils kristallisierenden Überzeugungskonflikten. Eben deshalb aber müssen hier eigene Pazifizierungsprozesse einsetzen. Dabei geht es zunächst um die Eingrenzung der Feindseligkeitsintention auf den Konfliktstoff als solchen. Der aggressionsspezifische Impuls wird, gleichsam in Umorientierung der Angriffsrichtung, von der Person des Gegners weg wesentlich auf die umkämpfte bzw. bekämpfte Sache gelenkt und möglichst auf sie eingeschränkt. Nicht die Person des Gegners ist das Objekt des Angriffs, sondern das, was sie vertritt. Man kämpft gegeneinander um der Sache willen, zum Beispiel bei Lohnauseinandersetzungen oder Parlamentsdebatten, ohne dabei notwendig irgendwelche persönliche Haßgefühle zu hegen. Um aber dennoch aufkeimenden persongerichteten Aggressionen nach Möglichkeit institutionell zuvorzukommen oder sie gegebenenfalls wenigstens einzudämmen, legen sich die Streitenden von vornherein auf gewisse Verfahrensformen fest, in deren Rahmen sie die Auseinandersetzung führen, d.h., der Kampf wird Regeln unterworfen, die ihn entfanatisieren und versachlichen. Solche Versachlichung bedeutet nun aber in keiner Weise auch

[16] *R. Dahrendorf,* Die Funktion sozialer Konflikte, in: *ders.,* Gesellschaft und Freiheit (München 1965) 129.

schon eine schlechthinnige Eliminierung des Aggressionsimpulses selbst. Denn eine Sache, die niemanden mehr affiziert und herausfordert, hört zwangsläufig auf, überhaupt noch Konfliktgegenstand zu sein. Das aber würde der Wahrheit ihres Anspruchs entgegenlaufen.

Hier wird überdies generell deutlich, daß der zur naturalen Grundausstattung des Menschen gehörende Aggressionsimpuls keineswegs nur destruktive und insofern friedenzerstörende Wirkungen zeitigt, sondern eingeordnet in ein jeweiliges Gesamtsystem menschlicher Antriebe und Zielsetzungen gerade umgekehrt eine höchst konstruktive Bedeutung empfängt. Am unmittelbarsten belegt dies die Tatsache, daß eine Fülle von Haltungen, die ihrer ganzen Struktur nach jenem kämpferischen Prinzip gehorchen, als Tugenden ausgewiesen sind: Mut, Entschlossenheit, Tapferkeit, Durchhaltewillen, Geduld, Beharrlichkeit, aber auch Spontaneität, Begeisterung, Hingabebereitschaft und Opfergesinnung, ja selbst noch die den Menschen in seine letzte Tiefe rufenden Haltungen, wie die Kühnheit einer selbstlosen Liebe, das Wagnis eines die eigenen Möglichkeiten transzendierenden Glaubens oder das unbeirrbare Vertrauen eines Hoffens wider alle Hoffnung. Ohne jenes Irascibile käme keine dieser Haltungen zustande.

3. Christliche Liebe als Ethos der kommunikativen Einlösung der Frage nach der Wahrheit über den Menschen

Für das christliche Verständnis der Wahrheit über den Menschen gewinnt das Ethos der Liebe ohne Zweifel Schlüsselbedeutung. Das christologisch fundierte Bekenntnis zu Gott als dem Gott der Liebe gibt dem menschlichen Handeln zugleich ein neues, ethisch umfassendes Fundament. Eben hier aber nimmt für den Christen auch die Frage nach dem Frieden und den Wegen zu ihm ihren Ausgang: Christliche Friedensgesinnung lebt aus der Liebe und erreicht in der Feindesliebe ihre denkbar höchste Form. Dabei ist zunächst festzustellen, daß auch diese kühnste und riskierteste Form fürsorgender Zuwendung zum Menschen, die sich durch keine Bosheit und Ungerechtigkeit abschrecken läßt, sondern elementar, ohne alle Vorleistung und innerweltliche Abstützung vom Glauben an die den Sinn menschlichen Daseins verbürgenden Liebe Gottes selbst bewegt bleibt, durch ein zutiefst kämpferisches Pathos gekennzeichnet ist. Feindesliebe drängt auf den Wandel verhärteter böser Gesinnung mit den Mitteln demonstrativer Gewaltlosigkeit. Insofern ist sie also das gerade Gegenteil von „Sklavenmoral“, von einer aggressionslosen, gegebene Unrechtslagen verfestigenden Haltung des Verzichts, der Schicksalsergebenheit und der sozialen Subordination.

Dem anderen die linke Wange hinzuhalten, wenn man von ihm schon auf die rechte geschlagen wurde, ihm auch noch den Rock zu geben, wenn er sich den

Mantel bereits angeeignet hat, noch eine zusätzliche Meile im Fron- und Gespanndienst mitzugehen, nachdem man von ihm zur ersten genötigt wurde (Mt 5, 38–41) – das alles zielt nicht auf masochistisch eingefärbte Leidensfreudigkeit, sondern auf die Aufhebung depersonalisierender Feindseligkeit durch die Macht unnachgiebiger Güte. Feindesliebe ist eine durchaus streitbare Liebe. Indem sie dem Feind gegenüber selbst auf jedes Recht verzichtet, nimmt sie diesem zugleich jede Möglichkeit, sich seinerseits als Feind ins Recht zu setzen. Damit überführt sie das Feindverhältnis der Absurdität. Das ist ihre Waffe. Gerade weil sie aber darin dem anderen in seiner prinzipiellen Fähigkeit zu Gerechtigkeit und Wohlwollen vorausvertraut, ihn also – auf Glauben hin – in seiner moralischen Vernunft vorweg bestätigt, demütigt und verletzt diese Waffe nicht, sondern kann ihn das Aufgeben seiner Feindposition geradezu als Sieg seiner Vernunft über die eigenen Verblendungen, als sein Heil erfahren lassen.

Hier liegt die Chance, aber zugleich auch das Risiko. Feindesliebe bleibt auf Glaube gestellt. Es gibt für ihren Erfolg keine kalkulierbaren Garantien. Aber auch keinen Ersatz. Und zwar auch und gerade dort nicht, wo sie sich in der Ohnmacht des Kreuzes vollendet. Denn erst darin bricht die ganze eschatologische Perspektive eines Friedens auf, ohne dessen Nähe es für den Menschen auch keine Hoffnung auf Gegenwart geben kann. Es gibt keinen Frieden auf Erden ohne das immer neu zu wagende Risiko dieser Liebe.

Genau dies aber hat nun auch weittragende sozialethische Konsequenzen, die bis in politische Abläufe und Entscheidungsstrategien hineinreichen. In jedem Falle wäre es völlig verfehlt, Feindesliebe als rein individualethische Gesinnung anzusetzen und ihre aufbrechende und befreiende Kraft ausschließlich zwischenmenschlich geltend zu machen. Denn nicht nur *„personale“*, sondern auch gesellschaftlich organisierte, über gesetzte Ordnungen verfügte *„strukturelle“* Gewalt hat ihre Ursache bei Menschen und kann nur durch Menschen geändert werden. Gerade weil aber Feindesliebe nicht Unterwerfungsmoral, sondern zutiefst innovatorisch ausgerichtetes, auf Überwindung jeglicher Menschenfeindlichkeit zielendes Ethos ist, legt sie sich damit zwangsläufig auch mit Strukturen an. Unter dieser Voraussetzung kommt freilich für sie zugleich eine weitere Dimension ins Spiel, die zusätzliche Probleme ganz eigener Art schafft. Wie sich dies entsprechend den unterschiedlich vorgegebenen Strukturgestalten von Gewalt im einzelnen auswirkt und welche Grenzen darin der Feindesliebe um ihrer selbst willen gesetzt bleiben, ist im Folgenden zu zeigen.

a) Gewaltloser Widerstand als Zeugnis

Wo immer ein Mensch einem bestehenden Unrechtssystem die Stirn bietet, indem er ihm um des Menschen willen in gewaltloser Liebe entgegenhandelt, kommt seinem Tun, selbst auf die Gefahr hin, daß er sich damit um sein Leben bringt und das Martyrium erleidet, sozialethische Schlüsselbedeutung zu. Es bringt die Wahrheit über den Menschen gerade unter den äußersten Bedingungen des Unrechts als solche zur Anschauung und setzt darin ein schlechthin unzerstörbares Hoffnungszeichen.

b) Gewaltloser Widerstand als Strategie

Wenn es sich ein bestehendes Unrechtssystem versagen muß, aus welchen Gründen auch immer, einen solchen Gegner zu eliminieren, so eröffnet sich diesem die Möglichkeit, Feindesliebe als Ernstfall gewaltlosen Miteinanders zum Movens einer entsprechenden Strategie des Widerstandes zu machen. Moralischer Impuls und politisches Kalkül verbinden sich ihm hier zunehmend zu einer Einheit. Dabei bleibt die Liebe zum Menschen als ethisch einzig legitimer Grund des Widerstandes im Prinzip der Gewaltlosigkeit konstitutives Element auch des Widerstandes selbst. Mahatma Gandhi hat dem – in seiner vom neutestamentlichen Ethos der Bergpredigt inspirierten Konzeption des gewaltlosen Widerstandes – maßgeblichen Ausdruck verliehen: „Ein Satyagrahi (Anhänger seiner Gewaltlosenbewegung) duldet keinen Zorn in sich, flucht nicht, beleidigt niemals einen Gegner oder dessen Flagge“[17]. Dies fordert im Falle unmittelbarer Konfrontation mit der Gewalt unter Umständen sogar ein Eintreten für den Gegner: „Wenn irgend jemand im Kampf einen Beamten beleidigt oder einen tätlichen Angriff auf ihn zuläßt, so schützt der Satyagrahi den Beamten gegen die Beleidigung und gegen den Angriff selbst unter Einsatz seines Lebens.“[18] Ob und wieweit solche Haltung dann auch tatsächlich zur Aufhebung der gegebenen politischen Unrechtslagen führt, hängt freilich nicht nur von der Lauterkeit und Überzeugungskraft des gewaltlos Widerstand Leistenden ab, sondern wesentlich auch von der humanen Einlenkungsfähigkeit und Einlenkungsbereitschaft des Gegners. Hier stellt sich die Widerstandssituation etwa der Geschwister Scholl gegenüber der Gandhis völlig unterschiedlich dar. Politisch unmittelbar erfolgreich, weil auf Einlenkungsbereitschaft treffend, war hier nur der letztgenannte. Gandhi: „Meine Gegner waren Engländer.“ – Entscheidend für unseren Zusammenhang ist jedoch, daß die Haltung der Feindesliebe hier über die generelle Zeichenbedeutung hinaus unmittelbar politische, struk-

---

[17] Zitiert nach *C. Arndt*, Bürger oder Rebell?, in: *ders.*, u. a. (Hrsg.), Widerstand in der Demokratie. Landeszentrale für politische Bildung (Hamburg 1983) 36–53, 50.
[18] Ebd.

turverändernde Wirkmacht gewinnt. Sie wird unter dieser Voraussetzung zu einem sozialethischen Realfaktor.

c) Liebe als Strukturprinzip der Rechtsordnung

In anderer, nochmals umfassenderer Weise, nämlich nunmehr auf der gesellschaftlichen Strukturebene selbst, tritt diese Transformation der Feindesliebe zum sozialethischen Realfaktor dort hervor, wo die sittliche Unverfügbarkeit des Menschen, seine Würde als Person, zur Grundlage der Rechtsordnung als solcher gemacht wird. Mit diesem entscheidenden Schritt, wie er mit der Einrichtung des neuzeitlichen freiheitlichen Verfassungsstaates vollzogen wurde, empfängt das Recht seine ethische Ausrichtung aus einer Maxime, die ihrerseits jedem Freund-Feind-Denken – bezogen auf den Menschen als Person – den Boden entzieht: Der Mensch ist dem Menschen eine „heilige Sache". Hier kommt das Recht endlich dort an, wo die Liebe immer schon ist: beim Menschen als Person. Unter dieser Voraussetzung aber kann sowohl jeder „personalen" als auch jeder „strukturellen" Gewalt, sofern sie der Wahrung und Entfaltung menschlich-personaler Würde zuwiderläuft, auch im Namen und mit den Mitteln des Rechts entgegengetreten werden. Das Recht partizipiert so gleichsam an dem Anspruch einer Moral, die in ihrem personalen Kern keine Feindschaft kennt. Dies tritt um so deutlicher hervor, als damit konsequenterweise die hierzu eingesetzten Sanktionen und Maßnahmen des Rechts auch ihrerseits nochmals einem eigenen auf Achtung der Würde der Person zielenden Humanisierungsprozeß unterworfen werden. Dies will nun jedoch nicht besagen, daß solches Recht auch schon Vollzug dieser Moral selbst wäre. Ist es doch gerade Kennzeichen von Recht, daß es mit der vis coactiva ausgestattet ist, daß ihm also die Befugnis zukommt, zu zwingen. Als solches aber gehört es der Ordnung des Mißtrauens, nicht des Vertrauens an. Insofern kann also auch ein vom ethischen Anspruch der Unverfügbarkeit menschlicher Würde her ausgelegtes Recht diesen Anspruch nur mehr mittelbar und konkomitant einlösen helfen. Das, was ihn selbst letztlich trägt, nämlich Achtung und Liebe, oder gar deren äußerster Ernstfall, Feindesliebe, läßt sich nicht als Rechtsverpflichtung institutionalisieren, sondern bleibt seinem Wesen nach Grundakt einer Freiheit, in der der einzelne Mensch sich je und je selbst überschreitet.

d) Recht auf gewaltsamen Widerstand

Friede als beständige Ordnung gewaltlosen menschlichen Miteinanders ist auf die Dauer nur möglich, wo er durch das Recht, und zwar durch ein auf die menschliche Personwürde hin zentriertes, den einzelnen in seine Grundrechte als Menschen einsetzendes Recht gesichert wird. Wo immer dem Menschen diese Grundrechte durch gesellschaftliche oder staatliche Ordnungsmacht versagt werden, kommt es zwangsläufig, je mehr dies ins Bewußtsein tritt, zu Auflehnung und Widerstand. Insofern darin aber die Herstellung eines Rechtszustandes intendiert wird, der als solcher erst ein wesenhaft auf Achtung und Wohlwollen gegründetes menschliches Miteinander ermöglichen soll, kommt solchem Aufbegehren zugleich moralische Qualität zu. Hierüber gibt es im Prinzip keinen Streit. Das Recht auf Widerstand gegen Unrechtsakte des Staates gehört zu den vorstaatlichen Menschenrechten. „Der Mensch braucht", so erklärt Thomas von Aquin lapidar, „menschlichen Machthabern nur soweit zu folgen, als es die Ordnung der Gerechtigkeit fordert. Wenn sie also keine rechtmäßige, sondern nur eine angemaßte Gewalt besitzen oder wenn sie Ungerechtes befehlen, dann sind die Untertanen nicht verpflichtet, ihnen zu gehorchen."[19] Die entscheidende Frage bleibt hingegen, in welchen Formen sich dieser Ungehorsam äußern darf. Impliziert dies gegebenenfalls auch ein natürliches Recht auf *gewaltsamen* Widerstand? In diesen Zusammenhang gehört das Problem der ethischen Rechtfertigung des Staatsstreiches ebenso wie das des „Tyrannenmords" und der Revolution. Die Frage spitzt sich jedoch noch weiter zu, wenn man davon ausgeht, daß das, was dem Menschen als natürliches Recht zukommt, seine letzte Vollendung und Sinnspitze aus dem Evangelium empfängt, also unter den Anspruch der Hochforderung der Liebe gestellt bleibt. Bleibt doch von ihr her, wie wir gesehen haben, jede Art von Gegengewalt als ethische Möglichkeit immer neu problematisiert. Dies kann durchaus zu dem Schluß führen, selbst im Falle schwersten Machtmißbrauchs durch den Staat Widerstand nur in der gewaltlosen Form für sittlich gerechtfertigt und somit auch sozialethisch für den einzig vertretbaren Weg zu halten.

Nun wird man jedoch davon ausgehen müssen, daß politische Gewaltsysteme durch ethische Appelle in der Regel kaum zu beeindrucken sind. Moralische Skrupel lassen sich nur zu leicht durch ein entsprechendes Sendungsbewußtsein kompensieren, das solche Skrupel am Ende gar als Schwäche auslegt. Was zählt, ist die Unangreifbarkeit der eigenen Stärke, von der, wo immer dies notwendig erscheint, rücksichtslos Gebrauch gemacht wird. Je brutaler, zynischer und perfekter sich ein solches Gewaltsystem Gehorsam zu verschaffen weiß, um so geringer erweisen sich denn auch die Chancen seiner gewaltlosen Veränderung. Unter eben dieser Voraussetzung aber stellt sich um so drängender die Frage, ob nicht im Prinzip noch eine andere ethische Argumentation möglich ist, die gewaltsamen Widerstand als ultima ratio trotzdem nicht schlechthin ausschließt. Die Frage erscheint positiv beantwortbar, wenn man sich erst einmal klarmacht, daß gewaltsamer Widerstand gegen ein eklatantes schlechthin menschenverachtendes Unrechtssystem als ultima ratio der sittli-

[19] S. Th. II–II q. 104 a. 6 ad 3.

chen, auf gewaltlosen Umgang des Menschen mit dem Menschen zielenden *Rechtsvernunft* begriffen werden muß.

Recht ist ja immer schon, soweit es dekretiertes, in positive Gesetze gefaßtes Recht ist, mit Durchsetzungsmacht, also mit potentieller Zwangsgewalt, ausgestattet. Damit aber muß es sich keineswegs in einen prinzipiellen Gegensatz zur Liebe stellen, solange es seine letzte Ausrichtung aus dem Wohlwollen für den Menschen und der Achtung seiner Würde, also letztlich aus der Substanz der Liebe selbst empfängt. Aktuell präsente Liebe wird Recht zwar fallweise immer wieder überbieten und überflüssig machen. Wo Vertrauen das Miteinander regelt, bedarf es keiner Beanspruchung von Ordnungen des Mißtrauens. Andererseits aber wird der Mensch, auch wenn er in seinem Handeln vom Anspruch der Liebe als höchstem sittlichem Formprinzip bewegt bleibt, keineswegs generell auf Recht verzichten können. Dies ergibt sich nicht nur aus der tiefverwurzelten, zu egoistischer Destruktion und damit zum „Bösen" neigenden Labilität des Menschen, sondern, dem noch vorausliegend, bereits aus der schöpfungsmäßig gegebenen Kontingenz aller menschlichen Dinge. Niemand kann im Verfolgen seiner berechtigten Interessen und Ansprüche die berechtigten Interessen und Ansprüche aller übrigen Menschen gleichermaßen überschauen und berücksichtigen. Hierzu bedarf es im Zweifelsfall je und je konkreter positiver Rechtsordnungen als Konfliktlöser. Sie dienen dazu, kollidierende Interessen zum Ausgleich zu bringen und ungerechtfertigte Ansprüche durch Sanktionen zu verhindern. Insofern erweist sich Recht unter den Bedingungen dieser Welt als bleibend notwendige Voraussetzung der Menschwerdung des Menschen, als ein zu keinem Zeitpunkt schlechthin entbehrliches Instrument seiner Humanisierung.

Eben hier hat auch jede Frage nach der sittlichen Berechtigung von Widerstand gegen politische Unrechtssysteme anzusetzen. Wo mit System Unrecht als Recht gesetzt wird, fällt der Anspruch des mit Zwangsgewalt ausgestatteten, von seiner Sinnbestimmung her jedoch zugleich an der Personwürde zu orientierenden und damit unter den Anspruch der Liebe zu stellenden Rechts an die Rechtsadressaten als die ursprünglichen sittlichen Träger des Rechts zurück. Dies bedeutet dann aber auch die Rücknahme der legitimen Gewalt in die Verfügung der Rechtssubjekte selbst. Insofern erweist sich also gewaltsamer Widerstand gegen ein den Menschen in seiner Würde als Vernunft- und Freiheitswesen enteignendes Unrechtssystem als ein „natürliches Recht", das als solches im gegebenen Fall der Forderung der Liebe nicht substantiell widerstreitet. Das ist im Prinzip einleuchtend. Dennoch wird man gerade diesen „gegebenen Fall" nicht leichtfertig insinuieren dürfen. Geht es doch hier letztlich um nicht weniger als um den Rückgriff auf eine *vorstaatliche* Ausgangslage. Das aber ist selbst bei lauterster Gesinnung und einem Höchstmaß an vorausschauender Planung nicht ohne beträchtliche Risiken möglich. Jeder Rückgriff auf bloße Natur hat im Prinzip das Risiko des Chaos bei sich. Er muß sich sonach auch wirklich als äußerste, durch kein anderes sittliches Mittel mehr ersetzbare Möglichkeit, als tatsächliche „ultima ratio" erweisen. Die Enzyklika „Populorum progressio" Pauls VI. sucht diese Situation durchaus zutreffend zu umreißen. Es geht um den Fall „der eindeutigen und lange dauernden Gewaltherrschaft, die die Grundrechte der Person schwer verletzt und dem Gemeinwohl des Landes schweren Schaden zufügt" (Nr. 31)[20].

e) Widerstandsrecht und freiheitlicher Verfassungsstaat

In keinem Fall kann ein solches natürliches Recht auf gewaltsamen Widerstand also gegen eine politische Ordnung in Anspruch genommen werden, die, wie dies für den freiheitlichen sozialen Verfassungsstaat im Prinzip zutrifft, ihrem ganzen Ansatz nach auf die Wahrung und Entfaltung der menschlichen Personwürde angelegt ist. Würde dies doch geradezu auf eine Umkehrung der Sinnbestimmung von Recht hinauslaufen und es damit jeder sittlichen Grundlage berauben. Ein Recht auf Widerstand kann es in diesem Zusammenhang vielmehr nur dort geben, wo umgekehrt diese freiheitliche Ordnung selbst bedroht ist. Auf diesen denkbaren Fall zielt Artikel 20, Abs. 4 des Grundgesetzes: „Gegen jeden, der es unternimmt, diese Ordnung zu beseitigen, haben alle Deutschen das Recht zum Widerstand, wenn anders Abhilfe nicht möglich ist."[21] Es geht um den Schutz einer Ordnung, die bis in ihre gesetzgebenden Körperschaften hinein auf der Basis freiheitlichen Diskurses und freiheitlicher Wahl organisiert ist, die aber eben damit auch der jeweiligen oppositionellen Minderheit, und zwar entsprechend auch im vorparlamentarischen Bereich, sei es nun hier über persönliche Meinungsbekundungen, öffentliche Demonstrationen oder über die Organisierung von Bürgerinitiativen, jederzeit das Recht zwar nicht auf *Widerstand*, wohl aber auf *Widerspruch* zuerkennt. Genau hier verläuft freilich auch die Scheidelinie, die es im Zweifelsfall immer wieder neu durch Gesetzgeber, Gerichte, Exekutive näher zu bestimmen und zu wahren gilt. Je konfliktträchtiger die politische Sachfrage, um so emotionalisierter der

---

[20] AAS 59 (1967) 272: „... nisi agatur de tyrannide aperta ac diuturna, qui primaria iura personae humanae laedantur et bono communi civitatis grave iniungatur detrimentum ..."

[21] Die Bundesrepublik ist damit neben Portugal der einzige Staat der Welt, der das vorstaatliche natürliche Recht auf Widerstand ausdrücklich in seine Verfassung aufgenommen hat. Der Absatz wurde 1968 nachträglich in das Grundgesetz eingefügt, nicht zuletzt um die damals heftig umkämpfte, im selben Jahr geschaffene Notstandsgesetzgebung jedem Verdacht der Aufhebung prinzipiell zuerkannter Freiheitsrechte von vornherein zu entziehen. Im selben Jahr 1968 schuf sich die DDR ihre nach 1949 zweite Verfassung. Der entsprechende Passus lautete hier: „Zu keiner Zeit und unter keinen Umständen können andere als die verfassungsmäßig vorgesehenen Organe Macht ausüben" (Art. 5 der Bestimmung wurde unverändert in die dritte Verfassung der DDR von 1979 aufgenommen). Es war nur folgerichtig, daß in diesem Zusammenhang auch das Streikrecht gleich mit abgeschafft wurde. Zum Ganzen vgl. *I. v. Münch*, Widerstand als Verfassungsproblem, in: C. Arndt u. a. (Hrsg.), Widerstand in der Demokratie (s. o. Anm. 17) 21–35.

mögliche Widerspruch und um so stärker auch die Tendenz, ihm durch entsprechend drastische Formen möglichst nachhaltigen Ausdruck zu verschaffen, gegebenenfalls bis an die Grenzen der Legalität. Blockaden, Umzingelungen, Mahnwachen, Maskierungen, Hausbesetzungen – wieweit ist hier sittlicher Ernst am Werk, der auf einen möglicherweise schwerwiegenden Mißstand, auf eine drohende Gefahr aufmerksam machen will? Welche dieser Ausdrucksformen des Widerspruchs lassen sich im Rahmen gegebenen rechtlichen und politischen Ermessens tolerieren? Und wo ist die Grenze zur Straftat, zu Nötigung, Überwältigung, Irreführung, unrechtmäßiger Aneignung definitiv überschritten? Eine Fülle von Fragen.

In diesem Zusammenhang stellt sich das Stichwort vom „zivilen Ungehorsam" ein[22]. Es meint gewiß mehr als rein verbalen Widerspruch, schließt aber ebenso gewiß seinem Sinngehalt nach auch alle Gewaltanwendungen aus. Ist in ihm die den genannten Demonstrationsformen hier letztlich unterstellte moralische Intention bereits auf ihren ethisch-politischen Begriff gebracht? Dies bleibt ernsthaft zu prüfen. Doch wie dem auch sei, wenn man davon ausgeht, daß auch in einer freiheitlich verfaßten demokratischen Ordnung die nach dem Mehrheitsprinzip zu fällenden Entscheidungen nicht automatisch immer auch die sittlich richtigen Entscheidungen sein müssen, dann wird man zumindest dort, wo es um wirklich schicksalsschwere, in ihrer ganzen Tragweite also in Wahrheit keineswegs leichthin absehbare Entscheidungen geht, jene, die zu einer anderen Überzeugung gelangt sind und sich durch ihr Gewissen verpflichtet fühlen, dem durch demonstrative Akte „zivilen Ungehorsams" Ausdruck zu geben, nicht als von vornherein undemokratisch ablehnen dürfen, sondern ihren in dieser Form zugeschärften Widerspruch als Ausdruck ihres Willens zu demokratischer Selbstbehauptung und als sittlichen Appell zu stets erneuter Prüfung der zur Frage stehenden Sache selbst respektieren müssen. Die Freiheit stirbt an der blanken Gewalt, nicht jedoch schon an der demonstrativen Nachhaltigkeit von Kritik.

f) Abschreckung als Mittel der Friedenssicherung

Nichts hatte die Friedensdiskussion während der Zeit der Ost-West-Polarisierung zumindest in der westlichen Welt so sehr an Breite und Intensität gewinnen lassen wie die Frage der atomaren Nachrüstung zu Beginn der achtziger Jahre. Wenn wir die im Rahmen dieser Diskussion vorgebrachten Argumente hier noch einmal nachzeichnen, so nicht um die historische Situation zu archivieren, sondern weil die Argumente auch für alle denkbaren künftigen Fälle im Prinzip Gültigkeit behalten. Der Sache nach ging es hierbei um die Schaffung

---

[22] Vgl. *P. Glotz* (Hrsg.), Ziviler Ungehorsam im Rechtsstaat (Frankfurt a.M. 1983).

eines wirksamen Ausgleichs der durch die Aufstellung der SS-20-Raketen gewonnenen taktisch-nuklearen Überlegenheit der Sowjetunion auf dem europäischen Kontinent. Mit dem möglichen Einsatz von SS-20-Raketen waren für die Sowjetunion die Chancen, einen nunmehr auch regional begrenzbaren Krieg mit Erfolg führen zu können, in einer für Westeuropa bedrohlichen Weise gewachsen. Nach dem auf eine Initiative des damaligen deutschen Bundeskanzlers zurückgehenden 1979 gefaßten „Nato-Doppelbeschluß" sollte mit der Stationierung entsprechender ballistischer US-Raketen (Pershing II und Cruise Missiles) auf dem Boden der europäischen NATO-Staaten ein effektives Gegengewicht geschaffen werden. Der Verzicht auf deren Aufstellung wurde dabei vom Abbruch der sowjetischen Raketen bis Ende 1983 abhängig gemacht.

Hier aber kehrte sich nun die Wirkung um. Was von seinen Urhebern als Maßnahme zu weiterer Sicherung des bisher auf dem Gleichgewicht der Abschreckung beruhenden Friedens gedacht war, wurde plötzlich als eskalierende Bedrohung empfunden. Die durch das Reizwort „Nachrüstung" genährte Vorstellung einer endlosen Rüstungsspirale ließ den Glauben an ein stabiles Gleichgewicht und damit den Glauben an die friedenssichernde Wirksamkeit der Abschreckungsstrategie zunehmend brüchiger werden. An die Stelle des zuvor weithin vorhandenen Vertrauens in das nüchterne verantwortungsbewußte Kalkül der Politiker und Militärs traten Mißtrauen und Angst. „Raketen sind Magneten" (Robert Jungk). Die Schrecken eines alles vernichtenden atomaren Krieges schienen für nicht wenige in immer greifbarere Nähe gerückt.

Nun erscheint es in der Tat nicht selbstverständlich, den Willen zur Herstellung und Wahrung eines Zustandes des gewaltlosen Umgangs zweier konträr verfaßter, weltanschaulich schlechthin unvereinbarer politischer Systeme mit dem immer umfangreicheren und differenzierteren Ausbau eines in der Gesamtheit seiner Wirkungen unvorstellbaren gegenseitigen militärischen Drohpotentials zusammenzudenken. Dennoch war es genau dieses Prinzip eines immer neu ausbalancierten Gleichgewichts gegenseitiger Abschreckung, das es den beiden Weltmächten verbot, offensiv in die Machtsphäre des anderen einzugreifen. Die Strategie „gegenseitig gesicherter Zerstörung" („mutually assured destruction"), auf der das Gleichgewichtsprinzip basierte, wurde zum fortdauernden Garanten eines von direkter kriegerischer Gewaltanwendung freigebliebenen Friedenszustandes zwischen den Blöcken.

Dem wiederum wurde jedoch entgegengehalten, daß mit den auf beiden Seiten geschaffenen nuklearen Vernichtungspotentialen die Voraussetzungen für eine „gegenseitig gesicherte Zerstörung" längst erreicht seien. Was denn könne den tatsächlich schon gegebenen Möglichkeiten eines vielfachen Overkill noch wirksam hinzugefügt werden? Trotzdem gehe das Wettrüsten unvermindert weiter. Eben damit aber sei auch die ständige Strapazierung des Gleichgewichtsgedankens im Grunde als bloßes Täuschungsmanöver entlarvt. „Wo gibt es denn Gleichgewicht außer in Redensarten?" so meint D. Lattmann. „Jede Seite versucht die stärkere zu sein. Gäbe es Gleichgewicht, gäbe es auch Abrüstung."[23]

Darin liegt in der Tat, bei aller Überzeichnung, ein bestimmtes Wahrheitsmoment. Jede bisher erstrebte Form von Gleichgewicht erwies sich zugleich als äußerst labil. Kam es nach der ursprünglich konkurrenzlosen strategisch-nuklearen Überlegenheit der USA mit dem Nachziehen der Sowjetunion zu einer ersten Angleichung, die dann schließlich in SALT I und II zum rechtlich verbindlichen Verzicht der USA auf ihre dominierende Stellung in diesem Bereich und damit zur Anerkenntnis der Parität der Sowjetunion in strategisch-nuklearen Mitteln führte, so stellten sich mit der Entwicklung von spezifisch taktisch-nuklearen Waffen sowie mit der gleichzeitigen Weiterentwicklung konventioneller Waffentechniken sofort neue Ungleichgewichte ein. Zielgenaue und in ihrer Wirkung regional begrenzbare, also *taktisch* ausgelegte Nuklearwaffen ließen, gegebenenfalls in entsprechendem Verbund mit konventionellen Waffen, partiell geführte Kriege zwischen den Blöcken, unterhalb der Schwelle eines totalen Atomkrieges, den beide Seiten unter allen Umständen ausschließen wollten, zumindest prinzipiell wieder in den Bereich des Möglichen rükken. Das Kriegsrisiko erschien erneut kalkulierbarer.

Um nun aber auch diese sich jetzt noch vielschichtiger darstellende Bedrohungskonstellation zu neutralisieren, entwickelte die westliche Allianz dann schließlich die Strategie der „flexible response", der dynamisch gestuften Abschreckung. Im Prinzip bedeutete dies, sich instand zu setzen, jeden Angriff mit gleichartigen Mitteln abwehren und zugleich in die jeweils nächsthöhere Stufe eskalieren zu können. Das Ziel war dabei offensichtlich das gleiche: einen Angriff auf jeder denkbaren Stufe von vornherein aussichtslos zu machen und damit dem Gegner keinerlei Chancen zu geben, seine eigenen Waffen sinnvoll benützen zu können. Abschreckung als unerbittliche Nötigung zu gegenseitiger Toleranz also auch hier.

Unter dieser Voraussetzung erscheint das Gleichgewichtsprinzip selbst bei stets neu herzustellender waffentechnischer Balance ethisch gerechtfertigt, solange sich kein anderes wirksameres und damit politisch verantwortbares Regulativ der Friedenssicherung erkennen läßt. Es schafft gleichsam aus sich heraus den kleinsten gemeinsamen moralischen Nenner, der gewaltloses Miteinander trotz aller Gegensätze am ehesten zu sichern vermag. Das macht die Dignität dieses Prinzips aus, wenngleich auch nur als der einer Interimslösung, die nur in dem Maße sittlich gerechtfertigt ist, als man sie zugleich ständig zu überwinden und über sie hinauszugelangen sucht.

Tatsächlich lassen also die Arsenale gegenseitiger atomarer Bedrohung, de-

[23] *D. Lattmann,* Vor-Abrüstung, in: *W. Korff* (Hrsg.), Den Frieden sichern (Düsseldorf 1982) 88-107, 98.

ren Einsatz mit zunehmender Wahrscheinlichkeit die Vernichtung der Kontrahenten zur Folge hätte, letztlich nur einen Zweck zu: den Zusammenstoß zu vermeiden. „Atomwaffen sind und bleiben wesentlich politische Waffen.“[24]

Trotz allem ist jedoch nicht zu leugnen, daß auch eine auf dem Gleichgewichtsgedanken beruhende Strategie der Kriegsverhütung den auf diese Weise erreichbaren Friedenszustand zwischen den Kontrahenten nur bedingt sichern konnte. Obschon diese Strategie das Risiko eines Atomkrieges auf das geringst mögliche Maß zu bringen suchte und sich unter den gegebenen Umständen politisch keine wirksamere Alternative erkennen ließ, vermochte sie das Risiko als solches dennoch nicht schlechthin zu eliminieren. Die Waffen standen auf beiden Seiten einsatzbereit da, und auf beiden Seiten mußte zudem im gegebenen Fall mit dem Willen zu ihrem Einsatz gerechnet werden. Hier lag der bleibend gültige Ansatzpunkt möglicher Kritik am Abschreckungskonzept. Denn so gering auch das Risiko sein mochte, so blieb doch der tatsächliche Ausbruch eines Atomkrieges ein durch keinerlei moralisches Argument mehr zu rechtfertigendes Geschehen, da seine Opfer Millionen und Abermillionen Unschuldiger sein würden, ja daß dies vielleicht sogar das Ende der bewohnbaren Erde bedeuten könnte.

g) Kollektiver und individueller Gewaltverzicht

Auf eben diesem Hintergrund einer vom labilen Gleichgewicht gekennzeichneten atomaren Bedrohungssituation aber gewann nun die christliche Hochforderung der Feindesliebe plötzlich für viele eine neue Aktualität. Sie erschien als die gesuchte sozialethische Alternative der Friedenssicherung. Feindesliebe schließt nicht nur jede Form von Gewaltanwendung, sondern auch schon jede Form von Gewaltandrohung ihrem Wesen nach aus. Eben deshalb aber könne sie nicht mit Abschreckungsdenken zusammengehen. Angesichts einer waffenstarrenden und darin die Möglichkeit ihrer eigenen Vernichtung in sich bergenden Welt gebe es letztlich nur einen, dieser Möglichkeit von seinem ganzen Ansatz her entgegengesetzten Weg zum Frieden, den Weg demonstrativer Gewaltlosigkeit in West und Ost, den Aufstand der Liebe. „Schwerter zu Pflugscharen umschmieden“, damit muß *heute* begonnen werden.

Der Gedanke übte eine ungeheure Faszination aus. Er vermochte Ängste zu paralysieren und Begeisterung zu wecken. Er befreite aus der Passivität. Er ließ Massen in Bewegung setzen. Die Bedrohung brauchte nicht länger tatenlos hingenommen zu werden. Das neue Stichwort hieß „Friedensarbeit“.

Aber konnte nicht gerade dies sogleich den Verdacht wecken, daß man es hier am Ende doch wieder nur mit einem weltlosen Utopismus zu tun hatte, der

[24] *I. Reifenberg,* Atlantische Irritationen, Frankfurter Allgemeine Zeitung vom 1.9.1984, Nr. 195, Bilder und Zeiten.

sich von jeder Realität abkoppelt, mit einem sentimentalen gesinnungsethischen Schwärmertum, das zeitweilig gar an die Mentalität von Kinderkreuzzügen erinnerte? Große Ideen können in der Tat in einer Weise mitreißen, die ihren Preis gar nicht erst bewußt werden lassen. Liebe als unmittelbare friedenspolitische Strategie kann in ihrer Schutzlosigkeit ebenso brutal unterdrückt wie zynisch mißbraucht werden.

Andererseits widerlegt all dies nicht schon den Weg des Gewaltverzichts überhaupt. Ablehnung von Gewalt, demonstrative Gewaltlosigkeit kann durchaus auch Ausdruck reifer Gewissensüberzeugung sein, Zeugnis einer inneren Stärke, die nicht durch Angst motiviert ist, sondern durch einen Glauben, der weiß, was er tut. Wer sich in solcher Weise den möglichen Höllen der Welt zu stellen bereit ist, handelt im höchsten Sinne moralisch, er wird notwendig zum Zeichen, zum Prüfstein der Gewissen. Erst darin eröffnet sich die eigentliche Alternative.

Geschichtlich betrachtet ist diese Alternative durchaus nicht neu. Mit der durch Jesu Aufruf zum Gewaltverzicht eröffneten Dimension gewaltlosen Friedenshandelns erweist sie sich als konstitutives Moment der Wirkungsgeschichte des Christentums selbst. Als solche ist sie durch die Namen großer, in den politischen Raum einwirkender „Friedensstifter“ unter seinen Heiligen bleibend repräsentiert. Sie findet in Gestalten wie Severin von Noricum, Leo dem Großen, Hildegard von Bingen, Franz von Assisi, Albertus Magnus, Katharina von Siena, Nikolaus von der Flüe, Nikolaus Cusanus, Thomas Morus, Bartolomé de Las Casas je unverwechselbaren Ausdruck. Die Koinzidenz von Gottesnähe und Realitätsnähe schafft sich aus sich selbst den ihr eigenen Respekt. Sie zieht die Menschen in Bann. Sie macht eine neue Form von Autorität sichtbar, die sich gewiß nicht generalisieren, aber eben auch nicht marginalisieren läßt. Erst in diesem großen Weg einzelner wird die ganze Wucht der Botschaft Jesu spürbar. Wo der Nachfolgegedanke in dieser Weise ernst genommen wird, bedarf es denn auch keiner eigenen politisch geltend zu machenden Absicherungen. Er transzendiert jeden Anspruch von Recht.

Im Prinzip wird man ihn also auch nochmals von jener institutionalisierten Form eines spezifischen *Rechts* auf Gewaltverzicht unterscheiden müssen, wie sie etwa in der vom besonderen Berufsethos her als geboten erscheinenden generellen Freistellung des Klerus vom Dienst mit der Waffe zum Ausdruck kommt[25]. Damit stellt sich das Problem der Alternative in der Tat bereits auf einer neuen Ebene. Die Option für Gewaltverzicht wird hier für eine bestimmte

---

[25] So schon Thomas von Aquin in S. Th. II–II q. 40 a. 2. Eine grundsätzliche politisch-rechtliche Bedeutung gewinnt diese dann erst im 19. Jahrhundert mit der Einführung der allgemeinen Wehrpflicht. Mit ihr ging man in den meisten Staaten dazu über, für die Geistlichen entsprechende Sonderrechte zu schaffen. Vgl. *H. H. Schrey,* Für und wider den Wehrdienst der Theologen, in: Monatsschrift für Pastoraltheologie 40 (1951) 5–23.

Gruppe zugleich zu einer durch staatliches Recht geschützten Standespflicht. Dies bedeutet zwar einerseits, daß der in dieser Alternative liegende universelle Anspruch in die rechtliche Strukturordnung des Staates selbst hineingetragen wird, zugleich aber in seiner Verbindlichkeit eingegrenzt bleibt. Er bleibt gleichsam domestiziert.

Dies ändert sich im Prinzip zunächst auch dort nicht, wo die Forderung nach Gewaltverzicht nicht von einer besonderen Berufsgruppe, sondern als ein generell personbezogener, von der jeweiligen Gewissensüberzeugung des einzelnen her legitimierbarer Anspruch geltend gemacht wird. Wer im Rahmen einer dominant militärisch bestimmten Form der Friedenssicherung für sich ein Recht auf Wehrdienstverweigerung reklamiert, reklamiert faktisch ein Ausnahmerecht[26]. Schon die Formulierung „Wehrdienstverweigerung aus Gewissensgründen" macht dabei die Tendenz deutlich, sie als unpolitisch-individuelle Entscheidung auszulegen und das Recht darauf nur mehr als staatlichen Akt der Duldsamkeit gegenüber menschlicher Gewissensnot zu deuten.

Hier genau hätte die Kritik anzusetzen. Mit der in der Wehrdienstverweigerung geltend gemachten Forderung des Verzichts auf jegliche Form von Gewaltanwendung und Gewaltandrohung kann durchaus auch eine *politisch* relevante Wahrheit angezielt sein, die Wahrheit etwa, daß ein atomarer Vernichtungskrieg selbst bei perfektester Handhabung des Prinzips gegenseitiger Abschreckung so lange nicht prinzipiell ausgeschlossen werden kann, solange die Möglichkeiten hierzu auf beiden Seiten geschaffen bleiben. Wo immer sonach ein Wehrdienstverweigerer seine an dieser Gegebenheit festgemachte Überzeugung mit der Bereitschaft verbindet, statt dessen alles auf eine Strategie demonstrativer Gewaltlosigkeit zu setzen und diesen Weg für sich selbst unbeirrt zu gehen, kann diese Entscheidung weder als unpolitisch noch als verantwortungslos noch als Ausdruck eines „irrigen Gewissens" abgetan werden. Sie hat ihr eigenes moralisches Gewicht und schafft eine eigene gesellschaftliche Realität, die politische Antwort fordert.

Hier bricht in der Tat die Aporie auf. Die Gründe, die für eine solche Entscheidung geltend gemacht werden, lassen sich argumentativ nicht auflösen. Es spricht deshalb für die moralische Überlegenheit und Redlichkeit einer freiheitlichen Rechtsordnung, wenn sie niemanden gegen seine persönliche sittliche Überzeugung zum Dienst mit der Waffe zwingt und diese Option für Gewaltverzicht (trotz aller auch hier gegebenen Mißbrauchsmöglichkeiten einzelner) zum Gegenstand eines eigenen Rechtsanspruchs macht. Damit ist zugleich das Äußerste an Akzeptanz markiert, das einer freiheitlichen Ordnung von ihrem Selbstverständnis her möglich ist. Indem sie den Weg des Gewaltverzichts und die darin reklamierte sittliche Wahrheit unter ihren besonderen Rechtsschutz

---

[26] Hierzu *P. Engelhardt,* Die Friedenspflicht zwischen Wehrdienst und Wehrdienstverweigerung, in diesem Band S. 454–477.

nimmt, nimmt sie der sie tragenden militärisch bestimmten Sicherheitspolitik gleichzeitig den Charakter des Selbstverständlichen und Unangefochtenen. Soll diese also ihrerseits die von ihr beanspruchte Maßgeblichkeit behalten, muß sie sich zugleich im stetigen öffentlichen Diskurs als die trotz allem ethisch und politisch konsensfähigere bewähren. Das aber setzt voraus, daß sie sich als die im Ganzen risikoärmere auszuweisen vermag. Nur unter dieser Voraussetzung bleibt Wehrpflicht als die normale Rechtspflicht des Bürgers moralisch legitimierbar.

Dabei ist zunächst davon auszugehen, daß der Weg des Gewaltverzichts als friedensstrategische Alternative überhaupt nur dort als ein qualifiziert ethischer angesehen werden kann, wo er sich in all seinen Vollzügen zugleich als Kampf gegen jede Form von Unfreiheit und Unterdrückung versteht, wo er also wurzelhaft von dem human unauflöslichen Zusammenhang zwischen dem Postulat *Frieden* und dem Postulat *Freiheit* bestimmt bleibt. Das aber setzt angesichts einer realen, gegen das Prinzip Freiheit gerichteten kollektiven Bedrohung im konkreten Fall eine Kraft der Liebe und einen Glauben an die Umkehrfähigkeit des Unterdrückers voraus, die der einzelne vielleicht zu aktualisieren imstande ist, die aber gerade darin ganz und gar über das hinausgeht, was als generelle sittliche Forderung den vielen abverlangt werden kann. Denn sowenig auch dem einzelnen das Recht versagt werden darf, aus dem Grundanspruch der Feindesliebe für sich selbst den Weg demonstrativer Gewaltlosigkeit zu gehen, so wenig kann eine solche Haltung als Rechtspflicht auferlegt werden. Läßt sich doch mittels des Rechts als eines Zwangsinstituts nicht ein Ethos herstellen, das als Äußerstes menschlichen Seinkönnens um des Menschen willen gerade jeglichem Zwang entsagt. Feindesliebe läßt sich nicht kollektiv verordnen. Obschon von höchster sittlicher und darin auch sozialstruktureller Relevanz, ist sonach aus den Voraussetzungen der Feindesliebe und den aus ihr resultierenden Formen gewaltlosen Friedenshandelns kein konsensfähiger Weg kollektiv organisierter Friedenssicherung zu erreichen. Die in der friedenspolitischen Entscheidung vorauszusetzende „normale" menschliche Natur bleibt hierzu in der Regel weder willens noch fähig. (Genau deshalb gibt es letztlich Recht, das zwar den Wolf im Menschen zu zähmen, ihn aber nicht schon zum Heiligen zu wandeln vermag.) Sollte also dennoch das in der freiheitlichen Rechtsordnung Präsente an Wahrheit über den Menschen erhalten und universell geltend gemacht werden, erwies sich die militärisch bestimmte Form der Friedenssicherung von dem her, was der Mensch im Zweifelsfall hierfür aufzubringen bereit ist und ihm entsprechend auch als Rechtspflicht auferlegt werden kann, als die risikoärmere.

Für das Festhalten am Gleichgewichtsprinzip sprach also in Wahrheit ein doppeltes: Zum einen der Gedanke, daß es den Frieden sicherer zu machen schien, weil die vom Prinzip der Abschreckung getragene militärische Strategie ihrem ganzen Kalkül nach systematisch kriegsverhütend ausgerichtet blieb.

Zum anderen die Furcht vor jenen Risiken, die mit der Preisgabe des Gleichgewichtsprinzips als unmittelbare Folgen erwartet werden mußten. „Wer immer ein Gebiet besetzt", so dozierte Stalin kurz nach Jalta vor jugoslawischen Besuchern, „legt ihm auch sein eigenes gesellschaftspolitisches System auf. Jeder führt sein eigenes System ein, soweit seine Armee vordringen kann. Es kann gar nicht anders sein." [27] Damit schien im Grunde die alte Cuius-regio-eius-religio-Maxime in säkularisierter Gestalt fortgeschrieben. Das heißt, es mußte hier letztlich das Risiko der bedingungslosen Unterwerfung unter ein System in Rechnung gestellt werden, das um der Fiktion eines künftigen sich als „Gattungswesen" herstellenden sozialistischen Menschen willen den Menschen als ein auf Freiheit hin angelegtes Vernunftwesen, als moralisches, als personales Subjekt zu vernichten drohte. Das aber hätte nicht nur die Perennierung von Archipel Gulag, sondern zwangsläufig auch die Ausweitung des Elends eines Systems eingeschlossen, das zu einer auch nur halbwegs effizienten Lösung der andrängenden ökonomischen Probleme, vor die sich die Menschheit in Wahrheit gestellt sieht, seinem Wesen nach nicht fähig war. Eben deshalb wird man auch nicht einmal ohne weiteres annehmen dürfen, daß mit einem vorleistungslosen Verzicht auf die in der Tat immensen Rüstungskosten und dem damit freigesetzten Wirtschaftspotential zumal der Dritten Welt eher und besser hätte geholfen werden können. Angesichts solcher nicht weniger realer Bedrohung, die das Schicksal der Menschheit in ihrer moralischen Substanz betraf, hätte sich eine der Maxime „Frieden schaffen ohne Waffen" verpflichtete Grundhaltung des Verzichts auf jegliche Form von Gewalt und Gewaltandrohung dann auch tatsächlich ethisch nur legitimieren können, wenn sie darin von einem Glauben bewegt blieb, wie er der neutestamentlichen Forderung der Feindesliebe im Kern zugrunde liegt und als solcher alle klug abgewogenen menschlichen Sicherungen und Sicherungsbedürfnisse nochmals relativiert. Ein solcher Glaube an die Macht der Liebe aber, der vor keinem Gegner, auch nicht vor dem in unerbittlich militanter Drohhaltung entgegentretenden Wahrheitsgegner resigniert, kann sich selbst nur dadurch glaubhaft machen, daß er, wo immer es ihm nicht gelingt, kraft seines Zeugnisses die Grundeinstellung des Gegners auch tatsächlich zu wandeln, selbst dann noch, ohne jeden Abstrich bis hin zur Preisgabe des eigenen Lebens um der Sache der Menschen willen gewaltlos Widerstand entgegensetzt. Dies alles hat dann aber nichts mehr mit einem nur mehr angstbeherrschten, die Konfrontation ungerechter Gewalt fliehenden pazifistischen Sentiment zu tun. Der Anspruch christlicher Feindesliebe, wie ihn die Bergpredigt erhebt, scheut nicht die Konsequenzen einer gewaltlosen Polarisierung mit der Gewalt. Das macht ja gerade die unvergleichliche Größe einer solchen Haltung aus. Hingegen lediglich auf Gewalt verzich-

[27] Zit. nach dem Titelbeitrag des „Spiegel" vom 11.1.1982, 84.

ten, ohne damit überhaupt noch ethisch *für* etwas zu streiten, hieße das Mittel der Gewaltlosigkeit zum Selbstzweck verkommen lassen. Für eine solche Haltung kann man sich auf die Bergpredigt *nicht* berufen. Hier gilt das Wort Karl Barths aus dem Jahre 1938, wonach in jeder anderen Bemühung um einen Frieden, der nicht der Gerechtigkeit und Freiheit dient, „das Evangelium der Unterdrückung und dem Gespött verfallen werde“[28].

Inzwischen hat sich nun dieser große Ost-West-Konflikt binnen kurzer Zeit in Nichts aufgelöst. Das östliche System hat plötzlich seine Wahrheit als Irrtum erkannt. Der Überzeugungskonflikt hat seine Grundlage verloren. Eben damit aber fallen auch entscheidende Legitimationsgründe für das bisherige Rüstungspotential dahin. Tatsächlich haben die Politiker beider Seiten daraufhin mit Abrüstungsoptionen reagiert. Abrüstung erscheint jetzt als ethisch-politisches Gebot. Dies wirkt sich offensichtlich auch auf das Problem der zahlreichen Auseinandersetzungen aus, die seit dem Zweiten Weltkrieg statt einer direkten Konfrontation der beiden Blöcke miteinander in Form von „Stellvertreterkriegen“ vordringlich in der Dritten Welt geführt worden sind. Sie sind in dieser Form nicht mehr möglich. Bereits der Golfkrieg stand unter anderen Vorzeichen. Er wurde geführt auf Grund einer UNO-Resolution. Ein Novum der Geschichte.

Nun sind freilich mit der Auflösung des Ost-West-Konfliktes keineswegs alle Konfliktpotentiale in der Welt gebannt. Geben wir uns also angesichts mancher herrschender Abrüstungseuphorien keinen Illusionen hin. Gerade die jüngsten Erfahrungen belehren uns eines anderen. Inzwischen ist eine ganze Reihe bisher scheinbar sekundärer kollektiver Überzeugungskonflikte mit Vehemenz aufgebrochen. Dazu gehören vor allem Nationalitätenkonflikte, aber auch solche, bei denen es um das Grundverständnis im Bezug auf das politische System geht, wie im Falle des islamischen Fundamentalismus. Auch hier bleibt also vielfach nur ein Weg gangbar: die Nötigung zu gegenseitiger Toleranz mit militärischen Potentialen.

Wenn wir die Geschichte der menschlichen Befriedungsprozesse zurückverfolgen, so werden wir feststellen, daß letztlich erst beides, moralischer Anspruch und rationales Kalkül, in der Dialektik ihrer jeweiligen geschichtlichen Spannungseinheit den Befriedungsprozeß auch tatsächlich vorangebracht hat. Soll die Zukunft dem Frieden gehören, bleibt demnach beides gleichermaßen notwendig. Hierzu ein doppelter Hinweis zweier großer Friedensdenker unseres Jahrhunderts, Carl Friedrich von Weizsäcker und Albert Einstein, mit dem sich die Komplexität dieser Zusammenhänge am ehesten verdeutlichen läßt. „Hätte jemand“, so Weizsäcker, „vor fünfhundert Jahren in einer europäischen Stadt gesagt, der Tag werde kommen, an dem diese Stadt keine Stadtmauern

---

[28] Zit. nach Evangelische Kommentare 14 (1981) 663.

mehr brauchen werde, so hätten ihm alle klugen Leute geantwortet: ‚Ja, nach dem Jüngsten Gericht, du Träumer!' Heute hat keine europäische Großstadt mehr Mauern, weil zwei Erfindungen gemacht worden sind: die technische Erfindung der Artillerie, welche die Mauern nutzlos gemacht hat, und die politische Erfindung des durch Recht und Polizei gesicherten Territorialstaats, welche die Mauern überflüssig gemacht hat. Warum soll nicht eines Tages eine vernünftige Weltfriedensordnung das heutige System einander fürchtender Militärmächte ablösen?"[29] – Und Einstein: „Im Schatten der Atombombe hat es sich mehr und mehr gezeigt, daß alle Menschen Brüder sind. Erkennen wir diese einfache Wahrheit und handeln wir danach, so kann die Menschheit zu einem höheren Plateau aufsteigen."[30]

4. *Auf dem Weg zu einer universellen Friedensordnung?*

Die Vorstellung einer universellen Friedensordnung, einer weltumspannenden pax civilis läßt sich nicht mehr einfachhin als Utopie abtun. In Wahrheit drängt das ganze Gefälle der geschichtlichen Entwicklung zunehmend darauf hin. Hierbei bildet das wachsende Maß an immer differenzierteren Selbstvernichtungsmöglichkeiten nur den unerbittlichen Hintergrund. Seine eigentliche Dynamik gewinnt dieser Prozeß vielmehr aus jenen Kräften, die das Antlitz der modernen Welt über alle sich politisch akzentuierenden fundamentalen Überzeugungskonflikte, Wahrheitskämpfe und Glaubenskontroversen hinweg längst universell prägen und das „Bedürfnissystem Menschheit" überhaupt erst hervorgebracht haben: die Kräfte der technisch-wissenschaftlichen Kultur, die als solche keine Grenze kennt und das Bewußtsein der Menschheit, ihr konkretes Denken und Handeln in zunehmender Weise universell erfaßt und bestimmt. Im selben Maße wie das darin erschlossene menschliche Anspruchsniveau und der damit erreichbare Standard menschlicher Bedürfnisbefriedigung von allen beansprucht wird, im selben Maße wächst zwangsläufig auch das Interesse an gleichgearteten hierfür erforderlichen Voraussetzungen: das Interesse an Informationsaustausch und damit an Ausweitung der Kommunikationsnetze, das Interesse an Wissenschaft und wissenschaftlicher Rationalität und damit am Abbau ideologischer Vorurteile, das Interesse an zweckrationaler Gestaltung der sozialen Organisationen in Wirtschaft und Verwaltung und damit am Ausschluß von Privilegien und an der Ahndung von Korruption, das Interesse an ökonomischer Effizienz und damit an Ausweitung der zu immer

---

[29] *C. F. v. Weizsäcker,* Abschreckung – nur eine Atempause?, zitiert aus einem Vortrag in der Evangelischen Akademie Tutzing, März 1982.

[30] *A. Einstein,* Über den Frieden. Weltordnung oder Weltuntergang?, hrsg. v. O. Nathan und H. Norden (Bern 1975) 460.

großräumigeren übernationalen Verflechtungen und Zusammenschlüssen hinstrebenden nationalen Märkte. Dem entspricht auf der politischen Ebene die wachsende Tendenz zur Ausbildung staatenübergreifender föderalistischer Strukturen, zur Schaffung immer größerer politischer Einheiten sowie zur Installation genereller, auf allgemeinen Interessenausgleich gerichteter, durch völkerrechtliche Konventionen abgesicherter übernationaler Regelinstanzen und Steuerungssysteme. Das nationalstaatliche Souveränitätsprinzip erfährt dadurch zunehmend Einbindungen und Eingrenzungen.

Dies alles läßt erkennen, daß wir es mit einer Entwicklung zu tun haben, die in all ihren Elementen auf globale Interdependenz ausgerichtet ist. Der Tendenz nach müßte an deren Ende deshalb die Ausbildung eines entsprechend verläßlichen weltübergreifenden, makrostrukturellen Ordnungssystems stehen, das die für das Überleben und die weitere Entfaltung der Menschheit global notwendigen politischen, ökonomischen und nicht zuletzt ökologischen Rahmenbedingungen setzt.

Zugleich aber bedarf es hierzu auch einer universellen Ethik, und d. h. einer für jedermann nachvollziehbaren, universell konsensfähigen Ethik. Eine solche aber ist nur unter der Voraussetzung denkbar, daß sich mit ihr jeder Mensch als vernünftiges, sich selbst aufgegebenes, verantwortliches Wesen respektiert und gewollt sieht. Universell konsensfähig ist nur eine Ethik, die in der menschlichen Personwürde ihre unverletzliche Mitte hat. Erst hieraus kann die Idee eines Rechts erwachsen, das in der Form der Menschenrechte allen politischen Verfaßtheiten von Staaten und metastaatlichen Regelsystemen vor- und übergeordnet bleibt. Erst hieraus kann die auf globale Interdependenz drängende neuzeitliche Rationalität ihre volle Geltung und zugleich ihre sittliche Einheit gewinnen. Erst hieraus kann die Welt zu einer Gestalt finden, mit der sie die durch Jesus präsent gemachte Wahrheit des sie tragenden Grundes universaler Liebe zu bezeugen vermag.

Die Geschichte der Menschheit erweist sich ohne Zweifel bis zur Stunde als eine Geschichte ungeheurer Konflikte, aber sie erweist sich zugleich ebenso unzweifelhaft auch als die Geschichte des Aufstiegs ihrer Freiheit und damit als Geschichte ihres Aufstiegs zu einem fortschreitenden, auf universelle Gestalt drängenden Frieden. Hierauf mit allem Verfügbaren an individueller wie kollektiver Vernunft hinzuwirken ist sonach tatsächlich – und hier bestätigt sich Kants Einsicht am Ende in überzeugender Weise noch einmal – nicht nur „moralische Pflicht“: es ist „gegründete Hoffnung“[31].

---

[31] Siehe Anm. 1 dieser Abhandlung.

Weiterführende Literatur

Frieden wahren, fördern und erneuern. Eine Denkschrift der Evangelischen Kirche in Deutschland (EKD). Hrsg. v. der Kirchenkanzlei der EKD (Gütersloh 1981).

Die Ethischen Grundlagen der Außen- und Sicherheitspolitik. Eine Erklärung der Kommission 1 „Politik, Verfassung, Recht“ des Zentralkomitees der deutschen Katholiken (Bonn-Bad Godesberg 1981).

Horst Afheldt, Verteidigung und Frieden. Politik mit militärischen Mitteln (München 1979).

W. Janssen, Friede, in: Geschichtliche Grundbegriffe, hrsg. v. O. Brunner, W. Conze, R. Koselleck, Bd. 2 (Stuttgart 1975) 543–591.

U. Luz u. a. (Hrsg.), Eschatologie und Friedenshandeln. Exegetische Beiträge zur Frage christlicher Friedensverantwortung (Stuttgart 1981).

Dieter Senghaas, Kritische Friedensforschung (Frankfurt a. M. [5]1979).

Carl Friedrich von Weizsäcker, Der bedrohte Frieden (München-Wien 1981).

Siehe auch „Literaturergänzungen zur Neuausgabe“, S. 576 f. (Friedensethik, Ethik der Rüstung und Abrüstung).

Wilhelm Korff

Fünftes Kapitel
Die ethische Relevanz des Sports

I

Das Phänomen Sport in Kultur und Gesellschaft

1. Zur historischen Entwicklung

Zweckfreie Leibesübungen hat es zu allen Zeiten und in allen Kulturen gegeben. Die Stierspiele im kretisch-minoischen Kulturkreis zeugen ebenso davon wie die Panhellenischen Spiele in der Antike oder die Ritterspiele im Mittelalter. Aber erst zur Zeit der Philanthropen – Ende des 18. Jahrhunderts – wurden seit der hellenischen Blütezeit mit den Leibesübungen wieder pädagogische Intentionen verbunden, die ihren Niederschlag in der Leibeserziehung der Schule fanden. Die Zeit des ausgehenden 18. Jahrhunderts bis Anfang des 20. Jahrhunderts ist in Deutschland eine Epoche, in der sich die wesentlichen Ausprägungen von Leibesübungen wie *Turnen, Gymnastik, Sport* und *Olympische Bewegung* bildeten und zum Teil in der Bedeutung und Vorherrschaft ablösten. So verdrängte im frühen 19. Jahrhundert das Turnen (Jahn, Eiselen, Friesen) die philanthropische Gymnastik (Basedow, Guts-Muths). Etwa hundert Jahre später durchbrach die Sportbewegung von England ausgehend, die bis dahin geltende Dominanz des Turnens. Die Industrialisierung in England, Ende des 19. Jahrhunderts, war für die Entstehung und Entwicklung des Sports aus dem Suchen nach Möglichkeiten des Ausgleichs zur Arbeit und der Zerstreuung (lat. *disportare*) verantwortlich. Es setzte ein Prozeß der „Versportung“ ein, der bis in die Gegenwart angehalten hat und der im letzten Jahrzehnt neben dem Wettkampfcharakter wieder stärkere Züge des Vergnügens, der Unterhaltung und der Geselligkeit trägt.

Es war naheliegend, daß mit den auf die Schule bezogenen Programmen in den Leibesübungen pädagogische Zielsetzungen verbunden wurden. Aber auch die Grundanschauungen der vereins- und verbandsmäßig organisierten Richtungen – Turnen, Sport, Olympische Bewegung – sind mit erzieherischen Absichten besetzt. Pierre de Coubertin, der Wiederbegründer der Olympischen Spiele der Neuzeit, die 1896 in Athen ihre Renaissance erlebten, wollte mit diesen Spielen für die Jugend, die nach seiner Auffassung sittlich zu verkommen drohte, neue Ideale aufrichten. Bei der Beschreibung der Ziele der Leibesübungen tauchten zu allen Zeiten immer wieder ähnliche *Leitbegriffe* auf: Gesundheitsförderung, Ausbildung personaler und sozialer Tugenden, Herbeiführung einer Harmonie zwischen körperlichen und geistigen Kräften in einer Rückbesinnung auf antike Vorbilder, Beitrag zur ästhetischen Erziehung und Erziehung zur Natürlichkeit. Der pädagogische Optimismus, wie er im Hinblick auf die Einschätzung der pädagogischen Wirkungen der Leibesübungen immer deutlicher zutage trat, führte dazu, daß sie nach und nach in den schulischen Fächerkanon einbezogen wurden. Dieser Prozeß der Anpassung der schulischen Leibeserziehung an die institutionellen Rahmenbedingungen des Schulsystems, setzte Mitte des 19. Jahrhunderts ein. Ende des Jahrhunderts konstituierte sich auch das für Deutschland typische Vereinswesen im Sport, das sich bis in die Gegenwart als tragfähig erwiesen hat und in seiner Bedeutung und positiven Wirkung für das gesellschaftliche Leben nicht hoch genug eingestuft werden kann.

Es darf nicht übersehen werden, daß sich in den Zielvorstellungen der Leibeserziehung immer wieder Wandlungen vollzogen haben. Die überwiegend pädagogisch und medizinisch ausgerichteten Argumentationsweisen wurden überlagert von politischen Programmen, wie etwa zur Förderung des Nationalismus vor dem Ersten Weltkrieg; in der Epoche nationalsozialistischer Leibeserziehung spielte die Wehrhaftigkeit eine dominante Rolle. Bei der Gründung des Deutschen Sportbundes nach dem Zweiten Weltkrieg (1950) wurde versucht, den Stellenwert des Sports (z. B. als Spiel, als existentielles Leib- und Bewegungsphänomen, als Träger des Freizeitlebens) für die moderne Gesellschaft in einer Standortbestimmung aufgrund philosophischer, anthropologischer und soziologischer Ansätze deutlich zu machen[1].

2. Gesellschaftliche Strukturelemente des Sports

Es hat viele Versuche gegeben, „Sport“ als Terminus sachlich festzulegen; sie sind alle an der Bedeutungsvielfalt und dem komplexen Begriffsfeld gescheitert. Man bevorzugt deshalb anstelle einer Definition die Darstellung von Zielen und Aufgaben des Sports und kommt zu Beschreibungsgrößen, die sich aus den historisch gewachsenen Organisationsformen des Sports, den tradierten und kulturell gepflegten Funktionen und seinen politischen, sozialen, ökonomischen und anderen Einbindungen ableiten lassen[2].

---

[1] *F. Begov,* Einführung in die Geschichte des Sports (Schorndorf 1980).
[2] Vgl. Protokoll Wissenschaftlicher Beirat des Deutschen Sportbundes vom 15. 8. 1980.

Sport ist nicht ein Totalphänomen, das in allen seinen Bereichen gleich strukturiert ist. Man kann dem Sport kein einheitliches Wesen zuschreiben. Individuelle Motive, soziale Funktionen und kulturelle Bedeutung von Sport und Sporttreiben sind nicht einheitlich zu bestimmen. Sport ist ein breites Feld zwischen entspannter und lockerer Erfüllung und höchster Leistung. Sport stellt sich dar als eine Möglichkeit einfachen, individuellen Könnens und sozialer Verantwortung. Aufgrund seiner Wirkungen und seiner großen Anziehungskraft auf Menschen verschiedenen Alters, unterschiedlicher sozialer Herkunft und politisch-weltanschaulicher Orientierung gilt Sport als eine auffällige soziale Erscheinung in unserer Zeit und als wichtiger Teil des kulturgesellschaftlichen Lebens[3].

Das Bemühen, eine geschlossene Theorie – eine Philosophie des Sports – auf der Grundlage bisher gewonnener Ergebnisse und im Kontext zu philosophischen bzw. sozial- und kulturanthropologischen Deutungen der in ihm enthaltenen Phänomene zu entwickeln, befindet sich noch in den Anfängen. Elemente für die Erklärung des Zusammenhangs von *Sport und Kultur* sind in jenen Werten zu entdecken, die als fundamentale Orientierungen für soziales Handeln einzelner Personen und ganzer Systeme gelten.

Der Mensch als kulturelles Wesen muß sich an symbolischen *Werten* ausrichten und aufrichten können, zudem müssen ihm pädagogische Übungsräume, sowie Abenteuerersatz im allzu geglätteten Zivilisationsdasein eröffnet werden. Hier bietet der Sport ein weites Handlungsfeld, das eine ihm eigenartige Struktur besitzt: Sporttreiben ist ein Tun, bei dem der Mensch nicht eigentlich „arbeitet" – er setzt zwar in Tätigkeit Energie um, aber er liefert keine Produkte –; der Sportler „spielt" auch nicht nur, da er Regeln und Gesetze freiwillig annimmt. Dem Sport sind Grundwerte und Leitideen immanent wie Fair-play, Partnerschaft, Unversehrtheit des Gegners, Chancengleichheit und Teamgeist; Verstöße gegen solche Verhaltensregeln verletzen den Sinn des Sports. Die Erlebnis- und Erfahrungswelt des Sports berührt die ganze Person. Daß der Mensch seine Natur nicht einfach als gegeben hinnimmt, sondern etwas aus ihr macht, sie als Aufgabe erlebt, ist das zeugerische Motiv jeder Kultur. Indem der Mensch trainiert und neben dem Geist auch seinen Körper „bildet", „erlebt er den Leib als eine Herausforderung, die er annimmt; er läßt sich zu Zielen aufrufen. So ist der Sinn des Sports in der menschlichen Sendung zur Kultur begründet"[4]. Thielicke vertritt die Auffassung, daß man die Frage nach dem Wesen des Sports nicht stellen kann, ohne seine Funktion im Ganzen der menschlichen Existenz zu erfragen. „Der Mensch treibt Sport, weil ihn etwas unwider-

---

[3] *O. Grupe,* Einführung in die Theorie der Leibeserziehung und des Sports (Schorndorf 1980) 20.

[4] *H. Thielicke,* Leistung und Humanität, in: *K. Gieseler* (Hrsg.), Sport Leistung Gesellschaft (München 1975) 75.

stehlich dazu treibt; er gehört gleichsam zur elementaren Schicht seiner Existenz."[5]

Im *Spiel* wird die Nüchternheit der Zweckwelt unterbrochen. Das Spiel ist zweckfrei, aber nicht ohne Leistung im Sinne des „Sich-Entfaltens". So gesehen unterbricht es auch die Kontinuität des Raumes und der Zeit und faßt die Spielenden in einem vom Alltag abgesonderten Raum – ohne Ernstcharakter – zusammen. Darin wird eine Analogie deutlich, die an jene frühgeschichtlichen Querverbindungen erinnert, die den sportlichen Wettkampf dem Bereich des Kultischen zuordnen. Olympische Spiele beispielsweise hatten ursprünglich einen religiösen Sinn und einen kultischen Bezug zu Ehren des Gottes Zeus. Sie waren mehr als ein merkantiles Ereignis oder als ein Bemühen um Volksgesundheit, wie der Sport der Gegenwart in oberflächlichen Analysen nicht selten interpretiert wird. Generell sind bei der Beurteilung der Erscheinungsformen des Sports die jeweiligen kulturellen Wertnormen und sozialen Orientierungen der Gesellschaft, in der er betrieben wird, einzubeziehen.

Das Grundbedürfnis nach *Bewegung* ist eine humane Lebensäußerung. Die Bewegung wiederum ist die zentrale Grundlage des Sports. Über sie verwirklichen sich die Möglichkeiten des Sports, über sie werden sie wirksam und überhaupt erst zugänglich. Im allgemeinen Sinne ist Bewegung ein unaufhebbarer Teil unserer Lebenswirklichkeit. Durch Bewegung erfahren wir einerseits Welt und Umwelt; andererseits gestalten wir sie auch durch Bewegung. Bewegung oder motorische Aktivität läßt sich als eine Beschreibungsgröße des Begriffs Sport heranziehen. Sportliche Handlungen sind demnach Ausdruck (Symbole, Zeichen) menschlicher Kultur; sie heben sich von Alltags-und Arbeitsbewegungen ab, weil sie prinzipiell unproduktiv sind und keinen existentiellen Zwängen unterliegen. Ohne den Sport gäbe es viele Formen der Bewegungsentfaltung und -entwicklung überhaupt nicht. Da sich im allgemeinen subjektive Ansprüche ausbilden, wird das *Bemühen* zu einem grundsätzlichen Prinzip des sportlichen Handelns. Der Sport ist *eine* Möglichkeit, primäre authentische Erfahrungen zu machen. Es würde weniger Erfahrung ohne die Bewegungen in der eigenen Aktivität geben. Ohne den Sport hätten wir weniger Möglichkeiten zur Selbstrealisation und zur Befriedigung unseres Bewegungs- und Betätigungsdranges. Insbesondere hätten wir weniger Erfahrungen über unseren Körper und das, was er leisten kann. Wir wüßten auch weniger über Ermüdung und Entspannung. Vieles er-fährt, be-greift der Mensch ja nur sich-bewegend. Bewegung und Sprache spielen die Hauptrolle bei der Öffnung des Menschen zur Umwelt. Sich-bewegend nimmt der Mensch wahr, und sich-bewegend handelt der Mensch. Viele Begriffe der Sprache aus dem kognitiven Bereich verweisen auf die zentrale Bedeutung der Bewegung für den Menschen, in dem Wörter aus dem motorischen Bereich für die Bezeichnung dieser Begriffe Verwendung

---

[5] Ebd. 74.

finden: be-greifen, wahr-nehmen, ver-stehen sind Beispiele dafür. Sehr eindrücklich läßt sich dieser Tatbestand am Beispiel ver-stehen im Detail zeigen. Ich ver-stehe mich oder etwas, wenn ich anders stehe, wenn ich meinen Standpunkt verändere. Bewegung und Sprache sind mit dem Menschen, mit dem menschlichen Denken eng verbunden.

Eine weitere Beschreibungsgröße für den Sport ist die *Leistung;* Wettbewerb und Leistung sind für den Sport konstitutiv. Sportliche Leistungen sind generell nachprüfbar, sie repräsentieren damit so etwas wie menschliche Grundstrukturen und vielleicht auch Sehnsüchte: besser sein als jemand anderer, ohne ihn zu verletzen, sich selbst bestätigen. Der sportliche Wettkampf läuft unter kodifizierten Bedingungen, aber auch ungeschriebenen Gesetzen ab: Gleichheit, Solidarität, Nächstenliebe, die auch im Sport wirksam sind bzw. auch im Widerstreit miteinander liegen, stehen für eine sportliche Wertordnung. Im allgemeinen kann man sich im Sport auf ein relativ gerechtes Vergleichskriterium stützen. Die Förderung des Sports setzt es sich ausdrücklich zum Ziel, die Chancen aller möglichst gleich zu gestalten und sozial benachteiligten Athleten gezielt zu helfen. In der kritischen Diskussion über den Leistungssport wird oft übersehen, daß das *Leistungsprinzip* in soziokultureller Hinsicht ein historisches Prinzip ist und nicht generell dem Sport zuzuschreiben ist. Der Begriff Leistung ist auch unscharf gegenüber dem sogenannten Erfolg. Oft wird Erfolg mit Leistung verwechselt; negativ ist anzumerken, daß im Sport und in seiner öffentlichen Bewertung oft nur der Erfolg zählt. Lenk[6] hat völlig zu Recht darauf hingewiesen, daß eine totale Leistungsgesellschaft, die ohne jede Rücksicht auf besondere Bedingungen und Bereiche, Prestige und Chancen, Aufstieg und Einfluß, Entlohnung und Belohnung ausschließlich nach der persönlich erbrachten beruflichen Leistung und besonders der Leistungssteigerung und der Leistungsfähigkeit bemißt und verteilt, zweifellos inhuman wäre.

In der kulturkritischen Auseinandersetzung mit dem Sport Ende der 60er und Anfang der 70er Jahre dieses Jahrhunderts (Habermas, Adorno, Rigauer) war das Hauptthema die Antinomie Spiel versus Arbeit, die sich aber als vordergründig und zudem empirisch als unhaltbar erwies. Vordergründig ist diese Antinomie, weil sie als Gegensatz aus der überkommenen Arbeitsethik unkritisch übernommen wurde, irrig, weil empirisch nicht Arbeit und Spiel (damit vorgeblich auch Sport), sondern Arbeit und Muße von den Menschen als Gegensätze empfunden werden. Der besondere Charakter eines spielerisch betriebenen Sports konstituiert sich etwa nicht nur und wahrscheinlich nicht einmal vornehmlich in Entspannung und Kompensation zur Berufsarbeit. Dennoch kritisiert die neue Gesellschafts- und Kulturkritik, der Sport würde die Anpassung an das herrschende politische und gesellschaftliche System und die Identifikation mit ihm vollziehen; es wird angeprangert, daß die Zwangsanpassung des

[6] *H. Lenk,* Philosophie des Sports (Schorndorf 1973) 9.

Sportlers an Regeln den Bedingungen des Arbeitsprozesses entspräche und den Zuschauern und Aktiven ein Ausweichen für Versagungen und Unlusterlebnisse im Alltag durch stellvertretende Massenerlebnisse und Heldenverehrung angeboten werden. Auch Ortega y Gasset hatte kritisch festgestellt[7]: „Sport ist kein Spaß, sondern im Gegenteil eine Anstrengung. Deswegen ist er der Bruder der Arbeit." Diese Charakterisierung ist auf den Hochleistungssport gemünzt. In der Fortsetzung seines Zitats stellt dann Ortega speziell auf das Gegenteil des Hochleistungssports ab: „Aber es gibt zwei Arten von Anstrengungen, die zweckgebundene und die zweckfreie. Nur die letzte ist wahrhaft schöpferisch. Nur ihr verdanken wir die menschliche Kultur. Sporttreiben bedeutet Anstrengung, zweckfreie Anstrengung, Anstrengung aus reiner Freude, die den Menschen freisetzt von Zwängen und die ihn so zu sich selbst zurückführt."

Es kann die Frage gestellt werden, ob der Sport nicht in jenen Bereich des Spiels, der zweckfreien und gerade darum sinnvollen Betätigung einzuordnen ist, die das Leben erst eigentlich lebenswert macht, ähnlich wie Musik und Malerei, Dichtung und Philosophie. Dies ist ein anderer Akzent: Hochleistungssport als etwas qualitativ Verschiedenes, nicht der Arbeitswelt Zuzurechnendes zu sehen. Der Sportler erlebt seine Leistung und das vorbereitende Training nicht als lustfeindliche Last oder als auferlegten Zwang, wie es etwa bei der Fließbandarbeit ist, sondern als persönlich und freiwillig gewählte und erstrebte Leistung bewertet er sie positiv. Die Wettkampf- und Trainingsleistung ist mit einer Art von Lustgefühl besetzt, das sich aus Erfahrungen und Erlebnissen der Selbstbewährung ergibt. Die personale Leistung im Sport kann durch eine eindeutig der Person zuschreibbare Handlung erbracht werden und ist unverwechselbar persönliches Tun, mit dem sich der Handelnde identifiziert. Der *Sinn der sportlichen Leistung,* die das Resultat einer Handlung, eines mit Erlebnisgehalt besetzten Prozesses ist, liegt nicht in ihr selbst, auch nicht allein in der Selbstbestätigung des einzelnen Aktiven, sondern auch in der beispielhaften, nicht sichtbaren und symbolischen Verkörperung von Urbildern des Wettkampfes und in dem pädagogisch wichtigen Vorbild für die Weckung und Auslösung des Leistungsstrebens.

Die pädagogische Bedeutung des Leistungsprinzips im Sport ist darin zu sehen, daß Leistung der Weg zum Können und das Medium freudigen Könnensbewußtseins ist. Sport ist somit eine Gelegenheit der Selbstverwirklichung des Einzelnen, allein oder in einer Gruppe, als Bereich freiwählbarer Aktivitäten im Medium körperlicher Bewegung, als ein Feld von Erfahrungen, der Freude, des Glücks, der Entspannung, der Ich-Stärkung durch Selbstbetätigungs- und -erprobung des eigenen Könnens, aber auch der Kommunikation, Kooperation

---

[7] *J. Ortega y Gasset,* Über des Lebens sportlich-festlichen Sinn, in: Jahrbuch des Sports (Frankfurt 1955/56) 16.

und Solidarität mit anderen. „Sporterziehung soll den Menschen die Erfahrung ermöglichen, leisten zu können, ohne leisten zu müssen."[8]

Im allgemeinen besteht kein existentieller Zwang zur sportlichen Leistung oder Höchstleistung. Wer nur des Erfolges willen widerwillig ein Leistungstraining aufnehmen wollte, erreicht heute mit Sicherheit nicht den gewünschten Erfolg. Aber Leistung ist nicht das alleinige Prinzip im Sport. Daneben stehen Motive wie Geselligkeit, Vergnügen und Gesundheit. Sport vermittelt nicht nur personale Erlebnisse, sondern auch *soziale Erfahrungen,* Wissen über Mitmenschen. Zum gemeinsamen Sporttreiben bedarf es eigener sozialer Gebilde, in denen die sportlichen Handlungen mit mehr oder weniger verbindlichen Regeln belegt werden. Freiwillig wird Kontakt zu Gruppen und Gemeinschaften aufgenommen und damit ein Zugang zu sozialen Situationen gewonnen. Ohne die Sportgruppen (Vereine) hätten wir weniger an sozialen Möglichkeiten, an sozialer Identität. Es gehört zu den zentralen Leistungen und gesellschaftlichen Bedeutungen des Sports, daß er soziale Beziehungen eröffnet und Fähigkeiten für sozialen Umgang vermittelt.

Der Sport entwickelt sich zu einem eigenen System; er ist kein mehr oder weniger zufälliges Agglomerat von handelnden Gruppen und Personen, sondern weist sich aus als interdependentes System mit- oder gegeneinander agierender Gruppen und Personen. Sport zeigt sich als ein soziales Gebilde, das nicht allein durch seine nationalen und – quer durch nationale Grenzen hindurch – internationalen Organisationsformen, Verbände und Institutionen, durch die in ihnen handelnden Personen und Gruppen Systemcharakter erlangt, sondern auch durch sein eigenes, von seinen Mitgliedern offensichtlich akzeptiertes und zum großen Teil über nationale Grenzen hinaus anerkanntes Regel- und Normensystem. Innerhalb dieses Systems, das freilich nicht unabhängig von gesamtgesellschaftlichen und übergreifenden soziokulturellen Bedingungen beschrieben werden kann, sind wiederum verschiedene Handlungsbereiche mit je eigenen Zielsetzungen, Funktionen und Inhalten auszumachen, wie zum Beispiel der Schulsport, Breiten- und Freizeitsport und Hochleistungssport. Diese Bereiche sind nicht irrelevant für den gesamten Sport, sondern reflektieren in verschiedener Weise seine Probleme, Widersprüche und Prinzipien.

– *Die politische Wirkung des Hochleistungssports* beispielsweise wird von manchen Menschen, insbesondere in den sozialistischen Staaten, in seiner Identifikations- und Symbolkraft gesehen; die Leistungsfähigkeit der Spitzensportler steht dann stellvertretend für die Leistungsfähigkeit und -qualität eines Systems.

– *Der Breiten- und Freizeitsport* verfolgt andere Zielvorstellungen: nicht in erster Linie Leistung, sondern Bedürfnis nach Bewegung, Geselligkeit, Freude,

---

[8] *W. Klafki,* Leisten können, ohne leisten zu müssen, in: Sport Leistung Gesellschaft (München 1975) 52.

Vergnügen, Lust nach neuen Erfahrungen, Unterbrechung des Alltags, nach emotioneller Befriedigung – nach Spiel im weitesten Sinne. Und so entsteht aus der Lust an einer sportlichen Bewegung, etwa an einem gelungenen Skischwung an einem Steilhang oder auch bei einem Volleyballspiel am Strand, Vergnügen. Sport vermittelt Gelegenheit zum Spielen im eigentlichen Sinne, in der Erfahrung des Nichtnotwendigen, des Überflüssigen. Sport und Freizeit werden Möglichkeiten zu individueller und sozialer Selbstbestimmung, zur freien Wahl und Entscheidungsmöglichkeit; sie sind Alternativen zum Alltag.

Ein zum Sporttreiben motivierender Aspekt ist die Erhaltung oder Wiederherstellung der *Gesundheit.* Dies gilt allerdings nicht für Kinder und Jugendliche, die vom Sport nur im Ausnahmefall Gesundheit erwarten. Gesund zu sein und zu bleiben ist kein Motiv für den Schüler. Aber den Körper zu erleben und ein Könnensbewußtsein auf immer größeren Feldern des Sports zu erwerben, kann ihn motivieren. Heute wissen wir – auch aus den Erfahrungen im Hochleistungssport –: Sport kann gesund sein, aber nicht jeder ist es; Sport kann auch – vor allem im Kindes- und Jugendalter – die Entwicklung der Persönlichkeit beeinflussen, aber nicht jeder tut das bei jedem unter allen Umständen in der gleichen Weise. Neuere medizinische und psychologische Forschungen sicherten solche Erkenntnisse ab. Man ermittelte gelegentlich gesundheitliche Dauerschäden bei Spitzensportlern, stieß auf abnorme Persönlichkeitsstrukturen bei ihnen und deckte die methodischen Mängel jener Untersuchungen auf, die das Bild von der Persönlichkeit des Sportlers manifestieren sollten. Sportmedizin und Sportpsychologie bewegen sich heute auf eine differenzierte Sicht des Sportlers zu, die es nicht mehr erlaubt, von *den* Wirkungen des Sports zu sprechen, sondern nur noch von bestimmten Wirkungen bestimmter sportlicher Aktivitäten, bei Personen mit bestimmten Voraussetzungen.

Daß Gesundheit eine unterscheidbare Sinngebung sportlicher Situationen ist, erscheint trivial: Befragungen von sporttreibenden Erwachsenen und älteren Menschen führen immer wieder darauf, daß Situationen des Sports auch vorrangig oder gar nur deshalb aufgesucht werden, weil man sie für gesund hält. Im Unterschied zu anderen Sinnrichtungen, etwa die des Leistungsstrebens im Sport, beruht sie jedoch auf der Annahme einer Wirkung, deren tatsächliches Eintreten der Sporttreibende im konkreten Fall meistens selbst nicht kontrollieren kann. Was er unmittelbar empfindet, ist das subjektive Gefühl körperlichen Wohlbefindens oder der objektiv an Aufgaben mit Testcharakter feststellbare Zuwachs an Fitneß und Leistungsfähigkeit. Gesundheit trägt weniger zur Hinwendung zum Sport bei, als vielmehr zur nachträglichen begleitenden Begründung und Rechtfertigung der getroffenen Entscheidung.

Gesundheit ist kein nur rein körperliches, sondern immer auch ein psychisches und damit auch ein soziales Phänomen. Als Sinnrichtung des Sports schließt Gesundheit in diesem Verständnis daher immer auch das Bemühen um Merkmale wie *Wohlbefinden,* Frische und Belastbarkeit, Anpassungsfähigkeit,

Leistungsfähigkeit, Aktivität, Vitalität, Energie ein. Immer wieder wird auch ein Zitat der X. Satire Juvenals zitiert: „Orandum est, ut sit mens sana in corpore sano", in dem eine äußerliche Parallele zwischen Geist und Körper gesetzt wird. Es bleibt zu fragen, ob der Begriff Gesundheit überhaupt geeignet ist, um die tieferen Beziehungen zwischen den beiden Sphären zu erfassen. Dennoch gilt dieser Satz vielerorts für die Sporterziehung in dem Sinne, daß er einen „klassischen" Ausgleich zwischen körperlicher und geistiger Betätigung predigt und vor Übertreibung des einseitig geistigen oder sportlichen Lebens warnt. Aber Sport will auch auf breiter Basis Ausgleich zu den oft einseitigen Belastungen im Berufs- und Alltagsleben schaffen. Die Zeit, in der wir leben, ist durch soziale und ökologische Bezüge eigener Art geprägt: Bewegungsmangel, Fehl- und Überernährung, gedrängte Lebensräume in den Ballungsgebieten der Großstädte. In diesem Zusammenhang wird der Sport schon als eigener Therapieanteil gesehen; er spielt als Vorsorge-und Abhilfechance eine bedeutende Rolle. Wir haben gesichertes Wissen um die Gesundheitsaspekte durch wohldosierten Sport (Belastung) für die optimale Entwicklung des Bewegungs- und Halteapparates, über den vorteilhaften Einfluß gezielter Belastungen auf den Stoffwechsel und die Organe des Herz-, Kreislauf- und Atmungssystems. Kränkliche, Schwächliche, Gesundheitsgefährdete, Alte, Behinderte, Kranke und Rekonvaleszenten profitieren im besonderen von den die körperliche Gesundheit begünstigenden Einflüssen bei qualifizierter Handhabung des Sports.

Aber das Zuwendungsmotiv zum Sporttreiben ist in erster Linie emotional bestimmt. Sich sportlich zu betätigen macht einfach Spaß; Sport wird weniger auf dem Hintergrund rational erkannter Notwendigkeiten, etwa der Infarktvorsorge oder von Sozialisationsmöglichkeiten oder von Bedürfnissen betrieben. Neben dem Erlebnis, der Erfahrung von Spaß und Vergnügen, gibt es zweifellos psychovegetative Erscheinungen, die sich mit sportlicher Betätigung einstellen; hier sind Entspannung, Beruhigung und Harmonisierung des Wohlbefindens zu nennen. Letztlich aber sind die Eindrücke des Erlebens, die unmittelbare und vitale Leiblichkeit des Erlebens für die Faszination eigener sportlicher Tätigkeit verantwortlich.

3. Sozialethische Aspekte

Sport ist so facettenreich, daß er nicht in eine Ein-Faktor-Theorie gepreßt werden kann. Gieseler untersucht den Sport antithetisch und fragt: Ist der Sport „zeitloses Spiel oder neuzeitliches Produkt, zweckfrei oder technisierter Zwang; Ausdruck gesellschaftlicher Entfremdung oder des emanzipatorischen Fortschritts; Ergebnis der industriellen Revolution oder von dieser entstellt; Lebenshilfe oder ablenkend von den eigentlichen Problemen der Gesellschaft?"[9] Nach Plessner[10] ist der Sport nicht schlechter als die Gesellschaft, der er entstammt. Beide stehen in enger Verknüpfung miteinander und wirken aufeinander zurück. Was immer sich an charakteristischen Zügen und Trends in der Entwicklung des Sports geschichtlich konstatieren läßt, stets kann auch eine gewisse Abhängigkeit von jeweils vorgegebenen gesellschaftlichen Konstellationen mit ihren Licht- und Schattenseiten, ihren Bedingungen, Ziel- und Wertvorstellungen nachgewiesen werden. Sport ist keine Welt für sich und keine heile Welt. Er ist vielmehr Teil des jeweiligen sozialen und kulturellen Systems, dem er entstammt und zu dem er gehört. „Nichts wäre mißverständlicher, als den Sport losgelöst in einem ‚idealen' Freiraum anzusiedeln."[11]

Die Geschichte lehrt uns, wie Sport in den unterschiedlichen Gesellschaften und Systemen auch zum Mittel der *Politik* werden kann. In der jüngsten Vergangenheit bilden die Olympischen Spiele in Montreal (1976) oder in Moskau (1980) eklatante Beispiele dafür, wie durch die Politisierung des Sports das sportliche Handeln zum Instrument sportfremder politischer Ziele gemacht wird. Dabei tritt der Mensch, der die sportliche Leistung erbringt, immer mehr in den Hintergrund, während das Produkt seines Handelns und Engagements – die Leistung – in den Dienst von Ideologien gerückt wird. Die Olympischen Spiele drohen zu marktpolitischer Eitelkeit und zur Darstellung der Überlegenheit von Gesellschaftssystemen zu entarten. Hoffnungsvolle Ansätze, nationalistische Tendenzen zurückzudrängen zugunsten der Würdigung des einzelnen Athleten, der nur durch Askese, Selbstüberwindung und Leistungsbereitschaft die Grenzen körperlicher Leistungsfähigkeit erreicht, ersticken immer wieder am Verhalten von Staaten, die den Sport einseitig in die Pflicht der Politik nehmen. Wie die Lage tatsächlich ist, kommt darin besonders deutlich zum Vorschein, daß die Länder der Dritten Welt, auch wenn sie sich in einer bedrängten wirtschaftlichen Situation befinden, dem kostenträchtigen Hochleistungssport Priorität einräumen, weil sie hierin wohl ein Mittel zur Findung der eigenen nationalen Identität sehen. Staatliche Sportpolitik, die als solche legitim ist, wird immer dann fragwürdig, wenn sie sozialethische Aspekte vernachlässigt. Andererseits kann gegenwärtig eine stärkere Sensibilisierung für humane und soziale Fragen im Sport registriert werden. Immer dann, wenn der Sport nicht als ein Mittel der Politik mißbraucht, sondern seine befreiende und friedenstiftende Funktion gesehen wird, offenbart er seine Möglichkeit, einen Beitrag zur Integration von Gruppen oder Völkern zu leisten.

Aber auch die freie Sportbewegung als gesellschaftspolitische Kraft ist politisch handlungsfähig. Gesellschaftspolitische und sportpolitische Ziele und

---

[9] *K. Gieseler,* Das freie Spiel der Kräfte, in: *K. Gieseler* (Hrsg.), a. a. O. 23.
[10] Vgl. *K. Gieseler,* Das freie Spiel der Kräfte (München 1975) 23.
[11] *H. E. Rösch,* Sport und Gesellschaft, in: *P. Jakobi – H. E. Rösch* (Hrsg.), Sport – Dienst an der Gesellschaft (Mainz 1977) 15.

Aufgaben sind angesprochen, wenn die Vereine das billigste Freizeitangebot für Millionen Menschen machen, um dafür in Partnerschaft mit Kommunen und anderen politischen Kräften und auch den Kirchen den erforderlichen Sport-, Spiel- und Erholungsraum zu sichern. Verantwortliches politisches Handeln der Sportorganisationen äußert sich im Einsatz für ein verbessertes Sportangebot an Schulen, Hochschulen und für Randgruppen der Gesellschaft. Gerade der Sport mit seinen motorischen spielerischen Hilfen ist offenbar besonders geeignet, isolierten Gruppen – Straffälligen, ausländischen Arbeitnehmern, Behinderten – die gesellschaftliche Integration und Anerkennung zu erleichtern. Die Verwirklichung solcher Ziele macht auch christliches Engagement erforderlich.

Der Sport kann in der modernen Gesellschaft wichtige biologische, pädagogische und soziale Funktionen erfüllen, wenn er sich verpflichtet fühlt, Bedeutung und Aufgaben des Sports in der Leibeserziehung ständig zu überdenken und sich um ihre angemessene Einordnung im Kulturbereich zu bemühen. „Sport und Leibeserziehung

– fördern die Gesundheit des einzelnen und stärken die vitale Kraft des Volkes,

– tragen zur Entfaltung der Persönlichkeit bei und sind nicht austauschbare Faktoren der Bildung,

– bieten durch vielfältige Übungs- und Gesellschaftsformen wirksame Hilfen für das Zusammenleben in der Gesellschaft,

– ermöglichen eine sinn- und freudvolle Erfüllung der neu gewonnenen Freizeit.“[12]

Der Sport möchte als ein emanzipatorischer Bestandteil einer Gesellschaftspolitik verstanden sein, die dem Menschen hilft, sich zu entfalten, ihn von Zwängen und Abhängigkeiten zu befreien, die der Entfaltung seiner Persönlichkeit als einzelner oder in der Solidarität mit anderen entgegenstehen.

Der *Verein* ist die ideale Stätte für sportliche Betätigung und gesellige Begegnungen. Er ist der lebendige Ausdruck für immer noch vorhandenes freiwilliges Engagement im demokratischen Gemeinwesen. Dennoch müßte die Frage gestellt werden, wie lange es noch gelingen wird, genügend Menschen zu finden, die ehrenamtlich helfen und freiwillig Verantwortung übernehmen wollen. Warnend wird darauf verwiesen, wenn schließlich Fordern und Erfüllen von Forderungen zum alleinigen Handlungsmuster der Vereine werden, daß die praktische Solidarität und freiwillige Mitverantwortung auf der Strecke bleiben. Die Vereine sind demokratisch gebildete und geführte Aktionsgemeinschaften sportlich gesinnter Bürger in einer freien Gesellschaft. Ihre Stärke liegt in ihren humanitären Zielen, dem Menschen zu helfen, sein Leben aus ei-

---

[12] *Deutscher Sportbund,* Charta des DSB vom 15. 10. 1976 in Hamburg, in: *W. Klein* (Hrsg.), Deutsches Sporthandbuch II (Wiesbaden 1981) 1.

genem freien Antrieb lebenswert zu gestalten. Das ist ihr gesellschaftspolitischer Auftrag, darin liegen zugleich Rang und Chance des Sports in unserer modernen Welt.

4. Kirche und Sport

Den Kirchen geht es um den Menschen in seiner ganzheitlichen Lebensentfaltung; der Sport bietet eine echte Chance für den Menschen, sich in der Gemeinschaft des Sports zu bewähren und seine Freizeit zu bewältigen. Es bleibt Aufgabe der Kirche, in ihrer Begleitung des Sports echte Partnerschaft zu bieten. Die Sportbewegung ihrerseits geht von der religiösen und weltanschaulichen Toleranz aus und respektiert daher die religiöse Einstellung ihrer Mitglieder. Sie wird dies um so sachlicher und glaubwürdiger tun können, wenn sie einen ständigen Dialog mit den Kirchen aufrecht erhält. Das ist der Weg der Partnerschaft. Allerdings wird eine tragfähige Koalition von Kirche und Sport in einem energischen Ausgleich theoretischer Defizite und historischer Versäumnisse zu suchen sein[13]. Für die Theologie geht es zunächst darum, den Partner Sport und sein gesellschaftliches Bezugsfeld, das noch kaum von ihr wahrgenommen ist, kennenzulernen. Es erscheint als notwendig, die Einstellungen, die mit dem Sport verbunden sind, und die Wirkung auf das soziale Handeln zu kennen. Vor allem kann die Theologie für das Zusammenwirken mit dem Sport nur dann etwas leisten, wenn sie die funktionalen Zusammenhänge, die Auswirkungen von psychosozialer Entlastung und Regression auf den sozialen Wandel, die soziale Funktion von subjektivem Glücksempfinden, Erlebnis und Sinnenfreude, in denen der Sport steht, mitbedenkt. Offenbar sind diese weder vom Sport noch von der Theologie bisher zureichend problematisiert worden.

Die sportliche Ethik bezieht ihre Wertvorstellungen aus einer christlichen Grundhaltung. Suenens[14] hat den Versuch unternommen, den Sport als Mittel zur menschlichen Entfaltung und zum inneren Gleichgewicht darzustellen. „Er begünstigt den unabdingbaren Sieg über sich selbst, der das Kernstück jeder echten Zivilisation ist.“ Man muß geradezu den Menschen ermutigen, seinen Bogen auf das äußerste zu spannen und die in ihm schlummernden Kräfte zu wecken. Andererseits ist der Sport eine Reaktion auf die Erscheinungen und den Komfort der Konsumgesellschaft, in der die Menschen automatisch und gleich gemacht werden. „Liegt nicht einer der Gründe für die Entmenschlichung des Menschen, für seine Langeweile, für seinen ‚Griesgram‘ in eben sei-

---

[13] *R. Schloz,* Probleme und Ansätze in der protestantischen Theologie, in: Sport im Blickpunkt der Wissenschaften (Heidelberg – New York 1972) 82.
[14] *L. J. Suenens,* Entfremdung und Identität des Menschen, in: *P. Jakobi – H. E. Rösch* (Hrsg.), Sport – Dienst am Menschen (Mainz 1977).

nen Arbeitsbedingungen?“[15] So bietet der Sport die Chancen zur Kompensation. Hier findet der Mensch Möglichkeiten, seine Persönlichkeit unter Beweis zu stellen, um aus der Anonymität herauszutreten; andererseits eröffnet er Felder, die zwischenmenschliche Beziehungen im Sinne des Fair-play, der Mitverantwortung und des Eintretens für den anderen und die Gemeinschaft begünstigen. Im Sport spürt man die Brüderlichkeit unmittelbar, die die Menschen trotz aller Unterschiede und Gegensätzlichkeiten verbindet. Der Sport bietet sich als Faktor der individuellen und sozialen Vermenschlichung an, aufbauend auf die Einsicht, daß der ganze Mensch mit allen seinen Dimensionen ein religiöses Wesen ist. Eine Verbindung zwischen Gott und den Menschen ist nur durch den Körper möglich. Deshalb braucht das religiöse Leben das Sichtbare und Greifbare. „Es gilt nicht nur das Heil der Seele, sondern das Heil der menschlichen Person, des menschlichen Lebens.“[16] Im beseelten Körper, in der Auffassung von der Einheit des Menschen, ist der Dualismus überwunden.

In einer gemeinsamen Erklärung vom 8. 1. 1980 in Köln[17], die vom Vorsitzenden der Deutschen Bischofskonferenz, Joseph Kardinal Höffner, vom Vorsitzenden des Rates der Evangelischen Kirche von Deutschland, Eduard Lohse, und dem Präsidenten des Deutschen Sportbundes, Willi Weyer, unterzeichnet wurde, heißt es unter anderem: „Die Achtung der *Würde des Menschen* und die Einhaltung ethischer Grundsätze sind im Sport unverzichtbar: Fairneß, die Anerkennung des anderen in seiner Eigenart und Individualität, das Recht auf Unversehrtheit der Person und ebenso die Bereitschaft, sich für den anderen einzusetzen und auch den Gegner als Partner anzuerkennen, sind Grundwerte, die den Sport tragen.“ Und an anderer Stelle heißt es: „Kirchen und Sportorganisationen sind davon überzeugt, daß ihr Zusammenwirken den Menschen in seiner konsumorientierten Gesellschaft helfen kann, sein Leben aus eigener Initiative zu gestalten und seine Individualität zu entfalten. Bewegung, Spiel und Sport vermitteln Erfahrungen des eigenen Könnens und Wertes, aber auch der eigenen Grenzen. Sie steigern das Wohlbefinden und können dem Leben Spannung und größere Fülle geben; sie vermitteln soziale Kontakte und Erlebnisse; sie sind für die menschliche Bildung vom Kindes- bis ins hohe Alter unersetzlich.“ Schließlich wird festgestellt, daß der einzelne Mensch im Verein zugleich vielfältige Möglichkeiten zu geselliger Begegnung, einen Ausgleich für berufliche Belastungen, sowie die Chance mitzugestalten und Ideen zu verwirklichen, Achtung und Anerkennung zu erwerben vorfindet und soziale und politische Erfahrungen in einer demokratisch geführten Gruppe sammeln kann. Abschließend heißt es: „Kirche und Sport wollen helfen, Menschlichkeit, wie sie auch im Evangelium erscheint, im Sport lebendig zu halten; sie bitten deshalb alle,

[15] Ebd. 35.
[16] Ebd. 40.
[17] *Deutscher Sportbund* (Hrsg.), Gemeinsame Erklärung der Kirchen und des Deutschen Sportbundes zur Entwicklung im Sport (Köln 1980).

die mit dem Sport zu tun haben, die Achtung vor der Würde des Menschen zu festigen und zu fördern."

Viele Menschen wissen sich der Kirche und dem Sport verbunden. Das hat den Deutschen Sportbund bewogen, die Kirche um aktive Partnerschaft zu bitten. Bei dieser Bitte um Zusammenarbeit in „kritischer Solidarität" erkennt die Kirche natürlich die Selbständigkeit des Sportes an. Sie selber will vor allem dazu beitragen, jene Kräfte abzuwehren, die den Sport gefährden, ihm in jenen Faktoren Aufmerksamkeit zu schenken, die Freude, Freiheit und Fairneß fördern. Angesichts der Entwicklung zu einer „Freizeitgesellschaft" ist sie bestrebt, im Sport Spontaneität, Humanität und Kultur bewahren zu helfen. Die deutsche Sportbewegung hat sich wiederholt zu ihrer Verantwortung bekannt, die Würde der Sportler, die sich ihr anvertraut haben, zu schützen und für einen *humanen Sport* zu sorgen. Der Hochleistungssport führt an Grenzsituationen heran, die Gefährdungen und Versuchungen mit sich bringen. Sicherlich ist der Leistungssport ein Bereich der Selbstverwirklichung des Athleten, des Gewinns unaustauschbarer Erlebnisse und persönlicher Erfüllung. Die Leistung aber hat dort ihre Grenzen, wo die Würde des Menschen angetastet wird. In dieser Auffassung, Verantwortung für einen humanen Sport zu tragen, stehen Kirche und Sport als Partner zusammen.

Weiterführende Literatur

R. Andresen u. a. (Hrsg.), Schneller, Höher, Stärker (Niedernhausen 1980).

F. Begov, Einführung in die Geschichte des Sports und der Leibeserziehung, in: O. *Grupe* (Hrsg.), Einführung in die Theorie der Leibeserziehung und des Sports (Schorndorf 1980) 24–58.

F. J. J. Buytendijk, Allgemeine Theorie der menschlichen Haltung und Bewegung (Berlin, Göttingen, Heidelberg 1956).

Deutscher Sportbund (Hrsg.), Gemeinsame Erklärung der Kirchen und des Deutschen Sportbundes (Köln 1980).

H. Eichberg, Der Weg des Sports in die industrielle Revolution (Baden-Baden 1973).

K. Gieseler (Hrsg.), Sport Leistung Gesellschaft (München 1975).

O. *Grupe* (Hrsg.), Einführung in die Theorie der Leibeserziehung und des Sports (Schorndorf 1980).

Ders. u. a. (Hrsg.), Sport im Blickpunkt der Wissenschaften (Berlin – Heidelberg – New York 1972).

P. Jakobi – H. E. Rösch (Hrsg.), Sport – Dienst an der Gesellschaft (Mainz 1977).

P. Jakobi – H. E. Rösch (Hrsg.), Sport – Dienst am Menschen (Mainz 1977).

W. Klein (Hrsg.), Deutsches Sporthandbuch (Wiesbaden 1981).

C. v. Krockow, Sport und Industriegesellschaft (München 1972).

H. Lenk, Ideologie oder Mythos (Stuttgart 1972).

Ders. u. a. (Hrsg.), Philosophie des Sports (Schorndorf 1973).

J. Ortega y Gasset, Gesammelte Werke I u. II (Stuttgart 1954).

H. Plessner u. a. (Hrsg.), Sport und Leibeserziehung (München 1967).

H. Schelsky, Friede auf Zeit (Osnabrück 1973).

R. Schloz, Probleme und Ansätze in der protestantischen Theologie, in: Sport im Blickfeld der Wissenschaften (Heidelberg – New York 1972) 64–83.

Rolf Andresen

II

Grundsätze zu einer Ethik der Ethosformen heutigen Sports

Komplexe Sachverhalte lassen sich der Natur der Sache nach nicht auf einen einfachen Nenner bringen. Das gilt auch für das Phänomen Sport, und zwar sowohl für den Sport in seinen Vollzugsformen selbst als auch für die ihn tragenden Motivationen und Zielsetzungen, Normen und Haltungen, für das also, was wir gemeinhin Sportethos nennen. Der Grund hierfür liegt darin, daß die für derart komplexe Gegebenheiten jeweils charakteristischen, ins Auge fallenden und voneinander abgrenzbaren Komponenten, die dabei ins Spiel kommen und aus denen sie sich zusammensetzen, nicht in einem statischen Verhältnis zueinander stehen, sondern in einem gewissen Umfang variable Größen darstellen, die unterschiedliche Bedeutung gewinnen und fallweise gar entbehrlich werden können. Von daher verbietet es sich, undifferenziert von einem genuinen Wesen des Sports und einem es generell konstituierenden Ethos zu sprechen. Es gibt nicht *das* Wesen des Sports, sowenig wie es *das* Wesen menschlicher Berufsarbeit, *das* Wesen menschlicher Beziehungen, *das* Wesen der Ehe, *das* Wesen der Religion oder *das* Wesen des Katholizismus gibt. Einfache Wesensdefinitionen komplexer Sachverhalte enthüllen sich am Ende nur zu leicht als Interessendefinitionen, mit deren Hilfe man bestimmten strukturalen Momenten am gegebenen Phänomen Vorrang oder gar Ausschließlichkeitsanspruch verschaffen möchte.

In Bezug auf die Deutungen des Sports trifft dies z. B. für jene älteren, vom Huizingaschen Leitbild des homo ludens inspirierten Versuche zu, die Sinnstrukturen von Sport wesenhaft vom Spiel her zu bestimmen[1]. So heißt es etwa bei Carl Diem, einem der maßgeblichen und einflußreichsten Sporttheoretiker der 50er Jahre: „Sport ist eine Erscheinung aus dem größeren Lebensbereich des Spiels. Spiel ist zweckfreies Tun um seiner selbst willen, also im Gegensatz zur Arbeit“, die „eine anhaltende Anstrengung zum Unterhalt des Daseins“ darstellt[2]. Mit dieser kritischen Distanzierung des Aspektes Arbeit aus dem Sport sucht Diem hier offenkundig der möglichen Professionalisierung des Sports entgegenzuwirken. „Berufssport ist nicht Sport, sondern das Gegenteil davon: Gewerbe.“[3] Der „reine“ Sport ist nach ihm scharf vom „Tagewerk“ abzugrenzen, das „ursprünglich auf dem Knecht lastete“[4]. – Von hier aus ist es

[1] *J. Huizinga,* Homo ludens. Vom Ursprung der Kultur im Spiel (Hamburg 1956) 186f.
[2] *C. Diem,* Wesen und Lehre des Sports und der Leibeserziehung (Berlin ²1960) 3.
[3] *Ders.,* a. a. O. 25.
[4] *Ders.,* Spätlese am Rhein (Frankfurt a. M. 1957) 6f.

dann aber im Grunde nur ein Schritt, nicht nur dem leistungsmäßig betriebenen Berufssport, sondern dem leistungsmäßig betriebenen Sport generell die Qualität Sport abzusprechen und ihn im Gefolge der kritischen Theorie Adornos nunmehr als das eigentliche Gegenteil von Sport, nämlich als eine zusätzliche Form „entfremdeter Arbeit" zu entlarven, wie dies vor allem von einigen neomarxistisch bemühten Sporttheoretikern der 60er Jahre versucht wurde[5].

Solch reduktive Definitionsansätze wie „Sport ist Spiel" oder „Leistungssport ist entfremdete Arbeit" führen offensichtlich in die Irre. Das sollte uns aber wiederum nicht dazu verleiten, die Notwendigkeit und den Wert von Definitionsversuchen überhaupt in Frage zu stellen. Schließlich ist nicht jegliches ein und dasselbe. Definitionen wollen zu Recht ein bestimmtes Phänomen gegen andere Phänomene abgrenzen und es in dem, worin es seine Besonderheit hat, herausstellen. Dies muß freilich so geschehen, daß in der Definition nichts von dem mutwillig ausgeblendet wird, was der allgemeine Sprachgebrauch an relevanten Aspekten unter der das Phänomen zusammenfassenden Bezeichnung festhält. In diesem Falle spricht man von Gebrauchsdefinitionen oder auch, bei entsprechender sachlich-wissenschaftlicher Fundierung, Gewichtung und Zuordnung der jeweils herausragenden Aspekte, von Nominaldefinitionen.

1. Die agonale Grundstruktur des Sports: das Problem der Sportgerechtigkeit

Entsprechend möchte ich im folgenden versuchen, das komplexe Phänomen Sport von seinen generellen entwicklungsgeschichtlichen Zusammenhängen her aufzuhellen und zu definieren. Ausgangspunkt ist hier die in einschlägigen Analysen immer wieder hervorgehobene Tatsache, daß im sportlichen Vollzug sowohl kämpferische als auch spielerische Momente zum Tragen kommen[6]. Dabei ist man jetzt freilich in der Regel allzu vorschnell mit der Frage bei der Hand, welche der beiden Momente im sportlichen Vollzug überwiegen oder wichtiger sind, ohne vorab geklärt zu haben, welches Moment anthropologisch grundlegender ist. Nun besteht kein Zweifel, daß nicht die spielerische, sondern die kämpferische Komponente in der Form der Aggression gegen artgleiche und artverschiedene Individuen nach allen Ergebnissen der Verhaltensforschung zu dem schlechthin elementaren, entwicklungsgeschichtlich tief vorgeformten und jeder weiteren Überformung vorausliegenden Urbestand tieri-

[5] So *B. Rigauer,* Sport und Arbeit. Soziologische Zusammenhänge – ideologische Implikationen (Frankfurt a. M. 1969); ferner *G. Vinnai,* Fußballsport als Ideologie (Frankfurt a. M. 1970); *ders.* (Hrsg.), Sport in der Klassengesellschaft (Frankfurt a. M. 1972); *U. Prokop,* Soziologie der Olympischen Spiele, Sport und Kapitalismus (München 1971).

[6] Vgl. z. B. *F. Eppenheimer,* Der Sport. Wesen und Ursprung. Wert und Gestalt (München - Basel 1964) 23 u. 51.

schen und menschlichen Antriebslebens gehört. Demgegenüber weist sich das Spielerische als das stammesgeschichtlich spätere, nachfolgende, sublimere Antriebsgefüge aus, das seine Qualität gerade darin hat, daß mit ihm die elementareren Antriebsformen auf eine neue Ebene transformiert werden. Spiel ist Mimesis, Nachahmung. Was im Spiel generell als ein eigenes hervortritt, ist die Tatsache, daß es Lebensvollzüge und Lebensgegebenheiten *nachbildet,* daß es den Ernstfall simuliert. Gewisse Vorformen läßt bereits das Verhaltensrepertoire vieler Tierarten erkennen. So in den vielfältigen Spielformen ritualisierter Kampfabläufe unter Artgenossen, die gerade den äußersten Ernstfall, die physische Vernichtung des Kontrahenten, ausschließen. Der Kampf auf Leben und Tod wird gleichsam simuliert. Ähnliches gilt für die spielerischen Einübungen in das Jagdverhalten bei Jungtieren. Für den Beutefeind tritt hier irgendein Substitut ein. Während beim Tier jedoch selbst noch das Simulatorische solcher Verhaltenssequenzen weithin instinktgesteuert ist, eröffnet sich dem Menschen auf Grund seiner Instinktreduktion und gleichzeitigen Weltoffenheit die Möglichkeit, Spiele zu erfinden, d.h. seine Verhaltensantriebe, Lebensvollzüge und Handlungskonstellationen vom jeweiligen Ernstfall zu distanzieren und ihn zugleich auf eine je eigene schöpferische Weise nachzubilden, in Szene zu setzen, zu simulieren. Das gilt vom Puppenspiel des kleinen Mädchens, das darin den Ernstfall des brutpflegespezifischen Mutter-Kind-Verhältnisses simuliert. Das gilt von den vielfältigen Ausdrucksformen des Tanzes, der eine Fülle von Elementarimpulsen, seien sie kämpferischer, erotischer oder solidarisierender Art, in ästhetische Bewegungen umsetzt. Das gilt selbst noch für die große Spielform des Theaters, das die Erfahrungen und Widerfahrnisse menschlichen Lebens in verdichteter Form inszeniert. Und das gilt schließlich von der ganzen Breite des Sports, der die vom Kampf bestimmte Ursituation menschlichen Daseins in die Form des Wettkampfes transponiert.

Mir scheint nun, daß wir mit dem Stichwort „Wettkampf“ zunächst einen wichtigen Orientierungspunkt für das Verständnis des komplexen Phänomens Sport gefunden haben, der einige erste Folgerungen zuläßt:

1. Als Wettkampf stellt Sport eine Form konkurrierenden Miteinanders dar, das sich nicht aus unmittelbaren Lebenssachzwängen ergibt, sondern einem Antriebsüberschuß des Menschen entspringt, sich unter freien, vom direkten Daseinsdruck entlasteten Bedingungen mit dem anderen zu messen.

2. Die jeweilige Konkurrenzsituation muß unter dieser Voraussetzung erst artifiziell hergestellt werden, d.h., als Wettkampf ist Sport keine naturale Größe, sondern muß als Spiel ersonnen werden.

3. Als artifizieller, also künstlich erstellter Konflikt hebt er sich von den Realkonflikten des Alltags ab und bleibt entsprechend für sie in der Regel auch folgenlos. Sport erweist sich insofern in einem präzisen Sinne als „Nebensache“, wenn auch im Bewußtsein vieler, womöglich mit Recht, als „die wichtigste der Welt“.

4. Gerade weil der sportliche Wettkampf ein von unmittelbaren Lebenssachzwängen *freigesetzter* Vergleichskampf ist und so keinerlei unabwendbare Ungerechtigkeit in Kauf nehmen und in seine Prämissen eingehen lassen muß, kann er die als solche vom Gebot der Gerechtigkeit her generell gültige sozialethische Forderung nach Vergleichbarkeit der Leistungen bei Vergleichbarkeit der Chancen in einer Weise für sich zur Norm machen, wie dies sonst kaum irgendwo so rein und kompromißlos möglich ist. Dieser Anspruch wird geltend gemacht in der sportlichen Grundforderung der *Fairneß.* Nirgends werden deshalb Verstöße gegen die Gerechtigkeit so sensibel gehandhabt wie im Sport. Gerade hierin liegt sein ethisches Fascinosum.

Damit dürften wohl einige allgemeine Konturen herausgehoben sein, die man für das Phänomen Sport insgesamt in seiner Eigenstruktur geltend machen könnte. Alles weitere hingegen, was es darüber hinaus an spezifischen, ihm zugehörigen Eigenkomponenten erkennen läßt, führt gleichzeitig auch schon zu jenen Auffächerungen in seinem Erscheinungsbild, unter denen es sich heute faktisch darbietet.

So wird man sich z. B. schon schwer tun, Sport ausschließlich dem Bereich der Körperkultur zuordnen zu wollen und ihn auf solche Wettkampfaktivitäten einzugrenzen, die wesenhaft mit *körperlicher* Selbststeigerung verbunden sind. In einem gewissen Sinn trifft dies schon nicht mehr für die olympische Disziplin des Pistolenschießens zu, bei dem das Selbststeigerungsmoment sehr viel stärker von der des vorwiegend körperlichen Leistungspotentials weg auf die psychische Ebene der Konzentrationsfähigkeit, des Reaktionsvermögens und der Belastbarkeit der Nerven verlagert ist. Dasselbe gilt vielleicht in noch stärkerem Maße für jene Sportarten, die erst durch die Entwicklung und den Einsatz hochkomplexer technischer Geräte möglich wurden, wie Segelflugsport, Kunstfliegen, Autorennen. Sportarten, die zudem noch ganz eigene zusätzliche Fähigkeiten abverlangen, nämlich eine ganz neue Sensibilität für ein optimales Zusammenspiel von Mensch, Maschine und Umwelt. Darüber hinaus wird man aber auch Wettkampfaktivitäten, die nicht minder anspruchsvolle, jetzt aber rein *kognitive* Selbststeigerungsleistungen verlangen, wie etwa dem Schachturnier, nur schwer die Qualität Sport absprechen können. Und schließlich bleibt noch zu fragen, ob nicht selbst Wettkampfformen, bei denen das Tier die Hauptrolle spielt, die aber nicht ohne eine Vielfalt hegerischer Betreuung denkbar sind, im weitesten Sinne dem Phänomen Sport zugerechnet werden müssen. Man denke hier z. B. nur an den zumeist mit großer Einsatzfreude und mit außerordentlichem Ernst ausgeübten Brieftaubensport.

2. *Zur ethischen Bewertung der Primär- und Sekundärmotivationen des Sports*

Ein ganz anderes Problem, das sich nicht minder auf die Auffächerungen im Erscheinungsbild heutigen Sports auswirkt, stellt sich mit den unterschiedlichen Motivationslagen, die zu sportlicher Betätigung führen. So sind etwa die Antriebe, Interessen und Zielsetzungen, von denen weithin der *Breitensport* lebt, wesentlich anders gelagert als jene, die den *Hochleistungssport* kennzeichnen. Zwar lassen beide, etwa im Impetus der Selbststeigerung, des Sich-Messens und Miteinander-Konkurrierens, gemeinsame Elemente erkennen. Darüber hinaus aber erscheinen die primären Motivationslagen und damit das ihnen jeweils entsprechende besondere Ethos, in dem sie sich darleben, oft eher gegenläufig. So wird der Hochleistungssport seiner Gesamtintention nach ganz zentral von jener Maxime des „citius, altius, fortius“, des Schneller, Höher, Stärker, bestimmt, die der Wiederbegründer der Olympischen Spiele in der Neuzeit, Baron de Coubertin, der Sportelite der Welt als Grundanspruch vorgegeben hat. Damit treten im Hochleistungssport gerade jene Antriebsmomente zurück, die im Breitensport vielfach überwiegen: Spielfreude am Wettkampf, Funktionslust, Bedürfnis nach körperlichem und seelischem Ausgleich, Prophylaxe und Therapie. Um so mehr gewinnen für den Hochleistungssportler asketische Momente Bedeutung. Er stellt seine gesamte Lebensführung auf die Erzielung überdurchschnittlicher Leistung ab. Das aber setzt nicht nur zeitweiligen Verzicht auf die Erfüllung vieler anderer Wünsche voraus, sondern darüber hinaus auch Unterwerfung unter ein hochspezialisiertes Training. Jürgen Dieckert weist in diesem Zusammenhang mit Recht darauf hin, daß insofern vom Leistungssport keine unmittelbaren Linien zum Breitensport führen. Die Zunahme des einen erklärt nicht ohne weiters das Wachsen des anderen. Weder kann der Breitensport letztlich als eine Folgefrucht des Leistungssports begründet werden, noch ist der Leistungssport eine reine Konsequenz des Breitensports[7].

Wie sehr hier jedes für sich seine Eigendynamik entwickelt, zeigen nicht zuletzt die völlig unterschiedlich gelagerten gesellschaftlichen Einbindungen und Abstützungen beider. Während die überwiegende Mehrzahl der privat oder öffentlich getragenen kostenaufwendigen Sportstätten und Sporteinrichtungen vornehmlich auf leistungssportliche Betätigung hin ausgelegt sind, kann der Freizeit- und Breitensport, zu dem im Gegensatz zum Leistungssport immerhin viele Millionen fast jeden Alters drängen, kaum auf Anlagen zurückgreifen, die wesentlich auf ihn zugeschnitten sind, von Schwimmbädern, Skipisten und kostenmäßig billigen Waldsportpfaden und Trimmstrecken vielleicht abgesehen. Was hier fehlt, sind öffentlich zugängliche freizeitsportliche Anlagen, die

---

[7] *J. Dieckert,* Freizeitsport versus Leistungssport, in: *F. Grube - G. Richter* (Hrsg.), Leistungssport in der Erfolgsgesellschaft (Hamburg 1973) 147–168.

die Möglichkeit zu vielfältiger sportlicher Betätigung für jedermann erschließen, ohne daß sich damit für die einzelnen Leistungsdruck oder gar Angst vor Blamage verbindet. Der Öffentlichkeitscharakter, um den es hier geht, ist also ein durchaus anderer als jene Öffentlichkeit, die die exklusiv genutzten Anlagen unserer Sportkampfstätten und Stadien einigen wenigen Spitzensportlern mit ihrer Zuschauerabhängigkeit zu verschaffen vermögen.

Darin aber tritt jetzt zugleich ein weiteres Moment hervor, das im Rahmen unserer bisherigen Überlegungen noch gar keine Rolle gespielt hat, das aber in seiner Bedeutung für die Entwicklung gerade des Leistungssports gar nicht hoch genug veranschlagt werden kann, nämlich das Moment der Selbstdarstellung des Sportlers. Zwar ist eine gewisse Tendenz zur Selbstdarstellung im Sport generell immer schon mitangelegt: indem man sich mit dem anderen mißt, zielt man darauf ab, ihm möglichst „über" zu sein, ihm also auch die eigene Leistung zu *demonstrieren.* Doch Selbstdarstellung in diesem Sinne braucht noch nicht die Aufmerksamkeit Dritter zu erregen, stellt also für sich noch keine Öffentlichkeit her. Erst wo der Sportler Leistungen vollbringt, die weit über dem Durchschnitt liegen, die also nicht mehr in einem gewissen Sinne für jedermann nachahmbar sind, gewinnt er Publikumsbedeutung, findet er nicht nur Selbstbestätigung, sondern zugleich auch Honorierung durch eine Öffentlichkeit, die sich mit seiner Leistung identifiziert, sich also darin auch ihrerseits bestätigt fühlt. Hier zeigt sich ein doppelter Rückkoppelungseffekt: Der Leistungssportler braucht das Publikum und das Publikum braucht ihn. Das aber setzt jetzt zugleich Prozesse ganz eigener Art in Gang, die den Spielfall Sport am Ende doch wiederum zum Ernstfall werden lassen: er wird zum Kampf um Prestige und Geld.

Gerade in letzterem sehen nun jedoch viele den eigentlichen Sündenfall des Sports. Sport als Spiel muß von Geldinteressen rein gehalten werden. „Bezahlter Sport", um hier noch einmal C. Diem zu zitieren, „ist überhaupt kein Sport, sondern Gelderwerb und als solcher das Gegenteil des Sports."[8] Sportlicher Ehrgeiz sollte danach also nur mit symbolischer Honorierung, dem Lorbeer des Siegers, rechnen dürfen. Noch bis heute schlägt sich diese Einstellung in den offiziell geltenden Zulassungsbedingungen der Olympischen Spiele nieder. Nur der Amateur, nicht aber der Profi, der mit Sport seinen Lebensunterhalt sicherstellt, ist der Teilnahme am olympischen Wettkampf würdig. Inzwischen werden gegen ein solch puristisches Modell jedoch zunehmend Bedenken laut. Man kann nicht Leistungssport und Amateurismus zugleich wollen. „Wer heute im Sport Hochleistungen vollbringen will", so betont Walter Kuchler mit Recht, „braucht Zeit und Geld. Da aber dem jungen Menschen in der Regel beides nicht zur Verfügung steht, muß es ihm gegeben und gewährt werden; der Leistungssportler wird – am olympischen Gesetze gemessen – zum Schein-

[8] *C. Diem,* Wesen und Lehre 26.

amateur, er nimmt als Sportler Geld an: ... Der westeuropäische Spesenamateur, der amerikanische Stipendienamateur und der osteuropäische Staatsamateur weisen mit den Fingern aufeinander."[9] Es würde der Sportehrlichkeit ganz gewiß zugute kommen und den Sportlern und ihren Verbänden manches an Sophisterei oder auch offenkundiger Heuchelei ersparen, wenn man hier zu grundlegenden Änderungen käme. Dabei sollte man sich von dem Gedanken leiten lassen, daß sportlicher Ernst und sportliche Sachlichkeit nicht mit dem Amateurstatus identisch sind. Der Moralkodex des Sportlers muß durch die Tatsache der Entlohnung als solcher so wenig Schaden leiden wie der des Künstlers oder des Priesters, denen man dergleichen ja auch nicht zumutet.

Wir kennen aus der Religionsgeschichte den Begriff der kultischen Reinheit bzw. Unreinheit. Hierbei geht es um Vorschriften, die bestimmte, an sich natürliche Handlungsabläufe für den religiösen Bereich tabuieren, unter Verbot stellen, die also im Falle der Übertretung kultunfähig machen und von bestimmten religiösen Vollzügen ausschließen. Mir scheint hier eine ähnliche Stilisierung vorzuliegen, mit der die Sport-ist-Spiel-Theorie die Maßstäbe sportlichen Wettkampfs zu einer Art „religio athletae" – so der Baron de Coubertin – auszugestalten und unter quasikultische Ansprüche zu rücken sucht. Überhöhungsinteressen, die den Blick für die tatsächlich andrängenden ethischen Probleme im heutigen Sport eher verstellen als freigeben. Wir sollten deshalb unsere Aufmerksamkeit auf diese in der Tat sehr viel ernster zu nehmenden elementaren ethischen Probleme richten, denen man nicht erst über eine fast mönchisch-elitär ausgerichtete Sportideologie ihr Gewicht verschaffen muß, sondern die sich jedermann aufdrängen, weil es darin um grundlegend menschliche, den humanen Vollzug von Sport als solchen berührende Probleme geht.

Dabei fällt zunächst auf, daß sich die ethisch besonders relevanten Probleme fast durchgängig erst mit dem Ethos des Hochleistungssports, und zwar von den hier immer stärker hervortretenden Sekundärmotivationen und Sekundäreinflüssen her einstellen. Freilich sollte man auch hier sehr genau differenzieren. Da macht es sich ein verbreiteter, die Komplexität von Lebenszusammenhängen im Grund mißachtender Moralrigorismus in der Regel doch allzu leicht. Es kann nicht darum gehen, die Tatsache von Sekundärmotivationen als solche zu diffamieren. Streben nach öffentlicher Anerkennung, nach finanzieller Belohnung, nach Anhebung des Gruppen- oder Vereinsprestiges, nach Festigung des nationalen Ansehens oder dergleichen – all dies hat seine relative Eigenbedeutung und seine mögliche zusätzliche Legitimität. Das sollte selbst noch für jene im Grund unvermeidlichen ökonomischen Einbindungen des Sports und damit für die markteffektive Verwertung seiner Bedürfnisse gelten,

---

[9] *W. Kuchler*, Sportethos. Eine moraltheologische Untersuchung des im Lebensbereich Sport lebendigen Ethos als Beitrag zu einer Phänomenologie der Ethosformen (München 1969) 268 f.

wenn wir die Bedingungen einer freien Wettbewerbswirtschaft als Voraussetzung ökonomischer Optimierung im Prinzip bejahen. Wo immer sich deshalb solche hinzukommenden Einflüsse und Beweggründe geltend machen und mit der Primärintention des Sports, seiner Zielgestalt als nach Regeln geführtem Wettkampf, verknüpfen, stellt dies für sich gewiß noch kein moralisches Übel dar, solange die Primärintention selbst in ihren ethischen Bedingungen unangetastet bleibt. Von einem moralischen Übel kann vielmehr erst dort die Rede sein, wo die Sekundärinteressen sich zu eigenen Zielgrößen verselbständigen, gegenüber allem anderen Vorrang gewinnen und damit zwangsläufig zu Mißachtung, zum Abbau und zur Zerstörung jener Spielregeln der Fairneß führen, die den sportlichen Wettkampf in seiner Primärintention als Wettkampf ethisch allein zu sichern vermögen. Wo immer solche Verkehrungen geschehen, stellen diese in der Tat eine Bedrohung dar, die nicht nur den Sport illusorisch und sinnlos machen, sondern auch die Agierenden selbst in ihrer moralischen Substanz als Menschen in Frage stellen und erniedrigen.

Auf ihre die Wettkampfstruktur des Sports moralisch demontierende Wirkung hin betrachtet, bleibt es dabei im Grunde gleichermaßen verwerflich, ob die Ursache hierfür beim Sportler selbst, bei seinen unmittelbaren Betreuern und Trainern, bei den Beauftragten seines Vereins oder Verbandes oder bei möglichen auf ihn Einfluß nehmenden wirtschaftlichen oder staatlichen Interessenagenturen liegt. Gleichermaßen verwerflich bleibt es ferner auch, ob hierbei zur Herstellung eines künstlichen Ungleichgewichts an Überlegenheit mit medizinischen, psychologischen oder moralischen Mitteln in unlauterer Weise manipuliert wird. Bestechung, Nötigung und Doping stehen hier in gewisser Hinsicht auf einer Ebene. Sie haben, wie man zu sagen pflegt, nichts mehr mit Sport zu tun, sondern stellen schlichtweg kriminelle Handlungen dar.

Damit dürften gewiß elementarste, jedermann einsichtige ethische Grenzsetzungen kenntlich gemacht sein, ohne deren unbedingte Achtung das komplexe Phänomen Sport jeden humanen Sinn verlieren würde, Grenzsetzungen, deren Anspruch sich gerade in Bezug auf den Hochleistungssport, mit seiner besonders ausgesetzten, riskanten und damit um so leichter manipulierbaren Motivations- und Ethosstruktur nur noch gebieterischer aufdrängt.

Zugleich aber stellt sich auf diesem Hintergrund jetzt noch eine weitere, letzte Frage. – Wenn das Gebot der Fairneß allem sportlichen Wettkampf unabdingbare ethische Maßstäbe setzt, so daß es durch keine Sekundärmotivationen ohne Not außer Kraft gesetzt werden darf, gilt dieses Gebot dann nicht auch in ebenso elementarer Weise für den Umgang des Sportlers mit seinem eigenen Körper? Was hat den Vorrang, das „citius, altius, fortius“ oder die körperliche Integrität? Darf man um eines sportlichen Hochleistungszieles willen Gesundheitsrisiken mit möglichen bleibenden Folgewirkungen in Kauf nehmen? Wonach soll dies im einzelnen bemessen werden? Das ist nicht nur eine sportmedizinische und auch nicht nur eine moralkasuistische Frage – das ist es beides auch –, sondern bleibt m. E. darüberhinaus ein zutiefst ethisch-personales Problem, für das es offensichtlich keine jedem Fall gerecht werdende, ein für allemal gültige, glatte Lösungsformel gibt. Geht es doch in der hier zu wahrenden Fairneß durchaus nicht allein nur um Fairneß gegenüber dem eigenen Körper als anvertrautem, gesund zu erhaltendem Gut, sondern zugleich auch um Fairneß gegenüber dem eigenen, zur Wahl aufgegebenen und in der sportlichen Selbstüberbietung als Möglichkeit ergriffenen aktualen Lebensentwurf. Gerade dieser aber hat hier sein eigenes Schwergewicht, wie überall dort, wo sich der Mensch nicht mit dem Durchschnittlichen begnügt, sondern seine ganze Kraft einem besonderen, schwer zu erreichenden Ziel verschreibt. „Bonum arduum", das schwierige, steile, überragende Gut nennt dies die Sprache der Scholastik, wo Menschen sich ein singuläres äußerstes Seinkönnen abringen. Das Ethos des Hochleistungssportlers bleibt in der Tat ein solches Grenzgängerethos, von dem man nicht erwarten kann, daß sich alles schlichtweg nahtlos ineinanderfügt und gegeneinander aufrechnen läßt.

Damit ist in keiner Weise der Leichtfertigkeit und Verantwortungslosigkeit das Wort geredet. Überflüssige Risiken und voraussehbare, unverhältnismäßige Schädigungen dürfen deshalb weder heruntergespielt noch verharmlost werden. Es läßt sich nicht alles und jedes rechtfertigen, was geschieht. Der Hochleistungssportler muß in jedem Fall *wissen*, was er tut. Wenn er dies wirklich weiß, dann findet für ihn zugleich auch die selbstauferlegte Fron der sportlichen Arbeit, mit all den ihr innewohnenden Zumutungen, Härten und Risiken ihre Rechtfertigung, kann sie also auch nicht als eine ihm aufgenötigte, letztlich von außen kommende Zumutung, als „entfremdete Arbeit" betrachtet werden, für die es womöglich noch die spätkapitalistische Leistungsgesellschaft verantwortlich zu machen gelte. Sicher bleibt dann für ihn in all dem aber auch die Einsicht bestimmend, daß das Attraktivum „citius, altius, fortius" nicht bis ins Unendliche getrieben werden kann, und somit auch für den Sport zu gelten hat, daß der Fortschritt der Zukunft nicht Maximierung, sondern Optimierung heißt. Optimierung aber nimmt nichts von dem zurück, was für den Menschen tatsächlich möglich und erreichbar ist, will also gerade nicht nivellieren, sondern sucht für alles die ihm gemäße, der Komplexität der Ansprüche gerecht werdende, unüberbietbare Bestheit. Solche freilich finden wir weder im Leben noch im Sport angesichts der Gebrochenheit alles Menschlichen nicht ohne Narben.

Weiterführende Literatur

W. Kuchler, Sportethos. Eine moraltheologische Untersuchung des im Lebensbereich Sport lebendigen Ethos als Beitrag zu einer Phänomenologie der Ethosformen (München 1969).
P. Jakobi – H. E. Rösch (Hrsg.), Sport ohne Ethos? (Mainz 1979).

Wilhelm Korff

Sechstes Kapitel
Zur Ethik der Informationsmedien

I

Die Rolle der publizistischen Medien

Der Ausdruck „Medien", der sich aus der schlichten Übersetzung des angelsächsischen „Mass (communications) Media" entwickelte, erwies sich als griffiger im Vergleich zu „Massenkommunikationsmittel" oder gar Mittel oder Instrumente der sozialen Kommunikation („Communio et Progressio"). Heute spricht man von Medien, wenn man global auf alle massenweise verbreiteten Informationsträger hinweisen will, deren Inhalte ein großes Publikum erreichen. Zeitungen und Zeitschriften, Taschenbücher, Filme, Radio- und Fernsehprogramme werden ebenso dazu gezählt wie Schallplatten, Tonband- und Videokassetten. Harry Pross[1] zählt zu den primären Medien Mittel des menschlichen Elementarkontaktes wie Botschaft, Lachen und Weinen, Laute, Fingersprache, Konvention, Demonstration, Zeremoniell, Stafette. Wesensmerkmal der sekundären Medien ist die Tatsache, daß der Kommunikator ein Gerät braucht, etwa Maske, Feuer und Rauch, Bilder, Alphabet, Briefe, Plakate, Fotografie, Druckmaschinen bis hin zur Zeitung. Für die tertiären Medien braucht nicht nur der Kommunikator, sondern auch der Rezipient ein Gerät. Telegraf und Telefon, Schallplatte, Tonband und Film, Radio und Fernsehen gehören in diesen Bereich. Für die Zeit bis zum Ende des Jahrhunderts kündigt sich mit dem integrierten Glasfasernetz eine vierte Dimension an; es wird das jetzige Telefonnetz ersetzen und nicht nur das Bildtelefon ermöglichen, sondern auch alle Dienste für die geschäftliche Kommunikation, wie Fernschreiben, Fernkopieren, Datenübertragung, Fernmessen und Fernwirken, sowie sozusagen als eine Art „Abfallprodukt" die Verbreitung einer großen Zahl von Radio- und Fernsehprogrammen einschließlich der Programme, die von Satelliten abgestrahlt werden.

[1] *H. Pross,* Medienforschung (Darmstadt o.J. [1970]) 128ff.

Die Geschichte der aus heutiger Sicht „alten" (Druck- oder Print-)Medien begann mit Gutenbergs Erfindung des Buchdrucks mit beweglichen Lettern. Zeitschriften und Bücher eröffneten eine neue Dimension von Öffentlichkeit im Zeitalter von Reformation, Humanismus und Aufklärung. Das 19. Jahrhundert ist geprägt vom Kampf um die Pressefreiheit, die im Kaiserreich ihren ersten Niederschlag im Reichspressegesetz von 1874 fand[2]. Der Antrag des Zentrums, die Pressefreiheit in der Reichsverfassung zu verankern, war vom Reichstag abgelehnt worden. Verfassungsrechtliche Garantie brachte erst das Grundgesetz der Bundesrepublik Deutschland in seinem Grundrechtsartikel 5.

Nach dem Ersten Weltkrieg bot die Technik Radio als „neues" Medium an in gleicher Weise wie das Fernsehen nach dem Zweiten Weltkrieg. Die technischen Innovationen verlangten einen ordnungspolitischen Rahmen für die Organisation und für die Programmgestaltung. In der Weimarer Republik entstand unter dem Schutz und Schirm der Reichspost ein gouvernementales Rundfunksystem, das 1932 durch Reichskanzler Franz von Papen völlig verstaatlicht wurde, so daß Hitler mit der Macht im Staat auch die Macht über den Rundfunk übernehmen konnte. Wie in allen totalitären Herrschaftssystemen wurde der Rundfunk bis 1945 von Staat und Partei als „Führungsmittel" eingesetzt. Unter maßgeblichem Einfluß der westlichen Alliierten entstanden bis 1963 als Anstalten des öffentlichen Rechts mit dem Recht der Selbstverwaltung neun Landesrundfunkanstalten unterschiedlicher Größe sowie zwei Anstalten des Bundesrechts – zusammengeschlossen in der Arbeitsgemeinschaft der Rundfunkanstalten Deutschlands (ARD) – und als zentrale Organisation das Zweite Deutsche Fernsehen (ZDF). Das Fernsehurteil des Bundesverfassungsgerichts von 1961 sprach die Organisationskompetenz für den Rundfunk den Bundesländern zu und bestimmte, daß wegen des Frequenzmangels und des hohen Kapitalaufwandes der Rundfunk (Sammelbegriff für Hörfunk und Fernsehen) nicht einer einzelnen gesellschaftlichen Kraft und dem freien Spiel der Kräfte überlassen werden dürfte, sondern daß alle gesellschaftlich relevanten Kräfte an der Kontrolle dieses wichtigen „Mediums und Faktors der öffentlichen Meinung" beteiligt sein müßten.

Die jüngsten technischen Innovationen wie Teleschriftformen, Bildschirmtext und Videotext, konventionelle Kupferkabelnetze oder künftige Glasfasernetze sind keine „neuen Medien", sondern bieten lediglich neue Distributionsmöglichkeiten für bestehende oder zusätzliche Programme. Es liegt in der Macht der deutschen Landesparlamente zu entscheiden, ob die derzeitige „publizistische Gewaltenteilung" zwischen privatwirtschaftlich organisierter Presse und öffentlich-rechtlich organisiertem Rundfunk erhalten bleibt oder verändert wird, indem auch für die audiovisuellen Medien private Veranstalter zugelassen werden, die ihre Programme mit Einnahmen aus der Werbung zu

---

[2] *O. B. Roegele,* Presse-Reform und Fernseh-Streit (Gütersloh 1965).

finanzieren hätten. Eine breite öffentliche Diskussion über die Folgen eines vermehrten Programmangebots auf Familie und Gesellschaft sowie die Frage, ob alles, was technisch machbar ist, auch gemacht werden muß und finanziert werden kann, bestimmt die Auseinandersetzungen zu Beginn der 80er Jahre[3].

In diesem Streit geht es auf der einen Seite um die Interpretation des Artikels 5 GG. Willi Geiger[4] und andere behaupten, auf dem Feld der Telekommunikation sei nun eine Freiheit möglich, wie sie seit je im Bereich der freien Presse bestand und im freiheitlichen Staat verfassungskräftig für nötig gehalten werde. Nicht der Staat habe zu bestimmen, was er im Interesse des Gemeinwohls für die beste Art der Information der Bürger für nötig, richtig, positiv oder negativ halte. Der Staat habe nur die rechtlichen Bedingungen zu schaffen, damit die an der Veranstaltung von Programmen Interessierten und die auf Information ausgehenden Bürger bestimmen könnten, von wem sie informiert werden möchten, was sie hören und sehen möchten. Auf der anderen Seite ist die Industrie im Interesse des Erhalts von Arbeitsplätzen und der Exportfähigkeit daran interessiert, die möglichen technischen Innovationen zu realisieren. Schließlich drängen vor allem Presseverleger und Werbewirtschaft auf den „Medienmarkt" (Umsatz 1980: 11 Mrd. DM), um sich geschäftliche Zukunftschancen zu sichern. Dagegen erheben sich wiederum Stimmen, die nach „Medientechnologie-Folgenabschätzung" (Technology Assessment) rufen, damit wir nicht wie bei anderen technischen Errungenschaften mit Folgen leben müssen, die wir so nicht wollten, die wir aber auch nicht mehr rückgängig machen können.

Unabhängig von den medienpolitischen Auseinandersetzungen hat sich inzwischen ein ganz anderer „Medienmarkt" auszubreiten begonnen, dem große Wachstumsraten eingeräumt werden, nämlich der Markt der Video-Rekorder und Video-Kassetten, die jedermann erlauben, sein eigener „Programmdirektor" zu sein, indem er gekaufte oder geliehene Programme jedweder Qualität abspielt.

Über die Wirkung der Medien gibt es noch keine umfassende Theorie. Teilergebnisse der psychologischen oder sozial-empirischen Forschung lassen sich nicht verallgemeinern und beschränken sich zumeist auf gruppenspezifisches Verhalten. Sie können auch nicht von einem Gesellschaftssystem auf das andere übertragen werden. Bei der Beurteilung der Wirkungen von „Brutalität am Bildschirm" stehen sich beispielsweise Schulen gegenüber, deren eine eine aggressionsbefreiende Wirkung (Katharsis-Hypothese), deren andere Imitationshandlungen zumindest für möglich hält. An diesem Beispiel zeigt sich, daß die Wirkung der Medien von anderen sozialen Faktoren abhängig ist. In einer asozialen Umwelt wirken Gewaltdarstellungen offenbar anders als bei ge-

---

[3] *G. Maletzke*, Gesellschaftspolitische Aspekte des Kabelfernsehens (Stuttgart 1979).
[4] *W. Geiger* u. a., Der öffentlich-rechtliche Rundfunk (Zürich 1978) 11 ff.

ordneten Verhältnissen. Einigermaßen anerkannt sind Mechanismen der „selektiven Wahrnehmung“ im Bestreben nach „kognitiver Kongruenz“ des eigenen Einstellungsuniversums mit den von den Medien angebotenen Botschaften[5]. Eine Medienpädagogik, die diesen Namen verdient, steckt erst in den Ansätzen[6].

Die Unterschiede zwischen den publizistischen Medien[7], die nicht nur Information in engerem Sinn, sondern auch Unterhaltung, Kunst und Belehrung anbieten, liegen dagegen auf der Hand, und zwar sowohl beim Kommunikator wie auch beim Rezipienten. Presse und Hörfunk bieten „einkanalige“, Fernsehen und Film „mehrkanalige“ Kommunikation, die verschiedenen Medien bedienen sich zusätzlich unterschiedlicher Codes (ikonisch oder digital) und treffen bei Lesern, Hörern und Zuschauern auf unterschiedliche Empfangssituationen, unterschiedliche Erfahrungen, Akzeptanz, Glaubwürdigkeit und Wertschätzung, sowie auf unterschiedliche Selektions- und Dekodierungsgewohnheiten der vermittelten Kommunikation. Vor allem Raum und Zeit als publizistische „Konditionen“ sind neben anderen medienspezifischen Merkmalen von Gewicht.

Es ist das Geschäft des Publizisten, aus der ungeheuren und niemals voll erfaßbaren Komplexität der Zustände und Ereignisse die ihm für das „Zeitgespräch der Gesellschaft“ wichtigsten Themen und Vorgänge auszuwählen, um darüber zu berichten und zu kommentieren. In einem freiheitlichen Staatswesen verbindet sich damit die Aufgabe, die „Herrschaft“ zu kritisieren, in welcher Form auch immer sie in Staat, Wirtschaft und Gesellschaft ausgeübt werden mag. Die „Reduktion von Komplexität“ vollzieht sich aber bei den einzelnen Medien in sehr verschiedener Weise und wird immer unzulänglich bleiben, weil nur ein Bruchteil dessen, was geschieht, überhaupt bekannt wird und weil von den bekannt gewordenen Fakten wiederum nur ein Bruchteil darstellbar ist. Die Dimension der gedruckten Medien ist der Raum. Solange das Papier reicht, ist er beliebig ausdehnbar. Flugblätter und Broschüren lassen sich schon mit geringem technischem Aufwand herstellen. Zeitungen und Zeitschriften können ihre Angebote grundsätzlich beliebig bestimmen, um Tausende von Zielgruppen mit den Informationen zu bedienen, die die Angehörigen dieser Zielgruppen erwarten. Die Leser können mit den Blättern, die sie erwerben, großzügig umgehen und wählen aus dem reichhaltigen Lesestoff nur aus, was ihrem persönlichen Interesse entspricht. Die Leser können etwas nachlesen, wenn sie es auf Anhieb nicht verstanden haben, können einen Artikel ausschneiden und archivieren. Gedrucktes können sie in die Tasche stecken und zu jeder beliebigen Stunde und an jedem beliebigen Ort sich zu Gemüte führen.

---

[5] *F. Droege* u. a., Wirkungen der Massenkommunikation (Münster 1969); *G. Maletzke*, Psychologie der Massenkommunikation (Hamburg 1963).
[6] *W. Wunden*, Medienpädagogik – Führerschein fürs Fernsehen? (Stuttgart 1980).
[7] *H. Bausch*, Was die publizistischen Medien unterscheidet (Stuttgart 1978).

Ganz anderen Bedingungen sind Radio und Fernsehen unterworfen. Die Dimension der elektronischen Medien ist die Zeit. In diese nicht beliebig vermehrbare Konstante sind die Programme von Radio und Fernsehen eingebunden. Man kann zwar die Zahl der Programmquellen erhöhen, nicht aber den zeitlichen „Umfang" jeder einzelnen Programmquelle. Live-Übertragungen können zwar den Hauch einer Atmosphäre des „Dabeiseins" vermitteln; aber alle übrigen Möglichkeiten publizistischer Darstellung lassen sich nur bei relativ hohem technischem Aufwand und nur in starker zeitlicher „Verdichtung" verwirklichen. Selbst wenn jemals „Medienaltäre" mit Stereotürmen und allen möglichen Aufzeichnungsgeräten zum Bestandteil jeder besseren Wohnung gehören sollten, wird sich die Zeit für den Konsum der audiovisuellen Medien nicht erhöhen. Lediglich die Publikumsgruppen für die einzelnen Programmangebote werden sich differenzieren. Noch nie sind so viele Bücher hergestellt und verkauft worden wie heute. In welchem Maß sie auch gelesen werden, weiß niemand. Diese Frage der Akzeptanz muß auch für die audiovisuellen Kommunikationsmöglichkeiten der Zukunft offen bleiben.

Hans Bausch

II

Anthropologische Grundlegung einer Medienethik

Wirklichkeit und Wirkungen der modernen Medien sind von der wissenschaftlichen Ethik als empirische Daten zur Kenntnis zu nehmen. Sie sind zwar keine hinreichende Basis für die Gewinnung ethischer Orientierungen. Ihre ethische Relevanz tritt aber in dem Maße hervor, als sie im Horizont einer ganzheitlichen Deutung menschlichen Daseins reflektiert werden. Eine anthropologische Integrierung empirischer Daten ist freilich wie in vielen anderen Bereichen so auch hier durch sachliche und hermeneutische Probleme so sehr erschwert, daß in diesem Zusammenhang kaum mehr als einige fragmentarische Hinweise angeboten werden können.

Gerhard Maletzke bestimmt Massenkommunikation als „jene Form der Kommunikation, bei der Aussagen öffentlich durch technische Verbreitungsmittel indirekt und einseitig an ein disperses Publikum ... vermittelt werden"[1].

---

[1] *G. Maletzke,* Psychologie der Massenkommunikation. Theorie und Systematik (Hamburg 1963) 32. Lediglich das Moment der „Einseitigkeit" bedarf an dieser Definition aus heutiger Sicht der Korrektur.

Daraus ergibt sich, daß eine anthropologische Reflexion vor allem die menschliche und gesellschaftliche Bedeutung der Kommunikation, ihrer technischen Vermittlung und ihrer Öffentlichkeitsdimension zu bedenken hat. Sie darf nicht das Personale (Ethos des Kommunikators und des Rezipienten) einseitig in den Vordergrund rücken, sondern muß die Verwiesenheit des Menschen in verschiedene Formen von Sozialität (b und c), seine Angewiesenheit auf technisch-instrumentelle Vermittlung (d) und das Ziel einer Massenkommunikation (e) ins Auge fassen. Ist sie theologisch-anthropologische Reflexion, muß sie schließlich nach dem Beitrag der christlichen Botschaft für Verständnis und Verwirklichung des Kommunikationsprozesses fragen (f). Hier soll zunächst auf die heutige Notwendigkeit medialer Kommunikation hingewiesen werden (a).

1. Notwendigkeit der medialen Kommunikation

Die eng umgrenzte Umwelt des Menschen ist auf die universale Weltgesellschaft hin geöffnet worden. Die Fülle der Ereignisse, die sich allüberall ständig begeben, erwecken unser Interesse und bestimmen unsere Entscheidungen mit. Öffentliche Kommunikation bezieht sich auf die „Ereignishaftigkeit der Welt", der wir hilflos preisgegeben wären, wenn ihre Komplexität nicht auf ein für uns vollziehbares Maß reduziert würde. Es ist präzise die Aufgabe des Journalismus, zu einer bestimmten Zeit einer bestimmten Gesellschaft die „Ereignishaftigkeit der Welt" zu vermitteln, indem er diese durch die Präsentation von Nachrichten und Themen überschaubar und einsichtig macht[2].

Der Mensch hat ein Recht auf Information über alle Tatsachen, die ihm als einzelnem und als Glied der Gesellschaft je nach seiner besonderen Situation zu wissen zukommt. Richtige Informationen sind unabdingbare Voraussetzung für richtige Entscheidungen. Das Recht auf Information schließt das Recht auf Verstehenshilfen ein. Die Fülle der Informationen, die durch die verschiedenen Medien über jeden einzelnen ausgeschüttet werden, überfordert ihn. Sie muß auf ein vernünftiges Maß beschränkt und überdies muß eine Grundorientierung vermittelt werden, aufgrund deren Wichtiges von Unwichtigem unterschieden werden kann. Außerdem müssen die einzelnen Nachrichten miteinander in Korrelation gebracht werden, indem man ihre Ursprünge, ihre Verflechtungen und ihre Auswirkungen einsichtig macht. Nur auf diese Weise kann durch die verwirrende Fülle von Informationen hindurch die Wirklichkeit der Welt und der Ereignisse transparent, können Tatsachen, Tendenzen, Interessen und Meinungen einigermaßen überblickbar werden.

Der Mensch hat nicht nur ein Recht auf Information und Verstehenshilfe, er

---

[2] Vgl. *M. Rühl*, Journalismus und Gesellschaft. Bestandsaufnahme und Theorieentwurf (Mainz 1980).

hat auch ein Bedürfnis, die universale Weltgesellschaft in ihrer kulturellen Vielfalt kennenzulernen und sich mit ihren Hoffnungen und ihren Leiden zu solidarisieren. Soziokulturelle Solidarisierung bereitet den Boden für jene universalmenschliche Vergemeinschaftung, ohne die es auf die Dauer keine effektive Anhebung der wahren Lebensqualität geben kann. Die Pastoralinstruktion „Communio et Progressio" über die Instrumente der sozialen Kommunikation vom 23. Mai 1971 hat diese Perspektive gleich mit den Einleitungsworten programmatisch formuliert: „Gemeinschaft und Fortschritt der menschlichen Gesellschaft sind die obersten Ziele sozialer Kommunikation und ihrer Instrumente."[3] Schließlich gibt es neben dem Bedürfnis nach soziokultureller Solidarisierung auch ein legitimes Bedürfnis nach Unterhaltung, das zu einem guten Teil durch mediale Kommunikation erfüllt werden kann („Psychische Gratifikation"). Die Bedeutung der Unterhaltung für ein erfülltes Menschsein wächst um so mehr, je weniger Zeit der Mensch für die Erhaltung seines biologischen Daseins aufwenden muß, je mehr also die freie kreative Selbstverwirklichung zur zentralen Lebenschance wird. Wenn die Massenmedien die Selbstdarstellung des Menschen in seiner konkreten Mit- und Umwelt vermitteln, dann vollzieht sich diese Selbstdarstellung als Unterhaltung in der Weise vergnüglichen Spiels[4]. Nur moralische und politische Rigoristen verkennen, daß die Langeweile für den Menschen zu einer ernsten Gefahr werden kann und daß darum jede gute Unterhaltung als „geistiges Werk der Barmherzigkeit" (A. Rummel) an sich selbst und den Mitmenschen gerechtfertigt ist. Um zu ermessen, um was es hier geht, braucht man nur die Fragmente 131 und 139 in Pascals „Pensées" zu lesen[5].

Die Vermittlung der Ereignishaftigkeit der Welt im sozialen Kommunikationsprozeß stößt an unerbittliche Grenzen – nicht nur beim Rezipienten, der durch die Überfülle der Informationen übermächtigt und abgestumpft zu werden droht, sondern auch beim Kommunikator, der sich der Überfülle der Ereignisse ausgesetzt sieht und zu rascher Auswahl gezwungen ist. „Zwischen Ereignis und Empfänger schaltet sich ... nicht allein der Vorgang der Wahrnehmung und Übermittlung, sondern auch der Sammlung, Verarbeitung, Auswahl und Darstellung durch den Tatzeugen."[6] Indem Nachrichten ausgewählt, festgesetzt und präsentiert werden, wird über die Praxis der Information und damit über den Prozeß der Meinungsbildung entschieden. Weil überdies nur Ereignisse mit Neuigkeitswert nachrichtenfähig sind, fallen jene Bereiche der Wirk-

---

[3] Die Pastoralinstruktion ist im authentischen lateinischen Text und in deutscher Übersetzung in der Reihe „Nachkonziliare Dokumentation", Bd. 11 (Trier 1971) erschienen. Dem Text (150–291) ist ein ausgezeichneter Kommentar von H. Wagner vorangestellt (1–148).

[4] Vgl. *A. Auer,* Ist Unterhaltung vertane Zeit?, in: Unterhaltung im Rundfunk, hrsg. von A. Rummel (Berlin 1980) 7–22, abgedruckt in: Stimmen der Zeit 198 (1980) 735–749.

[5] Vgl. auch *W. J. Revers,* Die Psychologie der Langeweile (Meisenheim am Glan 1949).

[6] *W. Hagemann,* Grundzüge der Publizistik, neu hrsg. von H. Prakke (Münster [2]1966) 43.

lichkeit, in denen sich nichts „Berichtenswertes" verändert, aus der Information heraus. Das Bleibende wird zugunsten des sich Verändernden drastisch benachteiligt. Dadurch verzerrt sich das Bild der Wirklichkeit; die Relation zwischen dem Bleibenden und dem Sich-Verändernden wird verschoben. Der Wandel und die von ihm ausgehende Unruhe gewinnen eine illegitime Prävalenz vor der „wohltuenden Selbstverständlichkeit" (A. Gehlen) des Lebens. Die ethische Reflexion wird bedenken müssen, wie der Mensch angesichts dieser Begrenztheiten der Vermittlung der „Ereignishaftigkeit der Welt" seine Identität bewahren kann.

2. *Partner der medialen Kommunikation*

Die „Ereignishaftigkeit der Welt" wird im Prozeß der Kommunikation vermittelt. Kommunikation ist nicht als individual-kausales, sondern als sozial-dialogisches Handeln zu bestimmen. Sie verwirklicht sich nicht auf der Einbahnstraße von Kommunikator zum Rezipienten nach dem Reiz-Reaktions-Schema; hier könnten in der Tat einige Eliten in einer Art „Regie des öffentlichen Lebens" (K. Schmeer) der dumpfen Masse die von ihr kreierten Wahrheiten und Werte aufreden. Soziale Kommunikation ist ein Handeln aufgrund vieler wechselseitiger Beziehungen, sie ist „das Zeitgespräch der Gesellschaft" (B. M. Aswerus), „das Gespräch der Menschengesellschaft mit sich selbst über Fragen der Zeit" (O. B. Roegele), sie ist – wenn auch nur bei optimalen Voraussetzungen – kreatives Aufeinanderhören und Miteinandersprechen, lebendiger und fruchtbarer Selbstvollzug des sozialen Universums. Heutige Publizistikwissenschaft hat auf der ganzen Linie „den Schritt von der publizistischen Aussage für die Gesellschaft zum publizistischen Dialog in der Gesellschaft, also zur sozialen Kommunikation vollzogen"[7].

---

[7] *G. E. Stoll*, Für Henk Prakke zur Vollendung des 70. Lebensjahres, in: Communicato socialis 3 (1970) 132–135, hier 133. Das *vertikalistische Modell*, das lange Zeit in der Wissenschaft (wie auch in kirchlichen Verlautbarungen) als das klassische publizistische Modell gegolten hat, kann als überholt betrachtet werden. Vgl. dazu die vorzügliche Untersuchung von *G. Deußen*, Ethik der Massenkommunikation bei Papst Paul VI. (München–Paderborn–Wien 1973), vor allem 268–327; ebd. 269f.: „Der Papst betrachtet die publizistische Handlungswirklichkeit als kausalistisch-einlinig gerichtete Hinsagekommunikation vom Kommunikator zum Rezipienten"; die Affinität einer „an ethischen Handlungsorientierungen und Verhaltensmustern interessierten Instanz wie (des) für Glaube und Sitte verantwortlichen Lehramts ... zu (einer solchen) publizistikwissenschaftlichen Theorie" liegt auf der Hand. – Das neue Verständnis des publizistischen Vermittlungsprozesses findet sich im *Kommunikationsmodell* der Münchener Schule, wo partnerschaftliche Kommunikation unter dem „Faktorenkranz" von Universalität, Aktualität, Periodizität und Publizität sowie von möglichen Kommunikationsmedien und von der rechtlichen und sozialen Organisation der Kommunikation betrachtet wird. Vgl. *H. Wagner*, Ansätze zur Zeitungswissenschaft, in: Publizistik 10 (1965) 217–238. Ähnlich ist es im *funktionalistischen* Modell, das den Kommunikationsprozeß als komplexe Relation interdependenter Feldfaktoren bestimmt: des Kommunikators, des Rezipienten, des Mediums und der Aussage. Vgl. *H. Prakke*, Thesen zu einer neuen Definition der Publizistik-

Damit ist der traditionelle Ansatz bei einer individualistischen Anthropologie überwunden. Soziale Kommunikation vollzieht sich nicht als intime Begegnung zwischen dem Kommunikator und dem Rezipienten, sie vollzieht sich vielmehr in den sozialen Interdependenzen der Massenhaftigkeit. Der Begriff Masse ist von le Bon und Ortega y Gasset her in der allgemeinen Vorstellung negativ besetzt. Er bringt die Überheblichkeit der Nicht-zu-ihr-gehören-Wollenden zum Ausdruck.

In heutiger anthropologischer Bewertung erscheint der Begriff ambivalent: Er bedeutet nicht nur eine massive Bedrohung, sondern eine neue geschichtlich auferlegte Möglichkeit menschenwürdigen Daseins. „Die Frage, wie die Chancen der Personalität in der Masse offen bleiben, ja wie sie eine ganz besondere Dringlichkeit bekommen könne, kann nicht von den Maßstäben der alten Persönlichkeitskultur, sondern muß von denen der Masse selbst beantwortet werden. Und da darf man wohl annehmen, im Verzicht auf die reiche und freie Persönlichkeitskultur werde das, was eigentlich Person ist, das Gegenüber zu Gott, die Unverlierbarkeit der Würde, die Unvertretbarkeit in der Verantwortung, mit einer geistigen Entschiedenheit hervortreten, wie sie vorher nicht möglich war. So seltsam es klingen mag: die gleiche Masse, welche die Gefahr der absoluten Beherrschbarkeit und Verwendbarkeit in sich trägt, hat auch die Chance zur vollen Mündigkeit der Person in sich.“[8]

In der sozialen Kommunikation ist die Masse im Gespräch mit sich selbst. Partner des Gesprächs sind nicht hier die Kommunikatoren und dort die Rezipienten, sondern die einzelnen und die Gruppen in der Gesellschaft. Sie sind „Ausgangspartner“, insofern sie Ereignisse mitteilen und interpretieren, sie sind „Zielpartner“, insofern sie sich informieren lassen. Nur für einen Augenblick stehen sie sich als zwei feste Gruppen gegenüber. „Im Vollzug dieses Gesprächs jedoch wird stets aus dem Ausgangspartner der Zielpartner und aus dem Zielpartner wieder ein Ausgangspartner.“[9] Entsprechend den verschiedenen Zugängen zu den Medien haben Kommunikatoren und Rezipienten natürlich verschiedene Rollen. Die Kommunikatoren sind nicht unbeschränkte Herren über die Instrumente des gesellschaftlichen Selbstgesprächs, sie haben kein privilegiertes Monopol auf Meinungs- und Informationsfreiheit. Sie sind vielmehr die ehrlichen Makler, die das „Gespräch am runden Tisch der Meinungsbildung“ in Gang halten, die den aufdringlichen Partner behutsam zurückdrängen und

---

Wissenschaft, in: Publizistik 16 (1971) 81f., sowie *G. Deußen*, a. a. O. 274–276; zum Gebrauch des Begriffs „funktional“ in der Publizistikwissenschaft vgl. *F. W. Dröge*, Publizistik und Vorurteil (Münster 1967) 71–79. Im *systemtheoretischen* Entwurf *M. Rühls*, a. a. O. (s. o. Anm. 2) vor allem 241–249, werden die personalen Kommunikationsverläufe zwar nicht überflüssig, aber Motive, Emotionen, Interessen und moralische Einstellungen der einzelnen Journalisten treten stark zurück hinter bestimmten Strukturen, Organisationen und Strategien („intitutionalisierte Unpersönlichkeit“).

[8] *R. Guardini*, Das Ende der Neuzeit (Würzburg [9]1965) 71.

[9] Pastoralinstruktion „Communio et Progressio“, kommentiert von H. Wagner, 43.

den schweigenden ermuntern oder provozieren, die allen monologischen Tendenzen widerstehen und die Offenheit des Kommunikationsprozesses gewährleisten. Das sogenannte Publikum setzt sich nicht – jedenfalls nicht nur – aus passiven und gleichwertigen Sozial-Atomen zusammen, die der manipulatorischen Willkür der Kommunikatoren hilflos preisgegeben sind. Es gibt eine Reihe von sozialen Faktoren, die das Publikum deutlich differenzieren. Aufgrund individueller Prägung durch die eigene Lebensgeschichte, durch übernommene Positionen und Rollen sowie durch Gemeinschaften, in die sie integriert sind, entwickeln die einzelnen eine beachtliche Selektionsfähgikeit. Das Publikum ist nicht eine beliebig modellierbare Masse. Es kann sich dem journalistischen Angebot verweigern und dadurch gar nicht erst zum Publikum werden[10].

Soziale Kommunikation kommt nur voll zu sich selbst, wenn alle Beteiligten wie in einem Parallelogramm der Kräfte dynamisch aufeinander bezogen und füreinander geöffnet bleiben. Nur aus solcher Reziprozität „ersteht ... schließlich anstelle des alten diffusen und undifferenzierten Begriffs der ‚Masse' das Bild einer sich in ihrer Pluralität selbst regulierenden, autonomen Kommunikationsgemeinschaft"[11]. Es kann hier nicht im einzelnen entwickelt werden, welche fundamentale Bedeutung aus dieser Sicht der Meinungs- und Pressefreiheit sowie ihrer Absicherung durch Selbstkontrollen, gesellschaftliche Kontrollen und ein Minimum an staatlicher Kommunikationspolitik zukommt. Die sicherste Gewähr der Meinungs- und Pressefreiheit liegt auf die Dauer jedenfalls in der Aktivierung des „Publikums" und im entschlossenen Willen der Kommunikatoren zur ehrlichen Maklerschaft im Selbstgespräch der Gesellschaft.

3. *Der Raum der medialen Kommunikation*

Mediale Kommunikation vollzieht sich in dem weithin auch von ihr selbst erstellten Raum der Öffentlichkeit[12]. Existenz und Handeln in der Öffentlichkeit werden ermöglicht und zugleich erzwungen durch die menschliche Intersubjektivität. Menschliches Dasein ist konstitutiv auf Reziprozität und Austausch

---

[10] Vgl. *G. Deußen,* a. a. O. 273f; *M. Rühl,* a. a. O. 366: „Nicht nur Journalismus, auch seine Publika verfügen über Autonomie."

[11] *G. Deußen,* a. a. O. 292. Vgl. *H. Proß,* Moral der Massenmedien (Köln–Berlin 1967) 237: Nachrichten und Anregungen verschiedenster Art erfordern, wenn sie wirklich erkannt bzw. angeeignet werden, „die Veranstaltung von Rede und Gegenrede, von Spruch und Widerspruch. In der Anmerkung des Gegenüber und im bewußten Suchen nach einer gemeinsamen Sprache entfaltet sich die Moral der Medien, nicht in der Deklamation und nicht in der Akklamation."

[12] Zur Diskussion über Bedeutung und Brauchbarkeit des Begriffs vgl. *U. Otto,* Die Problematik des Begriffs der Öffentlichen Meinung, in: Publizistik 11 (1966) 99–130, und *J. Habermas,* Strukturwandel der Öffentlichkeit (Neuwied – Berlin 1962); zur Entwicklung des publizistikwissenschaftlichen Begriffs der Öffentlichkeit, der vom politischen wie vom soziologischen klar abzuheben ist, *G. Deußen,* a. a. O. 317f, Anm. 146.

verwiesen; es ist in gleicher Weise „Mitsein" wie Selbstsein[13] und kann sich nur in einer Kommunikation verwirklichen, die über die Beziehung von Mensch zu Mensch hinaus auch den Raum der Öffentlichkeit umschließt. Wo Kommunikation nicht zum Sekundärphänomen in der Ordnung der „Mittel" verkürzt wird, gewinnt die Öffentlichkeit auch als solche eine eigene „anthropologische Valenz"[14].

Auf diesem anthropologischen Fundament der Intersubjektivität wird Öffentlichkeit als „Artefakt" erstellt. Im medialen Kommunikationsprozeß werden ständig aktuelle Informationen und Wertungen in die „Summe der Gegenwelten (eingebracht), die in den Menschen (der) jeweiligen Öffentlichkeit gegenwärtig sind"[15]. Diese immerwährende Fluktuation der kommunikativen Strömungen hält auch die Gestalt der Öffentlichkeit in einem Prozeß dauernder Veränderung. Dem einzelnen gelingt es nur schwer, im Andrang der ungezählten „Gegenwelten" die Identität seiner eigenen „Gegenwelt" durchzuhalten und zugleich aufrichtiger Zeitgenosse und Teilhaber der sich verändernden Öffentlichkeit zu bleiben. Die im Kommunikationsprozeß unvermeidliche „Entfremdung" kann leicht zum Identitätsverlust führen.

Öffentlichkeit kann nur als plurale Öffentlichkeit verstanden werden. Pluralität bedeutet nicht Willkür oder auch nur Beliebigkeit. Auch die plurale Öffentlichkeit ist in Pflicht genommen – nach oben durch den absoluten Anspruch der Menschenwürde, wie er in den Grundwerten und Grundrechten expliziert ist, nach unten durch jenes „ethische Minimum", ohne dessen Anerkennung eine Gesellschaft auf Dauer zerfällt[16]. Aber es gibt in ihr keine Instanz, die über Recht und Unrecht, über Gut und Böse apodiktisch und definitiv urteilt, und es können in ihr nicht konkrete ethische Normen mit allgemeingültigem Anspruch als vorgegeben gelten. Solange in einer pluralen Öffentlichkeit nur die Freiheit voll respektiert wird, braucht man um den Kern des Wahren und des Guten nicht zu bangen. Er wird zwar nicht in einer „philosophia perennis" zementiert sein, aber er wird in der Konkurrenz der Argumentationen und der Interpretationen als offenes Gefüge von Ordnungsstrukturen und Sinngestalten „erscheinen" und sich in der sozialen Kommunikation vermitteln. Das schließt keineswegs aus, daß in der pluralen Gesellschaft bestimmte Gruppen wie etwa die Kirchen einen unbedingten Anspruch vertreten. Aber im Konzert der offenen Kommunikation kann er nur als Angebot und Orientierungshilfe zum Tra-

[13] Vgl. dazu *W. Brugger*, Das Mitsein. Eine Erweiterung der scholastischen Kategorienlehre, in: Scholastik 31 (1956) 370–383.
[14] *G. Deußen*, a. a. O. 279.
[15] *O. B. Roegele*, Bemerkungen zu einem anthropologischen Begriff der Öffentlichkeit, in: Die Frage nach dem Menschen. Festschrift für M. Müller, hrsg. von H. Rombach (Freiburg–München 1966) 212–221, hier 215.
[16] Vgl. *R. Hofmann*, Das sittliche Minimum in der pluralen Gesellschaft, in: ThQ 149 (1969) 23–38.

gen kommen. Mediale Kommunikation in einer freiheitlich-demokratischen Öffentlichkeit ist so beschaffen, „das sie die Wahrheitsfrage nicht von sich aus (entscheidet), sondern jeder Gruppe den angemessenen Raum (bietet), sich zu äußern und meinungsbildend zu betätigen im Sinne der Ermöglichung von Wahrheitsfindung, die allein im vielstimmigen Dialog verschiedener Meinungen sinnvoll sein (kann)“[17].

4. *Die technologische Indirektheit der medialen Kommunikation*

Die heutigen medialen Technologien vermitteln im buchstäblichen Sinn das Gespräch der gesamten Weltgesellschaft mit sich selbst. Überall sind gleichzeitig Berichterstatter gegenwärtig und ermöglichen einem Großteil der Menschen die Augen- und Ohrenzeugenschaft wichtiger Ereignisse. Die anthropologische Relevanz der technisch vermittelten Kommunikation ist eine andere, aber keine geringere als die der personalen Kommunikation. Doch wird die Ambivalenz der technisch-instrumentellen Medien ungleich schärfer erfahren als die Mehrdeutigkeit von Wort und Gestus in der persönlichen Begegnung. Hier spielen archaische antitechnische Affekte eine beträchtliche Rolle. Unter dem Eindruck der teils wirklichen teils vermeintlichen Entwürdigung und Entfremdung des Menschen aufgrund der Übermächtigung durch die mediale Massenkommunikation werden diese uralten Vorurteile mit zunehmender Heftigkeit philosophisch und theologisch rationalisiert. Dabei steht noch nicht einmal fest, ob der psychische Verödungs- und geistige Nivellierungseffekt überhaupt in dem Ausmaße, wie er in zahlreichen Analysen herausgestellt wird, gegeben ist. Und außerdem kann niemand mit Sicherheit klären, ob die beklagten Phänomene im Bereich der medialen Kommunikation Ursache oder Symptome des „Verelendungsprozesses“ sind.

Die Ambivalenz der technologischen Indirektheit sozialer Kommunikation ist allerdings eines ihrer konstitutiven und darum bleibenden anthropologischen Elemente. Niemand bestreitet die Gefahr der schleichenden Nivellierung und des schleichenden Identitätsverlustes vieler in einer passiven Rezipientenrolle versinkenden Konsumenten der medialen Angebote. Man muß darüber hinaus mit der ständigen Gefahr rechnen, daß die instrumentelle Vernunft allzu leicht und allzu gerne die ethischen Implikationen des sozialen Kommunikationsprozesses übersieht und auf die Emanzipation vom Ethischen überhaupt hintendiert, weil in ihren Entscheidungen die technologische Vermittlung gegenüber der sozialen Kommunikation eindeutig dominiert. Aber es wäre falsch, die Medien zum Sündenbock aller Zerfallserscheinungen in unserer Gesell-

---

[17] *G. Deußen*, Die Diskussion um eine „Theologie der Massenmedien“, in: Communicatio socialis 3 (1970) 209–225, hier 219 (nach *W. Dirks*, Geschäftsführung ohne Auftrag [Olten 1967]).

schaft zu machen. Sie erweitern in früher unvorstellbarem Ausmaß den Raum menschlicher Begegnung und damit den Zugang zu anderen Meinungen und Wertungen und zu vielfach unbekannten Formen kultureller Selbstdarstellung des Menschen. G. Deußen hat gewiß nicht unrecht mit seinem Hinweis: „Früher war der Mensch unter dem Eindruck einer objekt- und naturhaft argumentierenden Individualanthropologie und einer von dieser abhängigen Individualethik auf nicht hinterfragbare traditionale Verhaltensmuster und fest umrissene Zwänge und Tabus fixiert und damit weitaus mehr ‚nivelliert' als der durch die Technik viel freizügigere und mobilere Mensch der modernen Massengesellschaft."[18]

Wenn die instrumentelle Indirektheit mit ihrer unaufhebbaren Ambivalenz für heutige soziale Kommunikation konstitutiv ist, muß sie anthropologisch reflektiert werden. Es gibt Ansätze dazu. Schon das Dekret „Inter mirifica" des Zweiten Vatikanums spricht in der Einleitung von den medialen Technologien als von „instrumenta communicationis socialis", was allerdings – aufgrund des Fortwirkens der vertikalistischen Publizistik-Theorie – in der ersten offiziellen deutschen Übersetzung mit „publizistische Mittel" wiedergegeben wurde. In der Übersetzung der Pastoralinstruktion „Communio et Progressio" wird von Anfang an die Formel „Instrumente der sozialen Kommunikation" verwendet[19]. Hier ist die mediale Technik anthropologisch eingeholt: Sie partizipiert an der anthropologischen Dignität des durch sie vermittelten Kommunikationsprozesses. Noch bedarf es freilich einer entschlossenen ethischen Einholung der medialen Technik. G. Deußen fordert „eine neue Sensibilität für Aktionen instrumenteller Art", ohne die es keine Ethik der Massenmedien gebe[20]. F. Zöchbauer nennt eine Reihe von Auswirkungen einer solchen ethischen Sensibilisierung: die Ausdehnung der Wahrnehmung, die Veränderung des Denkens und des Auffassungsvermögens, die Erweiterung des Bewußtseins und der Verantwortung[21]. Die wissenschaftliche Befassung mit den ethischen Implikationen der technologischen Indirektheit sozialer Kommunikation ist unaufschiebbar geworden, weil wir in einem irreversiblen Prozeß stehen, der eine unerhörte Herausforderung an menschliche Vernunft und Freiheit darstellt. Zur Entscheidung steht nicht mehr die Machtergreifung des Technischen, sondern sein verantwortlicher Gebrauch[22].

---

[18] *G. Deußen,* Ethik der Massenkommunikation (s. o. Anm. 7) 281.
[19] Vgl. Pastoralinstruktion „Communio et Progressio", kommentiert von H. Wagner, 28 f.
[20] *G. Deußen,* a. a. O. 313 f.
[21] *F. Zöchbauer,* Verkündigung im Zeitalter der Massenmedien (München 1969) 19–26.
[22] *G. Deußen,* a. a. O. 313: „... die ethischen Dimensionen technischer Vermittlungen und Funktionen müssen dieser und der kommenden Generation eingeimpft werden. Andernfalls wird das 21. Jahrhundert eine technische Wüste ohne Moral und Menschlichkeit."

5. Das Ziel der medialen Kommunikation

Die Vermittlung von Information, Bildung und Unterhaltung durch die mediale Kommunikation zielt auf die Integrierung der vielen Einzelmeinungen in einem allgemeinen Konsens grundlegender Überzeugungen und Wertungen. Die Pastoralinstruktion „Communio et Progressio" formuliert diese Zielvorstellung schon im ersten Satz: „Gemeinschaft und Fortschritt der menschlichen Gesellschaft sind die obersten Ziele sozialer Kommunikation und ihrer Instrumente." Kommunikation ist die unverzichtbare Voraussetzung für Zusammenleben und Selbstentfaltung der Menschen in einer freiheitlichen Gesellschaft. Kommunikation der Meinungen und Vorstellungen schafft Gemeinschaft, indem sie die Partner unter sich und die einzelnen im Ganzen verbindet; Gemeinschaft aber ermöglicht allmähliche Anhebung der Lebensqualität. Das Kriterium, an dem der Kommunikationsprozeß im ganzen, die vermittelten Inhalte und die angewandten Methoden zu messen sind, ist nach dem heutigen Sprachgebrauch „die Würde des Menschen", nach dem der klassischen Sozialethik das „bonum commune". Beide Formeln finden eine erste Stufe der Konkretisierung in den Variationen einer „Trias der Menschenrechte" bzw. der Grundwerte. Deren Durchsetzung ermöglicht es dem einzelnen, seine Identität zu bewahren und zugleich sich in sozialer Verantwortung kommunikativ zu engagieren.

Soziale Kommunikation, wie sie hier verstanden wird, kennt – es wurde schon darauf hingewiesen – keine imperiale Instanz, die eine bestimmte Wertordnung, einen bestimmten Normenkomplex, einen bestimmten Lebensstil durch willfährige Publizisten der Gesellschaft aufoktroyiert. Totalitäre Systeme brauchen kein Ethos, sie wollen sichergehen und setzen auf Zwang. Weil freiheitlich-demokratische Systeme keine „Kommandopublizistik" (F. W. Dröge) kennen, kommt in ihnen dem Ethos der sozialen Kommunikation fundamentale Bedeutung zu. „Der kulturelle Pluralismus solcher Gesellschaften zeitigt eben lediglich die Konkurrenz ... kulturrepräsentierender und -vermittelnder Institutionen und keine ihn überwindende Instanz."[23] Die Konkurrenz aber besteht nur eine Soziallehre, eine Lehre vom Gemeinwohl oder von der Durchsetzung der Menschenwürde, die nicht als dogmatische Doktrin verfügt, sondern als „Gefüge von offenen Sätzen" mit überzeugender Argumentation angeboten wird. Nur so kann wenigstens in ernsthaften Ansätzen gelingen, was A. Weber nach Beendigung des letzten Krieges gefordert hat: „die Umwandlung des deutschen Massenmenschen aus einem geduldig gehorsamen Massentier in einen Typus der Zusammenordnung charakterlich selbständiger, aufrechter, selbstbewußter, auf ihre Freiheitsrechte eifersüchtiger Menschen"[24].

[23] *U. Saxer*, Publizistische Ethik und gesellschaftliche Realität, in: Communicatio socialis 3 (1970) 24–39, hier 30.
[24] *A. Weber*, Abschied von der bisherigen Geschichte. Überwindung des Nihilismus (Hamburg 1946) 241; vgl. H. Proß, Moral der Massenmedien 236f.

Damit dies möglich wird, dürfen die Kommunikatoren weder in autokratischer Beliebigkeit schalten und walten noch sich zu Sklaven des Publikums oder einzelner Gruppen degradieren. In der französischen Volksbildungsarbeit spricht man von „animation culturelle" und meint damit das Bemühen, den Erwachsenen die eigene Art zu ermöglichen und zu erleichtern, also nicht zu lehren und zu führen, sondern zu helfen, zu begleiten, zu animieren. „Animation culturelle" versteht sich dort als „assistierte Autodidaktik". Es gibt keinen anderen Weg zum Ziel der sozialen Kommunikation.

6. *Das christliche Verständnis der medialen Kommunikation*

Die Pastoralinstruktion „Communio et Progressio" hat den Entwurf einer „Theologie der Kommunikation" vorgelegt und die Theologen aufgefordert, die Thematik „gründlich und in allen Einzelheiten aufzuarbeiten"[25]. Kommunikation zwischen Menschen – so heißt es hier – ist vorgebildet und letztlich verwurzelt in Gott selbst, „im höchsten Geheimnis der ewigen Gemeinschaft in Gott zwischen dem Vater, dem Sohn und dem Heiligen Geist". (Nr. 8) Weil der Mensch Ebenbild dieses Gottes ist, darum ist er von seinem Wesen her auf Kommunikation, auf geistigen Austausch des Wahren, Guten und Schönen in der Menschengemeinschaft verwiesen. Er nimmt den Schöpfungsauftrag wahr, indem er Medien der sozialen Kommunikation entwickelt; diese vermögen „viel zu leisten für die zwischenmenschliche Mitteilung und darum auch für die schöpferische Zusammenarbeit" (Nr. 7). Freilich ist der Mensch seiner Verantwortung nicht gerecht geworden: „Unwissenheit und Mangel an gutem Willen lassen ... den Gebrauch (der Kommunikationsmittel) ins Gegenteil verkehren" und gefährden damit oder zerstören gar die zwischenmenschliche Kommunikation (Nr. 9). In Jesus Christus ist nicht nur die Basis der Kommunikation zwischen Gott und dem Menschen, sondern auch unter den Menschen selber wiederhergestellt. Die Patoralinstruktion bezeichnet Christus als „mediator", als den „einzigen Vermittler" zwischen Gott und den Menschen, als den „Meister der Kommunikation (perfectus communicator)", der den Menschen „aus dem Herzen (sprach), ganz in ihrer Mitte stehend", und bei der Verkündigung seiner verbindlichen göttlichen Botschaft „in der Art und Weise des Redens und Denkens (sich ihnen anglich), da er aus ihrer Situation heraus sprach". Seine Kommunikation war nicht Herabreden auf die Menschen, auch nicht nur Ausdruck von Gedanken und Gefühlen, sondern „Mitteilung seiner selbst in Liebe" (Nr. 10, 11). Von hier aus erscheint, was über Solidarität, Partnerschaft, wechselseitigen Austausch, animation culturelle u. a. gesagt wurde, in neuem Licht.

[25] Nr. 6–28. 108. Eine ähnliche Konzeption legt die vom Ökumenischen Rat der Kirchen in Uppsala (1968) verabschiedete Erklärung über „Die Kirche und die Medien der Massenkommunikation" vor, in: Uppsala spricht. 4. Vollversammlung des ökumenischen Rats der Kirchen in Uppsala (Genf 1968) 407–422.

So verstanden werden die Medien der Kommunikation zu Mitteln der Wahrheit und der Einzeit zugleich (Nr. 12, 13). Der Maßstab, an dem ihr Gebrauch gemessen werden muß, ist „der Vollbegriff von der Würde des Menschen“ (Nr. 14, 15). „Die Theologie der Mitteilung führt schließlich zur „Theologie der Kirche“, die von ihrem Auftrag her „Zeichen und Werkzeug für die innigste Vereinigung mit Gott wie für die Einheit der ganzen Menschheit“ ist (Nr. 18)[26].

Damit ist der theologischen Ethik der Weg gewiesen. Mediale Ethik ist zunächst „immanente“ Ethik: Im Prozeß der sozialen Kommunikation handelt richtig, wer sachgerecht handelt, wer die in diesem Bereich geltenden Gesetzlichkeiten und die hier vorgegebenen Sinnziele respektiert. Ethische Weisungen werden den Teilnehmern am Prozeß der Kommunikation nicht von außen oktroyiert, sie erscheinen vielmehr nur als begründet, insofern die in ihnen artikulierten Verbindlichkeiten als innere Momente der sozialen Kommunikation erkennbar werden, insofern sie im medialen Prozeß selbst ihre Dringlichkeit anmelden. Sittliche Orientierungen ergeben sich aus dem Wesen der sozialen Kommunikation und aus der spezifischen Eigenart der Medien, in denen sie sich vollzieht. Soziale Kommunikation und mediale Technologien müssen aber anthropologisch interpretiert, d.h., vom „Vollbegriff der Würde des Menschen“ her gedeutet werden. Menschenwürde und technologisch vermittelte Kommunikation können freilich in ihrem letzten Wert nur aus dem Zusammenhang mit dem göttlichen Schöpfungs- und Heilsplan verstanden werden. Aus diesem christlichen Verständnis medialer Kommunikation lassen sich zwar keine konkreten Normen für eine mediale Ethik „ableiten“, wohl aber wird dieses Sinnverständnis effektiv in der Motivation der christlichen Teilnehmer am Kommunikationsprozeß, in der kritischen Zurückweisung zersetzender Tendenzen und im stimulierenden Aufweis von Zielen, die über die minima moralia hinaus die optimale Entfaltung von „Gemeinschaft und Fortschritt“ konkretisieren.

Alfons Auer

III

Ethische Normierung im Bereich der Medien

Eine zeit- und sachgemäße Ethik kann nicht bei der privaten Gesinnung des einzelnen stehenbleiben. Sie darf sich auch nicht mit dem Allerweltshinweis auf die Verantwortung aller am sozialen Kommunikationsprozeß Beteiligten be-

[26] Vgl. dazu den Kommentar von H. Wagner, in: Pastoralinstruktion „Communio et Progressio“ 20–28. 18f.

gnügen, sondern muß trotz des ständigen Wandels der Entscheidungssituationen versuchen, allgemeinverbindliche, inhaltliche Dringlichkeiten aus dem Prozeß der sozialen Kommunikation selbst zu erheben. Haltungs- und Handlungsaussagen sollen einander ergänzen. Es kann sich hierbei nur um einige Elemente verbindlicher Orientierung handeln, die nicht den ganzen, in ständiger Veränderung begriffenen Handlungsbereich medialer Kommunikation umfassen können. Zunächst werden einige Haltungen, die für alle Teilnehmer am sozialen Kommunikationsprozeß – wenn auch in unterschiedlicher Deutlichkeit – gelten, zur Sprache gebracht. Daran schließen sich einzelne spezifische Normen für Gesetzgeber, Informationsgeber, Verleger und Journalisten, Medienforscher und Rezipienten.

1. Grundhaltungen, die für alle am sozialen Kommunikationsprozeß Beteiligten gelten

Grundlegend für alle Haltungen im einzelnen ist die volle Achtung der Würde aller Menschen, das Bewußtsein, daß es im sozialen Kommunikationsprozeß immer um den Menschen geht, näherhin um die größere Einheit und Brüderlichkeit aller Menschen. Soziale Kommunikation soll soziale Kommunion in der Gestalt des Werdens sein. Alle inhaltlichen ethischen Aussagen im Bereich der sozialen Kommunikation sollen mit dieser Grundhaltung voll und ganz übereinstimmen, sie müssen aber ebenso die Eigengesetzlichkeit der Medien berücksichtigen. Erst Sinn- und Sachmomente zusammen machen eine ethische Norm aus. Zu den autonomen Sachgesetzlichkeiten gehören pragmatische Regeln für die Auswahl jener Nachrichten aus der immer größer werdenden Fülle von Informationen, die dann in der begrenzten zur Verfügung stehenden Zeit oder auf dem knappen Raum auch gebracht werden können[1]. Zeitunabhängige Wahrheit kann daher nicht das unmittelbar intendierte Ziel kommunikativen Handelns in den Massenmedien sein, sondern vielmehr das Fortschreiben des Weltbildes durch Darstellung einer Menge von Ereignissen und Zusammenhängen. *Wahrhaftigkeit* und *Zuverlässigkeit* aller am pluralen Prozeß des Erfahrungsaustausches im öffentlichen Gespräch der Gesellschaft über die Fragen der Zeit Beteiligten sind für das Gelingen dieses Unternehmens unverzichtbar. Die sittlich geforderte Zuverlässigkeit wiederum darf nicht bei bloß gutem Willen stehenbleiben, sondern impliziert die ständige Bereitschaft zur Weiterbildung nach dem Maß der eigenen Möglichkeiten. Dazu gehören ebenso kriti-

---

[1] *M. Gottschlich,* Journalismus und Orientierungsverlust (Wien–Köln–Graz 1980) referiert auf Seite 117 folgende fünf in der Praktikerliteratur häufig angeführten Kriterien: „1. Was ist neu, d.h. tagesaktuell; 2. was von dem Neuen ist wichtig, a) weil es viele direkt interessiert, b) weil es viele direkt betrifft, c) weil es Mißstände aufdeckt ... 3. was dient der demokratisch notwendigen Selbstdarstellung der staatlichen Organe und der gesellschaftlichen Gruppen; 4. wer etwas mitteilt oder tut, ist weniger entscheidend als wen es betrifft oder interessiert, 5. was läßt sich fernsehspezifisch wie illustrieren."

sches Infragestellen der eigenen Vorurteile wie *Toleranz* gegenüber dem Kommunikationspartner, der eine andere Meinung vertritt. Ein besonders wichtiger Bereich des Lernens, der unserer Zeit erstmals in dieser Dringlichkeit aufgetragen ist, liegt in der *Sensibilität für Handlungen instrumenteller Art*, für oft durch komplizierte Technik vermittelte Aktionen, die gleichsam unsere eigene persönliche Leiblichkeit in einem bisher nicht gekannten Ausmaß in die ganze Welt hinein verlängern[2]. Die Integration primärer und unmittelbarer Ich-Du-Beziehung in den Bereich der sozialen Kommunikation und umgekehrt ist eine der vordringlichsten sittlichen Aufgaben angesichts der rapiden Ausweitung des medial vermittelten zwischenmenschlichen Handelns.

Längst ist der Bereich sozialer Kommunikation durch Institutionen geregelt[3]. Zu diesen Institutionen gehören feste Rollenverteilungen im Kommunikationsprozeß, inner- und außerorganisatorische Normen sowie bestimmte Techniken. Die Verantwortung gegenüber diesen „institutionellen Zwängen" ist unter zweifachem Aspekt zu sehen: Solange diese Strukturen der Freiheit der sozialen Kommunikation und somit den Menschen in der Gesellschaft dienen, sollen sie frei bejaht werden; wenn sie aber diesem Sinn widersprechen oder diesem nur mangelhaft dienen, ist kritisches Engagement zur Verbesserung sittliche Pflicht. Dieser Mut, gegen jeden noch so kleinen Angriff auf die Pressefreiheit aufzutreten oder beispielsweise gegen unlautere Praktiken einzelner Autoren, einer Redaktion oder gar eines ganzen Konzerns anzugehen und deren Angebot zu boykottieren, ist sittliche Aufgabe sowohl der Journalisten wie der Rezipienten. *Zivilcourage* ist eine im medialen Prozeß gar nicht hoch genug einzuschätzende Tugend.

Dem Staat gegenüber hat die soziale Kommunikation als öffentliches Gespräch der Gesellschaft in Freiheit die Aufgabe der ständigen Kontrolle. Aber auch die Gesellschaft selbst bedarf des Wirksamwerdens der in ihr sich meldenden kritischen Stimmen, die innerhalb gerechter Grundgesetze konkrete Verbesserungen und Korrekturen des Zusammenlebens intendieren. Allen Teilnehmern am sozialen Kommunikationsgeschehen ist die Grundhaltung *kritischer Solidarität*[4] und daraus sich ergebender Sensibilität nicht nur gegenüber bestehenden Unrechtsstrukturen, sondern hinsichtlich der „Zeichen der Zeit" im weitesten Sinn aufgetragen. Diese Wachsamkeit wird sich nicht nur auf Mächte aller Art zu richten haben, die die Freiheit und Unabhängigkeit der

---

[2] Vgl. *G. Deussen*, Ethik der Massenkommunikation bei Papst Paul VI. (München–Paderborn–Wien 1973) 311.

[3] Vgl. *W. Korff*, Institutionstheorie: Die sittliche Struktur gesellschaftlicher Lebensform, in diesem Handbuch, Bd. I, 168–176.

[4] *A. Auer*, Verantwortete Vermittlung. Bausteine einer Informationsethik des Rundfunks, in: Stimmen der Zeit 104 (1979) 23: „Kritische Solidarität – die Formel erscheint treffender als die von der kritischen Sympathie – ist und bleibt jedenfalls der tragende Grund jeder Informationsethik im Bereich des Rundfunks."

Meinungsäußerung bedrohen[5], sondern gleichsam prophetisch auch auf anstehende nächste Schritte der Entwicklung des sittlichen Bewußtseins, mögen diese noch so klein sein. Je mehr Tiefgang und Übersicht ein Mensch aus einem spirituellen Glaubensleben gewinnt, desto besser wird er die Zeichen der Zeit deuten können und gegenüber modischen Zeitströmungen und ideologischen Halbwahrheiten gefeit sein.

Die Dimension vor allem der elektronischen Medien ist die Zeit. Aktuelle Information und Unterhaltung sind gleichermaßen kurzlebig. Es scheint unangebracht, hinsichtlich der Verkündigung von Glaubenswahrheiten, von den Massenmedien zu viel zu erwarten. Die technisch vermittelte Kommunikation kann gerade im Bezeugen des Christusereignisses die ursprüngliche persönliche Kommunikation nicht ersetzen. Weder Presse noch Rundfunk können einfachhin die Funktion einer „zweiten Kanzel" erfüllen. Die unersetzliche Bedeutung der Medien für die Kirchen besteht vielmehr in der Wegbereitung für die Botschaft der Kirche durch Schaffung eines „guten Klimas" in der Gesellschaft, durch Abbau von Mißverständnissen, der Weckung des Bewußtseins der Dimension der Weltkirche und durch Aufweis des kirchlichen Beitrags zur Humanisierung des Zeitgeschehens sowie der Verbesserung der innerkirchlichen Kommunikation angesichts des immer wieder beklagten Kommunikationsdefizits in der Kirche. Auch die für den Mediengebrauch zur Verfügung stehende Zeit ist beschränkt, und schließlich kommt die Flüchtigkeit und Unvollendbarkeit menschlicher Kommunikation in der Zeit nirgends so deutlich zum Tragen wie in der medial vermittelten sozialen Kommunikation.

Um so wichtiger erweist sich in diesem Zusammenhang die Frage nach der sittlichen Bewältigung der offenen Zukunft. Eine Nachricht wird nur dann zur Orientierung beitragen können, wenn auch ihre Bedeutung für die Gestaltung der Zukunft verständlich werden kann. Nichts ist in dieser Situation notwendiger als die Grundhaltung der *Hoffnung*. Gerade in der Vermittlung der vielen kleinen Hoffnungen mit der einen großen eschatologischen Hoffnung sollen Christen im sozialen Kommunikationsgeschehen jenseits von Pessimismus und

---

[5] Entwicklungen hinsichtlich des Basisgutes der Pressefreiheit sind vor allem in folgenden Bereichen sogfältig zu beobachten:
– Internationale Konferenzen der UNESCO über „Die neue internationale Informationsordnung (NIIO)" vermeiden in letzter Zeit in auffälliger Weise den Begriff der Pressefreiheit und fordern die Kontrolle der Massenmedien durch den Staat;
– nationale Mediengesetze sind auf z. T. in bürokratischen Verordnungen verborgene Behinderungen der Informationstätigkeit zu überprüfen;
– mächtige Gewerkschaften wären in der Lage durch einfache Verweigerung der technischen Herstellung von Publikationen mit ihnen nicht genehmen Mitteilungen die Informationsfreiheit zu stören;
– diesbezügliche Probleme könnten sich auch aus der Verbindung von Konzernen mit einer politisch dominanten Partei, aus der Abhängigkeit von Monopolbetrieben (z. B. Faksimileübertragung von Zeitungen durch die Post) und aus dem Konkurrenzkampf bei Papier und Energieknappheit ergeben.

billigem Optimismus einer „heilen Welt“ ihren Beitrag zur Motivation in der Gesellschaft leisten.

2. *Ethische Normierung*

a) Normen für Gesetzgeber

Die grundlegende Aufgabe für Politiker im Medienbereich besteht in der Respektierung der Informations- und Meinungsfreiheit. Übermäßige Verplanung und Bürokratie gefährden die Pressefreiheit und degradieren die Kommunikatoren zu Informationsbeamten und Mikrophonhaltern.

In jeder mediengesetzlichen Verordnung verbirgt sich die Gefahr, daß Politiker sich auf sublime Weise in unmerklich kleinen Schritten der Massenmedien bemächtigen. Der Gesetzgeber sollte im Bereich der Medien allergrößte Zurückhaltung üben. In jedem Mediengesetz müßte der Gesetzgeber paradoxerweise die Pressefreiheit in erster Linie vor sich selbst schützen; die Rechte Dritter sind ja meist bereits in anderen Gesetzesmaterien geregelt (z.B. Jugendschutz). Zum Schutz eines vorhandenen sensiblen Gleichgewichts oder – wo nötig – zur Herstellung der Pressefreiheit soll der Vorrang der Freiheit des medialen Prozesses vor Bürokratie und Verplanung absolut festgehalten werden. Nicht der Staat hat die Medien, sondern freie Medien haben den Staat zu kontrollieren.

b) Normen für Informationsträger (Politiker, Funktionäre usw.)

Vom Informationsgeber ist ein unverkrampftes Verhältnis zur Öffentlichkeit zu verlangen. Er soll keineswegs darauf warten, bis er mit Fragen bedrängt wird, sondern von sich aus regelmäßig in der Öffentlichkeit Rechenschaft ablegen und auch in unangenehmen Situationen Information anbieten. Die Bereitschaft, Hintergrundwissen mitzuteilen, hat hierbei Vorrang vor der reinen Quantität an Kundgaben. Folgen, die eine Information auslösen, sind vom Informationsgeber mitzuverantworten. Eine Versuchung für den Politiker besteht darin, seine Entscheidungen nicht primär an der Realität, sondern nach ihrem Echo in den Medien auszurichten.

c) Normen für Verleger und Herausgeber

Die Aufgabe des Verlegers besteht in der Schaffung der ökonomischen Grundlage und der Festlegung der Linie seiner Publikationsorgane. Daraus darf aber in keiner Weise die Berechtigung zur Ausübung eines Zwanges oder moralischen Druckes auf die Journalisten abgeleitet werden. Niemals darf ein Herausgeber seine Mitarbeiter zu unlauteren Praktiken anleiten. Jeder Versuch, durch

Pressekonzentration in einem bestimmten Bereich alle anderen Organe zu verdrängen und so ein Monopol aufzubauen, bedeutet einen unsittlichen Machtmißbrauch. Die Gewissensfreiheit der Journalisten ist mit allen Mitteln zu schützen.

d) „Zehn Gebote" für Journalisten

Die folgenden Vorzugsregeln zur ethischen Orientierung für Journalisten vor allem im Nachrichtenbereich gehen von den in der Praxis eingespielten Kriterien der Nachrichtenauswahl und -präsentation sowie von den alltäglichen Entscheidungen in den Redaktionen aus. Es gibt als Alternative zu diesen in den westlichen Demokratien unter Achtung der Pressefreiheit entwickelten „Zwängen" bislang nur die Nachrichtenauswahl in totalitären Systemen: berichtet wird, was der Partei dient und ihren privilegierten Funktionären gefällt.

Auf den Journalisten ruht naturgemäß eine besonders große Verantwortung für das Gelingen des öffentlichen Gesprächs der Gesellschaft[6]. Das Weltbild von Millionen wird in den Medien von wenigen Tausend Kommunikatoren aufbereitet. Es hängt sehr viel davon ab, ob und wie sich Journalisten als Anwälte des Gesprächs der Gesellschaft über die Fragen der Zeit verstehen. Die folgenden Vorzugsregeln beschränken sich auf die autonome Sachgesetzlichkeit der Massenkommunikation. Die Behandlung der hochkomplexen Beziehungen zwischen den medialen Institutionen und politischen Vorgängen würden den vorgegebenen Rahmen übersteigen.

1. Leser, Zuschauer und Zuhörer verhalten sich zunächst als *Konsumenten rein passiv.* Soll das Gut einer aktiven Teilnahme und Mitverantwortung möglichst vieler erreicht werden, so ist diesem Trend, der in der Natur der Medien und des Menschen liegt, bewußt entgegenzuwirken.

Vorzugsregel: Maßnahmen, die den Rezipienten der sozialen Kommunikation aktivieren (z. B. zur Meinungsäußerung, zur Überprüfung seiner bisherigen Vorurteile, zum Nachdenken), sind vor Maßnahmen, die den Empfänger in der Rolle eines passiven Konsumenten halten, der Vorzug zu geben. Daraus folgt, daß der Journalist manchmal den Mut haben soll, gegen eine Mehrheit der Bevölkerung zu schreiben. Niveau hat Vorrang vor Effekthascherei.

2. Als schwerwiegende Mängel bei der gängigen Berichterstattung werden immer wieder die Erzeugung einer medialen „Scherbenwelt" und „Orientie-

---

[6] Eine besonders schwierige Frage betrifft die Sanktionen bei unverantwortlichem medialem Handeln. Die Ehrenkodices der diversen Presseräte erscheinen unzureichend, da sie weder genügend bekannt sind noch in ihrer Einhaltung effektiv überwacht werden; zudem enthalten sie neben ethisch relevanten auch standespolitisch motivierte Normen. Der Ruf nach staatlichen Sanktionen in Fällen, in denen nicht die Rechte Dritter gesetzwidrig verletzt wurden, wäre der Anfang vom Ende der Pressefreiheit. Das Gewissen aller am Kommunikationsprozeß Beteiligten ist letztlich jene Instanz, die gleichermaßen die Freiheit der Meinungsäußerung wie den Schutz vor unverantwortlichem Handeln bewerkstelligen kann.

rungsverlust" angemerkt[7]. Der zunehmenden Menge an Informationen steht eine abnehmende Verarbeitungsmöglichkeit bei den meisten Rezipienten gegenüber. Einfache Tatsachen haben mehr Chance in die Nachrichtengebung einbezogen zu werden als komplexe Sachverhalte, Schlagworte kommen eher zur Geltung als Argumantation und Mitteilungen, für die eine allgemeine Plausibilität existiert, dominieren über solche, für die eine verbreitete Zustimmungsbereitschaft fehlt.

Die *Dimensionierung* der Nachricht stellt sich in aller Schärfe als ethisches Problem für den Journalisten dar. Soll der Empfänger eine Nachricht für seine eigene Meinungsbildung und sein Handeln auch nützen können, so bedarf es häufig einiger Hinweise über die Vorgeschichte, über Verknüpfungen im aktuellen Kontext, über den Sinn der verwendeten Begriffe, bei politischen Meldungen auf mögliche Handlungsalternativen und auf die Bedeutung einer Meldung für die künftige Entwicklung.

Vorzugsregel: Die Qualität (d.h. in diesem Fall Verstehbarkeit) einer Nachricht hat Vorrang vor einer bloßen Quantität von Nachrichten, die nur einer Desorientierung Vorschub leisten. Journalisten dürfen nicht der Versuchung erliegen, für ihre Kollegen oder bloß für den Erfolg anstatt für die Empfänger ihrer Nachrichten zu schreiben.

3. Im Gefälle der Nachrichtenvermittlung liegt es auch, daß bei der Auswahl fast automatisch jene Meldungen zum Zug kommen, die *Neuigkeitswert* besitzen und eine Veränderung des Bestehenden zum Gegenstand haben. Jener Bereich der Wirklichkeit, in dem sich nicht viel ändert, fällt daher in der öffentlichen Meinung zurück. Diese Benachteiligung der Kontinuität zugunsten der Diskontinuität führt zu einem verzerrten Bild der gesellschaftlichen Wirklichkeit. Der dadurch erweckte Eindruck kann in einer Weise Unsicherheit und Angst hervorrufen, die von vielen Menschen dann nicht mehr verarbeitet werden können.

Die Einlaßpforte für die Repräsentation der gesellschaftlichen Wirklichkeit in den Medien liegt weitgehend schon bei den Nachrichtenagenturen. Soll das Gut eines ausgewogenen Bildes der Wirklichkeit in der öffentlichen Meinung durch diese Mechanismen nicht gefährdet werden, so ist diesem Trend möglichst entgegenzuwirken.

Vorzugsregel: Den Momenten der Diskontinuität darf nicht so sehr Vorrang vor den Momenten der Kontinuität eingeräumt werden, daß die Wirklichkeit des Bleibenden bedeutungslos erscheint.

4. Ein großer Teil der Meldungen sind sogenannte „Negativmeldungen": Skandale, Unfälle, Katastrophen, Verbrechen usw. („only bad news are good news"). Durch diese Eigendynamik der Medien kann um so mehr der Eindruck entstehen, daß das „Böse" überhandnimmt. Die Folge davon ist eine Verzer-

---

[7] Vgl. *M. Gottschlich*, a.a.O., bes. 16f. und 115f.

rung der Wirklichkeit zugunsten des Negativen. Dieser Eindruck kann beim überforderten Empfänger Resignation und Hoffnungslosigkeit auslösen.

Vorzugsregel: Es ist darauf zu achten, den Negativmeldungen nicht einen so massiven Vorrang einzuräumen, damit nicht in der öffentlichen Meinung all das, was gelingt, als bedeutungslos erscheinen muß. Daraus ergibt sich für den Journalisten die Forderung, vermehrt Modelle sozialen Gelingens aufzuspüren und darüber zu berichten.

5. *Kontroversen* lassen sich in den Medien besser vermarkten als Konsens. So entsteht der Eindruck, daß sehr viel mehr umstritten ist, als dies oft tatsächlich der Fall ist. Dies kann vor allem, was die sittlichen Grundlagen der freiheitlichen Demokratie betrifft, gravierende Folgen haben.

Vorzugsregel: Der Übereinstimmung in grundlegenden Dingen ist vor der übermäßigen Demonstration der Uneinigkeit der Vorrang einzuräumen.

6. *Kritik* an bestehenden Verhältnissen erscheint eher berichtenswert als die alltäglich wahrgenommene Verantwortung und Kleinarbeit für das Gelingen des Gemeinwesens. Auf diese Weise kann der Eindruck einer Spaltung der Gesellschaft in einen Teil, der arbeitet und Verantwortung trägt, und einen Teil, der kritisiert und keine Verantwortung trägt, entstehen. Dieser Anschein kann das Klima in der Gesellschaft gefährlich vergiften. Andererseits werden vor allem Konfikte, die vom Rezipienten eine Änderung seiner Lebenseinstellung verlangen würden, wie beispielsweise der Nord-Süd-Konflikt, zu wenig dringlich dargestellt.

Vorzugsregel: Nachrichten, die Kritik zum Inhalt haben, darf einerseits nicht ein so übermäßiger Vorrang eingeräumt werden, daß der Eindruck entsteht, daß die Verantwortungsträger ihrer Aufgabe überhaupt nicht mehr gerecht werden. Selbstverständlich gilt diese Norm für normale Umstände, denen eine Schwarzweißmalerei nicht gerecht wird, und nicht für Stituationen, in denen Entscheidungsträger durch Handlungen und Unterlassungen sich nachweislich als verantwortungslos erwiesen haben. Andererseits sollen gerade jene weitreichenden Konflikte, deren Lösung der Gesellschaft etwas abverlangen würde und die daher häufig zu kurz kommen, in der Berichterstattung eine adäquatere Darstellung erfahren.

7. Diese und andere systembedingte Einseitigkeiten legen den Begriff der *Manipulation* nahe[8]. Dieser problematische Begriff muß differenziert werden. Versteht man darunter eine Form der Einflußnahme, die darauf angelegt ist, unter Umgehung der kritischen Einsicht und Freiheit des Empfängers etwas zu erreichen oder von ihm eine Information fernzuhalten, so kann dies auf zweifache Weise geschehen. Das Überspielen der kritischen Freiheit des Rezipienten kann bewußt politisch intendiert (Demagogie) oder „systembedingt“ sein (z.B.

[8] Vgl. *B. Häring,* Ethik der Manipulation (Graz 1977) 34–44, und *J. Binkowski,* Mit den Massenmedien leben. Möglichkeiten und Grenzen der Manipulation (Schweinfurt 1970).

die suggestive Kraft eines Titels, der zum guten Teil darüber entscheidet, was und wie der Empfänger einen Inhalt aufnimmt; die suggestive Wirkung des Nachrichtensprechstils; Beschränkung der Meldung auf das sogenannte Faktische und die Unmöglichkeit, alle Zusammenhänge aufzudecken; Kameraeinstellungen usw.). Die systembedingten Momente der „Manipulation" sollen dem Journalisten stets gegenwärtig sein; so kann er versuchen, sie minimal zu halten, vorhandene Trends korrigieren und auch den Empfänger über die Techniken, mit denen er, ohne es zu merken, ständig „manipuliert" wird, informieren. Ebenso sollte über die Gesetzmäßigkeiten der Demagogie an Hand von Beispielen aus Vergangenheit und Gegenwart häufig aufgeklärt werden.

Vorzugsregel: Das sittliche Gut der Gewissensfreiheit und kritischen Selbstverantwortlichkeit der Person hat Vorrang vor sämtlichen anderen Gütern, zu denen man den Empfänger drängen wollte. Zum Guten kann man einen Menschen nicht zwingen.

8. *Objektivität* der Berichterstattung bedeutet zunächst, daß Informationen überprüft werden sollen, bevor sie in den Kommunikationsprozeß gehen. Oft ist dies aus Zeitdruck nicht voll durchführbar. Die Kenntnis von der Verläßlichkeit der Quelle wird in den meisten Fällen genügen müssen. In der Forderung nach Objektivität klingt auch der Wunsch nach einer möglichst gefühls- und wertungsfreien Sprache mit sowie nach Überprüfung der Gesichtspunkte, nach denen Nachrichten ausgewählt oder verworfen werden, der Wunsch nach Neutralität. Nun ist nicht nur die Auswahl der Nachrichten und Themen, sondern ebenso die Darstellung subjektiv. Je interessanter ein Bericht gestaltet ist, desto mehr Beteiligung und damit Emotion oder Wertung des Autors stecken darin. Subjektivität bei der Präsentation ist kein unvermeidliches Übel, sondern ein Gut, das die Kommunikation menschlicher gestaltet, solange sich der Kommunikator der Relativität seiner Erkenntnisse und seiner Darstellung bewußt ist und seine Subjektivität gewissenhaft einsetzt und bereit ist, immer auch die andere Seite richtig darzustellen.

Vorzugsregel: Die gewissenhafte Handhabung der eingestandenen Subjektivität hat Vorrang vor dem Versuch, „reine" Objektivität vorzuspiegeln.

9. Der Journalist steht unter einem doppelten Anspruch: Einerseits soll er wichtige Ereignisse, die für die öffentliche Meinung von Belang sind, berichten, andererseits soll er die Wirkung einer Meldung in der Öffentlichkeit mitverantworten. Es kann zum Konflikt kommen zwischen der Forderung, eine Sache zu melden (z. B. Güterknappheit), und den *voraussehbaren negativen Folgen* (z. B. Hamsterkäufe), die das gesellschaftliche Leben stören. Die Abwägung zwischen der Informationspflicht und den voraussehbaren negativen Folgen ist vom Kommunikator zu leisten.

Vorzugsregel: Je größer die voraussehbare negative Wirkung, desto gewichtiger muß der Grund dafür sein, die Meldung dennoch zu bringen.

10. Eine weitere Grenze für die Information kann sich aus dem *Recht* des

Menschen *auf* seine *Privatsphäre* ergeben. Das Geheimnis, auf dessen Wahrung der Mensch ein Recht hat, ist in sich selbst noch einmal zu differenzieren:
- Es gibt das anvertraute und das vereinbarte Geheimnis; beide sollen das Gut eines vertraulichen Austausches schützen.
- Es gibt ein Geheimnis, das nicht erst vereinbart werden muß, weil durch dessen Verletzung Schaden am guten Ruf, am Leben, am Eigentum usw. eines Menschen entstehen kann.
- Es gibt schließlich ein Geheimnis, ohne dessen Wahrung ein Mensch seine Identität nicht finden und bewahren kann.

Dieses in sich differenzierte Gut der menschlichen Privatsphäre gerät immer wieder in Konflikt mit dem Recht auf Information und den Erfordernissen einer „informierten Gesellschaft" und ihren Strukturen (z. B. Datenbanken). Kann es Gründe für das Gut der Information geben, die schwerer wiegen als der Anspruch des Menschen auf sein Geheimnis? Gäbe es solche Gründe nicht, könnte dem Mißbrauch nicht Einhalt geboten werden, hinter dem Recht auf Privatsphäre Dinge zu verbergen, die das Gemeinwohl in schwerer Weise beeinträchtigen.

Dies gilt nicht nur – aber vor allem – für Menschen, die in verantwortlicher Position für das Gemeinwesen handeln. Die Öffentlichkeit hat ein Recht darauf, zu erfahren, wie ihre Repräsentanten in jenen Bereichen handeln, die für das Wohl des Gemeinwesens wichtig sind (z. B. wie sie ihr Eigentum erwerben, wie es die Politiker mit den Steuern halten, wie sie es mit der Wahrhaftigkeit halten, ob sie durch ihre Beziehungen anfällig sind für Spione usw.). Ein Medienrecht, das die Kontrolle der Repräsentanten eines Volkes durch die Medien einschränkt, widerspricht der sittlichen Aufgabe der Medien.

Vorzugsregel: Der Schutz der Privatsphäre des Bürgers hat Vorrang vor dem Informationsbedürfnis. Das Gemeinwohl aber hat Vorrang, soweit zu seinem Schutz die Offenlegung eines „Geheimnisses" aus dem Privatleben wirklich nötig ist. Korruption und Verbrechen können nie sittlich berechtigter Gegenstand eines Geheimnisses auf dieser Ebene sein. Das personale Geheimnis, durch dessen Offenlegung die Identität und Würde eines Menschen gefährdet ist, darf niemals angetastet werden. Angesichts der vielen Informationen, die ein Journalist erhält, ist Diskretion von ihm in besonderer Weise sittlich gefordert.

e) Normen für Medienforscher

In der Fragestellung der Medienforschung verrät sich bereits das Menschenbild. Wird die Fragestellung auf die Wirkung des medialen Angebots auf den letztlich als Automaten vorgestellten Rezipienten beschränkt, dann liegt einer solchen Forschungsweise nicht bloß ein falsches Menschenbild zugrunde, eine solche Arbeitshypothese ist darüberhinaus Ursache für die Ergebnislosigkeit der Forschung. Die Grundfrage, in der der Mensch als sittliche Person angenommen wird, sollte vielmehr lauten: Was kann der Rezipient mit einer medial vermittelten Nachricht anfangen, wie kann er sie nutzen und welche Möglichkeiten hat er, ihren Sinn zu verstehen?[9]

f) Normen für Rezipienten

Der Rezipient hat das Recht, die Medien in Freiheit zu nutzen. Diesem Grundrecht korrespondiert aber die sittliche Pflicht der Weiterbildung, der Informationsfreiheit steht die Informationspflicht gegenüber. Die Schwerkraft menschlicher Bequemlichkeit erzeugt im Empfänger wie von selbst den Wunsch, mit jenen Nachrichten und Meinungen versorgt zu werden, die ihm liegen, und von den Nachrichten verschont zu bleiben, die ihn stören, mit einem Wort, den Wunsch nach einer wie immer gearteten „heilen Welt". Diesem Trend soll durch die ständige Auseinandersetzung über das medial vermittelte Weltbild in der Familie und anderen Gruppen entgegengewirkt werden. Spontaneität hat Vorrang vor Anpassung und kritische Auseinandersetzung hat Vorrang vor Meinungskonformität. Die häufig geforderte Medienpädagogik kann als sittlich vertretbares Ziel nicht den perfekten Rezipienten nach dem Wunsch der Mediokraten zum Gegenstand haben. Der selbständige und medienkompetente Empfänger sollte vielmehr befähigt werden, das rechte Maß des Medienkonsums selbst zu bestimmen, seine Motive und Wahrnehmungsvorgänge sowie die Handhabung und wichtigsten Herstellungszusammenhänge des medialen Angebots verstehen zu lernen.

In unserer „medial überversorgten Gesellschaft", kann als *Vorzugsregel* festgehalten werden, daß unter sonst gleichen Voraussetzungen die Verarbeitung der technisch vermittelten sozialen Kommunikation in der direkten Kommunikation in der Familie und in kleinen Gemeinschaften Vorrang hat vor einem Übermaß an Medienkonsum. Es besteht die Gefahr der zunehmenden Isolation und Vereinzelung der Rezipienten gegenüber einer medial vermittelten abstrakten Gesellschaft. Diesem Trend kann nur durch ständigen Rollentausch begegnet werden, in dem der Zielpartner der medialen Kommunikation selbst wiederum zum Ausgangspartner neuer Kommunikation wird[10].

Günter Virt

---

[9] Zur Medienforschung vgl. *J. D. Halloran,* Mass Media in Society – The need of research (Paris ²1972) (leichter zugänglich ist der deutsche Aufsatz dieses Autors: Massenmedien in der Gesellschaft, in: *G. Maletzke* [Hrsg.], Einführung in die Massenkommunikationsforschung [Berlin 1972] 30–46), und *A. Huter,* Mensch und Massenmedien. Der anthropologische Aspekt der Medienforschung (Salzburg 1981).

[10] Vgl. *H. Wagner,* Kommunikation und Gesellschaft. Teil I. Einführung in die Zeitungswissenschaft. Soziale Kommunikation in Theorie und Praxis, hrsg. von H. Strakulla und H. Wagner, Bd 1 (München 1978), bes. 36.

Nachwort zur Erstauflage

Anstoß für weitergehenden ethischen Diskurs in Kirche und Welt

Eine kritische Bestandsaufnahme der Diskussion um die beiden ersten Bände des Handbuchs der christlichen Ethik

Jede Theologie folgt ihren Herausforderungen und läßt sich ein Stück weit von diesen Herausforderungen bestimmen. Dies gilt auch im Hinblick auf die Konzeption und die konkrete Ausgestaltung der dem vorliegenden Band vorausgehenden beiden ersten Bände des „Handbuchs der christlichen Ethik". Mit der geschichtlich bedingten Einbettung seiner Problemstellungen, die ebenso Vorzüge als auch mögliche Schwächen erkennen lassen, ergaben sich gleichzeitig vielfältige Ansatzpunkte zu kritischer Rezeption. Die zahlreichen Rezensionen, die das Handbuch gefunden hat und die zugleich ein erstes Stück seiner Wirkungsgeschichte widerspiegeln, motivierten ihrerseits zu Überschau und genauerem Vergleich, zumal nicht zuletzt die hier laut gewordenen Stimmen die Herausgeber veranlaßt und ermutigt haben, den beiden ersten Bänden einen dritten folgen zu lassen. Dabei werden insbesondere jene Rezensionen berücksichtigt, die sich mit den zentralen Anliegen des Handbuchs in eigener Weise auseinandersetzen, seiner ökumenischen Zielsetzung, seiner Orientierung an neuzeitlicher Rationalität und seinem Verständnis von theologischer Ethik als Integrationswissenschaft. In diesem Zusammenhang kann zunächst als Positivum festgestellt werden, daß keine der Rezensionen eine konfessionelle Polemik erkennen läßt, vielmehr Zustimmung und Kritik quer durch die Konfessionen gehen.

1. Ethik im ökumenischen Dialog

Der ökumenische Anspruch, unter dem das Werk konzipiert ist, wird durchgängig außerordentlich positiv gewürdigt: „Daß sich zu diesem Werk katholische und evangelische Theologen zusammengefunden haben und daß das Buch von einem katholischen und evangelischen Verlag gemeinsam herausgegeben wurde, ist eine ökumenische Tat" (Sustar)[1]. Insbesondere wird dabei mehrfach hervorgehoben, daß sowohl die Grundlagenprobleme als auch die konkreten Probleme – bei aller

---

[1] *A. Sustar,* in: Kirche. Schweizerische Kirchenzeitung vom 30. 8. 1979, 521–524, 521.

Berücksichtigung der unterschiedlichen Überlieferungen und konfessionellen Gegebenheiten – nicht kontroverstheologisch abgehandelt werden, sondern daß sich die evangelischen und katholischen Autoren entschieden zu gemeinsamen wissenschaftlichen Voraussetzungen und Strategien zusammenfinden (Eid)[2], um sich so den kritischen Herausforderungen neuzeitlicher Rationalität zu stellen. Damit gewinnt der ökumenische Gedanke in ganz neuer Weise Gewicht. Dies kristallisiert sich in dem hier vorliegenden Bemühen „um eine gemeinsame christliche Ethik, deren berechtigte Vielfalt im einzelnen eher von anderen Gesichtspunkten her als von traditionell konfessionellen zu verstehen ist und quer zu den bisherigen Kirchengrenzen verläuft“ (Türk)[3]. Gerade dies macht nach Messner das Handbuch zu einem „Ereignis“, weil hier zum erstenmal „die Idee der Ökumene zu einem erfolgreich verwirklichten Prinzip geworden ist“[4].

Angesichts dieses Vorgehens wird nun jedoch von einigen Rezensenten als Problem aufgeworfen, daß unter solcher Voraussetzung „die nach wie vor bestehende konfessionelle Kontroverse in der Grundkonzeption des Ethischen überhaupt nicht selbst zum Diskussionsgegenstand gemacht werde“ (Eid)[5], so daß es „zu einer wirklichen Begegnung, in der die Reichweite des Gemeinsamen abgesteckt wird“ (Demmer)[6], zu einer „Auseinandersetzung zwischen unterschiedlichen Positionen“ und damit zu einer „echten wechselseitigen Durchdringung der Standpunkte“ nicht komme. Statt dessen herrsche weithin ein „friedliches Nebeneinander“ (Hartmann)[7]. Nimmt man die Intention und Ausgestaltung des Handbuchs ernst, so wird man allerdings solch friedliches Nebeneinander durchaus nicht als Ausdruck der Gleichgültigkeit gegenüber den kontroverstheologischen Fragen deuten können. Neu ist vielmehr die Weise, in der sie thematisiert und behandelt werden. Nämlich, wie Volker Eid herausstellt, nicht als „Hausprobleme“, nicht als „Anlaß zum Parteienstreit“ im Sinne einer Abgrenzungstheologie, sondern vielmehr als Anlaß zur Herausarbeitung des auf das Übergreifende einer christlichen Ethik gerichteten Gemeinsamen theologisch-ethischen Fragens[8]. In diesem Zusammenhang ist die Feststellung wichtig, daß die Autoren beider Konfessionen mit gleicher sachlicher Kompetenz sowohl die eigene Tradition als auch die der anderen kritisch und konstruktiv einzubringen suchen (Türk)[9]. Daß solche Zusammenarbeit heute möglich ist, setzt, wie dies in den umfangreichen Rezensionen von Wiebering[10] und Furger[11] näher aufgewiesen wird, theologiegeschichtlich eine Reihe von Entwicklungsprozessen voraus, die innerhalb der katholischen Moraltheologie und innerhalb der evangelischen Ethik, wie auch in der Beziehung beider zueinander zu tiefgreifenden Erneuerungen hinsichtlich ihres eigenen Grundlagenverständnisses und ihrer Metho-

---

[2] *V. Eid,* in: Bücher der Gegenwart (Freiburg, Herbst 1978).
[3] *H. J. Türk,* in: Buchbesprechung im Hessischen Rundfunk (Kirchenfunk) vom 9. 1. 1979 (Rundfunkmanuskript S. 3).
[4] *J. Messner,* in: Die Furche Nr. 3 vom 17. 1. 1979, 4.
[5] *V. Eid,* in: Orientierung 44 (1980) 131–132, 132.
[6] *K. Demmer,* in: Theologische Revue 75 (1979), Sp. 441–450, 448.
[7] *N. Hartmann,* in: Wissenschaft und Weisheit (1980) 66–70, 66.
[8] *V. Eid,* a. a. O. 132. [9] *H. J. Türk,* a. a. O. 4.
[10] *J. Wiebering,* in: Theologische Literaturzeitung 105 (1980), Sp. 161–170.
[11] *F. Furger,* in: Herder-Korrespondenz 32 (1978) 574–577.

den geführt haben. Insofern führt das Handbuch bereits eingeleitete Entwicklungen „in eigener origineller Weise weiter" (Furger)[12]. Wiebering faßt diese Bedeutung des Handbuchs im Titel seiner Rezension zusammen: „Christliche Ethik in interkonfessioneller Kooperation"[13].

2. *Ethik im Spannungsfeld von Glaube und neuzeitlicher Rationalität*

„Es ist wichtig und unbedingt notwendig, daß gerade jene Ethik, die sich um die Erhebung der sittlichen Sinnangebote des christlichen Glaubens bemüht, die allgmeine ethische Diskussion mitvollzieht und sich deren Fragen bewußt aussetzt" (Eid)[14]. Daß sich die Autoren des Handbuchs dieser Forderung im Anspruch heutiger, durch die neuzeitliche Entwicklung zugeschärfter Rationalität gestellt haben, wird von allen Rezensenten hervorgehoben. Klaus Demmer sieht darin sogar das eigentlich Kennzeichnende des Gesamtwerkes, wenn er seine fundamental angelegte Rezension überschreibt: „Ethik vor dem Forum der kritischen Vernunft"[15]. Genau hier setzt nun aber auch die unterschiedlich ausgerichtete und zum Teil sehr entschieden vorgetragene Kritik einiger Rezensenten an. Am weitesten geht dabei zweifellos Mainberger, wenn er den eschatologisch ausgerichteten Anspruch der ethischen Botschaft Jesu radikal als einen gegen alle innerweltlich rationale Argumentation gewandten Anspruch auslegt und kontrastiert: „In früheren Moralen wurde die Jesus-Botschaft dadurch um ihre Radikalität gebracht, daß sie mit einer als unflätig zu bezeichnenden Kasuistik verstellt wurde. Heute wird das Evangelium vor das Forum der bürgerlichen Vernunft gezogen ... Das thomistisch-antiaufklärerische Gebaren ist abgelegt. An seine Stelle tritt der durchaus trendkonforme Schein der Weltoffenheit, des lernbar-vernünftigen Diskurses und der wissenschaftlichen Künstlichkeit ... Das Unvermeidliche tritt ein: Die Botschaft wird zwar offen, aber das unterscheidend Christliche geht voll in die postulierte Rationalität ein." [16] Damit verliere christliche Ethik im Grunde jedoch ihre eigentliche innovatorische Stoßkraft und erscheine so als bloßer Erfüllungsgehilfe menschlichen Ordnungs- und Sicherheitsbedürfnisses, wie dies in ähnlicher Weise Bahr glaubt anmahnen zu müssen[17]. Den Rezensenten drängt sich die Vorstellung auf, als sei das Handbuch „für die großkirchliche Beamtenschaft geschrieben" [18], „kernfest und auf Dauer" (so der Titel der Rezension Bahrs)[19]. Solch simplifizierenden Vorwurf eines christlich verbrämten Neorationalismus, wie ihn insbesondere Mainberger erhebt, wird man allerdings so nicht stehen lassen können. Daß „die zentralen biblisch-

---

[12] *F. Furger,* a. a. O. 576.
[13] *J. Wiebering,* a. a. O.
[14] *V. Eid,* a. a. O. 131. Leider konnte die gerade diesen Aspekt herausstellende und dezidiert verfolgende große Rezension von *M. Honecker,* Tendenzen und Themen der Ethik, in: Theologische Rundschau 47 (1982) 1–72, in dieser Überschau nicht mehr berücksichtigt werden.
[15] *K. Demmer,* a. a. O.
[16] *G. K. Mainberger,* in: Neue Zürcher Zeitung vom 10. 3. 1979.
[17] *H. E. Bahr,* in: Radius 2 (Stuttgart, Mai 1979).
[18] *G. K. Mainberger,* a. a. O.
[19] *H. E. Bahr,* a. a. O.

evangelischen Inhalte" der Jesus-Botschaft nicht einfachhin rational ableitbar sind, sondern als sich „selbst aussagende Inhalte mit letztinstanzlicher Beanspruchung"[20] verhandelt werden müssen, wie dies Mainberger in diesem Zusammenhang fordert, wird in Wahrheit nirgends bestritten, sondern zeigt sich für den, der zu lesen vermag, geradezu als theologischer Kristallisationspunkt der gesamten Anlage des Handbuchs. Andererseits kann es im Rahmen einer theologischen Ethik gerade nicht darum gehen, das sich narrativ Vermittelnde gegen dessen mögliche reflexe Ausfaltung auszuspielen und so das zu Verhandelnde des metarationalen Kerns der Botschaft seiner Vermittelbarkeit mit menschlicher Vernunft zu berauben. Theologische Ethik würde sich auf diese Weise jeder reflexiven Möglichkeit begeben: die christliche Botschaft würde in das kommunikativ Uneinlösbare eines irrationalen Oktroi entrückt.

Entschieden differenzierter verläuft demgegenüber die Kritik Demmers, Wieberings und Freys[21]. Auch sie melden freilich zunächst den Verdacht an, ob hier nicht das Unauswechselbare der christlichen Botschaft und damit das grundlegend Eigene christlicher Ethik gegenüber der programmatisch erhobenen Forderung der kritischen Vernunft zurücktritt und so wie eine auf die Ebene des Subjektiven verwiesene, nachträgliche, „rational keineswegs zwingende Verbrämung" erscheint (Wiebering)[22] oder gar, im Sinne eines „aufklärerischen Vernunftoptimismus", tendenziell mit kritischer Vernunft koinzidiert (Demmer)[23]. Im Gegensatz zu Mainberger wird hier Vernunft jedoch nicht von vorneherein diffamiert, sondern als unabdingbare Verifikations-, Verweisungs- und Entfaltungsinstanz des Ethischen ernst genommen. Gleichzeitig wird jedoch geltend gemacht, daß Vernunft im Kontext christlicher Ethik zugleich wesenhaft glaubensbezogene Vernunft ist. Entsprechend betont Demmer: „Ethik wird nicht vor das Forum der kritischen Vernunft gezogen, sondern vor das Forum der im Glauben kritischen Vernunft."[24] Ist dies so zu verstehen, daß das in der theologischen Dimension des Glaubens Erschlossene als Grundakt jener affirmativen Bewegung Gottes zur Welt hin begriffen wird, der der Vernunft menschlichen Handelns diese Bewegung selbst zum schlechthin unüberbietbaren Maßstab setzt und sie so in eine Mündigkeit zur Liebe im Umgang mit Welt befreit, die sie darin gerade nicht ihrer kritischen Kraft beraubt, sondern erst recht dazu freisetzt, dann kann man dem nur zustimmen. – Demgegenüber bleibt freilich die Vermutung, daß Demmer seine „im Glauben kritische Vernunft" so gerade nicht verstanden wissen will. Die Gewinnung von „praktikablen Kriterien" für sittliches Handeln setzt nach ihm immer schon eine „inhaltlich gefüllte Verschmelzung von Glaube und Vernunft" voraus[25]. Der Glaube, seinerseits bereits „wesenhaft geschichtliche Größe", hat es mit einer Vernunft zu tun, die nicht nur als „allgemein menschliche Anlage" verstanden werden darf, sondern als konkrete Vernunft „weitgefächerten geschichtlichen Konditionierungen" und „unterschiedlichen Einsichtsständen" unterliegt[26]. Letzteres ist sicher richtig. Aber wonach lassen

[20] *G. K. Mainberger,* a. a. O.
[21] *K. Demmer,* a. a. O.; *J. Wiebering,* a. a. O.; *Ch. Frey,* in: ZEE 25 (1981) 203–204.
[22] *J. Wiebering,* a. a. O. 165.
[23] *K. Demmer,* a. a. O. 448.
[24] *K. Demmer,* a. a. O. 445.
[25] *K. Demmer,* a. a. O. 444.
[26] *K. Demmer,* a. a. O. 445.

sich dann noch die auf diese Weise gewonnenen „praktikablen Kriterien" in ihrer generellen sittlichen Vernunft bemessen, wenn es überhaupt keine Möglichkeit gibt, Vernunft und Glaube in ihrem Verhältnis zueinander universell und grundlegend zu bestimmen? Das Kritische solcher „im Glauben kritischen Vernunft" – so legt es sich nahe – könnten dann am Ende nur ihrerseits wiederum nicht weiter kritisch hinterfragte und hinterfragbare Kriterien sein. – Damit stoßen wir zugleich auf die noch weiter gehenden Anfragen Christofer Freys, die grundsätzlich auf das Problem der Vermittlung von Allgemeinem und Konkretem zur Sicherstellung des ethischen Anspruchs in seiner genuin christlichen Ausfaltung abgestellt sind. Seine zentrale Frage lautet: „Ist das, *was alle Menschen angeht*, apriorisch und zeitlos zu erheben?" Tritt nicht vielmehr „das, was ‚allgemein' ist, erst am Besonderen und am Einzelnen" heraus? Christlich betrachtet also erst mit dem konkreten Wort Gottes, das, wo immer es den Menschen trifft, dieses Allgemeine je „neu qualifiziert"? Von hier aus dann seine weitere Frage, „ob nicht *Humanität* etwas zu Entdeckendes sei, dessen universale Geltung immer erst herzustellen und gewissermaßen ex post zu erkennen ist", insofern also der Vernunft überhaupt erst „gute Grenzen" setzt, „die zugleich einen produktiven, Humanität je neu entdeckenden Gebrauch dieser Vernunft aufweisen helfen"[27].

Ist aber eine solche Argumentation, die Glaube wesenhaft auf der Seite des Konkreten, Vernunft jedoch wesenhaft auf der Seite des Allgemeinen ansiedelt, auch tatsächlich stringent? Läßt sich doch dagegenhalten, daß Glaube immer auch ein universelles und Vernunft immer auch ein auf konkrete, individuelle und situative Einlösung hin drängendes Moment in sich trägt. Wo diese elementaren Gegebenheiten aus dem Blickfeld treten, wird Glaube auf das rational Uneinholbare konkretpunktueller Betroffenheit und Erweckung reduziert. Zugleich kann dann aber auch Vernunft zur Einlösung des in der Tat berechtigten Anspruchs, Humanität je neu zu entdecken, von sich aus nichts mehr beitragen.

3. Ethik als Integrationswissenschaft

Zu den wichtigen grundlegenden Einsichten in die Bestimmung von Ethik, wie sie sich erst aus dem Gesamtkontext der neuzeitlichen Wissenschaften vom Menschen ergibt, gehört ihre Bestimmung als „Integrationswissenschaft". Dies ist dem Begriff und der Sache nach erstmals von Werner Schöllgen (1961) herausgestellt worden. Die Herausgeber des Handbuchs haben sich diese Erkenntnis zu eigen gemacht und in doppelter Hinsicht in der Anlage des Grundlegungsteils systematisch zur Geltung gebracht. Zum einen ging es um die Ausklärung des integrativen Zuordnungsverhältnisses von Ethik und empirischen Wissenschaften vom Menschen (Wege empirischer Argumentation, Bd. I, 83–107) sowie um die sich daraus weiter ergebende Frage nach der generellen theologischen Einlösung dieses Zuordnungsverhältnisses (Die Bedeutung der säkularen Wissenschaften für die Ethik, Bd. I, 297–315), zum anderen um die Ausklärung der dieses Zuordnungsverhältnis nochmals übergreifenden Frage nach möglichen unterschiedlichen spezifisch theologisch-ethischen

---

[27] *Ch. Frey*, a. a. O. 204.

Verstehenszugängen (Schöpfung, Rechtfertigung, Eschatologie, Versöhnung; Bd. I, 391–518). Es fällt auf, daß diese doppelte Zuordnungsproblematik nur von zwei Rezensenten, und auch dies nur andeutungsweise, registriert wird (Furger, Koch[28]). Die übrigen Stellungnahmen beziehen sich demgegenüber ausschließlich auf die vorgestellten theologisch-ethischen Verstehenszugänge. Vermutlich liegt dies auch daran, daß die einzelnen Autoren selbst diesem Doppelaspekt nicht in allem hinreichend Rechnung getragen haben. Dies kommt insbesondere in der Kritik Wieberings an der Durchführung der theologisch-ethischen Verstehenszugänge von Ethik als Integrationswissenschaft zum Ausdruck. Vom Gesamtplan des Handbuches aus betrachtet, fällt es seiner Meinung nach aus dem Rahmen, „daß in den Essays jeweils von der dogmengeschichtlichen Einordnung des betreffenden Begriffs ausgegangen und erst danach die ethische Konsequenz aufgesucht wird, statt von den situativen Anforderungen der Welterfahrung ausgehend sich dem jeweiligen theologischen Schlüsselbegriff zu nähern. Das geschieht überzeugend erst in dem abschließenden Dialog mit der Anthropologie, bei dem von der ‚neuen Moral' her nach theologischen Korrelationen gefragt wird, die im Anschluß an Rahner und Pannenberg formuliert werden."[29]

Hinzu kommt die Erschwernis, wie von anderen Rezensenten bemerkt wird, daß eine solche Zusammenschau der Dinge, bei so verschiedenartigen Autoren mit unterschiedlichen Voraussetzungen und Methoden, kaum befriedigend gelingen kann. So schreibt Cordes: „Trotz eines besonderen Hauptteiles ‚Christliche Ethik als Integrationswissenschaft' mit einem spezifischen, methodologischen Verständnis von Integration wird nicht nur hier, sondern in der gesamten Anlage und Durchführung deutlich, daß diese Problemanzeige eben auch das Problem dieses Handbuches ist."[30] Ähnlich Demmer: Man gewinnt „bisweilen den Eindruck, daß die Einzelbeiträge – gerade unter dem Aspekt ihrer epistemologischen Voraussetzungen – in der Luft hängen. Die zusammenhaltende Klammer ist sehr locker gefügt."[31] Freilich, das mußte, wie im Gegensatz dazu Sustar hervorhebt, als Risiko in Kauf genommen werden, sollte überhaupt ein solches Werk zustande kommen: „Das Gespräch, das hier mit der Lebenserfahrung aufgenommen wird, weist in die Zukunft. Daß dabei eine große Komplexität der ethischen Fragestellung und der Antworten in ihrer Formulierung wie in ihrer Begründung sichtbar wird, kann niemand überraschen, der sich der komplexen menschlichen Lebenswirklichkeit bewußt ist."[32]

Damit wird man freilich nicht zugleich auch den weiteren Vorwurf entkräften können, der von vielen Rezensenten erhoben wird, daß nämlich wichtige, bedrängende Einzelfragen, und zwar einige davon auch grundlegender Art, unbehandelt blieben. Ins Prinzipielle erhoben könnte sich natürlich solcher Vorwurf letztlich gegen das Selbstverständnis dieses Werks als eines „Handbuchs" richten. So erklärt denn auch einer der Rezensenten unumwunden: „Dieses Buch ist kein Handbuch."[33] Andererseits kann man mit Demmer fragen: „Was kann man in der gegenwärtigen geistesgeschichtlichen Situation berechtigterweise von einem Handbuch

[28] *F. Furger,* a. a. O.; *K. Koch,* in: Vaterland Nr. 28 vom 3. 2. 1979.
[29] *J. Wiebering,* a. a. O. 167.
[30] *C. Cordes - N. Hasselmann,* in: Lutherische Monatshefte 18 (1979) H. 8, 496–497, 496.
[31] *K. Demmer,* a. a. O. 448. [32] *A. Sustar,* a. a. O. 521.
[33] *K. F.,* in: IBW Journal, 1979, H. 12, 199–200, 199.

erwarten? Soll es in erster Linie ein verläßliches Nachschlagewerk für den Praktiker sein? ... Oder müßte der Akzent nicht vielmehr auf dem Bemühen liegen, zunächst einmal in die laufende Diskussion mit der reichen, oftmals unübersichtlichen Facettierung ihrer Ansätze einzuführen? ... Es ist offenkundig, daß die letztere Einstellung für Konzeption und Durchführung des vorliegenden Handbuchs leitend war."[34] Hier zeigt sich in der Tat eine gewisse Verwandtschaft mit neueren „Handbüchern" ähnlichen Typs, die nicht auf Vollständigkeit angelegt sind, etwa dem bekannten, von H. Fries herausgegebenen „Handbuch theologischer Grundbegriffe" (München 1962). Insbesondere was den speziellen Teil betrifft, sind die Herausgeber denn auch bewußt selektiv und paradigmatisch vorgegangen. Wenn dabei einige heute besonders andrängende Probleme, wie beispielsweise die Friedensproblematik oder das Problem einer Ökoethik, nicht explizit zur Sprache gekommen sind, so lag dies nicht zuletzt auch daran, daß sie zur Zeit der Konzeption des Handbuches noch nicht von solch beherrschender Aktualität waren. Insgesamt betrachtet, wollten die Herausgeber ganz sicher kein neu ausgefaltetes kasuistisches Moralkompendium erstellen.

Sehr viel ernster ist demgegenüber die Anmahnung eines anderen Defizits zu nehmen, nämlich daß die existentiale Dimension des Ethischen, also die Frage nach dem ethischen Subjekt und damit das Problem des Gewissens, der Grundentscheidung, des Kompromisses und der Schuld im grundlegenden ersten Band unerörtert bleibt. Die Anmahnung hat durchaus ihre Berechtigung, auch wenn man in Rechnung stellt, daß die zentrale ethische Frage der siebziger Jahre fundamental metaethisch ausgerichtet war. Im Vordergrund standen in der Tat Probleme der ethischen Rationalität, der generellen Normbegründung und des christlichen Propriums. Man vergleiche entsprechend etwa so wichtige Werke wie A. Auers „Autonome Moral und christlicher Glaube" (1971) oder F. Böckles „Fundamentalmoral" (1977), in denen die Gewissensproblematik ebenso unerörtert bleibt. Demgegenüber stellte sie sich erst wieder in ihrer ganzen Wucht, wo man sich zunehmend neuen, immer komplexer werdenden spezifisch sozialethischen Entscheidungsproblemen konfrontiert sah. Genau diese Fragestellung sucht der vorliegende 3. Band deshalb nun aufzunehmen und auf gegenwärtig andrängende Entscheidungsprobleme zu applizieren. Damit wird zugleich Unabgegoltenes der beiden vorhergehenden Bände eingelöst.

4. Normen als „Artefakte"

Neben den bisher erörterten, sich von der Gesamtlage des Handbuchs her ergebenden zentralen Fragestellungen, wie sie in den Rezensionen kritisch aufgenommen werden, bleibt jetzt noch auf eine weitere Kritik einzugehen, die als solche zwar eine spezielle Aussage betrifft, darin aber zugleich grundlegende ethische Verstehenszusammenhänge berührt. Es geht um die Kennzeichnung von Normen als „Artefakte" und die von daher gewonnene Bestimmung jeglicher positiver Gestalt von Moral als eines Kunstprodukts der menschlichen Vernunft (Korff, vgl. Bd. I,

---

[34] *K. Demmer,* a. a. O. 442–443.

114 f.). Josef Pieper nennt diese These „ungeheuerlich"[35]. Bestürzt äußern sich darüber auch der Münchner Erzbischof, Kardinal Ratzinger, in einem pastoralen Schreiben[36] und der Erzbischof von Köln und Vorsitzende der Deutschen Bischofskonferenz, Kardinal Höffner, in einem in Rom gehaltenen Vortrag[37] sowie in einem persönlichen Schreiben[38] an den Verfasser.

Solche Kennzeichnung wäre nun allerdings in der Tat unhaltbar, wenn hier „Artefakt" im Sinne von Beliebigkeit und Willkür verstanden werden sollte. Normen ergeben sich vielmehr durchaus aus naturalen, geschichtlichen und theologischen Begründungszusammenhängen, die selbst keineswegs artifizieller Natur sind und gerade deshalb den Anspruch der Normen, und zwar auch in ihrer positiven satzhaften Gestalt, jedem Belieben entziehen. Dennoch fallen Legitimationsgrund in diesem genannten Sinne und konkrete Anspruchsgestalt nicht einfachhin zusammen. Letztere kommt nicht ohne eine Leistung der Vernunft zustande, und genau insoweit sie positives Resultat von deren ordnender Kraft ist, wird der Ausdruck „Artefakt" zur Kennzeichnung angewandt. Das liegt auf der Linie der thomanischen Lehre sowohl von der lex naturalis als auch der lex nova, die im Unterschied zur lex humana nicht als ausgeformte Normenkomplexe vorliegen, sondern schon durch ihre habituelle Präsenz umfassende Gründe aller Normativität sind. Aber auf sie ist der Gesetzesbegriff, den Thomas an der lex humana entwickelt, nur analog anwendbar, und der in ihnen enthaltene Anspruch muß aktuell erst eingelöst werden. Für die praktische Vernunft gibt es sonach keinen von ihrer Gestaltungsaufgabe unabhängigen Gegenstand. Sie baut ihn sich vielmehr, so Thomas, je und je auf: „in practicis autem scientiis intenditur quasi finis *constructio subjecti*"[39]. Keinesfalls kommt der praktischen Vernunft nur die Funktion eines Ableseorgans zu. Der frühere Moraltheologe von Chur und heutige Erzbischof von Ljubljana, Alois Sustar, erkennt diesen für die theologisch-ethische Begründung der Normenfrage grundlegenden Zusammenhang völlig zutreffend, wenn er dem zustimmend in seiner Rezension resümiert: „Das ganze Werk ist eine Art Erläuterung und Begründung dieser These."[40]

Wilhelm Korff

---

35 Auf diese Wertung der These durch Pieper weist der Erzbischof von Köln, Kardinal Höffner, in einem am 6.4.1981 an den Verfasser gerichteten Brief hin.

36 Der Erzbischof von München und Freising, Brief an die Priester, Diakone und an alle im pastoralen Dienst Stehenden (8.12.1980) 23.

37 Nur Du – und Du für immer, Köln 1980 (= Vortrag in Rom vom 21.10.1980) 20, Anm. 11.

38 Siehe Anm. 35.

39 In analytica posteriora II, 41 Nr. 362.

40 *A. Sustar,* a.a.O. 522 – Der 5. Abschnitt dieses Nachwortes „Strittige Fragen der Sexualethik", sowie der anschließende, damit in Verbindung stehende „Anhang zu Seite 565" mit Texten der Synode 72/Diözese Basel „Ehe und Familie im Wandel der Gesellschaft" entfallen hier, da die dort geltend gemachten Desiderate in der vorliegenden Neuausgabe berücksichtigt und eingelöst worden sind.

Nachwort zur Neuausgabe

Prospektives Gewissen als Prinzip christlicher Weltverantwortung

Suchte das Nachwort zur Erstauflage die Wirkungsgeschichte der ersten beiden Bände des Handbuches im Spiegel ihrer Rezensionen nachzuzeichnen, so gibt die Neuausgabe Gelegenheit, dies in abschließender Weise nun auch für den dritten Band zu tun[1]. Dabei ist zunächst festzustellen, daß die Rezensenten fast einhellig den wichtigsten Ertrag dieses Bandes in der hier erstmals vorgenommenen systematischen Behandlung der Gewissens- und Schuldproblematik sehen. In einer „dem Theologen geläufigen Begriffswelt" und unter „vermehrter Berücksichtigung von Schrift und Tradition"[2] erscheint „hier der Weg von der Grundlegung zur Konkretion noch einmal neu beschritten"[3]. Tatsächlich war das Fehlen eines Gewissenstraktates schon zuvor mehrfach bedauert worden, „weil nur in ihm die Fragen des Umgangs mit sittlichen Normen aus der Perspektive des sittlichen Subjekts, unter Berücksichtigung der Umstände, zur Sprache gebracht werden können (Konflikt, Kompromiß, Verantwortung)."[4] Hier wurde also in der Tat eine wichtige Nacharbeit geleistet. Dabei erscheint der Mangel zusätzlich wettgemacht durch die glückli-

---

[1] Folgende Rezensionen liegen vor:
W. Allgaier, Anruf an das Gewissen, in: Rheinischer Merkur/Christ und Welt Nr. 32 vom 12. 8. 1983; *A. Autiero,* Etica cristiana an ascolto del mondo, in: Revista di teologia morale, Luglio–settembre 1983, 59; *G. Deussen,* in: Communicatio Socialis 16 (1983) 408–409; *J. Dijkman,* in: Tijdschrift voor Theologie 23 (1983) 200; *J. Endres,* in: Ordenskorrespondenz Heft 2 (1984), 245–246; *F. F.* in: Herder-Korrespondenz 37 (1983), H. 3.; *N. Hartmann,* in: Zeitschrift für Augustinisch-Franziskanische Theologie und Philosophie in der Gegenwart 45 (1982) 230–234; *M. Honecker,* Tendenzen und Themen der Ethik, in: Theologische Rundschau 48 (1983) 349–354; *H. U. Jäger,* in: Kirchenblatt für die reformierte Schweiz vom 14. 11. 1985; *K.-H. Kurze,* in: Pastoralblatt, Köln, Nr. 6 (1983) 189–191; *J. Magri,* in: Gewerkschaftliche Rundschau, Bern Nr. 5 (1983) 158–160; *G. K. Mainberger,* Abendländischer Sittenspiegel, in: Neue Zürcher Zeitung vom 23. 8. 1984, 33–34; *H. Patt,* in: Renovatio 1/1986; *J. Piegsa,* in: Theologische Revue 81 (1985) Nr. 3, 229–230; *G. Sauter,* Ethik einer christlichen Welt, in: Evangelische Theologie 3/1983, 297–303; *A. Sustar,* Wege ethischer Praxis, in: Schweizerische Kirchenzeitung, Luzern 9/1983, 478 f.; *G. Trentin,* in: Studia Patavina 31 (1983) II, 458; *A. F. Utz,* Verantwortung und Wirklichkeit, in: Die Neue Ordnung, Nr. 4/1986, 318–320; *M. Valkovic,* in: Bogoslovrska Smota Zagreb 1/1984, 165–168; *J. Wiebering,* in: Theologische Literaturzeitung 109 (1984) 292–295; *G. Wildmann,* in: Theologisch-praktische Quartalschrift, Linz Nr. 2 (1984).

[2] *K.-H. Kurze,* a. a. O. 191.

[3] *J. Wiebering,* a. a. O. 293.

[4] *K.-H. Kurze,* a. a. O. 191.

che Auswahl der Autoren: „Die neuen Beiträge sind teilweise Kabinettstücke an konzentrierter Information. Zugleich wird aus ihnen einmal mehr die fundamentale Rolle der sittlichen Vernunft bei der Findung und Weiterentwicklung allgemeinverbindlicher sittlicher Regeln deutlich. So gesehen eröffnen die Beiträge zum Gewissen einen weiteren Zugang zur Struktur von Sittlichkeit."[5]

Gleichwohl wird man diese im dritten Band geleistete „Nacharbeit" nicht so betrachten dürfen, als ob es sich hierbei nur um die Einholung von zuvor schlichtweg Vergessenem oder Übersehenem handle. Gerade umsichtige Rezensenten sehen dies sehr wohl. Nach Wiebering erscheint es durchaus „unangemessen", den dritten Band „nur als eine nachgeholte Sammlung von Defiziten der ersten beiden Bände beurteilen zu wollen"[6]. Tatsächlich vollzog sich gerade die systematische Arbeit an Band 1 unter geistes- und problemgeschichtlichen Prämissen, die eine Zentrierung auf die Gewissensproblematik nicht als geeigneten Weg erscheinen ließen, um die ethische Frage zu lösen. Im Zentrum stand nicht die Frage nach dem Gut und Böse der inneren Disposition des handelnden Subjekts, sondern vorrangig nach dem Gut und Böse der überkommenen Normbestände, die menschliches Handeln regeln sollen. Solange diese Normbegründungsfrage noch nicht in zureichender Weise systematisch geklärt erschien, konnte auch die Berufung auf das Gewissen für sich allein keine Lösung bieten. Unter solchen Voraussetzungen flüchtete man dann nur zu leicht entweder in eine legalistisch verkehrte Kasuistik oder aber in eine Situationsethik, die alle generell verbindliche Normativität von sich wies. Insofern waren also die Fragen der „ethischen Rationalität der Neuzeit", der „Grundformen heutigen ethischen Argumentierens" und der „materialen Grundlegungsfragen heutiger Ethik", mit denen sich der erste Band mit systematischem Anspruch gestellt hat, durchaus vorrangig und zeitgerecht. Was dort an Klärungsversuchen vorliegt, behält bis heute sein eigenes Gewicht. Das Gewissensproblem systematisch anzugehen war dann der am Ende daraus folgende *zweite* Schritt, freilich jetzt in einer Weise, die es sowohl philosophisch als auch theologisch in einen normativ differenzierten, verantwortungsethisch ausgeweiteten Kontext rückt. Gerade dies aber wird in den Rezensionen fast durchgängig als entscheidender Fortschritt gewürdigt.

Darüber hinaus zeigt sich im Grundduktus der Rezensionen – und zwar deutlicher noch als in denen zu Band 1 und 2 – eine wachsende Zustimmung zum theologischen Gesamtansatz, den das Handbuch bei aller Vielfalt der Akzentuierungen in Einzelfragen erkennen läßt. So ist das Werk in der Tat von der zentralen Frage bewegt, „ob Ethik rational vermittelt werden kann und wie diese Rationalität, in konkreter Geschichte eingetaucht, zu sehen ist"[7]. Eben dies aber bedeutet auf christliches Handlungsverständnis hin gewendet: „Zur Begründung der Normen einer christlichen Ethik bleibt nur die im Glauben situierte kritische Rationalität"[8]. Damit ist freilich in keiner Weise eine Nivellierung der Dimension des Glaubens angezielt. Der ethische Anspruch empfängt seine Geltung und Dynamik aus der Universalität der schöpferischen Liebe Gottes selbst. Im Aufgreifen dieser Liebe wird

[5] *K.-H. Kurze*, a. a. O. 191.
[6] *J. Wiebering*, a. a. O. 293.
[7] *G. Wildmann*, a. a. O.
[8] *G. Wildmann*, a. a. O.

sichtbar, was menschlichem Handeln seine universelle Form zu geben vermag: Erst die Liebe entdeckt als Richtmaß und Ziel alles Sittlichen den Menschen als *Person.* Wenn sonach heute dem Gedanken der menschlichen Personwürde mitsamt dem darin bereits implizierten, strukturell einzulösenden Anspruch von Menschenrechten universelle Bedeutung zugemessen wird, so liegen die wirkungsgeschichtlichen Voraussetzungen dafür wesentlich in eben diesem christlichen Verständnis vom Menschen. Entsprechend wird man aber auch umgekehrt Forderungen, die sich mit dem Anspruch des Christlichen geltend machen, nicht als solche verstehen dürfen, die nur für den Christen einsichtsfähig sind. Vielmehr können diese nur dann auch Christlichkeit beanspruchen, wenn sie einer allgemeinen Vernunft zugänglich und vom Anspruch der Freiheit und der Würde des Menschen bewegt bleiben. Wo dies nicht der Fall ist, weist dies zugleich auf eine im christlichen Sinne defizitäre theologische Anthropologie zurück (essentialistisches oder biologistisches Naturrechtsverständnis, Verdunklung des Imago-dei-Status aufgrund eines falsch verstandenen, auf die Schöpfungsordnung ausgeweiteten Erbsündenbegriffs). Um so mehr wird demgegenüber heutige theologische Ethik bei ihrem Bemühen, sittliche Forderungen und Ansprüche transparent zu machen, die wachsenden Einsichten in den Strukturaufbau der spezifisch menschlichen Existenz, wie sie erst die moderne Anthropologie und die vielfältigen, sich ihr zuordnenden Humanwissenschaften mit ihren empirischen Verstehenszugängen gewonnen haben, in ihre Reflexion einbeziehen. In diesem fundamentalethischen Verständnis kommen heute evangelische und katholische Theologen zunehmend überein. Die theologisch-ethische Diskussion wird unter dieser Voraussetzung in Zukunft kaum mehr als eine sich konfessionell polarisierende, kontroverstheologische geführt werden können. Das „Handbuch der christlichen Ethik" hat für diese theologisch-ethische Diskussion einen neuen ökumenischen Anfang gesetzt. Es braucht sich vor der künftigen Geschichte nicht zu verstecken.

Wilhelm Korff

Literaturergänzungen zur Neuausgabe

Erster Teil: Handeln unter dem Anspruch christlicher Verantwortung

Zum ersten Kapitel: Gewissen und Verantwortung (19–129)

Vernunft und Gewissen – Glaube und Gewissen

Historische Untersuchungen:

H. D. Kittsteiner, Die Entstehung des modernen Gewissens (Frankfurt a. M. 1991).

G. Pfeiffer, Das Gewissen in geistesgeschichtlicher Sicht (Saarbrücken 1990).

Zur Pädagogik und Psychologie des Gewissens:

P. Krische, Aspekte einer Psychologie des Gewissens (München 1984).

K. Kürzdörfer, Pädagogik des Gewissens (Bad Heilbrunn 1982).

S. Müller, Personal-soziale Entfaltung im Jugendalter (Mainz 1984).

W. Schillak, Gewissen und Identität (Frankfurt a. M. 1986).

G. Zecha (Hrsg.), Conscience: An interdisciplinary view (Dordrecht 1987).

Zur Ethik des Gewissens:

J. Gründel (Hrsg.), Das Gewissen. Subjektive Willkür oder oberste Norm? (Düsseldorf 1990).

W. Heubült, Gewissen vor Gott (München 1983).

H. Hohn, Die Freiheit des Gewissens. Gewissensfragen in Gesellschaft, Politik und Recht (Heidelberg 1990).

T. Koch, Autonomie des Gewissens als Prinzip einer evangelischen Ethik, in: ZEE 29 (1985) 306–327.

E. Mock, Gewissen und Gewissensfreiheit (Berlin 1983).

R. Schlund, Schöpferisches Gewissen (Freiburg i. Br. 1990).

E. Schockenhoff, Das umstrittene Gewissen. Eine theologische Grundlegung (Mainz 1990).

B. Schüller, Überlegungen zum Gewissen (Opladen 1991).

K. Thiele-Dohrmann, Abschied vom Gewissen? (Hamburg 1991).

Ethische Entscheidungskonflikte. Zum Problem der Güterabwägung:

K. Demmer, Deuten und Handeln. Grundlagen und Grundfragen der Fundamentalmoral (Studien zur theologischen Ethik, Bd. 15) (Freiburg/Schweiz – Freiburg i. Br. – Wien 1985).

Ders., Moraltheologische Methodenlehre (Freiburg/Schweiz 1989).

W. Korff, Kernenergie und Moraltheologie. Der Beitrag der theologischen Ethik zur Frage allgemeiner Kriterien ethischer Entscheidungsprozesse (Frankfurt a. M. 1979).

Ders., Die Energiefrage – Entdeckung ihrer ethischen Dimension (Trier 1992).

B. Schüller, Die Begründung sittlicher Urteile (Düsseldorf ²1980).

Die Notwendigkeit des ethischen Kompromisses: Kritik und theologische Begründung:

K. Demmer, Entscheidung und Kompromiß, in: Gregorianum 53 (1972) 332–351.

S. Feldhaus, Der Fall Kernenergie – ein Glaubensstreit? Kirche und Energieversorgung, in: *W. Korff,* Die Energiefrage – Entdeckung ihrer ethischen Dimension (Trier 1992) 287–347 (Lit.).

H.-U. Holst, Optimale Kompromisse in der Theorie kollektiver Entscheidungen (Karlsruhe 1986).

W. Korff, Kernenergie und Moraltheologie. Der Beitrag der theologischen Ethik zur Frage allgemeiner Kriterien ethischer Entscheidungsprozesse (Frankfurt a. M. 1979).

W. Trillhaas, Zum Problem des Kompromisses, in: ZEE 4 (1960) 355–364.

H. Weber, Der Kompromiß in der Moral, in: TThZ 86 (1977) 99–118.

Ders. (Hrsg.), Der ethische Kompromiß (Studien zur theologischen Ethik, Bd. 12) (Freiburg/Schweiz – Freiburg i. Br. – Wien 1984) (Lit.).

H. Windisch, Handeln in Geschichte. Ein katholischer Beitrag zum Problem des sittlichen Kompromisses (Frankfurt a. M. 1981).
G. Zink, Der christliche Glaube und der Kompromiß, in: Die Mitarbeit 11 (1962) 110–114, 153–156.

Vom ethischen Sinn der Verantwortung:

W. Korff, Die Frage nach dem Glück als Frage nach einer humanen Ethik, in: *ders.,* Wie kann der Mensch glücken? Perspektiven der Ethik (München 1985) 9–32.
R.-P. Koschut, Strukturen der Verantwortung. Eine kritische Auseinandersetzung mit Theorien über den Begriff der Verantwortung unter besonderer Berücksichtigung des Spannungsfelds zwischen der ethisch-personalen und der kollektiv-sozialen Dimension menschlichen Handelns (Frankfurt – Bern – New York – Paris 1989).
H.-J. Loch, Begründung einer regelutilitaristischen Verantwortungsethik in der Idee des Fortschritts zu Gleichheit und Freiheit (München 1986).
G. Mellema, Individuals, groups, and shared moral responsibility (New York 1986).
H.-P. Müller, Wissen als Verantwortung (Stuttgart – Berlin 1991).
W. E. Müller, Der Begriff der Verantwortung bei Hans Jonas (Frankfurt a. M. 1988).
J. Römelt, Theologie der Verantwortung (Innsbruck 1991).

Zum zweiten Kapitel: Schuld und Bekehrung (130–194)

H. M. Baumgartner, Schuld und Verantwortung (Tübingen 1983).
H. Buchheim, Die Frage nach der Schuld (Mainz 1988).
E. Drewermann, Freispruch für Kain? (Mainz 1986).
J. Gründel, Schuld und Versöhnung (Mainz 1985).
A. Köpcke-Duttler, Schuld – Strafe – Versöhnung (Mainz 1990).
P. Ricœur, Phänomenologie der Schuld, I: Die Fehlbarkeit des Menschen, II: Symbolik des Bösen (Freiburg i. Br. – München I [2]1989, II [2]1988).
M. Sievernich, Schuld und Sünde in der Theologie der Gegenwart (Frankfurt a. M. 1982).
Ders., Schuld und Umkehr in den Weltreligionen (Frankfurt a. M. 1982).
K. Thomas, Schuld: Zusammenhänge und Hintergründe (Göttingen – Frankfurt a. M. 1990).
A. Tischinger, Das Phänomen Schuld (Freiburg i. Br. 1986).

Zweiter Teil: Entscheidungsfelder christlicher Verantwortung heute

Zum ersten Kapitel: Menschenwürde und Menschenrechte I–II (197–236)

E.-W. Böckenförde – R. Spaemann (Hrsg.), Menschenrecht und Menschenwürde (Stuttgart 1987).
A. v. Campenhausen, Die Menschenrechte im Verständnis der Kirche, in: ZEE 32 (1988) 282–291.
U. Eibach, Sterbehilfe – Tötung auf Verlangen (Wuppertal 1988).
M. Heckel, Die Menschenrechte im Spiegel reformatorischer Theologie, in: *ders.,* Gesammelte Schriften II (Heidelberg 1989) 1122–1193.
K. Hilpert, Die Menschenrechte. Geschichte, Theologie, Aktualität (Düsseldorf 1991).
O. Höffe, Kategorische Rechtsprinzipien – ein Kontrapunkt der Moderne (Frankfurt a. M. 1990).
W. Huber – H. E. Tödt, Menschenrechte (München [3]1988).
W. Kerber (Hrsg.), Menschenrechte und kulturelle Identität (München 1991).
O. Kimminich, Grundprobleme des Asylrechts (Darmstadt 1983).
L. Kühnhardt, Die Universalität der Menschenrechte (Bonn [2]1991).
L. S. Rouner (Hrsg.), Human Rights and the World's Religions (Notre Dame, Indiana 1988).
J. Schwartländer (Hrsg.), Modernes Freiheitsethos und christlicher Glaube (München 1981).
M. Stackhouse, Creeds, Society and Human Rights. A Study in Three Cultures (Grand Rapids, Michigan 1984).

H. Tremmel, Grundrecht Asyl. Die Antwort der christlichen Sozialethik (Freiburg i. Br. 1992).

Zum zweiten Kapitel: Ethische Strukturprobleme der Geschlechter (282–336)

Ehe und Familie:

O. Bayer (Hrsg.), Ehe. Zeit zur Antwort (Neukirchen-Vluyn 1988).
D. Blasius, Ehescheidung in Deutschland 1794–1945 (Göttingen 1989).
E. Bleske, Konfliktfeld Ehe und christliche Ethik (München 1981).
Der Bundesminister für Jugend, Familie, Frauen und Gesundheit (Hrsg.), Familien verändern sich. Anfragen an Ethik und Politik (Stuttgart – Berlin – Köln 1986).
P. H. Hartmann, Warum dauern Ehen nicht ewig? Eine Untersuchung zum Scheidungsrisiko und seinen Ursachen (Wiesbaden 1989).
W. H. Hubbard, Familiengeschichte (München 1983).
F.-X. Kaufmann, Zukunft der Familie (München 1990).
S. Keil, Familie, in: Theologische Realenzyklopädie (TRE) XI (Berlin 1983) 1–23 (Lit.).
M. E. Müller (Hrsg.), Eheglück und Liebesjoch (Weinheim 1988).
M. Schröter, „Wo zwei zusammenkommen in rechter Ehe ...“ (Frankfurt a. M. 1990).

Nichteheliche Lebensgemeinschaften:

Ehe und nichteheliche Lebensgemeinschaften. Positionen und Überlegungen aus der Evangelischen Kirche in Deutschland. EKD-Texte 12, 1985.
H. Ringeling – A. Geißbühler (Hrsg.), Ehe und Konkubinat. Eine kirchliche Handreichung der reformierten Kirche (Bern 1985).
H. Tyrell, Literaturbericht, in: Nichteheliche Lebensgemeinschaften in der Bundesrepublik Deutschland (Schriftenreihe des Bundesministers für Jugend, Familie und Gesundheit, Bd. 170), Teil II (Stuttgart – Berlin – Köln – Mainz 1985).

Gleichheit von Mann und Frau:

E. Beck-Gernsheim, Die Kinderfrage. Frauen zwischen Kinderwunsch und Unabhängigkeit (München 1988).
Evangelische Kirche in Deutschland/Kirchenkanzlei (Hrsg.), Die Frau in Familie, Kirche und Gesellschaft. Eine Studie zum gemeinsamen Leben von Frau und Mann (Gütersloh 1979).
U. Frevert, Frauen-Geschichte. Zwischen bürgerlicher Verfassung und neuer Weiblichkeit (Frankfurt a. M. 1986).
Die Gemeinschaft von Frauen und Männern in der Kirche, hrsg. von der Synode der EKD (Gütersloh 1990).
U. Gerhard, Unerhört. Die Geschichte der deutschen Frauenbewegung (Reinbek 1990).
H.-J. Greschat – J. Ebach – F. Dexinger – H. Ringeling – I. Ludolphy – G. Scharffenorth/E. Reichle – C. Meyers-Herwartz, Frau, in: Theologische Realenzyklopädie (TRE) XI (Berlin 1983) 417–469.
M. Honecker, Frau, Kirche und Gesellschaft. Schwerpunkte des sozialethischen Interesses aus evangelischer Sicht, in: *A. Rauscher* (Hrsg.), Die Frau in Gesellschaft und Kirche. Analysen und Perspektiven (Berlin 1986) 213–228.
D. Kaufmann, Frauen zwischen Aufbruch und Reaktion. Protestantische Frauenbewegung in der ersten Hälfte des 20. Jahrhunderts (München – Zürich 1988).
E. Moltmann-Wendel (Hrsg.), Weiblichkeit in der Theologie. Verdrängung und Wiederkehr (GTB 494) (Gütersloh 1988).
Soziologie des Geschlechterverhältnisses. Soziologische Revue 10, Sonderheft 2, hrsg. von I. Ostner (1987).

Zum dritten Kapitel: Neue Weltwirtschaftsordnung I–III (337–379)

Wirtschaftsethik und Unternehmensethik:

D. Bell, Die kulturellen Widersprüche des Kapitalismus (Frankfurt a. M. 1991).
B. Bievert – M. Held (Hrsg.), Das Menschenbild der ökonomischen Theorie (Frankfurt a. M. 1991).
Dies., Ethische Grundlagen der ökonomischen Theorie. Eigentum, Verträge, Institutionen, (Frankfurt a. M. 1989).
Dies., Ökonomische Theorie und Ethik (Frankfurt a. M. 1987).
K. W. Dahm, Unternehmensbezogene Ethikvermittlung. Literaturbericht: Zur neueren Entwicklung der Wirtschaftsethik, in: ZEE 33 (1989) 121 ff.
G. Enderle (Hrsg.), Ethik und Wirtschaftswissenschaft (Berlin 1987).
H. Falkenstörfer – H. Przybylski (Hrsg.), Wirtschaften im Jahr 2000 – mit welchen Konzepten? Bochumer Symposion, Beiträge und Berichte (Bochum 1989).
Gemeinwohl und Eigennutz. Wirtschaftliches Handeln in Verantwortung für die Zukunft. Eine Denkschrift der Evangelischen Kirche in Deutschland (Gütersloh 1991).
H. Hesse (Hrsg.), Wirtschaftswissenschaft und Ethik (Berlin 1988).
R. Kramer, Umgang mit der Armut. Eine sozialethische Analyse (Berlin 1990).
W. Lachmann, Wirtschaft und Ethik. Maßstäbe wirtschaftlichen Handelns (Neuhausen 1988).
K. Lefringhausen, Wirtschaftsethik im Dialog (Stuttgart 1988).
H. Lenk – M. Maring (Hrsg.), Wirtschaft und Ethik (Stuttgart 1992).
Loccumer Protokolle. Theologische Aspekte der Wirtschaftsethik I–V. Dokumentationen der Klausurtagungen der Wissenschaftlichen Gesellschaft für Theologie und der Evangelischen Akademie Loccum (Rehberg – Loccum 1986–1988).
K. Nürnberger, Ethik des Nord-Süd-Konflikts. Das globale Machtgefälle als theologisches Problem (Gütersloh 1987).
A. Rich, Wirtschaftsethik, 2 Bde. (Gütersloh 1984 u. 1990).
O. Schlecht, Ethische Betrachtungen zur sozialen Marktwirtschaft (Tübingen 1983).
Y. Spiegel, Wirtschaftsethik und Wirtschaftspraxis – ein wachsender Widerspruch? (Stuttgart 1991).
P. Ulrich (Hrsg.), Auf der Suche nach einer neuen Wirtschaftsethik – Lernschritte zu einer reflexiven Ökonomie (Bern – Stuttgart 1990).
Ders., Transformation der ökonomischen Vernunft. Fortschrittsperspektiven der modernen Industriegesellschaft (Bern – Stuttgart ²1987).
Verantwortung für ein soziales Europa. Herausforderungen einer verantwortlichen sozialen Ordnung im Horizont des europäischen Einigungsprozesses. Eine Denkschrift der Kammer der Evangelischen Kirche in Deutschland für soziale Ordnung (Gütersloh 1991).

Neuere ökonomisch-politische Theorien und Lösungsstrategien:

J. Altmann, Wirtschaftspolitik (Stuttgart 1985).
V. Bornschier, Multinationale Konzerne. Wirtschaftspolitik und nationale Entwicklung im Weltsystem (Frankfurt a. M. – New York 1980).
G. Brendel, Internationale Wirtschaftsbeziehungen (Frankfurt a. M. 1981).
Bundeszentrale für politische Bildung (Hrsg.), Wirtschaftspolitik (Bonn 1990).
Th. Dahms, Internationale Wirtschaftsbeziehungen (Berlin 1983).
G. Dieckheuer, Internationale Wirtschaftsbeziehungen (München 1991).
K. H. Domdey, Weltwirtschaft und Weltwirtschaftslehre (Berlin 1984).
E. Dürr, Weltwirtschaft im Wandel (Bern 1988).
R. Ertel, Aspekte internationaler Wirtschaftsbeziehungen (Hannover 1986).
H.-D. Evers (Hrsg.), Auf dem Weg zu einer neuen Weltwirtschaftsordnung? (Baden-Baden 1983).
B. Frey, Internationale politische Ökonomie (München 1985).
F. Fröbel, Umbruch in der Weltwirtschaft. Die globale Strategie: Verbilligung der Arbeitskraft, Flexibilisierung der Arbeit, neue Technologien (Hamburg 1986).
O. Giarini, Wohlstand und Wohlfahrt (Frankfurt a. M. 1986).
R. Gilpin, The political economy of international relations (Princeton/NJ 1987).

H. Hesse, Internationale Interdependenzen im weltwirtschaftlichen Entwicklungsprozeß (Göttingen 1985).
E. Hippel, Grundfragen der Weltwirtschaftsordnung (München 1980).
B. Knall – N. Wagner, Entwicklungsländer und Weltwirtschaft (Darmstadt 1986).
C. Köhler, Internationalökonomie (Berlin 1990).
P. Krugmann, Strategic trade policy and the new international economics (Cambridge/Mass. 1988).
R. Kurz, Der Kollaps der Modernisierung (Frankfurt a. M. 1991).
A. Lukas, Regionale Wirtschaftsgemeinschaften im internationalen System (Frankfurt a. M. 1985).
W. Ochel, Die Entwicklungsländer in der Weltwirtschaft (Köln 1982).
H. Pousset, Mögliche globale Wirtschaftsstrategie im 3. Jahrtausend (Frankfurt a. M. 1986).
W. Röhrich, Politik und Ökonomie der Weltgesellschaft (Opladen 1983).
W. Salomon, Ernste Warnung. Die Krise der Weltwirtschaft (München 1984).
E. Simonis (Hrsg.), Ordnungspolitische Fragen zum Nord-Süd-Konflikt (Berlin 1983).
A. Utz u. a. (Hrsg.), Weltwirtschaftsordnung. Die christliche Alternative zum Marxismus (Walberberg 1983).
P. Welfers, Internationalisierung von Wirtschaft und Wirtschaftspolitik (Berlin 1990).
K. Wohlmuth, Structural adjustment and East-West-South economic cooperation: key issues (Bremen 1989).
W. Woyke (Hrsg.), Handwörterbuch Internationale Politik (Bonn [4]1990).
H. Zwiefelhofer, Neue Weltwirtschaftsordnung und katholische Soziallehre (München 1980).

Zur Frage der Armut in der Dritten Welt:
G. Adler-Karlsson, Der Kampf gegen die absolute Armut (Frankfurt a. M. 1978).
U. Duchrow, Weltwirtschaft heute – ein Feld für die Bekennende Kirche? (München 1986).
G. Fields, Poverty, Inequality and Development (Cambridge 1980).
P. Harrison, Hunger und Armut. „Inside the Third World" (Reinbek bei Hamburg 1982).
G. Meier, Emerging from Poverty. The Economics that Really Matters (New York – Oxford 1984).
H. Nissen, Einkommensverteilung und Dritte Welt, In: *D. Nohlen – F. Nuscheler* (Hrsg.), Handbuch der Dritten Welt, Bd. 1 (Hamburg [2]1989) 231–256.
R. Strahn, Warum sie so arm sind (Wuppertal 1985).

Zum Problem der Arbeitslosigkeit in der Dritten Welt:
M. Bohnet u. a., Arbeitslosigkeit als Schicksal? Beschäftigungsprobleme in der Dritten Welt (Stuttgart 1983).
R. Dertinger, Menschlich arbeiten, menschlich leben. Die internationale Arbeitsorganisation (Köln 1987).
A. Gregory, Arbeit im Reisfeld und im Kohlenpott, in: *P. Opitz* (Hrsg.), Weltprobleme (München 1982) 99–127.
I. Lenz – R. Rott (Hrsg.), Frauenarbeit im Entwicklungsprozeß (Saarbrücken 1984).
A. Melzer – Ch. Rothkirch, Arbeitsbedingungen in Entwicklungsländern und Sozialklauseln (Köln 1982).
W. Ochel, Arbeitslosigkeit und Unterbeschäftigung, in: *P. Opitz* (Hrsg.), Die Dritte Welt in der Krise (München 1984) 171–185, 265–266.
E. Schuhmacher, Die Rückkehr zum menschlichen Maß (Reinbek bei Hamburg 1977) 185–197.
E. Thorbecke, Ländliche Beschäftigungsstruktuen und -politik, in: *P. Blanckenburg* (Hrsg.), Sozialökonomie der ländlichen Entwicklung (Stuttgart [2]1982) 312–329.

Zur Entwicklungspolitik und Entwicklungshilfe:
G. Addicks – H. H. Bünning, Ökonomische Strategien der Entwicklungspolitik (Stuttgart 1979).
T. Dams (Hrsg.), Entwicklungshilfe – Hilfe zur Unterentwicklung ? (Mainz – München 1974).
H.-O. Hahn, Theologische Begründung, in: Misereor – Zeichen der Hoffnung (München 1976) 389–396.

T. Hanf, Die Kirche vor der sozialen Frage in der Dritten Welt, in: *H. Thimme – W. Wöste* (Hrsg.), Im Dienst für Entwicklung und Frieden (Mainz – München 1982) 54–75.
Misereor – Zeichen der Hoffnung (München 1976).
H.-P. Neuhoff, Der arbeitsorientierte Entwicklungsweg, in: *D. Nohlen – F. Nuscheler* (Hrsg.), Handbuch der Dritten Welt, Bd. 1 (Hamburg ²1982), 211-230.
F. Nuscheler, „Befriedigung der Grundbedürfnisse" als neue entwicklungspolitische Lösungsformel, in: *D. Nohlen – F. Nuscheler* (Hrsg.), Handbuch der Dritten Welt, Bd. 1 (Hamburg ²1982) 332–358.
H. Sautter, Armut in den Ländern der Dritten Welt als wirtschaftsethisches Problem, in: ZEE 35 (1991) 34–50.
J. Senft, Entwicklungshilfe oder Entwicklungspolitik (Münster 1978).
N. Wagner – H. Rieger (Hrsg.), Grundbedürfnisse als Gegenstand der Entwicklungspolitik. Interdisziplinäre Aspekte der Grundbedürfnisstrategie (Wiesbaden 1982).
L. Watzal, Die Entwicklungspolitik der katholischen Kirche in der Bundesrepublik Deutschland (Mainz – München 1985).

Zum dritten Kapitel: Neue Weltwirtschaftsordnung IV: Moralische Aspekte der Energie- und Umweltfrage (379–424)

Generelle Materialien und Studien zur Sachlage:

R. Barnet, Die mageren Jahre. Zukunft ohne Überfluß (Berlin 1982).
L. Brown u. a., Zur Lage der Welt 87/88. Daten für das Überleben unseres Planeten (Frankfurt a. M. 1987).
Brundtland-Report: Our Common Future (Oxford 1987); dt. Ausgabe: *V. Hauff* (Hrsg.), Unsere gemeinsame Zukunft. Der Brundtland-Bericht der Weltkommission für Umwelt und Entwicklung (Greven 1987).
J. Freiberg u. a. (Hrsg.), Drei Welten – eine Umwelt. Materialien einer Tagung über Ökologie und Dritte Welt (Saarbrücken 1984).
K. Gauer u. a. (Hrsg.), Umwelt am Ende? Zur Umweltproblematik der Dritten Welt (Saarbrücken 1987).
Global 2000 (Frankfurt a. M. 1980).
J. Grün – D. Wiener, Global denken, vor Ort handeln. Weltmodelle von Global 2000 bis Hermann Kahn. Kontroversen über unsere Zukunft (Freiburg i. Br. 1984).
A. King – B. Schneider, Die globale Revolution. Club-of-Rome-Bericht 1991, Spiegel-Spezial Ausgabe 2/1991.
Nord-Süd-Kommission. Das Überleben sichern. Gemeinsame Interessen der Industrie- und Entwicklungsländer (Köln 1980).
E. Pestel, Jenseits der Grenzen des Wachstums. Ein Bericht an den Club of Rome (Stuttgart 1988).
W. Schädle, Umweltprobleme der Dritten Welt, in: *P. Opitz* (Hrsg.), Die Dritte Welt in der Krise (München 1984) 208–226.
J. Simon – H. Kahn (Hrsg.), The Resourceful Earth. A Response to Global 2000 (Oxford 1984).
UNEP (Hrsg.), Umwelt – Weltweit. „The World Environment 1972–1982." Bericht des Umweltprogramms der Vereinten Nationen (Berlin 1983).
W. Weinert – R. Kreß – H.-J. Karpe, Umweltprobleme und nationale Umweltpolitiken in Entwicklungsländern (Köln 1981).
M. Wöhlcke, Umweltzerstörung in der Dritten Welt (München 1987).

Allgemeine ökologische Theorie:

T. Bargatzky, Einführung in die Kulturökologie. Umwelt, Kultur, Gesellschaft (Berlin 1986).
R. Becker, Operation Umwelt. Ideen zur Bewältigung einer Krise (Neuhausen 1988).
H. Bick – H. Hansmeyer – G. Olschowy – P. Schmook, Angewandte Ökologie. Mensch und Umwelt 1–2 (Stuttgart – New York 1984).
K. Buchwald – W. Engelhardt (Hrsg.), Handbuch für Planung, Gestaltung und Schutz der Umwelt 1–4 (München 1978–80).

W. L. Bühl, Ökologische Knappheit. Gesellschaftliche und technologische Bedingungen ihrer Bewältigung (Göttingen 1981).
H. Donner (Hrsg.), Umweltschutz zwischen Staat und Macht (Baden-Baden 1989).
M. Faber, Wurzeln des Umweltproblems. Ökologische, ökonomische und philosophische Betrachtungen (Heidelberg 1990).
L. Franke, Wir haben nur eine Erde (Darmstadt 1989).
M. Huber (Hrsg.), Umweltkrise. Eine Herausforderung an die Forschung (Darmstadt 1991).
J. Klawitter u. a. (Hrsg.), Natur und Industriegesellschaft (Berlin – Frankfurt a. M. – New York 1990).
E. U. v. Weizsäcker, Erdpolitik. Ökologische Realpolitik an der Schwelle zum Jahrhundert der Umwelt (Darmstadt ²1990).

Kirchenamtliche Dokumente:
Verantwortung wahrnehmen für die Schöpfung. Gemeinsame Erklärung des Rates der Evangelischen Kirche in Deutschland (EKD) und der Deutschen Bischofskonferenz, hrsg. v. Kirchenamt der Evangelischen Kirche in Deutschland und dem Sekretariat der Deutschen Bischofskonferenz (Gütersloh ²1985).
Zukunft der Schöpfung – Zukunft der Menschheit, Erklärung der Deutschen Bischofskonferenz zu Fragen der Umwelt und der Energieversorgung, September 1980, in: Die Deutschen Bischofe 28, hrsg. vom Sekretariat der Deutschen Bischofskonferenz (Bonn 1980).

Zur grundsätzlichen Konstruktion einer Umweltethik und einer Ethik der Energiebereitstellung und -nutzung:
G. Altner, Die Überlebenskrise der Gegenwart (Darmstadt 1987).
A. Auer, Umweltethik. Ein theologischer Beitrag zur ökologischen Diskussion (Düsseldorf 1984).
K. Bayertz (Hrsg.), Ökologische Ethik (München – Zürich 1988).
D. Birnbacher (Hrsg.), Ökologie und Ethik (Stuttgart 1980).
Ders., Verantwortung für zukünftige Generationen (Stuttgart 1988).
T. Evers, Schöpfung als Rechtssubjekt? (Hofgeismar 1990).
S. Feldhaus – B. Irrgang, Ethik der Energieversorgung. Kriterien, Maximen, Handlungsregeln, in: Forum für interdisziplinäre Forschung 4 (1991) 2–13.
J. Gründel, Die Erde unserer Sorge anvertraut (Meitingen – Freising 1984).
B. Irrgang, Christliche Umweltethik (München 1992).
Ders., Hat die Natur ein Eigenrecht auf Existenz?, in: Philosophisches Jahrbuch 97 (1990) 327–339.
Ders. – J. Klawitter – K. Ph. Seif (Hrsg.), Wege aus der Umweltkrise (Frankfurt a. M. – München 1987).
W. Korff, Die Energiefrage – Entdeckung ihrer ethischen Dimension (Trier 1992).
Ders., Kernenergie und Moraltheologie. Der Beitrag der theologischen Ethik zur Frage allgemeiner Kriterien ethischer Entscheidungsprozesse (Frankfurt a. M. 1979).
G. Liedtke, Im Bauch des Fisches. Ökologische Theologie (Stuttgart 1979).
N. Luhmann, Ökologische Kommunikation. Kann die moderne Gesellschaft sich auf die ökologischen Gefährdungen einstellen? (Opladen 1986).
K. Meyer-Abich, Dreißig Thesen zur praktischen Naturphilosophie, in: *H. Lübbe u. a.* (Hrsg.), Ökologische Probleme im kulturellen Wandel (Ethik der Wissenschaften 5) (München – Paderborn 1985) 100-108.
Ders., Naturphilosophie auf neuen Wegen, in: *O. Schwemmer* (Hrsg.), Über Natur. Philosophische Beiträge zum Naturverständnis (Frankfurt a. M. 1987) 63–74.
Ders., Wege zum Frieden mit der Natur (München 1984).
G. Rau (Hrsg.), Frieden in der Schöpfung. Das Naturverständnis protestantischer Theologie (Gütersloh 1987).
H. Ringeling, Leben im Anspruch der Schöpfung (Freiburg/Schweiz – Freiburg i. Br. 1988).
Ph. Schmitz, Ist die Schöpfung noch zu retten? Umweltkrise und christliche Verantwortung (Würzburg 1985).
G. Teutsch, Lexikon der Umweltethik (Göttingen 1985).

J. Wiemeyer, Sozialethische Überlegungen zur Umweltproblematik, in: Jahrbuch für Christliche Sozialwissenschaften 26 (1985) 195–220.
H. Zilleßen, Die normativen Voraussetzungen der Umweltpolitik. Zur Wiederannäherung von Ethik und Politik, in: Aus Politik und Zeitgeschichte. Beilage zur Wochenzeitung Das Parlament B 27/88, 3–14.

Zur Energiefrage:
R. Bauerschmidt, Kernenergie oder Sonnenenergie? (München 1985).
J. Bennewitz, Energie für die Weltwirtschaft von morgen (Düsseldorf 1984).
G. Crener, Mangel und Verschwendung. Energieprobleme im Nord-Süd-Konflikt (Freiburg i. Br. 1986).
Energiepolitik und Gefahren der Kernenergie – Kirchliche Stellungnahmen (Kirchliches Jahrbuch für die EKD [1986] 113) (Gütersloh 1988).
J. Grawe, Neue Techniken der Energiegewinnung (Bonn ²1988).
W. Härle, Ausstieg aus der Kernenergie? Einstieg in die Verantwortung (Neukirchen-Vluyn 1987).
W. Heimann, Das Risiko im menschlichen Leben (München 1990).
A. Herrmann, Radioaktive Abfälle. Probleme und Verantwortung (Berlin – Heidelberg – New York 1983).
P. Kafka, Kernenergie – Ja oder Nein? (München ²1987).
H. Koegel-Dorfs (Hrsg.), Ausstieg aus der Kernenergie. Hindernisse, Bedingungen, Konsequenzen (Neukirchen-Vluyn 1990).
Ph. Kreuzer (Hrsg.), Atomkraft – ein Weg der Vernunft? (München 1982).
K. Mayer-Abich – B. Schefold, Die Grenzen der Atomwirtschaft. Die Zukunft von Energie, Wirtschaft und Gesellschaft (München 1986).
G. Müller-Brandeck, Technologiefolgenabschätzung am Beispiel der friedlichen Nutzung der Kernenergie in der Bundesrepublik Deutschland (Frankfurt a. M. 1986).
J. Nitsch – J. Luther, Energieversorgung der Zukunft (Berlin – Heidelberg – New York 1990).
H. Rady, Regenerative Energien für Entwicklungsländer (Baden-Baden 1987).
D. Schmitt – H. Heck (Hrsg.), Handbuch Energie (Pfullingen 1990).
C. Schütze, Weltproblem Energie – Krise aus Mangel oder Überfluß?, in: *P. Opitz* (Hrsg.), Weltprobleme (München 1982) 251–273.
Schutz der Erde. Eine Bestandsaufnahme mit Vorschlägen zu einer neuen Energiepolitik, hrsg. von Deutscher Bundestag. Zur Sache. Themen parlamentarischer Beratung 19/1990. 2 Bde.

Zum Verhältnis von Ökologie und Ökonomie:
K. H. Hansmeyer – H. K. Schneider, Umweltpolitik. Ihre Fortentwicklung unter marktsteuernden Aspekten (Göttingen 1990).
J. Klawitter – R. Kümmel (Hrsg.), Umweltschutz und Marktwirtschaft aus der Sicht unterschiedlicher Disziplinen (Würzburg 1989).
W. Korff, Wirtschaft vor der Herausforderung der Umweltkrise, in: Münchener Theologische Zeitschrift 41 (1990) 171–185.
R. Kümmel (Hrsg.), Umweltschutz und Marktwirtschaft (Würzburg 1989).
C. Leipert, Grundfragen einer ökologisch ausgerichteten Wirtschafts- und Umweltpolitik, in: Aus Politik und Zeitgeschichte. Beilage zur Wochenzeitung Das Parlament B 27/88, 29–37.
H. Markl, Ökonomie und Ökologie (Mainz 1987).
R. Müller-Wenk, Die ökologische Buchhaltung (Frankfurt a. M. – New York 1978).
M. Schreiner, Umweltmanagement in 22 Lektionen (Wiesbaden 1989).
J. Senn, Ökologieorientierte Unternehmensführung (Frankfurt a. M. – Bern – New York 1986).
U. Steger, Umweltmanagement (Frankfurt a. M. 1988).
L. Wicke, Umweltökonomie (München ²1989).
Ders., u.a., Öko-soziale Marktwirtschaft für Ost und West. Der Weg aus der Wirtschafts- und Umweltkrise (München 1990).

Zur Nutztierproduktion und -haltung – Probleme einer Tierschutzethik:
U. Melle, Tiere in der Ethik. Die Frage nach der Grenze der moralischen Gemeinschaft, in: Zeitschrift für philosophische Forschung 42 (1988) 247–273.
P. Singer, Befreiung der Tiere (München 1982).
Ders., Verteidigt die Tiere. Überlegungen für eine neue Menschlichkeit (Wien 1986).
U. Wolf, Haben wir moralische Verpflichtungen gegen Tiere?, in: Zeitschrift für philosophische Forschung 42 (1988) 222–246.
Dies., Das Tier in der Moral (Frankfurt a. M. 1991).

Zur Umweltpädagogik:
G. Mertens, Umwelterziehung (Paderborn 1989).
P. Meyer, Umweltbewußte Erziehung (Bern – Frankfurt a. M. 1974).
Ders., Umwelterziehung – Aufklärung ohne Folgen? Eine Untersuchung fachdidaktischer Probleme der Umwelterziehung (Frankfurt a. M. 1986).

Zum vierten Kapitel: Die Friedensaufgabe der Gegenwart (425–507)

Genereller Bericht zur Sachlage:
W. Mallmann, Stockholm International Research Inst. (SIPRI), Rüstung und Abrüstung (Baden-Baden 1988).

Rüstung, Abrüstung, Sicherheitspolitik:
Ch. Davis, Rüstung, Modernisierung, Reform (Köln 1990).
M. Geyer, Deutsche Rüstungspolitik (Frankfurt a. M. 1984).
B. Kubbig (Hrsg.), Die militärische Eroberung des Weltraums 1–2 (Frankfurt a. M. 1990).
D. Mahncke, Vertrauensbildende Maßnahmen als Instrument der Sicherheitspolitik (Melle 1982).
E. Müller, Rüstungsmodernisierung und Rüstungskontrolle (Baden-Baden 1991).
I. Peters, Transatlantische Konsens- und Vertrauensbildung in Europa (Baden-Baden 1987).
R. Steinberg, Abrüstung und Rüstungskontrollverwaltung in der Bundesrepublik Deutschland (Berlin 1982).

Rüstung und Entwicklung:
L. Köllner, Rüstung und Entwicklung. Politische, wirtschaftliche und finanzielle Voraussetzungen und Folgen in Entwicklungsländern (München 1986).
P. Lock, Rüstungsprozesse und Weltmarktintegration (Frankfurt 1987).
Ph. Sonntag, Rüstung und Ökonomie (Frankfurt 1982).
H. Timme – W. Wöste (Hrsg.), Im Dienst für Entwicklung und Frieden (München 1982).
H. Vogler, Der Wandel der Perzeption von Abrüstung, Entwicklung und Konversion in der UNO (Frankfurt 1987).

Friedensethik, Ethik der Rüstung und Abrüstung:
G. Baadte, Förderung und Sicherung des Friedens (Köln 1982).
Ders. (Hrsg.), Frieden stiften. Die Christen zur Abrüstung. Eine Dokumentation (München 1984).
D. Bald (Hrsg.), Europäische Friedenspolitik: Ethische Aufgaben (Militär und Sozialwissenschaften 5) (Baden-Baden 1990).
A. Battke, Atomrüstung – christlich zu verantworten? (Düsseldorf 1982).
J. Blank, Im Dienst der Versöhnung. Friedenspraxis aus christlicher Sicht (München 1984).
F. Böckle – G. Krell (Hrsg.), Politik und Ethik der Abschreckung (München 1984).
Der gerechte Krieg – Christentum, Islam, Marxismus = Friedensanalysen 12 (Frankfurt 1980).
P. Eicher (Hrsg.), Das Evangelium des Friedens. Christen und Aufrüstung (München 1982).
R. Feneberg, „Gerechtigkeit schafft Frieden" – Die katholische Friedensethik im Atomzeitalter (München 1985).
Frieden politisch fördern: Richtungsimpulse. Sechs Expertenbeiträge für die Evangelische Kirche in Deutschland. Hrsg. vom Kirchenamt im Auftrag der EKD (Gütersloh 1985).

F. Furger, Bewaffnet gewaltlos? (Freiburg/Schweiz 1981).
N. Glatzl – E. J. Nagel (Hrsg.), Frieden in Sicherheit – Zur Weiterentwicklung der katholischen Friedensethik (Freiburg i. Br. 1981).
Gottes Friede den Völkern. Dokumentation des wissenschaftlichen Kongresses der EKD und der Nordelbischen Evangelisch-Lutherischen Kirche vom 17. bis 19. Juni 1984 in Kiel, hrsg. von Eduard Lohse u. a. (Hannover 1984).
J. Gründel (Hrsg.), Die Verantwortung der Christen für den Frieden (Düsseldorf 1984).
B. Häring, Umrüsten zum Frieden. Was Christen heute tun müssen (Freiburg i. Br. 1983).
D. Henrich, Ethik zum nuklearen Frieden (Frankfurt a. M. 1990).
M. Honecker, Kontroversen um den Frieden in der evangelischen Kirche und Theologie, in: Politische Studien 33 (1982) 17–25.
T. Hoppe, Friedenspolitik mit militärischen Mitteln. Eine ethische Analyse strategischer Ansätze (Köln 1986).
W. Huber – H.- R. Reuter, Friedensethik (Stuttgart 1991).
W. Joest, Der Friede Gottes und der Friede auf Erden (Neukirchen 1990)
E. Jüngel, Zum Wesen des Friedens als Kategorie theologischer Anthropologie (München 1983).
Konzil des Friedens. Beiträge zur ökumenischen Diskussion I, hrsg. v. *H. R. Reuter* (Heidelberg 1987).
W. Korff (Hrsg.), Den Frieden sichern (Düsseldorf 1982).
M. Kroeger, Theologische Klärung unseres Friedensverhaltens (Stuttgart 1984).
H. Langendörfer, Atomare Abschreckung und kirchliche Friedensethik (Mainz – München 1987).
W. Lienemann, Kernwaffen und die Frage des gerechten Kriegs als Problem ökumenischer Friedensethik seit 1945, besonders im Blick auf den Protestantismus in Deutschland (Habil. masch., Heidelberg 1983).
E. Lohse – U. Wilckens (Hrsg.), Gottes Friede den Völkern (Hannover 1984).
E. Lorenz – E. Strohm, Das Wagnis engagierter Friedensarbeit – Internationale christliche Friedensorganisationen im Spannungsfeld zwischen christlichem Glauben und politischer Wirklichkeit (Waldkirch 1985).
E. J. Nagel (Hrsg.), Dem Krieg zuvorkommen – Christliche Friedensethik und Politik (Freiburg i. Br. 1984).
Ders. – H. Oberhem, Dem Frieden verpflichtet. Konzeptionen und Entwicklungen der katholischen Friedensethik seit dem zweiten Weltkrieg (München 1982).
U. Nerlich – T. Rendtorff (Hrsg.), Nukleare Abschreckung – Politische und ethische Interpretationen einer neuen Realität (Baden-Baden 1989).
H. Pfeifer (Hrsg.), Frieden – Das unumgängliche Wagnis (München 1982).
R. Schnackenburg (Hrsg.), Die Bergpredigt – Utopische Vision oder Handlungsanweisung? (Düsseldorf 1982).
E. Stammler (Hrsg.), Sicherung des Friedens – eine christliche Verpflichtung (Stuttgart 1980).
A. Vögtle, Was ist Frieden? Orientierungshilfen aus dem Neuen Testament (Freiburg i. Br. 1983).
Ch. Walther (Hrsg.), Atomwaffen und Ethik. Der deutsche Protestantismus und die atomare Aufrüstung 1954–1961 (München 1981).
C. F. v. Weizsäcker, Die Zeit drängt. Eine Weltversammlung der Kirchen für Gerechtigkeit, Frieden und Bewahrung der Schöpfung (München 1986).
E. Wilkens (Hrsg.), Christliche Ethik und Sicherheitspolitik (Frankfurt a. M. 1982).
Ders., Die Diskussion um die Friedensfrage in der EKD, in: KJ 110 (1983).
R. Wischnath (Hrsg.), Frieden als Bekenntnisfrage (Gütersloh 1984).
H. Zander, Die Christen und die Friedensbewegung in beiden deutschen Staaten. Beiträge zu einem Vergleich für die Jahre 1978–1987 (Berlin 1989).

Kirchenamtliche Dokumente:

Der Beitrag der katholischen Kirche in der Bundesrepublik Deutschland für Entwicklung und Frieden, in: *L. Bertsch* (Hrsg.), Gemeinsame Synode der Bistümer der Bundesrepublik Deutschland – Beschlüsse der Vollversammlung (Freiburg i. Br. 1976) 470–509.

Das Bekenntnis zu Jesus Christus und die Friedensverantwortung der Kirche – Eine Erklärung des Moderamens des reformierten Bundes (Gütersloh ²1983).

Bischöfe zum Frieden, in: Stimmen der Weltkirche 19 und 19a, hrsg. vom Sekretariat der Deutschen Bischofskonferenz (Bonn 1983).

The Challenge of Peace: God's Promise and Our Response. A Pastoral Letter on War and Peace, National Conference of Catholic Bishops (May 3, 1983) (= Publication Nr. 863) (Washington/D.C.: Office of Publishing Services – USCC 1983).

Dienst am Frieden, in: Verlautbarungen des Apostolischen Stuhls 23, hrsg. vom Sekretariat der Deutschen Bischofskonferenz (Bonn 1981).

Entwicklung und Rüstung. Stellungnahme der Gemeinsamen Konferenz Kirche und Entwicklung, Bonn 9. 9. 1985.

Erklärung zu Frieden und Gerechtigkeit, in: *W. Müller-Römheld* (Hrsg.), Bericht aus Vancouver 1983 – Offizieller Bericht der Sechsten Vollversammlung des Ökumenischen Rats der Kirchen (Frankfurt a. M. 1983) 160–168.

Frieden und Sicherheit, in: Arbeitshilfen 21, hrsg. vom Sekretariat der Deutschen Bischofskonferenz (Bonn 1981).

Frieden wahren, fördern und erneuern. Eine Denkschrift der evangelischen Kirche in Deutschland (Gütersloh 1981).

Gerechtigkeit schafft Frieden. Hirtenbrief der Deutschen Bischofskonferenz zum Frieden. Mit einführendem Kommentar von H. Vekemann (Erftstadt 1983).

Hirtenworte zu Krieg und Frieden. Die Texte der katholischen Bischöfe der Bundesrepublik Deutschland, der Deutschen Demokratischen Republik, der Niederlande, Österreichs, der Schweiz, Ungarns und der Vereinigten Staaten von Amerika (Köln 1983).

Kirche und Frieden. Kundgebungen und Erklärungen aus den deutschen Kirchen und der Ökumene (Heft 3 der von der Kirchenkanzlei der EKD hrsg. Schriftenreihe „EKD-Texte") (Hannover 1982).

Ziviler Ungehorsam:

Th. Laker, Ziviler Ungehorsam. Geschichte – Begriff – Rechtfertigung (Baden-Baden 1986).

Zum fünften Kapitel: Die ethische Relevanz des Sports (508–530)

P. Jakobi, Sport und Religion (Mainz 1986).

Zum sechsten Kapitel: Zur Ethik der Informationsmedien (531–556)

Kirchenamtliche Dokumente:

Pastoralinstruktion „Communio et progressio" über die Instrumente der sozialen Kommunikation, komm. von H. Wagner (= Nachkonziliare Dokumentationen 11) (Trier 1971).

Kirchenamt der evangelischen Kirche in Deutschland (Hrsg.), Die Denkschriften der evangelischen Kirche in Deutschland 4/3, Bildung, Information, Medien (Gütersloh 1978).

Zu allgemeinen Grundlegungsfragen:

A. Auer, Verantwortete Vermittlung. Neue Überlegungen zu einer medialen Ethik, in: Stimmen der Zeit 106 (1981) 147–160.

T. Hausmanninger, Kritik der medienethischen Vernunft (München 1992).

A. Holderegger (Hrsg.), Ethik der Medienkommunikation. Grundlagen (Studien zur theologischen Ethik, Bd. 33) (Freiburg/Schweiz – Freiburg i. Br. – Wien 1992).

G. W. Hunold, Gelenkte Kommunikation?, in: *ders. – W. Korff* (Hrsg.), Die Welt für Morgen (München 1986) 291–305.

Ders., Medienethik, in: *J. Gründel* (Hrsg.), Leben aus christlicher Verantwortung (Düsseldorf 1992) 217–230.

A. Huter, Mensch und Massenmedien (Salzburg 1981).

H. Maier (Hrsg.), Ethik der Kommunikation (Freiburg i. Br. 1985).
M. Rühl, Ethik – ein Gegenstand der Kommunikationsforschung?, in: Ethik und Kommunikation. Vom Ethos des Journalisten. Hohenheimer Medientage (Stuttgart 1980).
Ch. Rumpeltes (Hrsg.), Medien – Technik – Kirche (SWI zum Thema 9) (Bochum 1990).
E. Schreiber, Kommunikation im Wandel der Gesellschaft (= Journalismus 15) (Konstanz 1985).
H.- R. Schuchmann – R. Günther, Künstliche Intelligenz. Ideengeschichte, Technikkonzepte, Anwendungskritik (München 1990).
Zentralstelle der Medien/Akademie der Diözese Rottenburg-Stuttgart (Hrsg.), Ethik und Kommunikation (Stuttgart 1984).

Zur Ethik des Journalismus:
Beiträge in der Zeitschrift für Evangelische Ethik 30 (1986) Heft 1.
H. Boventer (Hrsg.), Medien und Moral. Ungeschriebene Regeln des Journalismus (Konstanz 1988).
Ders., Pressefreiheit ist nicht grenzenlos. Einführung in die Medienethik (Bonn 1989).
L. Erbring (Hrsg.), Medien ohne Moral. Variationen über Journalismus und Ethik (Berlin 1988).
H. J. Kiefer, Politische Kultur und publizistische Verantwortung (Bochum 1990).
M. Rühl, Journalismus und Gesellschaft. Bestandsaufnahmen und Theorieentwurf (Mainz 1980) 317–440.
Ders. – U. Saxer, 25 Jahre deutscher Presserat. Ein Anlaß für Grundüberlegungen zu einer kommunikationswissenschaftlich fundierten Ethik des Journalismus und der Massenkommunikation, in: Publizistik 26 (1981) 471–507.
C. Wild, Ethik im Journalismus. Individualethische Überlegungen zu einer journalistischen Berufsethik (Wien 1990).
J. Wilke, Journalistische Berufsethik in der Journalistenausbildung, in: *ders.*, Zwischenbilanz der Journalistenausbildung (München 1987) 233–253.
W. Wunden (Hrsg.), Medien zwischen Markt und Moral (Stuttgart 1989).

Zur gesellschaftlich-kommunikativen Funktion und Ethik der medialen Unterhaltung:
A. Auer, Ist Unterhaltung vertane Zeit? Überlegungen zur Unterhaltung in den Massenmedien aus der Sicht einer theologischen Ethik, in: Stimmen der Zeit 105 (1980) 735–749.
Ders., Verantwortete Vermittlung. Bausteine einer Informationsethik des Rundfunks, in: Stimmen der Zeit 104 (1979) 15–24.
T. Hausmanninger, Superman. Eine Comic-Serie und ihr Ethos (Frankfurt a. M. 1989).
Ders., Der Superheld als Mythos? Aufräumarbeiten mit einer These, in: *H.- J. Kagelmann* (Hrsg.), Comics-Anno. Jahrbuch der Forschung zu populär-visuellen Medien 1 (1991) 42–84.
W. Schöllgen, Soziologie und Ethik der Unterhaltung, in: *ders.*, Aktuelle Moralprobleme (Düsseldorf 1955) 67–92.

Die Herausgeber und die Mitarbeiter des Werkes

Hertz, Anselm, Dr. phil., lic. theol. o. Prof. für Moraltheologie an der Pontificia Università S. Tommaso, Rom (Herausgeber).

Korff, Wilhelm, Dr. theol, o. Prof. für Christliche Sozialethik an der Katholisch-Theologischen Fakultät der Universität München (federführender Herausgeber).

Rendtorff, Trutz, Dr. theol., o. Prof. für Systematische Theologie unter besonderer Berücksichtigung der Ethik an der Evangelisch-Theologischen Fakultät der Universität München (Herausgeber).

Ringeling, Hermann, Dr. theol., em. Prof. für Theologische Ethik und Anthropologie an der Evangelisch-Theologischen Fakultät der Universität Bern (Herausgeber).

Andresen, Rolf, Dr. phil., o. Prof. für Sportpädagogik, leitender Direktor des Instituts für Sportwissenschaft an der Fakultät für Kulturwissenschaft der Universität Bayreuth.

Auer, Alfons, Dr. theol., em. Prof. für Theologische Ethik an der Katholisch-Theologischen Fakultät der Universität Tübingen.

Bausch, Hans, Prof. Dr. phil., Dr. h. c., war Intendant des Süddeutschen Rundfunks, Stuttgart.

Becker, Jürgen, Dr. theol., o. Prof. für Neues Testament und Judaistik an der Theologischen Fakultät der Universität Kiel.

Birkner, Hans-Joachim, Dr. theol., war Prof. für Systematische Theologie an der Theologischen Fakultät der Universität Kiel.

Böckle, Franz, Dr. theol., war Prof. für Moraltheologie an der Katholisch-Theologischen Fakultät der Universität Bonn.

Dalferth, Ingolf U., Dr. theol., Prof. für Systematische Theologie und Religionsphilosophie am Fachbereich Evangelische Theologie der Universität Frankfurt a. M.

Dautzenberg, Gerhard, Dr. theol., Prof. für Bibelwissenschaften am Fachbereich Evangelische und Katholische Theologie und deren Didaktik (Institut für Katholische Theologie) der Universität Gießen.

Degkwitz, Rudolf, Dr. med., war Prof. für Psychiatrie und Neurologie und Direktor der Psychiatrischen und Neurologischen Universitätsklinik in Freiburg i. Br.

Elsner, Wolfram, Dr. rer. pol., Priv.-Doz., Institutsleiter. Bremer Ausschuß für Wirtschaftsforschung (Institut des Landes Bremen).

Engelhardt, Hans Dietrich, Dr. phil., Prof. für Soziologie am Fachbereich Sozialwesen der Fachhochschule München.

Engelhardt, Paulus, Dr. phil., Honorarprofessor, Lehrbeauftragter im Fachbereich Sozialwesen der Fachhochschule Münster i. W. und an der Philosophisch-Theologischen Hochschule der Franziskaner und Kapuziner in Münster i. W.

Fischer, Hermann, Dr. theol., o. Prof. für Systematische Theologie am Fachbereich Evangelische Theologie der Universität Hamburg.

Gründel, Johannes, Dr. theol., o. Prof. für Moraltheologie an der Katholisch-Theologischen Fakultät der Universität München.

Herms, Eilert, Dr. theol. habil., o. Prof. für Systematische Theologie am Fachbereich Evangelische Theologie der Universität Mainz.

Hesse, Helmut, Dr. rer. pol., o. Prof. für Volkswirtschaftslehre am wirtschaftswissenschaftlichen Fachbereich der Universität Göttingen.

Höffe, Otfried, Dr. phil., o. Prof. für Philosophie an der Universität Tübingen.

Holderegger, Adrian, Dr. theol., o. Prof. für Theologische Ethik an der Universität Freiburg/Schweiz.

Honecker, Martin, Dr. theol., o. Prof. in der Abteilung Sozialethik und Systematische Theologie der Evangelisch-Theologischen Fakultät der Universität Bonn.

Honnefelder, Ludger, Dr. phil., o. Prof. der Philosophie in der Philosophischen Fakultät und Direktor des Philosophischen Seminars B der Universität Bonn.

Horner, Franz, Dr. rer. pol., o. Prof. für Politische Theorie und Ideengeschichte am Senatsinstitut für Politikwissenschaft der Universität Salzburg.

Huber, Wolfgang, Dr. theol., o. Prof. für Systematische Theologie an der Theologischen Fakultät der Universität Heidelberg.

Hunold, Gerfried W., Dr. theol., o. Prof. für Theologische Ethik an der Katholisch-Theologischen Fakultät der Universität Tübingen.

Jüngel, Eberhard, Dr. theol., D. D., o. Prof. für Systematische Theologie und Religionsphilosophie an der Evangelisch-Theologischen Fakultät der Universität Tübingen.

Katterle, Siegfried, Dr. rer. pol., o. Prof. für Volkswirtschaftslehre (Wirtschaftspolitik) an der Fakultät für Wirtschaftswissenschaften der Universität Bielefeld.

Kaufmann, Hilde, Prof. Dr. iur., war Direktor der Kriminologischen Forschungsstelle des Kriminalwissenschaftlichen Instituts der Universität Köln.

Keil, Siegfried, Dr. theol., Dr. phil., o. Prof. für Sozialethik am Fachbereich Evangelische Theologie der Universität Marburg.

Kerber, Walter, Dr. phil., Dr. rer. pol., o. Prof. für Ethik und Sozialwissenschaften an der Hochschule für Philosophie, München.

Kluxen, Wolfgang, Dr. phil., Dr. h. c. mult., em. Prof. der Philosophie in der Philosophischen Fakultät (Philosophisches Seminar B) der Universität Bonn.

Koch, Traugott, Dr. theol., o. Prof. am Fachbereich Evangelische Theologie, Seminar für Systematische Theologie, Abteilung für Sozialethik, der Universität Hamburg.

Kreß, Hartmut, Dr. theol., Priv.-Doz. in der Abteilung Sozialethik und Systematische Theologie der Evangelisch-Theologischen Fakultät der Universität Bonn.

Leuenberger, Robert, Dr. theol., Dr. phil., Dr. theol. h. c., em. Prof. für Praktische Theologie an der Evangelisch-Theologischen Fakultät der Universität Zürich.

Leuenberger, Theodor, Dr. phil., o. Prof. am Fachbereich Neueste Geschichte und Wirtschafts- und Sozialgeschichte an der Hochschule für Wirtschafts- und Sozialwissenschaften St. Gallen/Schweiz.

Linnenbrink, Günter, Dr. theol., Geistlicher Vizepräsident des Evangelisch-Lutherischen Landeskirchenamts Hannover.

Mieth, Dietmar, Dr. theol., o. Prof. für Theologische Ethik an der Katholisch-Theologischen Fakultät der Universität Tübingen.

Molinski, Waldemar, Dr. theol., Dr. phil., o. Prof. für Katholische Theologie am Fachbereich Geschichte–Philosophie–Theologie der Universität-Gesamthochschule Wuppertal.

Müller, Alois, Dr. theol., war Prof. für Dogmatik und Liturgiewissenschaft an der Theologischen Fakultät Luzern.

Neumann, Johannes, Dr. iur. can., o. Prof. für Religionssoziologie/Rechtssoziologie an der Fakultät für Sozial- und Verhaltenswissenschaften der Universität Tübingen; Honorarprofessor für Kirchen- und Staatskirchenrecht an der Juristischen Fakultät der Universität Mannheim.

Pannenberg, Wolfhart, Dr. theol., D. D., D. D., D. D., o. Prof. für Systematische Theologie und Direktor des Instituts für Fundamentaltheologie und Ökumene an der Evangelisch-Theologischen Fakultät der Universität München.

Rössler, Dietrich, Dr. theol., Dr. med., o. Prof. für Praktische Theologie an der Evangelisch-Theologischen Fakultät und Prof. der Medizinischen Fakultät der Universität Tübingen.

Saladin, Peter, Dr. iur., Dr. iur. h. c., o. Prof. für Staats-, Verwaltungs- und Kirchenrecht an der Rechts- und Wirtschaftswissenschaftlichen Fakultät der Universität Bern.

Schimmelpenning, Gustav W., Dr. med., Prof., Direktor der Psychiatrischen Universitätsklinik in Kiel.

Schütte, Hans-Walter, Dr. theol., Pfarrer, apl. Prof. für Systematische Theologie an der Theologischen Fakultät der Universität Göttingen.

Strohm, Theodor, Dr. phil., Dr. theol., o. Prof. für Praktische Theologie, Leiter des Diakoniewissenschaftlichen Instituts der Universität Heidelberg.

Thomas, Madathilparampil Mammen, B. A., D. D. (h. c.), D. Th. (h. c.), D. Th. (h. c.), Director em., Christian Institute for the Study of Religion and Society, Bangalore/Indien; ehem. Vorsitzender des Zentralausschusses des Weltrates der Kirchen.

Trillhaas, Wolfgang, D. theol., Dr. phil. Dr. theol. h. c., Dr. h. c., em. Prof. für Systematische Theologie an der Theologischen Fakultät der Universität Göttingen.

Vahanian, Gabriel, Th. D., Doct. en Théol., Prof. für Systematische Theologie, Faculté de Théologie Protestante, Université des Sciences Humaines, Strasbourg.

Virt, Günter, Dr. theol. habil., lic. phil., o. Prof. für Moraltheologie an der Katholisch-Theologischen Fakultät der Universität Wien.

Walther, Christian, Dr. theol., em. Prof. am Fachbereich Pädagogik der Universität der Bundeswehr Hamburg.

Wiederkehr, Dietrich, Dr. theol., Prof. für Fundamentaltheologie an der Theologischen Fakultät Luzern.

Winter, Gibson, Dr. phil., Adjunct Professor of Social Ethics, Religion Department, Temple University, Philadelphia, PA./USA.

Wolf, Stefan, Wissenschaftlicher Mitarbeiter beim Lehrstuhl für Philosophie II an der Fakultät Pädagogik–Philosophie–Psychologie der Universität Bamberg.

Zilleßen, Horst, Dr. rer. pol., Dipl.-Kfm., o. Prof. für Umweltpolitik/Umweltplanung am Fachbereich Sozialwissenschaften der Universität Oldenburg.

Zimmerli, Walther Chr., Dr. phil., o. Prof. für Philosophie an der Universität Bamberg.

Sachregister

(Die römischen Zahlen I–III verweisen auf den Band.)

Namenregister

(Die römischen Zahlen I–III verweisen auf den Band.)

KOMPETENZ IN FRAGEN DER ETHIK

Bernhard Häring
Frei in Christus
Moraltheologie für die Praxis des christlichen Lebens.
Erw. u. aktualis. Sonderausgabe, 3 Bde. kart. in Kassette,
zus. 1543 Seiten, ISBN 3-451-21604-3

Franz Furger
Ethik der Lebensbereiche
Entscheidungshilfen
280 Seiten, gebunden, ISBN 3-451-20308-1

Klaus Demmer
Die Wahrheit leben
Theorie des Handelns
227 Seiten, gebunden, ISBN 3-451-22306-6

Friedhelm Hengsbach
Wirtschaftsethik
Aufbruch – Konflikte – Perspektiven
Herder/Spektrum Bd. 4013

Franz X. Kaufmann
Der Ruf nach Verantwortung
Risiken, Ethik und Sicherheiten in einer gefährlichen Welt.
Herder/Spektrum Bd. 4138

Soziales Denken in einer zerissenen Welt
Anstöße der katholischen Soziallehre
Hrsg. von Walter Kerber und Johannes Müller
Quaestiones disputatae 136
232 Seiten, Paperback, ISBN 3-451-02136-6

VERLAG HERDER FREIBURG · BASEL · WIEN

KOMPETENZ IN FRAGEN DER ETHIK

Lexikon der Wirtschaftsethik
Herausgegeben von
Georges Enderle, Karl Homann, Martin Honecker,
Walter Kerber und Horst Steinmann
704 Seiten, gebunden mit Schutzumschlag
ISBN 3-451-22336-8

Ethische Gesichtspunkte ins moderne Wirtschaftsleben einzubringen, hat heute zukunftsentscheidende Bedeutung. Das Lexikon der Wirtschaftsethik behandelt in 200 Artikeln grundsätzliche Fragen und konkrete Probleme der Praxis. Es bietet einen klärenden Überblick über den aktuellen Verlauf einer vielschichtigen Diskussion, macht komplexe Zusammenhänge durchsichtig und zeigt Perspektiven zu vernünftigen Problemlösungen auf. Entscheidungsträger und kritische Bürger finden hier das notwendige Orientierungswissen.

Lexikon Medizin – Ethik – Recht
Herausgegeben von
Albin Eser, Markus von Lutterotti, Paul Sporken
Gebundene Ausgabe: ISBN 3-451-20730-3
Taschenbuch-Ausgabe: Herder/Spektrum Bd. 4073

„Die bei hohem wissenschaftlichem Niveau verständlich geschriebenen Beiträge ermöglichen auch ohne Vorwissen Zugriff auf eine Informationsfülle, die man sich alleine nur schwer erschließen könnte“ (Frankfurter Allgemeine Zeitung).

VERLAG HERDER FREIBURG · BASEL · WIEN